中國叢書綜録

上海圖書館 編

徐森玉題

總目

1

上海古籍出版社

圖書在版編目（CIP）數據

中國叢書綜録／上海圖書館編． — 上海：上海古
籍出版社，2019.5
ISBN 978－7－5325－9235－7

Ⅰ．①中…　Ⅱ．①上…　Ⅲ．①叢書—圖書目録—中國
Ⅳ．①Z833

中國版本圖書館CIP數據核字(2019)第 090035 號

ISBN 978-7-5325-9235-7

9 787532 592357 >

中國叢書綜録

（全三册）

上海圖書館　編

上海古籍出版社出版發行
（上海瑞金二路 272 號　郵政編碼 200020）

（1）網址：www.guji.com.cn

（2）E－mail：gujil@ guji. com. cn

（3）易文網網址：www.ewen.co

常州市金壇古籍印刷廠有限公司印刷
開本 787×1092　1／16　印張 239.75　插頁 15　字數 7,520,000
2019 年 5 月第 1 版　2019 年 5 月第 1 次印刷
印數：1–1,050
ISBN 978－7－5325－9235－7
Z·446　定價：980.00 元
如有質量問題,請與承印公司聯繫

前　言

　　我國有悠久的歷史。在漫長的社會發展過程中,各族人民創造了燦爛的文化,留下了浩如烟海的典籍,反映了我國文化學術的豐富和深厚淵源。

　　叢書是彙集許多種重要著作,依一定的原則、體例編輯的書。由於歷代統治者對文化學術並非真正重視,而對不利於其統治的著作,則任意篡改,甚而銷毀,加之無數次的戰亂災異,致使我國豐富的典籍不斷殘損和散失。叢書的輯印,則在保存和流通書籍方面起了很大的作用。

　　我國最早的叢書是俞鼎孫、俞經的《儒學警悟》,輯成於南宋寧宗嘉泰二年(一二〇二),但流傳很少,直到一九二二年才由陶湘刊行。因此,前人攷證叢書源流,每以宋左圭所輯《百川學海》、元陶宗儀所輯《說郛》為祖。按"叢"字是叢雜、聚集的意思,最初的叢書往往是各類兼收。到了明代,這種包羅四部的巨編,又有所發展,如《漢魏叢書》、《唐宋叢書》、《格致叢書》、《寶顏堂秘笈》等,相繼刊行。同時,《子彙》、《二十子》、《古今逸史》、《五朝小說》等專門性的叢書,也陸續出現。第一部郡邑叢書《鹽邑志林》,刊行於天啓年間。如果再加上早已存在的以一姓或一人著作合刊的叢書,那末明代所輯的叢書,可以說是各體具備了。到了清代中葉,叢書的輯印,不但種類更富,而且內容亦精。正、續《皇清經解》的編纂,綜合了當時整理經籍的成果;《玉函山房輯佚書》、《漢學堂叢書》等的編刊,顯示了輯佚工作的興盛;《廣雅書局叢書》、《史學叢書》的問世,反映了歷代史志攷訂之學已遠邁前代;《麓山精舍叢書》、《浙江圖書館叢書》的傳佈,說明了方輿地志和中外交通已成為新的學術研究課題。明季以來,顧炎武、王夫之等著名學者輩出,著述宏富,於是有《亭林全書》、《船山遺書》等五百多家獨撰叢書的輯印,叢書的內容就更加豐富了。此外,很多翻刻的古書,也有用叢書的形式而流傳的,其注重版本的如《士禮居叢書》、《古逸叢書》,仿刻精美,無異宋元舊本;注重校勘的如《抱經堂叢書》、《經訓堂叢書》、《岱南閣叢書》,考析詳明,訂正了古籍中不少訛誤。叢書發展到這個階段,各類重要的學術著作,已大都收入。這樣,從事學術研究的人,可方便地從叢書裏擷取所需要的資料,它的用處就愈來愈廣泛,因而對於叢書目錄的需要,也就日益迫切。

　　目錄是用來反映圖書內容,便於檢尋所需圖書的重要工具。清代中葉以後,叢書大盛,其專目的編纂也應運而生。由於叢書是彙刊多種獨立的著作而成,因而編目與一般目錄應有所不同,不僅要反映它的本身,更重要的是還要反映它所包含的子目。顧修所輯的《彙刻書目》是第一部叢書目錄,收叢書二六〇種。此後,傅雲龍、朱學勤、朱記榮、楊守敬、李之鼎、劉聲木、孫殿起等十餘家先後爲之編目,或增補前修,或別樹一幟,都是按分類排列的,其中李之鼎的《增訂叢書舉要》可說是集上述諸書之大成,收叢書一六〇五種。後來沈乾一輯《叢書書目彙編》,收叢書二〇八六種,則改分類爲書名字順。這些彙刻目錄,都是列子目於叢書書名之後,還只能檢尋其收書籍的種數和所收何書,却無從檢尋某書或某人所著書收在那種叢書之内。近代圖書館事業興起,有些圖書館針對上述缺陷,用索引之法,編製子目索引,如清華大學圖書館所輯《叢書子目書名索引》(收叢書一二七五種)、浙江圖書館所輯《叢書子目索引》(收叢書四六九種)、金陵大學圖書館所輯《叢書子目備檢:著者之部》(收叢書三六一種)等,雖便於子目的檢索,但又忽略了對叢書本身的反映,仍顧此失彼。還有人用叢書書名、子目書名、子目著者按字順混合排列的方法,編製《叢書大辭典》,絕大部份是據各家目錄彙編的,收錄復出,存佚不分,遠不能發揮正確反映圖書的作用。自《彙刻書目》以後的各種叢書目錄,都沒有子目分類的編製,並忽於版本的考覈,在檢閱時帶來很大的不便。此外,《八千卷樓書目》和《江蘇省立國學圖書館圖書總目》將各叢書的子目與單行各書一起分類編次,雖多少起了子目分類的作用,但沒有索引,仍不便於檢尋。

我們認爲:要便於使用者掌握叢書所包含的豐富資料,叢書目錄,首應力求著錄的正確和分類的恰當,並須做到下列三點:一、蒐羅完備,盡可能反映叢書的全貌;二、便於檢閱者無論從總目、分類、書名、作者等任何角度去檢尋,都可一索卽得;三、反映叢書收藏的情況,以便研究者以目求書,就近取閱。可是上述的多種叢書目錄,顯然都沒有能做到這幾點。解放以前,我國處於半封建半殖民地社會的地位,大量珍貴圖書資料爲帝國主義者所掠奪,文化學術事業爲反動統治階級所壟斷,公私圖書館的藏書,數量旣少,且又分散。因此,卽使有人從事目錄的編製,也只能根據一家或一館所藏,數量有限;或僅從各家書目輾轉傳錄,撮合成編。這樣,在材料蒐集上,當然不可能完備詳盡;在編製方法上,也往往因陋就簡。這是我國學術工作者所感到不勝遺憾的事。

新中國成立以來,在中國共產黨和人民政府的領導下,我國科學文化事業隨着社會主義經濟建設的發展而日益繁榮。我國學術界爲了研究工作的廣泛開展，急需獲得一部符合上述要求的叢書目錄，以便檢索，這是我們從事圖書館工作者義不容辭的職責。爲了迎接一九五九年建國十週年紀念，承蒙有關部門的支持，我們經過一年多的努力，始完成這部《綜錄》的編務。在工作過程中，我們取得了北京圖書館、中國科學院圖書館、各高等院校和省、市圖書館以及有關專業圖書館的大力協助；原中華書局上海編輯所提了不少的寶貴意見。

　　《中國叢書綜錄》自一九五九年起由原中華書局上海編輯所陸續出版以來，受到國內外學術界的熱情鼓勵，或指出編纂過程中的疏漏，本應即加增訂，但因事遷延，不克進行。茲應廣大讀者的急切希望，即以原紙型重印。除部份錯誤可以校改外，一仍其舊。由於水平的限制，這部《綜錄》還存在着不少缺點，希望讀者給予批評指教。

上海圖書館

一九五九年九月
一九八一年一月改寫

重印說明

本次重印，第一冊增入由上海圖書館新編之《叢書編撰者索引》。

上海古籍出版社
二〇一九年四月

編　例

一、本錄所收叢書 2797 種,均係古典文獻。其屬於"新學"的叢書,如《富強叢書》、《江南製造局譯書》等,按其性質,收入另編。"釋藏"則另輯專目。

二、本錄分裝三冊:第一冊是《總目分類目錄》,附《全國主要圖書館收藏情況表》;第二冊是《子目分類目錄》;第三冊是《子目書名索引》、《子目著者索引》。

三、《總目分類目錄》分《彙編》《類編》兩部分。《彙編》分雜纂、輯佚、郡邑、氏族、獨撰五類;《類編》分經、史、子、集四類。

四、本錄所收叢書,爲北京圖書館等四十一個圖書館所收藏,除《四庫全書》、《宛委別藏》係錄自前人目錄外,餘均按原書著錄。有些叢書總目中所列子目,實未刊行,概不載入;凡曾經刊行而偶有一、二種各館收藏均缺,未能見到,則據總目著錄,加"*"以資識別。

五、叢書中的某些子目,包括數種著作,自成爲一種叢書。其有抽出單行者,如《黃氏逸書考》中的《爾雅古義》,《洪氏晦木齋叢書》中的《四洪年譜》,即不再收入。

六、書名據原書著錄。凡題"一名"的,均附注於後。重編、增刻而書名改題的,一併著錄,以另一種字體爲別。其有未題名的,則據諸家目錄擬加。

例一:

　新陽趙氏叢書（一名高齋叢刻）

例二:

　行素軒算稿

　　　清光緒八年（1882）梁豁華氏刊本

　行素軒筆談

　　　清光緒二十四年（1898）上海文瑞樓石印本

七、著者原書題署用字號的,統一改用其名;用別號、筆名的,按原書著錄,其姓名可考的,附注於後。至著者後來改名,其題署原名的,仍按原書著錄而將所改之名附注於後。凡著者後的附注均加括弧,用以表示此爲全書所統一之著錄。

例一:

　（明）槲園居士（葉憲祖）

例二:

　（清）成孺（蓉鏡）

八、凡一書爲兩種以上叢書所收,所題著者有分歧,成爲甲乙兩人時,各按原書著錄,經考訂認爲甲較可靠,即加"一題"附注於乙名之後。

例:

　《唐宋傳奇集》 虬髯客傳一卷 （前蜀）杜光庭撰

　《說郛》 虬髯客傳一卷 （唐）張說（一題前蜀杜光庭）撰

九、著者原書題署確係錯誤,即爲更定,但仍注明誤題。

例:

　《昭代叢書》 禘祫問答一卷 （清）胡培翬（誤題胡匡衷）撰

十、著者均加朝代（今人不加）。凡生際兩代,各書著錄不同,視其一生主要活動時期而統一之。

十一、凡一叢書有若干版本,擇要著錄,並校注其分卷的不同,補遺、校記的有無;其所收子目各本全有者不注,某本或某幾本所獨有者,即註明"（某本）"或"（某本、某本）",如《武英殿聚珍版書》列殿本、浙江、江西、福建、廣東五本,其中《農書》一書爲浙江、江西兩本所未刻,則注明"（殿本、福建本、廣東本）"。

十二、子目如一行排足而尚多一字,其上行有空隙,即排入上行,並加"［"以間隔之。

例:

　春雨雜述一卷 （明）解吩撰　　　［錄
　世說奮注一卷 （梁）劉孝標撰 （明）楊慎

十三、《全國主要圖書館收藏情況表》反映北京圖書館等四十一個館所藏叢書的有無全缺。表中符號,〇爲全書,×爲殘缺。表後留有空格一行,備他館填充之用。表以分類排列,與《總目分類目錄》之次序相一致。

十四、本錄末附《叢書書名索引》和《索引字頭筆劃檢字》,檢索所有叢書名和各叢書中包括數種著作的子目名。索引上的號碼,正體字是《總目分類目錄》的頁碼,斜體字是《全國主要圖書館收藏情況表》的順序號。

目　　　錄

中 國 叢 書 綜 錄

總 目 分 類 目 錄

彙 編

雜 纂 類 (宋元)

東溪試茶錄一卷　（宋）宋子安撰
菊譜一卷　（宋）劉蒙撰
己集
　淳熙玉堂雜紀三卷　（宋）周必大撰
　獨斷二卷　（漢）蔡邕撰
　珊瑚鉤詩話三卷　（宋）張表臣撰
　王文正公筆錄一卷　（宋）王曾撰
　國老談苑二卷　（宋）王君玉撰
　米元章書史一卷　（宋）米芾撰
　煎茶水記一卷　（唐）張又新撰
　菌譜一卷　（宋）陳仁玉撰
　笋譜一卷　（宋）釋贊寧撰
　本心齋疏食譜一卷　（宋）陳達叟撰
庚集
　蘇黃門龍川略志十卷　（宋）蘇轍撰
　王公四六話二卷　（宋）王銍撰
　劉攽貢父詩話一卷　（宋）劉攽撰
　獻醜集一卷　（宋）許棐撰
　隋遺錄二卷　（唐）顏師古撰
　書斷四卷　（唐）張懷瓘撰
　名山洞天福地記一卷　（前蜀）杜光庭撰
　硯史一卷　（宋）米芾撰
　古今刀劍錄一卷　（梁）陶弘景撰
　海棠譜三卷　（宋）陳思撰
辛集
　子略四卷目一卷　（宋）高似孫撰
　宋景文公筆記三卷　（宋）宋祁撰
　東萊呂紫微詩話一卷　（宋）呂本中撰
　漁樵對問一卷　（宋）邵雍撰
　選詩句圖一卷　（宋）高似孫集　宋本缺以
　　華氏本校補
　寶章待訪錄一卷　（宋）米芾撰
　南方草木狀三卷　（晉）嵇含撰
　蟹譜二卷　（宋）傅肱撰
　歙州硯譜一卷　（宋）唐積撰
　歙硯說一卷辨歙石說一卷　（元）曹紹撰
　茶錄一卷　（宋）蔡襄撰
壬集
　騷略三卷　（宋）高似孫撰
　韓忠獻公遺事一卷　（宋）強至撰
　石林詩話三卷　（宋）葉夢得撰
　揮麈錄二卷　（宋）楊萬里（一題王明清）撰
　文房四友除授集一卷　（宋）鄭清之等撰
　法帖釋文十卷　（宋）劉次莊撰
　師曠禽經一卷　（周）師曠撰　（晉）張華注
　橘錄三卷　（宋）韓彥直撰
　端溪硯譜一卷　（宋）□□撰　（宋）葉樾訂
　牡丹榮辱志一卷　（宋）丘璿撰
癸集
　學齋佔畢四卷　（宋）史繩祖撰　卷二至四

宋本缺以華氏本校補
　樊城先生遺言一卷　（宋）蘇籀記
　六一居士詩話一卷　（宋）歐陽修撰
　西疇老人常言一卷　（宋）何坦撰
　道山清話一卷　（宋）王□撰
　海岳名言一卷　（宋）米芾撰
　丁晉公談錄一卷　（宋）丁謂撰
　荔枝譜一卷　（宋）蔡襄撰
　揚州芍藥譜一卷　（宋）王觀撰
　硯譜一卷　（宋）李之彥撰

百川學海

（宋）左圭輯
　明弘治中無錫華氏刊本
　民國十六年（1927）武進陶氏據宋咸淳本
　　景刊缺卷據明弘治華氏覆宋本摹補
　　依明本目次編印
　民國十年（1921）上海博古齋據明弘治華
　　氏本景印
甲集
　聖門事業圖一卷　（宋）李元綱撰
　漁樵對問一卷　（宋）邵雍撰
　學齋佔畢四卷　（宋）史繩祖撰
　獨斷二卷　（漢）蔡邕撰
　李涪刊誤二卷　（唐）李涪撰
　九經補韻一卷　（宋）楊伯嵒撰
　中華古今注三卷　（後唐）馬縞撰
　釋常談三卷　（宋）□□撰
乙集
　隋遺錄二卷　（唐）顏師古撰
　翰林志一卷　（唐）李肇撰
　宋朝燕翼詒謀錄五卷　（宋）王栐撰
　春明退朝錄三卷　（宋）宋敏求撰
　淳熙玉堂雜紀三卷　（宋）周必大撰
　揮麈錄二卷　（宋）楊萬里（一題王明清）撰
　丁晉公談錄一卷　（宋）丁謂撰
　王文正公筆錄一卷　（宋）王曾撰
　開天傳信記一卷　（唐）鄭棨撰
丙集
　厚德錄四卷　（宋）李元綱撰
　韓忠獻公遺事一卷　（宋）強至撰
　文正王公遺事一卷　（宋）王素撰
　濟南先生師友談記一卷　（宋）李廌撰
　可談一卷　（宋）朱彧撰
　河東先生龍城錄二卷　（唐）柳宗元撰
　前定錄一卷續一卷　（唐）鍾輅撰
　國老談苑二卷　（宋）王君玉撰
　晁氏客語一卷　（宋）晁說之撰
　道山清話一卷　（宋）王□撰
丁集

書簾緒論一卷　(宋)胡太初撰
官箴一卷　(宋)呂本中撰
袪疑說一卷　(宋)儲泳撰
因論一卷　(唐)劉禹錫撰
宋景文公筆記三卷　(宋)宋祁撰
鼠璞一卷　(宋)戴埴撰
善誘文一卷　(宋)陳錄撰
戊集
東坡先生志林集一卷　(宋)蘇軾撰
螢雪叢說二卷　(宋)俞成撰
蘇黃門龍川略志十卷　(宋)蘇轍撰
西疇老人常言一卷　(宋)何坦撰
欒城先生遺言一卷　(宋)蘇籀記
東谷所見一卷　(宋)李之彥撰
雜肋一卷　(宋)趙崇絢撰　　　　　　　［錄
孫公談圃三卷　(宋)孫升述　(宋)劉延世
己集
王公四六話二卷　(宋)王銍撰
四六談麈一卷　(宋)謝伋撰
文房四友除授集一卷　(宋)鄭清之等撰
耕祿藁一卷　(宋)胡錡撰
子略四卷目一卷　(宋)高似孫撰
騷略三卷　(宋)高似孫撰
獻醜集一卷　(宋)許棐撰
庚集
選詩句圖一卷　(宋)高似孫集
石林詩話三卷　(宋)葉夢得撰
六一居士詩話一卷　(宋)歐陽修撰
東萊呂紫微詩話一卷　(宋)呂本中撰
珊瑚鉤詩話三卷　(宋)張表臣撰
劉攽貢父詩話一卷　(宋)劉攽撰
後山居士詩話一卷　(宋)陳師道撰
許彥周詩話一卷　(宋)許顗撰
司馬溫公詩話一卷　(宋)司馬光撰
庚溪詩話二卷　(宋)陳巖肖撰
竹坡老人詩話三卷　(宋)周紫芝撰
辛集
法帖釋文十卷　(宋)劉次莊撰
海岳名言一卷　(宋)米芾撰
寶章待訪錄一卷　(宋)米芾撰
米元章書史一卷　(宋)米芾撰
書斷四卷　(唐)張懷瓘撰
續書譜一卷　(宋)姜夔撰
歐陽文忠公試筆一卷　(宋)歐陽修撰
書譜一卷　(唐)孫過庭撰
法帖刊誤二卷　(宋)黃伯思撰
高宗皇帝御製翰墨志一卷　宋高宗撰
法帖譜系二卷　(宋)曹士冕撰
壬集
端溪硯譜一卷　(宋)□□撰　(宋)葉樾訂

硯譜一卷　(宋)李之彥撰
歙州硯譜一卷　(宋)唐積撰
歙硯說一卷辨歙石說一卷　(元)曹紹撰
硯史一卷　(宋)米芾撰
古今刀劍錄一卷　(梁)陶弘景撰
香譜二卷　(宋)洪芻撰
茶經三卷　(唐)陸羽撰
煎茶水記一卷　(唐)張又新撰
茶錄一卷　(宋)蔡襄撰
東溪試茶錄一卷　(宋)宋子安撰
酒譜一卷　(宋)竇苹撰
本心齋疏食譜一卷　(宋)陳達叟撰
笋譜一卷　(宋)釋贊寧撰
菌譜一卷　(宋)陳仁玉撰
蟹譜二卷　(宋)傅肱撰
癸集
荔枝譜一卷　(宋)蔡襄撰
橘錄三卷　(宋)韓彥直撰
南方草木狀三卷　(晉)嵇含撰
竹譜一卷　(晉)戴凱之撰
菊譜一卷　(宋)劉蒙撰
菊譜一卷　(宋)范成大撰
菊譜一卷　(宋)史正志撰
梅譜一卷　(宋)范成大撰
洛陽牡丹記一卷　(宋)歐陽修撰
牡丹榮辱志一卷　(宋)丘璿撰
揚州芍藥譜一卷　(宋)王觀撰
海棠譜三卷　(宋)陳思撰
師曠禽經一卷　(周)師曠撰　(晉)張華注
名山洞天福地記一卷　(前蜀)杜光庭撰

百川學海

(宋)左圭輯　(明)□□重輯
　　明刊本
甲集
聖門事業圖一卷　(宋)李元綱撰
漁樵對問一卷　(宋)邵雍撰
大學石經一卷
論語筆解一卷　(唐)韓愈撰
李氏刊誤一卷　(唐)李涪撰
九經補韻一卷　(宋)楊伯嵒撰
宜齋野乘一卷　(宋)吳枋撰
芥隱筆記一卷　(宋)龔頤正撰
乙集
因話錄一卷　(唐)趙璘撰
翰林志一卷　(唐)李肇撰
玉匣記一卷　(宋)皇甫牧撰
抒情錄一卷　(宋)盧懷撰
揮麈錄一卷　(宋)王明清撰
丙集

丁晉公談錄一卷　(宋)丁謂撰
王文正筆錄一卷　(宋)王曾撰
傳信記一卷　(唐)鄭綮撰
尙書故實一卷　(唐)李綽撰
次柳氏舊聞一卷　(唐)李德裕撰
錢氏私誌一卷　(宋)錢愐撰
家世舊聞一卷　(宋)陸游撰
默記一卷　(宋)王銍撰
卓異記一卷　(唐)李翱撰
艮嶽記一卷　(宋)張淏撰
丁集
書簾緒論一卷　(宋)胡太初撰
官箴一卷　(宋)呂本中撰
袪疑說一卷　(宋)儲泳撰
王氏談錄一卷　(宋)王洙(一題王欽臣)撰
宋景文公筆記一卷　(宋)宋祁撰
善誘文一卷　(宋)陳錄撰
西疇老人常言一卷　(宋)何坦撰
欒城先生遺言一卷　(宋)蘇籀記
東谷所見一卷　(宋)李之彥撰
雜肋一卷　(宋)趙崇絢撰
戊集
畫墁錄一卷　(宋)張舜民撰
碧雲騢一卷　(宋)梅堯臣撰
霏雪錄一卷　(明)劉績撰
談藪一卷　(宋)龐元英撰
話腴一卷　(宋)陳郁撰
可談一卷　(宋)朱彧撰
前定錄一卷　(唐)鍾輅撰
拊掌錄一卷　(元)元懷撰
山房隨筆一卷　(元)蔣子正撰
己集
文錄一卷　(宋)唐庚撰
石林詩話三卷　(宋)葉夢得撰
六一居士詩話一卷　(宋)歐陽修撰
庚溪詩話一卷　(宋)西郊野叟(陳巖肖)撰
劉攽貢父詩話一卷　(宋)劉攽撰
後山居士詩話一卷　(宋)陳師道撰
許彥周詩話一卷　(宋)許顗撰
司馬溫公詩話一卷　(宋)司馬光撰
竹坡老人詩話一卷　(宋)周紫芝撰
滄浪詩話一卷　(宋)嚴羽撰
庚集
書史二卷　(宋)米芾撰
書斷四卷　(唐)張懷瓘撰
書評一卷　(梁)袁昂撰
書譜一卷　(唐)孫過庭撰
續書譜一卷　(宋)姜夔撰
海岳名言一卷　(宋)米芾撰
寶章待訪錄一卷　(宋)米芾撰

翰墨志一卷　宋高宗撰
法帖刊誤二卷　(宋)黃伯思撰
譜系雜說二卷　(宋)曹士冕撰
歐公試筆一卷　(宋)歐陽修撰
古畫品錄一卷　(南齊)謝赫撰
後畫品錄一卷　(陳)姚最撰
畫品一卷　(宋)李廌撰
畫論一卷　(元)湯垕撰
畫論一卷　(宋)郭若虛(誤題郭思)撰
紀藝一卷　(宋)郭若虛撰
林泉高致一卷　(宋)郭熙撰
辛集
硯譜一卷　(宋)李之彥撰
硯史一卷　(宋)米芾撰
端溪硯譜一卷　(宋)□□撰　(宋)葉樾訂
歙硯說一卷辨歙石說一卷　(元)曹紹撰
香譜一卷　(宋)洪芻撰
茶經三卷　(唐)陸羽撰
茶錄一卷　(宋)蔡襄撰
試茶錄一卷　(宋)宋子安撰
橘錄三卷　(宋)韓彥直撰
南方草木狀三卷　(晉)嵇含撰
竹譜一卷　(晉)戴凱之撰
梅譜一卷　(宋)范成大撰
金漳蘭譜一卷　(宋)趙時庚撰
蔬食譜一卷　(宋)陳達叟撰
壬集
梅品一卷　(宋)張鎡撰
洛陽牡丹記一卷　(宋)歐陽修撰
天彭牡丹譜一卷　(宋)陸游撰
牡丹榮辱志一卷　(宋)丘璿撰
揚州芍藥譜一卷　(宋)王觀撰
海棠譜二卷　(宋)陳思撰
菊譜一卷　(宋)劉蒙撰
菊譜一卷　(宋)史正志撰
癸集
蟹譜二卷　(宋)傅肱撰
禽經一卷　(周)師曠撰　(晉)張華注
相鶴經一卷　(□)浮丘公撰
相牛經一卷　(周)甯戚撰
耒耜經一卷　(唐)陸龜蒙撰　　　　〔撰
洛陽名園記一卷　(宋)李廌(一題李格非)
岳陽風土記一卷　(宋)范致明撰
眞臘風土記一卷　(元)周達觀撰
桂海虞衡志一卷　(宋)范成大撰
洞天福地記一卷　(前蜀)杜光庭撰

續百川學海

(明)吳永輯
明刊本

墨竹譜一卷　(元)管道昇撰
癸集
　　樂府雜錄一卷　(唐)段安節撰
　　羯鼓錄一卷　(唐)南卓撰
　　嘯旨一卷　(唐)孫廣撰
　　風后握奇經一卷附握奇經續圖一卷八陣總
　　　述一卷　(漢)公孫弘解　續圖(□)□
　　　□撰　八陣總述(晉)馬隆述
　　女孝經一卷　(唐)鄭□撰
　　墨經一卷　(宋)晁貫之撰
　　丸經二卷　(元)□□撰
　　棋經一卷　(宋)張擬撰
　　五木經一卷　(唐)李翱撰　(唐)元革注
　　鼎錄一卷　(梁)虞荔撰
　　蜀錦譜一卷　(元)費著撰
　　蜀牋譜一卷　(元)費著撰

廣百川學海

(明)馮可賓輯
　　明刊本
甲集
　　聖學範圍圖說一卷　(明)岳元聲撰
　　戊申立春考證一卷　(明)邢雲路撰
　　正朔考一卷　(宋)魏了翁撰
　　龍興慈記一卷　(明)王文祿撰
　　在田錄一卷　(明)張定撰
　　一統肇基錄一卷　(明)夏原吉撰
　　聖君初政記一卷　(明)沈文撰
　　逐鹿記一卷　(明)王禕撰
　　東朝紀一卷　(明)王泌撰
　　壼起雜事一卷　(明)楊儀撰
　　椒宮舊事一卷　(明)王達撰
　　造邦賢勳錄略一卷　(明)王禕撰
　　搀曹名臣錄一卷　(明)王鴻儒撰
　　明良錄略一卷　(明)沈士謙撰
乙集
　　從政錄一卷　(明)薛瑄撰
　　致身錄一卷　(明)史仲彬撰
　　殉身錄一卷　(明)袁玉撰
　　備遺錄一卷　(明)張芹撰
　　平夏錄一卷　(明)黃標撰
　　復辟錄一卷　(明)楊瑄撰
　　女直考一卷　(明)天都山臣撰
　　夷俗記一卷　(明)蕭大亨撰
　　北征錄一卷　(明)金幼孜撰
　　北征後錄一卷　(明)金幼孜撰
　　北征記一卷　(明)楊榮撰
　　使高麗錄一卷　(宋)徐兢撰
　　玉堂漫筆一卷　(明)陸深撰
　　願豐堂漫書一卷　(明)陸深撰

金臺紀聞一卷　(明)陸深撰
制府雜錄一卷　(明)楊一清撰
北虜紀略一卷　(明)汪道昆撰
丙集
　　窮勝野聞一卷　(明)徐禎卿撰
　　觚不觚錄一卷　(明)王世貞撰
　　谿山餘話一卷　(明)陸深撰
　　清暑筆談一卷　(明)陸樹聲撰
　　吳中故語一卷　(明)楊循吉撰
　　甲乙剩言一卷　(明)胡應麟撰
　　三朝野史一卷　(元)吳萊撰
　　熙朝樂事一卷　(明)田汝成撰
　　委巷叢談一卷　(明)田汝成撰
　　蜩笑偶言一卷　(明)鄭瑗撰
　　玉笑零音一卷　(明)田藝蘅撰
　　春雨雜述一卷　(明)解縉撰
　　病榻寤言一卷　(明)陸樹聲撰
　　稽氏遺書一卷　(南齊)稽澄撰
丁集
　　瀟湘錄一卷　(唐)李隱撰
　　清尊錄一卷　(宋)廉布撰
　　昨夢錄一卷　(宋)康與之撰
　　就日錄一卷　(宋)耐得翁(趙□)撰
　　驚聽錄一卷　(唐)皇甫枚撰
　　劇談錄一卷　(宋)鄭景璧撰
　　解醒語一卷　(元)李材撰
　　已瘧編一卷　(明)劉玉撰
　　耳目記一卷　(唐)張鷟撰
　　括異志一卷　(宋)魯應龍撰
戊集
　　枕譚一卷　(明)陳繼儒撰
　　猥談一卷　(明)祝允明撰
　　語怪一卷　(明)祝允明撰
　　異林一卷　(明)徐禎卿撰
　　羣碎錄一卷　(明)陳繼儒撰
　　物異考一卷　(宋)方鳳撰
　　真靈位業圖一卷　(梁)陶弘景撰　(唐)閭
　　　丘方遠校定
己集
　　空同子一卷　(明)李夢陽撰
　　冥寥子游一卷　(明)屠隆撰
　　廣莊一卷　(明)袁宏道撰
　　貧士傳二卷　(明)黃姬水撰
　　長者言一卷　(明)陳繼儒撰
　　香案牘一卷　(明)陳繼儒撰
　　清言一卷　(明)屠隆撰
　　續清言一卷　(明)屠隆撰
　　歸有園麈談一卷　(明)徐學謨撰
　　偶譚一卷　(明)李鼎撰
　　木几冗談一卷　(明)彭汝讓撰

說郛一百二十弓

(元)陶宗儀輯　(明)陶珽重校
　　清順治三年(1646)兩浙督學周南李際期
　　　　宛委山堂刊本

關氏易傳一卷　（後魏）關朗撰
周易略例一卷　（魏）王弼撰
周易古占一卷　（宋）程迥撰
弓三
周易舉正一卷　（唐）郭京撰
讀易私言一卷　（元）許衡撰
元包數義一卷　（宋）張行成撰
横著記一卷　（元）劉因撰
論語筆解一卷　（唐）韓愈撰
論語拾遺一卷　（宋）蘇轍撰
疑孟一卷　（宋）司馬光撰
詰墨一卷　（漢）孔鮒撰
翼莊一卷　（晉）郭象撰　（明）高鼒輯
弓四
毛詩草木鳥獸蟲魚疏二卷　（吳）陸璣撰
詩說一卷　（宋）張耒撰
三禮敍錄一卷　（元）吳澄撰
夏小正一卷　（漢）戴德傳
月令問答一卷　（漢）蔡邕撰
九經補韻一卷　（宋）楊伯嵒撰
小爾雅一卷　（漢）孔鮒撰
弓五
三墳書一卷　（元）陶宗儀訂
易飛候一卷　（漢）京房撰
易洞林一卷　（晉）郭璞撰
易稽覽圖一卷
易巛靈圖一卷
易通卦驗一卷
尚書璇璣鈐一卷
尚書帝命期一卷
尚書考靈耀一卷
尚書中候一卷
詩含神霧一卷
詩紀曆樞一卷
春秋元命苞一卷
春秋運斗樞一卷
春秋文曜鉤一卷
春秋合誠圖一卷
春秋孔演圖一卷
春秋說題辭一卷
春秋感精符一卷
春秋潛潭巴一卷
春秋佐助期一卷
春秋緯一卷
春秋後語一卷　（晉）孔衍撰
春秋繁露一卷　（漢）董仲舒撰
禮稽命徵一卷
禮含文嘉一卷
禮斗威儀一卷
大戴禮逸一卷

樂稽耀嘉一卷
孝經援神契一卷
孝經鉤命決一卷
孝經左契一卷
孝經右契一卷
孝經內事一卷
五經折疑一卷　（魏）邯鄲綽撰
五經通義一卷　（漢）劉向撰
龍魚河圖一卷
河圖括地象一卷
河圖稽命徵一卷
河圖稽燿鉤一卷
河圖始開圖一卷
洛書甄耀度一卷
遁甲開山圖一卷
淮南萬畢術一卷　（漢）劉安撰
弓六
聖門事業圖一卷　（宋）李元綱撰
黍明書五卷　（唐）丘光庭撰
希通錄一卷　（宋）蕭參撰
實賓錄一卷　（宋）馬永易撰
弓七
譚子化書六卷　（南唐）譚峭撰
素書一卷　（漢）黃石公撰
枕中書一卷　（晉）葛洪撰
參同契一卷　（漢）魏伯陽撰
陰符經一卷　（漢）張良等注
弓八
三教論衡一卷　（唐）白居易撰
令旨解二諦義一卷　（梁）蕭統撰
漁樵對問一卷　（宋）邵雍撰
西疇老人常言一卷　（宋）何坦撰
藝圃折中一卷　（宋）鄭厚撰
發明義理一卷　（宋）呂希哲撰
弓九
鹿門隱書一卷　（唐）皮日休撰
山書一卷　（唐）劉蛻撰
兩同書一卷　（唐）羅隱撰
迂書一卷　（宋）司馬光撰
武侯新書一卷　（蜀）諸葛亮撰
權書一卷　（宋）蘇洵撰
弓十
正朔考一卷　（宋）魏了翁撰
史剡一卷　（宋）司馬光撰
綱目疑誤一卷　（宋）周密撰
揚子新注一卷　（唐）柳宗元撰
新唐書糾謬一卷　（宋）吳縝撰
遂初堂書目一卷　（宋）尤袤撰
弓十一
輶軒絕代語一卷　（漢）揚雄撰

獨斷一卷　(漢)蔡邕撰	侯鯖錄一卷　(宋)趙令畤撰
臆乘一卷　(宋)楊伯嵒撰	畫墁錄一卷　(宋)張舜民撰
芥隱筆記一卷　(宋)龔頤正撰	摭青雜說一卷　(宋)王明清撰
宜齋野乘一卷　(宋)吳枋撰	樂郊私語一卷　(元)姚桐壽撰
弓十二	隱窟雜志一卷　(宋)溫革撰
中華古今注三卷　(後唐)馬縞撰	梁溪漫志一卷　(宋)費袞撰
古今考一卷　(宋)魏了翁撰	墨娥漫錄一卷　(宋)□□輯
刑書釋名一卷　(宋)王鍵撰	三水小牘一卷　(唐)皇甫枚撰
釋常談三卷　(宋)□□撰	弓十九
續釋常談一卷　(宋)龔熙正撰	寓簡一卷　(宋)沈作喆撰
事原一卷　(宋)劉孝孫撰	碧雞漫志一卷　(宋)王灼撰
袖中記一卷　(梁)沈約撰	晁氏客語一卷　(宋)晁說之撰
弓十三	涪翁雜說一卷　(宋)黃庭堅撰
演繁露一卷　(宋)程大昌撰	雲麓漫抄一卷　(宋)趙彥衛撰
學齋呫嗶一卷　(宋)史繩祖撰	黃氏筆記一卷　(元)黃溍撰
李氏刊誤一卷　(唐)李涪撰	兩鈔摘腴一卷　(宋)史浩撰
孔氏雜說一卷　(宋)孔平仲撰	碧湖雜記一卷　(宋)謝枋得撰
弓十四	西林日記一卷　(元)姚燧撰
鼠璞二卷　(宋)戴埴撰	搜神祕覽一卷　(宋)章炳文撰
資暇錄一卷　(唐)李匡乂撰	牧堅閒談一卷　(宋)景煥撰　　[撰
賓退錄一卷　(宋)趙與時撰	紫薇雜記一卷　(宋)呂祖謙(一題呂本中)
紀談錄一卷　(宋)晁邁撰	弓二十
過庭錄一卷　(宋)范公稱撰	巖下放言一卷　(宋)葉夢得撰
楮記室一卷　(明)潘塤撰	玉澗襍書一卷　(宋)葉夢得撰
弓十五	石林燕語一卷　(宋)葉夢得撰
螢雪叢說二卷　(宋)俞成撰　　[錄	避暑錄話一卷　(宋)葉夢得撰
孫公談圃三卷　(宋)孫升述　(宋)劉延世	深雪偶談一卷　(宋)方岳撰
墨客揮犀一卷　(宋)彭乘撰	葦航紀談一卷　(宋)蔣津撰
師友談記一卷　(宋)李廌撰	豹隱紀談一卷　(宋)周遵道撰
弓十六	悅生隨抄一卷　(宋)賈似道撰
宋景文公筆記一卷　(宋)宋祁撰	齊東埜語一卷　(宋)周密撰
王文正筆錄一卷　(宋)王曾撰	邇言志見一卷　(宋)劉炎撰
丁晉公談錄一卷　(宋)丁謂撰	晰獄龜鑑一卷　(宋)鄭克撰
楊文公談苑一卷　(宋)楊億述　(宋)黃鑑	弓二十一
錄　(宋)宋庠重訂	青箱雜記一卷　(宋)吳處厚撰
欒城先生遺言一卷　(宋)蘇籀記	冷齋夜話一卷　(宋)釋惠洪撰
弓十七	癸辛雜識一卷　(宋)周密撰
愛日齋叢抄一卷　(宋)葉□撰	墨莊漫錄一卷　(宋)張邦基撰
能改齋漫錄一卷　(宋)吳曾撰	龍川別志一卷　(宋)蘇轍撰
識遺一卷　(宋)羅璧撰	羅湖野錄一卷　(宋)釋曉瑩撰
退齋雅聞錄一卷　(宋)侯延慶撰	鶴林玉露一卷　(宋)羅大經撰
南墅閒居錄一卷	雲谿友議一卷　(唐)范攄撰
雪浪齋日記一卷	弓二十二
廬陵官下記一卷　(唐)段成式撰	後山談叢一卷　(宋)陳師道撰
玉溪編事一卷　(五代)□□撰	林下偶譚一卷　(宋)吳□撰
渚宮故事一卷　(唐)余知古撰	緗素雜記一卷　(宋)黃朝英撰
麟臺故事一卷　(宋)程俱撰	捫虱新話一卷　(宋)陳善撰
五國故事一卷　(宋)□□撰	研北雜志一卷　(元)陸友撰
郡閣雅言一卷　(宋)潘若同撰	清波雜志一卷　(宋)周煇撰
弓十八	壺中贅錄一卷

物類相感志一卷　（宋）蘇軾撰

弓二十三

因話錄一卷　（唐）趙璘撰
同話錄一卷　（宋）曾三異撰
五色線一卷　（宋）□□撰
五總志一卷　（宋）吳炯撰
金樓子一卷　梁元帝撰
乾𦠆子一卷　（唐）溫庭筠撰
投荒雜錄一卷　（唐）房千里撰
炙轂子錄一卷　（唐）王叡撰
抒情錄一卷　（宋）盧懷撰
啓顏錄一卷　（唐）侯白撰
絕倒錄一卷　（宋）朱暉撰
唾玉集一卷　（宋）俞文豹撰
辨疑志一卷　（唐）陸長源撰
開城錄一卷　（唐）李石撰
原化記一卷　（唐）皇甫□撰
蠹海錄一卷　（明）王逵撰
澄懷錄一卷　（元）袁桷撰

弓二十四

王氏談錄一卷　（宋）王洙（一題王欽臣）撰
先公談錄一卷　（宋）李宗諤錄
稿簡贅筆一卷　（宋）章淵撰
傳講雜記一卷　（宋）呂希哲撰
繼古藂編一卷　（宋）施靑臣撰
南窻記談一卷　（宋）□□撰
後耳目志一卷　（宋）鞏豐（誤題曾鞏）撰
羣居解頤一卷　（唐）高懌撰
雁門野說一卷　（宋）邵恩撰
三柳軒雜識一卷　（元）程棨撰
負暄雜錄一卷　（宋）顧文薦撰
中吳紀聞一卷　（宋）龔明之撰
緯略一卷　（宋）高似孫撰
鉤玄一卷　（元）□□撰

弓二十五

遯齋閒覽一卷　（宋）范正敏撰
稗史一卷　（元）仇遠撰
志林一卷　（宋）蘇軾撰
因論一卷　（唐）劉禹錫撰
晉問一卷　（唐）柳宗元撰
窮愁志一卷　（唐）李德裕撰
席上腐談一卷　（宋）俞琰撰
讀書隅見一卷　（宋）鄭震撰
田間書一卷　（宋）林芳撰
判決錄一卷　（唐）張鷟撰

弓二十六

東園友聞一卷　（元）□□撰
劉馮事始一卷　（唐）劉存（前蜀）馮鑑撰
西墅記譚一卷　（前蜀）潘遠撰
遺史紀聞一卷　（宋）詹玠撰

姑蘇筆記一卷　（宋）羅志仁撰
南部新書一卷　（宋）錢易撰
龍城錄一卷　（唐）柳宗元撰
桂苑叢談一卷　（唐）馮翊撰
義山雜記一卷　（唐）李商隱撰
文藪雜著一卷　（唐）皮日休撰
法苑珠林一卷
蒼梧雜志一卷　（宋）胡珵撰
靑瑣高議一卷　（宋）劉斧撰
祕閣閑話一卷
耕餘博覽一卷　（宋）□□撰

弓二十七

雞肋編一卷　（宋）莊綽撰
泊宅編一卷　（宋）方勺撰
吹劍錄一卷　（宋）俞文豹撰
投轄錄一卷　（宋）王明淸撰
鑑戒錄一卷　（後蜀）何光遠撰
暇日記一卷　（宋）劉跂撰
佩楚軒客談一卷　（元）戚輔之撰
志雅堂雜抄一卷　（宋）周密撰
浩然齋視聽抄一卷　（宋）周密撰
瑞桂堂暇錄一卷　（宋）□□撰
陵陽室中語一卷　（宋）范季隨撰
猗覺寮雜記一卷　（宋）朱翌撰
昭德新編一卷　（宋）晁迥撰
山陵雜記一卷　（元）楊奐撰

弓二十八

雞肋一卷　（宋）趙崇絢撰
桯史一卷　（宋）岳珂撰
雲谷雜記一卷　（宋）張淏撰
船窻夜話一卷　（宋）顧文薦撰
野人閒話一卷　（宋）景煥撰
植杖閒談一卷　（宋）錢康功撰
東齋記事一卷　（宋）許觀撰
澹山雜識一卷　（宋）錢功撰
坦齋通編一卷　（宋）邢凱撰
桃源手聽一卷　（宋）陳賓撰
葦居聽輿一卷　（宋）陳直撰
仇池筆記一卷　（宋）蘇軾撰

弓二十九

暘谷謾錄一卷　（宋）洪巽撰
友會談叢一卷　（宋）上官融撰
野老記聞一卷　（宋）王□（誤題孫穀祥）撰
灌畦暇語一卷　（唐）□□撰
澗泉日記一卷　（宋）韓淲撰
步里客談一卷　（宋）陳長方撰
雲齋廣錄一卷　（宋）李獻民撰
續甌㪍說一卷　（宋）朱昂（一題朱弁）撰
西齋話記一卷　（宋）祖士衡撰　　　〔撰
雪舟脞語一卷　（元）王仲暉（一題邵桂子）

西軒客談一卷　(明)□□撰		瀟湘錄一卷　(唐)李隱撰	
蒙齋筆談(節錄嚴下放言)一卷　(宋)葉夢得(誤題鄭景壁)撰		野雪鍜排雜說一卷　(宋)許景迁撰	
廬陵雜說一卷　(宋)歐陽修撰		耳目記一卷　(唐)張鷟撰	
昌黎雜說一卷　(唐)韓愈撰		樹萱錄一卷　(唐)劉翕撰	
漁樵閒話一卷　(宋)蘇軾撰		善謔集一卷　(宋)天和子撰	
号三十		紹陶錄一卷　(宋)王質撰	
游宦紀聞一卷　(宋)張世南撰		視聽抄一卷　(宋)吳萃撰	
行都紀事一卷　(宋)陳晦撰		卻掃編一卷　(宋)徐度撰	
鄰幾雜誌一卷　(宋)江休復撰		開顏集一卷　(宋)周文玘撰	
楓窗小牘二卷　(宋)袁褧撰　(宋)袁頤續		雞跖集一卷　(宋)王子韶撰	
湖湘故事一卷　(宋)陶岳撰		葆化錄一卷　(唐)陳京撰	
号三十一		聞見錄一卷　(宋)羅點撰	
誠齋雜記一卷　(元)周達觀(一題林坤)撰		洽聞記一卷　(唐)鄭常撰	
溫公瑣語一卷　(宋)司馬光撰		聞談錄一卷　(宋)蘇耆撰	
蔣氏日錄一卷　(宋)蔣穎叔撰		解醒語一卷　(元)李材撰	
剡溪野語一卷　(宋)程正敏撰		延漏錄一卷　(宋)章望之撰	
釣磯立談一卷　(宋)費樞撰		三餘帖一卷	
盛事美談一卷　(宋)□□撰		北山錄一卷　(宋)□□撰	
衣冠盛事一卷　(唐)蘇特撰		玉匣記一卷　(宋)皇甫牧撰	
硯崗筆志一卷　(宋)唐稷撰		潛居錄一卷	
窗閒記聞一卷　(宋)陳子兼撰		号三十三	
翰墨叢記一卷　(宋)滕康撰		西溪叢語一卷　(宋)姚寬撰	
備忘小抄一卷　(五代)文谷撰		倦游雜錄一卷　(宋)張師正撰	
餘艎日疏一卷　(元)凌準撰		虛谷閒抄一卷　(元)方回撰	
輶軒雜錄一卷　(宋)王襄撰		玉照新志六卷　(宋)王明清撰	
獨醒雜志一卷　(宋)吳宏撰		醉翁寤語一卷　(宋)樓璹撰	
姚氏殘語一卷　(宋)姚寬撰		錦里新聞一卷　(宋)□□撰	
有宋佳話一卷　(宋)□□撰		号三十四	
採蘭雜志一卷		清尊錄一卷　(宋)廉布撰	
嘉蓮燕語一卷		昨夢錄一卷　(宋)康與之撰	
戊辰雜抄一卷		就日錄一卷　(宋)耐得翁(趙□)撰	
眞率筆記一卷　(宋)□□撰		漫笑錄一卷　(宋)徐慥撰	
芸窗私志一卷　(元)陳芬撰		軒渠錄一卷　(宋)呂本中撰	
致虛雜俎一卷		拊掌錄一卷　(元)元懷撰	
內觀日疏一卷		諧噱錄一卷　(唐)劉訥言撰	
漂粟手牘一卷		咸定錄一卷　(宋)□□撰	
奚囊橘柚一卷		天定錄一卷　(宋)□□撰	
玄池說林一卷		調謔編一卷　(宋)蘇軾撰	
賈氏說林一卷		謔名錄一卷　(宋)吳淑撰	
然藜餘筆一卷　(宋)□□撰		艾子雜說一卷　(宋)蘇軾撰	
荻樓雜抄一卷		号三十五	
客退紀談一卷		摭言一卷　(唐)何晦(一題南漢王定保)撰	
下帷短牒一卷		諧史一卷　(宋)沈俶撰	
下黃私記一卷		可談一卷　(宋)朱彧撰	
号三十二		話腴一卷　(宋)陳郁撰	
嫏嬛記一卷　(元)伊世珍撰		談藪一卷　(宋)龐元英撰	
宣室志一卷　(唐)張讀撰		談淵一卷　(宋)王陶撰	
傳載一卷　(唐)劉餗撰		談撰一卷　(元)虞裕撰	
傳載略一卷　(宋)釋贊寧撰		号三十六	
		尚書故實一卷　(唐)李綽撰	

次柳氏舊聞一卷　（唐）李德裕撰
隋唐嘉話一卷　（唐）劉餗撰
劉賓客嘉話錄一卷　（唐）韋絢錄
賓朋宴語一卷　（宋）丘昶撰
法藏碎金錄一卷　（宋）晁迥撰
弓三十七
春渚紀聞一卷　（宋）何薳撰
曲洧舊聞一卷　（宋）朱弁撰
茅亭客話一卷　（宋）黃休復撰
避戎嘉話一卷　（宋）石茂良撰
聞燕常談一卷　（宋）董弅撰
儒林公議一卷　（宋）田況撰
賈氏談錄一卷　（宋）張洎撰
燈下閒談一卷　（宋）江洵撰
鞠堂野史一卷　（宋）林子中撰
退齋筆錄一卷　（宋）侯延慶撰
皇朝類苑一卷　（宋）江少虞撰
珩璜新論一卷　（宋）孔平仲撰
弓三十八
白獺髓一卷　（宋）張仲文撰
清夜錄一卷　（宋）俞文豹撰
貴耳錄一卷　（宋）張端義撰
碧雲騢一卷　（宋）梅堯臣撰
異聞記一卷　（宋）何先撰
芝田錄一卷　（唐）丁用晦撰
避亂錄一卷　（宋）王明清撰
嘮嗷集一卷　（元）宋无撰
蓕鸎錄一卷　（唐）太行山人撰
弓三十九
揮麈錄一卷　（宋）王明清撰
揮麈餘話一卷　（宋）王明清撰
避暑漫抄一卷　（宋）陸游撰
南唐近事一卷　（宋）鄭文寶撰
洞微志一卷　（宋）錢易撰
該聞錄一卷　（宋）李畋撰
從駕記一卷　（宋）陳世崇撰
東巡記一卷　（宋）趙彥衛撰
青溪寇軌一卷　（宋）方勺撰
江表志一卷　（宋）鄭文寶撰
弓四十
歸田錄二卷　（宋）歐陽修撰
嬾眞子錄一卷　（宋）馬永卿撰
陶朱新錄一卷　（宋）馬純撰
東皋雜錄一卷　（宋）孫宗鑑撰
東軒筆錄一卷　（宋）魏泰撰
山房隨筆一卷　（元）蔣子正撰
十友瑣說一卷　（宋）溫革撰
弓四十一
春明退朝錄三卷　（宋）宋敏求撰
澠水燕談錄一卷　（宋）王闢之撰

幙府燕閒錄一卷　（宋）畢仲詢撰
老學菴筆記一卷續一卷　（宋）陸游撰
蓼花洲閒錄一卷　（宋）高文虎撰
秀水閒居錄一卷　（宋）朱勝非撰
弓四十二
大唐創業起居注三卷　（唐）溫大雅撰
乾淳起居注一卷　（宋）周密撰
御塞行程一卷　（宋）趙彥衛撰
熙豐日曆一卷　（宋）王明清撰
唐年補錄一卷　（唐）馬總撰
弓四十三
東觀奏記三卷　（唐）裴庭裕撰
國老談苑二卷　（宋）王君玉撰
明道雜志一卷續一卷　（宋）張耒撰
弓四十四
燕翼貽謀錄五卷　（宋）王栐撰
玉堂逢辰錄一卷　（宋）錢惟演撰
宜春傳信錄一卷　（宋）羅誘撰
洛陽搢紳舊聞記一卷　（宋）張齊賢撰
小說舊聞記一卷　（唐）柳公權撰　　［撰
廣陵妖亂志一卷　（唐）鄭廷誨（一題羅隱）
弓四十五
玉堂雜記三卷　（宋）周必大撰
玉壺清話一卷　（宋）釋文瑩撰
道山清話一卷　（宋）王口撰
家世舊聞一卷　（宋）陸游撰
錢氏私誌一卷　（宋）錢愐撰
家王故事一卷　（宋）錢惟演撰
桐陰舊話一卷　（宋）韓元吉撰
弓四十六
北夢瑣言一卷　（宋）孫光憲撰
杜陽雜編三卷　（唐）蘇鶚撰
金華子雜編一卷　（南唐）劉崇遠撰
玉泉子眞錄一卷　（唐）口口撰
松窗雜記一卷　（唐）杜荀鶴（一題李濬）撰
南楚新聞一卷　（唐）尉遲樞撰
中朝故事一卷　（南唐）尉遲偓撰
戎幕閒談一卷　（唐）韋絢撰
商芸小說一卷　（梁）殷芸撰
封氏聞見記一卷　（唐）封演撰
景龍文館記一卷　（唐）武平一撰
弓四十七
行營雜錄一卷　（宋）趙葵撰
江行雜錄一卷　（宋）廖瑩中撰
聞見雜錄一卷　（宋）蘇舜欽撰
養疴漫筆一卷　（宋）趙溍撰
文昌雜錄一卷　（宋）陳襄（一題龐元英）撰
遂昌雜錄一卷　（元）鄭元祐撰
宣政雜錄一卷　（宋）江萬里撰
古杭雜記一卷　（元）李有撰

天南行記一卷　（元）徐明善撰
高昌行紀一卷　（宋）王延德撰
陷虜記一卷　（五代）胡嶠撰
弓五十七
　群輔錄一卷　（晉）陶潛撰
　英雄記鈔一卷　（漢）王粲撰
　眞靈位業圖一卷　（梁）陶弘景撰　（唐）閭
　　丘方遠校定
　東林蓮社十八高賢傳一卷　（晉）□□撰
　高士傳一卷　（晉）皇甫謐撰
弓五十八
　汝南先賢傳一卷　（晉）周斐撰
　陳留耆舊傳一卷　（魏）蘇林撰
　會稽先賢傳一卷　（吳）謝承撰
　益都耆舊傳一卷　（晉）陳壽撰
　楚國先賢傳一卷　（晉）張方撰
　襄陽耆舊傳一卷　（晉）習鑿齒撰
　長沙耆舊傳一卷　（晉）劉彧撰
　零陵先賢傳一卷　（晉）司馬彪撰
　廣州先賢傳一卷　（□）鄒閭甫撰
　閬川名士傳一卷　（唐）黃璞撰
　西州後賢志一卷　（晉）常璩撰
　文士傳一卷　（晉）張隱撰
　列女傳一卷　（晉）皇甫謐撰
　梓潼士女志一卷　（晉）常璩撰
　漢中士女志一卷　（晉）常璩撰
　孝子傳一卷　（晉）徐廣撰
　幼童傳一卷　（梁）劉劭撰
　高道傳一卷　（宋）賈善翔撰
　方外志一卷
　列仙傳一卷　（漢）劉向撰
　神仙傳一卷　（晉）葛洪撰
　續神仙傳一卷　（南唐）沈汾撰
　集仙傳一卷　（宋）曾慥撰
　江淮異人錄　（宋）吳淑撰
弓五十九
　漢官儀一卷　（漢）應劭撰
　獻帝春秋一卷
　玄晏春秋一卷　（晉）皇甫謐撰
　九州春秋一卷　（晉）司馬彪撰
　帝王世紀一卷　（晉）皇甫謐撰
　魏晉世語一卷　（晉）郭頒撰
　東宮舊事一卷　（晉）張敞撰
　元嘉起居注一卷
　大業拾遺錄一卷　（唐）杜寶撰
　建康宮殿簿一卷　（唐）張著撰
　山公啓事一卷　（晉）山濤撰
　八王故事一卷　（晉）盧綝撰
　陸機要覽一卷　（晉）陸機撰
　新論一卷　（漢）桓譚撰

譙周法訓一卷　（蜀）譙周撰
裴啓語林一卷　（晉）裴啓撰
虞喜志林一卷　（晉）虞喜撰
魏臺訪議一卷　（魏）王肅撰
魏春秋一卷　（晉）孫盛撰
齊春秋一卷　（梁）吳均撰
晉陽秋一卷　（晉）庾翼撰
續晉陽秋一卷　（劉宋）檀道鸞撰
晉中興書一卷　（劉宋）何法盛撰
宋拾遺錄一卷　（梁）謝綽撰
會稽典錄一卷　（晉）虞預撰
三國典略一卷　（晉）魚豢撰
建康實錄一卷
三輔決錄一卷　（漢）趙岐撰
鄴中記一卷　（晉）陸翽撰
吳錄一卷　（晉）張勃撰
弓六十
　靈憲注一卷　（漢）張衡撰
　玉曆通政經一卷
　徐整長曆一卷　（吳）徐整撰
　孫氏瑞應圖一卷　（梁）孫柔之撰
　玉符瑞圖一卷　（梁）顧野王撰
　地鏡圖一卷
　五行記一卷　（唐）□□撰
　玄中記一卷　（□）郭□撰
　發蒙記一卷　（晉）束皙撰
　決疑要注一卷　（晉）摯虞撰
　在窮記一卷　（□）孔元舒撰
　河東記一卷
　雞林志一卷　（宋）□□撰
　湘山錄一卷　（宋）釋文瑩撰
　九國志一卷　（□）劉旻（一題宋路振）撰
　九域志一卷　（宋）李昉撰
　十道志一卷　（唐）李吉甫撰
　十三州記一卷　（晉）黃義仲撰
　寰宇記一卷　（宋）樂史撰
　風土記一卷　（晉）周處撰
　神境記一卷　（劉宋）王韶之撰
　西征記一卷　（晉）戴祚撰
　三輔黃圖一卷　（漢）□□撰
　三輔舊事一卷　（唐）袁郊撰
　西都雜記一卷　（唐）韋述撰
　太康地記一卷　（晉）□□撰
　燉煌新錄一卷　（後魏）劉昞撰
　扶南土俗一卷　（吳）康泰撰
　南宋市肆紀一卷　（宋）泗水潛夫（周密）撰
弓六十一
　三秦記一卷　（□）辛氏撰
　長安志一卷　（宋）宋敏求撰
　關中記一卷　（晉）潘岳撰

荊楚歲時記一卷　(梁)宗懍撰
乾淳歲時記一卷　(宋)周密撰
輦下歲時記一卷　(唐)□□撰
秦中歲時記一卷　(唐)李淖撰
玉燭寶典一卷　(隋)杜臺卿撰
四民月令一卷　(漢)崔寔撰
千金月令一卷　(唐)孫思邈撰
四時寶鏡一卷
歲時雜記一卷　(宋)呂原明撰
歲華紀麗四卷　(唐)韓鄂撰
影燈記一卷
弓七十
　畫簾緒論一卷　(宋)胡太初撰
　官箴一卷　(宋)呂本中撰
　政經一卷　(宋)眞德秀撰
　忠經一卷　(漢)馬融撰
　女孝經一卷　(唐)鄭□撰
　女論語一卷　(唐)宋若昭撰
　女誡一卷　(漢)班昭撰
　厚德錄一卷　(宋)李元綱撰
　省心錄一卷　(宋)林逋撰
弓七十一
　涑水家儀一卷　(宋)司馬光撰
　顏氏家訓一卷　(北齊)顏之推撰
　石林家訓一卷　(宋)葉夢得撰
　緒訓一卷　(宋)陸游撰
　蘇氏族譜一卷　(宋)蘇洵撰
　訓學齋規一卷　(宋)朱熹撰
　呂氏鄉約一卷　(宋)呂大忠撰
　義莊規矩一卷　(宋)范仲淹撰
　世範一卷　(宋)袁采撰
　鄭氏家範一卷　(元)鄭太和撰
弓七十二
　前定錄一卷續一卷　(唐)鍾輅撰
　還冤記一卷　(北齊)顏之推撰
　報應記一卷　(唐)唐臨撰
弓七十三
　祛疑說一卷　(宋)儲泳撰
　辨惑論一卷　(元)謝應芳撰
　善誘文一卷　(宋)陳錄撰
　榮善錄一卷　(宋)李昌齡輯
　東谷所見一卷　(宋)李之彥撰
弓七十四
　山家清供一卷　(宋)林洪撰
　山家清事一卷　(宋)林洪撰
　忘懷錄一卷　(宋)沈括撰
　登涉符籙一卷　(晉)葛洪撰
　臥游錄一卷　(宋)呂祖謙撰
　對雨編一卷　(宋)洪邁撰
　農家諺一卷　(漢)崔寔撰

弓七十五
　經鉏堂雜誌一卷　(宋)倪思撰
　吳下田家志一卷　(元)陸泳撰
　天隱子養生書一卷　(唐)司馬承禎撰
　保生要錄一卷　(宋)蒲處貫撰
　保生月錄一卷　(宋)韋行規撰
　養生月錄一卷　(宋)姜蛻撰
　攝生要錄一卷　(明)沈仕撰
　齊民要術一卷　(後魏)賈思勰撰
　林下清錄一卷　(明)沈仕撰
　蘭亭集一卷　(晉)王羲之等撰
　輞川集一卷　(唐)王維(唐)裴迪撰
　洛中耆英會一卷　(宋)司馬光等撰
　洛中九老會一卷　(唐)白居易等撰
弓七十六
　錦帶書一卷　(梁)蕭統撰
　耕祿藁一卷　(宋)胡錡撰
　水族加恩簿一卷　(宋)毛勝撰
　禪本草一卷　(宋)釋慧日撰
　義山雜纂一卷　(唐)李商隱撰
　雜纂續一卷　(宋)王君玉撰
　雜纂二續一卷　(宋)蘇軾撰
弓七十七
　小名錄一卷　(唐)陸龜蒙撰
　侍兒小名錄一卷　(宋)王銍撰
　侍兒小名錄一卷　(宋)溫豫撰
　侍兒小名錄一卷　(宋)洪遵撰
　侍兒小名錄一卷　(宋)張邦幾撰
　釵小志一卷　(唐)朱揆撰
　粧樓記一卷　(南唐)張泌撰
　粧臺記一卷　(唐)宇文士及撰
　靚粧錄一卷　(唐)溫庭筠撰
　髻鬟品一卷　(唐)段成式撰
弓七十八
　織錦璇璣圖一卷　(前秦)蘇蕙撰
　北里志一卷　(唐)孫棨撰
　教坊記一卷　(唐)崔令欽撰
　青樓集一卷　(元)黃雪蓑(夏庭芝)撰
　麗情集一卷　(宋)張君房撰
弓七十九
　文則一卷　(宋)陳騤撰
　文錄一卷　(宋)唐庚撰
　詩品三卷　(梁)鍾嶸撰
　詩式一卷　(唐)釋皎然撰
　詩譜一卷　(元)陳繹曾撰
　二十四詩品一卷　(唐)司空圖撰
　詩談一卷　(宋)□□撰
　詩論一卷　(宋)釋普聞撰
　詩病五事一卷　(宋)蘇轍撰
　杜詩箋一卷　(宋)黃庭堅撰

弓八十
　風騷旨格一卷　(唐)釋齊己撰
　韻語陽秋一卷　(宋)葛立方撰
　藝苑雌黃一卷　(宋)嚴有翼撰
　譚苑醍醐一卷　(明)楊愼撰
　竹林詩評一卷
　謝氏詩源一卷
　潛溪詩眼一卷　(宋)范溫撰
　本事詩一卷　(唐)孟棨撰
　續本事詩一卷　(□)聶奉先撰
弓八十一
　碧溪詩話一卷　(宋)黃徹撰
　環溪詩話一卷　(宋)吳沆撰
　東坡詩話一卷　(宋)蘇軾撰
　西清詩話一卷　(宋)蔡條撰
　艇齋詩話一卷　(宋)曾季貍撰
　梅澗詩話一卷　(宋)韋居安撰
　後村詩話一卷　(宋)劉克莊撰
　漫叟詩話一卷
　桐江詩話一卷
　蘭莊詩話一卷　(明)閔文振撰
　逕齋詩話一卷
　金玉詩話一卷　(宋)蔡條撰
　漢皋詩話一卷
　陳輔之詩話一卷　(宋)陳輔撰
　敕器之詩話一卷　(宋)敕陶孫撰
　潘子眞詩話一卷　(宋)潘子眞撰
　青瑣詩話一卷　(宋)劉斧撰
　玄散詩話一卷
弓八十二
　六一居士詩話一卷　(宋)歐陽修撰
　司馬溫公詩話一卷　(宋)司馬光撰
　劉攽貢父詩話一卷　(宋)劉攽撰
　後山居士詩話一卷　(宋)陳師道撰
　許彥周詩話一卷　(宋)許顗撰
弓八十三
　滄浪詩話一卷　(宋)嚴羽撰
　珊瑚鈎詩話三卷　(宋)張表臣撰
　石林詩話三卷　(宋)葉夢得撰
　烏臺詩案一卷　(宋)朋九萬撰
弓八十四
　庚溪詩話一卷　(宋)西郊野叟(陳巖肖)撰
　紫微詩話一卷　(宋)呂本中撰
　竹坡老人詩話一卷　(宋)周紫芝撰
　臨漢隱居詩話一卷　(宋)魏泰撰
　苕溪漁隱叢話一卷　(宋)胡仔撰
　歲寒堂詩話一卷　(宋)張戒撰
　娛書堂詩話一卷　(宋)趙與虤撰
　二老堂詩話一卷　(宋)周必大撰
　比紅兒詩一卷　(唐)羅虬撰

林下詩談一卷　(宋)□□撰
詩話雋永一卷　(元)喩正己撰
詩詞餘話一卷　(元)俞焯撰
詞品一卷　(明)涵虛子(朱權)撰
詞旨一卷　(元)陸行直撰
四六餘話一卷　(宋)相國道撰
月泉吟社一卷　(宋)吳渭輯
弓八十五
　佩觽三卷　(後周)郭忠恕撰
　干祿字書一卷　(唐)顏元孫撰
　金壺字考一卷　(宋)釋適之撰
　俗書證誤一卷　(隋)顏愍楚撰
　字書誤讀一卷　(宋)王筠撰
　字格一卷　(唐)竇臮撰
　字林一卷　(晉)呂忱撰
弓八十六
　六義圖解一卷　(宋)王應電撰
　筆勢論略一卷　(晉)王羲之撰
　筆陣圖一卷　(晉)衛鑠撰
　筆髓論一卷　(唐)虞世南撰
　書法一卷　(唐)歐陽詢撰　(明)王道焜注
　五十六種書法一卷　(唐)韋續撰
　九品書一卷　(唐)韋續撰
　書品優劣一卷　(唐)韋續撰
　續書品一卷　(唐)韋續撰
　書評一卷　(唐)韋續撰
　書評一卷　(梁)袁昂撰
　論篆一卷　(唐)李陽冰撰
　陽冰(誤題冰陽)筆訣一卷　(唐)李陽冰撰
　張長史十二意筆法(一名顏公筆法)一卷
　　(唐)顏眞卿撰
　四體書勢一卷　(晉)衛恆撰
　法書苑一卷　(宋)周越撰
　衍極一卷　(元)鄭杓撰
弓八十七
　書譜一卷　(唐)孫過庭撰
　續書譜一卷　(宋)姜夔撰
　書斷四卷　(唐)張懷瓘撰
　書品一卷　(梁)庾肩吾撰
　書評一卷　梁武帝撰
　後書品一卷　(唐)李嗣眞撰
　能書錄一卷　(齊)王僧虔撰
弓八十八
　書史二卷　(宋)米芾撰
　海岳名言一卷　(宋)米芾撰
　翰墨志一卷　宋高宗撰
　思陵書畫記一卷　(宋)周密撰
　歐公試筆一卷　(宋)歐陽修撰
弓八十九
　寶章待訪錄一卷　(宋)米芾撰

法帖譜系二卷　(宋)曹士冕撰
法帖刊誤二卷　(宋)黃伯思撰
法帖刊誤一卷　(宋)陳與義撰
集古錄一卷　(宋)歐陽修撰

弓九十

古畫品錄一卷　(南齊)謝赫撰
後畫品錄一卷　(陳)姚最撰
續畫品錄一卷　(唐)李嗣真撰
益州名畫錄三卷　(宋)黃休復撰
名畫記一卷　(唐)張彥遠撰
名畫獵精一卷　(唐)張彥遠撰
朵畫錄一卷　(唐)馬朗撰
廣畫錄一卷　(□)釋仁顯撰

弓九十一

貞觀公私畫史一卷　(唐)裴孝源撰
林泉高致一卷　(宋)郭熙撰
畫論一卷　(宋)郭若虛(誤題郭思)撰
紀藝一卷　(宋)郭若虛撰
畫梅譜一卷　(宋)華光道人(釋仲仁)撰
畫竹譜一卷　(元)李衎撰
墨竹譜一卷　(元)管道昇撰
畫學祕訣一卷　(唐)王維撰

弓九十二

畫史一卷　(宋)米芾撰
畫品一卷　(宋)李廌撰
畫鑒一卷　(元)湯垕撰
畫論一卷　(元)湯垕撰

弓九十三

茶經三卷　(唐)陸羽撰
茶錄一卷　(宋)蔡襄撰
試茶錄一卷　(宋)宋子安撰
大觀茶論一卷　宋徽宗撰
宣和北苑貢茶錄一卷　(宋)熊蕃撰
北苑別錄一卷　(宋)趙汝礪撰
品茶要錄一卷　(宋)黃儒撰
本朝茶法一卷　(宋)沈括撰
煎茶水記一卷　(唐)張又新撰
十六湯品一卷　(唐)蘇廙撰
述煮茶小品一卷　(宋)葉清臣撰
採茶錄一卷　(唐)溫庭筠撰
鬭茶記一卷　(宋)唐庚撰

弓九十四

酒譜一卷　(宋)竇苹撰
續北山酒經一卷　(宋)李保撰
酒經一卷　(宋)蘇軾撰
酒經一卷　(宋)朱肱撰
安雅堂觥律一卷　(元)曹紹撰
觴政述一卷　(宋)趙與時撰
醉鄉日月一卷　(唐)皇甫松撰
罰爵典故一卷　(宋)李廌撰

熙寧酒課一卷　(宋)趙珣撰
新豐酒法一卷　(宋)林洪撰
酒乘一卷　(元)韋孟撰
觥記注一卷　(宋)鄭獬撰
麴本草一卷　(宋)田錫撰
酒爾雅一卷　(宋)何剡撰
酒小史一卷　(宋)宋伯仁撰
酒名記一卷　(宋)張能臣撰

弓九十五

食譜一卷　(唐)韋巨源撰
食經一卷　(□)謝諷撰
食珍錄一卷　(劉宋)虞悰撰
膳夫錄一卷　(唐)鄭望之撰
玉食批一卷　(宋)司膳內人撰
士大夫食時五觀一卷　(宋)黃庭堅撰
糖霜譜一卷　(宋)洪邁撰
中饋錄一卷　(□)吳□撰
刀劍錄一卷　(梁)陶弘景撰
洞天清錄一卷　(宋)趙希鵠撰

弓九十六

硯史一卷　(宋)米芾撰
硯譜一卷　(宋)李之彥撰
硯譜一卷　(宋)蘇易簡撰
端溪硯譜一卷　(宋)□□撰　(宋)葉樾訂
歙州硯譜一卷　(宋)洪适(一題唐積)撰
歙硯說一卷辨歙石說一卷　(元)曹紹撰
雲林石譜三卷　(宋)杜綰撰
漁陽石譜一卷　(宋)漁陽公撰
宣和石譜一卷　(宋)常懋撰
太湖石志一卷　(宋)范成大撰

弓九十七

吳氏印譜(一名漢晉印章圖譜)一卷　(宋)
　　吳孟思撰　(宋)王厚之攷
學古編一卷　(元)吾丘衍撰
傳國璽譜一卷　(宋)鄭文寶撰
玉璽譜一卷　(唐)徐令信撰
相貝經一卷　(漢)朱仲撰
相手版經一卷
帶格一卷　(宋)陳世崇撰
三器圖義一卷　(宋)程迥撰
寶記一卷
三代鼎器錄一卷　(唐)吳協撰
鼎錄一卷　(梁)虞荔撰
錢譜一卷　(宋)董逌(一題明董適)撰
泉志一卷　(宋)洪遵撰

弓九十八

香譜一卷　(宋)洪芻撰
名香譜一卷　(宋)葉廷珪撰
墨經一卷　(宋)晁貫之撰
墨記一卷　(宋)何薳撰

筆經一卷　（晉）王羲之撰
蜀牋譜一卷　（元）費著撰
蜀錦譜一卷　（元）費著撰
衛公故物記一卷　（唐）章端符撰

弓九十九
古玉圖攷一卷　（元）朱德潤撰
文房圖贊一卷　（宋）林洪撰
文房圖贊續一卷　（元）羅先登撰
燕几圖一卷　（宋）黃伯思撰

弓一百
琴曲譜錄一卷　（宋）釋居月撰
雅琴名錄一卷　（劉宋）謝莊撰
琴聲經緯一卷　（宋）陳暘撰
琴箋圖式一卷　（元）陶宗儀撰
雜書琴事一卷　（宋）蘇軾撰
古琴疏一卷　（宋）虞汝明撰
樂府解題一卷　（唐）吳兢撰
驪國樂頌一卷　（唐）□□撰
唐樂曲譜一卷　（宋）高似孫撰
籟紀一卷　（陳）陳叔齊撰
嘯旨一卷　（唐）孫廣撰
玄眞子漁歌記一卷　（唐）張志和撰　（唐）
　　李德裕錄
觱篥格一卷　（唐）段成式撰
柘枝譜一卷　（宋）樂史撰
管絃記一卷　（□）凌秀撰
鼓吹格一卷
樂府雜錄一卷　（唐）段安節撰

弓一百一
尤射一卷　（魏）繆襲撰
射經一卷　（唐）王琚撰
九射格一卷　（宋）歐陽修撰
投壺儀節一卷　（宋）司馬光撰
投壺新格一卷　（宋）司馬光撰
丸經二卷　（元）□□撰
打馬圖一卷　（宋）李清照撰
蹴踘圖譜一卷　（□）汪雲程撰
譜雙五卷　（宋）洪遵撰

弓一百二
除紅譜一卷　（元）楊維楨(一題宋朱河)撰
醉綠圖一卷　（□）張光撰
骰子選格一卷　（唐）房千星撰
樗蒲經略一卷　（宋）程大昌撰
藝經一卷　（魏）邯鄲淳撰
五木經一卷　（唐）李翱撰　（唐）元革注
彈碁經一卷　（晉）徐廣撰
儒棋格一卷　（魏）□肇撰
棊訣一卷　（宋）劉仲甫撰
棋經一卷　（宋）張擬撰
棋手勢一卷　（□）徐泓撰

棋品一卷　（梁）沈約撰
圍棋義例一卷　（宋）徐鉉撰
古局象棋圖一卷　（宋）司馬光撰
琵琶錄一卷　（唐）段安節撰
羯鼓錄一卷　（唐）南卓撰

弓一百三
金漳蘭譜一卷　（宋）趙時庚撰
王氏蘭譜一卷　（宋）王貴學撰
菊譜一卷　（宋）范成大撰
菊譜一卷　（宋）劉蒙撰
菊譜一卷　（宋）史正志撰
海棠譜一卷　（宋）陳思撰
海棠譜詩二卷　（宋）陳思輯

弓一百四
洛陽牡丹記一卷　（宋）歐陽修撰
洛陽牡丹記一卷　（宋）周師厚撰
陳州牡丹記一卷　（宋）張邦基撰
天彭牡丹譜一卷　（宋）陸游撰
牡丹榮辱志一卷　（宋）丘璿撰
揚州芍藥譜一卷　（宋）王觀撰
梅譜一卷　（宋）范成大撰
梅品一卷　（宋）張鎡撰
花經一卷　（宋）張翊撰
花九錫一卷　（唐）羅虬撰
洛陽花木記一卷　（宋）周師厚撰
魏王花木志一卷
楚辭芳草譜一卷　（宋）謝翱撰
南方草木狀三卷　（晉）嵇含撰
園林草木疏一卷　（唐）王方慶撰

弓一百五
桐譜一卷　（宋）陳翥撰
竹譜一卷　（晉）戴凱之撰
續竹譜一卷　（元）劉美之撰
筍譜二卷　（宋）釋贊寧撰
荔枝譜一卷　（宋）蔡襄撰
橘錄三卷　（宋）韓彥直撰
打棗譜一卷　（元）柳貫撰

弓一百六
菌譜一卷　（宋）陳仁玉撰
蔬食譜一卷　（宋）陳達叟撰
野菜譜一卷　（明）王磐撰
茹草紀事一卷　（宋）林洪撰
藥譜一卷　（唐）侯寧極撰
藥錄一卷　（晉）李當之撰
何首烏錄一卷　（唐）李翱撰
彰明附子記一卷　（宋）楊天惠撰　〔撰
種樹書一卷　（唐）郭橐駝(一題元俞宗本)

弓一百七
禽經一卷　（周）師曠撰　（晉）張華注
肉攫部一卷　（唐）段成式撰

麟書一卷　（宋）汪若海撰
蠶書一卷　（宋）秦觀撰
養魚經一卷　（周）范蠡撰
漁具詠一卷　（唐）陸龜蒙撰
相鶴經一卷　（□）浮丘公撰
相牛經一卷　（周）甯戚撰
相馬書一卷　（宋）徐咸撰
蟹譜一卷　（宋）傅肱撰
蜃史一卷
禽獸決錄一卷　（南齊）卞彬撰
解鳥語經一卷　（□）和菟撰
弓一百八
　風后握奇經一卷附握奇經續圖一卷八陣總
　　述一卷　（漢）公孫弘解　續圖（□）□
　　□撰　八陣總述（晉）馬隆述
　筭經一卷　（宋）謝察微撰
　望氣經一卷　（唐）邵諤撰
　星經二卷　（周）甘公（周）石申撰
　相雨書一卷　（唐）黃子發撰
　水衡記一卷
　峽船誌一卷　（南唐）王周撰
　水經二卷　（漢）桑欽撰
弓一百九
　太乙經一卷
　起世經一卷
　宅經一卷　（□）□□注
　木經一卷　（宋）李誠撰
　耒耜經一卷　（唐）陸龜蒙撰
　稽氏遺書一卷　（南齊）稽澄撰
　脈經一卷　（晉）王叔和撰
　子午經一卷　（周）扁鵲撰
　玄女房中經一卷　（唐）孫思邈撰
　相地骨經一卷　（漢）青烏子授
　相兒經一卷　（晉）嚴助撰
　龜經一卷
　卜記一卷　（宋）王宏撰
　箕龜論一卷　（宋）陳師道撰
　百怪斷經一卷　（宋）俞誨撰
　土牛經一卷　（宋）向孟撰
　漏刻經一卷
　感應經一卷　（元）陳櫟撰　　　　　　［撰
　感應類從志一卷　（宋）釋贊寧（一題張華）
　夢書一卷　　　　　　　　　　　　　　　［注
　數術記遺一卷　（漢）徐岳撰　（北周）甄鸞
弓一百十
　漢雜事祕辛一卷　（漢）□□撰
　大業雜記一卷　（唐）杜寶撰
　大業拾遺記一卷　（唐）顏師古撰
　元氏掖庭記一卷　（元）陶宗儀撰
　焚椒錄一卷　（遼）王鼎撰

開河記一卷　（唐）□□撰
迷樓記一卷　（唐）□□撰
海山記一卷　（唐）□□撰
弓一百十一
　東方朔傳一卷　（漢）郭憲撰
　漢武帝內傳一卷　（漢）班固撰
　趙飛燕外傳一卷　（漢）伶玄撰
　飛燕遺事一卷
　趙后遺事一卷　（宋）秦醇撰
　楊太眞外傳二卷　（宋）樂史撰
　梅妃傳一卷　（唐）曹鄴撰
　長恨歌傳一卷　（唐）陳鴻撰
　高力士傳一卷　（唐）郭湜撰
弓一百十二
　綠珠傳一卷　（宋）樂史撰
　非煙傳一卷　（唐）皇甫枚撰
　謝小娥傳一卷　（唐）李公佐撰
　霍小玉傳一卷　（唐）蔣防撰
　劉無雙傳一卷　（唐）薛調撰
　虯髯客傳一卷　（唐）張說（一題前蜀杜光
　　庭）撰
　韓仙傳一卷　（唐）韓若雲撰
　神僧傳一卷　（晉）釋法顯撰
　劍俠傳一卷　（唐）段成式撰
弓一百十三
　穆天子傳一卷
　鄴侯外傳一卷　（唐）李繁撰
　同昌公主傳一卷　（唐）蘇鶚撰
　梁四公記一卷　（唐）張說撰
　林靈素傳一卷　（宋）趙與時撰
　希夷先生傳一卷　（宋）龐覺撰
　梁清傳一卷　（劉宋）劉敬叔撰
　西王母傳一卷　（漢）桓驎撰
　魏夫人傳一卷　（唐）蔡偉（一題顏眞卿）撰
　杜蘭香傳一卷　（晉）曹毗撰
　麻姑傳一卷　（晉）葛洪撰
　白猿傳一卷　（唐）□□撰
　柳毅傳一卷　（唐）李朝威撰
　李林甫外傳一卷　（唐）□□撰
　汧國夫人傳一卷　（唐）白行簡撰
　靈鬼志一卷　（晉）荀□撰
　才鬼記一卷　（宋）張君房（一題唐鄭賓）撰
弓一百十四
　太清樓侍宴記一卷　（宋）蔡京撰
　延福宮曲宴記一卷　（宋）李邦彥撰
　保和殿曲宴記一卷　（宋）蔡京撰
　周秦行紀一卷　（唐）牛僧孺撰
　東城老父傳一卷　（唐）陳鴻撰
　登西臺慟哭記一卷　（宋）謝翱撰
　東陽夜怪錄一卷　（唐）王洙撰

冥通記一卷　(梁)陶弘景撰
冥音錄一卷　(唐)朱慶餘撰
三夢記一卷　(唐)白行簡撰
古鏡記一卷　(隋)王度撰
記錦褓一卷　(唐)陸龜蒙撰
弓一百十五
　甘澤謠一卷　(唐)袁郊撰
　夢遊錄一卷　(唐)任蕃撰
　博異志一卷　(唐)鄭還古撰
　集異記一卷　(唐)薛用弱撰
　續齊諧記一卷　(梁)吳均撰
　春夢錄一卷　(元)鄭禧撰
　會眞記一卷　(唐)元稹撰
弓一百十六
　諾皋記一卷　(唐)段成式撰
　金剛經鳩異一卷　(唐)段成式撰
　集異志一卷　(唐)陸勳撰
　括異志一卷　(宋)張師正撰
　括異志一卷　(宋)魯應龍撰
弓一百十七
　異聞實錄一卷　(唐)李玫撰
　靈異小錄一卷　(宋)曾忭撰
　異苑一卷　(劉宋)劉敬叔撰
　幽明錄一卷　(劉宋)劉義慶撰
　續幽明錄一卷　(唐)劉孝孫撰
　搜神記一卷　(晉)干寶撰
　搜神後記一卷　(晉)陶潛撰
　稽神錄一卷　(宋)徐鉉撰
　幽怪錄一卷　(唐)牛僧孺撰
　幽怪錄一卷　(唐)王惲撰
　續幽怪錄一卷　(唐)李復言撰
　窮怪錄一卷
　玄怪記一卷　(唐)徐炫撰
　續玄怪錄一卷
　志怪錄一卷　(唐)陸勳撰
　志怪錄一卷　(晉)祖台之撰
　吉凶影響錄一卷　(宋)岑象求撰
　靈應錄一卷　(唐)傅亮(一題五代于逖)撰
　聞奇錄一卷　(五代)于逖撰
弓一百十八
　錄異記一卷　(前蜀)杜光庭撰
　纂異記一卷　(唐)李玫撰
　采異記一卷　(宋)陳達叟撰
　乘異記一卷　(宋)張君房撰
　廣異記一卷　(唐)戴孚撰
　獨異志一卷　(唐)李亢撰
　甄異記一卷　(晉)戴祚撰
　祖異記一卷　(宋)聶田撰
　祥異記一卷
　近異錄一卷　(劉宋)劉質撰

旌異記一卷　(隋)侯白(君素)撰
冥祥記一卷　(南齊)王琰撰
集靈記一卷　(北齊)顏之推撰
太清記一卷　(劉宋)王韶之撰
妖化錄一卷　(宋)宣靖撰
宣驗記一卷　(劉宋)劉義慶撰
睽車志一卷　(宋)郭彖撰
睽車志一卷　(元)歐陽玄撰
鬼國記一卷續一卷　(宋)洪邁撰
壙上記一卷　(唐)蘇頲撰
物異考一卷　(宋)方鳳撰
弓一百十九
　雲仙雜記十卷　(唐)馮贄撰
弓一百二十
　清異錄四卷　(宋)陶穀撰

說郛續四十六弓

(明)陶珽輯
　　清順治三年(1646)兩浙督學周南李際期
　　　　　宛委山堂刊本
弓一
　正學編一卷　(明)陳琛撰
　聖學範圍圖說一卷　(明)岳元聲撰
　元圖大衍一卷　(明)馬一龍撰
　周易稽疑一卷　(明)朱睦㮮撰
　周易會占一卷　(明)程鴻烈撰
　戊申立春考證一卷　(明)邢雲路撰
　讀史訂疑一卷　(明)王世懋撰
　書傳正誤一卷　(明)郭孔太撰
　莊子闕誤一卷　(宋)陳景元撰
　廣莊一卷　(明)袁宏道撰
弓二
　草木子一卷　(明)葉子奇撰
　篆龍子一卷　(明)董穀撰
　觀微子一卷　(明)朱袞撰
　海樵子一卷　(明)王崇慶撰
　沈酔子一卷　(明)蔣鐄撰
　郁離子微一卷　(明)劉基撰
　潛溪邃言一卷　(明)宋濂撰
　蘿山雜言一卷　(明)宋濂撰
　何子雜言一卷　(明)何景明撰
　華川厄辭一卷　(明)王禕撰
　青巖叢錄一卷　(明)王禕撰
　廣成子解一卷　(宋)蘇軾撰
　空同子一卷　(明)李夢陽撰
　續志林一卷　(明)王禕撰
弓三
　冥影契一卷　(明)董穀撰
　宵練匣一卷　(明)朱得之撰
　玄機通一卷　(明)仇俊卿撰

求志編一卷　（明）王文祿撰
從政録一卷　（明）薛瑄撰
適衢編一卷　（明）葉秉敬撰
海涵萬象録一卷　（明）黃潤玉撰
補衍一卷　（明）王文祿撰
機警一卷　（明）王文祿撰
筆疇一卷　（明）陳世寶(一題王達)撰
古言一卷　（明）鄭曉撰
燕書一卷　（明）宋濂撰
庸書一卷　（明）崔銑撰
松窗寤言一卷　（明）崔銑撰
後渠漫記一卷　（明）崔銑撰
仰子遺語一卷　（明）胡憲仲撰
蒙泉雜言一卷　（明）岳正撰
槎菴燕語一卷　（明）來斯行撰
容臺隨筆一卷　（明）董其昌撰

弓四
未齋雜言一卷　（明）黎久撰
南山素言一卷　（明）潘府撰
類博雜言一卷　（明）岳正撰
思玄庸言一卷　（明）桑悅撰
東田皋言一卷　（明）馬中錫撰
侯城雜誠一卷　（明）方孝孺撰
西原約言一卷　（明）薛蕙撰
凝齋筆語一卷　（明）王鴻儒撰
方山紀述一卷　（明）薛應旂撰
經世要談一卷　（明）鄭善夫撰
儼山纂録一卷　（明）陸深撰
奇子雜言一卷　（明）楊春芳撰
拘虛晤言一卷　（明）陳沂撰
文昌旅語一卷　（明）王文祿撰
鷄鳴偶記一卷　（明）蘇濬撰
讀書筆記一卷　（明）祝允明撰
汲古叢語一卷　（明）陸樹聲撰
病榻寤言一卷　（明）陸樹聲撰
清暑筆談一卷　（明）陸樹聲撰

弓五
遵聞録一卷　（明）梁億撰
賢識録一卷　（明）陸釴撰
在田録一卷　（明）張定撰
逐鹿記一卷　（明）王褘撰
墾起雜事一卷　（明）楊儀撰
龍興慈記一卷　（明）王文祿撰
聖君初政記一卷　（明）沈文撰
一統肇基録一卷　（明）夏原吉撰
東朝紀一卷　（明）王泌撰
椒宮舊事一卷　（明）王達撰
復辟録一卷　（明）楊瑄撰
保孤記一卷　（明）楊儀撰
祕録一卷　（明）李夢陽撰

弓六
明良録略一卷　（明）沈士謙撰
明良記一卷　（明）楊儀撰
明臣十節一卷　（明）崔銑撰
造邦賢勳録略一卷　（明）王禕撰
備遺録一卷　（明）張芹撰
明輔起家考一卷　（明）徐儀世撰
掾曹名臣録一卷　（明）王鴻儒撰
殉身録一卷　（明）裴玉撰
致身録一卷　（明）史仲彬撰

弓七
翊運録一卷　（明）劉基撰
遜國記一卷　（明）□□撰
革除遺事一卷　（明）黃佐撰
擁絮迂談一卷　（明）朱鷟撰
天順日録一卷　（明）李賢撰
九朝野記一卷　（明）祝允明撰
玉池談屑一卷　（明）□□撰
嵩陽雜識一卷　（明）□□撰
溶溪雜記一卷　（明）□□撰
郊外農談一卷　（明）□□撰
冶城客論一卷　（明）陸采撰
西鼻雜記一卷　（明）□□撰
滄江野史一卷　（明）□□撰
澤山雜記一卷　（明）□□撰
沂陽日記一卷　（明）□□撰
海上紀聞一卷　（明）□□撰
孤樹裒談一卷　（明）李默撰
西墅雜記一卷　（明）楊穆撰

弓八
藩獻記一卷　（明）朱謀㙔撰
琬琰録一卷　（明）楊廉撰
瑣綴録一卷　（明）尹直撰
代醉編一卷　（明）張鼎思撰
明興雜記一卷　（明）陳敬則撰
水東記略一卷　（明）葉盛撰
玉壺遐覽一卷　（明）胡應麟撰
良常仙系記一卷　（明）鄒迪光撰
賜遊西苑記一卷　（明）李賢撰
延休堂漫録一卷　（明）□□撰
濯纓亭筆記一卷　（明）戴冠撰

弓九
錦衣志一卷　（明）王世貞撰
馬政志一卷　（明）歸有光撰
冀越通一卷　（明）唐樞撰
邊紀略一卷　（明）鄭曉撰
制府雜録一卷　（明）楊一清撰
醫閭漫記一卷　（明）賀欽撰
征藩功次一卷　（明）王守仁撰
兵符節制一卷　（明）王守仁撰

蓬窗續錄一卷　(明)馮時可撰
瑯琊漫抄一卷　(明)文林撰
高坡異纂一卷　(明)楊儀撰
水南翰記一卷　(明)李如一(一題張袞)撰
藜林瀋餘一卷　(明)陸濬原撰
霏雪錄一卷　(明)劉績撰
已瘧編一卷　(明)劉玉撰
夢餘錄一卷　(明)唐錦撰
祐山雜說一卷　(明)馮汝弼撰
江漢叢談一卷　(明)陳士元撰
投甕隨筆一卷　(明)姜南撰
洗硯新錄一卷　(明)姜南撰
丑庄日記一卷　(明)姜南撰
鞁鞌記一卷　(明)姜南撰

弓十八
雙溪雜記一卷　(明)王瓊撰
二酉委譚一卷　(明)王世懋撰
窺天外乘一卷　(明)王世懋撰
百可漫志一卷　(明)陳鼐撰　　　　[撰
近峯聞略一卷　(明)皇甫錄(誤題皇甫庸)
近峯記略一卷　(明)皇甫錄(誤題皇甫庸)
寅圃雜記一卷　(明)王錡撰　　　　[撰
青溪暇筆一卷　(明)姚福撰
方洲雜錄一卷　(明)張寧撰
遼邸記聞一卷　(明)錢希言撰
宛委餘編一卷　(明)王世貞撰
谿山餘話一卷　(明)陸深撰
委巷叢談一卷　(明)田汝成撰
無用閒談一卷　(明)孫緒撰

弓十九
逌旃璅言一卷　(明)蘇祐撰
井觀瑣言一卷　(明)鄭瑗撰
林泉隨筆一卷　(明)張綸撰
推蓬寤語一卷　(明)李豫亨撰
讕言長語一卷　(明)曹安撰
震澤長語一卷　(明)王鏊撰
桑榆漫志一卷　(明)陶輔撰
延州筆記一卷　(明)唐觀撰
戒菴漫筆一卷　(明)李詡撰
暖姝由筆一卷　(明)徐充撰
農田餘話一卷　(明)長谷真逸撰
雨航雜錄一卷　(明)馮時可撰
菊坡叢語一卷　(明)單宇撰
玄亭涉筆一卷　(明)王志遠撰
野航史話一卷　(明)茅元儀撰
西峯淡話一卷　(明)茅元儀撰
大賓辱語一卷　(明)姜南撰
抱璞簡記一卷　(明)姜南撰

弓二十
寶櫝記一卷　(明)滑惟善撰

脚氣集一卷　(宋)車若水撰
望崖錄一卷　(明)王世懋撰
燕閒錄一卷　(明)陸深撰
閒中今古錄一卷　(明)黃溥撰
絲雪亭雜言一卷　(明)敖英撰
春風堂隨筆一卷　(明)陸深撰
雲蕉館紀談一卷　(明)孔邇撰
蒹葭堂雜抄一卷　(明)陸楫撰
鳳凰臺記事一卷　(明)馬生龍撰
願豐堂漫書一卷　(明)陸深撰
天爵堂筆餘一卷　(明)薛崗撰
壁疏一卷　(明)凌登名撰
譚輅一卷　(明)張鳳翼撰
戲瑕一卷　(明)錢希言撰
塵餘一卷　(明)謝肇淛撰
談剩一卷　(明)胡汸撰

弓二十一
雲林遺事一卷　(明)顧元慶撰
比事摘錄一卷　(明)□□□撰
墐戶錄一卷　(明)楊慎撰
蟢鏉瓵筆一卷　(明)楊慎撰
病榻手欥一卷　(明)楊慎撰
枕譚一卷　(明)陳繼儒撰
羣碎錄一卷　(明)陳繼儒撰
記事珠一卷　(唐)馮贄撰
俗呼小錄一卷　(明)李翊撰
名公像記一卷　(明)遯園居士(顧起元)撰
傷逝記一卷　(明)遯園居士(顧起元)撰

弓二十二
景仰撮書一卷　(明)王達撰
仰山脞錄一卷　(明)閔文振撰
見聞紀訓一卷　(明)陳良謨撰
先進遺風一卷　(明)耿定向撰
畜德錄一卷　(明)陳沂撰
新倩籍一卷　(明)徐禎卿撰
國寶新編一卷　(明)顧璘撰
金石契一卷　(明)祝肇撰
西州合譜一卷　(明)張鴻磐撰

弓二十三
兒世說一卷　(明)趙瑜撰
香案牘一卷　(明)陳繼儒撰
女俠傳一卷　(明)鄒之麟撰
貧士傳二卷　(明)黃姬水撰

弓二十四
客越志一卷　(明)王穉登撰
雨航紀一卷　(明)王穉登撰
明月篇一卷　(明)王穉登撰
荊溪疏一卷　(明)王穉登撰
閩部疏一卷　(明)王世懋撰
入蜀紀見一卷　(明)郝郊撰

蓉塘詩話一卷　（明）姜南撰
敬君詩話一卷　（明）葉秉敬撰
蜀中詩話一卷　（明）曹學佺撰
麓堂詩話一卷　（明）李東陽撰
夷白齋詩話一卷　（明）顧元慶撰
存餘堂詩話一卷　（明）朱承爵撰
娛書堂詩話一卷　（宋）趙與虤撰
升菴辭品一卷　（明）楊慎撰
弓三十四
千里面譚一卷　（明）楊慎撰
詩家直說一卷　（明）謝榛撰
詩談一卷　（明）徐泰撰
香宇詩談一卷　（明）田藝蘅撰
西園詩麈一卷　（明）張蔚然撰
雪濤詩評一卷　（明）江盈科撰
閨秀詩評一卷　（明）江盈科撰
聞書杜律一卷　（明）楊慎撰
樂府指迷一卷　（宋）張炎撰
墨池璅錄一卷　（明）楊慎撰
弓三十五
書畫史一卷　（明）陳繼儒撰
書畫金湯一卷　（明）陳繼儒撰
論畫瑣言一卷　（明）董其昌撰
丹青志一卷　（明）王穉登撰
繪妙一卷　（明）茅一相撰
畫麈一卷　（明）沈顥撰
畫說一卷　（明）莫是龍撰
畫禪一卷　（明）釋蓮儒撰
竹派一卷　（明）釋蓮儒（一題元吳鎮）撰
弓三十六
射經一卷　（明）李呈芬撰
鄉射直節一卷　（明）何景明撰
名劍記一卷　（明）李承勛撰
玉名詁一卷　（明）楊慎撰
古奇器錄一卷　（明）陸深撰
紙箋譜一卷　（元）鮮于樞撰
箋譜銘一卷　（明）屠隆撰
十友圖贊一卷　（明）顧元慶撰
古今印史一卷　（明）徐官撰
硯譜一卷　（明）沈仕撰
弓三十七
水品一卷　（明）徐獻忠撰
煮泉小品一卷　（明）田藝蘅撰
茶譜一卷　（明）顧元慶撰
茶錄一卷　（明）馮時可撰
茶疏一卷　（明）許次紓撰
茶箋一卷　（明）聞龍撰
茶解一卷　（明）羅廩撰
羅岕茶記一卷　（明）熊明遇撰
岕茶箋一卷　（明）馮可賓撰

茶寮記一卷　（明）陸樹聲撰
煎茶七類一卷　（明）徐渭（一題高叔嗣）撰
焚香七要一卷　（明）臞仙（朱權）撰
弓三十八
觴政一卷　（明）袁宏道撰
文字飲一卷　（明）屠本畯撰
醉鄉律令一卷　（明）田藝蘅撰
小酒令一卷　（明）田藝蘅撰
弈問一卷　（明）王世貞撰
弈旦評一卷　（明）馮元仲撰
弈律一卷　（明）王思任撰
詩牌譜一卷　（明）王良樞輯　（明）周履靖
　校續
宣和牌譜一卷　（明）瞿佑撰
壺矢銘一卷　（明）袁九齡撰
朝京打馬格一卷　（明）文翔鳳撰
彩選百官鐸一卷　（明）□□撰
弓三十九
穎譜一卷　（明）郭樵叟撰
六博譜一卷　（明）潘之恆撰
棊三圖一卷　（明）屠隆叟撰
數錢葉譜一卷　（明）汪道昆撰
楚騷品一卷　（明）汪道昆撰
嘉賓心令一卷　（明）巢玉莊撰
葉子譜一卷續一卷　（明）潘之恆撰
運掌經一卷　（明）黎遂球撰
牌經一卷馬弔腳例一卷　（明）龍子猶（馮
　夢龍）撰
胏陣譜一卷　（明）袁福徵撰
弓四十
瓶史一卷　（明）袁宏道撰
缾花譜一卷　（明）張丑撰
瓶史月表一卷　（明）屠本畯撰
花曆一卷　（明）程羽文撰
花小名一卷　（明）程羽文撰
學圃雜疏三卷　（明）王世懋撰
　花疏一卷
　果疏一卷
　瓜蔬疏一卷
萟圃同春一卷　（明）夏旦撰
募種兩堤桃柳議一卷　（明）聞啓祥撰
草花譜一卷　（明）高濂撰
亳州牡丹表一卷　（明）薛鳳翔撰
牡丹八書一卷　（明）薛鳳翔撰
弓四十一
荔枝譜二卷　（明）徐𤊮撰
荔枝譜一卷　（明）宋珏撰
荔枝譜一卷　（明）曹蕃撰
荔枝譜一卷　（明）鄧慶采撰
記荔枝一卷　（明）吳載鰲撰

明皇雜錄　（唐）鄭處誨撰
樂府雜錄　（唐）段安節撰
北戶錄　（唐）段公路撰
芝田錄　（唐）丁用晦撰
幽明錄　（劉宋）劉義慶撰
紀異錄（一名洛中記異）　（宋）秦再思撰
稽神錄　（宋）徐鉉撰
歸田錄　（宋）歐陽修撰
使遼錄　（宋）□□撰
談賓錄
談錄　（宋）李宗諤記
聞見錄　（宋）趙槩撰
見聞錄　（宋）胡訥撰
異聞錄
該聞錄　（宋）李畋撰
東軒筆錄　（宋）魏泰撰
雲齋廣錄　（宋）李獻民撰
松窗雜錄　（唐）李濬撰
慎府燕聞錄　（宋）畢仲詢撰
東皋雜錄　（宋）孫宗鑑撰
北山錄　（宋）□□撰
江南錄　（宋）□□撰
江南別錄　（宋）陳彭年撰
江南野錄　（宋）龍袞撰
三輔決錄　（漢）趙岐撰
瀟湘錄　（唐）李隱撰
會稽典錄　（晉）虞預撰
吳錄　（晉）張勃撰
靈怪錄　（唐）□□撰
吉凶影響錄　（宋）岑象求撰
樹萱錄　（唐）劉鸁撰
三朝聖政錄　（宋）石承進撰
集古目錄　（宋）歐陽修撰
韓忠獻別錄　（宋）王嚴叟撰
四朝聞見錄　（宋）葉紹翁撰
賓退錄　（宋）趙與時撰
實賓錄　（宋）馬永易撰
四朝聞見錄　（宋）葉紹翁撰
隨隱漫錄　（宋）陳世崇撰
紹陶錄　（宋）王質撰
古杭夢游錄　（宋）灌園耐得翁（趙□）撰
卷四
墨娥漫錄　（宋）□□輯
風土記　（晉）周處撰
關中記　（晉）潘岳撰
河東記
益州記　（晉）任豫撰
梁州記　（南齊）劉澄之撰
會稽記
三齊略記　（晉）伏琛撰

荊州記　（劉宋）盛弘之撰
始興記　（劉宋）王韶之撰
南嶽記　（劉宋）徐靈期撰
涼州記　（北涼）段龜龍撰
丹陽記　（劉宋）山謙之撰
齊地記　（南燕）晏模撰
太康地記　（晉）□□撰
豫章記　（劉宋）雷次宗撰
廣州記　（晉）顧微撰
南康記　（晉）鄧德明撰
湘中記　（晉）羅含撰
荊州記　（劉宋）盛弘之撰
宜都記　（晉）袁山松撰
鄴中記　（晉）陸翽撰
秦州記
三秦記　（□）辛□撰
潯陽記　（晉）張僧鑒撰
襄陽記　（晉）習鑿齒撰
番禺雜記　（唐）鄭熊撰
西京雜記
廬山記　（宋）陳舜俞撰
青城山記
嵩高山記
華山記
羅浮山記
西征記　（晉）戴祚撰
北征記
成都古今記　（宋）趙抃撰
玄中記　（□）郭□撰
燕北雜記　（宋）武珪撰
述異記　（梁）任昉撰
廣異記　（唐）戴孚撰
乘異錄
冥祥記　（南齊）王琰撰
金鑾密記　（唐）韓偓撰
玉箱雜記
洞冥記　（漢）郭憲撰
搜神記　（晉）干寶撰
續搜神記　（晉）陶潛撰
舊聞記
東方朔記
法顯記　（晉）釋法顯撰
洽聞記　（唐）鄭常撰
東觀奏記　（唐）裴庭裕撰
老學庵筆記　（宋）陸游撰
仇池筆記　（宋）蘇軾撰
封氏聞見記　（唐）封演撰
老學庵筆記　（宋）陸游撰
三夢記　（唐）白行簡撰
筆記　（宋）宋祁撰

雜　纂　類(明代)

小四書

金聲玉振集

明嘉靖中吳郡袁氏嘉趣堂刊本

帝王紀年纂要一卷　（元）蔡罕撰　（明）黃
　　諫訂

皇覽

　周顛仙傳一卷　明太祖撰
　平漢錄一卷　（明）童承敍撰
　天潢玉牒一卷　（明）解縉撰
　雲南機務抄黃一卷　（明）張紞輯
　皇明平吳錄一卷　（明）吳寬撰

征討

　前北征錄一卷　（明）金幼孜撰
　後北征錄一卷　（明）金幼孜撰
　平蜀記一卷　（明）□□撰
　北平錄一卷　（明）□□撰

紀亂

　海寇議前一卷　（明）范表撰
　海寇後編一卷　（明）茅坤撰

組繡

　成化間蘇材小纂一卷　（明）□□撰
　蒙泉類博稿一卷　（明）岳正撰

紀變

　革除遺事六卷　（明）黃佐撰
　北征事蹟一卷　（明）袁彬撰　（明）尹直錄
　奉天刑賞錄一卷　（明）袁裘撰

考文

　國初事蹟一卷　（明）劉辰撰
　洪武聖政記一卷　（明）宋濂撰
　國初禮賢錄一卷　（明）□□撰

叢聚

　水東日記一卷　（明）葉盛撰
　寓圃雜記一卷　（明）王錡撰
　平胡錄一卷　（明）陸深撰
　震澤紀聞一卷　（明）王鏊撰

水衡

　海運編二卷　（明）崔旦撰
　海道經一卷附錄一卷　（明）□□撰
　問水集一卷　（明）劉天和撰
　呂梁洪志一卷　（明）馮世雍撰
　三吳水利論一卷　（明）伍餘福撰
　馬端肅公三記　（明）馬文升撰
　　西征石城記一卷
　　撫安東夷記一卷
　　興復哈密記一卷
　廣右戰功一卷　（明）唐順之撰
　西番事蹟一卷　（明）王瓊撰
　北虜事蹟一卷　（明）王瓊撰
　六詔紀聞二卷（前卷一名會戡夷情後卷一
　　名南荒振玉）（明）彭汝實輯
　平番始末一卷　（明）許進撰
　茂邊紀事一卷　（明）朱紈撰

撰述

　讀書筆記一卷　（明）祝允明撰
　薛公讀書錄一卷　（明）薛瑄撰
　空同子一卷　（明）李夢陽撰
　大復論一卷　（明）何景明撰
　浮物一卷　（明）祝允明撰
　易大象說一卷　（明）崔銑撰
　小爾雅一卷　（漢）孔鮒撰
　松窗寤言一卷　（明）崔銑撰
　太藪外史一卷　（明）蔡羽撰
　居敬堂集一卷　（明）朱厚煜撰
　國寶新編一卷　（明）顧璘撰

范氏奇書

（明）范欽輯

　　明嘉靖中四明范氏天一閣刊本

乾坤鑿度二卷附周易乾坤鑿度二卷　附
　（漢）鄭玄注

元包經傳五卷　（北周）衛元嵩述　（唐）蘇
　源明傳　（唐）李江注

元包數總義二卷　（宋）張行成撰

周易古占法二卷　（宋）程迥輯

周易略例一卷　（魏）王弼撰　（唐）邢璹注

周易舉正三卷　（唐）郭京撰

京氏易傳三卷　（漢）京房撰　（吳）陸績注

關氏易傳一卷　（魏）關朗撰　（唐）趙蕤注

麻衣道者正易心法一卷　（宋）陳摶受併消
　息

穆天子傳六卷　（晉）郭璞注

孔子集語二卷　（宋）薛據輯

論語筆解二卷　（唐）韓愈（唐）李翺撰

郭子翼莊一卷　（晉）郭象撰　（明）高蕣輯

廣成子解一卷　（宋）蘇軾撰

三墳一卷　（晉）阮咸注

商子五卷　（周）商鞅撰

素履子三卷　（唐）張弧撰

竹書紀年二卷　（梁）沈約注

潛虛一卷　（宋）司馬光撰

潛虛發微論一卷　（宋）張敦實撰

虎鈐經二十卷　（宋）許洞撰

文林綺繡

（明）淩迪知輯

　　明萬曆四年至五年（1576—1577）吳興淩
　　氏桂芝館刊本

左國腴詞八卷　（明）淩迪知輯

楚騷綺語六卷　（明）張之象輯

太史華句八卷　（明）淩迪知輯

兩漢雋言前集十卷　後集六卷　前集
（宋）林越輯　後集（明）　淩迪知輯

文選錦字錄二十一卷　（明）淩迪知輯

今獻彙言

（明）高鳴鳳輯

明萬曆中刊本

正學編一卷　（明）陳琛撰

明斷編一卷　（明）程楷撰

比事摘錄一卷　（明）□□撰

蘿山雜言一卷　（明）宋濂撰

蒙泉雜言一卷　（明）□□撰

未齋雜言一卷　（明）黎久撰

南山素言一卷　（明）潘府撰

松窗寤言一卷　（明）崔銑撰

井觀瑣言一卷　（明）鄭瑗撰

演連珠編一卷　（明）王褘撰

擬連珠編一卷　（明）劉基撰

璚語編一卷　（明）楊慎撰

西軒客談一卷　（明）□□撰

詢蒭錄一卷　（明）陳沂撰

讕言編一卷　（明）曹安撰

拘虛晤言一卷　（明）陳沂撰

竹下寤言一卷　（明）王文祿撰

青溪暇筆一卷　（明）姚福撰

桑榆漫志一卷　（明）陶輔撰

林泉隨筆一卷　（明）張綸撰

春雨堂隨筆一卷　（明）陸深撰

賢識錄一卷　（明）陸釴撰

遼聞錄一卷　（明）梁億撰

損齋備忘錄一卷　（明）梅純撰

守溪長語一卷　（明）王鏊撰

雙溪雜記一卷　（明）王瓊撰

菽園雜記一卷　（明）陸容撰

平夏錄一卷　（明）黃標撰

平吳錄一卷　（明）吳寬撰

北平錄一卷　（明）□□撰

平胡錄一卷　（明）陸深撰

平定交南錄一卷　（明）丘濬撰

撫安東夷記一卷　（明）馬文升撰

西征石城記一卷　（明）馬文升撰

興復哈密記一卷　（明）馬文升撰

平夷錄一卷　（明）趙輔撰

東征紀行錄一卷　（明）□□撰

江海殲渠記一卷　（明）祝允明撰

醫間漫記一卷　（明）賀欽撰

百陵學山

（明）王完輯

明萬曆中刊本

大學古本傍釋一卷 古本問一卷　（明）王
守仁撰

大學石經古本旁釋一卷申釋一卷
（明）王文祿撰

中庸古本旁釋一卷古本前引一卷古本後
申一卷　（明）王文祿撰

詩傳孔氏傳一卷　（周）端木賜撰

詩說一卷　（漢）申培撰

海涵萬象錄一卷　（明）黃潤玉撰

白沙語要一卷　（明）陳獻章撰

類博雜言一卷　（明）岳正撰

方洲雜錄一卷　（明）張寧撰

思玄庸言一卷　（明）桑悅撰

青巖叢錄一卷　（明）王褘撰

凝齋筆語一卷　（明）王鴻儒撰

空同子纂一卷　（明）李夢陽撰

傳習則言一卷　（明）王守仁撰

新論一卷　（明）湛若水撰

后渠庸書一卷　（明）崔銑撰

陰陽管見一卷　（明）何瑭撰

蜩笑偶言一卷　（明）鄭瑗撰

儼山纂錄一卷　（明）陸深撰

經世要談一卷　（明）鄭善夫撰

海樵子一卷　（明）王崇慶撰

客問一卷　（明）黃省曾撰

擬詩外傳一卷　（明）黃省曾撰

吳風錄一卷　（明）黃省曾撰

理生玉鏡稻品一卷　（明）黃省曾撰

種芋法一卷　（明）黃省曾撰

蠶經一卷　（明）黃省曾撰

養魚經一卷　（明）黃省曾撰

藝菊書一卷　（明）黃省曾撰

冀越通一卷　（明）唐樞撰

薛子道論一卷　（明）薛瑄撰

彙堂摘奇一卷　（明）王佐撰

海沂子五卷　（明）王文祿撰

廉矩一卷　（明）王文祿撰

醫先一卷　（明）王文祿撰

機警一卷　（明）王文祿撰

葬度一卷　（明）王文祿撰

補衍二卷　（明）王文祿撰

文脈三卷　（明）王文祿撰

龍興慈記一卷　（明）王文祿撰

求志編一卷　（明）王文祿撰

文昌旅語一卷　（明）王文祿撰

與物傳一卷　（明）□□撰

庭聞述略一卷　（明）王文祿撰

禮元剩語一卷　（明）唐樞撰

近峯記略一卷（明）皇甫錄（誤題皇甫庸）撰

冥影契一卷　（明）董穀撰

詩談一卷　（明）徐泰撰

邊紀略一卷　（明）鄭曉撰

宵練匣一卷　(明)朱得之撰
廣成子疏略一卷　(明)王文祿撰
陰符經疏略一卷　(明)王文祿撰
胎息經疏略一卷　(明)王文祿撰
邇言一卷　(宋)劉炎撰
郁離子微一卷　(明)劉基撰
華川卮辭一卷　(明)王禕撰
潛溪邃言一卷　(明)宋濂撰
侯城雜誡一卷　(明)方孝孺撰
黎子雜釋一卷　(明)黎久撰
古言一卷　(明)鄭曉撰
皋言一卷　(明)馬中錫撰
約言一卷　(明)薛蕙撰
草木子一卷　(明)葉子奇撰
密箴一卷　(明)蔡清撰
聞說一卷　(明)趙明倫撰
豢龍子一卷　(明)董穀撰
觀微子一卷　(明)朱袞撰
前定錄補遺一卷　(明)朱佐撰
玄機通一卷　(明)仇俊卿撰
奇子雜言一卷　(明)楊春芳撰
仰子遺語一卷　(明)胡憲仲撰
紀述一卷　(明)薛應旂撰
竹下寱言二卷　(明)王文祿撰
策樞五卷　(明)王文祿撰
泰熙錄一卷　(明)王文祿撰
仕意篇一卷　(明)黃省曾撰
墅談一卷　(明)胡侍撰
書牘二卷　(明)王文祿撰
詩的一卷　(明)王文祿撰
法帖通解一卷　(宋)秦觀撰
蠶書一卷　(宋)秦觀撰
錢子語測法語篇一卷　(明)錢琦撰
錢子語測巽語篇一卷　(明)錢琦撰
禱雨雜記一卷　(明)錢琦撰
海石子一卷　(明)錢薇撰
廓然子五述一卷　(明)董傳策撰
易圖一卷　(明)田藝蘅撰
春雨逸響一卷　(明)田藝蘅撰
東溟蠡測一卷　(明)李儒烈撰
論語筆解一卷　(唐)韓愈(唐)李翱撰
丘隅意見一卷　(明)喬世寧撰
參同契正文二卷　(漢)魏伯陽撰
周易參同契一卷　(明)王文祿疏
隨筆兆一卷　(宋)洪邁撰
天仙眞訣一卷
四箴雜言一卷　(明)何大復撰
闕里問答一卷　(明)舒芬撰
談輅一卷　(明)張鳳翼撰

古今逸史

(明)吳琯輯
　　明刊本
逸志
合志
　　輶軒使者絕代語釋別國方言十三卷　(漢)
　　　揚雄撰　(晉)郭璞注
　　釋名八卷　(漢)劉熙撰
　　白虎通德論二卷　(漢)班固撰
　　廣雅十卷　(魏)張揖撰　(隋)曹憲音
　　風俗通義四卷　(漢)應劭撰
　　小爾雅一卷　(漢)孔鮒撰　(宋)宋咸注
　　獨斷一卷　(漢)蔡邕撰
　　刊誤二卷　(唐)李涪撰
　　古今注三卷　(晉)崔豹撰
　　中華古今注三卷　(後唐)馬縞撰
　　博物志十卷　(晉)張華撰　(宋)周日用
　　　(宋)盧口注
　　續博物志十卷　(宋)李石撰
　　拾遺記十卷　(前秦)王嘉撰　(梁)蕭綺錄
分志
　　山海經十八卷　(晉)郭璞傳
　　海內十洲記一卷　(漢)東方朔撰
　　吳地記一卷後集一卷　(唐)陸廣微撰
　　岳陽風土記一卷　(宋)范致明撰
　　洛陽名園記一卷　(宋)李格非撰
　　桂海虞衡志一卷　(宋)范成大撰
　　北邊備對一卷　(宋)程大昌撰
　　眞臘風土記一卷　(元)周達觀撰
　　三輔黃圖六卷　(漢)口口撰
　　雍錄十卷　(宋)程大昌撰
　　洛陽伽藍記五卷　(後魏)楊衒之撰
　　教坊記一卷　(唐)崔令欽撰
　　樂府雜錄一卷　(唐)段安節撰
　　九經補韻一卷　(宋)楊伯嵒撰
逸記
紀
　　三墳一卷　(晉)阮咸注
　　穆天子傳六卷　(晉)郭璞注
　　竹書紀年二卷　(梁)沈約注
　　汲冢周書十卷　(晉)孔晁注
　　西京雜記六卷　(漢)劉歆(一題晉葛洪)撰
　　別國洞冥記四卷　(漢)郭憲撰
　　漢武故事一卷　(漢)班固撰
　　趙后外傳一卷　(漢)伶玄撰
　　海山記一卷　(唐)韓偓撰
　　迷樓記一卷　(唐)韓偓撰
　　開河記一卷　(唐)韓偓撰
　　六朝事迹編類二卷　(宋)張敦頤撰

世家
　晉史乘一卷
　楚史檮杌一卷
　越絕書十五卷　(漢)袁康撰
　吳越春秋六卷　(漢)趙曄撰　(宋)徐天祜
　　晉注
　華陽國志十二卷　(晉)常璩撰
列傳
　高士傳三卷　(晉)皇甫謐撰
　列仙傳二卷　(漢)劉向撰
　劍俠傳四卷　(唐)段成式撰
　神僧傳九卷
　本事詩一卷　(唐)孟棨撰
　續齊諧記一卷　(梁)吳均撰
　博異記一卷　(唐)谷神子(鄭還古)撰
　集異記一卷　(唐)薛用弱撰
・遼志一卷　(宋)葉隆禮撰
　金志一卷　(宋)宇文懋昭撰
　松漠紀聞一卷　(宋)洪皓撰

兩京遺編

(明)胡維新輯
　　明萬曆中刊本
　新語二卷　(漢)陸賈撰
　賈子十卷　(漢)賈誼撰
　春秋繁露八卷　(漢)董仲舒撰
　鹽鐵論十卷　(漢)桓寬撰
　白虎通德論二卷　(漢)班固撰
　潛夫論十卷　(漢)王符撰
　仲長統論一卷　(漢)仲長統撰
　風俗通義十卷　(漢)應劭撰
　徐幹中論二卷　(漢)徐幹撰
　人物志三卷　(魏)劉邵撰　(後魏)劉昞注
　申鑒五卷　(漢)荀悅撰　(明)黃省曾注
　文心雕龍十卷　(梁)劉勰撰

夷門廣牘

(明)周履靖輯
　　明萬曆中刊本
藝苑
　文章緣起一卷　(梁)任昉撰
　釋名一卷　(漢)劉熙撰
　詩品一卷　(梁)鍾嶸撰
　文錄一卷　(宋)唐庚撰
　談藝錄一卷　(明)徐禎卿撰
　騷壇祕語三卷　(明)周履靖撰
　詩源撮要一卷　(明)張懋賢撰
　籟紀三卷　(陳)陳叔齊撰
　嘯旨一卷　(唐)孫廣撰
　廣易千文一卷　(明)周履靖撰

博雅
　異域志二卷　(元)周致中輯
　溪蠻叢笑一卷　(宋)朱輔撰
　格古要論三卷　(明)曹昭撰
　羣物奇制一卷　(明)周履靖輯
　墨經一卷　(宋)晁貫之撰
尊生
　胎息經一卷　(□)幻真先生注
　天隱子一卷　(唐)司馬承禎撰
　赤鳳髓三卷　(明)周履靖輯
　煉形內旨一卷　(明)□□撰
　玉函祕典一卷　(明)□□撰
　金笥玄玄一卷　(明)□□撰
　逍遙子導引訣一卷　(□)逍遙子撰
　脩真演義一卷
　既濟真經一卷
　唐宋衛生歌一卷　(明)周履靖輯
　益齡單一卷　(明)周履靖輯
　怪疴單一卷　(元)朱震亨撰
書法
　法書通釋二卷　(明)張紳撰
　干祿字書一卷　(唐)顏元孫撰
　學古編二卷　(元)吾丘衍撰
畫藪
　畫評會海二卷附唐名公山水訣一卷　(明)
　　周履靖撰
　天形道貌一卷　(明)周履靖撰
　洪園肯影二卷　(明)周履靖輯
　羅浮幻質一卷　(明)周履靖撰
　九畹遺容一卷　(明)周履靖撰
　春谷嚶翔一卷　(明)周履靖撰
　繪林題識一卷　(明)汪顯節輯
食品
　山家清供二卷　(宋)林洪撰
　茹草編四卷　(明)周履靖輯
　水品全秩二卷　(明)徐獻忠撰
　茶品要錄一卷　(宋)黃儒撰
　茶寮記一卷附一卷　(明)陸樹聲撰
　湯品一卷　(唐)蘇廙撰
　易牙遺意二卷　(明)韓奕撰
　酒經一卷附一卷　(宋)朱肱撰
　士大夫食時五觀一卷　(宋)黃庭堅撰
娛志
　綠綺新聲三卷(存卷一至二)(明)徐時琪撰
　玉局鉤玄一卷　(明)項世芳輯
　投壺儀節一卷　(明)汪禔輯
　馬戲圖譜一卷　(宋)李清照撰
　五木經一卷　(唐)李翱撰　(唐)元革注
　詩牌譜一卷　(明)王良樞輯　(明)周履靖
　　校續

丸經二卷　（元)□□撰
胇陣篇一卷　（明)袁福徵撰
雜占
　黃帝授三子玄女經一卷
　黃帝宅經二卷
　葬經一卷　（漢)青烏子撰　（金)兀欽仄注
　探春歷記一卷　（漢)東方朔撰
　握奇經一卷附握奇經續圖一卷八陣總述一
　　　卷　（漢)公孫弘解　續圖(□)□□撰
　　　八陣總述(晉)馬隆述
　祿嗣奇談二卷附一卷　（□)冲一眞君撰
　靈笈寶章一卷(明)虛靖天師撰
　相法十六篇一卷　（漢)許負撰
　四字經一卷　（唐)釋德行撰
　土牛經一卷　（宋)向孟撰
　天文占驗一卷　（明)□□撰
　占驗錄一卷　（明)周履靖輯
　黃石公望空四字數一卷　（明)□□撰
　質龜論一卷(唐)李淳風撰
禽獸
　禽經一卷　（周)師曠撰　（晉)張華注　[補
　獸經一卷　（明)黃省曾撰　（明)周履靖增
　相鶴經一卷　（□)浮丘公撰
　魚經一卷　（明)黃省曾撰
　蠶書一卷　（宋)秦觀撰
　促織經二卷　（宋)賈似道撰　（明)周履靖
　　　續增
草木　　　　　　　　　　　　　　　　[撰
　種樹書三卷　（唐)郭橐駝(一題元俞宗本)
　農桑撮要一卷　（元)魯明善撰
　蘭譜奧法一卷　（宋)趙時庚撰
　梅品一卷　（宋)張鎡撰
　菊譜二卷　（明)周履靖撰　下卷(明)黃省
　　　曾撰
　耒耜經一卷　（唐)陸龜蒙撰
　理生玉鏡稻品一卷　（明)黃省曾撰
　芋經一卷　（明)黃省曾撰
招隱　　　　　　　　　　　　　　　　[遺
　逸民傳二卷　（明)皇甫涍撰　（明)劉鳳補
　香案牘一卷　（明)陳繼儒撰
　列仙傳一卷　（漢)劉向撰
　神仙傳一卷　（晉)葛洪撰
　續神仙傳一卷　（南唐)沈汾撰　　　[撰
　梅墟先生別錄二卷　（明)李日華(明)鄭琰
　梅塢貽瓊六卷　（明)汪顯節輯
閒適　　　　　　　　　　　　　　　　[和
　五柳賡歌四卷　（晉)陶潛撰　（明)周履靖
　中峯禪師梅花百詠一卷　（元)釋明本撰
　羣仙降乩語一卷　（明)周履靖輯
　閒雲稿四卷　（明)周履靖撰

野人清嘯二卷　（明)周履靖撰
燎松吟一卷　（明)周履靖撰
蕚芳咏二卷　（明)周履靖撰　　　　[和
千片雪二卷　（元)馮海粟撰　（明)周履靖
鴛湖唱和稿一卷　（明)周履靖等撰
山家語一卷　（明)周履靖撰
泛泖吟一卷　（明)周履靖撰
毛公壇倡和詩一卷　（明)周履靖撰
香奩詩草二卷　（明)桑貞白撰
鶴月瑤笙四卷　（明)周履靖撰
觴咏　　　　　　　　　　　　　　　[和
　青蓮觴咏二卷　（唐)李白撰　（明)周履靖
　香山酒頌二卷　（唐)白居易撰　（明)周履
　　　靖和
　唐宋元明酒詞二卷　（明)周履靖輯
　狂夫酒語二卷　（明)周履靖撰

由醇錄

（明)沈節甫輯
　　　明萬曆二十四年(1596)忠恕堂刊本
　忍書一卷　（元)吳亮輯
　忍書續編三卷　（明)沈節甫輯
　食色紳言一卷　（明)皆春居士(龍遵敍)撰
　家範十卷　（宋)司馬光撰
　世範三卷　（宋)袁采撰
　許氏貽謀四則一卷　（明)許相卿撰
　敎家要略二卷　（明)姚儒撰
　宗儀一卷附家人箴一卷　（明)方孝孺撰
　增損呂氏鄉約一卷　（宋)朱熹訂
　增修藍田鄉約四卷
　厚德錄四卷　（宋)李元綱撰
　勸善錄一卷　（宋)秦觀撰

紀錄彙編

（明)沈節甫輯
　　　明萬曆四十五年(1617)陽羨陳于廷刊本
　御製皇陵碑一卷　明太祖撰
　御製西征記一卷　明太祖撰
　御製平西蜀文一卷　明太祖撰
　御製孝慈錄一卷　明太祖撰
　御製紀夢一卷　明太祖撰
　御製周顛仙人傳一卷　明太祖撰
　御製廣寒殿記一卷　明宣宗撰
　宣宗皇帝御製詩一卷　明宣宗撰
　勅議或問一卷　明世宗撰
　諭對錄一卷　（明)張孚敬撰
　皇朝本記一卷　（明)□□撰
　天潢玉牒一卷　（明)解縉撰
　龍興慈記一卷　（明)王文祿撰
　國初禮賢錄一卷　（明)□□撰

遇恩錄一卷　(明)劉仲璟撰	治世餘聞錄八卷　(明)箬陂(陳洪謨)撰
否泰錄一卷　(明)劉定之撰	繼世紀聞六卷　(明)箬陂(陳洪謨)撰
北使錄一卷　(明)李實撰	名卿績記四卷　(明)王世貞撰
北征事蹟一卷　(明)袁彬撰　(明)尹直錄	靖難功臣錄一卷　(明)朱當㴫撰
正統臨戎錄一卷　(明)□□撰	國琛集二卷　(明)唐樞撰
正統北狩事蹟一卷　(明)□□撰	國寶新編一卷　(明)顧璘撰
復辟錄一卷　(明)楊瑄撰	續吳先賢讚十五卷　(明)劉鳳撰
天順日錄一卷　(明)李賢撰	明詩評四卷　(明)王世貞撰
古穰雜錄摘鈔一卷　(明)李賢撰	吳郡二科志一卷　(明)閻秀卿撰
聖駕南巡日錄一卷　(明)陸深撰	新倩籍一卷　(明)徐禎卿撰
大駕北還錄一卷　(明)陸深撰	金石契一卷　(明)祝肇撰
平胡錄一卷　(明)陸深撰	守溪筆記一卷　(明)王鏊撰
北平錄一卷　(明)□□撰	震澤長語摘抄一卷　(明)王鏊撰
平漢錄一卷　(明)宋濂(一題童承敘)撰	彭文憲公筆記一卷　(明)彭時撰
平吳錄一卷　(明)吳寬撰	畜德錄一卷　(明)陳沂撰
平蜀記一卷　(明)□□撰	青溪暇筆一卷　(明)姚福撰
平夏錄一卷　(明)黃標撰	閩中今古錄摘抄一卷　(明)黃溥撰
前北征錄一卷　(明)金幼孜撰	翦勝野聞一卷　(明)徐禎卿撰
後北征錄一卷　(明)金幼孜撰	玉堂漫筆摘鈔一卷　(明)陸深撰
北征記一卷　(明)楊榮撰	金臺紀聞摘鈔一卷　(明)陸深撰
馬端肅公三記　(明)馬文升撰	停驂錄摘鈔一卷　(明)陸深撰
西征石城記一卷	續停驂錄摘鈔一卷　(明)陸深撰
撫安東夷記一卷	豫章漫抄摘錄一卷　(明)陸深撰
興復哈密國王記一卷	科場條貫一卷　(明)陸深撰
平番始末二卷　(明)許進撰	水東日記摘鈔七卷　(明)葉盛撰
平夷賦一卷　(明)趙輔撰	今言四卷　(明)鄭曉撰
平蠻錄一卷　(明)王軾撰	餘冬緒錄摘鈔六卷　(明)何孟春撰
西征日錄一卷　(明)楊一清撰	鳳洲雜編六卷　(明)王世貞撰
制府雜錄一卷　(明)楊一清撰	醫閭漫記一卷　(明)賀欽撰
雲中事記一卷　(明)蘇祐撰	譯語一卷　(明)岷峨山人(尹畊)撰
張司馬定浙二亂志一卷　(明)王世貞撰	海槎餘錄一卷　(明)顧岕撰
雲南機務鈔黃一卷　(明)張紞輯	君子堂日詢手鏡一卷　(明)王濟撰
滇載記一卷　(明)楊慎撰	庚巳編十卷　(明)陸粲撰
平定交南錄一卷　(明)丘濬撰	四友齋叢說摘鈔七卷　(明)何良俊撰
安南傳二卷　(明)王世貞撰	菽園雜記摘鈔七卷　(明)陸容撰
南翁夢錄一卷　(安南)黎澄撰	留青日札摘鈔四卷　(明)田藝蘅撰
勘處播州事情疏一卷　(明)何喬新撰	松窗寤言摘鈔一卷　(明)崔銑撰
防邊紀事一卷　(明)高拱撰	漫記一卷　(明)崔銑撰　　　〔庸〕撰
伏戎紀事一卷　(明)高拱撰	近峯記略摘鈔一卷　(明)皇甫錄(誤題皇甫
撻虜紀事一卷　(明)高拱撰	百可漫志一卷　(明)陳鼐撰　…
靖夷紀事一卷　(明)高拱撰	錦衣志一卷　(明)王世貞撰
綏廣紀事一卷　(明)高拱撰	星變志一卷　(明)抱甕外史撰
炎徼紀聞四卷　(明)田汝成撰	瑯琊漫鈔摘錄一卷　(明)文林撰
星槎勝覽一卷　(明)費信撰	病榻遺言一卷　(明)高拱撰
瀛涯勝覽一卷　(明)馬歡撰	縣笥瑣探摘鈔一卷　(明)劉昌撰
瀛涯勝覽集一卷　(明)張昇撰	蘇談一卷　(明)楊循吉撰
奉使安南水程日記一卷　(明)黃福撰	病逸漫記一卷　(明)陸釴撰
朝鮮紀事一卷　(明)倪謙撰	前聞記一卷　(明)祝允明撰
使琉球錄一卷　(明)陳侃撰	寅圃雜記二卷　(明)王錡撰
鴻猷錄十六卷　(明)高岱撰	蒹葭堂雜著摘抄一卷　(明)陸楫撰

窺天外乘一卷　(明)王世懋撰
二酉委譚摘錄一卷　(明)王世懋撰
閩部疏一卷　(明)王世懋撰
江西輿地圖說一卷　(明)趙秉忠撰
饒南九三府圖說一卷　(明)王世懋撰
志怪錄一卷　(明)祝允明撰
涉異志一卷　(明)閔文振撰
奇聞類紀摘鈔四卷　(明)施顯卿撰
見聞紀訓二卷　(明)陳良謨撰
新知錄摘鈔一卷　(明)劉仕義撰

紀錄彙編選刊

燕京大學圖書館輯
　　民國二十四年(1935)燕京大學圖書館排
　　印本
御製皇陵碑一卷　明太祖撰
御製西征記一卷　明太祖撰
御製平西蜀文一卷　明太祖撰
御製孝慈錄一卷　明太祖撰
御製紀夢一卷　明太祖撰
御製廣寒殿記一卷　明宣宗撰
勅議或問一卷　明世宗撰
皇朝本記一卷　(明)□□撰
正統臨戎錄一卷　(明)□□撰

漢魏叢書

(明)程榮輯
　　明萬曆中新安程氏刊本
　　民國十四年(1925)上海商務印書館據明
　　萬曆程氏本景印
經籍
京氏易傳三卷　(漢)京房撰　(吳)陸績注
周易略例一卷　(魏)王弼撰　(唐)邢璹注
古三墳一卷　(晉)阮咸注
詩說一卷　(漢)申培撰
韓詩外傳十卷　(漢)韓嬰撰
大戴禮記十三卷　(漢)戴德撰　(北周)盧
　　辯注
春秋繁露十七卷　(漢)董仲舒撰
白虎通德論二卷　(漢)班固撰
獨斷二卷　(漢)蔡邕撰
忠經一卷　(漢)馬融撰
輶軒使者絕代語釋別國方言十三卷　(漢)
　　揚雄撰　(晉)郭璞注
史籍
元經薛氏傳十卷　(隋)王通撰　(唐)薛收
　　傳　(宋)阮逸注
逸周書十卷　(晉)孔晁注
穆天子傳六卷　(晉)郭璞注
西京雜記六卷　(漢)劉歆(一題晉葛洪)撰

子籍
素書一卷　(漢)黃石公撰　(宋)張商英注
新語二卷　(漢)陸賈撰
孔叢子三卷　(漢)孔鮒撰
新序十卷　(漢)劉向撰
說苑二十卷　(漢)劉向撰
新書十卷附錄一卷　(漢)賈誼撰
法言十卷　(漢)揚雄撰　(宋)宋咸注
潛夫論十卷　(漢)王符撰
申鑒五卷　(漢)荀悅撰　(明)黃省曾注
中論二卷　(漢)徐幹撰
顏氏家訓二卷　(北齊)顏之推撰
商子五卷　(周)商鞅撰
人物志三卷　(魏)劉邵撰　(後魏)劉昞注
風俗通義十卷　(漢)應劭撰
劉子新論十卷　(北齊)劉晝撰　(唐)袁孝
　　政注
神異經一卷　(漢)東方朔撰　(晉)張華注
別國洞冥記四卷　(漢)郭憲撰
述異記二卷　(梁)任昉撰
王子年拾遺記十卷　(前秦)王嘉撰　(梁)
　　蕭綺錄
通占大象曆星經二卷(漢)甘公(漢)石申撰
趙飛燕外傳一卷　(漢)伶玄撰
古今刀劍錄一卷　(梁)陶弘景撰
論衡三十卷　(漢)王充撰

廣漢魏叢書

(明)何允中輯
　　明萬曆二十年(1592)刊本
　　清嘉慶中刊本
經翼
易傳三卷　(漢)京房撰　(吳)陸績注
焦氏易林四卷　(漢)焦贛撰
周易略例一卷　(魏)王弼撰　(唐)邢璹注
古三墳一卷　(晉)阮咸注
詩傳孔氏傳一卷　(周)端木賜撰
詩說一卷　(漢)申培撰
韓詩外傳十卷　(漢)韓嬰撰
大戴禮記十三卷　(漢)戴德撰　(北周)盧
　　辯注
春秋繁露十七卷　(漢)董仲舒撰
白虎通德論四卷　(漢)班固撰（嘉慶本有
　　校勘補遺一卷又闕文一卷　校勘補遺
　　清盧文弨撰　闕文清莊述祖輯）
獨斷一卷　(漢)蔡邕撰
忠經一卷　(漢)馬融撰
孝傳一卷　(晉)陶潛撰
方言十三卷　(漢)揚雄撰　(晉)郭璞注
釋名四卷　(漢)劉熙撰

博雅十卷　(魏)張揖撰　(隋)曹憲音

小爾雅一卷　(漢)孔鮒撰

別史

吳越春秋六卷　(漢)趙曄撰　(元)徐天祜晉注

越絕書十五卷　(漢)袁康撰

十六國春秋十六卷　(後魏)崔鴻撰

鄴中記一卷　(晉)陸翽撰　(嘉慶本)

元經薛氏傳十卷　(隋)王通撰　(唐)薛收傳　(宋)阮逸注

汲冢周書十卷　(晉)孔晁注(嘉慶本有校正補遺一卷附錄一卷)

竹書紀年二卷　(梁)沈約注

穆天子傳六卷　(晉)郭璞注

漢武帝內傳一卷　(漢)班固撰

飛燕外傳一卷　(漢)伶玄撰

雜事祕辛一卷　(漢)□□撰

羣輔錄一卷　(晉)陶潛撰

神僊傳十卷　(晉)葛洪撰

高士傳三卷　(晉)皇甫謐撰

英雄記鈔一卷　(魏)王粲撰

子餘

參同契一卷　(漢)魏伯陽撰

陰符經一卷　(漢)張良等注

素書一卷　(漢)黃石公撰　(宋)張商英注

心書一卷　(蜀)諸葛亮撰　　　　[本]

孫子二卷　(周)孫武撰　魏武帝注(嘉慶

新語二卷　(漢)陸賈撰

新書十卷　(漢)賈誼撰

新序十卷　(漢)劉向撰

新論十卷　(北齊)劉晝撰

淮南鴻烈解二十一卷　(漢)劉安撰　(漢)高誘注

孔叢二卷附詰墨一卷　(漢)孔鮒撰

法言十卷　(漢)揚雄撰　(宋)宋咸注

抱朴子內篇四卷外篇四卷　(晉)葛洪撰(嘉慶本)

申鑒五卷　(漢)荀悅撰　(明)黃省曾注

中論二卷　(漢)徐幹撰

中說二卷　(隋)王通撰

枕中書一卷　(晉)葛洪撰(嘉慶本)

潛夫論十卷　(漢)王符撰

天祿閣外史八卷　(漢)黃憲撰

說苑二十卷　(漢)劉向撰

論衡三十卷　(漢)王充撰

載籍

搜神記八卷　(晉)干寶撰

神異經一卷　(漢)東方朔撰　(晉)張華注

海內十洲記一卷　(漢)東方朔撰

述異記二卷　(梁)任昉撰

續齊諧記一卷　(梁)吳均撰

別國洞冥記四卷　(漢)郭憲撰

西京雜記六卷　(漢)劉歆(一題晉葛洪)撰

拾遺記十卷　(前秦)王嘉撰　(梁)蕭綺錄

博物志十卷　(晉)張華撰　(宋)周日用(宋)盧□注

古今注三卷　(晉)崔豹撰

風俗通義十卷　(漢)應劭撰

人物志三卷　(魏)劉邵撰　(後魏)劉昞注

文心雕龍十卷　(梁)劉勰撰

詩品三卷　(梁)鍾嶸撰

書品一卷　(梁)庾肩吾撰

顏氏家訓二卷　(北齊)顏之推撰(嘉慶本附考證一卷　宋沈揆撰)　　[注

鹽鐵論十二卷　(漢)桓寬撰　(明)張之象

三輔黃圖六卷　(漢)□□撰　(嘉慶本有補遺一卷)

華陽國志十四卷　(晉)常璩撰

伽藍記五卷　(後魏)楊衒之撰

水經二卷　(漢)桑欽撰

星經二卷　(漢)甘公(漢)石申撰

荊楚歲時記一卷　(梁)宗懍撰

南方草木狀三卷　(晉)嵇含撰

竹譜一卷　(晉)戴凱之撰

古今刀劍錄一卷　(梁)陶弘景撰

鼎錄一卷　(梁)虞荔撰

增訂漢魏叢書

(清)王謨輯

清乾隆五十六年(1791)金谿王氏刊本

清光緒二年(1876)紅杏山房刊民國四年(1915)蜀南馬湖盧樹楠修補印本

清光緒六年(1880)三餘堂刊本

清宣統三年(1911)上海大通書局石印本

經翼

焦氏易林四卷　(漢)焦贛撰

易傳三卷　(漢)京房撰　(吳)陸績注

關氏易傳一卷　(後魏)關朗撰

周易略例一卷　(魏)王弼撰　(唐)邢璹注

古三墳一卷　(晉)阮咸注

汲冢周書十卷　(晉)孔晁注

詩傳孔氏傳一卷　(周)端木賜撰

詩說一卷　(漢)申培撰

韓詩外傳十卷　(漢)韓嬰撰

毛詩草木鳥獸蟲魚疏二卷　(吳)陸璣撰

大戴禮記十三卷　(漢)戴德撰　(北周)盧辯注

春秋繁露十七卷　(漢)董仲舒撰

白虎通德論四卷　(漢)班固撰

獨斷一卷　(漢)蔡邕撰

忠經一卷　(漢)馬融撰
孝傳一卷　(晉)陶潛撰
小爾雅一卷　(漢)孔鮒撰
方言十三卷　(漢)揚雄撰　(晉)郭璞注
博雅十卷　(魏)張揖撰　(隋)曹憲音
釋名四卷　(漢)劉熙撰
別史
　竹書紀年二卷　(梁)沈約注
　穆天子傳六卷　(晉)郭璞注
　越絕書十五卷　(漢)袁康撰
　吳越春秋六卷　(漢)趙曄撰　(宋)徐天祜
　　晉注
　西京雜記六卷　(漢)劉歆(一題晉葛洪)撰
　　(乾隆本、紅杏山房本、大通書局本)
　漢武帝內傳一卷　(漢)班固撰
　飛燕外傳一卷　(漢)伶玄撰
　雜事祕辛一卷　(漢)□□撰
　華陽國志十四卷　(晉)常璩撰　(乾隆本、
　　紅杏山房本、大通書局本)
　十六國春秋十六卷　(後魏)崔鴻撰
　三國志辨誤一卷　(宋)□□撰　(大通書
　　局本)
　元經薛氏傳十卷　(隋)王通撰　(唐)薛收
　　傳　(宋)阮逸注
　羣輔錄一卷　(晉)陶潛撰
　英雄記鈔一卷　(漢)王粲撰
　高士傳三卷　(晉)皇甫謐撰
　蓮社高賢傳一卷　(晉)□□撰
　神僊傳十卷　(晉)葛洪撰
子餘
　孔叢二卷附詰墨一卷　(漢)孔鮒撰
　新語二卷　(漢)陸賈撰
　新書十卷　(漢)賈誼撰
　新序十卷　(漢)劉向撰
　說苑二十卷　(漢)劉向撰
　淮南鴻烈解二十一卷　(漢)劉安撰　(漢)
　　高誘注　　　　　　　　　　　〔注
　鹽鐵論十二卷　(漢)桓寬撰　(明)張之象
　法言十卷　(漢)揚雄撰　(宋)宋咸注
　申鑒五卷　(漢)荀悅撰　(明)黃省曾注
　論衡三十卷　(漢)王充撰　(乾隆本、紅杏
　　山房本、大通書局本)
　潛夫論十卷　(漢)王符撰
　中論二卷　(漢)徐幹撰
　中說二卷　(隋)王通撰
　風俗通義十卷　(漢)應劭撰
　人物志三卷　(魏)劉邵撰　(後魏)劉昞注
　新論十卷　(北齊)劉晝撰
　顏氏家訓二卷　(北齊)顏之推撰
　參同契一卷　(漢)魏伯陽撰

陰符經一卷　(漢)張良等注
風后握奇經一卷附握奇經續圖一卷八陣總
　述一卷　(漢)公孫弘解　續圖(□)□
　□撰　八陣總述(晉)馬隆述
素書一卷　(漢)黃石公撰　(宋)張商英注
心書一卷　(漢)諸葛亮撰
孫子二卷　(周)孫武撰　魏武帝注　(大
　通書局本)
列子八卷　(周)列禦寇撰　(晉)張湛注
　(三餘堂本、大通書局本)
傅子一卷　(晉)傅玄撰　(三餘堂本、大通
　書局本)
道德經評注二卷　(漢)河上公章句　(三
　餘堂本、大通書局本)
載籍
　古今注三卷　(晉)崔豹撰
　中華古今注三卷　(後唐)馬縞撰　(三餘
　　堂本、大通書局本)
　博物志十卷　(晉)張華撰　(宋)周日用
　　(宋)盧□注
　文心雕龍十卷　(梁)劉勰撰
　詩品三卷　(梁)鍾嶸撰
　書品一卷　(梁)庾肩吾撰
　尤射一卷　(魏)繆襲撰
　拾遺記十卷　(前秦)王嘉撰　(梁)蕭綺錄
　述異記二卷　(梁)任昉撰
　續齊諧記一卷　(梁)吳均撰
　搜神記八卷　(晉)干寶撰
　搜神後記二卷　(晉)陶潛撰
　還冤記一卷　(北齊)顏之推撰
　神異經一卷　(漢)東方朔撰　(晉)張華注
　海內十洲記一卷　(漢)東方朔撰
　別國洞冥記四卷　(漢)郭憲撰
　枕中書一卷　(晉)葛洪撰
　佛國記一卷　(晉)釋法顯撰
　伽藍記五卷　(後魏)楊衒之撰
　三輔黃圖六卷　(漢)□□撰
　水經二卷　(漢)桑欽撰
　星經二卷　(漢)甘公(漢)石申撰
　荊楚歲時記一卷　(梁)宗懍撰
　南方草木狀三卷　(晉)嵇含撰
　竹譜一卷　(晉)戴凱之撰
　禽經一卷　(周)師曠撰　(晉)張華注
　古今刀劍錄一卷　(梁)陶弘景撰
　鼎錄一卷　(梁)虞荔撰
　天祿閣外史八卷　(漢)黃憲撰　(乾隆本、
　　紅杏山房本、大通書局本)
　輶軒絕代語一卷　(漢)揚雄撰　(三餘堂
　　本、大通書局本)
　鄴中記一卷　(晉)陸翽撰　(三餘堂本、大

　　　通書局本)
　博異記一卷　(唐)谷神子(鄭還古)撰
　　　(三餘堂本、大通書局本)
　世本一卷　(宋)宋衷注　(清)孫馮翼輯
　　　(三餘堂本、大通書局本)

祕册彙函

(明)沈士龍(明)胡震亨輯
　明萬曆中刊本
道德指歸論六卷　(漢)嚴遵撰
周髀算經二卷附音義一卷　(漢)趙爽注
　(北周)甄鸞重述　(唐)李淳風等注釋
　　音義(宋)李籍撰　　　　　　　　　　[注
數術記遺一卷　(漢)徐岳撰　(北周)甄鸞
漢雜事祕辛一卷　(漢)□□撰
山海經圖讚二卷補遺一卷　(晉)郭璞撰
搜神記二十卷　(晉)干寶撰
搜神後記十卷　(晉)陶潛撰
異苑十卷　(劉宋)劉敬叔撰
於陵子一卷　(周)陳仲子撰
銅劍讚一卷　(梁)江淹撰
靈寶真靈位業圖一卷　(梁)陶弘景撰
　(唐)閭丘方遠校定
周氏冥通記四卷　(梁)陶弘景撰
齊民要術十卷　(後魏)賈思勰撰
易傳十卷　(唐)李鼎祚撰
周易鄭康成注一卷　(漢)鄭玄撰　(宋)王
　應麟輯
易解附錄一卷　(明)胡震亨輯
大唐創業起居注三卷　(唐)溫大雅撰
歲華紀麗四卷　(唐)韓鄂撰
錄異記八卷　(前蜀)杜光庭撰
東京夢華錄十卷　(宋)孟元老撰
益部方物略記一卷　(宋)宋祁撰
泉志十五卷　(宋)洪遵撰
南唐書十八卷附音釋一卷　(宋)陸游撰
　音釋(元)戚光撰
佛國記一卷　(晉)釋法顯撰

三代遺書

(明)趙標輯
　明萬曆二十二年(1594)河東趙氏刊本
竹書紀年二卷　(梁)沈約注
汲冢周書十卷　(晉)孔晁注
批點考工記二卷　(漢)鄭玄注　(元)吳澄
　考注　(明)周夢暘批評
穆天子傳六卷　(晉)郭璞注
檀弓批點二卷　(宋)謝枋得批點　(明)楊
　慎附注
六韜六卷　(周)呂望撰

寶顔堂祕笈

(明)陳繼儒輯
　明萬曆中繡水沈氏刊本
　民國十一年(1922)上海文明書局石印本
正集(一名陳眉公訂正祕笈)　萬曆三十四年
　(1606)刊
玉照新志六卷　(宋)王明清撰
雲烟過眼錄四卷　(宋)周密撰
雲烟過眼續錄一卷　(元)湯允謨撰
學古編一卷　(元)吾丘衍撰
筆疇二卷　(明)王達撰
書品一卷　(梁)庾肩吾撰
樂郊私語一卷　(元)姚桐壽撰
清暑筆談一卷　(明)陸樹聲撰
貧士傳二卷　(明)黃姬水撰
焚椒錄一卷　(遼)王鼎撰　　　　　　　　[撰
歸有園塵談一卷　(明)太室山人(徐學謨)
娑羅館清言二卷　(明)屠隆撰
娑羅館逸稿二卷　(明)屠隆撰
續娑羅館清言一卷　(明)屠隆撰
冥寥子游二卷　(明)屠隆撰
甲乙剩言一卷　(明)胡應麟撰
廣莊一卷　(明)袁宏道撰
瓶史一卷　(明)袁宏道撰
偶譚一卷　(明)李鼎撰
野客叢書十二卷附錄一卷　(宋)王楙撰
考槃餘事四卷　(明)屠隆撰
　書箋
　帖箋　　以上合一卷
　畫箋
　紙箋
　筆箋
　研箋
　琴箋　　以上合一卷
　香箋
　文房器具箋
　起居器服箋　　以上合一卷
　游具箋
　盆玩品
　山齋志
　茶箋
　金魚品　　以上合一卷
續集(一名陳眉公家藏祕笈續函)
尚書故實一卷　(唐)李綽撰
南唐近事一卷　(宋)鄭文寶撰
朱文公政訓一卷　(宋)朱熹撰
真西山政訓一卷　(宋)真德秀撰
談苑四卷　(宋)孔平仲撰
荊溪林下偶談四卷　(宋)吳□撰

桂苑叢談一卷　（唐）馮翊撰
陰符經解一卷　（周）呂望等注
枕中書（一名元始上眞衆仙記）一卷　（晉）
　　葛洪撰
後山談叢四卷　（宋）陳師道撰
无上祕要一卷
省心錄一卷　（宋）林逋撰
瓠不瓠錄一卷　（明）王世貞撰
鶴山渠陽讀書雜抄二卷　（宋）魏了翁撰
脈望八卷　（明）趙台鼎撰
賢弈編四卷　（明）劉元卿撰
煮泉小品一卷　（明）田藝蘅撰
伏戎紀事一卷　（明）高拱撰
皇明吳郡丹青志一卷　（明）王穉登撰
畫說一卷　（明）莫是龍撰
次柳氏舊聞一卷　（唐）李德裕撰
谿山餘話一卷　（明）陸深撰
毛餘雜識一卷　（明）陸樹聲撰
西堂日記一卷　（明）楊豫孫撰
知命錄一卷　（明）陸深撰
樂府指迷二卷　（宋）張炎撰　下卷
　　（元）陸行直撰
疑仙傳一卷　（宋）王簡（一題隱夫玉簡）撰
可談一卷　（宋）朱彧撰
玉堂漫筆一卷　（明）陸深撰
蜀都雜抄一卷　（明）陸深撰
四夷考八卷　（明）葉向高撰
集異志四卷　（唐）陸勳撰
愼言集訓二卷　（明）敖英輯
鼎錄一卷　（梁）虞荔撰
古奇器錄一卷附江東藏書目錄小序　（明）
　　陸深撰
井觀瑣言三卷　（明）鄭瑗撰
蜩笑偶言一卷　（明）鄭瑗撰
長松茹退二卷　（明）憨頭陀（釋眞可）撰
虎薈六卷　（明）陳繼儒撰
羅湖野錄四卷　（宋）釋曉瑩撰
觴政一卷　（明）袁宏道撰
吳社編一卷　（明）王穉登撰
願豐堂漫書一卷　（明）陸深撰
金臺紀聞一卷　（明）陸深撰
長水日鈔一卷　（明）陸樹聲撰
病榻寤言一卷　（明）陸樹聲撰
夷俗記一卷　（明）蕭大亨撰
三事溯眞一卷　（明）李豫亨撰
銷夏部四卷　（明）陳繼儒撰
辟寒部四卷　（明）陳繼儒撰
廣集（一名陳眉公家藏廣祕笈）　萬曆四十三
　　年（1615）刊
　兩同書二卷　（唐）羅隱撰

羯鼓錄一卷　（唐）南卓撰
荊楚歲時記一卷　（梁）宗懍撰
丙丁龜鑑五卷續錄一卷　（宋）柴望輯
滄浪嚴先生詩談（一名滄浪詩話）一卷
　　（宋）嚴羽撰
遊城南記一卷　（宋）張禮撰
入蜀記四卷　（宋）陸游撰
吳船錄二卷　（宋）范成大撰
楓窗小牘二卷　（宋）袁褧撰　（宋）袁頤續
經外雜鈔二卷　（宋）魏了翁撰
物類相感志一卷　（宋）蘇軾撰
還冤志一卷　（北齊）顏之推撰
正朔考一卷　（宋）魏了翁撰
古今考一卷　（宋）魏了翁撰
風月堂詩話二卷　（宋）朱弁撰
文則二卷　（宋）陳騤撰
武林舊事六卷後集五卷　（宋）泗水潛夫
　　（周密）撰
老子解四卷　（宋）蘇轍撰
貴耳集二卷　（宋）張端義撰
王氏談錄一卷　（宋）王洙（一題王欽臣）撰
海內十洲記一卷　（漢）東方朔撰
農田餘話二卷　（明）長谷眞逸撰
歲華紀麗譜一卷　（元）費著撰
牋紙譜一卷　（元）費著撰
蜀錦譜一卷　（元）費著撰
庚申外史二卷　（明）權衡撰
脚氣集二卷　（宋）車若水撰
化書六卷　（南唐）譚峭撰
傳疑錄一卷　（明）陸深撰
春風堂隨筆一卷　（明）陸深撰
燕閒錄一卷　（明）陸深撰
讀書筆記一卷　（明）祝允明撰
意見一卷　（明）陳于陛撰
薛文清公從政錄一卷　（明）薛瑄撰
海槎餘錄一卷　（明）顧岕撰
東谷贅言二卷　（明）敖英撰
丹鉛續錄八卷　（明）楊愼撰
飲食紳言一卷　（明）皆春居士（龍遵敘）撰
男女紳言一卷　（明）皆春居士（龍遵敘）撰
學圃雜疏一卷　（明）王世懋撰
　花疏
　果疏
　蔬疏附水草
　瓜疏
　荳疏
　竹疏
閩部疏一卷　（明）王世懋撰
缾花譜一卷　（明）張丑撰
汲古叢語一卷　（明）陸樹聲撰

蠟衣生馬記一卷　(明)郭子章撰
蠟衣生劍記一卷　(明)郭子章撰
雨航雜錄二卷　(明)馮時可撰
邵康節先生外紀四卷　(明)陳繼儒撰
黿采館清課二卷　(明)費元祿撰
戊申立春考證一卷　(明)邢雲路撰
金丹四百字解一卷　(明)李文燭撰
友論一卷　(明西洋)利瑪竇撰
木几冗談一卷　(明)彭汝讓撰
席上腐談二卷　(宋)俞琰撰
普集(一名陳眉公普祕笈一集)　泰昌元年
　(1620)刊
　朝野僉載六卷　(唐)張鷟撰
　草木鳥獸蟲魚疏二卷　(吳)陸璣撰
　別國洞冥記一卷　(漢)郭憲撰
　三輔黃圖二卷　(漢)□□撰
　卓異記一卷　(唐)李翺撰
　臥遊錄一卷　(宋)呂祖謙撰
　孔氏雜說四卷　(宋)孔平仲撰
　春渚紀聞六卷　(宋)何薳撰
　問答錄一卷　(宋)蘇軾撰
　漁樵閑話錄一卷　(宋)蘇軾撰　　　[撰
　洛陽名園記一卷　(宋)李廌(一題李格非)
　捫虱新話四卷　(宋)陳善撰
　驂鸞錄一卷　(宋)范成大撰
　攬轡錄一卷　(宋)范成大撰
　麟書一卷　(宋)汪若海撰
　曲洧舊聞四卷　(宋)朱弁撰
　震澤長語二卷　(明)王鏊撰
　農說一卷　(明)馬一龍撰
　遊名山記四卷　(明)都穆撰
　召對錄一卷　(明)申時行撰
　秋圃擷餘一卷　(明)王世懋撰
　茶寮記一卷　(明)陸樹聲撰
　許然明先生茶疏一卷　(明)許次紓撰
　真珠船八卷　(明)胡侍撰
　古今印史一卷　(明)徐官撰
　同異錄二卷　(明)陸深撰
　駢語雕龍四卷　(明)游日章撰　(明)林世
　　勤注
　會仙女誌一卷　(明)酈琥撰
　孝經一卷
　說孝三書　(明)楊起元輯
　　虞子集靈節略一卷　(明)虞淳熙撰
　　孝經引證一卷　(明)楊起元撰
　　孝經宗旨一卷　(明)羅汝芳述　(明)楊
　　　起元記
　祈嗣真詮一卷　(明)袁黃撰
　備倭圖記一卷　(明)卜大同撰
　薛方山紀述一卷　(明)薛應旂撰

祐山雜說一卷　(明)馮汝弼撰
聖學範圍圖說一卷　(明)岳元聲撰
山行雜記一卷　(明)宋彥撰
冬官紀事一卷　(明)賀仲軾撰
研北雜志二卷　(元)陸友撰
聽心齋客問一卷　(明)萬尙父撰
畫禪一卷　(明)釋蓮儒撰
金華遊錄一卷　(宋)謝翺撰
渾然子一卷　(明)張翀撰
方洲雜言一卷　(明)張寧撰
玉笑零音一卷　(明)田藝蘅撰
酒史二卷　(明)無懷山人(馮時化)撰
幽閑鼓吹一卷　(唐)張固撰
遼陽圖記一卷　(明)□□撰　(明刊本)
勦奴議撮一卷　(明)于燕芳撰　(明刊本)
彙集(一名陳眉公家藏彙祕笈)
　清異錄四卷　(宋)陶穀撰
　蟾仙解老(一名道德寶章)一卷　(宋)白玉
　　蟾撰
　兼明書五卷　(唐)丘光庭撰
　靖康緗素雜記十卷　(宋)黃朝英撰
　世範三卷　(宋)袁采撰
　鍾呂二仙傳一卷　(明)黃魯曾撰
　金丹詩訣二卷　(唐)呂嵒撰
　南嶽遇師本末一卷　(宋)夏元鼎撰
　韓仙傳一卷　(唐)韓若雲撰
　衍極一卷　(元)鄭杓撰
　葛稚川內篇四卷外篇四卷　(晉)葛洪撰
　　(明刊本)
　周易尙占三卷　(元)李道純撰
　畫品一卷　(宋)李廌撰
　明誠意伯連珠一卷　(明)劉基撰
　春雨雜述一卷　(明)解縉撰
　海語三卷　(明)黃衷撰
　異魚圖贊四卷　(明)楊慎撰
　江鄰幾雜誌一卷　(宋)江休復撰
　讕言長語二卷　(明)曹安撰
　陰符經解一卷　(明)焦竑撰
　支談三卷　(明)焦竑撰
　問奇集一卷　(明)張位撰
　祝子小言(一名環碧齋小言)一卷　(明)祝
　　世祿撰
　先進遺風二卷　(明)耿定向撰　(明)毛在
　　增補
　夢溪補筆談二卷　(宋)沈括撰
　見聞紀訓一卷　(明)陳良謨撰
　方洲先生奉使錄二卷　(明)張寧撰
　黃帝祠額解一卷　(明)李維楨撰
　天目遊記一卷　(明)黃汝亨撰
　游喚一卷　(明)王思任撰

黃白鏡一卷續一卷　(明)李文燭撰
田居乙記四卷　(明)方大鎮撰
一庵雜問錄一卷　(明)唐樞撰
碧里雜存一卷　(明)董穀撰
新鍥煙波釣徒奇門定局一卷　(明)劉基撰
瀛涯勝覽一卷　(明)馬歡撰
夷俗考一卷　(宋)方鳳撰
燕市雜詩一卷　(明)于燕芳撰
物異考一卷　(宋)方鳳撰
建州女眞考一卷　(明)天都山臣撰
文湖州竹派一卷　(明)釋蓮儒(一題元吳
　　鎮)撰
泉南雜志二卷　(明)陳懋仁撰
祕笈(一名眉公雜著)　(明)陳繼儒撰　萬曆
　　三十四年(1606)刊
見聞錄八卷
珍珠船四卷
妮古錄四卷
羣碎錄一卷
偃曝談餘二卷
巖棲幽事一卷
枕譚一卷
太平清話四卷
書蕉二卷
筆記二卷
書畫史一卷
安得長者言一卷
狂夫之言三卷續二卷
香案牘一卷
讀書鏡十卷

格致叢書

(明)胡文煥輯
　　明萬曆三十一年(1603)刊本
詩傳一卷　(周)端木賜撰
詩說一卷　(漢)申培撰
韓詩外傳十卷　(漢)韓嬰撰
張宛邱詩說一卷　(宋)張耒撰
詩攷一卷　(宋)王應麟撰
詩地理攷六卷　(宋)王應麟撰
孝經一卷
女孝經一卷　(唐)鄭□撰
忠經一卷　(漢)馬融撰
白虎通德論二卷　(漢)班固撰
獨斷一卷　(漢)蔡邕撰
爾雅三卷　(晉)郭璞注
小爾雅一卷　(漢)孔鮒撰　(宋)宋咸注
絕代語釋別國方言十三卷　(漢)揚雄撰
　　(晉)郭璞解
釋名八卷　(漢)劉熙撰

急就篇四卷　(漢)史游撰　(唐)顏師古注
埤雅二十卷　(宋)陸佃撰
韻學事類十二卷　(明)李攀龍輯
文會堂詞韻二卷　(明)胡文煥輯
宜齋野乘一卷　(宋)吳枋撰
綵線貫明珠秋槃錄一卷　(明)董穀撰
李氏刊誤二卷　(唐)李涪撰
官級由陛二卷　(明)□□撰
官禮制攷一卷　(明)胡文煥撰
招擬假如行移體式四卷　(明)胡文煥撰
大明律圖一卷　(明)□□撰
律例類鈔六卷　(明)□□輯
讀律歌一卷　(明)胡文煥等輯
瑣言摘附一卷　(明)胡文煥輯
問刑條例七卷　(明)舒元等輯
名例律一卷　(明)□□輯
刑統賦一卷　(宋)傅霖撰　(元)郄韻釋
華夷風土志四卷　(明)胡文煥撰
山海經十八卷　(晉)郭璞傳
神異經一卷　(漢)東方朔撰
溪蠻叢笑一卷　(宋)朱輔撰
星槎勝覽一卷　(明)費信撰
天地萬物造化論一卷　(宋)王柏撰
黃石公素書一卷　(漢)黃石公撰　(宋)張
　　商英注
諸子纂要二卷　(明)胡文煥纂輯
顏氏家訓二卷　(北齊)顏之推撰
畫簾緒論一卷　(宋)胡太初撰
呂氏官箴一卷　(宋)呂本中撰
士範一卷
愼言集二卷　(明)敖英輯
厚生訓纂六卷　(明)周臣輯
赤松子中誡經一卷
長春劉眞人語錄一卷　(明)邵以正輯
類修要訣二卷續附一卷　(明)胡文煥輯
養生類纂二卷　(宋)周守中輯
養生月覽二卷　(宋)周守中輯
保生心鑒一卷　(明)鐵峯居士輯
攝生集覽一卷
攝生要義一卷　(明)河濱丈人撰
錦身機要指源篇一卷附大道修眞捷要選仙
　　指源篇一卷　(明)混沌子撰
禪學一卷　(明)釋袾宏輯
禪宗指要一卷　(明)周滿撰　　　　　〔輯
證佛名譚一卷　(明)江皋撰　(明)釋袾宏
風俗通十卷　(漢)應劭撰
資暇集三卷　(唐)李匡乂撰
孔氏雜說一卷　(宋)孔平仲撰
寰宇雜記二卷
三餘贅筆一卷　(明)都卬撰

聽雨紀談一卷　(明)都穆撰	中序一卷　(唐)釋皎然撰
述異記二卷　(梁)任昉撰	風騷旨格一卷　(唐)釋齊己撰
三家雜纂三卷　(唐)李商隱撰	金鍼詩格一卷　(唐)白居易撰
鼠璞二卷　(宋)戴埴撰	續金鍼詩格一卷　(宋)梅堯臣撰
芥隱筆記一卷　(宋)龔頤正撰	梅氏詩評一卷　(宋)梅堯臣撰
袖中錦一卷　(宋)太平老人撰	王少伯詩格一卷　(唐)王昌齡撰
歲時廣記四卷圖說一卷　(宋)陳元靚撰	詩人玉屑二十二卷　(宋)魏慶之撰
釋常談三卷　(宋)□□撰	詩學規範一卷　(宋)張鎡撰
禽經一卷　(周)師曠撰　(晉)張華注	詩法正宗一卷　(元)揭傒斯撰
獸經一卷　(明)黃省曾撰	詩宗正法眼藏一卷　(元)揭傒斯撰
博物志十卷　(晉)張華撰　(宋)周日用	詩法家數一卷　(元)楊載撰
(宋)盧□注	炙轂子詩格一卷　(唐)王叡撰
續博物志十卷　(宋)李石撰	緣情手鑒詩格一卷　(明)李洪宣撰
南方草木狀二卷　(晉)嵇含撰	詩中旨格一卷　(明)王玄撰
寶貨辨疑一卷	文或詩格一卷　(明)釋文或撰
古今事物考八卷　(明)王三聘輯	詩要格律一卷　(□)王夢簡撰
名物法言一卷　(明)胡文煥輯	詩家一指一卷
古今原始十五卷　(明)趙釴撰	沙中金集一卷
博古圖十卷　(宋)王黼等撰	詩文正法一卷　(元)傅若金撰
香譜二卷　(宋)洪芻撰	詩法正論一卷　(元)傅若金撰
洞天清錄一卷　(宋)趙希鵠撰	黃氏詩法一卷　(明)黃子肅撰
文房圖贊一卷　(宋)林洪撰	詩家集法一卷
續文房圖贊一卷　(元)羅先登撰	木天禁語一卷　(元)范梈撰
文房清事一卷	詩學禁臠一卷　(元)范梈撰
茶經三卷　(唐)陸羽撰	談藝錄一卷　(明)徐禎卿撰
茶錄一卷　(宋)蔡襄撰	雅道機要一卷　(唐)徐寅撰
茶譜一卷　(明)顧元慶撰	風騷要式一卷　(明)徐衍撰
東溪試茶錄一卷　(宋)宋子安撰	處囊訣一卷　(宋)釋保暹撰
茶具圖贊一卷　(明)茅一相撰	詩文要式一卷　(明)胡文煥撰
農桑輯要七卷　(元)司農司撰	詩中密旨一卷　(唐)王昌齡撰
臞仙神隱四卷　(明)朱權撰	流類手鑑一卷　(明)釋虛中撰
山家清事一卷　(宋)林洪撰	六言詩集一卷　(明)胡文煥撰
山居四要五卷　(明)汪汝懋撰	詩評一卷　(宋)釋景淳撰
農圃四書四卷　(明)黃省曾撰	詩學事類二十四卷　(明)李攀龍輯
種樹書一卷　(元)俞宗本撰	文錄一卷　(宋)唐庚撰
壽親養老書一卷　(宋)陳直撰	寸札粹編二卷　(明)陳繼儒輯
食物本草二卷　(明)盧和撰	敎坊記一卷　(唐)崔令欽撰
食鑒本草二卷　(明)寧原撰	麗情集一卷　(宋)張君房撰
金符經一卷	漢隸分韻七卷
大明厤一卷	書斷四卷　(唐)張懷瓘撰
連珠厤一卷	續書譜一卷　(宋)姜夔撰
附厤合覽二卷　(明)胡文煥撰	書法三昧一卷
趨避檢三卷　(明)胡泰撰	字學源流一卷　(明)呂道爔撰
草木幽微經一卷	墨池璅錄四卷　(明)楊慎撰
魏文帝詩格一卷　魏文帝撰	翰林要訣一卷　(元)陳繹曾撰
詩品一卷　(梁)鍾嶸撰	干祿字書一卷　(唐)顏元孫撰
評詩格一卷　(唐)李嶠撰	佩觿三卷　(後周)郭忠恕撰
二南密旨一卷　(唐)賈島撰	古字便覽一卷　(元)虞集撰
文苑詩格一卷　(唐)白居易撰	字學備考四卷　(明)胡文煥撰
詩議一卷　(唐)釋皎然撰	篆法辨訣一卷　(□)應在止撰

傳眞祕要一卷　（明）翁昂撰
山房十友圖贊一卷　（明）顧元慶撰
古今碑帖攷一卷　（明）朱晨撰
格古要論五卷　（明）曹昭撰
古今注三卷　（晉）崔豹撰
祝壽編年一卷　（明）胡文煥輯

藏説小萃

（明）李鶚翀輯
　　明萬曆三十四年(1606)李鈴前書樓刊本
湯廷尉公餘日錄一卷　（明）湯沐撰
宦游紀聞一卷　（明）張萱撰
水南翰記一卷　（明）張袞撰
存餘堂詩話一卷首一卷　（明）朱承爵撰
暖姝由筆三卷首一卷　（明）徐充撰
汴遊錄一卷　（明）徐充撰
戒庵老人漫筆四卷　（明）李詡撰
延州筆記四卷　（明）唐觀撰
洹詞記事鈔一卷續鈔一卷　（明）崔銑撰
明良記四卷　（明）楊儀撰
保孤錄一卷附一卷　（明）楊儀撰

莊騷合刻

（明）俞安期輯
　　明萬曆三十五年(1607)俞氏蓼蓼閣刊本
莊子南華眞經十卷　（周）莊周撰
楚辭二卷　（周）屈原撰

三注鈔

（明）鍾惺輯
　　明萬曆四十五年(1617)刊本
三國志注鈔八卷
世説新語注鈔二卷
水經注鈔六卷

祕書九種

（明）鍾惺輯
　　明萬曆中金閶擁萬堂刊本
汲冢周書六卷　（晉）孔晁注
荀子二十卷　（周）荀況撰（唐）楊倞注
大戴禮記十三卷　（漢）戴德撰（北周）盧
　　辯注
韓詩外傳十卷　（漢）韓嬰撰　　　　[注
鹽鐵論十二卷　（漢）桓寬撰（明）張之象
新序十卷　（漢）劉向撰
白虎通德論四卷　（漢）班固撰
風俗通義十卷　（漢）應劭撰
天祿閣外史八卷　（漢）黃憲撰

程氏叢刻

（明）程百二輯
　　明萬曆四十三年(1615)程氏刊本
雲林石譜三卷　（宋）杜綰撰
酒經三卷　（宋）朱肱撰
觴政一卷　（明）袁宏道撰
醉鄉記一卷　（唐）王績撰
品茶要錄一卷　（宋）黃儒撰
品茶要錄補一卷　（明）程百二撰
茶寮記一卷　（明）陸樹聲撰
茶説一卷　（明）黃龍德撰
畫鑒一卷　（元）湯垕撰

閒情小品

（明）華淑輯
　　明萬曆四十五年(1617)刊本
書紳要語一卷
睡方書一卷
花寮一卷
雨窗隨喜一卷
清史一卷
迷仙志一卷
田園詩一卷　（明）陳繼儒撰
清凉帖一卷
花間碎事一卷
文章九命一卷　（明）王世貞撰
千古一朋一卷
揚州夢一卷補一卷
樂府餘編一卷
酒考一卷
品茶八要一卷
香韻一卷
頌酒雜約一卷
療言一卷
貯書小譜一卷
書齋清事一卷
禪榻夢餘一卷
煮泉小品一卷　（明）田藝蘅撰
吳郡丹青志一卷　（明）王穉登撰
畫説一卷　（明）莫是龍撰
耄餘雜識一卷　（明）陸樹聲撰
伏戎紀事一卷　（明）高拱撰
谿山餘話一卷　（明）陸深撰
附錄一卷　（宋）王勉夫撰

山居雜志

（明）汪士賢輯
　　明萬曆中新安汪氏刊本
南方草木狀三卷　（晉）嵇含撰
筍譜一卷　（宋）釋贊寧撰
竹譜一卷　（晉）戴凱之撰

梅譜一卷　（宋）范成大撰
洛陽牡丹記一卷　（宋）歐陽修撰
牡丹榮辱志一卷　（宋）丘璿撰
天彭牡丹譜一卷　（宋）陸游撰
亳州牡丹志一卷　（明）□□撰
芍藥譜一卷　（宋）王觀撰
海棠譜三卷　（宋）陳思撰
荔枝譜一卷　（宋）蔡襄撰
橘譜三卷　（宋）韓彦直撰
百菊集譜六卷菊史補遺一卷諸菊品目一卷
　　（宋）史鑄撰
茶經三卷附茶具圖贊一卷水辨一卷　（唐）
　　陸羽撰　附（□）□□撰
茶經外集一卷　（明）孫大綬撰
茶譜一卷　（明）顧元慶撰
茶譜外集一卷　（明）孫大綬撰
酒譜一卷　（明）徐炬撰
疏食譜一卷　（宋）陳達叟輯
菌譜一卷　（宋）陳仁玉撰
野菜譜一卷　（明）王磐撰
蟹譜二卷　（宋）傅肱撰
禽蟲述一卷　（明）袁達德撰

合刻周秦經書十種

（明）盧之頤輯
　　明溪香書屋刊本　　　　　　　　［注
檀弓記二卷　（宋）謝枋得評點　（明）楊慎
考工記註二卷　（漢）鄭玄撰
詩經三卷　（明）鍾惺評點
孟子二卷　（宋）蘇洵評點
黃帝陰符經一卷　（唐）李筌等注　（明）虞
　　淳熙評點
老子道德眞經二卷　（周）李耳撰　（魏）王
　　弼注
列子冲虛至德眞經註八卷　（晉）張湛撰
廣成子註一卷　（宋）蘇軾撰
黃石公素書一卷　（漢）黃石公撰　（宋）
　　張商英注　（明）楊慎評　　　　　［評
譚子化書六卷　（南唐）譚峭撰　（明）楊慎

快書

（明）閔景賢輯
　　明天啓六年(1626)刊本
秋濤(一名會心編)一卷　（明）王聖俞撰
光明藏(一名醒言)一卷　（明）倪尤昌撰
晉塵一卷　（明）雙清撰
螢燈(一名贅言)一卷　（明）無如子撰
月鏡(一名滄漚集)一卷　（明）□□撰
譚輅一卷　（明）張鳳翼撰
白雲梯一卷　（明）李何事撰

驚筵辨一卷　（明）張虞侯撰
鑑古瑣譚一卷　（明）徐以清撰
黃辭一卷　（明）黃俞言撰
綠雪亭雜言一卷　（明）敖英撰
竹窗合筆一卷　（明）釋袾宏撰
雅述一卷　（明）王廷相撰
枕餘一卷　（明）徐汝廉撰
存論一卷　（明）天台野人撰
環碧齋小言一卷　（明）祝世祿撰
玉振一卷　（明）昌巖撰
郎川答問一卷　（明）余常吉撰
頂門針一卷　（明）徐卷石撰
德山暑譚一卷　（明）袁宏道撰
閒情十二憮一卷　（明）蘇士琨撰
鴛鴦譜(一名悅容編)一卷　（明）衛泳撰
姝聯(一名姬侍類偶)一卷　（宋）周守忠撰
惑溺供一卷　（明）林□撰
雙門調(一名睡鄉記)一卷　（明）鄭元夫撰
含少論略一卷　（明）葛見堯撰
擬易一卷　（明）張武略撰
石桃丙舍草一卷　（明）蔣若椰撰
史遺一卷　（明）丘兆麟撰
書憲一卷　（明）吳季子撰
讀書通一卷　（明）孫伯觀撰
諸子裒淑一卷　（明）朱君復撰
觀老莊影響論一卷　（明）憨山道人(釋德
　　淸)撰
測莊一卷　（明）石人隱士撰
草木子一卷　（明）葉子奇撰
交友觀一卷　（明）吳從先撰
七幅菴一卷　（明）傅遠度撰
九發一卷　（明）支華平撰
錢罾一卷　（明）支華平撰
客齋使令一卷　（明）俞蜜僧撰
雅俗辨一卷　（明）黃孟威撰
書史紀原一卷　（明）夏浸之撰
畫塵一卷　（明）沈顥撰
花案一卷　（明）何仙郎撰
十處士傳一卷　（明）支立撰
弈律一卷　（明）王思任撰
五嶽臥遊一卷　（明）俞思冲撰
文苑四史一卷　（明）鍾泰華撰
法檻一卷　（明）閔景賢輯　　　　　　［輯
才鬼記一卷　（唐）鄭賓撰　（明）梅鼎祚增

廣快書

（明）何偉然(明)吳從先輯
　　明崇禎二年(1629)序刊本
槎菴燕語一卷　（明）來斯行撰
碭石宮謦語一卷　（明）阮堅之撰

一聲驚一卷　(明)張來初撰
何之子一卷　(明)周宏綸撰
秋粧樓眉判一卷　(明)何偉然撰
儒禪一卷　(明)吳從先撰
瀾堂夕話一卷附偶書　(明)張次仲撰
史輪一卷　(淸)吳穎撰　　　　　　　　　〔撰
無盡燈(一名客邸塵談)一卷　(明)來斯行
郎山論一卷　(明)沈君烈撰
千一錄客談一卷　(明)方弘靜撰
海樵子一卷　(明)王崇慶撰
玉笑零音一卷　(明)田藝蘅撰
尋常事一卷　(明)西韓生輯
世書一卷　(淸)吳穎撰
燕貽法錄(一名家訓)一卷　(明)方宏靜撰
月唳一卷　(明)凌仲望撰
秋水鏡(一名臆見)一卷　(明)洪月誠撰
桂枝女子傳一卷　(明)□□撰
審是帙(一名雜言)一卷　(明)張靖之撰
花錫新命一卷附廣陵女士花殿最　(明)佘
　　君翼撰
丹甑(一名雜說)一卷　(明)袁宗道撰
弋說一卷　(明)沈長慶撰
璅言一卷附夢語　(明)于愼行撰
雜記一卷　(明)于愼行撰
病中抽史一卷附反絕交論　(明)鄧予垣撰
松霞館贅言一卷　(明)李長卿撰
獨鑿錄一卷、(明)殼齋主人撰
善易者言一卷　(淸)吳穎撰
讀五胡載記一卷　(明)歐陽于玉撰
蒲團上語一卷　(明)鮑在齊撰
青鏤管夢一卷　(明)項穆撰
正法眼(一名偶記)一卷　(明)佘翹撰
倉庚集一卷　(明)魏崑陽撰
有情癡一卷　(明)吳季子撰
山遊十六觀一卷　(明)沈懋功撰
蟲天志一卷　(明)沈弘正撰
曲讌一卷　(明)天都逸史撰
識小編一卷　(明)周賓所撰
珠采一卷　(明)□□撰
照心扉(一名紀述)一卷　(明)薛應旂撰
士令(一名學政)一卷　(明)郭子章(明)黃
　　寅庸撰
長嘯餘一卷　(明)孫燕貽撰
嘔絲(一名別論初本)一卷　(明)何偉然撰
斷肉編一卷　(明)閭舍卿撰
瞻禮舍利記一卷　(明)李封若撰
天爵堂筆餘一卷　(明)薛崗撰
戲瑕一卷　(明)錢希言撰
十影君傳一卷　(明)支廷訓撰
海味索隱一卷　(明)屠本畯撰

快閣藏書

(明)唐琳輯
　　明天啓中刊本
　古三墳一卷
　陰符經一卷解一卷
　古握機經三卷緯五卷　(明)曹胤儒注
　穆天子傳六卷　(晉)郭璞注
　素書一卷　(漢)黃石公撰
　韓詩外傳十卷　(漢)韓嬰撰
　新書十卷附錄一卷　(漢)賈誼撰
　西京雜記六卷　(晉)葛洪撰
　博物志十卷　(晉)張華撰　(宋)周日用
　　(宋)盧□注
　古今注三卷　(晉)崔豹撰

薈古介書　　　　一

(明)邵闇生輯
　　明天啓七年(1627)序刊本
　前集
　大學古本一卷
　大學石經古本一卷
　古三墳一卷
　穆天子傳一卷　(晉)郭璞注
　爾雅一卷　(晉)郭璞注
　麟書一卷　(宋)汪若海撰
　山海經圖讚一卷　(晉)郭璞撰
　元包一卷　(北周)衞元嵩撰
　參同契三卷　(漢)魏伯陽撰　　　　〔撰
　逸詩一卷附論語會心詩一卷　(明)胡文煥
　天官書一卷
　南華逸篇一卷
　楚衡嶽神禹碑文一卷
　漢滕公石槨銘一卷
　吳季公碑一卷
　後集
　史旬一卷
　史遺一卷
　左逸一卷
　小易一卷
　窮凡一卷
　讕諆一卷
　握奇經一卷
　奇門賦專征一卷附奇門數略一卷
　勝義諦一卷

重訂欣賞編

(明)沈津輯　(明)茅一相續輯
　　明刊本
　文房圖贊一卷　(宋)林洪撰

文房圖贊續一卷　(元)羅先登撰
十友圖贊一卷　(明)顧元慶撰
茶具圖贊一卷　(明)茅一相撰
燕几圖一卷　(宋)黃伯思撰
畫舫記一卷　(清)汪汝謙撰
嘯旨一卷　(唐)孫廣撰
安雅堂觥律一卷　(元)曹紹撰
觴政一卷　(明)袁宏道撰
酒經一卷　(宋)蘇軾撰
茶經三卷　(唐)陸羽撰
茶疏一卷　(明)許次紓撰
煮泉小品一卷　(明)田藝蘅撰
芥茶牋一卷　(明)馮可賓撰
煎茶七類一卷　(明)高叔嗣撰
花曆一卷　(明)程羽文撰
瓶史一卷　(明)袁宏道撰
瓶花譜一卷　(明)張丑撰
墨經一卷　(宋)晁貫之撰
硯譜一卷　(明)高濂撰
古今印史一卷　(明)徐官撰
學古編一卷　(元)吾丘衍撰
古奇器錄一卷　(明)陸深撰
詞評一卷　(明)王世貞撰
曲藻一卷　(明)王世貞撰
畫禪一卷　(明)釋蓮儒撰
蘆麈一卷　(明)沈顥撰
打馬圖一卷　(宋)李清照撰
譜雙五卷　(宋)洪邁撰
宣和牌譜一卷　(明)瞿佑撰
除紅譜一卷　(元)楊維楨(一題宋朱河)撰
六博譜一卷　(明)潘之恒撰
五木經一卷　(唐)李翱撰　(唐)元革注
投壺格一卷　(宋)司馬光撰
葉子譜一卷　(明)潘之恒撰
馬吊腳例一卷　(明)龍子猶(馮夢龍)撰
牌經一卷·(明)龍子猶(馮夢龍)撰
胹陣譜一卷　(明)袁福徵撰
丸經二卷　(元)□□撰
羯鼓錄一卷　(唐)南卓撰
絃子記一卷　(唐)柳宗元撰
樂府指迷一卷　(宋)張炎撰
偏安藝流一卷　(宋)泗水潛夫(周密)撰
熙朝樂事一卷　(明)田汝成撰
賞心樂事一卷　(宋)張鑑撰
吳社編一卷　(明)王穉登撰
陽關三疊圖譜一卷　(明)田藝蘅撰
明月編一卷　(明)王穉登撰
江花品藻一卷　(明)楊慎撰
秦淮士女表一卷　(明)曹大章撰
燕都妓品一卷　(明)冰華梅史(曹大章)撰

八段錦一卷　(明)高濂撰
陳希夷坐功圖一卷　(宋)陳摶撰

葉潤山輯著全書

(明)葉廷秀輯撰
　　明崇禎中刊清補刊印本
人極圖一卷　(明)劉宗周撰
陰符經一卷　(明)葛含馨點校　(明)葉廷
　秀重閱
四大恩論一卷　(明)顏茂猷撰　(明)葉廷
　秀評
無黨論一卷　　　　　　　　　　　[參
孝經集註一卷　(明)余本撰　(明)葉廷秀
抄朱子劄言四卷　(明)葉廷秀纂評
朱文公政訓摘要一卷　(明)葉廷秀纂評
朱子學訓三卷　(明)葉廷秀鈔評
呂先生語錄一卷　(明)呂柟撰　(明)葉廷
　秀輯評
講學大義一卷　(明)葉廷秀撰
研幾集略三卷　(明)丘濬纂補　(明)葉廷
　秀點增
證人社約一卷　(明)劉宗周撰
眞西山政訓摘要一卷　(明)葉廷秀纂評
偶言四卷　(明)葉廷秀撰
葉先生偶言一卷　(明)葉廷秀撰　(明)張
　瑋參　(明)巢子梁訂　　　　　　[評
呻吟語一卷　(明)呂坤撰　(明)葉廷秀輯
困知記一卷　(明)羅欽順撰　(明)葉廷秀
　輯
魯鄒游記一卷　(明)葉廷秀撰
遠道隨筆一卷　(明)葉廷秀撰
疏稿一卷　(明)葉廷秀撰
奏疏一卷　(明)葉廷秀撰　　　　　[評
徽學詩一卷　(明)呂維祺撰　(明)葉廷秀
和徽學詩一卷　(明)趙栩然撰　(明)葉廷
　秀評
和徽學詩續集一卷　(明)喻龍撰　(明)葉
　廷秀評
和朱文公感興詩一卷　(明)葉廷秀撰
秋興詩一卷　(明)葉廷秀撰
就正錄一卷　(明)葉廷秀撰
素園詩一卷　(明)葉廷秀撰
續詩譚一卷　(明)葉廷秀撰
詩譚續集一卷　(宋)羅大經撰　(明)葉廷
　秀節評
名宦錄一卷
鄉賢錄一卷

增定漢魏六朝別解

(明)葉紹泰輯

明崇禎十五年(1642)采隱山居刊本

經部

古三墳一卷

汲冢周書一卷

乾坤鑿度一卷　　　　　一

韓詩外傳一卷　（漢)韓嬰撰

春秋繁露一卷　（漢)董仲舒撰

春秋陰陽一卷　（漢)董仲舒撰　　　　[注

大戴禮記一卷　（漢)戴德撰　（北周)盧辯

焦氏易林一卷　（漢)焦贛撰

京氏易傳一卷　（漢)京房撰

洪範五行傳二卷　（漢)劉向撰

太玄經一卷　（漢)揚雄撰

忠經一卷　（漢)馬融撰

易略例一卷　（魏)王弼撰

史部

越絕書一卷　（漢)袁康撰

吳越春秋一卷　（漢)趙曄撰

天祿閣外史一卷　（漢)黃憲撰

魏氏春秋一卷　（晉)孫盛撰

元經傳一卷　（隋)王通撰　（唐)薛收傳

子部、集部

素書一卷　（漢)黃石公撰

新語一卷　（漢)陸賈撰

孔叢子一卷　（漢)孔鮒撰

新書一卷　（漢)賈誼撰

鹽鐵論一卷　（漢)桓寬撰

說苑一卷　（漢)劉向撰

新序一卷　（漢)劉向撰

法言一卷　（漢)揚雄撰

白虎通一卷　（漢)班固撰

論衡一卷　（漢)王充撰

潛夫論一卷　（漢)王符撰

通俗論一卷　（漢)應劭撰

楚辭章句一卷　（漢)王逸撰

獨斷一卷　（漢)蔡邕撰

昌言一卷　（漢)仲長統撰

新書一卷　（蜀)諸葛亮撰

中論一卷　（漢)徐幹撰

申鑒一卷　（漢)荀悅撰

人物志一卷　（魏)劉邵撰

文章流別一卷　（晉)摯虞撰

抱朴子一卷　（晉)葛洪撰

文心雕龍一卷　（梁)劉勰撰

顏氏家訓一卷　（北齊)顏之推撰

劉子新論一卷　（北齊)劉晝撰

文中子中說一卷　（隋)王通撰

賈長沙集　（漢)賈誼撰

董膠西集　（漢)董仲舒撰

劉子政集　（漢)劉向撰　　以上合一卷

揚侍郎集　（漢)揚雄撰

劉子駿集　（漢)劉歆撰　　以上合一卷

班蘭臺集　（漢)班固撰

崔亭伯集　（漢)崔駰撰

張河澗集　（漢)張衡撰

荀侍中集　（漢)荀悅撰　　以上合一卷

蔡中郎集　（漢)蔡邕撰

孔少府集　（漢)孔融撰

諸葛武侯集　（蜀)諸葛亮撰　　以上合一卷

魏武帝集　魏武帝撰

魏文帝集　魏文帝撰

陳思王集　（魏)曹植撰　　以上合一卷

陳記室集　（漢)陳琳撰

王侍中集　（漢)王粲撰

阮元瑜集　（漢)阮瑀撰

應休璉集　（魏)應璩撰　　以上合一卷

阮步兵集　（魏)阮籍撰

嵇中散集　（魏)嵇康撰　　以上合一卷

杜征南集　（晉)杜預撰

潘黃門集　（晉)潘岳撰

陸平原集　（晉)陸機撰　　以上合一卷

劉越石集　（晉)劉琨撰

郭弘農集　（晉)郭璞撰

陶彭澤集　（晉)陶潛撰　　以上合一卷

何衡陽集　（劉宋)何承天撰

謝康樂集　（劉宋)謝靈運撰

顏光祿集　（劉宋)顏延之撰

鮑參軍集　（劉宋)鮑照撰　　以上合一卷

王寧朔集　（南齊)王融撰

孔詹事集　（南齊)孔稚珪撰　　以上合一卷

梁武帝集　梁武帝撰

梁簡文帝集　梁簡文帝撰

梁元帝集　梁元帝撰　　以上合一卷

昭明太子集　（梁)蕭統撰

江文通集　（梁)江淹撰

沈隱候集　（梁)沈約撰

陶通明集　（梁)陶弘景撰　　以上合一卷

任中丞集　（梁)任昉撰

王戶丞集　（梁)王僧孺撰

庾度支集　（梁)庾肩吾撰　　以上合一卷

徐僕射集　（梁)徐陵撰

江令尹集　（陳)江總撰　　以上合一卷

庾開府集　（北周)庾信撰

王司空集　（北周)王褒撰

盧武陽集　（隋)盧師道撰

薛司隸集　（隋)薛道衡撰　　以上合一卷

津逮祕書

（明)毛晉輯

　　明崇禎中虞山毛氏汲古閣刊本

民國十一年(1922)上海博古齋據明汲古
閣本景印
第一集
　詩序辨說一卷　(宋)朱熹撰
　詩傳孔氏傳一卷　(周)端木賜撰
　詩說一卷　(漢)申培撰
　詩外傳十卷　(漢)韓嬰撰　　　　　　　〔撰
　毛詩草木鳥獸蟲魚疏廣要四卷　(明)毛晉
　詩攷一卷　(宋)王應麟撰
　詩地理攷六卷　(宋)王應麟撰
　爾雅三卷　(宋)鄭樵注
第二集
　京氏易傳三卷　(漢)京房　(吳)陸績注
　關氏易傳一卷　(後魏)關朗撰　(唐)趙蕤
　　注
　蘇氏易傳九卷　(宋)蘇軾撰
　焦氏易林四卷　(漢)焦贛撰
　周易集解十七卷　(唐)李鼎祚撰
　易釋文一卷　(唐)陸德明撰
　周易集解略例一卷　(魏)王弼撰　(唐)邢
　　璹注
　元包經傳五卷　(北周)衞元嵩撰　(唐)蘇
　　源明傳　(唐)李江注　(宋)韋漢卿音
　　釋
　元包數總義二卷　(宋)張行成撰
　周易舉正三卷　(唐)郭京撰　　　　　　〔息
　麻衣道者正易心法一卷　(宋)陳摶受併消
第三集
　通鑑地理通釋十四卷　(宋)王應麟撰
　通鑑問疑一卷　(宋)劉義仲撰
　小學紺珠十卷　(宋)王應麟撰
　齊民要術十卷　(後魏)賈思勰撰
　急就篇四卷　(漢)史游撰　(唐)顏師古注
　　(宋)王應麟音釋
　漢制攷四卷　(宋)王應麟撰
第四集
　佛說四十二章經一卷　(漢)釋迦葉摩騰
　　(漢)釋竺法蘭譯　(宋)釋守遂注
　道德指歸論六卷　(漢)嚴遵撰
　青烏先生葬經一卷　(漢)青烏子撰　(金)
　　兀欽仄注
　古本葬經內篇一卷附葬經翼一卷難解二十
　　四篇一卷圖一卷　(晉)郭璞撰　(□)
　　□□注　附(明)繆希雍撰
　古文參同契集解三卷箋註集解三卷三相類
　　集解二卷　(明)蔣一彪輯
　周髀算經二卷附音義一卷　(漢)趙爽注
　　(北周)甄鸞述　(唐)李淳風等注釋
　　音義(宋)李籍撰　　　　　　　　　　〔注
　數術記遺一卷　(漢)徐岳撰　(北周)甄鸞

黃帝授三子玄女經一卷
胎息經一卷　(□)幻眞先生注
風后握奇經一卷附握奇經續圖一卷八陣總
　　述一卷　(漢)公孫弘解　續圖(□)□
　　□撰　八陣總述(晉)馬隆述
耒耜經一卷　(唐)陸龜蒙撰
五木經一卷　(唐)李翺撰　(唐)元革注
女孝經一卷　(唐)鄭□撰
丸經二卷　(元)□□撰
通占大象曆星經二卷
忠經一卷　(漢)馬融撰　(漢)鄭玄注
黃帝宅經二卷　(□)□□注
墨經一卷　(宋)晁貫之撰
第五集
　全唐詩話六卷　(宋)尤袤撰
　六一詩話一卷　(宋)歐陽修撰
　滄浪詩話一卷　(宋)嚴羽撰
　後山詩話一卷　(宋)陳師道撰
　彥周詩話一卷　(宋)許顗撰
　二老堂詩話一卷　(宋)周必大撰
　紫薇詩話一卷　(宋)呂本中撰
　石林詩話一卷　(宋)葉夢得撰
　中山詩話一卷　(宋)劉攽撰
　竹坡詩話一卷　(宋)周紫芝撰
　續詩話一卷　(宋)司馬光撰
第六集
　法書要錄十卷　(唐)張彥遠輯
　東觀餘論二卷附錄一卷　(宋)黃伯思撰
　廣川書跋十卷　(宋)董逌撰
　宣和書譜二十卷　(宋)□□撰
第七集
　圖畫見聞誌六卷　(宋)郭若虛撰
　歷代名畫記十卷　(唐)張彥遠撰
　古畫品錄一卷　(南齊)謝赫撰
　續畫品錄一卷　(唐)李嗣眞撰
　宣和畫譜二十卷　(宋)□□撰
　圖繪寶鑑六卷補遺一卷　(元)夏文彥撰
　　(明)韓昂續
　後畫錄一卷　(唐)釋彥悰撰
　續畫品一卷　(陳)姚最撰
　畫繼十卷　(宋)鄧椿撰
　畫史一卷　(宋)米芾撰
第八集
　詩品三卷　(梁)鍾嶸撰
　詩品二十四則一卷　(唐)司空圖撰
　風騷旨格一卷　(唐)釋齊己撰
　芥隱筆記一卷　(宋)龔頤正撰
　冷齋夜話十卷　(宋)釋惠洪撰
　西溪叢語二卷　(宋)姚寬撰
　益部方物略記一卷　(宋)宋祁撰

捫蝨新話十五卷　（宋）陳善撰
歲華紀麗四卷　（唐）韓鄂撰
玉蕊辨證一卷　（宋）周必大撰
桯史十五卷附錄一卷　（宋）岳珂撰
泉志十五卷　（宋）洪遵撰
第九集
　酉陽雜俎二十卷續集十卷　（唐）段成式撰
　誠齋襍記二卷　（元）林坤撰
　甘澤謠一卷附錄一卷　（唐）袁郊撰
　本事詩一卷　（唐）孟棨撰
　五色線二卷　（宋）□□撰
　却掃編三卷　（宋）徐度撰
　劇談錄二卷　（唐）康駢撰
　瑯嬛記三卷　（元）伊世珍撰
　輟耕錄三十卷　（元）陶宗儀撰
第十集
　洛陽伽藍記五卷　（後魏）楊衒之撰　〔撰
　洛陽名園記一卷　（宋）李廌(一題李格非)
　靈寶真靈位業圖一卷　（梁）陶弘景撰
　　（唐）閭丘方遠校定
　東京夢華錄十卷　（宋）孟元老撰
　西京雜記六卷　（晉）葛洪撰
　佛國記一卷　（晉）釋法顯撰
　大唐創業起居注三卷　（唐）溫大雅撰
　老學菴筆記十卷　（宋）陸游撰
　漢雜事祕辛一卷　（漢）□□撰
　淳熙玉堂雜記三卷　（宋）周必大撰
　焚椒錄一卷　（遼）王鼎撰
　唐國史補三卷　（唐）李肇撰
第十一集
　搜神記二十卷　（晉）干寶撰
　搜神後記十卷　（晉）陶潛撰
　錄異記八卷　（前蜀）杜光庭撰
　稽神錄六卷拾遺一卷　（宋）徐鉉撰
　周氏冥通記四卷　（梁）陶弘景撰
　異苑十卷　（劉宋）劉敬叔撰
第十二集
　東坡題跋六卷　（宋）蘇軾撰
　山谷題跋九卷　（宋）黃庭堅撰
　无咎題跋一卷　（宋）晁補之撰
　宛丘題跋一卷　（宋）張耒撰
　淮海題跋一卷　（宋）秦觀撰
　鶴山題跋七卷　（宋）魏了翁撰
　放翁題跋六卷　（宋）陸游撰
　姑溪題跋二卷　（宋）李之儀撰
　石門題跋二卷　（宋）釋德洪撰
　西山題跋三卷　（宋）真德秀撰
第十三集
　六一題跋十一卷　（宋）歐陽修撰
　元豐題跋一卷　（宋）曾鞏撰

水心題跋一卷　（宋）葉適撰
益公題跋十二卷　（宋）周必大撰
後邨題跋四卷　（宋）劉克莊撰
止齋題跋二卷　（宋）陳傅良撰
魏公題跋一卷　（宋）蘇頌撰
晦菴題跋三卷　（宋）朱熹撰
容齋題跋二卷　（宋）洪邁撰
海岳題跋一卷　（宋）米芾撰
第十四集
　樂府古題要解二卷　（唐）吳兢撰
　癸辛雜識前集一卷後集一卷續集二卷別集
　　二卷　（宋）周密撰
　紹興內府古器評二卷　（宋）張掄撰
　揮麈前錄四卷後錄十一卷三錄三卷餘話二
　　卷　（宋）王明清撰
第十五集
　夢溪筆談二十六卷　（宋）沈括撰
　湘山野錄三卷續錄一卷　（宋）釋文瑩撰
　春渚紀聞十卷　（宋）何薳撰
　齊東野語二十卷　（宋）周密撰
　茅亭客話十卷　（宋）黃休復撰
　河南邵氏聞見前錄二十卷　（宋）邵伯溫撰
　河南邵氏聞見後錄三十卷　（宋）邵博撰
　錦帶書一卷　（梁）蕭統撰
　避暑錄話二卷　（宋）葉夢得撰
　貴耳集三卷　（宋）張端義撰

唐宋叢書

（明）鍾人傑（明）張遂辰輯
　　明刊本
經翼
　關氏易傳一卷　（後魏）關朗撰
　潛虛一卷　（宋）司馬光撰
　詩小序一卷　（周）卜商撰
　論語筆解一卷　（唐）韓愈撰
　毛詩草木鳥獸蟲魚疏二卷　（吳）陸璣撰
　詩說一卷　（漢）申培撰
　鼠璞二卷　（宋）戴埴撰
別史
　大唐創業起居注三卷　（唐）溫大雅撰
　唐國史補一卷　（唐）李肇撰
　歲華紀麗四卷　（唐）韓鄂撰
　東京夢華錄一卷　（宋）孟元老撰　　〔撰
　大業雜記一卷　（劉宋）劉義慶(一題唐杜寶)
　東林蓮社十八高賢傳一卷　（晉）□□撰
　聞見近錄一卷　（宋）王鞏撰
　春明退朝錄一卷　（宋）宋敏求撰
　燕翼貽謀錄五卷　（宋）王栐撰
　佛國記一卷　（晉）釋法顯撰
　吳地記一卷　（唐）陸廣微撰

物類相感志一卷　（宋）蘇軾撰
南唐近事一卷　（宋）鄭文寶撰
畫墁錄一卷　（宋）張舜民撰
子餘
譚子化書六卷　（南唐）譚峭撰
新書（一名武侯心書）一卷　（蜀）諸葛亮撰
枕中書一卷　（晉）葛洪撰
宋景文公筆記一卷　（宋）宋祁撰
孔氏雜說一卷　（宋）孔平仲撰
青箱雜記一卷　（宋）吳處厚撰
緗素雜記一卷　（宋）黃朝英撰
捫虱新話一卷　（宋）陳善撰
仇池筆記一卷　（宋）蘇軾撰
羅湖野錄一卷　（宋）釋曉瑩撰
林下偶譚一卷　（宋）吳口撰
後山談叢一卷　（宋）陳師道撰
友會談叢一卷　（宋）上官融撰
演繁露一卷　（宋）程大昌撰
續釋常談三卷　（宋）龔熙正撰
資暇錄一卷　（唐）李匡乂撰
楓窗小牘二卷　（宋）袁裦撰
研北雜志一卷　（元）陸友撰
石林詩話三卷　（宋）葉夢得撰
愛日齋藂抄一卷　（宋）葉口撰
王氏談錄一卷　（宋）王洙（一題王欽臣）撰
載籍
獨斷一卷　（漢）蔡邕撰
算經（一名周髀算經）一卷　（唐）謝察微撰
文則一卷　（宋）陳騤撰
詩式一卷　（唐）釋皎然撰
墨經一卷　（宋）晁貫之撰
佩觿三卷　（後周）郭忠恕撰
籀紀一卷　（陳）陳叔齊撰
尤射一卷　（魏）繆襲撰
風后握奇經一卷附握奇續經圖一卷八陣總
　述一卷　（漢）公孫弘解　續圖（口）口
　口撰　八陣總述（晉）馬隆述
禽經一卷　（周）師曠撰　（晉）張華注
酒譜一卷　（宋）竇苹撰
茶經三卷　（唐）陸羽撰
香譜一卷　（宋）洪芻撰
筍譜二卷　（宋）釋贊寧撰
桐譜一卷　（宋）陳翥撰
續竹譜一卷　（元）劉美之撰
雲林石譜三卷　（宋）杜綰撰
畫論一卷　（元）湯垕撰
畫鑒一卷　（元）湯垕撰
畫史一卷　（宋）米芾撰
益州名畫錄三卷　（宋）黃休復撰
桂海虞衡志　（宋）范成大撰

桂海巖洞志一卷　（宋）范成大撰
桂海金石志一卷　（宋）范成大撰
桂海香志一卷　（宋）范成大撰
桂海酒志一卷　（宋）范成大撰
桂海器志一卷　（宋）范成大撰
桂海禽志一卷　（宋）范成大撰
桂海獸志一卷　（宋）范成大撰
桂海蟲魚志一卷　（宋）范成大撰
桂海花志一卷　（宋）范成大撰
桂海果志一卷　（宋）范成大撰
桂海草木志一卷　（宋）范成大撰
桂海雜志一卷　（宋）范成大撰
桂海蠻志一卷　（宋）范成大撰
桂海花木志一卷　（宋）范成大撰
學古編一卷　（元）吾丘衍撰
洞天清錄一卷　（宋）趙希鵠撰
世範一卷　（宋）袁采撰
異苑一卷　（劉宋）劉敬叔撰
異林一卷　（明）徐禎卿撰
還冤記一卷　（北齊）顏之推撰
前定錄一卷　（唐）鍾輅撰
集異記一卷　（唐）薛用弱撰
博異志一卷　（唐）鄭還古撰
甘澤謠一卷　（唐）袁郊撰
冥通記一卷　（梁）陶弘景撰
夢遊錄一卷　（唐）任蕃撰
本事詩一卷　（唐）孟棨撰
揮麈錄一卷　（宋）王明清（誤題王清臣）撰
因話錄一卷　（唐）趙璘撰
清異錄四卷　（宋）陶穀撰
搜神後記一卷　（晉）陶潛撰
芥隱筆記一卷　（宋）龔頤正撰
明道雜志一卷　（宋）張耒撰
雲仙雜記九卷　（唐）馮贄撰
碧雞漫志一卷　（宋）王灼撰
玉照新志四卷　（宋）王明清撰
東觀奏記三卷　（宋）裴庭裕撰
井觀瑣言一卷　（明）鄭瑗撰
唐書糾繆一卷　（宋）吳縝撰

芝園祕錄初刻

（明）茅瑞徵輯
　　明崇禎中刊本
易說二卷　（宋）呂祖謙撰
詩論一卷　（宋）程大昌撰
二老堂雜誌五卷　（宋）周必大撰
東南防守利便三卷　（宋）呂祉輯
楊公筆錄一卷　（宋）楊延齡撰
華陽宮記事一卷　（宋）釋祖秀撰
續千文一卷　（宋）侍其瑋撰

奚囊廣要

(明)□□輯
明龍山童氏樂志堂刊本
田家五行二卷　(明)婁元禮撰
種樹書一卷　(元)俞宗本撰
洞天清錄一卷　(宋)趙希鵠撰
物類相感志一卷　(宋)蘇軾撰
名物法言一卷　(明)胡文煥撰
語助一卷　(元)盧以緯撰
風水問答一卷　(元)朱震亨撰
地理正言一卷　(明)涵虛子(朱權)撰
草木幽微經一卷
保產育嬰錄一卷
丹溪治痘要法一卷　(明)侯弼輯
備急海上仙方一卷　(唐)孫思邈撰
獸經一卷　(明)黃省曾撰

璅探

(明)李蘅輯
明崇禎三年(1630)淮南李氏刊本
雲林遺事一卷　(明)顧元慶撰
聯句詩紀一卷　(明)楊循吉撰
往哲錄一卷　(明)楊循吉撰
避戎夜話一卷　(宋)石茂良撰
瑯琊漫抄一卷　(明)文林撰
二科志一卷　(明)閻秀卿撰
西征記一卷　(宋)盧襄撰
稗傳一卷　(元)徐顯撰
存餘堂詩話一卷　(明)朱承爵撰
聽雨紀談一卷　(明)都穆撰

明鈔五種

(明)□□輯
明藍格鈔本
病逸漫記一卷　(明)陸釴撰
懸笥瑣探一卷　(明)劉昌撰
瑯琊漫鈔一卷　(明)文林撰
日本國考略一卷　(明)薛俊撰
君子堂日詢手鏡二卷　(明)王濟撰

綠窗女史

(明)秦淮寓客輯
明刊本
閨閣部
懿範
女論語一卷　(唐)宋若昭撰
女孝經一卷　(唐)鄭□撰
女誡一卷　(漢)班昭撰
女範一卷　(□)胡□撰
女紅
刺繡圖一卷　(□)張淑媄撰
織錦璇璣圖一卷　(前秦)蘇蕙撰
中饋錄一卷　(□)吳□撰
蠶經一卷　(明)黃省曾撰
才品
閨秀詩評一卷*
女紅餘志一卷　(元)龍輔撰
打馬圖一卷　(宋)李清照撰
容儀
粧臺記一卷　(唐)宇文士及撰
粧樓記一卷　(南唐)張泌撰
悅容編一卷　(明)衛泳撰
婚雜儀注一卷　(唐)段成式撰
宮闈部
寵遇
李夫人傳一卷　(唐)陳翰撰
趙夫人傳一卷　(前秦)王嘉撰
薛靈芸傳一卷　(前秦)王嘉撰
馮淑妃傳一卷　(唐)李延壽撰
麗娟傳一卷　(前秦)王嘉撰
上官昭容傳一卷
漢雜事祕辛一卷　(漢)□□撰
同昌公主傳一卷　(唐)蘇鶚撰
鬱輪袍傳一卷　(唐)鄭還古撰
女冠耿先生傳一卷
菊部頭傳一卷　(宋)陳忠撰
陳盼兒傳一卷　(宋)李祉撰
耿聽聲傳一卷　(元)吳師直撰
遣放
王昭君傳一卷　(劉宋)范曄撰
劉無雙傳一卷　(唐)薛調撰
杜秋傳一卷　(唐)杜牧撰
蠱惑
趙飛燕外傳一卷　(漢)伶玄撰
趙后遺事一卷　(宋)秦醇撰
潘妃傳一卷　(唐)李延壽撰
太真外傳二卷　(宋)樂史撰
倉庚傳一卷　(明)楊慎撰
黑心符一卷　(唐)于義方撰
怨恨
樂昌公主傳一卷　(唐)孟棨撰
長恨歌傳一卷　(唐)陳鴻撰
梅妃傳一卷　(唐)曹鄴撰
緣偶部
才艷
西閣寄梅記一卷　(明)瞿佑撰
香車和雪記一卷　(明)李昌祺撰
聯芳樓記一卷　(明)瞿佑撰
慕戀

釵小志一卷　（唐）朱揆撰
麗情集一卷　（宋）張君房撰
錦字書一卷　（明）黃峨撰
祖異
　却要傳一卷　（唐）皇甫枚撰
　狄氏傳一卷　（宋）康與之撰
　河間傳一卷　（唐）柳宗元撰
　湯賽師傳一卷　（宋）王揮撰
　董漢州女傳一卷
名呼
　侍兒小名錄一卷　（宋）溫豫撰
　續侍兒小名錄一卷　（宋）張邦幾撰
　三續侍兒小名錄一卷　（宋）洪遂撰
　四續侍兒小名錄一卷　（宋）王銍撰
青樓部
才名
　蘇小小傳一卷
　薛濤傳一卷　（唐）李瑛撰
　歐陽詹傳一卷　（宋）秦玉撰
　楊幽妍別傳一卷　（明）陳繼儒撰
　馬湘蘭傳一卷　（明）王稚登撰
　小青傳一卷　（明）戔戔居士撰
志節
　啞倡志一卷　（元）楊維楨撰
　楊娟傳一卷　（唐）房千里撰
　汧國夫人傳一卷　（唐）白行簡撰
　蘇小娟傳一卷　（宋）王煥撰
　嚴蕊傳一卷　（宋）曹嘉撰
　王幼玉記一卷　（宋）柳師尹撰
平康
　北里志一卷附錄一卷　（唐）孫棨撰
　敎坊記一卷　（唐）崔令欽撰
　青樓集一卷　（元）黃雪蓑（夏庭芝）撰
　曲中志一卷　（明）潘之恒撰
品藻
　江花品藻一卷　（明）楊愼撰
　廣陵女士殿最一卷　（明）萍鄉花史撰
　燕都妓品一卷　（明）冰華梅史（曹大章）撰
著撰部
詔令
　敎鄧子弟詔　漢鄧皇后撰
　不封外戚詔　漢馬皇后撰
　又報章帝詔　漢馬皇后撰
　下田益宗令　後魏胡皇后撰
　賜崔亮璽書　後魏胡皇后撰
　訪祖越王墳狀　（唐）李玄眞撰
表疏
　上元皇后誄表　（晉）左芬撰
　讓長秋宮表　魏甄皇后撰
　爲夫請戍邊自贖表　（唐）溫□撰

乞歸疏　（唐）鮑君徽撰
牋奏
　奏牋成帝　漢趙皇后撰
　報漢元帝　（漢）王嬙撰
上書
　上宣帝書　（漢）烏孫公主撰
　爲父上書　（漢）緹縈撰
　爲兄上書　（漢）班昭撰
啟牘
　問上元夫人書　（□）西王母撰
　答西王母書　（漢）上元夫人撰
　與楊夫人袁氏書　（魏）卞夫人撰
　答卞夫人書　（魏）袁夫人撰
　與相如書　（漢）卓文君撰
　答夫秦嘉書　（漢）徐淑撰
　再答夫秦嘉書　（漢）徐淑撰
　答夫許邁書　（晉）孫□撰
　與子宇文護書　（北周）閻姬撰
　答趙象書　（唐）步非烟撰
　授楊羲書　（晉）衞鑠撰
序傳
　題留新嘉驛壁詩序　（明）會稽女子撰
　望湖亭題壁詩自序　（宋）錢□撰
　金石錄後序　（宋）李清照撰
　觀音大士傳　（元）管道昇撰
　牛應貞傳　（唐）宋若昭撰
贊頌
　論語贊　（晉）謝道韞撰
　欝金頌　（晉）左芬撰
誄祭
　司馬相如誄　（漢）卓文君撰
　張愈誄*
　祭夫徐敬業文*　（梁）劉令嫻撰
雜錄
　筆陣圖　（晉）衞鑠撰
　墨竹譜　（元）管道昇撰
　花瑣事　（明）薛素素撰
辭咏
　胡笳十八拍　（漢）蔡琰撰
　十索　（隋）丁六娘撰
　白頭吟　（漢）卓文君撰
　子夜歌　（梁）王金珠撰
　比紅兒詩　（唐）羅虬撰

居家必備

（明）□□輯
　　明刊本
家儀
　居家儀禮　（□）張一棟撰
　涑水家儀　（宋）司馬光撰

鄭氏家範　　(元)鄭太和撰
訓學齋規　　(宋)朱熹撰
顏氏家訓　　(北齊)顏之推撰
蘇氏家語　　(明)蘇士潛撰
生日會約　　(明)高兆麟撰
呂氏鄉約　　(宋)呂大忠撰
女誡　　(漢)班昭撰
女範　　(□)胡□撰
懿訓
　遵生寶訓　　(明)高濂輯
　座右箴言　　(明)高濂撰
　居家制用*　　(元)陸梳山撰
　經鋤雜志*　　(宋)倪思撰
　韋弦佩　　(明)屠本畯撰
　視履約　　(明)屠本畯撰
　食觀酒鑒*
　模世語　　(明)陳繼儒撰
　大藏治病藥　　(唐)釋靈澈撰
　論相　　(宋)吳處厚撰
　陽宅論　　(□)空青先生撰
　勸善錄　　(宋)秦觀撰
　辨惑論　　(元)謝應芳撰
治生
　齊民要術　　(後魏)賈思勰撰
　種樹書　　(唐)郭橐駝(一題元俞宗本)撰
　種果疏　　(元)俞宗本撰
　種藥疏　　(元)俞宗本撰
　瓜蔬疏　　(明)王世懋撰
　稻品　　(明)黃省曾撰
　耒耜經　　(唐)陸龜蒙撰
　養蠶經　　(明)黃省曾撰
　納貓經　　(元)俞宗本撰
　養魚經　　(明)黃省曾撰
　田牧志　　(元)俞宗本撰
　田家五行　　(明)婁元禮撰
　紀曆撮要　　(唐)鹿門老人撰
　探春曆記　　(漢)東方朔撰
　田家曆　　(明)程羽文撰
　農家諺　　(漢)崔寔撰
　俗事方　　(明)瞿佑撰
　袖中錦　　(宋)太平老人撰
　物類相感志　　(宋)蘇軾撰
奉養
　天隱子養生書　　(唐)司馬承禎撰
　保生要錄　　(宋)蒲處貫撰
　攝生要錄　　(明)沈仕撰
　四時攝生消息論　　(明)高濂撰
　按摩導引訣　　(明)高濂撰
　治萬病坐功訣　　(明)高濂撰
　守庚申法　　(明)高濂撰

絕三尸符咒　　(明)高濂撰
服食方　　(明)高濂撰
解百毒方　　(明)高濂撰
褚氏遺書　　(南齊)褚澄撰
醫先　　(明)王文祿撰
葬度　　(明)王文祿撰
趨避
　宅經
　相宅要說　　(明)高濂撰
　太乙經
　選擇曆說　　(明)高濂撰
　三才避忌　　(明)高濂撰
　四時宜忌　　(明)瞿佑撰
　神咒錄　　(宋)皇甫周撰
　續神咒錄　　(明)高濂撰
　百怪斷經　　(宋)俞誨撰
　相地骨經　　(漢)青烏子授
飲饌
　醞造品　　(明)高濂撰
　法製品　　(明)高濂撰
　脯鮓品　　(明)高濂撰
　甜食品　　(明)高濂撰
　粉麵品　　(明)高濂撰
　粥糜品　　(明)高濂撰
　湯品　　(明)高濂撰
　製蔬品　　(明)高濂撰
　茶箋　　(明)屠隆撰
　煎茶七類　　(明)徐渭(一題高叔嗣)撰
　饌客約　　(明)王道焜撰
藝學
　六義圖解　　(宋)王應電撰
　陽冰筆法　　(唐)李陽冰撰
　書法　(唐)歐陽詢撰
　續書譜　　(宋)姜夔撰
　俗書證誤　　(隋)顏愍楚撰
　字書誤讀　　(宋)王𡩋撰
　切韻射標　　(明)李世澤撰
　俗呼小錄　　(明)李翊撰
　古今諺　　(明)楊慎輯
　釋常談　　(宋)□□撰
　俗考　　(宋)洪邁撰

古今名賢彙語

(明)□□輯
　明刊本
庚己編一卷　　(明)陸粲撰
西樵野記一卷　　(明)侯甸撰
客座新聞一卷　　(明)沈周撰
聞中今古錄一卷　　(明)黃溥撰
志怪錄一卷　　(明)祝允明撰

綠雪亭雜言一卷　（明）敖英撰
古穰雜錄一卷　（明）李賢撰
枝山前聞一卷　（明）祝允明撰
涉異志一卷　（明）閔文振撰
百可漫志一卷　（明）陳鼐撰
近峯聞略一卷（明）皇甫錄(誤題皇甫庸)撰
畜德錄一卷　（明）陳沂撰
三餘贅筆一卷　（明）都卬撰
駒陰冗記一卷　（明）闞莊撰
聽雨紀談一卷　（明）都穆撰
西京雜記一卷　（明）楊穆撰
仰山脞錄一卷　（明）閔文振撰
中洲野錄一卷　（明）程文憲撰
續已編一卷　（明）郎瑛撰
蘇談一卷　（明）楊循吉撰
寅圃雜記一卷　（明）王錡撰
可齋雜記一卷　（明）彭時撰

士商必要

（明）江湖散人輯
　　明刊本
　　新刻水陸路程便覽八卷　（明）黃汴撰
　　擇日便覽二卷附錄一卷　（明）周於德撰
　　　（明）萬邦孚增補
　　占驗書一卷

三經晉註

（明）盧復輯
　　明溪香館刊本
　　周易三卷附周易略例一卷　（魏）王弼注
　　老子道德眞經二卷　（周）李耳撰　（魏）王
　　弼注
　　莊子南華眞經十卷　（周）莊周撰　（晉）郭
　　象注

雜　纂　類（清代前期）

水邊林下

（清）湖南漫士輯
　　明刊本
　　林水錄一卷　（明）彭年撰
　　賞心樂事一卷　（宋）張鑑撰
　　廬山草堂記一卷　（唐）白居易撰
　　樂善錄一卷　（宋）李昌齡撰
　　金石契一卷　（明）祝肇撰
　　林下盟一卷　（明）沈仕撰
　　讀書十六觀一卷　（明）陳繼儒撰
　　花曆一卷　（明）程羽文撰
　　山齋志一卷　（明）高濂撰

種蘭訣一卷　（明）李奎撰
藝菊訣一卷　（明）黃省曾撰
畫禪一卷　（明）釋蓮儒撰
二六課一卷　（明）程羽文撰
十六湯品一卷　（唐）蘇廙撰
病榻寱言一卷　（明）陸樹聲撰
月令演一卷　（明）程羽文撰
相鶴經一卷　（□）浮丘公撰
相牛經一卷　（周）甯戚撰
對雨編一卷　（宋）洪邁撰
芥茶牋一卷　（明）馮可賓撰
清言一卷　（明）屠隆撰
談言一卷　（明）江盈科撰
仙靈衛生歌一卷　（明）高濂撰
田家曆一卷　（元）俞宗本(一題明程羽文)撰
醉鄉日月一卷　（唐）皇甫松撰
模世語一卷　（明）陳繼儒撰
輞川集一卷　（唐）王維撰
漁具詠一卷　（唐）陸龜蒙撰
醉吟先生傳一卷　（唐）白居易撰
煎茶七類一卷　（明）高叔嗣撰
花瑣事一卷　（明）薛素素撰
洞天福地記一卷　（前蜀）杜光庭撰
藥譜一卷　（唐）侯寧極撰
桃花源記一卷　（晉）陶潛撰
嘯旨一卷　（唐）孫廣撰
野簌品一卷　（明）高濂撰
治病藥一卷　（唐）釋靈澈撰
四時歡一卷　（明）程羽文撰
饌客約一卷　（明）王道焜撰
長者言一卷　（明）陳繼儒撰
種蔬疏一卷　（元）俞宗本撰
種藥疏一卷　（元）俞宗本撰
五柳傳一卷　（晉）陶潛撰
洛中耆英會一卷　（宋）司馬光等撰
洛中九老會一卷　（唐）白居易撰
金魚品一卷　（明）屠隆撰
盆玩品一卷　（明）屠隆撰
清閑供一卷　（明）程羽文撰
畫舫約一卷　（明）汪汝謙撰
香箋一卷　（明）屠隆撰
研譜一卷　（明）沈仕撰
畫譜梅一卷　（宋）華光道人(釋仲仁)撰
放生辨惑一卷　（明）陶望齡撰
探春歷記一卷　（漢）東方朔撰
花小名一卷　（明）程羽文輯
孟浩然傳一卷　（唐）王士源撰
服氣法一卷　（明）高濂撰
記事珠一卷　（唐）馮贄撰
拈屏語一卷　（明）王道焜撰

學海類編

（清）曹溶輯　（清）陶越增刪

　　清道光十一年(1831)六安晁氏木活字排
　　印本
　　民國九年(1920)上海涵芬樓據清晁氏本
　　景印

經翼

　易說二卷　（宋）呂祖謙撰
　讀易私言一卷　（元）許衡撰
　周易議卦二卷　（明）王崇慶撰
　讀書叢說六卷　（元）許謙撰
　尚書蔡註考誤一卷　（明）袁仁撰
　禹貢圖註一卷　（明）艾南英撰
　古文尚書考一卷　（清）陸隴其撰
　尚書古文辨一卷　（清）朱鶴齡撰
　詩經協韻考異一卷　（宋）輔廣撰
　詩論一卷　（宋）程大昌撰
　毛詩或問二卷　（明）袁仁撰
　詩問略一卷　（明）陳子龍撰
　春秋集傳微旨三卷　（唐）陸淳撰
　春秋金鎖匙三卷　（元）趙汸撰
　春秋胡傳考誤一卷　（明）袁仁撰
　讀左漫筆一卷　（明）陳懿典撰
　春秋日食質疑一卷　（清）吳守一撰
　禮經奧旨一卷　（宋）鄭樵撰
　三禮考一卷　（宋）眞德秀撰
　月令七十二候集解一卷　（元）吳澄撰
　周禮五官考一卷　（明）陳仁錫撰
　三禮指要一卷　（清）陳廷敬撰
　檀弓訂誤一卷　（清）毛奇齡撰
　讀禮志疑十二卷　（清）陸隴其撰　　　〔撰
　大學發微一卷大學本旨一卷　（宋）黎立武
　中庸指歸一卷圖一卷中庸分章一卷　（宋）
　　黎立武撰
　孔子論語年譜一卷　（元）程復心撰
　孟子年譜一卷　（元）程復心撰
　孝經集靈一卷　（明）虞淳熙撰

史參

　訂正史記眞本一卷　（宋）洪遵撰
　讀史漫筆一卷　（明）陳懿典撰
　兩漢解疑二卷　（明）唐順之撰
　三國雜事一卷　（宋）唐庚撰
　兩晉解疑一卷　（明）唐順之撰
　五胡十六國考鏡一卷　（宋）石延年撰
　南北朝襍記一卷　（宋）劉敞撰
　隋史斷一卷　（宋）南宮靖一撰
　新舊唐書雜論一卷　（明）李東陽撰
　唐史論斷三卷附錄一卷　（宋）孫甫撰
　安祿山事蹟三卷　（唐）姚汝能撰

　平巢事蹟考一卷　（宋）□□撰
　鑑誡錄十卷　（後蜀）何光遠撰
　五國故事二卷　（宋）□□撰
　江表志三卷　（宋）鄭文寶撰
　南唐拾遺記一卷　（清）毛先舒撰
　三楚新錄三卷　（宋）周羽翀撰
　涑水記聞十六卷補遺一卷　（宋）司馬光撰
　蜀檮杌二卷　（宋）張唐英撰
　西夏事略一卷　（宋）王偁撰
　五代春秋二卷　（宋）尹洙撰
　江南別錄一卷　（宋）陳彭年撰
　靖康紀聞一卷拾遺一卷　（宋）丁特起撰
　張邦昌事略一卷　（宋）王偁撰
　劉豫事迹一卷　（宋）□□撰　（清）曹溶輯
　北狩見聞錄一卷　（宋）曹勛撰
　北狩行錄一卷　（宋）蔡鞗撰
　南燼紀聞錄一卷　（宋）辛棄疾撰
　竊憤錄一卷續錄一卷　（宋）辛棄疾撰
　阿計替傳一卷　（宋）辛棄疾撰
　春明退朝錄三卷　（宋）宋敏求撰
　南遷錄一卷　（金）張師顏撰
　朝野遺記一卷　（宋）□□撰
　三朝野史一卷　（宋）吳萊撰
　庚申外史二卷　（明）權衡撰
　陳張事略一卷　（明）吳國倫撰
　元史備忘錄一卷　（明）王光魯撰
　明氏實錄一卷　（明）楊學可撰
　天啓宮詞一卷　（明）蔣之翹撰

子類

　宋景文雜說一卷　（宋）宋祁撰
　晁氏儒言一卷　（宋）晁說之撰
　晁氏客語一卷　（宋）晁說之撰
　省心錄一卷　（宋）林逋撰
　樵談一卷　（宋）許棐撰
　讀書錄存遺一卷　（元）潘音撰
　勤有堂隨錄一卷　（元）陳櫟撰
　郁離子一卷　（明）劉基撰
　潛溪邃言一卷　（明）宋濂撰
　華川卮辭一卷　（明）王禕撰
　青巖叢錄一卷　（明）王禕撰
　侯城雜誡一卷　（明）方孝孺撰
　薛子道論三卷　（明）薛瑄撰
　錢子測語二卷　（明）錢琦撰
　白沙語要一卷　（明）陳獻章撰
　類博雜言一卷　（明）岳正撰
　空同子纂一卷　（明）李夢陽撰
　甘泉新論一卷　（明）湛若水撰
　傳習則言一卷　（明）王守仁撰
　心齋約言一卷　（明）王艮撰
　近峯記略一卷（明）皇甫錄(誤題皇甫庸)撰

桑子庸言一卷　(明)桑悅撰
后渠庸書一卷　(明)崔銑撰
蜩笑偶言一卷　(明)鄭瑗撰
經世要談一卷　(明)鄭善夫撰
陰陽管見一卷　(明)何瑭撰
方山紀述四卷　(明)薛應旂撰
讀書筆記一卷　(明)祝允明撰
學古瑣言二卷　(明)鄭曉撰
儼山外纂一卷　(明)陸深撰
海涵萬象一卷　(明)黃潤玉撰
二谷讀書記三卷　(明)侯一元撰
澹齋內言一卷外言一卷　(明)楊繼益撰
海樵子一卷　(明)王崇慶撰
黎子雜釋一卷　(明)黎久撰
客問一卷　(明)黃省曾撰
擬詩外傳一卷　(明)黃省曾撰
海沂子五卷　(明)王文祿撰
凝齋筆語一卷　(明)王鴻儒撰
日錄裏言一卷　(清)魏禧撰
常語筆存一卷　(清)湯斌撰
學術辨一卷　(清)陸隴其撰
業儒臆說一卷　(清)陶圻撰
集餘一　行誼
孝詩一卷　(宋)林同撰
白鹿書院教規一卷　(宋)朱熹撰　(宋)饒
　魯輯
程董二先生學則一卷　(宋)程端蒙(宋)董
　銖撰　(宋)饒魯輯
桐陰舊話一卷　(宋)韓元吉撰
錢氏私誌一卷　(宋)錢愐撰
萬柳溪邊舊話一卷　(元)尤玘撰
諭僚屬文一卷　(宋)真德秀撰
諭俗文一卷　(宋)真德秀撰
東谷隨筆一卷　(宋)李之彥撰
集慶路江東書院講義一卷　(元)程端禮撰
鄭氏規範一卷　(元)鄭太和撰
建文忠節錄一卷　(明)張芹撰
楊忠愍公遺筆一卷　(明)楊繼盛撰
廉矩一卷　(明)王文祿撰
元祐黨籍碑考一卷慶元僞學黨籍一卷
　(明)海瑞撰
致身錄一卷　(明)史仲彬撰
人譜正篇一卷續篇一卷三篇一卷　(明)劉
　宗周撰
庭幃雜錄二卷　(明)袁衷(明)袁襄(明)袁
　裳(明)袁表(明)袁袞等記　(明)錢曉
　訂
家誠要言一卷　(明)吳麟徵撰
證人社約一卷　(明)劉宗周撰
初學備忘二卷　(清)張履祥撰

東林始末一卷　(明)蔣平階撰
溫氏母訓一卷　(明)溫璜撰
教習堂條約一卷　(清)徐乾學撰
集餘二　事功
愧郯錄十五卷　(宋)岳珂撰
翰苑遺事一卷　(宋)洪遵撰
歷代銓政要略一卷　(宋)楊億撰
官爵志三卷　(明)徐石麒撰
歷代銓選志一卷　(清)袁定遠撰
捕蝗考一卷　(清)陳芳生撰
旗軍志一卷　(清)金德純撰
楊公政績紀一卷　(清)黃家遴撰
邦計彙編一卷　(宋)李維撰
拯荒事略一卷　(元)歐陽玄撰
救荒事宜一卷　(明)張陛撰
煮粥條議一卷　(明)陳繼儒撰
元海運志一卷　(明)危素撰
鹽法考略一卷　(明)丘濬撰
錢法纂要一卷　(明)丘濬撰
國賦紀略一卷　(明)倪元璐撰
明漕運志一卷　(清)曹溶撰
御試備官日記一卷　(宋)趙抃撰
東宮備覽六卷　(宋)陳模撰
歷代關市征稅記一卷　(清)彭寧求撰
貢舉敍略一卷　(宋)陳彭年撰
歷代貢舉志一卷　(明)馮夢禎撰
樂律舉要一卷　(明)韓邦奇撰
學科考略一卷　(明)董其昌撰
文廟從祀先賢先儒考一卷　(清)郎廷極撰
臚傳紀事一卷　(清)繆彤撰
歷代郊祀志一卷　(清)□□撰
紀琉球入太學始末一卷　(清)王士禎撰
陽明先生鄉約法一卷　(明)王守仁撰
　(明)陳龍正錄
陽明先生保甲法一卷　(明)王守仁撰
　(明)陳龍正錄
蒞戎要略一卷　(明)戚繼光撰
歷代車戰敍略一卷　(清)張泰交撰
歷代武舉考一卷　(清)譚吉璁撰
東南防守利便三卷　(宋)陳克(宋)吳若撰
　(宋)呂祉編
青溪寇軌一卷　(宋)方勺撰
保越錄一卷　(元)徐勉之撰
平濠記一卷　(明)錢德洪輯
歷代馬政志一卷　(清)蔡方炳撰
備倭記二卷　(明)卜大同撰
明倭寇始末一卷　(清)谷應泰撰
江防總論一卷　(清)姜宸英撰
海防總論一卷　(清)姜宸英撰
江防集要一卷　(清)趙寧撰

海防集要一卷　（清）韓奕撰
江防述略一卷　（清）張鵬翮撰
海防述略一卷　（清）杜臻撰
棠陰比事原編一卷續編一卷補編一卷
　　（宋）桂萬榮撰　（明）吳訥刪正併撰續
　　補
刑法敍略一卷　（宋）劉筠撰
續刑法敍略一卷　（清）譚瑄撰
折獄巵言一卷　（清）陳士鑛撰
河源記一卷　（元）潘昂霄撰
河防記一卷　（元）歐陽玄撰
常熟水論一卷　（明）薛尚質撰
兩宮鼎建記三卷　（明）賀仲軾撰
西北水利議一卷　（清）許承宣撰
明江南治水記一卷　（清）陳士鑛撰
浮梁陶政志一卷　（清）吳允嘉撰
景鎮舊事一卷　（清）吳允嘉撰
集餘三　文詞
文章緣起註一卷　（梁）任昉撰　（明）陳懋
　　仁注
續文章緣起一卷　（明）陳懋仁撰
樂府雜錄一卷　（唐）段安節撰
二南密旨一卷　（唐）賈島撰
詩式一卷　（唐）釋皎然撰
碧溪詩話十卷　（宋）黃徹撰
樂府指迷一卷　（宋）張炎撰
四六談麈一卷　（宋）謝伋撰
韻語陽秋二十卷　（宋）葛立方撰
文錄一卷　（宋）唐庚撰
環溪詩話三卷　（宋）吳沆撰
玉壺詩話一卷　（宋）釋文瑩撰
庚溪詩話一卷　（宋）西郊野叟（陳巖肖）撰
臨漢隱居詩話一卷　（宋）魏泰撰
容齋詩話六卷　（宋）洪邁撰
容齋四六叢談一卷　（宋）洪邁撰
詩讞（一名烏臺詩案）一卷　（宋）周紫芝撰
歲寒堂詩話一卷　（宋）張戒撰
姜氏詩說一卷　（宋）姜夔撰
吳氏詩話二卷　（宋）吳子良撰
深雪偶談一卷　（宋）方岳撰
碧雞漫志一卷　（宋）王灼撰
對牀夜話五卷　（宋）范晞文撰
東坡文談錄一卷　（元）陳秀明輯
東坡詩話錄三卷　（元）陳秀明輯
木天禁語一卷　（元）范梈撰
詞品一卷　（明）涵虛子(朱權)撰
製曲十六觀一卷　（元）顧瑛撰
詞旨一卷　（元）陸行直撰
文原一卷　（明）宋濂撰
談藝錄一卷　（明）徐禎卿撰

夢蕉詩話一卷　（明）游潛撰
餘冬詩話二卷　（明）何孟春撰
詩談一卷　（明）徐泰撰
全唐詩說一卷　（明）王世貞撰
詩評一卷　（明）王世貞撰
文評一卷　（明）王世貞撰
文脈三卷　（明）王文祿撰
藝圃擷餘一卷　（明）王世懋撰
存餘堂詩話一卷　（明）朱承爵撰
夷白齋詩話一卷　（明）顧元慶撰
顧曲雜言一卷　（明）沈德符撰
佘山詩話三卷　（明）陳繼儒撰
玉笥詩談二卷續一卷　（明）朱孟震撰
棗林藝簣一卷　（清）談遷撰
聲韻叢說一卷　（清）毛先舒撰
唐詩談叢五卷　（明）胡震亨撰
恬致堂詩話四卷　（明）李日華撰
師友詩傳錄一卷　（清）郎廷槐問　（清）王
　　士禎(清)張篤慶(清)張實居答
詞統源流一卷　（清）彭孫遹撰
詞藻四卷　（清）彭孫遹撰
漫堂說詩一卷　（清）宋犖撰
詞壇紀事三卷　（清）李良年撰
詞家辨證一卷　（清）李良年撰
論學三說一卷　（清）黃與堅撰
四六金針一卷　（清）陳維崧撰
南州草堂詞話三卷　（清）徐釚撰
集唐要法一卷　（清）郎廷極撰
集餘四　記述
封氏聞見記十卷　（唐）封演撰
劉賓客嘉話錄一卷　（唐）韋絢錄
幽閒鼓吹一卷　（唐）張固撰
灌畦暇語一卷　（唐）□□撰
北窗炙輠錄二卷　（宋）施德操撰
宋景文筆記二卷　（宋）宋祁撰
珩璜新論四卷　（宋）孔平仲撰
明道雜志一卷續一卷　（宋）張耒撰
西畬瑣錄一卷　（宋）孫宗鑑撰
鐵圍山叢談六卷　（宋）蔡絛撰
蒙齋筆談（節錄巖下放言）一卷　（宋）葉夢
　　得(誤題鄭景璧)撰
碧湖雜記一卷　（宋）謝枋得撰　　　　〔撰
昨夢錄（一名退軒筆錄）一卷　（宋）康與之
高齋漫錄一卷　（宋）曾慥撰
蘆浦筆記十卷　（宋）劉昌詩撰
南窗紀談一卷　（宋）□□撰
袖中錦一卷　（宋）太平老人撰
王氏三錄三卷　（宋）王鞏撰
甲申雜錄一卷
聞見近錄一卷

随手雜錄一卷
楊公筆錄一卷　（宋）楊延齡撰
木筆雜鈔二卷　（宋）□□撰
梁谿漫志十卷　（宋）費袞撰
醴泉筆錄二卷　（宋）江休復撰
湘山野錄三卷　（宋）釋文瑩撰
談藪一卷　（宋）龐元英撰
養疴漫筆一卷　（宋）趙溍撰
鶴山筆錄一卷　（宋）魏了翁撰
志雅堂雜鈔十卷　（宋）周密撰
話腴一卷　（宋）陳郁撰
默記三卷　（宋）王銍撰
誠齋揮塵錄二卷　（宋）楊萬里（一題王明 ［清］撰
後山叢談四卷　（宋）陳師道撰
二老堂雜志五卷　（宋）周必大撰
賓退錄十卷　（宋）趙與時撰
羅氏識遺十卷　（宋）羅璧撰
歸潛志八卷　（元）劉祁撰
佩韋齋輯聞四卷　（宋）俞德鄰撰
北軒筆記一卷　（元）陳世隆撰
學易居筆錄一卷　（元）俞鎮撰
東園友聞一卷　（元）□□撰
漱石軒筆記一卷　（唐）李隱撰
遂昌山樵雜錄一卷　（元）鄭元祐撰
震澤紀聞一卷　（明）王鏊撰
蕉山筆塵一卷　（明）商輅撰
井觀瑣言三卷　（明）鄭瑗撰
方洲雜言一卷　（明）張寧撰
琅琊漫鈔一卷　（明）文林撰
敝帚軒剩語三卷補遺一卷　（明）沈德符撰
瓶花齋雜錄一卷　（明）袁宏道撰
秋涇筆乘一卷　（明）宋鳳翔撰
莘野纂聞一卷　（明）伍餘福撰
餘冬雜錄三卷　（明）陳恂撰
石田雜記一卷　（明）沈周撰
賓齋雜著一卷　（明）陸埰撰
寒夜錄三卷　（清）陳弘緒撰

集餘五　考據

資暇集三卷　（唐）李匡乂撰
北戶錄一卷　（唐）段公路撰
格物麤談二卷　（宋）蘇軾撰
猗覺寮雜記六卷　（宋）朱翌撰
就日錄一卷　（元）虞集（一題宋趙□）撰
緗素雜記十卷　（宋）黃朝英撰
文昌雜錄一卷　（宋）龐元英撰
月下偶談一卷　（宋）俞琰撰
辨誤錄三卷　（宋）吳曾撰
文苑英華辨證十卷　（宋）彭叔夏撰
歲時廣記四卷　（宋）陳元靚撰
野服攷一卷　（宋）方鳳撰

肯綮錄一卷　（宋）趙叔向撰
霏雪錄一卷　（明）劉績撰
文待詔題跋二卷　（明）文徵明撰
損齋備忘錄一卷　（明）梅純撰
辨物小志一卷　（明）陳絳撰
羣碎錄一卷　（明）陳繼儒撰
枕譚一卷　（明）陳繼儒撰
男子雙名記一卷　（明）陶涵中撰
婦女雙名記一卷　（明）李肇亨撰
方言據二卷續錄一卷　（明）岳元聲撰
秦璽始末一卷　（明）沈德符撰
與古人書二卷　（明）張自烈撰
歷代甲子考一卷　（清）黃宗羲撰
改元考同一卷　（清）吳鼎公撰
握蘭軒隨筆二卷　（清）卜陳彝撰
謚法考一卷　（清）沈惠纕錄
孔子弟子考一卷孔子門人考一卷孟子弟子
　考一卷　（清）朱彝尊撰
姓氏考略一卷　（清）陳廷煒撰
課業餘談三卷　（清）陶煒撰
廣事同纂一卷　（清）沈廷文撰

集餘六　藝能

文房四譜五卷　（宋）蘇易簡撰
星象考一卷　（宋）鄭淮撰
學醫隨筆一卷　（宋）魏了翁撰
墨記一卷　（宋）何薳撰
文湖州竹派一卷　（元）吳鎮撰
古今畫鑑一卷　（元）湯垕撰
寓意編一卷　（明）都穆撰
印章集說一卷　（明）文彭撰
蕉窗九錄九卷　（明）項元汴撰
　紙錄一卷
　墨錄一卷
　筆錄一卷
　硯錄一卷
　帖錄一卷
　書錄一卷
　畫錄一卷附畫訣十則
　琴錄一卷附琴聲十六法　附（明）冷謙撰
　香錄一卷
文具雅編一卷　（明）屠隆撰
青烏緒言一卷　（明）李豫亨撰
弈史一卷　（明）王穉登撰
琴言十則一卷附指法譜一卷　（元）吳澄撰
篆學指南一卷　（明）趙宧光撰
上池雜說一卷　（明）馮時可撰
飛鳧語略一卷　（明）沈德符撰
筠軒清閟錄三卷　（明）董其昌撰
沈氏農書一卷　（明）沈□撰　（清）錢爾復
　訂正

老圃良言一卷　(清)巢鳴盛撰
裝潢志一卷　(清)周嘉胄撰
書法粹言一卷　(明)汪挺撰
硯錄一卷　(清)曹溶撰
說硯一卷　(清)朱彝尊撰
北墅抱甕錄一卷　(清)高士奇撰
集餘七　保攝
延壽第一紳言一卷　(宋)愚谷老人撰
賞心樂事一卷　(宋)張鑑撰
林泉結契五卷　(宋)王質撰
諧史一卷　(宋)沈俶撰
爐火監戒錄一卷　(宋)俞琰撰
攝生消息論一卷　(金)丘處機撰
飲食須知八卷　(元)賈銘撰
四時宜忌一卷　(明)瞿佑撰
饌史一卷　(元)□□撰
拊掌錄一卷　(元)元懷撰
修齡要指一卷　(明)冷謙撰
二六功課一卷　(明)石室道人(程羽文)撰
攝生要語一卷　(明)息齋居士撰
養生膚語一卷　(明)陳繼儒撰
攝生三要一卷　(明)袁黃撰
花裏活三卷補遺一卷　(明)陳詩教撰
養小錄三卷　(清)顧仲撰　　　　　〔錄
怡情小錄一卷　(明)沈仕撰　(清)馬大年
鹿門隱書一卷　(唐)皮日休撰
馬氏日抄一卷　(明)馬愈撰
明皇十七事一卷　(唐)李德裕撰
事原一卷　(宋)劉孝孫撰
新書一卷　(蜀)諸葛亮撰
刑書釋名一卷　(宋)王鍵撰
集餘八　遊覽
居易錄談三卷續談一卷　(清)王士禎撰
燕臺筆錄一卷　(清)項維貞輯
京東考古錄一卷　(清)顧炎武撰
封長白山記一卷　(清)方象瑛撰
先聖廟林記一卷　(清)屈大均撰
山左筆談一卷　(明)黃淳耀撰
山東考古錄二卷　(清)顧炎武撰
遊勞山記一卷　(清)張道浚撰
古杭雜記一卷　(元)李有撰
金華游錄一卷　(宋)方鳳(一題謝翱)撰
嘉禾百咏一卷　(宋)張堯同撰
夢粱錄二十卷　(宋)吳自牧撰
樂郊私語一卷　(元)姚桐壽撰
吳地記一卷　(唐)陸廣微撰
吳風錄一卷　(明)黃省曾撰
蘇談一卷　(明)楊循吉撰
遊城南記一卷　(宋)張禮撰
中吳紀聞六卷　(宋)龔明之撰

華陽宮紀事一卷　(宋)釋祖秀撰
豫志一卷　(明)王士性撰
秦錄一卷　(明)沈思孝撰
晉錄一卷　(明)沈思孝撰
楚書一卷　(明)陶晉英撰
益部談資三卷　(明)何宇度撰
泉南雜志二卷　(明)陳懋仁撰
臺灣隨筆一卷　(清)徐懷祖撰
廣州遊覽小志一卷　(清)王士禎撰
遊羅浮記一卷　(清)潘耒撰
桂林風土記一卷　(唐)莫休符撰
桂海虞衡志一卷　(宋)范成大撰
成都遊宴記一卷　(元)費著撰
滇記一卷　(明)楊慎撰
滇遊記一卷　(清)陳鼎撰
黔志一卷　(明)王士性撰
黔遊記一卷　(清)陳鼎撰
溪蠻叢笑一卷　(宋)朱輔撰
星槎勝覽四卷　(明)費信撰
西使記一卷　(元)劉郁撰
使西域記一卷　(明)陳誠　(明)李暹撰
西南夷風土記一卷　(明)朱孟震撰
興復哈密國王記一卷　(明)馬文升撰
朝鮮國紀一卷　(明)黃洪憲撰
西方要紀一卷　(清西洋)利類思(清西洋)
　安文思(清西洋)南懷仁撰
西陲聞見錄一卷　(清)黎士宏撰
安南雜記一卷　(清)李仙根撰
遊具雅編一卷　(明)屠隆撰

祕書廿一種

(清)汪士漢輯
　清康熙七年(1668)新安汪氏據古今逸史
　　刊版重編印本
　清嘉慶九年(1804)新安汪氏重刊本
汲冢周書十卷　(晉)孔晁注
吳越春秋六卷　(漢)趙曄撰　(宋)徐天祜
　晉注
拾遺記十卷　(前秦)王嘉撰　(梁)蕭綺錄
白虎通德論二卷　(漢)班固撰
山海經十八卷　(晉)郭璞傳
博物志十卷　(晉)張華撰　(宋)周日用
　(宋)盧口注
桂海虞衡志一卷　(宋)范成大撰
續博物志十卷　(宋)李石撰
博異記一卷　(唐)谷神子(鄭還古)撰
高士傳三卷　(晉)皇甫謐撰
劍俠傳四卷　(唐)段成式撰
楚史檮杌一卷
晉史乘一卷

竹書紀年二卷　(梁)沈約注
中華古今注三卷　(後唐)馬縞撰
古今注三卷　(晉)崔豹撰
三墳一卷　(晉)阮咸注
風俗通義四卷　(漢)應劭撰
列仙傳二卷　(漢)劉向撰
集異記一卷　(唐)薛用弱撰
續齊諧記一卷　(梁)吳均撰

檀几叢書

(淸)王晫(淸)張潮輯
清康熙三十四年(1695)新安張氏霞舉堂刊本

第一帙　東
三百篇鳥獸草木記一卷　(淸)徐士俊撰
月令演一卷　(淸)徐士俊撰
歷代甲子考一卷　(淸)黃宗羲撰
二十一史徵一卷　(淸)徐汾撰
黜朱梁紀年論一卷　(淸)宋實穎撰
韻史一卷　(淸)金諾撰
釋奠考一卷　(淸)洪若皐撰
臚傳紀事一卷　(淸)繆彤撰
第二帙　壁
喪禮雜說常禮雜說一卷　(淸)毛先舒撰
喪服或問一卷　(淸)汪琬撰
錦帶連珠一卷　(淸)王嗣槐撰
操觚十六觀一卷　(淸)陳鑑撰
十七帖述一卷　(淸)王弘撰撰
龜臺琬琰一卷　(淸)張正茂撰
稚黃子一卷　(淸)毛先舒撰
東江子一卷　(淸)沈謙撰
第三帙　圖
續證人社約誡一卷　(淸)惲日初撰
家訓一卷　(淸)張習孔撰
高氏塾鐸一卷　(淸)高拱京撰
餘慶堂十二戒一卷　(淸)劉德新撰
猶見篇一卷　(淸)傅麟昭撰
七勸口號一卷　(淸)張習孔撰
元寶公案一卷　(淸)謝開寵撰
聯莊一卷聯騷一卷　(淸)張潮撰
琴聲十六法一卷　(淸)莊臻鳳撰
第四帙　書
鶴齡錄一卷　(淸)李淸撰
新婦譜一卷　(淸)陸圻撰
新婦譜補一卷　(淸)陳確撰
新婦譜補一卷　(淸)查琪撰
美人譜一卷　(淸)徐震撰
婦人鞋襪考一卷　(淸)余懷撰
七療一卷　(淸)張潮撰
鬱單越頌一卷　(淸)黃周星撰
地理驪珠一卷　(淸)張雲撰
雁山雜記一卷　(淸)韓則愈撰
越問一卷　(淸)王修玉撰
第五帙　府
眞率會約一卷　(淸)尤侗撰
酒律一卷　(淸)張潮撰
酒箴一卷　(淸)金昭鑑撰
觴政五十則一卷　(淸)沈中楹撰
廣抑戒錄一卷　(淸)朱曉撰
農具記一卷　(淸)陳玉璂撰
怪石贊一卷　(淸)宋犖撰
惕菴石譜一卷　(淸)諸九鼎撰
端溪硯石考一卷　(淸)高兆撰
羽族通譜一卷　(淸)來集之撰
獸經一卷　(淸)張綱孫撰
江南魚鮮品一卷　(淸)陳鑑撰
虎丘茶經注補一卷　(淸)陳鑑撰
荔枝話一卷　(淸)林嗣環撰
二集　康熙三十六年(1697)刊
第一帙　西
逸亭易論一卷　(淸)徐繼恩撰
孟子考一卷　(淸)閻若璩撰
人譜補圖一卷　(淸)宋瑾撰
敎孝編一卷　(淸)姚廷傑撰
仕的一卷　(淸)吳儀一撰
古觀人法一卷　(淸)宋瑾撰
古人居家居鄉法一卷　(淸)丁雄飛撰
第二帙　園
幼訓一卷　(淸)崔學古撰
少學一卷　(淸)崔學古撰
俗砭一卷　(淸)方象瑛撰
燕翼篇一卷　(淸)李淦撰
艾言一卷　(淸)徐元美撰
訓蒙條例一卷　(淸)陳芳生撰
拙翁庸語一卷　(淸)劉芳喆撰
醉筆堂三十六善一卷　(淸)李日景撰
七怪一卷　(淸)黃宗羲撰
第三帙　翰
華山經一卷　(淸)東蔭商撰
長白山錄一卷　(淸)王士禛撰
水月令一卷　(淸)王士禛撰
三江考一卷　(淸)毛奇齡撰
黔中雜記一卷　(淸)黃元治撰
苗俗紀聞一卷　(淸)方亨咸撰
念佛三昧一卷　(淸)金人瑞撰
佛解一卷　(淸)畢熙暘撰
第四帙　墨
漁洋詩話一卷　(淸)王士禛撰
文房約一卷　(淸)江之蘭撰
蕈溪自課一卷　(明)馮京第撰

讀書燈一卷　（明）馮京第撰
學盡淺說一卷　（清）王槩撰
廣惜字說一卷　（清）張尤祥撰
古歡社約一卷　（清）丁雄飛撰
彷園清語一卷　（清）張薑撰
鴛鴦牒一卷　（明）程羽文撰
穢菴黛史一卷　（清）張芳撰
小星志一卷　（清）丁雄飛撰
豔體聯珠一卷　（明）葉小鸞撰
戒殺文一卷　（明）黎遂球撰
九喜榻記一卷　（清）丁雄飛撰
行醫八事圖一卷　（清）丁雄飛撰
第五帙　林
雪堂墨品一卷　（清）張仁熙撰
漫堂墨品一卷　（清）宋犖撰
水坑石記一卷　（清）錢朝鼎撰
琴學八則一卷　（清）程雄撰
觀石錄一卷　（清）高兆撰
紅朮軒紫泥法定本一卷　（清）汪鎬京撰
陽羨茗壺系一卷　（明）周高起撰
洞山岕茶系一卷　（明）周高起撰　　〔撰
桐堦副墨(一名運掌經)一卷　（明）黎遂球
南村觴政一卷　（清）張愻撰
鴿經一卷　（清）張萬鍾撰
餘集
卷上
山林經濟策　（清）陸炎雲撰
讀書法　（清）魏際瑞撰
根心堂學規　（清）宋瑾撰
家塾座右銘　（清）宋起鳳撰
洗塵法　（清）馬文燦撰
香雪齋樂事　（清）江之蘭撰
客齋使令反　（明）程羽文撰
一歲芳華　（明）程羽文撰
芸窗雅事　（清）施清撰
菊社約　（清）狄億撰
豆腐戒　（清）尤侗撰
清戒　（清）石崇階撰
友約　（清）顧有孝撰
灌園十二師　（清）徐沁撰
約言　（清）張適撰
詩本事　（明）程羽文撰
劍氣　（明）程羽文撰
石交　（明）程羽文撰
燈謎　（清）毛際可撰
宦海慈航　（清）蔣埴撰
病約三章　（清）尤侗撰
艮堂十戒　（清）方象瑛撰
婦德四箴　（清）徐士俊撰
半菴笑政　（清）陳皋謨撰

書齋快事　（清）沈元琨撰
負卦　（清）尤侗撰
古今外國名考　（清）孫蘭撰
廣東月令　（清）鈕琇撰
黔西古跡考　（清）錢霦撰
明制女官考　（清）黃百家撰
卷下
五嶽約　（清）韓則愈撰
攬勝圖　（清）吳陳琰撰
南極諸星考　（清）梅文鼏撰
引勝小約　（明）張陛撰
酒警　（清）程弘毅撰
酒政六則　（清）吳彬撰
酒約　（清）吳肅公撰
彷園酒評　（清）張薑撰
觴貳約　（清）尤侗撰
小半斤謠　（清）黃周星撰
四十張紙牌說　（清）李式玉撰
選石記　（清）成性撰
美人揉碎梅花迴文圖　（清）沈士瑛撰
西湖六橋桃評　（清）曹之璜撰
竹連珠　（清）鈕琇撰
征南射法　（清）黃百家撰
黃熟香考　（清）萬泰撰
附政
紀草堂十六宜　（清）王晫撰
課婢約　（清）王晫撰
報謁例言　（清）王晫撰
諂卦　（清）王晫撰
書本草　（清）張潮撰
貧卦　（清）張潮撰
花鳥春秋　（清）張潮撰
補花底拾遺　（清）張潮撰
玩月約　（清）張潮撰
飲中八仙令　（清）張潮撰

檀几叢書錄要

（清）何思鈞輯
　　清光緒四年(1878)縣竹官廨刊本
教孝編一卷　（清）姚廷傑撰
幼訓一卷　（清）崔學古撰
少學一卷　（清）崔學古撰
訓蒙條例一卷　（清）陳芳生撰
家訓一卷　（清）張習孔撰
高氏塾鐸一卷　（清）高拱京撰
餘慶堂十二戒一卷　（清）劉德新撰

昭代叢書

（清）張潮輯
　　清康熙中刊本

甲集五十卷　康熙三十六年(1697)刊
第一帙　禮
　　更定文章九命一卷　(清)王晫撰
　　天官考異一卷　(清)吳鼒公撰
　　五行問一卷　(清)吳鼒公撰
　　學歷說一卷　(清)梅文鼎撰
　　改元考同一卷　(清)吳鼒公撰
　　進賢說一卷　(清)張能鱗撰
　　塾講規約一卷　(清)施璜撰
第二帙　樂
　　夙興語一卷　(清)甘京撰
　　家人子語一卷　(清)毛先舒撰
　　語小一卷　(清)毛先舒撰
　　心病說一卷　(清)甘京撰
　　日錄雜說一卷　(清)魏禧撰
　　觀宅四十吉祥相一卷　(清)周文煒撰
　　增訂心相百二十善一卷　(清)沈捷撰
　　竹溪雜述一卷　(清)殷曙撰
　　聞餘筆話一卷　(清)湯傳楹撰
　　暢春苑御試恭紀一卷　(清)狄億撰
第三帙　射
　　松溪子一卷　(清)王晫撰
　　讀莊子法一卷　(清)林雲銘撰
　　蒙養詩敎一卷　(清)胡鼎撰
　　謝皋羽(翱)年譜一卷　(清)徐沁撰
　　西華仙籙一卷　(清)王言撰
　　將就園記一卷　(清)黃周星撰
　　歗問一卷　(清)洪玉圖撰
　　黃山松石譜一卷　(清)閔麟嗣撰
第四帙　御
　　外國竹枝詞一卷　(清)尤侗撰(清)尤珍注
　　西方要紀一卷　(清西洋)利類思(清西洋)
　　　　安文思(清西洋)南懷仁撰
　　安南雜記一卷　(清)李仙根撰
　　聲韻叢說一卷　(清)毛先舒撰
　　花底拾遺一卷　(明)黎遂球撰
　　十眉謠一卷　(清)徐士俊撰
第五帙　書
　　秋星閣詩話一卷　(清)李沂撰
　　而菴詩話一卷　(清)徐增撰
　　製曲枝語一卷　(清)黃周星撰
　　書法約言一卷　(清)宋曹撰
　　戒賭文一卷　(清)尤侗撰
　　快說續紀一卷　(清)王晫撰
　　廋詞一卷　(清)黃周星撰
　　酒社芻言一卷　(清)黃周星撰
　　嬾園觴政一卷　(清)蔡祖庚撰
　　芥茶彙鈔一卷　(清)冒襄撰
第六帙　數
　　硯林一卷　(清)余懷撰

宣爐歌註一卷　(清)冒襄撰
裝潢志一卷　(清)周嘉胄撰
牌譜一卷　(清)鄭旭旦撰
三友棋譜一卷　(清)鄭晉德撰
兵仗記一卷　(清)王晫撰
荔枝譜一卷　(清)陳鼎撰
蘭言一卷　(清)冒襄撰
龍經一卷　(清)王晫撰
乙集四十卷　康熙三十九年(1700)刊
第一帙　山
　　毛朱詩說一卷　(清)閻若璩撰
　　春秋三傳異同考一卷　(清)吳陳琰撰
　　讀禮問一卷　(清)吳鼒公撰
　　十六國年表一卷　(清)張愉曾撰
第二帙　水　　　　　　　　　　　　[撰
　　北嶽恆山歷祀上曲陽考一卷　(清)劉師峻
　　江南星野辨一卷　(清)葉燮撰
　　三年服制考一卷　(清)毛奇齡撰
　　師友行輩議一卷　(清)魏禧撰
　　國朝謚法考一卷　(清)王士禛撰
　　旗軍志一卷　(清)金德純撰
　　封長白山記一卷　(清)方象瑛撰
第三帙　魚
　　紀琉球入太學始末一卷　(清)王士禛撰
　　人瑞錄一卷　(清)孔尚任撰
　　迎駕紀恩錄一卷　(清)王士禛撰
　　恩賜御書記一卷　(清)董文驥撰
　　恭迎大駕記一卷　(清)徐秉義撰
　　格言僅錄一卷　(清)王仕雲撰
　　出山異數紀一卷　(清)孔尚任撰
　　奏對機緣一卷　(清)釋道忞撰
第四帙　花
　　塞程別紀一卷　(清)余寀撰
　　西北水利議一卷　(清)許承宣撰
　　廣州遊覽小志一卷　(清)王士禛撰
　　隴蜀餘聞一卷　(清)王士禛撰
　　東西二漢水辯一卷　(清)王士禛撰
　　日錄裏言一卷　(清)魏禧撰
　　偶書一卷　(清)魏際瑞撰
第五帙　酒
　　漫堂說詩一卷　(清)宋犖撰
　　然脂集例一卷　(清)王士祿撰
　　身易一卷　(清)唐彪撰
　　伯子論文一卷　(清)魏際瑞撰
　　日錄論文一卷　(清)魏禧撰
　　韻問一卷　(清)毛先舒撰
　　南曲入聲客問一卷　(清)毛先舒撰
第六帙　鳥
　　連文釋義一卷　(清)王言撰
　　畫訣一卷　(清)孔衍栻撰

焦山古鼎考一卷　（清）王士祿撰
瘞鶴銘辯一卷　（清）張弨撰
昭陵六駿贊辯一卷　（清）張弨撰
漢甘泉宮瓦記一卷　（清）林佶撰
飯有十二合說一卷　（清）張英撰

昭代叢書

（清）張潮（清）張漸輯　（清）楊復吉（清）沈楙
　惪續輯
　　清道光中吳江沈氏世楷堂刊本
甲集三十四卷　（清）張潮輯　道光十三年
　（1833）刊
第一帙　禮
　更定文章九命一卷　（清）王晫撰
　天官考異一卷　（清）吳肅公撰
　五行問一卷　（清）吳肅公撰
　學厤說一卷　（清）梅文鼎撰
　改元考同一卷　（清）吳肅公撰
　進賢說一卷　（清）張能鱗撰
　塾講規約一卷　（清）施璜撰
第二帙　樂
　夙興語一卷　（清）甘京撰
　家人子語一卷　（清）毛先舒撰
　語小一卷　（清）毛先舒撰
　日錄雜說一卷　（清）魏禧撰
　竹溪雜述一卷　（清）殷曙撰
第三帙　射
　松溪子一卷　（清）王晫撰
　讀莊子法一卷　（清）林雲銘撰
　謝皋羽（翱）年譜一卷　（清）徐沁撰
　西華仙籙一卷　（清）王言撰
　將就園記一卷　（清）黃周星撰
　歡問一卷　（清）洪玉圖撰
　黃山松石譜一卷　（清）閔麟嗣撰
第四帙　御
　外國竹枝詞一卷　（清）尤侗撰　（清）尤珍注
　西方要紀一卷　（清西洋）利類思（清西洋）
　　安文思（清西洋）南懷仁撰
　安南雜記一卷　（清）李仙根撰
第五帙　書
　秋星閣詩話一卷　（清）李沂撰
　而菴詩話一卷　（清）徐增撰
　製曲枝語一卷　（清）黃周星撰
　書法約言一卷　（清）宋曹撰
　岕茶彙鈔一卷　（清）冒襄撰
第六帙　數
　硯林一卷　（清）余懷撰
　宣爐歌注一卷　（清）冒襄撰
　裝潢志一卷　（清）周嘉冑撰
　兵仗記一卷　（清）王晫撰

荔枝譜一卷　（清）陳鼎撰
蘭言一卷　（清）冒襄撰
龍經一卷　（清）王晫撰
甲集補十六卷　（清）沈楙惪輯
　周易古義一卷　（清）惠棟撰
　周易大衍辨一卷　（清）吳鼐撰
　尚書古義一卷　（清）惠棟撰
　毛詩古義一卷　（清）惠棟撰
　周禮古義一卷　（清）惠棟撰
　儀禮古義一卷　（清）惠棟撰
　禮經釋例目錄一卷　（清）凌廷堪撰
　禮記古義一卷　（清）惠棟撰
　公羊古義一卷　（清）惠棟撰
　穀梁古義一卷　（清）惠棟撰
　論語古義一卷　（清）惠棟撰
　讀東坡志林一卷　（清）尤侗撰
　洪泉摹古錄一卷　（清）趙希璜撰
　西征賦一卷　（清）李祖惠撰
　七釋一卷　（清）尤侗撰
　十國詞箋略一卷　（清）錢載撰
乙集四十四卷　（清）張潮輯　道光十三年
　（1833）刊
第一帙　常
　毛朱詩說一卷　（清）閻若璩撰
　春秋三傳異同考一卷　（清）吳陳琰撰
　讀禮問一卷　（清）吳肅公撰
　十六國年表一卷　（清）張愉曾撰
　江南星野辨一卷　（清）葉燮撰
　廣祀典議一卷　（清）吳肅公撰
　師友行輩議一卷　（清）魏禧撰
第二帙　富
　國朝謚法考一卷　（清）王士禛撰
　旗軍志一卷　（清）金德純撰
　封長白山記一卷　（清）方象瑛撰
　琉球入太學始末一卷　（清）王士禛撰
　人瑞錄一卷　（清）孔尚任撰
　迎駕紀恩錄一卷　（清）王士禛撰
　恩賜御書記一卷　（清）董文驥撰
　恭迎大駕記一卷　（清）徐秉義撰
　暢春苑御試恭紀一卷　（清）狄億撰
　出山異數記一卷　（清）孔尚任撰
第三帙　貴
　塞程別紀一卷　（清）余寀撰
　西北水利議一卷　（清）許承宣撰
　廣州遊覽小志一卷　（清）王士禛撰
　隴蜀餘聞一卷　（清）王士禛撰
　東西二漢水辯一卷　（清）王士禛撰
　日錄裏言一卷　（清）魏禧撰
　偶書一卷　（清）魏際瑞撰
第四帙　樂

漫堂說詩一卷　(清)宋犖撰
然脂集例一卷　(清)王士祿撰
聲韻叢說一卷　(清)毛先舒撰
伯子論文一卷　(清)魏際瑞撰
日錄論文一卷　(清)魏禧撰
韻問一卷　(清)毛先舒撰
南曲入聲客問一卷　(清)毛先舒撰
連文釋義一卷　(清)王言撰
畫訣一卷　(清)孔衍栻撰
第五帙　未
　焦山古鼎考一卷　(清)王士祿撰
　瘞鶴銘辯一卷　(清)張弨撰
　昭陵六駿贊辯一卷　(清)張弨撰
　漢甘泉宮瓦記一卷　(清)林佶撰
　飯有十二合說一卷　(清)張英撰
　醫津一筏一卷　(清)江之蘭撰
第六帙　央
　江邨草堂紀一卷　(清)高士奇撰
　後觀石錄一卷　(清)毛奇齡撰
　石友贊一卷　(清)王晫撰
　竹譜一卷　(清)陳鼎撰
　箋卉一卷　(清)吳菘撰
乙集補六卷　(清)沈楙悳輯
　禘祫問答一卷　(清)胡培翬(誤題胡匡衷)撰
　侯國職官表一卷　(清)胡匡衷撰
　漢水發源攷一卷　(清)王筠撰
　汴水說一卷　(清)朱際澐撰
　山樵書外記一卷　(清)張開福撰
　圖畫精意識一卷　(清)張庚撰
丙集四十五卷　(清)張潮(清)張漸輯　道光
　十三年(1833)刊
第一帙　黃
　漢魏石經考一卷　(清)萬斯同撰
　唐宋石經考一卷　(清)萬斯同撰
　五經今文古文考一卷　(清)吳陳琰撰
第二帙　絹
　聖諭樂本解說一卷　(清)毛奇齡撰
　春秋日食質疑一卷　(清)吳守一撰
　檀弓訂誤一卷　(清)毛奇齡撰
　三年服制考一卷　(清)毛奇齡撰
　讀史管見一卷　(清)王轂撰
第三帙　幼
　乾清門奏對記一卷　(清)湯斌撰
　松亭行紀一卷　(清)高士奇撰
　扈從西巡日錄一卷　(清)高士奇撰
　塞北小鈔一卷　(清)高士奇撰　　　〔撰
　北嶽恆山歷祀上曲陽考一卷　(清)劉師峻
第四帙　婦
　聖節會約一卷　(清)郭存會撰
　荊園小語一卷　(清)申涵光撰

荊園進語一卷　(清)申涵光撰
格言僅錄一卷　(清)王仕雲撰
宗規一卷　(清)鍾于序撰
戒淫錄一卷　(清)姚廷傑撰
學語雜篇一卷　(清)沈思倫撰
觀物篇一卷　(清)石龐撰
第五帙　外
　古國都今郡縣合考一卷　(清)閔麟嗣撰
　周末列國有今郡縣考一卷　(清)閔麟嗣撰
　黃山史槩一卷　(清)陳鼎撰
　臺灣隨筆一卷　(清)徐懷祖撰
　寧古塔志一卷　(清)方拱乾撰
　峒谿纖志志餘一卷　(清)陸次雲撰
　滇黔土司婚禮記一卷　(清)陳鼎撰
第六帙　孫
　身易一卷　(清)唐彪撰
　切字釋疑一卷　(清)方中履撰
　西河詩話一卷　(清)毛奇齡撰
　南州草堂詞話一卷　(清)徐釚撰
第七帙　蠱
　賓告一卷　(清)葉奕苞撰
　諺說一卷　(清)毛先舒撰
　醉鄉約法一卷　(清)葉奕苞撰
　練閱火器陣記一卷　(清)薛熙撰
　貫蝨心傳一卷　(清)紀鑑撰
　捕蝗考一卷　(清)陳芳生撰
第八帙　白
　文苑異稱一卷　(清)王晫撰
　思舊錄一卷　(清)靳治荊撰
　知我錄一卷　(清)梅庚撰
　瓊花志一卷　(清)朱顯祖撰
　徐園秋花譜一卷　(清)吳儀一撰
　吳葟譜一卷　(清)吳林撰
　續蟹譜一卷　(清)褚人穫撰
丙集補五卷　(清)沈懋悳輯
　春秋四傳糾正一卷　(清)俞汝言撰
　夏小正詁一卷　(清)諸錦撰
　增訂歐陽文忠公(修)年譜一卷　(清)華孳
　亨撰
　古金待問錄一卷　(清)朱楓撰
　齊山巖洞志一卷　(清)陳蔚撰
丁集新編三十七卷　(清)楊復吉輯　道光十
　三年(1833)刊
　五經讀法一卷　(清)徐與喬撰
　經咫一卷　(清)陳祖范撰
　書經地理今釋一卷　(清)蔣廷錫撰
　建文帝後紀一卷　(清)邵遠平撰
　汰存錄一卷　(清)黃宗羲撰
　客牕偶談一卷　(清)陳僖撰
　九諦解疏一卷　(明)許孚遠撰　(清)周

蠖齋詩話一卷　（清）施閏章撰
己集廣編四十九卷　（清）楊復吉輯　道光十
　三年(1833)刊
　易說一卷　（清）查慎行撰
　治齋讀詩蒙說一卷　（清）顧成志撰
　禮記篇目一卷　（清）芮城撰
　約喪禮經傳一卷　（清）吳卓信撰
　諸史然疑一卷　（清）杭世駿撰
　南唐拾遺記一卷　（清）毛先舒撰
　南宋六陵遺事一卷　（清）萬斯同輯
　庚申君遺事一卷　（清）萬斯同輯
　乙丙紀事一卷　（清）孫奇逢撰
　蜀難敍略一卷　（清）沈荀蔚撰
　代北姓譜一卷　（清）周春撰
　遼金元姓譜一卷　（清）周春撰
　文廟從祀弟子贊一卷　（清）盧存心撰
　破邪論一卷　（清）黃宗羲撰
　山公九原一卷　（清）馮景撰
　邇言一卷　（清）勞史撰
　蠡談一卷附雜說　（清）盧存心撰
　詹言一卷　（清）黃之雋撰
　說叩一卷　（清）葉抱崧撰
　談書錄一卷　（清）汪師韓撰
　學海蠡測一卷　（清）沈謙撰
　思舊錄一卷　（清）黃宗羲撰
　淥水亭雜識一卷　（清）性德撰
　仁恕堂筆記一卷　（清）黎士宏撰
　匡廬游錄一卷　（清）黃宗羲撰
　清波小志一卷　（清）徐逢吉撰
　清波小志補一卷　（清）陳景鐘撰
　九華日錄一卷　（清）周天度撰
　乾州小志一卷　（清）吳高增撰
　龍沙紀略一卷　（清）方式濟撰
　異域錄一卷　（清）圖理琛撰
　黎岐紀聞一卷　（清）張慶長撰
　說蠻一卷　（清）檀萃撰
　江源記一卷　（清）查拉吳麟撰
　婦人集一卷附補一卷　（清）陳維崧撰
　　（清）冒褒注　補（清）冒丹書撰
　金石要例一卷附論文管見　（清）黃宗羲撰
　文頌一卷　（清）馬榮祖撰
　偶然欲書一卷　（清）方楘如撰
　比紅兒詩註一卷　（清）沈可培撰
　詩學纂聞一卷　（清）汪師韓撰
　遼詩話一卷　（清）周春撰
　天啓宮詞一卷　（明）蔣之翹撰
　花草蒙拾一卷　（清）王士禛撰
　墨井畫跋一卷　（清）吳歷撰
　續三十五舉一卷再續一卷　（清）桂馥撰
　陽羨名陶錄一卷　（清）吳騫撰

己集廣編補三卷　（清）沈楙悳輯
　原詩一卷　（清）葉燮撰
　論學制備忘記一卷　（清）段玉裁撰
　釋骨一卷　（清）沈彤撰
庚集埤編四十六卷　（清）楊復吉輯　道光十
　三年(1833)刊
　古文尚書考一卷　（清）陸隴其撰
　古文尚書辨一卷　（清）朱彝尊撰
　詩說一卷　（清）惠周惕撰
　喪服翼注一卷　（清）閻若璩撰
　注疏瑣語一卷　（清）沈淑撰
　劉豫事迹一卷　（宋）□□撰　（清）曹溶輯
　補三史藝文志一卷　（清）金門詔撰
　虎口餘生記一卷　（明）邊大綬撰
　庸言一卷　（清）魏象樞撰
　志學會約一卷　（清）湯斌撰
　宗譜纂要一卷　（清）王錟撰
　婦學一卷　（清）章學誠撰
　瀾堂夕話一卷　（明）張次仲撰
　山中問答一卷　（清）楊士美撰
　萵菴閒話一卷　（清）張爾岐撰
　寒燈絮語一卷　（清）汪惟憲撰
　牘外餘言一卷　（清）袁枚撰
　廣連珠一卷　（清）陳濟生撰
　說文凝錦錄一卷　（清）萬光泰撰
　七十二候考一卷　（清）曹仁虎撰
　西臺慟哭記註一卷　（清）黃宗羲撰
　聞見偶錄一卷　（清）朱象賢撰
　東齋脞語一卷　（清）吳翌鳳撰
　定香亭筆談一卷　（清）阮元撰
　宸垣識餘一卷　（清）吳長元撰
　南漳子一卷　（清）孫之騄撰
　寧古塔紀略一卷　（清）吳桭臣撰
　番社采風圖考一卷　（清）六十七撰
　維西見聞紀一卷　（清）余慶遠撰
　七招一卷　（清）洪亮吉撰
　七娛一卷　（清）沈清瑞撰
　選材錄一卷　（清）周春撰
　集世說詩一卷　（清）李鄴嗣撰
　宮詞一卷　（清）徐昂發撰
　皺水軒詞筌一卷　（清）賀裳撰
　書筏一卷　（清）笪重光撰
　畫論一卷　（清）張庚撰
　印文考略一卷　（清）鞠履厚撰
　新曆曉或一卷　（明西洋）湯若望撰
　七頌堂識小錄一卷　（清）劉體仁撰
　藥房心語一卷　（清）楊中訥撰
　端溪硯譜記一卷　（清）袁樹撰
　竹連珠一卷　（清）鈕琇撰
　荔譜一卷　（清）陳定國撰

木棉譜一卷　(清)褚華撰
北墅抱瓮錄一卷　(清)高士奇撰
庚集埤編補四卷　(清)沈楙悳輯
宗法論一卷　(清)萬斯大撰
明史十二論一卷　(清)段玉裁撰
車制圖解一卷　(清)阮元撰
今韻古分十七部表一卷　(清)段玉裁撰
辛集別編四十四卷　(清)楊復吉輯　道光十
　　三年(1833)刊
讀易緒言一卷　(清)錢棻撰
甕禮補亡一卷　(清)諸錦撰
春秋五禮源流口號一卷　(清)顧棟高撰
經書卮言一卷　(清)范泰恆撰
史略一卷　(清)蕭震撰
擬更季漢書昭烈皇帝本紀一卷　(清)黃中
　　堅撰
平臺紀略一卷　(清)藍鼎元撰
征緬紀略一卷　(清)王昶撰
蜀徼紀聞一卷　(清)王昶撰
臨清寇略一卷　(清)俞蛟撰
強聒錄一卷　(清)彭堯諭撰
旅書一卷　(清)陳璸撰
釋冰書一卷　(清)孫泝如撰
雜言一卷　(清)鈕琇撰
蕉窗日記一卷　(清)王豫撰
鍾山書院規約一卷　(清)楊繩武撰
天問校正一卷　(清)屈復撰
說文義例一卷附小學字解　(清)王宗誠撰
　　附(清)王紹蘭撰
說鈴一卷　(清)汪琬撰
張氏卮言一卷　(清)張元賡撰
峽川志略一卷　(清)蔣弘任撰
出塞紀略一卷　(清)錢良擇撰
從西紀略一卷　(清)范昭逵撰
藏行紀程一卷　(清)杜昌丁撰
徵刻唐宋祕本書目一卷　(清)黃虞稷(清)
　　周在浚撰
藏書紀要一卷　(清)孫從添撰
金石史一卷　(明)郭宗昌撰
淳化閣帖跋一卷　(清)沈蘭先撰
漢詩總說一卷　(清)費錫璜撰
秋窗隨筆一卷　(清)馬位撰
詠物十詞一卷　(清)曹貞吉撰
鈍吟書要一卷　(清)馮班撰
畫塵一卷　(明)沈顥撰
畫訣一卷　(清)龔賢撰
秋水園印說一卷　(清)陳鍊撰
紀聽松庵竹鑪始末一卷　(清)鄒炳泰撰
窯器說一卷　(清)程哲撰
怪石錄一卷　(清)沈心撰

芥茶牋一卷　(明)馮可賓撰
茶史補一卷　(清)余懷撰
人蓲譜一卷　(清)陸烜撰
亳州牡丹述一卷　(清)鈕琇撰
牡丹譜一卷　(清)計楠撰
菊說一卷　(清)計楠撰
辛集別編補六卷　(清)沈楙悳輯　道光十三
　　年(1833)刊
唐述山房日錄一卷　(清)盛朝勛撰
忠文靖節編一卷　(清)張方湛撰
憩遊偶考一卷　(清)華湛恩撰
燕都識餘一卷　(明)豐道人(徐應芬)撰
山齋客譚一卷　(清)景星杓撰
外國紀一卷　(清)張玉書撰
壬集補編五十卷　(清)沈懋悳輯　道光二十
　　四年(1844)刊
周易稗疏一卷　(清)王夫之撰
易漢學一卷　(清)惠棟撰
古文尚書考一卷　(清)惠棟撰
毛鄭詩考正一卷　(清)戴震撰
春秋稗疏一卷　(清)王夫之撰
考工記圖一卷　(清)戴震撰
孟子遊歷考一卷　(清)潘眉撰
續方言一卷　(清)杭世駿撰
聲韻攷一卷　(清)戴震撰
晉韻問答一卷　(清)錢大昕撰
史記天官書補目一卷　(清)孫星衍撰
補續漢書藝文志一卷　(清)錢大昭撰
明季遺聞一卷　(清)鄒漪撰
守汴日志一卷　(明)李光壂口授　(清)周
　　斯盛重編
隆平紀事一卷　(清)史冊撰
東槎紀略一卷　(清)姚瑩撰
鄭康成(玄)年譜一卷　(清)沈可培撰
水地記一卷　(清)戴震撰
人海記一卷　(清)查慎行撰
柳邊紀略一卷　(清)楊賓撰
疏河心鏡一卷　(清)淩鳴喈撰
三吳水利條議一卷　(清)錢中諧撰
鶴徵前錄一卷　(清)李集撰　(清)李富孫
　　(清)李遇孫續
鶴徵後錄一卷　(清)李富孫撰
鐵函齋書跋一卷　(清)楊賓撰
義門題跋一卷　(清)何焯撰
湛園題跋一卷　(清)姜宸英撰
史論五答一卷　(清)施國祁撰
淑艾錄一卷　(清)張履祥撰　(清)祝洤輯
思問錄一卷　(清)顧道稷撰
算術問答一卷　(清)錢大昕撰
新法表異一卷　(清西洋)湯若望撰

麓臺題畫藁一卷　(清)王原祁撰
讀畫錄一卷　(清)王槩撰
指頭畫說一卷　(清)高秉撰
墨志一卷　(明)麻三衡撰
甘藷錄一卷　(清)陸燿撰
適來子一卷　(清)張潤貞撰
經史管窺一卷　(清)蕭曇撰
畏壘筆記一卷　(清)徐昂發撰
日貫齋塗說一卷　(清)梁同書撰
老子解一卷　(清)吳鼒撰
莊子解一卷　(清)吳峻撰
愚菴雜著一卷　(清)朱鶴齡撰
春秋詠史樂府一卷　(清)舒位撰
十國宮詞一卷　(清)孟彬撰
十國宮詞一卷　(清)吳省蘭撰
野鴻詩的一卷　(清)黃子雲撰
寒廳詩話一卷　(清)顧嗣立撰
貞一齋詩說一卷　(清)李重華撰
癸集萃編五十卷　(清)沈楙惪輯　道光二十
　　四年(1844)刊
　周易尋門餘論一卷　(清)黃宗炎撰
　易學辨惑一卷　(清)黃宗炎撰
　尚書稗疏一卷　(清)王夫之撰
　正訛初橥一卷　(清)王麟趾撰
　毛詩日箋一卷　(清)秦松齡撰
　春秋客難一卷　(清)龔元玠撰
　讀左瑣言一卷　(清)倪倬撰
　周禮客難一卷　(清)龔元玠撰
　二李經說一卷　(清)李光墺(清)李光型撰
　禮經學述一卷　(清)秦蕙昌撰
　甕天錄一卷　(清)柯汝鍔撰
　駢字分箋一卷　(清)程際盛撰
　後漢三公年表一卷　(清)華湛恩撰
　三國志攷證一卷　(清)潘眉撰
　五代春秋志疑一卷　(清)華湛恩撰
　明季實錄一卷　(清)顧炎武撰
　秋鐙錄一卷　(清)沈元欽撰
　綱目志疑一卷　(清)華湛恩撰
　平海紀略一卷　(清)溫承志撰
　閩中紀略一卷　(清)許旭撰
　西神叢語一卷　(清)黃蛟起撰
　澳門記略一卷　(清)印光任(清)張汝霖撰
　廬山紀遊一卷　(清)查慎行撰
　黝山紀遊一卷　(清)汪淮撰
　桂鬱巖洞記一卷　(清)賈敦臨撰
　淳化祕閣法帖源流考一卷　(清)周行仁撰
　金石小箋一卷　(清)葉奕苞撰
　農書一卷　(明)沈口撰　(清)張履祥補
　漢氾勝之遺書一卷　(漢)氾勝之撰　(清)
　　宋葆淳輯

恆星說一卷　(清)江聲撰
月滿樓甄藻錄一卷　(清)顧宗泰撰
三萬六千頃湖中畫船錄一卷　(清)迮朗撰
金粟箋說一卷　(清)張燕昌撰
淄硯錄一卷　(清)盛百二撰
邇語一卷　(清)熊賜履撰
訂譌雜錄一卷　(清)胡鳴玉撰
直語補證一卷　(清)梁同書撰
夢闌瑣筆一卷　(清)楊復吉撰
松陰快談一卷　(日本)長野確撰
六如居士外集一卷　(清)唐仲冕輯
老子別錄一卷　(清)吳鼒撰
非老一卷　(清)吳鼒撰
懋題上方二山紀游集一卷　(清)查禮撰
啓禎宮詞一卷　(清)高兆撰
回疆雜詠一卷　(清)王曾翼撰
黔苗竹枝詞一卷　(清)舒位撰
一瓢詩話一卷　(清)薛雪撰
蓮坡詩話一卷　(清)查為仁撰
消寒詩話一卷　(清)秦朝釪撰
搏沙錄一卷　(清)戴延年撰
別集六十卷　(清)張潮(清)楊復吉輯　(清)
　　沈楙惪重輯　道光二十九年(1849)刊
　心病說一卷　(清)甘京撰
　觀宅四十吉祥相一卷　(清)周文煒撰
　增訂心相百二十善一卷　(清)沈捷撰
　聞餘筆話一卷　(清)湯傳楹撰
　悟語一卷　(清)石龐撰
　蒙養詩教一卷　(清)胡崩撰
　板橋雜記一卷　(清)余懷撰
　花底拾遺一卷　(明)黎遂球撰
　十眉謠一卷　(清)徐士俊撰
　戒賭文一卷　(清)尤侗撰
　快說續紀一卷　(清)王晫撰
　廋詞一卷　(清)黃周星撰
　酒社芻言一卷　(清)黃周星撰
　嫻圃籌政一卷　(清)蔡祖庚撰
　混同天牌譜一卷　(清)鄭旭旦撰
　三友棋譜一卷　(清)鄭晉德撰
　第十一段錦詞話一卷　(清)顧彩撰
　奏對機緣一卷　(清)釋道忞撰
　花甲數譜一卷　(清)俞長城撰
　荔社紀事一卷　(清)高兆撰
　畫眉筆談一卷　(清)陳均撰
　蛇譜一卷　(清)陳鼎撰
　廣田水月錢譜一卷　(清)張延世撰
　內家拳法一卷　(清)黃百家撰
　放生會約一卷　(清)吳陳琰撰
　百花彈詞一卷　(清)錢濤撰
　鵪鶉譜一卷　(清)程石鄰撰

陰隲文頌一卷　(清)曹學詩撰
幽夢影一卷　(清)張潮撰
晉人塵一卷　(清)沈日霖撰
西湖小史一卷　(清)李鼎撰
十美詞紀一卷　(清)鄒樞撰
影梅庵憶語一卷　(清)冒襄撰
三婦評牡丹亭雜紀一卷　(清)吳人撰
西城風俗紀一卷　(清)金人瑞撰
攬勝圖譜一卷　(清)高兆撰
牡丹亭骰譜一卷　(清)徐震撰
胭脂紀事一卷　(清)伍瑞隆撰
非烟香法一卷　(明)董說撰
哺記一卷　(清)黃百家撰
秦雲擷英小譜一卷　(清)王昶撰
妒律一卷　(清)陳元龍撰
牧豬閒話一卷　(清)金學詩撰
湖船錄一卷　(清)厲鶚撰
說蛇一卷　(清)趙彪詔撰
世書一卷　(清)吳穎撰
馬弔說一卷　(清)李鄴嗣撰
冷雲齋冰燈詩一卷　(清)傅山撰
春秋左傳類聯一卷　(清)陸桂森撰
聞情十二憮一卷　(明)蘇士琨撰
清閒供一卷　(明)程羽文撰
琉璃誌一卷　(清)孫廷銓撰
悅容編一卷　(明)衛泳撰
海鷗小譜一卷　(清)趙執信撰
五石瓠一卷　(清)劉鑾撰
潮嘉風月記一卷　(清)俞蛟撰
火戲略一卷　(清)趙學敏撰
羽扇譜一卷　(清)張燕昌撰
鳳仙譜一卷　(清)趙學敏撰
貓乘一卷　(清)王初桐撰
附
　弧矢算術細草圖解一卷　(清)李銳撰
　　(清)馮桂芬解

正誼堂全書

(清)張伯行輯　(清)楊浚重輯
　　清同治五年(1866)福州正誼書院刊八年
　　　至九年(1869—1870)續刊本
　周濂溪先生全集十三卷　(宋)周敦頤撰
　二程文集十二卷　(宋)程顥(宋)程頤撰
　張橫渠先生文集十二卷　(宋)張載撰
　朱子文集十八卷　(宋)朱熹撰
　楊龜山先生集六卷　(宋)楊時撰
　尹和靖先生集一卷、(宋)尹焞撰
　羅豫章先生文集十卷　(宋)羅從彥撰
　李延平先生文集四卷　(宋)李侗撰
　張南軒先生文集七卷　(宋)張栻撰

黃勉齋先生文集八卷　(宋)黃榦撰
陳克齋先生集五卷　(宋)陳文蔚撰
許魯齋先生集六卷　(元)許衡撰
薛敬軒先生文集十卷　(明)薛瑄撰
胡敬齋先生文集三卷　(明)胡居仁撰
諸葛武侯文集四卷　(蜀)諸葛亮撰
唐陸宣公文集四卷首一卷　(唐)陸贄撰
韓魏公集二十卷　(宋)韓琦撰
司馬溫公文集十四卷　(宋)司馬光撰
文山先生文集二卷　(宋)文天祥撰
謝疊山先生文集二卷　(宋)謝枋得撰
方正學先生文集七卷　(明)方孝孺撰
楊椒山先生文集二卷　(明)楊繼盛撰
二程粹言二卷　(宋)楊時輯

伊洛淵源錄十四卷　(宋)朱熹撰
上蔡先生語錄三卷　(宋)謝良佐撰　[撰
程氏家塾讀書分年日程三卷　(元)程端禮
朱子學的二卷　(明)丘濬輯
陳清瀾先生學蔀通辯十二卷　(明)陳建撰
薛文清公讀書錄八卷　(明)薛瑄撰
胡敬齋先生居業錄八卷　(明)胡居仁撰
道南源委六卷　(明)朱衡撰
羅整庵先生困知記四卷　(明)羅欽順撰
陸桴亭思辨錄輯要二十二卷　(清)陸世儀
　撰
王學質疑五卷附錄一卷　(清)張烈撰
讀禮志疑六卷　(清)陸隴其撰
讀朱隨筆四卷　(清)陸隴其撰
陸稼書先生問學錄四卷　(清)陸隴其撰
陸稼書先生松陽鈔存一卷　(清)陸隴其撰
石守道先生集二卷　(宋)石介撰
高東溪先生遺集二卷　(宋)高登撰
眞西山先生集八卷　(宋)眞德秀撰
熊勿軒先生文集六卷　(宋)熊禾撰
吳朝宗先生聞過齋集四卷　(元)吳海撰
魏莊渠先生集二卷　(明)魏校撰
羅整庵先生存稾二卷　(明)羅欽順撰
陳剩夫先生集四卷　(明)陳眞晟撰
張陽和文選三卷　(明)張元忭撰
湯潛庵先生集二卷　(清)湯斌撰
陸稼書先生文集二卷　(清)陸隴其撰
道統錄二卷附錄一卷　(清)張伯行撰
二程語錄十八卷　(宋)朱熹輯
朱子語類輯略八卷　(清)張伯行輯
濂洛關閩書十九卷　(清)張伯行輯幷注
近思錄十四卷　(宋)朱熹(宋)呂祖謙輯
　(清)張伯行集解
廣近思錄十四卷　(清)張伯行輯
困學錄集粹八卷　(清)張伯行撰

小學集解六卷　（清）張伯行撰
濂洛風雅九卷　（清）張伯行輯
學規類編二十七卷　（清）張伯行撰
養正類編十三卷　（清）張伯行撰
居濟一得八卷　（清）張伯行撰
正誼堂文集十二卷　（清）張伯行撰
正誼堂續集八卷　（清）張伯行撰
續刻
　唐宋八大家文鈔十九卷　（清）張伯行輯
　　同治八年(1869)刊
　范文正公文集九卷　（宋）范仲淹撰　同治
　　八年(1869)刊
　楊大洪先生文集二卷　（明）楊漣撰　光緒
　　十三年(1887)刊
　海剛峯先生集二卷　（明）海瑞撰　光緒十
　　三年(1887)刊
　續近思錄十四卷　（清）張伯行集解　同治
　　九年(1870)刊

楝亭藏書十二種

（清）曹寅輯
　清康熙四十五年(1706)揚州詩局刊本
　民國十年(1921)上海古書流通處據清康
　　熙本景印
法書考八卷　（元）盛熙明撰
琴史六卷　（宋）朱長文撰
釣磯立談一卷　（南唐）史虛白（一題宋史
　□）撰
新編錄鬼簿二卷　（元）鍾嗣成撰
梅苑十卷　（宋）黃大輿輯
禁扁五卷　（元）王士點撰
硯箋四卷　（宋）高似孫撰
墨經一卷　（宋）晁貫之撰
都城紀勝一卷　（宋）灌園耐得翁（趙□）撰
頤堂先生糖霜譜一卷　（宋）王灼撰
聲畫集八卷　（宋）孫紹遠輯
分門纂類唐宋時賢千家詩選（一名後村千
　家詩)二十二卷　（宋）劉克莊輯

閬丘辯囿

（清）顧嗣立輯
　清康熙中顧氏秀野草堂刊本
魏鄭公諫錄五卷　（唐）王方慶輯
歲華紀麗譜一卷　（元）費著撰
闕史二卷　（唐）參寥子(高彥休)撰
南海山水人物古蹟記一卷　（元）吳萊撰
雁山十記一卷　（元）李孝光撰
膳夫經一卷　（唐）楊曄撰
牛羊日曆一卷　（唐）劉軻撰
牋紙譜一卷　（元）費著撰

蜀錦譜一卷　（元）費著撰
錢幣譜一卷　（元）費著撰

硯北偶鈔

（清）姚培謙（清）張景星輯
　清乾隆二十七年(1762)姚氏草草巢刊本
文章緣始一卷　（梁）任昉撰
續文章緣起一卷　（明）陳懋仁撰
詩品三卷　（梁）鍾嶸撰
樂府古題要解二卷　（唐）吳兢撰
二十四詩品一卷　（唐）司空圖撰
樂府指迷一卷　（宋）沈義父撰
詞旨一卷　（元）陸行直撰
佩觿三卷　（後周）郭忠恕撰
書品一卷　（梁）庾肩吾撰
古畫品錄一卷　（南齊）謝赫撰
後畫品錄一卷　（陳）姚最撰
端溪硯譜一卷　（宋）□□撰　（宋）葉樾訂

古香齋袖珍十種

清康熙乾隆間敕輯
　清康熙乾隆間內府刊本
　清同治光緒間南海孔氏刊本
資治通鑑綱目三編二十卷　清乾隆十一年
　敕撰　　　　　　　　　　　　〔編
淵鑑類函四百五十卷　清康熙四十九年敕
御選古文淵鑑六十四卷　清聖祖選　（清）
　徐乾學等輯注
五經八卷
　周易一卷
　尚書一卷
　毛詩二卷
　禮記三卷
　春秋一卷
四書十九卷
史記一百三十卷　（漢）司馬遷撰　（劉宋）
　裴駰集解　（唐）司馬貞索隱　（唐）張
　守節正義
御纂朱子全書六十六卷　（宋）朱熹撰　清
　聖祖定
初學記三十卷　（唐）徐堅等撰
施註蘇詩四十二卷王註正譌一卷續補遺二
　卷　（宋）蘇軾撰　（宋）施元之注
　（清）顧嗣立（清）邵長蘅（清）宋至刪補
　王註正譌（清）邵長蘅撰　續補遺
　（清）馮景補注
附
　東坡先生(蘇軾)年譜一卷　（宋）王宗稷
　　撰　（清）邵長蘅訂
　春明夢餘錄七十卷　（清）孫承澤撰

說鈴

(清)吳震方輯
　　清康熙四十一年(1702)續集 五 十 一 年
　　　　(1712)序刊本
　　清道光五年(1825)聚秀堂刊本
前集
　　冬夜箋記一卷　(清)王崇簡撰
　　隴蜀餘聞一卷　(清)王士禎撰
　　分甘餘話二卷　(清)王士禎撰　(康熙本)
　　安南雜記一卷　(清)李仙根撰
　　奉使倭羅斯日記一卷　(清)張鵬翮撰
　　筠廊偶筆二卷　(清)宋犖撰
　　金鰲退食筆記二卷　(清)高士奇撰
　　扈從西巡日錄一卷　(清)高士奇撰
　　塞北小鈔一卷　(清)高士奇撰
　　松亭行紀二卷　(清)高士奇撰
　　天祿識餘二卷　(清)高士奇撰
　　封長白山記一卷　(清)方象瑛撰
　　使琉球紀一卷　(清)張學禮撰
　　西征紀略一卷　(清)殷化行撰
　　閩小紀二卷　(清)周亮工撰
　　滇行紀程一卷　續抄一卷　(清)許纘曾撰
　　　　(續抄道光本)
　　東還紀程一卷　續抄一卷　(清)許纘曾撰
　　　　(續抄道光本)
　　絕域紀略一卷　(清)方拱乾撰
　　揚州鼓吹詞序一卷　(清)吳綺撰
　　粵逃一卷　(清)閔敍撰
　　粵西偶記一卷　(清)陸祚蕃撰
　　滇黔紀遊一卷　(清)陳鼎撰
　　京東考古錄一卷　(清)顧炎武撰
　　山東考古錄一卷　(清)顧炎武撰
　　救文格論一卷　(清)顧炎武撰
　　雜錄一卷　(清)顧炎武撰
　　守汴日志一卷　(明)李光壂口授　(清)周
　　　　斯盛重編
　　坤輿外紀一卷　(清西洋)南懷仁撰
　　臺灣紀略一卷　(清)林謙光撰
　　臺灣雜記一卷　(清)季麒光撰
　　安南紀遊一卷　(清)潘鼎珪撰
　　峒谿纖志一卷　(清)陸次雲撰
　　泰山紀勝一卷　(清)孔貞瑄撰
　　匡廬紀遊一卷　(清)吳闡思撰
　　登華記一卷　(清)屈大均撰
　　游雁蕩山記一卷　(清)周清原撰
　　甌江逸志一卷　(清)勞大與撰
　　嶺南雜記二卷　(清)吳震方撰
後集
　　讀史吟評一卷　(清)黃鵬揚撰

湖壖雜記一卷　(清)陸次雲撰
談往一卷　(清)花村看行侍者撰
板橋雜記三卷　(清)余懷撰
簪雲樓雜說一卷　(清)陳尚古撰
天香樓偶得一卷　(清)虞兆漋撰
蚓菴瑣語一卷　(清)王逋撰
見聞錄一卷　(清)徐岳撰
冥報錄二卷　(清)陸圻撰
現果隨錄一卷　(清)釋戒顯撰
果報聞見錄一卷　(清)楊式傳撰
信徵錄一卷　(清)徐慶撰
曠園雜志二卷　(清)吳陳琰撰
言鯖二卷　(清)呂種玉撰　(康熙本)
迊異記三卷　(清)東軒主人撰
蓴鄉贅筆三卷　(清)董含撰
觚賸一卷　(清)鈕琇輯
續集
　談助一卷　(清)王崇簡撰　(以下康熙本)
　畫壁詩一卷　(清)范承謨撰
　邇語一卷　(清)熊賜履撰
　庸言一卷　(清)魏象樞撰
　筠廊二筆一卷　(清)宋犖撰
　池北偶談三卷　(清)王士禎撰
　讀書質疑二卷　(清)吳震方撰

四庫全書

清乾隆三十年敕輯
　　清文淵閣鈔本
　　清文溯閣鈔本
　　清文津閣鈔本
　　清文瀾閣鈔本
經部
易類
　子夏易傳十一卷　(周)卜商撰
　周易鄭康成註一卷　(漢)鄭玄撰　(宋)王
　　　應麟輯
　新本鄭氏周易三卷　(漢)鄭玄撰　(清)惠
　　　棟輯　　　　　　　　　　　　[輯
　陸氏易解一卷　(吳)陸績撰　(明)姚士粦
　周易註十卷　(魏)王弼(晉)韓康伯撰
　周易正義十卷　(魏)王弼(晉)韓康伯注
　　　(唐)孔穎達疏
　周易集解十七卷　(唐)李鼎祚撰
　周易口訣義六卷　(唐)史徵撰
　周易舉正三卷　(唐)郭京撰　　　　[撰
　易數鉤隱圖三卷遺論九事一卷　(宋)劉牧
　周易口義十二卷　(宋)胡瑗述　(宋)倪天
　　　隱記
　溫公易說六卷　(宋)司馬光撰
　橫渠易說三卷　(宋)張載撰

東坡易傳九卷 （宋）蘇軾撰
易傳四卷 （宋）程頤撰
易學辨惑一卷 （宋）邵伯溫撰
了齋易說一卷 （宋）陳瓘撰
吳園易解九卷 （宋）張根撰
周易新講義十卷(原缺卷七至十) （宋）耿
　南仲撰
紫巖易傳十卷 （宋）張浚撰
讀易詳說十卷 （宋）李光撰
易小傳六卷 （宋）沈該撰
漢上易集傳十一卷卦圖三卷 叢 說 一 卷
　（宋）朱震撰
周易窺餘十五卷 （宋）鄭剛中撰
易璇璣三卷 （宋）吳沆撰
易變體義十二卷 （宋）都絜撰
周易經傳集解三十六卷 （宋）林栗撰
易原八卷 （宋）程大昌撰
周易古占法一卷古周易章句 外 編 一 卷
　（宋）程迥撰
周易本義十二卷 （宋）朱熹撰
附
　重刻周易本義四卷 （宋）朱熹撰 （明）
　　成矩輯
郭氏傳家易說十一卷 （宋）郭雍撰
周易義海撮要十二卷 （宋）李衡輯
南軒易說三卷 （宋）張栻撰
復齋易說六卷 （宋）趙彥肅撰
楊氏易傳二十卷 （宋）楊簡撰
周易玩辭十六卷 （宋）項安世撰
易說四卷 （宋）趙善譽撰
誠齋易傳二十卷 （宋）楊萬里撰
大易粹言十卷 （宋）方聞一輯
易圖說三卷 （宋）吳仁傑撰
古周易一卷 （宋）呂祖謙編
易傳燈四卷 （宋）徐口撰
易裨傳二卷 （宋）林至撰
厚齋易學五十卷附錄二卷 （宋）馮椅撰
童溪易傳三十卷 （宋）王宗傳撰
周易總義二十卷 （宋）易祓撰
西谿易說十二卷 （宋）李過撰
丙子學易編一卷 （宋）李心傳撰
易通六卷 （宋）趙以夫撰
周易卦爻經傳訓解二卷 （宋）蔡淵撰
易象意言一卷 （宋）蔡淵撰
周易要義十卷 （宋）魏了翁撰
東谷易翼傳二卷 （宋）鄭汝諧撰
朱文公易說二十三卷 （宋）朱熹撰 （宋）
　朱鑑輯
易學啓蒙小傳一卷古經傳一卷 （宋）稅與
　權撰

周易輯聞六卷附易雅一卷筮宗一卷 （宋）
　趙汝楳撰
用易詳解十六卷 （宋）李杞撰
淙山讀周易記二十一卷 （宋）方實孫撰
周易傳義附錄十四卷 （宋）董楷撰
易學啓蒙通釋二卷 （宋）胡方平撰
三易備遺十卷 （宋）朱元昇撰
周易集說四十卷 （宋）俞琰撰
讀易舉要四卷 （宋）俞琰撰
周易象義十六卷 （宋）丁易東撰 ［撰
易圖通變五卷易筮通變三卷 （宋）雷思齊
讀易私言一卷 （元）許衡撰
易本義附錄纂疏十五卷 （元）胡一桂撰
易學啓蒙翼傳四卷 （元）胡一桂撰
易纂言十卷 （元）吳澄撰
易纂言外翼八卷 （元）吳澄撰
易原奧義一卷 （元）保巴(保八)撰
周易原旨八卷 （元）保巴(保八)撰
周易程朱傳義折衷三十三卷 （元）趙采撰
周易衍義十六卷 （元）胡震撰
易學濫觴一卷 （元）黃澤撰
大易輯說十卷 （元）王申子撰
周易本義通釋十二卷 （元）胡炳文撰
周易本義集成十二卷 （元）熊良輔撰
大易象數鉤深圖三卷 （元）張理撰
學易記九卷 （元）李簡撰
周易集傳八卷 （元）龍仁夫撰
讀易考原一卷 （元）蕭漢中撰
易精蘊大義十二卷 （元）解蒙撰
易學變通六卷 （元）曾貫撰
周易會通十四卷 （元）董真卿撰
周易圖說二卷 （元）錢義方撰
周易爻變義蘊四卷 （元）陳應潤撰
周易參義十二卷 （元）梁寅撰
周易文詮四卷 （元）趙汸撰
周易大全二十四卷 （明）胡廣等撰
易經蒙引十二卷 （明）蔡清撰
讀易餘言五卷 （明）崔銑撰
易學啓蒙意見五卷 （明）韓邦奇撰
易經存疑十二卷 （明）林希元撰
周易辨錄四卷 （明）楊爵撰
易象鈔十八卷 （明）胡居仁撰
周易象旨決錄七卷 （明）熊過撰
易象鉤解四卷 （明）陳士元撰
周易集注十六卷 （明）來知德撰
讀易紀聞六卷 （明）張獻翼撰
八白易傳十六卷 （明）葉山撰
洗心齋讀易述十七卷 （明）潘士藻撰
像象管見九卷 （明）錢一本撰
周易劄記三卷首一卷 （明）逯中立撰

周易易簡說三卷　（明）高攀龍撰
易義古象通八卷　（明）魏濬撰
周易像象述十卷　（明）吳桂森撰
易用六卷　（明）陳祖念撰
易象正十六卷　（明）黃道周撰
兒易內儀以六卷兒易外儀十五卷　（明）倪
　　元璐撰
卦變考略一卷　（明）董守諭撰
古周易訂詁十六卷　（明）何楷撰
周易玩辭困學記十五卷　（明）張次仲撰
易經通注九卷　（清）傅以漸（清）曹本榮撰
日講易經解義十八卷　（清）牛鈕等撰
御纂周易折中二十二卷　（清）李光地等撰
御纂周易述義十卷　（清）傅恆等撰
讀易大旨五卷　（清）孫奇逢撰
周易稗疏四卷考異一卷　（清）王夫之撰
易酌十四卷　（清）刁包撰
田間易學十二卷　（清）錢澄之撰
易學象數論六卷　（清）黃宗羲撰
周易象辭二十一卷附尋門餘論二卷圖書辨
　　惑一卷　（清）黃宗炎撰
周易筮述八卷　（清）王弘撰撰
仲氏易三十卷　（清）毛奇齡撰
推易始末四卷　（清）毛奇齡撰
春秋占筮書三卷　（清）毛奇齡撰
易小帖五卷　（清）毛奇齡撰
喬氏易俟十八卷　（清）喬萊撰
讀易日鈔六卷　（清）張烈撰
周易通論四卷　（清）李光地撰
周易觀象十二卷　（清）李光地撰
周易淺述八卷　（清）陳夢雷撰
易原就正十二卷首一卷　（清）包儀撰
大易通解十五卷首一卷附錄一卷　（清）魏
　　荔彤撰
易經衷論二卷　（清）張英撰
易圖明辨十卷　（清）胡渭撰　　　　　〔撰
合訂刪補大易集義粹言八十卷　（清）性德
周易傳註七卷附周易筮考一卷　（清）李塨
　　撰
周易劄記二卷　（清）楊名時撰
周易傳義合訂十二卷　（清）朱軾撰
周易玩辭集解十卷　（清）查慎行撰
易說六卷　（清）惠士奇撰
周易函書約存十八卷約注十八卷別集十六
　　卷　（清）胡煦撰
易箋八卷　（清）陳法撰
楚蒙山房易經解十六卷　（清）晏斯盛撰
周易孔義集說二十卷　（清）沈起元撰
易翼述信十二卷　（清）王又樸撰
周易淺釋四卷　（清）潘思榘撰

周易洗心九卷　（清）任啓運撰
豐川易說十卷　（清）王心敬撰
周易述二十三卷　（清）惠棟撰
易漢學八卷　（清）惠棟撰
易例二卷　（清）惠棟撰
易象大意存解一卷　（清）任陳晉撰
大易擇言三十六卷　（清）程廷祚撰
周易辨畫四十卷　（清）連斗山撰
周易圖書質疑二十四卷　（清）趙繼序撰
周易章句證異十二卷　（清）翟均廉撰
乾坤鑿度二卷　（漢）鄭玄注
周易乾鑿度二卷　（漢）鄭玄注
易緯稽覽圖二卷　（漢）鄭玄注
易緯辨終備一卷　（漢）鄭玄注
易緯通卦驗二卷　（漢）鄭玄注
易緯乾元序制記一卷　（漢）鄭玄注
易緯是類謀一卷　（漢）鄭玄注
易緯坤靈圖一卷　（漢）鄭玄注
書類
尚書正義二十卷　（漢）孔安國傳　（唐）孔
　　穎達疏
洪範口義二卷　（宋）胡瑗撰
東坡書傳十三卷　（宋）蘇軾撰
尚書全解四十卷　（宋）林之奇撰
鄭敷文書說一卷　（宋）鄭伯熊撰
禹貢指南四卷　（宋）毛晃撰
禹貢論五卷後論一卷山川地理圖二卷
　　（宋）程大昌撰
尚書講義二十卷　（宋）史浩撰
尚書詳解二十六卷　（宋）夏僎撰
禹貢說斷四卷　（宋）傅寅撰
書說三十五卷　（宋）呂祖謙撰　（宋）時瀾
　　增修
尚書說七卷　（宋）黃度撰
五誥解四卷　（宋）楊簡撰
絜齋家塾書鈔十二卷　（宋）袁燮撰
書集傳六卷　（宋）蔡沈撰
尚書精義五十卷　（宋）黃倫撰
尚書詳解五十卷　（宋）陳經撰
融堂書解二十卷　（宋）錢時撰
洪範統一一卷　（宋）趙善湘撰
尚書要義十七卷序說一卷　（宋）魏了翁撰
尚書集傳或問二卷　（宋）陳大猷撰
尚書詳解十三卷　（宋）胡士行撰
尚書表注二卷　（宋）金履祥撰
書纂言四卷　（元）吳澄撰
尚書集傳纂疏六卷　（元）陳櫟撰
讀書叢說六卷　（元）許謙撰
尚書輯錄纂注六卷　（元）董鼎撰
尚書通考十卷　（元）黃鎮成撰

書蔡傳旁通六卷　（元）陳師凱撰
讀書管見二卷　（元）王充耘撰
書義斷法六卷附作義要訣一卷　（元）陳悅
　　道撰　附（元）倪士毅撰
尙書纂傳四十六卷　（元）王天與撰
尙書句解十三卷　（元）朱祖義撰
書傳會選六卷　（明）劉三吾等撰
書傳大全十卷　（明）胡廣等撰
尙書考異五卷　（明）梅鷟撰
尙書疑義六卷　（明）馬明衡撰
尙書日記十六卷　（明）王樵撰
尙書砭蔡編一卷　（明）袁仁撰
尙書註考一卷　（明）陳泰交撰
尙書疏衍四卷　（明）陳第撰
洪範明義四卷　（明）黃道周撰
日講書經解義十三卷　（清）庫勒納等撰
欽定書經傳說彙纂二十四卷　（清）王頊齡
　　等撰
書經稗疏四卷　（清）王夫之撰
古文尙書疏證八卷　（清）閻若璩撰
古文尙書寃詞八卷　（清）毛奇齡撰
尙書廣聽錄五卷　（清）毛奇齡撰
尙書埤傳十七卷　（清）朱鶴齡撰
禹貢長箋十二卷　（清）朱鶴齡撰
禹貢錐指二十卷例略圖一卷　（清）胡渭撰
洪範正論五卷　（清）胡渭撰
尙書解義一卷　（清）李光地撰
書經衷論四卷　（清）張英撰
尙書地理今釋一卷　（清）蔣廷錫撰
禹貢會箋十二卷　（清）徐文靖撰
尙書大傳四卷補遺一卷　（漢）伏勝撰
　　（漢）鄭玄注
書義矜式六卷　（元）王充耘撰
詩類
詩序二卷
毛詩正義四十卷　（漢）毛亨傳　（漢）鄭玄
　　箋　（唐）孔穎達疏
毛詩草木鳥獸蟲魚疏二卷　（吳）陸璣撰
毛詩陸疏廣要二卷　（明）毛晉撰
毛詩指說一卷　（唐）成伯璵撰
毛詩本義十六卷　（宋）歐陽修撰
詩集傳二十卷　（宋）蘇轍撰
毛詩名物解二十卷　（宋）蔡卞撰
毛詩集解四十二卷　（宋）李樗（宋）黃櫄撰
　　（宋）呂祖謙釋音
詩補傳三十卷　（宋）范處義撰
詩總聞二十卷　（宋）王質撰
詩集傳八卷　（宋）朱熹撰
慈湖詩傳二十卷　（宋）楊簡撰
呂氏家塾讀詩記三十二卷　（宋）呂祖謙撰

續呂氏家塾讀詩記三卷　（宋）戴溪撰
絜齋毛詩經筵講義四卷　（宋）袁燮撰
毛詩講義十二卷　（宋）林岊撰
詩童子問十卷　（宋）輔廣撰
毛詩集解二十五卷　（宋）段昌武撰
詩緝三十六卷　（宋）嚴粲撰
詩傳遺說六卷　（宋）朱鑑輯
詩考一卷　（宋）王應麟撰
詩地理攷六卷　（宋）王應麟撰
詩集傳名物鈔八卷　（元）許謙撰
詩傳通釋二十卷　（元）劉瑾撰
詩傳旁通十五卷　（元）梁益撰
詩經疏義二十卷　（元）朱公遷撰
詩疑問七卷附詩辨說一卷　（元）朱倬撰
　　附（宋）趙悳撰
詩纘緒十八卷　（元）劉玉汝撰
詩演義十五卷　（明）梁寅撰
詩解頤四卷　（明）朱善撰
詩經大全二十卷　（明）胡廣等撰
詩說解頤四十卷　（明）季本撰
讀詩私記二卷　（明）李先芳撰
詩故十卷　（明）朱謀㙔撰
六家詩名物疏五十四卷　（明）馮應京撰
詩經疑問十二卷　（明）姚舜牧撰
詩經世本古義二十八卷　（明）何楷撰
待軒詩記八卷　（明）張次仲撰
讀詩略記六卷首一卷　（清）朱朝瑛撰
欽定詩經傳說彙纂二十卷序二卷　（清）王
　　鴻緒等撰
欽定詩義折中二十卷　（清）傅恆等撰
田間詩學十二卷　（清）錢澄之撰
詩經稗疏四卷　（清）王夫之撰
詩經通義十二卷　（清）朱鶴齡撰
毛詩稽古編三十卷　（清）陳啓源撰
詩所八卷　（清）李光地撰
毛詩寫官記四卷　（清）毛奇齡撰
詩札二卷　（清）毛奇齡撰
詩傳詩說駁義五卷　（清）毛奇齡撰
續詩傳鳥名三卷　（清）毛奇齡撰
詩識名解十五卷　（清）姚炳撰
詩傳名物集覽十二卷　（清）陳大章撰
詩說三卷　（清）惠周惕撰
詩經劄記一卷　（清）楊名時撰
讀詩質疑三十一卷附錄十五卷　（清）嚴虞
　　惇撰　　　　　　　　　　　　　　〔撰
毛詩類釋二十一卷續編三卷　（清）顧棟高
詩疑辨證六卷　（清）黃中松撰
三家詩拾遺十卷　（清）范家相撰
詩瀋二十卷　（清）范家相撰
詩序補義二十四卷　（清）姜炳璋撰

春秋公羊傳注疏二十八卷　（漢）何休解詁
　（唐）徐彥疏
春秋穀梁傳注疏二十卷　（晉）范甯集解
　（唐）楊士勛疏
箴膏肓一卷起廢疾一卷發墨守一卷　（漢）
　鄭玄撰
春秋釋例十五卷　（晉）杜預撰
春秋集傳纂例十卷　（唐）陸淳撰
春秋微旨三卷　（唐）陸淳撰
春秋集傳辨疑十卷　（唐）陸淳撰
春秋名號歸一圖二卷　（後蜀）馮繼先撰
春秋年表一卷
春秋尊王發微十二卷　（宋）孫復撰／
春秋皇綱論五卷　（宋）王皙撰
春秋通義一卷　（宋）□□撰
春秋權衡十七卷　（宋）劉敞撰
春秋傳十五卷　（宋）劉敞撰
春秋意林二卷　（宋）劉敞撰
春秋傳說例一卷　（宋）劉敞撰
春秋經解十三卷　（宋）孫覺撰
春秋集解十二卷　（宋）蘇轍撰
春秋辨疑四卷　（宋）蕭楚撰
春秋經解十二卷　（宋）崔子方撰
春秋本例二十卷　（宋）崔子方撰
春秋例要一卷　（宋）崔子方撰
春秋五禮例宗七卷　（宋）張大亨撰
春秋通訓六卷　（宋）張大亨撰
春秋傳二十卷　（宋）葉夢得撰
春秋考十六卷　（宋）葉夢得撰
春秋讞左傳讞十卷公羊傳讞六卷穀梁傳六
　卷　（宋）葉夢得撰
春秋集解三十卷　（宋）呂本中撰
春秋傳三十卷　（宋）胡安國撰
春秋集注四十卷　（宋）高閌撰
春秋後傳十二卷　（宋）陳傅良撰
春秋左氏傳說二十卷　（宋）呂祖謙撰
春秋左氏傳續說十二卷　（宋）呂祖謙撰
詳注東萊左氏博議二十五卷　（宋）呂祖謙
　撰　（宋）張成招注
春秋比事二十卷　（宋）沈棐撰　　　　［撰
春秋左傳要義卅一卷首一卷　（宋）魏了翁
春秋分紀九十卷　（宋）程公說撰
春秋講義四卷　（宋）戴溪撰
春秋集義五十卷綱領三卷　（宋）李明復撰
春秋集注十一卷綱領一卷　（宋）張洽撰
春秋王霸列國世紀編三卷　（宋）李琪撰
春秋通說十三卷　（宋）黃仲炎撰
春秋說三十卷　（宋）洪咨夔撰
春秋經筌十六卷　（宋）趙鵬飛撰
春秋或問二十卷附春秋五論一卷　（宋）呂

大圭撰
春秋詳說三十卷　（宋）家鉉翁撰
讀春秋編十二卷　（宋）陳深撰
春秋提綱十卷　（元）陳則通撰
春秋集傳釋義大成十二卷　（元）俞皋撰
春秋纂言十二卷總例一卷　（元）吳澄撰
春秋諸國統紀六卷目錄一卷　（元）齊履謙
　撰
春秋本義三十卷　（元）程端學撰
春秋或問十卷　（元）程端學撰
春秋三傳辨疑二十卷　（元）程端學撰
春秋讞義九卷　（元）王元杰撰
春秋諸傳會通二十四卷　（元）李廉撰
春秋經傳闕疑四十五卷　（元）鄭玉撰
春秋集傳十五卷　（元）趙汸撰
春秋師說三卷　（元）趙汸撰
春秋屬辭十五卷　（元）趙汸撰
春秋左氏傳補注十卷　（元）趙汸撰
春秋金鎖匙一卷　（元）趙汸撰
春秋胡傳附錄纂疏三十卷　（元）汪克寬撰
春王正月考二卷　（明）張以寧撰
春秋鉤玄四卷　（明）石光霽撰
春秋大全七十卷　（明）胡廣等撰
春秋經傳辨疑一卷　（明）童品撰
春秋正傳三十七卷　（明）湛若水撰
左傳附註五卷　（明）陸粲撰
春秋胡氏傳辨疑二卷　（明）陸粲撰
春秋明志錄十二卷　（明）熊過撰
春秋正旨一卷　（明）高拱撰
春秋輯傳十三卷宗旨一卷凡例二卷　（明）
　王樵撰
春秋億六卷　（明）徐學謨撰
春秋事義全考十六卷　（明）姜寶撰
春秋胡傳考誤一卷　（明）袁仁撰
左傳屬事二十卷　（明）傅遜撰
左氏釋二卷　（明）馮時可撰
春秋質疑十二卷　（明）楊于庭撰
春秋孔義十二卷　（明）高攀龍撰
春秋辨義三十九卷　（明）卓爾康撰
讀春秋略記十二卷首一卷　（明）朱朝瑛撰
春秋四傳質二卷　（明）王介之撰
左傳杜林合注五十卷　（明）王道焜（明）趙
　如源輯
日講春秋解義六十四卷　清聖祖撰　清世
　宗校定
欽定春秋傳說彙纂三十八卷　清康熙三十
　八年敕撰
御纂春秋直解十五卷　（清）傅恆等撰
左傳杜解補正三卷　（清）顧炎武撰
春秋稗疏二卷　（清）王夫之撰

春秋平義十二卷　（清）俞汝言撰
春秋四傳糾正一卷　（清）俞汝言撰
讀左日鈔十二卷補二卷　（清）朱鶴齡撰
左傳事緯十二卷附錄八卷　（清）馬驌撰
春秋毛氏傳三十六卷　（清）毛奇齡撰
春秋簡書刊誤二卷　（清）毛奇齡撰
春秋屬辭比事記四卷　（清）毛奇齡撰
春秋地名考略十四卷　（清）高士奇撰
春秋管窺十二卷　（清）徐庭垣撰
三傳折諸四十四卷　（清）張尚瑗撰
春秋闕如編八卷　（清）焦袁熹撰
春秋宗朱辨義十二卷　（清）張自超撰
春秋通論四卷　（清）方苞撰
春秋長歷十卷　（清）陳厚耀撰
春秋世族譜一卷　（清）陳厚耀撰
半農春秋說十五卷　（清）惠士奇撰
春秋大事表五十卷輿圖一卷附錄一卷
　　（清）顧棟高撰
春秋識小錄九卷　（清）程廷祚撰
左傳補注六卷　（清）惠棟撰
春秋左氏傳小疏一卷　（清）沈彤撰
春秋地理考實四卷　（清）江永撰
三正考二卷　（清）吳鼐撰
春秋究遺十六卷　（清）葉酉撰
春秋隨筆二卷　（清）顧奎光撰
春秋繁露十七卷　（漢）董仲舒撰
孝經類
古文孝經孔氏傳一卷附宋本古文孝經一卷
　　（漢）孔安國撰　（日本）太宰純音
孝經正義三卷　唐玄宗注　（宋）邢昺疏
古文孝經指解一卷　（宋）司馬光撰　（宋）
　　范祖禹說
孝經刊誤一卷　（宋）朱熹撰
孝經大義一卷　（元）董鼎撰
孝經定本一卷　（元）吳澄撰
孝經述註一卷　（明）項霦撰
孝經集傳四卷　（明）黃道周撰
御註孝經一卷　清世祖撰
御纂孝經集註一卷　清世宗撰
孝經問一卷　（清）毛奇齡撰
五經總義類
駁五經異義一卷補遺一卷　（漢）鄭玄撰
鄭志三卷補遺一卷　（魏）鄭小同輯
經典釋文三十卷　（唐）陸德明撰
七經小傳三卷　（宋）劉敞撰
程氏經說七卷　（宋）程頤撰
六經圖六卷　（宋）楊甲撰　（宋）毛邦翰補
六經正誤六卷　（宋）毛居正撰
刊正九經三傳沿革例一卷　（宋）岳珂撰
融堂四書管見十三卷　（宋）錢時撰

四如講稾六卷　（宋）黃仲元撰
六經奧論六卷　（宋）鄭樵撰
明本排字九經直音二卷　（宋）□□撰
五經說七卷　（元）熊朋來撰
十一經問對五卷　（元）何異孫撰
五經蠡測六卷　（明）蔣悌生撰
簡端錄十二卷　（明）邵寶撰
五經稽疑六卷　（明）朱睦㮮撰
經典稽疑二卷　（明）陳耀文撰
欽定繙譯五經五十八卷四書二十九卷　清
　　乾隆中敕譯
七經孟子考文補遺一百九十九卷　（日本）
　　山井鼎撰　（日本）物觀補遺
九經誤字一卷　（清）顧炎武撰
經問十八卷經問補三卷　（清）毛奇齡撰
　　（清）毛遠宗補錄
十三經義疑十二卷　（清）吳浩撰
九經古義十六卷　（清）惠棟撰
經稗六卷　（清）鄭方坤撰
十三經註疏正字八十一卷　（清）沈廷芳撰
朱子五經語類八十卷　（宋）朱熹撰　（清）
　　程川輯
羣經補義五卷　（清）江永撰
經咫一卷　（清）陳祖范撰
九經辨字瀆蒙十二卷　（清）沈炳震撰
古經解鉤沈三十卷　（清）余蕭客撰
古微書三十六卷　（明）孫㲄輯
四書類　　　　　　　　　　　　　　〔疏
孟子正義十四卷　（漢）趙岐注　（宋）孫奭
論語義疏十卷　（魏）何晏等注　（梁）皇侃
　　疏
論語正義二十卷　（魏）何晏集解　（宋）邢
　　昺疏
論語筆解二卷　（唐）韓愈（唐）李翱撰
孟子音義二卷　（宋）孫奭撰
論語拾遺一卷　（宋）蘇轍撰
孟子解一卷　（宋）蘇轍撰
論語全解十卷　（宋）陳祥道撰
孟子傳二十九卷　（宋）張九成撰
尊孟辨三卷續辨二卷別錄一卷　（宋）余允
　　文撰
大學章句一卷論語集註十卷孟子集註七卷
　　中庸章句一卷　（宋）朱熹撰
四書或問三十九卷　（宋）朱熹撰
論孟精義三十四卷　（宋）朱熹撰　　〔定
中庸輯略二卷　（宋）石𡼖輯　（宋）朱熹刪
論語意原二卷　（宋）鄭汝諧撰
癸巳論語解十卷　（宋）張栻撰
癸巳孟子說七卷　（宋）張栻撰
石鼓論語問答三卷　（宋）戴溪撰

蒙齋中庸講義四卷　(宋)袁甫撰
四書集編二十六卷　(宋)眞德秀撰
孟子集疏十四卷　(宋)蔡模撰
論語集說十卷　(宋)蔡節撰
中庸指歸一卷中庸分章一卷大學發微一卷
　　大學本旨一卷　(宋)黎立武撰
四書纂疏二十六卷　(宋)趙順孫撰
大學疏義一卷　(宋)金履祥撰
論語集註考證十卷孟子集註考證七卷
　　(宋)金履祥撰
四書集義精要二十八卷　(元)劉因撰
四書辨疑十五卷　(元)陳天祥撰
讀四書叢說四卷　(元)許謙撰
四書通二十六卷　(元)胡炳文撰
四書通證六卷　(元)張存中撰
四書疑節十二卷　(元)袁俊翁撰
四書經疑貫通八卷　(元)王充耘撰
四書纂箋二十八卷　(元)詹道傳撰
四書通旨六卷　(元)朱公遷撰
四書管窺八卷　(元)史伯璿撰
大學中庸集說啓蒙二卷　(元)景星撰
四書大全三十六卷　(明)胡廣等撰
四書蒙引十五卷別附一卷　(明)蔡清撰
四書因問六卷　(明)呂柟撰
問辨錄十卷　(明)高拱撰
論語類考二十卷　(明)陳士元撰
孟子雜記四卷　(明)陳士元撰
學庸正說三卷　(明)趙南星撰
論語商二卷　(明)周宗建撰
論語學案十卷　(明)劉宗周撰
四書留書六卷　(明)章世純撰
日講四書解義二十六卷　(清)庫納勒等撰
四書近指二十卷　(清)孫奇逢撰
孟子師說二卷　(清)黃宗羲撰
大學翼眞七卷　(清)胡渭撰
四書講義困勉錄三十七卷　(清)陸隴其撰
松陽講義十二卷　(清)陸隴其撰
大學古本說一卷中庸章段一卷中庸餘論一
　　卷讀論語劄記二卷讀孟子劄記二卷
　　(清)李光地撰
論語稽求篇四卷　(清)毛奇齡撰
四書賸言四卷補二卷　(清)毛奇齡撰
大學證文四卷　(清)毛奇齡撰
四書釋地一卷續一卷又續二卷三續二卷
　　(清)閻若璩撰
四書劄記四卷　(清)楊名時撰
此木軒四書說九卷　(清)焦袁熹撰
鄉黨圖考十卷　(清)江永撰
四書逸箋六卷　(清)程大中撰
樂類

皇祐新樂圖記三卷　(宋)阮逸(宋)胡瑗撰
樂書二百卷　(宋)陳暘撰
律呂新書二卷　(宋)蔡元定撰
瑟譜六卷　(元)熊朋來撰
韶舞九成樂補一卷　(元)余載撰
律呂成書二卷　(元)劉瑾撰
苑洛志樂二十卷　(明)韓邦奇撰
鍾律通考六卷　(明)倪復撰
樂律全書四十二卷　(明)朱載堉撰
御定律呂正義五卷　清聖祖撰
御製律呂正義後編一百二十卷　清高宗撰
欽定詩經樂譜三十卷樂律正俗一卷　清乾
　　隆五十三年敕撰
古樂經傳五卷　(清)李光地撰
古樂書二卷　(清)應撝謙撰
聖諭樂本解說二卷　(清)毛奇齡撰
皇言定聲錄八卷　(清)毛奇齡撰
竟山樂錄四卷　(清)毛奇齡撰
李氏學樂錄二卷　(清)李塨撰
樂律表微八卷　(清)胡彥昇撰
律呂新論二卷　(清)江永撰
律呂闡微十卷　(清)江永撰
琴旨二卷　(清)王坦撰

小學類　　　　　　　　　　　　　　　　〔疏
爾雅註疏十一卷　(晉)郭璞註　(宋)邢昺
爾雅註三卷　(宋)鄭樵撰
方言十三卷　(漢)揚雄撰　(晉)郭璞註
釋名八卷　(漢)劉熙撰
廣雅十卷　(魏)張揖撰
匡謬正俗八卷　(唐)顏師古撰
羣經音辨七卷　(宋)賈昌朝撰
埤雅二十卷　(宋)陸佃撰
爾雅翼三十二卷　(宋)羅願撰
駢雅七卷　(明)朱謀㙔撰
字詁一卷　(清)黃生撰
續方言二卷　(清)杭世駿撰
別雅五卷　(清)吳玉搢撰
急就章四卷　(漢)史游撰
說文解字三十卷　(漢)許慎撰　(宋)徐鉉
　　等注
說文繫傳四十卷　(南唐)徐鍇撰
說文繫傳考異四卷附錄一卷　(清)汪憲撰
說文解字篆韻譜五卷　(南唐)徐鍇撰
重修玉篇三十卷　(梁)顧野王撰　(唐)孫
　　強增　(宋)陳彭年等重修
干祿字書一卷　(唐)顏元孫撰
五經文字三卷　(唐)張參撰
九經字樣一卷　(唐)唐玄度撰
汗簡三卷目錄敍略一卷　(後周)郭忠恕撰
佩觿三卷　(後周)郭忠恕撰

古文四聲韻五卷　（宋）夏竦撰
類篇四十五卷　（宋）司馬光撰
歷代鐘鼎彝器款識法帖二十卷　（宋）薛尚
　　功撰
復古編二卷　（宋）張有撰
漢隸字源六卷　（宋）婁機撰
班馬字類五卷　（宋）婁機撰
字通一卷　（宋）李從周撰
六書故三十三卷　（元）戴侗撰
龍龕手鑑四卷　（遼）釋行均撰
六書統二十卷　（元）楊桓撰
周秦刻石釋音一卷　（元）吾丘衍撰
字鑑五卷　（元）李文仲撰　　　　　　　　〔撰
說文字原一卷六書正譌五卷　（元）周伯琦
漢隸分韻七卷　（元）□□撰
六書本義十二卷　（明）趙撝謙撰
奇字韻五卷　（明）楊慎撰
古音駢字一卷續編五卷　（明）楊慎撰　續
　　編(清)莊履豐(清)莊鼎鉉撰
俗書刊誤十二卷　（明）焦竑撰
字學四卷　（明）葉秉敬撰
康熙字典四十二卷　（清）張玉書等撰
御定清文鑑三十二卷補編四卷總綱八卷補
　　總綱二卷　（清）傅恆等撰
御定滿洲蒙古漢字三合切音清文鑑三十三
　　卷　（清）阿桂等撰
欽定西域同文志二十四卷　（清）傅恆等撰
篆隸攷異二卷　（清）周靖撰
隸辨八卷　（清）顧藹吉撰
廣韻五卷
重修廣韻五卷　（宋）陳彭年等撰
集韻十卷　（宋）丁度等撰
切韻指掌圖二卷附檢圖之例一卷　（宋）司
　　馬光撰　附(元)邵光祖補
韻補五卷　（宋）吳棫撰
附釋文互註禮部韻略五卷附貢舉條式一卷
　　（宋）丁度撰　貢舉條式(宋)□□撰
增修互註禮部韻略五卷　（宋）毛晃增注
　　（宋）毛居正重增
增修校正押韻釋疑五卷　（宋）歐陽德隆撰
　　（宋）郭守正增修
九經補韻一卷　（宋）楊伯嵒撰
五音集韻十五卷　（金）韓道昭撰
古今韻會舉要三十卷　（元）熊忠撰
四聲等子一卷
經史正音切韻指南一卷　（元）劉鑑撰
洪武正韻十六卷　（明）樂韶鳳等撰
古音叢目五卷古音獵要五卷古音餘五卷附
　　錄一卷　（明）楊慎撰
古音略例一卷　（明）楊慎撰

轉注古音略五卷　（明）楊慎撰
毛詩古音考四卷　（明）陳第撰
屈宋古音義三卷　（明）陳第撰
欽定音韻闡微十八卷　（清）李光地等撰
欽定同文韻統六卷　（清）允祿等撰
欽定叶韻彙輯五十八卷　（清）梁詩正等撰
欽定音韻述微三十卷　清乾隆三十年敕撰
音論三卷　（清）顧炎武撰
詩本音十卷　（清）顧炎武撰
易音三卷　（清）顧炎武撰
唐韻正二十卷　（清）顧炎武撰
古音表二卷　（清）顧炎武撰
韻補正一卷　（清）顧炎武撰
古今通韻十二卷　（清）毛奇齡撰
易韻四卷　（清）毛奇齡撰
唐韻考五卷　（清）紀容舒撰
古韻標準四卷詩韻舉例一卷　（清）江永撰
六藝綱目二卷　（元）舒天民撰
史部
正史類
史記一百三十卷　（漢）司馬遷撰
史記集解一百三十卷　（劉宋）裴駰撰
史記索隱三十卷　（唐）司馬貞撰
史記正義一百三十卷　（唐）張守節撰
讀史記十表十卷　（清）汪越撰　（清）徐克
　　范補
史記疑問一卷　（清）邵泰衢撰
漢書一百二十卷　（漢）班固撰　（唐）顏師
　　古注
班馬異同三十五卷　（宋）倪思撰
後漢書一百二十卷　（劉宋）范曄撰　（唐）
　　李賢注　續志(晉)司馬彪撰　(梁)劉
　　昭注
補後漢書年表十卷　（宋）熊方撰
兩漢刊誤補遺十卷　（宋）吳仁傑撰
三國志六十五卷　（晉）陳壽撰　（劉宋）裴
　　松之注
三國志辨誤三卷　（宋）□□撰
三國志補注六卷　（清）杭世駿撰
附
　　諸史然疑一卷　（清）杭世駿撰
晉書一百三十卷　唐太宗撰
宋書一百卷　（梁）沈約撰
南齊書五十九卷　（梁）蕭子顯撰
梁書五十六卷　（唐）姚思廉撰
陳書三十六卷　（唐）姚思廉撰
魏書一百十四卷　（北齊）魏收撰
北齊書五十卷　（唐）李百藥撰
周書五十卷　（唐）令狐德棻等撰
隋書八十五卷　（唐）魏徵等撰

南史八十卷　（唐)李延壽撰

北史一百卷　（唐)李延壽撰

舊唐書二百卷　（後晉)劉昫等撰

新唐書二百二十五卷　（宋)歐陽修(宋)宋
祁撰

新唐書糾謬二十卷　（宋)吳縝撰

舊五代史一百五十卷目錄二卷　（宋)薛居
正等撰

新五代史記七十五卷　（宋)歐陽修撰
（宋)徐無黨注

五代史記纂誤三卷　（宋)吳縝撰　　［撰

宋史四百九十六卷　（元)托克托(脫脫)等

遼史一百十六卷　（元)托克托(脫脫)等撰

遼史拾遺二十四卷　（清)厲鶚撰　　［撰

金史一百三十五卷　（元)托克托(脫脫)等

元史二百十卷　（明)宋濂　（明)王禕等撰

欽定遼金元三史國語解四十六卷　清乾隆
四十六年敕撰

明史三百三十二卷　（清)張廷玉等撰

編年類

竹書紀年二卷　（梁)沈約注

竹書統箋十二卷　（清)徐文靖撰

漢紀三十卷　（漢)荀悅撰

後漢紀三十卷　（晉)袁宏撰

元經十卷　（隋)王通撰　（唐)薛收傳
（宋)阮逸注

大唐創業起居注三卷　（唐)溫大雅撰

資治通鑑二百九十四卷　（宋)司馬光撰
（元)胡三省音注

資治通鑑釋文辨誤十二卷　（元)胡三省撰

通鑑胡注舉正一卷　（清)陳景雲撰

通鑑地理通釋十四卷　（宋)王應麟撰

資治通鑑考異三十卷　（宋)司馬光撰

資治通鑑目錄三十卷　（宋)司馬光撰

通鑑釋例一卷　（宋)司馬光撰

稽古錄二十卷　（宋)司馬光撰

通鑑外紀十卷目錄五卷　（宋)劉恕撰

皇王大紀八十卷　（宋)胡宏撰

中興小紀四十卷　（宋)熊克撰

續資治通鑑長編五百二十卷　（宋)李燾撰

綱目續麟二十卷校正凡例一卷附錄一卷彙
覽三卷　（明)張自勳撰

綱目分註補遺四卷　（清)芮長恤撰

綱目訂誤四卷　（清)陳景雲撰

大事記十二卷通釋三卷解題十二卷　（宋)
呂祖謙撰

建炎以來繫年要錄二百卷　（宋)李心傳撰

宋九朝編年備要三十卷　（宋)陳均撰

續宋編年資治通鑑十五卷　（宋)劉時舉撰

西漢年紀三十卷　（宋)王益之撰

靖康要錄十六卷　（宋)□□撰

兩朝綱目備要十六卷　（元)□□撰

宋季三朝政要六卷　（宋)□□撰

宋史全文三十六卷

通鑑前編十八卷舉要三卷　（宋)金履祥撰

通鑑續編二十四卷　（明)陳桱撰

大事記續編七十七卷　（明)王禕撰

元史續編十六卷　（明)胡粹中撰

皇清開國方略三十二卷　清乾隆三十八年
敕撰

御批通鑑輯覽一百十六卷明唐桂二王本末
四卷　清乾隆三十二年敕撰

御定通鑑綱目三編四十卷　清乾隆四十年
敕撰　　　　　　　　　　　　　　［撰

資治通鑑後編一百八十四卷　（清)徐乾學

紀事本末類

通鑑紀事本末四十二卷　（宋)袁樞撰

春秋左氏傳事類始末五卷　（宋)章沖撰

三朝北盟會編二百五十卷　（宋)徐夢莘撰

蜀鑑十卷　（宋)郭允蹈撰

炎徼紀聞四卷　（明)田汝成撰

宋史紀事本末二十六卷　（明)馮琦撰
（明)陳邦瞻增訂

元史紀事本末四卷　（明)陳邦瞻撰

平定三逆方略六十卷　（清)勒德洪等撰

親征朔漠方略四十卷　（清)溫達等撰

欽定平定金川方略三十二卷　（清)來保等
撰

御定平定準噶爾方略前編五十四卷正編八
十五卷續編三十三卷　（清)傅恆等撰

欽定平定兩金川方略一百五十二卷　（清)
阿桂等撰

欽定臨清紀略十六卷　（清)于敏中等撰

欽定蘭州紀略二十卷　清乾隆四十六年敕
撰

欽定石峯堡紀略二十卷首一卷　清乾隆四
十九年敕撰　　　　　　　　　　　　［撰

欽定臺灣紀略七十卷　清乾隆五十三年敕

綏寇紀略十二卷　（清)吳偉業撰

明史紀事本末八十卷　（清)谷應泰撰

滇考二卷　（清)馮甦撰

繹史一百六十卷　（清)馬驌撰

左傳紀事本末五十三卷　（清)高士奇撰

平臺紀十一卷東征集六卷　（清)藍鼎元撰

別史類

逸周書十卷　（晉)孔晁注

東觀漢記二十四卷　（漢)劉珍等撰

建康實錄二十卷　（唐)許嵩撰

隆平集二十卷　（宋)曾鞏撰

古史六十卷　（宋)蘇轍撰

通志二百卷　　(宋)鄭樵撰
東都事略一百三十卷　(宋)王偁撰
路史四十七卷　　(宋)羅泌撰
契丹國志二十七卷　(宋)葉隆禮撰
大金國志四十卷　(宋)宇文懋昭撰
古今紀要十九卷　(宋)黃震撰
續後漢書四十七卷　(宋)蕭常撰
續後漢書九十卷　(元)郝經撰　(元)苟宗
　　道注
春秋別典十五卷　(明)薛虞畿撰
欽定歷代紀事年表一百卷　(清)王之樞撰
欽定續通志五百二十七卷　清乾隆三十二
　　年敕撰
歷代史表五十三卷　(清)萬斯同撰
後漢書補逸二十一卷　(清)姚之駰撰
春秋戰國異辭五十五卷通表二卷　(清)陳
　　厚耀撰
尚史一百七卷　　(清)李鍇撰
雜史類
　　國語二十一卷　(吳)韋昭注
　　國語補音三卷　(宋)宋庠撰
　　戰國策注三十三卷　(漢)高誘撰
　　鮑氏戰國策注十卷　(宋)鮑彪撰
　　戰國策校注十卷　(元)吳師道撰
　　貞觀政要十卷　(唐)吳兢撰
　　渚宮舊事五卷補遺一卷　(唐)余知古撰
　　東觀奏記三卷　(唐)裴庭裕撰
　　五代史闕文一卷　(宋)王禹偁撰
　　五代史補五卷　(宋)陶岳撰
　　北狩見聞錄一卷　(宋)曹勛撰
　　松漠紀聞一卷續一卷　(宋)洪皓撰
　　燕翼詒謀錄五卷　(宋)王栐撰
　　太平治迹統類前集三十卷　(宋)彭百川撰
　　咸淳遺事二卷　(宋)□□撰
　　大金弔伐錄四卷　(金)□□撰
　　汝南遺事四卷　(元)王鶚撰
　　錢塘遺事十卷　(元)劉一清撰
　　平宋錄三卷　(元)劉敏中撰
　　弇山堂別集一百卷　(明)王世貞撰
　　革除逸史二卷　(明)朱睦㮮撰　　　[撰
　　欽定蒙古源流八卷　(清)小徹辰薩囊台吉
詔令奏議類
　　太祖高皇帝聖訓四卷　清康熙廿五年敕修
　　太宗文皇帝聖訓六卷　清順治中敕修
　　世祖章皇帝聖訓六卷　清康熙廿六年敕修
　　聖祖仁皇帝聖訓六十卷　清雍正九年敕修
　　世宗憲皇帝聖訓卅六卷　清乾隆五年敕修
　　世宗憲皇帝上諭內閣一百五十九卷　清世
　　　　宗撰　　　　　　　　　　　　　[撰
　　世宗憲皇帝硃批諭旨三百六十卷　清世宗

世宗憲皇帝上諭八旗十三卷上諭旗務議覆
　　十二卷諭行旗務奏議十三卷　(清)允
　　祿輯
唐大詔令集一百三十卷　（原缺卷十四至
　　二十四、卷八十七至九十八）　(宋)宋
　　敏求輯
兩漢詔令二十三卷　(宋)林虙(宋)樓昉輯
政府奏議二卷　(宋)范仲淹撰
包孝肅奏議十卷　(宋)包拯撰
盡言集十三卷　(宋)劉安世撰
讜論集五卷　(宋)陳次升撰
左史諫草一卷　(宋)呂午撰
商文毅疏橐略一卷　(明)商輅撰
王端毅公奏議十五卷　(明)王恕撰
馬端肅奏議十二卷　(明)馬文升撰
關中奏議十卷　(明)楊一清撰
楊文忠公三錄七卷　(明)楊廷和撰
胡端敏奏議十卷　(明)胡世寧撰
何文簡疏議十卷　(明)何孟春撰
垂光集二卷　(明)周璽撰
孫毅菴奏議二卷　(明)孫懋撰
玉坡奏議五卷　(明)張原撰
南宮奏橐五卷　(明)夏言撰
訥谿奏疏一卷　(明)周怡撰
譚襄敏奏議十卷　(明)譚綸撰
潘司空奏疏六卷　(明)潘季馴撰
兩河經略四卷　(明)潘季馴撰
兩垣奏議一卷　(明)逯中立撰
周忠愍奏疏二卷　(明)周起元撰
張襄壯奏疏六卷　(清)張勇撰
靳文襄奏疏八卷　(清)靳輔撰
華野疏橐五卷　(清)郭琇撰
諸臣奏議一百五十卷　(宋)趙汝愚輯
歷代名臣奏議三百五十卷　(明)黃淮(明)
　　楊士奇等輯
名臣經濟錄五十三卷　(明)黃訓輯
明臣奏議二十卷　清乾隆四十六年敕輯
傳記類
　　孔子編年五卷　(宋)胡仔撰
　　東家雜記二卷　(宋)孔傳撰
　　晏子春秋八卷　(周)晏嬰撰
　　魏鄭公諫錄五卷　(唐)王方慶輯　　[輯
　　李相國論事集六卷　(唐)李絳撰(唐)蔣偕
　　杜工部(甫)年譜一卷　(宋)趙子櫟撰
　　杜工部詩年譜一卷　(宋)魯訔撰
　　紹陶錄二卷　(宋)王質撰　　　　　[撰
　　金陀粹編二十八卷續編三十卷　(宋)岳珂
　　象臺首末五卷　(宋)胡知柔輯
　　魏鄭公諫續錄二卷　(元)翟思忠輯
　　忠貞錄三卷附錄一卷　(明)李維樾(明)林

　　　　增志輯
諸葛忠武書十卷　(明)楊時偉輯　　[撰
寧海將軍固山貝子功績錄一卷　(清)□□
朱子(熹)年譜四卷考異四卷附錄二卷
　　(清)王懋竑撰
古列女傳七卷續列女傳一卷　(漢)劉向撰
　　續(□)□□撰
高士傳三卷　(晉)皇甫謐撰
卓異記一卷　(唐)李翱撰
春秋列國諸臣傳三十卷　(宋)王當撰
廉吏傳二卷　(宋)費樞撰
紹興十八年同年小錄一卷
伊雒淵源錄十四卷　(宋)朱熹撰
名臣言行錄前集十卷後集十四卷續集八卷
　　別集二十六卷外集十七卷　(宋)朱熹
　　撰　續集別集外集(宋)李幼武撰
名臣碑傳琬琰集一百七卷　(宋)杜大珪輯
錢塘先賢傳贊一卷　(宋)袁韶撰
慶元黨禁一卷　(宋)樵川樵叟撰
寶祐四年登科錄一卷
京口耆舊傳九卷　(宋)□□撰
昭忠錄一卷　(宋)□□撰
敬鄉錄十四卷　(元)吳師道撰
唐才子傳八卷　(元)辛文房撰
元朝名臣事略十五卷　(元)蘇天爵撰
浦陽人物記二卷　(明)宋濂撰
古今列女傳三卷　(明)解縉等撰
殿閣詞林記二十二卷　(明)廖道南撰
嘉靖以來首輔傳八卷　(明)王世貞撰
明名臣琬琰錄二十四卷續錄二十二卷
　　(明)徐紘撰
今獻備遺四十二卷　(明)項篤壽撰
百越先賢志四卷　(明)歐大任撰
元儒考略四卷　(明)馮從吾撰
欽定八旗滿洲氏族通譜八十卷　清乾隆九
　　年敕撰
欽定宗室王公功績表傳十二卷　清乾隆四
　　十六年敕撰
欽定蒙古王公功績表傳十二卷　清乾隆四
　　十四年敕撰
欽定勝朝殉節諸臣錄十二卷　清乾隆四十
　　一年敕撰
明儒學案六十二卷　(清)黃宗羲撰
中州人物考八卷　(清)孫奇逢撰
東林列傳二十四卷　(清)陳鼎撰
儒林宗派十六卷　(清)萬斯同撰
明儒言行錄十卷續錄二卷　(清)沈佳撰
史傳三編五十六卷　(清)朱軾　(清)蔡世
　　遠輯
閩中理學淵源考九十二卷　(清)李清馥撰

孫威敏征南錄一卷　(宋)滕元發撰
驂鸞錄一卷　(宋)范成大撰
吳船錄二卷　(宋)范成大撰
入蜀記六卷　(宋)陸游撰
西使記一卷　(元)劉郁撰
保越錄一卷　(元)徐勉之撰
閩粵巡視紀略六卷　(清)杜臻撰
扈從西巡日錄一卷　(清)高士奇撰
松亭行紀二卷　(清)高士奇撰
史鈔類
　　兩漢博聞十二卷　(宋)楊侃撰
　　通鑑總類二十卷　(宋)沈樞輯
　　南史識小錄八卷北史識小錄八卷　(清)沈
　　　名蓀(清)朱昆田輯
載記類
　　吳越春秋十卷　(漢)趙曄撰　(宋)徐天祜
　　　音註
　　越絕書十五卷　(漢)袁康撰
　　華陽國志十二卷附錄一卷　(晉)常璩撰
　　鄴中記一卷　(晉)陸翽撰
　　十六國春秋一百卷　(後魏)崔鴻撰
　　別本十六國春秋十六卷　(後魏)崔鴻撰
　　蠻書十卷　(唐)樊綽撰
　　釣磯立談一卷　(宋)史□撰
　　江南野史十卷　(宋)龍袞撰
　　江南別錄一卷　(宋)陳彭年撰
　　江表志三卷　(宋)鄭文寶撰
　　江南餘載二卷　(宋)鄭文寶撰
　　三楚新錄三卷　(宋)周羽翀撰
　　錦里耆舊傳(一名成都理亂記)四卷　(宋)
　　　句延慶撰
　　五國故事二卷　(宋)□□撰
　　蜀檮杌二卷　(宋)張唐英撰
　　南唐書三十卷　(宋)馬令撰
　　南唐書十八卷音釋一卷　(宋)陸游撰
　　　音釋(元)戚光撰
　　吳越備史四卷補遺一卷(宋)范坰林禹撰
　　安南志略十九卷　(安南)黎崱撰
　　十國春秋一百十四卷　(清)吳任臣撰
　　越史略三卷　(安南)□□撰
　　朝鮮史略六卷　(朝鮮)□□撰
時令類
　　歲時廣記四卷　(宋)陳元靚輯
　　御定月令輯要二十四卷圖說一卷　(清)李
　　　光地等撰
地理類
　　三輔黃圖六卷　(漢)□□撰
　　禁扁五卷　(元)王士點撰
　　元和郡縣志四十卷　(唐)李吉甫撰
　　太平寰宇記一百九十三卷　(宋)樂史撰

元豐九域志十卷　（宋）王存等撰
輿地廣記三十八卷　（宋）歐陽忞撰
方輿勝覽七十卷　（宋）祝穆撰
明一統志九十卷　（明）李賢等撰
大清一統志五百卷　清乾隆二十九年敕撰
吳郡圖經續記三卷　（宋）朱長文撰
乾道臨安志十五卷　（原缺卷四至十五）
　　（宋）周淙撰
淳熙三山志四十二卷　（宋）梁克家撰
吳郡志五十卷　（宋）范成大撰
新安志十卷　（宋）羅願撰
剡錄十卷　（宋）高似孫撰
嘉泰會稽志二十卷寶慶續志八卷　（宋）施
　　宿等撰　續志（宋）張淏撰
嘉定赤城志四十卷　（宋）陳耆卿撰
寶慶四明志廿一卷開慶續志十二卷　（宋）
　　羅濬撰　續志（宋）梅應發（宋）劉錫撰
澉水志八卷　（宋）常棠撰
景定建康志五十卷　（宋）周應合撰
景定嚴州續志十卷　（宋）鄭瑤等撰
咸淳臨安志九十三卷　（元）潛說友撰
至元嘉禾志三十二卷　（元）徐碩撰
大德昌國州圖志七卷　（元）馮福京等撰
延祐四明志十七卷　（元）袁桷撰
齊乘六卷　（元）于欽撰
至大金陵新志十五卷　（元）張鉉撰
無錫縣志四卷　（明）□□撰
姑蘇志六十卷　（明）王鏊撰
武功縣志三卷　（明）康海撰
朝邑縣志二卷　（明）韓邦靖撰
嶺海輿圖一卷　（明）姚虞撰
滇略十卷　（明）謝肇淛撰
吳興備志三十二卷　（明）董斯張撰
欽定日下舊聞考一百二十卷　清乾隆三十
　　九年敕撰
欽定熱河志八十卷　清乾隆四十六年敕撰
欽定滿洲源流考二十卷　（清）阿桂等撰
欽定皇輿西域圖志五十二卷　（清）劉統勳
　　撰
欽定盛京通志一百二十卷　清乾隆四十四
　　年敕撰
畿輔通志一百二十卷　（清）李衛等修
江南通志二百卷　（清）趙宏恩等修
江西通志一百六十二卷　（清）謝旻等修
浙江通志二百八十卷　（清）嵇曾筠等修
福建通志七十八卷　（清）郝玉麟等修
湖廣通志一百二十卷　（清）邁柱等修
河南通志八十卷　（清）王士俊等修
山東通志三十六卷　（清）岳濬等修
山西通志二百三十卷　（清）石麟等修

陝西通志一百卷　（清）劉於義等修
甘肅通志五十卷　（清）許容等修
四川通志四十七卷　（清）黃廷桂等修
廣東通志六十四卷　（清）郝玉麟等修
廣西通志一百二十八卷　（清）金鉷等修
雲南通志三十卷　（清）鄂爾泰等修
貴州通志四十六卷　（清）鄂爾泰等修
歷代帝王宅京記二十卷　（清）顧炎武撰
水經注四十卷　（後魏）酈道元撰
水經注集釋訂訛四十卷　（清）沈炳巽撰
水經注釋四十卷刊誤十二卷　（清）趙一清
　　撰
吳中水利書一卷　（宋）單鍔撰
四明它山水利備覽二卷　（宋）魏峴撰
河防通議二卷　（元）沙克什（瞻思）撰
治河圖略一卷　（元）王喜撰
浙西水利書三卷　（明）姚文灝撰
河防一覽十四卷　（明）潘季馴撰
三吳水利錄四卷　（明）歸有光撰
北河紀八卷紀餘四卷　（明）謝肇淛撰
敬止集四卷　（明）陳應芳撰　　　　　〔撰
三吳水考十六卷　（明）張內蘊（明）周大韶
吳中水利書二十八卷　（明）張國維撰
欽定河源紀略三十六卷　清乾隆四十七年
　　敕撰
崑崙河源考一卷　（清）萬斯同撰
兩河清彙八卷　（清）薛鳳祚撰
居濟一得八卷　（清）張伯行撰
治河奏績書四卷　（清）靳輔撰
河防述言一卷　（清）張靄生撰
直隸河渠志一卷　（清）陳儀撰
行水金鑑一百七十五卷　（清）傅澤洪撰
水道提綱二十八卷　（清）齊召南撰
海塘錄二十六卷首二卷　（清）翟均廉撰
籌海圖編十三卷　（明）胡宗憲撰
鄭開陽雜著十一卷　（明）鄭若曾撰
南嶽小錄一卷　（唐）李沖昭撰
廬山記三卷　（宋）陳舜俞撰
廬山紀略一卷　（晉）釋慧遠撰
赤松山志一卷　（宋）倪守約撰
西湖遊覽志二十四卷志餘二十六卷　（明）
　　田汝成撰
桂勝十六卷附桂故八卷　（明）張鳴鳳撰
欽定盤山志二十一卷　（清）蔣溥撰
西湖志纂十二卷　（清）梁詩正等撰
洛陽伽藍記五卷　（後魏）楊衒之撰
吳地記一卷附後集一卷　（唐）陸廣微撰
　　後集（宋）□□輯
長安志二十卷　（宋）宋敏求撰
洛陽名園記一卷　（宋）李格非撰

雍錄十卷　(宋)程大昌撰	島夷志略一卷　(元)汪大淵撰
洞霄圖志六卷　(宋)鄧牧撰	朝鮮賦一卷　(明)董越撰
長安志圖三卷　(元)李好文撰	海語三卷　(明)黃衷撰
汴京遺蹟志二十四卷　(明)李濂撰	東西洋考十二卷　(明)張燮撰
武林梵志十二卷　(明)吳之鯨撰	職方外紀五卷　(西洋)艾儒略撰
江城名蹟二卷　(清)陳宏緒撰	赤雅三卷　(明)鄺露撰
營平二州地名記一卷　(清)顧炎武撰	朝鮮志二卷　(朝鮮)□□撰
金鰲退食筆記二卷　(清)高士奇撰	皇清職貢圖九卷　(清)傅恆等撰
石柱記箋釋五卷　(清)鄭元慶撰	坤輿圖說二卷　(清西洋)南懷仁撰
關中勝蹟圖誌三十二卷　(清)畢沅撰	異域錄一卷　(清)圖理琛撰
南方草木狀三卷　(晉)嵇含撰	海國聞見錄二卷　(清)陳倫炯撰
荊楚歲時記一卷　(梁)宗懍撰	職官類
北戶錄三卷　(唐)段公路撰	唐六典三十卷　唐玄宗撰　(唐)李林甫注
桂林風土記一卷　(唐)莫休符撰	翰林志一卷　(唐)李肇撰
嶺表錄異三卷　(唐)劉恂撰	麟臺故事五卷　(宋)程俱撰
益部方物略記一卷　(宋)宋祁撰	翰苑羣書二卷　(宋)洪遵輯
岳陽風土記一卷　(宋)范致明撰	南宋館閣錄十卷續錄十卷　(宋)陳騤撰
東京夢華錄十卷　(宋)孟元老撰	續(宋)□□撰
六朝事迹編類二卷　(宋)張敦頤撰	玉堂雜記三卷　(宋)周必大撰
會稽三賦三卷　(宋)王十朋撰	宋宰輔編年錄二十卷　(宋)徐自明撰
中吳紀聞六卷　(宋)龔明之撰	祕書監志十一卷　(元)王士點(元)商企翁
桂海虞衡志一卷　(宋)范成大撰	撰
嶺外代答十卷　(宋)周去非撰	翰林記二十卷　(明)黃佐撰
都城紀勝一卷　(宋)耐得翁(趙□)撰	禮部志稿一百卷　(明)俞汝楫等撰
夢粱錄二十卷　(宋)吳自牧撰	太常續考八卷　(明)□□撰
武林舊事十卷　(宋)周密撰	土官底簿二卷　(明)□□撰
歲華記麗譜一卷　(元)費著撰	詞林典故八卷　清乾隆九年敕撰
牋紙譜一卷　(元)費著撰	欽定國子監志六十二卷　(清)梁國治等撰
蜀錦譜一卷　(元)費著撰	欽定歷代職官表六十三卷　清乾隆四十五
吳中舊事一卷　(元)陸友撰	年敕撰
平江紀事一卷　(元)高德基撰	州縣提綱四卷　(宋)陳襄撰
江漢叢談二卷　(明)陳士元撰　　　〔補	官箴一卷　(宋)呂本中撰
閩中海錯疏三卷　(明)屠本畯撰(明)徐㶿	百官箴六卷　(宋)許月卿撰
益部談資三卷　(明)何宇度撰	晝簾緒論一卷　(宋)胡太初撰
蜀中廣記一百八卷　(明)曹學佺撰	三事忠告四卷　(元)張養浩撰
顏山雜記四卷　(清)孫廷銓撰	御製人臣儆心錄一卷　清世祖撰
嶺南風物紀一卷　(清)吳綺撰	政書類
臺海使槎錄八卷　(清)黃叔璥撰	通典二百卷　(書)杜佑撰
龍沙紀略一卷　(清)方式濟撰	唐會要一百卷　(宋)王溥撰
東城雜記二卷　(清)厲鶚撰	五代會要三十卷　(宋)王溥撰
遊城南記一卷　(宋)張禮撰	宋朝事實二十卷　(宋)李攸撰
河朔訪古記二卷　(元)納新(廼賢)撰	建炎以來朝野雜記四十卷　(宋)李心傳撰
徐霞客遊記十二卷　(明)徐宏祖撰	西漢會要七十卷　(宋)徐天麟撰
佛國記一卷　(晉)釋法顯撰	東漢會要四十卷　(宋)徐天麟撰
大唐西域記十二卷　(唐)釋玄奘譯　(唐)	漢制考四卷　(宋)王應麟撰
釋辯機撰	文獻通考三百四十八卷　(元)馬端臨撰
宣和奉使高麗圖經四十卷　(宋)徐兢撰	明會典一百八十卷　(明)徐溥等撰　(明)
諸蕃志二卷　(宋)趙汝适撰	李東陽重修
溪蠻叢笑一卷　(宋)朱輔撰	七國考十四卷　(明)董說撰
眞臘風土記一卷　(元)周達觀撰	欽定大清會典一百卷　清乾隆廿九年敕撰

欽定大清會典則例一百八十卷　（清）乾隆二十九年敕撰

欽定續文獻通考二百五十二卷　（清）乾隆十二年敕撰

欽定皇朝文獻通考二百六十六卷　（清）乾隆十二年敕撰

欽定續通典一百四十四卷　（清）乾隆三十二年敕撰

欽定皇朝通典一百卷　（清）乾隆三十二年敕撰

欽定皇朝通志二百卷　（清）乾隆三十二年敕撰

元朝典故編年考十卷　（清）孫承澤撰

漢官舊儀一卷補遺一卷　（漢）衞宏撰

大唐開元禮一百五十卷　（唐）蕭嵩等撰

謚法四卷　（宋）蘇洵撰

政和五禮新儀二百二十卷（原缺卷七十四、卷八十八至九十、卷一百八至一百十二、卷一百二十八至一百三十七、卷二百）首一卷御製冠禮十卷　（宋）鄭居中等撰

紹熙州縣釋奠儀圖一卷　（宋）朱熹撰

大金集禮四十卷　（金）張瑋等撰

大金德運圖說一卷　金貞祐中官撰

廟學典禮六卷　（元）□□撰

明集禮五十三卷　（明）徐一夔等撰

明臣謚彙考二卷　（明）鮑應鰲撰

頖宮禮樂疏十卷　（明）李之藻撰

明謚記彙編二十五卷　（明）郭良翰撰

明宮史五卷　（明）劉若愚撰　（明）呂毖編

幸魯盛典四十卷　（清）孔毓圻等撰

萬壽盛典一百二十卷　（清）□□輯

欽定大清通禮五十卷　（清）來保等撰

南巡盛典一百二十卷　（清）高晉等撰

欽定皇朝禮器圖式廿八卷　（清）允祿等撰

國朝宮史三十六卷　（清）于敏中等撰

欽定滿洲祭神祭天典禮六卷　清乾隆十二年敕撰

八旬萬壽盛典一百二十卷　（清）阿桂等撰

歷代建元考十卷　（清）鍾淵映撰

北郊配位議一卷　（清）毛奇齡撰

廟制圖考一卷　（清）萬斯同撰

救荒活民書三卷　（宋）董煟撰

熬波圖一卷　（元）陳椿撰

錢通三十二卷　（明）胡我琨撰

欽定康濟錄六卷　（清）倪國璉撰

捕蝗考一卷　（清）陳芳生撰

荒政叢書十卷　（清）俞森撰

歷代兵制八卷　（宋）陳傅良撰

補漢兵志一卷　（宋）錢文子撰

馬政紀十二卷　（明）楊時喬撰　　　〔撰

八旗通志初集二百五十卷　清雍正五年敕

唐律疏義三十卷　（唐）長孫無忌等撰

大清律例四十七卷　（清）三泰等撰

營造法式三十四卷　（宋）李誡撰

欽定武英殿聚珍版程式一卷　（清）金簡撰

目錄類

崇文總目二十卷　（宋）王堯臣等撰

郡齋讀書志四卷後志二卷考異一卷附志一卷　（宋）晁公武撰　後志附志（宋）趙希弁輯

遂初堂書目一卷　（宋）尤袤撰

子略四卷目錄一卷　（宋）高似孫撰

直齋書錄解題二十二卷　（宋）陳振孫撰

漢藝文志考證十卷　（宋）王應麟撰

文淵閣書目四卷　（明）楊士奇等撰

授經圖二十卷　（明）朱睦㮮撰　　　〔撰

欽定天祿琳琅書目十卷　清乾隆四十年敕

千頃堂書目三十二卷　（清）黃虞稷撰

經義考三百卷　（清）朱彝尊撰

集古錄十卷　（宋）歐陽修撰

金石錄三十卷　（宋）趙明誠撰

法帖刊誤二卷　（宋）黃伯思撰

法帖釋文十卷　（宋）劉次莊撰

籀史二卷（原缺卷下）　（宋）翟耆年撰

隸釋二十七卷　（宋）洪适撰

隸續二十一卷　（宋）洪适撰

絳帖平六卷　（宋）姜夔撰

石刻鋪敘二卷　（宋）曾宏父撰

法帖譜系二卷　（宋）曹士冕撰

蘭亭考十二卷　（宋）桑世昌撰　（宋）高似孫刪定

蘭亭續考二卷　（宋）俞松撰

寶刻叢編二十卷　（宋）陳思撰

輿地碑記目四卷　（宋）王象之撰

寶刻類編八卷　（宋）□□撰

古刻叢鈔一卷　（元）陶宗儀撰

名蹟錄六卷附錄一卷　（明）朱珪輯

吳中金石新編八卷　（明）陳暐撰

金薤琳琅二十卷　（明）都穆撰

法帖釋文考異十卷　（明）顧從義撰

金石林時地考二卷　（明）趙均撰

石墨鐫華六卷附錄二卷　（明）趙崡撰

金石史二卷　（明）郭宗昌撰

欽定校正淳化閣帖釋文十卷　清乾隆三十四年敕撰

求古錄一卷　（清）顧炎武撰

金石文字記六卷　（清）顧炎武撰

石經考一卷　（清）顧炎武撰

石經考一卷　（清）萬斯同撰

來齋金石考三卷　（清）林侗撰
嵩陽石刻集記二卷　（清）葉封撰
觀妙齋金石文考略十六卷　（清）李光暎撰
分隸偶存二卷　（清）萬經撰
淳化祕閣法帖考正十二卷　（清）王澍撰
竹雲題跋四卷　（清）王澍撰
金石經眼錄一卷　（清）褚峻摹圖　（清）牛
　運震補說
石經考異二卷　（清）杭世駿撰

史評類
史通二十卷　（唐）劉知幾撰
史通通釋二十卷　（清）浦起龍撰
唐鑑二十四卷　（宋）范祖禹撰
唐史論斷三卷　（宋）孫甫撰
唐書直筆四卷　（宋）呂夏卿撰
通鑑問疑一卷　（宋）劉羲仲撰
三國雜事二卷　（宋）唐庚撰
經幄管見四卷　（宋）曹彥約撰
涉史隨筆一卷　（宋）葛洪撰
六朝通鑑博議十卷　（宋）李燾撰
大事記講義二十三卷　（宋）呂中撰
兩漢筆記十二卷　（宋）錢時撰
舊聞證誤四卷　（宋）李心傳撰
通鑑答問五卷　（宋）王應麟撰
歷代名賢確論一百卷　（宋）□□撰
歷朝通略四卷　（元）陳櫟撰
十七史纂古今通要十七卷　（元）胡一桂撰
學史十三卷　（明）邵寶撰
史糾六卷　（明）朱明鎬撰
御批通鑑綱目五十九卷通鑑綱目前編一卷
　外紀一卷舉要三卷通鑑綱目續編二十
　七卷　清聖祖撰
御製評鑑闡要十二卷　清聖祖撰　（清）劉
　統勳等輯
欽定古今儲貳金鑑六卷　清乾隆四十八年
　敕撰

子部
儒家類
孔子家語十卷　（魏）王肅注
荀子二十卷　（周）荀況撰　（唐）楊倞注
孔叢子三卷　（漢）孔鮒撰
新語二卷　（漢）陸賈撰
新書十卷　（漢）賈誼撰　　　　　　［注
鹽鐵論十二卷　（漢）桓寬撰　（明）張之象
新序十卷　（漢）劉向撰
說苑二十卷　（漢）劉向撰
法言集註十卷　（宋）司馬光撰
潛夫論十卷　（漢）王符撰
申鑒五卷　（漢）荀悅撰　（明）黃省曾注
中論二卷　（漢）徐幹撰

傅子一卷　（晉）傅玄撰
中說十卷　（隋）王通撰　（宋）阮逸注
帝範四卷　唐太宗撰
續孟子二卷　（唐）林慎思撰
伸蒙子三卷　（唐）林慎思撰
素履子三卷　（唐）張弧撰
家範十卷　（宋）司馬光撰
帝學八卷　（宋）范祖禹撰
儒志編一卷　（宋）王開祖撰
太極圖說述解一卷通書述解一卷西銘述解
　一卷　（明）曹端撰
張子全書十四卷附錄一卷　（宋）張載撰
註解正蒙二卷　（清）李光地撰
正蒙初義十七卷　（清）王植撰
二程遺書二十五卷附錄一卷　（宋）程顥
　（宋）程頤撰　（宋）朱熹輯
二程外書十二卷　（宋）程顥（宋）程頤撰
　（宋）朱熹輯
二程粹言二卷　（宋）楊時訂正　（宋）張栻
　編次
公是先生弟子記四卷　（宋）劉敞撰
節孝語錄一卷　（宋）徐積撰
儒言一卷　（宋）晁說之撰
童蒙訓三卷　（宋）呂本中撰
省心雜言一卷　（宋）李邦獻撰
上蔡語錄三卷　（宋）謝良佐撰　（宋）曾恬
　（宋）胡安國錄　（宋）朱熹刪定
袁氏世範三卷　（宋）袁采撰
延平答問一卷附錄一卷　（宋）朱熹撰
近思錄十四卷　（宋）朱熹（宋）呂祖謙撰
近思錄集註十四卷附說一卷　（清）茅星來
　撰
近思錄集註十四卷　（清）江永撰
雜學辨一卷附記疑一卷　（宋）朱熹撰
小學集註六卷　（宋）朱熹撰　（明）陳選注
朱子語類一百四十卷　（宋）黎靖德輯
戒子通錄八卷　（宋）劉清之撰
知言六卷附錄一卷　（宋）胡宏撰
明本釋三卷　（宋）劉荀撰
少儀外傳二卷　（宋）呂祖謙撰
麗澤論說集錄一卷　（宋）呂祖謙撰　（宋）
　呂喬年輯
曾子一卷　（唐）曾參撰　（宋）汪晫輯
子思子一卷　（周）孔伋撰　（宋）汪晫輯
邇言十二卷　（宋）劉炎撰
木鐘集十一卷　（宋）陳埴撰
經濟文衡前集二十五卷後集二十五卷續集
　二十二卷　（宋）朱熹撰　（宋）滕珙輯
大學衍義四十三卷　（宋）真德秀撰
讀書記六十一卷　（宋）真德秀撰

心經一卷　（宋）眞德秀撰
政經一卷　（宋）眞德秀撰
項氏家說十卷附錄二卷　（宋）項安世撰
先聖大訓六卷　（宋）楊簡撰
黃氏日鈔九十七卷（原缺卷八十一、卷八十
　九、卷九十二）　（宋）黃震撰
北溪字義二卷　（宋）陳淳撰
準齋雜記二卷　（宋）吳如愚撰
性理羣書句解二十三卷　（宋）熊節 輯
　（宋）熊綱大注
東宮備覽六卷　（宋）陳模撰
孔子集語三卷　（宋）薛據輯
朱子讀書法四卷　（宋）張洪（宋）齊熙輯
家山圖書一卷　（宋）□□撰
讀書分年日程三卷　（元）程端禮撰
辨惑編四卷附錄一卷　（元）謝應芳撰
治世龜鑑一卷　（元）蘇天爵撰
管窺外編二卷　（元）史伯璿撰
內訓一卷　（明）仁孝文皇后撰
理學類編八卷　（明）張九韶撰
性理大全書七十卷　（明）胡廣等撰
讀書錄十一卷續錄十二卷　（明）薛瑄撰
大學衍義補一百六十卷　（明）丘濬撰
居業錄八卷　（明）胡居仁撰
楓山語錄一卷　（明）章懋撰
東溪日談錄十八卷　（明）周琦撰
困知記二卷續記二卷附錄一卷　（明）羅欽
　順撰
讀書劄記八卷　（明）徐問撰
士翼四卷　（明）崔銑撰
涇野子內篇二十七卷　（明）呂柟撰
周子抄釋三卷　（明）呂柟撰
張子抄釋六卷　（明）呂柟撰
二程子抄釋十卷　（明）呂柟撰
朱子抄釋二卷　（明）呂柟撰
中庸衍義十七卷　（明）夏良勝撰
格物通一百卷　（明）湛若水撰
世緯一卷　（明）袁表撰
呻吟語摘二卷　（明）呂坤撰
聖學宗要一卷學言三卷　（明）劉宗周撰
人譜一卷人譜類記二卷　（明）劉宗周撰
榕壇問業十八卷　（明）黃道周撰
溫氏母訓一卷　（明）溫璜述
資政要覽三卷後序一卷　清世祖撰
聖諭廣訓一卷　清世宗撰
庭訓格言一卷　清世宗述
日知薈說四卷　清高宗撰
內則衍義十六卷　清世祖撰
御定孝經衍義一百卷　（清）葉芳藹（清）張
　英等撰

性理精義十二卷　（清）李光地等輯
朱子全書六十六卷　（清）李光地等輯
執中成憲八卷　清雍正六年敕撰
御覽經史講義三十一卷　（清）蔣溥等輯
正學偶見述一卷　（清）王弘撰
思辨錄輯要三十五卷　（清）陸世儀撰
雙橋隨筆十二卷　（清）周召撰
讀朱隨筆四卷　（清）陸隴其撰
三魚堂賸言十二卷　（清）陸隴其撰
松陽鈔存二卷　（清）陸隴其撰
榕村語錄三十卷　（清）李光地撰
讀書偶記三卷　（清）雷鋐撰
兵家類
握奇經一卷附握奇經續圖一卷八陣總述一
　卷　（漢）公孫弘解　續圖（□）□□撰
　八陣總述（晉）馬隆述
六韜六卷　（周）呂望撰
孫子一卷　（周）孫武撰
吳子一卷　（周）吳起撰
司馬法一卷　（周）司馬穰苴撰
尉繚子五卷　（周）尉繚撰
黃石公三略三卷　（漢）黃石公撰
三略直解三卷　（明）劉寅撰
素書一卷　（漢）黃石公撰　（宋）張商英注
李衞公問對三卷　（唐）李靖撰
太白陰經八卷　（唐）李筌撰　　　　〔撰
武經總要四十卷　（宋）曾公亮（宋）丁度等
虎鈐經二十卷　（宋）許洞撰
何博士備論一卷　（宋）何去非撰
守城錄四卷　（宋）陳規（宋）湯璹撰
武編十卷　（明）唐順之撰
陣紀四卷　（明）何良臣撰
江南經略八卷　（明）鄭若曾撰
練兵實紀九卷雜集六卷　（明）戚繼光撰
紀效新書十八卷首一卷　（明）戚繼光撰
法家類
管子二十四卷　（周）管仲撰
管子補註二十四卷　（明）劉績撰
鄧析子一卷　（周）鄧析撰
商子五卷　（周）商鞅撰
韓子二十卷　（周）韓非撰
疑獄集四卷　（後晉）和凝（宋）和㠓撰
補疑獄集六卷　（明）張景撰
折獄龜鑑八卷　（宋）鄭克撰
棠陰比事一卷附錄一卷　（宋）桂萬榮撰
　（明）吳訥刪補
農家類
齊民要術十卷　（後魏）賈思勰撰
農書三卷　（宋）陳旉撰
蠶書一卷　（宋）秦湛撰

農桑輯要七卷　(元)司農司撰
農桑衣食撮要二卷　(元)魯明善撰
農書二十二卷　(元)王禎撰
救荒本草二卷　(明)朱橚撰
農政全書六十卷　(明)徐光啓撰
泰西水法六卷　(明西洋)熊三拔撰
野菜博錄四卷　(明)鮑山撰
授時通考七十八卷　清乾隆二年敕撰
醫家類
黃帝素問二十四卷　(唐)王冰注
靈樞經十二卷　(唐)王冰注
難經本義二卷　(元)滑壽撰
甲乙經十二卷　(晉)皇甫謐撰
金匱要略論註二十四卷　(清)徐彬撰
傷寒論註十卷附傷寒明理論三卷論方一卷
　　(漢)張機撰　(晉)王叔和輯　(金)
　　成無己註
肘後備急方八卷　(晉)葛洪撰
褚氏遺書一卷　(南齊)褚澄撰
巢氏諸病源候論五十卷　(隋)巢元方撰
千金要方九十三卷　(唐)孫思邈撰　(宋)
　　郭思節輯
銀海精微二卷　(唐)孫思邈撰
外臺秘要四十卷　(唐)王燾撰
顱顖經二卷　(宋)□□撰
銅人鍼灸經七卷
明堂灸經八卷　(□)西方子撰
博濟方五卷　(宋)王袞撰
蘇沈良方八卷　(宋)蘇軾(宋)沈括撰
壽親養老新書四卷　(宋)陳直撰　(元)鄒
　　鉉續
腳氣治法總要二卷　(宋)董汲撰
旅舍備要方一卷　(宋)董汲撰
素問入式運氣論奧三卷附黃帝內經素問遺
　　篇一卷　(宋)劉溫舒撰
傷寒微旨二卷　(宋)韓祇和撰
傷寒總病論六卷附晉訓一卷修治藥法一卷
　　(宋)龐安時撰
聖濟總錄纂要二十六卷　宋政和中敕編
　　(清)程林刪訂
證類本草三十卷　(宋)唐慎微撰
全生指迷方四卷　(宋)王貺撰
小兒衛生總微論方二十卷
類證普濟本事方十卷　(宋)許叔微撰
太平惠民和劑局方十卷指南總論三卷
　　(宋)陳師文等編
衛生十全方三卷奇疾方一卷　(宋)夏德撰
傳信適用方二卷　(宋)吳彥夔撰
衛濟寶書二卷　(宋)東軒居士撰
醫說十卷　(宋)張杲撰

鍼灸資生經七卷　(宋)王執中撰
婦人大全良方二十四卷　(宋)陳自明撰
太醫局程文九卷　(宋)□□輯
三因極一病證方論十八卷　(宋)陳言撰
產育寶慶方二卷　(宋)郭稽中撰
集驗背疽方一卷　(宋)李迅撰
濟生方八卷　(宋)嚴用和撰
產寶諸方一卷　宋□□撰
仁齋直指二十六卷附傷寒類書活人總括七
　　卷　(宋)楊士瀛撰　(明)朱崇正附遺
急救仙方六卷　(宋)□□撰
素問元機原病式一卷　(金)劉完素撰
宣明論方十五卷　(金)劉完素撰
傷寒直格方三卷傷寒標本心法類萃二卷
　　(金)劉完素撰
病機氣宜保命集三卷　(金)張元素(一題
　　劉完素)撰
儒門事親十五卷　(金)張從正撰
內外傷辨惑論三卷　(金)李杲撰
脾胃論三卷　(金)李杲撰
蘭室秘藏三卷　(金)李杲撰
醫壘元戎十二卷　(元)王好古撰
此事難知二卷　(元)王好古撰
湯液本草三卷　(元)王好古撰
瑞竹堂經驗方五卷　(元)沙圖穆蘇(薩里
　　彌實)撰
世醫得效方二十卷　(元)危亦林撰
格致餘論一卷　(元)朱震亨撰
局方發揮一卷　(元)朱震亨撰
金匱鉤玄三卷　(元)朱震亨撰
扁鵲神應鍼灸玉龍經一卷　(元)王國瑞撰
外科精義二卷　(元)齊德之撰
脈訣刊誤二卷附錄二卷　(元)戴啓宗撰
醫經溯洄集二卷　(元)王履撰
普濟方四百二十六卷　(明)朱橚撰
推求師意二卷　(明)戴原禮撰
玉機微義五十卷　(明)徐用誠撰　(明)劉
　　純續增
仁端錄十六卷　(明)徐謙撰
薛氏醫案七十八卷　(明)薛己撰
鍼灸問對三卷　(明)汪機撰
外科理例七卷附方一卷　(明)汪機撰
石山醫案三卷附案一卷　(明)汪機撰
　　(明)陳桷編
名醫類案十二卷　(明)江瓘輯
赤水玄珠三十卷　(明)孫一奎撰
醫旨緒餘二卷　(明)孫一奎撰
證治準繩一百二十卷　(明)王肯堂撰
本草綱目五十二卷　(明)李時珍撰
奇經八脈考一卷　(明)李時珍撰

瀕湖脈學一卷　(明)李時珍撰
傷寒論條辨八卷附本草鈔一卷或問一卷痙
　書一卷　(明)方有執撰
先醒齋廣筆記四卷　(明)繆希雍撰
神農本草經疏三十卷　(明)繆希雍撰
類經三十二卷　(明)張介賓撰
景岳全書六十四卷　(明)張介賓撰
溫疫論二卷補遺一卷　(明)吳有性撰
痎瘧論疏一卷　(明)盧之頤撰
本草乘雅半偈十卷　(明)盧之頤撰
醫宗金鑑九十卷　(清)吳謙等纂
尚論篇八卷　(清)喻昌撰　　　　　　　〔撰
醫門法律十二卷附寓意草四卷　(清)喻昌
傷寒舌鑑一卷　(清)張登撰
傷寒兼證析義一卷　(清)張倬撰
絳雪園古方選註三卷附得宜 本 草 一 卷
　(清)王子接撰
續名醫類案六十卷　(清)魏之琇撰
神農本草經百種錄一卷　(清)徐大椿撰
蘭臺軌範八卷　(清)徐大椿撰
傷寒類方一卷　(清)徐大椿撰
醫學源流論二卷　(清)徐大椿撰
天文算法類
周髀算經二卷音義一卷　(漢)趙爽注　晉
　義(宋)李籍撰
新儀象法要三卷　(宋)蘇頌撰
六經天文編二卷　(宋)王應麟撰
革象新書五卷　(元)趙友欽撰
重修革象新書二卷　(元)趙友欽撰　(明)
　王禕刪定
七政推步七卷　(明)貝琳撰
聖壽萬年曆八卷附律曆融通四卷　(明)朱
　載堉撰
古今律曆考七十二卷　(明)邢雲路撰
乾坤體義二卷　(明西洋)利瑪竇撰
表度說一卷　(明西洋)熊三拔撰
簡平儀說一卷　(明西洋)熊三拔撰
天問略一卷　(明西洋)陽瑪諾撰
新法算書一百卷　(明)徐光啓(明西洋)龍
　華民等撰
測量法義一卷測量異同一卷句股義一卷
　(明)徐光啓撰
渾蓋通憲圖說二卷　(明)李之藻撰
圓容較義一卷　(明)李之藻撰
曆體略三卷　(明)王英明撰
歷象考成四十二卷　清聖祖撰
儀象考成三十二卷　清乾隆九年敕撰
歷象考成後編十卷　清乾隆二年敕撰
曉菴新法六卷　(清)王錫闡撰
中星譜一卷　(清)胡亶撰

天經或問前集四卷　(清)游藝撰
天步真原一卷　(清)薛鳳祚譯
天學會通一卷　(清)薛鳳祚撰
歷算全書六十卷　(清)梅文鼎撰
大統歷志八卷附錄一卷　(清)梅文鼎撰
勿菴歷算書記一卷　(清)梅文鼎撰
中西經星同異考一卷　(清)梅文鼐撰
全史日至源流三十二卷　(清)許伯政撰
算學八卷續一卷　(清)江永撰
九章算術九卷　(晉)劉徽注　(唐)李淳風
　等注
孫子算經三卷　(唐)李淳風等注　　　〔注
術數記遺一卷　(漢)徐岳撰　(北周)甄鸞
海島算經一卷　(晉)劉徽撰　(唐)李淳風
　等注
五曹算經五卷　(北周)甄鸞注　(唐)李淳
　風等注
夏侯陽算經三卷　(囗)夏侯陽撰
五經算術二卷　(北周)甄鸞撰　(唐)李淳
　風等注
張丘建算經三卷　(囗)張丘建撰　(北周)
　甄鸞注　(唐)李淳風等注
緝古算經一卷　(唐)王孝通撰併注
數學九章十八卷　(宋)秦九韶撰
測圓海鏡十二卷　(元)李冶撰
測圓海鏡分類釋術十卷　(明)顧應祥撰
益古演段三卷　(元)李冶撰
弧矢算術一卷　(明)顧應祥撰
同文算指前編二卷通編八卷　(明西洋)利
　瑪竇譯　(明)李之藻演
幾何原本六卷　(西洋)歐几里得撰　　(明
　西洋)利瑪竇譯 ·(明)徐光啓筆錄
數理精蘊五十三卷　清聖祖撰
幾何論約七卷　(清)杜知耕撰
數學鑰六卷　(清)杜知耕撰
數度衍二十四卷附錄一卷　(清)方中通撰
句股引蒙五卷　(清)陳訏撰
句股矩測解原二卷　(清)黃百家撰
少廣補遺一卷　(清)陳世仁撰
莊氏算學八卷　(清)莊亨陽撰
九章錄要十二卷　(清)屠文漪撰
術數類
太玄經十卷　(漢)揚雄撰　(晉)范望注
太玄本旨九卷　(明)葉子奇撰
元包五卷　(北周)衛元嵩撰　(唐)蘇源明
　傳　(唐)李江注　(宋)韋漢卿音釋
附
　元包數總義二卷　(宋)張行成撰
潛虛一卷　(宋)司馬光撰
附

潛虚發微論一卷　(宋)張敦實撰

皇極經世書十二卷　(宋)邵雍撰

皇極經世索隱二卷　(宋)張行成撰　〔撰

皇極經世觀物外篇衍義九卷　(宋)張行成

易通變四十卷　(宋)張行成撰

觀物篇解五卷附皇極經世解起數訣三卷
　　(宋)祝泌撰

皇極經世書解十四卷　(清)王植撰

易學一卷　(宋)王湜撰

洪範皇極內篇五卷　(宋)蔡沈撰

天原發微五卷　(宋)鮑雲龍撰

大衍索隱三卷　(宋)丁易東撰

易象圖說內篇三卷外篇三卷　(元)張理撰

三易洞璣十六卷　(明)黃道周撰

靈臺秘苑十五卷　(北周)庾季才撰

唐開元占經一百二十卷　(唐)瞿曇悉達撰

宅經二卷

葬書一卷　(晉)郭璞撰

撼龍經一卷疑龍經一卷葬法倒杖一卷
　　(唐)楊益撰

青囊奧語一卷青囊序一卷　(唐)楊益撰
　　　　青囊序　(唐)曾文迪撰

天玉經內傳三卷外編一卷　(唐)楊益撰

靈城精義二卷　(南唐)何溥撰　(明)劉基
　　注

催官篇二卷　(宋)賴文俊撰

發微論一卷　(宋)蔡元定撰

靈棋經二卷　(漢)東方朔撰　(晉)顏幼明
　　(劉宋)何承天注　(元)陳師凱(明)劉
　　基注

易林十六卷　(漢)焦贛撰

京氏易傳三卷　(漢)京房撰　(吳)陸績注

六壬大全十二卷

卜法詳考四卷　(清)胡煦撰

李虛中命書三卷　(周)鬼谷子撰　(唐)李
　　虛中註　　　　　　　　　　　　〔注

玉照定眞經一卷　(晉)郭璞撰　(晉)張顒

星命溯源五卷

徐氏珞琭子賦註二卷　(宋)徐子平撰

珞琭子三命消息賦註二卷　(宋)釋曇瑩撰

三命指迷賦一卷　(宋)岳珂補注

星命總括三卷　(遼)耶律純撰

演禽通纂二卷

星學大成十卷　(明)萬民英撰

三命通會十二卷　(明)萬民英撰

月波洞中記二卷　(吳)張仲遠傳本

玉管照神局三卷　(南唐)宋齊邱撰

太清神鑑六卷　(後周)王朴撰

人倫大統賦一卷　(金)張行簡撰　(元)薛

延年注

太乙金鏡式經十卷　(唐)王希明撰

遁甲演義二卷　(明)程道生撰

禽星易見一卷　(明)池本理撰

星歷考原六卷　(清)李光地等撰

協紀辨方書三十六卷　(清)允祿等撰

藝術類

古畫品錄一卷　(齊)謝赫撰

書品一卷　(梁)庾肩吾撰

續畫品一卷　(陳)姚最撰

貞觀公私畫史一卷　(唐)裴孝源撰

書譜一卷　(唐)孫過庭撰

書斷三卷　(唐)張懷瓘撰

述書賦二卷　(唐)竇臮撰　(唐)竇蒙注

法書要錄十卷　(唐)張彥遠撰

歷代名畫記十卷　(唐)張彥遠撰

唐朝名畫錄一卷　(唐)朱景玄撰

墨藪二卷　(唐)韋續撰

附

法帖釋文刊誤一卷　(宋)陳與義撰

畫山水賦一卷附筆法記一卷　(後梁)荊浩
　　撰

翰墨志一卷　宋高宗撰

五代名畫補遺一卷　(宋)劉道醇撰

宋朝名畫評三卷　(宋)劉道醇撰

益州名畫錄二卷　(宋)黃休復撰

圖畫見聞志六卷　(宋)郭若虛撰

林泉高致集一卷　(宋)郭熙撰

墨池編六卷　(宋)朱長文撰

德隅齋畫品一卷　(宋)李廌撰

畫史一卷　(宋)米芾撰

書史一卷　(宋)米芾撰

寶章待訪錄一卷　(宋)米芾撰

海岳名言一卷　(宋)米芾撰

宣和畫譜二十卷　(宋)□□撰

宣和書譜二十卷　(宋)□□撰

山水純全集一卷　(宋)韓拙撰

廣川書跋十卷　(宋)董逌撰

廣川畫跋六卷　(宋)董逌撰

畫繼十卷　(宋)鄧椿撰

續書譜一卷　(宋)姜夔撰

寶眞齋法書贊二十八卷　(宋)岳珂撰

書小史十卷　(宋)陳思撰

書苑菁華二十卷　(宋)陳思撰

書錄三卷外篇一卷　(宋)董史撰

竹譜十卷　(元)李衎撰

畫鑒一卷　(元)湯垕撰

衍極二卷　(元)鄭杓撰

法書考八卷　(元)盛熙明撰

圖繪寶鑑五卷續編一卷　(元)夏文彥撰

書史會要九卷補遺一卷續編一卷　(元)陶
　　宗儀撰　續編(明)朱謀垔撰
珊瑚木難八卷　(明)朱存理撰
趙氏鐵網珊瑚十六卷　(明)朱存理撰
寓意編一卷　(明)都穆撰
墨池瑣錄四卷　(明)楊慎撰
書訣一卷　(明)豐坊撰
書畫跋跋三卷續三卷　(明)孫鑛撰
繪事微言二卷　(明)唐志契撰
書法雅言一卷　(明)項穆撰
寒山帚談二卷拾遺一卷附錄一卷　(明)趙
　　宧光撰
書法離鉤十卷　(明)潘之淙撰
畫史會要五卷　(明)朱謀垔撰
郁氏書畫題跋記十二卷續題跋記十二卷
　　(明)郁逢慶輯
清河書畫舫十二卷　(明)張丑撰
眞蹟日錄五卷二集一卷三集一卷　(明)張
　　丑撰
法書名畫見聞表一卷　(明)張丑撰
南陽法書表一卷南陽名畫表一卷　(明)張
　　丑撰
清河書畫表一卷　(明)張丑撰
珊瑚網四十八卷　(明)汪珂玉撰
佩文齋書畫譜一百卷　(清)孫岳頒等撰
石渠寶笈四十四卷　清乾隆十九年敕撰
祕殿珠林二十四卷　清乾隆九年敕撰
庚子消夏記八卷　(清)孫承澤撰
繪事備考八卷　(清)王毓賢撰
書法正傳十卷　(清)馮武撰
江村銷夏錄三卷　(清)高士奇撰
式古堂書畫彙考六十卷　(清)卞永譽撰
南宋院畫錄八卷　(清)厲鶚撰
六藝之一錄四百六卷續編十四卷　(清)倪
　　濤撰
小山畫譜二卷　(清)鄒一桂撰
傳神祕要一卷　(清)蔣驥撰
琴史六卷　(宋)朱長文撰
松絃館琴譜二卷　(明)嚴澂撰
松風閣琴譜二卷抒懷操一卷　(清)程雄撰
琴譜合璧十八卷　(清)和素撰
學古編一卷　(元)吾丘衍撰
印典八卷　(清)朱象賢撰
羯鼓錄一卷　(唐)南卓撰
樂府雜錄一卷　(唐)段安節撰
元元棋經一卷　(宋)晏天章(一題張擬)撰
棋訣一卷　(宋)劉仲甫撰
譜錄類
古今刀劍錄一卷　(梁)陶弘景撰
鼎錄一卷　(陳)虞荔撰

考古圖十卷續考古圖五卷釋文一卷　(宋)
　　呂大臨撰
嘯堂集古錄二卷　(宋)王俅撰
宣和博古圖三十卷　(宋)王黼等撰
宣德鼎彝譜八卷　(明)呂震等輯
西清古鑑四十卷　清乾隆十四年敕撰
奇器圖說三卷　(明西洋)鄧玉函撰
諸器圖說一卷　(明)王徵撰
文房四譜五卷　(宋)蘇易簡撰
歙州硯譜一卷　(宋)唐積撰
硯史一卷　(宋)米芾撰
硯譜一卷　(宋)李之彥撰
歙硯說一卷辨歙石說一卷　(元)曹紹撰
端溪硯譜一卷　(宋)□□撰　(宋)葉樾訂
硯箋四卷　(宋)高似孫撰
欽定西清硯譜二十四卷　清乾隆四十三年
　　敕撰
墨譜三卷　(宋)李孝美撰
墨經一卷　(宋)晁貫之撰
墨史二卷　(元)陸友撰
墨法集要一卷　(明)沈繼孫撰
錢錄十六卷　清乾隆十五年敕撰
香譜二卷　(宋)洪芻撰
香譜四卷　(宋)陳敬撰
香乘二十八卷　(清)周嘉冑撰
雲林石譜三卷　(宋)杜綰撰
茶經三卷　(唐)陸羽撰
茶錄二卷　(宋)蔡襄撰
品茶要錄一卷　(宋)黃儒撰
宣和北苑貢茶錄一卷　(宋)熊蕃撰
附
　　北苑別錄一卷　(宋)趙汝礪撰
東溪試茶錄一卷　(宋)宋子安撰
續茶經三卷附錄一卷　(清)陸廷燦撰
煎茶水記一卷　(唐)張又新撰
北山酒經三卷　(宋)朱肱撰
酒譜一卷　(宋)竇苹撰
糖霜譜一卷　(宋)王灼撰
洛陽牡丹記一卷　(宋)歐陽修撰
揚州芍藥譜一卷　(宋)王觀撰
范村梅譜一卷　(宋)范成大撰
劉氏菊譜一卷　(宋)劉蒙撰
史氏菊譜一卷　(宋)史正志撰
范村菊譜一卷　(宋)范成大撰
百菊集譜六卷菊史補遺一卷　(宋)史鑄撰
金漳蘭譜三卷　(宋)趙時庚撰
海棠譜三卷　(宋)陳思撰
荔枝譜一卷　(宋)蔡襄撰
橘錄三卷　(宋)韓彥直撰
竹譜一卷　(晉)戴凱之撰

筍譜一卷　（宋）釋贊寧撰
菌譜一卷　（宋）陳仁玉撰
御定廣羣芳譜一百卷　（清）汪灝等撰
禽經一卷　（周）師曠撰　（晉）張華注
蟹譜二卷　（宋）傅肱撰
蟹略四卷　（宋）高似孫撰
異魚圖贊四卷　（明）楊愼撰
異魚圖贊箋四卷　（清）胡世安撰
異魚圖贊補三卷閏集一卷　（清）胡世安撰
　　閏集（清）胡瑾等註
雜家類
　鬻子一卷　（周）鬻熊撰
　墨子十五卷　（周）墨翟撰
　子華子二卷　（周）程本撰
　尹文子一卷　（周）尹文撰
　愼子一卷　（周）愼到撰
　鶡冠子三卷　（宋）陸佃注
　公孫龍子三卷　（周）公孫龍撰
　鬼谷子一卷
　呂氏春秋二十六卷　（秦）呂不韋撰　　［注
　淮南子二十一卷　（漢）劉安撰　（漢）高誘
　人物志三卷　（魏）劉邵撰　（後魏）劉昞注
　金樓子六卷　梁元帝撰
　劉子十卷　（北齊）劉晝撰
　顏氏家訓二卷　（北齊）顏之推撰
　長短經九卷　（唐）趙蕤撰
　兩同書二卷　（唐）羅隱撰
　化書六卷　（南唐）譚峭撰
　昭德新編三卷　（宋）晁迥撰
　芻言三卷　（宋）崔敦禮撰
　樂菴語錄五卷　（宋）李衡撰　（宋）龔昱輯
　習學記言五十卷　（宋）葉適撰
　本語六卷　（明）高拱撰
　白虎通義四卷　（漢）班固撰
　獨斷二卷　（漢）蔡邕撰
　古今注三卷　（晉）崔豹撰
附
　　中華古今注三卷　（後唐）馬縞撰
　資暇集三卷　（唐）李匡乂撰
　刊誤二卷　（唐）李涪撰
　蘇氏演義二卷　（唐）蘇鶚撰
　兼明書五卷　（唐）丘光庭撰
　近事會元五卷　（宋）李上交撰
　東觀餘論二卷　（宋）黃伯思撰
　靖康緗素雜記十卷　（宋）黃朝英撰
　猗覺寮雜記二卷　（宋）朱翌撰
　能改齋漫錄十八卷　（宋）吳曾撰
　雲谷雜記四卷　（宋）張淏撰
　西溪叢語三卷　（宋）姚寬撰
　學林十卷　（宋）王觀國撰

容齋隨筆十六卷續筆十六卷三筆十六卷四
　筆十六卷五筆十卷　（宋）洪邁撰
攷古編十卷　（宋）程大昌撰　　　［撰
演繁露十六卷續演繁露六卷　（宋）程大昌
緯略十二卷　（宋）高似孫撰
甕牖閒評八卷　（宋）袁文撰
芥隱筆記一卷　（宋）龔頤正撰
蘆浦筆記十卷　（宋）劉昌詩撰
野客叢書三十卷　（宋）王楙撰
附
　　野老記聞一卷　（宋）王□撰
坦齋通編一卷　（宋）邢凱撰
考古質疑六卷　（宋）葉大慶撰
經外雜鈔二卷　（宋）魏了翁撰
古今考一卷　（宋）魏了翁撰
續古今考三十七卷　（元）方回撰
潁川語小二卷　（宋）陳昉撰
賓退錄十卷　（宋）趙與時撰
學齋佔畢四卷　（宋）史繩祖撰
鼠璞一卷　（宋）戴埴撰
朝野類要五卷　（宋）趙昇撰
困學紀聞二十卷　（宋）王應麟撰
識遺十卷　（宋）羅璧撰
愛日齋叢鈔五卷　（宋）葉□撰
日損齋筆記一卷　（元）黃溍撰
丹鉛餘錄十七卷續錄十二卷摘錄十三卷總
　　錄二十七卷　（明）楊愼撰
譚苑醍醐九卷　（明）楊愼撰
正楊四卷　（明）陳耀文撰
疑耀七卷　（明）張萱撰
藝彀三卷彀補一卷　（明）鄧伯羔撰
名義考十二卷　（明）周祈撰
筆精八卷　（明）徐𤊹撰
通雅五十二卷　（清）方以智撰
卮林十卷補遺一卷　（明）周嬰撰
拾遺錄一卷　（明）胡爌撰
日知錄三十二卷　（清）顧炎武撰
義府二卷　（清）黃生撰
藝林彙攷二十四卷　（清）沈自南撰
潛邱劄記六卷　（清）閻若璩撰
湛園札記四卷　（清）姜宸英撰
白田雜著八卷　（清）王懋竑撰
義門讀書記五十八卷　（清）何焯撰　（清）
　　蔣維鈞輯
樵香小記二卷　（清）何琇撰
管城碩記三十卷　（清）徐文靖撰
訂譌雜錄十卷　（清）胡鳴玉撰
識小編二卷　（清）董豐垣撰
論衡三十卷　（漢）王充撰
風俗通義十卷附錄一卷　（漢）應劭撰

封氏聞見記十卷　(唐)封演撰
尚書故實一卷　(唐)李綽撰
灌畦暇語一卷　(唐)□□撰
春明退朝錄三卷　(宋)宋敏求撰
筆記三卷　(宋)宋祁撰
東原錄一卷　(宋)龔鼎臣撰
王氏談錄一卷　(宋)王欽臣撰
文昌雜錄七卷　(宋)龐元英撰
麈史三卷　(宋)王得臣撰
夢溪筆談二十六卷補筆談二卷續筆談一卷
　　(宋)沈括撰
仇池筆記二卷　(宋)蘇軾撰
東坡志林五卷　(宋)蘇軾撰
珩璜新論一卷　(宋)孔平仲撰
晁氏客語一卷　(宋)晁說之撰
師友談記一卷　(宋)李廌撰
楊公筆錄一卷　(宋)楊延齡撰
呂氏雜記二卷　(宋)呂希哲撰
冷齋夜話十卷　(宋)釋惠洪撰
曲洧舊聞十卷　(宋)朱弁撰
元城語錄三卷　(宋)馬永卿撰
附
　　元城行錄一卷　(明)崔銑輯　(明)于文
　　熙補
嬾眞子五卷　(宋)馬永卿撰
春渚紀聞十卷　(宋)何薳撰
石林燕語十卷考異一卷　(宋)葉夢得撰
避暑錄話二卷　(宋)葉夢得撰
巖下放言三卷　(宋)葉夢得撰
郤掃編三卷　(宋)徐度撰
五總志一卷　(宋)吳炯撰
紫微雜說一卷　(宋)呂本中撰
辨言一卷　(宋)員興宗撰
墨莊漫錄十卷　(宋)張邦基撰
寓簡十卷　(宋)沈作喆撰
欒城遺言一卷　(宋)蘇籀記
東園叢說三卷　(宋)李如箎撰
常談一卷　(宋)吳箕撰
雲麓漫鈔十五卷　(宋)趙彥衛撰
示兒編二十三卷　(宋)孫奕撰
游宦紀聞十卷　(宋)張世南撰
密齋筆記五卷續記一卷　(宋)謝采伯撰
梁谿漫志十卷　(宋)費袞撰
澗泉日記三卷　(宋)韓淲撰
老學菴筆記十卷續筆記二卷　(宋)陸游撰
愧郯錄十五卷　(宋)岳珂撰
袪疑說一卷　(宋)儲泳撰
琴堂諭俗編二卷　(宋)鄭玉道(宋)彭仲剛
　　撰　(宋)應俊輯補　(元)左祥續增
鶴林玉露十六卷　(宋)羅大經撰

貴耳集一卷二集一卷三集一卷　(宋)張端
　　義撰
吹劍錄外集一卷　(宋)俞文豹撰
脚氣集二卷　(宋)車若水撰
藏一話腴四卷　(宋)陳郁撰
佩韋齋輯聞四卷　(宋)俞德鄰撰
書齋夜話四卷　(宋)俞琰撰
齊東野語二十卷　(宋)周密撰
困學齋雜錄一卷　(元)鮮于樞撰
隱居通議三十一卷　(元)劉壎撰
湛淵靜語二卷　(元)白珽撰
敬齋古今黈八卷　(元)李冶撰
日聞錄一卷　(元)李翀撰
勤有堂隨錄一卷　(元)陳櫟撰
玉堂嘉話八卷　(元)王惲撰
庶齋老學叢談三卷　(元)盛如梓撰
研北雜志二卷　(元)陸友撰
北軒筆記一卷　(元)陳世隆撰
閒居錄一卷　(元)吾丘衍撰
雪履齋筆記一卷　(元)郭翼撰
霏雪錄二卷　(明)劉績撰
蠡海集一卷　(明)王逵撰
草木子四卷　(明)葉子奇撰
胡文穆雜著一卷　(明)胡廣撰
讕言長語一卷　(明)曹安撰
蟫精雋十六卷　(明)徐伯齡撰
震澤長語二卷　(明)王鏊撰
井觀瑣言三卷　(明)鄭瑗撰
南園漫錄十卷　(明)張志淳撰
雨航雜錄二卷　(明)馮時可撰
採芹錄四卷　(明)徐三重撰
畫禪室隨筆四卷　(明)董其昌撰
六研齋筆記四卷二筆四卷三筆四卷　(明)
　　李日華撰
物理小識十二卷　(明)方以智撰
春明夢餘錄七十卷　(清)孫承澤撰
居易錄三十四卷　(清)王士禛撰
池北偶談二十六卷　(清)王士禛撰
香祖筆記十二卷　(清)王士禛撰
古夫于亭雜錄六卷　(清)王士禛撰
分甘餘話四卷　(清)王士禛撰
洞天清錄一卷　(宋)趙希鵠撰
負暄野錄二卷　(宋)陳槱撰
雲烟過眼錄四卷　(宋)周密撰
附
　　雲烟過眼續錄一卷　(元)湯允謨撰
格古要論三卷　(明)曹昭撰
竹嶼山房雜部三十二卷　(明)宋詡(明)宋
　　公望撰　(明)宋懋澄輯
遵生八牋十九卷　(明)高濂撰

清秘藏二卷　（明）張應文撰
長物志十二卷　（明）文震亨撰
韻石齋筆談二卷　（清）姜紹書撰
七頌堂識小錄一卷　（清）劉體仁撰
研山齋雜記四卷　（清）孫承澤撰
意林五卷　（唐）馬總輯
紺珠集十三卷　（宋）□□輯
類說六十卷　（宋）曾慥輯
事實類苑六十三卷　（宋）江少虞輯
仕學規範四十卷　（宋）張鎡輯
自警編九卷　（宋）趙善璙輯
言行龜鑑八卷　（元）張光祖輯
說郛一百二十卷　（元）陶宗儀輯
古今說海一百四十二卷　（明）陸楫輯
玉芝堂談薈三十六卷　（明）徐應秋撰
元明事類鈔四十卷　（清）姚之駰撰
儼山外集三十四卷　（明）陸深撰
少室山房筆叢正集三十二卷續集十六卷
　　（明）胡應麟撰
鈍吟雜錄十卷　（清）馮班撰
類書類
古今同姓名錄二卷　梁元帝撰　（唐）陸善
　　經續　（元）葉森補
編珠二卷補遺二卷續編珠二卷　（隋）杜公
　　瞻撰　續（清）高士奇撰
藝文類聚一百卷　（唐）歐陽詢等撰
北堂書鈔一百六十卷　（唐）虞世南撰
龍筋鳳髓判四卷　（唐）張鷟撰
初學記三十卷　（唐）徐堅等撰
元和姓纂十卷　（唐）林寶撰
白孔六帖一百卷　（唐）白居易（宋）孔傳撰
小名錄二卷　（唐）陸龜蒙撰　　　　　［注
蒙求集註二卷　（晉）李瀚撰　（宋）徐子光
事類賦三十卷　（宋）吳淑撰并注
太平御覽一千卷　（宋）李昉等撰
冊府元龜一千卷　（宋）王欽若等撰
事物紀原十卷　（宋）高承撰
實賓錄十四卷　（宋）馬永易撰
書敘指南二十卷　（宋）任廣撰
海錄碎事二十二卷　（宋）葉廷珪撰
古今姓氏書辨證四十卷　（宋）鄧名世（宋）
　　鄧椿撰
帝王經世圖譜十六卷　（宋）唐仲友撰
職官分紀五十卷　（宋）孫逢吉撰
歷代制度詳說十二卷　（宋）呂祖謙撰
永嘉八面鋒十三卷　（宋）陳傅良（一題葉
　　適）撰
錦繡萬花谷前集四十卷後集四十卷續集四
　　十卷　（宋）□□撰
事文類聚前集六十卷後集五十卷續集二十

八卷別集三十二卷新集三十六卷外集
　　十五卷遺集十五卷　（宋）祝穆撰　新
　　集外集（元）富大用撰　遺集（元）祝淵
　　撰
記纂淵海一百卷　（宋）潘自牧撰
名賢氏族言行類稿六十卷　（宋）章定撰
羣書會元截江網三十五卷　（宋）□□輯
雞肋一卷　（宋）趙崇絢撰
小字錄一卷　（宋）陳思撰
全芳備祖前集二十七卷後集三十一卷
　　（宋）陳景沂撰
山堂考索前集六十六卷後集六十五卷續集
　　五十六卷別集二十五卷　（宋）章如愚
　　撰
古今合璧事類備要前集六十九卷後集八十
　　一卷續集五十六卷別集九十四卷外集
　　六十六卷　（宋）謝維新撰
源流至論前集十卷後集十卷續集十卷別集
　　十卷　（宋）林駉撰　　別集（宋）黃履翁
　　撰　　　　　　　　　　　　　　　［撰
玉海二百卷附詞學指南四卷　（宋）王應麟
小學紺珠十卷　（宋）王應麟撰
姓氏急就篇二卷　（宋）王應麟撰
六帖補二十卷　（宋）楊伯嵒撰
韻府羣玉二十卷　（元）陰時夫撰　（元）陰
　　中夫注
翰苑新書前集七十卷後集三十二卷別集十
　　二卷續集四十二卷　（宋）□□撰
純正蒙求三卷　（元）胡炳文撰
排韻增廣事類氏族大全二十二卷　（元）□
　　□撰
名疑四卷　（明）陳士元撰
荊川稗編一百二十卷　（明）唐順之撰
萬姓統譜一百四十六卷附氏族博攷十四卷
　　（明）凌迪知撰
喻林一百二十卷　（明）徐元太撰
經濟類編一百卷　（明）馮琦輯
同姓名錄十二卷錄補一卷　（明）余寅撰
　　（明）周應賓補
說略三十卷　（明）顧起元撰
天中記六十卷　（明）陳耀文撰
圖書編一百二十七卷　（明）章潢撰
騈志二十卷　（明）陳禹謨撰
山堂肆考二百二十八卷補遺十二卷　（明）
　　彭大翼撰
古儷府十二卷　（明）王志慶撰
廣博物志五十卷　（明）董斯張撰
御定淵鑑類函四百五十卷　清康熙四十九
　　年敕撰
御定駢字類編二百四十卷　清康熙五十八

年敕撰
御定分類字錦六十四卷　清康熙六十一年
　敕撰
御定子史精華一百六十卷　清康熙六十年
　敕撰
御定佩文韻府四百四十四卷　清康熙五十
　年敕撰
御定韻府拾遺一百十二卷　清康熙五十五
　年敕撰
格致鏡原一百卷　(清)陳元龍撰
讀書紀數略五十四卷　(清)官夢仁撰
花木鳥獸集類三卷　(清)吳寶芝撰
別號錄九卷　(清)葛萬里撰
宋稗類鈔三十六卷　(清)潘永因輯
小說家類
西京雜記六卷　(漢)劉歆(一題晉葛洪)撰
世說新語三卷　(劉宋)劉義慶撰　(梁)劉
　孝標注
朝野僉載六卷　(唐)張鷟撰
唐國史補三卷　(唐)李肇撰
大唐新語十三卷　(唐)劉肅撰
次柳氏舊聞一卷　(唐)李德裕撰
劉賓客嘉話錄一卷　(唐)韋絢撰
明皇雜錄二卷別錄一卷　(唐)鄭處誨撰
因話錄六卷　(唐)趙璘撰
大唐傳載一卷　(唐)□□撰
敎坊記一卷　(唐)崔令欽撰
幽閒皷吹一卷　(唐)張固撰
松窗雜錄一卷　(唐)李濬撰
雲溪友議三卷　(唐)范攄撰
玉泉子一卷　(唐)□□撰
雲仙雜記十卷　(唐)馮贄撰
唐摭言十五卷　(南漢)王定保撰
中朝故事二卷　(南唐)尉遲偓撰
金華子二卷　(南唐)劉崇遠撰
開元天寶遺事四卷　(後周)王仁裕撰
鑑戒錄十卷　(後蜀)何光遠撰
南唐近事一卷　(宋)鄭文寶撰
北夢瑣言二十卷　(宋)孫光憲撰
賈氏談錄一卷　(宋)張洎撰
洛陽縉紳舊聞記五卷　(宋)張齊賢撰
南部新書十卷　(宋)錢易撰
王文正筆錄一卷　(宋)王曾撰
儒林公議二卷　(宋)田況撰
涑水記聞十六卷　(宋)司馬光撰
澠水燕談錄十卷　(宋)王闢之撰
歸田錄二卷　(宋)歐陽修撰
嘉祐雜志二卷　(宋)江休復撰
東齋記事六卷　(宋)范鎮撰
靑箱雜記十卷　(宋)吳處厚撰

錢氏私志一卷　(宋)錢愐撰
龍川略志十卷別志二卷　(宋)蘇轍撰
後山談叢四卷　(宋)陳師道撰　　〔錄
孫公談圃三卷　(宋)孫升述　(宋)劉延世
孔氏談苑四卷　(宋)孔平仲撰
畫墁錄一卷　(宋)張舜民撰
甲申雜記一卷聞見近錄一卷隨手雜錄一卷
　(宋)王鞏撰
湘山野錄三卷續錄一卷　(宋)釋文瑩撰
玉壺野史十卷　(宋)釋文瑩撰
東軒筆錄十五卷　(宋)魏泰撰
侯鯖錄八卷　(宋)趙令畤撰
泊宅編三卷　(宋)方勺撰
珍席放談二卷　(宋)高晦叟撰
鐵圍山叢談六卷　(宋)蔡絛撰
國老談苑二卷　(宋)王君玉撰
道山清話一卷　(宋)王口撰
墨客揮犀十卷　(宋)彭乘撰
唐語林八卷　(宋)王讜撰
楓窗小牘二卷　(宋)袁口撰
南窗紀談一卷　(宋)□□撰
過庭錄一卷　(宋)范公偁撰
萍洲可談三卷　(宋)朱彧撰
高齋漫錄一卷　(宋)曾慥撰
默記三卷　(宋)王銍撰
揮麈前錄四卷後錄十一卷第三錄三卷餘話
　二卷　(宋)王明清撰
玉照新志六卷　(宋)王明清撰
投轄錄一卷　(宋)王明清撰
張氏可書一卷　(宋)張知甫撰
聞見前錄二十卷　(宋)邵伯溫撰
清波雜志十二卷別志三卷　(宋)周煇撰
雜肋編三卷　(宋)莊綽撰
聞見後錄三十卷　(宋)邵博撰
北窗炙輠錄一卷　**(宋)施德操撰**
步里客談二卷　(宋)陳長方撰
桯史十卷　(宋)岳珂撰
獨醒雜志十卷　(宋)曾敏行撰
耆舊續聞十卷　(宋)陳鵠撰
四朝聞見錄五卷　(宋)葉紹翁撰
癸辛雜識前集一卷後集一卷續集二卷別集
　二卷　(宋)周密撰
隨隱漫錄五卷　(宋)陳世崇撰
東南紀聞三卷　(元)□□撰
歸潛志十四卷　(元)劉祁撰
山房隨筆一卷　(元)蔣子正撰
山居新語四卷　(元)楊瑀撰
遂昌雜錄一卷　(元)鄭元祐撰
樂郊私語一卷　(元)姚桐壽撰
輟耕錄三十卷　(元)陶宗儀撰

水東日記三十八卷　(明)葉盛撰
菽園雜記十五卷　(明)陸容撰
先進遺風二卷　(明)耿定向撰
觚不觚錄一卷　(明)王世貞撰
何氏語林三十卷　(明)何良俊撰
山海經十八卷　(晉)郭璞注
山海經廣註十八卷　(清)吳任臣撰
穆天子傳六卷　(晉)郭璞注
神異經一卷　(漢)東方朔撰
海內十洲記一卷　(漢)東方朔撰
漢武故事一卷　(漢)班固撰
漢武帝內傳一卷　(漢)班固撰
漢武洞冥記四卷　(漢)郭憲撰
拾遺記十卷　(前秦)王嘉撰　(梁)蕭綺錄
搜神記二十卷　(晉)干寶撰
搜神後記十卷　(晉)陶潛撰
異苑十卷　(劉宋)劉敬叔撰
續齊諧記一卷　(梁)吳均撰
還冤志三卷　(北齊)顏之推撰
集異記一卷　(唐)薛用弱撰
博異記一卷　(唐)谷神子(鄭還古)撰
杜陽雜編三卷　(唐)蘇鶚撰
前定錄一卷續錄一卷　(唐)鍾輅撰
桂苑叢談一卷　(唐)馮翊撰
劇談錄二卷　(唐)康駢撰
宣室志十卷補遺一卷　(唐)張讀撰
唐闕史二卷　(唐)高彥休撰
甘澤謠一卷　(唐)袁郊撰
開天傳信記一卷　(唐)鄭棨撰
稽神錄六卷　(宋)徐鉉撰
江淮異人錄二卷　(宋)吳淑撰
太平廣記五百卷　(宋)李昉等撰
茆亭客話十卷　(宋)黃休復撰
分門古今類事二十卷　(宋)宋□撰
陶朱新錄一卷　(宋)馬純撰
睽車志六卷　(宋)郭象撰
夷堅支志五十卷　(宋)洪邁撰
博物志十卷　(晉)張華撰　(宋)周日用
　(宋)盧□注
述異記二卷　(梁)任昉撰
酉陽雜俎二十卷續集十卷　(唐)段成式撰
清異錄二卷　(宋)陶穀撰
續博物志十卷　(宋)李石撰
釋家類
　弘明集十四卷　(梁)釋僧祐撰
　廣弘明集三十卷　(唐)釋道宣撰
　法苑珠林一百二十卷　(唐)釋道世撰
　開元釋敎錄二十卷　(唐)釋智昇撰
　宋高僧傳三十卷　(宋)釋贊寧撰
　法藏碎金錄十卷　(宋)晁迥撰

道院集要三卷　(宋)晁迥撰　(宋)王古刪
　定
僧寶傳三十二卷　(宋)釋惠洪撰
林間錄二卷後集一卷　(宋)釋惠洪撰
五燈會元二十卷　(宋)釋普濟撰
羅湖野錄四卷　(宋)釋曉瑩撰
釋氏稽古略四卷　(元)釋覺岸撰
佛祖通載二十二卷　(元)釋念常撰
道家類
　陰符經解一卷　(唐)李筌等注
　陰符經考異一卷　(宋)朱熹撰
　陰符經講義四卷　(宋)夏元鼎撰
　老子註二卷　(漢)河上公撰
　道德指歸論六卷　(漢)嚴遵撰
　老子註二卷　(魏)王弼撰
　道德經解二卷　(宋)蘇轍撰
　道德寶章一卷　(宋)葛長庚撰
　道德眞經註四卷　(元)吳澄撰
　老子翼三卷老子考異一卷　(明)焦竑撰
　御註道德經二卷　清世祖撰
　老子說略二卷　(清)張爾岐撰
　道德經註二卷　(清)徐大椿撰
　附
　　陰符經註一卷　(清)徐大椿撰
　關尹子一卷　(周)尹喜撰
　列子八卷　(周)列禦寇撰
　沖虛至德眞經解八卷　(宋)江遹撰
　莊子註十卷　(晉)郭象撰
　南華眞經新傳二十卷　(宋)王雱撰
　莊子口義十卷　(宋)林希逸撰　　　〔撰
　南華眞經義海纂微一百六卷　(宋)褚伯秀
　莊子翼八卷莊子闕誤一卷附錄一卷　(明)
　　焦竑撰
　文子二卷　(周)辛鈃撰
　文子纘義十二卷　(元)杜道堅撰
　列仙傳二卷　(漢)劉向撰
　周易參同契通眞義三卷　(後蜀)彭曉撰
　周易參同契考異一卷　(宋)朱熹撰
　周易參同契解三卷　(宋)陳顯微撰　　〔撰
　周易參同契發揮三卷釋疑一卷　(宋)俞琰
　周易參同契分章註三卷　(元)陳致虛撰
　古文參同契集解三卷　(明)蔣一彪撰
　抱朴子內外篇八卷　(晉)葛洪撰
　神仙傳十卷　(晉)葛洪撰
　眞誥二十卷　(梁)陶弘景撰
　亢倉子一卷　(周)庚桑楚撰
　亢倉子註九卷　(□)何粲撰
　玄眞子一卷　(唐)張志和撰
　天隱子一卷　(唐)□□撰
　無能子三卷　(唐)□□撰

續仙傳三卷　(南唐)沈汾撰
雲笈七籤一百二十二卷　(宋)張君房撰
悟眞篇註疏三卷附直指詳說一卷　(宋)張
　　伯端撰　(宋)翁葆光注　(元)戴起宗
　　疏
古文龍虎經註疏三卷　(宋)王道撰
易外別傳一卷　(宋)俞琬撰
席上腐談二卷　(宋)俞琰撰
道藏目錄詳註四卷　(明)白雲霽撰
集部
楚詞類
楚詞章句十七卷　(漢)王逸撰
楚詞補註十七卷　(宋)洪興祖撰
楚詞集註八卷辨證二卷後語六卷　(宋)朱
　　熹撰
離騷草木疏四卷　(宋)吳仁傑撰
欽定補繪離騷全圖二卷　(清)蕭雲從繪
　　清乾隆四十七年補繪
山帶閣註楚詞六卷餘論二卷說韻一卷
　　(清)蔣驥撰
別集類
揚子雲集六卷　(漢)揚雄撰
蔡中郎集六卷　(漢)蔡邕撰
孔北海集一卷　(漢)孔融撰
曹子建集十卷　(魏)曹植撰
嵇中散集十卷　(魏)嵇康撰
陸士龍集十卷　(晉)陸雲撰
陶淵明集八卷　(晉)陶潛撰
璿璣圖詩讀法一卷　(明)康萬民撰
鮑參軍集十卷　(劉宋)鮑照撰
謝宣城集五卷　(齊)謝朓撰
昭明太子集六卷　(梁)蕭統撰
江文通集四卷　(梁)江淹撰
何水部集一卷　(梁)何遜撰
庾開府集箋註十卷　(北周)庾信撰　(清)
　　吳兆宜箋注
庾子山集註十六卷　(北周)庾信撰　(清)
　　倪璠注
徐孝穆集箋註六卷　(陳)徐陵撰　(清)吳
　　兆宜箋注
東皋子集三卷　(唐)王績撰
寒山子詩集一卷　(唐)釋寒山撰
附
　　豐干拾得詩一卷　(唐)釋豐干(唐)釋拾
　　　　得撰
王子安集十六卷　(唐)王勃撰
盈川集十卷附錄一卷　(唐)楊炯撰
盧昇之集七卷　(唐)盧照鄰撰
駱丞集四卷　(唐)駱賓王撰
陳拾遺集十卷　(唐)陳子昂撰

張燕公集二十五卷　(唐)張說撰
曲江集二十卷　(唐)張九齡撰
李北海集六卷附錄一卷　(唐)李邕撰
李太白集三十卷　(唐)李白撰
分類補註李太白集三十卷　(唐)李白撰
　　(宋)楊齊賢集注　(元)蕭士贇刪補
李太白詩集註三十六卷　(唐)李白撰
　　(清)王琦集注
九家集註杜詩三十六卷　(唐)杜甫撰
　　(宋)郭知達輯注
黃氏補註杜詩三十六卷　(唐)杜甫撰
　　(宋)黃希注　(宋)黃鶴續注
集千家註杜詩二十卷　(唐)杜甫撰　(元)
　　高楚芳輯注
杜詩攟四卷　(明)唐元竑撰
杜詩詳註二十五卷附編二卷　(唐)杜甫撰
　　(清)仇兆鰲注
王右丞集箋註二十八卷首一卷末一卷(唐)
　　王維撰(清)趙殿成箋注
高常侍集十卷　(唐)高適撰
孟浩然集四卷　(唐)孟浩然撰
常建詩三卷　(唐)常建撰
儲光羲詩五卷　(唐)儲光羲撰
次山集十二卷　(唐)元結撰
顏魯公集十五卷補遺一卷年譜一卷附錄一
　　卷　(唐)顏眞卿撰
宗玄集三卷附錄元綱論一卷　(唐)吳筠撰
內丹九章經一卷　(唐)吳筠撰
杼山集十卷　(唐)釋皎然撰
劉隨州集十一卷　(唐)劉長卿撰
韋蘇州集十卷　(唐)韋應物撰
毗陵集二十卷　(唐)獨狐及撰
蕭茂挺文集一卷　(唐)蕭穎士撰
李遐叔文集四卷　(唐)李華撰
錢仲文集十卷　(唐)錢起撰
華陽集三卷　(唐)顧況撰
附
　　顧非熊詩一卷　(唐)顧非熊撰
翰苑集二十二卷　(唐)陸贄撰
權文公集十卷　(唐)權德輿撰
韓集舉正十卷外集舉正一卷敍錄一卷
　　(宋)方崧卿撰
原本韓文考異十卷　(宋)朱熹撰
別本韓文考異四十卷外集十卷遺文一卷
　　(宋)朱熹撰　(宋)王伯大重輯
五百家註音辨昌黎先生文集四十卷　(唐)
　　韓愈撰　(宋)魏仲舉輯注
東雅堂韓昌黎集註四十卷外集十卷　(唐)
　　韓愈撰　(宋)廖瑩中注
韓集點勘四卷　(清)陳景雲撰

詁訓柳先生文集四十五卷外集二卷新編外
　　集一卷　(唐)柳宗元撰　(宋)韓醇音
　　釋
增廣註釋音辯柳集四十三卷　(唐)柳宗元
　　撰　(宋)童宗說注釋　(宋)張敦頤音
　　辯　(宋)潘緯音義　(宋)□□輯
五百家註柳先生集二十一卷新編外集三卷
　　龍城錄二卷附錄四卷　(唐)柳宗元撰
　　(宋)魏仲舉輯　　　　　　　　　[撰
劉賓客文集三十卷外集十卷　(唐)劉禹錫
呂衡州集十卷　(唐)呂溫撰
張司業集八卷　(唐)張籍撰
皇甫持正集六卷　(唐)皇甫湜撰
李文公集十八卷　(唐)李翱撰
歐陽行周集十卷　(唐)歐陽詹撰
李元賓文編三卷外編二卷　(唐)李觀撰
孟東野集十卷　(唐)孟郊撰
長江集十卷　(唐)賈島撰
昌谷集四卷外集一卷　(唐)李賀撰
箋註評點李長吉歌詩四卷外集一卷　(唐)
　　李賀撰　(宋)吳正子箋注　(宋)劉辰
　　翁評點
絳守居園池記註一卷　(唐)樊宗師撰
　　(元)趙仁舉(元)吳師道(宋)許謙注
王司馬集八卷　(唐)王建撰
沈下賢集十二卷　(唐)沈亞之撰
追昔遊集三卷　(唐)李紳撰
會昌一品集二十卷別集十卷外集四卷
　　(唐)李德裕撰
元氏長慶集六十卷補遺六卷　(唐)元稹撰
白氏長慶集七十一卷　(唐)白居易撰
白香山詩集四十卷附錄年譜二卷　(唐)白
　　居易撰　(清)汪立名輯
鮑溶詩集六卷外集一卷　(唐)鮑溶撰
樊川文集二十卷外集一卷別集一卷　(唐)
　　杜牧撰
姚少監詩集十卷　(唐)姚合撰
李義山詩集三卷　(唐)李商隱撰
李義山詩註三卷附錄一卷　(唐)李商隱撰
　　(清)朱鶴齡注
李義山文集箋註十卷　(唐)李商隱撰
　　(清)徐樹穀箋　(清)徐炳註
溫飛卿集箋註九卷　(明)曾益撰　(清)顧
　　予咸補注　(清)顧嗣立續注
丁卯集二卷續集二卷續補一卷集外遺詩一
　　卷　(唐)許渾撰
文泉子集一卷　(唐)劉蛻撰
梨岳集一卷附錄一卷　(唐)李頻撰
李羣玉集三卷後集五卷　(唐)李羣玉撰
孫可之集十卷　(唐)孫樵撰

曹祠部集二卷　(唐)曹鄴撰
附
　　曹唐詩一卷　(唐)曹唐撰
麟角集一卷　(唐)王棨撰
皮子文藪十卷　(唐)皮日休撰
笠澤叢書四卷補遺一卷　(唐)陸龜蒙撰
甫里集二十卷　(唐)陸龜蒙撰
詠史詩二卷　(唐)胡曾撰
雲臺編三卷　(唐)鄭谷撰
司空表聖文集十卷　(唐)司空圖撰
韓內翰別集一卷　(唐)韓偓撰
唐英歌詩三卷　(唐)吳融撰
玄英集八卷　(唐)方干撰
唐風集三卷　(唐)杜荀鶴撰
徐正字詩賦二卷　(唐)徐寅撰
黃御史集十卷附錄一卷　(唐)黃滔撰
羅昭諫集八卷　(唐)羅隱撰
白蓮集十卷　(唐)釋齊己撰
禪月集二十五卷補遺一卷　(唐)釋貫休撰
浣花集十卷補遺一卷　(前蜀)韋莊撰
廣成集十二卷　(前蜀)杜光庭撰
騎省集三十卷　(宋)徐鉉撰
河東集十五卷附錄一卷　(宋)柳開撰
咸平集三十卷　(宋)田錫撰
逍遙集一卷　(宋)潘閬撰
寇忠愍公詩集三卷　(宋)寇準撰
乖崖集十二卷附錄一卷　(宋)張詠撰
小畜集三十卷小畜外集七卷　(宋)王禹偁
　　撰
南陽集六卷　(宋)趙湘撰
武夷新集二十卷　(宋)楊億撰
和靖詩集四卷　(宋)林逋撰
穆參軍集三卷附錄遺事一卷　(宋)穆修撰
晏元獻遺文一卷　(宋)晏殊撰
文莊集三十六卷　(宋)夏竦撰
春卿遺槀一卷　(宋)蔣堂撰
東觀集十卷　(宋)魏野撰
宋元憲集四十卷　(宋)宋庠撰
宋景文集六十二卷補遺二卷附錄一卷
　　(宋)宋祁撰
文恭集五十卷補遺一卷　(宋)胡宿撰
武溪集二十卷　(宋)余靖撰
安陽集五十卷　(宋)韓琦撰
文正集二十卷別集四卷補編五卷　(宋)范
　　仲淹撰
河南集二十七卷　(宋)尹洙撰
孫明復小集一卷　(宋)孫復撰
徂徠集二十卷　(宋)石介撰
蔡忠惠集三十六卷　(宋)蔡襄撰
祠部集三十六卷　(宋)強至撰

鐔津集二十二卷　（宋）釋契嵩撰
祖英集二卷　（宋）釋重顯撰
蘇學士集十六卷　（宋）蘇舜欽撰
蘇魏公集七十二卷　（宋）蘇頌撰
華陽集六十卷附錄十卷　（宋）王珪撰
古靈集二十五卷　（宋）陳襄撰
伐檀集二卷　（宋）黃庶撰
傳家集八十卷　（宋）司馬光撰
清獻集十卷　（宋）趙抃撰
盱江集三十七卷年譜一卷外集三卷　（宋）
　　李覯撰
金氏文集二卷　（宋）金君卿撰
公是集五十四卷　（宋）劉敞撰
彭城集四十卷　（宋）劉攽撰
邕州小集一卷　（宋）陶弼撰
都官集十四卷　（宋）陳舜俞撰
丹淵集四十卷拾遺二卷年譜一卷附錄二卷
　　（宋）文同撰
西溪集十卷　（宋）沈遘撰
郧溪集三十卷　（宋）鄭獬撰
錢塘集十四卷　（宋）韋驤撰
淨德集三十八卷　（宋）呂陶撰
馮安岳集十二卷　（宋）馮山撰
元豐類槀五十卷　（宋）曾鞏撰
龍學文集十六卷　（宋）祖無擇撰
宛陵集六十卷附錄一卷　（宋）梅堯臣撰
忠肅集二十卷　（宋）劉摯撰
無爲集十五卷　（宋）楊傑撰
王魏公集八卷　（宋）王安禮撰
范太史集五十五卷　（宋）范祖禹撰
潞公集四十卷　（宋）文彥博撰
擊壤集二十卷　（宋）邵雍撰
鄱陽集十二卷　（宋）彭汝礪撰
曲阜集四卷　（宋）曾肇撰
周元公集九卷　（宋）周敦頤撰
南陽集三十卷附錄一卷　（宋）韓維撰
節孝集三十卷附錄一卷　（宋）徐積撰
文忠集一百五十三卷附錄五卷　（宋）歐陽
　　修撰
歐陽文粹二十卷　（宋）歐陽修撰　（宋）陳
　　亮輯
樂全集四十卷附錄一卷　（宋）張方平撰
忠宣文集二十卷奏議二卷遺文一卷附錄一
　　卷補編一卷　（宋）范純仁撰
嘉祐集十六卷附錄二卷　（宋）蘇洵撰
臨川集一百卷　（宋）王安石撰
王荊公詩註五十卷　（宋）王安石撰　（宋）
　　李壁注
廣陵集三十卷拾遺一卷　（宋）王令撰
東坡全集一百十五卷　（宋）蘇軾撰

東坡詩集註三十二卷　（宋）蘇軾撰　（宋）
　　王十朋注
施註蘇詩四十二卷東坡年譜一卷王註正譌
　　一卷蘇詩續補遺二卷　（宋）蘇軾撰
　　（宋）施元之註　年譜（宋）王宗稷撰
　　（清）邵長蘅（清）李必恆補註　王註正
　　譌（清）邵長蘅撰　補遺（清）馮景注
補註東坡編年詩五十卷　（宋）蘇軾撰
　　（清）查慎行注
欒城集五十卷欒城後集二十四卷欒城三集
　　十卷應詔集十二卷　（宋）蘇轍撰
山谷內集三十卷外集十四卷別集二十卷詞
　　一卷簡尺二卷年譜三卷　（宋）黃庭堅
　　撰　年譜（宋）黃𤅢撰
山谷內集註二十卷外集註十七卷別集註二
　　卷　（宋）黃庭堅撰　（宋）任淵注　外
　　集（宋）史容注　別集（宋）史季溫注
後山集二十四卷　（宋）陳師道撰
後山詩註十二卷　（宋）陳師道撰　（宋）任
　　淵注
宛邱集七十六卷　（宋）張耒撰
淮海集四十卷後集六卷長短句三卷　（宋）
　　秦觀撰
濟南集八卷　（宋）李廌撰
參寥子集十二卷　（宋）釋道潛撰
寶晉英光集八卷　（宋）米芾撰
石門文字禪三十卷　（宋）釋惠洪撰
青山集三十卷續集七卷　（宋）郭祥正撰
畫墁集八卷　（宋）張舜民撰
陶山集十四卷　（宋）陸佃撰
倚松老人集二卷　（宋）饒節撰
長興集十九卷　（宋）沈括撰
西塘集十卷　（宋）鄭俠撰
雲巢編十卷　（宋）沈遼撰
景迂生集二十卷　（宋）晁說之撰
雞肋集七十卷　（宋）晁補之撰
樂圃餘槀十卷附錄一卷　（宋）朱長文撰
龍雲集三十二卷　（宋）劉弇撰
雲溪居士集三十卷　（宋）華鎮撰
演山集六十卷　（宋）黃裳撰
姑溪居士前集五十卷後集二十卷　（宋）李
　　之儀撰
潏水集十六卷　（宋）李復撰
學易集八卷　（宋）劉跂撰
迮鄉集四十卷　（宋）鄒浩撰
游廌山集四卷　（宋）游酢撰
西臺集二十卷　（宋）畢仲游撰
樂靜集三十卷　（宋）李昭玘撰
北湖集五卷　（宋）吳則禮撰
溪堂集十卷　（宋）謝逸撰

竹友集十卷　（宋）謝薖撰

日涉園集十卷　（宋）李彭撰

灌園集二十卷　（宋）呂南公撰

慶湖遺老集九卷　（宋）賀鑄撰　　　　　〔撰〕

摛文堂集十五卷附錄一卷　（宋）慕容彥逢

襄陵集十二卷　（宋）許翰撰

東堂集十卷　（宋）毛滂撰

浮沚集八卷　（宋）周行己撰

劉給事集五卷　（宋）劉安上撰

劉左史集四卷　（宋）劉安節撰

竹隱畸士集二十卷　（宋）趙鼎臣撰

唐子西集二十四卷　（宋）唐庚撰

洪龜父集二卷　（宋）洪朋撰

跨鼇集三十卷　（宋）李新撰

忠愍集三卷　（宋）李若水撰

忠肅集三卷　（宋）傅察撰

宗忠簡集八卷　（宋）宗澤撰

龜山集四十二卷　（宋）楊時撰

梁溪集一百八十卷附錄六卷　（宋）李綱撰

初寮集八卷　（宋）王安中撰

橫塘集二十卷　（宋）許景衡撰

西渡集二卷補遺一卷　（宋）洪炎撰

老圃集二卷　（宋）洪芻撰

丹陽集二十四卷　（宋）葛勝仲撰

毘陵集十五卷　（宋）張守撰

浮溪集三十六卷　（宋）汪藻撰

浮溪文粹十五卷　（宋）汪藻撰

莊簡集十八卷　（宋）李光撰

忠正德文集十卷　（宋）趙鼎撰

東臒集十六卷　（宋）張擴撰

忠惠集十卷附錄一卷　（宋）翟汝文撰

松隱文集三十九卷　（宋）曹勛撰

石林居士建康集八卷　（宋）葉夢得撰

簡齋集十六卷　（宋）陳與義撰

北山小集四十卷　（宋）程俱撰

檆溪居士集十二卷　（宋）劉才邵撰

筠溪集二十四卷樂府一卷　（宋）李彌遜撰

華陽集四十卷　（宋）張綱撰

忠穆集八卷　（宋）呂頤浩撰

紫微集三十六卷　（宋）張嵲撰

苕溪集五十五卷　（宋）劉一止撰

東牟集十四卷　（宋）王洋撰

相山集三十卷　（宋）王之道撰

三餘集四卷　（宋）黃彥平撰

大隱集十卷　（宋）李正民撰

龜溪集十二卷　（宋）沈與求撰

枏櫚集十六卷　（宋）鄧肅撰

默成文集八卷　（宋）潘良貴撰

鄱陽集四卷　（宋）洪皓撰

澹齋集十八卷　（宋）李流謙撰

韋齋集十二卷　（宋）朱松撰

附

玉瀾集一卷　（宋）朱橰撰

陵陽集四卷　（宋）韓駒撰

灊山集三卷　（宋）朱翌撰

雲溪集十二卷　（宋）郭印撰

盧溪集五十卷　（宋）王庭珪撰

屏山集二十卷　（宋）劉子翬撰

北海集四十六卷附錄三卷　（宋）綦崇禮撰

鴻慶居士集四十二卷　（宋）孫覿撰

內簡尺牘編註十卷　（宋）孫覿撰

崧菴集六卷　（宋）李處權撰

藏海居士集二卷　（宋）吳可撰

豫章文集十七卷　（宋）羅從彥撰

和靖集八卷　（宋）尹焞撰

王著作集八卷　（宋）王蘋撰

郴江百詠一卷　（宋）阮閱撰

雙溪集十五卷　（宋）蘇籀撰

少陽集十卷　（宋）陳東撰

歐陽修撰集七卷　（宋）歐陽澈撰

東溪集二卷附錄一卷　（宋）高登撰

岳武穆遺文一卷　（宋）岳飛撰

茶山集八卷　（宋）曾幾撰

雪溪集五卷　（宋）王銍撰

蘆川歸來集十卷附錄一卷　（宋）張元幹撰

東萊詩集二十卷　（宋）呂本中撰

澹菴文集六卷　（宋）胡銓撰

五峯集五卷　（宋）胡宏撰

斐然集三十卷　（宋）胡寅撰

鄧紳伯集二卷　（宋）鄧深撰

北山集三十卷　（宋）鄭剛中撰

浮山集十卷　（宋）仲井撰

橫浦集二十卷　（宋）張九成撰

湖山集十卷　（宋）吳芾撰

文定集二十四卷　（宋）汪應辰撰

縉雲文集四卷　（宋）馮時行撰

嵩山居士集五十四卷　（宋）晁公遡撰

默堂集二十二卷　（宋）陳淵撰

知稼翁集二卷　（宋）黃公度撰

唯室集四卷附錄一卷　（宋）陳長方撰

漢濱集十六卷　（宋）王之望撰

香溪集二十二卷　（宋）范浚撰

鄭忠肅奏議遺集二卷　（宋）鄭興裔撰

雲莊集五卷　（宋）曾協撰

竹軒雜著六卷　（宋）林季仲撰

拙齋文集二十卷　（宋）林之奇撰

于湖集四十卷　（宋）張孝祥撰

太倉稊米集七十卷　（宋）周紫芝撰

夾漈遺稿三卷　（宋）鄭樵撰

鄮峯眞隱漫錄五十卷　（宋）史浩撰

燕堂詩稿一卷　(宋)趙公豫撰
海陵集二十三卷外集一卷　(宋)周麟之撰
　　(宋)周準輯　　　　　　　　　[撰
竹洲集二十卷附棣華雜著一卷　(宋)吳儆
高峯文集十二卷　(宋)廖剛撰
鄂州小集六卷附錄二卷　(宋)羅願撰
艾軒集九卷附錄一卷　(宋)林光朝撰
晦菴集一百卷續集五卷別集七卷　(宋)朱
　　熹撰
梁谿遺稿一卷　(宋)尤袤撰
文忠集二百卷　(宋)周必大撰
雪山集十六卷　(宋)王質撰
方舟集二十四卷　(宋)李石撰
網山集八卷　(宋)林亦之撰
東萊集四十卷　(宋)呂祖謙撰　　　　[撰
止齋文集五十一卷附錄一卷　(宋)陳傅良
格齋四六一卷　(宋)王子俊撰
梅溪集五十四卷　(宋)王十朋撰
香山集十六卷　(宋)喻良能撰
宮教集十二卷　(宋)崔敦禮撰
蒙隱集二卷　(宋)陳棣撰
倪石陵書一卷　(宋)倪樸撰
樂軒集八卷　(宋)陳藻撰
定菴類稿四卷　(宋)衛博撰
澹軒集八卷　(宋)李呂撰
攻媿集一百十二卷　(宋)樓鑰撰
尊白堂集六卷　(宋)虞儔撰
東塘集二十卷　(宋)袁說友撰
義豐集一卷　(宋)王阮撰
涉齋集十八卷　(宋)許及之撰
蠹齋鉛刀編三十二卷　(宋)周孚撰
乾道稿一卷淳熙稿二十卷章泉稿五卷
　　(宋)趙蕃撰
雙溪集二十七卷　(宋)王炎撰
止堂集二十卷　(宋)彭龜年撰
緣督集二十卷　(宋)曾丰撰
象山集二十八卷外集四卷附語錄四卷
　　(宋)陸九淵撰
慈湖遺書十八卷續集二卷　(宋)楊簡撰
絜齋集二十四卷　(宋)袁燮撰
舒文靖集二卷　(宋)舒璘撰
雲莊集十二卷　(宋)劉爚撰
定齋集二十卷　(宋)蔡戡撰
九華集二十五卷附錄一卷　(宋)員興宗撰
野處類稿二卷　(宋)洪邁撰
盤洲集八十卷　(宋)洪适撰
應齋雜著六卷　(宋)趙善括撰
芸菴類稿六卷　(宋)李洪撰
浪語集三十五卷　(宋)薛季宣撰
石湖詩集三十四卷　(宋)范成大撰

誠齋集一百三十三卷　(宋)楊萬里撰
劍南詩稿八十五卷　(宋)陸游撰
渭南文集五十卷逸稿二卷　(宋)陸游撰
　　逸稿(明)毛晉輯
放翁詩選前集十卷後集八卷附別集一卷
　　(宋)陸游撰　(宋)羅椅選　後集(宋)
　　劉辰翁選　別集(明)□□選
金陵百詠一卷　(宋)曾極撰
頤庵居士集二卷　(宋)劉應時撰
水心集二十九卷　(宋)葉適撰
南湖集十卷　(宋)張鎡撰
南澗甲乙稿二十二卷　(宋)韓元吉撰
自鳴集六卷　(宋)章甫撰
客亭類稿十四卷　(宋)楊冠卿撰
石屏集六卷　(宋)戴復古撰
蓮峯集十卷　(宋)史堯弼撰
江湖長翁文集四十卷　(宋)陳造撰
燭湖集二十卷附編二卷　(宋)孫應時撰
昌谷集二十二卷　(宋)曹彥約撰
省齋集十卷　(宋)廖行之撰
南軒集四十四卷　(宋)張栻撰
勉齋集四十卷　(宋)黃幹撰
北溪大全集五十卷外集一卷　(宋)陳淳撰
山房集九卷　(宋)周南撰
橘山四六二十卷　(宋)李廷忠撰
後樂集二十卷　(宋)衛涇撰
竹齋詩集三卷附錄一卷　(宋)裘萬頃撰
華亭百詠一卷　(宋)許尚撰
梅山續稿十七卷　(宋)姜特立撰
信天巢遺稿一卷　(宋)高翥撰
附
　　林湖遺稿一卷　(宋)高鵬飛撰
　　江邨遺稿一卷　(宋)高選(宋)高邁等撰
　　疎寮小集一卷　(宋)高似孫撰
性善堂稿十五卷　(宋)度正撰
漫塘文集三十六卷　(宋)劉宰撰
克齋集十七卷　(宋)陳文蔚撰
芳蘭軒集一卷　(宋)徐照撰
二薇亭集一卷　(宋)徐璣撰
西巖集一卷　(宋)翁卷撰
清苑齋集一卷　(宋)趙師秀撰
瓜廬詩一卷　(宋)薛師石撰
洛水集三十卷　(宋)程珌撰
龍川文集三十卷　(宋)陳亮撰
龍洲集十四卷附錄二卷　(宋)劉過撰
鶴山全集一百九卷　(宋)魏了翁撰
西山文集五十五卷　(宋)眞德秀撰
方泉集四卷　(宋)周文璞撰
東山詩選二卷　(宋)葛紹體撰
白石詩集一卷　(宋)姜夔撰

附

　　詩說一卷　（宋）姜夔撰
野谷詩稿六卷　（宋）趙汝鐩撰
平齋文集三十二卷　（宋）洪咨夔撰
蒙齋集十八卷　（宋）袁甫撰
康範詩集一卷附錄三卷　（宋）汪晫撰
清獻集二十卷　（宋）杜範撰
鶴林集四十卷　（宋）吳泳撰
東澗集十四卷　（宋）許應龍撰
方是閒居士小樂二卷　（宋）劉學箕撰
翠微南征錄十一卷　（宋）華岳撰
浣川集十卷　（宋）戴栩撰
漁墅類稿八卷　（宋）陳元晉撰
滄洲塵缶編十四卷　（宋）程公許撰
安晚堂詩集七卷　（宋）鄭清之撰
四六標準四十卷　（宋）李劉撰
簣窗集十卷　（宋）陳耆卿撰
友林乙稿一卷　（宋）史彌寧撰
方壺存稿八卷　（宋）汪莘撰
鐵菴集三十七卷　（宋）方大琮撰
壺山四六一卷　（宋）方大琮撰
默齋遺稿二卷　（宋）游九言撰
履齋遺集四卷　（宋）吳潛撰
矅軒集十六卷　（宋）王邁撰
東野農歌集五卷　（宋）戴昺撰
敝帚稿略八卷　（宋）包恢撰
清正存稿六卷附錄一卷　（宋）徐鹿卿撰
寒松閣集三卷　（宋）詹初撰
滄浪集二卷　（宋）嚴羽撰
泠然齋集八卷　（宋）蘇泂撰
可齋雜樂三十四卷續稿前八卷續稿後十二
　　卷　（宋）李曾伯撰
後村集五十卷　（宋）劉克莊撰
澗泉集二十卷　（宋）韓淲撰
矩山存稿五卷　（宋）徐經孫撰
雪牎集二卷附錄一卷　（宋）孫夢觀撰
庸齋集六卷　（宋）趙汝騰撰
文溪存稿二十卷　（宋）李昴英撰
彝齋文編四卷　（宋）趙孟堅撰
張氏拙軒集六卷　（宋）張侃撰
靈巖集十卷　（宋）唐士恥撰
玉楮集八卷　（宋）岳珂撰
楳埜集十二卷　（宋）徐元杰撰
耻堂存稿八卷　（宋）高斯得撰
秋崖集四十卷　（宋）方岳撰
芸隱橫舟稿一卷芸隱倦遊稿一卷　（宋）施
　　樞撰
蒙川遺稿四卷　（宋）劉黻撰
雪磯叢稿五卷　（宋）樂雷發撰
北磵集十卷　（宋）釋居簡撰

西塍集一卷　（宋）宋伯仁撰
梅屋集五卷　（宋）許棐撰
潛山集十二卷　（宋）釋文珦撰
孝詩一卷　（宋）林同撰
字溪集十一卷附錄一卷　（宋）陽枋撰
勿齋集二卷　（宋）楊至質撰
巽齋文集二十七卷　（宋）歐陽守道撰
雪坡文集五十卷　（宋）姚勉撰
文山集二十一卷　（宋）文天祥撰
文信公集杜詩（一名文山詩史）四卷　（宋）
　　文天祥撰
疊山集五卷　（宋）謝枋得撰
本堂集九十四卷　（宋）陳著撰
汝陽端平詩雋四卷　（宋）周弼撰
鬳齋續集三十卷　（宋）林希逸撰
魯齋集二十卷　（宋）王柏撰
須溪集十卷　（宋）劉辰翁撰
須溪四景詩集四卷　（宋）劉辰翁撰
葦航漫遊稿四卷　（宋）胡仲弓撰
蘭皐集三卷　（宋）吳錫疇撰
雲泉詩一卷　（宋）薛嵎撰
嘉禾百詠一卷　（宋）張堯同撰
柳塘外集四卷　（宋）釋道璨撰
碧梧玩芳集二十四卷　（宋）馬廷鸞撰
四明文獻集五卷　（宋）王應麟撰
覆瓿集六卷　（宋）趙必瓈撰
閬風集十二卷　（宋）舒岳祥撰
北遊集一卷　（宋）汪夢斗撰
秋堂集三卷　（宋）柴望撰
蛟峯文集八卷外集四卷　（宋）方逢辰撰
秋聲集六卷　（宋）蕭宗武撰
牟氏陵陽集二十四卷　（宋）牟巘撰
湖山類稿五卷水雲集一卷　（宋）汪元量撰
晞髮集十卷晞髮遺集二卷遺集補一卷附天
　　地閒集一卷西臺慟哭記註一卷冬青引
　　註一卷　（宋）謝翱撰　西臺慟哭記註
　　冬青引註（明）張丁撰
潛齋文集十一卷　（宋）何夢桂撰
附
　　鐵牛翁遺稿一卷　（元）何景福撰
梅巖文集十卷　（宋）胡次焱撰
四如集五卷　（宋）黃仲元撰
林霽山集五卷　（宋）林景熙撰
勿軒集八卷　（宋）熊禾撰
古梅吟稿六卷　（宋）吳龍翰撰
佩韋齋文集十六卷　（宋）俞德鄰撰
廬山集五卷英溪集一卷　（宋）董嗣杲撰
西湖百詠二卷　（宋）董嗣杲撰
則堂集六卷　（宋）家鉉翁撰
富山遺稿十卷　（宋）方夔撰

眞山民集一卷　（宋）眞山民撰
百正集三卷　（宋）連文鳳撰
月洞吟一卷　（宋）王鎡撰
伯牙琴一卷　（宋）鄧牧撰
存雅堂遺稿五卷　（宋）方鳳撰
吾汶稿十卷　（宋）王炎午撰
在軒集一卷　（宋）黃公紹撰
紫巖詩選三卷　（宋）于石撰
九華詩集一卷　（宋）陳巖撰
寧極齋稿一卷　（宋）陳深撰
附
　慎獨叟遺稿一卷　（宋）陳植撰
仁山集六卷　（宋）金履祥撰
自堂存稿四卷　（宋）陳杰撰
心泉學詩稿六卷　（宋）蒲壽宬撰
拙軒集六卷　（金）王寂撰
滏水集二十卷　（金）趙秉文撰
滹南遺老集四十五卷　（金）王若虛撰
莊靖集十卷　（金）李俊民撰
遺山集四十卷附錄一卷　（金）元好問撰
湛然居士集十四卷　（元）耶律楚材撰
藏春集六卷　（元）劉秉忠撰
淮陽集一卷附錄詩餘一卷　（元）張洪範撰
陵川集三十九卷附錄一卷　（元）郝經撰
歸田類稿二十四卷　（元）張養浩撰
白雲集三卷　（元）釋英撰
稼村類稿三十卷　（元）王義山撰
桐江續集三十六卷　（元）方回撰
野趣有聲畫二卷　（元）楊公遠撰
月屋漫稿一卷　（元）黃庚撰
剡源集三十卷　（元）戴表元撰
剩語二卷　（元）艾性夫撰
養蒙集十卷　（元）張伯淳撰
牆東類稿二十卷　（元）陸文圭撰
青山集八卷　（元）趙文撰
桂隱文集四卷詩集四卷　（元）劉詵撰
水雲村稿十五卷　（元）劉壎撰
巴西文集一卷　（元）鄧文原撰
屏巖小稿一卷　（元）張觀光撰
玉斗山人集三卷　（元）王奕撰
谷響集三卷　（元）釋善住撰
竹素山房詩集三卷　（元）吾丘衍撰
紫山大全集二十六卷　（元）胡祇遹撰
松鄉文集十卷　（元）任士林撰
松雪齋集十卷外集一卷　（元）趙孟頫撰
吳文正集一百卷　（元）吳澄撰
金淵集六卷　（元）仇遠撰
山村遺集一卷　（元）仇遠撰
湛淵集一卷　（元）白珽撰
牧潛集七卷　（元）釋圓至撰

小亨集六卷　（元）楊弘道撰
還山遺稿二卷附錄二卷　（元）楊奐撰
魯齋遺書八卷附錄二卷　（元）許衡撰
靜修集三十卷　（元）劉因撰
青崖集五卷　（元）魏初撰
養吾齋集三十二卷　（元）劉將孫撰
存悔齋稿一卷補遺一卷　（元）龔璛撰　補遺（明）朱存理輯
雙溪醉隱集八卷　（元）耶律鑄撰
東菴集四卷　（元）滕安上撰
白雲集四卷　（元）許謙撰
畏齋集六卷　（元）程端禮撰
默菴集五卷　（元）安熙撰
雲峯集十卷　（元）胡炳文撰
秋澗集一百卷　（元）王惲撰
牧菴文集三十六卷　（元）姚燧撰
雪樓集三十卷　（元）程鉅夫撰
曹文貞詩集十卷後錄一卷　（元）曹伯啓撰
芳谷集二卷　（元）徐明善撰
觀光稿一卷交州稿一卷玉堂稿一卷附錄一卷　（元）陳孚撰
陳秋巖詩集二卷　（元）陳宜甫撰
蘭軒集十六卷　（元）王旭撰
玉井樵唱三卷　（元）尹廷高撰
清容居士集五十卷　（元）袁桷撰
此山集四卷　（元）周權撰
申齋集十五卷　（元）劉岳申撰
霞外詩集十卷　（元）馬臻撰
西巖集二十卷　（元）張之翰撰
蒲室集十五卷　（元）釋大訢撰
弁山小隱吟錄二卷　（元）黃玠撰
續軒渠集十卷附錄一卷　（元）洪希文撰
定宇集十六卷別集一卷　（元）陳櫟撰
艮齋詩集十四卷　（元）侯克中撰
知非堂稿六卷　（元）何中撰
雲林集六卷附錄一卷　（元）貢奎撰
梅花字字香前集一卷後集一卷　（元）郭豫亨撰
中菴集二十卷　（元）劉敏中撰
文忠集六卷　（元）王結撰
靜春堂集四卷　（元）袁易撰
惟實集四卷外集一卷　（元）劉鶚撰
勤齋集八卷　（元）蕭𣂏撰
石田集十五卷　（元）馬祖常撰
榘菴集十五卷　（元）同恕撰
道園學古錄五十卷　（元）虞集撰
道園遺稿六卷　（元）虞集撰
楊仲弘集八卷　（元）楊載撰
范德機詩七卷　（元）范梈撰
文安集十四卷　（元）揭傒斯撰

翠寒集一卷　（元）宋无撰

檜亭集九卷　（元）丁復撰

伊濱集二十四卷　（元）王沂撰

淵穎集十二卷附錄一卷　（元）吳萊撰

黃文獻集十卷　（元）黃溍撰

圭齋集十五卷附錄一卷　（元）歐陽玄撰

待制集二十卷附錄一卷　（元）柳貫撰

閒居叢稿二十六卷　（元）蒲道源撰

所安遺集一卷　（元）陳泰撰

至正集八十一卷　（元）許有壬撰

圭塘小稿十三卷別集二卷續集一卷附錄一卷　（元）許有壬撰

禮部集二十卷附錄一卷　（元）吳師道撰

積齋集五卷　（元）程端學撰

燕石集十五卷　（元）宋褧撰

秋聲集四卷　（元）黃鎮成撰

雁門集三卷集外詩一卷　（元）薩都拉（薩都剌）撰

杏庭摘稿一卷　（元）洪焱祖撰

安雅堂集十三卷　（元）陳旅撰

傅與礪詩文集二十卷　（元）傅若金撰

瓢泉吟稿五卷　（元）朱晞顏撰

筠軒集十三卷　（元）唐元撰

俟菴集三十卷　（元）李存撰

滋溪文稿三十卷　（元）蘇天爵撰

青陽集四卷　（元）余闕撰

鯨背吟集一卷　（元）朱晞顏撰

近光集三卷扈從詩一卷　（元）周伯琦撰

經濟文集六卷　（元）李士瞻撰

純白齋類稿二十卷附錄二卷　（元）胡助撰

圭峯集二卷　（元）盧琦撰

蛻菴集五卷　（元）張翥撰

五峯集六卷　（元）李孝光撰

野處集四卷　（元）邵亨貞撰

夢觀集五卷　（元）釋大圭撰

金臺集二卷　（元）納新（廼賢）撰

子淵詩集六卷　（元）張仲深撰

午溪集十卷　（元）陳鑑撰

藥房樵唱三卷附錄一卷　（元）吳景奎撰

栲栳山人集三卷　（元）岑安卿撰

梅花道人遺墨二卷　（元）吳鎮撰

玩齋集十卷拾遺一卷　（元）貢師泰撰

羽庭集六卷　（元）劉仁本撰

不繫舟漁集十五卷附錄一卷　（元）陳高撰

居竹軒集四卷　（元）成廷珪撰

句曲外史集三卷補遺三卷集外詩一卷　（元）張雨撰　補遺（明）閔元衢編　集外詩（明）毛晉（清）馮武編

僑吳集十二卷　（元）鄭元祐撰

詠物詩一卷　（元）謝宗可撰

鹿皮子集四卷　（元）陳樵撰

林外野言二卷　（元）郭翼撰

傲軒吟稿一卷　（元）胡天游撰

師山文集八卷遺文五卷附錄一卷　（元）鄭玉撰

友石山人遺稿一卷　（元）王翰撰

聞過齋集八卷　（元）吳海撰

學言詩稿六卷　（元）吳當撰

北郭集六卷補遺一卷　（元）許恕撰

玉笥集十卷　（元）張憲撰

青村遺稿一卷　（元）金涓撰

丁鶴年集一卷　（元）丁鶴年撰

貞素齋集八卷附錄一卷　（元）舒頔撰

北莊遺稿一卷　（元）舒遠遜撰

一山文集九卷　（元）李繼本撰

江月松風集十二卷　（元）錢惟善撰

龜巢集十七卷　（元）謝應芳撰

石初集十卷附錄一卷　（元）周霆震撰

山窻餘稿一卷　（元）甘復撰

梧溪集七卷　（元）王逢撰

吾吾類稿三卷　（元）吳皋撰

樵雲獨唱六卷　（元）葉顒撰

桐山老農集四卷　（元）魯貞撰

靜思集十卷　（元）郭鈺撰

九靈山房集三十卷補編二卷　（元）戴良撰

灤京雜詠一卷　（元）楊允孚撰

雲陽集十卷　（元）李祁撰

南湖集七卷　（元）貢性之撰

佩玉齋類稿十卷　（元）楊翮撰

清閟閣集十二卷　（元）倪瓚撰

玉山璞稿一卷　（元）顧瑛撰

麟原文集二十四卷　（元）王禮撰

來鶴亭詩八卷補遺一卷　（元）呂誠撰

雲松巢集三卷　（元）朱希晦撰

環谷集八卷　（元）汪克寬撰

性情集六卷　（元）周巽撰

花溪集三卷　（元）沈夢麟撰

樗隱集六卷　（元）胡行簡撰

東山存稿七卷附錄一卷　（元）趙汸撰

東維子集三十卷附錄一卷　（元）楊維楨撰

鐵崖古樂府十卷樂府補六卷　（元）楊維楨撰

復古詩集六卷　（元）楊維楨撰

麗則遺音四卷　（元）楊維楨撰

夷白齋稿三十五卷外集一卷　（元）陳基撰

庸菴集十四卷　（元）宋禧撰

可閒老人集四卷　（元）張昱撰

石門集七卷　（元）梁寅撰

玉笥集九卷　（明）鄧雅撰

明太祖文集二十卷　明太祖撰

宋學士全集三十六卷　(明)宋濂撰
宋景濂未刻集二卷　(明)宋濂撰
誠意伯文集二十卷　(明)劉基撰
鳳池吟稾十卷　(明)汪廣洋撰
陶學士集二十卷　(明)陶安撰
西隱集十卷　(明)宋訥撰
王忠文公集二十四卷　(明)王禕撰
翠屏集四卷　(明)張以寧撰
說學齋稿四卷　(明)危素撰
雲林集二卷　(明)危素撰
白雲集七卷　(明)唐桂芳撰
登州集二十三卷　(明)林弼撰
槎翁詩集八卷　(明)劉崧撰
東臯錄三卷　(明)釋妙聲撰
覆瓿集七卷附錄一卷　(明)朱同撰
柘軒集四卷　(明)凌雲翰撰
白雲稾五卷　(明)朱右撰
密菴集八卷　(明)謝肅撰
清江詩集十卷文集三十一卷　(明)貝瓊撰
蘇平仲集十六卷　(明)蘇伯衡撰
胡仲子集十卷　(明)胡翰撰
始豐稿十四卷　(明)徐一夔撰
王常宗集四卷補遺一卷續補遺一卷　(明)
　　王彝撰　補遺(明)劉廷璋(明)浦杲輯
白石山房逸稾二卷　(明)張孟兼撰
滄螺集六卷　(明)孫作撰
臨安集六卷　(明)錢宰撰
尚絅齋集五卷　(明)童冀撰
考古文集二卷　(明)趙撝謙撰
劉彥昺集九卷　(明)劉炳撰
藍山集六卷　(明)藍仁撰
藍澗集六卷　(明)藍智撰
大全集十八卷　(明)高啓撰
鳧藻集五卷　(明)高啓撰
眉菴集十二卷　(明)楊基撰
靜居集四卷　(明)張羽撰
北郭集六卷　(明)徐賁撰
鳴盛集四卷　(明)林鴻撰
白雲樵唱集四卷附錄一卷　(明)王恭撰
草澤狂歌五卷　(明)王恭撰
半軒集十四卷　(明)王行撰
西菴集九卷　(明)孫蕡撰
南村詩集四卷　(明)陶宗儀撰
望雲集五卷　(明)郭奎撰
蚓竅集十卷　(明)管時敏撰
西郊笑端集二卷　(明)董紀撰
草閣集六卷拾遺一卷文集一卷　(明)李曄
　　撰　拾遺(明)唐光祖輯
附
　　筠谷詩一卷　(明)李穎撰

樗菴類稾二卷　(明)鄭潛撰
春草齋集十卷附錄一卷　(明)烏斯道撰
耕學齋詩集十二卷　(明)袁華撰
可傳集一卷　(明)袁華撰
强齋集十卷　(明)殷奎撰
海桑集十卷　(明)陳謨撰
畦樂詩集一卷　(明)梁蘭撰　　　　〔撰
竹齋集三卷續集一卷附錄一卷　(明)王冕
獨醉亭集三卷　(明)史謹撰
海叟集四卷集外詩一卷　(明)袁凱撰
榮進錄四卷　(明)吳伯宗撰
梁園寓稿九卷　(明)王翰撰
自怡集一卷　(明)劉璉撰
斗南老人集六卷　(明)胡奎撰
希澹園詩集三卷　(明)虞堪撰
鷺湖集六卷　(明)龔斆撰
滎陽外史集一百卷(原缺卷一至六、卷十四
　　至二十、卷三十一至三十二、卷四十
　　四、卷五十八至五十九、卷六十八至八
　　十六)　(明)鄭眞撰
全室外集九卷續集一卷　(明)釋宗泐撰
峴泉集四卷　(明)張宇初撰
唐愚士詩二卷附會稽懷古詩一卷　(明)唐
　　之淳撰
繼志齋集十二卷附錄一卷　(明)王紳撰
練中丞集二卷　(明)練子寧撰
遜志齋集二十四卷　(明)方孝孺撰
貞白遺稿十卷　(明)程通撰
附
　　顯忠錄二卷　(明)程樞輯
靜學文集一卷　(明)王叔英撰
芻蕘集六卷　(明)周是修撰
巽隱集四卷　(明)程本立撰
易齋集二卷　(明)劉璟撰
野古集三卷　(明)龔詡撰
文毅集十六卷　(明)解縉撰
虛舟集五卷　(明)王偁撰
王舍人詩集五卷　(明)王紱撰
泊菴集十六卷　(明)梁潛撰
毅齋集八卷　(明)王洪撰
頤菴文選二卷　(明)胡儼撰
青城山人集八卷　(明)王璲撰　　　〔撰
東里全集九十七卷別集四卷　(明)楊士奇
楊文敏集二十五卷　(明)楊榮撰
省愆集二卷　(明)黃淮撰
金文靖集十卷　(明)金幼孜撰
夏忠靖集六卷附錄一卷　(明)夏原吉撰
抑菴集十三卷後集三十七卷　(明)王直撰
運甓漫稿七卷　(明)李昌祺撰
古廉集十一卷附錄一卷　(明)李時勉撰

梧岡集八卷　(明)唐文鳳撰
曹月川集一卷　(明)曹端撰
薛文清集二十四卷　(明)薛瑄撰
兩溪文集二十四卷　(明)劉球撰
于忠肅集十三卷　(明)于謙撰
蘭庭集二卷　(明)謝晉撰
古穰集三十卷　(明)李賢撰
武功集五卷　(明)徐有貞撰
倪文僖集三十二卷　(明)倪謙撰
襄毅文集十五卷　(明)韓雍撰
白沙集九卷　(明)陳獻章撰
類博稿十卷附錄二卷　(明)岳正撰
平橋稿十八卷　(明)鄭文康撰
竹巖詩集一卷文集一卷補遺一卷　(明)柯
　　潛撰
彭惠安集十卷附錄一卷　(明)彭韶撰
清風亭稿七卷　(明)童軒撰
方洲集二十六卷　(明)張寧撰
附
　　讀史錄四卷　(明)張寧撰
重編瓊臺會稿二十四卷　(明)丘濬撰
謙齋文錄四卷　(明)徐溥撰
椒邱文集四十四卷　(明)何喬新撰
石田詩選十卷　(明)沈周撰
東園文集十三卷續編一卷　(明)鄭紀撰
懷麓堂集一百卷　(明)李東陽撰
清谿漫稿二十四卷　(明)倪岳撰
康齋文集十二卷　(明)吳與弼撰
樓居雜著一卷野航詩稿一卷野航文稿一卷
　　附錄一卷　(明)朱存理撰
一峯集十卷　(明)羅倫撰
篁墩集九十三卷　(明)程敏政撰
楓山集四卷附錄一卷　(明)章懋撰
莊定山集十卷　(明)莊㫤撰
未軒文集十二卷補遺二卷附錄一卷　(明)
　　黃仲昭撰
醫閭集九卷　(明)賀欽撰
翠渠摘稿七卷補遺一卷　(明)周瑛撰　補
　　遺(明)周維鑲輯
家藏集七十七卷　(明)吳寬撰
歸田稿八卷　(明)謝遷撰
震澤集三十六卷　(明)王鏊撰
鬱洲遺稿十卷　(明)梁儲撰
見素文集二十八卷奏疏七卷續集十二卷
　　(明)林俊撰
古城集六卷補遺一卷　(明)張吉撰
虛齋集五卷　(明)蔡清撰
容春堂前集二十卷後集十四卷續集十八卷
　　別集九卷　(明)邵寶撰
羅圭峯文集三十卷　(明)羅玘撰

吳文肅公摘稿四卷　(明)吳儼撰
熊峯集十卷　(明)石珤撰
立齋遺文五卷　(明)鄒智撰
西村集八卷附錄一卷　(明)史鑑撰
胡文敬公集三卷　(明)胡居仁撰
小鳴稿十卷　(明)朱誠泳撰
方簡肅文集十卷　(明)方良永撰
懷星堂集三十卷　(明)祝允明撰
整菴存稿二十卷　(明)羅欽順撰
東江家藏集四十二卷　(明)顧清撰
空同集六十六卷　(明)李夢陽撰
山齋集二十四卷　(明)鄭岳撰
浮湘集四卷山中集四卷憑几集五卷續集二
　　卷息園存稿詩十四卷文九卷緩慟集一
　　卷　(明)顧璘撰
華泉集十四卷　(明)邊貢撰
劉清惠集十二卷　(明)劉麟撰
東田遺稿二卷　(明)張羽撰
沙溪集二十三卷　(明)孫緒撰
王文成全書三十八卷　(明)王守仁撰
雙溪集八卷　(明)杭淮撰
對山集十卷　(明)康海撰
柏齋集十一卷　(明)何瑭撰
竹澗集八卷竹澗奏議四卷　(明)潘希曾撰
大復集三十八卷　(明)何景明撰
洹詞十二卷　(明)崔銑撰
莊渠遺書十二卷　(明)魏校撰
儼山集一百卷續集十卷　(明)陸深撰
迪功集六卷　(明)徐禎卿撰
附
　　談藝錄一卷　(明)徐禎卿撰
鄭少谷集二十五卷　(明)鄭善夫撰
太白山人漫稿八卷　(明)孫一元撰
苑洛集二十二卷　(明)韓邦奇撰
東洲初稿十四卷　(明)夏良勝撰
升菴集八十一卷　(明)楊慎撰
東巖集六卷　(明)夏尚樸撰
讓溪草堂稿五十八卷　(明)孫承恩撰
方齋詩文集十卷　(明)林文俊撰
考功集十卷　(明)薛蕙撰
雲村文集十四卷　(明)許相卿撰
小山類稿二十卷　(明)張岳撰
夢澤集二十三卷　(明)王廷陳撰
泰泉集十卷　(明)黃佐撰
甫田集三十五卷附錄一卷　(明)文徵明撰
西村詩集二卷補遺一卷　(明)朱朴撰　補
　　遺(明)朱絲輯
天馬山房遺稿八卷　(明)朱浚撰
蘇門集八卷　(明)高叔嗣撰
愚谷集十卷　(明)李舜臣撰

遵巖集二十五卷　(明)王慎中撰

陸子餘集八卷　(明)陸粲撰

念菴集二十二卷　(明)羅洪先撰

皇甫司勳集六十卷　(明)皇甫汸撰

楊忠介集十三卷附錄三卷　(明)楊爵撰

荊川集十二卷　(明)唐順之撰

皇甫少玄集二十六卷外集十卷　(明)皇甫
　　涍撰

瑤石山人藁十六卷　(明)黎民表撰

南行集四卷東遊集二卷北觀集四卷山中集
　　十卷　(明)丘雲霄撰

洞麓堂集十卷　(明)尹臺撰

張莊僖文集五卷　(唐)張永明撰

具茨集五卷補遺一卷文集八卷補遺一卷附
　　錄一卷遺稿一卷　(明)王立道撰

青霞集十一卷年譜一卷　(明)沈鍊撰

滄溟集三十卷附錄一卷　(明)李攀龍撰

山海漫談三卷附錄二卷　(明)任環撰

楊忠愍集三卷附錄一卷　(明)楊繼盛撰

弇州山人四部稿一百七十四卷續稿二百七
　　卷　(明)王世貞撰

讀書後八卷　(明)王世貞撰

方麓集十六卷　(明)王樵撰

存家詩藁八卷　(明)楊巍撰

海壑吟藁十一卷　(明)趙完璧撰

伐檀齋集十二卷　(明)張元凱撰

備忘集十卷　(明)海瑞撰

石洞集十八卷　(明)葉春及撰

宗子相集十五卷　(明)宗臣撰

衡廬精舍藏稿三十卷續稿十一卷　(明)胡
　　直撰

薜荔園集四卷　(明)佘翔撰

郭鯤溟集四卷　(明)郭諫臣撰

亦玉堂稿十卷　(明)沈鯉撰

溫恭毅公集三十卷　(明)溫純撰

震川文集三十卷別集十卷　(明)歸有光撰

四溟集十卷　(明)謝榛撰

蠛蠓集五卷　(明)盧柟撰

少室山房類稿一百二十卷　(明)胡應麟撰

穀城山館詩集二十卷　(明)于慎行撰

宗伯集十卷　(明)孫繼皋撰

臨皋文集四卷　(明)楊寅秋撰

淡然軒集八卷　(明)余繼登撰

涇皋藏稿二十二卷　(明)顧憲成撰

小辨齋偶存八卷　(明)顧允成撰
附
　　事定錄三卷　(明)顧允成撰

高子遺書十二卷附錄一卷　(明)高攀龍撰

馮少墟集二十二卷　(明)馮從吾撰

石隱園藏藁八卷　(明)畢自嚴撰

仰節堂集十四卷　(明)曹于汴撰

願學集八卷　(明)鄒元標撰

劉蕺山集十七卷　(明)劉宗周撰

學古緒言二十五卷　(明)婁堅撰

檀園集十二卷　(明)李流芳撰

忠介燼餘集三卷　、(明)周順昌撰

范文忠集十二卷　(明)范景文撰

嫚亭詩集十五卷　(明)徐燭撰

孫白谷集六卷　(明)孫傳庭撰

集玉山房藁十卷　(明)葛昕撰

宋布衣集三卷　(明)宋登春撰

忠肅集三卷　(明)盧象昇撰

倪文貞集十七卷續編三卷奏疏十二卷講編
　　四卷詩集四卷　(明)倪元璐撰

凌忠介集六卷　(明)凌義渠撰

茅簷集八卷　(明)魏學洢撰

申忠愍詩集六卷　(明)申佳胤撰

陶菴全集二十二卷　(明)黃淳耀撰

聖祖仁皇帝御製文集一百七十六卷　清聖
　　祖撰

世宗憲皇帝御製文集三十卷　清世宗撰

御製樂善堂文集定本三十卷　清高宗撰

御製文初集三十卷二集四十四卷　清高宗
　　撰

御製詩初集四十八卷二集一百卷三集一百
　　十二卷四集一百十二卷　清高宗撰

梅村集四十卷　(清)吳偉業撰

湯子遺書十卷附錄一卷　(清)湯斌撰

兼濟堂文集二十卷　(清)魏裔介撰

學餘堂文集二十八卷詩集五十卷外集二卷
　　(清)施閏章撰

忠貞集十卷　(清)范承謨撰

林蕙堂集二十六卷　(清)吳綺撰

精華錄十卷　(清)王士禛撰

堯峰文鈔五十卷　(清)汪琬撰

午亭文編五十卷　(清)陳廷敬撰

讀書齋偶存稿四卷　(清)葉方藹撰

松桂堂全集三十七卷延露詞三卷南往集三
　　卷　(清)彭孫遹撰

曝書亭集八十卷附錄一卷　(清)朱彝尊撰

政書八卷　(清)于成龍撰

愚菴小集十五卷　(清)朱鶴齡撰

抱犢山房集六卷　(清)嵇永仁撰

文端集四十六卷　(清)張英撰

西河文集一百七十九卷　(清)毛奇齡撰

陳檢討四六二十卷　(清)陳維崧撰　(清)
　　程師恭注

蓮洋詩鈔十卷　(清)吳雯撰

張文貞集十二卷　(清)張玉書撰

西陂類稿三十九卷　(清)宋犖撰

鐵廬集三卷外集二卷後錄一卷　(清)潘天成撰

湛園集八卷　(清)姜宸英撰

古懽堂集三十六卷　(清)田雯撰
附
　黔書二卷　(清)田雯撰
　長河志籍考十卷　(清)田雯撰

榕村集四十卷　(清)李光地撰

三魚堂文集十二卷外集六卷附錄一卷
　(清)陸隴其撰

因園集十三卷　(清)趙執信撰

懷清堂集二十卷　(清)湯右曾撰

二希堂文集十二卷　(清)蔡世遠撰

敬業堂集五十卷　(清)查慎行撰

望溪集八卷　(清)方苞撰

存硯樓文集十六卷　(清)儲大文撰

香屑集十八卷　(清)黄之雋撰

鹿洲初集二十卷　(清)藍鼎元撰

樊榭山房集二十卷　(清)厲鶚撰

果堂集十二卷　(清)沈彤撰

松泉文集二十卷詩集二十六卷　(清)汪由敦撰

總集類

文選註六十卷　(梁)蕭統輯　(唐)李善注

六臣註文選六十卷　(唐)李善(唐)呂延濟(唐)劉良(唐)張銑(唐)呂向(唐)李周翰注

文選顏鮑謝詩評四卷　(元)方回撰

玉臺新詠十卷　(陳)徐陵輯

玉臺新詠考異十卷　(清)紀容舒撰

高氏三宴詩集三卷　(唐)高正臣輯
附
　香山九老詩一卷　(唐)白居易等撰

篋中集一卷　(唐)元結輯

河岳英靈集三卷　(唐)殷璠輯

國秀集三卷　(唐)芮挺章輯

唐御覽詩(一名唐歌詩一名選進集一名元和御覽)一卷　(唐)令狐楚輯

中興閒氣集二卷　(唐)高仲武輯

極玄集二卷　(唐)姚合輯

松陵集十卷　(唐)陸龜蒙輯

二皇甫集七卷　(明)劉潤之輯

唐四僧詩六卷　(唐)釋靈澈等撰

薛濤李冶詩集二卷　(唐)薛濤(唐)李冶撰

竇氏聯珠集五卷　(唐)竇常(唐)竇牟(唐)竇羣(唐)竇庠(唐)竇鞏撰　(唐)褚藏言輯

才調集十卷　(前蜀)韋縠輯

搜玉小集一卷　(唐)□□輯

古文苑二十一卷　(宋)章樵注

文苑英華一千卷　(宋)李昉等輯

文苑英華辨證十卷　(宋)彭叔夏撰

唐文粹一百卷　(宋)姚鉉輯

西崑酬唱集二卷　(宋)楊億輯

同文館唱和詩十卷　(宋)鄧忠臣等撰

唐百家詩選二十卷　(宋)王安石輯

會稽掇英總集二十卷　(宋)孔延之輯

清江三孔集四十卷　(宋)王蓬輯

三劉家集一卷　(宋)劉元高輯　〔頤撰

二程文集十三卷附錄二卷　(宋)程顥(宋)程

宋文選三十二卷　(宋)□□輯

坡門酬唱集二十三卷　(宋)邵浩輯

樂府詩集一百卷　(宋)郭茂倩輯

古今歲時雜詠四十六卷　(宋)蒲積中輯

嚴陵集九卷　(宋)董弅輯

南嶽倡酬集一卷附錄一卷　(宋)朱熹(宋)張栻(宋)林用中撰

萬首唐人絕句詩九十一卷　(宋)洪邁輯

聲畫集八卷　(宋)孫紹遠輯

宋文鑑一百五十卷　(宋)呂祖謙輯

古文關鍵二卷　(宋)呂祖謙輯

回文類聚四卷補遺一卷　(宋)桑世昌輯

五百家播芳大全文粹一百十卷　(宋)魏齊賢(宋)葉棻輯

崇古文訣三十五卷　(宋)樓昉撰

成都文類五十卷　(宋)程遇孫等輯　〔輯

文章正宗二十卷續集二十卷　(宋)眞德秀

天台前集三卷前集別編一卷拾遺一卷續集三卷續集拾遺一卷續集別編六卷　(宋)李庚(宋)林師蒧輯　別編(宋)林表民輯

赤城集十八卷　(宋)林表民輯

妙絕古今四卷　(宋)湯漢輯

唐僧弘秀集十卷　(宋)李龏輯

衆妙集一卷　(宋)趙師秀輯

江湖小集九十五卷　(宋)陳起輯

江湖後集二十四卷　(宋)陳起輯

三體唐詩六卷　(宋)周弼輯　(元)釋圓至注　(清)高士奇補注

論學繩尺十卷　(宋)魏天應輯　(宋)林子長註

吳都文粹九卷　(宋)鄭虎臣輯

古文集成前集七十八卷　(宋)王霆震輯

文章軌範七卷　(宋)謝枋得輯

月泉吟社詩一卷　(宋)吳渭輯

文選補遺四十卷　(宋)陳仁子輯

蘇門六君子文粹七十卷　(宋)陳亮輯

三國文類六十卷　(宋)□□輯

增註唐策十卷　(宋)□□輯

十先生奧論註前集十五卷後集十五卷續集

十五卷(原缺卷一至五)　(宋)□□輯
詩家鼎臠二卷　(宋)□□輯
兩宋名賢小集三百八十卷　(宋)陳思輯
(元)陳世隆補
柴氏四隱集三卷　(明)柴復貞輯
中州集十卷　(金)元好問輯
附
中州樂府一卷　(金)元好問撰
唐詩鼓吹十卷　(金)元好問輯　(元)郝天
挺注
二妙集八卷　(金)段克己(金)段成己撰
瀛奎律髓四十九卷　(元)方回輯
谷音二卷　(元)杜本輯
梅花百咏一卷　(元)馮子振(元)釋明本撰
河汾諸老詩集八卷　(元)房祺輯
天下同文集四十四卷　(元)周南瑞輯
古賦辨體八卷外集二卷　(元)祝堯輯
圭塘欸乃集二卷　(元)許有壬(元)許有孚
(元)許楨撰
忠義集七卷　(元)趙景良輯
宛陵羣英集十二卷　(元)汪澤民(元)張師
愚輯
元文類七十卷目錄三卷　(元)蘇天爵輯
元風雅前集十二卷後集十二卷　(元)傅習
輯　後集(元)傅存吾輯
唐音十四卷　(元)楊士弘輯
古樂府十卷　(元)左克明輯
玉山名勝集八卷外集一卷　(元)顧瑛輯
草堂雅集十三卷　(元)顧瑛輯　　　〔輯
玉山紀游一卷　(元)顧瑛等撰　(明)袁華
大雅集八卷　(元)賴良輯
元音遺響十卷　(明)□□輯
風雅翼十四卷　(元)劉履輯
荊南倡和集一卷　(元)周砥(明)馬治撰
乾坤清氣集十四卷　(明)偶桓輯
元音十二卷　(明)孫原理輯
雅頌正音五卷　(明)劉仔肩輯
唐詩品彙九十卷拾遺十卷　(明)高棅輯
廣州四先生詩四卷　(明)□□輯
三華集十八卷　(明)錢公善等輯
閩中十子詩三十卷　(明)袁表(明)馬熒輯
元詩體要十四卷　(明)宋緒輯
滄海遺珠四卷　(明)沐景容輯
中州名賢文表三十卷　(明)劉昌輯
明文衡九十八卷　(明)程敏政輯
新安文獻志一百卷　(明)程敏政輯
海岱會集十二卷　(明)馮琦輯
經義模範一卷　(明)□□輯
文編六十四卷　(明)唐順之輯
古詩紀一百五十六卷　(明)馮惟訥輯

詩紀匡謬一卷　(清)馮舒撰
全蜀藝文志六十四卷　(明)周復俊輯
古今詩刪三十四卷　(明)李攀龍輯
唐宋元名表四卷　(明)胡松輯
文氏五家集十四卷　(明)文肇祉輯
宋藝圃集二十二卷　(明)李蓘輯
元藝圃集四卷　(明)李蓘輯　　　〔輯
唐宋八大家文鈔一百六十四卷　(明)茅坤
吳都文粹續集五十六卷補遺二卷　(明)錢
穀輯
石倉歷代詩選五百六卷　(明)曹學佺輯
四六法海十二卷　(明)王志堅輯
古樂苑五十二卷　(明)梅鼎祚輯
皇霸文紀十三卷　(明)梅鼎祚輯
西漢文紀二十四卷　(明)梅鼎祚輯
東漢文紀三十二卷　(明)梅鼎祚輯
西晉文紀二十卷　(明)梅鼎祚輯
宋文紀十八卷　(明)梅鼎祚輯
南齊文紀十卷　(明)梅鼎祚輯
梁文紀十四卷　(明)梅鼎祚輯
陳文紀八卷　(明)梅鼎祚輯
北齊文紀三卷　(明)梅鼎祚輯
後周文紀八卷　(明)梅鼎祚輯
隋文紀八卷　(明)梅鼎祚輯
釋文紀四十五卷　(明)梅鼎祚輯
文章辨體彙選七百八十卷　(明)賀復徵輯
古詩鏡三十六卷唐詩鏡五十四卷　(明)陸
時雍輯
漢魏六朝一百三家集一百十八卷　(明)張
溥輯
古今禪藻集二十八卷　(明)釋正勉(明)釋
性㴞輯
三家宮詞三卷　(明)毛晉輯
二家宮詞二卷　(明)毛晉輯
御選古文淵鑒六十四卷　清聖祖選　(清)
徐乾學等輯注
御定全唐詩九百卷　清康熙四十二年敕輯
御定全金詩七十四卷　清康熙五十年敕輯
御選四朝詩三百十二卷　(清)張豫章等輯
御定佩文齋詠物詩選四百八十六卷　清康
熙四十五年敕輯
御定題畫詩類一百二十卷　(清)陳邦彥輯
御定歷代賦彙一百四十卷外集二十卷逸句
二卷補遺二十二卷　(清)陳元龍等輯
御選唐詩三十二卷附錄三卷　清聖祖選
御定千叟宴詩四卷　清康熙六十一年敕輯
御選唐宋文醇五十八卷　清乾隆三年敕選
御選唐宋詩醇四十七卷　清乾隆十五年敕
選
皇清文穎一百廿四卷　清乾隆十二年敕輯

欽定四書文四十一卷　(清)方苞輯
欽定千叟宴詩三十六卷　清乾隆五十五年
　　敕輯
明文海四百八十二卷　(清)黃宗羲輯
二家詩選二卷　(清)王士禎輯
唐賢三昧集三卷　(清)王士禎輯
唐人萬首絕句選七卷　(清)王士禎輯
明詩綜一百卷　(清)朱彝尊輯
宋詩鈔一百六卷　(清)吳之振輯
宋元詩會一百卷　(清)陳焯輯
粵西詩載二十五卷粵西文載七十五卷粵西
　　叢載三十卷　(清)汪森輯
元詩選首一卷初集六十八卷二集二十六卷
　　三集十六卷　(清)顧嗣立輯
全唐詩錄一百卷　(清)徐焯輯
甬上耆舊詩三十卷　(清)胡文學輯
檇李詩繫四十二卷　(清)沈季友輯
古文雅正十四卷　(清)蔡世遠輯
鄱陽五家集十五卷　(清)史簡輯
南宋雜事詩七卷　(清)沈嘉轍等撰
宋百家詩存二十八卷　(清)曹廷棟輯

詩文評類

文心雕龍十卷　(梁)劉勰撰
文心雕龍輯註十卷　(清)黃叔琳撰
詩品三卷　(梁)鍾嶸撰
文章緣起一卷　(梁)任昉撰
本事詩一卷　(唐)孟棨撰
詩品一卷　(唐)司空圖撰
六一詩話一卷　(宋)歐陽修撰
續詩話一卷　(宋)司馬光撰
中山詩話一卷　(宋)劉攽撰
後山詩話一卷　(宋)陳師道撰
臨漢隱居詩話一卷　(宋)魏泰撰
優古堂詩話一卷　(宋)吳开撰
詩話總龜前集四十八卷後集五十卷　(宋)
　　阮閱撰
彥周詩話一卷　(宋)許顗撰
紫微詩話一卷　(宋)呂本中撰
四六話二卷　(宋)王銍撰
珊瑚鉤詩話三卷　(宋)張表臣撰
石林詩話一卷　(宋)葉夢得撰
藏海詩話一卷　(宋)吳可撰
風月堂詩話二卷　(宋)朱弁撰
歲寒堂詩話二卷　(宋)張戒撰
庚溪詩話二卷　(宋)陳巖肖撰
韻語陽秋二十卷　(宋)葛立方撰
碧溪詩話十卷　(宋)黃徹撰
唐詩紀事八十一卷　(宋)計有功撰
觀林詩話一卷　(宋)吳聿撰
四六談塵一卷　(宋)謝伋撰

環溪詩話一卷　(宋)吳口撰
竹坡詩話一卷　(宋)周紫芝撰
苕溪漁隱叢話前集六十卷後集四十卷
　　(宋)胡仔撰
文則二卷　(宋)陳騤撰
二老堂詩話一卷　(宋)周必大撰
誠齋詩話一卷　(宋)楊萬里撰
餘師錄四卷　(宋)王正德撰
滄浪詩話一卷　(宋)嚴羽撰
詩人玉屑二十卷　(宋)魏慶之撰
娛書堂詩話一卷　(宋)趙與虤撰
後村詩話前集二卷後集二卷續集四卷新集
　　六卷　(宋)劉克莊撰
荊溪林下偶談四卷　(宋)吳子良撰
草堂詩話二卷　(宋)蔡夢弼撰
文章精義一卷　(宋)李耆卿撰
竹莊詩話二十四卷　(宋)何谿汶撰
浩然齋雅談三卷　(宋)周密撰
對牀夜話五卷　(宋)范晞文撰　　　[撰
詩林廣記前集十卷後集十卷　(宋)蔡正孫
文說一卷　(元)陳繹曾撰
修辭鑑衡二卷　(元)王構輯
金石例十卷　(元)潘昂霄撰
作義要訣一卷　(元)倪士毅撰
墓銘舉例四卷　(明)王行撰
懷麓堂詩話一卷　(明)李東陽撰
頤山詩話二卷　(明)安磐撰
詩話補遺三卷　(明)楊慎撰
藝圃擷餘一卷　(明)王世懋撰
唐音癸籤三十三卷　(明)胡震亨撰
金石要例一卷　(清)黃宗羲撰
歷代詩話八十卷　(清)吳景旭撰
漁洋詩話三卷　(清)王士禎撰
師友詩傳錄一卷續錄一卷　(清)郎廷槐輯
　　續錄(清)劉大勤輯
聲調譜一卷　(清)趙執信撰
談龍錄一卷　(清)趙執信撰
宋詩紀事一百卷　(清)厲鶚撰
全閩詩話十二卷　(清)鄭方坤輯　　[刪補
五代詩話十卷　(清)王士禎輯(清)鄭方坤

詞曲類

珠玉詞一卷　(宋)晏殊撰
樂章集一卷　(宋)柳永撰
安陸集一卷附錄一卷　(宋)張先撰
六一詞一卷　(宋)歐陽修撰
東坡詞一卷　(宋)蘇軾撰
山谷詞一卷　(宋)黃庭堅撰
淮海詞一卷　(宋)秦觀撰
書舟詞一卷　(宋)程垓撰
小山詞一卷　(宋)晏幾道撰

晁无咎詞六卷　（宋)晁補之撰
姑溪詞一卷　（宋)李之儀撰
東堂詞一卷　（宋)毛滂撰
溪堂詞一卷　（宋)謝逸撰
片玉詞二卷補遺一卷　（宋)周邦彥撰
初寮詞一卷　（宋)王安中撰
友古詞一卷　（宋)蔡伸撰
和清眞詞一卷　（宋)方千里撰
聖求詞一卷　（宋)呂濱老撰
石林詞一卷　（宋)葉夢得撰
筠溪樂府一卷　（宋)李彌遜撰
丹陽詞一卷　（宋)葛勝仲撰
坦菴詞一卷　（宋)趙師俠撰
酒邊詞二卷　（宋)向子諲撰
無住詞一卷　（宋)陳與義撰
竹坡詞三卷　（宋)周紫芝撰
漱玉詞一卷　（宋)李清照撰
蘆川詞一卷　（宋)張元幹撰
東浦詞一卷　（宋)韓玉撰
孏窟詞一卷　（宋)侯寘撰
逃禪詞一卷　（宋)楊无咎撰
于湖詞三卷　（宋)張孝祥撰
海野詞一卷　（宋)曾覿撰
審齋詞一卷　（宋)王千秋撰
介菴詞一卷　（宋)趙彥端撰
歸愚詞一卷　（宋)葛立方撰
克齋詞一卷　（宋)沈端節撰
稼軒詞四卷　（宋)辛棄疾撰
龍川詞一卷補遺一卷　（宋)陳亮撰
西樵語業一卷　（宋)楊炎正撰
放翁詞一卷　（宋)陸游撰
樵隱詞一卷　（宋)毛幵撰
知稼翁詞一卷　（宋)黃公度撰
蒲江詞一卷　（宋)盧祖皋撰
平齋詞一卷　（宋)洪咨夔撰
白石道人歌曲四卷別集一卷　（宋)姜夔撰
夢窗稿四卷補遺一卷　（宋)吳文英撰　補
　遺(明)毛晉輯
惜香樂府十卷　（宋)趙長卿撰
龍洲詞一卷　（宋)劉過撰
竹屋癡語一卷　（宋)高觀國撰
竹齋詩餘一卷　（宋)黃機撰
梅溪詞一卷　（宋)史達祖撰
石屛詞一卷　（宋)戴復古撰
散花菴詞一卷　（宋)黃昇撰
斷腸詞一卷　（宋)朱淑眞撰
山中白雲詞八卷　（宋)張炎撰
竹山詞一卷　（宋)蔣捷撰
天籟集二卷　（元)白樸撰
蛻巖詞二卷　（元)張翥撰

珂雪詞二卷　（清)曹貞吉撰
花閒集十卷　（後蜀)趙崇祚輯
尊前集二卷　（宋)□□輯
梅苑十卷　（宋)黃大輿輯
樂府雅詞三卷補遺一卷　（宋)曾慥輯
花菴詞選二十卷　（宋)黃昇輯
類編草堂詩餘四卷　（宋)□□輯
絕妙好詞箋七卷　（宋)周密輯　（清)查爲
　仁(清)厲鶚箋
樂府補題一卷　（宋)□□撰　　　　[輯
花草粹編二十四卷附錄一卷　（明)陳耀文
御定歷代詩餘一百二十卷　（清)沈辰垣等
　輯
詞綜三十四卷　（清)朱彝尊輯
十五家詞三十七卷　（清)孫默輯
碧雞漫志一卷　（宋)王灼撰
沈氏樂府指迷一卷　（宋)沈義父撰
渚山堂詞話三卷　（明)陳霆撰
詞話二卷　（清)毛奇齡撰
詞苑叢談十二卷　（清)徐釚撰
欽定詞譜四十卷　（清)王奕清等撰
詞律二十卷　（清)萬樹撰
顧曲雜言一卷　（明)沈德符撰
欽定曲譜十四卷　（清)王奕清等撰
中原音韻二卷　（元)周德清撰

摛藻堂四庫全書薈要

(清)于敏中等輯
　　清乾隆三十八年(1773)鈔本
經部
　周易注疏十三卷附略例一卷　（魏)王弼
　　(晉)韓康伯注　（唐)孔穎達疏
　周易口義十五卷　（宋)胡瑗述　（宋)倪天
　　隱記
　橫渠易說三卷　（宋)張載撰
　易璇璣三卷　（宋)吳沆撰
　東坡易傳九卷　（宋)蘇軾撰
　紫巖易傳十卷　（宋)張浚撰
　漢上易傳十五卷　（宋)朱震撰
　易義海撮要十二卷　（宋)李衡輯
　易小傳六卷　（宋)沈該撰
　周易玩辭十六卷　（宋)項安世撰
　大易粹言七十三卷首一卷　（宋)方聞一輯
　復齋易說六卷　（宋)趙彥肅撰
　周易本義四卷　（宋)朱熹撰　（宋)成矩輯
　文公易說三十三卷　（宋)朱鑑輯
　童溪易傳三十卷　（宋)王宗傳撰
　周易輯聞六卷　（宋)趙汝楳撰
　周易裨傳二卷　（宋)林至撰
　易象意言一卷　（宋)蔡淵撰

周易鄭注三卷　（漢）鄭玄注　（宋）王應麟輯	詩總聞二十卷　（宋）王質撰
東谷易翼傳二卷　（宋）鄭汝諧撰	詩補傳三十卷　（宋）范處義撰
郭氏傳家易說十一卷　（宋）郭雍撰	呂氏家塾讀詩記三十二卷　（宋）呂祖謙撰
易傳義附錄十四卷　（宋）董楷撰	詩經集傳八卷　（宋）朱熹撰
丙子學易編一卷　（宋）李心傳撰	詩傳遺說六卷　（宋）朱鑑輯
易學啓蒙通釋二卷　（宋）胡方平撰	詩緝三十六卷　（宋）嚴粲撰
三易備遺十卷　（宋）朱元昇撰	詩經疑問七卷　（元）朱倬撰
俞氏集說十三卷　（元）俞琰撰	毛詩解頤四卷　（明）朱善撰
學易記九卷　（元）李簡撰	欽定詩經傳說彙纂二十一卷首二卷　（清）王鴻緒等撰
易纂言十二卷　（元）吳澄撰	御纂詩義折中二十卷　（清）傅恆等撰
易本義通釋十二卷　（元）胡炳文撰	詩地理考六卷　（宋）王應麟撰
易本義附錄纂注十五卷　（元）胡一桂撰	毛詩名物鈔八卷　（元）許謙撰
周易啓蒙翼傳四卷　（元）胡一桂撰	詩疏廣要二卷　（明）毛晉撰
大易輯說十卷　（元）王申子撰	左傳注疏六十卷　（晉）杜預注　（唐）孔穎達疏
周易本義集成十二卷　（元）熊良輔撰	春秋左氏傳說二十卷　（宋）呂祖謙撰
周易會通十四卷　（元）董真卿撰	左傳事類始末五卷　（宋）章冲撰
日講易經解義十八卷　（清）牛鈕等撰	公羊注疏二十八卷　（漢）何休解詁　（唐）徐彦疏
御纂周易折中二十二卷　（清）李光地等撰	穀梁注疏二十卷　（晉）范甯集解　（唐）楊士勛疏
御纂周易述義十卷　（清）傅恆等撰　〔撰	尊王發微十二卷　（宋）孫復撰
易數鉤隱圖三卷遺論九事一卷　（宋）劉牧	春秋劉氏傳十五卷　（宋）劉敞撰
易象區說內篇三卷外篇三卷　（元）張理撰	春秋權衡十七卷　（宋）劉敞撰
易象數鉤深圖三卷　（元）張理撰	蘇氏春秋集解十二卷　（宋）蘇轍撰
易圖通變五卷　（宋）雷思齊撰	葉氏春秋傳二十卷　（宋）葉夢得撰
易緯十二卷　（漢）鄭玄注	春秋辨疑四卷　（宋）蕭楚撰
尙書注疏十九卷　（漢）孔安國傳　（唐）孔穎達疏	春秋本例二十卷　（宋）崔子方撰
尙書全解四十卷　（宋）林之奇撰	春秋列國臣傳三十卷　（宋）王當撰
東坡書傳二十卷　（宋）蘇軾撰	春秋集解三十卷　（宋）呂本中撰
增修東萊書說三十五卷　（宋）呂祖謙撰　（宋）時瀾增修	春秋胡氏傳三十卷　（宋）胡安國撰
尙書說七卷　（宋）黃度撰	春秋後傳十二卷　（宋）陳傅良撰
書經集傳六卷　（宋）蔡沈撰	春秋提綱十卷　（宋）陳則通撰
尙書詳解十三卷　（宋）胡士行撰	春秋集註十一卷綱領一卷　（宋）張洽撰
尙書句解十三卷　（元）朱祖義撰	春秋通說十三卷　（宋）黃仲炎撰
書集傳纂疏六卷　（元）陳櫟撰	春秋經筌十六卷　（宋）趙鵬飛撰
書纂言四卷　（元）吳澄撰	春秋或問二十卷附春秋五論一卷　（宋）呂大圭撰
書傳纂注六卷　（元）董鼎撰	春秋詳說三十卷　（宋）家鉉翁撰
尙書纂傳四十六卷　（元）王天與撰	讀春秋編十二卷　（宋）陳深撰
·日講書經解義十三卷　（清）庫勒納等撰	春秋本義三十卷　（元）程端學撰
欽定書經傳說彙纂二十一卷首二卷　（清）王頊齡等撰	春秋釋義大成十二卷　（元）俞臯撰
禹貢指南四卷　（宋）毛晃撰	春秋會通二十四卷　（元）李廉撰
禹貢地理圖二卷　（宋）程大昌撰	春秋闕疑四十五卷　（元）鄭玉撰
禹貢說斷四卷　（宋）傅寅撰	春秋屬辭十五卷　（元）趙汸撰
毛詩注疏三十卷　（漢）毛亨傳　（漢）鄭玄箋　（唐）孔穎達疏	春秋集傳十五卷　（元）趙汸撰
毛詩指說一卷　（唐）成伯瑜撰	日講春秋解義六十四卷　清聖祖撰　清世宗校定
毛詩本義十六卷　（宋）歐陽修撰	欽定春秋傳說彙纂三十八卷首二卷　清康
毛詩集解四十二卷　（宋）李樗（宋）黃櫄撰	

熙三十八年敕撰
御纂春秋直解十二卷 (清)傅恆等撰
春秋世紀編三卷 (宋)李琪撰
春王正月考二卷 (明)張以寧撰
周禮注疏四十二卷 (漢)鄭玄注 (唐)賈
公彥疏
周禮訂義八十卷 (宋)王與之撰
禮經會元四卷 (宋)葉時撰 [撰
太平經國之書十一卷首一卷 (宋)鄭伯謙
鬳齋考工記解二卷 (宋)林希逸撰
儀禮注疏十七卷 (漢)鄭玄注 (唐)賈公
彥疏
儀禮集說十七卷 (元)敖繼公撰
經禮補逸九卷 (元)汪克寬撰
儀禮鄭注句讀十七卷 (清)張爾歧撰
禮記注疏六十三卷 (漢)鄭玄注 (唐)孔
穎達疏
禮記集說一百六十卷 (宋)衛湜撰
陳氏禮記集說十卷 (元)陳澔撰
日講禮記解義六十四卷 清聖祖撰
欽定周官義疏四十八卷首一卷 清乾隆十
三年敕撰
欽定儀禮義疏四十八卷首二卷 清乾隆十
三年敕撰
欽定禮記義疏八十二卷首一卷 清乾隆十
三年敕撰
三禮圖二十卷 (宋)聶崇義撰
大學衍義四十三卷 (宋)眞德秀撰
大學衍義補一百六十卷 (明)丘濬撰
孝經注疏九卷 唐玄宗注 (宋)邢昺疏
御註孝經一卷 清世祖撰
御纂孝經集註一卷 清世宗撰
御定孝經衍義一百卷 (清)葉方藹(清)張
英等撰
論語注疏二十卷 (魏)何晏集解 (宋)邢
昺疏
論語解十卷 (宋)張栻撰
論語集說十卷 (宋)蔡節撰
孟子注疏十四卷 (漢)趙岐注 (宋)孫奭
音義併疏
孟子說七卷 (宋)張栻撰
孟子集疏十四卷 (宋)蔡模撰
孟子傳二十九卷 (宋)張九成撰
四書章句集註十九卷 (宋)朱熹撰
四書集編二十六卷 (宋)眞德秀撰
四書纂疏二十六卷 (宋)趙順孫撰
四書通二十六卷 (元)胡炳文撰
四書通證六卷 (元)張存中撰
四書通旨六卷 (元)朱公遷撰
四書纂箋二十八卷 (元)詹道傳撰

四書辨疑十五卷 (元)陳天祥撰
日講四書解義二十六卷 (清)庫勒納等撰
經典釋文三十卷 (唐)陸德明撰
五經文字三卷 (唐)張參撰
九經字樣一卷 (唐)唐玄度撰
羣經音辨七卷 (宋)賈昌朝撰
六經奧論六卷 (宋)鄭樵撰
六經正誤六卷 (宋)毛居正撰
經說七卷 (元)熊朋來撰
十一經問對五卷 (元)何異孫撰
五經蠡測六卷 (明)蔣悌生撰 [疏
爾雅注疏十一卷 (晉)郭璞注 (宋)邢昺
爾雅翼三十二卷 (宋)羅願撰
釋名八卷 (漢)劉熙撰
廣雅十卷 (韓)張揖撰
埤雅二十卷 (宋)陸佃撰
說文解字三十卷 (漢)許愼撰 (宋)徐鉉
等注
玉篇三十卷 (梁)顧野王撰 (唐)孫强增
(宋)陳彭年重修
漢隸字源六卷 (宋)婁機撰
康熙字典三十六卷 (清)張玉書等撰
清文鑑三十二卷補編四卷總綱八卷 (清)
傅恆等撰
廣韻五卷 (宋)陳彭年等撰
集韻十卷 (宋)丁度等撰
古今韻會三十卷 (元)熊忠撰
御定音韻闡微十八卷 (清)李光地等撰
欽定同文韻統六卷 (清)允祿等撰
史部
史記一百三十卷 (漢)司馬遷撰 (宋)裴
駰集解 (唐)司馬貞索隱 (唐)張守
節正義
漢書一百二十卷 (漢)班固撰 (唐)顏師
古注
後漢書一百二十卷 (劉宋)范曄撰 (唐)
李賢注 續志(晉)司馬彪撰 (梁)劉
昭注
三國志六十五卷 (晉)陳壽撰 (劉宋)裴
松之注
晉書一百三十卷 唐太宗撰
宋書一百卷 (梁)沈約撰
南齊書五十九卷 (梁)蕭子顯撰
梁書五十六卷 (唐)姚思廉撰
陳書三十六卷 (唐)姚思廉撰
魏書一百十四卷 (北齊)魏收撰
北齊書五十卷 (唐)李百藥撰
周書五十卷 (唐)令狐德棻等撰
隋書八十五卷 (唐)魏徵等撰
南史八十卷 (唐)李延壽撰

北史一百卷　（唐）李延壽撰
舊唐書二百卷　（後晉）劉昫等撰
唐書二百二十五卷附釋音二十五卷　（宋）
　歐陽修（宋）宋祁撰
舊五代史一百五十卷　（宋）薛居正等撰
五代史七十四卷　（宋）歐陽修撰　（宋）徐
　無黨注
宋史四百九十六卷　（元）托克托（脫脫）等
　撰
遼史一百十五卷　（元）托克托（脫脫）等撰
金史一百卅五卷　（元）托克托（脫脫）等撰
元史二百十卷　（明）宋濂　（明）王禕等撰
明史三百三十二卷　（清）張廷玉等撰
前漢紀三十卷　（漢）荀悅撰
後漢紀三十卷　（晉）袁宏撰
資治通鑑二百九十四卷　（宋）司馬光撰
　（元）胡三省晉注
通鑑綱目前編二十二卷　（宋）金履祥撰
通鑑綱目正編五十九卷　（宋）朱熹撰
通鑑綱目續編二十七卷　（明）商輅等撰
御定通鑑綱目三編四十卷　清乾隆四十年
　敕撰
御批通鑑輯覽一百十六卷　明唐桂二王本
　末四卷　清乾隆三十二年敕撰
御定月令輯要二十四卷圖說一卷　（清）李
　光地等撰
山海經十八卷　（晉）郭璞注
水經注四十卷　（後魏）酈道元撰
春明夢餘錄七十卷　（清）孫承澤撰
欽定西域同文志二十四卷　（清）傅恆等撰
皇清職貢圖九卷　（清）傅恆等撰
太祖聖訓四卷　清康熙二十五年敕修
太宗聖訓六卷　清順治中敕修
世祖聖訓六卷　清康熙二十六年敕修
聖祖聖訓六十卷　清雍正九年敕修
聖祖庭訓格言一卷　清世宗述
聖諭廣訓一卷　清世宗撰
世宗聖訓三十六卷　清乾隆五年敕修
硃批諭旨三百六十卷　清世宗撰
欽定大清通禮五十卷　（清）來保等撰
欽定大清會典一百卷　清乾隆廿九年敕撰
皇朝禮器圖式廿八卷　清乾隆廿四年敕撰
國朝宮史三十六卷　（清）于敏中等撰
國語二十一卷　（吳）韋昭注　　　［注
吳越春秋六卷　（漢）趙曄撰　（宋）徐天祜
十六國春秋一百卷　（後魏）崔鴻撰
十國春秋一百十四卷　（清）吳任臣撰
貞觀政要十卷　（唐）吳兢撰
通鑑紀事本末四十二卷　（宋）袁樞撰
宋史紀事本末二十八卷　（明）馮琦撰

陳邦瞻增訂
元史紀事本末四卷　（明）陳邦瞻撰
明史紀事本末八十卷　（清）谷應泰撰
通典二百卷　（唐）杜佑撰
通志二百卷　（宋）鄭樵撰
文獻通考三百四十八卷　（元）馬端臨撰
唐鑑二十四卷　（宋）范祖禹撰
御製評鑑闡要十二卷　清聖祖撰　（清）劉
　統勳等輯
直齋書錄解題二十二卷　（宋）陳振孫撰
經義考三百卷　（清）朱彝尊撰　　　［撰
欽定天祿琳琅書目十卷　清乾隆四十年敕
欽定西清古鑑四十卷　清乾隆十四年敕撰
錢錄十六卷　清乾隆十五年敕撰
經世圖譜十六卷　（宋）唐仲友撰
子部
家語十卷　（魏）王肅注
荀子二十卷　（周）荀況撰　（唐）楊倞注
春秋繁露十七卷　（漢）董仲舒撰　　　［注
鹽鐵論十二卷　（漢）桓寬撰　（明）張之象
說苑二十卷　（漢）劉向撰
新序十卷　（漢）劉向撰
法言十卷　（漢）揚雄撰　（宋）司馬光集注
太玄經十卷　（漢）揚雄撰　（晉）范望注
白虎通義二卷　（漢）班固撰
中論二卷　（漢）徐幹撰
孔叢子三卷　（漢）孔鮒撰
傅子一卷　（晉）傅玄撰
中說十卷　（隋）王通撰　（宋）阮逸注
帝範四卷　唐太宗撰
帝學八卷　（宋）范祖禹撰
御製資政要覽三卷後序一卷　清世祖撰
御纂性理精義十二卷　（清）李光地等撰
御纂朱子全書六十六卷　（清）李光地等輯
小學集註六卷　（宋）朱熹撰　（明）陳選注
欽定執中成憲八卷　清雍正六年敕撰
御製日知薈說四卷　清高宗撰
管子二十四卷　（周）管仲撰
韓非子二十卷　（周）韓非撰
戰國策十卷　（宋）鮑彪注
虎鈐經二十卷　（宋）許洞撰
素問二十四卷　（唐）王冰注
難經本義二卷　（元）滑壽注
玉龍經一卷　（元）王國瑞撰
御定醫宗金鑑九十卷　（清）吳謙等纂
齊民要術十卷　（後魏）賈思勰撰
農桑輯要七卷　（元）司農司撰
御定廣羣芳譜一百卷　（清）汪灝等撰
欽定授時通考七十八卷　清乾隆二年敕撰
京氏易傳三卷　（漢）京房撰　（吳）陸績注

參同契通眞義三卷　(後蜀)彭曉撰

周髀算經二卷晉義一卷　(漢)趙爽注　晉
　義(宋)李籍撰

五經算術二卷　(北周)甄鸞述　(唐)李淳
　風等注

新儀象法要三卷　(宋)蘇頌撰

測圓海鏡十卷　(元)李冶撰

御製曆象考成四十二卷　清聖祖撰

御製律呂正義五卷　清聖祖撰

御製數理精蘊五十三卷　清聖祖撰

御製曆象考成後編十卷　清乾隆二年敕撰

欽定儀象考成三十卷首二卷　清乾隆九年
　敕撰

御製律呂正義後編一百二十卷　清高宗撰

墨子十五卷　(周)墨翟撰

晏子春秋八卷　(周)晏嬰撰

道德經二卷　(周)李耳撰　(魏)王弼注

御註道德經二卷　清世祖撰

莊子十卷　(周)莊周撰　(晉)郭象注

列子八卷　(周)列禦寇撰

關尹子一卷　(周)尹喜撰

文子二卷　(周)辛鈃撰

鶡冠子三卷　(宋)陸佃注

抱朴子內外篇八卷　(晉)葛洪撰

淮南鴻烈解二十一卷　(漢)劉安撰　(漢)
　高誘注

論衡三十卷　(漢)王充撰

潛夫論十卷　(漢)王符撰

博物志十卷　(晉)張華撰　(宋)周日用
　(宋)盧口注

顏氏家訓二卷　(北齊)顏之推撰

曲洧舊聞十卷　(宋)朱弁撰

拾遺記十卷　(前秦)王嘉撰　(梁)蕭綺錄

述異記二卷　(梁)任昉撰

世說新語三卷　(劉宋)劉義慶撰　(梁)劉
　孝標注

酉陽雜俎二十卷續集十卷　(唐)段成式撰

唐摭言十五卷　(南漢)王定保撰

北夢瑣言二十卷　(宋)孫光憲撰

老學庵筆記十卷　(宋)陸游撰

新唐書糾繆二十卷　(宋)吳縝撰

困學紀聞二十卷　(宋)王應麟撰　　[撰

御定佩文齋書畫譜一百卷　(清)孫岳頒等

欽定淳化閣帖釋文十卷　清乾隆三十四年
　敕撰

墨法集要一卷　(明)沈繼孫撰

欽定武英殿聚珍版程式一卷　(清)金簡撰

御定淵鑑類函四百五十卷　清康熙四十九
　年敕撰

御定駢字類編二百四十卷　清康熙五十八
　年敕撰　　　　　　　　　　　　　　[撰

御定分類字錦六十四卷　清康熙六十年敕

御定子史精華一百六十卷　清康熙六十年
　敕撰　　　　　　　　　　　　　　[撰

御定佩文韻府一百六卷　清康熙五十年敕

御定韻府拾遺一百六卷　清康熙五十五年
　敕撰

欽定叶韻彙輯五十八卷　(清)梁詩正等撰

集部

聖祖御製文集一百七十六卷　清聖祖撰

世宗御製文集三十卷　清世宗撰

樂善堂全集定本三十卷　清高宗撰

高宗御製文初集三十卷　清高宗撰

高宗御製詩初集四十四卷二集九十卷三集
　一百卷　清高宗撰

徐孝穆集六卷　(陳)徐陵撰

庾子山集注十六卷首二卷　(北周)庾信撰
　(清)倪璠注

曲江集二十卷　(唐)張九齡撰

王子安集十六卷　(唐)王勃撰

盈川集十卷　(唐)楊炯撰

盧昇之集七卷　(唐)盧照鄰撰

駱丞集四卷　(唐)駱賓王撰

陳拾遺集十卷　(唐)陳子昂撰

王右丞集十四卷外編附錄三卷　(唐)王維
　撰　(明)顧起經箋

李太白集三十卷　(唐)李白撰　(宋)楊齊
　賢集注　(元)蕭士贇刪補

集千家注杜工部集二十二卷　(唐)杜甫撰
　(元)高楚芳輯注

次山集十二卷　(唐)元結撰

權文公集十卷　(唐)權德輿撰

毘陵集二十卷　(唐)獨孤及撰

柳河東集四十五卷外集二卷補遺一卷
　(唐)柳宗元撰　(宋)韓醇音釋

五百家注昌黎文集四十卷　(唐)韓愈撰
　(宋)魏仲舉輯

劉賓客文集四十卷　(唐)劉禹錫撰

元氏長慶集六十卷補遺六卷　(唐)元稹撰

白氏長慶集七十一卷　(唐)白居易撰

樊川文集二十卷外集一卷別集一卷　(唐)
　杜牧撰

會昌一品集二十卷別集十卷外集四卷
　(唐)李德裕撰

李義山文集箋注十卷　(唐)李商隱撰
　(清)徐樹轂箋　(清)徐炯注

李義山詩集注三卷　(唐)李商隱撰　(清)
　朱鶴齡注

甫里集二十卷　(唐)陸龜蒙撰

騎省集三十卷　(宋)徐鉉撰

小畜集三十卷　(宋)王禹偁撰
武夷新集二十卷　(宋)楊億撰
安陽集五十卷　(宋)韓琦撰
范文正集二十卷別集四卷補編一卷奏議二
　　卷尺牘三卷　(宋)范仲淹撰
武溪集二十卷　(宋)余靖撰
清獻集十卷　(宋)趙抃撰
文忠集一百五十三卷　(宋)歐陽修撰
宛陵集六十卷　(宋)梅堯臣撰
端明集四十卷　(宋)蔡襄撰
嘉祐集十六卷附錄二卷　(宋)蘇洵撰
元豐類藁五十卷　(宋)曾鞏撰
傳家集八十卷　(宋)司馬光撰
臨川文集一百卷　(宋)王安石撰
丹淵集四十卷拾遺二卷　(宋)文同撰
東坡全集一百十五卷　(宋)蘇軾撰
施注蘇詩四十二卷續補遺二卷　(宋)蘇軾
　　撰　(宋)施元之注　(清)邵長蘅(清)
　　李必恆補注　續補遺(清)馮景注
欒城集五十卷後集二十四卷三集十卷應詔
　　集十二卷　(宋)蘇轍撰
青山集三十卷　(宋)郭祥正撰
山谷內集三十卷外集十四卷別集二十卷詞
　　一卷年譜三卷　(宋)黃庭堅撰　年譜
　　(宋)黃𥡴撰
伐檀集二卷　(宋)黃庶撰
淮海集四十卷後集六卷長短句三卷　(宋)
　　秦觀撰
雞肋集七十卷　(宋)晁補之撰
景迂生集二十卷　(宋)晁說之撰
后山集二十四卷　(宋)陳師道撰
竹友集十卷　(宋)謝薖撰
簡齋集十五卷　(宋)陳與義撰
石湖詩集三十四卷　(宋)范成大撰
渭南文集五十卷　(宋)陸游撰
劍南詩稿八十五卷　(宋)陸游撰
放翁逸稿二卷　(宋)陸游撰　(明)毛晉輯
誠齋集一百三十二卷附錄一卷　(宋)楊萬
　　里撰
于湖集四十卷　(宋)張孝祥撰
盤洲集八十卷　(宋)洪适撰
梅溪集五十四卷　(宋)王十朋撰
止齋集五十二卷　(宋)陳傅良撰
龍川集三十卷　(宋)陳亮撰
陵陽集二十四卷　(宋)牟巘撰
四明文獻集五卷　(宋)王應麟撰
滹南集四十六卷　(金)王若虛撰
滏水集二十卷　(金)趙秉文撰
遺山集四十卷　(金)元好問撰
湛然居士集十四卷　(元)耶律楚材撰

陵川集三十九卷附錄一卷　(元)郝經撰
秋澗集一百卷　(元)王惲撰
靜修集二十五卷續集三卷　(元)劉因撰
松雪齋集十卷外集一卷　(元)趙孟頫撰
石田文集十五卷　(元)馬祖常撰
圭塘小稿十三卷別集二卷續集一卷附錄一
　　卷　(元)許有壬撰
道園學古錄五十卷　(元)虞集撰
道園遺稿六卷　(元)虞集撰
仲弘集八卷　(元)楊載撰
文安集十四卷　(元)揭傒斯撰
文獻集十卷　(元)黃溍撰
淵穎集十二卷附錄一卷　(元)吳萊撰
待制集二十卷　(元)柳貫撰
禮部集二十卷　(元)吳師道撰
圭齋文集十五卷附錄一卷　(元)歐陽玄撰
雁門集四卷　(元)薩都拉(薩都剌)撰
金臺集二卷　(元)納新(廼賢)撰
安雅堂集十三卷　(元)陳旅撰
玩齋集十卷拾遺一卷　(元)貢師泰撰
鐵崖古樂府十卷樂府補六卷　(元)楊維楨
　　撰
復古詩集六卷　《元)楊維楨撰
麗則遺音四卷　(元)楊維楨撰
清閟閣集十二卷　(元)倪瓚撰
誠意伯文集二十卷　(明)劉基撰
文憲集三十二卷　(明)宋濂撰
大全集十八卷　(明)高啓撰
懷麓堂集一百卷　(明)李東陽撰
家藏集七十七卷　(明)吳寬撰
石田詩選十卷　(明)沈周撰
震澤集三十六卷　(明)王鏊撰
王文成全書三十八卷　(明)王守仁撰
空同集六十六卷　(明)李夢陽撰
大復集三十八卷　(明)何景明撰
迪功集六卷　(明)徐禎卿撰
附
　　談藝錄一卷　(明)徐禎卿撰
蘇門集八卷　(明)高叔嗣撰
甫田集三十五卷附錄一卷　(明)文徵明撰
荊川集十二卷　(明)唐順之撰
遵巖集二十五卷　(明)王慎中撰
震川文集三十卷別集十卷　(明)歸有光撰
滄溟集三十卷　(明)李攀龍撰
御選古文淵鑑六十四卷　清聖祖選　(清)
　　徐乾學等輯注
御定歷代賦彙一百四十卷外集二十卷逸句
　　二卷補遺二十二卷　(清)陳元龍等輯
御定全唐詩九百卷　清康熙四十二年敕輯
御選宋詩七十八卷　(清)張豫章等輯

御選金詩二十四卷　(清)張豫章等輯
御選元詩八十卷　(清)張豫章等輯
御選明詩一百二十卷　(清)張豫章等輯
御定佩文齋詠物詩選四百八十六卷　清康
　　熙四十五年敕輯
御定歷代題畫詩類一百二十卷　(清)陳邦
　　彥輯
御選唐詩三十二卷　清聖祖選
御選唐宋文醇五十八卷　清乾隆三年敕選
御選唐宋詩醇四十七卷　清乾隆十五年敕
　　選
皇清文穎一百卷首二十四卷　清乾隆十二
　　年敕輯
楚辭補注十七卷　(宋)洪興祖撰
文選六十卷　(梁)蕭統輯　(唐)李善注
玉臺新詠十卷　(陳)徐陵輯　　　　　[輯
漢魏六朝百三家集一百十八卷　(明)張溥
樂府詩集一百卷　(宋)郭茂倩輯
唐文粹一百卷　(宋)姚鉉輯
宋文鑑一百五十卷　(宋)呂祖謙輯
中州集十卷　(金)元好問輯
附
　　中州樂府一卷　(金)元好問撰
元文類七十卷　(元)蘇天爵輯
明文衡一百卷　(明)程敏政輯
宋詩鈔一百六卷　(清)吳之振輯
元詩選初集六十八卷二集二十六卷三集十
　　六卷首一卷　(清)顧嗣立輯
明詩綜一百卷　(清)朱彝尊輯　　　　[撰
御覽經史講義三十卷首一卷　(清)蔣溥等
翰苑集二十二卷　(唐)陸贄撰
文心雕龍十卷　(梁)劉勰撰
御定詞譜四十卷　(清)王奕清等撰　[輯
御選歷代詩餘一百二十卷　(清)沈辰垣等
詞綜三十卷　(清)朱彝尊輯

四庫全書珍本初集

中央圖書館籌備處輯
　　民國二十三年至二十四年(1934—1935)
　　　　上海商務印書館據文淵閣本景印
經部
易類
　了齋易說一卷　(宋)陳瓘撰
　周易新講義十卷(原缺卷七至十)　(宋)耿
　　南仲撰
　讀易詳說十卷　(宋)李光撰
　易變體義十二卷　(宋)都絜撰
　周易經傳集解三十六卷　(宋)林栗撰
　厚齋易學五十卷附錄二卷　(宋)馮椅撰
　西谿易說十二卷　(宋)李過撰

易通六卷　(宋)趙以夫撰
周易卦爻經傳訓解二卷　(宋)蔡淵撰
用易詳解十六卷　(宋)李杞撰　　　　[撰
淙山讀周易二十一卷圖一卷　(宋)方寔孫
讀易舉要四卷　(宋)俞琰撰
易源奧義一卷　(元)保巴(保八)撰
周易原旨八卷　(元)保巴(保八)撰
周易程朱傳義折衷三十三卷　(元)趙采撰
周易衍義十六卷　(元)胡震撰
周易圖說二卷　(元)錢義方撰
周易文詮四卷　(元)趙汸撰
易像鈔十八卷　(明)胡居仁撰
周易劄記三卷首一卷　(明)逯中立撰
周易像象迹十卷　(明)吳桂森撰
易用六卷　(明)陳祖念撰
易原就正十二卷首一卷　(清)包儀撰
大易通解十五卷首一卷附錄一卷　(清)魏
　　荔彤撰
大易擇言三十六卷　(清)程廷祚撰
周易圖書質疑二十四卷　(清)趙繼序撰
周易章句證異十二卷　(清)翟均廉撰
書類
　絜齋家塾書鈔十二卷　(宋)袁燮撰
　書義斷法六卷附作義要訣一卷　(元)陳悅
　　道撰　附(元)倪士毅撰
　尚書疑義六卷　(明)馬明衡撰
詩類
　毛詩講義十二卷　(宋)林岊撰
　詩纘緒十八卷　(元)劉玉汝撰
　詩演義十五卷　(明)梁寅撰
　讀詩略記六卷首一卷　(清)朱朝瑛撰
　毛詩類釋二十一卷續編三卷　(清)顧棟高
　　撰
　詩疑辨證六卷　(清)黃中松撰
禮類
　周禮詳解四十卷　(宋)王昭禹撰
　禮經本義十七卷　(清)蔡德晉撰
　月令解十二卷　(宋)張虙撰
春秋類
　春秋經解十二卷　(宋)崔子方撰
　春秋例要一卷　(宋)崔子方撰
　春秋左傳讞十卷公羊傳讞六卷穀梁傳讞六
　　卷　(宋)葉夢得撰
　春秋比事二十卷　(宋)沈棐撰
　春秋左傳要義三十一卷首一卷　(宋)魏了
　　翁撰
　春秋分記九十卷　(宋)程公說撰
　春秋集義五十卷綱領三卷　(宋)李明復撰
　春秋明志錄十二卷　(明)熊過撰
　春秋輯傳十三卷宗旨一卷凡例二卷　(明)

王樵撰
春秋質疑十二卷　（明）楊于庭撰
讀春秋略記十二卷首一卷　（明）朱朝瑛撰
春秋管窺十二卷　（清）徐廷垣撰
五經總義類
融堂四書管見十三卷　（宋）錢時撰
五經稽疑八卷　（明）朱睦㮮撰
十三經義疑十二卷　（清）吳浩撰
十三經注疏正字八十一卷　（清）沈廷芳撰
九經辨字瀆蒙十二卷　（清）沈炳震撰
四書類
蒙齋中庸講義四卷　（宋）袁甫撰
樂類
古樂書二卷　（清）應撝謙撰
小學類
俗書刊誤十二卷　（明）焦竑撰
篆隸攷異四卷　（清）周靖撰
增修校正押韻釋疑五卷　（宋）歐陽德隆撰
　　（宋）郭守正增修
欽定音韻述微三十卷　清乾隆三十年敕撰
史部
編年類
兩朝綱目備要十六卷
紀事本末類
平定三逆方略六十卷　（清）勒德洪等撰
欽定石峯堡紀略二十卷首一卷　清乾隆四
　　十九年敕撰
別史類
春秋戰國異辭五十五卷通表二卷　（清）陳
　　厚耀撰
詔令奏議類
讜論集五卷　（宋）陳次升撰
左史諫草一卷　（宋）呂午撰
傳記類
忠貞錄三卷附錄一卷　（明）李維樾（明）林
　　增志輯
廉吏傳二卷　（宋）費樞撰
地理類
水經注集釋訂訛四十卷　（清）沈炳巽撰
海塘錄二十六卷首二卷　（清）翟均廉撰
蜀中廣記一百八卷　（明）曹學佺撰
職官類
禮部志稿一百卷　（明）俞汝楫等纂
太常續考八卷　（明）□□撰
土官底簿二卷　（明）□□撰
政書類
政和五禮新儀二百二十卷（原缺卷七十四、
　　卷八十八至九十、卷一百八至一百十
　　二、卷一百二十八至一百三十七、卷二
　　百）首一卷御製冠禮十卷　（宋）鄭居

中等撰
廟學典禮六卷　（元）□□撰
目錄類
吳中金石新編八卷　（明）陳暐撰
史評類
六朝通鑑博議十卷　（宋）李燾撰
兩漢筆記十二卷　（宋）錢時撰
子部
儒家類　　　　　　　　　　　　　　　　〔撰
近思錄集註十四卷附說一卷　（清）茅星來
戒子通錄八卷　（宋）劉清之撰
家山圖書一卷　（宋）□□撰
雙橋隨筆十二卷　（清）周召撰
兵家類
武經總要前集二十卷後集二十卷　（宋）曾
　　公亮（宋）丁度等撰
醫家類
脚氣治法總要二卷　（宋）董汲撰
集驗背疽方一卷　（宋）李迅撰
扁鵲神應鍼灸玉龍經一卷　（元）王國瑞撰
天文算法類
革象新書五卷　（元）趙友欽撰
七政推步七卷　（明）貝琳撰
莊氏算學八卷　（清）莊亨陽撰
術數類
皇極經世索隱二卷　（宋）張行成撰　　〔撰
皇極經世觀物外篇衍義九卷　（宋）張行成
易通變四十卷　（宋）張行成撰
觀物篇解五卷附皇極經世解起數訣三卷
　　（宋）祝泌撰
大衍索隱三卷　（宋）丁易東撰　　　　〔注
玉照定眞經一卷　（晉）郭璞撰　（□）張顒
星命溯源五卷
星命總括三卷　（遼）耶律純撰
演禽通纂二卷
太乙金鏡式經十卷　（唐）王希明撰
遁甲演義四卷　（明）程道生撰
禽星易見一卷　（明）池本理撰
藝術類
繪事微言二卷　（明）唐志契撰
六藝之一錄四百六卷續編十四卷　（清）倪
　　濤撰
譜錄類
欽定西清硯譜二十四卷　清乾隆四十三年
　　敕撰
雜家類
樂菴語錄五卷　（宋）李衡撰　（宋）龔昱輯
琴堂諭俗編二卷　（宋）鄭玉道（宋）彭仲剛
　　撰　（宋）應俊輯補　（元）左祥續增
硯山齋雜記四卷　（清）孫承澤撰

言行龜鑑八卷　　（元）張光祖撰
元明事類鈔四十卷　　（清）姚之駰撰
類書類
　實賓錄十四卷　　（宋）馬永易撰
　職官分紀五十卷　　（宋）孫逢吉撰
　名賢氏族言行類稿六十卷　　（宋）章定撰
集部
別集類
　韓集舉正十卷外集舉正一卷 敍 錄 一 卷
　　（宋）方崧卿撰
　五百家註柳先生集二十一卷新編外集三卷
　　　龍城錄二卷附錄四卷　　（唐）柳宗元撰
　　（宋）魏仲舉輯
　文莊集三十六卷　　（宋）夏竦撰
　范太史集五十五卷　　（宋）范祖禹撰
　樂全集四十卷附錄一卷　　（宋）張方平撰
　雲溪居士集三十卷　　（宋）華鎮撰
　演山集六十卷　　（宋）黃裳撰
　樂靜集三十卷　　（宋）李昭玘撰
　灌園集二十卷　　（宋）呂南公撰
　襄陵文集十二卷　　（宋）許翰撰
　東堂集十卷　　（宋）毛滂撰
　竹隱畸士集二十卷　　（宋）趙鼎臣撰
　洪龜父集二卷　　（宋）洪朋撰
　跨鼇集三十卷　　（宋）李新撰
　莊簡集十八卷　　（宋）李光撰
　東窗集十六卷　　（宋）張擴撰
　忠惠集十卷附錄一卷　　（宋）翟汝文撰
　檆溪居士集十二卷　　（宋）劉才邵撰
　筠谿集二十四卷樂府一卷　　（宋）李彌遜撰
　忠穆集八卷　　（宋）呂頤浩撰
　東牟集十四卷　　（宋）王洋撰
　相山集三十卷　　（宋）王之道撰
　雲溪集十二卷　　（宋）郭印撰
　北海集四十六卷附錄三卷　　（宋）綦崇禮撰
　五峯集五卷　　（宋）胡宏撰
　斐然集三十卷　　（宋）胡寅撰
　浮山集十卷　　（宋）仲井撰
　縉雲文集四卷　　（宋）馮時行撰
　唯室集四卷附錄一卷　　（宋）陳長方撰
　鄭忠肅奏議遺集二卷　　（宋）鄭興裔撰
　高峯文集十二卷　　（宋）廖剛撰
　艾軒集九卷附錄一卷　　（宋）林光朝撰
　方舟集二十四卷　　（宋）李石撰
　網山集八卷　　（宋）林亦之撰
　定庵類稿四卷　　（宋）衞博撰
　澹軒集八卷　　（宋）李呂撰
　尊白堂集六卷　　（宋）虞儔撰
　東塘集二十卷　　（宋）袁說友撰
　九華集二十五卷附錄一卷　　（宋）員興宗撰

芸庵類藁六卷　　（宋）李洪撰
蓮峯集十卷　　（宋）史堯弼撰
昌谷集二十二卷　　（宋）曹彥約撰
省齋集十卷附錄一卷　　（宋）廖行之撰
後樂集二十卷　　（宋）衞涇撰
性善堂稿十五卷　　（宋）度正撰
鶴林集四十卷　　（宋）吳泳撰
東澗集十四卷　　（宋）許應龍撰
漁墅類稿八卷　　（宋）陳元晉撰
滄州塵缶編十四卷　　（宋）程公許撰
實窗集十卷　　（宋）陳耆卿撰
壺山四六一卷　　（宋）方大琮撰
臞軒集十六卷　　（宋）王邁撰
東野農歌集五卷　　（宋）戴昺撰
泠然齋詩集八卷　　（宋）蘇泂撰
可齋雜藁三十四卷續藁前八卷後十二卷
　　（宋）李曾伯撰
澗泉集二十卷　　（宋）韓淲撰
庸齋集六卷　　（宋）趙汝騰撰
張氏拙軒集六卷　　（宋）張侃撰
潛山集十二卷　　（宋）釋文珦撰
字溪集十一卷附錄一卷　　（宋）楊枋撰
葦航漫遊稿四卷　　（宋）胡仲弓撰
秋聲集六卷　　（宋）衞宗武撰
梅巖文集十卷　　（宋）胡次焱撰
廬山集五卷英溪集一卷　　（宋）董嗣杲撰
則堂集六卷　　（宋）家鉉翁撰
富山遺稿十卷　　（宋）方夔撰
在軒集一卷　　（宋）黃公紹撰
心泉學詩稿六卷　　（宋）蒲壽宬撰
稼村類藁三十卷　　（元）王義山撰
桐江續集三十六卷　　（元）方回撰
剩語二卷　　（元）艾性夫撰
青山集八卷　　（元）趙文撰
小亨集六卷　　（元）楊弘道撰
青崖集五卷　　（元）魏初撰
養吾齋集三十二卷　　（元）劉將孫撰
東庵集四卷　　（元）滕安上撰
秋巖詩集二卷　　（元）陳宜甫撰
蘭軒集十六卷　　（元）王旭撰
玉井樵唱三卷　　（元）尹廷高撰
西巖集二十卷　　（元）張之翰撰
艮齋詩集十四卷　　（元）侯克中撰
文忠集六卷　　（元）王結撰
榘菴集十五卷　　（元）同恕撰
伊濱集二十四卷　　（元）王沂撰
瓢泉吟稿五卷　　（元）朱晞顏撰
野處集四卷　　（元）邵亨貞撰
子淵詩集六卷　　（元）張仲深撰
午溪集十卷　　（元）陳鎰撰

傲軒吟稿一卷　　(元)胡天游撰
桐山老農集四卷　　(元)魯貞撰
佩玉齋類藁十卷　　(元)楊翮撰
麟原文集二十四卷　　(元)王禮撰
性情集六卷　　(元)周巽撰
可閒老人集四卷　　(元)張昱撰
玉笥集九卷　　(明)鄧雅撰
覆瓿集七卷附錄一卷　　(明)朱同撰
尚絅齋集五卷　　(明)童冀撰
草澤狂歌五卷　　(明)王恭撰
檞菴類藁二卷　　(明)鄭潛撰
可傳集一卷　　(明)袁華撰
獨醉亭集三卷　　(明)史謹撰
希澹園詩集三卷　　(明)虞堪撰
滎陽外史集一百卷(原缺卷一至六、卷十四
　　至二十、卷三十一至三十二、卷四十
　　四、卷五十八至五十九、卷六十八至八
　　十六)　　(明)鄭眞撰
毅齋集八卷　　(明)王洪撰
蘭庭集二卷　　(明)謝晉撰
總集類
同文館唱和詩十卷　　(宋)鄧忠臣等撰
南嶽倡酬集一卷附錄一卷　　(宋)朱熹(宋)
　　張栻(宋)林用中撰
天台前集三卷前集別編一卷拾遺一卷續集
　　三卷續集拾遺一卷續集別編六卷
　　(宋)李庚(宋)林師蒧等輯　　別編(宋)
　　林表民輯
十先生奧論註前集十五卷後集十五卷續集
　　十五卷(原缺卷一至五)　　(宋)□□輯
詩家鼎臠二卷　　(宋)□□輯　　　　[輯
玉山紀遊一卷　　(元)顧瑛等撰　　(明)袁華
三華集十八卷　　(明)錢公善等輯
　　綠苔軒集六卷　　(明)錢子正撰
　　種菊庵集四卷　　(明)錢子義撰
　　錦樹集八卷　　(明)錢仲益撰
文氏五家集十四卷　　(明)文肇祉輯
　　淶水詩集一卷文集一卷　　(明)文洪撰
　　太史詩集四卷　　(明)文徵明撰
　　博士詩集二卷　　(明)文彭撰
　　和州詩集一卷　　(明)文嘉撰
　　錄事詩集五卷　　(明)文肇祉撰
吳都文粹續集五十六卷補遺二卷　　(明)錢
　　穀輯
釋文紀四十五卷　　(明)梅鼎祚輯
詩文評類
竹莊詩話二十四卷　　(宋)何谿汶撰
頤山詩話一卷　　(明)安磐撰

影印四庫全書四種

(民國)中央圖書館籌備處選
　　民國二十四年(1935)上海商務印書館據
　　　　文淵閣本景印
皇祐新樂圖記三卷　　(宋)阮逸(宋)胡瑗撰
紹熙州縣釋奠儀圖一卷　　(宋)朱熹撰
家山圖書一卷　　(宋)□□撰
欽定補繪離騷全圖三卷　　(清)蕭雲從繪
　　清乾隆四十七年敕補繪

武英殿聚珍版書

清乾隆中輯
　　清乾隆中武英殿木活字排印本
　　清乾隆中浙江重刊本
　　清同治十三年(1874)江西書局刊本
　　清乾隆四十二年(1777)福建刊道光同治
　　　　遞修光緒二十一年(1895)增刊本
　　清光緒二十五年(1899)廣雅書局刊本
經部
周易口訣義六卷　　(唐)史徵撰　　(殿本、福
　　建本、廣東本)
易說六卷　　(宋)司馬光撰　　(殿本、福建本、
　　廣東本)
吳園周易解九卷附錄一卷(殿本無附錄)
　　(宋)張根撰　　(殿本、福建本、廣東本)
易原八卷　　(宋)程大昌撰　　(殿本、福建本、
　　廣東本)
郭氏傳家易說十一卷總論一卷(殿本無總
　　論)　　(宋)郭雍撰
誠齋易傳二十卷　　(宋)楊萬里撰　　(殿本、
　　福建本、廣東本)
易象意言一卷　　(宋)蔡淵撰
易學濫觴一卷　　(宋)黃澤撰　　(殿本、福建
　　本、廣東本)
易緯十二卷　　(漢)鄭玄注
　　易緯乾坤鑿度二卷
　　易緯稽覽圖二卷
　　易緯通卦驗二卷
　　易緯是類謀一卷
　　易緯乾鑿度二卷
　　易緯辨終備一卷
　　易緯乾元序制記一卷
　　易緯坤靈圖一卷
禹貢指南四卷　　(宋)毛晃撰
尚書詳解二十六卷首一卷　　(宋)夏僎撰
　　(殿本、福建本光緒二十一年增刊、廣
　　東本)
禹貢說斷四卷　　(宋)傅寅撰　　(殿本、福建
　　本、廣東本)
尚書詳解五十卷　　(宋)陳經撰　　(殿本、福
　　建本、廣東本)

融堂書解二十卷　(宋)錢時撰

詩總聞二十卷　(宋)王質撰　(殿本、福建本、廣東本)

續呂氏家塾讀詩記三卷　(宋)戴溪撰(殿本、江西本、福建本、廣東本)

絜齋毛詩經筵講義四卷　(宋)袁燮撰

儀禮識誤三卷　(宋)張淳撰

儀禮集釋三十卷　(宋)李如圭撰　(殿本、福建本、廣東本)

儀禮釋宮一卷　(宋)李如圭撰　(殿本、江西本、福建本、廣東本)

大戴禮記十三卷　(漢)戴德撰　(北周)盧辯注　(殿本、福建本、廣東本)

春秋釋例十五卷附校勘記二卷(殿本無校勘記)　(晉)杜預撰　校勘記(清)孫星華撰　(殿本、福建本、廣東本)

春秋集傳纂例十卷附校勘記一卷　(唐)陸淳撰　校勘記(清)孫星華撰　(福建本光緒二十年增刊、廣東本)

春秋傳說例一卷　(宋)劉敞撰

春秋經解十五卷　(宋)孫覺撰　(殿本、福建本、廣東本)

春秋辨疑四卷附校勘記一卷　(殿本、浙江本、江西本均無校勘記)　(宋)蕭楚撰　校勘記(清)周自得撰

春秋攷十六卷　(宋)葉夢得撰　(殿本、福建本、廣東本)

春秋集註四十卷　(宋)高閌撰　(殿本、福建本、廣東本)

春秋繁露十七卷附錄一卷校勘記二卷(殿本無校勘記)　(漢)董仲舒撰　校勘記(清)孫星華撰　(殿本、福建本光緒二十年增刊、廣東本)

鄭志三卷拾遺一卷附校勘記一卷(殿本、江西本均無校勘記)　(漢)鄭玄撰　(魏)鄭小同編　拾遺(清)王復輯　校勘記(清)孫星華撰
　　　　(殿本、江西本、福建本、廣東本)

論語意原四卷　(宋)鄭汝諧撰　(殿本、福建本、廣東本)

欽定詩經樂譜全書三十卷樂律正俗一卷　清乾隆五十三年敕撰　(殿本、福建本光緒二十年增刊、廣東本)

輶軒使者絕代語釋別國方言十三卷　(漢)揚雄撰　(晉)郭璞注　(殿本、福建本、廣東本)

史部

兩漢刊誤補遺十卷附校勘記一卷(殿本無校勘記)　(宋)吳仁傑撰　校勘記(清)孫星華撰　(殿本、福建本、廣東本)

三國志辨誤三卷　(殿本、福建本光緒二十年增刊、廣東本)

新唐書糾謬二十卷附校勘記二卷　(宋)吳縝撰　校勘記(清)孫星華撰　(福建本光緒二十年增刊、廣東本)

五代史纂誤三卷　(宋)吳縝撰　(殿本、江西本、福建本、廣東本)

東觀漢記二十四卷　(漢)劉珍等撰　(殿本、福建本、廣東本)

御選明臣奏議四十卷　清乾隆四十六年敕輯　(殿本、福建本、廣東本)

魏鄭公諫續錄二卷　(元)翟思忠輯

元朝名臣事略十五卷附校勘記一卷(殿本無校勘記)　(元)蘇天爵撰　校勘記(清)傅以禮撰　(殿本、福建本、廣東本)

鄴中記一卷　(晉)陸翽撰

蠻書十卷　(唐)樊綽撰　(殿本、福建本光緒二十年增刊、廣東本)

琉球國志略十六卷首一卷　(清)周煌撰　(殿本、福建本、廣東本)

元和郡縣志四十卷　(唐)李吉甫撰　(殿本、福建本、廣東本)

元豐九域志十卷　(宋)王存等撰　(殿本、福建本、廣東本)

輿地廣記三十八卷附校勘記二卷(殿本無校勘記)　(宋)歐陽忞撰　校勘記(清)孫星華撰　(殿本、福建本、廣東本)

水經注四十卷附御製文一卷(殿本無御製文)　(後魏)酈道元撰　附清高宗撰

畿輔安瀾志五十六卷　(清)王履泰撰　(福建本光緒二十年增刊、廣東本)

嶺表錄異三卷　(唐)劉恂撰

河朔訪古記三卷　(元)納新(迺賢)撰　(福建本光緒二十年增刊、廣東本)

麟臺故事五卷拾遺二卷附考異一卷(殿本、浙江本、江西本均無拾遺考異)　(宋)程俱撰　拾遺(清)孫星華輯幷撰考異

唐會要一百卷　(宋)王溥撰　(殿本、福建本光緒二十年增刊、廣東本)

五代會要三十卷附校勘記一卷(殿本無校勘記)　(宋)王溥撰　校勘記(清)沈鎮(清)朱福泰撰　(殿本、福建本、廣東本)

宋朝事實二十卷　(宋)李攸撰　(殿本、江西本、福建本、廣東本)

建炎以來朝野雜記甲集二十卷乙集二十卷附校勘記五卷(殿本無校勘記)　(宋)李心傳撰　校勘記(清)孫星華撰　(殿

本、福建本光緒二十年增刊、廣東本)

西漢會要七十卷　(宋)徐天麟撰　(殿本、
　　福建本光緒二十年增刊、廣東本)

東漢會要四十卷　(宋)徐天麟撰　(殿本、
　　福建本、廣東本)

漢官舊儀二卷補遺一卷　(漢)衞宏撰

幸魯盛典四十卷　(清)孔毓圻等撰(福建
　　本、廣東本)

欽定武英殿聚珍版程式一卷　(清)金簡撰

直齋書錄解題二十二卷　(宋)陳振孫撰

欽定四庫全書總目二百卷首四卷　清乾隆
　　四十七年敕撰(福建本光緒二十年增
　　刊、廣東本)

絳帖平六卷總錄一卷(殿本無總錄)　(宋)
　　姜夔撰　(殿本、福建本、廣東本)

淳化閣帖釋文十卷　清乾隆三十四年
　　敕輯(殿本、福建本光緒二十年增刊、
　　廣東本)

唐史論斷三卷附校勘記一卷　(宋)孫甫撰
　　校勘記(清)傅以禮撰(福建本光緒
　　二十年增刊、廣東本)

唐書直筆四卷　(宋)呂夏卿撰　(殿本、福
　　建本、廣東本)

子部

傅子一卷　(晉)傅玄撰

傅子五卷　(晉)傅玄撰　(清)嚴可均輯
　　(清)孫星華重輯(福建本光緒二十年
　　傅氏演愼齋刊、廣東本)

帝範四卷　唐太宗撰　(□)□□注

公是弟子記四卷　(宋)劉敞撰　(殿本、江
　　西本、福建本、廣東本)

明本釋三卷　(宋)劉荀撰

項氏家說十卷附錄二卷(殿本無附錄)
　　(宋)項安世撰　(殿本、福建本、廣東
　　本)

農桑輯要七卷　(元)司農司撰

農書三十六卷(殿本二十二卷)　(元)王禎
　　撰　(殿本、福建本、廣東本)

蘇沈良方八卷拾遺二卷附校勘記一卷(殿
　　本無拾遺校勘記)　(宋)蘇軾(宋)沈
　　括撰　校勘記(清)孫星華撰　(殿本、
　　福建本、廣東本)

小兒藥證眞訣三卷　(宋)錢乙撰　(殿本、
　　福建本、廣東本)

周髀算經二卷附晉義一卷　(漢)趙爽注
　　(北周)甄鸞重述　(唐)李淳風釋　晉
　　義(唐)李籍撰　(殿本、福建本、廣東
　　本)

九章算術九卷附晉義一卷　(晉)劉徽注
　　(唐)李淳風等注釋　晉義(唐)李籍撰

(殿本、福建本、廣東本)

孫子算經三卷　(唐)李淳風等注

海島算經一卷　(晉)劉徽撰　(唐)李淳風
　　等注釋

五曹算經五卷　(唐)李淳風等注　(殿本、
　　江西本、福建本、廣東本)

夏侯陽算經三卷　(□)夏侯陽撰

五經算術二卷　(北周)甄鸞撰　(唐)李淳
　　風等注

寶眞齋法書贊二十八卷　(宋)岳珂撰　(殿
　　本、福建本、廣東本)

墨法集要一卷　(明)沈繼孫撰

鶡冠子三卷　(宋)陸佃解　(殿本、福建本、
　　廣東本)

白虎通義四卷附錄一卷校勘記四卷　(漢)
　　班固撰　校勘記(清)孫星華撰　(福建
　　本光緒二十年增刊、廣東本)

猗覺寮雜記二卷　(宋)朱翌撰　(殿本、福
　　建本、廣東本)

能改齋漫錄十八卷拾遺一卷(殿本無拾遺)
　　(宋)吳曾撰　拾遺(清)孫星華輯　(殿
　　本、福建本、廣東本)

雲谷雜紀四卷首一卷末一卷　(宋)張淏撰

學林十卷　(宋)王觀國撰　(殿本、福建本、
　　廣東本)

甕牖閒評八卷　(宋)袁文撰

攷古質疑六卷　(宋)葉大慶撰

朝野類要五卷　(宋)趙升撰　(殿本、福建
　　本、廣東本)

欽定四庫全書考證一百卷　清乾隆四十一
　　年敕撰　(殿本、福建本、廣東本)

澗泉日記三卷　(宋)韓淲撰

敬齋古今黈八卷拾遺五卷　(殿本、浙江本、
　　江西本均無拾遺)　(元)李冶撰　拾
　　遺(清)陸心源輯

意林六卷拾遺一卷(殿本無拾遺)　(唐)馬
　　總輯　拾遺(清)孫星華輯　(殿本、福
　　建本、廣東本)

帝王經世圖譜十六卷　(宋)唐仲友撰　(福
　　建本光緒二十年增刊、廣東本)

涑水記聞十六卷　(宋)司馬光撰　(殿本、
　　江西本、福建本、廣東本)

唐語林八卷拾遺一卷附校勘記二卷(殿本
　　無拾遺校勘記)　(宋)王讜撰　拾遺
　　(清)陸心源輯目　(清)孫星華錄文幷
　　撰校勘記　(殿本、福建本、廣東本)

歸潛志十四卷　(元)劉祁撰　(殿本、福建
　　本、廣東本)

老子道德經二卷　(魏)王弼注

文子纘義十二卷　(宋)杜道堅撰　(殿本、

福建本、廣東本）

集部

張燕公集二十五卷　（唐）張說撰　（殿本、
　　福建本、廣東本）

文忠集十六卷拾遺四卷（殿本無拾遺）
　　（唐）顏眞卿撰　拾遺（清）黃本驥輯
　　（清）孫星華增訂（殿本、福建本、廣東
　　本）

小畜集三十卷外集十三卷（原缺卷一至五）
　　拾遺一卷（宋）王禹偁撰　拾遺（清）
　　勞格輯目　（清）孫星華錄文（福建本
　　光緒二十年增刊、廣東本）

南陽集六卷拾遺一卷（殿本、江西本均無
　　拾遺）　（宋）趙湘撰　拾遺（清）勞格
　　輯目　（清）孫星華錄文　（殿本、江西
　　本、福建本、廣東本）

元憲集三十六卷　（宋）宋庠撰　（殿本、福
　　建本、廣東本）

景文集六十二卷拾遺二十二卷（殿本無拾
　　遺）（宋）宋祁撰　拾遺（清）孫星華輯
　　（殿本、福建本、廣東本）

文恭集四十卷拾遺一卷（殿本、浙江本、江
　　西本均無拾遺）　（宋）胡宿撰　拾遺
　　（清）勞格輯目　（清）孫星華錄文

祠部集三十五卷　（宋）強至撰　（殿本、福
　　建本、廣東本）

華陽集四十卷　（宋）王珪撰　（殿本、福建
　　本、廣東本）

公是集五十四卷拾遺一卷續拾遺一卷（殿
　　本無拾遺續拾遺）（宋）劉敞撰　拾遺
　　（清）勞格輯目　（清）孫星華錄文並續
　　輯　（殿本、福建本、廣東本）

彭城集四十卷　（宋）劉攽撰　（殿本、福建
　　本、廣東本）

淨德集三十八卷　（宋）呂陶撰　（殿本、福
　　建本、廣東本）

忠肅集二十卷拾遺一卷（殿本無拾遺）
　　（宋）劉摯撰　拾遺（清）勞格輯目
　　（清）孫星華錄文（殿本、福建本、廣東
　　本）

山谷內集詩注二十卷外集詩注十七卷別集
　　詩注二卷外集補四卷別集補一卷（殿
　　本三十九卷）（宋）黃庭堅撰　內集
　　（宋）任淵注　外集（宋）史容注　別集
　　（宋）史季溫注　補（清）謝啓昆輯（殿
　　本、福建本、廣東本）

后山詩十二卷　（宋）陳師道撰　（宋）任淵
　　注　（殿本、江西本、福建本、廣東本）

柯山集五十卷拾遺十二卷續拾遺一卷（殿
　　本無拾遺續拾遺）（宋）張耒撰　拾遺

（清）陸心源輯　續拾遺（清）□□輯
　　（殿本、福建本、廣東本）

陶山集十六卷（宋）陸佃撰　（殿本、江西
　　本、福建本、廣東本）

學易集八卷　（宋）劉跂撰（殿本、江西本、
　　福建本、廣東本）

西臺集二十卷　（宋）畢仲游撰　（殿本、福
　　建本、廣東本）

浮沚集九卷　（宋）周行己撰　（殿本、福建
　　本、廣東本）

毘陵集十六卷拾遺一卷（殿本無拾遺）
　　（宋）張守撰　拾遺（清）□□輯　（殿
　　本、福建本、廣東本）

浮溪集三十二卷附拾遺三卷（殿本無拾遺）
　　（宋）汪藻撰　拾遺（清）孫星華輯　（殿
　　本、福建本、廣東本）

簡齋集十六卷　（宋）陳與義撰　（殿本、福
　　建本、廣東本）

茶山集八卷拾遺一卷　（殿本、浙江本、江西
　　本均無拾遺）（宋）曾幾撰　拾遺（清）
　　勞格輯目　（清）孫星華錄文

文定集二十四卷拾遺一卷（殿本無拾遺）
　　（宋）汪應辰撰　拾遺（清）陸心源輯目
　　（清）傅以禮錄文（殿本、福建本、廣
　　東本）

雪山集十六卷　（宋）王質撰　（殿本、福建
　　本、廣東本）

攻媿集一百十二卷拾遺一卷（殿本無拾遺）
　　（宋）樓鑰撰　拾遺（清）傅以禮輯
　　（殿本、福建本、廣東本）

乾道稿二卷淳熙稿二十卷章泉稿五卷章泉
　　稿拾遺一卷（殿本無拾遺）　（宋）趙蕃
　　撰　拾遺（清）孫星華輯　（殿本、福建
　　本、廣東本）

止堂集十八卷　（宋）彭龜年撰　（殿本、福
　　建本、廣東本）

絜齋集二十四卷拾遺一卷（殿本、浙江本、
　　江西本均無拾遺）（宋）袁燮撰　拾遺
　　（清）勞格輯目　（清）孫星華錄文

南澗甲乙稿二十二卷拾遺一卷（殿本無拾
　　遺）（宋）韓元吉撰　拾遺（清）勞格輯
　　目　（清）孫星華錄文（殿本、福建本、
　　廣東本）

蒙齋集二十卷拾遺一卷　（殿本、江西本均
　　無拾遺）（宋）袁甫撰　拾遺（清）勞格
　　輯目　（清）孫星華錄文（殿本、江西
　　本、福建本、廣東本）

恥堂存稿八卷　（宋）高斯得撰　（殿本、福
　　建本、廣東本）

拙軒集六卷　（金）王寂撰

金淵集六卷　(元)仇遠撰
牧庵集三十六卷　(元)姚燧撰(殿本、福建
　　本光緒二十年增刊、廣東本)
附
牧庵年譜一卷(殿本無)　(元)劉致撰
御製詩文十全集五十四卷　清高宗撰(殿
　　本、福建本光緒二十年增刊、廣東本)
文苑英華辨證十卷拾遺一卷(殿本、江西
　　本均無拾遺)　(宋)彭叔夏撰　拾遺
　　(清)勞格輯目　(殿本、江西本、福建
　　本、廣東本)
悅心集五卷　清世宗輯(殿本、福建本、廣
　　東本)
萬壽衢歌樂章六卷　(清)彭元瑞撰　(殿
　　本、福建本光緒廿一年增刊、廣東本)
詩倫二卷　(清)汪薇輯　(殿本、福建本光
　　緒二十年增刊、廣東本)
歲寒堂詩話二卷　(宋)張戒撰
碧溪詩話十卷　(宋)黃徹撰　(殿本、江西
　　本、福建本、廣東本)
浩然齋雅談三卷　(宋)周密撰

勵志齋叢書

(清)陸錫熊(清)紀昀等輯
　　清光緒中據武英殿聚珍版本重印
武英殿聚珍版程式一卷　(清)金簡撰
禹貢指南四卷　(宋)毛晃撰
儀禮識誤三卷　(宋)張淳撰
漢官舊儀二卷補遺一卷　(漢)衛宏撰
歲寒堂詩話二卷　(宋)張戒撰
甕牖閒評八卷　(宋)袁文撰
澗泉日記三卷　(宋)韓淲撰
拙軒集六卷　(金)王寂撰

鏡烟堂十種

(清)紀昀撰
　　清乾隆中嵩山書院刊本
沈氏四聲考二卷
唐人試律說一卷　乾隆二十七年(1762)刊
刪正二馮評閱才調集二卷
刪正方虛谷瀛奎律髓四卷
李義山詩集三卷　(清)紀昀點論
後山集鈔三卷
張為主客圖三卷　(清)紀昀集錄
風雅遺音二卷　(清)紀昀審訂
庚辰集五卷　(清)紀昀輯　乾隆二十七年
　　(1762)刊
館課存藁四卷

雅雨堂藏書

(清)盧見曾輯
　　清乾隆二十一年(1756)德州盧氏刊本
李氏易傳十七卷附周易晉義一卷　(唐)李
　　鼎祚集解　晉義(唐)陸德明撰
附
　鄭氏周易三卷　(漢)鄭玄撰　(宋)王應
　　　麟輯　(清)惠棟補輯
　周易爻辰圖一卷　(清)惠棟撰
　鄭司農集一卷　(漢)鄭玄撰
　周易乾鑿度二卷　(漢)鄭玄撰
　尚書大傳四卷附補遺一卷續補遺一卷考異
　　　一卷　(漢)伏勝撰　(漢)鄭玄注　補
　　　遺續補遺(清)盧文弨輯併撰考異
　大戴禮記十三卷　(北周)盧辯注
　戰國策三十三卷　(漢)高誘注
　匡謬正俗八卷　(唐)顏師古撰
　摭言十五卷　(南漢)王定保撰
　北夢瑣言二十卷　(宋)孫光憲撰
　封氏聞見記十卷　(唐)封演撰
　文昌雜錄六卷補遺一卷　(宋)龐元英撰

奇晉齋叢書

(清)陸烜輯
　　清乾隆中平湖陸氏刊本
　　民國元年(1912)冰雪山房據清陸氏刊本
　　景印
松牕雜錄一卷　(唐)李濬撰
灌畦暇語一卷　(唐)□□撰
平巢事蹟考一卷　(宋)□□撰
朵石瓜洲斃亮記一卷　(宋)甕駒撰
鶴山筆錄一卷　(宋)魏了翁撰
臨漢隱居詩話一卷　(宋)魏泰撰
北牕炙輠錄二卷　(宋)施德操撰
文山題跋一卷　(宋)文天祥撰
遺山題跋一卷　(金)元好問撰
大理行記一卷　(元)郭松年撰
雲煙過眼續錄一卷　(元)湯允謨撰
寓意編一卷　(明)都穆撰
快雪堂漫錄一卷　(明)馮夢禎撰
筆麈一卷　(明)莫是龍撰
雲閒雜誌三卷　(明)□□撰
雲南山川志一卷　(明)楊慎撰

述記(一名三代兩漢遺書)

(清)任兆麟輯
　　清乾隆五十三年(1788)映雪草堂刊本
　　清嘉慶十五年(1810)遂古堂刊本
夏小正一卷　(漢)戴德傳
鬻子一卷　(周)鬻熊撰
逸周書一卷

周公謚法一卷
武王踐阼記一卷
弟子職一卷
管子一卷　(周)管仲撰
老子一卷　(周)李耳撰
晏子春秋一卷　(周)晏嬰撰
家語一卷　(魏)王肅注
曾子一卷　(周)曾參撰
書序一卷
詩序一卷
孫子一卷　(周)孫武撰
司馬法一卷　(周)司馬穰苴撰
周易乾鑿度一卷
尸子一卷　(周)尸佼撰
荀卿子一卷　(周)荀况撰
莊子一卷　(周)莊周撰
楚辭一卷　(周)屈原撰
小爾雅一卷　(漢)孔鮒撰
尚書大傳一卷　(漢)伏勝撰
大戴禮記一卷　(漢)戴德撰
樂記一卷　(漢)劉向校定
賈子新書一卷　(漢)賈誼撰
春秋繁露一卷　(漢)董仲舒撰
韓詩外傳三卷　(漢)韓嬰撰
新序一卷　(漢)劉向撰
說苑一卷　(漢)劉向撰
列女傳一卷　(漢)劉向撰
揚子法言一卷　(漢)揚雄撰
白虎通德論一卷　(漢)班固撰
說文一卷　(漢)許慎撰
漢紀一卷　(漢)荀悅撰
續逑記(逐古堂本)
竹書紀年一卷　(梁)沈約注
晉史乘一卷
楚史檮杌一卷
吳越春秋一卷　(漢)趙曄撰
高士傳一卷　(晉)皇甫謐撰
尉繚子一卷　(周)尉繚撰
列子一卷　(周)列禦寇撰
淮南子一卷　(漢)劉安撰
韓非子一卷　(周)韓非撰
呂覽一卷　(秦)呂不韋撰
釋名一卷　(漢)劉熙撰
世說新語一卷　(劉宋)劉義慶撰

微波榭叢書

(清)孔繼涵輯
　　清乾隆中曲阜孔氏刊本
戴氏遺書　(清)戴震撰
　　東原文集十卷

毛鄭詩考正四卷首一卷　乾隆四十二年
　　(1777)刊
杲溪詩經補注二卷　乾隆四十二年
　　(1777)刊
考工記圖二卷　乾隆四十四年(1779)刊
孟子字義疏證三卷
聲韻攷四卷　乾隆四十四年(1779)刊
聲類表九卷首一卷　乾隆四十二年
　　(1777)刊
原善三卷　乾隆四十二年(1777)刊
原象一卷　乾隆四十二年(1777)刊
續天文略二卷
水地記一卷
方言疏證十三卷
算經十書　(清)孔繼涵輯
　　周髀算經二卷附音義一卷　(漢)趙爽注
　　　　(北周)甄鸞重述　(唐)李淳風等
　　　　注釋　音義(宋)李籍撰
　　九章算術九卷附音義一卷　策算一卷
　　　　(晉)劉徽注　(唐)李淳風等注釋
　　　　(清)戴震補圖　音義(唐)李籍撰
　　　　策算(清)戴震撰
　　海島算經(一名九章重差)一卷　(魏)劉
　　　　徽撰　(唐)李淳風等注釋
　　孫子算經三卷　(唐)李淳風等注釋　乾
　　　　隆三十八年(1773)刊
　　五曹算經五卷　(唐)李淳風等注釋
　　夏侯陽算經三卷　(□)夏侯陽撰
　　張丘建算經三卷　(□)張丘建撰　(北
　　　　周)甄鸞注　(唐)李淳風等注釋
　　　　(唐)劉孝孫細草
　　五經算術二卷附考證一卷　(北周)甄鸞
　　　　撰　(唐)李淳風等注釋　考證(清)
　　　　戴震撰
　　緝古算經一卷　(唐)王孝通撰併注
　　數術記遺一卷　(漢)徐岳撰　(北周)甄
　　　　鸞注
　　句股割圓記三卷　(清)戴震撰　(清)吳
　　　　思孝注
春秋地名一卷　(晉)杜預撰
春秋長歷一卷　(晉)杜預撰
春秋金鎖匙一卷　(元)趙汸撰
國語補音三卷　(宋)宋庠撰
孟子十四卷附音義二卷　(漢)趙岐注　音
　　義(宋)孫奭撰
五經文字三卷　(唐)張參撰
附
　　五經文字疑一卷　(清)孔繼涵撰
新加九經字樣一卷　(唐)唐玄度撰
附

九經字樣疑一卷　(清)孔繼涵撰
水經釋地八卷　(清)孔繼涵撰
雜體文棗七卷　(清)孔繼涵撰
同度記一卷　(清)孔繼涵撰
長行經一卷　(清)孔繼涵撰
紅榴書屋詩集四卷　(清)孔繼涵撰
剄冰詞三卷　(清)孔繼涵撰

二餘堂叢書

(清)師範輯
　　清嘉慶九年(1804)小停雲館刊本
古文辭彙纂序目一卷　(清)姚鼐撰
四六叢話緣起一卷　(清)孫梅輯
魏伯子雜說一卷　(清)魏際瑞撰
魏叔子文集外篇一卷　(清)魏禧撰
微波樹遺書一卷　(清)孔繼涵撰
智園藏稿一卷　(清)余長慶撰
鶚亭詩話一卷　(清)屠紳撰
切時政要一卷　(清)韓學渾撰
蜀遊記一卷　(清)沈鎬撰
楚辭達一卷　(清)魯筆撰
滇海虞衡記十三卷　(清)檀萃撰
課餘隨錄一卷　(清)師範撰

知不足齋叢書

(清)鮑廷博輯　(清)鮑志祖續輯
　　清乾隆道光間長塘鮑氏刊本
　　民國十年(1921)上海古書流通處據清鮑
　　氏刊本景印
第一集
御覽闕史二卷　(唐)高彥休撰
古文孝經孔氏傳一卷　(漢)孔安國撰
　(日本)太宰純音　乾隆四十一年
　(1776)刊
寓簡十卷附錄一卷　(宋)沈作喆撰　乾隆
　四十年(1775)刊
兩漢刊誤補遺十卷附錄一卷　(宋)吳仁傑
　撰　乾隆四十一年(1776)刊
涉史隨筆一卷　(宋)葛洪撰　乾隆四十年
　(1775)刊
客杭日記一卷　(元)郭畀撰　乾隆三十七
　年(1772)刊
韻石齋筆談二卷　(清)姜紹書撰
七頌堂識小錄一卷　(清)劉體仁撰
第二集
公是先生弟子記一卷　(宋)劉敞撰　乾隆
　四十年(1775)刊
經筵玉音問答一卷　(宋)胡銓撰
碧溪詩話十卷　(宋)黃徹撰　乾隆四十一
　年(1776)刊

獨醒雜志十卷附錄一卷　(宋)曾敏行撰
　乾隆四十年(1775)刊
梁谿漫志十卷附錄一卷　(宋)費袞撰　乾
　隆四十一年(1776)刊
赤雅三卷　(明)鄺露撰　乾隆三十四年
　(1769)刊
諸史然疑一卷　(清)杭世駿撰　乾隆四十
　五年(1780)刊
榕城詩話三卷　(清)杭世駿撰　乾隆四十
　年(1775)刊
第三集
入蜀記六卷　(宋)陸游撰
猗覺寮雜記二卷　(宋)朱翌撰　乾隆四十
　一年(1776)刊
對牀夜語五卷　(宋)范晞文撰　乾隆三十
　七年(1772)刊
歸田詩話三卷　(明)瞿佑撰　乾隆四十年
　(1775)刊
南濠詩話一卷　(明)都穆撰　乾隆三十八
　年(1773)刊
麓堂詩話一卷　(明)李東陽撰　乾隆四十
　年(1775)刊
石墨鑴華八卷　(明)趙崡撰　乾隆三十九
　年(1774)刊
第四集
孫子算經三卷　(唐)李淳風等注釋　乾隆
　四十二年(1777)刊
五曹算經五卷　(唐)李淳風等注釋　乾隆
　四十二年(1777)刊
釣磯立談一卷附錄一卷　(宋)史口撰
　乾隆四十三年(1778)刊
洛陽搢紳舊聞記五卷　(宋)張齊賢撰　乾
　隆四十一年(1776)刊
四朝聞見錄五卷附錄一卷　(宋)葉紹翁撰
金石史二卷　(明)郭宗昌撰
閒者軒帖考一卷　(清)孫承澤撰
第五集
清虛雜著三卷補闕一卷　(宋)王鞏撰　乾
　隆四十四年(1779)刊
　聞見近錄一卷
　甲申雜記一卷
　隨手雜錄一卷
補漢兵志一卷　(宋)錢文子撰　乾隆四十
　四年(1779)刊
臨漢隱居詩話一卷　(宋)魏泰撰　乾隆四
　十四年(1779)刊
滹南詩話三卷　(金)王若虛撰
歸潛志十四卷附錄一卷　(元)劉祁撰　乾
　隆四十四年(1779)刊
黃孝子紀程二卷附一卷　(清)黃向堅撰

　卷下
　　續翰林志二卷　（宋）蘇易簡撰
　　次續翰林志一卷　（宋）蘇耆撰
　　學士年表一卷　（宋）□□撰
　　翰苑題名一卷　（宋）□□撰
　　翰苑遺事一卷　（宋）洪遵撰
　朝野類要五卷　（宋）趙升撰
　碧血錄二卷　（明）黃煜輯
　附
　　周端孝先生血疏貼黃冊一卷　（明）周茂
　　蘭撰
　逍遙集一卷　（宋）潘閬撰
　百正集三卷　（宋）連文鳳撰
　張子野詞二卷補遺二卷　（宋）張先撰　乾
　　隆五十三年（1788）刊
　貞居詞一卷補遺一卷　（元）張雨撰
第十四集
　籟紀一卷　（陳）陳叔齊撰
　潛虛一卷　（宋）司馬光撰
　附
　　潛虛發微論一卷　（宋）張敦實撰
　袁氏世範三卷　（宋）袁采撰　乾隆五十五
　　年（1790）刊
　附
　　集事詩鑒一卷　（宋）方昕撰
　天水冰山錄不分卷附錄一卷　（明）□□撰
　附
　　鈐山堂書畫記一卷　（明）文嘉撰
第十五集
　新唐書糾繆二十卷附錄一卷　（宋）吳縝撰
　　（清）錢大昕校
　修唐書史臣表一卷　（清）錢大昕撰
　洞霄圖志六卷　（宋）鄧牧撰
　螾隅子歔欷瑣微論二卷　（宋）黃晞撰　乾
　　隆五十七年（1792）刊
　世緯二卷附錄一卷　（明）袁袠撰　乾隆五
　　十七年（1792）刊
第十六集
　皇宋書錄三卷　（宋）董史撰　乾隆五十九
　　年（1794）刊
　宣和奉使高麗圖經四十卷附錄一卷　（宋）
　　徐兢撰　乾隆五十八年（1793）刊
　武林舊事十卷附錄一卷　（宋）四水潛夫
　　（周密）撰　乾隆五十八年（1793）刊
　錢塘先賢傳贊一卷附錄一卷　（宋）袁韶撰
第十七集
　五代史纂誤三卷　（宋）吳縝撰
　嶺外代答十卷　（宋）周去非撰
　南窗紀談一卷　（宋）□□撰
　蘇沈內翰良方十卷　（宋）蘇軾（宋）沈括撰

　　乾隆五十八年（1793）刊
　浦陽人物記二卷　（明）宋濂撰
第十八集
　宜州乙酉家乘一卷　（宋）黃庭堅撰　乾隆
　　五十九年（1794）刊
　吳船錄二卷　（宋）范成大撰
　清波雜志十二卷別志三卷　（宋）周煇撰
　蜀難敍略一卷　（清）沈荀蔚撰　　　〔撰
　灊山集三卷補遺一卷附錄一卷　（宋）朱翌
　頤菴居士集二卷　（宋）劉應時撰
第十九集
　文苑英華辨證十卷　（宋）彭叔夏撰　乾隆
　　六十年（1795）刊
　詩紀匡謬一卷　（清）馮舒撰
　西塘集耆舊續聞十卷　（宋）陳鵠撰　乾隆
　　五十八年（1793）刊
　山房隨筆一卷　（元）蔣子正撰　乾隆五十
　　三年（1788）刊
　勿菴歷算書目一卷　（清）梅文鼎撰
　黃山領要錄二卷　（清）汪洪度撰
　世善堂藏書目錄二卷　（明）陳第撰　乾隆
　　六十年（1795）刊
第二十集
　測圓海鏡細草十二卷　（元）李冶撰　嘉慶
　　三年（1798）刊
　蘆浦筆記十卷　（宋）劉昌詩撰　嘉慶三年
　　（1798）刊
　五代史纂誤補四卷　（清）吳蘭庭撰
　山靜居畫論二卷　（清）方薰撰
　茗香詩論一卷　（清）宋大樽撰
第二十一集
　孝經鄭註一卷附補證一卷　（漢）鄭玄撰
　　補證（清）洪頤煊撰　嘉慶六年（1801）
　　刊
　孝經鄭氏解一卷　（漢）鄭玄撰　（清）臧
　　庸輯
　益古演段三卷　（元）李冶撰　嘉慶二年
　　（1797）刊
　弧矢算術細草一卷　（清）李銳撰
　五總志一卷　（宋）吳炯撰
　黃氏日抄古今紀要逸編一卷　（宋）黃震撰
　丙寅北行日譜一卷　（明）朱祖文撰
　粵行紀事三卷　（清）瞿昌文撰
　滇黔土司婚禮記一卷　（清）陳鼎撰
　三山鄭菊山先生清雋集一卷　（宋）鄭起撰
　　（元）仇遠選
　所南翁一百二十圖詩集一卷附錦錢餘笑一
　　卷附錄一卷　（宋）鄭思肖撰
　鄭所南先生文集一卷　（宋）鄭思肖撰
第二十二集

重彫足本鑒誡錄十卷　(後蜀)何光遠撰　嘉慶八年(1803)刊

侯鯖錄八卷　(宋)趙令畤撰　嘉慶八年(1803)刊

松窗百說一卷　(宋)李季可撰　嘉慶八年(1803)刊

北軒筆記一卷　(元)陳世隆撰

藏海詩話一卷　(宋)吳可撰

吳禮部詩話一卷　(元)吳師道撰

畫墁集八卷補遺一卷　(宋)張舜民撰

第二十三集

讀易別錄三卷　(清)全祖望撰

古今偽書考一卷　(清)姚際恆撰

澠水燕談錄十卷　(宋)王闢之撰

石湖紀行三錄　(宋)范成大撰　吳船錄收入第十八集

攬轡錄一卷　嘉慶十年(1805)刊

·驂鸞錄一卷　嘉慶十年(1805)刊

附

桂海虞衡志一卷　(宋)范成大撰

北行日錄二卷　(宋)樓鑰撰

放翁家訓一卷　(宋)陸游撰

庶齋老學叢談三卷　(元)盛如梓撰　嘉慶十年(1805)刊

湛淵遺稿三卷補一卷　(元)白珽撰　嘉慶八年(1803)刊

趙待制遺稿一卷　(元)趙雍撰

附

王國器詞一卷　(元)王國器撰

灤京雜詠二卷　(元)楊允孚撰　嘉慶十年(1805)刊

陽春集一卷　(宋)米友仁撰

草窗詞二卷補二卷　(宋)周密撰

第二十四集

吹劍錄外集一卷　(宋)俞文豹撰

宋遺民錄十五卷　(明)程敏政輯

天地間集一卷　(宋)謝翱輯

宋舊宮人詩詞一卷　(宋)汪元量輯

竹譜詳錄七卷　(元)李衎撰　嘉慶十三年(1808)刊

書學捷要二卷　(清)朱履貞撰　嘉慶十三年(1808)刊

第二十五集

履齋示兒編二十三卷附校補一卷覆校一卷　(宋)孫奕撰　校補覆校(清)顧廣圻撰　嘉慶十六年(1811)刊

霽山先生集五卷首一卷拾遺一卷　(宋)林景熙撰　(元)章祖程注　嘉慶十五年(1810)刊

第二十六集

五行大義五卷　(隋)蕭吉撰　嘉慶十八年(1813)刊

負暄野錄二卷　(宋)陳槱撰

古刻叢鈔一卷　(元)陶宗儀撰

梅花喜神譜二卷　(宋)宋伯仁撰

斜川集六卷附錄二卷訂誤一卷　(宋)蘇過撰　乾隆五十三年(1788)刊附錄嘉慶十五年(1810)刊

第二十七集

道命錄十卷　(宋)李心傳輯

曲洧舊聞十卷　(宋)朱弁撰

字通一卷　(宋)李從周撰

透簾細草一卷

續古摘奇算法一卷　(宋)楊輝撰

丁巨算法一卷　(元)丁巨撰

緝古算經細草三卷　(清)張敦仁撰

第二十八集

雲林石譜三卷　(宋)杜綰撰　嘉慶十九年(1814)刊

附

縐雲石圖記一卷　(清)馬汶撰

夢粱錄二十卷　(宋)吳自牧撰

靜春堂詩集四卷附錄三卷　(元)袁易撰

附

紅蕙山房吟藁一卷附錄一卷　(清)袁廷檮撰

第二十九集

梧溪集七卷補遺一卷　(元)王逢撰　道光三年(1823)刊

困學齋雜錄一卷　(元)鮮于樞撰

第三十集

克庵先生尊德性齋小集三卷補遺一卷　(宋)程洵撰

麈史三卷　(宋)王得臣撰

全唐詩逸三卷　(日本)河世寧輯　道光三年(1823)刊

中吳紀聞六卷　(宋)龔明之撰

廣釋名二卷　(清)張金吾撰

餘姚兩孝子萬里尋親記一卷　(清)翁廣平撰

畫梅題記一卷　(清)朱方藹撰

拜經樓叢書(一名愚谷叢書)

(清)吳騫輯

清乾隆嘉慶間海昌吳氏刊本

民國十一年(1922)上海博古齋據清吳氏刊本增輯景印

重刊拜經樓叢書七種

清光緒十一年(1885)會稽章氏鄂渚刊本

重校拜經樓叢書十種

清光緒二十年(1894)吳縣朱氏校經堂刊
本
陶靖節先生詩四卷補注一卷附錄一卷
(晉)陶潛撰　(宋)湯漢注　補注(口)
口口撰　附錄(元)吳師道撰　乾隆五
十一年(1786)刊
謝宣城詩集五卷　(齊)謝朓撰　嘉慶元年
(1796)刊
國山碑攷一卷　(清)吳騫撰　乾隆五十一
年(1786)刊
詩譜補亡後訂一卷拾遺一卷　(清)吳騫撰
乾隆五十年(1785)刊
桃溪客語五卷　(清)吳騫撰
拙政園詩集二卷　(清)徐燦撰　嘉慶八年
(1803)刊　(以下原刊本、景印本)
靜庵膡稿一卷附錄一卷　(明)朱妙端撰
乾隆五十九年(1794)刊
拙政園詩餘三卷附錄一卷　(清)徐燦撰
玉窗遺稿一卷　(清)葛宜撰　乾隆三十七
年(1772)刊
梅花園存稿一卷　(清)鍾韞撰　乾隆五十
七年(1792)刊　　　　　　　　[校
許氏詩譜鈔一卷　(元)許衡撰　(清)吳騫
扶風傳信錄一卷　(清)吳騫輯　(原刊本、
重校本、景印本)
王節愍公遺集一卷補遺一卷　(明)王道焜
撰　嘉慶九年(1804)刊　(以下原刊
本、景印本)
西湖蘇文忠公祠從祀議一卷　(清)吳騫撰
南宋方爐題咏一卷　(清)吳騫輯
讒書五卷附校一卷　(唐)羅隱撰　附校
(清)吳騫撰　嘉慶十二年(1807)刊
陽羨名陶錄二卷續一卷　(清)吳騫撰
孫氏爾雅正義拾遺一卷　(魏)孫炎撰
(清)吳騫輯　(原刊本、景印本)
拜經樓詩集十二卷續編四卷再續編一卷
(原刊本無再續編)　(清)吳騫撰　嘉
慶八年(1803)刊續編嘉慶十七年
(1812)刊　(原刊本、景印本)
萬花漁唱一卷　(清)吳騫撰　嘉慶十七年
(1812)刊　(原刊本、景印本)
珠樓遺稿一卷　(清)徐貞撰　(以下原刊
本、重校本、景印本)
哀蘭絕句一卷　(清)吳騫撰　　　　[本]
蠡塘漁乃一卷續一卷　(清)吳騫撰（重校
海潮說三卷　(清)周春撰　(以下景印本)
論印絕句一卷續編一卷　(清)吳騫輯
孟子外書四篇四卷　(宋)熙時子注　據乾

隆四十五年本景印
棠湖詩稿一卷　(宋)岳珂撰
蜀石經毛詩考異二卷　(清)吳騫撰　據道
光二年本景印
拜經樓詩話四卷　(清)吳騫撰
愚谷文存十四卷　(清)吳騫撰　據嘉慶十
二年本景印
拜經樓藏書題跋記五卷附錄一卷　(清)吳
壽暘撰·據道光二十七年本景印

硯雲

(清)金忠淳輯
清乾隆中金氏硯雲書屋刊本
甲編　乾隆四十年(1775)刊
都公譚纂二卷　(明)都穆撰
明良記一卷　(明)楊儀撰
北牕瑣語一卷　(明)余永麟撰
顧曲雜言一卷　(明)沈德符撰
南中紀聞一卷　(明)包汝楫撰
耳新八卷　(明)鄭仲夔撰
屏居十二課一卷　(明)黃景昉撰
夢憶一卷　(明)張岱撰
乙編　乾隆四十三年(1778)刊
汴京勾異記八卷　(明)李濂撰
小隱書全帖一卷　(明)敬虛子撰
嶠南瑣記二卷　(明)魏濬撰
揮塵詩話一卷　(明)王兆雲撰
敝帚齋餘談一卷　(明)沈德符撰
長物志十二卷　(明)文震亨撰
槎上老舌一卷　(明)陳衎撰
冷賞八卷　(明)鄭仲夔撰

函海

(清)李調元輯
清乾隆中綿州李氏萬卷樓刊嘉慶十四年
(1809)李鼎元重校印本
清道光五年(1825)李朝夔補刊印本
第一函
華陽國志十二卷　(晉)常璩撰
郭子翼莊一卷　(晉)郭象撰　(明)高崶輯
古今同姓名錄二卷　梁元帝撰　(唐)陸善
經續　(元)葉森補
素履子三卷　(唐)張弧撰
第二函
說文解字韻譜五卷　(南唐)徐鍇撰
緝古算經一卷　(唐)王孝通撰併注
主客圖一卷　(唐)張為撰
蘇氏演義二卷　(唐)蘇鶚撰
寶藏論一卷　(後秦)釋僧肇撰
心要經一卷　(唐)釋道殷譯

金華子雜編二卷　(南唐)劉崇遠撰
第三函
　易傳燈四卷　(宋)徐口撰
　鄭氏古文尙書十卷　(漢)鄭玄注　(宋)王
　　應麟撰集　(清)李調元案
　程氏考古編十卷　(宋)程大昌撰
　敷文鄭氏書說一卷　(宋)鄭伯熊撰
　洪範統一一卷　(宋)趙善湘撰
　孟子外書四篇四卷　(宋)熙時子注
　續孟子二卷　(唐)林愼思撰
　伸蒙子三卷　(唐)林愼思撰
　廣成子解一卷　(宋)蘇軾撰
第四函
　唐史論斷三卷　(宋)孫甫撰
　東坡烏臺詩案一卷　(宋)朋九萬撰
　藏海詩話一卷　(宋)吳可撰
　益州名畫錄三卷　(宋)黃休復撰
　韓氏山水純全集一卷　(宋)韓拙撰
　月波洞中記一卷　(吳)張仲遠傳本
　蜀檮杌二卷　(宋)張唐英撰
　產育寶慶集二卷　(宋)郭稽中纂
　顱顖經一卷　(宋)口口撰
　出行寶鏡一卷圖一卷　(漢)口口撰
第五函
　翼元十二卷　(宋)張行成撰
　農書三卷　(宋)陳旉撰
　芻言三卷　(宋)崔敦禮撰
　常談一卷　(宋)吳箕撰
第六函
　靖康傳信錄三卷　(宋)李綱撰
　淳熙薦士錄一卷　(宋)楊萬里撰
　江南餘載二卷　(宋)鄭文寶撰
　江淮異人錄二卷　(宋)吳淑撰
　靑溪弄兵錄一卷　(宋)王彌大輯
　張氏可書一卷　(宋)張知甫撰
　珍席放談二卷　(宋)高晦叟撰
　鶴山筆錄一卷　(宋)魏了翁撰
　建炎筆錄三卷　(宋)趙鼎撰
　辯誣筆錄一卷　(宋)趙鼎撰
　朵石瓜州斃亮記一卷　(宋)蹇駉撰
　家訓筆錄一卷　(宋)趙鼎撰
　舊聞證誤四卷　(宋)李心傳撰
第七函第八函
　建炎以來朝野襍記甲集二十卷乙集二十卷
　　(宋)李心傳撰
第九函
　州縣提綱四卷　(宋)陳襄撰
　諸蕃志二卷　(宋)趙汝适撰
　省心襍言一卷　(宋)李邦獻撰
　三國雜事二卷　(宋)唐庚撰

三國紀年一卷　(宋)陳亮撰
五國故事二卷　(宋)口口撰
東原錄一卷　(宋)龔鼎臣撰
冑鬵錄一卷　(宋)趙叔向撰
燕魏雜記一卷　(宋)呂頤浩撰
夾漈遺稿三卷　(宋)鄭樵撰
龍洲集十卷　(宋)劉過撰　(道光本)
第十函
　龍龕手鑑四卷　(遼)釋行均撰
　雪履齋筆記一卷　(元)郭翼撰
　日聞錄一卷　(元)李翀撰
　吳中舊事一卷　(元)陸友仁撰
　鳴鶴餘音一卷　(元)虞集撰
第十一函
　升菴經說十四卷　(明)楊愼撰
　檀弓叢訓二卷　(明)楊愼撰　　　　[錄
　世說舊注一卷　(梁)劉孝標撰　(明)楊愼
　山海經補註一卷　(明)楊愼撰　　　　[撰
　莊子闕誤一卷　(明)楊愼(一題宋陳景元)
第十二函
　秕林伐山二十卷　(明)楊愼撰
　古雋八卷　(明)楊愼輯
　謝華啓秀八卷　(明)楊愼撰
第十三函
　哲匠金桴五卷　(明)楊愼撰
　均藻四卷　(明)楊愼撰
　譚苑醍醐八卷　(明)楊愼撰
第十四函
　升庵韻學七種　(明)楊愼撰
　　轉注古音略五卷古音後語一卷
　　古音叢目五卷
　　古音獵要五卷
　　古音附錄一卷
　　古音餘五卷
　　奇字韻五卷
　　古音略例一卷
　古音駢字五卷　(明)楊愼撰
　古音複字五卷　(明)楊愼撰
　希姓錄五卷　(明)楊愼撰
第十五函
　升菴詩話十二卷補遺二卷　(明)楊愼撰
　詞品六卷拾遺一卷　(明)楊愼撰
第十六函
　墨池瑣錄二卷　(明)楊愼撰
　法帖神品目一卷　(明)楊愼撰
　名畫神品目一卷　(明)楊愼撰
　書品一卷　(明)楊愼撰
　畫品一卷　(明)楊愼撰
　金石古文十四卷　(明)楊愼輯
　古文韻語一卷　(明)楊愼輯

　　石鼓文音釋三卷　（明）楊慎撰
第十七函
　　風雅逸篇十卷　（明）楊慎輯
　　古今風謠一卷　（明）楊慎輯
　　古今諺一卷　（明）楊慎輯
　　俗言一卷　（明）楊慎撰
　　麗情集一卷尿麗情集一卷　（明）楊慎撰
　　墐戶錄一卷　（明）楊慎撰
　　雲南山川志一卷　（明）楊慎撰
　　滇載記一卷　（明）楊慎撰
第十八函
　　丹鉛雜錄十卷　（明）楊慎撰
　　玉名詁一卷　（明）楊慎撰
　　異魚圖贊四卷　（明）楊慎撰
　　升庵先生(楊慎)年譜一卷　（明）□□撰
　　異魚圖贊補三卷　（清）胡世安撰
第十九函
　　大學古本旁註一卷　（明）王守仁撰
　　月令氣候圖說一卷　（清）李調元撰
　　尙書古文考一卷　（日本）山井鼎撰
　　詩音辯略二卷　（明）楊貞一撰
　　左傳事緯四卷　（清）馬驌撰
　　夏小正箋一卷　（清）李調元撰
　　蜀語一卷　（明）李實撰
　　蜀碑記十卷　（宋）王象之撰
　　中麓畫品一卷　（明）李開先撰
　　卮辭一卷　（明）王禕撰
第二十函
　　周禮摘箋五卷　（清）李調元撰
　　儀禮古今考二卷　（清）李調元撰
　　禮記補註四卷　（清）李調元撰
　　易古文三卷　（清）李調元撰
　　逸孟子一卷　（清）李調元輯
　　十三經注疏錦字四卷　（清）李調元輯
　　左傳官名考二卷　（清）李調元撰
　　春秋三傳比二卷　（清）李調元撰
第二十一函
　　蜀碑記補十卷　（清）李調元撰
　　卍齋璅錄十卷　（清）李調元撰
　　諸家藏畫簿十卷　（清）李調元輯
　　博物要覽十二卷　（清）谷應泰撰
第二十二函
　　金石存十卷　（清）鈍根老人(吳玉搢)輯
　　　　道光本補刻五卷共十五卷
第二十三函
　　通俗編十五卷　（清）翟灝撰
第二十四函
　　南越筆記十六卷　（清）李調元撰
第二十五函
　　賦話十卷　（清）李調元撰

　　詩話二卷　（清）李調元撰
　　詞話四卷　（清）李調元撰
　　曲話二卷　（清）李調元撰
　　六書分毫三卷　（清）李調元撰
　　古音合二卷　（清）李調元撰
第二十六函
　　尾蔗叢談四卷　（清）李調元撰
　　奇字名十二卷　（清）李調元撰
　　樂府侍兒小名二卷　（清）李調元撰
　　通詁二卷　（清）李調元撰
　　勦說四卷　（清）李調元撰
第二十七函
　　四家選集　（清）張懷淮輯
　　　小倉選集八卷　（清）袁枚撰
　　　夢樓選集四卷　（清）王文治撰
　　　甌北選集五卷　（清）趙翼撰
　　　童山選集十二卷　（清）李調元撰
第二十八函
　　制義科瑣記四卷　（清）李調元撰
　　然犀志二卷　（清）李調元撰
　　出口程記一卷　（清）李調元撰
　　方言藻二卷　（清）李調元撰
　　粵風四卷　（清）李調元輯
　　　粵歌一卷　（清）修和(吳湛)輯
　　　猺歌一卷　（清）趙龍文輯
　　　苗歌一卷　（清）吳代輯
　　　獞歌一卷　（清）黃道輯
第二十九函
　　蜀雅二十卷　（清）李調元輯
第三十函
　　醒園錄二卷　（清）李化楠撰
　　萬善堂集(一名李石亭詩集)十卷李石亭文
　　　集六卷　（清）李化楠撰
第三十一至三十四函
　　全五代詩九十卷　（清）李調元輯　（道光
　　　本補刻十卷共一百卷又補遺一卷）
第三十五至三十七函
　　童山詩集四十二卷文集二十卷　（清）李調
　　　元撰　（道光本補刻鑫翁詞二卷文集
　　　補遺一卷）
第三十八函
　　粵東皇華集四卷　（清）李調元撰
第三十九函
　　淡墨錄十六卷　（清）李調元撰
第四十函
　　羅江縣志十卷　（清）李調元撰

函海

（清）李調元輯
　　清光緒七年至八年(1881—1882)廣漢鍾

登甲樂道齋刊本

第一函
　華陽國志十二卷　（晉）常璩撰

第二函
　郭子翼莊一卷　（晉）郭象撰　（明）高燮輯
　古今同姓名錄二卷　梁元帝撰　（唐）陸善
　　　經續　（元）葉森補
　長短經九卷　（唐）趙蕤撰

第三函
　說文解字韻譜五卷　（南唐）徐鍇撰
　緝古算經一卷　（唐）王孝通撰併注
　主客圖一卷　（唐）張爲撰
　續孟子二卷　（唐）林慎思撰
　伸蒙子三卷　（唐）林慎思撰
　素履子三卷　（唐）張弧撰
　廣成子解一卷　（宋）蘇軾撰
　蜀檮杌二卷　（宋）張唐英撰

第四函
　金華子雜編二卷　（南唐）劉崇遠撰
　心要經一卷　（唐）釋道廙譯
　寶藏論一卷　（後秦）釋僧肇撰
　易傳燈四卷　（宋）徐口撰
　敷文鄭氏書說一卷　（宋）鄭伯熊撰
　洪範統一一卷　（宋）趙善湘撰
　孟子外書四篇四卷　（宋）熙時子注

第五函
　蘇氏演義二卷　（唐）蘇鶚撰
　程氏考古編十卷　（宋）程大昌撰
　唐史論斷三卷　（宋）孫甫撰

第六函
　東坡烏臺詩案一卷　（宋）朋九萬撰
　藏海詩話一卷　（宋）吳可撰
　益州名畫錄三卷　（宋）黃休復撰
　韓氏山水純全集一卷　（宋）韓拙撰
　月波洞中記一卷　（吳）張仲遠傳本
　朵石瓜洲甕亮記一卷　（宋）甕駒撰
　產育寶慶集二卷　（宋）郭稽中纂
　顧顥經一卷　（宋）口口撰
　出行寶鏡一卷圖一卷　（漢）口口撰

第七函
　翼玄十二卷　（宋）張行成撰
　農書三卷　（宋）陳旉撰
　芻言三卷　（宋）崔敦禮撰
　常談一卷　（宋）吳箕撰

第八函
　靖康傳信錄三卷　（宋）李綱撰
　淳熙薦士錄一卷　（宋）楊萬里撰
　江南餘載二卷　（宋）鄭文寶撰
　江淮異人錄二卷　（宋）吳淑撰
　青溪弄兵錄一卷　（宋）王彌大撰

　張氏可書一卷　（宋）張知甫撰
　珍席放談二卷　（宋）高晦叟撰
　鶴山筆錄一卷　（宋）魏了翁撰
　建炎筆錄三卷　（宋）趙鼎撰
　辯誣筆錄一卷　（宋）趙鼎撰
　家訓筆錄一卷　（宋）趙鼎撰
　舊聞證誤四卷　（宋）李心傳撰

第九函第十函
　建炎以來朝野雜記甲集二十卷乙集二十卷
　　　（宋）李心傳撰

第十一函
　州縣提綱四卷　（宋）陳襄撰
　諸蕃志二卷　（宋）趙汝适撰
　省心雜言一卷　（宋）李邦獻撰
　三國雜事二卷　（宋）唐庚撰
　三國紀年一卷　（宋）陳亮撰
　五國故事二卷　（宋）口口撰
　東原錄一卷　（宋）龔鼎臣撰
　肯綮錄一卷　（宋）趙叔向撰
　燕魏雜記一卷　（宋）呂頤浩撰
　夾漈遺稿三卷　（宋）鄭樵撰

第十二函
　龍洲集十卷　（宋）劉過撰
　龍龕手鑑四卷　（遼）釋行均撰

第十三函
　雪履齋筆記一卷　（元）郭翼撰
　日聞錄一卷　（元）李狃撰　　　　　　　　［撰
　鳴鶴餘音一卷附馮尊師二十首　（元）虞集
　吳中舊事一卷　（元）陸友仁撰
　詩音辯略二卷　（明）楊貞一撰
　巵辭一卷　（明）王褘撰
　大學古本旁註一卷　（明）王守仁撰
　中麓畫品一卷　（明）李開先撰
　蜀語一卷　（明）李實撰

第十四函
　升菴經說十四卷　（明）楊慎撰
　檀弓叢訓二卷　（明）楊慎撰

第十五函
　石鼓文音釋三卷　（明）楊慎撰
　山海經補註一卷　（明）楊慎撰　　　　　　［撰
　莊子闕誤一卷　（明）楊慎（一題陳景元）
　古雋八卷　（明）楊慎輯
　譚苑醍醐八卷　（明）楊慎撰

第十六函
　秇林伐山二十卷　（明）楊慎撰
　哲匠金桴五卷　（明）楊慎撰

第十七函
　丹鉛雜錄十卷　（明）楊慎撰
　謝華啓秀八卷　（明）楊慎撰
　均藻四卷　（明）楊慎撰

第十八函　　　　　　　　　　　　　　　　　［撰
　轉注古音略五卷古音後語一卷　(明)楊慎
　古音叢目五卷　(明)楊慎撰
　古音獵要五卷　(明)楊慎撰
　古音附錄一卷　(明)楊慎撰
　古音餘五卷　(明)楊慎撰
　奇字韻五卷　(明)楊慎撰
　古音略例一卷　(明)楊慎撰
　古音駢字五卷　(明)楊慎撰
　古音複字五卷　(明)楊慎撰
　希姓錄五卷　(明)楊慎撰
第十九函
　升菴詩話十二卷補遺二卷　(明)楊慎撰
第二十函
　詞品六卷拾遺一卷　(明)楊慎撰
　書品一卷　(明)楊慎撰
　畫品一卷　(明)楊慎撰
　法帖神品目一卷　(明)楊慎撰
　名畫神品目一卷　(明)楊慎撰
　墨池瑣錄二卷　(明)楊慎撰
第二十一函
　金石古文十四卷　(明)楊慎輯
　麗情集一卷原麗情集一卷　(明)楊慎撰
　墐戶錄一卷　(明)楊慎撰
　世說舊注一卷　(梁)劉孝標撰(明)楊慎輯
　古文韻語一卷　(明)楊慎輯
　風雅逸篇十卷　(明)楊慎輯
第二十二函
　古今風謠一卷　(明)楊慎輯
　古今諺一卷　(明)楊慎輯
　異魚圖贊四卷　(明)楊慎撰
　異魚圖贊補三卷閏集一卷　(清)胡世安撰
　雲南山川志一卷　(明)楊慎撰
　滇載記一卷　(明)楊慎撰
　玉名詁一卷　(明)楊慎撰
　俗言一卷　(明)楊慎撰
　升菴先生(楊慎)年譜一卷　(明)□□撰
第二十三函
　金石存十五卷　(清)鈍根老人(吳玉搢)撰
　粵風四卷　(清)李調元輯
　　粵歌一卷　(清)修和(吳淇)輯
　　猺歌一卷　(清)趙龍文輯
　　苗歌一卷　(清)吳代輯
　　獞歌一卷　(清)黃道輯
第二十四函
　易古文三卷　(清)李調元撰
　尚書古字辨異一卷　(日本)山井鼎撰
　　(清)李調元輯
　鄭氏古文尚書證訛十一卷　(漢)鄭玄注
　　(宋)王應麟撰集　(清)李調元證訛

　崑山詩音說四卷　(清)李調元撰
　左傳官名考二卷　(清)李調元撰
　春秋三傳比二卷　(清)李調元撰
　春秋左傳會要四卷　(清)李調元撰
第二十五函
　周禮摘箋五卷　(清)李調元撰
　儀禮古今考二卷　(清)李調元撰
　禮記補註四卷　(清)李調元撰
　月令氣候圖說一卷　(清)李調元撰
　夏小正箋一卷　(清)李調元撰
　逸孟子一卷　(清)李調元輯
　十三經注疏錦字四卷　(清)李調元輯
第二十六函
　蜀碑記十卷　(宋)王象之撰
　蜀碑記補十卷　(清)李調元撰
　博物要覽十二卷　(清)谷應泰撰
　然犀志二卷　(清)李調元撰
　出口程記一卷　(清)李調元撰
第二十七函
　南越筆記十六卷　(清)李調元撰
第二十八函
　通俗編二十五卷　(清)翟灝撰
第二十九函
　雨村詩話二卷　(清)李調元撰
　賦話十卷　(清)李調元撰
　雨村詞話四卷　(清)李調元撰
　雨村曲話二卷　(清)李調元撰
　樂府侍兒小名錄二卷　(清)李調元撰
　方言藻二卷　(清)李調元撰
第三十函
　諸家藏書簿十卷　(清)李調元撰
　諸家藏畫簿十卷　(清)李調元撰
　制義科瑣記四卷　(清)李調元撰
第三十一函
　卍齋璅錄十卷　(清)李調元撰
　奇字名十二卷　(清)李調元撰
第三十二函
　淡墨錄十六卷　(清)李調元撰
第三十三函
　井蛙雜記十卷　(清)李調元撰
第三十四函
　尾蔗叢談四卷　(清)李調元撰
　古音合二卷　(清)李調元撰
　六書分毫三卷　(清)李調元撰
　通詁二卷　(清)李調元撰
　勦說四卷　(清)李調元撰
第三十五函
　蜀雅二十卷　(清)李調元輯
第三十六函至三十九函
　全五代詩一百卷補遺一卷　(清)李調元輯

第四十函
　醒園錄二卷　(清)李化楠撰
　粵東皇華集四卷　(清)李調元撰
　羅江縣志十卷　(清)李調元撰

經訓堂叢書

(清)畢沅輯
　清乾隆中鎮洋畢氏刊本
　清光緒十三年(1887)上海大同書局據清
　　畢氏刊本景印
　山海經十八卷　(晉)郭璞傳　(清)畢沅校
　　乾隆四十八年(1783)刊
　夏小正攷注一卷　(清)畢沅撰　乾隆四十
　　八年(1783)刊
　老子道德經攷異二卷　(清)畢沅撰　乾隆
　　四十八年(1783)刊
　墨子十六卷附篇目考一卷　(周)墨翟撰
　　(清)畢沅校注　乾隆四十九年(1784)
　　刊
　晏子春秋七卷附音義二卷　(周)晏嬰撰
　　(清)孫星衍校併撰音義　乾隆五十三
　　年(1788)刊
　呂氏春秋二十六卷　(秦)呂不韋撰　(漢)
　　高誘注　(清)畢沅輯校　乾隆五十三
　　年(1788)刊
　釋名疏證八卷補遺一卷續釋名一卷　(正
　　字本)　(清)畢沅撰　乾隆五十四年
　　(1789)刊
　釋名疏證八卷補遺一卷續釋名一卷　(篆
　　字本)　(清)畢沅撰　乾隆五十五年
　　(1790)刊
　王隱晉書地道記一卷　(晉)王隱撰　(清)
　　畢沅輯　乾隆四十九年(1784)刊
　晉太康三年地記一卷　(晉)□□撰　(清)
　　畢沅輯　乾隆四十九年(1784)刊
　晉書地理志新補正五卷　(清)畢沅撰　乾
　　隆四十九年(1784)刊
　三輔黃圖六卷補遺一卷　(漢)□□撰
　　(清)畢沅校　乾隆四十九年(1784)刊
　長安志二十卷附圖三卷　(宋)宋敏求撰
　　圖(元)李好文繪　(□)張敏同校正
　　(清)畢沅校　乾隆四十九年(1784)刊
　易漢學八卷　(清)惠棟撰
　說文解字舊音一卷　(清)畢沅輯　乾隆四
　　十八年(1783)刊
　明堂大道錄八卷　(清)惠棟撰
　禘說二卷　(清)惠棟撰
　關中金石記八卷　(清)畢沅撰　乾隆四十
　　六年(1781)刊
　中州金石記五卷　(清)畢沅撰

　音同義異辯一卷　(清)畢沅撰
　經典文字辨證書五卷　(清)畢沅撰　乾隆
　　四十九年(1784)刊

抱經堂叢書

(清)盧文弨輯
　清乾隆嘉慶間餘姚盧氏刊本
　民國十二年(1923)北京直隸書局據清盧
　　氏刊本景印
　經典釋文三十卷附考證三十卷　(唐)陸德
　　明撰　考證(清)盧文弨撰　乾隆五十
　　六年(1791)刊
　儀禮注疏詳校十七卷　(清)盧文弨撰　乾
　　隆六十年(1795)刊
　逸周書十卷校正補遺一卷　(晉)孔晁注
　　(清)盧文弨校　乾隆五十一年(1786)
　　刊
　白虎通四卷附校勘補遺一卷考一卷闕文一
　　卷　(漢)班固撰　(清)盧文弨校併撰
　　校勘補遺　考(清)莊逃祖撰併輯闕文
　　乾隆四十九年(1784)刊
　輶軒使者絕代語釋別國方言十三卷校正補
　　遺一卷　(漢)揚雄撰　(晉)郭璞注
　　(清)盧文弨校　乾隆四十九年(1784)
　　杭州刊
　荀子二十卷附校勘補遺一卷　(周)荀況撰
　　(唐)楊倞注　(清)盧文弨(清)謝墉校
　　乾隆五十一年(1786)嘉善謝氏刊
　新書十卷　(漢)賈誼撰　(清)盧文弨校
　春秋繁露十七卷附錄一卷　(漢)董仲舒撰
　　(清)盧文弨校
　顏氏家訓七卷附注補併重校一卷注補正一
　　卷壬子年重校一卷　(北齊)顏之推撰
　　(清)趙曦明注　(清)盧文弨校併撰注
　　補　注補正(清)錢大昕撰　乾隆五十
　　四年(1789)刊
　羣書拾補初編三十九卷　(清)盧文弨撰
　　五經正義表一卷
　　周易注疏校正一卷
　　周易略例校正一卷
　　尙書注疏校正一卷
　　春秋左傳注疏校正一卷
　　禮記注疏校補一卷
　　儀禮注疏校正一卷
　　呂氏讀詩記補闕一卷
　　史記惠景間侯者年表校補一卷
　　續漢書志注補校正一卷
　　晉書校正一卷
　　魏書校補一卷
　　宋史孝宗紀補脫一卷

金史補脫一卷

資治通鑑序補遺一卷

文獻通考經籍校補一卷

史通校正一卷

新唐書糾謬校補一卷

山海經圖讚補逸一卷

水經序補逸一卷

鹽鐵論校補一卷

新序校補一卷

說苑校補一卷

申鑒校正一卷

列子張湛注校正一卷

韓非子校正一卷

晏子春秋校正一卷

風俗通義校正逸文一卷

新論校正一卷

潛虛校正一卷

春渚紀聞補闕一卷

嘯堂集古錄校補一卷

鮑照集校補一卷

韋蘇州集校正拾遺一卷

元微之文集校補一卷

白氏文集校正一卷

林和靖集校正一卷

明史藝文志二卷

宋史藝文志補一卷

補遼金元藝文志一卷

西京雜記二卷　(漢)劉歆(一題晉葛洪)撰

　(清)盧文弨校　乾隆五十二年

(1787)刊

獨斷二卷　(漢)蔡邕撰　(清)盧文弨校

乾隆五十五年(1790)刊

三水小牘二卷　(唐)皇甫枚撰　乾隆五十

七年(1792)刊

鍾山札記四卷　(清)盧文弨撰　乾隆五十

五年(1790)刊

龍城札記三卷　(清)盧文弨撰　嘉慶元年

(1796)刊

解舂集文鈔十二卷補遺二卷 詩鈔 三 卷

(清)馮景撰

抱經堂文集三十四卷　(清)盧文弨撰　乾

隆六十年(1795)刊

貸園叢書初集

(清)周永年輯

清乾隆五十四年(1789)歷城周氏竹西書

屋據益都李文藻刊版重編印本

九經古義十六卷　(清)惠棟撰　乾隆三十

八年(1773)刊

易例二卷　(清)惠棟撰　乾隆三十九年

(1774)刊

春秋左傳補註六卷　(清)惠棟撰　乾隆三

十九年(1774)刊

左傳評三卷　(清)李文淵撰　乾隆四十年

(1775)刊

古韻標準四卷詩韻舉例一卷　(清)江永撰

　(清)戴震參定　乾 隆 三 十 六 年

(1771)刊

四聲切韻表一卷凡例一卷　(清)江永撰

聲韻考四卷　(清)戴震撰

石刻鋪敘二卷　(宋)曾宏父撰

鳳墅殘帖釋文二卷　(清)錢大昕撰

三事忠告四卷　(元)張養浩撰

牧民忠告二卷

風憲忠告一卷

廟堂忠告一卷

蒿庵閒話二卷　(清)張爾岐撰　乾隆四十

年(1775)刊

談龍錄一卷　(清)趙執信撰

紫藤書屋叢刻

(清)陳□輯

清乾隆五十七年(1792)秀水陳氏刊本

五代史補五卷　(宋)陶岳撰

五代史闕文一卷　(宋)王禹偁撰

五代春秋二卷　(宋)尹洙撰

五國故事二卷　(宋)□□撰

詩品二卷　(梁)鍾嶸撰

詩品一卷　(唐)司空圖撰

龍威祕書

(清)馬俊良輯

清乾隆五十九年(1794)石門馬氏大酉山

房刊本

一集　漢魏叢書採珍

小爾雅一卷　(漢)孔鮒撰

羣輔錄一卷　(晉)陶潛撰

南方草木狀三卷　(晉)嵇含撰

西京雜記六卷　(漢)劉歆(一題晉葛洪)撰

海內十洲記一卷　(漢)東方朔撰

搜神記八卷　(晉)干寶撰

神仙傳十卷　(晉)葛洪撰

神異經一卷　(漢)東方朔撰　(晉)張華註

穆天子傳六卷　(晉)郭璞注

漢武帝內傳一卷　(漢)班固撰

飛燕外傳一卷　(漢)伶玄撰

雜事祕辛一卷　(漢)□□撰

述異記二卷　(梁)任昉撰

枕中書一卷　(晉)葛洪撰

別國洞冥記四卷　(漢)郭憲撰

詩品三卷　(梁)鍾嶸撰
鼎錄一卷　(梁)虞荔撰
竹譜一卷　(晉)戴凱之撰
古今刀劍錄一卷　(梁)陶弘景撰
二集　四庫論錄
江淮異人錄一卷　(宋)吳淑撰
離騷集傳一卷　(宋)錢杲之撰
離騷草木疏四卷　(宋)吳仁傑撰
御覽闕史二卷　(唐)參寥子(高彥休)撰
農書三卷　(宋)陳旉撰
蠶書一卷　(宋)秦觀撰
於潛令樓公進耕織二圖詩一卷附錄一卷
　(宋)樓璹撰
江南餘載二卷　(宋)鄭文寶撰
五國故事二卷　(宋)□□撰
故宮遺錄一卷　(明)蕭洵撰
赤雅三卷　(明)鄺露撰
平臺紀略一卷　(清)藍鼎元撰
雲仙雜記一卷　(唐)馮贄撰
三集　歷代詩話
二十四詩品一卷　(唐)司空圖撰
本事詩一卷　(唐)孟棨撰
雲溪友議一卷　(唐)范攄撰
本朝名家詩鈔小傳四卷　(清)鄭方坤撰
蓮坡詩話(一名蔗塘外集)三卷　(清)查為
　仁撰
歸田詩話三卷　(明)瞿佑撰
臨漢隱居詩話一卷　(宋)魏泰撰
滹南詩話三卷　(金)王若虛撰
四集　晉唐小說暢觀
酉陽雜俎二卷　(唐)段成式撰
諾皋記一卷　(唐)段成式撰
博異志一卷　(唐)鄭還古撰
李泌傳一卷　(唐)李蘩撰
仙吏傳一卷　(唐)太上隱者撰
英雄傳一卷　(唐)雍陶撰
劍俠傳一卷　(唐)段成式撰
柳毅傳一卷　(唐)李朝威撰
虬髯客傳一卷　(唐)張說(一題前蜀杜光
　庭)撰
馮燕傳一卷　(唐)沈亞之撰
蔣子文傳一卷　(唐)羅鄴撰
杜子春傳一卷　(唐)鄭還古撰
龍女傳一卷　(唐)薛瑩撰
妙女傳一卷　(唐)顧非熊撰
神女傳一卷　(唐)孫頠撰
楊太眞外傳二卷　(宋)樂史撰
長恨歌傳一卷　(唐)陳鴻撰
梅妃傳一卷　(唐)曹鄴撰
紅線傳一卷　(唐)楊巨源撰

劉無雙傳一卷　(唐)薛調撰
霍小玉傳一卷　(唐)蔣防撰
牛應貞傳一卷　(唐)宋若昭撰
謝小娥傳一卷　(唐)李公佐撰
李娃傳一卷　(唐)白行簡撰
章臺柳傳一卷　(唐)許堯佐撰
非烟傳一卷　(唐)皇甫枚撰
會眞記一卷　(唐)元稹撰
黑心符一卷　(唐)于義方撰
南柯記一卷　(唐)李公佐撰
枕中記一卷　(唐)李泌(一題沈既濟)撰
高力士傳一卷　(唐)郭湜撰
白猿傳一卷　(唐)□□撰
任氏傳一卷　(唐)沈既濟撰
袁氏傳一卷　(後蜀)顧敻撰
揚州夢記一卷　(唐)于鄴撰
妝樓記一卷　(南唐)張泌撰
雷民傳一卷　(唐)沈既濟撰
離魂記一卷　(唐)陳元祐撰
再生記一卷　(後蜀)閻選撰
夢遊錄一卷　(唐)任蕃撰
三夢記一卷　(唐)白行簡撰
幽怪錄一卷　(唐)王惲撰
續幽怪錄一卷　(唐)李復言撰
幻戲志一卷　(唐)蔣防撰
幻異志一卷　(唐)孫頠撰
靈應傳一卷　(唐)□□撰
才鬼記一卷　(唐)鄭賁撰
靈鬼志一卷　(唐)常沂撰
玄怪記一卷　(唐)徐炫撰
續玄怪錄一卷
昌黎雜說一卷　(唐)韓愈撰
錄異記一卷　(前蜀)杜光庭撰
飛燕遺事一卷
趙后遺事一卷　(宋)秦醇撰
搜神後記一卷　(晉)陶潛撰
窮怪錄一卷
幽怪錄一卷　(唐)牛僧孺撰
古鏡記一卷　(隋)王度撰
楊娼傳一卷　(唐)房千里撰
五集　古今叢說拾遺
輶軒絕代語一卷　(漢)揚雄撰
臆乘一卷　(宋)楊伯嵒撰
吉凶影響錄一卷　(宋)岑象求撰
桯史一卷　(宋)岳珂撰
仇池筆記一卷　(宋)蘇軾撰
東齋記事一卷　(宋)許觀撰
漁樵閒話一卷　(宋)蘇軾撰
廬陵雜說一卷　(宋)歐陽修撰
遺史記聞一卷　(宋)詹玠撰

撫青雜說一卷　（宋）王明清撰
晰獄龜鑑一卷　（宋）鄭克撰
搜神祕覽一卷　（宋）章炳文撰
玉溪編事一卷　（五代）□□撰
乘異記一卷　（宋）張君房撰
廣異記一卷　（唐）戴孚撰
近異錄一卷　（劉宋）劉質撰
甄異記一卷　（晉）戴祚撰
旌異記一卷　（隋）侯白（君素）撰
睽車志一卷　（宋）郭彖撰
雜肋一卷　（宋）趙崇絢撰
虎口餘生記一卷　（明）邊大綬撰
小娥傳一卷
陶說六卷　（清）朱琰撰
鬼董五卷　（宋）沈□撰
說郛雜著　（清）馬俊良輯
　乾䐉子一卷　（唐）溫庭筠撰
　志林一卷　（宋）蘇軾撰
　金樓子一卷　梁元帝撰
　五色線一卷　（宋）□□撰
　雲齋廣錄一卷　（宋）李獻民撰
　田間書一卷　（宋）林芳撰
　席上腐談一卷　（宋）俞琰撰
　王烈婦一卷
　平定交南錄一卷　（明）丘濬撰
　西北域記一卷　（清）謝濟世撰
考槃餘事四卷　（明）屠隆撰
　書箋
　帖箋　以上合一卷
　畫箋
　紙箋
　筆箋
　墨箋
　硯箋
　琴箋　以上合一卷
　香箋
　茶箋
　盆玩箋
　魚鶴箋
　山齋箋　以上合一卷
　起居器服箋
　文房器具箋
　游具箋　以上合一卷
六集　　　　　　　　　　　　　　　　　　［輯
　麗體金膏(一名拜颺集)八卷　（清）馬俊良
七集　吳氏說鈴攬勝
　金鰲退食筆記二卷　（清）高士奇撰
　京東考古錄一卷　（清）顧炎武撰
　山東考古錄一卷　（清）顧炎武撰
　泰山紀勝一卷　（清）孔貞瑄撰

隴蜀餘聞一卷　（清）王士禎撰
板橋雜記三卷　（清）余懷撰
揚州鼓吹詞序一卷　（清）吳綺撰
匡廬紀游一卷　（清）吳闡思撰
游雁蕩山記一卷　（清）周清原撰
甌江逸志一卷　（清）勞大與撰
湖壖雜記一卷　（清）陸次雲撰
峒谿纖志一卷　（清）陸次雲撰
坤輿外紀一卷　（清西洋）南懷仁撰
嶺南雜記一卷　（清）吳震方撰
封長白山記一卷　（清）方象瑛撰
使琉球紀一卷　（清）張學禮撰
閩小紀二卷　（清）周亮工撰
臺灣紀略一卷　（清）林謙光撰
臺灣雜記一卷　（清）季麒光撰
安南紀遊一卷　（清）潘鼎珪撰
粤述一卷　（清）閔敍撰
粤西偶記一卷　（清）陸祚蕃撰
滇黔紀遊一卷　（清）陳鼎撰
滇行紀程一卷續抄一卷　（清）許纘曾撰
東還紀程一卷續抄一卷　（清）許纘曾撰
八集　西河經義存醇　（清）毛奇齡撰
　推易始末四卷
　春秋屬辭比事記四卷
　春秋占筮書三卷
　韻學指要一卷
　竟山樂錄(一名古樂復興錄)四卷
　李氏學樂錄二卷　〔清〕李塨撰
　論語稽求篇七卷
　大學證文一卷
　明堂問一卷
　白鷺洲主客說詩一卷
　續詩傳鳥名三卷
九集　荒外奇書
　八紘譯史四卷　（清）陸次雲撰
　八紘荒史一卷　（清）陸次雲撰
　譯史紀餘四卷　（清）陸次雲撰
　西番譯語一卷　　　　　　　　　　　　［注
　外國竹枝詞一卷　（清）尤侗撰　（清）尤珍
　西藏記二卷　（清）□□撰
十集
　說文解字繫傳四十卷附錄一卷　（南唐）徐
　　鍇撰

杜藕山房叢書

（清）杜鈞輯
　　清杜甲補堂鈔本
　庭聞錄六卷　（清）劉健撰
　六經奧論鈔一卷　（宋）鄭樵撰
　西湖月觀一卷　（明）陳仁錫撰

太公三略三卷　(漢)黃石公撰
江東十鑑十卷　(宋)李舜臣撰
笨夫詩鈔二卷　(清)畢廷斌撰
滄洲近詩一卷　(清)陳鵬年撰
七頌堂詩集一卷　(清)劉體仁撰
風塵備忘錄一卷　(清)杜鈞撰
公餘偶筆一卷　(清)杜鈞撰

養和堂叢書

(清)陳維申輯
　　清乾隆中刊本
春秋集傳微旨三卷　(唐)陸淳撰
春秋集傳辨疑十卷　(唐)陸淳撰
相臺書塾刊正九經三傳沿革例一卷　(宋)
　　岳珂撰
郡齋讀書志四卷後志二卷考異一卷附志
　　一卷　(宋)晁公武撰　考異附志
　　(宋)趙希弁撰
太上黃庭內景玉經童註二卷圖說一卷
　　(□)邵穆生撰
黃帝陰符經竊註二卷圖說一卷首一卷
　　(□)邵穆生撰
烏衣香牒四卷　(清)陳邦彥輯
春駒小譜二卷　(清)陳邦彥輯

敬修堂叢書

(清)□□輯
　　清敬修堂鈔本
偶記一卷　(明)鄭龍如撰
說儲一卷二集一卷　(明)陳禹謨撰
自湖廣武陵至貴州水旱路程記一卷
震澤紀聞一卷　(明)王鏊撰
龍湖閒話一卷　(明)李贄撰
龍舒居士淨土文一卷　(宋)王日休撰
石林燕語一卷　(宋)葉夢得撰
墨莊漫錄一卷　(宋)張邦基撰
閑窗括異志一卷　(宋)魯應龍撰
博識續筆四卷　(明)阮元聲撰
墨池浪語一卷　(明)胡維霖撰
搜採異聞錄一卷　(宋)永亨撰
曲洧舊聞二卷　(宋)朱弁撰
殷芸小說一卷　(梁)殷芸撰

石研齋四種

(清)秦恩復輯
　　清乾隆至道光間江都秦氏享帚精舍刊本
奉天錄四卷　(唐)趙元一撰　道光十年
　　(1830)刊
列子八卷附盧注攷證一卷　(周)列禦寇撰
　　(唐)盧重元注　附(清)秦恩復撰　嘉

慶八年(1803)刊
鬼谷子三卷附篇目考一卷　(梁)陶弘景注
　　(清)秦恩復校並撰篇目考　嘉慶十
　　年(1805)刊
封氏聞見記十卷　(唐)封演撰　乾隆五十
　　七年(1792)刊

岱南閣叢書

(清)孫星衍輯
　　清乾隆嘉慶間蘭陵孫氏刊本
　　民國十三年(1924)上海博古齋據清孫氏
　　刊本景印
古文尚書十卷逸文二卷　(漢)馬融(漢)鄭
　　玄注　(宋)王應麟撰集　(清)孫星衍
　　補集　逸文(清)江聲輯　(清)孫星衍
　　補訂　乾隆六十年(1795)刊
春秋釋例十五卷　(晉)杜預撰　(清)莊述
　　祖(清)孫星衍校
蒼頡篇三卷　(清)孫星衍輯　乾隆五十年
　　(1785)刊
燕丹子三卷　(清)孫星衍輯
孫子十家註十三卷附敘錄一卷遺說一卷
　　(宋)吉天保輯　(清)孫星衍(清)吳人
　　驥校　敘錄(清)畢以珣撰　遺說(宋)
　　鄭友賢撰
元和郡縣圖志四十卷(原缺十九至二十、卷
　　二十三至二十四、卷三十五至三十六)
　　闕卷逸文一卷　(唐)李吉甫撰　逸文
　　(清)孫星衍輯　嘉慶元年(1796)刊
括地志八卷　(唐)李泰等撰　(清)孫星衍
　　輯　嘉慶二年(1797)刊
故唐律疏議三十卷附釋文纂例　(唐)長孫
　　無忌等撰　附(元)王元亮撰　嘉慶十
　　二年(1807)據元余氏勤有堂本景刊
宋提刑洗冤集錄五卷附聖朝頒降新例一卷
　　(宋)宋慈編　新例(元)□□輯　嘉
　　慶十二年(1807)據元本景刊
古文苑九卷　(宋)□□輯　嘉慶十四年
　　(1809)據宋本景刊
問字堂集六卷　(清)孫星衍撰
岱南閣集二卷　(清)孫星衍撰
沸上停雲集一卷　(清)孫星衍撰
平津館文稿二卷　(清)孫星衍撰　嘉慶十
　　一年(1806)刊
五松園文稿一卷　(清)孫星衍撰
嘉穀堂集一卷　(清)孫星衍撰

岱南閣叢書

(清)孫星衍輯
　　清嘉慶三年(1798)蘭陵孫氏沇州刊本

周易口訣義六卷　(唐)史徵撰
夏小正傳二卷　(漢)戴德撰　(清)孫星衍校
急就章考異一卷　(清)孫星衍撰
王無功集(一名東皋子集)三卷補遺二卷
　　(唐)王績撰

平津館叢書

(清)孫星衍輯
　　　清嘉慶中蘭陵孫氏刊本
　　　清光緒十一年(1885)吳縣朱氏槐廬家塾
　　　刊本
　　六韜六卷附逸文一卷　(周)呂望撰　(清)
　　　孫星衍校　逸文(清)孫同元輯　嘉慶
　　　十年(1805)刊
　　魏武帝註孫子三卷　魏武帝撰　嘉慶五年
　　　(1800)據宋本景刊
　　吳子二卷　(周)吳起撰　嘉慶五年(1800)
　　　據宋本景刊
　　司馬灋三卷　(周)司馬穰苴撰　嘉慶五年
　　　(1800)據宋本景刊
　　尸子二卷　(周)尸佼撰　(清)孫星衍輯
　　　嘉慶十一年(1806)刊
　　燕丹子三卷　(清)孫星衍校　嘉慶十一年
　　　(1806)刊
　　牟子一卷　(漢)牟融撰　(清)孫星衍校
　　黃帝五書　(清)孫星衍校　嘉慶十二年
　　　(1807)刊
　　　黃帝龍首經二卷
　　　黃帝金匱玉衡經一卷
　　　黃帝投三子玄女經一卷
　　　廣黃帝本行記一卷　(唐)王瓘撰
　　　軒轅黃帝傳一卷
　　漢禮器制度一卷　(漢)叔孫通撰　(清)孫
　　　星衍輯
　　漢官一卷　(漢)□□撰　(清)孫星衍輯
　　漢官解詁一卷　(漢)王隆撰　(漢)胡廣注
　　　(清)孫星衍輯
　　漢舊儀二卷附補遺二卷　(漢)衛宏撰
　　　(清)孫星衍校併輯補遺
　　漢官儀二卷　(漢)應劭撰　(清)孫星衍輯
　　漢官典職儀式選用一卷　(漢)蔡質撰
　　　(清)孫星衍輯
　　漢儀一卷　(吳)丁孚撰　(清)孫星衍輯
　　魏三體石經遺字考一卷　(清)孫星衍撰
　　　嘉慶十一年(1806)金陵刊
　　琴操二卷附補遺一卷　(漢)蔡邕撰　(清)
　　　孫星衍校併輯補遺　嘉慶十一年
　　　(1806)刊
　　穆天子傳六卷附錄一卷　(晉)郭璞注
　　　(清)洪頤煊校　嘉慶十一年(1806)刊

竹書紀年二卷　(梁)沈約注　(清)洪頤煊
　　校　嘉慶十一年(1806)刊
物理論一卷　(晉)楊泉撰　(清)孫星衍輯
譙周古史考一卷　(蜀)譙周撰　(清)章宗
　　源輯　嘉慶十一年(1806)刊
華氏中藏經三卷　(漢)華佗撰　(清)孫星
　　衍校　嘉慶十三年(1808)刊
素女方一卷　嘉慶十五年(1810)刊
千金寶要六卷　(唐)孫思邈撰　(宋)郭思
　　節輯　(清)孫星衍校　嘉慶十二年
　　(1807)刊
祕授清寧丸方一卷　(清)孫星衍輯
寰宇訪碑錄十二卷　(清)孫星衍(清)邢澍
　　撰　嘉慶七年(1802)刊　(光緒本附
　　刊謬一卷民國羅振玉撰)
古刻叢鈔一卷　(元)陶宗儀撰　(清)孫星
　　衍重編　嘉慶十六年(1811)刊
建立伏博士始末二卷　(清)孫星衍撰　嘉
　　慶十一年(1806)安德使署刊
三輔黃圖一卷　(漢)□□撰　(清)孫星衍
　　(清)莊逵吉校　嘉慶十九年(1814)刊
說文解字十五卷　(漢)許慎撰　(宋)徐鉉
　　等校定　嘉慶九年(1804)刊
渚宮舊事五卷附補遺一卷　(唐)余知古撰
　　(清)孫星衍校併輯補遺　嘉慶十九
　　年(1814)刊
孔子集語十七卷　(清)孫星衍輯　嘉慶二
　　十年(1815)刊
尚書考異六卷　(明)梅鷟撰　嘉慶十九年
　　(1814)刊
續古文苑二十卷　(清)孫星衍輯　嘉慶十
　　七年(1812)刊
抱朴子內篇二十卷外篇五十卷　(晉)葛洪
　　撰　嘉慶十八年(1813)刊　(光緒本
　　有附篇十卷)
尚書今古文注疏三十卷　(清)孫星衍撰
　　嘉慶二十年(1815)刊
芳茂山人詩錄九卷　(清)孫星衍撰　嘉慶
　　二十三年(1818)刊　光緒本十卷
長離閣詩集一卷　(清)王采薇撰

問經堂叢書

(清)孫馮翼輯
　　　清嘉慶中承德孫氏刊本
　　易義攷逸一卷　(清)孫馮翼輯
　　子夏易傳一卷　(周)卜商撰　(清)孫馮翼
　　　輯　(清)臧肩述　嘉慶十年(1805)刊
　　馬王易義一卷　(漢)馬融(魏)王肅撰
　　　(清)臧庸輯　嘉慶十年(1805)刊

儀禮喪服馬王注一卷 （漢）馬融（魏）王肅
撰 （清）臧庸輯 嘉慶十年(1805)刊
禹貢地理古注考一卷 （清）孫馮翼撰 嘉
慶十年(1805)刊
釋人注一卷 （清）孫馮翼撰
毛詩馬王微四卷 （清）臧庸撰 嘉慶十一
年(1806)刊
明堂考三卷 （清）孫星衍撰 嘉慶七年
(1802)金陵刊
鄭氏遺書 （漢）鄭玄撰 （清）王復輯
（清）武億校 嘉慶二年(1797)刊
駁五經異義一卷補遺一卷
箴膏肓一卷
起廢疾一卷
發墨守一卷
鄭志三卷補遺一卷 （魏）鄭小同編
爾雅漢注三卷 （清）臧鏞堂(庸)輯 嘉慶
七年(1802)刊
說文正字二卷 （清）王瑜(清)孫馮翼撰
嘉慶六年(1801)金陵藩署刊
江寧金石待訪錄四卷 （清）孫馮翼撰 嘉
慶十三年(1808)刊
神農本草經三卷 （魏）吳普等述 （清）孫
星衍(清)孫馮翼輯
商子五卷 （周）商鞅撰 （清）孫星衍(清)
孫馮翼校 嘉慶八年(1803)刊
尸子二卷 （周）尸佼撰 （清）孫星衍輯
嘉慶二年(1797)刊 ［刊
逸子書 （清）孫馮翼輯 嘉慶七年(1802)
燕丹子三卷
淮南萬畢術一卷 （漢）劉安撰
許慎淮南子注一卷 （漢）許慎撰
桓子新論一卷 （漢）桓譚撰
典論一卷 魏文帝撰
皇覽一卷 （魏）劉邵(魏)王象等撰
司馬彪莊子注一卷莊子注考逸一卷
（晉）司馬彪撰
列女詩并序一卷 （清）黃紹鳳撰
世本一卷 （漢）宋衷注 （清）孫馮翼輯
嘉慶七年(1802)刊
謚法三卷 （漢）劉熙(晉)孔晁注 （清）孫
馮翼輯
三禮圖三卷 （清）孫馮翼輯
孟子劉注一卷 （漢）劉熙撰 （清）宋翔鳳
（清）孫馮翼輯
經典集林三十二卷 （清）洪頤煊輯
歸藏一卷
春秋決獄一卷 （漢）董仲舒撰
石渠禮論一卷 （漢）戴聖撰
喪服變除一卷 （漢）戴德撰

五經通義一卷 （漢）劉向撰
五經要義一卷 （漢）劉向撰
六藝論一卷 （漢）鄭玄撰
春秋土地名一卷 （晉）京相璠撰
汲冢瑣語一卷
楚漢春秋一卷 （漢）陸賈撰
茂陵書一卷 （漢）□□撰
別錄一卷 （漢）劉向撰
七略一卷 （漢）劉歆撰
蜀王本紀一卷 （漢）揚雄撰
漢武故事二卷 （漢）班固撰
鄭玄別傳一卷
臨海記一卷
子思子一卷 （周）孔伋撰
公孫尼子一卷 （周）公孫尼撰
魯連子一卷 （周）魯仲撰
太公金匱一卷 （周）呂望撰
氾勝之書二卷 （漢）氾勝之撰
黃帝問玄女兵法一卷
靈憲一卷 （漢）張衡撰
渾天儀一卷 （漢）張衡撰
師曠占一卷
范子計然一卷
夢書一卷
白澤圖一卷
地鏡圖一卷
漢志水道考證四卷 （清）洪頤煊撰
二渠九河考一卷圖一卷 （清）孫馮翼撰
關中水道記四卷 （清）孫馮翼撰

汗筠齋叢書第一集(一名蘭芬齋叢書初集)

（清）秦鑑輯
清嘉慶三年至四年(1798—1799)嘉定秦
氏刊本
鄭志三卷附錄一卷 （漢）鄭玄撰 （魏）鄭
小同編 （清）錢東垣 （清）錢繹(清)
錢侗按
崇文總目五卷補遺一卷附錄一卷 （宋）王
堯臣等撰 （清）錢東垣等輯釋 補遺
附錄(清)錢侗輯
後漢書補表八卷 （清）錢大昭撰
九經補韻一卷附錄一卷 （宋）楊伯喦撰
（清）錢侗攷證

讀畫齋叢書

（清）顧修輯
清嘉慶四年(1799)桐川顧氏刊本
甲集
文選理學權輿八卷 （清）汪師韓撰

文選理學權輿補一卷　（清）孫志祖撰
文選考異四卷　（清）孫志祖撰
文選李注補正四卷　（清）孫志祖撰
乙集
　李氏易解賸義三卷　（清）李富孫撰
　錦里耆舊傳八卷（原缺卷一至四）　（宋）句
　　延慶撰
　明畫錄八卷　（清）徐沁撰　　　　　　〔撰
　好古堂書畫記二卷續記一卷　（清）姚際恆
　香研居詞麈五卷　（清）方成培撰
丙集
　隱居通議三十一卷　（元）劉壎撰
　精選名儒草堂詩餘三卷　（元）鳳林書院輯
丁集
　金華子雜編二卷　（南唐）劉崇遠撰　（清）
　　周廣業校注
　五代春秋二卷　（宋）尹洙撰
　泊宅編十卷　（宋）方勺撰
　泊宅編三卷　（宋）方勺撰
　遂昌山人雜錄一卷　（元）鄭元祐撰
　北牕炙輠二卷　（宋）施德操撰
　洞天清祿集一卷　（宋）趙希鵠撰
　清波小志二卷　（清）徐逢吉撰
　清波小志補一卷　（清）陳景鐘撰
　皇朝武功紀盛四卷　（清）趙翼撰
戊集
　梅磵詩話三卷　（宋）韋居安撰
　文淵閣書目二十卷　（明）楊士奇等撰
己集
　長短經九卷　（唐）趙蕤撰　（清）周廣業校
　琴操二卷補一卷　（漢）蔡邕撰
　御史臺精舍碑題名一卷　（清）趙魏錄
　郎官石柱題名一卷　（清）趙魏錄
　新刊祕訣三命指迷賦一卷　（□）珞琭子撰
　　（宋）岳珂補注
　乾元祕旨一卷　（清）舒繼英撰
　質疑二卷　（清）杭世駿撰
庚集
　吹劍錄一卷　（宋）俞文豹撰
　佩韋齋輯聞四卷　（宋）俞德鄰撰
　文瑞樓藏書目錄十二卷　（清）金檀撰　嘉
　　慶十六年（1811）刊
　學治臆說二卷續說一卷說贅一卷　（清）汪
　　輝祖撰
　蕉窗日記二卷　（清）王豫撰　嘉慶九年
　　（1804）刊
　月滿樓詩別集八卷　（清）顧宗泰撰
　　晉十六國詠史詩一卷
　　北齊詠史詩一卷
　　南都詠史詩一卷

南唐雜事詩一卷　（清）浦翔春注
五代詠史詩一卷
勝國宮闈詩一卷
懷師友詩二卷
辛集
　宣和北苑貢茶錄一卷　（宋）熊蕃撰　（清）
　　汪繼壕校
　北苑別錄一卷　（宋）趙汝礪撰
　讀畫錄四卷　（清）周亮工撰
　劉涓子鬼遺方五卷　（南齊）龔慶宣撰
　優古堂詩話一卷　（宋）吳幵撰
　娛書堂詩話二卷　（宋）趙與虤撰
　雲莊四六餘話一卷　（宋）楊囷道撰
　玉山璞稿二卷　（元）顧瑛撰
　玉山逸稿四卷續補一卷附錄一卷　（元）顧
　　瑛撰　（清）鮑廷博輯　　　　　　　〔選
　滄浪櫂歌一卷　（元）陶宗儀撰　（明）唐錦

士禮居黃氏叢書

（清）黃丕烈輯
　　清嘉慶道光間吳縣黃氏刊本
　　清光緒十三年（1887）上海蜚英館據清黃
　　　氏刊本景印
　　民國四年（1915）上海石竹山房據清黃氏
　　　刊本景印
　　民國十一年（1922）上海博古齋據清黃氏
　　　刊本增輯景印
　周禮十二卷附札記一卷　（漢）鄭玄注
　　札記（清）黃丕烈撰　嘉慶二十三年
　　（1818）據明嘉靖本刊
　儀禮十七卷附校錄一卷續校一卷　（漢）鄭
　　玄注　校錄續校（清）黃丕烈撰　嘉慶
　　十九年（1814）據宋嚴州本景刊
　夏小正戴氏傳四卷附校錄一卷　（宋）傅崧
　　卿注　校錄（清）黃丕烈撰　道光元年
　　（1821）據明袁尚之景宋本景刊
　夏小正經傳集解四卷　（清）顧鳳藻撰
　國語二十一卷附札記一卷　（吳）韋昭解
　　札記（清）黃丕烈撰　嘉慶五年（1800）
　　據宋天聖明道本景刊
　戰國策三十三卷附札記三卷　（漢）高誘注
　　札記（清）黃丕烈撰　嘉慶八年
　　（1803）據宋剡川姚氏本景刊
　梁公九諫一卷　（宋）□□撰　嘉慶十一年
　　（1806）刊
　輿地廣記三十八卷附札記二卷　（宋）歐陽
　　忞撰　札記（清）黃丕烈撰　嘉慶十七
　　年（1812）據宋本景刊
　汲古閣珍藏秘本書目一卷　（清）毛扆撰
　　嘉慶五年（1300）刊

延令宋版書目(一名季滄葦藏書目)一卷
　　(清)季振宜撰　嘉慶十年(1805)刊
藏書記要一卷　(清)孫從添撰　嘉慶十六
　　年(1811)刊
傷寒總病論六卷附札記一卷　(宋)龐安時
　　撰　札記(清)黃丕烈撰　道光三年
　　(1823)據宋本景刊
洪氏集驗方五卷　(宋)洪遵輯　嘉慶二十
　　四年(1819)據宋本景刊
焦氏易林十六卷　(漢)焦贛撰　嘉慶十三
　　年(1808)刊
博物誌十卷　(晉)張華撰　(宋)周日用
　　(宋)盧□注　嘉慶九年(1804)刊
新刊宣和遺事前集一卷後集一卷　(宋)□
　　□撰
百宋一廛賦一卷　(清)顧廣圻撰　(清)黃
　　丕烈注　嘉慶十年(1805)刊
汪本隸釋刊誤一卷　(清)黃丕烈撰　嘉慶
　　二十一年(1816)刊　　　　　　　[本]
蕘言二卷　(清)黃丕烈撰　(博古齋景印
　　述德繼聲一卷
　　省餘游草一卷
附
三經音義　(博古齋景印本)
　　孝經今文音義一卷　(唐)陸德明撰　嘉
　　　　慶十八年(1813)據汲古閣景宋鈔本
　　　　景刊
　　論語音義一卷　(唐)陸德明撰　嘉慶十
　　　　八年(1813)據汲古閣景宋鈔本景刊
　　孟子音義二卷　(宋)孫奭撰　嘉慶十四
　　　　年(1809)據景宋鈔本景刊
船山詩選六卷　(清)張問陶撰　嘉慶二十
　　二年(1817)刊
同人唱和詩三卷　(清)黃丕烈輯　道光四
　　年(1824)刊
　　夢境圖唱和詩集一卷
　　狀元會倡和詩集一卷
　　虎丘詩唱和詩集一卷
千手千眼觀世音菩薩廣大圓滿無礙大悲心
　　陀羅尼經一卷　(唐)伽梵達摩譯　據
　　宋本景刊　(博古齋景印本)

宛委別藏

(清)阮元輯
　　原稿本
周易新講義十卷　(宋)龔原撰　鈔本
泰軒易傳六卷　(宋)李中正撰　日本佚存
　　叢書本
周易經疑三卷　(元)徐溍生撰　鈔本
尚書要義二十卷(原缺卷一至六、卷十至二

十)　(宋)魏了翁撰　鈔本
詩義指南一卷　(宋)段昌武撰　鈔本
詩說十二卷(缺卷二、卷九至十)　(宋)劉
　　克撰　景鈔宋本
詩傳注疏三卷　(宋)謝枋得撰　鈔本
新編詩義集說四卷　(明)孫鼎撰　景鈔明
　　本
禮記要義三十三卷(原缺卷一至二)　(宋)
　　魏了翁撰　景鈔宋本
五服圖解一卷　(元)龔端禮撰　景鈔元至
　　治本
春秋集傳二十六卷(原缺卷十八至二十、卷
　　二十三至二十六)　(宋)張洽撰　元
　　延祐元年(1314)臨江路學刊本
九經疑難殘四卷(存卷一至四)　(宋)張文
　　伯撰　傳鈔濟生堂鈔本
四書箋義十二卷紀遺一卷　(宋)趙惪撰
　　景鈔元泰定本
讀論語叢說三卷　(元)許謙撰　景鈔元本
讀中庸叢說二卷　(元)許謙撰　景鈔元本
四書待問二十二卷　(元)蕭鎰撰　景鈔元
　　本
琴操二卷　(漢)蔡邕撰　傳鈔惠棟手鈔本
樂書要錄殘三卷　唐武后撰　日本佚存叢
　　書本
爾雅新義二十卷　(宋)陸佃撰　景鈔宋本
集篆古文韻海五卷　(宋)杜從古撰　鈔本
隸韻十卷　(宋)劉球撰　鈔本
續古篆韻六卷　(元)吾丘衍撰　鈔本
增廣鐘鼎篆韻七卷　(元)楊鉤撰　鈔本
續復古編四卷　(元)曹本撰　鈔本
一切經音義二十五卷　(唐)釋玄應撰　清
　　孫星衍等刊本
通紀(一名通曆)二十卷(原缺卷一至三、卷
　　十六至二十)　(唐)馬總撰　(宋)孫
　　光憲續　鈔本
資治通鑑釋文三十卷　(宋)史炤撰　傳鈔
　　景宋本
編年通載殘四卷(存卷一至四)　(宋)章衡
　　撰　景鈔宋本
增入名儒講義皇宋中興兩朝聖政六十四卷
　　(原缺卷三十至四十五)分類事目一卷
　　(宋)留正等撰　景鈔宋本
皇宋通鑑長編紀事本末一百五十卷　(原缺
　　卷六至七、卷一百十四至十九)　(宋)
　　楊仲良撰　鈔本
皇元征緬錄一卷　(元)□□撰　鈔本
招捕總錄一卷　(元)□□撰　鈔本
唐陸宣公奏議註十五卷　(唐)陸贄撰
　　(宋)郎曄註　景鈔元至正翠巖精舍本

賢良進卷四卷　(宋)葉適撰　鈔本
諸葛武侯傳一卷　(宋)張栻撰　景鈔宋本
運使復齋郭公言行錄一卷　(元)徐東撰
　　鈔本
九國志殘本十二卷　(宋)路振撰　(宋)張
　　唐英補傳鈔曲阜孔氏舊鈔本
雲間志三卷　(宋)楊潛撰　鈔本　　〔本
嘉定鎮江志殘二十二卷　(宋)盧憲撰　鈔
淳祐臨安志殘六卷(存卷五至十)　(宋)施
　　諤撰　景鈔宋本
玉峰志三卷　(宋)凌萬頃撰　鈔本
玉峰續志一卷　(宋)邊實撰　鈔本　　〔本
至順鎮江志二十一卷　(元)俞希魯撰　鈔
崑山郡志六卷　(元)楊譓撰　鈔本
重修琴川志十五卷　(元)盧鎮撰　景鈔汲
　　古閣舊校本
南嶽總勝集三卷　(宋)陳田夫撰　傳鈔明
　　景宋本
莆陽比事七卷　(宋)李俊甫撰　景鈔明覆
　　宋本
長春子遊記二卷　(元)李志常撰　鈔本
遊志續編二卷　(元)陶宗儀撰　鈔本
大常因革禮一百卷(原缺卷五十至六十七)
　　(宋)歐陽修等撰鈔本
律文十二卷音義一卷　音義(宋)孫奭撰
　　傳鈔景宋本
衢本郡齋讀書志二十卷　(宋)晁公武撰
　　(宋)姚應績輯　鈔本
致堂讀史管見三十卷　(宋)胡寅撰　宋寶
　　祐中刊本　　　　　　　　　　　〔本
孔叢子注七卷　(宋)宋咸撰　景鈔宋巾箱
聱隅子二卷　(宋)黃晞撰　景鈔宋本
孫子十家注十三卷孫子遺說一卷　(宋)吉
　　天保集注　遺說(宋)鄭友賢輯　清孫
　　星衍校刊本
司馬法直解一卷　(明)劉寅撰　鈔本
尉繚子直解五卷　(明)劉寅撰　鈔本
難經集注五卷　(明)王九思等撰日本佚存
　　叢書本
中藏經三卷　(漢)華佗撰　傳鈔元趙孟頫
　　寫本
脈經十卷　(晉)王叔和撰　景鈔宋嘉定何
　　大任本
千金寶要六卷　(唐)孫思邈撰　(宋)郭思
　　篹輯　傳鈔華州石刻本
玉函經一卷　(前蜀)杜光庭撰　景鈔宋本
史載之方二卷　(宋)史堪撰　傳鈔宋本
傷寒明理論三卷後集一卷　(金)成無已撰
　　景鈔宋本
陳氏小兒病源方論四卷　(宋)陳文中撰

　　景鈔宋本
類編朱氏集驗醫方十五卷　(宋)朱佐撰
　　鈔本
大宋寶祐四年丙辰歲會天萬年具注曆一卷
　　(宋)荊執禮撰　景鈔曝書亭舊鈔本
楊氏算法三卷　(宋)楊輝撰　鈔本
四元玉鑑三卷　(元)朱世傑撰　鈔本
嘉量算經三卷問答一卷凡例一卷　(明)朱
　　載堉撰　鈔本
五行大義五卷　(隋)蕭吉撰　日本佚存叢
　　書本
六壬大占一卷　(宋)祝泌撰　景鈔宋本
遁甲符應經三卷　(宋)楊維德等撰　鈔本
三術撮要(一名三曆撮要)一卷　(宋)□□
　　撰　傳鈔景宋本
書經補遺五卷　(元)呂宗傑撰　鈔本
漢官儀三卷　(宋)劉攽撰　傳鈔景宋紹興
　　本
膳夫經一卷　(唐)楊曄撰　鈔本
梅花喜神譜二卷　(宋)宋伯仁撰　景鈔宋
　　景定本
讒書五卷　(唐)羅隱撰　鈔本
書齋夜話四卷　(宋)俞琰撰　鈔本
松窗百說一卷　(宋)李季可撰　鈔本
羣書治要五十卷　(原缺卷四、卷十三、卷二
　　十)　(唐)魏徵等撰　日本天明刊本
臣軌二卷　唐武后撰　日本佚存叢書本
為政善報事類十卷　(元)葉留撰　(元)陳
　　相注　傳鈔元本
養正圖解二卷　(明)焦竑撰　清光緒二十
　　一年(1895)補鈔本　　　　　　　〔本
左氏摘奇十二卷　(宋)胡元質撰　景鈔宋
回溪先生史韻四十九卷(原缺卷六至十九、
　　卷二十八至三十三、卷四十至四十五)
　　(宋)錢諷撰　傳鈔景宋本
自號錄一卷　(宋)徐光溥撰　傳鈔元孫道
　　明鈔本
漢唐事箋前集十二卷後集八卷　(元)朱禮
　　撰　鈔本
羣書通要七十三卷　(元)□□撰　景鈔元
　　至正本
歷代蒙求纂注一卷　(元)王芮撰　(元)鄭
　　鎮孫注　景鈔元至順本
策要六卷　(元)梁寅撰　鈔本
羣書類編故事二十四卷　(明)王罃撰　景
　　鈔元本
三水小牘二卷　(唐)皇甫枚撰　景鈔明姚
　　咨鈔本
友會談叢三卷　(宋)上官融撰　鈔本
續世說十二卷　(宋)孔平仲撰　傳鈔宋沅

州本
續墨客揮犀十卷　(宋)彭乘撰　鈔本
醉翁談錄五卷　(宋)金盈之撰　鈔本
夷堅甲志二十卷乙志二十卷丙志殘十九卷
　　丁志二十卷　(宋)洪邁撰　景鈔宋本
古清涼傳二卷廣清涼傳三卷續清涼傳二卷
　　(唐)釋慧祥撰　廣傳(宋)釋延一撰
　　續傳(宋)張商英等撰　明天順六年
　　(1462)刊本
黃帝陰符經疏三卷　(唐)李筌撰　鈔本
道德眞經傳四卷　(唐)陸希聲撰　傳鈔道
　　藏本
道德眞經集解八卷　(唐)張君相撰　傳鈔
　　道藏本
道德經解義十卷　(宋)章安撰　鈔本
道德經論兵要義述四卷　(唐)王眞撰　鈔
　　本　　　　　　　　　　　　[本
關尹子言外經旨三卷　(宋)陳顯微撰　鈔
列子注八卷　(唐)盧重玄撰　清嘉慶八年
　　(1803)秦恩復刊本
通玄眞經注十二卷　(唐)徐靈府撰　傳鈔
　　道藏本
廣黃帝本行記殘一卷　(唐)王瓘撰　景鈔
　　述古堂鈔本
軒轅黃帝傳一卷　鈔本
離騷集傳一卷　(宋)錢杲之撰　景鈔宋本
陸士衡文集十卷　(晉)陸機撰　景鈔宋徐
　　民瞻本
支遁集二卷　(晉)釋支遁撰　傳鈔汲古閣
　　舊鈔本
陶靖節詩註四卷補注一卷　(晉)陶潛撰
　　(宋)湯漢注　景鈔宋本
華陽陶隱居集二卷　(梁)陶弘景撰　傳鈔
　　道藏本
岑嘉州集八卷　(唐)岑參撰　鈔本
釣磯文集五卷　(唐)徐寅撰　傳鈔述古堂
　　景宋本
晁具茨先生詩集十五卷　(宋)晁沖之撰
　　鈔本
斜川集六卷　(宋)蘇過撰　鈔本
增廣箋註簡齋詩集三十卷無住詞一卷
　　(宋)陳與義撰　(宋)胡穉箋　鈔本
玉堂類藁二十卷西垣類藁二卷　(宋)崔敦
　　詩撰　傳鈔日本佚存叢書本
毅齋詩集別錄一卷　(宋)徐僑撰　鈔本
平安悔稿十二卷　(宋)項安世撰　鈔本
南海百詠一卷　(宋)方信孺撰　鈔本
史詠集二卷　(宋)徐鈞撰　鈔本
古逸民先生集二卷附錄一卷　(宋)汪炎昶
　　撰　鈔本

桐江集八卷　(元)方回撰　鈔本
貞一齋文一卷詩稿一卷　(元)朱思本撰
　　傳鈔明叢書堂鈔本
蟻術詩選八卷　(元)邵亨貞撰　鈔本
梅花百詠一卷　(元)韋珪撰　景鈔元本
玉山璞稿二卷　(元)顧瑛撰　鈔本
東皋先生詩集五卷　(元)馬玉麟撰　鈔本
王徵士詩八卷　(元)王沂撰　鈔本
松雨軒詩集八卷　(明)平顯撰　傳鈔明平
　　氏刊本
愼齋集四卷　(明)蔣主忠撰　鈔本
觀瀾文集甲集二十五卷乙集七卷　(宋)林
　　之奇輯　(宋)呂祖謙集註　景鈔宋本
注解章泉澗泉二先生選唐詩五卷　(宋)謝
　　枋得撰　鈔本
分門纂類唐宋時賢千家詩選二十二卷
　　(宋)劉克莊輯　鈔本
分門纂類唐歌詩殘十一卷(存卷口、卷二十
　　二、卷三十二、卷口、卷口、卷九十一至
　　九十六)　(宋)趙孟奎輯　鈔本
東漢文鑑二十卷　(宋)陳鑑輯　傳鈔宋巾
　　箱本
洞霄詩集十四卷　(元)孟宗寶輯　鈔本
諸儒奧論策學統宗前集五卷　(元)譚金孫
　　輯　景鈔元本
詩苑衆芳一卷　(宋)劉瑄輯　景鈔元本
元風雅三十卷　(元)蔣易輯　鈔本
青雲梯三卷　(元)口口輯　景鈔元鈔本
編類運使復齋郭公敏行錄不分卷　(元)徐
　　東輯　鈔本
雲莊四六餘話一卷　(宋)楊困道撰　傳鈔
　　宋本
聲律關鍵八卷　(宋)鄭起潛撰　鈔本
梅磵詩話三卷　(宋)韋居安撰　鈔本
詳註周美成片玉集十卷　(宋)周邦彥撰
　　(宋)陳元龍集注　鈔本
樵歌三卷　(宋)朱敦儒撰　傳鈔汲古閣舊
　　鈔本
王周士詞一卷　(宋)王以寧撰　傳鈔汲古
　　閣鈔本
蘋洲漁笛譜二卷　(宋)周密撰　鈔本
遺山樂府五卷　(金)元好問撰　鈔本
蟻術詞選四卷　(元)邵亨貞撰　鈔本
陽春白雪八卷外集一卷　(宋)趙聞禮輯
　　鈔本
名儒草堂詩餘三卷　(元)廬陵鳳林書院輯
　　鈔本
名家詞十卷　(清)侯文燦輯　鈔本
詞源二卷　(宋)張炎撰　景鈔元鈔本
新增詞林要韻一卷　(宋)口口撰　景鈔宋

本

選印宛委別藏

故宮博物院輯

　　民國二十四年（1935）上海商務印書館景
　　　印本　　　　　　　　　　　　　　　〔印

周易經疑三卷　（元）涂溍生撰　據鈔本景
新編詩義集說四卷　（明）孫鼎撰　據景鈔
　明本景印
五服圖解一卷　（元）龔端禮撰　據景鈔元
　至治本景印
春秋集傳二十六卷（原缺卷十八至二十、卷
　二十三至二十六）　（宋）張洽撰　據
　元延祐本景印
九經疑難殘四卷（存卷一至四）　（宋）張文
　伯撰　據傳鈔澹生堂鈔本景印
集篆古文韻海五卷　（宋）杜從古撰　據鈔
　本景印
增廣鐘鼎篆韻七卷　（元）楊鉤撰　據鈔本
　景印
增入名儒講義皇宋中興兩朝聖政六十四卷
　（原缺卷三十至四十五）分類事目一卷
　　　（宋）留正等撰　據景宋鈔本景印
運使復齋郭公言行錄一卷　（元）徐東撰
　據鈔本景印
莆陽比事七卷　（宋）李俊甫撰　據景鈔明
　覆宋本景印
陳氏小兒病源方論四卷　（宋）陳文中撰
　據景鈔宋本景印
類編朱氏集驗醫方十五卷　（宋）朱佐撰
　據鈔本景印
大宋寶祐四年丙辰歲會天萬年具注曆一卷
　　　（宋）荊執禮撰　據景鈔曝書亭鈔本
　景印
嘉量算經三卷問答一卷凡例一卷　（明）朱
　載堉撰　據鈔本景印
遁甲符應經三卷　（宋）楊維德等撰　據鈔
　本景印
書齋夜話四卷　（宋）俞琰撰　據鈔本景印
爲政善報事類十卷　（元）葉留撰　（元）陳
　相注　據傳鈔元本景印
左氏摘奇十二卷　（宋）胡元質撰　據景鈔
　宋本景印
回溪先生史韻四十九卷（原缺卷六至十九、
　卷二十八至三十三、卷四十至四十五）
　　　（宋）錢諷撰　據傳鈔景宋本景印
羣書通要七十三卷　（元）□□撰　據鈔
　元至正本景印
策要六卷　（元）梁寅撰　據鈔本景印
羣書類編故事二十四卷　（元）王罃撰　據

景鈔元本景印
續世說十二卷　（宋）孔平仲撰　據傳鈔宋
　沅州本景印
古清涼傳二卷廣清涼傳三卷續清涼傳二卷
　（唐）釋慧祥撰　廣傳（宋）釋延一撰
　續傳（宋）張商英等撰　據明天順本
　景印
毅齋詩集別錄一卷　（宋）徐僑撰　據鈔本
　景印
古逸民先生集二卷附錄一卷　（宋）汪炎昶
　撰　據鈔本景印
桐江集八卷　（元）方回撰　據鈔本景印
貞一齋文一卷詩稿一卷　（元）朱思本撰
　據傳鈔明叢書堂鈔本景印
東皋先生詩集五卷　（元）馬玉麟撰　據鈔
　本景印
王徵士詩八卷　（元）王沂撰　據鈔本景印
慎齋集四卷　（明）蔣主忠撰　據鈔本景印
分門纂類唐歌詩殘十一卷（存卷□、卷廿二、
　卷三十二、卷□、卷□、卷九十一至九
　十六）　（宋）趙孟奎輯　據鈔本景印
東漢文鑑二十卷　（宋）陳鑑輯　據傳鈔宋
　巾箱本景印
諸儒奧論策學統宗前集五卷　（元）譚金孫
　輯　據景鈔元本景印
詩苑衆芳一卷　（宋）劉瑄輯　據景鈔元本
　景印
元風雅三十卷　（元）蔣易輯　據鈔本景印
青雲梯三卷　（元）□□輯　據景鈔元鈔本
　景印
編類運使復齋郭公敏行錄不分卷　（元）徐
　東輯　據鈔本景印　　　　　　　　〔印
聲律關鍵八卷　（宋）鄭起潛撰　據鈔本景
陽春白雪八卷外集一卷　（宋）趙聞禮輯
　據鈔本景印

學津討原

（清）張海鵬輯

　　清嘉慶十年（1805）虞山張氏照曠閣刊本
　　民國十一年（1922）上海商務印書館據清
　　　張氏刊本景印

第一集

子夏易傳十一卷　（周）卜商撰
周易集解十七卷　（唐）李鼎祚撰
蘇氏易傳九卷　（宋）蘇軾撰
京氏易傳三卷　（漢）京房撰　（吳）陸績注
關氏易傳一卷　（後魏）關朗撰　（唐）趙蕤
　注
周易略例一卷　（魏）王弼撰　（唐）邢璹注
周易舉正三卷　（唐）郭京撰

麻衣道者正易心法一卷　(宋)希夷先生
　　(陳摶)受併消息
第二集
　　尙書鄭注十卷　(漢)鄭玄撰　(宋)王應麟
　　　輯　(清)孔廣林增訂
　　尙書中候鄭注五卷　(漢)鄭玄撰　(清)孔
　　　廣林輯
　　東坡書傳二十卷　(宋)蘇軾撰
　　詩序辨說一卷　(宋)朱熹撰
　　詩攷一卷　(宋)王應麟撰
　　詩地理攷六卷　(宋)王應麟撰　　　[撰
　　毛詩草木鳥獸蟲魚疏廣要二卷　(明)毛晉
　　韓詩外傳十卷　(漢)韓嬰撰
第三集　　　　　　　　　　　　　　　[撰
　　太平經國之書十一卷首一卷　(宋)鄭伯謙
　　儀禮逸經傳二卷　(元)吳澄撰
　　春秋微旨三卷　(唐)陸淳撰
　　春秋金鎖匙一卷　(元)趙汸撰
　　春秋胡傳考誤一卷　(明)袁仁撰
　　癸巳論語解十卷　(宋)張栻撰
　　司馬氏書儀十卷　(宋)司馬光撰
　　皇祐新樂圖記三卷　(宋)阮逸(宋)胡瑗撰
第四集
　　爾雅鄭註三卷　(宋)鄭樵撰
　　爾雅翼三十二卷序一卷　(元)羅願撰　序
　　　(元)洪焱祖釋
　　急就篇四卷正文一卷　(漢)史游撰　(唐)
　　　顏師古注　(宋)王應麟音釋
　　九經補韻一卷　(宋)楊伯嵒撰
　　毛詩古音考四卷附錄一卷讀詩拙言一卷
　　　(明)陳第撰
　　屈宋古音義三卷　(明)陳第撰
第五集
　　稽古錄二十卷　(宋)司馬光撰
　　通鑑地理通釋十四卷　(宋)王應麟撰
　　續宋編年資治通鑑十五卷　(宋)劉時舉撰
　　宋季三朝政要六卷　(宋)□□撰
第六集
　　西京雜記六卷　(晉)葛洪撰
　　大唐創業起居注三卷　(唐)溫大雅撰
　　吳越備史四卷補遺一卷　(宋)范坰(宋)
　　　林禹撰
　　靖康紀聞一卷拾遺一卷　(宋)丁特起撰
　　　拾遺(宋)□□撰
　　北狩見聞錄一卷　(宋)曹勛撰
　　建炎維揚遺錄一卷　(宋)□□撰
　　建炎復辟記一卷　(宋)□□撰　　　[撰
　　松漠紀聞一卷續一卷補遺一卷　(宋)洪皓
　　燕翼貽謀錄五卷　(宋)王栐撰

庚申外史一卷　(明)權衡撰
復辟錄一卷　(明)楊瑄撰
綏寇紀略十二卷補遺三卷　(清)吳偉業撰
第七集
　　洛陽伽藍記五卷　(後魏)楊衒之撰
　　洛陽名園記一卷　(宋)李格非撰
　　東京夢華錄十卷　(宋)孟元老撰
　　夢粱錄二十卷　(宋)吳自牧撰
　　吳地記一卷後集一卷　(唐)陸廣微撰　後
　　　集(宋)□□輯
　　吳郡圖經續記三卷　(宋)朱長文撰
　　佛國記一卷　(晉)釋法顯撰
　　諸蕃志二卷　(宋)趙汝适撰
　　益部方物略記一卷　(宋)宋祁撰
　　閩中海錯疏三卷　(明)屠本畯撰　(明)徐
　　　𤊶補疏
　　海語三卷　(明)黃衷撰
第八集
　　漢制攷四卷　(宋)王應麟撰
　　唐國史補三卷　(唐)李肇撰
　　淳熙玉堂雜記三卷　(宋)周必大撰
　　明宮史五卷　(明)劉若愚撰　(明)呂毖輯
　　州縣提綱四卷　(宋)陳襄撰
　　官箴一卷　(宋)呂本中撰
　　畫簾緒論一卷　(宋)胡太初撰
　　唐史論斷三卷附錄一卷　(宋)孫甫撰
　　通鑑問疑一卷　(宋)劉羲仲撰
　　泉志十五卷　(宋)洪遵撰
　　子略四卷目一卷　(宋)高似孫撰
第九集
　　周髀算經二卷附音義一卷　(漢)趙爽注
　　　(北周)甄鸞重述　(唐)李淳風等注釋
　　　音義(宋)李籍撰　　　　　　　　[注
　　數術記遺一卷　(漢)徐岳撰　(北周)甄鸞
　　易林四卷首一卷　(漢)焦贛撰
　　元包經傳五卷　(北周)衛元嵩撰　(唐)蘇
　　　源明傳　(唐)李江注　(宋)韋漢卿音
　　　釋
　　元包數總義二卷　(宋)張行成撰
　　六經天文編二卷　(宋)王應麟撰
　　宅經二卷　(□)□□注
　　青烏先生葬經一卷　(漢)青烏子撰　(金)
　　　兀欽仄注
　　古本葬書一卷　(晉)郭璞撰
　　葬經翼不分卷圖一卷　(明)繆希雍撰
第十集
　　齊民要術十卷　(後魏)賈思勰撰
　　耒耜經一卷　(唐)陸龜蒙撰
　　紀效新書十八卷首一卷　(明)戚繼光撰
　　八陣合變圖說一卷　(明)龍正撰

增廣太平惠民和劑局方十卷用藥總論三卷
　　(宋)陳師文等編
第十一集
　法書要錄十卷　(唐)張彥遠輯
　歷代名畫記十卷　(唐)張彥遠撰
　圖畫見聞誌六卷　(宋)郭若虛撰
　宣和書譜二十卷　(宋)□□撰
　宣和畫譜二十卷　(宋)□□撰
　畫繼十卷　(宋)鄧椿撰
第十二集
　忠經一卷　(漢)馬融撰　(漢)鄭玄注
　鶡冠子三卷　(宋)陸佃解
　郁離子二卷　(明)劉基撰
　意林五卷　(唐)馬總輯
　李氏刊誤二卷　(唐)李涪撰
　攷古編十卷　(宋)程大昌撰
　演繁露十六卷續集六卷　(宋)程大昌撰
　西溪叢語二卷　(宋)姚寬撰
　學齋佔畢四卷　(宋)史繩祖撰
第十三集
　封氏聞見記十卷　(唐)封演撰
　東觀餘論二卷附錄一卷　(宋)黃伯思撰
　夢溪筆談二十六卷補筆談一卷續筆談一卷
　　(宋)沈括撰
　宋景文公筆記三卷　(宋)宋祁撰
　芥隱筆記一卷　(宋)龔頤正撰
　文昌雜錄六卷補遺一卷　(宋)龐元英撰
　鼠璞二卷　(宋)戴埴撰
　袪疑說一卷　(宋)儲泳撰
第十四集
　春明退朝錄三卷　(宋)宋敏求撰
　避暑錄話二卷　(宋)葉夢得撰
　曲洧舊聞十卷　(宋)朱弁撰
　却掃編三卷　(宋)徐度撰
　齊東野語二十卷　(宋)周密撰
第十五集
　冷齋夜話十卷　(宋)釋惠洪撰
　春渚紀聞十卷　(宋)何薳撰
　師友談記一卷　(宋)李廌撰
　東坡志林五卷　(宋)蘇軾撰
　老學庵筆記十卷　(宋)陸游撰
　貴耳集三卷　(宋)張端義撰
　閒居錄一卷　(元)吾丘衍撰
　瑯嬛記三卷　(元)伊世珍撰
　學古編一卷　(元)吾丘衍撰
　丸經二卷　(元)□□撰
　歙州硯譜一卷　(宋)唐積撰
　歙硯說一卷辨歙石說一卷　(元)曹紹撰
　硯史一卷　(宋)米芾撰
　端溪硯譜一卷　(宋)□□撰　(宋)葉樾訂

　墨經一卷　(宋)晁貫之撰
　雲林石譜三卷　(宋)杜綰撰
　香譜二卷　(宋)洪芻撰
　茶經三卷　(唐)陸羽撰
　糖霜譜一卷　(宋)王灼撰
第十六集
　搜神記二十卷　(晉)干寶撰
　搜神後記十卷　(晉)陶潛撰
　異苑十卷　(劉宋)劉敬叔撰
　酉陽雜俎二十卷續集十卷　(唐)段成式撰
　開天傳信記一卷　(唐)鄭棨撰
　杜陽雜編三卷　(唐)蘇鶚撰
　甘澤謠一卷附錄一卷　(唐)袁郊撰
　劇談錄二卷　(唐)康駢撰
　前定錄一卷續一卷　(唐)鍾輅撰
　稽神錄六卷拾遺一卷　(宋)徐鉉撰
第十七集
　唐摭言十五卷　(南漢)王定保撰
　鑒誡錄十卷　(後蜀)何光遠撰
　南部新書十卷　(宋)錢易撰
　涑水記聞十六卷　(宋)司馬光撰
　王文正筆錄一卷　(宋)王曾撰
　歸田錄二卷　(宋)歐陽修撰
　國老談苑二卷　(宋)王君玉撰
　茅亭客話十卷　(宋)黃休復撰
　道山清話一卷　(宋)王□撰　　　〔錄
　孫公談圃三卷　(宋)孫升述　(宋)劉延世
　湘山野錄三卷續一卷　(宋)釋文瑩撰
第十八集
　河南邵氏聞見前錄二十卷　(宋)邵伯溫撰
　河南邵氏聞見後錄三十卷　(宋)邵博撰
　揮麈前錄四卷後錄十一卷三錄三卷餘話二
　　卷　(宋)王明清撰
　玉照新志五卷　(宋)王明清撰
第十九集
　桯史十五卷附錄一卷　(宋)岳珂撰
　癸辛雜識前集一卷後集一卷續集二卷別集
　　二卷　(宋)周密撰
　錦帶書一卷　(梁)蕭統撰
　歲華紀麗四卷　(唐)韓鄂撰
　龍筋鳳髓判二卷　(唐)張鷟撰
　蒙求正文一卷集註二卷　(後晉)李瀚撰
　　(宋)徐子光補注
第二十集
　道德指歸論六卷　(漢)嚴遵撰
　古文參同契集解三卷　箋註集解三卷三相
　　類集解二卷　(明)蔣一彪輯
　胎息經一卷　(□)幻真先生注
　真誥二十卷　(梁)陶弘景撰
　象教皮編六卷　(明)陳士元輯

樂府古題要解二卷　(唐)吳兢撰
詩品三卷　(梁)鍾嶸撰
詩品二十四則一卷　(唐)司空圖撰
風騷旨格一卷　(唐)釋齊己撰
四六話二卷　(宋)王銍撰
四六談麈一卷　(宋)謝伋撰

借月山房彙鈔

(清)張海鵬輯
　　清嘉慶中虞山張氏刊本
　　民國九年(1920)上海博古齋據清張氏刊
　　本景印
第一集
　易例二卷　(清)惠棟撰　嘉慶十四年
　　(1809)刊
　尙書地理今釋一卷　(清)蔣廷錫撰
　詩說三卷　(清)惠周惕撰　嘉慶十二年
　　(1807)刊
　詩說一卷　(清)陶正靖撰
　周禮序官考一卷　(清)陳大庚撰　嘉慶十
　　四年(1809)刊
　考定檀弓二卷　(清)程穆衡章句　嘉慶十
　　三年(1808)刊
　深衣考一卷　(清)黃宗羲撰　嘉慶十三年
　　(1808)刊
　左傳杜解補正三卷　(清)顧炎武撰　嘉慶
　　十三年(1808)刊
　春秋說一卷　(清)陶正靖撰
　春秋日食質疑一卷　(清)吳守一撰　嘉慶
　　十三年(1808)刊
　孝經述註一卷　(明)項霦撰　嘉慶十三年
　　(1808)刊
第二集
　駢雅七卷　(明)朱謀㙔撰　嘉慶十三年
　　(1808)刊
　惠氏讀說文記十五卷　(清)惠棟撰　(清)
　　江聲參補
　席氏讀說文記十五卷　(清)席世昌撰
第三集
　韻補正一卷　(清)顧炎武撰　嘉慶十三年
　　(1808)刊
　音學辨微一卷附三十六字母辨一卷　(清)
　　江永撰　附(清)黃廷鑑撰　嘉慶十四
　　年(1809)刊
　九經誤字一卷　(清)顧炎武撰　嘉慶十三
　　年(1808)刊
　石經考一卷　(清)顧炎武撰　嘉慶十三年
　　(1808)刊
　金石文字記六卷　(清)顧炎武撰　嘉慶十
　　三年(1808)刊

千字文萃一卷　(清)張海鵬輯　嘉慶十
　三年(1808)刊
皇上七旬萬壽千字文　(清)吳省蘭撰
御製全韻詩恭跋千字文　(清)彭元瑞撰
毛西河傳贊　(清)王錫撰
別本千字文續千字文再續千字文　(清)
　黃祖顥撰
別本續千字文　(明)陳鎏撰
第四集
　炎徼紀聞四卷　(明)田汝成撰　嘉慶十三
　　年(1808)刊
　庚申紀事一卷　(明)張潑撰　嘉慶十三年
　　(1808)刊
　徐海本末一卷　(明)茅坤撰　嘉慶十三年
　　(1808)刊
　東江始末一卷　(明)柏起宗撰　嘉慶十三
　　年(1808)刊
　復社紀事一卷　(清)吳偉業撰　嘉慶十三
　　年(1808)刊
　存是錄一卷　(明)姚宗典撰　嘉慶十三年
　　(1808)刊
　三藩紀事本末四卷　(清)楊陸榮撰　嘉慶
　　十三年(1808)刊
第五集
　平蜀記一卷　(明)□□撰　嘉慶十四年
　　(1809)刊
　平吳錄一卷　(明)吳寬撰　嘉慶十三年
　　(1808)刊
　平漢錄一卷　(明)童承敍撰　嘉慶十三年
　　(1808)刊
　平夏錄一卷　(明)黃標撰　嘉慶十三年
　　(1808)刊
　洪武聖政記一卷　(明)宋濂撰　嘉慶十三
　　年(1808)刊
　國初事蹟一卷　(明)劉辰撰　嘉慶十三年
　　(1808)刊
　北征事蹟一卷　(明)袁彬撰　(明)尹直錄
　　嘉慶十三年(1808)刊
　革除遺事節本六卷　(明)黃佐撰　嘉慶十
　　三年(1808)刊
　思陵典禮紀四卷　(清)孫承澤撰
　思陵勤政紀(一名烈皇勤政紀)一卷　(清)
　　孫承澤撰　嘉慶十三年(1808)刊
　平定交南錄一卷　(明)丘濬撰　嘉慶十三
　　年(1808)刊
　廣右戰功錄一卷　(明)唐順之撰　嘉慶十
　　三年(1808)刊
　先撥志始二卷　(明)文秉撰　嘉慶十二年
　　(1807)刊
第六集

兩垣奏議一卷　(明)逯中立撰　嘉慶十三年(1808)刊

條奏疏稿一卷續刊一卷　(清)蔣伊撰　嘉慶十四年(1809)刊

嘉靖以來內閣首輔傳八卷　(明)王世貞撰　嘉慶十三年(1808)刊

備遺錄一卷　(明)張芹撰　嘉慶十三年(1808)刊

詔獄慘言一卷　(明)燕客撰　嘉慶十三年(1808)刊

附

　天變邸抄一卷　(明)□□撰　嘉慶十三年(1808)刊

煙艇永懷三卷　(明)龔立本撰　嘉慶十三年(1808)刊

端巖公年譜一卷　(明)張文麟自撰　嘉慶十三年(1808)刊

陳張事略一卷　(明)吳國倫撰　嘉慶十三年(1808)刊

汪直傳一卷　(明)□□撰　嘉慶十三年(1808)刊

雲林遺事一卷　(明)顧元慶撰　嘉慶十三年(1808)刊

維揚殉節紀略一卷首一卷　(明)史得威撰　嘉慶十四年(1809)刊

金姬傳一卷別記一卷　(明)楊儀撰　嘉慶十三年(1808)刊

第七集

劉豫事蹟一卷　(宋)□□撰　(清)曹溶輯　嘉慶十三年(1808)刊

于公德政錄一卷　(清)戴兆祚撰

甯海將軍固山貝子功績錄一卷　(清)□□撰　嘉慶十三年(1808)刊

從征緬甸日記一卷　(清)周裕撰　嘉慶十三年(1808)刊

翁鐵庵年譜一卷　(清)翁叔元自撰

蜀碧四卷　(清)彭遵泗撰　嘉慶十二年(1807)刊

第八集

海道經一卷附錄一卷　(明)□□撰　嘉慶十三年(1808)刊

三吳水利論一卷　(明)伍餘福撰　嘉慶十三年(1808)刊

歷代山陵考二卷　(明)王在晉撰　嘉慶十三年(1808)刊

閩部疏一卷　(明)王世懋撰　嘉慶十三年(1808)刊

西洋朝貢典錄三卷　(明)黃省曾撰　嘉慶十三年(1808)刊

星槎勝覽四卷　(明)費信撰　嘉慶十三年

謠觚一卷　(清)顧炎武撰　嘉慶十三年(1808)刊

虞鄉雜記三卷　(明)毛晉撰

第九集

崑崙河源考一卷　(清)萬斯同撰　嘉慶十三年(1808)刊

異域錄二卷　(清)圖理琛撰　嘉慶十三年(1808)刊

龍沙紀略一卷　(清)方式濟撰　嘉慶十三年(1808)刊

塞外雜識一卷　(清)馮一鵬撰　嘉慶十三年(1808)刊

出塞紀略一卷　(清)錢良擇撰　嘉慶十三年(1808)刊

西湖紀遊一卷　(清)張仁美撰　嘉慶十六年(1811)刊

西湖手鏡一卷　(明)季嬰撰　嘉慶十四年(1809)刊

第十集

明內廷規制考三卷　嘉慶十四年(1809)刊

內閣志一卷　(清)席吳鏊撰　嘉慶十三年(1808)刊

重訂帝王紀年纂要一卷　(元)察罕撰　(明)黃諫訂　嘉慶十四年(1809)刊

海運編二卷　(明)崔旦伯撰　嘉慶十三年(1808)刊

捕蝗考一卷　(清)陳芳生撰　嘉慶十三年(1808)刊

伐蛟說一卷　(清)魏廷珍撰　嘉慶十四年(1809)刊

救荒野譜一卷　(明)姚可成撰　嘉慶十三年(1808)刊

兩漢解疑二卷　(明)唐順之撰　嘉慶十三年(1808)刊

兩晉解疑一卷　(明)唐順之撰　嘉慶十三年(1808)刊

新舊唐書雜論一卷　(明)李東陽撰　嘉慶十三年(1808)刊

明事斷略一卷　嘉慶十二年(1807)刊

第十一集

松窗寤言一卷　(明)崔銑撰　嘉慶十三年(1808)刊

楓山語錄一卷　(明)章懋撰　嘉慶十三年(1808)刊

荊園小語一卷　(清)申涵光撰

荊園進語一卷　(清)申涵光撰

蔣氏家訓一卷　(清)蔣伊撰　嘉慶十三年(1808)刊

海寇議一卷　(明)萬表撰　嘉慶十三年

(1808)刊

救命書二卷　(明)呂坤撰　嘉慶十四年
　(1809)刊

手臂錄四卷　(清)吳殳撰　嘉慶十二年
　(1807)刊

附

　峨嵋槍法一卷　(清)釋普恩立法　(清)
　　程眞如達意

　夢綠堂槍法一卷　(清)釋洪轉撰

　喉科祕本一卷附喉科附方一卷　(清)尤乘
　　撰　附方(清)吳□輯　嘉慶十三年
　　(1808)刊

　種痘心法一卷　(清)朱奕梁撰　嘉慶十三
　　年(1808)刊

　種痘指掌一卷　(清)□□撰　嘉慶十三年
　　(1808)刊

第十二集

祕傳水龍經五卷　(明)□□撰　(明)蔣平
　階輯

葬經箋註一卷圖說一卷　(清)吳元晉撰
　嘉慶十一年(1806)刊

陽宅撮要二卷　(清)吳鼒撰　嘉慶十五年
　(1810)刊

小山畫譜二卷　(清)鄒一桂撰　嘉慶十三
　年(1808)刊

傳神祕要一卷　(清)蔣驥撰　嘉慶十三年
　(1808)刊

題畫詩一卷　(清)惲格撰　嘉慶十三年
　(1808)刊

畫跋一卷　(清)惲格撰　嘉慶十三年
　(1808)刊

續三十五舉一卷　(清)桂馥撰　嘉慶十四
　年(1809)刊

紅朮軒紫泥法一卷　(清)汪鎬京撰　嘉慶
　十四年(1809)刊

硯錄一卷　(清)曹溶撰　嘉慶十三年
　(1808)刊

說硯一卷　(清)朱彝尊撰　嘉慶十三年
　(1808)刊

觀石錄一卷　(清)高兆撰　嘉慶十四年
　(1809)刊

石譜一卷　(清)諸九鼎撰　嘉慶十四年
　(1809)刊

瓶史二卷　(明)袁宏道撰　嘉慶十三年
　(1808)刊

參譜一卷　(清)黃叔璥撰　嘉慶十三年
　(1808)刊

本心齋蔬食譜一卷　(宋)陳達叟撰　嘉慶
　十六年(1811)刊

第十三集

震澤紀聞二卷　(明)王鏊撰　嘉慶十三年
　(1808)刊

震澤長語二卷　(明)王鏊撰　嘉慶十三年
　(1808)刊

戲瑕三卷　(明)錢希言撰

彭文憲公筆記一卷　(明)彭時撰　嘉慶十
　三年(1808)刊

鈍吟雜錄十卷　(清)馮班撰　(清)何焯評

漱華隨筆四卷　(清)嚴有禧撰

第十四集

名疑四卷　(明)陳士元撰　嘉慶十四年
　(1809)刊

元史備忘錄一卷　(明)王光魯撰　嘉慶十
　三年(1808)刊

汝南遺事二卷　(明)李本固撰

列朝盛事一卷　(明)王世貞撰　嘉慶十三
　年(1808)刊

觚不觚錄一卷　(明)王世貞撰　嘉慶十三
　年(1808)刊

玉堂薈記二卷　(清)楊士聰撰　嘉慶十三
　年(1808)刊

第十五集

花當閣叢談(一名村老委談)八卷　(明)徐
　復祚撰　嘉慶十三年(1808)刊

柳南隨筆六卷續筆四卷　(清)王應奎撰

第十六集

周忠介公燼餘集四卷　(明)周順昌撰

椒山遺囑一卷　(明)楊繼盛撰　嘉慶十三
　年(1808)刊

盧忠肅公書牘一卷　(明)盧象昇撰　嘉慶
　十三年(1808)刊

浩氣吟一卷附錄一卷　(明)瞿式耜撰

烏魯木齊雜詩一卷　(清)紀昀撰　嘉慶十
　三年(1808)刊

宮詞小纂三卷　(清)張海鵬輯　嘉慶十三
　年(1808)刊

宮詞　(明)朱權撰

元宮詞　(明)朱有燉撰

擬古宮詞　(明)朱讓栩撰

洪武宮詞　(明)黃省曾撰

宮詞　(明)王叔承撰　以上合一卷

天啓宮詞　(明)秦蘭徵撰

天啓宮詞　(明)蔣之翹撰

擬故宮詞　(清)唐于昭撰　以上合一卷

崇禎宮詞一卷　(清)王譽昌撰　(清)吳
　理注

圍爐詩話六卷　(清)吳喬撰　嘉慶十三年
　(1808)刊

西崑發微三卷　(清)吳喬撰　嘉慶十三年
　(1808)刊

　　金石要例一卷　(淸)黃宗羲撰　嘉慶十四
年(1809)刊

墨海金壺

(淸)張海鵬輯
　　淸嘉慶中海虞張氏刊本
　　民國十年(1921)上海博古齋據淸張氏刊
　　本景印
經部
　　吳園周易解九卷附錄一卷　(宋)張根撰
　　易說四卷　(宋)趙善譽撰
　　洪範口義二卷　(宋)胡瑗撰
　　禹貢說斷四卷　(宋)傅寅撰
　　五誥解四卷　(宋)楊簡撰
　　呂氏家塾讀詩記三十二卷　(宋)呂祖謙撰
　　續呂氏家塾讀詩記三卷　(宋)戴溪撰
　　周官新義十六卷附考工記解二卷　(宋)王
　　　安石撰
　　儀禮釋宮一卷　(宋)李如圭撰
　　禮記訓義擇言八卷　(淸)江永撰
　　春秋通訓六卷　(宋)張大亨撰
　　春秋正旨一卷　(明)高拱撰
　　春秋左傳補註六卷　(淸)惠棟撰
　　古微書三十六卷　(明)孫瑴輯
　　　尚書緯
　　　　尚書考靈曜二卷
　　　　尚書帝命驗一卷
　　　　尚書五行傳
　　　　尚書璇璣鈐
　　　　尚書刑德放
　　　　尚書運期授
　　　　尚書帝驗期　以上合一卷
　　　　尚書中候
　　　　中候握河紀
　　　　中候考河命
　　　　中候摘洛戒
　　　　中候雜篇
　　　　　中候運行
　　　　　中候洛予命
　　　　　中候擿洛戒
　　　　　中候義明
　　　　　中候勅省圖
　　　　　中候稷起
　　　　　中候準讖哲
　　　　附
　　　　　洪範緯　以上合一卷
　　　春秋緯
　　　　春秋元命包二卷
　　　　春秋演孔圖
　　　　春秋合誠圖　以上合一卷

　　　　春秋文耀鈎
　　　　春秋運斗樞　以上合一卷
　　　　春秋感精符
　　　　春秋考異郵　以上合一卷
　　　　春秋潛潭巴
　　　　春秋說題辭　以上合一卷
　　　　春秋漢含孳
　　　　春秋佐助期
　　　　春秋保乾圖
　　　　春秋握誠圖
　　　　春秋內事　以上合一卷
　　　　春秋命歷序一卷
　　　易緯
　　　　易通卦驗
　　　　易坤靈圖
　　　　易稽覽圖　以上合二卷
　　　　易河圖數
　　　　易筮類謀
　　　　易九厄讖
　　　　易雜緯
　　　　　易辨終備
　　　　　易萌氣樞
　　　　　易中孚傳
　　　　　易運期
　　　　　易通統圖
　　　　　易統驗元圖　以上合一卷
　　　禮緯
　　　　禮含文嘉一卷
　　　　禮稽命徵一卷
　　　　禮斗威儀一卷
　　　樂緯
　　　　樂叶圖徵一卷
　　　　樂動聲儀一卷
　　　　樂稽耀嘉一卷
　　　詩緯
　　　　詩含神霧一卷
　　　　詩推度災
　　　　詩汜歷樞　以上合一卷
　　　論語緯
　　　　論語比考讖
　　　　論語譔考讖　以上合一卷
　　　　論語摘輔象
　　　　論語摘衰聖
　　　　論語陰嬉讖　以上合一卷
　　　孝經緯
　　　　孝經援神契三卷
　　　　孝經鈎命決
　　　　孝經中契
　　　　孝經右契
　　　　孝經左契

孝經威嬉拒　以上合一卷
孝經內事圖一卷
河圖緯
　河圖括地象
　河圖始開圖
　河圖絳象　以上合一卷
　河圖稽耀鉤
　河圖帝覽嬉
　河圖挺佐輔
　河圖握矩記
　河圖雜緯篇
　　河圖祕徵
　　河圖帝通紀
　　河圖著命
　　河圖眞紀鉤
　　河圖要元篇
　　河圖考靈曜
　　河圖提劉篇
　　河圖稽命徵
　　河圖會昌符　以上合一卷
　河圖玉版
　龍魚河圖　以上合一卷
洛書緯
　洛書靈准聽一卷
　洛書甄曜度
　洛書摘六辟
　洛書錄運法
　河洛讖
　　孔子河洛讖
　　錄運期讖
　　甄曜度讖　以上合一卷
論語筆解二卷　(唐)韓愈(唐)李翱撰
論語意原四卷　(宋)鄭汝諧撰
四書逸箋六卷　(清)程大中撰
瑟譜六卷　(元)熊朋來撰
韶舞九成樂補一卷　(元)余載撰
律呂成書二卷　(元)劉瑾撰
切韻指掌圖二卷附檢圖之例一卷　(宋)司
　馬光撰　檢例(明)邵光祖撰
古韻標準四卷詩韻舉例一卷　(清)江永撰
　(清)戴震參定
史部
三國志辨誤三卷　(宋)□□撰
續後漢書四十二卷音義四卷　(宋)蕭常撰
春秋別典十五卷　(明)薛虞畿撰
渚宮舊事五卷補遺一卷　(唐)余知古撰
咸淳遺事二卷　(宋)□□撰
大金弔伐錄二卷　(金)□□撰
平宋錄三卷　(元)劉敏中撰
昭忠錄一卷　(宋)□□撰

征南錄一卷　(宋)滕元發撰
江南別錄一卷　(宋)陳彭年撰
江表志三卷　(宋)鄭文寶撰
三楚新錄三卷　(宋)周羽翀撰
南唐書三十卷　(宋)馬令撰
吳郡志五十卷　(宋)范成大撰
吳中水利書一卷　(宋)單鍔撰
治河圖略一卷　(元)王喜撰
中吳紀聞六卷　(宋)龔明之撰
歲華紀麗譜一卷　(元)費著撰
蜀牋譜一卷　(元)費著撰
蜀錦譜一卷　(元)費著撰
吳中舊事一卷　(元)陸友仁撰
平江記事一卷　(元)高德基撰
大唐西域記十二卷　(唐)釋玄奘譯　(唐)
　　釋辯機撰
職方外紀五卷首一卷　(明西洋)艾儒略撰
五代會要三十卷　(宋)王溥撰
宋朝事實二十卷　(宋)李攸撰
謚法四卷　(宋)蘇洵撰
歷代建元考十卷　(清)鍾淵映撰
救荒活民書三卷拾遺一卷　(宋)董煟撰
荒政叢書十卷附錄二卷　(清)俞森輯
　救荒全書一卷　(宋)董煟撰
　荒政叢言一卷　(明)林希元撰
　荒政考一卷　(明)屠隆撰
　荒政議一卷　(明)周孔教撰
　賑豫紀略一卷　(明)鍾化民撰
　荒箸略一卷　(明)劉世教撰
　救荒策一卷　(清)魏禧撰
　常平倉考一卷　(清)俞森撰
　義倉考一卷　(清)俞森撰
　社倉考一卷　(清)俞森撰
歷代兵制八卷　(宋)陳傅良撰
子部
少儀外傳二卷　(宋)呂祖謙撰
準齋雜說二卷　(宋)吳如愚撰
內訓一卷　(明)仁孝文皇后撰
神機制敵太白陰經十卷　(唐)李筌撰
守城錄四卷　(宋)陳規(宋)湯璹撰
陣紀四卷　(明)何良臣撰
練兵實紀九卷雜集六卷　(明)戚繼光撰
折獄龜鑑八卷　(宋)鄭克撰
農桑衣食撮要二卷　(元)魯明善撰
博濟方五卷　(宋)王袞撰
旅舍備要方一卷　(宋)董汲撰
傷寒微旨論二卷　(宋)韓祗和撰
全生指迷方四卷　(宋)王貺撰
靈棋經二卷　(漢)東方朔撰　(晉)顏幼明
　(劉宋)何承天注　(元)陳師凱(明)劉

基解
李虛中命書三卷　(唐)李虛中注
珞琭子三命消息賦註二卷　(宋)徐子平撰
珞琭子賦註二卷　(宋)釋曇瑩撰
太清神鑑六卷　(後周)王朴撰
羯鼓錄一卷　(唐)南卓撰
樂府雜錄一卷　(唐)段安節撰
棊經一卷　(宋)晏天章(一題張擬)撰
棊訣一卷　(宋)劉仲甫撰
宣德鼎彝譜八卷　(明)呂震等撰
欽定錢錄十六卷　清乾隆十五年敕撰
洛陽牡丹記一卷　(宋)歐陽修撰
揚州芍藥譜一卷　(宋)王觀撰
范村梅譜一卷　(宋)范成大撰
菌譜一卷　(宋)陳仁玉撰
鶡子一卷　(周)鶡熊撰　(唐)逢行珪注
子華子二卷　(周)程本撰
尹文子一卷　(周)尹文撰
慎子一卷　(周)慎到撰
公孫龍子一卷　(周)公孫龍撰　(宋)謝希
　深注
人物志三卷　(魏)劉邵撰　(後魏)劉昞注
化書六卷　(南唐)譚峭撰
資暇集三卷　(唐)李匡乂撰
靖康緗素雜記十卷　(宋)黃朝英撰
能改齋漫錄十八卷　(宋)吳曾撰
緯略十二卷　(宋)高似孫撰
日損齋筆記一卷附錄一卷　(元)黃溍撰
珩璜新論一卷　(宋)孔平仲撰
日聞錄一卷　(元)李翀撰
玉堂嘉話八卷　(元)王惲撰
書敘指南二十卷　(宋)任廣撰
雞肋一卷　(宋)趙崇絢撰
明皇雜錄二卷補遺一卷　(唐)鄭處誨撰
東齋記事五卷補遺一卷　(宋)范鎮撰
玉壺野史十卷　(宋)釋文瑩撰
唐語林八卷　(宋)王讜撰
南窗紀談一卷　(宋)□□撰
萍洲可談三卷　(宋)朱彧撰
高齋漫錄一卷　(宋)曾慥撰
張氏可書一卷　(宋)張知甫撰
步里客談二卷　(宋)陳長方撰
東南紀聞三卷　(元)□□撰
菽園雜記十五卷　(明)陸容撰
漢武帝內傳一卷　(漢)班固撰
陶朱新錄一卷　(宋)馬純撰
陰符經疏三卷　(唐)李筌撰
關尹子一卷　(周)尹喜撰
文子二卷　(周)辛銒撰
亢倉子一卷　(周)庚桑楚撰

集部
　古文苑二十一卷　(宋)章樵注
　餘師錄四卷　(宋)王正德撰

藝海珠塵

(清)吳省蘭輯　壬癸集(清)錢熙輔增輯
　　清嘉慶中南匯吳氏聽彝堂刊　壬癸集道
　　光三十年(1850)金山錢氏漱石軒據
　　吳氏原版重印增刊本
金集(漱石軒本改題甲集)
　易象意言一卷　(宋)蔡淵撰
　詩論一卷　(宋)程大昌撰
　春秋或辯一卷　(清)許之獬撰
　春秋三傳異同考一卷　(清)吳陳琰撰
　春秋識小錄三種　(清)程廷祚撰
　　春秋職官考略三卷　　　　　　〔卷
　　春秋地名辨異三卷附晉書地理志證今一
　　左傳人名辨異三卷
　中文孝經一卷　(清)周春輯
　孝經外傳一卷　(清)周春撰
　箴膏肓一卷起廢疾一卷發墨守一卷　(漢)
　　鄭玄撰　(清)王復輯　(清)武億校
　讀書瑣記一卷　(清)鳳應韶撰
　轉注古義考一卷　(清)曹仁虎撰
　官韻考異一卷　(清)吳省欽撰
　續方言二卷　(清)杭世駿撰
　續方言補正二卷　(清)程際盛撰
　七十二候考一卷　(清)曹仁虎撰
　江漢叢談二卷　(明)陳士元撰
　說叩一卷　(清)葉抱崧撰
　夾漈遺槀三卷　(宋)鄭樵撰
　可儀堂文集二卷　(清)俞長城撰
　聲調譜一卷　(清)趙執信撰
　談龍錄一卷　(清)趙執信撰
石集(乙集)
　春秋經玩四卷　(清)沈淑撰
　　春秋左傳分國土地名二卷
　　左傳職官一卷
　　左傳器物宮室一卷
　五經贊一卷　(清)陸榮秬撰　(清)徐堂注
　婦學一卷　(清)章學誠撰
　天問略一卷　(明西洋)陽瑪諾撰
　海國聞見錄一卷附圖一卷　(清)陳倫炯撰
　備邊屯田車銃議一卷車銃圖一卷倭情屯田
　　議一卷　(明)趙士楨撰
　番社采風圖考一卷　(清)六十七撰
　維西見聞紀一卷　(清)余慶遠撰
　金川瑣記六卷　(清)李心衡撰
　朝鮮志二卷　(朝鮮)□□撰
　至游子二卷　(宋)曾慥撰

夢占逸旨八卷　(明)陳士元撰	二儀銘補注一卷　(清)梅文鼎撰
五總志一卷　(宋)吳炯撰	歷學答問一卷　(清)梅文鼎撰
孔氏談苑五卷　(宋)孔平仲撰	蘇氏演義二卷　(唐)蘇鶚撰
讀書偶見一卷　(清)吳騏撰	投壺隨筆一卷　(明)姜南撰
學福齋雜著一卷　(清)沈大成撰	風月堂雜識一卷　(明)姜南撰
岳忠武王集一卷　(宋)岳飛撰	學圃餘力一卷　(明)姜南撰
丁孝子詩集三卷　(元)丁鶴年撰	王義士輞川詩鈔六卷　(清)王澐撰
圭塘欸乃集一卷　(元)許有壬(元)許有孚	勉集(戊集)
(元)許楨(元)馬熙撰	北郊配位尊西嚮議一卷　(清)毛奇齡撰
刻燭集一卷　(清)曹仁虎輯	昏禮辨正一卷　(清)毛奇齡撰
絲集(丙集)	大小宗通繹一卷　(清)毛奇齡撰　　[輯
鄭敷文書說一卷　(宋)鄭伯熊撰	四書索解四卷　(清)毛奇齡撰　(清)王錫
舜典補亡一卷　(清)毛奇齡撰	紀元要略二卷附補一卷　(清)陳景雲撰
論語筆解二卷　(唐)韓愈(唐)李翱撰	補(清)陳黃中撰
(明)鄭鄤評	山海經補註一卷　(明)楊慎撰
論語絕句一卷　(宋)張九成撰	海潮輯說二卷　(清)俞思謙撰
孟子外書四篇四卷　(宋)熙時子注	吾師錄一卷　(明)黃淳耀撰
駁五經異義一卷補遺一卷　(漢)鄭玄撰	聰訓齋語二卷　(清)張英撰
(清)王復輯　(清)武億校	恆產瑣言一卷　(清)張英撰
骿字分箋二卷　(清)程際盛撰	中星表一卷　(清)徐朝俊撰
武宗外紀一卷　(清)毛奇齡撰	木棉譜一卷　(清)褚華撰
勝朝彤史拾遺記六卷　(清)毛奇齡撰	宜齋野乘一卷　(宋)吳枋撰
蜀檮杌二卷　(宋)張唐英撰	東原錄一卷　(宋)龔鼎臣撰
東南防守利便三卷　(宋)陳克(宋)吳若撰	文錄一卷　(宋)唐庚撰
(宋)呂祉輯	呵凍漫筆二卷　(明)談修撰
炳燭偶鈔一卷　(清)陸錫熊撰	墨畲錢鎛一卷　(明)姜南撰
讀史論略一卷　(清)杜詔撰	瓠里子筆談一卷　(明)姜南撰
異魚圖贊四卷　(明)楊慎撰	洗硯新錄一卷　(明)姜南撰
龜經一卷	蓉塘記聞一卷　(明)姜南撰
古算器考一卷　(清)梅文鼎撰	夏內史集九卷附錄一卷　(明)夏完淳撰
歷學疑問補二卷　(清)梅文鼎撰	土集(己集)
牛村野人閒談一卷　(明)姜南撰	易緯乾坤鑿度二卷　(漢)鄭玄注
抱璞簡記一卷　(明)姜南撰	易緯是類謀一卷　(漢)鄭玄注
一櫂居詩稿二卷　(清)馮祝撰	洪範統一一卷　(宋)趙善湘撰
竹集(丁集)	說學齋經說一卷　(清)葉鳳毛撰
春秋傳說例一卷　(宋)劉敞撰	辨定嘉靖大禮議二卷　(清)毛奇齡撰
饗禮補亡一卷　(清)諸錦撰	儒林譜一卷　(清)焦袁熹撰
魯齋遺得一卷　(清)丁傳撰	雲間第宅志一卷　(清)王澐撰
唐史論斷三卷　(宋)孫甫撰	恥言二卷　(明)徐禎稷撰
滇載記一卷　(明)楊慎撰	修慝餘編一卷　(清)陳薲撰
奉使俄羅斯行程錄一卷　(清)張鵬翮撰	太玄解一卷　(清)焦袁熹撰
外國竹枝詞一卷　(清)尤侗撰(清)尤珍注	潛虛解一卷　(清)焦袁熹撰
附日本雜詩一卷　(清)沙起雲撰	素履子三卷　(唐)張弧撰
異域竹枝詞三卷　(清)福慶撰	握奇經解一卷附握奇經續圖一卷八陣總述
海潮說三卷　(清)周春撰	一卷　(漢)公孫弘解　續圖(□)□□
三垣疏稿三卷　(明)許譽卿撰	撰　八陣總述(晉)馬隆述
閩中海錯疏三卷　(明)屠本畯撰　(明)徐	黃帝授三子玄女經一卷
燉補疏	胄縈錄一卷　(宋)趙叔向撰
伸蒙子三卷　(唐)林慎思撰	東皋雜鈔三卷　(清)董潮撰
廣成子解一卷　(宋)蘇軾撰	茶餘客話十二卷　(清)阮葵生撰

古今風謠一卷　(明)楊慎輯
古今諺一卷　(明)楊慎輯
聲調譜拾遺一卷　(清)翟灝撰
古詩十九首解一卷　(清)張庚撰
革集(庚集)
　易稽覽圖二卷　(漢)鄭玄注
　詩說一卷　(宋)張耒撰
　詩疑二卷　(宋)王柏撰　　　　　　　〔撰
　左氏蒙求註一卷　(清)許乃濟(清)王慶麟
　匡謬正俗八卷　(唐)顏師古撰
　皇朝武功紀盛四卷　(清)趙翼撰
　山海經圖讚一卷補遺一卷　(晉)郭璞撰
　明洪武四年進士登科錄一卷
　社事始末一卷　(清)杜登春撰
　淞故述一卷　(明)楊樞撰
　南華經傳釋一卷　(清)周金然撰
　經天該一卷　(明西洋)利瑪竇撰
　地理古鏡歌一卷　(明)蔣平階撰
　翻卦挨星圖訣考著一卷　(清)戴鴻撰
　蘇沈良方八卷　(宋)蘇軾(宋)沈括撰
　一草亭目科全書一卷　(明)鄧苑撰
　雲仙散錄一卷　(唐)馮贄撰
　燕魏雜記一卷　(宋)呂頤浩撰
　叩舷憑軾錄一卷　(明)姜南撰
　交行摘稿一卷　(明)徐孚遠撰
　貞蕤橐略文一卷詩一卷　(朝鮮)朴齊家撰
　拜經樓詩話四卷　(清)吳騫撰
木集(辛集)
　正易心法一卷　(宋)陳摶受併消息
　學校問一卷　(清)毛奇齡撰
　郊社禘祫問一卷　(清)毛奇齡撰
　小國春秋一卷　(清)焦袁熹撰
　小兒語一卷　(明)呂得勝撰
　續小兒語一卷　(明)呂坤撰
　捕蝗考一卷　(清)陳芳生撰
　滇南新語一卷　(清)張泓撰
　松江衢歌一卷　(清)陳金浩撰
　淞南樂府一卷　(清)楊光輔撰
　遠鏡說一卷　(明西洋)湯若望撰
　滇南憶舊錄一卷　(清)張泓撰
　紀聽松菴竹鑪始末一卷　(清)鄒炳泰撰
　雜詠百二十首二卷　(唐)李嶠撰
　月山詩集四卷　(清)恆仁撰
　月山詩話一卷　(清)恆仁撰
　鐮山草堂詩合鈔二卷　(明)王光承(明)王
　　烈撰
　四繪軒詩鈔一卷　(清)徐振撰
　杜詩雙聲疊韻譜括略八卷　(清)周春撰
壬集
　尙書蔡註考誤(一名尙書砭蔡編)一卷

　(明)袁仁撰
禘祫答問一卷　(清)胡培翬撰
左氏釋二卷　(明)馮時可撰
樂縣考二卷　(清)江藩撰
經義知新記一卷　(清)汪中撰
漢西京博士考二卷　(清)胡秉虔撰
征南錄一卷　(宋)滕元發撰
保越錄一卷　(元)徐勉之撰
江表志三卷　(宋)鄭文寶撰
三楚新錄三卷　(宋)周羽翀撰
河源紀略承修稿六卷　(清)吳省蘭撰
南嶽小錄一卷　(唐)李沖昭撰
泰山道里記一卷　(清)聶鈫撰
治蠱新方一卷　(清)路順德撰　(清)繆福
　照重訂
方圓闡幽一卷　(清)李善蘭撰
弧矢啓祕二卷　(清)李善蘭撰　　　〔訂
祛疑說四卷　(宋)儲泳撰　(清)朱清榮重
高東溪集六卷附錄一卷　(宋)高登撰
選注規李一卷　(清)徐攀鳳撰
選學糾何一卷　(清)徐攀鳳撰
艇齋詩話一卷　(宋)曾季貍撰
癸集
　卦本圖攷一卷　(清)胡秉虔撰
　杲溪詩經補注二卷　(清)戴震撰
　深衣考誤一卷　(清)江永撰
　春秋春王正月考一卷辨疑一卷　(明)張以
　　寧撰
　魏氏補證六卷　(清)萬光泰撰
　河州景忠錄一卷附記二卷　(清)胡秉虔撰
　江上孤忠錄一卷　(清)黃明曦撰　(清)黃
　　懷孝(清)龔丙吉重訂
　元故宮遺錄一卷　(明)蕭洵撰
　楚南小紀一卷　(清)吳省蘭撰
　楚岢志略一卷　(清)吳省蘭撰
　中衢一勺三卷附錄四卷　(清)包世臣撰
　錢幣考二卷　(清)□□撰
　傷寒論翼二卷　(清)柯琴撰
　書法雅言一卷　(明)項穆撰
　庚子銷夏記校文一卷　(清)何焯撰
　辨言一卷　(宋)員興宗撰
　青巖叢錄一卷　(明)王褘撰
　五代宮詞一卷　(清)吳省蘭撰　(清)范重
　　槃注
　十國宮詞一卷　(清)吳省蘭撰
　靜安八詠集一卷　(元)釋壽寧輯
　詞旨一卷　(元)陸行直撰

湖海樓叢書

　(清)陳春輯

清嘉慶中蕭山陳氏刊本

周易鄭注十二卷附敍錄一卷　(漢)鄭玄撰
　　(宋)王應麟撰薈　(清)丁杰後定
　　(清)張惠言訂正　敍錄(清)臧鏞堂
　　(庸)撰　嘉慶二十四年(1819)刊

論語類考二十卷　(明)陳士元撰　嘉慶二
　　十四年(1819)刊

孟子雜記四卷　(明)陳士元撰

列子八卷附列子沖虛至德眞經釋文二卷
　　(周)列禦寇撰　(晉)張湛注　釋文
　　(唐)殷敬順撰　(宋)陳景元補遺　嘉
　　慶十八年(1813)刊

尸子尹文子合刻　(清)汪繼培輯　嘉慶十
　　七年(1812)刊
　　尸子二卷存疑一卷　(周)尸佼撰
　　尹文子一卷　(周)尹文撰

潛夫論十卷　(漢)王符撰　(清)汪繼培箋
　　嘉慶二十二年(1817)刊

學林十卷　(宋)王觀國撰　嘉慶十四年
　　(1809)刊

卮林十卷補遺一卷　(明)周嬰撰　嘉慶二
　　十年(1815)刊

訂譌雜錄十卷　(清)胡鳴玉撰　嘉慶十八
　　年(1813)刊

龍筋鳳髓判四卷　(唐)張鷟撰　(明)劉允
　　鵬注　(清)陳春補正　嘉慶十六年
　　(1811)刊

永嘉先生八面鋒十三卷　(宋)陳傅良(一
　　題葉適)撰　嘉慶十八年(1813)刊

會稽三賦一卷　(宋)王十朋撰　(宋)周世
　　則注　(宋)史鑄增注　嘉慶十七年
　　(1812)刊

藝苑捃華(一名祕書四十八種)

(清)顧之逵輯
　　　清同治七年(1868)序刊本

小爾雅一卷　(漢)孔鮒撰
西京雜記六卷　(漢)劉歆(一題晉葛洪)撰
海內十洲記一卷　(漢)東方朔撰
羣輔錄一卷　(晉)陶潛撰
南方草木狀三卷　(晉)嵇含撰
搜神記八卷　(晉)干寶撰
神仙傳五卷　(晉)葛洪撰
御覽闕史二卷　(唐)參寥子(高彥休)撰
二十四詩品一卷　(唐)司空圖撰
本事詩一卷　(唐)孟棨撰
雲溪友議一卷　(唐)范攄撰
西陽雜俎二卷　(唐)段成式撰
諾皋記一卷　(唐)段成式撰
博異志一卷　(唐)鄭還古撰

李泌傳一卷　(唐)李繁撰
仙吏傳一卷　(唐)太上隱者輯
英雄傳一卷　(唐)雍陶撰
劍俠傳一卷　(唐)段成式撰
柳毅傳一卷　(唐)李朝威撰
虬髯客傳一卷　(唐)張說(一題前蜀杜光
　　庭)撰
馮燕傳一卷　(唐)沈亞之撰
蔣子文傳一卷　(唐)羅鄴撰
杜子春傳一卷　(唐)鄭還古撰
龍女傳一卷　(唐)薛瑩撰
妙女傳一卷　(唐)顧非熊撰
神女傳一卷　(唐)孫頠撰
楊太眞外傳二卷　(宋)樂史撰
長恨歌傳一卷　(唐)陳鴻撰
梅妃傳一卷　(唐)曹鄴撰
紅線傳一卷　(唐)楊巨源撰
劉無雙傳一卷　(唐)薛調撰
霍小玉傳一卷　(唐)蔣防撰
牛應貞傳一卷　(唐)宋若昭撰
謝小娥傳一卷　(唐)李公佐撰
李娃傳一卷　(唐)白行簡撰
章臺柳傳一卷　(唐)許堯佐撰
非烟傳一卷　(唐)皇甫枚撰
江淮異人錄一卷　(宋)吳淑撰
離騷集傳一卷　(宋)錢杲之撰
離騷草木疏四卷　(宋)吳仁傑撰
農書三卷　(宋)陳旉撰
蠶書一卷　(宋)秦觀撰
於潛令樓公進耕織圖詩一卷　(宋)樓璹撰
本朝詩鈔小傳三卷　(清)鄭方坤撰
國朝麗體金膏四卷　(清)馬俊良輯
說鈴　(清)吳震方輯
　金鰲退食筆記二卷　(清)高士奇撰
　京東考古錄一卷　(清)顧炎武撰
　山東考古錄一卷　(清)顧炎武撰
　泰山紀勝一卷　(清)孔貞瑄撰
　隴蜀餘聞一卷　(清)王士禛撰
　板橋雜記一卷　(清)余懷撰
　揚州鼓吹詞序一卷(清)吳綺撰
　匡廬紀勝一卷　(清)吳闡思撰
　游雁蕩山記一卷　(清)周清原撰
　甌江逸志一卷　(清)勞大與撰
　湖壖雜記一卷　(清)陸次雲撰
　峒谿纖志一卷　(清)陸次雲撰
　坤輿外紀一卷　(清西洋)南懷仁撰
竟山樂錄四卷　(清)毛奇齡撰
八紘譯史三卷　(清)陸次雲撰

眞意堂三種

（清）吳志忠輯
　　清嘉慶十六年(1811)瑃川吳氏木活字排
　　　印本
洛陽伽藍記五卷　（後魏）楊衒之撰
兼明書五卷　（唐）丘光庭撰
河朔訪古記三卷　（元）納新（酒賢）撰

詒經堂藏書

（清）金長春輯
　　清嘉慶十八年(1813)當塗金氏刊本
正朔考一卷　（宋）魏了翁撰
遷冤志一卷　（北齊）顏之推撰
古今考一卷　（宋）魏了翁撰
風月堂詩話二卷　（宋）朱弁撰
文則二卷　（宋）陳騤撰
入蜀記四卷　（宋）陸游撰
丙丁龜鑑五卷　（宋）柴望輯
附
　　丙丁龜鑑續錄一卷　（元）□□輯
　　續丙丁龜鑑一卷　（明）□□輯
　　復續丙丁龜鑑一卷　（□）春華子輯

書三昧樓叢書

（清）張應時輯
　　清嘉慶二十四年(1819)華亭張氏書三昧
　　　樓刊本
陸清獻公(隴其)年譜原本一卷　（清）楊履
　　基撰
楊鐵齋中庸講語一卷　（清）楊履基撰
楊鐵齋小學劄記一卷　（清）楊履基撰
峯泖詩鈔一卷　（清）楊履基撰
王勉軒查山問答一卷　（清）王道升撰
呂仲子先生四禮翼四卷　（明）呂坤撰
劉念臺先生人譜二卷　（明）劉宗周撰
陶菴集(一名黃嘉定吾師錄)一卷　（明）黃
　　淳耀撰
日省錄一卷　（清）周宗濂撰
懺摩錄一卷　（清）彭兆蓀撰
同文考證六卷　（清）管受之輯
　　干祿字書一卷　（唐）顏元孫撰
　　金壺字考一卷　（宋）釋適之撰
　　俗字證誤一卷　（隋）顏愍楚輯
　　字書誤讀一卷　（宋）王荇撰
　　字體辨正一卷　（清）陸費墀撰
　　敬避字樣一卷　（清）□□輯
附
　　重刊辨正通俗文字一卷　（清）□□輯

正誼齋叢書

（清）汪昌序輯

清道光二十年(1840)序儀徵汪氏刊本
重編五經文字三卷　（唐）張參撰　（清）孫
　　侃編勘　依石經本刊
重編九經字樣一卷　（唐）唐玄度撰　（清）
　　孫侃編勘
相臺書塾刊正九經三傳沿革例一卷　（宋）
　　岳珂撰
龍龕手鑑四卷　（遼）釋行均撰
龍學孫公春秋經解十五卷　（宋）孫覺撰
春秋經傳集解三十卷附考證又附春秋年表
　　一卷春秋名號歸一圖二卷附考證
　　（晉）杜預撰　（唐）陸德明音義　年表
　　（□）□□撰　名號歸一圖（後蜀）馮繼
　　先撰　道光十九年(1839)刊
公是先生七經小傳三卷　（宋）劉敞撰
禮經會元四卷　（宋）葉時撰　　　　［撰
太平經國之書十一卷首一卷　（宋）鄭伯謙
道統錄二卷附錄一卷　（清）張伯行撰
古品節錄六卷　（清）松筠撰　嘉慶四年
　　(1799)刊

綠滿書牕

（清）□□輯
　　清道光元年(1821)刊本
六如詩鈔一卷　（明）唐寅撰
鷗鵲斑一卷　（清）吳偉業撰
四書詩一卷　（清）尤侗撰
庚子消夏錄碑帖攷一卷　（清）孫承澤撰
返生香一卷　（明）葉小鸞撰
小倉山房續詩品一卷　（清）袁枚撰

受經堂彙稾

（清）楊紹文輯
　　清道光三年(1823)刊本
茗柯文初編一卷二編二卷三編一卷四編一
　　卷茗柯詞一卷　（清）張惠言撰
竹鄰遺稾二卷　（清）金式玉撰
齊物論齋賦一卷詞一卷　（清）董士錫撰
安甫遺學三卷　（清）江承之撰
雲在文稾一卷　（清）楊紹文撰

澤古齋重鈔

（清）陳璜輯
　　清道光三年(1823)上海陳氏據借月山房
　　　彙鈔刊版重編本
第一集
　　易例二卷　（清）惠棟撰
　　尚書地理今釋一卷　（清）蔣廷錫撰
　　詩說三卷　（清）惠周惕撰
　　詩說一卷　（清）陶正靖撰

周禮序官考一卷　（清）陳大庚撰
考定檀弓二卷　（清）程瑤衡章句
深衣考一卷　（清）黃宗羲撰
左傳杜解補正三卷　（清）顧炎武撰
春秋說一卷　（清）陶正靖撰
春秋日食質疑一卷　（清）吳守一撰
孝經述註一卷　（明）項霦撰
第二集
　惠氏讀說文記十五卷　（清）惠棟撰　（清）
　　　江聲參補
　席氏讀說文記十五卷　（清）席世昌撰
第三集
　駢雅七卷　（明）朱謀㙔撰
　韻補正一卷　（清）顧炎武撰
　音學辨微一卷　（清）江永撰
　三十六字母辨一卷　（清）黃廷鑑撰
　九經誤字一卷　（清）顧炎武撰
　石經考一卷　（清）顧炎武撰
　金石文字記六卷　（清）顧炎武撰
　千字文萃一卷　（清）張海鵬輯
　皇上七旬萬壽千字文　（清）吳省蘭撰
　御製全韻詩恭跋千字文　（清）彭元瑞撰
　毛西河傳贊　（清）王錫撰
　別本千字文續千字文再續千字文　（清）黃
　　　祖頤撰
　別本續千字文　（明）陳鑾撰
第四集
　平蜀記一卷　（明）□□撰
　平吳錄一卷　（明）吳寬撰
　平漢錄一卷　（明）童承敍撰
　平夏錄一卷　（明）黃標撰
　洪武聖政記一卷　（明）宋濂撰
　國初事蹟一卷　（明）劉辰撰
　北征事蹟一卷　（明）袁彬撰　（明）尹直錄
　革除遺事節本六卷　（明）黃佐撰
　思陵典禮記四卷　（清）孫承澤撰
　思陵勤政記一卷　（清）孫承澤撰
　平定交南錄一卷　（明）丘濬撰
　廣右戰功錄一卷　（明）唐順之撰
　先撥志始二卷　（明）文秉撰
第五集
　炎徼紀聞四卷　（明）田汝成撰
　庚申記事一卷　（明）張潑撰
　東江始末一卷　（明）柏起宗撰
　復社紀事一卷　（清）吳偉業撰
　存是錄一卷　（明）姚宗典撰
　蜀碧四卷　（清）彭遵泗撰
　三藩記事本末四卷　（清）楊陸榮撰
　兩垣奏議一卷　（明）逯中立撰
　條奏疏稿二卷續刊一卷　（清）蔣伊撰

第六集
　嘉靖以來內閣首輔傳八卷　（明）王世貞撰
　備遺錄一卷　（明）張芹撰
　詔獄慘言一卷　（明）燕客撰
　附
　　天變邸抄一卷　（明）□□輯
　烟艇永懷三卷　（明）龔立本撰
　雲林遺事一卷　（明）顧元慶撰
　金姬傳一卷別記一卷　（明）楊儀撰
　維揚殉節紀略一卷首一卷　（明）史得威
　　　撰　　　　　　　　　　　　　　　［撰
　寧海將軍固山貝子功績錄一卷　（清）□□
　翁鐵菴年譜一卷　（清）翁叔元自撰
第七集
　于公德政錄一卷　（清）戴兆祚撰
　從征緬甸日記一卷　（清）周裕撰
　劉豫事蹟一卷　（宋）□□撰　（清）曹溶輯
　陳張事略一卷　（明）吳國倫撰
　徐海本末一卷　（明）茅坤撰
　汪直傳一卷　（明）□□撰
　海寇議一卷　（明）萬表撰
　海道經一卷附錄一卷　（明）□□撰
　三吳水利論一卷　（明）伍餘福撰
　歷代山陵考二卷　（明）王在晉撰
　閩部疏一卷　（明）王世懋撰
　西洋朝貢典錄三卷　（明）黃省曾撰
　星槎勝覽四卷　（明）費信撰
　謠觚一卷　（清）顧炎武撰
　虞鄉雜記三卷　（明）毛晉撰
第八集
　崑崙河源考一卷　（清）萬斯同撰
　異域錄二卷　（清）圖理琛撰
　龍沙紀略一卷　（清）方式濟撰
　塞外雜識一卷　（清）馮一鵬撰
　出塞紀略一卷　（清）錢良擇撰
　西湖手鏡一卷　（明）季嬰撰
　汝南遺事二卷　（明）李本固撰
第九集
　松窗寱言一卷　（明）崔銑撰
　楓山語錄一卷　（明）章懋撰
　荊園小語一卷　（清）申涵光撰
　荊園進語一卷　（清）申涵光撰
　蔣氏家訓一卷　（清）蔣伊撰
　救命書二卷　（明）呂坤撰
　手臂錄四卷　（清）吳殳撰
　附
　　峨嵋槍法一卷　（清）釋普恩立法　（清）
　　　程真如達意
　　夢綠堂槍法一卷　（清）釋洪轉撰
　　喉科祕本一卷附喉科附方一卷　（清）尤乘

撰　附方(清)吳口撰
　種痘心法一卷　(清)朱奕梁撰
　種痘指掌一卷　(清)口口撰
第十集
　祕傳水龍經五卷　(明)口口撰　(清)蔣平
　　階輯
　葬經箋注一卷圖說一卷　(清)吳元音撰
　陽宅撮要二卷　(清)吳鼒撰
　小山畫譜二卷　(清)鄒一桂撰
　傳神祕要一卷　(清)蔣驥撰
　題畫詩一卷　(清)惲格撰
　畫跋一卷　(清)惲格撰
　續三十五舉一卷　(清)桂馥撰
　紅朮軒紫泥法一卷　(清)汪鎬京撰
　硯錄一卷　(清)曹溶撰
　說硯一卷　(清)朱彝尊撰
　觀石錄一卷　(清)高兆撰
　石譜一卷　(清)諸九鼎撰
　瓶史二卷　(明)袁宏道撰
　參譜一卷　(清)黃叔燦撰
第十一集
　震澤紀聞二卷　(明)王鏊撰
　震澤長語二卷　(明)王鏊撰
　列朝盛事一卷　(明)王世貞撰
　觚不觚錄一卷　(明)王世貞撰
　戲瑕三卷　(明)錢希言撰
　彭文憲公筆記一卷　(明)彭時撰
　鈍吟雜錄十卷　(清)馮班撰　(清)何焯評
　漱華隨筆四卷　(清)嚴有禧撰
第十二集
　名疑四卷　(明)陳士元撰
　玉堂薈記二卷　(明)楊士聰撰
　柳南隨筆六卷續筆四卷　(清)王應奎撰

獨抱廬叢刻

(清)陳宗彝輯
　　清道光中金陵陳氏刊本
　漢石經殘字一卷　(清)陳宗彝輯　道光五
　　年(1825)刊
　蜀石經殘字一卷　(清)陳宗彝輯　道光六
　　年(1826)刊
　爾雅三卷附晉釋三卷　(晉)郭璞注　道光
　　四年(1824)刊　　　　　　　　　　[刊
　急就一卷　(漢)史游撰　道光七年(1827)
　新譯大方廣佛華嚴經音義二卷(唐)釋慧苑
　　撰　道光八年(1828)刊
　續古篆韻六卷　(元)吾丘衍撰　道光六年
　　(1826)刊
　資治通鑑刊本識誤三卷　(清)張敦仁撰
　　道光七年(1827)刊

嚴永思先生通鑑補正略三卷　(明)嚴衍撰
　(清)張敦仁輯錄　道光八年(1828)
　刊
平津館鑒藏記書籍三卷補遺一卷續編一卷
　(清)孫星衍撰　道光二十年(1840)
　刊
廉石居藏書記二卷　(清)孫星衍撰　道光
　二十年(1840)刊
平津館鑒藏書畫記一卷　(清)孫星衍撰
　道光二十一年(1841)刊

紛欣閣叢書

(清)周心如輯
　　清道光中浦江周氏刊本
　朱子周易參同契考異三卷　(宋)朱熹撰
　　(宋)黃瑞節附錄　　　　　　　　　[撰
　左氏蒙求註一卷　(清)許乃濟(清)王慶麟
　朱子陰符經考異一卷　(宋)朱熹撰　(宋)
　　黃瑞節附錄
　鹽鐵論十卷附考證一卷　(漢)桓寬撰　考
　　證(清)張敦仁撰
　博物志十卷補二卷　(晉)張華撰　(清)周
　　心如案併輯補
　東坡先生翰墨尺牘八卷　(宋)蘇軾撰　道
　　光八年(1828)刊
　山谷老人刀筆二十卷題跋四卷　(宋)黃庭
　　堅撰
　楊升菴先生異魚圖贊四卷　(明)楊慎撰
　海語三卷　(明)黃衷撰
　江鄰幾雜誌一卷　(宋)江休復撰
　馮氏小集三卷　(清)馮班撰　　　　　[撰
　鈍吟集三卷餘集一卷別集一卷　(清)馮班
　遊仙詩二卷　(清)馮班撰

一枝軒四種

(清)口口輯
　　清道光七年(1827)刊本
　香奩集二卷　(唐)韓偓撰
　比紅兒詩二卷　(唐)羅虬撰
　復古香奩集八卷附一卷　(元)楊維楨撰
　西湖竹枝詞二卷　(元)楊維楨輯

得月簃叢書

(清)榮譽輯
　　清道光中長白榮氏刊本
初刻
　國史補三卷　(唐)李肇撰　道光十年
　　(1830)刊
　涉史隨筆一卷　(宋)葛洪撰　道光十年
　　(1830)刊

續夷堅志四卷　(金)元好問撰　道光十年
　(1830)刊
附
　遺山先生(元好問)年譜略一卷　(清)余
　集撰
硯北雜誌一卷　(元)陸友撰　道光九年
　(1829)刊
寶古堂重考古玉圖二卷　(元)朱德潤撰
　道光十年(1830)刊
明誠意伯溫靈棋經解一卷　(明)劉基撰
　道光十年(1830)刊
古今藥石二卷　(明)宋纁撰　道光九年
　(1829)刊
海嶽志林一卷　(明)毛晉輯　道光十年
　(1830)刊
聊齋志異拾遺一卷　(清)蒲松齡撰　道光
　十年(1830)刊
墨梅人名錄一卷　(清)童翼駒輯　道光十
　年(1830)刊
次刻
吳郡圖經續記三卷　(宋)朱長文撰　道光
　十年(1830)刊
儀禮識誤三卷　(宋)張淳撰　道光十一年
　(1831)刊
志雅堂雜鈔二卷　(宋)周密撰　道光十年
　(1830)刊
懸笥瑣探一卷　(明)劉昌撰　道光十一年
　(1831)刊
日本攷略一卷　(明)薛俊撰　道光十一年
　(1831)刊　　　　　　　　　　　［刊
牧鑑十卷　(明)楊昱輯　道光十年(1830)
讀書劄記八卷　(明)徐問撰　道光十一年
　(1831)刊
禮記偶箋三卷　(清)萬斯大撰　道光十年
　(1830)刊
校正康對山先生武功縣志三卷　(明)康海
　撰　(清)孫景烈校注　道光十一年
　(1831)刊
校正韓汝慶先生朝邑縣志一卷　(明)韓邦
　靖撰　(清)王元啓訂正　道光十一年
　(1831)刊

賜硯堂叢書新編

(清)顧沅輯
　清道光十年(1830)長洲顧氏刊本
甲集
　易圖定本一卷　(清)邵嗣堯撰
　古文尙書攷一卷　(清)陸隴其撰
　詩問一卷　(清)汪琬撰
　檀弓訂誤一卷　(清)毛奇齡撰

夏小正詁一卷　(清)諸錦撰
水西紀略一卷　(清)李珍撰
乙丙紀事一卷　(清)孫奇逢撰
復社紀事一卷　(清)吳偉業撰
碧幢雜識一卷　(清)李模撰
裨勺一卷　(清)鮑鈡撰
乙集
　古林金石表一卷　(清)曹溶撰
　玉臺書史一卷　(清)厲鶚撰
　七頌堂詞繹一卷　(清)劉體仁撰
　花草蒙拾一卷　(清)王士禛撰
　遠志齋詞衷一卷　(清)鄒祗謨撰
　金粟詞話一卷　(清)彭孫遹撰
　西河詞話一卷　(清)毛奇齡撰
　吳蕈譜一卷　(清)吳林撰
　徐園秋花譜一卷　(清)吳儀一撰
　續蟹譜一卷　(清)稽人稷撰
丙集
　漢魏石經考一卷　(清)萬斯同撰
　唐宋石經考一卷　(清)萬斯同撰
　五經今文古文考一卷　(清)吳陳琰撰
　遇變記略一卷　(明)徐應芬撰
　再生記略一卷　(清)陳濟生撰
　閩難記一卷　(清)洪若皐撰
　鄂渚紀事一卷附錄一卷　(清)查昇撰
　寧古塔紀略一卷　(清)吳振臣撰
　孟子年譜一卷　(清)黃玉蟾撰
　畫筌一卷　(清)笪重光撰　(清)王翬(清)
　　惲格評
丁集
　天文考略一卷　(清)徐文靖撰
　鍾律陳數一卷　(清)顧陳垿撰
　婦人集一卷附補一卷　(清)陳維崧撰
　　(清)冒褒注　補(清)冒丹書撰
　影梅庵憶語一卷　(清)冒襄撰
　矩齋雜記一卷　(清)施閏章撰
　掃軌閒談一卷　(清)江熙撰
　諺說一卷　(清)毛先舒撰
　廣錢譜一卷　(清)張延世撰
　川船記一卷　(清)謝鳴篁撰
　甘薯錄一卷　(清)陸燿撰

賜硯堂叢書未刻稿

(清)顧沅輯
　然松書屋鈔本
古豔樂府一卷　(清)楊准撰
續曲品一卷　(清)高奕撰
蓮坡詩話一卷　(清)查爲仁撰
在園雜志二卷　(清)劉廷璣撰
識物一卷　(清)陳僖撰

說蛇一卷 (清)趙彪詔撰
看蠶詞一卷 (清)方觀承撰
哺記一卷 (清)黄百家撰
秋園雜佩一卷 (清)陳貞慧撰
洋菊譜一卷 (清)鄒一桂撰

范白舫所刊書

(清)范鍇輯
清道光中烏程范氏刊本
潯谿紀事詩二卷 (清)范鍇撰 道光十五年(1835)刊
炼室遺文一卷 (清)楊鳳苞撰
詞源二卷附記一卷 (宋)張炎撰 附記(清)范鍇撰
吳興藏書錄一卷 (清)鄭元慶撰 (清)范鍇輯
吳興山墟名一卷 (劉宋)張玄之撰 (清)范鍇輯 [輯
吳興記一卷 (劉宋)山謙之撰 (清)范鍇
吳興入東記一卷 (梁)吳均撰 (清)范鍇輯 [輯
吳興統記一卷 (宋)左文質撰 (清)范鍇
吳興志續編一卷 (宋)周世南等撰 (清)范鍇輯
清湘樓詩選一卷 (清)凌帙女撰 道光十二年(1832)刊
苕谿漁隱詩藁(一名湖錄紀事詩)二卷 (清)范鍇撰
苕谿漁隱詞二卷 (清)范鍇撰 道光十四年(1834)刊
蜀產吟一卷 (清)范鍇撰 道光十年(1830)刊

古棠書屋叢書

(清)孫澍(清)孫錤輯
清道光中鵝溪孫氏刊本
經部
增補太玄集注四卷 (宋)司馬光撰 道光十一年(1831)刊
史部
商邱史記十卷 (清)郭善鄰輯評 (清)孫澍贅論
杜主開明前志(一名望帝杜宇叢帝鼈令前志)四卷岷陽古帝墓祠後志八卷 前志(清)孫澍輯 後志(清)孫錤輯 道光十四年至十六年(1834—1836)刊
蜀破鏡三卷 (清)孫錤撰 道光二十四年(1844)刊
國朝古文選二卷 (清)孫澍輯 道光十四年(1834)刊
子部
楊文憲公(愼)年譜一卷 (清)簡紹芳撰 (清)程封改撰 (清)孫錤補訂
學宮禮器圖一卷 (清)□□輯
集部
司馬溫公詩集三卷 (宋)司馬光撰
何竹有詩集二卷 (清)何金堂撰
岳容齋詩集四卷 (清)岳鍾琪撰
許水南詩集二卷 (清)許儒龍撰
掣鯨堂詩選九卷 (清)費錫璜撰
童山詩選五卷 (清)李調元撰
小方壺試律詩二卷附錄一卷 (清)孫馮撰
孫春皋詩集二卷文鈔二卷外集二卷 (清)孫澍撰 道光十六年(1836)刊
虞文靖公道園全集詩八卷詩遺稿八卷文四十四卷 (元)虞集撰 道光十七年(1837)刊
蜀詩十五卷 (明)費經虞輯 (清)費密(清)李調元續輯
瘦石文鈔十三卷外集二卷 (清)孫錤撰 道光二十九年(1849)刊

青照堂叢書

(清)李元春輯
清道光十五年(1835)朝邑劉際清等刊本
初編
第一函
學宮輯略六卷 (清)余丙捷撰 (清)李元春增輯
理學備考正編二卷副編一卷 (清)范鄗鼎撰 (清)李元春增輯
圖書檢要七卷 (清)李元春撰
次編
第二函
諸經緯遺一卷 (清)劉學寵輯
易川靈圖
易通卦驗
尙書旋璣鈐
尙書帝命期
尙書考靈耀
尙書中候
詩含神霧
詩紀歷圖
春秋元命苞
春秋運斗樞
春秋文曜鉤
春秋合誠圖
春秋孔演圖
春秋說題辭
春秋感情符

春秋潛潭巴
春秋佐助期
春秋緯
禮稽命徵
禮含文嘉
禮斗威儀
大戴禮逸
榮稽耀嘉
孝經授神契
孝經鉤命決
孝經左契
孝經右契
孝經內事
龍魚河圖
河圖括地象
河圖稽命徵
河圖稽耀鉤
河圖始開圖
洛書甄耀度
遁甲開山圖
易飛候　(漢)京房撰
易洞林　(晉)郭璞撰
春秋後語　(晉)孔衍撰
五經析疑　(魏)邯鄲綽撰
五經通義　(漢)劉向撰
經傳摭餘五卷　(清)李元春撰
左氏兵法二卷　(清)李元春評輯
南華通七卷　(清)屈復撰　　　　　　[撰
盧長公史陳六卷續史陳一卷　(清)盧士元
日知錄史評一卷　(清)顧炎武撰
摘纂隨園史論一卷　(清)袁枚撰
第三函
重訂懲毖編三卷　(明)黃道周原輯　(清)
　　李元春訂
訓學齋規一卷　(宋)朱熹撰
省心錄一卷　(宋)林逋撰
厚德錄一卷　(宋)李元綱撰
袁氏世範一卷　(宋)袁采撰
呂氏鄉約一卷　(宋)呂大忠撰
金華鄭氏家範一卷　(元)鄭太和撰
范氏義莊規矩一卷　(宋)范仲淹撰
四禮翼一卷　(明)呂坤撰
四禮辨俗一卷　(清)李元春撰
農桑書錄要一卷二編一卷　(清)李元春輯
畫簾緒論一卷　(宋)胡太初撰
呂榮公官箴一卷　(宋)呂本中撰
三編
集古錄一卷　(宋)歐陽修撰
金石史二卷　(明)郭宗昌撰
第四函

五經文字三卷　(唐)張參撰
附
　　五經文字疑一卷　(清)孔繼涵撰
新加九經字樣一卷　(唐)唐玄度撰
附
　　九經字樣疑一卷　(清)孔繼涵撰
干祿字書一卷　(唐)顏元孫撰
俗書證誤一卷　(隋)顏愍楚撰
金壺字考一卷　(宋)釋適之撰
字書誤讀一卷　(宋)王雱撰
字林一卷　(晉)呂忱撰
國朝四庫全書辨正通俗文字一卷　(清)□
　　□撰
發音錄一卷　(明)張位撰
四聲纂句一卷　(清)王鑒撰　(清)李元春
　　重輯
刊誤一卷　(唐)李涪撰
祛疑說一卷　(宋)儲泳撰
辨惑論一卷　(元)謝應芳撰
譚誤四卷　(明)馬朴撰
益閒散錄三卷　(清)李元春撰
說詩晬語一卷　(清)沈德潛撰
文談一卷　(清)張秉直撰
四書文法摘要一卷　(清)李元春撰　(清)
　　劉維翰(清)劉文翰錄

惜陰軒叢書

(清)李錫齡輯
　　清道光二十六年(1846)宏道書院刊續編
　　　　咸豐八年(1858)刊本
　　清光緒二十二年(1896)長沙刊本
第一函
　玩易意見二卷　(明)王恕撰
　石渠意見四卷拾遺二卷補缺一卷　(明)王
　　　恕撰
　學易記五卷　(明)金賁亨撰
　周易本義爻徵二卷　(清)吳曰愼撰
　虛字說一卷　(清)袁仁林撰
第二函
　戰國策十卷　(宋)鮑彪校注　(元)吳師道
　　　重校
第三函
　雲南機務抄黃一卷　(明)張紞輯
　東西洋考十二卷　(明)張燮撰
第四函
　會稽三賦註四卷　(宋)王十朋撰　(明)南
　　　逢吉注　(明)尹壇補注
　授經圖二十卷　(明)朱睦㮮撰
　京畿金石考二卷　(清)孫星衍撰
第五函

雍州金石記十卷記餘一卷　（清）朱楓撰
北溪字義二卷補遺一卷嚴陵 講義 一卷
　（宋）陳淳撰
正蒙會稿四卷　（明）劉璣撰
第六函
　宋四子抄釋二十一卷　（明）呂柟撰
　　周子抄釋三卷
　　二程子抄釋十卷
　　張子抄釋六卷
　　朱子抄釋二卷
第七函
　陳紀四卷　（明）何良臣撰
　小兒藥證真訣三卷　（宋）錢乙撰　　[撰
　衞生寶鑑二十四卷補遺一卷　（元）羅天益
第八函
　書法離鉤十卷　（明）潘之淙撰
第九函
　六如畫譜三卷　（明）唐寅輯
　新增格古要論十三卷　（明）曹昭撰 （明）
　　舒敏輯　（明）王佐增
第十函　　　　　　　　　　　　　　　　[撰
　元城語錄解三卷行錄解一卷　（明）王崇慶
　兩山墨談十八卷　（明）陳霆撰
　見物五卷　（明）李蘇撰
第十一函
　事物紀原十卷　（宋）高承撰　（明）李果訂
第十二函
　書敍指南二十卷　（宋）任廣撰
　表異錄二十卷　（明）王志堅撰
第十三函
　清異錄二卷　（宋）陶穀撰
　唐語林八卷　（宋）王讜撰
第十四函
　世說新語三卷　（劉宋）劉義慶撰　（梁）劉
　　孝標注
　老子集解二卷考異一卷　（明）薛蕙撰
第十五函
　古文周易參同契註八卷　（清）袁仁林撰
　楚辭補註十七卷　（宋）洪興祖撰
第十六函
　古文苑二十一卷　（宋）章樵注
續編
　呂涇野經說二十一卷　（明）呂柟撰
　　周易說翼三卷
　　尙書說要五卷
　　毛詩說序六卷
　　春秋說志五卷
　　禮問二卷

別下齋叢書

（清）蔣光煦輯
　清道光中海昌蔣氏刊本
　民國十二年(1923)上海商務印書館據清
　　蔣氏刊本景印
　民國武林竹簡齋據清蔣氏刊本景印
周易集傳八卷　（元）龍仁夫撰
詩氏族考六卷　（清）李超孫撰
春秋三傳異文釋十二卷　（清）李富孫撰
　春秋左傳異文釋十卷
　春秋公羊傳異文釋一卷
　春秋穀梁傳異文釋一卷
靖海紀略四卷　（明）曹履泰撰
箕田攷一卷　（朝鮮）韓百謙撰
峽石山水志一卷　（清）蔣宏任撰
漢魏六朝墓銘纂例四卷　（清）李富孫撰
西洋朝貢典錄三卷　（明）黃省曾撰
拜經樓藏書題跋記五卷附錄一卷　（清）吳
　　壽暘撰
石藥爾雅二卷　（唐）梅彪撰
德星堂家訂一卷　（清）許汝霖撰
文泉子集六卷　（唐）劉蛻撰
得全居士詞一卷　（宋）趙鼎撰
澹菴長短句一卷　（宋）胡銓撰
燕喜詞一卷　（宋）曹冠撰
茗齋詩餘二卷　（清）彭孫貽撰
甌香館集十二卷補遺二卷附錄一卷　（清）
　　惲格撰
瓊花集五卷　（明）曹璿輯
七頌堂詞繹一卷　（清）劉體仁撰
金粟詞話一卷　（清）彭孫遹撰
初月樓古文緒論一卷　（清）吳 德 旋 述
　（清）呂璜錄
初月樓論書隨筆一卷　（清）吳德旋撰
山靜居詩話一卷　（清）方薰撰
曝書雜記二卷　（清）錢泰吉撰
小蓬海遺詩一卷屑屑集一卷　（清）翁雒撰
江山風月譜一卷有聲畫一卷　（清）許光治
　　撰
詩辨說一卷　（宋）趙惪撰

涉聞梓舊

（清）蔣光煦輯
　清咸豐元年(1851)海昌蔣氏宜年堂刊六
　　年(1856)重編本
　民國十三年(1924)上海商務印書館據清
　　蔣氏刊本景印
　民國武林竹簡齋據清蔣氏刊本景印
易學濫觴一卷　（元）黃澤撰
非詩辨妄一卷　（宋）周孚撰
禮記集說辯疑一卷　（明）戴冠撰

中庸傳一卷　(宋)晁說之撰　　　　〔輯
孝經鄭氏注一卷　(漢)鄭玄撰　(清)陳鱣
六藝論一卷　(漢)鄭玄撰　(清)陳鱣輯
方舟經說六卷　(宋)李石撰
班馬字類五卷附補遺　(宋)婁機撰　補遺
　　(宋)李曾伯撰
經籍跋文一卷　(清)陳鱣撰
中興備覽三卷　(宋)張浚撰
三吳水利錄四卷續錄一卷附錄一卷　(明)
　　歸有光撰　附錄(明)歸子寧撰　〔撰
金石錄補二十七卷續跋七卷　(清)葉奕苞
鐵函齋書跋六卷　(清)楊賓撰
砥齋題跋一卷　(清)王弘撰撰
湛園題跋一卷　(清)姜宸英撰
義門題跋一卷　(清)何焯撰
隱綠軒題識一卷　(清)陳奕禧撰
蘇齋題跋二卷　(清)翁方綱撰
瘞鶴銘考一卷　(清)吳東發撰
石門碑醳一卷補一卷　(清)王森文撰
墨志一卷　(明)麻三衡撰
雲麓漫鈔十五卷　(宋)趙彥衛撰
寶晉英光集八卷補遺一卷　(宋)米芾撰
榮祭酒遺文一卷　(元)榮肇撰
斠補隅錄　(清)蔣光煦輯　　　　〔撰
　尚書全解一卷(卷三十四)　(宋)林之奇
　爾雅南昌本校勘記訂補一卷　(清)許光
　　青撰
　續宋中興編年資治通鑑校一卷　(清)許
　　光治撰
　東漢會要四卷(卷三十六至三十九)
　　(宋)徐天麟撰
　吳越春秋校一卷　(清)蔣光煦撰
　錢塘遺事校一卷　(清)蔣光煦撰
　宣和奉使高麗圖經校一卷　(清)□□撰
　管子校一卷　(清)許光清撰
　荀子考異一卷(宋)錢佃撰　(清)顧廣圻
　　校
　意林逸文一卷　(清)周廣業(清)李遇孫
　　輯
　酉陽雜俎校一卷　(清)蔣光煦撰
　唐摭言校一卷　(清)蔣光煦撰
　蘆浦筆記校一卷　(清)□□撰
　後山集校一卷　(清)□□撰

知足齋叢書

(清)黃奭輯
　　清道光中甘泉黃氏刊本
倉頡篇一卷
周易注一卷　(漢)鄭玄撰
鄭志一卷　(魏)鄭小同編

漢記一卷　(晉)張璠撰
漢後記一卷　(晉)薛瑩撰
後漢書一卷　(晉)謝沈撰
後漢書一卷　(晉)華嶠撰
後漢書一卷　(晉)袁山松撰
儒林傳稿四卷　(清)阮元撰
正誼錄五卷
律綱六卷　(清)黃奭校
秋審實緩五卷章程一卷直省附錄一卷
　　(清)黃奭校
臚雲集二卷　(清)黃奭撰

清頌堂叢書

(清)黃奭輯
　　清道光中甘泉黃氏刊本
消暑隨筆四卷附子目二卷　(清)潘世恩撰
　　子目(清)黃奭撰
太乙舟文集八卷　(清)陳用光撰
春秋世族譜一卷　(清)陳厚耀撰
涇西書屋詩稿四卷文稿二卷　(清)汪元爵
　　撰　道光十七年(1837)刊
胥屏山館詩存二卷文存二卷　(清)陸麟書
　　撰　道光十七年(1837)刊
青霞仙館詩錄一卷　(清)王城撰
端綺集二十八卷　(清)黃奭撰
古文尚書辨八卷　(清)焦循撰

宜稼堂叢書

(清)郁松年輯
　　清道光中上海郁氏刊本
續後漢書四十二卷義例一卷晉義四卷附札
　　記一卷　(宋)蕭常撰　札記(清)郁松
　　年撰　道光二十一年(1841)刊札記二
　　十二年(1842)刊
續後漢書九十卷附札記四卷　(元)郝經撰
　　(元)苟宗道注　札記(清)郁松年撰
　　道光二十一年(1841)刊
數書九章十八卷附札記四卷　(宋)秦九韶
　　撰　札記(清)宋景昌撰　道光二十年
　　(1840)刊
詳解九章算法一卷纂類一卷附札記一卷
　　(宋)楊輝撰　札記(清)宋景昌撰　道
　　光二十二年(1842)刊
楊輝算法六卷附札記一卷　(宋)楊輝撰
　　札記(清)宋景昌撰　道光二十二年
　　(1842)刊
剡源集三十卷附札記一卷　(元)戴表元撰
　　札記(清)郁松年撰　道光二十年
　　(1840)刊
清容居士集五十卷附札記一卷　(元)袁桷

　　撰　札記(清)郁松年撰　道光二十年
(1840)刊

春暉堂叢書

　(清)徐渭仁輯
　　　清道光咸豐間上海徐氏刊同治中補刊本
　　來齋金石刻考略三卷　(清)林侗撰　道光
　　　二十一年(1841)刊
　　寓意錄四卷　(清)繆曰藻撰　道光二十年
　　　(1840)上海徐氏寒木春寒館刊
　　煙霞萬古樓詩選二卷　(清)王曇撰
　　仲瞿詩錄一卷　(清)王曇撰　咸豐元年
　　　(1851)刊
　　秋紅丈室遺詩一卷　(清)金禮贏撰
　　陔南池館遺集二卷　(清)喬重禧撰　咸豐
　　　元年(1851)刊
　　雙樹生詩草一卷　(清)林鎬撰　咸豐元年
　　　(1851)刊
　　紀牛樵詩一卷　(清)紀大復撰　道光二十
　　　四年(1844)刊
　　思適齋集十八卷　(清)顧廣圻撰　道光二
　　　十九年(1849)刊
　　儀鄭堂殘槀二卷　(清)曹塏撰　道光二十
　　　四年(1844)刊
　　賜硯齋題畫偶錄一卷　(清)戴熙撰　同治
　　　九年(1870)刊
　　居易堂殘稿一卷　(清)章六峯撰　同治十
　　　年(1871)刊

閩竹居叢書

　(清)觀頗道人輯
　　　清刊本
　　連山歸藏逸文一卷　(清)觀頗道人輯
　　焦氏易林吉語一卷　(清)觀頗道人輯
　　造化經綸圖一卷　(清)趙謙撰
　　孔壁書序一卷　(清)觀頗道人輯
　　武王克殷日紀一卷　(清)林春溥撰
　　詩經世本一卷　(明)何楷撰
　　三百篇鳥獸草木記一卷　(清)徐士俊撰
　　笙詩補亡一卷　(晉)束晳撰　(清)觀頗道
　　　人輯
　　古逸詩載一卷　(明)麻三衡輯
　　春秋紀年一卷　(清)觀頗道人輯
　　春秋地名攷略目一卷　(清)高士奇撰
　　五國執政表一卷　(清)觀頗道人輯
　　戰國七雄圖說一卷　(清)觀頗道人輯
　　禮經釋例目錄一卷　(清)淩廷堪撰
　　月令演一卷　(清)徐士俊撰
　　郊說一卷　(清)觀頗道人輯
　　禘說一卷　(清)觀頗道人輯

　　爾雅歲陽攷一卷　(清)觀頗道人輯
　　孔門弟子攷一卷　(清)觀頗道人輯
　　門人攷一卷　(清)觀頗道人輯
　　孟子弟子攷一卷　(清)觀頗道人輯
　　集聖賢羣輔錄一卷　(晉)陶潛撰　(清)觀
　　　頗道人輯
　　聯莊一卷　(清)張潮撰
　　聯騷一卷　(清)張潮撰
　　抱朴子骈言一卷　(晉)葛洪撰　(清)觀頗
　　　道人輯
　　說文凝錦錄一卷　(清)萬光泰撰
　　事物紀原一卷　(宋)高承撰　(清)觀頗道
　　　人輯
　　玉海祥瑞錄一卷　(宋)王應麟撰　(清)觀
　　　頗道人輯

拜梅山房几上書

　(清)□□輯
　　　清道光十六年(1836)刊本
　　科場則例一卷　(清)福申補輯
　　皇朝鼎甲錄一卷　(清)陳鍾原輯
　　簪纓盛事錄一卷　(清)萬斯同輯
　　稽古齋讌集一卷
　　四書集註引用姓氏攷一卷　(清)趙敬襄輯
　　論語詩一卷　(清)尤侗撰
　　四庫全書辨正通俗文字一卷　(清)□□撰
　　官海慈航一卷　(清)蔣埴撰
　　水坑石記一卷　(清)錢朝鼎撰
　　明人尺牘一卷　(清)黃定蘭輯
　　熙朝尺牘一卷　(清)陳鍾原輯
　　詩品一卷　(唐)司空圖撰
　　八磚吟館詩存一卷　(清)李忠鯁撰
　　想當然詩一卷　(清)陳之綱撰
　　百花吟一卷　(清)董秉純撰
　　勸真詩一卷　(明)趙永貞撰
　　筆髓論一卷　(唐)虞世南撰
　　道情一卷　(清)鄭燮撰
　　心相編一卷　(宋)陳搏撰
　　繡譜二卷　(清)陳丁佩撰
　　煙譜一卷　(清)蔡家琬撰

漱六編

　(清)□□輯
　　　清道光二十年(1840)仁和王氏刊本
　　寓意編一卷　(明)都穆撰
　　樂府補題一卷　(元)陳恕可輯
　　七頌堂識小錄一卷　(清)劉體仁撰
　　游仙集三卷　(清)厲鶚撰
　　小蓬萊臕藥一卷　(清)黃易撰
　　論印絕句一卷　(清)丁敬撰

致用叢書

（清)李宗昉輯
　　清道光中山陽李氏聞妙香室刊本
　　荒政輯要九卷首一卷　(清)汪志伊撰　道
　　　光五年(1825)刊
　　折獄龜鑑八卷首一卷　　(宋)鄭克撰　道光
　　　十五年(1835)刊

文選樓叢書

（清)阮亨輯
　　清嘉慶道光間儀徵阮氏刊本
　　揅經室一集十四卷二集八卷三集五卷四集
　　　二卷四集詩十一卷續集十一卷再續集
　　　七卷外集五卷　(清)阮元撰
　　禮經釋例十三卷首一卷　(清)凌廷堪撰
　　　嘉慶十四年(1809)阮元刊
　　孝經義疏補九卷首一卷　(清)阮福撰　道
　　　光十四年(1834)阮孔厚刊
　　詁經精舍文集十四卷　(清)阮元輯
　　述學二卷　(清)汪中撰　(清)阮元敍錄
　　儀禮石經校勘記四卷　(清)阮元撰
　　七經孟子考文併補遺二百卷　(日本)山井
　　　鼎撰　(日本)物觀補遺　嘉慶二年
　　　(1797)阮元刊
　　雕菰集二十四卷　(清)焦循撰　道光四年
　　　(1824)阮福刊
　　蜜梅花館詩錄一卷文錄一卷　(清)焦廷琥
　　　撰　道光四年(1824)阮福刊
　　曾子注釋四卷敍錄一卷　(清)阮元撰　道
　　　光二十五年(1845)刊
　　恆言錄六卷　(清)錢大昕撰　嘉慶十年
　　　(1805)阮常生刊
　　揅經室詩錄五卷　(清)阮元撰　道光十三
　　　年(1833)汪瑩刊
　　淮海英靈集甲集四卷乙集四卷丙集四卷丁
　　　集四卷戊集四卷壬集一卷癸集一卷
　　　(清)阮元輯　嘉慶三年(1798)阮元刊
　　定香亭筆談四卷　(清)阮元撰　嘉慶五年
　　　(1800)阮元刊
　　小滄浪筆談四卷　(清)阮元撰　嘉慶七年
　　　(1802)阮元刊
　　廣陵詩事十卷　(清)阮元撰　嘉慶六年
　　　(1801)阮元刊
　　儀鄭堂文二卷　(清)孔廣森撰　(清)阮元
　　　敍錄
　　八甎吟館刻燭集三卷　(清)阮元輯
　　歷代帝王年表不分卷　(清)齊召南撰
　　　(清)阮福續　道光四年(1824)阮福刊
　　帝王廟謚年諱譜一卷　(清)陸費墀撰

　　新刊古列女傳七卷附續列女傳一卷　(漢)
　　　劉向撰　續(□)□□撰　道光五年
　　　(1825)阮福據南宋余氏本景刊
　　疇人傳五十二卷　(清)阮元撰　(清)羅士
　　　琳續補
　　地球圖說一卷附補圖一卷　(清西洋)蔣友
　　　仁譯　(清)何國宗(清)錢大昕潤色
　　　(清)阮元補圖
　　積古齋鐘鼎彝器款識十卷　(清)阮元撰
　　　嘉慶九年(1804)阮元刊
　　小琅嬛叢記二卷　(清)阮福輯
　　　文筆考一卷
　　　滇南古金石錄一卷
　　漢延熹西嶽華山碑考四卷　(清)阮元撰
　　　嘉慶十八年(1813)阮元刊
　　石渠隨筆八卷　(清)阮元撰　阮亨珠湖草
　　　堂刊
　　周無專鼎銘攷一卷　(清)羅士琳撰　道光
　　　二十二年(1842)阮元刊　　　　　　[選
　　呻吟語選二卷　(明)呂坤撰　(清)阮承信
　　漑亭述古錄二卷　(清)錢塘撰　(清)阮元
　　　敍錄
　　愚溪詩藁一卷　(清)張肇煌撰　嘉慶十三
　　　年(1808)阮元刊
　　讀書敏求記四卷補遺一卷　(清)錢曾撰
　　　道光五年(1825)刊補遺道光十五年
　　　(1835)刊

凌氏傳經堂叢書

（清)凌鎬(清)凌鏞輯
　　清道光中吳興凌氏刊本
　　周易翼十卷　(清)凌堃撰
　　周易翼釋義一卷　(清)安璿珠撰
　　易卦候一卷　(清)凌堃撰　(清)鍾奎注
　　易林二卷　(清)凌堃撰　(清)桑梓注
　　論語集解二十卷敍說一卷　(清)凌鳴喈撰
　　　(清)凌江增注　　　　　　　　　[注
　　孟子補義十四卷　(清)凌江撰　(清)凌堃
　　學春秋理辯一卷　(清)凌堃撰
　　尚書述一卷　(清)凌堃撰　　　　　　[輯
　　史記短長說二卷　(明)凌迪知(明)凌稚隆
　　告蒙編不分卷　(清)凌堃撰
　　台灣鄭氏始末六卷　(清)沈雲撰　(清)沈
　　　垚注
　　孫子三卷　(周)孫武撰魏武帝注(清)凌堃
　　　增注
　　吳子二卷　(周)吳起撰　(清)凌堃評校
　　司馬法三卷　(周)司馬穰苴撰　(清)凌堃
　　　注
　　握奇經解一卷附握奇經續圖一卷八陣總述

　　　　一卷　（漢）公孫弘解　續圖（□）□□
　　撰　八陣總述（晉）馬隆述
兩淵一卷　（淸）包世臣撰
東林粹語三卷　（淸）凌鳴喈撰
盤溪歸釣圖題辭一卷　（淸）凌鳴喈輯
德輿子七卷中篇一卷外篇四卷　（淸）安璿
　　珠等注　中篇（淸）鍾奎注　外篇（淸）
　　姚鈞培等注
大象賦一卷　（隋）李播撰　（唐）苗爲注
經天該一卷　（明西洋）利瑪寶撰
讀詩拙言一卷　（明）陳第撰
疏河心鏡一卷　（淸）凌鳴喈撰
記噢咭唎求澳始末一卷　（淸）蕭枚生撰
寄生館集一卷　（淸）蕭枚生撰
醫宗寶笈一卷　（淸）凌堃撰　　　　　［輯
相地指迷十卷　（淸）蔣平階撰　（淸）凌堃
嶺南集一卷　（淸）程含章撰
德輿集不分卷　（淸）凌堃撰
靑玉館集一卷　（淸）凌逢知撰　（淸）凌景
　　暵注

守山閣叢書

（淸）錢熙祚輯
　　清道光二十四年(1844)金山錢氏據墨海
　　　金壺刊版重編增刊本
　　清光緒十五年(1889)上海鴻文書局據清
　　　錢氏本景印
　　民國十一年(1922)上海博古齋據清錢氏
　　　本景印
經部
　　易說四卷　（宋）趙善譽撰
　　易象鈎解四卷　（明）陳士元撰
　　易圖明辨十卷　（淸）胡渭撰
　　禹貢說斷四卷　（宋）傅寅撰
　　三家詩拾遺十卷　（淸）范家相撰
　　周禮疑義舉要七卷　（淸）江永撰
　　儀禮釋宮一卷　（宋）李如圭撰
　　儀禮釋例一卷　（淸）江永撰
　　禮記訓義擇言八卷　（淸）江永撰
　　春秋正旨一卷　（明）高拱撰
　　春秋左傳補註六卷　（淸）惠棟撰
　　古微書三十六卷　（明）孫瑴輯　（淸）錢熙
　　　祚附注
　　　尙書緯
　　　　尙書考靈曜二卷
　　　　尙書帝命驗一卷
　　　　尙書五行傳
　　　　尙書璇璣鈐
　　　　尙書刑德放
　　　　尙書運期授

　　　　尙書帝驗期　以上合一卷
　　　尙書中候
　　　　中候握河紀
　　　　中候考河命
　　　　中候摘洛戒
　　　　中候雜篇
　　　　　中候逴行
　　　　　中候洛予命
　　　　　中候䪥洛戒
　　　　　中候義明
　　　　　中候敕省圖
　　　　　中候稷起
　　　　　中候準讖哲
　　　附
　　　　洪範緯　以上合一卷
　　春秋緯
　　　春秋元命包二卷
　　　春秋演孔圖
　　　春秋合誠圖　以上合一卷
　　　春秋文耀鈎
　　　春秋運斗樞　以上合一卷
　　　春秋感精符
　　　春秋考異郵　以上合一卷
　　　春秋潛潭巴
　　　春秋說題辭　以上合一卷
　　　春秋漢含孳
　　　春秋佐助期
　　　春秋保乾圖
　　　春秋握誠圖
　　　春秋內事　以上合一卷
　　　春秋命歷序一卷
　　易緯
　　　易通卦驗
　　　易坤靈圖
　　　易稽覽圖　以上合二卷
　　　易河圖數
　　　易筮類謀
　　　易九厄讖
　　　易雜緯　以上合一卷
　　　易辨終備
　　　易萌氣樞
　　　易中孚傳
　　　易運期
　　　易通統圖
　　　易通驗元圖
　　禮緯
　　　禮含文嘉一卷
　　　禮稽命徵一卷
　　　禮斗威儀一卷
　　樂緯

樂叶圖徵一卷
樂動聲儀一卷
樂稽耀嘉一卷
詩緯
　詩含神霧一卷
　詩推度災
　詩汎歷樞　以上合一卷
論語緯
　論語比考讖
　論語譔考讖　以上合一卷
　論語摘輔象
　論語摘衰聖
　論語陰嬉讖　以上合一卷
孝經緯
　孝經援神契三卷
　孝經鉤命決
　孝經中契
　孝經右契
　孝經左契
　孝經威嬉拒　以上合一卷
　孝經內事圖一卷
河圖緯
　河圖括地象
　河圖始開圖
　河圖絳象　以上合一卷
　河圖稽耀鉤
　河圖帝覽嬉
　河圖挺佐輔
　河圖握矩記
　河圖雜緯篇
　　河圖祕徵
　　河圖帝通紀
　　河圖著命
　　河圖眞紀鉤
　　河圖要元篇
　　河圖考靈曜
　　河圖提劉篇
　　河圖稽命徵
　　河圖會昌符　以上合一卷
　河圖玉版
　龍魚河圖　以上合一卷
洛書緯
　洛書靈准聽一卷
　洛書甄曜度
　洛書摘六辟
　洛書錄運法
　河洛讖　以上合一卷
　　孔子河洛讖
　　錄運期讖
　　甄曜度讖

魯孟辨三卷續辨二卷別錄一卷　（宋）余允
　　文撰
四書箋義纂要十二卷補遺一卷續遺一卷
　　（宋）趙順撰
　大學章句箋義一卷或問箋義一卷註疏纂
　　要一卷
　中庸章句箋義一卷或問箋義一卷註疏纂
　　要一卷
　論語集註箋義三卷
　孟子集註箋義三卷
律呂新論二卷　（清）江永撰
經傳釋詞十卷　（清）王引之撰
孫氏唐韻考五卷　（清）紀容舒撰
古韻標準四卷詩韻舉例一卷　（清）江永撰
　　（清）戴震參定
史部
三國志辨誤三卷　（宋）□□撰
宋季三朝政要六卷　（宋）□□撰
蜀鑑十卷　（宋）郭允蹈撰
春秋別典十五卷　（明）薛虞畿撰
咸淳遺事二卷　（宋）□□撰
大金弔伐錄四卷　（金）□□撰
平宋錄三卷　（元）劉敏中撰
元朝征緬錄一卷　（元）□□撰
招捕總錄一卷　（元）□□撰
京口耆舊傳九卷　（宋）□□撰
昭忠錄一卷　（宋）□□撰
九國志十二卷附拾遺一卷　（宋）路振撰
　　（宋）張唐英補　拾遺（清）錢熙祚輯
越史略三卷　（越南）□□撰
吳郡志五十卷附校勘記一卷　（宋）范成大
　　撰　校勘記（清）錢熙祚撰
嶺海輿圖一卷　（明）姚虞撰
吳中水利書一卷　（宋）單鍔撰
四明它山水利備覽二卷　（宋）魏峴撰
河防通議二卷　（元）沙克什（贍思）撰
廬山記三卷　（宋）陳舜俞撰
廬山記略一卷　（劉宋）釋慧遠撰
北道刊誤誌一卷　（宋）王瓘撰
河朔訪古記三卷　（元）納新（迺賢）撰
大唐西域記十二卷　（唐）釋玄奘譯　（唐）
　　釋辯機撰
職方外紀五卷首一卷　（明西洋）艾儒略撰
七國攷十四卷　（明）董說撰
歷代建元考二卷總論一卷類考一卷前編一
　　卷外編四卷　（清）鍾淵映撰
荒政叢書十卷附錄二卷　（清）俞森輯
　救荒全書一卷　（宋）董煟撰
　荒政叢言一卷　（明）林希元撰
　荒政考一卷　（明）屠隆撰

　　　荒政議一卷　（明）周孔敎撰
　　　賑豫紀略一卷　（明）鍾化民撰
　　　荒箸略一卷　（明）劉世敎撰
　　　救荒策一卷　（清）魏禧撰
　　　常平倉考一卷　（清）俞森撰
　　　義倉考一卷　（清）俞森撰
　　　社倉考一卷　（清）俞森撰
　　歷代兵制八卷　（宋）陳傅良撰
　　籀史二卷(原缺卷下)　（宋）翟耆年撰
子部
　　少儀外傳二卷　（宋）呂祖謙撰
　　辨惑編四卷附錄一卷　（元）謝應芳撰
　　神機制敵太白陰經十卷　（唐）李筌撰
　　守城錄四卷　（宋）陳規（宋）湯璹撰
　　練兵實紀九卷雜集六卷　（明）戚繼光撰
　　折獄龜鑑八卷　（宋）鄭克撰
　　脈經十卷　（晉）王叔和撰
　　難經集註五卷　（明）王九思撰
　　新儀象法要三卷　（宋）蘇頌撰
　　簡平儀說一卷　（明西洋）熊三拔撰　（明）
　　　　徐光啓劄記
　　渾蓋通憲圖說二卷首一卷　（明）李之藻撰
　　圜容較義一卷　（明西洋）利瑪竇授　（明）
　　　　李之藻譯
　　曉庵新法六卷　（清）王錫闡撰
　　五星行度解一卷　（清）王錫闡撰
　　數學八卷續數學一卷　（清）江永撰
　　　　數學補論一卷
　　　　歲實消長辯一卷
　　　　恒氣註歷辯一卷
　　　　冬至權度一卷
　　　　七政衍一卷
　　　　金水發微一卷
　　　　中西合法擬草一卷
　　　　算賸一卷
　　　　正弧三角疏義一卷
　　推步法解五卷　（清）江永撰
　　李虛中命書三卷　（周）鬼谷子撰　（唐）李
　　　　虛中注
　　珞琭子三命消息賦註二卷　（宋）徐子平撰
　　珞琭子賦註二卷　（宋）釋曇瑩撰
　　天步眞原人命部三卷　（清西洋）穆尼閣撰
　　　　（清）薛鳳祚譯
　　太清神鑑六卷　（後周）王朴撰
　　羯鼓錄一卷　（唐）南卓撰
　　樂府雜錄一卷　（唐）段安節撰
　　棊經一卷　（宋）張儗撰
　　遠西奇器圖說錄最三卷　（明西洋）鄧玉函
　　　　口授　（明）王徵譯繪
　　新製諸器圖說一卷　（明）王徵撰

　　鬻子一卷附校勘記逸文一卷　（周）鬻熊撰
　　　　（唐）逢行珪注　校勘記（清）錢熙祚
　　　　撰併輯逸文
　　尹文子一卷附校勘記逸文一卷　（周）尹文
　　　　撰　校勘記（清）錢熙祚撰併輯逸文
　　愼子一卷附逸文一卷　（周）愼到撰　（清）
　　　　錢熙祚校併輯逸文
　　公孫龍子一卷　（周）公孫龍撰　（宋）謝希
　　　　深注
　　人物志三卷　（魏）劉邵撰　（後魏）劉昞注
　　近事會元五卷附校勘記一卷　（宋）李上交
　　　　撰　校勘記（清）錢熙祚撰
　　靖康緗素雜記十卷　（宋）黃朝英撰
　　能改齋漫錄十八卷　（宋）吳曾撰
　　緯略十二卷　（宋）高似孫撰
　　坦齋通編一卷　（宋）邢凱撰
　　潁川語小二卷　（宋）陳昉撰
　　愛日齋叢鈔五卷　（宋）葉口撰
　　日損齋筆記一卷附錄一卷　（元）黃溍撰
　　樵香小記二卷　（清）何琇撰
　　日聞錄一卷　（元）李翀撰
　　玉堂嘉話八卷　（元）王惲撰
　　古今姓氏書辯證四十卷附校勘記三卷
　　　　（宋）鄧名世撰　校勘記（清）錢熙祚撰
　　明皇雜錄二卷補遺一卷附校勘記逸文一卷
　　　　（唐）鄭處誨撰　校勘記（清）錢熙祚
　　　　撰併輯逸文
　　大唐傳載一卷　（唐）□□撰
　　賈氏譚錄一卷　（宋）張洎撰
　　東齋記事五卷補遺一卷　（宋）范鎭撰
　　續世說十二卷　（宋）孔平仲撰
　　玉壺野史十卷　（宋）釋文瑩撰
　　唐語林八卷附校勘記一卷　（宋）王讜撰
　　　　校勘記（清）錢熙祚撰
　　萍洲可談三卷附校勘記一卷　（宋）朱彧撰
　　　　校勘記（清）錢熙祚撰
　　高齋漫錄一卷　（宋）曾慥撰
　　張氏可書一卷　（宋）張知甫撰
　　步里客談二卷　（宋）陳長方撰
　　東南紀聞三卷　（元）□□撰
　　菽園雜記十五卷　（明）陸容撰
　　漢武帝內傳一卷附錄一卷附校勘記一卷
　　　　（漢）班固撰　校勘記（清）錢熙祚撰
　　大方廣佛華嚴經音義四卷　（唐）釋慧苑撰
　　文子二卷附校勘記一卷　（周）辛鈃撰　校
　　　　勘記（清）錢熙祚撰
　　文始眞經言外經旨三卷　（宋）陳顯微撰
　　周易參同契考異一卷　（宋）朱熹撰　（宋）
　　　　黃瑞節附錄
集部

古文苑二十一卷附校勘記一卷　(宋)章樵
　　注　校勘記(清)錢熙祚撰
觀林詩話一卷　(宋)吳聿撰
餘師錄四卷　(宋)王正德撰
詞源二卷　(宋)張炎撰

珠叢別錄

(清)錢熙祚輯　　　　　　　　　　　[本
　　清道光中金山錢氏據墨海金壺刊版重輯
　　民國十一年(1922)上海博古齋據清錢氏
　　　本景印
中吳紀聞六卷　(宋)龔明之撰
謚法四卷　(宋)蘇洵撰
救荒活民書三卷拾遺一卷　(宋)董煟撰
準齋雜說二卷　(宋)吳如愚撰
內訓一卷　(明)仁孝文皇后撰
陣紀四卷　(明)何良臣撰
農桑衣食撮要二卷　(元)魯明善撰
博濟方五卷　(宋)王袞撰
旅舍備要方一卷　(宋)董汲撰
傷寒微旨論二卷　(宋)韓祗和撰
全生指迷方四卷　(宋)王貺撰
靈棋經二卷　(漢)東方朔撰　(晉)顏幼明
　　(劉宋)何承天注　(元)陳師凱(明)劉
　　基解
棊訣一卷　(宋)劉仲甫撰
宣德鼎彝譜八卷附宣鑪博論一卷　(明)呂
　　震等撰　附(明)項元汴撰
洛陽牡丹記一卷　(宋)歐陽修撰
揚州芍藥譜一卷　(宋)王觀撰
范村梅譜一卷　(宋)范成大撰
菌譜一卷　(宋)陳仁玉撰
子華子二卷　(周)程本撰
化書一卷　(南唐)譚峭撰
珩璜新論一卷　(宋)孔平仲撰
書敍指南二十卷　(宋)任廣撰
雜肋一卷　(宋)趙崇絢撰
南窗紀談一卷　(宋)□□撰
陶朱新錄一卷　(宋)馬純撰
陰符經疏三卷　(唐)李筌撰
關尹子一卷　(周)尹喜撰
亢倉子一卷　(周)庚桑楚撰

式古居彙鈔

(清)錢熙祚輯
　　清道光二十六年(1846)金山錢氏據借月
　　　山房彙鈔刊版重編本
易例二卷　(清)惠棟撰
尙書地理今釋一卷　(清)蔣廷錫撰
詩說三卷　(清)惠周惕撰

詩說一卷　(清)陶正靖撰
左傳杜解補正三卷　(清)顧炎武撰
春秋說一卷　(清)陶正靖撰
惠氏讀說文記十五卷　(清)惠棟撰　(清)
　　江聲參補
席氏讀說文記十五卷　(清)席世昌撰
晉學辨微一卷　(清)江永撰
九經誤字一卷　(清)顧炎武撰
石經考一卷　(清)顧炎武撰
金石文字記六卷　(清)顧炎武撰
思陵典禮紀四卷　(清)孫承澤撰
思陵勤政紀一卷　(清)孫承澤撰
先撥志始二卷　(明)文秉撰
炎徼紀聞四卷　(明)田汝成撰
蜀碧四卷　(清)彭遵泗撰
三藩紀事本末四卷　(清)楊陸榮撰
兩垣奏議一卷　(明)逯中立撰
條奏疏稿一卷　(清)蔣伊撰
嘉靖以來內閣首輔傳八卷　(明)王世貞撰
維揚殉節紀略一卷首一卷　(明)史得威撰
于公德政錄一卷　(清)戴兆祚撰
海道經一卷附錄一卷　(明)□□撰
歷代山陵考二卷　(明)王在晉撰
西洋朝貢典錄三卷　(明)黃省曾撰
謫觚一卷　(清)顧炎武撰
崑崙河源考一卷　(清)萬斯同撰
龍沙紀略一卷　(清)方式濟撰
出塞紀略一卷　(清)錢良擇撰
西湖紀遊一卷　(清)張仁美撰
西湖手鏡一卷　(明)季嬰撰
荊園小語一卷　(清)申涵光撰
荊園進語一卷　(清)申涵光撰
救命書二卷　(明)呂坤撰
手臂錄四卷　(清)吳殳撰
附
　　峨嵋槍法一卷　(清)釋普恩立法　(清)
　　　程眞如達意
　　夢綠堂槍法一卷　(清)釋洪轉撰
種痘指掌一卷　(清)□□撰
祕傳水龍經五卷　(明)□□撰　(明)蔣平
　　階輯
小山畫譜二卷　(清)鄒一桂撰
傳神祕要一卷　(清)蔣驥撰
續三十五舉一卷　(清)桂馥撰
震澤紀聞二卷　(明)王鏊撰
震澤長語二卷　(明)王鏊撰
觚不觚錄一卷　(明)王世貞撰
戲瑕三卷　(明)錢希言撰
鈍吟雜錄十卷　(清)馮班撰　(清)何焯評
名疑四卷　(明)陳士元撰

指海

(清)錢熙祚輯　(清)錢培讓(清)錢培杰續輯
　　　清道光中金山錢氏據借月山房彙鈔刊版
　　　重編增刊本
　　　民國二十四年(1935)上海大東書局據清
　　　錢氏重編借月山房彙鈔本景印

第一集
　　禹貢山川地理圖二卷　(宋)程大昌撰
　　詩說一卷　(清)陶正靖撰
　　春秋胡氏傳辨疑二卷　(明)陸粲撰　道光
　　　十九年(1839)刊
　　孟子解一卷　(宋)蘇轍撰　道光二十一年
　　　(1841)刊
　　奉天錄四卷　(唐)趙元一撰　道光十九年
　　　(1839)刊
　　炎徼紀聞四卷　(明)田汝成撰　道光二十
　　　年(1840)刊
　　謠觚一卷　(清)顧炎武撰　道光二十年
　　　(1840)刊
　　內閣小志一卷內閣故事一卷　(清)葉鳳毛
　　　撰　道光十八年(1838)刊
　　石經考一卷　(清)顧炎武撰　道光二十年
　　　(1840)刊
　　天步真原一卷　(清西洋)穆尼閣撰　(清)
　　　薛鳳祚譯　道光十九年(1839)刊
　　震澤長語二卷　(明)王鏊撰　道光十八年
　　　(1838)刊

第二集
　　易例二卷　(清)惠棟撰　道光二十年
　　　(1840)刊
　　六藝綱目二卷附錄一卷　(元)舒天民撰
　　　(元)舒恭注　(明)趙宜中附注　道光
　　　十九年(1839)刊
　　思陵勤政紀一卷　(清)孫承澤撰　道光二
　　　十二年(1842)刊
　　襄陽守城錄一卷　(宋)趙萬年撰　道光十
　　　六年(1836)刊
　　兩垣奏議一卷　(明)逯中立撰　道光十八
　　　年(1838)刊
　　條奏疏稿一卷續刊一卷　(清)蔣伊撰　道
　　　光十八年(1838)刊
　　紹熙州縣釋奠儀圖一卷　(宋)朱熹撰　道
　　　光二十年(1840)刊
　　義府二卷　(清)黃生撰　道光二十年
　　　(1840)刊

第三集
　　儀禮釋宮增註一卷　(清)江永撰
　　春秋說一卷　(清)陶正靖撰
　　論語意原四卷　(宋)鄭汝諧撰　道光十六

　　　年(1836)刊
　　韻補正一卷　(清)顧炎武撰　道光十九年
　　　(1839)刊
　　音學辨微一卷　(清)江永撰　道光十九年
　　　(1839)刊
　　大業雜記一卷　(唐)杜寶撰　道光十九年
　　　(1839)刊
　　西洋朝貢典錄三卷　(明)黃省曾撰　道光
　　　二十一年(1841)刊
　　中西經星同異考一卷　(清)梅文鼏撰
　　東閣叢說三卷　(宋)李如篪撰　道光二十
　　　一年(1841)刊
　　列朝盛事一卷　(明)王世貞撰　道光二十
　　　二年(1842)刊

第四集
　　詩說三卷　(清)惠周惕撰　道光二十年
　　　(1840)刊
　　瑟譜六卷　(元)熊朋來撰　道光十六年
　　　(1836)刊
　　惠氏讀說文記十五卷　(清)惠棟撰　(清)
　　　江聲參補　道光二十年(1840)刊
　　崑崙河源考一卷　(清)萬斯同撰　道光二
　　　十一年(1341)刊
　　呂氏雜記二卷　(宋)呂希哲撰　道光二十
　　　年(1840)刊
　　漱華隨筆四卷　(清)嚴有禧撰　道光二十
　　　年(1840)刊

第五集
　　易大誼一卷　(清)惠棟撰
　　尚書地理今釋一卷　(清)蔣廷錫撰　道光
　　　十八年(1338)刊
　　字詁一卷　(清)黃生撰　道光二十一年
　　　(1841)刊
　　革除逸史二卷　(明)朱睦㮫撰　道光十六
　　　年(1836)刊
　　詔獄慘言一卷　(明)燕客撰　道光二十年
　　　(1840)刊
附
　　天變邸抄一卷　(明)□□撰
　　出塞紀略一卷　(清)錢良擇撰　道光二十
　　　年(1840)刊
　　史糾六卷　(明)朱明鎬撰　道光二十年
　　　(1840)刊
　　手臂錄四卷　(清)吳殳撰　道光二十年
　　　(1840)刊
附
　　峨嵋槍法一卷　(清)釋普恩立法　(清)
　　　程真如達意　道光二十一年(1841)
　　　刊
　　夢綠堂槍法一卷　(清)釋洪轉撰　道光

二十二年(1842)刊

第六集

左傳杜解補正三卷　(清)顧炎武撰　道光
　二十年(1840)刊

論語拾遺一卷　(宋)蘇轍撰　道光二十一
　年(1841)刊

帝王世紀一卷　(晉)皇甫謐撰　(清)顧觀
　光輯　道光二十年(1840)刊

異域錄二卷　(清)圖理琛撰　道光十九年
　(1839)刊

楓山語錄一卷　(明)章懋撰　道光二十二
　年(1842)刊

何博士備論一卷　(宋)何去非撰　道光十
　六年(1836)刊

識小編二卷　(清)董豐垣撰　道光二十年
　(1840)刊

紫微雜說一卷　(宋)呂本中撰　道光二十
　一年(1841)刊

文選敏晉一卷　(清)趙晉撰　道光十九年
　(1839)刊

第七集

席氏讀說文記十五卷　(清)席世昌撰　道
　光十八年(1838)刊

司馬法三卷逸文一卷　(周)司馬穰苴撰
　逸文(清)錢熙祚輯　道光十九年
　(1839)刊

救命書二卷　(明)呂坤撰　道光二十二年
　(1842)刊

鄧析子一卷　(周)鄧析撰　道光十九年
　(1839)刊

商子五卷　(周)商鞅撰　道光十九年
　(1839)刊

測量法義一卷　(明西洋)利瑪竇口譯
　(明)徐光啓筆受　道光十六年(1836)
　刊

測量異同一卷　(明)徐光啓撰　道光十六
　年(1836)刊

句股義一卷　(明)徐光啓撰　道光十六年
　(1836)刊

第八集

李相國論事集六卷　(唐)李絳撰　(唐)蔣
　偕輯　道光二十年(1840)刊

唐才子傳十卷　(元)辛文房撰　道光十九
　年(1839)刊

吳乘竊筆一卷　(明)許元溥撰　道光十九
　年(1839)刊

戲瑕三卷　(明)錢希言撰

本語六卷　(明)高拱撰　道光二十一年
　(1841)刊

第九集

春秋日食質疑一卷　(清)吳守一撰

汝南遺事四卷　(元)王鶚撰　道光十九年
　(1839)刊

乘軺錄一卷　(宋)路振撰　道光十九年
　(1839)刊

蜀碧四卷　(清)彭遵泗撰　道光二十一年
　(1841)刊

南宋古蹟考二卷　(清)朱彭撰　道光十八
　年(1838)刊

淮南天文訓補註二卷　(清)錢塘撰　道光
　十九年(1839)刊

觚不觚錄一卷　(明)王世貞撰　道光二十
　二年(1842)刊

彭文憲公筆記一卷　(明)彭時撰　道光二
　十一年(1841)刊

第十集

九經誤字一卷　(清)顧炎武撰

訥谿奏疏一卷　(明)周怡撰　道光十九年
　(1839)刊

象臺首末五卷附錄一卷
　　(宋)胡知柔輯　道光二十年(1840)刊

于公德政錄一卷　(清)戴兆祚撰

三魚堂日記二卷　(清)陸隴其撰　道光十
　九年(1839)刊

博物志十卷逸文一卷　(晉)張華撰　(宋)
　周日用(宋)盧口注　逸文(清)錢熙祚
　輯　道光十九年(1839)刊

樂府指迷一卷　(宋)沈義父撰

第十一集

存是錄一卷　(明)姚宗典撰　道光十九年
　(1839)刊

辛巳泣蘄錄一卷　(宋)趙與檡撰　道光十
　六年(1836)刊

閩部疏一卷　(明)王世懋撰　道光十九年
　(1839)刊

寧海將軍固山貝子功績錄一卷　(清)口口
　撰　道光二十一年(1841)刊

脈訣刊誤二卷附錄一卷　(元)戴啓宗撰
　附錄(明)汪機輯　道光十九年(1839)
　刊

鈍吟雜錄十卷　(清)馮班撰　(清)何焯評
　道光二十一年(1841)刊

陰符經考異一卷　(宋)朱熹撰　(宋)黃瑞
　節附錄　道光十六年(1836)刊

修辭鑑衡二卷　(元)王構撰　道光二十二
　年(1842)刊

第十二集

漢書西域傳補註二卷　(清)徐松撰　道光
　二十二年(1842)刊

坤輿圖說二卷　(清西洋)南懷仁撰　道光

二十一年(1841)刊

金石文字記六卷　（清）顧炎武撰　道光十
　　九年(1839)刊

明夷待訪錄一卷　（清）黃宗羲撰　道光十
　　九年(1839)刊

第十三集

燕寢考二卷首一卷　（清）胡培翬撰　道光
　　二十三年(1843)刊

三藩紀事本末四卷　（清）楊陸榮撰　道光
　　二十一年(1841)刊

先撥志始二卷　（明）文秉撰　道光十八年
　　(1838)刊

長春眞人西遊記二卷　（元）李志常撰　道
　　光二十三年(1843)刊

附

西游記金山以東釋一卷　（清）沈垚撰

古今刀劍錄一卷　（梁）陶弘景撰

桓子新論一卷　（漢）桓譚撰　（清）□□輯
　　道光二十三年(1843)刊

第十四集

洪武聖政記一卷　（明）宋濂撰　嘉慶十三
　　年(1808)刊

嘉靖以來內閣首輔傳八卷　（明）王世貞撰
　　道光二十一年(1841)刊

孔叢子七卷　（漢）孔鮒撰　（宋）宋咸注

南華眞經章句音義十四卷章句餘事一卷餘
　　事雜錄二卷　（宋）陳景元撰

莊列十論一卷　（宋）李元卓撰

第十五集

高士傳三卷附逸文一卷　（晉）皇甫謐撰
　　附（清）錢熙祚輯　道光二十三年
　　(1843)刊

海道經一卷附錄一卷　（明）□□撰　道光
　　二十二年(1842)刊

思陵典禮紀四卷　（清）孫承澤撰　道光二
　　十二年(1842)刊

意林五卷　（唐）馬總輯

玉堂薈記二卷　（明）楊士聰撰　道光十九
　　年(1839)刊

震澤紀聞二卷　（明）王鏊撰　道光十八年
　　(1838)刊

第十六集

難光錄一卷　（清）吳喬撰　道光二十三年
　　(1843)刊

祕傳水龍經五卷　（明）□□撰　（明）蔣平
　　階輯

小山畫譜二卷　（清）鄒一桂撰　道光二十
　　一年(1841)刊

名疑四卷　（明）陳士元撰　道光二十二年
　　(1842)刊

第十七集

孟子字義疏證三卷　（清）戴震撰　道光二
　　十三年(1843)刊

晏子春秋七卷　（周）晏嬰撰　（清）錢熙祚
　　校　道光二十二年(1842)刊

從征緬甸日記一卷　（清）周裕撰　道光二
　　十一年(1841)刊

傅子三卷　（晉）傅玄撰　（清）錢熙祚輯
　　道光二十三年(1843)刊

續三十五舉一卷　（清）桂馥撰　道光二十
　　三年(1843)刊

傳神祕要一卷　（清）蔣驥撰　道光二十二
　　年(1842)刊

隨筆漫記一卷　（明）唐昌世撰　道光二十
　　五年(1845)刊

列仙傳二卷　（漢）劉向撰

曲律四卷　（明）王驥德撰

第十八集

大唐郊祀錄十卷末一卷附錄一卷　（唐）王
　　涇撰　末附錄（□）□□輯　道光二十
　　五年(1845)刊

龍沙紀略一卷　（清）方式濟撰　道光十九
　　年(1839)刊

塞外雜識一卷　（清）馮一鵬撰　道光十九
　　年(1839)刊

少廣正負術內篇三卷外篇三卷　（清）孔廣
　　森撰　道光二十三年(1843)刊　［輯

爾雅圖贊一卷　（晉）郭璞撰　（清）錢熙祚

山海經圖贊一卷　（晉）郭璞撰　（清）錢熙
　　祚輯　道光二十六年(1846)刊

第十九集

毛鄭詩考正四卷　（清）戴震撰

格庵奏稿一卷　（宋）趙順孫撰　道光二十
　　九年(1849)刊

對數探原二卷　（清）李善蘭撰

封氏聞見記十卷　（唐）封演撰　道光二十
　　三年(1843)刊

道德經論兵要義述四卷　（唐）王眞撰

燕樂考原六卷　（清）凌廷堪撰　道光二十
　　五年(1845)刊

第二十集

經學厄言六卷　（清）孔廣森撰　道光二十
　　三年(1843)刊

禮學厄言六卷　（清）孔廣森撰

罍庵雜述二卷附一卷　（清）朱朝瑛撰　道
　　光二十六年(1846)刊

道德眞經傳四卷　（書）陸希聲撰

華陽陶隱居集二卷　（梁）陶弘景撰　道光
　　二十三年(1843)刊

守山閣賸稿一卷　（清）錢熙祚撰　道光二

十六年(1846)刊

三長物齋叢書

（清）黃本驥輯

清道光中湘陰蔣瓌刊光緒四年(1878)古
香書閣印本

聖域述聞二十八卷　（清）龍光甸修　（清）
黃本驥輯　道光二十七年(1847)刊

皇朝經籍志六卷　（清）黃本驥撰　道光二
十五年(1845)刊

歷代統系錄六卷　（清）黃本騏撰　道光二
十八年(1848)刊

歷代紀元表一卷年號分韻錄一卷　（清）黃
本騏撰　道光二十八年(1848)刊

郡縣分韻考十卷　（清）黃本驥撰　道光二
十七年(1847)刊

三志合編七卷　（清）黃本驥輯　道光二十
七年(1847)刊

朝邑韓志一卷　（明）韓邦靖撰

武功康志三卷　（明）康海撰

靈壽陸志節本三卷　（清）陸隴其撰

歷代職官表六卷　清乾隆四十五年敕撰
道光二十六年(1846)刊

避諱錄五卷　（清）黃本驥撰　道光二十六
年(1846)刊

古誌石華三十卷　（清）黃本驥輯　道光二
十七年(1847)刊

姓氏解紛十卷　（清）黃本驥撰

湖南方物志八卷　（清）黃本驥撰　道光二
十六年(1846)刊　　　　　　　　〔撰

詩韻檢字一卷韻字辨似一卷　（清）黃本驥

癡學八卷　（清）黃本驥撰

顏魯公文集三十卷補遺一卷　（唐）顏眞卿
撰　道光二十五年(1845)刊

附

顏魯公年譜一卷　（清）黃本驥撰

集古錄跋尾十卷　（宋）歐陽修撰

集古錄目五卷　（宋）歐陽棐撰　（清）黃本
驥輯　道光二十四年(1844)刊

金石錄三十卷　（宋）趙明誠撰

明尺牘墨華三卷　（清）黃本驥輯　道光二
十七年(1847)刊

賢母錄四卷旌節錄一卷　（清）黃本騏撰
（清）黃本驥續

大瀛山房遺藁九卷　（清）黃湘南撰

紅雪詞鈔四卷附錄二卷　（清）黃湘南撰
附錄（清）黃本騏（清）黃婉璡撰

三十六灣草廬稿十卷　（清）黃本騏撰

茶香閣遺草一卷附錄一卷　（清）黃婉璡撰

嶧山甜雪十二卷　（清）黃本驥撰

三長物齋詩略五卷夏小正試帖一卷　（清）
黃本驥撰

三長物齋文略六卷　（清）黃本驥撰

四品彙鈔

（清）丁飛鶚輯

清道光二十三年(1843)臨潼王氏花雨山
房刊本

詩品一卷　（唐）司空圖撰

續詩品一卷　（清）袁枚撰

畫品一卷　（宋）李廌撰

書品一卷　（梁）庾肩吾撰

海山仙館叢書

（清）潘仕成輯

清道光咸豐間番禺潘氏刊光緒中補刊本

遂初堂書目一卷　（宋）尤袤撰　道光二十
六年(1846)刊

易大義一卷　（清）惠棟撰　道光二十七年
(1847)刊

讀書敏求記四卷　（清）錢曾撰　道光二十
七年(1847)刊

尙書註考一卷　（明）陳泰交撰　道光二十
七年(1847)刊

讀詩拙言一卷　（明）陳第撰　道光二十七
年(1847)刊

四書逸箋六卷　（清）程大中撰　道光二十
六(1846)刊

一切經音義二十五卷　（唐）釋玄應撰
（清）莊炘（清）錢坫（清）孫星衍校　道
光二十五年(1845)刊

古史輯要六卷首一卷　（清）□□撰　道光
二十五年(1845)刊

史記短長說二卷　（明）凌迪知　（明）凌稚
隆訂正道光二十七年(1847)刊

順宗實錄五卷　（唐）韓愈撰　道光二十六
年(1846)刊

九國志十二卷　（宋）路振撰　（宋）張唐英
補　道光二十七年(1847)刊

靖康傳信錄三卷　（宋）李綱撰　道光二十
六年(1846)刊

庚申外史二卷　（明）權衡撰　道光二十七
年(1847)刊

二十二史感應錄二卷　（清）彭希涑撰　道
光二十九年(1849)刊

洛陽名園記一卷　（宋）李格非撰　道光二
十六年(1846)刊

廣名將傳二十卷　（明）黃道周注斷　道光
二十九年(1849)刊

高僧傳十三卷　（梁）釋慧皎撰　道光二十

七年(1847)刊

酌中志二十四卷 (明)劉若愚撰 道光二十五年(1845)刊

火攻挈要三卷圖一卷 (清西洋)湯若望授 (清)焦勗述 道光二十七年(1847)刊

愼守要錄九卷 (明)韓霖撰 道光二十九年(1849)刊

明夷待訪錄一卷 (清)黃宗羲撰 道光二十七年(1847)刊

考古質疑六卷 (宋)葉大慶撰 光緒十一年(1885)刊

隱居通議三十一卷 (元)劉壎撰 道光二十九年(1849)刊

洞天清祿集一卷 (宋)趙希鵠撰 道光二十九年(1849)刊

調燮類編四卷 道光二十七年(1847)刊

菰中隨筆一卷 (清)顧炎武撰 道光二十五年(1845)刊

雲谷雜紀四卷首一卷末一卷 (宋)張淏撰 道光二十九年(1849)刊

龍筋鳳髓判四卷 (唐)張鷟撰 (明)劉允鵬注 (清)陳春補正 道光二十六年(1846)刊

桂苑筆耕集二十卷 (唐)崔致遠撰 道光二十七年(1847)刊

敬齋古今黈八卷 (元)李冶撰 道光二十九年(1849)刊

晁具茨先生詩集十五卷 (宋)晁沖之撰 (清)□□注 道光二十七年(1847)刊

揭曼碩詩三卷 (元)揭傒斯撰 道光二十七年(1847)刊

青藤書屋文集三十卷補遺一卷 (明)徐渭撰 道光二十六年(1846)刊

婦人集一卷附補一卷 (清)陳維崧撰 (清)冒褒注 補(清)冒丹書撰 道光二十六年(1846)刊

漁隱叢話六十卷後集四十卷 (宋)胡仔撰 道光二十六年(1846)刊

四溟詩話四卷 (明)謝榛撰 道光二十五年(1845)刊

宋四六話十二卷 (清)彭元瑞撰 道光二十六年(1846)刊

詞苑叢談十二卷 (清)徐釚撰 道光二十七年(1847)刊

竹雲題跋四卷 (清)王澍撰 道光二十七年(1847)刊

讀畫錄四卷 (清)周亮工撰 道光二十七年(1847)刊

續三十五舉一卷 (清)桂馥撰 道光二十

七年(1847)刊

茶董補二卷 (明)陳繼儒輯 道光二十七年(1847)刊

酒顚補三卷 (明)陳繼儒輯 道光二十七年(1847)刊

尺牘新鈔十二卷 (清)周亮工輯 道光二十七年(1847)刊

顏氏家藏尺牘四卷姓氏考一卷 (清)顏光敏輯 道光二十七年(1847)刊

幾何原本六卷 (明西洋)利瑪竇口譯 (明)徐光啓筆受 道光二十七年(1847)刊

同文算指前編二卷通編八卷 (明西洋)利瑪竇授 (明)李之藻演 道光二十九年(1849)刊

圜容較義一卷 (明西洋)利瑪竇授 (明)李之藻演 道光二十七年(1847)刊

測量法義一卷 (明西洋)利瑪竇口譯 (明)徐光啓筆受 道光二十七年(1847)刊

測量異同一卷 (明)徐光啓撰 道光二十七年(1847)刊

句股義一卷 (明)徐光啓撰 道光二十七年(1847)刊

翼梅八卷 (清)江永撰 道光二十七年(1847)刊

　厤學補論一卷

　歲實消長辯一卷

　恆氣註厤辯一卷

　冬至權度一卷

　七政衍一卷

　金水發微一卷

　中西合法擬草一卷

　算賸一卷

女科二卷產後編二卷 (清)傅山撰 道光二十七年(1847)刊

海錄一卷 (清)楊炳南撰 咸豐元年(1851)刊

新釋地理備考全書十卷 (西洋)瑪吉士撰 道光二十七年(1847)刊

全體新論十卷 (西洋)合信氏撰 咸豐元年(1851)刊

連筠簃叢書

(清)楊尚文輯

　清道光二十八年(1848)靈石楊氏刊本

韻補五卷附錄一卷 (宋)吳棫撰 道光二十八年(1848)刊

韻補正一卷 (清)顧炎武撰

元朝祕史十五卷 (元)□□撰 道光二十

七年(1847)刊

唐兩京城坊攷五卷　(清)徐松撰　(清)張
　穆校補　道光二十八年(1848)刊

長春眞人西遊記二卷　(元)李志常撰　道
　光二十七年(1847)刊

漢石例六卷　(清)劉寶楠撰　道光二十九
　年(1849)刊

句股截積和較算術二卷　(清)羅士琳撰
　道光二十八年(1848)刊

橢圓術一卷　(清)項名達撰　道光二十八
　年(1848)刊

鏡鏡詅癡五卷　(清)鄭復光撰　(清)楊尚
　文繪圖　(清)張穆編校　道光二十七
　年(1847)刊

癸巳存稿十五卷　(清)俞正燮等輯　道光
　二十八年(1848)刊

羣書治要五十卷(原缺卷四、卷十三、卷二
　十)　(唐)魏徵等輯　道光二十七年
　(1847)刊

湖北金石詩一卷　(清)嚴觀撰　道光二十
　八年(1848)刊

落驪樓文稿四卷　(清)沈垚撰　道光二十
　七年(1847)刊

說文解字義證五十卷　(清)桂馥撰

永樂大典目錄六十卷　(明)姚廣孝等撰

玲瓏山館叢刻

(清)顧湘輯
　　清道光二十九年(1849)虞山顧氏彙印本
　五經文字三卷　(唐)張參撰　康熙中揚州
　　馬氏叢書樓刊
　新加九經字樣一卷　(唐)唐玄度撰　康熙
　　中揚州馬氏叢書樓刊
　稽瑞一卷　(唐)劉賡撰　道光十四年
　　(1834)虞山顧氏小石山房刊
　班馬字類二卷　(宋)婁機撰　康熙中揚州
　　馬氏叢書樓刊
　字鬵二卷　(明)葉秉敬撰　嘉慶中蕉雨軒
　　刊道光中小石山房補刊
　漢魏六朝志墓金石例三卷唐人志墓諸例一
　　卷　(清)吳鎬撰　嘉慶十七年(1812)
　　蟾波閣刊

瓶華書屋叢書

(清)童和豫輯
　　清道光二十八年(1848)刊本
　欽定康濟錄四卷　(清)倪國璉撰
　荒政叢書十卷　(清)俞森輯
　　救荒全書一卷　(宋)董煟撰
　　荒政叢言一卷　(明)林希元撰

荒政考一卷　(明)屠隆撰
荒政議一卷　(明)周孔教撰
賑豫紀略一卷　(明)鍾化民撰
荒箸略一卷　(明)劉世教撰
救荒策一卷　(清)魏禧撰
常平倉考一卷　(清)俞森撰
義倉考一卷　(清)俞森撰
社倉考一卷　(清)俞森撰
練兵實紀九卷雜集六卷　(明)戚繼光撰
陣紀四卷　(明)何良臣撰
折獄龜鑑八卷首一卷　(宋)鄭克撰　道光
　十五年(1835)刊
捕蝗考一卷　(清)陳芳生撰
伐蛟說一卷　(清)魏廷珍撰
守城錄四卷　(宋)陳規　(宋)湯璹撰
治世龜鑑一卷　(元)蘇天爵撰
救命書二卷　(明)呂坤撰
歷代兵制八卷　(宋)陳傅良撰
手臂錄四卷　(清)吳殳撰
附
　峨嵋鎗法一卷　(清)釋普恩立法　(清)
　　程眞如達意
　夢綠堂槍法一卷　(清)釋洪轉撰
肘後備急方八卷　(晉)葛洪撰

敏果齋七種

(清)許乃釗輯
　　清道光中錢塘許氏刊本
　武備輯要六卷　(清)許學范撰　道光十二
　　年(1832)廣州刊
　武備輯要續編十卷　(清)許乃釗撰　道光
　　二十九年(1849)刊
　紀效新書十八卷首一卷　(明)戚繼光撰
　　道光二十三年(1843)京都文貴堂刊
　練兵實紀九卷雜集六卷　(明)戚繼光撰
　　道光二十三年(1843)河南刊
　荒政輯要九卷首一卷　(清)汪志伊撰　道
　　光二十一年(1841)河南刊
　安瀾紀要二卷　(清)徐端撰　道光二十二
　　年(1842)河南刊
　迴瀾紀要二卷　(清)徐端撰　道光二十二
　　年(1842)河南刊

續知不足齋叢書

(清)高承勳輯
　　清渤海高氏刊本
第一集
　增廣太平惠民和劑局方十卷用藥總論三卷
　　(宋)陳師文等編
　芥隱筆記一卷　(宋)龔頤正撰

佩觿三卷　(後周)郭忠恕撰
資暇集三卷　(唐)李匡乂撰
陰符七篇一卷
計倪子一卷　(周)計然撰
第二集
　古今事物考八卷　(明)王三聘撰
　戴氏鼠璞二卷　(宋)戴埴撰
　聽雨紀談一卷　(明)都穆撰
　三餘贅筆一卷　(明)都卬撰
　物原一卷　(明)羅頎撰
　山水忠肝集摘要一卷　(明)蕭克撰
　大六壬苗公射覆鬼撮腳三卷
　宜齋野乘一卷　(宋)吳枋撰
　痛餘雜錄一卷　(明)史惇撰
　豪譜一卷　(清)高承勳撰
　遊戲錄二卷　(清)程景沂撰

雜　纂　類 (清代後期)

粵雅堂叢書

(清)伍崇曜輯
　　清道光光緒間南海伍氏刊本
初編
第一集
　南部新書十卷　(宋)錢易撰　道光三十年
　　(1850)刊
　中吳紀聞六卷　(宋)龔明之撰　道光三十
　　年(1850)刊
　志雅堂雜鈔二卷　(宋)周密撰　道光三十
　　年(1850)刊
　焦氏筆乘六卷續八卷　(明)焦竑撰　道光
　　三十年(1850)刊
　東城雜記二卷　(清)厲鶚撰　道光三十年
　　(1850)刊
第二集
　奉天錄四卷　(唐)趙元一撰　咸豐二年
　　(1852)刊
　咸淳遺事二卷　(宋)□□撰　道光三十年
　　(1850)刊
　昭忠錄一卷　(宋)□□撰　道光三十年
　　(1850)刊
　月泉吟社一卷　(宋)吳渭輯　咸豐元年
　　(1851)刊　　　　　　　　　　[刊
　谷音二卷　(元)杜本輯　咸豐元年(1851)
　河汾諸老詩集八卷　(元)房祺輯　咸豐二
　　年(1852)刊
　揭文安公文粹二卷　(元)揭傒斯撰　咸豐
　　元年(1851)刊
　玉笥集十卷　(元)張憲撰　咸豐元年
　　(1851)刊

潞水客談一卷附錄一卷　(明)徐貞明撰
　咸豐元年(1851)刊
陶庵夢憶八卷　(清)張岱撰　咸豐二年
　(1852)刊
天香閣隨筆二卷　(清)李介撰　咸豐二年
　(1852)刊
天香閣集一卷　(清)李介撰　咸豐二年
　(1852)刊
第三集
　芻蕘奧論二卷　(宋)張方平撰　咸豐元年
　　(1851)刊
　唐史論斷三卷　(宋)孫甫撰　咸豐元年
　　(1851)刊
　叔苴子內篇六卷外篇二卷　(明)莊元臣撰
　　咸豐二年(1852)刊
　西洋朝貢典錄三卷　(明)黃省曾撰　道光
　　三十年(1850)刊
　五代詩話十卷　(清)王士禛輯　(清)鄭方
　　坤刪補　咸豐元年(1851)刊
第四集
　易圖明辨十卷　(清)胡渭撰　咸豐二年
　　(1852)刊
　四書逸箋六卷　(清)程大中撰　道光三十
　　年(1850)刊
　古韻標準四卷詩韻舉例一卷　(清)江永撰
　　(清)戴震參定　咸豐二年(1852)刊
　四聲切韻表一卷凡例一卷　(清)江永撰
　　咸豐二年(1852)刊
　緒言三卷　(清)戴震撰　道光三十年
　　(1850)刊
　聲類四卷　(清)錢大昕撰　道光二十九年
　　(1849)刊
　宋遼金元四史朔閏考二卷　(清)錢大昕撰
　　(清)錢侗增補　咸豐二年(1852)刊
第五集
　國史經籍志五卷附錄一卷　(明)焦竑撰
　　咸豐元年(1851)刊
　文史通義八卷　(清)章學誠撰　咸豐元年
　　(1851)刊
　校讎通義三卷　(清)章學誠撰　咸豐元年
　　(1851)刊
第六集
　經義考補正十二卷　(清)翁方綱撰　道光
　　三十年(1850)刊
　小石帆亭五言詩續鈔八卷首一卷　(清)翁
　　方綱輯　道光三十年(1850)刊
　蘇詩補注八卷　(清)翁方綱撰　咸豐元年
　　(1851)刊
附
　志道集一卷　(宋)顧禧撰

　石洲詩話八卷　（清）翁方綱撰　咸豐元年
　　（1851）刊
　北江詩話六卷　（清）洪亮吉撰　咸豐四年
　　（1854）刊
　玉山草堂續集六卷　（清）錢林撰　道光二
　　十九年（1849）刊
第七集
　虎鈐經二十卷　（宋）許洞撰　咸豐二年
　　（1852）刊
　打馬圖經一卷　（宋）李清照撰　咸豐元年
　　（1851）刊
　敘古千文一卷　（宋）胡寅撰　（宋）黃灝注
　　道光三十年（1850）刊
　草廬經略十二卷　（明）□□撰　道光三十
　　年（1850）刊
　字觸六卷　（清）櫟下老人（周亮工）撰　咸
　　豐元年（1851）刊
　今世說八卷　（清）王晫撰　咸豐二年
　　（1852）刊
　飲水詩集一卷詞集一卷　（清）性德撰　咸
　　豐元年（1851）刊
第八集
　雙溪集十五卷附遺言一卷　（宋）蘇籀撰
　　咸豐元年（1851）刊
　日湖漁唱一卷補遺一卷續補遺一卷　（宋）
　　陳允平撰　咸豐元年（1851）刊
　瑟譜六卷　（元）熊朋來撰　咸豐二年
　　（1852）刊
　秋笳集八卷附錄一卷　（清）吳兆騫撰　咸
　　豐二年（1852）刊
　燕樂考原六卷　（清）凌廷堪撰　咸豐元年
　　（1851）刊
第九集
　絳雲樓書目四卷　（清）錢謙益撰　（清）陳
　　景雲注　道光三十年（1850）刊
　述古堂藏書目四卷宋板書目一卷　（清）錢
　　曾撰　道光三十年（1850）刊
　石柱記箋釋五卷　（清）鄭元慶撰　道光三
　　十年（1850）刊
　林屋唱酬錄一卷　（清）馬曰琯等輯　道光
　　三十年（1850）刊
　焦山紀遊集一卷　（清）馬曰琯等輯　道光
　　三十年（1850）刊
　沙河逸老小稿六卷嶰谷詞一卷　（清）馬曰
　　琯撰　咸豐元年（1851）刊
　南齋集六卷詞二卷　（清）馬曰璐撰　咸豐
　　元年（1851）刊
第十集
　九國志十二卷　（宋）路振撰　（宋）張唐英
　　補　道光三十年（1850）刊

　胡子知言六卷疑義一卷附錄一卷　（宋）胡
　　宏撰　道光三十年（1850）刊
　蒿庵閒話二卷　（清）張爾岐撰　道光三十
　　年（1850）刊
　後漢書補注二十四卷　（清）惠棟撰　咸豐
　　元年（1851）刊
　後漢書補表八卷　（清）錢大昭撰　咸豐二
　　年（1852）刊
二編
第十一集
　詩書古訓六卷　（清）阮元撰　咸豐五年
　　（1855）刊
　十三經音略十三卷附錄一卷　（清）周春撰
　　咸豐四年（1854）刊
　說文聲系十四卷　（清）姚文田撰　咸豐五
　　年（1855）刊
第十二集
　鄭志三卷附錄一卷　（漢）鄭玄撰　（魏）鄭
　　小同編　（清）錢東垣　（清）錢繹
　　（清）錢侗按　咸豐三年（1853）刊
　文館詞林殘四卷（存卷六百六十二、卷六
　　百六十四、卷六百六十八、卷六百九十
　　五）　（唐）許敬宗等輯　咸豐三年
　　（1853）刊
　兩京新記殘一卷（存卷三）　（唐）韋述撰
　　咸豐三年（1853）刊
　新譯大方廣佛華嚴經音義四卷　（唐）釋慧
　　苑撰　咸豐四年（1854）刊
　道德眞經註四卷　（元）吳澄撰　咸豐五年
　　（1855）刊
　太上感應篇注二卷　（清）惠棟撰　咸豐五
　　年（1855）刊
　歷代帝王年表三卷　（清）齊召南撰　（清）
　　阮福續　咸豐五年（1855）刊
　紀元編三卷末一卷　（清）李兆洛撰　（清）
　　六承如錄　咸豐五年（1855）刊
第十三集
　中興禦侮錄二卷　（宋）□□撰　咸豐四年
　　（1854）刊
　襄陽守城錄一卷　（宋）趙萬年撰　咸豐四
　　年（1854）刊
　宋季三朝政要五卷附錄一卷　（宋）□□撰
　　咸豐三年（1853）刊　　　　　　［刊
　詞源二卷　（宋）張炎撰　咸豐三年（1853）
　精選名儒草堂詩餘三卷　（元）鳳林書院輯
　　咸豐三年（1853）刊
　樓山堂集二十七卷　（明）吳應箕撰　咸豐
　　三年（1853）刊
第十四集
　朱子（熹）年譜四卷考異四卷　（清）王懋竑

撰　咸豐三年(1853)刊
附
　　朱子論學切要語二卷　(清)王懋竑輯
韓柳年譜八卷　(清)馬曰璐輯　咸豐五年
　　(1855)刊
　　韓文(愈)類譜七卷　(宋)魏仲舉輯
　　　韓吏部文公集年譜一卷　(宋)呂大防
　　　撰
　　　韓文公歷官記一卷　(宋)程俱撰
　　　韓子年譜五卷　(宋)洪興祖撰
　　柳先生(宗元)年譜一卷　(宋)文安禮撰
疑年錄四卷　(清)錢大昕撰　咸豐四年
　　(1854)刊
續疑年錄四卷　(清)吳修撰　咸豐五年
　　(1855)刊
米海岳(芾)年譜一卷　(清)翁方綱撰　咸
　　豐五年(1855)刊
元遺山先生(好問)年譜三卷附墓圖記略一
　　卷　(清)翁方綱撰　咸豐五年(1855)
　　刊
第十五集
　　崇文總目五卷補遺一卷附錄一卷　(宋)王
　　　堯臣等撰　(清)錢東垣等輯釋　補遺
　　　附錄(清)錢侗輯　咸豐三年(1853)刊
　　菉竹堂書目六卷　(明)葉盛撰　咸豐四年
　　　(1854)刊
　　菉竹堂碑目六卷　(明)葉盛撰　咸豐四年
　　　(1854)刊
　　寒山堂金石林時地考二卷　(明)趙均撰
　　　咸豐三年(1853)刊
　　勝飲編十八卷　(清)郎廷極撰　咸豐三年
　　　(1853)刊
　　朵硫日記三卷　(清)郁永河撰　咸豐三年
　　　(1853)刊
　　嵩洛訪碑日記一卷　(清)黃易撰　咸豐四
　　　年(1854)刊
　　通志堂經解目錄一卷　(清)翁方綱撰　咸
　　　豐三年(1853)刊
　　蘇米齋蘭亭考八卷　(清)翁方綱撰　咸豐
　　　三年(1853)刊
　　石渠隨筆八卷　(清)阮元撰　咸豐四年
　　　(1854)刊
第十六集
　　周官新義十六卷附考工記解二卷　(宋)王
　　　安石撰　咸豐三年(1853)刊
　　爾雅新義二十卷附叙錄一卷　(宋)陸佃撰
　　　(清)宋大樽校併輯叙錄　咸豐三年
　　　(1853)刊
　　孫氏周易集解十卷　(清)孫星衍撰　咸豐
　　　五年(1855)刊

春秋穀梁傳時月日書法釋例四卷　(清)許
　　桂林撰　咸豐四年(1854)刊
第十七集
　　羣經音辨七卷　(宋)賈昌朝撰　咸豐四年
　　　(1854)刊
　　相臺書塾刊正九經三傳沿革例一卷　(宋)
　　　岳珂撰　咸豐四年(1854)刊
　　九經補韻一卷附錄一卷　(宋)楊伯嵒撰
　　　(清)錢侗考證　咸豐三年(1853)刊
　　詞林韻釋二卷　(宋)□□撰　咸豐四年
　　　(1854)刊
　　漢書地理志稽疑六卷　(清)全祖望撰　咸
　　　豐三年(1853)刊
　　國策地名考二十卷首一卷　(清)程恩澤撰
　　　(清)狄子奇箋　咸豐三年(1853)刊
第十八集
　　儀禮石經校勘記四卷　(清)阮元撰　咸豐
　　　四年(1854)刊
　　隸經文四卷　(清)江藩撰　咸豐四年
　　　(1854)刊
　　樂縣考二卷　(清)江藩撰　咸豐四年
　　　(1854)刊
　　國朝漢學師承記八卷　(清)江藩撰
附
　　國朝經師經義目錄一卷　(清)江藩撰
　　　咸豐四年(1854)刊
　　國朝宋學淵源記二卷附記一卷　(清)江
　　　藩撰　咸豐四年(1854)刊
　　顧亭林先生(炎武)年譜四卷附錄一卷
　　　(清)張穆撰　咸豐三年(1853)刊
　　閻潛邱先生(若璩)年譜四卷　(清)張穆撰
　　　咸豐三年(1853)刊
第十九集
　　秋園雜佩一卷　(清)陳貞慧撰　咸豐四年
　　　(1854)刊
　　倪文正公(元璐)年譜四卷　(清)倪會鼎撰
　　　咸豐四年(1854)刊
　　南雷文定前集十一卷後集四卷三集三卷詩
　　　歷四卷廿譜一卷附錄一卷　(清)黃宗
　　　羲撰　咸豐三年(1853)刊
　　程侍郎遺集十卷附錄一卷　(清)程恩澤撰
　　　咸豐五年(1855)刊
第二十集
　　李元賓文集文編三卷外編二卷續編一卷
　　　(唐)李觀撰　文編(唐)陸希聲輯　外
　　　編(宋)趙昂輯　續編(清)秦恩復輯
　　　咸豐四年(1854)刊
　　呂衡州集十卷附考證一卷　(唐)呂溫撰
　　　考證(清)顧廣圻撰　咸豐四年(1854)
　　　刊

西崑酬倡集二卷　（宋）楊億輯　咸豐四年（1854）刊

羅鄂州小集六卷　（宋）羅願撰　咸豐三年（1853）刊

附

　羅鄂州遺文一卷　（宋）羅頌撰

樂府雅詞六卷拾遺二卷　（宋）曾慥輯　咸豐三年（1853）刊

陽春白雪八卷外集一卷　（宋）趙聞禮輯　咸豐三年（1853）刊

揅經室詩錄五卷　（清）阮元撰　咸豐五年（1855）刊

三編

第二十一集

孟子音義二卷　（宋）孫奭撰　咸豐十年（1860）刊

兩漢博聞十二卷　（宋）楊侃撰　咸豐十年（1860）刊

春秋五禮例宗十卷（原缺卷四至六）　（宋）張大亨撰　咸豐十一年（1861）刊

兒易外儀十五卷　（明）倪元璐撰　咸豐十一年（1861）刊

春秋國都爵姓考一卷附補一卷　（清）陳鵬撰　補（清）曾釗撰　咸豐十一年（1861）刊

儀禮管見三卷附錄一卷　（清）褚寅亮撰　咸豐十一年（1861）刊

孝經今文音義一卷　（唐）陸德明撰　咸豐十年（1860）刊

第二十二集

孝肅包公奏議十卷　（宋）包拯撰　同治元年（1862）刊

續世說十二卷　（宋）孔平仲撰　咸豐十年（1860）刊

寶刻類編八卷　（宋）□□撰　咸豐十一年（1861）刊

書義主意六卷　（元）王充耘撰　咸豐十一年（1861）刊

羣英書義二卷　（明）張泰撰　（明）劉建文編選

焦氏類林八卷　（明）焦竑撰　同治元年（1862）刊

西域釋地一卷西陲要略四卷　（清）祁韻士撰　同治元年（1862）刊

第二十三集

續談助五卷　（宋）晁載之輯　同治十三年（1874）刊

卷一

　十洲記　（漢）東方朔撰

　洞冥記　（漢）郭憲撰

琵琶錄　（唐）段安節撰

卷二

　北道刊誤志　（宋）王瓘撰

卷三

　乘軺錄　（宋）路振撰

　文武兩朝獻替記　（唐）李德裕撰

　牛羊日曆　（唐）劉軻撰

　聖宋掇遺　（宋）□□撰

　沂公筆錄　（宋）王曾撰

　竹譜　（晉）戴凱之撰

　筍譜　（宋）釋贊寧撰

　硯錄　（宋）唐詢撰

　三水小牘　（唐）皇甫枚撰

　漢武故事　（漢）班固撰

卷四

　漢孝武內傳　（漢）班固撰

　殷芸小說　（梁）殷芸撰

　大業雜記　（唐）杜寶撰

卷五

　營造法式　（宋）李誡撰

　綠珠傳　（宋）樂史撰

　膳夫經手錄　（唐）楊曄撰

益齋亂稿十卷拾遺一卷附集誌一卷　（朝鮮）李齊賢撰　同治元年（1862）刊

靜齋至正直記四卷　（元）孔齊撰　同治元年（1862）刊

鳳氏經說三卷　（清）鳳應韶撰　同治元年（1862）刊

比雅十九卷　（清）洪亮吉撰　咸豐七年（1857）刊

廣釋名二卷首一卷　（清）張金吾撰　咸豐十年（1860）刊

求表捷術九卷　（清）戴煦撰　同治二年（1863）刊

對數簡法二卷

續對數簡法一卷

外切密率四卷

假數測圓二卷

第二十四集

乾道臨安志十五卷（原缺卷四至十五）　（宋）周淙撰　光緒元年（1875）刊

京口耆舊傳九卷　（宋）□□撰　光緒元年（1875）刊

輿地碑記目四卷　（宋）王象之撰　咸豐十年（1860）刊

紹興題名錄一卷　光緒元年（1875）刊

寶祐登科錄一卷　光緒元年（1875）刊

河朔訪古記三卷　（元）納新（酒賢）撰　光緒元年（1875）刊

長物志十二卷　（明）文震亨撰　同治十三

年(1874)刊

墨志一卷　(明)麻三衡撰　同治十三年
　　(1874)刊

唐昭陵石蹟考略五卷　附謁唐昭陵記一卷
　　(清)林侗撰　同治十三年(1874)刊

瘞鶴銘考一卷　(清)汪士鋐撰　同治十三
　　年(1874)刊

小山畫譜二卷　(清)鄒一桂撰　光緒元年
　　(1875)刊

雲中紀程二卷　(清)高懋功撰　同治元年
　　(1862)刊

太清神鑒六卷　(後周)王朴撰　同治十三
　　年(1874)刊

第二十五集

漢唐事箋前集十二卷後集八卷　(元)朱禮
　　撰　光緒元年(1875)刊

馭交記十二卷　(明)張鏡心撰　(明)冒起
　　宗訂　光緒元年(1875)刊

三國志補注六卷　(清)杭世駿撰　光緒元
　　年(1875)刊

述學內篇三卷外篇一卷補遺一卷別錄一卷
　　(清)汪中撰　光緒元年(1875)刊

黔書四卷　(清)田雯撰　光緒元年(1875)
　　刊

續黔書八卷　(清)張澍撰　光緒元年
　　(1875)刊

烟霞萬古樓文集六卷詩選二卷仲瞿詩錄一
　　卷　(清)王曇撰　光緒元年(1875)刊

梅邊吹笛譜二卷補錄一卷　(清)淩廷堪撰
　　光緒元年(1875)刊

第二十六集

帝範二卷　唐太宗撰　(□)□□注　咸豐
　　六年(1856)刊

臣軌二卷　唐武后撰　(唐)□□注　咸豐
　　六年(1856)刊

羣書治要五十卷(原缺卷四、卷十三、卷二
　　十)　(唐)魏徵等輯　咸豐七年(1857)
　　刊

四聲等子一卷　咸豐十一年(1861)刊

第二十七集

周易新講義十卷　(宋)龔原撰　咸豐十一
　　年(1861)刊

泰軒易傳六卷　(宋)李中正撰　同治元年
　　(1862)刊

崔舍人玉堂類稿二十卷西垣類稿二卷附錄
　　一卷　(宋)崔敦詩撰　同治元年
　　(1862)刊

第二十八集

唐才子傳十卷　(元)辛文房撰　同治元年
　　(1862)刊

樂經律呂通解五卷　(清)汪烜(紱)撰　同
　　治元年(1862)刊

六書轉注錄十卷　(清)洪亮吉撰　咸豐七
　　年(1857)刊

延令宋板書目(一名季滄葦書目)一卷
　　(清)季振宜撰　光緒元年(1875)刊

墨緣彙觀錄四卷　(清)松泉居士(安岐)錄
　　光緒元年(1875)刊

第二十九集

兒易內儀以六卷　(明)倪元璐撰　光緒十
　　一年(1885)刊

蜀中名勝記三十卷　(明)曹學佺撰　光緒
　　元年(1875)刊

補宋書刑法志一卷　(清)郝懿行撰　光緒
　　元年(1875)刊

補宋書食貨志一卷　(清)郝懿行撰　光緒
　　元年(1875)刊

晉宋書故一卷　(清)郝懿行撰　光緒元年
　　(1875)刊

第三十集

姑溪居士文集五十卷後集二十卷　(宋)李
　　之儀撰　光緒元年(1875)刊

授堂文鈔八卷　(清)武億撰　光緒元年
　　(1875)刊

南北朝文鈔二卷　(清)彭兆蓀輯　光緒元
　　年(1875)刊

遜敏堂叢書

(清)黃秩模輯

清道光咸豐間宜黃黃氏刊本木活字排印
本

周易舉正一卷　(唐)郭京撰

尚書古文辨一卷　(清)朱彝尊撰

古文尚書考一卷　(清)陸隴其撰　道光二
　　十八年(1848)排印

二南密旨一卷　(唐)賈島撰

詩經協韻考異一卷　(宋)輔廣撰　道光二
　　十八年(1848)排印

讀左漫筆一卷　(明)陳懿典撰　道光二十
　　八年(1848)排印

檀弓訂誤一卷　(清)毛奇齡撰

三禮考一卷　(宋)眞德秀撰

三禮指要一卷　(宋)陳廷敬撰

孝經集靈一卷　(明)虞淳熙撰

爾雅集注一卷　(梁)沈旋撰　(清)黃奭輯

爾雅音一卷　(陳)施乾撰　(清)黃奭輯

四書私談一卷　(清)徐春撰

孟子弟子考一卷　(清)朱彝尊撰

章水經流考一卷　(清)朱崇禮撰　道光二
　　十七年(1847)排印

河源記一卷　(元)潘昂霄撰　道光二十八
　年(1848)排印
噶喇吧紀略一卷拾遺一卷　(清)程遜我撰
庚辛日記一卷　(清)陸獻撰
出圍城記一卷　(清)楊棨撰
射訣集益一卷　(清)陳王謨撰
傳神祕要一卷　(清)蔣驥撰
受正元機神光經一卷
水盤八針法一卷　道光二十九年(1849)刊
地理真蹤一卷附錄一卷　(清)黃錫紱撰
致身錄一卷　(明)史仲彬撰
從亡隨筆一卷　(明)程濟撰
輯古算經補注一卷　(清)劉衡撰
朝邑縣志二卷　(明)韓邦靖撰　道光二十
　年(1840)刊
訂正史記真本一卷　(宋)洪遵撰
讀史漫筆一卷　(明)陳懿典撰
家人子語一卷　(清)毛先舒撰
夙興語一卷　(清)甘京撰
增訂心相百二十善一卷　(清)沈捷撰　道
　光三十年(1850)排印
心說一卷　(清)姚瑩撰
松溪子一卷　(清)王晫撰
戒賭文一卷　(清)尤侗撰
蒙養詩教一卷　(清)胡崇撰
卓異記一卷　(唐)李翺撰
四牽淺說一卷　(清)劉衡撰
論文偶記一卷　(清)劉大櫆撰　道光二十
　七年(1847)排印
登瀛寶筏二卷　(清)黃秩模輯　道光二十
　七年(1847)排印
　墨訣一卷　(清)費庚吉撰
　作文法一卷　(清)艾暢撰
詩論一卷　(清)宋大樽撰
讀山谷詩評一卷　(清)黃爵滋撰
策學例言一卷　(清)侯鳳苞撰
作賦例言一卷　(清)汪廷珍撰
試律須知一卷　(清)翁昱撰　道光二十七
　年(1847)排印
宜黃竹枝詞一卷　(清)謝階樹撰
屈安人遺詩一卷　(明)屈口撰　道光二十
　八年(1848)刊
學靜軒遺詩一卷　(清)孔叔成撰　道光二
　十二年(1842)刊
剿辦崇仁會匪事略一卷　(清)黃秩榘撰
保甲團練事宜一卷　(清)黃秩模等撰
學道粹言一卷　(清)黃秩模撰　咸豐元年
　(1851)排印
異疾志一卷　(唐)段成式撰　咸豐二年
　(1852)刊

藥譜一卷　(唐)侯寧極撰
大藏治病藥一卷　(唐)釋靈澈撰
本草經解要附餘一卷　(清)楊友敬撰
本草綱目正誤一卷　(清)趙學敏撰
痲疹證治要略一卷　(清)鄭志昀撰　咸豐
　二年(1852)刊
奇證祕錄一卷　(清)黃秩模撰
史學纂要二卷　(清)黃傳驥撰　咸豐元年
　(1851)刊
三朝野史一卷　(元)吳萊撰
朝野遺記一卷　(宋)□□撰
集慶路江東書院講義一卷　(元)程端禮撰
家誡要言一卷　(明)吳麟徵撰
聰訓齋語一卷　(清)張英撰
廣卓異記二十卷　(宋)樂史撰　道光二十
　七年(1847)排印
古奇器錄附江東藏書目錄小序一卷　(明)
　陸深撰
浮梁陶政志一卷景鎮舊事一卷　(清)吳允
　嘉撰
司牧寶鑑一卷　(清)李顒撰　道光二十九
　年(1849)排印
折獄巵言一卷　(清)陳士鑛撰　道光二十
　八年(1848)排印
雙甦歌一卷　(清)陳盛韶撰
先聖廟林記一卷　(清)屈大均撰
姓氏考略一卷　(清)陳廷煒撰
淳熙薦士錄一卷　(宋)楊萬里撰
廣陵儲王趙宋景蔣曾桑朱宗列傳一卷
　(明)歐大任撰
食譜一卷　(唐)韋巨源撰
麗情集一卷乑麗情集一卷　(明)楊慎撰
莅戎要略一卷　(明)戚繼光撰
陳法直指一卷　(明)鄧子龍撰
漱石軒筆記一卷　(唐)李隱撰
岳忠武王年譜一卷　(清)黃邦寧撰
岳忠武王遺事一卷　(清)黃邦寧撰
魏忠賢始末一卷　(清)趙吉士撰
星槎勝覽四卷　(明)費信撰
居家宜忌一卷附錄一卷續錄一卷又續錄一
　卷三續錄一卷　(明)瞿佑撰

海源閣叢書

(清)楊以增輯
　清咸豐中聊城楊氏海源閣刊本
蔡中郎集十卷外紀一卷外集四卷附列傳一
　卷年表一卷　(漢)蔡邕撰　(清)高均
　儒輯　咸豐二年(1852)刊
三續千字文注一卷　(宋)葛剛正撰
六藝綱目二卷附錄二卷　(元)舒天民撰

(元)舒恭注　(明)趙宜中附注　咸豐三年(1853)刊

助字辨略五卷　(清)劉淇撰　咸豐五年(1855)刊

九水山房文存二卷　(清)畢亨撰　咸豐二年(1852)刊

惜葊先生尺牘八卷　(清)姚鼐撰　咸豐五年(1855)刊

琳琅祕室叢書

(清)胡珽輯　　　　　　　　　　　　　　〔本
　　清咸豐三年(1853)仁和胡氏木活字排印
(清)胡珽輯　(清)董金鑑校
　　清光緒十三年(1887)會稽董氏雲瑞樓木活字排印本
　　清光緒十四年(1888)會稽董氏取斯堂木活字排印本

第一集

孔氏祖庭廣記十二卷附校譌一卷續補校一卷　(金)孔元措撰　校譌(清)胡珽撰　續補校(清)董金鑑撰

東家雜記二卷首一卷附校譌一卷續校一卷　(宋)孔傳撰　校譌(清)胡珽撰　續校(清)董金鑑撰

質孔說二卷附校譌一卷續校一卷　(清)周夢顏撰　校譌(清)胡珽撰　續校(清)董金鑑撰

論語竢質三卷附校譌一卷續校一卷　(清)江聲撰　校譌(清)胡珽撰　續校(清)董金鑑撰

六書說一卷附校譌一卷續校一卷　(清)江聲撰　校譌(清)胡珽撰　續校(清)董金鑑撰

考工記二卷附校譌一卷續校一卷　(唐)杜牧注　校譌(清)胡珽撰　續校(清)董金鑑撰

第二集

吳郡圖經續記三卷附校勘記一卷續校一卷　(宋)朱長文撰　校勘記(清)胡珽撰　續校(清)董金鑑撰

茅亭客話十卷附校勘記一卷續校一卷　(宋)黃休復撰　校勘記(清)胡珽撰　續校(清)董金鑑撰

續幽怪錄四卷拾遺二卷附校勘記一卷續校一卷　(唐)李復言撰　(清)胡珽輯拾遺并撰校勘記　續校(清)董金鑑撰

劉江東家藏善本葬書一卷附校譌一卷續校一卷　(晉)郭璞撰　(元)吳澄删　(元)鄭謐注　校譌(清)胡珽撰　續校(清)董金鑑撰

傷寒九十論一卷附校譌一卷補校一卷　(宋)許叔微撰　校譌(清)胡珽撰　補校(清)董金鑑撰

列仙傳二卷附校譌一卷補校一卷　(漢)劉向撰　校譌(清)胡珽撰　補校(清)董金鑑撰

疑仙傳三卷附校譌一卷續校一卷　(宋)隱夫玉簡撰　校譌(清)胡珽撰　續校(清)董金鑑撰

第三集

三教平心論二卷附校譌一卷補校一卷　(元)劉謐撰　校譌(清)胡珽撰　補校(清)董金鑑撰

西齋淨土詩三卷附錄一卷附校譌一卷補校一卷　(元)釋梵琦撰　校譌(清)胡珽撰　補校(清)董金鑑撰

蠻書十卷附校譌一卷續校一卷　(唐)樊綽撰　校譌(清)胡珽撰　續校(清)董金鑑撰

南海百詠一卷附校譌一卷續校一卷　(宋)方信孺撰　校譌(清)胡珽撰　續校(清)董金鑑撰

幽明錄一卷附校譌一卷續校一卷　(劉宋)劉義慶撰　校譌(清)胡珽撰　續校(清)董金鑑撰

雞肋編三卷附校勘記一卷續校一卷　(宋)莊綽撰　校勘記(清)胡珽撰　續校(清)董金鑑撰

第四集

九賢祕典一卷附校譌一卷補校一卷　校譌(清)胡珽撰　補校(清)董金鑑撰

角力記一卷附校譌一卷續校一卷　(宋)調露子撰　校譌(清)胡珽撰　續校(清)董金鑑撰

密齋筆記五卷續筆記一卷附校譌一卷續校一卷　(宋)謝采伯撰　校譌(清)胡珽撰續校(清)董金鑑撰

鷄林子五卷附校譌一卷續校一卷　(明)趙鈦撰　校譌(清)胡珽撰　續校(清)董金鑑撰

綠珠傳一卷附校勘記一卷續校一卷　(宋)樂史撰　校勘記(清)胡珽撰　續校(清)董金鑑撰

李師師外傳一卷附錄一卷附校譌一卷續校一卷　(宋)□□撰　校譌(清)胡珽撰　續校(清)董金鑑撰

梅花字字香前集一卷後集一卷附校譌一卷續校一卷　(元)郭豫亨撰　校譌(清)胡珽撰　續校(清)董金鑑撰

霜猨集一卷附校譌一卷續校一卷　(明)周

同谷撰　校譌(清)胡珽撰　續校(清)
　　董金鑑撰
　丁鶴年集四卷附錄一卷附校譌一卷續校
　　一卷　(元)丁鶴年撰　校譌(清)胡珽
　　撰　續校(清)董金鑑撰
　艇齋詩話一卷附校譌一卷續校一卷　(宋)
　　曾季貍撰　校譌(清)胡珽撰　續校(清)
　　董金鑑撰
　蓮堂詩話二卷附校譌一卷續校一卷　(元)
　　祝誠撰　校譌(清)胡珽撰　續校(清)
　　董金鑑撰

長恩書室叢書

(清)莊肇麟輯
　　清咸豐四年(1854)新昌莊氏過客軒刊本
甲集
　神機制敵太白陰經十卷　(唐)李筌撰
　何博士備論一卷　(宋)何去非撰
　守城錄四卷　(宋)陳規　(宋)湯璹撰
　歷代兵制八卷　(宋)陳傅良撰
　陳紀四卷　(明)何良臣撰
　救荒活民書三卷拾遺一卷　(宋)董煟撰
　農桑衣食撮要二卷　(元)魯明善撰
　旅舍備要方一卷　(宋)董汲撰
　傷寒微旨論二卷　(宋)韓祗和撰
　全生指迷方四卷　(宋)王貺撰
乙集
　六韜六卷逸文一卷　(周)呂望撰　(清)孫
　　星衍校　逸文(清)孫同元輯
　魏武帝註孫子三卷　魏武帝撰
　吳子二卷　(周)吳起撰
　司馬瀯三卷　(周)司馬穰苴撰
　九邊圖論一卷　(明)許論撰
　海防圖論一卷　(明)胡宗憲撰
　州縣提綱四卷　(宋)陳襄撰
　捕蝗考一卷　(清)陳芳生撰
　靈棋經二卷　(漢)東方朔撰　(晉)顏幼明
　　(劉宋)何承天注　(元)陳師凱(明)劉
　　基解

花近樓叢書

(清)管庭芬輯
　　稿本
　易義參一卷　(清)蘇士楣撰
　三易偶解一卷附歸藏母經　(清)許樹棠撰
　春秋經文三傳異同考一卷　(清)陳萊孝撰
　月令考一卷　(清)莫熺撰
　改元考同三卷　(清)吳肅公輯
　補晉兵志一卷　(清)錢儀吉撰
　明邊鎮題名考一卷　(清)□□撰

鄭氏書目考一卷　(清)王昶撰
通志堂經解目錄一卷　(清)翁方綱撰
出塞圖畫山川記一卷本朝八旗軍志一卷
　(清)溫睿臨撰
古州雜記一卷　(清)林溥撰
西域瑣記一卷西域詩一卷　(清)曹德馨撰
西藏紀聞一卷　(清)□□撰
灈陰志略一卷　(清)管庭芬撰
禾中災異錄一卷　(清)陶越撰　　〔撰
圓明園記一卷陳氏安瀾園記　(清)黃凱鈞
太白山行紀一卷　(清)汪皋鶴撰
西湖游記一卷　(清)查人渶撰
茅山紀遊一卷　(清)于克襄撰
浙行偶記一卷　(明)程嘉燧撰
北游日記一卷　(清)陸嘉淑撰
越游小錄一卷　(清)管庭芬撰
客舍偶聞一卷　(清)彭孫貽撰
閩幕紀略二卷　(清)許旭撰　　〔撰
虎口餘生記一卷塘報稿一卷　(明)邊大綬
痛餘雜錄一卷　(明)史惇撰
秋思草堂遺集雲遊始末記一卷研堂見聞雜
　記一卷　(清)陸莘行撰
欠菴避亂小記一卷　(明)朱一是撰
罪言一卷　(清)溫睿臨撰
均賦策一卷　(清)曹扶蒼撰
橫橋堰水利紀事一卷　(清)王純撰
賑粥議一卷　(清)□□撰
星新經一卷　(清)朱栻之撰
釋天一卷　(清)曹金籛撰
地震說一卷　(清)蔡仲光撰
藏書記要一卷　(清)孫從添撰
知聖道齋讀書跋尾一卷金石跋尾　(清)彭
　元瑞撰
所見古書述一卷　(清)金農撰
三藏聖教序考一卷　(清)朱文藻撰　〔撰
訪碑圖題記一卷修武氏祠堂記　(清)黃易
賣藝文一卷　(清)呂留良撰
荊園小語一卷　(清)申涵光撰
德星堂家訂一卷　(清)許汝霖撰
近鑑一卷　(清)張履祥撰
東省養蠶成法一卷附錄一卷　(清)□□撰
亳州牡丹說一卷　(清)薛鳳翔撰
怪石錄一卷　(清)沈心撰
端溪硯坑記一卷端硯銘一卷(清)李兆洛撰
硯銘一卷　(清)潘耒撰
倪氏雜記筆法一卷　(清)□□撰
畫筌析覽一卷　(清)湯貽汾撰
圖畫精意識一卷　(清)張庚撰
強恕齋畫論一卷　(清)張庚撰
繪事發微一卷　(清)唐岱撰

板橋題畫一卷　（清）鄭燮撰
畫蘭題記一卷附錄一卷　（清）楊秉桂撰
冬心雜記六卷　（清）金農撰
　　冬心先生畫竹題記一卷
　　冬心畫梅題記一卷
　　冬心畫馬題記一卷
　　冬心畫佛題記一卷
　　冬心自寫眞題記一卷
　　冬心齋研銘一卷
賞鑑雜說一卷　（清）陸時化撰
汪氏說鈴一卷　（清）汪琬撰
急痧方論一卷　（清）徐緘撰
山靜居詩話一卷附錄一卷　（清）方薰撰
春雪亭詩話一卷　（清）徐熊飛撰
聊齋誌異拾遺一卷　（清）蒲松齡撰
續諧鐸一卷　（清）沈起鳳撰
寶仁堂鹿革囊一卷　（清）俞鍾雲撰
海漚小譜一卷　（清）趙執信撰
古詩十九首箋注一卷　（清）陳敬畏撰
吳梅村歌詩一卷附錄一卷　（清）吳偉業撰
論語詩三卷學庸孟子詩一卷　（清）尤侗撰
論書目唱和集一卷　（清）管庭芬輯
詞品一卷　（清）郭麐撰
二十四畫品一卷　（清）黃鉞撰
二十四書品一卷　（清）楊景曾撰
紅蕅館詞雋一卷　（清）許光治撰
補遺
釋龕考一卷　（清）洪若皋撰
二十一史徵一卷　（清）徐汾撰
讀魏書地形志隨筆一卷　（清）溫曰鑑撰
臨清寇略一卷　（清）俞蛟撰
枉了集一卷附錄一卷　（清）范深撰
南都防亂公揭一卷　（明）吳應箕撰
黃山遊記一卷　（清）錢謙益撰
可懷錄一卷續錄一卷　（清）吳騫撰
韞山堂讀書偶得一卷　（清）管世銘撰
破鐵網二卷　（清）胡爾榮撰
龔安節先生畫訣一卷　（清）龔賢撰
畫梅題跋一卷　（清）查禮撰
痘科淺說一卷　（清）管實信撰
榕巢詞話一卷　（清）查禮撰
蘇詩辨正一卷　（清）查嗣瑮撰
拙政園圖題詠一卷　（明）文徵明撰
東阿詩鈔一卷　（清）葛泠撰
畫蘭題句一卷　（清）曹庭棟撰
燒香曲一卷　（清）釋禪一撰
附存
經天該一卷　（清）□□譯
春草園小景分記一卷　（清）趙昱撰
國初品級考一卷　（清）□□撰

葉兒樂府一卷　（清）朱彝尊撰
夢西湖絕句一卷　（清）曹籀撰
西湖吟一卷　（清）陸璦撰
洋涇雜事詩一卷　（清）孫瀜撰
同治乙丑補試鬢案二卷　（清）管庭芬錄

銷夏錄舊

（清）管庭芬輯
　　稿本
　　　民國北京圖書館據稿本攝影
　全唐詩錄補遺一卷　（清）俞思謙撰
　全唐詩逸三卷　（日本）河世寧撰
　彭孝介雜著三卷　（清）彭孫貽撰
　悔少集注三卷　（清）厲鶚撰　（清）汪鋡注
　重訂曲海總目一卷　（清）黃文暘撰

小萬卷樓叢書

（清）錢培名輯
　　清咸豐四年(1854)刊本
　　清光緒四年(1878)金山錢氏重刊本
　易學濫觴一卷　（元）黃澤撰
　續呂氏家塾讀詩記三卷　（宋）戴溪撰
　　（咸豐本）
　春秋通義一卷　（宋）□□撰
　左傳博議拾遺二卷　（清）朱元英撰
　律呂元音一卷　（清）畢華珍撰
　豐清敏公遺事一卷　（宋）李朴撰
　越絕書十五卷附札記一卷　（漢）袁康撰
　　札記（清）錢培名撰
　唐書直筆四卷　（宋）呂夏卿撰
　申鑒五卷附札記一卷　（漢）荀悅撰　札記
　　（清）錢培名撰
　中論二卷附逸文一卷札記一卷　（漢）徐幹
　　撰　札記（清）錢培名撰併輯逸文
　醫經正本書一卷附札記一卷　（宋）程迥撰
　　札記（清）錢培名撰
　對數簡法一卷續一卷　（清）戴煦撰
　元城語錄三卷附錄一卷　（宋）馬永卿撰
　　脫文（清）錢培名輯
　道德眞經集解四卷　（金）趙秉文撰
　陸士衡文集十卷附札記一卷　（晉）陸機撰
　　札記（清）錢培名撰
　謝幼槃文集十卷　（宋）謝邁撰
　西渡詩集一卷補遺一卷　（宋）洪炎撰
　武陵山人雜著一卷　（清）顧觀光撰　（光
　　緒本）

玉雨堂叢書第一集

（清）韓泰華輯
　　清咸豐中仁和韓氏刊本

南嶽小錄一卷　(唐)李沖昭撰
非詩辨妄二卷　(宋)周孚撰
洪老圃集二卷補遺一卷　(宋)洪芻撰
孫耕閑集一卷　(宋)孫銳撰　(元)趙時遠
　　輯
至正庚辛唱和集一卷　(元)郁遵輯　(清)
　　朱彝尊重輯
中堂事記三卷　(元)王惲撰
無冤錄一卷　(元)王與撰
邇言六卷　(清)錢大昭撰
揚州畫舫詞一卷　(清)韓日華撰
玉雨堂書畫記四卷　(清)韓泰華撰

曼陀羅華閣叢書

(清)杜文瀾輯
　　清咸豐同治間秀水杜氏刊光緒十八年
　　　(1892)上海掃葉山房修補印本
平定粵寇紀略十八卷附記四卷　(清)杜文
　　瀾撰　光緒元年(1875)詁穀堂刊
古謠諺一百卷　(清)杜文瀾撰　咸豐十一
　　年(1861)刊
曼陀羅華閣瑣記二卷　(清)杜文瀾撰　咸
　　豐十一年(1861)刊
詞律校勘記二卷　(清)杜文瀾撰　咸豐十
　　一年(1861)刊
朶香詞四卷　(清)杜文瀾撰
初學史論合編　(清)杜文瀾輯
　　讀史論略一卷　(清)杜詔撰
　　讀史方輿紀要統論一卷　(清)朱棠撰
　　方輿紀要形勢論略二卷　(清)顧祖禹撰
　　　(清)杜文瀾錄　同治六年(1867)刊
夢窗甲藁一卷乙藁一卷丙藁一卷丁藁一卷
　　補遺一卷續補遺一卷　(宋)吳文英撰
　　　咸豐十一年(1861)刊
草窗詞二卷補二卷　(宋)周密撰　咸豐十
　　一年(1861)刊
婦科祕方一卷　同治五年(1866)刊
胎產護生篇一卷補遺一卷　(明)李長科輯
　　同治五年(1866)刊
太乙神鍼方一卷　(清)范培蘭傳　(清)杜
　　文瀾撰
克復金陵勳德記一卷　(清)劉毓崧撰　同
　　治五年(1866)刊
勸濟飢民詩一卷　(清)裴蔭森撰　　　[刊
玉紀一卷　(清)陳性撰　同治三年(1864)
藝蘭四說一卷　(清)杜文瀾撰

復性齋叢書

(清)王檢心輯
　　清咸豐六年(1856)慎修堂刊本

傳心要語一卷　(清)王檢心輯
弟子規一卷　(清)李毓秀撰　(清)王檢心
　　增訂
歷代帝王紀年考一卷　(清)王檢心輯　咸
　　豐五年(1855)刊
閽脩記四卷　(清)王檢心撰　　　　[撰
敬亭先生(陳心一)年譜一卷　(清)王檢心
孝經本義一卷　(清)王檢心撰
課心錄一卷　(清)王希人撰
眞州救荒錄八卷　(清)王檢心撰
王香峯先生文集一卷　(清)王伯允撰
高淳義學義倉輯略一卷　(清)王檢心撰
心學小印一卷　(清)王檢心輯
朱文公白鹿洞書院揭示集解一卷　(清)王
　　檢心輯
惺齋答問二卷　(清)王檢心撰

榕園叢書

(清)張丙炎輯　(清)張允頤重輯
　　清同治中眞州張氏廣東刊民國二年
　　　(1913)重修印本
甲集
易略例一卷　(魏)王弼撰　(唐)邢璹注
易說六卷　(宋)司馬光撰
易象意言一卷　(宋)蔡淵撰
尙書大傳三卷補遺一卷續補遺一卷　(漢)
　　伏勝撰　(漢)鄭玄注　補遺續補遺
　　　(清)盧文弨輯
敷文書說一卷　(宋)鄭伯熊撰
禹貢指南四卷　(宋)毛晃撰
洪範統一一卷　(宋)趙善湘撰
詩譜一卷　(漢)鄭玄撰　(清)李光廷輯
絜齋毛詩經筵講義四卷　(宋)袁燮撰
書緯一卷　(清)廖翱撰
詩緯二卷　(清)廖翱撰
箋膏肓起廢疾發墨守一卷　(漢)鄭玄撰
　　　(清)王復輯
春秋傳說例一卷　(宋)劉敞撰
春秋金鎖匙一卷　(元)趙汸撰
左傳義法舉要一卷　(清)方苞述　(清)王
　　兆符(清)程崟錄
儀禮釋宮一卷　(宋)李如圭撰
古本大學解二卷　(清)溫颺撰
爾雅古義十二卷　(清)黃奭輯
　　爾雅犍爲文學注一卷　(漢)口口撰
　　爾雅注一卷　(漢)樊光撰
　　爾雅注　(漢)李巡撰
　　爾雅注　(漢)劉歆撰　以上合一卷
　　爾雅晉注一卷　(魏)孫炎撰
　　爾雅晉義一卷　(晉)郭璞撰

0

爾雅圖贊一卷　（晉）郭璞撰
爾雅集注一卷　（晉）沈旋撰
爾雅音注一卷　（陳）施乾撰
爾雅音注一卷　（陳）謝嶠撰
爾雅音注一卷　（梁）顧野王撰
爾雅衆家注二卷　　　　　　　〔晉〕
孝經一卷　（漢）孔安國傳　（日本）太宰純
孝經鄭註一卷　（漢）鄭玄撰　（日本）岡田
　　挺之輯
孝經刊誤一卷　（宋）朱熹撰
駁五經異義一卷補遺一卷　（漢）鄭玄撰
　　（清）王復案
乙集　　　　　　　　　　　　　　〔撰〕
兩漢刊誤補遺十卷附錄一卷　（宋）吳仁傑
鄴中記一卷　（晉）陸翽撰
釣磯立談一卷　（宋）史□撰
燕翼貽謀錄五卷　（宋）王栐撰
漢官舊儀二卷補遺一卷　（漢）衞宏撰
翰林志一卷　（唐）李肇撰
續翰林志二卷　（宋）蘇易簡撰
麟臺故事五卷　（宋）程俱撰
翰苑遺事一卷　（宋）洪遵撰
嶺表錄異三卷　（唐）劉恂撰
吳郡圖經續記三卷　（宋）朱長文撰
長春眞人西遊記一卷附錄一卷　（元）李志
　　常撰
西使記一卷　（元）劉郁撰
西藏賦一卷　（清）和寧撰
普法戰紀輯要四卷　（清）張宗良譯　（清）
　　王韜撰　（清）李光廷輯
舊聞證誤四卷　（宋）李心傳撰
丙集
鶡冠子三卷　（宋）陸佃註
治要節鈔五卷附錄一卷　（唐）魏徵等輯
　　（清）李光廷節鈔
意林五卷　（唐）馬總輯
化書六卷　（南唐）譚峭撰
公是先生弟子記四卷　（宋）劉敞撰
郁離子二卷　（明）劉基撰
元包經傳五卷　（北周）衞元嵩撰　（唐）蘇
　　源明傳　（唐）李江注　（宋）韋漢卿音
　　釋
附
　元包數總義二卷　（宋）張行成撰
述書賦二卷　（唐）竇臮撰　（唐）竇蒙注
圖畫寶鑑五卷補遺一卷　（元）夏文彥撰
刊誤二卷　（唐）李涪撰
蘇氏演義二卷　（唐）蘇鶚撰
金華子二卷　（南唐）劉崇遠撰
王文正筆錄一卷　（宋）王曾撰

宋景文筆記三卷　（宋）宋祁撰
春明退朝錄三卷　（宋）宋敏求撰
師友談記一卷　（宋）李廌撰
珍席放談二卷　（宋）高晦叟撰
卻掃篇三卷　（宋）徐度撰
朝野類要五卷　（宋）趙升撰
澄懷錄二卷　（宋）周密撰
離騷經註一卷九歌註一卷　（清）李光地撰
離騷草木疏四卷　（宋）吳仁傑撰
樂府古題要解二卷　（唐）吳兢撰
主客圖一卷　（唐）張爲撰
續刻
揚州足徵錄二十七卷　（清）焦循輯
儒林傳稿四卷　（清）阮元撰　光緒十一年
　　（1885）刊
陽宅闢謬一卷　（清）梅漪老人(姚文田)撰

當歸草堂叢書

（清）丁丙輯
　　清同治中錢唐丁氏刊本
童蒙訓三卷　（宋）呂本中撰　同治二年
　　（1863）刊
程氏家塾讀書分年日程三卷綱領一卷
　　（元）程端禮撰　同治五年（1866）刊
慎言集訓二卷　（明）敖英輯　同治四年
　　（1865）刊
溫氏母訓一卷　（明）溫璜輯　同治二年
　　（1863）刊
松陽鈔存二卷　（清）陸隴其撰　同治三年
　　（1864）刊
切近編一卷　（清）桑調元(清)**沈廷芳**輯
　　同治五年（1866）刊
張楊園先生(履祥)年譜一卷附錄一卷
　　（清）蘇惇元撰　同治三年（1864）刊
忱行錄一卷　（清）邵懿辰撰　同治五年
　　（1866）刊

明辨齋叢書

（清）余肇鈞輯
　　清咸豐同治閒長沙余氏刊本
初集
諸葛忠武書十卷　（明）楊時偉撰　同治六
　　年（1867）刊
漢丞相諸葛忌武侯列傳一卷　（宋）張栻撰
　　同治二年（1863）刊
附
　史文肇要一卷　（清）□□輯
重訂河防通議一卷　（元）沙克什(瞻思)撰
　　同治八年（1869）刊
今水經一卷表一卷　（清）黃宗羲撰　同治

二年(1863)刊

明九邊考四卷　(明)魏煥撰　同治八年
(1869)刊

閩中海錯疏一卷　(明)屠本畯撰　(明)徐
燉補疏

海國聞見錄一卷　(清)陳倫炯撰　同治八
年(1869)刊

二集

何博士備論二卷　(宋)何去非撰

宋簽判龍川陳先生文鈔二卷　(宋)陳亮撰
同治二年(1863)刊

宋少保岳鄂王行實編年二卷　(宋)岳珂撰
同治二年(1863)刊

建炎德安守禦錄二卷　(宋)湯璹撰　同治
八年(1869)刊

附

守城機要一卷　(宋)陳規撰

宋丞相李忠定公輔政本末一卷　(宋)□
□撰

宋季昭忠錄一卷　(宋)□□撰　同治六年
(1867)刊

心史二卷　(宋)鄭思肖撰

三集　同治三年(1864)刊

折獄龜鑑八卷　(宋)鄭克輯

家禮辨說十六卷　(清)毛奇齡撰　　［撰

明新建伯王文成公傳本二卷　(清)毛奇齡

四集

文朱先生行狀一卷附刻一卷　(宋)黃榦撰
同治二年(1863)刊

毛詩古音攷四卷　(明)陳第撰　同治二年
(1863)刊

屈宋古音攷一卷附錄一卷　(明)陳第撰
同治二年(1863)刊

韻補正一卷　(清)顧炎武撰　同治八年
(1869)刊

人海記二卷　(清)查愼行輯　咸豐元年
(1851)海昌張士寬長沙刊

外集

李氏蒙求六卷　(後晉)李瀚撰　(宋)徐子光
集註同治九年(1870)刊

二十四詩品一卷　(唐)司空圖撰　同治九
年(1870)刊

北溪先生四書字義二卷首一卷嚴陵講義一
卷道學二辨一卷附錄一卷　(宋)陳淳
撰　咸豐十一年(1861)刊

石經考異二卷　(清)杭世駿撰

諸史然疑一卷　(清)杭世駿撰

漢書蒙拾一卷　(清)杭世駿撰

後漢書蒙拾一卷　(清)杭世駿撰

晉書補傳贊一卷　(清)杭世駿撰

文選課虛四卷　(清)杭世駿撰

續方言二卷　(清)杭世駿撰

榕城詩話三卷　(清)杭世駿撰

天壤閣叢書

(清)王懿榮輯

清同治光緒間福山王氏刊本

夏小正正義一卷　(清)王筠撰　光緒五年
(1879)刊

爾雅直音二卷　(清)孫㑺撰　(清)王祖源
校正　光緒六年(1880)刊

弟子職正音一卷　(清)王筠撰　光緒七年
(1881)刊　　　　　　　　　　　［刊

弟子職一卷　(清)許瀚音　光緒七年(1881)

急就篇直音一卷　(清)王祖源撰　(清)錢
保塘補音　光緒六年(1880)刊

急就篇四卷正文一卷　(漢)史游撰　(唐)
顏師古注　(宋)王應麟補注

說文逸字二卷附錄一卷　(清)鄭珍撰　附
錄(清)鄭知同撰

說文聲讀表七卷　(清)苗夔撰

古今韵攷四卷附記一卷　(清)李因篤撰
附記(清)楊傳第撰　光緒六年(1880)
刊

切韻一卷　(明)潘之淙撰

疑年錄四卷　(清)錢大昕撰　同治元年
(1862)刊

續疑年錄四卷　(清)吳修撰

麟角集一卷附錄一卷　(唐)王棨撰　光緒
十年(1884)刊

莆陽黃御史集二卷別錄一卷附錄一卷
(唐)黃滔撰　光緒十年(1884)刊

聲調三譜　(清)王祖源輯　光緒八年(1882)
刊

然鐙記聞一卷　(清)王士禛選　(清)何
世璂錄

律詩定體一卷　(清)王士禛撰

小石帆亭著錄五卷　(清)翁方綱撰

聲調前譜一卷後譜一卷續譜一卷　(清)
趙執信撰

談龍錄一卷　(清)趙執信撰

漁洋山人秋柳詩箋一卷　(清)王祖源輯
同治五年(1866)刊

東古文存一卷　(朝鮮)金正喜輯

內功圖說一卷　(清)潘霨撰　光緒八年
(1882)刊

求雨篇一卷　(清)紀大奎撰　光緒六年
(1880)刊

明刑弼教錄六卷　(清)王祖源輯　光緒六
年(1880)刊

　　讀律心得三卷　(清)劉衡撰
　　爽鳩要錄二卷　(清)蔣超伯輯
　　公門不費錢功德錄一卷　(清)□□撰
增刊
　　正俗備用字解四卷附一卷　(清)王兆琛撰
　　咸豐五年(1855)刊
　　周公年表一卷　(清)牟庭撰　同治十年
　　(1871)刊
　　簠齋傳古別錄一卷　(清)陳介祺撰　光緒
　　五年(1879)刊
　　木皮子詞一卷　(明)賈鳧西撰
　　王太常集二卷　(清)王葑撰　光緒八年
　　(1882)刊
　　王布政集二卷　(清)王顯緒撰　光緒八年
　　(1882)刊

半畝園叢書

(清)吳坤修輯
　清同治中新建吳氏皖城刊本
州縣提綱四卷　(宋)陳襄撰
農桑衣食撮要二卷　(元)魯明善撰
梭山農譜三卷　(清)劉應棠撰　同治九年
　(1870)刊
救荒活民書三卷拾遺一卷　(宋)董煟撰
傷寒微旨論二卷　(宋)韓祗和撰
旅舍備要方一卷　(宋)董汲撰
全生指迷方四卷　(宋)王貺撰
兵法彙編　(清)吳坤修輯
　六韜六卷逸文一卷　(周)呂望撰　(清)
　孫星衍校　逸文(清)孫同元輯
　魏武帝註孫子三卷　魏武帝撰
　吳子二卷　(周)吳起撰
　司馬法三卷　(周)司馬穰苴撰
　神機制敵太白陰經十卷　(唐)李筌撰
　歷代兵制八卷　(宋)陳傅良撰
　何博士備論一卷　(宋)何去非撰
　守城錄四卷　(宋)陳規　(宋)湯璹撰
　陣紀四卷　(明)何良臣撰
　九邊圖論一卷　(明)許論撰
　海防圖論一卷補輯一卷　(明)胡宗憲撰
乾坤正氣集二十卷　(清)顧沅輯　同治六
　年(1867)刊
宋宗忠簡公集七卷　(宋)宗澤撰　同治四
　年(1865)刊
宋岳忠武王集八卷末一卷　(宋)岳飛撰
　同治四年(1865)刊
宋謝文節公集六卷　(宋)謝枋得撰　同治
　五年(1866)刊
揭文安公文粹六卷　(元)揭傒斯撰　同治
　十一年(1872)刊

陸象山先生集節要六卷首一卷　(清)方宗
　誠輯　同治七年(1868)刊
南華經解三十三卷　(清)宣穎撰　同治五
　年(1866)刊
太上感應篇一卷　(清)惠棟箋注　同治五
　年(1866)刊
純陽祖師玉樞寶經讚解一卷　(唐)呂嵒讚
　解同治七年(1868)刊
純陽祖師金剛般若波羅密經註講一卷　同
　治七年(1868)刊
指月錄三十二卷　(明)瞿汝稷撰　同治七
　年(1868)刊
新刊釋氏十三經　(清)吳坤修輯　同治七
　年(1868)刊
　大方廣圓覺修多羅了義經二卷　(唐)釋
　佛陀多羅譯
　大佛頂如來密因修證了義諸菩薩萬行首
　楞嚴經十卷附校勘記一卷　(唐)釋
　般剌密帝譯
　楞伽阿跋多羅寶經四卷　(劉宋)釋求那
　跋陀羅譯
　維摩詰所說經(一名不可思議解脫經)三
　卷　(姚秦)釋鳩摩羅什譯
　無量壽經一卷
　阿彌陀經一卷
　觀無量壽佛經一卷附校勘記一卷
　佛說金剛般若波羅蜜經一卷　(姚秦)釋
　鳩摩羅什譯
　金剛般若波羅蜜多心經一卷　(唐)釋玄
　奘譯
　妙法蓮華經七卷　(姚秦)釋鳩摩羅什譯
　佛垂般涅槃略說教誡經(一名佛遺教經)
　一卷　(姚秦)釋鳩摩羅什譯
　佛說四十二章經一卷　(漢)釋迦葉摩騰
　(漢)釋竺法蘭譯
　佛說八大人覺經一卷　(漢)釋安世高譯
首楞嚴神咒灌頂疏一卷附密宗綱要譯釋陀
　羅尼九章　(□)釋續法撰　同治十年
　(1871)刊
韻史二卷補一卷　(清)許遜翁撰　補(清)
　朱玉岑撰　同治五年(1866)刊
歷代帝王世次紀一卷　(清)□□撰　同治
　十一年(1872)刊
歷代世系紀年編一卷　(清)沈炳震撰　同
　治十年(1871)刊
歷代建元重號一卷　(清)姚文田撰
天象災祥分類攷一卷　(清)石仁鏡撰　同
　治十年(1871)刊
數學心得十二卷　(清)石仁鏡撰　同治十
　年(1871)刊

孫文定公南遊記一卷　（清）孫嘉淦撰　同
　　治五年(1866)刊
秦邊紀略六卷　（清）□□撰　同治十一年
　　(1872)刊
廣列女傳二十卷附錄一卷　（清）劉開輯
　　同治八年(1869)刊

反約篇

（清）李光廷輯
　　　清同治中番禺李氏鈔本
易緯乾坤鑿度二卷　（漢）鄭玄注
易緯乾鑿度二卷　（漢）鄭玄注
易緯稽覽圖二卷　（漢）鄭玄注
易緯是類謀一卷　（漢）鄭玄注
易略例一卷　（魏）王弼撰　（唐）邢璹注
易說六卷　（宋）司馬光撰
易象意言一卷　（宋）蔡淵撰
尚書大傳三卷補遺一卷續補遺一卷　（漢）
　　伏勝撰　（漢）鄭玄注　補遺續補遺
　　（清）盧文弨輯
敷文書說一卷　（宋）鄭伯熊撰
禹貢指南四卷　（宋）毛晃撰
洪範統一一卷　（宋）趙善湘撰
絜齋毛詩經筵講義四卷　（宋）袁燮撰
詩譜一卷　（漢）鄭玄撰
箴膏肓起廢疾發墨守一卷　（漢）鄭玄撰
　　（清）王復輯
春秋傳說例一卷　（宋）劉敞撰
春秋金鎖匙一卷　（元）趙汸撰
儀禮釋宮一卷　（宋）李如圭撰
古本大學解二卷　（清）溫颺撰
孝經一卷　（漢）孔安國撰
孝經鄭注一卷　（漢）鄭玄撰
孝經刊誤一卷　（宋）朱熹撰
駁五經異義一卷補遺一卷　（漢）鄭玄撰
　　（清）王復案
急就篇四卷　（漢）史游撰　　　　　　　　［撰
兩漢刊誤補遺十卷附錄一卷　（宋）吳仁傑
鄴中記一卷　（晉）陸翽撰
釣磯立談一卷　（宋）史□撰
匡謬正俗八卷　（唐）顏師古注
燕翼詒謀錄五卷　（宋）王栐撰
漢官舊儀二卷補遺一卷　（漢）衛宏撰
翰林志一卷　（唐）李肇撰
續翰林志二卷　（宋）蘇易簡撰
麟臺故事五卷　（宋）程俱撰
翰苑遺事一卷　（宋）洪遵撰
嶺表錄異三卷　（唐）劉恂撰
吳郡圖經續記三卷　（宋）朱長文撰
長春真人西遊記一卷附錄一卷　（元）李志
　　常撰
西使記一卷　（元）劉郁撰
西藏賦一卷　（清）和寧撰
普法戰紀輯要四卷　（清）張宗良譯　（清）
　　王韜撰　（清）李光廷輯
舊聞證誤四卷　（宋）李心傳撰
鶡冠子三卷　（宋）陸佃注
治要節鈔五卷附錄一卷　（唐）魏徵等輯
　　（清）李光廷節鈔
傅子一卷補遺一卷　（晉）傅玄撰
意林五卷　（唐）馬總輯
化書六卷　（南唐）譚峭撰
公是先生弟子記四卷　（宋）劉敞撰
郁離子二卷　（明）劉基撰
元包經傳五卷　（北周）衛元嵩撰　（唐）蘇
　　源明傳　（唐）李江注　（宋）韋漢卿釋
元包數總義二卷　（宋）張行成撰
述書賦二卷　（唐）竇臮撰　（唐）竇蒙注
圖畫寶鑑五卷　（元）夏文彥撰
刊誤二卷　（唐）李涪撰
蘇氏演義二卷　（唐）蘇鶚撰
金華子二卷　（南唐）劉崇遠撰
王文正筆錄一卷　（宋）王曾撰
宋景文筆記三卷　（宋）宋祁撰
春明退朝錄三卷　（宋）宋敏求撰
師友談記一卷　（宋）李廌撰
珍席放談二卷　（宋）高晦叟撰
卻掃篇三卷　（宋）徐度撰
朝野類要五卷　（宋）趙升撰
離騷草木疏四卷　（宋）吳仁傑撰
樂府古題要解二卷　（唐）吳兢撰
主客圖一卷　（唐）張為撰
金石例十卷　（元）潘昂霄撰

侯園叢書

（清）海霈輯
　　　清同治光緒間刊本
明刑管見錄一卷　（清）都穆撰
祇可自怡一卷　（清）退一步居散人(吉珩)
　　撰光緒四年(1878)刊
求放心齋詩鈔一卷　（清）吉珩撰　同治十
　　年(1871)刊
刜餘隨錄一卷
選輯駢珠小草一卷
並蒂芙蓉館倡酬集二卷
安豐聯詠一卷
秋燈集錦一卷　（清）蔣愈昌撰
西行日紀一卷　（清）海霈撰　同治七年
　　(1868)刊
兩宦江南紀略一卷　（清）海霈撰

淮程旅韻一卷
勸諭十二條一卷　　（清）宋惠人撰
逯初詩草一卷　　（清）曹炳燮撰

滂喜齋叢書

（清）潘祖蔭輯
　　清同治光緒間吳縣潘氏京師刊本
第一函
　虞氏易消息圖說初稾一卷　　（清）胡祥麟撰
　　同治十一年(1872)刊
　大誓答問一卷　　（清）龔自珍撰　　同治六年
　　(1867)刊
　求古錄禮說補遺一卷續一卷　　（清）金鶚撰
　公羊逸禮攷徵一卷　　（清）陳奐撰
　喪禮經傳約一卷　　（清）吳卓信撰　　同治十
　　一年(1872)刊
　京畿金石考二卷　　（清）孫星衍撰
　止觀輔行傳宏決(一名輔行記)一卷　　（唐）
　　釋湛然撰　　（清）胡澍錄
　炳燭編四卷　　（清）李賡芸撰　　同治十一年
　　(1872)刊
　橋西雜記一卷　　（清）葉名澧撰　　同治十年
　　(1871)刊
　蕙西先生遺稿一卷　　（清）邵懿辰撰
　張文節公遺集二卷　　（清）張洵撰　　同治十
　　一年(1872)刊
　越三子集　　（清）潘祖蔭輯　　同治十一年
　　(1872)刊
　　亢藝堂集三卷　　（清）孫廷璋撰
　　陳比部遺集三卷　　（清）陳壽祺撰
　　西㠌草一卷　　（清）王星誠撰
　咯敢覽館稿一卷　　（清）曹應鐘撰
　壬申消夏詩一卷　　（清）潘祖蔭輯
第二函　　同治十二至十三年(1873—1874)刊
　卦本圖攷一卷　　（清）胡秉虔撰
　尚書序錄一卷　　（清）胡秉虔撰
　春秋左氏古義六卷　　（清）臧壽恭撰
　說文管見三卷　　（清）胡秉虔撰
　古韻論三卷　　（清）胡秉虔撰
　鹽法議略一卷　　（清）王守基撰
　黃帝內經素問校義一卷　　（清）胡澍撰
　藝芸書舍宋元本書目二卷　　（清）汪士鐘撰
　玉井山館筆記一卷舊游日記一卷　　（清）許
　　宗衡撰
　宋四家詞選一卷　　（清）周濟輯
　癸酉消夏詩一卷　　（清）潘祖蔭輯
　南苑唱和詩一卷　　（清）潘祖蔭輯
第三函　　光緒三年(1877)刊
　別雅訂五卷　　（清）許瀚撰
　許印林遺著一卷　　（清）許瀚撰

非石日記鈔一卷　　（清）鈕樹玉撰　　（清）王
　頌蔚輯
鈕非石遺文一卷　　（清）鈕樹玉撰
炳燭室雜文一卷　　（清）江藩撰
天馬山房詩別錄(一名雲間百詠)一卷
　（清）汪巽東撰　　　　　　　　　　［撰
沈四山人詩錄六卷附錄一卷　　（清）沈謹學
吳郡金石目一卷　　（清）程祖慶撰
稽瑞樓書目四卷　　（清）陳揆撰
懷舊集二卷　　（清）馮舒輯
愛吾廬文鈔一卷　　（清）呂世宜撰
第四函
劉貴陽說經殘稿一卷　　（清）劉書年撰
劉氏遺箸一卷　　（清）劉禧延撰
寶鐵齋金石文跋尾三卷　　（清）韓崇撰　　光
　緒四年(1878)刊
百塼考一卷　　（清）呂佺孫撰　　光緒四年
　(1878)刊
簠齋傳古別錄一卷　　（清）陳介祺撰　　［撰
陳簠齋丈筆記一卷手札一卷　　（清）陳介祺
鮑臆園丈手札一卷　　（清）鮑康撰
幽夢續影一卷　　（清）朵山草衣(朱錫綬)撰
　光緒四年(1878)刊
徐元歎先生殘稾(一名浪齋新舊詩)一卷
　（明）徐波撰
二茗詩集　　（清）潘鍾瑞輯
　萬卷書屋詩存一卷　　（清）朱檜撰
　梻花盦詩二卷附錄一卷外集一卷　　（清）
　　葉廷琯撰
石氏喬梓詩集　　（清）潘鍾瑞輯
　聽雨樓詩一卷　　（清）石嘉吉撰
　葵青居詩錄一卷附夢蜨草一卷　　（清）石
　　渠撰
小草庵詩鈔一卷　　（清）屠蘇撰
日本金石年表一卷　　（日本）西田直養撰

功順堂叢書

（清）潘祖蔭輯
　　清光緒中吳縣潘氏刊本
春秋左氏傳補注十二卷　　（清）沈欽韓撰
春秋左氏傳地名補注十二卷　　（清）沈欽韓
　撰
周人經說八卷(原缺卷五至八)　　（清）王紹
　蘭撰
王氏經說六卷晉略一卷晉略攷證一卷
　（清）王紹蘭撰
論語孔注辨偽二卷　　（清）沈濤撰
爾雅補注殘本一卷　　（清）劉玉麐撰
急就章一卷攷證一卷　　（漢）史游撰　　（清）
　鈕樹玉校幷撰攷證

說文古籀疏證六卷　(清)莊述祖撰
國史考異六卷　(清)潘檉章撰　(清)吳炎
　訂
平定羅刹方略四卷　(清)□□撰
西清筆記二卷　(清)沈初撰
涇林續記一卷　(明)周玄暐撰
廣陽雜記五卷　(清)劉獻廷撰
無事爲福齋隨筆二卷　(清)韓泰華撰
范石湖詩集注三卷　(清)沈欽韓撰
半氈齋題跋二卷　(清)江藩撰
南澗文集二卷　(清)李文藻撰
多靑館古宮詞三卷　(清)張鑑撰　(清)桂
　榮注

潘刻五種

(清)恩壽輯
　　清光緒二十九年(1903)北京翰文齋據吳
　　縣潘氏刊版重編印本
恩補齋筆記八卷　(清)潘世恩撰
竹汀先生日記鈔二卷　(清)錢大昕撰
　(清)何元錫輯
古泉叢話三卷　(清)戴熙撰　同治十一年
　(1872)刊
百宋一廛賦一卷　(清)顧廣圻撰　(清)黃
　丕烈注　光緒三年(1877)刊
藏書記要一卷　(清)孫從添撰　光緒九年
　(1883)刊

述古叢鈔

(清)劉晚榮輯
　　清同治光緒間古岡劉氏藏修書屋刊本
第一集　同治九年(1870)刊
藏書紀要一卷　(清)孫從添撰
裝潢志一卷　(清)周嘉胄撰
畫筌析覽一卷　(清)湯貽汾撰
清祕藏二卷　(明)張應文撰
南陽法書表一卷　(明)張丑撰
南陽名畫表一卷　(明)張丑撰
法書名畫見聞表一卷　(明)張丑撰
清河祕篋書畫表一卷　(明)張丑撰
傷寒百證歌五卷　(宋)許叔微撰
經絡歌訣一卷　(清)汪昂撰
傷寒六經定法一卷問答一卷　(清)舒詔撰
藥症忌宜一卷　(清)陳澈撰
昭代名人尺牘小傳二十四卷　(清)吳修撰
靈棋經二卷　(漢)東方朔撰　(晉)顏幼明
　(劉宋)何承天註　(元)陳師凱(明)劉
　基解
獸經一卷　(明)黃省曾撰
虎苑二卷　(明)王穉登撰

第二集　同治十三年(1874)刊
書苑菁華二十卷　(宋)陳思撰
遼詩話二卷　(清)周春撰
無聲詩史七卷　(清)姜紹書輯
第三集　光緒五年(1879)刊
南唐書合刻四十八卷
　南唐書三十卷　(宋)馬令撰
　南唐書十八卷音釋一卷　(宋)陸游撰
　　音釋(元)戚光撰
玉臺書史一卷　(清)厲鶚撰
玉臺畫史五卷別錄一卷　(清)湯漱玉輯
第四集　光緒五年(1879)刊
詁晉齋集八卷　(清)永瑆撰
芳堅館題跋四卷　(清)郭尚先撰
太乙照神經三卷神相證驗百條二卷　(清)
　劉學誠輯
月波洞中記一卷　(吳)張仲遠傳本

荔牆叢刻

(清)汪曰楨輯
　　清同治光緒間烏程汪氏刊本
四聲切韻表三卷首一卷末一卷　(清)江永
　撰　(清)汪曰楨補正　光緒三年
　(1877)刊
歷代長術輯要十卷附古今推步諸術考二卷
　(清)汪曰楨撰　同治六年(1867)刊
養素居畫學鉤深一卷　(清)董棨撰　光緒
　三年(1877)刊
嬊雅堂詩話一卷　(清)趙文哲撰
葉氏眼科方一卷　(清)葉桂撰　光緒三年
　(1877)刊
慎疾芻言一卷　(清)徐大椿撰　光緒元年
　(1875)刊
隨山宇方鈔一卷　(清)荔牆蹇士(汪曰楨)
　撰　光緒元年(1875)刊
溫熱經緯五卷　(清)王士雄撰　光緒三年
　(1877)刊
戴氏三俊集三卷　(清)汪曰楨輯　光緒四
　年(1878)刊
　重蔭樓詩集一卷　(清)戴芬撰
　種玉山房詩集一卷　(清)戴福謙撰
　紅蕉鑫詩集一卷　(清)戴荿撰
傳書樓詩稿一卷　(清)汪金順撰光緒四年
　(1878)刊
壽花軒詩略一卷　(清)汪懋芳撰　光緒四
　年(1878)刊
瀘月軒詩集二卷續集二卷文集一卷續集一
　卷詩餘一卷　(清)趙菜撰　同治十二
　年(1873)刊
荔牆詞一卷　(清)汪曰楨撰

挹秀山房叢書

(清)朱克敬撰
　　　清同治光緒間刊本
　　鷗言內篇一卷外篇一卷雜錄一卷　光緒二
　　　　十年(1894)朱氏重刊
　　儒林瑣記三卷附一卷
　　浮湘訪學集　(清)朱克敬輯　光緒三年
　　　　(1877)長沙刊
　　　白香亭詩一卷　(清)鄧輔綸撰
　　　堅白齋詩存一卷　(清)龍汝霖撰
　　　湘綺樓詩一卷　(民國)王闓運撰
　　　移芝室詩鈔一卷　(清)楊彝珍撰
　　　思貽堂詩一卷　(清)黃文琛撰
　　　養知書屋詩集一卷　(清)郭嵩燾撰
　　　瞑庵詩錄一卷　(清)朱克敬撰
　　　藻川堂詩集一卷　(清)鄧繹撰
　　　綠漪草堂詩鈔一卷　(清)羅汝懷撰
　　　褒遺草堂詩鈔一卷　(清)楊翰撰
　　　樺湖詩錄一卷　(清)吳敏樹撰
　　瞑庵雜識四卷二識二卷　光緒四年(1878)
　　　　長沙刊二識光緒七年(1881)長沙刊
　　柔遠新書四卷　光緒七年(1881)長沙刊
　　雨窗消意錄甲部四卷　(清)牛應之撰
　　晡鳴錄二卷　(清)朱克敬
　　瞑庵詩錄一卷　同治九年(1870)長沙刊
　　瞑庵學詩一卷　同治十一年(1872)長沙刊
　　瞑庵叢稿一卷　光緒十二年(1886)長沙刊
　　金軺籌筆四卷附和約二卷陸路通商章程一
　　　　卷鄂商前往中國貿易過界卡倫單一卷
　　　　(清)□□輯

劉氏傳經堂叢書

(清)劉毓英輯
　　　清光緒中三原劉氏刊本
　　周易本義十二卷附周易本義考一卷　(宋)
　　　　朱熹撰　(宋)呂祖謙音訓　附(清)劉
　　　　世讞輯　光緒元年(1875)刊
　　易學啓蒙四卷啓蒙五贊一卷　(宋)朱熹撰
　　　　光緒元年(1875)刊
　　書集傳六卷書序集傳一卷　(宋)蔡沈撰
　　　　光緒十三年(1887)刊
　　詩集傳八卷詩序辨說一卷　(宋)朱熹撰
　　　　光緒十三年(1887)刊
　　四書章句集註十九卷　(宋)朱熹撰　光緒
　　　　十二年(1886)刊
　　四書集疏附正二十二卷論語緒言一卷
　　　　(清)張秉直撰　光緒十二年(1886)刊
　　小學句讀記六卷首一卷　(清)陳選點　(清)
　　　　王建常撰　據同治七年王氏原板印

　　大學直解二卷　(清)王建常撰　據同治七
　　　　年王氏原板印
　　太極圖集解一卷　(清)王建常撰　據同治
　　　　七年王氏原板印　　　　　　　　［刊
　　小學六卷　(宋)朱熹撰　光緒十年(1884)
　　近思錄十四卷附考異　(宋)朱熹(宋)呂祖
　　　　謙輯　光緒十年(1884)刊
　　資治通鑑綱目五十九卷凡例一卷　(宋)朱
　　　　熹撰　光緒二年(1876)刊
　　朱子大全文集一百卷續集五卷別集七卷
　　　　(宋)朱熹撰　光緒二年(1876)刊
　　朱子語類一百四十卷　(宋)朱熹撰　(宋)
　　　　黎靖德輯　光緒二年(1876)刊

小石山房叢書

(清)顧湘輯
　　　清同治十三年(1874)虞山顧氏刊本
第一冊
　　四書講義一卷　(明)顧憲成撰
　　淮雲問答一卷續編一卷　(清)陳瑚撰
第二冊
　　論學酬答四卷　(清)陸世儀撰
第三冊
　　葦庵經說一卷　(清)周象明撰
第四冊
　　毋欺錄一卷　(清)朱用純撰
　　潘瀾筆記二卷　(清)彭兆蓀撰
　　懺摩錄一卷　(清)彭兆蓀撰
第五冊
　　東觀奏記三卷　(唐)裴庭裕撰
　　承華事略一卷　(元)王惲撰
　　明夷待訪錄一卷　(清)黃宗羲撰
第六冊
　　岳陽風土記一卷　(宋)范致明撰
　　校正朝邑志一卷　(明)韓邦靖撰　(清)
　　　　王元啓訂
　　吳門耆舊記一卷　(清)顧承撰
第七冊
　　松窗快筆一卷　(明)龔立本撰
　　海虞畫苑略一卷補遺一卷　(清)魚翼撰
第八冊
　　疑年錄四卷　(清)錢大昕撰
　　續疑年錄四卷　(清)吳修撰
第九冊
　　稼書先生(陸隴其)年譜一卷　(清)陸宸徵
　　　　(清)李銥撰
　　汲古閣校刻書目一卷補遺一卷刻板存亡考
　　　　一卷　(清)鄭德懋輯
第十冊
　　隱綠軒題識一卷　(清)陳奕禧撰

砥齋題跋一卷　（清）王弘撰撰
湛園題跋一卷　（清）姜宸英撰
義門題跋一卷　（清）何焯撰
第十一冊
　山家清供一卷　（宋）林洪撰
　勿藥須知一卷　（清）尤乘撰
第十二冊
　尋花日記二卷　（清）歸莊撰
　看花雜詠一卷　（清）歸莊撰
　冬心先生畫竹題記一卷　（清）金農撰
　冬心先生三體詩一卷　（清）金農撰
第十三冊
　詞評一卷　（明）王世貞撰
　墨井詩鈔二卷　（清）吳歷撰
　三巴集（一名墨中雜詠）一卷　（清）吳歷撰
　墨井題跋一卷　（清）吳歷撰
　海珊詩鈔一卷　（清）嚴遂成撰
　藝庵遺詩一卷　（清）黃彥撰
第十四冊
　明人詩品二卷　（清）杜蔭棠撰
　夢曉樓隨筆一卷　（清）宋顧樂撰
　虞東先生文錄八卷　（清）顧鎮撰

蒭園叢書

（清）平步青輯
　清同治光緒間山陰平氏安越堂刊本
經緯集三卷　（唐）孫樵撰　光緒八年
　　（1882）刊
寅山注二卷附錄一卷　（明）祁彪佳撰　光
　　緒元年（1875）刊
朵薇吟殘稿一卷附錄一卷　（明）張煌言撰
　　光緒十二年（1886）刊
荊園小語一卷　（清）申涵光撰　光緒九年
　　（1883）刊
慎疾芻言一卷　（清）徐大椿撰　光緒八年
　　（1882）刊
耕烟草堂詩鈔二卷　（清）平疇撰　同治十
　　年（1871）刊
秋水堂遺詩一卷　（清）朱慶蕚撰　光緒元
　　年（1875）刊
寶善堂遺稿二卷　（清）朱潮撰　光緒八年
　　（1882）刊
實齋劄記鈔三卷　（清）章學誠撰　光緒十
　　八年（1892）刊
賈比部遺集二卷　（清）賈樹誠撰　光緒元
　　年（1875）刊
瓣香外集一卷　（清）朱守方撰　光緒元年
　　（1875）刊

式訓堂叢書

（清）章壽康輯
　清光緒中會稽章氏刊本
初集
　古易晉訓二卷　（宋）呂祖謙撰　（清）宋咸
　　熙輯
　傳經表一卷通經表一卷　（清）畢沅撰　光
　　緒四年（1878）刊
　漢書西域傳補注二卷　（清）徐松撰　光緒
　　六年（1880）刊
　晉書地理志新補正五卷　（清）畢沅撰
　乾道臨安志十五卷（原缺卷四至十五）附札
　　記一卷　（宋）周淙撰　札記（清）錢保
　　塘撰　光緒四年（1878）刊
　弟子職集解一卷　（清）莊述祖撰　光緒六
　　年（1880）刊
　呂子校補二卷　（清）梁玉繩撰　光緒四年
　　（1878）刊
　竹汀先生日記鈔三卷　（清）錢大昕撰
　　（清）何元錫輯
　經籍跋文一卷　（清）陳鱣撰
　對策六卷　（清）陳鱣撰
　拜經樓藏書題跋記五卷附錄一卷　（清）吳
　　壽暘撰
　曝書雜記三卷　（清）錢泰吉撰
　溉亭述古錄二卷　（清）錢塘撰
　誌銘廣例二卷　（清）梁玉繩撰　光緒四年
　　（1878）刊
　金石例補二卷　（清）郭麐撰　光緒四年
　　（1878）刊
二集
　春秋夏正二卷　（清）胡天游撰
　家語疏證六卷　（清）孫志祖撰
　鍾山札記四卷　（清）盧文弨撰
　龍城札記三卷　（清）盧文弨撰
　知聖道齋讀書跋二卷　（清）彭元瑞撰
　平津館鑒藏記書籍三卷補遺一卷續編一卷
　　（清）孫星衍撰
　廉石居臧書記二卷　（清）孫星衍撰
　銅熨斗齋隨筆八卷　（清）沈濤撰
　癖談六卷　（清）蔡雲撰　光緒十一年
　　（1885）刊　　　　　　　　　［撰
　疑年表一卷太歲超辰表三卷　（清）汪曰楨
　後甲集（一名躍雷館日記）二卷　（清）章大
　　來撰
　晚學集八卷　（清）桂馥撰
　元魏滎陽鄭文公鸒崖碑跋一卷　（清）諸可
　　寶撰
三集
　字林考逸八卷　（清）任大椿輯　光緒七年
　　（1881）刊

毛詩重言一卷　(清)王筠撰
毛詩雙聲疊韻說一卷　(清)王筠撰
弟子職正音一卷　(清)王筠撰
戰國策釋地二卷　(清)張琦撰
南江札記四卷　(清)邵晉涵撰
過庭錄十六卷　(清)宋翔鳳撰　光緒七年
　　(1881)刊
金石例十卷　(元)潘昂霄撰
墓銘舉例四卷　(明)王行撰
金石要例一卷　(清)黃宗羲撰
讒書五卷　(唐)羅隱撰
兩同書二卷　(唐)羅隱撰
陶邕州小集一卷　(宋)陶弼撰

十萬卷樓叢書

(清)陸心源輯
　　　清光緒中歸安陸氏刊本
初編　光緒五年(1879)彙編
　書經注十二卷　(宋)金履祥撰
　資治通鑑釋文三十卷　(宋)史炤撰
　註陸宣公奏議十五卷　(宋)郎曄撰　光緒
　　四年(1878)刊
　史載之方二卷　(宋)史堪撰　光緒二年
　　(1876)刊
　海藏老人陰證略例一卷　(元)王好古撰
　　光緒五年(1879)刊
　本草衍義二十卷　(宋)寇宗奭撰　光緒三
　　年(1877)刊
　東萊呂紫微師友雜志一卷　(宋)呂本中撰
　　光緒三年(1877)刊
　東萊呂紫微雜說一卷　(宋)呂本中撰　光
　　緒二年(1876)刊
　可書一卷　(宋)張知甫撰　光緒三年
　　(1877)刊
　東原錄一卷　(宋)龔鼎臣撰　光緒三年
　　(1877)刊
　地理葬書集註一卷　(元)鄭謐撰　光緒五
　　年(1879)刊
　附
　　葬書問對一卷　(元)趙汸撰
　醫經正本書一卷　(宋)程迥撰
　人倫大統賦二卷　(金)張行簡撰　(元)薛
　　延年注　光緒三年(1877)刊
　乙巳占十卷　(唐)李淳風撰　光緒三年
　　(1877)刊
　太上老子道德經集解二卷　(宋)董思靖撰
　　光緒三年(1877)刊
　夷堅志甲集二十卷乙集二十卷丙集二十卷
　　丁集二十卷　(宋)洪邁撰　光緒五年
　　(1879)刊

二編　光緒八年(1882)彙編
　明本排字九經直音二卷補遺一卷　(宋)□
　　□撰　光緒七年(1881)刊
　周秦刻石釋音一卷　(元)吾丘衍撰
　切韻指掌圖一卷附檢圖之例一卷　(宋)司
　　馬光撰　檢例(明)邵光祖撰
　許國公奏議四卷　(宋)吳潛撰
　紹陶錄二卷　(宋)王質撰
　漢丞相諸葛忠武侯傳一卷　(宋)張栻撰
　保越錄一卷　(元)徐勉之撰
　北戶錄三卷附校勘記一卷　(唐)段公路撰
　　(唐)崔龜圖注　校勘記(清)陸心源
　　撰　光緒六年(1880)刊
　歲時廣記四十卷首圖說一卷末總載一卷
　　(宋)陳元靚撰
　新編張仲景註解傷寒發微論二卷　(宋)許
　　叔微撰　光緒七年(1881)刊
　新編張仲景註解傷寒百證歌五卷　(宋)許
　　叔微撰　光緒七年(1881)刊
　廣川畫跋六卷　(宋)董逌撰
　衍極五卷　(元)鄭杓撰　(元)劉有定釋
　文房四譜五卷　(宋)蘇易簡撰　光緒七年
　　(1881)刊
　漢官儀三卷　(宋)劉攽撰
　自號錄一卷　(宋)徐光溥撰
　友會談叢三卷　(宋)上官融撰
　蔡中郎文集十卷外傳一卷　(漢)蔡邕撰
　　光緒七年(1881)刊
　詩苑衆芳一卷　(宋)劉瑄輯
　作義要訣一卷　(元)倪士毅撰
三編　光緒十八年(1892)彙編
　靖康要錄十六卷　(宋)□□撰　光緒十二
　　年(1886)刊
　麟臺故事四卷補遺一卷　(宋)程俱撰
　寶刻叢編二十卷　(宋)陳思撰　光緒十四
　　年(1888)刊
　至書一卷　(宋)蔡沈撰
　宋徽宗聖濟經十卷　宋徽宗撰　(宋)吳禔
　　注　光緒十三年(1887)刊
　衛生家寶產科備要八卷　(宋)朱端章撰
　續談助五卷　(宋)晁載之輯　光緒十三年
　　(1887)刊
　卷一
　　十洲記　(漢)東方朔撰
　　洞冥記　(漢)郭憲撰
　　琵琶錄　(唐)段安節撰
　卷二
　　北道刊誤志　(宋)王璵撰
　卷三
　　乘軺錄　(宋)路振撰

　　鄭志三卷附錄一卷　（魏)鄭小同編
　　　（清)錢東垣(清)錢侗按　光緒十年
　　　(1884)據汗筠齋叢書刊版修補
　　沈氏經學六種　（清)沈淑撰　光緒八年
　　　(1882)刊
　　　陸氏經典異文輯六卷　（清)沈淑輯
　　　經典異文補六卷　（清)沈淑輯
　　　注疏瑣語四卷
　　　春秋左傳分國土地名二卷
　　　左傳列國職官一卷
　　　左傳器物宮室一卷
第二函
　　五經文字三卷　（唐)張參撰　光緒九年
　　　(1883)據玲瓏山館叢刻刊版補修
　　新加九經字樣一卷　（唐)唐玄度撰　光緒
　　　九年(1883)據玲瓏山館叢刻刊版補修
　　石經殘字考一卷　（清)翁方綱撰　光緒九
　　　年(1883)刊
　　干祿字書一卷　（唐)顏元孫撰
　　班馬字類二卷　（宋)婁機撰　光緒九年
　　　(1883)據玲瓏山館叢刻刊版補修
　　九經韻補一卷附錄一卷　（宋)楊伯嵒撰
　　　（清)錢侗攷證　光緒十年(1884)據汗
　　　筠齋叢書刊版補修
第三函
　　許氏說文解字雙聲疊韻譜一卷　（清)鄧廷
　　　楨撰　光緒七年(1881)刊
　　積古齋鐘鼎彝器款識十卷　（清)阮元撰
　　　光緒九年(1883)刊
　　兩漢五經博士考三卷　（清)張金吾撰　光
　　　緒十年(1884)刊
　　漢魏六朝志墓金石例三卷唐人志墓諸例一
　　　卷　（清)吳鎬撰　光緒十年(1884)據
　　　玲瓏山館叢刻刊版補修
　　金石訂例四卷　（清)鮑振方撰　光緒十年
　　　(1884)刊
第四函
　　稽瑞一卷　（唐)劉賡撰　光緒十年(1884)
　　　據玲瓏山館叢刻刊版補修
　　崇文總目五卷補遺一卷附錄一卷　（宋)王
　　　堯臣等編　（清)錢東垣等輯釋　補遺
　　　（清)錢侗輯　光緒八年(1882)據汗筠
　　　齋叢書刊版補修
　　第六絃溪文鈔四卷　（清)黃廷鑑撰
第五函
　　六藝論一卷　（漢)鄭玄撰　（清)陳鱣輯
　　大誓答問一卷　（清)龔自珍撰　光緒十六
　　　年(1890)刊
　　詩問一卷　（清)汪琬撰　光緒十五年
　　　(1889)刊

　　檀弓訂誤一卷　（清)毛奇齡撰　光緒十四
　　　年(1888)刊
　　五經今文古文考一卷　（清)吳陳琰撰　光
　　　緒十四年(1388)刊
　　夏小正詁一卷　（清)諸錦撰　光緒十五年
　　　(1889)刊
　　駢雅訓纂七卷首一卷　（清)魏茂林撰　光
　　　緒十二年(1886)刊
第六函
　　春秋左氏古經十二卷五十凡一卷　（清)段
　　　玉裁撰　光緒九年(1883)刊
　　文字蒙求四卷　（清)王筠撰　光緒五年
　　　(1879)刊
　　說文楬原二卷　（清)張行孚撰　光緒十一
　　　年(1885)維揚識小居刊
　　說文發疑六卷　（清)張行孚撰　光緒九年
　　　(1883)刊
　　論篆一卷　（唐)李陽冰撰
　　篆刻十三略一卷　（清)袁三俊撰
　　京畿金石考二卷　（清)孫星衍撰　光緒九
　　　年(1883)刊
第七函
　　史略六卷　（宋)高似孫撰　光緒九年
　　　(1883)刊
　　漢禮器制度一卷　（漢)叔孫通撰　（清)孫
　　　星衍輯
　　漢官一卷　（漢)□□撰　（清)孫星衍輯
　　漢官解詁一卷　（漢)王隆撰　（漢)胡廣注
　　　（清)孫星衍輯
　　漢舊儀二卷補遺二卷　（漢)衛宏撰　（清)
　　　孫星衍校併輯補遺
　　漢官儀二卷　（漢)應劭撰　（清)孫星衍輯
　　漢官典職儀式選用一卷　（漢)蔡質撰
　　　（清)孫星衍輯
　　漢儀一卷　（吳)丁孚撰　（清)孫星衍輯
　　後漢書補表八卷　（清)錢大昭撰　光緒八
　　　年(1882)據汗筠齋叢書刊版補修
　　楚漢春秋一卷附疑義一卷　（漢)陸賈撰
　　　（清)茆泮林輯　光緒十年(1884)據十
　　　種古逸書刊版補修
　　古金待問錄四卷錄餘一卷補遺一卷　（清)
　　　朱楓撰　光緒十六年(1890)刊
第八函
　　州縣提綱四卷　（宋)陳襄撰　光緒十年
　　　(1884)刊
　　輿地形勢論一卷　（清)鮑振方撰　同治十
　　　三年(1874)刊
　　九邊圖論一卷　（明)許論撰　光緒十六年
　　　(1890)刊
　　海防圖論一卷　（明)胡宗憲撰　同治十一

年(1872)刊
淳化祕閣法帖考正十二卷　(清)王澍撰
　　光緒十五年(1889)刊
蘇米齋蘭亭考八卷　(清)翁方綱撰　光緒
　　十五年(1889)刊

訓纂堂叢書

(清)楊調元輯
　　清光緒中貴筑楊氏刊本
　　帝王世紀十卷補遺一卷附錄一卷　(晉)皇
　　　甫謐撰　(清)宋翔鳳集校
　　帝王世紀續補一卷考異一卷　(清)錢保塘
　　　輯並撰考異
　　意林逸文補二卷　(清)李遇孫輯
　　　　　(清)錢保塘(清)張孝楷按
　　歷代載籍足徵錄一卷　(清)莊述祖撰
　　補晉兵志一卷　(清)錢儀吉撰
・古史考一卷　(蜀)譙周撰　(清)章宗源輯

月河精舍叢鈔

(清)丁寶書輯
　　清光緒六年(1880)苕溪丁氏刊本
　　安定言行錄二卷　(清)許正綬輯
　　風水袪惑一卷　(清)丁芮樸撰
　　唐御史臺精舍題名考三卷　(清)趙鉞(清)
　　　勞格撰
　　唐尚書省郎官石柱題名考二十六卷首一卷
　　　附錄一卷　(清)勞格(清)趙鉞撰　光
　　　緒十二年(1886)刊
　　讀書雜識十二卷　(清)勞格撰　光緒四年
　　　(1878)刊

文選樓叢書

(清)蕷林山房輯
　　清光緒七年(1881)蕷林山房刊本
　　廣釋名二卷　(清)張金吾撰
　　比雅十九卷　(清)洪亮吉撰
　　廣雅十卷　(魏)張揖撰　(隋)曹憲音釋
　　彬雅八卷　(清)墨莊氏撰
　　別雅五卷　(清)吳玉搢撰
　　六藝綱目二卷附錄二卷　(元)舒天民撰
　　　(元)舒恭注　(明)趙宜中附注
　　六書說一卷　(清)江聲撰
　　說文淺說一卷　(清)鄭知同撰
　　五經算術二卷　(北周)甄鸞撰　(唐)李淳
　　　風等注釋
　　天元一術圖說一卷　(清)葉棠撰
　　菊逸山房天學一卷　(清)江萬川撰
　　火珠林一卷　(清)吳芝雲校正
　　滴天髓二卷　(囗)京圖撰　(明)劉基注

靈棋經一卷　(漢)東方朔撰　(晉)顏幼明
　　(劉宋)何承天注　(元)陳師凱(明)劉
　　基解
相字祕牒一卷　(清)程省撰

長恩閣叢書

(清)傅以禮輯
　　清大興傅氏長恩閣鈔本
　　再生記略二卷　(清)陳濟生撰
　　汰存錄一卷　(清)黃宗羲撰
　　思舊錄一卷　(清)黃宗羲撰
　　滇緬錄一卷　(清)囗囗撰
　　黔記一卷　(明)文安之撰
　　吳三桂紀略一卷　(清)囗囗撰
　　平滇始末一卷　(清)囗囗撰
　　平吳錄一卷　(清)孫旭撰
　　吳逆取亡錄一卷　(清)蒼弁山樵撰
　　明季遺聞拾遺一卷　(清)鄒漪撰
　　臨安旬制紀二卷附錄一卷　(清)張道撰
　　甲申核眞略一卷附錄一卷　(明)楊士聰撰
　　南行日記一卷　(明)楊士聰撰
　　粵行小紀三卷　(清)瞿昌文撰

洪氏唐石經館叢書

(清)洪汝奎輯
　　清光緒中刊涇縣洪氏公善堂彙印本
　　周濂溪先生全集十三卷　(宋)周敦頤撰
　　　光緒六年(1880)洪氏公善堂刊
　　河南程氏全書　(宋)程顥(宋)程頤撰
　　　(宋)朱熹輯　同治十年(1871)六安涂
　　　氏求我齋刊
　　河南程氏遺書二十五卷附錄一卷
　　河南程氏外書十二卷
　　河南程氏文集十二卷遺文一卷附錄一卷
　　周易程氏傳四卷　(宋)程頤撰
　　河南程氏經說八卷　(宋)程頤撰
　　河南程氏粹言二卷　(宋)楊時訂定
　　　(宋)張栻編次
　　張子全書十五卷　(宋)張載撰　(清)朱軾
　　　評點　光緒三年(1877)夔州李氏刊
　　晦庵先生朱文公文集一百卷續集十一卷別
　　　集十卷　(宋)朱熹撰　同治十二年
　　　(1873)六安涂氏求我齋刊
　　國朝諸老先生論語精義十卷孟子精義十四
　　　卷　(宋)朱熹輯　同治十二年(1873)
　　　洪氏公善堂刊
　　四書或問三十九卷　(宋)朱熹撰　同治十
　　　二年(1873)霍山朱氏五忠堂刊
　　楚辭集註八卷辯證二卷後語六卷　(宋)朱
　　　熹撰　同治十年(1871)刊

許文正公遺書十二卷首一卷末二卷　（元）
　　許衡撰　光緒六年(1880)六安涂氏求
　　我齋刊
文敬胡先生集三卷　（明）胡居仁撰　光緒
　　六年(1880)六安涂氏求我齋刊
胡敬齋先生居業錄十二卷　（明）胡居仁撰
　　光緒六年(1880)六安涂氏求我齋刊
倭文端公遺書八卷首二卷末一卷續四卷
　　（清）倭仁撰　光緒六年(1880)六安涂
　　氏求我齋刊
拙修集十卷續編四卷補編一卷　（清）吳廷
　　棟撰　同治十年(1871)六安涂氏求我
　　齋刊
理學宗傳辨正十六卷　（清）劉廷詔撰　同
　　治十一年(1872)六安涂氏求我齋刊
松陽講義十二卷　（清）陸隴其撰　同治十
　　年(1871)洪氏公善堂刊
大唐開元禮一百五十卷　（唐）蕭嵩等撰
　　光緒十二年(1886)洪氏公善堂刊
家範十卷　（宋）司馬光撰　（清）朱軾評點
　　光緒元年(1875)夔州李氏刊
三禮從今三卷　（清）黃本驥撰
比例匯通四卷　（清）羅士琳撰　嘉慶二十
　　三年(1818)刊
涇川文載小傳一卷　（清）鄭相如輯

大亭山館叢書

（清）楊葆彝輯
　　清光緒中陽湖楊氏刊本
經類
　　六書段借經徵四卷　（清）朱駿聲撰　光緒
　　　十年(1884)刊
　　六書例解一卷　（清）楊錫觀撰　光緒九年
　　　(1883)刊
　　形聲類篇五卷　（清）丁履恆撰　光緒十五
　　　年(1889)刊
史類
　　東南紀略一卷　（清）□□撰　光緒十年
　　　(1884)刊
　　夏蟲自語一卷　（清）楊德榮撰　光緒七年
　　　(1881)刊
子類
　　曼先生語錄一卷　（明）程晳撰　光緒八年
　　　(1882)刊
　　青囊天玉通義五卷　（清）張惠言輯　光緒
　　　八年(1882)刊
　　區田圖說一卷　（清）□□撰　光緒十年
　　　(1884)刊
　　握奇經定本一卷正義一卷圖一卷　（清）張
　　　惠言撰　光緒十四年(1888)刊

集類
　　劉海峯文鈔一卷　（清）劉大櫆撰　（清）張
　　　惠言選　光緒十五年(1889)刊
　　玉餘外編文鈔一卷　（清）莊士敏撰　光緒
　　　八年(1882)刊
　　柏堂賸稿三卷　（清）陳爾幹撰　光緒八年
　　　(1882)刊
　　毗陵楊氏詩存五種附編三種　（清）楊葆彝
　　　輯　光緒六年(1880)刊
　　匯石山房詩鈔一卷　（清）楊玕撰
　　南蘭紀事詩鈔二卷　（清）楊文言撰
　　白雲樓詩鈔一卷詩話一卷　（清）楊宗發
　　　撰
　　逸齋詩鈔一卷　（清）楊超撰
　　抱璞山房詩鈔一卷　（清）楊垣撰
　　附編　光緒七年(1881)刊
　　　絡緯吟一卷　（清）曹萼眞撰
　　　錢左才集一卷　（清）錢芬撰
　　　春雨樓詩鈔一卷　（清）楊靜娟撰
　　蓉湖草堂存稿一卷　（清）陳滋撰　光緒十
　　　四年(1888)刊
　　吳瑟甫歌詩一卷　（清）吳璵撰　光緒八年
　　　(1882)刊
　　栝玆經一卷　（清）郁離子(吳璵)撰　光緒
　　　八年(1882)刊
　　夢萱室遺詩一卷　（清）汪孝寬撰
　　華庭詩鈔一卷　（清）楊德榮撰　光緒七年
　　　(1881)刊

邵武徐氏叢書

（清）徐榦輯
　　清光緒中刊本
初刻
　　鄭氏詩譜考正一卷　（清）丁晏撰
　　春秋世族譜一卷　（清）陳厚耀撰
　　小爾雅疏八卷　（清）王煦撰　　　　　［刊
　　韻補五卷　（宋）吳棫撰　光緒九年(1883)
　　韻補正一卷　（清）顧炎武撰
　　東南紀事十二卷　（清）邵廷采撰
　　西南紀事十二卷　（清）邵廷采撰
　　海東逸史十八卷　（清）翁洲老民撰
　　李忠定公別集十卷　（宋）李綱撰　光緒十
　　　年(1884)刊
　　　靖康傳信錄三卷
　　　建炎進退志四卷
　　　建炎時政記三卷
　　東觀餘論二卷附錄一卷　（宋）黃伯思撰
　　琴操二卷補一卷　（漢）蔡邕撰
　　支遁集二卷補遺一卷　（晉）釋支遁撰　補
　　　遺(清)蔣清翊輯　光緒十年(1884)刊

西崑酬唱集二卷　(宋)楊億輯
樵川二家詩六卷　(清)徐榦輯　光緒七年
　(1881)刊
滄浪吟二卷　(宋)嚴羽撰
滄浪詩話一卷　(宋)嚴羽撰
秋聲集三卷　(元)黃鎭成撰
文章緣起一卷　(梁)任昉撰　(明)陳懋仁
　注　(清)方熊補注
二集
激景堂史測十四卷　(清)施鴻撰　光緒十
　三年(1887)刊
剡錄十卷　(宋)高似孫撰
邵氏姓解辨誤一卷　(清)段朝端撰　光緒
　十三年(1887)刊
讒書五卷附校一卷　(唐)羅隱撰　附校
　(清)吳騫撰　光緒十二年(1886)刊
竹齋詩集四卷　(明)王冕撰
亨甫詩選八卷　(清)張際亮撰　(清)徐榦
　輯　光緒八年(1882)刊
本事詩十二卷　(清)徐釚輯
花間集十卷　(後蜀)趙崇祚輯　光緒十四
　年(1888)刊

會稽徐氏鑄學齋叢書

(清)徐維則輯
　清咸豐光緒間會稽徐氏刊本
易卦變圖說一卷　(清)□□撰　咸豐十年
　(1860)刊
說文繫傳考異四卷附錄一卷　(清)汪憲撰
　附錄(清)朱文藻撰
切音蒙引二卷　(清)陳錦撰　光緒九年
　(1883)刊
日本國志序例一卷　(清)黃遵憲撰　光緒
　二十三年(1897)刊
越中觀感錄一卷　(清)陳錦撰
家語證僞十一卷　(清)范家相撰　光緒十
　五年(1889)刊
理學齋導言一卷　(清)馬用錫撰
退庵隨筆一卷　(清)沈映鈐撰
四科簡效方四卷　(清)王士雄撰　光緒十
　一年(1885)刊
精選集驗良方二卷　(清)關梓撰　光緒十
　四年(1888)刊
理瀹駢文摘要二卷　(清)吳尚先撰　光緒
　十三年(1887)刊
申鄭軒遺文一卷附經史問答校記一卷
　(清)孫志祖撰　光緒十九年(1893)刊
退庵賸稿一卷　(清)沈映鈐撰

會稽徐氏初學堂羣書輯錄

(清)徐維則輯
　清光緒廿年(1894)會稽徐氏鑄學齋稿本
春秋日食質疑一卷　(清)吳守一撰
周禮序官考一卷　(清)陳大庚撰
緯學原流興廢考三卷　(清)蔣清翊撰
吳越春秋十卷　(漢)趙曄撰
風俗通義佚文一卷　(漢)應劭撰　(清)顧
　櫰三輯
鴻爪錄六卷首一卷　(清)周大樞撰
旅菴奏對錄一卷　(清)釋本月撰
管溪徐氏宗譜一卷
荀子大義錄一卷　(□)薛炳撰
信摭一卷　(清)章學誠撰
鄉談一卷　(明)田易撰
思古齋隨筆五卷　(清)何溦撰
巾廂說一卷　(清)金埴撰
越縵筆記不分卷　(清)李慈銘撰
牧羊指引一卷　(日本)下總種畜場撰
山羊全書一卷　(日本)內藤菊造撰
廣川書跋一卷　(宋)董逌撰

融經館叢書

(清)徐友蘭輯
　清光緒中會稽徐氏八杉齋刊本
釋名疏證八卷補遺一卷　(清)畢沅撰　光
　緒十一年(1885)刊
兩漢雋言前集十卷後集六卷　前集(宋)林
　越輯　後集(明)凌迪知輯　光緒六年
　(1880)刊
楚騷綺語六卷　(明)張之象輯　光緒六年
　(1880)刊
太史華句八卷　(明)凌迪知輯　光緒十一
　年(1885)刊
左國腴詞八卷　(明)凌迪知輯　光緒七年
　(1881)刊
文選錦字錄二十一卷　(明)凌迪知輯　光
　緒十一年(1885)刊
漢書蒙拾三卷　(清)杭世駿撰　光緒七年
　(1881)刊
後漢書蒙拾二卷　(清)杭世駿撰　光緒七
　年(1881)刊
唐詩金粉十卷　(清)沈炳震輯　光緒七年
　(1881)刊
蠡江日記八卷續編四卷　(清)張文虎撰
　光緒八年(1882)刊
顧曲錄四卷　(清)謝嘉玉撰　光緒七年
　(1881)刊

如不及齋叢書

(清)陳坤輯

清同治光緒間錢塘陳氏粤東刊本
為政忠告四卷　(元)張養浩撰　同治三年
　　(1864)刊
　牧民忠告二卷
　風憲忠告一卷
　廟堂忠告一卷
日省錄三卷　(清)梁文科撰
大學日程一卷　(明)陳瑚撰
幼訓一卷　(清)崔學古撰
虛字考一卷　(清)張文炳撰
鼉湖迴瀾記八卷　(清)陳坤撰
治潮芻言一卷　(清)陳坤撰
粤東勦匪紀略五卷　(清)陳坤撰
如不及齋詩鈔一卷　(清)陳坤撰
如不及齋詠史詩一卷　(清)陳坤撰
寒碧軒詩存一卷　(清)陳鉦撰
古井遺忠集一卷　(清)陳坤輯
嶺南雜事詩鈔八卷　(清)陳坤撰

趙氏藏書

(清)趙承恩輯
　　清同治光緒間金谿趙氏紅杏山房補刊重
　　印本
歷代名臣奏議選三十卷　(清)趙承恩輯
　　同治十三年(1874)刊
太平寰宇記二百卷(原缺卷一百十三至一
　　百十九)　(宋)樂史撰
大清一統志表不分卷　清乾隆九年敕撰
朝代紀元表一卷　(清)萬廷蘭撰
司馬溫公文集十四卷首一卷　(宋)司馬光
　　撰　光緒七年(1881)刊
羅豫章先生集十二卷首一卷末一卷　(宋)
　　羅從彥撰　光緒八年(1882)刊
潛庵先生全集五卷疏稿一卷困學錄一卷志
　　學會約一卷　(清)湯斌撰
附
　湯文正公(斌)年譜定本一卷　(清)方苞
　　　撰　(清)楊椿重輯
　胡文忠公遺集十卷首一卷　(清)胡林翼撰
　　　光緒八年(1882)刊
　史忠正公集四卷首一卷末一卷　(明)史可
　　　法撰　同治十年(1871)刊
　校訂困學紀聞三箋二十卷　(清)閻若璩
　　　(清)何焯(清)全祖望撰
　壯悔堂文集十卷四憶堂詩集六卷　(清)侯
　　　方域撰　光緒四年(1878)刊
　重刻西沱吳先生鑫遇錄(一名西沱奏議)十
　　　五卷附二卷　(明)吳世忠撰
　初唐四傑集三十七卷　乾隆四十七年
　　　(1782)星渚項氏刊

　王子安集十六卷　(唐)王勃撰
　楊盈川集十卷　(唐)楊炯撰
　盧昇之集七卷　(唐)盧照鄰撰
　駱丞集四卷　(唐)駱賓王撰
　史記菁華錄六卷　(清)姚苧田摘錄　同治
　　　十二年(1873)刊
　周易通論四卷周易觀象十二卷周易觀象大
　　　指二卷　(清)李光地撰
　念二史詠史詩註二卷　(清)□□撰

津河廣仁堂所刻書

(清)□□輯
　　清光緒中津河廣仁堂刊本
論語話解十卷　(清)陳澧撰
國朝名臣言行錄十六卷　(清)王炳燮撰
　　光緒十一年(1885)刊
聖諭廣訓一卷　清世宗撰　光緒十二年
　　(1886)刊
怡賢親王奏議一卷附一卷　(清)允祥撰
陸清獻公(隴其)年譜定本二卷附錄一卷
　　(清)吳光酉撰　光緒八年(1882)刊
朱文端公(軾)年譜一卷　(清)朱齡撰　光
　　緒十年(1884)刊
近思錄集解十四卷　(宋)葉采撰　光緒十
　　年(1884)刊　　　　　　　　　[刊
小學六卷　(宋)朱熹輯　光緒七年(1881)
朱子訓蒙詩百首一卷附童蒙須知一卷訓子
　　從學帖一卷　(宋)朱熹撰
北溪先生字義二卷補遺一卷嚴陵講義一卷
　　附一卷　(宋)陳淳撰　光緒八年
　　(1882)刊
袁氏世範三卷　(宋)袁采撰　光緒十年
　　(1884)刊
程氏家塾讀書分年日程三卷　(元)程端禮
　　撰　光緒八年(1882)刊
夜行燭一卷　(明)曹端撰
呂子節錄四卷　(明)呂坤撰　光緒九年
　　(1883)刊
四禮翼四卷　(明)呂坤撰　光緒八年
　　(1882)刊
小兒語一卷　(明)呂得勝撰　(明)呂坤續
　　光緒七年(1881)刊
聖學入門書一卷附蔚村三約一卷　(清)陳
　　瑚撰　光緒十年(1884)刊
訓子語二卷　(清)張履祥撰　光緒九年
　　(1883)刊
庭訓格言一卷　清世宗述　光緒七年
　　(1881)刊
莅政摘要二卷　(清)陸隴其撰　光緒八年
　　(1882)刊

明賢蒙正錄二卷　(清)彭定求輯　光緒八年(1882)刊

課士直解七卷　(清)陳宏謀撰

培遠堂手札節存三卷附錄一卷　(清)陳宏謀撰

恆產瑣言一卷　(清)張英撰　光緒八年(1882)刊

聰訓齋語一卷　(清)張英撰　光緒八年(1882)刊

女學六卷　(清)藍鼎元撰　光緒九年(1883)刊

病榻夢痕錄節要二卷　(清)汪輝祖撰　(清)方宗誠輯　光緒九年(1883)刊

衛道編二卷　(清)劉紹攽輯註　光緒九年(1883)刊

敦諭語四卷補一卷　(清)謝金鑾撰　光緒七年(1881)刊

弟子箴言十六卷　(清)胡達源撰　光緒七年(1881)刊

銖寸錄二卷　(清)竇埰撰

觀瀾講義一卷　(清)陸慶頤撰　光緒八年(1882)刊

童蒙須知韻語一卷　(清)萬斛泉撰　光緒七年(1881)刊

敦女彝訓一卷　(清)方宗誠撰　光緒九年(1883)刊

爲學大指一卷　(清)倭仁撰　光緒十年(1884)刊

鄉塾正誤二卷　(清)李江撰　光緒七年(1881)刊

闇修記四卷　(清)王檢心撰

程氏性理字訓一卷　(宋)程若庸撰

讀書舉要二卷　(清)楊希閔撰　光緒八年(1882)刊

恆齋日記二卷　(清)于覲清撰　光緒九年(1883)刊

性理淺說一卷　(清)郭長清撰

小學淺說一卷　(清)郭長清撰

廣三字經一卷　(清)蕉軒氏撰　(清)王晉之(清)張諧之重訂　光緒九年(1883)刊

演敦論語一卷　(清)高穊珩撰　光緒九年(1883)刊

懿言日錄一卷　(清)王喆生撰　光緒八年(1882)刊

乙丑禮闈分校日記一卷　(清)王喆生撰　光緒八年(1882)刊

靈峽學則一卷　(清)薛于瑛撰　光緒七年(1881)刊

先喆格言一卷　(清)□□輯

弟子規一卷　(清)李毓秀撰　光緒七年(1881)刊

蠶書一卷　(宋)秦觀撰

農書三卷　(宋)陳旉撰

潘豐豫莊本書一卷　(清)潘曾沂撰　光緒八年(1882)刊

蠶桑實濟六卷　(清)□□撰　光緒八年(1882)刊

山居瑣言一卷　(清)王晉之撰　光緒十年(1884)刊

況太守集十六卷補遺一卷首一卷　(明)況鍾撰　光緒十年(1884)刊

布衣陳先生遺集四卷　(明)陳眞晟撰　光緒十年(1884)刊

愧訥集十二卷　(清)朱用純撰　光緒八年(1882)刊

柏廬外集四卷　(清)朱用純撰　光緒八年(1882)刊

陸桴亭先生文集五卷　(清)陸世儀撰　光緒九年(1883)刊

虛直軒文集十卷外集六卷　(清)姚文然撰

毋自欺室文集十卷　(清)王炳燮撰　光緒十一年(1885)刊

論文章本原三卷　(清)方宗誠撰　光緒十年(1884)刊

半厂叢書初編

(清)譚獻輯

清光緒中仁和譚氏刊本

詩本誼一卷　(清)龔橙撰　光緒十五年(1889)刊

西夏紀事本末三十六卷首二卷　(清)張鑑撰　光緒十一年(1885)刊

白香詞譜箋四卷　(清)舒夢蘭輯　(清)謝朝徵箋　光緒十一年(1885)刊

篋中詞六卷續四卷　(清)譚獻輯　光緒八年(1882)刊

復堂類集文四卷詩十一卷詞三卷　(清)譚獻撰　光緒十一年(1885)刊詩同治四年(1865)刊

復堂日記八卷　(清)譚獻撰　光緒十三年(1887)刊

合肥三家詩錄二卷　(清)譚獻輯　光緒十二年(1886)刊

待堂文一卷　(清)吳懷珍撰

池上題襟小集一卷　(清)譚獻輯　[評

非見齋審定六朝正書碑目一卷　(清)譚獻

心矩齋叢書

(清)蔣鳳藻輯

清光緒中長洲蔣氏刊民國十四年(1925)
　文學山房重印本
漢志水道疏證四卷　(淸)洪頤煊撰　光緒
　十四年(1888)刊
姑蘇名賢小記二卷　(明)文震孟撰　光緒
　八年(1882)刊
南江札記一卷　(淸)邵晉涵撰　光緒十四
　年(1888)刊
蘇詩查注補正四卷　(淸)沈欽韓撰　光緒
　十四年(1888)刊
鐵橋漫稿八卷　(淸)嚴可均撰　光緒十一
　年(1885)刊　　　　　　　　　　〔刊
札樸十卷　(淸)桂馥撰　光緒九年(1883)
經傳釋詞補一卷　(淸)孫經世撰　光緒十
　四年(1888)刊
六九齋饌述棄三卷　(淸)陳琇撰

金峨山館叢書(一名望三益齋叢書)

(淸)郭傳璞輯
　清光緒中鄞郭氏刊本
說文統釋自序一卷　(淸)錢大昭撰　光緒
　八年(1882)刊
晉同義異辨一卷　(淸)畢沅撰　光緒八年
　(1882)刊
說文經字攷一卷　(淸)陳壽祺撰　光緒十
　年(1884)刊
說文答問疏證六卷　(淸)薛傳均撰　光緒
　十年(1884)刊
竹林答問一卷　(淸)陳僅撰　清光緒十一
　年(1885)刊
西漢節義傳論二卷　(淸)李鄴嗣撰　光緒
　十一年(1885)刊
明鑑前紀二卷　(淸)齊召南撰　光緒十五
　年(1889)刊
寶綸堂文鈔八卷詩鈔六卷　(淸)齊召南撰
　光緒十三年(1887)刊
賞雨茅屋外集一卷　(淸)曾燠撰　光緒十
　五年(1889)刊
青芝山館駢體文集二卷　(淸)樂鈞撰　光
　緒十六年(1890)刊
第一樓叢書附考一卷　(淸)俞樾撰　光緒
　十年(1884)刊

弢園叢書

(淸)王韜輯
　抄本
忠義錄一卷　(淸)王韜輯
吳中財賦考一卷　(淸)王韜輯
滇南銅政考一卷　(淸)王韜輯
治安八議一卷　(淸)王韜輯

進呈鷹論一卷　(淸西洋)利類思譯
農事直說一卷　(淸)王韜輯
袊陽雜錄一卷　(淸)王韜輯
續墨客揮犀十卷　(宋)彭乘撰
東坡先生仇池筆記二卷　(宋)蘇軾撰
東人詩話二卷　(淸)王韜輯
朱淑貞斷腸詩集十卷補遺一卷 詞一卷
　(宋)朱淑貞撰

養素軒叢錄

(淸)□□輯
　鈔本
第一集
　詩說一卷　(宋)張耒撰
　五代史闕文一卷　(宋)王禹偁撰
　溪蠻叢笑一卷　(宋)朱輔撰
　密齋筆記五卷續記一卷　(宋)謝采伯撰
　海樵子一卷　〔明〕王崇慶撰
　異魚圖贊四卷　(明)楊慎撰
　示兒長語一卷　(淸)艮庭居士(潘德輿)撰
第二集
　懶眞子五卷　(宋)馬永卿撰
　宜齋野乘一卷　(宋)吳枋撰
　困學齋雜記一卷　(元)鮮于樞撰
　東南紀聞三卷　(元)□□撰
　拊掌錄一卷　(元)元懷撰
　牛村野人閒談一卷　(元)姜南撰
第三集
　孟子音義二卷　(宋)孫奭撰
　三水小牘二卷　(唐)皇甫枚撰
　桐陰舊話一卷　(宋)韓元吉撰
　負暄野錄一卷　(宋)陳槱撰
　書品一卷　(明)楊慎撰
　鶡子一卷　(周)鶡熊撰
　補鶡子一卷　(明)楊之森輯
　慎子一卷　(周)慎到撰
　素履子三卷　(唐)張弧撰
　天隱子一卷　(唐)司馬承禎撰
　冬心先生自度曲一卷　(淸)金農撰
　春宵襄牘二卷　(淸)夢花主人撰
　藝蘭說一卷　(淸)王璧撰

清風室叢刊

(淸)錢保塘輯
　清同治至民國間海寧錢氏清風室刊本
清風室文鈔十二卷詩鈔五卷　(淸)錢保塘
　撰　民國二年(1913)刊詩鈔宣統三年
　(1911)刊
吳越雜事詩錄三卷　(淸)錢保塘撰　民國
　三年(1914)刊

鏡海樓詩集四卷　(清)楊鳳翰撰　光緒二
　　十一年(1895)刊
江月松風集十二卷續集一卷補遺一卷附文
　　一卷附錄一卷　(元)錢惟善撰　光緒
　　八年(1882)刊
李西崖擬古樂府一卷　(明)李東陽撰　光
　　緒二十一年(1895)刊
涪州石魚題名記一卷　(清)錢保塘輯　光
　　緒四年(1878)刊
小學盦遺書四卷　(清)錢馥撰　光緒二十
　　一年(1895)刊
傳子二卷附錄一卷　(晉)傳玄撰　(清)錢
　　保塘輯　光緒八年(1882)刊
物理論一卷　(晉)楊泉撰　(清)孫星衍集
　　校　(清)錢保塘重校
農桑衣食撮要二卷　(元)魯明善撰　光緒
　　十五年(1889)刊
醫學總論一卷附一卷　(清)陸汝衡撰　光
　　緒二十一年(1895)刊
婦學一卷　(清)錢保塘輯　光緒二十一年
　　(1895)刊
女英傳四卷　(清)錢保塘輯　同治十年
　　(1871)刊
光緒輿地韻編一卷　(清)錢保塘撰　光緒
　　十九年(1893)刊
海寧縣志略一卷附錄一卷　(清)范驤撰
　　光緒八年(1882)刊
錢氏考古錄十二卷補遺一卷　(清)錢保塘
　　輯　民國六年(1917)刊
春秋疑年錄一卷　(清)錢保塘撰　光緒二
　　十一年(1895)刊
辨名小記一卷　(清)錢保塘撰　光緒二十
　　一年(1895)刊
字林考逸八卷　(清)錢保塘輯　光緒七年
　　(1881)章氏刊
歷代名人生卒錄八卷　(清)錢保塘輯　民
　　國二十五年(1936)排印

咫進齋叢書

(清)姚覲元輯
　　清光緒九年(1883)歸安姚氏刊本
第一集
　春秋公羊禮疏十一卷　(清)凌曙撰
　公羊問答二卷　(清)凌曙撰
　孝經疑問一卷　(明)姚舜牧撰
　說文答問疏證六卷　(清)薛傳均撰
　瘞鶴銘圖考一卷　(清)汪士鋐撰
　蘇齋唐碑選一卷　(清)翁方綱撰
　姚氏藥言一卷　(明)姚舜牧撰
　咽喉脈證通論一卷　同治十三年(1874)川

　　東刊
　務民義齋算學　(清)徐有壬撰
　　測圓密率三卷
　　橢圓正術一卷
　　截球解義一卷
　　弧三角拾遺一卷
　　朔食九服里差三卷
　　用表推日食三差一卷
　　造各表簡法一卷
　大雲山房十二章圖說二卷　(清)惲敬撰
　大雲山房雜記二卷　(清)惲敬撰
　棠湖詩稿一卷　(宋)岳珂撰
　春艸堂遺稿一卷　(清)姚陽元撰
第二集
　小爾雅疏證五卷　(清)葛其仁撰
　說文引經攷二卷補遺一卷　(清)吳玉搢撰
　說文檢字二卷補遺一卷　(清)毛謨撰　補
　　遺(清)姚覲元撰
　古今韵攷四卷　(清)李因篤撰
　前徽錄一卷　(清)姚世錫撰
　中州金石目四卷補遺一卷　(清)姚晏撰
　三十五舉一卷附校勘記一卷　(元)吾丘衍
　　撰　校勘記(清)姚覲元撰
　續三十五舉一卷　(清)桂馥撰
　再續三十五舉一卷　(清)姚晏撰
　安吳論書一卷　(清)包世臣撰
　寒秀艸堂筆記四卷　(清)姚衡撰
第三集
　禮記天算釋一卷　(清)孔廣牧撰
　孝經鄭注一卷　(漢)鄭玄撰　(清)嚴可均
　　輯　光緒八年(1882)粵東刊
　爾雅補郭二卷　(清)翟灝撰　光緒八年
　　(1882)粵東刊
　說文新附攷六卷　(清)鄭珍撰　光緒五年
　　(1879)刊
　汲古閣說文訂一卷　(清)段玉裁撰
　說文校定本二卷　(清)朱士端撰
　四聲等子一卷
　銷燬抽燬書目一卷　清乾隆四十七年敕撰
　禁書總目一卷　清乾隆五十三年敕撰
　違礙書目一卷　清乾隆四十三年敕撰
　愼疾芻言一卷　(清)徐大椿撰　光緒七年
　　(1881)刊
　陽宅闢謬一卷　(清)梅漪老人(姚文田)撰
　清閟齋詩存三卷　(清)周鼎樞撰　光緒八
　　年(1882)刊

鐵華館叢書

(清)蔣鳳藻輯
　　清光緒中長洲蔣氏景刊本

通玄眞經十二卷　（周)辛鈃撰　（唐)徐靈
　　府注　光緒九年(1883)據宋本景刊
沖虛至德眞經八卷　（周)列禦寇撰　（晉)
　　張湛注　光緒十年(1884)據宋本景刊
新序十卷　（漢)劉向撰　光緒九年(1883)
　　刊
羣經音辨七卷　（宋)賈昌朝撰　光緒十年
　　(1884)據澤存堂五種本景刊
佩觿三卷　（後周)郭忠恕撰　光緒十年
　　(1884)據澤存堂五種本景刊
字鑑五卷　（元)李文仲撰　光緒十年
　　(1884)據澤存堂五種本景刊

古逸叢書

（清)黎庶昌輯
　　清光緒中遵義黎氏日本東京使署景刊本
爾雅三卷　（晉)郭璞注　光緒九年(1883)
　　據宋蜀大字本景刊
春秋穀梁傳十二卷附考異一卷　（晉)范甯
　　集解　（唐)陸德明音義　考異(民國)
　　楊守敬撰　光緒九年(1883)據宋紹熙
　　本景刊
論語十卷　（魏)何晏集解　光緒八年
　　(1882)據日本正平本景刊
周易六卷附晦庵先生校正周易繫辭精義二
　　卷　（宋)程頤傳　附(宋)呂祖謙撰
　　光緒九年(1883)據元至正本景刊
孝經一卷　唐玄宗注　據日本舊鈔卷子本
　　景刊
老子道德經二卷　（周)李耳撰　（魏)王弼
　　注　據集唐字本景刊
荀子二十卷　（周)荀況撰　（唐)楊倞注
　　光緒十年(1884)據宋台州本景刊
南華眞經注疏十卷　（晉)郭象注　（唐)成
　　玄英疏　據宋本景刊
楚辭集注八卷辯證二卷後語六卷　（宋)朱
　　熹撰　據元本景刊
尙書釋音二卷　（唐)陸德明撰　據日本景
　　鈔宋大字本景刊
玉篇殘四卷(存卷九、卷十八至十九、卷二
　　十七)又二卷(卷九、卷二十二)　（梁)
　　顧野王撰　據日本舊鈔卷子本景刊
廣韻五卷附校札一卷　（宋)陳彭年等重修
　　校札(清)黎庶昌撰　據宋本景刊
廣韻五卷　（宋)陳彭年等重修　據元泰定
　　本景刊
玉燭寶典十二卷(原缺卷九)　（隋)杜臺卿
　　撰　據日本舊鈔卷子本景刊
文館詞林殘十四卷(存卷一百五十六至一
　　百五十八、卷三百四十七、卷四百五十

二至四百五十三、卷四百五十七、卷四
百五十九、卷六百六十五至六百六十
七、卷六百七十、卷六百九十一、卷六
百九十九)　（唐)許敬宗等輯　光緒
十年(1884)據日本舊鈔卷子本景刊
珊瑚集殘二卷(存卷十二、卷十四)　據日
本舊鈔卷子本景刊
姓解三卷　（宋)邵思撰　據北宋本景刊
韻鏡一卷　據日本永祿本景刊
日本國見在書目錄一卷　（日本)藤原佐世
撰　據日本舊鈔卷子本景刊
史略六卷　（宋)高似孫撰　光緒十年
(1884)據宋本景刊
漢書食貨志一卷(原缺卷下)　（漢)班固撰
（唐)顏師古注　光緒八年(1882)據
唐寫本景刊
急就篇一卷　（漢)史游撰　據日本小島知
足仿唐石經體寫本景刊
杜工部草堂詩箋四十卷外集一卷補遺十卷
傳序碑銘一卷目錄二卷年譜二卷詩話
二卷　（宋)魯訔輯　（宋)蔡夢弼會箋
補遺(宋)黃鶴集註　據宋麻沙本景
刊補遺據高麗繙刊本景刊
碣石調幽蘭一卷　（陳)丘公明撰　據日本
舊鈔卷子本景刊
天台山記一卷　（唐)徐靈府撰　據日本舊
鈔卷子本景刊
太平寰宇記殘六卷(存卷一百十三至一百
十八)　（宋)樂史撰　光緒九年(1883)
據宋本景刊

續古逸叢書

張元濟等輯
　　1922年至1957年上海商務印書館景印本
孟子十四卷　（漢)趙岐注　據宋大字本景
印
南華眞經十卷　（周)莊周撰　（晉)郭象注
（唐)陸德明音義　據宋大字本景印
爾雅疏十卷　（宋)邢昺撰　民國十一年
(1922)據宋咸平本景印
說文解字十五卷　（漢)許慎撰　（宋)徐鉉
等校定　據宋本景印
曹子建集十卷　（魏)曹植撰　民國十一年
(1922)據宋大字本景印
嘯堂集古錄二卷　（宋)王俅撰　民國十一
年(1922)據宋淳熙本景印
竇氏聯珠集一卷　（唐)竇常(唐)竇牟(唐)
竇羣(唐)竇庠(唐)竇鞏撰　（唐)褚藏
言輯　民國十一年(1922)據宋本景印
張文昌文集四卷　（唐)張籍撰　民國十一

年(1922)據宋蜀本景印

皇甫持正文集六卷　(唐)皇甫湜撰　民國
　　十二年(1923)據宋蜀本景印

李長吉文集四卷　(唐)李賀撰　民國十一
　　年(1922)據宋蜀本景印

許用晦文集二卷拾遺二卷　(唐)許渾撰
　　民國十一年(1922)據宋蜀本景印

鄭守愚文集三卷　(唐)鄭谷撰　民國十一
　　年(1922)據宋蜀本景印

孫可之文集十卷　(唐)孫樵撰　民國十一
　　年(1922)據宋蜀本景印

司空表聖文集十卷　(唐)司空圖撰　民國
　　十一年(1922)據宋蜀本景印

龍龕手鑑三卷　(遼)釋行均撰　民國十二
　　年(1923)據宋本景印

中說十卷　(隋)王通撰　(晉)阮逸注　民
　　國十二年(1923)據宋本景印

老子道德經古本集注二卷　(宋)范應元撰
　　民國十一年(1922)據宋本景印

漢官儀三卷　(宋)劉攽撰　民國十一年
　　(1922)據宋紹興本景印

漢丞相諸葛忠武侯傳一卷　(宋)張栻撰
　　民國十二年(1923)據宋本景印

頤堂先生文集五卷　(宋)王灼撰　民國十
　　二年(1923)據宋本景印

珞琭子三命消息賦三卷附李燕陰陽三命二
　　卷　(宋)李仝注　(宋)東方明疏　附
　　(□)□□撰　據宋本景印

山谷琴趣外篇三卷　(宋)黃庭堅撰　民國
　　十二年(1923)據宋本景印

公是先生七經小傳三卷　(宋)劉敞撰　據
　　宋本景印

附釋文互注禮部韻略五卷條式一卷　(宋)
　　□□撰　據宋本景印

孔氏祖庭廣記十二卷　(金)孔元措撰　據
　　蒙古本景印

漢雋十卷　(宋)林鉞撰　民國十七年
　　(1928)據宋淳熙本景印

張子語錄三卷後錄二卷　(宋)張載撰　民
　　國十七年(1928)據宋本景印

龜山語錄四卷後錄二卷　(宋)楊時撰　民
　　國十七年(1928)據宋本景印

酒經三卷　(宋)大隱翁(朱肱)撰　民國十
　　七年(1928)據宋本景印

清波雜志十二卷　(宋)周煇撰　民國十七
　　年(1928)據宋本景印

續幽怪錄四卷　(唐)李復言撰　民國十七
　　年(1928)據宋本景印

通玄眞經十二卷　(周)辛銒撰　(唐)徐靈
　　府注　民國十七年(1928)據宋本景印

洞靈眞經五卷　(周)庚桑楚撰　(宋)何粲
　　注　民國十七年(1928)據宋本景印

陶淵明詩一卷　(晉)陶潛撰　民國十七年
　　(1928)據宋紹熙本景印

昭德先生郡齋讀書志四卷附志一卷後志二
　　卷二本四卷攷異一卷　(宋)晁公武撰
　　附志攷異(宋)趙希弁撰併輯後志民
　　國二十年(1931)據宋淳祐袁州本景印

樂善錄十卷　(宋)李昌齡輯　民國二十四
　　年(1935)據宋紹定本景印

名公書判清明集不分卷　民國二十四年
　　(1935)據宋本景印

武經七書二十五卷　(宋)何去非輯　民國
　　二十四年(1935)據宋本景印

孫子三卷　(周)孫武撰

吳子二卷　(周)吳起撰

司馬法三卷　(周)司馬穰苴撰

唐太宗李衛公問對三卷　(唐)李靖撰

尉繚子五卷　(周)尉繚撰

黃石公三略三卷　(漢)黃石公撰

六韜六卷　(周)呂望撰

搜神祕覽三卷　(宋)章炳文撰　民國二十
　　四年(1935)據宋本景印

春秋公羊疏殘七卷(存卷一至七)　(唐)徐
　　彥撰　據宋本景印

乖崖先生文集十二卷附集一卷　(宋)張詠
　　撰　民國二十四年(1935)據宋本景印

謝幼槃竹友集十卷　(宋)謝逸撰　民國二
　　十四年(1935)據宋本景印

水經注十五卷　(漢)桑欽撰(後魏)酈道元
　　注　民國二十四年(1935)據永樂大典
　　本景印

中庸說殘三卷(存卷一至三)　(宋)張九成
　　撰　民國二十五年(1936)據宋本景印

程氏演繁露十卷　(宋)程大昌撰　民國二
　　十七年(1938)據宋本景印

梅花喜神譜二卷　(宋)宋伯仁撰　據宋本
　　景印

杜工部集二十卷補遺一卷　(唐)杜甫撰
　　(宋)王洙編　1957年據宋本配毛氏汲
　　古閣鈔本景印

晉石厂叢書

(清)姚慰祖輯

清光緒七年(1881)歸安姚氏粵東藩署刊
　　民國二十三年(1934)海虞瞿氏鐵琴
　　銅劍樓重修印本

七錄序目一卷　(梁)阮孝緒撰

九經誤字一卷　(清)顧炎武撰

鄭學書目一卷　(清)鄭珍撰

古今僞書考一卷　(清)姚際恆撰
吳興藏書錄一卷　(清)鄭元慶撰　(清)范
　鍇輯
讀書叢錄節鈔一卷　(清)洪頤煊撰
南江文鈔一卷　(清)邵晉涵撰
經籍跋文一卷　(清)陳鱣撰
竹汀先生日記鈔一卷　(清)錢 大 昕 撰
　(清)何元錫輯
非石日記鈔一卷　(清)鈕樹玉撰　(清)王
　頌蔚輯

埽葉山房叢鈔

(清)席威輯
　清光緒九年(1883)刊本
日知錄集釋三十二卷刊誤二卷續刊誤二卷
　(清)黃汝成撰
春秋說一卷　(清)陶正靖撰
儀禮釋宮增註一卷　(清)江永撰
廿一史約編八卷首一卷　(清)鄭元慶述
里乘四卷　(清)許奉恩撰
峨嵋槍法一卷　(清)釋普恩立法　(清)程
　眞如達意
夢綠草堂槍法一卷　(清)釋洪轉撰
易筋經義二卷　(西竺)般剌密諦譯　光緒
　十年(1884)刊
服氣圖說一卷
行素堂集古印存二卷　(清)朱記榮輯
金玉瑣碎二卷　(清)謝堃撰　光 緒 六 年
　(1880)刊
六朝文絜四卷　(清)許槤評選　光緒三年
　(1877)刊
袁文箋正十六卷補注一卷　(清)袁枚撰
　(清)石韞玉箋　同治八年(1869)刊
歷代畫史彙傳七十二卷附錄二卷　(清)彭
　蘊璨輯　光緒八年(1882)刊
清河書畫舫十二卷　(明)張丑撰
鑒古百一詩一卷　(明)張丑撰
書畫所見錄三卷　(清)謝堃撰　光緒六年
　(1880)刊
墨林今話十八卷續編一卷　(清)蔣寶齡撰
　續編(清)蔣茞生撰　同 治 十 一 年
　(1872)刊
玉餘尺牘附編八卷　(清)莊士敏撰　光緒
　六年(1880)刊
楹聯集錦八卷　(清)胡鳳丹輯　光緒八年
　(1882)刊
雨牕記所記四卷　(清)謝堃撰　光緒六年
　(1880)刊
西湖竹枝集一卷　(元)楊維楨輯
銀瓶徵一卷　(清)俞樾撰

西湖遊記一卷　(清)查人渶撰
中西算學四種
　句股義一卷　(明)徐光啓撰
　測量異同一卷　(明)徐光啓撰
　測量法義一卷　(明西洋)利瑪竇口譯
　　(明)徐光啓筆受
　圜容較義一卷　(明西洋)利瑪竇授
　　(明)李之藻演
藤香館小品二卷　(清)薛時雨撰

花雨樓叢鈔

(清)張壽榮輯
　清光緒中蛟川張氏花雨樓刊本
虞氏易禮二卷　(清)張惠言撰　光緒九年
　(1883)刊
易學闡元一卷　(清)姚配中撰　光緒八年
　(1882)刊
鄭氏詩譜攷正一卷　(清)丁晏撰　光緒九
　年(1883)刊
經書算學天文攷二卷　(清)陳懋齡撰　光
　緒八年(1882)刊
說雅二卷　(清)朱駿聲撰　光 緒 九 年
　(1883)刊
茗柯文初編一卷二編二卷三編一卷四編一
　卷　(清)張惠言撰　光緒八年(1882)
　刊
茗柯詞一卷　(清)張惠言撰　光 緒 八 年
　(1882)刊
初月樓四種　(清)吳德旋撰　光 緒 八 年
　(1882)刊
　初月樓文鈔十卷續鈔八卷
　初月樓詩鈔四卷
　初月樓古文緒論一卷　(清)吳德旋述
　　(清)呂璜錄
　程子香文鈔二卷　(清)程德資撰
　尙絅堂駢體文二卷　(清)劉嗣綰撰　光緒
　九年(1883)刊
　硯山駢體文四卷　(清)宋世犖撰　光緒九
　年(1883)刊
　成人篇一卷　(清)書隱老人(張壽榮)撰
　　光緒九年(1883)刊
續鈔
　各經承師立學考四編　(清)張壽榮輯　光
　緒十一年(1885)刊
　經典釋文攷錄一卷　(唐)陸德明撰
　　(清)盧文弨校正
　傳經表二卷　(清)畢沅撰
　通經表二卷　(清)畢沅撰
　兩漢五經博士考三卷　(清)張金吾撰
　詩攷補注二卷補遺二卷　(清)丁晏撰　光

緒十一年(1885)刊

禮記釋注四卷　(清)丁晏撰　光緒十年(1884)刊

考工記圖二卷　(清)戴震撰・光緒十一年(1885)刊

苔岑經義鈔六卷　(清)張鴻栩輯　光緒八年(1882)刊

戴東原先生(震)年譜一卷　(清)段玉裁撰　光緒十年(1884)刊

定香亭筆談四卷　(清)阮元撰　光緒十年(1884)刊

靈芬館雜著二卷　(清)郭麐撰　光緒九年(1883)刊

芙村文鈔二卷　(清)沈豫撰　光緒十一年(1885)刊

仁在堂論文各法六卷　(清)路德撰　光緒十四年(1888)刊

詩答問二卷　(清)王士禛撰　(清)張宗柟輯　光緒十四年(1888)刊

附

國朝駢體正宗評本十二卷補編一卷　(清)曾燠輯　(清)姚燮評　光緒十年(1884)刊

嘯園叢書

(清)葛元煦輯

清光緒九年(1883)序仁和葛氏刊本

第一函

愚一錄十二卷　(清)鄭獻甫撰　光緒四年(1878)刊

學詩闕疑二卷　(清)劉青芝撰　光緒六年(1880)刊

廿二史諱略一卷　(清)周榘撰　光緒五年(1879)刊

松花庵韻史一卷　(清)吳鎮撰　光緒四年(1878)刊

攷古質疑六卷　(宋)葉大慶撰　光緒四年(1878)刊

六如居士畫譜三卷　(明)唐寅輯　光緒五年(1879)刊

小山畫譜二卷　(清)鄒一桂撰　光緒二年(1876)刊

第二函

臨池心解一卷　(清)朱和羹撰　光緒五年(1879)刊

三十五舉一卷　(元)吾丘衍撰　光緒三年(1877)刊

續三十五舉一卷　(清)桂馥撰　光緒三年(1877)刊

篆刻鍼度八卷　(清)陳克恕撰　光緒三年

(1877)刊

薛文清公讀書錄鈔四卷　(明)薛瑄撰　(清)陸緯輯　光緒七年(1881)刊

荊園語錄二卷　(清)申涵光撰　光緒三年(1877)刊

聰訓齋語二卷　(清)張英撰　光緒二年(1876)刊

澄懷園語四卷　(清)張廷玉撰　光緒二年(1876)刊

說鈴一卷　(清)汪琬撰　光緒四年(1878)刊

匏園掌錄二卷　(清)楊蘷生撰　光緒五年(1879)刊

懺摩錄一卷　(清)彭兆蓀撰　光緒五年(1879)刊

元邱素話一卷　(清)余紹祉撰　光緒七年(1881)刊

幽夢影二卷　(清)張潮撰　光緒五年(1879)刊

幽夢續影一卷　(清)甹山草衣(朱錫綬)撰　光緒七年(1881)刊

第三函

唐摭言十五卷　(南漢)王定保撰　光緒五年(1879)刊

雲仙雜記十卷　(唐)馮贄撰　光緒四年(1878)刊　　　　[刊

赤雅三卷　(明)鄺露撰　光緒四年(1878)

清嘉錄十二卷　(清)顧祿撰　光緒四年(1878)刊

清波小志二卷　(清)徐逢吉撰　光緒二年(1876)刊

清波小志補一卷　(清)陳景鐘撰　光緒二年(1876)刊

第四函

韻石齋筆談二卷　(清)姜紹書撰　光緒五年(1879)刊

書蕉二卷　(明)陳繼儒撰　光緒五年(1879)刊

黃嬭餘話八卷　(清)陳錫路撰　光緒二年(1876)刊

劇談錄二卷　(唐)康駢撰　光緒四年(1878)刊

泊宅編三卷　(宋)方勺撰　光緒三年(1877)刊

西溪叢語二卷　(宋)姚寬撰　光緒五年(1879)刊

味水軒日記八卷　(明)李日華撰　光緒五年(1879)刊

古夫于亭雜錄六卷　(清)王士禛撰　光緒三年(1877)刊

第五函
　說部精華十二卷　（清）王士禛撰　（清）劉
　　堅類次　光緒五年(1879)刊
　放翁題跋六卷　（宋）陸游撰　光緒四年
　　(1878)刊
　放翁家訓一卷　（宋）陸游撰　光緒四年
　　(1878)刊
　漁洋書籍跋尾二卷　（清）王士禛撰　光緒
　　四年(1878)刊
　南田畫跋一卷　（清）惲格撰　光緒四年
　　(1878)刊
　賜硯齋題畫偶錄一卷　（清）戴熙撰　光緒
　　三年(1877)刊
　古詩十九首說一卷　（清）朱筠口授　（清）
　　徐昆筆述　光緒四年(1878)刊
　說詩晬語二卷　（清）沈德潛撰　光緒四年
　　(1878)刊
　梅道人遺墨一卷　（元）吳鎮撰　光緒二年
　　(1876)刊
　論印絕句一卷續編一卷　（清）吳騫輯　光
　　緒五年(1879)刊
　醉盦硯銘一卷　（清）王繼香撰　光緒五年
　　(1879)刊
　鼎盦壺盧銘一卷　（清）葉金壽撰　光緒五
　　年(1879)刊
第六函
　香研居詞麈五卷　（清）方成培撰　光緒二
　　年(1876)刊
　詞林正韻三卷發凡一卷　（清）戈載輯　光
　　緒三年(1877)刊
　臨民要略　（清）葛元煦輯
　　學治一得編一卷附錄一卷　（清）何耿繩
　　　撰　光緒六年(1880)刊
　　明刑管見錄一卷　（清）穆翰撰　光緒六
　　　年(1880)刊
　　讀律琯朗一卷　（清）梁他山撰　光緒五
　　　年(1879)刊
　吳中判牘一卷　（清）蒯德模撰　光緒四年
　　(1878)刊
　洄溪醫案一卷附一卷　（清）徐大椿撰　光
　　緒四年(1878)刊
　慎疾芻言一卷　（清）徐大椿撰　光緒四年
　　(1878)刊
　景岳新方砭四卷　（清）陳念祖撰　光緒三
　　年(1877)刊
　理虛元鑑二卷　（□）綺石先生撰　光緒二
　　年(1876)刊
　保生胎養良方一卷　光緒六年(1880)刊
　嘉應平寇紀略一卷　（清）謝國珍撰　光緒
　　五年(1879)刊

學海堂叢刻（一名啓秀山房叢書）

　（清）□□輯
　　清光緒中刊本
　第一函　光緒三年(1877)刊
　　石畫記五卷　（清）阮元撰
　　供翼小言一卷　（清）林伯桐撰
　　聽松廬詩略二卷　（清）張維屏撰
　　續三十五舉一卷　（清）黃子高撰
　　讀律提綱一卷　（清）楊榮緒撰
　　桐花閣詞鈔一卷　（清）吳蘭修撰
　第二函　光緒十二年(1886)刊
　　周禮注疏小箋五卷　（清）曾釗撰
　　面城樓集鈔四卷　（清）曾釗撰
　　麐甋齋文存一卷　（清）張杓撰
　　止齋文鈔二卷　（清）馬福安撰
　　樂志堂文略四卷　（清）譚瑩撰
　　是汝師齋遺詩一卷　（清）朱次琦撰
　　景石齋詞略一卷　（清）姚詩雅撰

國朝名人著述叢編

　（清）□□輯
　　清光緒五年(1879)上海淞隱閣排印本
　　救文格論一卷　（清）顧炎武撰
　　金石要例一卷　（清）黃宗羲撰
　　師友詩傳錄一卷續錄一卷　（清）郎廷槐問
　　　（清）王士禛（清）張篤慶（清）張實居
　　　答　續錄（清）劉大勤問　（清）王士禛
　　　答
　　然燈記聞一卷　（清）王士禛口授　（清）何
　　　世璂述
　　附
　　　律詩定體一卷　（清）王士禛撰
　　聲調譜一卷　（清）趙執信撰
　　談龍錄一卷　（清）趙執信撰
　　漫堂說詩一卷　（清）宋犖撰
　　論學三說一卷　（清）黃與堅撰
　　詞統源流一卷　（清）彭孫遹撰
　　說詩晬語二卷　（清）沈德潛撰
　　詩學纂聞一卷　（清）汪師韓撰
　　唐人試律說一卷　（清）紀昀撰
　　讀賦卮言一卷　（清）王芑孫撰

王益吾所刻書

　（民國）王先謙輯
　　清光緒九年(1883)長沙王氏刊本
　　魏鄭公諫錄五卷　（唐）王方慶輯　（清）王
　　　先恭校注
　　魏鄭公諫續錄二卷　（元）翟思忠輯
　　魏文貞公故事拾遺三卷　（清）王先恭集

魏文貞公(徵)年譜一卷　(清)王先恭撰
新舊唐書合注魏徵列傳一卷　(民國)王先
　　謙撰
鮮虞中山國事表疆域圖說一卷　(民國)王
　　先謙撰
魏書校勘記一卷　(民國)王先謙輯
西垣詩鈔二卷　(清)毛貴銘撰
西垣黔苗竹枝詞一卷　(清)毛貴銘撰
磨綺室詩存一卷　(清)丁蓉綬撰
壽梅山房詩存一卷　(清)李謨撰

南菁書院叢書

(民國)王先謙(民國)繆荃孫輯
　　清光緒十四年(1888)江陰南菁書院刊本
第一集
登科記考三十卷　(清)徐松撰　　　　　[輯
春秋摘微一卷　(唐)盧仝撰　(清)李邦黻
第二集
深衣考一卷　(清)黃宗羲撰
左傳補注一卷　(清)姚鼐撰
公羊傳補注一卷　(清)姚鼐撰
穀梁傳補注一卷　(清)姚鼐撰
國語補注一卷　(清)姚鼐撰
論語注二十卷　(清)戴望撰
羣經賸義一卷　(清)俞樾撰
操缦齋遺書四卷　(清)管禮耕撰
第三集
易林釋文二卷　(清)丁晏撰
投壺考原一卷　(清)丁晏撰
佚禮扶微五卷　(清)丁晏輯　　　　　[輯
淮南萬畢術一卷　(漢)劉安撰　(清)丁晏
疇人傳三編七卷　(清)諸可寶撰
第四集
說文職墨三卷　(清)于鬯撰
說文舊音補注一卷補遺一卷續一卷改錯一
　　卷　(民國)胡玉縉撰
爾雅詁二卷　(清)徐孚吉撰
吳疆域圖說三卷　(清)范本禮撰
補水經注洛水涇水武陵五溪考一卷　(清)
　　謝鍾英撰
開方用表簡術一卷　(清)程之驤撰
第五集
毛詩異文箋十卷　(清)陳玉樹撰
句股演代二卷　(清)江衡撰
第六集
春秋世族譜拾遺一卷　(清)成蓉鏡撰
鄭志攷證一卷　(清)成蓉鏡撰
釋名補證一卷　(清)成蓉鏡撰
三統術補衍一卷　(清)成蓉鏡撰
推步迪蒙記一卷　(清)成蓉鏡撰

史漢駢枝一卷　(清)成蓉鏡撰
宋州郡志校勘記一卷　(清)成蓉鏡撰
駉思室答問一卷　(清)成蓉鏡撰
漢太初曆考一卷　(清)成蓉鏡撰
心巢文錄二卷　(清)成蓉鏡撰
第七集
蔡氏月令五卷　(漢)蔡邕撰　(清)蔡雲輯
律呂古誼六卷　(清)錢塘撰
陸氏草本鳥獸蟲魚疏疏二卷　(清)焦循撰
劉炫規杜持平六卷　(清)邵瑛撰
第八集
周易二閭記三卷　(清)茹敦和撰
方氏易學五書　(清)方申撰
　諸家易象別錄一卷
　虞氏易象彙編一卷
　周易卦象集證一卷
　周易互體詳述一卷
　周易卦變舉要一卷
易例輯略一卷　(清)龐大堃撰
安甫遺學三卷　(清)江承之撰

籑喜廬叢書

(清)傅雲龍輯
　　清光緒十五年(1889)德清傅氏日本東京
　　刊本
論語十卷附錄一卷　(魏)何晏集解　附錄
　　(清)黎庶昌撰　據唐卷子本景刊
新修本草殘十一卷(存卷三至五、卷十二至
　　十五、卷十七至二十)　(唐)李勣等撰
　　(日本)小島知足輯補　據日本鈔本
　　景刊
文選殘一卷(存卷五)　據日本延喜本景刊
陶文殘一卷　(晉)陶潛撰　據唐卷子本景
　　刊

藏修堂叢書

(清)劉晬榮輯
　　清光緒十六年(1890)新會劉氏藏修書屋
　　刊本
第一集
李氏易解賸義三卷　(清)李富孫撰
尚書蔡註考誤一卷　(明)袁仁撰
詩經叶音辨訛八卷　(清)劉維謙撰
春秋金鎖匙三卷　(元)趙汸撰
春秋胡傳考誤一卷　(明)袁仁撰
春秋左傳服注存二卷續一卷補遺一卷
　　(清)沈豫撰
論語異文考證十卷　(清)馮登府撰
第二集
通鑑綱目釋地糾繆六卷　(清)張庚撰

通鑑綱目釋地補註六卷 (清)張庚撰
南唐書合刻四十八卷
南唐書三十卷 (宋)馬令撰
南唐書十八卷附音釋一卷 (宋)陸游撰 音釋(元)戚光撰
第三集
御覽書苑菁華二十卷 (宋)陳思撰
昭代名人尺牘小傳二十四卷 (清)吳修撰
清祕藏二卷 (明)張應文撰
玉臺書史一卷 (清)厲鶚撰
第四集
藏書紀要一卷 (清)孫從添撰
裝潢志一卷 (清)周嘉胄撰
畫筌析覽一卷 (清)湯貽汾撰
廣川畫跋六卷 (宋)董逌撰
廣川畫跋校勘記六卷 (清)劉晚榮撰
金石文字跋尾六卷 (清)朱彝尊撰
芳堅館題跋四卷 (清)郭尚先撰
無聲詩史七卷 (清)姜紹書撰
玉臺畫史五卷別錄一卷 (清)湯漱玉輯
張氏四種 (明)張丑撰
法書名畫見聞表一卷
南陽名畫表一卷
南陽法書表一卷
清河祕篋書畫表一卷
墨表四卷 (清)萬壽祺撰
第五集
張仲景注解傷寒百證歌五卷 (宋)許叔微撰
壽親養老新書四卷 (宋)陳直撰 (元)鄒鉉續
藥症忌宜一卷 (明)陳澈撰
經絡歌訣一卷 (清)汪昂撰
傷寒六經定法一卷問答一卷 (清)舒詔撰
靈棋經二卷 (漢)東方朔撰 (晉)顔幼明 (劉宋)何承天注 (元)陳師凱(明)劉基解
月波洞中記一卷 (吳)張仲遠傳本
少廣正負術內篇三卷外篇三卷 (清)孔廣森撰
第六集
詒晉齋集八卷後集一卷隨筆一卷 (清)永瑆撰
寶綸堂集八卷 (清)齊召南撰
遼詩話二卷 (清)周春撰

木犀軒叢書

(民國)李盛鐸輯
清光緒中德化李氏木犀軒刊本
京氏易八卷 (漢)京房撰 (清)王保訓輯
卦氣解一卷 (清)莊存與撰 光緒十一年(1885)刊
毛詩禮徵十卷 (清)包世榮撰 光緒十四年(1888)刊
詩攷異字箋餘十四卷 (清)周邵蓮撰
儀禮禮服通釋六卷 (清)凌曙撰 光緒十五年(1889)刊
車制攷一卷 (清)錢坫撰 光緒十一年(1885)刊
論語通釋一卷 (清)焦循撰
荀勗笛律圖注一卷 (清)徐養原撰
管色攷一卷 (清)徐養原撰
律呂臆說一卷 (清)徐養原撰 光緒十四年(1888)刊
爾雅一切注音十卷 (清)嚴萬里(可均)輯 光緒十三年(1887)刊
爾雅補郭二卷 (清)翟灝撰 光緒十一年(1885)刊
說文聲類二卷 (清)嚴可均撰
諸聲補逸十四卷 (清)宋保撰 光緒十三年(1887)刊
續方言疏證二卷 (清)沈齡撰 光緒十二年(1886)刊
漢書音義三卷補遺一卷 (隋)蕭該撰 (清)臧庸輯 光緒十四年(1888)刊
孫氏祠堂書目內編四卷外編三卷 (清)孫星衍撰 光緒九年(1883)刊
平津館鑒藏書籍記三卷補遺一卷續編一卷 (清)孫星衍撰 光緒十一年(1885)刊
廉石居藏書記二卷 (清)孫星衍撰 光緒十二年(1886)刊
平津讀碑記八卷續記一卷再續一卷三續二卷 (清)洪頤煊撰 光緒十一年(1885)刊
海東金石存攷一卷待訪目一卷 (清)劉喜海撰 光緒十四年(1888)刊
易餘籥錄二十卷 (清)焦循撰 光緒十二年(1886)刊
舊學蓄疑一卷 (清)汪中撰
羣書答問二卷補遺一卷 (清)凌曙撰 光緒十四年(1888)刊
曉菴遺書十五卷 (清)王錫闡撰
秝法六卷
秝表三卷
大統秝法啓蒙五卷
雜著一卷
開方通釋一卷 (清)焦循撰
心得要旨一卷 (明)金星橋撰
續刻

穀梁大義述不分卷　(清)柳興恩撰　光緒
　　八年(1882)刊
孝經徵文一卷　(清)丁晏撰
春秋平議一卷　(清)朱駿聲撰
有不爲齋算學四卷　(清)傅九淵撰　光緒
　　八年(1882)刊
珠神眞經二卷　(□)李德鴻撰
東潛文稿二卷　(清)趙一清撰

碧琳琅館叢書

(清)方功惠輯
　　清光緒十年(1884)序巴陵方氏廣東刊宣
　　　統元年(1909)印本
甲部
　易經解不分卷　(宋)朱長文撰
　金氏尙書注十二卷　(宋)金履祥撰
　尙書註考一卷　(明)陳泰交撰
　詩深二十六卷首二卷　(清)許伯政撰
　詩經通義十二卷首一卷　(清)朱鶴齡撰
　禮經奧旨一卷　(宋)鄭樵撰
　月令七十二候集解一卷　(元)吳澄撰
　古文論語二卷附錄一卷　(漢)鄭玄注
　　(宋)王應麟輯
　新集古文四聲韻五卷　(宋)夏竦撰　光緒
　　八年(1882)刊
　新編經史正音切韻指南一卷　(元)劉鑑撰
　輪輿私箋二卷附圖一卷　(清)鄭珍撰　圖
　　(清)鄭知同繪
　春秋會義十二卷　(宋)杜諤撰
乙部
　兩漢朔閏表二卷漢太初以前朔閏表一卷
　　(清)張其翮撰　　　　　　　　［撰
　全史日至源流三十卷首三卷　(清)許伯政
　穆天子傳注疏六卷首一卷末一卷　(晉)郭
　　璞注　(清)檀萃疏
　靖炎兩朝見聞錄二卷　(宋)陳東撰
　宋朝南渡十將傳十卷　(宋)章穎撰
　使金錄一卷　(宋)程卓撰
　金德運圖說一卷　金貞祐中官撰
　岳陽風土記一卷　(宋)范致明撰
　辛巳泣蘄錄一卷附錄一卷　(宋)趙與褰撰
　平宋錄三卷　(元)劉敏中撰
　今言四卷　(明)鄭曉撰
　石渠紀餘六卷　(清)王慶雲撰
　歷代宅京記二十卷　(清)顧炎武撰
　岳陽紀勝彙編四卷　(明)梅淳輯
　茗香堂史論四卷　(清)彭孫貽撰
丙部
　養蒙大訓一卷　(元)熊大年輯
　樗菴日錄一卷　(明)王燁撰

羅氏識遺十卷　(宋)羅璧撰
過庭記餘三卷　(清)陶樾撰　光緒七年
　　(1881)刊
素問入式運氣論奧三卷　(宋)劉溫舒撰
黃帝內經素問遺篇一卷　(宋)劉溫舒原本
天文精義賦五卷　(元)岳熙載撰
名畫獵精錄三卷　(唐)張彥遠撰
童學書程一卷　(明)豐坊撰
膳夫經手錄一卷　(唐)楊曄撰
雲林堂飲食製度集一卷　(元)倪瓚撰
徐氏筆精八卷　(明)徐爀撰　光緒七年
　　(1881)刊
同書四卷　(清)周亮工撰
明語林十四卷補遺一卷　(清)吳肅公撰
醉翁談錄八卷　(宋)金盈之撰
丁部
　文選紀聞三十卷　(清)余蕭客撰
　堯山堂偶雋七卷　(明)蔣一葵撰
　文選編珠二卷　(清)石蘊玉撰

玉雞苗館叢書

(清)鄒凌瀚輯
　　清光緒中高安鄒氏玉雞苗館刊本
　聲調前譜一卷後譜一卷續譜一卷　(清)趙
　　執信撰　光緒十五年(1889)刊
　詩品三卷　(梁)鍾嶸撰　詩品二十四則
　　一卷　(唐)司空圖撰
　說詩晬語二卷　(清)沈德潛撰　光緒十三
　　年(1887)刊
　澄懷園語四卷　(清)張廷玉撰　光緒十五
　　年(1889)刊
　曾文正公家訓二卷　(清)曾國藩撰　光緒
　　十四年(1888)刊
　篤素堂文集四卷　(清)張英撰　光緒十五
　　年(1889)刊
　藝舟雙楫六卷附錄三卷　(清)包世臣撰

翠琅玕館叢書

(清)馮兆年輯
　　清光緒中羊城馮氏刊本
第一集
　飛鴻堂印人傳八卷　(清)汪啓淑撰
　南漢金石志二卷　(清)吳蘭修撰　光緒十
　　一年(1885)刊
　九曜石刻錄一卷　(清)周中孚撰　光緒十
　　六年(1890)刊
　錢譜一卷　(宋)董逌(一題明董遹)撰　光
　　緒十四年(1888)刊
　漫堂墨品一卷　(清)宋犖撰
　水坑石記一卷　(清)錢朝鼎撰

琴學八則一卷　(清)程雄撰
觀石錄一卷　(清)高兆撰
紅朮軒紫泥法定本一卷　(清)汪鎬京撰
陽羨茗壺系一卷　(明)周高起撰　光緒十
　　六年(1890)刊
洞山岕茶系一卷　(明)周高起撰
南村觴政一卷　(清)張惣撰　光緒十七年
　　(1891)刊　　　　　　　　　　　　［撰
桐埡副墨(一名運掌經)一卷　(明)黎遂球
陶說六卷　(清)朱琰撰　光緒十年(1884)
　　刊
小山畫譜二卷　(清)鄒一桂撰　光緒十一
　　年(1885)刊
苦瓜和尚畫語錄一卷　(清)釋道濟撰
冬心畫題記　(清)金農撰
　　冬心先生畫竹題記一卷
　　冬心畫梅題記一卷
　　冬心畫馬題記一卷
　　冬心畫佛題記一卷
　　冬心自寫真題記一卷
幽夢影二卷　(清)張潮撰
獸經一卷　(明)黃省曾撰
虎苑二卷　(明)王穉登撰
第二集　　　　　　　　　　　　　　［校
夏小正傳二卷　(漢)戴德撰　(清)孫星衍
大誓答問一卷　(清)龔自珍撰
小學鉤沈十九卷　(清)任大椿輯　(清)王
　　念孫校
　　倉頡篇二卷附倉頡訓詁倉頡解詁
　　三倉二卷附三倉訓詁三倉解詁
　　凡將篇　(漢)司馬相如撰
　　古文官書附古文奇字郭訓古文奇字
　　　　(漢)衞宏撰　附(□)□□撰
　　勸學篇　(漢)蔡邕撰
　　聖皇篇　(漢)蔡邕撰　以上合一卷
　　通俗文二卷　(漢)服虔撰
　　埤倉二卷　(魏)張揖撰
　　古今字詁　(魏)張揖撰
　　雜字　(魏)張揖撰　以上合一卷
　　聲類一卷　(魏)李登撰
　　辨釋名　(吳)韋昭撰
　　韻集　(晉)呂靜撰　以上合一卷
　　雜字解詁　(魏)周成撰
　　周成難字　(魏)周成撰
　　小學篇　(晉)王義撰
　　字苑　(晉)葛洪撰
　　字指　(晉)李彤撰
　　音譜　(劉宋)李槩撰　以上合一卷
　　纂文一卷　(劉宋)何承天撰
　　纂要　梁元帝撰

文字集略　(梁)阮孝緒撰
字略　(後魏)宋世良撰
廣蒼　(魏)樊恭撰　以上合一卷
字統　(後魏)楊承慶撰
韻略　(北齊)陽休之撰
證俗音　(北齊)顏之推撰
文字指歸　(隋)曹憲撰
切韻　(隋)陸法言撰　以上合一卷
字書二卷
字體
異字苑
字類
字諟
古今字音
聲譜
證俗文
異字音　以上合一卷
歷代世系紀年編一卷　(清)沈炳震撰　光
　　緒十四年(1888)刊
顏書編年錄四卷　(清)黃本驥撰
南海百詠續編四卷　(清)樊封撰　光緒十
　　四年(1888)刊
藝舟雙楫六卷　(清)包世臣撰　光緒十年
　　(1884)刊
第三集
說文管見三卷　(清)胡秉虔撰
說文辨疑一卷條記一卷　(清)顧廣圻撰
說文釋例二卷　(清)江沅撰　光緒十六年
　　(1890)刊
周櫟園印人傳三卷　(清)周亮工撰
丹溪朱氏脈因證治二卷　(元)朱震亨撰
惲南田畫跋四卷　(清)惲格撰　光緒十七
　　年(1891)刊
雨窗漫筆一卷　(清)王原祁撰
東莊論畫一卷　(清)王昱撰
二十四畫品一卷　(清)黃鉞撰
浦山論畫一卷　(清)張庚撰
繪事津梁一卷　(清)秦祖永撰
摹印傳燈二卷　(清)葉爾寬撰
第四集
詩氏族考六卷　(清)李超孫撰
兩漢刊誤補遺十卷　(宋)吳仁傑撰
曉菴新法六卷　(清)王錫闡撰
脈藥聯珠四卷　(清)龍柏撰
脈藥聯珠古方考四卷　(清)龍柏撰
雪堂墨品一卷　(清)張仁熙撰
畫訣一卷　(清)龔賢撰
板橋題畫一卷　(清)鄭燮撰
山南論畫一卷　(清)王學浩撰
畫訣一卷　(清)孔衍栻撰

寫竹雜記一卷　(清)蔣和撰
薛濤詩一卷　(唐)薛濤撰

翠琅玕館叢書

黃任恆重輯
　　民國五年(1916)攄劉氏藏修堂叢書刊版
　　重編本
經部
　李氏易解賸義三卷　(清)李富孫撰
　尚書蔡注考誤一卷　(明)袁仁撰
　詩氏族攷六卷　(清)李超孫撰　　　　　[校
　夏小正傳二卷　(漢)戴德撰　(清)孫星衍
　春秋金鎖匙三卷　(元)趙汸撰
　春秋胡傳考誤一卷　(明)袁仁撰
史部
　南唐書合刻四十八卷
　　南唐書三十卷　(宋)馬令撰
　　南唐書十八卷附音釋一卷　(宋)陸游撰
　　　音釋(元)戚光撰
　昭代名人尺牘小傳二十四卷　(清)吳修撰
　金石文字跋尾六卷　(清)朱彝尊撰
　芳堅館題跋四卷　(清)郭尚先撰
　南漢金石志二卷　(清)吳蘭修撰
　九曜石刻錄一卷　(清)周中孚撰
子部　　　　　　　　　　　　　　　　　[撰
　張仲景注解傷寒百證歌五卷　(宋)許叔微
　壽親養老新書四卷　(宋)陳直撰　(元)鄒
　　鉉續
　傷寒六經定法一卷問答一卷　(清)舒詔撰
　丹溪朱氏脈因證治二卷　(元)朱震亨撰
　脈藥聯珠四卷　(清)龍柏撰
　脈藥聯珠古方考四卷　(清)龍柏撰
　藥證忌宜一卷　(清)陳澈撰
　曉庵新法六卷　(清)王錫闡撰
　少廣正負術內篇三卷外篇三卷　(清)孔廣
　　森撰
　靈棋經二卷　(漢)東方朔撰　(晉)顏幼明
　　(劉宋)何承天注　(元)陳師凱(明)劉
　　基解
　月波洞中記一卷　(吳)張仲遠傳本
　御覽書苑菁華二十卷　(宋)陳思撰
　張氏四種　(明)張丑撰
　　法書名畫見聞表一卷
　　南陽名畫表一卷
　　南陽法書表一卷
　　清河祕篋書畫表一卷
　顏書編年錄四卷　(清)黃本驥撰
　藝舟雙楫六卷　(清)包世臣撰
　玉臺書史一卷　(清)厲鶚撰
　苦瓜和尚畫語錄一卷　(清)釋道濟撰

畫訣一卷　(清)龔賢撰
雨窗漫筆一卷　(清)王原祁撰
東莊論畫一卷　(清)王昱撰
浦山論畫一卷　(清)張庚撰
山南論畫一卷　(清)王學浩撰
畫訣一卷　(清)孔衍栻撰
寫竹雜記一卷　(清)蔣和撰
繪事津梁一卷　(清)秦祖永撰
二十四畫品一卷　(清)黃鉞撰
畫筌析覽一卷　(清)湯貽汾撰
廣川畫跋六卷　(宋)董逌撰
惲南田畫跋四卷　(清)惲格撰
板橋題畫一卷　(清)鄭燮撰
冬心畫題記　(清)金農撰
　冬心先生畫竹題記一卷
　冬心畫梅題記一卷
　冬心畫馬題記一卷
　冬心畫佛題記一卷
　冬心自寫眞題記一卷
小山畫譜二卷　(清)鄒一桂撰
無聲詩史七卷　(清)姜紹書撰
玉臺畫史五卷別錄一卷　(清)湯漱玉輯
周櫟園印人傳三卷　(清)周亮工撰
飛鴻堂印人傳八卷　(清)汪啓淑撰
摹印傳燈二卷　(清)葉爾寬撰
紅術軒紫泥法一卷　(清)汪鎬京撰
琴學八則一卷　(清)程雄撰
裝潢志一卷　(清)周嘉冑撰
桐楷副墨一卷　(明)黎遂球撰
南村觴政一卷　(清)張惣撰
錢譜一卷　(宋)董逌(一題明董遹)撰
墨表四卷　(清)萬壽祺撰
雪堂墨品一卷　(清)張仁熙撰
漫堂墨品一卷　(清)宋犖撰
觀石錄一卷　(清)高兆撰
水坑石記一卷　(清)錢朝鼎撰
陶說六卷　(清)朱琰撰
陽羨茗壺系一卷　(明)周高起撰
獸經一卷　(明)黃省曾撰
虎苑二卷　(明)王穉登撰
洞山岕茶系一卷　(明)周高起撰
幽夢影二卷　(清)張潮撰
藏書紀要一卷　(清)孫從添撰
清祕藏二卷　(明)張應文撰
集部
　薛濤詩一卷　(唐)薛濤撰
　詒晉齋集八卷後集一卷隨筆一卷　(清)永
　　瑆撰
　寶綸堂文鈔八卷　(清)齊召南撰
　南海百詠續編四卷　(清)樊封撰

遼詩話二卷　（清）周春撰
凹園詩鈔二卷詞一卷　（民國）黃榮康撰

蟄園叢刻

（清）吳丙湘輯
　　清光緒十一年（1885）儀徵吳氏刊本
大地山河圖說一卷　（清）孫蘭撰
春秋列國官名異同考一卷　（清）汪中撰
尚書今古文五藏說一卷　（清）胡廷綬撰
周禮畿內授田考實一卷　（清）胡匡衷撰
柳庭輿地隅說三卷　（清）孫蘭撰

洪氏公善堂叢書

（清）洪汝奎輯
　　清光緒中涇縣洪氏刊本
書集傳六卷　（宋）蔡沈撰　光緒六年
　　（1880）據景宋本景刊
儀禮疏五十卷（原缺卷三十二至三十七）
　　（唐）賈公彥等撰　據景宋景德本景刊
篆書目錄偏旁字源五百四十部一卷　（宋）
　　釋夢英書　據西安府學石經本景刊
說文解字部目一卷　（清）胡澍書　據同治
　　中涇陽王氏本景刊
說文解字建首五百四十字一卷　（清）曾紀
　　澤書　據同治中兩江節署本景刊
韓柳年譜八卷　（清）馬曰璐輯　據馬氏小
　　玲瓏山館景宋本景刊
　韓文（愈）類譜七卷　（宋）魏仲舉輯
　　韓吏部文公集年譜一卷　（宋）呂大防
　　　撰
　　韓文公歷官記一卷　（宋）程俱撰
　　韓子年譜五卷　（宋）洪興祖撰
　柳先生（宗元）年譜一卷　（宋）文安禮撰
家禮五卷附錄一卷　（宋）朱熹撰　光緒六
　　年（1880）據景宋本景刊
唐陸宣公集二十二卷　（唐）陸贄撰　光緒
　　十二年（1886）據宋本景刊
西塘先生文集九卷　（宋）鄭俠撰　光緒十
　　年（1884）據明本景刊

貴陽陳氏所刊書

（民國）陳矩輯
　　清光緒中貴陽陳氏刊本
中說十卷　（隋）王通撰　（宋）阮逸注　光
　　緒十六年（1890）據宋本景刊
二李唱和集一卷　（宋）李昉（宋）李至撰
　　光緒十五年（1889）據北宋本景刊

佚存叢書

（日本）林衡輯
　　日本寬政至文化間刊本　　　　［本
　　清光緒八年（1882）滬上黃氏木活字排印
　　民國十三年（1924）上海商務印書館據日
　　　本寬政至文化間本景印
第一帙
　古文孝經一卷　（漢）孔安國傳
　五行大義五卷　（隋）蕭吉撰
　臣軌二卷　唐武后撰　（唐）□□注
　樂書要錄殘三卷（存卷五至七）　唐武后撰
　兩京新記殘一卷（存卷三）　（唐）韋述撰
　李嶠雜詠二卷　（唐）李嶠撰
第二帙
　文館詞林殘四卷（存卷六百六十二、卷六百
　　六十四、卷六百六十八、卷六百九十
　　五）　（唐）許敬宗等撰
　文公朱先生感興詩一卷　（宋）朱熹撰
　　（宋）蔡模注
　武夷櫂歌一卷　（宋）朱熹撰　（宋）陳普注
　泰軒易傳六卷　（宋）李中正撰
　左氏蒙求一卷　（元）吳化龍撰
第三帙
　唐才子傳十卷　（元）辛文房撰
　王翰林集註黃帝八十一難經（一名難經集
　　注）五卷　（明）王九思等撰
第四帙
　蒙求三卷　（後晉）李瀚撰
　崔舍人玉堂類稿二十卷西垣類藁二卷附一
　　卷　（宋）崔敦詩撰
第五帙
　周易新講義十卷　（宋）龔原撰
第六帙
　宋景文公集殘三十二卷（存卷十六至二十、
　　卷二十六至三十二、卷八十一至八十
　　五、卷九十六至九十九、卷一百一至一
　　百二、卷一百七、卷一百十八至一百二
　　十五）　（宋）宋祁撰

惟惪堂五種

（清）楞伽山民（顧曾壽）輯
　　清同治中刊本
孝經一卷　唐玄宗注
陳希夷心相編一卷　（宋）陳摶撰
長歷鈞玄（一名縫掖寶書）一卷　（明）董銀
　　峯撰
性命雙修慧命正旨一卷　（□）柳華陽撰
　　（清）楞伽山民（顧曾壽）撮要
隨筆一卷　（清）□□撰

申報館叢書

（清）尊聞閣主輯

清光緒中申報館排印本
正集
古事紀實類
　甲申傳信錄十卷　（明）錢騏撰
　蜀碧四卷　（清）彭遵泗撰
近事紀實類
　曾文正公大事記四卷　（清）王定安撰　光
　　緒二年(1876)排印
　吳中平寇記八卷　（清）錢勖撰　光緒元年
　　(1875)排印
　平浙紀略十六卷　（清）秦緗業（清）陳鍾英
　　撰　光緒元年(1875)排印
　中英和約一卷附燕臺條約一卷
　中東和約一卷附中英南京舊約一卷
近事雜誌類
　有正味齋日記六卷　（清）吳錫麒撰
　甕牖餘談八卷　（清）王韜撰　光緒元年
　　(1875)排印
　十三日備嘗記一卷　（清）曹晟撰
　小家語四卷　（清）漠鴻氏撰　光緒二年
　　(1876)排印
　梟林小史一卷　（清）黃本銓撰
藝林珍賞類
　孿史四十八卷　（清）王希廉撰　光緒二年
　　(1876)排印
　詩句題解韻編四集十二卷　（清）倪承瓚輯
　　光緒元年(1875)排印
　文苑菁華不分卷　（清）蔣其章輯　同治十
　　二年(1873)排印
　經藝新畬五卷　（清）沈定年輯　光緒元年
　　(1875)排印
　談古偶錄二卷　（清）陳星瑞撰　光緒二年
　　(1876)排印
古今紀麗類
　宮閨聯名譜二十二卷　（清）董恂撰　（清）
　　陸續補　光緒二年(1876)排印
　秦淮畫舫錄二卷畫舫餘譚一卷三十六春小
　　譜一卷　（清）捧花生撰　同治十三年
　　(1874)排印
　揚州畫舫錄十八卷　（清）李斗撰　光緒元
　　年(1875)排印
　十洲春語三卷　（清）二石生撰　光緒三年
　　(1877)排印
　竹西花事小錄一卷　（清）芬它利行者撰
　燕臺花事錄三卷　（清）蜀西樵也（王增祺）
　　撰
　吳門畫舫錄二卷　（清）西溪山人撰　同治
　　十三年(1874)排印
　吳門畫舫續錄二卷　（清）箇中生撰　同治
　　十三年(1874)排印

投報尺牘類
　翰海十二卷　（明）沈佳允輯　光緒二年
　　(1876)排印
　有正味齋尺牘二卷　（清）吳錫麒撰
　清暉閣贈貽尺牘二卷　（清）王羣輯　光緒
　　元年(1875)排印
新奇說部類
　異書四種　（清）申報館輯　光緒二年
　　(1876)排印
　　仙壇花雨一卷　（清）浮園主人輯
　　碧落雜誌一卷　（清）白嶽山人錄　（清）
　　　金粟庵主重輯
　　雪窗新語二卷　（清）夏昌祺撰
　　天長宜氏三十六聲粉鐸圖詠一卷鐸餘逸
　　　韻一卷　（清）宜鼎撰
　遯窟讕言十二卷　（清）王韜撰　光緒元年
　　(1875)排印
　眉珠盦憶語一卷　（清）華鬘生(王韜)撰
　六合內外瑣言二十卷　（清）黍餘裔孫撰
　　光緒二年(1876)排印
　庸閒齋筆記八卷　（清）陳其元撰
　客窗閒話八卷續八卷　（清）吳熾昌撰　光
　　緒二年(1876)排印
　印雪軒隨筆四卷　（清）三硬蘆圩耕叟(俞
　　鴻漸)撰　光緒二年(1876)排印
　螢窗異草初稿四卷二編四卷三編四卷
　　（清）浩歌子撰　三編光緒三年(1877)
　　排印
　鏡花水月八卷　（清）裒東羽衣客撰
　夜雨秋燈錄八卷　（清）宜鼎撰　光緒三年
　　(1877)排印
　影談四卷　（清）管世灝撰　光緒二年
　　(1876)排印
　潛庵漫筆八卷　（清）程畹撰
　語新二卷　（清）錢學綸撰　光緒二年
　　(1876)排印
　蟲鳴漫錄二卷　（清）采蘅子(宋口)撰　光
　　緒三年(1877)排印
　志異續編八卷　（清）青城子(宋永岳)撰
　　光緒三年(1877)排印
章回小說類
　儒林外史五十六回　（清）吳敬梓撰　光緒
　　七年(1881)排印
　紅樓夢補四十八回　（清）歸鋤子撰　光緒
　　二年(1876)排印
　西遊補十六回　（明）靜嘯齋主人(董說)撰
　　光緒元年(1875)排印
　水滸後傳四十卷　（明）鴈宕山樵(陳忱)撰
　　光緒三年(1877)排印
　快心編初集十回二集十回三集十二回

(清)天花才子輯　光緒元年(1875)排
印
昕夕閒談三卷
林蘭香六十四回　(清)隋綠下士輯光緒三
年(1877)排印新排院本類
返魂香傳奇四卷　(清)香雪道人(宣鼎)撰
　　光緒三年(1877)排印
叢殘彙刻類
瀛寰瑣記二十八卷　(清)申報館輯　同治
　　十一年至十二年(1872—1873)排印
四溟瑣紀十二卷　(清)申報館輯
寰宇瑣紀十二卷　申報館輯
格致彙編七卷　(英國)傅蘭雅輯　光緒二
　　年至十八年(1876—1892)格致彙編館
　　排印
精印圖畫類
亞細亞東部地圖*
寰瀛畫報五卷　(清)尊聞閣主輯　光緒三
　　年至六年(1877—1880)景印

附錄
曾文正公(國藩)年譜十二卷　(清)黎庶昌
　　撰　光緒三年(1877)排印
重訂西青散記八卷　(清)史震林撰
外科全生集*　(清)王維德撰
續集　(清)縷馨僊史(蔡爾康)輯
掌故類
桯史十五卷附錄一卷　(宋)岳珂撰　光緒
　　四年(1878)排印
野記四卷　(明)祝允明撰　光緒四年
　　(1878)排印
雲間據目抄五卷　(明)范濂撰
綏寇紀略十二卷補遺三卷　(清)吳偉業撰
　　光緒三年(1877)排印
紀載彙編　(清)□□輯　光緒四年(1878)
　　排印
　　燕都日記一卷　(明)馮夢龍撰　(清)莫
　　　　釐山人增補
　　董心葵事記一卷　(明)□□撰
　　東塘日劄一卷　(清)朱子素撰
　　江上遺聞一卷　(清)沈濤撰
　　閩事紀略一卷　(明)華廷獻撰
　　安龍紀事一卷　(明)江之春撰
　　戴重事錄一卷　(清)章學誠撰
　　過墟志一卷　(清)墅西逸叟撰
　　金壇獄案一卷　(清)計六奇撰
　　辛丑紀聞一卷　(清)□□撰
嘯亭雜錄十卷續錄三卷　(清)昭槤撰
聖武記十四卷　(清)魏源撰　光緒四年
　　(1878)排印

庭聞錄六卷　(清)劉健撰　光緒四年
　　(1878)排印
春融堂雜記八種　(清)王昶撰
　　滇行日錄一卷
　　征緬紀聞一卷
　　征緬紀略一卷
　　蜀徼紀聞一卷
　　商洛行程記一卷
　　雪鴻再錄一卷
　　使楚叢譚一卷
　　臺懷隨筆一卷
東槎紀略五卷　(清)姚瑩撰　光緒四年
　　(1878)排印
東征集六卷　(清)藍鼎元撰　光緒四年
　　(1878)排印
師友淵源錄六卷*　(清)嚴長明撰
三岡識略十卷　(清)董含撰
景船齋雜記二卷　(清)章有謨撰
滬城備考六卷　(清)稡華撰　光緒四年
　　(1878)排印
閩雜記十二卷　(清)施鴻保撰　光緒四年
　　(1878)排印
粵屑四卷　(清)劉世馨撰　光緒三年
　　(1877)排印
豫軍紀略十二卷　(清)尹耕雲等撰　光緒
　　三年(1877)排印
淮軍平捻記十二卷　(清)周世澄撰　光緒
　　三年(1877)排印
山東軍興紀略二十二卷　(清)張曜撰　光
　　緒五年(1879)排印
歷代陵寢備考五十卷歷代宗廟附考八卷
　　(清)朱孔陽撰
史餘萃寶四卷　(清)楊家麟撰　光緒四年
　　(1878)排印
勝國文徵四卷　(清)楊家麟輯
和約彙抄六卷首一卷　(清)謝□□輯　光
　　緒四年(1878)排印
談藝類
點勘記二卷附省堂筆記一卷　(清)歐陽泉
　　撰　光緒四年(1878)排印
文海披沙八卷　(明)謝肇淛撰　光緒三年
　　(1877)排印
藝林伐山二十卷　(明)楊慎撰
表異錄二十卷　(明)王志堅撰
香祖筆記十二卷　(清)王士禛撰
訂譌雜錄十卷　(清)胡鳴玉撰
柳南隨筆六卷續筆四卷　(清)王應奎撰
夢園叢說內篇八卷　(清)方濬頤撰
零金碎玉四卷　(清)鄭錫祺撰
鋤經書舍零墨四卷　(清)黃協塤撰　光緒

四年(1878)排印

閨秀詩評一卷　(清)棣華園主人輯　光緒
三年(1877)排印

講武類

草廬經略十二卷　(明)□□撰

紀麗類

白門新柳記一卷　(清)許豫撰

詞媛姓氏錄一卷　(清)不羈生撰

屑玉叢譚初集六卷　(清)錢徵(清)蔡爾康
輯　光緒四年(1878)排印

從虛隆福寺小記一卷　(清)沈桂撰

夢談隨錄二卷　(清)厲秀芳撰

孔氏三出辯一卷　(清)沈畏堂撰

燕京雜記一卷　(清)□□撰

營口雜記一卷　(清)諸仁安撰

越州紀略一卷　(清)□□撰

常熟紀變始末二卷　(清)譚嘘雲撰

守虞日記一卷　(清)譚嘘雲撰

松江府志摘要一卷　(清)閔山莨輯

海天餘話一卷　(清)籛鏗外史撰

物類相感志一卷　(宋)蘇軾撰

蜂房春秋一卷　(清)胡啓俊撰

花史一卷　(清)愛菊主人撰

羅浮夢記一卷　(清)醉石居士撰

四海記一卷　(清)虎林醉犀生撰

科場餂口一卷　(清)虎林醉犀生撰

秋紅霓詠一卷　(清)杜元勳撰

霜猿集二卷　(明)華陽道隱撰

仙閨集二卷　(元)錢蕘馨撰

山曉閣詞集一卷　(清)孫琮撰　　　［輯

屑玉叢談二集六卷　(清)錢徵(清)蔡爾康

廿二史發蒙一卷附錄一卷　(清)馬承昭
輯

攤飯續談一卷　(清)崔應榴撰

南遊記一卷　(清)孫嘉淦撰

黃山紀遊一卷　(清)黃肇敏撰

豐暇筆談一卷　(清)孟瑢楔撰

緒南筆談一卷　(清)許嗣茅撰

小螺盦病榻憶語一卷　(清)孫道乾輯

杭俗遺風一卷附錄一卷　(清)范祖述撰

蕉牕聞見錄一卷　(清)杏村老農撰

廣哀詩一卷　(清)張芾撰

冰谿吟草一卷附錄一卷　(清)張芾撰

夢遊赤壁圖題詞一卷　(民國)蘇紹炳輯

題紅詞一卷　(清)王芝岑撰

屑玉叢譚三集六卷　(清)錢徵(清)蔡爾康
輯　光緒四年(1878)排印

五石瓠一卷　(清)劉鑾撰

存是錄一卷　(明)姚宗典撰

復社紀事一卷　(清)吳偉業撰

裨海紀遊一卷　(清)郁永河撰

僞鄭逸事一卷　(清)郁永河撰

番境補遺一卷　(清)郁永河撰

海上紀略一卷　(清)郁永河撰

晉人麈一卷　(清)沈曰霖撰

西征日記一卷　(清)徐瀛撰

晉藏小錄一卷　(清)徐瀛撰

咻林紀略一卷　(清)徐瀛撰

拉臺四境一卷　(清)徐瀛撰

應差蠻族一卷　(清)徐瀛撰

煙話一卷　(清)張昌申撰

買愁集二卷　(清)錢尙濠輯

茶餘漫錄二卷　(清)杜求煙輯

琿瑝山房紅樓夢詞一卷　(清)何鏞撰

如是觀園記一卷　(清)張金圻撰

園居錄詩鑑一卷　(清)張金圻撰

餞月樓詩鈔一卷　(清)張月娟撰

二十四畫品一卷　(清)黃鉞撰

十二詞品一卷　(清)郭麐撰

續十二詞品一卷　(清)楊夔生撰　　［輯

屑玉叢譚四集六卷　(清)錢徵(清)蔡爾康

笠夫雜錄一卷　(清)蔡景眞撰

楊氏雜錄一卷　(清)楊秉杷撰

客中異聞錄一卷　(清)杜晉卿等撰

三湘從事紀一卷　(明)蒙正發撰

田家五行一卷　(明)婁元禮撰

璣園寄梗錄一卷　(清)□□輯

梁園花影一卷補遺一卷附錄一卷　(清)
海陵癯仙撰　　　　　　　　［撰

今樂府(一名九九樂府)一卷　(清)陳梓

延露詞一卷　(清)彭孫遹撰

獨悟庵叢鈔　(清)楊引傳輯　光緒四年
(1878)排印

浮生六記六卷(原缺卷五至六)　(清)沈
復撰

鏡亭軼事一卷　(清)程世基撰

天山淸辨一卷　(清)芶乣參同子撰

聞見雜錄五卷　(清)柴桑撰

硯雲甲編　(清)金忠淳輯

都公譚纂二卷　(明)都穆撰

明良記一卷　(明)楊儀撰

北牕瑣語一卷　(明)余永麟撰

顧曲雜言一卷　(明)沈德符撰

南中紀聞一卷　(明)包汝楫撰

耳新八卷　(明)鄭仲夔撰

屏居十二課一卷　(明)黃景昉撰

夢憶一卷　(明)張岱撰

硯雲乙編　(清)金忠淳輯

汴京勾異記八卷　(明)李濂撰

小隱書全帖一卷　(明)敬虛子撰

嶠南瑣記二卷　（明）魏濬撰
揮塵詩話一卷　（明）王兆雲撰
敝帚齋餘談一卷　（明）沈德符撰
長物志十二卷　（明）文震亨撰
槎上老舌一卷　（明）陳衎撰
冷賞八卷　（明）鄭仲夔撰
續異書四種　（清）申報館輯　光緒三年
　（1877）排印
隨園瑣記一卷　（清）袁祖志撰
香飲樓賓談二卷　（清）陸長春撰
驚喜集二卷　（清）程畹撰
妒律一卷　（清）廣野居士(陳元龍)撰
閨律一卷　（清）芙蓉外史撰
癡說四種　（清）申報館輯
　紅樓夢精義一卷　（清）話石山人撰
　紅樓夢雜詠一卷　（清）黃金臺撰
　紅樓夢觥史一卷　（清）蓮海居士撰
　紅樓夢排律一卷　（清）徐慶治撰
尺牘類
饋貧糧一卷　（清）健飯老人輯　光緒四年
　（1878）排印
尺牘集錦　（清）□□輯　光緒四年（1878）
　排印
　雙桂軒尺牘一卷　（清）丁善儀撰
　夢花亭尺牘一卷　（清）陸長春撰
　蓬萊館尺牘一卷　（清）戴德堅撰
六梅書屋尺牘四卷　（清）凌丹陛撰　光緒
　三年（1877）排印
說部類
耳郵四卷　（清）羊朱翁(俞樾)撰　光緒四
　年（1878）排印
澆愁集八卷　（清）鄒弢撰　光緒四年
　（1878）排印
笑史四卷　（清）陳庚撰
聞見異辭四卷　（清）許秋垞撰　光緒四年
　（1878）排印
山中一夕話十二卷　（明）李贄原輯　（清）
　笑笑先生重輯　光緒四年（1878）排印
小說類
臺灣外記三十卷　（清）江日昇撰　光緒四
　年（1878）排印
女才子十二卷　（清）煙水散人撰　光緒三
　年（1877）排印
雪月梅傳五十回　（清）陳朗撰　光緒四年
　（1878）排印
青樓夢六十四回　（清）慕眞山人(俞達)撰
何典十回　（清）過路人撰　光緒四年
　（1878）排印
字書類
點石齋字彙四卷*

繙譯類
英字入門一卷　（清）曹驤撰
圖畫類
晚笑堂畫傳二卷　（清）上官周繪
耕織圖四卷
法帖類
顏魯公玄秘塔　（唐）顏眞卿書
王夢樓先生墨蹟　（清）王文治書
餘集
兩漢博聞十二卷　（宋）楊侃撰
困知記二卷續二卷三續一卷四續一卷續補
　一卷外編一卷附錄一卷　（明）羅欽順
　撰　光緒五年（1879）排印
篤素堂文集四卷　（清）張英撰　光緒十七
　年（1891）排印
澄懷園語四卷　（清）張廷玉撰
歷下志遊四卷外編四卷.　（清）師史氏撰
　光緒八年（1882）排印
漫遊記略(一名瓠園集)四卷　（清）王澐撰
重修滬游雜記四卷　（清）西泠嘯翁(葛元
　煦)輯　（清）倉山舊主(袁祖志)修
　光緒十四年（1888）排印
滇南雜志二十四卷　（清）曹樹翹撰
附
　顧陸遺詩一卷　（清）顧廷璋(清)陸孝曾
　　撰　（清）曹樹翹輯
曾侯日記一卷　（清）曾紀澤撰　光緒七年
　（1881）排印
航海述奇四卷　（清）張德明撰
霆軍紀略十六卷　（清）陳昌撰　光緒八年
　（1882）排印
平定粵匪記略十八卷附記四卷　（清）杜文
　瀾撰
中西紀事二十四卷　（清）江上蹇叟(夏燮)
　撰　光緒十三年（1887）排印
中俄和約一卷　（清）□□輯　光緒七年
　（1881）排印
萬國史記二十卷　（日本）岡本監輔撰
使琉球記六卷　（清）李鼎元撰
西事類編十六卷　（清）沈純輯　光緒十三
　年（1887）排印
東藩紀要十二卷補錄一卷　（清）薛培榕輯
　光緒八年（1882）排印
續編綏寇紀略五卷　（清）葉夢珠撰
畫舫餘錄投贈三卷　（清）箇中生輯
國朝閨秀香咳集十卷附錄一卷　（清）許夔
　臣輯
鴻雪軒紀豔　（清）蘗蘭生輯　同治十三年
　（1874）排印
評花新譜一卷　（清）蘗蘭生錄

鳳城品花記一卷　(清)香溪漁隱撰
宣南雜俎一卷　(清)藝蘭生輯
側帽餘談一卷　(清)藝蘭生撰
海上羣芳譜四卷　(清)顧曲詞人(清)懺情侍者撰　光緒十年(1884)排印
會湖雜文一卷筆餘一卷　(清)口瑾撰
息奮尺牘二卷附存一卷　(清)陳觀圻撰　光緒十年(1884)排印
通問便集二卷　(清)子虛氏輯注　光緒十七年(1891)排印
欣賞齋尺牘六卷　(清)曹仁鏡輯　光緒十四年(1888)排印
五色瓜廬尺牘叢殘四卷　(清)趙慶辰撰
梅香館尺牘四卷　(清)駱燦撰　光緒十年(1884)排印
東池草堂尺牘四卷　(清)謝鴻申撰　光緒十七年(1891)排印
尺牘初桄二卷附一卷　(清)子虛氏輯　光緒九年(1883)排印
音註小倉山房尺牘八卷　(清)袁枚撰　(清)胡光斗箋
詳註筆耕齋尺牘二卷　(清)管士駿撰　光緒六年(1880)排印
分類尺牘備覽三十卷　(清)王虎榜撰　光緒十四年(1888)排印
薑露庵雜記六卷　(清)駢蕖道人(施山)撰
在園雜志四卷　(清)劉廷璣撰
壺天錄三卷　(清)百一居士撰　光緒七年(1881)排印
蕉軒摭錄十二卷　(清)俞夢蕉撰
解醒語四卷　(清)沏濱野客撰　光緒二十一年(1895)排印
道聽塗說十二卷　(清)潘綸恩撰
鸝砭軒質言四卷　(清)戴蓮芬撰　光緒五年(1879)排印
昔柳摭談四卷　(清)馮口揖　(清)汪人驥重輯　光緒四年(1878)排印
茶餘談薈二卷　(清)見南山人撰　光緒五年(1879)排印
薈蕞編二十卷　(清)曲園居士(俞樾)撰　光緒七年(1881)排印
三異筆談四卷　(清)許仲元撰
笑笑錄六卷　(清)獨逸窩退士輯　光緒五年(1879)排印
四夢彙譚　(清)吳紹箕撰　光緒五年(1879)排印
筆夢清談一卷
刼夢淚談一卷
游夢倦談一卷
塵夢醒談一卷
妙香室叢話十四卷　(清)張培仁輯　光緒十年(1884)排印
小豆棚十六卷　(清)曾衍東撰　光緒六年(1880)排印
西湖拾遺四十四卷附一卷　(清)陳樹基撰
新刻三寶太監西洋通俗演義二十卷　(明)二南里人(羅懋登)輯　光緒七年(1881)排印
紅樓復夢一百回　(清)小和山樵撰
風月夢三十二回　(清)邗上蒙人撰　光緒九年(1883)排印
兒女英雄傳四十回首一回　(清)燕北閒人(文康)撰　光緒四年(1878)排印
後西遊記四十回　(清)口口撰
新刻鍾伯敬先生批評封神演義二十卷　(明)許仲琳撰
第五才子書水滸傳七十回續四十八回　(元)施耐庵撰
結水滸全傳七十卷末一卷　(清)俞萬春撰　光緒九年(1883)排印
小五義一百二十四回續一百二十四回　(清)石玉崑撰　光緒十六年(1890)排印
鏡花緣一百回　(清)李汝珍撰
繪芳錄八十回　(清)西泠野樵撰　光緒四年(1878)排印
十粒金丹六十六回　(清)口口撰
筆生花三十二回　(清)邱心如撰
東廂記四卷　(清)湯世瀠撰
鑄史駢言十二卷　(清)孫玉田撰　光緒二年(1878)排印
醒睡錄初集十卷　(清)鄧文濱撰
讀史探驪錄五卷　(清)姚芝生撰
稟啓零紈四卷　(清)徐紉裳輯
記聞類編十四卷　(清)口口輯　光緒三年(1877)排印
靈檟碎金六十八卷附錄一卷　(清)郎玉銘撰　光緒八年(1882)排印
啓矇眞諦　(清)胡崧輯
一草亭目科全書一卷　(明)鄧苑撰
異授眼科一卷
三借廬贅譚十二卷　(清)鄒弢撰
蟫史二十卷　(清)屠紳撰
粉墨叢談二卷附錄一卷　(清)夢畹生(黃協塤)撰
此中人語六卷　(清)程麟撰
思益堂日札五卷　(清)周壽昌撰

玲瓏山館叢書(一名益雅堂叢書)

(清)口口輯

清光緒十五年(1889)文選樓刊本
經編緯書類　（清）馬國翰輯
　　尚書中侯三卷　（漢）鄭玄注
　　尚書緯璇璣鈐一卷　（漢）鄭玄注
　　尚書緯考靈曜一卷　（漢）鄭玄注
　　尚書緯刑德放一卷　（漢）鄭玄注
　　尚書緯帝命驗一卷　（漢）鄭玄注
　　尚書緯運期授一卷　（漢）鄭玄注
　　詩緯推度災一卷　（魏）宋均注
　　詩緯氾歷樞一卷　（魏）宋均注
　　詩緯含神霧一卷　（魏）宋均注
　　禮緯含文嘉一卷　（魏）宋均注
　　禮緯稽命徵一卷　（魏）宋均注
　　禮緯斗威儀一卷　（魏）宋均注
　　樂緯動聲儀一卷　（魏）宋均注
　　樂緯稽耀嘉一卷　（魏）宋均注
　　樂緯叶圖徵一卷　（魏）宋均注
　　春秋緯文耀鉤一卷　（魏）宋均注
　　春秋緯運斗樞一卷　（魏）宋均注
　　春秋緯感精符一卷　（魏）宋均注
　　春秋緯合誠圖一卷　（魏）宋均注
　　春秋緯考異郵一卷　（魏）宋均注
　　春秋緯保乾圖一卷　（魏）宋均注
　　春秋緯漢含孳一卷　（魏）宋均注
　　春秋緯佐助期一卷　（魏）宋均注
　　春秋緯握誠圖一卷　（魏）宋均注
　　春秋緯潛潭巴一卷　（魏）宋均注
　　春秋緯說題辭一卷　（魏）宋均注
　　春秋緯演孔圖一卷　（魏）宋均注
　　春秋緯元命苞二卷　（魏）宋均注
　　春秋命歷序一卷　（魏）宋均注
　　春秋內事一卷　（魏）宋均注
　　孝經緯援神契二卷　（魏）宋均注
　　孝經緯鉤命訣一卷　（魏）宋均注
　　孝經中契一卷　（魏）宋均注
　　孝經左契一卷　（魏）宋均注
　　孝經右契一卷　（魏）宋均注
　　孝經內事圖一卷　（魏）宋均注
　　孝經章句一卷
　　孝經雌雄圖一卷
　　孝經古秘一卷
　　論語讖八卷　（魏）宋均注
經編經學類
　　宋葉文康公禮經會元節本四卷　（宋）葉時
　　　　撰　（清）陸隴其點定　（清）許元准節
　　　　本
　　國朝漢學師承記八卷　（清）江藩撰
　　經師經義目錄一卷　（清）江藩撰　　［撰
　　國朝宋學淵源記二卷附記一卷　（清）江藩
　　十三經注疏序二卷　（清）劉世珩輯

小學上編
　　爾雅補郭二卷　（清）翟灝撰
　　埤雅二十卷　（宋）陸佃撰
　　廣釋名二卷　（清）張金吾撰
　　比雅十九卷　（清）洪亮吉撰
　　廣雅十卷　（魏）張揖撰　（隋）曹憲音
　　別雅五卷　（清）吳玉搢撰
小學下編
　　篆訣辯釋一卷　（明）□□撰
　　說文通論一卷　（清）雷琳（清）錢樹棠（清）
　　　　錢樹立輯
　　文選古字通疏證六卷　（清）薛傳均撰
　　說文新附攷六卷　（清）鄭珍撰
　　轉注古義考二卷　（清）曹仁虎撰
　　說文淺說一卷　（清）鄭知同撰
　　六書說一卷　（清）江聲撰
六藝編
　　說文答問疏證六卷　（清）薛傳均撰
　　六藝綱目二卷附錄二卷　（元）舒天民撰
　　　　（元）舒恭注　（明）趙宜中附注
　　字林經策萃華八卷　（清）墨莊輯
術數編
　　菊逸山房天學一卷　（清）寇宗撰
　　天元一術圖說一卷　（清）葉棠撰
　　五經算術二卷附考證一卷　（北周）甄鸞撰
　　　　（唐）李淳風等注釋　考證（清）戴震
　　　　撰
　　人物志三卷　（魏）劉邵撰　（後魏）劉昞注
　　人倫大統賦二卷　（金）張行簡撰　（元）薛
　　　　延年注

楡園叢刻

（清）許增輯
　　清同治光緒間刊本
　　白石道人詩集二卷集外詩一卷附錄一卷附
　　　　錄補遺一卷　（宋）姜夔撰　光緒十年
　　　　(1884)刊
　　　附
　　　　詩說一卷　（宋）姜夔撰
　　白石道人歌曲四卷別集一卷　（宋）姜夔撰
　　　　光緒十年(1884)刊
　　　附
　　　　白石詩詞評論一卷補遺一卷　（清）許增
　　　　　　輯
　　　　白石道人逸事一卷逸事補遺一卷　（清）
　　　　　　□□輯
　　山中白雲詞八卷附錄一卷逸事一卷　（宋）
　　　　張炎撰　光緒八年(1882)刊　　　［刊
　　詞源二卷　（宋）張炎撰　光緒八年(1882)
　　衍波詞二卷　（清）王士禛撰　光緒十五年

（1889）刊

納蘭詞五卷補遺一卷　(清)性德撰　光緒
　六年(1880)刊　　　　　　　　　　［刊

靈芬館詞　(清)郭麐撰　光緒五年(1879)

　蘅夢詞二卷

　浮眉樓詞二卷

　懺餘綺語二卷

　爨餘詞一卷

拜石山房詞鈔四卷　(清)顧翰撰　光緒十
　五年(1889)刊

憶雲詞甲稾一卷乙稾一卷丙稾一卷丁稾一
　卷刪存一卷　(清)項廷紀(鴻祚)撰
　光緒十九年(1893)刊

微波詞一卷　(清)錢枚撰　光緒十五年
　(1889)刊

松壼畫贅二卷　(清)錢杜撰　光緒十四年
　(1888)刊

松壼畫憶二卷　(清)錢杜撰　光緒十四年
　(1888)刊

縵雅堂駢體文八卷　(清)王詒壽撰　光緒
　六年(1880)刊

笙月詞五卷　(清)王詒壽撰　同治十一年
　(1872)刊

花影詞一卷　(清)王詒壽撰　同治十一年
　(1872)刊

附

娛園叢刻　(清)許增輯　光緒十五年
　(1889)刊

　藏書記要一卷　(清)孫從添撰

　附

　　流通古書約一卷　(清)曹溶撰

　聞者軒帖考一卷　(清)孫承澤撰

　漫堂墨品一卷　(清)宋犖撰

　雪堂墨品一卷　(清)張仁熙撰

　筆史一卷　(清)梁同書撰

　金粟箋說一卷　(清)張燕昌撰

　端谿硯史三卷　(清)吳蘭修撰

　陽羨名陶錄二卷　(清)吳騫撰

　書畫說鈴一卷　(清)陸時化撰

　頻羅庵論書一卷　(清)梁同書撰

　賞延素心錄一卷　(清)周二學撰

崇文書局彙刻書（一名三十三種叢書）

（清)崇文書局輯

　清光緒元年(1875)湖北崇文書局刊本

周易姚氏學十六卷　(清)姚配中撰

尙書大傳四卷附補遺一卷續補遺一卷考異
　一卷　(漢)伏勝撰　(漢)鄭玄注　補
　遺續補遺(清)盧文弨輯併撰考異

周書十卷逸文一卷　(清)朱右曾集訓校釋

韓詩外傳十卷　(漢)韓嬰撰

左傳舊疏考正八卷　(清)劉文淇撰

春秋繁露十七卷　(漢)董仲舒撰

儀禮古今文疏義十七卷　(清)胡承珙撰

相臺書塾刊正九經三傳沿革例一卷　(宋)
　岳珂撰

刊謬正俗八卷　(唐)顏師古撰

隋經籍志考證十三卷　(清)章宗源撰

御覽闕史二卷　(唐)參蓼子(高彥休)撰

鑑誡錄十卷　(後蜀)何光遠撰

涑水紀聞十六卷補遺一卷　(宋)司馬光撰

古列女傳七卷續列女傳一卷　(漢)劉向撰
　　續(□)□□撰　(明)黃魯曾贊

高士傳三卷　(晉)皇甫謐撰

水經注四十卷　(漢)桑欽撰　(後魏)酈道
　元注

今水經一卷表一卷　(清)黃宗羲撰

意林五卷補遺一卷　(唐)馬總輯　補遺
　(清)張海鵬錄

老學庵筆記十卷　(宋)陸游撰

世說新語六卷　(劉宋)劉義慶撰　(梁)劉
　孝標注

淮南天文訓補注二卷　(清)錢塘撰

西陽雜俎二十卷續集十卷　(唐)段成式撰

人譜正篇一卷續篇一卷三篇一卷　(明)劉
　宗周撰

人譜類記增訂六卷　(明)劉宗周撰

葬經內篇一卷　(晉)郭璞撰　(□)□□注

黃帝宅經二卷　(□)□□注

楚辭集註八卷辯證二卷　(宋)朱熹撰

離騷集傳一卷　(宋)錢杲之撰

離騷草木疏四卷　(宋)吳仁傑撰

離騷箋二卷　(清)龔景瀚撰

文心雕龍十卷　(梁)劉勰撰

正覺樓叢刻

（清)崇文書局輯

　清光緒中崇文書局刊本

西京雜記二卷　(漢)劉歆(一題晉葛洪)撰

括地志八卷　(唐)李泰等撰　(清)孫星衍
　輯

兩京新記殘一卷(存卷三)　(唐)韋述撰

李嶠雜詠二卷　(唐)李嶠撰　　　　［撰

龍經疑龍三卷撼龍統說一卷　(唐)楊筠松

樂書要錄殘三卷(存卷五至七)　唐武后撰
　光緒七年(1881)刊

化書六卷　(南唐)譚峭撰

指南後錄三卷　(宋)文天祥撰

酌中志餘二卷　(明)劉若愚輯

東林朋黨錄
東林點將錄　（明）王紹徽撰
東林同志錄
東林籍貫
盜柄東林夥
夥壤封疆錄　（明）魏應嘉撰
天鑒錄　以上合一卷
欽定逆案
天啓宮詞　（明）陳悰（一題秦蘭徵）撰
擬故宮詞　（明）唐宇昭撰　以上合一卷
風角書八卷　（清）張爾岐撰
重訂擬瑟譜一卷　（清）邵嗣堯撰　（清）段
　　仔文（清）張懋賞輯　光緒七年（1881）
　　刊
人海記二卷　（清）查慎行撰
律呂新義四卷附錄一卷　（清）江永撰　光
　　緒七年（1881）刊
樂府傳聲二卷　（清）徐大椿撰　光緒七年
　　（1881）刊
二林居集二卷　（清）彭紹升撰　光緒六年
　　（1880）刊
三國志辨疑三卷　（清）錢大昭撰
後漢郡國令長攷一卷　（清）錢大昭撰
律呂臆說一卷　（清）徐養原撰
管色攷一卷　（清）徐養原撰
荀勖笛律圖注一卷　（清）徐養原撰
三國職官表三卷　（清）洪飴孫撰
周官指掌五卷　（清）莊有可撰
紀事約言二卷　（清）夏勤墉撰
舊唐書疑義四卷　（清）張道撰
臨安旬制紀三卷　（清）張道撰
全浙詩話刊誤一卷　（清）張道撰
禮記天算釋一卷　（清）孔廣牧撰　光緒七
　　年（1881）刊
三國紀年表一卷　（清）周嘉猷撰
五代紀年表一卷　（清）周嘉猷撰

三餘書屋叢書

（清）蔡學蘇輯
　　清光緒二年（1876）盱南上塘蔡氏刊本
純正蒙求一卷　（元）胡炳文撰
字體蒙求一卷　（清）易本烺撰
緻芳齋文集一卷　（清）譚尙忠撰
中田詩草二卷　（清）譚光祐撰
對語六卷　（清）章慶輯

懺花盦叢書

（清）宋澤元輯　　　　　　　　　　　［本
　　清光緒中山陰宋氏刊十三年（1887）彙印
毛詩異同評三卷　（晉）孫毓撰　（清）馬國

翰輯　光緒十一年（1885）刊
難孫氏毛詩評一卷　（晉）陳統撰　（清）馬
　　國翰輯
古文尙書辨一卷　（清）朱鶴齡撰
附
　　古文尙書考一卷　（清）陸隴其撰
周易逃翼五卷　（清）黃應麒撰
石經考一卷　（清）萬斯同撰　光緒十一年
　　（1885）刊
兩漢解疑二卷　（明）唐順之撰　光緒十一
　　年（1885）刊
兩晉解疑一卷　（明）唐順之撰　光緒十一
　　年（1885）刊
五代史補五卷　（宋）陶岳撰　光緒八年
　　（1882）刊
五代史闕文一卷　（宋）王禹偁撰　光緒八
　　年（1882）刊
五代春秋二卷　（宋）尹洙撰　光緒八年
　　（1882）刊
元祐黨籍碑考一卷慶元僞學逆黨籍一卷
　　（明）海瑞撰　光緒十二年（1886）刊
烏臺詩案一卷附雜記一卷　（宋）朋九萬撰
　　雜記（清）宋澤元輯　光緒十二年
　　（1886）刊
讀書紀數略五十四卷　（清）宮夢仁撰　光
　　緒十二年（1886）刊
考槃餘事十七卷　（明）屠隆撰　光緒十一
　　年（1885）刊
　　書箋一卷
　　洞天帖錄一卷
　　辨帖箋一卷
　　畫箋一卷
　　紙箋一卷
　　筆箋一卷
　　墨箋一卷
　　研箋一卷
　　琴箋一卷
　　香箋一卷
　　文房器具箋一卷
　　起居器服箋一卷
　　游具箋一卷
　　山齋志一卷
　　茶箋一卷
　　盆玩品一卷
　　魚鶴品一卷
浩然齋雅談三卷　（宋）周密撰
觀宅四十吉祥相一卷　（清）周文煒撰
心相百二十善一卷　（清）沈捷撰
愼疾芻言一卷　（清）徐大椿撰　光緒十一
　　年（1885）刊

義山雜纂一卷　（唐）李商隱撰
雜纂續一卷　（宋）王君玉撰
雜纂二續一卷　（宋）蘇軾撰
綠陰亭集二卷　（清）陳奕禧撰　光緒十一
　　年(1885)刊
侯氏書品一卷　（清）侯仁朔撰
竹雲題跋四卷　（清）王澍撰　光緒十年
　　(1884)刊
虛舟題跋原三卷　（清）王澍撰　光緒十年
　　(1884)刊
虛舟題跋十卷　（清）王澍撰　光緒十年
　　(1884)刊
瀛奎律髓刊誤四十九卷
　　　（清）紀昀撰　光緒六年(1880)刊
四家詠史樂府　（清）宋澤元輯
　　鐵厓詠史八卷　（元）楊維楨撰
　・鐵厓小樂府一卷　（元）楊維楨撰
　　西涯樂府二卷　（明）李東陽撰　光緒十
　　　一年(1885)刊
　　兩晉南北史樂府二卷　（清）洪亮吉撰
　　　　光緒十二年(1886)刊
　　唐宋小樂府一卷　（清）洪亮吉撰
　　明史樂府一卷　（清）尤侗撰　（清）尤珍
　　　注　光緒十一年(1885)刊
柳亭詩話三十卷　（清）宋長白撰　光緒八
　　年(1882)刊
草堂詩餘五卷　（宋）□□輯　（明）楊愼批
　　點　光緒十三年(1887)刊

學古堂日記

（清）雷浚（清）汪之昌輯
　　清光緒十六年(1890)刊二十二年(1896)
　　　續刊本
讀周易日記一卷　（清）顧樹聲撰
讀周易日記一卷　（清）許克勤撰
讀尚書日記一卷　（清）余宏淦撰
讀毛詩日記一卷　（清）郊鼎元撰
讀毛詩日記一卷　（民國）張一鵬撰
讀毛詩日記一卷　（清）申濩元撰
讀毛詩日記一卷　（清）徐鴻鈞撰
讀毛詩日記一卷　（民國）錢人龍撰
讀毛詩日記一卷　（清）楊賡元撰
讀毛詩日記一卷　（清）鳳恭寶撰
讀毛詩日記一卷　（清）陸炳章撰
讀毛詩日記一卷　（清）夏辛銘撰
讀周禮日記一卷　（清）于鬯撰
讀儀禮日記一卷　（清）費祖芬撰
讀儀禮日記一卷　（清）于鬯撰
讀小戴禮盧植注日記一卷　蔣元慶撰
讀小戴禮日記一卷　（清）阮惟和撰

讀小戴日記一卷　（清）于鬯撰
讀孝經日記一卷　（清）潘任撰
讀爾雅日記一卷　（清）陸錦燧撰
讀爾雅日記一卷　（清）王頌清撰
讀爾雅日記一卷讀爾雅補記一卷　（清）董
　　瑞椿撰
讀爾雅日記一卷　（清）王仁俊撰
讀爾雅日記一卷　（清）楊賡元撰
讀爾雅日記一卷　（清）包錫咸撰
讀夰疋日記一卷　蔣元慶撰
讀說文玉篇日記一卷　（民國）費廷璜撰
讀段注說文解字日記一卷　（清）馮世澂撰
讀說文日記一卷　（清）胡常惠撰
讀史記日記一卷　（清）查德基撰
讀史記日記一卷　（清）朱錦綬撰
讀漢書日記一卷　（清）王肇釗撰
讀漢書日記一卷　（清）鳳曾敘撰
讀漢書日記一卷　（清）徐鴻鈞撰
讀漢書日記一卷　（清）朱錦綬撰
讀通鑑日記一卷　（清）徐德森撰
讀史日記三種　（民國）沈惟賢撰
　　前漢匈奴表三卷附錄一卷
　　後漢匈奴表二卷
　　晉五胡表一卷
讀文選日記一卷　（清）陳秉哲撰
治算學日記三種　（清）吳壽萱撰
　　垂綫互求術一卷
　　平方和較術一卷
　　疊徵比例術一卷
學古堂日記叢鈔六卷　（清）雷浚（清）汪之
　　昌輯

新陽趙氏叢刊（一名高齋叢刻）

（清）趙元益輯
　　清光緒中新陽趙氏刊本
　　晉分古義二卷附一卷　（清）戴煦撰　光緒
　　　十二年(1886)刊
　　資治通鑑刊本識誤三卷　（清）張敦仁撰
　　　光緒十二年(1886)刊
　　戰國策釋地二卷　（清）張琦撰　光緒十一
　　　年(1885)刊
　　游志續編一卷　（元）陶宗儀輯　光緒十二
　　　年(1886)刊
　　雜窗叢語一卷　（清）蔡澄撰　光緒十二年
　　　(1886)刊
　　寒夜叢談三卷　（清）沈赤然撰　光緒十一
　　　年(1885)刊
　　蕙楊雜記一卷　（清）嚴元照撰　光緒十一
　　　年(1885)刊
　　昌黎先生集攷異十卷　（宋）朱熹撰　光緒

十一年(1885)刊

得一齋雜著四種　(清)黃楙材撰　光緒十二年(1886)刊

西輶日記四卷

印度劄記四卷

遊歷芻言一卷

西徼水道一卷

江陰季氏叢刻

(清)季綸全輯

清光緒中江陰季氏枳園刊本

紀元考一卷　(清)陳夔齡輯

鴻雪偶留一卷　(清)季佑申輯

諏吉新書一卷　(明)董潛撰

成語一卷　(清)趙翼輯

占候一卷　(明)徐光啓撰

冷香室遺稿一卷　(清)王佩珩撰

讀史論略一卷　(清)杜詔撰

百衲琴一卷　(清)秦雲(清)秦敏樹撰

孫氏山淵閣叢刊

(清)孫葆田輯

清光緒中榮成孫氏問經精舍刊本

周易古本十二篇附音訓二卷　(宋)呂祖謙輯　音訓(宋)王莘叟撰

古文尙書一卷　(宋)朱熹輯　光緒十九年(1893)刊

春秋會義二十六卷　(宋)杜諤撰　光緒十八年(1892)刊

孟子音義二卷　(宋)孫奭撰　光緒十九年(1893)據景宋本刊

孟志編略一卷　(清)孫葆田撰　光緒十六年(1890)刊

孝經鄭注附音一卷　(清)孫季咸撰　光緒二十二年(1896)刊

孫明復小集三卷　(宋)孫復撰　光緒十五年(1889)刊

望溪文集補遺一卷　(清)方苞撰

奉萱草堂文續集一卷　(清)單爲鏓撰

觀自得齋叢書

(清)徐士愷輯

清光緒中石埭徐氏刊本

倉頡篇三卷　(清)陳其榮輯　光緒十八年(1892)刊

續高士傳五卷　(清)高兆撰　光緒十九年(1893)刊

征東實紀一卷　(明)錢世楨撰　光緒二十年(1894)刊

雲間志三卷續入一卷　(宋)楊潛撰　光緒

二十年(1894)刊

崑山郡志六卷　(元)楊譓撰　光緒二十年(1894)刊

浙程備覽五卷　(清)于敏中撰　光緒十四年(1888)刊

黑龍江述略六卷　(清)徐宗亮撰　光緒十七年(1891)刊

國朝未栞遺書志略一卷　(清)朱記榮撰　光緒十八年(1892)刊

唐昭陵石蹟考略五卷附謁唐昭陵記一卷　(清)林侗撰　光緒二十年(1894)刊

淸儀閣金石題識四卷　(清)張廷濟撰　(清)陳其榮輯　光緒二十年(1894)刊

泉志校誤四卷　(清)金嘉采撰

多暇錄二卷　(清)程庭鷺撰　光緒二十年(1894)刊

北窗囈語一卷　(清)朱燾撰　光緒十九年(1893)刊

明宮詞一卷　(清)程嗣章撰　光緒二十年(1894)刊

袁海叟詩集四卷補一卷　(明)袁凱撰　光緒十九年(1893)刊

漁洋山人集外詩二卷　(清)王士禛撰　光緒二十年(1894)刊

樊榭山房集外詩一卷　(清)厲鶚撰　光緒十三年(1887)刊

寄生山館詩賸一卷瘦玉詞鈔一卷　(清)徐士怡撰　光緒十二年(1886)刊

大瓠堂詩錄八卷　(清)孫周撰　光緒十八年(1892)刊

梅村詩話一卷　(清)吳偉業撰　光緒二十年(1894)刊

律詩定體一卷　(清)王士禛撰

漁洋山人詩問二卷　(清)王士禛撰　光緒二十年(1894)刊

然燈記聞一卷　(清)王士禛述　(清)何世璂錄

別集

投壺儀節一卷　(明)汪禔撰　光緒十四年(1888)刊

馬戲圖譜一卷　(宋)李淸照撰　(明)王蘭芳增輯　光緒十三年(1887)刊

牙牌參禪圖譜一卷　(清)劉遼陸撰　光緒十四年(1888)刊

詩牌譜一卷　(明)王良樞輯　(明)周履靖校續　光緒十四年(1888)刊

暢叙譜一卷　(清)沈德潛撰　光緒十八年(1892)刊

倫敦竹枝詞一卷　(清)局中門外漢撰　光緒十四年(1888)刊

漸西村舍彙刊

(清)袁昶輯

　　清光緒中桐廬袁氏刊本

　　校正元親征錄一卷　(元)□□撰　(清)何
　　　秋濤校正　光緒二十年(1894)刊

　　元朝祕史十五卷　(元)□□撰　(清)李文
　　　田注　光緒二十二年(1896)刊

　　蠻書十卷　(唐)樊綽撰

　　衛藏通志十六卷首一卷附校字記一卷
　　　(清)和琳撰　校字記(清)袁昶撰　光
　　　緒二十二年(1896)刊

　　黑龍江外記八卷　(清)西清撰

　　吉林外記十卷　(清)薩英額撰　光緒二十
　　　一年(1895)刊

　　寧古塔記略一卷　(清)吳桭臣撰

　　嚴州圖經三卷附校字記一卷　(宋)陳公亮
　　　撰　校字記(清)袁昶撰　光緒二十二
　　　年(1896)刊　　　　　　　　　〔撰

　　景定嚴州續志十卷　(宋)鄭瑤(宋)方仁榮

　　嚴陵集九卷　(宋)董棻輯　光緒二十三年
　　　(1897)刊

　　說文審音十六卷　(清)張行孚撰　光緒二
　　　十四年(1898)刊

　　齊民要術十卷　(後魏)賈思勰撰　光緒二
　　　十二年(1896)刊

　　種樹書一卷　(元)俞宗本撰　光緒二十三
　　　年(1897)刊

　　蠶桑說一卷　(清)趙敬如撰　光緒二十三
　　　年(1897)刊

　　農桑輯要七卷　(元)司農司撰　光緒二十
　　　一年(1895)刊

　　蠶事要略一卷　(清)張行孚撰

　　廣蠶桑說輯補二卷　(清)沈練撰　(清)仲
　　　學輅輯補　光緒二十三年(1897)刊

　　黃帝內經太素三十卷(原缺卷一、卷四、卷
　　　七、卷十六、卷十八、卷二十至二十一)
　　　遺文一卷　(隋)楊上善注　光緒二十
　　　三年(1897)刊

　　黃帝內經明堂一卷附錄一卷　(隋)楊上善
　　　注　附錄(清)黃以周撰　光緒二十三
　　　年(1897)刊

　　汪氏兵學三書　(清)汪宗沂輯　光緒二十
　　　年(1894)刊

　　　太公兵法逸文一卷

　　　武侯八陣兵法輯略一卷附用陣雜錄一卷
　　　　(清)汪宗沂撰

　　　衛公兵法輯本三卷附舊唐書李靖傳攷證
　　　　一卷　(唐)李靖撰　附(清)汪宗沂
　　　　撰

　　雲氣占候二卷　(清)韜廬子(汪宗沂)撰

　　相雨書一卷　(唐)黃子發撰

　　老子本義二卷　(清)魏源撰

　　會典簡明錄一卷　(清)張祥河輯

　　湛然居士文集十四卷　(元)耶律楚材撰
　　　光緒二十一年(1895)刊

　　姚文敏公遺稿九卷奏議補缺一卷附校勘記
　　　一卷　(明)姚夔撰　校勘記(清)袁昶
　　　撰　光緒二十四年(1898)刊

　　袁氏藝文志一卷文錄一卷詩錄一卷金石錄
　　　一卷附錄一卷　(清)袁渭漁等撰
　　　(清)袁昶輯

　　漸西村人初集十三卷　(清)袁昶撰

　　安般簃集十卷　(清)袁昶撰　光緒十六年
　　　(1890)刊

　　春闈雜詠一卷附錄一卷　(清)袁昶撰　光
　　　緒十八年(1892)刊　　　　　〔撰

　　于湖小集六卷金陵雜事詩一卷　(清)袁昶

　　漚簃擬墨一卷　(清)袁昶撰

　　廣雅碎金四卷附錄一卷　(清)張之洞撰
　　　光緒二十三年(1897)刊

　　守身執玉軒遺文一卷　(清)袁世紀撰　光
　　　緒二十年(1894)刊

　　于湖題襟集十卷　(清)袁昶輯　光緒二十
　　　一年(1895)刊

　　桐溪耆隱集一卷補錄一卷　(清)袁炯輯
　　　光緒十六年(1890)刊

　　楡園雜興詩一卷　(清)袁振業撰

　　勸學篇二卷　(清)張之洞撰
　　　光緒二十四年(1898)刊

　　經籍舉要一卷附錄一卷　(清)龍啓瑞撰
　　　(清)袁昶增訂　光緒十九年(1893)刊
　　附
　　　家塾課程一卷　(清)龍啓瑞撰　光緒十
　　　九年(1893)刊

　　尊經閣募捐藏書章程一卷祀典錄一卷
　　　(清)袁昶撰

　　中江尊經閣藏書目一卷　(清)袁昶撰

　　中江講院建立經誼治事兩齋章程一卷
　　　(清)袁昶撰

　　合肥相國壽言一卷　(清)袁昶撰

　　香嚴老人壽言一卷　(清)袁昶撰

雲自在龕叢書

(民國)繆荃孫輯

　　清光緒中江陰繆氏刊本

第一集

　　尚書記七卷校逸二卷　(清)莊述祖撰

　　續千文一卷　(宋)侍其瑋撰　光緒二十七
　　　年(1901)刊

吳興山墟名一卷　（劉宋）張玄之撰　（民
　國）繆荃孫輯　光緒十七年(1891)刊
吳興記一卷　（劉宋）山謙之撰　（民國）繆
　荃孫輯　光緒十七年(1891)刊
元和郡縣志闕卷逸文三卷　（唐）李吉甫撰
　（民國）繆荃孫輯
奉天錄四卷附一卷　（唐）趙元一撰　光緒
　十七年(1891)刊
集古錄目十卷原目一卷　（宋）歐陽棐撰
　（民國）繆荃孫輯
第二集
　三水小牘二卷逸文一卷附錄一卷　（唐）皇
　　甫枚撰　（民國）繆荃孫校補　光緒十
　　七年(1891)刊
　北夢瑣言二十卷逸文四卷附錄一卷　（宋）
　　孫光憲撰　光緒二十五年(1899)刊
　天彭牡丹譜一卷　（宋）陸游撰
　洛陽牡丹記一卷　（宋）歐陽修撰
　教童子法一卷　（清）王筠撰
第三集
　東湖叢記六卷　（清）蔣光煦撰　光緒九年
　　(1883)刊
　苔石效顰集一卷附一卷　（宋）繆鑑撰　光
　　緒十七年(1891)刊
　萬善花室文藁六卷續集一卷　（清）方履籛
　　撰　光緒九年(1883)刊
　齊雲山人文集一卷　（清）洪符孫撰　光緒
　　九年(1883)刊
第四集
　名家詞
　　立山詞一卷　（清）張琦撰
　　竹鄰詞一卷　（清）金式玉撰
　　齊物論齋詞一卷　（清）董士錫撰
　　香草詞二卷　（清）宋翔鳳撰
　　洞簫詞一卷　（清）宋翔鳳撰
　　碧雲盦詞二卷　（清）宋翔鳳撰
　　附
　　　樂府餘論一卷　（清）宋翔鳳撰
　　柳下詞一卷　（清）周青撰
　　萬善花室詞一卷　（清）方履籛撰
　　金梁夢月詞二卷　（清）周之琦撰
　　懷夢詞一卷　（清）周之琦撰
　　三十六陂漁唱一卷　（清）王敬之撰
　　冰甌詞一卷　（清）承齡撰
　　汀鷺詩餘一卷　（清）楊傳第撰
　　湖海草堂詞一卷　（清）樊景升撰
　　水雲樓詞二卷續一卷詩賸藁一卷　（清）
　　　蔣春霖撰
　　蘭綴詞一卷　（清）陸志淵撰
　　瓠落詞一卷　（清）陸志淵撰

第五集
　定海遺愛錄一卷附錄一卷　（清）□□撰
　　光緒十七年(1891)刊
　舊德集十四卷　（民國）繆荃孫輯　光緒二
　　十二年(1896)刊

藕香零拾

（民國）繆荃孫輯
　　清光緒宣統間刊本
　澹生堂藏書約四卷　（明）祁承㸁撰　光緒
　　二十二年(1896)刊
　藏書記要一卷　（清）孫從添撰　光緒二十
　　二年(1896)刊
　流通古書約一卷　（清）曹溶撰　光緒二十
　　二年(1896)刊
　古歡社約一卷　（清）丁雄飛撰　光緒二十
　　七年(1901)刊
　開成石經圖攷一卷　（清）魏錫曾撰
　大唐創業起居三卷　（唐）溫大雅撰　光緒
　　三十一年(1905)刊
　安祿山事迹三卷　（唐）姚汝能撰　光緒三
　　十年(1904)刊
　牛羊日曆一卷　（唐）劉軻撰
　東觀奏記三卷　（唐）裴庭裕撰　光緒三十
　　四年(1908)刊
　廣陵妖亂志一卷逸文一卷　（唐）羅隱撰
　　光緒三十年(1904)刊
　中興戰功錄一卷　（宋）李璧撰　光緒三十
　　一年(1905)刊
　玉牒初草二卷　（宋）劉克莊撰　光緒三十
　　四年(1908)刊
　宋中興學士院題名一卷東宮官寮題名一卷
　　行在雜買務雜賣場提轄官題名一卷三
　　公年表一卷　（宋）何異撰　光緒二十
　　二年(1896)刊
　元河南志四卷　（元）□□撰　（清）徐松輯
　　光緒三十四年(1908)刊
　棲霞小志一卷　（明）盛時泰撰　光緒二十
　　二年(1896)刊
　唐兩京城坊攷補記一卷　（清）程鴻詔撰
　　光緒二十三年(1897)刊
　游城南記一卷　（宋）張禮撰　光緒二十七
　　年(1901)刊
　據鞍錄一卷　（清）楊應琚撰　光緒二十二
　　年(1896)刊
　遼東行部志一卷　（金）王寂撰　宣統元年
　　(1909)刊
　僞齊錄二卷　（宋）楊堯弼撰
　寅庵集八卷　（元）李庭撰　宣統二年
　　(1910)刊

靜軒集五卷附錄一卷　(元)閣復撰　光緒
　二十一年(1895)刊
清河集七卷附錄一卷　(元)元明善撰
菊潭集四卷　(元)李㞦魯猷撰　光緒二十
　一年(1895)刊
蘇潁濱年表一卷　(宋)孫汝聽撰　宣統元
　年(1909)刊
孫淵如先生(星衍)年譜一卷　(清)張紹南
　撰　(清)王德福續
曾公遺錄殘三卷(存卷七至九)　(宋)曾布
　撰　宣統二年(1910)刊
山房隨筆一卷補遺一卷　(元)蔣子正撰
澹餘筆記一卷　(清)曹申吉撰
刑統賦一卷　(宋)傅霖撰　光緒三十四年
　(1908)刊
眞賞齋賦一卷　(明)豐坊撰　光緒三十四
　年(1908)刊
河賦注一卷　(清)江藩撰　(清)錢坤注
　光緒三十一年(1905)刊
舊聞證誤四卷補遺一卷　(宋)李心傳撰
　光緒二十六年(1900)刊
錢竹汀日記一卷　(清)錢大昕撰　光緒三
　十三年(1907)刊
農丹一卷　(清)張標撰
强蕘圃太守上當事三書一卷　(清)强望泰
　撰　光緒二十七年(1901)刊
古泉山館題跋二卷　(清)瞿中溶撰　宣統
　二年(1910)刊
破鐵網二卷　(清)胡爾榮撰
敬齋先生古今黈十二卷逸文二卷附錄一卷
　(元)李冶撰　光緒廿八年(1902)刊

煙畫東堂小品

(民國)繆荃孫輯
　民國九年(1920)江陰繆氏刊本
康熙朝品級考一卷　(清)□□撰
圓明園記一卷　(清)黃凱鈞撰
附
　陳氏安瀾園記一卷　(清)陳瑑卿撰
周世宗實錄一卷
後村雜記一卷　(宋)劉克莊撰
簡莊隨筆一卷　(清)陳鱣撰
讀金石萃編條記一卷　(清)沈欽韓撰
攝山紀遊集一卷　(清)□□輯
公車徵士小錄一卷　(清)全祖望撰
東林同難錄一卷同難列傳一卷同難附傳一
　卷　(清)繆敬持撰
國史貳臣傳表一卷　清乾隆五十六年官撰
保舉經學名單一卷　(清)□□輯
南宋江陰軍乾明院羅漢尊號碑一卷　(明)
　高道素輯
王貽上與林吉人手札一卷王貽上與汪于鼎
　手札一卷　(清)王士禛撰
題嵩洛訪碑圖一卷　(清)翁方綱撰
復初齋王漁洋詩評一卷　(清)翁方綱撰
星伯先生小集一卷　(清)徐松撰　(民國)
　繆荃孫輯
瞿木夫文集一卷　(清)瞿中溶撰
順德師著述　(清)李文田撰
　西游錄注一卷
　和林金石攷一卷
　朔方備乘札記一卷
稽瑞樓文草一卷　(清)陳揆撰
吳山子遺文一卷　(清)吳育撰
學宛堂詩稿一卷　(清)董威撰
思葊閒筆一卷　(清)嚴虞惇撰
京本通俗小說殘七卷(存卷十至十六)

對雨樓叢書

(民國)繆荃孫輯
　清光緒中江陰繆氏刊本
南朝史精語十卷附札記一卷　(宋)洪邁撰
　札記(民國)繆荃孫撰　據鈔本景刊
荀子考異一卷　(宋)錢佃撰　據鈔本景刊
詩品三卷　(梁)鍾嶸撰　據明正德元年退
　翁書院鈔本景刊
茅亭客話十卷　(宋)黃休復撰　據穴研齋
　鈔本景刊
賓退錄十卷　(宋)趙與時撰　據景鈔宋書
　棚本景刊

結一廬朱氏賸餘叢書

(清)朱澂輯
　清光緒三十一年(1905)仁和朱氏刊本
金石錄三十卷附札記一卷今存碑目一卷
　(宋)趙明誠撰　札記碑目(民國)繆荃
　孫撰
張說之文集二十五卷補遺五卷　(唐)張說
　撰　　　　　　　　　　　　　　〔撰
劉賓客文集三十卷外集十卷　(唐)劉禹錫
司空表聖文集十卷　(唐)司空圖撰

傳硯齋叢書

(清)吳丙湘輯
　清光緒十一年(1885)儀徵吳氏刊本
邗記六卷　(清)焦循撰
紅薇翠竹詞一卷　(清)焦循撰
仲軒詞一卷　(清)焦循撰
里堂家訓二卷　(清)焦循撰
因柳閣詞鈔二卷　(清)焦廷琥撰

傳是樓宋元板書目一卷　(清)徐乾學撰
坦庵枕函待問編五卷　(清)徐石麒撰
客齋餘話四卷　(清)徐石麒撰
古今青白眼三卷　(清)徐石麒撰
花傭月令一卷　(清)徐石麒撰

槐廬叢書

(清)朱記榮輯
　　清光緒中吳縣朱氏槐廬家塾刊本
初編
　李氏易解賸義三卷　(清)李富孫輯　光緒
　　十三年(1887)刊
　尙書餘論一卷　(清)丁晏撰　光緒十三年
　　(1887)刊
　詩辨說一卷　(宋)趙惪撰　光緒十三年
　　(1887)刊
　饗禮補亡一卷　(清)諸錦撰　光緒十三年
　　(1887)刊
　公羊逸禮攷徵一卷　(清)陳奐撰　光緒十
　　二年(1886)刊
　弟子職集解一卷　(清)莊述祖撰　光緒十
　　二年(1886)刊
　敦經筆記一卷　(清)陳倬撰　光緒十二年
　　(1886)刊
　世本二卷　(漢)宋衷注　(清)孫馮翼輯
　　(清)陳其榮增訂　光緒十三年
　　(1887)刊
　楚漢春秋一卷附疑義一卷攷證一卷　(漢)
　　陸賈撰　(清)茆泮林輯　攷證(清)陳
　　其榮輯　光緒十二年(1886)刊
　楚漢諸侯疆域志三卷　(清)劉文淇撰　光
　　緒十三年(1887)刊
　括地志八卷補遺一卷　(唐)李泰等撰
　　(清)孫星衍輯　(清)陳其榮重訂　光
　　緒十二年(1886)刊
　金石三例續編　(清)朱記榮輯　光緒十一
　　年(1885)刊
　　漢石例六卷　(清)劉寶楠撰
　　金石例補二卷　(清)郭麐撰　光緒三年
　　　(1877)刊
　　誌銘廣例二卷　(清)梁玉繩撰　光緒三
　　　年(1877)刊
二編
　九經古義十六卷　(清)惠棟撰　光緒十一
　　年(1885)刊
　十三經詁答問六卷　(清)馮登府撰　光緒
　　十三年(1887)刊
　古易音訓二卷　(宋)呂祖謙撰　(清)宋咸
　　熙輯　光緒十二年(1886)刊
　京畿金石考二卷　(清)孫星衍撰　光緒十

二年(1886)刊
　平津讀碑記八卷續記一卷　(清)洪頤煊撰
　　光緒十二年(1886)刊
　周髀算經二卷附音義一卷校勘記一卷
　　(漢)趙爽注　(北周)甄鸞述　(唐)李
　　淳風等注釋　音義(宋)李籍撰　校勘
　　記(清)顧觀光撰　光緒十二年(1886)
　　刊
　數術記遺一卷　(漢)徐岳撰　(北周)甄鸞
　　注　光緒十二年(1886)刊
　九數外錄一卷　(清)顧觀光撰　光緒十二
　　年(1886)刊
　呂子校補二卷校續補一卷　(清)梁玉繩撰
　　光緒十二年(1886)刊
　芳茂山人文集十二卷　(清)孫星衍撰　光
　　緒十二年(1886)刊
三編
　四禮権疑八卷　(清)顧廣譽撰　光緒十四
　　年(1888)刊
　爾雅漢注三卷　(清)臧鏞堂(庸)輯　光緒
　　十三年(1887)刊
　歷代帝王宅京記二十卷　(清)顧炎武撰
　　光緒十四年(1888)刊
　求古錄一卷　(清)顧炎武撰　光緒十四年
　　(1888)刊
　漢魏六朝墓銘纂例四卷　(清)李富孫撰
　　光緒十三年(1887)刊
　補寰宇訪碑錄五卷失編一卷附刊誤一卷
　　(清)趙之謙撰　刊誤(民國)羅振玉撰
　　光緒十二年(1886)刊
　圖畫精意識一卷　(清)張庚撰　光緒十四
　　年(1888)刊
　玉溪生詩說二卷　(清)紀昀撰　光緒十三
　　年(1887)刊
四編
　論語孔注辨僞二卷　(清)沈濤撰　光緒十
　　三年(1887)刊
　營平二州地名記一卷　(清)顧炎武撰　光
　　緒十四年(1888)刊
　明季實錄一卷　(清)顧炎武撰　光緒十四
　　年(1888)刊
　廣川書跋十卷　(宋)董逌撰　光緒十三年
　　(1887)刊
　金石稱例四卷續一卷　(清)梁廷枏撰　光
　　緒十三年(1887)刊
　金石綜例四卷　(清)馮登府撰　光緒十三
　　年(1887)刊
　石經閣金石跋文一卷　(清)馮登府撰　光
　　緒十三年(1887)刊
　鍼灸甲乙經十二卷　(晉)皇甫謐撰　(宋)

　　　林憶等校正　光緒十三年(1887)刊
　中吳紀聞六卷　(宋)龔明之撰
五編
　孟子時事略一卷　(清)任兆麟撰　光緒十
　　三年(1887)刊
　讀孟質疑二卷　(清)施彥士撰　光緒十三
　　年(1887)刊
　金石錄補二十七卷續跋七卷　(清)葉奕苞
　　撰　光緒十三年(1887)刊
　漢學商兌三卷　(清)方東樹撰　光緒十四
　　年(1888)刊
　遜志堂雜鈔十卷　(清)吳翌鳳撰　光緒十
　　三年(1887)刊
　醫學讀書記三卷續記一卷　(清)尤怡撰
　　光緒十四年(1888)刊
　附
　　靜香樓醫案一卷　(清)尤怡撰
　何氏心傳一卷　(清)何焯撰　光緒十五年
　　(1889)刊

校經山房叢書

　(清)朱記榮輯
　　　清光緒三十年(1904)孫谿朱氏槐廬家塾
　　　據式訓堂叢書版重編本
　　傳經表一卷通經表一卷　(清)畢沅撰
　　古易音訓二卷　(宋)呂祖謙撰　(清)宋咸
　　　熙輯
　　春秋夏正二卷　(清)胡天游撰
　　家語疏證六卷　(清)孫志祖撰
　　漢書西域傳補注二卷　(清)徐松撰
　　晉書地理志新補正五卷　(清)畢沅撰
　　乾道臨安志十五卷(原缺卷四至十五)附札
　　　記一卷　(宋)周淙撰　札記(清)錢保
　　　塘撰
　　弟子職集解一卷　(清)莊述祖撰
　　呂子校補二卷　(清)梁玉繩撰　　　[撰
　　疑年表一卷太歲超辰表三卷　(清)汪曰楨
　　竹汀先生日記鈔三卷　(清)錢大昕撰
　　　(清)何元錫輯
　　鍾山札記四卷　(清)盧文弨撰
　　龍城札記三卷　(清)盧文弨撰
　　銅熨斗齋隨筆八卷　(清)沈濤撰
　　癖談六卷　(清)蔡雲撰
　　知聖道齋讀書跋二卷　(清)彭元瑞撰
　　曝書雜記三卷　(清)錢泰吉撰
　　經籍跋文一卷　(清)陳鱣撰
　　附
　　　對策六卷　(清)陳鱣撰
　　拜經樓藏書題跋記五卷附錄一卷　(清)吳
　　　壽暘撰

　廉石居藏書記二卷　(清)孫星衍撰
　平津館鑒藏記書籍三卷補遺一卷續編一卷
　　(清)孫星衍撰
　誌銘廣例二卷　(清)梁玉繩撰
　金石例補二卷　(清)郭麐撰
　元魏滎陽鄭文公摩崖碑跋一卷　(清)諸可
　　寶撰
　瀫亭迻古錄二卷　(清)錢塘撰
　後甲集(一名躍雷館日記)二卷　(清)章大
　　來撰
　晚學集八卷　(清)桂馥撰

求實齋叢書

　(清)蔣德鈞輯
　　　清光緒中湘鄉蔣氏龍安郡署刊本
　　經史百家簡編一卷　(清)曾國藩輯　光緒
　　　十三年(1887)刊
　　六書說一卷　(清)江聲撰　光緒十五年
　　　(1889)刊
　　轉注古義考一卷　(清)曹仁虎撰　光緒十
　　　五年(1889)刊
　　聲調前譜一卷後譜一卷續譜一卷　(清)趙
　　　執信撰　光緒十六年(1890)刊
　　三通序一卷　(清)蔣德鈞錄　光緒十四年
　　　(1888)刊
　　三才略三卷　(清)蔣德鈞輯　光緒十四年
　　　(1888)刊
　　尸子二卷　(周)尸佼撰　(清)孫星衍輯
　　　光緒十五年(1889)刊
　　羣書治要子鈔二卷　(唐)魏徵等輯　(清)
　　　蔣德鈞鈔
　　水經注西南諸水考三卷　(清)陳澧撰
　　摹印述一卷　(清)陳澧撰
　　篤素堂集鈔三卷　(清)張英撰　光緒十四
　　　年(1888)刊
　　　恆產瑣言一卷
　　　聰訓齋語二卷
　　曾文正公雜著鈔一卷　(清)曾國藩撰
　　　(清)蔣德鈞鈔　光緒十五年(1889)刊
　　蔣丹林學使義學規條一卷　(清)蔣丹林撰
　　張香濤學使學究語一卷　(清)張之洞撰
　　牧令書鈔一卷　(清)徐棟輯　(清)蔣德鈞
　　　鈔　光緒十二年(1886)刊

知服齋叢書

　(清)龍鳳鑣輯
　　　清光緒中順德龍氏刊本
　第一集
　　逸周書十卷　(晉)孔晁注
　　漢禮器制度一卷　(漢)叔孫通撰　(清)孫

星衍輯　光緒十七年(1891)刊
漢官一卷　(漢)□□撰　(清)孫星衍輯
　　光緒十七年(1891)刊
漢官解詁一卷　(漢)王隆撰　(漢)胡廣注
　　(清)孫星衍輯　光緒十七年(1891)
　　刊
漢舊儀二卷補遺二卷　(漢)衞宏撰　(清)
　　孫星衍校併輯補遺　光緒十七年
　　(1891)刊
漢官儀二卷　(漢)應劭撰　(清)孫星衍輯
　　光緒十七年(1891)刊
漢官典職儀式選用一卷　(漢)蔡質撰
　　(清)孫星衍輯　光緒十七年(1891)刊
漢儀一卷　(吳)丁孚撰　(清)孫星衍輯
　　光緒十八年(1892)刊
風俗通姓氏篇二卷　(漢)應劭撰　(清)張
　　澍輯補注
第二集
十三州志一卷　(後魏)闞駰撰　(清)張澍
　　輯　光緒十六年(1890)刊
三秦記一卷　(□)辛□撰　(清)張澍輯
　　光緒十七年(1891)刊
三輔決錄二卷　(漢)趙岐撰　(晉)摯虞注
　　(清)張澍輯
南嶽小錄一卷　(唐)李沖昭撰　光緒十八
　　年(1892)刊
金華赤松山志一卷　(宋)倪守約撰　光緒
　　十八年(1892)刊
島夷誌略一卷　(元)汪大淵撰　光緒十八
　　年(1892)刊
寧古塔紀略一卷　(清)吳桭臣撰　光緒十
　　八年(1892)刊
元儒攷略四卷　(明)馮從吾撰　光緒十八
　　年(1892)刊
少陽集十卷　(宋)陳東撰　光緒十八年
　　(1892)刊
第三集
雙溪醉隱集六卷　(元)耶律鑄撰　(清)李
　　文田箋　光緒十八年(1892)刊
楊忠愍公集五卷首一卷末一卷　(明)楊繼
　　盛撰　光緒二十三年(1897)刊
元親征錄一卷　(元)□□撰　(清)何秋濤
　　校正　(清)李文田(民國)沈曾植校注
第四集
陶庵集二十二卷首一卷　(明)黃淳耀撰
　　光緒十八年(1892)刊
谷簾學吟一卷　(明)黃淵耀撰
第五集
崇禎五十宰相傳一卷　(清)曹溶撰
崇禎內閣行略一卷閣臣年表一卷　(明)陳

盟撰

螺樹山房叢書

(清)龍裕光輯
　　清光緒中順德龍氏刊本
錢仲文集十卷　(唐)錢起撰
宮敎集十二卷　(宋)崔敦禮撰
元朝典故編年考十卷　(清)孫承澤撰
靜學文集三卷首一卷末一卷　(明)王叔英
　　撰
嘉靖以來首輔傳八卷　(明)王世貞撰

蔭玉閣五種

(清)葉書輯
　　清光緒中臨海葉氏木活字排印本
田間書一卷　(宋)林芳撰
讀書錄存遺一卷　(宋)潘音撰
山窗覺夢節要一卷　(清)葉舟撰
梅溪先生勸學質言一卷　(清)葉舟撰
竹窗存稿一卷　(明)陳宏撰

廣雅書局叢書

(清)廣雅書局輯
　　清光緒中廣雅書局刊民國九年(1920)番
　　禺徐紹棨彙編重印本
經類
周易解故一卷　(清)丁晏撰　光緒十九年
　　(1893)刊
易釋四卷　(清)黃式三撰
易緯略義三卷　(清)張惠言撰
象數論六卷　(清)黃宗羲撰
易林釋文二卷　(清)丁晏撰　光緒十六年
　　(1890)刊
尙書伸孔篇一卷　(清)焦廷琥撰　光緒十
　　四年(1888)刊
禹貢班義述三卷附漢麋水入尙龍谿考一卷
　　(清)成蓉鏡撰　光緒十四年(1888)
　　刊
書蔡傳附釋一卷　(清)丁晏撰　光緒二十
　　年(1894)刊
詩集傳附釋一卷　(清)丁晏撰　光緒二十
　　年(1894)刊
毛詩傳箋通釋三十二卷　(清)馬瑞辰撰
　　光緒十四年(1888)刊
毛詩後箋三十卷　(清)胡承珙撰　(清)陳
　　奐補　光緒十六年(1890)刊
毛詩天文考一卷　(清)洪亮吉撰　光緒十
　　七年(1891)刊
禮書綱目八十五卷首三卷　(清)江永撰
　　光緒二十一年(1895)刊

儀禮古今文異同疏證五卷　(清)徐養原撰
　　光緒十七年(1891)刊
儀禮私箋八卷　(清)鄭珍撰　光緒十七年
　　(1891)刊
輪輿私箋二卷附圖一卷　(清)鄭珍撰　圖
　　(清)鄭知同繪　光緒十七年(1891)刊
大戴禮記解詁十三卷　(清)王聘珍撰　光
　　緒十三年(1887)刊
禮記天算釋一卷　(清)孔廣牧撰　光緒十
　　五年(1889)刊
春秋規過考信三卷　(清)陳熙晉撰　光緒
　　十五年(1889)刊
春秋述義拾遺八卷附河間劉氏書目考一卷
　　(清)陳熙晉撰　光緒十七年(1891)
　　刊
春秋公羊注疏質疑二卷　(清)何若瑤撰
　　光緒二十年(1894)刊
孟子趙注補正六卷　(清)宋翔鳳撰　光緒
　　十七年(1891)刊　　　　　　　　[輯
孟子劉注一卷　(漢)劉熙撰　(清)宋翔鳳
爾雅匡名二十卷　(清)嚴元照撰　光緒十
　　六年(1890)刊
爾雅補注殘本一卷　(清)劉玉麐撰　光緒
　　十四年(1888)刊
爾雅注疏本正誤五卷　(清)張宗泰撰　光
　　緒二十六年(1900)刊

小學
說文引經證例二十四卷　(清)承培元撰
　　光緒二十一年(1895)刊
潛研堂說文答問疏證六卷　(清)薛傳均撰
廣潛研堂說文答問疏證八卷　(清)承培元
　　撰
說文本經答問二卷　(清)鄭知同撰　光緒
　　十六年(1890)刊
小爾雅訓纂六卷　(清)宋翔鳳撰　光緒十
　　六年(1890)刊
輶軒使者絕代語釋別國方言箋疏十三卷附
　　校勘記一卷　(清)錢繹撰　校勘記
　　(清)何翰章撰　光緒十六年(1890)刊
釋名疏證八卷續釋名一卷補遺一卷附校議
　　一卷　(清)畢沅撰　校議(清)吳翊寅
　　撰　光緒二十年(1894)刊
釋穀四卷　(清)劉寶楠撰　光緒十四年
　　(1888)刊
急就章攷異一卷　(清)莊世驥撰　光緒十
　　七年(1891)刊
汗簡七卷　(後周)郭忠恕撰　(清)鄭珍箋
　　正　光緒十五年(1889)刊
漢碑徵經一卷　(清)朱百度撰　光緒十五
　　年(1889)刊

雜箸
吳氏遺箸五卷附錄一卷　(清)吳崶雲撰
　　附錄(清)王宗涑撰　光緒十七年
　　(1891)刊
　經說三卷
　小學說一卷
　廣韻說一卷
句溪雜箸六卷　(清)陳立撰　光緒十四年
　　(1888)刊
劉氏遺書八卷　(清)劉台拱撰　光緒十五
　　年(1889)刊
　論語駢枝一卷
　經傳小記一卷
　國語補校一卷
　荀子補注一卷
　淮南子補校一卷
　方言補校一卷
　漢學拾遺一卷
　文集一卷
愈愚錄六卷　(清)劉寶楠撰　光緒十五年
　　(1889)刊
學詁齋文集二卷　(清)薛壽撰　光緒十五
　　年(1889)刊
廣經室文鈔一卷　(清)劉恭冕撰　光緒十
　　五年(1889)刊
幼學堂文稿一卷　(清)沈欽韓撰
白田草堂存槀八卷　(清)王懋竑撰　光緒
　　二十年(1894)刊
陳司業遺書三卷　(清)陳祖范撰　光緒十
　　七年(1891)刊
　掌錄二卷
　經咫一卷
東塾遺書　(清)陳澧撰
　水經注西南諸水攷三卷
　弧三角平視法一卷
　摹印述一卷
　三統術詳說四卷
無邪堂答問五卷　(清)朱一新撰　光緒二
　　十一年(1895)刊
親屬記二卷　(清)鄭珍撰　光緒十八年
　　(1892)刊
先聖生卒年月日攷二卷　(清)孔廣牧撰
　　光緒十五年(1889)刊
朱子語類日鈔五卷　(清)陳澧輯　光緒二
　　十六年(1900)刊
人範六卷　(清)蔣元輯　光緒二十七年
　　(1901)刊
小學集解六卷　(清)張伯行撰　光緒二十
　　七年(1901)刊
少室山房集六十四卷　(明)胡應麟撰　光

緒二十二年(1896)刊
　少室山房筆叢四十八卷
　　經籍會通四卷
　　丹鉛新錄八卷
　　史書佔傳六卷
　　藝林學山八卷
　　九流緒論三卷
　　四部正譌三卷
　　三墳補逸二卷
　　二酉綴遺三卷
　　華陽博議二卷
　　莊嶽委談二卷
　　玉壺遐覽四卷
　　雙樹幻鈔三卷
　詩藪內編六卷外編四卷雜編六卷
史學
　史記索隱三十卷　(唐)司馬貞撰　光緒十
　　九年(1893)刊
　史記志疑三十六卷附錄三卷　(清)梁玉繩
　　撰　光緒十三年(1887)刊
　史記三書正譌三卷　(清)王元啓撰　光緒
　　十六年(1890)刊
　史記月表正譌一卷　(清)王元啓撰　光緒
　　二十年(1894)刊
　史表功比說一卷　(清)張錫瑜撰　光緒十
　　四年(1888)刊
　史記注補正一卷　(清)方苞撰　光緒二十
　　年(1894)刊
　史記毛本正誤一卷　(清)丁晏撰　光緒十
　　八年(1892)刊
　史漢駢枝一卷　(清)成蓉鏡(蓉鏡)撰　光緒
　　十四年(1888)刊
　漢書辨疑二十二卷　(清)錢大昭撰　光緒
　　十三年(1887)刊
　漢書注校補五十六卷　(清)周壽昌撰　光
　　緒十七年(1891)刊
　漢志水道疏證四卷　(清)洪頤煊撰　光緒
　　十八年(1892)刊
　漢書西域傳補注二卷　(清)徐松撰　光緒
　　二十年(1894)刊
　人表攷九卷補一卷附錄一卷　(清)梁玉繩
　　撰　光緒十四年(1888)刊
　漢書人表攷校補一卷　(清)蔡雲撰
　後漢書補注二十四卷　(清)惠棟撰　光緒
　　二十年(1894)刊
　後漢書辨疑十一卷　(清)錢大昭撰　光緒
　　十四年(1888)刊
　續漢書辨疑九卷　(清)錢大昭撰　光緒十
　　四年(1888)刊
　後漢書注補正八卷　(清)周壽昌撰　光緒

十七年(1891)刊
　後漢書注又補一卷　(清)沈銘彝撰　光緒
　　十四年(1888)刊
　後漢書補注續一卷　(清)侯康撰　光緒十
　　七年(1891)刊
　前漢書注攷證一卷　(清)何若瑤撰　光緒
　　二十年(1894)刊
　後漢書注攷證一卷　(清)何若瑤撰
　後漢郡國令長攷一卷　(清)錢大昭撰　光
　　緒十七年(1891)刊
　三國志辨疑三卷　(清)錢大昭撰　光緒十
　　五年(1889)刊
　三國志攷證八卷　(清)潘眉撰　光緒十五
　　年(1889)刊
　三國志旁證三十卷　(清)梁章鉅撰　光緒
　　十六年(1890)刊
　三國志補注續一卷　(清)侯康撰　光緒十
　　七年(1891)刊
　三國志注證遺四卷補四卷　(清)周壽昌撰
　　光緒十七年(1891)刊
　晉書地理志新補正五卷　(清)畢沅撰　光
　　緒二十年(1894)刊
　新校晉書地理志一卷　(清)方愷撰　光緒
　　二十一年(1895)刊
　晉書校勘記五卷　(清)周家祿撰　光緒十
　　四年(1888)刊
　晉書校勘記三卷　(清)勞格撰　光緒十八
　　年(1892)刊
　晉宋書故一卷　(清)郝懿行撰　光緒十七
　　年(1891)刊
　宋州郡志校勘記一卷　(清)成蓉鏡(蓉鏡)撰
　　光緒十四年(1888)刊
　魏書校勘記一卷　(民國)王先謙輯　光緒
　　十七年(1891)刊
　新舊唐書互證二十卷　(清)趙紹祖撰　光
　　緒十七年(1891)刊
　宋遼金元四史朔閏攷二卷　(清)錢大昕撰
　　(清)錢侗增補　光緒十七年(1891)
　　刊
　遼史拾遺二十四卷(清)厲鶚撰　光緒二十
　　六年(1900)刊
附
　遼史拾遺補五卷　(清)楊復吉撰　光緒
　　二十六年(1900)刊
　金史詳校十卷末一卷　(清)施國祁撰　光
　　緒二十年(1894)刊
　元史譯文證補三十卷(原缺卷七至八、卷十
　　三、卷十六至十七、卷十九至二十一、
　　卷二十五、卷二十八)　(清)洪鈞撰
　　光緒二十六年(1900)刊

史記天官書補目一卷 (清)孫星衍撰 光
緒十三年(1887)刊

楚漢諸侯疆域志三卷 (清)劉文淇撰 光
緒十五年(1889)刊

後漢書補表八卷 (清)錢大昭撰 光緒十
七年(1891)刊

後漢三公年表一卷 (清)華湛恩撰 光
緒十七年(1891)刊

補後漢書藝文志四卷 (清)侯康撰 光緒
十七年(1891)刊

補續漢書藝文志一卷 (清)錢大昭撰 光
緒十四年(1888)刊

補三國藝文志四卷 (清)侯康撰 光緒十
三年(1887)刊

補三國疆域志二卷 (清)洪亮吉撰 光緒
十七年(1891)刊

三國職官表三卷 (清)洪飴孫撰 光緒十
七年(1891)刊

三國紀年表一卷 (清)周嘉猷撰 光緒十
七年(1891)刊

補晉兵志一卷 (清)錢儀吉撰 光緒十七
年(1891)刊

補晉書藝文志四卷補遺一卷附錄一卷附刊
誤一卷 (民國)丁國鈞撰 (民國)丁
辰注併撰刊誤

東晉疆域志四卷 (清)洪亮吉撰 光緒十
七年(1891)刊

十六國疆域志十六卷 (清)洪亮吉撰 光
緒十七年(1891)刊

東晉南北朝輿地表二十八卷 (清)徐文范
撰 光緒二十四年(1898)刊

補梁疆域志四卷 (清)洪齮孫撰 光緒十
七年(1891)刊

補宋書刑法志一卷 (清)郝懿行撰 光緒
十七年(1891)刊

補宋書食貨志一卷 (清)郝懿行撰 光緒
十七年(1891)刊

南北史年表一卷 (清)周嘉猷撰 光緒十
八年(1892)刊

南北史世系表五卷 (清)周嘉猷撰 光緒
十八年(1892)刊

南北史帝王世系表一卷 (清)周嘉猷撰
光緒十八年(1892)刊

五代紀年表一卷 (清)周嘉猷撰 光緒十
七年(1891)刊

補五代史藝文志一卷 (清)顧懷三撰 光
緒十七年(1891)刊

宋史藝文志補一卷 (清)黃虞稷 (清)倪
燦撰 (清)盧文弨錄 光緒十七年
(1891)刊

補遼金元藝文志一卷 (清)倪燦撰 (清)
盧文弨錄 光緒十七年(1891)刊

補三史藝文志一卷 (清)金門詔撰 光緒
十七年(1891)刊

補元史藝文志四卷 (清)錢大昕撰 光緒
十九年(1893)刊

元史氏族表三卷 (清)錢大昕撰 光緒二
十年(1894)刊

十七史商榷一百卷 (清)王鳴盛撰 光緒
十九年(1893)刊

廿二史攷異一百卷 (清)錢大昕撰 光緒
二十年(1894)刊

廿二史劄記三十六卷補遺一卷 (清)趙翼
撰 光緒二十年(1894)刊

諸史考異十八卷 (清)洪頤煊撰 光緒十
五年(1889)刊

附

讀書叢錄七卷 (清)洪頤煊撰

歷代史表五十九卷 (清)萬斯同撰 光緒
十五年(1889)刊

欽定歷代職官表七十二卷 清乾隆四十五
年敕撰 光緒二十二年(1896)刊

歷代地理沿革表四十七卷 (清)陳芳績撰
光緒二十一年(1895)刊

廿一史四譜五十四卷 (清)沈炳震撰 光
緒二十二年(1896)刊

九史同姓名略七十二卷補遺四卷 (清)汪
輝祖撰 光緒二十三年(1897)刊

三史同名錄四十卷 (清)汪輝祖輯 (清)
汪繼培補

西魏書二十四卷附錄一卷 (清)謝啓昆撰

續唐書七十卷 (清)陳鱣撰 光緒二十一
年(1895)刊

晉書輯本 (清)湯球輯

晉書十七卷補遺一卷 (南齊)臧榮緒撰

晉書十一卷 (晉)王隱撰

晉書一卷 (晉)虞預撰

晉書一卷 (晉)朱鳳撰

晉書一卷 (劉宋)謝靈運撰

晉書一卷 (梁)蕭子雲撰

晉史草一卷 (梁)蕭子顯撰

晉書一卷 (梁)沈約撰

晉中興書七卷 (劉宋)何法盛撰

晉諸公別傳一卷

晉紀輯本 (清)湯球輯

晉紀一卷 (晉)干寶撰

晉紀一卷 (晉)陸機撰

惠帝起居注一卷 (晉)陸機撰

晉紀一卷 (晉)曹嘉之撰

晉紀一卷 (晉)鄧粲撰

晉紀一卷　（劉宋）劉謙之撰
晉紀一卷　（劉宋）裴松之撰
晉陽秋輯本　（清）湯球輯
　晉陽秋三卷　（晉）孫盛撰
　續晉陽秋二卷　（劉宋）檀道鸞撰
漢晉春秋輯本　（清）湯球輯
　漢晉春秋三卷　（晉）習鑿齒撰
　晉春秋一卷　（唐）杜延業撰
三十國春秋輯本　（清）湯球輯
　三十國春秋一卷　（梁）蕭方等撰
　三十國春秋一卷　（劉宋）武敏之撰
　蜀李書一卷　（晉）常璩撰
　漢趙記一卷　（前趙）和苞撰
　趙書一卷　（□燕）田融撰
　趙書一卷　（□）吳篤撰
　二石傳一卷　（晉）王度撰
　燕書一卷　（□燕）范亨撰
　秦書一卷　（前秦）車頻撰
　南燕書一卷　（□燕）王景暉撰
　秦記一卷　（劉宋）裴景仁撰
　後秦記一卷　（後魏）姚和都撰
　涼記一卷　（□燕）張諮撰
　西河記一卷　（晉）喩歸撰
　涼記一卷　（北涼）段龜龍撰
　燉煌實錄一卷　（後魏）劉昞撰
　南燕書一卷　（□燕）張詮撰
　燕志一卷　（後魏）高閭撰
晉書地道記一卷　（晉）王隱撰　（清）畢沅
　輯　光緒二十年(1894)刊
晉太康三年地記一卷　（晉）□□撰　（清）
　畢沅輯　光緒二十一年(1895)刊
十六國春秋輯補一百卷年表一卷　（清）湯
　球輯　光緒二十一年(1895)刊
十六國春秋纂錄校本十卷附校勘記一卷
　（後魏）崔鴻撰　（清）湯球輯　校勘記
　（清）吳翊寅撰　光緒二十年(1894)刊
太常因革禮一百卷（原缺卷五十一至六十
　七）附校識二卷　（宋）歐陽修等撰
　校識（清）廖廷相撰
大金集禮四十卷附校刊識語一卷校勘記一
　卷　（金）張瑋等撰　校刊識語（清）廖
　廷相撰　校勘記（民國）繆荃孫撰　光
　緒二十一年(1895)刊
中興小記四十卷　（宋）熊克撰　光緒十七
　年(1891)刊
建炎以來繫年要錄二百卷　（宋）李心傳撰
　光緒二十六年(1900)刊
國語翼解六卷　（清）陳瑑撰
戰國策釋地二卷　（清）張琦撰　光緒二十
　六年(1900)刊

吉林外記十卷　（清）薩英額撰　光緒二十
　六年(1900)刊
黑龍江外記八卷　（清）西清撰　光緒二十
　六年(1900)刊
集部
　屈子離騷彙訂三卷雜文箋略二卷首一卷
　　（清）王邦采撰　光緒廿六年(1900)刊
　屈原賦注七卷通釋二卷附音義三卷　（清）
　　戴震撰　音義（清）汪梧鳳撰　光緒十
　　七年(1891)刊
　楚辭天問箋一卷　（清）丁晏撰
　韓集補注一卷　（清）沈欽韓撰　（清）胡承
　　珙訂　光緒十七年(1891)刊
　蘇詩查注補正四卷　（清）沈欽韓撰　光緒
　　二十年(1894)刊
　范石湖詩集注三卷　（清）沈欽韓撰　光緒
　　十九年(1893)刊

南菁札記

（清）溥良輯
　清光緒二十年(1894)江陰使署刊本
　爾雅稗疏四卷　（民國）繆楷撰
　前漢紀校釋三卷　（民國）鈕永建撰
　後漢紀校釋三卷　（民國）鈕永建撰
　讀四元玉鑑記一卷　（民國）崔朝慶撰
　讀代數術記一卷　（民國）崔朝慶撰
　盈朒演代一卷　（民國）韓保徵撰
　代數盈朒細草一卷　（民國）張東烈撰
　古文官書一卷　（漢）衛宏撰　（民國）費廷
　　璜輯
　倉頡篇補本續一卷　（民國）曹元忠輯
　纂要一卷　梁元帝撰　（民國）曹元忠輯
　纂要解一卷　（劉宋）顏延之撰　（民國）曹
　　元忠輯
　桂苑珠叢一卷補遺一卷　（隋）曹憲撰
　　（民國）曹元忠輯
　括地志一卷　（唐）李泰等撰　（民國）曹元
　　忠輯
　兩京新記二卷　（唐）韋述撰　（民國）曹元
　　忠輯

小方壺齋叢書

（清）王錫祺輯
　清光緒中南清河王氏排印本
初集
　孝經本質一卷　（明）黃道周撰　光緒十二
　　年(1886)排印
　春秋異地同名攷一卷　（清）丁壽徵撰　光
　　緒十三年(1887)排印
　左傳杜註拾遺一卷　（清）阮芝生撰　光緒

十三年(1887)排印
律書律數條義疏一卷　（清）丘逢年撰　光緒十九年(1893)排印
二集
夏小正傳校勘記一卷　（清）丁壽徵撰　光緒十三年(1887)排印
通俗文一卷補音一卷　（漢）服虔撰　（清）顧櫰三輯　併撰補音　光緒十二年(1886)排印
風俗通義佚文一卷　（漢）應劭撰　（清）顧櫰三輯　光緒十二年(1886)排印
補後漢書藝文志三十一卷　（清）顧櫰三撰　光緒十九年(1893)排印
淮城日記一卷　（清）張天民撰　光緒十二年(1886)排印
思舊錄一卷　（清）黃宗羲撰　光緒十三年(1887)排印
寅賓錄一卷　（清）魯一同輯　光緒十九年(1893)排印
白耷山人(閻爾梅)年譜一卷　（清）魯一同撰　光緒十九年(1893)排印
望社姓氏考一卷　（清）李元庚撰　光緒二十年(1894)排印
東倭表一卷東倭考一卷　（清）金安清撰
治安末議一卷　（清）王錫祺撰　光緒十八年(1892)排印
三集
日知錄校正一卷　（清）丁晏撰　光緒十二年(1886)排印
漱六山房讀書記一卷　（清）吳昆田撰　光緒十三年(1887)排印
丁氏遺著殘稿一卷　（清）丁壽徵撰　光緒十二年(1886)排印
漢隸今存錄一卷　（清）王琛撰　光緒十二年(1886)排印
淮陰金石僅存錄一卷附編一卷補遺一卷　（民國）羅振玉輯　光緒十八年(1892)排印
國朝人書評一卷　（清）陳墉輯　光緒二十一年(1895)排印
蜀游手記一卷　（清）高士魁撰　光緒十九年(1893)排印
三案始末一卷　（清）包世臣撰　光緒十九年(1893)排印
示兒長語一卷　（清）潘德輿撰　光緒十二年(1886)排印
義貞事跡一卷　（清）程鍾輯　光緒十九年(1893)排印
歷代鼎甲錄一卷　（清）楊慶之輯　光緒十三年(1887)排印

山陽河下園亭記一卷　（清）李元庚撰　光緒十八年(1892)排印
四集
金壺浪墨一卷　（清）潘德輿撰　光緒十三年(1887)排印
青氈夢一卷　（清）焦承秀撰　光緒十三年(1887)排印
古藤書屋詩存一卷　（清）吳以誠撰　光緒二十年(1894)排印
聽雨草堂詩存一卷　（清）吳安謙撰　光緒二十年(1894)排印
寅庸室遺草二卷　（清）郭瑗撰　光緒十八年(1892)排印
虛靜齋詩藁一卷　（清）高士魁撰　光緒十九年(1893)排印
耳鳴山人賸藁一卷　（清）周寅撰　光緒十九年(1893)排印
渾齋小藁一卷　（清）潘亮熙撰　光緒十八年(1892)排印
使東詩錄一卷　（清）張斯桂撰　光緒十九年(1893)排印

端溪叢書

（民國）梁鼎芬等輯　　　　　　　［本
清光緒二十五年(1899)番禺端溪書院刊
一集
孟子字義疏證三卷　（清）戴震撰
孝經一卷　（明）楊起元注
弟子職集解一卷　（清）莊述祖撰
說文疊韵二卷首一卷末一卷　（清）劉熙載(清)袁康撰
二集
漢官答問五卷　（清）陳樹鏞撰
招捕總錄一卷　（元）□□撰
土魯番侵掠哈密事蹟一卷　（明）□□撰
練勇芻言五卷　（清）王鑫撰
三集
墨子刊誤二卷　（清）蘇時學撰
司馬氏書儀十卷　（宋）司馬光撰
近思錄十四卷　（宋）朱熹(宋)呂祖謙輯
天算捷表一卷　（清）蔡家駒撰
四集
亭林文集六卷餘集一卷　（清）顧炎武撰
嘉定錢氏藝文志略二卷　（清）錢師璟撰　附
　先德述聞一卷　（清）錢師璟撰
怡志堂文鈔一卷　（清）朱琦撰
全謝山先生遺詩一卷　（清）全祖望撰
天問閣外集一卷　（清）彭泰來撰
嘯劍山房詩鈔四卷　（清）文星瑞撰

　　　　虛白山房詩集四卷　　（清）朱鳳毛撰

振綺堂叢書

　　（清）汪康年輯
　　　　清光緒宣統間泉唐汪氏排印本刊本
　　初集　宣統二年（1910）排印本
　　　　聖祖五幸江南恭錄一卷　　（清）□□撰
　　　　客舍偶聞一卷　　（清）彭孫貽撰
　　　　克復諒山大略一卷　　（清）□□撰
　　　　拳匪聞見錄一卷　　（清）管鶴撰
　　　　韓南溪四種　　（清）韓超撰
　　　　　　獨山平匪記一卷
　　　　　　遵義平匪日記一卷
　　　　　　苗變記事一卷
　　　　　　南溪韓公（超）年譜一卷　　（清）陳昌運撰
　　　　　　附
　　　　　　　　玩寇新書回目一卷　　（清）□□撰
　　　　漢官答問五卷　　（清）陳樹鏞撰
　　　　澳門公牘錄存一卷　　（清）□□輯
　　　　蒙古西域諸國錢譜四卷　　（清）陳其鑣譯
　　　　（清）張美翊定
　　　　經典釋文補條例一卷　　（清）汪遠孫撰
　　　　借閒隨筆一卷　　（清）汪遠孫撰
　　二集　光緒二十年（1894）刊本　　　　　〔輯
　　　　中興政要一卷　　（宋）□□撰　（清）文廷式
　　　　克復諒山大略一卷　　（清）□□撰
　　　　烈女傳一卷　　（清）汪憲撰
　　　　明史分稿殘編二卷　　（清）方象瑛撰
　　　　己庚編二卷　　（清）祁韻士撰
　　　　西藏紀述一卷　　（清）張海撰
　　　　章谷屯志略一卷　　（清）吳德煦撰
　　　　萬象一原九卷首一卷　　（清）夏鸞翔撰
　　　　埃及碑釋一卷　　（清）陳其鑣譯錄
　　　　木剌夷補傳稿一卷　　（清）□□撰
　　　　轉徙餘生記一卷　　（清）方濬頤記
　　　　奉使英倫記一卷　　（清）黎庶昌撰

靈鶼閣叢書

　　（清）江標輯
　　　　清光緒中元和江氏湖南使院刊本
　　第一集
　　　　韓詩遺說二卷訂譌一卷　　（清）臧庸撰　光
　　　　　緒二十一年（1895）刊
　　　　尙書大傳七卷　　（漢）伏勝撰　（漢）鄭玄注
　　　　　（民國）王闓運補注
　　　　皇象本急就章一卷　　（漢）史游撰　（清）鈕
　　　　　樹玉校
　　　　說文解字索隱一卷補例一卷　　（清）張度撰
　　　　　光緒二十二年（1896）刊
　　　　漢事會最人物志三卷　　（清）惠棟輯　光緒

　　　　　二十一年（1895）刊
　　　　菉友肊說一卷附錄一卷　　（清）王筠撰　光
　　　　　緒二十一年（1895）刊
　　　　敎童子法一卷　　（清）王筠撰　光緒二十一
　　　　　年（1895）刊
　　　　洨民遺文一卷　　（清）孫傳鳳撰　光緒二十
　　　　　一年（1895）刊
　　　　欽定四庫全書總目提要四部類敍一卷
　　　　　（清）江標輯　光緒二十一年（1895）刊
　　　　先正讀書訣一卷　　（清）周永年輯
　　第二集
　　　　朔方備乘札記一卷　　（清）李文田撰
　　　　使德日記一卷　　（清）李鳳苞撰
　　　　德國議院章程一卷　　（清）徐建寅譯　光緒
　　　　　二十一年（1895）刊
　　　　英軺私記一卷　　（清）劉錫鴻撰　光緒二十
　　　　　一年（1895）刊
　　　　新嘉坡風土記一卷　　（清）李鍾珏撰　光緒
　　　　　二十一年（1895）刊
　　　　中西度量權衡表一卷　　（清）□□撰
　　　　光論一卷　　（清）張福僖譯
　　　　人參攷一卷　　（清）唐秉鈞撰　光緒二十二
　　　　　年（1896）刊
　　　　積古齋藏器目一卷　　（清）阮元撰
　　　　平安館藏器目一卷　　（清）葉志詵撰
　　　　清儀閣藏器目一卷　　（清）張廷濟撰
　　　　懷米山房藏器目一卷　　（清）曹載奎撰　光
　　　　　緒二十一年（1895）刊
　　　　兩罍軒藏器目一卷　　（清）吳雲撰　光緒二
　　　　　十一年（1895）刊
　　　　木庵藏器目一卷　　（清）程振甲撰　光緒二
　　　　　十二年（1896）刊
　　　　梅花草盦藏器目一卷　　（清）丁彥臣撰　光
　　　　　緒二十一年（1895）刊
　　　　簠齋藏器目一卷　　（清）陳介祺撰　光緒二
　　　　　十二年（1896）刊
　　　　愙齋藏器目一卷　　（清）吳大澂撰　光緒二
　　　　　十二年（1896）刊
　　　　天壤閣雜記一卷　　（清）王懿榮撰　光緒二
　　　　　十一年（1895）刊
　　　　董華亭書畫錄一卷　　（明）董其昌撰　（清）
　　　　　靑浮山人輯　光緒二十二年（1896）刊
　　　　畫友詩一卷　　（清）趙彥修撰
　　　　士禮居藏書題跋記續二卷　　（清）黃丕烈撰
　　　　　（民國）繆荃孫輯　光緒二十二年
　　　　　（1896）刊
　　　　江寧金石待訪目二卷　　（清）嚴觀撰　光緒
　　　　　二十二年（1896）刊
　　　　山左南北朝石刻存目一卷　　（清）尹彭壽撰
　　第三集

漢鼓吹鐃歌十八曲集解一卷　、(清)譚儀撰

碧城仙館詩鈔八卷　(清)陳文述撰　光緒
　　二十二年(1896)刊

聽園西疆雜述詩四卷　(清)蕭雄撰　光緒
　　二十一年(1895)刊

瓊州雜事詩一卷　(清)程秉釗撰

匪石山人詩一卷　(清)鈕樹玉撰　光緒二
　　十一年(1895)刊

衍波詞一卷　(清)孫蓀意撰　光緒二十二
　　年(1896)刊

第四集

文史通義補編一卷附鈔本目一卷刊本所有
　　鈔本所無目一卷　(清)章學誠撰　附
　　(清)□□輯　光緒二十三年(1897)刊

和林金石錄一卷詩一卷　(清)李文田撰
　　附

　　和林考一卷　(清)黃楙材撰

前塵夢影錄二卷　(清)徐康撰　光緒二十
　　三年(1897)刊

西遊錄注一卷　(清)李文田撰　光緒二十
　　三年(1897)刊

澳大利亞洲新志一卷　(清)吳宗濂(清)趙
　　元益譯　光緒二十三年(1897)刊

張憶娘簪華圖卷題詠一卷　(清)江標輯
　　光緒二十三年(1897)刊

第五集

國語校文一卷　(清)汪中撰

嘉蔭簃藏器目一卷　(清)劉喜海撰

愛吾鼎齋藏器目一卷　(清)李璋煜撰

石泉書屋藏器目一卷　(清)李佐賢撰

雙虞壺齋藏器目一卷　(清)吳式芬撰

簠齋藏器目第二本一卷　(清)陳介祺撰

選青閣藏器目一卷　(清)王錫棨撰

藏書紀事詩六卷　(民國)葉昌熾撰　光緒
　　二十三年(1897)刊

第六集

沅湘通藝錄八卷四書文二卷　(清)江標輯
　　光緒二十三年(1897)刊

日本華族女學校規則一卷　(清)□□譯
　　光緒二十三年(1897)刊

黃蕘圃先生(丕烈)年譜二卷　(清)江標撰
　　光緒二十三年(1897)刊

漸學廬叢書第一集

(清)胡祥鑅輯
　　　　清光緒中元和胡氏石印本

塞北紀行一卷　(元)張德輝撰　光緒二十
　　三年(1897)石印

西北域記一卷　(清)謝濟世撰　光緒二十
　　三年(1897)石印

寧古塔紀略一卷　(清)吳振臣撰　(清)李
　　文田注　光緒二十三年(1897)石印

西游記金山以東釋一卷　(清)沈垚撰　光
　　緒二十三年(1897)石印

帕米爾圖說一卷　(清)許景澄撰

帕米爾輯略一卷　(清)胡祥鑅撰　光緒二
　　十三年(1897)石印

澳大利亞洲志譯本一卷　(民國)沈恩孚輯
　　光緒二十三年(1897)石印

咸豐以來功臣別傳三十卷　(清)朱孔彰撰
　　光緒二十四年(1898)石印

元書后妃公主列傳一卷　(清)毛嶽生撰
　　光緒二十五年(1899)石印

琿牘偶存一卷　(清)李金鏞撰

中越東西定議全界約文一卷　(清)孫傳鳳
　　錄　光緒二十五年(1899)石印

美利加英屬地小志一卷　(清)顧厚焜撰
　　光緒二十五年(1899)石印

外交餘勢一卷　(日本)勝安芳撰　光緒二
　　十五年(1899)石印

斷腸記一卷　(日本)勝安芳撰

立方奇法一卷求一捷術一卷　(清)龔傑撰

觀古堂彙刻書

(民國)葉德輝輯
　　　　清光緒二十八年(1902)長沙葉氏刊民國
　　　　八年(1919)重編印本

第一集

三家詩補遺三卷　(清)阮元撰　光緒二十
　　四年(1898)刊　　　　　　　　[輯

爾雅圖讚一卷　(晉)郭璞撰　(清)嚴可均

山海經圖讚二卷　(晉)郭璞撰　(清)嚴可
　　均輯　光緒二十一年(1895)刊

爾雅補注四卷　(清)周春撰　光緒三十四
　　年(1908)刊

說文段注校三種　(民國)葉德輝輯　光緒
　　二十八年(1902)刊

徐星伯說文段注札記一卷　(清)徐松撰
　　(清)劉肇隅錄

龔定菴說文段注札記一卷　(清)龔自珍
　　撰　(清)劉肇隅錄

桂未谷說文段注鈔一卷補鈔一卷　(清)
　　段玉裁撰　(清)桂馥鈔

華陽陶隱居內傳三卷　(宋)賈嵩撰　光緒
　　二十九年(1903)刊

華陽陶隱居集二卷　(梁)陶弘景撰　(清)
　　嚴可均輯　光緒二十九年(1903)刊

第二集

沈下賢文集十二卷　(唐)沈亞之撰　光緒
　　二十年(1894)刊

金陵百詠一卷　（宋）曾極撰　光緒二十九
　年(1903)刊

嘉禾百詠一卷　（宋）張堯同撰　光緒二十
　九年(1903)刊

曝書亭刪餘詞一卷曝書亭詞手稿原目一卷
　附校勘記一卷　（清）朱彝尊撰　校勘
　記(民國)葉德輝撰　光緒二十九年
　(1903)刊

嚴冬有詩集十卷　（清）嚴長明撰　民國元
　年(1912)刊

疑雨集四卷　（清）王彥泓撰　光緒三十一
　年(1905)刊

觀古堂所刊書

（民國）葉德輝輯

　　清光緒中長沙葉氏刊本　　　　　［輯

爾雅圖贊一卷　（晉）郭璞撰　（清）嚴可均

山海經圖贊二卷　（晉）郭璞撰　（清）嚴可
　均輯　光緒二十一年(1895)刊

說文段注校三種　（民國）葉德輝輯　光緒
　二十八年(1902)刊

　徐星伯說文段注札記一卷　（清）徐松撰
　　（清）劉肇隅錄

　龔定菴說文段注札記一卷　（清）龔自珍
　　撰　（清）劉肇隅錄

　桂未谷說文段注鈔一卷補鈔一卷　（清）
　　段玉裁撰　（清）桂馥鈔

古今書刻二卷　（明）周弘祖撰　光緒三十
　二年(1906)據明本景刊

南廱志經籍考二卷　（明）梅鷟撰　光緒二
　十八年(1902)刊

萬卷堂書目四卷　（明）朱睦㮮撰　光緒二
　十九年(1903)刊

絳雲樓書目補遺一卷　（清）錢謙益撰　光
　緒二十八年(1902)刊

靜惕堂書目宋人集一卷元人文集一卷
　（清）曹溶撰　光緒二十八(1902)刊

竹崦盦傳鈔書目一卷　（清）趙魏撰　光緒
　三十年(1904)刊

結一廬書目四卷附宋元本書目一卷　（清）
　朱學勤撰　光緒二十八年(1902)刊

巖下放言三卷　（宋）葉夢得撰　光緒三十
　年(1904)刊

華陽陶隱居集二卷　（梁）陶弘景撰　（清）
　嚴可均輯　光緒二十九年(1903)刊

華陽陶隱居內傳三卷　（宋）賈嵩撰　光緒
　二十九年(1903)刊

沈下賢文集十二卷　（唐）沈亞之撰

唐女郎魚玄機詩一卷附錄一卷　（唐）魚玄
　機撰　光緒三十三年(1907)據南宋書

棚本景刊

金陵百詠一卷　（宋）曾極撰　光緒二十九
　年(1903)刊

嘉禾百詠一卷　（宋）張堯同撰　光緒二十
　九年(1903)刊

曝書亭刪餘詞一卷曝書亭詞手稿原目一卷
　附校勘記一卷　（清）朱彝尊撰　校勘
　記(民國)葉德輝撰　光緒二十九年
　(1903)刊

雙楳景闇叢書

（民國）葉德輝輯

　　清光緒宣統間長沙葉氏郋園刊本

素女經一卷　光緒二十九年(1903)刊

素女方一卷　光緒三十四年(1908)刊

玉房祕訣一卷指要一卷　光緒二十九年
　(1903)刊

洞玄子一卷　光緒二十九年(1903)刊

天地陰陽交歡大樂賦一卷　（唐）白行簡撰

青樓集一卷　（元）雪蓑漁隱（夏庭芝）撰

板橋雜記三卷　（清）余懷撰　光緒三十四
　年(1908)刊

吳門畫舫錄一卷　（清）西溪山人撰　光緒
　三十四年(1908)刊

燕蘭小譜五卷　（清）安樂山樵（吳長元）撰
　宣統三年(1911)刊

海漚小譜一卷　（清）秋谷老人（趙執信）撰

觀劇絕句三卷　（清）金德瑛等撰　光緒三
　十四年(1908)刊

木皮散人鼓詞一卷　（明）賈鳧西撰　光緒
　三十三年(1907)刊

附

　萬古愁曲一卷　（清）歸莊撰

乾嘉詩壇點將錄一卷　（清）舒位撰　光緒
　三十三年(1907)刊

東林點將錄一卷　（明）王紹徽撰

重刻足本乾嘉詩壇點將錄一卷　（清）舒位
　撰　宣統三年(1911)刊

秦雲擷英小譜一卷　（清）王昶輯

麗廔叢書

（民國）葉德輝輯

　　清光緒中長沙葉氏刊本

南嶽總勝集三卷　（宋）陳田夫撰　光緒三
　十二年(1906)據宋本景刊

古今書刻二卷　（明）周弘祖撰　光緒三十
　二年(1906)據明本景刊

古局象棋圖一卷　（宋）司馬光撰　光緒三
　十二年(1906)據明正德本景刊

投壺新格一卷　（宋）司馬光撰　光緒三十

二年(1906)據事文類聚本景刊

譜雙五卷附錄一卷　(宋)洪遵撰　光緒三
　十二年　(1906)據明正德本景刊

打馬圖經一卷　(宋)李清照撰　光緒三十
　二年(1906)據明正德本景刊

除紅譜一卷　(宋)朱河撰　光緒三十二年
　(1906)據明萬曆本景刊

三教源流搜神大全七卷　(宋)□□輯　宣
　統元年(1909)據明本景刊

唐女郎魚玄機詩一卷附錄一卷　(唐)魚玄
　機撰　光緒三十三年(1907)據南宋書
　棚本景刊

郎園先生全書

葉啓倬輯
　　民國二十四年(1935)長沙中國古書刊印
　　社彙印本

月令章句四卷　(漢)蔡邕撰　(民國)葉德
　輝輯　光緒三十年(1904)刊

古今夏時表一卷附易通卦驗節候校文一卷
　(民國)葉德輝撰　光緒二十九年
　(1903)刊

天文本單經論語校勘記一卷　(民國)葉德
　輝撰　光緒二十八年(1902)刊

孟子章句一卷附劉熙事蹟考一卷　(漢)劉
　熙撰　(民國)葉德輝輯　光緒二十八
　年(1902)刊

六書古微十卷　(民國)葉德輝撰　民國五
　年(1916)刊

同聲假借字攷二卷　(民國)葉德輝撰　民
　國十二年(1923)刊

釋人疏證二卷　(民國)葉德輝撰　光緒二
　十八年(1902)刊

說文讀若字考七卷附說文讀同字考一卷
　(民國)葉德輝撰　民國十二年(1923)
　刊

說文籀文考證二卷補遺一卷　(民國)葉德
　輝撰　民國十九年(1930)刊

山公啓事一卷佚事一卷　(民國)葉德輝
　輯　光緒二十六年(1900)刊

宋趙忠定奏議四卷　(宋)趙汝愚撰　(民
　國)葉德輝輯　宣統二年(1910)刊

宋忠定趙周王別錄八卷　(民國)葉德輝輯

祕書省續編到四庫闕書目二卷　宋紹興中
　改定　(民國)葉德輝考證　光緒二十
　九年(1903)刊

藏書十約一卷　(民國)葉德輝撰

書林清話十卷　(民國)葉德輝撰　民國九
　年(1920)刊

傅子三卷附訂譌一卷　(晉)傅玄撰　(民

國)葉德輝輯併撰訂譌　光緒二十八
　年(1902)刊

鶡子二卷　(周)鶡熊撰　(民國)葉德輝輯

瑞應圖記一卷　(梁)孫柔之撰　(民國)葉
　德輝輯　光緒二十七年(1901)刊

郭氏玄中記一卷　(□)郭□撰　(民國)葉
　德輝輯

淮南鴻烈閒詁二卷　(漢)許慎撰　(民國)
　葉德輝輯

淮南萬畢術二卷　(漢)劉安撰　(民國)葉
　德輝輯

游藝卮言二卷　(民國)葉德輝撰

晉司隸校尉傅玄集三卷　(晉)傅玄撰
　(民國)葉德輝輯

古泉雜詠四卷　(民國)葉德輝撰　光緒二
　十七年(1901)刊

消夏百一詩二卷　(民國)葉德輝撰　光緒
　三十四年(1908)刊

觀畫百詠四卷　(民國)葉德輝撰　民國六
　年(1917)刊

崑崙詶詠二卷　(民國)葉德輝撰　光緒三
　十年(1904)刊

崑崙集一卷續一卷釋文一卷附一卷　(民
　國)葉德輝輯

曲中九友詩一卷　(民國)葉德輝撰

觀古堂詩集九卷　(民國)葉德輝撰

郎園山居文錄二卷　(民國)葉德輝撰

觀古堂文外集一卷　(民國)葉德輝撰

觀古堂駢儷文一卷　(民國)葉德輝撰　民
　國十九年(1930)刊

石林遺事三卷附錄一卷　(民國)葉德輝輯

石林居士建康集八卷　(宋)葉夢得撰　宣
　統三年(1911)刊

疏香閣遺錄四卷　(民國)葉德輝撰

郎園論學書札一卷　(民國)葉德輝撰

三家詩補遺三卷　(清)阮元撰

爾雅補注四卷　(清)周春撰　光緒三十四
　年(1908)刊　　　　　　　　　　[輯

爾雅圖贊一卷　(晉)郭璞撰　(清)嚴可均

說文段注校三種　(民國)葉德輝輯　光緒
　二十八年(1902)刊

　徐星伯說文段注札記一卷　(清)徐松撰
　　(清)劉肇隅錄

　龔定菴說文段注札記一卷　(清)龔自珍
　　撰　(清)劉肇隅錄

　桂未谷說文段注鈔一卷補鈔一卷　(清)
　　段玉裁撰　(清)桂馥鈔

元朝祕史十卷續集二卷　(元)□□撰　光
　緒三十四年(1908)刊

華陽陶隱居內傳三卷　(宋)賈嵩撰　光緒

二十九年(1903)刊

南嶽總勝集三卷 (宋)陳田夫撰 光緒三十二年(1906)據宋本景刊

南廱志經籍攷二卷 (明)梅鷟撰 光緒二十八年(1902)刊

萬卷堂書目四卷 (明)朱睦㮮撰 光緒二十九年(1903)刊

古今書刻二卷 (明)周弘祖撰 光緒三十二年(1906)據明本景刊

百川書志二十卷 (明)高儒撰 民國四年(1915)刊

絳雲樓書目補遺一卷 (清)錢謙益撰 光緒二十八年(1902)刊

靜惕堂書目宋人集一卷元人文集一卷 (清)曹溶撰 光緒二十八年(1902)刊

徵刻唐宋祕本書目一卷附考證一卷徵刻書啟五先生事略一卷 (清)黃虞稷(清)周在浚撰 附(民國)葉德輝撰

佳趣堂書目不分卷 (清)陸漻撰 民國八年(1919)刊

孝慈堂書目不分卷 (清)王聞遠撰 民國十年(1921)刊

潛采堂宋人集目錄一卷元人集目錄一卷 (清)朱彝尊撰 宣統三年(1911)刊

求古居宋本書目一卷附考證一卷 (清)黃丕烈撰 考證(民國)雷愷撰 民國七年(1918)刊

竹卷盦傳鈔書目一卷 (清)趙魏撰 光緒三十年(1904)刊

結一廬書目四卷附宋元本書目一卷 (清)朱學勤撰 光緒二十八年(1902)刊

別本結一廬書目一卷 (清)朱學勤撰

次柳氏舊聞(一名明皇十七事)一卷考異一卷 (唐)李德裕撰 考異(民國)葉德輝撰 光緒三年(1877)刊

唐人小傳三種 (民國)葉德輝輯 宣統三年(1911)刊

　梅妃傳一卷 (唐)曹鄴撰

　楊太眞外傳二卷 (宋)樂史撰

　高力士外傳一卷 (唐)郭湜撰

李林甫外傳一卷 (唐)□□撰 宣統三年(1911)刊

安祿山事跡三卷校記一卷 (唐)姚汝能撰 校記(民國)繆荃孫撰 宣統三年(1911)刊

山海經圖贊二卷 (晉)郭璞撰 (清)嚴可均輯 光緒二十一年(1895)刊

青樓集一卷 (元)雪蓑漁隱(夏庭芝)撰

板橋雜記三卷 (清)余懷撰 光緒三十四年(1908)刊

吳門畫舫錄一卷 (清)西溪山人撰 光緒三十四年(1908)刊

燕蘭小譜五卷 (清)安樂山樵(吳長元)撰 宣統三年(1911)刊

海鷗小譜一卷 (清)秋谷老人(趙執信)撰 宣統元年(1909)刊

三敎源流搜神大全七卷 (宋)□□輯 宣統元年(1909)據明本景刊

古局象棋圖一卷 (宋)司馬光撰 光緒三十二年(1906)據明正德本景刊

投壺新格一卷 (宋)司馬光撰 光緒三十二年(1906)據事文類聚本景刊

譜雙五卷附錄一卷 (宋)洪遵撰 光緒三十二年(1906)據明正德本景刊

打馬圖經一卷 (宋)李清照撰 光緒三十二年(1906)據明正德本景刊

除紅譜一卷 (宋)朱河撰 光緒三十二年(1906)據明萬曆本景刊

辛丑消夏記五卷 (清)吳榮光撰 民國十四年(1925)刊

華陽陶隱居集二卷 (梁)陶弘景撰 (清)嚴可均輯 光緒二十九年(1903)刊

沈下賢文集十二卷 (唐)沈亞之撰

唐女郎魚玄機詩一卷附錄一卷 (唐)魚玄機撰 光緒三十三年(1907)據南宋書棚本景刊

嘉禾百詠一卷 (宋)張堯同撰 光緒二十九年(1903)刊

金陵百詠一卷 (宋)曾極撰 光緒二十九年(1903)刊

疑雨集四卷 (清)王彥泓撰 光緒三十一年(1905)刊

嚴冬有詩集十卷 (清)嚴長明撰 民國元年(1912)刊

觀劇絕句三卷 (清)金德瑛等撰 (民國)葉德輝輯 光緒三十四年(1908)刊

修辭鑑衡二卷 (元)王構撰 民國七年(1918)刊

乾嘉詩壇點將錄一卷 (清)舒位撰 光緒三十三年(1907)刊

東林點將錄一卷 (明)王紹徽撰

重刻足本乾嘉詩壇點將錄一卷 (清)舒位撰 宣統三年(1911)刊

曝書亭刪餘詞一卷曝書亭詞手稿原目一卷校勘記一卷 (清)朱彝尊撰 校勘記(民國)葉德輝撰 光緒二十九年(1903)刊

木皮散人鼓詞一卷 (明)賈鳧西撰 光緒三十三年(1907)刊

附

萬古愁曲一卷　(清)歸莊撰

石林家訓一卷　(宋)葉夢得撰　宣統三年
　(1911)刊

石林治生家訓要略一卷　(宋)葉夢得撰

禮記解四卷　(宋)葉夢得撰　宣統元年
　(1909)刊

石林燕語十卷附校一卷　(宋)葉夢得撰
　(宋)宇文紹奕攷異　附(民國)葉德輝
　撰

石林燕語辨十卷　(宋)汪應辰撰　光緒三
　十四年(1908)刊

玉澗雜書一卷　(宋)葉夢得撰　宣統元年
　(1909)刊

巖下放言三卷　(宋)葉夢得撰　光緒三十
　年(1904)刊

避暑錄話二卷　(宋)葉夢得撰　宣統元年
　(1909)刊

老子解二卷　(宋)葉夢得撰　宣統元年
　(1909)刊

石林詩話三卷拾遺一卷拾遺補一卷附錄一
　卷附錄補遺一卷　(宋)葉夢得撰　拾
　遺附錄(清)葉廷琯輯　拾遺補附錄補
　遺(民國)葉德輝輯　光緒三十四年
　(1908)刊

石林詞一卷　(宋)葉夢得撰　宣統三年
　(1911)刊

鸝吹二卷附集一卷梅花詩一卷　(明)沈宜
　修撰

愁言(一名芳雪軒遺集)一卷附集一卷
　(明)葉紈紈撰

返生香(一名疏香閣遺集)一卷附集一卷
　(明)葉小鸞撰

鴛鴦夢一卷　(明)葉小紈撰

窈聞一卷續一卷　(明)葉紹袁撰

伊人思一卷　(明)沈宜修撰

百旻遺草一卷附集一卷　(明)葉世侗撰

秦齋怨一卷　(明)葉紹袁撰

屺雁哀一卷　(明)葉紹袁輯

彤奩續些二卷　(明)葉紹袁輯

靈護集一卷附集一卷　(明)葉世傛撰

瓊花鏡一卷　(明)葉紹袁撰

已畦文集二十二卷詩集十卷殘餘詩稿一卷
　(清)葉燮撰　民國六年(1917)刊

附

　原詩四卷　(清)葉燮撰

汪文摘謬一卷附校記一卷　(清)葉燮撰
　校記(民國)葉德輝撰　民國四年
　(1915)刊

葉學山先生詩稿十卷　(清)葉舒穎撰　民
　國八年(1919)刊

分干詩鈔四卷　(清)葉舒璐撰　民國七年
　(1918)刊

義烏朱氏論學遺札一卷　(清)朱一新撰
　(民國)葉德輝輯

佛說四十二章經注一卷　宋眞宗注　光緒
　三十一年(1905)刊

佛說十八泥犂經一卷　(漢)釋安世高譯

佛說鬼問目蓮經一卷　(漢)釋安世高譯

餓鬼報應經一卷

佛說雜藏經一卷　(晉)釋法顯譯

甌鉢羅室書畫過目攷四卷首一卷附一卷
　(清)李玉棻撰　光緒二十三年(1897)刊

典禮質疑六卷　(清)杜貴墀撰　光緒二十
　六年(1900)刊

巴陵人物志十五卷　(清)杜貴墀撰　光緒
　二十八年(1902)刊

漢律輯證六卷　(清)杜貴墀撰　光緒二十
　五年(1899)刊

讀書法彙一卷　(清)杜貴墀撰

桐華閣文集十二卷　(清)杜貴墀撰

桐華閣詞鈔二卷　(清)杜貴墀撰　光緒二
　十六年(1900)刊

清芬堂叢書

(清)梅雨田輯

　　清光緒十六年(1890)黃梅梅氏愼自愛軒
　　刊本

經部

駁五經異義一卷補遺一卷　(漢)鄭玄撰
　(清)王復輯　(清)武億校

鄭志三卷　(漢)鄭玄撰　(魏)鄭小同編
　(清)王復輯　(清)武億校

古周易一卷　(宋)呂祖謙等編

附

　古易音訓二卷　(宋)呂祖謙撰　(清)宋
　　咸熙輯

周易舉正一卷　(唐)郭京撰　　　〔撰

程尚書禹貢論二卷後論一卷　(宋)程大昌

禹貢指南四卷　(宋)毛晃撰

詩譜補亡後訂一卷詩譜拾遺一卷　(清)吳
　騫撰

續呂氏家塾讀詩記三卷　(宋)戴溪撰

儀禮識誤三卷　(宋)張淳撰

儀禮釋宮一卷　(宋)李如圭撰

春秋春王正月考一卷辨疑一卷　(明)張以
　寧撰

附

　春秋夏正二卷　(清)胡天游撰

　菊逸山房天學一卷　(清)寇宗撰

春秋傳說例一卷　(宋)劉敞撰

春秋辨疑四卷　(宋)蕭楚撰
論語筆解一卷　(唐)韓愈撰
論語拾遺一卷　(宋)蘇轍撰
佩觿三卷　(後周)郭忠恕撰
字鑑五卷　(元)李文仲撰
史部
　漢官舊儀二卷補遺一卷　(漢)衞宏撰
　魏鄭公諫續錄二卷　(元)翟思忠輯
　鄴中記一卷　(晉)陸翽撰
　乾道臨安志十五卷(原缺卷四到五)附札記
　　一卷　(宋)周淙撰　札記(清)錢保塘撰
　武功縣志三卷　(明)康海撰
　校正朝邑志一卷　(明)韓邦靖撰　(清)王
　　元啓校正
子部
　尉繚子二卷　(周)尉繚撰
　尹文子一卷　(周)尹文撰　(清)汪繼培校
　帝範四卷　唐太宗撰　(□)□□注
　讒書五卷　(唐)羅隱撰
　明本釋三卷　(宋)劉荀撰
　雲谷雜紀四卷首一卷末一卷　(宋)張淏撰
　甕牖閒評八卷　(宋)袁文撰
　攷古質疑六卷　(宋)葉大慶撰
　澗泉日記三卷　(宋)韓淲撰
　涑水記聞十六卷　(宋)司馬光撰
　六經天文編二卷　(宋)王應麟撰
　五經算術二卷附考證一卷　(北周)甄鸞撰
　　(唐)李淳風等注釋　考證(清)戴震
　　撰
　夏侯陽算經三卷　(□)夏侯陽撰
　農桑衣食撮要二卷　(元)魯明善撰
集部
　玉臺新詠十卷　(陳)徐陵輯
　滄浪詩話一卷　(宋)嚴羽撰
　谷音集一卷　(元)杜本輯
　元次山詩集二卷　(唐)元結撰
　南陽集六卷　(宋)趙湘撰
　陶山集十六卷　(宋)陸佃撰
　學易集八卷　(宋)劉跂撰
　蒙齋集二十卷　(宋)袁甫撰
　拙軒集六卷　(金)王寂撰

豫恕堂叢書

(清)沈登善輯
　清光緒中刊本寫樣本
　周禮解六卷　(宋)胡銓撰
　魯論語一卷　(清)鍾文烝撰
　宣靖備史四卷　(明)陳霆撰　寫樣本
　崇禎遺錄一卷　(明)王世德撰
　獨寤園叢鈔四種　寫樣本

西域行程記一卷　(明)陳誠(明)李暹撰
西域蕃國志一卷　(明)陳誠(明)李暹撰
北虜事蹟一卷　(明)王瓊撰
西蕃事蹟一卷　(明)王瓊撰　　〔本
清綺齋藏書目一卷　(清)張宗松撰　寫樣
御譯大藏經目錄一卷　清高宗撰
濟南先生師友談記一卷　(宋)李廌撰　寫
　樣本
羅湖野錄二卷　(宋)釋曉瑩撰
拙政編一卷　(明)盛萬年撰　寫樣本
棟花磯隨筆二卷　(清)董說撰
讀書雜錄二卷　(明)胡震亨撰　寫樣本
乙閏錄二卷　(清)鍾文烝撰　寫樣本
存友札一卷　(清)徐晟撰　寫樣本
章氏遺書三種　(清)章學誠撰　寫樣本
　乙卯劄記一卷
　知非日札一卷
　論修史籍考要略一卷
海外新書五卷　(日本)物茂卿撰　寫樣本
傷寒微旨論二卷　(宋)韓祗和撰　寫樣本
脚氣治法二卷　(宋)董汲撰　寫樣本
奇門臆解一卷　(清)史易撰　寫樣本
倪石陵書一卷　(宋)倪樸撰
毫餘詩話十卷　(清)周春撰　寫樣本

留垞叢刻

(民國)楊鍾羲輯
　清光緒宣統間刊本
　勵志雜錄一卷　(清)雷鋐撰　光緒十六年
　　(1890)補刊
　弟子職晉誼一卷　(民國)鍾廣(楊鍾羲)輯
　　光緒十六年(1890)補刊
　還初堂詞鈔一卷　(清)姚斌桐撰　光緒二
　　十五年(1899)刊
　椿蔭堂詩存稿一卷附錄一卷　(清)虔禮寶
　　撰　光緒二十二年(1896)刊
　鬱華閣遺集詩三卷詞一卷　(清)盛昱撰
　　光緒二十八年(1902)刊
　白山詞介五卷　(民國)楊鍾羲輯　宣統二
　　年(1910)刊
　西齋偶得三卷附錄一卷　(清)博明撰　附
　　錄(民國)楊鍾羲撰集　光緒二十六年
　　(1900)重刊
　意園文略二卷　(清)盛昱撰　宣統二年
　　(1910)刊

靈峯草堂叢書

(民國)陳矩輯
　清光緒中貴陽陳氏刊本
　靈峯草堂集四卷　(民國)陳矩撰

島氏爲鍾圖說補義一卷 (民國)陳矩撰
天全石錄一卷 (民國)陳矩撰 光緒二十
　九年(1903)刊
孟子外書補注四卷 (宋)劉攽注 (民國)
　陳矩補注
孟子弟子考補正一卷 (民國)陳矩撰
奇觚室樂石文迻二卷 (清)劉心源撰
毛詩殘三卷(存卷四至六) (漢)鄭玄箋
　據北宋鈔本景刊
翰林學士集一卷 (唐)□□輯 據唐卷子
　本景刊

聚學軒叢書

(民國)劉世珩輯
　清光緒中貴池劉氏刊本
第一集　光緒十九年(1893)刊　　　　　[撰
毛詩草木鳥獸蟲魚疏校正二卷 (清)趙佑
晉泰始笛律匡謬一卷 (清)凌廷堪撰
古經天象考十二卷圖說一卷緒說一卷
　(清)雷學淇撰
國志蒙拾二卷 (清)郭麐撰
金石文字辨異十二卷 (清)邢澍撰
歲星表一卷 (清)朱駿聲撰
質疑刪存三卷 (清)張宗泰撰
涇白士集校補四卷 (清)蔡雲撰
第二集
尚書隸古定釋文八卷附隸古定經文二卷
　(清)李遇孫撰　附(民國)劉世珩錄
春秋三家異文覈一卷 (清)朱駿聲撰
左傳杜註辨證六卷 (清)張聰咸撰
古墨齋金石跋六卷 (清)趙紹祖撰
安徽金石略十卷 (清)趙紹祖撰
涇川金石記一卷 (清)趙紹祖撰
衡齋算學七卷 (清)汪萊撰
讀史札記一卷 (清)盧文弨撰
附
　論學劄說十則一卷 (清)盧文弨撰
松崖文鈔二卷 (清)惠棟撰
第三集
周易通論月令二卷 (清)姚配中撰
尚書義考二卷 (清)戴震撰
晚書訂疑三卷 (清)程廷祚撰
宮室攷一卷 (清)任啓運撰
四書是訓十五卷 (清)劉逢祿撰
四書拾義五卷 (清)胡紹勳撰
竹書紀年二卷 (清)張宗泰校補
鐵橋金石跋四卷 (清)嚴可均撰
金石萃編補目三卷 (清)黃本驥撰
元碑存目一卷 (清)黃本驥撰
弧矢算術細草圖解一卷 (清)李銳撰

(清)馮桂芬解
經史質疑錄一卷 (清)張聰咸撰
松崖筆記三卷 (清)惠棟撰
九曜齋筆記三卷 (清)惠棟撰
丙辰劄記一卷 (清)章學誠撰
第四集
周易虞氏略例一卷 (清)李銳撰
周易倚數錄二卷附圖一卷 (清)楊履泰撰
周禮補注六卷 (清)呂飛鵬撰
說文解字通正十四卷 (清)潘奕雋撰
說文管見三卷 (清)胡秉虔撰　　　　[撰
小爾雅義證十三卷補遺一卷 (清)胡承珙
周公年表一卷 (清)牟庭撰
元耶律文正公西游錄略注補一卷 (清)李
　文田注 (清)范壽金補
隋唐刻石拾遺二卷關中金石記隋唐石刻原
　目一卷 (清)黃本驥撰
括蒼金石志補遺四卷 (清)鄒柏森撰
大玄闡祕十卷首一卷附編一卷外編一卷
　(清)陳本禮撰
交翠軒筆記四卷 (清)沈濤撰
退餘叢話二卷 (清)鮑倚雲撰
第五集
讀易漢學私記一卷 (清)陳壽熊撰
春秋亂賊考一卷 (清)朱駿聲撰
說文解字逑誼二卷 (清)毛際盛撰　光緒
　二十七年(1901)刊
說文辨疑一卷條記一卷 (清)顧廣圻撰
周秦名字解故補一卷 (清)王萱齡撰
盛京疆域考六卷 (清)楊同桂(清)孫宗翰
　輯
南江書錄一卷 (清)邵晉涵撰
南邨帖攷四卷 (清)程文榮撰
開方之分還原術一卷 (清)宋景昌補草
　(清)鄒安圻補圖
意林注五卷逸文一卷附編一卷 (清)周廣
　業撰併輯
瑟榭叢談二卷 (清)沈濤撰
聚星札記一卷 (清)尚鎔撰
古柏齋讀書雜識一卷 (清)王家文撰
文選箋證三十二卷 (清)胡紹煐撰
落帆樓文遺稿二卷 (清)沈垚撰　光緒二
　十八年(1902)刊

安樂延年室叢書

(清)邵承照輯
　清光緒中大興邵氏刊本
朝邑志二卷 (明)韓邦靖撰
五峯山志二卷 (清)李桐輯 (清)邵承照
　詳纂

豁落斗一卷　(□)劉縈芝傳
大衍新法一卷　(□)孔傳游撰
晉風一卷　(清)彭湘撰
弟子職章句訓纂一卷　(清)邵承照輯　光
　緒二十一年(1895)山東書局刊

天尺樓叢鈔

(民國)劉世珩輯
　天尺樓鈔本
寧極齋稿不分卷　(宋)陳深撰
光菴集不分卷　(明)王賓撰
杜東原詩集一卷文集一卷　(明)杜瓊撰
樓居雜著一卷野航文稿一卷詩稿一卷附錄
　一卷　(明)朱存理撰
梅花百詠一卷　(明)文徵明撰

積學齋叢書

(民國)徐乃昌輯
　清光緒中南陵徐氏刊本
周易考占一卷　(清)金榜撰
佁書伸孔篇一卷　(清)焦廷琥撰
韓詩內傳徵四卷敍錄二卷補遺一卷疑義一
　卷　(清)宋緜初撰
周禮故書考一卷　(清)程際盛撰
周官禮經注正誤一卷　(清)張宗泰撰　光
　緒十六年(1890)刊
冕服考四卷　(清)焦廷琥撰　光緒十六年
　(1890)刊
孟子七篇諸國年表一卷說一卷　(清)張宗
　泰撰
爾雅注疏本正誤五卷　(清)張宗泰撰
說文徐氏新補新附攷證一卷　(清)錢大昭
　撰　光緒十七年(1891)刊
輶軒使者絕代語釋別國方言箋疏十三卷
　(清)錢繹撰
補續漢書藝文志二卷　(清)錢大昭撰　光
　緒十六年(1890)刊
後漢郡國令長攷一卷　(清)錢大昭撰
水經釋地八卷　(清)孔繼涵撰
劉更生(向)年表一卷　(清)梅毓撰　光緒
　十七年(1891)刊
管子義證八卷　(清)洪頤煊撰　光緒十五
　年(1889)刊
臨川答問一卷　(清)李聯琇撰　(清)劉壽
　曾錄
同度記一卷　(清)孔繼涵撰
增廣新術二卷　(清)羅士琳撰　光緒十七
　年(1891)刊
炳燭室雜文一卷　(清)江藩撰
南陵縣建置沿革表一卷　(民國)徐乃昌撰

　　　光緒十八年(1892)刊

鄦齋叢書

(民國)徐乃昌輯
　清光緒二十六年(1900)南陵徐氏刊本
周易諸卦合象考一卷　(清)任雲倬撰
周易互體卦變考一卷　(清)任雲倬撰
易經象類一卷　(清)丁晏撰
盧氏禮記解詁一卷附錄一卷補遺一卷
　(漢)盧植撰　(清)臧庸輯
蔡氏月令章句二卷　(漢)蔡邕撰·(清)臧
　庸輯
夏小正分箋四卷　(清)黃模撰
鄭氏三禮目錄一卷　(漢)鄭玄撰　(清)臧
　庸輯
何休注訓論語述一卷　(清)劉恭冕撰
爾雅小箋三卷　(清)江藩撰
鄭氏六藝論一卷　(漢)鄭玄撰　(清)臧琳
　輯　(清)臧庸補輯
經考五卷　(清)戴震撰
說文諧聲孳生述不分卷　(清)陳立撰
隸通二卷　(清)錢慶曾撰
續方言又補二卷　(民國)徐乃昌撰
後漢儒林傳補逸一卷附續增一卷　(清)田
－　普光撰　續增(民國)徐乃昌輯
唐折衝府考四卷　(清)勞經原撰　(清)勞
　格校補
中州金石目錄八卷　(清)楊鐸撰
讀書小記二卷　(清)焦廷琥撰
漢氾勝之遺書一卷　(漢)氾勝之撰　(清)
　宋葆淳輯
附
　區田圖說一卷　(清)凌霄撰
　焦里堂先生軼文一卷　(清)焦循撰　(民
　國)徐乃昌輯

懷豳雜俎

(民國)徐乃昌輯
　清光緒宣統間南陵徐氏刊本
崔府君祠祿一卷　(清)鄭焯撰　宣統元年
　(1909)刊
瓊琚譜三卷　(明)姜紹書撰　宣統元年
　(1909)刊
我信錄二卷　(清)羅聘撰　宣統元年
　(1909)刊
花部農譚一卷　(清)焦循撰　宣統元年
　(1909)刊
兩般秋雨庵詩選一卷　(清)梁紹壬撰　宣
　統二年(1910)刊
張家口至烏里雅蘇台竹枝詞一卷　(清)志

銳撰　宣統二年(1910)刊

無益有益齋論畫詩二卷　(民國)李葆恂撰
宣統元年(1909)刊

桯鞠錄二卷　(民國)朱孝臧(祖謀)撰　宣
統元年(1909)刊

念宛齋詞鈔一卷　(清)左輔撰　宣統元年
(1909)刊

海漚漁唱一卷　(清)吳豐本撰　宣統元年
(1909)刊

雲起軒詞鈔一卷　(清)文廷式撰　光緒三
十三年(1907)刊

新聲譜一卷　(清)朱和羲輯

隨盦徐氏叢書

(民國)徐乃昌輯

清光緒至民國間南陵徐氏刊本

詞林韻釋一卷　(宋)□□撰　光緒二十九
年(1903)據宋棻斐軒本景刊

吳越春秋十卷附札記一卷逸文一卷　(漢)
趙曄撰　(宋)徐天祜音注　札記(民
國)徐乃昌撰併輯逸文　光緒三十二
年(1906)據元大德本景刊

蒼崖先生金石例十卷附札記一卷　(元)潘
昂霄撰　札記(民國)繆荃孫撰　據元
至正都陽本景刊

中朝故事一卷　(南唐)尉遲偓撰　據景宋
鈔本景刊

雲仙散錄十卷附札記一卷　(唐)馮贄撰
札記(民國)徐乃昌撰　據宋嘉泰本景
刊

述異記二卷　(梁)任昉撰　光緒三十年
(1904)據宋書棚本景刊

離騷集傳一卷　(宋)錢杲之撰　光緒三十
年(1904)據宋本景刊

唐女郎魚玄機詩一卷　(唐)魚玄機撰　光
緒三十一年(1905)據宋書棚本景刊

篋中集一卷附札記一卷　(唐)元結輯　札
記(民國)徐乃昌撰　據宋書棚本景刊

樂府新編陽春白雪前集五卷後集五卷
(元)楊朝英輯　光緒三十一年(1905)
據元本景刊

續編　民國五年(1916)刊

補漢兵志一卷附札記一卷　(宋)錢文子撰
札記(民國)徐乃昌撰　據景宋鈔本
景刊

呂氏鄉約一卷鄉儀一卷　(宋)呂大忠撰
據宋嘉定本景刊

劉涓子鬼遺方五卷　(南齊)龔慶宣撰　據
宋本景刊

廣成先生玉函經一卷　(前蜀)杜光庭撰

(宋)黎民壽注　據宋本景刊

三曆撮要一卷　(宋)□□撰　據宋本景刊

忘憂清樂集一卷　(宋)李逸民輯　據宋本
景刊

酒經三卷　(宋)大隱翁(朱肱)撰　據宋本
景刊

白虎通德論十卷　(漢)班固撰　據元大德
本景刊

風俗通義十卷　(漢)應劭撰　據元大德本
景刊

續幽怪錄四卷附札記一卷佚文一卷　(唐)
李復言撰　札記佚文(民國)徐乃昌撰
併輯　據宋書棚本景刊

聖譯樓叢書

(民國)李祖年輯

清光緒三十四年(1908)武進李氏刊本

律服考古錄二卷　(清)楊峒撰

山左碑目四卷　(清)段松苓撰

徐雨峯中丞勘語四卷　(清)徐士林撰　光
緒三十二年(1906)刊

問影樓叢刻初編

(民國)胡思敬輯

清光緒至民國間新昌胡氏刊本排印本

鈍吟集三卷　(清)馮班撰　光緒三十四年
(1908)排印

四溟山人詩集十卷　(明)謝榛撰　宣統元
年(1909)排印

宣靖備史四卷　(明)陳霆撰　民國二年
(1913)刊

後梁春秋二卷　(明)姚士粦撰　民國二年
(1913)刊

崇禎五十宰相傳一卷　(清)曹溶撰　民國
四年(1915)刊

齊物論齋文集五卷　(清)董士錫撰　民國
二年(1913)刊

退廬疏稿四卷　(民國)胡思敬撰　民國二
年(1913)刊

王船山讀通鑑論辨正二卷　(民國)胡思敬
撰　民國二年(1913)刊

驢背集四卷　(民國)胡思敬撰　民國二年
(1913)刊

稷山館輯補書

(清)陶濬宣輯

手稿本

四民月令一卷　(漢)崔寔撰

劉向別錄一卷　(漢)劉向撰

劉歆七略一卷　(漢)劉歆撰

隋經籍志攷證一卷　(清)章宗源撰
七略別錄二十卷　(漢)劉向撰
蔡邕月令章句三卷　(漢)蔡邕撰
周書時訓一卷

晨風閣叢書

(民國)沈宗畸輯
　　清宣統元年(1909)番禺沈氏刊本
詩經四家異文攷補一卷　(民國)江瀚撰
說文解字校勘記殘槀一卷　(清)王念孫撰
　　(清)桂馥錄
仁廟聖政記二卷　(明)□□撰
出圍城記一卷　(清)甦庵道人(楊棨)撰
西域水道記校補一卷　(清)徐松撰
寒山金石林部目一卷　(明)趙均撰
昭陵碑錄三卷附錄一卷　(民國)羅振玉輯
潛采堂書目四種　(清)朱彝尊撰
　　全唐詩未備書目一卷
　　明詩綜采撫書目一卷
　　兩淮鹽筴書引證書目一卷
　　竹垞行笈書目一卷
藝芸書舍宋元本書目二卷　(清)汪士鐘撰
結一廬書目四卷　(清)朱學勤撰
澇喜齋宋元本書目一卷　(清)□□輯
曲錄六卷　(民國)王國維撰
戲曲攷原一卷　(民國)王國維撰
鹿門集三卷拾遺一卷續補遺一卷　(唐)唐
　　彥謙撰
邕州小集一卷　(宋)陶弼撰
方叔淵遺囊一卷　(元)方瀾撰
附
　　高氏三宴詩集三卷　(唐)高正臣輯
香山九老會詩一卷　(唐)白居易輯
古洋遺饗集一卷　(宋)文同撰
南唐二主詞一卷補遺一卷附校勘記一卷
　　(南唐)李璟(南唐)李煜撰
　　(民國)王國維輯補遺并撰校勘記
平園近體樂府一卷　(宋)周必大撰
後村別調一卷補一卷　(宋)劉克莊撰
眉庵詞一卷　(明)楊基撰

晨風閣叢書第一集

(民國)沈宗畸等輯
　　清光緒三十四年至宣統三年(1908—
　　1911)國學萃編社排印本
毛鄭詩斠議一卷　(民國)羅振玉撰
毛詩草木鳥獸蟲魚疏二卷　(吳)陸璣撰
　　(民國)羅振玉校
幕巢館札記一卷　(清)顏札定撰
懷珉精舍金石跋一卷　(清)李宗蓮撰

湖海樓集拾遺一卷　(清)陳維崧撰
謀野集刪二卷　(明)王穉登撰
鍊庵駢體文選四卷　(民國)沈宗畸輯
實獲齋文鈔四卷　(民國)沈宗畸輯
駢花閣文選四卷　(民國)沈宗畸輯
晦僧文略二卷　(民國)陳澹然撰
樸學齋文鈔四卷　(民國)沈宗畸輯
怡情小品一卷　(清)龔廷鈞(清)錢永基選
石遺室詩友詩錄六卷　(民國)陳衍輯
湖海同聲集四卷　(清)童閬輯
石閭集一卷　(清)蔣易撰　刊本
掣鯨堂集一卷　(民國)費錫璜撰　刊本
明詩紀事鈔一卷　(民國)陳田輯
漁洋山人感舊集小傳一卷　(清)盧見曾撰
　　(民國)陳衍補遺
續詩人徵略後集二卷　(清)吳仲撰
諸華香室閨秀詩鈔二卷　(清)□□輯
湖船錄一卷　(清)厲鶚撰
五湖遊稿一卷　(清)余懷撰　刊本
江鄉漁話一卷　(民國)丁傳靖撰
銅仙殘淚一卷　(清)魏秀仁撰
芙蓉莊紅豆錄一卷　(民國)徐兆瑋輯
謎話二卷　(清)古銘猷撰
羅浮紀游一卷　(民國)潘飛聲撰
遼東行部志一卷　(金)王寂撰
蘦菴遊賞小志一卷　(清)李慈銘撰
建康同遊記一卷　(民國)馮煦撰
說林(一名馬氏隨筆)二卷　(清)錫泰撰
今齊諧一卷　(清)蹇蹇輯
海底蠻一卷　(清)黎虞孫(清)范公讜譯
異伶傳一卷　(民國)陳澹然撰
幽夢影一卷　(清)張潮撰
幽夢續影一卷　(清)朱錫綬撰
今詞綜三卷　(民國)沈宗畸輯
夢玉詞一卷　(清)陳寅撰
飲瓊漿館詞一卷　(民國)潘飛聲撰
勉憙集詞一卷　(清)周星詒撰
鷗夢詞一卷　(清)劉履芬撰
韻麋詞一卷　(清)經半園撰
孟蘭夢一卷　(清)嚴保庸撰
瓊花夢(一名江花夢)二卷(存卷上)　(清)
　　雷岸居士撰
望夫石一卷　(清)曖初氏撰
姽嫿封一卷　(清)楊恩壽撰
綠天香雪簃詩話八卷　(清)瞿園居士撰
眉韻樓詩話八卷　(民國)孫雄撰
詩羣六卷　(民國)沈宗畸輯
小三吾亭詞話五卷　冒廣生撰
道咸同光四朝詩史一斑錄初編敍例一卷
　　(民國)孫雄撰

雪樵詩存*　(清)□□撰

拜駕樓校刻四種

(民國)沈宗畸輯
　　　清光緒二十六年(1900)番禺沈氏刊本
　　影梅庵憶語一卷悼亡題咏集一卷　(清)冒
　　　襄撰
　　板橋雜記一卷　(清)余懷撰
　　海鷗小譜一卷　(清)趙執信撰
　　欠愁集一卷　(清)史震林撰

倣知不足齋叢書

(清)□□輯
　　　清仁壽堂刊本
　　靈棋經二卷　(漢)東方朔撰　(晉)顏幼明
　　　(劉宋)何承天注　(元)陳師凱(明)劉
　　　基解
　　考古質疑六卷　(宋)葉大慶撰
　　類次書肆說鈴二卷　(明)葉秉敬撰
　　獸經一卷　(明)黃省曾撰
　　虎苑二卷　(明)王穉登撰

刻鵠齋叢書

(清)胡念修輯
　　　清光緒二十三年至二十六年（1897—
　　　1900）刊本
　　璇璣遺迹六卷圖一卷　(清)揭暄撰
　　尙書通義殘稿二卷(存卷六至七)　(清)邵
　　　懿辰撰
　　潘瀾筆記二卷　(清)彭兆蓀撰
　　懺摩錄一卷　(清)彭兆蓀撰
　　紀愼齋求雨全書二卷　(清)紀大奎撰
　　綠蘿山莊騈體文集十二卷　(清)胡浚撰
　　崇雅堂騈體文鈔四卷　(清)胡敬撰　［撰
　　汪容甫先生詩集六卷附錄一卷　(清)汪中
　　易義來源四卷　(清)金士麒撰
　　蟲薈五卷　(清)方旭撰
　　四家纂文敍錄彙編五卷　(清)胡念修輯
　　問湘樓騈文初稿四卷　(清)胡念修輯
　　息園舊德錄一卷　(清)胡念萱輯

暢園叢書甲函

(清)張邁輯
　　　清光緒二十年(1894)始豐張氏四明刊本
　　能一編二卷首一卷　(清)金安清撰
　　諫垣七疏一卷　(明)周洪謨撰
　　志遠齋史話六卷　(清)楊以貞撰
　　止焚稿一卷　(清)楊以貞撰
　　雌雄淵一卷　(清)包世臣撰
　　南遊記一卷　(清)孫嘉淦撰

集虛草堂叢書甲集

(民國)李國松輯
　　　清光緒中合肥李氏刊本
　　周易費氏學八卷敍錄一卷　(民國)馬其昶
　　　撰　光緒三十年(1904)刊
　　尙書誼略二十八卷敍錄一卷　(民國)姚永
　　　樸撰　光緒三十一年(1905)刊
　　中庸篇義一卷　(民國)馬其昶撰　光緒三
　　　十年(1904)刊
　　左忠毅公(光斗)年譜定本二卷　(民國)馬
　　　其昶撰　光緒三十年(1904)刊
　　莊子故八卷　(民國)馬其昶撰　光緒三十
　　　一年(1905)刊
　　屈賦微二卷　(民國)馬其昶撰　光緒三十
　　　二年(1906)刊
　　道旁散人集五卷附錄一卷　(清)李孚靑撰
　　　光緒三十年(1904)刊
　　敦艮吉齋文鈔四卷詩存二卷詩存補遺一卷
　　　(清)徐子苓撰　光緒三十二年
　　　(1906)刊
　　鄭東父遺書六卷　(清)鄭杲撰　光緒三十
　　　年(1904)刊
　　　春秋說二卷
　　　論書序大傳一卷
　　　書張尙書之洞勸學篇後一卷
　　　筆記一卷
　　　雜箸一卷

鐵香室叢刻

(清)李世勛輯
　　　清光緒中刊本
　　初集
　　明夷待訪錄一卷　(清)黃宗羲撰
　　樞言一卷　(清)王柏心撰
　　罪言存略一卷　(清)郭嵩燾撰
　　籌洋芻議一卷　(清)薛福成撰
　　續集
　　乘槎筆記二卷　(清)斌椿撰
　　使西紀程二卷　(清)郭嵩燾撰
　　使東述略一卷雜記一卷　(清)何如璋撰
　　出洋瑣記一卷　(清)蔡鈞撰
　　滬游脞記一卷　(清)黃楙材撰
　　日本記游一卷雜記一卷　(清)□□撰

懷潞園叢刊

(清)李嘉績輯
　　　清光緒中李氏代耕堂西安刊本
　　乖崖集存六卷　(宋)張詠撰　光緒十五年
　　　(1889)刊

明刑管見錄一卷　（清）穆翰撰　光緒二十
　　八年(1902)邠州官舍刊
簡明限期表一卷　（清）瞿懷亭輯　光緒十
　　五年(1889)刊
峨秀堂詩鈔四卷　（清）朱世重撰　光緒十
　　五年(1889)刊
惜心書屋詩鈔一卷　（清）王正誼撰　光緒
　　十五年(1889)刊
懶雲山莊詩鈔一卷　（清）邵棠撰　光緒十
　　五年(1889)刊
桐屋遺橐一卷　（清）陳稈君撰　光緒十五
　　年(1889)刊
蘭谷遺橐一卷　（清）顧德馨撰　光緒十五
　　年(1889)刊
味蔗軒詩鈔一卷　（清）顧照世撰　光緒十
　　二年(1886)刊
雙桐書屋賸藁二卷　（清）李光謙撰　光緒
　　十二年(1886)刊
楡塞紀行錄四卷　（清）潞河漁者(李嘉績)
　　撰　光緒十二年(1886)刊
沔陽述古編二卷　（清）李嘉績輯　光緒十
　　五年(1889)刊
江上草堂前橐四卷　（清）李嘉績撰　光緒
　　二十六年(1900)少華山堂刊
代耕堂中橐十八卷　（清）李嘉績撰　光緒
　　二十七年(1901)華州刊

海粟樓叢書

（清）華焯輯
　　清崇仁華氏刊本
明夷待訪錄一卷　（清）黃宗羲撰
菰中隨筆一卷　（清）顧炎武撰
噩夢一卷　（清）王夫之撰
黃書一卷　（清）王夫之撰
日錄三卷　（清）魏禧撰
救荒策一卷　（清）魏禧撰
甘薯錄一卷　（清）陸耀撰
畿輔水利議一卷　（清）林則徐撰
東塾讀書記二十一卷　（清）陳澧撰

佞漢齋叢書

（清）馬佳氏輯
　　清光緒二十二年(1896)刊本
形聲類篇二卷餘論一卷附校勘一卷　（清）
　　丁履恆撰　校勘(清)龐大堃撰
公孫龍子三卷(周)公孫龍撰(宋)謝希深注
尹文子二卷　（周）尹文撰

寶墨齋叢書

（清）余廷諳輯

清光緒二十三年(1897)豐城余氏寶墨齋
　　刊本
黃書一卷　（清）王夫之撰
噩夢一卷　（清）王夫之撰
文史通義八卷　（清）章學誠撰
校讐通義三卷　（清）章學誠撰
襲定盦集十四卷　（清）龔自珍撰
述學內篇三卷補遺一卷外篇一卷別錄一卷
　　春秋述義一卷附校勘記一卷　（清）汪
　　中撰校勘記(清)□□撰
古微堂內集二卷外集七卷　（清）魏源撰
書林揚觶二卷　（清）方東樹撰
郭侍郎洋務文鈔四卷　（清）郭嵩燾撰

鶴壽堂叢書

（清）王士濂輯
　　清光緒二十四年(1898)高郵王氏刊本
韓詩一卷
毛詩國風定本一卷　（唐）顏師古撰　（清）
　　□□輯
毛詩注疏校勘記校字補一卷　（清）茆泮林
　　撰
周禮注疏校勘記校字補一卷　（清）茆泮林
　　撰
三禮經義附錄一卷　（清）茆泮林撰
呂氏春秋補校一卷　（清）茆泮林撰
何承天纂要文徵遺一卷　（劉宋）何承天撰
　　（清）茆泮林輯
唐月令續考一卷　（清）茆泮林撰　（清）成
　　蓉鏡增訂
唐月令注續補遺一卷　（清）茆泮林撰
　　（清）成蓉鏡增訂
唐月令注跋一卷　（清）成蓉鏡撰
颐園經說三卷(原缺卷二)　（清）宋綿初撰
左傳通釋十二卷(原缺卷五至十、卷十二)
　　（清）李惇撰
春秋世族譜一卷附補正一卷　（清）陳厚耀
　　撰　（清）王士濂考證併撰補正
左傳同名彙紀一卷　（清）王士濂輯
左女彙紀一卷　（清）王士濂輯
左女同名附紀一卷　（清）王士濂輯
左淫類紀一卷　（清）王士濂輯
周末列國有今郡縣考一卷補一卷　（清）閔
　　麟嗣撰　（清）王士濂輯
四書集註考證九卷　（清）王士濂撰
四書集釋就正藁一卷　（清）王士濂撰
經說管窺一卷　（清）王士濂撰
廣雅疏證拾遺二卷　（清）王士濂撰
說文新附考六卷　（清）鄭珍撰
春秋屬辭比事記四卷　（清）毛奇齡撰

有福讀書堂叢刻

(民國)吳引孫輯
　　　清光緒中儀徵吳氏刊本
　　治家格言繹義二卷　(清)戴翊清撰　光緒
　　　二十三年(1897)刊
　　六事箴言一卷　(清)王鼎撰　光緒二十三
　　　年(1897)刊
　　公門懲勸錄一卷　(清)周炳麟撰　光緒二
　　　十六年(1900)刊
　　石成金官紳約一卷十反說一卷　(清)石天
　　　基撰　光緒二十三年(1897)刊

小稦字林叢刻

(清)吳受福輯
　　　清光緒中刊本
　　得酒趣齋詩鈔二卷附硯銘一卷　(清)徐錫
　　　可撰
　　環碧主人賸稿一卷　(清)沈亨惠撰　光緒
　　　十七年(1891)刊
　　蘇門山人登嘯集一卷　(清)吳昌榮撰　光
　　　緒十六年(1890)刊
　　蘇門山人登嘯集詩鈔一卷續一卷　(清)吳
　　　昌榮撰　光緒二十年(1894)刊
　　運甓編一卷　(清)吳受福撰
　　小稦字林試帖偶存一卷　(清)吳受福撰
　　　光緒二十年(1894)刊
　　蓮鷥雙鎔舍遺稿一卷　(清)吳國賢撰

吉林探源書舫叢書

(清)盛福輯
　　　清光緒中刊本
　　初編
　　理學正宗十五卷　(清)寶克勤撰
　　李忠定公別集　(宋)李綱撰
　　　靖康傳信錄三卷
　　　建炎進退志四卷
　　　建炎時政記三卷
　　北溪字義二卷補遺一卷嚴陵講義一卷
　　　(宋)陳淳撰　光緒二十二年(1896)刊
　　程氏家塾讀書分年日程三卷綱領一卷(元)
　　　程端禮撰光緒二十五年(1899)刊
　　呻吟語四卷　(明)呂坤撰　(清)陳宏謀評
　　庭訓格言一卷　(清)聖祖撰
　　湯文正公遺書擇抄一卷　(清)湯斌撰
　　陸清獻公治嘉格言一卷　(清)陸隴其撰
　　　光緒二十五年(1899)刊
　　圖民錄四卷　(清)袁守定撰　光緒二十二
　　　年(1896)刊
　　性理易讀　(清)□□輯　光緒二十一年

　　　(1895)刊
　　太極圖說一卷通書一卷　(宋)周敦頤撰
　　西銘一卷　(宋)張載撰　(宋)朱熹注
　　正蒙一卷　(宋)張載撰
　　皇極經世書一卷　(宋)邵雍撰
　　程朱粹言一卷
　　史鑑節要便讀六卷　(清)鮑東里撰
　　小學韻語一卷　(清)羅澤南撰　光緒十八
　　　年(1892)刊
　二集
　　三十五舉一卷附校勘記一卷　(元)吾丘衍
　　　撰　校勘記(清)姚觀元撰　光緒二十
　　　五年(1899)刊
　　續三十五舉一卷　(清)桂馥撰　光緒二十
　　　五年(1899)刊
　　再續三十五舉一卷　(清)姚晏撰　光緒二
　　　十五年(1899)刊
　　分隸偶存二卷　(清)萬經撰　光緒二十五
　　　年(1899)刊
　　蘇齋唐碑選一卷　(清)翁方綱撰　光緒二
　　　十六年(1900)刊
　　白石道人續書譜一卷　(宋)姜夔撰　光緒
　　　二十六年(1900)刊
　　論學三說一卷　(清)黃與堅撰　光緒二十
　　　六年(1900)刊
　　聲調三譜　(清)王祖源輯
　　　然燈記聞一卷　(清)王士禛述　(清)何
　　　　世璂錄　光緒二十六年(1900)刊
　　　律詩定體一卷　(清)王士禛撰
　　　小石帆亭著錄五卷　(清)翁方綱撰
　　　聲調前譜一卷後譜一卷續譜一卷　(清)
　　　　趙執信撰
　　　談龍錄一卷　(清)趙執信撰
　　咽喉脈證通論一卷　光緒二十五年(1899)
　　　刊

西京清麓叢書

(清)賀瑞麟輯
　　　清同治至民國間傳經堂刊本
　　正編
　　四書章句集註十九卷　(宋)朱熹撰　光緒
　　　十二年(1886)刊
　　周易本義十二卷附周易本義考一卷　(宋)
　　　朱熹撰　(宋)呂祖謙音訓　附(清)劉
　　　世誙輯　光緒元年(1875)刊
　　易學啓蒙四卷啓蒙五贊一卷　(宋)朱熹撰
　　　光緒元年(1875)刊
　　書集傳六卷書序集傳一卷　(宋)蔡沈撰
　　　光緒十三年(1887)刊
　　詩集傳八卷首一卷詩序辨說一卷附集傳

考異　(宋)朱熹撰　光緒十三年
(1887)刊
春秋四卷附錄一卷　光緒十三年(1887)刊
儀禮經傳通解三十七卷續卷二十九卷　(宋)
朱熹撰　續(宋)黃榦撰　光緒二年
(1876)述經堂刊
周子全書四卷　(宋)周敦頤撰　光緒十三
年(1887)刊
二程全書　(宋)程顥(宋)程頤撰　(宋)朱
熹輯　光緒十八年(1892)刊
河南程氏遺書二十五卷附錄一卷
河南程氏外書十二卷
明道文集五卷伊川文集八卷遺文一卷附
錄一卷　遺文附錄(元)譚善心輯
伊川易傳四卷　(宋)程頤撰
伊川經說八卷　(宋)程頤撰
二程粹言二卷　(宋)楊時訂定　(宋)張
栻編次
張子全書十五卷　(宋)張載撰　光緒十七
年(1891)刊
附
張子年譜一卷　(清)武澄撰
和靖尹先生文集八卷附集二卷　(宋)尹焞
撰　光緒九年(1883)刊
小學六卷附考異　(宋)朱熹撰　光緒十年
(1884)刊
近思錄十四卷附考異　(宋)朱熹(宋)呂祖
謙輯　光緒十年(1884)刊
朱子大全文集一百卷續集五卷別集七卷附
文集正譌一卷文集記疑一卷正譌記疑
補遺一卷　(宋)朱熹撰　附(清)賀瑞
麟撰　光緒二年(1876)刊
朱子遺書重刻合編　(宋)朱熹撰　(清)賀
瑞麟輯　光緒十二年(1886)刊
國朝諸老先生論孟精義二十四卷
中庸輯略二卷(宋)石㞧輯(宋)朱熹刪定
四書或問三十九卷
易學啓蒙四卷　啓蒙五贊一卷
詩序辨說一卷
孝經刊誤一卷
近思錄十四卷
延平李先生師弟子答問一卷後錄一卷
(宋)朱熹輯
雜學辨一卷附錄一卷
伊洛淵源錄十四卷
上蔡先生語錄三卷　(宋)謝良佐撰
(宋)朱熹輯
附
朱子遺書重刻記疑一卷　(清)賀瑞麟撰
朱子語類一百四十卷附正譌一卷記疑一卷

(宋)朱熹撰　(宋)黎靖德輯　附
(清)賀瑞麟撰　光緒二年(1876)刊
資治通鑑綱目五十九卷凡例一卷附重刊朱
子通鑑綱目原本改字備考一卷　(宋)
朱熹撰　附(清)賀瑞麟撰　光緒二
年(1876)述荊堂刊
程朱行狀　(清)賀瑞麟輯
程明道先生行狀一卷　(宋)程頤撰
朱子行狀一卷　(宋)黃榦撰
陳北溪先生文集十四卷補遺一卷　(宋)陳
淳撰　光緒九年(1883)刊
北溪字義二卷補遺一卷嚴陵講義一卷
(宋)陳淳撰　光緒十三年(1887)刊
許文正公遺書十二卷首一卷末一卷　(元)
許衡撰　光緒十三年(1887)刊
讀書錄十一卷續錄十二卷　(明)薛瑄撰
光緒二十年(1894)柏經正堂刊
胡敬齋先生文集三卷　(明)胡居仁撰　同
治八年(1869)刊
胡敬齋先生居業錄四卷　(明)胡居仁撰
同治八年(1869)刊
三魚堂文集十二卷外集六卷附錄一卷
(清)陸隴其撰　光緒十五年(1889)
柏經正堂刊
陸清獻公(隴其)年譜一卷補遺一卷　(清)
吳光酉撰　補遺(清)賀瑞麟撰
松陽講義十二卷　(清)陸隴其撰　光緒十
四年(1888)柏經正堂刊
復齋錄六卷　(清)王建常撰　光緒元年
(1875)述荊堂刊
朱子五書二卷　(宋)朱熹撰
信好錄四卷　(清)賀瑞麟輯　光緒十六年
(1890)柏經正堂刊
清麓文集二十三卷日記五卷　(清)賀瑞麟
撰　光緒二十五年(1899)刊
附
賀復齋先生行狀一卷　(清)馬鑒源撰
清麓答問四卷遺語四卷遺事一卷　(清)謝
化南輯　光緒元年(1875)正誼書院刊
續編
學庸集疏六卷　(清)張秉直撰　光緒三十
四年(1908)柏經正堂刊
四書集疏附正二十二卷論語緒言一卷
(清)張秉直撰　光緒十二年(1886)刊
四書凝道錄十九卷　(清)劉紹攽撰　光緒
二十年(1894)文在堂刊
禮記集說十卷　(元)陳澔撰　光緒二十六
年(1900)刊
禮記傳十六卷　(宋)呂大臨撰　宣統三年
(1911)藍田芸閣學舍刊

楚辭集注八卷末一卷辯證二卷末一卷後語
　　六卷末一卷　（宋）朱熹撰　光緒十八
　　年（1892）刊
東萊先生音註唐鑑二十四卷附音註考異一
　　卷　（宋）范祖禹撰　（宋）呂祖謙音注
　　考異（清）楊鳳詔撰　光緒十六年
　　（1890）柏經正堂刊
唐陸宣公翰苑集二十四卷首一卷末一卷
　　（唐）陸贄撰　（清）張佩芳注釋　光緒
　　十八年（1892）柏經正堂刊
宋名臣言行錄前集十卷後集十四卷續集八
　　卷別集二十六卷外集十七卷外集附一
　　卷　（宋）朱熹撰　續集別集外集（宋）
　　李幼武撰　光緒十三年（1887）刊
韓文考異四十卷外集考異十卷遺文考異一
　　卷首一卷末一卷　（宋）朱熹撰　（宋）
　　王伯大音釋　光緒十八年（1892）刊
四忠集　（清）賀瑞麟輯　同治十二年
　　（1873）述經堂刊
　　諸葛忠武侯文集六卷首一卷　（蜀）諸葛
　　　亮撰
　　宋宗忠簡公文集四卷補遺一卷遺事二卷
　　　（宋）宗澤撰
　　岳忠武王文集八卷首一卷末一卷　（宋）
　　　岳飛撰　　　　　　　　　　　　　［撰
　　史忠正公文集四卷首一卷　（明）史可法
伊川擊壤集二十卷補遺一卷　（宋）邵雍撰
　　光緒三年（1877）述荆堂刊
小學句讀記六卷首一卷　（清）王建常撰
　　同治十二年（1873）刊
近思續錄十四卷　（宋）蔡模輯　光緒元年
　　（1875）正誼書院刊
御纂性理精義十二卷　（清）李光地等輯
　　光緒元年（1875）刊
大學衍義四十三卷　（宋）眞德秀撰　光緒
　　十三年（1887）柏經正堂刊
眞文忠公心經一卷政經一卷　（宋）眞德秀
　　撰　光緒元年（1875）述荆堂刊
楊忠愍公全集四卷　（明）楊繼盛撰　光緒
　　二十一年（1895）柏經正堂刊
松陽鈔存二卷　（清）陸隴其撰
閒知錄十四卷　（清）張秉直撰　光緒元年
　　（1875）刊
治平大略四卷　（清）張秉直撰　光緒元年
　　（1875）刊
辨學七種　（清）賀瑞麟輯　光緒十八年
　　（1892）刊
　　閑闢錄十卷　（明）程曈輯
　　學蔀通辯十二卷　（明）陳建撰
　　王學質疑五卷附錄一卷　（清）張烈撰

　　　附錄（清）陸隴其輯
朱子爲學次第考二卷　（清）童能靈撰
　　光緒十九年（1893）刊
明辨錄一卷　（清）陳法撰
漢學商兌三卷　（清）方東樹撰　光緒二
　　十年（1894）刊
姚江學辨二卷　（清）羅澤南撰　光緒二
　　十年（1894）刊
九畹古文十卷　（清）劉紹攽撰　同治十二
　　年（1873）刊
衛道編二卷　（清）劉紹攽輯注　光緒元年
　　（1875）帶經堂刊
薛仁齋先生遺集八卷附錄一卷　（清）薛于
　　瑛撰　光緒十四年（1888）刊
養蒙書九種　（清）賀瑞麟輯　同治十二年
　　（1873）刊
　　弟子規一卷　（清）李毓秀撰　　　　［撰
　　眞西山先生敎子齋規一卷　（宋）眞德秀
　　程董二先生學則一卷　（宋）程端蒙（宋）
　　　董銖撰　（宋）饒魯輯
　　朱子童蒙須知一卷　（宋）朱熹撰
　　朱子訓子帖一卷　（宋）朱熹撰
　　白鹿洞揭示一卷　（宋）朱熹撰
　　敬齋箴一卷　（宋）朱熹撰
　　朱子訓蒙詩百首一卷　（宋）朱熹撰
　　程蒙齋性理字訓一卷　（宋）程端蒙撰
附
　　文公朱先生感興詩一卷　（宋）朱熹撰
　　　（宋）蔡模注　　　　　　　　　　　［注
　　武夷櫂歌一卷　（宋）朱熹撰　（宋）陳普
養正義編　（清）賀瑞麟輯
　　太極圖集解一卷　（清）王建常撰
　　桐閣性理十三論一卷　（清）李元春撰
　　學旨要略一卷　（清）楊樹椿撰
　　曾子點註二卷　（清）雷柱撰　以上同治
　　　十二年（1873）刊
　　聖學入門書一卷　（清）陳瑚撰
　　袁氏世範三卷　（宋）袁采撰　以上光緒
　　　二十一年（1895）刊
四書字類釋義六卷　（清）李毓秀撰　光
　　緒十六年（1890）柏經正堂刊
書考辯二卷　（宋）蔡傅撰　同治十二年
　　（1873）刊
誨兒編二卷　（清）賀瑞麟輯　光緒十六
　　年（1890）勉學堂刊
訓蒙詩輯解一卷　（清）張元勳撰　民國
　　八年（1919）尊經堂刊
小學韻語一卷　（清）羅澤南撰　光緒九
　　年（1883）柏經正堂刊
西銘講義一卷　（清）羅澤南撰　光緒十

七年(1891)柏經正堂刊

訓蒙千文註一卷 (清)何桂珍撰 光緒十三年(1887)刊

楊園訓子語一卷 (清)張履祥撰 勉學堂刊

訓蒙千文一卷 (清)賀瑞麟書 光緒十六年(1890)刊

清麓訓詞一卷 (清)賀瑞麟撰

經世家禮鈔一卷 (清)劉光蕡撰 光緒二十年(1894)柏經正堂刊

四禮翼一卷 (明)呂坤撰 光緒二十五年(1899)柏經正經刊

外編

周易詳說十八卷 (清)劉紹攽撰

春秋通論六卷 (清)劉紹攽撰 同治十二年(1873)刊

春秋筆削微旨二十六卷 (清)劉紹攽撰 同治十二年(1873)刊

孟子要略五卷附錄一卷 (宋)朱熹撰 (清)劉傳瑩輯 (清)曾國藩按 光緒十年(1884)刊

孝經本義一卷 (清)劉光蕡撰 光緒三十一年(1905)刊

歷代職官表六卷 清乾隆四十五年敕撰 光緒二十四年(1898)柏經正堂刊

國學講義二卷 (清)王蘭生撰 同治十二年(1873)刊

聖祖仁皇帝庭訓格言一卷 清世宗述 光緒十六年(1890)柏經正堂刊

福永堂彙鈔二卷 (清)賀瑞麟輯 光緒二十六年(1900)柏經正堂刊

程氏家塾讀書分年日程三卷 (宋)程端禮撰 光緒二十三年(1897)柏經正堂刊

耻言一卷 (明)徐禎稷撰 光緒十六年(1890)柏經正堂刊

地球韻言四卷 (清)張士瀛撰 光緒二十九年(1903)柏經正堂刊

學韻紀要二卷 (清)劉瀛賓撰

音學辨微一卷 (清)江永撰 宣統二年(1910)正誼書院刊

四聲切韻表一卷 (清)江永撰 宣統二年(1910)清麓精舍刊

池陽吟草二卷續草一卷 (清)余庚陽撰

鄖谷詩存八卷 〔清)劉世奇撰

二南遺音四卷續集一卷 (清)劉紹攽輯 同治十二年(1873)刊

蒙養書十三種 (清)賀瑞麟輯

　弟子規一卷 同治五年(1866)刊 〔撰

　明呂近溪先生小兒語一卷 (明)呂得勝

　呂新吾先生演小兒語一卷 (明)呂坤撰

廣三字經一卷 光緒十四年(1888)刊

二語合編一卷 (清)牛樹梅輯 光緒十七年(1891)刊

　呂近溪小兒語 (明)呂得勝撰

　呂新吾續小兒語 (明)呂坤撰

　天谷老人小兒語補 (□)天谷老人撰

　李西漚老學究語 (清)李惺撰

　宮南莊醒世要言 (□)宮南莊撰

　呂新吾訓子詞 (明)呂坤撰

　呂新吾好人歌 (明)呂坤撰

聖室錄感一卷 (清)李顒撰

父師善誘法二卷 (清)唐彪撰

帝王甲子記一卷 (清)王在鎬輯

訓俗簡編 一卷

儀小經一卷 (清)李因篤撰 光緒十年(1884)刊

衡門芹一卷 (明)辛全撰 光緒二十五年(1899)柏經正堂刊

牛牛山莊農言著實一卷 (清)楊秀沅撰 光緒二十三年(1897)柏經正堂刊

握奇經訂本一卷 (清)李光地注 (清)劉紹攽訂

女學七種 (清)賀瑞麟輯

　訓女三字文一卷 (清)賀瑞麟書

　呂近溪女兒語一卷 (明)呂得勝撰

　女兒經一卷 同治九年(1870)刊

　女訓約言一卷 (清)陳宏謀撰

　宋尙宮女論語一卷 (唐)宋若昭撰

　雙柏齋女史吟一卷續一卷 (清)劉世奇撰 光緒三年(1877)刊

　附

　　女史吟一卷 (清)楊秀芝撰

　四言閨鑑二卷 (清)馮樹森輯

家禮五卷附錄一卷 (宋)朱熹撰

闢學原編四卷首一卷續編三卷 (明)馮從吾撰 續編(□)王爾緝等撰 光緒十七年(1891)灃西草堂刊

損齋文鈔十五卷外集鈔一卷首一卷 (清)楊樹椿撰 光緒十九年(1893)柏經正堂刊

清麓(賀瑞麟)年譜二卷 (民國)張元勳撰 民國十一年(1922)刊

蟄雲雷齋叢書

(清)□□輯

　清光緒中刊本

論語述何二卷 (清)劉逢祿撰

今古學考二卷 (民國)廖平撰

分撰兩戴記章句凡例一卷 (民國)廖平撰

春秋左傳古義凡例一卷 (民國)廖平撰

何氏公羊解詁十論一卷續十論一卷再續十
　　論一卷春秋天子二伯方伯卒正附庸嵜
　　卑表一卷　(民國)廖平撰
新學僞經考十四卷　(民國)康有爲撰
長興學記一卷　(民國)康有爲撰
歷代職官表六卷　清乾隆四十五年敕撰
楚漢諸侯疆域志三卷　(清)劉文淇撰
致曲術記一卷　(清)夏鸞翔撰
讀代數術記一卷讀四元玉鑑記一卷　(民
　　國)崔朝慶撰
盈朒演代一卷　(民國)韓保徵撰
代數盈朒細草一卷　(民國)張東烈撰
佛爾雅八卷　(清)周春撰
續集
公法總論一卷　(英國)羅柏村撰　(英國)
　　傅蘭雅(清)汪振聲譯
致曲術一卷　(清)夏鸞翔撰
西學課程彙編一卷　出洋肄業局譯
中西度量權衡表一卷　(清)□□撰
造各表簡法一卷截球解義一卷橢圓求周術
　　一卷　(清)徐有壬撰
對數尺記一卷　(清)鄒伯奇撰

吳氏囊書囊

(清)吳燕蘭輯
　　鈔本
甲編
薔庵手鏡一卷　(清)陸文衡撰
西江幕遊記二卷　(清)王樹人撰
漢槎友扎一卷　(清)徐娛庭輯
城南夜話一卷續話一卷　(清)沈大本撰
惠泉鴻爪一卷　(清)任艾生撰
蕉雨吟稿一卷　(清)顧佩芳撰
半淞詩存二卷　(清)吳景果撰
半生自紀二卷　(清)吳晉錫撰
乙編　(見590頁)
丙編
躬耻齋格言一卷　(清)宗稷辰纂
畿輔紀聞一卷　(清)沈元溥撰
湖濱匪災紀略一卷　(清)干丙來撰
荻塘櫂歌一卷　(清)鍾鼎撰　(清)鍾祖孝
　　注
月季花譜一卷　(清)評花館主撰
吳評悅容編一卷　(清)衛泳撰
課花樓詩存一卷　(清)錢靜娟撰
省身藥石一卷　(清)吳恢傑撰　　　[撰
西征日記一卷東歸日記一卷　(清)吳恢傑
錢氏三種　(清)錢泳輯
　金塗銅塔攷一卷
　鐵券攷一卷

銀簡攷一卷
侯鯖新錄二卷　(清)吳燕蘭撰

冠悔堂雜錄

(清)楊浚輯
　　清侯官楊氏鈔本
療閒集二卷　(清)楊浚輯
讀史論略一卷　(清)杜詔撰
廣輿記提要一卷　(清)蔡方炳撰
道命錄一卷　(宋)李心傳輯
稽古錄一卷　(清)楊浚輯
蓄艾錄一卷附錄一卷　(清)楊浚輯
噴飯錄一卷　(清)楊浚輯
聽雨錄一卷　(清)楊浚輯
碎金錄一卷　(清)楊浚輯
臥遊錄一卷　(清)楊浚輯
談閒錄一卷　(清)楊浚輯
昨非錄一卷　(清)楊浚輯
戚少保軍中占書一卷
燕臺花表一卷　(清)坦谿寅翁撰

粟香室叢書

(民國)金武祥輯
　　清光緒至民國間江陰金氏刊本
陽羨風土記一卷附校刊記一卷補輯一卷續
　　補輯一卷考證一卷　(晉)周處撰
　　(清)王謨輯　校刊記補輯(民國)金武
　　祥撰　考證(清)章宗源撰　光緒二十
　　年(1894)刊
宜齋野乘一卷　(宋)吳枋撰　光緒十四年
　　(1888)刊
北郭集六卷補遺一卷續補遺一卷　(元)許
　　恕撰　光緒十六年(1890)刊
滄螺集六卷　(明)孫作撰　光緒十五年
　　(1889)刊
青暘集四卷補遺一卷　(明)張宣撰　光緒
　　十五年(1889)刊
陽羨茗壺系一卷　(明)周高起撰　光緒十
　　四年(1888)刊
洞山岕茶系一卷　(明)周高起撰　光緒十
　　四年(1888)刊
江陰李氏得月樓書目摘錄一卷　(明)李鶚
　　翀撰　光緒十四年(1888)刊
藏說小萃七種　(明)李鶚翀輯　光緒十四
　　年(1888)刊
公餘日錄一卷　(明)湯沐撰
宦遊紀聞一卷　(明)張誼撰
水南翰記一卷　(明)張袞撰
存餘堂詩話一卷　(明)朱承爵撰
暖姝由筆一卷　(明)徐充撰

延州筆記一卷　(明)唐覲撰

戒庵漫筆一卷　(明)李詡撰

延州筆記四卷　(明)唐覲撰　光緒十七年
(1891)刊

名家詞集十種　(清)侯文燦輯　光緒十三
年(1887)刊

二主詞一卷　(南唐)李璟(南唐)李煜撰

陽春集一卷　(南唐)馮延己撰

子野詞一卷　(宋)張先撰

東山詞一卷　(宋)賀鑄撰

信齋詞一卷　(宋)葛郯撰

竹洲詞一卷　(宋)吳儆撰

虚齋樂府一卷　(宋)趙以夫撰

松雪詞一卷　(元)趙孟頫撰

天錫詞一卷　(元)薩都剌撰

古山樂府一卷　(元)張埜撰

江南春詞集一卷附錄一卷附考一卷　(明)
朱之蕃輯　考(清)梁廷枏撰　光緒十
七年(1891)刊

江上孤忠錄一卷　(清)黃明曦撰　(清)黃
懷孝(清)龔丙吉重訂　光緒十七年
(1891)刊

江上遺聞一卷　(清)沈濤撰　光緒十四年
(1888)刊

李仲達被逮紀略一卷　(明)蔡士順撰　光
緒十九年(1893)刊

荔支譜一卷附錄一卷　(清)陳鼎撰　附錄
(民國)金武祥撰　光緒十九年(1893)刊

經書言學指要一卷　(清)楊名時撰　光緒
三十二年(1906)刊

守一齋筆記四卷客牕二筆一卷　(清)金捧
閶撰　光緒十六年(1890)刊

春及堂藁一卷　(清)謝聘撰　光緒二十三
年(1897)刊

鸚亭詩話一卷附錄一卷　(清)屠紳撰　光
緒十五年(1889)刊

笏巖詩鈔一卷　(清)屠紳撰　光緒十五年
(1889)刊

讀書瑣記一卷　(清)鳳應韶撰　光緒十二
年(1886)刊

讀雪山房唐詩凡例一卷　(清)管世銘撰
光緒十二年(1886)刊

讀雪山房雜著一卷　(清)管世銘撰　光緒
十二年(1886)刊

雲溪樂府二卷　(清)趙懷玉撰　光緒十二
年(1886)刊

玉塵集二卷　(清)藕莊氏(洪亮吉)撰　光
緒十六年(1890)刊

冰蠶詞一卷　(清)承齡撰　光緒十六
年(1890)刊

端溪硯坑記一卷　(清)李兆洛撰　光緒二
十年(1894)刊

開方之分還原術一卷　(清)宋景昌補草
(清)鄒安鬯補圖　光緒二十三年
(1897)刊

勇盧閒詰評語一卷　(清)周繼煦撰　光緒
十九年(1893)刊

篤慎堂爐餘詩稿二卷文稿一卷　(清)金諤
撰　光緒十一年(1885)刊文稿光緒十
三年(1887)刊

松筠閣貞孝錄不分卷附錄一卷　(民國)金
武祥輯　光緒十八年(1892)刊

緯青遺稿一卷　(清)張緗英撰　光緒二十
三年(1897)刊

澹盦自娛草二卷詞賸一卷附錄一卷　(清)
金應澍撰　光緒十九年(1893)刊

仲安遺草一卷　(清)金和撰　光緒十九年
(1893)刊

存齋古文一卷續編一卷　(清)黃懷孝撰
光緒十四年(1888)刊

傳忠堂學古文一卷　(清)周星譽撰　光緒
十二年(1886)刊

沈子磻遺文正編一卷外編一卷　(清)沈銘
石撰　光緒三十四年(1908)刊

鷗堂賸藁一卷補遺一卷　(清)周星譽撰
光緒十二年(1886)刊

東鷗草堂詞二卷補遺一卷附錄一卷　(清)
周星譽撰　光緒十二年(1886)刊

鷗堂日記三卷　(清)周星譽撰　光緒十二
年(1886)刊

水雲樓賸藁一卷　(清)蔣春霖撰　光緒十
四年(1888)刊

玉紀一卷　(清)陳性撰　光緒十五年
(1889)刊

玉記補一卷　(清)劉心瑤撰　光緒十五年
(1889)刊

敎孝編一卷　(清)姚廷傑撰　宣統三年
(1911)刊

表忠錄一卷附錄一卷　(民國)金武祥輯
光緒二十八年(1902)刊

思忠錄不分卷　(民國)金武祥輯　光緒三
十二年(1906)刊

冰泉唱和集一卷續和一卷再續和一卷附錄
一卷閏集一卷　(民國)金武祥輯　光
緒二十七年(1901)刊

江陰藝文志二卷校補一卷　(民國)金武祥
輯　光緒十七年(1891)刊

灕江雜記一卷　(民國)金武祥撰　光緒二
十三年(1897)刊

灕江游草一卷　(民國)金武祥撰　光緒二

十三年(1897)刊

赤溪雜志二卷　(民國)金武祥撰　光緒十七年(1891)刊

霞城唱和集一卷　(民國)金武祥輯　光緒十七年(1891)刊

陶廬雜憶一卷續咏一卷補咏一卷　(民國)金武祥撰　光緒十三年(1887)刊續咏二十四年(1898)刊補咏三十一年(1905)刊

陶廬後憶一卷　(民國)金武祥撰　宣統元年(1909)刊

陶廬五憶一卷　(民國)金武祥撰　宣統三年(1911)刊

陶廬六憶一卷　(民國)金武祥撰　民國七年(1918)刊

粟香隨筆八卷二筆八卷三筆八卷四筆八卷五筆八卷　(民國)金武祥撰　光緒七年(1881)刊二筆九年(1883)刊三筆十三年(1887)刊四筆十七年(1891)刊五筆二十一年(1895)刊

國粹叢書

(清)國學保存會輯
　　清光緒宣統間排印本

第一集

說儲一卷　(清)包世臣撰　光緒三十二年(1906)排印

呂用晦文集八卷續集四卷附錄一卷　(清)呂留良撰　光緒三十四年(1908)排印

廣陽雜記五卷　(清)劉獻廷撰

李氏焚書六卷　(明)李贄撰　光緒三十四年(1908)排印

王陽明先生傳習錄五卷　(明)王守仁撰　光緒三十二年(1906)排印

孟子字義疏證三卷　(清)戴震撰　光緒三十一年(1905)排印

原善三卷　(清)戴震撰　光緒三十四年(1908)排印

顏氏學記十卷　(清)戴望撰　光緒三十四年(1908)排印

顏習齋先生(元)年譜二卷　(清)李塨撰　光緒三十四年(1908)排印

廖忘編二卷續論一卷附後一卷　(清)李塨撰　光緒三十四年(1908)排印

李恕谷先生(塨)年譜五卷　(清)馮辰撰　光緒三十四年(1908)排印

第二集

張蒼水全集十二卷補遺一卷附錄四卷題咏二卷冰槎集題中人物攷略一卷傳略補一卷　(明)張煌言撰

戴褐夫集一卷補遺一卷續補遺一卷附紀行一卷紀略一卷年譜一卷戴刻戴褐夫集目錄一卷　(清)戴名世撰　宣統元年(1909)排印

吳長興伯集五卷　(明)吳易撰　光緒三十三年(1907)排印

附

唱酬餘響一卷　(明)史玄(明)趙渙撰

袍澤遺音一卷　(民國)陳去病輯

葉天寥自撰年譜一卷續一卷　(明)葉紹袁撰

附

天寥年譜別記(一名牛不軒留事)一卷附錄一卷　(明)葉紹袁撰　光緒三十三年(1907)排印

禁書目錄四卷　(民國)鄧實輯　光緒三十三年(1907)排印　　　　　　　〔撰

銷燬抽燬書目一卷　清乾隆四十七年敕

禁書總目一卷　清乾隆五十三年敕撰

違礙書目一卷　清乾隆四十三年敕撰

奏繳咨禁書目一卷　清乾隆四十三年敕撰

吾汶藳十卷補遺一卷　(宋)王炎午撰　光緒三十四年(1908)排印

歸玄恭先生文續鈔七卷附錄一卷　(清)歸莊撰　光緒三十四年(1908)排印

三山鄭菊山先生清雋集一卷　(宋)鄭起撰

所南翁一百二十圖詩集一卷錦錢餘笑一卷　(宋)鄭思肖撰

鄭所南文集一卷　(宋)鄭思肖撰　光緒三十二年(1906)排印

伯牙琴一卷　(宋)鄧牧撰　光緒三十三年(1907)排印

張文烈公遺詩一卷　(明)張家玉撰　光緒三十三年(1907)排印

眞山民詩集一卷　(宋)眞山民撰　光緒三十二年(1906)排印

投筆集二卷　(清)錢謙益撰　光緒三十二年(1906)排印

靖康孤臣泣血錄二卷　(宋)丁特起撰　光緒三十二年(1906)排印

吳赤溟先生文集一卷附錄一卷　(清)吳炎撰　光緒三十二年(1906)排印

晞髮集十卷晞髮遺集二卷補一卷　(宋)謝翱撰　光緒三十二年(1906)排印

附

天地間集一卷　(宋)謝翱輯

西臺慟哭記註一卷附錄一卷　(宋)謝翱撰　(明)張丁注

冬青樹引註一卷附錄一卷　(宋)謝翱撰

（明）張丁注

謝臯羽先生(翱)年譜一卷　（清）徐沁撰

附

　金華遊錄注二卷　（清）徐沁撰

　西臺慟哭記註一卷　（清）黃宗羲撰

　謝臯羽墓錄一卷　（清）丁立輯

第三集

湖隱外史一卷　（明）葉紹袁撰　光緒三十
三年(1907)排印

行朝錄六卷　（清）黃宗羲撰　光緒三十四
年(1908)排印

留都見聞錄二卷　（明）吳應箕撰　光緒三
十三年(1907)排印

劫灰錄一卷　（明）珠江寅舫撰　光緒三十
四年(1908)排印

餘生錄一卷　（清）張茂滋撰　光緒三十四
年(1908)排印

明季復社紀略四卷　（清）陸世儀撰　光緒
三十四年(1908)排印

附

　復社紀事一卷　（清）吳偉業撰

辛巳泣蘄錄一卷附錄一卷　（宋）趙與窲撰
光緒三十二年(1906)排印

湖西遺事一卷　（清）彭孫貽撰　光緒三十
二年(1906)排印

東江始末一卷　（明）柏起宗撰　光緒三十
二年(1906)排印

虔臺逸史一卷　（清）彭孫貽撰　光緒三十
二年(1906)排印

嶺上紀行二卷　（清）彭孫貽撰　光緒三十
二年(1906)排印

甲申傳信錄十卷　（明）錢𪿊撰　光緒三十·
二年(1906)排印

孑遺錄一卷　（清）戴名世撰　光緒三十二
年(1906)排印

爐餘錄二卷　（元）徐大焯撰

南渡錄四卷　（宋）辛棄疾撰　光緒三十二
年(1906)排印

　南爐紀聞錄二卷

　竊憤錄一卷續錄一卷

金陵癸甲摭談一卷　（清）謝介鶴撰　光緒
三十二年(1906)排印

草莽私乘一卷　（元）陶宗儀輯　光緒三十
二年(1906)排印

蘇城紀變一卷　（清）□□撰　光緒三十二
年(1906)排印

陸右丞蹈海錄一卷附錄一卷　（明）丁元吉
輯　光緒三十二年(1906)排印

續甬上耆舊詩集一百四十卷　（清）全祖望
輯

雜　纂　類（民國）

風雨樓叢書

（民國）鄧實輯

清宣統中順德鄧氏排印本

貫華堂才子書彙稿　（清）金人瑞撰　宣統
二年(1910)排印

聖嘆外書

　唱經堂杜詩解四卷

　唱經堂古詩解一卷

　唱經堂左傳釋一卷

　唱經堂釋小雅一卷

　唱經堂釋孟子四章一卷

　唱經堂批歐陽永叔詞十二首一卷

聖嘆內書

　唱經堂通宗易論一卷

　唱經堂聖人千案一卷

　唱經堂語錄纂二卷

聖嘆雜篇

　唱經堂隨手通一卷

日知錄之餘四卷　（清）顧炎武撰　宣統二
年(1910)排印

容甫先生遺詩五卷補遺一卷 附 錄 一 卷
（清）汪中撰　宣統二年(1910)排印

信撫一卷　（清）章學誠撰

讀畫錄四卷　（清）周亮工撰

印人傳三卷　（清）周亮工撰

江邨銷夏錄三卷　（清）高士奇撰

龔定盦別集一卷　（清）龔自珍撰

定盦詩集定本二卷詞定本一卷集外未刻詩
一卷集外未刻詞一卷　（清）龔自珍撰

吳越所見書畫錄六卷書畫說鈴一卷　（清）
陸時化撰　宣統二年(1910)排印

松圓浪淘集十八卷偈庵集二卷　（明）程嘉
燧撰

梅村文集二十卷　（清）吳偉業撰　宣統二
年(1910)排印

天游閣集五卷詩補一卷附錄一卷　（清）顧
太清撰　宣統二年(1910)排印

謫麐堂遺集文二卷詩二卷補遺一卷　（清）
戴望撰　宣統三年(1911)排印

庚子銷夏記八卷閒者軒帖考一卷　（清）孫
承澤撰　宣統三年(1911)排印

南雷餘集一卷　（清）黃宗羲撰

秋笳集八卷補遺一卷　（清）吳兆騫撰　宣
統三年(1911)排印

東莊吟稿七卷　（清）呂留良撰

帶經堂書目四卷　（清）陳樹杓撰　　〔撰

乙卯劄記一卷丙辰劄記一卷　（清）章學誠

清暉贈言十卷　（清）徐永宣輯　宣統三年
　　(1911)排印
清暉閣贈貽尺牘二卷　（清）王翬撰　宣統
　　三年(1911)排印
書畫題跋記十二卷　（明）郁逢慶撰　宣統
　　三年(1911)排印

風雨樓祕笈留眞

（民國）鄧實輯
　　清宣統至民國間順德鄧氏風雨樓景印本
三吳舊語一卷　（明）顧苓撰　民國四年
　　(1915)據手寫本景印
山居隨筆一卷　（清）孫承澤撰　民國四年
　　(1915)據手寫本景印
史館彙傳一卷　（清）朱彝尊撰　民國四年
　　(1915)據手寫本景印
墨子經說解二卷　（清）張惠言撰　宣統元
　　年(1909)據手寫本景印
葦間詩稿一卷　（清）姜宸英撰　民國五年
　　(1916)據手寫本景印
茗柯文稿一卷　（清）張惠言撰　據手寫本
　　景印
蒼潤軒碑跋一卷　（明）盛時泰撰　據清魏
　　錫曾手校舊鈔本景印
曝書亭文藁一卷　（清）朱彝尊撰　民國五
　　年(1916)據手寫本景印
清儀閣古印附注一卷　（清）徐同柏撰　民
　　國六年(1917)據手寫本景印
淵雅堂文藁一卷　（清）王芑孫撰　民國六
　　年(1917)據手寫本景印

古學彙刊

（民國）鄧實等輯
　　民國元年(1912)上海國粹學報社排印本
第一集
經學類
　蜀石經校記一卷　（民國）繆荃孫撰
　毛詩九穀考一卷　（清）陳奐撰
　國史儒林傳二卷　（民國）繆荃孫撰
史學類
　三垣筆記三卷補遺三卷　（明）李清撰
　太宗皇帝實錄殘八卷(存卷二十六至三十、
　　卷七十六、卷七十九至八十)　（宋）錢
　　若水等撰
　西遼立國本末考一卷疆域考一卷都城考一
　　卷　（清）丁謙撰
輿地類
　島夷志略廣證二卷　（民國）沈曾植撰
　仁恕堂筆記一卷　（清）黎士弘撰
掌故類

永憲錄一卷　（清）蕭奭齡撰
元婚禮貢舉考一卷　（元）□□撰
目錄類
　士禮居藏書題跋再續記二卷　（清）黃丕烈
　　撰　（民國）繆荃孫輯
　清學部圖書館善本書目五卷　（民國）繆荃
　　孫撰
　敦煌石室經卷中未入藏經論著述目錄一卷
　　疑僞外道目錄一卷　（清）李翊灼撰
金石類
　雲臺金石記一卷　（清）□□撰
　翠墨園語一卷　（清）王懿榮輯
　陽羨摩厓紀錄一卷　（清）吳騫等撰
　附
　　荊南遊草一卷　（清）吳騫撰
　涪州石魚文字所見錄二卷　（清）姚觀元
　　（清）錢保塘撰
　上谷訪碑記一卷　（清）鄧嘉緝撰
雜記類
　陸麗京雪罪雲遊記一卷　（清）陸莘行撰
　記桐城方戴兩家書案一卷　（清）□□撰
　金粟逸人逸事一卷　（清）朱琰撰
　越縵堂日記鈔二卷　（清）李慈銘撰
　蓬山密記一卷　（清）高士奇撰
　牧齋遺事一卷　（清）□□撰
　吳兔牀日記一卷　（清）吳騫撰
　何蝯叟日記一卷　（清）何紹基撰
　鄭鄤事蹟五卷　（清）湯狷石輯
　羽琌山民逸事一卷　（清）魏季子(民國)繆
　　荃孫撰
　雲自在堪筆記六卷　（民國）繆荃孫撰
詩文類
　二顧先生遺詩二卷　（清）顧杲(清)顧絪撰
　萬年少遺詩一卷　（清）萬壽祺撰
　今樂府二卷　（清）吳炎撰　（清）潘檉章評
　今樂府一卷　（清）潘檉章撰　（清）吳炎評
　章實齋文鈔四卷　（清）章學誠撰
第二集
經學類
　陳東塾先生讀詩日錄一卷　（清）陳澧撰
　經典文字考異三卷　（清）錢大昕撰
史學類
　海外慟哭記一卷　（清）黃宗羲撰
　申范一卷　（清）陳澧撰
　歲貢士壽臧府君(徐同柏)年譜一卷　（清）
　　徐士燕撰
輿地類
　桂勝四卷　（明）張鳴鳳撰
　長溪瑣語一卷　（明）謝肇淛撰
目錄類

潛采堂宋金元人集目一卷　(清)朱彝尊撰
靜惕堂藏宋元人集目一卷　(清)曹溶撰
庚子消夏記校文一卷附校勘記一卷　(清)
　　何焯撰　校勘記(清)魏錫曾撰　[撰
清學部圖書館方志目一卷　(民國)繆荃孫
金石類
　金石餘論一卷　(清)李遇孫撰　　　　[撰
　寶素室金石書畫編年錄二卷　(清)釋達受
　金石學錄四卷　(清)李遇孫撰
　泰山石刻記一卷　(清)孫星衍撰
雜記類
　纖言三卷　(清)陸圻撰
　元郭天錫手書日記眞迹四卷附錄一卷
　　(元)郭畀撰
　玉几山房聽雨錄二卷　(清)陳撰撰
　巾箱說一卷　(清)金埴撰
　紀善錄一卷　(明)杜瓊撰
　雲自在龕筆記一卷　(民國)繆荃孫撰
詩文類
　明何元朗徐陽初曲論一卷　(明)何良俊
　　(明)徐復祚撰
　靈谷紀遊稿一卷　(民國)鄧實輯
　竹垞老人晚年手牘一卷　(清)朱彝尊撰
　亭林先生詩集外詩一卷附亭林詩集校文一卷
　　(清)顧炎武撰　附(清)荀徵撰
　棗林詩集三卷　(明)談遷撰
　吾炙集小傳一卷　(民國)鄧實撰

誦芬室叢刊

(民國)董康輯
　　清光緒至民國間武進董氏刊本
初編
　中吳紀聞六卷　(宋)龔明之撰　民國五年
　　(1916)據元至正本景刊
　新雕皇朝類苑七十八卷　(宋)江少虞撰
　　宣統三年(1911)據日本元和活字本景
　　刊
　大元聖政國朝典章六十卷新集至治條例不
　　分卷　(元)□□撰　光緒三十四年
　　(1908)據元鈔本景刊
　元音十二卷　(明)孫原理輯　民國八年
　　(1919)據明建文本景刊
　中州集十卷附中州樂府一卷　(金)元好問
　　輯　民國九年(1920)據元本景刊
　金臺集二卷　(元)迺賢撰　民國十一年
　　(1922)據元本景刊
　鐵崖先生古樂府十卷復古詩集六卷　(元)
　　楊維楨撰　復古詩集(元)黃晉評
　　(元)章琬注　民國十年(1921)據明本
　　景刊

鐵崖先生詩集十卷　(元)楊維楨撰　民國
　　十一年(1922)刊
蛻菴詩四卷　(元)張翥撰　(明)釋大杼輯
　　據明洪武本景刊
江東白苧二卷續二卷　(明)梁辰魚撰　民
　　國四年(1915)刊
蕭爽齋樂府二卷　(明)金鑾撰　民國四年
　　(1915)刊
梅村家藏藁五十八卷詩補遺一卷文補遺一
　　卷　(清)吳偉業撰　宣統三年(1911)
　　刊
附
　梅村先生年譜四卷世系一卷　(清)顧師
　　軾撰
　梅村先生樂府三種　(清)吳偉業撰　民國
　　五年(1916)刊
　秣陵春傳奇(一名雙影記)二卷
　通天臺一卷
　臨春閣一卷
二編
　讀曲叢刊　(民國)董康輯　民國六年
　　(1917)刊
　魏良輔曲律一卷　(明)魏良輔撰
　曲律四卷　(明)王驥德撰
　顧曲雜言一卷　(明)沈德符撰
　衡曲塵譚一卷　(明)騷隱居士撰
　南詞敘錄一卷　(明)徐渭撰
　新編錄鬼簿二卷　(元)鍾嗣成撰
　劇說六卷　(清)焦循撰
　盛明雜劇三十種　(明)沈泰等輯　民國七
　　年(1918)刊
　高唐夢一卷　(明)汪道昆撰
　五湖遊一卷　(明)汪道昆撰
　遠山戲一卷　(明)汪道昆撰
　洛水悲一卷　(明)汪道昆撰
　四聲猿　(明)徐渭撰
　　漁陽三弄一卷
　　翠鄉夢一卷
　　雌木蘭一卷
　　女狀元一卷
　昭君出塞一卷　(明)陳與郊撰
　文姬入塞一卷　(明)陳與郊撰
　袁氏義犬一卷　(明)陳與郊撰
　霸亭秋一卷　(明)沈自徵撰
　鞭歌妓一卷　(明)沈自徵撰
　簪花髻一卷　(明)沈自徵撰
　北邙說法一卷　(明)葉憲祖撰
　團花鳳一卷　(明)葉憲祖撰
　桃花人面一卷　(明)孟稱舜撰
　死裏逃生一卷　(明)孟稱舜撰

中山狼一卷　(明)康海撰
鬱輪袍一卷　(明)王衡撰
紅線女一卷　(明)梁辰魚撰
崑崙奴一卷　(明)梅鼎祚撰
花舫緣一卷　(明)孟稱舜原本　(明)卓
　　人月重編
春波影一卷　(明)徐士俊撰
廣陵月一卷　(明)汪廷訥撰
眞傀儡一卷　(明)綠野堂(王衡)撰
男王后一卷　(明)秦樓外史(王驥德)撰
再生緣一卷　(明)蘅燕室撰
一文錢一卷　(明)破慳道人(徐復祚)撰
齊東絕倒一卷　(明)竹癡居士撰
盛明雜劇二集三十種　(明)沈泰輯　民國
　　十四年(1925)刊
風月牡丹僊一卷　(明)朱有燉撰
香囊怨一卷　(明)朱有燉撰
武陵春一卷　(明)許潮撰
蘭亭會一卷　(明)許潮(誤題楊愼)撰
寫風情一卷　(明)許潮撰
午日吟一卷　(明)許潮撰
南樓月一卷　(明)許潮撰
赤壁遊一卷　(明)許潮撰
龍山宴一卷　(明)許潮撰
同甲會一卷　(明)許潮撰
易水寒一卷　(明)葉憲祖撰
夭桃紈扇一卷　(明)葉憲祖撰
碧蓮繡符一卷　(明)葉憲祖撰
丹桂鈿合一卷　(明)葉憲祖撰
素梅玉蟾一卷　(明)葉憲祖撰
有情癡一卷　(明)徐陽輝撰
脫囊穎一卷　(明)徐陽輝撰
曲江春一卷　(明)王九思撰
魚兒佛一卷　(明)釋湛然原本　(明)寓
　　山居士重編
雙鶯傳一卷　(清)幔亭僊史(袁于令)撰
不伏老一卷　(明)馮惟敏撰
虬髯翁一卷　(明)凌濛初撰
英雄成敗一卷　(明)孟稱舜撰　　　〔撰
紅蓮債一卷　(明)古越函三館(陳汝元)
絡冰絲一卷　(明)徐士俊撰
錯轉輪一卷　(明)太室山人(祁元孺)撰
蕉鹿夢一卷　(明)舜水蓬然子(車任遠)
　　撰　　　　　　　　　　　　　〔撰
櫻桃園一卷　(明)會稽澹居士(王澹翁)
逍遙遊一卷　(明)王應遴撰
相思譜一卷　(明)吳中情奴撰
石巢傳奇四種　(明)百子山樵(阮大鋮)撰
　　民國八年(1919)刊
詠懷堂新編勘蝴蝶雙金榜記二卷

詠懷堂新編燕子箋記二卷
詠懷堂新編十錯認春燈謎記二卷
遙集堂新編馬郎俠牟尼合記二卷
新編五代史平話殘八卷　(宋)□□撰　據
　　宋本景刊
剪燈新話四卷　(明)瞿佑撰　民國六年
　　(1917)刊
剪燈餘話五卷　(明)李昌祺撰　民國六年
　　(1917)刊
醉醒石十五卷　(明)古狂生撰　民國六年
　　(1917)刊

敦煌石室遺書

(民國)羅振玉等輯
　　清宣統元年(1909)誦芬室排印本
尙書殘一卷(存卷十一)附校勘記一卷隸古
　　文尙書顧命殘本補考一卷　(漢)孔安
　　國傳　校勘記(民國)蔣斧撰　補考
　　(民國)羅振玉撰
沙州志殘一卷附校錄札記一卷　(唐)□□
　　撰　校錄札記(民國)羅振玉撰
西州志殘一卷　(唐)□□撰
慧超往五天竺國傳殘卷一卷附校錄札記一
　　卷(唐)釋慧超撰校錄札記(民國)羅振
　　玉撰
溫泉銘殘卷　唐太宗撰
沙州文錄一卷　(民國)蔣斧輯
般若波羅蜜多心經一卷
五臺山聖境讚殘卷　(唐)釋玄本述
老子化胡經殘二卷(存卷一、卷十)考一卷
　　補考一卷校勘記一卷軼文一卷　(晉)
　　王浮撰　考(民國)蔣斧撰併輯軼文
　　補考校勘記(民國)羅振玉撰
摩尼經殘卷附摩尼教流行中國考略一卷
　　附(民國)蔣斧撰
景教三威蒙度讚一卷
沙州石室文字記一卷　(民國)曹元忠撰
流沙訪古記一卷　(民國)羅振玉撰

鳴沙石室佚書

(民國)羅振玉輯
　　民國據唐寫本景印　　　　　　　〔印
初編　民國二年(1913)上虞羅氏據唐寫本景
　　民國十七年(1928)東方學會石印
隸古定尙書殘三卷(存卷三、卷五、卷十一)
　　(漢)孔安國傳
春秋穀梁傳解釋殘一卷(存卷五)　(魏)糜
　　信撰
論語鄭氏注殘一卷(存卷二)　(漢)鄭玄撰
春秋後國語殘四卷(存卷五至八)　(晉)孔

衍撰
晉紀殘一卷　　　　　　　　　　　　　　　［撰
闔外春秋殘二卷(存卷四至五)　(唐)李筌
張延綬別傳殘一卷　(唐)張□撰
附
　張義潮傳一卷　(民國)羅振玉撰　排印
　(民國二年本)
春秋後語卷背記一卷　(民國二年本)
水部式殘一卷　(唐)□□撰
諸道山河地名要略殘一卷(存卷二)　(唐)
　韋澳撰　　　　　　　　　　　　　　　［撰
殘地志(一名貞元十道錄)一卷　(唐)賈眈
沙州圖經殘一卷　(唐)□□撰
西州圖經殘一卷　(唐)□□撰
太公家教殘一卷　(唐)□□撰
星占殘一卷　(唐)□□撰　　　　　　　　［印
陰陽書殘一卷(存卷十三)　據六朝寫本景
修文殿御覽殘一卷　(北齊)祖珽等撰
兔園策府殘一卷(存序)　(唐)杜嗣先撰
唐人選唐詩殘一卷　(唐)□□輯
續編　民國六年(1917)上虞羅氏景印
　大雲無想經殘一卷(存卷九)　據姚秦寫本
　景印
　老子化胡經殘二卷(存卷一、卷十)　(晉)
　王浮撰
　摩尼教殘規一卷
　景教三威蒙度讚一卷

玉簡齋叢書
(民國)羅振玉輯
　清宣統二年(1910)上虞羅氏刊本
異語十九卷　(清)錢坫撰
漢志武成日月表一卷　(清)陳且綱撰
西游錄注一卷　(清)李文田撰
朝鮮紀事一卷　(明)倪謙撰
奉使朝鮮倡和集一卷　(明)倪謙撰
邊略五卷　(明)高拱撰
　防邊紀事一卷
　伏西紀事一卷
　安邊紀事一卷
　靖南紀事一卷
　綏廣紀事一卷
楊監筆記一卷　(明)楊德澤撰
山中聞見錄十一卷(原缺卷三至五)　(清)
　彭孫貽撰　　　　　　　　　　　　　　［撰
內閣小志一卷內閣故事一卷　(清)葉鳳毛
內閣大庫檔冊一卷　(清)□□撰
洛陽伽藍記五卷　(後魏)楊衒之撰
龍瑞觀禹穴陽明洞天圖經一卷　(宋)葉樞
　撰　(宋)李宗諤修定

湟中雜記一卷　(清)□□撰
硯林拾遺一卷　(清)施閏章撰
二集
濮陽蒲汀李先生家藏目錄一卷　(明)李廷
　相撰
萬卷堂書目四卷　(明)朱睦㮮撰
脈望館書目一卷　(明)趙琦美撰
近古堂書目二卷　(明)□□撰
四明天一閣藏書目錄一卷　(清)□□撰
也是園藏書目十卷　(清)錢曾撰
傳是樓宋元本書目一卷　(清)徐乾學撰
知聖道齋書目四卷　(清)彭元瑞撰

宸翰樓叢書
(民國)羅振玉輯
　清宣統三年(1911)上虞羅氏刊五種本
　民國三年(1914)上虞羅氏刊重編八種本
周易舉正三卷　(唐)郭京撰　據獨山莫氏
　景鈔宋本景刊
東漢書刊誤四卷　(宋)劉攽撰　據宋本景
　刊　(八種本)
宋季三朝政要六卷　(元)□□撰　據元皇
　慶本景刊
昭陵碑錄三卷校錄劄記一卷補一卷　(民
　國)羅振玉輯併撰劄記　(五種本)
三輔黃圖六卷　(漢)□□撰　據元余氏勤
　有堂本景刊　(八種本)
一切如來尊勝陀羅尼一卷　據敦煌唐刊本
　景刊　(八種本)肇論中吳集解三卷
(宋)釋淨源撰　據宋本景刊

圖繪寶鑑五卷補遺一卷　(元)夏文彥撰
　據元至正本景刊　(八種本)
二李唱和集一卷　(宋)李昉(宋)李至撰
　據清光緒中貴陽陳田刊版補刊重印

永慕園叢書
(民國)羅振玉輯
　民國三年(1914)上虞羅氏景印本
流沙墜簡一卷考釋三卷補遺一卷補遺考釋
　一卷　(民國)羅振玉輯　考釋(民國)
　羅振玉(民國)王國維撰
秦金石刻辭三卷　(民國)羅振玉撰
秦漢瓦當文字五卷　(民國)羅振玉輯
權衡度量實驗攷一卷　(清)吳大澂撰
萬里遺珍一卷考釋一卷　(民國)羅振玉撰
四朝鈔幣圖錄一卷考釋一卷　(民國)羅振
　玉輯併考釋

雲窗叢刻

(民國)羅振玉輯
　　民國三年(1914)上虞羅氏日本京都東山
　　　僑舍景印本
　　尙書殘一卷(存卷五)　(漢)孔安國傳　據
　　　宜都楊氏景寫日本鈔本景印
　　尙書殘一卷(存卷七)　(漢)孔安國傳　據
　　　日本鈔本景印
　　慧超往五天竺傳殘卷　(唐)釋慧超撰　據
　　　舊鈔本景印
　　北巡私記一卷　(元)劉佶撰　據莫友芝鈔
　　　本景印
　　雲東逸史(姚綬)年譜一卷　(清)沈銘彝撰
　　　據手稿本景印
　　簠齋金石文考釋一卷　(清)陳介祺撰
　　芒洛冢墓遺文三卷　(民國)羅振玉撰
　　西陲石刻錄一卷　(民國)羅振玉撰
　　簡牘檢署攷一卷　(民國)王國維撰
　　伯生詩後三卷　(元)虞集撰　據至元後庚
　　　辰日新堂本景印

雪堂叢刻

(民國)羅振玉輯
　　民國四年(1915)上虞羅氏排印本
　　大元海運記二卷　元天歷中官撰　(清)胡
　　　敬輯
　　熬波圖一卷　(元)陳椿撰
　　西夏姓氏錄一卷　(清)張澍撰
　　襄理軍務紀略四卷　(清)□□撰
　　卜子(商)年譜二卷　(清)陳玉澍撰
　　杜東原先生(瓊)年譜一卷　(明)沈周撰
　　陳乾初先生(確)年譜二卷　(清)吳騫撰
　　王文簡公(引之)行狀一卷　(清)王壽昌等
　　　撰
　　蓮宗二十五等人圖一卷
　　太玄眞一本際經殘一卷(存卷五)
　　无上祕要殘一卷(存卷五十二)
　　吉貝居雜記一卷　(清)施國祁述　(清)范
　　　鍇錄
　　讀書雜記一卷　(清)王紹蘭撰
　　列女傳補注正譌一卷　(清)王紹蘭撰
　　國朝隸品一卷　(清)桂馥撰
　　洛陽石刻錄一卷　(清)常茂徠撰
　　陶齋金石文字跋尾一卷　(清)翁大年撰
　　天下同文前甲集五十卷　(元)周南瑞輯
　　鶴澗先生遺詩一卷補遺一卷　(清)姜實節
　　　撰　(民國)羅振玉輯
　　十憶詩一卷　(清)吳玉搢撰
　　附　　　　　　　　　　　　　　　［撰
　　　吳山夫先生(玉搢)年譜一卷　(清)丁晏
　　　丁亥詩鈔一卷　(清)王念孫撰

匪石先生文集二卷　(清)鈕樹玉撰
頤志齋文鈔一卷　(清)丁晏撰
頤志齋感舊詩一卷　(清)丁晏撰
島夷誌略校注一卷　(日本)藤田豐八撰
日本橘氏敦煌將來藏經目錄一卷　(日本)
　橘瑞超撰
洛誥箋一卷　(民國)王國維撰
明堂廟寢通考一卷　(民國)王國維撰
釋幣二卷　(民國)王國維撰
古禮器略說一卷　(民國)王國維撰
鬼方昆夷玁狁考一卷　(民國)王國維撰
不嬰敦蓋銘考釋一卷　(民國)王國維撰
生霸死霸考一卷　(民國)王國維撰
三代地理小記一卷　(民國)王國維撰
秦漢郡考一卷　(民國)王國維撰
古胡服考一卷　(民國)王國維撰
宋代金文著錄表一卷　(民國)王國維撰
國朝金文著錄表六卷　(民國)王國維撰
壬癸集一卷　(民國)王國維撰
三國志證聞校勘記一卷　(民國)羅振玉撰
高昌麴氏年表一卷　(民國)羅振玉撰
張義潮傳一卷　(民國)羅振玉撰
瓜沙曹氏年表一卷　(民國)羅振玉撰
高士傳一卷　(晉)皇甫謐撰　(民國)羅振
　玉輯
元和姓纂校勘記二卷佚文一卷　(民國)羅
　振玉撰
西陲石刻後錄一卷　(民國)羅振玉撰
漢石存目二卷　(清)王懿榮撰　(民國)羅
　振玉校補
魏晉石存目一卷　(清)尹彭壽撰　(民國)
　羅振玉校補
洛陽存古閣藏石目一卷　(民國)羅振玉撰
海外貞珉錄一卷　(民國)羅振玉撰
三韓冢墓遺文目錄一卷　(民國)羅振玉撰
五十日夢痕錄一卷　(民國)羅振玉撰

吉石盦叢書

(民國)羅振玉輯
　　民國上虞羅氏景印本
　初集　民國三年至五年(1914—1916)景印
　　尙書釋文殘一卷　(唐)陸德明撰　據敦煌
　　　唐寫本景印
　　道書殘一卷　據敦煌古寫本景印
　　律音義一卷　(宋)孫奭等撰　據北宋天聖
　　　本景印
　　齊民要術殘二卷(存卷五、卷八)　(後魏)
　　　賈思勰撰　據北宋明道本景印
　　熬波圖一卷　(元)陳椿撰　據畫院摹永樂
　　　大典本景印

本艸集注序錄殘一卷(存卷一)　(梁)陶弘
　　景撰　據敦煌開元寫本景印
卜筮書第二十三殘一卷(存卷一)　據唐寫
　　本景印
大唐三藏玄奘法師表啓一卷　(唐)釋玄奘
　　撰　據古寫本景印
佛國禪師文殊指南圖讚一卷　據宋卷子本
　　景印
新鐫大唐三藏法師取經記二卷(存卷一、卷
　　三)　(宋)□□撰　據宋本景印
二集　民國六年(1917)景印
　　晉注孟子十四卷　(漢)趙岐撰　(宋)孫奭
　　　音義　據日本翻宋本景印
　　孟子音義二卷　(宋)孫奭撰　據翻宋蜀大
　　　字本景印
　　廬山記五卷　(宋)陳舜俞撰　據宋本景印
三集　民國六年(1917)景印
　　魏三字石經尚書殘石　據拓本景印
　　蜀石經春秋穀梁傳殘石　據拓本景印
　　北宋嘉祐石經周禮禮記殘石　據拓本景印
　　葉石林模急就章一卷　(漢)史游撰　(吳)
　　　皇象書　(宋)葉夢得臨　據拓本景印
　　說文字原一卷　(元)周伯琦撰　據元鈔本
　　　景印　　　　　　　　　　　　　　[印
　　契文舉例二卷　(清)孫詒讓撰　據稿本景
四集　民國六年(1917)景印
　　北宋二體石經禮記檀弓殘石　據拓本景印
　　史記殘一卷(存卷三)　(漢)司馬遷撰　(劉
　　　宋)裴駰集解　據古寫本景印
　　吏部條法殘二卷　(宋)□□官撰　據永樂
　　　大典本景印
　　渚宮舊事五卷補一卷　(唐)余知古撰　據
　　　青芝山堂鈔本景印
　　黃山圖經一卷　(宋)□□撰　據舊鈔本景
　　　印
　　黃山圖一卷　(清)釋雪莊繪　據舊刊本景
　　　印
　　負暄野錄二卷　(宋)陳槱撰　據虞山張氏
　　　鈔本景印
　　祕府略殘二卷(存卷八六四、卷八六八)
　　　(日本)滋野貞主等撰　據日本舊鈔本
　　　景印

鳴沙石室古籍叢殘

(民國)羅振玉輯
　　民國六年(1917)上虞羅氏景印本
　羣經叢殘
　　周易殘一卷(存卷三)　(魏)王弼注　據
　　　唐寫本景印
　　　周易殘一卷(存卷四)　(魏)王弼注　據

唐寫本景印
　尚書殘一卷(存卷十一)　(漢)孔安國傳
　　據唐寫隸古定本景印
　毛詩殘七卷(存卷一至卷七)　(漢)鄭玄
　　箋　據唐寫本景印
　毛詩殘一卷(存卷三)　(漢)毛亨傳
　　(漢)鄭玄箋　據唐寫本景印
　毛詩殘一卷(存卷九)　(漢)毛亨傳
　　(漢)鄭玄箋　據六朝寫本景印
　毛詩殘一卷(存卷九)　(漢)毛亨傳
　　(漢)鄭玄箋　據六朝寫本景印
　毛詩殘一卷(存卷十)　(漢)毛亨傳
　　(漢)鄭玄箋　據六朝寫本景印
　禮記殘一卷(存卷三)　(漢)鄭玄注　據
　　唐寫本景印
　春秋經傳集解殘一卷(存卷五)　(晉)杜
　　預撰　據唐寫本景印
　春秋經傳集解殘一卷(存卷七)　(晉)杜
　　預撰　據六朝寫本景印
　春秋經傳集解殘一卷(存卷二十六)
　　(晉)杜預撰　據唐寫本景印
　春秋經傳集解殘一卷(存卷二十七)
　　(晉)杜預撰　據六朝寫本景印
　春秋穀梁傳集解殘一卷(存卷三)　(晉)
　　范甯撰　據唐龍朔寫本景印
　論語殘一卷(存子路篇)　(漢)鄭玄注
　　據唐寫本景印
羣書叢殘
　周易經典釋文殘一卷　(唐)陸德明撰
　　據唐開元寫本景印
　漢書殘一卷(存王莽傳篇末)　(漢)班固
　　撰　(唐)顏師古注　據唐寫本景印
　贊道德經義疏殘一卷(存卷五)　據唐寫
　　本景印
　南華眞經殘一卷(存刻意篇)　(周)莊周
　　撰　(晉)郭象注　據唐寫本景印
　莊子殘一卷(存山木篇)　(周)莊周撰
　　(晉)郭象注　據唐寫本景印
　莊子殘一卷(存徐無鬼篇)　(周)莊周撰
　　(晉)郭象注　據唐寫本景印
　略出纂金殘二卷(存卷一至二)　(唐)李
　　若立撰　據唐寫本景印
　類書殘卷　據唐寫本景印
　類書殘卷　據唐寫本景印
　類書殘卷　據唐寫本景印
　文選殘一卷(存卷二)　(梁)蕭統輯
　　(唐)李善注　據唐永隆寫本景印
　文選殘一卷(存答客難及解嘲)　(梁)蕭
　　統輯　(唐)李善注　據唐寫本景印
　文選殘一卷(存卷二十五)　(梁)蕭統輯

據唐寫本景印

文選殘一卷(存王文憲公集序)　(梁)蕭
統輯　據隋寫本景印

玉臺新詠殘一卷　(陳)徐陵輯　據唐寫
本景印

嘉草軒叢書

(民國)羅振玉輯

民國七年(1918)上虞羅氏日本景印本

文選集註殘卷十六卷(存卷四十八、卷五十
九、卷六十二至六十三、卷六十六、卷
六十八、卷七十一、卷七十三、卷七十
九、卷八十五、卷八十八、卷九十一、卷
九十三至九十四、卷百二、卷百十六)
據唐寫本景印　　　　　　　　　〔印

羣經字類二卷　(清)王念孫撰　據稿本景

欽定石渠寶笈三編總目不分卷　淸嘉慶四
年敕撰　據淸內府鈔本景印

浣花詞一卷　(清)查容撰　據手稿本景印

番漢合時掌中珠殘卷一卷　據西夏乾祐本
景印

金石萃編未刻槀三卷　(清)王昶撰　據稿
本景印　　　　　　　　　　　　〔錄

楚州金石錄一卷存目一卷　(民國)羅振玉

恆農專錄一卷　(民國)羅振玉撰

楚州城甎錄一卷　(民國)羅振玉撰

地券徵存一卷　(民國)羅振玉撰

專誌徵存一卷　(民國)羅振玉撰

六經堪叢書

(民國)羅振玉輯

民國東方學會排印本

初集

皇宋十朝綱要二十五卷　(宋)李𡐤撰

續宋中興編年資治通鑑十五卷佚文一卷附
校記一卷　(宋)劉時舉撰　校記(民
國)羅振玉撰

黑韃事略一卷附校記一卷　(宋)彭大雅撰
(宋)徐霆疏證　校記(民國)章鈺撰

西遊錄一卷　(元)耶律楚材撰

金文靖公前北征錄一卷　(明)金幼孜撰

後北征錄一卷　(明)金幼孜撰

北征記一卷　(明)楊榮撰

星槎勝覽前集一卷後集一卷　(明)費信撰

沙州文錄一卷補一卷附錄一卷　(民國)蔣
斧輯　補(民國)羅福萇輯　民國十三
年(1924)排印

敦煌零拾　(民國)羅振玉輯　民國十三年
(1924)排印

秦婦吟一卷　(前蜀)韋莊撰

云謠集雜曲子殘一卷　(唐)□□撰

季布歌殘一卷　(唐)□□撰

佛曲三種一卷　(唐)□□撰

俚曲三種一卷　(唐)□□撰

小曲三種一卷　(唐)□□撰

搜神記殘一卷(存卷一)　(唐)句道興撰

懷岷精舍金石跋尾一卷　(清)李宗蓮撰
民國十六年(1927)排印

二集

國史列傳八十卷　(清)□□撰

三集

國朝宮史三十六卷　(清)于敏中等撰　民
國十四年(1925)排印

東方學會叢書初集

(民國)羅振玉輯

民國十三年(1924)東方學會排印本

古寫本貞觀政要殘二卷(存卷五至六)佚篇
一卷　(唐)吳兢撰　佚篇(民國)羅振
玉輯併撰校記

帝範二卷附校記一卷　唐太宗撰　校記
(民國)羅振玉撰

臣軌二卷附校記一卷　唐武后撰　校記
(民國)羅振玉撰

紀元編三卷　(清)李兆洛撰　(民國)
羅振玉校訂

食醫心鑑一卷　(唐)昝殷撰

四夷館考二卷　(明)□□撰

萬里遺文目錄六卷補遺一卷　(民國)羅振
玉撰

雪堂藏古器物目一卷　(民國)羅振玉撰

江邨書畫目一卷　(清)高士奇撰

三補唐折衝府考補一卷　(民國)羅振玉撰

敦煌石室碎金　(民國)羅振玉輯

毛詩殘一卷(存卷八)　(漢)毛亨傳
(漢)鄭玄箋

春秋左氏傳殘一卷(存卷二十一)　(晉)
杜預注

漢書殘一卷(存匡衡張禹孔光傳)　(漢)
班固撰

燉煌錄殘一卷

殘職官書一卷　(唐)□□撰

唐天成元年殘曆一卷　(後唐)□□撰

後晉天福四年殘曆一卷　(後晉)□□撰

宋淳化元年殘曆一卷　(宋)□□撰

老子義殘一卷

南華眞經殘一卷(存田子方品)　(周)莊
周撰　(晉)郭象注

老子玄通經(一名天應經)一卷

道家殘一卷　(唐)□□撰

劉子殘一卷　(北齊)劉晝撰
唐律疏議殘二卷(存名例及 雜 律 下 篇)
　　(唐)長孫無忌等撰
食療本草殘一卷　(唐)孟詵撰
周公卜法殘一卷
靈棋經殘一卷　(漢)東方朔撰　(晉)顏
　　幼明(劉宋)何承天注
話雨樓碑帖目錄四卷　(清)王鯤撰
粵西得碑記一卷　(清)楊翰撰

殷禮在斯堂叢書

(民國)羅振玉輯
　　民國十七年(1928)東方學會排印本
廣雅疏證補正一卷　(清)王念孫撰　石印
爾雅郝注刊誤一卷　(清)王念孫撰　石印
今樂府二卷　(清)吳炎撰　(清)潘檉章
　　訂
三朝大議錄一卷　(清)顧苓撰
金陵野鈔一卷　(清)顧苓撰
南都死難紀略一卷　(清)顧苓撰
平叛記一卷　(清)毛霦撰
善鄰國寶記三卷　(日本)釋周鳳撰
廬山記五卷　(宋)陳舜俞撰
歷代山陵考一卷　(明)王在晉撰
茶史一卷　(明)朱膚撰
皇華紀程一卷　(清)吳大澂撰
續百家姓印譜考略一卷　(清)吳大澂撰
　　石印
畏壘筆記四卷　(清)徐昂發撰
冷齋夜話十卷　(宋)釋惠洪撰
續墨客揮犀十卷　(宋)彭乘撰
遺山先生新樂府五卷　(金)元好問撰
虞山人詩三卷補遺一卷　(明)虞堪撰
塔影園集四卷詩集一卷　(清)顧苓撰　石
　　印
乙丑集一卷　(清)朱筠撰

百爵齋叢刊

(民國)羅振玉輯
　　民國二十三年(1934)上虞羅氏石印本
明本大字應用碎金二卷　(明)□□撰
散頒刑部格殘一卷　(唐)蘇瑰等刪定
唐折衝府考四卷附錄一卷拾遺一卷　(清)
　　勞經原撰　(民國)羅振玉校補并撰拾
　　遺
楊大洪先生忠烈實錄一卷附錄一卷　(明)
　　胡繼先輯
趙客亭先生(于京)年譜紀略一卷　(清)呂
　　元亮撰
秣陵盛氏族譜一卷　(明)□□輯

金石學錄四卷　(清)李遇孫撰
東陵盜案彙編三卷　(民國)□□輯
陸尚寶遺文二卷　(明)陸師道撰
如此齋詩一卷　(明)張瑋撰
萬庵集拾逸一卷　(清)張爾岐撰
萬季野先生遺稿一卷附錄一卷　(清)萬斯
　　同撰
惺齋詩課一卷　(清)永瑢撰
霜柯餘響集一卷　(清)符曾撰

貞松堂藏西陲祕籍叢殘

(民國)羅振玉輯
　　民國上虞羅氏景印本
第一集
論語殘卷二卷(存卷二、卷十二)　(魏)何
　　晏集解　據唐寫本景印
老子殘卷六種一(周)李耳撰　據唐寫本景
　　印
老子義殘一卷　據唐寫本景印
南華真經殘一卷(存田子方品)　(晉)郭象
　　注　據唐寫本景印
維摩詰經解二種　(後秦)釋僧肇註　據後
　　秦寫本景印
百行章殘一卷　據唐寫本景印
療服石醫方殘一卷　據唐寫本景印
後唐天成元年殘歷一卷　(後唐)□□撰
　　據五代寫本景印
後晉天福四年殘歷一卷　(後晉)□□撰
　　據五代寫本景印
後晉天福十一年殘歷一卷　(後晉)□□撰
　　據五代寫本景印
書議殘葉　據唐寫本景印
周公卜法殘一卷　據唐寫本景印
占書殘葉　據唐寫本景印
開蒙要訓一卷　據唐寫本景印
書儀斷片　據唐寫本景印
尺牘殘葉　據唐寫本景印
魚歌子詞殘葉　據唐寫本景印
先天大順等戶籍四種一卷　據唐寫本景印
開元殘牒一卷　據唐寫本景印
文殊問疾佛曲一卷　據唐寫本景印
第二集
殘道家書二種一卷　據唐寫本景印
老子玄通經(一名天應經)一卷　據唐寫本
　　景印
大道通玄要殘一卷(存卷十四)　據唐寫本
　　景印
大玄真一本際經殘二卷(存卷二、卷五)
　　據唐寫本景印
太上靈寶洗浴身心經一卷　據唐寫本景印

十戒經一卷　據唐寫本景印
第三集
　大品第廿四　據晉魏間寫本景印　　〔印
　大集經殘一卷(存卷十九)　據六朝寫本景
　摩訶般若波羅蜜經殘一卷(存卷九)　據六
　　朝寫本景印
　佛說安宅呪經一卷　據六朝寫本景印
　殘寫經二種　據六朝寫本景印
　經義二種　據六朝寫本景印
　唐人行書經義一卷　據唐寫本景印
　唐人草書經贊一卷　據唐寫本景印　〔印
　魏晉間書殘律三種一卷　據魏晉間寫本景

佚叢甲集

　(民國)張南敍輯
　　　清光緒三十三年(1907)排印本
　牧齋集外詩一卷補一卷　(清)錢謙益撰
　柳如是詩一卷　(清)柳是撰
　龍川先生詩鈔一卷　(清)李晴峯撰
　素蘭集二卷補遺一卷　(明)翁孺安撰

古今文藝叢書

　(民國)何藻輯
　　　民國二年至四年(1913—1915)上海廣益
　　　書局排印本
　第一集　民國二年(1913)排印
　詞旨一卷　(元)陸行直撰
　藝圃擷餘一卷　(明)王世懋撰
　南詔野史四卷　(明)倪輅集
　繪事發微一卷　(清)唐岱撰
　冬心齋研銘一卷　(清)金農撰
　板橋題畫一卷　(清)鄭燮撰
　蘇門游記一卷　(民國)樊增祥撰
　藝能編一卷　(清)錢泳輯
　梅溪筆記一卷　(清)錢泳撰
　論文連珠一卷　(清)唐才常撰
　湘煙閣詩鐘一卷　(清)王以愍輯　(清)李
　　盛基選
　三唐詩品三卷　(民國)宋育仁撰
　樊園五日戰時記一卷　(民國)樊增祥撰
　小說考證一卷　(民國)蔣瑞藻輯
　論嶺南詞絕句一卷　(民國)潘飛聲撰
　神州異產志一卷後志一卷　(民國)胡懷琛
　　撰　後志(民國)蔣瑞藻撰
　慧觀室謎話一卷　(民國)周效璘撰
　繩齋印棗一卷　(清)陳繼德撰
　第二集　民國三年(1914)排印
　樂府釋一卷　(清)蔣衡輯
　香草箋一卷　(清)黃任撰
　吟梅閣集唐二卷　(清)何鈺麟撰

　王夢樓絕句二卷　(清)王文治撰
　筆史一卷　(清)梁同書撰
　黔苗竹枝詞一卷　(清)毛貴銘撰
　勉鋤山館存稿一卷　(清)秦樹銛撰
　樊園戰詩續記一卷　(民國)樊增祥輯
　吳社詩鐘一卷　(民國)易順鼎輯
　絜園詩鐘一卷　(民國)蔡乃煌輯
　清朝論詩絕句一卷　(民國)蔣士超撰
　小說閒話一卷　(民國)張行撰
　筆志一卷　(民國)胡韞玉(樸安)撰
　第三集　民國三年(1914)排印
　種菊法一卷　(明)陳繼儒撰
　操觚十六觀一卷　(清)陳鑑撰
　藝菊書一卷　(明)黃省曾撰
　畫品一卷　(清)黃鉞撰
　書品一卷　(清)楊景曾撰
　勇盧閒詰一卷　(清)趙之謙撰
　鵲華行館詩鐘一卷　(清)趙國華輯
　百衲琴二卷　(清)秦雲(清)秦敏樹撰
　西海紀行卷一卷　(民國)潘飛聲撰
　天外歸槎錄一卷　(民國)潘飛聲撰
　酒史一卷　(□)胡光岱撰
　絜園詩鐘續錄一卷　(民國)蔡乃煌輯
　姚黃集輯一卷　秦更年輯
　頤和園詞一卷　(民國)王國維撰
　在山泉詩話二卷　(民國)潘飛聲撰
　丁叔雅遺集一卷　(清)丁惠康撰
　海天詩話一卷　(民國)胡懷琛撰
　燈謎源流攷一卷　(清)竊名撰
　第四集　民國三年(1914)排印
　江隣幾雜志一卷　(宋)江休復撰
　雲鶴先生遺詩一卷　(明)劉元凱撰
　五岳遊記一卷　(明)王士性撰
　拙存堂碑帖題跋一卷　(清)蔣衡撰
　九宮新式一卷　(清)蔣驥撰
　學書雜論一卷　(清)蔣和撰
　學畫雜論一卷　(清)蔣和撰
　秉蘭錄一卷　(清)安璹撰
　南田畫跋一卷　(清)惲格撰
　詞品一卷　(清)郭麐撰
　在山泉詩話一卷(卷三)　(民國)潘飛聲撰
　散原精舍集外詩一卷　(民國)陳三立撰
　樸學齋夜談一卷　(民國)胡懷琛撰
　文則一卷　(民國)胡懷琛撰
　續杜工部詩話二卷　(民國)蔣瑞藻撰
　澹廬讀畫詩一卷　(民國)徐鋆撰
　第五集
　蘭亭集一卷　(晉)王羲之等撰
　隨隱漫錄五卷　(宋)陳世崇撰
　桂隱百課一卷　(宋)張鎡撰

四並集一卷　(宋)張鎡撰
玉照堂梅品一卷　(宋)張鎡撰
墨史三卷　(元)陸友撰
梅譜一卷　(宋)范成大撰
菊譜一卷　(宋)史正志撰
韻石齋筆談二卷　(清)姜紹書撰
閒者軒帖考一卷　(清)孫承澤撰
冬心先生畫記五種　(清)金農撰
　　冬心先生自寫眞題記一卷
　　冬心畫馬題記一卷
　　冬心先生畫佛題記一卷
　　冬心畫梅題記一卷
　　冬心先生畫竹題記一卷
讀畫紀聞一卷　(清)蔣驥撰
續書法論一卷　(清)蔣驥撰
越縵堂筆記一卷　(清)李慈銘撰
在山泉詩話一卷(卷四)　(民國)潘飛聲撰

聚德堂叢書

(民國)陳伯陶輯
　民國東莞陳氏刊本
琴軒集十卷　(明)陳璉撰　民國十九年(1930)刊
學蔀通辯十二卷　(明)陳建撰　民國十年(1921)刊
治安要議六卷　(明)陳建撰　民國九年(1920)刊
擬古樂府二卷　(明)李東陽撰　(明)陳建通考　民國八年(1919)刊
懸榻齋詩集一卷文集一卷　(明)陳履撰　民國九年(1920)刊
陳獻孟遺詩一卷附錄一卷　(清)陳阿平撰　民國八年(1919)刊
長春道敎源流八卷　(清)陳銘珪撰
浮山志五卷　(清)酥醪洞主(陳銘珪)撰
荔莊詩存一卷　(清)陳銘珪撰　民國七年(1918)刊
勝朝粵東遺民錄四卷補遺一卷附一卷　(民國)九龍眞逸(陳伯陶)撰　民國五年(1916)刊
宋東莞遺民錄二卷詩文補遺一卷　(民國)九龍眞逸(陳伯陶)撰　民國五年(1916)刊
宋臺秋唱三卷附錄一卷　(民國)蘇澤東輯　民國六年(1917)東莞黃瀚華刊

峭帆樓叢書

(民國)趙詒琛輯
　清宣統至民國間新陽趙氏刊本
嚴永思先生通鑑補正略三卷　(明)嚴衍撰
　(清)張敦仁輯錄　民國三年(1914)刊
晉唐指掌　(明)張大齡撰　民國六年(1917)刊
　晉五胡指掌二卷
　唐藩鎮指掌二卷
陽山志三卷　(明)岳岱撰　民國四年(1915)刊
明懿安皇后外傳一卷　(清)紀昀撰　民國四年(1915)刊
雞窗叢話一卷　(清)蔡澄撰　民國四年(1915)刊
蕙榜雜記一卷　(清)嚴元照撰　民國五年(1916)刊
柿葉軒筆記一卷　(清)胡虔撰　民國五年(1916)刊
敎孝編一卷　(清)姚廷傑撰　民國五年(1916)刊
鉅鹿東觀集十卷補遺一卷附錄一卷　(宋)魏野撰　宣統三年(1911)刊
崑山雜詠三卷　(宋)龔昱輯　民國三年(1914)刊
重編紅雨樓題跋二卷　(明)徐𤊹撰　(民國)繆荃孫重輯　民國三年(1914)刊
重編桐庵文稿一卷　(明)鄭敷敎撰　(民國)趙詒琛重輯　民國七年(1918)刊
雲間三子新詩合稿九卷　(明)陳子龍(明)李雯(明)宋徵輿撰　(明)夏完淳輯　民國二年(1913)刊
離憂集二卷　(清)陳瑚輯　民國元年(1912)刊
從游集二卷　(清)陳瑚輯　民國元年(1912)刊
頑潭詩話二卷補遺一卷附錄一卷　(清)陳瑚輯　民國六年(1917)刊
星湄詩話二卷　(清)徐傳詩撰　宣統三年(1911)刊
晚香書札二卷　(清)潘道根撰　民國八年(1919)刊

叉滿樓叢書

(民國)趙詒琛輯
　民國崑山趙氏刊本
徐巡按揭帖一卷　(明)徐吉撰　民國九年(1920)刊
民抄董宦事實一卷　(明)□□撰　民國十三年(1924)刊
辛丑紀聞一卷　(清)□□撰　民國九年(1920)刊
寒夜叢談三卷　(清)沈赤然撰　民國十三年(1924)刊

冀安節先生遺文一卷　(明)冀詡撰　民國
　　十一年(1922)刊
冀安節先生年譜一卷　(明)冀紋撰　民國
　　九年(1920)刊
歸玄恭先生(莊)年譜一卷　(民國)趙經達
　　撰　民國十三年(1924)刊
汪堯峯先生(琬)年譜一卷　(民國)趙經達
　　撰　民國十四年(1925)刊
林外野言二卷補遺一卷　(元)郭翼撰　民
　　國十二年(1923)刊
紅葉村詩槀六卷補遺一卷　(明)梁逸撰
　　民國十年(1921)刊
校正萬古愁(一名擊筑餘音)一卷　(清)歸
　　莊撰　(民國)黃鈞校正　民國九年
　　(1920)刊
新樂府二卷　(清)萬斯同撰　民國十二年
　　(1923)刊
瓣花詞一卷　(清)唐祖命撰　民國十二年
　　(1923)刊
鶯邊詞一卷　(清)張思孝撰　民國十二年
　　(1923)刊
留漚唫館詞存一卷　(清)沈鎣撰
紅蕉詞一卷　(清)江標撰　民國十二年
　　(1923)刊

對樹書屋叢刻

(民國)趙詒琛輯
　　民國崑山趙氏對樹書屋刊本
元史朔閏二卷　(明)周復俊撰
草莽私乘一卷附刻一卷　(元)陶宗儀輯
　　民國二十一年(1932)刊
靈龍顏碑考釋一卷　(民國)趙詒琛輯　民
　　國二十五年(1936)刊
怡松軒金石偶記一卷　(民國)陳洙輯　民
　　國二十三年(1934)刊
顧千里先生(廣圻)年譜二卷　(民國)趙詒
　　琛撰　民國二十一年(1932)刊
野古集三卷　(明)冀詡撰　民國二十三年
　　(1934)刊

枕碧樓叢書

(民國)沈家本輯
　　民國二年(1913)序歸安沈氏刊本
南軒易說五卷　(宋)張栻撰
雙峯先生內外服制通釋七卷　(宋)車垓撰
　　宣統三年(1911)刊
刑統賦解二卷　(宋)傅霖撰　(元)郢口韻
　　釋　(元)王亮增注　宣統三年(1911)
　　刊
粗解刑統賦一卷　(宋)傅霖撰　(元)孟奎

解　宣統三年(1911)刊
別本刑統賦解一卷　(元)□□撰　宣統三
　　年(1911)刊
刑統賦疏一卷　(元)沈仲緯撰　宣統三年
　　(1911)刊
無寃錄二卷　(元)王與撰　宣統元年
　　(1909)刊
河汾旅話四卷　(清)朱維魚撰　宣統二年
　　(1910)刊
河南集三卷遺事一卷　(宋)穆修撰
附
　　穆參軍遺事一卷　(宋)□□輯
吳興沈夢麟先生花谿集三卷　(元)沈夢麟
　　撰　宣統二年(1910)刊
來鶴亭集九卷　(元)呂誠撰　宣統三年
　　(1911)刊
玉斗山人文集三卷　(元)王奕撰　宣統三
　　年(1911)刊

墨香簃叢編

(民國)楊嘉輯
　　民國石印本
籀膏詩詞一卷　(清)孫詒讓撰
二黃先生詩葺一卷　(清)黃紹箕(清)黃紹
　　第撰
輔行記校注一卷　(民國)楊嘉撰
瑞安黃氏蔘綏閣舊本書目初編一卷　(民
　　國)楊嘉撰
曝書隨筆一卷　(民國)楊嘉撰
輶軒樓遺稿一卷　(民國)楊嘉撰

遯盦叢編

(民國)吳隱輯
　　民國二年(1913)西泠印社木活字排印本
甲集
　　召對紀實一卷　(清)楊山松撰
　　被難紀略一卷　(清)楊山松撰
　　海外慟哭記一卷　(清)黃宗羲撰
　　霜猨集一卷　(明)周同谷撰　民國二年
　　　(1913)刊
乙集
　　校碑隨筆不分卷　(民國)方若撰
　　金石學錄四卷　(清)李遇孫撰
　　越畫見聞三卷　(清)陶元藻撰　民國三年
　　　(1914)刊
　　須靜齋雲煙過眼錄一卷　(清)潘世璜撰
　　　民國三年(1914)刊
　　敦交集一卷　(元)魏士達輯
　　東洲艸堂金石跋五卷　(清)何紹基撰　民
　　　國五年(1916)刊

武林金石記十卷　(清)丁敬撰　民國五年
(1916)刊

熊刻四種

(民國)熊羅宿輯
　　民國五年(1916)豐城熊氏刊本
切韻指掌圖一卷檢圖之例一卷　(宋)司馬
光撰　(元)邵光祖補
音學辨微一卷　(清)江永撰　民國五年
(1916)刊
戊戌履霜錄四卷　(民國)胡思敬撰　民國
二年(1913)刊
堅冰志一卷光宣僉載一卷(民國)魏元曠撰

張氏適園叢書初集

(民國)張鈞衡輯　　　　　　　　〔本
　　清宣統三年(1911)上海國學扶輪社排印
今古學考二卷　(民國)廖平撰
殘明紀事一卷　(清)□□撰
清賢記六卷　(明)尤鎧撰
棗林雜俎六卷附錄一卷　(明)談遷撰
尖陽叢筆十卷　(清)吳騫撰
陳一齋先生文集六卷　(清)陳梓撰
傅徵君霜紅龕詩鈔一卷　(清)傅山撰

適園叢書

(民國)張鈞衡輯
　　民國烏程張氏刊本
第一集
百宋一廛書錄一卷　(清)黃丕烈撰　民國
二年(1913)刊
魏書地形志校錄三卷　(清)溫曰鑑撰　民
國三年(1914)刊
漢石經攷異補正二卷　(清)瞿中溶撰　民
國三年(1914)刊
敬鄉錄十四卷　(元)吳師道撰　民國三年
(1914)刊
內閣藏書目錄八卷　(明)孫能傳(明)張萱
等撰　民國二年(1913)刊
大唐郊祀錄十卷　(唐)王涇撰　民國四年
(1915)刊
月隱先生遺集四卷外編二卷　(明)祝淵撰
古泉山館金石文編殘稿四卷　(清)瞿中溶
撰　民國五年(1916)刊
爐宮遺錄二卷　(明)□□撰　民國二年
(1913)刊
對客燕談一卷　(明)邵寶撰　民國二年
(1913)刊
魯春秋一卷　(清)查繼佐撰　民國三年
(1914)刊

附
北征紀略一卷　(明)張煌言撰
使臣碧血一卷　(明)錢釫撰
第二集　民國二年(1913)刊
千頃堂書目三十二卷　(清)黃虞稷撰
第三集
後村先生題跋十三卷　(宋)劉克莊撰　民
國二年(1913)刊
後村詩話前集二卷後集二卷續集四卷新集
六卷　(宋)劉克莊撰　民國二年
(1913)刊
攻媿題跋十卷　(宋)樓鑰撰　民國三年
(1914)刊
國初羣雄事略十二卷　(清)錢謙益撰　民
國二年(1913)刊
文館詞林殘二十三卷(存卷一百五十二、卷
一百五十六至一百五十八、卷一百六
十、卷三百四十六、卷三百四十七、卷
四百十四、卷四百五十二至四百五十
三、卷四百五十七、卷四百五十九、卷
六百六十二、卷六百六十四至六百七
十、卷六百九十一、卷六百九十五、卷
六百九十九、附殘簡二)　(唐)許敬宗
等輯　民國三年(1914)刊
第四集　民國三年(1914)刊
唐大詔令集一百三十卷(原缺卷十四至二
十四、卷八十七至九十八)　(宋)宋敏
求輯
第五集
廣川書跋十卷　(宋)董逌撰　民國三年
(1914)刊
廣川畫跋六卷　(宋)董逌撰　民國四年
(1915)刊
建炎以來朝野雜記甲集二十卷乙集二十卷
逸文一卷　(宋)李心傳撰　逸文(民
國)張鈞衡輯　民國三年(1914)刊
東都事略校勘記一卷　(清)錢綺撰　民國
二年(1913)刊
東都事略校記一卷　(民國)繆荃孫撰　民
國二年(1913)刊
歷代職源撮要一卷　(宋)王益之撰　民國
三年(1914)刊
續吳郡志二卷　(明)李詡撰　民國五年
(1916)刊
蔣子萬機論一卷　(魏)蔣濟撰　(清)嚴可
均輯
桓氏世要論一卷　(魏)桓範撰　(清)嚴可
均輯　　　　　　　　　　　　　〔輯
劉氏政論一卷　(魏)劉廙撰　(清)嚴可均
典語一卷　(吳)陸景撰　(清)嚴可均輯

杜氏篤論一卷　(魏)杜恕撰　(清)嚴可均
　　輯
第六集　民國五年(1916)刊
　西吳里語四卷　(明)宋雷撰
　五代史記補考二十四卷　(清)徐炯撰
　滋溪文稿三十卷　(元)蘇天爵撰
第七集
　得樹樓雜鈔十五卷　(清)查慎行撰　民國
　　三年(1914)刊
　山谷先生(黃庭堅)年譜三十卷　(宋)黃𥊍
　　撰　民國三年(1914)刊
　圍鑪詩話六卷　(清)吳喬撰　民國四年
　　(1915)刊
　西崑發微三卷　(清)吳喬撰　民國四年
　　(1915)刊
　附
　　談龍錄一卷　(清)趙執信撰
　滄浪嚴先生吟卷三卷　(宋)嚴羽撰　民國
　　五年(1916)刊
　新編醉翁談錄八卷　(宋)金盈之撰　民國
　　二年(1913)刊
　湖西遺事一卷　(清)彭孫貽撰　民國四年
　　(1915)刊
　虔臺節略一卷　(清)彭孫貽撰　民國四年
　　(1915)刊
　附
　　彭節愍公家書一卷　(明)彭期生撰
　左傳杜解集正八卷　(清)丁晏撰　民國三
　　年(1914)刊
　出塞圖畫山川記一卷　(清)溫睿臨撰　民
　　國三年(1914)刊
　閩行隨筆一卷　(清)范光文撰　民國四年
　　(1915)刊
　逸經補正三卷　(清)朱彝尊輯　(清)馮登
　　府補　民國四年(1915)刊
　嶺海焚餘三卷　(明)金堡撰　民國二年
　　(1913)刊
第八集　民國五年(1916)刊
　汪氏珊瑚網法書題跋二十四卷　(明)汪砢
　　玉撰
　汪氏珊瑚網名畫題跋二十四卷　(明)汪砢
　　玉撰
第九集
　後山先生集三十卷　(宋)陳師道撰　民國
　　三年(1914)刊
　遺山遺稿二卷補遺一卷附錄一卷　(元)楊
　　奐撰　民國四年(1915)刊
　貞一齋雜著一卷詩稿一卷　(元)朱思本撰
　　民國三年(1914)刊
　珊瑚木難八卷　(明)朱存理撰　民國四年

　　(1915)刊
　春秋傳禮徵十卷　(清)朱大韶撰　民國四
　　年(1915)刊
第十集
　求是齋碑跋四卷　(清)丁紹基撰　民國五
　　年(1916)刊
　太平治蹟統類三十卷　(宋)彭百川撰　民
　　國三年(1914)刊
第十一集
　孟子師說七卷　(清)黃宗羲撰　民國五年
　　(1916)刊
　簡莊疏記十七卷　(清)陳鱣撰　民國四年
　　(1915)刊
　花村談往二卷補遺一卷　(清)花村看行侍
　　者撰　民國三年(1914)刊
　藏一話腴甲集二卷乙集二卷　(宋)陳郁撰
　　民國三年(1914)刊
　廣元遺山(好問)年譜二卷　(清)李光廷撰
　　民國五年(1916)刊
　祗欠庵集八卷　(明)吳蕃昌撰　民國五年
　　(1916)刊
　後漢藝文志四卷　(清)姚振宗撰　民國五
　　年(1916)刊
第十二集
　三國藝文志四卷　(清)姚振宗撰　民國五
　　年(1916)刊
　重刊湖海新聞夷堅續志前集二卷後集二卷
　　補遺一卷　(元)□□撰　民國三年
　　(1914)刊
　鐙下閑談二卷　(宋)□□撰　民國六年
　　(1917)刊
　成都氏族譜一卷　(元)費著撰　民國五年
　　(1916)刊
　桐譜二卷　(宋)陳翥撰　民國六年(1917)
　　刊
　新纂香譜二卷　(宋)陳敬撰　民國六年
　　(1917)刊
　吹景集十四卷　(明)董斯張撰　民國五年
　　(1916)刊
　深柳堂文集一卷　(清)沈登瀛撰　民國五
　　年(1916)刊
　疊翠居文集一卷　(清)紀慶曾撰　民國五
　　年(1916)刊
　勘書巢未定稿一卷　(清)溫曰鑑撰　民國
　　五年(1916)刊
　秋水文叢外集(一名古宮詞注)三卷　(清)
　　張鑑撰　(清)桂榮注　民國五年
　　(1916)刊
　魚計軒詩話一卷　(清)計發撰　民國五年
　　(1916)刊

擇是居叢書初集

（民國）張鈞衡輯
　　民國十五年（1926）序吳興張氏刊本
　　尚書註疏二十卷附校勘記一卷　（漢）孔安
　　　　國傳　（唐）陸德明音義　（唐）孔穎達
　　　　等疏　校勘記（民國）張鈞衡撰　據宋
　　　　本景刊
　　樂書正誤一卷　（宋）樓鑰撰　據宋本景刊
　　相臺書塾刊正九經三傳沿革例一卷　（宋）
　　　　岳珂撰　據景宋鈔本景刊
　　唐書藝文志四卷　（宋）歐陽修（宋）宋祁等
　　　　撰　據宋建安魏氏本景刊
　　孫諫議唐史記論三卷　（宋）孫甫撰　據景
　　　　鈔宋本景刊
　　唐書直筆新例四卷新例須知一卷附校記一
　　　　卷　（宋）呂夏卿撰　校記（民國）張鈞
　　　　衡撰　據景鈔宋本景刊
　　南朝史精語十卷附札記一卷　（宋）洪邁撰
　　　　札記（民國）繆荃孫撰　繆氏對雨樓
　　　　據鈔本景刊
　　吳郡志五十卷附校勘記一卷　（宋）范成大
　　　　撰　校勘記（民國）張鈞衡撰　據宋紹
　　　　定本景刊
　　經子法語二十四卷　（宋）洪邁輯　據景鈔
　　　　宋本景刊
　　荀子考異一卷　（宋）錢佃撰　繆氏對雨樓
　　　　據鈔本景刊
　　改正湘山野錄三卷續一卷　（宋）釋文瑩撰
　　　　據宋本下卷及續據元鈔本景刊
　　卻掃編三卷　（宋）徐度撰　據景鈔宋書棚
　　　　本景刊
　　賓退錄十卷　（宋）趙與時撰　繆氏對雨樓
　　　　據景鈔宋書棚本景刊
　　茅亭客話十卷　（宋）黃休復撰　繆氏對雨
　　　　樓據穴硯齋鈔本景刊　　　　　　　〔刊
　　反離騷一卷　（漢）揚雄撰　據宋書棚本景
　　寒山詩集一卷附豐干拾得詩一卷　（唐）釋
　　　　寒山撰　附（唐）釋豐干（唐）釋拾得撰
　　　　據景鈔宋書棚本景刊
　　范文正公政府奏議二卷　（宋）范仲淹撰
　　　　據元本景刊
　　此山先生詩集十卷　（元）周權撰　據元至
　　　　正本景刊
　　詩品三卷　（梁）鍾嶸撰　繆氏對雨樓據明
　　　　正德元年退翁書院鈔本景刊

密韻樓景宋本七種

蔣汝藻輯
　　民國烏程蔣氏樂地盦刊本

吳郡圖經續紀三卷　（宋）朱長文撰　民國
　　十二年（1923）據宋本景刊
曹子建文集十卷　（魏）曹植撰　據宋大字
　　本景刊
歌詩編四卷　（唐）李賀撰　據北宋本景刊
草窗韻語六卷　（宋）周密撰　民國十一年
　　（1922）據宋本景刊
雪巖吟草甲卷忘機集一卷　（宋）宋伯仁撰
　　據宋本景刊
青山集三十卷　（宋）郭祥正撰　民國十三
　　年（1924）據宋本景刊
竇氏聯珠集一卷　（唐）竇常（唐）竇牟（唐）
　　竇群（唐）竇庠（唐）竇鞏撰　（唐）褚藏
　　言輯　民國十三年（1924）據宋本景刊

鐵琴銅劍樓叢書

（民國）瞿啓甲輯
　　清光緒至民國間刊本景印本
　　洪氏集驗方五卷　（宋）洪遵撰　民國據宋
　　　　乾道本景印
　　離騷集傳一卷　（宋）錢杲之撰　民國七年
　　　　（1918）據宋本景印　　　　　　　　〔印
　　歌詩編四卷　（唐）李賀撰　民國據金本景
　　朱慶餘詩集一卷　（唐）朱慶餘撰　民國據
　　　　宋書棚本景印
　　李丞相詩集二卷　（南唐）李建勳撰　民國
　　　　七年（1918）據宋書棚本景印
　　周賀詩集一卷　（唐）周賀撰　民國據宋書
　　　　棚本景印
　　註鶴山先生渠陽詩一卷　（宋）王德文撰
　　　　民國據宋本景印
　　中原音韻一卷　（元）周德清輯　民國十一
　　　　年（1922）據元本景印
　　宋金元本書影不分卷　（民國）瞿啓甲輯
　　　　民國十一年（1922）景印本
　　鐵琴銅劍樓藏書目錄二十四卷　（清）瞿鏞
　　　　撰　光緒二十四年（1898）刊
　　容安齋詩集八卷　（清）汪應銓撰　乾隆中
　　　　刊民國修補印本
　　秋影樓詩集九卷　（清）汪繹撰　光緒二十
　　　　三年（1897）刊
　　楊太后宮詞一卷　宋楊皇后撰　（宋）潛夫
　　　　（周密）輯　民國十三年（1924）據宋鈔
　　　　本景刊

廣倉學宭叢書甲類（一名學術叢編）

姬佛陀輯　　　　　　　　　　　　　　　〔本
　　民國五年（1916）上海倉聖明智大學排印
第一集
　　敦煌古寫本周易王注校勘記二卷　（民國）

　　　　羅振玉撰
　　周書顧命禮徵一卷　(民國)王國維撰
　　周書顧命後考一卷　(民國)王國維撰
　　樂詩考略一卷　(民國)王國維撰
　　祼禮推一卷　(民國)王國維撰
　　五宗圖說一卷　(清)萬光泰撰
　　韓氏三禮圖說二卷　(元)韓信同撰　據清
　　　　嘉慶六年麟後山房本景印
　　爾雅草木蟲魚鳥獸釋例一卷　(民國)王國
　　　　維撰　石印
　　蒙雅一卷　(清)魏源撰
　　釋史一卷　(民國)王國維撰　　　　[印
　　毛公鼎銘考釋一卷　(民國)王國維撰　石
　　史籀篇疏證一卷敍錄一卷　(民國)王國維
　　　　撰　石印
　　倉頡篇殘簡考釋一卷　(民國)羅振玉撰
　　　　石印
　　漢代古文考一卷　(民國)王國維撰
　　魏石經考二卷　(民國)王國維撰
　　小學叢殘四種　(民國)汪黎慶輯
　　　字樣一卷　(唐)顏師古撰
　　　開元文字音義一卷　唐玄宗撰
　　　韻銓一卷　(唐)武元之撰
　　　韻英一卷　(唐)元廷堅撰
　　甄文考略四卷餘一卷　(清)宋經畬撰
　　流沙墜簡考釋補正一卷　(民國)王國維撰
　　漢魏博士考三卷　(民國)王國維撰　[撰
　　祕書監志十一卷　(元)王士點(元)商企翁
　　大元馬政記一卷　(元)□□撰
　　隨志二卷　(明)□□撰
　第二集
　　廣雅疏證補正一卷　(清)王念孫撰
　　江氏音學敍錄一卷　(清)江有誥撰
　　古韻總論一卷　(清)江有誥撰
　　廿一部諧聲表一卷　(清)江有誥撰
　　入聲表一卷　(清)江有誥撰
　　唐韻四聲正一卷　(清)江有誥撰
　　兩周金石文韻讀一卷　(民國)王國維撰
　　　　石印
　　唐韻別考一卷　(民國)王國維撰
　　韻學餘說一卷　(民國)王國維撰
　　操風瑣錄四卷　(清)劉家謀撰
　　殷卜辭中所見先公先王考一卷　(民國)王
　　　　國維撰　石印
　　殷卜辭中所見先公先王續考一卷　(民國)
　　　　王國維撰　石印
　　殷周制度論一卷　(民國)王國維撰
　　古本竹書紀年輯校一卷　(清)朱右曾輯
　　　　(民國)王國維補
　　今本竹書紀年疏證二卷　(民國)王國維撰

　　太史公繫年考略一卷　(民國)王國維撰
　　宋史忠義傳王稟補傳一卷　(民國)王國維
　　　　撰
　　清眞先生遺事一卷　(民國)王國維撰
　　元高麗紀事一卷　(元)□□撰
　　元代畫塑記一卷　(元)□□撰
　　大元倉庫記一卷　(元)□□撰
　　大元氈罽工物記一卷　(元)□□撰
　　大元官制雜記一卷　(元)□□撰
　　唐折衝府考補一卷　(民國)羅振玉撰
　　日知錄續補正三卷　(清)李遇孫撰
　　永觀堂海內外雜文二卷　(民國)王國維撰
　　曲律四卷　(明)王驥德撰

龍谿精舍叢書

(民國)鄭國勳輯
　　　　民國六年(1917)序潮陽鄭氏刊本
經部
　　韓詩外傳十卷補逸一卷　(漢)韓嬰撰
　　　　(清)趙懷玉校併輯補逸
　　蔡氏月令二卷　(漢)蔡邕撰　(清)蔡雲輯
　　春秋繁露十七卷　(漢)董仲舒撰　(清)凌
　　　　曙注
　　釋名八卷　(漢)劉熙撰
　　小爾雅訓纂六卷　(清)宋翔鳳撰
史部
　　山海經箋疏十八卷圖讚一卷訂譌一卷敍錄
　　　　一卷　(清)郝懿行撰　　　　　[校
　　穆天子傳六卷　(晉)郭璞注　(清)洪頤煊
　　世本一卷　(漢)宋衷注　(清)茆泮林輯
　　譙周古史考一卷　(蜀)譙周撰　(清)章宗
　　　　源輯
　　越絕書十五卷附札記一卷　(漢)袁康撰
　　　　札記(清)錢培名撰
　　吳越春秋十卷附札記一卷逸文一卷　(漢)
　　　　趙曄撰　(宋)徐天祜音注　札記(民
　　　　國)徐乃昌撰併輯逸文
　　列女傳補注八卷敍錄一卷校正一卷　(清)
　　　　王照圓撰
　　新序十卷　(漢)劉向撰
　　說苑二十卷　(漢)劉向撰
　　楚漢春秋一卷附疑義一卷　(漢)陸賈撰
　　　　(清)茆泮林輯
　　前漢紀三十卷考一卷　(漢)荀悅撰
　　後漢紀三十卷　(晉)袁宏撰
　　兩漢紀字句異同考一卷　(清)蔣國祚撰
　　華陽國志十二卷附補華陽國志三州郡縣目
　　　　錄一卷校勘記一卷　(晉)常璩撰　補
　　　　郡縣目錄(清)廖寅撰　校勘記(清)顧
　　　　觀光撰

鄴中記一卷　(晉)陸翽撰
古孝子傳一卷　(清)茆泮林輯
　孝子傳　(漢)劉向撰
　孝子傳　(晉)蕭廣濟撰
　孝子傳　(□)王歆撰
　孝子傳　(劉宋)王韶之撰
　孝子傳　(□)周景式撰
　孝子傳　(劉宋)師覺授撰
　孝子傳　(□)宋躬撰
　孝子傳　(□)虞盤佑撰
　孝子傳　(劉宋)鄭緝之撰
　孝子傳
　孝子傳補遺
高士傳三卷　(晉)皇甫謐撰
三輔黃圖六卷補遺一卷　(漢)□□撰
　(清)畢沅校
三輔決錄一卷　(漢)趙岐撰　(晉)摯虞注
　(清)張澍輯
三秦記一卷　(□)辛□撰　(清)張澍輯
三輔舊事一卷　(清)張澍輯
三輔故事一卷　(清)張澍輯　　　〔撰
洛陽迦藍記鉤沈五卷　(民國)唐晏(震鈞)
子部
陸子新語校注二卷　(民國)唐晏(震鈞)撰
新書十卷　(漢)賈誼撰
孔叢子三卷　(漢)孔鮒撰
鹽鐵論十卷附考證一卷　(漢)桓寬撰　考
　證(清)張敦仁撰　　　　　　　〔輯
桓子新論一卷　(漢)桓譚撰　(清)孫馮翼
申鑒五卷附錄一卷　(漢)荀悅撰　(明)黃
　省曾注
典論一卷　魏文帝撰　(清)黃奭輯
徐幹中論二卷附札記二卷逸文一卷　(漢)
　徐幹撰　札記逸文(清)陳鱣撰併輯
人物志三卷　(魏)劉邵撰　(後魏)劉昞注
伏侯古今注三卷補遺一卷又補遺一卷
　(漢)伏無忌撰　(清)茆泮林輯
獨斷二卷　(漢)蔡邕撰　(清)盧文弨校
論衡三十卷　(漢)王充撰　　　　　〔校
風俗通義十卷　(漢)應劭撰　(清)盧文弨
風俗通姓氏篇二卷　(漢)應劭撰　(清)張
　澍輯併注
物理論一卷　(晉)楊泉撰　(清)孫星衍輯
新論二卷　(北齊)劉晝撰
夢書一卷　(清)王照圓輯
焦氏易林十六卷　(漢)焦贛撰
世說新語三卷　(劉宋)劉義慶撰　(梁)劉
　孝標注
金樓子六卷　梁元帝撰
顏氏家訓七卷注補并重校一卷注補正一卷

壬子年重校一卷　(北齊)顏之推撰
　(清)趙曦明注　注補并重校(清)盧文
　弨撰　注補正(清)錢大昕撰
西京雜記二卷　(漢)劉歆(一題晉葛洪)撰
　(清)盧文弨校
博物志十卷　(晉)張華撰　(宋)周日用
　(宋)盧□注
淮南萬畢術一卷補遺一卷再補遺一卷
　(漢)劉安撰　(清)茆泮林輯
列仙傳校正本二卷讚一卷　(漢)劉向撰
　(清)王照圓校
佛國記一卷　(晉)釋法顯撰
計然萬物錄一卷補遺一卷　(周)辛文撰
　(清)茆泮林輯
齊民要術十卷　(後魏)賈思勰撰
修文御覽殘一卷　(北齊)祖珽等撰
集部
古文苑二十一卷　(宋)章樵注
文心雕龍十卷附補注一卷　(梁)劉勰撰
　(清)黃叔琳注　附(清)李詳撰　〔撰
兩漢三國學案十一卷　(民國)唐晏(震鈞)

嘉業堂叢書

劉承幹輯
　民國七年(1918)吳興劉氏序刊本
經部
周易正義十四卷附校勘記二卷　(唐)孔穎
　達等撰　校勘記劉承幹撰　民國三年
　(1914)刊
尚書正義二十卷附校勘記二卷　(唐)孔穎
　達等撰　校勘記劉承幹撰　民國五年
　(1916)刊
毛詩正義四十卷(原缺卷一至七)附校勘記
　三卷　(唐)孔穎達等撰　校勘記劉承
　幹撰　民國七年(1918)刊
禮記正義殘二卷(存卷三至四)附校勘記一
　卷　(唐)孔穎達等撰　校勘記劉承幹
　撰　民國三年(1914)刊
儀禮疏五十卷　(唐)賈公彥等撰　民國八
　年(1919)刊
春秋正義殘十二卷(存卷一至九、卷三十四
　至三十六)附校勘記二卷　(唐)孔穎
　達等撰　校勘記劉承幹撰　民國八年
　(1919)刊
春秋公羊疏殘七卷(存卷一至七)附校勘記
　一卷　(唐)徐彥撰　校勘記劉承幹撰
　民國十七年(1928)刊
穀梁疏殘七卷(存卷六至十二)附校勘記二
　卷　(唐)楊士勛撰　校勘記劉承幹撰
　民國五年(1916)刊

史部

明史攷證攟逸四十二卷補遺一卷附錄一卷　(淸)王頌蔚撰　王季烈補　民國五年(1916)刊

炎徼紀聞四卷　(明)田汝成撰　民國四年(1915)刊

三垣筆記三卷補遺三卷附識三卷附識補遺一卷　(淸)李淸撰　民國六年(1917)刊

安龍逸史二卷　(淸)屈大均撰　民國五年(1916)刊

天寥道人自撰年譜一卷續一卷　(明)葉紹袁撰　民國二年(1913)刊

附

年譜別記一卷　(明)葉紹袁撰

甲行日注八卷　(明)葉紹袁撰

查東山(繼佐)年譜一卷　(淸)沈起撰　(淸)張燾(淸)查穀注　民國五年(1916)刊

附

書湖州莊氏史獄一卷　(淸)翁廣平撰

東山外紀二卷　(淸)劉振麟(淸)周驤撰　民國九年(1920)刊

白耷山人(閻爾梅)年譜一卷附寅賓錄一卷　(淸)魯一同撰　民國四年(1915)刊

顧亭林先生(炎武)年譜一卷附校補一卷　(淸)張穆撰　校補(民國)繆荃孫撰　民國七年(1918)刊

查他山先生(愼行)年譜一卷補遺一卷　(淸)陳敬璋撰　民國二年(1913)刊

厲樊榭先生(鶚)年譜一卷附錄一卷　(淸)朱文藻撰　(民國)繆荃孫訂　民國四年(1915)刊

瞿木夫先生自訂年譜一卷　(淸)瞿中溶撰　(民國)繆荃孫校定　民國二年(1913)刊

武進李先生(兆洛)年譜三卷先師小德錄一卷　(淸)蔣彤撰　民國二年(1913)刊

歲貢士壽臧府君(徐同柏)年譜一卷　(淸)徐士燕撰　民國二年(1913)刊

言舊錄一卷　(淸)張金吾撰　民國二年(1913)刊

味水軒日記八卷　(明)李日華撰　民國十二年(1923)刊

南唐書注十八卷附錄一卷　(淸)周在浚撰　民國四年(1915)刊

南唐書補注十八卷　劉承幹撰　民國四年(1915)刊

雲南水道考五卷滇南山水辨誤一卷　(淸)李誠撰　民國五年(1916)刊

中書典故彙記八卷　(淸)王正功撰　(淸)趙輯寧校補　民國五年(1916)刊

重詳定刑統三十卷附錄一卷校勘記一卷　(宋)竇儀等撰　校勘記劉承幹撰　民國十年(1921)刊

金石錄三十卷附札記一卷今存碑目一卷　(宋)趙明誠撰　札記碑目(民國)繆荃孫撰

台州金石錄十三卷甎錄五卷金石甎文闕訪目四卷　(淸)黃瑞撰　(民國)王棻校正　民國三年(1914)刊

嚴州金石錄三卷　(淸)鄒柏森撰　民國十九年(1930)刊

子部

授時厤故四卷　(淸)黃宗羲撰　民國十二年(1923)刊

訂訛類編六卷續補二卷　(淸)杭世駿撰　民國七年(1918)刊

樸學齋筆記八卷　(淸)盛大士撰　民國九年(1920)刊

重刊增廣分門類林雜說十五卷　(金)王朋壽撰　民國九年(1920)刊

雲溪友議三卷附校勘記三卷　(唐)范攄撰　校勘記劉承幹撰　民國十九年(1930)刊

玉堂薈記四卷　(明)楊士聰撰　民國四年(1915)刊

閒漁閒閒錄九卷　(淸)蔡顯撰　民國四年(1915)刊

道德眞經注疏八卷　(南齊)顧歡撰　民國八年(1919)刊

集部

張說之文集二十五卷補遺五卷　(唐)張說撰

劉賓客文集卅卷外集十卷　(唐)劉禹錫撰

司空表聖文集十卷詩三卷附錄一卷校記一卷　(唐)司空圖撰　校記(民國)繆荃孫等撰　詩附錄民國三年(1914)刊　校記民國五年(1916)刊

王荆公詩集李壁注勘誤補正四卷王荆公文集注八卷　(淸)沈欽韓撰　民國十六年(1927)刊

廣陵先生文集二十卷拾遺一卷補遺一卷附錄一卷　(宋)王令撰　民國十一年(1922)刊

松隱文集四十卷　(宋)曹勛撰　民國九年(1920)刊

漫堂文集三十六卷附錄一卷　(宋)劉宰撰　民國十五年(1926)刊

閬風集十二卷附錄一卷　(宋)舒岳祥撰　民國四年(1915)刊

彝齋文編四卷補遺一卷　(宋)趙孟堅撰
　　民國三年(1914)刊
傅與礪詩集八卷文集十一卷附錄一卷
　　(元)傅若金撰　民國三年(1914)刊
附
　　綠窗遺稿一卷　(元)孫淑撰
友石山人遺稿一卷附錄一卷　(元)王翰撰
　　民國八年(1919)刊
聞過齋集八卷遺詩一卷　(元)吳海撰　民
　　國二年(1913)刊
王靜學先生文集三卷補遺一卷附錄一卷
　　(明)王叔英撰　民國九年(1920)刊
翁山文外十六卷　(清)屈大均撰　民國九
　　年(1920)刊
句餘土音補注六卷　(清)全祖望撰　(清)
　　陳銘海補注　民國十一年(1922)刊
復初齋集外詩二十四卷集外文四卷　(清)
　　翁方綱撰　民國六年(1917)刊
附
　　翁比部詩鈔一卷　(清)翁樹培撰　民國
　　十三年(1924)刊
咄咄吟二卷附錄一卷　(清)貝青喬撰　民
　　國三年(1914)刊

留餘草堂叢書

　劉承幹輯
　　民國吳興劉氏刊本
　聖祖仁皇帝庭訓格言一卷　清世宗述　民
　　國九年(1920)刊
　家範十卷　(宋)司馬光撰　民國十一年
　　(1922)刊
　黃忠節公甲申日記一卷　(明)黃淳耀撰
　　民國十三年(1924)刊
　四書說約三十三卷　(明)鹿善繼撰　民國
　　十年(1921)刊
　中庸切己錄一卷　(清)謝文洊撰　民國十
　　四年(1925)刊
　事天謨一卷　(宋)張載撰
　程山先生日錄三卷　(清)謝文洊撰　民國
　　十一年(1922)刊
　聖學入門書三卷　(清)陳瑚撰　民國十一
　　年(1922)刊
　荊園小語一卷進語一卷　(清)申涵光撰
　　民國十年(1921)刊
　耐俗軒新樂府一卷　(清)申頲撰　民國十
　　一年(1922)刊
　向惕齋先生集八卷　(清)向璿撰　民國十
　　二年(1923)刊

求恕齋叢書

　劉承幹輯
　　民國吳興劉氏刊本
　周易集義八卷　(清)强汝諤撰
　喪服鄭氏學十六卷　(民國)張錫恭撰
　庚子西行記事一卷　(民國)唐晏(震鈞)撰
　漢管處士(寧)年譜一卷　(清)管世駿撰
　玉溪生(李商隱)年譜會箋四卷　(民國)張
　　爾田撰
　司馬溫國文正公(光)年譜八卷末一卷遺事
　　一卷　(清)顧棟高撰
　王荊國文公(安石)年譜三卷末一卷遺事一
　　卷　(清)顧棟高撰
　金稷山段氏二妙(成己、克己)年譜二卷
　　(民國)孫德謙撰
　水經注正誤舉例五卷　(清)丁謙撰
　漢書地理志水道圖說補正二卷　(清)吳承
　　志撰
　今水經注四卷　(清)吳承志撰
　京師五城坊巷衚衕集一卷　(明)張爵撰
　京師坊巷志十卷附考證一卷　(民國)繆荃
　　孫(清)朱一新撰
　唐賈耽記邊州入四夷道里考實五卷　(清)
　　吳承志撰
　渤海國志四卷　(民國)唐晏(震鈞)撰
　渤海疆域考二卷　(清)徐相雨撰
　禮議二卷　(民國)曹元忠撰
　四庫全書表文箋釋四卷　(清)林鶴年撰
　垛積衍術四卷　(清)强汝詢撰
　橫陽札記十卷　(清)吳承志撰
　蕉廊脞錄八卷　(民國)吳慶坻撰
　山海經地理今釋六卷　(清)吳承志撰
　天問閣文集四卷　(明)李長祥撰
附
　　海棠居詩集一卷　(明)姚淑撰
　傳經室文集十卷賦鈔一卷　(清)朱駿聲撰
　心嚮往齋詩文集十三卷附錄一卷　(清)孔
　　繼鑅撰
附
　　絅齋隨筆一卷　(清)孔毓焞撰
　　勿二三齋詩集一卷飲冰子詞存一卷
　　(清)孔廣牧撰
　　紹仁齋浦游吟一卷　(清)孔昭棻撰
　　林風閣詩鈔一卷　(清)劉淑曾撰
　通義堂文集十六卷　(清)劉毓崧撰
　校經室文集六卷補遺一卷　(民國)孫葆田
　　撰
　遜齋文集十二卷　(清)吳承志撰
　王文敏公遺集八卷　(清)王懿榮撰
　雪橋詩話十二卷二集八卷三集十二卷餘集
　　八卷　(民國)楊鍾羲撰

松鄰叢書

(民國)吳昌綬輯
　　民國七年(1918)仁和吳氏雙照樓刊本
甲編　　　　　　　　　　　　　　　　[撰
　元西湖書院重整書目一卷　(元)胡師安等
　南廱志經籍考二卷
　　　　(明)梅鷟撰
　內板經書紀略一卷　(明)劉若愚撰
　四庫全書薈要目一卷　清乾隆中敕撰
　南薰殿尊藏圖像目一卷　清乾隆中敕撰
　茶庫藏貯圖像目一卷　清乾隆中敕撰
　道藏闕經目錄二卷　(元)□□撰
　藏逸經書一卷　(明)釋道開撰
　儒藏說一卷　(清)周永年撰
　孝獻莊和至德宣仁溫惠端敬皇后行狀一卷
　　　附傳一卷　清世祖撰　傳(清)金之俊
　　　撰
　大清孝定景皇后事略一卷　(清)紹英撰
　東朝崇養錄四卷　(清)徐松撰
　徑山遊草一卷　(清)吳焯撰
　雁影齋詩一卷　(清)李希聖撰
乙編
　繡谷亭薰習錄經部一卷集部二卷　(清)吳
　　　焯撰
　清吟閣書目四卷　(清)瞿世瑛撰
　寶書閣著錄一卷　(清)丁白撰
　一角編二卷　(清)周二學撰
　賞延素心錄一卷　(清)周二學撰
　玉雨堂書畫記四卷　(清)韓泰華撰

靜園叢書

(民國)沈光瑩輯
　　民國七年(1918)排印本
　籀史二卷(原缺卷下)　(宋)翟耆年撰
　端石擬三卷附藜閣十硯銘一卷　(清)陳齡
　　　撰
　竹垞小志五卷　(清)阮元訂　(清)楊蟠
　　　等編錄
　尊道堂詩鈔二卷　(清)吳東發撰
　詩畫巢遺稿一卷　(清)吳本履撰
　飛白錄二卷　(清)陸紹曾(清)張燕昌撰
　清儀閣雜詠一卷　(清)張廷濟撰
　骨董十三說一卷　(明)董其昌撰
　玉紀一卷　(清)陳性撰
　匋雅二卷　(民國)寂園叟(陳劉)撰

容安軒舊書四種

(日本)神田信暢輯
　　日本大正八年(1919)京都神田氏據唐寫

本景印
　尚書殘一卷(存卷六)　(漢)孔安國傳
　史記殘一卷(存卷二十九河渠書七)　(漢)
　　　司馬遷撰　(宋)裴駰集解
　世說新書殘一卷(存卷六)　(劉宋)劉義慶
　　　撰　(梁)劉孝標注
　王子安集殘一卷　(唐)王勃撰

四部叢刊

張元濟等輯
　　民國八年(1919)上海商務印書館初次景
　　　印本
　　民國十八年(1929)上海商務印書館二次
　　　景印本
　　民國二十五年(1936)上海商務印書館縮
　　　印本
經部
　周易九卷附略例一卷　(魏)王弼(晉)韓康
　　　伯注　略例(魏)王弼撰　(唐)邢璹注
　　　據宋本景印
　監本纂圖重言重意互注點校尚書十三卷
　　　(漢)孔安國傳　(唐)陸德明音義　據
　　　宋本景印
　毛詩二十卷　(漢)毛亨傳　(漢)鄭玄箋
　　　(唐)陸德明音義　據宋本景印
　周禮十二卷　(漢)鄭玄注　(唐)陸德明音
　　　義　據明翻宋岳氏本景印
　儀禮十七卷　(漢)鄭玄注　據明徐氏翻宋
　　　本景印
　纂圖互註禮記二十卷　(漢)鄭玄注　(唐)
　　　陸德明音義　據宋本景印
　春秋經傳集解三十卷附春秋二十國年表一
　　　卷　(晉)杜預撰　(唐)陸德明音義
　　　附(□)□□撰　據宋本景印
　春秋公羊經傳解詁十二卷　(漢)何休撰
　　　(唐)陸德明音義　據宋建安余氏本景
　　　印
　春秋穀梁傳十二卷　(晉)范甯集解　(唐)
　　　陸德明音義　據宋建安余氏本景印
　孝經一卷　唐玄宗注　據景宋鈔本景印
　　　(初次印本)
　孝經一卷　唐玄宗注　據宋本景印　(二
　　　次印本、縮印本)
　論語十卷　(魏)何晏集解　據日本正平本
　　　景印　　　　　　　　　　　　　[印
　孟子十四卷　(漢)趙岐注　據宋大字本景
　爾雅三卷附音釋三卷　(晉)郭璞注　音釋
　　　(□)□□撰　據宋本景印
　京氏易傳三卷　(漢)京房撰　(吳)陸績注
　　　據明天一閣本景印

尚書大傳五卷附序錄一卷辨譌一卷　(漢)
　　伏勝撰　(漢)鄭玄注　(清)陳壽祺輯
　　校併撰序錄辨僞　據陳氏本景印
詩外傳十卷　(漢)韓嬰撰　據明沈氏野竹
　　齋本景印
大戴禮記十三卷　(漢)戴德撰　(北周)盧
　　辯注　據明袁氏嘉趣堂本景印
春秋繁露十七卷　(漢)董仲舒撰　據武英
　　殿聚珍版本景印
經典釋文三十卷附校勘記三卷　(唐)陸德
　　明撰　校勘記(民國)孫毓修輯　據通
　　志堂經解本景印
方言十三卷　(漢)揚雄撰　(晉)郭璞注
　　據宋本景印
釋名八卷　(漢)劉熙撰　據明翻宋書棚本
　　景印
說文解字十五卷　(漢)許慎撰　(宋)徐鉉
　　等校定　據北宋本景印
說文解字繫傳四十卷　(南唐)徐鍇撰　據
　　述古堂景宋鈔本景印　(初次印本)
說文解字繫傳四十卷　(南唐)徐鍇撰　卷
　　一至二十九據述古堂景宋鈔本卷三十
　　至四十據宋本景印　(二次印本、縮印
　　本)
大廣益會玉篇三十卷　(宋)陳彭年等重修
　　據元本景印
廣韻五卷　(宋)陳彭年等重修　據宋本景
　　印

史部
竹書紀年二卷　(梁)沈約注　據明天一閣
　　本景印
前漢紀三十卷　(漢)荀悅撰　據明翻宋本
　　景印
後漢紀三十卷　(晉)袁宏撰　據明翻宋本
　　景印
資治通鑑二百九十四卷　(宋)司馬光撰
　　據宋本景印
資治通鑑考異三十卷　(宋)司馬光撰　據
　　宋本景印
資治通鑑目錄三十卷　(宋)司馬光撰　據
　　北宋本景印
司馬溫公稽古錄二十卷　(宋)司馬光撰
　　據明本景印
資治通鑑外紀十卷目錄五卷　(宋)劉恕撰
　　據明本景印
資治通鑑釋文三十卷　(宋)史炤撰　據宋
　　本景印
通鑑紀事本末四十二卷　(宋)袁樞撰　據
　　宋本景印
汲冢周書十卷　(晉)孔晁注　據明嘉靖二

十二年章檗本景印
國語二十一卷　(吳)章昭注　據明嘉靖翻
　　宋本景印
戰國策十卷　(宋)鮑彪校注　(元)吳師道
　　重校　據元至正本景印
晏子春秋八卷　(周)晏嬰撰　據明活字本
　　景印
劉向古列女傳七卷續列女傳一卷　(漢)劉
　　向撰　續(□)□□撰　據明本景印
五朝名臣言行錄十卷三朝名臣言行錄十四
　　卷　(宋)朱熹撰　據宋本景印
吳越春秋十卷　(漢)趙曄撰　(宋)徐天祐
　　音注　據明萬曆本景印　(初次印本)
吳越春秋十卷　(漢)趙曄撰　(宋)徐天祐
　　音注　據明弘治鄺璠本景印　(二次
　　印本、縮印本)
越絕書十五卷　(漢)袁康撰　據明萬曆本
　　景印　(初次印本)
越絕書十五卷　(漢)袁康撰　據明雙柏堂
　　本景印　(二次印本、縮印本)
華陽國志十二卷　(晉)常璩撰　據明錢穀
　　鈔本景印
水經注四十卷　(後魏)酈道元撰　據武英
　　殿聚珍版本景印
大唐西域記十二卷　(唐)釋玄奘譯　(唐)
　　釋辯機撰　據宋藏經本景印
史通二十卷附札記一卷　(唐)劉知幾撰
　　札記(民國)孫毓修輯　據明張鼎思本
　　景印　(二次印本、縮印本附札記補一
　　卷姜殿揚輯)

子部
孔子家語十卷　(魏)王肅注　據明翻宋本
　　景印
荀子二十卷　(周)荀況撰　(唐)楊倞注
　　據黎氏景宋本景印
孔叢子七卷附釋文一卷　(漢)孔鮒撰　釋
　　文(□)□□撰　據明翻宋本景印
新語二卷　(漢)陸賈撰　據明弘治本景印
新書十卷　(漢)賈誼撰　據明正德十年吉
　　藩本景印
鹽鐵論十卷　(漢)桓寬撰　據明本景印
劉向新序十卷　(漢)劉向撰　據明翻宋本
　　景印
說苑二十卷　(漢)劉向撰　據明鈔本景印
揚子法言十三卷附音義一卷　(漢)揚雄撰
　　(晉)李軌注　音義(宋)□□撰　據
　　景宋本景印
潛夫論十卷　(漢)王符撰　據述古堂景宋
　　鈔本景印
申鑒五卷　(漢)荀悅撰　(明)黃省曾注

據明嘉靖四年本景印

徐幹中論二卷　(漢)徐幹撰　據明嘉靖四十四年本景印

中說十卷　(隋)王通撰　(宋)阮逸注　據宋本景印

孫子集注十三卷　(宋)吉天保輯　據明嘉靖三十四年談愷本景印

六韜六卷　(周)呂望撰　據景宋鈔本景印

吳子二卷　(周)吳起撰　據景宋鈔本景印

司馬法三卷　(周)司馬穰苴撰　據景宋鈔本景印

管子二十四卷　(周)管仲撰　(唐)房玄齡注　據宋本景印

鄧析子二卷　(周)鄧析撰　據明本景印

商子五卷　(周)商鞅撰　據明天一閣本景印

韓非子二十卷　(周)韓非撰　(□)□□注　據景宋鈔校本景印

齊民要術十卷　(後魏)賈思勰撰　據明鈔本景印

重廣補註黃帝內經素問二十四卷　(唐)啟玄子(王冰)注　(宋)林億等校正　(宋)孫兆重改誤　據明翻北宋本景印

黃帝素問靈樞經十二卷　據明趙府居敬堂本景印

王翰林集註黃帝八十一難經五卷　(明)王九思等撰　據日本活字本景印

新編金匱要略方論三卷　(漢)張機撰　(晉)王叔和集　(宋)林億等詮次　據明古今醫統正脈本景印　(初次印本)

新編金匱要略方論三卷　(漢)張機撰　(晉)王叔和集　(宋)林億等詮次　據明嘉靖俞橋本景印　(二次印本、縮印本)

注解傷寒論十卷　(漢)張機撰　(晉)王叔和編　(金)成無已注　據明嘉靖二十四年歙汪氏主一齋本景印

新刊王氏脈經十卷　(晉)王叔和撰　據元本景印

重修政和經史證類備用本草三十卷　(宋)唐慎微撰　(宋)寇宗奭衍義　(金)張存惠重修　據金泰和晦明軒本景印

周髀算經二卷附音義一卷　(漢)趙爽注　(北周)甄鸞重述　(唐)李淳風等注釋　音義(宋)李籍撰　據明祕冊彙函本景印

九章算術九卷附音義一卷　(晉)劉徽注　(唐)李淳風等注釋　音義(唐)李籍撰　據清微波榭本景印

太玄經十卷附說玄一卷釋文一卷　(漢)揚雄撰　(晉)范望注　說玄(唐)王涯撰　釋文(宋)林瑀撰　據明萬玉堂翻宋本景印

易林十六卷　(漢)焦贛撰　(□)□□注　據元本景印

墨子十五卷　(周)墨翟撰　據明嘉靖三十二年唐堯臣本景印　　　　　　[印

尹文子一卷　(周)尹文撰　據明覆宋本景印

慎子內篇一卷外篇一卷補遺一卷逸文一卷附內篇校文一卷　(周)慎到撰　補遺逸文(民國)繆荃孫輯　校文(民國)孫毓修撰　據江陰繆氏藕香簃寫本景印

鶡冠子三卷　(宋)陸佃解　據明翻宋本景印

鬼谷子三卷附錄一卷　(梁)陶弘景注　據江都秦氏石研齋本景印　(初次印本)

鬼谷子三卷附錄一卷　(梁)陶弘景注　據明正統道藏本景印　(二次印本、縮印本)

呂氏春秋二十六卷　(秦)呂不韋撰　(漢)高誘注　據明本景印

淮南鴻烈解二十一卷　(漢)劉安撰　(漢)許慎注　據景鈔北宋本景印

人物志三卷　(魏)劉邵撰　(後魏)劉昞注　據明本景印

顏氏家訓二卷　(北齊)顏之推撰　據明本景印

白虎通德論十卷　(漢)班固撰　據元大德翻宋監本景印　(初次印本)

白虎通德論十卷　(漢)班固撰　據元本景印　(二次印本、縮印本)

論衡三十卷　(漢)王充撰　據明通津草堂本景印

風俗通義十卷　(漢)應劭撰　據元本景印

羣書治要五十卷(原缺卷四、卷十三、卷二十)　(唐)魏徵等輯　據日本尾張本景印

意林五卷逸文一卷補二卷　(唐)馬總輯　逸文(清)周廣業輯　補(清)李遇孫錄　據武英殿聚珍版本逸文補據別下齋本景印

西京雜記六卷　(晉)葛洪撰　據明嘉靖本景印

世說新語三卷附校語一卷　(劉宋)劉義慶撰　(梁)劉孝標注　校語(清)沈巖撰　據明吳郡袁氏嘉趣堂本景印

山海經十八卷　(晉)郭璞傳　據明成化本景印　(二次印本、縮印本附校勘記一卷清黃丕烈撰)

穆天子傳六卷　(晉)郭璞注　據明天一閣

　　　本景印

唐段少卿酉陽雜俎二十卷續集十卷　(唐)
　　段成式撰　據明本景印　　　　　　〔印

弘明集十四卷　(梁)釋僧祐撰　據明本景

廣弘明集三十卷　(唐)釋道宣撰　據明本
　　景印

法苑珠林一百二十卷　(唐)釋道世撰　據
　　明萬曆本景印

翻譯名義集七卷　(宋)釋法雲撰　據宋本
　　景印

老子道德經二卷　(周)李耳撰　(漢)河上
　　公章句　據宋本景印

沖虛至德眞經八卷　(周)列禦寇撰　(晉)
　　張湛注　據北宋本景印

南華眞經十卷附札記一卷　(周)莊周撰
　　(晉)郭象注　(唐)陸德明音義　札記
　　(民國)孫毓修撰　據明本景印

抱朴子內篇二十卷外篇五十卷　(晉)葛洪
　　撰　據明嘉靖四十四年魯藩本景印

雲笈七籤一百二十二卷　(宋)張君房撰
　　據明淸眞館本景印　(初次印本)

雲笈七籤一百二十二卷　(宋)張君房撰
　　據明正統道藏本景印　(二次印本、縮
　　印本)

集部

楚辭十七卷　(漢)王逸章句　(宋)洪興祖
　　補注　據明翻宋本景印

蔡中郎文集十卷外傳一卷　(漢)蔡邕撰
　　據明翻華氏活字本景印　(初次印本)

蔡中郎文集十卷外傳一卷　(漢)蔡邕撰
　　據明華氏活字本景印　(二次印本、縮
　　印本)

曹子建集十卷　(魏)曹植撰　據明活字本
　　景印

嵇中散集十卷　(魏)嵇康撰　據明嘉靖本
　　景印

陸士衡文集十卷　(晉)陸機撰　據明正德
　　翻宋本景印

陸士龍文集十卷　(晉)陸雲撰　據明正德
　　翻宋本景印

箋注陶淵明集十卷　(晉)陶潛撰　(宋)李
　　公煥箋　據宋本景印

鮑氏集十卷　(劉宋)鮑照撰　據毛斧季校
　　宋本景印

謝宣城詩集五卷　(南齊)謝朓撰　據明鈔
　　本景印

梁昭明太子文集五卷　(梁)蕭統撰　據明
　　本景印

梁江文通文集十卷附校補一卷　(梁)江淹
　　撰　校補(淸)葉樹廉輯　據明翻宋本

　　景印

徐孝穆集十卷　(陳)徐陵撰　據明屠隆本
　　景印

庾子山集十六卷　(北周)庾信撰　據明屠
　　隆本景印

寒山詩一卷豐干拾得詩一卷附慈受擬寒山
　　詩一卷　(唐)釋寒山(唐)釋豐干(唐)
　　釋拾得撰　附(宋)慈受撰　據高麗本
　　景印　(初次印本)

寒山詩一卷附豐干拾得詩一卷　(唐)釋寒
　　山撰　附(唐)釋豐干(唐)釋拾得撰
　　據景宋本景印　(二次印本)

王子安集十六卷附錄一卷　(唐)王勃撰
　　據明本景印

楊盈川集十卷附錄一卷　(唐)楊炯撰　據
　　明本景印

幽憂子集七卷附錄一卷　(唐)盧照鄰撰
　　據明本景印

駱賓王文集十卷　(唐)駱賓王撰　據明本
　　景印

陳伯玉文集十卷　(唐)陳子昂撰　據明弘
　　治楊澄本景印

張說之文集二十五卷補一卷　(唐)張說撰
　　據明嘉靖十六年本景印　(二次印
　　本、縮印本附校記一卷)

唐丞相曲江張先生文集二十卷附錄一卷
　　(唐)張九齡撰　據明成化本景印

分類補註李太白詩二十五卷分類編次文五
　　卷　(唐)李白撰　(元)楊齊賢集注
　　(元)蕭士贇補注　據明郭雲鵬本景印

分門集註杜工部詩二十五卷　(唐)杜甫撰
　　(宋)□□集注　據宋本景印

附

　　杜工部年譜一卷　(宋)呂大防(宋)蔡興
　　　宗(宋)魯訔撰

須溪先生校本唐王右丞集六卷　(唐)王維
　　撰　據元本景印

高常侍集八卷　(唐)高適撰　據明活字本
　　景印　　　　　　　　　　　　　　〔印

孟浩然集四卷　(唐)孟浩然撰　據明本景

唐元次山文集十卷拾遺一卷補一卷　(唐)
　　元結撰　補(民國)孫毓修輯　據明正
　　德本景印

顏魯公文集十五卷補遺一卷附行狀一卷碑
　　銘一卷舊史本傳一卷新史本傳一卷
　　(唐)顏眞卿撰　據明本景印

附

　　顏魯公年譜一卷　(宋)留元剛撰

岑嘉州詩四卷　(唐)岑參撰　據明正德蜀
　　中本景印　(初次印本)

岑嘉州詩七卷　（唐）岑參撰　據明正德本
　　景印　（二次印本、縮印本）

晝上人集十卷　（唐）釋皎然撰　據景宋鈔
　　本景印

劉隨州文集十卷外集一卷　（唐）劉長卿撰
　　據明正德本景印

韋刺史詩集十卷附錄一卷　（唐）韋應物撰
　　據明本景印

毘陵集二十卷補遺一卷附錄一卷　（唐）獨
　　孤及撰　據清趙氏亦有生齋本景印

錢考功集十卷　（唐）錢起撰　據明活字本
　　景印

唐陸宣公翰苑集二十二卷　（唐）陸贄撰
　　據明不負堂本景印　（初次印本）

唐陸宣公翰苑集二十四卷　（唐）陸贄撰
　　據宋本景印　（二次印本、縮印本）

權載之文集五十卷補刻一卷附校補一卷
　　（唐）權德輿撰　校補姜殿揚輯　據清
　　大興朱氏本景印

朱文公校昌黎先生文集四十卷外集十卷遺
　　文一卷　（唐）韓愈撰　（宋）朱熹考異
　　（宋）王伯大音釋　據元本景印

增廣註釋音辯唐柳先生集四十三卷別集二
　　卷外集二卷附錄一卷　（唐）柳宗元撰
　　（宋）童宗說注釋　（宋）張敦頤音辯
　　（宋）潘緯音義　據元本景印

劉夢得文集三十卷外集十卷　（唐）劉禹錫
　　撰　據武進董氏景印宋本景印

呂和叔文集十卷　（唐）呂溫撰　據逃古堂
　　鈔本景印　（二次印本、縮印本附校勘
　　記一卷）

唐張司業詩集八卷　（唐）張籍撰　據明本
　　景印

皇甫持正文集六卷　（唐）皇甫湜撰　據宋
　　本景印

唐李文公集十八卷　（唐）李翱撰　據明成
　　化十一年本景印

歐陽行周文集十卷　（唐）歐陽詹撰　據明
　　正德本景印

孟東野詩集十卷　（唐）孟郊撰　據明弘治
　　十二年本景印

唐賈浪仙長江集十卷　（唐）賈島撰　據明
　　翻宋本景印

歌詩編四卷集外詩一卷　（唐）李賀撰　據
　　金本集外詩景北宋本景印　（初次印
　　本無集外詩）

沈下賢文集十二卷　（唐）沈亞之撰　據明
　　本景印

李文饒文集二十卷別集十卷外集四卷補一
　　卷　（唐）李德裕撰　據明本景印

（二次印本、縮印本附訂正一卷）

元氏長慶集六十卷集外文章一卷　（唐）元
　　稹撰　據明嘉靖三十一年本景印
　　（二次印本、縮印本附校文一卷張元濟
　　撰）

白氏文集七十一卷　（唐）白居易撰　據日
　　本元和活字本景印

樊川文集二十卷外集一卷別集一卷　（唐）
　　杜牧撰　據明翻宋本景印

姚少監詩集十卷　（唐）姚合撰　據明鈔本
　　景印

唐李義山詩集六卷　（唐）李商隱撰　據明
　　嘉靖二十九年毗陵蔣氏本景印

李義山文集五卷　（唐）李商隱撰　據舊鈔
　　本景印

溫庭筠詩集七卷別集一卷　（唐）溫庭筠撰
　　據清錢曾述古堂鈔本景印　　　［印

丁卯集二卷　（唐）許渾撰　據景宋寫本景

唐劉蛻集六卷　（唐）劉蛻撰　據明吳氏問
　　青堂本景印

唐孫樵集十卷　（唐）孫樵撰　據明吳氏問
　　青堂本景印

李羣玉詩集三卷後集五卷　（唐）李羣玉撰
　　據宋本景印

碧雲集三卷　（南唐）李中撰　據宋本景印

唐李推官披沙集六卷　（唐）李咸用撰　據
　　宋本景印

皮日休文集十卷　（唐）皮日休撰　據明本
　　景印

唐甫里先生文集二十卷　（唐）陸龜蒙撰
　　據黃丕烈校本景印　（二次印本、縮印
　　本附校勘記一卷張元濟撰）

玉川子詩集二卷外集一卷　（唐）盧仝撰
　　據舊鈔本景印

司空表聖文集十卷　（唐）司空圖撰　據舊
　　鈔本景印

司空表聖詩集五卷　（唐）司空圖撰　據唐
　　音統籤本景印

玉山樵人集一卷香奩集一卷　（唐）韓偓撰
　　據舊鈔本景印

桂苑筆耕集二十卷　（唐）崔致遠撰　據高
　　麗本景印

唐黃先生文集八卷附錄一卷　（唐）黃滔撰
　　據明本景印　　　　　　　　　　［印

甲乙集十卷　（唐）羅隱撰　據宋書棚本景

白蓮集十卷　（唐）釋齊己撰　據景明鈔本
　　景印

附

　風騷旨格一卷　（唐）釋齊己撰

禪月集二十五卷　（唐）釋貫休撰　據景宋

鈔本景印

浣花集十卷補遺一卷　（前蜀）韋莊撰　據
　明正德朱子儋本景印

廣成集十七卷　（前蜀）杜光庭撰　據明正
　統道藏本景印

徐公文集三十卷　（宋）徐鉉撰　據黃丕烈
　校宋本景印

河東先生集十六卷　（宋）柳開撰　據鈔本
　景印

王黃州小畜集三十卷　（宋）王禹偁撰　據
　經鉏堂鈔本景印　（初次印本）

王黃州小畜集三十卷附札記一卷　（宋）王
　禹偁撰　札記張元濟撰　據宋刊配呂
　無黨鈔本景印　（二次印本、縮印本）

王黃州小畜外集殘七卷(存卷七至十三)
　（宋）王禹偁撰　據景宋寫本景印

宋林和靖先生詩集四卷補一卷　（宋）林逋
　撰　據景寫明黑口本景印

河南穆公集三卷遺事一卷附校補一卷
　（宋）穆修撰　校補（民國）孫毓修撰
　據述古堂景宋鈔本景印

范文正公集二十卷別集四卷政府奏議二卷
　尺牘三卷附錄十三卷　（宋）范仲淹撰
　據明翻元天曆本景印

附
　范文正公年譜一卷補遺一卷　（宋）樓鑰
　　撰　補遺（□）□□撰
　言行拾遺事錄四卷
　范文正公鄱陽遺事錄一卷

河南先生文集二十八卷　（宋）尹洙撰　據
　春岑閣鈔本景印

蘇學士文集十六卷附校語一卷　（宋）蘇舜
　欽撰　校語（清）何焯撰　據清白華書
　屋本景印

溫國文正公文集八十卷　（宋）司馬光撰
　據宋紹興三年本景印

直講李先生文集三十七卷外集三卷　（宋）
　李覯撰　據明本景印

附
　直講李先生年譜一卷
　門人錄一卷

陳眉公先生訂正丹淵集四十卷拾遺二卷附
　錄一卷　（宋）文同撰　據明本景印

附　　　　　　　　　　　　　　　　　［撰
　石室先生(文同)年譜一卷　（宋）家誠之

南豐先生元豐類藁五十卷附錄一卷　（宋）
　曾鞏撰　據元本景印

宛陵先生集六十卷拾遺一卷附錄一卷
　（宋）梅堯臣撰　據明本景印

伊川擊壤集二十卷集外詩一卷　（宋）邵雍

撰　據明成化本景印

歐陽文忠公集一百五十三卷　（宋）歐陽修
　撰　據元本景印

　居士集五十卷外集二十五卷
　易童子問三卷
　外制集三卷內制集八卷
　表奏書啓四六集七卷
　奏議十八卷
　河東奉使奏草二卷
　河北奉使奏草二卷
　奏事錄一卷
　濮議四卷
　崇文總目敍釋一卷
　于役志一卷
　歸田錄二卷
　詩話一卷
　筆說一卷
　試筆一卷
　近體樂府三卷
　集古錄跋尾十卷
　書簡十卷
　附錄五卷

附
　廬陵歐陽文忠公年譜一卷　（宋）胡柯撰

嘉祐集十五卷　（宋）蘇洵撰　據景宋鈔本
　景印

臨川先生文集一百卷　（宋）王安石撰　據
　明嘉靖撫州本景印

增刊校正王狀元集註分類東坡先生詩二十
　五卷　（宋）蘇軾撰　（宋）王十朋注
　據宋務本堂本景印

附
　東坡紀年錄一卷　（宋）傅藻撰

經進東坡文集事略六十卷　（宋）蘇軾撰
　（宋）郎曄注　據宋本景印

欒城集五十卷後集二十四卷三集十卷
　（宋）蘇轍撰　據明嘉靖蜀藩活字本景
　印

欒城應詔集十二卷　（宋）蘇轍撰　據景宋
　鈔本景印

豫章黃先生文集三十卷　（宋）黃庭堅撰
　據宋本景印

后山詩註十二卷　（宋）陳師道撰　（宋）任
　淵注　據高麗活字本景印

張右史文集六十卷　（宋）張耒撰　據舊鈔
　本景印

淮海集四十卷後集六卷長短句三卷　（宋）
　秦觀撰　據明嘉靖小字本景印

石門文字禪三十卷　（宋）釋惠洪撰　據明
　徑山寺本景印

濟北晁先生雞肋集七十卷　(宋)晁補之撰　據明本景印

浮溪集三十二卷　(宋)汪藻撰　據武英殿聚珍版本景印

增廣箋註簡齋詩集三十卷無住詞一卷附正誤一卷　(宋)陳與義撰　(宋)胡穉箋注并撰正誤　據宋本景印

附

簡齋先生年譜一卷　(宋)胡穉撰

簡齋詩外集一卷　(宋)陳與義撰　據元鈔本景印

于湖居士文集四十卷附錄一卷　(宋)張孝祥撰　據宋本景印

晦菴先生朱文公文集一百卷續集十一卷別集十卷目錄二卷　(宋)朱熹撰　據明本景印

止齋先生文集五十二卷附錄一卷　(宋)陳傅良撰　據明弘治十八年本景印

梅溪先生廷試策奏議五卷詩文前集二十卷後集二十九卷附錄一卷　(宋)王十朋撰　據明正統本景印

攻媿集一百十二卷　(宋)樓鑰撰　據武英殿聚珍版本景印

象山先生全集三十六卷　(宋)陸九淵撰　據明本景印

盤洲文集八十集附錄一卷拾遺一卷　(宋)洪适撰　據景宋鈔本景印　(初次印本)

盤洲文集八十卷附錄一卷拾遺一卷附札記一卷　(宋)洪适撰　札記張元濟撰　據宋本景印　(二次印本、縮印本)

石湖居士詩集三十四卷　(宋)范成大撰　據清愛汝堂本景印

誠齋集一百三十三卷　(宋)楊萬里撰　據景宋鈔本景印

渭南文集五十卷　(宋)陸游撰　據明華氏活字本景印

澗谷精選陸放翁詩集前集十卷須溪精選後集八卷別集一卷　(宋)陸游撰　前集(宋)羅椅選　後集(宋)劉辰翁選　別集(明)劉景寅選　據明弘治十年本景印

水心先生文集二十九卷　(宋)葉適撰　據明正統十三年本景印

重校鶴山先生大全文集一百卷　(宋)魏了翁撰　據宋本景印

西山先生眞文忠公文集五十一卷　(宋)眞德秀撰　據明正德本景印

白石道人詩集二卷集外詩一卷歌曲四卷歌曲別集一卷附錄一卷　(宋)姜夔撰　據江都陸氏本景印

附

詩說一卷　(宋)姜夔撰

後村先生大全集一百九十六卷　(宋)劉克莊撰　據賜硯堂鈔本景印

文山先生全集二十卷　(宋)文天祥撰　據明本景印

閑閑老人滏水文集二十卷附錄一卷　(金)趙秉文撰　據汲古閣鈔本景印

滹南遺老集四十五卷續一卷　(金)王若虛撰　據舊鈔本景印

遺山先生文集四十卷附錄一卷　(金)元好問撰　據明弘治本景印

湛然居士文集十四卷　(元)耶律楚材撰　據景元鈔本景印

秋澗先生大全集一百卷附錄一卷　(元)王惲撰　據明弘治本景印

剡源戴先生文集三十卷　(元)戴表元撰　據明本景印

松雪齋文集十卷詩文外集一卷　(元)趙孟頫撰　據元本景印

靜修先生文集二十二卷　(元)劉因撰　據元小字本景印

清容居士集五十卷　(元)袁桷撰　據元本景印

牧庵集三十六卷　(元)姚燧撰　據武英殿聚珍版本景印

附

牧庵年譜一卷　(元)劉致撰

道園學古錄五十卷　(元)虞集撰　據明本景印

翰林楊仲弘詩八卷　(元)楊載撰　據明嘉靖十五年翁氏本景印

揭文安公全集十四卷補遺一卷　(元)揭傒斯撰　據舊鈔本景印

范德機詩集七卷　(元)范梈撰　據景元鈔本景印

淵穎吳先生集十二卷附錄一卷　(元)吳萊撰　據明嘉靖元年祝鸞翻元本景印　(初次印本)

淵穎吳先生集十卷附錄一卷附札記一卷　(元)吳萊撰　札記(民國)林志烜撰　據元本景印　(二次印本、縮印本)

金華黃先生文集四十三卷　(元)黃溍撰　據景元寫本景印　(初次印本)

金華黃先生文集四十三卷附札記一卷　(元)黃溍撰　札記張元濟撰　據元本景印　(二次印本、縮印本)

圭齋文集十六卷　(元)歐陽玄撰　據明成化本景印

柳待制文集二十卷附錄一卷　（元）柳貫撰
　　據元至正本景印
薩天錫詩集二卷　（元）薩都剌撰　據明弘
　　治本景印
句曲外史貞居先生詩集五卷　（元）張雨撰
　　據景鈔元本景印
九靈山房集三十卷　（元）戴良撰　據明正
　　統本景印
倪雲林先生詩集六卷附錄一卷　（元）倪瓚
　　撰　據明天順本景印
東維子文集三十一卷　（元）楊維楨撰　據
　　鳴野山房鈔本景印　（二次印本、縮印
　　本附校勘記一卷民國傅增湘撰）
鐵崖先生古樂府十卷鐵崖先生復古詩集六
　　卷　（元）楊維楨撰　據明成化五年本
　　景印
宋學士文集七十五卷　（明）宋濂撰　據明
　　正德本景印
太師誠意伯劉文成公集二十卷　（明）劉基
　　撰　據明本景印
清江貝先生文集三十卷詩集十卷詩餘一卷
　　（明）貝瓊撰　據明洪武本景印
蘇平仲文集十六卷　（明）蘇伯衡撰　據明
　　正統七年本景印
高太史大全集十八卷　（明）高啓撰　據明
　　景泰元年徐庸本景印
高太史鳧藻集五卷扣舷集一卷　（明）高啓
　　撰　據明正統九年長洲本景印
遜志齋集二十四卷附錄一卷　（明）方孝孺
　　撰　據明本景印
匏翁家藏集七十七卷補遺一卷　（明）吳寬
　　撰　據明正德本景印
陽明先生集要　（明）王守仁撰　據明崇禎
　　施邦曜本景印　（初次印本）
　　陽明先生年譜一卷　（明）施邦曜撰
　　理學編四卷
　　經濟編七卷
　　文章編四卷　（明）施邦曜評輯
王文成公全書三十八卷　（明）王守仁撰
　　據明隆慶本景印　（二次印本、縮印本）
　　傳習錄三卷附朱子晚年定論
　　文錄五卷
　　別錄十卷
　　外集七卷
　　文錄續編六卷
　　年譜三卷附錄二卷　（明）錢德洪撰　附
　　　錄（明）王畿輯
　　世德紀一卷附錄一卷　（明）錢德洪（明）
　　　王畿輯
重刊荊川先生文集十七卷新刊外集三卷

（明）唐順之撰　據明本景印
震川先生集三十卷別集十卷　（明）歸有光
　　撰　據清康熙本景印
亭林詩集五卷附校補一卷文集六卷　（清）
　　顧炎武撰　詩集校補（民國）孫毓修輯
　　據清康熙本景印
亭林餘集一卷　（清）顧炎武撰　據誦芬樓
　　本景印
南雷文案十卷外卷一卷吾悔集四卷撰杖集
　　一卷子劉子行狀二卷南雷詩曆三卷
　　（清）黃宗羲撰　據清康熙本景印
附
　　學箕初稿二卷　（清）黃百家撰
薑齋詩文集二十八卷　（清）王夫之撰　據
　　船山遺書本景印
牧齋初學集一百十卷　（清）錢謙益撰　據
　　明崇禎十六年本景印
牧齋有學集五十卷　（清）錢謙益撰　據清
　　金匱山房本景印　（初次印本）
牧齋有學集五十卷補一卷附校勘記一卷
　　（清）錢謙益撰　校勘記姜殿揚撰　據
　　清康熙三年本景印　（二次印本、縮印
　　本）
梅村家藏藁五十八卷詩補遺一卷文補遺一
　　卷　（清）吳偉業撰　據武進董氏本景
　　印
附
　　梅村先生年譜四卷世系一卷　（清）顧師
　　　軾撰
漁洋山人精華錄十卷　（清）王士禛撰
　　（清）林佶輯　據林佶寫刊本景印
堯峰文鈔四十卷　（清）汪琬撰　據林佶寫
　　刊本景印
曝書亭集八十卷附錄一卷　（清）朱彝尊撰
　　據清康熙五十三年本景印
附
　　笛漁小藁十卷　（清）朱昆田撰
陳迦陵文集六卷儷體文集十卷湖海樓詩集
　　八卷迦陵詞全集三十卷　（清）陳維崧
　　撰　據清患立堂本景印
敬業堂詩集五十卷續集六卷　（清）查慎行
　　撰　據清康熙本景印
望溪先生文集十八卷集外文十卷集外文補
　　遺二卷　（清）方苞撰　據戴鈞衡本景
　　印
附
　　方望溪先生年譜一卷附錄一卷　（清）蘇
　　　惇元撰
樊榭山房集十卷續集十卷文集八卷集外詩
　　三卷又一卷集外詞四卷又一卷集外曲

二卷　(清)厲鶚撰　據振綺堂本景印

愒抱軒文集十六卷詩集十卷　(清)姚鼐撰
　　據清嘉慶十二年本景印

戴東原集十二卷　(清)戴震撰　據經韻樓
　　本景印　(二次印本、縮印本附覆校札
　　記一卷清段玉裁撰)

附

　　戴東原先生年譜一卷　(清)段玉裁撰

鮚埼亭集三十八卷外編五十卷　(清)全祖
　　望撰　據清姚江借樹山房本景印

附

　　全謝山先生年譜一卷　(清)董秉純撰

　　經史問答十卷　(清)全祖望撰

鮚埼亭詩集十卷　(清)全祖望撰　據舊鈔
　　本景印

洪北江詩文集六十六卷　(清)洪亮吉撰
　　據北江遺書本景印

附

　　洪北江先生年譜一卷　(清)呂培等撰

孫淵如詩文集二十一卷　(清)孫星衍撰
　　據清嘉慶蘭陵孫氏本景印

附

　　長離閣集一卷　(清)王采薇撰

抱經堂文集三十四卷　(清)盧文弨撰　據
　　清嘉慶二年本景印

潛研堂文集五十卷詩集十卷詩續集十卷
　　(清)錢大昕撰　據清嘉慶十一年本景
　　印

述學內篇三卷外篇一卷補遺一卷別錄一卷
　　(清)汪中撰　據汪氏本景印

附

　　春秋述義一卷　(清)汪中撰

容甫先生遺詩五卷補遺一卷附錄一卷
　　(清)汪中撰　據汪氏本景印

揅經室一集十四卷二集八卷三集五卷四集
　　二卷詩十一卷續集九卷外集五卷
　　(清)阮元撰　據清道光阮氏本景印

大雲山房文稿初集四卷二集四卷言事二卷
　　補編一卷　(清)惲敬撰　據清同治本
　　景印

定盦文集三卷續集四卷補五卷　(清)龔自
　　珍撰　據吳氏本景印

定盦文集補編四卷　(清)龔自珍撰　據清
　　朱氏本景印

茗柯文初編一卷二編二卷三編一卷四編一
　　卷　(清)張惠言撰　據清同治八年本
　　景印

茗柯文補編二卷外編二卷　(清)張惠言撰
　　據清道光陳善本景印

曾文正公詩集三卷文集三卷　(清)曾國藩

撰　據清同治本景印

六臣註文選六十卷　(梁)蕭統輯　(唐)李
　　善(唐)呂延濟(唐)劉良(唐)張銑(唐)
　　呂向(唐)李周翰注　據宋本景印

玉臺新詠十卷　(陳)徐陵輯　據明五雲溪
　　館活字本景印

中興閒氣集二卷附校文一卷　(唐)高仲武
　　輯　校文(清)何焯撰　據明翻宋本景
　　印

河岳英靈集三卷附校文一卷　(唐)殷璠輯
　　校文(民國)孫毓修撰　據明翻宋本
　　景印

國秀集三卷　(唐)芮挺章輯　據明本景印

才調集十卷　(後蜀)韋縠輯　據錢曾述古
　　堂景宋鈔本景印

古文苑二十一卷　(宋)章樵注　據明成化
　　建陽本景印　(初次印本)

古文苑二十一卷　(宋)章樵注　據宋本景
　　印　(二次印本、縮印本)

唐文粹一百卷　(宋)姚鉉輯　據元翻宋小
　　字本景印　(初次印本)

重校正唐文粹一百卷附校勘記一卷　(宋)
　　姚鉉輯　校勘記(民國)林志烜撰　據
　　明嘉靖本景印　(二次印本、縮印本)

西崑酬唱集二卷　(宋)楊億輯　據鈔本景
　　印　(初次印本)

西崑酬唱集二卷　(宋)楊億輯　據明嘉靖
　　本景印　(二次印本、縮印本)

樂府詩集一百卷　(宋)郭茂倩輯　據汲古
　　閣本景印

皇朝文鑑一百五十卷　(宋)呂祖謙輯　據
　　宋本景印

中州集十卷中州樂府一卷　(金)元好問輯
　　據董氏景元本景印

谷音二卷　(元)杜本輯　據舊鈔本景印

河汾諸老詩集八卷附校語一卷　(元)房祺
　　輯　校語(民國)孫毓修撰　據景元鈔
　　本景印

國朝文類七十卷　(元)蘇天爵輯　據元至
　　正西湖書院本景印

皇元風雅前集六卷後集六卷　前集(元)傅
　　習輯　後集(元)孫存吾輯　據高麗翻
　　元本景印

皇明文衡一百卷　(明)程敏政輯　據明本
　　景印

文心雕龍十卷　(梁)劉勰撰　據明本景印

唐詩紀事八十一卷　(宋)計有功撰　據明
　　嘉靖本景印

增修詩話總龜四十八卷後集五十卷　(宋)
　　阮閱輯　據明嘉靖本景印

花閒集十二卷附補二卷　（後蜀）趙崇祚輯
　　補（□）溫博輯　據明萬曆玄覽齋本
　　景印
樂府雅詞三卷拾遺二卷　（宋）曾慥輯　據
　　鈔本景印
唐宋諸賢絕妙詞選十卷　（宋）黃昇輯　據
　　明翻宋本景印
中興以來絕妙詞選十卷　（宋）黃昇輯　據
　　明翻宋本景印
增修箋註妙選羣英草堂詩餘前後集二卷
　　（宋）□□輯　（□）□□注　據明本景
　　印
朝野新聲太平樂府九卷　（元）楊朝英輯
　　據元本景印

四部叢刊續編

張元濟等輯
　　民國二十三年(1934)上海商務印書館景
　　印本

經部
儀禮疏五十卷(原缺卷三十二至三十七)
　　（唐）賈公彥等撰　據清汪士鐘翻宋本
　　景印
春秋正義三十六卷　（唐）孔穎達等撰　據
　　日本景印正宗寺鈔本景印
爾雅疏十卷　（宋）邢昺等撰　據宋本景印
周易集傳(一名漢上易傳)十一卷　（宋）朱
　　震撰　據宋本缺卷配汲古閣景宋鈔本
　　景印
周易要義十卷(原缺卷三至六)　（宋）魏了
　　翁撰　據宋本景印
呂氏家塾讀詩記三十二卷　（宋）呂祖謙撰
　　據宋本景印
禮記要義三十三卷(原缺卷一至二)附校勘
　　記一卷　（宋）魏了翁撰　校勘記張元
　　濟撰　據宋本景印
春秋傳三十卷附校勘記一卷　（宋）胡安國
　　撰　校勘記張元濟撰　據宋本景印
東萊呂太史春秋左傳類編六卷附校勘記一
　　卷　（宋）呂祖謙撰　校勘記胡文楷撰
　　據舊鈔本景印
公是先生七經小傳三卷　（宋）劉敞撰　據
　　宋本景印　　　　　　　　　　　　[印
讀四書叢說八卷　（元）許謙撰　據元本景
羣經音辨七卷　（宋）賈昌朝撰　據景宋鈔
　　本景印
急就篇一卷　（漢）史游撰　（唐）顏師古注
　　據明鈔本景印
汗簡三卷　（後周）郭忠恕撰　據馮舒手鈔
　　本景印

龍龕手鑑四卷　（遼）釋行均撰　據宋本景
　　印
切韻指掌圖一卷　（宋）司馬光撰　據景宋
　　鈔本景印
附釋文互註禮部韻略五卷條式一卷　（宋）
　　□□撰　據宋本景印

史部
貞觀政要十卷　（唐）吳兢撰　（元）戈直集
　　論　據明成化本景印
盡言集十三卷　（宋）劉安世撰　據明隆慶
　　翻宋本景印
孔氏祖庭廣記十二卷　（金）孔元措撰　據
　　蒙古本景印
漢丞相諸葛忠武侯傳一卷附校勘記一卷
　　（宋）張栻撰　校勘記張元濟撰　據宋
　　本景印
南唐書三十卷附校勘記一卷　（宋）馬令撰
　　校勘記張元濟撰　據明本景印
南唐書十八卷附音釋一卷校勘記一卷
　　（宋）陸游撰　音釋（元）戚光撰　校勘
　　記張元濟撰　據明錢穀手鈔本景印
吳越備史四卷附校勘記一卷　（宋）范坰
　　（宋）林禹撰　校勘記張元濟撰　據吳
　　翌鳳手鈔本景印
大清一統志五百六十卷附索引　清嘉慶二
　　十五年敕撰　索引(民國)□□撰　據
　　進呈鈔本景印
麟臺故事五卷(原缺卷四至五)附校記一卷
　　（宋）程俱撰　校記張元濟撰　據明
　　景宋鈔本景印
作邑自箴十卷　（宋）李元弼撰　據景鈔宋
　　淳熙本景印
金石錄三十卷附校勘記一卷　（宋）趙明誠
　　撰　校勘記張元濟撰　據呂無黨手鈔
　　本景印

子部
張子語錄三卷後錄二卷附校勘記一卷
　　（宋）張載撰　校勘記張元濟撰　據宋
　　本景印
龜山先生語錄四卷後錄二卷附校勘記一卷
　　（宋）楊時撰　校勘記張元濟撰　據
　　宋本景印
程氏家塾讀書分年日程三卷綱領一卷
　　（元）程端禮撰　據元本景印
棠陰比事二卷　（宋）桂萬榮撰　據景元鈔
　　本景印
圖畫見聞誌六卷　（宋）郭若虛撰　據宋本
　　配元鈔本景印
法書攷八卷　（元）盛熙明撰　據鈔本景印
嘯堂集古錄二卷　（宋）王俅撰　據宋本景

印   [印

飲膳正要三卷　(元)忽思慧撰　據明本景

容齋隨筆十六卷續筆十六卷三筆十六卷四
　　筆十六卷五筆十卷　(宋)洪邁撰　據
　　宋本配明弘治活字本景印

夢溪筆談二十六卷附校勘記一卷　(宋)沈
　　括撰　校勘記張元濟撰　據明本景印

愧郯錄十五卷　(宋)岳珂撰　據宋本景印

雲谿友議三卷附校勘記一卷　(唐)范攄撰
　　校勘記張元濟撰　據明本景印

雲仙雜記十卷　(唐)馮贄撰　據明本景印

揮塵前錄四卷後錄十一卷第三錄三卷餘話
　　二卷　(宋)王明清撰　據汲古閣景宋
　　鈔本景印

清波雜志十二卷附校勘記一卷　(宋)周煇
　　撰　校勘記張元濟撰　據宋本景印

桯史十五卷　(宋)岳珂撰　據元本景印

括異志十卷　(宋)張師正撰　據景宋鈔本
　　景印

續幽怪錄四卷　(唐)李復言撰　據南宋書
　　棚本景印

集部

東皋子集三卷附校勘記一卷　(唐)王績撰
　　校勘記張元濟撰　據明鈔本景印

宋之問集二卷附校勘記一卷　(唐)宋之問
　　撰　校勘記張元濟撰　據明本景印

鄭守愚文集(一名雲臺編)三卷附校勘記一
　　卷　(唐)鄭谷撰　校勘記胡文楷撰
　　據宋本景印

朱慶餘詩集一卷附校勘記一卷　(唐)朱慶
　　餘撰　校勘記張元濟撰　據宋本景印

周賀詩集一卷附校勘記一卷　(唐)周賀撰
　　校勘記張元濟撰　據宋本景印

李丞相詩集二卷附校勘記一卷　(南唐)李
　　建勳撰　校勘記張元濟撰　據宋本景
　　印

雪竇顯和尚明覺大師頌古集一卷拈古一卷
　　瀑泉集一卷祖英集二卷　(宋)釋重顯
　　撰　據宋本景印

山谷外集詩注十四卷　(宋)史容撰　據元
　　本景印

嵩山文集二十卷附卷三負薪對校勘表一卷
　　(宋)晁說之撰　校勘表張元濟撰
　　據舊鈔本景印

北山小集四十卷　(宋)程俱撰　據景宋鈔
　　本景印

沈忠敏公龜谿集十二卷附校勘記一卷
　　(宋)沈與求撰　校勘記張元濟撰　據
　　明本景印

韋齋集十二卷　(宋)朱松撰　據明本景印

玉瀾集一卷　(宋)朱槔撰　據明本景印

東萊先生詩集二十卷　(宋)呂本中撰　據
　　宋本景印

范香溪先生文集二十二卷　(宋)范浚撰
　　據明本景印

附
　　范蒙齋先生遺文一卷　(宋)范端臣撰
　　范楊溪先生遺文一卷　(宋)范端杲撰

石屏詩集十卷　(宋)戴復古撰　據明弘治
　　本景印

平齋文集三十二卷　(宋)洪咨夔撰　據景
　　宋鈔本景印

梅亭先生四六標準四十卷　(宋)李劉撰
　　據宋本景印

三山鄭菊山先生清雋集一卷　(宋)鄭起撰
　　(元)仇遠選　據林佶手鈔本景印

所南翁一百二十圖詩集一卷錦錢餘笑二十
　　四首一卷鄭所南先生文集一卷附校勘
　　記一卷　(宋)鄭思肖撰　校勘記張元
　　濟撰　據林佶手鈔本景印

先天集十卷附錄二卷　(宋)許月卿撰　據
　　明嘉靖本景印

附
　　山屋許先生事錄一卷　　　　　[印

疊山集十六卷　(宋)謝枋得撰　據明本景

蕭冰厓詩集拾遺三卷　(宋)蕭立等撰　據
　　明本景印

許白雲先生文集四卷　(元)許謙撰　據明
　　正統本景印

存復齋文集十卷附錄一卷　(元)朱德潤撰
　　據明本景印

青陽先生文集九卷　(元)余闕撰　據明本
　　景印

蛻菴詩四卷　(元)張翥撰　(明)釋大杼輯
　　據明本景印

張光弼詩集七卷　(元)張昱撰　據明鈔本
　　景印

茗齋集二十三卷　(清)彭孫貽撰　據手稿
　　刊本鈔本景印

附
　　明詩九卷　(清)彭孫貽輯

雍熙樂府二十卷　(明)郭勛輯　據明嘉靖
　　本景印

白雲齋選訂樂府吳騷合編四卷　(明)騷隱
　　居士(張楚叔)(明)半嶺道人(張旭初)
　　輯　據明崇禎本景印

四部叢刊三編

張元濟等輯
　　民國二十四年至二十五年(1935—1936)

上海商務印書館景印本

經部

尚書正義二十卷　(唐)孔穎達等撰　據日
　　本景印宋本景印

禮記正義殘九卷(存卷五、卷六十三至七
　　十)　(唐)孔穎達等撰　據日本景印
　　古鈔本及宋本景印

周易鄭康成注一卷　(漢)鄭玄撰　(宋)王
　　應麟輯　據元本景印

詩本義十五卷鄭氏詩譜補亡一卷　(宋)歐
　　陽修撰　據宋本景印

詩集傳二十卷　(宋)朱熹撰　據宋本景印

析城鄭氏家塾重校三禮圖二十卷　(宋)聶
　　崇義集注　據蒙古本景印

中庸說殘三卷(存卷一至三)　(宋)張九成
　　撰　據宋本景印

張狀元孟子傳殘二十九卷(存卷一至二十
　　九)附校勘記一卷　(宋)張九成撰
　　校勘記張元濟撰　據宋本景印　[印

復古編二卷　(宋)張有撰　據景宋鈔本景

班馬字類五卷附補遺又附校勘記一卷
　　(宋)裘機撰　補遺(宋)李曾伯撰　校
　　勘記張元濟撰　據汲古閣景宋鈔本景
　　印

史部

新唐書糾謬二十卷　(宋)吳縝撰　據明本
　　景印

編年通載殘四卷(存卷一至四)　(宋)章衡
　　撰　據宋本景印

太宗皇帝實錄殘二十卷　(存卷二十六至三
　　十五、卷四十一至四十五、卷七十六至
　　八十)　(宋)錢若水等撰　據宋館閣
　　鈔本舊鈔本宋鈔本景印

元朝祕史十卷續集二卷　(元)□□撰　據
　　景元鈔本景印

明史鈔略殘七卷　(清)莊廷鑨撰　據石門
　　呂氏鈔本景印

罪惟錄九十卷　(清)查繼佐撰　據手稿本
　　景印

東山國語不分卷　(清)查繼佐撰　(清)沈
　　仲方補述　據海寧張氏鐵如意館傳錄
　　本景印

弔伐錄二卷　(金)□□撰　據錢曾述古堂
　　鈔本景印

三輔黃圖六卷附校勘記一卷　(漢)□□撰
　　　校勘記張元濟撰　據元本景印

天下郡國利病書不分卷　(清)顧炎武撰
　　據手稿本景印

附

　　顧亭林先生年譜一卷　(清)吳映奎(清)

車持謙撰　(清)錢邦彥校補

洛陽伽藍記五卷附校勘記一卷　(後魏)楊
　　衒之撰　校勘記張元濟撰　據明如隱
　　堂本景印　　　　　　　　　　　[印

爲政忠告四卷　(元)張養浩撰　據元本景
　　牧民忠告二卷
　　經進風憲忠告一卷
　　廟堂忠告一卷

故唐律疏義三十卷附律音義一卷校勘記一
　　卷　(唐)長孫無忌等撰　音義(宋)孫
　　奭等撰　校勘記張元濟撰　據宋本音
　　義據宋鈔本景印

昭德先生郡齋讀書志四卷附志一卷後志二
　　卷二本四卷攷異一卷　(宋)晁公武撰
　　　附志攷異　(宋)趙希弁撰　據宋
　　淳祐袁州本景印

隸釋二十七卷附校勘記一卷　(宋)洪适撰
　　　校勘記張元濟撰　據明萬曆本景印

淳化祕閣法帖考正十二卷　(清)王澍撰
　　據清雍正本景印
　　　　　　　　　　　　　　　　　[印

子部

潛虛一卷　(宋)司馬光撰　據景宋鈔本景
附
　　潛虛發微論一卷　(宋)張敦實撰

野菜博錄三卷　(明)鮑山撰　據明本景印

圖畫攷七卷　(元)盛熙明撰　據鈔本景印

獨斷二卷附校勘記一卷　(漢)蔡邕撰　校
　　勘記張元濟撰　據明弘治本景印

古今註三卷附校記一卷　(晉)崔豹撰　校
　　記張元濟撰　據宋本景印

困學紀聞二十卷　(宋)王應麟撰　據元本
　　景印

墨莊漫錄十卷附校勘記一卷　(宋)張邦基
　　撰　校勘記張元濟撰　據明鈔本景印

太平御覽一千卷　(宋)李昉等撰　據宋本
　　景印缺卷據日本聚珍本配補　　　[印

小字錄一卷　(宋)陳思撰　據明活字本景

丞相魏公譚訓十卷附校勘記一卷　(宋)蘇
　　象先撰　校勘記張元濟撰　據舊鈔本
　　景印

南村輟耕錄三十卷　(元)陶宗儀撰　據元
　　本景印

景德傳燈錄三十卷　(宋)釋道原撰　據宋
　　本景印

文始眞經三卷附校勘記一卷　(周)尹喜撰
　　　校勘記張元濟撰　據明本景印

通玄眞經十二卷附校勘記一卷　(周)辛鈃
　　撰　(唐)徐靈府注　校勘記張元濟撰
　　據宋本景印

新雕洞靈眞經五卷附校勘記一卷　(周)庚

桑楚撰　(□)何粲注　校勘記張元濟
撰　據宋本景印

集部

唐皇甫冉詩集七卷補遺一卷附校勘記一卷
　　(唐)皇甫冉撰　校勘記張元濟撰
　　據明本景印

唐皇甫曾詩集一卷補遺一卷附校勘記一卷
　　(唐)皇甫曾撰　校勘記張元濟撰
　　據明本景印

梨嶽詩集一卷附錄一卷補遺一卷　(唐)李
　　頻撰　據明鈔本景印

新彫注胡曾詠史詩三卷　(唐)胡曾撰
　　(□)陳蓋注　(□)米崇吉評注　據景
　　宋鈔本景印

唐祕書省正字先輩徐公釣磯文集十卷補一
　　卷附校勘記一卷　(唐)徐夤撰　校勘
　　記張元濟撰　據錢曾述古堂鈔本景印

忠愍公詩集三卷附校勘記一卷　(宋)寇準
　　撰　校勘記張元濟撰　據明本景印

鐔津文集二十二卷　(宋)釋契嵩撰　據明
　　弘治本景印

參寥子詩集十二卷附校勘記一卷　(宋)釋
　　道潛撰　校勘記張元濟撰　據宋本景
　　印

沈氏三先生文集六十一卷(原缺二十二卷)
　　(宋)□□輯　據明翻宋本景印

　西溪文集十卷　(宋)沈遘撰

　長興集四十一卷(原缺卷一至十二、卷三
　　十一、卷三十三至四十一)　(宋)沈
　　括撰

　雲巢集十卷　(宋)沈遼撰

眉山唐先生文集三十卷附校勘記一卷
　　(宋)唐庚撰　校勘記張元濟撰　據舊
　　鈔本景印

華陽集四十卷　(宋)張綱撰　據明本景印

頤堂先生文集五卷　(宋)王灼撰　據宋本
　　景印

默堂先生文集二十二卷　(宋)陳淵撰　據
　　景宋鈔本景印

翠微南征錄十一卷附校勘記一卷　(宋)華
　　岳撰　校勘記張元濟撰　據舊鈔本景
　　印

有宋福建莆陽黃仲元四如先生文藁五卷
　　(宋)黃仲元撰　據明嘉靖本景印

吾汶藁十卷附校勘記一卷　(宋)王炎午撰
　　校勘記張元濟撰　據明鈔本景印

龜巢藁二十卷附校勘記一卷　(元)謝應芳
　　撰　校勘記張元濟撰　據鈔本景印

夷白齋藁三十五卷外集一卷補遺一卷附校
　　勘記一卷　(元)陳基撰　校勘記胡文

楷撰　據明鈔本景印　　　　　　　　[印

蟻術詩選八卷　(元)邵亨貞撰　據明本景
附

　蟻術詞選四卷　(元)邵亨貞撰　據宛委
　　別藏本景印

密菴詩藁五卷文藁五卷　(明)謝肅撰　據
　　明洪武本景印

眉菴集十二卷補遺一卷　(明)楊基撰　據
　　明成化本景印　　　　　　　　　[印

靜居集六卷　(明)張羽撰　據明成化本景

北郭集十卷補遺一卷　(明)徐賁撰　據明
　　成化本景印

蚓竅集十卷　(明)管時敏撰　據明永樂本
　　景印

白沙子八卷　(明)陳獻章撰　據明嘉靖本
　　景印

居易堂集二十卷集外詩文一卷　(清)徐枋
　　撰　集外詩文王大隆輯　據清康熙二
　　十三年本景印

竇氏聯珠集一卷　(唐)竇常(唐)竇牟(唐)
　　竇羣(唐)竇庠(唐)竇鞏撰　(唐)褚藏
　　言輯　據宋本景印

山谷琴趣外篇三卷附校勘記一卷　(宋)黃
　　庭堅撰　校勘記張元濟撰　據宋本景
　　印

虛齋樂府二卷　(宋)趙以夫撰　據景宋鈔
　　本景印

梨園按試樂府新聲三卷附校記一卷　(元)
　　□□輯　校記盧前撰　據元本景印

房山山房叢書

(民國)陳洙輯
　　清宣統至民國間江浦陳氏刊民國九年
　　(1920)彙印本

讀易雜說一卷　(清)陳世鎔撰　民國七年
　　(1918)刊

康熙朝品級考一卷　(清)□□撰　民國七
　　年(1918)刊

大正博覽會參觀記一卷　(民國)王維亮撰

漢魏碑考一卷　(清)萬經撰

拙存堂題跋一卷　(清)蔣衡撰　宣統二年
　　(1910)刊

石泉書屋金石題跋一卷　(清)李佐賢撰
　　宣統三年(1911)刊

跋南雷文定一卷　(清)方東樹撰　宣統元
　　年(1909)刊

玉井峯蓮集一卷　(清)嚴長明撰

岱游集一卷　(清)陳文述撰　宣統元年
　　(1909)刊

同文集一卷　(清)黃超曾輯

　　媱雅堂詩集八卷　（清）趙文哲撰

娟鏡樓叢刻

　　（民國）張祖廉輯
　　　　民國九年(1920)嘉善張氏排印本
　　甲帙
　　　醫庵文存一卷　（清）沈璋寶撰
　　　抱潛詩存一卷　（清）陳元祿撰
　　乙帙
　　　十五福堂筆記一卷　（清）陳元祿撰
　　　女世說一卷　（清）嚴蘅撰
　　　嫩想盦殘藁一卷紅燭詞一卷　（清）嚴蘅撰
　　丙帙
　　　定盦遺箸一卷　（清）龔自珍撰
　　丁帙
　　　定盦先生年譜外記二卷　（民國）張祖廉撰

怡蘭堂叢書

　　（民國）唐鴻學輯
　　　　民國十一年(1922)大關唐氏成都刊本
　　　春秋左傳杜注校勘記一卷　（清）黎庶昌撰
　　　孝經鄭氏注一卷　（漢）鄭玄撰　（清）嚴可
　　　　均輯　光緒二十九年(1903)刊
　　　聖賢高士傳贊一卷　（魏）嵇康撰　（清）嚴
　　　　可均輯　（民國）唐鴻學補輯　光緒二
　　　　十七年(1901)刊
　　　四民月令一卷　（漢）崔寔撰　（民國）唐鴻
　　　　學輯
　　　古今註三卷　（晉）崔豹撰
　　　道德眞經指歸十三卷(原缺卷一至六)附錄
　　　　一卷　（漢）嚴遵撰　（唐）谷神子(鄭
　　　　遒古)注　民國十一年(1922)刊
　　　費氏遺書三種　（清）費密撰　民國九年
　　　　(1920)刊
　　　　弘道書三卷
　　　　荒書一卷附校記一卷　校記(民國)唐鴻
　　　　　學撰
　　　　燕峯詩鈔一卷

古書叢刊

　　（民國）陳琰輯
　　　　民國十一年(1922)古書流通處景印本
　　第一輯
　　甲集
　　　孝經一卷　唐玄宗注　據宋本景印
　　　爾雅三卷晉釋三卷　（晉）郭璞注　據清嘉
　　　　慶本景印
　　　韓非子二十卷識誤三卷　（周）韓非撰
　　　　（□）□□注　識誤(清)顧廣圻撰　據
　　　　清嘉慶本景印

　　重雕改正湘山野錄三卷續一卷　（宋）釋文
　　　瑩撰　據民國吳興張氏本景印
　　乙集
　　　晏子春秋八卷　（周）晏嬰撰　據清嘉慶本
　　　　景印
　　　鹽鐵論十卷考證一卷　（漢）桓寬撰　考證
　　　　(清)張敦仁撰　據清嘉慶本景印
　　　離騷一卷　（宋）錢杲之集傳　據民國南陵
　　　　徐氏本景印
　　　笠澤叢書九卷附攷一卷　（唐）陸龜蒙撰
　　　　據清嘉慶本景印
　　第二輯
　　丙集
　　　洛陽伽藍記五卷附集證一卷　（後魏）楊衒
　　　　之撰　集證(清)吳若準撰　據清道光
　　　　錢塘吳氏本景印
　　　新刊古列女傳七卷續列女傳一卷　（漢）劉
　　　　向撰　續(□)□□撰　據阮氏文選樓
　　　　景宋本景印
　　　鬼谷子三卷附錄一卷校記一卷　（梁）陶弘
　　　　景注　校記陳乃乾輯　據清嘉慶江都
　　　　秦氏本景印
　　　賓退錄十卷　（宋）趙與時撰　據江陰繆氏
　　　　藝風堂本景印
　　丁集
　　　夢溪筆談二十六卷補三卷續一卷附校字記
　　　　一卷　（宋）沈括撰　附(清)陶福祥撰
　　　　據清光緒番禺陶氏本景印
　　　却掃編三卷　（宋）徐度撰　據江陰繆氏藝
　　　　風堂本景印
　　　反離騷一卷　（漢）揚雄撰　據吳興張氏景
　　　　宋本景印
　　　東山遺集二種　（清）東山釣史(查繼佐)撰
　　　　據手稿本景印
　　　　釣業一卷
　　　　粤游雜詠一卷

天蘇閣叢刊

　　（民國）徐新六輯
　　　　民國杭縣徐氏排印本
　　一集　民國三年(1914)排印
　　　天足考略一卷　（民國）徐珂撰
　　　樂府補題一卷　（元）陳恕可輯　（民國）徐
　　　　珂校
　　　純飛館詞一卷　（民國）徐珂撰
　　　彤芬室文一卷　（民國）徐新華撰
　　　彤芬室筆記一卷　（民國）徐新華撰
　　二集　民國十二年(1923)排印
　　　五藩檮杌二卷　（清）巫峽逸人撰　　［篡
　　　內閣小志一卷內閣故事一卷　（清）葉鳳毛

可言十四卷　(民國)徐珂撰
五刑考略一卷　(民國)徐珂撰
秀水董氏五世詩鈔一卷　(民國)徐珂輯
高雲鄉遺稿一卷　(民國)高民撰
復盦覓句圖題詠一卷　(民國)徐新六輯
小自立齋文一卷　(民國)徐珂撰
眞如室詩一卷　(民國)徐珂撰
純飛館詞續一卷　(民國)徐珂撰

愼始基齋叢書

(民國)盧靖輯
　清光緒中沔陽盧氏刊民國十二年(1923)
　　彙印本
四庫全書序一卷　清乾隆四十七年敕撰
姚彥長觀書例一卷　(清)姚晉圻撰
田隴初觀書後例一卷　(清)田明昶撰
四川省城尊經書院記一卷　(清)張之洞撰
輶軒語一卷　(清)張之洞撰
書目答問不分卷附校勘記一卷　(清)張之
　　洞撰　校勘記(民國)趙祖銘撰
三通序一卷　(民國)盧靖錄
經義韻言一卷　(清)喩祥麟撰
古今僞書考一卷　(清)姚際恆撰
天文歌略一卷　(民國)葉瀾撰
地學歌略一卷　(民國)葉瀚(民國)葉瀾撰

江氏聚珍版叢書（一名文學山房叢書）

(民國)江杏溪輯
　民國十三年(1924)蘇州文學山房木活字
　　排印本
初集
唐才子傳十卷　(元)辛文房撰
古今僞書考一卷　(清)姚際恆撰
思適齋集十八卷　(清)顧廣圻撰
藝芸書舍宋元本書目二卷　(清)汪士鐘撰
別下齋書畫錄七卷　(清)蔣光煦輯
墨緣小錄一卷　(清)潘曾瑩撰
持靜齋藏書紀要二卷　(清)莫友芝撰
二集
南濠居士文跋四卷　(明)都穆撰
鐵函齋書跋四卷　(清)楊賓撰
拜經樓藏書題跋記五卷附錄一卷　(清)吳
　　壽暘撰　　　　　　　　　　　　［撰
小鷗波館畫識三卷畫寄一卷　(清)潘曾瑩
遲鴻軒所見書畫錄四卷　(清)楊峴輯
國朝書畫家筆錄四卷　(清)竇鎭輯
三集
程氏攷古編十卷　(宋)程大昌撰
歷代壽考名臣錄不分卷　(清)洪梧等輯

雕菰樓集二十四卷　(清)焦循撰
附
　蜜梅花館文錄一卷詩錄一卷　(清)焦廷
　　琥撰
知聖道齋讀書跋二卷　(清)彭元瑞撰
經傳釋詞十卷　(清)王引之撰
古書疑義舉例七卷　(清)俞樾撰
四集
經讀攷異八卷補一卷　(清)武億撰
句讀敍述二卷補一卷　(清)武億撰
四書攷異一卷　(清)翟灝撰
羣經義證八卷　(清)武億撰
讀書脞錄七卷　(清)孫志祖撰
家語證僞十一卷　(清)范家相撰
聲類四卷　(清)錢大昕撰
書林揚觶一卷　(清)方東樹撰
西圃題畫詩一卷　(清)潘遵祁撰

食舊堂叢書

(清)汪大鈞輯
　民國十四年(1925)錢唐汪氏刊本
爾雅校義二卷　(清)劉玉麐撰
鄭志三卷補遺一卷　(魏)鄭小同編　(清)
　　王復輯　(清)武億校
駁五經異義一卷補遺一卷　(漢)鄭玄撰
　　(清)王復輯　(清)武億校
箴膏肓一卷　(漢)鄭玄撰　(清)王復輯
　　(清)武億校
起廢疾一卷　(漢)鄭玄撰　(清)王復輯
　　(清)武億校
發墨守一卷　(漢)鄭玄撰　(清)王復輯
　　(清)武億校
竹崦盦金石目錄五卷　(清)趙魏撰
論語鄭氏注十卷　(漢)鄭玄撰　(清)宋翔
　　鳳輯
論語孔子弟子目錄一卷　(漢)鄭玄撰
　　(清)宋翔鳳輯
論語師法表一卷　(清)宋翔鳳撰
瞥記七卷　(清)梁玉繩撰
讀歐記疑五卷　(清)王元啓撰
道古堂外集十二種　(清)杭世駿撰
　禮經質疑一卷
　經史質疑一卷
　石經考異二卷
　史記考證七卷
　三國志補注六卷
　晉書補傳贊一卷
　諸史然疑一卷
　續方言二卷
　榕城詩話三卷

漢書蒙拾三卷
後漢書蒙拾二卷
文選課虚四卷
石鼓然疑一卷　(清)莊述祖撰
賞雨茅屋外集一卷　(清)曾燠撰
孟塗駢體文二卷　(清)劉開撰
金梁夢月詞二卷　(清)周之琦撰
懷夢詞一卷　(清)周之琦撰
鴻雪詞二卷　(清)周之琦撰
退葊詞一卷　(清)周之琦撰
儀鄭堂文集二卷　(清)孔廣森撰

清代學術叢書

(民國)黃寶熙輯
民國十四年(1925)序香山黃氏古愚室據
刊本景印
第一集
論語通釋一卷　(清)焦循撰
顔氏學記十卷　(清)戴望撰
管子校正二十四卷　(清)戴望撰
第二集
巢經巢文集六卷詩集九卷後集四卷遺詩一
卷附錄一卷　(清)鄭珍撰
屈廬詩稿四卷　(清)鄭知同撰

涵芬樓祕笈

(民國)孫毓修等輯
民國上海商務印書館景印排印本
第一集　民國五年(1916)印　　　[印
忠傳二卷　(明)□□撰　據永樂大典本景
續墨客揮犀十卷　(宋)彭乘撰　據景宋鈔
本景印
復齋日記二卷　(明)許浩撰　　　[印
識小錄四卷　(明)徐咸丕撰　據手稿本景
第二集　民國十三年(1924)印
蓬窗類記五卷　(明)黃暐撰
山樵暇語十卷　(明)俞弁撰　據明朱象玄
手鈔本景印　　　　　　　　　　　[印
家訓一卷　(明)霍韜撰　據汲古閣鈔本景
說略一卷　(明)黃葊素撰　據項氏古香書
屋鈔本景印
消夏閑記摘抄三卷　(清)顧公燮撰
第三集　民國六年(1917)印
西湖老人繁勝錄一卷　(宋)□□撰
孫氏書畫鈔二卷　(明)孫鳳撰　據舊鈔本
景印
松下雜抄二卷　(清)□□撰
彭氏舊聞錄一卷　(清)彭孫貽撰　據手稿
本景印
太僕行略一卷　(清)彭孫貽撰　據手稿本

景印
天文書四卷　(明)海達兒等譯　據明內府
本景印
第四集　民國七年(1918)印
尚書釋文殘一卷附校語二卷　(唐)陸德明
撰　校語(民國)吳士鑑撰　據唐寫本
景印
華夷譯語不分卷　(明)火源潔撰　據明經
廠本景印
厓山集不分卷　(明)□□撰
趙氏家法筆記一卷　(元)□□撰　　　[印
北湖集五卷　(宋)吳則禮撰　據舊鈔本景
傍秋亭雜記二卷　(明)顧清撰　據舊鈔本
景印
敬業堂集補遺一卷　(清)查慎行撰　張元
濟輯
第五集　民國十二年(1923)印
扶風縣石刻記二卷　(清)黃樹穀撰
海濱外史三卷　(青)陳縱安撰
明朝紀事本末補編五卷　(清)彭孫貽撰
存復齋文集十卷附錄一卷　(元)朱德潤撰
據舊鈔本景印
書林外集七卷　(元)袁士元撰　據舊鈔本
景印
第六集　民國十三年(1924)印
脈望館書目不分卷　(明)趙琦美撰　據舊
鈔本景印
唐石經攷異不分卷附補不分卷　(清)錢大
昕撰　補(清)臧庸撰　(民國)孫毓修
輯　據清袁又愷手鈔本景印
冥報記三卷　(唐)唐臨撰
第七集　民國十四年(1925)印
西山日記二卷　(明)丁元薦撰　據舊鈔本
景印
續名賢小記一卷　(清)徐晟撰　據清吳翌
鳳手鈔本景印
土苴集二卷附錄一卷　(明)周鼎撰
道餘錄一卷　(明)姚廣孝撰　　　　[撰
東洲几上語一卷枕上語一卷　(宋)施清臣
存復齋續集一卷　(元)朱德潤撰
第八集　民國十四年(1925)印
山房集八卷後稿一卷　(宋)周南撰
涇林續記不分卷　(明)周玄暐撰
西溪叢語二卷　(宋)姚寬撰　據明鵁鳴館
本景印
鼓枻稿一卷　(明)虞堪撰
第九集　民國十五年(1926)印
書經補遺五卷　(元)呂宗傑撰
雪庵字要一卷　(元)李溥光撰　據明鈔本
景印

鐙窗叢錄五卷補遺一卷　(清)吳翌鳳撰
太和正音譜二卷　(明)朱權撰　據景鈔明
　　洪武本景印
磯園稗史三卷　(明)孫繼芳撰　據舊鈔本
　　景印
南翁夢錄一卷　(安南)黎澄撰　據舊鈔本
　　景印
第十集　民國十五年(1926)印
各省進呈書目不分卷　清乾隆中敕撰
所安遺集一卷　(元)陳泰撰　據舊鈔本景
　　印
漢泉漫稿五卷　(元)曹伯啓撰　據清金侃
　　手鈔本景印
肅䪍集一卷　(元)鄭允端撰　據清金侃手
　　鈔本景印
金囮集一卷　(元)元淮撰　據清金侃手鈔
　　本景印

敦煌遺書第一集

(日本)羽田亨輯
　　日本大正十五年(1926)上海東亞攻究會
　　據唐寫本景印　　　　　　　　〔撰
慧超往五天竺國傳殘卷一卷　(唐)釋慧超
釋迦牟尼如來像法滅盡之記一卷　(唐)釋
　　法成譯
七曜曆日一卷
漢蕃對音千字文殘卷一卷

寶彝室集刊

朱景彝輯
　　民國十五年(1926)杭州朱氏排印本
古樂書二卷　(清)應撝謙撰
晉學緒餘一卷　(清)夏曾傳撰
三家詞品一卷　(清)郭麐(清)楊蘷生(清)
　　江順貽撰
洮瓊館詞一卷　(清)袁棠撰
純飛館詞三集一卷　(民國)徐珂撰
吳氏吉光集一卷　(清)吳恆撰
胥山朱氏迹德錄二卷　朱景彝撰
瑞龍展墓日記一卷　朱景彝撰

志古堂叢書

(民國)□□輯
　　民國刊本
述學六卷校勘記一卷附汪容甫先生遺文一
　　卷附鈔一卷　(清)汪中撰　民國十六
　　年(1927)刊
澄懷園語四卷　(清)張廷玉撰　民國十五
　　年(1926)刊
聰訓齋語二卷附恆產瑣言一卷飯有十二合

說一卷　(清)張英撰　民國四年
　　(1915)刊
人譜一卷人譜類記增訂六卷　(明)劉宗周
　　撰　民國九年(1920)刊
人範六卷　(清)蔣元撰　民國十四年
　　(1925)刊

抱經樓叢刊

(民國)沈德壽輯
　　民國十五年至十六年(1926—1927)慈谿
　　沈氏排印本
詩傳注疏三卷　(宋)謝枋得撰
游宦紀聞十卷　(宋)張世南撰
玉峯先生脚氣集一卷　(宋)車若水撰
南陽集六卷　(宋)趙湘撰
徐文長佚草十卷　(明)徐渭撰

高昌祕笈甲集

(民國)孫鑑輯
　　民國十六年(1927)上海孫氏景印本
王屋山志二卷　(明)□□撰　據明本景印
綦經一卷　(宋)張擬撰　(元)晏天章(元)
　　嚴德甫注　據元本景印
大書長語二卷　(明)費瀛撰　據明本景印
折疑論二卷續增補折疑頌論詩二卷　(元)
　　釋子成撰並注　據元本景印

三餘堂叢刻

(民國)林仕荷輯
　　民國十六年(1927)鄞縣林氏據舊刊版彙
　　印本
二十四孝原編一卷　(宋)朱熹撰
二十四孝別集一卷　(清)高月槎撰
痧脹玉衡書三卷後一卷　(清)郭志邃撰
疫痧草一卷　(清)陳耕道撰
時疫白喉捷要一卷　(清)張紹修撰
嘉興徐子默先生吊脚痧論一卷　(清)徐緘
　　撰
江氏百問目講禪師地理書一卷地理索隱一
　　卷　(明)釋目講撰　光緒二十三年
　　(1897)鄞縣趙氏刊
附
羅盤解一卷　(清)趙楡森撰
梅花神數一卷
爛柯神機一卷　(清)于國柱撰
雜字便覽一卷　(清)□□撰
佛說大乘金剛經論一卷　光緒二十九年
　　(1903)南海妙芳等刊
毘陵天甯普能嵩禪師淨土詩一卷附臨終舟
　　楫要語一卷　(清)釋普能撰　光緒二

十九年（1903）甘露庵刊

褚氏所刻書

褚克明輯
　　民國十七年（1928）奉賢褚氏排印本
雲間雜志三卷　（明）□□撰
筆麈一卷　（明）莫是龍撰
雲間據目鈔五卷　（明）范濂撰

雲在山房叢書

（民國）楊壽枬輯
　　民國十七年（1928）無錫楊氏排印本
醉鄉瑣志一卷　（清）黃體芳撰
雲蕅漫錄二卷　（民國）楊壽枬撰
外家紀聞一卷　（民國）汪曾武撰
簹醉雜記三卷　（民國）徐沅撰
竹素園叢談一卷　（民國）顧恩瀚撰
洪憲舊聞三卷項城就任祕聞一卷　（民國）
　　侯毅撰
春秋后妃本事詩一卷　（清）李步青撰
遜齋殘稿一卷　（清）李步青撰
明事雜詠一卷　（民國）丁傳靖撰
扶桑百八吟一卷　（民國）姚鵬圖撰
貫華叢錄一卷　（民國）楊壽枬撰
福慧雙修庵小記一卷　（民國）丁傳靖撰
雲郎小史一卷　冒廣生撰
論文瑣言一卷　章廷華撰　　　　　　〔撰
八旗畫錄前編三卷後編三卷　（民國）李放

文淵樓叢書

（民國）宋星五（民國）周藹如輯
　　民國十七年（1928）上海文瑞樓書局北平
　　直隸書局景印本
韓詩外傳疏證十卷　（清）陳士珂撰
校漢書八表八卷　（清）夏燮撰
讀書偶記八卷　（清）趙紹祖撰
選學膠言二十卷補遺一卷　（清）張雲璈撰
文選筆記八卷密齋隨錄一卷　（清）許巽行
　　撰　（清）許嘉德按

龍潭精舍叢刻

劉海涵輯
　　民國刊本
信陽詩鈔十二卷首一卷　劉海涵輯　民國
　　十年（1921）刊
何大復先生（景明）年譜一卷附錄三卷　劉
　　海涵撰　民國十一年（1922）刊
師竹堂尺牘二卷　（明）王祖嫡撰　民國十
　　一年（1922）刊
報慶紀行一卷　（明）王祖嫡撰　民國十二

年（1923）刊
談錄一卷　（明）王詔撰　民國十二年
　　（1923）刊
汝南遺事二卷　（明）李本固撰　民國十二
　　年（1923）刊
冷語一卷質語一卷　（清）何家琪撰　民國
　　十二年（1923）刊
王師竹先生（祖嫡）年譜一卷附錄一卷　劉
　　海涵撰　民國十二年（1923）刊
學約書程一卷　（明）何景明撰　民國十一
　　年（1922）刊
龍潭小志二卷　劉海涵輯　民國十四年
　　（1925）刊
賢首紀聞二卷　劉海涵輯　民國十七年
　　（1928）刊
龍潭清話一卷　劉海涵撰　民國十八年
　　（1929）刊
兩龍潭主人藏鏡圖一卷題詞一卷　劉海涵
　　輯　民國十八年（1929）刊

託跋廛叢刻

（民國）陶湘輯
　　民國武進陶氏涉園刊本
童蒙訓三卷　（宋）呂本中撰　民國十四年
　　（1925）據宋紹定本景刊
元城先生語錄三卷附錄一卷　（宋）馬永卿
　　輯　民國十五年（1926）據明嘉靖本景
　　刊
會稽三賦一卷　（宋）王十朋撰　（宋）周世
　　則注　（宋）史鑄增注　民國十三年
　　（1924）據宋本景刊
草莽私乘一卷　（元）陶宗儀輯　民國十六
　　年（1927）據鈔校本景刊
髹飾錄二卷附箋證二卷　（明）黃成撰
　　（明）楊明注　箋證（民國）闞鐸撰　民
　　國十六年（1927）據舊鈔本景刊
豐溪存稿一卷　（唐）呂從慶撰　民國十七
　　年（1928）據鈔校本景刊
春卿遺稿一卷續編一卷　（宋）蔣堂撰　民
　　國十七年（1928）據舊鈔本景刊
張大家蘭雪集二卷附錄一卷　（宋）張玉孃
　　撰　民國十七年（1928）據舊鈔本景刊
陳剛中詩集三卷附錄一卷　（元）陳孚撰
　　民國十七年（1928）據明洪武本景刊
慮得集四卷附錄二卷　（明）華宗韡撰　民
　　國十六年（1927）據明嘉靖本景刊

百川書屋叢書

（民國）陶湘輯
　　民國十九年（1930）武進陶氏涉園景印續

編二十年(1931)景印本　　　　　　[印
古今注三卷　(晉)崔豹撰　據宋嘉定本景
瑟譜十卷　(明)酒狂仙客(朱載堉)撰　據
　汲古閣鈔本景印
明周端孝先生血疏貼黃眞蹟一卷附錄一卷
　(明)周茂蘭撰　據手稿本景印
晚笑堂畫傳三卷　(清)上官周撰
楊忠愍傳家寶訓一卷　(明)楊繼盛撰
瓶笙館修簫譜　(清)舒位撰　據清道光本
　景印
　卓女當爐一卷
　樊姬擁髻一卷
　酉陽脩月一卷
　博望訪星一卷
續編
　程氏心法三種　(明)程宗猷撰
　　蹶張心法一卷
　　長鎗法選一卷
　　單刀法選一卷
　唐褚河南陰符經墨跡一卷　　　　[輯
　乾隆寶譜一卷附錄一卷　清乾隆十三年敕
　清內府藏古玉印一卷　清乾隆中敕輯
　金輪精舍藏古玉印一卷　(民國)陶祖光輯
　　民國十九年(1930)景印

喜咏軒叢書

(民國)陶湘輯
　民國武進陶氏涉園石印本
甲編
　天工開物三卷　(明)宋應星撰　民國十八
　　年(1929)石印
　欽定授衣廣訓二卷　清嘉慶十三年敕撰
　　民國十八年(1929)石印
　曹州牡丹譜一卷附記一卷　(清)余鵬年撰
　　民國十七年(1928)石印
　寶硯堂硯辨一卷　(清)何傳瑤撰　民國十
　　九年(1930)石印
　繡譜一卷　(清)陳丁佩撰民國十六年
　　(1927)石印
　雪宧繡譜一卷　(民國)沈壽述　(民國)張
　　謇錄　民國十六年(1927)石印
　筆疇一卷　(明)王達撰　民國十七年
　　(1928)石印
　懺摩錄一卷　(清)彭兆蓀撰　民國十六年
　　(1927)石印
　牧牛圖頌一卷又十頌一卷　(□)釋普明等
　　撰　民國十八年(1929)石印
　問山亭主人遺詩正集一卷續集一卷補集一
　　卷附錄一卷　(明)王象春撰　民國十
　　七年(1928)石印

月壺題畫詩一卷　(清)瞿應紹撰　民國十
　七年(1928)石印
掃撆集一卷　(清)萬繩栻撰　民國十七年
　(1928)石印
紅香館詩草一卷　(清)惲珠撰　民國十七
　年(1928)石印
雙清閣詩一卷詩餘一卷　(清)趙方蘐華撰
　民國十七年(1928)石印
芸香館遺詩二卷　(清)邢遜蘭保撰　民國
　十七年(1928)石印
吟蔗館遺詩一卷　(清)路秀貞撰　民國十
　七年(1928)石印
乙編
　秦樓月二卷　(清)朱素臣(㿟)撰　民國十
　　五年(1926)石印
　校正原本紅梨記四卷　(明)徐復祚撰　民
　　國十五年(1926)石印
　附
　　紅梨花雜劇一卷　(元)張壽卿撰
　繡襦記四卷　(明)徐霖撰　民國十五年
　　(1926)石印
　幽閨怨佳人拜月亭記四卷附錄一卷　(元)
　　施惠撰　民國十六年(1927)石印
　鴛鴦縧傳奇二卷　(明)路惠期撰　民國十
　　五年(1926)石印
丙編
　宣德鼎彝譜八卷　(明)呂震等撰　民國十
　　六年(1927)石印
　附
　　宣鑪博論一卷　(明)項元汴撰
　宣德彝器圖譜二十卷　(明)呂震等撰　民
　　國十七年(1928)石印
　宣德彝器譜三卷附錄一卷　(明)呂棠輯
　　附錄(清)杭世駿撰　民國十八年
　　(1929)石印
　宣鑪小志一卷　(□)沈□撰　民國十九年
　　(1930)石印
　離騷圖不分卷　(清)蕭雲從繪
　離騷圖像一卷　(清)陳洪綬繪　民國十八
　　年(1929)石印
　明刻傳奇圖像十種一卷　(民國)陶湘輯
　　民國十九年(1930)石印
丁編
　朱上如木刻四種　(民國)陶湘輯
　　凌烟閣功臣圖像一卷附錄一卷　(清)劉
　　　源繪　民國十九年(1930)石印
　　無雙譜一卷　(清)金史繪　民國十八年
　　　(1929)石印
　　御製耕織圖詩一卷　(清)焦秉貞繪　清
　　　聖祖題　民國十八年(1929)石印

御製避暑山莊圖詠不分卷　清聖祖撰
　　（清）揆敍等注　清高宗和　（清）鄂
　　爾泰等注　（清）沈喻繪　民國十九
　　年(1930)石印
雲臺二十八將圖一卷　（清）張士保繪　民
　　國十八年(1929)石印
經略洪承疇奏對筆記二卷　（清）洪承疇撰
　　民國十九年(1930)石印
戊編
欽定補繪離騷圖三卷　（清）蕭雲從繪　民
　　國十九年(1930)石印
園冶三卷　（明）計成撰　民國二十年
　　(1931)石印
還初道人箸書二種　（明）洪應明撰　民國
　　二十年(1931)石印
　　菜根譚一卷
　　月旦堂仙佛奇踪八卷　（明）洪應明撰

半帆樓叢書

鄔慶時輯
　　民國刊本
經學導言一卷　鄔慶時撰　民國十七年
　　(1928)刊
白鵝洲小志一卷　鄔慶時撰　民國十八年
　　(1929)刊
九峯朵蘭記一卷　鄔慶時撰　民國十八年
　　(1929)刊
鼎樓詩草二卷　鄔慶時撰　民國十六年
　　(1927)刊
番禺隱語解一卷　鄔慶時撰
東齋雜誌一卷　鄔慶時撰　民國十七年
　　(1928)刊
南村草堂筆記四卷　鄔慶時撰　民國九年
　　(1920)刊
竊忙小記一卷　鄔慶時撰　民國十七年
　　(1928)刊
番禺末業志四卷　鄔慶時撰　民國十八年
　　(1929)刊
聽雨樓隨筆四卷　鄔慶時撰　民國十六年
　　(1927)刊
齊家淺說一卷　鄔慶時撰　民國十八年
　　(1929)刊
自然略說四卷　鄔慶時撰　民國十六年
　　(1927)刊
白桃花館雜憶一卷　鄔慶時撰　民國十四
　　年(1925)刊
立德堂詩話*　（清）鄔以謙撰
智因閣詩集*　（清）鄔寶珍撰
吉祥錄*　（清）鄔寶珍撰
明珠*　（清）鄔寶珍撰

治家要義一卷附錄一卷　（民國）屈鳳竹撰
　　民國十七年(1928)刊
達庵隨筆*　（清）鄔寶理撰
耕雲別墅詩話*　（清）鄔啓祚撰
耕雲別墅詩集*　（清）鄔啓祚撰
詩學要言二卷　（清）鄔啓祚撰
王制通論一卷　（民國）程大璋撰　民國十
　　八年(1929)廣州刊
王制義按三卷　（民國）程大璋撰　民國十
　　九年(1930)廣州刊
無終始齋詩文集三卷　（民國）程大璋撰
　　民國十七年(1928)廣州刊
孝經通論四卷　鄔慶時撰　民國十九年
　　(1930)刊
古今偽書考書後一卷　（民國）程大璋撰
　　民國十九年(1930)刊

白堅堂叢書第一集

鄔慶時輯
　　民國鄔氏廣州刊本
王制通論一卷　（民國）程大璋撰　民國十
　　八年(1929)刊
王制義按三卷　（民國）程大璋撰　民國十
　　九年(1930)刊
古今偽書考書後一卷　（民國）程大璋撰
　　民國十九年(1930)刊
無終始齋詩文集三卷　（民國）程大璋撰
　　民國十七年(1928)刊
南橘廬詩草二卷　（民國）譚頤年撰

曲石叢書

李根源輯
　　民國騰衝李氏蘇州刊本
騰越杜亂紀實一卷（民國）曹琨撰　民國十
　　二年(1923)刊
滇西兵要界務圖注三卷　李根源撰
文氏族譜續集一卷　（清）文含撰
鎮揚遊記一卷　李根源撰
吳郡西山訪古記五卷　李根源撰
九保金石文存一卷　李根源輯　民國十九
　　年(1930)刊
九保詩錄一卷　李根澐輯　民國十九年
　　(1930)刊
九保節孝錄略一卷　李根澐輯　民國十九
　　年(1930)刊
虎阜金石經眼錄一卷補一卷　李根源撰
洞庭山金石二卷　李根源撰　民國十八年
　　(1929)刊
闕塋石刻錄一卷補錄一卷嶽崿山石刻一卷
　　李根源撰　民國十八年(1929)刊

觀貞老人壽序錄一卷　李根源輯　民國十
四年(1925)刊
觀貞老人哀輓錄二卷　孫光庭輯　民國十
七年(1928)刊
娛親雅言一卷　李根源輯　民國十五年
(1926)刊
羅生山館詩集五卷治平吟草四卷文稿一卷
(民國)李學詩撰　民國十七年至二
十年(1928—1931)刊
附
李希白先生(學詩)年譜一卷　李根源撰
東齋詩鈔一卷續鈔一卷文鈔二卷續鈔一卷
李根源撰　民國十三年(1924)刊十
七年(1928)續刊
焦尾集一卷　(民國)賀宗章撰
岡措齋聯集一卷　(清)釋普荷撰　民國十
九年(1930)刊

渭南嚴氏孝義家塾叢書

嚴式誨輯
民國十四年至二十年(1925—1931)渭南
嚴氏刊本
重校稽古樓四書　民國十五年(1926)刊
大學一卷　(漢)鄭玄注　(宋)朱熹章句
中庸一卷　(漢)鄭玄注　(宋)朱熹章句
論語十卷　(魏)何晏集解　(宋)朱熹集
注
孟子七卷　(漢)趙岐注　(宋)朱熹集注
飲虹五種　盧前撰　民國二十年(1931)刊
琵琶賺雜劇一卷
茱萸會雜劇一卷
無爲州雜劇一卷
仇宛娘雜劇一卷
燕子僧雜劇一卷
顏氏家訓七卷附補校注一卷　(北齊)顏之
推撰　(清)趙曦明注　(清)盧文弨補
注　(民國)嚴式誨補校注　民國十七
年(1928)刊
重訂穀梁春秋經傳古義疏十一卷釋范一卷
起起穀梁廢疾一卷　(民國)廖平撰
廖宗澤疏　民國廿年(1931)刊
傷寒論條辨八卷或問一卷痙書一卷痙書或
問一卷本草鈔一卷　(明)方有執撰
民國十四年(1925)刊
賁園詩鈔五卷　(清)嚴邀撰
賁園書庫目錄輯略一卷　(清)張森楷撰
民國十四年(1925)刊
費氏遺書三種　(清)費密撰
弘道書三卷
荒書一卷

燕峯詩鈔一卷

念劬廬叢刊初編

(民國)徐彥寬輯
民國二十年(1931)排印本
許書帖一卷　(清)梁巘撰
從戎紀略一卷附錄一卷　(清)朱洪章撰
遲菴集杜詩一卷　(清)孫毓汶撰
董子定本一卷附錄一卷　(清)譚獻撰
復堂詩續一卷　(清)譚獻撰
復堂日記補錄二卷　(清)譚獻撰
復堂日記續錄一卷　(清)譚獻撰
復堂論子書一卷　(清)譚獻撰

客人叢書

古直輯
民國梅縣古氏排印本
客人對二卷　民國二十年(1931)排印
客人三先生詩選三卷　民國十九年(1930)
排印
李繡子先生詩一卷　(清)李黼平撰
宋芷灣先生詩一卷　(清)宋湘撰
黃公度先生詩一卷　(清)黃遵憲撰
客人駢體文選三卷　民國二十年(1931)排
印

天祿琳琅叢書第一集

故宮博物院輯
民國二十一年(1932)故宮博物院景印本
論語十卷　(魏)何晏集解　(唐)陸德明音
義　據元盰郡翻宋廖氏本景印
孟子十四卷　(漢)趙岐注　(宋)孫奭音義
據元盰郡翻宋廖氏本景印
爾雅三卷　(晉)郭璞注　據南宋監本景印
宣和奉使高麗圖經四十卷　(宋)徐兢撰
據宋乾道三年澂江郡齋本景印
周髀算經二卷附音義一卷　(漢)趙爽注
(北周)甄鸞重述　(唐)李淳風等注釋
音義(宋)李籍撰　據汲古閣景宋鈔
本景印
九章算經殘五卷(存卷一至五)　(晉)劉徽
注　(唐)李淳風等注釋　據汲古閣景
宋鈔本景印
孫子算經三卷　(唐)李淳風等注釋　據汲
古閣景宋鈔本景印
五曹算經五卷　(唐)李淳風等注釋　據汲
古閣景宋鈔本景印
夏侯陽算經三卷　(□)夏侯陽撰　據汲古
閣景宋鈔本景印
張丘建算經三卷　(□)張丘建撰　(北周)

甄鸞注　(唐)李淳風等注釋　(唐)劉
孝孫細草　據汲古閣景宋鈔本景印
緝古算經一卷　(唐)王孝通撰併注　據汲
古閣景宋鈔本景印
歷代名醫蒙求二卷釋音一卷　(宋)周守忠
撰　據宋書棚本景印
晉註河上公老子道德經二卷　(漢)河上公
章句　(宋)呂祖謙校正　據宋麻沙劉
氏仰止堂本景印
常建詩集二卷　(唐)常建撰　據宋書棚本
景印
佩韋齋文集二十卷　(宋)俞德鄰撰　據元
皇慶本景印

藝海一勺

(民國)趙詒琛輯
民國二十二年(1933)排印本
古玉圖攷補正一卷　(民國)鄭文焯撰
論畫十則一卷　(清)王原祁撰
論書十則一卷　(清)鄒方鍔撰
畫山水訣一卷　(清)唐岱撰
畫譚一卷　(清)張式撰
玉尺樓畫說二卷　(民國)金恭撰
寒松閣題跋一卷　(清)張鳴珂撰
印母一卷　(明)楊士修撰
周公謹印說刪一卷　(明)楊士修節錄
今文房四譜一卷　(清)謝崧梁撰
定川草堂文集小品一卷　(清)張文泓撰
蘭易二卷　(宋)鹿亭翁撰　下卷(明)簞溪
子(馮京第)輯
蘭史一卷　(明)簞溪子(馮京第)撰
蘭蕙鏡一卷　(清)屠用甯撰
藝蘭要訣一卷　(清)吳傳澐撰
養菊法一卷　(清)関廷楷撰
藝菊簡易一卷　(清)徐京撰
藝菊須知二卷　(清)顧祿撰
瓶荷譜一卷　(清)楊鍾寶撰
蓮鄉題畫偶存一卷　(清)孔繼堯撰
觀石錄一卷　(清)高兆撰
後觀石錄一卷　(清)毛奇齡撰
月季花譜一卷　(清)評花館主撰

崇雅堂叢書初編

(民國)甘鵬雲輯
民國潛江甘氏崇雅堂刊本
談經九卷附錄一卷　(明)郝敬撰　民國二
十三年(1934)刊
魯文恪公集十卷　(明)魯鐸撰　民國十一
年(1922)刊
大隱樓集十六卷補遺一卷附錄二卷校勘記

一卷　(明)方逢時撰　校勘記(民國)
甘鵬雲等輯　民國十一年(1922)刊
晉陵先賢傳四卷　(明)歐陽東鳳撰　民國
二十一年(1932)刊
素風居士集攟遺二卷　(明)歐陽東鳳撰
民國二十二年(1933)刊
逸樓論史一卷　(清)李中黃撰　民國二十
一年(1932)刊
楚師儒傳八卷　(民國)甘鵬雲撰　民國二
十一年(1932)刊
潛江舊聞八卷　(民國)甘鵬雲撰　民國二
十三年(1934)刊
潛廬類稿十三卷　(民國)甘鵬雲撰　民國
二十三年(1934)刊
潛廬詩錄六卷　(民國)甘鵬雲撰　民國二
十年(1931)刊
潛廬隨筆十三卷　(民國)甘鵬雲撰　民國
二十二年(1933)刊

菽莊叢書

林爾嘉輯
民國十一年至二十三年(1922—1934)龍
溪林氏刊本
古今文字通釋十四卷　(清)呂世宜述
閩中金石略十五卷　(清)陳棨仁撰
閩中金石略考證五卷　林爾嘉撰

滄海叢書

(民國)張伯楨輯
民國二十一年至二十三年(1932—1934)
東莞張氏刊本
第一輯
萬木草堂叢書目錄一卷　(民國)康有為撰
袁督師遺集三卷附錄一卷　(明)袁崇煥撰
張文烈遺集六卷附錄一卷　(明)張家玉撰
附
寒木居詩鈔一卷　(明)張家珍撰　　[輯
袁督師配祀關岳議案七卷　(民國)張伯楨
第二輯
哀烈錄一卷　(民國)康有為輯　　　[錄
汪兆銘庚戌被逮供詞一卷　(民國)張伯楨
寄禪遺詩一卷　(民國)釋敬安撰
焚餘草一卷　(民國)張伯楨撰
愁思集一卷　(民國)張伯楨撰
篁溪家譜一卷附錄二卷　(民國)張伯楨撰
篁溪歸釣圖題詞一卷　(民國)張伯楨輯
南海康先生傳一卷　(民國)張伯楨撰
第三輯　(民國)張伯楨撰　民國二十三年
(1934)刊本
達賴喇嘛傳一卷

班禪額爾德尼傳一卷附錄一卷
西藏大呼畢勒罕考一卷
西藏聖蹟考一卷
附
諸佛出世事蹟考一卷
榮武佛開光說法錄一卷
榮武佛傳一卷
白尊者普仁傳一卷
白尊者普仁舍利塔銘一卷
佛法靈感記一卷
甲戌雜感一卷

信古閣小叢書

黃任恒輯
　　民國二十一年至二十三年(1932—1934)
　　南海黃氏排印本
周易黃氏注一卷　(晉)黃穎撰　(清)馬國
　　翰輯　民國二十一年(1932)排印
兩漢書舊本攷二卷　(清)范公詀撰　黃任
　　恒校補　民國二十一年(1932)排印
毛本梁書校議一卷　(清)陳澧撰　黃任恒
　　錄　民國二十一年(1932)排印
南海山水人物古蹟記一卷　(元)吳萊撰
　　民國二十三年(1934)排印
新會修志條例一卷　(清)黃培芳撰　民國
　　二十三年(1934)排印
肇慶修志章程一卷　(清)陳澧撰　民國二
　　十三年(1934)排印
海東金石存攷一卷待訪目一卷　(清)劉喜
　　海撰　民國二十三年(1934)排印
潔盦金石言一卷　(清)范公詀撰　民國二
　　十三年(1934)排印

甲戌叢編

(民國)趙詒琛(民國)王保譿輯
　　民國二十三年(1934)排印本
姑蘇名賢續紀一卷　(明)文秉撰
鄭桐菴先生年譜二卷　上卷(明)徐雲祥
　　(明)盧涇材撰　下卷(明)鄭敷教自撰
鄭墨陽寃獄辨一卷　(清)湯修業撰
庀村志一卷　(清)曹燀撰
遊黃山記一卷　(清)楊補撰
黟山紀游一卷　(清)汪淮撰
王司農題畫錄二卷　(清)王原祁撰　(民
　　國)王保譿輯校
雨窗漫筆一卷　(清)王原祁撰
東莊論畫一卷　(清)王昱撰
浦山論畫一卷　(清)張庚撰
藝菊新編一卷　(清)蕭淸泰撰
銅㔶傳一卷　(清)徐元潤撰

無名氏筆記一卷　(淸)□□撰
潛吉堂雜著一卷　(淸)楊秉桂撰
散花菴叢語一卷　(淸)葉鑅撰
寒螿詩藁存一卷　(明)辛丑年撰
縹緗集一卷　(淸)岳昌源撰
如畫樓詩鈔一卷　(淸)張培敦撰
梅笛菴詞賸藁一卷　(淸)宋志沂撰
詞說一卷　(民國)蔣兆蘭撰

乙亥叢編

(民國)趙詒琛(民國)王保譿　王大隆輯
　　民國二十四年(1935)排印本
鄭易馬氏學一卷　(淸)陶方琦撰
倭情考略一卷　(明)郭光復撰　(明)郭師
　　古校正
姑蘇名賢後紀一卷　(淸)稽亨奭撰
寒山誌傳一卷　(明)趙宧光等撰
夢盦居士自編年譜一卷　(淸)程庭鷺撰
鄭桐菴筆記一卷　(明)鄭敷教撰
吳乘竊筆一卷　(明)許元溥撰
春樹閒鈔二卷　(淸)顧嗣立撰
晉匏隨筆一卷　(淸)曹楙堅撰　　　　[輯
嶺檇日記鈔三卷　(淸)周星詒撰　王大隆
榮祭酒遺文一卷　(元)榮肇撰
逐初堂集外詩文稿二卷　(淸)潘耒撰
三百堂文集二卷　(淸)陳奐撰　王大隆輯
蕉雲遺詩一卷　(淸)湯朝撰
東陵紀事詩一卷　(民國)陳毅撰
霜厓讀畫錄一卷　(民國)吳梅撰

丙子叢編

(民國)趙詒琛　王大隆輯
　　民國二十五年(1936)排印本
孟子趙注考證一卷　(淸)桂文燦撰
兩漢訂誤四卷　(淸)陳景雲撰
閭邱先生自訂年譜一卷　(淸)顧嗣立撰
竹垞府君行述一卷　(淸)朱桂孫(淸)朱稻
　　孫撰
家兒私語一卷　(明)徐復祚撰
西廬家書一卷　(淸)王時敏撰
資敬堂家訓二卷　(淸)王師晉撰
荷香館瑣言二卷　(民國)丁國鈞撰
天瓶齋書畫題跋二卷　(淸)張照撰
天瓶齋書畫題跋補輯一卷　(淸)張照撰
　　(淸)張異載補輯
桐菴存稿一卷　(明)鄭敷教撰
寫禮廎遺詞一卷　(淸)王頌蔚撰

丁丑叢編

(民國)趙詒琛　王大隆輯

民國二十六年(1937)排印本
唐開成石經考異二卷　(清)吳騫撰
釋書名一卷　(清)莊綬甲撰
遼廣實錄二卷　(明)傅國撰
定思小紀一卷　(清)劉尙友撰
惕齋見聞錄一卷　(清)蘇瀜撰
勞氏碎金三卷附錄一卷　(清)勞經原撰
　(民國)吳昌綬輯　王大隆　瞿熙邦補
輯
鄭桐庵筆記補逸一卷　(明)鄭敷教撰
詠歸堂集一卷　(明)陳曼撰
始誦經室文錄一卷　(清)胡元儀撰
桐月修簫譜一卷　(清)王嘉祿撰

戊寅叢編

(民國)趙詒琛　王大隆輯
　　民國二十七年(1938)排印本
蠶經冠服圖考三卷　(清)黃世發撰
顏氏家訓斠記一卷　(清)郝懿行撰
客越志二卷　(明)王稺登撰
東湖乘二卷　(清)盧生甫撰
雅園居士自敍一卷　(清)顧予咸撰
徵君陳先生(奐)年譜一卷附錄一卷　(清)
　　管慶祺撰
歷代車戰考一卷　(民國)陳漢章撰
藏書題識二卷　(清)汪璐輯
孫淵如先生文補遺一卷　(清)孫星衍撰
　　王大隆輯
戲鷗居詞話一卷叢話一卷　(清)毛大瀛撰

己卯叢編

(民國)趙詒琛　王大隆輯
　　民國二十八年(1939)排印本
逸禮大義論六卷　(清)汪宗沂撰
靖康稗史七種　(宋)耐菴輯
　宣和乙巳奉使金國行程錄一卷　(宋)□
　　□撰
　甕中人語一卷　(宋)韋承撰
　開封府狀一卷　(宋)□□撰
　南征錄彙一卷　(金)李天民輯
　青宮譯語節本一卷　(金)王成棣撰
　呻吟語一卷　(宋)□□撰
　宋俘記一卷　(金)可恭撰
行人司重刻書目不分卷　(明)徐圖等撰
梵麓山房筆記六卷　(清)王汝玉撰

庚辰叢編

(民國)趙詒琛　王大隆輯
　　民國二十九年(1940)排印本
論語皇疏考證十卷　(清)桂文燦撰

禮學大義一卷　(民國)張錫恭撰
楚辭音殘一卷　(隋)釋道騫撰
五石瓠六卷'風:人 詩 話一卷　(清)劉鑾撰
一夢緣一卷　(明)王國梓撰
平圃雜記一卷　(清)張宸撰
古歡堂經籍舉要一卷　(清)吳翌鳳撰
石墨考異二卷　(清)嚴蔚撰
硯谿先生遺稿二卷　(清)惠周惕撰
香影餘譜一卷　(清)陳倬撰

辛巳叢編

(民國)趙詒琛　王大隆輯
　　民國三十年(1941)排印本
經學博采錄六卷　(清)桂文燦撰
吳三桂紀略一卷　(清)□□撰
吳逆始末記一卷　(清)□□撰
平吳錄一卷　(清)孫旭撰
平滇始末一卷　(清)□□撰
存友札小引一卷　(清)徐晟撰
荔村隨筆一卷　(清)譚宗浚撰
一老庵文鈔一卷　(清)徐柯撰
一老庵遺橐四卷　(清)徐柯撰

邃雅齋叢書

邃雅齋輯
　　民國二十三年(1934)景印本
三傳經文辨異四卷　(清)焦廷琥撰　據寫
　　本景印
孔子三朝記七卷目錄一卷　(清)洪頤煊注
　　釋　據清嘉慶本景印
通俗文一卷敍錄一卷　(漢)服虔撰　(清)
　　臧庸輯　據清嘉慶甘泉林氏本景印
史記釋疑三卷　(清)錢塘撰　據清乾隆四
　　益齋本景印　　　　　　　　　　[印
尙友記不分卷　(清)汪喜孫輯　據稿本景
師友淵源記一卷　(清)陳奐撰　據清光緒
　　錢唐汪氏函雅堂本景印
汪孟慈文集不分卷　(清)汪喜孫撰　據稿
　　本景印　　　　　　　　　　　　[印
筠軒文鈔八卷　(清)洪頤煊撰　據刊本景

芋園叢書

黃肇沂輯
　　民國二十四年(1935)南海黃氏據舊版彙
　　印本
經部
　易經解五卷　(宋)朱長文撰
　李氏易解賸義三卷　(清)李富孫撰
　金氏尙書注十二卷　(宋)金履祥撰
　尙書注考一卷　(明)陳泰交撰

脈藥聯珠四卷　(清)龍柏撰
脈藥聯珠古方考四卷　(清)龍柏撰
藥證忌宜一卷　(清)陳澈撰
天文精義五卷　(元)岳熙載撰
靈棋經二卷　(漢)東方朔撰　(晉)顏幼明
　(劉宋)何承天注　(元)陳師凱(明)劉
　基解
月波洞中記一卷　(吳)張仲遠傳本
御覽書苑菁華二十卷　(宋)陳思撰
童學書程一卷　(明)豐坊撰
顏書編年錄四卷　(清)黃本驥撰
藝舟雙楫六卷　(清)包世臣撰
芳堅館題跋四卷　(清)郭尚先撰
玉臺書史一卷　(清)厲鶚撰
張氏四種　(明)張丑撰
　法書名畫見聞表一卷
　南陽名畫表一卷
　南陽法書表一卷
　清河祕篋書畫表一卷
名畫獵精錄三卷　(唐)張彥遠撰
廣川畫跋六卷　(宋)董逌撰
苦瓜和尚畫語錄一卷　(清)釋道濟撰
南田畫跋四卷　(清)惲格撰
畫訣一卷　(清)龔賢撰
雨窗漫筆一卷　(清)王原祁撰
東莊論畫一卷　(清)王昱撰
畫訣一卷　(清)孔衍栻撰
浦山論畫一卷　(清)張庚撰
冬心畫題記五種　(清)金農撰
　冬心先生畫竹題記一卷
　冬心先生畫梅題記一卷
　冬心先生畫馬題記一卷
　冬心先生畫佛題記一卷
　冬心先生自寫真題記一卷
小山畫譜二卷　(清)鄒一桂撰
寫竹雜記一卷　(清)蔣和撰
板橋題畫一卷　(清)鄭燮撰
山南論畫一卷　(清)王學浩撰
二十四畫品一卷　(清)黃鉞撰
畫筌析覽一卷　(清)湯貽汾撰
繪事津梁一卷　(清)秦祖永撰
無聲詩史七卷　(清)姜紹書撰
玉臺畫史五卷別錄一卷　(清)湯漱玉輯
周櫟園印人傳三卷　(清)周亮工撰
飛鴻堂印人傳八卷　(清)汪啓淑撰
摹印傳燈二卷　(清)葉爾寬撰
紅朮軒紫泥法定本一卷　(清)汪鎬京撰
琴學八則一卷　(清)程雄撰
錢譜一卷　(宋)董逌(一題明董通)撰
墨表四卷　(清)萬壽祺撰

雪堂墨品一卷　(清)張仁熙撰
漫堂墨品一卷　(清)宋犖撰
觀石錄一卷　(清)高兆撰
水坑石記一卷　(清)錢朝鼎撰
陶說六卷　(清)朱琰撰
陽羨茗壺系一卷　(明)周高起撰
膳夫經一卷　(唐)楊曄撰
雲林堂飲食製度集一卷　(元)倪瓚撰
洞山岕茶系一卷　(明)周高起撰
獸經一卷　(明)黃省曾撰
虎苑二卷　(明)王穉登撰
清祕藏二卷　(明)張應文撰
裝潢志一卷　(清)周嘉胄撰
藏書紀要一卷　(清)孫從添撰
同書四卷　(清)周亮工撰
文選編珠二卷　(清)石韞玉撰
羅氏識遺十卷　(宋)羅璧撰
醉翁談錄八卷　(宋)金盈之撰
徐氏筆精八卷　(明)徐𤊹撰
明語林十四卷　(清)吳肅公撰
過庭記餘三卷　(清)陶樾撰
桐埜副墨一卷　(明)黎遂球撰
南村觴政一卷　(清)張慇撰
幽夢影二卷　(清)張潮撰
集部
　薛濤詩一卷　(唐)薛濤撰
　寶綸堂文鈔八卷　(清)齊召南撰
　詁晉齋集八卷後集一卷隨筆一卷　(清)永
　　瑆撰
　凹園詩鈔二卷續鈔三卷　(民國)黃榮康撰
　清宮詞本事一卷　(民國)黃榮康撰
　擊劍詞一卷　(民國)黃榮康撰
　文選紀聞三十卷　(清)余蕭客撰
　堯山堂偶雋七卷　(明)蔣一葵撰
　遼詩話二卷　(清)周春撰

黎照廬叢書

林集虛輯
　　民國二十四年(1935)木活字排印本
　續千字文一卷　(清)龔璓撰
　廣千字文一卷　(□)沉澄撰
　黑韃事略一卷　(宋)彭大雅撰　(宋)徐霆
　　疏證
　范運吉傳一卷　(明)徐養正撰
　黃氏家錄一卷　(清)黃宗羲撰　　　　[輯
　楊龜山先生(時)年譜考證一卷　(清)黃璋
　四明山遊錄一卷　(清)黃宗會撰
　餘慶錄一卷　(明)徐天衡撰
　康熙御製百家姓一卷　清聖祖撰
　道德經註一卷　(明)張位撰

青錦園賦草一卷附廣連珠一卷　(明)葉憲
　　祖撰
南雷文定五集四卷　(清)黃宗羲撰
定泉詩話五卷　(清)陳梓撰
閨詞雜怨一卷　(清)黃千人撰
宜園詞一卷　(清)黃璋撰

蓉城仙館叢書

(民國)石榮暲輯
　　民國陽新石氏排印本
庫頁島志略四卷　(民國)石榮暲撰　民國
　　二十四年(1935)排印
合河政記二卷　(民國)石榮暲撰　民國二
　　十三年(1934)排印
明代祕籍三種　民國二十五年(1936)排印
　草廬經略輿圖總論一卷　(明)黃之瑞撰
　箬繭室詩集一卷　(清)許友撰
　訓蒙聯句一卷　(明)司守謙撰
元代征倭記一卷　(民國)石榮暲輯　民國
　　二十三年(1934)排印
敬畏齋公牘二卷附錄一卷　(清)石鑫撰
　　民國二十八年(1939)排印

中國文學珍本叢書第一輯

張靜廬輯
　　民國二十四年至二十五年(1935—1936)
　　上海貝葉山房排印本
袁小修日記(一名珂雪齋外集又名遊居柿
　　錄)十三卷　(明)袁中道撰
柳亭詩話三十卷　(清)宋長白撰
宋六十名家詞　(明)毛晉輯
　珠玉詞一卷　(宋)晏殊撰
　六一詞一卷　(宋)歐陽修撰
　樂章集一卷　(宋)柳永撰
　東坡詞一卷　(宋)蘇軾撰
　山谷詞一卷　(宋)黃庭堅撰
　淮海詞一卷　(宋)秦觀撰
　小山詞一卷　(宋)晏幾道撰
　東堂詞一卷　(宋)毛滂撰
　放翁詞一卷　(宋)陸游撰
　稼軒詞四卷　(宋)辛棄疾撰
　片玉詞二卷補遺一卷　(宋)周邦彥撰
　梅溪詞一卷　(宋)史達祖撰
　白石詞一卷　(宋)姜夔撰
　石林詞一卷　(宋)葉夢得撰
　酒邊詞二卷　(宋)向子諲撰
　溪堂詞一卷　(宋)謝逸撰
　樵隱詞一卷　(宋)毛幵撰
　竹山詞一卷　(宋)蔣捷撰
　書舟詞一卷　(宋)程垓撰

　坦菴詞一卷　(宋)趙師俠撰
　惜香樂府十卷　(宋)趙長卿撰
　西樵語業一卷　(宋)楊炎正撰
　竹屋癡語一卷　(宋)高觀國撰
　夢窗甲稿一卷乙稿一卷丙稿一卷丁稿一
　　卷絕筆一卷補遺一卷　(宋)吳文英
　　撰
　近體樂府一卷　(宋)周必大撰
　竹齋詩餘一卷　(宋)黃機撰
　金谷遺音一卷　(宋)石孝友撰
　散花菴詞一卷　(宋)黃昇撰
　和清眞詞一卷　(宋)方千里撰
　後村別調一卷　(宋)劉克莊撰
　蘆川詞一卷　(宋)張元幹撰
　于湖詞三卷　(宋)張孝祥撰
　洺水詞一卷　(宋)程珌撰
　歸愚詞一卷　(宋)葛立方撰
　龍洲詞一卷　(宋)劉過撰
　初寮詞一卷　(宋)王安中撰
　龍川詞一卷補一卷　(宋)陳亮撰
　姑溪詞一卷　(宋)李之儀撰
　友古詞一卷　(宋)蔡伸撰
　石屏詞一卷　(宋)戴復古撰
　海野詞一卷　(宋)曾覿撰
　逃禪詞一卷　(宋)楊无咎撰
　空同詞一卷　(宋)洪瑹撰
　介菴詞一卷　(宋)趙彥端撰
　平齋詞一卷　(宋)洪咨夔撰
　文溪詞一卷　(宋)李公昂撰
　丹陽詞一卷　(宋)葛勝仲撰
　孏窟詞一卷　(宋)侯寘撰
　克齋詞一卷　(宋)沈端節撰
　芸窗詞一卷　(宋)張槃撰
　竹坡詞三卷　(宋)周紫芝撰
　聖求詞一卷　(宋)呂濱老撰
　壽域詞一卷　(宋)杜安世撰
　審齋詞一卷　(宋)王千秋撰
　東浦詞一卷　(宋)韓玉撰
　知稼翁詞一卷　(宋)黃公度撰
　無住詞一卷　(宋)陳與義撰
　後山詞一卷　(宋)陳師道撰
　蒲江詞一卷　(宋)盧祖皋撰
　琴趣外篇六卷　(宋)晁補之撰
　烘堂詞一卷　(宋)盧炳撰
拍案驚奇三十六卷　(明)凌濛初撰
西青散記四卷　(清)史震林撰　　　　[輯
賴古堂名賢尺牘新鈔十二卷　(清)周亮工
金瓶梅詞話十卷　(明)笑笑生撰
譚友夏合集二十三卷　(明)譚元春撰
華陽散稿二卷　(清)史震林撰

瑯嬛文集六卷　　（明）張岱撰
元人雜劇全集　盧前輯
　關漢卿雜劇　（元）關漢卿撰
　　溫太眞玉鏡臺一卷
　　錢大尹智寵謝天香一卷
　　趙盼兒風月救風塵一卷
　　包待制三勘蝴蝶夢一卷
　　包待制智斬魯齋郎一卷
　　杜蕊娘智賞金線池一卷
　　感天動地竇娥冤一卷
　　望江亭中秋切鱠一卷
　　錢大尹智勘緋衣夢一卷
　　關大王單刀會一卷
　　詐妮子調風月一卷
　　閨怨佳人拜月亭一卷
　　關張雙赴西蜀夢一卷
　　張君瑞慶團圝(一名續西廂)一卷
　附
　　風流孔目春衫記殘本一卷
　　唐明皇哭香囊殘本一卷
　王實甫雜劇　（元）王實甫撰
　　四丞相高會麗春堂一卷
　　崔鶯鶯待月西廂記四卷
　附
　　蘇小卿月夜販茶船殘本一卷
　　王彩雲絲竹芙蓉亭殘本一卷
　晚進王生雜劇　（元）晚進王生撰
　　圍棋闖局一卷
　白仁甫雜劇　（元）白樸撰
　　唐明皇秋夜梧桐雨一卷
　　裴少俊牆頭馬上一卷
　附
　　董秀英花月東牆記殘本一卷
　　韓采蘋御水流紅葉殘本一卷
　　李克用箭射雙雕殘本一卷
　高文秀雜劇　（元）高文秀撰
　　黑旋風雙獻功一卷
　　須賈大夫誶范叔一卷
　　好酒趙元遇上皇一卷
　附
　　周瑜謁魯肅殘本一卷
　鄭廷玉雜劇　（元）鄭廷玉撰
　　楚昭公疏者下船一卷
　　布袋和尚忍字記一卷
　　包龍圖智勘後庭花一卷
　　看錢奴買冤家債主一卷
　　崔府君斷冤家債主一卷
　馬致遠雜劇　（元）馬致遠撰
　　破幽夢孤雁漢宮秋一卷
　　半夜雷轟薦福碑一卷

呂洞賓三醉岳陽樓一卷
西華山陳摶高臥一卷
邯鄲道省悟黃粱夢一卷
江州司馬青衫泪一卷
馬丹陽三度任風子一卷
劉晨阮肇誤入桃源一卷
李文蔚雜劇　（元）李文蔚撰
　同樂院燕青博魚一卷
李直夫雜劇　（元）李直夫撰
　便宜行事虎頭牌一卷
附
　鄧伯道棄子留姪殘本一卷
庾吉甫雜劇　（元）庾天錫撰
　朱太守風雪漁樵記一卷
吳昌齡雜劇　（元）吳昌齡撰
　唐三藏西天取經六卷
　張天師斷風花雪月一卷
　花間四友東坡夢一卷
附
　鬼子母揭鉢記殘本一卷
武漢臣雜劇　（元）武漢臣撰
　李素蘭風月玉壺春一卷
　散家財天賜老生兒一卷
　包待制智勘生金閣一卷
附
　虎牢關三戰呂布殘本一卷
王仲文雜劇　（元）王仲文撰
　救孝子賢母不認屍一卷
附
　漢張良辭朝歸山殘本一卷
　諸葛亮秋風五丈原殘本一卷
李壽卿雜劇　（元）李壽卿撰
　說鱄諸伍員吹簫一卷
　月明和尚度柳翠一卷
附
　鼓盆歌莊子嘆骷髏殘本一卷
尚仲賢雜劇　（元）尚仲賢撰
　洞庭湖柳毅傳書一卷
　漢高皇濯足氣英布一卷
　尉遲恭單鞭奪槊一卷
　尉遲恭三奪槊一卷
附
　海神廟王魁負桂英殘本一卷
　陶淵明歸去來兮殘本一卷
　鳳凰坡越娘背燈殘本一卷
石君寶雜劇　（元）石君寶撰
　魯大夫秋胡戲妻一卷
　李亞仙花酒曲江池一卷
　風月紫雲亭一卷
楊顯之雜劇　（元）楊顯之撰

臨江驛瀟湘秋夜雨一卷
鄭孔目風雪酷寒亭一卷
紀君祥雜劇　(元)紀君祥撰
　趙氏孤兒大報讐一卷
戴善夫雜劇　(元)戴善夫撰
　陶學士醉寫風光好一卷
附
　柳耆卿詩酒翫江樓殘本一卷
李好古雜劇　(元)李好古撰
　沙門島張生煮海一卷
王伯成雜劇　(元)王伯成撰
　李太白貶夜郎一卷
孫仲章雜劇　(元)孫仲章撰
　河南府張鼎勘頭巾一卷
張國賓雜劇　(元)張國賓撰
　薛仁貴榮歸故里一卷
　相國寺公孫合汗衫一卷
　羅李郎大鬧相國寺一卷
康進之雜劇　(元)康進之撰
　梁山泊李逵負荆一卷
岳伯川雜劇　(元)岳伯川撰
　呂洞賓度鐵拐李岳一卷
附
　羅光遠夢斷楊貴妃殘本一卷
石子章雜劇　(元)石子章撰
　秦脩然竹塢聽琴一卷
附
　黃貴孃秋夜竹窗雨殘本一卷
孟漢卿雜劇　(元)孟漢卿撰
　張孔目智勘魔合羅一卷
李進取雜劇　(元)李進取撰
　神龍殿欒巴噀酒殘本一卷
李行道雜劇　(元)李潛夫撰
　包待制智勘灰闌記一卷
狄君厚雜劇　(元)狄君厚撰
　晉文公火燒介之推一卷
孔文卿雜劇　(元)孔學詩撰
　秦太師東窗事犯一卷
張壽卿雜劇　(元)張壽卿撰
　謝金蓮詩酒紅黎花一卷
費唐臣雜劇　(元)費唐臣撰
　蘇子瞻風雪貶黃州殘本一卷
宮大用雜劇　(元)宮天挺撰
　死生交范張雞黍一卷
鄭德輝雜劇　(元)鄭光祖撰
　醉思鄉王粲登樓一卷
　迷青瑣倩女離魂一卷
　㑳梅香騙翰林風月一卷
　輔成王周公攝政一卷
附

崔懷寶月夜聞箏殘本一卷
白石樵眞稿二十四卷　(明)陳繼儒撰
豆棚閒話一卷　(清)艾衲居士編
白蘇齋類集二十二卷　(明)袁宗道撰
梅花草堂筆談十四卷　(明)張大復撰
唱經堂才子書彙稿十一種　(清)金人瑞撰
　語錄纂二卷
　聖人千案一卷
　隨手通一卷
　沈吟樓借杜詩一卷
　左傳釋一卷
　古詩解一卷
　釋小雅一卷
　釋孟子四章一卷
　批歐陽永叔詞十二首一卷
　易鈔引一卷
　通宗易論一卷
石點頭十四卷　(明)天然癡叟撰
閒情偶寄十六卷　(清)李漁撰
買愁集四卷　(清)錢尙濠輯
西湖夢尋五卷　(明)張岱撰
翠樓集一卷二集一卷新集一卷　(清)劉雲
　份輯
媚幽閣文娛不分卷　(明)鄭光勳輯
眉公先生晚香堂小品二十四卷　(明)陳繼
　儒撰
李氏焚書六卷　(明)李贄撰
禪眞逸史四十回　(□)清溪道人撰
王季重十種　(明)王思任撰
　雜序一卷
　遊喚一卷
　歷遊記一卷
　遊廬山記一卷
　雜記一卷
　爾爾集一卷
　避園擬存一卷
　律陶一卷
　廬遊雜詠一卷
　奕律一卷
吳騷集四卷　(明)王穉登輯
鍾伯敬合集(一名隱秀軒集)不分卷　(明)
　鍾惺撰
西湖二集三十四卷附西湖秋色一卷　(明)
　周楫撰
葉天寥四種　(明)葉紹袁撰
　葉天寥自撰年譜一卷續一卷
　天寥年譜別記(一名牛不軒留事)一卷
　甲行日注八卷
詞林紀事二十二卷　(清)張宗橚輯
樂府指迷一卷　(宋)張炎撰

詞旨一卷　（元）陸行直撰
詞韻考略一卷　（清）許昂霄撰
賴古堂尺牘新鈔二選(一名藏弆集)十六卷
　　（清）周亮工輯　　　　　　　　　　［撰
珂雪齋詩集七卷文集十四卷　（明）袁中道
賴古堂尺牘新鈔三選(一名結隣集)十五卷
　　（清）周亮工輯
唐詩紀事八十一卷　　（宋）計有功撰
徐文長逸稿二十四卷附自著畸譜一卷
　　（明）徐渭撰
附
　　夢遇一卷　（明）章重撰
古文品外錄十二卷　（明）陳繼儒撰
午夢堂全集十二種　（明）葉紹袁輯
　　鸝吹(一名午夢堂遺集)二卷附一卷梅花
　　　詩一卷　（明）沈宜修撰
　　愁言(一名芳雪軒遺集)一卷附集一卷
　　　（明）葉紈紈撰
　　返生香(一名疎香閣遺集)一卷附集一卷
　　　（明）葉小鸞撰
　　鴛鴦夢一卷　（明）葉小紈撰
　　窈聞一卷續一卷　（明）葉紹袁撰
　　伊人思一卷　（明）沈宜修輯
　　百旻遺草一卷附集一卷　（明）葉世侗撰
　　秦齋怨一卷　（明）葉紹袁撰
　　屺雁哀一卷　（明）葉紹袁輯
　　彤奩續些二卷　（明）葉紹袁輯
　　靈護集一卷附一卷　（明）葉世倕撰
　　瓊花鏡一卷　（明）葉紹袁撰

國學珍本文庫第一集

襟霞閣主人輯
　　　民國二十四年至二十五年(1935—1936)
　　　上海中央書店排印本
小窗幽記十二卷　（明）陳繼儒撰
寫心集(一名晚明百家尺牘)十六卷　（清）
　　陳枚輯
折獄新語十卷　（清）李清撰
冰雪攜(一名晚明百家小品)二卷　（明）衛
　　泳輯　　　　　　　　　　　　　　［撰
黃山謎十四卷　（明）墨憨齋主人(馮夢龍)
說頤八卷　（明）余懋學撰
廣笑府十三卷附錄一卷　（明）墨憨齋主人
　　(馮夢龍)撰
霓裳續譜八卷　（清）王廷紹輯
青樓韻語四卷　（清）張夢徵輯
懷芳記一卷　（清）蘀麈庵老人撰　（清）麋
　　月樓主(譚獻)注
雪鴻小記一卷補遺一卷　（清）珠泉居士撰
泛湖偶記一卷　（清）繆艮撰

珠江奇遇記一卷　（清）劉瀛撰
帝城花樣一卷　（清）□□撰　　　　　［撰
燕臺花事錄三卷　（清）蜀西樵也(王增祺)
珠江梅柳記一卷　（清）周友良撰
珠江名花小傳一卷　（清）支機生(繆艮)撰
白門新柳記一卷補記一卷白門衰柳附記一
　　卷　（清）許豫撰　補記(清)楊亨撰
竹西花事小錄一卷　（清）芬利它行者撰
海陬冶遊錄一卷　（清）淞北玉魫生(王韜)
　　撰
幽夢影一卷　（清）張潮撰
雪濤小書二卷　（明）冰華生(江進之)輯
金陵瑣事二卷　（明）周暉撰
五雜俎十六卷　（明）謝肇淛撰
珂雪齋近集四卷　（明）袁中道撰
附
　　楚狂之歌一卷　（明）袁祈年撰
　　小袁幼稿一卷　（明）袁祈年撰
　　近遊草一卷　（明）袁祈年撰
美人詩二卷　（明）閔正中(明)曾汝魯(明)
　　房炤如撰
附
　　比紅兒詩註一卷　（清）沈可培撰
　　香咳集選存三卷　（清）許夔臣輯
紫桃軒雜綴四卷又綴三卷　（明）李日華撰
附
　　禮白嶽記一卷　（明）李日華撰
　　篷櫳夜話一卷　（明）李日華撰
寫心二集(一名晚明百家尺牘)二十卷
　　（清）陳枚輯
六硯齋筆記四卷二筆四卷三筆四卷　（明）
　　李日華撰
竹嬾畫媵一卷續畫媵一卷　（明）李日華撰
墨君題語一卷　（明）李日華撰
　墨君題語一卷　（明）李肇亨撰
　薊旋錄一卷　（明）李日華撰
　璽召錄一卷　（明）李日華撰
羣芳清玩　（明）李瑜輯
　鼎錄一卷　（梁）虞荔撰
　刀劍錄一卷　（梁）陶弘景撰
　研史一卷　（宋）米芾撰
　畫鑒一卷　（元）湯垕撰
　石譜一卷　（宋）杜綰撰
　瓶史二卷　（明）袁宏道撰
　弈律一卷　（明）王思任撰
　王氏蘭譜一卷　（宋）王貴學撰
　金漳蘭譜一卷　（宋）趙時庚撰
　茗笈二卷　（明）屠本畯撰
　茗笈品藻一卷　（明）屠本畯撰
　香國二卷　（明）毛晉撰

名香譜一卷　(宋)葉廷珪撰
采菊雜詠一卷　(明)馬弘衛撰
菊譜一卷　(宋)范成大撰
梅譜一卷　(宋)范成大撰
洛陽牡丹記一卷　(宋)歐陽修撰
芍藥譜一卷　(宋)王觀撰
海棠譜一卷　(宋)陳思撰
貫月查一卷　(清)方絢撰
采蓮船一卷　(清)方絢撰
饗屧譜一卷　(宋)楊无咎撰(清)方絢注
昭陽趣史二卷　(清)艷艷生撰
天下名山遊記不分卷　(清)吳秋士輯
金瓶梅詞話十卷　(明)笑笑生撰

四部備要

中華書局輯　　　　　　　　　　　　　　　　　［本
　民國二十五年(1936)上海中華書局排印
　民國二十五年(1936)上海中華書局縮印
　　本
經部
　十三經古注
　　周易十卷　(魏)王弼(晉)韓康伯注　略
　　　例(魏)王弼撰　(唐)邢璹注　(唐)
　　　陸德明音義
　　尚書十三卷　(漢)孔安國傳　(唐)陸德
　　　明音義
　　毛詩二十卷　(漢)毛亨傳　(漢)鄭玄箋
　　　(唐)陸德明音義
　　周禮四十二卷　(漢)鄭玄注　(唐)陸德
　　　明音義
　　儀禮十七卷　(漢)鄭玄注　(唐)陸德明
　　　音義
　　禮記二十卷　(漢)鄭玄注　(唐)陸德明
　　　音義
　　春秋經傳集解三十卷附春秋年表一卷春
　　　秋名號歸一圖二卷　(晉)杜預撰
　　　(唐)陸德明音義　年表(□)□□撰
　　　名號歸一圖(後蜀)馮繼先撰
　　春秋公羊傳二十八卷　(漢)何休解詁
　　　(唐)陸德明音義
　　春秋穀梁傳二十卷　(晉)范甯集解
　　　(唐)陸德明音義
　　孝經九卷　(漢)鄭玄注
　　論語二十卷　(魏)何晏集解
　　孟子十四卷　(漢)趙岐注
　　爾雅十一卷　(晉)郭璞注　(□)□□音
　四書集注十九卷　(宋)朱熹撰
　十三經注疏
　　周易兼義九卷附音義一卷注疏校勘記九
　　　卷釋文校勘記一卷　(魏)王弼(晉)

韓康伯注　(唐)孔穎達疏　晉義
　(唐)陸德明撰　校勘記(清)阮元撰
附釋音尚書注疏二十卷附校勘記二十卷
　(漢)孔安國傳　(唐)陸德明音義
　(唐)孔穎達疏　校勘記(清)阮元
　撰
附釋音毛詩注疏七十卷附校勘記七十卷
　(漢)毛亨傳　(漢)鄭玄箋　(唐)
　陸德明音義　(唐)孔穎達疏　校勘
　記(清)阮元撰
附釋音周禮注疏四十二卷附校勘記四十
　二卷　(漢)鄭玄注　(唐)陸德明音
　義　(唐)賈公彥疏　校勘記(清)阮
　元撰
儀禮注疏五十卷附校勘記五十卷　(漢)
　鄭玄注　(唐)賈公彥疏　校勘記(清)
　阮元撰
附釋音禮記注疏六十三卷附校勘記六十
　三卷　(漢)鄭玄注　(唐)陸德明音
　義　(唐)孔穎達疏　校勘記(清)阮
　元撰
附釋音春秋左傳注疏六十卷附校勘記六
　十卷　(晉)杜預注　(唐)陸德明音
　義　(唐)孔穎達疏　校勘記(清)阮
　元撰
監本附音春秋公羊注疏二十八卷附校勘
　記二十八卷　(漢)何休撰　(唐)陸
　德明音義　(唐)徐彥疏　校勘記
　(清)阮元撰
監本附音春秋穀梁注疏二十卷附校勘記
　二十卷　(晉)范寧集解　(唐)陸德
　明音義　(唐)楊士勛疏　校勘記
　(清)阮元撰
孝經正義九卷附校勘記九卷　唐玄宗注
　(宋)邢昺疏　校勘記(清)阮元撰
論語注疏解經二十卷附校勘記二十卷
　(魏)何晏集解　(宋)邢昺疏　校勘
　記(清)阮元撰
孟子注疏解經十四卷附校勘記十四卷
　(漢)趙岐注　(宋)孫奭疏　校勘記
　(清)阮元撰
爾雅注疏十卷附校勘記十卷　(晉)郭璞
　注　(宋)邢昺疏　(□)□□音　校
　勘記(清)阮元撰
清十三經注疏
　周易述二十一卷　(清)惠棟撰
附
　周易述補四卷　(清)江藩撰
　周易述補五卷　(清)李林松撰
尚書今古文注疏三十卷　(清)孫星衍撰

毛詩傳箋通釋三十二卷　（清）馬瑞辰撰
周禮正義八十六卷　（清）孫詒讓撰
儀禮正義四十卷　（清）胡培翬撰　（清）
　　楊大堉補
禮記訓纂四十九卷　（清）朱彬撰
春秋左傳詁二十卷　（清）洪亮吉撰
公羊義疏七十六卷　（清）陳立撰
穀梁補注二十四卷　（清）鍾文烝撰
孝經鄭注疏二卷　（清）皮錫瑞撰
論語正義二十四卷附錄一卷　（清）劉寶
　　楠撰　（清）劉恭冕述
孟子正義三十卷　（清）焦循撰
爾雅義疏二十卷　（清）郝懿行撰
小學
說文解字十五卷　（漢）許慎撰　（宋）徐鉉
　　等校定
說文解字繫傳四十卷附校勘記三卷　（南
　　唐）徐鍇撰　校勘記（清）祁寯藻撰
說文解字注三十卷附六書音韻表二卷
　　（清）段玉裁撰
說文通檢十四卷首一卷末一卷　（清）黎永
　　椿撰
大廣益會玉篇三十卷　（宋）陳彭年等重修
廣韻五卷附校札一卷　（宋）陳彭年等重修
　　校札（清）黎庶昌撰
集韻十卷　（宋）丁度等撰　　　　　　〔撰
小爾雅義證十三卷補遺一卷　（清）胡承珙
輶軒使者絕代語釋別國方言十三卷　（漢）
　　揚雄撰　（清）戴震疏證
廣雅疏證十卷　（清）王念孫撰　（清）王引
　　之述
附
　　博雅音十卷　（隋）曹憲撰
經義
春秋繁露十七卷附錄一卷　（漢）董仲舒撰
　　（清）盧文弨校
經義考三百卷（原缺卷二百八十六、卷二百
　　九十九至三百）　（清）朱彝尊撰
經義述聞三十二卷　（清）王引之撰
史部
二十四史
史記一百三十卷附考證　（漢）司馬遷撰
　　（劉宋）裴駰集解　（唐）司馬貞索隱
　　（唐）張守節正義
前漢書一百卷附考證　（漢）班固撰　（唐）
　　顏師古注
後漢書一百二十卷附考證　（劉宋）范曄撰
　　（唐）李賢注　續志（晉）司馬彪撰
　　（梁）劉昭注
三國志六十五卷附考證　（晉）陳壽撰

　　（劉宋）裴松之注
晉書一百三十卷晉義三卷附考證　唐太宗
　　撰　晉義（唐）何超撰
宋書一百卷附考證　（梁）沈約撰
南齊書五十九卷附考證　（梁）蕭子顯撰
梁書五十六卷附考證　（唐）姚思廉撰
陳書三十六卷附考證　（唐）姚思廉撰
魏書一百十四卷附考證　（北齊）魏收撰
北齊書五十卷附考證　（唐）李百藥撰
周書五十卷附考證　（唐）令狐德棻等撰
隋書八十五卷附考證　（唐）魏徵（唐）長孫
　　無忌等撰
南史八十卷附考證　（唐）李延壽撰
北史一百卷附考證　（唐）李延壽撰
舊唐書二百卷附考證　（後晉）劉昫等撰
唐書二百二十五卷釋音二十五卷附考證
　　（宋）歐陽修（宋）宋祁等撰　釋音（宋）
　　董衝撰
舊五代史一百五十卷附考證　（宋）薛居正
　　等撰
五代史七十四卷附考證　（宋）歐陽修撰
　　（宋）徐無黨注
宋史四百九十六卷附考證　（元）脫脫等撰
遼史一百十六卷附考證　（元）脫脫等撰
金史一百三十五卷附考證　（元）脫脫等撰
附　　　　　　　　　　　　　　　　　　〔撰
　　欽定金國語解一卷　清乾隆四十六年敕
元史二百十卷附考證　（明）宋濂（明）王禕
　　等撰
明史三百三十二卷　（清）張廷玉等撰
編年
資治通鑑二百九十四卷附表一卷　（宋）司
　　馬光撰　（元）胡三省音注
資治通鑑目錄三十卷　（宋）司馬光撰
續資治通鑑二百二十卷　（清）畢沅撰
明紀六十卷　（清）陳鶴撰
古史
逸周書十卷校正補遺一卷附錄一卷　（晉）
　　孔晁注　（清）盧文弨校
國語二十一卷附札記一卷攷異四卷　（吳）
　　韋昭注　札記（清）黃丕烈撰　攷異
　　（清）汪遠孫撰
戰國策三十三卷附札記三卷　（漢）高誘注
　　札記（清）黃丕烈撰
山海經箋疏十八卷圖讚一卷訂譌一卷敍錄
　　一卷　（清）郝懿行撰
竹書紀年二卷　（梁）沈約注　（清）洪頤煊
　　校
穆天子傳六卷附錄一卷　（晉）郭璞注
　　（清）洪頤煊校

晏子春秋七卷附晉義二卷校 勘 記 二 卷
　　(周)晏嬰撰　(:清)孫星衍校併撰晉義
　　校勘記(清)黃以周撰
越絕書十五卷　　(漢)袁康撰
吳越春秋十卷　　(漢)趙曄撰　(宋)徐天祐
　　音注
列女傳七卷續列女傳一卷　(漢)劉向撰
　　續(□)□□撰　(清)梁端校注
說苑二十卷　　(漢)劉向撰
別史
東觀漢記二十四卷　　(漢)劉珍等撰
晉略六十六卷　　(清)周濟撰
雜史　　　　　　　　　　　　　　　　　[論
貞觀政要十卷　　(唐)吳兢撰　(元)戈直集
唐摭言十五卷　　(南漢)王定保撰
新編宣和遺事前集一卷後集一卷　(宋)□
　　□撰
靖康傳信錄三卷　　(宋)李綱撰
路史前紀九卷後紀十三卷餘論十卷發揮六
　　卷國名紀七卷　(宋)羅泌撰　(宋)羅
　　苹注
長春眞人西遊記二卷附錄一卷　(元)李志
　　常撰
聖武記十四卷　　(清)魏源撰
載記
華陽國志十二卷附補華陽國志三州郡縣目
　　錄一卷　(晉)常璩撰　附(清)廖寅撰
十六國春秋十六卷　　(後魏)崔鴻撰
傳記
高士傳三卷　　(晉)皇甫謐撰
國朝先正事略六十卷　　(清)李元度撰
中興將帥別傳三十卷　　(民國)朱孔彰撰
奏議
唐陸宣公集(一名翰苑集)二十二卷增輯二
　　卷　(唐)陸贄撰　(清)耆英增輯
地理
水經注四十卷首一卷附錄二卷　(後魏)酈
　　道元撰　(民國)王先謙合校
　　　　　　附錄(清)趙一清撰
洛陽伽藍記五卷附集證一卷　(後魏)楊衒
　　之撰　集證(清)吳若準撰
荊楚歲時記一卷　　(北周)宗懍撰
政書
漢官六種　　(清)孫星衍輯
　漢官一卷　(漢)□□撰　　　　　　[注
　漢官解詁一卷　(漢)王隆撰　(漢)胡廣
　漢舊儀二卷補遺二卷　(漢)衞 宏 撰
　　(清)孫星衍校幷輯補遺
　漢官儀二卷　(漢)應劭撰
　漢官典職儀式選用一卷　(漢)蔡質撰

漢儀一卷　　(吳)丁孚撰
通志略五十二卷　　(宋)鄭樵撰
欽定歷代職官表七十二卷　清乾隆四十五
　　年敕撰
吾學錄初編二十四卷　　(清)吳榮光撰
史評
史通通釋二十卷　　(清)浦起龍撰
讀通鑑論三十卷末一卷　　(清)王夫之撰
宋論十五卷　　(清)王夫之撰
文史通義八卷　　(清)章學誠撰
校讎通義三卷　　(清)章學誠撰
表譜考證
歷代史表五十九卷　　(清)萬斯同撰
歷代帝王年表十四卷　　(清)齊 召 南 撰
　　(清)阮福續
歷代帝王廟諡年諱譜一卷　　(清)陸費墀撰
歷代統紀表十三卷　(清)段長基撰　(清)
　　段摺書參註
歷代疆域表三卷　(清)段長基撰　(清)段
　　摺書參註
歷代沿革表三卷　(清)段長基撰　(清)段
　　摺書參註
紀元編三卷末一卷　　(清)李兆洛撰　[撰
歷代地理志韻編今釋二十卷　(清)李兆洛
　　附
　　皇朝輿地韻編二卷　(清)李兆洛撰
廿二史劄記三十六卷補遺一卷　(清)趙翼
　　撰
子部
周秦諸子
孔子家語十卷　　(魏)王肅注
荀子二十卷附校勘補遺一卷　(周)荀況撰
　　(唐)楊倞注　(清)盧文弨(清)謝墉
　　校
孔叢子七卷附釋文一卷　　(漢)孔鮒撰
孫子十家註十三卷敍錄一卷遺 說 一 卷
　　(宋)吉天保輯　(清)孫星衍(清)吳人
　　驥校　敍錄(清)畢以珣撰　遺說(宋)
　　鄭友賢撰
吳子二卷　　(周)吳起撰
司馬法三卷　　(周)司馬穰苴撰
管子二十四卷　　(周)管仲撰　(唐)房玄齡
　　注　(明)劉績補注
愼子一卷附逸文一卷　(周)愼到撰　(清)
　　錢熙祚校並輯逸文
商君書五卷附考一卷　(周)商鞅撰　(清)
　　嚴可均校
鄧析子一卷　　(周)鄧析撰
韓非子二十卷附識誤三卷　(周)韓非撰
　　(□)□□注　識誤(清)顧廣圻撰

公孫龍子一卷　（周）公孫龍撰　（宋）謝希
　　深注
尹文子一卷附校勘記逸文一卷　（周）尹文
　　撰　校勘記（清）錢熙祚撰幷輯逸文
墨子十六卷　（宋）墨翟撰　（清）畢沅校注
鬼谷子三卷附篇目考一卷附錄一卷　（梁）
　　陶弘景注　（清）秦恩復校併撰篇目考
尸子二卷　（周）尸佼撰　（清）孫星衍輯
鶡冠子三卷　（宋）陸佃解
燕丹子三卷　（清）孫星衍校
呂氏春秋二十六卷附考一卷　（秦）呂不韋
　　撰　（漢）高誘注　（清）畢沅校
老子道德經二卷附晉義一卷　（周）李耳撰
　　（魏）王弼注　（唐）陸德明音義
關尹子一卷　（周）尹喜撰
列子八卷　（周）列禦寇撰　（晉）張湛注
　　（唐）殷敬順釋文
莊子十卷　（周）莊周撰　（晉）郭象注
　　（唐）陸德明音義
文子二卷附校勘記一卷　（周）辛鈃撰　校
　　勘記（清）錢熙祚撰
文子續義十二卷　（元）杜道堅撰
意林六卷附逸文一卷　（唐）馬總輯　附
　　（清）周廣業（清）李遇孫輯

儒家

揚子法言十三卷附音義一卷　（漢）揚雄撰
　　（晉）李軌注　音義（宋）□□撰
新語二卷　（漢）陸賈撰
新書十卷　（漢）賈誼撰　（清）盧文弨校
鹽鐵論十卷附校勘小識一卷　（漢）桓寬撰
　　校勘小識（民國）王先謙撰
論衡三十卷　（漢）王充撰
潛夫論十卷　（漢）王符撰　（清）汪繼培箋
桓子新論一卷　（漢）桓譚撰　（清）孫馮翼輯
申鑒五卷　（漢）荀悅撰　（明）黃省曾注
人物志三卷　（魏）劉邵撰　（後魏）劉昞注
中說十卷　（隋）王通撰　（宋）阮逸註
明夷待訪錄一卷　（清）黃宗羲撰
周子通書一卷　（宋）周敦頤撰
榕村通書篇一卷　（清）李光地撰
張子全書十五卷　（宋）張載撰　（宋）朱熹
　　註釋
二程全書　（宋）程顥（宋）程頤撰　（宋）朱
　　熹輯
　　河南程氏遺書二十五卷附錄一卷
　　河南程氏外書十二卷
　　明道文集五卷伊川文集八卷遺文一卷附
　　　　錄一卷　遺文附錄（元）譚善心輯
　　伊川易傳四卷　（宋）程頤撰
　　伊川經說八卷　（宋）程頤撰

二程粹言二卷　（宋）楊時訂定　（宋）張
　　栻編次
晦菴先生朱文公文集一百卷續集十一卷別
　　集十卷目錄二卷　（宋）朱熹撰
陸象山先生全集三十六卷　（宋）陸九淵撰
　　（清）李紱評點
學則辯一卷　（明）徐階撰
王文成公全書三十八卷　（明）王守仁撰
　　傳習錄三卷附朱子晚年定論
　　文錄五卷
　　別錄十卷
　　外集七卷
　　文錄續編六卷
　　年譜三卷附錄二卷　（明）錢德洪撰　附
　　　　錄（明）王畿輯
　　世德紀一卷附錄一卷　（明）錢德洪（明）
　　　　王畿輯
朱子原訂近思錄十四卷　（宋）朱熹（宋）呂
　　祖謙輯　（清）江永集註
小學集註六卷　（宋）朱熹撰　（明）陳選注
御纂性理精義十二卷　（清）李光地等輯
五種遺規　（清）陳宏謀輯
　　養正遺規二卷補編一卷
　　訓俗遺規四卷
　　從政遺規二卷
　　教女遺規三卷
　　在官法戒錄四卷
宋元學案一百卷首一卷攷略一卷　（清）黃
　　宗羲撰　（清）全祖望修定　（清）王梓
　　材（清）馮雲濠校併輯攷略
明儒學案六十二卷　（清）黃宗羲撰
學案小識十四卷末一卷　（清）唐鑑撰
國朝漢學師承記八卷　（清）江藩撰
附
　　國朝經師經義目錄一卷　（清）江藩撰
　　國朝宋學淵源記二卷附記一卷　（清）江
　　　　藩撰
風俗通義十卷　（漢）應劭撰
古今注三卷　（晉）崔豹撰
中華古今注三卷　（後唐）馬縞撰
困學紀聞注二一卷首一卷　（清）翁元圻撰
日知錄集釋三一二卷附刊誤二卷續刊誤二
　　卷　（清）顧炎武撰　（清）黃汝成集釋
　　並撰刊誤
十駕齋養新錄二十卷餘錄三卷　（清）錢大
　　昕撰
東塾讀書記二一五卷（原缺卷十三至十四、
　　卷十七至二十、卷二十二至二十五）
　　（清）陳澧撰

農家

韓集點勘四卷　(清)陳景雲撰

唐柳河東集四十五卷外集五卷遺文一卷附
　　錄一卷　(唐)柳宗元撰　(明)蔣之翹
　　注　　　　　　　　　　　　　　　　　[撰

劉賓客文集三十卷外集十卷　(唐)劉禹錫

孟東野詩集十卷　(唐)孟郊撰

唐賈浪仙長江集十卷　(唐)賈島撰

李長吉歌詩四卷首一卷外集一卷　(唐)李
　　賀撰　(清)王琦彙解

元氏長慶集六十卷集外文章一卷　(唐)元
　　稹撰

白香山詩長慶集二十卷後集十七卷別集一
　　卷補遺二卷　(唐)白居易撰　(清)汪
　　立名編訂

附

　　白香山年譜一卷年譜舊本一卷　(清)汪
　　立名撰

樊川詩集四卷別集一卷外集一卷補遺一卷
　　(唐)杜牧撰　(清)馮集梧注

玉谿生詩箋註六卷附補　(唐)李商隱撰
　　(清)馮浩編訂

附

　　玉谿生年譜一卷　(清)馮浩撰

樊南文集詳注八卷附補　(唐)李商隱撰
　　(清)馮浩編訂

樊南文集補編十二卷附玉谿生年譜訂誤一
　　卷　(唐)李商隱撰　(清)馮浩編訂
　　(清)錢振倫箋　(清)錢振常注　附
　　(清)錢振倫撰

溫飛卿詩集七卷別集一卷集外詩一卷
　　(唐)溫庭筠撰　(明)曾益注　(清)顧
　　予咸補注　集外詩(清)顧嗣立續注

唐女郎魚玄機詩一卷　(唐)魚玄機撰

二主詞一卷　(南唐)李璟(南唐)李煜撰

宋別集

徐公文集(一名騎省集)三十卷附補遺一卷
　　校勘記一卷　(宋)徐鉉撰　附(民國)
　　徐乃昌輯撰

林和靖詩集四卷拾遺一卷附錄一卷　(宋)
　　林逋撰　拾遺附錄(民國)朱孔彰輯

蘇學士文集十六卷　(宋)蘇舜欽撰　[撰

司馬溫公文集十四卷首一卷　(宋)司馬光

南豐先生元豐類藁五十一卷　(宋)曾鞏撰

宛陵先生文集六十卷　(宋)梅堯臣撰

歐陽文忠全集一百五十三卷　(宋)歐陽修
　　撰

　　居士集五十卷外集二十五卷

　　易童子問三卷

　　外制集三卷內制集八卷

　　表奏書啓四六集七卷

奏議集十八卷

河東奉使奏草二卷

河北奉使奏草二卷

奏事錄一卷

濮議四卷

崇文總目敍釋一卷

于役志一卷

歸田錄二卷

詩話一卷

筆說一卷

試筆一卷

近體樂府三卷

集古錄跋尾十卷

書簡十卷

附錄五卷

附

　　廬陵歐陽文忠公年譜一卷　(宋)胡柯撰

嘉祐集十·五卷　(宋)蘇洵撰

東坡集四十卷後集二十卷奏議十五卷外制
　　集三卷內制集十卷樂語一卷應詔集十
　　卷續集十二卷附校記二卷　(宋)蘇軾
　　撰　校記(民國)繆荃孫撰

附

　　東坡先生年譜一卷　(宋)王宗稷撰

欒城集五十卷後集二十四卷三集十卷
　　(宋)蘇轍撰　　　　　　　　　　　　[撰

斜川集六卷附錄二卷訂誤一卷　(宋)蘇過

臨川先生文集一百卷　(宋)王安石撰

山谷內集注二十卷外集註十七卷別集註二
　　卷　(宋)黃庭堅撰　內集注(宋)任淵
　　撰　外集注(宋)史容撰　別集註(宋)
　　史季溫撰

後山先生集二十四卷　(宋)陳師道撰

淮海集十七卷後集二卷詞一卷補遺一卷續
　　補遺一卷攷證一卷重編淮海先生年譜
　　節要一卷　(宋)秦觀撰　補遺攷證
　　(清)王敬之等輯　年譜節要(清)秦瀛
　　撰

增廣箋註簡齋詩集三十卷無住詞一卷外集
　　一卷附錄一卷正誤一卷校勘記一卷
　　(宋)陳與義撰　(宋)胡稺箋註並撰正
　　誤　校記(民國)馮煦撰

附

　　簡齋先生年譜一卷　(宋)胡稺撰

楊文節公詩集(一名誠齋詩集)四十二卷附
　　補遺　(宋)楊萬里撰

陸放翁全集　(宋)陸游撰

　　劍南詩稿八十五卷附放翁逸稿一卷

　　渭南文集五十卷

　　南唐書十八卷附音釋一卷　音釋(元)戚

卷施閣文甲集十卷乙集八卷詩二十卷
　　（清）洪亮吉撰
附
　　洪北江先生年譜一卷　（清）呂培等撰
更生齋文甲集四卷乙集四卷詩八卷詩餘二
　　卷　（清）洪亮吉撰
駢儷文三卷　（清）孔廣森撰
惜抱軒文集十六卷文後集十卷詩集十卷詩
　　後集一卷詩外集一卷法帖題跋三卷筆
　　記八卷　（清）姚鼐撰
大雲山房文稿初集四卷二集四卷言事二卷
　　補編一卷　（清）惲敬撰
茗柯文初編一卷二編二卷三編一卷四編一
　　卷詞一卷　（清）張惠言撰
養一齋文集二十卷李養一先生詩集四卷賦
　　一卷詩餘一卷　（清）李兆洛撰　（縮
　　印本）　　　　　　　　　　　　〔撰
唐確慎公集十卷首一卷末一卷　（清）唐鑑
定盦文集三卷續集四卷文集補三卷續集一
　　卷別集一卷文集補編四卷文集增補一
　　卷　（清）龔自珍撰
曾文正公詩集三卷文集三卷　（清）曾國藩
　　撰　（排印本）
巢經巢文集六卷詩集九卷詩後集四卷遺詩
　　一卷附錄一卷逸詩一卷　（清）鄭珍撰
定山堂詩餘四卷　（清）龔鼎孳撰
珂雪詞二卷補遺一卷　（清）曹貞吉撰
湖海樓詞集三十卷　（清）陳維崧撰
彈指詞二卷　（清）顧貞觀撰
納蘭詞五卷補遺一卷　（清）性德撰
靈芬館詞四種　（清）郭麐撰
　　蘅夢詞二卷
　　浮眉樓詞二卷
　　懺餘綺語二卷
　　爨餘詞一卷
總集
　文選六十卷附攷異十卷　（梁）蕭　統　輯
　　　（唐）李善注　攷異（清）胡克家撰
　六朝文絜四卷　（清）許槤評輯
　古文辭類纂七十五卷附校勘記一卷　（清）
　　姚鼐輯　校勘記（清）李承淵撰
　駢體文鈔三十一卷　（清）李兆洛輯　（清）
　　譚獻評
　續古文辭類纂二十八卷　（清）黎庶昌輯
　經史百家雜鈔二十六卷　（清）曾國藩輯
　樂府詩集一百卷　（宋）郭茂倩輯
　玉臺新詠十卷　（陳）徐陵輯　（清）吳兆宜
　　注　（清）程際盛删補
　阮亭選古詩三十二卷　（清）王士禛輯
　古詩源十四卷　（清）沈德潛輯

五言今體詩鈔九卷七言今體詩鈔九卷
　　（清）姚鼐輯
十八家詩鈔二十八卷　（清）曾國藩輯
花間集十卷　（後蜀）趙崇祚輯
草堂詩餘四卷　（宋）武陵逸史輯
絕妙好詞箋七卷續鈔一卷續鈔補錄一卷
　　（宋）周密輯　（清）查爲仁（清）厲鶚箋
　　續鈔（清）余集輯　補錄（清）徐楙輯
詞選二卷附錄一卷　（清）張惠言輯　附錄
　　（清）鄭善長輯
續詞選二卷　（清）董毅輯
詞綜三十八卷　（清）朱彝尊輯
明詞綜十二卷　（清）王昶輯
國朝詞綜四十八卷二集八卷　（清）王昶輯
國朝詞綜續編二十四卷　（清）黃燮清輯
宋六十名家詞　（明）毛晉輯
　珠玉詞一卷　（宋）晏殊撰
　六一詞一卷　（宋）歐陽修撰
　樂章集一卷　（宋）柳永撰
　東坡詞一卷　（宋）蘇軾撰
　山谷詞一卷　（宋）黃庭堅撰
　淮海詞一卷　（宋）秦觀撰
　小山詞一卷　（宋）晏幾道撰
　東堂詞一卷　（宋）毛滂撰
　放翁詞一卷　（宋）陸游撰
　稼軒詞四卷　（宋）辛棄疾撰
　片玉詞二卷補遺一卷　（宋）周邦彥撰
　梅溪詞一卷　（宋）史達祖撰
　白石詞一卷　（宋）姜夔撰
　石林詞一卷　（宋）葉夢得撰
　酒邊詞二卷　（宋）向子諲撰
　溪堂詞一卷　（宋）謝逸撰
　樵隱詞一卷　（宋）毛幵撰
　竹山詞一卷　（宋）蔣捷撰
　書舟詞一卷　（宋）程垓撰
　坦菴詞一卷　（宋）趙師俠撰
　惜香樂府十卷　（宋）趙長卿撰
　西樵語業一卷　（宋）楊炎正撰
　竹屋癡語一卷　（宋）高觀國撰
　夢窗甲藁一卷乙藁一卷丙藁一卷丁藁一
　　卷絕筆一卷補遺一卷　（宋）吳文英
　　撰
　近體樂府一卷　（宋）周必大撰
　竹齋詩餘一卷　（宋）黃機撰
　金谷遺音一卷　（宋）石孝友撰
　散花菴詞一卷　（宋）黃昇撰
　和清眞詞一卷　（宋）方千里撰
　後村別調一卷　（宋）劉克莊撰
　蘆川詞一卷　（宋）張元幹撰
　于湖詞三卷　（宋）張孝祥撰

洛水詞一卷　　(宋)程玘撰
歸愚詞一卷　　(宋)葛立方撰
龍洲詞一卷　　(宋)劉過撰
初寮詞一卷　　(宋)王安中撰
龍川詞一卷補一卷　(宋)陳亮撰
姑溪詞一卷　　(宋)李之儀撰
友古詞一卷　　(宋)蔡伸撰
石屏詞一卷　　(宋)戴復古撰
海野詞一卷　　(宋)曾覿撰
逃禪詞一卷　　(宋)楊无咎撰
空同詞一卷　　(宋)洪瑹撰
介菴詞一卷　　(宋)趙彥端撰
平齋詞一卷　　(宋)洪咨夔撰
文溪詞一卷　　(宋)李公昂撰
丹陽詞一卷　　(宋)葛勝仲撰
孏窟詞一卷　　(宋)侯寘撰
克齋詞一卷　　(宋)沈端節撰
芸窗詞一卷　　(宋)張榘撰
竹坡詞三卷　　(宋)周紫芝撰
聖求詞一卷　　(宋)呂濱老撰
壽域詞一卷　　(宋)杜安世撰
審齋詞一卷　　(宋)王千秋撰
東浦詞一卷　　(宋)韓玉撰
知稼翁詞一卷　(宋)黃公度撰
無住詞一卷　　(宋)陳與義撰
後山詞一卷　　(宋)陳師道撰
蒲江詞一卷　　(宋)盧祖皋撰
琴趣外篇六卷　(宋)晁補之撰
烘堂詞一卷　　(宋)盧炳撰
十五家詞　　(清)孫默輯
梅村詞二卷　　(清)吳偉業撰
棠邨詞三卷　　(清)梁清標撰
二鄉亭詞二卷　(清)宋琬撰
南溪詞二卷　　(清)曹爾堪撰
炊聞詞二卷　　(清)王士祿撰
百末詞二卷　　(清)尤侗撰
含影詞二卷　　(清)陳世祥撰
溪南詞二卷　　(清)黃永撰
月湄詞四卷　　(清)陸求可撰
麗農詞二卷　　(清)鄒祇謨撰
延露詞三卷　　(清)彭孫遹撰
衍波詞二卷　　(清)王士禛撰
蓉渡詞三卷　　(清)董以寧撰
烏絲詞四卷　　(清)陳維崧撰
玉鳧詞二卷　　(清)董俞撰
白香詞譜箋四卷　(清)舒夢蘭輯　(清)謝
　　朝徵箋
元曲選　　(明)臧懋循輯
甲集上
　破幽夢孤鴈漢宮秋雜劇一卷　(元)馬致

　　遠撰　　　　　　　　　　　　　〔撰
李太白匹配金錢記雜劇一卷　(元)喬吉
包待制陳州糶米雜劇一卷　(元)□□撰
玉清菴錯送鴛鴦被雜劇一卷　(元)□□
　　撰
隨何賺風魔蒯通雜劇一卷　(元)□□撰
甲集下
　溫太眞玉鏡臺雜劇一卷　(元)關漢卿撰
　楊氏女殺狗勸夫雜劇一卷　(元)蕭德祥
　　撰
　相國寺公孫合汗衫雜劇一卷　(元)張國
　　賓撰
　錢大尹智寵謝天香雜劇一卷　(元)關漢
　　卿撰
　爭報恩三虎下山雜劇一卷　(元)□□撰
乙集上
　張天師斷風花雪月雜劇一卷　(元)吳昌
　　齡撰
　趙盼兒風月救風塵雜劇一卷　(元)關漢
　　卿撰
　東堂老勸破家子弟雜劇一卷　(元)秦簡
　　夫撰　　　　　　　　　　　　　〔撰
　同樂院燕青博魚雜劇一卷　(元)李文蔚
　臨江驛瀟湘秋夜雨雜劇一卷　(元)楊顯
　　之撰
乙集下
　李亞仙花酒曲江池雜劇一卷　(元)石君
　　寶撰　　　　　　　　　　　　　〔撰
　楚昭公疎者下船雜劇一卷　(元)鄭廷玉
　龐居士誤放來生債雜劇一卷　(元)□□
　　撰　　　　　　　　　　　　　　〔撰
　薛仁貴榮歸故里雜劇一卷　(元)張國賓
　裴少俊牆頭馬上雜劇一卷　(元)白樸撰
丙集上　　　　　　　　　　　　　　〔撰
　唐明皇秋夜梧桐雨雜劇一卷　(元)白樸
　散家財天賜老生兒雜劇一卷　(元)武漢
　　臣撰　　　　　　　　　　　　　〔撰
　硃砂擔滴水浮漚記雜劇一卷　(元)□□
　便宜行事虎頭牌雜劇一卷　(元)李直夫
　　撰
　包龍圖智賺合同文字雜劇一卷　(元)□
　　□撰
丙集下
　凍蘇秦衣錦還鄉雜劇一卷　(元)□□撰
　翠紅鄉兒女兩團圓雜劇一卷　(明)楊文
　　奎撰
　李素蘭風月玉壺春雜劇一卷　(元)武漢
　　臣撰
　呂洞賓度鐵拐李岳雜劇一卷　(元)岳伯
　　川撰

小尉遲將鬭將認父歸朝雜劇一卷　(元)
　□□撰
丁集上
　陶學士醉寫風光好雜劇一卷　(元)戴善
　　夫撰
　魯大夫秋胡戲妻雜劇一卷　(元)石君寶
　　撰
　神奴兒大鬧開封府雜劇一卷　(元)□□
　　撰
　半夜雷轟薦福碑雜劇一卷　(元)馬致遠
　謝金吾詐拆清風府雜劇一卷　(元)□□
　　撰
丁集下
　呂洞賓三醉岳陽樓雜劇一卷　(元)馬致
　　遠撰
　包待制三勘蝴蝶夢雜劇一卷　(元)關漢
　　卿撰
　說鱄諸伍員吹簫雜劇一卷　(元)李壽卿
　河南府張鼎勘頭巾雜劇一卷　(元)孫仲
　　章撰
　黑旋風雙獻功雜劇一卷　(元)高文秀撰
戊集上
　迷青瑣倩女離魂雜劇一卷　(元)鄭光祖
　西華山陳摶高臥雜劇一卷　(元)馬致遠
　　撰
　龐涓夜走馬陵道雜劇一卷　(元)□□撰
　救孝子賢母不認屍雜劇一卷　(元)王仲
　　文撰
　邯鄲道省悟黃粱夢雜劇一卷　(元)馬致
　　遠撰
戊集下
　杜牧之詩酒揚州夢雜劇一卷　(元)喬吉
　醉思鄉王粲登樓雜劇一卷　(元)鄭光祖
　　撰
　昊天塔孟良盜骨雜劇一卷　(元)朱凱撰
　包待制智斬魯齋郎雜劇一卷　(元)關漢
　　卿撰
　朱太守風雪漁樵記雜劇一卷　(元)庾天
　　錫撰
己集上
　江州司馬青衫淚雜劇一卷　(元)馬致遠
　四丞相高會麗春堂雜劇一卷　(元)王實
　　甫撰
　孟德耀舉案齊眉雜劇一卷　(元)□□撰
　包龍圖智勘後庭花雜劇一卷　(元)鄭廷
　　玉撰
　死生交范張雞黍雜劇一卷　(元)宮天挺
己集下
　玉簫女兩世姻緣雜劇一卷　(元)喬吉撰
　宜秋山趙禮讓肥雜劇一卷　(元)秦簡夫
　　撰

鄭孔目風雪酷寒亭雜劇一卷　(元)楊顯
　之撰
桃花女破法嫁周公雜劇一卷　(元)王曄
陳季卿悮上竹葉舟雜劇一卷　(元)范康
　撰
庚集上
　布袋和尚忍字記雜劇一卷　(元)鄭廷玉
　謝金蓮詩酒紅梨花雜劇一卷　(元)張壽
　　卿撰
　鐵拐李度金童玉女雜劇一卷　(明)賈仲
　　名撰
　包待制智賺灰闌記雜劇一卷　(元)李潛
　　夫撰
　崔府君斷冤家債主雜劇一卷　(元)鄭廷
　　玉撰
庚集下
　㑳梅香騙翰林風月雜劇一卷　(元)鄭光
　　祖撰
　尉遲恭單鞭奪槊雜劇一卷　(元)尚仲賢
　呂洞賓三度城南柳雜劇一卷　(明)谷子
　　敬撰
　須賈大夫誶范叔雜劇一卷　(元)高文秀
　李雲英風送梧桐葉雜劇一卷　(元)喬吉
　　撰
辛集上
　花間四友東坡夢雜劇一卷　(元)吳昌齡
　杜蕊娘智賞金線池雜劇一卷　(元)關漢
　　卿撰
　王月英元夜留鞋記雜劇一卷　(元)曾瑞
　漢高皇濯足氣英布雜劇一卷　(元)尚仲
　　賢撰
　兩軍師隔江鬭智雜劇一卷　(元)□□撰
辛集下
　馬丹陽度脫劉行首雜劇一卷　(元)楊景
　　賢撰
　月明和尚度柳翠雜劇一卷　(元)李壽卿
　劉晨阮肇悮入桃源雜劇一卷　(明)王子
　　一撰
　張孔目智勘魔合羅雜劇一卷　(元)孟漢
　　卿撰
　玎玎璫璫盆兒鬼雜劇一卷　(元)□□撰
壬集上
　荊楚臣重對玉梳記雜劇一卷　(明)賈仲
　　名撰
　逞風流王煥百花亭雜劇一卷　(元)□□
　秦俏然竹塢聽琴雜劇一卷　(元)石子章
　　撰
　金水橋陳琳抱粧盒雜劇一卷　(元)□□
　趙氏孤兒大報讐雜劇一卷　(元)紀君祥
　　撰

壬集下　　　　　　　　　　　　　　　　　　　〔撰〕
　　感天動地竇娥冤雜劇一卷　（元）關漢卿
　　梁山泊李逵負荊雜劇一卷　（元）康進之
　　　撰
　　蕭淑蘭情寄菩薩蠻雜劇一卷　（明）賈仲
　　　名撰　　　　　　　　　　　　　　　　〔撰〕
　　錦雲堂暗定連環計雜劇一卷　（元）□□
　　羅李郎大鬧相國寺雜劇一卷　（元）張國
　　　賓撰
癸集上
　　看錢奴買冤家債主雜劇一卷　（元）鄭廷
　　　玉撰
　　都孔目風雨還牢末雜劇一卷　（元）李致
　　　遠撰　　　　　　　　　　　　　　　　〔撰〕
　　洞庭湖柳毅傳書雜劇一卷　（元）尚仲賢
　　風雨像生貨郎旦雜劇一卷　（元）□□撰
　　望江亭中秋切鱠雜劇一卷　（元）關漢卿
　　　撰
癸集下
　　馬丹陽三度任風子雜劇一卷　（元）馬致
　　　遠撰　　　　　　　　　　　　　　　　〔撰〕
　　薩眞人夜斷碧桃花雜劇一卷　（元）□□
　　沙門島張生煮海雜劇一卷　（元）李好古
　　　撰
　　包待制智賺生金閣雜劇一卷　（元）武漢
　　　臣撰　　　　　　　　　　　　　　　　〔撰〕
　　馮玉蘭夜月泣江舟雜劇一卷　（元）□□
詩文評
文心雕龍十卷　（梁）劉勰撰　（清）黃叔琳
　　注　（清）紀昀評
詩品三卷　（梁）鍾嶸撰
詩品二十四則一卷　（唐）司空圖撰
漁隱叢話前集六十卷後集四十卷　（宋）胡
　　仔撰
說詩晬語二卷　（清）沈德潛撰
初月樓古文緒論一卷　（清）吳德旋撰
　　（清）呂璜錄　　　　　　　　　　　　〔本〕
鳴原堂論文二卷　（清）曾國藩輯　（排印
詞源二卷　（宋）張炎撰
詞律二十卷拾遺八卷補遺一卷　（清）萬樹
　　輯　（清）恩錫（清）杜文瀾校　拾遺
　　（清）徐本立輯　補遺（清）杜文瀾輯
佩文詩韻釋要五卷　（清）周兆基輯
詞林韻釋一卷　（宋）□□撰

袖珍古書讀本

中華書局輯
　　　民國十九年(1930)上海中華書局排印本
　四書集注十九卷　（宋）朱熹撰
　毛詩二十卷　（漢）毛亨傳　（漢）鄭玄箋

　　（唐）陸德明音義
尚書十三卷　（漢）孔安國傳　（唐）陸德明
　　音義
周易九卷附略例一卷　（魏）王弼（晉）韓康
　　伯注　略例（魏）王弼撰　（唐）邢璹注
　　（唐）陸德明音義　　　　　　　　　　〔義〕
禮記二十卷　（漢）鄭玄注　（唐）陸德明音
春秋經傳集解三十卷附春秋年表一卷春秋
　　名號歸一圖二卷　（晉）杜預注　（唐）
　　　陸德明音義　年表（□）□□撰　名號
　　歸一圖（後蜀）馮繼先撰
國語二十一卷附札記一卷攷異四卷　（吳）
　　韋昭注　札記(清)黃丕烈撰　考異
　　（清）汪遠孫撰
戰國策三十三卷附札記三卷　（漢）高誘注
　　札記(清)黃丕烈撰
史記一百三十卷　（漢）司馬遷撰　（劉宋）
　　裴駰集解　（唐）司馬貞索隱　（唐）張
　　守節正義
通志略五十二卷　（宋）鄭樵撰
史通通釋二十卷　（清）浦起龍撰
老子道德經二卷附音義一卷　（周）李耳撰
　　（魏）王弼注　（唐）陸德明音義
莊子十卷　（周）莊周撰　（晉）郭象注
　　（唐）陸德明音義
列子八卷　（周）列禦寇撰　（晉）張湛注
　　（唐）殷敬順釋文
墨子十六卷　（周）墨翟撰　（清）畢沅校注
尹文子一卷附校勘記一卷逸文一卷　（周）
　　尹文撰　校勘記(清)錢熙祚撰併輯逸
　　文
管子二十四卷　（周）管仲撰　（唐）房玄齡
　　注　（明）劉績補注
荀子廿卷附校勘補遺一卷　（周）荀況撰
　　（唐）楊倞注　（清）盧文弨(清)謝墉校
韓非子二十卷附識誤三卷　（周）韓非撰
　　（□）□□注　識誤(清)顧廣圻撰
孫子十家註十三卷附敍錄一卷遺說一卷
　　（宋）吉天保輯　（清）孫星衍(清)吳人
　　驥校　敍錄(清)畢以珣撰　遺說(宋)
　　鄭友賢撰
淮南子二十一卷　（漢）劉安撰　（漢）高誘
　　注　（清）莊逵吉校
子略四卷目一卷　（宋）高似孫撰
古文辭類纂七十五卷附校勘記一卷附錄一
　　卷　（清）姚鼐輯　校勘記(清)李承淵
　　撰
續古文辭類纂二十八卷　（清）黎庶昌輯
阮亭選古詩三十二卷　（清）王士禛輯
五言今體詩鈔九卷七言今體詩鈔九卷

　　　　(清)姚鼐輯
絕妙好詞箋七卷續鈔一卷續鈔補錄一卷
　　　　(宋)周密輯　(清)查為仁(清)厲鶚箋
　　　　續鈔(清)余集輯　補錄(清)徐楙輯
詞選一卷附錄一卷　(清)張惠言輯　附錄
　　　　(清)鄭善長輯
續詞選二卷　(清)董毅輯
文心雕龍十卷　(梁)劉勰撰　(清)黃叔琳
　　　　注　(清)紀昀評

段王學五種

　劉盼遂輯
　　　民國二十五年(1936)北平來薰閣書店排
　　　印本
　　經韻樓集補編二卷　(清)段玉裁撰
　　段玉裁先生年譜一卷　劉盼遂撰
　　王石臞文集補編一卷　(清)王念孫撰
　　王伯申文集補編二卷　(清)王引之撰
　　高郵王氏父子(念孫、引之)年譜一卷　劉
　　　盼遂撰

自明誠廑叢書

　(□)龍官崇輯
　　　民國二十三年至二十六年(1934—1937)
　　　順德龍氏中和園刊本
　　南越五主傳三卷　(清)梁廷枏撰
　　南越叢錄二卷　(清)梁廷枏撰
　　藤花亭鏡譜八卷　(清)梁廷枏撰
　　藤花亭書畫跋四卷　(清)梁廷枏撰
　　孫西菴集八卷　(明)孫蕡撰

漢魏小說採珍

　(民國)馬俊良輯　　　　　　　　　　[本
　　　民國二十六年(1937)上海中央書店排印
　　小爾雅一卷　(漢)孔鮒撰
　　羣輔錄一卷　(晉)陶潛撰
　　南方草木狀一卷　(晉)嵇含撰
　　西京雜記一卷　(漢)劉歆(一題晉葛洪)撰
　　海內十洲記一卷　(漢)東方朔撰
　　搜神記一卷　(晉)干寶撰
　　神仙傳一卷　(晉)葛洪撰
　　神異經一卷　(漢)東方朔撰　(晉)張華注
　　穆天子傳一卷　(晉)郭璞注
　　漢武帝內傳一卷　(漢)班固撰
　　飛燕外傳一卷　(漢)伶玄撰
　　雜事祕辛一卷　(漢)□□撰
　　述異記一卷　(梁)任昉撰
　　枕中書一卷　(晉)葛洪撰
　　別國洞冥記一卷　(漢)郭憲撰
　　詩品一卷　(梁)鍾嶸撰

鼎錄一卷　(梁)虞荔撰
竹譜一卷　(晉)戴凱之撰
古今刀劍錄一卷　(梁)陶弘景撰

國立北平圖書館善本叢書第一集

　謝國楨輯
　　　民國二十六年(1937)上海商務印書館景
　　　印本
　　皇明九邊考十卷　(明)魏煥撰　據明嘉靖
　　　本景印
　　邊政考十二卷　(明)張雨撰　據明嘉靖本
　　　景印
　　三雲籌俎考四卷　(明)王士琦撰　據明萬
　　　曆本景印
　　西域行程記一卷　(明)陳誠(明)李暹撰
　　　據明鈔本景印
　　西域番國志一卷　(明)陳誠(明)李暹撰
　　　據明鈔本景印
　　籌遼碩畫四十六卷　(明)程開祜撰　據明
　　　萬曆本景印
　　皇明象胥錄八卷　(明)茅瑞徵撰　據明崇
　　　禎本景印
　　行邊紀聞一卷　(明)田汝成撰　據明嘉靖
　　　本景印
　　朝鮮史略六卷　(朝鮮)□□撰　據明萬曆
　　　本景印
　　安南圖誌一卷　(明)鄭鐘撰　據錢氏述古
　　　堂鈔本景印
　　日本考五卷　(明)李言恭(明)郝杰撰　據
　　　明萬曆本景印
　　使琉球錄一卷附夷語夷字一卷　(明)陳侃
　　　撰　據明嘉靖本景印

南園叢書

　(民國)簡照南輯
　　　民國南海簡氏刊本
　　吾師錄一卷　(明)黃淳耀撰
　　緣己錄二卷　(明)黃淳耀撰
　　懺摩錄一卷　(清)彭兆蓀撰
　　家矩一卷　(明)陳龍正撰
　　劉屏山先生聖傳論一卷　(宋)劉子翬撰
　　耐俗軒新樂府一卷　(清)申頲撰
　　孫鍾元先生答問一卷　(清)孫奇逢撰
　　人範六卷　(清)蔣元輯
　　藥言一卷賸稿一卷　(清)李惺撰
　　銅絇館觚書二卷補二卷附老學究語一卷
　　　(清)李惺撰
　　冰言一卷補一卷　(清)李惺撰

掫海叢書

（民國）趙琪輯
　　東萊趙永厚堂稿本
　十二筆舫雜錄十二卷　（清）李兆元撰
　　梅影叢談三卷
　　春暉餘話三卷
　　中州舠餘三卷
　　客牕賸語三卷
　拔乘十六卷（缺卷一至二）（清）侯登岸撰
　韻略匯通二卷　（明）蘭芳撰
　兩漢經學彙考五卷　（清）侯登岸撰
　古鏡錄六卷（缺卷三、卷五至六）（清）林
　　樹寅撰
　松石館詩集二卷　（清）宿鳳獅撰
　西山草堂詞一卷　（清）宿鳳獅撰
　三出辨誤一卷　（清）周式度撰
　錡寮詩集一卷　（清）李長霞撰
　金湯輯略一卷　（清）劉觀成撰
　志古編一卷　（清）侯登岸撰

景印元明善本叢書十種

商務印書館輯
　　民國上海商務印書館景印本
　濟生拔粹方　（元）杜思敬輯　民國二十七
　　年(1938)據元本景印
　　鍼經節要一卷　（晉）皇甫謐撰　（元）杜
　　　思敬節鈔
　　雲岐子論經絡迎隨補瀉法一卷　（元）張
　　　璧撰
　　竇太師流注指要賦一卷　（金）竇默撰
　　鍼經摘英集一卷　（元）□□撰
　　雲岐子七表八裏九道脉訣論并治法一卷
　　　（元）張璧撰
　　潔古老人珍珠囊一卷　（金）張元素撰
　　醫學發明一卷　（元）朱震亨撰
　　脾胃論一卷　（金）李杲撰
　　潔古家珍一卷　（金）張元素撰
　　海藏老人此事難知一卷　（元）王好古撰
　　海藏類編醫壘元戎一卷　（元）王好古撰
　　海藏老人陰證略例一卷　（元）王好古撰
　　雲岐子保命集論類要二卷　（元）張璧撰
　　海藏癍論萃英一卷　（元）王好古撰
　　田氏保嬰集一卷　（元）□□撰
　　蘭室祕藏一卷　（金）李杲撰
　　活法機要一卷　（元）朱震亨撰
　　衛生寶鑑一卷　（元）羅天益撰
　　雜類名方一卷　（元）杜思敬輯
　今獻彙言　（明）高鳴鳳輯　民國二十六年
　　(1937)據明本景印
　　正學編一卷　（明）陳琛撰
　　明斷編一卷　（明）程楷撰

　　比事摘錄一卷　（明）□□撰
　　羅山雜言一卷　（明）宋濂撰
　　蒙泉雜言一卷　（明）岳正撰
　　未齋雜言一卷　（明）黎久撰
　　南山素言一卷　（明）潘府撰
　　松窗寤言一卷　（明）崔銑撰
　　井觀瑣言一卷　（明）鄭瑗撰
　　演連珠編一卷　（明）王褘撰
　　擬連珠編一卷　（明）劉基撰
　　璅語編一卷　（明）楊愼撰
　　西軒客談一卷　（明）□□撰
　　詢芻錄一卷　（明）陳沂撰
　　謭言編一卷　（明）曹安撰
　　拘虛晤言一卷　（明）陳沂撰
　　竹下寱言一卷　（明）王文祿撰
　　青溪暇筆一卷　（明）姚福撰
　　桑榆漫志一卷　（明）陶輔撰
　　林泉隨筆一卷　（明）張綸撰
　　春雨堂隨筆一卷　（明）陸深撰
　　賢識錄一卷　（明）陸釴撰
　　遒聞錄一卷　（明）梁億撰
　　損齋備忘錄一卷　（明）梅純撰
　　守溪長語一卷　（明）王鏊撰
　　雙溪雜記一卷　（明）王瓊撰
　　菽園雜記一卷　（明）陸容撰
　　平夏錄一卷　（明）黃標撰
　　平吳錄一卷　（明）吳寬撰
　　北平錄一卷　（明）□□撰
　　平胡錄一卷　（明）陸深撰
　　平定交南錄一卷　（明）丘濬撰
　　撫安東夷記一卷　（明）馬文升撰
　　西征石城記一卷　（明）馬文升撰
　　興復哈密記一卷　（明）馬文升撰
　　平夷錄一卷　（明）趙輔撰
　　東征紀行錄一卷　（明）□□撰
　　江海殲渠記一卷　（明）祝允明撰
　　醫閭漫記一卷　（明）賀欽撰
　歷代小史　（明）李栻輯　民國二十九年
　　(1940)據明本景印
　　路史一卷　（宋）羅泌撰
　　王子年拾遺記一卷　（前秦）王嘉撰
　　　（梁）蕭綺錄　　　　　　　　〔撰
　　西京雜記一卷　（漢）劉歆（一題晉葛洪）
　　漢武故事一卷　（漢）班固撰
　　世說新語一卷　（劉宋）劉義慶撰
　　大業雜記一卷　（唐）杜寶撰
　　煬帝海山記一卷　（唐）韓偓撰
　　煬帝開河記一卷　（唐）韓偓撰
　　煬帝迷樓記一卷　（唐）韓偓撰
　　隋遺錄一卷　（唐）顏師古撰

隋唐嘉話一卷　(唐)劉餗撰
唐語林一卷　(宋)王讜撰
翰林志一卷　(唐)李肇撰
松窗雜錄一卷　(唐)李濬撰
次柳氏舊聞一卷　(唐)李德裕撰
朝野僉載一卷　(唐)張鷟撰
卓異記一卷　(唐)李翱撰
開天傳信記一卷　(唐)鄭棨撰
開元天寶遺事一卷　(後周)王仁裕撰
江行雜錄一卷　(宋)廖瑩中撰
中朝故事一卷　(南唐)尉遲偓撰
龍城錄一卷　(唐)柳宗元撰
避暑漫抄一卷　(宋)陸游撰
幽閒鼓吹一卷　(唐)張固撰
北夢瑣言一卷　(宋)孫光憲撰
杜楊雜編一卷　(唐)蘇鶚撰
集異記一卷　(唐)薛用弱撰
鄴侯外傳一卷　(唐)李繁撰
三楚新錄一卷　(宋)周羽翀撰
江南別錄一卷　(宋)陳彭年撰
默記一卷　(宋)王銍撰
蜀檮杌一卷　(宋)張唐英撰
燕翼貽謀錄一卷　(宋)王栐撰
孫公談圃一卷　(宋)孫升述　(宋)劉延
　世錄
聞見雜錄一卷　(宋)蘇舜欽撰
行營雜錄一卷　(宋)趙葵撰
鐵圍山叢談一卷　(宋)蔡絛撰
高齋漫錄一卷　(宋)曾慥撰
談淵一卷　(宋)王陶撰
春明退朝錄一卷　(宋)宋敏求撰
玉堂雜記一卷　(宋)周必大撰
錢氏私誌一卷　(宋)錢愐撰
桐陰舊話一卷　(宋)韓元吉撰
揮塵錄一卷　(宋)楊萬里撰
王氏揮塵錄一卷　(宋)王明清撰
晉公談錄一卷　(宋)丁謂撰
王文正筆錄一卷　(宋)王曾撰
貴耳集一卷　(宋)張端義撰
古杭雜記一卷　(元)李有撰
國老談苑一卷　(宋)王君玉撰
清夜錄一卷　(宋)俞文豹撰
宣政雜錄一卷　(宋)江萬里撰
艮嶽記一卷　(宋)張淏撰
聞燕常談一卷　(宋)董弅撰
退齋筆錄一卷　(宋)侯延慶撰
避戎嘉話一卷　(宋)石茂良撰
朝野僉言一卷　(宋)□□撰
朝野遺記一卷　(宋)□□撰
白獺髓一卷　(宋)張仲文撰

齊東埜語一卷　(宋)周密撰
桯史一卷　(宋)岳珂撰
遼志一卷　(宋)葉隆禮撰
金志一卷　〔宋)宇文懋昭撰
松漠紀聞一卷　(宋)洪皓撰
北轅錄一卷　(宋)周煇撰
蒙韃備錄一卷　(宋)孟珙撰
北邊備對一卷　(宋)程大昌撰
西使記一卷　(元)劉郁撰
自警篇一卷　(宋)趙善璙撰
厚德錄一卷　(宋)李元綱撰
韓忠獻遺事一卷　(宋)強至撰
王文正遺事一卷　(宋)王素撰
萊公遺事一卷　(宋)□□撰
南村輟耕錄一卷　(元)陶宗儀撰
遂昌山樵雜錄一卷　(元)鄭元祐撰
東園友聞一卷　(元)□□撰
廣客談一卷　(元)□□撰
稗史集傳一卷　(元)徐顯撰
窮勝野聞一卷　(明)徐禎卿撰
野記一卷　(明)祝允明撰
平夏錄一卷　(明)黃標撰
清溪暇筆一卷　(明)姚福撰
瑯琊漫抄一卷　(明)文林撰
病逸漫記一卷　(明)陸釴撰
震澤紀聞一卷　(明)王鏊撰
皇明紀略一卷　(明)皇甫錄撰
北征錄一卷　(明)金幼孜撰
北征記一卷　(明)楊榮撰
西征石城記一卷　(明)馬文升撰
興復哈密記一卷　(明)馬文升撰
復辟錄一卷　(明)楊瑄撰
可齋雜記一卷　(明)彭時撰
否泰錄一卷　(明)劉定之撰
謇齋瑣綴錄一卷　(明)尹直撰
古穰雜錄一卷　(明)李賢撰
兩湖塵談錄一卷　(明)許浩撰
復齋日記一卷　(明)許浩撰
繼世紀聞一卷　(明)陳洪謨撰
江海殲渠記一卷　(明)祝允明撰
損齋備忘錄一卷　(明)梅純撰
靖難功臣錄一卷　(明)朱當㴐撰
備遺錄一卷　(明)張芹撰
星槎勝覽一卷　(明)費信撰
眞臘風土記一卷　(元)周達觀撰
炎徼紀聞一卷　(明)田汝成撰
滇載記一卷　(明)楊慎撰
百陵學山　(明)王完輯　民國二十七年
　(1938)據明隆慶本景印
大學古本傍釋一卷附古本問一卷　(明)

王守仁撰

大學石經古本旁釋一卷申釋一卷
　　(明)王文祿撰

中庸古本旁釋一卷古本前引一卷古本
　　後申一卷　(明)王文祿撰

詩傳孔氏傳一卷　(周)端木賜撰

詩說一卷　(漢)申培撰

海涵萬象錄一卷　(明)黃潤玉撰

白沙語要一卷　(明)陳獻章撰

類博雜言一卷　(明)岳正撰

方洲雜錄一卷　(明)張寧撰

思玄庸言一卷　(明)桑悅撰

青巖叢錄一卷　(明)王褘撰

凝齋筆語一卷　(明)王鴻儒撰

空同子纂一卷　(明)李夢陽撰

傳習則言一卷　(明)王守仁撰

新論一卷　(明)湛若水撰

后渠庸書一卷　(明)崔銑撰

陰陽管見一卷　(明)何瑭撰

蜩笑偶言一卷　(明)鄭瑗撰

儼山纂錄一卷　(明)陸深撰

經世要談一卷　(明)鄭善夫撰

海樵子一卷　(明)王崇慶撰

客問一卷　(明)黃省曾撰

擬詩外傳一卷　(明)黃省曾撰

吳風錄一卷　(明)黃省曾撰

理生玉鏡稻品一卷　(明)黃省曾撰

種芋法一卷　(明)黃省曾撰

蠶經一卷　(明)黃省曾撰

養魚經一卷　(明)黃省曾撰

藝菊書一卷　(明)黃省曾撰

冀越通一卷　(明)唐樞撰

薛子道論一卷　(明)薛瑄撰

彙堂摘奇一卷　(明)王佐撰

海沂子五卷　(明)王文祿撰

廉矩一卷　(明)王文祿撰

醫先一卷　(明)王文祿撰

機警一卷　(明)王文祿撰

葬度一卷　(明)王文祿撰

補衍一卷　(明)王文祿撰

文脈三卷　(明)王文祿撰

龍興慈記一卷　(明)王文祿撰

求志編一卷　(明)王文祿撰

文昌旅語一卷　(明)王文祿撰

與物傳一卷　(明)口口撰

庭闈遺畧一卷　(明)王文祿撰

禮元剩語一卷　(明)唐樞撰

近峯記略一卷　(明)皇甫庸撰

冥影契一卷　(明)董穀撰

詩談一卷　(明)徐泰撰

邊紀畧一卷　(明)鄭曉撰

宵練匣一卷　(明)朱得之撰

廣成子疏略一卷　(明)王文祿撰

陰符經疏略一卷　(明)王文祿撰

胎息經疏略一卷　(明)王文祿撰

邇言一卷　(宋)劉炎撰

郁離子微一卷　(明)劉基撰

華川卮辭一卷　(明)王褘撰

潛溪邃言一卷　(明)宋濂撰

侯城雜誡一卷　(明)方孝孺撰

黎子雜釋一卷　(明)黎久撰

古言一卷　(明)鄭曉撰

皋言一卷　(明)馬中錫撰

約言一卷　(明)薛蕙撰

草木子一卷　(明)葉子奇撰

密箴一卷　(明)蔡清撰

聞說一卷　(明)趙明倫撰

蒙龍子一卷　(明)董穀撰

觀微子一卷　(明)朱衮撰

前定錄補遺一卷　(明)朱佐撰

玄機通一卷　(明)仇俊卿撰

奇子雜言一卷　(明)楊春芳撰

仰子遺語一卷　(明)胡憲仲撰

紀述一卷　(明)薛應旂撰

竹下寱言二卷　(明)王文祿撰

策樞五卷　(明)王文祿撰

泰熙錄一卷　(明)王文祿撰

仕意篇一卷　(明)黃省曾撰

竪談一卷　(明)胡侍撰

書牘二卷　(明)王文祿撰

詩的一卷　(明)王文祿撰

法帖通解一卷　(宋)秦觀撰

蠶書一卷　(宋)秦觀撰

錢子語測法語篇一卷　(明)錢琦撰

錢子語測巽語篇一卷　(明)錢琦撰

禱雨雜記一卷　(明)錢琦撰

海石子一卷　(明)錢薇撰

廓然子五迹一卷　(明)董傳策撰

易圖一卷　(明)田藝蘅撰

春雨逸響一卷　(明)田藝蘅撰

東溟蠡測一卷　(明)李儒烈撰

論語筆解一卷　(唐)韓愈(唐)李翱撰

丘隅意見一卷　(明)喬世寧撰

參同契正文二卷　(漢)魏伯陽撰

周易參同契一卷　(明)王文祿疏

隨筆兆一卷　(宋)洪邁撰

天仙眞訣一卷

四箴雜言一卷　(明)何景明撰

闕里問答一卷　(明)舒芬撰

談輅一卷　(明)張鳳翼撰

古今逸史　(明)吳琯輯　民國二十六年
　(1937)據明本景印
　逸志
　　合志
　　　輶軒使者絕代語釋別國方言十三卷
　　　　(漢)揚雄撰　(晉)郭璞注
　　　釋名八卷　(漢)劉熙撰
　　　白虎通德論二卷　(漢)班固撰　[解
　　　廣雅十卷　(魏)張揖撰　(隋)曹憲音
　　　風俗通義四卷　(漢)應劭撰　　[注
　　　小爾雅一卷　(漢)孔鮒撰　(宋)宋咸
　　　獨斷一卷　(漢)蔡邕撰
　　　刊誤二卷　(唐)李涪撰
　　　古今注三卷　(晉)崔豹撰
　　　中華古今注三卷　(後唐)馬縞撰
　　　博物志十卷　(晉)張華撰　(宋)周日
　　　　用(宋)盧□注
　　　續博物志十卷　(宋)李石撰
　　　拾遺記十卷　(前秦)王嘉撰　(梁)蕭
　　　　綺錄
　　分志
　　　山海經十八卷　(晉)郭璞傳
　　　海內十洲記一卷　(漢)東方朔撰
　　　吳地記一卷附後集一卷　(唐)陸廣微
　　　　撰　後集(宋)□□撰
　　　岳陽風土記一卷　(宋)范致明撰
　　　洛陽名園記一卷　(宋)李格非撰
　　　桂海虞衡志一卷　(宋)范成大撰
　　　北邊備對一卷　(宋)程大昌撰
　　　眞臘風土記一卷　(元)周達觀撰
　　　三輔黃圖六卷　(漢)□□撰
　　　雍錄十卷　(宋)程大昌撰
　　　洛陽伽藍記五卷　(後魏)楊衒之撰
　　　敎坊記一卷　(唐)崔令欽撰
　　　樂府雜錄一卷　(唐)段安節撰
　　　九經補韻一卷　(宋)楊伯嵒撰
　逸記
　　紀
　　　三墳一卷　(晉)阮咸注
　　　穆天子傳六卷　(晉)郭璞注
　　　竹書紀年二卷　(梁)沈約注
　　　汲冢周書十卷　(晉)孔晁注
　　　西京雜記六卷　(漢)劉歆(一題晉葛
　　　　洪)撰
　　　別國洞冥記四卷　(漢)郭憲撰
　　　漢武故事一卷　(漢)班固撰
　　　趙后外傳一卷　(漢)伶玄撰
　　　海山記一卷　(唐)韓偓撰
　　　迷樓記一卷　(唐)韓偓撰
　　　開河記一卷　(唐)韓偓撰

　　六朝事迹編類二卷　(宋)張敦頤撰
　世家
　　晉史乘一卷
　　楚史檮杌一卷
　　越絕書十五卷　(漢)袁康撰
　　吳越春秋六卷　(漢)趙曄撰　(宋)徐
　　　天祜音注
　　華陽國志十二卷　(晉)常璩撰
　列傳
　　高士傳三卷　(晉)皇甫謐撰
　　列仙傳二卷　(漢)劉向撰
　　劍俠傳四卷　(唐)段成式撰
　　神僧傳九卷
　　本事詩一卷　(唐)孟棨撰
　　續齊諧記一卷　(梁)吳均撰
　　博異記一卷　(唐)谷神子(鄭還古)撰
　　集異記一卷　(唐)薛用弱撰
　　遼志一卷　(宋)葉隆禮撰
　　金志一卷　(宋)宇文懋昭撰
　　松漠紀聞一卷　(宋)洪皓撰
子彙　(明)周子義等輯　民國二十六年
　(1937)據明萬曆本景印
　鬻子一卷　(周)鬻熊撰　(唐)逢行珪註
　晏子春秋內篇二卷　(周)晏嬰撰　(明)
　　周子義註
　孔叢子三卷　(漢)孔鮒撰
　陸子一卷　(漢)陸賈撰
　賈子新書二卷　(漢)賈誼撰
　小荀子一卷　(漢)荀悅撰
　鹿門子一卷　(唐)皮日休撰
　文子二卷　(周)辛銒撰
　關尹子一卷　(周)尹喜撰
　亢倉子一卷　(周)庚桑楚撰
　鶡冠子一卷　(宋)陸佃解
　黃石公素書一卷　(漢)黃石公撰
　天隱子一卷　(唐)司馬承禎撰
　玄眞子外篇一卷　(唐)張志和撰
　无能子三卷　(唐)□□撰
　齊丘子(一名譚子化書)一卷　(南唐)譚
　　峭撰
　鄧析子一卷　(周)鄧析撰
　尹文子一卷　(周)尹文撰
　公孫龍子一卷　(周)公孫龍撰　(宋)謝
　　希深注
　愼子一卷　(周)愼到撰
　鬼谷子一卷外篇一卷
　墨子一卷　(周)墨翟撰
　子華子二卷　(周)程本撰　　　　[注
　劉子二卷　(北齊)劉晝撰　(唐)袁孝政
兩京遺編　(明)胡維新輯　民國二十六年

(1937)據明萬曆十年本景印
新語二卷　(漢)陸賈撰
賈子十卷　(漢)賈誼撰
春秋繁露八卷　(漢)董仲舒撰
鹽鐵論十卷　(漢)桓寬撰
白虎通德論二卷　(漢)班固撰
潛夫論十卷　(漢)王符撰
仲長統論一卷　(漢)仲長統撰
風俗通義十卷　(漢)應劭撰
徐幹中論二卷　(漢)徐幹撰　　　　[注
人物志三卷　(魏)劉邵撰　(後魏)劉昞
申鑒五卷　(漢)荀悅撰　(明)黃省曾注
文心雕龍十卷　(梁)劉勰撰
夷門廣牘　(明)周履靖輯　民國二十九年
(1940)據明萬曆本景印
藝苑
　文章緣起一卷　(梁)任昉撰
　釋名一卷　(漢)劉熙撰
　詩品一卷　(梁)鍾嶸撰
　文錄一卷　(宋)唐庚撰
　談藝錄一卷　(明)徐禎卿撰
　騷壇祕語三卷　(明)周履靖撰
　詩源撮要一卷　(明)張懋賢撰
　籀紀三卷　(陳)陳叔齊撰
　嘯旨一卷　(唐)孫廣撰
　廣易千文一卷　(明)周履靖撰
博雅
　異域志二卷　(元)周致中輯
　溪蠻叢笑一卷　(宋)朱輔撰
　格古要論三卷　(明)曹昭撰
　蠢物奇制一卷　(明)周履靖輯
　墨經一卷　(宋)晁貫之撰
尊生
　胎息經一卷　(□)幻真先生注
　天隱子一卷　(唐)司馬承禎撰
　赤鳳髓三卷　(明)周履靖輯
　煉形內旨一卷　(明)□□撰
　玉函祕典一卷　(明)□□撰
　金笥玄玄一卷　(明)□□撰
　逍遙子導引訣一卷　(□)逍遙子撰
　唐宋衞生歌一卷　(明)周履靖輯
　益齡單一卷　(明)周履靖輯
　怪疴單一卷　(元)朱震亨撰
書法
　法書通釋二卷　(明)張紳撰
　干祿字書一卷　(唐)顏元孫撰
　學古編二卷　(元)吾丘衍撰
畫藪
　畫評會海二卷附唐名公山水訣一卷
(明)周履靖撰

天形道貌一卷　(明)周履靖撰
淇園肖影二卷　(明)周履靖輯
羅浮幻質一卷　(明)周履靖撰
九畹遺容一卷　(明)周履靖撰
春谷嚶翔一卷　(明)周履靖撰
繪林題識一卷　(明)汪顯節撰
食品
　山家清供二卷　(宋)林洪撰
　茹草編四卷　(明)周履靖撰
　水品全秩二卷　(明)徐獻忠撰
　茶品要錄一卷　(宋)黃儒撰
　茶寮記一卷附一卷　(明)陸樹聲撰
　湯品一卷　(唐)蘇廙撰
　易牙遺意二卷　(明)韓奕撰
　酒經一卷附一卷　(宋)朱肱撰
　士大夫食時五觀一卷　(宋)黃庭堅撰
娛志
　綠綺新聲三卷　(明)徐時琪撰
　玉局鉤玄一卷　(明)項世芳輯
　投壺儀節一卷　(明)汪禔輯
　馬戲圖譜一卷　(宋)李清照撰　[注
　五木經一卷　(唐)李翱撰　(唐)元革
　詩牌譜一卷　(明)王良樞輯　(明)周
履靖校續
　丸經二卷　(元)□□撰
　胭陣篇一卷　(明)袁福徵撰
雜占
　黃帝授三子玄女經一卷
　黃帝宅經二卷　(□)□□注
　葬經一卷　(漢)青烏子撰　(金)兀欽
仄注
　探春歷記一卷　(漢)東方朔撰
　握奇經一卷附握奇經續圖一卷八陣總
述一卷　(漢)公孫弘解　續圖
(□)□□撰　八陣總述(晉)馬隆
撰　　　　　　　　　　　[撰
　祿嗣奇談二卷附一卷　(明)冲一眞君
　靈笈寶章一卷　(明)虛靖天師撰
　相法十六篇一卷　(漢)許負撰
　四字經一卷　(唐)釋德行撰
　土牛經一卷　(宋)向孟撰
　天文占驗一卷　(明)□□撰
　占驗錄一卷　(明)周履靖輯
　黃石公望空四字數一卷　(明)□□撰
　質龜論一卷　(唐)李淳風撰
禽獸
　禽經一卷　(周)師曠撰　(晉)張華注
　獸經一卷　(明)黃省曾撰　(明)周履
靖增補
　相鶴經一卷　(□)浮丘公撰

魚經一卷　(明)黃省曾撰
蠶書一卷　(宋)秦觀撰
促織經二卷　(宋)賈似道撰　(明)周
　履靖續增
草木
　種樹書三卷　(唐)郭橐駝(一題元俞
　　宗本)撰
　農桑撮要一卷　(元)魯明善撰
　蘭譜奧法一卷　(宋)趙時庚撰
　梅品一卷　(宋)張鎡撰
　菊譜二卷　(明)周履靖撰　下卷(明)
　　黃省曾撰
　耒耜經一卷　(唐)陸龜蒙撰
　理生玉鏡稻品一卷　(明)黃省曾撰
　芋經一卷　(明)黃省曾撰
招隱
　逸民傳二卷　(明)皇甫汸撰　(明)劉
　　鳳補遺
　香案牘一卷　(明)陳繼儒撰
　列仙傳一卷　(漢)劉向撰
　神仙傳一卷　(晉)葛洪撰
　續神仙傳一卷　(南唐)沈汾撰
　梅墟先生別錄二卷　(明)李日華(明)
　　鄭琰撰
　梅塢貽瓊六卷　(明)汪顯節輯
閒適
　五柳賡歌四卷　(晉)陶潛撰　(明)周
　　履靖和　　　　　　　　　　[撰
　中峯禪師梅花百詠一卷　(元)釋明本
　羣仙降乩語一卷　(明)周履靖輯
　閒雲稿四卷　(明)周履靖撰
　野人清嘯二卷　(明)周履靖撰
　燎松吟一卷　(明)周履靖撰
　尋芳咏二卷　(明)周履靖撰
　千片雪二卷　(元)馮海粟撰　(明)周
　　履靖和
　鴛湖唱和稿一卷　(明)周履靖等撰
　山家語一卷　(明)周履靖撰
　泛泖吟一卷　(明)周履靖撰
　毛公壇倡和詩一卷　(明)周履靖撰
　香奩詩草二卷　(明)桑貞白撰
　鶴月瑤笙四卷　(明)周履靖撰
觴咏
　青蓮觴咏二卷　(唐)李白撰　(明)周
　　履靖和
　香山酒頌二卷　(唐)白居易撰　(明)
　　周履靖和
　唐宋元明酒詞二卷　(明)周履靖輯
　狂夫酒語二卷　(明)周履靖撰
紀錄彙編　(明)沈節甫輯　民國二十七年

(1938)據明萬曆本景印
御製皇陵碑一卷　明太祖撰
御製西征記一卷　明太祖撰
御製平西蜀文一卷　明太祖撰
御製孝慈錄一卷　明太祖撰
御製紀夢一卷　明太祖撰
御製周顛仙人傳一卷　明太祖撰
御製廣寒殿記一卷　明宣宗撰
宣宗皇帝御製詩一卷　明宣宗撰
勅議或問一卷　明世宗撰
諭對錄一卷　(明)張孚敬撰
皇朝本記一卷　(明)□□撰
天潢玉牒一卷　(明)解縉撰
龍興慈記一卷　(明)王文祿撰
國初禮賢錄一卷　(明)□□撰
遇恩錄一卷　(明)劉仲璟撰
否泰錄一卷　(明)劉定之撰
北使錄一卷　(明)李實撰　　　　[錄
北征事蹟一卷　(明)袁彬撰　(明)尹直
正統臨戎錄一卷　(明)□□撰
正統北狩事蹟一卷　(明)□□撰
復辟錄一卷　(明)楊瑄撰
天順日錄一卷　(明)李賢撰
古穰雜錄摘鈔一卷　(明)李賢撰
聖駕南巡日錄一卷　(明)陸深撰
大駕北還錄一卷　(明)陸深撰
平胡錄一卷　(明)陸深撰
北平錄一卷　(明)□□撰
平漢錄一卷　(明)宋濂(一題童承敍)撰
平吳錄一卷　(明)吳寬撰
平蜀記一卷　(明)□□撰
平夏錄一卷　(明)黃標撰
前北征錄一卷　(明)金幼孜撰
後北征錄一卷　(明)金幼孜撰
北征記一卷　(明)楊榮撰
馬端肅公三記　(明)馬文升撰
　西征石城記一卷
　撫安東夷記一卷
　興復哈密國王記一卷
平番始末二卷　(明)許進撰
平夷賦一卷　(明)趙輔撰
平蠻錄一卷　(明)王軾撰
西征日錄一卷　(明)楊一清撰
制府雜錄一卷　(明)楊一清撰
雲中事記一卷　(明)蘇祐撰
張司馬定浙二亂志一卷　(明)王世貞撰
雲南機務鈔黃一卷　(明)張紞輯
滇載記一卷　(明)楊慎撰
平定交南錄一卷　(明)丘濬撰
安南傳二卷　(明)王世貞撰

南翁夢錄一卷　(安南)黎澄撰

勘處播州事情疏一卷　(明)何喬新撰

防邊紀事一卷　(明)高拱撰

伏戎紀事一卷　(明)高拱撰

撻虜紀事一卷　(明)高拱撰

靖夷紀事一卷　(明)高拱撰

綏廣紀事一卷　(明)高拱撰

炎徼紀聞四卷　(明)田汝成撰

星槎勝覽一卷　(明)費信撰

瀛涯勝覽一卷　(明)馬歡撰

瀛涯勝覽集一卷　(明)張昇撰

奉使安南水程日記一卷　(明)黃福撰

朝鮮紀事一卷　(明)倪謙撰

使琉球錄一卷附夷語夷字一卷　(明)陳
　侃撰

鴻猷錄十六卷　(明)高岱撰

治世餘聞錄八卷　(明)箸陂(陳洪謨)撰

繼世紀聞六卷　(明)箸陂(陳洪謨)撰

名卿績記四卷　(明)王世貞撰

靖難功臣錄一卷　(明)朱當㴐撰

國琛集二卷　(明)唐樞撰

國寶新編一卷　(明)顧璘撰

續吳先賢讚十五卷　(明)劉鳳撰

明詩評一卷　(明)王世貞撰

吳郡二科志一卷　(明)閻秀卿撰

新倩籍一卷　(明)徐禎卿撰

金石契一卷　(明)祝肇撰

守溪筆記一卷　(明)王鏊撰

震澤長語摘抄一卷　(明)王鏊撰

彭文憲公筆記一卷　(明)彭時撰

畜德錄一卷　(明)陳沂撰

青溪暇筆一卷　(明)姚福撰

閩中今古錄摘抄一卷　(明)黃溥撰

翦勝野聞一卷　(明)徐禎卿撰

玉堂漫筆摘鈔一卷　(明)陸深撰

金臺紀聞摘鈔一卷　(明)陸深撰

停驂錄摘鈔一卷　(明)陸深撰

續停驂錄摘鈔一卷　(明)陸深撰

豫章漫抄摘錄一卷　(明)陸深撰

科場條貫一卷　(明)陸深撰

水東日記摘鈔七卷　(明)葉盛撰

今言四卷　(明)鄭曉撰

餘冬序錄摘鈔六卷　(明)何孟春撰

鳳洲雜編六卷　(明)王世貞撰

醫閭漫記一卷　(明)賀欽撰

譯語一卷　(明)岷峨山人(尹畊)撰

海槎餘錄一卷　(明)顧岕撰

君子堂日詢手鏡一卷　(明)王濟撰

庚巳編十卷　(明)陸粲撰

四友齋叢說摘鈔七卷　(明)何良俊撰

菽園雜記摘鈔七卷　(明)陸容撰

留青日札摘鈔四卷　(明)田藝蘅撰

松窗寤言摘錄一卷　(明)崔銑撰

漫記一卷　(明)崔銑撰

近峯記略摘鈔一卷　(明)皇甫庸撰

百可漫志一卷　(明)陳鼐撰

錦衣志一卷　(明)王世貞撰

星變志一卷　(明)抱甕外史撰

瑯琊漫鈔摘錄一卷　(明)文林撰

病榻遺言一卷　(明)高拱撰

縣笥瑣探摘鈔一卷　(明)劉昌撰

蘇談一卷　(明)楊循吉撰

病逸漫記一卷　(明)陸釴撰

前聞記一卷　(明)祝允明撰

寓圃雜記二卷　(明)王錡撰

蒹葭堂雜著摘抄一卷　(明)陸楫撰

窺天外乘一卷　(明)王世懋撰

二酉委譚摘錄一卷　(明)王世懋撰

閩部疏一卷　(明)王世懋撰

江西輿地圖說一卷　(明)趙秉忠撰

饒南九三府圖說一卷　(明)王世懋撰

志怪錄一卷　(明)祝允明撰

涉異志一卷　(明)閔文振撰

奇聞類紀摘鈔四卷　(明)施顯卿撰

見聞紀訓二卷　(明)陳良謨撰

新知錄摘鈔一卷　(明)劉仕義撰

鹽邑志林　(明)樊維城輯　民國二十六年
　(1937)據明本景印

易解一卷　(吳)陸績撰

京氏易傳注三卷　(吳)陸績撰

草木蟲魚疏二卷　(吳)陸璣撰

易解三卷　(晉)干寶撰

搜神記二卷　(晉)干寶撰

玉篇直音二卷　(梁)顧野王撰

吳地記一卷　(唐)陸廣微撰

化書一卷　(南唐)譚峭撰

樵談一卷　(宋)許棐撰

閑窗括異志一卷　(宋)魯應龍撰

海鹽澉水誌二卷　(宋)常棠撰

樂郊私語一卷　(元)姚桐壽撰

檇李記一卷　(明)王樵撰

靖海紀略一卷　(明)鄭茂撰

奉使錄二卷　(明)張寧撰

徐襄陽西園雜記二卷　(明)徐咸撰

詩談一卷　(明)徐泰撰

測語二卷　(明)錢琦撰

貽謀一卷　(明)許相卿撰

碧里雜存二卷　(明)董穀撰

吾學編餘一卷　(明)鄭曉撰

今言類編六卷　(明)鄭曉撰

古言類編二卷　(明)鄭曉撰
海石子内篇一卷外篇一卷　(明)錢薇撰
龍興慈記一卷　(明)王文祿撰
通史它石三卷　(明)仇俊卿撰
玄機通一卷　(明)仇俊卿撰
仰崖遺語一卷　(明)胡憲仲撰
潁水遺編二卷　(明)陳言(明)陳所學撰
鍾秉文烏槎幕府記一卷　(明)鍾兆斗撰
禮記通註一卷　(明)朱元弼撰
猶及編一卷　(明)朱元弼撰
摘語一卷　(明)鄭心材撰
倭變事略四卷　(明)采九德撰
鳴吾紀事一卷　(明)崔嘉祥撰
荒箸略一卷　(明)劉世教撰
筆記一卷　(明)呂兆禧撰
江上雜疏一卷　(明)彭宗孟撰
吳少君遺事一卷　(明)姚士粦撰
見只編三卷　(明)姚士粦撰
聖門十志五卷　(明)呂元善撰

周氏師古堂所編書

(民國)周學熙輯
　　民國至德周氏師古堂刊本
周愨慎公全集提要一卷　(民國)孫雄輯
　　民國二十四年(1935)刊
周氏師古堂書目提要四卷　(民國)周學熙
　　輯　民國二十五年(1936)刊
易理匯參臆言二卷　(民國)周馥撰
周易注二卷　(清)李士鉁撰　民國二十五
　　年(1936)刊
蛻私軒易說二卷　(民國)姚永樸撰
繫辭一得二卷　周明燡撰　民國二十二年
　　(1933)刊
讀易隨筆一卷　周明燡撰　民國二十二年
　　(1933)刊
書經衷論四卷　(清)張英撰
三經誼詁　(民國)馬其昶撰
　　孝經誼詁一卷
　　大學誼詁一卷
　　中庸誼詁一卷
論語分類講誦六卷　(民國)周學熙撰　民
　　國三十年(1941)刊
孟子要略五卷附錄一卷　(宋)朱熹撰
　　(清)劉傳瑩輯　(清)曾國藩按
經傳簡本　(民國)周學熙輯　民國二十一
　　年(1932)刊
　　易經晉訓一卷
　　書經晉訓一卷
　　詩義折中四卷附詩經晉註一卷
　　禮記節本六卷

左傳經世鈔約選四卷
七經精義纂要十一卷　(民國)周學熙撰
　　民國二十四年(1935)刊
韓王二公遺事　(民國)周學熙輯　民國二
　　十三年(1934)刊
　韓忠獻公遺事一卷　(宋)强至撰
　王文正公遺事一卷　(宋)王素撰
聖域述聞二十八卷續編一卷　(清)龍光甸
　　修　(清)黃本驥輯　續編(清)范迪襄
　　輯　民國二十五年(1936)刊續編二十
　　三年(1934)刊
鏡古錄四卷　(清)俞壽滄撰　民國十八年
　　(1919)刊
經世文粹八卷續編八卷　(清)賀長齡輯
　　續(清)盛康輯　(清)俞壽滄節錄　民
　　國二十五年(1936)排印
醇親王巡閱北洋海防日記一卷　(民國)周
　　馥錄　民國二十七年(1938)刊
聖學入門書一卷　(清)陳瑚撰　民國二十
　　五年(1936)刊
閨範四卷　(明)呂坤注　民國二十三年
　　(1934)排印
養正遺規二卷補編一卷　(清)陳弘謀撰
　　民國二十五年(1936)刊
教女遺規三卷　(清)陳弘謀撰　民國二十
　　五年(1936)刊
淑艾錄一卷　(清)張履祥撰　(清)祝洤輯
　　民國二十五年(1936)刊
人極衍義一卷　(清)羅澤南撰　民國二十
　　五年(1936)刊
弟子箴言十六卷　(清)胡達源撰　民國二
　　十三年(1934)刊
弟子規一卷　(清)李毓秀撰　民國二十八
　　年(1939)刊
求志集四卷　(清)陳翊輯
古訓粹編　(民國)周馥節錄　(民國)周學
　　熙續錄　民國二十一年(1932)刊
　身世金箴一卷　(清)苾崖老人輯
　近思錄十四卷　(宋)朱熹(宋)呂祖謙輯
　　(清)江永集注
　呻吟語二卷　(明)呂坤撰
　庭訓格言一卷　清世宗述
　聰訓齋語一卷　(清)張英撰
　澄懷園語一卷　(清)張廷玉撰
　荊園小語一卷　(清)申涵光撰
　荊園進語一卷　(清)申涵光撰
　課子隨筆一卷　(清)張師載撰
　求闕齋日記一卷　(清)曾國藩撰
　菜根譚一卷娑羅館清語一卷　(明)洪應
　　明撰

陽明理學集三卷 (明)王守仁撰

格言聯璧一卷 (清)金纓撰

聖哲微言六卷 (民國)周學熙輯 民國二十二年(1933)刊

歷代聖哲學粹十八卷後編二十六卷 (民國)姚永樸輯 後編(民國)陳朝爵(民國)李大防輯 民國二十三年(1934)刊續編二十四年(1935)刊

先正嘉言約鈔二卷 (民國)姚永樸輯

邇言二卷 (民國)姚永樸撰 民國二十四年(1935)刊

南華經解選讀二卷 (清)宣穎注 (民國)周學熙選 民國二十一年(1932)刊

性理精言一卷 (民國)周學熙選錄 民國二十一年(1932)刊

魯齋遺書約鈔二卷 (元)許衡撰 (民國)周學熙節錄

中學正宗 (民國)周學熙選

　為學大指一卷 (清)倭仁撰

　朱子語類日鈔一卷 (清)陳澧輯

　養正遺規一卷 (清)陳弘謀輯

　東塾讀書記一卷 (清)陳澧撰

畜德錄選二卷 (清)席啓圖輯 (民國)周學熙節錄 民國二十一年(1932)刊

讀書樂趣約選二卷 (清)伍涵芬輯 (民國)周學熙節錄 民國二十二年(1933)刊

閱微草堂筆記約選二卷 (清)紀昀撰 (民國)周學熙節錄

女千字文一卷 (清)□□撰

淺近錄六卷 (清)張鑑輯 民國二十五年(1936)刊

童蒙須知一卷 (宋)朱熹撰 民國三十年(1941)刊

宋五子節要 (民國)周馥節錄 民國二十六年(1937)刊

　周濂溪太極圖說一卷 (宋)周敦頤撰

　二程語錄二卷文集一卷 (宋)程顥(宋)程頤撰

　張橫渠文集一卷 (宋)張載撰

　朱子語類一卷文集二卷 (宋)朱熹撰

觀省錄二卷 (民國)周馥輯 民國二十八年(1939)刊

李萊猗女史全書 (清)李晚芳撰 民國據清乾隆本景印

　女學言行纂三卷

　讀史管見三卷

　菽堂分田錄一卷 (清)梁煇撰

周中丞集一卷 (唐)周絲撰 民國十九年(1930)刊

蛻軒集五卷續三卷 (民國)姚永樸撰 民國十年(1921)刊

古文辭類纂約選十三卷 (清)姚鼐纂 (民國)周學熙選 民國二十一年(1932)刊

張文端公詩文選二卷 (清)張英撰 (民國)周學熙選 民國二十三年(1934)刊

小學弦歌約選一卷 (清)李元度輯 (民國)周學熙選 民國二十五年(1936)刊

八家閑適詩選 (民國)周學淵選

　淵明閑適詩選一卷 (晉)陶潛撰

　香山閑適詩選二卷 (唐)白居易撰

　蘇州閑適詩選一卷 (唐)韋應物撰

　少陵閑適詩選一卷 (唐)杜甫撰

　東坡閑適詩選二卷 (宋)蘇軾撰

　劍南閑適詩選六卷 (宋)陸游撰

　朱子閑適詩選一卷 (宋)朱熹撰

　擊壤集選一卷 (宋)邵雍撰

唐詩矩五卷 (清)黃生撰 民國二十五年(1936)刊

文辭養正舉隅二卷 (民國)周學熙輯 民國三十年(1941)刊

京都帝國大學文學部景印唐鈔本

(日本)京都帝國大學文學部輯

　日本大正昭和間京都帝國大學文學部景印本

第一集 日本大正十年(1921)景印

　毛詩詁訓傳殘一卷(存卷十) (漢)毛亨傳 (漢)鄭玄箋

　毛詩正義殘一卷(存卷十一) (唐)孔穎達等撰

　翰苑殘一卷(存卷三十) (唐)張楚金撰 (唐)雍公叡注

　王勃集殘二卷(存卷二十九至三十) (唐)王勃撰

第二集 日本昭和十年(1935)景印

　講周易疏論家義記殘□卷　　　　　[撰

　經典釋文殘一卷(存卷十四) (唐)陸德明

　漢書殘一卷(存列傳第五十七上) (漢)班固撰 (唐)顏師古注

第三集 日本昭和十年(1935)景印

　文選集注殘五卷 (存卷四十七、卷六十一上、卷六十一下、卷六十二、卷六十六、卷七十一)

第四集 日本昭和十年(1935)景印

　文選集注殘三卷(存卷七十三上、卷七十三下、卷七十九、卷八十五上、卷八十五

下)
第五集　日本昭和十一年(1936)景印
　文選集注殘一卷(存卷五十六)
　文選集注殘一卷(存卷九十一)
　文選集注殘一卷(存卷九十四上)
第六集　日本昭和十一年(1936)景印
　文選集注殘二卷(存卷九十四中、卷九十四
　　下、卷一百二)
　文選集注殘一卷(存卷一百十三)
第七集　日本昭和十一年(1936)景印
　文選集注殘二卷(存卷八至九)
　文選集注殘一卷(存卷五十九)
第八集　日本昭和十一年(1936)景印
　文選集注殘一卷(存卷六十三)
　文選集注殘一卷(存卷八十八)
　文選集注殘一卷(存卷一百十六)
第九集　日本昭和十七年(1942)景印
　文選集注殘一卷(存卷四十三)
　文選集注殘一卷(存卷四十八)
　文選集注殘一卷(存卷六十一)
　文選集注殘一卷(存卷六十八)
　文選集注殘一卷(存卷九十三)
　文選集注殘一卷(存卷一百十六)
第十集　日本昭和十七年(1942)景印
　尚書殘卷　(漢)孔安國傳
　毛詩二南殘卷一卷　(漢)毛亨傳　(漢)鄭
　　玄箋

叢書集成初編

商務印書館輯
　　民國二十四年至二十六年(1935—1937)
　　　上海商務印書館排印本
總類
　前漢書藝文志一卷　(漢)班固撰　(唐)顏
　　師古注
　補續漢書藝文志一卷　(清)錢大昭撰
　補後漢書藝文志四卷　(清)侯康撰
　補三國藝文志四卷　(清)侯康撰
　補晉書藝文志四卷補遺一卷附錄一卷
　　(民國)丁國鈞撰
　補晉書藝文志刊誤一卷　(民國)丁辰撰
　隋書經籍志四卷　(唐)魏徵(唐)長孫無忌
　　等撰
　舊唐書經籍志二卷　(後晉)劉昫等撰
　唐書藝文志四卷　(宋)歐陽修(宋)宋祁等
　　撰
　補五代史藝文志一卷　(清)顧懷三撰
　宋史藝文志八卷　(元)脫脫等撰
　宋史藝文志補一卷　(清)黃虞稷(清)倪燦
　　撰　(清)盧文弨錄

補遼金元藝文志一卷　(清)倪燦撰
補三史藝文志一卷　(清)金門詔撰
補元史藝文志四卷　(清)錢大昕撰
明史藝文志四卷　(清)張廷玉等撰
經義攷補正十二卷　(清)翁方綱撰
通志堂經解目錄一卷　(清)翁方綱訂
讀易別錄三卷　(清)全祖望撰
史略六卷　(宋)高似孫撰
子略四卷目一卷　(宋)高似孫撰
勿菴歷算書目一卷　(清)梅文鼎撰
崇文總目五卷補遺一卷附錄一卷　(宋)王
　堯臣等編(清)錢東垣等輯釋　附錄
　(清)錢侗撰
國史經籍志五卷附錄一卷　(明)焦竑撰
文淵閣書目二十卷　(明)楊士奇等撰
尊經閣藏書目
　尊經閣募捐藏書章程一卷祀典錄一卷
　　(清)袁昶撰
　中江尊經閣藏書目第一冊一卷　(清)王
　　呈祥撰
　中江講院建立經誼治事兩齋章程一卷
　　(清)袁昶撰
遂初堂書目一卷　(宋)尤袤撰
菉竹堂書目六卷　(明)葉盛撰
世善堂藏書目錄二卷　(明)陳第撰
汲古閣珍藏祕本書目一卷　(清)毛扆撰
絳雲樓書目四卷　(清)錢謙益撰　(清)陳
　景雲注
述古堂藏書目四卷宋版書目一卷　(清)錢
　曾撰
延令宋板書目(一名季滄葦藏書目)一卷附
　續校語一卷　(清)季振宜撰　(清)黃
　丕烈校并撰續校語
文瑞樓藏書目錄十二卷　(清)金檀撰
稽瑞樓書目四卷　(清)陳揆撰
孫氏祠堂書目內編四卷外編三卷　(清)孫
　星衍撰
百宋一廛賦一卷　(清)顧廣圻撰　(清)黃
　丕烈注
藝芸書舍宋元本書目二卷　(清)汪士鐘撰
袁氏藝文志一卷文錄一卷詩錄一卷金石錄
　一卷附錄一卷(清)袁寶璜等撰　(清)
　袁昶輯
全燬書目一卷　清乾隆四十七年敕撰
抽燬書目一卷　清乾隆四十七年敕撰
禁書總目一卷　清乾隆五十三年敕撰
違礙書目一卷　清乾隆四十三年敕撰
宛丘題跋一卷　(宋)張耒撰　景印
容齋題跋二卷　(宋)洪邁撰　景印
直齋書錄解題二十二卷　(宋)陳振孫撰

讀書敏求記四卷　(清)錢曾撰
知聖道齋讀書跋二卷　(清)彭元瑞撰
經籍跋文一卷　(清)陳鱣撰
平津館鑒藏記書籍三卷補遺一卷續編一卷
　　(清)孫星衍撰
廉石居藏書記二卷　(清)孫星衍撰
半氈齋題跋二卷　(清)江藩撰
士禮居藏書題跋記續二卷　(清)黃丕烈撰
　　(民國)繆荃孫輯
拜經樓藏書題跋記五卷附錄一卷　(清)吳
　　壽暘撰
相臺書塾刊正九經三傳沿革例一卷　(宋)
　　岳珂撰
竹汀先生日記鈔三卷　(清)錢大昕撰
　　(清)何元錫輯
曝書雜記三卷　(清)錢泰吉撰
非石日記鈔一卷遺文一卷　(清)鈕樹玉撰
　　(清)王頌蔚輯
程氏家塾讀書分年日程三卷綱領一卷
　　(元)程端禮撰
羣書拾補三十七卷　(清)盧文弨撰
　五經正義表一卷
　周易注疏校正一卷
　周易略例校正一卷
　尚書注疏校正一卷
　春秋左傳注疏校正一卷
　禮記注疏校補一卷
　儀禮注疏校正一卷
　呂氏續詩記補闕一卷
　史記惠景間侯者年表校補一卷
　續漢書志注補校正一卷
　晉書校正一卷
　魏書校補一卷
　宋史孝宗紀補脫一卷
　金史補脫一卷
　資治通鑑序補逸一卷
　文獻通考經籍校補一卷
　史通校正一卷
　新唐書糾謬校補一卷
　山海經圖讚補逸一卷
　水經序補逸一卷
　鹽鐵論校補一卷
　新序校補一卷
　說苑校補一卷
　申鑒校正一卷
　列子張湛注校正一卷
　韓非子校正一卷
　晏子春秋校正一卷
　風俗通義校正逸文一卷
　新論校正一卷

　潛虛校正一卷
　春渚紀聞補闕一卷
　嘯堂集古錄校補一卷
　鮑照集校補一卷
　韋蘇州集校正拾遺一卷
　元微之文集校補一卷
　白氏文集校正一卷
　林和靖集校正一卷
先正讀書訣一卷　(清)周永年輯
校讎通義三卷　(清)章學誠撰
四庫全書考證一百卷　(清)王太岳等撰
斠補隅錄　(清)蔣光煦輯校　　　〔撰
　尚書全解一卷(卷三十四)　(宋)林之奇
　爾雅南昌本校勘記訂補一卷　(清)許光
　　清撰
　續宋中興編年資治通鑑校一卷　(清)許
　　光治撰
　東漢會要四卷(卷三十六至三十九)
　　(宋)徐天麟撰
　吳越春秋校一卷　(清)蔣光煦撰
　錢塘遺事校一卷　(清)蔣光煦撰
　宣和奉使高麗圖經校一卷　(清)□□撰
　管子校一卷　(清)許光清撰　　〔校
　荀子校一卷　(宋)錢佃撰　(清)顧廣圻
　意林逸文一卷　(清)周廣業(清)李遇孫
　　輯
　酉陽雜俎校一卷　(清)蔣光煦撰
　唐摭言校一卷　(清)蔣光煦撰
　蘆浦筆記校一卷　(清)□□撰
　後山集校一卷　(清)□□撰
古今偽書考一卷　(清)姚際恆撰
經籍舉要一卷附錄一卷　(清)龍啟瑞編
　　(清)袁昶增訂
七經孟子考文並補遺二百卷　(日本)山井
　　鼎撰　(日本)物觀等補遺
周禮釋文問答一卷　(清)辛紹業撰　據豫
　　章叢書本景印
儀禮識誤三卷　(宋)張淳撰
　　據得月簃叢書本景印
汲古閣說文訂一卷　(清)段玉裁撰　據㟙
　　進齋叢書本景印
說文檢字二卷　(清)毛謨輯　據㟙進齋叢
　　書本景印
說文檢字補遺一卷　(清)姚覲元輯　據㟙
　　進齋叢書本景印
汪本隸釋刊誤一卷　(清)黃丕烈撰　據士
　　禮居叢書本景印
石經考一卷　(清)顧炎武撰　據借月山房
　　彙鈔本景印
漢石經殘字考一卷　(清)翁方綱撰　據後

知不足齋叢書本景印
魏三體石經遺字考一卷　（清）孫星衍撰
　　據平津館叢書本景印
唐石經攷正一卷　（清）王朝渠撰　據豫章
　　叢書本景印
諸史然疑一卷　（清）杭世駿撰　據知不足
　　齋叢書本景印
文史通義八卷　（清）章學誠撰
文史通義補編一卷附鈔本目一卷刊本所有
　　鈔本所無目一卷　（清）章學誠撰　附
　　（清）江標輯
唐虞考信錄四卷　（清）崔述撰
夏考信錄二卷　（清）崔述撰
商考信錄二卷　（清）崔述撰
豐鎬考信錄八卷　（清）崔述撰
豐鎬考信別錄三卷　（清）崔述撰
補上古考信錄二卷　（清）崔述撰
洙泗考信錄四卷　（清）崔述撰
洙泗考信餘錄三卷　（清）崔述撰
考信錄提要二卷　（清）崔述撰
考信附錄二卷　（清）崔述撰
考古續說二卷　（清）崔述撰
史記正譌三卷　（清）王元啓撰
史記毛本正誤一卷　（清）丁晏撰　　　　　［撰
史記志疑三十六卷附錄三卷　（清）梁玉繩
史表功比說一卷　（清）張錫瑜撰
漢書辨疑二十二卷　（清）錢大昭撰
後漢書辨疑十一卷　（清）錢大昭撰
續漢書辨疑九卷　（清）錢大昭撰
三國志辨疑三卷　（清）錢大昭撰
魏書校勘記一卷　（民國）王先謙輯
晉書校勘記三卷　（清）勞格撰
晉書校勘記五卷　（清）周家祿撰
五胡十六國考鏡一卷　（宋）石延年撰
宋州郡志校勘記一卷　（清）成瓘（蓉鏡）撰
黃帝內經素問校義一卷　（清）胡澍撰
文苑英華辨證十卷補文一卷拾遺一卷
　　（宋）彭叔夏撰
詩紀匡謬一卷　（清）馮舒撰
皇覽一卷附考證一卷　（魏）劉劭（魏）王象
　　等撰　（清）孫馮翼輯
歲華紀麗四卷　（唐）韓鄂撰　據祕冊彙函
　　本景印
珊玉集二卷　（唐）□□撰　據古逸叢書本
　　景印　　　　　　　　　　　　　　　　［撰
詩律武庫十五卷後集十五卷　（宋）呂祖謙
計然萬物錄一卷補遺一卷　（周）辛文撰
　　（清）茆泮林輯
雜肋一卷　（宋）趙崇絢撰
小學紺珠十卷　（宋）王應麟撰

歲時廣記四十卷首一卷末一卷　（宋）陳元
　　靚撰
物原一卷　（明）羅頎撰
哲匠金桴五卷　（明）楊慎撰
骿語雕龍四卷　（明）游日章撰　（明）林世
　　勳注
焦氏類林八卷　（明）焦竑輯
表異錄二十卷　（明）王志堅撰
比事摘錄一卷　（明）□□撰　據今獻彙言
　　本景印
廣事同纂一卷　（清）沈廷文撰
羣書治要五十卷（原缺卷四、卷十三、卷二
　　十）　（唐）魏徵等輯
履齋示兒編二十三卷附校補一卷　（宋）孫
　　奕撰　校補（清）顧廣圻撰
塵史三卷　（宋）王得臣撰
澠水燕談錄十卷　（宋）王闢之撰
東園叢說三卷　（宋）李如箎撰
調燮類編四卷
隱居通議三十一卷　（元）劉壎撰
敬齋古今黈八卷附拾遺五卷　（元）李冶撰
日損齋筆記一卷附錄一卷　（元）黃溍撰
輟耕錄三十卷　（元）陶宗儀撰
六藝綱目二卷附錄一卷　（元）舒天民撰
　　據指海本景印
震澤長語二卷　（明）王鏊撰
鈍吟雜錄十卷　（清）馮班撰　（清）何焯評
論學三說一卷　（清）黃與堅撰
對策六卷　（清）陳鱣撰
蠡勺編四十卷　（清）凌揚藻撰
游戲錄二卷　（清）程景沂輯
平書八卷　（清）秦篤輝撰　　　　　　　　［輯
沅湘通藝錄八卷附四書文二卷　（清）江標
白虎通（一名白虎通義一名白虎通德論）四
　　卷附校勘補遺一卷攷一卷闕文一卷
　　（漢）班固等撰　（清）盧文弨校併撰校
　　勘補遺　攷（清）莊述祖撰併輯闕文
　　據抱經堂叢書本景印
駁五經異義一卷補遺一卷　（漢）鄭玄撰
　　（清）王復輯　據問經堂叢書本景印
鄭志三卷附錄一卷　（漢）鄭玄撰　（魏）鄭
　　小同編　（清）錢東垣（清）錢繹（清）錢
　　侗按
鄭志三卷補遺一卷　（漢）鄭玄撰　（魏）鄭
　　小同編　（清）王復輯　（清）武憶校
方舟經說六卷　（宋）李石撰
項氏家說十卷附錄二卷　（宋）項安世撰
三禮考一卷　（宋）眞德秀撰
禮經奧旨一卷　（宋）鄭樵撰
鶴山渠陽讀書雜鈔二卷　（宋）魏了翁撰

四書筆義纂要十二卷補遺一卷續遺一卷
　　(宋)趙順撰　據守山閣叢書本景印
大學章句筆義一卷或問筆義一卷註疏纂
　　要一卷
中庸章句筆義一卷或問筆義一卷註疏纂
　　要一卷
論語集註筆義三卷
孟子集註筆義三卷
讀四書叢說八卷　(元)許謙撰　　　　　[輯
羣英書義二卷　(明)張泰撰　(明)劉錦文
石渠意見四卷附拾遺二卷補缺一卷　(明)
　　王恕撰
升菴經說十四卷　(明)楊慎撰　　　　　[輯
四書索解四卷　(清)毛奇齡撰　(清)王錫
三禮指要一卷　(清)陳廷敬撰
讀禮志疑十二卷附一卷　(清)陸隴其撰
九經古義十六卷　(清)惠棟
質疑一卷　(清)任泰撰
質疑二卷　(清)杭世駿撰
四書逸筆六卷　(清)程大中撰
經義知新記一卷　(清)汪中撰
健餘先生讀書筆記六卷　(清)尹會一撰
　　(清)苑縮輯
六藝論一卷　(漢)鄭玄撰　(清)陳鱣輯
隸經文四卷　(清)江藩撰
九經學殘三卷(存周禮二卷儀禮一卷)
　　(清)王聘珍撰
詩書古訓六卷　(清)阮元撰
介庵經說十卷附補二卷　(清)雷學淇撰
劉貴陽說經殘稿一卷附經說一卷　(清)劉
　　書年撰
鳳氏經說三卷　(清)鳳應韶撰
王氏經說六卷　(清)王紹蘭撰
授經圖二十卷　(明)朱睦㮮撰
儒林譜一卷　(清)焦袁熹撰
傳經表一卷通經表一卷　(清)畢沅撰　據
　　式訓堂叢書本景印
國朝經師經義目錄一卷　(清)江藩撰
續談助五卷　(宋)晁載之輯
　卷一
　　十洲記　(漢)東方朔撰
　　洞冥記　(漢)郭憲撰
　　琵琶錄　(唐)段安節撰
　卷二
　　北道刊誤志　(宋)王瓛撰
　卷三
　　乘軺錄　(宋)路振撰
　　文武兩朝獻替記　(唐)李德裕撰
　　牛羊日曆　(唐)劉軻撰
　　聖宋掇遺　(宋)□□撰

沂公筆錄　(宋)王曾撰
竹譜　(晉)戴凱之撰
筍譜　(宋)釋贊寧撰
硯錄　(宋)唐詢撰
三水小牘　(唐)皇甫枚撰
漢武故事　(漢)班固撰
卷四
　漢孝武內傳　(漢)班固撰
　殷芸小說　(梁)殷芸撰
　大業雜記　(唐)杜寶撰
卷五
　營造法式　(宋)李誡撰
　綠珠傳　(宋)樂史撰
　膳夫經手錄　(唐)楊曄撰
古雋八卷　(明)楊慎輯
風俗通義十卷　(漢)應劭撰　據兩京遺編
　　本景印
古今注三卷　(晉)崔豹撰
封氏聞見記十卷　(唐)封演撰　據雅雨堂
　　叢書本景印　　　　　　　　　　[撰
酉陽雜俎二十卷附續集十卷　(唐)段成式
資暇集三卷　(唐)李匡乂撰
蘇氏演義二卷　(唐)蘇鶚撰
中華古今注三卷　(後唐)馬縞撰
兼明書五卷　(唐)丘光庭撰
宋景文公筆記三卷　(宋)宋祁撰
東原錄一卷　(宋)龔鼎臣撰
夢溪筆談二十六卷　(宋)沈括撰
夢溪補筆談二卷　(宋)沈括撰
夢溪續筆談一卷　(宋)沈括撰
珩璜新論(一名孔氏雜說)四卷　(宋)孔平
　　仲撰
猗覺寮雜記二卷　(宋)朱翌撰
嬾眞子五卷　(宋)馬永卿撰
肯綮錄一卷　(宋)趙叔向撰
甕牖閒評八卷　(宋)袁文撰
西溪叢語二卷　(宋)姚寬輯
辨誤錄三卷　(宋)吳曾撰
能改齋漫錄十八卷拾遺一卷　(宋)吳曾撰
考古編十卷　(宋)程大昌撰
宜齋野乘一卷　(宋)吳枋撰
五總志一卷　(宋)吳坰撰
石林燕語辨十卷　(宋)汪應辰撰
寅簡十卷附錄一卷　(宋)沈作喆撰
雲麓漫鈔十五卷　(宋)趙彥衞撰　據涉聞
　　梓舊本景印
靖康緗素雜記十卷　(宋)黃朝英撰
學林十卷　(宋)王觀國撰
野客叢書三十卷附錄一卷　(宋)王楙撰
辯言一卷　(宋)員興宗撰

常談一卷　（宋）吳箕撰
緯略十二卷附錄一卷　（宋）高似孫撰
捫蝨新話四卷下集四卷　（宋）陳善撰
寶顏堂訂正鶴山渠陽經外雜抄二卷　（宋）
　　魏了翁撰　據寶顏堂祕笈本景印
芥隱筆記一卷　（宋）龔頤正撰
學齋佔畢四卷　（宋）史繩祖撰
賓退錄十卷　（宋）趙與時撰
蘆浦筆記十卷　（宋）劉昌詩撰
鼠璞一卷　（宋）戴埴撰
坦齋通編一卷　（宋）邢凱撰
臆乘一卷　（宋）楊伯嵒撰　　　　　　［撰
席上腐談(一名月下偶談)二卷　（宋）俞琰
潁川語小二卷　（宋）陳昉撰
佩韋齋輯聞四卷　（宋）俞德鄰撰
東齋記事一卷　（宋）許觀撰
釋常談三卷　（宋）□□撰
續釋常談一卷　（宋）龔熙正撰
荊溪林下偶談四卷　（宋）吳子良撰
愛日齋叢鈔五卷　（宋）葉□撰　據守山閣
　　叢書本景印
玉堂嘉話八卷　（元）王惲撰
湛淵靜語二卷　（元）白珽撰　（元）周暕輯
庶齋老學叢談三卷　（元）盛如梓撰
日聞錄一卷　（元）李翀撰
霏雪錄一卷　（明）劉績撰
菽園雜記十五卷　（明）陸容撰
井觀瑣言三卷　（明）鄭瑗撰
兩山墨談十八卷　（明）陳霆撰
傳疑錄一卷　（明）陸深撰　　　　　　［撰
儼山纂錄(一名儼山外纂)一卷　（明）陸深
讀書劄記八卷　（明）徐問撰
譚苑醍醐八卷　（明）楊愼撰
菀林伐山二十卷　（明）楊愼撰
丹鉛雜錄十卷　（明）楊愼撰
丹鉛續錄八卷　（明）楊愼撰
俗言一卷　（明）楊愼撰
餘冬序錄摘抄內外篇六卷　（明）何孟春撰
　　據紀錄彙編本景印
眞珠船八卷　（明）胡侍撰
寶齋雜著一卷　（明）陸垹撰
古言類編(一名學古瓊言)二卷　（明）鄭曉
　　撰　據鹽邑志林本景印
羣碎錄一卷　（明）陳繼儒撰
枕譚一卷　（明）陳繼儒撰
疑耀七卷　（明）張萱撰
槎上老舌一卷　（明）陳衎撰
餘菴雜錄三卷　（明）陳恂撰
巵林十卷補遺一卷　（明）周嬰撰
呂錫侯筆記一卷　（明）呂兆禧撰

遜翁隨筆二卷　（清）祁駿佳撰
蒿庵閒話二卷　（清）張爾岐撰
譎觚一卷　（清）顧炎武撰
菰中隨筆一卷　（清）顧炎武撰
朮廬札記一卷　（清）丁泰撰
義府二卷　（清）黃生撰
訂譌雜錄十卷　（清）胡鳴玉撰
學福齋雜著一卷　（清）沈大成撰
樵香小記二卷　（清）何琇撰
龍城札記三卷　（清）盧文弨撰
鍾山札記四卷　（清）盧文弨撰
魯齋述得一卷　（清）丁傳撰
妖燭偶鈔一卷　（清）陸錫熊撰
卍齋璅錄十卷　（清）李調元撰
勦說四卷　（清）李調元撰
識小編二卷　（清）董豐垣撰
炳燭篇四卷　（清）李賡芸撰
讀書瑣記一卷　（清）鳳應韶纂
鄭堂札記五卷　（清）周中孚撰
讀書叢錄七卷　（清）洪頤煊撰
癸巳存稿十五卷　（清）俞正燮撰
菉友肊說一卷附錄一卷　（清）王筠撰
武陵山人雜著一卷　（清）顧觀光撰
寒秀草堂筆記四卷　（清）姚衡撰
握蘭軒隨筆二卷　（清）卜陳彝撰
劉氏遺著三卷　（清）劉禧延撰
養龢軒隨筆一卷　（民國）陳作霖撰
困學紀聞參注一卷　（清）趙敬襄撰　據豫
　　章叢書本景印　　　　　　　　　　［撰
鹿門子(一名鹿門隱書)一卷　（唐）皮日休
省心錄一卷　（宋）林逋撰
晁氏客語一卷　（宋）晁說之撰
欒城先生遺言一卷　（宋）蘇籀記
西疇老人常言一卷　（宋）何坦撰
樵談一卷　（宋）許棐撰
勤有堂隨錄一卷　（元）陳櫟撰
學易居筆錄一卷　（元）俞鎭撰
筆疇二卷　（明）王達撰
巵辭(一名華川巵辭)一卷　（明）王褘撰
密箴一卷　（明）蔡清撰
讀書筆記一卷　（明）祝允明撰
蜩笑偶言一卷　（明）鄭瑗撰
松窗寤言一卷　（明）崔銑撰
經世要談一卷　（明）鄭善夫撰
錢公良測語二卷　（明）錢琦撰　據鹽邑志
　　林本景印
錢子語測二卷　（明）錢琦撰　據百陵學山
　　本景印
四箴雜言一卷　（明）何景明撰　據百陵學
　　山本景印

中庸分章一卷　（宋）黎立武撰　　　　　　　〔撰
中庸本解二卷中庸提要一卷　（清）楊寅驊
易大誼一卷　（清）惠棟撰
論語集解義疏十卷　（魏）何晏集解　（梁）
　　皇侃義疏
癸巳論語解十卷　（宋）張栻撰
論語意原四卷　（宋）鄭汝諧撰
論語集注考證十卷　（宋）金履祥撰
論語竢質三卷附校譌一卷續校一卷　（清）
　　江聲撰　校譌（清）胡珽撰　續校（清）
　　董金鑑撰
論語註參二卷　（清）趙良猷撰
論語附記二卷　（清）翁方綱撰
論語孔注辨譌二卷　（清）沈濤撰
尊孟辨三卷續辨二卷別錄一卷　（宋）余允
　　文撰
孟子雜記四卷　（明）陳士元撰
孟子附記二卷　（清）翁方綱撰
孟子事實錄二卷　（清）崔述撰
孟子要略五卷附錄一卷　　（宋）朱熹撰
　　（清）劉傳瑩輯　（清）曾國藩按
逸孟子一卷　（清）李調元輯
孔子家語疏證十卷　（清）陳士珂撰
曾子十篇四卷敍錄一卷　（清）阮元撰
晏子春秋七卷　（周）晏嬰撰　（清）孫星衍校
荀子二十卷附校勘補遺一卷　（周）荀況撰
　　（唐）楊倞注　（清）盧文弨（清）謝墉
　　校　據抱經堂叢書本景印
孔叢子三卷　（漢）孔鮒撰　據子彙本景印
陸子一卷　（漢）陸賈撰　據子彙本景印
新書十卷　（漢）賈誼撰　（清）盧文弨校
董子文集一卷　（漢）董仲舒撰
韓詩外傳校注十卷附拾遺一卷補逸一卷
　　（清）周廷寀撰　拾遺（清）周宗杬輯
　　補逸（清）趙懷玉輯
說苑二十卷　（漢）劉向撰
新序十卷　（漢）劉向撰　據鐵華館叢書本
　　景印
法言十卷　（漢）揚雄撰　（宋）宋咸注
中論二卷附札記一卷逸文一卷　（漢）徐幹
　　撰　札記（清）錢培名撰併輯逸文
潛夫論十卷　（漢）王符撰　（清）汪繼培箋
申鑒（一名小荀子）五卷附札記一卷　（漢）
　　荀悅撰　札記（清）錢培名撰　　　〔輯
周生烈子一卷　（魏）周生烈撰　（清）張澍
傅子五卷　（晉）傅玄撰
中說二卷　（隋）王通撰
伸蒙子三卷　（唐）林慎思撰
素履子三卷　（唐）張弧撰　　　　　　　〔注
老子道德經二卷　（周）李耳撰　（魏）王弼

道德指歸論六卷　（漢）嚴遵撰　據祕册彙
　　函本景印
老子解四卷　〔宋）蘇轍撰
蟾仙解老一卷　（宋）白玉蟾撰
道德眞經集解四卷　（金）趙秉文撰
太上老子道德經集解二卷　（宋）董思靖撰
老子集解二卷附考異一卷　（明）薛蕙撰
老子翼八卷　〔明）焦竑撰
老子道德經考異二卷　（清）畢沅撰
老子本義三卷附錄一卷　（清）魏源撰
參同契正文二卷　（漢）魏伯陽撰　據百陵
　　學山本景印
周易參同契考異一卷　（宋）朱熹撰
參同契疏略一卷　（明）王文祿撰　據百陵
　　學山本景印
古文參同契集解三卷箋注集解三卷三相類
　　集解二卷　（明）蔣一彪輯　據津逮祕
　　書本景印
古文周易參同契註八卷　（清）袁仁林撰
列子八卷　（周）列禦寇撰　（晉）張湛注
沖虛至德眞經釋文二卷　（唐）殷敬順撰
　　（宋）陳景元補遺　據湖海樓叢書本景
　　印
文始眞經言外經旨三卷
　　（宋）陳顯微述　據守山閣叢書本景印
關尹子一卷　（周）尹喜撰　據子彙本景印
通玄眞經十二卷　（周）辛鈃撰　（唐）徐靈
　　府注　據鐵華館叢書本景印
文子纘義十二卷　（宋）杜道堅撰
抱朴子內篇二十卷外篇五十卷　（晉）葛洪
　　撰　據平津館叢書本景印
眞誥二十卷　（梁）陶弘景撰
天隱子一卷　（唐）司馬承禎撰　據子彙本
　　景印
亢倉子一卷　（周）庚桑楚撰　據子彙本景
　　印
玄眞子三卷　（唐）張志和撰　據知不足齋
　　叢書本景印
无能子三卷　（唐）□□撰　據子彙本景印
聽心齋客問一卷　（明）萬尙父撰
无上祕要一卷　（明）□□撰
至游子二卷　（宋）曾慥撰
墨子十六卷附篇目考一卷　（周）墨翟撰
　　（清）畢沅校注
愼子一卷附逸文一卷　（周）愼到撰　（清）
　　錢熙祚校
於陵子一卷　（周）陳仲子撰　據祕册彙函
　　本景印
鶡冠子一卷　（宋）陸佃解　據子彙本景印
淮南鴻烈解二十一卷　（漢）劉安撰　（漢）

高誘注　據漢魏叢書本景印
許愼淮南子注一卷　(漢)許愼撰　(清)孫
　馮翼輯
論衡三十卷　(漢)王充撰　據漢魏叢書本
　景印
仲長統論一卷　(漢)仲長統撰　據兩京遺
　編本景印　　　　　　　　　　　　［輯
桓子新論一卷　(漢)桓譚撰　(清)孫馮翼
物理論一卷　(晉)楊泉撰　(清)孫星衍輯
金樓子六卷　梁元帝撰
劉子十卷　(北齊)劉晝撰　(唐)袁孝政註
長短經九卷　(唐)趙蕤撰　(清)周廣業校
因論一卷　(唐)劉禹錫撰
兩同書二卷　(唐)羅隱撰
讒書五卷附校一卷　(唐)羅隱撰　附校
　(清)吳騫撰
宋景文雜說一卷　(宋)宋祁撰
公是先生弟子記四卷　(宋)劉敞撰
瞽隅子獻欹瑣微論二卷　(宋)黃晞撰
元城語錄解三卷附行錄解一卷脫文一卷
　(明)王崇慶撰　脫文(清)錢培名輯
芻言三卷　(宋)崔敦禮撰
子華子二卷　(周)程本撰
潛溪邃言一卷　(明)宋濂撰　據百陵學山
　本景印
龍門子凝道記三卷　(明)宋濂撰
思玄庸言(一名桑子庸言)一卷　(明)桑悅
　撰　據百陵學山本景印
凝齋筆語一卷　(明)王鴻儒撰　據百陵學
　山本景印
空同子纂一卷　(明)李夢陽撰　據百陵學
　山本景印
蘿山雜言一卷　(明)宋濂撰　據今獻彙言
　本景印
后渠庸書一卷　(明)崔銑撰　據百陵學山
　本景印　　　　　　　　　　　　　［印
約言一卷　(明)薛蕙撰　據百陵學山本景
拘虛晤言一卷　(明)陳沂撰　據今獻彙言
　本景印
篆龍子一卷　(明)董穀撰　據百陵學山本
　景印
冥影契一卷　(明)董穀撰　據百陵學山本
　景印
海石子內篇一卷外篇一卷　(明)錢薇撰
　據鹽邑志林本景印
海樵子一卷　(明)王崇慶撰　據百陵學山
　本景印
汲古叢語一卷　(明)陸樹聲撰
本語六卷　(明)高拱撰
三事遡眞一卷　(明)李豫亨撰

觀微子一卷　(明)朱袞撰
渾然子一卷　(明)張翀撰
海沂子五卷　(明)王文祿撰
竹下寤言二卷　(明)王文祿撰　據百陵學
　山本景印
廉矩一卷　(明)王文祿撰　據百陵學山本
　景印
補衍二卷　(明)王文祿撰　據百陵學山本
　景印
叔苴子內編六卷外編二卷　(明)莊元臣撰
觀心約一卷　(明)鄒森撰
閑說一卷　(明)趙明倫撰　據百陵學山本
　景印
廓然子五述一卷(明)董傳策撰　據百陵學
　山本景印
蒙泉雜言一卷　(明)岳正撰　據今獻彙言
　本景印
宋四子抄釋二十一卷　(明)呂柟撰
　周子抄釋三卷
　二程子抄釋十卷
　張子抄釋六卷
　朱子抄釋二卷
濂洛關閩書十九卷　(清)張伯行輯併注
二程粹言二卷　(宋)楊時訂正　(宋)張栻
　編次
二程語錄十八卷　(宋)朱熹輯
漁樵對問一卷　(宋)邵雍撰
晁氏儒言一卷　(宋)晁說之撰
上蔡先生語錄三卷　(宋)謝良佐撰　(宋)
　朱熹輯
至書一卷　(宋)蔡沈撰
明本釋三卷　(宋)劉荀撰
東萊呂紫微師友雜志一卷　(宋)呂本中撰
紫微雜說一卷　(宋)呂本中撰
近思錄十四卷　(宋)朱熹(宋)呂祖謙輯
　(清)張伯行集解
續近思錄十四卷　(清)張伯行集解
廣近思錄十四卷　(清)張伯行集解
朱子學的二卷　(明)丘濬輯
朱子學歸二十三卷　(清)鄭端輯
朱子語類輯略八卷　(清)張伯行輯
研幾圖一卷　(宋)王柏撰　據金華叢書本
　景印
北溪字義二卷附補遺一卷嚴陵講義一卷
　(宋)陳淳撰　(宋)王雋輯
準齋雜說二卷　(宋)吳如愚撰　　　　［印
邇言一卷　(宋)劉炎撰　據百陵學山本景
侯城雜誡一卷　(明)方孝孺撰
薛子道論一卷　(明)薛瑄撰　據百陵學山
　本景印

薛子道論三卷　(明)薛瑄撰
薛文清公讀書錄八卷　(明)薛瑄撰
白沙語要一卷　(明)陳獻章撰　據百陵學山本景印
楓山章先生語錄一卷附考異一卷　(明)章懋撰　考異(清)胡鳳丹撰
正蒙會稿四卷　(明)劉璣撰
適園語錄一卷　(明)陸樹聲撰　據稗乘本景印
毅齋經說一卷　(明)查鐸撰
水西會語一卷　(明)查鐸撰
水西答問一卷　(明)翟台撰
二谷讀書記三卷　(明)侯一元撰
惜陰書院緒言一卷　(明)翟台撰
白水質問一卷　(明)徐榜撰
困知記四卷　(明)羅欽順撰
學蔀通辨十二卷　(明)陳建撰
梅峯語錄二卷　(明)趙仲全撰
居業錄八卷　(明)胡居仁撰
拙齋學測一卷　(明)蕭良榦撰
赤山會語一卷　(明)蕭雍撰
讀書些子會心一卷　(明)朱苞撰
潛室劄記二卷　(清)刁包撰
繹志十九卷附劄記一卷　(清)胡承諾撰
讀書說四卷　(清)胡承諾撰
附
　　胡承諾年譜一卷　(清)□□撰
常語筆存一卷　(清)湯斌撰　　　　　　　[撰
陸桴亭思辨錄輯要二十二卷　(清)陸世儀
學術辨一卷　(清)陸隴其撰
問學錄四卷　(清)陸隴其撰
松陽鈔存一卷　(清)陸隴其撰
存學編四卷　(清)顏元撰
存性編二卷　(清)顏元撰
顏習齋先生言行錄二卷　(清)鍾錂輯
質孔說二卷　(清)周夢顏輯
困學錄集粹八卷　(清)張伯行撰
學規類編二十七卷　(清)張伯行撰
聖經學規纂二卷　(清)李塨撰
論學二卷　(清)李塨撰
健餘劄記四卷　(清)尹會一撰
緒言三卷　(清)戴震撰
星閣正論一卷　(清)趙青藜撰
子貢附言一卷　(清)胡元暉撰
業儒臆說一卷　(清)陶圻撰
郝雪海先生筆記三卷　(清)郝浴撰
論學俚言一卷　(清)蕭繼炳撰
王學質疑五卷附錄一卷　(清)張烈撰
東宮備覽六卷　(宋)陳模撰
吾師錄一卷　(明)黃淳耀撰

宦游日記一卷　(明)徐榜撰
南嶽遇師本末一卷　(宋)夏元鼎編
胎息經一卷　(□)幻眞先生注
胎息經疏略一卷　(明)王文祿撰
脈望八卷　(明)趙台鼎撰
赤鳳髓三卷　(明)周履靖輯　據夷門廣牘本景印
逍遙子導引訣一卷　(□)逍遙子撰　據夷門廣牘本景印
臥游錄一卷　(宋)呂祖謙撰
巖棲幽事一卷　(明)陳繼儒撰
罍采館清課二卷　(明)費元祿撰
屏居十二課一卷　(明)黃景昉撰　　　[錄
怡情小錄一卷　(明)沈仕撰　(清)馬大年
易緯是類謀一卷　(漢)鄭玄注　據武英殿聚珍版書本景印
易緯乾鑿度二卷　(漢)鄭玄注　據武英殿聚珍版書本景印
易緯乾坤鑿度二卷　(漢)鄭玄注　據武英殿聚珍版書本景印
易緯乾元序制記一卷　(漢)鄭玄注　據武英殿聚珍版書本景印
易緯坤靈圖一卷　(漢)鄭玄注　據武英殿聚珍版書本景印
古微書三十六卷　(明)孫瑴輯　據墨海金壺本景印
尙書緯
　尙書考靈曜二卷
　尙書帝命驗一卷
　尙書中候一卷
　尙書五行傳
　尙書璇璣鈐
　尙書刑德放
　尙書運期授
　尙書帝驗期
　中候握河紀
　中候考河命
　中候摘洛戒
　中候雜篇
　　中候運行
　　中候洛予命
　　中候摘洛戒
　　中候義明
　　中候勅省圖
　　中候稷起
　　中候準讖哲
　附
　　洪範緯　以上合一卷
春秋緯
　春秋元命包二卷

春秋演孔圖
春秋合誠圖　以上合一卷
春秋文耀鉤
春秋運斗樞　以上合一卷
春秋感精符
春秋考異郵　以上合一卷
春秋潛潭巴
春秋說題辭　以上合一卷
春秋漢含孳
春秋佐助期
春秋保乾圖
春秋握誠圖
春秋內事　以上合一卷
春秋命歷序一卷
易緯
易通卦驗
易坤靈圖
易稽覽圖　以上合二卷
易河圖數
易通統圖
易統驗元圖
易筮類謀
易九厄讖
易雜緯
　易辨終備
　易萌氣樞
　易中孚傳
　易運期　以上合一卷
禮緯
禮含文嘉一卷
禮稽命徵一卷
禮斗威儀一卷
樂緯
樂叶圖徵一卷
樂動聲儀一卷
樂稽耀嘉一卷
詩緯
詩含神霧一卷
詩推度災
詩汎歷樞　以上合一卷
論語緯
論語比考讖
論語譔考　以上合一卷
論語陰嬉讖
論語摘輔象
論語摘衰聖　以上合一卷
孝經緯
　孝經援神契三卷
　孝經鉤命決
　孝經中契

孝經左契
孝經右契
孝經威嬉拒　以上合一卷
孝經內事圖一卷
河圖緯
河圖括地象
河圖始開圖
河圖絳象　以上合一卷
河圖稽耀鉤
河圖帝覽嬉
河圖挺佐輔
河圖握矩記
河圖雜緯篇
河圖祕徵
河圖帝通紀
河圖著命
河圖真紀鉤
河圖要元篇
河圖考靈曜
河圖提劉篇
河圖稽命徵
河圖會昌符　以上合一卷
河圖玉版
龍魚河圖　以上合一卷
洛書緯
洛書靈准聽一卷
洛書甄曜度
洛書摘六辟
洛書錄運法
河洛讖
孔子河洛讖
錄運期讖
甄曜度讖　以上合一卷
淮南萬畢術一卷　(漢)劉安撰　(清)孫馮翼輯
淮南萬畢術一卷附補遺一卷再補遺一卷　(漢)劉安撰　(清)茆泮林輯
出行寶鏡一卷　(漢)□□撰
元包經傳五卷　(北周)衛元嵩撰　(唐)蘇源明傳　(唐)李江注　(宋)韋漢卿音釋
元包數總義二卷　(宋)張行成撰
五行大義五卷　(隋)蕭吉撰　〔息
麻衣道者正易心法一卷　(宋)陳摶受並消
潛虛一卷　(宋)司馬光撰
潛虛發微論一卷　(宋)張敦實撰
潛虛述義四卷附考異一卷　(清)蘇天木撰
潛虛觧一卷　(清)焦袁熹撰
翼玄十二卷　(宋)張行成撰
丙丁龜鑑六卷　(宋)柴望輯
隨筆兆一卷　(宋)洪邁撰

稽瑞一卷　(唐)劉賡撰　據後知不足齋叢
　　書本景印
焦氏易林四卷　(漢)焦贛撰
春秋占筮書三卷　(清)毛奇齡撰
靈棋經二卷　(漢)東方朔撰　(晉)顏幼明
　　(劉宋)何承天注　(元)陳師凱(明)劉
　　基解
六壬神定經二卷　(宋)楊維德撰
大六壬苗公射覆鬼撮脚三卷
探春歷記一卷　(漢)東方朔撰
乙巳占十卷　(唐)李淳風撰
相雨書一卷　(唐)黃子發撰
天文占驗一卷　(明)周履靖校據夷門廣牘
　　本景印
占驗錄一卷　(明)周履靖輯　據夷門廣牘
　　本景印
土牛經一卷　(宋)向孟撰　據夷門廣牘本
　　景印
雲氣占候篇二卷　(清)韜廬子(汪宗沂)撰
通占大象歷星經二卷　據津逮祕書本景印
四字經一卷　(唐)釋德行撰　據夷門廣牘
　　本景印
李虛中命書三卷　(周)鬼谷子撰　(唐)李
　　虛中注
珞琭子三命消息賦註二卷　(宋)徐子平撰
珞琭子賦註二卷　(宋)釋曇瑩撰
三命指迷賦一卷　(□)珞琭子撰　(宋)岳
　　珂補注
乾元祕旨一卷　(清)舒繼英撰
天步真原人命部三卷　(清西洋)穆尼閣撰
　　(清)薛鳳祚譯　據守山閣叢書本景
　　印
太清神鑑六卷　(後周)王朴撰
人倫大統賦二卷　(金)張行簡撰　(元)薛
　　延年注
字觸六卷　(清)周亮工撰
祕傳水龍經五卷　(明)□□撰　(明)蔣平
　　階輯　據借月山房彙鈔本景印
夢占逸旨八卷　(明)陳士元撰
孝經本義二卷　(明)呂維祺撰
孝經翼一卷　(明)呂維祺撰
孝經宗旨一卷　(清)羅汝芳撰
中文孝經一卷　(清)周春輯
孝經外傳一卷　(清)周春撰
孝經鄭注一卷　(漢)鄭玄撰　(清)陳鱣輯
孝經鄭注一卷　(漢)鄭玄撰　(清)嚴可均
　　輯
孝經鄭注補證一卷　(清)洪頤煊撰
孝經鄭氏解一卷　(漢)鄭玄撰　(清)
　　臧庸輯

孝經義疏補九卷首一卷　(清)阮福撰
孝經鄭注一卷　(漢)鄭玄撰　(日本)岡田
　　挺之輯
集事詩鑑一卷　(宋)方昕撰
證人社約一卷　(明)劉宗周撰
楚中會條一卷　(明)查鐸撰
水西會條一卷　(明)查鐸撰
稽山會約一卷　(明)蕭良榦撰
赤山會約一卷　(明)蕭雍撰
友論一卷　(明西洋)利瑪竇撰
宗敎類
三敎平心論二卷　(宋)劉謐撰
寶藏論一卷　(後秦)釋僧肇撰
象敎皮編六卷　(明)陳士元輯
西齋淨土詩三卷附校勘記一卷校譌一卷續
　　校一卷　(明)釋梵琦撰　校譌(清)胡
　　珽撰　據琳琅祕室叢書本景印
宗禪辯一卷　(宋)張商英撰　據秭乘本景
　　印
一切經音義二十五卷　(唐)釋玄應撰
　　(清)莊炘(清)錢坫(清)孫星衍校　據
　　海山仙館叢書本景印
靈笈寶章一卷　(明)虛靖天師撰　據夷門
　　廣牘本景印
祿嗣奇談二卷附一卷　(□)冲一真君撰
　　據夷門廣牘本景印
禱雨雜記一卷　(明)錢琦錄　據百陵學山
　　本景印
求雨篇一卷　(清)紀大奎撰　據天壤閣叢
　　書本景印
周氏冥通記四卷　(梁)陶弘景撰　據祕册
　　彙函本景印
社會科學類
商子五卷　(周)商鞅撰
李相國論事集六卷附遺文一卷　(唐)李絳
　　撰　(唐)蔣偕輯
書牘二卷　(明)王文祿撰　據百陵學山本
　　景印
策樞五卷　(明)王文祿撰　據百陵學山本
　　景印
拙齋十議一卷　(明)蕭良榦撰　據涇川叢
　　書本景印
昭代經濟言十四卷　(明)陳子壯輯
明夷待訪錄一卷　(清)黃宗羲撰
存治編一卷　(清)顏元撰
擬太平策七卷　(清)李塨撰
平書訂十四卷　(清)李塨撰
王制管窺一卷　(清)耿極撰
樞言一卷續一卷　(清)王柏心撰
德國議院章程一卷　(清)徐建寅譯

慶元黨禁一卷　(宋)樵川樵叟撰

元祐黨籍碑考一卷慶元僞學逆黨籍一卷
　　(明)海瑞撰

漢書食貨志一卷　(漢)班固撰　(唐)顏師
　　古注　據古逸叢書本景印

邦計彙編一卷　(宋)李維撰　據學海類編
　　本景印

補宋書食貨志一卷　(清)郝懿行撰　據史
　　學叢書本景印

泉志十五卷　(宋)洪遵撰　據祕冊彙函本
　　景印

錢法纂要一卷　(明)丘濬撰

錢錄十六卷　清乾隆十五年敕撰　據墨海
　　金壺本景印

癖談六卷　(清)蔡雲撰

錢幣考二卷　(清)□□撰

箕田攷一卷　(朝鮮)韓百謙撰

國賦紀略一卷　(明)倪元璐撰

歷代關市征稅記一卷　(清)彭甯求撰

鹽法考略一卷　(明)丘濬撰

浙鹺紀事一卷　(明)葉永盛撰

故唐律疏議三十卷　(唐)長孫無忌等撰

補宋書刑法志一卷　(清)郝懿行撰

讀律心得三卷　(清)劉衡撰

爽鳩要錄二卷　(清)蔣超伯輯

刑書釋名一卷　(宋)王鍵撰

刑法敍略一卷　(宋)劉筠撰

續刑法敍略一卷　(清)譚瑄撰

棠陰比事原編一卷　(宋)桂萬榮撰　(明)
　　吳訥刪正

棠陰比事續編一卷補編一卷　(明)吳訥撰

折獄龜鑑八卷　(宋)鄭克撰

折獄卮言一卷　(清)陳士鑛撰

東坡烏臺詩案一卷　(宋)朋九萬撰

詩讞一卷　(宋)周紫芝撰

龍筋鳳髓判四卷　(唐)張鷟撰　(明)劉允
　　鵬注　(清)陳春補正

七國攷十四卷　(明)董說撰　據守山閣叢
　　書本景印

西漢會要七十卷　(宋)徐天麟撰

漢禮器制度一卷　(漢)叔孫通撰　(清)孫
　　星衍輯

漢官舊儀(一名漢舊儀)二卷補遺一卷
　　(漢)衞宏撰

漢舊儀二卷補遺二卷　(漢)衞宏撰　(清)
　　孫星衍校併輯補遺

伏侯古今注三卷補遺一卷又補遺一卷
　　(漢)伏無忌撰　(清)茆泮林輯

獨斷二卷　(漢)蔡邕撰

漢儀一卷　(吳)丁孚撰　(清)孫星衍輯

唐會要一百卷　(宋)王溥撰

五代會要三十卷　(宋)王溥撰

宋朝事實二十卷　(宋)李攸撰

建炎以來朝野雜記甲集二十卷乙集二十卷
　　附校勘記五卷　(宋)李心傳撰　校勘
　　記(清)孫星華撰

愧郯錄十五卷校勘記一卷闕文補錄一卷
　　(宋)岳珂撰

朝野類要五卷　(宋)趙升撰　　　　　〔撰

歷代職官表七十二卷　清乾隆四十五年敕

周禮十二卷附札記一卷　(漢)鄭玄注　札
　　記(清)黃丕烈撰

周官新義十六卷附考工記解二卷　(宋)王
　　安石撰

太平經國之書十一卷　(宋)鄭伯謙撰

周禮五官考一卷　(明)陳仁錫撰

周禮疑義舉要七卷　(清)江永撰

左傳職官一卷　(清)沈淑撰

左傳官名考二卷　(清)李調元撰

漢官解詁一卷　(漢)王隆撰　(漢)胡廣注
　　(清)孫星衍輯

漢官儀二卷　(漢)應劭撰　(清)孫星衍校

漢官典職儀式選用一卷　(漢)蔡質撰
　　(清)孫星衍輯

漢官一卷　(漢)□□撰　(清)孫星衍輯

兩漢五經博士考三卷　(清)張金吾撰

三國職官表三卷　(清)洪飴孫撰

翰林記二十卷　(明)黃佐撰

錦衣志一卷　(明)王世貞撰　據紀錄彙編
　　本景印

官爵志三卷　(明)徐石麒撰　　　　　〔撰

內閣小志一卷內閣故事一卷　(清)葉鳳毛

建立伏博士始末二卷　(清)孫星衍撰

會典簡明錄一卷　(清)張祥河輯

內閣志一卷　(清)席吳鏊撰

冬官旁求二卷　(清)辛紹業撰　據豫章叢
　　書本景印

三事忠告四卷　(元)張養浩撰
　　牧民忠告二卷
　　經進風憲忠告一卷
　　廟堂忠告一卷

薛文清公從政錄一卷　(明)薛瑄撰

政學錄五卷　(清)鄭端撰

學治臆說二卷　(清)汪輝祖撰

學治續說一卷　(清)汪輝祖撰

學治說贅一卷　(清)汪輝祖撰

忠經一卷　(漢)馬融撰　(漢)鄭玄注

臣軌二卷　唐武后撰　(唐)□□注

朱文公政訓一卷　(宋)朱熹撰

官箴一卷　(宋)呂本中撰

西山政訓(一名論僚屬文)一卷　(宋)眞德秀撰
求志編一卷　(明)王文祿撰
牧鑑十卷　(明)楊昱撰
佐治藥言一卷　(清)汪輝祖撰
續佐治藥言一卷　(清)汪輝祖撰
歷代貢舉志一卷　(明)馮夢禎撰
歷代武舉考一卷　(清)譚吉璁撰
貢舉叙略一卷　(宋)陳彭年撰
科場條貫一卷　(明)陸深撰　據紀錄彙編本景印
學科考略一卷　(明)董其昌撰
臚傳紀事一卷　(清)繆彤撰
制義科瑣記四卷　(清)李調元撰　據函海本景印
常談一卷　(清)陶福履撰　據豫章叢書本景印
謚法四卷　(宋)蘇洵撰
謚法考一卷　(清)沈薲饁撰
東井誥勑一卷　(明)左鑑撰
魏鄭公諫錄五卷　(唐)王方慶輯
魏鄭公諫續錄一卷　(元)翟思忠輯
梁公九諫一卷　(宋)□□撰
孝肅包公奏議十卷　(宋)包拯撰
盡言集十三卷　(宋)劉安世撰
許國公奏議四卷　(宋)吳潛撰
五城奏疏一卷　(明)董傑撰
訥谿奏疏一卷　(明)周怡撰
諭對錄一卷　(明)張孚敬撰　據紀錄彙編本景印
毅齋奏疏一卷　(明)查鐸撰
郭給諫疏稿二卷　(明)郭尚賓撰
泰熙錄一卷　(明)王文祿撰
蘭臺奏疏三卷　(明)馬從聘撰
制府疏草二卷　(明)蕭彥撰
三垣疏稿三卷　(明)許譽卿撰
王少司馬奏疏二卷　(明)王家楨撰
玉城奏疏一卷　(明)葉永盛撰
兩垣奏議一卷　(明)逯中立撰
西臺摘疏一卷　(明)吳尚默撰
伯仲諫臺疏草二卷　(明)鄭欽(明)鄭銳撰
敬修堂釣業一卷　(清)查繼佐撰
明臣奏議四十卷　清乾隆四十六年敕輯
魏文毅公奏議三卷　(清)魏裔介撰
條奏疏稿一卷續刊一卷　(清)蔣伊撰
尹少宰奏議十卷　(清)尹會一撰
帝範四卷　唐太宗撰
帝王經世圖譜十六卷　(宋)唐仲友撰
中興備覽三卷　(宋)張浚撰
世緯二卷附錄一卷　(明)袁褧撰

州縣提綱四卷　(宋)陳襄撰
晝簾緒論一卷　(宋)胡太初撰
陽明先生保甲法一卷　(明)王守仁撰　(明)陳龍正錄
健餘先生撫豫條教四卷　(清)尹會一撰
公門不費錢功德錄一卷　(清)□□撰
陽明先生鄉約法一卷　(明)王守仁撰　(明)陳龍正錄
孫子三卷　(周)孫武撰　魏武帝註
孫子十家注十三卷　(宋)吉天保輯　(清)孫星衍(清)吳人驥校
孫子敍錄一卷　(清)畢以珣撰
孫子遺說一卷　(宋)鄭友賢撰
吳子二卷　(周)吳起撰
尉繚子五卷　(周)尉繚撰　據武經七書本景印
素書一卷　(漢)黃石公撰　(宋)張商英注
黃石公三略三卷　(漢)黃石公撰
新書(一名心書)一卷　(蜀)諸葛亮撰
武侯八陣兵法輯略一卷附用陳雜錄一卷　(清)韜廬子(汪宗沂)輯
衞公兵法輯本三卷附舊唐書李靖傳考證一卷　(清)汪宗沂輯
神機制敵太白陰經十卷　(唐)李筌撰　(清)錢熙祚校　據守山閣叢書本景印
虎鈐經二十卷　(宋)許洞撰
何博士備論一卷　(宋)何去非撰
九賢祕典一卷校譌一卷補校一卷　(宋)□□撰　校譌(清)胡珽　補校(清)董金鑑撰
練兵實紀九卷雜集六卷　(明)戚繼光撰
救命書二卷　(明)呂坤撰
草廬經略十二卷　(明)□□撰
乾坤大略十卷附補遺一卷　(清)王餘佑撰
補漢兵志一卷　(宋)錢文子撰
莅戎要略一卷　(明)戚繼光撰
補晉兵志一卷　(清)錢儀吉撰
守城錄四卷　(宋)陳規(宋)湯璹撰
八陣合變圖說一卷　(明)龍正撰
陣紀四卷　(明)何良臣撰
救荒活民書三卷拾遺一卷　(宋)董煟撰
賑豫紀略一卷　(明)鍾化民撰
救荒策一卷　(清)魏禧撰
鄖襄賑濟事宜一卷　(清)俞森撰
常平倉考一卷　(清)俞森撰
義倉考一卷　(清)俞森撰
社倉考一卷　(清)俞森撰
救荒備覽四卷附錄二卷　(清)勞潼撰
顏氏家訓七卷注補并重校一卷注補正一卷壬子年重校記一卷　(北齊)顏之推撰

（清）趙曦明注　注補併重校（清）盧
文弨撰　注補正（清）錢大昕撰
黑心符一卷　（唐）于義方撰
家訓筆錄一卷　（宋）趙鼎撰
放翁家訓一卷　（宋）陸游撰
袁氏世範三卷　（宋）袁采撰
鄭氏規範一卷　（元）鄭太和撰
庭幃雜錄二卷　（明）袁衷（明）袁襄（明）袁
裳（明）袁表（明）袁袞等記　（明）錢曉
訂
許雲邨貽謀一卷　（明）許相卿撰　據鹽邑
志林本景印
楊忠愍公遺筆（一名椒山遺囑）一卷　（明）
楊繼盛撰
家誡要言一卷　（明）吳麟徵撰
訓子言一卷　（明）袁黃撰　據秭秫本景印
龐氏家訓一卷　（明）龐尚鵬撰
藥言一卷　（明）姚舜牧撰
溫氏母訓一卷　（明）溫以介（璜）記
孝友堂家規一卷　（清）孫奇逢撰
孝友堂家訓一卷　（清）孫奇逢撰
蔣氏家訓一卷　（清）蔣伊撰
恆產瑣言一卷　（清）張英撰
聰訓齋語二卷　（清）張英撰
德星堂家訂一卷　（清）許汝霖撰
蒙求正文二卷集註二卷（後晉）李瀚撰　集
註（宋）徐子光撰　　　　　　　　　〔撰
左氏蒙求註一卷　（清）許乃濟（清）王慶麟
小兒語一卷　（明）呂得勝撰
續小兒語一卷　（明）呂坤撰
養正類編十三卷　（清）張伯行撰
小學集解六卷　（清）張伯行撰
小學稽業五卷　（清）李塨撰
敎童子法一卷　（清）王筠撰
弟子職正音一卷　（清）王筠撰　據天壤閣
叢書本景印
弟子職一卷　（清）許瀚音
弟子職集解一卷　（清）莊述祖撰
弟子職注一卷　（清）孫同元撰
諭俗文一卷　（宋）眞德秀撰
祛疑說一卷　（宋）儲泳撰
辨惑編四卷附錄一卷　（元）謝應芳撰
存人編四卷　（清）顏元撰
顏習齋先生闢異錄二卷　（清）鍾鋐輯
陽宅闢謬一卷　（清）梅漪老人（姚文田）撰
少儀外傳二卷　（宋）呂祖謙撰
厚德錄四卷　（宋）李元綱撰
自警篇一卷　（宋）趙善璙撰　據歷代小史
本景印
畜德錄一卷　（明）陳沂撰　據紀錄彙編本

景印
內功圖說一卷　（清）潘霨撰　據天壤閣叢
書本景印
學校問一卷　（清）毛奇齡撰
白鹿書院敎規一卷　（宋）朱熹撰　（宋）饒
魯輯
程董二先生學則一卷　（宋）程端蒙（宋）董
銖撰　（宋）饒魯輯
初學備忘二卷　（清）張履祥撰
讀書十六觀補一卷　（明）吳愷撰
敎習堂條約一卷　（清）徐乾學撰
元海運志一卷　（元）危素撰
海運編二卷　（明）崔旦撰
明漕運志一卷　（清）曹溶撰
儀禮十七卷附校錄一卷續校一卷　（漢）鄭
玄注　校錄續校（清）黃丕烈撰
儀禮集釋三十卷　（宋）李如圭撰
儀禮逸經傳二卷　（元）吳澄撰
儀禮釋例一卷　（清）江永撰
儀禮晉見三卷附錄一卷　（清）褚寅亮撰
儀禮注疏詳校十七卷　（清）盧文弨撰
禮經釋例十三卷首一卷　（清）凌廷堪撰
禮記集說辯疑一卷　（明）戴冠撰
禮記偶箋三卷　（清）萬斯大撰
禮記訓義擇言八卷　（清）江永撰
禮記附記六卷　（清）翁方綱撰
禮記補注四卷　（清）李調元撰
讀禮記十二卷　（清）趙良澍撰
大戴禮記十三卷　（漢）戴德撰　（北周）盧
辯注
大戴禮記補注十三卷　（清）孔廣森撰
校正孔氏大戴禮記補注十三卷　（民國）王
樹枏撰
檀弓叢訓二卷　（明）楊愼撰
檀弓訂誤一卷　（清）毛奇齡撰
考定檀弓二卷　（清）程穆衡撰
明堂大道錄八卷　（清）惠棟撰　據經訓堂
叢書本景印
涇野先生禮問二卷　（明）呂柟撰
學禮五卷　（清）李塨撰
饗禮補亡一卷　（清）諸錦撰
求古錄禮說補遺一卷續一卷　（清）金鶚撰
公羊逸禮考徵一卷　（清）陳奐撰
司馬氏書儀十卷　（宋）司馬光撰
大小宗通繹一卷　（清）毛奇齡撰
辨定嘉靖大禮議二卷　（清）毛奇齡撰
昏禮辨正一卷　（清）毛奇齡撰
滇黔土司婚禮記一卷　（清）陳鼎撰
太常因革禮一百卷（原缺五十一至六十七）
（宋）歐陽修等撰

太常因革禮校識二卷 (清)廖廷相撰

大金集禮四十卷附校刊識語一卷校勘記一
　　卷 (金)張瑋等撰 校刊識語(清)廖
　　廷相撰 校勘記 (民國)繆荃孫撰

紹熙州縣釋奠儀圖一卷 (宋)朱熹撰

先聖廟林記一卷 (清)屈大均撰

文廟從祀先賢先儒考一卷 (清)郎廷極撰

郊社禘祫問一卷 (清)毛奇齡撰

北郊配位尊西嚮議一卷 (清)毛奇齡撰

語文學類

倉頡篇三卷 (清)孫星衍輯 據岱南閣叢
　　書本景印

急就篇正文一卷 (漢)史游撰 (唐)顏師
　　古注 (宋)王應麟補注 據天壤閣叢
　　書本景印

校定皇象本急就章一卷附攷證一卷音略一
　　卷音略攷證一卷 (漢)史游撰 (清)
　　鈕樹玉校定 據功順堂叢書本景印

急就章攷異一卷 (清)孫星衍撰 據岱南
　　閣叢書本景印

玉篇殘四卷(存卷九、卷十八至十九、卷二
　　十七)又二卷(卷九、卷二十二) (梁)
　　顧野王撰 據古逸叢書本景印

大廣益會玉篇三十卷 (宋)陳彭年等重修
　　據小學彙函本景印

玉篇直音二卷 (梁)顧野王撰 據鹽邑志
　　林本景印

干祿字書一卷 (唐)顏元孫撰 據夷門廣
　　牘本景印

五經文字三卷 (唐)張參撰 據後知不足
　　齋叢書本景印

新加九經字樣一卷 (唐)唐玄度撰 據後
　　知不足齋叢書本景印

佩觿三卷 (後周)郭忠恕撰 據鐵華館叢
　　書本景印

班馬字類五卷附補遺 (宋)婁機撰 補遺
　　(宋)李曾伯撰 據涉聞梓舊本景印

字通一卷 (宋)李從周撰 據後知不足齋
　　叢書本景印

字鑑五卷 (元)李文仲撰 據鐵華館叢書
　　本景印

經典文字辨證書五卷 (清)畢沅撰 據經
　　訓堂叢書本景印

音同義異辨一卷 (清)畢沅撰 據經訓堂
　　叢書本景印

六書分毫三卷 (清)李調元撰 據函海本
　　景印

說文解字十五卷 (漢)許慎撰 (宋)徐鉉
　　等校定 據平津館叢書本景印

惠氏讀說文記十五卷 (清)惠棟撰 (清)

江聲參補 據借月山房彙鈔本景印

席氏讀說文記十五卷 (清)席世昌撰 據
　　借月山房彙鈔本景印

說文正字二卷 (清)王瑜(清)孫馮翼撰
　　據問經堂叢書本景印

說文校定本二卷 (清)朱士端撰 據咫進
　　齋叢書本景印

唐寫本說文解字木部箋異一卷 (清)莫友
　　芝撰 據許學叢書本景印

說文補例一卷 (清)張度撰 據靈鶼閣叢
　　書本景印

說文解字繫傳四十卷附錄一卷校勘記三卷
　　(南唐)徐鍇撰 校勘記(清)祁巂藻
　　撰 據小學彙函本景印

說文新附考六卷續考一卷札記一卷 (清)
　　鈕樹玉撰 札記(民國)張炳翔撰 據
　　許學叢書本景印

說文新附考六卷 (清)鄭珍撰 據咫進齋
　　叢書本景印

說文逸字二卷附錄一卷 (清)鄭珍撰 附
　　錄(清)鄭知同撰 據天壤閣叢書本景
　　印

六書說一卷附校譌一卷續校一卷 (清)江
　　聲撰 校譌(清)胡珽撰 續校(清)董
　　金鑑撰 據琳琅祕室叢書本景印

說文解字索隱一卷 (清)張度撰 據靈鶼
　　閣叢書本景印

諧聲補逸十四卷附札記一卷 (清)宋保撰
　　札記(民國)張炳翔撰 據許學叢書
　　本景印

轉注古義考一卷 (清)曹仁虎撰 據許學
　　叢書本景印

六書轉注錄十卷 (清)洪亮吉撰 據粵雅
　　堂叢書本景印

說文解字篆韻譜五卷 (南唐)徐鍇撰 據
　　小學彙函本景印

說文解字舊音一卷 (清)畢沅輯 據經訓
　　堂叢書本景印

說文聲系十四卷 (清)姚文田撰 據粵雅
　　堂叢書本景印

說文聲訂二卷附札記一卷 (清)苗夔撰
　　札記(民國)張炳翔撰 據許學叢書本
　　景印

說文審音十六卷 (清)張行孚撰 據漸西
　　村舍叢刊本景印

說文聲讀表七卷 (清)苗夔撰 據天壤閣
　　叢書本景印

說文字原韻表二卷 (清)胡重撰 據許學
　　叢書本景印

許氏說文解字雙聲疊韻譜一卷 (清)鄧廷

槙撰　據後知不足齋叢書本景印

說文引經考二卷補遺一卷　(清)吳玉搢撰
　　據咫進齋叢書本景印

說文答問疏證六卷　(清)薛傳均撰　據咫
　　進齋叢書本景印

說文古籀疏證六卷　(清)莊述祖撰　據功
　　順堂叢書本景印

說文部首歌一卷　(清)馮桂芬撰　據許學
　　叢書本景印

說文辨疑一卷　(清)顧廣圻撰　據許學叢
　　書本景印

讀說文雜識一卷　(清)許槤撰　據許學叢
　　書本景印

說文疑疑二卷附錄一卷　(清)孔廣居撰
　　據許學叢書本景印

說文管見三卷　(清)胡秉虔撰　據滂喜齋
　　叢書本景印

許印林遺著一卷　(清)許瀚撰　據滂喜齋
　　叢書本景印

段氏說文注訂八卷附札記一卷　(清)鈕樹
　　玉撰　札記(民國)張炳翔撰　據許學
　　叢書本景印

說文段注撰要九卷　(清)馬壽齡撰　據許
　　學叢書本景印　　　　　　　　　[印

爾雅二卷　(晉)郭璞注　據五雅全書本景

爾雅漢注三卷　(清)臧鏞堂(庸)輯　據問
　　經堂叢書本景印

爾雅新義二十卷附敍錄一卷　(宋)陸佃撰
　　(清)宋大樽校併輯敍錄　據粵雅堂
　　叢書本景印

爾雅翼三十二卷　(宋)羅願撰　(元)洪焱
　　祖釋

爾雅補郭二卷　(清)翟灝撰　據咫進齋叢
　　書本景印

爾雅補注殘本一卷　(清)劉玉麐撰　據功
　　順堂叢書本景印

爾雅直音二卷　(清)孫佀撰　(清)王祖源
　　校正　據天壤閣叢書本景印

小爾雅一卷　(漢)孔鮒撰　(宋)宋咸注

小爾雅疏證五卷　(清)葛其仁撰　　[印

釋名八卷　(漢)劉熙撰　據小學彙函本景

釋名疏證八卷補遺一卷續釋名一卷(正字
　　本)　(清)畢沅撰　據經訓堂叢書本
　　景印

釋名疏證八卷補遺一卷續釋名一卷(篆字
　　本)　(清)畢沅撰　據經訓堂叢書本
　　景印

廣釋名二卷　(清)張金吾撰　據知不足齋
　　叢書本景印

廣雅(一名博雅)十卷　(魏)張揖撰　(隋)

曹憲音　據小學彙函本景印

廣雅疏證十卷　(清)王念孫撰　(清)王引
　　之述　據畿輔叢書本景印

博雅音十卷　(隋)曹憲撰　(清)王念孫校
　　據畿輔叢書本景印

匡謬正俗八卷　(唐)顏師古撰　據小學彙
　　函本景印

埤雅二十卷　(宋)陸佃撰　據五雅全書本
　　景印

駢雅七卷　(明)朱謀㙔撰　據借月山房彙
　　鈔本景印

駢字分箋二卷　(清)程際盛撰

別雅訂五卷　(清)許瀚撰

課業餘談三卷　(清)陶煒述

比雅十九卷　(清)洪亮吉撰

通詁二卷　(清)李調元撰

方言十三卷　(漢)揚雄撰　(晉)郭璞注
　　據古今逸史本景印

輶軒使者絕代語釋別國方言十三卷　(漢)
　　揚雄撰　(晉)郭璞注　據武英殿聚珍
　　版書本景印

輶軒使者絕代語釋別國方言十三卷校正補
　　遺一卷　(漢)揚雄撰　(晉)郭璞注
　　(清)盧文弨校　據抱經堂叢書本景印

方言據二卷續錄一卷　(明)岳元聲撰

續方言二卷　(清)杭世駿撰

續方言補正二卷　(清)程際盛撰

方言藻二卷　(清)李調元撰

蜀語一卷　(明)李實撰

經典釋文三十卷　(唐)陸德明撰　據抱經
　　堂叢書本景印

經典釋文考證三十卷　(清)盧文弨撰　據
　　抱經堂叢書本景印

陸氏經典異文輯六卷　(清)沈淑撰　據後
　　知不足齋叢書本景印

經典異文補六卷　(清)沈淑撰　據後知不
　　足齋叢書本景印

羣經音辨七卷　(宋)賈昌朝撰　據畿輔叢
　　書本景印

事物紀原十卷　(宋)高承撰　(明)李果訂

明本排字九經直音二卷補遺一卷　(宋)□
　　□撰　據十萬卷樓叢書本景印

五色線二卷　(宋)□□撰　據津逮祕書本
　　景印　　　　　　　　　　　　　[印

古音駢字五卷　(明)楊慎撰　據函海本景

古音複字五卷　(明)楊慎撰　據函海本景
　　印

屈宋古音義三卷　(明)陳第撰　據學津討
　　原本景印

古今事物考八卷　(明)王三聘撰

詢蒭錄一卷　(明)陳沂撰
恆言錄六卷　(清)錢大昕撰
晏子春秋音義二卷　(清)孫星衍撰
通俗編二十五卷　(清)翟灝撰
廣韻五卷　(宋)陳彭年等重修　據古逸叢
　書本景印
宋本廣韻校札一卷　(清)黎庶昌撰　據古
　逸叢書本景印　　　　　　　　　　[印
廣韻五卷　(宋)□□撰　據古逸叢書本景
切韻指掌圖二卷　(宋)司馬光撰　據墨海
　金壺本景印
切韻指掌圖檢例一卷　(明)邵光祖撰　據
　墨海金壺本景印
韻補五卷附錄一卷　(宋)吳棫撰　據連筠
　簃叢書本景印
韻補正一卷　(清)顧炎武撰　據連筠簃叢
　書本景印
詩經協韻考異一卷　(宋)輔廣撰　據學海
　類編本景印
九經補韻一卷附錄一卷　(宋)楊伯嵒撰
　(清)錢侗考證　據汗筠齋叢書本景印
韻鏡一卷　據古逸叢書本景印
詞林韻釋二卷　(宋)□□撰　據粵雅堂叢
　書本景印
四聲等子一卷　據咫進齋叢書本景印
詩音辯略二卷　(明)楊貞一撰　　　　[印
古音略例一卷　(明)楊慎撰　據函海本景
古音餘五卷　(明)楊慎撰　據函海本景印
古音附錄一卷　(明)楊慎撰　據函海本景
　印
轉注古音略五卷古音後語一卷　(明)楊慎
　撰　據函海本景印
奇字韻五卷　(明)楊慎撰　據函海本景印
重刊唐韻攷五卷　(清)紀容舒撰　(清)錢
　熙祚校　(民國)錢恂重刊　據畿輔
　叢書本景印
古韻標準四卷詩韻舉例一卷　(清)江永撰
　(清)戴震參定　據貸園叢書本景印
四聲切韻表一卷凡例一卷　(清)江永撰
　據貸園叢書本景印
音學辨微一卷附三十六字母辨一卷　(清)
　江永撰　附(清)黃廷鑑撰　據借月山
　房彙鈔本景印
聲類攷四卷　(清)戴震　據貸園叢書本
　景印
審定風雅遺音二卷　(清)史榮撰　(清)紀
　昀審定　據畿輔叢書本景印
沈氏四聲考二卷　(清)紀昀撰　據畿輔叢
　書本景印
聲類四卷　(清)錢大昕撰　據粵雅堂叢書

本景印
十三經音略十三卷附錄一卷　(清)周春撰
　據粵雅堂叢書本景印
楚辭辨韻一卷　(清)陳昌齊撰　據嶺南遺
　書本景印
歌麻古韻考四卷　(清)吳樹聲撰　(清)苗
　夔補注　據畿輔叢書本景印
古韵論三卷　(清)胡秉虔撰　據湀喜齋叢
　書本景印
伸顧一卷附劄記一卷　(清)易本烺撰　劄
　記(清)王家鳳　據湖北叢書本景印
古今韻考四卷附記一卷　(清)李因篤撰
　附記(清)楊傳第撰　據天壤閣叢書本
　景印

附

　切韻一卷　(明)潘之淙撰
　虚字說一卷　(清)袁仁林撰
　經傳釋詞十卷　(清)王引之撰
　西番譯語一卷　據龍威祕書本景印
自然科學類
　周髀算經二卷附音義一卷　(漢)趙爽注
　　(北周)甄鸞重述　(唐)李淳風注　音
　　義(唐)李籍撰
　周髀算經述一卷　(清)馮經撰
　九章算術九卷附音義一卷　(晉)劉徽注
　　(唐)李淳風注釋　音義(唐)李籍撰
　詳解九章算法一卷纂類一卷　(宋)楊輝撰
　詳解九章算法札記一卷　(清)宋景昌撰
　孫子算經三卷　(唐)李淳風等注釋
　數術記遺一卷　(漢)徐岳撰　(北周)甄鸞
　　注　據祕冊彙函本景印
　五曹算經五卷　(唐)李淳風注釋
　夏侯陽算經三卷　(隋)夏侯陽撰
　張丘建算經三卷　(□)張丘建撰　(北周)
　　甄鸞注　(唐)李淳風等注釋　(唐)劉
　　孝孫細草
　五經算術二卷　(北周)甄鸞撰　(唐)李淳
　　風等注釋
　緝古算經三卷　(唐)王孝通撰並注　據知
　　不足齋叢書本景印
　數書九章十八卷　(宋)秦九韶撰
　數書九章札記四卷　(清)宋景昌撰
　田畝比類乘除捷法二卷　(宋)楊輝撰
　續古摘奇算法一卷　(宋)楊輝撰
　測圓海鏡細草十二卷　(元)李冶撰
　益古演段三卷　(元)李冶撰
　丁巨算法一卷　(元)丁巨撰
　同文算指前編二卷　(明西洋)利瑪竇授
　　(明)李之藻演　據海山仙館叢書本景
　　印

同文算指通編八卷　(明西洋)利瑪竇授
　　(明)李之藻演　據海山仙館叢書本景
　　印
弧矢算術細草一卷　(清)李銳撰
句股截積和較算術二卷　(清)羅士琳撰
橢圓術一卷　(清)項名達撰
算迪八卷　(清)何夢瑤撰
算略一卷　(清)馮經撰
楊輝算法札記一卷　(清)宋景昌撰
務民義齋算學十一卷　(清)徐有壬撰
　　測圓密率三卷
　　橢圓正術一卷
　　截球解義一卷
　　弧三角拾遺一卷
　　朔食九服里差三卷
　　用表推日食三差一卷
　　造各表簡法一卷
算法通變本末一卷　(宋)楊輝撰
乘除通變算寶一卷　(宋)楊輝撰　　[撰
法算取用本末一卷　(宋)楊輝(宋)史仲榮
透簾細草一卷
對數簡法二卷　(清)戴煦撰
續對數簡法一卷　(清)戴煦撰
假數測圓二卷　(清)戴煦撰
幾何原本六卷　(明西洋)利瑪竇譯　(明)
　　徐光啓筆受
外切密率四卷　(清)戴煦撰　據粵雅堂叢
　　書本景印
海島算經一卷　(晉)劉徽撰　(唐)李淳風
　　等注釋
測量法義一卷　(明西洋)利瑪竇口授
　　(明)徐光啓筆受
測量異同一卷　(明)徐光啓撰
句股義一卷　(明)徐光啓撰
王制里畝算法解一卷　(清)談泰撰
王制井田算法解一卷　(清)談泰撰
禮記義疏算法解一卷　(清)談泰撰
新儀象法要三卷　(宋)蘇頌撰　據守山閣
　　叢書本景印
渾蓋通憲圖說三卷　(明)李之藻撰　據守
　　山閣叢書本景印
簡平儀說一卷　(明西洋)熊三拔撰　據守
　　山閣叢書本景印
六經天文編二卷　(宋)王應麟撰
天問略一卷　(明西洋)陽瑪諾答　據藝海
　　珠塵本景印
遠鏡說一卷　(清西洋)湯若望撰　據藝海
　　珠塵本景印
星經二卷　(漢)甘公(漢)石申撰　據漢魏
　　叢書本景印

星象考一卷　(宋)鄒淮撰　據學海類編本
　　景印
經天該一卷　(明西洋)利瑪竇撰　據藝海
　　珠塵本景印
中西經星同異考一卷　(清)梅文鼎撰
史記天官書補目一卷　(清)孫星衍撰
交食經二卷日食一貫歌一卷月食一貫歌一
　　卷　(明)張宋臣指授　(清)歐陽斌元
　　著法　據豫章叢書本景印
春秋日食質疑一卷　(清)吳守一撰
正朔考一卷　(宋)魏了翁撰
戊申立春考證一卷　(明)邢雲路撰
古今律歷考七十二卷　(明)邢雲路撰
春秋春王正月考一卷　(明)張以寧撰
春秋春王正月考辨疑一卷　(明)張以寧撰
曉菴新法六卷　(清)王錫闡撰
五星行度解一卷　(清)王錫闡撰
歷學答問一卷　(清)梅文鼎撰
歷學疑問補二卷　(清)梅文鼎撰
二儀銘補注一卷　(清)梅文鼎撰
天步眞原一卷　(清)薛鳳祚譯
春秋夏正二卷　(清)胡天游撰
推步法解五卷　(清)江永撰
數學(一名翼梅)八卷續一卷　(清)江
　　永撰　據守山閣叢書本景印
　　數學補論一卷
　　歲實消長辯一卷
　　恆氣註歷辯一卷
　　冬至權度一卷
　　七政衍一卷
　　金水發微一卷
　　中西合法擬草一卷
　　算賸一卷
　　正疏三角疏義一卷
春秋或辯一卷　(清)許之獬撰
禮記天算釋一卷　(清)孔廣牧撰
虞書命羲和章解一卷　(清)曾釗撰
太歲超辰表三卷　(清)汪曰楨撰　據式訓
　　堂叢書本景印
海潮說三卷　(清)周春撰
海潮輯說二卷　(清)俞思謙撰
地球圖說一卷　(西洋)蔣友仁譯　(清)何
　　國宗(清)錢大昕潤色
地球圖說補圖一卷　(清)阮元撰
夏小正箋一卷　(清)李調元撰
夏小正戴氏傳四卷附校錄一卷　(宋)傅崧
　　卿注　校錄(清)黃丕烈撰
夏小正考注一卷　(清)畢沅撰　據經訓堂
　　叢書本景印
夏小正傳二卷　(漢)戴德撰　(清)孫星衍校

夏小正正義一卷　(清)王筠撰
夏小正傳集解四卷　(清)顧鳳藻撰
夏小正解一卷附徐本夏小正舉異一卷
　　(清)徐世溥撰
唐月令注一卷補遺一卷附考一卷　(唐)李
　　林甫等撰　(清)茆泮林輯
月令七十二候集解一卷　(元)吳澄撰
月令氣候圖說一卷　(清)李調元撰
玉燭寶典十二卷(原缺卷九)　(隋)杜臺卿
　　撰　據古逸叢書本景印
賞心樂事一卷　(明)張鑑撰
四時宜忌一卷　(明)瞿佑撰
七十二候考一卷　(清)曹仁虎撰
鏡鏡詅癡五卷　(清)鄭復光撰　(清)楊尙
　　文繪圖據連筠簃叢書本景印
光論一卷　(清)張福僖譯　據靈鶼閣叢書
　　本景印
中西度量權衡表一卷　(清)□□撰　據靈
　　鶼閣叢書本景印
博物志十卷逸文一卷　(晉)張華撰　(宋)
　　周日用(宋)盧□注　逸文(清)錢熙祚
　　輯
續博物志十卷　(宋)李石撰　據古今逸史
　　本景印
格物麤談二卷　(宋)蘇軾撰
物類相感志一卷　(宋)蘇軾撰
蠡海集一卷　(明)王逵撰
墨物奇制一卷　(明)周履靖輯　據夷門廣
　　牘本景印
毛詩草木鳥獸蟲魚疏二卷　(吳)陸璣撰
　　據古經解彙函本景印
毛詩草木鳥獸蟲魚疏廣要二卷　(明)毛晉
　　撰　據津逮祕書本景印
益部方物略記一卷　(宋)宋祁撰　據祕册
　　彙函本景印
辨物小志一卷　(明)陳絳撰　據學海類編
　　本景印
詩傳名物集覽十二卷　(清)陳大章撰
南方草木狀三卷　(晉)嵇含撰
竹譜一卷　(晉)戴凱之撰
離騷草木疏四卷　(宋)吳仁傑撰
桐譜一卷　(宋)陳翥撰
學圃雜疏一卷　(明)王世懋撰
　　花疏
　　果疏
　　蔬疏附水草
　　瓜疏
　　荳疏
　　竹疏
北墅抱甕錄一卷　(清)高士奇撰

洛陽牡丹記一卷　(宋)歐陽修撰
牡丹榮辱志一卷　(宋)丘璿撰
曹州牡丹譜一卷附記一卷　(清)余鵬年撰
揚州芍藥譜一卷　(宋)王觀撰
菊譜一卷　(宋)劉蒙撰
菊譜一卷　(宋)范成大撰
菊譜一卷　(宋)史正志撰
梅譜一卷　(宋)范成大撰
海棠譜三卷　(宋)陳思撰
玉蕊辨證一卷　(宋)周必大撰　據津逮祕
　　書本景印
蟹範八卷　(清)李元撰
蟹譜二卷　(宋)傅肱撰
閩中海錯疏三卷　(明)屠本畯撰　(明)徐
　　𤊶補疏
然犀志二卷　(清)李調元撰
異魚圖贊四卷　(明)楊愼撰
異魚圖贊補三卷　(清)胡世安撰
異魚贊閏集一卷　(清)胡世安撰
魚經一卷　(明)黃省曾撰　據夷門廣牘本
　　景印
獸經一卷　(明)黃省曾撰
蠁衣生馬記一卷　(明)郭子章撰
虎薈六卷　(明)陳繼儒撰
應用科學類
黃帝內經太素三十卷(原缺卷一、卷四、卷
　　七、卷十六、卷十八、卷二十至二十一)
　　遺文一卷　(隋)楊上善注
黃帝內經明堂一卷附錄一卷　(隋)楊上善
　　注　附錄(清)黃以周撰
新編金匱要略方論三卷　(漢)張機述
　　(晉)王叔和集　(宋)林億等詮次
華氏中藏經三卷　(漢)華佗撰　(清)孫星
　　衍校
類證活人書二十二卷附釋音一卷辨誤一卷
　　傷寒藥性一卷　(宋)朱肱撰　　[注
宋徽宗聖濟經十卷　宋徽宗撰　(宋)吳禔
醫經正本書一卷札記一卷　(宋)程迥撰
　　札記(清)錢培名撰
學醫隨筆一卷　(宋)魏了翁撰
內外傷辨三卷　(金)李杲撰　　　　[撰
丹溪先生心法五卷附錄一卷　(元)朱震亨
格致餘論一卷　(元)朱震亨撰
雲岐子保命集論類要二卷　(元)張璧撰
　　據濟生拔萃本景印
祕傳證治要訣十二卷　(明)戴原禮撰
醫經溯洄集一卷　(元)王履撰
醫先一卷　(明)王文祿撰　據百陵學山本
　　景印
愼疾芻言一卷　(清)徐大椿撰

脈訣刊誤二卷附錄一卷　（元）戴啓宗撰
　　附錄（明）汪機撰
傷寒總病論六卷附札記一卷　（宋）龐安時
　　撰　札記（清）黃丕烈撰
傷寒微旨論二卷　（宋）韓祇和撰
傷寒九十論一卷附校譌一卷續校一卷
　　（宋）許叔微撰　校譌（清）胡珽撰　續
　　校（清）董金鑑撰
新編張仲景註解傷寒發微論二卷　（宋）許
　　叔微撰　　　　　　　　　　　　〔撰
張仲景注解傷寒百證歌五卷　（宋）許叔微
傷寒明理論四卷　（金）成無已撰
傷寒標本心法類萃二卷　（金）劉完素撰
傷寒直格論三卷　（金）劉完素撰　（金）葛
　　雍編
傷寒醫鑒一卷　（元）馬宗素撰
傷寒心要一卷　（元）鎦洪撰
傷寒證脈藥截江網一卷　（明）陶華撰
傷寒一提金一卷　（明）陶華撰
傷寒瑣言一卷　（明）陶華撰
傷寒家祕的本一卷　（明）陶華撰
傷寒明理續論一卷　（明）陶華撰
殺車槌法一卷　（明）陶華撰
傷寒論翼二卷　（清）柯琴撰
素問玄機原病式一卷　（金）劉完素撰
素問病機氣宜保命集三卷　（金）劉完素撰
脾胃論三卷　（金）李杲撰
陰症略例一卷　（元）王好古撰
外科精義二卷　（元）齊德之撰　據古今醫
　　統正脈全書本景印
竇太師流注指要賦一卷　（元）竇默撰　據
　　濟生拔萃本景印
一草亭目科全書一卷　（明）鄧苑撰
尤氏喉科祕本一卷附方一卷　（清）尤乘撰
　　附方（清）吳□輯
咽喉脈證通論一卷
產育寶慶集二卷　（宋）郭稽中撰
衛生家寶產科備要八卷　（宋）朱端章撰
女科二卷　（清）傅山撰
產後編二卷　（清）傅山撰
小兒藥證眞訣三卷　（宋）錢乙撰
顱顖經一卷　（宋）□□撰
海藏頾論萃英一卷　（元）王好古撰　據濟
　　生拔萃本景印
田氏保嬰集一卷　據濟生拔萃本景印
種痘心法一卷　（清）朱奕梁撰　據借月山
　　房彙鈔本景印
種痘指掌一卷　（清）□□撰　據借月山房
　　彙鈔本景印
神農本草經三卷　（魏）吳普等述　（清）孫

星衍（清）孫馮翼輯
石藥爾雅二卷　（唐）梅彪輯
本草衍義二十卷　（宋）寇宗奭撰
劉涓子鬼遺方五卷（南齊）龔慶宣撰
祕製大黃清寧丸方一卷　（清）孫星衍輯
千金寶要六卷　（唐）孫思邈撰　（宋）郭思
　　節輯　　　　　　　　　　　　〔撰
蘇沈良方八卷拾遺二卷　（宋）蘇軾（宋）沈括
旅舍備要方一卷　（宋）董汲撰
增廣太平惠民和劑局方十卷用藥總論三卷
　　（宋）陳師文等編
全生指迷方四卷　（宋）王貺撰
洪氏集驗方五卷　（宋）洪遵撰
史載之方二卷　（宋）史堪撰
蘭室祕藏三卷　（金）李杲撰
活法機要一卷　（元）朱震亨撰　據濟生拔
　　萃本景印
怪疴單一卷　（元）朱震亨撰　據夷門廣牘
　　本景印
局方發揮一卷　（元）朱震亨撰
雜類名方一卷　（元）杜思敬輯　據濟生拔
　　萃本景印
證治要訣類方四卷　（明）戴原禮輯
服鹽藥法一卷　（清）孫星衍撰
治蠱新方一卷　（清）路順德撰　（清）繆福
　　照重訂
素女方一卷
宋提刑洗寃集錄五卷附聖朝頒降新例一卷
　　（宋）宋慈編　新例（元）□□輯
延壽第一紳言一卷　（宋）愚谷老人撰
攝生消息論一卷　（金）丘處機撰
食色紳言二卷　（明）皆春居士（龍遵敍）撰
齊民要術十卷　（後魏）賈思勰撰
農書三卷　（宋）陳旉撰
於潛令樓公進耕織圖詩一卷附錄一卷
　　（宋）樓璹撰
農桑輯要七卷　（元）司農司撰
農桑衣食撮要二卷　（元）魯明善撰
農說一卷　（明）馬一龍撰　　　　　〔訂
沈氏農書一卷　（明）沈□撰　（清）錢爾復
耒耜經一卷　（唐）陸龜蒙撰
理生玉鏡稻品一卷　（明）黃省曾撰　據百
　　陵學山本景印
種芋法一卷　（明）黃省曾撰　據百陵學山
　　本景印
木棉譜一卷　（清）褚華撰
種樹書三卷　（唐）郭橐駝（一題元俞宗本）
　　撰　據夷門廣牘本景印
附
　農桑撮要一卷　（元）俞宗本撰

種樹書一卷　(元)俞宗本撰
茘枝譜一卷　(宋)蔡襄撰
嶺南茘支譜六卷　(清)吳應逵撰
橘錄三卷　(宋)韓彥直撰　[印
梅品一卷　(宋)張鎡撰　據夷門廣牘本景
老圃良言一卷　(清)巢鳴盛撰
菊譜二卷　(明)周履靖撰　下卷(明)黃省曾撰　據夷門廣牘本景印
蘭譜奧法一卷　(宋)趙時庚撰　據夷門廣牘本景印
蠶書一卷　(宋)秦觀撰
蠶經一卷　(明)黃省曾撰　據百陵學山本景印
廣蠶桑說輯補二卷　(清)沈練撰　(清)仲學輅輯補
本心齋疏食譜一卷　(宋)陳達叟撰
山家清供二卷　(宋)林洪撰　據夷門廣牘本景印
飲食須知八卷　(元)賈銘撰
養小錄三卷　(清)顧仲撰
酒史二卷　(明)馮時化撰
糖霜譜一卷　(宋)王灼撰
茶錄一卷　(宋)蔡襄撰
東溪試茶錄一卷　(宋)宋子安撰
北苑別錄一卷　(宋)趙汝礪撰
許然明先生茶疏一卷　(明)許次紓撰
茶寮記一卷附一卷　(明)陸樹聲撰　據夷門廣牘本景印
茶董補二卷　(明)陳繼儒輯
香譜二卷　(宋)洪芻撰
勇盧閒詰一卷　(清)趙之謙撰　[釋
古經服緯三卷　(清)雷鐏述　(清)雷學淇
遠西奇器圖說錄最三卷　(明西洋)鄧玉函口授　(明)王徵譯繪　據守山閣叢書本景印
新製諸器圖說一卷　(明)王徵撰　據守山閣叢書本景印
河防記一卷　(元)歐陽元撰
河防通議二卷　(元)沙克什(贍思)撰
治河圖略一卷　(元)王喜撰　據墨海金壺本景印
居濟一得八卷　(清)張伯行撰
火攻挈要三卷附圖一卷　(清西洋)湯若望授　(清)焦勗述
文房四譜五卷　(宋)蘇易簡撰
文具雅編一卷　(明)屠隆撰
筆史一卷　(清)梁同書撰　[印
墨記一卷　(宋)何薳撰　據學海類編本景
墨經一卷　(宋)晁貫之撰　據夷門廣牘本景印
墨史三卷　(元)陸友撰　據知不足齋叢書本景印
墨法集要一卷　(明)沈繼孫撰
墨志一卷　(明)麻三衡撰
漫堂墨品一卷　(清)宋犖撰
雪堂墨品一卷　(清)張仁熙撰
牋紙譜一卷　(元)費著撰
金粟箋說一卷　(清)張燕昌撰
硯史一卷　(宋)米芾撰
歙州硯譜一卷　(宋)唐積撰
端溪硯譜一卷　(宋)□□撰　(宋)葉樾訂
歙硯說一卷　(宋)□□撰　(宋)洪适輯
辨歙石說一卷　(宋)□□撰　(宋)洪适輯
儀禮釋宫一卷　(宋)李如圭撰
儀禮釋宫增註一卷　(清)江永撰
兩宫鼎建記三卷　(明)賀仲軾錄
冬官記事一卷　(明)項夢原撰
明堂問一卷　(清)毛奇齡撰
明堂考三卷
燕几圖一卷　(宋)黃伯思撰　據欣賞編本景印
茶具圖贊一卷　(明)茅一相撰　據欣賞編本景印
紀聽松庵竹鑪始末一卷　(清)鄒炳泰撰　據藝海珠塵本景印
左傳器物宫室一卷　(清)沈淑撰　據藝海珠塵本景印
遊具雅編一卷　(明)屠隆撰　據學海類編本景印
天水冰山錄不分卷附錄一卷　(明)□□撰
浮梁陶政志一卷　(清)吳允嘉撰
雲林石譜三卷　(宋)杜綰撰
石譜一卷　(清)諸九鼎撰
觀石錄一卷　(清)高兆撰

藝術類

長物志十二卷　(明)文震亨撰
洛陽名園記一卷　(宋)李廌(一題李格非)撰　據古今逸史本景印
艮嶽記一卷　(宋)張淏撰
六一題跋十一卷　(宋)歐陽修撰　據津逮秘書本景印
廣川書跋十卷　(宋)董逌撰　據津逮秘書本景印
籒史二卷(原缺卷下)　(宋)翟耆年撰
寶刻類編八卷　(宋)□□撰
周秦刻石釋音一卷　(元)吾丘衍撰
石鼓文音釋三卷　(明)楊愼撰　據函海本景印
金石古文十四卷　(明)楊愼撰　據函海本景印

金石錄補二十七卷　(清)葉奕苞撰
金石錄補續跋七卷　(清)葉奕苞撰
中州金石記五卷　(清)畢沅撰
關中金石記八卷　(清)畢沅撰
雍州金石記十卷記餘一卷　(清)朱楓撰
京畿金石考二卷　(清)孫星衍撰
江寧金石待訪目二卷　(清)嚴觀撰
湖北金石詩一卷　(清)嚴觀撰
涇川金石記一卷　(清)趙紹祖撰
南漢金石志二卷　(清)吳蘭修撰
寶鐵齋金石文跋尾三卷　(清)韓崇撰
鮑臆園手札一卷　(清)鮑康撰
陳簠齋筆記一卷手札一卷　(清)陳介祺撰
滇南古金石錄一卷　(清)阮福撰　據文選
　樓叢書本景印
吳郡金石目一卷　(清)程祖慶撰
金石存十五卷　(清)鈍根老人(吳玉搢)
　輯　據函海本景印
中州金石目四卷補遺一卷　(清)姚晏撰
日本金石年表一卷　(日本)西田直養撰
百塼考一卷　(清)呂佺孫撰
學古編二卷附錄一卷　(元)吾丘衍撰　據
　夷門廣牘本景印
續三十五舉一卷　(清)桂馥撰
再續三十五舉一卷　(清)姚晏撰
古今印史一卷　(明)徐官撰
印章集說一卷　(明)文彭撰
秦璽始末一卷　(明)沈德符撰
篆學指南一卷　(明)趙宧光撰
鼎錄一卷　(梁)虞荔撰　據顧氏文房小說
　本景印
紹興內府古器評二卷　(宋)張掄撰　據津
　逮祕書本景印
考古圖釋文一卷　(宋)趙九成撰　據十萬
　卷樓叢書本景印
續考古圖五卷　(宋)□□撰　據十萬卷樓
　叢書本景印
宣德鼎彝譜八卷　(明)呂震等撰
積古齋鐘鼎彝器款識十卷　(清)阮元撰
　據文選樓叢書本景印
積古齋藏器目一卷　(清)阮元撰　據靈鶼
　閣叢書本景印
清儀閣藏器目一卷　(清)張廷濟撰　據靈
　鶼閣叢書本景印
從古堂款識學一卷　(清)徐同柏撰　據仰
　視千七百二十九鶴齋叢書本景印
周無專鼎銘考一卷　(清)羅士琳撰　據文
　選樓叢書本景印
兩罍軒藏器目一卷　(清)吳雲撰　據靈鶼
　閣叢書本景印

簠齋藏器目一卷　(清)陳介祺撰　據靈鶼
　閣叢書本景印
簠齋藏器目第二本一卷　(清)陳介祺撰
　據靈鶼閣叢書本景印
嘉應移藏器目一卷　(清)劉喜海撰　據靈
　鶼閣叢書本景印
石泉書屋藏器目一卷　(清)李佐賢撰　據
　靈鶼閣叢書本景印
愛吾鼎齋藏器目一卷　(清)李璋煜撰　據
　靈鶼閣叢書本景印
雙虞壺齋藏器目一卷　(清)吳式芬撰　據
　靈鶼閣叢書本景印
選青閣藏器目一卷　(清)王錫棨撰　據靈
　鶼閣叢書本景印
愙齋藏器目一卷　(清)吳大澂撰　據靈鶼
　閣叢書本景印
懷米山房藏器目一卷　(清)曹載奎撰　據
　靈鶼閣叢書本景印
木庵藏器目一卷　(清)程振甲撰　據靈鶼
　閣叢書本景印
平安館藏器目一卷　(清)葉志詵撰　據靈
　鶼閣叢書本景印
梅花草盦藏器目一卷　(清)丁彥臣撰　據
　靈鶼閣叢書本景印
簠齋傳古別錄一卷　(清)陳介祺撰　據涒
　喜齋叢書本景印
負暄野錄二卷　(宋)陳槱撰
洞天清祿集一卷　(宋)趙希鵠撰
雲煙過眼錄二卷　(宋)周密撰
雲煙過眼錄續集一卷　(元)湯允謨撰
新增格古要論十三卷　(明)曹昭撰　(明)
　舒敏輯　(明)王佐增
古奇器錄一卷附江東藏書目錄小序　(明)
　陸深撰
蕉窗九錄九卷　(明)項元汴撰
　　紙錄一卷
　　墨錄一卷
　　筆錄一卷
　　硯錄一卷
　　書錄一卷
　　帖錄一卷
　　畫錄一卷附畫訣十則
　　琴錄一卷附琴聲十六法　附(明)冷謙撰
　　香錄一卷
筠軒清閟錄三卷　(明)董其昌撰
妮古錄四卷　(明)陳繼儒撰
考槃餘事四卷　(明)屠隆撰
　　書箋
　　帖箋　　以上合一卷
　　畫箋

紙箋
墨箋
筆箋
硯箋
琴箋　　以上合一卷
香箋
茶箋
盆玩箋
魚鶴箋
山齋箋　　以上合一卷
起居器服箋
文房器具箋
遊具箋　　以上合一卷
瓶史二卷　　(明)袁宏道撰
缾花譜一卷　　(明)張丑撰
飛鳧語略一卷　　(明)沈德符撰
博物要覽十二卷　　(清)谷應泰撰
韻石齋筆談二卷　　(清)姜紹書撰
天壤閣雜記一卷　　(清)王懿榮撰
前塵夢影錄二卷　　(清)徐康撰
裝潢志一卷　　(清)周嘉胄撰
賞延素心錄一卷　　(清)周二學撰
名畫神品目一卷　　(明)楊慎撰
諸家藏書簿十卷　　(清)李調元撰
魏公題跋一卷　　(宋)蘇頌撰　據津逮祕書
　　本景印
山谷題跋九卷　　(宋)黃庭堅撰　據津逮祕
　　書本景印
无咎題跋一卷　　(宋)晁補之撰　據津逮祕
　　書本景印
晦菴題跋三卷　　(宋)朱熹撰　據津逮祕書
　　本景印
益公題跋十二卷　　(宋)周必大撰　據津逮
　　祕書本景印
止齋題跋二卷　　(宋)陳傅良撰　據津逮祕
　　書本景印
水心題跋一卷　　(宋)葉適撰　據津逮祕書
　　本景印
西山題跋三卷　　(宋)眞德秀撰　據津逮祕
　　書本景印
後村題跋四卷　　(宋)劉克莊撰　據津逮祕
　　書本景印
文山題跋一卷　　(宋)文天祥撰　據奇晉齋
　　叢書本景印
石門題跋二卷　　(宋)釋德洪(惠洪)撰　據
　　津逮祕書本景印
遺山題跋一卷　　(金)元好問撰　據奇晉齋
　　叢書本景印
文待詔題跋二卷　　(明)文徵明撰
寓意編一卷　　(明)都穆撰

書畫史一卷　　(明)陳繼儒撰
鈐山堂書畫記一卷　　(明)文嘉撰
七頌堂識小錄一卷　　(清)劉體仁撰
好古堂家藏書畫記二卷附續記一卷　　(清)
　　姚際恆撰
張憶娘簪華圖卷題詠一卷　　(清)江標輯
董華亭書畫錄一卷　　(明)董其昌撰　(清)
　　青浮山人輯
墨緣彙觀錄四卷　　(清)安岐錄
書畫說鈴一卷　　(清)陸時化撰
輿地碑記目四卷　　(宋)王象之撰
蜀碑記十卷附辨譌考異二卷　　(宋)王象之
　　撰　辨譌考異(清)胡鳳丹撰
蜀碑記補十卷　　(清)李調元撰
古刻叢鈔一卷　　(元)陶宗儀撰　據知不足
　　齋叢書本景印
古刻叢鈔一卷　　(元)陶宗儀撰　(清)孫星
　　衍重編　據平津館叢書本景印　〔撰
寰宇訪碑錄十二卷　　(清)孫星衍(清)邢澍
葉氏篆竹堂碑目六卷　　(明)葉盛撰
元豐題跋一卷　　(宋)曾鞏撰　據津逮祕書
　　本景印
東坡題跋六卷　　(宋)蘇軾撰　據津逮祕書
　　本景印
淮海題跋一卷　　(宋)秦觀撰　據津逮祕書
　　本景印
法帖通解一卷　　(宋)秦觀撰　據百陵學山
　　本景印
海岳題跋一卷　　(宋)米芾撰　據津逮祕書
　　本景印
書史一卷　　(宋)米芾撰
姑溪題跋二卷　　(宋)李之儀撰　據津逮祕
　　書本景印
放翁題跋六卷　　(宋)陸游撰　據津逮祕書
　　本景印
鶴山題跋七卷　　(宋)魏了翁撰　據津逮祕
　　書本景印　　　　　　　　　　　　〔撰
蘭亭考十二卷羣公帖跋一卷　　(宋)桑世昌
蘭亭續考二卷　　(宋)俞松撰
絳帖平六卷　　(宋)姜夔撰
法帖譜系二卷附錄一卷　　(宋)曹士冕撰
石刻鋪敍二卷　　(宋)曾宏父撰
鳳墅殘帖釋文二卷　　(清)錢大昕撰
寶刻叢編二十卷　　(宋)陳思撰
法帖釋文十卷　　(宋)劉次莊撰　據百陵學
　　山本景印
彙堂摘奇一卷　　(明)王佐撰　據百陵學山
　　本景印
法帖神品目一卷　　(明)楊慎撰　據函海本
　　景印

石墨鐫華八卷　（明）趙崡撰
寒山堂金石林時地考二卷　（明）趙均撰
閑者軒帖考一卷　（清）孫承澤撰
湛園題跋一卷　（清）姜宸英撰
唐昭陵石蹟考略五卷　（清）林侗撰
隱綠軒題識一卷　（清）陳奕禧撰
鐵函齋書跋六卷　（清）楊賓撰
蘇齋唐碑選一卷　（清）翁方綱撰
蘇齋題跋二卷　（清）翁方綱撰
蘇米齋蘭亭攷八卷　（清）翁方綱撰
國山碑考一卷　（清）吳騫撰
嵩洛訪碑日記一卷　（清）黃易撰
漢延熹西嶽華山碑考四卷　（清）阮元撰
古墨齋金石跋六卷　（清）趙紹祖撰
元魏滎陽鄭文公摩崖碑跋一卷　（清）諸可
　寶撰
石門碑醳一卷補一卷　（清）王森文撰　據
　・涉聞梓舊本景印
漢射陽石門畫象彙考一卷　（清）張寶德輯
淳化閣帖釋文十卷　清乾隆三十四年敕撰
墨藪一卷　（唐）韋續撰
書譜一卷　（唐）孫過庭撰
續書譜一卷　（宋）姜夔撰
法書通釋二卷　（明）張紳撰　據夷門廣牘
　本景印
春雨雜述一卷　（明）解縉撰
書法離鈎十卷　（明）潘之淙撰
書法雅言一卷　（明）項穆撰
書法粹言一卷　（明）汪挺撰
頻羅庵論書一卷　（清）梁同書撰
安吳論書一卷　（清）包世臣撰
書學捷要二卷　（清）朱履貞撰
法書要錄十卷　（唐）張彥遠撰　據津逮祕
　書本景印
海岳名言一卷　（宋）米芾撰
翰墨志一卷　宋高宗撰
寶真齋法書贊二十八卷　（宋）岳珂撰
宣和書譜二十卷　（宋）□□撰　據津逮祕
　書本景印
梅花喜神譜二卷　（宋）宋伯仁撰　據知不
　足齋叢書本景印
竹譜詳錄（一名畫竹譜）七卷　（元）李衎撰
　據知不足齋叢書本景印
天形道貌一卷　（明）周履靖撰　據夷門廣
　牘本景印
湛園肖影二卷　（明）周履靖撰　據夷門廣
　牘本景印
羅浮幻質一卷　（明）周履靖撰　據夷門廣
　牘本景印
春谷嚶翔一卷　（明）周履靖撰　據夷門廣

　牘本景印
九畹遺容一卷　（明）周履靖撰　據夷門廣
　牘本景印
德隅齋畫品一卷　（宋）李廌撰
廣川畫跋六卷　（宋）董逌撰
繪林題識一卷　（明）汪顯節輯　據夷門廣
　牘本景印
畫跋一卷　（清）惲格撰
題畫詩一卷　（清）惲格撰
天慵庵筆記二卷　（清）方士庶撰
畫梅題記一卷　（清）朱方藹撰
松壺畫贅二卷　（清）錢杜撰
韓氏山水純全集一卷　（宋）韓拙撰
六如畫譜三卷　（明）唐寅撰
小山畫譜二卷　（清）鄒一桂撰
山靜居畫論二卷　（清）方薰撰
松壺畫憶二卷　（清）錢杜撰
古畫品錄一卷（南齊）謝赫撰　據津逮祕書
　本景印
續畫品一卷　（陳）姚最撰　據津逮祕書本
　景印
後畫錄一卷　（唐）釋彥悰撰　據津逮祕書
　本景印
續畫品錄一卷　（唐）李嗣真撰　據津逮祕
　書本景印
歷代名畫記十卷　（唐）張彥遠撰　據津逮
　祕書本景印　　　　　　　　　　　　［印
畫史一卷　（宋）米芾撰　據津逮祕書本景
圖畫見聞誌六卷　（宋）郭若虛撰　據津逮
　祕書本景印
畫論一卷　（宋）郭若盧（誤題郭思）撰
古今畫鑒（一名畫鑒）一卷　（元）湯垕撰
畫品一卷　（明）楊慎撰
中麓畫品一卷　（明）李開先撰
畫說一卷　（明）莫是龍撰
雜評一卷　（明）□□撰
宣和畫譜二十卷　（宋）□□撰　據津逮祕
　書本景印
圖繪寶鑑六卷補遺一卷　（元）夏文彥撰
　（明）韓昂續　據津逮祕書本景印
文湖州竹派一卷　（元）吳鎮撰
海嶽志林一卷　（明）毛鳳苞輯
丹青志一卷　（明）王穉登撰
畫禪一卷　（明）釋蓮儒撰　　　　　　［印
繪妙一卷　（明）茅一相撰　據欣賞編本景
讀畫錄四卷　（清）周亮工撰
明畫錄八卷　（清）徐沁撰
墨梅人名錄一卷　（清）童翼駒輯
畫友詩一卷　（清）趙彥修撰
樂府雜錄一卷　（唐）段安節撰　據守山閣

　　　　叢書本景印

羯鼓錄一卷　（唐）南卓撰　據守山閣叢書
　　　　本景印

樂書要錄三卷　（唐）□□撰　據佚存叢書
　　　　本景印

韶舞九成樂補一卷　（元）余載撰　據墨海
　　　　金壺本景印

律呂成書二卷　（元）劉瑾撰　據墨海金壺
　　　　本景印

琴言十則一卷附指法譜一卷　（元）吳澄撰
　　　　據學海類編本景印

樂律舉要一卷　（明）韓邦奇撰

竟山樂錄（一名古樂復興錄）四卷　（清）毛
　　　　奇齡撰

李氏學樂錄二卷　（清）李塨撰

律呂新論二卷　（清）江永撰　據守山閣叢
　　　　書本景印

賡和錄二卷　（清）何夢瑤撰　據嶺南遺書
　　　　本景印

燕樂攷原六卷　（清）凌廷堪撰

樂縣攷二卷　（清）江藩撰

律呂元音一卷　（清）畢華珍撰

樂經律呂通解五卷　（清）汪紱撰

皇祐新樂圖記三卷　（宋）阮逸（宋）胡瑗撰
　　　　據學津討原本景印

琴操二卷補遺一卷　（漢）蔡邕撰

漢鼓吹鐃歌十八曲集解一卷・（清）譚儀撰

香研居詞麈五卷　（清）方成培撰

碣石調幽蘭一卷　（陳）邱公明撰　據古逸
　　　　叢書本景印

瑟譜六卷　（元）熊朋來撰　據指海本景印

綠綺新聲二卷　（明）徐時琪撰　據夷門廣
　　　　牘本景印

詩經樂譜三十卷附樂律正俗一卷　清高宗
　　　　撰　據武英殿聚珍版書本景印

嘯旨一卷　（唐）孫廣撰

角力記一卷　（宋）調露子撰

學射錄二卷　（清）李塨撰

手臂錄四卷　（清）吳殳撰

附

　　峨嵋槍法一卷　（清）釋普恩立法　（清）
　　　　程眞如達意

　　夢綠堂槍法一卷　（清）釋洪轉撰

投壺儀節一卷　（明）汪禔撰　據夷門廣牘
　　　　本景印　　　　　　　　　　　　［印

丸經二卷　（元）□□撰　據津逮祕書本景

五木經一卷　（唐）李翺撰　（唐）元革註
　　　　據夷門廣牘本景印

漢官儀三卷　（宋）劉攽撰　據十萬卷樓叢
　　　　書本景印

文學類

文選敘晉一卷　（清）趙晉撰

文選理學權輿八卷　（清）汪師韓撰

文選理學權輿補一卷　（清）孫志祖撰

文選李注補正四卷　（清）孫志祖撰

文選考異四卷　（清）孫志祖撰

選注規李一卷　（清）徐攀鳳撰

選學糾何一卷　（清）徐攀鳳撰

文館詞林殘十八卷（存卷一百五十六至一
　　　　百五十八、卷三百四十七、卷四百五十
　　　　二至四百五十三、卷四百五十七、卷四
　　　　百五十九、卷六百六十二、卷六百六十
　　　　四至六百六十八、卷六百七十六、卷六
　　　　百九十一、卷六百九十五、卷六百九十
　　　　九）（唐）許敬宗等輯　據佚存叢書
　　　　古逸叢書本景印

古文苑二十一卷附校勘記一卷　（宋）章樵
　　　　注　校勘記（清）錢熙祚撰　據守山閣
　　　　叢書本景印

嚴陵集九卷　（宋）董棻輯

悅心集五卷　清世宗輯

續古文苑二十卷　（清）孫星衍輯　據平津
　　　　館叢書本景印

石洞貽芳集二卷補遺一卷附考異一卷
　　　　（明）郭鈇輯　（清）郭鍾儒重輯　考異
　　　　（清）胡鳳丹撰

梅塢貽瓊六卷　（明）汪顯節輯　據夷門廣
　　　　牘本景印

瓊花集五卷　（明）曹璔輯　據別下齋叢書
　　　　本景印

于湖題襟集十卷　（清）袁昶輯

詩序一卷　（漢）毛萇傳述　（宋）朱熹辨說

詩傳孔氏傳（一名魯詩傳）一卷　（周）端木
　　　　賜述　據百陵學山本景印　　　　［印

詩說一卷　（漢）申培撰　據百陵學山本景

詩說一卷　（宋）張耒撰　據藝海珠塵本景
　　　　印

詩論一卷　（宋）程大昌撰

詩總聞二十卷　（宋）王質撰

呂氏家塾讀詩記三十二卷　（宋）呂祖謙撰

續呂氏家塾讀詩記三卷　（宋）戴溪撰

非詩辨妄一卷　（宋）周孚撰

絜齋毛詩經筵講義四卷　（宋）袁燮撰

詩疑二卷　（宋）王柏撰

昌武段氏詩義指南一卷　（宋）段昌武撰

詩考一卷　（宋）王應麟撰　據津逮祕書本
　　　　景印

詩傳註疏三卷　（宋）謝枋得撰

詩辨說一卷　（宋）趙惪撰

詩集傳名物鈔八卷　（元）許謙撰

毛詩說序六卷　(明)呂柟撰
毛詩或問二卷　(明)袁仁撰
詩問略一卷　(明)陳子龍撰
白鷺洲主客說詩一卷　(清)毛奇齡撰
詩說三卷　(清)惠周惕撰
詩說一卷　(清)陶正靖撰
張氏詩說一卷　(清)張汝霖撰　據豫章叢
　　書本景印
詩附記四卷　(清)翁方綱撰
春秋詩話五卷　(清)勞孝輿撰
三家詩拾遺十卷　(清)范家相撰
韓詩遺說二卷附訂譌一卷　(清)臧庸撰
讀詩經四卷　(清)趙良澍撰
讀風偶識四卷　(清)崔述撰
毛詩識小三十卷　(清)林伯桐撰
毛詩通考三十卷　(清)林伯桐撰
詩倫二卷　(清)汪薇輯
玉臺新詠考異十卷　(清)紀容舒撰
五柳賡歌四卷　(晉)陶潛撰　(明)周履靖
　　和　據夷門廣牘本景印
青蓮觴咏二卷　(唐)李白撰　(明)周履靖
　　和　據夷門廣牘本景印
選詩句圖一卷　(宋)高似孫輯
洞霄詩集十四卷　(元)孟宗寶輯
香山酒頌二卷　(唐)白居易撰　(明)周履
　　靖和　據夷門廣牘本景印
三家宮詞　(明)毛晉輯　據詩詞雜俎本景
　　印
　　王建宮詞一卷　(唐)王建撰
　　花蕊夫人宮詞一卷　(後蜀)花蕊夫人
　　　　(費氏)撰
　　王珪宮詞一卷　(宋)王珪撰
千片雪二卷　(元)馮海粟撰　(明)周履靖
　　和　據夷門廣牘本景印
靈仙降乩語一卷　(明)周履靖輯　據夷門
　　廣牘本景印
風雅逸篇十卷　(明)楊慎輯
小石帆亭五言詩續鈔八卷　(清)翁方綱輯
粵詩蒐逸四卷　(清)黃子高輯
古詩十九首解一卷　(清)張庚撰
眾妙集一卷　(宋)趙師秀輯　據詩詞雜俎
　　本景印
全唐詩逸三卷　(日本)河世寧輯
全五代詩一百卷補遺一卷　(清)李調元輯
西崑酬倡集二卷　(宋)楊億輯
濂洛風雅六卷首一卷　(宋)金履祥輯
濂洛風雅九卷　(清)張伯行輯
天地間集一卷　(宋)謝翱輯
月泉吟社一卷　(宋)吳渭輯　據詩詞雜俎
　　本景印

詩苑眾芳一卷　(宋)劉瑄輯
宋舊宮人詩詞一卷　(清)汪元量輯
二家宮詞　(明)毛晉輯　據詩詞雜俎本景
　　印
　　宋徽宗宮詞一卷　宋徽宗撰
　　楊太后宮詞一卷　宋楊皇后撰　　〔印
谷音二卷　(元)杜本輯　據詩詞雜俎本景
圭塘欸乃集一卷　(元)許有壬(元)許有孚
　　(元)許楠(元)馬熙撰
河汾諸老詩集八卷　(元)房祺輯　據詩詞
　　雜俎本景印
靜安八詠集一卷　(元)釋壽寧輯
毛公壇倡和詩一卷　(明)周履靖撰　據夷
　　門廣牘本景印
鴛湖唱和稿一卷　(明)周履靖撰　據夷門
　　廣牘本景印
清平閣倡和詩一卷　(明)宋登春輯　據
　　畿輔叢書本景印
懷舊集二卷　(清)馮舒輯
焦山紀遊集一卷　(清)馬曰琯等輯
林屋唱酬錄一卷　(清)馬曰琯等輯
刻燭集一卷　(清)曹仁虎輯
蜀雅二十卷　(清)李調元輯
沚上停雲集一卷　(清)孫星衍輯
同人唱和詩集三卷　(清)黃丕烈輯
　　夢境圖唱和詩集一卷
　　狀元會倡和詩集一卷
　　虎丘詩唱和詩集一卷
淮海英靈集甲集四卷乙集四卷丙集四卷丁
　　集四卷戊集四卷壬集一卷癸集一卷
　　(清)阮元輯
于湖小集六卷附金陵雜事詩一卷　(清)袁
　　昶撰
漷篢擬墨一卷　(清)袁昶撰
桐溪耆隱集一卷附補錄一卷　(清)袁炯輯
楚辭章句十七卷　(漢)王逸撰
楚辭補注十七卷　(宋)洪興祖撰
古文關鍵二卷　(宋)呂祖謙撰
古文韻語一卷　(明)楊慎撰
評乙古文一卷　(清)李塨撰
唐宋八大家文鈔十九卷　(清)張伯行輯
南北朝文鈔二卷　(清)彭兆蓀輯
二程文集十二卷　(宋)程顥(宋)程頤撰
詁經精舍文集十四卷　(清)阮元輯
麗體金膏八卷　(清)馬俊良輯
東古文存一卷　(高麗)金正喜輯
陸士衡集十卷附札記一卷　(晉)陸機撰
　　札記(清)錢培名撰
高令公集一卷　(後魏)高允撰
王無功集(一名東皐子集)三卷補遺二卷

（唐)王績撰　據佚存南閣叢書本景印
魏鄭公文集三卷詩集一卷　（唐)魏徵撰
盧昇之集七卷　（唐)盧照鄰撰
駱丞集四卷附辨譌考異二卷　（唐)駱賓王
　　撰　辨譌考異(清)胡鳳丹撰
張燕公集二十五卷　（唐)張說撰
文忠集十六卷拾遺四卷　（唐)顏真卿撰
　　拾遺(清)黃本驥輯　（清)孫星華增訂
劉賓客文集三十卷補遺一卷　（唐)劉禹錫
　　撰
呂衡州集十卷附考證一卷　（唐)呂溫撰
　　考證(清)顧廣圻撰
李元賓文集六卷　（唐)李觀撰
李衛公會昌一品集二十卷別集十卷外集四
　　卷補遺一卷　（唐)李德裕撰
麟角集一卷附錄一卷　（唐)王棨撰
莆陽黃御史集二卷別錄一卷附錄一卷
　　（唐)黃滔撰　據天壤閣叢書本景印
桂苑筆耕集二十卷　（唐)崔致遠撰
南陽集六卷拾遺一卷　（宋)趙湘撰　拾遺
　　（清)勞格輯目　（清)孫星華錄文
元憲集三十六卷　（宋)宋庠撰
宋景文公集六十二卷附佚存叢書殘本景文
　　宋公集三十二卷　（宋)宋祁撰
文恭集四十卷　（宋)胡宿撰
周濂溪先生全集十三卷　（宋)周敦頤撰
祠部集三十五卷　（宋)強至撰
公是集五十四卷　（宋)劉敞撰
彭城集四十卷　（宋)劉攽撰
華陽集四十卷　（宋)王珪撰
司馬溫公文集十四卷　（宋)司馬光撰
淨德集三十八卷　（宋)呂陶撰
忠肅集二十卷拾遺一卷　（宋)劉摯撰　拾
　　遺(清)勞格輯目　（清)孫星華錄文
陶山集十六卷　（宋)陸佃撰
寶晉英光集八卷補遺一卷　（宋)米芾撰
忠簡公集七卷附辨譌考異一卷　（宋)宗澤
　　撰　辨譌考異(清)胡鳳丹撰
姑溪居士文集五十卷後集二十卷　（宋)李
　　之儀撰
學易集八卷　（宋)劉跂撰
西臺集二十卷　（宋)畢仲游撰
浮沚集九卷　（宋)周行己撰
畫墁集八卷補遺一卷　（宋)張舜民撰
柯山集五十卷拾遺十二卷續拾遺一卷
　　（宋)張耒撰　拾遺(清)陸心源輯　續
　　拾遺(清)□□輯　　　　　　［撰
斜川集六卷附錄二卷訂誤一卷　（宋)蘇過
浮溪集三十二卷拾遺三卷　（宋)汪藻撰
　　拾遺(清)孫星華輯

北山文集三十卷末一卷　（宋)鄭剛中撰
灊山集三卷補遺一卷附錄一卷　（宋)朱翌
　　撰
高東溪集二卷附錄一卷　（宋)高登撰
雙溪集十五卷遺言一卷　（宋)蘇籀撰
毘陵集十六卷拾遺一卷　（宋)張守撰　拾
　　遺(清)□□輯　　　　　　　［撰
謝幼槃文集(一名竹友集)十卷　（宋)謝薖
岳忠武王集一卷　（宋)岳飛撰
簡齋集十六卷　（宋)陳與義撰
南澗甲乙稿二十二卷拾遺一卷　（宋)韓元
　　吉撰　拾遺(清)勞格輯目　（清)孫星
　　華錄文
夾漈遺稿三卷　（宋)鄭樵撰
文定集二十四卷拾遺一卷　（宋)汪應辰撰
　　拾遺(清)陸心源輯目　（清)傅以禮
　　錄文
雪山集十六卷　（宋)王質撰
香溪集二十二卷　（宋)范浚撰
崔舍人玉堂類藁二十卷附錄一卷　（宋)崔
　　敦詩撰
崔舍人西垣類藁二卷　（宋)崔敦詩撰
仁山先生金文安公文集五卷　（宋)金履祥
　　撰
攻媿集一百十二卷拾遺一卷　（宋)樓鑰撰
　　拾遺(清)傅以禮輯
止堂集十八卷　（宋)彭龜年撰
章泉稿五卷拾遺一卷附錄一卷　（宋)趙蕃
　　撰　拾遺(清)孫星華輯
絜齋集二十四卷　（宋)袁燮撰
崔清獻公集五卷　（宋)崔與之撰
羅鄂州小集六卷　（宋)羅願撰
羅鄂州遺文一卷　（宋)羅頌撰
蒙齋集二十卷拾遺一卷　（宋)袁甫撰　拾
　　遺(清)勞格輯目　（清)孫星華錄文
陳克齋先生集五卷　（宋)陳文蔚撰
何北山先生遺集四卷　（宋)何基撰
耻堂存稿八卷　（宋)高斯得撰
文文山文集二卷　（宋)文天祥撰
百正集三卷　（末)連文鳳撰
霽山先生集五卷首一卷拾遺一卷　（宋)林
　　景熙撰　（元)章祖程注
伯牙琴一卷補遺一卷　（宋)鄧牧撰
李延平先生文集四卷　（宋)李侗撰
拙軒集六卷　（金)王寂撰
滹南遺老集四十五卷詩集一卷續編詩集一
　　卷　（金)王若虛撰
湛然居士文集十四卷　（元)耶律楚材撰
剡源集三十卷附札記一卷　（元)戴表元撰
　　札記(清)郁松年撰

湛淵遺稿三卷補一卷　（元）白珽撰

清容居士集五十卷附札記一卷　（元）袁桷
　　撰　札記(清)郁松年撰

靜修先生文集十二卷　（元）劉因撰

安默庵先生文集五卷　（元）安熙撰

白雲集四卷附錄一卷　（元）許謙撰

黃文獻公集十二卷　（元）黃溍撰

純白齋類稿二十卷首一卷附錄二卷　（元）
　　胡助撰

趙待制遺稿一卷　（元）趙雍撰
附
　　王國器詞一卷　（元）王國器撰

九靈山房集三十卷補編二卷　（元）戴良撰

九靈山房遺稿五卷補編一卷　（元）戴良撰

鹿皮子集四卷　（元）陳樵撰

靑村遺稿一卷附錄一卷　（元）金涓撰

牧庵集三十六卷　（元）姚燧撰
附
　　牧庵年譜一卷　（元）劉致撰

胡仲子集十卷　（明）胡翰撰

宋學士全集三十二卷補遺八卷附錄二卷
　　（明）宋濂撰

陳剩夫先生集四卷　（明）陳眞晟撰

蘇平仲集十六卷首一卷　（明）蘇伯衡撰

姚文敏公遺稿九卷奏議補缺校勘記一卷附
　　錄一卷　（明）姚夔撰　校勘記(清)袁
　　昶撰

奉使錄二卷　（明）張寧撰

楓山章先生集九卷　（明）章懋撰

東田文集三卷詩集三卷　（明）馬中錫撰

漁石集四卷　（明）唐龍撰

宋布衣集三卷　（明）宋登春撰　　　〔撰

靑藤書屋文集三十卷補遺一卷　（明）徐渭

張陽和文選三卷　（明）張元忭撰

胡敬齋先生文集三卷　（明）胡居仁撰

狂夫酒語二卷　（明）周履靖撰　據夷門廣
　　牘本景印

閒雲稿四卷　（明）周履靖撰　據夷門廣牘
　　本景印

周忠介公燼餘集四卷　（明）周順昌撰

金忠潔集六卷　（明）金鉉撰

樓山堂集二十七卷　（明）吳應箕撰

交行摘稿一卷　（明）徐孚遠撰

史忠正公集四卷首一卷附錄一卷　（明）史
　　可法撰

夏內史集九卷附錄一卷　（明）夏完淳撰

夏峯先生集十四卷　（清）孫奇逢撰

御製詩文十全集五十四卷　清高宗撰

秋笳集八卷附錄一卷　（清）吳兆騫撰

雕菰集二十四卷　（清）焦循撰

揅經室一集十四卷二集八卷三集五卷四集
　　二卷四集詩十一卷　（清）阮元撰

揅經室續集十一卷　（清）阮元撰

程侍郎遺集十卷附錄一卷　（清）程恩澤撰

陥敢覽館稿一卷　（清）曹應鐘撰　據滂喜
　　齋叢書本景印

後甲集(一名躍雷館日記)二卷　（清）章大
　　來撰

益齋集十卷拾遺一卷附集誌一卷　（朝鮮）
　　李齊賢撰

陶靖節詩集四卷補注一卷附錄一卷　（晉）
　　陶潛撰　（宋）湯漢注　補注(□)□□
　　撰　附錄(元)吳師道撰

謝宣城詩集五卷　（南齊）謝朓撰

陰常侍詩集一卷詩話一卷　（陳）陰鏗撰
　　（清）張澍輯

雜詠二卷　（唐）李嶠撰

杜工部草堂詩箋四十卷附傳序碑銘一卷目
　　錄二卷詩話二卷　（唐）杜甫撰　（宋）
　　魯訔(宋)蔡夢弼會箋　據古逸叢書本
　　景印

黃氏集千家註杜工部詩史補遺十卷　（宋）
　　黃鶴集注　據古逸叢書本景印

集註草堂杜工部詩外集一卷　（宋）蔡夢弼
　　會箋　據古逸叢書本景印

劉隨州集十一卷　（唐）劉長卿撰

高常侍集二卷　（唐）高適撰

長江集十卷闐仙詩附集一卷　（唐）賈島撰

盧仝集三卷　（唐）盧仝撰

李尙書詩集一卷附李氏事蹟一卷　（唐）李
　　益撰　（清）張澍輯

禪月集十二卷　（唐）釋貫休撰

西崑發微三卷　（清）吳喬撰

蘇詩補註八卷　（清）翁方綱撰

山谷內集詩注二十卷外集詩注十七卷別集
　　詩注二卷外集補四卷別集補一卷
　　（宋）黃庭堅撰　內集(宋)任淵注　外
　　集(宋)史容注　別集(宋)史季溫注
　　補(清)謝啓昆輯

后山詩註十二卷　（宋）陳師道撰　（宋）任
　　淵注

西渡詩集一卷補遺一卷　（宋）洪炎撰

晁具茨先生詩集十五卷　（宋）晁沖之撰
　　（清）□□注

茶山集八卷拾遺一卷　（宋）曾幾撰　拾遺
　　（清）勞格輯目　（清）孫星華輯文

林泉結契五卷　（宋）王質撰

石湖詩集一卷　（宋）范成大撰　據詩詞雜
　　俎本景印

范石湖詩集注三卷　（清）沈欽韓撰　據功

順堂叢書本景印

志道集一卷　（宋）顧禧撰　據粵雅堂叢書
　　本景印

淳熙稿二十卷　（宋）趙蕃撰

乾道稿二卷　（宋）趙蕃撰

龍洲集十卷　（宋）劉過撰

頤菴居士集二卷　（宋）劉應時撰

白石道人詩集三卷集外詩一卷附錄一卷附
　　錄補遺一卷　（宋）姜夔撰

詩說一卷　（宋）姜夔撰

南湖集十卷附錄三卷　（宋）張鎡撰

棠湖詩稿一卷　（宋）岳珂撰

三山鄭菊山先生清雋集一卷　（宋）鄭起撰
　　（元）仇遠輯

所南翁一百二十圖詩集一卷錦錢餘笑一卷
　　（宋）鄭思肖撰

翦綃集二卷　（宋）李龏撰　據詩詞雜俎本
　　景印

孝詩一卷　（宋）林同撰

文公朱先生感興詩一卷　（宋）朱熹撰
　　（宋）蔡模注

武夷櫂歌一卷　（宋）朱熹撰　（宋）陳普注

玉笥集十卷　（元）張憲撰

中峯禪師梅花百咏一卷　（元）釋明本撰
　　據夷門廣牘本景印

金淵集六卷　（元）仇遠撰

靜春堂詩集四卷附錄三卷　（元）袁易撰

揭曼碩詩集三卷　（元）揭傒斯撰

淵穎集十二卷　（元）吳萊撰

梅花字字香前集一卷後集一卷附校譌一卷
　　（元）郭豫亨撰　校譌（清）胡珽撰

玉山璞稿二卷　（元）顧瑛撰

玉山逸稿四卷續補一卷附錄一卷　（元）顧
　　瑛撰　（清）鮑廷博輯

梧溪集七卷補遺一卷　（元）王逢撰

丁鶴年集（一名丁孝子集）四卷附題詞一卷
　　校譌一卷續校一卷　（元）丁鶴年撰
　　校譌（清）胡珽撰　續校（清）董金鑑撰

滄浪櫂歌一卷　（元）陶宗儀撰　（明）唐錦
　　選

宣宗皇帝御製詩一卷　明宣宗撰　據紀錄
　　彙編本景印

娑羅館逸稿二卷　（明）屠隆撰

山家語一卷　（明）周履靖撰　據夷門廣牘
　　本景印

野人清嘯二卷　（明）周履靖撰　據夷門廣
　　牘本景印

燎松吟一卷　（明）周履靖撰　據夷門廣牘
　　本景印

尋芳咏二卷　（明）周履靖撰　據夷門廣牘

本景印

泛泖吟一卷　（明）周履靖撰　據夷門廣牘
　　本景印

香奩詩草二卷　（明）桑貞白撰　據夷門廣
　　牘本景印

浩氣吟一卷附錄一卷　（明）瞿式耜撰

申端愍公詩集八卷　（明）申佳胤撰

鐮山草堂詩合鈔二卷　（明）王光承撰

花王閣賸稿一卷　（明）紀坤撰

徐元歎先生殘稿浪齋新舊詩一卷　（明）徐
　　波撰

燕市雜詩一卷　（明）于燕芳撰

霜猨集一卷附校譌一卷續校一卷　（明）周
　　同谷撰　校譌（清）胡珽撰　續校（清）
　　董金鑑撰

聰山詩選八卷　（清）申涵光撰

寒松堂詩集三卷　（清）魏象樞撰

漁洋山人秋柳詩箋一卷　（清）王阻源輯

榆溪詩鈔二卷　（清）徐世溥撰　據豫章叢
　　書本景印

柿葉庵詩選一卷　（清）張蓋撰　據畿輔叢
　　書本景印

甌香館集十二卷補遺二卷附錄一卷　（清）
　　惲格撰

戀曳詩鈔四卷補遺二卷　（清）紀映鍾撰

解春集詩鈔三卷　（清）馮景撰

飲水詩集一卷　（清）性德撰

積書巖詩集一卷　（清）劉逢源撰

沙河逸老小稿六卷　（清）馬曰琯撰

南齋集六卷　（清）馬曰璐撰

月山詩集四卷　（清）恆仁撰

王義士輞川詩鈔六卷　（清）王澐撰

餅水齋詩集十七卷　（清）舒位撰

餅水齋詩別集二卷　（清）舒位撰

烏魯木齊雜詩一卷　（清）紀昀撰

玉井峯蓮集一卷　（清）嚴長明撰

金闕攀松集一卷　（清）嚴長明撰

童山詩集四十二卷　（清）李調元撰

萬壽衢歌樂章六卷　（清）彭元瑞撰

月滿樓詩別集八卷　（清）顧宗泰撰
　　晉十六國詠史詩一卷
　　北齊詠史詩一卷
　　南都詠史詩一卷
　　南唐雜事詩一卷　（清）浦翔春注
　　五代詠史詩一卷
　　勝國宮閨詩一卷
　　懷師友詩二卷

蠹塘漁乃一卷　（清）吳騫撰

拜經樓集外詩一卷　（清）吳騫撰

珠樓遺稿一卷　（清）徐貞撰

芳茂山人詩錄十卷　(淸)孫星衍撰
長離閣集一卷　(淸)王采薇撰
煙霞萬古樓詩選二卷　(淸)王曇撰　[輯
仲瞿詩錄一卷　(淸)王曇撰　(淸)徐渭仁
玉山草堂續集六卷　(淸)錢林撰
紅蕙山房吟稿一卷　(淸)袁廷檮撰
船山詩草選六卷　(淸)張問陶撰　(淸)石
韞玉輯
揅經室詩錄五卷　(淸)阮元撰
宮詞小纂三卷　(淸)張海鵬輯
宮詞　(明)朱權撰
元宮詞　(明)朱有燉撰
擬古宮詞　(明)朱讓栩撰
洪武宮詞　(明)黃省曾撰
宮詞　(明)王叔承撰　以上合一卷
天啓宮詞　(明)秦蘭徵撰
天啓宮詞　(明)蔣之翹撰
擬故宮詞　(淸)唐于昭撰　以上合一卷
崇禎宮詞一卷　(淸)王譽昌撰　(淸)吳
理注
冬青館古宮詞三卷　(淸)張鑑撰　(淸)桂
榮注
纂喜堂詩稿一卷　(淸)陳壽祺撰
蜜梅花館詩錄一卷　(淸)焦廷琥撰
碧城仙館詩鈔八卷　(淸)陳文述撰
粤臺徵雅錄一卷　(淸)羅元煥撰　(淸)陳
仲鴻注
匪石山人詩一卷　(淸)鈕樹玉撰　[撰
沈四山人詩錄六卷附錄一卷　(淸)沈謹學
西鳧殘草一卷　(淸)王星諴撰
愚溪詩稿一卷　(淸)張肇煐撰
位西先生遺稿一卷　(淸)邵懿辰撰
張文節公遺集二卷　(淸)張洵撰
有聲畫一卷　(淸)許光治撰
楙花盦詩二卷附錄一卷外集一卷　(淸)葉
廷琯撰
小蓬海遺詩一卷　(淸)翁雒撰
屑屑集一卷　(淸)翁雒撰
萬卷書屋詩存一卷　(淸)朱楡撰
廣雅碎金四卷附錄一卷　(淸)張之洞撰
楡園雜興詩一卷　(淸)袁振業撰
漸西郵人初集十三卷　(淸)袁昶撰
安般簃集十卷　(淸)袁昶撰
春闈雜詠一卷　(淸)袁昶撰
聽雨樓詩一卷　(淸)石嘉吉撰
葵青居詩錄一卷　(淸)石渠撰
亢藝堂集三卷　(淸)孫廷璋撰
小草庵詩鈔一卷　(淸)屠蘇撰
玉暉堂詩集五卷　(淸)趙湛撰
二十一都懷古詩一卷　(朝鮮)柳得恭撰

陸宣公文集四卷首一卷　(唐)陸贄撰
劉希仁文集一卷　(唐)劉軻撰
文泉子集六卷　(唐)劉蛻撰
范文正公文集九卷　(宋)范仲淹撰
石守道先生集二卷　(宋)石介撰
韓魏公集二十卷　(宋)韓琦撰
楊龜山先生集六卷　(宋)楊時撰
尹和靖先生集一卷　(宋)尹焞撰
李忠愍公集一卷　(宋)李若水撰
張橫渠先生文集十二卷　(宋)張載撰
朱子文集十八卷　(宋)朱熹撰
張南軒先生文集七卷　(宋)張栻撰
羅豫章先生文集十卷　(宋)羅從彥撰
呂東萊先生文集二十卷　(宋)呂祖謙撰
龍川文集三十卷首一卷末一卷附辨譌考異
二卷　(宋)陳亮撰　辨譌考異(淸)胡
鳳丹撰
眞西山先生集八卷　(宋)眞德秀撰
魯齋集十卷附錄一卷　(宋)王柏撰
謝疊山集二卷　(宋)謝枋得撰
獻醜集一卷　(宋)許棐撰
騷略三卷　(宋)高似孫撰
鄭所南先生文集一卷附錄一卷補遺一卷
(宋)鄭思肖撰
熊勿軒先生文集六卷　(宋)熊禾撰
黃勉齋先生文集八卷　(宋)黃榦撰
永嘉先生八面鋒十三卷　(宋)陳傅良(一
題葉適)撰
閑閑老人滏水文集二十卷補遺一卷附一卷
(金)趙秉文撰　附(金)元好問撰
許魯齋集六卷　(元)許衡撰
揭文安公文粹二卷　(元)揭傒斯撰
聞過齋集四卷　(元)吳海撰
榮祭酒遺文一卷　(元)榮肇撰
御製平西蜀文一卷　明太祖撰　據紀錄彙
編本景印
御製皇陵碑一卷　明太祖撰　據紀錄彙編
本景印
御製西征記一卷　明太祖撰　據紀錄彙編
本景印
擬連珠編(一名誠意伯連珠)一卷　(明)劉
基撰　據今獻彙言本景印
演連珠編一卷　(明)王禕撰　據今獻彙言
本景印
王忠文公集二十卷　(明)王禕撰
方正學先生集七卷　(明)方孝孺撰
薛敬軒先生文集十卷　(明)薛瑄撰
御製廣寒殿記一卷　明宣宗撰　據紀錄彙
編本景印
魏莊渠先生集二卷　(明)魏校撰

羅整庵先生存稿二卷　(明)羅欽順撰
海剛峯先生文集二卷　(明)海瑞撰
楊忠愍公集二卷　(明)楊繼盛撰
潁水遺編二卷　(明)陳言(明)陳所學撰
　　據鹽邑志林本景印
勅議或問一卷　明世宗撰　據紀錄彙編本
　　景印
味檗齋文集十五卷　(明)趙南星撰
認眞草十六卷　(明)鹿善繼撰
范文忠公文集十卷　(明)范景文撰
申端愍公文集二卷首一卷末一卷　(明)申
　　佳胤撰
天問閣集三卷　(明)李長祥撰
楊大洪先生文集二卷　(明)楊漣撰
甲乙雜箸一卷　(明)孫肩撰
第六絃溪文鈔四卷　(清)黃廷鑑撰
南雷文定前集十一卷後集四卷三集三卷附
　　錄一卷　(清)黃宗羲撰
寒松堂集十卷　(清)魏象樞撰
聰山集三卷　(清)申涵光撰
湯潛庵集二卷　(清)湯斌撰
陸稼書先生文集二卷　(清)陸隴其撰
習齋記餘十卷　(清)顏元撰
居業堂文集二十卷　(清)王源撰　　［撰
正誼堂文集十二卷續集八卷　(清)張伯行
忠裕堂集一卷　(清)申涵盼撰
恕谷後集十三卷　(清)李塨撰　　　［撰
解舂集文鈔十二卷附補遺二卷　(清)馮景
可儀堂文集二卷　(清)俞長城撰
陳學士文集十五卷　(清)陳儀撰
抱經堂文集三十四卷　(清)盧文弨撰
健餘先生文集十卷　(清)尹會一撰
笥河文集十六卷首一卷　(清)朱筠撰
南澗文集二卷　(清)李文藻撰
知足齋文集六卷　(清)朱珪撰
知足齋進呈文稿二卷　(清)朱珪撰
李石亭文集六卷　(清)李化楠撰
童山文集二十卷補遺一卷　(清)李調元撰
晚學集八卷　(清)桂馥撰　據式訓堂叢書
　　本景印
授堂文鈔八卷　(清)武億撰
儀鄭堂文二卷　(清)孔廣森撰
嘉穀堂集一卷　(清)孫星衍撰
岱南閣集二卷　(清)孫星衍撰
平津館文稿二卷　(清)孫星衍撰
問字堂集六卷　(清)孫星衍撰
五松園文稿一卷　(清)孫星衍撰
煙霞萬古樓文集六卷　(清)王曇撰
炳燭室雜文一卷　(清)江藩撰
蜜梅花館文錄一卷　(清)焦廷琥撰

中衢一勺三卷附錄四卷　(清)包世臣撰
萬善花室文稿七卷　(清)方履籛撰
落颿樓文稿四卷　(清)沈垚撰
愛吾廬文鈔一卷　(清)呂世宜撰
縵雅堂駢體文八卷　(清)王詒壽撰
守身執玉軒遺文一卷　(清)袁世紀撰
計有餘齋文稿一卷　(清)陳方海撰　據豫
　　章叢書本景印
書巖膡稿一卷　(清)楊峒撰
貞蕤稿略一卷　(朝鮮)朴齊家撰
文錄一卷　(末)唐庚撰
浩然齋雅談三卷　(宋)周密撰
脩辭鑑衡二卷　(元)王構撰
主客圖一卷　(唐)張爲撰
二南密旨一卷　(唐)賈島撰
本事詩一卷　(唐)孟棨撰
附
　續本事詩一卷　(□)聶奉先撰
六一居士詩話一卷　(宋)歐陽修撰
司馬溫公詩話(一名續詩話)一卷　(宋)司
　　馬光撰　　　　　　　　　　　［撰
貢父詩話(一名中山詩話)一卷　(宋)劉攽
後山居士詩話一卷　(宋)陳師道撰
臨漢隱居詩話一卷　(宋)魏泰撰
優古堂詩話一卷　(宋)吳开撰
環溪詩話三卷　(宋)吳沆撰
玉壺詩話一卷　(宋)釋文瑩撰
冷齋夜話十卷　(宋)釋惠洪撰　據津逮祕
　　書本景印
許彥周詩話一卷　(宋)許顗撰
東萊呂紫薇詩話一卷　(宋)呂本中撰
珊瑚鉤詩話三卷　(宋)張表臣撰
歲寒堂詩話二卷　(宋)張戒撰
庚溪詩話二卷　(宋)陳巖肖撰
韻語陽秋二十卷　(宋)葛立方撰
容齋詩話六卷　(宋)洪邁撰
全唐詩話六卷　(宋)尤袤撰　據津逮祕書
　　本景印
觀林詩話一卷　(宋)吳聿撰
二老堂詩話一卷　(宋)周必大撰　據津逮
　　祕書本景印
艇齋詩話一卷附校譌一卷續校一卷　(宋)
　　曾季貍撰　校譌(清)胡珽撰　續校
　　(清)董金鑑撰
竹坡詩話一卷　(宋)周紫芝撰　據百川學
　　海本景印
苕溪漁隱叢話前集六十卷後集四十卷
　　(宋)胡仔撰
娛書堂詩話二卷　(宋)趙與虤撰
姜氏詩說(一名白石道人詩說)一卷　(宋)

姜夔撰

江西詩派小序一卷　(宋)劉克莊撰

滄浪詩話(一名滄浪吟卷)一卷　(宋)嚴羽
　　撰　據津逮祕書本景印

深雪偶談一卷　(宋)方岳撰

詩評一卷　(宋)敖陶孫撰　(明)程兆胤錄

吳氏詩話二卷　(宋)吳子良撰

梅磵詩話三卷　(宋)韋居安撰

對牀夜語五卷　(宋)范晞文撰

滹南詩話三卷　(金)王若虛撰

吳禮部詩話一卷　(元)吳師道撰

東坡詩話錄三卷　(元)陳秀明輯

蓮堂詩話二卷附校譌一卷續校一卷　(元)
　　祝誠撰　校譌(清)胡珽撰　續校(清)
　　董金鑑撰

麓堂詩話一卷　(明)李東陽撰

歸田詩話三卷　(明)瞿佑撰

升菴詩話十二卷補遺二卷　(明)楊慎撰

餘冬詩話二卷　(明)何孟春撰

四溟詩話四卷　(明)謝榛撰

揮麈詩話一卷　(明)王兆雲撰　據硯雲本
　　景印

夷白齋詩話一卷　(明)顧元慶撰　據學海
　　類編本景印

存餘堂詩話一卷　(明)朱承爵撰　據學海
　　類編本景印

詩的一卷　(明)王文祿撰　據百陵學山本
　　景印

國朝詩評一卷　(明)王世貞撰　據天都閣
　　藏書本景印

明詩評四卷　(明)王世貞撰　據紀錄彙編
　　本景印

全唐詩說一卷　(明)王世貞撰

藝圃擷餘一卷　(明)王世懋撰

佘山詩話三卷　(明)陳繼儒撰

恬致堂詩話四卷　(明)李日華撰

玉笥詩談二卷續一卷　(明)朱孟震撰

唐詩談叢五卷　(明)胡震亨撰　據學海類
　　編本景印

楡溪詩話一卷　(清)徐世溥撰　據豫章叢
　　書本景印

漫堂說詩一卷　(清)宋犖撰　據豫章叢書
　　本景印

五代詩話十卷　(清)王士禛輯　(清)鄭方
　　坤刪補

蓮坡詩話三卷　(清)查為仁撰

榕城詩話三卷　(清)杭世駿撰

杜詩雙聲疊韻譜括略八卷　(清)周春撰
　　據藝海珠塵本景印

山靜居詩話一卷　(清)方薰撰

拜經樓詩話四卷　(清)吳騫撰

石洲詩話八卷　(清)翁方綱撰

詩話二卷　(清)李調元撰

北江詩話六卷　(清)洪亮吉撰

茗香詩論一卷　(清)宋大樽撰

小滄浪筆談四卷　(清)阮元撰

定香亭筆談四卷　(清)阮元撰

廣陵詩事十卷　(清)阮元撰

涇川詩話三卷　(清)趙知希撰

圍爐詩話六卷　(清)吳喬撰

月山詩話一卷　(清)恆仁撰

白石道人詩詞評論一卷補遺一卷　(清)許
　　增輯

詩式五卷　(唐)釋皎然撰

詩品二十四則一卷　(唐)司空圖撰　據津
　　逮祕書本景印

風騷旨格一卷　(唐)釋齊己撰

木天禁語一卷　(元)范梈撰

騷壇祕語三卷　(明)周履靖撰　據夷門廣
　　牘本景印

詩源撮要一卷　(明)張懋賢撰　據夷門廣
　　牘本景印

師友詩傳錄一卷　(清)郎廷槐問　(清)王
　　士禛(清)張篤慶(清)張實居答　據學
　　海類編本景印

集唐要法一卷　(清)郎廷極撰　據學海類
　　編本景印

典論一卷　魏文帝撰　(清)孫馮翼輯

四六談麈一卷　(宋)謝伋撰

容齋四六叢談一卷　(宋)洪邁撰

四六話二卷　(宋)王銍撰

餘師錄四卷　(宋)王正德撰

雲莊四六餘話一卷　(宋)楊囷道撰

東坡文談錄一卷　(元)陳秀明輯

文脈三卷　(明)王文祿撰　據百陵學山本
　　景印

文評一卷　(明)王世貞撰

宋四六話十二卷　(清)彭元瑞撰

賦話十卷　(清)李調元撰

文筆考一卷　(清)阮福輯

文心雕龍十卷　(梁)劉勰撰　據兩京遺編
　　本景印

文章緣起註一卷　(梁)任昉撰　(明)陳懋
　　仁注

續文章緣起一卷　(明)陳懋仁撰

金石要例一卷　(清)黃宗羲撰

金石例補二卷　(清)郭麐撰

金石訂例四卷　(清)鮑振方撰

漢石例六卷　(清)劉寶楠撰

誌銘廣例二卷　(清)梁玉繩撰

漢魏六朝墓銘纂例四卷　（清)李富孫撰
漢魏六朝志墓金石例三卷唐人志墓諸例一
　　卷　（清)吳鎬撰
文則二卷　（宋)陳騤撰
作義要訣一卷　（元)倪士毅撰
文原一卷　（明)宋濂撰
四六金針一卷　（清)陳維崧撰
初月樓古文緒論一卷　（清)吳德旋述
　（清)呂璜錄
樂府雅詞六卷拾遺二卷　（宋)曾慥輯
陽春白雪八卷外集一卷　（宋)趙聞禮輯
樂府補題一卷　（元)陳恕可輯
精選名儒草堂詩餘三卷　（元)鳳林書院輯
唐宋元明酒詞二卷　（明)周履靖撰　據夷
　　門廣牘本景印
宋四家詞選一卷　（清)周濟輯
張子野詞二卷補遺二卷　（宋)張先撰
漱玉詞一卷　（宋)李清照撰　據詩詞雜俎
　　本景印
得全居士詞一卷　（宋)趙鼎撰
陽春集一卷　（宋)米友仁撰
澹菴長短句一卷　（宋)胡銓撰
石湖詞一卷補遺一卷　（宋)范成大撰
斷腸詞一卷　（宋)朱淑眞撰　據詩詞雜俎
　　本景印
和石湖詞一卷　（宋)陳三聘撰
白石道人歌曲四卷別集一卷　（宋)姜夔撰
草窗詞二卷補二卷　（宋)周密撰
蘋州漁笛譜二卷　（宋)周密撰　　　　［撰
花外集(一名碧山樂府)一卷　（宋)王沂孫
日湖漁唱一卷補遺一卷續補遺一卷　（宋)
　　陳允平撰
燕喜詞一卷　（宋)曹冠撰
鳴鶴餘音一卷　（元)虞集撰
蛻巖詞二卷　（元)張翥撰
貞居詞一卷　（元)張雨撰
茗齋詩餘二卷　（清)彭孫貽撰
阮亭詩餘一卷　（清)王士禛撰　（清)邱石
　　常(清)徐夜評
衍波詞二卷附錄一卷　（清)王士禛撰
納蘭詞五卷補遺一卷　（清)性德撰
嶰谷詞一卷　（清)馬曰琯撰
南齋詞二卷　（清)馬曰璐撰
童翁詞二卷　（清)李調元撰
梅邊吹笛譜二卷補錄一卷　（清)凌廷堪撰
二韭室詩餘別集一卷　（清)陳壽祺撰
靑芙館詞鈔一卷　（清)陳壽祺撰
拜石山房詞鈔四卷　（清)顧翰撰
微波詞一卷　（清)錢枚撰
蘅夢詞二卷　（清)郭麐撰

浮眉樓詞二卷　（清)郭麐撰
懺餘綺語二卷　（清)郭麐撰
爨餘詞一卷　（清)郭麐撰
花影詞一卷　（清)王詒壽撰
笙月詞五卷　（清)王詒壽撰
憶雲詞甲藁一卷乙藁一卷丙藁一卷丁藁一
　　卷册存一卷　（清)項廷紀撰
江山風月譜一卷　（清)許光治撰
衍波詞一卷　（清)孫蓀意撰
辭品六卷拾遺一卷　（明)楊愼撰　據天都
　　閣藏書本景印
詞評一卷　（明)王世貞撰　據天都閣藏書
　　本景印
詞統源流一卷　（清)彭孫遹撰
金粟詞話一卷　（清)彭孫遹撰
詞藻四卷　（清)彭孫遹撰
詞家辨證一卷　（清)李良年撰
詞壇紀事三卷　（清)李良年撰
詞苑叢談十二卷　（清)徐釚撰
鶴月瑤笙四卷　（明)周履靖撰　據夷門廣
　　牘本景印
製曲十六觀一卷　（元)顧瑛撰
詞品一卷　（明)涵虛子(朱權)撰
顧曲雜言一卷　（明)沈德符撰
曲話二卷　（清)李調元撰
撫青雜說一卷　（宋)王明清撰
黃孝子紀程二卷附一卷　（清)黃向堅撰
　　尋親紀程一卷
　　滇還日記一卷
王烈婦一卷　　　　　　　　　　　　［撰
餘姚兩孝子萬里尋親記一卷　（清)翁廣平
見聞紀訓一卷　（明)陳良謨撰　據紀錄彙
　　編本景印
二十二史感應錄二卷　（清)彭希涑撰
劍俠傳四卷(唐)段成式撰　據古今逸史本
　　景印
馮燕傳一卷　（唐)沈亞之撰
劉無雙傳一卷　（唐)薛調撰
吳保安傳一卷　（唐)牛肅撰
章臺柳傳一卷　（唐)許堯佐撰
燕丹子三卷　（清)孫星衍輯
烏將軍記一卷　（唐)王憚撰
韋自東傳一卷　（唐)裴鉶撰
搜神記二十卷　（晉)干寶撰
搜神後記十卷　（晉)陶潛撰　據祕册彙函
　　本景印
雷民傳一卷　（唐)沈旣濟撰
牛應眞傳一卷　（唐)宋若昭撰
三夢記一卷　（唐)白行簡撰
幻戲志一卷　（唐)蔣防撰

妙女傳一卷　（唐）顧非熊撰
博異志(一名博異記)一卷　（唐）鄭還古撰
柳毅傳一卷　（唐）李朝威撰
集異記二卷　（唐）薛用弱撰
甘澤謠一卷附錄一卷　（唐）袁郊撰
再生記一卷　（後蜀）閻選撰
玄怪記一卷　（唐）徐炫撰
續玄怪錄一卷
靈鬼志一卷　（唐）常沂撰
集異志四卷　（唐）陸勳撰
宣室志十卷補遺一卷　（唐）張讀撰
稽神錄六卷拾遺一卷　（南唐）徐鉉撰　據
　津逮祕書本景印
夷堅志甲集二十卷乙集二十卷丙集二十卷
　丁集二十卷　（宋）洪邁撰
續夷堅志四卷　（金）元好問撰
附
　遺山先生(元好問)年譜略一卷　（淸）余
　集撰
睽車志六卷　（宋）郭彖撰
閑窗括異志一卷　（宋）魯應龍撰
物異考一卷　（宋）方鳳撰
春渚紀聞十卷　（宋）何薳撰
搜神秘覽一卷　（宋）章炳文撰
近異錄一卷　（劉宋）劉質撰
瀟湘錄一卷　（唐）李隱撰
葆光錄三卷　（吳越）陳□撰
吉凶影響錄一卷　（宋）岑象求撰
旌異記一卷　（隋）侯君素撰
異聞總錄四卷　（宋）□□撰
新編分門古今類事二十卷　（宋）宋□撰
汴京勼異記八卷　（明）李濂撰
涉異志一卷　（明）閔文振撰　據紀錄彙編
　本景印
廣異記一卷　（唐）戴孚撰
聊齋志異拾遺一卷　（淸）蒲松齡撰
扶風傳信錄一卷　（淸）吳騫輯
敎坊記一卷　（唐）崔令欽撰
周秦行記一卷　（唐）牛僧孺撰　　　　［撰
龍女傳(一名震澤龍女傳)一卷　（唐）薛瑩
夢遊錄一卷　（唐）任蕃撰
非烟傳一卷　（唐）皇甫枚撰
張無頗傳一卷　（唐）裴鉶撰
揚州夢記一卷　（唐）于鄴撰
孫內翰北里誌一卷　（唐）孫棨撰
薛昭傳一卷　（唐）□□撰
妝樓記一卷　（南唐）張泌撰
靑樓集一卷　（元）雪簑釣隱(夏庭芝)撰
麗情集一卷庆麗情集一卷　（明）楊愼撰
遼陽海神傳一卷　（明）蔡羽撰

板橋雜記三卷　（淸）余懷撰
拊掌錄一卷　（元）元懷撰
尙書故實一卷　（唐）李綽撰
唐摭言十五卷　（南漢）王定保撰
大唐新語十三卷　（唐）劉肅撰
東齋記事五卷補遺一卷　（宋）范鎭撰
國老談苑二卷　（宋）王君玉撰
涑水記聞十六卷　（宋）司馬光撰
河南邵氏聞見前錄二十卷　（宋）邵伯溫撰
河南邵氏聞見後錄三十卷　（宋）邵博撰
春明退朝錄三卷　（宋）宋敏求撰
萍洲可談三卷附校勘記一卷　（宋）朱彧撰
　校勘記（淸）錢熙祚撰
石林燕語十卷　（宋）葉夢得撰
唐語林八卷附校勘記一卷　（宋）王讜撰
　校勘記（淸）錢熙祚撰
東軒筆錄十五卷　（宋）魏泰撰
珍席放談二卷　（宋）高晦叟撰
桐陰舊話一卷　（宋）韓元吉撰
四朝聞見錄五卷附錄一卷　（宋）葉紹翁撰
老學庵筆記十卷　（宋）陸游撰　據津逮祕
　書本景印
二老堂雜志五卷　（宋）周必大撰　據學海
　類編本景印
曲洧舊聞十卷　（宋）朱弁撰
玉照新志五卷　（宋）王明淸撰
揮塵錄前錄四卷後錄十一卷三錄三卷餘話
　二卷　（宋）王明淸撰　據津逮祕書本
　景印
聞燕常談一卷　（宋）董芬撰　據歷代小史
　本景印
淸波雜志十二卷別志三卷　（宋）周煇撰
獨醒雜志十卷附錄一卷　（宋）曾敏行撰
西塘集耆舊續聞十卷　（宋）陳鵠撰
齊東野語二十卷　（宋）周密撰
貴耳集三卷　（宋）張端義撰　據津逮祕書
　本景印
楓窗小牘二卷　（宋）袁褧撰
黃氏日抄古今紀要逸編一卷　（宋）黃震撰
道山淸話一卷　（宋）王□撰
萬柳溪邊舊話一卷　（元）尤玘撰
避暑錄話二卷　（宋）葉夢得撰
續世說十二卷　（宋）孔平仲撰
退齋筆錄一卷　（宋）侯延慶撰　據歷代小
　史本景印
卻掃編三卷　（宋）徐度撰　據津逮祕書本
　景印
文昌雜錄六卷補遺一卷　（宋）龐元英撰
儒林公議二卷　（宋）田況撰
北軒筆記一卷　（元）陳世隆撰

彭文憲公筆記(一名可齋筆記)一卷　(明)
　　彭時撰　據紀錄彙編本景印
野記一卷　(明)祝允明撰　據歷代小史本
　　景印
谿山餘話一卷　(明)陸深撰　據寶顏堂祕
　　笈本景印
停驂錄摘抄一卷續一卷　(明)陸深撰　據
　　紀錄彙編本景印
世說舊注一卷　(梁)劉孝標撰　(明)楊慎
　　輯　據函海本景印
吾學編餘一卷　(明)鄭曉撰　據鹽邑志林
　　本景印
鄭端簡公今言類編(一名今言)六卷　(明)
　　鄭曉撰　據鹽邑志林本景印
先進遺風二卷　(明)耿定向撰　(明)毛在
　　增補
四友齋叢說摘鈔七卷　(明)何良俊撰　據
　　紀錄彙編本景印
列朝盛事一卷　(明)王世貞撰
鳳洲雜編六卷　(明)王世貞撰　據紀錄彙
　　編本景印
觚不觚錄一卷　(明)王世貞撰
窺天外乘一卷　(明)王世懋撰　據紀錄彙
　　編本景印
典故紀聞十八卷　(明)余繼登撰
近峯記略一卷　(明)皇甫庸撰
蕉山筆麈一卷　(明)商輅撰
賓退錄四卷　(明)趙善政撰
治世餘聞八卷　(明)陳洪謨撰　據紀錄彙
　　編本景印
繼世紀聞六卷　(明)陳洪謨撰　據紀錄彙
　　編本景印　　　　　　　　　　　[撰
居易錄談三卷居易續談一卷　(清)王士禛
今世說八卷　(清)王晫撰
茶餘客話十二卷　(清)阮葵生撰
雲杜故事一卷　(清)易本烺撰
豪譜一卷　(清)高承勳撰
天祿閣外史八卷　(漢)黃憲撰
朝野僉載六卷　(唐)張鷟撰
昌黎雜說一卷　(唐)韓愈撰
劉賓客嘉話錄一卷　(唐)韋絢錄
因話錄六卷　(唐)趙璘撰
乾饌子一卷　(唐)溫庭筠撰
雲溪友議十二卷　(唐)范攄撰
杜陽雜編三卷　(唐)蘇鶚撰
桂苑叢談一卷　(唐)馮翊撰　　　　[撰
雲仙雜記(一名雲仙散錄)十卷　(唐)馮贄
獨異志三卷　(唐)李冗撰
唐闕史二卷　(唐)高彥休撰
金華子雜編二卷　(南唐)劉崇遠撰　(清)

　　周廣業校注
中朝故事一卷　(南唐)尉遲偓撰
北夢瑣言二十卷　(宋)孫光憲撰
鑑誡錄十卷　(後蜀)何光遠撰
玉溪編事一卷　(五代)□□撰
洛陽縉紳舊聞記五卷　(宋)張齊賢撰
南部新書十卷　(宋)錢易撰
碧雲騢一卷　(宋)梅堯臣撰
東坡志林十二卷　(宋)蘇軾撰
仇池筆記一卷　(宋)蘇軾撰
漁樵閑話錄一卷　(宋)蘇軾撰
師友談記一卷　(宋)李廌撰
後山談叢四卷　(宋)陳師道撰
高齋漫錄一卷　(宋)曾慥撰
侯鯖錄八卷　(宋)趙令畤撰
過庭錄一卷　(宋)范公偁撰
明道雜志一卷　(宋)張耒撰
孔氏談苑五卷　(宋)孔平仲纂
避暑漫抄一卷　(宋)陸游撰　　　　[印
家世舊聞一卷　(宋)陸游撰　據稗乘本景
螢雪叢說二卷　(宋)俞成撰
可書一卷　(宋)張知甫撰
墨莊漫錄十卷　(宋)張邦基撰
雞肋編三卷附挍勘記一卷校譌一卷續校一
　　卷　(宋)莊綽撰　校勘記校譌(清)胡
　　珽撰　續校(清)董金鑑撰
蓼花洲閒錄一卷　(宋)高文虎撰
桯史十五卷附錄一卷　(宋)岳珂撰　據津
　　逮祕書本景印
游宦紀聞十卷　(宋)張世南撰
密齋筆記五卷續記一卷附校譌一卷續校一
　　卷　(宋)謝采伯撰　校譌(清)胡珽撰
　　續校(清)董金鑑撰
鶴林玉露十六卷補遺一卷　(宋)羅大經撰
北牕炙輠二卷　(宋)施德操撰
白獺髓一卷　(宋)張仲文撰　據歷代小史
　　本景印
江行雜錄一卷　(宋)廖瑩中撰
遺史記聞一卷　(宋)詹玠撰
袖中錦一卷　(宋)太平老人撰
搜採異聞錄五卷　(宋)永亨撰
南窗紀談一卷　(宋)□□撰　　　　[印
兩鈔摘腴一卷　(宋)史浩輯　據稗乘本景
困學齋雜錄一卷　(元)鮮于樞撰
馬氏日鈔一卷　(明)馬愈撰　據學海類編
　　本景印
石田雜記一卷　(明)沈周撰　據學海類編
　　本景印
莘野纂聞一卷　(明)伍餘福撰　據紀錄彙
　　編本景印

　　　景印
寒夜錄三卷　(清)陳宏緒撰
濟南紀政一卷　(明)徐榜撰
涇林續記一卷　(明)周玄暐撰
花裏活三卷　(明)陳詩教撰
猶及編一卷　(明)朱元弼撰　據鹽邑志林
　　本景印
鳳凰臺記事一卷　(明)馬生龍撰　據稗乘
　　本景印
崔鳴吾紀事一卷　(明)崔嘉祥撰　據鹽邑
　　志林本景印
桑楡漫志一卷　(明)陶輔撰　據今獻彙言
　　本景印
讀書偶見一卷　(清)吳騏撰　據藝海珠塵
　　本景印
西軒客談一卷　(明)□□撰　據今獻彙言
　　本景印
廣客談一卷　(元)□□撰　據歷代小史本
　　景印
廣陽雜記五卷　(清)劉獻廷撰
鮓話一卷　(清)佟世思撰
柳南隨筆六卷續筆四卷　(清)王應奎撰
東臯雜鈔三卷　(清)董潮撰
五山志林八卷　(清)羅天尺撰
西清筆記二卷　(清)沈初撰
憶書六卷　(清)焦循撰
橋西雜記一卷　(清)葉名澧撰
玉井山館筆記一卷舊遊日記一卷　(清)許
　　宗衡撰
無事爲福齋隨筆二卷　(清)韓泰華撰
隻麈譚二卷續二卷　(清)胡承譜撰
俙陽雜錄一卷　(清)章大來撰
滇南憶舊錄一卷　(清)張泓撰
漱華隨筆四卷　(清)嚴有禧撰
錦帶書一卷　(梁)蕭統撰
盧忠肅公書牘一卷　(明)盧象昇撰
健餘先生尺牘四卷　(清)尹會一撰
顏氏家藏尺牘四卷附姓氏考一卷　(清)顏
　　光敏輯
尺牘新鈔十二卷　(清)周亮工輯
書敍指南二十卷　(宋)任廣撰
香嚴尙書壽言一卷　(清)袁昶撰
合肥相國壽言一卷　(清)袁昶撰
御試備官日記一卷　(宋)趙抃撰
宜州乙酉家乘一卷　(宋)黃庭堅撰
澗泉日記三卷　(宋)韓淲撰
客杭日記一卷　(元)郭畀撰
三魚堂日記二卷　(清)陸隴其撰
士大夫食時五觀一卷　(宋)黃庭堅撰　據
　　夷門廣牘本景印

善誘文一卷　(宋)陳錄撰
祈嗣眞詮一卷　(明)袁黃撰
娑羅館淸言二卷續一卷　(明)屠隆撰
偶譚一卷　(明)李鼎撰
耐俗軒新樂府一卷　(清)申頲撰
雜纂三卷　(唐)李商隱撰　(宋)王君玉
　　(宋)蘇軾續
艾子雜說一卷　(宋)蘇軾撰
問答錄一卷　(宋)蘇軾撰
耕祿藁一卷　(宋)胡錡撰
文房四友除授集一卷　(宋)鄭淸之等撰
會仙女誌一卷　(明)酈琥撰
冥寥子游二卷　(明)屠隆撰
漢林四傳一卷　(清)鄭相如撰
古今風謠一卷　(明)楊愼輯
古今諺一卷　(明)楊愼輯
粵風四卷　(清)李調元輯
　粵歌一卷　(清)修和輯
　猺歌一卷　(清)趙龍文輯
　苗歌一卷　(清)吳代輯
　獞歌一卷　(清)黃道輯
史地類
禹貢指南四卷　(宋)毛晃撰　　　　　〔撰
禹貢說斷(一名禹貢集解)四卷　(宋)傅寅
禹貢山川地理圖二卷　(宋)程大昌撰　據
　　指海本景印
禹貢圖註一卷　(明)艾南英撰　據學海類
　　編本景印
山海經十八卷　(晉)郭璞傳　(清)畢沅校
天台山記一卷　(唐)徐靈府撰　據古逸叢
　　書本景印
南嶽小錄一卷　(唐)李冲昭撰
盧山記三卷　(宋)陳舜兪撰
盧山記略一卷　(晉)釋慧遠撰
名山洞天福地記一卷　(前蜀)杜光庭撰
羅浮志十卷　(明)陳槤撰
泰山紀勝一卷　(清)孔貞瑄撰
封長白山記一卷　(清)方象瑛撰
遊羅浮記一卷　(清)潘耒撰
遊勞山記一卷　(清)張道浚撰
遊雁蕩山記一卷　(清)周淸原撰
泰山道里記一卷　(清)聶鈫撰
黃山領要錄二卷　(清)汪洪度撰
匡廬紀遊一卷　(清)吳闡思撰
河源記一卷　(元)潘昂霄撰
今水經一卷表一卷　(清)黃宗羲撰
崑崙河源考一卷　(清)萬斯同撰
河源記略承修稿六卷　(清)吳省蘭撰
水地記一卷　(清)戴震撰
漢志水道疏證四卷　(清)洪頤煊撰

關中水道記四卷　(清)孫彤(馮翼)撰
吳中水利書一卷　(宋)單鍔撰
四明它山水利備覽二卷　(宋)魏峴撰
三吳水論一卷　(明)伍餘福撰
三吳水利錄四卷續錄一卷　(明)歸有光撰
三吳水附錄一卷　(明)歸子寧撰
潞水客談一卷　(明)徐貞明撰
常熟水論一卷　(明)薛尙質撰
明江南治水記一卷　(清)陳士鑛撰
西北水利議一卷　(清)許承宣撰
導江三議一卷　(清)王柏心撰
海道經一卷附錄一卷　(明)□□撰
異物志一卷　(漢)楊孚撰　(清)曾釗輯
北戶錄三卷附校勘記一卷　(唐)段公路撰
　　(唐)崔龜圖注　校勘記(清)陸心源
　撰
滇海虞衡志十三卷附校勘記一卷　(清)檀
　萃撰　校勘記(民國)胡思敬撰
涼州異物志一卷　(清)張澍輯
燕臺筆錄一卷　(清)項維貞輯
峒溪織志三卷　(清)陸次雲撰
楚峒志略一卷　(清)吳省蘭撰
番社采風圖考一卷　(清)六十七撰
通鑑地理通釋十四卷　(宋)王應麟撰　據
　津逮祕書本景印
歷代地理沿革表四十七卷　(清)陳芳績撰
　　據史學叢書本景印
尙書地理今釋一卷　(清)蔣廷錫撰　據借
　月山房彙鈔本景印
詩地理考六卷　(宋)王應麟撰　據津逮祕
　書本景印
春秋地名辨異三卷　(清)程廷祚撰
春秋左傳分國土地名二卷　(清)沈淑撰
春秋左氏傳地名補注十二卷　(清)沈欽韓
　撰
春秋楚地答問一卷　(清)易本烺撰
戰國策釋地二卷　(清)張琦撰
楚漢諸侯疆域志三卷　(清)劉文淇撰
漢書地理志稽疑六卷　(清)全祖望撰
補三國疆域志二卷　(清)洪亮吉撰　[輯
晉書地道記一卷　(晉)王隱撰　(清)畢沅
晉書地理志新補正五卷　(清)畢沅撰
晉太康三年地記一卷　(晉)□□撰　(清)
　畢沅輯
新校晉書地理志一卷　(清)方愷撰
東晉疆域志四卷　(清)洪亮吉撰
東晉南北朝輿地表二十八卷　(清)徐文范
　撰　據史學叢書本景印
十六國疆域志十六卷　(清)洪亮吉撰
補梁疆域志四卷　(清)洪齮孫撰

十三州志一卷　(後魏)闞駰纂　(清)張澍輯
元和郡縣圖志四十卷(原缺卷十九至二十、
　卷二十三至二十四、卷三十五至三十
　六)附考證三十四卷闕卷逸文一
　卷　(唐)李吉甫撰　逸文(清)孫星衍
　輯　考證(清)張駒賢撰
太平寰宇記殘六卷(存卷一百十三至一百
　十八)　(宋)樂史撰　據古逸叢書本
　景印
元豐九域志十卷　(宋)王存等撰
輿地廣記三十八卷附札記二卷　(宋)歐陽
　忞撰　札記(清)黃丕烈撰
攬轡錄一卷　(宋)范成大撰
江漢叢談二卷　(明)陳士元撰
遊歷記存一卷　(清)朱書撰
雲中紀程二卷　(清)高懋功撰
驂鸞錄一卷　(宋)范成大撰
南中紀聞一卷　(明)包汝楫撰
三省山內風土雜識一卷　(清)嚴如煜撰
柳邊紀略五卷　(清)楊賓撰
萬里行程記一卷　(清)祁韻士撰
隴蜀餘聞一卷　(清)王士禎撰
滇行紀程一卷續抄一卷　(清)許纘曾撰
東還紀程一卷續抄一卷　(清)許纘曾撰
蠻書十卷附校譌一卷續校一卷　(唐)樊綽
　撰　校譌(清)胡珽撰　續校(清)董金
　鑑撰
桂林風土記一卷　(唐)莫休符撰
嶺外代答十卷　(宋)周去非撰
君子堂日詢手鏡一卷　(明)王濟撰　據紀
　錄彙編本景印　　　　　　　　[印
嶠南瑣記二卷　(明)魏濬撰　據硯雲本景
赤雅三卷　(明)鄺露撰
粵述一卷　(清)閔敍撰
粵西偶記一卷　(清)陸祚蕃撰
嶺表錄異三卷　(唐)劉恂撰　　　　[輯
始興記一卷　(劉宋)王韶之撰　(清)曾釗
南海百詠一卷附校譌一卷續校一卷　(宋)
　方信孺撰　校譌(清)胡珽撰　續校
　(清)董金鑑撰
嶺海輿圖一卷　(明)姚虞撰
廣州遊覽小志一卷　(清)王士禎撰
南越筆記十六卷　(清)李調元撰
南漢地理志一卷　(清)吳蘭修撰
瓊州雜事詩一卷　(清)程秉釗撰
嶺南雜記一卷　(清)吳震方撰
西陲要略四卷　(清)祁韻士撰
聽園西疆雜述詩四卷　(清)蕭雄撰
西藏記二卷　(清)□□撰
衛藏通志十六卷首一卷附校字記一卷

（清）和琳撰　校字記（清）袁昶撰
西藏攷一卷　（清）□□撰
大理行記一卷　（元）郭松年撰
滇遊記一卷　（清）陳鼎撰
滇南新語一卷　（清）張泓撰
維西見聞紀一卷　（清）余慶遠撰
南中雜說一卷　（清）劉崑撰　據豫章叢書
　　本景印
滇載記一卷　（明）楊慎撰
晉錄一卷　（明）沈思孝撰
山左筆談一卷　（明）黃淳耀撰
長河志籍考十卷　（清）田雯撰
山東考古錄二卷　（清）顧炎武撰
饒南九三府圖說一卷　（明）王世懋撰　據
　　紀錄彙編本景印
江西輿地圖說一卷　（明）趙秉忠撰　據紀
　　錄彙編本景印
吳地記一卷附後集一卷　（唐）陸廣微撰
　　後集（宋）□□輯
吳郡圖經續紀三卷附校勘記一卷續校一卷
　　（宋）朱長文撰　校勘記（清）胡珽撰
　　續校（清）董金鑑撰
吳郡志五十卷附校勘記一卷　（宋）范成大
　　撰　校勘記（清）錢熙祚撰
吳船錄二卷　（宋）范成大撰
江上雜疏一卷　（明）彭宗孟撰　據鹽邑志
　　林本景印
揚州鼓吹詞序一卷　（清）吳綺撰
雲間第宅志一卷　（清）王澐撰
桃溪客語五卷　（清）吳騫撰
金陵賦一卷　（清）程先甲撰
中吳紀聞六卷　（宋）龔明之撰
平江紀事一卷　（元）高德基撰
吳中舊事一卷　（元）陸友撰
淞故述一卷　（明）楊樞撰
吳乘竊筆一卷　（明）許元溥撰
金陵歷代建置表一卷　（清）傅春官撰
燕魏雜記一卷　（宋）呂頤浩撰
京東考古錄一卷　（清）顧炎武撰
潞城攷古錄二卷　（清）劉錫信撰
豫志一卷　（明）王士性撰
汝南遺事二卷　（明）李本固撰
泉南雜志二卷　（明）陳懋仁撰
閩部疏一卷　（明）王世懋撰
閩小紀二卷　（清）周亮工撰
海鹽澉水志二卷　（宋）常棠撰　據鹽邑志
　　林本景印
嘉禾百咏一卷　（宋）張堯同撰
金華遊錄一卷　（宋）方鳳（一題謝翱）撰
景定嚴州續志十卷　（宋）鄭瑤等撰

嚴州圖經三卷附校字記一卷　（宋）陳公亮
　　修　校字記（清）袁昶撰　據漸西村舍
　　叢刊本景印
洞霄圖志六卷　（宋）鄧牧編
石柱記箋釋五卷　（清）鄭元慶撰
湖壖雜記一卷　（清）陸次雲撰
硿石山水志一卷　（清）蔣宏任撰
西湖紀遊一卷　（清）張仁美撰
清波小志二卷　（清）徐逢吉撰
清波小志補一卷　（清）陳景鐘撰
東城雜記二卷　（清）厲鶚撰
渚宮舊事五卷補遺一卷　（唐）余知古撰
　　（清）孫星衍校併增輯補遺
黑韃事略一卷附校勘記一卷　（宋）彭大雅
　　撰　（宋）徐霆疏證　校勘記（民國）胡
　　思敬撰
西北域記一卷　（清）謝濟世撰
譯語一卷　（明）岷峨山人（尹耕）撰　據紀
　　錄彙編本景印
和林考一卷　（清）黃楙材撰
和林詩一卷　（清）李文田撰
寧古塔記略一卷　（清）吳振臣撰
吉林外記十卷　（清）薩英額撰
灤京雜詠二卷　（元）楊允孚撰
出口程記一卷　（清）李調元撰
西陲聞見錄一卷　（清）黎士宏撰
西河記一卷　（晉）喻歸撰　　　　　　［輯
涼州記一卷　（北涼）段龜龍撰　（清）張澍
沙州記一卷附錄一卷　（劉宋）段國撰
　　（清）張澍輯
西河舊事一卷　（清）張澍輯
塞外雜識一卷　（清）馮一鵬撰
黔志一卷　（明）王士性撰
黔書四卷　（清）田雯撰
續黔書八卷　（清）張澍撰
黔遊記一卷　（清）陳鼎撰
黔記四卷　（清）李宗昉撰
華陽國志十二卷　（晉）常璩撰
入蜀記六卷　（宋）陸游撰
蜀都雜抄一卷　（明）陸深撰
益部談資三卷　（明）何宇度撰
蜀中名勝記三十卷　（明）曹學佺撰
羅江縣志十卷　（清）李調元撰
蜀鑑十卷　（宋）郭允蹈撰
金川瑣記六卷　（清）李心衡撰
黑龍江外記八卷　（清）西清撰
遊城南記一卷　（宋）張禮撰
西征道里記一卷　（宋）鄭剛中撰
校正康對山先生武功縣志三卷　（明）康海
　　撰　（清）孫星烈校注

三輔黃圖六卷補遺一卷　(漢)□□撰
　　(清)畢沅校
三輔黃圖一卷　(漢)□□撰　(清)孫星衍
　　(清)莊逵吉校　據平津館叢書本景印
三輔舊事一卷　(清)張澍輯　據二酉堂叢
　　書本景印
三輔故事一卷　(清)張澍輯　據二酉堂叢
　　書本景印
兩京新記殘一卷(存卷三)　(唐)韋述撰
　　據佚存叢書本景印
唐兩京城坊考五卷　(清)徐松撰　(清)張
　　穆校補
六朝事迹編類二卷　(宋)張敦頤撰　據古
　　今逸史本景印
乾道臨安志十五卷(原缺卷四至十五)附札
　　記一卷　(宋)周淙撰　札記(清)錢保
　　塘撰
東京夢華錄十卷　(宋)孟元老撰　據祕冊
　　彙函本景印
夢粱錄二十卷　(宋)吳自牧撰
古杭雜記一卷　(元)李有撰
南宋古蹟考二卷　(清)朱彭撰
故宮遺錄一卷　(明)蕭洵撰
金鰲退食筆記二卷　(清)高士奇撰
東三省韓俄交界道里表一卷　(清)聶士成
　　撰　據問影樓輿地叢書本景印
東南防守利便三卷　(宋)陳克(宋)吳若撰
　　(宋)呂祉編
邊紀略一卷　(明)鄭曉撰　據百陵學山本
　　景印
靖海紀略一卷　(明)鄭茂撰
靖海紀略四卷　(明)曹履泰撰
鄉約一卷　(明)尹畊撰
塞語一卷　(明)尹畊撰
臺灣隨筆一卷　(清)徐懷祖撰
臺海使槎錄八卷　(清)黃叔璥撰
采硫日記三卷　(清)郁永河撰
蠡測彙抄一卷　(清)鄧傳安撰　據豫章叢
　　書本景印
臺灣雜記一卷　(清)季麒光撰
臺灣紀略一卷　(清)林謙光撰
宣和奉使高麗圖經四十卷附錄一卷　(宋)
　　徐兢撰
朝鮮紀事一卷　(明)倪謙撰　據紀錄彙編
　　本景印
輶軒紀事一卷　(明)姜曰廣撰　據豫章叢
　　書本景印
朝鮮志二卷　(朝鮮)□□撰
使琉球錄一卷附夷語夷字一卷　(明)陳侃
　　撰　據紀錄彙編本景印

使琉球紀一卷　(清)張學禮撰
琉球國志略十六卷首一卷　(清)周煌撰
長春眞人西游記二卷　(元)李志常撰
西遊錄注一卷　(清)李文田撰
使西域記一卷　(明)陳誠(明)李暹撰
西域釋地一卷　(清)祁韻士撰
漢書西域傳補注二卷　(清)徐松撰
緬述一卷　(清)彭崧毓撰
交州記二卷　(晉)劉欣期撰　(清)曾釗輯
奉使安南水程日記一卷　(明)黃福撰　據
　　紀錄彙編本景印
南翁夢錄一卷　(安南)黎澄撰　據紀錄彙
　　編本景印
安南傳二卷　(明)王世貞撰　據紀錄彙編
　　本景印
安南雜記一卷　(清)李仙根撰
安南記遊一卷　(清)潘鼎珪撰
越史略三卷　(安南)□□撰
東西洋考十二卷　(明)張燮撰
八紘譯史四卷　(清)陸次雲撰
譯史紀餘四卷　(清)陸次雲撰　據龍威祕
　　書本景印
八紘荒史一卷　(清)陸次雲撰　據龍威祕
　　書本景印
職方外紀五卷首一卷　(明西洋)艾儒略撰
　　　據守山閣叢書本景印
坤輿圖說二卷　(清西洋)南懷仁撰　據指
　　海本景印
坤輿外紀一卷　(清西洋)南懷仁撰　據守
　　山閣叢書本景印
諸蕃志二卷　(宋)趙汝适撰
異域志二卷　(元)周致中輯　據夷門廣牘
　　本景印
瀛涯勝覽一卷　(明)馬歡撰　據紀錄彙編
　　本景印
西南夷風土記一卷　(明)朱孟震撰
異域竹枝詞三卷　(清)尤侗纂
海錄一卷　(清)楊炳南撰
新嘉坡風土記一卷　(清)李鍾珏撰
日本考略一卷　(明)薛俊撰
西方要紀一卷　(清西洋)利類思(清西洋)
　　安文思(清西洋)南懷仁撰
異域錄二卷　(清)圖理琛撰
朔方備乘札記一卷　(清)李文田撰
使德日記一卷　(清)李鳳苞撰
英軺私記一卷　(清)劉錫鴻撰
澳大利亞洲新志一卷　(清)吳宗濂(清)趙
　　元益譯
詩氏族考六卷　(清)李超孫撰
風俗通姓氏篇二卷　(漢)應劭撰　(清)張

澍輯併注

姓氏考略一卷　（清）陳廷煒撰

魏氏補證六卷　（清）萬光泰撰

古今同姓名錄二卷　梁元帝撰　（唐）陸善
　　經續　（元）葉森補

九史同姓名略七十二卷補遺四卷　（清）汪
　　輝祖撰

三史同名錄四十卷　（清）汪輝祖輯　（清）
　　汪繼培補　　　　　　　　　　　　　〔印

姓解三卷　（宋）邵思撰　據古逸叢書本景

古今姓氏書辯證四十卷附校勘記三卷
　　（宋）鄧名世撰　校勘記（清）錢熙祚撰

希姓錄五卷　（明）楊慎撰

姓觽十卷附錄一卷觿記一卷　（明）陳士元
　　撰　觿記（清）丁兆松撰　據湖北叢書
　　本景印

姓觽刊誤一卷觿記一卷　（清）易本烺撰
　　觿記（清）丁兆松撰　據湖北叢書本景
　　印

自號錄一卷　（宋）徐光溥撰

小名錄二卷　（唐）陸龜蒙撰

侍兒小名錄拾遺一卷　（宋）張邦幾撰

補侍兒小名錄一卷　（宋）王銍撰

續補侍兒小名錄一卷　（宋）溫豫撰

樂府侍兒小名二卷　（清）李調元撰

奇字名十二卷　（清）李調元撰　據函海本
　　景印

東家雜記二卷首一卷附校譌一卷續校一卷
　　補校一卷　（宋）孔傳撰　校譌（清）胡
　　珽撰　續校補校（清）董金鑑撰

孔氏祖庭廣記十二卷附校譌一卷續補校一
　　卷　（金）孔元措撰　校譌（清）胡珽撰
　　續補校（清）董金鑑撰

聖門志五卷　（明）呂元善撰

孔子門人考一卷　（清）朱彝尊撰

孔子弟子考一卷　（清）朱彝尊撰

孟子弟子考一卷　（清）朱彝尊撰

正學續四卷　（清）陳遇夫撰

漢西京博士考二卷　（清）胡秉虔撰

漢學師承記八卷附經師經義目錄一卷
　　（清）江藩撰

學統五十三卷　（清）熊賜履撰

道統錄二卷附錄一卷　（清）張伯行撰

伊洛淵源錄十四卷　（宋）朱熹撰

道命錄十卷　（宋）李心傳輯

道南源委六卷　（明）朱衡撰

宋學淵源記二卷附記一卷　（清）江藩撰

禪玄顯教編一卷　（明）楊溥撰　據秭秉本
　　景印

列仙傳二卷附校譌一卷補校一卷　（漢）劉

向撰　校譌（清）胡珽撰　補校（清）董
　　金鑑撰　據琳琅祕室叢書本景印

仙吏傳一卷　（唐）太上隱者撰

續神仙傳一卷　（南唐）沈汾撰

疑仙傳三卷附校譌一卷補校一卷　（宋）隱
　　夫玉簡撰　校譌（清）胡珽撰　補校
　　（清）董金鑑撰

鍾呂二仙傳一卷　（明）黃魯曾撰

香案牘一卷　（明）陳繼儒撰

海陵三仙傳一卷　（宋）□□撰

羅湖野錄四卷　（宋）釋曉瑩撰

孝傳一卷　（晉）陶潛撰

古孝子傳一卷　（清）茆泮林輯

　　孝子傳　（漢）劉向撰

　　孝子傳　（晉）蕭廣濟撰

　　孝子傳　（□）王歆撰

　　孝子傳　（劉宋）王韶之撰

　　孝子傳　（□）周景式撰

　　孝子傳　（劉宋）師覺授撰

　　孝子傳　（□）宋躬撰

　　孝子傳　（□）虞盤佑撰

　　孝子傳　（劉宋）鄭緝之撰

　　孝子傳

　　孝子傳補遺

昭忠錄一卷　（宋）□□撰

殉身錄一卷　（明）裘玉麟撰　據秭乘本景印

備遺錄（一名建文忠節錄）一卷　（明）張芹
　　撰

元朝名臣事略十五卷附校勘記一卷　（元）
　　蘇天爵撰　校勘記（清）傅以禮撰

廣名將傳二十卷　（明）黃道周註斷

新倩籍一卷　（明）徐禎卿撰　據紀錄彙編
　　本景印

吳郡二科志一卷　（明）閻秀卿撰　據紀錄
　　彙編本景印

江西詩社宗派圖錄一卷　（清）張泰來撰
　　據知不足齋叢書本景印

浦陽人物記二卷　（明）宋濂撰

國寶新編一卷　（明）顧璘撰　據紀錄彙編
　　本景印

廣州人物傳二十四卷　（明）黃佐撰

國琛集二卷　（明）唐樞撰　據紀錄彙編本
　　景印

續吳先賢讚十五卷　（明）劉鳳撰　據紀錄
　　彙編本景印

百越先賢志四卷　（明）歐大任撰

三峯傳槀一卷　（明）萬應隆撰

前徽錄一卷　（清）姚世錫撰

高士傳三卷　（晉）皇甫謐撰　據古今逸史
　　本景印

讀書叢說六卷　（元）許謙撰
書義主意六卷　（元）王充耘撰
尙書考異六卷　（明）梅鷟撰
尙書註考一卷　（明）陳泰交撰
舜典補亡一卷　（淸）毛奇齡撰
尙書古文辨一卷　（淸）朱鶴齡撰
古文尙書考一卷　（淸）陸隴其撰
尙書逸文二卷　（淸）江聲輯　（淸）孫星衍
　補訂
尙書今古文注疏三十卷　（淸）孫星衍撰
尙書序錄一卷　（淸）胡秉虔撰　據滂喜齋
　叢書本景印
尙書古文考一卷　（日本）山井鼎撰　據函
　海本景印
發墨守一卷　（漢）鄭玄撰　（淸）王復輯
　（淸）武億校　據問經堂叢書本景印
箴膏肓一卷　（漢）鄭玄撰　（淸）王復輯
　（淸）武億校　據問經堂叢書本景印
起廢疾一卷　（漢）鄭玄撰　（淸）王復輯
　（淸）武億校　據問經堂叢書本景印
春秋釋例十五卷附校勘記二卷　（晉）杜預
　撰　校勘記（淸）孫星華撰
春秋集傳辯疑十卷　（唐）陸淳撰
春秋啖趙集傳纂例（一名春秋集傳纂例）十
　卷附校勘記一卷　（唐）陸淳撰　校勘
　記（淸）孫星華撰
春秋傳說例一卷　（宋）劉敞撰
春秋集解十二卷　（宋）蘇轍撰
春秋辨疑四卷附校勘記一卷　（宋）蕭楚撰
　校勘記（淸）周自得撰
春秋經解十五卷　（宋）孫覺撰
春秋集註四十卷　（宋）高閌撰
春秋說志五卷　（明）呂枬撰
春秋三傳異文釋十二卷　（淸）李富孫撰
　　春秋左傳異文釋十卷
　　春秋公羊傳異文釋一卷
　　春秋穀梁傳異文釋一卷
春秋四傳異同辨一卷　（淸）黃永年撰
春秋古經說二卷　（淸）侯康撰
讀春秋二卷　（淸）趙良䆊撰
左氏傳說二十卷　（宋）呂祖謙撰
讀左漫筆一卷　（明）陳懿典撰
春秋左氏傳補注十二卷　（淸）沈欽韓撰
春秋左氏古義六卷　（淸）臧壽恭撰
公羊問答二卷　（淸）凌曙撰
春秋公羊禮疏十一卷　（淸）凌曙撰
春秋穀梁傳十二卷附考異一卷　（晉）范甯
　集解　（唐）陸德明音義　考異（民國）
　　楊守敬撰　據古逸叢書本景印　　［校
竹書紀年二卷　（梁）沈約註　（淸）洪頤煊

國語二十一卷附札記一卷　（吳）韋昭注
　札記（淸）黃丕烈撰
戰國策三十三卷附札記三卷　（漢）高誘注
　札記（淸）黃丕烈撰
逸周書（一名汲冢周書）十卷　（晉）孔晁註
　據抱經堂叢書本景印
吳越春秋六卷　（漢）趙曄撰　（宋）徐天祜
　晉注　據古今逸史本景印
越絕書十五卷附札記一卷　（漢）袁康撰
　札記（淸）錢培名撰
世本一卷　（漢）宋衷注　（淸）孫馮翼輯
世本二卷附考證一卷　（漢）宋衷注　（淸）
　雷學淇輯幷撰考證　　　　　　　　［註
世本五卷　（漢）宋衷注　（淸）張澍輯幷補
世本一卷　（漢）宋衷注　（淸）茆泮林輯
帝王世紀一卷　（晉）皇甫謐撰　（淸）顧觀
　光輯
路史一卷　（宋）羅泌撰
晉文春秋（一名晉史乘）一卷
楚史檮杌一卷
玄中記一卷　（□）郭□撰　（淸）茆泮林輯
漢書人表考九卷附錄一卷補一卷　（淸）梁
　玉繩撰
漢書人表考校補一卷　（淸）蔡雲撰
讀左管窺二卷　（淸）趙青藜撰　　　　［撰
東萊先生左氏博議二十五卷　（宋）呂祖謙
西漢年紀三十卷　（宋）王益之撰
東觀漢記二十四卷　（漢）劉珍等撰
續後漢書四十二卷　義　例　一卷　晉義四卷
　（宋）蕭常撰
續後漢書札記一卷　（淸）郁松年撰
續後漢書九十卷　（元）郝經撰　（元）苟宗
　道注
續後漢書札記四卷　（淸）郁松年撰
漢晉春秋輯本　（淸）湯球輯
　漢晉春秋三卷　（晉）習鑿齒撰
　晉春秋一卷　（唐）杜延業撰
漢書注校補五十六卷　（淸）周壽昌撰
後漢書補注二一四卷　（淸）惠棟撰
後漢書補注續一卷　（淸）侯康撰
後漢書注補正八卷　（淸）周壽昌撰
後漢書注又補一卷　（淸）沈銘彝撰
後漢三公年表一卷　（淸）華湛恩撰
漢皇德傳一卷　（漢）侯瑾撰　（淸）張澍輯
兩漢博聞十二卷　（宋）楊侃撰
三國志補注六卷　（淸）杭世駿撰
三國志補注續一卷　（淸）侯康撰
三國志考證八卷　（淸）潘眉撰
三國志旁證三十卷　（淸）梁章鉅撰
三國志注證遺四卷補四卷　（淸）周壽昌撰

三國志辨誤三卷　(宋)□□撰
三國雜事二卷　(宋)唐庚撰
三國紀年一卷　(宋)陳亮撰
鄴中記一卷　(晉)陸翽撰
晉紀輯本　(清)湯球輯
　晉紀一卷　(晉)干寶撰
　晉紀一卷　(晉)陸機撰
　惠帝起居注一卷　(晉)陸機撰
　晉紀一卷　(晉)曹嘉之撰
　晉紀一卷　(晉)鄧粲撰
　晉紀一卷　(劉宋)劉謙之撰
　晉紀一卷　(劉宋)裴松之撰
晉陽秋輯本　(清)湯球輯
　晉陽秋三卷　(晉)孫盛撰
　續晉陽秋二卷　(劉宋)檀道鸞撰
九家舊晉書輯本四十二卷　(清)湯球輯
　晉書十七卷補遺一卷　(南齊)臧榮緒撰
　晉書十一卷　(晉)王隱撰
　晉書一卷　(晉)虞豫撰
　晉書一卷　(晉)朱鳳撰
　晉書一卷　(劉宋)謝靈運撰
　晉書一卷　(梁)蕭子雲撰
　晉史草一卷　(梁)蕭子顯撰
　晉書一卷　(梁)沈約撰
　晉中興書七卷　(晉)何法盛撰
　晉諸公別傳一卷
西魏書二十四卷　(清)謝啓昆撰
十六國春秋十六卷　(魏)崔鴻撰
十六國春秋輯補一百卷年表一卷　(清)湯
　球輯
十六國春秋纂錄校本十卷附校勘記一卷
　(清)湯球撰　校勘記(清)吳翊寅撰
三十國春秋輯本　(清)湯球輯
　三十國春秋一卷　(梁)蕭方等撰
　三十國春秋一卷　(劉宋)武敏之撰
　蜀李書一卷　(晉)常璩撰
　漢趙記一卷　(前趙)和苞撰
　趙書一卷　(回)田融撰
　趙書一卷　(□)吳篤撰
　二石傳一卷　(晉)王度撰
　燕書一卷　(□)范亨撰
　秦書一卷　(前秦)車頻撰
　南燕書一卷　(□)王景暉撰
　秦記一卷　(劉宋)裴景仁撰
　後秦記一卷　(後魏)姚和都撰
　涼記一卷　(回)張諮撰
　西河記一卷　(晉)喻歸撰
　涼記一卷　(北涼)段龜龍撰
　燉煌實錄一卷　(後魏)劉昞撰
　南燕書一卷　(□)張詮撰

燕志一卷　(後魏)高閭撰
南北史表　(清)周嘉猷撰　據史學叢書本
　景印
　南北史年表一卷
　南北史世系表五卷
　南北史帝王世系表一卷
大唐創業起居注三卷　(唐)溫大雅撰
唐鑑二十四卷附晉註考異一卷　(宋)范祖
　禹撰　(宋)呂祖謙晉注　晉註考異
　(清)胡鳳丹撰
順宗實錄五卷　(唐)韓愈撰
卓異記一卷　(唐)李翺撰
明皇雜錄二卷補遺一卷校勘記逸文一卷
　(唐)鄭處誨撰　校勘記(清)錢熙祚撰
　併輯逸文
次柳氏舊聞(一名明皇十七事)一卷附錄一
　卷　(唐)李德裕撰
開天傳信記一卷　(唐)鄭棨撰
開元天寶遺事二卷　(後周)王仁裕撰
東觀奏記三卷　(唐)裴庭裕撰
寶應錄一卷
奉天錄四卷　(唐)趙元一撰
平巢事蹟考一卷　(宋)□□撰
唐書直筆四卷　(宋)呂夏卿撰
讀舊唐書隨筆一卷　(清)蔡世鈸撰　據豫
　章叢書本景印
新唐書糾謬二十卷附錢校補遺一卷附錄一
　卷　(宋)吳縝撰　(清)錢大昕校幷撰
　補遺附錄
附
　修唐書史臣表一卷　(清)錢大昕撰
　新舊唐書互證二十卷　(清)趙紹祖撰
　唐史論斷三卷附錄一卷　(宋)孫甫撰
　新舊唐書雜論一卷　(明)李東陽撰
　五代春秋二卷　(宋)尹洙撰
　九國志十二卷附拾遺一卷　(宋)路振撰
　　(宋)張唐英補　(清)邵晉涵等輯　拾
　　遺(清)錢熙祚輯
　續唐書七十卷　(清)陳鱣撰
　南唐書三十卷　(宋)馬令撰
　南唐書十八卷附音釋一卷　(宋)陸游撰
　　音釋(元)戚光撰　據祕冊彙函本景印
　南唐拾遺記一卷　(清)毛先舒撰
　錦里耆舊傳八卷(原缺卷一至四)　(宋)勾
　　延慶撰
　蜀檮杌二卷　(宋)張唐英撰
　南漢紀五卷　(清)吳蘭修撰
　釣磯立談一卷附錄一卷　(宋)史□撰
　南唐近事一卷　(宋)鄭文寶撰
　江南餘載二卷　(宋)鄭文寶撰

五代史纂誤三卷　（宋）吳縝撰	本景印
五代史記纂誤補四卷　（清）吳蘭庭撰	明史紀事本末八十卷　（清）谷應泰撰
中興小紀四十卷　（宋）熊克撰	天潢玉牒一卷　（明）解縉撰　據紀錄彙編
建炎以來繫年要錄二百卷　（宋）李心傳撰	本景印
續宋編年資治通鑑十五卷　（宋）劉時舉撰	皇朝本記一卷　（明）□□撰　據紀錄彙編
宋季三朝政要五卷附錄一卷　（宋）□□撰	本景印
靖康要錄十六卷　（宋）□□撰	明書一百七十一卷　（清）傅維鱗撰
西夏事略一卷　（宋）王偁撰	江上孤忠錄一卷　（清）黃明曦撰　（清）黃
蘇黃門龍川略志十卷　（宋）蘇轍撰	懷孝（清）龔丙吉重訂
蘇黃門龍川別志二卷　（宋）蘇轍撰	龍興慈記一卷　（明）王文祿撰　據百陵學
宋朝燕翼詒謀錄五卷　（宋）王栐撰	山本景印
新刊宣和遺事前集一卷後集一卷　（宋）□	庭聞述略一卷　（明）王文祿述　據百陵學
□撰	山本景印
南渡錄大略一卷　（宋）辛棄疾撰	天順日錄一卷　（明）李賢撰　據紀錄彙編
靖康朝野僉言一卷　（宋）□□撰	本景印
建炎維揚遺錄一卷　（宋）□□撰	皇明紀略一卷　（明）皇甫錄撰　據歷代小
建炎復辟記一卷　（宋）□□撰	史本景印
建炎筆錄三卷　（宋）趙鼎撰	兩湖塵談錄一卷　（明）許浩撰　據歷代小
北狩見聞錄一卷　（宋）曹勛撰	史本景印
北狩行錄一卷　（宋）蔡鞗撰	古穰雜錄一卷　（明）李賢撰　據紀錄彙編
靖康傳信錄三卷　（宋）李綱撰	本景印
靖康紀聞一卷拾遺一卷　（宋）丁特起撰	賢識錄一卷　（明）陸釴撰　據今獻彙言本
辛巳泣蘄錄一卷　（宋）趙與䜣撰	景印
中興禦侮錄二卷　（宋）□□撰	病榻遺言一卷　（明）高拱撰　據紀錄彙編
舊聞證誤四卷　（宋）李心傳撰	本景印
遼志一卷　（宋）葉隆禮撰	見只編三卷　（明）姚士粦撰　據鹽邑志林
遼史拾遺二十四卷　（清）厲鶚撰	本景印
遼史拾遺補五卷　（清）楊復吉撰	庚申紀事一卷　（明）張㳽撰
金志一卷　（宋）宇文懋昭撰　據古今逸史	召對錄一卷　（明）申時行輯
本景印	酌中志二十四卷　（明）劉若愚撰
松漠記聞二卷補遺一卷　（宋）洪皓撰	先撥志始二卷　（明）文秉撰
南遷錄一卷　（金）張師顏撰	蜀難敍略一卷　（清）沈荀蔚撰
大金弔伐錄四卷　（金）□□撰	蜀碧四卷　（清）彭遵泗撰
汝南遺事四卷　（元）王鶚撰	思陵勤政紀一卷　（清）孫承澤撰
金源劄記二卷　（清）施國祁撰	思陵典禮記四卷　（清）孫承澤撰
保越錄一卷　（元）徐勉之撰	碧血錄二卷　（明）黃煜輯
蒙韃備錄一卷　（宋）孟珙撰	附
元朝祕史十五卷　（元）□□撰　（清）李文	周端孝先生血疏貼黃冊一卷　（明）周茂
田注	蘭撰
元聖武親征錄一卷　（元）□□撰　（清）何	否泰錄一卷　（明）劉定之撰　據紀錄彙編
秋濤校正	本景印
平宋錄三卷　（元）劉敏中撰	北使錄一卷　（明）李實撰　據紀錄彙編本
西使記一卷　（元）劉郁撰	景印
庚申外史一卷　（明）權衡撰	正統臨戎錄一卷　（明）□□撰　據紀錄彙
招捕總錄一卷　（元）□□撰	編本景印
元朝征緬錄一卷　（元）□□撰	北征事蹟一卷　（明）袁彬撰　（明）尹直錄
元史譯文證補三十卷（原缺卷七至八、卷十	據紀錄彙編本景印
三、卷十六至十七、卷十九至二十一、	正統北狩事蹟一卷　（明）□□撰　據紀錄
卷二十五、卷二十八）　（清）洪鈞撰	彙編本景印
鴻猷錄十六卷　（明）高岱撰　據紀錄彙編	倭變事略四卷　（明）采九德撰　據鹽邑志

林本景印

明倭寇始末一卷　(清)谷應泰撰

平胡錄一卷　(明)陸深撰　據今獻彙言本
　　景印

平漢錄一卷　(明)童承敍撰　據紀錄彙編
　　本景印

平吳錄一卷　(明)吳寬撰　據今獻彙言本
　　景印

平夏錄一卷　(明)黃標撰　據今獻彙言本
　　景印

雲南機務抄黃一卷　(明)張紞輯　據紀錄
　　彙編本景印

平蠻錄一卷　(明)王軾撰　據紀錄彙編本
　　景印

西征日錄一卷　(明)楊一清撰　據紀錄彙
　　編本景印

制府雜錄一卷　(明)楊一清撰　據紀錄彙
　　編本景印

平濠記一卷　(明)錢德洪撰

江海殲渠記一卷　(明)祝允明撰　據今獻
　　彙言本景印

廣右戰功錄一卷　(明)唐順之撰

炎徼紀聞四卷　(明)田汝成撰

綏廣紀事一卷　(明)高拱撰　據紀錄彙編
　　本景印

靖夷紀事一卷　(明)高拱撰　據紀錄彙編
　　本景印

雲中事記一卷　(明)蘇祐撰　據紀錄彙編
　　本景印

張司馬定浙二亂志一卷　(明)王世貞撰
　　據紀錄彙編本景印

鍾秉文烏樷幕府記一卷　(明)鍾兆斗撰
　　據鹽邑志林本景印

勘處播州事情疏一卷　(明)何喬新撰　據
　　紀錄彙編本景印

平播全書十五卷　(明)李化龍撰

東征紀行錄一卷　(明)□□撰　據今獻彙
　　言本景印

北平錄一卷　(明)□□撰　據今獻彙言本
　　景印

平蜀記一卷　(明)□□撰

綏寇紀略十二卷補遺三卷　(清)吳偉業撰

國史考異六卷　(清)潘檉章撰　(清)吳炎
　　訂

明事斷略一卷

三藩紀事本末四卷　(清)楊陸榮撰

淡墨錄十六卷　(清)李調元撰

粵行紀事三卷　(清)瞿昌文撰

英吉利廣東入城始末一卷　(清)七絃河上
　　釣叟撰

皇朝武功紀盛四卷　(清)趙翼撰

崇齋叢書

(民國)沈祖牟輯
　鈔本

閩瑣紀一卷　(清)彭光斗撰

乾嘉全閩詩傳小傳十二卷　(清)梁章鉅撰

新刻華夷風土志四卷　(明)胡文煥撰

樸學齋小記一卷雜文一卷　(清)林佶撰

三友墓題詠集一卷　(明)□□輯

居業集一卷　(清)謝濟世撰

北行吟草一卷南還吟草一卷　(清)□□撰

私立北泉圖書館叢書

民國私立北泉圖書館輯
　民國怡蘭堂刊本

詩經論旨一卷　(清)姚際恆撰

左傳杜註校勘記一卷　(清)黎庶昌撰

孝經鄭氏註一卷　(漢)鄭玄注　(清)嚴可
　　均輯

經傳釋詞補一卷　(清)孫經世撰

聖賢高士傳贊一卷　(魏)嵇康撰

老子道德經注二卷　(魏)王弼撰　(民國)
　　嚴復評點

四民月令一卷附札記一卷　(漢)崔寔撰
　　(民國)唐鴻學輯併撰札記

古今注三卷　(晉)崔豹撰

合眾圖書館叢書

合眾圖書館輯
　民國排印石印本

第一集

恬養齋文鈔四卷補遺一卷　(清)羅以智撰
　　民國二十九年(1940)排印

吉雲居書畫錄二卷補遺一卷　(清)陳驤德
　　撰　民國三十一年(1942)石印

潘氏三松堂書畫記一卷　(清)潘志萬輯

吉雲居書畫續錄二卷　(清)陳驤德撰

李江州遺墨題跋一卷　(清)□□輯

朱參軍畫象題詞一卷(民國)葉昌熾輯

餘冬璅錄二卷　(清)徐堅撰

梟舟謔柄一卷　(清)許兆熊撰

寒松閣題跋一卷　(民國)張鳴珂撰

閩中書畫錄十六卷首一卷　(清)黃錫蕃撰
　　以上民國三十二年(1943)石印

里堂家訓二卷　(清)焦循撰　民國三十二
　　年(1943)據稿本景印

論語孔注證偽二卷　(清)丁晏撰

東吳小稿一卷　(元)王實撰

歸來草堂尺牘一卷　(清)吳兆騫撰　以上

民國三十四年(1945)石印
第二集
　炳燭齋雜著　(清)江藩撰　民國三十七年
　　(1948)石印
　　舟車聞見錄二卷雜錄續集一卷續錄三集
　　　一卷
　　端研記一卷
　　續南方草木狀一卷
　　廣南禽蟲述一卷附獸述一卷

玄覽堂叢書

鄭振鐸輯
　　民國三十年(1941)上海景印本
　紀古滇說原集一卷　(元)張道宗撰　據明
　　嘉靖本景印　　　　　　　　　　　〔印〕
　朝鮮雜志一卷　(明)董越撰　據明鈔本景
　北狄順義王俺答謝表一卷　(明)俺答撰
　　據明隆慶本景印　　　　　　　　　〔印〕
　裔乘八卷　(明)楊一葵撰　據明萬曆本景
　交黎勦平事略四卷　(明)歐陽必進撰
　　(明)方民悅輯　據明嘉靖本景印
　安南來威圖册三卷輯略三卷　(明)梁天錫
　　輯　據明隆慶本景印
　九邊圖說不分卷　明兵部輯　據明隆慶本
　　景印
　宣大山西三鎮圖說三卷　(明)楊時寧撰
　　據明萬曆本景印
　開原圖說二卷　(明)馮瑗撰　據明萬曆本
　　景印
　皇輿考十二卷　(明)張天復撰　據明萬曆
　　本景印
　通惠河志二卷　(明)吳仲撰　據明隆慶本
　　景印
　海運新考三卷　(明)梁夢龍撰　據明萬曆
　　本景印　　　　　　　　　　　　　〔印〕
　諸司職掌十卷　明洪武中敕輯　據明本景
　漕船志八卷　(明)席書輯　(明)朱家相增
　　修　據明嘉靖本景印
　福建運司志十六卷(明)江大鯤等修　據明
　　萬曆本景印
　舊京詞林志六卷　(明)周應賓撰　據明萬
　　曆本景印
　皇朝馬政記十二卷　(明)楊時喬撰　據明
　　萬曆本景印
　昭代王章五卷首一卷名例一卷　(明)熊鳴
　　岐輯　據明閩建書林師儉堂本景印
　兵部問寧夏案一卷　(明)□□輯　據明鈔
　　本景印
　刑部問寧王案一卷　(明)□□輯　據明鈔
　　本景印

　神器譜一卷　(明)趙士楨撰　據明萬曆本
　　景印
　神器譜或問一卷　(明)趙士楨撰　據明鈔
　　本景印
　明朝小史十八卷　(明)呂毖輯　據清初本
　　景印
　皇明帝后紀略一卷附藩封一卷　(明)鄭汝
　　璧撰　據明萬曆本景印
　高科考一卷　(明)□□輯　據明鈔本景印
　東夷考略三卷附圖一卷東事答問一卷
　　(明)苕上愚公(茅瑞徵)撰　據明天啓
　　本景印
　都督劉將軍傳一卷　(明)王在晉撰　據明
　　萬曆太倉王衙本景印
　九十九籌十卷　(明)顏季亨撰　據明天啓
　　本景印
　遼籌二卷遼夷略一卷陳諭雜詠一卷　(明)
　　張鼐撰　據明本遼夷略據鈔本景印
　東事書一卷　(明)郭淳撰　據明天啓本景
　　印
　甲申紀事十三卷　(明)馮夢龍輯　據明弘
　　光本景印
附
　大廷尉茗柯凌公殉節紀略一卷　(清)茅
　　曦蔚撰
　工部新刊事例一卷　明工部撰
　鹹閣小史六卷　(清)胡蘆道人撰　據鈔本
　　景印

玄覽堂叢書續集

鄭振鐸輯
　　民國三十六年(1947)國立中央圖書館景
　　　印本
　皇明本紀不分卷　(明)□□撰　據明藍格
　　鈔本景印
　洞庭集四卷　(明)孫宜撰　據明鈔本景印
　廬江郡何氏家記一卷　(明)何崇撰　據舊
　　鈔本景印
　懷陵流寇始終錄十八卷　(清)戴笠撰
　　(清)吳殳輯　據述古堂鈔本景印
附
　甲申剩事一卷　(清)戴笠撰
　將亡妖孽一卷　(清)戴笠撰
　延綏鎮志李自成傳一卷　(清)譚吉璁撰
　邊事小紀四卷　(明)周文郁撰　據明崇禎
　　本景印　　　　　　　　　　　　　〔印〕
　倭志一卷　(明)王世貞撰　據清初鈔本景
　虔臺倭纂二卷　(明)謝杰撰　據明萬曆本
　　景印
　倭奴遺事一卷　(明)鍾薇撰　據明萬曆本

景印

總督四鎮奏議十卷　(明)王一鶚撰　據明
萬曆本景印

大元大一統志一千三百卷(存卷一百二十
二至一百二十三、卷二百八十二至二
百八十三、卷三百五十六至三百五十
七、卷三百六十至三百六十一、卷三百
六十五、卷三百六十七至三百六十八、
卷三百八十三至三百八十六、卷四百
七十二至四百七十四、卷五百三十七
至五百三十八、卷五百四十二至五百
四十五、卷五百四十八至五百五十、卷
五百八十四至五百八十七、卷七百六
十三、卷九百五十六至九百五十八)
(元)孛蘭肹等撰　據清袁氏貞節堂鈔
本景印

寰宇通志一百十九卷　(明)陳循等撰　據
明景泰本景印

炎徼瑣言二卷　(明)郭棐撰　據明萬曆本
景印

粵劍編四卷　(明)王臨亨撰　據明萬曆本
景印

荒徼通考不分卷　(明)□□撰　據明萬曆
鈔本景印

四夷廣記不分卷　(明)慎懋賞撰　據舊鈔
本景印

國朝當機錄三卷　(明)黃正賓撰　據明天
啓本景印

嘉隆新例附萬曆三卷　(明)□□輯　據明
萬曆本景印

工部廠庫須知十二卷　(明)何士晉撰　據
明萬曆本景印

龍江船廠志八卷　(明)李昭祥撰　據明嘉
靖本景印

延平二王遺集一卷　(明)鄭成功(明)鄭經
撰　據舊鈔本景印

黃石齋未刻稿一卷　(明)黃道周撰　據舊
鈔本景印

附

蔡夫人未刻稿一卷　(明)蔡潤石撰

玄覽堂叢書三集

鄭振鐸輯

民國三十七年(1948)國立中央圖書館景
印本　　　　　　　　　　　　　[印

今史九卷　(明)□□輯　據明崇禎鈔本景
印

平粵錄一卷　(明)談愷撰　據明嘉靖本景
印

皇明職方地圖表二卷　(明)陳祖綬撰　據
明崇禎本景印

雪竇寺志略一卷附圖　(明)釋履平撰　據
明弘光本景印

四譯館增定館則二十卷新增館則一卷
(明)呂維祺輯　(清)曹溶增　(清)錢
綎補　據清康熙本景印

大明律附例三十卷附錄一卷　明洪武三十
年敕編　(明)舒化等纂例　據明萬曆
本景印

嘉靖新例一卷　(明)蕭世延(明)楊本仁
(明)范欽編　據明嘉靖翁世經本景印

算法全能集二卷　(明)賈亨輯　據明本景
印

蹴踘譜一卷　(明)□□撰　據鈔本景印

百寶總珍集十卷　(宋)□□撰　據舊鈔本
景印　　　　　　　　　　　　[印

寓圃雜記十卷　(明)王錡撰　據舊鈔本景

舊編南九宮譜十卷十三調南曲音節譜一卷
(明)蔣孝撰　據明嘉靖本景印

咫園叢書

宗惟恭輯

民國三十七年(1948)合衆圖書館得版編
印本

金陵古金石攷目一卷　(明)顧起元撰

刻碑姓名錄三卷　(清)黃錫蕃撰

官閣消寒集一卷　(清)嚴長明輯

江淮旅稿一卷　(清)嚴長明撰

嘉蔭簃集二卷　(清)劉喜海撰　陳乃乾
宗惟恭輯

辛勤廬叢刊第一輯

葉靈原輯

民國三十一年(1942)聞喜葉氏排印本

徐松龕批後漢書殘本不分卷　(清)徐繼畬
撰

碎海樓自怡草一卷　(清)葉兆晉撰

左盦集箋一卷　(民國)郭象升撰

彙帖舉要二卷　(民國)鄭裕孚輯

寶賢堂集古法帖校語一卷考正十二卷
(民國)鄭裕孚輯

復性書院叢刊

馬浮輯

民國刊本

羣經統類

初編

春秋胡氏傳三十卷首一卷附錄一卷　(宋)
胡安國撰　民國三十二年(1943)排印

甲編

周易繫辭精義二卷　(宋)呂祖謙輯　民國

三十三年(1944)刊
　大學纂疏一卷中庸纂疏一卷論語纂疏十卷
　　孟子纂疏十四卷　(宋)趙順孫撰　民
　　國三十七年(1948)刊
乙編
　絜齋毛詩經筵講義四卷(宋)袁燮撰民國三
　　十四年(1945)刊
　易學濫觴一卷　(元)黃澤撰　民國三十三
　　年(1944)刊
　春秋師說一卷附錄二卷　(元)趙汸輯　民
　　國三十三年(1944)刊

儒林典要
第一輯
　太極圖說述解一卷　(明)曹端撰　民國二
　　十九年(1940)刊
　通書述解一卷　(明)曹端撰　民國二十九
　　年(1940)刊
　西銘述解一卷　(明)曹端撰　民國二十九
　　年(1940)刊
　正蒙注解二卷　(清)李光地撰　民國二十
　　九年(1940)刊
　上蔡語錄三卷校記一卷　(宋)謝良佐撰
　　　(宋)朱熹輯　校記張立民　劉錫嘏撰
　　　民國二十九年(1940)刊
　延平答問一卷後錄一卷補錄一卷　(宋)朱
　　熹輯　民國二十九年(1940)刊
　胡子知言六卷疑義一卷附錄一卷　(宋)胡
　　宏撰　疑義附錄(明)程敏政撰　民國
　　二十九年(1940)刊
　公是弟子記四卷　(宋)劉敞撰　民國二十
　　九年(1940)刊
　明本釋三卷　(宋)劉荀撰　民國二十九年
　　(1940)刊
　聖傳論一卷附錄一卷　(宋)劉子翬撰　民
　　國二十九年(1940)刊
第二輯
　先聖大訓六卷　(宋)楊簡撰　民國三十三
　　年(1944)刊
　慈湖家記十卷　(明)秦鉞撰　民國三十三
　　年(1944)刊
　盱壇直詮二卷　(明)曹胤儒撰　民國三十
　　一年(1942)刊
　周易六龍解一卷　(明)管志道撰
　東溟粹言一卷　(明)管志道撰
第三輯
　朱子讀書法四卷　(宋)張洪(宋)齊熙輯
　　　民國三十五年(1946)刊
　吹萬集一卷　張立民輯
　泰和宜山會語合刻二卷附錄一卷　馬浮撰
　　　民國二十九年(1940)刊

復性書院講錄六卷　馬浮撰　民國三十一
　年(1942)刊
爾雅臺答問一卷續編六卷　王培德　劉錫
　嘏輯　續編王培德　張立民輯　民國
　三十二年(1943)刊

敦煌祕籍留眞新編

(日本)神田喜一郎輯　陸志鴻編
　民國三十六年(1947)台灣大學據敦煌寫
　本景印
上卷
　尙書殘一卷(存卷三)　(漢)孔安國傳
　尙書殘一卷(存卷五)　(漢)孔安國傳
　尙書殘一卷(存卷五)　(漢)孔安國傳　據
　　唐乾元二年寫本景印
　尙書殘二卷(存卷九至十)　(漢)孔安國傳
　尙書殘一卷(存卷十三)　(漢)孔安國傳
　尙書殘一卷(存卷二)　(漢)孔安國傳
　尙書殘一卷(存卷十)　(漢)孔安國傳
　論語殘三卷(存卷十八至二十)　(魏)何晏
　　集解
　論語義疏殘三卷(存卷一至三)　(魏)何晏
　　集解　(梁)皇侃疏
　孝經注殘三卷(存卷七至九)
　禮記殘一卷(存卷十)　(漢)鄭玄注
　春秋穀梁傳集解殘一卷(存卷十二)　(晉)
　　范甯撰
　春秋經傳集解殘一卷(存卷十六)　(晉)杜
　　預撰
　史記殘三卷(存卷三十四至三十五、卷六十
　　一)　(漢)司馬遷撰　(劉宋)裴駰集解
　帝王略論殘一卷　(唐)虞世南撰
下卷
　老子上篇道經殘一卷　(周)李耳撰　據唐
　　景龍三年寫本景印
　老子下篇德經殘一卷　(周)李耳撰　據唐
　　景龍三年寫本景印
　十戒經一卷　據唐景龍三年寫本景印
　老子下篇德經殘一卷　(周)李耳撰　據唐
　　天寶十年寫本景印
　老子化胡經殘一卷(存卷八)　(晉)王浮撰
　老子開題殘一卷　(唐)成玄英撰
　莊子殘一卷(存卷三)　(晉)郭象注
　莊子殘一卷(存卷九)　(晉)郭象注
　道書殘一卷
　道書殘一卷
　文選殘一卷(存卷四十八)　(梁)蕭統輯
　　據六朝寫本景印
　文選殘一卷(存卷五十八)　(梁)蕭統輯
　　據隋寫本景印

還寃記殘一卷　(北齊)顏之推撰　據唐中
　和寫本景印
舞譜殘一卷
毛詩音殘三卷(存卷十六至十八)　(晉)徐
　邈撰
楚辭音殘一卷　(隋)釋道騫撰
爾雅注殘一卷(存卷中)　(晉)郭璞撰
文選音殘二卷(存卷二十三、卷二十五)
一切經音義殘一卷　(唐)釋玄應撰

蟫隱廬叢書

(民國)羅振常輯
　　清宣統至民國間上虞羅氏謄寫排印民國
　　　三十三年(1944)吳興周延年彙編本
殷商貞卜文字考一卷　(民國)羅振玉撰
　宣統二年(1910)玉簡齋石印
悉曇字記一卷　(唐)釋智廣撰　民國五年
　(1916)據日本寬治鈔本景印
新唐書斠議一卷　(民國)羅振常撰　民國
　二十五年(1936)蟫隱廬謄寫版印
庚辛壬癸錄二卷　(明)吳應箕撰　民國二
　十四年(1935)蟫隱廬謄寫版印
流寇陷巢記(原名沈存仲再生紀異錄)一卷
　(明)沈常撰　民國二十五年(1936)
　蟫隱廬謄寫版印
韌叟自訂年譜一卷　(民國)勞乃宣撰　民
　國十一年(1922)排印
明太學經籍志一卷　(明)郭磐撰　民國五
　年(1916)蟫隱廬刊
雁影齋讀書記一卷　(清)李希聖撰　民國
　二十五年(1936)蟫隱廬謄寫版印
藏書絕句一卷　(民國)楊守敬撰　民國十
　六年(1927)排印
碑帖紀證一卷　(明)范大澈撰　民國十二
　年(1923)排印
默厂金石三書　(民國)鮑鼎撰
　篤齋集古錄校勘記二卷　民國二十一年
　　(1932)蟫隱廬謄寫版印
　夒殘守缺齋藏器目一卷　民國二十二年
　　(1933)謄寫版印
　漢賈夫人馬姜墓石刻考釋一卷　民國二
　　十二年(1933)謄寫版印
太極連環刀法一卷　(清)王餘佑撰　蟫隱
　廬謄寫版印
春雨樓雜文一卷詩一卷採香詞二卷附錄一
　卷　(清)沈彩撰　民國十三年(1924)
　蟫隱廬謄寫版印
初日樓稿一卷　(民國)羅莊撰　民國十年
　(1921)蟫隱廬排印
龍洲詞一卷　(宋)劉過撰

附
　懷賢錄一卷　(明)沈愚輯　(民國)羅振
　　常訂補　民國十二年(1923)蟫隱廬
　　排印
　遜渚唱和集一卷拾遺一卷　(民國)孫運錦
　　輯　拾遺(民國)羅振常輯　民國八年
　　(1919)蟫隱廬排印
　甕珠室集聯一卷　(清)張開模撰　民國二
　　十五年(1936)蟫隱廬謄寫版印
　博古頁子一卷　(清)陳洪綬繪　民國十九
　　年(1930)謄寫版印

邈園叢書

(民國)羅振常輯
　　民國上海蟫隱廬謄寫版印三十三年
　　　(1944)吳興周延年彙編本
惜陰日記殘五卷(存卷五至九)附錄一卷
　(清)宋咸熙撰　民國二十五年(1936)
　謄寫版印
筆疆偶述一卷　(清)李遇孫撰　民國二十
　六年(1937)謄寫版印
說經囈語一卷　(清)左寶森撰　民國二十
　五年(1936)謄寫版印
皇明帝后紀略一卷　(明)鄭汝璧撰　民國
　二十五年(1936)謄寫版印
明景恭王之國事宜一卷　(明)□□撰　民
　國二十五年(1936)謄寫版印
明禦倭軍制一卷　(明)李遂撰
本學指南一卷附奏摺欵式一卷　(明)□□
　撰　附(清)□□撰　民國二十五年
　(1936)謄寫版印
英傑歸眞一卷　(太平天国)洪仁玕撰　民
　國二十六年(1937)謄寫版印
呂用晦先生行略一卷　(清)呂公忠撰　民
　國二十六年(1937)謄寫版印
澗上草堂紀略二卷續編一卷拾遺一卷附明
　孝廉李巢二先生圖詠一卷　(清)徐達
　源輯　續編(清)毛慶善輯　拾遺(民
　國)羅振常輯　圖詠(清)張廷濟輯
　民國二十五年(1936)謄寫版印
鑪藏道里新記一卷　(清)張其勤撰　民國
　二十七年(1938)謄寫版印
四部寅眼錄補遺一卷　(清)周廣業撰　民
　國二十五年(1936)謄寫版印
傳忠堂書目四卷附錄一卷　(清)周星詒撰
　民國二十五年(1936)謄寫版印
自怡悅齋藏書目一卷　(清)□□撰　(民
　國)羅振常訂　民國二十五年(1936)
　謄寫版印
碑藪一卷　(明)陳鑑撰　民國二十五年

(1936)謄寫版印

石墨考異二卷　(清)嚴蔚撰

拳經一卷拳法備要一卷　(清)張孔昭撰
　　(清)曹煥斗注　民國二十五年(1936)
　　謄寫版印

畫學心法問答一卷　(清)布顏圖撰

樹蕙編一卷　(清)方時軒撰　民國二十五
　　年(1936)謄寫版印　　　　　　〔印

端石考一卷　民國二十五年(1936)謄寫版

端溪研坑記一卷　(清)李兆洛撰　民國二
　　十五年(1936)謄寫版印

柳集點勘四卷　(清)陳景雲撰　民國二十
　　五年(1936)謄寫版印

眞山民詩集一卷　(宋)眞山民撰　民國二
　　十六年(1937)謄寫版印

南澗遺文二卷附錄一卷補編一卷　(清)李
　　文藻撰　民國二十五年(1936)石印補
　　編二十六年(1937)謄寫版印

樗寮文續藁一卷　(清)姚椿撰　民國二十
　　五年(1936)謄寫版印

隨園雅集圖題詠一卷　(清)袁枚輯　民國
　　二十五年(1936)謄寫版印

輯 佚 類

經典集林

(清)洪頤煊輯
　　　民國十五年(1926)陳氏愼初堂據清嘉慶
　　　間經堂叢書本景印
歸藏一卷
春秋決獄一卷　(漢)董仲舒撰
石渠禮論一卷　(漢)戴聖撰
喪服變除一卷　(漢)戴德撰
五經通義一卷　(漢)劉向撰
五經要義一卷　(漢)劉向撰
六藝論一卷　(漢)鄭玄撰
春秋土地名一卷　(晉)京相璠撰
汲冢瑣語一卷
楚漢春秋一卷　(漢)陸賈撰
茂陵書一卷　(漢)□□撰
別錄一卷　(漢)劉向撰
七略一卷　(漢)劉歆撰
蜀王本紀一卷　(漢)揚雄撰
漢武故事二卷　(漢)班固撰
鄭玄別傳一卷
臨海記一卷
子思子一卷　(周)孔伋撰
公孫尼子一卷　(周)公孫尼撰
魯連子一卷　(周)魯仲連撰
太公金匱一卷　(周)呂望撰

氾勝之書二卷　(漢)氾勝之撰
黃帝問玄女兵法一卷
靈憲一卷　(漢)張衡撰
渾天儀一卷　(漢)張衡撰
師曠占一卷
范子計然一卷
夢書一卷
白澤圖一卷
地鏡圖一卷

蕭山王氏十萬卷樓輯佚七種

(清)王紹蘭輯
　　　清蕭山王氏知足知不足館鈔本
漆書古文尙書逸文考一卷附杜林訓故逸文
　　一卷
漢桑欽古文尙書說地理志考逸一卷附中古
　　文尙書一卷
驪氏春秋說一卷
齊論語問王知道逸文補一卷
夏大正逸文考一卷
弟子職古本考注一卷
凡將篇逸文注一卷

漢魏遺書鈔

(清)王謨輯
　　　清嘉慶三年(1798)金溪王氏刊本
經翼第一冊
歸藏一卷附連山易一卷　(晉)薛貞注
九家易解一卷　(漢)荀爽等撰
周易章句一卷　(漢)孟喜撰
易傳一卷　(漢)京房撰
易飛候一卷　(漢)京房撰
周易洞林一卷　(晉)郭璞撰
元包一卷　(北周)衞元嵩撰
尙書大傳二卷　(漢)伏勝撰
尙書注一卷　(漢)馬融撰
今文尙書說一卷　(漢)歐陽生撰
古文尙書疏一卷　(隋)顧彪撰
洪範五行傳二卷　(漢)劉向撰
尙書中候一卷　(漢)鄭玄注
百兩篇一卷　(漢)張霸撰
韓詩內傳一卷　(漢)韓嬰撰
韓詩翼要一卷　(漢)侯苞撰
魯詩傳一卷　(漢)申培撰
鄭氏詩譜一卷　(漢)鄭玄撰
毛詩譜注一卷　(吳)徐整撰
毛詩異同評一卷　(晉)孫毓撰
毛詩序義一卷　(劉宋)周續之撰
毛詩答雜問一卷　(吳)韋昭(吳)朱育等撰
毛詩箋音義證一卷　(後魏)劉芳撰

毛詩義疏一卷　（北周）沈重撰
經翼第二冊
三禮目錄一卷　（漢）鄭玄撰
三禮義宗一卷　（梁）崔靈恩撰
三禮圖一卷　（漢）阮諶撰
五禮駁一卷　（晉）孫毓撰
周官傳一卷　（漢）馬融撰
周官禮注一卷　（晉）干寶撰
喪服經傳一卷　（漢）馬融撰
喪服變除一卷　（漢）戴德撰
喪服變除圖一卷　（吳）射慈撰
喪服要記一卷　（魏）王肅撰
喪服經傳略注一卷　（劉宋）雷次宗撰
喪服釋疑一卷　（晉）劉智撰
小戴禮記注一卷　（漢）盧植撰
禮記晉義隱一卷　（吳）射慈撰
月令章句一卷　（漢）蔡邕撰
明堂月令論一卷　（漢）蔡邕撰
四民月令一卷　（漢）崔寔撰
魯禮禘祫志一卷　（漢）鄭玄撰
禮統一卷　（梁）賀述撰
石渠禮論一卷　（漢）戴聖撰
漢禮器制度一卷　（漢）叔孫通撰
附
　胡廣漢制度一卷　（漢）胡廣撰
閒禮俗一卷　（漢）董勛撰
皇覽逸禮一卷附中霤禮　（魏）繆襲撰
王度記一卷附三正記　（周）淳于髡等撰
諡法一卷　（梁）賀琛撰
樂經一卷　（漢）陽成子長撰
樂元語一卷　（漢）劉德撰
古今樂錄一卷　（陳）釋智匠撰
樂論一卷　（晉）阮籍撰
鍾律書一卷　（漢）劉歆撰
琴清英一卷　（漢）揚雄撰
琴操一卷　（漢）蔡邕撰
歌錄一卷
經翼第三冊
春秋釋例一卷　（漢）潁容撰
春秋決事一卷　（漢）董仲舒撰
春秋長厤一卷　（晉）杜預撰
春秋盟會圖一卷　（漢）嚴彭祖撰
春秋土地名一卷　（晉）京相璠撰
春秋左氏傳解詁一卷　（漢）賈逵撰
左氏傳解誼四卷　（漢）服虔撰
春秋左氏傳述義一卷　（隋）劉炫撰
規過一卷　（隋）劉炫撰
雜杜一卷　（後魏）衛冀隆撰
左氏膏肓一卷　（漢）何休撰
穀梁廢疾一卷　（漢）何休撰

公羊墨守一卷　（漢）何休撰
春秋公羊穀梁傳集解一卷　（晉）劉兆撰
穀梁傳注一卷　（魏）麋信撰
穀梁傳例一卷　（晉）范甯撰
答薄氏駁穀梁義一卷　（晉）范甯撰
春秋後傳一卷　（晉）樂資撰
春秋後語一卷　（晉）孔衍撰
國語註一卷　（漢）賈逵撰
世本二卷　（漢）宋衷注
經翼第四冊
論語注一卷　（漢）鄭玄撰
孔子弟子目錄一卷　（漢）鄭玄撰
論語義疏一卷　（梁）皇侃撰
論語隱義一卷
逸論語一卷
孝經傳一卷　（周）魏文侯撰
孝經註一卷　（漢）鄭玄撰
孝經內事一卷　（漢）宋均注
孝經述義一卷　（隋）劉炫撰
爾雅註一卷　（漢）□□撰
爾雅圖贊一卷　（晉）郭璞撰
孟子注一卷　（漢）劉熙撰
孟子章指二卷　（漢）趙岐撰
五經通義一卷　（漢）劉向撰
五經通論一卷　（晉）束晳撰
五經異義二卷　（漢）許慎撰　（漢）鄭玄駮
五經要義一卷　（劉宋）雷次宗撰
五經然否論一卷　（蜀）譙周撰
五經鉤沈一卷　（晉）楊方撰
五經析疑一卷　（魏）邯鄲綽撰
五經疑問一卷　（後魏）房景先撰
七經義綱一卷　（北周）樊深撰
七經詩一卷　（晉）傅咸撰
六藝論一卷　（漢）鄭玄撰
聖證論一卷　（魏）王肅撰　（晉）馬昭駮
　（晉）孔晁答　（晉）張融評
石經一卷

二酉堂叢書(一名張氏叢書)

（清）張澍輯
　清道光元年(1821)武威張氏二酉堂刊本
司馬法一卷逸文一卷　（周）司馬穰苴撰
子夏易傳一卷　（周）卜商撰
世本五卷　（漢）宋衷注　（清）張澍補注
三輔決錄二卷　（漢）趙岐撰　（晉）摯虞注
皇甫司農集一卷　（漢）皇甫規撰
張太常集一卷　（漢）張奐撰
段太尉集一卷　（漢）段熲撰
周生烈子一卷　（魏）周生烈撰
漢皇德傳一卷　（漢）侯瑾撰

風俗通姓氏篇二卷　(漢)應劭撰　(清)張
　澍併注
三秦記一卷　(□)辛□撰
三輔舊事一卷
三輔故事一卷
十三州志一卷　(後魏)闞駰撰
涼州記一卷　(北涼)段龜龍撰
涼州異物志一卷
西河舊事一卷
西河記一卷　(晉)喩歸撰
沙州記一卷附錄一卷　(劉宋)段國撰
陰常侍詩集一卷詩話一卷　(陳)陰鏗撰
李尚書詩集一卷附李氏事蹟一卷　(唐)李
　益撰

十種古逸書

(清)茆泮林輯
　　清道光十四年(1834)梅瑞軒刊本
世本一卷　(漢)宋衷注
楚漢春秋一卷附疑義一卷　(漢)陸賈撰
古孝子傳一卷
　孝子傳　(漢)劉向撰
　孝子傳　(晉)蕭廣濟撰
　孝子傳　(□)王歆撰
　孝子傳　(劉宋)王韶之撰
　孝子傳　(□)周景式撰
　孝子傳　(劉宋)師覺授撰
　孝子傳　(□)宋躬撰
　孝子傳　(□)虞盤佑撰
　孝子傳　(劉宋)鄭緝之撰
　孝子傳
　孝子傳補遺
伏侯古今注三卷補遺一卷又補遺一卷
　(漢)伏無忌撰
淮南萬畢術一卷補遺一卷再補遺一卷
　(漢)劉安撰
計然萬物錄一卷補遺一卷　(周)辛文撰
三輔決錄一卷補遺一卷　(漢)趙岐撰
　(晉)摯虞注
莊子注一卷補遺一卷晉一卷逸篇一卷逸語
　一卷逸篇注補遺一卷晉補遺一卷注又
　補遺一卷疑義一卷　(晉)司馬彪撰
元中記一卷補遺一卷　(□)郭□撰
唐月令注一卷補遺一卷附考一卷　(唐)李
　林甫等撰

玉函山房輯佚書

(清)馬國翰輯
　　清光緒九年(1883)長沙嫏嬛館刊本
　　清光緒十年(1884)章邱李氏據馬氏刊版

　重印本
　　清光緒十年(1884)楚南書局刊本
經編
易類
　連山一卷附諸家論說
　歸藏一卷附諸家論說
　周易子夏傳二卷　(周)卜商撰
　周易薛氏記一卷　(□)薛虞撰
　蔡氏易說一卷　(漢)蔡景君撰
　周易丁氏傳二卷　(漢)丁寬撰
　周易韓氏傳二卷　(漢)韓嬰撰
　周易古五子傳一卷
　周易淮南九師道訓一卷　(漢)劉安撰
　周易施氏章句一卷　(漢)施讐撰
　周易孟氏章句二卷　(漢)孟喜撰
　周易梁丘氏章句一卷　(漢)梁丘賀撰
　周易京氏章句一卷　(漢)京房撰
　費氏易一卷　(漢)費直撰
　費氏易林一卷　(漢)費直撰
　周易分野一卷　(漢)費直撰
　周易馬氏傳三卷　(漢)馬融撰
　周易劉氏章句一卷　(漢)劉表撰
　周易宋氏注一卷　(漢)宋衷撰
　周易荀氏注三卷　(漢)荀爽撰
　周易陸氏述三卷　(吳)陸績撰
　周易王氏注二卷　(魏)王肅撰
　周易王氏音一卷　(魏)王肅撰
　周易何氏解一卷　(魏)何晏撰
　周易董氏章句一卷　(魏)董遇撰
　周易姚氏注一卷　(吳)姚信撰
　周易翟氏義一卷　(□)翟玄撰
　周易向氏義一卷　(晉)向秀撰
　周易統略一卷　(晉)鄒湛撰
　周易卦序論一卷　(晉)楊乂撰
　周易張氏義一卷　(晉)張軌撰
　周易張氏集解一卷　(晉)張璠撰
　周易干氏注三卷　(晉)干寶撰
　周易王氏注一卷　(晉)王廙撰
　周易蜀才注一卷　(蜀)范長生撰
　周易黃氏注一卷　(晉)黃穎撰
　周易徐氏音一卷　(晉)徐邈撰
　周易李氏音一卷　(晉)李軌撰
　易象妙於見形論一卷　(晉)孫盛撰
　周易繫辭桓氏注一卷　(晉)桓玄撰
　周易繫辭荀氏注一卷　(劉宋)荀柔之撰
　周易繫辭明氏注一卷　(南齊)明僧紹撰
　周易沈氏要略一卷　(南齊)沈驎士撰
　周易劉氏義疏一卷　(南齊)劉瓛撰
　周易大義一卷　梁武帝撰
　周易伏氏集解一卷　(梁)伏曼容撰

周易褚氏講疏一卷　（梁）褚仲都撰
周易周氏義疏一卷　（陳）周弘正撰
周易張氏講疏一卷　（陳）張譏撰
周易何氏講疏一卷　（隋）何妥撰
周易姚氏注一卷　（□）姚規撰
周易崔氏注一卷　（□）崔覲撰
周易傅氏注一卷　（□）傅□撰
周易盧氏注一卷　（□）盧□撰
周易王氏注一卷　（□）王凱沖撰
周易王氏義一卷　（□）王嗣宗撰
周易朱氏義一卷　（□）朱仰之撰
周易莊氏義一卷　（□）莊□撰
周易侯氏注三卷　（□）侯果撰
周易探元三卷　（唐）崔憬撰
周易元義一卷　（唐）李淳風撰
周易新論傳疏一卷　（唐）陰弘道撰
周易新義一卷　（唐）徐郢撰
易纂一卷　（唐）釋一行撰

尙書類
今文尙書一卷
古文尙書三卷
尙書歐陽章句一卷　（漢）歐陽生撰
尙書大夏侯章句一卷　（漢）夏侯勝撰
尙書小夏侯章句一卷　（漢）夏侯建撰
尙書馬氏傳四卷　（漢）馬融撰
尙書王氏注二卷　（魏）王肅撰
古文尙書音一卷　（晉）徐邈撰
古文尙書舜典注一卷　（晉）范甯撰
尙書劉氏義疏一卷　（隋）劉焯撰
尙書述義一卷　（隋）劉炫撰
尙書顧氏疏一卷　（隋）顧彪撰

詩類
魯詩故三卷　（漢）申培撰
齊詩傳二卷　（漢）后蒼撰
韓詩故二卷　（漢）韓嬰撰
韓詩內傳一卷　（漢）韓嬰撰
韓詩說一卷　（漢）韓嬰撰
薛君韓詩章句二卷　（漢）薛漢撰
韓詩翼要一卷　（漢）侯苞撰
毛詩馬氏注一卷　（漢）馬融撰
毛詩義問一卷　（漢）劉楨撰
毛詩王氏注四卷　（魏）王肅撰
毛詩義駁一卷　（魏）王肅撰
毛詩奏事一卷　（魏）王肅撰
毛詩問難一卷　（魏）王肅撰
毛詩駁一卷　（魏）王基撰
毛詩答雜問一卷　（吳）韋昭（吳）朱育等撰
毛詩譜暢一卷　（吳）徐整撰
毛詩異同評三卷　（晉）孫毓撰
難孫氏毛詩評一卷　（晉）陳統撰

毛詩拾遺一卷　（晉）郭璞撰
毛詩徐氏音一卷　（晉）徐邈撰
毛詩序義疏一卷　（南齊）劉瓛等撰
毛詩周氏注一卷　（劉宋）周續之撰
毛詩十五國風義一卷　梁簡文帝撰
毛詩隱義一卷　（梁）何胤撰
集注毛詩一卷　（梁）崔靈恩撰
毛詩舒氏義疏一卷　（□）舒援撰
毛詩沈氏義疏二卷　（北周）沈重撰
毛詩箋音義證一卷　（後魏）劉芳撰
毛詩述義一卷　（隋）劉炫撰
毛詩草蟲經一卷
毛詩題綱一卷
施氏詩說一卷　（唐）施士丐撰

周官禮類
周禮鄭大夫解詁一卷　（漢）鄭興撰
周禮鄭司農解詁六卷　（漢）鄭衆撰
周禮杜氏注二卷　（漢）杜子春撰
周禮賈氏解詁一卷　（漢）賈逵撰
周官傳一卷　（漢）馬融撰
周禮鄭氏音一卷　（漢）鄭玄撰
周官禮干氏注一卷　（晉）干寶撰
周禮徐氏音一卷　（晉）徐邈撰
周禮李氏音一卷　（晉）李軌撰
周禮聶氏音一卷　（□）聶□撰
周官禮義疏一卷　（北周）沈重撰
周禮劉氏音二卷　（□）劉昌宗撰
周禮戚氏音一卷　（陳）戚袞撰

儀禮類
大戴喪服變除一卷　（漢）戴德撰
冠禮約制一卷　（漢）何休撰
鄭氏婚禮一卷　（漢）鄭衆撰
喪服經傳馬氏注一卷　（漢）馬融撰
鄭氏喪服變除一卷　（漢）鄭玄撰
新定禮一卷　（漢）劉表撰
喪服經傳王氏注一卷　（魏）王肅撰
王氏喪服要記一卷　（魏）王肅撰
喪服變除圖一卷　（吳）射慈撰
喪服要集一卷　（晉）杜預撰
喪服經傳袁氏注一卷　（晉）袁準撰
集注喪服經傳一卷　（晉）孔倫撰
喪服經傳陳氏注一卷　（□）陳銓撰
喪服釋疑一卷　（晉）劉智撰
蔡氏喪服譜一卷　（晉）蔡謨撰
賀氏喪服譜一卷　（晉）賀循撰
葬禮一卷　（晉）賀循撰
賀氏喪服要記一卷　（晉）賀循撰
喪服要記注一卷　（□）謝徵撰
葛氏喪服變除一卷　（晉）葛洪撰
凶禮一卷　（晉）孔衍撰

集注喪服經傳一卷　（劉宋）裴松之撰
略注喪服經傳一卷　（劉宋）雷次宗撰
喪服難問一卷　（劉宋）崔凱撰
喪服古今集記一卷　（南齊）王儉撰
禮記類
　禮記馬氏注一卷　（漢）馬融撰
　禮記盧氏注一卷　（漢）盧植撰
　禮傳一卷　（漢）荀爽撰
　月令章句一卷　（漢）蔡邕撰
　月令問答一卷　（漢）蔡邕撰
　禮記王氏注二卷　（魏）王肅撰
　禮記孫氏注一卷　（魏）孫炎撰
　禮記晉義隱一卷　（□）謝□撰
　禮記范氏音一卷　（晉）范宣撰
　禮記徐氏音三卷　（晉）徐邈撰
　禮記劉氏音一卷　（□）劉昌宗撰
　禮記略解一卷　（劉宋）庾蔚之撰
　禮記隱義一卷　（梁）何胤撰
　禮記新義疏一卷　（梁）賀瑒撰
　禮記皇氏義疏四卷　（梁）皇侃撰
　禮記沈氏義疏一卷　（北周）沈重撰
　禮記義證一卷　（後魏）劉芳撰
　禮記熊氏義疏四卷　（北周）熊安生撰
　禮記外傳一卷　（唐）成伯瑒撰　（唐）張幼
　　倫注
通禮類
　石渠禮論一卷　（漢）戴聖撰
　魯禮禘祫志一卷　（漢）鄭玄撰
　三禮圖一卷　（漢）鄭玄（漢）阮諶撰
　問禮俗一卷　（魏）董勛撰
　雜祭法一卷　（晉）盧諶撰
　祭典一卷　（晉）范汪撰
　後養議一卷　（晉）干寶撰
　禮雜問一卷　（晉）范甯撰
　雜禮議一卷　（晉）吳商撰
　禮論答問一卷　（晉）徐廣撰
　禮論一卷　（劉宋）何承天撰
　禮論條牒一卷　（劉宋）任預撰
　禮義答問一卷　（南齊）王儉撰
　禮論鈔略一卷　（南齊）荀萬秋撰
　禮統一卷　（梁）賀述撰
　禮疑義一卷　（梁）周捨撰
　三禮義宗四卷　（梁）崔靈恩撰
　釋疑論一卷　（唐）元行沖撰
樂類
　樂經一卷　（漢）陽成子長撰
　樂記一卷　（漢）劉向校定
　樂元語一卷　（漢）劉德撰
　琴清英一卷　（漢）揚雄撰
　樂社大義一卷　梁武帝撰

鍾律緯一卷　梁武帝撰
古今樂錄一卷　（陳）釋智匠撰
樂書一卷　（後魏）信都芳撰
樂部一卷
琴歷一卷
樂律義一卷　（北周）沈重撰
樂譜集解一卷　（隋）蕭吉撰
琴書一卷　（唐）趙惟暕撰
春秋類
　春秋大傳一卷　（漢）□□撰
　春秋決事一卷　（漢）董仲舒撰
　公羊嚴氏春秋一卷　（漢）嚴彭祖撰
　春秋公羊顏氏記一卷　（漢）顏安樂撰
　春秋穀梁傳章句一卷　（漢）尹更始撰
　春秋穀梁傳說一卷　（漢）劉向撰
　春秋左氏傳章句一卷　（漢）劉歆撰
　春秋牒例章句一卷　（漢）鄭衆撰
　春秋左氏傳解詁二卷　（漢）賈逵撰
　春秋左氏長經章句一卷　（漢）賈逵撰
　春秋三傳異同說一卷　（漢）馬融撰
　解疑論一卷　（漢）戴宏撰
　春秋文諡例一卷　（漢）何休撰
　春秋左氏傳解誼四卷　（漢）服虔撰
　春秋成長說一卷　（漢）服虔撰
　春秋左氏膏肓釋痾一卷　（漢）服虔撰
　春秋釋例一卷　（漢）潁容撰
　左氏奇說一卷　（漢）彭汪撰
　春秋左傳許氏注一卷　（漢）許淑撰
　春秋左氏經傳章句一卷　（魏）董遇撰
　春秋左傳王氏注一卷　（魏）王肅撰
　春秋左氏傳嵇氏音一卷　（魏）嵇康撰
　春秋穀梁傳麋氏注一卷　（魏）麋信撰
　春秋公羊穀梁傳解詁一卷　（晉）劉兆撰
　春秋左氏傳義注一卷　（晉）孫毓撰
　春秋公羊穀梁二傳評一卷　（晉）江熙撰
　春秋穀梁傳徐氏注一卷　（晉）徐乾撰
　春秋土地名一卷　（晉）京相璠撰
　春秋穀梁傳注義一卷　（晉）徐邈撰
　春秋徐氏音一卷　（晉）徐邈撰
　春秋左氏函傳義一卷　（晉）干寶撰
　薄叔元問穀梁義一卷　（晉）范甯撰
　春秋穀梁傳鄭氏說一卷　（晉）鄭嗣撰
　春秋左氏經傳義略一卷　（陳）沈文阿撰
　續春秋左氏傳義略一卷　（陳）王元規撰
　春秋傳駁一卷　（後魏）賈思同撰　（後魏）
　　姚文安（後魏）秦道靜述
　春秋左傳義疏一卷　（□）蘇寬撰
　春秋左氏傳述義二卷　（隋）劉炫撰
　春秋規過二卷　（隋）劉炫撰
　春秋攻昧一卷　（隋）劉炫撰

春秋井田記一卷
春秋集傳一卷　（唐）啖助撰
春秋闡微纂類義統一卷　（唐）趙匡撰
春秋通例一卷　（唐）陸希聲撰
春秋折衷論一卷　（唐）陳岳撰
孝經類
孝經傳一卷　（周）魏文侯撰
孝經后氏說一卷　（漢）后蒼撰
孝經安昌侯說一卷　（漢）張禹撰
孝經長孫氏說一卷　（漢）長孫□□撰
孝經王氏解一卷　（魏）王肅撰
孝經解讚一卷　（吳）韋昭撰
孝經殷氏注一卷　（晉）殷仲文撰
集解孝經一卷　（晉）謝萬撰
齊永明諸王孝經講義一卷　（南齊）□□撰
孝經劉氏說一卷　（南齊）劉瓛撰
孝經義疏一卷　梁武帝撰
孝經嚴氏注一卷　（梁）嚴植之撰
孝經皇氏義疏一卷　（梁）皇侃撰
古文孝經述義一卷　（隋）劉炫撰
御注孝經疏一卷　（唐）元行沖撰
孝經訓注一卷　（隋）魏眞己撰
論語類
古論語六卷
齊論語一卷
論語孔氏訓解十一卷　（漢）孔安國撰
論語包氏章句二卷　（漢）包咸撰
論語周氏章句一卷　（漢）周□撰
論語馬氏訓說二卷　（漢）馬融撰
論語鄭氏注十卷　（漢）鄭玄撰
論語孔子弟子目錄一卷　（漢）鄭玄撰
論語陳氏義說一卷　（魏）陳羣撰
論語王氏說一卷　（魏）王朗撰
論語王氏義說一卷　（魏）王肅撰
論語周生氏義說一卷　（魏）周生烈撰
論語釋疑一卷　（魏）王弼撰
論語譙氏注一卷　（蜀）譙周撰
論語衞氏集注一卷　（晉）衞瓘撰
論語旨序一卷　（晉）繆播撰
論語繆氏說一卷　（晉）繆協撰
論語體略一卷　（晉）郭象撰
論語欒氏釋疑一卷　（晉）欒肇撰
論語虞氏讚注一卷　（晉）虞喜撰
論語庾氏釋一卷　（晉）庾翼撰
論語李氏集注二卷　（晉）李充撰
論語范氏注一卷　（晉）范甯撰
論語孫氏集解一卷　（晉）孫綽撰
論語梁氏注釋一卷　（晉）梁覬撰
論語袁氏注一卷　（晉）袁喬撰
論語江氏集解二卷　（晉）江熙撰

論語殷氏解一卷　（晉）殷仲堪撰
論語張氏注一卷　（晉）張憑撰
論語蔡氏注一卷　（晉）蔡謨撰
論語顏氏說一卷　（劉宋）顏延之撰
論語琳公說一卷　（劉宋）釋慧琳撰
論語沈氏訓注一卷　（南齊）沈麟士撰
論語顧氏注一卷　（南齊）顧歡撰
論語梁武帝注一卷　梁武帝撰
論語太史氏集解一卷　（梁）太史叔明撰
論語稽氏義疏一卷　（梁）稽仲都撰
論語沈氏說一卷　（□）沈峭撰
論語熊氏說一卷　（□）熊埋撰
論語隱義注一卷
孟子類
孟子章指二卷篇敍一卷　（漢）趙岐撰
孟子程氏章句一卷　（漢）程曾撰
孟子高氏章句一卷　（漢）高誘撰
孟子劉氏注一卷　（漢）劉熙撰
孟子鄭氏注一卷　（漢）鄭玄撰
孟子綦毋氏注一卷　（晉）綦毋邃撰
孟子陸氏注一卷　（唐）陸善經撰
孟子張氏音義一卷　（唐）張鎰撰
孟子丁氏手音一卷　（唐）丁公著撰
爾雅類
爾雅犍爲文學注三卷　（漢）郭舍人撰
爾雅劉氏注一卷　（漢）劉歆撰
爾雅樊氏注一卷　（漢）樊光撰
爾雅李氏注三卷　（漢）李巡撰
爾雅孫氏注三卷　（魏）孫炎撰
爾雅孫氏音一卷　（魏）孫炎撰
爾雅音義一卷　（晉）郭璞撰
爾雅圖讚一卷　（晉）郭璞撰
集注爾雅一卷　（梁）沈旋撰
爾雅施氏音一卷　（陳）施乾撰
爾雅謝氏音一卷　（陳）謝嶠撰
爾雅顧氏音一卷　（梁）顧野王撰
爾雅裴氏注一卷　（唐）裴瑜撰
五經總類
五經通義一卷　（漢）劉向撰
五經要義一卷　（漢）雷□撰
六藝論一卷　（漢）鄭玄撰
五經然否論一卷　（蜀）譙周撰
聖證論一卷　（魏）王肅撰　（晉）馬昭駁
　（晉）孔晁答　（南齊）張融評
五經通論一卷　（晉）束皙撰
五經鉤沈一卷　（晉）楊方撰
五經大義一卷　（晉）戴逵撰
六經略注序一卷　（後魏）常爽撰
七經義綱一卷　（北周）樊深撰
緯書類

尚書中候三卷　（漢）鄭玄注	蒼頡篇一卷　（魏）張揖訓詁　（晉）郭璞解詁
尚書緯璇璣鈐一卷　（漢）鄭玄注	
尚書緯考靈曜一卷　（漢）鄭玄注	凡將篇一卷　（漢）司馬相如撰
尚書緯刑德放一卷　（漢）鄭玄注	訓纂篇一卷　（漢）揚雄撰
尚書緯帝命驗一卷　（漢）鄭玄注	蒼頡訓詁一卷　（漢）杜林撰
尚書緯運期授一卷　（漢）鄭玄注	三蒼一卷　（魏）張揖訓詁　（晉）郭璞解詁
詩緯推度災一卷　（魏）宋均注	古文官書一卷　（漢）衛宏撰
詩緯氾歷樞一卷　（魏）宋均注	雜字指一卷　（漢）郭訓撰
詩緯含神霧一卷　（魏）宋均注	勸學篇一卷　（漢）蔡邕撰
禮緯含文嘉一卷　（魏）宋均注	通俗文一卷　（漢）服虔撰
禮緯稽命徵一卷　（魏）宋均注	埤蒼一卷　（魏）張揖撰
禮緯斗威儀一卷　（魏）宋均注	古今字詁一卷　（魏）張揖撰
樂緯動聲儀一卷　（魏）宋均注	雜字一卷　（魏）張揖撰
樂緯稽耀嘉一卷　（魏）宋均注	雜字解詁一卷　（魏）周成撰
樂緯叶圖徵一卷　（魏）宋均注	聲類一卷　（魏）李登撰
春秋緯文耀鉤一卷　（魏）宋均注	廣蒼一卷　（魏）樊恭撰
春秋緯運斗樞一卷　（魏）宋均注	辨釋名一卷　（吳）韋昭撰
春秋緯感精符一卷　（魏）宋均注	異字一卷　（吳）朱育撰
春秋緯合誠圖一卷　（魏）宋均注	始學篇一卷　（吳）項竣撰
春秋緯考異郵一卷　（魏）宋均注	草書狀一卷　（晉）索靖撰
春秋緯保乾圖一卷　（魏）宋均注	發蒙記一卷　（晉）束晳撰
春秋緯漢含孳一卷　（魏）宋均注	啓蒙記一卷　（晉）顧愷之撰
春秋緯佐助期一卷　（魏）宋均注	韻集一卷　（晉）呂靜撰
春秋緯握誠圖一卷　（魏）宋均注	字指一卷　（晉）李彤撰
春秋緯潛潭巴一卷　（魏）宋均注	四體書勢一卷　（晉）衛恆撰
春季緯說題辭一卷　（魏）宋均注	要用字苑一卷　（晉）葛洪撰
春秋緯演孔圖一卷　（魏）宋均注	演說文一卷　（□）庾儼默撰
春秋緯元命苞二卷　（魏）宋均注	字統一卷　（後魏）楊承慶撰
春秋命歷序一卷　（魏）宋均注	纂文一卷　（劉宋）何承天撰
春秋內事一卷　（魏）宋均注	庭詰一卷　（劉宋）顏延之撰
孝經緯援神契二卷　（魏）宋均注	纂要一卷　（劉宋）顏延之撰
孝經緯鉤命訣一卷　（魏）宋均注	纂要一卷　梁元帝撰
孝經中契一卷　（魏）宋均注	文字集略一卷　（梁）阮孝緒撰
孝經左契一卷　（魏）宋均注	古今文字表一卷　（後魏）江式撰
孝經右契一卷　（魏）宋均注	韻略一卷　（北齊）陽休之撰
孝經內事圖一卷　（魏）宋均注	桂苑珠叢一卷　（隋）諸葛潁等撰
孝經章句一卷	文字指歸一卷　（隋）曹憲撰
孝經雌雄圖一卷	四聲五音九弄反紐圖一卷　（唐）釋神珙撰
孝經古祕一卷	分毫字樣一卷　（唐）□□撰
論語讖八卷　（魏）宋均注	石經尚書一卷
論語比考讖一卷	石經魯詩一卷
論語撰考讖一卷	石經儀禮一卷
論語摘輔象一卷	石經公羊一卷
論語摘衰聖承進讖一卷	石經論語一卷
論語陰嬉讖一卷	三字石經尚書一卷
論語素王受命讖一卷	三字石經春秋一卷
論語糾滑讖一卷	史編
論語崇爵讖一卷	雜史類
小學類	古文瑣語一卷
史籀篇一卷　（周）太史籀撰	帝王要略一卷　（吳）環濟撰

三五歷記一卷　（吳）徐整撰
年歷一卷　（晉）皇甫謐撰
汲冢書鈔一卷　（晉）束晳撰
雜傳類
　聖賢高士傳一卷　（魏）嵇康撰　（劉宋）周
　　續之注
　鑒戒象讚一卷　（後魏）常景撰
目錄類
　七略別錄一卷　（漢）劉向撰
子編
儒家類
　漆雕子一卷　（周）漆雕□撰
　宓子一卷　（周）宓不齊撰
　景子一卷　（周）景□撰
　世子一卷　（周）世碩撰
　魏文侯書一卷　（周）魏文侯撰
　李克書一卷　（周）李克撰
　公孫尼子一卷　（周）公孫尼撰
　內業一卷　（周）管仲撰
　讕言一卷　（周）孔穿撰
　甯子一卷　（周）甯越撰
　王孫子一卷　（周）王孫撰
　李氏春秋一卷
　董子一卷　（周）董無心撰
　徐子一卷　（周）徐□撰
　魯連子一卷　（周）魯仲連撰
　虞氏春秋一卷　（周）虞卿撰
　平原君書一卷　（漢）朱建撰
　劉敬書一卷　（漢）劉敬撰
　至言一卷　（漢）賈山撰
　河間獻王書一卷　（漢）劉德撰
　兒寬書一卷　（漢）兒寬撰
　公孫弘書一卷　（漢）公孫弘撰
　終軍書一卷　（漢）終軍撰
　吾丘壽王書一卷　（漢）吾丘壽王撰
　正部論一卷　（漢）王逸撰
　仲長子昌言二卷　（漢）仲長統撰
　魏子一卷　（漢）魏朗撰
　周生子要論一卷　（魏）周生烈撰
　王子正論一卷　（魏）王肅撰
　去伐論一卷　（晉）袁宏撰
　杜氏體論一卷　（魏）杜恕撰
　王氏新書一卷　（魏）王基撰
　周子一卷　（吳）周昭撰
　顧子新言一卷　（吳）顧譚撰
　典語一卷　（吳）陸景撰
　通語一卷　（吳）殷基撰
　譙子法訓一卷　（蜀）譙周撰
　袁子正論二卷　（晉）袁準撰
　袁子正書一卷　（晉）袁準撰

孫氏成敗志一卷　（晉）孫毓撰
古今通論一卷　（晉）王嬰撰
化清經一卷　（晉）蔡洪撰
夏侯子新論一卷　（晉）夏侯湛撰
太元經一卷　（晉）楊泉撰
華氏新論一卷　（晉）華譚撰
梅子新論一卷　（晉）梅□撰
志林新書一卷　（晉）虞喜撰
廣林一卷　（晉）虞喜撰
釋滯一卷　（晉）虞喜撰
通疑一卷　（晉）虞喜撰
干子一卷　（晉）干寶撰
顧子義訓一卷　（晉）顧夷撰
讀書記一卷　（隋）王劭撰
農家類
　神農書一卷　（魏）吳普等述
　野老書一卷
　范子計然三卷
　養魚經一卷　（周）陶朱公（范蠡）撰
　尹都尉書一卷　（漢）尹□撰
　氾勝之書二卷　（漢）氾勝之撰
　蔡癸書一卷　（漢）蔡癸撰
　養羊法一卷　（漢）卜式撰
　家政法一卷
道家類
　伊尹書一卷　（商）伊摯撰
　辛甲書一卷　（周）辛甲撰
　公子牟子一卷　（周）魏公子牟撰
　田子一卷　（周）田駢撰
　老萊子一卷　（周）老萊子撰
　黔婁子一卷　（周）黔婁先生撰
　鄭長者書一卷　（周）鄭長者撰
　任子道論一卷　（魏）任嘏撰
　洞極真經一卷　（後魏）關朗撰
　唐子一卷　（吳）唐滂撰
　蘇子一卷　（晉）蘇彥撰
　陸子一卷　（晉）陸雲撰
　杜氏幽求新書一卷　（晉）杜夷撰
　孫子一卷　（晉）孫綽撰
　苻子一卷　（晉）苻朗撰
　少子一卷　（南齊）張融撰
　夷夏論一卷　（南齊）顧歡撰
法家類
　申子一卷　（周）申不害撰
　鼂氏新書一卷　（漢）鼂錯撰
　崔氏政論一卷　（漢）崔寔撰
　劉氏政論一卷　（魏）劉廙撰
　阮子政論一卷　（魏）阮武撰
　世要論一卷　（魏）桓範撰
　陳子要言一卷　（吳）陳融撰

名家類
　惠子一卷　（周）惠施撰
　士緯一卷　（吳）姚信撰
墨家類
　史佚書一卷　（周）尹佚撰
　田俅子一卷　（周）田俅撰
　隨巢子一卷　（周）隨巢子撰
　胡非子一卷　（周）胡非子撰
　纏子一卷　（周）纏子撰
縱橫家類
　蘇子一卷　（周）蘇秦撰
　闕子一卷　（周）闕口撰
　蒯子一卷　（漢）蒯通撰
　鄒陽書一卷　（漢）鄒陽撰
　主父偃書一卷　（漢）主父偃撰
　徐樂書一卷　（漢）徐樂撰
　嚴安書一卷　（漢）嚴安撰
雜家類
　由余書一卷　（周）由余撰
　博物記一卷　（漢）唐蒙撰
　伏侯古今注一卷　（漢）伏無忌撰
　蔣子萬機論一卷　（魏）蔣濟撰
　篤論一卷　（魏）杜恕撰
　鄒子一卷　（晉）鄒口撰
　諸葛子一卷　（吳）諸葛恪撰
　默記一卷　（吳）張儼撰
　裴氏新言一卷　（吳）裴玄撰
　新義一卷　（吳）劉廙撰
　秦子一卷　（吳）秦菁撰
　析言論一卷附古今訓　（晉）張顯撰
　時務論一卷　（晉）楊偉撰
　廣志二卷　（晉）郭義恭撰
　陸氏要覽一卷　（晉）陸機撰
　古今善言一卷　（劉宋）范泰撰
　文釋一卷　（劉宋）江邃撰
　要雅一卷　（梁）劉杳撰
　俗說一卷　（梁）沈約撰
小說家類
　青史子一卷
　宋子一卷　（周）宋鈃撰
　裴子語林二卷　（晉）裴啓撰
　笑林一卷　（魏）邯鄲淳撰
　郭子一卷　（晉）郭澄之撰
　元中記一卷　（口）郭口撰
　齊諧記一卷　（劉宋）東陽無疑撰
　水飾一卷　（隋）杜寶撰
天文類
　泰階六符經一卷
　五殘雜變星書一卷
　靈憲一卷　（漢）張衡撰

　渾儀一卷　（漢）張衡撰
　昕天論一卷　（吳）姚信撰
　安天論一卷　（晉）虞喜撰
　穹天論一卷　（晉）虞聳撰
　未央術一卷
陰陽類
　宋司星子韋書一卷　（周）司星子韋撰
　鄒子一卷　（周）鄒衍撰
　陰陽書一卷　（唐）呂才撰
五行類
　太史公素王妙論一卷　（漢）司馬遷撰
　瑞應圖一卷　（梁）孫柔之撰
　白澤圖一卷
　天鏡一卷
　地鏡一卷
　地鏡圖一卷
　夢雋一卷　（唐）柳燦撰
　雜五行書一卷
雜占類
　請雨止雨書一卷
　易洞林三卷補遺一卷　（晉）郭璞撰
藝術類
　藝經一卷　（魏）邯鄲淳撰
　投壺變一卷　（晉）虞潭撰
補遺
經編
易類
　周易劉氏注一卷　（後魏）劉昞撰
周官禮類
　周官禮異同評一卷　（晉）陳邵撰
儀禮類
　周氏喪服注一卷　（劉宋）周續之撰
　喪服世行要記一卷　（南齊）王逡之撰
通禮類
　禮論難一卷　（晉）范宣撰
　逆降義一卷　（劉宋）顏延之撰
　明堂制度論一卷　（後魏）李謐撰
　梁氏三禮圖一卷　（口）梁正撰
　張氏三禮圖一卷　（唐）張鎰撰
春秋類
　春秋例統一卷　（唐）啖助撰
　國語章句一卷　（漢）鄭衆撰
　國語解詁二卷　（漢）賈逵撰
　春秋外傳國語虞氏注一卷　（吳）虞翻撰
　春秋外傳國語唐氏注一卷　（吳）唐固撰
　春秋外傳國語孔氏注一卷　（晉）孔晁撰
　國語音一卷
論語類
　孔子三朝記一卷
小學類

詁幼一卷　（劉宋）顏延之撰
子編
儒家類
　嚴助書一卷　（漢）嚴助撰
　厲學一卷　（晉）虞溥撰
附
　目耕帖三十一卷　（清）馬國翰撰

玉函山房輯佚書續編

（清）王仁俊輯
　　稿本
經編
易類
　周易史氏義一卷　（周）史默撰
　周易黃氏義一卷　（周）黃歇撰
　周易呂氏義一卷　（秦）呂不韋撰
　周易京氏章句一卷　（漢）京房撰
　京房易傳一卷　（漢）京房撰
　易下邳傳甘氏義一卷　（漢）甘容撰
　周易賈氏義一卷　（漢）賈誼撰
　周易董氏義一卷　（漢）董仲舒撰
　周易劉氏義一卷　（漢）劉向撰
　周易鄭司農注一卷　（漢）鄭衆撰
　周易魯恭義一卷　（漢）魯恭撰
　周易趙氏義一卷　（漢）趙溫撰
　周易徐幹義一卷　（漢）徐幹撰
　周易彭氏義一卷　（漢）彭宣撰
　周易王氏義一卷　（漢）王充撰
　周易班氏義一卷　（漢）班固撰
　周易賈氏義一卷　（漢）賈逵撰
　周易劉氏義疏一卷　（南齊）劉瓛撰
　周易劉晝義一卷　（北齊）劉晝撰
　周易師說一卷　（唐）陸德明撰
書類
　書賈氏義一卷　（漢）賈誼撰
　古文尙書訓一卷　（漢）賈逵撰
　書古文訓一卷　（漢）賈逵撰
　尙書古文同異一卷　（漢）賈逵撰
　古文尙書訓旨一卷　（漢）衞宏撰
　書贊一卷　（漢）鄭玄撰
　五家要說章句一卷　漢明帝撰
　書王氏注一卷　（魏）王肅撰
　尙書集注一卷　（晉）李顒撰
　書范氏集解一卷　（晉）范甯撰
詩類
　魯詩韋氏說一卷　（漢）韋元成撰
　韓詩趙氏學一卷　（漢）趙煜撰
　韓詩翼要一卷　（漢）侯苞撰
　毛詩賈氏義一卷　（漢）賈逵撰
　毛詩先鄭義一卷　（漢）鄭衆撰

毛詩沈氏義疏一卷　（北周）沈重撰
　毛詩集注一卷　（梁）崔靈恩撰
周官禮類
　周禮序一卷　（漢）鄭玄撰
　答臨碩周禮難一卷　（漢）鄭玄撰
　周禮賈氏注一卷　（漢）賈逵撰
儀禮類
　諡法劉熙注一卷補遺一卷　（漢）劉熙撰
　婚禮謁文一卷　（漢）鄭玄撰
禮記類
　月令章句一卷　（漢）蔡邕撰
　禮記晉義隱一卷
　禮記外傳一卷
　禮記隱義一卷　（梁）何胤撰
通禮類
　荀氏禮傳一卷　（漢）荀爽撰
　漢禮器制度一卷　（漢）叔孫通撰
　南北郊冕服議一卷　（漢）劉蒼撰
　喪服要記一卷　（魏）王肅撰
　賀氏喪服譜一卷　（晉）賀循撰
　宗議一卷　（晉）賀循撰
　答庾亮問宗議一卷　（晉）賀循撰
　出後者爲本父母服議一卷　（晉）王廙撰
　孫曾爲後議一卷　（晉）何琦撰
　魏尙書奏王侯在喪襲爵議一卷
　三禮義宗一卷　（梁）崔靈恩撰
樂類
　琴操一卷　（漢）蔡邕撰
春秋類
　春秋大傳一卷
　春秋公羊嚴氏義一卷　（漢）嚴彭祖撰
　春秋公羊眭生義一卷　（漢）眭生撰
　春秋公羊貢氏義一卷　（漢）貢禹撰
　春秋公羊孔氏傳一卷　（晉）孔衍撰
　春秋公羊王門子注一卷　（晉）王愆期撰
　春秋公羊劉氏注一卷　（晉）劉兆撰
　春秋穀梁傳序一卷
　春秋穀梁劉更生義一卷　（漢）劉向撰
　春秋穀梁段氏注一卷　（漢）段肅撰
　春秋穀梁劉氏注一卷　（晉）劉兆撰
　春秋左氏傳吳氏義一卷　（周）吳起撰
　春秋左氏傳延氏注一卷　（漢）延篤撰
　春秋左氏傳服氏注一卷　（漢）服虔撰
　春秋左氏傳劉氏注一卷　（晉）劉兆撰
　春秋三家經本訓詁一卷　（漢）賈逵撰
　駁春秋釋痾一卷　（漢）何休撰
　春秋漢議一卷　（漢）何休撰
　國語賈氏注一卷　（漢）賈逵撰
　國語虞氏注一卷　（吳）虞翻撰
孝經類

孝經馬氏注一卷　（漢）馬融撰
孝經董氏義一卷　（漢）董仲舒撰
孝經鄭氏注一卷　（魏）鄭偁撰
論語孟子類
　論語孔氏注一卷　（漢）孔安國撰
　論語包氏注一卷　（漢）包咸撰
　論語鄭氏注一卷　（漢）鄭玄撰
　論語何氏注一卷　（漢）何休撰
　論語王氏注一卷　（魏）王弼撰
　論語麻氏注一卷　（漢）麻達撰
　論語隱義注一卷
　孟子劉中壘注一卷　（漢）劉向撰
　孟子劉氏注一卷　（漢）劉熙撰
　孟子古注一卷
爾雅類
　爾雅許君義一卷　（漢）許慎撰
　爾雅鄭君注一卷　（漢）鄭玄撰
　爾雅劉氏注一卷　（晉）劉兆撰
　爾雅孫氏注一卷　（魏）孫炎撰
　爾雅麻氏注一卷　（□）麻杲撰
五經總類
　五經章句後定一卷　（漢）劉表撰
　五經通義一卷　（漢）劉向撰
　五經通義一卷　（漢）許慎撰
　五經要義一卷　（漢）劉向撰
緯書類
　易經備一卷
　易神靈圖一卷
　尚書中候一卷
　尚書中候馬注一卷　（漢）馬融撰
　尚書中候鄭注一卷　（漢）鄭玄撰
　尚書緯考靈曜一卷　（漢）鄭玄撰
　尚書帝命驗宋注一卷　（魏）宋均撰
　尚書緯刑德放(一名刑德攷)一卷　（漢）鄭
　　玄注
　河圖說命徵宋注一卷　（魏）宋均撰
　洛書鄭注一卷　（漢）鄭玄撰
　洛書甄曜度一卷
　詩緯一卷　（魏）宋均注
　詩緯含神霧一卷　（魏）宋均注
　詩緯推度災一卷　（魏）宋均注
　詩緯氾歷樞一卷　（魏）宋均注
　禮緯含文嘉一卷　（魏）宋均注
　禮緯稽命徵一卷　（魏）宋均注
　禮緯斗威儀一卷　（魏）宋均注
　樂緯一卷
　樂緯動聲儀一卷　（魏）宋均注
　樂緯叶圖徵一卷　（魏）宋均注
　春秋緯一卷　（魏）宋均注
　春秋緯感精符一卷　（魏）宋均注

春秋緯文耀鉤一卷　（魏）宋均注
春秋緯運斗樞一卷　（魏）宋均注
春秋緯合誠圖(一名合讖圖)一卷　（魏）宋
　均注
春秋緯考異郵一卷　（魏）宋均注
春秋緯保乾圖一卷　（魏）宋均注
春秋緯佐助期一卷　（魏）宋均注
春秋緯潛潭巴一卷　（魏）宋均注
春秋緯說題辭一卷　（魏）宋均注
春秋緯演孔圖一卷　（魏）宋均注
春秋緯元命苞一卷　（魏）宋均注
春秋命歷序一卷　（魏）宋均注
春秋玉版讖一卷
春秋說命徵一卷
孝經緯援神契一卷　（魏）宋均注
孝經緯鉤命訣一卷　（魏）宋均注
孝經中黃讖一卷
論語讖一卷　（魏）宋均注
小學類
用筆法一卷　（秦）李斯撰
筆墨法一卷　（魏）韋誕撰
篆勢一卷　（漢）蔡邕撰
勸學篇一卷　（漢）蔡邕撰
非草書一卷　（漢）趙壹撰
始學篇一卷　（吳）項峻撰
文字集略一卷　（梁）阮孝緒撰
書論一卷　（晉）王羲之撰
纂文一卷　（劉宋）何承天撰
纂要一卷　（劉宋）顏延之撰
韻略一卷　（北齊）陽休之撰
考聲一卷
史編
正史類
漢書音義一卷　（隋）蕭該撰
漢書舊注一卷
漢書許義一卷　（漢）許慎撰
世本一卷　（漢）宋衷注
東觀漢記一卷　（漢）劉珍等撰
古文瑣語一卷
帝王世紀一卷　（晉）皇甫謐撰
春秋前傳一卷
帝王世家一卷
春秋後語一卷　（晉）孔衍撰
史說一卷
春秋公子譜一卷
漢晉春秋一卷　（晉）習鑿齒撰
漢禮器制度一卷　（漢）叔孫通撰
漢官儀一卷　（漢）衛宏撰
晉公卿禮秩一卷　（晉）傅暢撰
三輔決錄注一卷　（晉）摯虞撰

會稽典錄一卷　（晉）虞預撰
孝子傳一卷　（漢）劉向撰
孝子傳一卷　（劉宋）鄭緝之撰
孝子傳一卷　（□）宋躬撰
孝子傳一卷
燕太子傳一卷
鄭君別傳一卷
鍾離意別傳一卷
師曠紀一卷
神仙傳一卷　（晉）葛洪撰
孝德傳序一卷　梁元帝撰
忠臣傳序一卷　梁元帝撰
丹陽尹傳序一卷　梁元帝撰
懷舊志序一卷　梁元帝撰
職貢圖序一卷　梁元帝撰
全德志論一卷　梁元帝撰
錢塘記一卷　（劉宋）劉道眞撰
七略別錄一卷　（漢）劉向撰
別錄補遺一卷　（漢）劉向撰
七錄一卷　（梁）阮孝緒撰
金樓子著書攷一卷　梁元帝撰
金樓子藏書攷一卷　梁元帝撰

子編

儒家類
王孫子一卷　（周）王孫□撰
仲長子昌言一卷　（漢）仲長統撰
諸葛子一卷　（蜀）諸葛亮撰
周生子要論一卷　（魏）周生烈撰
崔寔正論一卷　（漢）崔寔撰
顧子新言一卷　（吳）顧譚撰
典語一卷　（吳）陸景撰
體論一卷　（魏）杜恕撰
鍾子芻蕘一卷　（魏）鍾會撰
法訓一卷　（蜀）譙周撰
袁子正書一卷　（晉）袁準撰
袁子正論一卷　（晉）袁準撰
孫氏成敗志一卷　（晉）孫毓撰
古今通論一卷　（晉）王嬰撰
蔡氏化清經一卷　（晉）蔡洪撰
夏侯子新論一卷　（晉）夏侯湛撰
華氏新論一卷　（晉）華譚撰
物理論一卷補遺一卷　（晉）楊泉撰
志林新書一卷　（晉）虞喜撰
干子一卷　（晉）干寶撰
義記一卷　（晉）顧夷撰

兵家類
司馬兵法一卷　（周）司馬穰苴撰
黃石公記一卷　（漢）黃石公撰
三略一卷　（漢）黃石公撰
兵要一卷　（蜀）諸葛亮撰

兵書接要一卷　魏武帝撰

農家類
四民月令一卷　（漢）崔寔撰

道家類
老子鍾氏注一卷　（魏）鍾會撰
莊子司馬注一卷　（晉）司馬彪撰
典論一卷　（漢）荀悅撰
典論(一名典略)一卷補遺一卷　魏文帝撰
傅子一卷　（晉）傅玄撰
蘇子一卷　（□）蘇淳撰
陸子一卷　（晉）陸雲撰
幽求子一卷　（晉）杜夷撰
孫綽子一卷補遺一卷　（晉）孫綽撰
符子一卷　（晉）符朗撰

法家類
申子一卷　（周）申不害撰
劉氏政論一卷　（魏）劉廙撰
世要論一卷　（魏）桓範撰
陳子要言一卷　（吳）陳融撰

墨家類
田俅子一卷　（周）田俅撰
隋巢子一卷　（周）隋巢子撰

雜家類
蔣子萬機論一卷　（魏）蔣濟撰
默記一卷　（吳）張儼撰
裴氏新言一卷　（吳）裴玄撰
析言論一卷　（晉）張顯撰
君臣政理論一卷　（唐）楊相如撰
反論一卷　（漢）張升撰

小說家類
青史子一卷

天文類
蓋天說一卷
難蓋天一卷　（漢）揚雄撰
宣夜說一卷　（漢）郗萌撰
渾天象說一卷　（吳）王蕃撰
論天一卷　（晉）劉智撰
渾天論一卷　（梁）祖暅撰
渾天論答難一卷　（後秦）姜岌撰

陰陽類
鄒子書一卷　（周）鄒衍撰

雜占類
京氏易占一卷　（漢）京房撰
郭氏易占一卷　（晉）郭璞撰
太玄宋氏注一卷　（漢）宋衷撰

藝術類
淮南萬畢術一卷補遺一卷附錄一卷　（漢）
　　劉安撰
淮南枕中記一卷　（漢）劉安撰
蠶經一卷　（漢）劉安撰

求雨法一卷
相雨書一卷　(唐)黃子發撰
相貝經一卷　(漢)嚴助(一題朱仲)撰
相笏經一卷
八公相鶴經一卷　(漢)淮南八公(一題□
　　浮丘公)撰
相經一卷
相牛經一卷　(周)甯戚撰
相馬經一卷
禽經一卷　(周)師曠撰　(晉)張華注
醫家類
　神農本草一卷　(魏)吳普等述
釋道類
　靈寶要略一卷
五行類
　瑞應圖一卷　(梁)孫柔之撰
　天鏡一卷
　地鏡一卷

玉函山房輯佚書補編

(清)王仁俊輯
　　稿本
漢武故事一卷　(漢)班固撰
魏文帝雜事一卷
後漢抄--卷
晉陽抄一卷
魏略一卷　(晉)魚豢撰
康部抄一卷
吳書抄一卷
後漢書一卷　(晉)華嶠撰
後漢書一卷　(吳)謝承撰
後漢書一卷　(晉)袁山松撰
晉書一卷　(晉)王隱撰
晉書一卷　(南齊)臧榮緒撰
宋書一卷　(劉宋)王智深撰
秦書一卷
趙書一卷
晉陽秋一卷
晉中興書一卷　(劉宋)何法盛撰
晉中興徵祥說一卷　(劉宋)何法盛撰
晉錄一卷
晉抄一卷
晉紀一卷　(劉宋)劉謙之撰
晉起居注一卷
宋起居注一卷
梁起居注一卷
梁天監起居注一卷
梁大同起居注一卷
宋紀一卷
蜀王本紀一卷　(漢)揚雄撰

前燕錄一卷　(後魏)崔鴻撰
南燕錄一卷　(後魏)崔鴻撰
北燕錄一卷　(後魏)崔鴻撰
後燕錄一卷　(後魏)崔鴻撰
蜀錄一卷　(後魏)崔鴻撰
後蜀錄一卷　(後魏)崔鴻撰
前趙錄一卷　(後魏)崔鴻撰
後趙錄一卷　(後魏)崔鴻撰
西秦錄一卷　(後魏)崔鴻撰
前秦錄一卷　(後魏)崔鴻撰
後秦錄一卷　(後魏)崔鴻撰
前涼錄一卷　(後魏)崔鴻撰
三十國春秋一卷
括地圖一卷
地圖一卷
輿地志一卷　(梁)顧野王撰
括地志一卷　(唐)李泰等撰
十三州志一卷　(後魏)闞駰撰
吳錄一卷　(晉)張勃撰
太康地志一卷　(晉)□□撰
宋永初山川記一卷　(南齊)劉澄之撰
九州記一卷
襄陽記一卷　(晉)習鑿齒撰
湘州記一卷　(劉宋)庾仲雍撰
湘州記一卷　(劉宋)甄烈撰
湘州記一卷　(劉宋)郭仲產撰
湘州記一卷
湘中記一卷　(晉)羅含撰
湘中記一卷
湘水記一卷
荊州記一卷　(劉宋)盛弘之撰
荊州記一卷　(劉宋)庾仲雍撰
荊州記一卷
荊州圖經一卷
興國軍圖經一卷
朗州圖經一卷
衡州圖經一卷
漢陽郡圖經一卷
江源記一卷
湖南風土記一卷
沅州記一卷
十道記一卷　(唐)賈耽撰
郡國縣道記一卷　(唐)賈耽撰
武昌縣記一卷
武陵源記一卷　(南齊)黃閔撰
洞庭記一卷
始興記一卷　(劉宋)王韶之撰
桂陽記一卷
楚地記一卷
麓山記一卷　(□)宋淵撰

南嶽記一卷　（劉宋）徐靈期撰
山川記一卷
神境記一卷　（劉宋）王韶之撰
荊南志一卷　梁元帝撰
宣城記一卷
三齊略記一卷　（晉）伏琛撰
臨海異物志一卷　（吳）沈瑩撰
廣州記一卷　（晉）顧微撰
豫章記一卷　（劉宋）雷次宗撰
南越志一卷　（□）沈懷遠撰
古傳一卷傳一卷
衝波傳一卷
楚國先賢傳一卷　（晉）張方撰
晉先賢傳一卷
先賢傳一卷
江表傳一卷　（晉）虞溥撰
潁川棗氏文士傳一卷
墨子傳一卷
益都耆舊傳一卷　（晉）陳壽撰
襄陽耆舊傳一卷　（晉）習鑿齒撰
陳留風俗傳一卷　（漢）圈稱撰
汝南先賢傳一卷　（晉）周斐撰
海內先賢傳一卷
青州先賢傳一卷
魯國先賢傳一卷
魯國先賢志一卷
英賢傳一卷　（□）賈執撰
達士傳一卷　（晉）皇甫謐撰
逸士傳一卷
列士傳一卷
高士傳一卷　（魏）嵇康撰
蔡琰別傳一卷
列仙傳一卷　（漢）劉向撰
陶侃別傳一卷
王子晉別傳一卷
羊氏家傳一卷
祖氏家傳一卷
孫氏世錄一卷
百家譜一卷　（梁）王僧孺撰
姓苑一卷　（劉宋）何承天撰
姓書一卷
姓纂一卷　（唐）林寶撰
皇甫謐說一卷　（晉）皇甫謐撰
何承天說一卷　（劉宋）何承天撰
三五歷記一卷　（吳）徐整撰
說苑一卷　（劉宋）劉義慶撰
語林一卷　（宋）王讜撰
類林一卷
笑林一卷　（魏）邯鄲淳撰
同賢記一卷

卓異記一卷　（唐）李翱撰
幽明錄一卷　（劉宋）劉義慶撰
遁甲經一卷
中經簿一卷　（晉）荀勗撰
女史一卷
山公集一卷
錢神論一卷　（晉）魯褒撰
兩京記一卷　（唐）韋述撰
史系一卷
漢宮香方鄭注一卷　（漢）鄭玄撰

經籍佚文

（清）王仁俊輯
　　稿本
尙書佚文一卷補遺一卷
公羊傳佚文一卷
禮記佚文一卷　（漢）戴聖集
禮記佚文一卷　（漢）鄭玄注
月令佚文一卷
爾雅佚文一卷
周書佚文一卷
尙書大傳佚文一卷補遺一卷　（漢）伏勝撰
易乾鑿度佚文一卷
易緯通卦驗鄭注佚文一卷　（漢）鄭玄撰
韓詩外傳佚文一卷　（漢）韓嬰撰
春秋繁露佚文一卷　（漢）董仲舒撰
小爾雅佚文一卷　（漢）孔鮒撰
方言佚文一卷　（漢）揚雄撰
廣雅佚文一卷　（魏）張揖撰
史記佚文一卷　（漢）司馬遷撰
律曆逸文一卷
漢書佚文一卷　（漢）班固撰
續漢書佚文一卷
三國志佚文一卷　（晉）陳壽撰
晉書佚文一卷　唐太宗撰
南史佚文一卷　（唐）李延壽撰
北史佚文一卷　（唐）李延壽撰
北齊書佚文一卷　（唐）李百藥撰
梁書佚文一卷　（唐）姚思廉撰
國語佚文一卷
戰國策佚文一卷
家語佚文一卷
山海經佚文一卷
竹書佚文一卷
晏子佚文一卷　（周）晏嬰撰
吳越春秋佚文一卷　（漢）趙曄撰
十六國春秋佚文一卷　（後魏）崔鴻撰
越絕書佚文一卷　（漢）袁康撰
漢官儀佚文一卷　（漢）應劭撰
御史臺記佚文一卷　（唐）韓琬撰

華陽國志佚文一卷補遺一卷　（晉）常璩撰
風俗通佚文一卷　（漢）應劭撰
風俗通姓氏篇佚文一卷補遺一卷　（漢）應
　　劭撰
孫子佚文一卷　（周）孫武撰
司馬法佚文一卷　（周）司馬穰苴撰
六韜佚文一卷　（周）呂望撰
愼子佚文一卷　（周）愼到撰
韓非子佚文一卷　（周）韓非撰
素問佚文一卷
尹文子佚文一卷補遺一卷　（周）尹文撰
墨子佚文一卷　（周）墨翟撰
鬼谷子佚文一卷
鶡冠子佚文一卷
呂氏春秋佚文一卷　（秦）呂不韋撰
荀子佚文一卷　（周）荀況撰
老子佚文一卷　（周）李耳撰
莊子佚文一卷　（周）莊周撰
淮南子佚文一卷　（漢）劉安撰
獨斷佚文一卷　（漢）蔡邕撰
說苑佚文一卷　（漢）劉向撰
新序佚文一卷　（漢）劉向撰
中論佚文一卷　（漢）徐幹撰
列女傳佚文一卷　（漢）劉向撰
新論佚文一卷　（北齊）劉晝撰
論衡佚文一卷　（漢）王充撰
元城語錄佚文一卷　（宋）馬永卿輯
汜勝之書佚文一卷　（漢）汜勝之撰
潛夫論佚文一卷　（漢）王符撰
田家五行志佚文一卷　（元）陸泳撰
太玄佚文一卷　（漢）揚雄撰
琴操佚文一卷　（漢）蔡邕撰
要術佚文一卷　（後魏）賈思勰撰
農桑衣食撮要佚文一卷　（元）魯明善撰
抱朴子佚文一卷　（晉）葛洪撰
乾饌子佚文一卷　（唐）溫庭筠撰
高士傳佚文一卷　（晉）皇甫謐撰
文士傳佚文一卷　（晉）張隱撰
襄陽耆舊記佚文一卷　（晉）習鑿齒撰
陳留耆舊傳佚文一卷　（魏）蘇林撰
博物志佚文一卷　（晉）張華撰
三輔黃圖佚文一卷　（漢）□□撰
水經注佚文一卷　（後魏）酈道元撰
太平寰宇記佚文一卷　（宋）樂史撰
三秦記佚文一卷　（□）辛□撰
三齊記佚文一卷　（晉）伏琛撰
南越志佚文一卷　（□）沈懷遠撰　　〔撰
會稽記佚文一卷　（晉）孔曄（一題孔靈符）
臨海異物志佚文一卷　（吳）沈瑩撰
嶺表錄異記佚文一卷　（唐）劉恂撰

十道志佚文一卷　（唐）梁載言撰
九國志佚文一卷　（宋）路振撰　（宋）張唐
　　英補
神異經佚文一卷　（漢）東方朔撰
列仙傳佚文一卷　（晉）葛洪撰
白澤圖佚文一卷
宜室志佚文一卷　（唐）張讀撰
南方草木狀佚文一卷　（晉）嵇含撰
北夢瑣言佚文一卷　（宋）孫光憲撰
西吳枝乘佚文一卷　（明）謝肇淛撰
南唐近事佚文一卷　（宋）鄭文寶撰
異苑佚文一卷　（劉宋）劉敬叔撰
吳地記佚文一卷　（宋）范成大撰
桂海虞衡志佚文一卷　（宋）范成大撰
玉堂嘉話佚文一卷　（元）王惲撰
玉堂閒話佚文一卷　（五代）范資撰
朝野僉載佚文一卷　（唐）張鷟撰
豹隱紀談佚文一卷　（宋）周遵道撰
後山談叢佚文一卷　（宋）陳師道撰
三水小牘佚文一卷　（唐）皇甫枚撰
志林佚文一卷　（晉）虞喜撰
語林佚文一卷　（宋）王讜撰
小說佚文一卷　（梁）殷芸撰
嘉話錄佚文一卷　（唐）韋絢錄
雜說佚文一卷　（唐）盧言撰
聞奇錄佚文一卷　（五代）于逖撰
陸士衡集佚文一卷　（晉）陸機撰
述異記佚文一卷　（梁）任昉撰
資暇錄佚文一卷　（唐）李匡乂撰
啟顏錄佚文一卷　（唐）侯白撰
河東記佚文一卷
嵇中散集佚文一卷　（魏）嵇康撰

漢學堂叢書

（清）黃奭輯
　　　清道光中甘泉黃氏刊光緒中印本
經解
易類
子夏易傳一卷　（周）卜商撰
易章句一卷　（漢）孟喜撰
易章句一卷　（漢）京房撰
易傳一卷　（漢）馬融撰
易章句一卷　（漢）劉表撰
易注一卷　（漢）宋衷撰
易章句一卷　（魏）董遇撰
易注一卷　（魏）王肅撰
易述一卷　（吳）陸績撰
九家易集注一卷
易義一卷　（□）翟玄撰
易注一卷　（晉）張璠撰

易義一卷　（晉）向秀撰
易注一卷　（晉）王廙撰
易集解一卷　（晉）張璠撰
易注一卷　（晉）黃穎撰
易注(一名蜀才易注)一卷　（蜀）范長生撰
乾坤義一卷　（南齊）劉瓛撰
繫辭義疏一卷　（南齊）劉瓛撰
易注一卷　（梁）褚仲都撰
易注一卷　（陳）周弘正撰
周易講疏一卷　（隋）何妥撰
易注一卷　（□）侯果撰
易探玄一卷　（唐）崔憬撰
易晉注一卷　（□）薛虞撰

書類
　尙書章句一卷　（漢）歐陽生撰
　尙書義疏一卷　（隋）顧彪撰

詩類
　魯詩傳一卷　（漢）申培撰
　齊詩傳一卷　（漢）轅固撰
　毛詩注一卷　（漢）馬融撰
　毛詩注一卷　（魏）王肅撰
　毛詩申鄭義一卷　（魏）王基撰
　毛詩異同評一卷　（晉）孫毓撰

禮類
　周官傳一卷　（漢）馬融撰
　周官注一卷　（晉）干寶撰
　儀禮喪服經傳一卷　（漢）馬融撰
　儀禮喪服注一卷　（魏）王肅撰
　喪服變除圖一卷　（吳）射慈撰
　禮記解詁一卷　（漢）盧植撰
　月令章句一卷　（漢）蔡邕撰
　月令問答一卷　（漢）蔡邕撰
　三禮圖一卷　（漢）阮諶撰
　三禮義宗一卷　（梁）崔靈恩撰

春秋類
　春秋左氏解詁一卷　（漢）賈逵撰
　春秋左氏傳解誼一卷　（漢）服虔撰
　春秋土地名一卷　（晉）京相璠撰
　春秋左氏傳述義一卷　（隋）劉炫撰
　春秋盟會圖一卷　（漢）嚴彭祖撰
　春秋穀梁傳注一卷　（魏）糜信撰
　穀梁傳例一卷　（晉）范甯撰
　春秋後傳一卷　（晉）樂資撰

五經總義類
　五經通義一卷　（漢）劉向撰

小學類
　爾雅古義十二卷
　　爾雅犍爲文學注一卷　（漢）□□撰
　　爾雅注一卷　（漢）樊光撰
　　爾雅注　（漢）李巡撰

爾雅注　（漢）劉歆撰　以上合一卷
爾雅音注一卷　（魏）孫炎撰
爾雅音義一卷　（晉）郭璞撰
爾雅圖贊一卷　（晉）郭璞撰
爾雅集注一卷　（梁）沈旋撰
爾雅音一卷　（陳）施乾撰
爾雅音一卷　（陳）謝嶠撰
爾雅音一卷　（梁）顧野王撰
爾雅衆家注二卷
辨釋名一卷　（吳）韋昭撰
倉頡篇一卷
凡將篇一卷　（漢）司馬相如撰
通俗文一卷　（漢）服虔撰
勸學篇一卷　（漢）蔡邕撰
古今字詁一卷　（魏）張揖撰
埤倉一卷　（魏）張揖撰
字指一卷　（晉）李彤撰
文字集略一卷　（梁）阮孝緒撰
新字林一卷　（唐）陸善經撰
字略一卷　（後魏）宋世良撰
字統一卷　（後魏）楊承慶撰
桂苑珠叢一卷　（隋）諸葛潁等撰
字書一卷
小學一卷
聲類一卷　（魏）李登撰
音譜一卷附聲譜一卷　（劉宋）李槩撰
韻略一卷　（北齊）陽休之撰
開元文字音義一卷　唐玄宗撰
唐韻二卷　（唐）孫愐撰
韻海鏡源一卷　（唐）顏眞卿撰
切韻一卷　（唐）李舟撰

通緯
河圖類
　河圖緯一卷
　　河圖祕徵
　　河圖帝通紀
　　河圖著命
　　河圖說徵
　　河圖考靈曜
　　河圖眞鉤
　　河圖提劉
　　河圖會昌符
　　河圖天靈
　　河圖要元
　　河圖叶光紀
　　河圖絳象
　　河圖皇參持
　　河圖闓苞授
　　河圖合古篇
　　河圖赤伏符

河圖括地象一卷附括地圖
河圖帝覽嬉一卷
河圖稽命徵一卷
河圖稽耀鉤一卷
龍魚河圖一卷
河圖始開圖一卷
雜書類
　雜書一卷
　雜書甄曜度一卷
　雜書靈准聽一卷
　雜書摘六辟一卷
易類
　易緯一卷
　易乾鑿度鄭氏注一卷　(漢)鄭玄撰
　易乾坤鑿度鄭氏注一卷　(漢)鄭玄撰
　易是類謀鄭氏注一卷　(漢)鄭玄撰
　易坤靈圖鄭氏注一卷　(漢)鄭玄撰
　易乾元序制記鄭氏注一卷　(漢)鄭玄撰
書類
　尚書璇機鈐一卷　(漢)鄭玄注
　尚書帝命驗一卷　(漢)鄭玄注
　尚書刑德放一卷　(漢)鄭玄注
　尚書運期授一卷　(漢)鄭玄注
詩類
　詩緯一卷
　詩含神霧一卷　(魏)宋均注
　詩推度災一卷　(魏)宋均注
禮類
　禮緯一卷
　禮含文嘉一卷　(魏)宋均注
　禮稽命徵一卷　(魏)宋均注
樂類
　樂緯一卷
　樂協圖徵一卷　(魏)宋均注
春秋類
　春秋一卷
　春秋演孔圖一卷　(魏)宋均注
　春秋說題辭一卷　(魏)宋均注
　春秋元命苞一卷　(魏)宋均注
　春秋文耀鉤一卷　(魏)宋均注
　春秋運斗樞一卷　(魏)宋均注
　春秋感精符一卷　(魏)宋均注
　春秋合誠圖一卷　(魏)宋均注
　春秋攷異郵一卷　(魏)宋均注
　春秋保乾圖一卷　(魏)宋均注
　春秋佐助期一卷　(魏)宋均注
　春秋握誠圖一卷　(魏)宋均注
　春秋潛潭巴一卷　(魏)宋均注
　春秋命厤序一卷　(魏)宋均注
　春秋內事一卷　(魏)宋均注

論語類
　論語摘輔象一卷　(魏)宋均注
　論語摘衰聖一卷　(魏)宋均注
孝經類
　孝經一卷
　孝經鉤命決一卷　(魏)宋均注
　孝經援神契一卷　(魏)宋均注
　孝經緯一卷　(魏)宋均注
　　孝經中契
　　孝經左契
　　孝經右契
　　孝經契
　　孝經古祕
　　孝經威嬉拒
　　孝經章句
　孝經內記圖一卷　(魏)宋均注
附讖
　河圖聖洽符一卷
　論語撰考讖　(魏)宋均注
　論語陰嬉讖　(魏)宋均注
　論語崇爵讖
　論語素王受命讖
　論語紀滑讖
　論語讖　(魏)宋均注　以上合一卷
　論語比考讖一卷　(魏)宋均注
　孝經雌雄圖一卷
　遁甲開山圖一卷　(□)榮□解
子史鉤沈
子部
儒家類
　典論一卷　魏文帝撰
　物理論一卷　(晉)楊泉撰
兵家類
　六韜一卷　(周)呂望撰
法家類
　法經一卷　(周)李悝撰
　公羊治獄一卷　(漢)董仲舒撰
農家類
　范子計然一卷
醫家類
　神農本草經三卷
天文類
　乾象術一卷　(漢)劉洪撰
術數類
　易元包一卷　(北周)衞元嵩撰　(唐)蘇源
　　明傳　(唐)李江注
藝術類
　淮南王萬畢術一卷　(漢)劉安撰
　鐘律書一卷　(漢)劉歆撰
　琴操一卷　(漢)蔡邕撰

古今樂錄一卷　（陳）釋智匠撰

雜家類

　魏皇覽一卷　（魏）劉劭（魏）王象撰

道家類

　逸莊子一卷　（周）莊周撰

　莊子注一卷　（晉）司馬彪撰

史部

正史類

　漢後書一卷　（晉）薛瑩撰

　後漢書注一卷　（吳）華嶠撰

　後漢書一卷　（晉）謝沈撰

　後漢書一卷　（晉）袁山松撰

　晉書一卷　（晉）虞預撰

　晉書一卷　（晉）朱鳳撰

　晉中興書一卷附徵祥說　（劉宋）何法盛撰

　晉書一卷　（劉宋）謝靈運撰

　晉書一卷　（南齊）臧榮緒撰

編年類

　竹書紀年一卷

別史類

　後漢記一卷　（晉）張璠撰

　晉書一卷　（晉）陸機撰

　附

　　惠帝起居注一卷　（晉）陸機撰

　晉紀一卷　（晉）干寶撰

　漢晉春秋一卷　（晉）習鑿齒撰

　晉紀一卷　（晉）鄧粲撰

　晉陽秋一卷　（晉）孫盛撰

　晉紀一卷　（劉宋）劉謙之撰

　晉安帝紀一卷　（劉宋）王韶之撰

　晉紀一卷　（晉）徐廣撰

　續晉陽秋一卷　（劉宋）檀道鸞撰

　晉起居注一卷　（劉宋）劉道薈撰

　衆家晉史一卷

　　晉紀　（劉宋）裴松之撰

　　晉書　（梁）蕭子雲撰

　　晉史草　（梁）蕭子顯撰

　　晉書　（梁）沈約撰

　　晉錄

　　晉要事

　　晉朝雜事

　　建武故事

　　晉世譜

　　晉官品令

　　王朝目錄

　　晉泰始起居注　（晉）李軌撰

　　晉咸寧起居注　（晉）李軌撰

　　晉泰康起居注　（晉）李軌撰

　　晉山陵故事

　　晉武帝起居注　（晉）□□撰

晉永安起居注　（晉）□□撰

晉建武起居注　（晉）□□撰

晉太興起居注　（晉）□□撰

晉咸和起居注　（晉）李軌撰

晉咸康起居注　（晉）□□撰

晉康帝起居注　（晉）□□撰

晉永和起居注　（晉）□□撰

晉孝武帝起居注　（晉）□□撰

晉太元起居注　（晉）□□撰

晉隆安起居注　（晉）□□撰

晉義熙起居注　（晉）□□撰

晉書(三國志注引)

晉書(世說注引)

晉紀(文選注引)

晉紀(北堂書鈔引)

晉紀(初學記引)

晉書(羣書治要所載)

晉紀(白帖引)

晉紀(御覽引)

雜史類

　尙書百兩篇一卷　（漢）張霸撰

　國語解詁一卷　（漢）鄭衆撰

　國語注一卷　（漢）賈逵撰

　國語注一卷　（吳）唐固撰

　國語章句一卷　（魏）王肅撰

　國語注一卷　（晉）孔晁撰

　春秋後語一卷　（晉）孔衍撰

　楚漢春秋一卷　（漢）陸賈撰

　伏侯古今注一卷　（漢）伏無忌撰

　英雄記一卷　（魏）王粲撰

　戰略一卷　（晉）司馬彪撰

　九州春秋一卷　（晉）司馬彪撰

　晉諸公讚一卷　（晉）傅暢撰

　晉後略一卷　（晉）荀綽撰

　晉八王故事一卷　（晉）盧綝撰

　晉四王遺事一卷　（晉）盧綝撰

傳記類

　喪服要記一卷　（魏）王肅撰

　三輔決錄一卷　（漢）趙岐撰　（晉）摯虞注

　孝子傳一卷　（漢）劉向撰

　孝子傳一卷　（晉）蕭廣濟撰

　孝子傳一卷　（劉宋）師覺授撰

時令類

　唐明皇月令注解一卷　（唐）李林甫等撰

地理類

　晉太康三年地記一卷　（晉）□□撰

　晉書地道記一卷　（晉）王隱撰

　括地志一卷　（唐）李泰等撰

職官類

　漢官解詁一卷　（漢）王隆撰　（漢）胡廣注

漢官一卷　(漢)□□撰
漢官儀一卷　(漢)應劭撰
漢官典儀一卷　(漢)蔡質撰
漢儀一卷　(吳)丁孚撰
晉百官名一卷　　　　　　〔撰
晉公卿禮秩一卷附晉故事一卷　(晉)傅暢
晉百官表注一卷　(晉)荀綽撰
政書類
　石渠禮論一卷　(漢)戴聖撰
　漢舊儀一卷　(漢)衞宏撰
　問禮俗一卷　(魏)董勛撰
　高密遺書　(漢)鄭玄撰
　　鄭司農(玄)年譜一卷　(清)孫星衍撰
　　(清)阮元補訂　(清)黃奭案
　　尚書大傳注一卷
　　毛詩譜一卷
　　答臨孝存周禮難一卷
　　魯禮禘祫義一卷
　　喪服變除一卷
　　三禮目錄一卷
　　駮五經異義一卷
　　孝經解一卷
　　論語篇目弟子一卷
　　論語注一卷

黃氏逸書考(原名漢學堂叢書)

(清)黃奭輯
清道光中甘泉黃氏刊民國十四年(1925)
　王鑒修補印本
民國二十三年(1934)江都朱長圻據甘泉
　黃氏原版補刊印本
漢學堂經解
　子夏易傳一卷　(周)卜商撰
　易章句一卷　(漢)孟喜撰
　易章句一卷　(漢)京房撰
　易傳一卷　(漢)馬融撰
　易章句一卷　(漢)劉表撰
　易注一卷　(漢)宋衷撰
　易言一卷　(漢)荀爽撰
　易章句一卷　(魏)董遇撰
　易注一卷　(魏)王肅撰
　易述一卷　(吳)陸績撰
　易注一卷　(吳)虞翻撰
　易注一卷　(吳)姚信撰
　易注一卷　(晉)干寶撰
　易傳一卷　(唐)陸希聲撰
　易晉注一卷　(晉)徐邈撰
　莊氏易義一卷　(□)莊□撰
　九家易集注一卷
　易義一卷　(□)翟玄撰

易注一卷　(晉)張璠撰
易義一卷　(晉)向秀撰
易注一卷　(晉)王廙撰
易集解一卷　(晉)張璠撰
易注一卷　(晉)黃穎撰
易注(一名蜀才易注)一卷　(蜀)范長生撰
乾坤義一卷　(南齊)劉瓛撰
繫辭疏一卷　(南齊)劉瓛撰
易注一卷　(梁)褚仲都撰
易注一卷　(陳)周弘正撰
周易講疏一卷　(隋)何妥撰
易注一卷　(□)侯果撰
易探玄一卷　(唐)崔憬撰
易晉注一卷　(□)薛虞撰
盧氏易注一卷　(□)盧□撰
易雜家注一卷
尚書章句一卷　(漢)歐陽生撰
尚書義疏一卷　(隋)顧彪撰
魯詩傳一卷　(漢)申培撰
齊詩傳一卷　(漢)轅固撰
韓詩內傳一卷　(漢)韓嬰撰
毛詩注一卷　(漢)馬融撰
毛詩注一卷　(魏)王肅撰
毛詩申鄭義一卷　(魏)王基撰
毛詩異同評一卷　(晉)孫毓撰
周官傳一卷　(漢)馬融撰
周官注一卷　(晉)干寶撰
儀禮喪服經傳一卷　(漢)馬融撰
儀禮喪服注一卷　(魏)王肅撰
喪服變除圖一卷　(吳)射慈撰
禮記音義隱一卷　(吳)射慈撰
儀禮喪服經傳略注一卷　(劉宋)雷次宗撰
禮記解詁一卷　(漢)盧植撰
月令章句一卷　(漢)蔡邕撰
月令問答一卷　(漢)蔡邕撰
明堂月令論一卷　(漢)蔡邕撰
三禮圖一卷　(漢)阮諶撰
三禮義宗一卷　(梁)崔靈恩撰
春秋左氏解詁一卷　(漢)賈逵撰
春秋左氏傳解誼一卷　(漢)服虔撰
春秋土地名一卷　(晉)京相璠撰
春秋左氏傳述義一卷　(隋)劉炫撰
春秋盟會圖一卷　(漢)嚴彭祖撰
春秋穀梁傳注一卷　(魏)糜信撰
穀梁傳例一卷　(晉)范甯撰
春秋後傳一卷　(晉)樂資撰
五經通義一卷　(漢)劉向撰
五經要義一卷　(劉宋)雷次宗撰
五經然否論一卷　(蜀)譙周撰
五經疑問一卷　(後魏)房景先撰

規過一卷　（隋）劉炫撰
孟子注一卷　（漢）劉熙撰
爾雅古義十二卷
　　爾雅犍爲文學注一卷　（漢）□□撰
　　爾雅注一卷　（漢）樊光撰
　　爾雅注　（漢）李巡撰
　　爾雅注　（漢）劉歆撰　　以上合一卷
　　爾雅音注一卷　（魏）孫炎撰
　　爾雅音義一卷　（晉）郭璞撰
　　爾雅圖贊一卷　（晉）郭璞撰
　　爾雅集注一卷　（梁）沈旋撰
　　爾雅音一卷　（陳）施乾撰
　　爾雅音一卷　（陳）謝嶠撰
　　爾雅音一卷　（梁）顧野王撰
　　爾雅衆家注二卷
辨釋名一卷　（吳）韋昭撰
倉頡篇一卷
蒼頡訓纂一卷　（漢）揚雄撰
三倉解詁一卷　（晉）郭璞撰
倉頡解詁一卷　（晉）郭璞撰
廣倉一卷　（魏）樊恭撰
埤倉一卷　（魏）張揖撰
凡將篇一卷　（漢）司馬相如撰
通俗文一卷　（漢）服虔撰
勸學篇一卷　（漢）蔡邕撰
古今字詁一卷　（魏）張揖撰
字指一卷　（晉）李彤撰
文字集略一卷　（梁）阮孝緒撰
纂文一卷　（劉宋）何承天撰
纂要一卷　梁元帝撰
文字指歸一卷　（隋）曹憲撰
字畧一卷　（後魏）宋世良撰
字統一卷　（後魏）楊承慶撰
桂苑珠叢一卷　（隋）諸葛潁撰
新字林一卷　（唐）陸善經撰
字書一卷
小學一卷
聲類一卷　（魏）李登撰
開元文字音義一卷　唐玄宗撰
晉譜一卷附聲譜一卷　（劉宋）李槩撰
韻略一卷　（北齊）陽休之撰　（王鑒本）
韻集一卷　（晉）呂靜撰
唐韻二卷　（唐）孫愐撰
韻海鏡源一卷　（唐）顏眞卿撰
切韻一卷　（唐）李舟撰
通緯
　河圖一卷
　河圖緯一卷
　　河圖祕徵
　　河帝通紀

河圖著命
河圖說徵
河圖考靈曜
河圖眞鉤
河圖提劉
河圖會昌符
河圖天靈
河圖要元
河圖叶光紀
河圖降象
河圖皇參持
河圖闓苞授
河圖合古編
河圖赤伏符
河圖括地象一卷附括地圖
河圖帝覽嬉一卷
河圖稽命徵一卷
河圖稽耀鉤一卷
河圖握矩記一卷
河圖祿運法一卷
河圖挺佐輔一卷
河圖玉版一卷
龍魚河圖一卷
河圖始開圖一卷
雒書一卷
雒書甄曜度一卷
雒書靈准聽一卷
雒書摘六辟一卷
易緯一卷
易乾鑿度鄭氏注一卷　（漢）鄭玄撰
易乾坤鑿度鄭氏注一卷　（漢）鄭玄撰
易是類謀鄭氏注一卷　（漢）鄭玄撰
易坤靈圖鄭氏注一卷　（漢）鄭玄撰
易乾元序制記鄭氏注一卷　（漢）鄭玄撰
易辨終備鄭氏注一卷　（漢）鄭玄撰
易稽覽圖鄭氏注一卷　（漢）鄭玄撰
易通卦驗鄭氏注一卷　（漢）鄭玄撰
尚書緯一卷
尚書攷靈曜一卷
尚書璇璣鈴一卷
尚書帝命驗一卷
尚書刑德放一卷
尚書運期授一卷
尚書中候一卷
詩緯一卷
詩含神霧一卷
詩推度災一卷
詩汎歷樞一卷
禮緯一卷
禮含文嘉一卷

禮稽命徵一卷
禮斗威儀一卷
樂緯一卷
樂協圖徵一卷
樂動聲儀一卷
樂稽耀嘉一卷
春秋一卷
春秋演孔圖一卷
春秋說題辭一卷
春秋元命苞一卷
春秋文耀鉤一卷
春秋運斗樞一卷
春秋感精符一卷
春秋合誠圖一卷
春秋攷異郵一卷
春秋保乾圖一卷
春秋佐助期一卷
春秋握誠圖一卷
春秋潛潭巴一卷
春秋命厤序一卷
春秋內事一卷
論語摘輔象一卷
論語摘衰聖一卷
孝經一卷
孝經緯一卷
　孝經中契
　孝經左契
　孝經右契
　孝經契
　孝經古祕
　孝經威嬉拒
　孝經章句
孝經鉤命決一卷
孝經援神契一卷
孝經內記圖一卷
附讖
　河圖聖洽符一卷
　論語撰考讖一卷
　論語比考讖一卷
　孝經雌雄圖一卷
　遁甲開山圖一卷　(□)榮□解
子史鉤沈
　典論一卷　魏文帝撰
　物理論一卷　(晉)楊泉撰
　六韜一卷　(周)呂望撰
　法經一卷　(周)李悝撰
　公羊治獄一卷　(漢)董仲舒撰
　法訓一卷　(蜀)譙周撰
　范子計然一卷
　神農本草經三卷　(魏)吳普等述

乾象術一卷　(漢)劉洪撰
洪範五行傳一卷　(漢)劉向撰
易雜占條例泜一卷　(漢)京房撰
易洞林一卷　(晉)郭璞撰
易元包一卷　(北周)衞元嵩撰　(唐)蘇源
　明傳　(唐)李江注
淮南王萬畢術一卷　(漢)劉安撰
鐘律書一卷　(漢)劉歆撰
琴操一卷　(漢)蔡邕撰
古今樂錄一卷　(陳)釋智匠撰
魏皇覽一卷　(魏)劉劭(魏)王象撰
逸莊子一卷　(周)莊周撰
莊子注一卷　(晉)司馬彪撰
淮南子注一卷　(漢)許愼撰
竹書紀年一卷
尙書百兩篇一卷　(漢)張霸撰
國語解詁一卷　(漢)鄭衆撰
國語注一卷　(漢)賈逵撰
國語注一卷　(吳)唐固撰
國語章句一卷　(魏)王肅撰
國語注一卷　(晉)孔晁撰
國語注一卷　(吳)虞翻撰
春秋後語一卷　(晉)孔衍撰
楚漢春秋一卷　(漢)陸賈撰
古史考一卷　(蜀)譙周撰
後漢書一卷　(吳)謝承撰　民國二十三年
　(1934)刊　(朱長圻本)
漢後書一卷　(晉)薛瑩撰
後漢書注一卷　(晉)華嶠撰
後漢書一卷　(晉)謝沈撰
後漢書一卷　(晉)袁山松撰
後漢紀一卷　(晉)張璠撰
晉書一卷　(晉)虞預撰
晉書一卷　(晉)朱鳳撰
晉中興書一卷附徵祥說　(劉宋)何法盛撰
晉書一卷　(劉宋)謝靈運撰
晉書一卷　(南齊)臧榮緒撰
晉書一卷　(晉)陸機撰
附
　惠帝起居注一卷　(晉)陸機撰
晉書一卷　(晉)王隱撰
附
　晉書地道記一卷　(晉)王隱撰
晉紀一卷　(晉)干寶撰
漢晉春秋一卷　(晉)習鑿齒撰
晉紀一卷　(晉)鄧粲撰
晉記一卷　(劉宋)劉謙之撰
晉安帝紀一卷　(劉宋)王韶之撰
晉紀一卷　(晉)徐廣撰
晉紀一卷　(晉)曹嘉之撰　民國二十三年

(1934)刊 (朱長圻本)
晉陽秋一卷 (晉)孫盛撰
續晉陽秋一卷 (劉宋)檀道鸞撰
晉起居注一卷 (劉宋)劉道薈撰
衆家晉史一卷
　晉紀 (劉宋)裴松之撰
　晉書 (梁)蕭子雲撰
　晉史草 (梁)蕭子顯撰
　晉書 (梁)沈約撰
　晉錄
　晉要事
　晉朝雜事
　建武故事
　晉世譜
　晉官品令
　王朝目錄
　晉泰始起居注 (晉)李軌撰
　晉咸寧起居注 (晉)李軌撰
　晉泰康起居注 (晉)李軌撰
　晉山陵故事
　晉武帝起居注 (晉)□□撰
　晉永安起居注 (晉)□□撰
　晉建武起居注 (晉)□□撰
　晉太興起居注 (晉)□□撰
　晉咸和起居注 (晉)李軌撰
　晉咸康起居注 (晉)□□撰
　晉康帝起居注 (晉)□□撰
　晉永和起居注 (晉)□□撰
　晉孝武帝起居注 (晉)□□撰
　晉太元起居注 (晉)□□撰
　晉隆安起居注 (晉)□□撰
　晉義熙起居注 (晉)□□撰
　晉書(三國志注引)
　晉書(世說注引)
　晉紀(文選注引)
　晉紀(北堂書鈔引)
　晉紀(初學記引)
　晉書(羣書治要所載)
　晉紀(白帖引)
　晉紀(御覽引)
晉諸公讚一卷 (晉)傅暢撰
晉後略一卷 (晉)荀綽撰
晉八王故事一卷 (晉)盧綝撰
晉四王遺事一卷 (晉)盧綝撰
伏侯古今注一卷 (漢)伏無忌撰
英雄記一卷 (魏)王粲撰
戰略一卷 (晉)司馬彪撰
九州春秋一卷 (晉)司馬彪撰
郭氏玄中記一卷 (□)郭□撰
渚宮舊事一卷 (唐)余知古撰

括地志一卷 (唐)李泰等撰
晉太康三年地記一卷 (晉)□□撰
喪服要記一卷 (魏)王肅撰
三輔決錄一卷 (漢)趙岐撰 (晉)摯虞注
孝子傳一卷 (漢)劉向撰
孝子傳一卷 (晉)蕭廣濟撰
孝子傳一卷 (劉宋)師覺授撰
漢官解詁一卷 (漢)王隆撰 (漢)胡廣注
漢官一卷 (漢)□□撰
漢官儀一卷 (漢)應劭撰
漢官典儀一卷 (漢)蔡質撰
漢儀一卷 (吳)丁孚撰
晉百官名一卷 　　　　　　　　　［撰
晉公卿禮秩一卷附晉故事一卷 (晉)傅暢
晉百官表注一卷 (晉)荀綽撰
石渠禮論一卷 (漢)戴聖撰
漢舊儀一卷 (漢)衞宏撰
問禮俗一卷 (魏)董勛撰
唐明皇月令注解一卷 (唐)李林甫等撰
通德堂經解 (漢)鄭玄撰 (清)黃奭輯
　周易注一卷
　尙書大傳注一卷
　尙書古文注一卷
　毛詩譜一卷
　答臨孝存周禮難一卷
　魯禮禘祫義一卷
　喪服變除一卷
　三禮目錄一卷
　駁五經異義一卷
　孝經解一卷
　箴左氏膏肓一卷
　釋穀梁廢疾一卷
　發公羊墨守一卷
　六藝論一卷
　鄭志一卷 (魏)鄭小同編 (清)黃奭輯
　論語篇目弟子一卷
　論語注一卷
　附
　　鄭司農(玄)年譜一卷 (清)孫星衍撰
附
　不波山房詩鈔一卷 (清)王甲曾撰 (朱
　　長圻本)
　聽秋山房賸稿一卷 (清)王爾銘撰 (朱
　　長圻本)
　雲史日記一卷 (清)王爾銘撰
　逸珊王公(甲曾)行略一卷 (清)桂邦傑撰
　　(朱長圻本)
　宋史李重進列傳注一卷 (朱長圻本)
　懷荃室詩存五卷 (民國)王鑒撰 (朱長
　　圻本)

豰淡廬叢藁

(民國)葉昌熾輯
　　稿本
　　晉宮閣銘一卷
　　述征記一卷　(晉)郭緣生撰
　　西征記一卷　(晉)戴祚撰
　　壽陽記一卷　(劉宋)王元謨撰
　　豫章記一卷　(劉宋)雷次宗撰
　　洛陽記一卷
　　辛氏三秦記一卷　(□)辛□撰
　　三齊略記一卷　(晉)伏琛撰
　　洛陽記一卷　(晉)陸機撰
　　關中記一卷　(晉)潘岳撰
　　荊州記一卷　(劉宋)盛弘之撰
　　南越志一卷　(□)沈懷遠撰
　　十三州志一卷　(後魏)闞駰撰
　　吳錄一卷
　　南兗州記一卷　(□)阮敍之撰
　　南徐州記一卷　(□)山謙之撰
　　宜都山川記一卷　(□)李□撰
　　永初山川古今記一卷　(劉宋)劉澄之撰
　　秦州記一卷

輯佚叢刊

陶棟輯　　　　　　　　　　　　　　[本
　　民國三十七年(1948)上海中華書局排印
　　東觀漢記二卷拾遺二卷　(漢)梁珍等撰
　　干寶晉紀二卷　(晉)干寶撰
　　何法盛晉中興書二卷　(劉宋)何法盛撰
　　王隱晉書二卷　(晉)王隱撰
　　臧榮緒晉書二卷　(南齊)臧榮緒撰
　　劉璠梁典一卷　(北周)劉璠撰
　　張揖埤蒼一卷　(魏)張揖撰
　　異物志三卷
　　相馬經一卷
　　相鶴經一卷　(□)浮丘公撰

郡　邑　類

畿輔叢書

(清)王灝輯
　　清光緒五年(1879)定州王氏謙德堂刊本
　　荀子二十卷附校勘補遺一卷　(周)荀況撰
　　　(唐)楊倞注　(清)盧文弨(清)謝墉
　　　校
　　春秋繁露十七卷附凌注校正十七卷　(漢)
　　　董仲舒撰　(清)凌曙注　校正(清)張
　　　駒賢撰
　　董子文集一卷　(漢)董仲舒撰

韓詩外傳十卷補逸一卷附校注拾遺一卷
　　(漢)韓嬰撰　(清)周廷寀校注　補遺
　　(清)趙懷玉輯　校注拾遺(清)周宗杭
　　輯
廣雅疏證十卷　(清)王念孫撰　(清)王引
　　之述
附　　　　　　　　　　　　　　　　[校
　　博雅音十卷　(隋)曹憲撰　(清)王念孫
戰國策三十三卷　(漢)高誘注
人物志三卷　(魏)劉邵撰　(後魏)劉昞注
古今注三卷　(晉)崔豹撰
高令公集一卷　(後魏)高允撰
大戴禮記補注十三卷序錄一卷　(清)孔廣
　　森撰
校正孔氏大戴禮記補注十三卷　(民國)王
　　樹枏撰
劉子十卷　(北齊)劉晝撰　(唐)袁孝政注
蒙求三卷　(後晉)李瀚撰
尚書故實一卷　(唐)李綽撰
封氏聞見記十卷　(唐)封演撰
朝野僉載一卷　(唐)張鷟撰
元和郡縣圖志四十卷(原缺卷十九至二十、
　　卷二十三至二十四、卷三十五至三十
　　六)闕卷逸文一卷附攷證三十四卷
　　(唐)李吉甫撰　逸文(清)孫星衍輯
　　攷證(清)張駒賢撰
魏鄭公文集三卷詩集一卷　(唐)魏徵撰
魏鄭公諫錄五卷　(唐)王方慶輯
魏鄭公諫續錄一卷　(元)翟思忠輯
李相國論事集六卷遺文一卷　(唐)李絳撰
　　(唐)蔣偕輯
盧昇之集七卷　(唐)盧照鄰撰
高常侍集二卷　(唐)高適撰
劉隨州集十一卷　(唐)劉長卿撰
盧仝集三卷　(唐)盧仝撰　　　　　　[撰
劉賓客文集三十卷補遺一卷　(唐)劉禹錫
李元賓文集六卷　(唐)李觀撰
長江集十卷閬仙詩附集一卷　(唐)賈島撰
李衛公會昌一品集二十卷別集十卷外集四
　　卷補遺一卷　(唐)李德裕撰
羣經音辨七卷　(宋)賈昌朝撰
明本釋三卷　(宋)劉荀撰
元城語錄三卷附行錄一卷　(宋)馬永卿撰
　　行錄(明)崔銑撰　　　　　　　　[撰
元城語錄解三卷行錄解一卷　(明)王崇慶
近事會元五卷附校勘記一卷 考證 一卷
　　(宋)李上交撰　校勘記(清)錢熙祚撰
　　考證(民國)王樹枏等撰
春明退朝錄三卷　(宋)宋敏求撰
盡言集十三卷　(宋)劉安世撰

忠肅集二十卷　(宋)劉摯撰
學易集八卷　(宋)劉跂撰
李忠愍公集一卷　(宋)李若水撰
姑溪題跋二卷　(宋)李之儀撰
閑閑老人滏水文集二十卷補遺一卷附一卷
　　(金)趙秉文撰　附(金)元好問撰
滹南遺老集四十五卷詩集一卷續編詩集一
　　卷　(金)王若虛撰
敬齋古今黈八卷　(元)李冶撰
西使記一卷　(元)劉郁撰
元朝名臣事略十五卷　(元)蘇天爵撰
汝南遺事四卷　(元)王鶚撰
困學齋雜錄一卷　(元)鮮于樞撰
靜修先生文集十二卷　(元)劉因撰
安默庵先生文集五卷　(元)安熙撰
易經增註十卷考一卷　(明)張鏡心撰
　　(明)張溍輯
古今律歷考七十二卷戊申立春考證一卷
　　(明)邢雲路撰
典故紀聞十八卷　(明)余繼登撰
平播全書十五卷　(明)李化龍撰
鄉約一卷　(明)尹畊撰
塞語一卷　(明)尹畊撰
車營百八叩一卷　(明)孫承宗撰
觀心約一卷　(明)鄒森撰
淡濱語錄二十卷　(明)蔡爕撰
鹿忠節公(善繼)年譜二卷　(清)陳鉉撰
認眞草十六卷　(明)鹿善繼撰
蘭臺奏疏三卷　(明)馬從聘撰
王少司馬奏疏二卷　(明)王家楨撰
金忠潔集六卷　(明)金鉉撰
附
　　金忠潔年譜一卷　(清)金鏡撰
東田文集三卷詩集三卷　(明)馬中錫撰
花王閣賸稿一卷　(明)紀坤撰
楊忠愍公集二卷　(明)楊繼盛撰
味檗齋文集十五卷　(明)趙南星撰
范文忠公文集十卷　(明)范景文撰
宋布衣集三卷　(明)宋登春撰
清平閣唱和詩一卷　(明)宋登春等撰
史忠正公集四卷首一卷附錄一卷　(明)史
　　可法撰
永年申氏遺書　(清)申居鄖輯
　　申端愍公文集二卷首一卷末一卷　(明)
　　　　申佳胤撰
　　申端愍公詩集八卷　(明)申佳胤撰
　　申鳧盟先生(涵光)年譜一卷　(清)申涵
　　　　煜(清)申涵昐撰
　　聰山集三卷　(清)申涵光撰
　　聰山詩選八卷　(清)申涵光撰

荆園進語一卷　(清)申涵光撰
荆園小語一卷　(清)申涵光撰
省心短語一卷　(清)申涵煜撰
通鑑評語五卷　(清)申涵煜撰
忠裕堂集一卷　(清)申涵昐撰
西巖贅語一卷　(清)申居鄖撰
耐俗軒新樂府一卷　(清)申頲撰
申氏拾遺集二卷　(清)申居鄖輯
顏習齋遺書　(清)顏元撰
　　顏習齋先生年譜二卷　(清)李塨撰
　　顏習齋先生言行錄二卷闕異錄二卷
　　　　(清)鍾錂輯
　　習齋記餘十卷
　　四存編十一卷
　　　存學編四卷
　　　存治編一卷
　　　存人編四卷
　　　存性編二卷
李恕谷遺書　(清)李塨撰
　　李恕谷先生年譜五卷　(清)馮辰撰
　　聖經學規纂二卷
　　論學二卷
　　小學稽業五卷
　　大學辨業四卷
　　學禮五卷
　　學射錄二卷
　　閱史郄視四卷續一卷
　　擬太平策七卷
　　評乙古文一卷
　　恕谷後集十三卷
　　平書訂十四卷
孫夏峯遺書　(清)孫奇逢撰
　　夏峯先生集十四卷
　　語錄二卷
　　答問二卷
　　孫夏峯先生年譜二卷　(清)湯斌等撰
　　孝友堂家規一卷
　　孝友堂家訓一卷
尹健餘先生全集　(清)尹會一撰
　　尹少宰奏議十卷
　　健餘先生文集十卷
　　四鑑錄十六卷
　　　君鑑錄四卷
　　　臣鑑錄四卷
　　　士鑑錄四卷
　　　女鑑錄四卷
　　呂語集粹四卷
　　健餘劄記四卷
　　健餘先生讀書筆記六卷　(清)苑琯輯錄
　　健餘先生撫豫條教四卷　(清)張受長輯

健餘先生尺牘四卷　　　　　　　　　〔　〕撰
尹健餘先生(會一)年譜三卷　　(清)呂熾
崔東壁遺書　(清)崔述撰
　考信錄提要二卷
　補上古考信錄二卷
　唐虞考信錄四卷
　夏考信錄二卷
　商考信錄二卷
　豐鎬考信錄八卷
　洙泗考信錄四卷
　豐鎬考信別錄三卷
　洙泗考信餘錄三卷
　孟子事實錄二卷
　考信附錄二卷
　考古續說二卷
　讀風偶識四卷
　五服異同彙考三卷
介菴經說十卷補二卷　　(清)雷學淇撰
世本二卷附考證一卷　(漢)宋衷注　(清)
　雷學淇輯併撰考證
古經服緯三卷附釋問一卷　(清)雷鐏撰
　(清)雷學淇釋併撰釋問
王制管窺一卷　(清)耿極撰
論語附記二卷　(清)翁方綱撰
孟子附記二卷　(清)翁方綱撰
詩附記四卷　(清)翁方綱撰
禮記附記六卷　(清)翁方綱撰
古本大學輯解二卷　(清)楊亶驊撰
中庸本解二卷中庸提要一卷　(清)楊亶驊
　撰
重斠唐韻攷五卷　(清)紀容舒撰　(清)錢
　熙祚斠　(民國)錢恂重斠
玉臺新詠考異十卷　(清)紀容舒撰
沈氏四聲考二卷　(清)紀昀撰
審定風雅遺音二卷　(清)史榮撰　(清)紀
　昀審定
歌麻古韻考四卷　(清)吳樹聲撰　(清)苗
　夔補注
周秦名字解故附錄一卷　(清)王萱齡撰
潞城考古錄二卷　(清)劉錫信撰
歷代諱名考一卷　(清)劉錫信撰
漢書西域傳補注二卷　(清)徐松撰
唐兩京城坊考五卷　(清)徐松撰　(清)張
　穆校補
明史紀事本末八十卷　(清)谷應泰撰
明書一百七十一卷　(清)傅維鱗撰
臺海使槎錄八卷　(清)黃叔璥撰
黃崑圃先生(叔琳)年譜三卷　(清)顧鎮撰
魏貞庵先生(裔介)年譜一卷　(清)魏荔彤
　撰

魏敏果公(象樞)年譜一卷　(清)魏象樞述
　(清)魏學誠等錄
廣陽雜記五卷　(清)劉獻廷撰
潛室劄記二卷　(清)刁包撰
樵香小記二卷　(清)何琇撰
簡通錄二卷　(清)馬煇撰
朱子學歸二十三卷　(清)鄭端輯
政學錄五卷　(清)鄭端撰
成周徹法演四卷　(清)何貽霈撰
乾坤大略十卷補遺一卷　(清)王餘佑撰
魏文毅公奏議三卷　(清)魏裔介撰
兼濟堂集九卷　(清)魏裔介撰
瓊琚佩語一卷　(清)魏裔介撰
寒松堂集十卷詩集三卷　(清)魏象樞撰
居業堂文集二十卷　(清)王源撰
陳學士文集十五卷　(清)陳儀撰
笥河文集十六卷首一卷　(清)朱筠撰
瓶水齋詩集十七卷別集二卷　(清)舒位撰
知足齋文集六卷進呈文稾二卷　(清)朱珪
　撰
萬善花室文稾七卷　(清)方履籛撰
郝雪海先生筆記三卷　(清)郝浴撰
留耕堂詩集一卷　(清)殷岳撰
積書巖詩集一卷　(清)劉逢源撰
玉暉堂詩集五卷　(清)趙湛撰
柿葉庵詩選一卷　(清)張蓋撰

屏廬叢刻

　(民國)金鉞輯
　　民國十三年(1924)天津金氏刊本
　詩禮堂雜纂二卷　(清)王又樸撰
　介山自定年譜一卷　(清)王又樸撰
　蓮坡詩話三卷　(清)查爲仁撰
　銅鼓書堂詞話一卷　(清)查禮撰
　畫梅題記一卷　(清)查禮撰
　書法偶集一卷　(清)陳玠撰
　南宗抉祕一卷　(清)華琳撰
　天台雁蕩紀游一卷　(清)金玉岡撰
　慤思錄一卷　(清)欒立本撰
　竈嫗解一卷　(清)沈峻撰
　篷窗附錄二卷　(清)沈兆澐撰
　吟齋筆存三卷　(清)梅成棟撰
　耄學齋晬語一卷　(清)楊光儀撰
　古泉叢攷(一名藏雲閣識小錄)四卷　(清)
　　徐士鑾輯
　金剛愨公表忠錄一卷　(清)金頤增輯
　　(民國)金鉞重輯

山右叢書初編

　(民國)山西省文獻委員會輯

民國排印本

周易史證四卷 (清)彭作邦撰

易傳偶解一卷 (清)彭作邦撰

論語贅言二卷 (清)宋在詩撰

讀孟子劄記一卷 (清)崔紀撰

四書說六卷 (明)辛全撰

緯攟十四卷 (清)喬松年輯

　易緯一卷

　　易乾鑿度

　　乾坤鑿度

　　易通卦驗

　　易稽覽圖

　　易是類謀

　　易辨終備

　　易中孚傳

　　易天人應

　　易通統圖

　　易運期

　　易內傳

　　易萌氣樞

　　易內篇

　　易傳太初篇

　　泛引易緯

　尚書緯二卷

　　尚書考靈曜

　　尚書帝命驗

　　尚書璇璣鈐

　　尚書刑德放

　　尚書運期授

　　尚書帝驗期

　　尚書洪範記

　　泛引尚書緯　以上合一卷

　　尚書中候

　　中候握河紀

　　中候我應

　　中候考河命

　　中候雒予命

　　中候雒師謀

　　中候摘雒貳

　　中候儀明

　　中候敕省圖

　　中候稷起

　　中候準讖哲

　　中候合符后

　　中候運衡

　　中候契握

　　中候苗興　以上合一卷

　詩緯一卷

　　詩含神霧

　　詩推度災

　　詩汎歷樞

　　泛引詩緯

　春秋緯二卷

　　春秋演孔圖

　　春秋元命包

　　春秋文曜鈎

　　春秋運斗樞

　　春秋感精符

　　春秋合誠圖　以上合一卷

　　春秋考異郵

　　春秋保乾圖

　　春秋漢含孳

　　春秋佐助期

　　春秋握誠圖

　　春秋潛潭巴

　　春秋說題辭

　　春秋命歷序

　　春秋內事

　　春秋緯雜篇

　　　春秋錄圖

　　　春秋錄運法

　　　春秋孔錄法

　　　春秋璇璣樞

　　　春秋揆命篇

　　　春秋河圖揆命篇

　　　春秋玉版

　　　春秋瑞應傳

　　泛引春秋緯　以上合一卷

　禮緯一卷

　　禮含文嘉

　　禮稽命徵

　　禮斗威儀

　　泛引禮緯

　樂緯一卷

　　樂動聲儀

　　樂稽耀嘉

　　樂叶圖徵

　　泛引樂緯

　孝經緯一卷

　　孝經援神契

　　孝經中契

　　孝經左契

　　孝經右契

　　孝經鈎命決

　　孝經內事

　　孝經緯雜篇

　　　孝經河圖

　　　孝經中黃

　　　孝經威嬉拒

　　泛引孝經緯

論語緯一卷

論語比考

論語譔考

論語摘輔象

論語摘衰聖

論語緯雜篇

　　論語素王受命讖

　　論語崇爵讖

　　論語糾滑讖

　　論語陰嬉讖

泛引論語讖

河圖緯一卷

河圖括地象

河圖始開圖

河圖挺佐輔

河圖稽耀鈎

河圖帝覽禧

河圖握矩起

河圖玉版

龍魚河圖

河圖雜篇

　　河圖合古篇

　　河圖今占篇

　　河圖赤伏符

　　河圖闓苞受

　　河圖抃光篇

　　河圖龍文

　　河圖錄運法

　　河圖帝通紀

　　河圖眞紀鈎

　　河圖考鈎

　　河圖祕徵

　　河圖說徵

　　河圖說徵祥

　　河圖會昌符

　　河圖稽命徵

　　河圖揆命篇

　　河圖要元篇

　　河圖天靈

　　河圖提劉篇

　　圖緯絳象

　　河圖著命

　　河圖皇參待

　　河圖帝視萌

　　泛引河圖

雜書緯一卷

雜書靈準聽

雜書甄曜度

雜書摘六辟

雜書緯雜篇

雜書寶號命

雜書說禾

雜書錄運法

雜書錄運期

泛引雜書

古微書訂誤一卷

古微書存考一卷

萬卷精華樓藏書記一百四十六卷　(清)耿
　　文光撰

大唐創業起居注三卷　(唐)溫大雅撰

萬里行程記一卷　(清)祁韻士撰

濛池行稿一卷　(清)祁韻士撰

鶴皋年譜一卷　(清)祁韻士自撰

南遊記一卷　(清)孫嘉淦撰

從戎始末一卷　(明)張道濬撰

兵燹瑣記一卷　(明)張道濬撰

西陲要略四卷　(清)祁韻士撰

西陲竹枝詞一卷　(清)祁韻士撰

綠溪語二卷　(清)靳榮藩撰

聞見擷香錄十卷　(清)秦武域撰

西湖雜咏一卷　(清)秦武域撰

蘿藦亭札記八卷　(清)喬松年撰

尙書攷辨四卷　(清)宋鑒撰

㞳齋文集八卷詩集四卷　(清)張穆撰
附

　　石州(張穆)年譜一卷　(清)張繼文撰

西北之文十二卷(原缺卷十二)　(清)畢振
　　姬撰

續尤西堂擬明史樂府一卷　(清)張晉撰
　　(清)楊履道生

梅崖文鈔一卷　(清)郭兆麟撰

梅崖詩話一卷　(清)郭兆麟撰

顧齋遺集二卷　(清)王軒撰
附

　　顧齋簡譜一卷　(民國)楊恩澍撰

洀水齋文鈔三卷詩鈔五卷　(明)張愼言撰

文潞公文集四十卷　(宋)文彥博撰

自課堂文一卷詩餘一卷詩選一卷　(清)程
　　康莊撰

松龕全集十卷　(清)徐繼畬撰

　奏疏二卷

　文集四卷詩集二卷

　兩漢幽幷涼三州今地考略一卷

　漢志沿邊十郡考略一卷

常評事集四卷　(明)常倫撰

常評事寫情集二卷　(明)常倫撰

莊靖先生遺集十卷　(金)李俊民撰

王石和文九卷　(清)王珂撰

老生常談一卷　(清)延君壽撰

僊籟室詩草一卷　(青)馮婉琳撰

西臺集二十卷　(宋)畢仲游撰

雪華館叢編

(民國)牛誠修輯
民國五年(1916)定襄牛氏排印本

經類
讀易旁求八卷　(清)王亮功撰
圖南齋著卜二卷　(清)鞏懿修撰
春秋經論摘義四卷　(清)王亮功撰

史類
讀史贅要一卷　(清)王亮功撰
三立閣史鈔二卷　(清)李鎔經撰

集類　　　　　　　　　　　　　[撰
傅文恪公全集十卷附錄一卷　(明)傅新德
牽真鳴一卷　(明)鄭友周撰
亦樂亭詩集二卷　(清)牛先達撰
梅村文鈔一卷　(清)樊裕發撰
圖南集二卷　(清)鞏懿修撰
雜文偶存二卷　(清)李鎔經撰
傲霜園詩鈔一卷　(清)薄承硯撰
如嬰齋文鈔一卷　(清)梁述孔撰
鞠笙遺集二卷　(清)邢崇先撰
曝懷亭詩鈔一卷　(清)張聯奎撰
晉昌遺文彙鈔二卷　(民國)牛誠修輯

雜著類
誠勗淺言一卷　(明)傅新德撰
樸齋省愆錄八卷　(清)王亮功撰
順甫遺書四卷　(清)劉象豫撰
鞠笙年譜一卷附日記　(清)邢崇先自撰

遼海叢書

金毓黻輯
民國二十年至二十三年(1931—1934)遼
海書社排印本

第一集
遼小史一卷　(明)楊循吉撰
金小史八卷　(明)楊循吉撰
遼方鎮年表一卷　(民國)吳廷燮撰
金方鎮年表二卷　(民國)吳廷燮撰
渤海國記三卷附校錄一卷　(民國)黃維翰
撰　校錄金毓黻撰
松漠紀聞二卷補遺一卷　(宋)洪皓撰
扈從東巡日錄二卷附錄一卷　(清)高士奇
撰
柳邊紀略五卷　(清)楊賓撰
鳳城瑣錄一卷　(清)博明撰
朝鮮軼事一卷　(清)博明撰
瀋故四卷　(清)楊同桂撰
灤陽錄二卷　(朝鮮)柳得恭撰
燕臺再游錄一卷　(朝鮮)柳得恭撰

第二集
遼東志九卷附解題一卷校勘記一卷　(明)
畢恭等修　(明)任洛等重修　解題
(日本)稻葉嵒吉撰　校勘記高鳳樓
許麟英撰
全遼志六卷附校勘記一卷　(明)李輔等修
校勘記高鳳樓許麟英撰

第三集
遼陽州志二十八卷　(清)楊鑣纂修
鐵嶺縣志二卷　(清)賈弘文修　(清)董國
祥纂
鐵嶺縣志二卷　(清)賈弘文修　(清)李廷
榮補輯
錦州府志十卷　(清)劉源溥(清)孫成纂修
塔子溝紀略十二卷　(清)哈達清格撰
岫巖志略十卷　(清)台隆阿修　(清)李翰
穎纂
瀋陽紀程一卷　(清)何汝霖撰
瀋陽紀程一卷　(清)潘祖蔭撰
東北輿地釋略四卷　(民國)景方昶撰
黑龍江輿地圖一卷輿圖說一卷　(清)屠寄
撰

第四集
醫閭先生集九卷　(明)賀欽撰
耕煙草堂詩鈔四卷　(清)戴梓撰
慶芝堂詩集十八卷　(清)戴亨撰
在園雜志四卷　(清)劉廷璣撰
愛吟草一卷前草一卷附題跋殉節錄詩一卷
(清)常紀撰
解脫紀行錄一卷行吟雜錄一卷　(清)金科
豫撰
三槐書屋詩鈔四卷　(清)金朝覲撰

第五集
皇清書史三十二卷首一卷末一卷附錄一卷
(民國)李放撰
附
皇清書人別號錄一卷　(民國)葉眉撰
畫家知希錄九卷　(民國)李放撰

第六集
遼文萃七卷　(清)王仁俊輯
附
遼史藝文志補證一卷　(清)王仁俊撰
黃華集七卷附錄一卷　(金)王庭筠撰　金
毓黻輯
雙溪醉隱集六卷　(元)耶律鑄撰　(清)李
文田箋
李鐵君先生文鈔二卷　(清)李鍇撰
含中集五卷附含中睫巢兩集校錄一卷
(清)李鍇撰　校錄金毓黻撰
瑤峯集二卷附錄一卷　(清)王爾烈撰

兩漢紀字句異同考一卷　(清)蔣國祚撰
指頭畫說一卷　(清)高秉撰
白石道人歌曲六卷別集一卷　(宋)姜夔撰
　(民國)陳思疏證
白石道人(姜夔)年譜一卷　(民國)陳思撰
清眞居士(周邦彥)年譜一卷附校記一卷
　(民國)陳思撰　校記(民國)鄭文焯撰
稼軒先生(辛棄疾)年譜一卷　(民國)陳思
　撰
第七集
　全遼備考二卷　(清)林佶撰
　東三省輿地圖說一卷附錄一卷　(清)曹廷
　　杰撰
　西伯利東偏紀要一卷　(清)曹廷杰撰
　東北邊防輯要二卷　(清)曹廷杰撰　〔輯
　盛京疆域考六卷　(清)楊同桂(清)孫宗翰
　錦縣志八卷　(清)王奕曾等修　(清)范勳
　　等纂
　廣寧縣志八卷(原缺卷七至八)　(清)項蕙
　　修　(清)范勳纂
　寧遠州志八卷　(清)馮昌奕等修　(清)范
　　勳纂
　蓋平縣志二卷　(清)駱雲纂修
　開原縣志二卷　(清)劉起凡等纂修
　布特哈志略一卷　(民國)孟定恭撰
第八集
　翰苑殘一卷(存卷三十)　(唐)張楚金撰
　　(唐)雍公叡注
　遼東行部志一卷　(金)王寂撰
　附
　　鴨江行部志節本一卷　(金)王寂撰
　　(民國)朱希祖考證
　神宗皇帝即位使遼語錄一卷　(宋)陳襄撰
　嘉慶東巡紀事三卷　(清)□□撰
　遼紀一卷　(明)田汝成撰
　遼陽聞見錄二卷　(清)顧雲撰
　鮓話一卷　(清)佟世思撰
　耳書一卷　(清)佟世思撰
　旗軍志一卷　(清)金德純撰
　蜀軺紀程一卷　(清)文祥撰
　巴林紀程一卷　(清)文祥撰
　棟亭書目四卷　(清)曹寅撰
　四庫全書輯永樂大典本書目一卷　(清)孫
　　馮翼撰
　附
　　永樂大典書目考四卷　郝慶柏撰
　瀋館錄七卷　(朝鮮)□□撰
　附　　　　　　　　　　　　　　〔撰
　　瀋陽日記一卷附錄一卷　(朝鮮)宣若海
第九集

雪屐尋碑錄十六卷首一卷附人名通檢
　(清)盛昱輯
欽定滿洲祭神祭天典禮六卷　清乾隆十二
　年敕撰
夢鶴軒楳澥詩鈔四卷　(清)繆公恩撰
第十集
　易原十六卷　(清)多隆阿撰
　毛詩多識十二卷　(清)多隆阿撰
　慧珠閣詩鈔一卷附錄一卷　(清)多隆阿撰
　毛詩古樂音四卷　(清)張玉綸撰
　夢月軒詩鈔一卷　(清)張玉綸撰
　大元大一統志殘十五卷(存卷□、卷□、卷
　　五百四十四至五百四十五、卷五百四
　　十八至五百五十、卷六百三十四、卷七
　　百三十至七百三十一、卷□、卷□、卷
　　七百九十至七百九十二)輯本四卷附
　　考證一卷附錄一卷　(元)孛蘭肸等撰
　　輯本金毓黻　安文溥輯　考證金毓
　　黻撰
　附
　　白石道人歌曲二卷　(宋)姜夔撰　(民
　　國)陳思疏證

關隴叢書

　(民國)張鵬一輯
　　民國十一年(1922)排印本
　扶風班氏佚書三卷　(民國)張鵬一輯
　　叔皮集一卷　(漢)班彪撰
　　蘭臺集一卷　(漢)班固撰
　　曹大家集一卷　(漢)班昭撰
　北地傅氏遺書六卷　(民國)張鵬一輯
　　三傅集一卷補一卷　(漢)傅幹(魏)傅巽
　　　(魏)傅嘏撰
　　傅子一卷方本傅子校勘記一卷　(晉)傅
　　　玄撰　校勘記郭毓璋撰
　　傅子校補一卷　(晉)傅玄撰
　　鶡觚集二卷　(晉)傅玄撰
　　中丞集一卷　(晉)傅咸撰
　摯太常遺書三卷　(晉)摯虞撰　(民國)張
　　鵬一輯
　　摯太常文集一卷
　　決疑要注一卷
　　文章流別志論一卷
　馮曲陽集一卷　(漢)馮衍撰　(民國)張鵬
　　一校補
　傅司馬集一卷　(漢)傅毅撰　(民國)張鵬
　　一輯
　趙計吏集一卷　(漢)趙壹撰　(民國)張鵬
　　一輯
　趙太常集一卷　(漢)趙岐撰　(民國)張鵬

一輯
　蘭泉老人遺集一卷　（金）張建撰　（民國）
　　張鵬一輯
　楊晦叟遺集一卷　（金）楊庭秀撰

關中叢書

（民國）宋聯奎輯
　　民國陝西通志館排印本
第一集　民國二十三年（1934）排印
　孟子十四卷　（漢）趙岐注
　三輔決錄二卷　（漢）趙岐撰　（晉）摯虞注
　　（清）張澍輯
　西京雜記二卷　（漢）劉歆（一題晉葛洪）撰
　三輔黃圖二卷　（漢）□□撰
　十三州志一卷　（後魏）闞駰撰　（清）張澍
　　輯
　鄉約一卷　（宋）呂大忠撰
　陝西南山谷口考一卷　（清）毛鳳枝撰
　周禮政要四卷　（清）孫詒讓撰
第二集　民國二十三年（1934）排印
　白虎通義四卷附校勘記四卷　（漢）班固撰
　　校勘記（清）孫星華撰
　考工記二卷　（唐）杜牧注
　匡謬正俗八卷　（唐）顏師古撰
　眞珠船八卷　（明）胡侍撰
　河套圖考一卷　（清）楊江撰
　聽園西疆雜述詩四卷　（清）蕭雄撰
第三集　民國二十四年（1935）排印
　顏氏家訓二卷　（北齊）顏之推撰
　雍錄十卷　（宋）程大昌撰
　雜山語要　（明）張舜典撰
　　致曲言一卷
　　明德集大旨總論一卷
　歲寒集一卷　（明）焦之夏撰
　莘野先生遺書二卷　（清）康乃心撰
　莘野先生（康乃心）年譜一卷　（清）康緯撰
　華山經一卷　（清）東蔭商撰
　秋窗隨筆一卷　（清）馬位撰
　豐川雜著　（清）王心敬撰
　　區田法一卷
　　荒政考一卷
　　四禮寧儉編一卷
　修齊直指評一卷　（清）劉光蕡撰
　三省山內風土雜識一卷　（清）嚴如熤撰
第四集　民國二十四年（1935）排印
　摯太常遺書三卷　（晉）摯虞撰　（民國）張
　　鵬一輯
　　摯太常文集一卷
　　決疑要注一卷　（民國）張鵬一輯
　　文章流別志論一卷附文章志

游城南記一卷　（宋）張禮撰
太華太白紀游略一卷　（清）趙嘉肇撰　民
　國二十五年（1936）排印
思菴野錄三卷　（明）薛敬之撰
古今韻考四卷附記一卷　（清）李因篤撰
　附記（清）楊傳第撰
新疆建置志四卷　（清）宋伯魯撰　民國二
　十三年（1934）排印
陝境漢江流域貿易稽核表二卷　（清）仇繼
　恆撰
第五集　民國二十五年（1936）排印
　廣成先生玉函經三卷　（前蜀）杜光庭撰
　韓翰林集三卷補遺一卷　（唐）韓偓撰
　　（清）吳汝綸評注
　香奩集三卷　（唐）韓偓撰
　忠愍公詩集三卷　（宋）寇準撰
　華原風土詞一卷附邠陽雜詠一卷　（清）顧
　　曾烜撰　邠陽雜詠（清）黨澐注
　關中三李年譜八卷　（清）吳懷清撰
　二曲先生（李顒）年譜二卷附錄二卷
　雪木先生（李柏）年譜一卷
　天生先生（李因篤）年譜二卷附錄一卷
第六集　民國二十五年（1936）排印
　竇氏聯珠集一卷　（唐）竇常（唐）竇牟（唐）
　　竇羣（唐）竇庠（唐）竇鞏撰　（唐）褚藏
　　言輯
　古今事物考八卷　（明）王三聘撰
　豳風廣義三卷　（清）楊屾撰
　關中水利議一卷　（清）張鵬飛撰
　續漢書郡國志釋略一卷　（清）毛昌傑撰
　尚書微一卷　（清）劉光蕡撰
　立政臆解一卷　（清）劉光蕡撰
　學記臆解一卷　（清）劉光蕡撰
　陝甘味經書院志一卷　（清）劉光蕡撰
第七集　民國二十五年（1936）排印
　秦邊紀略六卷　（清）□□撰
　楚辭新注八卷　（清）屈復撰
　河濱遺書鈔六卷　（清）李楷撰
　漢詩音註十卷　（清）李因篤撰
第八集　民國二十五年（1936）排印
　不二歌集二卷　（明）張春撰
　關中勝蹟圖志三十卷　（清）畢沅撰
　春冰室野乘三卷　（民國）李岳瑞撰

涇陽文獻叢書

（民國）柏堃輯
　　民國十四年（1925）排印本
　涇獻文存十二卷外編四卷　（民國）柏堃輯
　涇獻詩存四卷外編二卷　（民國）柏堃輯
　王端節公遺集四卷　（明）王徵撰

正學齋文集三卷　（清）王介撰
艾陵文鈔十六卷詩鈔二卷　（清）雷士俊撰
荷塘詩集十二卷　（清）張五典撰
徐太常公遺集四卷　（清）徐法績撰
靜志齋吟草一卷　（清）徐韋佩撰
後涇渠志三卷　（清）蔣湘南撰
牛涇村遺著三種　（清）牛振聲撰
　　省克捷訣一卷
　　訓士瑣言一卷
　　勇烈節孝彙編一卷

習盦叢刊（一名濰縣文獻叢刊）

丁錫田輯
　　民國濰縣丁氏排印本
第一輯　民國二十五年（1936）印
　　二孔先生文鈔
　　　經之文鈔一卷　（清）孔憲庚撰
　　　繡山文鈔一卷　（清）孔憲彝撰
　　北史論略一卷　（清）王筠撰
第二輯　民國二十二年（1933）印
　　旭齋文鈔一卷　（民國）宋書升撰
　　訪碑拓碑筆札一卷　（清）陳介祺撰
第三輯
　　白狼河上集一卷　（清）王洵輯
　　濰縣竹枝詞自註二卷　（清）郭麐撰
　　濰縣宏福寺造像碑考一卷　（清）郭麐撰

金陵叢刻

（清）傅春官輯
　　清光緒中江寧傅氏晦齋刊本
　　客座贅語十卷　（明）顧起元撰　光緒三十
　　　年（1904）刊
　　懃叟詩鈔四卷補遺二卷　（清）紀映鍾撰
　　　光緒三十一年（1905）江西刊
　　板橋雜記三卷　（清）余懷撰　光緒二十七
　　　年（1901）刊
　　宋史藝文志補一卷　（清）黃虞稷（清）倪燦
　　　撰　（清）盧文弨錄　光緒二十四年
　　　（1898）刊
　　春秋識小錄九卷　（清）程廷祚撰　清光緒
　　　二十四年（1898）刊
　　　春秋職官考略三卷
　　　春秋地名辨異三卷
　　　附
　　　　晉書地理志證今一卷
　　　左傳人名辨異三卷
　　金闕攀松集一卷　（清）嚴長明撰　光緒二
　　　十五年（1899）刊
　　玉井擎蓮集一卷　（清）嚴長明撰　光緒二
　　　十五年（1899）刊

王制里畝算法解一卷　（清）談泰撰　光緒
　　二十六年（1900）刊
禮記義疏算法解一卷　（清）談泰撰　光緒
　　二十六年（1900）刊
王制井田算法解一卷　（清）談泰撰　光緒
　　二十六年（1900）刊
補五代史藝文志一卷　（清）顧櫰三撰　光
　　緒二十三年（1897）刊
漢射陽石門畫象彙考一卷　（清）張寶德輯
　　光緒二十六年（1900）刊
養龢軒隨筆一卷（民國）陳作霖撰　光緒二
　　十四年（1898）刊
金陵賦一卷　（清）程先甲撰　光緒二十三
　　年（1897）刊
金陵歷代建置表一卷　（清）傅春官撰　光
　　緒二十三年（1897）刊

金陵叢書

（民國）翁長森　蔣國榜輯
　　民國三年至五年（1914—1916）上元蔣氏
　　　慎修書屋排印本
甲集　民國三年（1914）排印
　　晼書訂疑三卷　（清）程廷祚撰
　　春秋識小錄九卷　（清）程廷祚撰
　　　職官攷略三卷
　　　地名辨異三卷
　　　附
　　　　晉書地理志證今一卷
　　　人名辨異三卷
　　補後漢書藝文志十卷　（清）顧櫰三撰
　　老子翼八卷　（明）焦竑撰
　　莊子翼十卷　（明）焦竑撰
　　顧華玉集四十卷　（明）顧璘撰
乙集　民國四年（1915）排印
　　論語說四卷　（清）程廷祚撰
　　春秋本義十二卷　（清）吳橚撰
　　補五代史藝文志一卷　（清）顧櫰三撰
　　真誥二十卷　（梁）陶弘景撰
　　焦氏筆乘六卷續集八卷　（明）焦竑撰
　　陶貞白集一卷附鎗一卷校勘記一卷　（梁）
　　　陶弘景撰　校勘記（清）汪振之撰
　　澹園集四十九卷續集二十七卷　（明）焦竑
　　　撰
　　青溪集十二卷　（清）程廷祚撰
丙集　民國三年至五年（1914--1916）排印
　　左傳博義拾遺二卷　（清）朱元英撰
　　讀書雜釋十四卷　（清）徐鼒撰
　　赤山湖志六卷　（清）佫兆山撰
　　臺遊日記四卷　（清）蔣師轍撰
　　補輯風俗通義佚文一卷　（漢）應劭撰

（清）顧㙋三輯

天方典禮擇要解二十卷後編一卷 （清）劉
智撰

金子有集一卷 （明）金大車撰

金子坤集一卷 （明）金大輿撰

石臼前集九卷後集七卷 （清）邢昉撰

曹集考異十二卷 （清）朱緒曾撰

昌國典詠十卷 （清）朱緒曾撰

梅村賸稿二卷 （清）汪士鐸撰

心燈錄六卷 （清）湛愚老人撰

嬾眞草堂集二十卷（原缺卷十一至十七）
（明）顧起元撰

何太僕集十卷 （明）何棟如撰

顧與治詩集八卷 （明）顧夢游撰

丁集 民國三年至五年(1914—1916)排印

定山集十卷 （明）莊㫤撰

說略三十卷 （明）顧起元撰

雪村編年詩賸十二卷 （清）戴瀚撰

白苧集四卷 （清）戴翼子撰

醇雅堂詩略六卷 （清）阮鏞撰

然松閣賦鈔一卷詩鈔三卷存稿三卷 （清）
顧㙋三撰

蟻餘偶筆一卷附筆一卷 （清）劉因之撰

讕言瑣記一卷 （清）劉因之撰

靜虛堂吹生草四卷 （清）王章撰

柳門遺稿一卷 （清）楊俊撰

荻華堂詩存一卷 （清）蔡琳撰

子㣧詩存一卷 （清）車書撰

薄游草一卷補遺一卷 （清）侯雲松撰

西農遺稿一卷 （清）姚必成撰

且巢詩存五卷 （清）周葆濂撰

妙香齋集四卷補遺一卷 （清）楊長年撰

柏巖乙稿十五卷丙稿一卷 （清）凌煜撰

在莒集一卷 （清）朱桂模撰

括饟詩草二卷詞草一卷 （清）佝兆山撰

羅氏一家集五卷 （清）羅笏(清)羅震亨
（清）羅晉亨(清)羅鼎亨撰

顧伯虯遺詩二卷 （清）顧我愚撰

陔餘雜著一卷 （清）陸春官撰

德風亭初集十三卷 （清）王貞儀撰

平叔詩存二卷 （清）蔣國平撰

吳中文獻小叢書

偽江蘇省立蘇州圖書館編纂委員會輯
民國二十八年至三十二年(1939—1943)
偽江蘇省立蘇州圖書館排印本

張篁村詩一卷 （清）張宗蒼撰

吳下尋山記一卷 （清）黃安濤撰

王雅宜（寵）年譜一卷 （清）翁方綱撰

聞見闈幽錄一卷 （清）章光藏撰

王巢松年譜一卷 （清）王抃自撰

七姬詠林一卷 （清）貝墉輯 ［輯

明周端孝先生血疏題跋一卷 （清）萬福康

珊瑚舌雕談摘鈔一卷 （清）許起撰 ［遺

吳晉奇字一卷 （明）孫樓輯 （明）陸鑑補

十藥神書一卷 （元）葛乾孫撰 （清）潘霨
增注

石隱山人自訂年譜一卷 （清）朱駿聲撰
朱師轍補注

寒山留緒一卷 （清）趙燿輯

蟋蟀在堂艸一卷 （明）顧凝遠撰

消夏閑記選存一卷 （清）顧公燮撰

楊大瓢先生雜文殘稿一卷 （清）楊賓撰

論古雜識一卷 （清）吳大澂撰

古玉圖考補正一卷 （民國）鄭文焯撰

俞曲園先生日記殘稿一卷 （清）俞樾撰

牋經室所見宋元書題跋一卷 （民國）曹元
忠撰

借巢筆記一卷 （清）沈守之撰

畏壘山人文集一卷 （清）徐昂發撰

咫進齋詩文稿一卷 （清）姚覲元撰

醉鄉瑣志一卷 （清）黃體芳撰

紅蘭逸乘一卷 （清）張紫琳輯

心矩齋尺牘一卷 （清）蔣鳳藻撰

澤畔吟一卷 （清）周燦撰

蘭舫筆記一卷 （清）常輝撰

虞山畫志四卷 （清）鄭綸遠撰

霶薕紀聞二卷 葛昌楣輯

眉綠樓詞聯一卷 （清）顧文彬撰

唯自勉齋長物志三卷 （清）唐翰題撰

吳下名園記一卷 偽江蘇省立蘇州圖書館
編纂委員會輯

虞山叢刻

（民國）丁祖蔭輯
民國常熟丁氏刊本

天啓宮詞一卷附校語一卷 （明）秦蘭徵撰
校語(民國)丁祖蔭撰

崇禎宮詞二卷附校記一卷 （清）王譽昌撰
（清）吳理注 校記(民國)丁祖蔭撰
民國四年(1915)刊

霜猿集四卷附校記一卷 （明）周同谷撰
校記(民國)丁祖蔭撰 民國五年
(1916)刊

吾炙集一卷 （清）錢謙益輯

東山詶和集二卷 （清）錢謙益輯

和古人詩一卷和今人詩一卷和友人詩一卷
野外詩一卷 （明）毛晉撰 民國五年
(1916)刊

隱湖題跋二卷 （明）毛晉撰

以介編二卷　(清)張宗芝(清)王潙輯
松窗快筆十卷補一卷補註一卷　(明)龔立
　　本撰　民國八年(1919)刊
煙艇永懷三卷附錄一卷　(明)龔立本撰
　　民國八年(1919)刊
虞鄉雜記不分卷　(明)毛晉撰　民國八年
　　(1919)刊

虞陽說苑

(民國)丁祖蔭輯
　　民國虞山丁氏初園排印本
甲編　民國六年(1917)排印
　七峯遺編二卷六十回　(清)七峯樵道人撰
　海角遺編一卷　(清)漫遊野史撰
　海虞被兵記一卷　(清)□儼撰
　過墟志感二卷　(清)墅西逸叟撰
　書老生蒙難事一卷　(清)□□撰
　虞山妖亂志三卷　(清)馮舒撰
　筆夢一卷　(清)據梧子撰
　張漢儒疏稿一卷　(明)張漢儒撰
　闍訟記略一卷　(明)□□撰
　牧齋遺事一卷　(清)□□撰　　　　　〔撰
　牧齋先生(錢謙益)年譜一卷　(清)葛萬里
　河東君殉家難事實一卷　(清)錢孫愛輯
　虞山勝地紀略一卷　(清)張應遴撰
　琴川三風十愆記一卷　(清)瀛若氏撰
　祝趙始末一卷　(清)□□撰
　邑侯于公政績紀略一卷　(清)戴兆祚撰
　恭紀御試一卷　(清)陶貞一撰
　潮災紀略一卷　(清)古虞野史氏撰
　常熟記變始末二卷　(清)譚嘘雲撰
　守虞日記一卷　(清)譚嘘雲撰
乙編　民國二十一年(1932)排印
　虞山雜志一卷　(明)□□撰
　虞書一卷　(清)劉本沛撰
　後虞書一卷　(清)劉本沛撰
　虞諧志一卷　(清)伺湖漁父撰
　熙怡錄一卷　(清)戴束撰
　鵠南雜錄一卷　(清)戴束撰
　屠亭雜記一卷　(明)趙士履撰
　殘籬故事一卷　(清)香谷氏撰
　養疴客談一卷　(清)近魯草堂主人撰
　雲峯偶筆一卷　(清)屈振鏞撰
　思庵閒筆一卷　(清)嚴虞惇撰
　粵西從宦略一卷　(清)王庭筠撰

酌古準今

(清)□□輯
　　清道光光緒間刊本
　懷古錄三卷　(元)謝應芳撰　光緒六年

(1880)刊
辨惑編四卷附錄一卷　(元)謝應芳撰　光
　　緒六年(1880)刊
踵息盧稿四卷　(清)謝珍輯
　三近齋語錄一卷　(明)毛憲撰
　踵息盧粹語一卷　(清)謝珍撰
　易學贅言二卷　(清)謝珍撰
謝氏源流一卷　(清)謝蘭生撰
咏梅軒仰觀錄二卷　(清)謝蘭生撰
十家語錄摘要二卷　(清)謝蘭生輯
咏梅軒劄記一卷詠梅軒劄記增訂一卷賸稿
　　一卷存要一卷　(清)謝蘭生輯
輿圖總論注釋一卷　(清)謝蘭生撰
緯青遺稿一卷　(清)張綢英撰
宛鄰詩二卷　(清)張琦撰　道光十九年
　　(1839)刊
蓬室偶吟一卷　(清)湯瑤卿撰　道光十九
　　年(1839)刊
立山詞一卷　(清)張琦撰　道光二十年
　　(1840)刊
宛鄰文二卷　(清)張琦撰
澹菊軒詩初稿四卷澹菊軒詞一卷　(清)張
　　紹英撰　道光二十年(1840)刊
明發錄一卷　(清)張仲遠撰　道光二十年
　　(1840)刊

常州先哲遺書

(清)盛宣懷輯
　　清光緒中武進盛氏刊本
第一集
經類
　詩傳旁通十五卷　(元)梁益撰　光緒二十
　　　三年(1897)刊
　三續千字文注一卷　(宋)葛剛正撰　光緒
　　　二十三年(1897)刊
史類
　崇禎朝記事四卷(卽三朝野記卷四至七)
　　　(明)李遜之撰　光緒二十三年(1897)
　　　刊
　陳定生先生遺書三種　(清)陳貞慧撰　光
　　　緒二十一年(1895)刊
　　秋園雜佩一卷
　　山陽錄一卷
　　書事七則一卷
　吳中水利書一卷　(宋)單鍔撰　光緒二十
　　　二年(1896)刊
　遂初堂書目一卷　(宋)尤袤撰　光緒二十
　　　二年(1896)刊
　江陰李氏得月樓書目摘錄一卷　(明)李鶚
　　　翀撰　光緒二十二年(1896)刊

玄晏齋困思鈔二卷　（明）孫慎行撰

韻石齋筆談二卷　（清）姜紹書撰

午風堂叢談八卷　（清）鄒炳泰撰

飲淥軒隨筆二卷　（清）伍宇澄撰

炙硯瑣談三卷　（清）湯大奎撰

暨陽答問四卷　（清）蔣彤輯

教經堂談藪六卷　（清）徐書受撰

集類

龜巢稿二十卷補遺一卷　（元）謝應芳撰

方山先生文錄二十二卷　（明）薛應旂撰

張水南文集十一卷　（明）張袞撰

賜餘堂集十四卷　（明）吳中行撰

漱泉閣詩集十四卷文集十六卷　（清）董文
　　驥撰

正誼堂詩集十七卷文友文選三卷蓉渡詞三
　　卷　（清）董以寧撰

清芬樓遺稿四卷　（清）任啓運撰

宛鄰文集六卷　（清）張琦撰

附

　　蓬室偶吟一卷　（清）湯瑤卿撰　　〔撰

止庵遺集文一卷詩一卷詞一卷　（清）周濟

丹稜文鈔四卷　（清）蔣彤撰

端虚勉一居文集三卷　（清）張成孫撰

初月樓論書隨筆一卷　（清）吳德旋撰

初月樓古文緒論一卷　（清）吳德旋述
　　（清）呂璜錄

錫山先哲叢刊

（民國）侯鴻鑑等輯

　　　民國十一年（1922）上海中華書局排印本

第一輯

無錫縣志四卷　（明）□□撰

竹爐圖詠四卷補一卷　（清）吳鉞集錄
　　（民國）劉繼增重錄

愚公谷乘一卷　（清）鄒迪光撰

秋水文集二卷補遺一卷　（清）嚴繩孫撰

第二輯

浦舍人詩集四卷附錄一卷　（明）浦源撰

王舍人詩集五卷附錄一卷　（明）王紱撰

澹寧居詩集二卷　（明）馬世奇撰

第三輯

邵文莊公（寶）年譜一卷　（明）邵�（明）吳
　　道成撰

樂阜山堂稿八卷　（清）王會汾撰

高子遺書節鈔十卷　（明）高攀龍撰

高忠憲公（攀龍）年譜一卷　（清）華允誠撰

錫山補誌一卷　（清）錢泳輯

江陰叢書

（民國）金武祥輯

清光緒宣統間江陰金氏粟香室嶺南刊本

宜齋野乘一卷　（宋）吳枋撰　光緒十四年
　　（1888）刊

北郭集六卷補遺一卷續補遺一卷　（元）許
　　恕撰　光緒十六年（1890）刊

滄螺集六卷　（明）孫作撰　光緒十五年
　　（1889）刊

青暘集四卷補遺一卷　（明）張宜撰　光緒
　　十五年（1889）刊

陽羨茗壺系一卷　（明）周高起撰　光緒十
　　四年（1888）刊

洞山岕茶系一卷　（明）周高起撰　光緒十
　　四年（1883）刊

江陰李氏得月樓書目摘錄一卷　（明）李鶚
　　翀撰　光緒十四年（1888）刊

藏說小萃七種　（明）李鶚翀輯　光緒十四
　　年（1888）刊

　公餘日錄一卷　（明）湯沐撰

　宦遊紀聞一卷　（明）張誼撰

　水南翰記一卷　（明）張袞撰

　存餘堂詩話一卷　（明）朱承爵撰

　暖姝由筆一卷　（明）徐充撰

　延州筆記一卷　（明）唐觀撰

　戒庵漫筆一卷　（明）李詡撰

延州筆記四卷　（明）唐觀撰　光緒十七年
　　（1891）刊

江上孤忠錄一卷　（清）黃明曦撰　（清）黃
　　懷孝（清）龔丙吉重訂　光緒十七年
　　（1891）刊

江上遺聞一卷　（清）沈濤撰　光緒十九年
　　（1893）刊

李仲達被逮紀略一卷　（明）蔡士順撰　光
　　緒十九年（1893）刊

荔枝譜一卷附錄一卷　（清）陳鼎撰　附錄
　　（民國）金武祥撰　光緒十九年（1893）
　　刊

經書言學指要一卷　（清）楊名時撰　光緒
　　三十二年（1906）刊

守一齋筆記四卷客牕二筆一卷　（清）金捧
　　閶撰　光緒十六年（1890）刊

鸚亭詩話一卷附錄一卷　（清）屠紳撰　光
　　緒十五年（1889）刊

讀書瑣記一卷　（清）鳳應韶撰　光緒十二
　　年（1886）刊

開方之分還原術一卷　（清）宋景昌撰　光
　　緒二十三年（1897）刊

篤慎堂爐餘詩稿二卷文稿一卷　（清）金諤
　　撰　光緒十一年（1885）刊文稿十三年
　　（1887）刊

松筠閣貞孝錄一卷附錄一卷　（民國）金武

祥輯　光緒十八年(1892)刊

緯青遺稿一卷　(清)張紃英撰　光緒二十
　三年(1897)刊

澹盦自娛草二卷詞賸一卷附錄一卷　(清)
　金應澍撰　光緒十九年(1893)刊

仲安遺草一卷　(清)金和撰　光緒十九年
　(1893)刊

水雲樓賸藥一卷　(清)蔣春霖撰　光緒十
　四年(1888)刊

玉紀一卷補一卷　(清)陳性撰　補(清)劉
　心珤撰　光緒十五年(1889)刊

冰泉唱和集一卷續和一卷再續和一卷附錄
　一卷閏集一卷　(民國)金武祥輯　光
　緒十七年(1891)刊

江陰藝文志二卷校補一卷　(民國)金武祥
　輯　光緒十七年(1891)刊

灄江雜記一卷　(民國)金武祥撰　光緒二
　十三年(1897)刊

赤溪雜志二卷　(民國)金武祥撰　光緒十
　七年(1891)刊

霞城唱和集一卷　(民國)金武祥輯　光緒
　十七年(1891)刊

陶廬雜憶一卷續詠一卷補詠一卷　(民國)
　金武祥撰　光緒十三年(1887)刊續詠
　二十四年(1898)刊補詠三十一年
　(1905)刊

粟香隨筆八卷二筆八卷三筆八卷四筆八卷
　五筆八卷　(民國)金武祥撰　光緒七
　年(1881)刊二筆九年(1883)刊三筆十
　三年(1887)刊四筆十七年(1891)刊五
　筆二十年(1894)刊

江陰先哲遺書

(民國)謝鼎鎔輯
　民國二十三年(1934)陶社木活字排印本
　讀史辭言四卷　(清)章詒燕撰
　未庵初集四卷　(清)曹禾撰
　奇姓通十四卷　(明)夏樹芳撰　民國二十
　　二年(1933)排印
　二介詩鈔
　黃介子詩鈔四卷首一卷　(明)黃毓祺撰
　李介立詩鈔四卷首一卷　(清)李寄撰

京口掌故叢編初集

(清)陶鵕保輯
　清光緒三十四年(1908)丹徒陶氏刊本
　己酉避亂錄一卷附校勘記一卷　(宋)胡舜
　　申撰　校勘記(清)陳懋恆撰
　京口僨城錄一卷　(清)法芝瑞撰
　出圍城記一卷　(清)甦菴道人(楊棨)撰

鎮城竹枝詞一卷　(清)□□撰
草間日記一卷　(清)朱士雲撰
從軍紀事一卷　(清)卞乃譔撰

橫山草堂叢書

(民國)陳慶年輯
　清宣統至民國間丹徒陳氏刊本
第一集
　戴叔倫詩集二卷　(唐)戴叔倫撰　民國三
　　年(1914)刊
　許丁卯詩真蹟錄一卷　(唐)許渾撰　民國
　　二年(1913)刊
　丁卯集二卷　(唐)許渾撰　民國三年
　　(1914)刊
　嘉定鎮江志二十二卷附錄一卷校勘記二卷
　　首一卷　(宋)盧憲撰　校勘記(清)劉
　　文淇撰　宣統二年(1910)刊
　海岳名言一卷　(宋)米芾撰　民國三年
　　(1914)刊
　二王帖評釋三卷　(宋)許開撰　民國三年
　　(1914)刊
　芸窗詞一卷　(宋)張槃撰　宣統三年
　　(1911)刊
　芸隱勦游藥一卷橫舟藥一卷　(宋)施樞撰
　　民國三年(1914)刊
　存悔齋詩一卷補遺一卷續補遺一卷附錄一
　　卷　(元)龔璛撰　補遺(明)朱存理輯
　　續補遺(民國)陳慶年輯　民國三年
　　(1914)刊
　雲山日記二卷　(元)郭畀撰　宣統三年
　　(1911)刊
　快雪齋集一卷補一卷　(元)郭畀撰　補
　　(民國)陳慶年輯　民國三年(1914)刊
　孤篷倦客集一卷補一卷　(元)陳方撰　補
　　(民國)陳慶年輯　民國三年(1914)刊
　京口三山志十卷　(明)張萊撰　宣統三年
　　(1911)刊
　陸右丞蹈海錄一卷附錄一卷　(明)丁元吉
　　輯　民國四年(1915)刊
　西征日錄一卷　(明)楊一清撰　民國三年
　　(1914)刊
　制府雜錄一卷　(明)楊一清撰　民國三年
　　(1914)刊
　開沙志二卷　(清)王錫極纂　(清)丁時需
　　增修　民國八年(1919)刊
第二集
　遭亂紀略一卷　(清)解漣撰　民國七年
　　(1918)刊
　焦東閣日記一卷　(清)周伯義撰　民國七
　　年(1918)刊

　　億堂文鈔一卷　（清）羅志讓撰
　　橫山保石牘存一卷　（民國）陳慶年撰　民
　　　國八年(1919)刊
　　崇德窖捐牘存一卷　（民國）陳慶年撰　民
　　　國八年(1919)刊
附
　　佛地考證三種　（清）丁謙撰
　　　晉釋法顯佛國記地理考證一卷　宣統三
　　　　年(1911)刊
　　　魏宋雲釋惠生西域求經記地理攷證一卷
　　　　宣統三年(1911)刊
　　　釋辯機大唐西域記地理攷證二卷五印度
　　　　疆域風俗制度攷略一卷　民國二年
　　　　(1913)刊

楚州叢書第一集

　冒廣生輯
　　民國十年(1921)如皋冒氏刊本
　枚叔集一卷　（漢）枚乘撰　（清）丁晏輯
　陳孔璋集一卷　（漢）陳琳撰　（清）丁晏輯
　　（民國）段朝端校補　冒廣生補
　渭南詩集二卷補遺一卷　（唐）趙嘏撰
　　（民國）段朝端校補
　節孝先生集三十卷語錄一卷事實一卷附載
　　一卷　（宋）徐積撰
　清尊錄一卷　（宋）廉布撰
　陸忠烈公遺集一卷　（宋）陸秀夫撰
　龜城叟集輯一卷附錄一卷　（宋）龔開撰
　　冒廣生輯
　畫鑑一卷　（元）湯垕撰
　射陽先生文存一卷　（明）吳承恩撰　（清）
　　吳進輯　（民國）段朝端補
　書法約言一卷　（清）宋曹撰
　毛朱詩說一卷　（清）閻若璩撰
　濟州學碑釋文一卷　（清）張弨撰
　葦間老人題畫集一卷　（清）邊壽民撰
　　（民國）羅振玉等輯
　赤泉元筌一卷　（清）任瑗撰
　山陽志遺四卷　（清）吳玉搢撰
　十憶詩一卷　（清）吳玉搢撰
　易蘊二卷　（清）楊禾撰
　寄生館駢文一卷附錄一卷　（清）蕭令裕撰
　　冒廣生輯
　永慕廬文集二卷　（清）蕭文業撰
　徐集小箋三卷　（民國）段朝端撰　〔撰
　徐節孝先生(積)年譜一卷　（民國）段朝端
　張力臣先生(弨)年譜一卷　（民國）段朝端
　　撰
　吳山夫先生(玉搢)年譜一卷　（民國）段朝
　　端撰

揚州叢刻

　（民國）陳恆和輯
　　民國揚州陳恆和書林刊本
　揚州名勝錄四卷　（清）李斗撰　民國二十
　　二年(1933)刊
　邗記六卷　（清）焦循撰　民國二十二年
　　(1933)刊
　揚州鼓吹詞序一卷　（清）吳綺撰　民國二
　　十一年(1932)刊
　項羽都江都考一卷　（清）劉文淇撰　民國
　　二十一年(1932)刊
　揚州輿地沿革表一卷　（清）楊丕復撰　民
　　國十九年(1930)刊
　揚州城守紀略一卷　（清）戴名世撰　民國
　　二十一年(1932)刊
　揚州十日記一卷　（明）王秀楚撰　民國二
　　十一年(1932)刊
　揚州夢記一卷　（唐）于鄴撰　民國二十年
　　(1931)刊
　杜牧之揚州夢一卷　（元）喬吉撰　民國十
　　九年(1930)刊
　揚州禦寇錄三卷　（清）倪在田撰　民國二
　　十二年(1933)刊
　揚城殉難續錄二卷　（清）鄭章雲撰　民國
　　二十一年(1932)刊
　揚州畫苑錄四卷　（清）汪鋆撰　民國二十
　　年(1931)刊
　揚州竹枝詞一卷　（清）董偉業撰　民國十
　　九年(1930)刊
　望江南百調一卷　（清）惺庵居士撰　民國
　　二十一年(1932)刊
　瓊花集五卷　（明）曹璿輯　民國二十一年
　　(1932)刊
　揚州芍藥譜一卷　（宋）王觀撰　民國二十
　　年(1931)刊
　廣陵小正一卷　民國二十年(1931)刊
　揚州萯灣勝覽一卷　（清）釋源印輯　民國
　　二十年(1931)刊
　揚州水利論一卷　（清）□□撰　民國十九
　　年(1930)刊
　治下河水論一卷　（清）張鵬翮撰　民國二
　　十三年(1934)刊
　洩湖水入江議一卷　（清）葉機撰　民國二
　　十三年(1934)刊
　高家堰記一卷　（清）俞正燮撰　民國二十
　　三年(1934)刊
　運河水道編一卷　（清）齊召南撰　民國二
　　十三年(1934)刊
　揚州北湖續志六卷　（清）阮先撰　民國二

十三年(1934)刊

海陵叢刻

(民國)韓國鈞輯
　　民國排印本
　　退庵筆記十六卷附宋石齋筆談一卷六客之
　　　廬筆談一卷　(淸)夏荃撰　民國八年
　　　至九年(1919—1920)排印
　　梓里舊聞八卷　(淸)夏荃輯　民國八年
　　　(1919)排印
　　退庵錢譜八卷　(淸)夏荃撰　民國八年
　　　(1919)排印
　　附
　　　歷代錢譜考一卷　(淸)夏荃撰
　　　歷代年號重襲考一卷　(淸)夏荃撰
　　海陵集二十三卷外集一卷　(宋)周麟之撰
　　　民國九年(1920)排印
　　林東城文集二卷　(明)林春撰　民國九年
　　　(1920)排印
　　小學騈支八卷　(淸)田寶臣撰　民國九年
　　　(1920)石印
　　運氣辯不分卷　(淸)陸儋辰撰　民國九年
　　　(1920)石印
　　依歸草初刻十卷二刻二卷遺文一卷　(淸)
　　　張符驤撰　民國十年(1921)刊遺文十
　　　四年(1925)刊
　　敬止集三卷　(明)陳應芳撰　民國十一年
　　　(1922)排印
　　春雨草堂別集八卷　(淸)宮偉鏐撰　民國
　　　十年(1921)排印
　　　庭聞州世說六卷續一卷　(淸)宮偉鏐撰
　　　先進風格一卷　(淸)宮偉鏐撰
　　微尙錄存六卷　(淸)宮偉鏐撰　民國九年
　　　(1920)排印
　　春秋長歷十卷　(淸)陳厚耀撰　民國十二
　　　年(1923)排印
　　海安考古錄四卷　(淸)王叶衢撰　民國十
　　　一年(1922)排印
　　繪事微言四卷　(明)唐志契撰　民國十三
　　　年(1924)排印
　　陸筦泉醫書六卷　(淸)陸儋辰撰　民國十
　　　二年(1923)排印
　　柴墟文集十五卷附錄一卷　(明)儲巏撰
　　　民國十二年(1923)排印
　　東皋先生詩集五卷附錄一卷　(元)馬玉麟
　　　撰　民國十三年(1924)排印
　　發幽錄一卷　(淸)沈默撰　民國十三年
　　　(1924)排印
　　雙虹堂詩合選不分卷　(淸)張幼學撰　民
　　　國九年(1920)排印

　　先我集四卷　(淸)陳文田輯　民國十四年
　　　(1925)排印

婁東雜著(一名棣香齋叢書)

(淸)邵廷烈輯
　　淸道光十三年(1833)太倉東陵氏刊本
金集
　　雪履齋筆記一卷　(元)郭翼撰
　　使緬錄一卷　(明)張洪撰
　　病逸漫記一卷　(明)陸釴撰
　　桑子庸言一卷　(明)桑悅撰
　　談藝錄一卷　(明)徐禎卿撰
　　服食崇儉論一卷　(明)黃元會撰
　　奉常家訓一卷　(淸)王時敏撰
石集
　　易說一卷　(明)王育撰
　　說文引詩辨證一卷　(明)王育撰
　　海運說一卷　(明)華乾龍撰
　　補闕疑一卷　(明)錢可選撰
　　築圍說一卷　(淸)陳瑚撰
　　治病說一卷　(淸)陳瑚撰
　　救荒定議一卷　(淸)陳瑚撰
　　蔚村三約一卷　(淸)陳瑚撰
　　淮雲問答一卷　(淸)陳瑚撰
絲集
　　裏江條議一卷　(淸)陸世儀撰
　　蘇松浮糧攷一卷　(淸)陸世儀撰
　　桑梓五防一卷　(淸)陸世儀撰
　　支更說一卷　(淸)陸世儀撰
　　分野說一卷　(淸)陸世儀撰
　　省身錄一卷　(明)郁法撰
　　封建考一卷　(明)盛敬撰
竹集
　　梅村詩話一卷　(淸)吳偉業撰
　　水利五論一卷　(淸)顧士璉撰
　　論畫十則一卷　(淸)王原祁撰
　　敬學錄一卷　(淸)陳邁撰
　　論學三說一卷　(淸)黃與堅撰
　　廣論學三說一卷　(淸)黃與堅撰
　　吳下喪禮辨一卷　(淸)顧湄撰
匏集
　　語林考辨一卷　(淸)周象明撰
　　稱謂考辨一卷　(淸)周象明撰　　　　[撰
　　八矢注字說一卷注字圖一卷　(淸)顧陳垿
　　課士條言一卷　(淸)沈起元撰
　　太倉州名考一卷　(淸)程穆衡撰
　　太倉風俗記一卷　(淸)程穆衡撰
土集
　　洗心錄一卷　(淸)邵嗣宗撰
　　筮仕金鑑二卷　(淸)邵嗣宗撰

　　舊鄉行紀一卷　(清)邵嗣宗撰
　　葬考一卷　(清)邵嗣宗輯
　　立學先基條說一卷　(清)周燾華撰
革集
　　秋樵雜錄一卷　(清)王璵撰
　　課餘偶筆一卷　(清)顧成志撰
　　寅暝雜詠一卷　(清)顧張思撰
　　過庭記聞一卷　(清)錢元熙撰
　　恆星餘論二卷　(清)張景江撰
　　懺摩錄一卷　(清)彭兆蓀撰
木集
　　忍齋雜識一卷　(清)李坤元撰
　　勸學篇一卷　(清)王寶仁撰
　　侍疾要語一卷　(清)錢襄撰
　　讀左剩語一卷　(清)趙以鍞撰
　　聞史贅言一卷　(清)趙以鍞撰
　　婁江雜詞一卷　(清)邵廷烈輯
　　飼鳩記略一卷　(清)邵廷烈撰
　　思源錄一卷　(清)邵廷烈撰
　　望益編一卷　(清)邵廷烈輯
續刊　清道光二十五年(1845)竹西鋤蓿館刊
　　藝圃擷餘一卷　(明)王世懋撰
　　斯友堂日記一卷　(明)王育撰
　　講義條約一卷　(清)陳瑚撰
　　性善圖說一卷　(清)陸世儀撰
　　月道疏一卷附月行九道圖並解　(清)陸世
　　　　儀撰　　　　　　　　　　　　　[撰
　　避地三策一卷附改折始末論　(清)陸世儀
　　梅村集外詩一卷　(清)吳偉業撰
　　十國雜詠一卷　(清)邵士洙撰
　　讀書雜說一卷　(清)闈應槐撰
　　百家姓庚辭一卷　(清)王鑣撰
　　迂亭雜說一卷　(清)程穆衡撰
　　學易臆說一卷　(清)邵廷烈輯

東倉書庫叢刻初編

　(清)繆朝荃輯
　　清光緒中太倉繆氏刊本
　　聖學入門書三卷　(清)陳瑚撰　光緒二十
　　　　七年(1901)刊
　　瑯琊鳳麟兩公(王世貞、王世懋)年譜一卷
　　　　(清)王瑞國撰　光緒二十八年(1902)
　　　　刊
　　內則章句一卷　(清)顧陳垿撰　光緒二十
　　　　三年(1897)刊
　　安道公(陳瑚)年譜二卷　(清)陳溥撰　光
　　　　緒十八年(1892)刊
　　潘瀾筆記二卷　(清)彭兆蓀撰　光緒二十
　　　　四年(1898)刊
　　懺摩錄一卷　(清)彭兆蓀撰　光緒二十四

　　　　年(1898)刊
　　谿山臥游錄四卷　(清)盛大士撰　光緒十
　　　　八年(1892)刊
　　勿憚改齋吟草四卷續草四卷　(清)顧師軾
　　　　撰　光緒十三年(1887)刊
　　清抱居賸稿一卷　(清)畢庭杰撰　光緒十
　　　　三年(1887)刊
　　覆瓿叢談二卷　(清)吳曾英撰　光緒十二
　　　　年(1886)刊
　　卅六芙蓉館詩存六卷　(清)張曾望撰　光
　　　　緒二十四年(1898)刊

太崑先哲遺書首集

　(民國)俞慶恩輯
　　民國太倉俞氏世德堂排印景印本
　　五子緒言一卷　(清)陸世儀撰　民國十九
　　　　年(1930)排印
　　勤齋考道日錄一卷續錄一卷　(清)諸士僩
　　　　撰　民國十九年(1930)排印
　　嚳語偶存一卷　(清)錢敬堂撰　民國十九
　　　　年(1930)排印
　　養正錄一卷復性圖一卷　(清)王景洙輯
　　　　民國十九年(1930)排印
　　朱柏廬先生大學講義一卷中庸講義二卷
　　　　(清)朱用純撰　民國十七年(1928)排
　　　　印
　　從先維俗議五卷　(明)管志道撰　民國十
　　　　七年(1928)據明萬曆本景印
　　吳梅村先生編年詩集十二卷詩餘一卷詩話
　　　　一卷詩詞補鈔一卷　(清)吳偉業撰
　　　　(清)程穆衡原箋　(清)楊學沆補注
　　　　民國十八年(1929)排印
　　愛蓮居詩鈔二卷　(清)唐景星撰　民國十
　　　　七年(1928)排印
　　浣花廬詩鈔四卷賦鈔二卷　(清)唐受祺撰
　　　　民國十七年(1928)排印

安徽叢書

　(民國)安徽叢書編審會輯
　　民國景印本
　第一期　民國二十一年(1932)景印
　　禹貢今釋二卷　(清)芮曰松撰　據求是齋
　　　　校刊本景印
　　毛詩異義四卷　(清)汪龍撰　據絜齋鮑氏
　　　　本景印　　　　　　　　　　　　[印
　　詩譜一卷　(漢)鄭玄撰　據絜齋鮑氏本景
　　韓詩外傳校注十卷附拾遺一卷　(清)周廷
　　　　寀撰　拾遺(清)周宗杭輯　據營道堂
　　　　本景印
　　五聲反切正均不分卷　(清)吳烺撰　據杉

亭集原刊本景印

通鑑注商十八卷　（清）趙紹祖撰　據古墨齋本景印

漢儒傳經記二卷附歷朝崇經記一卷　（清）趙繼序撰　據尺木軒本景印

新安學繫錄十六卷　（明）程曈撰　據明綠蔭園本景印

畫偈一卷　（明）釋弘仁撰　據傳鈔本景印

江注詩集四卷　（明）江注撰　據傳鈔本景印

第二期　民國二十二年（1933）景印

通藝錄　（清）程瑤田撰　據清嘉慶八年本景印

　　論學小記三卷

　　論學外篇二卷

　　宗法小紀一卷

　　儀禮喪服文足徵記十卷

　　釋宮小記一卷

　　考工創物小記八卷

　　磬折古義一卷

　　溝洫疆理小記一卷

　　禹貢三江考三卷

　　水地小記一卷

　　解字小記一卷

　　聲律小記一卷單行本琴音記下篇原紀琴音之數一卷

　　九穀考四卷

　　釋草小記二卷

　　讀書求解一卷

　　數度小記一卷

　　九勢碎事一卷

　　釋蟲小紀一卷

　　修辭餘鈔一卷

附

　　讓堂亦政錄一卷

　　嘉定贈別詩文一卷

　　樂器三事能言一卷補編一卷

　　蓮飲集澐上吟稿一卷　（清）程瑤田撰　據傳鈔本景印

　　果臝轉語記一卷附校記一卷　（清）程瑤田撰　校記（民國）洪汝闓撰　據傳鈔本景印

　　儀禮經注疑直五卷　（清）程瑤田撰　（民國）吳承仕輯　據傳鈔本景印

第三期　民國二十三年（1934）景印

字詁一卷附兄字說一卷　（清）黃生撰　（清）黃承吉案併撰兄字說　據夢陔堂全集本景印

義府二卷　（清）黃生撰　（清）黃承吉案　據夢陔堂全集本景印

古韻標準四卷詩韻舉例一卷　（清）江永撰　（清）戴震參定　據江氏韻書三種本景印

四聲切韻表一卷附校正一卷　（清）江永撰　校正（清）夏燮撰　據江氏韻書三種本景印

音學辨微一卷附校正一卷校刊記一卷　（清）江永撰　校正（清）夏燮撰　校刊記（民國）胡樸安撰　據江氏韻書三種本景印

癸巳類稿十五卷附詩文補遺一卷　（清）俞正燮撰　據清道光本景印附排印本

附

　　俞理初先生（正燮）年譜一卷　（民國）王立中撰

第四期　民國二十四年（1935）景印

凌次仲先生遺書　（清）凌廷堪撰　　　［印

　　禮經釋例十三卷首一卷　據文選樓本景

　　燕樂考原六卷　據校禮堂全集本景印

　　晉泰始笛律匡謬一卷　據校禮堂全集本景印

　　元遺山先生（好問）年譜二卷　據校禮堂全集本景印

　　校禮堂詩集十四卷文集三十六卷　據校禮堂全集本景印

　　梅邊吹笛譜二卷補錄一卷　據校禮堂全集本景印

附

　　凌次仲先生年譜四卷　（清）張其錦撰　據校禮堂全集本景印

第五期　民國二十四年（1935）景印

黃山圖經一卷圖一卷　（宋）□□撰　據傳鈔本景印

黃山志定本七卷圖一卷　（清）閔麟嗣撰　據清康熙本景印

黃山志續集八卷圖一卷　（清）汪士鋐等撰　據清康熙本景印

附

　　黃山志定本校記一卷黃山志續集校記一卷　程演生撰

第六期　民國二十五年（1936）景印

戴東原先生全集　（清）戴震撰

　　尚書義考二卷　據聚學軒叢書本景印

　　毛鄭詩考正四卷首一卷　據微波榭叢書本景印　　　　　　　　　　　　　　　［印

　　杲溪詩經補注二卷　據微波榭叢書本景

　　考工記圖二卷　據閱微草堂本景印

　　中庸補注一卷　據南陵徐氏傳鈔本景印

　　孟子字義疏證三卷　據微波榭叢書本景印

緒言三卷　據南海伍氏粤雅堂本景印
經考五卷　據南陵徐氏覆校本景印
經考附錄七卷附校記一卷　校記(民國)
　·　羅更撰　據汪氏不疏園初寫本景印
方言疏證十三卷　(清)戴震撰　據微波
　　榭叢書本景印
續方言二卷　據傳鈔本景印　　　[印
聲類表九卷首一卷　據微波榭叢書本景
聲韻攷四卷　據微波榭叢書本景印
原善三卷　據微波榭叢書本景印
原象一卷　據微波榭叢書本景印
續天文略二卷　據微波榭叢書本景印
句股割圜記三卷　(清)吳思孝注　據微
　　波榭叢書本景印
策算一卷　據微波榭叢書本景印
水地記一卷　據微波榭叢書本景印
屈原賦戴氏注七卷通釋二卷附音義三卷
　　音義(清)汪梧鳳撰　據歙縣汪氏
　　原刊本景印
屈原賦注初稿三卷　據稿本景印
戴東原集十二卷　據鎮海張氏校本景印
附
　遺墨一卷　據眞迹景印
戴東原先生年譜一卷　(清)段玉裁撰
戴先生所著書攷一卷　(民國)胡樸安撰

龍眠叢書

(清)光聰諧輯
　　清桐城光氏刊本
望溪奏議二卷　(清)方苞撰
惜抱軒書錄四卷　(清)姚鼐撰
田間集十卷　(清)錢澄之撰
南澗詞選二卷　(清)何采撰
喪禮或問二卷　(清)方苞撰
心學宗二卷　(明)方學漸撰
三傳補注二卷　(清)姚鼐撰
白白齋貨殖傳評二卷　(清)姚康撰
昌谷集註四卷　(清)姚文燮撰
空明谷詞一卷　(清)姚士陛撰
馬太僕奏略二卷　(明)馬孟禎撰
左傳補註二卷　(清)馬宗璉撰
左忠毅公(光斗)年譜二卷　(清)左宰撰
猗覺寮雜記二卷　(宋)朱翌撰
歸雅堂詩集三卷　(口)吳鏐撰
黃山紀勝四卷　(清)徐璈撰
片舫齋詩集十二卷　(清)光標撰
大易旁通十二卷　(口)光成采撰

涇川叢書

(清)趙紹祖(清)趙繩祖輯

清道光十二年(1832)涇縣趙氏古墨齋刊
　本
民國六年(1917)翟鳳翔等據清道光趙氏
　本景印
毅齋經說一卷　(明)查鐸撰
學測一卷　(明)蕭良幹撰
讀書些子會心一卷　(明)朱苟撰
易學管窺一卷　(清)章芝撰
讀左管窺二卷　(清)趙青藜撰
論語註參二卷　(清)趙良猷撰
賓退錄四卷　(明)趙善政撰
筆記一卷　(明)蕭良幹撰
拙齋十議一卷　(明)蕭良幹撰
濟南紀政一卷　(明)徐榜撰
浙轑紀事一卷　(明)葉永盛撰
三峯傳藁一卷　(明)萬應隆撰
史疑一卷　(明)張應泰撰
續史疑二卷　(明)張一卿撰
三峯史論一卷　(明)萬應隆撰
星閣史論一卷　(清)趙青藜撰
九晥史論一卷　(清)翟蔼撰
五城奏疏一卷　(明)董傑撰
毅齋奏疏一卷　(明)查鐸撰
伯仲諫臺疏草二卷　(明)鄭欽(明)鄭銳撰
制府疏草二卷　(明)蕭彥撰
玉城奏疏一卷　(明)葉永盛撰
西臺摘疏一卷　(明)吳尚默撰
太極後圖說一卷　(明)左輔撰
八士辯一卷　(明)董傑撰
楚中會條一卷　(明)查鐸撰
水西會條一卷　(明)查鐸撰
稽山會約一卷　(明)蕭良幹撰
惜陰書院緒言一卷　(明)翟台撰
赤山會約一卷　(明)蕭雍撰
水西會語一卷　(明)查鐸撰
白水質問一卷　(明)徐榜撰
赤山會語一卷　(明)蕭雍撰
水西答問一卷　(明)翟台撰
梅峯語錄二卷　(明)趙仲全撰
論學俚言一卷　(清)蕭繼炳撰
星閣正論一卷　(清)趙青藜撰
子貫附言一卷　(清)胡元暉撰
宦遊日記一卷　(明)徐榜撰
讀書十六觀補一卷　(明)吳愷撰
漢林四傳一卷　(清)鄭相如撰
篋友言一卷　(清)趙青藜撰
涇川詩話三卷　(清)趙知希撰
雙塵譚二卷續二卷　(清)胡承譜撰
續
東井詒勒一卷　(明)左鑑撰

讀春秋二卷　(清)趙良㵎撰
讀禮記十二卷　(清)趙良㵎撰
讀詩經四卷　(清)趙良㵎撰
讀易經一卷　(清)趙良㵎撰
古墨齋金石跋六卷　(清)趙紹祖撰
涇川金石記一卷　(清)趙紹祖撰

貴池先哲遺書

(民國)劉世珩輯
　　民國九年(1920)貴池劉氏唐石簃刊本
貴池唐人集　(民國)劉世珩輯
　　劇談錄二卷附逸文一卷　(唐)康駢撰
　　費冠卿詩一卷　(唐)費冠卿撰
　　張處士詩集五卷　(唐)張祜撰
　　周繇詩一卷　(唐)周繇撰
　　顧雲詩一卷文一卷　(唐)顧雲撰
　　張喬詩一卷文一卷　(唐)張喬撰
　　唐風集三卷補遺一卷　(唐)杜荀鶴撰
　　松窗雜記一卷　(唐)杜荀鶴(一題李濬)撰
　　殷文圭詩一卷文一卷　(唐)殷文圭撰
　　伍喬詩一卷　(南唐)伍喬撰
翠微南征錄十一卷雜錄一卷　(宋)華岳撰
　　光緒二十八年(1902)刊
翠微先生北征錄十二卷　(宋)華岳撰　光
　　緒二十八年(1902)刊
李行季遺詩一卷詩餘一卷　(明)李達撰
東林本末三卷　(明)吳應箕撰
啓禎兩朝剝復錄十卷附札記一卷　(明)吳
　　應箕撰　札記(民國)劉世珩撰　光緒
　　二十八年(1902)刊
留都見聞錄二卷南都應試記一卷　(明)吳
　　應箕撰　光緒二十八年(1902)刊
讀書止觀錄五卷　(明)吳應箕輯　光緒二
　　十八年(1902)刊
貴池二妙集四十七卷　(民國)劉世珩輯
　　光緒二十六年(1900)刊　　　　　　[撰
　　樓山堂集二十七卷首一卷　(明)吳應箕
　　嶧桐集二十卷　(明)劉城撰
附　　　　　　　　　　　　　　　　[撰
　　劉先生(城)年譜一卷　(民國)劉世珩
化碧錄一卷　(清)曹大鎬撰
楚漢帝月表一卷　(清)吳非撰
三唐傳國編年五卷　(清)吳非撰
一草亭讀史漫筆二卷　(清)吳孟堅撰
偶存草一卷雁字和韻詩一卷　(清)吳孟堅
撰　　　　　　　　　　　　　　　[輯
杏花村志十二卷首一卷末一卷　(清)郎遂
莊子解十二卷　(清)吳世尚撰
幼科鐵鏡六卷　(清)夏鼎撰
南湖集鈔十二卷　(清)章永祚撰

秀山志十八卷　(清)陳坹纂　(清)釋方㬊
　　重輯
靜觀書屋詩集七卷　(清)章鶴齡撰
附刻
　　齊山巖洞志二十六卷首一卷　(清)陳蔚撰
續刊
　　建文遜國之際月表二卷　(清)劉廷鑾撰
附　　　　　　　　　　　　　　　　[撰
　　貴池先哲遺書待訪目一卷　(民國)劉世珩

南陵先哲遺書

(民國)徐乃昌輯
　　民國二十三年(1934)南陵徐氏景印本
讀史記十表十卷　(清)汪越撰　(清)徐克
　　范補　民國十六年(1927)據清雍正本
　　景印
史弋二卷　(清)汪楨撰　據清康熙四十年
　　本景印
休庵前集一卷後集一卷　(清)盛於斯撰
　　據清順治五年本景印
芸芽詩集八卷　(清)劉開兆撰　據清嘉慶
　　二十三年本景印
西溪偶錄一卷　(清)何彤文撰　據道光十
　　八年本景印

武林掌故叢編

(清)丁丙輯
　　清光緒中錢塘丁氏嘉惠堂刊本
第一集
　　乾道臨安志十五卷(原缺卷四至十五)
　　　(宋)周淙撰
　　都城紀勝一卷　(宋)耐得翁(趙□)撰　光
　　　緒四年(1878)刊
　　錢塘西湖百詠一卷　(宋)郭祥正撰　光緒
　　　六年(1880)刊
　　錢塘先賢傳贊一卷附錄一卷　(宋)袁韶撰
　　　光緒四年(1878)刊
　　古杭雜記一卷　(元)李有撰
　　新刻古杭雜記詩集四卷　(元)□□撰　光
　　　緒七年(1881)刊
　　西湖韻事一卷　(清)汪汝謙撰　光緒五年
　　　(1879)刊
　　不繫園集一卷　(清)汪汝謙撰　光緒五年
　　　(1879)刊
　　隨喜庵集一卷　(清)汪汝謙撰　光緒五年
　　　(1879)刊
　　流香一覽一卷　(清)釋明開撰　光緒六年
　　　(1880)刊
　　武林理安寺志八卷　(清)釋實月撰　光緒
　　　四年(1878)刊

廣福廟志一卷　(清)唐垣九撰　光緒三年
　　(1877)刊
第二集
　武林舊事十卷附錄一卷　(宋)四水潛夫
　　(周密)撰　光緒三年(1877)刊
　重陽庵集一卷附刻一卷附錄一卷　(明)梅
　　志遷輯　(明)俞大彰重輯　光緒三年
　　(1877)刊
　西湖紀述一卷　(明)袁宏道撰　光緒七年
　　(1881)刊
　慧因寺志十二卷附錄一卷　(明)李鶯撰
　　光緒七年(1881)刊
　杭郡庠得表忠觀碑記事一卷　(清)余懋椮
　　輯　光緒七年(1881)刊
　西湖修禊詩一卷　(清)鄂敏輯　光緒五年
　　(1879)刊
　唐棲志略藁二卷　(清)何琪撰　光緒七年
　　(1881)刊
　吳山遺事詩一卷　(清)朱彭撰
　南屏百詠一卷　(清)張炳輯
　崔府君祠錄一卷　(清)鄭烺撰
第三集
　御覽孤山志一卷　(清)王復禮撰　光緒七
　　年(1881)刊
　七述一卷　(宋)晁補之撰　光緒七年
　　(1881)刊
　錢塘湖山勝槩詩文二卷　(明)夏時撰　光
　　緒七年(1881)刊
　　錢塘湖山勝槩記一卷
　　湖山百詠一卷
　西湖臥遊圖題跋一卷　(明)李流芳撰　光
　　緒七年(1881)刊
　西谿梵隱志四卷　(清)吳本泰撰　光緒七
　　年(1881)刊
　南宋古蹟考二卷　(清)朱彭撰　光緒七年
　　(1881)刊
　雲棲紀事一卷　(清)□□輯
　孝義無礙庵錄一卷　(明)釋株宏撰
　南湖倡和集一卷　(清)章世豐輯　光緒七
　　年(1881)刊
　崇福寺志四卷續志一卷　(清)朱文藻撰
　　續(清)章庭樾撰　光緒七年(1881)刊
　湖墅雜詩二卷　(清)魏標撰　光緒七年
　　(1881)刊
第四集
　淳祐臨安志殘六卷(存卷五至十)　(宋)施
　　諤撰　光緒七年(1881)刊
　遊明聖湖日記一卷　(明)浦訪撰　光緒七
　　年(1881)刊
　客越志略一卷　(明)王稈登撰　光緒七年

　　(1881)刊
　清波小志二卷　(清)徐逢吉撰
　附
　　清波小志補一卷　(清)陳景鐘撰　光緒
　　　八年(1832)刊
　大昭慶律寺志十卷　(清)釋篆玉撰　光緒
　　八年(1882)刊
　定鄉雜著二卷　(清)胡敬撰　光緒七年
　　(1881)刊
　金牛湖漁唱一卷　(清)張雲璈撰　光緒七
　　年(1881)刊
　西湖遊記一卷　(清)查人渶撰　光緒七年
　　(1881)刊
　銀瓶徵一卷　(清)俞樾撰　光緒七年
　　(1881)刊
　龍井顯應胡公墓錄一卷　(清)丁午撰
第五集
　西湖百詠二卷　(宋)董嗣杲撰　(明)陳贄
　　和　光緒七年(1881)刊
　客杭日記一卷　(元)郭畀撰　光緒七年
　　(1881)刊
　西湖八社詩帖一卷　(明)祝時泰等輯　光
　　緒七年(1881)刊
　湖山敘遊一卷　(明)劉遷撰　光緒七年
　　(1881)刊
　養素園詩四卷　(清)王德溥輯　光緒七年
　　(1881)刊
　武林元妙觀志四卷　(清)仰蘅撰　光緒七
　　年(1881)刊
　西泠仙詠三卷　(清)圓嶠眞逸(陳文述)撰
　　光緒八年(1882)刊
　北隅掌錄二卷　(清)黃士珣撰　光緒七年
　　(1881)刊
　西湖雜詩一卷　(清)蔣坦撰　光緒七年
　　(1881)刊
　揚清祠志一卷　(清)丁午撰　光緒七年
　　(1881)刊
第六集
　武林西湖高僧事略一卷續一卷　(宋)釋元
　　敬(宋)釋元復撰　續(明)釋株宏撰
　　光緒七年(1881)刊
　西湖竹枝集一卷　(元)楊維楨輯　光緒七
　　年(1881)刊
　西村十記一卷附錄一卷　(明)史鑑撰　光
　　緒八年(1882)刊
　西湖夢尋五卷　(明)張岱撰　光緒九年
　　(1883)刊
　韜光庵紀遊集一卷　(清)釋山止輯　光緒
　　七年(1881)刊
　鳳皇山聖果寺志一卷　(清)釋超乾撰　光

緒七年(1881)刊
南漳子二卷　(清)孫之騄撰　光緒七年
　(1881)刊
東城雜記二卷　(清)厲鶚撰　光緒七年
　(1881)刊
湖船錄一卷　(清)厲鶚撰
湖船續錄一卷首一卷　(清)丁午撰　光緒
　七年(1881)刊
第七集
武林怡老會詩集一卷　(明)張瀚輯　光緒
　八年(1882)刊
西湖月觀紀一卷　(明)陳仁錫撰　光緒七
　年(1881)刊
鼇峯倡和詩一卷　(明)范志敏輯　光緒七
　年(1881)刊
橫山遊記一卷　(明)馬元調撰　光緒七年
　(1881)刊
孝慈庵集一卷　(清)□□輯　光緒七年
　(1881)刊
武林草一卷附刻一卷　(清)趙士麟撰　光
　緒八年(1882)刊
里居雜詩一卷　(清)朱樟撰　光緒七年
　(1881)刊
金鼓洞志八卷首一卷　(清)朱文藻撰　光
　緒五年(1879)刊
新門散記一卷　(清)羅以智撰　光緒七年
　(1881)刊
城北天后宮志一卷　(清)丁午撰　光緒七
　年(1881)刊
第八集
湖壖雜記一卷　(清)陸次雲撰　光緒七年
　(1881)刊
西湖百詠一卷　(清)柴杰撰　光緒七年
　(1881)刊
春草園小記一卷　(清)趙昱撰　光緒七年
　(1881)刊
武林新年雜詠一卷　(清)舒紹言等撰　光
　緒七年(1881)刊
復園紅板橋詩一卷　(清)吳修輯
東郊土物詩一卷　(清)朱點輯　光緒八年
　(1882)刊
江鄉節物詩一卷　(清)吳存楷撰　光緒八
　年(1882)刊
蘭因集二卷　(清)頤道居士(陳文述)輯
　光緒七年(1881)刊
定鄉小識十六卷　(清)張道撰　光緒八年
　(1882)刊
紫陽庵集一卷　(清)丁午輯　光緒八年
　(1881)刊
第九集

山游倡和詩一卷　(宋)釋契嵩輯　光緒十
　三年(1887)刊
聖宋錢塘賦一卷　(宋)葛澧撰　光緒十年
　(1884)刊
西湖雜記一卷　(明)黎遂球撰　光緒十一
　年(1885)刊
南宋院畫錄八卷　(清)厲鶚撰　光緒十年
　(1884)刊
西湖蘇文忠公祠從祀議一卷　(清)吳騫撰
西湖紀遊一卷　(清)張仁美撰　光緒九年
　(1883)刊
捍海塘志一卷　(清)錢文瀚撰
翠微亭題名攷一卷　(清)蔡名衡輯　光緒
　十一年(1885)刊
西泠閨詠十六卷　(清)陳文述撰　光緒十
　三年(1887)刊
俞樓詩記一卷　(清)俞樾撰
第十集
南宋館閣錄十卷(原缺卷一)續錄十卷
　(宋)陳騤撰　續錄(宋)□□撰　光緒
　十二年(1886)刊
宋中興學士院題名一卷　(宋)何異撰　光
　緒十二年(1886)刊
月會約一卷　(明)嚴武順撰　光緒十二年
　(1886)刊
讀書社約一卷　(明)丁奇遇撰　光緒十二
　年(1886)刊
勝蓮社約一卷　(明)虞淳熙撰　光緒十二
　年(1886)刊
西溪百詠二卷　(明)釋大善撰　光緒八年
　(1882)刊
臨平記四卷附錄一卷　(清)沈謙撰　光緒
　十年(1884)刊
小雲棲放生錄一卷　(清)釋與楷輯　光緒
　十二年(1886)刊
西湖秋柳詞一卷　(清)楊鳳苞撰　(清)楊
　知新注
臨平記補遺四卷續一卷　(清)張大昌撰
　光緒十一年(1885)刊
第十一集
武林靈隱寺誌八卷　(清)孫治(清)徐增撰
　光緒十四年(1888)刊
增修雲林寺志八卷　(清)厲鶚撰　光緒十
　四年(1888)刊
續修雲林寺誌八卷　(清)沈鑅彪撰　光緒
　十四年(1888)刊
第十二集
錢塘遺事十卷　(元)劉一清撰　光緒十三
　年(1887)刊
雪莊西湖漁唱七卷　(清)許承祖撰

龍井見聞錄十卷　(清)汪孟鋗撰　光緒十
　年(1884)刊
附
　宋僧元淨外傳二卷　　(清)汪孟鋗撰　光緒
　　十年(1884)刊
　杭府仁錢三學澌埽職一卷附錄一卷　(清)
　　□□撰　光緒十二年(1886)刊
　湖山懷古集一卷　(清)陳時撰
　武林第宅攷一卷　(清)柯汝霖撰　光緒十
　　五年(1889)刊
第十三集
　勑建淨慈寺志三十卷首二卷末一卷　(清)
　　釋際祥撰　光緒十四年(1888)刊
第十四集
　夢粱錄二十卷　(宋)吳自牧撰　光緒十六
　　年(1890)刊
　神州古史考殘一卷　(清)倪璠撰　光緒十
　　五年(1889)刊
　湖山雜詠一卷附錄一卷　(清)王緯撰　光
　　緒二十年(1894)刊
　西湖雜詠一卷　(清)陳若蓮撰
　湖上青山集一卷　(清)陳時撰　光緒十五
　　年(1889)刊
第十五集
　四時幽賞錄一卷　(明)高濂撰　光緒二十
　　年(1894)刊
　浙醵紀事一卷附錄一卷　(明)葉永盛撰
　西湖小史一卷　(清)李鼎撰　光緒十七年
　　(1891)刊
　西泠懷古集十卷　(清)陳文述撰　光緒九
　　年(1883)刊
　龍興祥符戒壇寺志十二卷　(清)張大昌撰
　　光緒十九年(1893)刊
第十六集
　萬歷錢塘縣志不分卷　(明)聶心湯撰　光
　　緒十九年(1893)刊
　武林遊記一卷　(明)高攀龍撰
　流芳亭記一卷　(清)□□撰　光緒十九年
　　(1893)刊
　雲居聖水寺志六卷補遺一卷　(清)釋明倫
　　撰　(清)釋實懿重纂　光緒十八年
　　(1892)刊
　西湖詩一卷　(清)汪志伊撰　光緒十九年
　　(1893)刊
第十七集
　嘉靖仁和縣志十四卷　(明)沈朝宣撰　光
　　緒十九年(1893)刊
　西子湖拾翠餘談三卷　(明)汪砢玉撰　光
　　緒十九年(1893)刊
　杭志三詰三誤辨一卷　(清)毛奇齡撰　光

緒十八年(1892)刊
　西湖竹枝詞一卷　(清)陳璨撰　光緒十四
　　年(1888)刊
　東河櫂歌一卷　(清)姚思勤撰　光緒十八
　　年(1892)刊
第十八集
　西湖遊詠一卷　(明)田汝成(明)黃省曾撰
　　光緒二十年(1894)刊
　護國寺元人諸天畫像讚一卷　(明)傅巖撰
　　光緒二十一年(1895)刊
　杭城治火議一卷附錄一卷　(清)毛奇齡撰
　　光緒十八年(1892)刊
　湖樓集一卷　(清)朱琰撰　光緒二十一年
　　(1895)刊
　庚辛泣杭錄十六卷　(清)丁丙輯　光緒二
　　十一年(1895)刊
　　欽定勦平粵匪方略二卷　(清)朱學勤等
　　　撰　(清)丁丙節錄
　　昭忠祠志一卷　(清)范承塾撰
　　崇義祠志一卷　(清)陸楨撰
　　義烈墓錄一卷　(清)孫樹禮撰
　　兩浙庚辛紀略一卷　(清)陳學纓撰
　　庚申浙變記一卷　(清)繆德葇撰
　　轉徙餘生記一卷　(清)許奉恩撰　(清)
　　　丁丙節錄
　　杭城再陷紀實一卷　(清)華學烈撰
　　思痛記一卷　(清)李圭撰　(清)丁丙節
　　　錄
　　難中記一卷　(清)張爾嘉撰
　　殉烈記一卷　(清)張光烈撰　(清)丁丙節錄
　　　以上合一卷
　　平浙紀略一卷　(清)秦緗業(清)陳鍾英
　　　撰　(青)丁丙節錄
　　湘軍記一卷　(清)王定安撰
　　杭城紀難詩　(清)陸以湉撰
　　蒿目錄　(清)許瑤光撰　以上合一卷
　　杭城辛酉紀事詩一卷　(清)張蔭築(清)
　　　吳淦撰
　　杭城紀難詩編一卷　(清)王震元輯
第十九集
　吳越備史四卷補遺一卷雜考一卷　(宋)范
　　坰(宋)林禹撰　雜考(清)錢受徵撰
　　光緒二十一年(1895)刊
　西湖冶興二卷　(明)王瀠撰　光緒二十一
　　年(1895)刊
　鑒公精舍納涼圖題詠一卷　(清)朱文藻輯
　　光緒二十一年(1895)刊
　松吹讀書堂題詠一卷附小松吹讀書堂題詠
　　一卷　(清)杭械輯　光緒二十一年
　　(1895)刊

桑孝子旌門錄一卷　(清)桑調元輯　光緒
　　二十年(1894)刊
錢塘懷古詩一卷附錄一卷　(清)王德璘撰
穉堂閣史考證一卷附錄一卷校勘記一卷
　　(清)趙一清撰　校勘記(民國)孫翽撰
　　光緒二十一年(1895)刊
寒山舊廬詩一卷　(清)陸森輯　光緒二十
　　一年(1895)刊
橫橋吟館圖題詠一卷　(清)許乃穀輯　光
　　緒二十一年(1895)刊
瓊英小錄一卷附錄一卷　(清)兪樾撰　光
　　緒二十一年(1895)刊
廣陵曲江復對一卷　(清)張大昌撰　光緒
　　二十一年(1895)刊
孫花翁墓徵一卷　(清)張爾嘉撰　光緒二
　　十一年(1895)刊
直閣朱公祠墓錄二卷附刻一卷　(清)朱文
　　懋撰　光緒二十一年(1895)刊
郭孝童墓記略一卷　(清)丁立志撰　光緒
　　二十一年(1895)刊
第二十集
西湖游覽志二十四卷志餘二十六卷　(明)
　　田汝成撰　光緒二十二年(1896)刊
第二十一集
昭忠錄五卷附錄一卷　(明)周璨撰　光緒
　　二十二年(1896)刊
艮山雜志二卷附錄一卷　(清)翟灝撰　光
　　緒二十二年(1896)刊
西溪雜詠一卷　(清)陳文述撰　光緒二十
　　三年(1897)刊
西溪梅竹山莊圖題詠一卷　(清)章鑅輯
　　光緒二十三年(1897)刊
臨安旬制紀三卷附錄一卷　(清)張道撰
　　附錄(清)羅棨輯　光緒二十三年
　　(1897)刊
錢塘百詠一卷　(清)楊象濟撰　光緒二十
　　一年(1895)刊
靈隱書藏紀事一卷　(清)潘衍桐輯　光緒
　　十八年(1892)刊
金龍四大王祠墓錄四卷首一卷末一卷
　　(清)仲學輅撰　光緒二十二年(1896)
　　刊
同仁祠錄二卷　(清)孫炳奎撰　光緒二十
　　三年(1897)刊
續東河櫂歌一卷　(清)丁丙撰　光緒二十
　　一年(1895)刊
第二十二集
建炎復辟記一卷　(宋)□□撰　光緒二十
　　三年(1897)刊
夜山圖題詠一卷附刻一卷　(元)吳福生輯

光緒二十一年(1895)刊
西泠遊記一卷　(明)王紹傳撰　光緒二十
　　一年(1895)刊
湖舫詩一卷　(清)沈彔琛輯　光緒二十一
　　年(1895)刊
迎鑾新曲二卷　(清)吳城(清)厲鶚撰　光
　　緒二十一年(1895)刊
西湖遺事詩一卷　(清)朱彭撰　光緒二十
　　一年(1895)刊
清波三志三卷　(清)陳景鐘撰　(清)莫杕
　　續訂　光緒二十一年(1895)刊
金氏世德紀二卷　(清)金應麟輯　光緒二
　　十二年(1896)刊
照膽臺志略一卷　(清)鄒在寅撰　光緒二
　　十二年(1896)刊
陳忠肅公墓錄一卷　(清)孫峻撰　光緒二
　　十一年(1895)刊
第二十三集
西湖水利考一卷　(清)吳農祥撰　光緒二
　　十四年(1898)刊
皋亭倡和集一卷　(清)阮亨輯　光緒二十
　　三年(1897)刊
于公祠墓錄十卷首一卷末一卷　(清)丁丙
　　撰　光緒二十六年(1900)刊
第二十四集
淳祐臨安志輯逸八卷　(宋)施諤撰　(清)
　　胡敬輯　光緒二十六年(1900)刊
樊公祠錄二卷　(清)孫樹禮撰　光緒二十
　　五年(1899)刊
武林藏書錄三卷首一卷末一卷　(清)丁申
　　撰　光緒二十六年(1900)刊
風木盫圖題詠一卷　(清)丁丙輯　光緒二
　　十六年(1900)刊
武林雜事詩一卷　(民國)丁立誠撰　光緒
　　二十六年(1900)刊
第二十五集
杭州上天竺講寺志十五卷　(明)釋廣賓撰
　　光緒二十三年(1897)刊
西谿聯吟一卷　(清)吳祖枚(清)陳如松撰
　　光緒二十四年(1898)刊
南宋宮閨雜詠一卷　(清)趙棻撰　光緒二
　　十三年(1897)刊
秦亭山民移居倡和詩一卷　(清)周三燮輯
　　光緒二十四年(1898)刊
東城記餘二卷　(清)楊文杰撰　光緒二十
　　六年(1900)刊
三塘漁唱三卷　(清)丁丙撰
第二十六集
文瀾閣志二卷首一卷附錄一卷　(清)孫樹
　　禮(清)孫峻撰　光緒二十四年(1898)

刊

北隅綴錄二卷續錄二卷　（清）丁丙撰　光緒二十五年(1899)刊

北郭詩帳二卷　（清）丁丙撰

武林往哲遺箸

（清）丁丙輯

清光緒中錢唐丁氏嘉惠堂刊本

穉亮集一卷　（唐）穉亮撰

穉遂良集一卷　（唐）穉遂良撰

鄭巢詩集一卷　（唐）鄭巢撰　光緒二十三年(1897)刊

錢唐韋先生文集十八卷（原缺卷一至二）附錄一卷　（宋）韋驤撰　光緒二十二年(1896)刊

準齋雜說二卷附錄一卷　（宋）吳如愚撰　光緒二十一年(1895)刊

葇訣一卷附錄一卷　（宋）劉仲甫撰　光緒二十三年(1897)刊

新注朱淑眞斷腸詩集十卷後集七卷補遺一卷　（宋）朱淑眞撰　（宋）鄭元佐注　光緒二十三年(1897)刊

芝田小詩一卷　（宋）張煇撰　光緒二十二年(1896)刊

漁溪詩稿二卷乙稿一卷補遺一卷　（宋）兪桂撰　光緒二十二年(1896)刊

橘潭詩稿一卷　（宋）何應龍撰　光緒二十二年(1896)刊

芸居乙稿一卷補遺一卷附錄一卷　（宋）陳起撰　光緒二十一年(1895)刊

雲泉詩稿一卷補遺一卷　（宋）釋永頤撰　光緒二十二年(1896)刊

書小史十卷　（宋）陳思撰　光緒二十二年(1896)刊

海棠譜三卷　（宋）陳思撰

湖山類藁五卷　（宋）汪元量撰　光緒二十三年(1897)刊

水雲集一卷附錄三卷　（宋）汪元量撰　光緒二十三年(1897)刊

對牀夜語五卷　（宋）范晞文撰　光緒二十二年(1896)刊

伯牙琴一卷補遺一卷　（宋）鄧牧撰　光緒二十一年(1895)刊

白雲集三卷附錄一卷　（元）釋英撰　光緒二十二年(1896)刊

山村遺集一卷附錄一卷　（元）仇遠撰　光緒二十一年(1895)刊

稗史一卷　（元）仇遠撰

湛淵靜語二卷　（元）白珽撰　光緒二十一年(1895)刊

湛淵遺稿三卷補遺一卷附錄一卷　（元）白珽撰　光緒二十一年(1895)刊

忍經一卷　（元）吳亮輯　光緒二十一年(1895)刊

疇齋二譜二卷外錄一卷　（元）張仲壽撰　光緒二十三年(1897)刊

墨譜一卷

琴譜一卷

學古編一卷　（元）吾丘衍撰　光緒二十二年(1896)刊

閒居錄一卷　（元）吾丘衍撰　光緒二十二年(1896)刊

竹素山房集三卷補遺一卷附錄一卷　（元）吾丘衍撰　光緒二十一年(1895)刊

貞居先生詩集七卷補遺二卷附錄二卷　（元）張雨撰　光緒二十三年(1897)刊

江月松風集十二卷補遺一卷文錄一卷附錄一卷　（元）錢惟善撰　光緒十五年(1889)刊

山居新語一卷　（元）楊瑀撰　光緒二十三年(1897)刊

柘軒集四卷附錄二卷　（明）凌雲翰撰　光緒二十二年(1896)刊

李草閣詩集六卷拾遺一卷文集一卷　（明）李曄撰　光緒二十三年(1897)刊

筠谷詩集一卷　（明）李轅撰

松雨軒集八卷補遺一卷附錄二卷　（明）平顯撰　光緒二十年(1894)刊

詠物詩一卷　（明）瞿佑撰　光緒二十二年(1896)刊

周眞人集一卷補遺一卷　（明）周思得撰　光緒二十三年(1897)刊

節菴集八卷續集一卷　（明）高得暘撰　光緒二十年(1894)刊

集古梅花詩二卷附錄一卷　（明）沈行撰　光緒二十三年(1897)刊

松窗夢語八卷　（明）張瀚撰　光緒二十二年(1896)刊

奚囊蠹餘二十卷補遺一卷附錄二卷　（明）張瀚撰　附錄（清）張景雲輯　光緒二十一年(1895)刊

孫夫人集一卷　（明）楊文儷撰　光緒二十三年(1897)刊

田叔禾小集十二卷　（明）田汝成撰　光緒二十三年(1897)刊

碧筠館詩稿四卷補遺一卷附錄二卷　（明）凌立撰　光緒二十二年(1896)刊

亶爰子詩集二卷附錄一卷　（明）江暉撰　光緒二十二年(1896)刊

弘藝錄三十二卷　（明）邵經邦撰　光緒二

十年(1894)刊
藝苑玄幾一卷 (明)邵經邦撰 光緒二十年(1894)刊
西軒效唐集錄十二卷補遺一卷 (明)丁養浩撰 光緒二十一年(1895)刊
無顏生詩選一卷 (明)郎兆玉撰 光緒二十一年(1895)刊
龍珠山房詩集二卷補遺一卷附錄一卷 (明)李奎撰 光緒二十二年(1896)刊
湖上篇一卷 (明)李奎撰 光緒二十二年(1896)刊
卓光祿集三卷 (明)卓明卿撰 光緒二十三年(1897)刊
王節愍公遺集二卷附錄一卷 (明)王道焜撰 光緒二十二年(1896)刊
臥月軒稿三卷附錄一卷 (清)顧若璞撰 光緒二十三年(1897)刊
始豐藁十四卷補遺一卷附錄一卷 (明)徐一夔撰 光緒二十年(1894)刊
東軒集選一卷補遺三卷附錄一卷 (明)聶大年撰 光緒二十三年(1897)刊

後編

韓忠獻公遺事一卷補遺一卷 (宋)强至撰
汴都賦一卷附錄一卷 (宋)周邦彥撰 附錄(明)汪汝謙(明)陳繼儒輯 光緒二十六年(1900)刊
參寥集十二卷附錄二卷 (宋)釋道潛撰 光緒二十五年(1899)刊
石門文字禪三十卷 (宋)釋惠洪撰 光緒二十五年(1899)刊
太上感應靈篇圖說一卷附錄一卷 (元)陳堅撰
牧潛集七卷 (元)釋圓至撰 光緒二十五年(1899)刊
少保于公奏議十卷 (明)于謙撰
于肅愍公集八卷拾遺一卷附錄一卷 (明)于謙撰
倪文僖公集三十二卷補遺一卷 (明)倪謙撰 光緒二十六年(1900)刊
青谿漫稿二十四卷補遺一卷 (明)倪岳撰 光緒二十六年(1900)刊

海昌叢載

(清)羊復禮輯
清光緒中海昌羊氏傳卷樓粵東刊本
容菴遺文鈔一卷存稿鈔一卷 (明)許令瑜撰 光緒十三年(1887)刊
止谿文鈔一卷詩集鈔一卷 (清)朱嘉徵撰 光緒十三年(1887)刊
乾初先生文鈔二卷遺詩鈔一卷 (清)陳確撰 光緒十三年(1887)刊
補庵遺稿一卷詩鈔一卷 (清)陳枚撰 光緒十三年(1887)刊
敬齋詩鈔一卷 (清)陳翼撰 光緒十三年(1887)刊
雲怡詩鈔一卷 (清)陳克鬯撰 光緒十三年(1887)刊
簡莊文鈔六卷續編二卷河莊詩鈔一卷 (清)陳鱣撰 光緒十四年(1888)刊
新坂土風一卷 (清)陳鱣撰 光緒十八年(1892)刊
蠶桑摘要一卷圖說一卷 (清)羊復禮撰
經驗痒子症良方一卷又經驗痒子症方一卷 (清)口口撰
蕪園詩集鈔一卷 (明)葛徵奇撰
月隱遺稿鈔一卷 (明)祝淵撰
海粟堂詩鈔一卷 (明)吳本泰撰
留素堂詩集鈔一卷 (清)蔣薰撰
逃禪吟鈔一卷 (清)葛定遠撰
詠年堂詩集鈔一卷 (清)葛定辰撰
西疇草堂遺詩鈔一卷 (清)周文燔撰
蜀中草鈔一卷 (清)朱昇撰
耘蓮詩鈔一卷 (清)曹元方撰
爲可堂詩集鈔一卷 (明)朱一是撰
與袁堂詩集鈔一卷 (清)陳殿桂撰
飽墨堂吟草鈔一卷 (清)吳啓熊撰
魯化遺詩鈔一卷 (明)徐于撰
艾軒詩集鈔一卷 (清)楊中柟撰
出岫集鈔一卷 (清)陳岣撰
菊隱吟鈔一卷 (清)羊廷機撰
敬愼居詩稿二卷 (清)羊咸熙撰
贅雪山房詩存一卷 (清)羊登萊撰
蟲獲軒詩鈔一卷 (清)張爲儒撰
留爪集鈔一卷 (清)吳錫祿撰
臆吟集鈔一卷 (清)徐蘭撰
竹巖詩鈔一卷 (清)楊煥綸撰

檇李遺書

(清)孫福清輯 [本
清光緒四年(1878)秀水孫氏望雲仙館刊
巽隱先生文集一卷 (明)程本立撰
紫桃軒雜綴三卷又綴三卷 (明)李日華撰
幾亭外書二卷 (明)陳龍正撰
舉業素語一卷
家矩一卷
藏密齋書牘一卷 (明)魏大中撰
聖雨齋詩集三卷 (明)周拱辰撰
敝帚齋餘談一卷 (明)沈德符撰
三魚堂賸言十二卷 (清)陸隴其撰
楊園先生未刻稿十二卷 (清)張履祥撰

曝書亭集外詩五卷詞一卷文二卷　（清）朱
　　彝尊撰
鴛央湖櫂歌二卷　（清）朱彝尊（清）譚吉璁
　　撰
稬業齋續鴛鴦湖櫂歌一卷　（清）朱麟應撰
黑蝶齋詞一卷　（清）沈岸登撰
秋錦山房詞一卷　（清）李良年撰
耒邊詞二卷　（清）李符撰
延露詞三卷　（清）彭孫遹撰
柘西精舍詞一卷　（清）沈皞日撰
漫遊小鈔一卷　（清）魏坤撰
老老恆言五卷　（清）曹庭棟撰
瓜田畫論一卷　（清）張庚撰
山靜居畫論二卷　（清）方薰撰
柚堂續筆談三卷　（清）盛百二撰
勉廬詩話三卷　（清）沈濤撰
拙宜園詞二卷　（清）黃憲清撰
復小齋賦話二卷　（清）浦銑撰
賢已編六卷　（清）黃安濤撰
薇雲室詩稿一卷　（清）周之鍈撰

檇李叢書
金兆蕃輯
　　民國二十五年(1936)嘉興金氏刊本
春秋平義十二卷　（清）俞汝言撰
春秋四傳糾正一卷　（清）俞汝言撰
嘉禾徵獻錄五十卷外紀六卷　（清）盛楓撰
古禾雜識四卷　（清）項映薇撰　（清）王壽
　　補　（民國）吳受福續補
寒松閣談藝瑣錄六卷　（清）張鳴珂撰
衍石齋晚年詩稿五卷　（清）錢儀吉撰
　　（民國）錢振鍠輯
朵山堂遺文二卷　（清）周篔撰　（民國）余
　　霖輯
萬松居士詞一卷　（清）錢載撰
茮聲館詞一卷　（清）朱爲弼撰

鹽邑志林
（明）樊維城輯
　　明刊本
易解一卷　（吳）陸績撰
京氏易傳注三卷　（吳）陸績撰
草木蟲魚疏二卷　（吳）陸璣撰
易解三卷　（晉）干寶撰
搜神記二卷　（晉）干寶撰
玉篇直音二卷　（梁）顧野王撰
吳地記一卷　（唐）陸廣微撰
化書一卷　（南唐）譚峭撰
樵談一卷　（宋）許棐撰
閑窗括異志一卷　（宋）魯應龍撰

海鹽澉水誌二卷　（宋）常棠撰
樂郊私語一卷　（元）姚桐壽撰
檇李記一卷　（明）王樵撰
靖海紀略一卷　（明）鄭茂撰
奉使錄二卷　（明）張寧撰
徐襄陽西園雜記二卷　（明）徐咸撰
詩談一卷　（明）徐泰撰
測語二卷　（明）錢琦撰
貽謀一卷　（明）許相卿撰
碧里雜存二卷　（明）董穀撰
吾學編餘一卷　（明）鄭曉撰
今言類編六卷　（明）鄭曉撰
古言類編二卷　（明）鄭曉撰
海石子內篇一卷外篇一卷　（明）錢薇撰
龍興慈記一卷　（明）王文祿撰
通史忇石三卷　（明）仇俊卿撰
玄機通一卷　（明）仇俊卿撰
仰崖遺語一卷　（明）胡憲仲撰
潁水遺編二卷　（明）陳言撰
鍾秉文烏樵幕府記一卷　（明）鍾兆斗撰
禮記通註一卷　（明）朱元弼撰
猶及編一卷　（明）朱元弼撰
摘語一卷　（明）鄭心材撰
倭變事略四卷　（明）采九德撰
鳴吾紀事一卷　（明）崔嘉祥撰
荒箸略一卷　（明）劉世敎撰
筆記一卷　（明）呂兆禧撰
江上雜疏一卷　（明）彭宗孟撰
吳少君遺事一卷　（明）姚士粦撰
見只編三卷　（明）姚士粦撰
附
　　聖門志五卷　（明）呂元善撰

湖州叢書
（清）陸心源輯
　　清光緒中湖城義塾刊本
周官故書攷四卷　（清）徐養原撰
論語魯讀攷一卷　（清）徐養原撰
儀禮古今文異同五卷　（清）徐養原撰
爾雅匡名二十卷　（清）嚴元照撰　光緒十
　　一年(1885)刊
娛親雅言六卷　（清）嚴元照撰　光緒十年
　　(1884)刊
悔菴學文八卷補遺一卷　（清）嚴元照撰
柯家山館遺詩六卷詞三卷　（清）嚴元照撰
秋室集十卷　（清）楊鳳苞撰
禮耕堂叢說一卷　（清）施國祁撰
史論五答一卷　（清）施國祁撰
吉貝居暇唱一卷　（清）施國祁撰
澤雅堂文集八卷　（清）施補華撰

吳興叢書

劉承幹輯
　　民國吳興劉氏嘉業堂刊本
　　易小傳六卷繫辭補注一卷　(宋)沈該撰
　　　　民國十一年(1922)刊
　　周易通解三卷釋義一卷　(清)卜斌撰　民
　　　　國十一年(1922)刊
　　周易消息十四卷　(清)紀磊撰　民國十三
　　　　年(1924)刊
　　虞氏逸象考正一卷續纂一卷　(清)紀磊撰
　　　　民國十二年(1923)刊
　　九家易象辨證一卷　(清)紀磊撰　民國十
　　　　二年(1923)刊
　　虞氏易義補注一卷附錄一卷　(清)紀磊撰
　　　　民國十二年(1923)刊
　　周易本義辨證補訂四卷　(清)紀磊撰　民
　　　　國十二年(1923)刊
　　漢儒傳易源流一卷　(清)紀磊輯　民國十
　　　　二年(1923)刊
　　禮記集說七十卷　(清)鄭元慶撰　民國十
　　　　三年(1924)刊
　　經典通用考十四卷　(清)嚴章福撰　民國
　　　　六年(1917)刊
　　易書詩禮四經正字考四卷　(清)鍾麖撰
　　　　民國五年(1916)刊
　　論語注二十卷　(清)戴望撰
　　說文校議議三十卷　(清)嚴章福撰　民國
　　　　七年(1918)刊
　　五代史記纂誤補四卷　(清)吳蘭庭撰　民
　　　　國十一年(1922)刊
　　竹書紀年辨證二卷補遺辨證一卷　(清)董
　　　　豐垣撰　民國十一年(1922)刊
　　七國考十四卷　(明)董說撰　民國八年
　　　　(1919)刊
　　臺灣鄭氏始末六卷　(清)沈雲撰　(清)沈
　　　　垚注　民國八年(1919)刊
　　吳興志二十卷　(宋)談鑰撰　民國三年
　　　　(1914)刊
　　吳興備志三十二卷　(明)董斯張撰　民國
　　　　三年(1914)刊
　　吳興掌故集十七卷　(明)徐獻忠輯　民國
　　　　三年(1914)刊
　　寶前兩溪志略十二卷　(清)吳玉樹撰　民
　　　　國十一年(1922)刊
　　湖錄經籍考六卷　(清)鄭元慶撰　民國九
　　　　年(1920)刊
　　鄖堂讀書記七十一卷　(清)周中孚撰　民
　　　　國十年(1921)刊
　　溫忠烈公遺稿二卷附錄一卷　(明)溫璜撰

　　　　民國十一年(1922)刊
　　顏氏學記十卷　(清)戴望撰
　　管子校正二十四卷　(清)戴望撰
　　霙桐廬算賸二卷　(清)方貞元撰　民國十
　　　　年(1921)刊
　　須曼精廬算學二十四卷　(清)楊兆鋆撰
　　　　民國五年(1916)刊
　　兩山墨談十八卷　(明)陳霆撰　民國八年
　　　　(1919)刊
　　權齋老人筆記四卷　(清)沈炳巽撰　民國
　　　　五年(1916)刊
　　月河所聞集一卷　(宋)莫君陳撰　民國十
　　　　八年(1929)刊
　　沈忠敏公龜谿集十二卷附錄一卷　(宋)沈
　　　　與求撰　民國二年(1913)刊
　　陵陽先生集二十四卷　(宋)牟𪩘撰　民國
　　　　十年(1921)刊
　　弁山小隱吟稿二卷　(元)黃玠撰　民國十
　　　　二年(1923)刊
　　水南集十七卷　(明)陳霆撰　民國八年
　　　　(1919)刊
　　泌園集三十七卷　(明)董份撰
　　董禮部集六卷尺牘二卷　(明)董嗣成撰
　　　　民國十七年(1928)刊
　　靜歗齋詩文四卷　(明)董斯張撰　民國十
　　　　三年(1924)刊
　　豐草庵詩集十一卷文前集三卷後集三卷寶
　　　　雲詩集七卷禪樂府一卷　(明)董說撰
　　南山堂自訂詩十卷　(清)吳景旭撰　民國
　　　　十二年(1923)刊
　　使交集一卷吳太史遺稿一卷　(清)吳光撰
　　　　民國十年(1921)刊遺集十一年
　　　　(1922)刊
　　慈壽堂文鈔八卷　(清)沈樹德撰　民國五
　　　　年(1916)刊
　　權齋文稿一卷　(清)沈炳巽撰　民國十二
　　　　年(1923)刊
　　山子詩鈔十一卷　(清)方蕘撰　民國十年
　　　　(1921)刊
　　孔堂初集二卷文集一卷私學二卷　(清)王
　　　　豫撰
　　胥石詩存(原名南雪草堂詩集)四卷文存
　　　　(原名族譜稿存)一卷附錄一卷　(清)
　　　　吳蘭庭撰　民國十年(1921)刊
　　冬青館甲集六卷乙集八卷　(清)張鑑撰
　　　　民國四年(1915)刊
　　蛻石文鈔一卷　(清)蔡壽臧撰　民國十二
　　　　年(1923)刊
　　落帆樓文集二十四卷補遺一卷　(清)沈垚
　　　　撰　民國七年(1918)刊

遼宮詞一卷金宮詞一卷元宮詞一卷　(清)
　　陸長春撰　民國五年(1916)刊
夢花亭駢體文集四卷　(清)陸長春撰
天隱堂文錄二卷　(清)淩霞撰
歐餘山房文集二卷　(清)丁桂撰　民國十
　　一年(1922)刊
楓江草堂詩集十卷文集一卷楓江漁唱一卷
　　清湘瑤瑟譜一卷續譜一卷　(清)朱紫
　　貴撰　民國四年(1915)刊
遲鴻軒詩棄四卷補遺一卷文棄二卷補遺一
　　卷詩續一卷文續一卷　(清)楊峴撰
　　民國二年(1913)刊
藐叟年譜一卷續一卷　(清)楊峴自撰　續
　　(民國)劉繼增撰　民國二年(1913)刊
玉鑑堂詩集六卷　(清)汪曰楨撰　民國十
　　年(1921)刊
葭洲書屋遺稿一卷　(清)劉安瀾撰
同岑集十二卷　(清)李夏器撰　民國十一
　　年(1922)刊
歷代詩話八十卷　(清)吳景旭撰　民國三
　　年(1914)刊
詩筏一卷　(清)吳大受撰　民國十一年
　　(1922)刊
吳興詩話十六卷　(清)戴璐撰　民國五年
　　(1916)刊
春雪亭詩話一卷　(清)徐熊飛撰　民國五
　　年(1916)刊
湖州詞徵三十卷　(民國)朱祖謀輯
國朝湖州詞錄六卷　(民國)朱祖謀輯　民
　　國九年(1920)刊
渚山堂詞話三卷　(明)陳霆撰　民國五年
　　(1916)刊

南林叢刊

周延年輯
　　民國二十五年(1936)南林周氏排印本
正集
　　南潯鎮志十卷　(清)范來庚撰
　　潯谿紀事詩二卷　(清)范鍇撰
　　朱文鼎公詩文集一卷　(明)朱國禎撰
　　刧餘雜識一卷　(清)李光霽撰
　　山傭遺詩一卷　(民國)蔣文勛撰
次集
　　范氏記私史事一卷　(清)范韓撰　　[撰
　　前身散見集編年詩續抄一卷　(清)黃周星
　　南潯日記二卷　(明)董說撰
　　籴山續草一卷　(清)董靈預撰
　　古壁叢鈔一卷　(清)溫日鑑撰
　　堅匏盫詩文集二卷　(民國)劉錦藻撰
　　一浮漚齋詩選三卷　(民國)沈焜撰

萬潔齋叢刊

周延年輯
　　稿本
　　平津館金石萃編二十卷　(清)嚴可均輯
　　娥子時述小記一卷　(清)董燠撰
　　讀國語劄記一卷　(清)董燠撰
　　東游草一卷鶴野詞一卷　(清)王翰青撰
附
　　兩漢訂誤四卷　(清)陳景雲撰
　　廣藝舟雙輯評論一卷　(民國)黃紹箕撰

乍川文獻

(清)宋景關輯
　　清乾隆二十二年(1757)刊本
　　乍浦志六卷首一卷末一卷續纂二卷　(清)
　　　宋景關撰
　　龍湫集六卷首一卷末一卷　(清)李天植撰
　　九峯文鈔二卷　(清)宋景關輯
　　賦藁合編
　　　話桑賦稿一卷　(清)宋景關撰
　　　與春賦稿一卷　(清)陳鼎銘撰
　　　漢閣賦稿一卷　(清)林中麒撰
　　　汾澤賦稿一卷　(清)王映樞撰
　　　蟾士賦稿一卷　(清)吳誠撰
　　　菊人賦稿一卷　(清)吳謙撰
　　　卭浦賦稿一卷　(清)宋慎機撰
　　　西筬賦稿一卷　(清)方棟撰
　　　溽初賦稿一卷　(清)朱士棣撰
　　　乳谿賦稿一卷　(清)辛典韶撰
　　　二如賦稿一卷　(清)王景模撰
　　桑阿吟屋稿四卷　(清)宋景關撰
　　待廬集三卷　(清)劉錫勇撰
　　雲屋殘編一卷　(清)徐士芳撰

四明叢書

(民國)張壽鏞輯
　　民國四明張氏約園刊本
第一集　民國二十一年(1932)刊
　　任子一卷　(漢)任奕撰
　　虞祕監集四卷　(唐)虞世南撰　(民國)張
　　　壽鏞輯
　　賀祕監集一卷外紀三卷　(唐)賀知章撰
　　　馮貞羣(民國)張壽鏞輯
　　豐清敏公詩文輯存一卷奏疏輯存一卷
　　　(宋)豐稷撰　(民國)張壽鏞輯
附
　　豐清敏公遺事一卷遺事附錄一卷遺事新增
　　　附錄一卷遺事續增附錄一卷遺事校勘
　　　記一卷　(宋)李朴撰　新增附錄(明)

豐慶輯　續增附錄校勘記(民國)張壽
　鏞輯併撰
楊氏易傳二十卷　(宋)楊簡撰
史略六卷　(宋)高似孫撰
子略四卷目一卷　(宋)高似孫撰
騷略三卷　(宋)高似孫撰
夢窗甲藁一卷乙藁一卷丙藁一卷丁藁一卷
　夢窗詞補遺一卷文英新詞藁一卷夢窗
　詞藁附錄一卷附夢窗詞校勘記一卷夢
　窗詞集小箋一卷夢窗詞校議二卷補校
　夢窗新詞藁一卷　(宋)吳文英撰　校
　勘記詞集小箋(民國)朱孝臧(祖謀)撰
　校議(民國)鄭文焯撰　補校(民國)
　張壽鏞撰
四明文獻集五卷深寧先生文鈔撫餘編三卷
　補遺一卷　(宋)王應麟撰　　[撰
深寧先生(王應麟)年譜一卷　(清)錢大昕
王深寧先生年譜一卷　(清)陳僅撰
王深寧先生年譜一卷　(清)張大昌撰
古今紀要逸編一卷　(宋)黃震撰
戊辰修史傳一卷　(宋)黃震撰
畏齋集六卷　(元)程端禮撰
積齋集五卷　(元)程端學撰
剡源文鈔四卷　(元)戴表元撰　(清)黃宗
　羲選
管天筆記外編二卷　(明)王嗣奭撰
春酒堂文存四卷詩存六卷詩話一卷外紀一
　卷　(清)周容撰　外紀馮貞羣輯
杲堂詩鈔七卷文鈔六卷　(清)李鄴嗣撰
石經考一卷　(清)萬斯同撰
漢書地理志稽疑六卷　(清)全祖望撰
樗菴存藁八卷　(清)蔣學鏞撰
東井文鈔二卷　(清)黃定文撰
詩誦五卷　(清)陳僅撰
羣經質二卷　(清)陳僅撰
第二集　民國二十三年(1934)刊
孫拾遺文纂一卷外紀一卷　(唐)孫郃撰
　外紀(民國)張壽鏞輯　　　　　　[撰
雪窗先生文集二卷附錄一卷　(宋)孫夢觀
弁山小隱吟錄二卷　(元)黃玠撰
清溪遺稿一卷不朽錄一卷清溪公題詞一卷
　(明)錢啓忠撰
陳忠貞公遺集三卷附錄二卷　(明)陳良謨
　撰　(民國)張壽鏞輯
過宜言八卷附錄一卷　(明)華夏撰
錢忠介公集二十卷首一卷附錄六卷　(明)
　錢肅樂撰
附
　錢忠介公年譜一卷　馮貞羣撰
雪翁詩集十四卷補遺一卷附錄二卷　(明)

魏畊撰
愚囊彙稿二卷補遺一卷　(明)宗誼撰
張蒼水集九卷附錄八卷　(明)張煌言撰
馮侍郎遺書八卷附錄三卷　(明)馮京第撰
蘭易二卷　(宋)鹿亭翁撰　下卷(明)簞
　溪子(馮京第)撰
蘭史一卷
簞溪自課一卷
讀書燈一卷
三山吟一卷
簞溪集二卷
王侍郎遺著一卷附錄一卷　(明)王翊撰
馮王兩侍郎墓錄一卷　馮貞羣輯　　[輯
六經堂遺事一卷附錄一卷　(民國)屠用錫
吞月子集三卷附錄一卷　(明)毛聚奎撰
雪交亭正氣錄十二卷　(明)高宇泰撰
　(清)何樹裔附注　(民國)張壽鏞　馮
　貞羣補注
海東逸史十八卷　(清)翁洲老民撰
宋季忠義錄十六卷附錄一卷補錄一卷
　(清)萬斯同撰　補錄(民國)張壽鏞撰
現成話一卷　(清)羅嵒撰
管邨文鈔內編三卷　(清)萬言撰
千之草堂編年文鈔一卷　(清)萬承勳撰
寸草廬贈言十卷　(清)張嘉祿輯
第三集　民國二十四年(1935)刊
春秋集註四十卷　(宋)高閌撰
尚書講義二十卷　(宋)史浩撰
范文正公(仲淹)年譜一卷附補遺一卷
　(宋)樓鑰撰　補遺(□)□□撰
慈湖詩傳二十卷附錄一卷　(宋)楊簡撰
先聖大訓六卷　(宋)楊簡撰
棠陰比事一卷　(宋)桂萬榮撰
月令解十二卷　(宋)張虙撰
四明它山水利備覽二卷附校勘記一卷
　(宋)魏峴撰　校勘記(清)徐時棟撰
蒙齋中庸講義四卷　(宋)袁甫撰
六藝綱目二卷附錄二卷附校勘記一卷
　(元)舒天民撰　(元)舒恭注　(明)趙
　宜中附注　校勘記(民國)張壽鏞撰
春草齋集十二卷　(明)烏斯道撰
寧波府簡要志五卷　(明)黃潤玉撰
附
　南山箸作考一卷　(民國)張壽鏞輯
海涵萬象錄四卷附考證一卷　(明)黃潤玉
　撰　考證馮貞羣撰
讀易一鈔易餘四卷　(明)董守諭撰
儒林宗派十六卷　(清)萬斯同撰　(清)王
　梓材增注
鄞志稿二十卷　(清)蔣學鏞撰

甬上水利志六卷　（淸)周道遵撰
第四集　民國二十五年(1936)刊
　舒文靖公類藁四卷附錄三卷　（宋)舒璘撰
　　附錄(淸)徐時棟輯校
　定川遺書二卷附錄四卷　（宋)沈　煥　撰
　　(民國)張壽鏞輯
　慈湖先生遺書十八卷續集二卷補編一卷附
　　　新增附錄一卷　（宋)楊簡撰　（明)周
　　　廣輯　補編(淸)馮可鏞輯　新增附錄
　　　(民國)張壽鏞輯
　附
　　慈湖先生(楊簡)年譜二卷　（淸)馮可鏞
　　　(淸)葉意深撰
　　慈湖箸述攷一卷　（民國)張壽鏞撰
　絜齋毛詩經筵講義四卷　（宋)袁燮撰
　袁正獻公遺文鈔二卷附錄三卷　（宋)袁燮
　　撰　（淸)袁士杰輯
　鼠璞二卷　（宋)戴埴撰
　戴仲培先生詩文一卷　（宋)戴埴撰
　困學紀聞補注二十卷　（淸)張嘉祿撰
　丁鶴年集三卷續集一卷附錄一卷　（元)丁
　　鶴年撰
　醫閭先生集九卷　（明)賀欽撰
　白齋詩集九卷竹里詩集三卷竹里文略一卷
　　（明)張琦撰
　聞見漫錄二卷　（明)陳槐撰　　　　［撰
　拘虛集五卷後集三卷詩談一卷　（明)陳沂
　游名山錄四卷　（明)陳沂撰
　皇極經世觀物外篇釋義四卷　（明)余本撰
　書訣一卷　（明)豐坊撰
　陳后岡詩集一卷文集一卷　（明)陳束撰
　碣石編二卷　（明)楊承鯤撰
　銅馬編二卷　（明)楊德周撰
　夷困文編六卷　（明)王嗣奭撰
　襄雲文集二卷補遺一卷　（明)周齊曾撰
　四明山志九卷　（淸)黃宗羲撰
　深省堂詩集一卷　（淸)萬斯備撰
　歷代紀元彙考八卷附續編一卷　（淸)萬斯
　　同撰　（民國)孫鏘校補　續編(淸)李
　　哲濬撰
　石園文集八卷　（淸)萬斯同撰
　分隸偶存二卷　（淸)萬經撰
　審定風雅遺音二卷　（淸)史榮撰　（淸)紀
　　昀審定
　玉几山房吟卷三卷　（淸)陳撰撰
　讀易別錄三卷　（淸)全祖望撰
　月船居士詩稿四卷附錄一卷　（淸)盧鎬撰
　春雨樓初刪稿十卷　（淸)董秉純撰
　存悔集一卷　（淸)范鵬撰
　四明古蹟四卷　（淸)陳之綱輯

瞻袞堂文集十卷　（淸)袁鈞撰
襄陵詩草一卷詞草一卷種玉詞一卷　（淸)
　孫家穀撰
世本集覽一卷　〔淸)王梓材撰
補園賸藁二卷　〔淸)包履吉撰
古今文派迆略一卷　（淸)陳康黼撰　（民
　國)張世源泘
第五集　民國二十六年(1937)刊
　宋元學案補遺一百卷首一卷別附三卷序錄
　　一卷　（淸)王梓材(淸)馮雲濠輯
第六集　民國二十九年(1940)刊
　穹天論一卷　（晉)虞聳撰
　虞徵士遺書六卷　（晉)虞喜撰
　　論語虞氏讚注一卷
　　志林新書一卷
　　廣林一卷
　　釋滯一卷
　　通疑一卷
　　安天論一卷
　鼎錄一卷　（梁)虞荔撰
　頤庵居士集二卷　（宋)劉應時撰
　勸忍百箴考註四卷　（元)許名奎撰　（明)
　　釋覺澂考註
　貞白五書十五卷　（明)馮柯撰
　　三極通二卷
　　小學補一卷
　　質言七卷
　　迴瀾正論一卷
　　求是編四卷
　林衣集六卷　（明)秦舜昌撰
　留補堂文集選四卷　（明)林時對撰
　小天集二卷　（淸)秦遑宗撰
　純德彙編七卷首一卷續刻一卷　（淸)董華
　　鈞輯
　甬東正氣集四卷　（淸)董琅輯
　四明詩幹三卷　（淸)董慶酉輯
　四明宋僧詩一卷元僧詩一卷　（淸)董濂輯
　全校水經酈注水道表四十卷　（淸)王楚材
　　輯
　明堂考一卷　（淸)胡貟撰
　射侯考一卷　（淸)胡貟撰
　明明子論語集解義疏二十卷　（淸)胡貟撰
　切音啓蒙一卷　（淸)胡貟撰
　大衍集一卷附紤仙遺稿一卷　（淸)胡貟撰
　四明人鑑三卷　（淸)劉慈孚輯　（淸)虞琴
　　繪圖
　養園賸藁三卷　（淸)盛炳緯撰
第七集　民國二十九年(1940)刊
　會稽典錄二卷　存疑一卷　(晉)虞預撰
　　周樹人(魯迅)輯

魏文節遺書一卷附錄一卷　(宋)魏杞撰
　　魏頌唐輯　　　　　　　　　　　[撰
絜齋家塾書鈔十二卷附錄一卷　(宋)袁燮
洪範統一一卷　(宋)趙善湘撰
西麓詩稿一卷西麓繼周集一卷附校記日湖
　　漁唱一卷附校記　(宋)陳允平撰　校
　　記(民國)朱孝臧(祖謀)撰　　　[撰
趙寶峯先生文集二卷附錄一卷　(元)趙偕
符臺外集二卷　(明)袁忠徹
楊文懿公文集三十卷　(明)楊守陳撰
碧川文選八卷補遺一卷　(明)楊守阯撰
養心亭集八卷　(明)張邦奇撰
灼艾集二卷續集二卷餘集二卷別集二卷
　　(明)萬表撰
玩鹿亭稿八卷　(明)萬表撰
續騷堂集一卷　(清)萬泰撰
補歷代史表十四卷　(清)萬斯同撰
昌國典詠十卷　(清)朱緒曾撰
夏小正求是四卷　(清)姚燮撰
漢書讀十二卷首一卷辨字二卷常談二卷
　　(清)張恕撰
見山樓詩集四卷　(清)張翊侷撰　　[撰
季仙先生遺稿一卷補遺一卷　(清)徐時榕
寸草廬奏稿二卷　(清)張嘉祿撰
小謨觴館文集注四卷　(清)彭兆蓀撰
　　(清)張嘉祿注
孔賈經疏異同評一卷附錄一卷　(民國)陳
　　漢章撰
鶴巢文存四卷詩存一卷　(清)忻江明撰
第八集　民國三十七年(1948)刊
虞預晉書一卷　(晉)虞預撰　(清)湯球輯
舒嬾堂詩文存三卷補遺一卷 附 錄 一 卷
　　(宋)舒亶撰　(民國)張壽鏞輯
石魚偶記一卷　(宋)楊簡撰
安晚堂詩集十二卷(原缺卷一至五)補遺一
　　卷輯補一卷補編二卷　(宋)鄭清之撰
　　　　輯補(清)李之鼎輯　補編(宋)陳起
　　輯　　　　　　　　　　　　　　[撰
梅讀先生存稿十卷附錄五卷　(明)楊自懲
徐徐集二卷　(明)王梃撰
攝生眾妙方十一卷　(明)張時徹撰
白嶽游稿一卷　(明)沈明臣撰
碑帖紀證一卷　(明)范大澈撰
西漢節義傳論二卷　(清)李鄴嗣撰
杲堂文續鈔四卷附錄一卷　(清)李鄴嗣撰
甬上高僧詩二卷　(清)李鄴嗣輯
廟制圖考一卷　(清)萬斯同撰
四明文徵十六卷　(清)袁鈞輯
徐偃王志六卷　(清)徐時棟輯
昧吾廬詩存一卷文存一卷首一卷外紀一卷

　　(清)江仁徵撰　外紀(民國)張壽鏞
　　輯　　　　　　　　　　　　　[撰
容膝軒文集八卷詩草四卷　(民國)王榮商
峽源集一卷　(清)毛宗藩撰

紹興先正遺書

(清)徐友蘭輯
　　清光緒中會稽徐氏鑄學齋刊本
第一集
重訂周易二閭記三卷　(清)茹敦和撰
　　(清)李慈銘重訂　光緒十三年(1887)
　　刊
重訂周易小義二卷　(清)茹敦和撰　(清)
　　李慈銘重訂　光緒十四年(1888)刊
元史本證五十卷　(清)汪輝祖撰　(清)汪
　　繼培補　光緒十五年(1889)刊
南江札記四卷　(清)邵晉涵撰　光緒十五
　　年(1889)刊
第二集
羣書拾補初編三十七卷　(清)盧文弨撰
　　光緒十五年(1889)刊
　　五經正義表一卷
　　周易注疏校正一卷
　　周易略例校正一卷
　　尚書注疏校正一卷
　　春秋左傳注疏校正一卷
　　禮記注疏校補一卷
　　儀禮注疏校正一卷
　　呂氏讀詩記補闕一卷
　　史記惠景閒侯者年表校補一卷
　　續漢書志注補校正一卷
　　晉書校正一卷
　　魏書校補一卷
　　宋史孝宗紀補脫一卷
　　金史補脫一卷
　　資治通鑑序補逸一卷
　　文獻通考經籍校補一卷
　　史通校正一卷
　　新唐書糾謬校補一卷
　　山海經圖讚補逸一卷
　　水經序補逸一卷
　　鹽鐵論校補一卷
　　新序校補一卷
　　說苑校補一卷
　　列子張湛注校正一卷
　　韓非子校正一卷
　　申鑒校正一卷
　　晏子春秋校正一卷
　　風俗通義校正逸文一卷
　　新論校正一卷

潛虛校正一卷
春渚紀聞補闕一卷
嘯堂集古錄校補一卷
鮑照集校補一卷
韋蘇州集校正拾遺一卷
元微之文集校補一卷
白氏文集校正一卷
林和靖集校正一卷
羣書拾補補遺三卷　(清)盧文弨撰　光緒
　　十八年(1892)刊
明史藝文志二卷
　　宋史藝文志補一卷
　　補遼金元藝文志一卷
揚雄太玄經校正一卷
羣書拾補識語一卷　(清)徐友蘭撰
第三集
重論文齋筆錄十二卷　(清)王端履撰　光
　　緒十五年(1889)刊
蠻司合志十五卷　(清)毛奇齡撰　光緒十
　　六年(1890)刊
澹生堂藏書目十四卷　(明)祁承㸁撰　光
　　緒十八年(1892)刊
四庫全書提要分纂稾一卷　(清)邵晉涵撰
　　光緒十六年(1890)刊
第四集
思復堂文集十卷附錄一卷末一卷　(清)邵
　　廷采撰　光緒十九年(1893)刊
漢孳室文鈔四卷補遺一卷　(清)陶方琦撰
　　光緒十八年(1892)刊
行朝錄十一卷末一卷　(清)黃宗羲撰　光
　　緒十九年(1893)刊
江右紀變一卷　(清)陸世儀撰　光緒十九
　　年(1893)刊

越中文獻輯存書

(清)紹興公報社輯
　　清宣統三年(1911)紹興公報社排印本
蘇甘室讀說文小識一卷　(清)何壽章撰
俟東餒夫傳一卷　(明)章正宸撰
越縵堂日記鈔一卷　(清)李慈銘撰
鄉談一卷　(清)田易撰
憂菴大司馬並夫人合稿一卷　(清)姚啓聖
　　(清)沈氏撰
筠菴文選一卷　(清)陶及申撰
石家池王氏譜錄一卷　(清)王績銘撰
柯山小志三卷　(清)周銘鼎撰
越中園亭記六卷　(明)祁彪佳撰
余忠節公遺文一卷　(明)余煌撰

蕭山叢書

(清)魯燮光輯
　　清魯氏壺隱居鈔本
周節婦志姜詩遺蹟一卷　(清)魯燮光輯
凌溪丁氏雙烈卷遺蹟一卷　(清)魯燮光輯
周荆山志雪堂贈言遺蹟一卷　(清)魯燮光
　　輯
毛西河先生曼殊留視圖冊遺蹟一卷　(清)
　　魯燮光輯
古永興往哲記二卷　(清)蔡大績撰
蕭山茂材錄一卷　(清)魯燮光撰
固陵雜錄三卷　(清)魯燮光輯
湘湖水利志三卷　(清)毛奇齡撰
金石志存一卷　(清)魯燮光輯
股堰備攷一卷　(清)魯燮光撰　　　　［撰
明王遂東先生尺牘存本一卷　(明)王思任

赤城遺書彙刊

(民國)金嗣獻輯
　　民國四年(1915)太平金氏木活字排印本
陳子高遺詩一卷補遺一卷附錄一卷　(宋)
　　陳克撰
赤城詞一卷　(宋)陳克撰
四六談塵一卷　(宋)謝伋撰
密齋筆記五卷續記一卷　(宋)謝采伯撰
畫簾緒論一卷　(宋)胡太初撰
深雪偶談一卷　(宋)方岳撰
待清軒遺稿一卷　(元)潘音撰
介石稿一卷附錄一卷　(明)許伯旅撰
全室外集九卷續集一卷　(明)釋宗泐撰
搠清稿四卷附錄一卷　(明)張羽撰
定軒存稿十六卷附錄一卷拾遺一卷　(明)
　　黃孔昭撰
綠天亭詩集三卷文集一卷　(清)林之松撰
葵圃存草一卷　(清)林漢佳撰
地理枝言一卷　(清)洪杅撰
小有天園雜著一卷　(清)金壽祺撰
棣香館詩鈔一卷　(清)陳琛撰

台州叢書(一名名山堂叢書)

(清)宋世犖輯
　　清嘉慶道光間臨海宋氏刊本
甲集
廣志繹五卷　(明)王士性撰　嘉慶二十二
　　年(1817)刊
石屏詩集十卷　(宋)戴復古撰　嘉慶二十
　　二年(1817)刊
見聞隨筆二卷　(清)馮甦撰　嘉慶二十一
　　年(1816)刊
文則二卷附校語一卷　(宋)陳騤撰　校語
　　(清)宋世犖撰　嘉慶二十二年(1817)

刊
乙集
　赤城志四十卷　(宋)陳耆卿撰　嘉慶二十三年(1818)刊
　赤城集十八卷　(宋)林表民輯　嘉慶二十三年(1818)刊　　　　　〔刊
　滇考二卷　(清)馮甦撰　道光元年(1821)
　道南書院錄五卷　(明)金賁亨撰
　台學源流七卷　(清)金賁亨撰

續台州叢書
(民國)楊晨輯
　清光緒二十四年(1898)翁氏刊本
　五經論一卷　(宋)車似慶撰
　孝經述註一卷　(明)項霦撰
　孝經正義一卷　(明)陳選注
　參易發凡一卷　(清)楊鷹揚撰
　雙峯先生內外服制通釋七卷　(宋)車垓撰
　周易爻變義蘊四卷　(元)陳應潤撰
　伊洛淵源續錄六卷　(明)謝鐸撰
　天台前集三卷前集別編一卷拾遺一卷續集三卷續集拾遺一卷續集別編六卷　(宋)李庚(宋)林師蒧輯　別編(宋)林表民輯
　赤城新志二十三卷　(明)謝鐸修
　赤城後集三十三卷　(明)謝鐸輯

台州叢書後集
(民國)楊晨輯
　民國四年(1915)黃巖楊氏刊本
　古禮樂述一卷附錄一卷　(清)李誠撰
　臨海記一卷　(清)洪頤煊輯
　臨海異物志一卷　(吳)沈瑩撰　(民國)楊晨輯
　尊鄉錄節要四卷　(明)王弼撰
　修復宋理學二徐先生祠墓錄一卷　(民國)楊晨輯
　三國會要二十二卷　(民國)楊晨撰
　台州藝文略一卷　(民國)楊晨撰
　台州金石略一卷　(民國)楊晨撰
　任蕃小集一卷　(唐)任蕃撰
　項子遷詩一卷　(唐)項斯撰
　章安集一卷　(宋)楊蟠撰
　委羽居士集一卷　(宋)左緯撰　(民國)王棻輯
　丹邱生藁一卷　(元)柯九思撰
　南村詩集四卷　(元)陶宗儀撰
　陳寒山子文一卷　(明)陳函輝撰
　小寒山自序年譜(一名孤忠遺稿)一卷　(明)陳函輝撰

　赤城別集五卷　(民國)楊晨輯

台州叢書己集
(民國)楊晨輯
　民國八年(1919)黃巖楊氏石印本
　湖山集十卷補遺一卷　(宋)吳芾撰
　筼窗集十卷補遺一卷　(宋)陳耆卿撰
　玉溪吟草一卷　(宋)林表民撰
　項可立集一卷　(元)項炯撰
　兩峯憨草一卷　(元)陳德永撰
　檜亭稿九卷拾遺一卷　(元)丁復撰
　楊仲禮集一卷補一卷　(元)楊敬德撰
　顧北集一卷　(元)泰不華撰
　羽庭詩集四卷補遺一卷文集四卷補遺一卷　(元)劉仁本撰
　東軒集一卷　(元)方行撰
　蒙泉集一卷　(元)鄭守仁撰
　一愚集一卷　(元)釋子賢撰

仙居叢書第一集
(民國)李鏡渠輯
　民國二十四年(1935)排印本
　項子遷詩一卷附錄一卷附考異一卷　(唐)項斯撰　考異(民國)李鏡渠撰
　孫拾遺遺集一卷補遺一卷外紀一卷　(唐)孫郃撰　　　　　　〔撰
　湖山集十卷補遺一卷附錄一卷　(宋)吳芾
　菌譜一卷　(宋)陳仁玉撰
　一瓢稿賸稿一卷　(元)翁森撰
　丹邱生集五卷補遺一卷附錄一卷　(元)柯九思撰
　圭山近稿六卷　(明)張儉撰
　周易傳義存疑一卷　(明)應大猷撰
　容菴集十卷　(明)應大猷撰
　寤齋先生遺稿一卷　(明)吳時來撰
　介山稿略十六卷補遺一卷　(明)林應麒撰
　萬曆仙居縣志十二卷　(明)顧震宇纂修

金華叢書
(清)胡鳳丹輯
　清同治光緒間永康胡氏退補齋刊本
　清同治光緒間永康胡氏退補齋刊民國補刊本
　金華叢書書目提要八卷　(清)胡鳳丹撰
經部
　東萊呂氏古易一卷　(宋)呂祖謙編　同治八年(1869)刊
　周易音訓二卷　(宋)呂祖謙撰
　禹貢集解二卷　(宋)傅寅撰　同治八年(1869)刊

增修東萊書說三十五卷首一卷　（宋）呂祖
　　謙撰　（宋）時瀾修定　同治八年
　　(1869)刊　　　　　　　　　　　　［刊
書疑九卷　（宋）王柏撰　同治八年(1869)
尚書表注二卷　（宋）金履祥撰　同治八年
　　(1869)刊
讀書叢說六卷　（元）許謙撰　同治十一年
　　(1872)刊
呂氏家塾讀詩記三十二卷　（宋）呂祖謙撰
　　同治十二年(1873)刊　　　　　　［刊
詩疑二卷　（宋）王柏撰　同治八年(1869)
詩集傳名物鈔八卷　（元）許謙撰　同治八
　　年(1869)刊
左氏傳說二十卷首一卷　（宋）呂祖謙撰
　　同治八年(1869)刊
東萊先生左氏博議二十五卷　（宋）呂祖謙
　　撰　同治七年(1868)刊
大學疏義一卷　（宋）金履祥撰　同治十二
　　年(1873)刊
論語集注考證十卷孟子集注考證七卷首一
　　卷　（宋）金履祥撰　同治十二年
　　(1873)刊
讀四書叢說八卷　（元）許謙撰　同治十一
　　年(1872)刊
史部
大事記十二卷通釋三卷解題十二卷　（宋）
　　呂祖謙撰　同治十二年(1873)刊
西漢年紀三十卷　（宋）王益之撰　同治十
　　二年(1873)刊
青谿寇軌一卷　（宋）方勺撰　同治九年
　　(1870)刊
西征道里記一卷　（宋）鄭剛中撰　同治八
　　年(1869)刊
涉史隨筆二卷　（宋）葛洪撰　同治八年
　　(1869)刊
洪武聖政記二卷　（明）宋濂撰　同治八年
　　(1869)刊
明朝國初事蹟一卷　（明）劉辰撰　同治八
　　年(1869)刊　（補刊本）
旌義編二卷　（元）鄭濤撰　同治九年
　　(1870)刊
浦陽人物記二卷　（明）宋濂撰　同治八年
　　(1869)刊
蜀碑記十卷首一卷附辨誤考異二卷　（宋）
　　王象之撰　辨誤考異(清)胡鳳丹撰
　　同治八年(1869)刊
唐鑑二十四卷附晉註考異一卷　（宋）范祖
　　禹撰　（宋）呂祖謙晉注　晉注考異
　　(清)胡鳳丹撰　同治十年(1871)刊
子部

少儀外傳二卷　（宋）呂祖謙撰　同治九年
　　(1870)刊
研幾圖一卷　（宋）王柏撰　（補刊本）
楓山章先生語錄一卷附考異一卷　（明）章
　　懋撰　考異(清)胡鳳丹撰　同治十三
　　年(1874)刊
日損齋筆記一卷附攷證一卷　（元）黃溍撰
　　攷證(清)陳熙晉撰　同治九年
　　(1870)刊
青巖叢錄一卷　（明）王褘撰　同治九年
　　(1870)刊
華川巵辭一卷　（明）王褘撰　同治八年
　　(1869)刊
帝王經世圖譜十六卷附錄一卷　（宋）唐仲
　　友撰　同治十二年(1873)刊　　［撰
詩律武庫十五卷後集十五卷　（宋）呂祖謙
泊宅編十卷　（宋）方勺撰　光緒八年
　　(1882)刊
泊宅編三卷　（宋）方勺撰　同治八年
　　(1869)刊　（補刊本）
玄眞子三卷　（唐）張志和撰　同治八年
　　(1869)刊
臥游錄一卷　（宋）呂祖謙撰　同治九年
　　(1870)刊
螢雪叢說二卷　（宋）俞成撰　同治八年
　　(1869)刊
龍門子凝道記三卷　（明）宋濂撰　光緒元
　　年(1875)刊
集部
駱丞集四卷附辨誤考異二卷　（唐）駱賓王
　　撰　辨誤考異(清)胡鳳丹撰　同治八
　　年(1869)刊
禪月集十二卷　（唐）釋貫休撰　同治八年
　　(1869)刊
忠簡公集七卷附辨誤考異一卷　（宋）宗澤
　　撰　辨誤考異(清)胡鳳丹撰　同治八
　　年(1869)刊
北山文集三十卷末一卷　（宋）鄭剛中撰
　　同治十二年(1873)刊
香谿集二十二卷　（宋）范浚撰　光緒元年
　　(1875)刊
呂東萊先生文集二十卷首一卷　（宋）呂祖
　　謙撰　同治七年(1868)刊
龍川文集三十卷首一卷附錄一卷辨誤考異
　　二卷　（宋）陳亮撰　辨誤考異(清)胡
　　鳳丹撰　同治七年(1868)刊
何北山先生遺集三卷附錄一卷　（宋）何基
　　撰　光緒八年(1882)刊　（補刊本）
魯齋集十卷　（宋）王柏撰　（補刊本）
仁山先生金文安公文集五卷　（宋）金履祥

撰 同治十三年(1874)刊
白雲集四卷首一卷 (元)許謙撰
淵穎集十二卷 (元)吳萊撰 光緒元年
(1875)刊
黃文獻公集十卷補遺一卷附錄一卷 (元)
黃溍撰 光緒二年(1876)刊
純白齋類稾二十卷首一卷附錄二卷 (元)
胡助撰 同治十二年(1873)刊
鹿皮子集四卷 (元)陳樵撰 光緒元年
(1875)刊
青村遺稿一卷附錄一卷 (元)金涓撰 光
緒二年(1876)刊
九靈山房集三十卷補編二卷 (元)戴良撰
同治九年(1870)刊
九靈山房遺藁詩四卷文一卷首一卷補編一
卷 (元)戴良撰 同治十二年(1873)
刊
宋學士全集三十二卷補遺八卷附錄二卷
(明)宋濂撰 同治十三年(1874)刊
王忠文公集二十卷 (明)王禕撰 同治九
年(1870)刊
蘇平仲集十六卷首一卷 (明)蘇伯衡撰
光緒元年(1875)刊
胡仲子集十卷 (明)胡翰撰 同治十二年
(1873)刊
楓山章先生集九卷附實紀八卷 (明)章懋
撰 實紀(明)章接輯
附
楓山章先生年譜二卷 (明)阮鶚撰
漁石集四卷 (明)唐龍撰 (補刊本)
古文關鍵二卷 (宋)呂祖謙撰 同治十年
(1871)刊
月泉吟社三卷 (宋)吳渭輯 同治十年
(1871)刊
濂洛風雅六卷首一卷 (宋)金履祥輯 光
緒三年(1877)刊 (補刊本)
石洞貽芳集二卷補遺一卷附考異一卷
(明)郭鈇輯 (清)郭鍾儒重輯 考異
(清)胡鳳丹撰 光緒三年(1877)刊

續金華叢書

(民國)胡宗楙輯
民國十三年(1924)永康胡氏夢選廔刊本
經部
周易窺餘十五卷 (宋)鄭剛中撰
書集傳或問二卷 (宋)陳大猷撰
義門鄭氏家儀一卷 (元)鄭泳撰
左氏傳續說十二卷 (宋)呂祖謙撰
春秋經傳辨疑一卷 (明)童品撰
史部

孫威敏征南錄一卷 (宋)滕元發撰
敬鄉錄十四卷附考異一卷 (元)吳師道撰
考異(民國)胡宗楙撰
金華賢達傳十二卷 (明)鄭柏撰
金華先民傳十卷 (明)應廷育撰
義烏人物記二卷 (明)金江撰
金華赤松山志一卷 (宋)倪守約撰
職源撮要一卷 (宋)王益之撰
子部
麗澤論說集錄十卷 (宋)呂喬年輯
格致餘論一卷 (元)朱震亨撰
局方發揮一卷 (元)朱震亨撰
丹溪先生金匱鉤玄三卷 (元)朱震亨撰
重修革象新書五卷 (元)趙友欽撰 (明)
王禕刪定
地理葬書集注一卷 (元)鄭謐撰
附
葬書問對一卷 (元)趙汸撰
櫟城先生遺言一卷 (宋)蘇籀記
野服考一卷 (宋)方鳳撰
物異考一卷 (宋)方鳳撰
歷代制度詳說十五卷 (宋)呂祖謙撰
齊諧記一卷 (劉宋)東陽无疑撰 (清)馬
國翰輯
善慧大士傳錄三卷附錄一卷 (宋)樓穎輯
周易參同契通真義三卷 (後蜀)彭曉撰
集部
絳守居園池記註一卷 (唐)樊宗師撰
(元)趙仁舉(元)吳師道(元)許謙注
默成文集四卷 (宋)潘良貴撰
東萊呂太史文集十五卷別集十六卷外集五
卷附錄三卷附考異四卷 (宋)呂祖謙
撰 考異(民國)胡宗楙撰
金華唐氏遺書十四卷 (宋)唐仲友撰
詩解鈔一卷
九經發題一卷
魯軍制九問一卷
愚書一卷
悅齋文鈔十卷補一卷
香山集十六卷 (宋)喻良能撰
倪石陵書一卷附考異一卷 (宋)倪樸撰
考異(民國)胡宗楙撰
癖齋小集一卷 (宋)杜旃撰
靈巖集十卷 (宋)唐士恥撰
雲谿稿一卷 (宋)呂皓撰
敏齋稿一卷 (宋)呂殊撰
魯齋王文憲公文集二十卷附考異一卷
(宋)王柏撰 考異(民國)胡宗楙撰
學詩初藁一卷 (宋)王同祖撰
史詠詩集二卷 (宋)徐鈞撰

存雅堂遺槀五卷　(宋)方鳳撰
紫巖于先生詩選三卷　(元)于石撰
竹溪稿二卷　(元)呂浦撰
淵穎吳先生集十二卷附錄一卷附考異一卷
　　(元)吳萊撰　考異(民國)胡宗楙撰
金華黃先生文集四十三卷　(元)黃溍撰
柳待制文集二十卷附錄一卷　(元)柳貫撰
吳禮部文集二十卷附錄一卷　(元)吳師道
　撰
屏巖小稿一卷　(元)張觀光撰
藥房樵唱三卷　(元)吳景奎撰
樵雲獨唱詩集六卷　(元)葉顒撰　　　〔撰
白石山房逸稿二卷補錄一卷　(明)張孟兼
尚絅齋集五卷　(明)童冀撰
繼志齋集二卷　(明)王紳撰
曠齋稿一卷　(明)王稱撰
齊山稿一卷　(明)王汶撰　　　　　〔撰
竹澗先生文集八卷奏議四卷　(明)潘希曾
少室山房類藁一百二十卷　(明)胡應麟撰
庚溪詩話二卷　(宋)西郊野叟(陳巖肖)撰
吳禮部詩話一卷　(元)吳師道撰
龍川詞一卷補一卷　(宋)陳亮撰
竹齋詩餘一卷　(宋)黃機撰
燕喜詞一卷　(宋)曹冠撰

義烏先哲遺書

黃侗輯
　　民國二十二年(1933)義烏黃氏排印本
我疆錄一卷　(清)程德調撰
附
　讀古本大學一卷
存悔堂詩草一卷　(清)程德調撰
粲花館詩鈔一卷詞鈔一卷　(清)樓杏春撰

永嘉叢書

(清)孫衣言輯
　　清同治光緒間瑞安孫氏詒善祠塾刊本
集韻考正十卷　(清)方成珪撰
劉給諫文集五卷　(宋)劉安上撰　同治十
　二年(1873)刊
劉左史文集四卷　(宋)劉安節撰　同治十
　二年(1873)刊
橫塘集二十卷　(宋)許景衡撰　光緒元年
　(1875)刊
艮齋先生薛常州浪語集三十五卷　(宋)薛
　季宣撰
竹軒雜著六卷　(宋)林季仲撰　光緒二年
　(1876)刊
止齋先生文集五十二卷附錄一卷　(宋)陳
　傅良撰　光緒四年(1878)刊

水心文集二十九卷補遺一卷　(宋)葉適撰
　光緒八年(1882)刊
水心先生別集十六卷　(宋)葉適撰
蒙川先生遺稿四卷補遺一卷　(宋)劉黻撰
開禧德安守城錄一卷　(宋)王致遠撰　同
　治十一年(1872)刊
谷艾園文稿四卷　(清)谷誠撰
孫太史稿二卷　(清)孫希旦撰

敬鄉樓叢書

(民國)黃羣輯
　　民國永嘉黃氏排印本
第一輯　民國十七年(1928)排印
　習學記言序目五十卷　(宋)葉適撰
　芳蘭軒詩集三卷補一卷　(宋)徐照撰
　二薇亭詩集上一卷補一卷　(宋)徐璣撰
　涉齋集十八卷　(宋)許及之撰
　浣川集十卷補遺一卷　(宋)戴栩撰
　不繫舟漁集十五卷附錄一卷　(元)陳高撰
　二雁山人詩集二卷　(明)康從理撰
　諫垣奏議一卷補遺一卷　(明)李維樾撰
　藕華園詩二卷　(清)釋德立撰
　六齋卑議一卷附錄一卷　(清)宋恕撰
第二輯　民國十八年(1929)排印
　春秋講義四卷　(宋)戴溪撰
　育德堂外制五卷　(宋)蔡幼學撰
　宋宰輔編年錄二十卷　(宋)徐自明撰
　無冤錄二卷　(元)王與撰
　李詩辨疑二卷　(明)朱諫撰
　陳文節公(傅良)年譜一卷　(清)孫鏘鳴撰
　紅寇記一卷　(清)林大椿撰
　墨商三卷補遺一卷　(清)王景羲撰
第三輯　民國二一年(1931)排印
　浮沚集九卷補遺一卷　(宋)周行己撰
　石鼓論語答問三卷　(宋)戴溪撰
　四書管窺十卷　(元)史伯璿撰
　管窺外篇二卷　(元)史伯璿撰
　永嘉先生集十二卷　(明)張著撰
　黃文簡公介菴集十一卷補遺一卷　(明)黃
　　淮撰
　省愆集二卷　(明)黃淮撰
　泉村詩選一卷　(清)徐凝撰
　江南徵書文牘一卷附司鐸箴言一卷　(清)
　　黃體芳撰
　干常侍易注疏證一卷集證一卷　(清)方成
　　珪撰
第四輯　民國二十四年(1935)排印
　兩漢博議二十卷　(宋)陳季雅撰
　畏庵集六卷附錄一卷　(明)周旋撰
　章恭毅公集十二卷附詩集目錄一卷　(明)

章綸撰
困志集一卷　(明)章綸撰
章恭毅公(綸)年譜一卷　(明)章玄應撰
甌濱摘稿一卷補遺一卷附錄一卷　(明)王
瓚撰
張文忠公集奏疏八卷詩稿四卷續一卷文稿
六卷　(明)張孚敬撰
牛山藏稿二十卷　(明)王叔果撰
諫垣奏議補遺一卷　(明)李維樾撰
珸研齋吟草一卷　(清)方成珪撰

惜硯樓叢刊

林慶雲輯
民國二十三年(1934)瑞安林氏排印本
敬業堂詩校記一卷　(清)方成珪撰
顧亭林詩校記一卷　(清)孫詒讓撰
漱蘭詩葺一卷補遺一卷　(清)黃體芳撰
鮮庵遺文一卷　(清)黃紹箕撰
莫非師也齋文錄一卷　(清)宋衡撰
方國珍寇溫始末一卷　(清)葉嘉棆撰
(民國)劉紹寬增訂
太鶴山人(端木國瑚)年譜一卷　(清)端木
百祿撰　(民國)陳謐補輯
全臺遊記一卷　(民國)池志澂撰

浦城遺書(一名浦城宋元明儒遺書)

(清)祝昌泰等輯
清嘉慶中浦城祝氏留香室刊本
武夷新集二十卷楊文公逸詩文一卷　(宋)
楊億撰　嘉慶十六年(1811)刊
西崑酬唱集二卷　(宋)楊億輯　嘉慶十六
年(1811)刊
何博士備論一卷　(宋)何去非撰　嘉慶十
六年(1811)刊
春渚紀聞十卷　(宋)何薳撰　嘉慶十六年
(1811)刊
忘筌書十卷　(宋)潘殖撰　嘉慶十六年
(1811)刊
詹元善先生遺集二卷　(宋)詹體仁撰
大學集編二卷中庸集編三卷論語集編十卷
孟子集編十四卷　(宋)眞德秀撰
西山文鈔八卷　(宋)眞德秀撰　嘉慶十六
年(1811)刊
四朝聞見錄五卷　(宋)葉紹翁撰　嘉慶十
九年(1814)刊
眞山民集一卷　(宋)眞山民撰　嘉慶十七
年(1812)刊
謝參軍詩鈔二卷　(宋)謝翺撰　嘉慶十九
年(1814)刊
楊仲弘集八卷　(元)楊載撰

春秋四傳私考二卷　(明)徐浦撰　嘉慶十
六年(1811)刊
梅莊遺艸六卷　(清)翁白撰　嘉慶十七年
(1812)刊

三怡堂叢書

張鳳臺輯
清光緒至民國間河南官書局刊本
輶軒博紀續編四卷　(民國)邵松年撰　民
國十一年(1922)刊
豫變紀略八卷　(清)鄭廉撰　民國十一年
(1922)刊
如夢錄一卷　(明)□□撰　民國十五年
(1926)刊
黃谷讕談四卷　(明)李蓘撰　民國十八年
(1929)刊
玉楮集八卷附錄一卷　(宋)岳珂撰　民國
十一年(1922)刊
圭塘小藁十三卷別集二卷附錄一卷續集一
卷附錄一卷　(元)許有壬撰　民國十
二年(1923)刊
孟有涯集十七卷　(明)孟洋撰　民國十一
年(1922)刊
過菴遺稿八卷　(明)陳卜撰　民國十二年
(1923)刊
東京夢華錄十卷　(宋)孟元老撰　民國十
四年(1925)刊
汴京遺蹟志二十四卷　(明)李濂撰　民國
十一年(1922)刊
李子田詩集二卷　(明)李蓘撰　民國十二
年(1923)刊
師竹堂集三十卷　(明)王祖嫡撰　民國十
二年(1923)刊
石魚齋詩選二卷　(清)李維世撰
岳起齋詩存二卷　(清)吳振周撰
汴宋竹枝詞二卷　(清)李于潢撰　民國十
一年(1922)刊
天根文鈔四卷文法一卷續集一卷詩鈔二卷
(清)何家琪撰　光緒三十二年
(1906)刊
紫山大全集二十六卷　(元)胡祗遹撰　民
國十二年(1923)刊

湖北叢書

(清)趙尚輔輯
清光緒十七年(1891)三餘草堂刊本
御定易經通注四卷　(清)曹本榮等撰
易領四卷　(明)郝敬撰
周易集解篡疏十卷　(清)李道平撰
易筮遺占一卷　(清)李道平撰

易象通義六卷　（清）秦篤輝撰
尚書辨解十卷　（明）郝敬撰
毛詩原解三十六卷　（明）郝敬撰
詩傳名物集覽十二卷　（清）陳大章撰
春秋非左二卷　（明）郝敬撰
春秋楚地答問一卷　（清）易本烺撰
論語類考二十卷　（明）陳士元撰
四書逸箋六卷　（清）程大中撰
孟子雜記四卷　（明）陳士元撰
孟子要略五卷附錄一卷　（宋）朱熹撰
　　（清）劉傳瑩輯　（清）曾國藩按
孔子家語疏證十卷　（清）陳士珂撰
伸顧一卷附劄記一卷　（清）易本烺撰　劄
　記（清）王家鳳撰
史懷二十卷　（明）鍾惺撰
讀史膡言四卷　（清）秦篤輝撰
學統五十三卷　（清）熊賜履撰
江漢叢談二卷　（明）陳士元撰
雲杜故事一卷　（清）易本烺撰
導江三議一卷　（清）王柏心撰
姓觿十卷附錄一卷劄記一卷刊誤一卷
　　（明）陳士元撰　刊誤（清）易本烺撰
名疑集四卷　（明）陳士元撰
繹志十九卷　（清）胡承諾撰
讀書說四卷　（清）胡承諾撰
附
　　胡承諾年譜一卷　（清）□□撰
蠕範八卷　（清）李元撰
平書八卷　（清）秦篤輝撰
樞言一卷續一卷　（清）王柏心撰
楚辭十七卷　（漢）王逸章句

湖北先正遺書

（民國）盧靖輯
　　民國十二年(1923)沔陽盧氏愼始基齋景
　　印本
經部
　漢上易傳十一卷周易卦圖三卷周易叢說一
　　卷　（宋）朱震撰　據通志堂經解本景
　　印
　周易玩辭十六卷　（宋）項安世撰　據通志
　　堂經解本景印
　易象鉤解四卷易象彙解二卷　（明）陳士元
　　撰　據明歸雲別集本景印
　詩總聞二十卷　（宋）王質撰　據武英殿聚
　　珍版書本景印
　讀詩私記五卷　（明）李先芳撰　據四庫全
　　書文津閣本景印
　三禮圖四卷　（明）劉績撰　據四庫全書文
　　津閣本景印

春秋穀梁傳十二卷附考異一卷　（晉）范甯
　　集解　（唐）陸德明音義　考異（民國）
　　楊守敬撰　據古逸叢書本景印
史部
　東觀漢記二十四卷　（漢）劉珍等撰　據武
　　英殿聚珍版書本景印
　國語補音三卷　（宋）宋庠撰　據微波榭叢
　　書本景印
　紹陶錄二卷　（宋）王質撰　據十萬卷樓叢
　　書本景印
　殿閣詞林記二十二卷　（明）廖道南撰　據
　　明本景印
　南方草木狀三卷　（晉）稽含撰　據明弘治
　　百川學海本景印
　荊楚歲時記一卷　（梁）宗懍撰　據漢魏叢
　　書本景印
　北戸錄三卷附校勘記一卷　（唐）段公路撰
　　　（唐）崔龜圖注　校勘記（清）陸心源
　　撰　據十萬卷樓叢書本景印
　益部方物略記一卷　（宋）宋祁撰　據學津
　　討原本景印
　益部談資三卷　（明）何宇度撰　據舊鈔本
　　景印
　嵩陽石刻集記二卷　（清）葉封撰　據四庫
　　全書文津閣本景印
子部
　新語二卷　（漢）陸賈撰　據明范氏天一閣
　　本景印
　揚子法言十三卷附音義一卷　（漢）揚雄撰
　　　（晉）李軌注　音義（宋）□□撰　據
　　石研齋本景印
　項氏家說十卷附錄二卷　（宋）項安世撰
　　據聚珍版書本景印
　管子二十四卷　（周）管仲撰　（唐）房玄齡
　　注　（明）劉績增注　據明中都四子本
　　景印
　靈臺祕苑十五卷　（北周）庾季才撰　據四
　　庫全書文津閣本景印
　書品一卷　（梁）庾肩吾撰　據續百川學海
　　本景印
　益州名畫錄三卷　（宋）黃休復撰　據明嘉
　　靖本景印
　畫史一卷　（宋）米芾撰　據明嘉靖本景印
　書史二卷　（宋）米芾撰　據說郛本景印
　寶章待訪錄一卷　（宋）米芾撰　據明弘治
　　百川學海本景印
　海岳名言一卷　（宋）米芾撰　據明弘治百
　　川學海本景印
　海岳題跋一卷　（宋）米芾撰　據津逮祕書
　　本景印

古今畫鑑一卷　(元)湯垕撰　據學海類編
　　本景印
樂府雜錄一卷　(唐)段安節撰　據墨海金
　　壺本景印
硯史一卷　(宋)米芾撰　據明弘治百川學
　　海本景印
茶經三卷　(唐)陸羽撰　據明弘治百川學
　　海本景印
竹譜一卷　(晉)戴凱之撰　據明弘治百川
　　學海本景印
鶡子一卷　(周)鶡熊撰　(唐)逢行珪注
　　據明本景印
鶡冠子三卷　(宋)陸佃解　據武英殿聚珍
　　版書本景印
鬼谷子三卷附篇目考一卷　(梁)陶弘景注
　　(清)秦恩復校並撰篇目考　據石研
　　齋本景印
名義考十二卷　(明)周祈撰　據明萬曆本
　　景印
宋景文公筆記三卷　(宋)宋祁撰　據學津
　　討原本景印
麈史三卷　(宋)王得臣撰　據知不足齋本
　　景印
東軒筆錄十五卷　(宋)魏泰撰　據明嘉靖
　　本景印
張氏可書一卷　(宋)張知甫撰　據守山閣
　　本景印
先進遺風二卷　(明)耿定向撰　(明)毛在
　　增補　據明本景印
茅亭客話十卷　(宋)黃休復撰　據對雨樓
　　叢書本景印
酉陽雜俎二十卷續集十卷　(唐)段成式撰
　　據明本景印
陰符經疏三卷　(唐)李筌撰　據墨海金壺
　　本景印
亢倉子一卷　(周)庚桑楚撰　據明本景印
屈原賦注七卷通釋二卷附音義三卷　(清)
　　戴震撰　音義(清)汪梧鳳撰　據鈔本
　　景印
庾子山集十六卷總釋一卷　(北周)庾信撰
　　(清)倪璠注　據倪注原刊本景印
附
　　庾子山年譜一卷　(清)倪璠撰
李北海集五卷　(唐)李邕撰　據全唐文本
　　景印
集千家註杜工部詩集二十卷文集二卷
　　(唐)杜甫撰　(宋)□□集注　據明玉
　　几山人本景印
孟浩然集三卷　(唐)孟浩然撰　據明活字
　　本景印

丁卯集二卷　(唐)許渾撰　據明汲古閣本
　　景印
唐皮日休文藪十卷　(唐)皮日休撰　據明
　　本景印
元憲集三十六卷　(宋)宋庠撰　據武英殿
　　聚珍版書本景印
景文集六十二卷拾遺二十二卷　(宋)宋祁
　　撰　據武英殿聚珍版書本景印
郎溪集二十八卷補遺一卷續補遺一卷附校
　　勘記一卷　(宋)鄭獬撰　校勘記(民
　　國)張國淦撰　據蒲圻張氏本景印
寶晉英光集八卷補遺一卷　(宋)米芾撰
　　據別下齋開梓舊本景印　　　　　[印
北湖集五卷　(宋)吳則禮撰　據舊鈔本景
紫微集三十六卷　(宋)張嵲撰　據四庫全
　　書文津閣本景印
漢濱集十六卷　(宋)王之望撰　據四庫全
　　書文津閣本景印
雪山集十六卷　(宋)王質撰　據武英殿聚
　　珍版書本景印
客亭類稿十四卷　(宋)楊冠卿撰　據四庫
　　全書文津閣本景印
雪樓集三十卷　(元)程鉅夫撰　據四庫全
　　書文津閣本景印
經濟文集六卷　(元)李士瞻撰　據舊鈔本
　　景印
鶴年詩集三卷　(元)丁鶴年撰　據四庫全
　　書文津閣本景印
一山文集九卷　(元)李繼本撰　據四庫全
　　書文津閣景印本　　　　　　　[印
夢澤集十七卷　(明)王廷陳撰　據明本景
松陵集十卷　(唐)陸龜蒙輯　據明汲古閣
　　本景印
唐音十五卷　(元)楊士弘輯　據明嘉靖本
　　景印
臨漢隱居詩話一卷　(宋)魏泰撰　據知不
　　足齋本景印
觀林詩話一卷　(宋)吳聿撰　據墨海金壺
　　本景印

沔陽叢書

　盧靖輯
　　民國沔陽盧氏慎始基齋刊本
　沔陽州志十八卷　(明)童承敍撰　民國十
　　五年(1926)刊
　內方先生集八卷附鈔一卷附錄一卷　(明)
　　童承敍撰
　市隱園集三十卷附錄一卷　(明)費尚伊撰
　默耕詩選二卷　(清)李何煒　民國十四
　　年(1925)刊

補希堂文集四卷附錄一卷　(清)張泰來撰
玩草園詩鈔一卷文集一卷附錄一卷　(清)
　劉棳撰
陸文節公奏議五卷附錄一卷　(清)陸建瀛
　撰　民國十五年(1926)刊
聽春草堂詩鈔二卷附錄一卷　(清)周揆源
　撰　民國十五年(1926)刊
海嶽行吟草十卷附錄一卷　(清)劉興樾撰
子銘先生遺集二卷　(清)李皋撰　民國十
　一年(1922)刊
萬里游草殘稿三卷　(清)陸光祖撰　民國
　十三年(1924)刊
展碧山房駢體文選二卷　(清)邵樹忠撰
　民國十三年(1924)刊

湖南叢書

(民國)孫文昱等輯
　民國湖南叢書處刊本
周易總義二十卷附考證一卷　(宋)易祓撰
　考證(民國)孫文昱撰　以下民國十
　四年(1925)刊
周禮總義六卷附考證一卷　(宋)易祓撰
　考證(民國)孫文昱撰
東洲草堂金石跋五卷　(清)何紹基撰
學林十卷附考證一卷　(宋)王觀國撰　考
　證(民國)孫文昱撰　以下民國十五年
　(1926)刊
唐劉蛻集六卷補遺一卷　(唐)劉蛻撰
李羣玉詩集三卷詩後集五卷補遺一卷
　(唐)李羣玉撰
隋唐石刻拾遺二卷關中金石記隋唐石刻原
　目一卷　(清)黃本驥撰
北海三攷六卷　(清)胡元儀撰

豫章叢書

(清)陶福履輯
　清光緒中新建陶氏刊本
第一集
　春秋四傳異同辨一卷　(清)黃永年撰
　冬官旁求二卷　(清)辛紹業撰
　周禮釋文問答一卷　(清)辛紹業撰
　夏小正解一卷附徐本夏小正舉異一卷
　　(清)徐世溥撰
　敬堂文稿一卷　(清)辛紹業撰
　交食經二卷日食一貫歌一卷月食一貫歌一
　　卷　(清)張宷臣指授　(清)歐陽斌元
　　著法
　讀舊唐書隨筆一卷　(清)蔡世鈸撰
　蠡測彙鈔一卷　(清)鄧傳安撰
　困學紀聞參注一卷　(清)趙敬襄撰

　　榆溪詩鈔二卷　(清)徐世溥撰
　　榆溪詩話一卷　(清)徐世溥撰
　　常談一卷　(清)陶福履撰
第二集
　　易圖存是二卷　(清)辛紹業撰
　　張氏詩說一卷　(清)張汝霖撰
　　唐石經考正一卷　(清)王朝渠撰
　　江變紀略一卷　(清)徐世溥撰
　　南中雜說一卷　(清)劉崑撰
　　輶軒紀事一卷　(明)姜曰廣撰
　　需次燕語一卷　(清)王朝渠撰
　　聚星札記一卷　(清)尚鎔撰
　　公孫龍子注一卷　(清)辛從益撰
　　計有餘齋文稿一卷　(清)陳方海撰
第三集
　　十三經拾遺十六卷　(清)王朝渠撰
　　癸亥紀事一卷　(清)陳道撰
　　墨楯一卷　(清)熊文舉撰
　　尋雲草一卷　(清)熊人霖撰

豫章叢書

(民國)胡思敬輯
　民國南昌豫章叢書編刻局刊本
元三家易說　(民國)胡思敬輯
　易纂言外翼八卷附校勘記一卷　(元)吳
　　澄撰　校勘記(民國)魏元曠撰　民
　　國五年(1916)刊
　讀易考原一卷附校勘記一卷　(元)蕭漢
　　中撰　校勘記(民國)魏元曠撰　民
　　國四年(1915)刊
　易學變通六卷附校勘記一卷校勘續記一
　　卷　(元)曾貫撰　校勘記(民國)魏
　　元曠撰　續記(民國)胡思敬撰　民
　　國五年(1916)刊
周易通略一卷附交勘記一卷　(明)黃俊撰
　校勘記(民國)胡思敬撰　民國八年
　(1919)刊
夯易苞十二卷附交勘記一卷校勘續記一卷
　(明)章世純撰　校勘記(民國)魏元
　曠撰　續記(民國)胡思敬撰　民國六
　年(1917)刊
詩故十卷附校勘記一卷校勘續記一卷
　(明)朱謀㙔撰　校勘記(民國)魏元曠
　撰　續記(民國)胡思敬撰　民國四年
　(1915)刊
周官集傳十六卷附校勘記一卷校勘續記一
　卷　(元)毛應龍撰　校勘記(民國)魏
　元曠撰　續記(民國)胡思敬撰　民國
　八年(1919)刊
四書疑節十二卷附校勘記一卷校勘續記一

校勘記(民國)胡思敬撰　民國六年
　(1917)刊
袁州二唐人集　(民國)胡思敬輯　民國六
　年(1917)刊
　雲臺編三卷拾遺一卷附校勘記一卷
　　(唐)鄭谷撰　校勘記(民國)胡思敬
　　撰
　文標集三卷補遺一卷附校勘記一卷
　　(唐)盧肇撰　校勘記(民國)胡思敬
　　撰
四宋人集　(民國)胡思敬輯
　王魏公集八卷附校勘記一卷校勘續記一
　　卷　(宋)王安禮撰　校勘記(民國)
　　魏元曠撰　續記(民國)胡思敬撰
　　民國八年(1919)刊
　曲阜集四卷附校勘記一卷　(宋)曾肇撰
　　(民國)魏元曠校　校勘記(民國)
　　胡思敬撰　民國八年(1919)刊
　溪堂集十卷附校勘補遺一卷　(宋)謝逸
　　撰　(民國)魏元曠校　校勘補遺
　　(民國)胡思敬撰　民國四年(1915)
　　刊
　日涉園集十卷補遺一卷　(宋)李彭撰
　　民國八年(1919)刊
九宋人集　(民國)胡思敬輯
　雲莊集五卷附校勘記一卷　(宋)曾協撰
　　校勘記(民國)胡思敬撰　民國九
　　年(1920)刊
　飄然集三卷附校勘記一卷校勘續記一卷
　　(宋)歐陽澈撰　校勘記(民國)魏
　　元曠撰　續記(民國)胡思敬撰　民
　　國四年(1915)刊
　格齋四六二卷補一卷附校勘記一卷
　　(宋)王子俊撰　校勘記(民國)胡思
　　敬撰　民國八年(1919)刊
　義豐集一卷附校勘記一卷　(宋)王阮撰
　　校勘記(民國)胡思敬撰　民國八
　　年(1919)刊
　野處類稿二卷集外詩一卷附校勘記二卷
　　(宋)洪邁撰　校勘記(民國)魏元
　　曠(民國)胡思敬撰　民國四年
　　(1915)刊
　應齋雜箸六卷附校勘記一卷　(宋)趙善
　　括撰　校勘記(民國)胡思敬撰　民
　　國八年(1919)刊
　自鳴集六卷附校勘記一卷　(宋)章甫撰
　　校勘記(民國)胡思敬撰　民國八
　　年(1919)刊
　竹林愚隱集一卷　(宋)胡夢昱撰　民國
　　四年(1915)刊

自堂存稿四卷　(宋)陳杰撰　民國四年
　(1915)刊
龍雲先生文集三十二卷附錄一卷　(宋)劉
　弇撰　民國四年(1915)刊
宋宗伯徐清正公存稿六卷附校勘記二卷
　(宋)徐鹿卿撰　校勘記(民國)劉家立
　(民國)胡思敬撰　民國四年(1915)刊
附
　徐清正公年譜一卷　(明)徐鑒撰
雪坡舍人集五十卷補遺一卷附校勘記一卷
　校勘續記一卷校勘後記一卷　(宋)姚
　勉撰　校勘記(民國)魏元曠撰　續記
　後記(民國)胡思敬撰　民國五年
　(1916)刊
須溪集七卷附校勘記一卷校勘續記一卷
　(宋)劉辰翁撰　校勘記(民國)魏元曠
　撰　續記(民國)胡思敬撰　民國六年
　(1917)刊
碧梧玩芳集二十四卷附校勘記一卷　(宋)
　馬廷鸞撰　校勘記(民國)胡思敬撰
　民國四年(1915)刊
誠齋策問二卷附校勘記一卷校勘續記一卷
　(宋)楊萬里撰　校勘記(民國)魏元
　曠撰　續記(民國)胡思敬撰　民國五
　年(1916)刊
吉州二義集　(民國)胡思敬輯　民國九年
　(1920)刊
　梅邊集一卷補一卷　(宋)王炎午撰
　澗谷遺集三卷　(宋)羅椅撰
元二大家集　(民國)胡思敬輯　民國九年
　(1920)刊
　范德機詩集七卷附校勘記一卷　(元)范
　　梈撰　校勘記(民國)胡思敬撰
　揭文安公詩集八卷續集一卷文集九卷補
　　遺一卷附校勘記一卷　(元)揭傒斯
　　撰　校勘記(民國)胡思敬撰
四元人集　(民國)胡思敬輯
　芳谷集三卷附校勘記一卷　(元)徐明善
　　撰　校勘記(民國)胡思敬撰　民國
　　九年(1920)刊
　石初集十卷附錄一卷　(元)周霆震撰
　　民國八年(1919)刊
　山窗餘稿一卷附校勘記一卷　(元)甘復
　　撰　校勘記(民國)胡思敬撰　民國
　　九年(1920)刊
　吾吾類稿三卷　(元)吳皋撰　民國九年
　　(1920)刊
　靜居集四卷附錄一卷補遺一卷附校勘記一
　　卷校勘續記一卷　(明)張羽撰　校勘
　　記(民國)魏元曠撰　續記(民國)胡思

敬撰　民國五年(1916)刊

張來儀先生文集一卷補遺一卷　(明)張羽
　　撰　民國五年(1916)刊

半廬文稿二卷詩稿一卷　(清)李騰蛟撰
　　民國八年(1919)刊

明季六遺老集　(民國)胡思敬輯

　朱中尉詩集五卷附校勘記一卷校勘續記
　　一卷　(明)朱議霶撰　校勘記(民
　　國)魏元曠撰　續記(民國)胡思敬
　　撰　民國四年(1915)刊

　六松堂詩集九卷詩餘一卷文集三卷尺牘
　　一卷　(清)曾燦撰　民國四年
　　(1915)刊

　懷葛堂集八卷外集附錄一卷附校勘記一
　　卷　(清)梁份撰　校勘記(民國)胡
　　思敬撰　民國八年(1919)刊

　礜山文鈔二卷附錄一卷補遺一卷附校勘
　　記一卷校勘續記一卷　(明)宋惕撰
　　　校勘記(民國)魏元曠撰　續記
　　(民國)胡思敬撰　民國五年(1916)
　　刊

　四照堂文集十二卷詩集四卷附校勘記一
　　卷校勘記補一卷　(清)王猷定撰
　　　校勘記(民國)胡思敬撰　校勘記補
　　(民國)魏元曠撰

　澂園詩集五卷　(明)萬時華撰　民國五
　　年(1916)刊

　宇雲巢文集六卷　(清)盛大謨撰　民國九
　　年(1920)刊

　耻夫詩鈔二卷附校勘記一卷　(清)楊垕撰
　　　校勘記(民國)魏元曠撰　民國六年
　　(1917)刊

　鄱陽五家集十五卷附校勘記一卷校勘續記
　　一卷　(清)史簡輯　校勘記(民國)魏
　　元曠撰　續記(民國)胡思敬撰　民國
　　八年(1919)刊

　芳洲集三卷　(宋)黎廷瑞撰

　樂庵遺稿二卷　(元)吳存撰

　松巢漫稿三卷　(宋)徐瑞撰

　寓庵詩集二卷　(元)葉蘭撰

　春雨軒集四卷　(明)劉炳撰

附

　僅存集一卷　(元)葉懋撰

豫章詩話六卷附校勘記一卷　(明)郭子章
　　撰　校勘記(民國)胡思敬撰　民國八
　　年(1919)刊

清江三孔集三十四卷附校勘記一卷　(宋)
　　王蓮輯　校勘記(民國)胡思敬撰　民
　　國六年(1917)刊

　舍人集二卷　(宋)孔文仲撰

　宗伯集十七卷　(宋)孔武仲撰

　朝散集十五卷　(宋)孔平仲撰

　暢谷文存八卷附校勘記一卷　(清)宋昌悅
　　撰　校勘記(民國)胡思敬撰　民國六
　　年(1917)刊

妙絕古今四卷　(宋)湯漢輯

皇明西江詩選十卷　(明)韓陽輯　民國九
　　年(1920)刊

主客圖一卷圖考一卷　(唐)張爲撰　圖考
　　(清)袁寧珍輯　民國九年(1920)刊

宜春張氏所著書二種　(民國)胡思敬輯
　　民國四年(1915)刊

　芑山文集二十二卷詩集一卷附校勘記一
　　卷　(明)張自烈撰　校勘記(民國)
　　魏元曠(民國)胡思敬撰

　綱目續麟彙覽三卷附案一卷　(明)張自
　　勳撰

達觀樓遺箸二種　(明)鄒維璉撰　民國八
　　年(1919)刊

　讀史雜記二卷

　自儆錄一卷

萬載李氏遺書四種　(清)李榮陛撰　民國
　　九年(1920)刊

　禹貢山川考二卷

　黑水考證四卷　民國四年(1915)刊

　江源考證一卷附校勘記　校勘記(民國)
　　胡思敬撰

　年歷考二卷附校勘記一卷　校勘記(民
　　國)胡思敬撰

附

四庫著錄江西先哲遺書鈔目四卷　豫章叢
　　書編刻局輯

宜黃叢書第一輯

(民國)宜黃縣文獻委員會輯
　　民國三十六年(1947)宜黃縣文獻委員會
　　排印本

　譚襄敏公奏議十卷　(明)譚綸撰

　譚襄敏公遺集三卷附錄一卷　(明)譚綸撰

　約書十二卷　(清)謝階樹撰

嶺南叢書

(清)吳蘭修輯
　　清道光中刊本

　泰泉鄉禮七卷首一卷　(明)黃佐撰

　海語三卷　(明)黃衷撰

　嶺海輿圖一卷　(明)姚虞撰

　南海百詠一卷　(宋)方信孺撰

嶺南遺書

(清)伍元薇(清)伍崇曜輯
　　清道光同治間南海伍氏粵雅堂文字歡娛
　　室刊本
第一集　道光十一年(1831)刊
　　雙槐歲鈔十卷　(明)黃瑜撰
　　廣州人物傳二十四卷　(明)黃佐撰
　　翰林記二十卷　(明)黃佐撰
　　革除遺事節本六卷　(明)黃佐撰
　　春秋別典十五卷　(明)薛虞畿撰
　　百越先賢志四卷　(明)歐大任撰
第二集　道光二十五年(1845)刊
　　劉希仁文集一卷　(唐)劉軻撰
　　理學簡言一卷　(宋)區仕衡撰
　　平定交南錄一卷　(明)丘濬撰
　　白沙語要一卷　(明)陳獻章撰
　　甘泉新論一卷　(明)湛若水撰
　　元祐黨籍碑考一卷慶元偽學逆黨籍一卷
　　　(明)海瑞撰
　　疑耀七卷　(明)張萱撰
　　海語三卷　(明)黃衷撰
　　郭給諫疏稿二卷　(明)郭尚賓撰
　　算迪八卷　(清)何夢瑤撰
　　春秋詩話五卷　(清)勞孝輿撰
第三集　道光三十年(1850)刊
　　崔清獻公集五卷　(宋)崔與之撰
　　崔清獻公言行錄三卷　(宋)李肖龍撰
　　羅浮志十卷　(明)陳槤撰
　　小學古訓一卷　(明)黃佐撰
　　龐氏家訓一卷　(明)龐尚鵬撰
　　昭代經濟言十四卷　(明)陳子壯撰
　　周易爻物當名二卷　(明)黎遂球撰
　　正學續四卷　(清)陳遇夫撰
　　史見二卷　(清)陳遇夫撰
　　迂言百則一卷　(清)陳遇夫撰
第四集　道光三十年(1850)刊
　　周易本義註六卷　(清)胡方撰
　　賡和錄二卷　(清)何夢瑤撰
　　救荒備覽四卷附錄二卷　(清)勞潼撰
　　周易略解八卷　(清)馮經撰
　附
　　　羣經五解一卷　(清)馮經撰
　　　算畧一卷　(清)馮經撰
　　　周髀算經述一卷　(清)馮經撰
　　粵臺徵雅錄一卷　(清)羅元煥撰　(清)陳
　　　仲鴻注
　　重訂三家詩拾遺十卷　(清)范家相撰
　　　(清)葉鈞重訂
第五集　道光三十年(1850)刊　　　　[輯
　　楊議郎著書一卷　(漢)楊孚撰　(清)曾釗
　　異物志一卷　(漢)楊孚撰　(清)曾釗輯

交州記二卷　(晉)劉欣期撰　(清)曾釗輯
始興記一卷　(劉宋)王韶之撰　(清)曾釗
　　輯
潛虛述義四卷附考異一卷　(清)蘇天木撰
五山志林八卷　(清)羅天尺撰
測天約術一卷　(清)陳昌齊撰
呂氏春秋正誤一卷　(清)陳昌齊撰
楚詞辨韻一卷　(清)陳昌齊撰
袁督師事蹟一卷　(清)□□撰
嶺南荔支譜六卷　(清)吳應逵撰
南漢紀五卷　(清)吳蘭修撰
南漢地理志一卷　(清)吳蘭修撰
南漢金石志二卷　(清)吳蘭修撰
端溪硯史三卷　(清)吳蘭修撰
粵詩蒐逸四卷　(清)黃子高輯
春秋古經說二卷　(清)侯康撰
穀梁禮證二卷　(清)侯康撰
補後漢書藝文志四卷　(清)侯康撰
補三國藝文志四卷　(清)侯康撰
第六集　同治二年(1863)刊
　毛詩通考三十卷　(清)林伯桐撰
　毛詩識小三十卷　(清)林伯桐撰
　虞書命羲和章一卷　(清)曾釗撰
　蠡勺編四十卷　(清)凌揚藻撰
　紀夢編年一卷續編一卷　(清)釋成鷲撰

廣東叢書

(民國)廣東叢書編印委員會輯
　　民國商務印書館長沙景印排印本
第一集
　唐丞相曲江張文獻公集十二卷附錄一卷附
　　曲江集考證二卷　(唐)張九齡撰
　　(清)溫汝适校併撰考證　民國三十年
　　(1941)據清雍正十二年張氏祠堂刊本
　　景印
　附
　　　曲江年譜一卷　(清)溫汝适撰
　武溪集二十卷附補佚一卷　(宋)余靖撰
　　民國三十五年(1946)據明成化本景印
　　附排印
　余襄公奏議二卷　(宋)余靖撰
　北燕巖集四卷　(明)黃公輔撰　民國三十
　　年(1941)據清道光本景印
　禮部存稿八卷　(明)陳子壯撰　民國三十
　　年(1941)據明崇禎本景印
　蓮鬚閣文鈔十八卷　(明)黎遂球撰　民國
　　三十五年(1946)排印
　嗑園集四卷　(明)梁朝鍾撰　民國三十年
　　(1941)據清康熙本景印
　翁山文鈔四卷(卷一至四)附佚文輯三卷

（清）屈大均撰　佚文徐信符輯　民國
三十年(1941)據清康熙本景印附排印

第二集　民國三十七年(1948)印

皇明四朝成仁錄十二卷　（清）屈大均撰
據鈔本景印

翁山文鈔六卷(卷五至十)附翁山佚文二輯
一卷　（清）屈大均撰　佚文黃蔭普輯
據鈔本景印

蒯緱館十一章一卷　（清）薛始亨撰

第三集　民國三十七年(1948)印

太平天国官書十種　王重民輯

天理要論一卷　（太平天国）□□撰　據
太平天国四年本景印

太平天国甲寅四年新曆一卷　據太平天
国四年本景印

太平天国戊午八年新曆一卷　據太平天
国八年本景印

太平禮制一卷　（太平天国）□□撰　據
太平天国八年本景印

天父天兄天王太平天国九年會試題一卷
（太平天国）洪仁玕撰　據太平天
国九年本景印

開國精忠軍師干王洪寶製一卷　（太平
天国）洪仁玕撰

資政新編一卷　（太平天国）洪仁玕撰
據太平天国九年本景印

欽定軍次實錄一卷　（太平天国）洪仁玕
撰　據太平天国十一年本景印

誅妖檄文一卷　（太平天国）洪仁玕撰
據太平天国十一年本景印

太平天日一卷　（太平天国）洪仁玕撰
據太平天国十二年本景印

廣州城坊志六卷　黃佛頤撰　據稿本景印

六脈渠圖說一卷　（清）陳坤撰　據光緒本
景印

海南叢書

（民國）海南書局輯　　　　　　　　［本
民國二十四年(1935)瓊州海南書局排印

第一集

瓊臺會稿十卷　（明）丘濬撰

第二集

備忘集(一名海忠介公集)六卷（明）海瑞撰

第三集

雞肋集十卷首一卷　（明）王佐撰

湄丘集二卷　（明）邢宥撰

傳芳集不分卷　（明）唐胄撰

第四集

天池草不分卷　（明）王宏誨撰

第五集

陳中祕稿不分卷　（明）陳是集撰

陳檢討集不分卷　（明）陳繗撰

鍾筠溪集不分卷　（明）鍾芳撰

張事軒集不分卷　（明）張子翼撰

第六集

石湖遺稿不分卷　（明）鄭廷鵠撰

北泉草堂遺稿不分卷　（明）林士元撰

梁中丞集不分卷　（明）梁雲龍撰

許忠直公遺集不分卷　（明）許子偉撰

松谿小草不分卷　（清）王懋曾撰

楊齋集不分卷　（清）王承烈撰

第七集

筠心堂文集二卷　（清）張岳崧撰

第八集

闡道堂遺稿不分卷　（清）雲茂琦撰

第九集

白鶴軒集不分卷　（清）韓錦雲撰

志親堂集不分卷　（清）林燕典撰

抱經閣集不分卷　（清）馮驥聲撰

黔南叢書

（民國）任可澄等輯
民國貴陽文通書局排印本

第一集　民國十一年(1922)排印

淮海易談四卷　（明）陳應龔撰

易箋八卷首一卷　（清）陳法撰

儀禮私箋八卷　（清）鄭珍撰

第二集　民國十三年(1924)排印

黔遊日記二卷　（明）徐宏祖撰

黔志一卷　（明）王士性撰

黔壘略一卷　（明）邢慈靜撰

黔遊記一卷　（清）陳鼎撰

滇行紀程摘鈔一卷　（清）許纘曾撰

黔書二卷　（清）田雯撰

續黔書八卷　（清）張澍撰

黔軺紀行集一卷　（清）蔣攸銛撰

黔記四卷　（清）李宗昉撰

黔語二卷　（清）吳振棫撰

第三集　民國二十五年(1936)排印

雪鴻堂詩蒐逸三卷附錄一卷補一卷　（明）
謝三秀撰

敝帚集十卷　（明）吳中蕃撰

桐埜詩集四卷　（清）周起渭撰

秋煙草堂詩稿三卷　（清）曹石撰

碧山堂詩鈔十六卷附錄一卷　（清）田榕撰

瑟廬詩草三卷　（清）章永康撰　　［撰

十五弗齋詩存一卷文存一卷　（清）丁寶楨

樹蘐背遺詩一卷　（清）鄭淑昭撰

第四集　民國二十五年(1936)排印

春蕪詞三卷　（清）江闓撰

夢硯齋詞一卷　(清)唐樹義撰　　　　　　[撰
香草詞五卷附五卷附錄一卷　(清)陳鍾祥
釦饌吟詞一卷　(清)石贊清撰
海粟樓詞一卷　(清)章永康撰
影山詞二卷外集一卷　(清)莫友芝撰
青田山廬詞一卷　(清)莫庭芝撰
蔚煙亭詞四卷　(清)黎兆勳撰
琴洲詞二卷　(清)黎庶燾撰
雪鴻詞二卷　(清)黎庶蕃撰
枯桐閣詞二卷　(清)張鴻績撰
姑聽軒詞一卷　(清)劉藻撰
師古堂詞一卷　(清)傅衡撰
夢悔樓詞一卷　(清)趙懿撰
牟珠詞一卷補遺一卷　(民國)鄧潛撰
弗堂詞二卷菉猗曲一卷庚午春詞一卷
　(民國)姚華撰
第五集　民國二十七年(1938)排印
靖夷紀事一卷　(明)高拱撰
安龍紀事一卷　(明)江之春撰
安龍逸史二卷　(清)屈大均撰
黔蘘一卷　(清)檀萃撰
苗疆聞見錄一卷　(清)徐家幹撰
古州雜記一卷　(清)林溥撰
都濡備乘二卷　(清)楊宗瀛撰　　　　　[撰
平黔紀略二十卷　(清)羅文彬(清)王秉恩
第六集　民國三十年(1941)排印
孫山甫督學文集四卷補輯雜文一卷　(清)
　孫應鰲撰
江辰六文集九卷　(清)江闓撰
定齋先生猶存集八卷　(清)陳法撰
別集　民國二十五年(1936)刊
汗簡箋正七卷目錄一卷　(清)鄭珍撰
唐寫本說文解字木部箋異一卷　(清)莫友
　芝撰
古音類表九卷　(清)傅壽彤撰
河干問答一卷　(清)陳法撰
定齋河工書牘一卷　(清)陳法撰
塞外紀程一卷　(清)陳法撰
劉貴陽遺稿　(清)劉書年撰
　黔亂紀實一卷
　滌濫軒詩鈔一卷
　黔行日記一卷
　歸程日記一卷
永城紀略一卷　(明)馬士英撰　民國三十
　一年(1942)排印
永牘一卷　(明)馬士英撰
訓眞書屋詩存一卷文存一卷　(清)黃國瑾
　撰　民國三十二年(1943)排印
西笑山房詩鈔　(清)于鍾岳撰　民國三十
　二年(1943)排印

黔南集一卷
正安集一卷
集外詩(一名西笑山房詩鈔蒐逸)一卷
于鍾岳別傳一卷　邢端撰　民國三十二年
　(1943)排印
伯英遺稿三卷　(清)于鍾岳撰

雲南叢書

(民國)趙藩(民國)陳榮昌等輯
　民國雲南叢書處刊本
初編　民國三年(1914)刊
經部
　周易標義三卷　(清)李彪撰
　觀象反求錄一卷　(清)甘仲賢撰
　誦詩小識三卷　(清)趙容撰
　詩經原始十八卷首二卷　(清)方玉潤撰
　齊風說一卷　(民國)李坤撰
　勿自棄軒遺稿一卷　(清)華巘撰
　泰律十二卷外篇三卷　(明)葛仲選撰
　韻略易通一卷　(明)蘭茂撰
　等音聲位合彙二卷　(清)高奣映撰
　切韻正音經緯圖一卷　(清)釋宗常撰
　歌麻古韻攷四卷　(清)吳樹聲撰
史部
　滇雲歷年傳十二卷　(清)倪蛻撰
　宙載二卷　(明)張合撰　民國十三年
　　(1924)刊
　史筌五卷首一卷　(清)楊銘柱撰
　武昌紀事一卷　(清)陳徽言撰
　關中奏議全集十八卷　(明)楊一清撰
　滇南山水綱目二卷　(清)趙元祚撰
　滇小紀一卷　(清)倪蛻撰
　滇繫不分卷　(清)師範輯
　雲南備徵志二十一卷　(清)王崧輯
　南越遊記三卷　(清)陳徽言撰
　鼎堂金石錄二卷　(清)吳樹聲撰
子部
　二艾遺書二卷　(民國)陳榮昌輯
　　艾雲蒼語錄一卷　(明)艾自新撰
　　艾雪蒼語錄一卷　(明)艾自修撰
　養蒙圖說一卷　(明)塗時相撰
　鏡譚一卷　(清)張錦蘊撰
　道南錄初稿一卷　(清)遲祚永撰
　孝弟錄二卷　(清)李文耕撰
　銖寸錄八卷　(清)竇垿撰
　續理學正宗四卷　(清)何桂珍撰
　何文貞公千字文一卷　(清)何桂珍撰
　楊劉周三先生語錄合鈔三卷　(民國)何秉
　　智輯
　知陋軒迂談一卷　(清)楊鳳昌撰

藏拙居遺文一卷　（清）劉誼撰

郁雲語錄一卷　（清）周文龍撰

反身要語一卷　（清）鄒澤撰

存眞錄一卷　（清）吳昌南撰

尙志齋愼思記一卷訟過記一卷　（清）呂存德撰

醫門肇要二卷　（明）蘭茂撰

滇南本草三卷　（明）蘭茂撰

信古齋句股一貫述四卷雜述一卷　（清）宋演撰

籌算法一卷　（清）李澍撰

皇極經世心易發微八卷（原缺卷七至八）首一卷末一卷附補遺一卷　（明）楊體仁撰　民國五年(1916)刊

澹一齋章譜一卷　（清）孫璐撰　石印

介庵印譜一卷　（清）釋湛福撰　石印

書學印譜二卷　（清）王綷刻

十瓶齋石言不分卷　（清）孫鑄撰

味秋吟館紅書一卷　（清）谷淸撰

南園漫錄十卷　（明）張志淳撰

育書一卷　（清）張登瀛撰

說緯六卷　（清）王崧撰

增訂發蒙三字經一卷　（宋）王應麟撰　（清）許印芳增訂

冷官餘談二卷　（清）袁嘉謨撰

滇釋紀四卷　（清）釋圓鼎撰

集部

朝天集一卷　（明）釋法天撰

聲律發蒙一卷　（明）蘭茂撰

石淙詩鈔十五卷附諸公詩一卷　（明）楊一清撰

楊弘山先生存稿十二卷　（明）楊士雲撰

張愈光詩文選八卷附錄一卷　（明）張含撰

中谿家傳彙稿十卷首一卷　（明）李元陽撰

凝翠集五卷　（明）王元翰撰

北征集一卷　（明）祿洪撰

烟坪詩鈔二卷　（清）陸天麟撰

居易軒詩遺鈔一卷文遺鈔一卷　（清）趙炳龍撰　光緒十四年(1888)刊

澹生詩鈔一卷文鈔一卷　（清）高應雷撰

陳翼叔詩集五卷附石棺集一卷　（明）陳佐才撰

蒼雪和尙南來堂詩集四卷附錄一卷　（清）釋讀徹撰

擔當遺詩七卷附錄一卷　（清）釋普荷撰

梅柳詩合刻一卷　（明）釋大錯(錢邦芑)撰

呈貢文氏三遺集合鈔　（民國）趙藩輯

明陽山房遺詩一卷遺文一卷　（明）文祖堯撰　　　　　　　　　　　　［撰

餘生隨詠一卷醉禪草一卷　（明）文俊德

晚春堂詩八卷　（清）文化遠撰

讀書堂綵衣全集四十六卷　（清）趙士麟撰　光緒十九年(1893)浙江書局刊

釜水吟二卷　（清）李崇階撰　　　　　　［撰

賜硯堂詩稿四卷附補遺一卷　（清）許賀來

李中丞遺集三卷　（清）李發甲撰

南村詩集八卷　（清）孫鵬撰

留硯堂詩選六卷　（清）張漢撰

汗漫集三卷　（清）萬友正撰

蛻翁詩集六卷文集二卷　（清）倪蛻撰

李氏詩存十四卷　（清）李浩輯

稜翁詩鈔二卷　（清）李治民撰

鶴峯詩鈔二卷　（清）李因培撰

衣山詩鈔三卷　（清）李翊撰

蘭溪詩鈔二卷　（清）李翮撰

雲華詩鈔五卷　（清）李翊撰

藏密詩鈔五卷　（清）傅爲詝撰　　　　　　［撰

錢南園先生遺集八卷補遺一卷　（清）錢灃

茱竹堂詩存一卷　（清）余萃文撰

拾草堂詩存一卷　（清）李觀撰

芋栗園遺詩二卷　（清）朱奕簪撰

寄庵詩文鈔三十三卷　（清）劉大紳撰

西阿先生詩草三卷附九峯園會詩一卷漱芳亭詩鈔一卷　（清）谷際岐撰

師荔扉先生詩集二十八卷　（清）師範撰　民國十一年(1922)刊

保山二袁遺詩十二卷　（民國）趙藩輯

陶村詩鈔一卷　（清）袁文典撰

時畬堂詩稿十一卷　（清）袁文揆撰

點蒼山人詩鈔八卷　（清）沙琛撰

觸懷吟二卷　（清）錢允濟撰

小淸閟閣詩鈔一卷　（清）倪玗撰

樂山集二卷　（清）王崧撰

紅茗山房詩存十卷詩餘一卷　（清）嚴烺撰

喜聞過齋文集十二卷　（清）李文耕撰

程月川先生遺集十五卷　（清）程含章撰

藍尾軒詩稿四卷　（清）王毓麟撰

郎園詩鈔十五卷　（清）李於陽撰

玉案山房詩草二卷　（清）尹尙廉撰

鄧虹橋遺詩一卷　（清）鄧學先撰

王眉仙遺著二卷　（清）王壽昌撰

雪樓詩選二卷　（清）馬之龍撰

朱丹木詩集一卷　（清）朱騰撰

晚翠軒詩鈔八卷續鈔八卷三鈔八卷四鈔八卷五鈔八卷漫稿五卷　（清）戴淳撰

味雪齋詩鈔十卷文鈔甲集十卷乙集八卷　（清）戴絅孫撰

抱眞書屋詩鈔九卷　（清）陸應穀撰

廣緣堂集八卷　（清）何彤雲撰

知疏味齋詩鈔(一名蜀游草)四卷　（清）黃

　　　琮撰
何文貞公遺書六卷　(清)何桂珍撰
　　補輯朱子大學講義二卷
　　　何文貞公文集二卷首一卷附錄一卷
趙文恪公遺集二卷　(清)趙光撰
廿我齋詩稿二卷　(清)尹藝撰
呈貢二孫遺詩八卷　(清)□□輯　　〔撰
　　抱素堂遺詩六卷補遺一卷　(清)孫清元
　　吉人詩鈔一卷　(清)孫清士撰
思過齋雜體詩存十二卷　(清)蕭培元撰
一笑先生詩鈔二卷文鈔一卷　(清)李玉湛
　　撰
悔齋詩稿四卷　(清)畢應辰撰
補過齋遺集二卷　(清)甘雨撰
李叔豹遺詩一卷　(清)李熙文撰
陶詩彙注四卷首一卷末一卷　(清)吳瞻泰
　　撰　(清)許印芳增訂
五塘詩草六卷　(清)許印芳撰
五塘雜俎三卷　(清)許印芳撰
穆清堂詩鈔三卷續集五卷　(清)朱庭珍撰
天船詩集二卷　(清)張星柳撰
香雪館遺詩一卷　(清)張瑩撰
思亭詩鈔六卷文鈔二卷　(民國)李坤撰
滄海遺珠四卷　(明)沐昂輯
選詩補遺二卷　(明)唐堯官輯
滇南詩畧四十七卷　(清)袁文典(清)袁文
　　揆輯
滇南文畧四十七卷　(清)袁文揆輯
滇詩嗣音集二十卷補遺一卷　(清)黃琮輯
麗郡詩徵十二卷文徵八卷　(清)趙聯元輯
滇詩重光集十八卷　(清)許印芳輯
律髓輯要七卷　(元)方回輯　(清)許印芳
　　摘抄
滇詩拾遺六卷　(民國)陳榮昌輯
滇詩拾遺補四卷　(民國)李坤輯
明滇南五名臣遺集　李根源輯
　　楊文襄公文集一卷詩集一卷　(明)楊一
　　　清撰
　　孫清愍公文集一卷詩集一卷　(明)孫繼
　　　魯撰
　　楊文毅公文集一卷詩集一卷　(明)楊繩
　　　武撰
　　傅忠壯公文集一卷詩集一卷　(明)傅宗
　　　龍撰
　　王忠節公文集一卷詩集一卷　(明)王錫
　　　袞撰
明雷石菴胡二峯遺集合刊　李根源等輯
　　雷石菴尚書遺集一卷　(明)雷躍龍撰
　　胡二峯侍郎遺集一卷　(明)胡璇撰
滇文叢錄一百卷首一卷總目二卷作者小傳

　　　三卷　雲南叢書處輯
滇詞叢錄三卷　(民國)趙藩輯
蔭椿書屋詩話一卷　(清)師範撰
酌雅詩話二卷續編一卷　(清)陳偉勳撰
藥欄詩話二卷　(清)嚴廷中撰
詩法萃編十五卷　(清)許印芳輯
詩譜詳說八卷　(清)許印芳撰
筱園詩話四卷　(清)朱庭珍撰
二編
經部
　太極明辯三卷　(清)高奣映撰
　卦極圖說一卷　(清)馬之龍撰
　泰律補一卷　(清)閔爲人撰
　六書綱目一卷　(清)吳式釗撰
　切音導原一卷　(清)吳式釗撰
史部
　重葺楊文襄公事畧一卷　(明)謝純撰
　趙忠愍公景忠集一卷　(明)趙譔撰　(清)
　　　張漢(清)傅爲訏輯
　尹楚珍年譜一卷　(清)尹壯圖自撰
　明贈光祿寺卿路南楊公忠節錄二卷　(民
　　　國)袁嘉穀輯
　盤龍山紀要四卷　(清)方秉孝撰　民國七
　　　年(1918)刊
　附
　　行先遺稿一卷　(清)方秉孝撰
　晚聞齋稿待焚錄一卷　(清)竇垿撰
子部
　制府雜錄一卷　(明)楊一清撰
　西征日錄一卷　(明)楊一清撰
　鑑辨小言一卷　(清)趙聯元撰
集部
　楊林兩隱君集二卷附錄一卷‥李文漢　李
　　　文林輯　民國八年(1919)刊
　　蘭隱君集一卷　(明)蘭茂撰
　　賈隱君集一卷　(明)賈維孝撰
　桃川剩集二卷　(明)王廷表撰
　雪山詩選三卷　(明)木公恕撰　　〔撰
　大錯和尙遺集四卷　(明)釋大錯(錢邦芑)
　撫松吟集一卷　(清)張端亮撰
　馬悔齋先生遺集二卷　(清)馬汝爲撰　民
　　　國十二年(1923)刊
　檢齋遺集二卷　(清)趙瑗撰
　七峯詩選四卷　(清)段時恆撰
　昭文遺詩一卷　(清)段煜撰
　二餘堂文稿六卷　(清)師範撰
　袁陶村文集一卷　(清)袁文典撰　民國七
　　　年(1918)刊
　五之堂詩鈔二卷　(清)李作舟撰　民國十
　　　一年(1922)刊

岩泉山人詩四選存稿一卷 （清）嚴廷中撰
次民詩稿二卷 （清）朱在勤撰
不冷堂遺集四卷 （清）張舜琴撰 民國十
　三年(1924)刊
夢亭遺集三卷 （清）方學周撰
彊靜齋詩錄一卷 （清）吳式釗撰 ［輯
劍川羅楊二子遺詩合鈔二卷 （民國）趙藩
　夢蒼山館遺詩一卷 （清）羅宿撰
　惜春山房遺詩一卷 （清）楊誌中撰
向湖村舍詩二集七卷 （民國）趙藩撰
李太白詩選四卷 （明）張含輯
楊文憲公寫韻樓遺像題詞彙鈔一卷 （清）
　趙惠元輯
錢南園先生守株圖題詞錄一卷 （民國）趙
　藩輯
昧燈詩話二卷 （清）王賓書撰

宣威叢書

繆秋沈輯
　民國三十五年(1946)石印本
乾隆宣威州志殘一卷(存卷二) （清）饒夢
　銘纂修
咸同宣威大事記一卷 （清）繆濟齋撰
可鑑編稿存一卷 （清）□□撰
三朝紀略一卷 （清）□□撰

氏 族 類

衡望堂叢書初稿

丁鵬翥輯
　1954年丁氏油印本
退思錄六卷 （清）丁元正撰
楚辭輯解正編六卷外編二卷後語六卷首二
　卷附錄六卷 （清）丁元正撰
湘亭詩鈔一卷文鈔一卷 （清）丁元正撰
書法碎語一卷 （清）丁一焯撰
清沙吟草一卷文鈔一卷 （清）丁甡撰
養齋集四卷 （清）丁善慶撰
丁節母詩存一卷 （清）蔡□撰
禮經小識一卷 （清）丁奎聯撰
汶叟詩存一卷 （民國）胡紀榮撰

錫山尤氏叢刊甲集

（民國）尤桐輯
　民國二十四年(1935)排印本
梁溪遺稿二卷補編二卷 （宋）尤袤撰
遂初堂書目一卷 （宋）尤袤撰
文選考異一卷 （宋）尤袤撰
萬柳溪邊舊話一卷 （元）尤玘撰
萬柳溪邊近話一卷 （明）尤錝撰

附
　述祖詩一卷 （清）尤侗撰 ［輯
　錫山尤氏文存一卷詩存一卷 （民國）尤桐

桐城方氏七代遺書

（清）方昌翰輯
　清光緒十四年(1888)刊本
性善繹一卷 （明）方學漸撰
東遊紀三卷 （明）方學漸撰
庸言一卷 （明）方學漸撰
寧澹居奏議一卷 （明）方大鎮撰
寧澹居遺文一卷 （明）方大鎮撰
寧澹語二卷 （明）方大鎮撰
職方舊草二卷 （明）方孔炤撰
撫楚疏稿一卷 （明）方孔炤撰
撫楚公牘一卷 （明）方孔炤撰
知生或問一卷 （明）方孔炤撰
西庫隨筆一卷 （明）方孔炤撰
芻蕘小言一卷 （明）方孔炤撰
㩦言一卷 （清）方以智撰
膝寓信筆一卷 （清）方以智撰
稽古堂文集二卷 （清）方以智撰
汗青閣文集二卷 （清）方中履撰
方齋小言一卷 （清）方正瑗撰
關西講堂客問一卷 （清）方正瑗撰
方齋補莊七篇一卷 （清）方正瑗撰
稌堂文集一卷 （清）方張登撰

四明水氏留碩稿

（清）水嘉穀輯
　清光緒十八年(1892)刊本
前編
　海若遺稿一卷附錄一卷 （明）水鄉謨撰
　向若水公(佳允)年譜一卷 （清）水寶璐撰
　鄉會試策制墨藝一卷 （清）水佳允撰
　蘭臺奏疏一卷 （清）水佳允撰
　容臺佐議一卷 （清）水佳允撰
後編
　理美堂集一卷 （清）水佳允撰
　沙上集一卷沙上吟一卷 （清）水佳允撰
　書牘雜著一卷 （清）水佳允撰
　向若水公政蹟行述崇祀錄一卷 （清）水寶
　　璐輯
附
　水氏傳經世系表一卷 （清）水嘉穀撰

震澤先生別集

（明）王永熙輯
　明萬曆中震澤王氏刊本
　民國十年(1921)紓溪王氏刊本

震澤長語二卷　（明）王鏊撰
震澤紀聞二卷　（明）王鏊撰
續震澤紀聞一卷　（明）王禹聲撰
郢事紀略一卷　（明）王禹聲撰

高郵王氏遺書

（民國）羅振玉輯
　　民國十四年(1925)上虞羅氏排印本
　　高郵王氏六葉傳狀碑誌集六卷　（民國）羅
　　　　振玉輯
　　輶軒使者絕代語釋別國方言疏證補一卷
　　　　（清）王念孫撰
　　釋大一卷　（清）王念孫撰
　　古韻譜二卷　（清）王念孫撰　　　　　［撰
　　王文肅公遺文一卷補遺一卷　（清）王安國
　　王石臞先生遺文四卷丁亥詩鈔一卷　（清）
　　　　王念孫撰　　　　　　　　　　　　［撰
　　王文簡公文集四卷附錄一卷　（清）王引之

合肥王氏家集

（清）王尙辰輯
　　清光緒中木活字排印本
　　周易論語同異辨一卷　（清）王世溥撰　光
　　　　緒二十三年(1897)刊
　　青箱餘論一卷附錄一卷　（清）王世溥撰
　　謙齋初集二卷二集二卷三集二卷續集一卷
　　　　遺園詩餘一卷　（清）王尙辰撰　光緒
　　　　二十三年(1897)刊　　　　　　　　［撰
　　蟲隱庵雜作一卷　（清）肥上一民(王尙辰)
　　附
　　　　澹雅居小草一卷　（清）王德名撰
　　　　枚蔌遺草一卷　（清）王德棻撰

德州田氏叢書

（清）田雯等撰
　　清康熙乾隆間刊本
　　蒙齋年譜一卷續一卷附補一卷　（清）田雯
　　　　自撰　補(清)田肇麗撰
　　古歡堂集三十六卷　（清）田雯撰
　　長河志籍考十卷　（清）田雯撰
　　黔書二卷　（清）田雯撰
　　水東草堂詩一卷　（清）田需撰
　　鬲津草堂詩六卷　（清）田霦撰
　　有懷堂文集一卷詩集一卷　（清）田肇麗撰
　　西圃叢辨三十二卷　（清）田同之撰
　　西圃文說三卷詩說一卷詞說一卷　（清）田
　　　　同之撰
　　硯思集六卷　（清）田同之撰
　　安德明詩選遺一卷　（清）田同之輯
　　二學亭文涘四卷　（清）田同之撰

晚香詞三卷　（清）田同之撰

安氏家集

（清）安念祖輯
　　稿本
　　安孟公手訂文稿不分卷　（清）安璿撰
　　夏時考一卷　（清）安吉撰
　　衆香閣文稿不分卷詩艸不分卷　（清）安念
　　　　祖撰

玉山朱氏遺書

（清）諸可寶輯
　　清光緒二十六年(1900)玉山書院刊本
　　觀復堂稿略一卷　（明）朱集璜撰
　　無欺錄二卷　（清）朱用純撰

延陵合璧

（清）許自俊輯
　　清康熙二十六年(1687)刊本
　　西亭詩一卷　（清）吳屯侯撰
　　非庵雜著四卷　（清）吳莊撰
　　　　吳鰥放言一卷
　　　　閒評一卷
　　　　花甲自譜一卷
　　　　族譜誌畧一卷

叢睦汪氏遺書

（清）汪篪輯
　　清光緒十二年(1886)錢唐汪氏長沙刊本
　　春星堂詩集十卷　（清）汪師韓輯
　　不繫園集　（清）汪汝謙撰
　　隨喜盦集　（清）汪汝謙撰　以上合一卷
　　綺詠　（清）汪汝謙撰
　　綺詠續集　（清）汪汝謙撰　以上合一卷
　　西湖韻事　（清）汪汝謙撰
　　夢草　（清）汪汝謙撰
　　聽雪軒集　（清）汪汝謙撰
　　遊草　（清）汪汝謙撰　以上合一卷
　　閩遊詩紀一卷　（清）汪汝謙撰
　　松溪集　（清）汪汝謙撰
　　夢香樓集　（清）汪汝謙撰　以上合一卷
　　延芬堂集二卷　（清）汪鶴孫撰
　　詹詹集一卷　（清）汪振甲撰
　　重閒齋集一卷　（清）汪德容撰
　　夕秀齋詩鈔一卷　（清）汪振甲撰
　　春星堂續集十卷　（清）汪篪輯
　　澹園集一卷　（清）汪師亮撰
　　水亭詩存二卷　（清）汪賢衢撰
　　磵村集一卷　（清）汪緒宜撰
　　樸樹廬剩稿一卷　（清）汪科顯撰

水莊花館詩鈔二卷　(清)汪籛撰

劫餘草一卷　(清)汪籛撰

匯香詞一卷　(清)汪鶴孫撰

凭隱詩餘一卷　(清)汪世雋撰

重閲齋文集二卷　(清)汪德容撰　　[撰

上湖紀歲詩編四卷續編一卷　(清)汪師韓

上湖分類文編十卷補鈔二卷　(清)汪師韓撰

觀象居易傳箋十二卷　(清)汪師韓撰

孝經約義一卷　(清)汪師韓撰

文選理學權輿八卷補一卷　(清)汪師韓撰補(清)孫志祖撰

孫文志疑十卷　(清)汪師韓撰

蘇詩選評箋釋六卷　(清)汪師韓撰

談書錄一卷　(清)汪師韓撰

詩學纂聞一卷　(清)汪師韓撰

韓門綴學五卷續編一卷　(清)汪師韓撰

金絲錄一卷　(清)汪師韓撰

葉戲原起一卷　(清)汪師韓撰

詩序辨正八卷首一卷　(清)汪大任撰

遠春樓讀經筆存二卷　(清)汪科爵撰

遠春樓四史筆存四卷　(清)汪科爵撰

徵信錄二卷　(清)汪籛撰

重印江都汪氏叢書

秦更年等輯

民國十四年(1925)上海中國書店景印本

容甫先生(汪中)年譜一卷　(清)汪喜孫撰

述學內篇三卷外篇一卷補遺一卷別錄一卷春秋述義一卷校勘記一卷(清)汪中撰校勘記(清)方濬頤撰

廣陵通典十卷　(清)汪中撰

附

先君年表一卷　(清)汪喜孫撰

容甫先生遺詩五卷補遺一卷附錄一卷(清)汪中撰

汪氏學行記六卷附壽母小記一卷　(清)汪喜孫輯

孤兒編三卷　(清)汪喜孫撰

從政錄四卷　(清)汪喜孫撰　以上據汪氏叢書本景印

大戴禮記正誤一卷　(清)汪中撰

經義知新記一卷　(清)汪中撰　以上據學海堂皇清經解本景印

春秋列國官名異同考一卷　(清)汪中撰據螺園叢書本景印

國語校文一卷　(清)汪中撰　據靈鶼閣叢書本景印

舊學蓄疑一卷　(清)汪中撰　據木犀軒叢書本景印

喪服答問紀實一卷　(清)汪喜孫撰　據寶晉書院本景印

沈氏三代家言

(清)沈申祐輯

清光緒十二年(1886)會稽沈氏刊本

讀經心解四卷　(清)沈楙撰

彙山堂文集一卷詩集三卷　(清)沈楙撰

湘夢詞一卷　(清)沈楙撰

鑾山賸稿二卷　(清)沈昌世撰

借箸雜俎四卷　(清)沈清旭撰

婁東周氏叢刊

周懋輯

民國二十六年(1937)婁東周氏冰壺堂景印本

先祖通奉府君遺槀一卷　(明)周元學撰

東吳名賢記二卷　(明)周復俊撰

馬鞍山志一卷　(明)周復俊撰

海門先正鄉謚表一卷　(清)周應庚撰

如皋冒氏叢書

冒廣生輯

清光緒至民國間如皋冒氏刊本

冒伯麐先生集二十五卷　(明)冒愈昌撰民國十年(1921)刊

增定存笥小草四卷　(明)冒日乾撰　民國十年(1921)刊

馭交記十二卷　(明)張鏡心撰　(明)冒起宗訂　光緒二十九年(1903)刊

簡兮堂文賸一卷　(清)冒超處撰

香儷園偶存一卷　(清)冒襄撰

寒碧孤吟一卷　(清)冒襄撰

泛雪小草一卷　(清)冒襄撰

集美人名詩一卷　(清)冒襄撰

宣爐歌注一卷　(清)冒襄撰

岕茶彙鈔一卷　(清)冒襄撰　民國九年(1920)刊　　　　　　　　[刊

蘭言一卷　(清)冒襄撰　民國九年(1920)

影梅庵憶語一卷　(清)冒襄撰　民國九年(1920)刊

樸巢詩選一卷文選四卷　(清)冒襄撰

巢民詩集六卷文集七卷　(清)冒襄撰　宣統三年(1911)刊

鹿樵集茸一卷　(清)冒坦然撰

鑄錯軒詩茸一卷　(清)冒褒撰

寒碧堂詩茸一卷附錄一卷　(清)冒嘉穗撰

枕煙亭詩茸一卷附錄一卷　(清)冒丹書撰

婦人集注一卷　(清)陳維崧撰　(清)冒褒注

婦人集補一卷　　(清)冒丹書撰
舊原詩說四卷　　(清)冒春榮撰
前後元夕讌集詩二卷　(清)冒箕輯
枕干錄一卷附錄一卷　(清)冒沅輯
永嘉高僧碑傳集八卷附錄一卷補一卷　冒
　　廣生輯　民國六年(1917)刊
鉢池山志六卷志餘一卷　冒廣生撰
疚齋小品　冒廣生撰　民國六年(1917)刊
　　哥窯譜一卷
　　青田石考一卷
　　戲言一卷
　　癸卯大科記一卷
　　于役東陵記一卷
　　扈從親耕記一卷
　　風懷詩案一卷
　　莽鏡釋文一卷
謝康樂集拾遺一卷　(劉宋)謝靈運撰　冒
　　廣生輯
附
　　謝康樂集校勘記一卷　冒廣生撰
　　和謝康樂詩一卷　冒廣生撰
如皋冒氏詩暑十四卷詞暑一卷　冒廣生輯
冒得庵參議(襞)年譜一卷　冒廣生撰
冒嵩少憲副(起宗)年譜三卷　冒廣生撰
冒巢民徵君(襄)年譜一卷補一卷　冒廣生
　　撰　民國十二年(1923)刊
同人集補一卷　冒廣生輯　民國十二年
　　(1923)刊
小三吾亭文甲集一卷詩八卷詞三卷附一卷
　　冒廣生撰
冠柳詞一卷　(宋)王觀撰　冒廣生輯
附
　　五周先生集　冒廣生輯
　　螢室詩錄一卷　(清)周沐潤撰
　　訒庵遺稿一卷　(清)周悅修撰
　　傅忠堂學古文一卷　(清)周星驂撰
　　鷗堂賸稿一卷　(清)周星譽撰
　　東鷗草堂詞二卷　(清)周星譽撰
　　窺欂詩質一卷　(清)周星詒撰
外家紀聞一卷　冒廣生撰

洪氏晦木齋叢書

(清)洪汝奎輯
　　清同治至宣統間刊本
　　四洪年譜　宣統元年(1909)刊
　　　洪忠宣公(皓)年譜一卷　(清)洪汝奎撰
　　　洪文惠公(适)年譜一卷　(清)錢大昕撰
　　　　(清)洪汝奎增訂
　　　洪文安公(遵)年譜一卷　(清)洪汝奎撰
　　　洪文敏公(邁)年譜一卷　(清)錢大昕撰

　　　　(清)洪汝奎增訂
松漠紀聞一卷續一卷補遺一卷附考異一卷
　　(宋)洪皓撰　考異(清)洪佩聲撰
　　同治十二年(1873)刊
鄱陽集四卷拾遺一卷　(宋)洪皓撰　同治
　　九年(1870)刊
隸釋二十七卷　(宋)洪适撰　同治十一年
　　(1872)刊
隸續二十一卷　(宋)洪适撰　同治十一年
　　(1872)刊
汪本隸釋刊誤一卷　(清)黃丕烈撰　同治
　　十一年(1872)刊
盤洲文集八十卷末一卷附校記一卷　(宋)
　　洪适撰　校記(清)洪汝奎撰
泉志十五卷　(宋)洪遵撰　光緒元年
　　(1875)刊　　　　　　　　　〔刊
譜雙五卷　(宋)洪遵撰　光緒元年(1875)
洪氏集驗方五卷　(宋)洪遵撰　光緒元年
　　(1875)刊
容齋隨筆十六卷續筆十六卷三筆十六卷四
　　筆十六卷五筆十卷　(宋)洪邁撰　同
　　治十一年(1872)刊
豫章三洪集　光緒二年(1876)刊
　　西渡集一卷補遺一卷附錄一卷　(宋)洪
　　　炎撰
　　清非集二卷補遺一卷　(宋)洪朋撰
　　老圃集二卷補遺一卷遺文一卷　(宋)洪
　　　芻撰
香譜二卷　(宋)洪芻撰　光緒元年(1875)
　　刊
春秋說三十卷　(宋)洪咨夔撰　光緒十年
　　(1884)刊
平齋文集三十二卷拾遺一卷附校記一卷
　　(宋)洪咨夔撰　校記(清)洪汝奎撰
　　同治十一年(1872)刊
空洞詞一卷　(宋)洪瑹撰　同治十二年
　　(1873)刊
爾雅翼三十二卷　(宋)羅願撰　(元)洪焱
　　祖音釋　光緒十年(1884)刊
杏庭摘稿一卷　(元)洪焱祖撰
續軒渠集十卷補遺一卷附錄一卷　(元)洪
　　希文撰　光緒六年(1880)刊
易說醒四卷　(明)洪守美撰　同治十一年
　　(1872)刊
洪廬江祀典徵實二卷　(清)章世溶等輯
　　同治八年(1869)刊

續溪胡氏叢書

(清)胡培系輯
　　清同治光緒間世澤樓刊本

研六室文鈔十卷補遺一卷　(清)胡培翬撰
　　光緒四年(1878)刊

說文管見三卷　(清)胡秉虔撰　同治十二
　　年(1873)刊

古韻論三卷　(清)胡秉虔撰　光緒二年
　　(1876)刊

黃帝內經素問校義一卷　(清)胡澍撰　光
　　緒五年(1879)刊

胡氏三種

(清)胡錫燕輯
　　清光緒中長沙胡氏刊本

詩古音繹一卷　(清)胡錫燕撰

瞻闕集虛一卷　(清)胡元儀撰　光緒十八
　　年(1892)刊

論書絕句一卷　(清)胡元常撰

樸學齋叢書第一集

(民國)胡樸安輯
　　民國二十九年(1940)安吳胡氏排印本

養拙齋詩存一卷　(清)胡學書撰

守拙齋詩存一卷文存一卷　(清)胡鼎撰

筆耕錄五卷　(清)胡鼎撰

伯子詩稿一卷　(民國)胡有恂撰

江村集一卷　(民國)胡懷琛撰

福履理路詩鈔一卷　(民國)胡懷琛撰

上武詩鈔一卷　(民國)胡懷琛撰

秋山文存一卷　(民國)胡懷琛撰

中庸淺說一卷　(民國)胡懷琛撰

老子學辨一卷　(民國)胡懷琛撰

老子補註一卷　(民國)胡懷琛撰

莊子集解補正一卷　(民國)胡懷琛撰

列子張湛註補正一卷　(民國)胡懷琛撰

淮南集解補正一卷　(民國)胡懷琛撰

惠施詭辯新解一卷　(民國)胡懷琛撰

太白國籍問題一卷　(民國)胡懷琛撰

王念孫讀書雜誌正誤一卷　(民國)胡懷琛
　　撰

札迻正誤一卷　(民國)胡懷琛撰

讀書雜記一卷　(民國)胡懷琛撰

南香詩鈔一卷　(民國)胡淵撰

南香畫語一卷　(民國)胡淵撰

隨感錄一卷　(民國)胡淵撰

丹溪詩鈔二卷補遺一卷續鈔一卷　(清)胡
　　鼎輯　補遺續鈔(民國)胡有恂輯

丹溪文鈔一卷　(清)胡鼎輯

胡氏家乘一卷　(民國)胡樸安撰

雙雲堂傳集

(清)范□輯

清光緒中甬上范氏刊本

巢雲軒詩鈔二卷附越吟草一卷　(清)范震
　　薇撰　光緒十年(1884)刊

函清館詩草四卷　(清)范永澄撰　光緒十
　　年(1884)刊

四書迹二十卷　(清)范震薇撰

左類初定八卷　(清)范震薇撰

繭屋詩草六卷文存二卷　(清)范從律撰
　　光緒十二年(1886)刊

退白居士詩草一卷　(清)范永澄撰　光緒
　　十年(1884)刊

鄂不齋叢書

(清)唐贊袞撰併輯
　　清光緒二十七年(1901)桐園鄂不齋刊本

鄂不詩詞二十卷駢文一卷銘贊一卷

鄂不齋筆記二卷

臺陽見聞錄不分卷

澹吾室詩鈔四卷　(清)唐樹森撰

誦芬集一卷　(清)唐贊袞輯

六如居士外集五卷　(明)唐寅撰　(清)唐
　　仲冕輯　(清)唐贊袞重輯

武進唐氏所著書

(民國)唐鼎元輯
　　民國排印本

兩漢解疑一卷　(明)唐順之撰　民國三十
　　七年(1948)排印

兩晉解疑一卷　(明)唐順之撰　民國三十
　　七年(1948)排印

陰符經一卷陰符經考一卷　(明)唐順之評
　　釋併撰考　民國三十七年(1948)排印

荊川公佚文一卷　(明)唐順之撰　民國三
　　十六年(1947)排印

周易象義四卷　(明)唐鶴徵撰　民國二十
　　四年(1935)排印

桃溪札記一卷　(明)唐鶴徵撰　民國三十
　　七年(1948)排印

皇明輔世編六卷　(明)唐鶴徵撰　民國三
　　十七年(1948)排印

太常遺著常州府志人物志一卷　(明)唐鶴
　　徵纂修　民國三十六年(1947)排印

太常遺著三卷　(明)唐鶴徵撰　民國二十
　　四年(1935)排印

殣花詞一卷　(清)唐祖命撰　民國三十六
　　年(1947)排印

唐氏先世遺文一卷補遺一卷　(民國)唐鼎
　　元輯　民國二十六年(1937)排印

唐氏家乘誌傳擷華不分卷　(民國)唐鼎元
　　輯　民國三十七年(1948)排印

唐荊川公著述考一卷　(民國)唐鼎元等撰
　　民國二十四年(1935)排印
唐氏先世著述考一卷　(民國)唐鼎元撰
　　民國三十二年(1943)排印
荊川弟子考一卷　(民國)唐鼎元等輯　民
　　國二十三年(1934)排印
荊川學脈一卷　(民國)唐鼎元等輯
清大司馬藺門唐公(執玉)年譜一卷　(民
　　國)唐鼎元撰　民國二十五年(1936)
　　排印

富陽夏氏叢刻

(清)夏震武(清)夏鼎武撰
　　清光緒中刊本
梅言六卷　(清)夏震武撰　光緒八年
　　(1882)刊
梅言辨正六卷首一卷附記一卷　(清)夏震
　　武撰　附記(清)夏鼎武撰　光緒十六
　　年(1890)刊
詩序辨一卷　(清)夏鼎武撰
讀禮私記一卷　(清)夏鼎武撰
衰說考誤一卷　(清)夏震武撰
寤言質疑一卷　(清)夏震武撰
庭聞憶略二卷附竹坡先生遺文一卷　(清)
　　竇廷撰　(清)夏鼎武輯

晁氏三先生集

(宋)黃汝嘉輯
　　明嘉靖三十三年至三十七年(1554—
　　1558)晁氏寶文堂重刊本
昭德新編三卷　(宋)晁迥撰
晁文元公道院集要三卷　(宋)晁迥撰
具茨晁先生詩集一卷　(宋)晁冲之撰
晁氏客語一卷　(宋)晁說之撰

四休堂叢書

秦柟輯
　　民國三十三年(1944)臨海秦氏四休堂排
　　印本
磧東集錄五卷補遺一卷　(明)秦文撰
白厓集一卷補遺一卷　(明)秦鳴夏撰
倚雲樓遺集一卷補遺一卷　(明)秦鳴雷撰
談資二卷　(明)秦鳴雷撰
白雲山樓集一卷　(清)秦錫淳撰
零芬集一卷　秦柟輯
歷代都江堰功小傳二卷　秦柟等輯
蜀辛一卷　秦柟撰
桐蠶通說一卷　秦柟撰
四休堂逸稿一卷後稿二卷　秦柟撰
野語一卷　秦柟撰

項城袁氏家集

(民國)丁振鐸輯
　　清宣統三年(1911)清芬閣排印本
端敏公集奏議二十卷函牘二卷首二卷
　　(清)袁甲三撰
中議公事實紀略一卷　(清)袁保慶撰
自乂瑣言二卷　(清)袁保慶撰
文誠公奏議六卷函牘二卷文稿拾遺一卷詩
　　稿拾遺一卷首一卷　(清)袁保恆撰
閣學公公牘十卷書札四卷書札錄遺一卷文
　　稿拾遺一卷詩稿拾遺一卷雪鴻吟社詩
　　鐘二卷聯語錄存一卷首一卷　(清)袁
　　保齡撰
袁氏家書六卷　(清)袁世傳輯
母德錄一卷　(清)袁世傳(清)袁世威撰

馬氏叢刻

(清)馬先登輯
　　清同治中關中馬氏敦倫堂刊本
馬文莊公文集選十五卷附敍述一卷　(明)
　　馬自強撰　敍述(明)魏學會撰　同治
　　九年(1870)刊　　　　　　　　　〔刊
譚誤四卷　(明)馬朴撰　同治九年(1870)
四六雕蟲十卷　(明)馬朴撰　同治十一年
　　(1872)刊
爐餘志過錄二卷　(清)馬先登輯　同治九
　　年(1870)刊
卷石齋語錄二卷　(清)馬穢土撰　同治九
　　年(1870)刊
南華瀝滴萃一卷　(清)馬魯撰　同治九年
　　(1870)刊
崇祀鄉賢祠錄一卷
勿待軒文集存槀七卷　(清)馬先登撰
關西馬氏世行錄七卷後錄三卷續錄一卷又
　　續錄一卷又續錄之餘一卷　(清)馬先
　　登輯　同治七年(1868)刊
南苑一知集論詩二卷　(清)馬魯撰　同治
　　十二年(1873)刊
南苑一知集叢談二卷　(清)馬魯撰
山對齋文詩存稿二卷　(清)馬魯撰　同治
　　十二年(1873)刊
小坡識小錄四卷　(清)馬騰蛟撰　同治十
　　三年(1874)刊
護送越南貢使日記一卷　(清)馬先登撰
　　同治八年(1869)刊
再送越南貢使日記一卷　(清)馬先登撰
　　同治十一年(1872)刊
釋命一卷　(清)馬先登撰　同治十一年
　　(1872)刊

馬氏家刻集

　(清)馬口輯
　　　清光緒中刊本
　　奏略四卷　(明)馬孟禎撰　光緒六年
　　　(1880)刊
　　翊翊齋遺書　(清)馬翮飛撰
　　　翊翊齋筆記二卷
　　　翊翊齋文鈔一卷
　　　翊翊齋詩鈔一卷　　　　　　　　〔撰
　　周易費氏學八卷敘錄一卷　(民國)馬其昶
　　中庸篇義一卷　(民國)馬其昶撰
　　左忠毅公(光斗)年譜定本二卷　(民國)馬
　　　其昶撰
　　莊子故八卷　(民國)馬其昶撰
　　屈賦微二卷　(民國)馬其昶撰

洛陽曹氏叢書

　(清)曹曾矩輯
　　　清同治光緒間刊本
　　春秋輯說彙解一卷　(清)曹逢庚撰
　　淡和堂經說一卷　(清)曹逢庚撰
　　芝亭舊稿一卷　(清)曹肅孫撰
　　小亭信口吟一卷　(清)曹敏撰
　　遲悔齋年譜一卷　(清)曹肅孫自撰
　　洛學拾遺補編二卷　(清)曹肅孫撰
　　遲悔齋經說一卷　(清)曹肅孫撰
　　遲悔齋文鈔四卷雜著一卷　(清)曹肅孫撰
　　交遊錄二卷續一卷　(清)小亭山人(曹肅
　　　孫)撰

高陽四種集

　(清)趙飲谷輯
　　　清康熙中刊本
　　獼微閣詩集六卷　(清)許承家撰　康熙四
　　　十四年(1705)刊
　　碧麈亭集一卷　(清)許昌齡撰
　　槐墅詩鈔四卷　(清)許迎年撰　康熙四十
　　　九年(1710)刊
　　綠淨軒詩鈔五卷　(清)徐德晉撰　康熙四
　　　十六年(1707)刊

新安許氏先集

　許同莘輯
　　　民國無錫許氏簡素堂刊本排印本
　　先天集十卷補遺一卷附錄二卷　(宋)許月
　　　卿撰　民國十二年(1923)刊
　　百官箴六卷　(宋)許月卿撰　民國十一年
　　　(1922)刊
　　許文穆公集十六卷附錄一卷　(明)許國撰

　　　民國十三年(1924)刊
　　復庵先生集十卷附錄一卷　(民國)許玨撰
　　　民國十五年(1926)排印

侯官郭氏家集彙刊

　(民國)郭則澐輯
　　　民國二十三年(1934)侯官郭氏刊本
　　石泉集四卷　(清)郭柏蔭撰
　　天開圖畫樓文稿四卷　(清)郭柏蔭撰
　　變雅斷章衍義一卷　(清)郭柏蔭撰
　　嘐嘐言六卷續四卷　(清)郭柏蔭撰
　　說雲樓詩草二卷　(清)郭式昌撰
　　惜齋吟草二卷詞草一卷吟草別存一卷
　　　(清)郭傳昌撰
　　匑廬詩存九卷賸草一卷　(民國)郭曾炘撰
　　再愧軒詩草一卷　(民國)郭曾炘撰
　　郭文安公奏疏一卷　(民國)郭曾炘撰
　　樓居偶錄一卷　(民國)郭曾炘撰
　　邴廬日記二卷　(民國)郭曾炘撰

江都陳氏叢書

　(清)陳本禮(清)陳逢衡撰
　　　清嘉慶道光間遞刊本
　　屈辭精義六卷　(清)陳本禮撰
　　漢詩統箋　(清)陳本禮撰
　　　漢樂府三歌牋註三卷
　　　急就探奇一卷
　　協律鉤元四卷外集一卷　(清)陳本禮撰
　　竹書紀年集證五十卷首一卷　(清)陳逢衡
　　　撰　嘉慶十八年(1813)曩露軒刊
　　逸周書補注二十二卷首一卷末一卷　(清)
　　　陳逢衡撰　道光五年(1825)梅山館刊
　　穆天子傳注補正六卷首一卷　(清)陳逢衡
　　　撰　道光二十三年(1843)刊　　〔撰
　　讀騷樓詩初集四卷二集四卷　(清)陳逢衡

陳氏叢書

　(清)陳澧撰併輯
　　　清嘉慶同治間刊本
　　筠碧山房詩集四卷　(清)陳宸書撰　同治
　　　七年(1886)刊
　　求在我齋文集二卷詩集二卷　(清)陳澧撰
　　桃花扇傳奇後序詳註四卷　(清)花庭閒客
　　　(陳宸書)撰
　　易義纂釋五卷　(清)陳澧撰
　　易理蒙訓二卷　(清)陳澧撰
　　易說摘存三卷　(清)陳澧撰
　　李氏蒙求詳註四卷　(唐)李瀚撰　(清)陳
　　　宸書注　嘉慶二十年(1815)刊
　　養性齋經說二卷　(清)陳宸書撰

性理闡說二卷　(清)陳宸書輯
論語話解十卷　(清)陳宸書述
陳心泉文稿四卷　(清)陳宸書撰
賜葛堂試帖二卷　(清)陳宸書撰　同治十
　三年(1874)刊

左海全集

　(清)陳壽祺撰
　　　清嘉慶道光間刊陳紹墉補刊本
　　左海文集十卷
　　絳跗草堂詩集六卷
　　左海文集乙編二卷
　　五經異義疏證三卷　嘉慶十八年(1813)刊
　　左海經辨二卷　道光三年(1823)刊
　　尚書大傳五卷附序錄一卷辨譌一卷　(漢)
　　　伏勝撰　(漢)鄭玄注　(清)陳壽祺輯
　　　校併撰序錄辨僞
　　洪範五行傳三卷　(漢)劉向撰　(清)陳壽
　　　祺輯
　　東越儒林後傳一卷
　　東越文苑後傳一卷
　　東觀存稿一卷

左海續集(一名小琅嬛館叢書)

　(清)陳壽祺撰
　　　清道光同治間刊本
　　三家詩遺說攷
　　　魯詩遺說攷六卷敍錄一卷　敍錄(清)陳
　　　　喬樅撰
　　　齊詩遺說攷四卷敍錄一卷　敍錄(清)陳
　　　　喬樅撰
　　　韓詩遺說攷五卷敍錄一卷附錄一卷補遺
　　　　一卷　敍錄(清)陳喬樅撰
　　詩經四家異文攷五卷　(清)陳喬樅撰
　　今文尚書經說攷三十二卷首一卷敍錄一卷
　　　(清)陳喬樅撰
　　禮記鄭讀攷六卷　(清)陳喬樅述
　　毛詩鄭箋改字說四卷　(清)陳喬樅撰
　　齊詩翼氏學疏證二卷敍錄一卷　(清)陳喬
　　　樅撰
　　詩緯集證四卷附錄一卷　(清)陳喬樅撰
　　　　道光二十六年(1846)小琅嬛館刊
　　禮堂經說二卷　(清)陳喬樅撰
　　禮堂遺集三卷補遺一卷詩一卷　(清)陳喬
　　　樅撰　同治十二年(1873)刊

陸氏六種合刻

　(清)陸崑齡撰
　　　清道光中拜五經樓刊本
　　禦侮備覽二卷附江海備覽外編一卷　道光

十四年(1834)刊
黔滇紀略一卷　道光十三年(1833)刊
倚棹閑吟一卷
拜五經樓詩賦二卷　道光十三年(1833)刊
　拜五經樓試帖一卷
　拜五經樓試言一卷
牛繭集一卷
逃楊合刻
　吟巢遺稿一卷　(清)陸仙琥撰　道光十
　　一年(1831)刊
　香雪山房遺稿一卷　(清)陸思謙撰　道
　　光十一年(1831)刊

陸氏傳家集

　(清)陸乃普輯
　　　清同治十一年(1872)義經堂刊本
　　方房詩贖一卷　(清)陸文衡撰
　　嗇庵手鏡二卷　(清)陸文衡撰
　　荻存小詠史一卷　(清)陸鑰撰
　　讀史小識一卷　(清)陸鑰撰
　　味蕁鱸軒詩鈔一卷　(清)陸方濤撰
　　戊庚隨筆一卷　(清)陸方濤撰
　　味蕁鱸軒遺文一卷　(清)陸方濤撰
　　冷宦漫槀一卷　(清)陸桂馨撰
　　讀未見書齋文鈔一卷　(清)陸桂馨撰
　　月圃詩存一卷　(清)陸昌言撰
　　月圃偶著一卷　(清)陸昌言撰
　　客窗偶吟二卷　(清)陸泰增撰
　　淡安遺文一卷　(清)陸泰增撰
　　問花樓詩鈔三卷　(清)陸鎣撰
　　問花樓詩話三卷　(清)陸鎣撰
　　問花樓詞話一卷　(清)陸鎣撰
附
　陸氏先德錄一卷　(清)陸乃普輯

傅氏家書

　(清)傅以禮輯
　　　清光緒二年(1876)手稿本
　　傅子五卷　(晉)傅玄撰　(清)傅以禮輯
　　傅鶉觚集四卷　(晉)傅玄撰
　　傅中丞集一卷　(晉)傅咸撰
　　傅蘭臺集一卷　(漢)傅毅撰
　　晉諸公敍讚二卷晉公卿禮秩故事一卷
　　　(晉)傅暢撰
　　續文章志一卷　(劉宋)傅亮撰
　　傅芳集一卷　(清)傅以禮輯

長洲彭氏家集

　(清)彭祖賢輯
　　　清同治光緒間刊本

南畇全集　(清)彭定求撰
　南畇詩槀二十七卷文槀十二卷小題文稿
　　一卷　光緒七年(1881)刊
　南畇老人自訂年譜一卷
儒門法語輯要一卷　(清)彭定求輯
　　(清)湯金釗輯要　光緒七年(1881)
　　鄂垣撫署刊
明賢蒙正錄二卷　(清)彭定求輯　(清)
　　汪與圖參評　同治九年(1870)刊
密證錄一卷　光緒七年(1881)刊
姚江釋毀錄一卷　光緒七年(1881)刊
不譏錄一卷　(清)彭定求撰　(清)彭紹
　升輯
芝庭先生集十八卷附錄一卷　(清)彭啓豐
　　輯　光緒二年(1876)惠州郡署刊
二林居集二十四卷　(清)彭紹升撰　光緒
　　七年(1881)刊
二十二史感應錄二卷　(清)彭希涑撰　光
　　緒八年(1882)刊
蘭臺遺藁一卷附錄一卷續編一卷　(清)彭
　希涑撰
芸暉小閣吟草一卷　(清)顧韞玉撰　光緒
　　二年(1876)惠州郡齋刊
秋士先生遺集六卷　(清)彭績撰　光緒七
　　年(1881)刊
測海集六卷　(清)彭紹升輯　光緒二年
　　(1876)成都重刊
彭文敬公全集　(清)彭蘊章撰　同治中刊
　詰穀老人自訂年譜一卷
　歸樸龕叢稿十二卷續編四卷
　松風閣詩鈔二十六卷
　鶴和樓制義二卷補編一卷

羅卷彙編(一名樂山堂全集)

(清)曾興仁輯
　清道光十四年至二十二年(1834—1842)
　　善化曾氏刊本
話陶窗遺稿二卷　(清)曾衍先撰
板輿迎養圖詩一卷　(清)曾興仁輯
四書觧一卷　(□)曾日文撰
書經說一卷　(宋)曾鞏撰
曾氏遺書續錄三卷　(清)曾興仁輯
上蔡語錄一卷　(宋)謝良佐撰　(宋)曾恬
　輯
樂山堂詩鈔四卷　(清)曾興仁撰
　在山草二卷
　出山草二卷
樂山堂文鈔八卷　(清)曾興仁撰
重訂唐說硯考二卷　(清)曾興仁撰
樂山堂標細新記十六卷　(清)曾興仁輯

河南程氏全書(一名二程全書)

(宋)程顥(宋)程頤撰　(宋)朱熹輯
　明成化十三年(1477)張瓚刊本
　明萬曆三十四年(1606)嘉興徐氏刊本
　清康熙中石門呂氏寶誥堂刊本
河南程氏遺書二十五卷附錄一卷
河南程氏外書十二卷
河南程氏文集十二卷遺文一卷附錄一卷
周易程氏傳四卷　(宋)程頤撰
河南程氏經說八卷　(宋)程頤撰
河南程氏粹言二卷　(宋)楊時訂定　(宋)
　　張栻編次

諸暨馮氏叢刻

(民國)馮振音輯
　民國六年(1917)排印本
　蒼源剩草十一卷　(清)馮夢祖撰
　森齋彙稿　(清)馮至撰
　森齋雜葅二卷
　史繹二卷
　書疑一卷
　周官序論一卷
　古史序論一卷
　道學世系二卷
　鴻文補擬二卷
　惜字三宜一卷
　金汀拾遺二卷
尤都名教錄八卷　(清)馮至撰
綠野莊詩草九卷　(清)馮至撰
麗亭遺草二卷　(清)馮朝陽撰

楓林黃氏家乘

(清)黃彭年輯
　清同治三年(1864)成都刊本
　營田輯要內篇二卷外篇一卷首一卷　(清)
　　黃輔辰撰
　崇祀鄉賢錄一卷
　賢母錄一卷
　黃輔相行狀一卷
　循良錄一卷

楊氏家集

(清)楊繼曾輯
　清道光中非能園刊本
　審巖文集二卷補遺一卷　(清)楊于果撰
　史漢箋論十卷　(清)楊于果撰　道光二十
　　五年(1845)刊
　翰墨戹言四卷　(清)胡自治撰　(清)楊熹
　　輯　道光二十四年(1844)刊

世恩堂文鈔一卷　（清）張慶縉撰
介石文集一卷詩一卷　（清）楊熹撰
改定井田溝洫圖說一卷　（清）楊熹撰　道
　光二十四年（1844）刊

董氏叢書

（清）董金鑑輯
　　清光緒三十二年（1906）會稽董氏取斯家
　　　塾刊本
中峯集十一卷首一卷附錄三卷　（明）董玘
　撰　附錄（清）董金鑑輯
中峯制藝一卷　（明）董玘撰
大易牀頭私錄三卷　（明）董懋策撰
大學大意一卷中庸大意一卷論語解一卷孟
　子解一卷　（明）董懋策撰
老子翼評點一卷　（明）董懋策撰
莊子翼評點八卷附錄一卷　（明）董懋策撰
唐李長吉詩集四卷外集一卷首一卷　（唐）
　李賀撰　（明）徐渭（明）董懋策批評
天籟集鈔存一卷　（清）董欽德撰
獨石軒詩逸存一卷　（清）董相撰
藝苑古文稿一卷　（清）董開宗撰
春秋繁露集註二卷　（清）董金鑑撰
吳太夫人（董金鑑母）年譜三卷　續一卷
　（清）董金鑑撰
添丁小西之廬詩草一卷附楚生文存一卷
　（清）董良玉撰
梅山夢草一卷　（清）董良玉撰
公文緣起二卷　（清）董良玉撰
天涯行乞圖題辭一卷　（清）董金鑑輯

賈氏叢書甲集

（清）賈臻輯
　　清道光咸豐間賈氏躬自厚齋刊本
故城賈氏手澤彙編四卷　（清）賈臻輯
孟門草一卷附錄一卷　（清）賈汝愚撰　道
　光三十年（1850）刊
椿莊文輯一卷　（清）賈汝愚撰
璧雲軒賸稿一卷附錄一卷　（清）盧碧筠撰
　咸豐元年（1851）刊
退厓日劄四卷　（清）賈臻撰
叩柴集一卷　（清）賈臻撰　咸豐元年
　（1851）刊
接護越南貢使日記一卷　（清）賈臻撰
郡齋筆乘六卷　（清）賈臻撰　咸豐元年
　（1851）刊
退厓公牘文字三卷　（清）賈臻撰

鄔家初集

鄔慶時輯

清光緒宣統間刊民國二十年（1931）廣州
　鄔氏彙印本
鄉賢公遺著一卷　（宋）鄔大昕撰
詩學要言三卷　（清）鄔啓祚輯　宣統三年
　（1911）刊
耕雲別墅詩話一卷　（清）鄔啓祚撰　宣統
　三年（1911）刊
耕雲別墅詩集一卷　（清）鄔啓祚撰　宣統
　元年（1909）刊
達蕃隨筆一卷　（清）鄔寶理撰　光緒三十
　四年（1908）刊
明珠一卷　（清）鄔寶珍輯　宣統二年
　（1910）刊
吉祥錄一卷　（清）鄔寶珍撰　宣統元年
　（1909）刊
智因閣詩集一卷　（清）鄔寶珍撰　宣統元
　年（1909）刊
治家要義一卷　（民國）屈鳳竹撰　民國十
　七年（1928）刊
立德堂詩話一卷　（清）鄔以謙撰　宣統二
　年（1910）刊

求可堂兩世遺書

（清）廖冀亨（清）廖鴻章撰
　　清光緒中永定廖氏刊本
求可堂家訓一卷　（清）廖冀亨撰
求可堂自記一卷　（清）廖冀亨撰
南雲書屋文鈔一卷　（清）廖鴻章撰
紫陽書院題解一卷　（清）廖鴻章撰

東萊趙氏楹書叢刊

（民國）趙琪輯
　　民國二十四年（1935）東萊趙氏永厚堂排
　　　印本
世美堂詩鈔不分卷　（清）趙鷟披輯
世美堂文鈔一卷　（民國）趙琪輯
皇綱錄六卷　（清）趙士喆撰
建文年譜二卷附甲申秋杪山僧問答　（清）
　趙士喆修
逸史三傳　（清）趙士喆撰
　擴廓帖木兒列傳一卷
　北虜三娘子列傳一卷
　毛文龍孔有德列傳一卷
萊史一卷　（清）趙士喆輯
石室談詩二卷　（清）趙士喆撰
後漢書札記一卷　（清）趙濤撰
建譜誌餘一卷　（清）趙宿膺撰
歷代綸晉一卷　（民國）趙琪輯
東萊趙氏先世酬唱集一卷　（民國）趙琪輯
東萊趙氏先世學行記二卷　（民國）趙琪輯

劉氏傳家集

（清）劉青芝輯
　　　清乾隆二十年(1755)序刊本
　　天傭館遺稿二卷　（清）劉宗洙撰
　　抱膝廬文集六卷　（清）劉宗泗撰
　　中洲道學存眞錄四卷　（清）劉宗泗輯
　　襄城文獻錄十二卷　（清）劉宗泗輯
　　愼獨軒文集八卷　（清）劉青霞撰
　　劉嘯林史論四卷　（清）劉青霞撰
　　高陽山人文集十二卷補遺一卷詩集二十卷
　　　　補遺一卷附錄一卷　（清）劉青藜撰
　　金石續錄四卷　（清）劉青藜撰
　　七一軒彙六卷附圖一卷　（清）劉青蓮撰
　　藕船題跋二卷　（清）劉青蓮撰
　　古今孝友傳十五卷　（清）劉青蓮撰
　　學禮闕疑八卷　（清）劉青蓮撰
　　七一軒詩鈔二卷　（清）劉青蓮撰
　　續一鄉雅言一卷　（清）劉青蓮撰
　　江村山人未定彙六卷續彙四卷補遺一卷閏
　　　　餘彙六卷　（清）劉青芝撰
　　學詩闕疑二卷　（清）劉青芝撰
　　尙書辨疑一卷　（清）劉青芝撰
　　周禮質疑五卷　（清）劉青芝撰
　　史記紀疑二卷　（清）劉青芝撰
　　史漢異同是非四卷　（清）劉青芝撰
　　古氾城志十卷　（清）劉青芝撰
　　擬明代人物志十卷　（清）劉青芝撰
　　古今孝友傳補遺三卷　（清）劉青芝撰
　　續錦機十五卷補遺六卷　（清）劉青芝撰
　　江村隨筆十卷　（清）劉青芝撰
　　鴻齋文集三卷補遺一卷　（清）劉伯梁撰
　　雪夜錄四卷　（清）劉伯梁撰
　　獨學齋詩集二卷文集四卷　（清）劉伯川撰

崇川劉氏叢書

（清）劉長華輯
　　　清同治光緒間崇川劉氏刊民國十五年
　　　(1926)海寧陳氏愼初堂印本
　　逖初齋文集四卷　（清）劉邦鼎撰
　　漢晉迄明諡彙攷十卷皇朝諡彙攷五卷
　　　（清）劉長華撰
　　歷代同姓名錄二十三卷　（清）劉長華撰
　　崇川書香錄不分卷　（清）袁景星(清)劉長
　　華撰

祥符劉氏叢書

（清）劉遼海（清）劉曾騄撰
　　　清光緒至民國間刊本油印本
　　有深致軒集　（清）劉遼海撰　光緒十二年

　　　(1886)刊
　　有深致軒文稿二卷駢體文稿二卷詩賸稿
　　　　一卷歌謠剩稿一卷聯語剩稿一卷試
　　　　帖剩稿一卷制藝稿一卷
　　四書存參五卷
　　經義存參一卷
　　高風集二卷續集一卷　（清）劉曾騄輯　光
　　　　緒十二年(1886)刊
　　夢園初集　（清）劉曾騄撰　光緒十七年
　　　　(1891)刊
　正編
　　　夢園詩集四十六卷文集二十卷公牘文集
　　　　十八卷駢體文集六卷尺牘二卷詞集
　　　　一卷聯語十三卷
　副編
　　　夢園制藝六卷律賦一卷試帖一卷經藝一
　　　　卷書藝一卷
　　夢園經解十二卷
　　五經約注　石印
　　　周易約注十卷
　　　尙書約注十二卷
　　　毛詩約注十八卷
　　　春秋三傳約注十八卷
　　　論語約注二十卷
　　　論語地考一卷
　　　論語人考一卷
　　五經讀本　石印
　　　論語分編十卷
　　　孟子可讀八卷
　　　儀禮可讀十七卷
　　　周禮可讀六卷
　　　禮記可讀八卷
　　九經約解
　　　周官約解三十五卷
　　　儀禮約解二十三卷
　　　禮記約解三十六卷
　　　左傳約解二十二卷
　　　公羊約解五卷
　　　穀梁約解五卷
　　　孝經約解一卷
　　　爾雅約解九卷
　　　孟子約解七卷
　　　孟子人考一卷
　　夢園史學三十八卷
　　　戰國策約選四卷
　　　循吏補傳四卷
　　　列女補傳五卷
　　　祥符風土記六卷
　　　祥符耆舊傳十卷
　　　吏視九卷

夢園二集
　劉氏家禮二卷
　夢園公牘文棠一卷
夢園蒙訓十八卷

清芬叢鈔

(民國)劉修鑑輯
　　民國二十七年(1938)稿本
獻縣劉氏懿行錄二卷　(民國)劉修鑑輯
景廉堂(劉廷楠)年譜一卷　(清)徐青撰
景廉堂偶一草拾遺二卷　(清)劉廷楠撰
山外山房詩集二卷　(清)劉書年撰
濮濫軒詞殘稿一卷　(清)劉書年撰
濮濫軒文殘稿一卷　(清)劉書年撰
濮濫軒說經殘稿一卷　(清)劉書年撰
濮濫軒雜著四卷　(清)劉書年撰
　四書集字一卷
　江左王謝世系考一卷
　黔粵接壤里數考一卷
　黔亂紀實一卷
黔行日記一卷　(清)劉書年撰
歸程日記一卷　(清)劉書年撰
繡佛齋詩鈔一卷　(清)劉肇域撰
攖寧齋詩草一卷　(清)劉肇均撰
古遺詩鈔一卷　(民國)劉文嘉撰
吉光片羽錄一卷　(民國)劉肇培等撰
耕餘倡隨錄二卷　(民國)劉修鏐撰
蔭餘齋詩草三卷　(民國)劉修鑑撰

陟岡樓叢刊

潘承弼輯
　　民國三十二年至三十四年(1943—1945)
　　　石印本
甲集
　古墳攷釋一卷　(清)潘祖蔭輯
　蘭陔潔養圖詠一卷　(清)潘世恩輯
　家慶圖詠一卷　(清)潘世恩輯
　拙速詩存一卷　(民國)潘祖年撰
　使滇日記一卷　(清)潘世恩撰
　丙午使滇日記一卷　(清)潘曾瑩撰
　竹山堂聯語一卷　(清)潘祖同撰
　碧雲仙館吟草一卷　(清)潘成穀撰
　鄭盦詩存一卷文存一卷　(清)潘祖蔭撰
　己丑恩科鄉試監臨紀事一卷附武鄉試監臨
　　紀事一卷　(清)潘祖蔭撰
　潘氏一家言　(清)潘志萬輯　潘承弼重輯
　　習虛堂草一卷　(清)潘宗鼐撰
　　研香堂遺草一卷　(清)潘奕雋撰
　　草綠書窗賸稿一卷　(清)潘遵禮撰
　　二十四琅玕仙館詩鈔一卷　(清)潘遵顏

撰
　浮白小草一卷　(清)潘雷撰
　爛存詩鈔一卷　(清)潘爵撰
　桐西書屋詩鈔一卷文鈔一卷　(清)潘介
　　繁撰
　迦蘭陀室詩鈔一卷　(清)潘康保撰
　薼花香榭吟草一卷　(清)潘介祉撰
　燕庭遺稿一卷　(清)潘志詒撰
　笏盦集詩一卷詞一卷　(清)潘志萬撰
　養閒草堂圖記一卷　(清)潘曾瑋輯
　橫塘泛月圖記一卷　(清)潘曾瑋輯
乙集
　霜厓詞錄一卷　(民國)吳梅撰
　霜厓詩錄四卷　(民國)吳梅撰

雙硯齋叢書

(民國)鄧邦述輯
　　民國十一年(1922)江寧鄧氏刊本　[撰
　雙硯齋詩鈔十六卷詞鈔二卷　(清)鄧廷楨
　詩雙聲疊韻譜一卷　(清)鄧廷楨撰
　許氏說文雙聲疊韻譜一卷　(清)鄧廷楨撰
　雙硯齋筆記六卷　(清)鄧廷楨撰
　空一切盦詞一卷　(清)鄧嘉純撰　民國九
　　年(1920)刊
　晴花暖玉詞二卷　(民國)鄧嘉縝撰

滎陽雜俎

(清)程定遠輯
　　清康熙中程氏萬卷樓刊本
　開天傳信記二卷　(唐)鄭棨撰
　南唐近事三卷　(宋)鄭文寶撰
　津陽門詩一卷　(唐)鄭嵎撰
　逍遙先生遺詩一卷　(後晉)鄭邀撰
　虛舟詞餘一卷　(明)鄭若庸撰
　鄭氏家範一卷　(元)鄭大和撰
　附
　　忍園先生家訓一卷　(清)鄭起泓撰
　　省心雜錄一卷　(清)鄭起泓撰

白田鄭氏一家言

(清)鄭乾淸輯
　　清刊本
　白田鄭氏遺集十卷首一卷
　寶應鄭氏家譜八卷　(清)鄭乾淸撰
　寶應鄭氏贈言錄五卷

魯氏遺著

(清)魯一同撰
　　清咸豐中山陽魯氏刊本
　通甫類藁文四卷續編二卷　咸豐九年

(1859)刊
通甫詩存四卷詩存之餘二卷　咸豐九年(1859)刊　[刊
右軍(王羲之)年譜一卷　咸豐五年(1855)
補過軒四書文一卷　咸豐元年(1851)刊
附
仲實類藁一卷　(清)魯賁撰
仲實詩存二卷　(清)魯賁撰

長沙瞿氏叢刊

瞿宣穎輯
民國二十二年至二十四年(1933—1935)長沙瞿氏排印本
蘇常日記一卷　(清)瞿元霖撰
天逸道人存稿一卷　(清)瞿元霖撰
使豫日記一卷使閩日記一卷　(民國)瞿鴻禨撰
超覽樓詩稿六卷　(民國)瞿鴻禨撰

丹徒戴氏叢刻

(清)戴肇辰輯
清同治光緒間刊本
瓊臺紀事錄一卷　(清)戴肇辰撰
求治管見一卷續增一卷　(清)戴肇辰撰
靈芝唱答集三卷首一卷　(清)戴肇辰撰
東牟守城紀略一卷東牟守城詩一卷　(清)戴燮元撰　同治八年(1869)羊城刊
瑞芝山房詩鈔八卷文鈔八卷　(清)戴燮元輯　光緒元年(1875)廣陵刊文鈔光緒三年(1877)廣陵刊
聽鸝山館文鈔一卷　(清)戴棨撰　同治十一年(1872)賜禮堂刊

待時軒叢刊

羅福頤輯
民國二十六年(1937)上虞羅氏石印本
宋史夏國傳集註十四卷系表一卷　(民國)羅福萇撰　羅福頤補
西夏國書略說一卷　(民國)羅福萇撰
西夏文存一卷外編一卷　羅福頤輯　[輯
遼文續拾二卷補遺一卷彙目一卷　羅福頤
小學考補目一卷　羅福頤撰
印譜考四卷　羅福頤撰

嘉興譚氏遺書

(民國)譚新嘉輯　[本
民國二十四年(1935)嘉興譚氏承啓堂刊
憨山老人年譜自敍實錄二卷　(明)釋德清撰　(明)福徵(譚貞默)述疏
曹溪中興憨山肉祖後事因緣一卷附東遊集法語一卷
譚子雕蟲二卷校補闕文一卷附錄一卷　(明)譚貞默撰
埽庵集一卷　(明)譚貞默撰
歷代武舉考一卷　(清)譚吉璁撰
肅松錄一卷　(清)譚吉璁撰
鴛鴦湖櫂歌一卷續一卷　(清)譚吉璁撰
續刑法敍略一卷　(清)譚瑄撰
康熙弋陽縣志節本二卷　(清)譚瑄撰　(民國)譚新嘉節錄
碧漪集四卷續集二卷三集四卷附錄一卷　(民國)譚新嘉輯

顧氏家集

(民國)顧燮光輯
民國十八年(1929)會稽顧氏金佳石好樓排印本　[撰
玉笥山房要集四卷附文一卷　(清)顧廷綸
北征日記一卷　(清)顧廷綸撰
附
灤水聯唫圖題詩彙存一卷續編一卷　(民國)顧燮光輯
鶴巢詩存一卷　(清)顧淳慶撰
介卿遺艸一卷　(清)顧家樹撰
鶴巢老人語錄一卷　(清)顧淳慶撰
衍洛圖說一卷　(清)顧淳慶撰
學醫隨筆一卷　(清)顧淳慶撰
孟晉齋文集五卷外集一卷附錄一卷　(清)顧壽楨撰
周列士傳一卷　(清)顧壽楨撰
漱塵室集詩四卷文一卷　(民國)顧迪光撰

獨撰類(宋元)

周子全書

(宋)周敦頤撰　(清)董榕輯
清乾隆中刊本
太極圖說二卷
太極圖說發明四卷
通書四卷
太極圖說通書發明六卷
周子遺文併詩一卷
周子遺事一卷
附錄一卷
年譜一卷
列代褒崇一卷
文錄一卷

歐陽文忠公全集

(宋)歐陽修撰

明天順六年(1462)吉安府知事海虞程宗
　　刊本
明嘉靖中刊本
清康熙十一年(1672)曾弘刊本
清嘉慶中鈞源歐陽愼五堂刊本
清光緒十九年(1893)澹雅書局刊本
居士集五十卷外集二十五卷
易童子問三卷
外制集三卷內制集八卷
表奏書啓四六集七卷
奏議十八卷
河東奉使奏草二卷
河北奉使奏草二卷
奏事錄一卷
濮議四卷
崇文總目敍釋一卷
于役志一卷
歸田錄二卷
詩話一卷
筆說一卷
試筆一卷
近體樂府三卷
集古錄跋尾十卷
書簡十卷
附錄五卷
附
　廬陵歐陽文忠公年譜一卷　(宋)胡柯撰

王安石全集

(宋)王安石撰　　　　　　　　　　　　　　　［本
　民國二十四年(1935)上海大東書局排印
王安石年譜四卷附遺事一卷　(清)顧棟高
　　撰
王安石文集六十二卷拾遺一卷
王安石詩集三十八卷拾遺一卷
周官新義十六卷考工記解二卷
唐百家詩選二十卷　(宋)王安石輯

米襄陽志林

(宋)米芾撰　(明)范明泰輯
　明萬曆三十二年(1604)范氏刊本
米襄陽志林十三卷
米襄陽遺集一卷
海嶽名言一卷
寶章待訪錄一卷
研史一卷

張子全書

(宋)張載撰
　清嘉慶十一年(1806)郿縣故里刊本

清光緒三年(1877)夔州李氏刊本
西銘　(宋)朱熹注
東銘　(宋)朱熹注　以上合一卷
正蒙二卷
經學理窟五卷
易說三卷
語錄抄一卷
文集抄一卷
拾遺一卷
附錄一卷

游定夫先生集

(宋)游酢撰
　清同治六年(1867)刊本
首一卷
論語雜解一卷
孟子雜解一卷
中庸義一卷
易說一卷
錄二程先生語一卷
遺文遺詩一卷
附錄一卷

石林遺書

(宋)葉夢得撰
　清光緒宣統閒長沙葉德輝觀古堂刊本
石林家訓一卷　宣統三年(1911)刊
石林治生家訓要略一卷　宣統三年(1911)
　　刊
禮記解四卷　宣統元年(1909)刊
石林燕語十卷附校一卷　(宋)宇文紹奕考
　　異　校(民國)葉德輝撰　光緒三十四
　　年(1908)刊
石林燕語辨十卷　(宋)汪應辰撰　光緒三
　　十四年(1908)刊
玉澗雜書一卷　宣統元年(1909)刊
巖下放言三卷　光緒三十年(1904)刊
避暑錄話二卷　宣統元年(1909)刊
老子解二卷　宣統元年(1909)刊
石林居士建康集八卷　宣統三年(1911)刊
石林詩話三卷拾遺一卷附錄一卷附錄補遺
　　一卷　拾遺附錄(清)葉廷琯輯　附錄
　　補遺(民國)葉德輝輯　光緒十四年
　　(1888)刊
石林詞一卷　宣統三年(1911)刊
石林遺事三卷附錄一卷　(民國)葉德輝輯
　　宣統三年(1911)刊

朱子遺書

(宋)朱熹撰

清康熙中禦兒呂氏寶誥堂刊本
近思錄十四卷　(宋)朱熹(宋)呂祖謙輯
延平李先生師弟子答問一卷 後 錄 一 卷
　　(宋)朱熹輯
雜學辨一卷附錄一卷
中庸輯畧二卷　(宋)石𡼖輯
論語或問二十卷
孟子或問十四卷
伊雒淵源錄十四卷
上蔡先生語錄三卷　(宋)謝良佐撰　(宋)
　　朱熹輯
國朝諸老先生論語精義十卷
孟子精義十四卷
易學啓蒙四卷
詩序辨一卷
朱子陰符經考異一卷　(宋)黃瑞節撰
朱子周易參同契考異一卷　(宋)黃瑞節撰
孝經刊誤一卷

廬陵周益國文忠公集

(宋)周必大撰
　　清道光二十八年(1848)歐陽棨瀀塘別墅
　　　刊咸豐元年(1851)續刊本
首一卷
省齋文槀四十卷
平園續槀四十卷
省齋別槀十卷
詞科舊槀三卷
掖垣類槀七卷
玉堂類槀二十卷
政府應制槀一卷
歷官表奏十二卷
奏議十二卷
奉詔錄七卷
承明集十卷
雜著述二十三卷　以下續刊
　辛巳親征錄一卷
　壬午龍飛錄一卷
　癸未歸廬陵日記一卷
　閒居錄一卷
　泛舟遊山錄三卷
　庚寅奏事錄一卷
　壬辰南歸錄一卷
　思陵錄二卷
　玉堂雜記三卷
　二老堂詩話二卷
　二老堂雜誌五卷
　唐昌玉蕊辨證一卷
　近體樂府一卷附遺詩
書槀十五卷

附錄五卷

陸放翁全集

(宋)陸游撰
　　明海虞毛氏汲古閣刊本
渭南文集五十卷
放翁逸槀二卷
劍南詩槀八十五卷　　　　　　　［撰
南唐書十八卷附音釋一卷　音釋(元)戚光
家世舊聞一卷
齋居紀事一卷

張宣公全集

(宋)張栻撰
　　清道光二十九年(1849)縣邑洗墨池刊本
　　清咸豐四年(1854)縣邑南軒祠刊本
南軒文集四十四卷
南軒先生論語解十卷
南軒先生孟子說七卷

北溪先生全集

(宋)陳淳撰
　　清乾隆四十八年(1783)陳文芳刊本
　　清光緒七年(1881)甌江鄭圭海種香別業
　　　刊本
北溪先生講義四卷
北溪先生書問四卷
北溪先生答問八卷
北溪先生各體文三十卷
北溪先生各體詩四卷
北溪先生字義二卷　(宋)王雋輯
北溪先生外集一卷　(宋)陳渠輯
北溪先生全集補遺一卷　(清)連膽聲輯

眞西山全集

(宋)眞德秀撰
　　清康熙中家祠重刊同治中印本
西山先生眞文忠公讀書記四十卷
文章正宗復刻三十卷續十二卷
西山先生眞文忠公文集五十五卷
眞文忠公心經一卷
眞文忠公政經一卷
大學衍義四十三卷
西山眞文忠公年譜一卷　(清)□□撰

白石道人四種

(宋)姜夔撰
　　清乾隆八年(1743)江都陸氏刊二十一年
　　　(1756)歙縣江春補刊本
　　清同治十年(1871)桂林倪鴻刊本

　　白石道人詩集二卷集外詩一卷
　　諸賢酬贈詩一卷投贈詩詞補遺一卷
　　白石道人詩說一卷
　　白石道人歌曲四卷別集一卷
　　白石詩詞評論一卷補遺一卷
　　白石道人逸事一卷集事補遺一卷
　　白石道人續書譜一卷

金華唐氏遺書

　（宋）唐仲友撰
　　　清道光十一年（1831）翠薇山房刊本
　　首一卷
　　九經發題一卷
　　詩解鈔一卷
　　魯軍制九問一卷
　　愚書一卷
　　悅齋文鈔十卷
　附
　　補宋潛溪唐仲友補傳一卷　（清）張作楠撰

文山別集

　（宋）文天祥撰
　　　清宣統二年（1910）東雅社排印本
　　指南錄四卷
　　指南後錄三卷附一卷
　　詩史集杜四卷
　　紀年錄一卷附一卷

謝疊山先生評註四種合刻

　（宋）謝枋得撰
　　　清光緒八年（1882）京都豫章別業刊本
　　詩傳注疏三卷
　　檀弓解一卷　（宋）謝枋得批點
　　注解章泉澗泉二先生選唐詩五卷
　　文章軌範七卷　（宋）謝枋得輯

玉海

　（宋）王應麟撰
　　　元刊明正德嘉靖萬曆崇禎補刊清康熙二
　　　十六年（1687）吉水李振裕補刊印本
　　　清光緒九年（1883）浙江書局刊本
　　　清光緒十年（1884）成都志古堂刊本
　　玉海二百卷
　附刻
　　詩攷一卷
　　詩地理攷六卷
　　漢藝文志攷證十卷
　　通鑑地理通釋十四卷
　　踐阼篇集解一卷
　　急就篇四卷　（漢）史游撰　（唐）顏師古注

　　　（宋）王應麟補注
　　周書王會補注一卷
　　漢制攷四卷
　　小學紺珠十卷
　　姓氏急就篇二卷
　　六經天文編二卷
　　周易鄭康成注一卷　（漢）鄭玄撰　（宋）王
　　　應麟輯
　　通鑑答問五卷　　　　　　　　　　　　〔　　撰
　　王深寧（應麟）先生年譜一卷　（清）張大昌

率祖堂叢書

　（宋）金履祥撰
　　　清雍正乾隆間金華金氏刊光緒十三年
　　　（1887）鎮海謝畯德補刊本
　　尚書表注二卷　乾隆二年（1737）刊
　　宋金仁山先生大學疏義一卷　雍正五年
　　　（1727）刊
　　論語集註攷證十卷
　　孟子集註攷證七卷
　　資治通鑑前編十八卷舉要三卷首一卷　乾
　　　隆十年（1745）刊
　　濂洛風雅六卷　（宋）金履祥輯
　　仁山先生金文安公文集五卷　雍正九年
　　　（1731）刊
　　宋仁山金先生年譜一卷　（明）徐袍撰
　附
　　金華呂東萊先生正學編一卷　（宋）呂祖謙
　　　撰　（明）趙鶴輯　乾隆十年（1745）刊
　　金華何北山先生正學編一卷　（宋）何基撰
　　　（明）趙鶴輯
　　金華王魯齋先生傳集二卷　（宋）王柏撰
　　　（明）趙鶴輯
　　白雲先生許文懿公傳集四卷　（元）許謙撰
　　　雍正十年（1732）刊
　　金華章楓山先生正學編一卷　（明）章懋撰
　　　（明）趙鶴輯　乾隆十年（1745）刊
　　金華徵獻署二十卷　（清）王崇炳撰　雍正
　　　十年（1732）刊

元遺山先生全集

　（金）元好問撰
　　　清光緒七年（1881）讀書山房刊本
　　首一卷
　　元遺山先生集四十卷附錄一卷補載一卷
　　元遺山先生新樂府四卷
　　續夷堅志四卷
　　元遺山先生年譜二卷　（清）凌廷堪撰
　　元遺山先生年譜一卷　（清）翁方綱撰
　　元遺山先生年譜一卷　（清）施國祁撰

元遺山先生集考證三卷　(清)□□撰
中州集十卷　(金)元好問輯
中州樂府一卷　(金)元好問輯

許文正公遺書

(元)許衡撰
　　清乾隆五十五年(1790)刊本
首一卷
語錄二卷
小學大義
大學要略　以上合一卷
大學直解一卷
中庸直解一卷
讀易私言一卷
陰陽消長論
撰著說　以上合一卷
奏疏一卷
雜著一卷
書狀一卷
稽古千文
編年歌括　以上合一卷
詩一卷
授時歷經一卷
末二卷

獨　撰　類 (明代)

曹月川先生遺書

(明)曹端撰
　　清咸豐十一年(1861)刊本
太極圖說述解一卷
通書述解二卷
西銘述解一卷
夜行燭一卷
曹月川先生家規輯畧一卷
曹月川先生錄粹一卷　(明)孟化鯉輯
曹月川先生語錄一卷　(明)趙邦清輯
曹月川先生(端)年譜一卷　(明)張信民撰
頌言一卷　(清)□□輯　　　　　　[輯
明儒曹月川先生從祀錄一卷　(清)周尙冕

劉文安公全集(一名呆齋全集)

(明)劉定之撰
　　清乾隆至咸豐間永新劉氏刊本
劉文安公文集十五卷首一卷　咸豐三年
　　(1853)培桂堂刊
劉文安公詩集六卷　乾隆三十五年(1770)
　　崇恩閣刊
劉文安公呆齋先生策畧十卷　(明)劉稼等
　　注　(清)劉而鈜補注　乾隆十三年

(1748)劉世選崇恩閣刊
易經圖釋十二卷　乾隆二十八年(1763)劉
　　能永崇恩閣刊
易傳撮要一卷　(明)劉髦撰
宋史論三卷

張古城先生文集

(明)張吉撰
　　清康熙三十年(1691)刊本
首一卷
三朝奏議一卷
陸學訂疑一卷
貞觀小斷一卷
文略一卷補遺一卷
詩集二卷

何燕泉三種

(明)何孟春撰
　　清乾隆中刊光緒六年(1880)修補印本
餘冬敍錄內篇三十五卷外篇三十五卷閏五
　　卷
擬古樂府二卷　(明)李東陽撰　(明)何孟
　　春注釋
燕泉何先生遺藁十卷

王文成公全書

(明)王守仁撰
　　明隆慶六年(1572)謝廷傑刊本
　　清同治光緒間刊本
傳習錄三卷附朱子晚年定論
文錄五卷
別錄十卷
外集七卷
文錄續編六卷
年譜三卷附錄二卷　(明)錢德洪撰　附錄
　　(明)王畿輯
世德紀一卷附錄一卷　(明)錢德洪(明)王
　　畿輯

陽明先生集要

(明)王守仁撰　(明)施邦曜評輯
　　清光緒三十三年(1907)明明學社排印本
陽明先生年譜一卷　(清)劉原道撰
理學集四卷
經濟集七卷
文章集四卷

六如居士全集

(明)唐寅撰
　　清嘉慶六年(1801)長沙唐仲冕刊本

　　詩文集七卷補遺一卷
　　外集六卷　　（清）唐仲冕輯
　　畫譜三卷　（明）唐寅輯　（清）唐仲冕訂
　　制義一卷
　　墨亭新賦一卷　　（清）唐仲冕輯
　　花隝聯吟四卷　　（清）唐仲冕輯

王浚川所著書

　（明）王廷相撰
　　　明嘉靖中刊本
　　浚川內臺集三卷續集七卷
　　愼言十三卷
　　雅述二卷
　　浚川奏議集十卷
　　浚川公移集三卷
　　浚川駁稿集二卷
　　喪禮備纂二卷

崔洹野集

　（明）崔銑撰
　　　明刊清乾隆三十七年（1772）補版印本
　　程志十卷
　　洹詞十二卷
　　讀易餘言五卷
　　大學全文通釋一卷
　　中庸凡一卷
　　士翼三卷
　　皇明理學名臣言行錄三卷
　　附
　　　聲律啓蒙三卷新增發蒙古今巧對一卷
　　　（明）崔士榮增

甘泉全集

　（明）湛若水撰
　　　清同治五年（1866）資政堂刊本
　　春秋正傳三十七卷末一卷
　　聖學格物通一百卷
　　湛甘泉先生文集三十二卷

儼山外集

　（明）陸深撰
　　　明嘉靖二十四年（1545）刊本
　　傳疑錄二卷
　　河汾燕閒錄二卷
　　春風堂隨筆一卷
　　聖駕南巡日錄一卷
　　大駕北還錄一卷
　　淮封日記一卷
　　南遷日記一卷
　　知命錄一卷

　　金臺紀聞二卷
　　願豐堂漫書一卷
　　谿山餘話一卷
　　玉堂漫筆三卷
　　停驂錄一卷續三卷
　　科場條貫一卷
　　豫章漫抄四卷
　　中和堂隨筆二卷
　　史通會要三卷
　　平胡錄一卷
　　春雨堂雜抄一卷
　　同異錄二卷
　　蜀都雜抄一卷
　　古奇器錄一卷附江東藏書目錄小序
　　書輯三卷

莊渠先生遺書

　（明）魏校撰
　　　明太原王道行刊本
　　大學指歸二卷附考異一卷
　　周禮沿革傳四卷
　　春秋經世一卷
　　經世策一卷
　　官職會通二卷
　　文集十六卷

木鐘臺全集

　（明）唐樞撰
　　　清咸豐六年（1856）唐氏書院刊本
　初集
　　禮元剩語一卷
　　三一測一卷
　　太極枝辭一卷
　　宋學商求一卷
　　景行館論一卷
　　眞談一卷
　　一菴語錄一卷
　　酬物難一卷
　　轄圜窩雜著一卷
　　感學篇一卷
　再集
　　積承錄一卷
　　因領錄一卷
　　六咎言一卷
　　疑誼偶述一卷
　　易修墨守一卷
　　春秋讀意一卷
　　嘉禾問錄一卷
　　國琛集一卷
　　證道篇二卷

周禮因論一卷
雜集
　政問錄一卷
　法綴一卷
　病榻答言一卷
　冀越通一卷
　未學學引一卷
　海議一卷
　列流測一卷
　偶客談一卷
　遊錄一卷
　激衷小擬一卷
　唐一庵先生年譜一卷　（□）李樂撰

梓溪文鈔(一名舒文節公全集)

（明）舒芬撰
　明萬曆四十八年(1620)刊本
首一卷
梓溪文鈔外集十卷
梓溪文鈔內集八卷
　易筌問一卷
　太極繹義一卷
　通書繹義一卷
　東觀錄一卷
　周禮定本四卷

鄭端簡公全集

（明）鄭曉撰
　明嘉靖至萬曆間刊本
鄭端簡公奏議十四卷
鄭端簡公文集十二卷
古言二卷
今言四卷
徵吾錄二卷
吾學編六十九卷
　大政記十卷
　皇明遜國記一卷
　同姓諸王表二卷傳三卷附異姓三王孔氏
　　世家
　異姓諸侯表一卷傳二卷
　直文淵閣諸臣表一卷
　兩京典詮表一卷
　名臣記三十卷
　遜國臣記八卷
　天文述一卷
　地理述二卷
　三禮述二卷
　百官述二卷
　四夷考二卷
　北虜考一卷

衡門集十五卷
鄭端簡公年譜九卷　（明）鄭履淳撰

周恭節集

（明）周怡撰　　　　　　　　　　　　　　　［本
　清道光二十年(1840)仙源周氏燕翼堂刊
訥溪奏疏一卷
訥溪文錄十卷
訥溪詩錄九卷
訥溪尺牘四卷
訥溪雜錄三卷
訥溪年譜一卷

高文襄公集

（明）高拱撰
　清康熙中新鄭高有聞籠春堂刊本
東里高氏世恩錄五卷
獻忱集五卷　康熙二十八年(1689)刊
外制集一卷　康熙二十八年(1689)刊
病榻遺言四卷　康熙二十八年(1689)刊
程士集四卷　康熙二十七年(1688)刊
玉堂公草一卷　康熙二十七年(1688)刊
本語六卷　康熙二十五年(1686)刊
南宮奏牘二卷
綸扉稿二卷　康熙二十七年(1688)刊
掌銓題藁三十四卷　康熙二十六年(1687)
　刊

陸學士雜著

（明）陸樹聲撰
　明萬曆中刊本
汲古叢語一卷附國學訓諸生十二條
適園襍著一卷
陸學士題跋二卷
耄餘雜識一卷
禪林餘藻一卷
陸氏家訓一卷
善俗裨議一卷
病榻寤言一卷
清暑筆談一卷
長水日鈔一卷

歸雲別集

（明）陳士元撰
　明萬曆中刊本
　清道光十三年(1833)應城吳毓梅刊本
姓匯四卷
姓觿十卷
名疑集四卷
古俗字略五卷漢碑用字一卷俗用雜字一卷

　　夢占逸旨八卷
　　論語類考二十卷
　　孟子雜記四卷
　　易象鉤解四卷
　　易象彙解二卷
　　五經異文十一卷

董幼海先生全集

　(明)董傳策撰
　　　明萬曆中雲間董氏刊本
　　采薇集四卷　　萬曆三十年(1602)刊
　　邑飲稿六卷　　萬曆三十一年(1603)刊
　　奇游漫記八卷附錄一卷　萬曆二十九年
　　　(1601)刊

孫文恭公遺書

　(明)孫應鼇撰
　　　清光緒六年(1880)獨山莫氏刊本
　　　清宣統二年(1910)國學扶輪社排印本
　　淮海易譚四卷
　　四書近語六卷
　　教秦緒言一卷
　　幽心瑤草一卷
　　學孔精舍詩鈔六卷
　　補輯雜文一卷附錄一卷
　　孫山甫督學文集四卷

王奉常雜著

　(明)王世懋撰
　　　明萬曆十三年(1585)刊本
　　關洛紀游稿二卷附歸田倡酬稿一卷
　　學圃雜疏(花疏)一卷
　　閩部疏一卷
　　三郡圖說(一名饒南九三府圖說)一卷
　　王氏父子卻金傳一卷
　　遠王文一卷
　　澹思子一卷
　　秋圃擷餘一卷
　　名山游記八種
　　　京口遊山記一卷
　　　游匡廬山記一卷
　　　東游記一卷
　　　游二泉記一卷
　　　游鼓山記一卷
　　　游石竹山記一卷
　　　游九鯉湖記一卷
　　　游溧陽彭氏園記一卷
　　經子臆解一卷
　　讀史訂疑一卷
　　望崖錄內編一卷外編一卷

　　窺天外乘一卷
　　二酉委譚一卷

夢蕉三種

　(明)游潛撰
　　　明刊清康熙中修補本
　　夢蕉存稿四卷
　　夢蕉詩話二卷
　　博物志補二卷

歐虞部集

　(明)歐大任撰
　　　明隆慶萬曆間刊清印本
　　百越先賢志四卷
　　思玄堂集八卷
　　旅燕集四卷
　　浮淮集七卷
　　軺中稿一卷
　　廣陵儲王趙朱景蔣曾桑朱宗列傳一卷
　　游梁集七卷　　隆慶六年(1572)刊
　　南翥集一卷　　萬曆三年(1575)刊
　　北轅草一卷　　萬曆五年(1577)刊
　　癭館集四卷　　萬曆六年(1578)刊
　　西署集八卷　　萬曆十一年(1583)刊
　　秣陵集八卷　　萬曆十一年(1583)刊
　　詔歸集一卷
　　蘧園集二卷　　萬曆十八年(1590)刊
　　歐虞部文集二十二卷　萬曆二十年(1592)
　　　刊
　　都下贈言錄一卷　　(明)盧師孔輯
　附
　　李英集　　(□)李英撰
　　　李英詩一卷
　　　餐霞集一卷　　萬曆三十九年(1611)刊
　　　歷游集二卷　　萬曆三十五年(1607)刊
　　　當壚集一卷　　萬曆三十二年(1604)刊

朱秉器全集

　(明)朱孟震撰
　　　明萬曆中刊本
　　朱秉器文集四卷詩集四卷
　　河上楮談三卷
　　汾上續談一卷
　　浣水續談一卷
　　游宦餘談一卷

馮元成雜著

　(明)馮時可撰
　　　明萬曆中刊本
　　文所易說五卷

詩臆二卷
左氏討一卷
左氏釋二卷
左氏論二卷
黔中程式一卷
黔中語錄一卷續語錄一卷
石湖稿二卷
金閶稿二卷

呂新吾全集

(明)呂坤撰
　　明萬曆中刊清同治光緒間修補印本
四禮疑五卷喪禮餘言一卷
四禮翼八卷
呂新吾先生閨範圖說四卷　(明)呂坤注
呻吟語六卷
小兒語一卷演一卷續三卷女小兒語一卷
交泰韻一卷
宗約歌一卷
好人歌一卷
黃帝陰符經一卷
反輓歌一卷
新吾呂君墓誌銘一卷
救命書一卷
河工書一卷
省心紀一卷
天日一卷
修城一卷
展城或問一卷
疹科一卷
呂新吾先生去偽齋文集十卷
呂新吾先生實政錄七卷

味檗齋遺書

(明)趙南星撰
　　清光緒中高邑趙氏刊本
大學正說一卷中庸正說二卷
孝經一卷　(明)趙南星訂註
正心會前漢書抄二卷　(明)趙南星輯
正心會後漢書抄一卷　(明)趙南星輯
上醫本草四卷
離騷經訂註一卷
目前集二卷
夢白先生集三卷
芳茹園樂府一卷
嘉祐集選一卷　(明)趙南星選
教家二書
　三字經註一卷
　女兒經註一卷
曹大家女誡直解一卷

味檗齋遺筆一卷
趙忠毅公閒居擇言一卷
笑贊一卷
先君趙冢宰忠毅公行述一卷　(明)趙清衡
　撰　道光二十年(1840)刊光緒二十五
　年(1899)補刊

瑞陽阿集

(明)江東之撰
　　清乾隆八年(1743)東皋堂刊本
臺中疏草一卷
廷中疏草一卷
黔中疏草一卷
鎮沅紀畧一卷
撫黔紀畧一卷
家居小適一卷
山居小適一卷
鎮沅懷德錄一卷
撫黔紀別錄一卷
論定錄一卷　(明)江爾松輯

顧端文公遺書

(明)顧憲成撰
　　清康熙中刊本
　　清光緒三年(1877)涇里宗祠刊本
小心齋劄記十八卷
東林會約一卷
東林商語二卷
虞山商語三卷
仁文商語一卷
南岳商語一卷
經正堂商語一卷
志矩堂商語一卷
當下繹一卷
證性編八卷(原缺徵信或問二卷)
還經錄一卷
自反錄一卷
涇皋藏稿二十二卷　(光緒本)
顧端文公年譜四卷　(明)顧與沐撰　(清)
　顧樞輯　(清)顧貞觀補
附
　小辨齋偶存八卷　(明)顧允成撰

少室山房四集

(明)胡應麟撰
　　明萬曆四十六年(1618)新都江湛然刊本
筆叢
　經籍會通四卷
　史書佔傳六卷
　九流緒論三卷

四部正譌三卷
三墳補逸二卷
二酉綴遺三卷
華陽博議二卷
莊嶽委談二卷
玉壺遐覽四卷
雙樹幻鈔三卷
續筆叢
丹鉛新錄八卷
藝林學山八卷
詩藪內編六卷外編六卷續編二卷雜編六卷
少室山房類藁一百二十卷

了凡雜著

(明)袁黃撰

明萬曆三十三年(1605)建陽余氏刊本
訓兒俗說一卷
靜坐要訣一卷
祈嗣眞詮一卷
袁生懺法
淨行別品
河圖洛書解　以上合一卷
勸農書一卷
皇都水利一卷
詩外別傳二卷
曆法新書五卷
寶坻政書四卷

高子全書

(明)高攀龍撰

清乾隆七年(1742)華希閔刊本
周易孔義三卷
春秋孔義十二卷
四書講義一卷
東林書院會語一卷
程子節錄四卷文集抄一卷
朱子節要十四卷
就正錄一卷
高子文集六卷詩集八卷

馮少墟集(一名馮恭定公全書)

(明)馮從吾撰

明萬曆四十五年(1617)刊本
清康熙十二年(1673)藍屋李氏刊本
語錄十二卷
辨學錄一卷
疑思錄二卷
訂士編一卷
關中士夫會約一卷
學會約

士戒
諭俗　以上合一卷
寶慶語錄一卷
善利圖說一卷
太華書院會語二卷
池陽語錄一卷
關中書院語錄一卷
文集六卷
馮氏族譜一卷
馮氏家乘一卷
關學編二卷
續集不分卷

山草堂集

(明)郝敬撰

明萬曆崇禎間郝洪範刊本
內編
談經九卷
易領四卷
問易補七卷
學易枝言四卷
毛詩序說八卷
春秋非左二卷
四書攝提十卷附錄一卷
時習新知六卷
閑邪記二卷
諫草二卷
小山草十卷
嘯歌二卷
藝圃傖談四卷
史漢愚按八卷
四書制義六卷
讀書通二十卷
外編
批點左氏新語二卷
批點史記瑣瑣二卷
批點前漢書瑣瑣四卷
批點後漢書瑣瑣六卷
批點三國志瑣瑣四卷
批點晉書瑣瑣六卷
批點南史瑣瑣四卷
批點北史瑣瑣四卷
批點舊唐書瑣瑣四卷
批選杜工部詩四卷

環碧齋集

(明)祝世祿撰

明萬曆中刊本
環碧齋詩三卷
祝子小言一卷

環碧齋尺牘五卷

李竹嬾先生說部全書

(明)李日華撰

明刊清乾隆三十三年(1768)曹秉鈞修補本

六研齋筆記四卷二筆四卷三筆四卷

禮白嶽記一卷

薊旋錄一卷

篷櫳夜話一卷

竹嬾畫賸一卷續一卷

紫桃軒雜綴三卷又綴三卷

璽召錄一卷

墨君題語一卷 (明)李日華撰

四六全書

(明)李日華撰

明崇禎元年(1628)武林魯氏刊本

官制備攷二卷

輿圖摘要十五卷

姓氏譜纂七卷

時物典彙二卷

四六類編十六卷

袁中郎集

(明)袁宏道撰

明刊本

狂言二卷別集一卷

觴政一卷

瓶史一卷

廣莊一卷

廣陵集一卷

敝篋集二卷

破研齋集三卷

桃源詠一卷

華嵩遊草二卷

王季重九種集

(明)王思任撰

明清暉閣刊本

避園擬存詩集一卷

雜序一卷

時文敍一卷

歷游紀一卷

游喚一卷

律陶一卷

廬游雜詠一卷

游廬山記一卷

奕律一卷

歸鴻館雜著

(明)顧起元撰

明萬曆天啓間顧氏歸鴻館刊本

中庸外傳二卷首一卷

顧氏小史十卷 萬曆四十四年(1616)刊

金陵古金石攷目一卷 萬曆四十八年(1620)刊

壺天呹語一卷 天啓元年(1621)刊

遯居士批莊子內篇一卷 天啓二年(1622)刊

遯園漫稿四卷

蟄庵日錄四卷 天啓四年(1624)刊

遯居士戲墨一卷 天啓四年(1624)刊

劉蕺山先生集

(明)劉宗周撰

清乾隆十七年(1752)刊本

首一卷

人譜一卷

證人社約一卷

會語一卷

易圖說

易衍 以上合一卷

學言二卷

證學解

原旨 以上合一卷

奏疏五卷

文十二卷

皇極篇

(明)文翔鳳撰

明萬曆四十五年(1617)刊本

伊川草四卷

汝海稿五卷

南國講錄三卷

孔邇錄五卷

天津稿一卷

于邁錄一卷

雲夢藥溪談一卷

太紫草一卷

于役錄一卷

太微堂日錄五卷

一齋集

(明)陳第撰

明萬曆中會山樓刊本

伏羲圖贊二卷附雜卦傳古音考一卷 萬曆三十七年(1609)刊

尙書疏衍四卷 萬曆四十年(1612)刊

毛詩古音考四卷附讀詩拙言一卷 萬曆三十四年(1606)刊

屈宋古音義三卷 萬曆四十二年(1614)刊

松軒講義一卷　萬曆二十三年(1595)刊
謬言一卷
書札燼存一卷　萬曆二十九年(1601)刊
意言一卷　萬曆二十五年(1597)刊
五嶽遊草七卷　萬曆四十四年(1616)刊
兩粵遊草一卷　萬曆二十八年(1600)刊
寄心集六卷　萬曆三十九年(1611)刊
一齋陳先生考終錄一卷附雜文一卷　萬曆
　　四十五年(1617)刊

大雅堂訂正枕中十書

(明)李贄撰
　　明博極堂刊本

李卓吾先生秘書八種(一名大雅堂藏書)

(明)李贄撰　(清)余閑輯
　　清康熙十二年(1673)序刊本
精騎錄一卷　(明本)
筼窗筆記一卷　(明本)
賢奕選一卷
文字禪一卷
異史一卷
博識一卷
尊重口一卷
養生醍醐一卷
理譚一卷
騷壇千金訣一卷

李氏全書

(明)李贄撰
　　明刊本
說書十卷
焚書四卷
李氏續焚書五卷
李溫陵外紀五卷　(明)魯秕昭輯

王百穀全集

(明)王穉登撰
　　明萬曆中刊本
燕市集二卷
青雀集二卷
金昌集四卷
晉陵集二卷
青萣集二卷
荊溪疏二卷
吳郡丹青志一卷
吳社編一卷
朶眞編二卷
梅花什一卷　(明)陸承憲撰　(明)王穉登
　和

坐隱先生全集

(明)汪廷訥撰
　　明萬曆三十七年(1609)汪氏環翠堂刊本
坐隱先生訂碁譜二卷題贈三卷
坐隱先生集十二卷
坐隱園戲墨一卷

眉公十種藏書

(明)陳繼儒撰
　　明崇禎九年(1636)序刊本
白石樵眞稿二十四卷尺牘四卷
晚香堂集十卷
眉公詩鈔八卷
眉公見聞錄四卷
太平清話二卷
讀書鏡五卷
狂夫之言二卷
安得長者言一卷
巖棲幽事一卷
偃曝餘談一卷

文園集(一名陳湯銘文集)

(明)陳維新撰
　　明天啓中刊本
藜編唾餘二卷
宦鳥波餘一卷
園居隨抄一卷
存笥蠡餘一卷
兩闈試牘二卷
越展紀遊一卷虞展紀遊一卷
重建羅星亭紀略一卷
里言一卷

張伊嗣全集

(明)張承撰
　　明萬曆十四年(1586)安陽張氏刊本
安陽張承小說一卷
家塾私言一卷
張石河文稿一卷
別縣思錄一卷
張氏風范一卷

春浮園集

(明)蕭士瑋撰
　　清蕭作梅刊本
　　清康熙中刊本
春浮園詩集一卷
春浮園文集二卷附錄一卷
南歸日錄一卷

春浮園偶錄二卷
　庚午偶錄一卷
　辛未偶錄一卷
汴遊錄一卷
深牧菴日涉錄一卷
蕭齋日紀一卷
贖囂四卷　（康熙本）

小寒山子集

（明）陳函煇撰
　明刊本
客椒自删一卷再删一卷
山椒戲筆（一名腐史）一卷
青未了一卷
紀遊合刻
　客還草（一名司馬悔）一卷
　醫存（一名閉戶吟）一卷
　客心草（一名秣陵秋）二卷
　題紅一卷
　年評社集（一名東園公草）一卷
　附
　　率豆社約一卷
　家山遊（一名結廬草）一卷
　香奩限韻一卷
　删社和草一卷

陶菴集

（明）黃淳耀撰
　清光緒五年(1879)刊本
首一卷
文五卷
雜箸一卷
史記論略一卷
吾師錄一卷
自監錄四卷
繇己錄二卷
詠史樂府一卷
和陶詩一卷
詩六卷
谷簾學吟一卷　（明）黃淵耀撰

谷簾先生遺書

（明）黃淵耀撰
　清雍正五年(1727)嘉定秦立刊本
存誠錄三卷
自怡草一卷
鶴鳴集二卷
拈花錄一卷
玉版錄一卷

幾亭全書

（明）陳龍正撰
　清康熙三年(1664)刊本
學言三卷
學言詳記十七卷
政書二十卷
文錄二十卷
因述二卷
附
陳祠部公家傳二卷　（清）陳揆撰

幾亭再集

（明）陳龍正撰
　明崇禎十一年(1638)序刊本
續學言三卷
隨時問學再集八卷
幾亭續文錄八卷

羅紋山先生全集

（明）羅明祖撰
　清古處齋刊本
羅紋山文集六卷
京晉集二卷
羅紋山詩餘一卷
史旁一卷
侮莊一卷
井福錄一卷
地理微緒一卷
漢上末言一卷
襄邑實錄一卷
寅楚雜著一卷

周孟侯先生全書

（明）周拱辰撰
　清道光二十七年(1847)刊光緒元年
　　(1875)補版本
公羊墨史二卷
南華真經影史九卷
離騷草木史十卷離騷拾細一卷
聖雨齋詩文集十卷
問魚篇一卷
附錄一卷

邵潛夫別集

（明）邵潛撰
　明天啓六年(1626)刊本
嚶鳴錄二卷
循吏傳四卷
引年錄二卷

志幻錄二卷附錄一卷

樓山堂遺書

(明)吳應箕撰
　　清同治中當塗夏氏刊本
　　樓山堂集二十七卷　同治六年(1867)永寧
　　　官廨刊
　　附
　　　熹朝忠節死臣列傳一卷
　　兩朝剝復錄六卷　(清)夏燮校證　同治二
　　　年(1863)江西省寓刊
　　留都見聞錄二卷
　　東林本末三卷　同治五年(1866)文江官廨
　　　刊
　　忠節吳次尾先生年譜一卷樓山遺事一卷
　　(清)夏燮輯

西郭草堂合刊

(明)喬中和撰
　　清光緒五年(1879)刊本
　　元音譜一卷
　　圖書衍五卷
　　古大學注一卷
　　葩經旁意一卷
　　說噫一卷
　　說易十二卷
　　大易通變六卷
　　大九數一卷
　　附
　　　陰符經註一卷
　　　從祀鄉賢錄一卷
　　　喬還一先生餘稿括抄四卷

梅花渡異林(一名支子固先生彙輯異林)

(明)支允堅撰
　　明崇禎中金閶書林刊本
　　軼史隨筆二卷
　　時事漫紀三卷
　　軼語考鏡三卷
　　藝苑閒評二卷

王司業雜著

(明)王祖嫡撰
　　稿本
　　王先生文集不分卷(首殘)
　　書疏叢鈔一卷
　　家庭庸言二卷

石雲先生遺稿

(明)孫楨撰
　　鈔本
　　詩一卷
　　尺牘一卷
　　語錄一卷
　　題跋一卷
　　石雲先生印譜釋考三卷
　　石雲先生瀋迂談一卷

佚笈姑存

(明)王若之撰
　　清刊本
　　疏稿一卷
　　薄游書牘一卷
　　津門中都啓稿一卷
　　涉志一卷
　　詩卷二卷
　　續詩卷一卷

莊忠甫雜著

(明)莊元臣撰
　　清永言齋鈔本
　　昭代事始一卷
　　朝綱變例一卷
　　叔苴子十卷
　　叔苴子內篇十三卷拾遺一卷
　　叔苴子外篇十四卷
　　莊子達言一卷
　　古詩獵雋一卷
　　南華雅言一卷重言一卷
　　伐山語一卷
　　唐詩摘句一卷
　　韓呂弋腴四卷
　　二術編二卷
　　莊氏族譜一卷
　　水程日記一卷
　　治家條約一卷
　　家書一卷
　　搜微錄二卷
　　言解一卷
　　涉古記事一卷
　　卮言日出一卷
　　錦盤奇勢一卷
　　論學須知一卷
　　行文須知一卷
　　客談一卷
　　文訣一卷
　　陰符經註解一卷
　　剪綵二卷
　　雜錄一卷

束山葛氏遺書

（明）葛引生撰
　　　清嘉慶九年（1804）東山葛氏樹滋堂刊本
　　東山餘墨五卷
　　東山論草三卷
　　家禮摘要一卷

三山存業十編

（清）原良撰
　　　清康熙中刊本
　　明宗正學一卷
　　身世要則一卷
　　史會大綱一卷
　　友古特評一卷
　　群古對觀一卷
　　左國補議一卷
　　讀餘誌略一卷
　　玄圃餘珍一卷
　　韻林隨筆一卷
　　山野寱言一卷

舜水遺書

（明）朱之瑜撰
　　　日本正德二年（1712）刊本
　　　民國二年（1913）湯壽潛排印本
　　舜水文集二十五卷
　　改定釋奠儀注一卷
　　陽九述略一卷
　　安南供役紀事一卷
　　附錄一卷

獨　撰　類（清代前期）

孫夏峰全集

（清）孫奇逢撰
　　　清康熙中刊道光至光緒間遞刊重印本
　　讀易大旨五卷
　　書經近指六卷　康熙十五年（1676）刊
　　四書近指二十卷
　　晚年批定四書近指十七卷　同治三年
　　　（1864）刊
　　畿輔人物考八卷　同治八年（1869）刊
　　中州人物考八卷　道光二十四年（1844）刊
　　遊譜一卷
　　孫徵君日譜錄存三十六卷　光緒十一年
　　　（1885）刊
　　理學宗傳二十六卷
　　孝友堂家規一卷家訓一卷
　　夏峰答問一卷

　　夏峯先生集十四卷補遺二卷首一卷　道光
　　　二十五年（1845）刊
　附
　　徵君孫先生年譜二卷　（清）湯斌等撰

王烟客先生集

（清）王時敏撰
　　　民國五年（1916）蘇州振新書社排印本
　　偶諧舊草一卷續草一卷
　　西廬詩草二卷補二卷
　　西廬詩餘一卷
　　尺牘二卷
　　奉常公遺訓一卷
　附
　　減菴公詩存一卷　（清）王挺撰
　　西田詩集一卷　（清）王掞撰
　　西廬懷舊集三卷　（民國）鄒登泰輯

遯園全集

（清）賈開宗撰
　　　清道光九年（1829）賈洪信刊本
　　遯園文集四卷詩集一卷
　　遯園語商一卷
　　秋興八首偶論一卷

用六居士所著書

（清）刁包撰
　　　清道光至同治間刁懷謹順積樓刊本
　　易酌十四卷雜卦圖一卷諸圖附考一卷　道
　　　光二十三年（1843）刊
　　四書翊注四十二卷
　　潛室劄記二卷
　　用六集十二卷附錄一卷　道光二十三年
　　　（1843）刊
　　斯文正統十二卷　（清）刁包輯　同治三年
　　　（1864）刊

乾初先生遺集

（清）陳確撰　（清）陳敬璋輯
　　　稿本
　　文集十八卷
　　別集十七卷
　　　辰夏雜言一卷
　　　俗誤辨一卷
　　　叢桂堂家約一卷
　　　補新婦譜一卷
　　　先世遺事紀略一卷
　　　瞽言四卷
　　　講義二卷
　　　葬書二卷

大學辨四卷
詩集十二卷
外編一卷　(清)陳敬璋輯

陳處士遺書

(清)陳貞慧撰
　清光緒二十六年(1900)宜興任光奇弇山
　　鐸署刊本
山陽錄一卷
秋園雜佩一卷
書事七則一卷

黃黎洲遺書

(清)黃宗羲撰　　　　　　　　　　　[本
　清光緒三十一年(1905)杭州薈學社石印
南雷文定前集十一卷後集四卷三集三卷附
　　錄一卷
南雷詩歷四卷
南雷文案四卷外卷一卷
今水經一卷表一卷
賜姓始末一卷
明儒學案八卷
明夷待訪錄一卷
黃黎洲先生年譜三卷　(清)黃炳垕撰

黎洲遺著彙刊

(清)黃宗羲撰
　民國四年(1915)時中書局排印本
南雷文約四卷
南雷文定前集十一卷後集四卷三集三卷附
　　錄一卷
南雷文案四卷外卷一卷
南雷詩歷四卷
明夷待訪錄一卷
破邪論一卷
歷代甲子考一卷
西臺慟哭記註一卷
冬青引注一卷
汰存錄一卷
行朝錄十卷
滇攷一卷
賜姓始末一卷
鄭成功傳一卷
張元箸先生事略一卷
思舊錄一卷
金石要例一卷
今水經一卷表一卷
匡廬遊錄一卷
孟子師說七卷
南雷文定四集三卷

海外慟哭記一卷
附
　黃黎洲先生年譜三卷　(清)黃垕炳撰

陸桴亭先生遺書

(清)陸世儀撰
　清光緒二十五年(1899)太倉唐受祺京師
　　刊本
首一卷
桴亭先生文集六卷補遺一卷詩集十卷
論學酬答四卷
志學錄一卷
性善圖說一卷
虛齋格致傳補註一卷
四書講義輯存一卷
淮雲問答輯存一卷
八陣發明一卷
月道疏一卷附月行九道圖併解
分野說一卷
治鄉三約一卷
制科議一卷
甲申臆議一卷
蘇松浮糧考一卷
婁江條議一卷
桑梓五防一卷
常平權法一卷
家祭禮一卷
支更說一卷
避地三策一卷附改折始末論
附
　尊道先生年譜一卷　(清)凌錫祺撰

楊園張先生全集

(清)張履祥撰
　清康熙中刊本

張楊園先生集

　清同治九年(1870)山東尚志堂刊本
楊園先生文集十八卷　(康熙本)
楊園先生備忘四卷錄遺一卷
楊園先生言行見聞錄四卷　(同治本二卷)
楊園先生近古錄四卷
初學備忘二卷　(同治本一卷)
楊園先生訓子語二卷
補農書二卷　(明)沈□撰　下卷(清)張履
　　祥補
楊園先生喪葬雜錄一卷　(清)張履祥輯
　　(同治本作喪祭雜說)
附
　葬親社約一卷　(清)唐灝儒撰

　　楊園先生經正錄一卷附學規一卷　（清）張
　　　履祥輯
　　訓學齋規一卷　（宋）朱熹撰
　　白鹿洞書院學規一卷　（宋）朱熹撰
　　居家雜儀一卷　（宋）司馬光撰
　　藍田呂氏鄉約一卷　（宋）呂大鈞撰
　　楊園先生訓門人語三卷　（同治本作門人
　　　所記一卷）
　　願學記一卷　（以下同治本）
　　問目一卷
　　楊園詩一卷
　　楊園書四卷
　　答問一卷
　　近鑑一卷

重訂楊園先生全集

　（清）張履祥撰
　　清同治十年(1871)江蘇書局刊本
　　詩文二十四卷
　　問目一卷
　　願學記三卷
　　讀易筆記一卷
　　讀史
　　讀史記
　　讀諸文集偶記
　　讀許魯齋心法偶記
　　讀厚語偶記　以上合一卷
　　言行見聞錄四卷
　　經正錄一卷附學規
　　初學備忘二卷
　　近鑑一卷
　　備忘錄四卷
　　近古錄四卷
　　訓子語二卷
　　補農書二卷　（明）沈□撰　下卷（清）張履
　　　祥補
　　喪葬雜錄一卷　（清）張履祥輯
　　附
　　　葬親社約一卷　（清）唐灝儒撰
　　訓門人語三卷
　　附
　　　張楊園先生年譜一卷　（清）蘇惇元撰

夏爲堂集

　（清）黃周星撰
　　清康熙中刊本
　　夏爲堂別集文一卷
　　夏爲堂別集詩一卷
　　夏爲堂人天樂傳奇二卷
　　試官述懷一卷

　　惜花報一卷
　　散曲一卷
　　製曲枝語一卷
　　復姓紀事一卷
　　百家姓新箋一卷

笠翁一家言全集

　（清）李漁撰
　　清康熙九年至十七年(1670—1678)刊本
　　一家言文集四卷詩集八卷二集十二卷別集
　　　四卷
　　笠翁詞韻四卷
　　耐歌詞四卷首一卷
　　閒情偶寄十六卷

桐城錢飲光先生全書

　（清）錢澄之撰
　　清同治二年(1863)桐城斠雄堂重刊本
　　田間易學五卷圖象一卷
　　田間詩學五卷
　　莊屈合詁二卷

亭林遺書

　（清）顧炎武撰
　　清吳江潘氏遂初堂刊本

顧亭林先生遺書

　　清蓬瀛閣刊吳縣朱記榮增刊光緒三十二
　　　年(1906)彙印本
　　左傳杜解補正三卷
　　九經誤字一卷
　　石經考一卷
　　金石文字記六卷　（清）潘耒補遺
　　韻補正一卷
　　昌平山水記二卷
　　譎觚十事一卷
　　顧氏譜系考一卷
　　亭林文集六卷
　　亭林詩集五卷
　　補遺　光緒十一年(1885)刊　（朱記榮本）
　　顧亭林先生年譜一卷附一卷　（清）吳映奎
　　　撰
　　山東攷古錄一卷
　　京東攷古錄一卷
　　菰中隨筆不分卷
　　救文格論一卷
　　五經同異三卷
　　亭林餘集一卷
　　亭林雜錄一卷
　　聖安紀事二卷　光緒三十二年(1906)刊

同志贈言一卷　（清）沈岱瞻輯
亭林軼詩一卷

孫文定公全集

（清）孫廷銓撰
　　清康熙十七年(1678)師儉堂刊本
沚亭刪定文集二卷
沚亭自刪詩一卷
琴譜指法省文一卷
漢史億二卷
南征紀略二卷
顏山雜記四卷

鈍吟老人遺藁

（清）馮班撰
　　清康熙中刊本
馮氏小集三卷
鈍吟集三卷
鈍吟別集一卷
鈍吟餘集一卷
遊仙詩二卷
鈍吟老人集外詩一卷
鈍吟樂府一卷
鈍吟老人文稿一卷
鈍吟老人雜錄十卷

安雅堂全集

（清）宋琬撰
　　清順治至乾隆間刊本
安雅堂詩不分卷　順治十七年(1660)刊
安雅堂文集二卷重刻文集二卷　康熙五年
　　(1666)刊重刻文集三十八年(1699)刊
安雅堂書啓一卷　　　　　　　　　〔刊
安雅堂未刻稿八卷　乾隆三十一年(1766)
入蜀集二卷
二鄉亭詞三卷
祭臯陶一卷　（清）二鄉亭主人(宋琬)撰

謝程山全書

（清）謝文洊撰
　　清光緒十八年(1892)謝鏞刊本
謝程山集十八卷首一卷附錄三卷
程山謝明學先生年譜一卷　（清）謝鳴謙撰
學庸切己錄二卷
讀易緒言二卷
風雅倫音二卷
左傳濟變錄二卷
養正篇一卷
初學先言二卷
程門主敬錄一卷

大臣法則八卷
兵法類案十三卷
大學稽中傳三卷

鄺冰壑先生全書

（清）鄺成撰
　　清光緒十一年(1885)東雍書院刊本
大學澹言一卷
中庸澹言一卷
大學學思錄一卷
中庸學思錄一卷
日知錄一卷
儒者十知略一卷
致知階略一卷
三訓俚說一卷
仰思記一卷
天德王道說一卷
辯陸書一卷
朱陸異同書一卷
鄺冰壑先生雜著一卷

魏貞菴遺書

（清）魏裔介撰
　　清康熙中龍江書院刊本
論性書二卷
樗林偶筆二卷續筆二卷閏筆一卷

西堂全集

（清）尤侗撰
　　清康熙中刊本
　　民國上海文瑞樓石印本
西堂文集
　　西堂雜俎一集八卷
　　西堂雜俎二集八卷
　　西堂雜俎三集八卷
西堂詩集
　　西堂剩稿二卷
　　西堂秋夢錄一卷
　　西堂小草一卷
　　論語詩一卷
　　右北平集一卷
　　看雲草堂集八卷
　　述祖詩一卷
　　于京集五卷
　　哀絃集二卷
　　擬明史樂府一卷　（清）尤珍注
　　外國竹枝詞一卷　（清）尤珍注
　　百末詞五卷詞餘一卷
西堂樂府
　　讀離騷一卷

弔琵琶一卷
桃花源一卷
黑白衞一卷
李白登科記(一名清平調)一卷
鈞天樂一卷
西堂餘集
年譜圖詩一卷
小影圖贊一卷　（清）尤侗輯
悔庵(尤侗)年譜二卷
性理吟一卷後性理吟一卷　（宋）朱熹撰
　　　後吟(清)尤侗撰　（以下康熙本）
續論語詩一卷
艮齋倦稿詩集十一卷文集十五卷
艮齋雜說十卷
看鑑偶評五卷
明史擬稿六卷外國傳八卷藝文志五卷
宮闈小名錄五卷　卷五(清)余懷撰
附
湘中草六卷　（清）湯傳楹撰

施愚山先生全集

（清）施閏章撰
清康熙至乾隆間刊本
施愚山先生學餘文集二十八卷學餘詩集五
　　十卷　康熙四十七年(1708)曹寅棟亭
　　刊
施愚山先生別集四卷
蠖齋詩話二卷
矩齋雜記二卷
施愚山先生年譜四卷　（清）施念曾撰
施氏家風述略一卷續編一卷　續編(清)施
　　彥恪撰　　　　　　　　　[刊]
施愚山先生外集二卷　乾隆三十年(1765)
硯林拾遺一卷
試院冰淵一卷
附
隨村先生遺集六卷　（清）施琛撰

船山遺書

（清）王夫之撰
清道光二十二年(1842)新化鄧顯鶴長沙
　　刊本
清同治四年(1865)湘鄉曾國荃金陵刊本
民國二十二年(1933)上海太平洋書店排
　　印本
周易內傳十二卷　（同治本、民國本六卷）
周易內傳發例一卷
周易大象解一卷
周易稗疏二卷　（同治本、民國本四卷）
周易考異一卷

周易外傳七卷
書經稗疏四卷
尚書引義六卷
詩經稗疏四卷
詩經攷異一卷
詩經叶韻辨一卷　（同治本、民國本）
詩廣傳五卷
禮記章句四十九卷
春秋稗疏二卷
春秋家說七卷　（同治本、民國本三卷）
春秋世論五卷
續春秋左氏傳博議二卷
四書訓義三十八卷　（道光本、民國本）
讀四書大全說十卷　（同治本、民國本）
四書稗疏一卷
四書攷異一卷
說文廣義三卷　（以下同治本、民國本）
讀通鑑論三十卷末一卷
宋論十五卷
永曆實錄二十六卷(原缺卷十六)
蓮峯志五卷
張子正蒙注九卷
思問錄內篇一卷外篇一卷
俟解一卷
噩夢一卷
黃書一卷
識小錄一卷
搔首問一卷　（以下民國本）
龍源夜話一卷
老子衍一卷　（以下同治本、民國本）
莊子解三十三卷　（清）王敔增注
莊子通一卷
愚鼓詞一卷
相宗絡索一卷　（民國本）
楚辭通釋十四卷末一卷　（同治本、民國
　　本）
薑齋文集十卷補遺三卷　（道光本無補遺）
五十自定稿一卷　（以下同治本、民國本）
六十自定稿一卷
七十自定稿一卷
柳岸吟一卷
薑齋詩分體稿四卷　（以下民國本）
薑齋詩編年稿一卷
落花詩一卷　（以下同治本、民國本）
遣興詩一卷
和梅花百詠一卷
洞庭秋詩一卷
雁字詩一卷
倣體詩一卷
嶽餘集一卷

薑齋詩賸稿一卷
憶得一卷　（民國本）
鼓棹初集一卷二集一卷　（以下同治本、民
　國本）
瀟湘怨詞一卷
詩譯一卷
夕堂永日緒論內編一卷外編一卷
南窗漫記一卷
龍舟會雜劇一卷
經義一卷
古詩評選六卷　（清）王夫之輯　（以下民
　國本）
唐詩評選四卷　（清）王夫之輯
明詩評選八卷　（清）王夫之輯
附
　春秋四傳質(一名石崖遺書)十二卷　（清）
　　王介之撰　（道光本）
　王船山叢書校勘記二卷　（清）劉毓崧撰
　　（同治本、民國本）

王船山先生四種 （一名船山經世文鈔）

（清）王夫之撰
　　清光緒二十四年(1898)刊本
　噩夢一卷
　黃書一卷
　俟解一卷
　思問錄內篇一卷外篇一卷

聰山集

（清）申涵光撰
　　清康熙二年(1663)刊本
　聰山詩選八卷　（清）劉佑輯
　聰山文集三卷
　荊園進語一卷
　荊園小語一卷
　申鳧盟先生年譜略一卷　（清）申涵煜(清)
　　申涵盼撰

思古堂十四種書

（清）毛先舒撰
　　清康熙中刊本
　思古堂集四卷首一卷
　匡林二卷首一卷
　撰書八卷
　小匡文鈔四卷
　螺峰說錄二卷附稚黃子文洴一卷
　聖學眞語二卷首一卷
　格物問答三卷首一卷
　東苑文鈔二卷

東苑詩鈔一卷
蕊雲集一卷
晚唱一卷
詩辯坻四卷
韻學通指一卷
韻白一卷附鶯情集選一卷

水田居全集

（清）賀貽孫撰
　　清道光至同治間敕書樓刊本
　易觸七卷　咸豐二年(1852)刊
　詩觸六卷　咸豐二年(1852)刊
　水田居文集五卷
　水田居激書二卷　咸豐三年(1853)刊
　詩筏一卷　道光二十六年(1846)刊
　騷筏一卷　道光二十六年(1846)刊
　水田居存詩三卷　同治九年(1870)刊
　附
　　眠雲館詩集一卷　（清）賀穉圭撰

唱經堂才子書

（清）金人瑞撰
　　清刊本
　聖歎外書
　　唱經堂杜詩解四卷
　　附
　　　沈吟樓借杜詩一卷
　　唱經堂左傳釋一卷
　　唱經堂古詩解一卷
　　釋小雅一卷
　　釋孟子四章一卷
　　唱經堂批歐陽永叔詞十二首一卷
　聖歎內書
　　唱經堂通宗易論一卷
　　唱經堂聖人千案一卷
　　唱經堂語錄纂二卷
　聖歎雜篇
　　唱經堂隨手通一卷

張簣山三種

（清）張貞生撰
　　清康熙中講學山房刊本
　玉山遺響六卷
　唾居隨錄四卷
　崇祀錄一卷

隱山鄙事

（清）李子金撰
　　清康熙中刊本
　幾何易簡集四卷　康熙十八年(1679)刊

律呂心法全書三卷　康熙三年(1664)刊
書學慎餘二卷　康熙三十八年(1699)刊

安靜子集

　(清)安致遠撰
　　　清同治二年(1863)自鉏園刊本
　　玉礎集四卷
　　紀城文槀四卷
　　紀城詩槀四卷
　　鷖音一卷
　　吳江旅嘯一卷
　附
　　綺樹閣詩槀一卷賦槀一卷　(清)安璣撰

范聲山雜著

　(清)范鍇輯
　　　清道光中烏程范氏刊本
　　　民國二十年(1931)北平富晉書社據清范
　　　　氏本景印
　　吳興山墟名一卷　(劉宋)張玄之撰
　　吳興記一卷　(劉宋)山謙之撰
　　吳興入東記一卷　(梁)吳均撰
　　吳興統記一卷　(宋)左文質撰
　　吳興志續編一卷　(宋)周世南等撰
　　吳興藏書錄一卷　(清)鄭元慶撰
　　樂府指迷一卷附記一卷　(宋)張炎撰
　　華笑厫雜筆六卷　(清)范鍇撰

胡氏三書

　(清)胡文學撰
　　　清康熙中刊本
　　淮鹾本論二卷
　　疏稿一卷
　　李贄一卷

西河合集

　(清)毛奇齡撰
　　　清康熙中李塨等刊本
　　　清乾隆三十五年(1770)陸體元據康熙中
　　　　李塨等刊本修補重印
　經集
　　首一卷
　　仲氏易三十卷
　　推易始末四卷
　　河圖洛書原舛編一卷
　　太極圖說遺議一卷
　　易小帖五卷
　　易韻四卷
　　古文尚書冤詞八卷
　　尚書廣聽錄五卷

舜典補亡一卷
國風省篇一卷
毛詩寫官記四卷
詩札二卷
詩傳詩說駁義五卷
白鷺洲主客說詩一卷
續詩傳鳥名三卷
昏禮辨正一卷
廟制折衷二卷
大小宗通繹一卷
北郊配位尊西向議一卷
辨定嘉靖大禮議二卷
辨定祭禮通俗譜五卷
喪禮吾說篇十卷
曾子問講錄四卷
春秋毛氏傳三十六卷
春秋屬辭比事記四卷
春秋條貫篇十一卷
春秋占筮書三卷
春秋簡書刊誤二卷
四書索解四卷　(清)王錫輯
論語稽求篇七卷
大學證文四卷
大學知本圖說一卷
中庸說五卷
四書賸言四卷
四書賸言補二卷
聖門釋非錄五卷
逸講箋三卷
聖諭樂本解說二卷
竟山樂錄(一名古學復興錄)四卷
皇言定聲錄八卷
李氏學樂錄二卷　(清)李塨撰
孝經問一卷
周禮問二卷
大學問一卷
明堂問一卷
學校問一卷
郊社禘祫問一卷
經問十八卷
經問補三卷
文集
　首一卷
　誥詞一卷
　頌一卷
　主客辭二卷
　奏疏一卷
　議四卷
　揭子一卷
　剳子二卷

史館擬判一卷
書八卷
牘札一卷
箋一卷
序三十四卷
引弁首一卷
題題詞題端一卷
跋一卷
書後緣起一卷
碑記十一卷
傳十一卷
王文成傳本二卷
墓碑銘二卷
墓表五卷
墓誌銘十六卷
神道碑銘二卷
塔誌銘二卷
事狀四卷
易齋馮公(溥)年譜一卷
記事一卷
集課記一卷
說一卷
錄一卷
制科雜錄一卷
後觀石錄一卷
越語肯綮錄一卷
何御史孝子祠主復位錄一卷
湘湖水利志三卷
蕭山縣志刊誤三卷
杭志三詰三誤辨一卷
天問補注一卷
館課擬文一卷
折客辨學文一卷
答三辨文一卷
釋二辨文一卷
辨聖學非道學文一卷
辨忠臣不徒死文一卷
古禮今律無繼嗣文一卷
古今無慶生日文一卷
禁室女守志殉死文一卷
勝朝肜史拾遺記六卷
武宗外紀一卷
後鑒錄七卷
蠻司合誌十五卷
韻學要指(一名古今通韻括略)十一卷
賦四卷
九懷詞一卷
誄文一卷
詩話八卷
詞話二卷

填詞六卷
擬連廂詞一卷
二韻詩三卷
七言絕句八卷
排律六卷
七言古詩十三卷
五言律詩六卷
七言律詩十卷
七言排律一卷
五言格詩五卷
雜體詩一卷
　五言三韻律
　七言三韻律
　六言詩
徐都講詩一卷　　(清)徐昭華撰

中山集

(清)郝浴撰
　　清康熙中刊本
中山文鈔四卷詩鈔四卷
中山史論二卷
中山奏議四卷

世德堂遺書

(清)王鉞撰
　　清康熙五十三年(1714)刊本
讀書蕞殘一卷
粵遊日記一卷
星餘筆記一卷
暑窗臆說二卷
朱子語類纂十三卷　　(清)王鉞輯
世德堂文集二卷
附
水西紀略一卷

漢陽魏氏遺書

(清)魏晉封撰
　　民國十八年(1929)羅田王葆心石印本
竹中記一卷
酉除集一卷

虞虹升雜著

(清)虞兆漋撰
　　清刊本
天香樓偶得十卷
軒渠詩稿六卷
軒渠詩餘稿一卷
校定前漢書自序一卷
軒渠集一卷

鈍翁全集

　(清)汪琬撰
　　　清康熙中刊本
　　鈍翁類稾六十二卷
　　　詩稾十三卷文稾三十八卷
　　　外稾十二卷
　　　　古今五服考異八卷
　　　　東都事略跋三卷
　　　　歸詩考異一卷
　　鈍翁續稾五十六卷
　　　詩稾八卷文稾二十二卷
　　　別稾二十六卷
　　　　擬明史列傳二十四卷
　　　　蘇州汪氏族譜一卷
　　　　先府君事略一卷
　　寸碧堂詩集二卷外集一卷　(明)汪腐撰
　　汪伯子箐菴遺稾一卷　(清)汪篤撰
　　姑蘇楊柳枝詞一卷補一卷 補 注 一卷
　　　　(清)周枝梣輯　(清)周靖箋注

丁野鶴先生詩詞稿

　(清)丁耀亢撰
　　　清康熙中煮茗堂刊本
　　逍遙遊二卷
　　陸舫詩草五卷補遺一卷
　　椒丘詩二卷
　　丁野鶴先生遺稿　康熙十二年(1673)刊
　　　江干草一卷
　　　歸山草一卷
　　　聽山亭草一卷
　　化人遊一卷
　　赤松遊三卷
　　表忠記二卷
　　家政須知一卷

柴村全集

　(清)邱志廣撰
　　　清雍正四年(1726)序刊本
　　柴村文集十二卷
　　蝶庵自藥一卷
　　柴村詩鈔五卷首一卷
　　附
　　柴村賦集一卷
　　德滋堂歌詩附鈔一卷　(清)邱性善撰

秋水集

　(清)馮如京撰
　　　清乾隆五年(1740)清暉堂刊本
　　詩八卷文四卷

　　宮詞一卷
　　粤槎日記一卷
　　北征紀略二卷

張瓯齋遺集(一名張力臣先生遺集)

　(清)張弨撰
　　　清同治四年(1865)望三益齋刊本
　　瘞州學碑釋文一卷
　　瘞鶴銘辨一卷
　　唐昭陵六駿贊辨一卷
　　棧行圖詩一卷
　　漢隸字原校本一卷
　　附錄一卷

湯文正公遺書

　(清)湯斌撰
　　　清道光七年(1827)刊本
　　潛庵先生擬明史稿二十卷
　　潛庵先生遺稿五卷
　　潛庵先生疏稿一卷
　　洛學編五卷
　　困學錄一卷
　　潛庵先生志學會約一卷

湯文正公全集

　(清)湯斌撰
　　　清同治九年(1870)蘇廷魁等刊本
　　湯子遺書十卷首一卷續編二卷
　　潛庵先生擬明史稿二十卷
　　乾坤兩卦解一卷
　　洛學編五卷

李二曲先生全集

　(清)李顒撰
　　　清同治五年(1866)隴右牛樹梅刊本
　　　清光緒三年(1877)石陽彭家麟刊本
　　二曲全集二十六卷
　　二曲歷年紀略一卷(清)惠靇嗣撰
　　潛確錄一卷　(清)李慎言撰
　　四書反身錄八卷首一卷

姜先生全集

　(清)姜宸英撰
　　　清光緒十五年(1889)毋自欺齋馮氏刊本
　　首一卷
　　湛園未定稿十卷
　　西溟文鈔四卷
　　眞意堂佚稿一卷
　　湛園藏稿四卷
　　湛園札記四卷

湛園題跋一卷
葦間詩集五卷
湛園詩稿三卷
詩詞拾遺一卷

萬青閣全集

（清）趙吉士撰
　　清康熙二十九年（1690）趙繼抃刊本
萬青閣自訂文集不分卷
萬青閣自訂詩不分卷
萬青閣勘河詩記一卷
哭臨紀事一卷
寄園集字詩一卷
萬青閣歸隱詩一卷
夏日吟一卷
丹陽舟次唱和一卷
問天旅嘯一卷
狂青閣秋集一卷
燕山秋吟一卷
林臥逸集一卷
萬青閣詩餘一卷
探尤雜咏一卷
萬青閣自訂制藝不分卷
萬青閣文訓一卷
交山平寇詳文一卷
交山平寇書牘一卷
交山平寇本末三卷附交山平寇詩一卷
　　（清）夏顥撰
萬青閣自訂詳案不分卷

白雲村全集

（清）李澄中撰
　　清康熙三十八年（1699）刊本
滇行日記二卷
臥象山房詩正集七卷
白雲村文集四卷
滇南集一卷

陸子全書

（清）陸隴其撰
　　清光緒十六年（1890）宗培等刊本
三魚堂文集十二卷首一卷
三魚堂外集六卷首一卷
三魚堂日記十卷首一卷
三魚堂賸言十二卷首一卷
三魚堂四書講義二十卷首一卷
松陽講義十二卷首一卷
松陽鈔存二卷首一卷
學術辨一卷
古文尚書攷一卷

呻吟語質疑一卷
讀禮志疑六卷
讀朱隨筆四卷首一卷
問學錄四卷首一卷
戰國策去毒二卷首一卷
禮經會元疏釋四卷首一卷
莅政摘要二卷首一卷
治嘉格言一卷
莅嘉遺蹟三卷首一卷　　（清）黃維玉撰

河濱遺書抄

（清）李楷撰
　　清刊本
霧堂經訓一卷
霧堂詹言一卷
霧堂雜著一卷
岸翁散筆一卷
飛翰叢語一卷
楚騷偶擬一卷

息齋藏書

（清）申葳子撰
　　清康熙二年（1663）刊本
儒經撮要一卷
道統中一經一卷
四子丹元三卷
學鏡約一卷
心聖直指一卷
嘉言存略三卷
公餘證可一卷
塵譚摘一卷

東谷全集

（清）白胤謙撰
　　清順治康熙間刊本
東谷集詩二十卷續刻二卷文八卷續刻四卷
　　順治十八年（1661）刊
歸庸齋詩四卷文四卷　　康熙三年（1664）刊
桑榆集詩三卷文三卷　　康熙十年（1671）刊
學言二卷續一卷　　康熙二年（1663）刊

王漁洋遺書

（清）王士禛撰
　　清刊本
漁洋山人詩集二十二卷續集十六卷　　詩集
　　康熙八年（1669）刊
蠶尾集十卷續集二卷後集二卷
南海集二卷
雍益集一卷
漁洋山人文略十四卷

漁洋山人精華錄十卷　（清）林佶輯　康熙
　　三十九年(1700)刊
蜀道驛程記二卷
皇華紀聞四卷
岑行三志
　　南來志一卷
　　北歸志一卷
　　廣州游覽小志一卷
池北偶談二十六卷　康熙四十年(1701)刊
諡法攷一卷
秦蜀驛程後記二卷
隴蜀餘聞一卷
長白山錄一卷補遺一卷
古懽錄八卷
居易錄三十四卷
浯溪考二卷
載書圖詩一卷
香祖筆記十二卷
古夫于亭雜錄五卷
分甘餘話四卷
漁洋詩話三卷
阮亭選古詩五言詩十七卷七言詩十五卷
　　（清）王士禛輯
唐賢三昧集三卷　（清）王士禛輯
十種唐詩選十七卷　（清）王士禛輯
蕭亭詩選六卷　（清）張實居撰　（清）王士
　　禛選
徐詩二卷　（清）徐夜撰　（清）王士禛選
考功集選四卷　（清）王士祿撰　（清）王士
　　禛選
古鉢集選一卷　（清）王士祜撰　（清）王士
　　禛選
二家詩選　（清）王士禛選輯
　　迪功集選一卷　（明）徐禎卿撰
　　蘇門集選一卷　（明）高叔嗣撰
華泉先生集選四卷　（明）邊貢撰　（清）王
　　士禛選　康熙三十九年(1700)刊
睡足軒詩選一卷　（明）邊習撰　（清）王士
　　禛（清）徐夜選
抱山集選一卷　（清）王士禧撰　（清）王士
　　禛選　康熙四十年(1701)刊
唐人萬首絕句選七卷　（清）王士禛輯
歷仕錄一卷　（清）王之垣撰　康熙四十一
　　年(1702)刊
隴首集一卷　（清）王與胤撰
清寤齋心賞編一卷　（明）王象晉撰
剪桐載筆一卷　（明）王象晉撰

石函三種

　　（清）魏麟徵撰

　　　清刊本
　　西湖和蘇詩一卷
　　閩行日記一卷
　　閩中吟一卷
　附
　　石屋初集一卷二集一卷三集一卷四集一卷

雜著十種

　　（清）王晫撰
　　　清康熙中霞舉堂刊本
　　龍經一卷
　　孤子唫一卷
　　松溪子一卷
　　連珠一卷
　　寓言一卷
　　看花述異記一卷
　　行役日記一卷
　　快說續紀一卷
　　禽言一卷
　　武林北墅竹枝詞一卷

悔齋集

　　（清）汪楫撰
　　　清康熙雍正間刊本
　　中山沿革志二卷
　　使琉球雜錄五卷
　　冊封琉球疏鈔一卷
　　悔齋詩六卷
　　山聞詩一卷續集一卷
　　京華詩一卷
　　觀海集一卷

張文端集

　　（清）張英撰
　　　清光緒二十三年(1897)桐城張氏刊本
　　易經衷論二卷
　　書經衷論四卷
　　存誠堂應制詩五卷
　　存誠堂詩集二十五卷
　　篤素堂詩集七卷文集十六卷

安溪李文貞公解義三種

　　（清）李光地撰
　　　清康熙五十八年(1719)清謹軒刊本
　　離騷經一卷附九歌一卷
　　參同契註一卷
　　陰符經註一卷

李文貞公全集

　　（清）李光地撰

清乾隆元年(1736)李清植刊 嘉 慶 六 年
　(1801)補刊印本
榕村全集四十卷
詩所八卷
大學古本說一卷
中庸章段一卷
中庸餘論一卷
讀論語劄記二卷
讀孟子劄記二卷
古樂經傳五卷
榕村別集五卷
周易觀象大指二卷
離騷經解一卷
九歌注一卷
陰符經注一卷
參同契注一卷
孝經全注一卷　　嘉慶六年(1801)重刊
洪範說二卷
周易通論四卷
榕村制義初集一卷二集一卷三集一卷四集
　一卷
榕村語錄三十卷
周易觀象十二卷
朱子禮纂五卷　　(清)李光地輯
尙書七篇解義二卷
湘咬存愚二卷　　(清)李清植撰　　　　[注
太極圖解一卷　　(宋)周敦頤撰　　(宋)朱熹
通書一卷　　(宋)周敦頤撰　　(宋)朱熹注
西銘一卷　　(宋)張載撰
論定性書一卷　　(宋)程顥撰
顏子所好何學論一卷　　(宋)程頤撰
經書源流歌訣一卷　　(清)李鍾倫撰
三禮儀制歌訣一卷　　(清)李鍾倫撰
歷代姓系歌訣一卷　　(清)李鍾倫撰
握奇經訂本一卷　　(清)李光地注
榕村字畫辨訛一卷
正蒙注二卷
二程子遺書纂二卷外書纂一卷　　(清)李光
　地輯
古文精藻二卷　　(清)李光地輯　　　　[輯
韓子粹言一卷　　(唐)韓愈撰　　(清)李光地
榕村講授三卷　　(清)李光地輯
朱子語類四纂五卷　　(清)李光地輯

榕村全書

(清)李光地撰
　　清道光九年(1829)李維迪刊本
　四書解義八卷　　道光五年(1825)刊
　　大學古本說一卷
　　中庸章段一卷餘論一卷四記一卷

讀論語劄記二卷
讀孟子劄記二卷
周易通論四卷
周易觀象十二卷
周易觀象大指二卷
詩所八卷
尙書七篇解義二卷
洪範說二卷
春秋毓餘四卷　　道光二年(1822)刊
孝經全註一卷
古樂經傳五卷
歷象本要一卷
握奇經註一卷
陰符經註一卷
離騷經註一卷 九歌註一卷
參同契註一卷　　　　　　　　　　　　[輯
韓子粹言一卷　　(唐)韓愈撰　　(清)李光地
正蒙註二卷
二程子遺書纂二卷外書纂一卷　　(清)李光
　地輯
朱子語類四纂五卷　　(清)李光地輯
朱子禮纂五卷　　(清)李光地輯
性理一卷　　(清)李光地輯
古文精藻二卷　　(清)李光地輯
榕村講授三卷　　(清)李光地輯
榕村字畫辨訛一卷
榕村韻書五卷
榕村詩選八卷首--卷　　(清)李光地輯　道
　光二年(1822)刊
程墨前選二卷　　(清)李光地輯　道光十年
　(1830)刊
名文前選六卷　　(清)李光地輯　道光十年
　(1830)刊
易義前選五卷　　(清)李光地輯　道光十年
　(1830)刊
榕村語錄三十卷
榕村全集四十卷續集七卷別集五卷　續集
　道光七年(1827)刊
榕村制義初集一卷二集一卷三集一卷四集
　一卷
附
周禮纂訓二十一卷　　(清)李鍾倫撰
經書源流歌訣一卷　　(清)李鍾倫撰
三禮儀制歌訣一卷　　(清)李鍾倫撰
歷代姓系歌訣一卷　　(清)李鍾倫撰
文貞公年譜二卷　　(清)李清植撰
儀禮纂錄二卷　　(清)李清植撰
湘咬存愚二卷　　(清)李清植撰
榕村譜錄合考二卷　　(清)李清馥撰
道南講授十三卷　　(清)李清馥輯

律詩四辨四卷　　（清）李宗文撰

陸雲士雜著

（清）陸次雲撰
清康熙二十二年（1683）宛羽齋刊本
八紘譯史
譯史四卷
八紘荒史一卷
峒谿纖志三卷
纖志志餘一卷
譯史紀餘四卷
澄江集一卷
北墅緖言五卷
玉山詞一卷
湖壖雜記一卷

寶靜庵先生遺書

（清）竇克勤撰
清康熙中朱陽竇氏刊本
尋樂堂日錄二十五卷附錄一卷　康熙六十一年（1722）刊
事親庸言二十卷　康熙五十九年（1720）刊
尋樂堂劄記一卷　康熙五十九年（1720）刊
悲飢詩一卷
勸善歌一卷
尋樂堂家規一卷
告先師文一卷　康熙二十五年（1686）刊
泌陽學條規一卷　康熙二十五年（1686）刊
尋樂堂學規一卷　康熙十七年（1678）刊
嵩陽酬和集一卷　康熙二十七年（1688）刊
理學正宗十五卷　康熙二十七年（1688）刊
崇祀鄉賢名宦錄二卷　（清）竇容莊等輯

禮山園全集

（清）李來章撰
清康熙中刊乾隆中印本
禮山園文集八卷文集後編五卷續集不分卷詩集十卷
嵩少遊草一卷
新城王氏西城別墅十三詠一卷
鎖闈雜詠一卷
達天錄二卷
聖人家門喩一卷　（清）魏象樞撰
書紳語略一卷
袞影錄*
南陽書院學規二卷首一卷
學要八箴一卷
紫雲書院讀史偶譚一卷
敕賜紫雲書院志不分卷
連山書院志六卷

連陽八排風土記八卷
嶺海拾遺*
京華見聞錄*
隨筆錄*
聖諭圖象衍義二卷
聖諭宣講鄉保條約一卷儀注一卷
聖諭衍義三字歌俗解一卷
御製訓飭士子文淺解一卷宣講儀注一卷宣講條約一卷

此木軒全集

（清）焦袁熹撰
清抄本
首一卷
此木軒讀四書注疏殘一卷（存卷六）
此木軒木食一卷
此木軒贅語五卷
此木軒雜著五卷（存卷一至二）
此木軒枝葉錄三卷
此木軒佁志錄二卷
此木軒泉下錄一卷
此木軒雜錄彙編一卷
此木軒詩十六卷（存卷一）
此木軒論詩八卷（存卷一至三）
此木軒論制義彙編一卷（存卷三）
此木軒自訂義存二卷
此木軒五言七言律詩選讀本二卷
此木軒昌黎文選一卷　（唐）韓愈撰　（清）焦袁熹輯
此木軒柳州文選一卷　（唐）柳宗元撰（清）焦袁熹輯
此木軒廬陵文選一卷　（宋）歐陽修撰（清）焦袁熹輯
此木軒選四六文二卷（存卷上）
此木軒歷科程墨（殘）
此木軒歷科詩經文（殘）

嘉會堂集

（清）沈堡撰
清康熙中刊本
懷舊吟一卷
唱莊一卷
淮遊紀略一卷

藏書五種（一名希庵五書）

（清）程作舟撰
清康熙中專園刊本
心經二卷
皇極書一卷皇極外書一卷
佁書外傳二卷

疑園二卷
皇明詩話二卷（缺卷二）

空明子全集

（清）張榮撰
　　清康熙中刊本
　　空明子文集二卷又二卷又六卷詩集八卷
　　空明子雜錄二卷
　　空明子茸城賦注一卷　（清）張榮撰併注
　　空明子崇川節婦傳三卷
　　空明子崇川獨行傳一卷
　　空明子崇川贈言一卷

吳荸菴遺稿

（清）吳懋謙撰
　　清康熙二十九年（1690）刊本
　　荸菴遺集九卷
　　荸菴二集十二卷
　　豫章遊稿四卷
　　華苹山人詩集六卷
　　華平近律一卷
　　華平戲作一卷
　　荸菴壽言二卷　（清）吳懋謙輯
　　滬上秋懷倡和集一卷　（清）張鑾輯
　　梅花書屋倡和詩二卷　（清）吳懋謙輯

楊氏全書

（清）楊名時撰
　　清乾隆五十九年（1794）江陰葉廷甲水心
　　　草堂刊本
　　易經劄記三卷
　　詩經劄記一卷
　　四書劄記四卷
　　經書言學指要一卷
　　大學講義二卷
　　中庸講義一卷
　　程功錄四卷
　　文集十二卷別集六卷附錄二卷

崧臺書

（清）景日昣撰
　　清康熙中刊本
　　崧臺學製書九卷附摭篆半月錄一卷薦後錄
　　　三卷
　　崧臺最錄一卷
　　崧臺隨筆二卷

巴山七種

（清）王侃撰
　　清同治四年（1865）光裕堂刊本

皇朝冠服志二卷
治平要術一卷
放言二卷
衡言四卷
江州筆談二卷
白岩文存六卷
白岩詩存五卷

朱文端公藏書

（清）朱軾撰
　　清康熙至乾隆間刊本
　　清光緒二十三年（1897）朱衡等重刊本
　　周易傳義合訂十二卷
　　春秋鈔十卷首一卷　乾隆元年（1736）刊
　　孝經一卷附孝經三本管窺三卷　（元）吳澄
　　　校定　（清）朱軾按　附（清）吳隆元撰
　　儀禮節略十七卷圖三卷
　　大戴禮記十三卷　（漢）戴德撰　（北周）盧
　　　辯注　（清）朱軾句讀　康熙五十七年
　　　（1718）自脩齋刊
　　禮記纂言三十六卷　（元）吳澄撰　（清）朱
　　　軾校補
　　呂氏四禮翼四卷　（明）呂坤撰　（清）朱軾
　　　評點
　　張子全書十五卷　（宋）張載撰　（清）朱軾
　　　（清）段志熙校
　　　西銘一卷　（宋）朱熹注
　　　正蒙二卷　（宋）朱熹注
　　　經學理窟五卷
　　　易說三卷
　　　語錄抄一卷
　　　文集抄一卷
　　　拾遺一卷
　　　附錄一卷
　　顏氏家訓二卷　（北齊）顏之推撰　（清）朱
　　　軾評點
　　家範十卷　（宋）司馬光撰　（清）朱軾評點
　　歷代名儒傳八卷　（清）朱軾（清）蔡世遠輯
　　歷代名臣傳三十五卷續編五卷　（清）朱軾
　　　（清）蔡世遠輯
　　歷代循吏傳八卷　（清）朱軾（清）蔡世遠輯

徐位山六種

（清）徐文靖撰
　　清雍正乾隆間志寧堂刊本
　　清光緒二年（1876）刊本
　　天下山河兩戒考十四卷圖一卷　雍正元年
　　　（1723）刊
　　禹貢會箋十二卷圖一卷　乾隆十八年
　　　（1753）淳溪趙文晃刊

竹書紀年統箋十二卷前編一卷雜述一卷
　　乾隆十五年(1750)當塗崔萬烜刊
志寧堂稿不分卷　(清)徐春榧注　　　[刊
管城碩記三十卷　乾隆九年(1744)毛大鵬
經言拾遺十四卷　乾隆二十年(1755)毛大
　　鵬刊
周易拾遺十四卷

抗希堂十六種

　(清)方苞撰
　　　清康熙嘉慶間桐城方氏抗希堂刊本
　周官集注十二卷
　周官析疑三十六卷
　考工記析疑四卷
　周官辨一卷
　離騷經正義一卷
　春秋直解十二卷
　春秋通論四卷
　春秋比事目錄四卷
　禮記析疑四十八卷
　儀禮析疑十七卷
　喪禮或問一卷
　左傳義法舉要一卷　(清)方苞述　(清)王
　　兆符(清)程崟錄
　史記注補正一卷
　刪定管子一卷　(周)管仲撰　(清)方苞刪定
　刪定荀子一卷　(周)荀況撰　(清)方苞刪定
　望溪先生文不分卷
　望溪先生文外集不分卷

半農先生集

　(清)惠士奇撰
　　　清惠氏紅豆齋刊本
　南中集一卷
　採薄集一卷
　紅豆齋時術錄一卷

任氏遺書

　(清)任啓運撰
　　　民國二十年(1931)刊本
　尚書章句內篇五卷外篇二卷
　尚書約注四卷末一卷
　朝廟宮室考一卷
　田賦考一卷
　天子肆獻祼饋食禮纂三卷
　禮記章句十卷
　四書約旨十九卷
　清芬樓遺稿四卷

文道十書

　(清)陳景雲撰
　　　清乾隆十九年(1754)陳黃中樸茂齋刊本
　綱目訂誤四卷　　　　　　　　　　　[撰
　紀元要略二卷附補一卷　補(清)陳黃中
　通鑑胡注舉正一卷
　韓集點勘四卷

沈歸愚詩文全集

　(清)沈德潛撰
　　　清乾隆中敎忠堂刊本
　沈德潛自訂年譜 一卷　乾隆二十九年
　　(1764)刊
　歸愚文鈔二十卷餘集八卷　乾隆二十四年
　　(1759)刊餘集三十二年(1767)刊
　說詩晬語二卷
　歸愚詩鈔二十卷　乾隆十六年(1751)刊
　矢音集四卷　乾隆十八年(1753)刊
　歸田集三卷
　八秩壽序壽詩一卷
　九秩壽序壽詩一卷　　　　　　　　　[刊
　歸愚詩鈔餘集十卷　乾隆三十一年(1766)
　黃山遊草一卷
　台山遊草一卷
　南巡詩一卷
　歸愚詩餘一卷　乾隆三十二年(1767)刊
　浙江通省志圖說一卷

澄懷園全集

　(清)張廷玉撰
　　　清乾隆十三年(1748)刊本
　澄懷園文存十五卷
　澄懷園載賡集六卷
　澄懷園語四卷　乾隆十一年(1746)刊
　澄懷老人自訂年譜六卷

金太史全集

　(清)金門詔撰
　　　清乾隆中刊本
　明史經籍志一卷
　明史傳總論一卷
　補三史藝文志一卷
　讀史自娛一卷
　各體自著五卷
　焚黃祝文一卷
　江都鄉賢錄一卷
　蘭亭集詩一卷　(清)金門詔輯

童氏雜著

　(清)童華撰
　　　清乾隆中刊本

　　　　長崎紀聞一卷
　　　　銅政條議一卷
　　　　赤城詩鈔二卷
　　　　駱駝經一卷
　　　　九家窰屯工記一卷
　　　　工上雜成一卷

陳司業集

　　（清）陳祖范撰
　　　　清乾隆二十九年（1764）日華堂刊本
　　　　經咫一卷
　　　　掌錄二卷
　　　　文集四卷
　　　　詩集四卷

鹿洲全集

　　（清）藍鼎元撰
　　　　清雍正十年（1732）刊本
　　　　清同治四年（1865）廣東緯文堂刊本
　　　　清光緒五年（1879）藍謙修補刊本
　　　　鹿洲初集二十卷
　　　　平臺紀略一卷
　　　　東征集六卷
　　　　鹿洲公案二卷
　　　　脩史試筆二卷
　　　　棉陽學準五卷
　　　　女學六卷　（雍正本、同治本）
　　　　鹿洲奏疏一卷

夢厂雜著

　　（清）俞蛟撰
　　　　民國上海古今書室石印本
　　　　春明叢說二卷
　　　　鄉曲枝詞二卷
　　　　遊踪選勝一卷
　　　　臨清寇略一卷
　　　　讀畫閒評一卷
　　　　齊東妄言二卷
　　　　潮嘉風月一卷

春雨堂集

　　（清）朱元英撰
　　　　清乾隆中刊本
　　　　夏雲存稿五卷
　　　　左傳拾遺二卷
　　　　詩學金丹一卷
　　　　助語小品一卷

梅莊雜著

　　（清）謝濟世撰

　　　　清光緒十年（1884）寄生草堂刊本
　　　　以學集四卷
　　　　西北域記一卷
　　　　纂言內篇一卷外篇二卷
　　　　離騷解一卷
　　　　史評一卷
　　　　居業集一卷
　　　　一欝集一卷

陳一齋全集（一名客星山人所著書）

　　（清）陳梓撰
　　　　清嘉慶二十年（1815）胡敬義堂刊本
　　　　經義質疑八卷
　　　　四書質疑五卷
　　　　删後文集十六卷
　　　　删後詩存十卷
　　　　一齋雜著三卷　嘉慶二十一年（1816）刊

秋水堂遺集

　　（清）莊亨陽撰
　　　　清光緒十五年（1889）南靖莊氏刊本
　　　　秋水堂文集六卷餘集一卷詩集六卷
　　　　莊氏算學八卷
　　　　曆法問答一卷

果堂全集

　　（清）沈彤撰
　　　　清乾隆中吳江沈氏刊本
　　　　果堂集十二卷
　　　　周官祿田考三卷　乾隆十六年（1751）刊
　　　　儀禮小疏一卷
　　　　儀禮鄭注監本刊誤一卷
　　　　尙書小疏一卷
　　　　春秋左氏小疏一卷

晴川八識

　　（清）孫之騄撰
　　　　清刊本
　　　　尙書大傳三卷補遺一卷
　　　　考定竹書十三卷
　　　　二申野錄八卷
　　　　枝語二卷
　　　　南漳子二卷
　　　　樊紹述集註二卷　（唐）樊紹述撰　（清）孫
　　　　　之騄注
　　　　玉川子詩註五卷　（唐）盧仝撰　（清）孫之
　　　　　騄注
　　　　晴川蟹錄四卷後錄四卷續錄一卷

道腴堂集

（清）鮑鉁撰
　　清雍正乾隆間刊本
　　道腴堂詩編三十卷續十二卷
　　道腴堂雜編八卷
　　道腴堂脞錄一卷
　　道腴堂雜著一卷
　　俊逸亭新編一卷
　　小籟園新編一卷續編二卷
　　雪泥鴻爪錄四卷　雍正十三年(1735)刊
　　裸勻一卷
　　亞谷叢書四卷

楊潭西先生遺書

（清）楊陸榮撰
　　清康熙乾隆間刊本
　　潭西詩集二十一卷　康熙六十年(1721)刊
　　五代史志疑四卷　康熙五十九年(1720)刊
　　易互六卷　乾隆十三年(1748)刊
　　禹貢臆參二卷　乾隆七年(1742)刊
　　經學臆參二卷　乾隆中刊
　　殷頑錄六卷　康熙六十年(1721)刊

汪雙池先生叢書

（清）汪紱撰
　　清道光至光緒間刊光緒二十三年(1897)
　　　長安趙舒翹等彙印本
　　周易詮義十四卷首一卷　同治十二年
　　　(1873)安徽敷文書局刊
　　易經如話十二卷首一卷　光緒二十二年
　　　(1896)刊
　　書經詮義十二卷首二卷　光緒七年(1881)
　　　紫陽書院刊
　　詩經詮義十二卷首一卷末二卷　道光二十
　　　二年(1842)延川金氏世德堂刊
　　禮記章句十卷　光緒二十一年(1895)刊
　　禮記或問八卷　光緒二十二年(1896)刊
　　六禮或問十二卷首一卷末一卷　光緒二十
　　　一年(1895)刊
　　春秋集傳十六卷首一卷末一卷　光緒二十
　　　一年(1895)刊
　　四書詮義三十八卷　道光六年(1826)婺源
　　　洪鈞刊
　　孝經章句一卷或問一卷　光緒二十一年
　　　(1895)刊
　　樂經律呂通解五卷　光緒九年(1883)刊
　　樂經或問三卷　光緒二十二年(1896)刊
　　山海經存九卷首一卷　（清）汪紱釋　光緒
　　　二十一年(1895)石印
　　理學逢源十二卷　光緒二十三年(1897)刊
　　戊笈談兵十卷(原缺卷十)首一卷補校錄一

卷　補校錄（清）戴彭撰　光緒二十年
　　(1894)刊
　附
　　四翼附編四卷　（清）戴彭撰　光緒二十
　　　一年(1895)皖江別墅刊
　　奇門遁甲啓悟一卷　（清）朱榮璪輯　光
　　　緒二十一年(1895)皖江別墅刊
　　策略六卷　光緒二十三年(1897)刊
　　醫林纂要探源十卷附錄一卷　光緒二十三
　　　年(1897)江蘇書局刊
　　雙池文集十卷　道光十四年(1834)婺源洪
　　　鈞刊
　浙刻雙池遺書十二種
　　讀近思錄一卷　光緒二十二年(1896)刊
　　讀讀書錄二卷　光緒二十一年(1895)刊
　　讀困知記三卷　光緒二十一年(1895)刊
　　讀問學錄一卷　光緒二十年(1894)刊
　　參讀禮志疑二卷　光緒二十一年(1895)
　　　刊
　　讀陰符經一卷　光緒二十一年(1895)刊
　　讀參同契三卷　光緒二十一年(1895)刊
　　儒先晤語二卷　光緒二十二年(1896)刊
　　詩韻析五卷首一卷末一卷　光緒九年
　　　(1883)刊
　　立雪齋琴譜二卷首一卷　光緒二十二年
　　　(1896)刊
　　大風集四卷　光緒二十二年(1896)刊
　　物詮八卷附一卷　光緒九年(1883)刊
　　雙池先生年譜四卷　（清）余龍光撰　光緒
　　　二十二年(1896)刊

喬劍溪遺集

（清）喬億撰
　　清乾隆嘉慶間刊本
　　小獨秀齋詩二卷補遺一卷附錄一卷
　　窺園吟稿二卷附江上吟一卷
　　三晉遊草一卷附錄一卷
　　夕秀軒遺草一卷附惜餘存稿一卷
　　劍溪文略一卷附燕石碎編一卷
　　劍溪外集一卷
　　杜詩義法二卷
　　劍溪說詩二卷又編一卷
　　大歷詩略六卷　（清）喬億輯

楚蒙山房集

（清）晏斯盛撰
　　清乾隆七年(1742)新喻晏氏刊本
　　楚蒙山房詩五卷
　　楚蒙山房文集二十卷
　　楚蒙山房易經解十八卷

學易初津二卷
易翼宗六卷
易翼說八卷

屏山草堂稿

(清)應麟撰
清乾隆十六年(1751)宜黃應氏刊本
易經碎言二卷首一卷
詩經旁參二卷
春秋剩義二卷
文集八卷

渠亭山人半部槀

(清)張貞撰
清康熙中刊本
渠亭文槀不分卷
或語不分卷
潛州集不分卷
娛老集不分卷遺槀一卷

若菴集五卷

(清)程庭撰
清康熙六十年(1721)刊本
文一卷
古今詩一卷
詩餘一卷
停驂隨筆一卷
春帆紀程一卷

充射堂集

(清)魏周琏撰
清康熙中刊本
充射堂詩集四卷二集一卷三集二卷四集一
卷五集一卷
充射堂文鈔一卷
充射堂大易餘論一卷
充射堂春秋餘論一卷

板橋集

(清)鄭燮撰
清乾隆中刊本
板橋詩鈔二卷
板橋詞鈔一卷
板橋家書一卷
板橋題畫一卷

杭大宗七種叢書

(清)杭世駿撰
清乾隆中杭賓仁羊城刊本
清咸豐元年(1851)長沙小嫏嬛山館刊本

諸史然疑一卷
漢書蒙拾三卷
後漢書蒙拾二卷
石經考異二卷
續方言二卷
晉書補傳贊一卷
文選課虛四卷
榕城詩話三卷

補史亭賸稿

(清)杭世駿撰
清乾隆中杭福烺道古堂鈔本
鴻詞所業三卷
經進講義一卷
史記考證七卷
經史質疑一卷
禮經質疑一卷
三國志補註六卷

道古堂外集

(清)杭世駿撰
清乾隆五十三年(1788)補史亭刊本
清光緒二十二年(1896)錢塘汪大鈞刊本
鴻詞所業三卷　(乾隆本)
經筵講義一卷　(乾隆本)
石經考異二卷
史記考證七卷
禮經質疑一卷
經史質疑一卷
諸史然疑一卷
三國志補註六卷
晉書補傳贊一卷
榕城詩話三卷
續方言二卷　(以下光緒本)
漢書蒙拾三卷
續漢書蒙拾二卷
文選課虛四卷

培遠堂全集

(清)陳弘謀撰
清道光十七年(1837)培遠堂刊本
培遠堂偶存稿(文檄)四十八卷
大學衍義輯要六卷　(清)陳弘謀輯
大學衍義補輯要十二卷　(清)陳弘謀輯
司馬文正公傳家集八十卷附錄一卷　(宋)
司馬光撰
司馬文正公(光)年譜一卷
養正遺規二卷補篇一卷
敎女遺規三卷
訓俗遺規四卷補篇二卷

學仕遺規四卷補篇四卷
從政遺規二卷
手札節要二卷
課士直解七卷
三通序目一卷　（清）陳弘謀錄
資治通鑑綱目三編二十卷　清乾隆十一年
　　敕撰
在官法戒錄四卷
先文恭公年譜十二卷　（清）陳鍾珂撰
培遠堂偶存稿十卷
甲子紀元一卷　（清）陳弘謀輯
綱鑑正史約三十六卷　　（明）顧錫疇撰
　　（清）陳弘謀增訂
呂子節錄四卷補遺二卷　　（明）呂坤撰
　　（清）陳弘謀輯

陳榕門先生遺書

（清）陳弘謀撰
　　民國三十二年(1943)廣西省鄉賢遺著編
　　　印委員會排印本
首一卷
培遠堂文集十卷
培遠堂手札節要三卷
培遠堂文檄四十八卷
課士直解七卷
養正遺規三卷
教女遺規三卷
訓俗遺規四卷補編二卷
學仕遺規四卷補編四卷
從政遺規二卷
在官法戒錄四卷
陳榕門先生遺書補遺一卷
陳榕門先生年譜一卷　（清）□□撰
附
如話齋詩存一卷　（清）陳繼昌撰

徐氏雜著

（清）徐大椿撰
　　清光緒中著易堂書局排印本
道德經註二卷
陰符經註一卷
樂府傳聲一卷
洄溪道情一卷

懷舫集

（清）魏荔彤撰
　　清雍正四年(1726)刊本
懷舫詩集十二卷續集九卷別集六卷
懷舫詞二卷續一卷別集一卷
雜著一卷續刻一卷

恭紀聖恩詩一卷
懷舫集(一名偶逢草)二卷
續廿二史彈詞二卷
懷舫自述一卷
懷舫別集一卷

黃靜山所著書

（清）黃永年撰
　　清乾隆十八年(1753)序集思堂刊本
南莊類稿八卷
白雲詩鈔二卷
匡遊草一卷
奉使集一卷
靜子日記一卷

王山史五種

（清）王弘撰撰
　　清光緒中刊本
待庵日札一卷　光緒二十六年(1900)刊
西歸日札一卷　光緒二十六年(1900)刊
北行日札一卷　光緒二十年(1894)刊
正學偶見述一卷　光緒二十一年(1895)刊
王貞文先生遺事一卷　（清）康乃心撰　光
　　緒二十二年(1896)刊

春和堂全集

（清）允禮撰
　　清雍正中刊本
春和堂紀恩詩一卷
恩旨彙紀一卷
奉使紀行詩一卷奉使行紀一卷
靜遠齋詩集十四卷
自得園文鈔一卷*
春和堂詩集一卷

空山堂全集

（清）牛運震撰
　　清嘉慶二十三年(1818)空山堂刊本
詩志八卷
周易解九卷
春秋傳十二卷　嘉慶四年(1799)刊
論語隨筆二十卷(原缺卷十、卷十八、卷二
　　十)　嘉慶六年(1801)序刊
孟子論文七卷
空山堂史記評注十二卷　乾隆五十八年
　　(1793)刊
讀史糾謬十五卷
空山堂文集十二卷詩集六卷

上湖遺集

(清)汪師韓撰
　　清乾隆中刊本
　上湖紀歲詩編四卷
　上湖詩紀續編一卷
　上湖分類文編十卷
　詩學纂聞一卷
　談書録一卷
　韓門綴學五卷續編一卷
　觀象居易傳箋十二卷
　孝經約義一卷

噉蔗全集

　(清)張義年撰
　　清光緒十九年(1893)上海著易堂排印本
　噉蔗文集八卷詩集八卷
　喪禮詳考一卷
　周官隨筆一卷

岣嶁叢書

　(清)曠敏本撰
　　清乾隆中曠氏刊本
　岣嶁删餘文草一卷
　岣嶁删餘詩草一卷
　岣嶁文草雜著一卷
　岣嶁韻語八卷
　岣嶁仿古一卷
　岣嶁韵牋五卷
　岣嶁時藝一卷
　岣嶁鑑撮四卷
　聲韻訂訛一卷

劉靜菴祕書三種

　(清)劉一峯撰
　　清乾隆六年(1741)積秀堂刊本
　思誠録一卷
　鑒古録二卷
　論古録二卷

潘相所著書

　(清)潘相撰
　　清刊本
　經學八書
　　周易尊翼五卷　乾隆四十一年(1776)刊
　　尚書可解輯粹二卷　嘉慶四年(1799)刊
　　毛詩古音參義五卷首一卷　嘉慶五年(1800)刊
　　春秋尊孟一卷
　　春秋比事參義一卷　　　　　　〔刊〕
　　春秋應舉輯要十二卷　嘉慶四年(1799)
　　禮記釐編十卷　乾隆四十年(1775)刊

　　周禮撮要三卷
　澧志舉要三卷　嘉慶二年(1797)刊
　事友録五卷　嘉慶五年(1800)刊
　吾學録五卷　乾隆六十年(1795)刊
　琉球入學見聞録四卷　乾隆三十三年(1768)刊
　蟫文書屋集略八卷尺牘略一卷
　約六齋制藝不分卷　光緒十五年(1889)重刊
附
　鯨濟課藝一卷　(清)潘承焯撰
　俎豆集三十卷　(清)潘承焯撰　光緒十五年(1889)重刊

惺齋先生雜著

　(清)王元啓撰
　　清乾隆中刊本
　周易講義一卷
　四書講義
　　大學講義一卷
　　中庸講義四卷
　　論語講義三卷補遺一卷
　　孟子講義二卷
　史記正譌三卷
　漢書正譌二卷
　校正朝邑志一卷　(明)韓邦靖撰　(清)王元啓校正
　弟子職一卷　(清)王元啓補注
　祭法記疑二卷
　惺齋論文三卷
　惺齋文鈔二卷

冠豸山堂全集

　(清)童能靈撰
　　清光緒二十三年(1897)連城童氏木活字排印本
　周易剩義二卷
　樂律古義二卷
　理學疑問四卷
　子朱子爲學次第考三卷
　冠豸山堂文集二卷
　留村禮意三卷　(清)童正心撰　(清)童能靈分釋

屠氏三種

　(清)屠元淳撰
　　清乾隆十一年(1746)刊本
　昭代舊聞四卷
　萬花擷繡四卷
　梧牕夜話二卷附録一卷

隨園三十種

(清)袁枚撰
　清乾隆嘉慶間刊本
　清同治五年(1866)三讓睦記刊本

隨園三十八種

　清光緒十八年(1892)勤裕堂排印本
　隨園圖一卷　(清)袁起繪　(排印本)
　小倉山房文集三十五卷
　小倉山房外集八卷
　小倉山房詩集三十七卷補遺二卷
　袁太史時文一卷
　小倉山房尺牘十卷
　牘外餘言一卷
　隨園詩話十六卷補遺十卷
　隨園隨筆二十八卷
　新齊諧(一名子不語)二十四卷續十卷
　隨園食單一卷
　續同人集十七卷　(清)袁枚輯
　隨園八十壽言六卷　(清)袁枚輯
　紅豆村人詩稿十四卷　(清)袁樹撰
　碧腴齋詩存八卷　(清)胡德琳撰
　南園詩選二卷　(清)何士顒撰
　筱雲詩集二卷　(清)陸應宿撰
　粲花軒詩稿(一名湄君詩集)二卷　(清)陸
　　建撰
　袁家三妹合稿四卷　(清)袁枚輯
　　繡餘吟稿一卷　(清)袁棠撰
　　盈書閣遺稿一卷　(清)袁棠撰
　　樓居小草一卷　(清)袁杼撰
　　素文女子遺稿一卷　(清)袁機撰
　閩南雜詠一卷　(清)袁綬撰　(排印本)
　湘痕閣詩稿二卷詞稿一卷　(清)袁嘉撰
　　(排印本)
　瑤華閣詩草一卷詞鈔一卷補遺一卷　(清)
　　袁綬撰　(排印本)
　隨園女弟子詩選六卷　(清)袁枚輯
　飲水詞鈔二卷　(清)性德撰　(清)袁通選
　七家詞鈔　(清)汪世泰輯
　　箏船詞一卷　(清)劉嗣綰撰
　　捧月樓詞二卷　(清)袁通撰
　　綠秋草堂詞一卷　(清)顧翰撰
　　玉山堂詞一卷　(清)汪庚撰
　　崇睦山房詞一卷　(清)汪全德撰
　　渦雲精舍詞二卷　(清)楊夔生撰
　　碧梧山館詞二卷　(清)汪世泰撰
　隨園瑣記二卷　(清)袁祖志撰　(排印本)
　涉洋管見(一名談瀛錄)一卷　(清)袁祖志
　　撰　(排印本)

　紅豆村人續稿四卷　(清)袁樹撰　(排印
　　本)
　諸子詹詹錄二卷　(清)袁樹撰　(排印本)

古愚老人消夏錄

(清)汪汲撰
　清乾隆嘉慶間古愚山房刊本
　事物原會四十卷　嘉慶元年(1796)刊
　十三經紀字一卷
　字典紀字一卷
　韻府紀字一卷
　疊字編一卷
　詞名集解六卷續編二卷
　宋樂類編二卷
　南北詞名宮調彙錄二卷
　院本名目一卷
　雜劇待考一卷
　琴曲萃覽一卷
　樂府標源二卷
　樂府遺聲一卷
　漱經齋座右銘類編一卷續編一卷　乾隆五
　　十九年(1794)刊
　解毒編一卷
　怪疾奇方一卷　嘉慶六年(1801)刊
　彙集經驗方一卷

瑣言

(清)張在辛撰
　清乾隆十三年(1748)刊本
　篆印心法一卷
　隸法瑣言一卷
　寫照瑣言一卷
　撰杖瑣言一卷
　輯硯瑣言一卷
　解畫瑣言一卷
　爐餘志略一卷
　侑觴瑣言一卷
　畫石瑣言一卷
　夕照回光一卷

潘龍菴全書

(清)潘士權撰
　清乾隆十年(1745)刊同治十三年(1874)
　　補刊本
　大樂元晉七卷
　洪範注補五卷
　學庸一得三卷
　曆算合要一卷　(清)李光地撰

頻羅庵遺集

(清)梁同書撰
    清嘉慶二十二年(1817)仁和陸貞一刊本
  詩三卷集杜二卷文四卷題跋四卷
    直語補證一卷
    日貫齋塗說一卷
    筆史一卷

清白士集

(清)梁玉繩撰
    清嘉慶道光間刊本
  人表考九卷
  呂子校補二卷
  元號略四卷附補遺一卷
  誌銘廣例二卷
  瞥記七卷
  蛻稿四卷
附
  庭立記聞四卷　(清)梁學昌輯

戴氏三種

(清)戴震撰
    民國十三年(1924)北京樸社排印本
  原善三卷
  孟子字義疏證三卷附錄一卷
  緒言三卷

范氏三種

(清)范家相撰
    清會稽范氏刊光緒十三年(1887)墨潤堂
    重修印本
  詩瀋二十卷
  三家詩拾遺十卷
  夏小正輯註四卷　(清)范家相輯

西澗草堂全集

(清)閣循觀撰
    清乾隆三十八年(1773)樹滋堂刊本
  西澗草堂集四卷詩集四卷
  困勉齋私記四卷
  尚書讀記一卷
  春秋一得一卷
附
  鈍齋詩集二卷　(清)閣循厚撰

蔣氏四種

(清)蔣士銓撰
    清咸豐中刊本
    清同治十年(1871)刊本
  忠雅堂文集十二卷詩集二十七卷補遺二卷
    銅絃詞二卷

  忠雅堂評選四六法海八卷
  蔣鉛山九種曲(一名清容外集)
    空谷香二卷
    香祖樓二卷
    冬青樹一卷
    臨川夢二卷
    一片石一卷
    桂林霜二卷
    第二碑一卷
    雪中人一卷
    四絃秋一卷

汪子遺書

(清)汪縉撰
    清光緒八年(1882)刊民國十五年(1926)
    彭清鵬補刊本
  汪子文錄十卷附錄一卷二錄二卷錄後一卷
    附一卷三錄三卷詩錄四卷
  讀佛祖四十偈私記一卷

春融堂集

(清)王昶撰
    清嘉慶中青浦王氏塾南書舍刊本
    清光緒十八年(1892)刊本
  春融堂集六十八卷　嘉慶十二年(1807)刊
  春融堂雜記八種　嘉慶十三年(1808)刊
    滇行日錄一卷
    征緬紀聞一卷
    征緬紀略一卷
    蜀徼紀聞一卷
    商洛行程記一卷
    雪鴻再錄一卷
    使楚叢譚一卷
    臺懷隨筆一卷
  述庵先生(王昶)年譜二卷　(清)嚴榮撰

清獻堂全編

(清)趙佑撰
    清乾隆五十二年(1787)刊本
  詩文集八卷
  尚書質疑二卷
  尚書異讀考六卷
  草木疏校正二卷
  春秋三傳雜案十卷
  讀春秋存稿四卷
  詩細十二卷
  四書溫故錄十一卷

甌北全集

(清)趙翼撰

　　　　清乾隆嘉慶間湛貽堂刊本
　　　　清光緒三年(1877)刊本
　　　廿二史劄記三十六卷補遺一卷　嘉慶五年
　　　　　(1800)刊　　　　　　　　　　　　　　〔刊
　　　陔餘叢考四十三卷　乾隆五十五年(1790)
　　　簷曝雜記六卷　　　　　　　　　　　　〔刊
　　　皇朝武功紀盛四卷　乾隆五十七年(1792)
　　　甌北詩鈔十七卷　乾隆五十六年(1791)刊
　　　甌北詩話十卷續二卷　嘉慶七年(1802)刊
　　　甌北集五十三卷　嘉慶十七年(1812)刊

汪龍莊遺書

　　（清）汪輝祖撰
　　　　清乾隆中雙節堂刊本
　　　佐治藥言一卷續一卷　乾隆五十四年
　　　　　(1789)刊
　　　舂陵褒貞錄一卷　乾隆五十六年(1791)刊
　　　善俗書一卷　乾隆五十五年(1790)刊
　　　越女表徵錄六卷　乾隆五十年(1785)刊

龍莊遺書

　　（清）汪輝祖撰
　　　　清光緒中江蘇書局刊本
　　　學治臆說二卷續說一卷說贅一卷
　　　佐治藥言一卷續一卷
　　　病榻夢痕錄二卷錄餘一卷
　　　雙節堂庸訓六卷

松靄初刻

　　（清）周春撰
　　　　清乾隆嘉慶間刊本

周松靄先生遺書

　　　　（清）乾隆嘉慶間刊本
　　　十三經音略十二卷附錄二卷　（遺書本）
　　　小學餘論二卷　（遺書本）
　　　中文孝經一卷孝經外傳一卷
　　　爾雅補注四卷　（初刻本）
　　　代北姓譜二卷
　　　遼金元姓譜一卷
　　　杜詩雙聲疊韻譜括略八卷　（遺書本）
　　　選材錄一卷
　　　遼詩話一卷

青雲洞遺書

　　（清）謝丕振撰
　　　　清乾隆二十一年(1756)李養亨刊本
　　初刻
　　　考亭遺矩一卷
　　　朱子師友傳一卷

　　　事賢錄一卷
　　　友仁錄一卷
　　　河東先儒遺訓一卷　（清）謝丕振輯
　　　河東先儒醒世文一卷　（清）謝丕振輯
　　　河汾淵源一卷
　　　善教名臣言行錄二卷　（清）謝丕振輯
　　二刻
　　　左陶右邵一卷
　　　臥雲草一卷
　　　八物咏一卷
　　　北窗草一卷
　　　司鐸草一卷
　　　文集一卷

滄寧齋集

　　（清）楊際昌撰
　　　　清乾隆二十四年(1759)似園刊本
　　　國朝詩話二卷
　　　在淵草一卷
　　　徼嬉草一卷
　　　醉月草一卷
　　　碧梧草一卷
　　　北海草一卷
　　　夢魘草一卷
　　　蘭室叢談一卷

北田集

　　（清）江浩然撰
　　　　清乾隆二十七年(1762)刊本
　　　北田文略一卷
　　　叢殘小語一卷
　　　北田詩臆一卷
　　　江湖客詞一卷

埜柏先生類稿

　　（清）宋在詩撰
　　　　清乾隆三十年(1765)刊本
　　　懷古堂偶存文稿四卷
　　　懷古堂偶存詩稿二卷
　　　見聞瑣錄三卷
　　　論語贅言二卷
　　　說孟一卷
　　　說左一卷
　　　讀詩邇朱近思錄二卷
　　　憶往編一卷附行狀墓誌

樸廬遺稿

　　（清）王愫撰
　　　　清乾隆三十二年(1767)愛日堂刊本
　　　樸廬詩稿一卷

附
　　毛孺人詩一卷　(清)毛秀惠撰
　　林屋詩餘一卷
　　題畫詩鈔一卷
　　論畫正則一卷

綠溪全集

(清)靳榮藩撰
　　清乾隆四十二年(1777)刊本
　　綠溪初稿一卷
　　綠溪詩四卷
　　綠溪語一卷
　　詠史偶稿一卷
　　綠溪詞一卷

潛研堂全書

(清)錢大昕撰
　　清乾隆嘉慶間刊道光二十年(1840)錢師
　　光重修印本

嘉定錢氏潛研堂全書

　　清光緒十年(1884)長沙龍氏家塾刊本
經
　　聲類四卷　(光緒本)
史　　　　　　　　　　　　　　　　　　　[刊
　　廿二史攷異一百卷　乾隆四十五年(1780)
　　三史拾遺五卷　嘉慶十二年(1807)嘉定李
　　　廣芸刊
　　諸史拾遺五卷　嘉慶十二(1807)嘉定李廣
　　　芸刊
　　元史氏族表三卷　嘉慶十一年(1806)嘉定
　　　黃鐘等刊
　　元史藝文志四卷
　　宋遼金元四史朔閏攷二卷　(清)錢侗增補
　　　(光緒本)
　　通鑑注辯正二卷　乾隆五十七年(1792)元
　　　和戈宙襄刊
　　洪文惠公(适)年譜一卷　嘉慶八年(1803)
　　　嘉定李廣芸刊
　　洪文敏公(邁)年譜一卷　嘉慶八年(1803)
　　　嘉定李廣芸刊
　　陸放翁先生(游)年譜一卷　嘉慶八年
　　　(1803)嘉定李廣芸刊
　　深寧先生(王應麟)年譜一卷　嘉慶十二年
　　　(1807)嘉定李廣芸刊
　　弇州山人(王世貞)年譜一卷　嘉慶十二年
　　　(1807)嘉定李廣芸刊
　　疑年錄四卷　(光緒本)
　　潛研堂金石文跋尾六卷續七卷又續六卷三
　　　續六卷(光緒本二十卷)嘉慶十年

　　　(1805)嘉定瞿中溶等刊
　　潛研堂金石文字目錄八卷　嘉慶十年
　　　(1805)嘉定瞿中溶等刊
子
　　十駕齋養新錄二十卷餘錄三卷　餘錄(清)
　　　錢師康輯　嘉慶十年(1805)儀徵阮元
　　　刊餘錄十一年(1806)錢東塾刊
　　三統術衍三卷鈐一卷　嘉慶六年(1801)儀
　　　徵阮元刊
　　風俗通逸文一卷　(光緒本)
　　恆言錄六卷　(光緒本)
集
　　潛研堂文集五十卷詩集十卷詩續集十卷
　　　嘉慶十一年(1806)嘉定黃鐘刊

惜抱軒全集

(清)姚鼐撰
　　清同治五年(1866)省心閣刊本　　[本
　　清光緒三十三年(1907)上海校經山房刊
　　民國三年(1914)上海會文堂書局石印本
　　惜抱軒文集十六卷文後集十卷詩集十卷詩
　　　後集一卷詩外集一卷
　　惜抱軒法帖題跋三卷
　　左傳補注一卷
　　國語補注一卷
　　公羊傳補注一卷
　　穀梁傳補注一卷
　　惜抱軒筆記八卷
　　惜抱軒九經說十七卷
　　五言今體詩鈔九卷　(清)姚鼐輯
　　七言今體詩鈔九卷　(清)姚鼐輯

惜抱軒遺書

(清)姚鼐撰
　　清光緒五年(1879)桐城徐宗亮刊本
　　莊子章義五卷附錄一卷
　　惜抱軒書錄四卷
　　惜抱先生尺牘補編二卷

亦園亭全集

(清)孟超然撰
　　清嘉慶二十年(1815)刊本
　　孟氏八錄
　　　焚香錄一卷
　　　求復錄四卷
　　　晚聞錄一卷
　　　廣愛錄一卷
　　　家誡錄二卷
　　　瓜棚避暑錄一卷
　　　誠是錄一卷

　　　　喪禮輯要二卷
　　　　使粤日記二卷
　　　　使蜀日記五卷
　　　　缾菴居士詩鈔四卷
　　　　缾菴居士文鈔四卷

是程集

　(清)魯九皋撰
　　　　清道光五年(1825)靜存書屋刊本
　　　審題要旨一卷
　　　制義準繩一卷
　　　詩學源流考一卷

蘇齋叢書

　(清)翁方綱撰
　　　　清乾隆嘉慶間刊本
　　　　民國十三年(1924)博古齋景印本
　　　兩漢金石記二十二卷　乾隆五十四年
　　　　(1789)南昌使院刊
　　　石經殘字考一卷
　　　五言詩十七卷七言詩歌行十五卷　(清)王
　　　　士禛輯　(清)翁方綱訂　嘉慶十一年
　　　　(1806)刊
　　　七言律詩鈔十八卷　(清)翁方綱輯　乾隆
　　　　四十七年(1782)復初齋刊　(刊本)
　　　經義考補正十二卷
　　　粤東金石略九卷首一卷九曜石考二卷
　　　蘇米齋蘭亭考八卷
　　　石洲詩話八卷　嘉慶二十年(1815)襄平蔣
　　　　氏刊
　　　蘇詩補注八卷　乾隆四十七年(1782)蘇齋
　　　　刊
　　　附
　　　　志道集一卷　(宋)顧禧撰
　　　小石帆亭著錄六卷
　　　米海岳(芾)年譜一卷　(刊本)
　　　元遺山先生(好問)年譜一卷
　　　焦山鼎銘考一卷　(刊本)
　　　瘞鶴銘考一卷
　　　通志堂經解目錄一卷
　　　十三經注疏姓氏一卷　乾隆五十二年
　　　　(1787)吉安使院刊
　　　春秋分年系傳表一卷
　　　詠物七言律詩偶記一卷
　　　栖霞小稿一卷
　　　嵐漪小艸一卷
　　　青原小艸一卷
　　　復初齋詩集三十二卷　(刊本)
　　　翁氏家事略記一卷　(刊本)
　　　金剛般若波羅蜜經附注一卷　(刊本)

雨峯全集

　(清)齊翀撰
　　　　清道光中齊學裘刊本
　　　雨峰詩鈔八卷文鈔一卷
　　　杜詩本義二卷
　　　三晉見聞錄一卷
　　　思補齋日錄一卷　道光三十年(1850)刊

李厚岡集

　(清)李榮陛撰
　　　　清嘉慶二十年(1815)亘古齋刊本
　　　周易篇第三卷首一卷
　　　易考二卷續考二卷
　　　尚書篇第一卷首一卷
　　　書經補篇一卷
　　　尚書考六卷
　　　四書解細論四卷
　　　厚岡詩集四卷文集二十卷

經韻樓叢書

　(清)段玉裁撰
　　　　清乾隆道光間金壇段氏刊本
　　　經韻樓集十二卷　道光元年(1821)七葉衍
　　　　祥堂刊
　　　儀禮漢讀考一卷
　　　戴東原集十二卷附覆校札記一卷　(清)戴
　　　　震撰　覆校札記(清)段玉裁撰　乾隆
　　　　五十七年(1792)經韻樓刊
　　　附
　　　　戴東原先生年譜一卷　(清)段玉裁撰
　　　古文尚書撰異三十二卷
　　　毛詩故訓傳定本小箋三十卷　嘉慶二十一
　　　　年(1816)七葉衍祥堂刊　　　　[刊
　　　周禮漢讀考六卷　嘉慶三年(1798)經韻樓
　　　春秋左氏古經十二卷五十凡一卷　道光元
　　　　年(1821)經韻樓刊
　　　聲韻考四卷　乾隆四十一年(1776)刊

介亭全集

　(清)江潘源撰
　　　　清同治十三年(1874)江潮重刊本
　　　介亭文集六卷
　　　介亭外集六卷
　　　介亭筆記八卷
　　　居眼邇言二卷
　　　北上偶錄三卷
　　　臨安府志序言一卷
　　　于役迤南記二卷
　　　介亭詩鈔一卷

獨秀山房四書文一卷續編一卷

樹經堂集

（清）謝啓昆撰
　　清乾隆嘉慶間刊本
　　樹經堂詩初集十五卷續集八卷
　　樹經堂文集四卷
　　西魏書二十四卷

燕禧堂五種

（清）任大椿撰
　　清乾隆中刊本
　　字林考逸八卷　（清）任大椿輯
　　深衣釋例三卷
　　列子釋文二卷　（唐）殷敬順撰　（宋）陳景
　　　元補遺
　　列子釋文考異一卷
　　釋繒一卷

章氏遺書

（清）章學誠撰
　　清道光十二年至十三年(1832—1833)章
　　　華紱刊本
　　文史通義八卷
　　校讐通義三卷

章氏遺書

（清）章學誠撰
　　民國十一年(1922)吳興劉氏嘉業堂刊本
　　民國二十五年(1936)商務印書館排印本
　　文史通義九卷
　　校讐通義四卷
　　方志略例二卷
　　文集八卷
　　湖北通志檢存稿四卷
　　外集二卷
　　湖北通志未成稿一卷
　外編
　　信摭一卷
　　乙卯劄記一卷
　　丙辰劄記一卷
　　知非日札一卷
　　閱書隨劄一卷
　　永清縣志七卷
　　永清文徵三卷
　　和州志三卷
　　章氏遺書補遺一卷附錄一卷　劉承幹輯
　　章氏遺書校記一卷　（民國）王秉恩撰

十二筆舫雜錄

（清）勺洋氏（李兆元）撰
　　清道光二年(1822)刊本
　　梅影叢談三卷
　　春暉餘話三卷
　　中州觚餘三卷
　　客牕贅語三卷　道光四年(1824)刊

崔東壁遺書

（清）崔述撰
　　清道光四年(1824)陳履和東陽刊本
　　民國十三年(1924)上海古書流通處據清
　　　道光陳氏本景印
（清）崔述撰　顧頡剛編訂
　　民國二十五年(1936)上海亞東圖書館排
　　　印本
　前編　（亞東本）
　　考信錄三十六卷
　　　考信錄提要二卷　道光二年(1822)刊
　　　補上古考信錄二卷　道光二年(1822)刊
　　　唐虞考信錄四卷　道光二年(1822)刊
　　　夏考信錄二卷　嘉慶二十二年(1817)刊
　　　商考信錄二卷　嘉慶二十二年(1817)刊
　　　豐鎬考信錄八卷　嘉慶二十二年(1817)
　　　　刊
　　　洙泗考信錄四卷　道光四年(1824)刊
　　　豐鎬考信別錄三卷　道光四年(1824)刊
　　　洙泗考信餘錄三卷　道光四年(1824)刊
　　　孟子事實錄二卷　道光二年(1822)刊
　　　考古續說二卷　道光四年(1824)刊
　　　考信附錄二卷　道光四年(1824)刊
　　　王政三大典考三卷　道光四年(1824)刊
　　　　三代正朔通考一卷
　　　　經傳禘祀通考一卷
　　　　三代經界通考一卷
　　　讀風偶識四卷　道光四年(1824)刊
　　　古文尙書辨僞二卷　道光四年(1824)刊
　　　論語餘說一卷　道光四年(1824)刊
　　　五服異同彙考三卷　道光四年(1824)刊
　　　易卦圖說一卷　道光四年(1824)刊
　　　無聞集四卷　道光四年(1824)刊
　　　附
　　　遺經樓文稿一卷　（清）陳履和撰　（陳履
　　　　和本、景印本）
　　　崔東壁遺書引得一卷　洪業輯　（以下亞
　　　　東本）
　後編
　　崔東壁先生佚文一卷附錄一卷
　　知非集一卷
　　二餘集一卷　（清）成靜蘭撰
　　針餘吟稿一卷　（清）崔幼蘭撰

菽田賸筆殘稿一卷
崔德臯先生遺書　（清）崔邁撰
　訒庵筆談二卷
　尙友堂文集二卷
　尙友堂說詩一卷
　寸心知詩集二卷
崔東壁先生親友事文彙輯　顧頡剛趙貞信
　輯
　評論一卷續輯一卷　顧頡剛輯
　初刻本校勘記一卷　趙貞信撰

高梅亭讀書叢鈔

（清）高幒集評
　　清乾隆五十三年（1788）廣郡永邑培元堂
　　楊氏刊本
　左傳鈔六卷
　公羊傳鈔一卷
　穀梁傳鈔一卷
　國語鈔二卷
　國策鈔二卷
　史記鈔四卷
　前漢書鈔四卷
　後漢書鈔二卷附蜀漢文鈔
　唐宋八家鈔八卷
　歸餘鈔四卷
　嘉懿集初鈔四卷續鈔四卷

葛萬里雜著

（清）葛萬里撰
　　清刊本
　夢航雜綴一卷
　清異錄一卷
　萬曆丁酉同年攷一卷
　牧翁先生（錢謙益）年譜一卷
　三袁先生（宗道、宏道、中道）年表一卷
　句圖一卷
　鈔詩姓氏一卷
　志料一卷
　夢航雜說一卷

梅谷十種書

（清）陸烜撰
　　清乾隆中平湖陸氏刊本
　梅谷文藁一卷
　梅谷行卷一卷
　耕餘小藁一卷
　吳興遊草一卷
　梅谷續藁三卷
　夢影詞三卷
　隴頭貑語一卷

梅谷偶筆一卷
人蔉譜四卷
春草遺句一卷　（清）陸炌（清）陸炘撰
附
　二蠶詞一卷

心齋十種

（清）任兆麟撰
　　清乾隆中震澤任氏忠敏家塾刊本
　夏小正補注四卷　乾隆五十一年（1786）刊
　石鼓文集釋一卷　乾隆五十三年（1788）刊
　尸子三卷附錄一卷　（周）尸佼撰　附錄
　　（清）惠棟輯　（清）任兆麟補遺　乾隆
　　五十三年（1788）刊
　四民月令一卷　（漢）崔寔撰　（清）任兆麟
　　輯　乾隆五十三年（1788）刊
　襄陽耆舊記三卷　（晉）習鑿齒撰　（清）任
　　兆麟訂　乾隆五十三年（1788）刊
　文章始一卷　（梁）任昉撰　（清）任兆麟校
　壽者傳三卷　（明）陳懋仁撰　（清）任兆麟
　　訂　乾隆五十年（1785）刊
　孟子時事略一卷　乾隆五十三年（1788）刊
　心齋集詩藁一卷
附
　弦哥古樂譜一卷
　綱目通論一卷

有竹居集

（清）任兆麟撰
　　清嘉慶二十四年（1819）兩廣節署刊本
　林屋詩藁四卷
　心齋文藁九卷
　雜著三卷
　　聲音表一卷
　　孟子時事略一卷
　　蒼頡篇一卷　（清）任兆麟輯

鶴關全集

（清）吳邦治撰
　　清乾隆中刊本
　鶴關詩初集一卷二集一卷
　黃山紀日一卷
　鶴關文賸三卷

古香堂叢書

（清）王初桐撰
　　清乾隆嘉慶間刊本
詩集
　白門集二卷　嘉慶四年（1799）刊
　金臺集一卷　嘉慶四年（1799）刊

　　　海右集四卷　乾隆五十八年(1793)刊
　　　濟南竹枝詞一卷　乾隆五十八年(1793)刊
　　　百花吟一卷　嘉慶四年(1799)刊
　　　十二河山集二卷　嘉慶四年(1799)刊
　　　嶰垄山人詞集　乾隆五十八年(1793)刊
　　　　杯湖欸乃三卷
　　　　杏花村琴趣一卷
　　雜著
　　　齊魯韓詩譜四卷　嘉慶四年(1799)刊
　　　北游日記四卷　乾隆五十八年(1793)刊
　　　柳絮集一卷附錄一卷　(清)李湘芝撰　附
　　　　錄(清)王初桐撰　乾隆五十八年
　　　　(1793)刊
　　　選聲集一卷附錄一卷　嘉慶五年(1800)刊
　　　貓乘一卷　嘉慶四年(1799)刊

南野堂全集

　　(清)吳文溥撰
　　　　清乾隆嘉慶間刊本
　　　南野堂詩集七卷首一卷　乾隆五十九年
　　　　(1794)刊
　　　南野堂筆記十二卷　嘉慶元年(1796)刊
　　　南野堂續筆記五種
　　　　慎餘編一卷
　　　　少見錄一卷
　　　　師貞備覽一卷
　　　　苗疆指掌一卷
　　　　漢唐石刻目錄一卷

永報堂集

　　(清)李斗撰
　　　　清乾隆嘉慶間刊本
　　　永報堂詩集八卷
　　　艾堂樂府一卷
　　　揚州畫舫錄十八卷
　　　傳奇二種
　　　　奇酸記傳奇四卷
　　　　歲星記傳奇二卷

天香全集

　　(清)舒夢蘭撰
　　　　清嘉慶十八年(1813)蓮根詩社刊本
　　　秋心集一卷續一卷
　　　南征集一卷
　　　駪駪集三卷
　　　婺舲餘稿一卷
　　　和陶詩一卷
　　　香詞百選一卷
　　　遊山日記十二卷
　　　古南餘話五卷

　　　湘舟漫錄三卷
　　　花仙小志一卷　(清)許元准輯
　　　雙丰公輓詩一卷
　　附
　　　聯璧詩鈔二卷　(清)舒亮袞(清)舒亮奕撰

午風堂全集

　　(清)鄒炳泰撰
　　　　清嘉慶四年(1799)刊本
　　　午風堂詩集六卷
　　　午風堂叢談八卷

古語遺錄

　　(清)戚學標撰
　　　　稿本
　　　方音一卷
　　　諧聲補證一卷補一卷
　　　說文補攷一卷
　　　古人言一卷
　　　口頭語一卷
　　　客寓雜錄一卷
　　　台事隨筆一卷

戚鶴泉所著書

　　(清)戚學標撰
　　　　清嘉慶中涉縣署刊本
　　　毛詩證讀五卷　嘉慶十年(1805)刊
　　　讀詩或問一卷　嘉慶十年(1805)刊
　　　四書偶談內編一卷外編一卷　嘉慶六年
　　　　(1801)刊　　　　　　　　　　〔刊
　　　鶴泉文鈔二卷續選九卷　嘉慶五年(1800)
　　　集李三百篇二卷　嘉慶六年(1801)刊
　　　鶴泉集唐三卷初編一卷　嘉慶十年(1805)
　　　　刊
　　　台州外書二十卷　(清)戚學標輯　嘉慶四
　　　　年(1799)刊

賜書堂全集

　　(清)陳昌齊撰
　　　　清刊本
　　　賜書堂集鈔六卷詩鈔一卷
　　　測天約術一卷
　　　呂氏春秋正誤一卷
　　　楚辭音義一卷
　　　新論正誤一卷
　　　經典釋文附錄一卷
　　　臨池瑣語一卷
　　　淮南子正誤十二卷

授堂遺書

（清）武億撰
　　清乾隆嘉慶間武穆淳刊本
　　清道光二十三年(1843)偃師武氏刊本
經讀考異八卷補一卷句讀敍述二卷補一卷
　　　附翟晴江四書考異內句讀一卷　乾隆
　　五十四年(1789)小石山房刊
羣經義證八卷
三禮義證十二卷
金石一跋四卷二跋四卷三跋二卷
授堂金石文字續跋十四卷　嘉慶元年
　　(1796)刊
授堂文鈔八卷續集二卷
附
　　讀畫山房文鈔二卷　（清）武穆淳撰
授堂詩鈔八卷
附錄二卷　（清）武穆淳輯

紀愼齋先生全集

（清）紀大奎撰
　　清嘉慶十三年(1808)刊本
雙桂堂易說二種
　　觀易外編六卷
　　易問六卷
古律經傳附考五卷
老子約說四卷
雙桂堂稿十卷續編十二卷
敬義堂家訓三卷
　　枕上銘一卷
　　紀氏敬義堂家訓述錄一卷
　　書紳錄一卷
雙桂堂時文稿一卷附錄一卷
課子遺編一卷
地理末學六卷
筆算便覽五卷
紀愼齋先生崇祀錄一卷
薛文清公讀書錄鈔一卷讀書續錄鈔一卷
　　（明）薛瑄撰　（清）紀大奎輯
餤峯先生遺稿二卷　（清）何輝宁撰
續集　咸豐二年(1852)刊
周易參同契集韻六卷
悟眞篇三卷　（清）紀大奎輯訂
俞氏參同契發揮五言註摘錄一卷
仕學備餘六卷
六壬類聚四卷
地理水法要訣五卷
考訂河洛理數便覽一卷

北江全集

（清）洪亮吉撰
　　清乾隆嘉慶間刊本

乾隆府廳州縣圖志五十卷　乾隆五十四年
　　(1789)刊
補三國疆域志二卷　乾隆四十六年(1781)
　　西安刊
東晉疆域志四卷　嘉慶元年(1796)京師刊
十六國疆域志十六卷　嘉慶三年(1798)京
　　師刊
漢魏晉四卷　乾隆五十年(1785)西安刊
卷施閣文甲集十卷乙集八卷詩二十卷　乾
　　隆六十年(1795)貴陽節署刊
附
　　洪北江先生年譜一卷　（清）呂培等撰
附鮚軒詩八卷　乾隆六十年(1795)貴陽節
　　署刊　　　　　　　　　　　　　［卷
更生齋文甲集四卷乙集四卷詩八卷詩餘二

續刻北江遺書

（清）洪亮吉撰
　　清道光中刊本
曉讀書齋初錄二卷二錄二卷三錄二卷四錄
　　二卷
遣戍伊犂日記一卷
天山客話一卷
外家紀聞一卷
擬兩晉南北史樂府二卷
附鮚軒外集唐宋小樂府一卷
史目表二卷　（清）洪飴孫撰

洪北江全集

（清）洪亮吉撰
　　清光緒中洪用懃授經堂刊本
洪北江先生年譜一卷　（清）呂培等撰　光
　　緒三年(1877)刊
卷施閣文甲集十卷續一卷補遺一卷乙集八
　　卷續編一卷詩二十卷　光緒三年
　　(1877)刊五年(1879)續刊
更生齋文甲集四卷乙集四卷續集二卷詩八
　　卷續集十卷　光緒三年(1877)刊四年
　　(1878)續刊
附鮚軒詩八卷　光緒三年(1877)刊
更生齋詩餘二卷　光緒三年(1877)刊
擬兩晉南北史樂府二卷　光緒三年(1877)
　　刊
附鮚軒外集唐宋小樂府一卷　光緒四年
　　(1878)刊
北江詩話六卷　光緒三年(1877)刊
曉讀書齋初錄二卷二錄二卷三錄二卷四錄
　　二卷　光緒三年(1877)刊　　　［刊
傳經表二卷通經表二卷　光緒五年(1879)
六書轉注錄十卷　光緒四年(1878)刊

弟子職箋釋一卷　光緒三年(1877)刊
史目表二卷　(清)洪飴孫撰　光緒三年
　　(1877)刊
春秋左傳詁二十卷　光緒四年(1878)刊
漢魏晉四卷　光緒三年(1877)刊
比雅十卷　光緒五年(1879)刊
乾隆府廳州縣圖志五十卷　光緒五年
　　(1879)刊
補三國疆域志二卷　光緒四年(1878)刊
東晉疆域志四卷　光緒四年(1878)刊
十六國疆域志十六卷　光緒四年(1878)刊
遣戍伊犂日記一卷　光緒三年(1877)刊
天山客話一卷　光緒三年(1877)刊
外家紀聞一卷　光緒三年(1877)刊

澹靜齋全集

(清)龔景瀚撰
　　清道光六年(1826)恩錫堂刊本
　　澹靜齋文鈔六卷文鈔外篇二卷詩鈔六卷
　　附
　　　　壺山書屋詩略二卷　(清)龔受穀撰
　　　　聽雨山房詩存二卷詩存外篇一卷　(清)
　　　　　　龔豐穀撰
　　祭儀攷四卷
　　澹靜齋說禩一卷圖一卷
　　邠風說二卷
　　離騷箋二卷

三影閣叢書

(清)張雲璈撰
　　清道光中孫之杲刊本
　　選學膠言二十卷補遺一卷　道光十一年
　　　　(1831)刊
　　四寸學六卷　道光十一年(1831)刊
　　金牛湖漁唱一卷
　　蠟味小槀五卷
　　復丁老人草二卷
　　簡松草堂文集十二卷附錄一卷詩集二十卷
　　三影閣箏語三卷
　　知還草五卷

黃勤敏公全集

(清)黃鉞撰
　　清咸豐同治間刊本
　　壹齋集四十卷　咸豐九年(1859)蕪湖許文
　　　　深刊
　　奏御集二卷
　　兩朝恩賚記一卷　許文深刊
　　壹齋集賦一卷
　　二十四畫品一卷

畫友錄一卷
壹齋集游記一卷
泛漿錄二卷
蕭湯二老遺詩合編一卷　(清)蕭雲從(清)
　　湯燕生撰　(清)黃鉞輯　許文深刊
附
　　黃勤敏公年譜一卷　(清)黃富民撰　同治
　　　　五年(1866)刊

珍埶宧遺書

(清)莊述祖撰
　　清嘉慶道光間武進莊氏脊令舫刊本
　　明堂陰陽夏小正經傳考釋十卷
　　　　夏時明堂陰陽經一卷　　　　　　　[刊
　　　　夏時說義二卷　以上嘉慶十四年(1809)
　　　　夏小正等例文句音義六卷　　　　　[刊
　　　　夏小正等例一卷　以上道光十年(1830)
　　尚書今古文考證七卷　道光十六年(1836)
　　　　刊
　　毛詩考證四卷　道光十六年(1836)刊
　　毛詩周頌口義三卷　道光十五年(1835)刊
　　五經小學述二卷　道光十六年(1936)刊
　　歷代載籍足徵錄一卷　道光十五年(1835)
　　　　刊
　　弟子職集解一卷　道光十一年(1831)刊
　　漢鼓吹鐃歌曲句解一卷　道光十四年
　　　　(1834)刊
　　說文古籀疏證目(一名古文甲乙篇)一卷
　　　　道光十七年(1837)刊
　　石鼓然疑一卷　道光十四年(1834)刊
　　珍埶宧文鈔七卷詩鈔二卷

強恕齋四膡稿

(清)章謙存撰
　　清道光十年(1830)刊本
　　經膡
　　　尚書周誥考辨二卷
　　　鄭風考辨一卷
　　　春秋比辨一卷
　　　強恕齋雜著一卷
　　文膡
　　　強恕齋文膡一卷
　　　使足編(原名備荒通論)一卷
　　詩膡*
　　筆膡
　　　校補叢殘一卷
　　　籌賑事略一卷
　　　學律初步一卷

笙雅堂全集

（清）張九鐔撰
　　清嘉慶十六年(1811)張世浣等刊本
　　笙雅堂文集四卷詩集十四卷
　　竹書紀年考證一卷
　　竹南賦略一卷
　　易通一卷

五研齋全集

（清）沈赤然撰
　　清嘉慶中刊本
　　五研齋詩鈔二十卷文鈔十一卷　詩鈔嘉慶
　　　三年(1798)刊
　　寄傲軒讀書隨筆十卷續筆六卷三筆六卷
　　　隨筆續筆嘉慶十年(1805)刊
　　公羊穀梁異同合評四卷
　　寒夜叢談三卷　嘉慶十四年(1809)刊

劉端臨先生遺書

（清）劉台拱撰
　　清嘉慶十一年(1806)揚州阮常生刊十三
　　　年(1808)續刊本
　　清道光十四年(1834)世德堂刊本
　　兩世鄉賢錄一卷崇祀名宦錄一卷　（道光
　　　本）
　　論語駢枝一卷
　　經傳小記一卷
　　國語補校一卷　（道光本）
　　荀子補註一卷
　　淮南子補校一卷　（道光本）
　　方言補校一卷　（道光本）
　　漢學拾遺一卷
　　劉端臨先生文集一卷

延釐堂集

（清）孫玉庭撰
　　清同治十一年(1872)孫毓漢刊本
　　奏疏三卷補遺一卷
　　鹽法隅說一卷
　　延釐堂文集一卷
　　延釐堂詩集二卷
　　自記年譜一卷

顨軒孔氏所著書

（清）孔廣森撰
　　清嘉慶二十二年(1817)曲阜孔氏儀鄭堂
　　　刊本
　　春秋公羊經傳通義十一卷敍一卷　嘉慶十
　　　七年(1812)孔廣廉刊
　　大戴禮記補注十三卷序錄一卷　乾隆五十
　　　九年(1794)孔廣廉刊

　　詩聲類十二卷聲類分例一卷　乾隆五十七
　　　年(1792)孔廣廉謙益堂刊　　　　［刊
　　禮學卮言六卷　嘉慶十八年(1813)孔昭虔
　　經學卮言六卷　嘉慶十八年(1813)孔昭虔
　　　刊
　　少廣正負術內篇三卷外篇三卷　嘉慶十九
　　　年(1814)孔昭虔刊
　　駢儷文三卷　嘉慶十七年(1812)孔昭虔刊

雅歌堂全集

（清）徐經撰
　　清光緒二年(1876)潭陽徐氏刊本
　　雅歌堂文集二十二卷
　　雅歌堂外集
　　左傳兵法　（清）徐經輯
　　左傳兵訣　以上合一卷
　　孫吳兵訣一卷　（清）徐經輯
　　春秋禮經　（清）徐經輯
　　春秋書法凡例附胡氏釋例　以上合一卷
　　左傳歌謠一卷　（清）徐經輯
　　左傳精語一卷　（清）徐經輯
　　外傳精語一卷　（清）徐經輯
　　公穀精語一卷　（清）徐經輯
　　國策精語一卷　（清）徐經輯
　　讀左存愚一卷
　　詩說匯訂一卷
　　朱子事彙纂略一卷　（清）徐經輯
　　朱梅崖文譜一卷　（清）徐經輯
　　雅歌堂愼陟集詩鈔五卷
　　雅歌堂賦一卷
　　雅歌堂瓬坪詩話二卷

犢山類藁

（清）周鎬撰
　　清光緒十年(1884)同邑榮汝楫木活字排
　　　印本
　　犢山文稿六卷
　　課易存商一卷
　　讀書雜記一卷
　　隨筆雜記一卷
　　犢山詩藁四卷

校禮堂全集

（清）凌廷堪撰
　　清嘉慶道光間刊本
　　校禮堂詩集十四卷文集三十六卷　嘉慶十
　　　八年(1813)宣城張其錦刊詩集道光六
　　　年(1826)刊
　　燕樂考原六卷　嘉慶十六年(1811)宣城張
　　　其錦刊

514

中國叢書綜錄(第一册)

梅邊吹笛譜二卷補錄一卷　道光六年
(1826)宣城張其錦刊
晉泰始笛律匡謬一卷　道光二十九年
(1849)涇縣潘芸閣刊
元遺山先生(好問)年譜二卷　道光二十九
年(1849)涇縣潘芸閣刊
凌次仲先生年譜四卷　(清)張其錦撰　道
光中池州章氏刊

敬堂遺書

(清)辛紹業撰
清嘉慶二十一年(1816)經笥齋刊本
敬堂文稿二卷詩稿二卷
易圖存是二卷
冬官旁求二卷
律呂考一卷
九歌解一卷
周禮釋文答問一卷

獨學廬全稿

(清)石韞玉撰
清乾隆嘉慶間刊本
獨學廬初稿詩八卷文三卷
讀左卮言一卷
漢書刊誤一卷
獨學廬二稿詩三卷文三卷花韻庵詩餘一卷
花間樂府一卷外集一卷微波詞四卷
獨學廬三稿文五卷詩晚香樓集六卷
獨學廬四稿文五卷詩池上集四卷
獨學廬五稿詩燕居集五卷文三卷補遺一卷

朱近漪所箸書

(清)朱楓撰
清乾隆中刊本
秦漢瓦圖記四卷補遺一卷
雍州金石記十卷記餘一卷　　　　[卷
古金待問錄四卷錄餘一卷補遺一卷續錄一
排山小集八卷
遺詩鈔一卷　(清)趙以文(清)劉文煒撰
青岑遺稿一卷　(清)朱楡撰
排山後集六卷續集十二卷

柚堂全集

(清)盛百二撰
清乾隆中刊本
柚堂文存四卷
皆山樓吟稿四卷　乾隆五十七年(1792)寶
綸堂刊
柚堂筆談四卷　乾隆三十四年(1769)潘蓮
庚刊

教稼書二卷　(清)孫宅揆撰　(清)盛百二
增訂
補漢兵志一卷　(宋)錢文子撰　乾隆三十
四年(1769)般陽書院刊

沈氏羣峯集

(清)沈清瑞撰
民國二十二年(1933)沈恩孚排印本
沈氏羣峯集五卷外集一卷
韓詩故二卷

郝氏遺書

(清)郝懿行撰
清嘉慶至光緒間刊本
易說十二卷便錄一卷　光緒八年(1882)東
路廳署刊
書說二卷　光緒八年(1882)東路廳署刊
汲冢周書輯要一卷逸書一卷　光緒八年
(1882)東路廳署刊
禮記箋四十九卷　光緒八年(1882)東路廳
署刊　　　　　　　　　　　　[刊
春秋說略十二卷　道光七年(1827)趙銘彝
春秋比二卷　道光七年(1827)趙銘彝刊
爾雅郭注義疏十九卷　同治四年(1865)郝
聯薇刊
山海經箋疏十八卷圖讚一卷訂譌一卷敍錄
一卷　嘉慶十四年(1809)儀徵阮元刊
竹書紀年校正十四卷通考一卷　光緒五年
(1879)東路廳署刊
荀子補注二卷
晉宋書故一卷　嘉慶二十一年(1816)刊
補宋書刑法志一卷
補宋書食貨志一卷
宋瑣語不分卷
寶訓八卷　光緒五年(1879)東路廳署刊
蜂衙小記一卷　光緒五年(1879)東路廳署
刊　　　　　　　　　　　　　　[刊
燕子春秋一卷　光緒五年(1879)東路廳署
記海錯一卷　光緒五年(1879)東路廳署刊
詩說二卷　光緒八年(1882)東路廳署刊
詩經拾遺一卷　光緒八年(1882)東路廳署
刊
詩問七卷　光緒八年(1882)東路廳署刊
列女傳補注八卷敍錄一卷校正一卷　(清)
王照圓撰
列仙傳校正本二卷讚一卷　(漢)劉向撰
(清)王照圓校
夢書一卷　(清)王照圓輯　　　　[刊
證俗文十九卷　光緒十年(1884)東路廳署
曬書堂文集十二卷外集二卷別集一卷　光

緒十年(1884)東路廳署刊
曬書堂闈中文存一卷　(清)王照圓撰　光
　緒十年(1884)東路廳署刊
曬書堂筆記二卷　光緒十年(1884)東路廳
　署刊
曬書堂時文一卷　光緒十年(1884)東路廳
　署刊
曬書堂筆錄六卷　光緒十年(1884)東路廳
　署刊
曬書堂詩鈔二卷試帖一卷詩餘一卷　光緒
　十年(1884)東路廳署刊
和鳴集一卷　(清)郝懿行(清)王照圓撰
梅叟聞評四卷　(清)郝培元撰　(清)郝懿
　行注　光緒十年(1884)東路廳署刊

四錄堂類集

(清)嚴可均撰
　　清嘉慶中刊本
唐石經校文十卷　嘉慶九年(1804)香山書
　院刊
說文聲類二卷　嘉慶七年(1802)刊
說文校議十五卷　(清)嚴可均(清)姚文田
　撰　嘉慶二十三年(1818)冶城山館刊
鐵橋漫稿十三卷

邃雅堂全書

(清)姚文田撰
　　清嘉慶至光緒間歸安姚氏刊本
邃雅堂集十卷文集續編一卷　道光元年
　(1821)江陰學使者署刊續編八年
　(1828)刊
邃雅堂學古錄七卷　道光七年(1827)刊
　學易討原一卷
　顓頊厤術一卷
　夏殷厤章蔀合表一卷
　周初年月日歲星考一卷
　春秋經傳朔閏表一卷
　漢初年月日表一卷
　四書瑣語一卷
古晉諧八卷　道光二十五年(1845)刊
廣陵事略七卷　嘉慶十七年(1812)開封節
　署刊
說文校議十五卷　(清)姚文田(清)嚴可均
　撰　同治十三年(1874)刊
說文聲系十五卷　嘉慶九年(1804)刊
繆篆分韻五卷補一卷　嘉慶元年(1796)刊
四聲易知錄四卷　光緒八年(1882)補刊
續復古編四卷　光緒十二年(1886)刊

海雅堂全集

(清)凌揚藻撰
　　清道光中刊本
藥洲花農詩略六卷文略十六卷文略續六卷
挂榻蕝記六卷
春秋卹聞鈔十二卷
四書紀疑錄六卷
國朝嶺海詩鈔二十四卷　(清)凌揚藻輯

味蕉小寮集

(清)蔡世鈸撰
　　清道光中刊本
禹貢讀二卷　道光十年(1830)刊
讀劉向書隨筆一卷　道光十年(1830)刊
都門文鈔一卷
閩南文鈔一卷
味蕉試帖一卷

深省堂集

(清)景安撰
　　清嘉慶中刊本
深省堂聞吟集九卷保陽吟草一卷
深省堂隨筆一卷
深省堂自箴錄三卷續錄四卷
深省堂文集一卷

培蔭軒全集

(清)胡季堂撰
　　清道光二年(1822)刊本
培蔭軒文集二卷
培蔭軒詩集四卷
扈從木蘭行程日記一卷
培蔭軒雜記一卷

節甫老人雜著

(清)江藩撰
　　清道光九年(1829)江順銘重修刊本

江氏叢書

　　清光緒十二年(1886)江亙渠補刊本
周易述補四卷
附
　易大義一卷　(清)惠棟撰
國朝漢學師承記八卷
國朝經師經義目錄一卷
國朝宋學淵源記二卷附記一卷
隸經文四卷續一卷
樂縣考二卷　(以下江氏叢書本)
扁舟載酒詞一卷

敬民齋遺書

（清）徐潤第撰
　　　清道光二十八年(1848)徐繼畬刊本
　　說易一卷
　　圖說二卷
　　臆說二卷
　　雜言一卷
　　中庸私解一卷
　　逍遙遊釋一卷
　　劄記六卷
　　雜篇二卷
　　遺文一卷

焦氏叢書

（清）焦循撰
　　　清嘉慶道光間江都焦氏雕菰樓刊本
　　　清光緒二年(1876)衡陽魏氏刊本
　　雕菰樓易學三書
　　　易章句十二卷
　　　易圖略八卷
　　　易通釋二十卷
　　易話二卷　道光六年(1826)半九書塾刊
　　易廣記三卷　道光六年(1826)半九書塾刊
　　六經補疏二十卷　道光六年(1826)半九書
　　　塾刊
　　　論語補疏三卷
　　　周易補疏二卷
　　　尚書補疏二卷
　　　毛詩補疏五卷
　　　春秋左傳補疏五卷
　　　禮記補疏三卷
　　羣經宮室圖二卷
　　禹貢鄭注釋二卷　道光八年(1828)刊
　　孟子正義三十卷
　　里堂學算記十六卷　嘉慶四年(1799)刊
　　　加減乘除釋八卷
　　　天元一釋二卷
　　　釋弧三卷
　　　釋輪二卷
　　　釋橢一卷
　　北湖小志六卷首一卷　嘉慶十三年(1808)
　　　刊
　　先府君事略一卷　（清）焦廷琥撰

不遠復齋遺書

（清）潘世璜撰幷輯
　　　清道光十八年(1838)刊本
　　　清光緒六年(1880)潘遵祁刊本
　　周程張子合鈔一卷
　　朱子節要鈔六卷
　　得心編一卷

　　高子講義一卷
　　薛子讀書錄鈔四卷
　　一得錄四卷

小琅嬛僊館敘錄書

（清）阮元輯
　　　清嘉慶三年(1798)儀徵阮氏刊本
　　述學二卷　（清）汪中撰
　　漑亭述古錄二卷　（清）錢塘撰
　　儀鄭堂文集二卷　（清）孔廣森撰

宛鄰書屋叢書

（清）張琦撰
　　　清道光中陽湖張氏宛鄰書屋刊本
　　戰國策釋地二卷
　　素問釋義十卷　道光十年(1830)刊
　　宛鄰書屋古詩錄十二卷　（清）張琦輯
　　宛鄰詩二卷　道光十九年(1839)刊
　　附
　　　蓬室偶吟一卷　（清）湯瑤卿撰
　　立山詞一卷　道光十九年(1839)刊
　　宛鄰文二卷　道光二十年(1840)刊
　　緯青遺稿一卷　（清）張㶧英撰　道光九年
　　　(1829)刊
　　明發錄一卷　（清）張曜孫輯　道光二十年
　　　(1840)刊
　　詞選二卷附錄一卷　（清）張惠言輯　附錄
　　　（清）鄭善長輯　道光十年(1830)刊
　　續詞選二卷　（清）董毅輯

傳經堂叢書

（清）洪頤煊撰
　　　清嘉慶道光間臨海洪氏刊本
　　禮經宮室答問二卷
　　孔子三朝記七卷目錄一卷　（清）洪頤煊注
　　　嘉慶十六年(1811)刊
　　夏小正疏義四卷異字記一卷釋音一卷
　　　（清）洪震煊撰
　　管子義證八卷
　　讀書叢錄二十四卷　道光二年(1822)刊
　　平津讀碑記八卷續記一卷再續一卷三續二
　　　卷　再續道光六年(1826)刊三續道光
　　　十四年(1834)刊
　　雪疆老人詩稿四卷　（清）洪枰撰
　　地齋詩鈔二卷　（清）洪坤煊撰
　　楸堂詩鈔一卷　（清）洪震煊撰
　　筠軒文鈔八卷詩鈔四卷
　　國朝名人詞翰二卷　（清）洪頤煊輯　道光
　　　三年(1823)刊
　　台州札記十二卷

楊愚齋先生全集

（清）楊丕復撰
　　清光緒二十六年(1900)刊本
　　儀禮經傳通解五十八卷序說一卷雜說一卷
　　　綱領二卷　光緒十九年(1893)刊
　　春秋經傳合編三十卷雜說一卷書法彙表三
　　　卷辨疑二卷
　　朱子四書纂要四十卷
　　輿地沿革表四十卷

雲巖叢書

（清）李炤祿撰
　　清嘉慶中刊本
　　雲巖小志八卷
　　靈岩小志一卷
　　琴劍集三卷
　　　琴劍集一卷
　　　鶴心偶寄一卷
　　　鴻爪留餘一卷
　　律杜一卷
　　律李一卷
　　律選一卷
　　賦草一卷
　　壽薖詞一卷　（清）李炤祿輯
　　斑菊一卷　（清）李炤祿輯
　　黔風十二卷　（清）傅玉書輯
　　律陶一卷
　　律唐一卷

陳景辰遺書

（清）陳經撰
　　清嘉慶中刊本
　　墨莊雜著四卷
　　荆南小志一卷
　　荆南石刻錄一卷
　　九子山行記一卷
　　百四十齋記一卷
　　墨莊書跋三卷
　　墨莊文鈔一卷

味根山房全集

（清）史善長撰
　　清光緒中番禺史氏刊本
　　味根山房詩鈔九卷文集一卷
　　輪臺雜記二卷
　　東還紀略一卷
　　趨庭瑣語八卷　（清）史澄撰　光緒十一年
　　　(1885)繼園刊
　　退思軒詩存一卷試帖二卷　（清）史澄撰

一齋溫溪叢刻

（清）郝玶撰
　　清嘉慶二年(1797)時習堂刊本
　　小學或問一卷
　　一齋家規一卷
　　退閒錄一卷　（清）楊國杰撰
　　郝正陽語錄家傳一卷　（清）郝玶記
　　一齋劄記一卷
　　一齋詩一卷
　　綱鑑紀年一卷
　　一齋書繹說一卷　（清）楊國杰撰
　　勸學淺說二卷　（清）楊國杰撰

西齋三種

（清）博明撰
　　清嘉慶六年(1801)刊本
　　西齋詩輯遺三卷
　　西齋偶得三卷
　　鳳城瑣錄一卷

釣渭間雜膾

（清）潘炤撰
　　清嘉慶十一年(1806)小百尺樓刊本
　　海喇行一卷
　　凍水鈔一卷
　　從心錄一卷
　　西泠舊事百詠一卷
　　小滄桑一卷
　　附
　　　烏蘭誓二卷

笠閣叢書

（清）吳震生撰
　　清嘉慶中刊本
　　無譜曲六卷首一卷
　　擬摘入藏南華經一卷
　　老子附證一卷

古三疾齋三種

（清）何綸錦撰
　　清嘉慶中刊本
　　古三疾齋雜著六卷
　　古三疾齋論語直旨四卷
　　巢雲閣詩鈔二卷

蒕嶼裒書

（清）曾廷枚撰
　　清嘉慶中刊本
　　字原徵古四卷

晉義辨同七卷
樂府津逮三卷
稧帖緒餘四卷
西江詩話三卷
游戲三昧十二卷
古諺閒譚四卷

補餘堂集

(清)戴大昌撰
　　清嘉慶道光間婺源戴氏刊本
駁毛西河四書改錯二十一卷　道光二年
　　(1822)刊
補餘堂四書問答二十四卷附錄一卷　嘉慶
　　十五年(1810)刊
補餘堂文集二十四卷　嘉慶二十二年
　　(1817)刊
補餘堂詩鈔六卷
琴音標準四卷
附
湘函試帖一卷　(清)戴楊森撰

太虛齋存稿

(清)蔡廷翔撰
　　清嘉慶道光間刊本
太虛齋賦稿一卷
勾留集一卷續集一卷
蘭江負米集一卷
趨庭集一卷
荷鋤草一卷
缾罄微吟一卷
丙舍集一卷
于役集一卷
浪遊草一卷
周甲集一卷
林下草一卷
鮚錡小詠一卷
秋窗病餘錄一卷
琴硯錄一卷
還雲草一卷
花影集一卷
酒痕錄一卷
百四十軒吟一卷
太虛齋課兒試帖一卷
金線集一卷
草窗隨筆錄一卷續一卷
百末詞一卷續一卷二續一卷
晉春秋傳奇二卷

讀易樓合刻

(清)倪元坦撰

　　清嘉慶道光間刊本
儒門語要六卷　(清)倪元坦輯
箴銘錄要一卷　(清)倪元坦輯
儒學入門一卷
湯文正公志學會規一卷　(清)倪元坦訂
家規二卷
二曲集錄要四卷附錄一卷　(清)李顒撰
　　(清)倪元坦選　嘉慶十三年(1808)刊
老子參註四卷
志樂輯略三卷
畬香草存六卷

小窻遺稿

(清)張漪撰
　　清嘉慶十九年(1814)惜陰書屋刊本
詩傳題辭故四卷補一卷*
春秋經異十二卷
論語異文集覽四卷
時藝四卷附雜著絕筆*

香蘇山館全集

(清)吳嵩梁撰
　　清道光二十三年(1843)刊本
香蘇山館古體詩集十四卷今體詩集十四卷
　　詞一卷文集二卷
石溪舫詩話二卷
聽香館叢錄六卷　(清)吳嵩梁輯
增修鶯湖書田志四卷
表忠錄一卷　(清)吳嵩梁輯
東鄉風土記一卷
粵游日記一卷
新田十憶圖詠四卷　(清)吳嵩梁輯
香蘇草堂圖詠一卷
秦淮春泛圖詠一卷　(清)吳嵩梁輯
拜梅圖詠一卷　(清)吳嵩梁輯
廬山紀游圖詠一卷
武夷紀游圖詠一卷
蓮花博士圖詠一卷　(清)吳嵩梁輯
鶴聽詩圖詠一卷

靈芬館集

(清)郭麐撰
　　清嘉慶道光間刊本
靈芬館詩初集四卷二集十卷三集四卷四集
　　十二卷續集九卷　初集三集嘉慶十二
　　年(1807)仁和孫均刊二集嘉慶九年
　　(1804)刊四集道光三年(1823)馬洵刊
　　續集道光十二年(1832)仁和嚴烺刊
靈芬館詞
蘅夢詞二卷

　　　浮眉樓詞二卷
　　　懺餘綺語二卷
　　　靈芬館雜著二卷續編四卷三編八卷　續編
　　　　嘉慶二十五年(1820)刊
　　　金石例補二卷
　　　江行日記一卷
　　　樗園銷夏錄三卷
　　　靈芬館詩話十二卷續六卷　嘉慶二十一年
　　　　(1816)仁和孫均刊續嘉慶二十三年
　　　　(1818)刊
　　　爨餘集一卷
　　　國志蒙拾二卷　嘉慶二十年(1815)錢塘陳
　　　　鴻壽刊
　　　爨餘叢話六卷　道光九年(1829)刊

槐軒全書

　(清)劉沅撰
　　　清咸豐至民國間刊本
　　　四書恆解十一卷
　　　詩經恆解六卷　民國三年(1914)刊
　　　書經恆解六卷書序辨正一卷　同治十一年
　　　　(1872)刊　　　　　　　　　　　　〔刊
　　　易經恆解五卷首一卷　同治十一年(1872)
　　　周官恆解六卷　同治十一年(1872)刊
　　　禮記恆解四十九卷　同治十一年(1872)刊
　　　儀禮恆解十六卷　同治十一年(1872)刊
　　　春秋恆解八卷附錄餘傳一卷　同治十一年
　　　　(1872)刊
　　　史存三十卷　光緒三十一年(1905)刊
　　　孝經直解一卷　同治二年(1863)刊
　　　明良志略一卷　　　　　　　　　　　〔刊
　　　大學古本質言一卷　光緒三十一年(1905)
　　　正譌八卷　同治三年(1864)刊
　　　子問二卷又問一卷　咸豐七年(1857)刊
　　　拾餘四種　光緒元年(1875)刊
　　　　恆言一卷
　　　　賸言一卷
　　　　家言一卷
　　　　雜問一卷
　　　槐軒雜著不分卷　民國二十二年(1933)刊
　　　槐軒約言一卷　同治四年(1865)刊
　　　槐軒俗言一卷　咸豐四年(1854)刊
　　　槐軒蒙訓一卷　光緒三十年(1904)刊
　　　下學梯航一卷　民國三年(1914)刊
　　　尋常語一卷　同治八年(1869)刊
　附
　　　莊子約解四卷外附一卷　(清)劉鴻典撰
　　　　同治五年(1866)刊
　　　遺訓存略二卷　(清)顏續輯　光緒三十二
　　　　年(1906)刊

　　　感應篇韻語一卷　(清)劉鴻典撰　光緒七
　　　　年(1881)刊
　　　性理吟一卷續性理吟一卷後性理吟一卷
　　　　(宋)朱熹撰　續(清)劉鴻典撰　後
　　　　(清)尤侗撰
　　　村學究語一卷　(清)稻香齋村學究撰　同
　　　　治三年(1864)刊
　　　醒迷錄一卷附一卷　(清)醒迷子撰　同治
　　　　三年(1864)刊
　　　戒淫實訓一卷　(清)傅伯辰撰　咸豐九年
　　　　(1859)刊
　　　感應篇註釋四卷　(清)□□撰　咸豐八年
　　　　(1858)刊
　　　易知錄一卷　民國八年(1919)刊本

小謨觴館全集

　(清)彭兆蓀撰　(清)孫元培(清)孫長熙注
　　　清同治十三年(1874)吳縣潘氏滂喜齋刊
　　　　本
　　　清光緒中鎮洋繆朝荃刊三十二年(1906)
　　　　彙印本
　　　小謨觴館詩集八卷續集二卷詩餘一卷續一
　　　　卷文集四卷續集二卷　詩集光緒二十
　　　　七年(1901)刊續三十年(1904)刊詩餘
　　　　三十一年(1905)刊文集二十二年
　　　　(1896)刊續二十三年(1897)刊
　　　懺摩錄一卷　光緒二十四年(1898)刊
　　　潘瀾筆記二卷　光緒二十四年(1898)刊
　　　附錄四卷補遺一卷　光緒二十五年(1899)
　　　　刊

桂馨堂集

　(清)張廷濟撰
　　　清道光咸豐間刊本
　　　清儀閣雜詠一卷　道光十九年(1839)刊
　　　竹田樂府一卷
　　　竹里畫者詩一卷
　　　竹里耆舊詩一卷
　　　感逝詩一卷
　　　順安詩草八卷　道光二十八年(1848)刊
　　　稻香樓詩橐一卷　(清)張慶榮撰　咸豐八
　　　　年(1858)刊
　　　蘭心閣詩橐一卷　(清)張朱瑩撰　咸豐八
　　　　年(1858)刊

竹岡齋九種

　(清)趙敬襄撰
　　　清嘉慶道光間刊本
　　　竹岡小草一卷
　　　字書三辨三卷　嘉慶二十一年(1816)刊

困學紀聞參注一卷　嘉慶二十二年(1817)
　刊　　　　　　　　　　　　　　　　〔刊
四書圖表就正一卷　嘉慶二十二年(1817)
端溪書院志一卷
端溪課藝一卷
竹岡雜綴一卷續一卷
竹岡詩草一卷詩話一卷　（清）龔耀南輯
附
竹岡鴻爪錄一卷
竹岡同學錄一卷　道光四年(1824)刊
竹屋寒衾圖一卷

松花菴全集

（清）吳鎮撰
　　清宣統二年(1910)狄道後學刊本
詩草一卷
遊草一卷
逸草一卷附詩餘
蘭山詩草一卷
律古一卷律古續薁一卷
集唐一卷
雜薁一卷
　　四書六韻
　　沅州雜詠
　　瀟湘八景集句
韻史一卷
聲調譜
八病說　以上合一卷
文薁一卷文薁次編一卷

崇雅堂集

（清）胡敬撰
　　清道光二十四年(1844)仁和胡氏刊本
書農府君（胡敬）年譜一卷　（清）胡珵撰
崇雅堂文鈔二卷詩鈔十卷駢體文鈔四卷應
　　制存稿一卷刪餘詩一卷
定鄉雜著二卷
國朝院畫錄二卷　道光二十二年(1842)刊
南薰殿圖像考二卷　道光二十二年(1842)
　刊

桐閣全書

（清）李元春撰
　　清道光咸豐間刊本
時齋四書簡題六卷簡題補一卷
桐窗課解偶編一卷續編一卷
初學四書文法述聞二卷
諸經緒說八卷
諸史簡論十五卷
桐窗雜著十種

桐窗囈說一卷
閣居鏡語一卷
教家約言一卷
授徒閒筆一卷
潼川書院志一卷
華原書院志一卷
餘生錄一卷
芻蕘私語一卷
病牀日札一卷
夕照編一卷
桐窗餘著三書
　　羣書摘旨六卷
　　諸子雜斷一卷
　　諸集揀批一卷
桐窗殘筆二卷
桐窗餘藥四卷
桐窗散存二卷
時齋文集初刻十卷續刻八卷又續六卷
時齋詩集初刻四卷續刻一卷又續一卷
桐閣拾遺二卷
關中道脈四種書　（清）李元春輯
　　馮少墟關學編五卷首一卷　（明）馮從吾
　　　輯　（清）李元春訂
　　張子釋要三卷　（清）李元春撰
　　馮少墟關中四先生要語錄四卷　（明）馮
　　　從吾錄　　　　　　　　　　　〔錄
　　桐閣關中三先生語要四卷　（清）李元春
關中兩朝文鈔二十二卷補六卷　（清）李元
　　春輯
關中兩朝賦鈔二卷　（清）李元春輯
關中兩朝詩鈔十二卷補四卷又補一卷
　　（清）李元春輯
兩朝文選要二卷　（清）李元春評輯
經世文選要八卷　（清）李元春評輯
經義文選要十卷　（清）李元春評輯
正學文要八卷　（清）李元春評輯
西河古文錄八卷
花筆草一卷
諸史孝友傳八卷

李繡子全書

（清）李黼平撰
　　清道光七年(1827)著花庵刊本
毛詩紬義二十四卷
著花庵集八卷
吳門集八卷
南歸集四卷

十經齋遺集

（清）沈濤撰

民國二十五年(1936)建德周氏自莊嚴堪
刊本
柴辟亭詩二集一卷
十經齋文二集一卷
九曲漁莊詞二卷
柴辟亭讀書記一卷
易音補遺一卷
絳雲樓印拓本題辭一卷　(清)沈濤輯

朱茮堂家藏稿

(清)朱爲弼撰
手稿本
論語經解二卷
鉏經堂文鈔一卷
漢書地理志考證一卷
禹貢孔正義引地理志考證一卷
漢書引經劄記一卷
朱茮堂經進文一卷
朱茮堂奏稿一卷
平湖朱氏家譜錄要一卷
西巡舊典等劄記一卷
四書文殘稿一卷試帖詩殘稿一卷
集篆隸屏聯稿一卷

詠梅軒叢書

(清)謝蘭生撰
清道光二十九年至三十年(1849—1850)
詠梅軒刊本
詠梅軒思忠錄二卷
軍興紀略一卷
詠梅軒雜記一卷補遺一卷
附
姚公遺蹟詩鈔三卷　(清)姚懷祥撰

夢陔堂全集

(清)黃承吉撰　　　　　　　　　　[本
清道光中刊咸豐元年(1851)黃必慶彙印
夢陔堂詩集五十卷　道光二十三年(1843)
刊　　　　　　　　　　　　　　　[刊
夢陔堂文說十一卷　道光二十一年(1841)
夢陔堂文集十卷　道光二十三年(1843)刊
義府二卷　(清)黃生撰　(清)黃承吉按
道光二十年(1840)刊
字詁一卷附兄字說一卷　(清)黃生撰
(清)黃承吉按並撰兄字說　道光二十
年(1840)刊

方植之全集

(清)方東樹撰
清光緒中刊本

方植之先生年譜一卷　(清)鄭福照撰　光
緒十五年(1889)刊
待廬遺集文一卷詩二卷　(清)方澤撰　光
緒十五年(1889)刊
鶴鳴集六卷　(清)方績撰　光緒十五年
(1889)刊
攷槃集文錄十二卷半字集二卷考槃集三卷
王餘集一卷儀衛軒遺詩二卷　攷槃集
文錄光緒二十年(1894)刊半字集以下
十五年(1889)刊
書林揚觶二卷　光緒十七年(1891)刊
漢學商兌三卷　光緒十七年(1891)刊
陶詩附考一卷解招魂一卷　光緒十六年
(1890)刊
跋南雷文定一卷　光緒十六年(1890)刊
山天衣聞一卷　光緒十五年(1889)刊
進修譜一卷
未能錄二卷　光緒十六年(1890)刊
大意尊聞三卷　光緒十六年(1890)刊
向果微言二卷述怡一卷　光緒十六年
(1890)刊
昭昧詹言十卷續八卷續錄二卷　光緒十七
年(1891)刊

話山草堂遺集

(清)沈道寬撰
清光緒三年(1877)潤州権署刊本
話山草堂詩鈔四卷詞鈔一卷文鈔一卷
話山草堂雜著
六義郓郭一卷
八法筌蹄一卷
六書穈秕三卷
論語比一卷
操縵易知一卷

家蔭堂彙刻

(清)周際華撰　　　　　　　　　　[本
清道光十九年(1839)貴筑周氏家蔭堂刊
共城從政錄一卷海陵從政錄一卷廣陵從政
錄一卷
省心錄一卷
感深知己錄一卷
一瞑錄一卷
家蔭堂詩鈔一卷文鈔一卷
家蔭堂尺牘一卷家言一卷
渭川劄存一卷　(清)陳璜撰

拾遺補藝齋遺書

(清)莊綬甲撰
清道光中刊本

尚書考異三卷
釋書名一卷
文鈔一卷
詩鈔一卷
詞鈔一卷

瘦羊錄

（清）熊士鵬撰
　　清嘉慶道光間刊本
　　鵠山小隱詩集十六卷補遺一卷　嘉慶二十
　　　年（1815）刊
　　附
　　　詩話一卷
　　鵠山小隱文集十卷
　　東坡詩集一卷　道光六年（1826）刊
　　東坡文集一卷　道光六年（1826）刊
　　壯遊草一卷
　　天門書院雜著一卷
　　耄學詩集一卷續刻一卷　道光十六年
　　　（1836）刊
　　耄學文集一卷續刻一卷
　　桐芭雜著一卷
　　吾同山館改課一卷
　　吾同山館試帖*
　　荊湖知舊詩鈔二卷　（清）熊士鵬輯　道光
　　　六年（1826）刊
　　竟陵詩選十四卷補遺一卷　（清）熊士鵬輯
　　竟陵詩話一卷　（清）熊士鵬輯
　　竟陵文選三卷　（清）熊士鵬輯　道光十六
　　　年（1836）刊

竹柏山房十五種附刻四種

（清）林春溥撰
　　清嘉慶咸豐間刊本
　　開闢傳疑二卷　道光十五年（1835）刊
　　古史紀年十四卷　道光十七年（1837）刊
　　古史考年異同表二卷後說一卷　道光十八
　　　年（1838）刊
　　武王克殷日記一卷　道光十五年（1835）刊
　　滅國五十考一卷　　　　　　　　　［刊
　　春秋經傳比事二十二卷　咸豐元年（1851）
　　戰國紀年六卷地輿一卷年表一卷　道光十
　　　八年（1838）刊
　　竹書紀年補證四卷本末一卷後案一卷　道
　　　光二十年（1840）刊
　　孔門師弟子年表一卷後說一卷孟子時事年表
　　　一卷後說一卷　嘉慶二十一年（1816）
　　　刊
　　孔子世家補訂一卷　道光十四年（1834）刊
　　孟子列傳纂一卷　道光十四年（1834）刊

　　孟子外書補證一卷　咸豐四年（1854）刊
　　四書拾遺六卷　道光十四年（1834）刊
　　古書拾遺四卷　咸豐三年（1853）刊
　　開卷偶得十卷　道光二十九年（1849）刊
　附刻
　　宜略識字二卷
　　識字續編一卷
　　論世約編七卷
　　閒居雜錄二卷

石經閣叢書

（清）馮登府撰輯
　　鈔本
　　全唐詩未備書目一卷　（清）朱彝尊輯
　　明詩綜采輯書目一卷　（清）朱彝尊輯
　　兩淮鹽筴書引證彙書目錄一卷　（清）朱彝
　　　尊輯
　　宋金交聘表一卷
　　風懷詩補註一卷　（清）馮登府撰
　　酌史岩摭譚一卷　（清）馮登府撰
　　石經閣日抄一卷　（清）馮登府撰

求己堂八種

（清）施彥士撰
　　清嘉慶道光間崇明施氏求己堂刊本
　　讀孟質疑三卷
　　孟子外書集證五卷
　　海運芻言一卷
　　推春秋日食法一卷附一卷　道光十二年
　　　（1832）刊
　　春秋朔閏表發覆四卷首一卷　道光十二年
　　　（1832）刊
　　求己堂詩集一卷　道光十三年（1833）刊
　　求己堂文集一卷　道光十三年（1833）刊
　　歷代編年大事表一卷　道光十四年（1834）
　　　刊

脩本堂叢書

（清）林伯桐撰
　　清道光二十四年（1844）林世懋刊本
　　毛詩通攷三十卷
　　毛詩識小三十卷
　　冠昏喪祭儀考十二卷
　　　品官家儀考四卷
　　　士人家儀考四卷
　　　人家冠昏喪祭考四卷
　　史記蠡測一卷
　　供冀小言一卷
　　脩本堂稿五卷
　　月亭詩鈔一卷　道光五年（1825）刊

古諺箋十一卷　道光十八年(1838)刊
學海堂志一卷　(清)陳澧續　道光十八年
　　(1838)刊同治五年(1866)補刊
公車見聞錄一卷　道光十九年(1839)刊

今白華堂集

　(清)童槐撰
　　　清同治中刊本
　　今白華堂詩錄八卷　同治八年(1869)刊
　　今白華堂文集三十二卷
　　今白華堂時文一卷
　　今白華堂試帖一卷
　　過庭筆記一卷
　　關中書院試帖一卷　(清)童槐輯
附
　　蕚君府君年譜一卷　(清)童恩撰

安吳四種

　(清)包世臣撰
　　　清道光二十六年(1846)白門倦游閣木活
　　　　字排印本
　　　清咸豐元年(1851)刊本
　　　清同治十一年(1872)包誠刊本
　　中衢一勺三卷附錄四卷　(清)包世榮(清)
　　　包愼言注
　　藝舟雙楫六卷附錄三卷
　　管情三義賦三卷詩三卷詞一卷濁泉編一卷
　　齊民四術農三卷禮三卷刑二卷兵四卷

二思堂叢書

　(清)梁章鉅撰
　　　清光緒元年(1875)福州梁氏刊本
　　退菴自訂年譜一卷
　　退菴隨筆二十二卷
　　南省公餘錄八卷
　　古格言十二卷　(清)梁章鉅輯
　　閩川閨秀詩話四卷
　　農候襍占四卷　同治十二年(1873)刊

浮谿精舍叢書

　(清)宋翔鳳撰
　　　清嘉慶二十五年(1820)書業刊本
　　論語鄭氏注十卷　(漢)鄭玄撰　(清)宋翔
　　　鳳輯
　　論語孔子弟子目錄一卷　(漢)鄭玄撰
　　　(清)宋翔鳳輯
　　論語師法表一卷　　　　　　　　　[輯
　　孟子劉注一卷　(漢)劉熙撰　(清)宋翔鳳
　　四書釋地辨證二卷
　　答雷竹卿書一卷

漢甘露石渠禮議一卷　(漢)戴聖撰　(清)
　　宋翔鳳輯　　　　　　　　　　　[輯
五經通義一卷　(漢)劉向撰　(清)宋翔鳳
五經要義一卷　(清)宋翔鳳輯
卦氣解一卷　(清)莊存與撰
石鼓然疑一卷　(清)莊述祖撰
小爾雅訓纂六卷
樸學齋文錄三卷
憶山堂詩錄八卷　嘉慶二十三年(1818)刊
洞簫樓詩紀二十四卷　道光二十八年
　　(1848)刊
碧雲龕詞二卷
樂府餘論一卷
洞簫樓詞鈔一卷　(清)王倩撰　　　[刊
洞簫詞一卷　道光九年(1829)京都精華齋

求是堂全集

　(清)胡承珙撰
　　　清道光中歙縣胡氏刊本
　　毛詩後箋三十卷　(清)陳奐補　道光十七
　　　年(1837)刊　　　　　　　　[刊
　　儀禮古今文疏義十七卷　道光五年(1825)
　　爾雅古義二卷　道光十七年(1837)刊
　　小爾雅義證十三卷補遺一卷　道光七年
　　　(1827)刊
　　求是堂文集六卷首一卷駢體文二卷　道光
　　　十七年(1837)刊
　　求是堂詩集二十二卷詩餘一卷　道光十三
　　　年(1833)刊

稼墨軒集

　(清)光聰諧撰
　　　清光緒中刊本
　　稼墨軒易學一卷
　　有不爲齋隨筆十卷　光緒十四年(1888)刊
　　稼墨軒詩集九卷文集一卷外集二卷　道光
　　　中刊光緒二年(1876)補版

宋湘颿先生遺著

　(清)宋其沅撰
　　　民國二十八年(1939)排印本
　　梅花書屋文一卷詩一卷
　　求己筆記一卷
附
　　宋湘颿先生行述一卷　(清)宋成榡撰

張南山全集

　(清)張維屏撰
　　　清道光咸豐間刊本
　　松心文鈔十卷　咸豐七年(1857)刊

松心詩集二十二卷　道光三十年(1850)刊
國朝詩人徵略初稿六十卷　道光十年
　　(1830)刊
聽松廬詩鈔十六卷
松心詩錄十卷　道光三十年(1850)刊
松心雜詩不分卷
聽松廬駢體文鈔四卷　道光二十三年
　　(1843)刊
聽松廬詩話一卷
藝談錄二卷
花甲閒談十六卷　道光十九年(1839)刊
桂遊日記三卷　道光十七年(1837)刊
春遊唱和詩不分卷　道光二十六年(1846)
　　刊

古墨齋集

(清)趙紹祖撰
　　清嘉慶元年至道光十四年(1796—1834)
　　　　涇縣趙氏古墨齋刊本
琴士詩鈔十二卷文鈔六卷
新舊唐書互證二十卷
通鑑注商十八卷
消暑錄一卷
讀書偶記八卷
安徽金石略十卷
金石文鈔八卷續鈔二卷
竹書紀年校補二卷
趙氏淵源集十卷　(清)趙紹祖輯
蘭言集十二卷
金仁山論孟考證輯要二卷　(宋)金履祥撰
　　(清)趙紹祖輯
四書集注管窺二卷

有深致軒集

(清)劉遠海撰
　　清光緒十二年(1886)刊本
有深致軒文稿二卷
有深致軒駢體文稿一卷
有深致軒詩賸稿一卷
有深致軒制藝一卷
四書存參五卷
經義存參一卷
高風集二卷續集一卷　(清)劉曾騄輯

求志堂存彙彙編

(清)周濟撰
　　清光緒十八年(1892)周恭壽刊本
味雋齋史義二卷
介存齋文稿二卷
淮艇問畣一卷

介存齋詩六卷
存審軒詞二卷
折肱錄一卷　光緒十四年(1888)周佐臣周
　　振庸刊
柳下詞一卷　(清)周青撰　光緒四年
　　(1878)周佐臣刊
儲素樓詞一卷　(清)蘇穆撰　光緒四年
　　(1878)刊

棣懷堂隨筆

(清)李象鵾撰
　　清道光中湖南文蔚堂刊本
春明雜著一卷
上谷存牘一卷
中州存牘一卷
里居雜著一卷
虔南存牘二卷
黔臬存牘二卷
黔藩存牘三卷
附
雙圃氏同館賦鈔一卷詩鈔一卷
周夢嚴同館賦鈔一卷詩鈔一卷　(清)周作
　　楫撰

惇裕堂全集

(清)桂超萬撰
　　清同治五年(1866)刊本
惇裕堂文集四卷
養浩齋詩稿九卷附詩評
養浩齋詩續稿五卷
宦遊紀略六卷
續宦遊紀錄一卷

王菉友九種

(清)王筠撰
　　清道光咸豐間刊本
禹貢正字一卷
毛詩重言一卷
夏小正正義一卷
四書說略四卷
說文繫傳校錄三十卷
毛詩雙聲疊韻說一卷
教童子法一卷
菉友蛾術編二卷　咸豐十年(1860)刊
弟子職正音一卷　咸豐十年(1860)刊

春草堂集(一名春草堂叢書)

(清)謝堃撰
　　清道光二十年(1840)曲邑奎文齋刊二十
　　五年(1845)印本

春草堂駢體文一卷古近體詩六卷詞錄一卷
春草堂詩話五卷
黃河遠二卷
十二金錢二卷
繡帕記二卷
血梅記二卷
錢式圖四卷
花木小志一卷
書畫所見錄三卷
金玉瑣碎二卷
雨窗記所記四卷
雨窗隨筆二卷
恩怨錄一卷

姚伯山先生全集

(清)姚東之撰
　　清道光二十八年(1848)刊本
　　伯山文集八卷詩集十卷
　　伯山日記一卷
　　易錄七卷

秋芸館全集

(清)吳勤邦撰
　　清道光二十七年(1847)刊本
　　秋芸館詩稿六卷
　　春秋隨筆一卷
　　素書輯註一卷
　　秋芸館古文稿三卷
　　秋芸館駢體文稿一卷

十二樹梅花書屋叢著

(清)鄒均撰
　　清道光中刊本
　　方輿纂要十五卷首一卷
　　輿圖論略一卷
　　讀史論略一卷
　　讀史樂府一卷　　　　　　　　　　[卷
　　十二樹梅花書屋古文一卷時文一卷詩鈔三

培根堂全稿(一名寄泉類稿)

(清)高繼衍撰
　　清道光至同治間高氏刊本
　　培根堂詩鈔十二卷
　　海天琴趣詞一卷
　　詞餘一卷
　　養淵堂古文一卷
　　養淵堂駢體文二卷
　　味經齋制藝一卷　道光二十七年(1847)刊
　　鑄鐵硯齋詩二卷續編二卷
　　演教論語一卷　咸豐十年(1860)刊

蜣階外史四卷續編二卷
附
　　翠微軒詩稿三卷　　(清)高順貞撰

獨　撰　類 (清代後期)

林文忠公遺集

(清)林則徐撰
　　清光緒中三山林氏刊本
　　林文忠公政書三集三十七卷蒐遺一卷
　　畿輔水利議一卷　光緒二年(1876)刊
　　滇軺紀程一卷　光緒三年(1877)刊
　　荷戈紀程一卷　光緒三年(1877)刊

錢頤壽中丞全集

(清)錢寶琛撰
　　清同治光緒間錢鼎銘刊本
正編
　　存素堂詩橐十四卷　　同治七年(1868)刊
　　頤壽老人年譜二卷
　　存素堂文橐四卷補遺一卷　　同治九年
　　　(1870)刊
續編
　　奏疏四卷　光緒六年(1880)刊
　　壬癸志橐二十八卷　光緒六年(1880)刊

中復堂全集

(清)姚瑩撰
　　清道光中刊本
　　清同治六年(1867)姚濬昌安福縣署刊本
　　東溟文集六卷外集四卷文後集十四卷文外
　　　集二卷
　　後湘詩集九卷二集五卷續集七卷
　　東溟奏稿四卷
　　識小錄八卷
　　東槎紀略五卷
　　寸陰叢錄四卷
　　康輶紀行十六卷
　　姚氏先德傳六卷
　　中復堂遺稿五卷續編二卷
附
　　中復堂年譜一卷　　(清)姚濬昌撰

愓園全集

(清)陳庚煥撰
　　清咸豐元年(1851)有有齋刊本
　　首一卷
　　愓園初橐十六卷
　　愓園外稿一卷
　　愓園詩橐二卷

書札僅存二卷

莊嶽談二卷

童子撫談一卷

謬言意言附識一卷

日記僅存一卷

故紙隨筆一卷

約語追記一卷

約語補錄一卷

椿影集

(清)馮春暉撰

　　清道光十六年(1836)基福堂刊本

擧石山房遺集二卷雜著一卷

東山酬唱二卷　(清)馮春暉輯

附

濟北頌言一卷　(清)馮喜賡輯

馮春暉年譜一卷　(清)王心照撰

旭林府君行述一卷　(清)馮喜賡撰

養餘齋全集

(清)柳樹芳撰

　　清道光中勝溪草堂刊本

養餘齋初集四卷二集四卷三集四卷　道光
二十七年(1847)刊

勝溪竹枝詞一卷　道光四年(1824)刊

分湖小識六卷　道光二十七年(1847)刊

分湖柳氏重修家譜十二卷

附

雪牀遺詩一卷續刻一卷　(清)釋德亮撰
嘉慶二十三年(1818)刊道光元年
(1821)續刊

浙東紀遊草一卷　(清)沈錫爵撰　道光二
年(1822)刊

秋樹讀書樓遺集十六卷　(清)史善長撰
道光十五年(1835)刊

喫蔗軒全集

(清)方士淦撰

　　清同治十一年(1872)兩淮運署刊本

喫蔗軒詩存三卷

喫蔗軒自訂年譜一卷

東歸日記一卷

蔗餘偶筆一卷

附

鮑覺生先生未刻詩一卷　(清)鮑桂星撰

梁聞山先生評書帖一卷　(清)梁巘撰

西漚全集

(清)李惺撰

　　清同治六年(1867)眉州劉鴻典等刊本

文六卷

邛邡詩稿二卷

制藝一卷

試帖一卷

外集

藥言一卷藥言賸稿一卷

冰言一卷補一卷

銅皰館覼書二卷

覼書補二卷附老學究語

朱氏羣書

(清)朱駿聲撰

　　清光緒八年(1882)臨嘯閣刊本

說文通訓定聲補遺十八卷

夏小正補傳一卷

儀禮經注一隅二卷

春秋左傳識小錄二卷

小爾雅約注一卷

離騷賦補注一卷

朱愼甫先生遺集

(清)朱文妶撰

　　清光緒十五年(1889)甘肅藩署刊本

易圖正旨一卷

從學劄記一卷

五子見心錄三卷

愼甫文存一卷

雷氏遺書(一名井書堂正衡)

(清)雷廷珍撰

　　清光緒二十八年(1902)貴陽刊本

時學正衡一卷

經義正衡敍錄二卷

儆居遺書

(清)黃式三撰

　　清同治光緒閒刊本

易釋四卷　光緒十四年(1888)定海黃氏家
塾刊

尙書啓幪五卷　光緒十四年(1888)定海黃
氏家塾刊

春秋釋四卷

論語後案二十卷　光緒九年(1883)浙江書
局刊

周季編略九卷　同治十二年(1873)浙江書
局刊

儆居集二十二卷　光緒十四年(1888)刊
經說五卷
史說五卷
讀通考二卷

讀子集四卷
　雜箸六卷
　外集四卷
　音均部略四卷
　炳燭錄二卷
　黃氏塾課(一名經外緖言)三卷
　鄭君粹言一卷　(淸)黃式三輯
　朱呂問答一卷

斯未信齋集

(淸)徐宗幹撰
　　淸咸豐五年(1855)刊本
　斯未信齋文編
　　奏疏二卷
　　官牘七卷
　　軍書四卷
　　語錄三卷
　　藝文四卷
　斯未信齋雜錄六卷

景紫堂全書

(淸)夏炘撰
　　淸咸豐同治間刊同治元年(1862)王光甲
　　　　等彙印本
　第一冊
　　檀弓辨誣三卷
　　述朱質疑十六卷　咸豐二年(1852)刊
　　附
　　　釋字一卷　(淸)王煥奎撰
　第二冊　　　　　　　　　　　　　　[刊
　　三綱制服尊尊述義三卷　咸豐三年(1853)
　　學禮管釋十八卷　咸豐十年(1860)刊
　第三冊
　　讀詩劄記八卷　咸豐三年(1853)刊
　　附
　　　詩章句攷一卷
　　　詩樂存亡譜一卷
　　　詩經集傳校勘記一卷
　　　詩古韻表二十二部集說二卷
　第四冊
　　學制統述二卷　咸豐三年(1853)刊
　　六書轉注說二卷　咸豐三年(1853)刊
　　養痾三編八卷　同治元年(1862)刊
　　　漢唐諸儒與聞錄六卷
　　　訏謨成竹一卷
　　　息游詠歌一卷　　　　　　　　[刊
　　漢賈誼政事疏攷補一卷　咸豐三年(1853)
　　明翰林學士當塗陶主敬先生(安)年譜一卷
　　　咸豐三年(1853)刊
　第五冊

景紫堂文集十四卷　咸豐五年(1855)刊

一經廬叢書

(淸)姚配中撰
　　淸道光中汪守成等木活字排印本
　周易姚氏學十六卷
　周易通論月令二卷　道光十四年(1834)刊
　一經廬琴學二卷琴操題解一卷　道光二十
　　　五年(1845)刊
　書學拾遺一卷
　一經廬文鈔一卷

方學博全集

(淸)方坰撰
　　淸光緖元年(1875)武昌藩署刊本
　生齋讀易日識六卷
　生齋自知錄三卷
　生齋日識一卷續一卷
　生齋文橐八卷
　附
　　寅甫日記一卷　(淸)方金彪撰
　　寅甫小橐一卷　(淸)方金彪撰
　生齋詩橐九卷

五經歲徧齋校書

(淸)翟云升輯
　　淸道光中東萊翟氏刊本
　覆校穆天子傳六卷補遺一卷　(晉)郭璞注
　　　(淸)翟云升校　道光十二年(1832)
　　　刊
　校正古今人表九卷　(漢)班固撰　(唐)顏
　　　師古注　(淸)翟云升校
　焦氏易林校略十六卷　(淸)翟云升撰

攬香小品

(淸)陳鍾英撰
　　淸道光四年(1824)刊本
　答疑孟一卷
　駁正朔考一卷
　辯宜齋野乘一卷

沈蓮溪全集

(淸)沈濂撰
　　淸道光咸豐間秀水沈氏始言堂刊本
　懷小編二十卷　咸豐四年(1854)刊
　蓮溪吟橐八卷續刻三卷　咸豐四年(1854)
　　　刊六年(1856)續刊
　蓮溪試帖一卷
　蓮溪文稿不分卷續刻不分卷　道光二十八
　　　年(1848)刊咸豐四年(1854)續刊

桂馨書屋遺文一卷　（清）陳孝恭撰　咸豐
　四年(1854)刊
桂馨塾課不分卷　（清）沈濂輯　咸豐四年
　(1854)刊

頤志齋叢書

（清）丁晏撰
　清咸豐至同治間山陽丁氏六藝堂刊同治
　　元年(1862)彙印本　　　　　　　〔刊
　周易述傳二卷續錄一卷　同治元年(1862)
　周易訟卦淺說一卷
　尙書餘論一卷　咸豐七年(1857)刊
　禹貢集釋三卷
　禹貢蔡傳正誤一卷
　禹貢錐指正誤一卷
　毛鄭詩釋三卷續錄一卷　咸豐二年(1852)
　　聊城楊以增刊
　詩攷補注二卷補遺一卷　咸豐二年(1852)
　　聊城楊以增刊
　鄭氏詩譜攷正一卷　咸豐二年(1852)聊城
　　楊以增刊
　毛詩草木鳥獸蟲魚疏正二卷　（吳）陸璣撰
　　（清）丁晏校正　咸豐七年(1857)刊
　儀禮釋注二卷　咸豐二年(1852)聊城楊以
　　增刊
　周禮釋注二卷　咸豐二年(1852)聊城楊以
　　增刊
　禮記釋注四卷　咸豐二年(1852)聊城楊以
　　增刊
　孝經述註一卷　咸豐七年(1857)刊
　北宋汴學二體石經記一卷　咸豐七年
　　(1857)刊　　　　　　　　　　　〔卷
　淮安北門城樓金天德年大鐘款識一卷附一
　子史粹言二卷　（清）丁晏輯　道光二十六
　　年(1846)頤志齋刊
　　諸子粹言一卷
　　讀史粹言一卷
　頤志齋四譜四卷　道光二十三年(1843)刊
　　漢鄭君(玄)年譜一卷
　　魏陳思王(曹植)年譜一卷
　　晉陶靖節(潛)年譜一卷
　　唐陸宣公(贄)年譜一卷
　石亭記事一卷續編一卷　道光二十八年
　　(1848)頤志齋刊
　百家姓三編一卷　（清）丁壽辰注　咸豐五
　　年(1855)頤志齋刊
　讀經說一卷

榕園全集

（清）李彥章撰

清道光二十年(1840)李以烜刊本
榕園文鈔六卷
榕園詩鈔十六卷
潤經堂自治官書六卷
江南催耕課稻編一卷
榕園識字編一卷

振綺堂遺書

（清）汪遠孫撰
　清道光中刊民國十一年(1922)錢唐汪氏
　　彙印本
　國語校注本三種　道光二十六年(1846)刊
　　國語明道本考異四卷
　　國語三君注輯存四卷
　　國語發正二十一卷
　漢書地理志校本二卷　道光二十八年
　　(1848)刊　　　　　　　　　　　〔刊
　借閒生詩三卷詞一卷　道光二十年(1840)
　列女傳七卷續一卷　（漢）劉向撰　（清）梁
　　端校注　道光十七年(1837)刊
　玉臺畫史五卷別錄一卷　（清）湯漱玉輯
　　道光十七年(1837)刊

佳夢軒叢著

（清）奕賡撰
　稿本
　民國二十四年(1935)北平燕京大學圖書
　　館排印本
　東華錄綴言六卷
　清語人名譯漢二卷
　歌章祝辭輯錄二卷
　謚法續考一卷
　本朝王公封號一卷
　封謚繙清一卷
　侍衞瑣言一卷補一卷
　管見所及一卷補遺一卷
　寄楮備談一卷
　煨柮閒談一卷
　括談二卷

松龕先生全集

（清）徐繼畬撰
　民國四年(1915)排印本
　松龕先生奏疏二卷
　松龕先生文集四卷詩集二卷
　兩漢幽幷涼三州今地考略一卷
　漢志沿邊十郡考略一卷
　徐氏本支敍傳一卷

藤花亭十七種

（清）梁廷枏撰
　清道光八年至十三年(1828—1833)刊本
論語古解十卷
南越五主傳三卷
南越叢錄二卷
南漢書十八卷
南漢書考異十八卷
南漢叢錄二卷
南漢文字略四卷
金石稱例四卷
續金石稱例一卷
碑文摘奇一卷
書餘一卷
東坡事類二十二卷
曲話五卷
江梅夢雜劇一卷
圓香夢雜劇一卷
曇花夢雜劇一卷
斷絲夢雜劇一卷

漱琴室存藁
（清）高鑲雲撰
　清刊本
仰止編三卷
說性一卷
考禮一卷
雜著一卷
可也簡廬筆記一卷
養恬齋筆記一卷
孟子外書四卷
津河客集一卷

元和蔡氏所著書
（清）蔡雲撰
　清道光七年(1827)刊本
癖談六卷
清白士集校補
　漢書人表考校補一卷
　呂子校補獻疑一卷
　元號略補遺一卷
　續人表考校補一卷
　續呂子校補獻疑
　讀瞥記校補
　補校庭立紀聞
　元號略續校補
蔡氏月令二卷　道光四年(1824)刊

春暉閣雜著
（清）蔣湘南撰
　清光緒十四年(1888)長白豫山湘南皋署

會心閣重刊本
卦氣表一卷卦氣證一卷
廬山紀遊一卷
西征述一卷後西征述一卷
游藝錄二卷別錄一卷

李文恭公遺集
（清）李星沅撰
　清同治四年(1865)芋香山館刊本
李文恭公奏議二十二卷
李文恭公詩集八卷文集十六卷
李文恭公行述一卷　（清）李概撰

平湖顧氏遺書
（清）顧廣譽撰
　清光緒三年(1877)顧鴻昇刊本
學詩詳說三十卷
學詩正詁五卷
悔過齋文集七卷
劄記一卷
悔過齋續集七卷補遺一卷　光緒四年
　(1878)補刊

養志居僅存藁
（清）陳宗起撰
　清光緒十一年(1885)丹徒陳氏刊本
經說八卷經遺說一卷
周禮車服志一卷
考工記異字訓正一卷
考工記異讀訓正一卷
考工記鳥獸蟲魚釋一卷
丁戊筆記二卷
養志居文稿彙存二卷詩殘稿一卷

李文清公遺書
（清）李棠階撰
　清光緒八年(1882)河北道署刊本
首一卷
奏疏一卷
文集四卷
語錄二卷
四書約解一卷
附
志節編二卷

袖海樓雜箸
（清）黃汝成撰
　清道光十八年(1838)嘉定黃氏西谿草廬
　刊本
　民國廿九年(1940)北京燕京大學圖書館

據清道光本景印
袖海樓文錄六卷
古今歲實考校補一卷
古今朔實考校補一卷
日知錄琹誤合刻四卷

武陵山人遺書

(清)顧觀光撰
清光緒九年(1883)獨山莫祥芝上海刊本
民國四年(1915)金山高煌據莫氏版并高桂續刊二種修補彙印本
六秝通考一卷
九執秝解一卷
回回秝解一卷
算賸初編一卷續編一卷餘稾二卷
九數外錄一卷
神農本草經四卷 (魏)吳普等述
周髀算經校勘記一卷
傷寒雜病論補注一卷
吳越春秋校勘記一卷
華陽國志校勘記一卷
續刊
七國地理考七卷
國策紀年一卷

蛾術堂集

(清)沈豫撰
清道光十八年(1838)蕭山沈氏漢讀齋刊本
民國二十年(1931)上海蟫隱廬據清道光本景印
皇清經解淵源錄一卷外編一卷 道光二十七年(1847)刊
皇清經解提要二卷續編一卷 道光二十七年(1847)刊
羣書提要一卷
讀經如面一卷
讀易寡過一卷
周官識小一卷
左官異禮畧一卷
羣書雜義一卷
袁浦札記一卷
讀史雜記一卷
秋陰雜記一卷
仿今言一卷
芙村文鈔二卷
芙村學吟七卷

求志居全集

(清)陳世鎔撰
清道光至光緒間獨秀山莊刊本
求志居集三十六卷外集一卷 道光二十五年(1845)刊
求志居書經說四卷
求志居詩經說六卷
求志居禮說三卷
求志居春秋說四卷
大學俟一卷
中庸俟二卷
論語俟三卷
孟子俟一卷
求志居時文一卷補一卷 道光二十四年(1844)刊
附
陳徵君(世鎔)行述一卷 光緒十年(1884)刊

鶺華館三種

(清)王偁輯
清道光十一年(1831)敦邱王氏鶺華館刊本
歷下偶談十卷
歷下偶談續編十卷
匡山叢話五卷

持雅堂全集

(清)尙鎔撰
清同治七年(1868)高安蕭浚蘭成都刊本
清光緒五年(1879)盱南三餘書屋刊本
史記辨證十卷
持雅堂文鈔五卷續集二卷三集二卷詩鈔三卷續集三卷
三家詩話一卷

蒔古齋輯著

(清)楊城書撰
清道光十三年(1833)上海楊氏刊本
清鑑錄一卷
讀書雜志二卷
蒔古齋隨筆一卷
蒔古齋吟稿二卷遺言一卷

一粟廬合集

(清)于源撰
清道光中刊本
一粟廬詩一稿四卷二稿四卷
鐙窗瑣話十卷
柳隱叢譚五卷

芑川先生合集

(清)劉家謀撰
清道光中東洋學署刊本
外丁卯橋居士初藁八卷 道光二十八年

（1848）刊

東洋小艸四卷附研劍詞一卷　道光二十九
年（1849）刊

觀海集四卷

鶴場漫志二卷　道光二十九年（1849）刊

小堂四種

（清）程沅輯

清道光二十九年（1849）潁上縣署刊本

潔華錄一卷

徵麟錄一卷

倚省格言一卷

經驗良方一卷

附

集古詩附存一卷

玉函山房全集

（清）馬國翰撰

清光緒十五年（1889）繡江李廷棨刊本

玉函山房詩鈔八卷文集五卷　　　　[撰

百八唱和集一卷　（清）馬國翰（清）李廷棨

種玉山房詩草一卷　（清）李廷棨撰

玉函山房試帖一卷續一卷

月令七十二候詩四卷

夏小正詩十二卷　道光十一年（1831）刊

治家格言詩一卷

文選擬題詩一卷

玉函山房制義二卷

農諺一卷

竹如意二卷

買春詩話一卷

伯山全集

（清）康發祥撰

清道光同治間泰州康氏刊本

伯山文鈔一卷　同治元年（1862）刊

伯山詩鈔

癸巳集七卷　咸豐十年（1860）刊

由庚集一卷

愛日集一卷　咸豐十一年（1861）刊

望雲集七卷　咸豐十一年（1861）刊

小海山房詩集一卷　咸豐十一年（1861）
刊

三國志補義十三卷　咸豐十年（1860）刊

伯山詩話後集四卷續集二卷再續集二卷三
續集二卷四續集二卷　道光二十九年
（1849）刊再續咸豐元年（1851）刊三續
四續咸豐十年（1860）刊

白雲山房集

（清）張象津撰　　　　　　　　　　　[本

清道光十六年（1836）張繩武等拜經堂刊

白雲山房詩集三卷文集六卷

考工釋車一卷

離騷經章句義疏一卷

等韻簡明指掌圖一卷論一卷

戎馬風濤集

（清）沈汝瀚撰

清道光十八年（1838）刊本

我師錄二卷

固圉錄一卷

除氛錄一卷

學治錄初編一卷二編二卷

多識錄

（清）練恕撰

清道光十八年（1838）刊本

後漢公卿表一卷

後漢書注刊誤

西秦百官表

北周公卿表　以上合一卷

五代地理攷一卷

明諡法攷一卷

伯潁雜文一卷

附後一卷

經圖彙考

（清）毛應觀撰

清道光十九年（1839）小園刊本

天文祛異一卷

地理徵今二卷

井田計畝一卷

劉氏三種

（清）劉士璋撰

清道光十九年（1839）江陵劉氏刊本

漢上叢談四卷

夢竹軒筆記二卷

江陵縣志刊誤六卷

珊影雜識

（清）嚴保庸撰

清道光十九年（1839）金閶刊本

孤篷聽雨錄一卷

盂蘭夢傳奇一卷附曲譜一卷　曲譜（清）譚
祖同撰

來彚堂全書

（清）丁大椿撰

清道光二十年(1840)刊本
來夏堂講義四卷
　小學補一卷
　大學古本釋一卷
　論語講義二卷
　孟子講義四卷
來夏堂學內篇四卷外篇六卷
　來夏堂海防私籌一卷
　來夏堂私說二卷
　來夏堂家禮一卷
　來夏堂家規一卷

小靈蘭館家乘

(清)范玉琨撰
　　清道光二十五年(1845)刊本
　安東改河議三卷
　馬棚灣漫工始末一卷
　佐治芻言一卷

月山遺書

(清)梁彣撰
　　清道光二十八年(1848)二樂堂塾刊本
　首一卷
　四書題說二卷
　正念齋語二卷
　近思齋答問一卷
　近思齋書牘一卷
　近思齋雜箸一卷
　末一卷

黃椒升遺書

(清)黃錫蕃撰
　　稿本
　閩中書畫錄十六卷
　閩雜記二卷
　閩中錄異二卷

古均閣遺著

(清)許槤撰
　　清光緒十四年(1888)許頌鼎刊本
　讀說文記一卷
　古均閣文一卷詩一卷

新化鄒氏斅蓺齋遺書

(清)鄒漢勛撰
　　清光緒四年(1878)攸縣龍汝霖南昌刊本
　讀書偶識八卷
　五韻論二卷
　顓頊厤攷二卷
　文集三卷詩一卷

紅崖刻石釋文一卷

石泉書屋全集

(清)李佐賢撰
　　清咸豐至光緒間利津李氏刊本
　石泉書屋類稿八卷詩鈔六卷律賦二卷尺牘
　　二卷館課詩二卷制藝二卷制藝補編一
　　卷　同治十年(1871)刊詩鈔四年
　　(1865)刊律賦六年(1867)刊尺牘十年
　　(1871)刊館課詩制藝咸豐八年(1858)
　　刊制藝補編同治十一年(1872)刊
　古泉匯首集四卷元集十四卷亨集十四卷利
　　集十八卷貞集十四卷　同治三年
　　(1864)刊
　書畫鑑影二十四卷　同治十年(1871)刊
　武定詩續鈔二十四卷　同治六年(1867)刊
　吾廬筆談八卷光緒元年(1875)刊
　坦室遺文一卷雜著一卷　(清)李文桂撰
　　同治十三年(1874)刊

趣園初集

(清)陳鍾祥撰
　　清咸豐十年(1860)刊本
　依隱齋詩鈔十二卷
　香草詞五卷鴻爪詞一卷哀絃豪竹詞一卷菊
　　花詞一卷集牡丹亭詞一卷香草詞補遺
　　一卷曲一卷
　夏雨軒雜文四卷
　岷江紀程一卷
　楹帖偶存一卷

大梅山館集

(清)姚燮撰
　　清道光咸豐間鎮海姚氏刊本　　　　[刊
　復莊詩問三十四卷　道光二十六年(1846)
　疎影樓詞五卷　道光十三年(1833)刊
　復莊駢儷文榷八卷二編八卷　咸豐四年
　　(1854)刊二編咸豐六年(1856)刊

求是齋雜存

(清)彭崧毓撰
　　清同治中刊本
　緬述一卷
　附
　　緬甸風土詩一卷　(清)王家璧撰
　雲南風土紀事詩一卷
　漁舟紀談二卷
　漁舟續談一卷
　山中懷往詩一卷
　養親須知二卷

中饋錄一卷
　溫清錄一卷

倚晴樓集

（清）黃燮清撰
　　　清咸豐同治間海鹽黃氏拙宜園刊本
　　倚晴樓詩集十二卷續集四卷詩餘四卷
　　　　咸豐七年(1857)刊續集同治九年(1870)
　　　　刊詩餘同治六年(1867)刊
　　倚晴樓七種曲
　　茂陵絃二卷
　　帝女花二卷
　　脊令原二卷
　　鴛鴦鏡一卷
　　淩波影一卷
　　桃谿雪二卷
　　居官鑑二卷
　　國朝詞綜續編二十四卷　同治十二年
　　　　(1873)刊

蔣子遺書

（清）蔣湘南撰
　　　民國資益館排印本
　　七經樓文鈔六卷補遺一卷校勘記一卷　校
　　　　勘記(民國)資益館主人撰　民國九年
　　　　(1920)排印
　　春暉閣詩選六卷校勘記一卷　校勘記(民
　　　　國)資益館主人撰　民國十年(1921)
　　　　排印
　　華嶽圖經一卷校勘記一卷　校勘記(民國)
　　　　資益館主人撰　民國十年(1921)排印
　　江西水道攷五卷
　　西征述一卷
　　卦氣表一卷附一卷
　　游藝錄三卷

鄭子尹遺書

（清）鄭珍撰
　　　清咸豐同治間刊本　　　　　　　　[刊
　　儀禮私箋八卷　同治五年(1866)成山唐氏
　　鄭學錄四卷　同治四年(1865)成山唐氏刊
　　巢經巢集經說一卷　咸豐二年(1852)刊
　　說文逸字二卷附錄一卷　附錄(清)鄭知同
　　　　撰　咸豐八年(1858)望山堂刊
　　巢經巢詩鈔九卷　咸豐二年(1852)刊

遵義鄭徵君遺著

（清）鄭珍撰
　　　民國三年(1914)花近樓刊本
　　巢經巢文集六卷

巢經巢詩集九卷後集四卷
　巢經巢遺詩一卷
　附錄一卷
附
　屈廬詩稿四卷　（清）鄭知同撰

巢經巢全集

（清）鄭珍撰
　　　民國二十九年(1940)貴州省政府排印並
　　　　據清刊板彙印本
　　鄭子尹(珍)先生年譜一卷　趙愷撰
　　巢經巢經說一卷　咸豐二年(1852)刊
　　儀禮私箋八卷　同治五年(1866)成山唐氏
　　　　刊
　　輪輿私箋二卷附圖一卷　圖(清)鄭知同繪
　　說文逸字二卷附錄一卷　附錄(清)鄭知同
　　　　撰　咸豐八年(1858)望山堂刊
　　說文新附考六卷
　　汗簡箋正七卷目錄一卷　刊本
　　鄭學錄四卷　刊本
　　巢經巢文鈔四卷詩鈔前集九卷後集六卷外
　　　　集一卷　詩鈔前集咸豐二年(1852)刊
　　親屬記二卷
　　母教錄一卷
　　巢氏圖說一卷
　　樗繭譜一卷
　　播雅二十四卷　《清》鄭珍輯
　　屈廬詩稿四卷　（清）鄭知同撰
　　漱芳齋文鈔一卷　（清）鄭知同撰
　　六書淺說一卷　（清）鄭知同撰
　　說文本經答問二卷　（清）鄭知同撰

羅忠節公遺集(一名羅山遺集)

（清）羅澤南撰
　　　清咸豐同治間刊本
　　羅忠節公遺集八卷
　　人極衍義一卷　咸豐九年(1859)刊
　　周易附說一卷　咸豐九年(1859)刊
　　西銘講義一卷　咸豐七年(1857)刊
　　姚江學辨二卷　咸豐九年(1859)刊
　　讀孟子劄記二卷　咸豐九年(1859)刊
　　小學韻語一卷　咸豐六年(1856)刊　　[刊
　　羅忠節公年譜二卷　（清）□□撰　同治中

王文村遺著

（清）王振聲撰
　　　稿本
　　春秋左傳校勘記補正一卷
　　宋余仁仲本公羊經傳解詁校記一卷
　　公羊注疏校勘記補正一卷

急就章跋一卷
吳晉奇字跋一卷
孟子音義校記初稿一卷
孟子音義校記一卷
切韻指掌圖校記一卷
文村雜稿一卷
文村書跋一卷
播琴山館雜錄一卷　（清）王振聲輯
文村筆記一卷
詩稿一卷

萬青軒全書（一名尉山堂全集）

（清）萬斛泉撰
　　清光緒中刊本
春秋四傳詁經十五卷　光緒三十四年
　　（1908）刊
尉山堂稿十四卷　光緒三十二年（1906）秋
　　蝨山書院刊
通鑑綱目前編辨誤二卷　光緒二十一年
　　（1905）尉山堂刊
資治通鑑綱目正編正誤補三卷　光緒二十
　　一年（1905）尉山堂刊
萬青軒先生年譜一卷　（清）張鼎元撰　光
　　緒三十二年（1906）秋蝨山書院刊

覆瓿集

（清）張文虎撰
　　清同治光緒間刊本
舒藝室隨筆六卷續筆一卷餘集三卷　同治
　　十三年（1874）金陵冶城賓館刊續筆光
　　緒五年（1879）刊餘筆七年（1881）刊
舒藝室雜著甲編二卷乙編二卷贅稿一卷
　　光緒五年（1879）刊贅稿七年（1881）刊
舒藝室詩存七卷索笑詞二卷　光緒七年
　　（1881）刊
鼠壤餘蔬一卷　光緒十三年（1887）刊
舒藝室詩續存一卷　光緒十三年（1887）刊
舒藝室尺牘偶存一卷　光緒十五年（1889）
　　刊
湖樓校書記一卷餘記一卷　（清）華谷里民
　　（張文虎）撰　光緒十五年（1889）金山
　　錢銘璧等刊
西泠續記一卷　（清）華谷里民（張文虎）撰
　　光緒十五年（1889）金山錢銘璧等刊
蓮龕尋夢記一卷　（清）華谷里民（張文虎）
　　撰　光緒十五年（1889）金山錢銘璧等
　　刊
夢因錄一卷　（清）華谷里民（張文虎）撰
　　光緒十三年（1887）金山錢銘璧等刊
撰聯偶記一卷　（清）天目山樵（張文虎）撰

南匯張鑫刊
懷舊襪記三卷　光緒十九年（1893）南匯張
　　鑫刊
舒藝室雜存　（清）天目山樵（張文虎）撰
　　光緒十三年（1887）刊十五年（1889）彙
　　印
牧簷餘聲一卷
廋辭偶存一卷
俗語集對一卷
記夢四則一卷

校邠廬逸箋

（清）馮桂芬撰
　　清光緒十一年（1885）上海點石齋石印本
說文部首歌一卷
周禮職官分屬歌一卷
山海經表目二卷

記過齋藏書

（清）蘇源生撰
　　清咸豐光緒間鄢陵蘇氏刊本
記過齋贈言一卷附言行畧一卷崇祀鄉賢錄
　　一卷　（清）□□輯　光緒六年（1880）
　　刊
記過齋文稿二卷　咸豐三年（1853）刊
貞壽堂贈言一卷　（清）蘇源生輯
師友札記四卷　（清）蘇源生輯　咸豐三年
　　（1853）刊
大學臆說二卷　咸豐十一年（1861）刊
省身錄十卷　同治元年（1862）刊
記過齋叢書　（清）蘇源生輯
　　聖學入門書一卷　（明）陳瑚撰　咸豐四
　　　年（1854）刊
　　嚴陵講義一卷　（宋）陳淳撰
　　省心紀一卷　（明）呂坤撰
　　薛文清公讀書錄八卷　（明）薛瑄撰　咸
　　　豐三年（1853）刊
　　强恕堂傳家集四卷　（清）夏錫疇撰　同
　　　治七年（1868）刊
　　救命書一卷　（明）呂坤撰　咸豐十年
　　　（1860）刊
　　儒門法語一卷　（清）彭定求輯　道光三
　　　十年（1850）刊

毋不敬齋全書

（清）方潛撰
　　清光緒十五年（1889）方敦吉濟南刊本
辨心性書二卷
心述三卷
性述八卷

觀玩隨筆一卷
讀書經筆記一卷
詩經序傳擇參一卷
讀詩經筆記一卷
春秋初讀一卷
周子書注劄記一卷
正蒙分目解按一卷
膠西講義一卷
數往錄一卷
立本趣時說一卷
劄記一卷
顧庸集十二卷
永矢集三卷
膠西課存一卷
附
　包軒遺編三卷　（清）張泰來撰

番禺陳氏東塾叢書

（清）陳澧撰
　清咸豐至光緒間刊本
漢儒通義七卷　（清）陳澧輯　咸豐八年
　（1858）刊
聲律通考十卷　咸豐十年（1860）刊
切韻考六卷外篇三卷　光緒八年（1882）刊
漢書地理志水道圖說七卷
考正德清胡氏禹貢圖一卷　（清）陳宗誼撰
　同治二年（1863）刊

曾文正公全集

（清）曾國藩撰
　清同治光緒間傳忠書局刊本
　首一卷
曾文正公奏稿三十六卷　光緒二年（1876）
　刊楊仲蕃刻字本　（湯炳南刻字本三
　十卷）
十八家詩鈔二十八卷　（清）曾國藩輯　同
　治十三年（1874）刊
經史百家雜鈔二十六卷　（清）曾國藩輯
　光緒二年（1876）刊
經史百家簡編二卷　（清）曾國藩輯　同治
　十三年（1874）刊
鳴原堂論文二卷　同治十二年（1873）勘志
　齋刊
曾文正公詩集四卷文集四卷　同治十三年
　（1874）刊編年本　分體本光緒二年
　（1876）刊詩集文集各三卷
曾文正公書札三十三卷　光緒二年（1876）
　刊卷二十八至三十三光緒三年（1877）
　續刊
曾文正公批牘六卷　光緒二年（1876）刊

曾文正公雜箸二卷　光緒二年（1876）刊
求闕齋讀書錄十卷　光緒二年（1876）刊
求闕齋日記類鈔二卷　（清）王啓原輯　光
　緒二年（1876）刊
曾文正公年譜十二卷　（清）黎庶昌撰　光
　緒二年（1876）刊楊仲蕃刻字本　永州
　文華堂刻字本題黎庶昌曹耀湘撰
孟子要略五卷附錄一卷　（宋）朱熹撰
　（清）劉傳瑩輯　（清）曾國藩按　同治
　十三年（1874）刊
曾文正公家書十卷　光緒五年（1879）刊
曾文正公家訓二卷　光緒五年（1879）刊

曾文正公六種彙刻

（清）曾國藩撰　　　　　　　　　［本
　民國二十二年（1933）上海掃葉山房石印
曾文正公家書八卷
曾文正公家訓二卷
曾文正公手札一卷
曾文正公大事記二卷　**（清）王定安撰**
曾文正公雜著二卷
曾文正公日記二卷

敝帚齋遺書

（清）徐熏撰
　清光緒三年（1877）六合徐氏刊本
敝帚齋主人年譜一卷　（清）□□等撰
　（清）徐承禧等注　同治十三年（1874）
　福州邸舍刊
未灰齋文集八卷外集一卷
讀書雜釋十四卷
小腆紀年附攷二十卷

半巖廬所箸書

（清）邵懿辰撰
　清宣統至民國間仁和邵氏家祠刊本
尚書傳授同異考一卷　民國十八年（1929）
　刊
尚書通義殘二卷（存卷六至七）　民國二十
　年（1931）刊
禮經通論二卷（原缺卷下）　民國十七年
　（1928）刊
李氏孝經注輯本一卷　民國六年（1917）刊
曾子大孝編注一卷
四庫簡明目錄標注二十卷　宣統三年
　（1911）刊
**半巖廬遺文二卷補一卷遺詩二卷補一卷附
　錄一卷**　民國十一年（1922）刊
明季國初進士履歷跋後一卷　民國六年
　（1917）刊

半巖廬日記五卷　　民國二十年(1931)刊

觀古閣叢刻

(清)鮑康撰
　　　清同治十二年(1873)歙鮑氏刊本
　　觀古閣泉說一卷
　附
　　　續泉說一卷　　(清)李佐賢撰
　　觀古閣叢稿二卷續稿一卷三編二卷
　　大錢圖錄一卷　　光緒二年(1876)刊
　　虞夏贖金釋文一卷　　(清)劉師陸撰
　附
　　　嘉蔭簃論泉截句二卷　　(清)劉喜海撰
　　　海東金石苑一卷　　(清)劉喜海撰

紙園叢書

(清)易本烺撰
　　　清咸豐同治間刊本
　　青龍山集一卷　　同治三年(1864)刊
　　紙園筆記經餘三卷　　鈔本
　　紙園筆記史略二卷　　鈔本
　　紙園筆記皇朝故事二卷　　鈔本
　　讀左劄記六卷　　鈔本
　　一粟齋試帖一卷　　咸豐九年(1859)刊
　　一蠹詩存二卷　　鈔本
　　　運詩一卷
　　　倒字詩一卷
　　易觧噬通一卷

魚凫彙刻

(清)魚凫居士輯
　　　清咸豐十一年(1861)刊本　　　[祺撰]
　　祺盦先生籌蜀記一卷附錄一卷　　(清)蔡壽
　　祺盦先生惠蜀書二卷補遺一卷　　(清)蔡壽
　　漢安徵信錄一卷　　(清)徐灼撰　　[祺撰]

何宮贊遺書

(清)何若瑤撰
　　　清光緒八年(1882)何雲旭刊本
　　春秋公羊注疏質疑二卷
　　前漢書注考證一卷
　　後漢書注考證一卷
　　海陀華館文集一卷詩集三卷
　　陔亭賸草一卷讔言一卷　　(清)何森撰
　　先世事略一卷

求在我齋全集

(清)陳澧撰
　　　清同治十三年(1874)賜葛堂刊本
　　論語話解十卷

易義纂釋五卷
易說摘存三卷
易理蒙訓二卷
養性齋經訓二卷
性理闡說二卷
諫垣存稿一卷
求在我齋文集二卷詩集二卷
陳心泉文稿(一名求在我齋制藝)四卷

邵亭四種

(清)莫友芝撰
　　　鈔本
　　韻學源流一卷
　　邵亭外集一卷
　　影山草堂詩鈔三卷
　　影山詞三卷

影山草堂六種

(清)莫友芝撰
　　　清咸豐至光緒間刊本
　　唐寫本說文解字木部箋異一卷　　同治二年
　　　(1863)刊
　　宋元舊本書經眼錄三卷附錄二卷　　同治十
　　　二年(1873)莫繩孫刊
　　邵亭詩鈔六卷　　咸豐二年(1852)遵義湘川
　　　講舍刊同治五年(1866)莫繩孫修補
　　邵亭遺詩八卷　　光緒元年(1875)莫繩孫刊
　　邵亭遺文八卷
　　貞定先生遺集四卷　　(清)莫與儔撰

左文襄公全集

(清)左宗棠撰
　　　清光緒中刊本
　　首一卷
　　左文襄公奏稿六十四卷　　光緒十六年
　　　(1890)刊
　　左文襄公書牘二十六卷說帖一卷　　光緒十
　　　八年(1892)刊
　　左文襄公批札七卷　　光緒十八年(1892)刊
　　左文襄公咨札一卷告示一卷
　　左文襄公謝摺二卷
　　左文襄公文集五卷詩集一卷聯語一卷　　光
　　　緒十八年(1892)刊
　附
　　　張大司馬奏稿四卷　　(清)張亮基撰　　光緒
　　　十七年(1891)刊
　　　駱文忠公奏稿十卷　　(清)駱秉章撰　　光緒
　　　十七年(1891)刊

息柯居士全集

(清)楊翰撰

    清同治光緒間刊本

息柯白箋八卷　同治十二年(1873)羊城九曜山房刊

息柯雜著六卷　同治十二年(1873)羊城九曜山房刊

褒遺草堂詩鈔十二卷　同治十年(1871)五簋葳園刊

粵西得碑記一卷　光緒二年(1876)浯上息園刊

歸石軒畫談十卷

夢綠亭會合詩一卷續編一卷　光緒三年(1877)潭州刊

先德錄一卷　光緒二年(1876)浯上寄廬刊

浯溪紀遊詩一卷

集浯溪碑字聯語一卷　(清)於益撰

浯溪考二卷　(清)王士禛撰

三十樹梅花書屋詩鈔四卷　(清)李崧霖撰

胡林翼全集

(清)胡林翼撰

    民國二十五年(1936)大東書局排印本

胡林翼年譜三卷　(清)梅英杰撰

胡林翼奏議五十一卷

胡林翼書牘四十二卷

胡林翼批札三卷

胡林翼語錄八卷通論一卷　崔龍輯

讀史兵畧二十八卷

古桐書屋六種

(清)劉熙載撰

    清同治光緒間刊本

四音定切四卷

說文雙聲二卷

說文疊韵二卷首一卷續編一卷

昨非集四卷

持志塾言二卷

藝槩六卷

續刻三種　光緒十三年(1887)刊

    古桐書屋劄記一卷

    游藝約言一卷

    制藝書存一卷

雷刻八種

(清)雷浚撰

    清光緒中吳縣雷氏刊本

說文引經例辨三卷　光緒八年(1882)刊

說文外篇十五卷補遺一卷

韵府鉤沈五卷

睡餘偶筆二卷　光緒二十年(1894)刊

道福堂詩集四卷　光緒二十年(1894)刊

乃有盧雜著一卷　光緒二十一年(1895)刊

附刻

    劉氏碎金一卷　(清)劉禧延撰　同治十三年(1874)刊

    說文辨疑一卷　(清)顧廣圻撰

續刻

    豫章語錄一卷　(明)雷獅撰　光緒二十一年(1895)刊

    琴韵居詩存一卷　(清)雷大升撰　光緒二十一年(1895)刊

煙嶼樓集

(清)徐時棟撰

    清同治光緒間刊本

煙嶼樓文集四十卷詩集十八卷　光緒元年(1875)葛氏松竹居刊詩集同治六年(1867)葉氏虎朋山房刊

重刻遊杭合集一卷　(清)徐元第(清)徐時棟撰　同治三年(1864)城西草堂刊

尚書逸湯誓考六卷校勘一卷　同治十一年(1872)城西草堂刊

山中學詩記五卷　光緒四年(1878)葉氏西河別墅刊

十二硯齋三種

(清)汪鋆撰

    清同治光緒間儀徵汪氏刊本

補瘞鶴銘考二卷

十二硯齋隨錄四卷　同治十一年(1872)刊

清湘老人題記一卷苦瓜和尚畫語錄一卷附錄一卷　(清)釋道濟撰　(清)汪鋆輯　光緒九年刊

喬勤恪公全集

(清)喬松年撰

    清光緒三年(1877)強恕堂刊本

論語淺解四卷

緯攟十四卷　(清)喬松年輯

    易緯一卷

      易乾鑿度

      乾坤鑿度

      易通卦驗

      易稽覽圖

      易是類謀

      易辨終備

      易中孚傳

      易天人應

      易通統圖

      易運期

易內傳
易萌氣樞
易內篇
易傳太初篇
泛引易緯
尚書緯二卷
　尚書考靈曜　　(漢)鄭玄注
　尚書帝命驗
　尚書璇璣鈐
　尚書刑德放
　尚書運期授
　尚書帝驗期
　尚書洪範記
　泛引尚書緯　以上合一卷
　尚書中候
　中候握河紀
　中候我應
　中候考河命
　中候雒予命
　中候雒師謀
　中候摘雒貳
　中候儀明
　中候敕省圖
　中候稷起
　中候準讖哲
　中候合符后
　中候運衡
　中候契握
　中候苗興　以上合一卷
詩緯一卷
　詩含神霧
　詩推度災
　詩汎歷樞
　泛引詩緯
春秋緯二卷
　春秋演孔圖
　春秋元命包
　春秋文曜鈎
　春秋運斗樞
　春秋感精符
　春秋合誠圖　以上合一卷
　春秋考異郵
　春秋保乾圖
　春秋漢含孳
　春秋佐助期
　春秋握誠圖
　春秋潛潭巴
　春秋說題辭
　春秋命歷序
　春秋內事

春秋緯雜篇
　春秋錄圖
　春秋錄運法
　春秋孔錄法
　春秋璇璣樞
　春秋揆命篇
　春秋河圖揆命篇
　春秋玉版
　春秋瑞應傳
　泛引春秋緯　以上合一卷
禮緯一卷
　禮含文嘉
　禮稽命徵
　禮斗威儀
　泛引禮緯
樂緯一卷
　樂動聲儀
　樂稽耀嘉
　樂叶圖徵
　泛引樂緯
孝經緯一卷
　孝經援神契
　孝經中契
　孝經左契
　孝經右契
　孝經鉤命決
　孝經內事
　孝經緯雜篇
　孝經河圖
　孝經中黃
　孝經威嬉拒
　泛引孝經緯
論語緯一卷
　論語比考
　論語讖考
　論語摘輔象
　論語摘衰聖
　論語緯雜篇
　　論語素王受命讖
　　論語崇爵讖
　　論語糾滑讖
　　論語陰嬉讖
　泛引論語讖
河圖緯一卷
　河圖括地象
　河圖始開圖
　河圖挺佐輔
　河圖稽耀鈎
　河圖帝覽禧
　河圖握矩起

(清)方宗誠撰
　　清光緒中桐城方氏刊本
　柏堂經說
　　讀易筆記二卷　光緒三年(1877)刊
　　書傳補義三卷　光緒二年(1876)刊
　　詩傳補義三卷　光緒元年(1875)刊
　　禮記集說補義一卷　光緒四年(1878)刊
　　春秋傳正誼四卷　光緒四年(1878)刊
　　春秋集義十二卷　光緒八年(1882)刊
　　孝經章義一卷　光緒八年(1882)刊
　　讀學庸筆記二卷　光緒五年(1879)刊
　　讀論孟筆記三卷補記二卷　光緒三年
　　　(1877)刊
　柏堂讀書筆記
　　論文章本原三卷　光緒四年(1878)刊
　　讀文雜記一卷　光緒四年(1878)刊
　　說詩章義三卷　光緒八年(1882)刊
　　陶詩真詮一卷　光緒八年(1882)刊
　　讀宋鑑論三卷　光緒三年(1877)刊
　　讀史雜記一卷　光緒四年(1878)刊
　　讀諸子諸儒書雜記一卷　光緒四年
　　　(1878)刊
　志學錄八卷續錄三卷　光緒三年(1877)刊
　　　續錄十年(1884)刊
　輔仁錄四卷　光緒十二年(1886)刊
　周子通書講義一卷　光緒十年(1884)刊
　俟命錄十卷　光緒三年(1877)刊
　吳竹如先生(廷棟)年譜一卷　光緒十一年
　　　(1885)刊
　柏堂集前編十四卷次編十三卷續編二十二
　　　卷後編二十二卷餘編八卷補存三卷外
　　　編十二卷　光緒六年(1880)刊續編後
　　　編七年(1881)刊餘編補存十二年
　　　(1886)刊外編十年(1884)刊
　附
　　毅齋遺集五卷　(清)方培潛撰　光緒十
　　　二年(1886)刊

劉武慎公遺書

(清)劉長佑撰
　　清光緒十六年(1890)金陵刊本
　首一卷
　劉武慎公奏稿二十一卷
　劉武慎公稟牘四卷
　劉武慎公尺牘二卷
　劉武慎公官書一卷
　劉武慎公遺文詩存雜記一卷
　附
　　劉武慎公行狀一卷　(清)王定安撰

劉果敏公全集

(清)劉典撰
　　清光緒中刊本
　劉果敏公奏稿八卷
　劉果敏公批牘六卷
　劉果敏公書劄一卷
　劉果敏公文集一卷
　劉果敏公從戎識實一卷

鄒徵君遺書

(清)鄒伯奇撰
　　清同治十二年(1872)鄒達泉拾芥園刊本
　學計一得二卷
　補小爾雅釋度量衡一卷
　格術補一卷
　對數尺記一卷
　乘方捷算三卷
　鄒徵君存稿一卷
　輿地全圖
　赤道南北恆星圖
　附
　　夏氏算學四種　(清)夏鸞翔撰
　　　少廣縋鑿一卷
　　　洞方術圖解二卷
　　　致曲術一卷
　　　致曲圖解一卷
　　徐氏算學三種　(清)徐有壬撰
　　　造各表簡法一卷
　　　截球解義一卷
　　　橢圓求周術一卷

蒼筤集

(清)孫鼎臣撰
　　清咸豐中刊本
　畚塘芻論二卷
　河防紀略四卷
　蒼筤初集詩集十卷文集六卷詞一卷附錄四
　　卷

許松濱先生全集

(清)許錫祺撰
　　清光緒十九年(1893)劉汝錫等刊本
　痦言三十卷附質疑一卷　附(清)夏震武撰
　周易臆解四卷
　初學入門一卷
　許松濱先生條答四卷附評條答　附(清)葉
　　裕仁撰
　許松濱先生詩集二卷文集二卷
　侍疾日記一卷　(清)周彝撰

丁文誠公遺集

（清）丁寶楨撰
　　清光緒中丁體常京師刊本
　首一卷
　　丁文誠公奏稿二十六卷　光緒十九年
　　　（1893）刊
　　十五弗齋詩存一卷文存一卷　光緒二十年
　　　（1894）刊

郇鄗山房集

（清）趙樹吉撰
　　清光緒中汗青簃刊本
　　郇鄗山房詩存八卷　光緒七年（1881）刊
　　郇鄗山房文略二卷　光緒十一年（1885）刊
　　郇鄗山房疏艸二卷　光緒七年（1881）刊
　　郇鄗山房駢文二卷　光緒七年（1881）刊
　　甕天瑣錄一卷　光緒八年（1882）刊

筆諫堂全集

（清）柳堂撰
　　清光緒中筆諫堂刊本
　上函
　　蓮溪吟草十四卷　光緒二十八年（1902）刊
　　北上吟草二卷庚寅北上吟草一卷　光緒二
　　　十八年（1902）刊
　　史外韻語書後八卷　光緒二十八年（1902）
　　　刊
　　宦遊吟草十二卷　光緒二十八年（1902）刊
　　仕餘吟草四卷　光緒三十一年（1905）刊
　　舟行吟草一卷　光緒三十一年（1905）刊
　附
　　六十壽言四卷　（清）李鳳岡輯　光緒三十
　　　二年（1906）刊
　　惠民頌言五卷　（清）陳銘等輯　光緒三十
　　　二年（1906）刊
　下函
　　宰惠紀略五卷　光緒二十七年（1901）刊
　　災眚日記十五卷　光緒三十一年（1905）刊
　　牧東紀略四卷　光緒三十二年（1906）刊
　　東平教案記二卷　光緒三十一年（1905）刊
　　宰德小記一卷　光緒三十二年（1906）刊
　　書札記事四卷　光緒三十二年（1906）刊
　　周甲錄六卷　光緒三十一年（1905）刊
　　蒙難追筆一卷　光緒三十一年（1905）刊

淡園全集

（清）馬徵慶撰
　　清光緒十五年（1889）金陵清涼山半日讀
　　　書齋刊本

馬鍾山遺書

　民國八年至十二年（1919—1923）馬林排
　　印景印本
　大衍筮法直解一卷
　仙源礦士參語一卷
　夏小正箋疏四卷
　淡園文集一卷
　大學古本參誼一卷　　以下馬鍾山遺書本
　儀禮先簿一卷
　毛詩鄭譜疏證一卷
　四詩世次通譜一卷
　尙書篇誼正蒙四卷首一卷
　周易正蒙一卷讀易綱領一卷
　毛詩七聲四晉譜四卷
　官制沿革表四卷
　選舉沿革表一卷
　食貨書一卷
　孟子年譜一卷
　附錄一卷

春在堂全書

（清）俞樾撰
　　清光緒二十五年（1899）刊本
　羣經平議三十五卷
　　周易平議二卷
　　尙書平議四卷
　　周書平議一卷
　　毛詩平議四卷
　　周禮平議二卷
　　考工記世室重屋明堂考一卷
　　儀禮平議二卷
　　大戴禮記平議二卷
　　小戴禮記平議四卷
　　春秋公羊傳平議一卷
　　春秋穀梁傳平議一卷
　　春秋左傳平議三卷
　　春秋外傳國語平議二卷
　　論語平議二卷
　　孟子平議二卷
　　爾雅平議一卷
　諸子平議三十五卷
　　管子平議六卷
　　晏子春秋平議一卷
　　老子平議一卷
　　墨子平議三卷
　　荀子平議四卷
　　列子平議一卷
　　莊子平議三卷
　　商子平議一卷

韓非子平議一卷
呂氏春秋平議三卷
春秋繁露平議二卷
賈子平議二卷
淮南內篇平議四卷
揚子太玄平議一卷
揚子法言平議二卷
第一樓叢書三十卷
　易貫五卷
　玩易篇一卷
　論語小言一卷
　春秋名字解詁補義一卷
　古書疑義舉例七卷
　兒笘錄四卷
　讀書餘錄二卷
　詁經精舍自課文二卷
　湖樓筆談七卷
曲園雜纂五十卷
　艮宦易說一卷
　達齋書說一卷
　達齋詩說一卷
　達齋春秋論一卷
　達齋叢說一卷
　荀子詩說一卷
　何劭公論語義一卷
　士昏禮對席圖一卷
　樂記異文考一卷
　生霸死霸考一卷
　春秋歲星考一卷
　卦氣直日考一卷
　七十二候考一卷
　左傳古本分年考一卷
　春秋人地名對一卷
　邵易補原一卷
　讀韓詩外傳一卷
　讀吳越春秋一卷
　讀越絕書一卷
　讀鶡冠子一卷
　讀鹽鐵論一卷
　讀潛夫論一卷
　讀論衡一卷
　讀中論一卷
　讀抱朴子一卷
　讀文中子一卷
　改吳一卷
　說項一卷
　正毛一卷
　評袁一卷
　通李一卷
　議郎一卷

訂胡一卷
日知錄小箋一卷
苓子一卷
小繁露一卷
韵雅一卷
小浮梅閒話一卷
續五九枝譚一卷
閣行日記一卷
吳中唱和詩一卷
梵珠一卷
百空曲一卷
十二月花神議一卷
銀瓶徵一卷
吳絳雪(宗愛)年譜一卷
五行占一卷
集千字文詩一卷
隱書一卷
老圓一卷
俞樓雜纂五十卷
　易窮通變化論一卷
　周易互體徵一卷
　八卦方位說一卷
　卦氣續考一卷
　詩名物證古一卷
　禮記鄭讀考一卷
　禮記異文箋一卷
　鄭君駁正三禮考一卷
　九族考一卷
　玉佩考一卷
　喪服私論一卷
　左傳連珠一卷
　論語鄭義一卷
　續論語駢枝一卷
　論語古注擇從一卷
　孟子古注擇從一卷
　孟子高氏學一卷
　孟子續義內外篇一卷
　四書辨疑辨一卷
　羣經賸義一卷
　讀文子一卷
　讀公孫龍子一卷
　讀山海經一卷
　讀楚辭一卷
　讀漢碑一卷
　讀昌黎先生集一卷
　讀王觀國學林一卷
　讀王氏稗疏一卷
　莊子人名考一卷
　楚辭人名考一卷
　駢枝一卷

讀隸輯詞一卷
廣雅釋詁疏證拾遺一卷
著書餘料一卷
佚文一卷
佚詩一卷
銘篇一卷
玉堂舊課一卷
廣楊園近鑑一卷
壺東漫錄一卷
百哀篇一卷
詠物二十一首一卷
五五一卷
枕上三字訣一卷
廢醫論一卷
九宮衍數一卷
金剛經訂義一卷
一笑一卷
說俞一卷
俞樓經始一卷
賓萌集六卷外集四卷
春在堂雜文二卷續編五卷三編四卷四編八卷五編八卷六編十卷補遺六卷
春在堂詩編二十三卷詞錄三卷
春在堂隨筆十卷
春在堂尺牘六卷
楹聯錄存五卷附錄一卷
四書文一卷
右台仙館筆記十六卷
茶香室叢鈔二十三卷續鈔二十五卷三鈔二十九卷四鈔二十九卷
茶香室經說十六卷
經課續編八卷
九九銷夏錄十四卷
金剛般若波羅蜜經注二卷
太上感應篇纘義二卷
游藝錄六卷
小蓬萊謠一卷
袖中書二卷
東瀛詩記二卷 (清)俞樾輯
東海投桃集一卷 (清)俞樾輯
慧福樓幸草一卷 (清)俞繡孫撰
曲園自述詩一卷補一卷
曲園墨戲一卷
曲園三耍一卷
八卦葉子格
三才中和牌譜
勝遊圖
瓊英小錄一卷
春在堂全書錄要一卷
春在堂全書校勘記一卷 (清)蔡啓盛撰
春在堂傳奇二種
驪山傳一卷
梓潼傳一卷
新定牙牌數一卷
春在堂輓言一卷 (清)□□輯

漁浦草堂遺稿

(清)張道撰
稿本
漁浦草堂文集四卷
漁浦草堂詩(一名張伯幾詩)不分卷
舊唐書疑義四卷
舊唐書勘同一卷
唐浙中長官考一卷附錄一卷
臨安旬制記三卷
全浙詩話刊誤一卷
定鄉小識十二卷附四卷
字典翼一卷
雪煩叢識二卷
鷗巢閒筆一卷
雪煩廬記異二卷
蘇亭詩話四卷
漚巢詩話二卷
鶴背生詞一卷
梅花夢二卷
張少南先生喬梓著述目錄一卷

止園叢書

(清)史夢蘭撰
清道光至光緒間刊本
爾爾書屋詩草八卷文鈔二卷 光緒元年(1875)刊文鈔十七年(1891)刊
家藏書畫記一卷
全史宮詞二十卷 咸豐六年(1856)刊
疊雅十三卷 同治四年(1865)刊
異號類編二十卷 同治四年(1865)刊
古今風謠一卷古今諺一卷 (明)楊慎輯 (清)史夢蘭補注 同治十二年(1873)刊
古今風謠拾遺四卷古今諺拾遺六卷 (清)史夢蘭輯
燕說四卷 同治六年(1867)刊
雙名錄一卷
止園筆談八卷 光緒四年(1878)刊
放言百首一卷 (清)史履升箋注 光緒十六年(1890)刊
永平三子遺書四卷 (清)史夢蘭輯 光緒五年(1879)刊
佘潛滄四書解一卷 (清)佘一元撰
復莽遺書一卷 (清)楊開基撰

　　　　損齋遺書二卷　　（清）倪上述撰
　　　　永平詩存二十四卷續編四卷　　（清）史夢蘭
　　　　　輯　　同治十年(1871)刊
　　　　樂亭四書文鈔一卷續編二卷　　（清）史夢蘭
　　　　　輯　　道光三十年(1850)刊
　　　　硯農制義一卷　　同治十年(1871)刊　　〔刊
　　　　梧風竹月書巢試帖一卷　　同治十年(1871)
　　　　蘐庭壽言一卷　　（清）史夢蘭輯　　光緒三年
　　　　　(1877)刊
　　　　樗壽贈言六卷　　（清）史夢蘭輯　　光緒十九
　　　　　年(1893)刊
　　　　春煦軒文集六卷詩集二卷　　（明）王好問撰
　　　　　　同治六年(1867)刊
　　　　味古齋詩存二卷　　（清）史一經撰
　　　　小滄嶼山房詩存二卷　　（清）史一經撰
　　　　孝經章句一卷刊誤辯說一卷　　（清）倪上述
　　　　　撰
　　　　庭訓筆記一卷　　（清）陰振猷撰　　道光二十
　　　　　年(1840)刊
　　　　前型紀畧一卷　　（清）陰振猷撰　　道光二十
　　　　　年(1840)刊

中隱堂雜著

　（清）方炳奎撰
　　　　清同治中中隱堂刊本
　　　　說夢錄一卷　　同治五年(1866)刊
　　　　駴驌小記一卷　　同治五年(1866)刊
　　　　麿盾集二卷　　同治六年(1867)刊
　　　　河壖贅筆二卷　　同治六年(1867)刊
　　　　退思錄一卷　　同治六年(1867)心光明室刊

澹勤室著述

　（清）傅壽彤撰
　　　　清同治中刊本
　　　　黃忠端公孝經辯義一卷　　（明）黃道周撰
　　　　　同治二年(1863)大梁刊
　　　　孝經述一卷　　（清）賀長齡輯注　　（清）傅壽
　　　　　彤述
　　　　孔庭學裔五卷　　（清）傅壽彤撰　　同治二年
　　　　　(1863)刊
　　　　古晉類表九卷　　（清）傅壽彤撰　　同治三年
　　　　　(1864)刊
　　　　澹勤室詩六卷　　（清）傅壽彤撰　　同治十年
　　　　　(1871)刊

陶樓雜著

　（清）黃彭年撰
　　　　清光緒十五年(1899)貴筑黃氏刊本
　　　　紫泥日記一卷
　　　　明范文忠公畫像宦蹟圖題詞一卷

　　　　明五忠手蹟孜存一卷
　　　　黃忠端公明誠堂十四札疏證一卷題詞一卷

曾忠襄公全集

　（清）曾國荃撰
　　　　清光緒二十九年(1903)刊本
　　　　曾忠襄公文集二卷
　　　　曾忠襄公奏議三十二卷
　　　　曾忠襄公書札二十二卷
　　　　曾忠襄公批牘五卷
　　附
　　　　曾忠襄公年譜四卷　　（清）王定安撰　　（清）
　　　　　蕭榮爵增訂
　　　　曾忠襄公榮哀錄二卷　　（清）蕭榮爵輯

求益齋全集

　（清）强汝詢撰
　　　　清光緒二十四年(1898)江蘇書局刊本
　　　　求益齋讀書記六卷
　　　　求益齋隨筆二卷
　　　　漢州郡縣吏制考二卷
　　　　金壇見聞記二卷
　　　　求益齋文集八卷

遵義蕭氏遺書（一名吉修草堂所著書）

　（清）蕭光遠撰
　　　　清咸豐中遵義蕭氏刊本
　　　　周易屬辭十二卷通例五卷通說二卷　　咸豐
　　　　　三年(1853)刊
　　　　漢書彙鈔二卷
　　　　鹿山雜著一卷

端敏遺書

　（清）胡元直撰
　　　　清光緒二十年(1894)刊本
　　　　癸甲試賦一卷
　　　　介堂經解一卷
　　　　介堂詩詞一卷
　　　　介堂文筆一卷

牟子全集

　（清）張香海撰
　　　　清道光咸豐間刊本
　　　　東牟紀事二卷　　　　　　　　　　　　　〔刊
　　　　白溝草二卷　　道光二十七年(1847)陽武署
　　　　蓼六唫二卷
　　　　慈竹軒制藝一卷　　道光二十五年(1845)汴
　　　　　梁漱芳齋刊
　　　　宦豫草二卷

錦城吟二卷
宦蜀紀程四卷　咸豐元年(1851)蜀郡揖山
　　盧刊
宦蜀草六卷　咸豐二年(1852)渝城公廨刊
棧雲小藁二卷　咸豐二年(1852)渝城公廨
　　刊　　　　　　　　　　　　　　［刊
驛鐙小藁二卷　咸豐二年(1852)渝城公廨
筍輿吟二卷　咸豐二年(1852)渝城公廨刊
潼江草二卷　咸豐四年(1854)渝城公廨刊
密厓文鈔二卷　咸豐五年(1855)酆陵署刊
聽鸎池館閒詠二卷　咸豐五年(1855)刊
楚遊小草二卷　咸豐六年(1856)刊
燕遊小草二卷
蓬背吟二卷　咸豐六年(1856)刊

耕邨全集

(清)余潛士撰
　　清咸豐二年(1852)務本堂刊本
敎學編一卷
自鳴集二卷
北遊草一卷北遊續詠一卷
耕邨姑留稿六卷
困學邇言初編一卷續編一卷三編一卷
居官臆測一卷

岯雲樓集

(清)劉存仁撰
　　清咸豐同治閒刊本
勸學芻言四卷　咸豐四年(1854)福州刊
詩經口義二卷　同治元年(1862)渭源刊
岯雲樓詩話六卷
岯雲樓詩選初集八卷二集四卷三集十二卷
　　詞一卷　二集咸豐三年(1853)福州刊

學壽堂叢書

(清)徐紹楨撰
　　清咸豐至光緖閒番禺徐氏梧州刊本
通介堂經說三十七卷　(清)徐灝撰　咸豐
　　四年(1854)刊
樂律攷二卷　(清)徐灝撰
靈州山人詩錄六卷　(清)徐灝撰　同治三
　　年(1864)刊
四書質疑十九卷　光緖九年(1883)刊
孝經質疑一卷　光緖十年(1884)刊
後漢書朔閏攷五卷　光緖十七年(1891)刊
三國志質疑六卷　光緖十二年(1886)刊
句股通義三卷　光緖十四年(1888)刊
學一齋算課草四卷　(清)徐紹楨輯　光緖
　　二十三年(1897)刊
學一齋句股代數草二卷　(清)嚴杏林等撰

學一齋算學問答一卷　(清)徐紹楨輯
　　光緖二十五年(1899)刊
算學報三卷　(清)朱憲章輯

橙園四種

(清)龔禮撰
　　清咸豐五年(1855)刊本
借箸錄三卷
汲古錄一卷
剪燭錄二卷
壓線錄三卷

陳炯齋著述

(清)陳徽言撰
　　清咸豐七年(1857)橋李吳昌言章門刊本
武昌紀事二卷附錄一卷
陳炯齋遺詩一卷

姚正父集

(清)姚承輿撰
　　清咸豐十一年(1861)刊本
姚正甫文集十卷
杭湖防堵記略一卷
牛營奕營記略一卷
赴營記略一卷
勝營記略一卷
和營記略一卷

鼎吉堂全集

(清)尹繼美撰
　　清咸豐至光緖閒刊本
周易集傳八卷補遺一卷考證一卷校正一卷
　　(元)龍仁夫撰　(清)尹繼美錄　同
　　治七年(1868)刊　　　　　　　　［刊
詩地理攷略二卷圖一卷　同治三年(1864)
詩管見七卷首一卷　同治十二年(1873)刊
黃縣志稿五卷　同治十二年(1873)仁山白
　　鷺書院刊
鼎吉堂詩鈔四卷　同治十二年(1873)仁山
　　白鷺書院刊
鼎吉堂文鈔八卷首一卷　光緖四年(1878)
　　有隣書舍刊
蠢書三卷　(清)蠢測子(尹繼美)撰　同治
　　十三年(1874)刊
閩遊記略一卷　同治十三年(1874)仁山白
　　鷺書院刊

樸學廬叢刻

(清)宋祖駿撰
　　清咸豐中刊本

樸學廬文初鈔一卷詩鈔五卷
樸學廬文鈔一卷
樸學廬外集鈔一卷
周易卦變圖說一卷
補五代史藝文志一卷

籛園叢書

（清）張愼儀撰
　　清光緒至民國間刊本
詩經異文補釋十六卷
續方言新校補二卷
方言別錄四卷
蜀方言二卷
廣釋親一卷附錄一卷　（清）梁口撰　（清）
　　張愼儀補輯　附錄（民國）張驤撰
屁宓撫筆四卷
今悔庵詩一卷補錄一卷文一卷詞一卷

南園叢稿

（民國）張相文撰
　　民國二十四年（1935）北平中國地學會排
　　印本
耶律楚材西遊錄今釋一卷
湛然居士（耶律楚材）年譜一卷
成吉思汗陵寢辨證書一卷
南園遊記一卷
韓邊外志一卷
南園詩存一卷
南園文存二卷
沌谷筆談四卷
帝賊譜二卷
中國地理沿革史二卷
佛學地理志三卷
萬法精理五卷　（法國）孟德斯鳩撰（民國）
　　張相文等譯
附
泗陽張沌谷居士（相文）年譜一卷榮哀錄一
　　卷　張星烺撰并輯

種樹軒遺集

（清）郭長清撰
　　清光緒二十三年（1897）刊本
性理淺說一卷
小學淺說一卷
種樹軒文集一卷詩草一卷

黎文肅公遺書

（清）黎培敬撰
　　清光緒十七年（1891）湘潭黎氏刊本
首一卷

竹閒道人自述年譜一卷
黎文肅公奏議十六卷
黎文肅公公牘十卷
黎文肅公書札三十卷
黔軺紀程一卷
黎文肅公雜著二卷
求補拙齋文署二卷詩署二卷外集四卷

養雲山莊遺稿

（清）劉瑞芬撰
　　清光緒中劉世瑋刊本
養雲山莊文集一卷續一卷詩集四卷　光緒
　　十九年（1893）刊
劉中丞奏稿四卷　光緒二十二年（1896）刊
西軺紀略一卷　光緒二十二年（1896）刊

談瀛錄

（清）袁祖志撰
　　清光緒十七年（1891）同文書局石印本
瀛海採問紀實一卷
涉洋管見一卷
西俗雜誌一卷
出洋須知一卷
海外吟二卷
海上吟一卷

寶韋齋類稿

（清）李桓撰
　　清光緒六年（1880）武林趙寶墨齋刊本
奏疏四卷
官書二十四卷
尺牘四十八卷
甲癸夢痕記六卷補遺二卷
明論四卷　光緒十三年（1887）長沙芋園刊
詩錄二卷　光緒十四年（1888）長沙芋園刊
文錄三卷　光緒十六年（1890）長沙芋園刊
賓退紀談七卷　光緒十七年（1891）長沙芋
　　園刊

正誼堂全集

（清）董沛撰
　　清光緒中刊本
正誼堂文集二十四卷
六一山房詩集十卷續集十卷　同治十三年
　　（1874）刊續集光緒五年（1879）刊十年
　　（1884）續刊
吳平贅言八卷　光緒七年（1881）刊
汝東判語六卷
晦闇齋筆語六卷
南屏贅語八卷　光緒十一年（1885）刊

越縵堂所著書

（清）李慈銘撰
　　稿本
　　湖塘林館駢體文鈔(一名越縵堂類稾)殘一
　　　卷(存卷二)
　　蘿菴日鈔不分卷
　　越縵堂詩文集不分卷
　　越中先賢祠目序例一卷
　　柯山漫錄殘二卷(存卷六至七)
　　窮愁錄一卷
　　蘿菴游賞小志一卷
　　越縵叢稾棄餘一卷
　　越縵山房叢稾一卷

寒松閣集

（清）張鳴珂撰
　　清光緒中嘉興張氏刊本
　　寒松閣詩八卷　光緒十九年(1893)刊
　　寒松閣駢體文一卷續一卷　光緒二十年
　　　(1894)刊
　　寒松閣詞四卷　光緒十年(1884)刊
　　說文佚字攷四卷　光緒十三年(1887)刊
　　疑年賡錄二卷　光緒二十四年(1898)刊

蔣侑石遺書

（清）蔣曰豫撰
　　清光緒三年(1877)蓮池書局刊本
　　滂喜齋學錄十一卷
　　詩經異文四卷
　　韓詩輯一卷
　　論語集解校補一卷
　　國語賈景伯注一卷　(漢)賈逵撰　(清)
　　　蔣曰豫輯
　　離騷釋韻一卷
　　許叔重淮南子注一卷　(漢)許慎撰
　　　(清)蔣曰豫輯
　　兩漢傳經表二卷
　　問奇室詩集二卷續集一卷文集一卷
　　秋雅一卷　(清)後白石生(蔣曰豫)撰

魏稼孫全集

（清）魏錫曾撰
　　清光緒九年(1883)刊本
　　續語堂碑錄不分卷
　　續語堂題跋一卷
　　續語堂詩存一卷文存一卷

香雪崦叢書

（清）平步青撰

　　民國刊本排印本
　　讀經拾瀋一卷　民國十三年(1924)紹興四
　　　有書局排印
　　讀史拾瀋二卷　民國十四年(1925)紹興四
　　　有書局排印
　　霞外攟屑十卷　民國六年(1917)刊
　　樵隱昔孎二十卷　民國六年(1917)刊

潔園遺著

（清）鄭福照撰
　　民國十九年(1930)桐城鄭氏石印本
　　春秋日食攷二卷
　　晉學雜述一卷
　　讀志隨筆一卷
　　潔園詩稿一卷
　　潔園綺語一卷

紫薇花館集

（清）王廷鼎撰
　　清光緒十七年(1891)刊本
　　紫薇花館小學編
　　　說文佚字輯說四卷
　　　字義鏡新一卷
　　紫薇花館經說
　　　月令動植小箋一卷
　　　尚書職官考略一卷
　　　讀左瓊錄一卷
　　　退學述存一卷
　　紫薇花館雜纂
　　　杖扇新錄一卷補錄一卷
　　　北征日記一卷
　　　南浦駐雲錄一卷
　　　彪蒙語錄一卷
　　　花信平章二卷
　　紫薇花館詞稿(一名春光百一詞)一卷
　　　(清)善文(清)楊譽龍注
　　紫薇花館詩稿七卷外集二卷
　　紫薇花館文稿一卷續編二卷
　　裕德堂一家言
　　　殞淑集一卷附一卷
　　　府君(王源通)年譜二卷
　　　榮蔭集一卷

橘蔭軒全集

（清）陳錦撰
　　清光緒中山陰陳氏橘蔭軒刊本
　　補勤詩存二十四卷續編五卷　光緒三年
　　　(1877)刊續編光緒十年(1884)刊
　　勤餘文牘六卷續編二卷　光緒五年(1879)
　　　刊續編光緒十年(1884)刊

學廬自鏡語一卷
附
　補勤幼學錄一卷
東溟校伍錄二卷
醪河陳氏誦芬錄一卷
綠雲山房詩草二卷首一卷終一卷　（清）勞
　蓉君撰　光緒四年(1878)刊
大箎吟草六卷　（清）陳昌沂撰　光緒六年
　(1880)刊

藻川堂全集

（清）鄧繹撰
　清光緒中刊本
藻川堂詩集選六卷
藻川堂文內集一卷外集一卷
雲山讀書記內學四卷外治四卷
藻川堂譚藝四卷

潛園總集

（清）陸心源撰
　清同治光緒間刊本
宋史翼四十卷　（清）陸心源輯
元祐黨人傳十卷
皕宋樓藏書志一百二十卷續志四卷　光緒
　八年(1882)刊
吳興金石記十六卷　光緒十六年(1890)刊
金石學錄補三卷　光緒十二年(1886)刊
千甓亭磚錄六卷續錄四卷　光緒七年
　(1881)刊續錄十四年(1888)刊　〔刊
三續疑年錄十卷附補遺　光緒五年(1879)
補疑年錄四卷　（清）錢椒撰
唐文拾遺七十二卷目錄八卷續拾十六卷
　（清）陸心源輯　光緒十四年(1888)刊
儀顧堂集十六卷　同治十三年(1874)福州
　刊
歸安縣志五十二卷　（清）李昱等修　（清）
　陸心源纂
羣書校補九十八卷　（清）陸心源輯
　李氏易傳校一卷
　詩說補二卷
　周禮集說補三卷
　春秋集傳纂例校一卷
　春秋辨疑校一卷
　春秋讞義補三卷
　羣經音辨校一卷
　集韻校四卷
　朝野雜記校一卷
　國朝名臣事略校四卷
　齊民要術校二卷
　神仙遺論補一卷

巢氏諸病源候論校一卷
外臺秘要校九卷
敬齋古今黈補五卷
東觀餘論校一卷
論衡校
折獄龜鑑補
西溪叢語校
硯箋校
封氏聞見記校
唐語林補　以上合一卷
初學記校八卷
稽神錄校補二卷
集異記校補四卷
道德眞經指歸校補三卷
陸士衡集校
陸士龍集校　以上合一卷
王黃州小畜集校二卷
錢塘集補二卷
臨川集補一卷
元豐類藁補二卷
曲阜集補三卷
柯山集補十二卷
徐照集補三卷
徐璣集補一卷
會稽掇英總集校一卷
續會稽掇英集校補五卷
尤本文選考異補一卷
儀顧堂題跋十六卷續跋十六卷　光緒十六
　年(1890)刊續跋十八年(1892)刊
吳興詩存初集八卷二集十四卷三集六卷四
　集二十卷　（清）陸心源輯　光緒十六
　年(1890)刊
千甓亭古塼圖釋二十卷　光緒十七年
　(1891)石印
穰梨館過眼錄四十卷續錄十六卷　光緒十
　七年(1891)刊
宋詩紀事補遺一百卷小傳補正四卷　光緒
　十九年(1893)刊

順德李氏遺書

（清）李文田撰
　清光緒二十三年(1897)排印本
西遊錄注一卷
朔方備乘札記一卷
和林金石攷一卷
和林詩一卷

春雨樓叢書

（清）朱士端撰
　清同治中寶應朱氏刊本

彊識編四卷續一卷　同治元年(1862)刊
說文校定本十五卷　同治元年(1862)刊
宜祿堂收藏金石記六卷補編一卷　同治二
　年(1863)刊
讀書解義一卷　(清)朱毓楷撰　同治二年
　(1863)刊
吉金樂石山房文集一卷續編一卷詩集二卷
　同治三年(1864)刊
棗花書屋詩集一卷　(清)朱之璣撰　同治
　四年(1865)刊

盛于埜遺著(一名字雲全集)

(清)盛大謨撰
　　清同治五年(1866)刊本
　于埜左傳錄二卷
　國風錄一卷
　論語聞一卷
　象居錄一卷
　蠹墨一卷

復初堂集

(清)秦東來撰
　　清同治中刊本
　復初堂文集二卷
　論語贅解二卷　同治六年(1867)刊
　易象致用說二卷

單氏全書(一名單徵君全集)

(清)單爲鏓撰
　　清同治七年(1868)刊本
　四書述義前集
　　大學述義一卷
　　中庸述義一卷
　　論語述義一卷
　　孟子述義二卷
　四書述義後集
　　大學述義續一卷
　　中庸述義續一卷
　　論語述義續一卷
　　孟子述義續一卷
　四書鄉音辨譌一卷
　讀經劄記四卷
　奉萱草堂文鈔一卷
　附
　　廉泉先生字學一得一卷　(清)單爲濂撰
　奉萱草堂文續集一卷
　奉萱草堂詩集二卷

石屋書

(清)曹金籀撰

清同治中仁和曹氏刊本
春秋鑽燧四卷　同治七年(1868)曹氏小石
　倉刊　　　　　　　　　　　　　　〔刊
古文原始一卷　同治十二年(1873)靈蘭室
籀書文集內篇二卷外篇二卷續篇四卷　同
　治八年(1869)刊
籀書詩集(一名蟬蛻集)四卷　同治十二年
　(1873)名山堂刊
籀書詞集(一名無盡鐙詞)一卷

齊東韻語

(清)徐河清撰
　　清同治七年(1868)金陵將軍幕中刊本
　東道集一卷
　玉犧館詩集一卷
　紫薇閣詩集一卷
　綸晉堂詩集四卷

鄭氏四種

(清)鄭曉如撰
　　清同治八年(1869)廣州華文堂刊本
　闕里述聞十四卷補一卷　同治七年(1868)
　　刊
　皇朝聖師考七卷
　毛詩集解訓蒙一卷
　夏時考訓蒙一卷

張師筠著述

(清)張變承撰
　　清刊本
　翻切簡可篇二卷　同治十年(1871)姑胥刊
　翻切入門簡易篇
　音鑑節要
　咫商瑣言
　杜詩百篇二卷　咸豐九年(1859)古汲郡賀
　　氏刊
　小滄浪詩話四卷　咸豐九年(1859)古汲郡
　　賀氏刊

鍾氏二種

(清)鍾傳益撰
　　清同治中刊本
　相在爾室邇言八卷　同治八年(1869)刊
　學治存稿三卷
　附
　　蠶桑說畧一卷　(清)宗星蕃撰

適園叢稿

(清)袁學瀾撰
　　清同治十一年(1872)序香溪艸堂刊本

蘇臺攬勝詞二卷
虎邱雜事詩一卷
姑蘇竹枝詞二卷
田家四時詩
吳俗諷喻詩　以上合一卷
西泠遊草一卷
金陵遊草一卷
春歸詞
海昌觀潮集
柘湖道情　以上合一卷
吳都新年雜詠
吳門歲暮雜詠　以上合一卷
春秋樂府一卷
十國宮詞一卷

有恆心齋集

（清）程鴻詔撰
　清同治中刊本
有恆心齋前集一卷文十一卷詩七卷駢體文
　六卷詩餘二卷詞餘一卷外集二卷　駢
　體文同治十一年（1872）休寧吳文楷刊
夏小正集說四卷　同治十一年（1872）汪啓
　蘭等刊
雜澤脞錄一卷
迎鑾筆記二卷
先德記三卷
贈言錄二卷　（清）程鴻詔輯

守中正齋叢書

（清）姜國伊撰
　清同治光緒間刊本
周易古本撰十二卷附二卷　　　　　〔刊
詩經思無邪序傳四卷　同治十一年（1872）
春秋傳義十二卷
孔子家語十卷　（清）姜國伊正本併補注
　光緒二十年（1894）刊
孝經述一卷　光緒十五年（1889）刊
大學古本述註一卷
中庸古本述註一卷
孟子外書一卷　（清）姜國伊正本併補注
　光緒二十一年（1895）刊
癸甲乙記一卷丙申續記一卷丁酉續記一卷
　天道問一卷經問一卷
蜀記一卷賾說一卷補說一卷　光緒元年
　（1895）刊
尹人尺牘存一卷
尹人文存二卷詩存附賦話對聯不分卷制藝
　存一卷
神農本草經三卷　（清）姜國伊輯　光緒十
　八年（1892）刊

脈經真本十卷首一卷　（晉）王叔和撰
　（清）張柏校正　光緒十六年（1890）刊
傷寒方經解一卷
醫學六種
　內經脈學部位考一卷
　目方一卷
　嬰兒一卷
　實風虛風圖一卷
　經說二卷
　經驗方一卷
大戴禮記正本一卷

靜葊遺集

（清）左眉撰
　清同治十三年（1874）桐城方氏排印本
靜葊文集四卷詩集六卷
蔡傳正訛六卷

達亭老人遺稿（一名退室全集）

（清）王棻華撰
　清同治十三年（1874）刊本
妄談錄一卷
消閒戲墨二卷　（清）局外散人（王棻華）撰
退室詩橐一卷

瀞紅山館四種

（清）李揚華撰
　清同治十三年（1874）刊本
經解籌世九卷
紙上談十二卷
西征籌筆二卷
公餘手存十六卷

不自是齋叢書

（清）計恬撰
　清同治中刊本
不自是齋詩草八卷
野鶴山房文鈔四卷
青山風月詩存五卷　（清）計恬輯
附
訓蒙條要四卷　（清）計良撰

愧庵遺集

（清）楊甲仁撰
　鈔本
北游日錄一卷
下學錄二卷
自驗錄二卷（存卷上）
芙城錄一卷
憂患日錄一卷

高陶堂遺集

(清)高心夔撰　　　　　　　　　　　　　　　[本
　　清光緒八年(1882)平湖朱氏經注經齋刊
　陶堂志微錄五卷
　陶堂遺文一卷
　恤誦一卷
　形景盦三漢碑扐一卷

得一山房四種

(清)唐景崧撰
　　清光緒十九年(1893)刊本
　得一山房詩集二卷　(清)唐懋功撰
　請纓日記十卷
　詩畸八卷外編二卷
　謎拾二卷　(清)南注生(唐景崧)撰
　附
　　謎學一卷　(清)唐運溥撰

宗月鋤先生遺著

(清)宗廷輔撰　　　　　　　　　　　　　　[本
　　清光緒中刊民國六年(1917)徐兆瑋重印
　壬子秋試行記一卷
　趙園觀梅記一卷　　　　　　　　　　　　[輯
　辨字通俗編一卷　(清)佛爛老人(宗廷輔)
　三橋春游曲唱和集一卷
　丹陽集一卷　(唐)殷璠輯
　寓崇雜記一卷
　古今論詩絕句一卷　(清)宗廷輔輯
　選例彙鈔二卷　(清)宗廷輔輯

青學齋五種

(清)汪之昌撰
　　民國十二年(1923)排印本
　刻和字石印記一卷
　述祖詩一卷
　趨庭聞見述一卷
　資政公遺訓一卷
　家塾瑣語一卷

張文襄公全集

(清)張之洞撰
　　民國十七年(1928)北平刊本
　首二卷
　奏議七十二卷
　電奏十三卷
　尺牘三十六卷
　電牘八十卷
　勸學篇二卷
　輶軒語二卷

　書目答問不分卷
　讀經札記二卷
　古文二卷
　書札八卷
　駢文二卷
　詩集四卷
　抱冰堂弟子記一卷
　家書一卷

廣雅堂四種

(清)張之洞撰
　　民國南皮張氏刊本
　廣雅堂駢體文二卷補遺一卷　民國十年
　　(1921)刊
　廣雅堂散體文二卷附錄一卷　民國十年
　　(1921)刊
　廣雅堂雜著四卷　民國十一年(1922)刊
　廣雅堂論金石札五卷

儆季雜著

(清)黃以周撰
　　清光緒二十年(1894)江蘇南菁講舍刊本
　禮說六卷
　羣經說四卷
　史說略四卷
　子敍一卷
　儆季文鈔六卷
　附
　　尙書講義一卷　(清)黃家辰(清)黃家岱撰
　　　光緒二十一年(1895)刊
　　㠠藝軒雜著一卷　(清)黃家岱撰　光緒二
　　　十一年(1895)刊

賭棋山莊全集

(清)謝章鋌撰
　　清光緒至民國間刊本
　賭棋山莊集文七卷文續二卷文又續二卷詩
　　十四卷酒邊詞八卷　光緒十年(1884)
　　閩縣陳寶璐南昌使廨刊文　續十八年
　　(1892)刊文又續二十四年(1898)刊詩
　　十四年(1888)刊酒邊詞十五年(1889)
　　刊
　賭棋山莊餘集文三卷詩一卷詞一卷　民國
　　十四年(1925)沈丹元刊
　說文閩音通一卷附錄一卷　光緒三十年
　　(1904)陳寶璐刊
　賭棋山莊集詞話十二卷續五卷　光緒十年
　　(1884)陳寶璐刊
　賭棋山莊筆記　光緒二十七年(1901)刊
　　圍爐瑣憶一卷

籐陰客贄一卷
稗販雜錄四卷
課餘偶錄四卷續錄五卷　光緒二十四年
　　(1898)福州刊續錄二十六年(1900)
　　刊
東嵐謝氏明詩畧四卷　(清)謝世南輯　光
　　緒十九年(1893)刊
勸學淺語一卷　(清)沈源深撰　光緒二十
　　五年(1899)福州致用書院刊
睹棋山莊八十壽言一卷　(清)謝章鋌輯
　　光緒二十八年(1902)董藻翔福州刊

庸庵全集

(清)薛福成撰
　　清光緒中無錫薛氏刊本
庸庵文編四卷文續編二卷文外編四卷海外
　　文編四卷　光緒十三年(1887)刊續編
　　十五年(1889)刊外編十九年(1893)刊
　　海外文編二十一年(1895)刊
籌洋芻議一卷　光緒十年(1884)刊
浙東籌防錄四卷　光緒十三年(1887)刊
出使奏疏二卷　光緒二十年(1894)刊
出使公牘十卷　光緒二十四年(1898)刊
出使英法義比四國日記六卷　光緒十七年
　　(1891)刊　　　　　　　　　　[刊
出使日記續刻十卷　光緒二十四年(1898)

許文肅公集

(清)許景澄撰
　　民國七年(1918)排印本
許文肅公遺稿十二卷
許文肅公外集五卷附錄一卷首一卷
許文肅公書札二卷
許文肅公日記一卷

于中丞遺書(一名悚齋遺書)

(清)于蔭霖撰
　　民國十二年(1923)北京刊本
悚齋奏議十卷
悚齋家傳一卷
悚齋日記八卷
南陽商學偶存一卷

曾惠敏公遺集

(清)曾紀澤撰
　　清光緒十九年(1893)江南製造總局刊本
曾惠敏公奏疏六卷
曾惠敏公文集五卷
歸樸齋詩鈔戊集二卷己集二卷
曾惠敏公使西日記二卷

留書種閣集

(清)黃炳垕撰
　　清同治光緒間餘姚黃氏留書種閣刊本
誦芬詩略三卷附八旬自述百韻詩一卷　同
　　治九年(1870)刊
黃忠端公(尊素)年譜二卷　光緒二十五年
　　(1899)刊
黃梨洲先生(宗羲)年譜三卷　同治十二年
　　(1873)刊
交食捷算四卷　光緒十年(1884)刊
五緯捷算四卷　光緒四年(1878)刊　[刊
廖史厤準四卷　光緒二十年(1894)黃維瀚
測地志要四卷　同治六年(1866)刊
黃氏世德傳贊一卷附竹橋黃氏詣敕一卷新
　　建竹橋黃氏忠獻義塾記一卷　光緒十
　　六年(1890)刊

崇蘭堂遺稿

(清)張頊撰
　　稿本
崇蘭堂詩初存十三卷
虞菴詞一卷
崇蘭堂文存外集一卷
崇蘭堂日記
　　北行紀程一卷
　　赴津日識一卷

桐城吳先生全書

(清)吳汝綸撰
　　清光緒三十年(1904)王恩紱等刊本
經說
　　易說二卷
　　尙書故三卷
經說附錄
　　夏小正私箋一卷
桐城吳先生文集四卷詩集一卷
桐城吳先生尺牘五卷補遺一卷論兒書一卷
　　光緒二十九年(1903)刊

歲餘偶錄

(清)孫葆田撰
　　光緒中木活字排印本
漢人經解輯存序目一卷
漢儒傳經記一卷

樸庵四稿

(清)奕譞撰
　　清光緒中刊本
差次吟草一卷

　　竹窗筆記一卷
　　郵程日記二卷
　　蘭陽隨筆一卷

煙霞草堂遺書

　（清）劉光蕡撰
　　　民國王典章思過齋蘇州刊本
　　立政臆解一卷　民國八年(1919)刊
　　學記臆解一卷　民國八年(1919)刊　〔刊
　　史記太史公自序注一卷　民國八年(1919)
　　前漢書食貨志注二卷　民國十年(1921)刊
　　前漢書藝文志注一卷　民國十年(1921)刊
　　古詩十九首注一卷　民國九年(1920)刊
　　陶淵明閒情賦注一卷　民國九年(1920)刊
　　改設學堂私議一卷附勸設學綴言一卷　民
　　　國九年(1920)刊
　　大學古義一卷　民國九年(I920)刊
　　孝經本義一卷　民國九年(1920)刊
　　論語時習錄五卷　民國十年(1921)刊
　　孟子性善備萬物圖說一卷　民國十年
　　　(1921)刊
　　管子小匡篇節評一卷　民國八年(1919)刊
　　荀子議兵篇節評一卷　民國八年(1919)刊
　　史記貨殖列傳注一卷　民國八年(1919)刊
　　濠垫私議一卷　民國十年(1921)刊
　　團練私議一卷　民國九年(1920)刊　〔刊
　　續刻　民國十二年(1923)王典章思過齋金陵
　　尙書微一卷
　　修齊直指評一卷
　　陝甘味經書院志一卷附藏書目錄一卷
　　養蠶歌括一卷
　　附
　　　煙霞草堂從學記一卷　（民國）張熾章撰

羲停山館集

　（清）王景賢撰
　　　清同治十三年(1874)三山王氏刊本
　　周易玩辭一卷
　　論語述註十六卷
　　性學圖說一卷
　　困學瑣言一卷
　　牧民贅語一卷
　　伊園文鈔四卷詩鈔三卷

荔隱山房集

　（清）涂慶瀾撰
　　　清光緒中莆陽涂氏刊本　　　　　〔刊
　　荔隱山房詩草六卷　光緒三十一年(1905)
　　荔隱山房文略一卷　光緒三十二年(1906)
　　　刊

　　進奉文一卷　光緒三十二年(1906)刊
　　荔隱居楹聯偶存一卷
　　國朝耆老錄一卷
　　荔隱居日記偶存三卷　光緒三十三年
　　　(1907)刊
　　荔隱居衛生集語三卷　光緒三十三年
　　　(1907)刊

徐茉芩先生著述

　（清）徐宗亮撰
　　　民國七年(1918)徐氏刊本
　　徐勇烈公(豐玉)行狀一卷
　　善思齋文鈔九卷續鈔四卷
　　善思齋詩鈔七卷續鈔二卷
　　黑龍江述略六卷
　　歸廬談往錄二卷

漢孳室遺著

　（清）陶方琦撰
　　　清光緒中會稽徐氏鑄學齋鈔本
　　鄭易小學一卷
　　鄭易馬氏學一卷
　　鄭易京氏學一卷
　　韓詩遺說補一卷
　　爾雅古注斠補一卷
　　字林補逸一卷
　　孝子傳輯本一卷　（晉）蕭廣濟撰　（清）陶
　　　方琦輯

坦園全集

　（清）楊恩壽撰
　　　清光緒中長沙楊氏刊本
　　坦園文錄十四卷詩錄二十卷詞錄七卷詞餘
　　　一卷賦錄一卷偶錄三卷　詩錄光緒三
　　　年(1877)刊
　　坦園傳奇六種
　　　理靈坡一卷
　　　再來人一卷
　　　麻灘驛一卷
　　　姽嫿封一卷
　　　桃花源一卷
　　　桂枝香一卷
　　詞餘叢話三卷續三卷
　　眼福編初集十四卷二集十五卷三集七卷
　　燈社嬉春集二卷　（清）蓬道人(楊恩壽)撰
　　坦園四書對聯一卷　（清）楊恩壽(清)楊逢
　　　辰撰　光緒十三年(1887)刊
　　坦園叢稿
　　　詩序韻語一卷　光緒元年(1875)刊
　　　維舟酬唱集一卷　（清）楊恩壽(清)裴文

禩撰　光緒三年（1877）刊
蘭芷零香錄三卷　（清）蓬道人（楊恩壽）撰

仙心閣集

（清）彭慰高撰
　　清光緒中刊本
仙心閣詩鈔八卷　光緒三年（1877）羊城刊
紀時略一卷　光緒十四年（1888）刊
省身雜錄一卷　（清）鈍舫老人（彭慰高）撰
仙心閣文鈔二卷　光緒十四年（1888）刊

務實勝窩彙稿

（清）張楚鍾撰
　　清光緒三年（1877）刊本
四書理話四卷
羣經理話三卷
小學近思理話一卷
性理理話一卷
史鑑理話一卷
管見理話二卷
四書理畫三卷
羣經理畫一卷
小學近思理畫一卷
性理理畫一卷
史鑑理畫一卷
管見理畫二卷
理畫括例四卷
算學瑣解五卷
算學演圖一卷
易圖瑣解一卷
易演圖一卷
字學韻學一卷
五行雜說一卷
補遺一卷

味義根齋全書

（清）譚澐撰
　　清光緒中刊本
禹貢章句四卷附圖說一卷　光緒五年
　　（1879）味義根齋刊
春秋日月考四卷　光緒三年（1877）郴州學
　　署刊　　　　　　　　　　　　　　　〔刊
孟子辨證二卷　光緒六年（1880）味義根齋
國語釋地三卷　光緒六年（1880）味義根齋
　　刊
古今冬至表四卷　光緒四年（1878）郴州學
　　署刊

黃氏隨筆

（清）黃理撰

清光緒四年（1878）見籟書屋刊本
畔南詩鈔四卷附補鈔一卷
論孟詩二卷
宮閨詞二卷
秋花四十詠一卷
詩餘一卷
附
板橋道情一卷　（清）鄭燮撰

召杜心聲

（清）王恂撰
　　清光緒五年（1879）刊本
綏陽鴻印一卷
民天敬迹一卷

徐遜齋先生全集

（清）徐崑撰
　　清光緒六年（1882）刊本
遜齋偶筆二卷
畫溪詩集一卷
小有齋自娛集一卷

補不足齋雜著

（清）黃家鼎撰
　　清光緒六年（1882）鄞縣黃氏刊本
西征日記一卷
歸程紀略一卷
西征詩錄一卷
西征文存一卷

郭氏叢刻

（清）郭柏蒼撰
　　清光緒中刊本
補蕉山館詩二卷　光緒七年（1881）刊
鄂跗草堂詩二卷　光緒八年（1882）刊
三峯草廬詩二卷　光緒九年（1883）刊
沁泉山館詩二卷　光緒十年（1884）刊
柳湄小榭詩二卷　光緒十一年（1885）刊
葭柎草堂集三卷　光緒十二年（1886）刊
竹閒十日話六卷　光緒十二年（1886）刊
海錯百一錄五卷　光緒十二年（1886）刊
閩產錄異六卷　光緒十二年（1886）刊
七月漫錄二卷　光緒十三年（1887）刊
左傳臆說十九條一卷　光緒十三年（1887）
　　刊
閩中郭氏支派大暑一卷　光緒十四年
　　（1888）刊
我私錄一卷

田園雜著

(清)丁午撰
　　清光緒中錢唐丁氏刊本
　重文二卷補遺一卷　光緒八年(1882)刊
　城北天后宮志一卷　光緒七年(1881)刊
　龍井顯應胡公墓錄一卷
　揚清祠志一卷　光緒七年(1881)刊
　紫陽庵集一卷　光緒八年(1882)刊
　湖船續錄一卷　光緒七年(1881)刊
　試帖存稿　光緒七年(1881)刊
　　經說二卷
　　詞賦二卷
　丁頤生時文一卷附一卷

還硯齋全集

(清)趙新撰
　　清光緒八年(1882)黃樓刊本
　還硯齋周易述四卷
　還硯齋易漢學擬旨一卷　　　　　〔卷
　還硯齋大學題解參略一卷中庸題解參略二
　續琉球國志略二卷首一卷
　還硯齋雜著四卷古近體詩略一卷賦稿十卷
　　大題文稿不分卷試帖不分卷

謝亭集

(清)謝綸撰
　　清光緒八年(1882)江陰謝氏毓芝堂刊本
　蓮絜詩翰釋文一卷
　蓮絜詩存二卷續集二卷
　南征日記一卷
　篋外錄一卷

白華山人集

(清)厲志撰
　　清光緒九年(1883)厲學潮刊本
　白華山人詩集十六卷
　白華山人詩說二卷

最樂亭三種

(清)朱福清撰
　　民國六年(1917)嘉興朱氏刊本
　最樂亭詩草二卷
　鴛湖求舊錄四卷
　求舊續錄四卷

清隱山房叢書續編

(清)沈汝翰撰
　　清光緒十年(1884)刊本
　武備圖繪一卷
　武備固圉錄一卷
　臺防學治錄一卷
　泉務學治錄一卷
　平臺除氛錄一卷
　沈氏遺書二卷

豹隱堂集

(清)趙蓮城撰
　　清光緒十年(1884)刊本
　蠡測集二卷
　坐言集一卷
　讀史尚論一卷
　豹隱堂文集二卷
　豹隱堂近作雜稿一卷附書跋一卷
　豹隱堂近作詩稿附楹聯一卷

拙盦叢稿

(清)朱一新撰
　　清光緒二十二年(1896)順德龍氏葆眞堂
　　刊本
　無邪堂答問五卷
　京師坊巷志稿二卷
　漢書管見四卷　　　　　　　　　〔卷
　佩弦齋文存二卷首一卷駢文存一卷詩存一
　佩弦齋試帖存一卷律賦存一卷雜存二卷

玉津閣叢書甲集

(清)胡薇元撰
　　清光緒至民國間刊本
　三州學錄二卷
　漢易十三家二卷　(清)胡薇元輯　民國十
　　年(1921)刊
　霜菉亭易說一卷　光緒三十四年(1908)巴
　　州余塈石印
　詩緯含神霧訓纂一卷
　詩緯氾歷樞訓纂一卷
　詩緯推度災訓纂一卷
　公瀆導源一卷
　道德經達詁一卷　民國九年(1920)刊
　湖上草堂詩一卷
　壺庵五種曲五卷
　　鵲華秋一卷
　　青霞夢一卷
　　樊川夢一卷
　　縮書圖一卷
　　壺中樂一卷
　夢痕館詩話四卷　民國四年(1915)刊
　歲寒居詞話一卷

文惠全書

(清)黃世榮撰
　　民國四年(1915)嘉定黃氏排印本

昧退居文集三卷
昧退居文外集二卷　民國五年(1916)排印
書牘存稿二卷　民國五年(1916)排印
蛟麦詩存一卷
爾雅釋言集解後案一卷
嘉定物產表二卷
治療偶記一卷
昧退居隨筆五卷補遺一卷　民國五年
　　(1916)排印

寫禮廎遺箸

（清）王頌蔚撰
　　民國四年(1915)舒溪王氏刊本
寫禮廎文集一卷補遺一卷
寫禮廎詩集一卷
古書經眼錄一卷
寫禮廎讀碑記一卷

師伏堂叢書

（清）皮錫瑞撰
　　清光緒中善化皮氏刊本
經學通論五卷　光緒三十三年(1907)思賢
　　書局刊
經學歷史一卷　光緒三十二年(1906)思賢
　　書局刊
尙書大傳疏證七卷　光緒二十二年(1896)
　　師伏堂刊
今文尙書攷證三十卷　光緒二十三年
　　(1897)師伏堂刊
尙書中候疏證一卷　光緒二十五年(1899)
　　刊
古文尙書寃詞平議二卷　光緒二十二年
　　(1896)思賢書局刊
孝經鄭注疏二卷　光緒二十五年(1899)刊
鄭志疏證八卷　光緒二十五年(1899)刊
　　附
　　　鄭記攷證一卷
聖證論補評二卷　光緒二十五年(1899)刊
六藝論疏證一卷　光緒二十五年(1899)刊
魯禮禘祫義疏證一卷　光緒二十五年
　　(1899)刊
王制箋一卷　光緒三十四年(1908)思賢書
　　局刊
漢碑引經攷六卷　光緒三十年(1904)刊
　　附
　　　漢碑引緯攷一卷
經訓書院自課文三卷　光緒十九年(1893)
　　師伏堂刊
師伏堂詠史一卷詞一卷駢文二種六卷詩草
　　六卷　詠史詞光緒三十年(1904)刊駢

文二十一年(1895)三十年(1904)刊詩
草三十年(1904)刊

蔭蒔山莊遺著

（清）胡修祜撰
　　清光緒十年至十五年(1884－1889)木活
　　字排印本
十三經舊學加商二卷
蔭蒔山莊駢散芟存一卷
轂下吟緉一卷吳趨詞鈔一卷
逃閒瑣記約鈔一卷

隨山館全集

（清）汪瑔撰
　　清光緒中刊本
隨山館猥稾十卷續稾二卷
隨山館詞稾一卷續稾一卷
隨山館叢稾四卷　光緒十一年(1885)刊
無聞子一卷
松煙小錄六卷
旅譚五卷
隨山館尺牘二卷

志學齋集

（清）徐壽基撰
　　清光緒中武進徐氏刊本
經義懸解五卷　光緒十三年(1887)刊
春秋釋地韻編五卷首一卷　光緒十二年
　　(1886)桓臺刊
甲子紀年表一卷　光緒十二年(1886)刊
續廣博物志十六卷　光緒十二年(1886)刊
酌雅堂駢體文集二卷　光緒十一年(1885)
　　桓臺刊
曠論一卷　光緒十二年(1886)桓臺刊
品芳錄一卷　光緒十二年(1886)桓臺刊

景袁齋叢書

（清）何其傑撰
　　清光緒中刊本
周易經典證略十卷末一卷　光緒十二年
　　(1886)刊
說文字原引一卷　光緒十八年(1892)刊
別雅類五卷　光緒十一年(1885)刊
讀選集箋四卷　光緒九年(1883)刊
山邑先後加復學額志一卷　光緒十九年
　　(1893)刊
淮郡文渠志二卷
龍城書院課藝一卷
山鹽阜安四院課藝一卷
鳳鳴書院課藝一卷

游藝錄

(清)李沺撰
　　清光緒十二年(1894)醉月山房刊本
　籌筆津梁三卷
　天文管窺三卷
　六壬摘要六卷
　擬罪言一卷
　人學二卷

兼山堂集

(清)沈楳撰
　　清光緒十二年(1886)沈申祐重刊本
　讀經心解四卷
　兼山堂文集一卷
　兼山堂詩集三卷
　湘夢詞一卷　(清)石帆山樵撰

京塵雜錄

(清)蘂珠舊史(楊懋建)撰　　　　　[本
　　清光緒十二年(1886)上海同文書局石印
　長安看花記一卷
　辛壬癸甲錄一卷
　丁年玉筍志一卷
　夢華瑣簿一卷

三訂四書辨疑

(清)張江輯　　　　　　　　　　[本
　　清光緒十三年(1887)上海大文書局排印
　辨疑二十二卷補一卷
　緒餘錄二十卷補三卷
　識小錄十卷
　武備編四卷
　樂器編五卷
　拾遺五卷

會稽山齋全集

(清)謝應芝撰
　　清光緒十四年(1888)刊本
　會稽山齋文十二卷詩五卷詞一卷
　會稽山齋經義一卷
　會稽山齋文續六卷詩續一卷
　蒙泉子一卷

觀象廬叢書

(清)呂調陽撰
　　清光緒十四年(1388)葉長高刊本
　易一貫六卷
　六書十二聲傳十二卷解字贅言一卷
　志學編八種

　大學節訓一卷
　中庸節訓一卷
　洪範原數一卷
　釋天一卷
　重訂談天正議一卷
　三代紀年考一卷
　周官司徒類攷一卷
　考工記考一卷圖一卷
　釋地三種
　　羣經釋地六卷
　　古史釋地三卷
　　諸子釋地一卷
　詩序議四卷
　史表號名通釋三卷
　古律呂考一卷
　曰若編七卷
　五藏山經傳五卷海內經附傳一卷
　漢地理志詳釋四卷
　穆天子傳釋一卷
　逸經釋一卷

　齊民要術十卷　(後魏)賈思勰撰
　論孟疑義一卷
　弧角拾遺一卷　(清)徐有壬撰　(清)賈步
　　緯注
　下學菴勾股六術一卷　(清)項名達撰
　　(清)賈步緯注
　商周彝器釋銘六卷
　重訂越南圖說六卷　(清)盛慶紱撰
　輿地今古圖考二十二卷

涌翠山房集

(清)高延第撰
　　清光緒十四年(1888)山陽高氏刊本
　涌翠山房文集四卷詩集四卷
　老子證義二卷

春暉雜稿

(清)郭階撰
　　清光緒十五年(1889)刊本
　大學古本釋一卷
　中庸釋一卷
　學庸識小一卷
　周易漢讀攷三卷
　讀史提要錄評一卷
　天均巵言一卷
　老子識小一卷
　莊子識小一卷
　芹曝錄內篇一卷
　集選詩一卷

迤雲閣詩稿四卷文稿五卷

吉雨山房全集

(清)郭籛齡撰
　　清光緒十六年(1890)刊本
　吉雨山房遺集十卷
　　吉雨山房文集四卷
　　吉雨山房詩集五卷
　　北山樵唱一卷
　　周易從周十卷
　附
　　增默菴詩遺集二卷　(清)郭佾先撰
　　芳堅館題跋三卷　(清)郭佾先撰

鏡珠齋彙刻

(清)胡元玉撰
　　清光緒十七年(1891)刊本
　漢音鈞沉一卷敘例一卷附記一卷
　鄭許字義異同評二卷
　駁春秋名字解詁一卷
　雅學攷一卷
　璧沼集四卷
　授經簽集不分卷　(清)胡元玉輯
　東山書院課集不分卷　(清)胡元玉輯
　研經書院課集不分卷　(清)胡元玉輯

滾湖沈氏叢書(一名所願學齋書鈔)

(清)沈夢蘭撰
　　清光緒十七年(1891)祁縣縣署刊本
　周易學二卷
　周禮學一卷
　孟子學一卷
　五省溝洫圖說一卷補錄一卷
　附
　　水北家訓一卷

自得廬集

(清)李輈撰
　　清光緒十八年(1892)古羅李氏刊本
　言易錄一卷
　學庸註釋二卷
　道學內篇注釋一卷
　論學諸篇一卷
　言學書一卷
　雜著一卷
　言官錄二卷
　當差紀略一卷
　牧沔紀略二卷

損齋全書

(清)楊樹椿撰
　　清光緒十九年(1893)刊本
　損齋文鈔十五卷外集一卷
　損齋語錄鈔三卷
　損齋全書附錄一卷　(清)楊玉清輯
　西埜楊氏壬申譜十卷

姚氏遺書

(清)姚晉圻撰
　　民國二十四年(1935)沔陽盧靖石印本
　東安日程一卷
　姚氏家俗記一卷
　經義積微記四卷

澹園雜著

(清)虞景璜撰
　　民國十三年(1924)虞和欽排印本
　讀詩瑣言一卷
　澹園讀書畢記一卷
　澹園學禮畢記一卷
　四書瑣言一卷
　說文瑣言一卷
　睡餘錄一卷
　澹園隨筆一卷
　野錄一卷

悔廬全集

(清)張崇蘭撰
　　清光緒二十三年(1897)刊本
　悔廬文鈔五卷首一卷文補一卷
　古文尚書私議三卷
　中聲集二卷
　粗才集二卷
　夢溪權謳二卷
　讀易一斑四卷

東海褰冥氏三十以前舊學四種

(清)譚嗣同撰
　　清光緒二十三年(1897)金陵刊本
　窣天一閣文二卷
　莽蒼蒼齋詩二卷
　遠遺堂集外文初編一卷續編一卷
　石菊影廬筆識二卷

譚瀏陽全集

(清)譚嗣同撰
　　民國六年(1917)上海文明書局排印本
　首一卷
　文集三卷
　詩集一卷附詞聯一卷

仁學二卷
筆識二卷
附
　續編一卷

孫先生遺書

(清)孫雲錦撰
　　清宣統二年(1910)張謇刊本
流離雜記二卷
官游偶錄二卷
雜文僅存一卷
開封府君年譜二卷　(民國)孫孟平輯

寫經齋全集

(清)葉大莊撰
　　清光緒中刊本　　　　　　　　　　　　[刊]
大戴禮記審議二卷　光緒二十一年(1895)
禮記審議二卷
喪服經傳補疏二卷
退學錄(一名偕寒堂校書記)二卷
寫經齋初稿四卷　光緒二十一年(1895)刊
寫經齋續稿二卷　　　　　　　　　　　[刊]
　淞水集一卷　光緒二十七年(1901)武昌
　嶧陽集一卷　光緒二十七年(1901)刊
寫經齋文稿二卷
小玲瓏閣詞一卷

寶樹堂遺書

(清)郭夢星撰
　　清光緒二十一年(1895)濰縣郭氏刊本
尚書小札二卷
午窗隨筆四卷
漢書古字類一卷

耐安類稿

(清)陳偉撰
　　清光緒二十二年(1895)諸父瀚等刊本
愚慮錄五卷
誨爾錄二卷
食古錄一卷
待質錄一卷
居求錄一卷

石船居賸稿

(清)李超瓊撰
　　清光緒二十二年(1896)木活字排印本
石船居雜箸賸稿不分卷
石船居公牘賸稿一卷
石船居古今體詩賸稿十二卷
藤軒筆錄一卷

柜軒筆錄一卷

問靑園集

(清)王晉之撰
　　清光緒二十二年(1895)薊州王氏刊本
山居瑣言一卷
溝洫私議一卷圖說一卷
貢愚錄一卷
問靑園課程一卷附雜儀學規條規
問靑園語一卷
問靑園詩草一卷附詞
問靑園文草一卷
問靑園題跋一卷
問靑園尺牘一卷
問靑園手帖一卷
問靑園家書一卷
問靑園遺囑一卷

張氏雜著

(清)張桂林撰
　　清光緒二十二年(1896)成都森榮齋刊本
鴻鷗瑣錄一卷
燕趙同軌一卷
秦晉連程一卷
蠶叢計陸一卷
晉哲會歸一卷
讀漢摘腴一卷
讀唐論略一卷
堪輿譜欒一卷

爲己精舍藏書

(清)張諧之撰
　　清光緒二十二年(1896)刊本
讀書記疑四卷
困學錄四卷
敬齋存稿二十卷
陶淵明述酒詩解一卷
東明紀行一卷

晚學齋集

(清)鄭由熙撰
　　清光緒二十四年(1898)靖安縣署刊本
晚學齋詩初集二卷二集十二卷續集一卷文
　集二卷
蓮漪詞二卷
暗香樓樂府三卷　(清)歙嵐道人(鄭由熙)
　撰　光緒十七年(1890)暗香樓刊
木樨香一卷
霧中人一卷
雁鳴霜一卷

　　　晚學齋外集四卷

蛻學翁遺集

　（清）徐元潤撰
　　　清光緒二十四年（1898）徐敦穆刊本
　　　觀所養齋詩橐二卷
　　　漢東集詩一卷
　　　北樓集詩一卷
　　　困知長語一卷
　　　銅儡傳一卷

代耕堂全集

　（清）李嘉績撰
　　　清光緒中刊本
　　　江上草堂前橐四卷　　光緒二十六年（1900）
　　　　少華山堂刊
　　　代耕堂中橐二十五卷　　光緒二十七年
　　　　（1901）華州刊
　　　代耕堂雜著四卷　　光緒三十二年（1906）臨
　　　　潼官廨刊
　　　楡塞紀行錄（一名潞河漁者纂）四卷　　光緒
　　　　十二年（1886）代耕堂刊
　　　沂陽述古編二卷　　光緒十五年（1889）靑門
　　　　寓廬刊
　　　五萬卷閣書目記四卷　　光緒三十年（1904）
　　　　華清官舍刊
　　附
　　　雙桐書屋賸橐二卷　（清）李光謙撰　光緒
　　　　十二年（1886）靑門寓廬刊
　　　味蔗軒詩鈔一卷　（清）顧昺世撰　光緒十
　　　　二年（1886）西安刊
　　　乖崖集存六卷　（宋）張詠撰　（民國）樊增
　　　　祥輯　光緒十五年（1889）刊

桐華閣叢書

　（清）杜貴墀撰
　　　清光緒中刊本
　　　典禮質疑六卷　光緒二十六年（1800）刊
　　　巴陵人物志十五卷　光緒二十八年（1802）
　　　　刊
　　　漢律輯證六卷　光緒二十五年（1899）刊
　　　讀書法彙一卷　光緒二十九年（1803）刊
　　　桐華閣文集十二卷
　　　桐華閣詞鈔二卷　光緒二十六年（1900）刊

栩栩盦遺箸

　（清）王同愈撰
　　　民國三十一年（1942）合衆圖書館鈔本
　　　栩栩日記二卷
　　　栩緣隨筆一卷

特健藥齋外編

　（清）唐詠裳撰
　　　清光緒二十五年（1899）刊本
　　　周禮地官冬官徵一卷
　　　列史外夷傳徵一卷
　　　譯雅一卷附泰西君臣名號歸一圖一卷

海嶽軒叢刻

　（清）杜俞撰
　　　清光緒二十六年（1900）申江排印本
　　　元穆日記三卷
　　　元穆文鈔二卷
　　　黃陵詩鈔一卷
　　　河北致用精舍學規一卷
　　　普法兵事記一卷
　　　江口巡船章程一卷
　　附
　　　水師說略四條
　　　彭剛直公長江百條（錄三十四條）　（清）
　　　　彭玉麐撰　（清）杜俞節錄
　　　苦口藥一卷
　　　黃陵書牘二卷
　　　采菽堂筆記二卷
　　　吳船日記一卷
　　　采菽堂書牘二卷

路氏五種

　（清）路朵五撰
　　　清光緒二十六年（1900）貽安堂刊本
　　　玩石齋文集二卷
　　　玩石齋詩集二卷
　　　隨筆錄二卷
　　　玩石齋筆記二卷
　　　詩外餘言四卷

陳澹然三種

　（民國）陳澹然撰
　　　清光緒二十八年（1902）長沙刊本
　　　寤言二卷
　　　權制八卷
　　　江表忠畧二十卷

釀齋訓蒙雜編

　（清）鮑東里撰
　　　清光緒二十八年（1902）雲南官書局刊本
　　　歷代國號總括歌一卷
　　　直省府名歌訣一卷
　　　聖門諸賢述略一卷
　　　十三經源流口訣一卷

廿三史評口訣一卷

古歡室全集

(清)曾懿撰

清光緒中刊本

古歡室詩集三卷　光緒三十年(1904)刊

浣月詞一卷　光緒三十年(1904)刊

女學篇一卷　光緒三十三年(1907)長沙刊

醫學篇四卷　光緒三十三年(1907)長沙刊

成氏遺書

(清)成蓉鏡撰

清光緒中刊本

太極衍義一卷

我師錄一卷

必自錄二卷

庸德錄一卷

心巢困勉記一卷

論語論仁釋一卷

明明德解義一卷

校經堂學程一卷附勸約一卷學議一卷

東山政教錄三卷

國朝師儒論略一卷

尙書厤譜二卷

春秋日南至譜一卷

大初厤譜一卷

禹貢班義述*

切韵表

經史駢枝

心巢文錄九卷詩錄一卷

寶應儒林事略一卷

寶應文苑事略一卷

成氏先德傳一卷

春秋世譜拾遺一卷

釋名補證一卷

史漢駢枝一卷

宋州郡志校勘記一卷

駟思室答問一卷

三統術補衍一卷

詩聲類表一卷

江氏著書七種

(清)江鍾秀撰

清光緒中刊本

尊孔大義一卷

孔孟圖歌一卷

孔孟重行周流議一卷

尊宗贅議一卷

庶人禮署類編一卷

興學創聞一卷

御書徵言一卷　(清)江鍾秀輯

香禪精舍集

(清)潘鍾瑞撰

清光緒中長洲潘氏香禪精舍刊本

奉思錄四卷

庚申噩夢記二卷

蘇臺麋鹿記二卷

附

逆黨姓名紀略一卷

香禪精舍游記三卷

鄂行日記二卷

歙行日記二卷

虎阜石刻僅存錄一卷附舊佚錄**一卷舊存今**

佚錄一卷

金石文字跋尾二卷

附

紀游草四卷

香禪詞四卷　光緒八年(1882)刊

貞烈編一卷　光緒十年(1884)刊

另附

息影廬殘櫜一卷　(清)王叔釗撰　光緒九

年(1883)刊

學爲福齋詩鈔一卷　(清)張源達撰　光緒

九年(1883)刊

吟碧山館詞一卷　(清)王壽庭撰　光緒十

年(1884)刊

香隱盦詞一卷　(清)潘遵璈撰　光緒十年

(1884)刊

湯氏叢書(一名蟫仙雜著)

(清)湯蟫仙撰

清光緒至民國間刊本

小隱園初集詩二卷文集雜俎一卷詞鈔一卷

小隱園二集詩十卷

待園瑣語一卷

題畫雜言一卷

蟫仙詩集一卷又二卷又一卷又一卷

蟫仙泉譜一卷

蟫仙石品一卷續集一卷石交錄一卷

山水同名錄二卷

楹聯遊戲一卷楹聯續刻一卷楹聯聚寶一卷

聚寶光緒七年(1881)金陵一得齋刊

蟫仙文集一卷又二卷

金陵百四十八景一卷

落葉相思小草一卷

蟫仙小品一卷

乘化遺安一卷

蟫仙雜俎一卷

蟫仙尺牘一卷小隱園尺牘一卷

　　書畫筆談一卷　光緒五年(1879)栩栩園刊
　　蝨仙絕句一卷
　　消夏雜記一卷　(清)販雲翁(湯蝨仙)撰
　　栩栩園翔陽集一卷
　　栩栩園詞鈔一卷
　　栩栩園題畫一卷

邵陽曾氏三種

　(清)曾廉撰
　　　清光緒中刊本
　　牂柯客談七卷
　　禹貢九州今地攷二卷
　　元史攷訂四卷

蘋香書屋全集

　(清)鄒文柏撰
　　　清光緒三十四年(1908)文苑閣木活字排
　　　　印本
　　紀略七卷
　　紀略摘鈔一卷
　　籌世芻議四卷
　　蘋香書屋文鈔三卷

怡雲堂全集

　(清)沈保靖撰
　　　清宣統元年(1909)刊本
　　怡雲堂內集一卷
　　怡雲堂戊子集一卷
　　怡雲堂雜文一卷
　　怡雲堂詩集一卷
　　讀孟集說二卷
　　韓非子錄要一卷

寂園叢書(一名寂園志)

　(清)陳瀏撰
　　　清宣統二年(1910)排印本
　　匋雅(一名瓷學)三卷(原缺卷下)
　　孤園山莊詩賸十種
　　　菰村集一卷
　　　香影廊集一卷
　　　橫江集一卷
　　　思樓集一卷
　　　振雅堂集一卷
　　　茶半軒集
　　　二山唱和集
　　　雄樹堂集
　　　鬭杯堂詩集一卷
　　　杯隱堂詩集一卷
　　杯史一卷
　　寂園說印一卷

　　大山詩集七卷　(清)劉巖撰
　　睎海樓詩一卷　(清)□□撰
　　繡詩樓詩一卷　(清)陳瀏撰
　　問字樓詩一卷　(清)陳禦冠撰
　　浦鐸不分卷
　　閩鹽正告書不分卷
　　福建鹽務公牘不分卷

如諫果室叢刊

　(清)王廷釗撰
　　　清宣統二年(1910)排印本
　　春秋列女圖考一卷
　　漢元后本紀補一卷
　　晉八王易知畧一卷

詩禮堂全集(一名王介山先生全集)

　(清)王又樸撰
　　　清刊本
　　易翼述信十二卷
　　大學原本讀法一卷
　　大學原本說畧一卷
　　中庸讀法一卷中庸總說一卷
　　孟子讀法十五卷
　　史記讀法二卷
　　詩禮堂古文五卷
　　詩禮堂雜詠七卷
　　雜纂二卷
　　春秋繁露求雨止雨考定一卷
　　泰州縶堤說略一卷
　　介山時文三卷
　　介山自訂年譜一卷
　　繼配馮恭人實錄一卷
　　鄉會試硃卷一卷
　　聖諭廣訓一卷　清世宗撰
　　聖諭廣訓衍一卷
　　明辨錄*
　　論語廣義*

詩契齋十種

　(清)許玉瑑撰
　　　手稿本
　　詩鈔六卷
　　駢文一卷
　　叢稿三卷
　　晉觽三卷
　　日知小錄
　　　讀管子一卷
　　　讀水經注一卷
　　　讀史記一卷
　　　讀漢書(一名校讀漢書札記)一卷

讀文選一卷
讀書日記一卷

燈昧軒遺稿

(清)車伯雅撰   〔鈔
　民國二十九年(1940)武林葉氏攄稿本傳
燈昧軒詩稿一卷古今體詩稿一卷詞稿一卷
汾祠記一卷
青溪載酒記一卷
燈昧軒文稿一卷駢體文稿一卷賦一卷試帖
　詩一卷

慈谿童栢叟遺著

(清)童廣年撰
　稿本
國朝政令紀要四卷
四明撫餘錄六卷
四明餘話不分卷
明州札記二卷
台州札記一卷
台州詩話一卷
梓里遺聞一卷
龍江精舍詩集一卷
湖山唱和集一卷
東華廣廬集一卷
日湖集一卷
冰廬集一卷
刼後集一卷

淨樂宧叢著

(民國)楊昭儁撰
　稿本
呂氏春秋補注一卷
說文難檢字錄一卷
古今韻略注訂二卷
淨樂宧談藝一卷
淨樂宧論畫一卷
淨樂宧雜存一卷
淨樂宧文存二卷
淨樂宧詩存十卷
淨樂宧詩存(丙戌集)一卷
淨樂宧簡畢一卷
漢書箋遺十二卷

歸禮堂三種

(清)陳鍾英撰
　稿本
靈經咫聞錄一卷
退息編二卷
說文詹詹一卷

章氏全書

(清)章祖泰撰
　鈔本
呂鑑稽古彙編二十四卷
四子斅晉初編八卷續編二卷三編二卷四編
　五卷連語二卷

砭愚堂叢書

(清)孫國仁撰
　稿本
逸書徵三卷
逸詩徵三卷
孟子集語一卷
左傳賦詩義證一卷
墨子引書說一卷
四書古語錄證一卷
孟子弟子門人攷一卷
史記弟子傳名字齒居攷一卷
漢書人表略校一卷
各史地志同名錄二卷
禮記月令攷異十二卷
月令輯佚一卷

費氏全集(一名費伯雄先生醫書)

(清)費伯雄撰
　清同治二年(1863)武進費氏耕心堂刊本
　清光緒二十七年(1901)上海書局石印本
　民國元年(1912)孟河費氏耕心堂排印本
醫醇賸義四卷
醫方論四卷
留雲山館文鈔一卷
留雲山館詩鈔二卷
附
　詩餘一卷　(民國本)
　詩醇二十四卷

平泉遺書

(清)馬時芳撰
　民國四年(1915)禹縣存古學社石印本
樸麗子十九卷
求心錄三卷
馬氏心書四卷
鳳燭學鈔四卷
論語義疏二十卷
來學纂言一卷
黃池隨筆二卷
芝田隨筆三卷
垂香樓詩稿一卷
挑燈詩話九卷　(清)見吾老人(馬時芳)撰

風檻待月一卷

胡嶧陽先生遺書

(清)胡翔瀛撰
民國五年(1916)排印本
柳溪碎語一卷
寒夜集一卷
松軒九圖
圖銘合看 以上合一卷
偶筆一卷
竹廬家聒
女閑
友義 以上合一卷
偶爾吟
柳溪倩書
孫淮浦先生語類 (清)孫篤先撰 (清)胡翔瀛輯 以上合一卷
附
易經徵實解一卷
易象授蒙一卷

冷紅館全集

(清)秦瑧撰
民國九年(1920)秦寶瓚木活字排印本
冷紅館賸稿四卷
冷紅館詩補鈔二卷
修修利齋偶存一卷
冷紅詞一卷

蓬萊吳灌先著述三種

(清)吳脈鬯撰
民國十二年(1923)排印本
增輯易象圖說二卷
易經卦變解八宮說一卷
昱青堂雜集一卷

李龍集

(清)李龍撰
民國十九年(1930)于在藻排印本
鳳敨雉噫吟草一卷
螢蟬叢考一卷
三影低思吟草一卷
東白日鈔一卷
二可叉銘書屋稿存二卷
寄窩鈔存一卷
二不草堂詩鈔一卷
辨惑適願自惜齋摘錄一卷
養園漫稿二卷
湫龍檻虎答慰一卷
我存稿二卷續稿二卷
八一問答一卷
食硯潄經唾餘錄二卷

邵陽魏先生遺集

(清)魏綵撰
民國二十一年(1932)建德周氏景印本
文斤山民集六卷
泳經堂叢書二卷
復初文錄一卷
金谿題跋一卷
金谿詞一卷

無夢軒遺書

(清)朱景昭撰
民國二十二年(1933)朱家珂排印本
讀詩劄記一卷
讀春秋劄記一卷
左傳杜注摘謬一卷
讀莊劄記一卷
無夢軒文集二卷
家書一卷
論文蒭說一卷
無夢軒詩一卷
刼餘小紀一卷

望奎樓遺稿

(清)丁愷曾撰
民國二十四年(1935)青島趙永厚堂排印本
說書偶筆四卷
韻法本俗一卷
西海徵二卷
治河要語一卷
煙波釣叟歌直解一卷
奇門占驗一卷
十八活盤詳註一卷
賈先生古詞論述一卷
古文集四卷四書制藝文一卷詩集四卷

楊子卓先生遺集

(清)楊夑撰
民國三十二年(1943)合衆圖書館據稿本傳鈔
讀易臆說一卷
紅薔薇館未删吟草一卷
集四書對一卷
西湖記游草一卷
秦鏡漢硯齋詩餘一卷

南昌鄒氏一粟園叢書

(清)鄒樹榮撰

民國十一年(1922)南昌鄒氏排印本
綱目隨筆一卷
各種聯語一卷
三國志偶辨一卷
夏小正管窺一卷
志乘刪補一卷
紺珠記事錄一卷
敝帚享金編二卷
干支春帖子一卷
袁文箋正補正一卷
聞見偶記一卷
軼典僻事便覽一卷
危太樸(素)年譜一卷
宋文淸公(裘)年譜一卷
楊文節公(萬里)年譜一卷
藹靑編年詩草一卷
公車前草一卷後草一卷

是園遺書(一名傅魯堂遺書)

(淸)周錫恩撰
　　民國刊本
　　傅魯堂文集六卷　民國二十八年(1939)刊
　　傅魯堂駢文三卷　民國四年(1915)刊
　　傅魯堂詩初集三卷　民國四年(1915)刊
　　傅魯堂詩二集四卷　民國四年(1915)刊
　　易說二卷　民國四年(1915)刊
　　使陝記三卷　民國四年(1915)刊
　　觀二生齋隨筆一卷楹聯附錄一卷　民國十
　　　九年(1930)刊

于香草遺著叢輯

(淸)于鬯撰
　　稿本
　　首一卷遺像遺墨一卷　張履中輯　1954年
　　　油印攝影本
　　香草校書六十卷續二十二卷　光緒宣統間
　　　刊本卷四十三以下稿本
　　戰國策注三十三卷序錄一卷年表一卷
　　周易讀異三卷
　　尙書讀異六卷
　　儀禮讀異二卷
　　四禮補注四卷
　　爾雅釋親宗族考一卷
　　殤服一卷殤服發揮一卷附兼祧議一篇
　　新定魯論語述二十卷
　　鄕黨補義一卷
　　孟子分章考一卷
　　說文平段一卷
　　夏小正家塾本一卷
　　香草談文一卷

史記散筆二卷
古女考六卷補考一卷
花燭閒談一卷　光緒三十三年(1907)刊本
澧溪文集十一卷
卦氣直日考一卷
新方言眉語一卷
閒書四種一卷
香草尺牘二卷
留香閣詩問二卷　(淸)張祖綬撰

籀鄦諓雜著

(淸)王仁俊撰
　　稿本
　　漢碑徵經補一卷
　　希麟音義引說文攷一卷
　　釋名集校二卷
　　漢書藝文志攷證校補十卷
　　補宋書藝文志一卷
　　補梁書藝文志一卷
　　金石萃編統補蘦一卷
　　碑版叢錄一卷
　　積古齋鐘鼎彝器欵識補遺一卷
　　籀鄦諓賦筌二卷

獨　撰　類(民國)

湘綺樓全書

(民國)王闓運撰
　　淸光緒宣統間刊本　　　　　　　[刊]
　　周易說十一卷　光緒三十二年(1906)東洲
　　尙書箋三十卷　光緒二十九年(1903)東洲
　　　刊
　　尙書大傳補注七卷
　　詩經補箋二十卷　光緒三十二年(1906)衡
　　　陽東洲刊
　　禮記箋四十六卷　光緒二十二年(1896)東
　　　洲講舍刊
　　春秋公羊傳箋十一卷　光緒三十四年
　　　(1908)刊
　　周官箋六卷　光緒二十二年(1896)東洲講
　　　舍刊
　　禮經箋十七卷　光緒二十二年(1896)東洲
　　　講舍刊
　　論語訓二卷
　　爾雅集解十九卷　光緒二十九年(1903)東
　　　洲刊
　　湘軍志十六卷　宣統元年(1909)東洲刊
　　王志二卷　光緒三十三年(1907)承陽刊
　　楚辭釋十一卷　光緒二十七年(1901)衡陽
　　　刊

莊子注二卷

墨子注七卷　光緒三十年(1904)江西官書
　　局刊

鶡冠子一卷　(民國)王闓運錄　宣統三年
　　(1911)安仁刊

唐詩選十三卷　(民國)王闓運輯　宣統三
　　年(1911)東洲刊

湘綺樓文集八卷詩集十四卷　文集光緒二
　　十六年(1900)衡陽刊詩集三十三年
　　(1907)東洲講舍刊

周慤愼公全集

(民國)周馥撰
　　民國十一年(1922)秋浦周氏石印本

首一卷

周慤愼公奏稿五卷電稿一卷

周慤愼公公牘二卷

玉山文集二卷詩集四卷

易理匯參十二卷首一卷

治水述要十卷

河防雜著

　　黃河源流考一卷

　　水府諸神祀典記一卷

　　黃河工段文武兵夫記略一卷

　　國朝河臣記一卷

負暄閒語二卷

周慤愼公自著年譜二卷

沈寄簃先生遺書

(民國)沈家本撰
　　民國刊本

甲編

歷代刑法考七十八卷

　　刑制總考四卷

　　刑制分考十七卷

　　赦考十二卷

　　律令九卷

　　獄考一卷

　　刑具考一卷

　　行刑之制考一卷

　　死刑之數一卷

　　唐死罪總類一卷

　　充軍考一卷

　　鹽法私礬私茶同居酒禁丁年考合一卷

　　律目考一卷

　　漢律摭遺二十二卷

　　明律目箋三卷

　　明大誥峻令考一卷

　　歷代刑官考二卷

寄簃文存八卷

乙編

諸史瑣言十六卷

　　史記瑣言三卷

　　漢書瑣言五卷

　　後漢書瑣言三卷

　　續漢書志瑣言一卷

　　三國志瑣言四卷

古書目四種十六卷

　　文選李善注書目六卷

　　三國志注所引書目二卷

　　世說注所引書目三卷

　　續漢書志注所引書目三卷

日南隨筆八卷

沈碧樓偶存稿十二卷

王葵園四種

(民國)王先謙撰
　　清光緒至民國間長沙王氏刊本

王先謙自定年譜三卷　光緒三十四年
　　(1908)刊

虛受堂書札二卷　光緒三十三年(1907)刊

虛受堂詩存十八卷　民國十年(1921)刊

虛受堂文集十六卷　民國十年(1921)刊

王文貞集

(民國)王祖畲撰
　　民國刊本

王文貞先生文集十卷別集四卷制義一卷
　　民國十年(1921)刊

溪山詩存二卷　民國十一年(1922)刊

禮記經注校證二卷

讀孟隨筆二卷　民國十一年(1922)刊

附

王文貞先生學案一卷　唐文治撰　油印

桐鄉勞先生遺稿

(民國)勞乃宣撰
　　民國十六年(1927)桐鄉盧氏刊朱印本

韌叟自訂年譜一卷

桐鄉勞先生遺稿八卷

新刑律修正案匯錄一卷

拳案三種

　　義和拳教門源流考一卷

　　庚子奉禁義和拳彙錄一卷

　　拳案雜存三卷

藝風堂讀書志

(民國)繆荃孫輯
　　民國江陰繆氏刊本

宋校勘五經正義奏請雕版表一卷　(宋)孔

維等撰　(民國)繆荃孫錄
華陽國志巴郡士女逸文一卷　(晉)常璩撰
　　(民國)繆荃孫輯
建炎以來朝野雜記逸文一卷　(宋)李心傳
　　撰　(民國)繆荃孫錄
九國志校一卷　(民國)繆荃孫撰
九國志逸文一卷　(宋)路振撰　(民國)繆
　　荃孫輯
剡源集校一卷　(民國)繆荃孫撰
剡源集逸文一卷　(元)戴表元撰　(民國)
　　繆荃孫輯

蕙風叢書

(民國)況周頤撰
　　清光緒中刊民國十四年(1925)上海中國
　　　　書店印本　　　　　　　　　[刊
　　阮盦筆記五種　光緒三十三年(1907)白門
　　　　選巷叢談二卷
　　　　卤底叢談一卷
　　　　蘭雲菱寮樓筆記一卷
　　　　蕙風簃隨筆二卷
　　　　蕙風簃二筆二卷
　　　　香東漫筆二卷
　　萬邑西南山石刻記二卷附南浦郡報善寺兩
　　　　唐碑釋文一卷　光緒三十年(1904)西
　　　　巖講院刊
　　薇省詞鈔十卷附錄一卷　(民國)況周頤輯
　　　　光緒二十四年(1898)廣陵刊
　　粵西詞見二卷附玉棋後詞一卷　(民國)況
　　　　周頤輯　光緒二十二年(1896)金陵刊
　　　　本
　　香海棠館詞話一卷
　　弟一生修梅花館詞九卷
　　附
　　　　澹如軒詩一卷　(清)朱鎮撰　光緒二十五
　　　　年(1899)武昌刊

程中丞全集

(民國)程德全撰
　　清宣統中排印本
　　程中丞奏稿十九卷附錄一卷　宣統元年
　　　　(1909)排印
　　兩淮案牘鈔存不分卷
　　庚子交涉隅錄一卷
　　撫東政略二卷
　　賜福樓筆記一卷
　　賜福樓啓事四卷

樊山集

(民國)樊增祥撰

清光緒十九年(1893)渭南縣署刊續集二
　　十八年(1902)西安臬署刊本
雲門初集二卷
北游集一卷
東歸集一卷
涉江集一卷
金臺集一卷
淡吟集一卷
水漸集一卷
西征集一卷
關中集一卷後集一卷
還山集一卷
轉蓬集一卷
紫泥酬唱集一卷
京輦題襟集二卷
西山集一卷
後西征集一卷
紫蘭堂集一卷
染香集一卷
東溪草堂詞二卷
樊山文甲一卷乙一卷
鏡煙堂集一卷
東園集一卷後集一卷
身雲閣集一卷
二家詠古詩一卷　(清)張之洞(民國)樊增
　　祥撰
二家試帖二卷　(民國)樊增祥輯
　　廣雅堂試帖一卷　(清)張之洞撰
　　畫妃亭試帖一卷　(民國)樊增祥撰
二家詞鈔　(民國)樊增祥輯
　　霞川花隱詞二卷　(清)李慈銘撰
　　五十麝齋詞賡三卷　(民國)樊增祥撰
續集
身雲閣後集一卷
青門消夏集一卷
朝天集三卷
晚晴軒集一卷
柳下集一卷
赴召集一卷
北臺集一卷後集一卷
執爻集一卷
西京酬唱集一卷
掌綸集一卷
洛花集一卷
西京酬唱後集一卷
晉聲樹集一卷
煎茶集一卷
蝶舫集一卷
近光集一卷
兩艖艩齋集一卷

紫薇集一卷
雙紅豆館詞賡一卷
紫薇二集一卷三集一卷
沉瀣集一卷　（清）張之洞（民國）樊增祥撰
十憶集一卷
二家詞賡　（民國）樊增祥輯
　　蘭當詞一卷　（清）陶方琦撰
　　弄珠詞一卷　（民國）樊增祥撰
樊山公牘
樊山批判時文

義州李氏叢刻

（民國）李葆恂撰
　　民國五年（1916）李放京師刊本
無益有益齋讀畫詩二卷
海王村所見書畫錄一卷
津步聯吟集一卷詞一卷　（民國）吳重憙
　　（民國）李葆恂撰
紅螺山館詩鈔二卷
紅螺山館遺詩一卷
舊學盦筆記一卷
三邑翠墨簃題跋四卷

潛廬全集

（民國）金蓉鏡撰
　　清光緒三十四年（1908）刊本
潛廬文鈔二卷詩集四卷
惔氣集三卷
潛書一卷
衍微一卷
訓俗常談一卷
附
淨土義證一卷

太一遺書

（民國）甯調元撰
　　民國四年（1915）排印本
朗吟詩草（一名南音）三卷
明夷詩鈔二卷
南幽百絕句一卷
太一詩存四卷
明夷詞鈔一卷
太乙文存一卷
太乙箋啓一卷
續刊
莊子補釋一卷
讀漢書劄記一卷
太乙叢話五卷
南幽雜俎二卷
南幽筆記一卷

詩存補遺一卷
箋啓補遺一卷

趙柏巖集

（民國）趙炳麟撰
　　民國十一年（1922）排印本
庭訓錄一卷
光緒大事彙鑑十二卷
宣統大事鑑一卷
彙呈朱子論治本各疏一卷
興亡彙鑑一卷
諫院奏事錄六卷
柏巖文存四卷
潛井廬雜存二卷
柏巖詩存四卷
柏巖聯語偶存一卷
潛井廬詩存二卷
柏巖感舊詩話三卷
潛井廬詩存初續三卷

劉申叔先生遺書

（民國）劉師培撰
　　民國二十五年（1936）寧武南氏排印本
尚書源流考一卷
毛詩札記一卷
禮經舊說十七卷補遺一卷
逸禮考一卷
西漢周官師說考二卷
周禮古注集疏殘十三卷（存卷七至十三、卷
　　十五至二十）
春秋古經箋殘三卷（存卷七至九）附春秋古
　　經舊注疏證零稿一卷
讀左劄記一卷（未完）
春秋左氏傳時月日古例考一卷
春秋左氏傳答問一卷
春秋左氏傳古例詮微一卷
春秋左氏傳傳例解略一卷
春秋左氏傳傳注例略一卷
春秋左氏傳例略一卷
羣經大義相通論一卷
毛詩詞例舉要一卷（詳本）
毛詩詞例舉要一卷（略本）
荀子詞例舉要一卷
古書疑義舉例補一卷
小學發微補（未完）
爾雅蟲名今釋一卷（未完）
理學字義通釋一卷（未完）
國學發微一卷（未完）
周末學術史序一卷
兩漢學術發微論一卷（未完）

漢宋學術異同論一卷
南北學派不同論一卷
中國民約精義三卷
中國民族志一卷
攘書一卷
古政原論一卷
古政原始論一卷
古曆管窺二卷
文說一卷(未完)
論文雜記一卷
周書補正六卷
周書略說一卷
管子斠補一卷
晏子春秋斠補定本一卷
晏子春秋斠補二卷附佚文輯補一卷黃之寀
　　本校記一卷
晏子春秋補釋一卷
老子斠補一卷
莊子斠補一卷
墨子拾補二卷
荀子斠補四卷附佚文輯補一卷
荀子補釋一卷
賈子新書斠補二卷附佚文輯補一卷羣書治
　　要引賈子新書校文一卷
春秋繁露斠補三卷附佚輯補一卷
揚子法言斠補一卷附佚文一卷
法言補釋一卷
白虎通義斠補二卷附闕文補訂一卷
白虎通義定本殘三卷(存卷一至三)
白虎通義源流考一卷
白虎通德論補釋一卷
楚辭考異一卷
周書王會篇補釋一卷
穆天子傳補釋一卷
韓非子斠補一卷
琴操補釋一卷
左盦集八卷外集二十卷詩錄四卷詞錄一卷
讀書隨筆一卷續筆一卷
左盦題跋一卷
讀道藏記一卷
敦煌新出唐寫本提要一卷
倫理教科書
經學教科書
中國文學教科書
中國歷史教科書
中國地理教科書
中國中古文學史講義
附
　左盦(劉師培)年表一卷著述繫年一卷
　　(民國)錢玄同撰

劉申叔先生遺書校勘記一卷　(民國)鄭裕
　　孚撰

周晉琦遺著

(民國)周曾錦撰
　　民國十年(1921)排印本
　藏天室詩一卷
　香草詞一卷
　臥廬詞話一卷

柯劭忞先生遺著

(民國)柯劭忞撰
　　民國十六年(1927)國立北京大學研究院
　　　文史部排印本
　春秋穀梁傳補注十五卷
　新元史考證五十八卷
　譯史補六卷

觀古堂所著書

(民國)葉德輝撰
　　清光緒中長沙葉氏刊本
　　民國八年(1919)重編印本
第一集
　天文本單經論語校勘記一卷　光緒二十八
　　年(1902)刊
　孟子章句一卷附劉熙事蹟考一卷　(漢)劉
　　熙撰　(民國)葉德輝輯　光緒二十八
　　年(1902)刊
　月令章句四卷　(漢)蔡邕撰　(民國)葉德
　　輝輯　光緒三十年(1904)刊
　古今夏時表一卷附易通卦驗節候校文一卷
　　光緒二十九年(1903)刊
　六書古微十卷　民國五年(1916)刊　(重
　　編本)
　釋人疏證二卷　光緒二十八年(1902)刊
　山公啓事一卷佚事一卷　(晉)山濤撰
　　(民國)葉德輝輯　光緒二十六年
　　(1900)刊　(重編本在第二集)
　祕書省續編到四庫闕書目二卷　宋紹興中
　　改定　(民國)葉德輝考證　光緒二十
　　九年(1903)刊　(初刊本)
　瑞應圖記一卷　(梁)孫柔之撰　(民國)葉
　　德輝輯　光緒二十七年(1901)刊
　　(重編本在第二集)
第二集　　　　　　　　　　　　　　　[輯
　鷃子二卷　(周)鷃熊撰　(民國)葉德輝校
　郭氏玄中記一卷　(□)郭□撰　(民國)葉
　　德輝輯
　淮南鴻烈閒詁二卷　(漢)許慎撰　(民國)
　　葉德輝輯　光緒二十一年(1895)刊

淮南萬畢術二卷　(漢)劉安撰　(民國)葉
　　德輝輯
傅子三卷附訂譌一卷　(晉)傅玄撰　(民
　　國)葉德輝輯幷撰訂譌　光緖二十八
　　年(1902)刊
晉司隸校尉傅玄集三卷　(晉)傅玄撰
　　(民國)葉德輝輯　光緖二十八年
　　(1902)刊
覺迷要錄四卷　(民國)葉德輝輯　光緖三
　　十一年(1905)刊　(以下初刊本)
古泉雜詠四卷　光緖二十七年(1901)刊
消夏百一詩二卷　光緖三十四年(1908)刊
藏書十約一卷　(以下重編本)
游藝卮言二卷

海寧王忠慤公遺書

(民國)王國維撰
　　　　民國十六年(1927)海寧王氏排印石印本
初集
　　觀堂集林二十四卷
　　觀堂別集一卷補遺一卷後編一卷
　　觀堂外集四卷
　　爾雅草木蟲魚鳥獸釋例一卷
　　兩周金石文韻讀一卷
　　觀堂古金文考釋五種
　　　毛公鼎銘考釋一卷
　　　散氏盤考釋一卷
　　　不㚄敦葢銘考釋一卷
　　　孟鼎銘考釋一卷
　　　克鼎銘考釋一卷
　　史籀篇疏證一卷
　　校松江本急就篇一卷　(漢)史游撰　(民
　　　國)王國維校
　　唐韻佚文一卷　(唐)孫愐撰　(民國)王國
　　　維輯
　　唐寫本唐韻殘卷校勘記二卷
二集
　　殷禮徵文一卷
　　聯綿字譜三卷
　　補高郵王氏說文諧聲譜一卷
　　釋幣二卷
　　簡牘檢署考一卷
　　魏正始石經殘石考一卷
　　附
　　　隸釋所錄魏石經碑圖一卷
　　漢魏博士題名考二卷
　　清眞先生遺事一卷
　　耶律文正公(楚材)年譜一卷餘記一卷
　　五代兩宋監本考三卷
　　兩浙古刊本考二卷

宋代金文著錄表一卷
國朝金文著錄表六卷
三集
　　古本竹書紀年輯校一卷　(清)朱右曾輯
　　　(民國)王國維校補
　　今本竹書紀年疏證二卷
　　古行記校錄一卷　(民國)王國維輯校
　　　經行記　(唐)杜環撰
　　　使高昌記　(宋)王延德撰
　　　北使記　(元)劉祁撰
　　　西使記　(元)劉郁撰
　　蒙韃備錄箋證一卷
　　黑韃事略箋證一卷
　　聖武親征錄校注一卷
　　長春眞人西遊記注二卷
　　乾隆浙江通志考異殘稿四卷
　　觀堂譯稿二卷
四集
　　唐五代二十一家詞輯二十卷　(民國)王國
　　　維輯
　　南唐二主詞一卷補遺一卷附校勘記一卷
　　　(南唐)李璟(南唐)李煜撰　補遺
　　　(民國)王國維輯幷撰校勘記
　　金荃詞一卷　(唐)溫庭筠撰
　　檀欒子詞一卷　(唐)皇甫松撰
　　香奩詞一卷　(唐)韓偓撰
　　紅葉稿一卷　(後晉)和凝撰
　　浣花詞一卷　(前蜀)韋莊撰
　　薛侍郎詞一卷　(前蜀)薛昭蘊撰
　　牛給事詞一卷　(前蜀)牛嶠撰
　　牛中丞詞一卷　(後唐)牛希濟撰
　　毛司徒詞一卷　(前蜀)毛文錫撰
　　魏太尉詞一卷　(前蜀)魏承班撰
　　尹參卿詞一卷　(前蜀)尹鶚撰
　　瓊瑤集一卷　(前蜀)李珣撰
　　顧太尉詞一卷　(後蜀)顧夐撰
　　鹿太保詞一卷　(後蜀)鹿虔扆撰
　　歐陽平章詞一卷　(後蜀)歐陽炯撰
　　毛祕書詞一卷　(後蜀)毛熙震撰
　　閻處士詞一卷　(後蜀)閻選撰
　　張舍人詞一卷　(南唐)張泌撰
　　孫中丞詞一卷　(宋)孫光憲撰
　　後村別調補遺一卷　(宋)劉克莊撰　(民
　　　國)王國維輯
　　人間詞話二卷
　　新編錄鬼簿二卷　(元)鍾嗣成撰　(民國)
　　　王國維校注
　　宋元戲曲考一卷
　　唐宋大曲考一卷
　　戲曲考原一卷

古劇腳色考一卷
優語錄一卷　（民國）王國維輯
錄曲餘談一卷
曲錄六卷

海寧王靜安先生遺書

（民國）王國維撰
　　民國二十九年(1940)商務印書館長沙石
　　印本
觀堂集林二十四卷
觀堂別集四卷
庚辛之間讀書記一卷
苕華詞一卷
靜安文集一卷附詩稿一卷文集續編一卷
爾雅草木蟲魚鳥獸釋例一卷
兩周金石文韻讀一卷
觀堂古金文考釋五卷
　毛公鼎銘考釋一卷
　散氏盤考釋一卷
　不嬰敦蓋銘考釋一卷
　盂鼎銘考釋一卷
　克鼎銘考釋一卷
史籀篇疏證一卷
重輯蒼頡篇二卷　（民國）王國維輯　〔校
急就篇一卷　（漢）史游撰　（民國）王國維
唐寫本唐韻殘卷校勘記二卷
附
　唐韻佚文一卷
殷禮徵文一卷
聯綿字譜三卷
補高郵王氏說文諧聲譜一卷
釋幣二卷
簡牘檢署考一卷
魏正始石經殘石考一卷
附
　隸釋所錄魏石經碑圖一卷
宋代金文著錄表一卷
國朝金文著錄表六卷
漢魏博士題名考二卷
清眞先生遺事一卷
耶律文正公(楚材)年譜一卷餘記一卷
五代兩宋監本考三卷
兩浙古刊本考二卷
古本竹書紀年輯校一卷　（清）朱右曾輯
　（民國）王國維校補
今本竹書紀年疏證二卷
古行記校錄一卷　（民國）王國維輯校
　經行記　（唐）杜環撰
　使高昌記　（宋）王延德撰
　北使記　（金）劉祁撰

西使記　（元）劉郁撰
蒙韃備錄箋證一卷
黑韃事略箋證一卷
聖武親征錄校注一卷
長春眞人西遊記注二卷附錄一卷
乾隆浙江通志考異殘稿四卷
觀堂譯稿二卷　（民國）王國維譯
人間詞話二卷
宋元戲曲考一卷
唐宋大曲考一卷
戲曲考源一卷
古劇腳色考一卷
優語錄一卷　（民國）王國維輯
新編錄鬼簿二卷　（元）鍾嗣成撰　（民國）
　王國維校注
錄曲餘談一卷
曲錄六卷

崇雅堂叢書

（民國）楊晨撰
　　民國二十五年(1936)楊紹翰排印本
詩攷補訂五卷
三國會要二十二卷
台州金石略一卷
敦書巵聞二卷
瀛洲巵聞一卷
崇雅堂詩稿二卷文稿四卷
湖墅倡和集一卷
生辰倡和集一卷
河西楊氏家譜一卷
三國志札記一卷
路橋志略六卷　　　　　　　　　　　〔輯
臨海異物志一卷　（吳）沈瑩撰　（民國）楊晨
二徐祠墓錄一卷　（民國）楊晨輯
台州藝文略一卷

陶廬叢刻

（民國）王樹枏撰
　　清光緒至民國間新城王氏刊本
尙書商誼三卷
費氏古易訂文十二卷　光緒十七年(1891)
　青神刊
校正孔氏大戴禮記補注十三卷
爾雅郭注佚存補訂二十卷　光緒十八年
　(1892)資陽刊
廣雅補疏四卷　光緒十六年(1890)青神刊
學記箋證四卷
墨子斠注補正二卷
歐洲列國戰事本末二十二卷　光緒二十八
　年(1902)中衛縣署刊

歐洲族類源流略五卷　　光緒二十八年
　　(1902)中衛縣署刊
彼得興俄記一卷
武漢戰紀一卷蟄宧七篇一卷　　民國八年
　　(1919)刊
天元草五卷　　光緒十九年(1893)成都刊
離騷注一卷
閑閑老人詩集十卷　　(金)趙秉文撰
附
　　閑閑老人年譜二卷　　(民國)王樹枏撰
陶廬箋牘四卷
陶廬文集九卷
陶廬外篇一卷
文莫室駢文一卷
文莫室詩集八卷
陶廬詩續集十卷
希臘學案四卷　　民國八年(1919)刊

新訂六譯館叢書

(民國)廖平撰
　　民國十年(1921)四川存古書局彙印本
小學類
　　六書舊義一卷　　光緒十三年(1887)刊
論學類
　　今古學攷二卷
　　古學攷一卷　　光緒二十三年(1897)尊經書
　　　　局刊
　　經話甲編二卷乙編一卷　　光緒二十三年
　　　　(1897)尊經書局刊
　　經學初程一卷　　(民國)廖平(民國)吳之英
　　　　撰　　民國三年(1914)存古書局刊
　　四益館經學四變記一卷五變記二卷　　(民
　　　　國)黃鎔筆述
孝經類
　　孝經學凡例一卷
　　坊記新解一卷
　　家學樹坊一卷　　(清)廖師慎撰　　民國三年
　　　　(1914)存古書局刊
　　倫理約編一卷附錄一卷　　民國三年(1914)
　　　　存古書局刊
春秋類
　　王制學凡例一卷
　　王制訂一卷　　光緒二十三年(1897)尊經書
　　　　局刊
　　王制集說一卷　　(清)范燮筆述　　民國三年
　　　　(1914)存古書院刊
　　春秋圖表二卷　　光緒二十七年(1901)刊
　　穀梁春秋經傳古義凡例一卷
　　穀梁春秋經學外篇凡例一卷
　　釋范一卷　　光緒十一年(1885)刊

起起穀梁癈疾一卷　　光緒十一年(1885)刊
公羊春秋補證凡例一卷
公羊春秋傳驗推補證十一卷首一卷擬大
　　統春秋條例一卷皇帝大同學革弊興利
　　百目一卷　　光緒三十二年(1906)則柯
　　軒刊
何氏公羊春秋十論一卷續十論一卷再續十
　　論一卷
春秋左傳古義凡例五十則一卷春秋左氏傳
　　漢義補證簡明凡例二十則一卷春秋古
　　經左氏說後義補證凡例一卷附左氏春
　　秋學外編凡例一卷　　光緒十二年
　　(1886)刊
左氏春秋古經說十二卷　　光緒三十四年
　　(1908)成都中學堂刊
春秋三傳折中一卷　　民國六年(1917)存古
　　書局刊
禮類
　　禮經凡例一卷附容經學凡例一卷
　　分撰兩戴記章句凡例一卷附兩戴記分儸凡
　　　　例一卷　　民國十年(1921)存古書局刊
　　禮說一卷　　民國七年(1918)存古書局刊
　　禮記識二卷
尙書類
　　今文尙書要義凡例一卷
　　書經大統凡例一卷
　　尙書今文新義一卷
　　書經周禮皇帝疆域圖表四十二卷　　民國四
　　　　年(1915)存古書局刊
　　書尙書弘道編一卷　　(民國)黃鎔筆述
　　書中侯弘道篇一卷　　(民國)黃鎔筆述
　　周官攷徵凡例一卷周禮新義凡例一卷
　　周禮訂本略注三卷　　(民國)黃鎔筆述
　　周禮鄭注商榷一卷
　　光緒會典(一名周禮今證)四卷會典學十要
　　　　一卷內閣要義一卷六部總義一卷欽定
　　　　職官總目一卷職官增減裁併及堂屬簡
　　　　明表一卷　　清光緒中敕撰　　民國二年
　　　　(1913)存古書局印
詩經類
　　今文詩古義證疏凡例一卷　　　　　　[刊
　　四益詩說一卷　　民國七年(1918)存古書局
　　詩緯新解一卷　　(民國)黃鎔補證
　　大學中庸演義一卷
　　楚詞講義一卷
　　離騷釋例一卷
　　高唐賦新釋一卷
　　經傳九州通解一卷　　(民國)黃鎔撰　　光緒
　　　　三十四年(1908)樂山黃氏刊
樂經類

　　　榮經凡例一卷
　　易經類
　　　易經新義疏證凡例一卷　　　　　　　　　［刊
　　　易經古本一卷　民國四年(1915)存古書局
　　　四益易說一卷　民國七年(1918)存古書局
　　　　　刊
　　　附
　　　　墨辯解故序一卷
　　　易生行譜例言一卷
　　尊孔類
　　　論語彙解凡例一卷
　　　尊孔篇一卷附錄一卷
　　　知聖篇二卷　光緒二十八年(1902)刊
　　　羣經大義一卷補題一卷　(民國)洪陳光輯
　　　　　民國六年(1917)存古書局刊
　　　世界哲理進化退化演說一卷　(民國)黃鎔
　　　　　箋釋　民國十年(1921)存古書局刊
　　　莊子新解一卷
　　　莊子經說叙意一卷
　　醫類
　　　黃帝內經明堂一卷　(隋)楊上善注
　　　靈樞隋楊氏太素注本目錄一卷
　　　素問隋楊氏太素注本目錄一卷　　　　　［錄
　　　黃帝內經太素篇目一卷　(民國)廖宗澤輯
　　　黃帝內經明堂叙一卷舊鈔太素經校本叙一
　　　　　卷黃帝內經九卷集注叙一卷黃帝內經
　　　　　素問重校正叙一卷　(清)黃以周撰
　　　　　(民國)廖平識
　　　平脈攷一卷內經平脈攷一卷　民國四年
　　　　　(1915)存古書局刊
　　　黃帝內經太素診皮篇補證一卷古經診皮名
　　　　　詞一卷　民國三年(1914)存古書局刊
　　　診筋篇補證一卷附十二筋病表一卷　民國
　　　　　五年(1916)存古書局刊
　　　診骨篇補證一卷　民國五年(1916)存古書
　　　　　局刊
　　　附
　　　　中西骨格辯正一卷　(清)劉廷楨撰
　　　楊氏太素診絡篇補證三卷病表一卷名詞一
　　　　　卷　民國三年(1914)存古書局刊
　　　黃帝太素人迎脈口診補證(一名人寸診補
　　　　　證)二卷　民國三年(1914)存古書局
　　　　　刊
　　　楊氏太素三部診法補證一卷九候篇診法補
　　　　　證一卷附十二經動脈表一卷　民國四
　　　　　年(1915)存古書局刊
　　　營衛運行楊注補證一卷　民國三年(1914)
　　　　　存古書局刊
　　　分方治宜篇一卷　民國四年(1915)存古書
　　　　　局刊

　　　靈素五解篇一卷附素問靈臺秘典論篇新解
　　　　　一卷癥解補證一卷　(民國)廖宗澤撰
　　　　　附(民國)廖平撰　民國十年(1921)
　　　　　存古書局刊
　　　脈學輯要評三卷　民國三年(1914)存古書
　　　　　局刊　　　　　　　　　　　　　［刊
　　　脈經考證一卷　民國四年(1915)存古書局
　　　傷寒總論一卷
　　　太素內經傷寒總論補證一卷太素四時病補
　　　　　證一卷
　　　傷寒雜病論古本一卷　(民國)廖平輯
　　　傷寒古本攷不分卷　民國六年(1917)刊
　　　補傷寒古本一卷
　　　傷寒平議不分卷附瘟疫平議一卷　民國六
　　　　　年(1917)存古書局刊
　　　傷寒講義一卷附桂枝湯講義一卷
　　地理類
　　　撼龍經傳訂本注一卷　(民國)黃鎔筆述
　　　　　民國六年(1917)存古書局刊
　　　地理辨正補正三卷都天寶照經一卷　(民
　　　　　國)黃鎔筆述　民國四年(1915)存古
　　　　　書局刊　　　　　　　　　　　　［刊
　　　地學答問一卷　民國四年(1915)存古書局
　　　漢志三統曆表一卷
　　　命理支中藏干釋例一卷
　　文鈔類
　　　六譯館雜著(原名四益館雜著)不分卷
　　　附
　　　　哲學思想論一卷
　　　　災異論一卷
　　　　佛學考一卷
　　　　左氏傳長編目錄一卷
　　　　隸釋碑目表一卷
　　　　公羊春秋傳例序一卷
　　　六譯館外編不分卷
　　　　與廖季平書一卷廖氏學案序一卷　(民
　　　　　國)劉師培撰
　　　四譯戍書目一卷
　　　中國文字問題一卷　(清)李堯勳撰
　　　四益館文鈔不分卷
　　　中外比較改良編序一卷
　　　孔教祆教之比較一卷
　　　文學處士嚴君家傳一卷
　　　何君俶尹六十壽序一卷
　　　五行論一卷

滇南四種

　　(民國)姚文棟撰
　　　清光緒中刊本
　　雲南勘界籌邊記二卷

偵探記二卷
集思廣益編二卷
天南同人集三卷　（民國）姚文棟輯

長汀江先生著書

(民國)江瀚撰
　　民國十三年(1924)太原排印本
慎所立齋文集四卷
慎所立齋詩集十卷
孔學發微三卷
詩經四家異文考補一卷
石翁山房札記九卷

華胥赤子遺集

(民國)方鑄撰
　　民國十一年(1922)桐城翰寶齋木活字排
　　印本
周易觀我三卷首一卷末一卷
論語傳二卷
古今體詩十卷
文集二卷
附
　　三經合說一卷
奏章一卷
尺牘一卷

大鶴山房全書

(民國)鄭文焯撰
　　清光緒至民國間刊民國九年(1920)蘇州
　　交通圖書館彙印本
說文引緯說故
　　揚雄說故一卷
揚雄訓纂篇考一卷
高麗國永樂好大王碑釋文纂攷一卷　光緒
　　二十六年(1900)平湖朱氏經注經齋刊
醫故二卷附錄一卷
詞源斠律二卷
冷紅詞四卷　光緒二十二年(1896)歸安沈
　　氏耦園刊
樵風樂府九卷　民國二年(1913)仁和吳氏
　　雙照樓刊
比竹餘晉四卷　光緒二十八年(1902)刊
苕雅餘集一卷　民國四年(1915)吳興朱氏
　　無著盦刊
絕妙好詞校錄一卷
附
　　瘦碧詞二卷　民國六年(1917)吳中刊

彊邨遺書

(民國)朱孝臧(祖謀)撰

民國二十二年(1933)刊本
雲謠集雜曲子一卷附校記一卷　（唐）□□
　　撰　（民國）朱孝臧(祖謀)校
詞莂一卷　（民國）朱孝臧(祖謀)輯　（民
　　國）張爾田補錄
夢窗詞集一卷　（宋）吳文英撰　（民國）朱
　　孝臧(祖謀)校　　　　　　　　〔輯
滄海遺音集十三卷　（民國）朱孝臧(祖謀)
　　曼陀羅龕詞一卷　（民國）沈曾植撰
　　香草亭詞一卷　（民國）裴維侅撰
　　郫雲詞一卷　（民國）李岳瑞撰
　　蟄庵詞一卷　（民國）曾習經撰
　　悔龕詞一卷　（民國）夏孫桐撰
　　凌波詞一卷　（民國）曹元忠撰
　　遯盦樂府一卷　（民國）張爾田撰
　　觀堂長短句一卷　（民國）王國維撰
　　海綃詞二卷　（民國）陳洵撰
　　海綃說詞一卷　（民國）陳洵撰
　　回風堂詞一卷　（民國）馮忓撰
　　舊月簃詞一卷　（民國）陳曾壽撰
彊邨語業三卷
彊邨棄稿一卷
外編
　　彊邨詞賸稿二卷集外詞一卷
附
　　彊邨校詞圖題詠一卷

琴志樓叢書

(民國)易順鼎撰
　　清光緒中刊本
經義莛撞四卷
讀經貨記一卷
讀老札記二卷補遺一卷
淮南許註鉤沈一卷
楚頌亭詞第四集一卷
出都詩錄一卷
吳筵詩錄一卷
樊山沌水詩錄一卷
蜀船詩錄一卷
巴山詩錄一卷
錦里詩錄一卷
峩眉詩錄一卷
青城詩錄一卷　光緒十三年(1887)刊
林屋詩錄一卷　光緒十六年(1890)刊
游梁詩賸一卷
游梁詩賸賸一卷
鬘天影事譜　光緒二十二年(1896)刊
　　紅蕉夢語一卷
　　紅橋笛語一卷
　　懺紅碎語二卷

櫽括古人詩文詞一卷
栞臺夢語一卷
摩圍閣詩二卷詞二卷
丁戊之間行卷十卷
盾墨拾餘十四卷　光緒二十二年(1896)刊
　奏疏二卷
　雜稿一卷
　電信一卷
　魂北魂東雜記一卷
　魂南記一卷
四魂集
　魂北集一卷
　魂東集一卷
　魂南集一卷
　歸魂集一卷
四魂外集
　魂海集三卷
　魂天集一卷
燕楊集一卷
國朝文苑傳一卷　(民國)易順鼎輯
國朝孝子小傳一卷　(民國)易順鼎輯
國朝學案目錄一卷　(民國)易順鼎輯
孔門詩集一卷
大學私訂本一卷
易晉補顧一卷
容園詞綜一卷　(民國)易順鼎輯
水滸國殤歌一卷　(清)蔣文鴻撰
金剛經易氏本一卷
心經易氏本一卷
慕皐廬雜稿一卷
鄂湘酬唱集一卷
玉盧齋唱和詩一卷　(民國)易順鼎輯　光
　　緒十一年(1885)刊
倚霞宮筆錄三卷　光緒十九年(1893)刊
廬山詩錄四卷　(民國)易順鼎輯
琴志樓遊山詩八卷
吳社集四卷　(民國)易順鼎輯
玉盧齋集一卷　(清)易瑩撰
琴志樓編年詩集十九卷(原缺卷十至十一)

原學三種

(民國)陳澹然撰
　　清宣統三年(1911)桐城陳氏安慶排印本
　晦堂文鑰一卷
　文憲例言一卷
　古棠塾言一卷

鐵研齋叢書

(民國)桑宣撰
　　民國八年(1919)宛平桑氏排印本

禮器釋名十八卷
許鄭經文異同詁九卷
補周易口訣義闕卦一卷
麐盦雜存一卷
綿蕞餘紀一卷

遯廬叢著

(民國)余重耀撰
　　稿本
　八識規矩頌詮解一卷
　成唯識論詮一卷
　天台四教儀節要一卷
　彌陀經集解一卷
　圓音一卷
　心經懸解一卷
　法海諦塵一卷
　蘊入處界諦緣義一卷
　義學刪稿一卷
　大乘起信論詮一卷
　佛乘階位一卷
　法海衍派一卷
　大乘起信論綱要一卷
　法界觀一卷
　法海溯源一卷
　楞嚴集解一卷
　陰陽五行古義鉤沉一卷
　經穴釋名一卷
　藏象篇一卷
　藏象通論一卷
　至眞要大論闡義一卷-
　五運六氣圖表詮註一卷
　經絡總說一卷
　六氣病考一卷
　宗營衛貫解一卷
　脈法考一卷
　經脈陰陽原理考一卷
　釋人一卷
　脈訣叅同契一卷
　脈經一卷
　醫學雜編一卷
　函雅廬詩稿一卷續稿一卷刪稿一卷文稿一
　　卷
　函雅廬碑跋一卷
　楹聯拾存一卷
　遯廬日記一卷
　遯廬雜鈔一卷
　五穀考一卷
　東北閩遊記一卷
　遯廬古今註一卷
　備忘一卷

遯行小稿一卷
讀曲小識一卷
雜考一卷
奉天清宫書畫錄一卷
遯廬叢說一卷
遯廬叢鈔一卷
漢魏六朝文擷一卷　(民國)余重耀輯
唐人詩鈔一卷　(民國)余重耀輯
遯廬選曲一卷　(民國)余重耀輯
遯廬詞選一卷　(民國)余重耀輯
經學略說一卷
雜鈔一卷
遯廬叢書刊誤表一卷

遯廬叢書

(民國)余重耀撰
民國排印本
遯廬駢文一卷
遯廬文稿
騷旨詩詮一卷
嵊縣志序一卷
樂平械鬥記一卷
大乘起信論表一卷

未園著藪

(民國)沈修撰
稿本
原書六十卷
未園集選四卷
未園集略八卷
賓書堂詩集二十七卷
冷雅一卷

説劍堂著書

(民國)潘飛聲撰
清光緒二十四年(1898)仙城藥洲刊本
老劍文稿一卷
西海紀行卷一卷
天外歸槎錄一卷
遊薩克遜日記一卷
香海集一卷
游樵漫草一卷
悼亡百韻一卷
論粤東詞絕句一卷
柏林竹枝詞一卷
海上秋吟一卷
海山詞一卷
花語詞一卷
珠江低唱一卷
長相思詞一卷

悔晦堂叢刻

(民國)吳恭亨撰
民國三年(1914)木活字排印本
悔晦堂詩集四卷
悔晦堂尺牘七卷
悔晦堂日記十卷
悔晦堂對聯三卷
悔晦堂雜詩三卷
悔晦堂文集四卷

莘廬遺集

(清)凌泗撰
民國三年(1914)沈廷鏞刊本
莘廬遺詩六卷補遺一卷
浮梅日記一卷
詩餘一卷
文一卷
附
第六水村居稿一卷　(清)凌寶樹撰
小茗柯館詩詞稿一卷　(清)凌寶樞撰

彊本堂彙編

(民國)陳惟彥撰
民國六年(1917)排印本
宦游偶記二卷
著述偶存一卷
壽考附錄一卷　徐建生輯

止園叢書

(民國)尹昌衡撰
民國七年(1918)排印本
第一集　南京商務印書館排印
聖學淵源詮證二卷
止園文集一卷
易鉞一卷
止園詩鈔二卷
止心篇一卷
第二集　上海中華書局排印
止園原性論三篇
止園自記一卷
止園經術訏時二卷
王道法言三卷

訥盦叢稿

(民國)顧鳴鳳撰
清宣統三年(1911)刊本
念蘐池館文存四卷
泰西人物志一卷
小辟疆園詩存一卷

武陵著作譚一卷
西吳類膾摘要一卷
勸補拙齋漫錄一卷
養閒草堂隨筆二卷
蝸巢聯語一卷

壽樅廬叢書

(民國)吳之英撰
　　民國九年(1920)名山吳氏刊本
儀禮奭固十七卷
儀禮奭固禮器圖十七卷首一卷末三卷
儀禮奭固禮事圖十七卷
漢師傳經表一卷
天文圖攷四卷
經脈分圖四卷
壽樅廬文集一卷詩集一卷
壽樅廬卮言和天四卷

桐陰山房叢刻

(民國)周繼煦撰
　　民國九年(1920)菊飲軒刊本
蕉心閣詞一卷
幽夢影續評一卷
勇盧閒詰評語一卷

越綴

(民國)陳祖培撰
　　民國九年(1920)排印本
文燼三卷
詩膾一卷
空言一卷
倉問一卷

散溪遺書

(民國)蔡克猷撰
　　民國十年(1921)劉邦元等排印本
詩文集十一卷
松俗處喪非禮辨一卷
喪禮通俗編一卷
讀書錄記疑一卷
拙修集記疑一卷
問道錄一卷
易說一卷
日記二卷

審安齋遺稿

(民國)陳濤撰
　　民國十三年(1924)排印本
謹擬籌設全國國稅局條議一卷
閱裴副總稅務司和議草約第十一款至江海

關道節略一卷附加贅言
南館文鈔一卷
粵膾偶存一卷
入蜀日記一卷
審安齋詩集四卷

勉不足齋四種

(民國)董廷策撰
　　民國十年(1921)董瑞椿排印本
香石齋吟草一卷
研花館吟草二卷
退補齋隨筆一卷
傳經堂家規一卷　　(清)董國英撰

甯鄉程氏全書(一名十髮盦類稿)

(民國)程頌萬撰
　　清光緒至民國間甯鄉程氏刊本
鹿川文集十二卷　民國十八年(1929)刊
鹿川詩集十六卷　民國二十年(1931)刊
楚望閣詩集十卷　光緒二十七年(1901)刊
石巢詩集十二卷　民國十二年(1923)刊
定巢詞集十卷　民國十三年(1924)刊〔刊
美人長壽盦詞集六卷光緒二十六年(1900)
湘社集四卷　(民國)程頌萬輯

漢堂類稿

(民國)李寶洤撰
　　民國十一年(1922)李祖年排印本
漢堂文鈔一卷補遺一卷
漢堂詩鈔十四卷
濯纓室詩鈔三卷
問月詞一卷
三國志平議二卷
魏書平議三卷
北齊書平議二卷
周書平議二卷
呂氏春秋高注補正一卷

甓湖草堂集

(民國)左楨撰　　　　　　　　　〔本
　　民國十一年至十四年(1922—1925)排印
甓湖草堂筆記四卷附錄一卷
甓湖草堂詩四卷詩餘一卷
甓湖草堂文鈔六卷
甓湖草堂楹聯彙存二卷

平齋家言

(民國)何剛德撰
　　民國十二年(1923)古閩何氏刊本
春明夢錄二卷　民國十一年(1922)刊

郡齋影事二卷
西江贅語一卷

繼述堂全集

(民國)王毓英撰
民國十一年(1922)溫州石印本　　　〔卷
繼述堂三刻詩鈔一卷文鈔二卷文鈔附錄一
繼述堂中西教育合纂一卷
繼述堂讀孟絮言一卷
繼述堂社會談約編二卷

樵隱集

(民國)李邈義撰
民國十二年(1923)丹徒李氏小戚室刊本
樵隱詩存三卷文存一卷
墾餘讀書錄一卷
墾餘聞話一卷
毛詩草名今釋一卷
毛詩魚名今考一卷附嘉魚考
孔子藝事考一卷
種薯經證一卷
銀幣考一卷

花隱老人遺著

(民國)甘樹椿撰
民國十三年(1924)甘鵬運崇雅堂排印本
靈庵先生遺詩二卷
甘氏家訓二卷

養吾齋叢著

(民國)陳淵撰
民國十五年(1926)木活字排印本
陳子文藪十二卷首一卷末一卷
小言一卷
詞林拾遺二卷　(民國)陳淵輯
茶餘酒後錄一卷
芸窗課藝一卷
詩文評註一卷　(民國)陳淵輯

涉趣園全集

(民國)趙祖銘撰
民國十五年(1926)樂亭趙氏北平排印本
涉趣園集十五卷別集五卷
來南雜俎四卷
涉趣園詩集十卷

任盦遺稿

(民國)王鎮纂撰
民國十五年(1926)排印本
交通芻議一卷

任盦文存四卷

稼民雜著

(民國)丁錫田撰
民國十七年(1928)濰縣丁氏石印本
後漢郡國令長考補一卷
山東縣名溯原一卷
韓理堂先生(夢周)年譜一卷

國學別錄

(民國)方元撰　　　　　　　　〔本
民國十七年(1928)惠陽方氏山山館排印
荀子非十二子篇釋一卷
淮南子要略篇釋一卷
史公論六家要指篇釋一卷

野棠軒全集

(民國)奭良撰
民國十八年(1929)吉林奭氏排印本
野棠軒文集五卷詩集四卷詞集四卷
史亭識小錄一卷
野棠軒摭言八卷
野棠軒獻酬集一卷
野棠軒游戲集一卷

翹勤軒叢稿

(民國)彭作楨撰　　　　　　　〔本
民國十九年至廿二年(1930—1933)排印
歷史人名對一卷
歷史地名對附物名對一卷
蓬萊箋啓一卷
三省從政錄一卷
翹勤軒文集二卷
讀書識餘一卷
翹勤軒文集續編一卷
翹勤軒集聯一卷
翹勤軒謎語一卷
棄書一卷
豔體集聯一卷

湖濱補讀廬叢刻

(民國)鍾廣生撰
民國二十年(1931)排印本
新疆志稿三卷
愍盦文集四卷
代言錄一卷
愍盦四六文一卷
愍盦詩集四卷

寄寄山房全集

(民國)張翼廷撰
　　民國二十年(1931)排印本
　寄寄山房叢鈔不分卷　(民國)張翼廷輯
　等韻切音指南一卷
　寄寄山房塞愚詩話一卷
　寄寄山房叢鈔續集一卷
　寄寄山房叢鈔又集一卷
　寄寄山房公牘錄遺一卷
　寄寄山房鼠疫雜誌一卷　(民國)張翼廷輯
附
　庸菴遺集十卷　(民國)張可中撰
　　病亡始末紀一卷　(民國)張翼廷輯
　　天籟閣詩存一卷
　　天籟閣詩話一卷
　　天籟閣諧鈔一卷
　　清寧館古泉叢話一卷
　　清寧館治印雜說一卷
　　天籟閣談小說一卷
　　天籟閣雜著一卷附集方
　　趨庭隨錄一卷
　　趨庭別錄一卷

未晚樓全集(一名李洞庭全集)
　李澄宇撰
　　民國二十二年(1933)排印本
　讀春秋國語四史蠡述
　　讀春秋蠡述二卷
　　讀國語蠡述一卷
　　讀史記蠡述三卷
　　讀漢書蠡述三卷
　　讀後漢書蠡述三卷
　　讀三國志蠡述三卷
　未晚樓文存四卷別卷一卷
　未晚樓文續存三卷別卷一卷
　未晚樓書牘四卷續存四卷
　未晚樓聯稿六卷

希山叢著
　(民國)羅師揚撰
　　民國二十五年(1936)興寧羅氏排印本
　山廬文鈔五卷詩鈔一卷
　亞洲史二卷
　寧東羅譜禮俗譜一卷
　興民學校小史一卷
附　　　　　　　　　　　　　　　　　[撰
　先考幼山府君(羅師揚)年譜一卷　羅香林

綴學堂叢稿初集(一名見山樓叢書)
　(民國)陳漢章撰
　　民國二十五年(1936)排印本

　論語徵知錄一卷
　禮書通故識語一卷
　周書後案三卷佚文考一卷
　後漢書補表校錄一卷
　遼史索隱八卷
　集古錄補目補二卷
　崇文總目輯釋補正四卷
　風俗通姓氏篇校補一卷
　南田志略一卷
　蘇詩注補四卷

菽園著書
　(民國)邱煒萲撰
　　清光緒二十七年(1901)排印本
　菽園贅談七卷
　答粤督書一卷
　庚寅偶存一卷
　壬辰冬興一卷
　揮塵拾遺六卷

無暇逸齋叢書
　(民國)王元穉撰
　　民國排印本
　致用書院文集一卷續存一卷　文集刊本續
　　存民國五年(1916)排印本
　秉鐸公牘存稿一卷
　夜雨燈前錄一卷續錄一卷
　漢儒趙氏從祀始末記一卷
　讀趙注隨筆一卷
　文廟圖像檢校一卷
　無暇逸齋說文學四種
　　證墨篇一卷
　　訂鈕篇一卷
　　匡徐篇一卷
　　補俞篇一卷
　說算一卷
　算學四種
　　方程演代一卷
　　衰分演代一卷
　　盈朒演代一卷
　　句股演代一卷
　讀左隨筆一卷
　讀五代史隨筆一卷
　作嫁集一卷
　借箸集一卷

紹邵軒叢書
　(民國)王樹榮撰
　　民國排印本
　續公羊墨守三卷

續穀梁廢疾三卷
續左氏膏肓六卷
公羊何注攷訂一卷
箴箴何篇一卷
續公羊墨守附篇三卷
讀左持平一卷

月河草堂叢書

(民國)蔣清瑞撰
　　民國歸安蔣氏月河草堂刊本
湖州十家詩選一卷　(民國)蔣清瑞選
柘湖官游錄一卷
月河草堂叢鈔一卷

林氏五種

(民國)林金相撰
　　民國排印本
察邇言錄一卷
五五語一卷
讀書錄一卷
擬言一卷　民國十七年(1928)排印
圭窗集一卷　民國十五年(1926)排印

獨志堂叢稿

(民國)張其煌撰
　　民國二十一年(1932)桂林張氏獨志堂排
　　　　印本
詩詞一卷
文一卷
默盦泊虛孤俎齋游記一卷
還桂日記一卷

桂林梁先生遺書

(清)梁濟撰
　　民國十四年(1925)梁煥鼐等排印本
首一卷
遺筆彙存一卷　據手蹟景印
感劬山房日記節鈔一卷
侍疾日記一卷
辛壬類稿二卷
伏卵錄一卷
別竹辭花記一卷

隨盦所著書

(民國)徐乃昌撰
　　民國四年(1915)南陵徐氏積學齋彙印本
續方言又補二卷
續後漢儒林傳補逸一卷　光緒二十二年
　　　　(1896)刊
南陵縣建置沿革表一卷　光緒十八年

　　　　(1892)刊
皖詞紀勝一卷　(民國)徐乃昌輯

疚存齋集

(民國)周宗麟撰
　　民國十二年(1923)排印本
疚存齋文存二卷詩存一卷
大理縣鄉土志一卷
蒙學韻語一卷
自訂年譜一卷
疚存齋隨筆二卷
孔門學說二卷
藥言一卷
事物溯源一卷
物猶如此錄一卷
拉雜叢談一卷
奇聞錄一卷
聯語彙錄一卷
諧聯漫錄一卷
古今趣談一卷

重訂疚存齋集

(民國)周宗麟撰
　　民國二十五年(1936)重訂再版排印本
疚存齋文存三編一卷
疚存齋詩存續編一卷
疚存齋隨筆續編一卷
大理縣鄉土志一卷
蒙學韻語一卷
孔門學說一卷
物猶如此錄一卷
聯語彙錄一卷

善思齋集

(民國)徐宗亮撰
　　清光緒中桐城徐氏刊本　　　　　[卷
善思齋文鈔九卷續鈔四卷詩鈔七卷續鈔二
石民府君(豐玉)行狀一卷
歸廬談往錄二卷
黑龍江述略六卷

石遺室叢書

(民國)陳衍撰
　　清光緒至民國間刊本
尚書舉要五卷　民國八年(1919)刊
考工記辨證三卷
考工記補疏一卷
說文重文管見一卷　(清)蕭道管撰
說文解字辨證十四卷　民國八年(1919)刊
說文舉例七卷　民國八年(1919)刊

列女傳集注八卷補遺一卷　(清)蕭道管撰
平安室雜記一卷　(清)蕭道管撰
閩詩錄甲集六卷乙集四卷丙集二十三卷丁
　　集一卷戊集七卷　(清)鄭杰原輯
　　(民國)陳衍補訂　宣統三年(1911)刊
感舊集小傳拾遺四卷
石遺室文集十二卷
木庵文槀一卷　(清)陳書撰
木庵居士詩四卷補遺一卷　(清)陳書撰
　　光緒三十二年(1906)刊
石遺室詩集六卷補遺一卷　光緒三十一年
　　(1905)刊
道安室雜文一卷　(清)蕭道管撰
蕭聞堂遺詩一卷　(清)蕭道管撰
戴花平安室詞一卷　(清)蕭道管撰
朱絲詞二卷

晚學廬叢稿

(民國)葉瀚撰
　　稿本
穀梁釋經重辭說一卷
揚雄方言存沒考一卷
漢畫偶譚一卷
六藝通誼一卷
六藝通誼初稿一卷
六藝偶見一卷
元史札記一卷
元史講義一卷
上古史殘二卷　排印本
中國通史一卷
孔子世家箋注一卷
秦敦考釋一卷
浙江四川直隸造象目蕘錄一卷
常山貞石志造象目一卷
河南陝西省造象蕘錄一卷
龍門有年月造象錄一卷
附
　　龍門象種略考
龍門有年月造象錄初稿一卷
塑壁殘影改定稿一卷
湖北沔陽陸氏舊藏北齊造象攷一卷
四川摩崖像一卷
浙江杭州西湖石屋洞摩崖像一卷
碑石像目一卷
晚學廬藏碑象目存一卷
中國學術史長編不分卷
中國學術史不分卷
中國學術史定稿不分卷
中國學術史不分卷　北京大學排印講義本
國學通論一卷　北平大學女子學院石印講

　　義本
國學研究一卷
國學研究法一卷
國學研究法初稿一卷
老子學派考一卷
墨經詁義二卷
墨經詁義初稿一卷
墨學派衍攷證一卷
墨說要指一卷
墨辯釋要札記一卷
附
　　墨辯釋詞擬目
墨守要義一卷
墨辨斠注一卷
墨辨斠注初稿一卷
墨辨斠注殘稿一卷
靈樞解剖學迻大旨一卷
靈素解剖學初稿一卷
靈素解剖學一卷
本草綱目輯注札記一卷
十二經脈考一卷
中國美術史一卷
中國美術史二編一卷
中國美術史定稿一卷　排印本
唐陶史札記一卷
瓷史札記一卷
織繡史札記一卷
角工雕刻札記一卷
晚學廬札記一卷
文心雕龍私記一卷
晚學廬文稿一卷
晚學廬詩文稿一卷附尺牘稿一卷
樂章集選一卷

永豐鄉人稿

(民國)羅振玉撰
　　民國上虞羅氏貽安堂凝清室刊本
甲稿
　雲窗漫稿一卷
乙稿
　雪堂校刊羣書叙錄二卷
丙稿
　雪堂金石文字跋尾四卷
丁稿
　雪堂書畫跋尾一卷

永豐鄉人雜著

(民國)羅振玉撰
　　民國十一年(1922)刊本
高昌麴氏年表一卷

補唐書張義潮傳一卷
唐折衝府考補一卷補遺一卷
萬年少先生(壽祺)年譜一卷附錄一卷
徐俟齋先生(枋)年譜一卷附錄二卷
海外吉金錄一卷補遺一卷
海外貞珉錄一卷
宋元釋藏刊本考一卷
續編　民國十二年(1923)刊
補宋書宗室世系表一卷
道德經考異二卷補遺一卷
南華真經殘卷校記一卷
抱朴子校記一卷
劉子校記一卷
王子安集佚文一卷附錄一卷校記一卷
附
古寫經尾題錄存一卷附補遺一卷　(民國)
羅福葨輯　補遺羅福葆輯

松翁居遼後所著書

(民國)羅振玉撰
民國十八年(1929)上虞羅氏石印本
漢熹平石經殘字集錄一卷補遺一卷續編一
卷補遺一卷三編一卷補遺一卷四編一
卷補遺一卷　四編民國十九年(1930)
石印
遼居棗一卷乙棗一卷　乙稿民國二十年
(1931)石印
遼居雜著
矢彝考釋一卷
璽印姓氏徵補正一卷
漢兩京以來鏡銘集錄一卷
鏡話一卷
萬里遺文目錄續編一卷補遺一卷
和林金石錄一卷　(清)李文田撰　(民
國)羅振玉校定
敦煌古寫本毛詩校記一卷
帝範校補一卷
宋槧文苑英華殘本校記一卷

遼居雜著乙編

(民國)羅振玉撰　　　　　　　　　　　［本
民國二十二年(1933)上虞羅氏遼東石印
漢熹平石經集錄續補一卷
高昌麴氏年表一卷
高昌專錄一卷
唐折衝府考補一卷
遼帝后哀冊文錄一卷附錄一卷　(民國)羅
振玉輯
雪堂所藏古器物圖說一卷
上虞羅氏枝分譜一卷

本朝學術源流概略一卷
松翁未焚稿一卷
金州講習會論語講義一卷

遼居雜著丙編

(民國)羅振玉撰
民國二十三年(1934)上虞羅氏七經堪石
印本
漢熹平石經集錄又續編一卷續拾一卷
唐折衝府補拾遺一卷
古器物識小錄一卷
車塵稿一卷

七經堪叢刊

(民國)羅振玉撰
民國二十六年(1937)上虞羅氏石印本
唐書宰相世系表補正二卷
瓜沙曹氏年表一卷
姚秦寫本僧肇維摩詰經解殘卷校記一卷
經義考目錄八卷校記一卷
貞松堂唐宋以來官印集存一卷　(民國)羅
振玉輯
俑廬日札一卷
國朝文範二卷　(民國)羅振玉輯

貞松老人遺稿

(民國)羅振玉撰
民國上虞羅氏排印本
甲集　民國三十年(1941)排印
後丁戊稿一卷
遼海吟一卷續吟一卷
俗說一卷
干祿字書箋證一卷　石印
廬山記校勘記一卷
石交錄四卷　石印
集蓼編一卷
附錄三卷(家傳一卷行述一卷著作總目一
卷)
乙集　民國三十二年(1943)羅福頤排印
墓誌徵存目錄四卷　民國三十一年(1942)
排印
大雲書庫藏書題識四卷
漢熹平石經殘字集錄二卷
貞松老人外集四卷補遺一卷
丙集　民國三十六年(1947)羅福頤排印
松翁賸稿二卷
宸翰樓所藏書畫目錄一卷

箋經室叢書

(民國)曹元忠撰

　　　　清光緒中曹氏篨經室刊本
　　　司馬法古注三卷附音義一卷　光緒二十年
　　　　(1894)刊
　　　荊州記三卷　(劉宋)盛弘之撰　(民國)曹
　　　　元忠輯　光緒十九年(1893)刊
　　　樂府補亡一卷　光緒二十七年(1901)刊

推十書

　(民國)劉咸炘撰
　　　民國刊本
　　　中書一卷　民國十七年(1928)刊
　　　左書一卷　民國十八年(1929)刊
　　　右書一卷　民國十八年(1929)刊
　　　內書一卷　民國十九年(1930)刊
　　　外書一卷　民國十八年(1929)刊
　　　子疏十四卷學變圖贊一卷　民國十三年
　　　　(1924)刊
　　　續校讐通義不分卷　民國十七年(1928)刊
　　　史學述林不分卷　民國十八年(1929)刊
　　　校讐述林一卷　民國十九年(1930)刊
　　　文學述林一卷　民國十八年(1929)刊
　　　治記緒論一卷　民國十七年(1928)刊
　　　治史緒論一卷　民國十七年(1928)刊

晨風廬叢刊

　(民國)周慶雲撰
　　　民國吳興周氏夢坡室刊本
　　　晚菘齋遺著一卷　(清)周慶賢撰
　　　敝帚集一卷　(清)周慶森撰
　　　西溪秋雪庵志四卷　(民國)周慶雲輯
　　　莫干山志十三卷　(民國)周慶雲輯
　　　之江濤聲一卷
　　　東華塵夢一卷
　　　海岸梵音一卷
　　　天目游記一卷
　　　旬日紀游一卷
　　　湯山修禊日記一卷
　　　潯溪文徵十六卷　(民國)周慶雲輯
　　　壬癸消寒集一卷　(民國)周慶雲輯
　　　甲乙消夏集一卷　(民國)周慶雲輯
　　　晨風廬唱和詩存十卷續集十二卷　(民國)
　　　　周慶雲輯
　　　淞濱吟社集二卷　(民國)周慶雲輯
　　　經塔題詠二卷　(民國)周慶雲輯
　　　靈峯貝葉經題詠一卷　(民國)周慶雲輯
　　　百和香集一卷　(民國)周慶雲輯

寓園叢書

　(民國)張其淦撰
　　　民國十九年(1930)排印本

　　　邵村學易二十卷
　　　洪範微二卷
　　　左傳禮說十卷　　　　　　　　　　　　〔卷
　　　明代千遺民詩詠初編十卷二編十卷三編一
　　　松柏山房駢體文鈔四卷
　　　邵村詠史詩鈔十八卷
　　　邵村壽言二集十卷　祁正輯

丁惟魯遺著

　(民國)丁惟魯撰
　　　鈔本
　　　南華眞經不分卷　(周)莊周撰　(民國)丁
　　　　惟魯錄
　　　莊子音義摘錄不分卷　(唐)陸德明撰
　　　　(民國)丁惟魯輯
　　　道德經箋釋二卷　　　　　　　　　　　〔撰
　　　雪泥留痕一卷　(民國)寢食閒人(丁惟魯)
　　　蟄宿吟一卷　(民國)寢食閒人(丁惟魯)撰

魏氏全書

　(民國)魏元曠撰
　　　民國二十二年(1933)刊本
　潛園正集
　　　中憲詩鈔一卷　(清)魏愼餘撰
　　　潛園詩集十二卷
　　　潛園詞四卷
　　　潛園文集十四卷
　　　潛園詩續鈔二卷
　　　潛園詞續鈔一卷
　　　潛園文續鈔十一卷
　潛園統編
　類編
　　　述古錄
　　　　易獨斷一卷
　　　　春秋通議一卷
　　　　離騷逆志一卷
　　　　史記達旨一卷
　　　酌酌古論四卷
　　　潛書四卷
　　　膡言一卷
　　　潛園讀書法一卷
　　　潛園學說一卷
　　　潛園或問二卷
　　　潛園書牘六卷續稿一卷
　雜編
　　　堅冰志一卷
　　　光宣僉載一卷
　　　三臣傳一卷
　　　匪目記一卷
　　　黨目記一卷

南宮舊事一卷
西曹舊事一卷
都門懷舊記一卷
都門瑣記一卷
居東記一卷
蕉盫隨筆六卷
蕉盫詩話四卷續編一卷
詩話後編八卷
審判稿一卷
續編
　西山志略六卷
　匡山避暑錄一卷
後編
　昭斅錄二卷
　禮訓纂二卷
　易言隨錄一卷
　周書雜論一卷
　大學古本訓一卷
　喪服彙識一卷

杭州所著書三種

(民國)王守恂撰
　民國六年(1917)排印本
阮南自述一卷
從政瑣記一卷
杭居雜憶一卷
附
　鄉人社會談一卷

王仁安集

(民國)王守恂撰
　民國十年(1921)刊本
仁安詩稿二十一卷詞稿二卷
仁安文稿四卷文乙稿一卷
仁安筆記四卷
附
　杭州雜著
　　仁安自述一卷
　　從政瑣記一卷
　　杭居雜憶一卷
　　鄉人社會談一卷
　說詩求己五卷

直介堂叢刻

(民國)劉聲木撰
　民國十八年(1929)廬江劉氏排印本
初編
　清芬錄二卷　(民國)劉聲木輯
　桐城文學淵源考十三卷引用書目一卷名氏
　　目錄一卷補遺十三卷

桐城文學撰述考四卷補遺四卷
續補彙刻書目三十卷再續補十六卷三續補
　十五卷
續補寰宇訪碑錄二十五卷
寰宇訪碑錄校勘記十一卷
補寰宇訪碑錄校勘記二卷
再續寰宇訪碑錄校勘記一卷
萇楚齋隨筆十卷續筆十卷三筆十卷
望溪文集再續補遺四卷三續補遺三卷
　(清)方苞撰　(民國)劉聲木輯
續編
　御批通鑑輯覽五季紀事本末二十一卷
　萇楚齋書目二十二卷
　直介堂徵訪書目一卷
　萇楚齋四筆十卷五筆十卷附引用書目一卷
　　目錄一卷
　曾文正公集外文一卷　(清)曾國藩撰
　　(民國)劉聲木輯
鼻烟叢刻
　勇盧閒詰一卷　(清)趙之謙撰
　勇盧閒詰評語一卷　(清)周繼煦撰
　勇盧閒詰摘錄一卷　(清)唐贊袞撰
　士那補釋一卷　(清)張義澍撰

心史叢刊

(民國)孟森撰
　民國五年至六年(1916—1917)上海商務
　　印書館排印本
一集
　奏銷案一卷
　朱方旦案一卷
　科場案一卷
　順天闈一卷
　大獄記略綴餘一卷
　江南闈一卷
　河南山東山西闈一卷
二集
　西樓記傳奇考一卷
　王紫稼考一卷
　橫波夫人考一卷
　孔四貞事考一卷
　金聖歎考一卷附羅隱秀才一卷
三集
　袁了凡斬蛟記考一卷
　董小宛考一卷
　小說題跋
　　跋聊齋誌異顓道人一卷
　　紀文襄公見鬼事一卷
　文藝談二卷
　心史筆梓一卷

丁香花一卷
字貫案一卷
聞閒錄案一卷

章氏叢書

(民國)章炳麟撰
 民國六年至八年(1917—1919)浙江圖書
  館刊本
 民國十三年(1924)上海古書流通處據浙
  江圖書館刊本景印
 民國上海右文社排印本
 春秋左傳讀叙錄一卷
 鐂子政左氏說一卷
 文始九卷
 新方言十一卷
 附
  嶺外三州語一卷
 小斅答問一卷
 說文部首均語一卷
 莊子解故一卷
 管子餘義一卷
 齊物論釋一卷重定本一卷
 國故論衡三卷
 檢論九卷
 太炎文錄初編二卷別錄三卷補編一卷
 菿漢微言一卷　(民國)吳承仕記

章氏叢書續編

(民國)章炳麟撰
 民國二十二年(1933)北平刊本
 廣論語駢枝一卷
 體撰錄一卷
 太史公古文尚書說一卷
 古文尚書拾遺二卷
 春秋左氏疑義答問五卷
 新出三體石經考一卷
 菿漢昌言六卷

康居筆記彙函

(民國)徐珂撰
 民國二十二年(1933)徐新六排印本
 範園客話一卷
 呻餘放言一卷
 松陰暇筆一卷
 仲可筆記一卷
 天蘇閣筆談二卷
 云爾編一卷
 聞見日抄一卷
 夢湘囈語一卷
 知足語一卷

梅西日錄一卷
雪窗閒筆一卷
雪窗零話一卷
雪窗雜話一卷

心園叢刻一集

(民國)徐珂輯
 民國十四年(1925)杭州徐氏排印本
 强恕齋本樊紹述遺文一卷　(唐)樊宗師撰
  (清)張庚輯注
 李文誠公遺詩一卷　(清)李文田撰
 譚仲修先生復堂詞話一卷　(清)譚獻撰
  (民國)徐珂輯
 先公徐印香(恩綬)先生先妣陸太淑人傳志
  一卷　(民國)徐珂輯
 大受堂札記五卷　(民國)徐珂撰

孫隘堪所著書

(民國)孫德謙撰
 民國元和孫氏四益宦刊本
 太史公書義法二卷　民國十四年(1925)刊
 劉向校讎學纂微一卷　民國十二年(1923)
  刊
 漢書藝文志舉例一卷　民國七年(1918)刊
 六朝麗指一卷　民國十二年(1923)刊

退廬全書

(民國)胡思敬撰
 民國南昌退廬刊本
 退廬文集七卷詩集四卷　民國十三年
  (1924)刊
 退廬疏稿四卷補遺一卷
 退廬箋牘四卷　民國十三年(1924)刊
 驢背集四卷　(民國)退廬居士(胡思敬)撰
  民國二年(1913)刊
 丙午釐定官制芻論二卷附錄一卷　民國九
  年(1920)刊
 審國病書一卷　民國十二年(1923)刊
 戊戌履霜錄四卷　(民國)退廬居士(胡思
  敬)撰　民國十二年(1923)刊
 大盜竊國記一卷　民國十二年(1923)刊
 國聞備乘四卷　民國十三年(1924)刊
 九朝新語十六卷十朝新語外編一卷　(民
  國)退廬居士(胡思敬)撰　民國十三
  年(1924)刊
 王船山讀通鑑論辨正二卷　民國二年
  (1913)刊
 鹽乘十六卷

石步山人游記

（民國）許同莘撰
　　民國十七年(1928)上海簡素堂排印本
嵩洛游記一卷附錄一卷
盤山遊記一卷
恆代遊記一卷

水東集初編

（民國）王照撰
　　民國刊本
小航文存四卷　民國十九年(1930)刊
增訂三體石經時代辨誤二卷　民國十九年
　(1930)刊
讀左隨筆一卷　民國十九年(1930)刊
表章先正正論一卷　民國十七年(1928)刊
方家園雜詠紀事一卷附雜記一卷　民國十
　七年(1928)刊

小雙寂庵叢書

（民國）張惟驤撰
　　手稿本
　　民國武進張氏小雙寂庵刊本
疑年錄彙編十六卷附分韻人表一卷　（民
　國）張惟驤輯　民國十四年(1925)刊
歷代帝王疑年錄一卷　民國十五年(1926)
　刊
名人生日表一卷　（民國）孫雄撰　（民國）
　張惟驤補　民國十六年(1927)刊
名人忌日表一卷　（稿本）
太史公疑年考一卷　民國十六年(1927)刊
明清魏科姓氏錄二卷　民國十九年(1930)
　刊
疑年錄彙編補遺十卷附分韻人表一卷
　（稿本）
清代毘陵名人小傳十卷　（稿本）
清代毘陵書目八卷　（稿本）
歷代諱字譜二卷　民國二十一年(1932)刊
家諱考一卷　民國二十一年(1932)刊
清代名人小名錄一卷　（稿本）
續名人生日表一卷　（稿本）
疑年錄外編八卷附分韻人表一卷　（稿本）
毘陵名人疑年錄六卷　（稿本）
清代名人同姓名略一卷　（稿本）
重訂名人生日表一卷附分韻人表一卷
　（稿本）
小雙寂庵瑣談二卷　（稿本）
小雙寂庵文稿四卷詩稿二卷　（稿本）

樸學齋叢刊

（民國）胡韞玉（樸安）撰
　　民國十二年(1923)安吳胡氏排印本

包愼伯先生（世臣）年譜一卷
周秦諸子學略一卷
周秦諸子書目一卷
筆志一卷
紙說一卷
奇石記一卷
律數說一卷
讀漢文記一卷
歷代文章論略一卷
論文雜記一卷
餘墨一卷

名山全集

（民國）錢振鍠撰
　　民國木活字排印本
名山集*
名山續集九卷　民國七年(1918)印
語類二卷
名山小言十卷
名山叢書七卷
　名山書論一卷
　辛亥道情一卷
　名山聯語一卷
　祥桂堂詩草四卷　（清）劉秉衡撰　［印
名山三集二十一卷　民國十二年(1923)排
名山四集*
名山五集十卷
名山六集十一卷
名山七集文四卷詩一卷詞續一卷詩話一卷
　小言一卷名山錄一卷
錢氏家語一卷
謫星筆談三卷
良心書一卷
課徒草一卷續草一卷三刻二卷四刻一卷
文省一卷　（民國）錢振鍠輯
名山文約口卷續編十卷
晚邨集偶證一卷
名山詩話一卷
謫星說詩一卷
謫星詞一卷
名山詞一卷
江陰節義略一卷　（明）張佳圖撰　民國十
　二年(1923)排印
梅泉詩選一卷　（朝鮮）黃玹撰　（民國）錢
　振鍠輯
衛東賸稿一卷　（清）芮長恤撰　（民國）錢
　振鍠輯
肯哉文鈔一卷　（清）吳堂撰　（民國）錢振
　鍠輯
棲香閣藏稿一卷　（清）李藻撰

鈕寅身先生遺著

(民國)鈕澤晟撰
民國十三年(1924)吳興鈕氏排印本
自述錄一卷
京遊雜記一卷附記宦跡一卷
解餉隨筆一卷
家信一卷
識略一卷

和欽全集

(民國)虞銘新撰
民國二十五年至二十七年(1936—1938)
排印本
和欽文初編二卷
性理說一卷
文辭我見一卷

天行草堂主人遺彙叢刊

(民國)章嶔撰
民國二十四年(1935)排印本
秦事通徵二卷
史畺一卷
城西日札一卷
海東日劄一卷
白門日札一卷
井里日札一卷
近百年來先人詩彙六卷 (民國)章嶔輯
天行草堂詩六卷
天行草堂文稿一卷
對螺山館印存一卷
天行草堂主人自訂年譜一卷

陳新政遺集

(民國)陳文圖撰
民國十八年(1929)排印本
新政遺文一卷
華僑革命史一卷
附
新政先生哀思錄一卷 陳新政先生追悼
會輯

鈍安遺集

(民國)傅熊湘撰
民國二十一年(1932)排印本
鈍安詩十二卷補遺二卷
鈍安詞一卷
鈍安文三卷
鈍盦腔錄三卷
鈍安雜著一卷

問琴閣叢書

(民國)宋育仁撰
民國十三年(1924)刊本
孝經正義一卷
急就篇一卷 (民國)宋育仁句讀
管子弟子職說例一卷
許氏說文解字說例一卷
夏小正說例一卷
詩經說例一卷
大學修身章說例一卷
附
修身齊家章注一卷 蒲淵撰
論語學而里仁說例一卷
附
論語新注一卷 盧懋撰
禮記曲禮上下內則說例一卷
學記補注一卷
國語敬姜論勞逸說例一卷
孟子說例一卷
附
孟子許行畢戰北宮錡問章注一卷 龔道
熙撰

邵次公遺著

(民國)邵瑞彭撰
稿本
太誓決疑一卷
齊詩鈐一卷
地冪古義一卷
書目二編一卷
壯學堂文二卷
次公詩集一卷
次公詞稿一卷
詞書記要一卷
天部全表一卷
日食表一卷
卦合表一卷
三統曆置閏表一卷
三統超辰表一卷
三統中小餘表一卷
三統曆簡表一卷
曆法表二卷
古曆表一卷
周殷曆表一卷
古曆鉤沈五卷
曆算雜記三卷
吳越春秋札記一卷
楡廬數典一卷
大歲異聞證一卷

推策備檢一卷
說林一卷
梧丘雜札一卷
莨峇渠小記一卷
護聞錄五卷
牟子校補一卷
蜎子考一卷
一切經音義校勘記一卷
夾室讀書記一卷
管子隱義一卷
諸子雜記二卷

小瀛壺仙館叢刊

（民國）蔡卓勳撰
　　民國十四年(1925)嶺東蔡氏排印本
瀛壺文鈔六卷閒閒錄一卷
瀛壺詩鈔八卷
侍齋文鈔一卷詩鈔一卷(民國)蔡少銘撰
侍齋古今詩鈔一卷(民國)蔡少銘撰
寄樓鱗爪集一卷
塵影一卷
瀛壺聯鈔一卷
花拾遺一卷
鵑夢影一卷　（民國)蔡卓勳撰併輯
一家言(瀛壺文鈔補)一卷

孝魚叢著

（民國）王永祥撰
　　民國二十二年(1933)排印本
焦學三種
　焦里堂先生(循)年譜一卷
　里堂思想與戴東原一卷附雕菰樓集選錄
　　一卷
　里堂易學一卷
船山學譜六卷

春暉樓叢書上集

（民國）張鼎撰　　　　　　　　〔本
　　民國三十七年(1948)海鹽周昌國等排印
春暉樓四書說略七卷
春暉樓論語說遺二卷
春暉樓讀易日記二卷
春暉樓禹貢地理舉要一卷

徐氏全書

徐昻撰
　　1944年至1954年南通翰墨林書局排印本
京氏易傳箋三卷　民國三十三年(1944)排
　印
釋鄭氏爻辰補四卷　民國三十六年(1947)

排印　　　　　　　　　　　　　　〔印
周易虞氏學六卷　民國三十六年(1947)排印
周易對象通釋二十卷　1953年南通韜奮印
　刷廠排印
河洛數釋二卷　民國三十六年(1947)排印
經傳詁易一卷　民國三十六年(1947)排印
爻辰表一卷　民國三十六年(1947)排印
詩經形釋四卷　民國三十六年(1947)排印
詩經今古文篇旨異同一卷　民國三十六年
　(1947)排印　　　　　　　　　　〔印
詩經聲韻譜八卷　民國三十六年(1947)排
易音一卷　民國三十六年(1947)排印
楚辭音一卷　民國三十六年(1947)排印
石鼓文音釋一卷　民國三十六年(1947)排
　印
說文音釋二卷　民國三十六年(1947)排印
聲紐通轉一卷　民國三十六年(1947)排印
等韻通轉圖證四卷　民國三十六年(1947)
　排印
釋小一卷　民國三十七年(1948)排印
晉說一卷　民國三十七年(1948)排印
聲韻學撮要一卷　民國三十七年(1948)排
　印
律呂納音指法一卷　民國三十七年(1948)
　排印
演玄一卷　民國三十八年(1949)排印
遁甲釋要四卷　民國三十七年(1948)排印
六壬卦課一卷　民國三十八年(1949)排印
國學商榷記一卷　1949年排印
課兒讀書錄一卷　1949年排印
三教探原一卷　1949年排印
道德經儒詮一卷　1949年排印
佛學筆記一卷　1949年排印
楞嚴咒校勘記一卷　1949年排印
普庵釋談章音釋一卷　1949年排印
讀新約全書一卷　1949年排印
馬氏文通訂誤一卷　1949年排印
詩詞一得一卷　1949年排印
英文不規則動字分類表一卷　1949年排印
文談四卷　1952年南通區韜奮印刷廠排印
休復齋雜志八卷　1954年南通韜奮印刷廠
　排印　　　　　　　　　　　　　〔印
易林勘複一卷　1954年南通韜奮印刷廠排

獨　撰　類（建國以來）

濱虹雜著

黃濱虹撰
　　民國七年(1918)排印本
歙潭渡黃氏先德錄一卷

任耕感言一卷

仁德莊義田舊聞一卷

勵耘書屋叢刻

陳垣撰

民國刊本

第一集

元西域人華化考八卷　　民國二十三年
（1934）勵耘書屋刊

元典章校補十卷　民國二十年（1931）國立
北京大學研究所刊

元典章校補釋例六卷　　民國二十三年
（1934）國立中央研究院歷史語言研究
所刊

第二集

史諱舉例八卷　民國二十二年（1933）勵耘
書屋刊

舊五代史輯本發覆三卷　民國二十六年
（1937）北京輔仁大學刊

附

薛史輯本避諱例一卷

吳漁山先生（歷）年譜二卷　民國二十六年
（1937）北京輔仁大學刊

附

墨井集源流考一卷

釋氏疑年錄十二卷通檢一卷　民國二十八
年（1939）輔仁大學刊

清初僧諍記三卷表一卷　民國二十三年
（1934）勵耘書屋刊

天馬山房叢箸

馬敘倫撰

民國排印本

莊子年表一卷

莊子佚文一卷

鄧析子校錄二卷補遺一卷

列子偽書考一卷

修辭九論一卷

天馬山房文存二卷

隅樓叢書

古直撰

民國十五年至十七年（1926—1928）上海
聚珍仿宋書局排印本

陶靖節詩箋四卷餘錄一卷校勘記一卷
（晉）陶潛撰　古直注

陶靖節年譜一卷

黃公度先生詩箋三卷　（清）黃遵憲撰　古
直箋

詩品箋三卷

層冰草堂叢書

古直撰

民國中華書局排印本

東林遊草一卷　閔孝吉箋

陶靖節年歲考證一卷

曹子建詩箋二卷　（魏）曹植撰　古直箋
民國十七年（1928）排印

曹子建（植）年譜一卷

汪容甫文箋三卷　（清）汪中撰　古直箋

諸葛忠武侯（亮）年譜一卷　民國十八年
（1929）排印

漢詩辨證三卷

隅樓雜記三卷

附

鍾季子文錄一卷　（民國）鍾勛撰　民國十
八年（1929）排印

層冰堂五種

古直撰

民國二十四年（1935）中華書局排印本

曹子建詩箋定本四卷　（魏）曹植撰　古直
箋

阮嗣宗詠懷詩箋定本一卷　（晉）阮籍撰
古直箋

陶靖節詩箋定本四卷　（晉）陶潛撰　古直
箋

陶靖節年譜一卷

層冰文略六卷

願學齋叢刊

羅繼祖撰

民國二十五年（1936）上虞羅氏墨緣堂石
印本

乘軺錄一卷　（宋）路振撰　羅繼祖輯

遼漢臣世系表一卷

明宰相世臣傳一卷

李蜃園先生（天植）年譜一卷附錄一卷

附

蜃園集拾遺一卷　（清）李天植撰　羅繼
祖輯

程易疇先生（瑤田）年譜一卷

朱笥河先生（筠）年譜一卷

段懋堂先生（玉裁）年譜一卷

吳氏囊書囊

乙編

金壺醉墨一卷　（清）黃鈞宰撰

使閩日記一卷　（清）費延釐撰

趙忠節公遺墨一卷　（清）趙景賢撰

閒雲舒一卷附互虹日記一卷　（清）王樹人
　　撰
同川紀事百詠一卷　（清）任艾生撰
核桃吟一卷　（清）金斗槎撰
鹿城夢憶（原名鹿城紀舊）一卷　（清）周健
　　行撰
于雲殘册（原名情種筆記）一卷　（清）魏于
　　雲撰
自感疊韻六十章一卷　（清）吳仁傑撰
殉難傳題詞一卷　（清）吳仁傑撰

中 國 叢 書 綜 錄

總 目 分 類 目 錄

類 編

經 類

正文注疏

九經正文(原缺春秋左氏傳)
　　宋刊遞修本
宋刊巾箱本八經
　　民國十五年(1926)武進陶氏涉園據宋刊
　　　遞修本景印
　　周易不分卷
　　尙書不分卷
　　毛詩不分卷
　　周禮不分卷
　　禮記不分卷
　　孝經一卷
　　論語二卷
　　孟子不分卷

九經
　　(明)秦鏌訂正　　　　　　　　　　　[本
　　　明崇禎十三年(1640)錫山秦氏求古齋刊
　　　清觀成堂刊本
　　　清據秦氏本重刊
　　周易三卷
　　書經四卷
　　詩經四卷
　　周禮六卷
　　禮記六卷
　　春秋十七卷
　　論語二卷
　　孝經一卷
　　孟子七卷
　附
　　大學一卷　(宋)朱熹章句
　　中庸一卷　(宋)朱熹章句

小學二卷
仿宋相臺五經附考證
　　清乾隆四十八年(1783)武英殿刊本
　　清光緒二年(1876)江南書局重刊本
　　民國奉新宋氏捲雨樓據殿本景印
　　周易十卷附考證　(魏)王弼(晉)韓康伯注
　　　略例(魏)王弼撰　(唐)邢璹註
　　　(唐)陸德明音義
　　尙書十三卷附考證　(漢)孔安國傳　(唐)
　　　陸德明音義
　　毛詩二十卷附考證　(漢)毛亨傳　(漢)鄭
　　　玄箋　(唐)陸德明音義
　　禮記二十卷附考證　(漢)鄭玄注　(唐)陸
　　　德明音義
　　春秋經傳集解三十卷附考證又附春秋年表
　　　一卷春秋名號歸一圖二卷附考證
　　　(晉)杜預撰　(唐)陸德明音義　年表
　　　(□)□□撰　名號歸一圖(後蜀)馮繼
　　　先撰

五經
　　明弘治九年(1496)琴川周木刊本
　　周易一卷
　　尙書一卷
　　毛詩一卷
　　禮記一卷
　　春秋一卷

五經白文
　　明刊本
　　易經白文四卷
　　詩經白文四卷
　　書經白文六卷
　　禮記白文不分卷
　　春秋白文二卷

十三經經文
　　葉紹鈞輯　　　　　　　　　　　　　　[本
　　　民國二十三年(1934)上海開明書店排印

周易
尚書
毛詩
周禮
儀禮
禮記
春秋左傳
春秋公羊傳
春秋穀梁傳
論語
孝經
爾雅
孟子
附
　十三經索引

篆文六經

(明)陳鳳梧篆書
　明嘉靖中刊本
周易十卷
尚書四卷
毛詩四卷
周禮七卷
儀禮二十卷
春秋十二卷

篆文六經四書

清康熙中內府刊本
清光緒九年(1883)上海同文書局據清康
　熙本景印
民國十三年(1924)上海千頃堂書局據清
　康熙本景印
周易
尚書
毛詩
周禮
儀禮
春秋
大學
中庸
論語
孟子

十三經漢注

(清)王仁俊輯
　稿本
易京氏章句一卷　(漢)京房撰
易下邳傳甘氏義一卷　(漢)甘容撰
易彭氏義一卷　(漢)彭宣撰
易賈氏義一卷　(漢)賈誼撰

易劉氏義一卷　(漢)劉向撰
易王氏義一卷　(漢)王充撰
易魯氏義一卷　(漢)魯恭撰
易賈氏注一卷　(漢)賈逵撰
易鄭司農注一卷　(漢)鄭衆撰
書古文訓一卷　(漢)賈逵撰
書古文同異一卷　(漢)賈逵撰
書古文訓旨一卷　(漢)衞宏撰
毛詩先鄭義一卷　(漢)鄭衆撰
魯詩韋氏義一卷　(漢)韋元成撰
韓詩趙氏義一卷　(漢)趙煜撰
周禮班氏義一卷　(漢)班固撰
儀禮班氏義一卷　(漢)班固撰
月令蔡氏章句一卷　(漢)蔡邕撰
春秋三家經本訓詁一卷　(漢)賈逵撰
春秋釋痾駁一卷　(漢)何休撰
春秋漢議一卷　(漢)何休撰
春秋公羊嚴氏義一卷　(漢)嚴彭祖撰
春秋公羊貢氏義一卷　(漢)貢禹撰
春秋公羊眭氏義一卷　(漢)眭生撰
春秋公羊鄭氏義一卷　(漢)鄭玄撰
春秋穀梁劉氏義一卷　(漢)劉向撰
左傳延氏注一卷　(漢)延篤撰
春秋左傳許氏義一卷　(漢)許慎撰
春秋左傳鄭氏義一卷　(漢)鄭玄撰
孝經馬氏注一卷　(漢)馬融撰
論語包注一卷　(漢)包咸撰
論語孔氏注一卷　(漢)孔安國撰
論語鄭氏注一卷　(漢)鄭玄撰
論語何氏注一卷　(漢)何休撰
孟子鄭氏注一卷　(漢)鄭玄撰
孟子劉氏注一卷　(漢)劉熙撰
爾雅舍人注一卷　(漢)郭舍人撰
爾雅許氏義一卷　(漢)許慎撰
爾雅鄭氏注一卷　(漢)鄭玄撰
爾雅李氏注一卷　(漢)李巡撰

十三經古注

(明)金蟠(明)葛鼐校
　明崇禎十二年(1639)序永懷堂刊清同治
　八年(1869)浙江書局校修印本
周易九卷附略例一卷　(魏)王弼(晉)韓康
　伯註　(唐)陸德明音義　略例(魏)王
　弼撰　(唐)邢璹註
書經二十卷　(漢)孔安國傳　(唐)陸德明
　音義
詩經二十卷　(漢)毛亨傳　(漢)鄭玄箋
　(唐)陸德明音義　　　　　　　　[義
儀禮十七卷　(漢)鄭玄注　(唐)陸德明音
周禮四十二卷　(漢)鄭玄注　(唐)陸德明

音義

禮記四十九卷　（漢）鄭玄注　（唐）陸德明音義

春秋左傳三十卷　（晉）杜預集解　（唐）陸德明音義

春秋公羊傳二十八卷　（漢）何休解詁（唐）陸德明音義

春秋穀梁傳二十卷　（晉）范甯集解　（唐）陸德明音義

爾雅十一卷　（晉）郭璞注　（□）□□音

論語二十卷　（魏）何晏集解

孝經九卷　（漢）鄭玄注

孟子十四卷　（漢）趙岐注

袖珍十三經註

清同治十二年（1873）稽古樓刊本

周易九卷　（魏）王弼（晉）韓康伯注

尚書六卷　（漢）孔安國傳

毛詩註二十卷詩譜一卷　（漢）毛亨傳（漢）鄭玄箋併撰詩譜

周禮六卷首一卷　（漢）鄭玄注

儀禮十七卷首一卷　（漢）鄭玄注

禮記十卷首一卷　（漢）鄭玄注

春秋左傳註六十卷　（晉）杜預撰

春秋公羊傳不分卷附攷一卷　（漢）何休注（明）閔齊伋裁注併撰攷

春秋穀梁傳不分卷附攷一卷　（晉）范甯集解　（明）閔齊伋裁注併撰攷

孝經一卷　唐玄宗註

大學一卷　（漢）鄭玄注　（宋）朱熹章句

中庸一卷　（漢）鄭玄注　（宋）朱熹章句

論語十卷　（魏）何晏集解　（宋）朱熹集注

孟子七卷　（漢）趙岐注　（宋）朱熹集注

爾雅十一卷　（晉）郭璞注

三禮

（明）徐□輯

明嘉靖中東吳徐氏刊本

周禮十二卷　（漢）鄭玄注

儀禮十七卷　（漢）鄭玄注

禮記二十卷　（漢）鄭玄注

十三經註疏

明嘉靖中福建刊本

周易兼義九卷附略例一卷音義一卷　（魏）王弼（晉）韓康伯注　（唐）孔穎達正義　略例（魏）王弼撰　（唐）邢璹注　音義（唐）陸德明撰

尚書註疏二十卷　（漢）孔安國傳　（唐）陸德明音義　（唐）孔穎達疏

毛詩註疏二十卷　（漢）毛亨傳　（漢）鄭玄箋　（唐）陸德明音義　（唐）孔穎達疏

周禮註疏四十二卷　（漢）鄭玄注　（唐）陸德明音義　（唐）賈公彥疏

儀禮注疏十七卷　（漢）鄭玄注　（唐）陸德明音義　（唐）賈公彥疏

禮記註疏六十三卷　（漢）鄭玄注　（唐）陸德明音義　（唐）孔穎達疏

春秋左傳註疏六十卷　（晉）杜預注　（唐）陸德明音義　（唐）孔穎達疏

春秋公羊註疏二十八卷　（漢）何休注（唐）陸德明音義　（□）□□疏

春秋穀梁註疏二十卷　（晉）范甯集解（唐）陸德明音義　（唐）楊士勛疏

論語註疏解經二十卷　（魏）何晏集解（宋）邢昺疏

孝經正義九卷　唐玄宗註　（宋）邢昺疏

爾雅註疏十一卷　（晉）郭璞注　（宋）邢昺疏　（□）□□音

孟子註疏解經十四卷　（漢）趙岐注　（宋）孫奭疏

十三經註疏

明萬曆中北京國子監刊本

周易兼義九卷附略例一卷音義一卷　（魏）王弼（晉）韓康伯注　（唐）孔穎達正義　略例（魏）王弼撰　（唐）邢璹注　音義（唐）陸德明撰　萬曆十四年（1586）刊

尚書註疏二十卷　（漢）孔安國傳　（唐）陸德明音義　（唐）孔穎達疏　萬曆十五年（1587）刊

毛詩註疏二十卷　（漢）毛亨傳　（漢）鄭玄箋　（唐）陸德明音義　（唐）孔穎達疏　萬曆十七年（1589）刊

周禮註疏四十二卷　（漢）鄭玄註　（唐）陸德明音義　（唐）賈公彥疏　萬曆二十一年（1593）刊

儀禮註疏十七卷　（漢）鄭玄註　（唐）陸德明音義　（唐）賈公彥疏　萬曆二十一年（1593）刊

禮記註疏六十三卷　（漢）鄭玄註　（唐）陸德明音義　（唐）孔穎達疏　萬曆十六年（1588）刊

春秋左傳註疏六十卷　（晉）杜預註　（唐）陸德明音義　（唐）孔穎達疏　萬曆十九年至二十年（1591—1592）刊

春秋公羊註疏二十八卷　（漢）何休注（唐）陸德明音義　（□）□□疏　萬曆二十一年（1593）刊

春秋穀梁註疏二十卷　(晉)范甯集解
　　(唐)陸德明音義　(唐)楊士勛疏　萬
　　曆二十一年(1593)刊
論語註疏解經二十卷　(魏)何晏集解
　　(宋)邢昺疏　萬曆十四年(1586)刊
孝經註疏九卷　唐玄宗註　(宋)邢昺校
　　萬曆十四年(1586)刊
爾雅註疏十一卷　(晉)郭璞註　(宋)邢昺
　　疏　萬曆十四年(1586)刊
孟子註疏解經十四卷　(漢)趙岐註　(宋)
　　孫奭疏　萬曆十八年(1590)刊

十三經註疏

　　明崇禎十二年(1639)序古虞毛氏汲古閣
　　　刊本
　　周易兼義九卷　(魏)王弼(晉)韓康伯注
　　　(唐)孔穎達正義　崇禎四年(1631)刊
　　尚書註疏二十卷　(漢)孔安國傳　(唐)陸
　　　德明音義　(唐)孔穎達疏　崇禎五年
　　　(1632)刊
　　毛詩註疏二十卷　(漢)毛亨傳　(漢)鄭玄
　　　箋　(唐)陸德明音義　(唐)孔穎達疏
　　　崇禎三年(1630)刊
　　周禮註疏四十二卷　(漢)鄭玄注　(唐)陸
　　　德明音義　(唐)賈公彥疏　崇禎元年
　　　(1628)刊
　　儀禮註疏十七卷　(漢)鄭玄注　(唐)陸德
　　　明音義　(唐)賈公彥疏　崇禎九年
　　　(1636)刊
　　禮記註疏六十三卷　(漢)鄭玄注　(唐)陸
　　　德明音義　(唐)孔穎達疏　崇禎十二
　　　年(1639)刊
　　春秋左傳注疏六十卷　(晉)杜預注　(唐)
　　　陸德明音義　(唐)孔穎達疏　崇禎十
　　　一年(1638)刊
　　春秋公羊注疏二十八卷　(漢)何休注
　　　(唐)陸德明音義　(□)□□疏　崇禎
　　　七年(1634)刊
　　春秋穀梁注疏二十卷　(晉)范甯集解
　　　(唐)陸德明音義　(唐)楊士勛疏　崇
　　　禎八年(1635)刊
　　論語注疏解經二十卷　(魏)何晏集解
　　　(宋)邢昺疏　崇禎十年(1637)刊
　　孝經注疏九卷　唐玄宗注　(宋)邢昺校
　　　崇禎二年(1629)刊
　　爾雅注疏十一卷　(晉)郭璞注　(宋)邢昺
　　　疏　(□)□□音　崇禎元年(1628)刊
　　孟子注疏解經十四卷　(漢)趙岐注　(宋)
　　　孫奭疏　崇禎六年(1633)刊

十三經註疏附考證

　　清乾隆四年(1739)武英殿刊本
　　周易注疏十三卷略例一卷附考證　(魏)王
　　　弼(晉)韓康伯注　(唐)陸德明音義
　　　(唐)孔穎達疏　略例(魏)王弼　撰
　　　(唐)邢璹注　(唐)陸德明音義
　　尚書注疏十九卷附考證　(漢)孔安國傳
　　　(唐)陸德明音義　(唐)孔穎達疏
　　毛詩注疏三十卷附考證　(漢)毛亨傳
　　　(漢)鄭玄箋　(唐)陸德明音義　(唐)
　　　孔穎達疏
　　周禮注疏四十二卷附考證　(漢)鄭玄注
　　　(唐)陸德明音義　(唐)賈公彥疏
　　儀禮注疏十七卷附考證　(漢)鄭玄注
　　　(唐)陸德明音義　(唐)賈公彥疏
　　禮記注疏六一三卷附考證　(漢)鄭玄注
　　　(唐)陸德明音義　(唐)孔穎達疏
　　春秋左傳注疏六十卷附考證　(晉)杜預注
　　　(唐)陸德明音義　(唐)孔穎達疏
　　春秋公羊傳注疏二十八卷附考證　(漢)何
　　　休撰　(唐)陸德明音義　(□)□□疏
　　春秋穀梁傳注疏二十卷附考證　(晉)范甯
　　　集解　(唐)陸德明音義　(唐)楊士勛
　　　疏
　　論語注疏二十卷附考證　(魏)何晏集解
　　　(唐)陸德明音義　(宋)邢昺疏
　　孝經注疏九卷附考證　唐玄宗注　(唐)陸
　　　德明音義　(宋)邢昺校
　　爾雅注疏十一卷附考證　(晉)郭璞注
　　　(唐)陸德明音義　(宋)邢昺疏
　　孟子注疏十四卷附考證　(漢)趙岐注
　　　(宋)孫奭音義幷疏

重刊宋本十三經註疏附校勘記

　校勘記(清)阮元撰　(清)盧宣旬摘錄
　　清嘉慶二十年(1815)南昌府學刊本
　　清同治十年(1871)廣東書局刊本
　　清同治十二年(1873)江西書局刊本
　　清光緒十三年(1887)上海脈望仙館石印
　　　本
　　清光緒十八年(1892)湖南寶慶務本書局
　　　刊本　　　　　　　　　　　[本
　　清光緒二十三年(1897)上海點石齋石印
　　民國十三年(1924)上海掃葉山房石印本
　　民國二十一年(1932)上海錦章圖書局石
　　　印本　　　　　　　　　　　[本
　　民國二十四年(1935)上海世界書局石印
　　1957年北京中華書局排印本
　　周易兼義九卷附音義一卷注疏校勘記九卷

釋文校勘記一卷　(魏)王弼(晉)韓康
　　伯注　(唐)孔穎達正義　音義(唐)陸
　　德明撰
附釋音尚書注疏二十卷附校勘記二十卷
　　(漢)孔安國傳　(唐)陸德明音義
　　(唐)孔穎達疏
附釋音毛詩注疏七十卷附校勘記七十卷
　　(漢)毛亨傳　(漢)鄭玄箋　(唐)陸德
　　明音義　(唐)孔穎達疏
附釋音周禮注疏四十二卷附校勘記四十二
　　卷　(漢)鄭玄注　(唐)陸德明音義
　　(唐)賈公彥疏
儀禮注疏五十卷附校勘記五十卷　(漢)鄭
　　玄注　(唐)陸德明音義　(唐)賈公彥
　　疏
附釋音禮記注疏六十三卷附校勘記六十三
　　卷　(漢)鄭玄注　(唐)陸德明音義
　　(唐)孔穎達疏
附釋音春秋左傳注疏六十卷附校勘記六十
　　卷　(晉)杜預注　(唐)陸德明音義
　　(唐)孔穎達疏
監本附釋音春秋公羊注疏二十八卷附校勘
　　記二十八卷　(漢)何休撰　(唐)陸德
　　明音義　(□)□□疏
監本附音春秋穀梁注疏二十卷附校勘記二
　　十卷　(晉)范甯集解　(唐)陸德明音
　　義　(唐)楊士勛疏
論語注疏解經二十卷附校勘記二十卷
　　(魏)何晏集解　(宋)邢昺疏
孝經注疏九卷附校勘記九卷　唐玄宗注
　　(宋)邢昺校
爾雅注疏十卷附校勘記十卷　(晉)郭璞注
　　(宋)邢昺校定　(□)□□音
孟子注疏解經十四卷附校勘記十四卷
　　(漢)趙岐注　(宋)孫奭疏并撰音義
附　　　　　　　　　　　　　　　[撰
十三經注疏校勘記識語四卷　(清)汪文臺

宋本十三經註疏併經典釋文校勘記

(清)阮元撰
　　清光緒二十四年(1898)蘇州官書坊刊本
　　周易注疏校勘記九卷略例校勘記一卷附釋
　　　　文校勘記一卷
　　尚書注疏校勘記二十卷釋文校勘記二卷
　　毛詩注疏校勘記七卷釋文校勘記三卷
　　周禮注疏校勘記十二卷釋文校勘記二卷
　　儀禮注疏校勘記十七卷釋文校勘記一卷
　　禮記注疏校勘記六十三卷釋文校勘記四卷
　　春秋左氏傳注疏校勘記三十六卷釋文校勘
　　　　記六卷

春秋公羊傳注疏校勘記十一卷釋文校勘記
　　一卷
春秋穀梁傳注疏校勘記十二卷釋文校勘記
　　一卷
論語注疏校勘記十卷釋文校勘記一卷
孝經注疏校勘記三卷釋文校勘記一卷
爾雅注疏校勘記六卷釋文校勘記六卷
孟子注疏校勘記二十八卷音義校勘記二卷

五經

　　清康熙八年(1669)紫陽朱氏崇道堂刊本
　　周易四卷　(宋)朱熹本義
　　書經六卷　(宋)蔡沈集傳
　　詩經八卷　(宋)朱熹集傳
　　春秋三十卷　(宋)胡安國傳
　　禮記十卷　(元)陳澔集說

御案五經

清聖祖案
　　清嘉慶十六年(1811)揚州十笏堂刊本
　　周易四卷　(宋)朱熹本義
　　書經六卷　(宋)蔡沈集傳
　　詩經八卷　(宋)朱熹集傳
　　禮記十卷　(元)陳澔集說
　　春秋傳說彙要十二卷　(清)□□輯

五經四子書

　　清乾隆七年(1742)怡府明善堂刊本
　　周易四卷　(宋)朱熹本義
　　書經六卷　(宋)蔡沈集傳
　　詩經八卷　(宋)朱熹集傳
　　禮記十卷　(元)陳澔集說
　　春秋三十卷　(宋)胡安國傳　(宋)林堯叟
　　　　音注
　　大學一卷　(宋)朱熹章句
　　中庸一卷　(宋)朱熹章句
　　論語十卷　(宋)朱熹集注
　　孟子七卷　(宋)朱熹集注

五經四書讀本

　　清嘉慶十年(1805)揚州鮑氏樗園刊本
　　周易四卷　(宋)朱熹本義
　　書經六卷　(宋)蔡沈集傳
　　詩經八卷　(宋)朱熹集傳
　　禮記十卷　(元)陳澔集說
　　春秋十六卷首一卷附陸氏三傳釋文音義十
　　　　六卷　(清)□□輯　音義(唐)陸德明
　　　　撰
　　大學一卷　(宋)朱熹章句
　　中庸一卷　(宋)朱熹章句

論語十卷　（宋）朱熹集注
孟子七卷　（宋）朱熹集注

五經四書

清恕堂重刊本
周易四卷　（宋）朱熹本義
書經六卷　（宋）蔡沈集傳
詩經八卷　（宋）朱熹集傳
禮記十卷　（元）陳澔集說
春秋左傳五十卷　（晉）杜預（宋）林堯叟注
釋　（唐）陸德明音義
大學一卷　（宋）朱熹章句
中庸一卷　（宋）朱熹章句
論語十卷　（宋）朱熹集注
孟子七卷　（宋）朱熹集注

四經精華

（清）魏朝俊輯
清光緒十一年(1885)魏氏古香閣刊本
易經精華八卷
書經精華十一卷
詩經精華十一卷
周禮精華七卷

十三經讀本

清同治中金陵書局刊本　　　　　[刊
易經八卷　（宋）程頤傳　同治五年(1866)
易經十二卷首一卷末一卷　（宋）朱熹本義
同治四年(1865)刊
書經六卷首一卷末一卷　（宋）蔡沈集傳
同治五年(1866)刊　　　　　　[刊
詩經八卷　（宋）朱熹傳　同治五年(1866)
周禮六卷　（漢）鄭玄注　（唐）陸德明音義
同治中清芬閣刊
儀禮十七卷附監本正誤一卷石本誤字一卷
（漢）鄭玄注　（清）張爾岐句讀并撰
附錄　同治七年(1868)刊
禮記十卷　（元）陳澔集說　同治五年
(1866)刊
春秋左傳杜注補輯三十卷首一卷　（清）姚
培謙撰　同治五年(1866)刊
春秋公羊經傳解詁十二卷附重刊宋紹熙公
羊傳注附晉本校記一卷　（漢）何休撰
校記(清)魏彥撰　道光四年(1824)
揚州汪氏問禮堂據宋紹熙本景刊校記
同治二年(1863)刊
春秋穀梁傳十二卷　（晉）范甯撰　同治七
年(1868)刊
大學一卷　（宋）朱熹章句　同治五年
(1866)刊

中庸一卷　（宋）朱熹章句　同治五年
(1866)刊
論語十卷　（宋）朱熹集注　同治五年
(1866)刊
孟子七卷　（宋）朱熹集注　同治五年
(1866)刊
爾雅三卷　（晉）郭璞注　（唐）陸德明音義
孝經一卷　唐玄宗注　同治七年(1868)刊

十三經讀本附校刊記

（清）丁寶楨等校併撰校刊記
清同治十一年(1872)山東書局刊本
周易四卷附校刊記一卷　（宋）朱熹本義
書經六卷附校刊記一卷　（宋）蔡沈集傳
詩經八卷附校刊記一卷　（宋）朱熹集傳
周禮六卷附校刊記一卷　（漢）鄭玄注
（唐）陸德明音義
儀禮鄭注句讀十七卷監本正誤一卷石本正
誤一卷附校刊記一卷　（清）張爾岐撰
禮記十卷附校刊記一卷　（元）陳澔集說
欽定春秋左傳讀本三十卷　（清）英和等撰
春秋公羊傳十一卷附校刊記一卷　（漢）何
休解詁　（唐）陸德明音義
春秋穀梁傳十二卷附校刊記一卷　（晉）范
甯集解　（唐）陸德明音義
大學一卷附校刊記一卷　（宋）朱熹章句
中庸一卷附校刊記一卷　（宋）朱熹章句
論語十卷附校刊記一卷　（宋）朱熹集注
孟子七卷附校刊記一卷　（宋）朱熹集注
孝經一卷附校刊記一卷　（唐）陸德明音義
唐玄宗注
爾雅三卷附校刊記一卷　（晉）郭璞注
（唐）陸德明音釋

十三經讀本

唐文治輯
民國十三年(1924)吳江施肇曾醒園刊本
十三經提綱十三卷　唐文治撰
周易讀本四卷　（宋）朱熹本義
附
周易故訓訂一卷　（清）黃以周撰
周易注疏賸本一卷　（清）黃以周撰
尚書讀本十卷逸文二卷　（漢）馬融（漢）鄭
玄注　（宋）王應麟撰集　（清）孫星衍
補集　逸文(清)江聲撰集　（清）孫星
衍補訂
附
尚書約注四卷　（清）任啓運撰
洪範大義三卷　唐文治撰
詩經讀本二十卷　（漢）毛亨傳　（漢）鄭玄

　　　　　箋　(唐)陸德明音義
附
　　　陳東塾先生讀詩日錄一卷　(清)陳澧撰
周禮讀本六卷　(漢)鄭玄注　(唐)陸德明
　　　音義
儀禮讀本十七卷附監本正誤一卷石本誤字
　　　一卷　(漢)鄭玄注　(清)張爾岐句讀
　　　並撰附錄
禮記讀本二十卷　(漢)鄭玄注
附
　　　撫本禮記鄭注考異二卷　(清)張敦仁撰
　　　禮記經注校證二卷　(民國)王祖畬撰
　　　大學一卷　(宋)朱熹章句
　　　中庸一卷　(宋)朱熹章句
　　　大學大義一卷　唐文治撰
　　　中庸大義一卷　唐文治撰
春秋左傳讀本三十卷　(清)英和等撰
春秋公羊傳讀本十二卷　(漢)何休解詁
　　　(唐)陸德明音義
附
　　　重刊宋紹熙公羊傳注附音本校記一卷
　　　　　(清)魏彥撰
春秋穀梁傳讀本十二卷　(晉)范甯集解
　　　(唐)陸德明音義
附
　　　余仁仲萬卷堂穀梁傳考異一卷　(民國)
　　　　　楊守敬撰
論語讀本十卷附校語一卷　(宋)朱熹集注
　　　校語(民國)王祖畬撰
附
　　　論語大義定本二十卷　唐文治撰
孝經讀本四卷　(明)黃道周集傳
附
　　　孝經大義一卷附錄一卷　唐文治撰
爾雅讀本十一卷　(晉)郭璞注　(唐)陸德
　　　明音義　(宋)邢昺疏
孟子讀本十四卷附校語一卷　(宋)朱熹集
　　　注　校語(民國)王祖畬撰
附
　　　讀孟隨筆二卷　(民國)王祖畬撰
　　　孟子大義十四卷　唐文治撰
十三經讀本評點劄記四十五卷　唐文治輯

經　　義

五經要義
　(宋)魏了翁撰
　　　清光緒中江蘇書局刊本　　　　　　[刊]
　　　周易要義十卷首一卷　光緒十二年(1886)
　　　尚書要義二十卷　光緒十年(1884)刊

　　　毛詩要義二十卷　光緒十二年(1886)刊
　　　儀禮要義五十卷　光緒十年(1884)刊
　　　禮記要義三十三卷(原缺卷一至二)　光緒
　　　　　十二年(1886)刊

胡忠簡公經解
　(宋)胡銓撰
　　　清乾隆五十二年(1787)餘杭官署刊本
　　　春秋解十六卷
　　　周禮解六卷
　　　禮記解十四卷
附
　　　文集補遺三卷文集附錄三卷

公是遺書
　(宋)劉敞撰
　　　清乾隆十六年(1751)水西劉氏刊本
　　　春秋權衡十七卷
　　　春秋傳十五卷
　　　春秋意林二卷
　　　七經小傳三卷

郝氏九經解
　(明)郝敬撰
　　　鈔本
　　　周易正解二十卷
　　　尚書別解八卷
　　　毛詩原解三十六卷
　　　春秋直解十五卷
　　　禮記通解二十二卷
　　　儀禮節解十七卷
　　　周禮完解十二卷
　　　論語詳解二十卷
　　　孟子說解十四卷

大樹堂說經
　(明)曹珖撰
　　　明鈔本
　　　讀大學一卷
　　　讀中庸一卷
　　　讀論語二卷
　　　讀孟子二卷
　　　讀詩一卷

呂涇野五經說
　(明)呂柟撰
　　　明嘉靖三十二年(1553)謝少南刊本
　　　清道光三年(1823)刊本
　　　周易說翼五卷
　　　尚書說要五卷

毛詩說序六卷
禮問二卷
春秋說志五卷

兩蘇經解

(明)焦竑輯
　　明萬曆二十五年(1597)金陵畢氏刊本
東坡先生易傳九卷　(宋)蘇軾撰
東坡先生書傳二十卷　(宋)蘇軾撰
潁濱先生詩集傳十九卷　(宋)蘇轍撰
潁濱先生春秋集解十二卷　(宋)蘇轍撰
論語拾遺一卷　(宋)蘇轍撰
孟子解一卷　(宋)蘇轍撰
潁濱先生道德經解二卷　(宋)蘇轍撰

經言枝指

(明)陳禹謨撰
　　明萬曆中刊本
四書漢詁纂十九卷
談經菀四十卷
引經釋五卷
四書人物概十五卷
四書名物考二十卷

五經繹

(明)鄧元錫撰
　　明萬曆三十五年(1607)序刊本
易經繹五卷
書經繹二卷
詩經繹三卷
三禮編繹四卷
春秋通一卷

躋新堂集

(明)喬中和撰
　　明崇禎中刊本
說易十二卷
大九數一卷
圖書衍五卷
說疇一卷
范經旁意一卷
元韵譜一卷

石齋先生經傳九種

(明)黃道周撰
　　清康熙三十二年(1693)晉安鄭開肇刊道光
　　二十八年(1848)長洲彭蘊章補刊印
　　本
孝經集傳四卷
易象正十二卷初二卷終二卷

三易洞璣十六卷
宓圖經緯三卷
文圖經緯三卷
孔圖經緯三卷
雜圖經緯三卷
餘圖總經餘圖總緯一卷
貞圖經緯三卷
洪範明義四卷
表記集傳二卷春秋表記問業一卷
坊記集傳二卷春秋坊記問業一卷
月令明義四卷
緇衣集傳四卷
儒行集傳二卷

來子談經

(明)來集之撰　　　　　　　　　　　　　〔本
　　清順治九年(1652)蕭山來氏倘湖小築刊
易圖親見一卷
卦義一得二卷
讀易隅通二卷
四傳權衡一卷

五經四書疏略

(清)張沐撰
　　清康熙十四年至四十年(1675—1701)著
　　蔡張氏刊本
周易疏略四卷
書經疏略六卷
詩經疏略八卷
禮記疏略四十七卷
春秋疏略五十卷
大學疏略一卷
中庸疏略一卷
論語疏略二十卷
孟子疏略七卷

萬充宗先生經學五書

(清)萬斯大撰
　　清乾隆中萬福刊本
學禮質疑二卷　乾隆二十四年(1759)刊
禮記偶箋三卷　乾隆二十四年(1759)刊
儀禮商二卷附錄一卷　乾隆二十六年
　　(1761)刊
周官辨非一卷　乾隆二十六年(1761)刊
學春秋隨筆十卷　乾隆二十六年(1761)刊

御纂七經

　　清康熙至乾隆間內府刊本
　　清同治六年(1867)浙江書局刊本
　　清同治十一年(1872)江西書局刊本

清光緒十四年(1888)戶部刊本
清光緒中湖北崇文書局刊本
清光緒中江南書局刊本
清光緒中上海鴻文書局石印本
御纂周易折中二十二卷首一卷　(清)李光
地等撰
欽定書經傳說彙纂二十一卷首二卷書序一
卷　(清)王頊齡等撰
欽定詩經傳說彙纂二十一卷首二卷詩序二
卷　(清)王鴻緒等撰
欽定春秋傳說彙纂三十八卷首二卷　(清)
王掞等撰
欽定三禮義疏　(清)允祿等撰
欽定周官義疏四十八卷首一卷
欽定儀禮義疏四十八卷首二卷
欽定禮記義疏八十二卷首一卷

通志堂經解

(清)成德(性德)輯
清康熙十九年(1680)通志堂刊本
清同治十二年(1873)粵東書局刊本
易
子夏易傳十一卷　(周)卜商撰　　　　[撰
易數鉤隱圖三卷遺論九事一卷　(宋)劉牧
橫渠先生易說三卷　(宋)張載撰
易學一卷　(宋)王湜撰
紫巖居士易傳十卷　(宋)張浚撰
漢上易傳十一卷周易卦圖三卷周易叢說一
卷　(宋)朱震撰
易璇璣三卷　(宋)吳沆撰
周易義海撮要十二卷　(宋)李衡撰
易小傳六卷　(宋)沈該撰
復齋易說六卷　(宋)趙彥肅撰
古周易一卷　(宋)呂祖謙等編
童溪王先生易傳三十卷　(宋)王宗傳撰
易裨傳一卷外篇一卷　(宋)林至撰
易圖說三卷　(宋)吳仁傑撰
易學啓蒙通釋二卷圖一卷　(宋)胡方平撰
周易玩辭十六卷　(宋)項安世撰
東谷鄭先生易翼傳二卷　(宋)鄭汝諧撰
三易備遺十卷　(宋)朱元昇撰
丙子學易編一卷　(宋)李心傳撰
易學啓蒙小傳一卷古經傳一卷　(宋)稅與
權撰
水村易鏡一卷　(宋)林光世撰　　　　[輯
晦菴先生朱文公易說二十三卷　(宋)朱鑑
大易緝說十卷　(元)王申子撰
周易輯聞六卷易雅一卷筮宗一卷　(宋)趙
汝楳撰
周易傳義附錄十四卷首一卷　(宋)董楷撰

學易記九卷首一卷　(元)李簡撰
讀易私言一卷　(元)許衡撰
俞氏易集說十三卷　(元)俞琰撰
周易本義附錄纂注十五卷　(元)胡一桂撰
周易發明啓蒙翼傳三卷外篇一卷　(元)胡
一桂撰
周易本義通釋十二卷輯錄雲峯文集易義一
卷　(元)胡炳文撰
易纂言十二卷首一卷　(元)吳澄撰　[撰
周易本義集成十二卷首一卷　(元)熊良輔
周易經傳集程朱解附錄纂注(一名周易會
通)十四卷首一卷附一卷　(元)董眞
卿撰
易圖通變五卷　(宋)雷思齊撰
易象圖說內篇三卷外篇三卷　(元)張理撰
大易象數鉤深圖三卷　(元)張理撰
周易參義十二卷　(元)梁寅撰
合訂删補大易集義粹言八十卷　(清)成德
(性德)撰
書
書古文訓十六卷　(宋)薛季宣撰
三山拙齋林先生尙書全解四十卷(康熙本
原缺卷三十四)　(宋)林之奇撰
程尙書禹貢論二卷後論一卷山川地理圖二
卷　(宋)程大昌撰
尙書說七卷　(宋)黃度撰
增修東萊書說三十五卷首一卷　(宋)呂祖
謙撰　(宋)時瀾修定
書疑九卷　(宋)王柏撰
書集傳或問二卷　(宋)陳大猷撰
杏溪傅氏禹貢集解二卷　(宋)傅寅撰
尙書詳解十三卷　(宋)胡士行撰
尙書表注二卷　(宋)金履祥撰
尙書纂傳四十六卷　(元)王天與撰　[撰
書蔡氏傳輯錄纂注六卷首一卷　(元)董鼎
書纂言四卷　(元)吳澄撰
書蔡氏傳旁通六卷　(元)陳師凱撰
尙書句解十三卷　(元)朱祖義撰
書集傳纂疏六卷首一卷　(元)陳櫟撰
尙書通考十卷　(元)黃鎭成撰
王耕野先生讀書管見二卷　(元)王充耘撰
定正洪範集說一卷首一卷　(元)胡一中撰
詩
毛詩指說一卷　(唐)成伯璵撰
詩本義十五卷鄭氏詩譜補亡一卷　(宋)歐
陽修撰
李迂仲黃實夫毛詩集解四十二卷首一卷
(宋)李樗(宋)黃櫄講義　(宋)呂祖謙
釋音
毛詩名物解二十卷　(宋)蔡卞撰

詩說一卷　(宋)張耒撰
詩疑二卷　(宋)王柏撰
詩傳遺說六卷　(宋)朱鑑撰　　　　　　　［撰
逸齋詩補傳三十卷篇目一卷　(宋)范處義
詩集傳名物鈔八卷　(元)許謙撰
詩經疑問七卷附編一卷　(元)朱倬撰　附
　編(宋)趙惪撰
詩解頤四卷　(明)朱善撰
春秋　　　　　　　　　　　　　　　　　　［撰
春秋尊王發微十二卷附錄一卷　(宋)孫復
春秋皇綱論五卷　(宋)王晢撰
春秋劉氏傳十五卷　(宋)劉敞撰
春秋權衡十七卷　(宋)劉敞撰
劉氏春秋意林二卷　(宋)劉敞撰
春秋年表一卷
春秋名號歸一圖二卷　(後蜀)馮繼先撰
龍學孫公春秋經解十五卷　(宋)孫覺撰
　(康熙本)
春秋臣傳三十卷　(宋)王當撰
西疇居士春秋本例二十卷　(宋)崔子方撰
木訥先生春秋經筌十六卷　(宋)趙鵬飛撰
石林先生春秋傳二十卷　(宋)葉夢得撰
止齋先生春秋後傳十二卷　(宋)陳傅良撰
春秋集解三十卷　(宋)呂祖謙撰
左氏傳說二十卷　(宋)呂祖謙撰
春秋左氏傳事類始末五卷附錄一卷　(宋)
　章沖撰
春秋提綱十卷　(元)陳則通撰
春秋王霸列國世紀編三卷　(宋)李琪撰
春秋通說十三卷　(宋)黃仲炎撰
春秋集註十一卷綱領一卷　(宋)張洽撰
春秋或問二十卷　(宋)呂大圭撰
春秋五論一卷　(宋)呂大圭撰
則堂先生春秋傳詳說三十卷綱領一卷
　(宋)家鉉翁撰
春秋類對賦一卷　(宋)徐晉卿撰
春秋諸國統紀六卷　(元)齊履謙撰
春秋本義三十卷首一卷　(元)程端學撰
春秋或問十卷　(元)程端學撰
春秋集傳十五卷　(元)趙汸撰　(明)倪尚
　誼補
春秋屬辭十五卷　(元)趙汸撰
春秋師說三卷附錄二卷　(元)趙汸撰
春秋左氏傳補注十卷　(元)趙汸撰　　［撰
春秋諸傳會通二十四卷首一卷　(元)李廉
春秋集傳釋義大成十二卷首一卷　(元)俞
　皋撰
清全齋讀春秋編十二卷　(元)陳深撰
春秋春王正月考一卷辨疑一卷　(明)張以
　寧撰

三禮
新定三禮圖二十卷　(宋)聶崇義集注
東巖周禮訂義八十卷首一卷　(宋)王與之
　撰
鬳齋考工記解二卷　(宋)林希逸撰
儀禮圖十七卷旁通圖一卷附儀禮本經十七
　卷　(宋)楊復撰
禮記集說一百六十卷　(宋)衞湜撰
禮經會元四卷　(宋)葉時撰　　　　　　［撰
太平經國之書十一卷首一卷　(宋)鄭伯謙
夏小正戴氏傳四卷　(宋)傅崧卿注
儀禮集說十七卷　(元)敖繼公撰
儀禮逸經傳一卷　(元)吳澄撰
經禮補逸九卷附錄一卷　(元)汪克寬撰
禮記陳氏集說補正三十八卷　(清)成德
　(性德)撰
孝經
孝經注解一卷　唐玄宗注　(宋)司馬光指
　解　(宋)范祖禹說
孝經大義一卷　(元)董鼎撰
孝經一卷　(元)吳澄校定
晦菴先生所定古文孝經句解一卷　(元)朱
　申撰
論語
南軒先生論語解十卷　(宋)張栻撰
論語集說十卷　(宋)蔡節撰
孟子
南軒先生孟子說七卷　(宋)張栻撰
孟子集疏十四卷　(宋)蔡模撰
孟子音義二卷　(宋)孫奭撰
四書
大學纂疏一卷中庸纂疏一卷論語纂疏十卷
　孟子纂疏十四卷　(宋)趙順孫撰
大學集編一卷中庸集編一卷論語集編十卷
　孟子集編十四卷　(宋)眞德秀撰
大學通一卷中庸通一卷論語通十卷孟子通
　十四卷　(元)胡炳文撰
大學章句或問通證一卷中庸章句或問通證
　一卷論語集註通證二卷孟子集註通證
　二卷　(元)張存中撰
大學章句纂箋一卷大學或問纂箋一卷中庸
　章句纂箋一卷中庸或問纂箋一卷論語
　集註纂箋十卷孟子集註纂箋十四卷
　(元)詹道傳撰
四書通旨六卷　(元)朱公遷撰
四書辨疑十五卷　(元)陳天祥撰
大學集說啓蒙一卷中庸集說啓蒙一卷
　(元)景星撰
總經解
經典釋文三十卷　(唐)陸德明撰

公是先生七經小傳三卷　(宋)劉敞撰
六經奧論六卷首一卷　(宋)鄭樵撰
六經正誤六卷　(宋)毛居正撰
熊先生經說七卷　(元)熊朋來撰
十一經問對五卷　(元)何異孫撰
五經蠡測六卷　(明)蔣悌生撰

陸堂經學叢書

(清)陸奎勳撰
　　清康熙五十三年至五十四年(1714—
　　　1715)刊本
　陸堂易學十卷首一卷
　今文尚書說三卷
　陸堂詩學十二卷
　戴禮緒言四卷
　春秋義存錄十二卷首一卷

璜川吳氏經學叢書

(清)吳志忠等輯
　　清道光十年(1830)寶仁堂刊本
　半農先生春秋說十五卷　(清)惠士奇撰
　詩說三卷附錄一卷　(清)惠周惕撰
　大學說一卷　(清)惠士奇撰
　左傳杜解補正三卷　(清)顧炎武撰
　禮說十四卷　(清)惠士奇撰
　易說六卷　(清)惠士奇撰
　三正考二卷　(清)吳鼐撰
　羣經補義五卷　(清)江永撰
　疑辯錄三卷　(明)周洪謨撰
　章水經流考一卷　(清)李崇禮撰
　相臺書塾刊正九經三傳沿革例一卷　(宋)
　　岳珂撰
　道德眞經集注釋文一卷　(宋)彭耜撰
　春秋疑義二卷　(清)華學泉撰
　懶庵先生經史論存四卷補四卷　(清)吳成
　　佐撰
　有竹石軒經句說二十二卷　(清)吳英撰

讀書隨筆

(清)江永撰
　　清乾隆五十七年(1792)江起泰等刊本
　周禮疑義舉要七卷
　羣經補義五卷

絳跗閣經說三種

(清)諸錦撰
　　清乾隆二十一年(1756)春暉堂刊本
　毛詩說二卷
　饗禮補亡一卷
　夏小正一卷

稻香樓雜著

(清)程炎(際盛)撰
　　清木活字排印本
　三禮鄭註考
　　周禮故書考一卷
　　儀禮古文今文考一卷
　　禮記古訓考一卷
　說文古語考一卷
　續方言補二卷
　古韻異同摘要一卷

文藻四種

(清)黃暹輯
　　清乾隆中仁和黃氏刊本
　禮經會元四卷　(宋)葉時撰
　五經讀五卷　(明)陳際泰撰
　四書讀一卷　(明)陳際泰撰
　三禮類綜四卷　(□)黃春渠撰

十三經客難

(清)龔元玠撰
　　清道光二十六年(1846)縣學文昌祠考棚
　　　公局刊本
　畏齋周易客難一卷
　畏齋書經客難三卷首一卷
　畏齋詩經客難二卷
　畏齋春秋客難二十四卷首一卷
　畏齋禮記客難四卷
　畏齋周禮客難八卷
　畏齋儀禮客難一卷
　畏齋四書客難四卷
　畏齋爾雅客難一卷
　附
　　黃淮安瀾編二卷　嘉慶二十三年(1818)環
　　　堵山房刊
　　經學策一卷
　　史學策一卷
　　畏齋文集四卷

李氏經學四種

(清)李灝撰
　　清乾隆中刊本
　周易說研錄六卷
　詩說活參二卷
　禮經酌古二卷
　春秋求中錄六卷

方望溪先生經說四種

(清)方苞撰

清乾隆中方觀承刊本
　春秋通論四卷
　周官辨一卷
　喪禮或問一卷
　讀經一卷
附
　讀子史一卷

經玩

（清）沈淑撰
　　清雍正三年(1725)常熟沈氏孝德堂刊本
　陸氏經典異文輯六卷
　經典異文補六卷　　　　　　　　　　［卷
　春秋左傳分國土地名二卷職官器物宮室二
　注疏瑣語四卷

讀書小記

（清）范爾梅撰
　　清雍正七年(1729)敬恕堂刊本
　大學札記一卷
　中庸札記一卷
　論語札記二卷
　孟子札記四卷
　大易札記五卷
　易輪一卷
　易卦考一卷
　尚書札記一卷
　毛詩札記二卷
　春秋札記五卷
　禮記札記一卷
　周禮札記二卷
　樂律考一卷
　琴律考一卷
　語錄一卷
　明儒考一卷
　詩文三卷

楊符蒼七種

（清）楊方達撰
　　清雍正乾隆間武進楊氏復初堂刊本
　易學圖說會通八卷圖說續聞一卷
　正蒙集說十七卷
　周易輯說存正十二卷
　易說通旨略一卷
　尚書約旨六卷
　尚書通典略二卷
　春秋義補註十二卷

茹氏經學十二種

（清）茹敦和撰

清乾隆中刊本
　周易證籤四卷
　周易二閭記三卷
　讀易日札一卷
　易講會籤一卷
　兩孚益記一卷
　八卦方位守傳一卷
　大衍守傳一卷
　大衍一說一卷
　周易象考一卷辭考一卷占考一卷
　周易小義二卷
　尚書未定稿二卷
　竹香齋古文二卷

經學五種

（清）□□輯
　　清乾隆中藤花樹刊本
　相臺書塾刊正九經三傳沿革例一卷　（宋）
　　岳珂撰
　禮經會元四卷　（宋）葉時撰
　六經奧論六卷首一卷　（宋）鄭樵撰
　太平經國之書十一卷　（元）鄭伯謙撰
　公是先生七經小傳三卷　（宋）劉敞撰

九經補注

（清）姜兆錫撰
　　清雍正乾隆間寅清樓刊本
　爾雅註疏參義六卷　雍正十年(1732)刊
　春秋胡傳參義十二卷　雍正元年(1723)刊
　孝經本義一卷　雍正十年(1732)刊
　禮記章義十卷　雍正十年(1732)刊
　書經蔡傳參義六卷　雍正十二年(1734)刊
　儀禮經傳註疏參義內編二十三卷外編五卷
　　首一卷　乾隆元年(1736)刊
　春秋公羊穀梁諸傳彙義十二卷　乾隆五年
　　(1740)刊
　周禮輯義十二卷　雍正九年(1731)刊

味經齋遺書

（清）莊存與撰
　　清道光中莊綬甲寶研堂刊本
　　清光緒八年(1882)陽湖莊氏刊本
　象傳論二卷　道光八年(1828)刊
　象象論一卷　道光八年(1828)刊
　繫辭傳論二卷　道光八年(1828)刊
　八卦觀象解二卷附卦氣解一卷　道光十八
　　年(1838)刊
　尚書既見三卷　乾隆五十八年(1793)刊
　尚書說一卷
　毛詩說四卷　道光七年(1827)刊

周官記五卷　嘉慶八年(1803)刊道光七年
　　(1827)補刊
周官說二卷補三卷
春秋正辭十一卷附春秋舉例一卷春秋要指
　　一卷　道光七年(1827)刊
樂說二卷
四書說一卷

通藝錄

（清）程瑤田撰
　　清嘉慶中刊本
論學小記三卷
論學外篇二卷
宗法小記一卷
儀禮喪服文足徵記十卷
釋宮小記一卷
考工創物小記八卷
磬折古義一卷
溝洫疆理小記一卷
禹貢三江考三卷
水地小記一卷
解字小記一卷
聲律小記一卷
九穀考四卷
釋草小記二卷
讀書求解一卷
數度小記一卷
九勢碎事一卷
釋蟲小記一卷
修辭餘鈔一卷
讓堂亦政錄一卷嘉定贈別詩文附錄一卷
樂器三事能言一卷補編一卷

拜經堂叢書

（清）臧琳（清）臧庸撰
　　清乾隆嘉慶間武進臧氏同述觀刊本
　　日本昭和十年(1935)東方文化學院京都
　　　　研究所據清乾隆嘉慶間臧氏刊本景
　　　　印
拜經日記十二卷　（清）臧庸撰　嘉慶二十
　　四年(1819)刊
經義雜記三十卷附敍錄一卷　（清）臧琳撰
　　　敍錄（清）臧庸輯　嘉慶四年(1799)
　　　刊
盧氏禮記解詁一卷補遺一卷附錄一卷
　　（漢）盧植撰　（清）臧庸輯　乾隆五十
　　五年(1790)刊
新譯大方廣佛華嚴經音義二卷附敍錄一卷
　　（唐）釋慧苑撰　敍錄（清）臧庸輯
　　嘉慶四年(1799)刊

詩經小學四卷　（清）段玉裁撰　嘉慶二年
　　(1797)刊　　　　　　　　　　　　「刊
爾雅三卷　（晉）郭璞注　嘉慶四年(1799)
漢書音義三卷敍錄一卷　（隋）蕭該撰
　　（清）臧庸輯　嘉慶四年(1799)刊
三禮目錄一卷　（漢）鄭玄撰　（清）臧庸輯
　　嘉慶六年(1801)刊
六藝論一卷　（漢）鄭玄撰　（清）臧琳輯
　　（清）臧庸補輯　嘉慶六年(1801)刊
蔡氏月令章句二卷　（漢）蔡邕撰　（清）臧
　　庸輯

皇清經解一千四百卷

（清）阮元輯
　　清道光九年(1829)廣東學海堂刊本

皇清經解一千四百八卷

　　清道光九年(1829)廣東學海堂刊咸豐十
　　一年(1861)補刊本

皇清經解一百九十卷

　　清光緒十七年(1891)上海鴻寶齋石印本
　　清光緒中上海點石齋石印本
首一卷
左傳杜解補正三卷　（清）顧炎武撰
音論一卷　（清）顧炎武撰
易音三卷　（清）顧炎武撰
詩本音十卷　（清）顧炎武撰
日知錄二卷　（清）顧炎武撰
四書釋地一卷續一卷又續一卷三續一卷
　　（清）閻若璩撰
孟子生卒年月考一卷　（清）閻若璩撰
潛邱劄記二卷　（清）閻若璩撰
禹貢錐指二十卷例畧圖一卷　（清）胡渭撰
學禮質疑二卷　（清）萬斯大撰
學春秋隨筆十卷　（清）萬斯大撰
毛詩稽古編三十卷　（清）陳啓源撰
仲氏易三十卷　（清）毛奇齡撰
春秋毛氏傳三十六卷　（清）毛奇齡撰
春秋簡書刊誤二卷　（清）毛奇齡撰
春秋屬辭比事記四卷　（清）毛奇齡撰
經問十四卷補一卷　（清）毛奇齡撰
論語稽求篇七卷　（清）毛奇齡撰
四書賸言四卷補二卷　（清）毛奇齡撰
詩說三卷附錄一卷　（清）惠周惕撰
湛園札記一卷　（清）姜宸英撰
經義雜記十卷　（清）臧琳撰
解春集二卷　（清）馮景撰
尙書地理今釋一卷　（清）蔣廷錫撰
易說六卷　（清）惠士奇撰

禮說十四卷　(清)惠士奇撰	水地小記一卷　(清)程瑤田撰
春秋說十五卷　(清)惠士奇撰	觧字小記一卷　(清)程瑤田撰
白田草堂存稿一卷　(清)王懋竑撰	聲律小記一卷　(清)程瑤田撰
周禮疑義舉要七卷　(清)江永撰	九穀考四卷　(清)程瑤田撰
深衣考誤一卷　(清)江永撰	釋草小記一卷　(清)程瑤田撰
春秋地理考實四卷　(清)江永撰	釋蟲小記一卷　(清)程瑤田撰
羣經補義五卷　(清)江永撰	禮箋三卷　(清)金榜撰
鄉黨圖考十卷　(清)江永撰	毛鄭詩考正四卷　(清)戴震撰
儀禮章句十七卷　(清)吳廷華撰	杲溪詩經補注二卷　(清)戴震撰
觀象授時十四卷　(清)秦蕙田撰	考工記圖二卷　(清)戴震撰
經史問答七卷　(清)全祖望撰	戴東原集二卷　(清)戴震撰
質疑一卷　(清)杭世駿撰	古文尚書撰異三十二卷　(清)段玉裁撰
注疏考證六卷　(清)齊召南撰	毛詩故訓傳三十卷　(清)段玉裁訂
尚書注疏考證一卷	詩經小學四卷　(清)段玉裁撰
禮記注疏考證一卷	周禮漢讀考六卷　(清)段玉裁撰
春秋左傳注疏考證二卷	儀禮漢讀考一卷　(清)段玉裁撰
春秋公羊傳注疏考證一卷	說文解字注十五卷　(清)段玉裁撰
春秋穀梁傳注疏考證一卷	六書音均表五卷　(清)段玉裁撰
周官祿田考三卷　(清)沈彤撰	經韻樓集六卷　(清)段玉裁撰
尚書小疏一卷　(清)沈彤撰	廣雅疏證十卷　(清)王念孫撰　(清)王引
儀禮小疏八卷　(清)沈彤撰	之述
春秋左傳小疏一卷　(清)沈彤撰	讀書雜志二卷　(清)王念孫撰　　　[撰
果堂集一卷　(清)沈彤撰	春秋公羊通義十二卷敍一卷　(清)孔廣森
周易述二十一卷　(清)惠棟撰	禮學卮言六卷　(清)孔廣森撰
古文尚書考二卷　(清)惠棟撰	大戴禮記補注十三卷　(清)孔廣森撰
春秋左傳補註六卷　(清)惠棟撰	經學卮言六卷　(清)孔廣森撰
九經古義十六卷　(清)惠棟撰	溉亭述古錄二卷　(清)錢塘撰
春秋正辭十一卷春秋舉例一卷春秋要指一	羣經識小八卷　(清)李惇撰
卷　(清)莊存與撰	經讀考異八卷　(清)武億撰
鍾山札記一卷　(清)盧文弨撰	尚書今古文注疏三十九卷　(清)孫星衍撰
龍城札記一卷　(清)盧文弨撰	問字堂集一卷　(清)孫星衍撰
尚書集注音疏十三卷尚書經師系表一卷	儀禮釋官九卷　(清)胡匡衷撰
(清)江聲撰	禮經釋例十三卷　(清)凌廷堪撰
尚書後案三十一卷　(清)王鳴盛撰	校禮堂文集一卷　(清)凌廷堪撰
周禮軍賦說四卷　(清)王鳴盛撰　　[撰	劉氏遺書一卷　(清)劉台拱撰
十駕齋養新錄三卷餘錄一卷　(清)錢大昕	述學二卷　(清)汪中撰
潛研堂文集六卷　(清)錢大昕撰	經義知新記一卷　(清)汪中撰
四書考異三十六卷　(清)翟灝撰	大戴禮記正誤一卷　(清)汪中撰
尚書釋天六卷　(清)盛百二撰	曾子注釋四卷　(清)阮元撰
讀書脞錄二卷續編二卷　(清)孫志祖撰	十三經注疏校勘記二百四十八卷　(清)阮
弁服釋例八卷　(清)任大椿撰	元撰
釋繒一卷　(清)任大椿撰	周易校勘記九卷略例校勘記一卷釋文校
爾雅正義二十卷　(清)邵晉涵撰	勘記一卷
宗法小記一卷　(清)程瑤田撰	尚書校勘記二十卷釋文校勘記二卷
儀禮喪服文足徵記十卷　(清)程瑤田撰	毛詩校勘記七卷釋文校勘記三卷
釋宮小記一卷　(清)程瑤田撰	周禮校勘記十二卷釋文校勘記二卷
考工創物小記四卷　(清)程瑤田撰	儀禮校勘記十七卷釋文校勘記一卷
磬折古義一卷　(清)程瑤田撰	禮記校勘記六十三卷釋文校勘記四卷
溝洫疆理小記一卷　(清)程瑤田撰	春秋左傳校勘記三十六卷釋文校勘記六
禹貢三江考三卷　(清)程瑤田撰	卷

春秋公羊傳校勘記十一卷釋文校勘記一
　　卷　　　　　　　　　　　　　　［卷
春秋穀梁傳校勘記十二卷釋文校勘記一
論語校勘記十卷釋文校勘記一卷
孝經校勘記三卷釋文校勘記一卷
爾雅校勘記六卷釋文校勘記二卷
孟子校勘記十四卷音義校勘記二卷
考工記車制圖解二卷　（清）阮元撰
積古齋鐘鼎彝器款識二卷　（清）阮元撰
疇人傳九卷　（清）阮元撰
揅經室集七卷　（清）阮元撰
撫本禮記鄭注考異二卷　（清）張敦仁撰
易章句十二卷　（清）焦循撰
易通釋二十卷　（清）焦循撰
易圖略八卷　（清）焦循撰
孟子正義三十卷　（清）焦循撰
周易補疏二卷　（清）焦循撰
尚書補疏二卷　（清）焦循撰
毛詩補疏五卷　（清）焦循撰
禮記補疏三卷　（清）焦循撰
春秋左傳補疏五卷　（清）焦循撰
論語補疏二卷　（清）焦循撰
周易述補四卷　（清）江藩撰
拜經日記八卷　（清）臧庸撰
拜經文集一卷　（清）臧庸撰
瞥記一卷　（清）梁玉繩撰
經義述聞二十八卷　（清）王引之撰
經傳釋詞十卷　（清）王引之撰
周易虞氏義九卷　（清）張惠言撰
周易虞氏消息二卷　（清）張惠言撰
虞氏易禮二卷　（清）張惠言撰
周易鄭氏義二卷　（清）張惠言撰
周易荀氏九家義一卷　（清）張惠言撰
易義別錄十四卷　（清）張惠言撰
五經異義疏證三卷　（清）陳壽祺撰
左海經辨二卷　（清）陳壽祺撰
左海文集二卷　（清）陳壽祺撰
鑑止水齋集二卷　（清）許宗彥撰
爾雅義疏十九卷　（清）郝懿行撰
春秋左傳補注三卷　（清）馬宗璉撰
春秋公羊經何氏釋例十卷　（清）劉逢祿撰
公羊春秋何氏解詁箋一卷　（清）劉逢祿撰
發墨守評一卷　（清）劉逢祿撰
穀梁廢疾申何二卷　（清）劉逢祿撰
左氏春秋考證二卷　（清）劉逢祿撰
箴膏肓評一卷　（清）劉逢祿撰
論語述何二卷　（清）劉逢祿撰
燕寢考三卷　（清）胡培翬撰
研六室雜著一卷　（清）胡培翬撰
春秋異文箋十三卷　（清）趙坦撰

寶甓齋札記一卷　（清）趙坦撰
寶甓齋文集一卷　（清）趙坦撰
夏小正疏義四卷異字記一卷釋音一卷（清）
　　洪震煊撰
秋槎雜記一卷　（清）劉履恂撰
吾亦廬稿四卷　（清）崔應榴撰
論語偶記一卷　（清）方觀旭撰
經書算學天文攷一卷　（清）陳懋齡撰
四書釋地辨證二卷　（清）宋翔鳳撰
毛詩紬義二十四卷　（清）李黼平撰
公羊禮說一卷　（清）凌曙撰
禮說四卷　（清）凌曙撰
孝經義疏一卷　（清）阮福撰
經傳攷證八卷　（清）朱彬撰
甓齋遺稿一卷　（清）劉玉麐撰
說緯一卷　（清）王崧撰
經義叢鈔三十卷　（清）嚴杰輯
國朝石經攷異一卷　（清）馮登府撰　（以
　　下補刊本、鴻寶齋本、點石齋本）
漢石經攷異一卷　（清）馮登府撰
魏石經攷異一卷　（清）馮登府撰
唐石經攷異一卷　（清）馮登府撰
蜀石經攷異一卷　（清）馮登府撰
北宋石經攷異一卷　（清）馮登府撰
三家詩異文疏證二卷　（清）馮登府撰

皇清經解續編一千四百三十卷

（民國）王先謙輯
　　清光緒十四年（1888）南菁書院刊本
　　清光緒十五年（1889）上海蜚英館石印本
九經誤字一卷　（清）顧炎武撰
周易稗疏四卷　（清）王夫之撰
詩經稗疏四卷　（清）王夫之撰
春秋稗疏二卷　（清）王夫之撰
四書稗疏三卷　（清）王夫之撰
春秋占筮書三卷　（清）毛奇齡撰
續詩傳鳥名三卷　（清）毛奇齡撰
白鷺洲主客說詩一卷　（清）毛奇齡撰
郊社禘祫問一卷　（清）毛奇齡撰
大小宗通繹一卷　（清）毛奇齡撰
孝經問一卷　（清）毛奇齡撰
禮記偶箋三卷　（清）萬斯大撰
尚書古文疏證九卷（原缺卷三）　（清）閻若
　　璩撰
易圖明辨十卷　（清）胡渭撰
春秋長歷十卷　（清）陳厚耀撰
儀禮釋宮增註一卷　（清）江永撰
儀禮釋例一卷　（清）江永撰
禮記訓義擇言八卷　（清）江永撰
春秋大事表六十六卷輿圖一卷　（清）顧棟

高撰
天子肆獻祼饋食禮纂二卷　（清）任啓運撰
朝廟宮室考竝圖一卷附田賦考　（清）任啓
　運撰
易例二卷　（清）惠棟撰
易漢學八卷　（清）惠棟撰
明堂大道錄八卷　（清）惠棟撰
禘說二卷　（清）惠棟撰
晚書訂疑三卷　（清）程廷祚撰
卦氣解一卷　（清）莊存與撰
周官記五卷　（清）莊存與撰
周官說二卷　（清）莊存與撰
周官說補三卷　（清）莊存與撰
儀禮管見十七卷　（清）褚寅亮撰
爾雅補郭二卷　（清）翟灝撰
鄭氏儀禮目錄校證一卷　（清）胡匡衷撰
深衣釋例三卷　（清）任大椿撰　　　　〔撰
詩聲類十二卷詩聲分例一卷　（清）孔廣森
經傳小記一卷　（清）劉台拱撰
國語補校一卷　（清）劉台拱撰
逸周書雜志四卷　（清）王念孫撰
爾雅古義二卷　（清）錢坫撰
爾雅釋地四篇注一卷　（清）錢坫撰
車制攷一卷　（清）錢坫撰
羣經義證八卷　（清）武億撰
釋服二卷　（清）宋綿初撰
孟子四攷四卷　（清）周廣業撰
　　孟子逸文考一卷
　　孟子異本考一卷
　　孟子古注考一卷
　　孟子出處時地考一卷
毛詩攷證四卷　（清）莊述祖撰
毛詩周頌口義三卷　（清）莊述祖撰
五經小學述二卷　（清）莊述祖撰
詩書古訓十卷　（清）阮元撰
春秋左傳詁二十卷　（清）洪亮吉撰
左通補釋三十二卷　（清）梁履繩撰
周易述補五卷　（清）李林松撰
易圖條辨一卷　（清）張惠言撰
虞氏易事二卷　（清）張惠言撰
虞氏易言二卷　（清）張惠言撰
虞氏易候一卷　（清）張惠言撰
儀禮圖六卷　（清）張惠言撰
讀儀禮記二卷　（清）張惠言撰
書序述聞一卷　（清）劉逢祿撰
尙書今古文集解三十卷附校勘記一卷
　（清）劉逢祿撰　校勘記（清）劉葆楨
　（清）劉翰藻撰
卦本圖攷一卷　（清）胡秉虔撰
尙書大傳輯校三卷　（清）陳壽祺撰

禹貢鄭注釋二卷　（清）焦循撰
羣經宮室圖二卷　（清）焦循撰
隸經文四卷　（清）江藩撰
說文聲類十六卷聲類出入表一卷　（清）嚴
　可均撰
周易攷異二卷　（清）宋翔鳳撰
尙書略說二卷　（清）宋翔鳳撰
尙書譜一卷　（清）宋翔鳳撰
大學古義說二卷　（清）宋翔鳳撰
論語說義十卷　（清）宋翔鳳撰
孟子趙注補正六卷　（清）宋翔鳳撰
小爾雅訓纂六卷　（清）宋翔鳳撰
過庭錄五卷　（清）宋翔鳳撰
毛詩傳箋通釋三十二卷　（清）馬瑞辰撰
毛詩後箋三十卷　（清）胡承珙撰　（清）陳
　奐補
儀禮古今文疏義十七卷　（清）胡承珙撰
讀書叢錄一卷　（清）洪頤煊撰
爾雅匡名二十卷　（清）嚴元照撰
周官故書攷四卷　（清）徐養原撰
儀禮今古文異同疏證五卷　（清）徐養原撰
論語魯讀攷一卷　（清）徐養原撰
頑石廬經說十卷　（清）徐養原撰
周禮學二卷　（清）王聘珍撰
儀禮學一卷　（清）王聘珍撰
易經異文釋六卷　（清）李富孫撰
詩經異文釋十六卷　（清）李富孫撰
春秋左傳異文釋十卷　（清）李富孫撰
春秋公羊傳異文釋一卷　（清）李富孫撰
春秋穀梁傳異文釋一卷　（清）李富孫撰
夏小正分箋四卷　（清）黃模撰
夏小正異義二卷　（清）黃模撰
春秋左氏古義六卷　（清）臧壽恭撰
春秋左氏傳補注十二卷　（清）沈欽韓撰
春秋左氏傳地名補注十二卷　（清）沈欽韓
　撰
儀禮經注疏正譌十七卷　（清）金曰追撰
周易虞氏略例一卷　（清）李銳撰
論語孔注辨僞二卷　（清）沈濤撰
國語發正二十一卷　（清）汪遠孫撰
說文諧聲譜九卷　（清）張成孫撰
春秋穀梁傳時月日書法釋例四卷　（清）許
　桂林撰
求古錄禮說十五卷補遺一卷　（清）金鶚撰
鄕黨正義一卷　（清）金鶚撰　　　　　〔撰
說文解字音均表十七卷首一卷　（清）江沅
儀禮正義四十卷　（清）胡培翬撰　（清）楊
　大堉補
禘祫問答一卷　（清）胡培翬撰
實事求是齋經義二卷　（清）朱大韶撰

十三經詁答問六卷　（清）馮登府撰
左傳舊疏考正八卷　（清）劉文淇撰
春秋朔閏異同二卷　（清）羅士琳撰　　〔撰
春秋左傳賈服注輯述二十卷　（清）李貽德
喪禮經傳約一卷　（清）吳卓信撰
詩毛氏傳疏三十卷　（清）陳奐撰
釋毛詩音四卷　（清）陳奐撰
毛詩說一卷　（清）陳奐撰
毛詩傳義類一卷　（清）陳奐撰
鄭氏箋攷徵一卷　（清）陳奐撰
公羊逸禮攷徵一卷　（清）陳奐撰
周禮注疏小箋五卷　（清）曾釗撰
大戴禮注補十三卷　（清）汪昭撰
癸巳類稿六卷　（清）俞正燮撰
癸巳存稿四卷　（清）俞正燮撰
尙書餘論一卷　（清）丁晏撰
禹貢錐指正誤一卷　（清）丁晏撰
詩譜攷正一卷　（清）丁晏撰
孝經徵文一卷　（清）丁晏撰
齊詩翼氏學四卷　（清）迮鶴壽撰
公羊禮疏十一卷　（清）凌曙撰
公羊問答二卷　（清）凌曙撰
春秋繁露注十七卷　（清）凌曙撰
周易姚氏學十六卷　（清）姚配中撰
春秋公羊傳厤譜十一卷　（清）包愼言撰
論語古注集箋二十卷　（清）潘維城撰
虞氏易消息圖說一卷　（清）胡祥麟撰
大誓答問一卷　（清）龔自珍撰
春秋決事比一卷　（清）龔自珍撰
輪輿私箋二卷附圖一卷　（清）鄭珍撰　　圖
　　（清）鄭知同繪
儀禮私箋八卷　（清）鄭珍撰
巢經巢經說一卷　（清）鄭珍撰
禹貢圖一卷　（清）陳澧撰
東塾讀書記十卷　（清）陳澧撰
春秋古經說二卷　（清）侯康撰
穀梁禮證二卷　（清）侯康撰
說文聲讀表七卷　（清）苗夔撰
學禮管釋十八卷　（清）夏炘撰
開有益齋經說五卷　（清）朱緒曾撰
穀梁大義述三十卷　（清）柳興恩撰
春秋釋一卷　（清）黃式三撰
攷工記攷辨八卷　（清）王宗涑撰
逸周書集訓校釋十卷逸文一卷　（清）朱右
　　曾撰
詩地理徵七卷　（清）朱右曾撰
喪服會通說四卷　（清）吳嘉賓撰
讀儀禮錄一卷　（清）曾國藩撰
論語正義二十四卷　（清）劉寶楠撰　（清）
　　劉恭冕述

釋穀四卷　（清）劉寶楠撰
今文尙書經說攷三十八卷　（清）陳喬樅撰
尙書歐陽夏侯遺說攷一卷　（清）陳喬樅撰
三家詩遺說攷　（清）陳壽祺撰　（清）陳喬
　　樅述
　魯詩遺說攷二十卷
　齊詩遺說攷十二卷
　韓詩遺說攷十七卷
毛詩鄭箋改字說四卷　（清）陳喬樅撰
詩經四家異文攷五卷　（清）陳喬樅撰
齊詩翼氏學疏證二卷　（清）陳喬樅撰
禮堂經說二卷　（清）陳喬樅撰
禮記鄭讀攷六卷　（清）陳壽祺撰　（清）陳
　　喬樅述
爾雅經注集證三卷　（清）龍啓瑞撰
公羊義疏七十六卷　（清）陳立撰
白虎通疏證十二卷　（清）陳立撰
禮經通論一卷　（清）邵懿辰撰
周易爻辰申鄭義一卷　（清）何秋濤撰
禹貢鄭氏略例一卷　（清）何秋濤撰
書古微十二卷　（清）魏源撰
詩古微十七卷　（清）魏源撰
讀書偶識十卷附一卷　（清）鄒漢勛撰
劉貴陽經說一卷　（清）劉書年撰
穀梁補注二十四卷　（清）鍾文烝撰
周易舊疏考正一卷　（清）劉毓崧撰
尙書舊疏考正一卷　（清）劉毓崧撰
讀易漢學私記一卷　（清）陳壽熊撰
孟子音義攷證二卷　（清）蔣仁榮撰
達齋叢說一卷　（清）俞樾撰
周易互體徵一卷　（清）俞樾撰
九族考一卷　（清）俞樾撰
詩名物證古一卷　（清）俞樾撰
士昏禮對席圖一卷　（清）俞樾撰
禮記異文箋一卷　（清）俞樾撰
禮記鄭讀考一卷　（清）俞樾撰
玉佩考一卷　（清）俞樾撰
鄭君駁正三禮考一卷　（清）俞樾撰
春秋名字解詁補義一卷　（清）俞樾撰
論語鄭義一卷　（清）俞樾撰
續論語駢枝一卷　（清）俞樾撰
羣經平議三十五卷　（清）俞樾撰
　周易平議二卷
　尙書平議四卷
　周書平議一卷
　毛詩平議四卷
　周禮平議二卷
　考工記世室重屋明堂考一卷
　儀禮平議二卷
　大戴禮記平議二卷

小戴禮記平議四卷
春秋公羊傳平議一卷
春秋穀梁傳平議一卷
春秋左傳平議三卷
春秋外傳國語平議二卷
論語平議二卷
孟子平議二卷
爾雅平議一卷
古書疑義舉例七卷　(清)俞樾撰
禹貢說一卷　(清)倪文蔚撰
周易釋爻例一卷　(清)成蓉鏡撰
尚書曆譜二卷　(清)成蓉鏡撰
禹貢班義述三卷　(清)成蓉鏡撰
春秋日南至譜一卷　(清)成蓉鏡撰
何休注訓論語述一卷　(清)劉恭冕撰
禮記天算釋一卷　(清)孔廣牧撰
先聖生卒年月日考二卷　(清)孔廣牧撰
禮說略三卷　(清)黃以周撰
經說略二卷　(清)黃以周撰
漢孳室文鈔二卷　(清)陶方琦撰
昏禮重別論對駁義二卷　(清)劉壽曾撰
隸經賸義一卷　(清)林兆豐撰
毛詩譜一卷　(漢)鄭玄撰　(清)胡元儀輯
駁春秋名字解詁一卷　(清)胡元玉撰
經述三卷　(清)林頤山撰

愈安闕齋所著書

(清)汪大鈞撰
　清光緒十九年(1893)錢唐汪氏刊本
傳經表補正十三卷
經傳建立博士表一卷

王氏遺書

(清)王朝槼撰
　清嘉慶五年(1800)寫定稿本
十三經遺文不分卷
唐石經攷正不分卷

十三經札記

(清)朱亦棟撰
　清光緒四年(1878)武林竹簡齋刊本
易經札記三卷
尚書札記二卷
詩經札記二卷
周禮札記二卷
儀禮札記一卷
禮記札記二卷
左傳札記二卷
公穀札記一卷
孝經札記一卷

論語札記三卷
孟子札記二卷
爾雅札記一卷
附
　羣書札記十六卷

錢氏四種

(清)錢坫撰
　清嘉慶七年(1802)擁萬堂刊本
　民國中國書店據清嘉慶擁萬堂本景印
詩音表一卷
車制考一卷
爾雅釋地四篇注一卷
論語後錄五卷

孔叢伯說經五稾

(清)孔廣林撰
　清光緒十六年(1890)山東書局刊本
周官肊測六卷敍錄一卷
儀禮肊測十七卷敍錄一卷
吉凶服名用篇八卷敍錄一卷
禘祫觵觶篇一卷
明堂憶一卷
附
　儀禮士冠禮箋一卷

七經偶記

(清)汪德鉞撰
　清道光十二年(1832)汪時漣長汀木活字
　　排印本
周易偶記二卷周易雜卦反對互圖一卷讀易
　義例一卷
尚書偶記一卷
毛詩偶記三卷
周官偶記一卷
禮經偶記一卷
禮記偶記一卷
春秋偶記二卷
論語大學偶記一卷

戴靜齋先生遺書

(清)戴清撰
　清咸豐元年(1851)儀徵劉文淇等刊本
四書典故攷辨一卷
羣經釋地一卷
　書經釋地
　詩經釋地
　周禮釋地
　禮記釋地
　春秋三傳釋地

七經精義

（清）黃淦撰
　　清嘉慶十三年(1808)刊本
　　周易精義四卷首一卷
　　書經精義四卷首一卷末一卷
　　詩經精義四卷首一卷末一卷
　　周禮精義六卷首一卷
　　儀禮精義不分卷補編一卷
　　禮記精義六卷首一卷末一卷
　　春秋精義四卷首一卷

蟫雲閣凌氏叢書

（清）凌曙撰
　　清嘉慶道光間江都凌氏蟫雲閣刊本
　　四書典故覈八卷　嘉慶十三年(1808)刊
　　春秋公羊禮疏十一卷　嘉慶二十四年
　　　(1819)刊
　　公羊禮說一卷　嘉慶二十四年(1819)刊
　　公羊問答二卷　道光元年(1821)刊
　　春秋繁露注十七卷　嘉慶二十年(1815)刊
　　禮論略鈔一卷　道光六年(1826)刊

鄭氏佚書

（漢）鄭玄撰　（清）袁鈞輯
　　清光緒十四年(1888)浙江書局刊本
　　清光緒十年(1884)四明觀稼樓刊本
　　易注九卷　（觀稼樓本）
　　尚書注九卷　（觀稼樓本）
　　尚書中候注一卷　（觀稼樓本）
　　尚書大傳注三卷　（清）袁堯年校補
　　尚書五行傳注一卷　（清）袁堯年校補
　　尚書略說注一卷　（清）袁堯年校補
　　詩譜三卷　（觀稼樓本）
　　三禮目錄一卷
　　喪服變除一卷
　　魯禮禘祫義一卷
　　答臨碩難禮一卷
　　箴膏肓一卷
　　釋廢疾一卷
　　發墨守一卷
　　春秋傳服氏注十二卷　（漢）服虔撰
　　孝經注一卷
　　論語注十卷
　　孔子弟子目錄一卷
　　駁五經異義十卷　（清）袁堯年補輯
　　六藝論一卷
　　鄭志八卷　（魏）鄭小同編
　　鄭記一卷　　　　　　　　　　　〔正
　　鄭君紀年一卷　（清）陳鱣撰　（清）袁鈞訂

通德遺書所見錄

（漢）鄭玄撰　（清）孔廣林輯
　　清光緒十六年(1890)山東書局刊本
　　六藝論一卷
　　周易注十二卷
　　尚書注十卷
　　尚書中候注六卷
　　尚書大傳注四卷
　　毛詩譜一卷
　　三禮目錄一卷
　　答周禮難一卷
　　魯禮禘祫義一卷
　　喪服變除一卷
　　箴左氏膏肓一卷　（清）孔廣林補
　　發公羊墨守一卷
　　釋穀梁廢疾一卷
　　論語注十卷
　　論語篇目弟子一卷
　　駁五經異義十卷　（清）孔廣林補證
　　鄭志八卷　（魏）鄭小同編
　　孝經注一卷
　　敘錄一卷　（清）孔廣林輯

鄭學彙函

（漢）鄭玄撰　（清）□□輯
　　清光緒中定州王氏刊本
　　周易注三卷
　　周易乾鑿度二卷　（漢）鄭玄注
　　易緯辨終備一卷　（漢）鄭玄注
　　易緯通卦驗二卷　（漢）鄭玄注
　　易緯乾元序制記一卷　（漢）鄭玄注
　　易緯是類謀一卷　（漢）鄭玄注
　　易緯坤靈圖一卷　（漢）鄭玄注
　　尚書鄭注十卷　（宋）王應麟輯　（清）孔廣
　　　林增訂
　　論語鄭氏注十卷　（清）馬國翰輯

五經旁訓

（清）徐立綱撰
　　清匠門書屋刊本
　　清乾隆四十七年(1782)吳郡張氏刊本
　　易經旁訓三卷
　　書經旁訓二卷
　　詩經旁訓四卷
　　禮記旁訓六卷
　　春秋旁訓四卷

五經旁訓增訂精義

（清）徐立綱撰　（清）竺靜甫（清）竺子壽增訂

精義（清）黃淦撰　　　　　　　　　　［本

清光緒十年(1884)四明竺氏蘊秀草堂刊

易經旁訓增訂精義三卷

詩經旁訓增訂精義四卷

書經旁訓增訂精義四卷

春秋旁訓增訂精義四卷

禮記旁訓增訂精義六卷

西園讀書記

（清）黃朝槐（清）黃朝桂撰

鈔本

荀子詩說箋一卷　（清）黃朝槐撰

何劭公論語義臆義一卷　（清）黃朝槐撰

詩書古訓補遺十卷　（清）黃朝桂撰

廣春秋人地名對一卷　（清）黃朝桂撰

五經衷要

（清）李式穀輯　　　　　　　　　　　［本

清道光十年(1830)南海葉夢龍風滿樓刊

易經衷要十二卷

書經衷要十二卷

詩經衷要十二卷

春秋衷要六卷

禮記衷要三十卷

經苑

（清）錢儀吉輯

清道光咸豐間大梁書院刊同治七年
(1868)王儒行等印本

民國十一年(1922)補刊十二年(1923)重
印本

溫公易說六卷　（宋）司馬光撰

吳園周易解九卷附錄一卷　（宋）張根撰

誠齋先生易傳二十卷　（宋）楊萬里撰

易傳燈四卷　（宋）徐□撰

易學濫觴一卷　（元）黃澤撰

敷文書說一卷　（宋）鄭伯熊撰

尚書精義五十卷　（宋）黃倫撰

洪範統一一卷　（宋）趙善湘撰

詩總聞二十卷　（宋）王質撰

呂氏家塾讀詩記三十二卷　（宋）呂祖謙撰

續呂氏家塾讀詩記三卷　（宋）戴溪撰

周官新義十六卷附考工記解二卷　（宋）王
安石撰

儀禮集釋三十卷　（宋）李如圭撰

儀禮釋宮一卷　（宋）李如圭撰

春秋啖趙集傳纂例十卷　（唐）陸淳撰

春秋微旨三卷　（唐）陸淳撰

春秋集解十二卷　（宋）蘇轍撰

孝經刊誤一卷　（宋）朱熹撰

孝經本義二卷　（明）呂維祺撰

孝經或問三卷　（明）呂維祺撰

孝經翼一卷　（明）呂維祺撰

論語意原四卷　（宋）鄭汝諧撰

孟子外書四卷　（宋）熙時子注

讀四書叢說八卷　（元）許謙撰

瑟譜六卷　（元）熊朋來撰

古經解彙函

（清）鍾謙鈞等輯

清同治十二年(1873)粵東書局刊本

清光緒十四年(1888)上海蜚英館石印本

清光緒十五年(1889)湘南書局刊本

鄭氏周易注三卷補遺一卷　（漢）鄭玄撰
（宋）王應麟輯　（清）惠棟增補　（清）
孫堂重校併輯補遺

陸氏周易述一卷　（吳）陸績撰　（明）姚士
麟輯　（清）孫堂增補

周易集解十七卷　（唐）李鼎祚撰

周易口訣義六卷　（唐）史徵撰

易緯八種　（漢）鄭玄注

易緯乾坤鑿度二卷

易緯乾鑿度二卷

易緯稽覽圖二卷

易緯辨終備一卷

易緯通卦驗二卷

易緯乾元序制記一卷

易緯是類謀一卷

易緯坤靈圖一卷

尚書大傳三卷附序錄一卷辨譌一卷　（漢）
伏勝撰　（漢）鄭玄注　（清）陳壽祺輯
校併撰序錄辨僞

韓詩外傳十卷附校注拾遺一卷　（漢）韓嬰
撰　（清）周廷寀校注　校注拾遺（清）
周宗杭撰

毛詩草木鳥獸蟲魚疏二卷　（吳）陸璣撰
（清）丁晏校正

春秋繁露十七卷附錄一卷　（漢）董仲舒撰
（清）盧文弨校

春秋釋例十五卷　（晉）杜預撰　（清）莊述
祖（清）孫星衍校

春秋啖趙集傳纂例十卷　（唐）陸淳撰

春秋微旨三卷　（唐）陸淳撰　　　　　［撰

春秋啖趙二先生集傳辯疑十卷　（唐）陸淳

論語集解義疏十卷　（魏）何晏集解　（梁）
皇侃義疏

論語筆解二卷　（唐）韓愈（唐）李翱撰

鄭志三卷補遺一卷　（魏）鄭小同編　（清）
王復輯　（清）武億校

小學彙函

輶軒使者絕代語釋別國方言十三卷校正
　　補遺一卷　(漢)揚雄撰　(晉)郭璞
　　注　(清)盧文弨校
釋名八卷　(漢)劉熙撰　(清)吳志忠校
廣雅十卷　(魏)張揖撰　(隋)曹憲音
匡謬正俗八卷　(唐)顏師古撰
急就篇四卷　(漢)史游撰　(唐)顏師古
　　注　(宋)王應麟補注
說文解字十五卷　(漢)許慎撰　(宋)徐
　　鉉等校定
說文解字繫傳四十卷附校勘記三卷
　　(南唐)徐鍇撰　校勘記(清)祁寯藻
　　撰
說文解字篆韻譜五卷附錄一卷　(南唐)
　　徐鍇撰　　　　　　　　　　[修
大廣益會玉篇三十卷　(宋)陳彭年等重
干祿字書一卷　(唐)顏元孫撰
五經文字三卷　(唐)張參撰
新加九經字樣一卷　(唐)唐玄度撰
大宋重修廣韻五卷　(宋)陳彭年等重修
　　據張氏澤存堂本重刊
廣韻五卷　(宋)陳彭年等重修　據明內
　　府本重刊

省吾堂四種

　(清)蔣光弼輯
　　　清常熟蔣氏省吾堂刊本
　九經古義十六卷　(清)惠棟撰
　周易本義辯證五卷　(清)惠棟撰
　五經同異三卷　(清)顧炎武撰
　石經考一卷　(清)萬斯同撰

五經補綱

　(清)伊樂堯輯
　　　清咸豐四年(1854)晉江黃宗漢刊本
　易五贊一卷　(宋)朱熹撰
　朱子說書綱領一卷　(宋)朱熹撰
　書序說一卷　(宋)蔡沈撰
　書序註一卷　(宋)蔡沈撰
　詩綱領一卷　(宋)朱熹撰
　詩序辨說一卷　(宋)朱熹撰
　春秋綱領一卷　(宋)胡安國撰
　附　　　　　　　　　　　　　[撰
　　春秋左氏經傳集解後序一卷　(晉)杜預
　　禮記集說凡例一卷　(元)陳澔撰

七經略記

　(清)朱朝瑛撰
　　　稿本
　　讀易略記一卷

讀尚書略記一卷
讀詩略記一卷
讀周禮略記一卷
讀儀禮略記一卷
讀禮記略記一卷
讀春秋略記一卷

南海桂氏經學

　(清)桂文燦撰
　　　清咸豐光緒間刊本
　鄭氏詩箋禮注異義攷一卷
　孝經集解一卷
　潛心堂集一卷
　孟子趙注考證一卷
　弟子職解詁一卷
　先考皓庭府君(桂文燦)事略一卷　(清)桂
　　壇等撰

張敬堂太史遺書

　(清)張錫嶸撰　(清)吳棠輯
　　　清同治九年(1870)刊本
　孝經章句一卷
　讀朱就正錄一卷
　讀朱就正錄續編一卷
　孝經問答一卷

西夏經義

　(清)何志高撰
　　　清道光十八年(1838)刊本
　　　清光緒十四年(1888)刊本
　易經本意四卷首一卷末一卷
　釋詩一卷
　釋書一卷
　釋禮一卷
　春秋大傳補說四卷

五經備旨

　(清)鄒聖脈纂輯
　　　清光緒十二年(1886)上海點石齋石印本
　易經備旨七卷
　書經備旨七卷
　詩經備旨八卷
　春秋備旨十二卷
　禮記全文備旨十一卷

五經詳說

　(清)冉覲祖撰
　　　清光緒七年(1881)大梁書局刊本
　首一卷
　易經詳說五十卷

　　　　書經詳說七十六卷
　　　　詩經詳說九十四卷
　　　　春秋詳說五十六卷
　　　　禮記詳說一百七十八卷
　　　附
　　　　四書玩注詳說一百六十卷首一卷　光緒八
　　　　年(1882)刊
　　　　孝經詳說六卷　光緒七年(1881)刊

十一經音訓

　(清)楊國楨撰
　　　　清道光十年(1830)大梁書院刊本
　　　　清光緒三年(1877)湖北崇文書局刊本
　　　易經音訓不分卷
　　　書經音訓不分卷
　　　詩經音訓不分卷
　　　周禮音訓不分卷
　　　儀禮音訓不分卷
　　　禮記音訓不分卷
　　　春秋左傳音訓不分卷
　　　春秋公羊傳音訓不分卷
　　　春秋穀梁傳音訓不分卷
　　　孝經音訓不分卷
　　　爾雅音訓不分卷

六藝堂詩禮七編

　(清)丁晏撰
　　　　清咸豐二年(1852)聊城楊以增海源閣刊
　　　　本
　　　毛鄭詩釋三卷續錄一卷
　　　鄭氏詩譜攷正一卷
　　　詩攷補注二卷
　　　詩攷補遺一卷
　　　周禮釋注二卷
　　　儀禮釋注二卷
　　　禮記釋注四卷

面城樓叢刊

　(清)曾釗撰
　　　　清嘉慶道光間南海曾氏面城樓刊本
　　　字林七卷首一卷　(晉)呂忱撰　(清)曾釗
　　　　校增　嘉慶二十四年(1819)刊
　　　周易虞氏義箋九卷
　　　詩毛鄭異同辨二卷

篤志齋經解

　(清)張應譽撰
　　　　清同治十年(1871)南皮張氏刊本
　　　篤志齋周易解三卷
　　　篤志齋春秋解二卷

希鄭堂叢書(一名潘氏叢書)

　(清)潘任撰
　　　　清光緒二十年(1894)木活字排印本
　　　鄭君粹言三卷　(清)潘任輯
　　　說文粹言疏證二卷
　　　博約齋經說三卷
　　　孝經鄭注攷證一卷
　　　周禮札記一卷
　　　雙桂軒答問一卷
　　　希鄭堂經義一卷

史伯平先生所箸書

　(清)史致準撰
　　　　清光緒中刊本
　　　尙書繹聞一卷
　　　讀左評錄一卷

孫谿朱氏經學叢書初編

　(清)朱記榮輯
　　　　清光緒中吳縣朱氏槐廬刊本
　　　李氏易解賸義三卷　(清)李富孫撰　光緒
　　　　十三年(1887)刊
　　　古易音訓二卷　(宋)呂祖謙撰　(清)宋咸
　　　　熙輯　光緒十二年(1886)刊
　　　尙書餘論一卷　(清)丁晏撰　光緒十三年
　　　　(1887)刊
　　　詩辨說一卷　(宋)趙惪撰　光緒十三年
　　　　(1887)刊
　　　饗禮補亡一卷　(清)諸錦撰　光緒十三年
　　　　(1887)刊
　　　公羊逸禮攷徵一卷　(清)陳奐撰　光緒十
　　　　二年(1886)刊
　　　論語孔注辨僞二卷　(清)沈濤撰　光緒十
　　　　三年(1887)刊
　　　讀孟質疑二卷　(清)施彥士撰　光緒十三
　　　　年(1887)刊
　　　孟子時事略一卷　(清)任兆麟撰　光緒十
　　　　三年(1887)刊
　　　弟子職集解一卷　(清)莊述祖撰　光緒十
　　　　二年(1886)刊
　　　九經古義十六卷　(清)惠棟撰　光緒十一
　　　　年(1885)刊
　　　十三經詁答問六卷　(清)馮登府撰　光緒
　　　　十三年(1887)刊
　　　攷經筆記一卷　(清)陳倬撰　光緒十二年
　　　　(1886)刊

素隱所刻書

　(清)□□輯

清光緒十五年(1889)刊本
朱子儀禮釋宮一卷　(宋)朱熹撰
儀禮宮室圖一卷附說一卷　(清)張惠言撰
冕弁冠服圖一卷　(清)張惠言撰
冕弁冠服表一卷　(清)張惠言撰　　　　[撰
春秋列國卿大夫世系表二卷　(清)顧棟高

李氏成書

(清)李文炤撰
　　清四爲堂刊本
周易本義拾遺六卷附周易序例一卷周易拾
　　遺一卷
恆齋文集十二卷
周禮集傳六卷綱領一卷
春秋集傳十卷首一卷
家禮拾遺五卷附錄一卷

百本書齋藏書

(清)王貞撰
　　清光緒十四年(1888)海陽韓氏刊本
夏小正小箋四卷附揭誤
小爾雅補義一卷附正誤
弟子職詁一卷

丁氏遺稿六種

(清)丁壽昌撰
　　稿本
讀易會通不分卷
詩經解不分卷
小戴禮記解不分卷
春秋左傳解不分卷
春秋解不分卷
說文辨通刊俗不分卷

皮氏經學叢書

(清)皮錫瑞撰
　　清光緒中思賢書局刊本
經學通論五卷　光緒三十三年(1907)刊
經學歷史一卷　光緒三十二年(1906)刊
古文尙書寃詞平議二卷　光緒二十二年
　　(1896)刊　　　　　　　　　　　[刊
尙書中侯疏證一卷　光緒二十五年(1899)
王制箋一卷　光緒三十四年(1908)刊
鄭志疏證八卷鄭記考證一卷
附
　　答臨孝存周禮難疏證一卷　光緒二十五
　　　年(1899)刊
聖證論補評二卷　光緒二十五年(1899)刊
六藝論疏證一卷　光緒二十五年(1899)刊
魯禮禘祫義疏證一卷　光緒二十五年

(1899)刊

四益館經學叢書

(民國)廖平撰
　　清光緒十二年(1886)成都刊本
何氏公羊解詁三十論三卷
春秋左傳古義凡例一卷
今古學攷二卷
六書舊義一卷
分撰兩戴記章句凡例一卷

讀書堂叢刻

(民國)簡朝亮撰
　　清光緒至民國間刊本　　　　　　　[卷
尙書集注三十二卷首一卷末二卷附答問一
論語集注補正述疏十卷首一卷附答問一卷
孝經集注述疏一卷附答問一卷
禮記子思子言鄭注補正四卷

茹經堂新著

唐文治撰
　　民國排印本
周易憂患九卦大義一卷
禮記曲禮篇一卷
禮記內則篇一卷
禮記祭義篇一卷
禮記儒行篇一卷
禮記冠義篇一卷
大戴禮記曾子疾病篇講義一卷

漢魏二十一家易注

(清)孫堂輯　　　　　　　　　　　　[本
　　清嘉慶四年(1799)平湖孫氏映雪草堂刊
子夏易傳一卷　(周)卜商撰
周易章句一卷　(漢)孟喜撰
周易章句一卷　(漢)京房撰
周易傳一卷　(漢)馬融撰
周易注一卷　(漢)荀爽撰
周易注三卷補遺一卷　(漢)鄭玄撰　(宋)
　　王應麟輯　(清)惠棟增補　(清)孫堂
　　重校倂輯補遺
周易章句一卷　(漢)劉表撰
周易注一卷　(漢)宋衷撰
周易述一卷　(吳)陸績撰　(明)姚士麟輯
　　(清)孫堂增補
周易章句一卷　(魏)董遇撰
周易注十卷附錄一卷　(吳)虞翻撰
周易注一卷　(魏)王肅撰
周易注一卷　(吳)姚信撰
周易注一卷　(晉)王廙撰

周易集解一卷　（晉）張璠撰
周易義一卷　（晉）向秀撰
周易注一卷　（晉）干寶撰　（元）屠曾輯
　（清）孫堂補
蜀才周易注一卷　（蜀）范長生撰
周易義一卷　（□）翟玄撰
九家周易集注一卷
周易義疏一卷　（南齊）劉瓛撰

雕菰樓易學

（清）焦循撰
　　稿本
　　易章句十二卷
　　易通釋二十卷
　　易圖略八卷

春水船易學

（清）方本恭撰
　　清嘉慶三年(1798)刊本
　　象數述四卷
　　內經述一卷
　　算術述一卷
　　等子述一卷

張臯文箋易詮全集

（清）張惠言撰
　　清嘉慶道光間刊本
　　周易虞氏義九卷　嘉慶八年(1803)揚州阮
　　　氏琅嬛僊館刊
　　周易虞氏消息二卷　嘉慶八年(1803)揚州
　　　阮氏琅嬛僊館刊　　　　　　　［刊
　　虞氏易禮二卷　道光元年(1821)合河康氏
　　虞氏易候一卷
　　虞氏易言二卷
　　周易鄭氏注三卷　（漢）鄭玄撰　（宋）王應
　　　麟輯　（清）丁杰後定　（清）張惠言訂
　　　正
　　周易荀氏九家三卷　（清）張惠言輯
　　周易鄭荀義三卷　道光元年(1821)合河康
　　　氏刊
　　　周易鄭氏義二卷
　　　周易荀氏九家義一卷
　　易義別錄十四卷　（清）張惠言輯　道光元
　　　年(1821)合河康氏刊
　　易緯略義三卷
　　易圖條辨一卷
　　讀儀禮記二卷
　　茗柯文初編一卷二編二卷三編一卷四編一
　　　卷　嘉慶十四年(1809)李生甫張雲藻
　　　刊

　　茗柯詞一卷
　　擬名家制藝一卷　道光八年(1828)張琦刊
　　詞選二卷附錄一卷續詞選二卷　（清）張惠
　　　言輯　附錄（清）鄭善長輯　　續詞選
　　　（清）董毅輯　道光十年(1830)張琦刊

學易五種

（清）王鼎撰
　　清道光二年(1822)鐺雪山房刊本
　　周易半古本義八卷
　　周易象纂一卷
　　周易圖騰二卷
　　周易辯占一卷
　　周易校字二卷

方氏易學五書

（清）方申撰
　　清道光十八年(1838)刊本
　　諸家易象別錄一卷
　　虞氏易象彙編一卷
　　周易卦象集證一卷
　　周易互體詳述一卷
　　周易卦變舉要一卷

沈轂成易學

（清）沈善登撰
　　清光緒中桐鄉沈氏豫恕堂刊本
　　需時眇言十卷
　　報恩論三卷附錄二卷
　　經正民興說一卷
　　論餘適濟編一卷附錄一卷

易通殘稿三種

（清）程廷祚撰
　　稿本
　　周易正解四卷
　　易學精義一卷
　　占法訂誤一卷

易學六種

（清）汪□輯
　　蕭山汪氏環碧山房鈔本
　　陸氏易解一卷　（吳）陸績撰
　　干氏易傳三卷　（晉）干寶撰
　　易學濫觴一卷　（元）黃澤撰
　　周易口訣義六卷　（唐）史徵撰
　　吳園周易解九卷附錄一卷　（宋）張根撰
　　易原八卷　（宋）程大昌撰

易藏叢書

(民國)杭辛齋撰
　　民國十二年(1923)研幾學社排印本
　　學易筆談初集四卷二集四卷
　　易楔六卷
　　易數偶得二卷
　　讀易雜識一卷
　　愚一錄易說訂二卷
　　沈氏改正揲蓍法一卷　(清)沈善登撰
　　　(民國)杭辛齋輯

學鐸社叢書

　楊踐形撰
　　民國十四年(1925)排印本
　　易學演講錄第一編二卷
　　太極圖說考原篇一卷
　　太極粹言一卷
　　太極圖攷一卷
　　太極圖象作法之研究一卷

龍岡山人古文尚書四種

　(清)洪良品撰
　　清光緒十四年(1888)排印本
　　古文尚書辨惑十八卷
　　古文尚書釋難一卷
　　古文尚書析疑一卷
　　古文尚書商是一卷

古名儒毛詩解十六種

　(明)鍾惺輯
　　明擁萬堂刊本
　　小序一卷　(周)卜商撰
　　新刻詩傳一卷　(周)端木賜撰
　　新刻詩說一卷　(漢)申培撰
　　新刻詩譜一卷　(漢)鄭玄撰
　　新刻詩傳綱領一卷
　　新刻讀詩一得一卷　(宋)黃震撰
　　新刻印古詩語一卷　(明)朱得之撰
　　新刻玉海紀詩一卷　(宋)王應麟撰
　　新刻困學紀詩一卷　(宋)王應麟撰
　　新刻詩考一卷　(宋)王應麟撰
　　新刻詩地理考六卷　(宋)王應麟撰
　　新刻山堂詩考一卷　(宋)章如愚編
　　新刻文獻詩考二卷　(元)馬端臨撰
　　新刻胡氏詩識三卷　(明)胡續宗編
　　新刻讀詩錄一卷　(明)薛瑄撰
　附
　　新刻逸詩一卷　(明)鍾惺輯
　　新刻韓詩外傳十卷　(漢)韓嬰撰

詩經通解

　(清)歸起先輯
　　清順治十五年(1658)刊本
　　詩經解注四卷　(明)徐奮鵬撰
　　詩通四卷　(明)陸化熙撰

毛詩質疑

　(清)牟應震撰
　　清嘉慶中棲霞牟氏刊道光二十九年
　　　(1849)歷城朱氏修補印本
　　詩問六卷
　　毛詩物名考七卷
　　毛詩古韻雜論一卷
　　毛詩古韻五卷
　　毛詩奇句韻攷四卷
　　韻譜一卷

陳氏毛詩五種

　(清)陳奐撰　　　　　　　　　　　　[本
　　清道光咸豐間吳門南園陳氏掃葉山莊刊
　　詩毛氏傳疏三十卷　道光二十七年(1847)
　　　刊
　　釋毛詩音四卷　咸豐元年(1851)刊
　　毛詩說一卷　道光二十七年(1847)刊
　　毛詩傳義類一卷　咸豐九年(1859)刊
　　鄭氏箋攷徵一卷　咸豐八年(1858)刊

讀禮叢鈔

　(清)李輔燿輯
　　清光緒十七年(1891)湘西李氏鞠園刊本
　　喪葬雜錄一卷　(清)張履祥撰
　　喪祭雜說一卷　(清)張履祥撰
　　讀禮問一卷　(清)吳肅公撰
　　喪服或問一卷　(清)汪琬撰
　　三年服制考一卷　(清)毛奇齡撰
　　喪禮雜說一卷　(清)毛先舒撰
　　喪服翼注一卷　(清)閻若璩撰
　　約喪禮經傳一卷　(清)吳卓信撰
　　家禮喪祭拾遺一卷　(清)李文炤撰
　　經咫摘錄一卷　(清)陳祖范撰
　　讀禮小事記一卷　(清)唐鑑撰
　　喪服今制表一卷　(清)張華理撰
　　喪服雜說一卷　(清)張華理撰
　　制服表一卷　(清)周保珪撰
　　制服成誦篇一卷　(清)周保珪撰
　　喪服通釋一卷　(清)周保珪撰

确山所著書

　(清)宋世犖撰
　　清光緒六年(1880)津門徐士鑾補刊印本
　　周禮故書疏證六卷

儀禮古今文疏證二卷

檀弓通考工通合刻

（明）徐昭慶撰
明刊本
檀弓通二卷
考工記通二卷

鏦黃先生進覽書四種

（明）黃道周撰　（明）李清輯
明刊本
黃先生洪範明義八卷
黃先生儒行集傳四卷
黃先生月令明義四卷
黃先生緇衣集傳六卷

玉玲瓏閣叢刻

（唐）陸淳撰　（清）龔翔麟輯
清康熙中錢塘龔氏刊本
春秋啖趙二先生集傳纂例十卷
春秋啖趙二先生集傳辯疑十卷
春秋集傳微旨三卷

春秋三書

（明）張溥撰
明刊本
春秋列國論二十四卷
春秋四傳斷殘六卷（卷六以后缺）
春秋書法解一卷

春秋識小錄初刻三書

（清）程廷祚撰
清乾隆八年（1743）三近堂刊本
清光緒三十二年（1906）江寧傅氏晦齋刊
本
春秋職官考略三卷
春秋地名辨異三卷
附
晉書地理志證今一卷
左傳人名辨異一卷

春秋表三種

（清）朱兆熊撰
清刊本
春秋歲星行表一卷
春秋日食星度表一卷
春秋經傳日表一卷

毛氏春秋三種

（清）毛士撰

清同治光緒間刊本
春秋三子傳六卷首一卷　同治十一年
（1872）深澤王氏刊
春秋諸家解十二卷總論一卷　同治十一年
（1872）深澤王氏刊
春秋三傳駁語十卷首一卷　光緒八年
（1882）刊
公穀駁語六卷
左氏駁語四卷
總論一卷

弢園經學輯存

（清）王韜撰
清光緒十五年（1889）排印本
春秋朔閏至日考三卷
春秋日食辨正一卷
春秋朔至表一卷　石印

春秋筆記六種

（清）朱運樞撰
民國十五年（1926）石印本
列國年表一卷
箋經瑣說一卷
經文辨異一卷
讀左別解一卷
論古撮要一卷
世族譜系一卷

張氏公羊二種

（清）張憲和撰
清光緒中刊本
公羊臆三卷
讀公羊注紀疑三卷

樂律全書

（明）朱載堉撰
明萬曆二十四年（1596）鄭藩刊本
律學新說四卷
樂學新說一卷
算學新說一卷
律呂精義內編十卷
律呂精義外篇十卷
操縵古樂譜一卷
旋宮合樂譜一卷
鄉飲詩樂譜六卷
六代小舞譜一卷
小舞鄉樂譜一卷
二佾綴兆圖一卷
靈星小舞譜一卷
曆書

　　　　聖壽萬年曆二卷
　　　　萬年曆備攷三卷
　　　　律曆融通四卷附音義一卷

李氏樂書四種

　　(明)李文察撰
　　　　明藍格鈔本
　　　樂記補說二卷
　　　皇明青宮樂調三卷附圖
　　　律呂新書補注一卷
　　　興樂要論三卷

繹聖二編

　　(明)周從龍撰
　　　　明萬曆三十九年(1611)序刊本
　　　大學遵古編一卷
　　　中庸發覆編二卷

楊貞復六種

　　(明)楊起元撰
　　　　明萬曆中刊本
　　　四書答問　(明)羅汝芳撰　(明)楊起元輯
　　　　近溪子大學答問集一卷
　　　　近溪子中庸答問集二卷
　　　　近溪子論語答問集二卷
　　　　近溪子孟子答問集一卷
　　　貞復楊先生學解一卷
　　　楊先生冬日記一卷
　　　白沙先生語錄二卷　(明)陳獻章撰　(明)
　　　　楊起元輯
　　　南中論學存笥稿四卷
　　　歸善楊先生證學編二卷

四書大全

　　(明)胡廣等撰
　　　　朝鮮純祖二十年(1820)刊本
　　　大學章句大全一卷
　　　中庸章句大全一卷
　　　論語集註大全二十卷
　　　孟子集註大全十四卷

四書大全

　　(明)胡廣等撰
　　　　清吳門德馨堂刊本
　　　大學章句大全一卷或問一卷
　　　中庸集註章句大全一卷或問一卷
　　　論語集註大全二十卷附攷異一卷　攷異
　　　　(宋)王應麟撰
　　　孟子集註大全十四卷附攷異一卷　攷異
　　　　(宋)王應麟撰

四書集註大全

　　(清)陸隴其輯
　　　　清康熙四十一年(1702)三魚堂刊本
　　　大學大全二卷
　　　中庸大全三卷
　　　論語集註大全二十卷
　　　孟子集註大全十四卷

孟子四考

　　(清)周廣業撰
　　　　清乾隆六十年(1795)省吾廬刊本
　　　孟子逸文考一卷
　　　孟子異本考一卷
　　　孟子古注考一卷
　　　孟子出處時地考一卷

璜川吳氏四書學

　　(清)吳志忠輯
　　　　清嘉慶十六年(1811)序刊本
　　　四書章句集注附考四卷　(清)吳志忠撰
　　　四書章句集注定本辨一卷　(清)吳英撰
　　　四書家塾讀本句讀一卷　(清)吳英撰

四書古註羣義彙解

　　　　清光緒十六年(1890)上海珍藝書局排印
　　　　　本　　　　　　　　　　　　〔本
　　　　清光緒十九年(1893)上海同文書局石印
　　　　清光緒三十年(1904)上海同文升記書局
　　　　　排印本
　　　論語集解義疏十卷　(魏)何晏集解　(梁)
　　　　皇侃義疏
　　　四書改錯二十二卷　(清)毛奇齡撰
　　　論語正義二十四卷　(清)劉寶楠撰　(清)
　　　　劉恭冕述
　　　孟子正義三十卷　(清)焦循撰
　　　大學古本說一卷　(清)李光地撰
　　　中庸章段一卷　(清)李光地撰
　　　中庸餘論一卷　(清)李光地撰
　　　論語札記三卷　(清)朱亦棟撰
　　　孟子札記二卷　(清)朱亦棟撰
　　　增補四書經史摘證四卷　(清)宋繼種輯

孝經大全

　　(明)江元祚輯
　　　　明崇禎中刊本
　　子集　(明)江元祚撰
　　　孝經考
　　　宗傳圖考
　　　全孝圖說

傳經始末
全經綱目
孝字釋
全孝心法
誦經威儀
丑集
漢孝經
　今文孝經直解一卷　　（明）江元祚訂
唐孝經
　進石臺孝經表　　（唐）齊古撰
　石臺孝經一卷　唐玄宗注
寅集
宋孝經
　朱文公定古文孝經一卷　　（宋）朱申注
　朱文公刊誤古文孝經一卷　　（元）董鼎注
卯集
元孝經　　　　　　　　　　　　　　　　〔定
　吳文正公較定今文孝經一卷　　（元）吳澄校
辰集
皇明孝經
　孝經彙註三卷　　（明）江元祚刪輯
　孝經會通一卷　　（明）沈淮撰
　孝經疏鈔一卷　　（唐）元行冲疏　　（宋）邢昺
　　　正義　　（明）梅鼎和鈔
巳集
　五經孝語一卷　　（明）朱鴻輯
　四書孝語一卷　　（明）朱鴻輯
午集
　曾子孝實附錄一卷　　（明）江元祚刪註
　孝經彙目一卷　　（明）江元祚撰
未、申集
　孝經集靈二卷附集一卷　　（明）虞淳熙撰
酉集
　孝經釋疑一卷　　（明）孫本撰
　孝經質疑一卷　　（明）朱鴻撰
戌集
　朱文公刊誤孝經旨意一卷　　（明）朱鴻撰
　古文孝經說一卷　　（明）孫本撰
　從今文孝經說一卷　　（明）虞淳熙撰
亥集
　孝經集文二卷　　（明）江元祚輯

今古文孝經彙刻

（清）王德瑛輯
　　清道光中福山王氏日省吾齋刊本
　孝經一卷　　（漢）孔安國傳　　（日本）太宰純
　　晉　以下道光十四年（1834）刊
　孝經注疏一卷　　（宋）邢昺撰
　孝經指解一卷　　（宋）司馬光撰　　（宋）范祖
　　禹說

朱子孝經刊誤一卷　　（宋）朱熹撰　　以下道
　光十五年（1835）刊
　孝經大義一卷　（元）董鼎注　　　　〔按
　孝經定本一卷　　（元）吳澄校定　　（清）朱軾
　孝經述註一卷　　（明）項霦撰
　孝經集傳四卷　　（明）黃道周撰
　御註孝經一卷　清世祖撰
　御纂孝經集註一卷　清世宗撰
　孝經問一卷　　（清）毛奇齡撰
　孝經全註一卷　　（清）李光地撰
　孝經三本管窺一卷　　（清）吳隆元撰　　以下
　　道光十六年（1836）刊
　孝經解紛一卷　　（清）□□撰
　孝經章句一卷　　（清）任啓運撰
　孝經義疏一卷　　（清）阮元撰

唐開成石壁十二經

　　民國十五年（1926）披縣張氏啽忍堂摹刊
　　藍印本
　周易九卷畧例一卷　畧例（魏）王弼撰
　尙書十三卷
　毛詩二十卷
　周禮十二卷
　儀禮十七卷
　禮記二十卷
　春秋左傳三十卷
　春秋公羊傳十一卷
　春秋穀梁傳十二卷
　孝經一卷
　論語十卷
　爾雅三卷
附
　五經文字三卷　　（唐）張參撰
　九經字樣一卷　　（唐）唐玄度撰
　孟子七卷
　唐石經校文十卷　　（清）嚴可均纂

石經補攷

（清）馮登府撰
　　清道光八年（1828）刊本
　國朝石經攷異二卷
　漢石經攷異二卷
　魏石經攷異一卷拾遺一卷
　唐石經誤字辨一卷
　蜀石經攷異二卷
　北宋石經攷異一卷
　南宋石經攷異一卷遺字一卷

石經彙函

（民國）王秉恩輯

清光緒十六年(1890)四川尊經書局刊本
石經考一卷　(清)顧炎武撰
石經考異二卷　(清)杭世駿撰
漢石經殘字考一卷　(清)翁方綱撰
魏三體石經遺字考一卷　(清)孫星衍撰
唐石經校文十卷　(清)嚴可均撰
後蜀毛詩石經殘本一卷　(清)王昶撰
北宋汴學二體石經記一卷　(清)丁晏撰
石經考文提要十三卷　(清)彭元瑞撰
石經補攷十一卷　(清)馮登府撰
儀禮石經校勘記四卷　(清)阮元撰

緯　　書

古微書

(明)孫瑴輯
清嘉慶十七年(1812)禹航陳世望對山問
月樓刊本
清光緒十四年(1888)刊本
清光緒二十一年(1895)上海鴻文書局石
印本

尚書緯
尚書考靈曜二卷
尚書帝命驗一卷
尚書中候一卷
尚書五行傳
尚書璇璣鈐
尚書刑德放
尚書運期授
尚書帝驗期
中候握河紀
中候考河命
中候摘洛戒
中候雜篇
中候運行
中候洛予命
中候摘洛戒
中候儀明篇
中候勑省圖
中候稷起
中候準讖哲
附
洪範緯　以上合一卷
春秋緯
春秋元命包二卷
春秋演孔圖
春秋合誠圖　以上合一卷
春秋文耀鉤
春秋運斗樞　以上合一卷
春秋感精符

春秋考異郵　以上合一卷
春秋潛潭巴
春秋說題辭　以上合一卷
春秋漢含孳
春秋佐助期
春秋保乾圖
春秋握誠圖
春秋內事　以上合一卷
春秋命歷序一卷
易緯
易通卦驗
易坤靈圖
易稽覽圖　以上合二卷
易通統圖
易統驗玄圖
易河圖數
易筮類謀
易九厄讖
易雜緯
易辨終備
易萌氣樞
易中孚傳
易運期　以上合一卷
禮緯
禮含文嘉一卷
禮稽命徵一卷
禮斗威儀一卷
樂緯
樂叶圖徵一卷
樂動聲儀一卷
樂稽耀嘉一卷
詩緯
詩含神霧一卷
詩推度災
詩汎歷樞　以上合一卷
論語緯
論語比考讖
論語譔考
論語陰嬉讖　以上合一卷
論語摘輔象
論語摘衰聖　以上合一卷
孝經緯
孝經援神契三卷
孝經鈎命訣
孝經中契
孝經左契
孝經右契
孝經威嬉拒　以上合一卷
孝經內事圖一卷
河圖緯

河圖括地象
河圖始開圖
河圖絳象　以上合一卷
河圖稽燿鉤
河圖帝覽禧
河圖挺佐輔
河圖握矩記
河圖雜緯篇
　河圖秘徵
　河圖帝通紀
　河圖著命
　河圖眞紀鉤
　河圖要元篇
　河圖考靈曜
　河圖提劉篇
　河圖稽命徵
　河圖會昌符　以上合一卷
河圖玉版
龍魚河圖　以上合一卷
雜書緯
　雜書靈准聽一卷
　洛書甄曜度
　洛書摘六辟
　洛書錄運法
　河洛讖
　　孔子河洛讖
　　錄運期讖
　　甄曜度讖　以上合一卷

緯書

(清)殷元正輯　(清)陸明睿增訂
　　清觀我生齋鈔本
河圖帝系譜一卷
河圖玉版一卷
河圖挺佐輔一卷
河圖帝視萌一卷
河圖始開圖一卷
河圖稽命徵一卷
河圖握矩紀一卷
河圖闓苞受一卷
河圖括地象一卷
河圖絳象(一名河圖緯象)一卷
河圖考鉤一卷
河圖八丈一卷
河圖皇參持一卷
龍魚河圖一卷
河圖叶光篇一卷
河圖帝覽嬉一卷
河圖帝通紀一卷
河圖稽耀鉤一卷

河圖考靈曜一卷
河圖眞紀鉤一卷
河圖提劉一卷
河圖合古篇(一名河圖令占篇)一卷
河圖赤伏符一卷
河圖會昌符一卷
河圖錄運法一卷
河圖秘徵篇一卷
河圖要元篇一卷
河圖聖洽一卷
河圖一卷
河圖龍文一卷
雒書甄曜度一卷
雒書摘六辟一卷
雒書靈準聽一卷
雒書寶予命一卷
雒書錄運期一卷
雒書說禾(一名洛書說河)一卷
雒書兵鈐一卷
雒書一卷
易緯坤靈圖一卷
易緯稽覽圖一卷
易緯通卦驗一卷
易緯是類謀(一名易緯筮謀類)一卷
易緯辨終備一卷
易緯萌氣樞一卷
易緯天人應一卷
易緯乾元序制記一卷
易緯一卷
尙書璇璣鈐一卷
尙書考靈耀一卷
尙書刑德放一卷
尙書帝命驗(一名尙書帝命期又名尙書帝
　　驗期又名尙書帝命驗期又名尙書令命
　　驗)一卷
尙書運期授一卷
尙書緯一卷
詩緯推度災一卷
詩緯紀歷樞(一名詩緯汎歷樞又名詩緯氾
　　歷樞又名詩緯記歷樞)一卷
詩緯含神霧一卷
詩緯含文候一卷
詩緯一卷
禮緯含文嘉一卷
禮緯稽命徵一卷
禮緯斗威儀一卷
禮緯元命包一卷
禮緯一卷
樂緯動聲儀一卷
樂緯稽耀嘉一卷

樂緯叶圖徵一卷
樂緯一卷
春秋孔演圖一卷
春秋元命苞一卷

七緯

（清）趙在翰輯
　　清嘉慶十四年(1809)侯官趙氏小積石山
　　　　房刊本
易緯
　易乾坤鑿度一卷
　易乾鑿度一卷　（漢）鄭玄注
　易稽覽圖一卷　（漢）鄭玄注
　易辨終備一卷　（漢）鄭玄注
　易乾元序制記一卷　（漢）鄭玄注
　易通卦驗一卷　（漢）鄭玄注
　易是類謀一卷　（漢）鄭玄注
　易坤靈圖一卷　（漢）鄭玄注
尙書緯
　尙書琁機鈐一卷附補遺
　尙書攷靈曜一卷附補遺
　尙書刑德放一卷附補遺
　尙書帝命驗一卷
　尙書運期授附補遺
　尙書緯附錄附補遺　以上合一卷
詩緯
　詩推度災一卷附補遺
　詩汎歷樞一卷附補遺
　詩含神霧附補遺
　詩緯附錄附補遺　以上合一卷
禮緯
　禮含文嘉一卷附補遺
　禮稽命徵一卷附補遺
　禮斗威儀附補遺
　禮緯附錄附補遺　以上合一卷
樂緯
　樂動聲儀一卷附補遺
　樂稽耀嘉一卷附補遺
　樂叶圖徵附補遺
　樂緯附錄附補遺　以上合一卷
春秋緯
　春秋演孔圖一卷附補遺
　春秋元命苞一卷附補遺
　春秋文耀鉤一卷附補遺
　春秋運斗樞一卷附補遺
　春秋感精符一卷附補遺
　春秋合誠圖一卷附補遺
　春秋攷異郵一卷附補遺
　春秋保乾圖一卷附補遺
　春秋漢含孳一卷附補遺

春秋佐助期一卷附補遺
春秋握誠圖一卷
春秋潛潭巴一卷附補遺
春秋說題辭附補遺
春秋緯附錄附補遺　以上合一卷
孝經緯
　孝經援神契一卷附補遺
　孝經鉤命決附補遺
　孝經緯附錄附補遺　以上合一卷
敍錄敍目一卷

小　　學

小學鉤沈

（清）任大椿輯　（清）王念孫校
　　清嘉慶二十二年(1817)山陽汪廷珍據高
　　　郵王氏刊本續刊
　　清光緒十年(1884)龍氏刊本
　　清光緒中湖北崇文書局刊本
倉頡篇二卷附倉頡訓詁倉頡解詁
三倉二卷附三倉訓詁三倉解詁
凡將篇　（漢）司馬相如撰
古文官書附古文奇字郭訓古文奇字　（漢）
　　衞宏撰　附(□)□□撰
勸學篇　（漢）蔡邕撰
聖皇篇　（漢）蔡邕撰　以上合一卷
通俗文二卷　（漢）服虔撰
埤倉二卷　（魏）張揖撰
古今字詁　（魏）張揖撰
雜字　（魏）張揖撰　以上合一卷
聲類一卷　（魏）李登撰
辨釋名　（吳）韋昭撰
韻集　（晉）呂靜撰　以上合一卷
雜字解詁　（魏）周成撰
周成難字　（魏）周成撰
小學篇　（晉）王羲撰
字苑　（晉）葛洪撰
字指　（晉）李彤撰
音譜　（劉宋）李槩撰　以上合一卷
纂文一卷　（劉宋）何承天撰
纂要　梁元帝撰
文字集畧　（梁）阮孝緒撰
字畧　（後魏）宋世良撰
廣蒼　（魏）樊恭撰　以上合一卷
字統　（後魏）楊承慶撰
韻畧　（北齊）陽休之撰
證俗音　（北齊）顏之推撰
文字指歸　（隋）曹憲撰
切韻　（隋）陸法言撰　以上合一卷
字書二卷

字體
異字苑
字類
字諟
古今字音
聲譜
證俗文
異字音　　以上合一卷
附
　　三蒼攷逸補正一卷　　(清)任兆麟撰

小學鉤沈續編

(清)顧震福輯
　　　　清光緒十八年(1892)山陽顧氏刊本
　　倉頡篇
　　倉頡解詁
　　三倉
　　三倉解詁　　(晉)郭璞撰
　　凡將篇　　(漢)司馬相如撰
　　古文官書　　(漢)衛宏撰
　　古文奇字
　　勸學篇　　(漢)蔡邕撰
　　聖皇篇　　(魏)曹植撰
　　通俗文　　(漢)服虔撰　　以上合一卷
　　埤倉一卷　　(魏)張揖撰
　　古今字詁　　(魏)張揖撰
　　聲類　　(魏)李登撰
　　辨釋名　　(吳)韋昭撰
　　韵集　　(晉)呂靜撰
　　雜字解詁　　(魏)周成撰
　　周成難字　　(魏)周成撰
　　小學篇　　(晉)王義撰　　以上合一卷
　　字苑　　(晉)葛洪撰
　　字指　　(晉)李彤撰
　　音譜　　(劉宋)李槩撰
　　纂文　　(劉宋)何承天撰
　　纂要　　梁元帝撰
　　文字集畧　　(梁)阮孝緒撰
　　字畧　　以上合一卷
　　廣倉　　(魏)樊恭撰
　　字統　　(後魏)楊承慶撰
　　韻略　　(北齊)陽休之撰
　　證俗音　　(北齊)顏之推撰
　　文字指歸　　(隋)曹憲撰
　　陸詞切韻　　(唐)陸法言撰
　　切韻　　(唐)孫愐撰
　　切韻　　(唐)郭知玄撰
　　切韻　　(唐)王仁煦撰
　　切韻　　(唐)祝尚邱撰
　　東宮切韻　　(日本)菅原是善撰

　　釋氏切韻　　(唐)□□撰
　　切韻　　(唐)裴務齊撰
　　切韻　　(唐)麻果撰
　　切韻　　(唐)李審言撰
　　切韻　　(唐)蔣魴撰
　　切韻　　以上合一卷
　　字書三卷
　　字體
　　異字苑
　　字類
　　字諟
　　聲譜
附
　　補遺一卷

小學蒐佚

(民國)龍璋輯
　　　　民國攸縣龍氏排印本
上編
　　倉頡篇二卷
　　三倉一卷
　　凡將一卷　　(漢)司馬相如撰
　　古文官書一卷　　(漢)衛宏撰
　　勸學篇一卷　　(漢)蔡邕撰
　　聖皇篇一卷　　(漢)蔡邕撰
　　通俗文一卷　　(漢)服虔撰
　　古文奇字一卷　　(漢)郭顯卿撰
　　古今字詁一卷　　(魏)張揖撰
　　雜字一卷　　(魏)張揖撰
　　埤倉一卷　　(魏)張揖撰
　　雜字解詁一卷　　(魏)周成撰
　　周成難字一卷　　(魏)周成撰
　　異字一卷　　(吳)朱育撰
　　始學篇一卷　　(吳)項峻撰
　　小學篇一卷　　(晉)王義撰
　　發蒙記一卷　　(晉)束皙撰
　　字指一卷　　(晉)李彤撰
　　單行字一卷　　(晉)李彤撰
　　字訓一卷　　(晉)殷仲堪撰
　　字畧一卷　　(後魏)宋世良撰
　　字統一卷　　(後魏)楊承慶撰
　　纂文一卷　　(劉宋)何承天撰
　　詁幼一卷　　(劉宋)顏延之撰
　　纂要一卷　　(劉宋)顏延之撰
　　纂要一卷　　梁元帝撰
　　廣倉一卷　　(魏)樊恭撰
　　文字集略一卷　　(梁)阮孝緒撰
　　字苑一卷　　(晉)葛洪撰
　　證俗文一卷　　(北齊)顏之推撰
　　文字釋訓一卷　　(梁)釋寶誌撰

字書二卷
桂苑珠叢一卷 (隋)諸葛潁撰
文字指歸一卷 (隋)曹憲撰
文字志一卷 (□)王愔撰
古今正字二卷 (唐)張戩撰
集訓一卷 (唐)張戩撰
文字典說一卷 (唐)張戩撰
文字釋要一卷 (唐)張戩撰
五經文字一卷 (唐)張參撰
字樣一卷 (唐)顏師古撰
說文字樣一卷
正字辨惑一卷
異字苑一卷 (吳)朱育撰
集類一卷
新字解訓一卷
字體一卷
字諟一卷 (□)王柏撰
字類一卷 (□)侯洪洎撰
字鏡一卷
字典一卷
字譜一卷
字詁一卷
羣書字要一卷
上編補
白虎通義一卷 (漢)班固撰
說文一卷
衛宏一卷
古文一卷
訓文一卷
異苑一卷
字訓一卷
博雅一卷
庭誥一卷
下編
聲類一卷 (魏)李登撰
文字音義一卷 (晉)王延撰
韻集一卷 (晉)呂靜撰
韻略一卷 (北齊)陽休之撰
音譜一卷 (□)李槩撰
證俗音一卷 (劉宋)顏延之撰
韻英一卷 (隋)釋靜洪撰
切韻一卷 (□)陸慈撰
音隱一卷 (唐)□□撰
纂韻一卷 (□)潘徽撰
開元音義一卷 唐玄宗撰
唐韻一卷 (唐)孫愐撰
考聲五卷 (唐)張戩撰
異字音一卷 (宋)吉文甫撰
韻詮一卷 (唐)武玄之撰
韻譜一卷 (宋)李燾撰
韻林一卷 (□)張諒撰
韻圃一卷
字書音義一卷
古今字音一卷
音訓一卷
聲譜一卷
五經音義一卷
韻會一卷 (晉)孟昶撰
下編補
韓詩一卷 (漢)韓嬰撰
劉兆注公羊一卷 (晉)劉兆撰
劉兆注穀梁一卷 (晉)劉兆撰
鄭玄注公羊一卷 (漢)鄭玄撰
孔注論語一卷
鄭注論語一卷
馬融注論語一卷 (漢)馬融撰
包咸注論語一卷 (漢)包咸撰
王肅注論語一卷 (魏)王肅撰
何注論語一卷 (魏)何晏撰
辨釋名一卷 (吳)韋昭撰

五經歲徧齋許學三書

(清)翟云升撰
稿本
說文形聲後案四卷
說文辨異八卷
肄許外篇二卷
附
古韻證二十二卷

文字存眞

(清)饒炯撰
清光緒三十年(1904)達古軒刊本
六書例說一卷
說文解字部首訂十四卷

增注字詁義府合按

(清)黃承吉輯
清光緒三年(1877)歙西黃氏刊本
字詁一卷 (清)黃生撰 (清)黃承吉按
附
承吉兄字說一卷 (清)黃承吉撰
義府二卷 (清)黃生撰 (清)黃承吉按

五雅

(明)畢效欽輯
明嘉靖中新安畢氏刊本
爾雅三卷 (晉)郭璞注
廣雅十卷 (魏)張揖撰 (隋)曹憲音釋
埤雅二十卷 (宋)陸佃撰

爾雅翼三十二卷　(宋)羅願撰
釋名八卷　(漢)劉熙撰

五雅全書

(明)郎奎金輯
　　明武林堂策檻刊本
　　清嘉慶九年(1804)重刊本
爾雅二卷　(晉)郭璞注
小爾雅一卷　(漢)孔鮒撰　(漢)宋咸注
逸雅八卷　(漢)劉熙撰
廣雅十卷　(魏)張揖撰　(隋)曹憲音釋
埤雅二十卷　(宋)陸佃撰

苗氏說文四種

(清)苗夔撰
　　清道光咸豐間壽陽祁氏漢專亭刊本
　　說文聲訂二十八卷　道光二十一年(1841)
　　　刊
　　說文聲讀表七卷　道光二十二年(1842)刊
　　說文建首字讀一卷　咸豐元年(1851)刊
　　毛詩韵訂十卷　咸豐元年(1851)刊

小學類編

(清)李祖望輯
　　清咸豐至光緒間江都李氏半畝園刊本
　　惠氏讀說文記十五卷　(清)惠棟撰　咸豐
　　　二年(1852)刊
　　說文校議十五卷　(清)姚文田(清)嚴可均
　　　撰　(清)孫星衍商訂　咸豐二年
　　　(1852)刊
　　說文答問一卷　(清)錢大昕撰　咸豐二年
　　　(1852)刊
　　說文經字考一卷　(清)陳壽祺撰　咸豐二
　　　年(1852)刊
　　六書說一卷　(清)江聲撰　咸豐元年
　　　(1851)刊
　　說文釋例二卷　(清)江沅撰　咸豐元年
　　　(1851)刊
附編
　　小學鉤沈十九卷　(清)任大椿輯　(清)王
　　　念孫校正　光緒十年(1884)刊
　　倉頡篇二卷附倉頡訓詁倉頡解詁
　　三倉二卷附三倉訓詁三倉解詁
　　凡將篇　(漢)司馬相如撰
　　古文官書附古文奇字郭訓　古文奇字
　　　(漢)衛宏撰　附(□)□□撰
　　勸學篇　(漢)蔡邕撰
　　聖皇篇　(漢)蔡邕撰　以上合一卷
　　通俗文二卷　(漢)服虔撰
　　埤倉二卷　(魏)張揖撰

古今字詁　(魏)張揖撰
雜字　(魏)張揖撰　以上合一卷
聲類一卷　(魏)李登撰
辨釋名　(吳)韋昭撰
韻集　(晉)呂靜撰　以上合一卷
雜字解詁　(魏)周成撰
周成難字　(魏)周成撰
小學篇　(晉)王羲撰
字苑　(晉)葛洪撰
字指　(晉)李彤撰
晉譜　(劉宋)李槩撰　以上合一卷
纂文一卷　(劉宋)何承天撰
纂要　梁元帝撰
文字集略　(梁)阮孝緒撰
字畧　(後魏)宋世良撰
廣倉　(魏)樊恭撰　以上合一卷
字統　(後魏)楊承慶撰
韻畧　(北齊)陽休之撰
證俗音　(北齊)顏之推撰
文字指歸　(隋)曹憲撰
切韻　(隋)陸法言撰　以上合一卷
字書二卷
字體
異字苑
字類
字諟
古今字音
聲譜
證俗文
異字音　以上合一卷
附
　　三蒼攷逸補正一卷　(清)任兆麟撰
　　說文舊音一卷　(清)畢沅輯　咸豐元年
　　　(1851)刊
　　爾雅古注斠三卷　(清)葉蕙心撰　光緒二
　　　年(1876)刊
附
　　蘭如詩鈔一卷　(清)葉蕙心撰

許學叢書

(民國)張炳翔輯
　　清光緒中長洲張氏儀鄦盧刊本
第一集　光緒九年至十年(1883—1884)刊
　　許君年表攷一卷許君年表一卷附錄一卷
　　　(清)陶方琦撰
　　唐寫本說文解字木部箋異一卷　(清)莫友
　　　芝撰
　　說文疑疑二卷附錄一卷　(清)孔廣居撰
　　諧聲補逸十四卷附札記一卷　(清)宋保撰
　　　札記(民國)張炳翔撰

　　轉注古義考一卷　（清）曹仁虎撰
　第二集　光緒十一年(1885)刊
　　說文段注撰要九卷　（清）馬壽齡撰
　　說文辨疑一卷　（清）顧廣圻撰
　　讀說文雜識一卷　（清）許槤撰
　　說文字原韻表二卷　（清）胡重撰
　　說文部首歌一卷　（清）馮桂芬撰　（清）馮
　　　世澂案
　第三集　光緒十二年(1886)刊
　　說文答問疏證六卷　（清）薛傳均撰
　　說文新附攷六卷續攷一卷附札記一卷
　　　（清）鈕樹玉撰　札記(民國)張炳翔撰
　　段氏說文注訂八卷附札記一卷　（清）鈕樹
　　　玉撰　札記(民國)張炳翔撰
　　說文聲訂二卷附札記一卷　（清）苗夔撰
　　　札記(民國)張炳翔撰

許學叢刻

　（清）許頌鼎（清）許溎祥輯　　　　　　　　［本
　　　清光緒十三年(1887)海寧許氏古均閣刊
　第一集
　　說文說一卷　（清）孫濤世撰
　　轉注古義考一卷　（清）曹仁虎撰
　　說文訂訂一卷　（清）嚴可均撰
　　說文辨疑一卷　（清）顧廣圻撰
　　說文舉例一卷　（清）陳瑑撰
　第二集
　　說文蟊箋一卷　（清）潘奕雋撰
　　王氏讀說文記一卷　（清）王念孫撰
　　讀說文證疑一卷　（清）陳詩庭撰
　　說文新附攷校正一卷　（清）王筠撰

澂園叢書

　（清）楊廷瑞撰
　　　清光緒十七年(1891)善化楊氏澂園刊本
　　說文經斠十三卷補遺一卷
　　說文正俗一卷

說文續字彙

　（清）靜觀齋主人輯　　　　　　　　　　　　［本
　　　清光緒十二年(1886)上海積山書局石印
　　說文新附攷六卷續一卷　（清）鈕樹玉撰
　　說文外編十六卷　（清）雷浚撰

許學四種

　（民國）金鉞輯
　　　民國八年(1919)天津金氏刊本
　　說文提要校訂二卷　（清）陳建侯撰　（民
　　　國）金鉞校訂
　　說文提要增附一卷　（民國）金鉞輯

　　說文解字部敍　（南唐）徐鍇撰
　　說文字原表字原表說　（清）蔣和撰
　　說文部首表　（清）蔣和撰　（清）王筠校
　　　正
　　說文約言一卷　（民國）金鉞撰
　　許君(慎)疑年錄一卷　（清）諸可寶輯

許學四書

　（民國）□□輯
　　　民國二十年(1931)景印本
　　說文測義七卷　（清）董詔撰　據清道光二
　　　年本景印
　　說文又考一卷補考一卷　（清）戚學標撰
　　　據清嘉慶九年本景印
　　說文引經異字三卷　（清）吳雲蒸撰　據清
　　　道光六年本景印
　　說文凝錦錄一卷　（清）萬光泰撰　據清嘉
　　　慶二年本景印

郋園小學四種

　（民國）葉德輝撰
　　　民國葉氏觀古堂刊本
　　六書古微十卷　民國五年(1916)刊
　　說文讀若字考七卷附說文讀同字考一卷
　　　民國十二年(1923)刊
　　同聲假借字考二卷　民國十二年(1923)刊
　　說文籀文考證一卷說籀一卷附補遺一卷
　　　補遺葉啓勳撰　民國十九年(1930)刊

稽香館叢書

　（民國）吳甌輯　　　　　　　　　　　　　　　［印
　　　民國二十四年(1935)遼陽吳氏據稿本景
　　說文疑十二卷　（清）□□撰
　附
　　　漢書古字一卷音義異同一卷　（清）王念
　　　　孫撰
　　說文段注籤記一卷　（清）王念孫撰
　　說文注鈔二卷(原缺卷上)補鈔二卷(原缺
　　　卷上)　（清）桂馥錄
　　說文答問疏證六卷　（清）薛傳均撰
　　小學識餘五卷　（清）朱駿聲撰
　　說文段注拈誤一卷　（清）朱駿聲撰
　　象形文釋四卷　（清）徐灝撰
　　說文大小徐本錄異一卷　（清）謝章鋌撰

同文考證

　（清）管受之輯
　　　清嘉慶十九年(1814)刊本
　　干祿字書一卷　（唐）顏元孫撰
　　金壺字考一卷　（宋）釋適之撰

俗書證誤一卷 　（隋）顏愍楚撰
字書誤讀一卷 　（宋）王莘撰
附
字體辨正一卷 　（清）陸費墀撰

字學三書

（清）□□輯
清道光二十年(1840)楊霈刊本
清光緒十年(1884)鑑古書局據清道光本
景印
佩觿三卷 　（後周）郭忠恕撰
羣經音辨七卷 　（宋）賈昌朝撰
字鑑五卷 　（元）李文仲撰

字學三種

（清）傅雲龍輯
清同治十三年(1874)德清傅氏味腴山館
刊本
干祿字書一卷 　（唐）顏元孫撰
俗書證誤一卷 　（隋）顏愍楚撰
字書誤讀一卷 　（宋）王莘撰

六書存

（清）周天益撰
民國十三年(1924)排印本
字義補十二卷
唐韻餘論四卷
唐韻綜一卷

韻書四種

（明）釋眞空輯
明正德中刊本
改併五音集韻十五卷 　（金）韓道昭撰　正
德十年(1515)刊
改併五音類聚四聲篇十五卷 　（金）韓道昭
撰　正德十年(1515)刊
經史正音切韻指南一卷 　（元）劉鑑撰
新編篇韻貫珠集八卷附直指玉鑰匙門法一
卷 　（明）釋眞空撰　正德十一年
(1516)刊

音韻日月燈

（明）呂維祺撰
明崇禎六年(1633)刊本
韻母五卷
同文鐸三十卷首四卷
韻鑰二十五卷

音學五書

（清）顧炎武撰

清康熙六年(1667)山陽張弨符山堂刊本
清光緒十一年(1885)四明觀稼樓刊本
清光緒十一年(1885)湘陰郭氏岵瞻堂刊
本
清光緒十六年(1890)思賢講舍刊本
民國上海文瑞樓石印本
民國上海鴻章書局石印本
音論三卷
詩本音十卷
易音三卷
唐韻正二十卷
古音表二卷

曹棟亭五種

（清）曹寅輯
清康熙四十五年(1706)揚州使院刊本
大廣益會玉篇三十卷 　（宋）陳彭年等重修
大宋重修廣韻五卷 　（宋）陳彭年等撰
集韻十卷 　（宋）丁度等撰
類篇十五卷 　（宋）司馬光等撰
附釋文互註禮部韻略五卷 　（宋）□□撰

澤存堂五種

（清）張士俊輯
清康熙中吳郡張氏刊本
清光緒十四年(1888)上海蜚英館據清康
熙本景印
大宋重修廣韻五卷 　（宋）陳彭年等重修
康熙四十三年(1704)刊
大廣益會玉篇三十卷 　（宋）陳彭年等重修
康熙四十三年(1704)刊
佩觿三卷 　（後周）郭忠恕撰　康熙四十九
年(1710)刊
羣經音辨七卷 　（宋）賈昌朝撰　康熙五十
三年(1714)刊
字鑑五卷 　（元）李文仲撰　康熙四十八年
(1709)刊

江氏音學十書(原缺三種)

（清）江有誥撰
清嘉慶道光間刊本
民國十七年(1928)上海中國書店景印本
1957年四川人民出版社據渭南嚴氏賁園
刊音韻學叢書原板重印本
詩經韻讀四卷　嘉慶十九年(1814)刊
羣經韻讀一卷　嘉慶二十二年(1817)刊
楚辭韻讀一卷宋賦韻讀一卷　嘉慶二十四
年(1819)刊
先秦韻讀一卷　嘉慶二十五年(1820)刊
廿一部諧聲表一卷　道光十一年(1831)刊

入聲表一卷　道光十一年(1831)刊
唐韵四聲正一卷　道光七年(1827)刊
附
等韵叢說一卷　道光十一年(1831)刊

庚癸原音

(清)繆闐撰
清同治五年(1866)刊本
律呂通今圖說一卷
律易一卷
原音瑣辨一卷
律呂名義算數辨一卷
音調定程一卷
絃徽宣秘一卷
附
同治甲子未上書一卷

龐氏音學遺書

(清)龐大堃撰
民國二十四年(1935)龐樹階據稿本景印
形聲輯略一卷備考一卷
唐韻輯略五卷備考一卷
古音輯略二卷備考一卷
等韻輯略三卷

丁西圃叢書

(清)丁顯撰
清光緒中刊本
十三經諸家引書異字同聲考十三卷
韻學蠡言舉要　光緒二十六年(1900)刊
丁氏聲鑑一卷
諧聲譜二卷
音韻指迷一卷
雙聲詩選一卷
韻學叢書三十四種題跋一卷

姚氏叢刻

(清)姚觀元輯
清光緒二年(1876)川東官舍刊本
集韻十卷　(宋)丁度等撰
類篇十五卷　(宋)司馬光等撰
附釋文互註禮部韻略五卷　(宋)□□撰

聽古廬聲學十書

(清)時庸勱撰
清光緒十八年(1892)河南星使行臺刊本
聲譜二卷
聲說二卷

枕漁韻學兩種

(清)顧淳撰
清光緒二十五年(1899)木活字排印本
毛詩古音述一卷
聲韻轉迻略一卷

聲韻要刊

(民國)□□輯
民國北平松筠閣排印本
聲韻攷四卷　(清)戴震撰
許氏說音四卷　(清)許桂林撰

音學四種

徐昂撰　　　　　　　　　　　　[本
民國十九年(1930)南通翰墨林書局排印
詩經聲韻譜七卷
說文部首音釋一卷
聲紐通轉一卷
音說一卷
附
聲韻補遺一卷

音韻學叢書

嚴式誨輯
民國渭南嚴氏成都刊1957年四川人民出
版社彙印本
切韻指掌圖二卷附檢圖之例一卷校記一卷
(宋)司馬光撰　檢圖之例(元)邵光
祖撰　校記嚴式誨撰　民國十九年
(1930)刊
韻補五卷　(宋)吳棫撰　民國二十三年
(1934)刊
韻補正一卷　(清)顧炎武撰　民國二十三
年(1934)刊
毛詩古音考四卷附讀詩拙言一卷附錄一卷
(明)陳第撰　民國二十二年(1933)
刊
屈宋古音義三卷　(明)陳第撰　民國二十
二年(1933)刊
音學五書三十八卷　(清)顧炎武撰　民國
二十二年(1933)刊
音論三卷
詩本音十卷
易音三卷
唐韻正二十卷
古音表二卷
古今韻攷四卷　(清)李因篤撰　民國二十
年(1931)刊
古韻標準四卷詩韻舉例一卷　(清)江永撰
(清)戴震參定　民國十五年(1926)
刊

音學辨微一卷　（清）江永撰　民國十二年
　（1923）刊
四聲切韵表一卷附校正一卷　（清）江永撰
　　校正（清）夏燮撰　民國二十一年
　（1932）刊
聲韵攷四卷　（清）戴震撰　民國十二年
　（1923）刊
聲類表九卷首一卷　（清）戴震撰　民國十
　二年（1923）刊
六書音均表五卷　（清）段玉裁撰　民國二
　十五年（1936）刊
詩聲類十二卷詩聲分例一卷　（清）孔廣森
　　撰　民國十三年（1924）刊
古韵譜二卷　（清）王念孫撰　民國二十二
　年（1933）刊
詩音表一卷　（清）錢坫撰　民國二十年
　（1931）刊
江氏音學十書（原缺三種）　（清）江有誥撰
　　民國二十三年（1934）刊
　詩經韵讀四卷
　羣經韵讀一卷
　楚辭韵讀一卷宋賦韵讀一卷
　先秦韵讀二卷　　　　　　　　　[刊
　廿一部諧聲表一卷　民國二十年（1931）
　入聲表一卷　民國二十年（1931）刊
　唐韵四聲正一卷
　附
　　等韻叢說一卷　民國二十年（1931）刊
詩古韵表二十二部集說二卷　（清）夏炘撰
　　民國十七年（1928）刊
說文聲類二卷出入表一卷　（清）嚴可均撰
　　民國十三年（1924）刊
切韵考六卷外篇三卷　（清）陳澧撰　民國
　十九年（1930）刊

拼音文字史料叢書

文字改革出版社輯
　1956年至1958年北京文字改革出版社景
　印本
明末羅馬字注音文章（原名明季之歐化美
　術及羅馬字注音）　（明西洋）利瑪竇
　撰　1957年據民國十六年輔仁大學景
　印本景印
西儒耳目資　（明法國）金尼閣撰　1957年
　據明天啓本景印
　譯引首譜
　列音韻譜
　列邊正譜
劉獻廷　文字改革出版社輯　1957年排印
一目了然初階　（清）盧戇章撰　1956年據

清光緒本景印
盛世元音　（清）沈學撰　1956年據清光緒
　二十二年時務報景印
拼音字譜　（清）王炳耀撰　1956年據清光
　緒本景印
拼漢合璧五洲歌略　北京二十四號官話字
　母義塾頭班拼譯　（清）張濂溪校訂
　1958年據清光緒本景印
官話合聲字母（原名官話合聲字母序例及
　關係論說）　（民國）王照撰　1957年
　據清光緒本景印
官話字母讀物八種　（民國）王照撰　1957
　年據刊本景印
　拼音對文三字經
　拼音對文百家姓
　對兵說話　據清光緒本景印
　地文學
　植物學
　動物學
　家政學
　人人能看書（一名拼音官話報）
　數目代字訣（原名代字訣）　（清）田廷俊
　　撰　1957年據清光緒本景印
甌文音彙附補遺　（清）陳虹撰　1957年據
　清光緒利濟叢書本景印
新字甌文七音鐸附甌諺略　（清）陳虹撰
　1953年據清光緒利濟叢書本景印
形聲通　（清）楊瓊（清）李文治撰　1957年
　據清光緒排印本景印
中國字母北京切音合訂　（清）盧戇章撰
　1957年據1906年上海點石齋石印本景
　印
　中國切音字母
　官話切音字母
　福州切音字母
　泉州切音字母
　漳州切音字母
　廈門切音字母
　廣東切音字母
　製字畧解列表
江蘇新字母　（清）朱文熊撰　1957年據清
　光緒排印本景印
拼音代字訣　（清）田廷俊撰　1957年據清
　光緒本景印
新編簡字特別課本　（清）沈韶和撰　1957年
　據清光緒上海掃葉山房石印本景印
簡字譜錄　（民國）勞乃宣撰　1957年據清
　光緒金陵本景印
　增訂合聲簡字譜
　重訂合聲簡字譜

簡字叢錄
京音簡字述略
簡字全譜
中國音標字書　（清）劉孟揚撰　1957年據
　　清光緒排印本景印
音韻記號　（清）劉世恩撰　1957年據清宣
　　統本景印
切音字說明書(原名切音字敎科書)　（清）
　　鄭東湖撰　1957年據清宣統油印本景
　　印
駁中國用萬國新語說　（民國)章炳麟撰
　　1957年排印
1913年讀音統一會資料匯編　文字改革出
　　版社輯　1958年排印

史　　類
正　　史

七史
（宋)井度輯
　　宋紹興中蜀眉山刊元明遞修本
　　宋書一百卷　（梁)沈約撰
　　南齊書五十九卷　（梁)蕭子顯撰
　　梁書五十六卷　（唐)姚思廉撰
　　陳書三十六卷　（唐)姚思廉撰
　　魏書一百十四卷　（北齊)魏收撰
　　北齊書五十卷　（唐)李百藥撰
　　周書五十卷　（唐)令狐德棻撰

二十一史
　　宋元明三朝刊明南京國子監遞修印本
　　明萬曆中北京國子監刊本
史記一百三十卷　（漢)司馬遷撰　（劉宋)
　　裴駰集解　（唐)司馬貞索隱　（唐)張
　　守節正義　南監本萬曆二年至三年
　　(1574－1575)刊　北監本萬曆二十六
　　年(1598)刊
前漢書一百卷　（漢)班固撰　（唐)顏師古
　　注　南監本萬曆十年(1582)補刊　北
　　監本萬曆二十五年(1597)刊
後漢書一百二十卷　（劉宋)范曄撰　（唐)
　　李賢注　續志(晉)司馬彪撰　（梁)劉
　　昭注　南監本萬曆十年(1582)補刊
　　北監本萬曆二十四年(1596)刊
三國志六十五卷　（晉)陳壽撰　（劉宋)裴
　　松之注　南監本萬曆十年(1582)補刊
　　北監本萬曆二十八年(1600)刊
晉書一百三十卷附音義三卷　唐太宗撰
　　音義(唐)何超撰　南監本萬曆十年

(1582)補刊　北監本萬曆二十四年
(1596)刊
宋書一百卷　（梁)沈約撰　南監本嘉靖十
　　年(1531)補刊　北監本萬曆二十六年
　　(1598)刊
南齊書五十九卷　（梁)蕭子顯撰　南監本
　　嘉靖九年(1530)補刊　北監本萬曆三
　　十三年(1605)刊
梁書五十六卷　（唐)姚思廉撰　南監本萬
　　曆三年(1575)刊　北監本萬曆三十三
　　年(1605)刊
陳書三十六卷　（唐)姚思廉撰　南監本嘉
　　靖九年(1530)補刊　北監本萬曆三十
　　三年(1605)刊
魏書一百十四卷　（北齊)魏收撰　南監本
　　嘉靖八年(1529)補刊　北監本萬曆二
　　十四年(1596)刊
北齊書五十卷　（唐)李百藥撰　南監本嘉
　　靖十年(1531)補刊　北監本萬曆三十
　　四年(1606)刊
周書五十卷　（唐)令狐德棻撰　南監本嘉
　　靖十年(1531)補刊　北監本萬曆三十
　　二年(1604)刊
南史八十卷　（唐)李延壽撰　南監本嘉靖
　　十年(1531)刊　北監本萬曆三十一年
　　(1603)刊
北史一百卷　（唐)李延壽撰　南監本嘉靖
　　十年(1513)刊　北監本萬曆二十六年
　　(1598)刊
隋書八十五卷　（唐)魏徵(唐)長孫無忌等
　　撰　南監本嘉靖十年(1531)補刊　北
　　監本萬曆二十六年(1598)刊
唐書二百二十五卷釋音二十五卷　（宋)歐
　　陽修(宋)宋祁等撰　釋音(宋)董衝撰
　　南監本萬曆四年(1576)補刊　北監
　　本萬曆二十三年(1595)刊
五代史記七十四卷　（宋)歐陽修撰　（宋)
　　徐無黨注　南監本萬曆四年(1576)刊
　　北監本萬曆二十八年(1600)刊
宋史四百九十六卷　（元)脫脫等撰　南監
　　本嘉靖三十六年(1557)補刊　北監本
　　萬曆二十七年(1599)刊
遼史一百十六卷　（元)脫脫等撰　南監本
　　嘉靖八年(1529)刊　北監本萬曆三十
　　四年(1606)刊
金史一百三十五卷　（元)脫脫等撰　南監
　　本嘉靖八年(1529)刊　北監本萬曆三
　　十四年(1606)刊
元史二百十卷　（明)宋濂(明)王禕等撰
　　南監本嘉靖十年(1531)補刊　北監本

萬曆三十年(1602)刊

十七史

明崇禎至清順治間琴川毛氏汲古閣刊本
史記一百三十卷　(漢)司馬遷撰　(劉宋)
　　裴駰集解　崇禎十四年(1641)刊順治
　　十一年(1654)補緝
漢書一百卷　(漢)班固撰　(唐)顏師古注
　　崇禎十五年(1642)刊順治十二年
　　(1655)補緝
後漢書一百二十卷　(劉宋)范曄撰　(唐)
　　李賢注　續志(晉)司馬彪撰　(梁)劉
　　昭注　崇禎十六年(1643)刊順治十二
　　年(1655)補緝
三國志六十五卷　(晉)陳壽撰　(劉宋)裴
　　松之注　崇禎十七年(1644)刊順治十
　　三年(1656)補緝
晉書一百三十卷　唐太宗撰　崇禎元年
　　(1628)刊順治五年(1648)補緝
宋書一百卷　(梁)沈約撰　崇禎七年
　　(1634)刊順治八年(1651)補緝
南齊書五十九卷　(梁)蕭子顯撰　崇禎十
　　年(1637)刊順治九年(1652)補緝
梁書五十六卷　(唐)姚思廉撰　崇禎六年
　　(1633)刊順治七年(1650)補緝
陳書三十六卷　(唐)姚思廉撰　崇禎四年
　　(1631)刊順治六年(1649)補緝
魏書一百十四卷　(北齊)魏收撰　崇禎九
　　年(1636)刊順治九年(1652)補緝
北齊書五十卷　(唐)李百藥撰　崇禎十一
　　年(1638)刊順治十年(1653)補緝
周書五十卷　(唐)令狐德棻等撰　崇禎五
　　年(1632)刊順治七年(1650)補緝
隋書八十五卷　(唐)魏徵(唐)長孫無忌等
　　撰　崇禎八年(1635)刊順治七年
　　(1650)補緝
南史八十卷　(唐)李延壽撰　崇禎十三年
　　(1640)刊順治十一年(1654)補緝
北史一百卷　(唐)李延壽撰　崇禎十二年
　　(1639)刊順治十年(1653)補緝
唐書二百二十五卷　(宋)歐陽修(宋)宋祁
　　等撰　崇禎二年(1629)刊順治五年
　　(1648)補緝
五代史七十四卷　(宋)歐陽修撰　(宋)徐
　　無黨注　崇禎三年(1630)刊順治五年
　　(1648)補緝

二十四史

清乾隆四年(1739)武英殿刊本
清光緒中同文書局據殿本景印

清光緒中五洲同文書局據殿本景印
清光緒中圖書集成局排印本
清光緒中竹簡齋據殿本景印
清光緒中史學齋石印本
民國上海涵芬樓據殿本景印
史記一百三十卷　(漢)司馬遷撰　(劉宋)
　　裴駰集解　(唐)司馬貞索隱　(宋)張
　　守節正義　　　　　　　　　　〔注
前漢書一百卷　(漢)班固撰　(唐)顏師古
後漢書一百二十卷　(劉宋)范曄撰　(唐)
　　李賢注　續志(晉)司馬彪撰　(梁)劉
　　昭注
三國志六十五卷　(晉)陳壽撰　(劉宋)裴
　　松之注
晉書一百三十卷附晉義三卷　唐太宗撰
　　晉義(唐)何超撰
宋書一百卷　(梁)沈約撰
南齊書五十九卷　(梁)蕭子顯撰
梁書五十六卷　(唐)姚思廉撰
陳書三十六卷　(唐)姚思廉撰
魏書一百十四卷　(北齊)魏收撰
北齊書五十卷　(唐)李百藥撰
周書五十卷　(唐)令狐德棻等撰　　〔撰
隋書八十五卷　(唐)魏徵(唐)長孫無忌等
南史八十卷　(唐)李延壽撰
北史一百卷　(唐)李延壽撰
舊唐書二百卷　(後晉)劉昫等撰
唐書二百二十五卷釋音二十五卷　(宋)歐
　　陽修(宋)宋祁等撰　釋音(宋)董衝撰
舊五代史一百五十卷　(宋)薛居正等撰
五代史七十四卷　(宋)歐陽修撰　(宋)徐
　　無黨注
宋史四百九十六卷　(元)脫脫等撰
遼史一百十六卷　(元)脫脫等撰
金史一百三十五卷　(元)脫脫等撰
元史二百十卷　(明)宋濂(明)王褘等撰
明史三百三十二卷　(清)張廷玉等撰

二十四史

清同治光緒間五省官書局據汲古閣本合
　　刊光緒五年(1879)湖北書局彙印本
史記一百三十卷索隱二卷　(漢)司馬遷撰
　　(劉宋)裴駰集解　索隱(唐)司馬貞
　　撰　光緒四年(1878)金陵書局刊
漢書一百卷　(漢)班固撰　(唐)顏師古注
　　同治八年(1869)金陵書局刊
後漢書一百二十卷　(劉宋)范曄撰　(唐)
　　李賢注　續志(晉)司馬彪撰　(梁)劉
　　昭注　同治八年(1869)金陵書局刊
三國志六十五卷　(晉)陳壽撰　(劉宋)裴

松之注　同治九年(1870)金陵書局刊

晉書一百三十卷附晉義三卷　唐太宗撰
　　晉義(唐)何超撰　同治十年(1871)金
　　陵書局刊

宋書一百卷　(梁)沈約撰　同治十一年
　　(1872)金陵書局刊

南齊書五十九卷　(梁)蕭子顯撰　同治十
　　三年(1874)金陵書局刊

梁書五十六卷　(唐)姚思廉撰　同治十三
　　年(1874)金陵書局刊

陳書三十六卷　(唐)姚思廉撰　同治十一
　　年(1872)金陵書局刊

魏書一百十四卷　(北齊)魏收撰　同治十
　　一年(1872)金陵書局刊

北齊書五十卷　(唐)李百藥撰　同治十三
　　年(1874)金陵書局刊

周書五十卷　(唐)令狐德棻等撰　同治十
　　三年(1874)金陵書局刊

隋書八十五卷附考異　(唐)魏徵(唐)長孫
　　無忌等撰　考異(清)薛壽撰　同治十
　　年(1871)淮南書局刊

南史八十卷　(唐)李延壽撰　同治十一年
　　(1872)金陵書局刊

北史一百卷　(唐)李延壽撰　同治十一年
　　(1872)金陵書局刊

舊唐書二百卷　(後晉)劉昫等撰　同治十
　　一年(1872)浙江書局刊

唐書二百二十五卷　(宋)歐陽修(宋)宋祁
　　等撰　同治十二年(1873)浙江書局刊

舊五代史一百五十卷附考證　(宋)薛居正
　　等撰　同治十一年(1872)湖北崇文書
　　局刊

五代史七十四卷　(宋)歐陽修撰　(宋)徐
　　無黨注　同治十一年(1872)湖北崇文
　　書局刊

宋史四百九十六卷　(元)脫脫等撰　光緒
　　元年(1875)浙江書局刊

遼史一百十五卷附考證　(元)脫脫等撰
　　同治十二年(1873)江蘇書局刊
附
　　遼史拾遺二十四卷　(清)厲鶚撰　光緒
　　　元年(1875)江蘇書局刊
　　遼史紀年表一卷　(清)汪遠孫撰　光緒
　　　元年(1875)江蘇書局刊
　　西遼紀年表一卷　(清)汪遠孫撰　光緒
　　　元年(1875)江蘇書局刊

金史一百三十五卷附考證　(元)脫脫等撰
　　同治十三年(1874)江蘇書局刊
附
　　欽定國語解一卷　清乾隆四十六年敕撰

元史二百十卷附考證　(明)宋濂(明)王禕
　　等撰　同治十三年(1874)江蘇書局刊
附
　　元史氏族表三卷　(清)錢大昕撰
　　元史藝文志四卷　(清)錢大昕撰

明史三百三十二卷　(清)張廷玉等撰　光
　　緒三年(1877)湖北崇文書局刊

四史

清同治十一年(1872)成都書局據殿本重
　　刊
民國二十四年(1935)上海世界書局據殿
　　版景印
史記一百三十卷附考證　(漢)司馬遷撰
　　(劉宋)裴駰集解　(唐)司馬貞索隱
　　(唐)張守節正義
前漢書一百卷附考證　(漢)班固撰　(唐)
　　顏師古注
後漢書一百二十卷附考證　(劉宋)范曄撰
　　(唐)李賢注　續志(晉)司馬彪撰
　　(梁)劉昭注
三國志六十五卷附考證　(晉)陳壽撰
　　(劉宋)裴松之注

四史

劉承幹輯
　　民國吳興劉氏嘉業堂景刊本
史記一百三十卷　(漢)司馬遷撰　(劉宋)
　　裴駰集解　民國八年(1919)據宋蜀大
　　字本景刊
漢書一百卷　(漢)班固撰　(唐)顏師古注
　　民國九年(1920)據宋嘉定十七年白
　　鷺洲書院本景刊
後漢書一百二十卷　(劉宋)范曄撰　(唐)
　　李賢注　續志(晉)司馬彪撰　(梁)劉
　　昭注　民國十年(1921)據宋嘉定元年
　　一經堂本景刊
三國志六十五卷　(晉)陳壽撰　(劉宋)裴
　　松之注　民國十七年(1928)據宋本景
　　刊

百衲本二十四史

張元濟輯
　　民國上海商務印書館景印本
　　1958年上海商務印書館據百衲本縮印
史記一百三十卷　(漢)司馬遷撰　(劉宋)
　　裴駰集解　(唐)司馬貞索隱　(唐)張
　　守節正義　民國二十五年(1936)據宋
　　慶元黃善夫本景印
漢書一百卷　(漢)班固撰　(唐)顏師古注

民國十九年(1930)據宋景祐本景印

後漢書一百二十卷　(劉宋)范曄撰　(唐)
　　李賢注　續志(晉)司馬彪撰　(梁)劉
　　昭注　民國二十年(1931)據宋紹興本
　　景印原缺五卷半以元刊翻本配補

三國志六十五卷　(晉)陳壽撰　(劉宋)裴
　　松之注　民國二十年(1931)據宋紹熙
　　本景印原缺三卷以宋紹興本配補

晉書一百三十卷　唐太宗撰　民國二十三
　　年(1934)據宋本景印原缺載記三十卷
　　以他宋本配補

宋書一百卷　(梁)沈約撰　民國二十二年
　　(1933)據宋蜀大字本景印缺卷以元明
　　遞修本配補

南齊書五十九卷　(梁)蕭子顯撰　民國二
　　十二年(1933)據宋蜀大字本景印

梁書五十六卷　(唐)姚思廉撰　民國二十
　　二年(1933)據宋蜀大字本景印缺卷以
　　元明遞修本配補

陳書三十六卷　(唐)姚思廉撰　民國二十
　　二年(1933)據宋蜀大字本景印

魏書一百十四卷　(北齊)魏收撰　民國二
　　十三年(1934)據宋蜀大字本景印

北齊書五十卷　(唐)李百藥撰　民國二十
　　三年(1934)據宋蜀大字本景印缺卷以
　　元明遞修本配補

周書五十卷　(唐)令狐德棻等撰　民國二
　　十三年(1934)據宋蜀大字本景印缺卷
　　以元明遞修本配補

隋書八十五卷　(唐)魏徵(唐)長孫無忌等
　　撰　民國二十四年(1935)據元大德本
　　景印

南史八十卷　(唐)李延壽撰　民國二十四
　　年(1935)據元大德本景印

北史一百卷　(唐)李延壽撰　民國二十四
　　年(1935)據元大德本景印

舊唐書二百卷　(後晉)劉昫等撰　民國二
　　十五年(1936)據宋紹興本景印缺卷以
　　明聞人詮翻宋本配補

唐書二百二十五卷　(宋)歐陽修(宋)宋祁
　　等撰　民國二十五年(1936)據宋嘉祐
　　本景印缺卷以他宋本配補

舊五代史一百五十卷　(宋)薛居正等撰
　　民國二十五年(1936)據民國吳興劉氏
　　嘉業堂本景印

五代史記七十四卷　(宋)歐陽修撰　(宋)
　　徐無黨注　民國二十年(1931)據宋慶
　　元本景印

宋史四百九十六卷　(元)脫脫等撰　民國
　　二十六年(1937)據元至正本景印缺卷

以明成化本配補

遼史一百十六卷　(元)脫脫撰　民國二十
　　年(1931)據元至正本景印

金史一百三十五卷　(元)脫脫撰　民國二
　　十年(1931)據元至正本景印缺卷以翻
　　元本配補

元史二百十卷　(明)宋濂(明)王禕等撰
　　民國二十四年(1935)據明洪武本景印

明史三百三十二卷　(清)張廷玉等撰　民
　　國二十五年(1936)據清武英殿本景印
附

　　明史考證攟逸四十二卷補遺一卷附錄一
　　　卷　(清)王頌蔚撰　王季烈補遺
　　　民國二十五年(1936)據吳興劉氏嘉
　　　業堂本景印

二十五史

二十五史刊行委員會輯　　　　　　　　[本
　　民國二十四年(1935)上海開明書店景印

史記一百三十卷附考證　(漢)司馬遷撰
　　(劉宋)裴駰集解　(唐)司馬貞索隱
　　(唐)張守節正義

前漢書一百卷附考證　(漢)班固撰　(唐)
　　顏師古注

後漢書一百二十卷附考證　(劉宋)范曄撰
　　(唐)李賢注　續志(晉)司馬彪撰
　　(梁)劉昭注

三國志六十五卷附考證　(晉)陳壽撰
　　(劉宋)裴松之注

晉書一百三十卷晉義三卷附考證　唐太宗
　　撰　晉義(唐)何超撰

宋書一百卷附考證　(梁)沈約撰

南齊書五十九卷附考證　(梁)蕭子顯撰

梁書五十六卷附考證　(唐)姚思廉撰

陳書三十六卷附考證　(唐)姚思廉撰

魏書一百十四卷附考證　(北齊)魏收撰

北齊書五十卷附考證　(唐)李百藥撰

周書五十卷附考證　(唐)令狐德棻等撰

隋書八十五卷附考證　(唐)魏徵(唐)長孫
　　無忌等撰

南史八十卷附考證　(唐)李延壽撰

北史一百卷附考證　(唐)李延壽撰

舊唐書二百卷附考證　(後晉)劉昫等撰

唐書二百二十五卷釋音二十五卷附考證
　　(宋)歐陽修(宋)宋祁等撰　釋音(宋)
　　董衝撰

舊五代史一百五十卷附考證　(宋)薛居正
　　等撰

五代史七十四卷附考證　(宋)歐陽修撰
　　(宋)徐無黨注

宋史四百九十六卷附考證　（元）脫脫等撰
遼史一百十六卷附考證　（元）脫脫等撰
金史一百三十五卷附考證　（元）脫脫等撰
元史二百十卷附考證　（明）宋濂（明）王禕
　　等撰
新元史二百五十七卷　（民國）柯劭忞撰
明史三百三十二卷　（清）張廷玉等撰

諸史攷訂

二十五史補編

二十五史刊行委員會輯
　　民國二十五年至二十六年(1936—1937)
　　　上海開明書店排印本
　　1957年中華書局據原版重印
一　史記部分
讀史記十表十卷　（清）汪越撰　（清）徐克
　　范補
楚漢帝月表一卷　（清）吳非撰
史記月表正譌一卷　（清）王元啓撰
史記惠景間侯者年表校補一卷　（清）盧文
　　弨撰
史記三書正譌三卷　（清）王元啓撰
史記三書釋疑三卷　（清）錢塘撰
史記天官書補目一卷　（清）孫星衍撰
楚漢諸侯疆域志三卷　（清）劉文淇撰
二　漢書部分
校漢書八表八卷　（清）夏燮撰
漢將相大臣年表一卷　（清）萬斯同撰
人表考九卷補一卷附錄一卷　（清）梁玉繩
　　撰
漢書人表考校補一卷續校補一卷　（清）蔡
　　雲撰
校正古今人表九卷　（清）翟云升撰
漢書律曆志正譌一卷　（清）王元啓撰
前漢書食貨志注二卷　（清）劉光蕡撰
補漢兵志一卷　（宋）錢文子撰
漢書地理志校本二卷　（清）汪遠孫撰
漢書地理志補校二卷　（民國）楊守敬撰
漢書地理志校注二卷　（清）王紹蘭撰
漢書地理志補注一百三卷　（清）吳卓信撰
新斠注地里志集釋十六卷　（清）錢坫撰
　　（清）徐松集釋
漢書地理志詳釋四卷　（清）呂調陽撰
漢志釋地略一卷　（清）汪士鐸撰
漢書地理志稽疑六卷　（清）全祖望撰
漢志志疑一卷　（清）汪士鐸撰
漢志水道疏證四卷　（清）洪頤煊撰
漢書地理志水道圖說七卷　（清）陳澧撰
漢書地理志水道圖說補正二卷　（清）吳承
　　志撰
漢藝文志考證十卷　（宋）王應麟撰
漢書藝文志拾補六卷　（清）姚振宗撰
漢書藝文志條理八卷首一卷　（清）姚振宗
　　撰
漢書藝文志舉例一卷　（民國）孫德謙撰
前漢書藝文志注一卷　（清）劉光蕡撰
新莽大臣年表一卷　（清）萬斯同撰
新莽職方考一卷　譚其驤撰　　　　　　〔撰
前漢匈奴表三卷附錄一卷　（民國）沈惟賢
三　後漢書部分
補後漢書年表十卷　（宋）熊方撰
熊氏後漢書年表校補五卷補遺一卷續補一
　　卷　（清）諸以敦撰
後漢書補表八卷　（清）錢大昭撰
東漢諸帝統系圖一卷　（清）萬斯同撰
東漢諸王世表一卷　（清）萬斯同撰
東漢皇子王世系表一卷　（民國）黃大華撰
東漢外戚侯表一卷　（清）萬斯同撰
東漢宦者侯表一卷　（清）萬斯同撰
東漢雲臺功臣侯表一卷　（清）萬斯同撰
東漢中興功臣侯世系表一卷　（民國）黃大
　　華撰
東漢將相大臣年表一卷　（清）萬斯同撰
後漢三公年表一卷　（清）華湛恩撰
東漢三公年表一卷　（民國）黃大華撰
東漢九卿年表一卷　（清）萬斯同撰
後漢公卿表一卷　（清）練恕撰
後漢書朔閏考五卷　（清）徐紹楨撰
漢志郡國沿革攷一卷　（民國）黃大華撰
後漢縣邑省併表一卷　周明泰撰
後漢郡國令長考一卷　（清）錢大昭撰
後漢郡國令長考補一卷　（民國）丁錫田撰
續漢書志注補一卷　（清）盧文弨撰
補續漢書藝文志一卷　（清）錢大昭撰
補後漢書藝文志四卷　（清）侯康撰
補後漢書藝文志十卷　（清）顧櫰三撰
後漢藝文志四卷　（清）姚振宗撰　　　　〔撰
補後漢書藝文志一卷考十卷　（民國）曾樸
後漢匈奴表二卷　（民國）沈惟賢撰
四　三國志部分
三國大事年表一卷　（清）萬斯同撰
三國紀年表一卷　（清）周嘉猷撰
三國大事表一卷　（清）謝鍾英撰
三國漢季方鎮年表一卷　（清）萬斯同撰
三國諸王世表一卷　（清）萬斯同撰
魏國將相大臣年表一卷　（清）萬斯同撰
魏將相大臣年表一卷　（清）萬斯同撰
魏方鎮年表一卷　（清）萬斯同撰
漢將相大臣年表一卷　（清）萬斯同撰

吳將相大臣年表一卷　(清)萬斯同撰
三國志三公宰輔年表三卷　(民國)黃大華
　　撰
三國志世系表一卷　周明泰撰
三國志世系表補遺附訂譌一卷　(民國)陶
　　元珍撰
三國職官表三卷　(清)洪飴孫撰
三國郡縣表附考證八卷　(清)吳增僅撰
　　(民國)楊守敬補正
三國疆域表二卷　(清)謝鍾英撰
補三國疆域志補注十五卷　(清)謝鍾英撰
三國疆域志疑一卷　(清)謝鍾英撰
補三國藝文志四卷　(清)侯康撰
三國藝文志四卷　(清)姚振宗撰
五　晉書部分
兩晉諸帝統系圖一卷　(清)萬斯同撰
晉諸王世表一卷　(清)萬斯同撰
補晉宗室王侯表一卷　(民國)秦錫田撰
晉功臣世表一卷　(清)萬斯同撰
晉將相大臣年表一卷　(清)萬斯同撰
東晉將相大臣年表一卷　(清)萬斯同撰
補晉異姓封爵表一卷　(民國)秦錫田撰
補晉執政表一卷　(民國)秦錫圭撰
晉方鎮年表一卷　(清)萬斯同撰
補晉方鎮表一卷　(民國)秦錫圭撰
晉方鎮年表一卷　(民國)吳廷燮撰
東晉方鎮年表一卷　(清)萬斯同撰
東晉方鎮年表一卷　(民國)吳廷燮撰
晉書天文志校正一卷　(清)盧文弨撰
晉書禮志校正一卷　(清)盧文弨撰
晉書地理志新補正五卷　(清)畢沅撰
新校晉書地理志一卷　(清)方愷撰
東晉疆域志四卷　(清)洪亮吉撰
補晉兵志一卷　(清)錢儀吉撰
補晉書藝文志四卷補遺一卷附錄一卷附刊
　　誤一卷　(民國)丁國鈞撰　(民國)丁
　　辰注併撰刊誤
補晉書藝文志六卷　(清)文廷式撰
補晉書藝文志四卷　(清)秦榮光撰
補晉書經籍志四卷　(民國)吳士鑑撰
補晉書藝文志四卷　(民國)黃逢元撰
晉僭偽諸國世表一卷　(清)萬斯同撰
晉僭偽諸國年表一卷　(清)萬斯同撰
補晉僭國年表一卷　(民國)秦錫田撰
十六國年表一卷　(清)張愉曾撰
晉五胡表一卷　(民國)沈維賢撰
偽漢將相大臣年表一卷　(清)萬斯同撰
偽成將相大臣年表一卷　(清)萬斯同撰
偽趙將相大臣年表一卷　(清)萬斯同撰
偽燕將相大臣年表一卷　(清)萬斯同撰

偽秦將相大臣年表一卷　(清)萬斯同撰
偽後秦將相大臣年表一卷　(清)萬斯同撰
偽後燕將相大臣年表一卷　(清)萬斯同撰
偽南燕將相大臣年表一卷　(清)萬斯同撰
西秦百官表一卷　(清)練恕撰
後涼百官表一卷　(民國)繆荃孫撰
南涼百官表一卷　(民國)繆荃孫撰
西涼百官表一卷　(民國)繆荃孫撰
北涼百官表一卷　(民國)繆荃孫撰
夏百官表一卷　(民國)繆荃孫撰
北燕百官表一卷　(民國)繆荃孫撰
十六國疆域志十六卷　(清)洪亮吉撰
六　宋書部分
宋書補表四卷　(清)盛大士撰
宋諸王世表一卷　(清)萬斯同撰
補宋書宗室世系表一卷　(民國)羅振玉撰
宋將相大臣年表一卷　(清)萬斯同撰
宋方鎮年表一卷　(清)萬斯同撰
補宋書刑法志一卷　(清)郝懿行撰
補宋書食貨志一卷　(清)郝懿行撰
宋州郡志校勘記一卷　(清)成孺(蓉鏡)撰
補宋書藝文志一卷　聶崇岐撰
七　南齊書部分
齊諸王世表一卷　(清)萬斯同撰
齊將相大臣年表一卷　(清)萬斯同撰
齊方鎮年表一卷　(清)萬斯同撰
補南齊書藝文志四卷　(民國)陳述撰
八　梁書部分
梁諸王世表一卷　(清)萬斯同撰
梁將相大臣年表一卷　(清)萬斯同撰
補梁疆域志四卷　(清)洪齮孫撰
九　陳書部分
陳諸王世表一卷　(清)萬斯同撰
陳將相大臣年表一卷　(清)萬斯同撰
補陳疆域志四卷　(民國)臧勵龢撰
十　魏書部分
魏諸帝統系圖一卷　(清)萬斯同撰
魏諸王世表一卷　(清)萬斯同撰
魏異姓諸王世表一卷　(清)萬斯同撰
魏外戚諸王世表一卷　(清)萬斯同撰
魏將相大臣年表一卷　(清)萬斯同撰
西魏將相大臣年表一卷　(清)萬斯同撰
東魏將相大臣年表一卷　(清)萬斯同撰
元魏方鎮年表二卷　(民國)吳廷燮撰
魏書地形志校錄三卷　(清)溫曰鑑撰
魏書禮志校補一卷　(清)盧文弨撰
魏書官氏志疏證一卷　(民國)陳毅撰
補魏書兵志一卷　谷霽光撰
十一　北齊書部分
北齊諸王世表一卷　(清)萬斯同撰

　　明督撫年表六卷　(民國)吳廷燮撰
　　殘明宰輔年表一卷　(清)傅以禮撰
　　殘明大統曆一卷　(清)傅以禮撰
附
　　增補史目表一卷　二十五史刊行委員會輯

史漢評林

(明)凌稚隆輯
　　明萬曆中烏程凌氏刊本
　　史記評林一百三十卷
　　漢書評林一百卷

玄羽外編

(明)張大齡撰
　　明萬曆三十九年(1611)序刊本
　　史論四卷
　　說史雋言十八卷
　　晉唐指掌
　　　晉五胡指掌六卷
　　　唐藩鎮指掌六卷
　　隨筆八卷
　　支雜漫語四卷

史學彙鈔三種

　　鈔本
　　新舊唐書雜論一卷　(明)李東陽撰
　　元史備忘錄一卷　(明)王光魯撰
　　明事斷略一卷

四史勘說

(清)史珥撰
　　清乾隆二十五年(1760)清風堂刊本
　　史記勘說四卷
　　漢書勘說四卷
　　後漢書勘說四卷
　　三國志勘說四卷

遼金元三史語解

　　清乾隆四十六年敕撰
　　　清道光四年(1824)內府刊本
　　　清光緒四年(1878)江蘇書局刊本
　　欽定遼史語解十卷
　　欽定金史語解十二卷
　　欽定元史語解二十四卷

桐華館史翼

(清)金德輿輯
　　清嘉慶中刊本
　　補漢兵志一卷　(宋)錢文子撰
　　東觀漢記二十四卷　(漢)劉珍等撰

　　後漢書年表十卷　(宋)熊方撰
　　三國志辨誤三卷　(宋)□□撰
　　唐書直筆四卷　(宋)呂夏卿撰

大興徐氏三種

(清)徐松撰
　　清道光中刊本
　　清光緒中上海鴻文書局景印本
　　漢書西域傳補注二卷
　　新疆賦一卷
　　西域水道記五卷

二十四史三表

(清)段長基撰　(清)段揖書編注
　　清嘉慶二十二年(1817)小酉山房刊本
　　清光緒元年(1875)刊本
　　歷代統計表十三卷
　　歷代疆域表三卷圖一卷
　　歷代沿革表三卷

四史疑年錄

(清)阮劉文如撰
　　清嘉慶二十三年(1818)刊本
　　清宣統元年(1909)刊本
　　漢書疑年錄一卷
　　後漢書疑年錄一卷
　　三國魏志疑年錄一卷蜀志疑年錄一卷吳志
　　　疑年錄一卷
　　晉書疑年錄二卷

古今史學萃珍

(清)余肇鈞輯
　　清同治七年(1868)余氏明辨齋刊本
　　皇清開國方畧書成聯句一卷　(清)余正煥
　　　輯
　　御製嗣統述聖詩二卷　(清)余正煥輯
　　歷代統系錄六卷　(清)黃本騏撰
　　歷代紀元表一卷年號分韻錄一卷　(清)黃
　　　本騏撰
　　讀史論畧一卷　(清)杜詔撰
　　史鑑撮要四卷　(清)曠敏本撰
　　歷代通論一卷　(清)任兆麟撰

史論五種

(清)李祖陶撰
　　清同治十年(1871)敖陽李氏佝友樓刊本
　　前漢書細讀四卷
　　後漢書贅語三卷
　　讀三國志書後一卷
　　讀明史雜著一卷

補俞史論贊二卷

思益堂史學三種

（清）周壽昌撰
　　清光緒中長沙周氏小對竹軒刊本
　　漢書注校補五十六卷　光緒十年(1884)刊
　　後漢書注補正八卷
　　三國志注證遺四卷補四卷　光緒九年
　　　(1883)刊

史學叢書

（清）□□輯
　　清光緒二十五年(1899)文瀾書局石印本
　　清光緒二十八年(1902)上海煥文書局石
　　　印本
　　清光緒中上海點石齋石印本
　　史記志疑三十六卷　（清）梁玉繩撰
　　史功表比說一卷　（清）張錫瑜撰
　　史記天官書補目一卷　（清）孫星衍撰
　　楚漢諸侯疆域志三卷　（清）劉文淇撰
　　史漢駢枝一卷　（清）成孺(蓉鏡)撰
　　人表考九卷　（清）梁玉繩撰
　　漢書辨疑二十二卷　（清）錢大昭撰
　　漢書注校補五十六卷　（清）周壽昌撰
　　後漢書補表八卷　（清）錢大昭撰
　　補續漢書藝文志一卷　（清）錢大昭撰
　　後漢書辨疑十一卷　（清）錢大昭撰
　　後漢郡國令長考一卷　（清）錢大昭撰
　　續漢書辨疑九卷　（清）錢大昭撰
　　後漢書注補正八卷　（清）周壽昌撰
　　後漢書注又補一卷　（清）沈銘彝撰
　　後漢書補注續一卷　（清）侯康撰
　　三史拾遺五卷　（清）錢大昕撰
　　補三國疆域志二卷　（清）洪亮吉撰
　　補三史藝文志一卷　（清）金門詔撰
　　三國志辨疑三卷　（清）錢大昭撰
　　三國志攷證八卷　（清）潘眉撰
　　三國志旁證三十卷　（清）梁章鉅撰
　　三國職官表三卷　（清）洪飴孫撰
　　三國志補注續一卷　（清）侯康撰
　　補三國藝文志四卷　（清）侯康撰
　　宋遼金元四史朔閏考二卷　（清）錢大昕撰
　　　（清）錢侗增補
　　晉書校勘記五卷　（清）周家祿撰
　　東晉疆域志四卷　（清）洪亮吉撰
　　補晉兵志一卷　（清）錢儀吉撰
　　晉宋書故一卷　（清）郝懿行撰
　　補梁疆域志一卷　（清）洪齮孫撰
　　魏書校勘記一卷　（民國）王先謙輯
　　新舊唐書互證二十卷　（清）趙紹祖撰

宋州郡志校勘記一卷　（清）成孺(蓉鏡)撰
宋史藝文志補一卷　（清）黃虞稷(清)倪燦
　　撰　（清）盧文弨錄
補宋書刑法志一卷　（清）郝懿行撰
補宋書食貨志一卷　（清）郝懿行撰
補遼金元藝文志一卷　（清）倪燦撰　（清）
　　盧文弨錄
十六國疆域志十六卷　（清）洪亮吉撰
補五代史藝文志一卷　（清）顧櫰三撰
讀史舉正八卷　（清）張熷撰
諸史拾遺五卷　（清）錢大昕撰
諸史考異十八卷　（清）洪頤煊撰

兩湖書院重校史論叢編(一名江夏劉氏史部叢書第一編)

（清）劉□輯
　　清光緒二十六年(1900)粵雅堂刊本
　　唐史論斷三卷　（宋）孫甫撰
　　三國雜事二卷　（宋）唐庚撰
　　唐書直筆四卷　（宋）呂夏卿撰
　　涉史隨筆一卷附錄一卷　（宋）葛洪撰

五史斠議

（民國）羅振玉撰
　　清光緒二十九年(1903)刊本
　　梁書斠議一卷
　　陳書斠議一卷
　　北齊書斠議一卷
　　周書斠議一卷
　　隋書斠議一卷

越縵堂讀史札記

（清）李慈銘撰
　　民國二十年(1931)序國立北平北海圖書
　　　館排印本
　　史記札記二卷
　　漢書札記七卷　民國十七年(1928)排印
　　後漢書札記七卷　民國十八年(1929)排印
　　三國志札記一卷　民國十八年(1929)排印
　　晉書札記五卷　民國十九年(1930)排印
　　宋書札記一卷
　　梁書札記一卷
　　魏書札記一卷　民國十九年(1930)排印
　　隋書札記一卷
　　南史札記一卷
　　北史札記一卷

常熟丁氏叢書

（民國）丁國鈞撰
　　清光緒中木活字排印本

晉書校文五卷　光緒二十年(1894)刊

補晉書藝文志四卷附錄一卷　(民國)丁辰
　　注

四史評議

(民國)李景星撰

　　民國二十一年(1932)濟南排印本

史記評議四卷

漢書評議四卷

後漢書評議四卷

三國志評議四卷

逃窟雜纂

(民國)黃任恆撰

　　民國十四年(1925)南海黃氏排印本

遼痕五種

　遼代年表一卷

　補遼史藝文志一卷

　遼代文學考二卷

　遼代金石錄四卷

　遼文補錄一卷　(民國)黃任恆輯

　古譜纂例六卷

　古孝彙傳二卷

　桂考一卷續一卷　(清)張光裕撰　(民國)
　　黃任恆校併輯續

辟園史學四種

(民國)劉體仁撰

　　民國石印本

十七史說四卷

通鑑劄記十六卷

續歷代紀事年表十卷

異辭錄四卷

編　　年

兩漢紀

(宋)王銍輯

　　明嘉靖二十七年(1548)吳郡黃姬水刊本

　　明萬曆二十六年(1598)南京國子監刊本

　　清康熙三十五年(1696)襄平蔣氏樂三堂
　　刊本

　　清光緒二年(1876)嶺南學海堂刊本

　　清光緒三年(1877)盱南三餘書屋刊本

前漢紀三十卷　(漢)荀悅撰

後漢紀三十卷　(晉)袁宏撰

附

兩漢紀字句異同考一卷　(清)蔣國祚撰
　　(樂三堂本)

兩漢紀校記二卷　(清)陳璞撰　(學海堂

本)

通鑑綱目全書

明萬曆二十一年(1593)蜀藩刊本　〔撰

資治通鑑綱目五十九卷首一卷　(宋)朱熹

資治通鑑綱目前編十八卷舉要三卷　(宋)
　　金履祥撰

資治通鑑綱目前編外紀一卷　(明)陳桱撰

續資治通鑑綱目二十七卷　(明)商輅等撰

資治通鑑綱目四編合刻

(清)丁寶楨輯

　　清光緒中山東書局刊本

資治通鑑綱目五十九卷首一卷　(宋)朱熹
　　撰　光緒五年(1879)刊

資治通鑑綱目前編十八卷首一卷舉要三卷
　　(宋)金履祥撰　光緒七年(1881)刊

續資治通鑑綱目二十七卷　(明)商輅撰
　　光緒七年(1881)刊

資治通鑑綱目校勘記五十九卷首一卷續資
　　治通鑑綱目校勘記二十七卷　(清)溫
　　嘉鈺撰　光緒十三年(1887)刊

御撰資治通鑑綱目三編四十卷　清乾隆四
　　十年敕撰　光緒六年(1880)刊

資治通鑑大全

(明)陳仁錫輯

　　明崇禎二年(1629)序金閶大歡堂刊本

資治通鑑釋例圖譜一卷　(宋)司馬光撰

資治通鑑問疑一卷　(宋)劉羲仲撰

資治通鑑目錄三十卷　(宋)司馬光撰

資治通鑑二百九十四卷　(宋)司馬光撰
　　(元)胡三省音注

甲子會紀五卷　(明)薛應旂撰

通鑑前編十八卷舉要二卷首一卷　(宋)金
　　履祥撰

通鑑釋文辯誤十二卷　(元)胡三省撰

宋元資治通鑑六十四卷　(明)王宗沐撰

資治通鑑彙刻

清同治光緒間江蘇書局刊本

資治通鑑二百九十四卷　(宋)司馬光撰
　　(元)胡三省音注　同治八年(1869)據
　　鄱陽胡氏刊版修補

資治通鑑釋文辯誤十二卷　(元)胡三省撰

通鑑目錄三十卷　(宋)司馬光撰　同治八
　　年(1869)刊

稽古錄二十卷附校勘記一卷　(宋)司馬光
　　撰　校勘記(清)□□撰　光緒五年
　　(1879)刊

通鑑宋本校勘記五卷元本校勘記二卷
　（清）張瑛撰　光緒八年(1882)刊
通鑑外紀十卷目錄五卷　（宋）劉恕撰
　（清）胡克家注補　同治十年(1871)刊
續資治通鑑二百二十卷　（清）畢沅撰　同
　治八年(1869)據鎮洋畢氏桐鄉馮氏刊
　版修補
明通鑑九十卷目錄二十卷前編四卷附編六
　卷　（清）夏燮撰　同治十二年(1873)
　宜黃官廨刊

校刊資治通鑑全書

（清）胡元常輯
　　清光緒十四年(1888)長沙楊氏刊本
　新校資治通鑑敍錄三卷　（清）胡元常輯
　資治通鑑二百九十四卷　（宋）司馬光撰
　　（元）胡三省音注
　資治通鑑目錄三十卷　（宋）司馬光撰
　資治通鑑考異三十卷　（宋）司馬光撰
　資治通鑑釋例一卷　（宋）司馬光撰
　資治通鑑問疑一卷　（宋）劉羲仲撰
　資治通鑑釋文三十卷　（宋）史炤撰
　資治通鑑釋文辯誤十二卷　（元）胡三省撰

太祖高皇帝實錄彙本三種

（民國）羅振玉輯
　　偽滿大同二年(1933)史料整理所據原本
　　景印
　大清太祖承天廣運聖德神功肇紀立極仁孝
　　睿武弘文定業高皇帝實錄殘卷　清康
　　熙中敕修
　大清太祖承天廣運聖德神功肇紀立極仁孝
　　睿武弘文定業高皇帝實錄殘卷　清康
　　熙中再修
　大清太祖承天廣運聖德神功肇紀立極仁孝
　　睿武弘文定業高皇帝實錄殘二卷（存
　　卷一、卷三）　清康熙中三修

紀事本末

紀事本末五種

（清）□□輯
　　清同治十二年至十三年(1873-1874)江
　　西書局刊本
　　清光緒二十四年(1898)思賢書局刊本
　左傳紀事本末五十三卷　（清）高士奇撰
　通鑑紀事本末二百三十九卷　（宋）袁樞撰
　　（明）張溥論正
　宋史紀事本末一百九卷　（明）馮琦撰
　　（明）陳邦瞻增訂　（明）張溥論正

元史紀事本末二十七卷　（明）陳邦瞻撰
　（明）張溥論正
明史紀事本末八十卷　（清）谷應泰撰

紀事本末彙刻

（清）廣雅書局輯
　　清光緒中廣雅書局刊本
　左傳紀事本末五十三卷　（清）高士奇撰
　　光緒二十六年(1900)刊
　通鑑紀事本末二百三十九卷　（宋）袁樞撰
　　（明）張溥論正　光緒十三年(1887)
　　刊
　通鑑長編紀事本末一百五十卷　（原缺卷六
　　至七、卷一百十四至十九）　（宋）楊仲
　　良撰　光緒十九年(1893)刊
　宋史紀事本末一百九卷　（明）馮琦撰
　　（明）陳邦瞻增訂　（明）張溥論正　光
　　緒十三年(1887)刊
　遼史紀事本末四十卷　（清）李有棠撰　光
　　緒二十六年(1900)刊
　金史紀事本末五十二卷　（清）李有棠撰
　　光緒二十七年(1901)刊
　元史紀事本末二十七卷　（明）陳邦瞻撰
　　（明）張溥論正　光緒十三年(1887)刊
　明史紀事本末八十卷　（清）谷應泰撰　光
　　緒十三年(1887)刊

歷朝紀事本末

（清）陳如升（清）朱記榮輯
　　清光緒十四年(1888)上海書業公所排印
　　本
　　清光緒二十五年(1899)上海慎記書莊石
　　印本
（清）捷記主人增輯
　　清宣統二年(1910)上海文盛書局石印本
　左傳紀事本末五十三卷　（清）高士奇撰
　通鑑記事本末二百三十九卷　（宋）袁樞撰
　　（明）張溥論正
　宋史紀事本末一百九卷　（明）馮琦撰
　　（明）陳邦瞻增訂　（明）張溥論正
　遼史紀事本末四十卷　（清）李有棠撰
　　（文盛書局本、慎記書莊石印本）
　金史紀事本末五十二卷　（清）李有棠撰
　　（文盛書局本、慎記書莊石印本）
　西夏紀事本末三十六卷首二卷　（清）張鑑
　　撰
　元史紀事本末二十七卷　（明）陳邦瞻撰
　　（明）張溥論正
　明史紀事本末八十卷　（清）谷應泰撰
　三藩紀事本末二十二卷　（清）楊陸榮撰

雜　　史

歷代小史

(明)李栻輯

明刊本

路史一卷　(宋)羅泌撰

王子年拾遺記一卷　(前秦)王嘉撰　(梁)

蕭綺錄

西京雜記一卷　(漢)劉歆(一題晉葛洪)撰

漢武故事一卷　(漢)班固撰

世說新語一卷　(劉宋)劉義慶撰

大業雜記一卷　(唐)杜寶撰

煬帝海山記一卷　(唐)□□撰

煬帝開河記一卷　(唐)□□撰

煬帝迷樓記一卷　(唐)□□撰

隋遺錄一卷　(唐)顏師古撰

隋唐嘉話一卷　(唐)劉餗撰

唐語林一卷　(宋)王讜撰

翰林志一卷　(唐)李肇撰

松窗雜錄一卷　(唐)李濬撰

次柳氏舊聞一卷　(唐)李德裕撰

朝野僉載一卷　(唐)張鷟撰

卓異記一卷　(唐)李翶撰

開天傳信錄一卷　(唐)鄭棨撰

開元天寶遺事一卷　(後周)王仁裕撰

江行雜錄一卷　(宋)廖瑩中撰

中朝故事一卷　(南唐)尉遲偓撰

龍城錄一卷　(唐)柳宗元撰

避暑漫抄一卷　(宋)陸游撰

幽閑鼓吹一卷　(唐)張固撰

北夢瑣言一卷　(宋)孫光憲撰

杜陽雜編一卷　(唐)蘇鶚撰

集異記一卷　(唐)薛用弱撰

鄴侯外傳一卷　(唐)李蘩撰

三楚新錄一卷　(宋)周羽翀撰

江南別錄一卷　(宋)陳彭年撰

默記一卷　(宋)王銍撰

蜀檮杌一卷　(宋)張唐英撰

燕翼貽謀錄一卷　(宋)王栐撰　　　[錄

孫公談圃一卷　(宋)孫升述　(宋)劉延世

聞見雜錄一卷　(宋)蘇舜欽撰

行營雜錄一卷　(宋)趙葵撰

鐵圍山叢談一卷　(宋)蔡絛撰

高齋漫錄一卷　(宋)曾慥撰

談淵一卷　(宋)王陶撰

春明退朝錄一卷　(宋)宋敏求撰

玉堂雜記一卷　(宋)周必大撰

錢氏私誌一卷　(宋)錢愐撰

桐陰舊話一卷　(宋)韓元吉撰

揮麈錄一卷　(宋)楊萬里(一題王明清)撰

王氏揮麈錄一卷　(宋)王明清撰

晉公談錄一卷　(宋)丁謂撰

王文正筆錄一卷　(宋)王曾撰

貴耳集一卷　(宋)張端義撰

古杭雜記一卷　(元)李有撰

國老談苑一卷　(宋)王君玉撰

清夜錄一卷　(宋)俞文豹撰

宣政雜錄一卷　(宋)江萬里撰

艮嶽記一卷　(宋)張淏撰

聞燕常談一卷　(宋)董弅撰

退齋筆錄一卷　(宋)侯延慶撰

避戎嘉話一卷　(宋)石茂良撰

朝野僉言一卷　(宋)□□撰

朝野遺記一卷　(宋)□□撰

白獺髓一卷　(宋)張仲文撰

齊東野語一卷　(宋)周密撰

桯史一卷　(宋)岳珂撰

遼志一卷　(宋)葉隆禮撰

金志一卷　(宋)宇文懋昭撰

松漠紀聞一卷　(宋)洪皓撰

北轅錄一卷　(宋)周煇撰

蒙韃備錄一卷　(宋)孟珙撰

北邊備對一卷　(宋)程大昌撰

西使記一卷　(元)劉郁撰

自警篇一卷　(宋)趙善璙撰

厚德錄一卷　(宋)李元綱撰

韓忠獻遺事一卷　(宋)强至撰

王文正遺事一卷　(宋)王素撰

萊公遺事一卷　(宋)□□撰

南村輟耕錄一卷　(元)陶宗儀撰

遂昌山樵雜錄一卷　(元)鄭元祐撰

東園友聞一卷　(元)□□撰

廣客談一卷　(元)□□撰

稗史集傳一卷　(元)徐顯撰

窮勝野聞一卷　(明)徐禎卿撰

野記一卷　(明)祝允明撰

平夏錄一卷　(明)黃標撰

清溪暇筆一卷　(明)姚福撰

瑯琊漫鈔一卷　(明)文林撰

病逸漫記一卷　(明)陸釴撰

震澤紀聞一卷　(明)王鏊撰

皇明紀略一卷　(明)皇甫錄撰

北征錄一卷　(明)金幼孜撰

北征記一卷　(明)楊榮撰

西征石城記一卷　(明)馬文升撰

興復哈密記一卷　(明)馬文升撰

復辟錄一卷　(明)楊瑄撰

可齋雜記一卷　(明)彭時撰

否泰錄一卷　(明)劉定之撰

　　　書齋瑣綴錄一卷　(明)尹直撰
　　　古穰雜錄一卷　(明)李賢撰
　　　兩湖塵談錄一卷　(明)許浩撰
　　　復齋日記一卷　(明)許浩撰
　　　繼世紀聞一卷　(明)陳洪謨撰
　　　江海殲渠記一卷　(明)祝允明撰
　　　損齋備忘錄一卷　(明)梅純撰
　　　靖難功臣錄一卷　(明)朱當㴐撰
　　　備遺錄一卷　(明)張芹撰
　　　星槎勝覽一卷　(明)費信撰
　　　眞臘風土記一卷　(元)周達觀撰
　　　炎徼紀聞一卷　(明)田汝成撰
　　　滇載記一卷　(明)楊愼撰

七家後漢書

　　(清)汪文臺輯
　　　　清光緒八年(1882)太平崔國榜等刊本
　　　後漢書六卷　(吳)謝承撰
　　　後漢書一卷　(晉)薛瑩撰
　　　續漢書五卷　(晉)司馬彪撰
　　　後漢書二卷　(晉)華嶠撰
　　　後漢書一卷　(晉)謝沈撰
　　　後漢書一卷　(晉)袁山松撰
　　　漢記一卷　(晉)張璠撰
　　附
　　　失氏名後漢書一卷

南唐書合刻

　　(清)蔣國祥(清)蔣國祚輯
　　　　清同治十三年(1874)旴南蔡氏三餘書屋
　　　　　據襄平蔣氏本補刊
　　　南唐書三十卷　(宋)馬令撰
　　　南唐書十八卷附音釋一卷　(宋)陸游撰
　　　　・音釋(元)戚光撰

宋遼金元別史(一名四朝別史)

　　(清)席世臣輯
　　　　清乾隆嘉慶間南沙席氏掃葉山房刊本
　　　東都事略一百三十卷　(宋)王偁撰　乾隆
　　　　六十年(1795)刊
　　　南宋書六十八卷　(明)錢士升撰　嘉慶二
　　　　年(1797)刊
　　　契丹國志二十七卷　(宋)葉隆禮撰
　　　大金國志四十卷　(宋)宇文懋昭撰
　　　元史類編四十二卷　(清)邵遠平撰　乾隆
　　　　六十年(1795)刊

國難叢書第一輯

　　(民國)□□輯
　　　　民國二十六年(1937)排印本

　　　南渡錄一卷　(宋)辛棄疾撰
　　　甲申傳信錄十卷　(明)錢𪩘撰
　　　揚州十日屠殺記一卷　(明)王秀楚撰
　　　嘉定屠城慘史一卷　(清)朱子素撰
　　　乙酉海虞被兵記一卷　(清)王孫勯撰
　　　中東戰紀輯要一卷　(民國)袁青萍選輯

靖康稗史

　　(宋)耐庵輯
　　　　清宣統元年(1909)常熟丁國鈞傳鈔本
　　　宣和乙巳奉使金國行程錄一卷　(宋)□□
　　　　撰
　　　甕中人語一卷　(宋)韋承撰
　　　開封府狀一卷　(宋)□□撰
　　　南征錄彙一卷　(金)李天民輯
　　　青宮譯語節本一卷　(金)王成棣撰
　　　呻吟語一卷　(宋)□□撰
　　　宋俘記一卷　(金)可恭撰

蒙古史料校注

　　(民國)王國維撰
　　　　民國十五年(1926)清華學校研究院排印
　　　　本
　　　聖武親征錄校注一卷
　　　長春眞人西遊記注二卷
　　　蒙韃備錄箋證一卷
　　　黑韃事略箋證一卷
　　附
　　　韃靼考一卷
　　　遼金時蒙古考一卷

皇明史概

　　(明)朱國楨輯
　　　　明崇禎中刊本
　　　皇明大政記三十六卷
　　　皇明大訓記十六卷
　　　皇明大事記五十卷
　　　皇明開國臣傳十三卷
　　　皇明遜國臣傳五卷首一卷

遜國逸書

　　(明)錢士升輯
　　　　明崇禎十七年(1644)刊本
　　　致身錄一卷　(明)史仲彬撰
　　　從亡隨筆一卷　(明)程濟撰
　　　柎膝錄四卷　(明)劉琳撰
　　　黃陳報寃錄一卷

勝朝遺事

　　(清)吳彌光輯　(清)宋澤元重訂

清光緒九年(1883)山陰宋澤元懺華盦刊
本
初編六卷
　洪武聖政記　(明)宋濂撰
　明初禮賢錄　(明)□□撰
　天潢玉牒　(明)解縉撰
　龍興慈記　(明)王文祿撰
　翦勝野聞　(明)徐禎卿撰
　平漢錄　(明)宋濂(一題童承敘)撰
　平吳錄　(明)吳寬撰　以上合一卷
　北平錄　(明)□□撰
　平夏錄　(明)黃標撰
　平胡錄　(明)陸深撰
　靖難功臣錄　(明)朱當㴐撰
　備遺錄　(明)張芹撰
　平定交南錄　(明)丘濬撰
　北征錄　(明)金幼孜撰
　北征後錄　(明)金幼孜撰
　北征記　(明)楊榮撰　以上合一卷
　宣爐注　(清)冒襄撰
　否泰錄　(明)劉定之撰
　正統北狩事蹟　(明)□□撰
　北使錄　(明)李實撰
　天順日錄　(明)李賢撰
　聖駕臨雍錄　(明)周洪謨撰
　武宗外紀　(清)毛奇齡撰　以上合一卷
　辨定嘉靖大禮議　(清)毛奇齡撰
　諭對錄　(明)張孚敬撰
　倭變事略　(明)采九德撰　以上合一卷
　靖海紀略　(明)鄭茂撰
　病榻遺言　(明)高拱撰
　星變志　(明)抱甕外史撰
　鈐山堂書畫記　(明)文嘉撰　以上合一卷
　碧血錄　(明)黃煜輯
　甲申傳信錄　(明)錢𩆜撰　以上合一卷
二編八卷
　三朝聖諭錄　(明)楊士奇撰
　瀛涯勝覽　(明)馬歡撰
　彭文憲公筆記　(明)彭時撰　以上合一卷
　閒中今古錄　(明)黃溥撰
　病逸漫記　(明)陸釴撰
　瑯琊漫鈔　(明)文林撰
　水東日記　(明)葉盛撰
　近峯記略　(明)皇甫錄撰
　留青日札　(明)田藝蘅撰　以上合一卷
　今言類編二卷　(明)鄭曉撰
　錦衣志　(明)王世貞撰
　觚不觚錄　(明)王世貞撰
　鳳洲筆記　(明)王世貞撰　以上合一卷
　奇聞類記　(明)施顯卿撰

　幸存錄　(明)夏允彝撰　以上合一卷
　復社紀事　(清)吳偉業撰
　彤史拾遺記　(清)毛奇齡撰　以上合一卷
　後鑒錄一卷　(清)毛奇齡撰

邊畧
　(明)高拱撰
　　明萬曆元年(1573)序刊本
　　民國二十三年(1934)排印本
　　防邊紀事一卷
　　伏戎紀事一卷
　　撻虜紀事一卷
　　靖夷紀事一卷
　　綏廣紀事一卷

崇正叢書
　(清)葉騰驤輯
　　清道光十九年(1839)品石山房木活字排
　　印本
　　談往二卷　(清)花村看行侍者撰
　　流賊傳一卷　(清)張廷玉等撰
　　守汴日志一卷　(清)李光壂撰
　　虎口餘生記一卷　(明)邊大綬撰
　　蜀碧四卷　(清)彭遵泗撰
　　流寇瑣記二卷　(清)趙吉士撰
　　綏史三卷　(清)□□撰　(清)葉騰驤刪節
　　甲申紀事一卷　(清)□□撰
　　愍忠錄二卷　(清)□□撰
　　忠貞軼記一卷　(清)徐懋賢撰

荊駝逸史
　(清)陳湖逸士輯
　　清道光中古槐山房木活字排印本
　　清宣統三年(1911)中國圖書館石印本
　　三朝野紀七卷(石印本原缺卷五至六)
　　　(明)李遜之撰
　　啟禎兩朝剝復錄三卷　(明)吳應箕撰
　　聖安本紀六卷　(清)顧炎武撰
　　所知錄三卷　(清)錢澄之撰
　　行朝錄六卷　(清)黃宗羲撰　(古槐山房
　　　本)
　　懿安事略一卷　(清)賀宿撰
　　熹朝忠節死臣列傳一卷　(明)吳應箕撰
　　恩恤諸公志略二卷　(明)孫愼行撰
　　東林本末(石印本題東林事畧)三卷　(明)
　　　吳應箕撰
　　念陽徐公定蜀記一卷　(明)文震孟撰
　　平蜀記事一卷　(清)虞山逸民(錢謙益)撰
　　攻渝紀事一卷　(明)徐如珂撰
　　全吳紀略一卷　(明)楊廷樞撰

袁督師計斬毛文龍始末一卷(清)李清撰
孫高陽前後督師略跋一卷　(明)蔡鼎撰
附
　車營百八叩二卷　(明)孫承宗撰　(古
　　槐山房本)
孫愷陽先生殉城論一卷　(明)蔡鼎撰
荊溪盧司馬殉忠錄(石印本題荊溪盧司馬
　殉忠實錄)一卷　(明)許德士撰
汴圍濕襟錄二卷(石印本一卷)　(明)白愚撰
孑遺錄一卷　(清)戴名世撰　(古槐山房本)
崇禎癸未榆林城守紀畧一卷　(清)戴名世
　撰　(古槐山房本)
崇禎甲申保定城守紀畧一卷　(清)戴名世
　撰　(古槐山房本)
甲申忠佞記事一卷　(明)錢邦芑撰
甲申紀變錄(石印本題甲申紀變實錄)一卷
　(明)錢邦芑撰
遇變紀略一卷　(明)聾道人(徐應芬)撰
滄洲紀事一卷　(清)程正揆撰
僞官據城記一卷　(清)王庾撰
歷年城守記一卷　(清)王庾撰
北使紀略一卷　(明)陳洪範撰
弘光朝僞東宮僞后及黨禍紀略一卷　(清)
　戴名世撰　(古槐山房本)
弘光乙酉揚州城守紀略一卷　(清)戴名世
　撰　(古槐山房本)
揚州十日記一卷　(清)王秀楚撰
東塘日劄二卷　(清)朱子素撰
江陰城守紀二卷　(清)韓菼撰
江陰守城記一卷　(清)許重熙撰
平吳事畧(石印本題開國平吳事畧)一卷
　(清)南園嘯客撰
甲行日注八卷　(明)木拂(葉紹袁)撰
傚指南錄一卷　(明)范康生撰
閩游月記二卷　(明)華廷獻撰
劉公旦先生死義記一卷　(明)吳下逸民撰
航澥遺聞一卷　(明)汪光復撰
鳳倒梧桐記二卷　(明)何是非撰
江變紀畧二卷　(清)徐世溥撰
兩粵夢遊記一卷　(明)馬光撰
粵中偶記一卷　(明)華復蠡撰
庚寅十一月初五日始安事畧一卷　(清)瞿
　元錫撰
入長沙記一卷　(清)丁大任撰
錢氏家變錄一卷　(清)錢孫愛撰
平定耿逆記一卷　(清)李之芳撰
四王合傳一卷　(清)□□撰
明亡述畧二卷　(清)鎮綠山人撰
甲申紀事一卷　(清)程正揆撰　(以下石
　印本)

李仲達被逮紀畧一卷　(明)蔡士順撰
東陽兵變一卷　(明)□□撰
平回紀略一卷　(清)□□撰
人變逃略一卷　(明)黃煜撰
江陵紀事一卷　(明)□□撰
永歷紀事一卷　(明)丁大任撰
平臺紀畧一卷　(清)藍鼎元撰

明季稗史彙編

(清)留雲居士輯
　清都城琉璃廠刊本
　清光緒二十二年(1896)上海圖書集成局
　　排印本
烈皇小識八卷　(明)文秉撰
聖安皇帝本紀二卷　(清)顧炎武撰
嘉定屠城紀略一卷　(清)朱子素撰　〔撰
行在陽秋二卷　(明)劉湘客(一題清戴笠)
幸存錄二卷　(明)夏允彝撰
續幸存錄一卷　(明)夏完淳撰
求野錄一卷　(明)客溪樵隱(鄧凱)撰
也是錄一卷　(明)自非逸史(鄧凱)撰
江南聞見錄一卷　(清)□□撰
粵游見聞一卷　(明)瞿共美撰
賜姓始末一卷　(清)黃宗羲撰
兩廣紀畧一卷　(明)華復蠡撰
東明聞見錄一卷　(明)瞿共美撰
靑燐屑二卷　(明)應廷吉撰
吳耿尚孔四王合傳一卷　(清)□□撰
揚州十日記一卷　(清)王秀楚撰

明季野史彙編

　清鈔本
聖安皇帝本紀二卷　(清)顧炎武撰
明紀編年三卷　(清)王汝南撰
崇禎閣臣年表一卷崇禎內閣行畧一卷
　(明)陳盟撰
甲申以後亡臣表三卷　(清)彭孫貽撰
酌中志二十三卷　(明)劉若愚撰
酌中志餘十卷　(明)劉若愚輯
　東林朋黨錄一卷
　東林點將錄一卷　(明)王紹徽撰
　東林同志錄一卷
　東林籍貫錄一卷
　盜柄東林夥一卷
　夥壞封疆錄一卷　(明)魏應嘉撰
　天鑒錄一卷
　欽定逆案一卷
　天啟宮中詞一卷　(明)陳悰(一題秦蘭
　　徵)撰
　擬故宮詞一卷　(清)唐宇昭撰

挺擊始末一卷
烈皇小識六卷　(明)文秉撰
三垣筆記四卷　(清)李淸撰
七太子傳一卷　(明)陳懿典撰
廟祔十五王傳一卷　(明)陳懿典撰
廣陵儲王趙朱景蔣曾桑朱宗列傳一卷
　　(明)歐大任撰
前明忠義別傳三十二卷　(淸)汪有典撰
崇禎五十宰相傳一卷附宰相年表一卷
　　(淸)曹溶撰
吳耿尙孔四王合傳一卷　(淸)□□撰
賜姓始末一卷　(淸)黃宗羲撰
明季遺聞四卷　(淸)鄒漪撰
崇禎朝紀畧四卷(卽三朝野記卷四至七)
　　(明)李遜之撰
粵游見聞一卷　(明)瞿共美撰
兩廣紀畧一卷　(明)華復蠡撰
嘉定屠城紀畧一卷　(淸)朱子素撰
求野錄一卷　(淸)客溪樵隱(鄧凱)撰
也是錄一卷　(淸)自非逸史(鄧凱)撰
江南聞見錄一卷　(淸)□□撰
揚州十日記一卷　(淸)王秀楚撰
靑燐屑二卷　(明)應喜臣(廷吉)撰
行在陽秋二卷　(淸)戴笠撰
幸存錄二卷　(明)夏允彝撰
續幸存錄一卷　(明)夏完淳撰
東明聞見錄二卷　(明)瞿共美撰

海甸野史

(淸)□□輯
　　抄本
倣指南錄一卷　(明)范康生撰
續明季遺聞一卷　(淸)汪光復撰
癸巳小春入長沙記一卷　(淸)丁大任撰
永曆紀事一卷　(淸)丁大任撰
兩廣紀畧一卷　(明)華復蠡撰
荊溪盧司馬九台公殉忠寔錄一卷　(明)許
　　德士撰
恩卹諸公志畧一卷　(明)孫愼行撰
孫愷陽先生殉城論一卷　(明)蔡鼎撰
江變紀畧一卷　(淸)徐世溥撰
閩游月記一卷　(明)華廷獻撰
兩粵新書一卷　(淸)方以智撰
風倒梧桐記一卷　(明)何是非撰
北使紀畧一卷　(明)陳洪範撰
江陰城守紀事一卷　(淸)許重熙撰
江陵紀事一卷　(明)□□撰
東林事畧一卷　(明)吳應箕撰
東林紀事本末論一卷　(明)吳應箕撰
孫高陽先生前後督師畧跋一卷　(明)蔡鼎

撰
督師袁崇煥計斬毛文龍始末一卷　(淸)李
　　淸撰
東陽兵變一卷　(明)□□撰　　　　〔撰
崇禎甲申燕京紀變實錄一卷　(明)錢邦芑
甲申三月忠逆諸臣紀事一卷　(明)錢邦芑
　　撰

甲申野史紀事彙鈔

(淸)彭孫貽輯
　　鈔本
淸流摘鏡六卷　(明)吳嶽撰
兩朝剝復錄六卷　(明)吳應箕撰
明季殉國諸臣錄一卷　(淸)盛禾撰
殷頑錄六卷　(淸)楊陸榮撰
平叛記二卷　(淸)毛霠撰
平寇志十二卷　(淸)彭孫貽撰

明末稗史鈔

(淸)□□輯
　　鈔本
幸存錄一卷　(明)夏允彝撰
續幸存錄三卷　(明)夏完淳撰
流寇瑣聞二卷　(淸)□□撰
攻□紀畧(一名大梁城守記)一卷　(淸)周
　　在浚撰

三異詞錄

(淸)□□輯
　　淸鈔本
瑣聞錄一卷別錄一卷　(淸)宋徵輿撰
輶軒記事一卷　(明)姜曰廣輯
宮庭瞽記一卷　(明)愨融上人撰
丙申日記一卷　(明)顧偉南撰
繡江集一卷　(明)范樹鏦撰
殘明紀事一卷　(淸)羅謙撰
幸存錄一卷　(明)夏允彝撰
難遊錄一卷　(淸)張遜白撰
東村記事一卷　(淸)宋徵輿撰
求野錄三卷　(明)客溪樵隱(鄧凱)撰
也是錄(一名永曆帝入緬本末)一卷　(明)
　　自非和尙(鄧凱)撰

陸沈叢書

(淸)□□輯
　　淸光緒二十九年(1903)石印本
建州女直考一卷　(明)天都山臣撰
揚州十日記一卷　(明)王秀楚撰
嘉定屠城紀畧(一名東塘日劄)一卷　(淸)
　　朱子素撰

忠文靖節編一卷 　(清)張方湛撰

痛史

(民國)樂天居士輯
　　清宣統三年(1911)商務印書館排印本
　　民國六年(1917)商務印書館排印本
　　福王登極實錄一卷 　(明)文震亨撰
　　附
　　　過江七事一卷 　(清)陳貞慧撰 　　[撰
　　　金陵紀略一卷附南征記一卷 　(清)□□
　　哭廟紀略一卷 　(清)□□撰
　　丁酉北闈大獄記略一卷 　(清)信天翁撰
　　莊氏史案一卷 　(清)□□撰
　　附
　　　秋思草堂遺集一卷 　(清)陸莘行撰
　　　研堂見聞雜記一卷 　(清)王家禎撰
　　忠文大紀八卷 　(清)□□撰
　　弘光實錄鈔四卷 　(清)古藏室史臣(黃宗
　　　羲)撰
　　淮城紀事一卷 　(明)□□撰
　　附
　　　揚州變略一卷 　(明)□□撰
　　　京口變略一卷 　(明)□□撰
　　崇禎長編二卷 　(明)□□撰
　　浙東紀略一卷 　(清)徐芳烈撰
　　嘉定縣乙酉紀事一卷 　(清)朱子素撰
　　江上孤忠錄一卷 　(明)趙曦明(一題清黃
　　　明曦)輯
　　啓禎記聞錄八卷 　(明)葉紹袁撰
　　孤忠後錄一卷 　(清)祝純嘏撰
　　海上見聞錄二卷 　(清)夢荇輯
　　蜀記一卷 　(清)□□撰
　　鹿樵紀聞三卷 　(清)梅村野史(吳偉業)撰
　　隆武遺事一卷 　(清)□□撰 　以下民國元
　　　年(1912)排印
　　客滇述一卷 　(明)顧山貞撰
　　守鄖記略一卷 　(清)高斗樞撰
　　附
　　　大梁守城記一卷 　(清)周在浚撰
　　國變難臣鈔一卷 　(明)□□撰
　　附
　　　崇禎甲申燕都紀變實錄一卷 　(明)錢邦
　　　　芑撰
　　　甲申三月忠逆諸臣紀事一卷 　(明)錢邦
　　　　芑撰
　　　紀錢牧齋遺事一卷 　(清)□□撰

明季遼事叢刊

(民國)羅振玉輯 　　　　　　　　　　[本
　　民國廿五年(1936)僞滿日文化協會石印

陶元暉中丞遺集二卷附錄一卷 　(明)陶朗
　　先撰
畢少保公傳一卷 　(清)蔣平階撰
海運摘鈔八卷 　(明)□□撰
東江遺事二卷 　(清)吳騫輯

明季史料叢書

鄭振鐸輯
　　民國二十三年(1934)聖澤園景印本
　　小腆紀敍六卷 　(清)王源魯撰
　　燼火錄三十四卷 　(清)李天根撰
　　宮庭睹記一卷 　(明)憨融上人撰
　　難遊錄一卷 　(清)張遴白撰
　　荊溪盧司馬九台公殉忠實錄一卷 　(明)許
　　　德士撰
　　野獲一卷 　(清)楊光先撰
　　甲申核真略一卷 　(明)楊士聰撰
　　定思小記一卷 　(清)劉尙友撰
　　蘇城記變一卷 　(清)□□撰
　　惕齋見聞錄一卷 　(清)蘇淵撰
　　東村記事一卷 　(清)宋徵輿撰
　　監國紀年一卷 　(清)□□撰
　　舟山紀略一卷 　(清)□□撰
　　劫灰錄六卷 　(清)珠江寅舫撰
　　兩粵新書一卷 　(清)方以智撰
　　桂林田海記一卷 　(清)雷亮功撰
　　庚寅十一月初五日始安事略一卷 　(清)瞿
　　　元錫撰
　　滇南外史一卷 　(清)□□撰
　　交山平寇始末三卷 　(清)夏顒譔
　　瑣聞錄一卷別錄一卷 　(清)宋徵輿撰

中國內亂外禍歷史叢書

(民國)中國歷史研究社輯
　　民國三十六年(1947)上海神州國光社排
　　　印本
　第一輯
　　三朝野記七卷(原缺卷五至六) 　(明)李遜
　　　之撰
　　國變難臣鈔一卷 　(明)□□撰
　　過江七事一卷 　(清)陳貞慧撰
　　孤忠後錄一卷 　(清)祝純嘏撰
　　行在陽秋二卷 　(清)戴笠撰
　第二輯
　　幸存錄二卷 　(明)夏允彝撰
　　續幸存錄一卷 　(明)夏完淳撰
　　鹿樵紀聞三卷 　(清)吳偉業撰
　　揚州十日記一卷 　(清)王秀楚撰
　　嘉定屠城紀畧一卷 　(清)朱子素撰
　第三輯

保定城守紀畧一卷　(清)戴名世撰
楡林城守紀畧一卷　(清)戴名世撰
乙酉揚州城守紀畧一卷　(清)戴名世撰
江陰城守紀二卷　(清)韓菼撰
江陰城守後紀一卷　(清)許重熙撰
江上遺聞一卷　(清)沈濤撰
江變紀畧二卷　(清)徐世溥撰
揚州變畧一卷　(明)□□撰
淮城紀事一卷　(明)□□撰
東南紀事十二卷　(清)邵廷寀撰
江南聞見錄一卷　(清)□撰
東江始末一卷　(明)柏起宗撰
第四輯
　纖言三卷　(清)陸圻撰
　海東逸史十八卷　(清)翁洲老民撰
　三湘從事錄一卷　(明)蒙正發撰　(清)金永森注
第五輯
　東行初錄一卷續錄一卷三錄一卷　(清)馬建忠撰
　甲午戰爭電報錄三卷　(清)□□撰
　馬關議和中日談話錄一卷　(清)李鴻章撰
第六輯
　庚子國變記一卷　(民國)羅惇曧撰
　拳變餘聞一卷　(民國)羅惇曧撰
　西巡回鑾始末記六卷　(清)□□撰
第七輯
　艮嶽記一卷　(宋)張淏撰
　明武宗外紀一卷　(清)毛奇齡撰
　天水冰山錄一卷　(明)□□撰
　鈐山堂書畫記一卷　(明)文嘉撰
　留青日札一卷　(明)田藝蘅撰
　民抄董宦事實一卷　(明)□□撰
　董心葵事記一卷　(明)□□撰
　殛珅誌畧一卷　(清)□□撰
　查抄和珅家產清單一卷　(清)□□撰
第八輯
　甲申傳信錄十卷　(明)錢𫀶撰
　弘光實錄鈔四卷　(清)古藏室史臣(黃宗羲)撰
第九輯
　大金弔伐錄四卷　(金)□□撰
　避戎夜話二卷　(宋)石茂良撰
　南渡錄四卷　(宋)辛棄疾撰
　　南燼紀聞錄二卷
　　竊憤錄一卷續錄一卷
　平宋錄三卷　(元)劉敏中撰
第十輯
　全吳紀畧一卷　(明)楊廷樞撰
　東陽兵變一卷　(明)□□撰

崇禎長編二卷　(明)□□撰
北使紀畧一卷　(明)陳洪範撰
靑燐屑二卷　(明)應喜臣(廷吉)撰
浙東紀畧一卷　(清)徐芳烈撰
庚寅始安事畧一卷　·(清)瞿元錫撰
也是錄一卷　(明)鄧凱撰
求野錄一卷　(明)鄧凱撰
永歷紀年一卷　(清)黃宗羲撰
明亡述畧二卷　(清)鎖綠山人撰
第十一輯
　奉使俄羅斯日記一卷　(清)張鵬翮撰
　與俄羅斯國定界之碑一卷　(清)徐元文撰
　尼布楚城考一卷　(清)何秋濤撰
　俄羅斯佐領考一卷　(清)俞正變撰
　俄羅斯進呈書籍記附目錄一卷　(清)何秋濤撰
　伊犂定約中俄談話錄一卷　(清)□□撰
第十二輯
　信及錄一卷　(清)林則徐撰
　雅片事畧二卷　(清)李圭撰
第十三輯
　東林本末三卷　(明)呂應箕撰
　東林始末一卷　(明)蔣平階撰
　熹朝忠節死臣傳一卷　(明)吳應箕撰
　碧血錄一卷　(明)黃煜輯
　復社紀事一卷　(清)吳偉業撰
　復社紀略四卷　(明)眉史氏(陸世儀)撰
　弘光朝僞東宮僞后及黨禍紀略一卷　(清)戴名世撰
　汰存錄紀辨一卷　(清)黃宗羲撰
第十四輯
　守鄖紀略一卷　(明)髙斗樞撰
　虎口餘生紀一卷　(明)邊大綬撰
　汴圍濕襟錄一卷　(明)白愚撰
　客滇述一卷　(明)顧山貞撰
　平吳事畧一卷　(清)南園嘯客撰
　思文大紀八卷　(清)□□撰
　倣指南錄一卷　(明)范康生撰
　安龍紀事一卷　(明)江之春撰
　玫渝紀事一卷　(明)徐如珂撰
　定蜀記一卷　(明)文震孟撰
　平蜀紀事一卷　(清)虞山逸民(錢謙益)撰
　平回紀略一卷　(清)□□撰
第十五輯
　蜀碧四卷　(清)彭遵泗撰
　先撥志始二卷　(明)文秉撰
第十六輯
　嘉靖東南平倭通錄一卷　(明)□□撰
　倭變事畧一卷　(明)采九德撰
　靖海紀畧一卷　(明)鄭茂撰

　　金山倭變小志一卷　（清）玉壘山人撰
　　紀剿除徐海本末一卷　（明）茅坤撰
　　倭情屯田議一卷　（明）趙士禎撰
　　日本犯華考一卷　（明）殷都撰
　　中東古今和戰端委考一卷　（清）蔡爾康撰
　　東倭考一卷　（清）金安清撰
　第十七輯
　　烈皇小識八卷　（明）文秉撰
　　研堂見聞雜錄一卷　（清）王家禎撰

清初史料四種

　謝國楨輯
　　民國二十二年(1933)北平圖書館排印本
　撫安東夷記一卷　（明）馬文升撰
　東夷考略一卷　（明）苕上愚公（茅瑞徵）撰
　遼夷略一卷　（明）張鼐撰
　建州私志三卷　（清）海濱野史撰
　附
　　清開國史料考敍論訂補篇一卷　謝國楨撰

史料叢刊初編

　（民國）羅振玉輯
　　民國十三年(1924)東方學會排印本
　太宗文皇帝日錄殘二卷
　太宗文皇帝致朝鮮國王書一卷
　太宗文皇帝招撫皮島諸將諭帖一卷
　天聰朝臣工奏議三卷
　聖祖仁皇帝起居注十卷
　欽定服色肩輿永例一卷（順治九年）
　禮曹章奏日錄一卷（順治元年）
　工曹章奏一卷　（清）王無咎（清）章雲鷺輯
　洪文襄公呈報吳勝兆叛案揭帖一卷
　投順提督張天祿呈報功績册一卷
　北直河南山東山西職官名籍一卷（順治元
　　年）
　蘇松常鎭總兵將領清册一卷（順治四年）
　徽寧池太安慶廣德總兵將領清册一卷（順
　　治四年）
　內翰林弘文院職官錄一卷
　內弘文院職官錄一卷
　豫通親王事實册一卷
　平南敬親王尙可喜事實册一卷
　奮威將軍左都督王忠勇公事實一卷
　振武將軍陝甘提督孫公思克行述一卷
　　（清）俞益謨撰
　廣西巡撫諡文毅馬雄鎭事實册一卷
　果毅親王恩榮錄一卷
　東瀛紀事一卷　（清）楊廷理撰

史料叢編

　僞庫籍整理處輯
　　僞滿康德二年(1935)石印本
　初集
　　聖祖仁皇帝起居注殘稿二卷（康熙十九年
　　　十月一卷、康熙二十一年十一月一卷）
　　聖祖親征朔漢日錄一卷
　　聖祖西巡日錄一卷
　　雍正朝上諭檔四卷
　　高宗純皇帝起居注殘稿一卷（乾隆五十三
　　　年十月）
　　吏曹章奏一卷（順治元年八月份）
　　江南額解舊南京民糧屯糧本色數目册一卷
　　　（順治四年七月）
　　乾隆三年在京文職漢官俸米及職名黃册二
　　　卷　（清）吏部稽俸廳編
　　奉天等省民數穀數彙總黃册一卷（乾隆六
　　　年）　（清）戶部編
　二集
　　聖祖仁皇帝起居注殘稿一卷（康熙二十四
　　　年二月）
　　江南按察司審土國寶招擬文册一卷（順治
　　　八年十一月）
　　江南總督洪承疇詳查舊額解南本折錢糧及
　　　酌定支用起解事宜册一卷　（清）洪承
　　　疇撰
　　光祿寺進康熙六十一年四月分內用豬鴨果
　　　品等項錢糧數目黃册一卷　（清）三喜
　　　寶等撰
　　工部進乾隆三十年六月分用過銀錢數目黃
　　　册一卷　（清）託恩多等撰
　　工部進乾隆四十三年七月分用過雜項銀錢
　　　數目黃册一卷　（清）嵇璜等撰
　　工部進乾隆四十九年分用過緞匹顏料數目
　　　黃册一卷　（清）金簡等撰
　　內閣典籍廳關支康熙廿八年秋冬二季俸米
　　　黃册一卷　（清）內閣典籍廳編
　　吏部進道光廿三年春夏二季在京文職漢官
　　　領過俸米及職名黃册一卷　（清）吏部
　　　稽俸廳編
　　吏部進道光廿三年秋冬二季在京文職漢官
　　　領過俸米及職名黃册一卷　（清）吏部
　　　稽俸廳編
　　三朝實錄館館員功過等第册一卷　（清）三
　　　朝實錄館編
　　田文端公（從典）行述一卷　（清）田懋等撰

柔遠全書

　（清）謝家福輯
　　鈔本
　國初成案二卷

道咸成案十卷
和約彙編六卷首一卷附一卷
善後襍鈔十卷
中外紀事本末十一卷
備錄一卷

國朝稗乘

（清）丁紹儀輯
　　清周星詒書鈔閣鈔本
殛珅誌略一卷　（清）□□撰
守撫紀略一卷　（清）鍾峻撰
庚辛記事一卷

太平天國有趣文件十六種

（民國）劉復輯
　　民國十五年（1926）上海北新書局排印本
太平條規
行營規矩
旨准頒行詔書總目
太平天國辛酉十一年新歷封面式樣並造歷
　　人銜名
請頒新歷奏
天王詔旨一
天王詔旨二
辛酉十一年正月分歷書
庚申十年正月萌芽月令
忠王致護王書　（太平天国）李秀成撰
忠王致潮王書　（太平天国）李秀成撰
干王書福字碑拓本
干王印
俚歌一首
和碩親王致戈登劄　（清）奕訢撰
張遇春致戈登書　（清）張遇春撰

太平天國史料第一集

程演生輯
　　民國十五年（1926）北京大學出版部景印
　　排印本
天父下凡詔書[一]一卷　據太平天國二年
　　本景印
天父下凡詔書[二]一卷
天命詔旨書一卷　據太平天國二年本景印
頒行詔書一卷　據太平天國二年本景印
天朝田畝制度一卷
建天京於金陵論一卷　（太平天国）何震川
　　等撰
貶妖穴爲罪隸論一卷
原道救世歌一卷百正歌一卷
原道醒世訓一卷
原道覺世訓一卷

太平天國叢書第一集

蕭一山輯
　　民國二十四年（1935）國立編譯館景印本
天父上帝言題皇詔一卷
舊新遺詔聖書樣本一卷
天條書一卷附改正本天條書序言
太平詔書
　　原道救世詔一卷
　　原道醒世詔一卷
　　原道覺世詔一卷
太平禮制一卷
太平軍目一卷
太平條規一卷
太平天國癸好三年新曆一卷
太平天國辛酉十一年新曆一卷
幼學詩一卷
太平救世歌一卷
詔書蓋璽頒行論一卷　（太平天国）呉容寬
　　等撰
天朝田畝制度一卷
天情道理書一卷
御製千字詔一卷
行軍總要一卷
天父詩五卷
醒世文一卷
王長次兄親目親耳共證福音書一卷
欽定士階條例一卷
幼主詔書一卷
欽定英傑歸眞一卷　（太平天国）洪仁玕撰

太平天國叢書

謝興堯輯
　　民國二十七年（1938）排印本
第一輯
　太平天國論文題跋一卷　謝興堯撰
　洪楊遺聞一卷　謝興堯撰
第二輯
　金陵癸甲紀事略二卷粵逆名目略一卷
　　（清）謝介鶴撰
　粵逆陷寧始末記四卷　（清）陳錫麒撰
　癸丑中州罷兵紀略一卷　（清）陳善鈞撰
　庚申避亂實錄(一名庚申日記)一卷　（清）
　　趙烈文撰
　越州紀略一卷　（清）□□撰
　附
　　金陵癸甲摭談補一卷　沈雋蘐撰
　俟德齋隨筆一卷　（清）胡長齡撰
　干王洪仁玕等口供一卷　（太平天国）洪仁
　　玕等撰

第三輯
　　太平詩史一卷　　謝五知輯
　　武川寇難詩草一卷　　(清)何德潤撰
　　金壇圍城紀事詩一卷　　(清)于桓撰

大平天國書兩種

　　　平湖胡士瑩霜紅簃鈔本
　　三字經一卷
　　起事來歷眞傳一卷

滿清稗史

　(民國)陸保璿輯
　　　民國二年(1913)新中國圖書局排印本
　　滿清興亡史二卷　　(民國)漢史氏撰
　　滿清外史二卷　　(民國)天虛撰
　　貪官污吏傳一卷　　(民國)老吏撰
　　奴才小史一卷　　(民國)老吏撰
　　中國革命日記二卷　　(民國)□□撰
　　各省獨立史別裁一卷　　(民國)曹榮撰
　　清末實錄一卷　　(民國)□□撰
　　戊壬錄二卷　　(民國)宋玉卿撰
　　南北春秋二卷　　(民國)天虛撰
　　當代名人事略二卷　　(民國)□□撰
　　黃花岡十傑紀實一卷　　(民國)天嘯生撰
　　三江筆記二卷　　(民國)三江遊客撰
　　湘漢百事二卷　　(民國)金城撰
　　所聞錄一卷　　(民國)蘇民撰
　　新燕語二卷　　(民國)雷震撰
　　變異錄一卷　　(民國)天虛撰
　附
　　暗殺史一卷　　(民國)一厂撰
　　清華集二卷　　(民國)汪詩儂輯

滿清野史

　(民國)□□輯
　　　民國成都昌福公司排印本
　初編　民國九年(1920)排印
　　滿清興亡史一卷　　(民國)漢史氏撰
　　滿清外史一卷　　(民國)天虛撰
　　中法兵事本末一卷
　　中日兵事本末一卷　　(民國)羅惇曧撰
　　割臺記一卷　　(民國)羅惇曧撰
　　戊壬錄一卷　　(民國)宋玉卿撰
　　庚子國變記一卷　　(民國)羅惇曧撰
　　拳變餘聞一卷　　(民國)羅惇曧撰
　　胤禛外傳一卷　　(民國)胡蘊玉(樸安)撰
　　髮史一卷　　(民國)胡蘊玉(樸安)撰
　　多鐸妃劉氏外傳一卷　　(民國)胡蘊玉(樸
　　　安)撰
　　漢人不服滿人表一卷　　(民國)胡蘊玉(樸

　　　安)撰
　　都門識小錄一卷　　(民國)蔣芷儕撰
　　逑庵祕錄一卷　　(民國)王无生撰
　　故宮漫載一卷　　(民國)柴栗棻撰
　　慶親王外傳一卷　　(清)□□譯
　　貪官污吏傳一卷　　(民國)□□撰
　　所聞錄一卷　　(清)□□撰
　　清華集一卷　　(民國)汪詩儂輯
　　清末實錄一卷　　(民國)□□撰
　續編
　　德宗承統私記一卷　　(民國)羅惇曧撰
　　清代割地談一卷　　(民國)程善之撰
　　第一次中俄密約一卷
　　中俄伊犁交涉始末一卷　　(民國)羅惇曧撰
　　滿清紀事一卷　　(民國)□□撰
　　蜀亂述聞一卷　　(清)祝介撰
　　西藏風俗記一卷　　(民國)沈宗元撰
　　清宮瑣聞一卷　　(民國)□□輯
　　記朱一貴之亂一卷
　　北使紀略一卷　　(明)陳洪範撰
　　葉名琛廣州之變一卷
　　張汝祥記一卷
　　奴才小史一卷　　(民國)老吏撰
　　董妃行狀一卷　　清世祖撰
　　圓明園記一卷　　(清)黃凱鈞撰
　　奉天行宮游記一卷　　(民國)胡文田撰
　　清宮詞一卷　　(民國)吳士鑑撰
　　咸同將相瑣聞一卷
　　清宮禁二年記不分卷　　德菱撰
　　康雍乾間文字之獄一卷
　三編
　　清朝前紀一卷
　　清光緒帝外傳(原名崇陵傳信錄)一卷
　　　(民國)惲毓鼎撰
　　慈禧及光緒賓天厄一卷
　　董小宛別傳一卷
　　圓明園總管世家一卷
　　戊戌政變始末一卷
　　景善日記一卷　　(清)景善撰
　　庚子拳變始末記一卷
　　春冰室野乘不分卷　　(民國)李岳瑞撰
　　歸廬譚往錄一卷　　(清)徐宗亮撰
　　清宮詞一卷　　(民國)九鐘主人(吳士鑑)撰
　　亟坤誌略一卷　　(清)□□撰
　　儒林瑣記一卷　　(清)朱克敬撰
　　乾嘉詩壇點將錄一卷　　(清)舒位撰
　　骨董禍一卷
　　蘭陵女俠一卷
　　洪福異聞一卷
　　梅花嶺遺事一卷　　(民國)指嚴(許國英)撰

　　　　金川妖姬志一卷　(民國)指嚴(許國英)撰
　　　　烏蒙祕聞一卷
　　四編
　　　　牧齋遺事一卷
　　　　記桐城方戴兩家書案一卷　(清)□□撰
　　　　陸麗京雪罪雲游記一卷　(清)陸莘行撰
　　　　蓬山密記一卷　(清)高士奇撰
　　　　桂藩事略一卷
　　　　指嚴筆記一卷　(民國)許國英撰
　　　　庸庵文九則一卷　(清)薛福成撰
　　　　李文忠公(鴻章)事略一卷
　　　　張文襄公(之洞)事略一卷
　　　　太平天國戰紀一卷　(民國)羅惇曧撰
　　　　洪楊軼聞一卷
　　　　都門紀變百詠一卷　(清)復儂氏(清)杞廬
　　　　　氏撰
　　　　鐵路國有案一卷
　　　　辛亥四川路事紀略一卷　(民國)誦清堂主
　　　　　人撰
　　　　名人軼事一卷
　　　　檮杌近志一卷
　　　　外交小史一卷
　　　　蕉窗雨話九則一卷
　　　　清代名人趣史一卷
　　　　北京遊記彙鈔一卷
　　五編
　　　　棲霞閣野乘二卷
　　　　悔逸齋筆乘一卷
　　　　庸閒齋筆記摘鈔一卷　(清)陳其元撰
　　　　慧因室雜綴一卷
　　　　秦鬘樓談錄一卷
　　　　陽秋賸筆一卷
　　　　知過軒隨錄一卷　(清)文廷式撰
　　　　喁啾漫記一卷
　　　　小奢摩館脞錄一卷
　　　　清代之竹頭木屑一卷　(民國)□□輯
　　　　清稗瑣綴一卷　(民國)□□輯
　　　　滿清入關暴政之一一卷　(清)韓炎撰
　　　　滿清入關暴政之二一卷
　　　　滿清入關暴政之三一卷
　　　　弢園筆乘一卷　(清)王韜撰
　　　　武昌紀事一卷　(清)陳徽言撰
　　　　蜀難死事者畧傳一卷　(清)余鴻觀撰
　　　　　(清)□□節輯
　　　　鵝山文摘鈔一卷　(清)趙增琇撰
　　　　長安宮詞一卷　(清)胡延撰
　　　　丘逢甲傳一卷　(民國)□□撰

舊聞零拾
　　鄧之誠輯

　　　　民國二十八年(1939)鄧氏五石齋排印本
　　　　長安宮詞一卷　(清)胡延撰
　　　　祺祥故事一卷　(民國)王闓運撰
　　　　東陵道一卷　(民國)陳毅撰
　　　　護國軍紀實一卷　鄧之誠撰

鄂故叢書
　　湖北通志館輯
　　　　民國三十六年(1947)湖北通志館排印本
　　　　張文襄公治鄂記一卷　張繼煦撰
　　　　辛亥武昌首義紀二卷　李廉方撰

軍營紀略
　　(清)陳元燮撰
　　　　清鈔本
　　　　安南軍營紀略一卷
　　　　湖南軍營紀略一卷
　　　　黔粵軍營紀略一卷

傳　　記

世本八種
　　商務印書館輯
　　　　1957年上海商務印書館排印本
　　　　世本一卷　(漢)宋衷注　(清)王謨輯
　　　　世本一卷　(漢)宋衷注　(清)孫馮翼輯
　　　　世本二卷　(漢)宋衷注　(清)孫馮翼輯
　　　　　(清)陳其榮增訂
　　　　世本十卷　(漢)應劭(漢)宋衷(魏)宋均注
　　　　　(清)秦嘉謨輯補　　　　　　　　[注
　　　　世本五卷　(漢)宋衷注　(清)張澍輯併補
　　　　世本二卷附考證一卷　(漢)宋衷注　(清)
　　　　　雷學淇輯併撰考證
　　　　世本一卷　(漢)宋衷注　(清)茆泮林輯
　　　　世本集覽一卷　(清)王梓材撰

漢唐三傳
　　(明)黃魯曾輯
　　　　明嘉靖中吳郡黃氏刊本　　　　　　[頌
　　　　高士傳三卷　(晉)皇甫謐撰　(明)黃省曾
　　　　劉向古列女傳七卷續一卷　(漢)劉向撰
　　　　　續(□)□□撰　(明)黃魯曾贊　嘉靖
　　　　　三十一年(1552)刊
　　　　列仙傳　(漢)劉向撰　(明)黃省曾贊　嘉
　　　　　靖三十二年(1553)刊
　　　　續仙傳　(南唐)沈汾撰　(明)黃省曾贊
　　　　　嘉靖三十二年(1553)刊

宋名臣言行錄
　　(宋)□□輯

明萬曆三十五年(1607)刊本
明崇禎十一年(1638)刊本
清道光元年(1821)歙縣續學堂洪氏刊本
清道光十年(1830)南豐劉斯嵋刊本
宋朱晦菴先生名臣言行錄前集(一名五朝
　名臣言行錄)十卷　(宋)朱熹撰
宋朱晦菴先生名臣言行錄後集(一名三朝
　名臣言行錄)十四卷　(宋)朱熹撰
宋名臣言行錄續集(一名皇朝名臣言行續
　錄)八卷　(宋)李幼武撰
宋名臣言行錄別集(一名四朝名臣言行錄)
　二十六卷　(宋)李幼武撰
宋名臣言行錄別集(一名皇朝道學名臣言
　行外錄)十七卷　(宋)李幼武撰

宋三大臣彙志

(明)鄭鄤輯
　　明崇禎元年(1628)大觀堂刊本
　　宋丞相韓忠獻公家傳十二卷
　　宋忠獻韓魏王君臣相遇傳十卷
　　宋忠獻韓魏王君臣相遇別錄一卷
　　宋忠獻韓魏王君臣相遇遺事一卷
　　宋丞相李忠定公別集三卷　(宋)李綱撰
　　靖康傳信錄一卷
　　建炎進退志一卷
　　建炎時政記一卷
　　宋丞相文山先生別集五卷　(宋)文天祥撰
　　文山先生紀年錄一卷
　　文山先生指南錄一卷後錄一卷
　　文山先生吟嘯集一卷
　　文山先生集杜詩一卷
　　附
　　文丞相督府忠義傳一卷　(宋)鄧光薦
　　　撰

三忠合刻

(清)胡長新輯
　　清咸豐同治間黎郡刊本
　　忠列編四卷　同治元年(1862)刊
　　表忠錄一卷續錄一卷附錄一卷　同治元年
　　　(1862)刊
　　蓮花山紀略一卷　(清)陳文政輯　咸豐四
　　　年(1854)刊

高安三傳合編

(清)朱軾(清)蔡世遠輯
　　清光緒二十一年(1895)江蘇書局刊本
　　歷代名儒傳八卷
　　歷代名臣傳三十五卷續編五卷
　　歷代循吏傳八卷

楚疆三文忠傳

(清)李元度撰
　　清同治九年(1870)刊本
　　林文忠公(則徐)傳略一卷
　　周文忠公(天爵)傳略一卷
　　胡文忠公(林翼)傳略一卷

孔孟編年

(清)狄子奇輯
　　清道光中安雅堂刊本
　　清光緒十三年(1887)浙江書局刊本
　　孔子編年四卷　(清)狄子奇撰　道光十年
　　　(1830)刊
　　孔子年譜輯注一卷　(清)江永撰　(清)黃
　　　定宜輯注　道光二十七年(1847)刊
　　孟子編年四卷　(清)狄子奇撰　道光十年
　　　(1830)刊

十五家年譜叢書

(清)楊希閔撰
　　1958年揚州古籍書店用清光緒中揚州書
　　　林陳履恆刊本重印
　　漢徐徵士(穉)年譜一卷
　　漢諸葛忠武侯(亮)年譜一卷
　　晉陶徵士(潛)年譜一卷
　　唐李鄴侯(泌)年譜一卷
　　唐陸宣公(贄)年譜一卷
　　歐陽文忠公(修)年譜一卷
　　宋韓忠獻公(琦)年譜一卷
　　王文公(安石)年譜考略節要四卷附存二卷
　　　(清)蔡上翔撰　(清)楊希閔節錄併
　　　輯附存
　　曾文定公(鞏)年譜一卷
　　黃文節公(庭堅)年譜一卷
　　李忠定公(綱)年譜一卷附錄一卷
　　陸文安公(九淵)年譜二卷
　　吳聘君(與弼)年譜一卷
　　胡文敬公(居仁)年譜一卷
　　明王文成公(守仁)年譜節鈔二卷　(明)錢
　　　德洪撰　(清)楊希閔節鈔

豫章先賢九家年譜

(清)楊希閔撰
　　清光緒四年(1878)刊本
　　漢徐徵士(穉)年譜一卷
　　晉陶徵士(潛)年譜一卷
　　歐陽文忠公(修)年譜一卷
　　曾文定公(鞏)年譜一卷
　　王文公(安石)年譜考略節要四卷附存二卷

　　　　(清)蔡上翔撰　(清)楊希閔節錄併
　　　輯附存
　　黃文節公(庭堅)年譜一卷
　　陸文安公(九淵)年譜二卷
　　吳聘君(與弼)年譜一卷
　　胡文敬公(居仁)年譜一卷

四朝先賢六家年譜

　(清)楊希閔撰
　　　清光緒四年(1878)福州刊本
　　漢諸葛忠武侯(亮)年譜一卷
　　唐李鄴侯(泌)年譜一卷
　　唐陸宣公(贄)年譜一卷
　　宋韓忠獻公(琦)年譜一卷
　　李忠定公(綱)年譜一卷附錄一卷
　　明王文成公(守仁)年譜節鈔二卷　(明)錢
　　　德洪撰　(清)楊希閔節鈔

宋本韓柳二先生年譜

　(清)馬曰璐輯
　　　清雍正七年(1729)廣陵馬氏小玲瓏山館
　　　刊本
　　　清光緒元年(1875)隸釋齋刊本
　　韓文(愈)類譜七卷　(宋)魏仲舉輯
　　韓吏部文公集年譜一卷　(宋)呂大防撰
　　韓文公歷官記一卷　(宋)程俱撰
　　韓子年譜五卷　(宋)洪興祖撰
　　柳先生(宗元)年譜一卷　(宋)文安禮撰

三曾年譜

　周明泰撰
　　　民國二十一年(1932)北平排印本
　　曾子固(鞏)年譜稿一卷
　　曾子宣(布)年譜稿一卷
　　曾子開(肇)年譜稿一卷

程子年譜

　(清)池生春(清)諸星杓撰
　　　清咸豐五年(1855)味經室刊本
　　首一卷
　　明道先生(程顥)年譜五卷
　　伊川先生(程頤)年譜七卷
　　終一卷

延平四先生年譜

　(清)毛念恃撰
　　　清乾隆十年(1745)刊本
　　宋儒龜山楊先生(時)年譜一卷
　　豫章羅先生(從彥)年譜一卷
　　延平李先生(侗)年譜一卷

　　紫陽朱先生(熹)年譜一卷

屏守齋所編年譜五種

　(清)錢大昕撰
　　　清嘉慶中嘉興郡齋刊本　　　　　　[刊
　　洪文惠公(适)年譜一卷　嘉慶八年(1803)
　　洪文敏公(邁)年譜一卷　嘉慶八年(1803)
　　　刊
　　陸放翁先生(游)年譜一卷　嘉慶八年
　　　(1803)刊
　　深寧先生(王應麟)年譜一卷　嘉慶十二年
　　　(1807)刊
　　弇州山人(王世貞)年譜一卷　嘉慶十二年
　　　(1807)刊

杏蔭堂彙刻

　許浩基撰　　　　　　　　　　　　　　[本
　　　民國二十一年(1932)吳興許氏杏蔭堂刊
　　文山傳信錄十二卷
　　文文山(天祥)年譜一卷
　　鄭延平(成功)年譜一卷

歸顧朱三先生年譜合刻

　(清)金吳瀾輯
　　　清光緒六年(1880)嘉興金氏刊本
　　歸震川先生(有光)年譜一卷　(清)孫岱撰
　　顧亭林先生(炎武)年譜一卷附一卷　(清)
　　　吳映奎撰
　　朱柏廬先生編年毋欺錄三卷補遺一卷附一
　　　卷　(清)朱用純撰　(清)金吳瀾輯
　　附
　　觀復堂稿略一卷　(明)朱集璜撰

關中三李年譜

　(民國)吳懷清撰
　　　民國十七年(1928)京師刊本
　　二曲先生(李顒)年譜二卷附錄二卷
　　雪木先生(李柏)年譜一卷
　　天生先生(李因篤)年譜二卷附錄一卷

先三鄉賢年譜

　(清)黃佛頤撰　(清)黃映奎輯
　　　清光緒二十九年(1903)香山黃氏純淵堂
　　　刊本
　　雙槐公(黃瑜)年譜一卷
　　粤洲公(黃畿)年譜一卷
　　文裕公(黃佐)年譜一卷

寧海將軍固山貝子功績錄

　(清)□□輯

清康熙中刊本
　寧海將軍固山貝子功績二卷　（清）□□撰
　寧海將軍固山貝子撫嵊功績一卷　（清）□□撰
　平閩功績見聞錄一卷　（清）金泳撰
　甲寅遇難錄一卷　（清）朱鋐撰

林畏廬先生學行譜記四種

朱羲冑撰　　　　　　　　　　　　　　　　［本
　民國三十八年（1949）上海世界書局排印
　貞文先生（林紓）年譜二卷
　春覺齋箸述記三卷
　貞文先生學行記三卷
　林氏弟子表一卷

三公難記

（民國）胡人鳳輯
　民國十四年（1925）排印本
　星周紀事二卷　（清）王萃元撰
　難情雜記二卷　（清）薛鳳九撰
　兵災紀略二卷　（清）蔣恩撰

查莊湖先生雜著

（清）查奕慶撰
　清咸豐七年（1857）都寶森等刊本
　白雲儔侶傳一卷
　東南諸山記一卷

會稽郡故書雜集

周樹人（魯迅）輯
　民國四年（1915）會稽周氏刊本
　會稽先賢傳一卷　（吳）謝承撰
　會稽典錄二卷附存疑一卷　（晉）虞預撰
　會稽後賢傳記一卷　（漢）鍾離岫撰
　會稽先賢像讚一卷　（□）賀氏撰
　會稽土地記一卷　（吳）朱育撰
　會稽記一卷　（晉）賀循撰
　會稽記一卷　（劉宋）孔靈符撰
　會稽地志一卷　（□）夏侯曾先撰

宋元科舉三錄

（民國）徐乃昌輯
　民國十二年（1923）南陵徐氏景刊本
　紹興十八年同年小錄一卷　據明弘治本景刊
　寶祐四年登科錄一卷　據明嘉靖本景刊
　元統元年進士錄一卷　據元元統本景刊

清代徵獻類編

（民國）嚴懋功撰
　民國二十年（1931）梁溪嚴氏排印本
　清代宰輔年表二卷續補一卷附錄一卷
　清代八卿年表四卷附錄一卷　　　　　　　［卷
　清代總督年表三卷續補一卷附錄一卷首一
　清代巡撫年表四卷附錄一卷
　清代館選分韻彙編十二卷

輿　　地

秦漢圖記

（明）郭子章輯
　明萬曆三十年（1602）陝西布政司刊本
　三輔黃圖六卷　（漢）□□撰
　西京雜記六卷　（晉）葛洪撰
　遊城南記一卷　（宋）張禮撰

閱史約書六卷

（明）王光魯撰
　明崇禎十六年（1643）刊本
　歷代地圖一卷附歷代竊據圖
　歷代地理直音二卷
　歷代事變圖譜一卷附古今官制沿革圖
　古語訓略一卷
　元史備忘錄一卷
附
　碧漸堂詩草一卷

重訂漢唐地理書鈔

（清）王謨輯
　鈔本
　清嘉慶中金谿王氏刊本
　河圖括地象一卷
　靈憲一卷　（漢）張衡撰
　星經一卷
　大衍十二次分野圖一卷　（唐）釋一行撰
　遁甲開山圖一卷
　括地圖一卷
　地鏡圖一卷
　丹壺名山記一卷
　山書一卷
　古岳瀆經一卷
　張子房赤霆經一卷
　山海經圖讚一卷　（晉）郭璞撰
　禹受地記一卷
　禹貢九州制地圖論一卷　（晉）裴秀撰
　十二州箴一卷　（漢）揚雄撰
　尚書地說一卷
　四方令一卷
　鄭氏詩譜一卷　（漢）鄭玄撰
　畿服經一卷　（晉）摯虞撰

周譜一卷

周公城名錄一卷

奏上論一卷　(周)唐勒撰

春秋土地名一卷　(晉)京相璠撰

古今地名一卷　(唐)□□撰

博物記一卷　(晉)張華撰

張氏土地記一卷　(□)張□撰

帝王經界紀一卷　(晉)皇甫謐撰

秦地圖一卷

漢輿地圖一卷

地理風俗記一卷　(漢)應劭撰

郡國志一卷　(晉)袁山松撰

九州要記一卷　(晉)榮賁撰

十三州志一卷　(後魏)闞駰撰

十四州記一卷　(晉)黃恭撰

吳地理志一卷　(晉)張勃撰

晉地道記一卷　(晉)王隱撰

太康地記一卷　(晉)□□撰

永初山川記一卷　(劉宋)劉澂之撰

大魏諸州記一卷　(後魏)□□撰

周地圖記一卷　(北周)□□撰

地理書抄一卷　(南齊)陸澄輯

地理書抄一卷　(梁)任昉輯

職貢圖一卷　梁元帝撰

輿地志一卷　(梁)顧野王撰

隋區宇圖志一卷　(清)虞茂撰

隋州郡圖經一卷　(隋)郎蔚之撰

魏王泰括地志二卷　(唐)李泰撰

十道志二卷　(唐)梁載言撰

貞元十道錄一卷　(唐)賈耽撰

郡國縣道記一卷　(唐)賈耽撰

麓山精舍叢書

(清)陳運溶輯

　清光緒宣統間湘西陳氏刊本

第一集　輯佚類

　周官總義職方氏注一卷　(宋)易祓撰　光
　　緒二十六年(1900)刊

　晉紀一卷　(晉)鄧粲撰　(清)陳運溶集證
　　光緒二十六年(1900)刊

　歷朝傳記九種　(清)陳運溶輯　光緒二十
　　六年(1900)刊

　　楚國先賢傳一卷　(晉)張方撰

　　長沙耆舊傳一卷　(晉)劉彧撰

　　零陵先賢傳一卷　(晉)司馬彪撰

　　武陵先賢傳一卷

　　武陵十仙傳一卷

　　桂陽先賢傳一卷　(吳)張勝撰

　　桂陽列仙傳一卷

　　桓階別傳一卷

　　羅含別傳一卷

荊州記三卷附錄一卷　(劉宋)盛弘之撰
　(清)陳運溶集證　光緒二十四年
　(1898)刊

荊湘地記二十九種　(清)陳運溶輯　光緒
　二十五年(1899)刊

　荊州記一卷　(晉)范汪撰

　荊州記一卷　(劉宋)庾仲雍撰

　荊州記一卷　(劉宋)郭仲產撰

　荊州記一卷　(南齊)劉澄之撰

　荊州記一卷

　荊州圖記一卷

　荊州圖副一卷

　荊州圖經一卷

　荊州土地記一卷

　荊南地志一卷　(梁)蕭世誠撰

　湘中記一卷　(晉)羅含撰

　湘中記一卷　(劉宋)庾仲雍撰

　湘中記一卷

　湘州記一卷　(劉宋)甄烈撰

　湘州記一卷　(劉宋)庾仲雍撰

　湘州記一卷　(劉宋)郭仲產撰

　湘州記一卷

　湘州滎陽郡記一卷

　武陵記一卷　(南齊)黃閔撰

　武陵記一卷　(梁)伍安貧撰

　沅陵記一卷

　桂陽記一卷

　南嶽記一卷　(劉宋)徐靈期撰

　衡山記一卷　(南齊)宗測撰

　神境記一卷　(劉宋)王韶之撰

　麓山記一卷　(□)宋淵撰

　洞庭記一卷

　沅川記一卷

　五溪記一卷

荊湖圖經三十六種　(清)陳運溶輯　光緒
　二十六年(1900)刊

　長沙圖經一卷

　衡州圖經一卷

　衡山圖經一卷

　道州圖經一卷

　朗州圖經一卷

　澧州圖經一卷

　湖南風土記一卷

　紹熙長沙志一卷　(宋)稽孝錫撰

　祥符茶陵圖經一卷　(宋)□□撰

　乾道茶陵圖經一卷　(宋)□□撰

　祥符衡州圖經一卷　(宋)□□撰

　衡陽志一卷　(宋)宋剛中撰

　永州圖經一卷　(宋)□□撰

零陵總記一卷　(宋)陶岳撰
零陵志一卷　(宋)張埏撰
永州風土記一卷　(宋)柳拱辰撰
春陵舊圖經一卷　(宋)□□撰
春陵志一卷　(宋)章穎撰
道州風俗記一卷　(宋)□□撰
邵州圖經一卷　(宋)□□撰
邵陽志一卷　(宋)李章之撰
都梁志一卷　(宋)鄭昉撰
武岡志一卷　(宋)□□撰
郴州圖經一卷　(宋)□□撰
郴江志一卷　(宋)□□撰
桂陽圖經一卷　(宋)□□撰
桂陽志一卷　(宋)鄭伸撰
岳州圖經一卷　(宋)□□撰
岳陽甲志一卷　(宋)馬子嚴撰
岳陽乙志一卷　(宋)張聲道撰
常德圖經一卷　(宋)胡介撰
澧州續圖經一卷　(宋)□□撰
辰州圖經一卷　(宋)□□撰
辰州風土記一卷　(宋)田渭撰
沅州圖經一卷　(宋)□□撰
靖州圖經一卷　(宋)□□撰
太平寰宇記拾遺七卷　(宋)樂史撰　(清)
　陳運溶輯　光緒二十五年(1899)刊
太平寰宇記辨僞六卷　(清)陳運溶撰　光
　緒二十五年(1899)刊
荆楚歲時記一卷　(梁)宗懍撰　(清)陳運
　溶輯　光緒二十六年(1900)刊
湘中名賢遺集五種　(清)陳運溶輯　光緒
　二十六年(1900)刊
蔣恭侯集一卷　(蜀)蔣琬撰
劉令君集一卷　(蜀)劉巴撰
桓令君集一卷　(魏)桓階撰
車太常集一卷　(晉)車胤撰
谷儉集一卷　(晉)谷儉撰
陶閣史詩集二卷附錄一卷　(宋)陶弼撰
　光緒二十六年(1900)刊
第二集　釋地類
後漢書大秦國傳補注一卷　(清)陳運溶撰
　光緒二十六年(1900)刊
古海國遺書鈔　(清)陳運溶輯　宣統三年
　(1911)刊
南州異物志一卷　(吳)萬震撰
扶南異物志一卷　(吳)朱應撰
吳時外國傳一卷　(吳)康泰撰
交州以南外國傳一卷
外國圖一卷　(吳)□□撰
外國事一卷
西域諸國志一卷
西域志一卷　(晉)釋道安撰
扶南土俗傳一卷　(吳)康泰撰
扶南記一卷　(□)竺芝撰
扶南傳一卷
經行記一卷　(唐)杜環撰
附
古海國沿革攷一卷沿革表一卷　(清)陳
　運溶撰
大清一統輿圖海道集釋七卷　(清)陳運溶
　撰　宣統三年(1911)刊
亞歐兩洲沿岸海道紀要二卷末一卷　(清)
　陳運溶撰　光緒二十九年(1903)刊

浙江圖書館叢書(一名蓬萊軒地理學叢書)

(清)丁謙撰
　民國四年(1915)浙江圖書館刊本
第一集
漢書匈奴傳地理攷證二卷西南夷兩粵朝鮮
　傳地理攷證一卷西域傳地理攷證一卷
後漢書東夷列傳地理攷證一卷南蠻西南夷
　列傳地理攷證一卷西羌傳地理攷證一
　卷西域傳地理攷證一卷南匈奴傳地理
　攷證一卷烏桓鮮卑傳地理攷證一卷
三國志烏丸鮮卑東夷傳附魚豢魏略西戎傳
　地理攷證一卷
晉書四夷傳地理攷證一卷
宋書夷貊傳地理攷證一卷
南齊書夷貊傳地理攷證一卷
梁書夷貊傳地理攷證一卷
魏書外國傳地理攷證一卷西域傳地理攷證
　一卷外國傳補地理攷證一卷
周書異域傳地理攷證一卷
隋書四夷傳地理攷證一卷
新唐書突厥傳地理攷證一卷吐蕃傳地理攷
　證一卷回紇等國傳地理攷證一卷沙陀
　傳地理攷證一卷北狄列傳地理攷證一
　卷東夷列傳地理攷證一卷南蠻列傳地
　理攷證一卷新舊唐書西域傳地理攷證
　一卷
新五代史四夷附錄地理攷證一卷
宋史外國傳地理攷證一卷
遼史各外國地理攷證一卷
金史外國傳地理攷證一卷
元史外夷傳地理攷證一卷
明史外國傳地理攷證一卷西域傳地理攷證
　一卷
第二集
穆天子傳地理攷證六卷中國人種所從來攷
　一卷穆天子傳紀日干支表一卷

宋史地理志六卷附考證　(元)脫脫等撰
附
　　廿二史考異一卷(宋史)　(清)錢大昕撰
寅編
遼史地理志五卷　(元)脫脫等撰
附
　　廿二史攷異一卷(遼史)　(清)錢大昕撰
金史地理志三卷　(元)脫脫等撰
附
　　廿二史攷異一卷(金史)　(清)錢大昕撰
　金史詳校三卷(地理志)　(清)施國祁撰
　元史地理志六卷　(明)宋濂(明)王禕等
　　　撰
附
　　廿二史考異一卷(元史)　(清)錢大昕撰
卯編
明史地理志六卷　(清)張廷玉等撰

李氏五種

　(清)李兆洛撰
　　清同治九年(1870)合肥李鴻章刊本
　　清光緒四年(1878)順德馬貞楡重刊本
　　清光緒十四年(1888)上海掃葉山房刊本
　　清光緒二十四年(1898)上海掃葉山房石
　　　印本
　歷代地理志韻編今釋二十卷
　皇朝輿地韻編二卷
　歷代地理沿革圖一卷　(清)六嚴撰　(清)
　　馬徵麟增輯
　皇朝一統輿圖一卷
　紀元編三卷末一卷　(清)六承如錄

皇朝藩屬輿地叢書

　(清)浦口輯
　　清光緒二十九年(1903)金匱浦氏靜寄東
　　　軒石印本
　第一集
　　西藏圖考八卷首一卷　(清)黃沛翹撰
　　西招圖略一卷　(清)松筠撰
　　越史略三卷　(安南)□□撰
　第二集
　　吉林外記十卷　(清)薩英額撰
　　黑龍江外記八卷　(清)西清撰
　　塞北紀行一卷　(元)張德輝撰
　　西北域記一卷　(清)謝濟世撰
　　寧古塔紀略一卷　(清)吳振臣撰
　　西遊記金山以東釋一卷　(清)沈垚撰
　　帕米爾圖說一卷　(清)許景澄撰
　　帕米爾輯略一卷　(清)胡祥鈇撰
　　澳大利亞洲志譯本一卷　(民國)沈恩孚輯

第三集
　　蒙古游牧記十六卷　(清)張穆撰　(清)何
　　　秋濤補
　　長春眞人西遊記二卷　(元)李志常撰
　　新疆要略四卷　(清)祁韻士撰
第四集
　　漢西域圖攷七卷首一卷　(清)李光廷撰
　　西域水道記五卷　(清)徐松撰
　　新疆賦一卷　(清)徐松撰
　　漢書西域傳補注二卷　(清)徐松撰
第五集
　　東北邊防輯要二卷　(清)曹廷杰撰
　　東三省輿地圖說一卷附錄一卷　(清)曹廷
　　　杰撰
　　滇緬劃界圖說一卷　(清)薛福成撰
　　平定羅刹方略一卷　(清)□□撰
　　元朝征緬錄一卷　(元)□□撰
　　元朝祕史十五卷　(元)□□撰　(清)李文
　　　田注
第六集
　　元史譯文證補三十卷(原缺卷七至八、卷十
　　　三、卷十六至十七、卷十九至二十一、
　　　卷二十五、卷二十八)　(清)洪鈞撰
　　職方外紀五卷首一卷　(明西洋)艾儒略撰
　　元祕史山川地名攷十二卷　(清)施世杰撰

問影樓輿地叢書第一集

　(民國)胡思敬輯
　　清光緒三十四年(1908)新昌胡氏京師排
　　　印本
　　黑韃事略一卷附校勘記一卷　(宋)彭大雅
　　　撰　(宋)徐霆疏證　校勘記(民國)胡
　　　思敬撰
　　峒谿纖志三卷　(清)陸次雲撰
　　雲緬山川志一卷　(清)李榮陛撰
　　長河志籍攷十卷　(清)田雯撰
　　黔記四卷　(清)李宗昉撰
　　東三省輿圖說一卷　(清)曹廷杰撰
　　陝西南山谷口考一卷　(清)毛鳳枝撰
　　緬述一卷　(清)彭崧毓撰
　　三省山內風土雜識一卷　(清)嚴如熤撰
　　萬里行程記一卷　(清)祁韻士撰
　　關中水道記四卷　(清)孫彤撰
　　水地記一卷　(清)戴震撰
　　遊歷記存一卷　(清)朱書撰
　　滇海虞衡志十三卷附校勘記一卷　(清)檀
　　　萃撰　校勘記(民國)胡思敬撰　〔撰
　　東三省韓俄交界道里表一卷　(清)聶士成

小方壺齋叢鈔

（清）王錫祺輯
　　清光緒六年(1880)南清河王氏排印本
卷一
　　地球總論一卷　（葡國）瑪吉士撰
　　地理說略一卷　（清）吳鍾史撰
　　地理淺說一卷　（美國）林樂知撰
　　地球誌略一卷　（清）徐繼畬撰
　　括地略一卷　（清）□□撰
　　輿地略一卷　（清）馮焌光撰
　　輿地全覽一卷　（清）蔡方炳撰
　　各省水道圖說一卷　（清）□□撰
卷二
　　松亭行紀一卷　（清）高士奇撰
　　扈從西巡日錄一卷　（清）高士奇撰
　　塞北小鈔一卷　（清）高士奇撰
　　迎駕記一卷　（清）楊捷撰
　　迎駕紀恩錄一卷　（清）王士禎撰
　　隨鑾紀恩一卷　（清）汪灝撰
　　臺懷隨筆一卷　（清）王昶撰
卷三
　　開國龍興記一卷　（清）魏源撰
　　封長白山記一卷　（清）方象瑛撰
　　奉天形勢論一卷　（清）張尙賢撰
　　曼陀羅館紀程一卷　（清）恩錫撰
　　絕域紀略一卷　（清）方拱乾撰
　　寧古塔紀略一卷　（清）吳振臣撰
　　營口雜記一卷　（清）諸仁安撰
　　龍沙紀略一卷　（清）方式濟撰
　　燕京雜記一卷　（清）□□撰
　　熱河小記一卷　（清）吳錫麒撰
卷四
　　綏服內蒙古記一卷　（清）魏源撰
　　綏服外蒙古記一卷　（清）魏源撰
　　喀爾喀風土記一卷　（清）李德撰
　　綏服厄魯特蒙古記一卷　（清）魏源撰
　　蒙古五十一旗考一卷　（清）齊召南撰
　　蒙古邊防議一卷　（清）陳黃中撰
　　蒙古水道略一卷　（清）龔自珍撰
　　蒙古臺卡志略一卷　（清）龔自珍撰
　　河套志略一卷　（清）儲大文撰
　　外藩疆理考一卷　（清）□□撰
　　征準噶爾記一卷　（清）魏源撰
　　塞北紀程一卷　（清）馬思哈撰
　　西征紀略一卷　（清）殷化行撰
　　塞程別紀一卷　（清）余榮撰
　　兩征厄魯特記一卷　（清）魏源撰
　　蕩平準部記一卷　（清）魏源撰
　　河源記一卷　（清）舒蘭撰
卷五
　　勘定回疆記一卷　（清）魏源撰

　　新疆後事記一卷　（清）魏源撰
　　新疆紀略一卷　（清）七十一撰
　　回疆風土記一卷　（清）七十一撰
　　西陲要略一卷　（清）祁韻士撰
　　西域置行省議一卷　（清）龔自珍撰
卷六
　　烏魯木齊雜記一卷　（清）紀昀撰
　　伊犁日記一卷　（清）洪亮吉撰
　　天山客話一卷　（清）洪亮吉撰
　　東歸日記一卷　（清）方士淦撰
　　荷戈紀程一卷　（清）林則徐撰

小方壺齋輿地叢鈔十二帙補編十二帙再補編十二帙

（清）王錫祺輯
　　清光緒十七年(1891)補編二十年(1894)
　　　再補編二十三年(1897)上海著易堂
　　　排印本
第一帙
　　蓋地論一卷　（清）俞正燮撰
　　地球總論一卷　（葡國）瑪吉士撰
　　地理說略一卷　（清）吳鍾史撰
　　地理淺說一卷　（美國）林樂知撰
　　地球誌略一卷　（清）徐繼畬撰
　　地球形勢說一卷　（清）龔柴撰
　　地理形勢考一卷　（清）龔柴撰
　　五洲方域考一卷　（清）龔柴撰
　　括地略一卷　（清）□□撰
　　國地異名錄一卷　（清）林謙撰　　　　〔撰
　　五大洲輿地戶口物產表一卷　（清）鄺其照
　　輿地全覽一卷　（清）蔡方炳撰
　　天下形勢考一卷　（清）華湛恩撰
　　輿地略一卷　（清）馮焌光撰
　　府州廳縣異名錄一卷　（清）管斯駿撰
　　中國方域考一卷　（清）龔柴撰
　　中國形勢考略一卷　（清）龔柴撰
　　中國歷代都邑考一卷　（清）龔柴撰
　　中國物產考略一卷　（清）龔柴撰
　　輿覽一卷　（清）何炳撰
　　方輿紀要簡覽一卷　（清）潘鐸撰
　　滿洲考略一卷　（清）龔柴撰
　　盛京考略一卷　（清）龔柴撰
　　直隸考略一卷　（清）龔柴撰
　　江蘇考略一卷　（清）龔柴撰
　　安徽考略一卷　（清）龔柴撰
　　江西考略一卷　（清）龔柴撰
　　浙江考略一卷　（清）龔柴撰
　　福建考略一卷　（清）龔柴撰
　　湖北考略一卷　（清）龔柴撰
　　湖南考略一卷　（清）龔柴撰

河南考略一卷　(清)龔柴撰
山東考略一卷　(清)龔柴撰
山西考略一卷　(清)龔柴撰
陝西考略一卷　(清)龔柴撰
甘肅考略一卷　(清)龔柴撰
四川考略一卷　(清)龔柴撰
廣東考略一卷　(清)龔柴撰
廣西考略一卷　(清)龔柴撰
雲南考略一卷　(清)龔柴撰
貴州考略一卷　(清)龔柴撰
驛站路程一卷　(清)□□撰
輿地經緯度里表一卷　(清)丁取忠撰
松亭行紀一卷　(清)高士奇撰　　　　〔撰
扈從東巡日錄一卷附錄一卷　(清)高士奇
扈從西巡日錄一卷　(清)高士奇撰
塞北小鈔一卷　(清)高士奇撰
扈從紀程一卷　(清)高士奇撰
迎駕紀恩一卷　(清)楊捷撰
迎駕紀一卷　(清)楊捷撰
迎駕紀恩錄一卷　(清)王士禛撰
南巡扈從紀略一卷　(清)張英撰
迎駕始末一卷　(清)汪琬撰
隨鑾紀恩一卷　(清)汪灝撰
扈從賜遊記一卷　(清)張玉書撰
鳳臺祗謁筆記一卷　(清)董恂撰
永寧祗謁筆記一卷　(清)董恂撰
臺懷隨筆一卷　(清)王昶撰
南巡名勝圖說一卷　(清)高晉撰
開國龍興記一卷　(清)魏源撰
奉天形勢一卷　(清)張尚賢撰
出邊紀程一卷　(清)恩錫撰
絕域紀略一卷　(清)方拱乾撰
寧古塔紀略一卷　(清)吳振臣撰
柳邊紀略一卷　(清)楊賓撰
遊寧古塔記一卷　(清)□□撰
庫葉附近諸島考一卷　(清)何秋濤撰
吉林勘界記一卷　(清)吳大澂撰
龍沙紀略一卷　(清)方式濟撰
黑龍江外紀一卷　(清)西清撰
卜魁風土記一卷　(清)方觀承撰
卜魁紀略一卷　(清)英和撰
雅克薩考一卷　(清)何秋濤撰
尼布楚考一卷　(清)何秋濤撰
艮維窩集考一卷　(清)何秋濤撰
東三省邊防議一卷　(清)□□撰
東北邊防論一卷　(民國)姚文棟撰
東陲道里形勢一卷　(清)胡傳撰
第二帙
蒙古吉林土風記一卷　(清)阮葵生撰
塞上雜記一卷　(清)徐蘭撰

東蒙古形勢考一卷　(清)林道原撰
綏服內蒙古記一卷　(清)魏源撰
綏服外蒙古記一卷　(清)魏源撰
喀爾喀風土記一卷　(清)李德撰
庫倫記一卷　(清)姚瑩撰
蒙古五十一旗考一卷　(清)齊召南撰
蒙古考略一卷　(清)龔柴撰
蒙古邊防議一卷　(清)陳黃中撰
蒙古臺卡略一卷　(清)龔自珍撰
河套略一卷　(清)儲大文撰
綏服厄魯特蒙古記一卷　(清)魏源撰
青海考略一卷　(清)龔柴撰
青海事宜論一卷　(清)龔自珍撰
蒙古沿革考一卷　(清)□□撰
卡倫形勢記一卷　(清)姚瑩撰
征準噶爾記一卷　(清)魏源撰
塞北紀程一卷　(清)馬思哈撰
西征紀略一卷　(清)殷化行撰
塞程別紀一卷　(清)余棐撰
從西紀略一卷　(清)范昭逵撰
從軍雜記一卷　(清)方觀承撰
兩征厄魯特記一卷　(清)魏源撰
蕩平準部記一卷　(清)魏源撰
勘定回疆記一卷　(清)魏源撰
高平行紀一卷　(清)王太岳撰
新疆後事記一卷　(清)魏源撰
新疆紀略一卷　(清)七十一撰
回疆風土記一卷　(清)七十一撰
回疆雜記一卷　(清)王曾翼撰
西域釋地一卷　(清)祁韻士撰
西陲要略一卷　(清)祁韻士撰
天山南北路考略一卷　(清)龔柴撰
回部政俗論一卷　(清)□□撰
喀什噶爾略論一卷　(美國)林樂知撰
軍臺道里表一卷　(清)七十一撰
西域置行省議一卷　(清)龔自珍撰
新疆設行省議一卷　(清)□□撰
西域設行省議一卷　(清)朱逢甲撰
烏魯木齊雜記一卷　(清)紀昀撰
伊犂日記一卷　(清)洪亮吉撰
天山客話一卷　(清)洪亮吉撰
東歸日記一卷　(清)方士淦撰
荷戈紀程一卷　(清)林則徐撰
莎車行紀一卷　(清)倭仁撰
第三帙
衛藏識略一卷　(清)盛繩祖撰
烏斯藏考一卷　(清)曹樹翹撰
前後藏考一卷　(清)姚鼐撰
西藏紀略一卷　(清)龔柴撰
撫綏西藏記一卷　(清)魏源撰

西藏後記一卷　（清）魏源撰	聘盟日記一卷　（俄國）雅蘭布撰
西征記一卷　（清）毛振翵撰	綏服紀略一卷　（清）松筠撰
藏鑪總記一卷　（清）王我師撰	海隅從事錄一卷　（清）丁壽祺撰
藏鑪迹異記一卷　（清）王我師撰	使俄日記一卷　（清）張德彝撰
西藏巡邊記一卷　（清）松筠撰	金軺籌筆一卷　（清）□□撰
寧藏七十九族番民考一卷　（清）□□撰	俄遊日記一卷　（清）繆祐孫撰
入藏程站一卷　（清）盛繩祖撰	亞洲俄屬考略一卷　（清）龔柴撰
藏寧路程一卷　（清）松筠撰	取中亞細亞始末記一卷　（清）繆祐孫譯
藏行紀程一卷　（清）杜昌丁撰	西伯利記一卷　（日本）岡本監輔撰
進藏紀程一卷　（清）王世睿撰	取悉畢爾始末記一卷　（清）繆祐孫譯
由藏歸程記一卷　（清）林儁撰	俄屬海口記一卷　（清）□□撰
西征日記一卷　（清）徐瀛撰	海參崴埠通商論一卷　（清）□□撰
晉藏小錄一卷　（清）徐瀛撰	琿春瑣記一卷　（清）□□撰
旃林記略一卷　（清）徐瀛撰	北遊紀略一卷　（清）吳□撰
康輶紀行一卷　（清）姚瑩撰	伯利探路記一卷　（清）曹廷杰撰
前藏三十一城考一卷　（清）姚瑩撰	蝦夷紀略一卷　（清）姚棻撰
察木多西諸部考一卷　（清）姚瑩撰	俄羅斯疆界碑記一卷　（清）徐元文撰
乍丫圖說一卷　（清）姚瑩撰	中俄交界記一卷　（清）王錫祺撰
墨竹工卡記一卷　（清）王我師撰	通俄道里表一卷　（清）繆祐孫撰
得慶記一卷　（清）王我師撰	第四帙
錫金考略一卷　（清）□□撰	五嶽說一卷　（清）姚鼐撰
西招審隘篇一卷　（清）松筠撰	五嶽約一卷　（清）韓則愈撰
西藏要隘考一卷　（清）黃沛翹撰	泰山脈絡紀一卷　（清）李光地撰
西藏改省會論一卷　（清）□□撰	泰山紀勝一卷　（清）孔貞瑄撰
西藏建行省議一卷　（清）王錫祺撰	登岱記一卷　（清）余縉撰
征廓爾喀記一卷　（清）魏源撰	登泰山記一卷　（清）沈彤撰
廓爾喀不丹合考一卷　（清）龔柴撰	泰山道里記一卷　（清）聶鈫撰
征烏梁海迹略一卷　（清）何秋濤撰	遊泰山記一卷　（清）吳錫麒撰
哈薩克迹略一卷　（清）何秋濤撰	登泰山記一卷　（清）姚鼐撰
外藩疆理考一卷　（清）□□撰	遊南嶽記一卷　（清）金之俊撰
西北邊域考一卷　（清）魏源撰	衡嶽遊記一卷　（清）黃周星撰
綏服西屬國記一卷　（清）魏源撰	遊南嶽記一卷　（清）潘耒撰
外藩列傳一卷　（清）七十一撰	登南嶽記一卷　（清）唐仲冕撰
北徼形勢考一卷　（清）何秋濤撰	遊南嶽記一卷　（清）羅澤南撰
俄羅斯形勢考一卷　（清）何秋濤撰	重遊嶽麓記一卷　（清）李元度撰
俄羅斯源流考一卷　（清）繆祐孫撰	嵩嶽考一卷　（清）田雯撰
俄羅斯諸路疆域考一卷　（清）何秋濤撰	嵩山說一卷　（清）朱雲錦撰
俄羅斯分部說一卷　（清）何秋濤撰	遊中嶽記一卷　（清）潘耒撰
俄羅斯疆域編一卷　（清）繆祐孫撰	遊太室記一卷　（清）田雯撰
俄羅斯互市始末一卷　（清）何秋濤撰	登華記一卷　（清）屈大均撰
俄羅斯叢記一卷　（清）何秋濤撰	華山經一卷　（清）東蔭商撰
北徼城邑考一卷　（清）何秋濤撰	華山志槩一卷　（清）王弘嘉撰
北徼方物考一卷　（清）何秋濤撰	登華山記一卷　（清）喬光烈撰
北徼喀倫考一卷　（清）何秋濤撰	登太華山記一卷　（清）謝振定撰
俄羅斯戶口略一卷　（清）繆祐孫撰	太華紀遊略一卷　（清）趙嘉肇撰
異域錄一卷·（清）圖理琛撰	恆山記一卷　（清）□□撰
俄羅斯盟聘記一卷　（清）魏源撰	恆嶽記一卷　（清）王錫祺撰
俄羅斯附記一卷　（清）魏源撰	北嶽辨一卷　（清）顧炎武撰
奉使俄羅斯日記一卷　（清）張鵬翮撰	北嶽中嶽論一卷　（清）閻若璩撰
出塞紀略一卷　（清）錢良擇撰	封長白山記一卷　（清）方象瑛撰

長白山記一卷　（清）阮葵生撰
遊千頂山記一卷　（清）張玉書撰
遊西山記一卷　（清）懷應聘撰
西山遊記一卷　（清）王嗣槐撰
遊西山記一卷　（清）吳錫麒撰
遊西山記一卷　（清）李宗昉撰
遊西山記一卷　（清）常安撰
遊翠微山記一卷　（清）馮志沂撰
翠微山記一卷　（清）張際亮撰
天壽山說一卷　（清）龔自珍撰
游上方山記一卷　（清）謝振定撰
懋題上方二山紀游一卷　（清）查禮撰
遊盤山記一卷　（清）高士奇撰
游盤山記一卷　（清）常安撰
石門諸山記一卷　（清）陸舜撰
遊鍾山記一卷　（清）洪若皋撰
遊鍾山記一卷　（清）顧宗泰撰
遊清涼山記一卷　（清）洪亮吉撰
遊攝山記一卷　（清）王士禎撰
攝山紀遊一卷　（清）朱綬撰
棲霞山攬勝記一卷　（清）汪錫祺撰
遊幕府山泛舟江口記一卷　（清）洪亮吉撰
花山遊記一卷　（清）陸求可撰
遊寶華山記一卷　（清）王士禎撰
茅山記一卷　（清）馬世俊撰
遊瓜步山記一卷　（清）梅曾亮撰
遊吳山記一卷　（清）湯傳楹撰
遊虎邱記一卷　（清）湯傳楹撰
虎邱往還記一卷　（清）湯傳楹撰
遊西山記一卷　（清）彭績撰
遊靈巖山記一卷　（清）王恪撰
遊靈巖記一卷　（清）尤侗撰
靈巖懷舊記一卷　（清）湯傳楹撰
遊寒山記一卷　（清）王恪撰
遊茶山記一卷　（清）顧宗泰撰
遊馬駕山記一卷　（清）汪琬撰
彈山笪家山遊記一卷　（清）邵長蘅撰
遊洞庭西山記一卷　（清）金之俊撰
登洞庭兩山記一卷　（清）懷應聘撰
遊洞庭西山記一卷　（清）繆彤撰
遊西洞庭記一卷　（清）潘耒撰
遊洞庭兩山記一卷　（清）趙懷玉撰
西洞庭誌一卷　（清）王廷瑚撰
遊包山記一卷　（清）沈彤撰
遊石公山記一卷　（清）葉廷琯撰
遊漁洋山記一卷　（清）沈德潛撰
遊虞山記一卷　（清）尤侗撰
遊虞山記一卷　（清）沈德潛撰
遊虞山記一卷　（清）黃金臺撰
遊馬鞍山記一卷　（清）朱瑋撰

玉峰遊記一卷　（清）蔡錫齡撰
遊細林山記一卷　（清）黃金臺撰
遊橫雲山記一卷　（清）黃金臺撰
毗陵諸山記一卷　（清）邵長蘅撰
遊蜀山記一卷　（清）史承豫撰
遊龍池山記一卷　（清）吳騫撰
遊龍池山記一卷　（清）陳經撰
遊橫山記一卷　（清）曹焴撰
遊焦山記一卷　（清）劉體仁撰
遊焦山記一卷　（清）冷士嵋撰
遊焦山記一卷　（清）吳錫麒撰
遊焦山記一卷　（清）顧宗泰撰
遊焦山記一卷　（清）謝振定撰
遊焦山記一卷　（清）湯金釗撰
遊焦山記一卷　（清）黃金臺撰
遊蒜山記一卷　（清）沈德潛撰
象山記一卷　（清）何焌撰
遊北固山記一卷　（清）周鎬撰
遊北固山記一卷　（清）阮宗瑗撰
遊金焦北固山記一卷　（清）李元度撰
遊京口南山記一卷　（清）洪亮吉撰
登燕山記一卷　（清）馬世俊撰
方山記一卷　（清）馬世俊撰
遊江上諸山記一卷　（清）汪縉撰
五山志略一卷　（清）劉名芳撰
五狼山記一卷　（清）王宜亨撰
遊象山麓記一卷　（清）丁腹松撰
遊軍山記一卷　（清）張廷珪撰
紫琅遊記一卷　（清）李聯琇撰
遊雲龍山記一卷　（清）張貞撰
遊睢寧諸山記一卷　（清）丁顯撰
雲臺山記一卷　（清）姚陶撰
遊雲臺山記一卷　（清）常安撰
遊雲臺山北記一卷　（清）吳進撰
遊浮山記一卷　（清）何永紹撰
遊浮山記一卷　（清）李兆洛撰
黃山遊記一卷　（清）王煒撰
黃山史概一卷　（清）陳鼎撰
勘山紀遊一卷　（清）汪淮撰
遊黃山記一卷　（清）袁枚撰
遊黃山記一卷　（清）曹文埴撰
遊黃山記一卷　（清）黃鉞撰
黃山紀遊一卷　（清）王灼撰
黃山紀遊一卷　（清）黃肇敏撰
白嶽遊記一卷　（清）施閏章撰
披雲山記一卷　（清）許楚撰
遊靈山記一卷　（清）許楚撰
績溪山水記一卷　（清）汪士鐸撰
黟縣山水記一卷　（清）俞正燮撰
遊石柱山記一卷　（清）儲大文撰

遊敬亭山記一卷　(清)李確撰	遊鷹窠頂記一卷　(清)黃之雋撰
遊敬亭山記一卷　(清)王慶麟撰	遊陳山記一卷　(清)李確撰
遊九華記一卷　(清)懷應聘撰	蠡山記一卷　(清)徐倬撰
遊九華記一卷　(清)施閏章撰	遊白鵲山記一卷　(清)欽善撰
九華日錄一卷　(清)周天度撰	道場山遊記一卷　(清)呂星垣撰
遊九華山記一卷　(清)洪亮吉撰	登道場山記一卷　(清)欽善撰
齊山巖洞志一卷　(清)陳蔚撰	遊道場白雀諸山記一卷　(清)黃金臺撰
橫山遊記一卷　(清)吳銘道撰	遊大小玲瓏山記一卷　(清)楊鳳苞撰
梅村山水記一卷　(清)桂超萬撰	普陀紀勝一卷　(清)許琰撰
遊青山記一卷　(清)朱筠撰	遊柯山記一卷　(清)吳高增撰
過關山記一卷　(清)管同撰	遊吼山記一卷　(清)吳高增撰
盱江諸山遊記一卷　(清)施閏章撰	遊吼山記一卷　(清)李宗昉撰
從姑山記一卷　(清)涂瑞撰	天台山記一卷　(清)蔣薰撰
遊鑪山記一卷　(清)羅有高撰	遊天台山記一卷　(清)潘耒撰
西山遊記一卷　(清)徐世溥撰	遊天台山記一卷　(清)洪亮吉撰
遊懷玉山記一卷　(清)趙佑撰	天台遊記一卷　(清)楊葆光撰
遊龜峯山記一卷　(清)李宗昉撰	遊仙居諸山記一卷　(清)潘耒撰
軍陽山記一卷　(清)鄭日奎撰	橫山記一卷　(清)王崇炳撰
遊鵝湖山記一卷　(清)□□撰	禹山記一卷　(清)王崇炳撰
匡廬遊錄一卷　(清)黃宗羲撰	鴈山雜記一卷　(清)韓則愈撰
廬山紀遊一卷　(清)查慎行撰	遊鴈蕩山記一卷　(清)潘耒撰
匡廬紀遊一卷　(清)吳闡思撰	遊鴈蕩山記一卷　(清)周清原撰
遊廬山記一卷　(清)潘耒撰	遊鴈蕩記一卷　(清)方苞撰
遊廬山記一卷　(清)袁枚撰	遊鴈蕩日記一卷　(清)梁章鉅撰
遊廬山記一卷　(清)洪亮吉撰	北鴈蕩紀遊一卷　(清)郭鍾岳撰
遊廬山記一卷　(清)惲敬撰	鴈山便覽記一卷　(清)釋道融撰
遊廬山後記一卷　(清)惲敬撰	遊南鴈蕩記一卷　(清)潘耒撰
遊廬山天池記一卷　(清)李宗昉撰	南鴈蕩紀遊一卷　(清)張盛藻撰
遊大孤山記一卷　(清)張際亮撰	南鴈蕩紀遊一卷　(清)郭鍾岳撰
登小孤山記一卷　(清)方宗誠撰	中鴈蕩紀遊一卷　(清)張盛藻撰
遊石鐘山記一卷　(清)周準撰	桃花隖諸山記一卷　(清)蔣薰撰
軍峯山小記一卷　(清)曾鴻麟撰	芙蓉嶂諸山記一卷　(清)蔣薰撰
遊福山記一卷　(清)涂瑞撰	小仙都諸山記一卷　(清)蔣薰撰
遊麻姑山記一卷　(清)曾國藩撰	黃龍山記一卷　(清)蔣薰撰
軍峯記一卷　(清)應昇撰	遊黃龍山記一卷　(清)袁枚撰
鳳凰山記一卷　(清)謝階樹撰	遊鼓山記一卷　(清)徐釚撰
鄧公嶺經行記一卷　(清)李榮陛撰	遊鼓山記一卷　(清)朱仕琇撰
黃皮山遊紀略一卷　(清)李榮陛撰	遊鼓山記一卷　(清)洪若皋撰
大陽山遊紀略一卷　(清)李榮陛撰	遊鼓山記一卷　(清)潘耒撰
大圍山遊紀略一卷　(清)李榮陛撰	武夷紀勝一卷　(清)□□撰
遊西陽山記一卷　(清)彭士望撰	武夷山遊記一卷　(清)鄭恭撰
遊青原山記一卷　(清)李祖陶撰	武夷遊記一卷　(清)陳朝儼撰
翠微峯記一卷　(清)彭士望撰	武夷遊記一卷　(清)林霍撰
遊翠微峯記一卷　(清)惲敬撰	武夷導遊記一卷　(清)釋如疾撰
吳山紀遊一卷　(清)毛際可撰	遊武夷山記一卷　(清)袁枚撰
遊孤山記一卷　(清)邵長蘅撰	遊武夷山記一卷　(清)洪亮吉撰
遊硤石兩山記一卷　(清)黃金臺撰	九曲遊記一卷　(清)陸葇撰
遊天目山記一卷　(清)金之俊撰	黃鵠山記一卷　(清)陳本立撰
遊兩尖山記一卷　(清)趙懷玉撰	遊襄城山水記一卷　(清)周準撰
雲岫山遊記一卷　(清)李確撰	武當山記一卷　(清)王錫祺撰

遊五腦山記一卷　(清)洪良品撰	遊峨眉山記一卷　(清)竇絧撰
遊龍山記一卷　(清)羅澤南撰	遊淩雲記一卷　(清)張洲撰
遊石門記一卷　(清)羅澤南撰	木耳占記一卷　(清)王昶撰
羅山記一卷　(清)羅澤南撰	遊白雲山記一卷　(清)陸萊撰
登君山記一卷　(清)陶澍撰	遊白雲山記一卷　(清)陳夢照撰
遊連雲山記一卷　(清)李元度撰	遊懞山記一卷　(清)姚瑩撰
登天嶽山記一卷　(清)李元度撰	遊羅浮記一卷　(清)潘耒撰
遊大雲山記一卷　(清)吳敏樹撰	遊羅浮山記一卷　(清)惲敬撰
遊金牛山記一卷　(清)潘耒撰	浮山紀勝一卷　(清)黃培芳撰
遊桃源山記一卷　(清)李澄中撰	遊爛柯山記一卷　(清)□□撰
前遊桃花源記一卷　(清)陳廷慶撰	遊丹霞記一卷　(清)袁枚撰
後遊桃花源記一卷　(清)陳廷慶撰	經丹霞山記一卷　(清)惲敬撰
遊永州近治山水記一卷　(清)喬萊撰	棲霞山遊記一卷　(清)吳□撰
遊林廬山記一卷　(清)潘耒撰	遊隱山記一卷　(清)黃之雋撰
遊天平山記一卷　(清)呂星垣撰	遊隱山六洞記一卷　(清)羅辰撰
遊唐王山記一卷　(清)宋世犖撰	遊桂林諸山記一卷　(清)袁枚撰
遊桐柏山記一卷　(清)田雯撰	桂林諸山別記一卷　(清)鄭獻甫撰
遊豐山記一卷　(清)沈彤撰	桂鬱巖洞記一卷　(清)賈敦臨撰
誥屏山記一卷　(清)陸求可撰	遊鷄足山記一卷　(清)王昶撰
遊歷山記一卷　(清)黃鉞撰	昆侖異同考一卷　(清)張穆撰
遊華不注記一卷　(清)全祖望撰	岡底斯山考一卷　(清)魏源撰
登千佛山記一卷　(清)方宗誠撰	葱嶺三幹考一卷　(清)魏源撰
長白山錄一卷　(清)王士禛撰	北幹考一卷　(清)魏源撰
遊龍洞山記一卷　(清)施閏章撰	北徼山脈考一卷　(清)何秋濤撰
遊徂徠記一卷　(清)朱鍾撰	俄羅斯山形志一卷　(清)繆祐孫撰
敖山記一卷　(清)趙佑撰	遊滴水巖記一卷　(清)王崇簡撰
登嶧山記一卷　(清)朱彝尊撰	登燕子磯記一卷　(清)王士禛撰
遊蒙山記一卷　(清)朱澤澐撰	遊燕子磯沿山諸洞記一卷　(清)阮宗瑗撰
登崍山記一卷　(清)安致遠撰	登燕子磯記一卷　(清)王錫祺撰
遊仰天記一卷　(清)安致遠撰	遊小盤谷記一卷　(清)梅曾亮撰
遊石門記一卷　(清)安致遠撰	遊牛頭塢記一卷　(清)沈德潛撰
遊五蓮記一卷　(清)安致遠撰	遊支硎中峯記一卷　(清)李果撰
遊九仙記一卷　(清)安致遠撰	遊鵓鴣峯記一卷　(清)黃廷鑑撰
遊岠嵎院諸山記一卷　(清)周正撰	遊劍門記一卷　(清)盛大士撰
遊方山記一卷　(清)郝懿行撰	遊善卷洞記一卷　(清)史承豫撰
遊程符山記一卷　(清)閻徆觀撰	遊張公洞記一卷　(清)邵長蘅撰
遊卦山記一卷　(清)趙吉士撰	遊張公洞記一卷　(清)吳騫撰
五臺山記一卷　(清)顧炎武撰	山門遊記一卷　(清)施閏章撰
老姥掌遊記一卷　(清)陳廷敬撰	遊白鶴峯記一卷　(清)姚瑩撰
遊龍門記一卷　(清)喬光烈撰	東山巖記一卷　(清)鄭日奎撰
嵯峨山記一卷　(清)劉紹攽撰	葛壇遊記一卷　(清)李聯琇撰
遊牛頭山記一卷　(清)董佑誠撰	遊梅田洞記一卷　(清)李紱撰
太白紀遊略一卷　(清)趙嘉肇撰	遊通天巖記一卷　(清)惲敬撰
陝甘諸山考一卷　(清)戴祖啓撰	遊羅漢巖記一卷　(清)惲敬撰
首陽山記一卷　(清)蔣薰撰	飛來峯記一卷　(清)邵長蘅撰
遊章山記一卷　(清)劉紹攽撰	煙霞嶺遊記一卷　(清)趙坦撰
寶圖山記一卷　(清)王侃撰	遊雲巖記一卷　(清)欽善撰
苹龍山記一卷　(清)彭端淑撰	遊碧巖記一卷　(清)欽善撰
蔂頤山記一卷　(清)王侃撰	遊天窗巖記一卷　(清)郭傳璞撰
青城山行記一卷　(清)江錫齡撰	香鑪峯紀遊一卷　(清)朱綬撰

遊金華洞記一卷　（清）曹宗璠撰	江源記一卷　（清）查拉吳麟撰
遊玉甑峯記一卷　（清）潘耒撰	江源考一卷　（清）張文檒撰
遊仙巖記一卷　（清）潘耒撰	江防總論一卷　（清）姜宸英撰
三巖洞記一卷　（清）蔣薰撰	防江形勢考一卷　（清）華湛恩撰
遊仙都峯記一卷　（清）袁枚撰	入江巨川編一卷　（清）齊召南撰
遊水尾巖記一卷　（清）林佶撰	長江津要一卷　（清）馬徵麐撰
重遊靈應峯記一卷　（清）朱仕琇撰	淮水編一卷　（清）齊召南撰
登大王峯記一卷　（清）李卷撰	淮水考一卷　（清）郭起元撰
遊普陀峯記一卷　（清）徐乾學撰	淮水說一卷　（清）朱雲錦撰
遊赤壁記一卷　（清）邵長蘅撰	尋淮源記一卷　（清）沈彤撰
遊三遊洞記一卷　（清）劉大櫆撰	入淮巨川編一卷　（清）齊召南撰
卯峒記一卷　（清）林翼池撰	黃河編一卷　（清）齊召南撰
遊麻姑洞記一卷　（清）洪良品撰	黃河說一卷　（清）朱雲錦撰
遊天井峯記一卷　（清）羅澤南撰	河源記一卷　（清）舒蘭撰
遊靜谷衕記一卷　（清）羅辰撰	河源圖說一卷　（清）吳省蘭撰
遊永州三巖記一卷　（清）潘耒撰	河源異同辨一卷　（清）范本禮撰
乾溪洞記一卷　（清）張九鉞撰	全河備考一卷　（清）葉方恆撰
桂陽石洞記一卷　（清）彭而述撰	入河巨川編一卷　（清）齊召南撰
伏牛洞記一卷　（清）史承豫撰	東西二漢水辨一卷　（清）王士禎撰
遊佛峪龍洞記一卷　（清）黃鉞撰	漢水發源考一卷　（清）王筠撰
遊靈巖記一卷　（清）姚鼐撰	濟瀆考一卷　（清）田雯撰
遊黃紅峪記一卷　（清）趙進美撰	黑龍江水道編一卷　（清）齊召南撰
遊煙霞洞記一卷　（清）周正撰	東北海諸水編一卷　（清）齊召南撰
遊乾陽洞紀略一卷　（清）張端亮撰	十三道嘎牙河紀略一卷　（清）胡傳撰
洪花洞記一卷　（清）郝懿行撰	盛京諸水編一卷　（清）齊召南撰
龍母洞記一卷　（清）胡天游撰	熱河源記一卷　（清）阮葵生撰
探靈巖記一卷　（清）張洲撰	京畿諸水編一卷　（清）齊召南撰
黃婆洞記一卷　（清）盛謨撰	畿南河渠通論一卷　（清）□□撰
遊碧落洞記一卷　（清）廖燕撰	畿東河渠通論一卷　（清）□□撰
遊潮水巖記一卷　（清）廖燕撰	永定河源考一卷　（清）蔡錫齡撰
遊楊歷巖記一卷　（清）張九鉞撰	水利雜記一卷　（清）鄭日奎撰
遊七星巖記一卷　（清）喬萊撰	大陸澤圖說一卷　（清）王原祁撰
七星巖記一卷　（清）□□撰	漳河源流考一卷　（清）賀應旌撰
七星巖記一卷　（清）□□撰	汴水說一卷　（清）朱際虞撰
遊伏波巖記一卷　（清）喬萊撰	汝水說一卷　（清）馮煥光撰
遊鐵城記一卷　（清）鄭獻甫撰	山東諸水編一卷　（清）齊召南撰
遊白龍洞記一卷　（清）鄭獻甫撰	會通河水道記一卷　（清）俞正燮撰
遊丹霞巖九龍洞記一卷　（清）鄭獻甫撰	潛小淸河議一卷　（清）張鵬撰
遊燕子洞記一卷　（清）尤維熊撰	東湖記一卷　（清）儲方慶撰
牟珠洞記一卷　（清）黃安濤撰	賈魯河說一卷　（清）朱雲錦撰
飛雲洞記一卷　（清）彭而述撰	運河水道編一卷　（清）齊召南撰
飛雲洞記一卷　（清）許元仲撰	太湖源流編一卷　（清）齊召南撰
少寨洞記一卷　（清）洪亮吉撰	三江考一卷　（清）毛奇齡撰
獅子崖記一卷　（清）洪亮吉撰	三江考一卷　（清）王廷瑚撰
遊龍巖記一卷　（清）梁玉繩撰	中江考一卷　（清）顧觀光撰
方輿諸山考一卷　（清）王錫祺撰	南江考一卷　（清）顧觀光撰
水道總考一卷　（清）華湛恩撰	潛吳淞江議一卷　（清）張世友撰
水經要覽一卷　（清）黃錫齡撰	毘陵諸水記一卷　（清）邵長蘅撰
各省水道圖說一卷　（清）□□撰	揚州水利論一卷　（清）□□撰
江道編一卷　（清）齊召南撰	治下河論一卷　（清）張鵬翮撰

洩湖入江議一卷 （清）葉機撰
高家堰記一卷 （清）俞正燮撰
淮北水利說一卷 （清）丁顯撰
江西水道考一卷 （清）□□撰
浙江諸水編一卷 （清）齊召南撰
兩浙水利詳考一卷 （清）□□撰
浦陽江記一卷 （清）全祖望撰
閩江諸水編一卷 （清）齊召南撰
九江考一卷 （清）夏大觀撰
五谿考一卷 （清）檀萃撰
湘水記一卷 （清）王文清撰
灘湘二水記一卷 （清）喬萊撰
甘肅諸水編一卷 （清）齊召南撰
粵江諸水編一卷 （清）齊召南撰
西江源流說一卷 （清）勞孝輿撰
廣西三江源流考一卷 （清）高輯撰
雲南諸水編一卷 （清）齊召南撰
雲南三江水道考一卷 （清）張機南撰
黔中水道記一卷 （清）晏斯盛撰
苗疆水道考一卷 （清）嚴如熤撰
三黑水考一卷 （清）張邦伸撰
黑水考一卷 （清）陶澍撰
大金沙江考一卷 （清）魏源撰
開金沙江議一卷 （清）師範撰
富良江源流考一卷 （清）范本禮撰
蒙古水道略一卷 （清）龔自珍撰
塞北漠南諸水彙編一卷 （清）齊召南撰
西北諸水編一卷 （清）齊召南撰
西域諸水編一卷 （清）齊召南撰
西域水道記一卷 （清）徐松撰
西藏諸水編一卷 （清）齊召南撰
西徼水道一卷 （清）黃楙材撰
北徼水道考一卷 （清）何秋濤撰
色楞格河源流考一卷 （清）何秋濤撰
額爾齊斯河源流考一卷 （清）何秋濤撰
俄羅斯水道記一卷 （清）繆祐孫撰
山川考一卷 （清）□□撰
天下高山大川考一卷 （清）龔柴撰
宇內高山大河考一卷 （日本）木村杏卿撰
泛大通橋記一卷 （清）吳錫麒撰
泛通河記一卷 （清）梅曾亮撰
浴溫泉記一卷 （清）常安撰
遊後湖記一卷 （清）曾國藩撰
遊消夏灣記一卷 （清）洪亮吉撰
遊黃公澗記一卷 （清）孫爾準撰
觀水雜記一卷 （清）田雯撰
遊萬柳池記一卷 （清）任瑗撰
遊三龍潭記一卷 （清）吳進撰
遊雙谿記一卷 （清）姚鼐撰
遊媚筆泉記一卷 （清）姚鼐撰

遊南湖記一卷 （清）洪亮吉撰
泛潁記一卷 （清）彭兆蓀撰
遊玉簾泉記一卷 （清）黃永年撰
湖山便覽一卷 （清）翟灝撰
西湖考一卷 （清）王晫撰
西湖遊記一卷 （清）陸求可撰
西湖紀遊一卷 （清）張仁美撰
西湖遊記一卷 （清）查人渶撰
龍井遊記一卷 （清）呂星垣撰
小港記一卷 （清）趙坦撰
遊鴛鴦湖記一卷 （清）方象瑛撰
黯淡灘記一卷 （清）徐宗幹撰
湘行記一卷 （清）彭而述撰
泛瀟湘記一卷 （清）黃之雋撰
三灘記一卷 （清）陸次雲撰
遊浯溪記一卷 （清）彭而述撰
浯溪記一卷 （清）黃之雋撰
泛百門泉記一卷 （清）呂星垣撰
遊百門泉記一卷 （清）劉大櫆撰
遊珍珠泉記一卷 （清）王昶撰
遊南池記一卷 （清）晉同撰
遊大明湖記一卷 （清）姚光鼐撰
遊趵突泉記一卷 （清）懷應聘撰
冶源紀遊一卷 （清）王莘撰
遊五姓湖記一卷 （清）牛運震撰
天池記一卷 （清）彭兆蓀撰
猩猩灘記一卷 （清）徐文駒撰
遊磻溪記一卷 （清）喬光烈撰
遊釣臺記一卷 （清）董詔撰
出峽記一卷 （清）張洲撰
遊惠州西湖記一卷 （清）□□撰
濆水紀行一卷 （清）鄭獻甫撰
遊金粟泉記一卷 （清）吳育撰
訪蘇泉記一卷 （清）吳育撰
象州沸泉記一卷 （清）鄭獻甫撰
遊龍泉記一卷 （清）王昶撰
淨海記一卷 （清）洪亮吉撰
遊雨花臺記一卷 （清）林雲銘撰
遊觀音門譙樓記一卷 （清）阮宗瑗撰
遊滄浪亭記一卷 （清）□□撰
遊獅子林記一卷 （清）黃金臺撰
遊姑蘇臺記一卷 （清）宋犖撰
遊姑蘇臺記一卷 （清）汪琬撰
彌羅閣望山記一卷 （清）李聯琇撰
遊虎山橋記一卷 （清）顧宗泰撰
遊秦園記一卷 （清）邵長蘅撰
平山堂記一卷 （清）全祖望撰
劉伶臺記一卷 （清）阮晉撰
韓侯釣臺記一卷 （清）劉培元撰
遊愛蓮亭記一卷 （清）丘兢撰

遊周橋記一卷　（清）程廷祚撰
遊龍亭記一卷　（清）方承之撰
遊平波臺記一卷　（清）黃金臺撰
遊釣臺記一卷　（清）鄭日奎撰
遊瀨鄉記一卷　（清）朱書撰
遊喜雨亭記一卷　（清）徐文駒撰
遊潭柘寺記一卷　（清）張永銓撰
遊寶藏寺記一卷　（清）郭沛霖撰
龍泉寺記一卷　（清）劉嗣綰撰
遊鷄鳴寺記一卷　（清）李懿曾撰
遊金陵城南諸刹記一卷　（清）王士禛撰
遊湖心寺記一卷　（清）阮宗瑗撰
遊海嶽庵記一卷　（清）儲在文撰
遊禪窟寺記一卷　（清）項樟撰
遊石崆庵記一卷　（清）許楚撰
遊智門寺記一卷　（清）郭傳璞撰
遊少林寺記一卷　（清）田雯撰
遊晉祠記一卷　（清）朱彝尊撰
遊晉祠記一卷　（清）劉大櫆撰
遊峽山寺記一卷　（清）吳育撰
遊太華寺記一卷　（清）李澄中撰
遊銅瓦寺記一卷　（清）張九鉞撰
第五帙
南遊記一卷　（清）孫嘉淦撰
還京日記一卷　（清）吳錫麒撰
南歸記一卷　（清）吳錫麒撰
停驂隨筆一卷　（清）程庭撰
春帆紀程一卷　（清）程庭撰
舟行日記一卷　（清）姚文然撰
轉漕日記一卷　（清）李鈞撰
舟行記一卷　（清）張必剛撰
省闈日記一卷　（清）顧祿撰
南行日記一卷　（清）黃鈞宰撰
舊鄉行紀一卷　（清）邵嗣宗撰
雪鴻再錄一卷　（清）王昶撰
江行日記一卷　（清）郭麐撰
東路記一卷　（清）惲敬撰
鄉程日記一卷　（清）王相撰
南遊筆記一卷　（清）曹鈞撰
泛槳錄一卷　（清）黃鉞撰
閩行日記一卷　（清）俞樾撰
北行日錄一卷　（清）黃鈞宰撰
入都日記一卷　（清）周星譽撰
南歸記一卷　（清）方宗誠撰
北征日記一卷　（清）洪良品撰
北行日記一卷　（清）陳炳泰撰
北行日記一卷　（清）王錫祺撰
南遊日記一卷　（清）王錫祺撰
遊蹤選勝一卷　（清）俞蛟撰
名勝雜記一卷　（清）王光彥撰

鴻雪因緣圖記一卷　（清）麟慶撰
浪遊記快一卷　（清）沈復撰
風土雜錄一卷　（清）孫兆溎撰
觀光紀遊一卷　（日本）岡千仞撰
第六帙
京師偶記一卷　（清）柴桑撰
燕京雜記一卷　（清）□□撰
昌平州說一卷　（清）龔自珍撰
熱河小記一卷　（清）吳錫麒撰
出口程記一卷　（清）李調元撰
居庸關說一卷　（清）龔自珍撰
金陵志地錄一卷　（清）金鼇撰
吳語一卷　（清）戴延年撰
吳趨風土錄一卷　（清）顧祿撰
姑蘇采風類記一卷　（清）張大純撰
寶山記遊一卷　（清）管同撰
揚州名勝錄一卷　（清）李斗撰
眞州風土記一卷　（清）厲秀芳撰
山陽風俗物產志一卷　（清）吳昆田撰
清河風俗物產志一卷　（清）魯一同撰
徐州輿地考一卷　（清）方駿謨撰
海曲方域小志一卷　（清）金榜撰
龍眠遊記一卷　（清）何永紹撰
西干記一卷　（清）宋和撰
懷遠偶記一卷　（清）柴桑撰
樅江遊記一卷　（清）劉開撰
雩都行記一卷　（清）劉開撰
南豐風俗物產志一卷　（清）魯琪光撰
杭俗遺風一卷　（清）范祖述撰
杭州遊記一卷　（清）鄒方鍔撰
杭州城南古蹟記一卷　（清）趙坦撰
峽川志略一卷　（清）蔣宏任撰
湯陰風俗志一卷　（清）□□撰
天台風俗志一卷　（清）□□撰
寧化風俗志一卷　（清）李□撰
楚遊紀略一卷　（清）王澐撰
監利風土志一卷　（清）王柏心撰
使楚叢譚一卷　（清）王昶撰
容美紀遊一卷　（清）顧彩撰
湖南方物志一卷　（清）黃本驥撰
桂陽風俗記一卷　（清）□□撰
郴東桂陽小記一卷　（清）彭而述撰
乾州小志一卷　（清）吳高增撰
永州紀勝一卷　（清）王岱撰
永順小志一卷　（清）張天如撰
奉使紀勝一卷　（清）陳階平撰
齊魯遊紀略一卷　（清）王澐撰
歷下志遊一卷　（清）孫點撰
長河志籍考一卷　（清）田雯撰
行山路記一卷　（清）李愼傳撰

三省邊防形勢錄一卷　（清）嚴如熤撰
老林說一卷　（清）嚴如熤撰
河南關塞形勝說一卷　（清）朱雲錦撰
共城遊記一卷　（清）余縉撰
商洛行程記一卷　（清）王昶撰
雲中紀程一卷　（清）高懋功撰
保德風土記一卷　（清）陸燿撰
歸化行程記一卷　（清）韋坦撰
遊秦偶記一卷　（清）柴桑撰
西征述一卷後西征述一卷　（清）蔣湘南撰
皋蘭載筆一卷　（清）陳奕禧撰
賀蘭山口記一卷　（清）儲大文撰
蘭州風土記一卷　（清）□□撰
庾隴記一卷　（清）董恂撰
西行瑣錄一卷　（德國）福克撰
邊防三事一卷　（清）黃焜撰
西番各寺記一卷　（清）阮葵生撰
第七帙
蜀遊紀略一卷　（清）王澐撰
蜀道驛程記一卷　（清）王士禎撰
秦蜀驛程記一卷　（清）王士禎撰
隴蜀餘聞一卷　（清）王士禎撰
使蜀日記一卷　（清）方象瑛撰
益州于役記一卷　（清）陳奕禧撰
蜀輶日記一卷　（清）陶澍撰
蜀遊日記一卷　（清）黃勤業撰
雅州道中小記一卷　（清）王昶撰
夔行紀程一卷　（清）陳明申撰
西征記一卷　（清）劉紹攽撰
北遊紀程一卷　（清）高延第撰
巴船紀程一卷　（清）洪良品撰
東歸錄一卷　（清）洪良品撰
遊蜀日記一卷　（清）吳燾撰
遊蜀後記一卷　（清）吳燾撰
川中雜識一卷　（清）吳燾撰
粵述一卷　（清）閔敘撰
粵西偶記一卷　（清）陸祚蕃撰
粵西瑣記一卷　（清）沈曰霖撰
灕江雜記一卷　（民國）金武祥撰
滇南通考一卷　（清）王思訓撰
滇南雜志一卷　（清）曹樹翹撰
全滇形勢論一卷　（清）劉彬撰
入滇陸程考一卷　（清）師範撰
入滇江路考一卷　（清）師範撰
滇南新語一卷　（清）張泓撰
滇南雜記一卷　（清）吳應枚撰
尋親紀程一卷　（清）黃向堅撰
滇還日記一卷　（清）黃向堅撰
洱海叢談一卷　（清）釋同揆撰
滇遊記一卷　（清）陳鼎撰

滇行紀程一卷續鈔一卷　（清）許纘曾撰
東還紀程一卷續鈔一卷　（清）許纘曾撰
自滇入都程記一卷　（清）楊名時撰
滇行日錄一卷　（清）王昶撰
滇軺紀程一卷　（清）林則徐撰
使滇紀程一卷　（清）楊懌曾撰
雲南風土記一卷　（清）張詠撰
探路日記一卷　（英國）□□□撰
滇遊日記一卷　（清）包家吉撰
順寧雜著一卷　（清）劉靖撰
黔囊一卷　（清）檀萃撰
黔記一卷　（清）李宗昉撰
黔西古蹟考一卷　（清）錢驛撰
黔遊記一卷　（清）陳鼎撰
黔中雜記一卷　（清）黃元治撰
黔中紀聞一卷　（清）張澍撰
貴州道中記一卷　（清）謝階樹撰
古州雜記一卷　（清）林溥撰
粵滇雜記一卷　（清）趙翼撰
第八帙
平定兩金川述略一卷　（清）趙翼撰
蜀徼紀聞一卷　（清）王昶撰
金川瑣記一卷　（清）李心衡撰
八排風土記一卷　（清）李來章撰
金廠行記一卷　（清）余慶長撰
維西見聞紀一卷　（清）余慶遠撰
永昌土司論一卷　（清）劉彬撰
黔苗蠻記一卷　（清）田雯撰
滇黔土司婚禮記一卷　（清）陳鼎撰
峒谿纖志一卷　（清）陸次雲撰
說蠻一卷　（清）檀萃撰
猓猡傳一卷　（清）諸匡鼎撰
苗俗紀聞一卷　（清）方亨咸撰
苗俗記一卷　（清）貝青喬撰
苗民考一卷　（清）龔柴撰
苗疆城堡考一卷　（清）嚴如熤撰
苗疆村寨考一卷　（清）嚴如熤撰
苗疆險要考一卷　（清）嚴如熤撰
苗疆道路考一卷　（清）嚴如熤撰
苗疆風俗考一卷　（清）嚴如熤撰
苗疆師旅考一卷　（清）嚴如熤撰
平苗記一卷　（清）劉應中撰
苗防論一卷　（清）魏源撰
西南夷改流記一卷　（清）魏源撰
邊省苗蠻事宜論一卷　（清）藍鼎元撰
改土歸流說一卷　（清）王履階撰
第九帙
海道編一卷　（清）齊召南撰
海防篇一卷　（清）蔡方炳撰
海防總論一卷　（清）姜宸英撰

沿海形勢錄一卷　（清）陳倫炯撰	粤遊小志一卷　（清）張心泰撰
沿海形勢論一卷　（清）華世芳撰	赤溪雜志一卷　（民國）金武祥撰
沿海形勢論一卷　（清）朱逢甲撰	澳門圖說一卷　（清）張甄陶撰
防海形勢考一卷　（清）華湛恩撰	澳門記一卷　（清）薛醞撰
江防海防策一卷　（清）姚文枏撰	澳門形勢篇一卷　（清）張汝霖撰
航海圖說一卷　（清）胡鳳丹撰	澳門形勢論一卷　（清）張甄陶撰
營口雜記一卷　（清）諸仁安撰	澳蕃篇一卷　（清）張汝霖撰
營口雜誌一卷　（清）□□撰	制馭澳夷論一卷　（清）張甄陶撰
津門雜記一卷　（清）張燾撰	澳門形勢論一卷　（清）李受彤撰
黑水洋考一卷　（清）梁□撰	虎門記一卷　（清）薛醞撰
甌壖雜誌一卷　（清）王韜撰	潮州海防記一卷　（清）藍鼎元撰
漚游雜記一卷　（清）葛元煦撰	瓊州記一卷　（清）藍鼎元撰
淞南夢影錄一卷　（清）黃協塤撰	黎岐紀聞一卷　（清）張慶長撰
海塘說一卷　（清）高晉撰	中國海島考略一卷　（清）龔柴撰
甌江逸志一卷　（清）勞大與撰	中外述遊一卷　（清）田嵩岳撰
閩遊紀略一卷　（清）王澐撰	第十帙
閩小記一卷　（清）周亮工撰	東南三國記一卷　（清）江登雲撰
閩雜記一卷　（清）施鴻保撰	高麗論略一卷　（清）朱逢甲撰
平定臺灣述略一卷　（清）趙翼撰	朝鮮考略一卷　（清）龔柴撰
臺灣紀略一卷　（清）林謙光撰	征撫朝鮮記一卷　（清）魏源撰
臺灣雜記一卷　（清）季麒光撰	朝鮮小記一卷　（朝鮮）李詔九撰
臺灣小志一卷　（清）龔柴撰	高麗形勢一卷　（清）吳鍾史撰
臺灣使槎錄一卷　（清）黃叔璥撰	朝鮮風土略述一卷　（清）吳鍾史撰
臺灣隨筆一卷　（清）徐懷祖撰	高麗風俗記一卷　（清）□□撰
裨海紀遊一卷　（清）郁永河撰	朝鮮風俗記一卷　（清）薛培榕撰
番境補遺一卷　（清）郁永河撰	朝鮮八道紀要一卷　（清）薛培榕撰
海上紀略一卷　（清）郁永河撰	朝鮮風土記一卷　（清）□□撰
浮海前記一卷　（清）徐宗幹撰	高麗瑣記一卷　（清）□□撰
渡海後記一卷　（清）徐宗幹撰	朝鮮輿地說一卷　（清）薛培榕撰
東征雜記一卷　（清）藍鼎元撰	朝鮮疆域紀略一卷　（清）□□撰
臺遊筆記一卷　（清）□□撰	朝鮮會通條例一卷　（清）薛培榕撰
平臺灣生番論一卷　（清）藍鼎元撰	東遊記一卷　（清）吳鍾史撰
番社采風圖考一卷　（清）六十七撰	遊高麗王城記一卷　（清）吳鍾史撰
臺灣番社考一卷　（清）鄺其照撰	朝鮮雜述一卷　（清）許午撰
埔裏社紀略一卷　（清）姚瑩撰	東國名勝記一卷　（朝鮮）金敬淵撰
東西勢社番記一卷　（清）姚瑩撰	入高紀程一卷　（清）□□撰
臺北道里記一卷　（清）姚瑩撰	亙文島形勢一卷　（清）□□撰
噶瑪蘭紀略一卷　（清）姚瑩撰	朝鮮諸水編一卷　（清）齊召南撰
澎湖紀略一卷　（清）林謙光撰	高麗水道考一卷　（清）□□撰
亞哥書馬島記一卷　（清）□□撰	越南志一卷　（清西洋）□□撰
嶺南雜記一卷　（清）吳震方撰	安南小志一卷　（民國）姚文棟撰
粤曩一卷　（清）檀萃撰	越南考略一卷　（清）龔柴撰
南來志一卷　（清）王士禛撰	越南世系沿革略一卷　（清）徐延旭撰
北歸志一卷　（清）王士禛撰	越南疆域考一卷　（清）魏源撰
廣州遊覽小志一卷　（清）王士禛撰	越南地輿圖說一卷　（清）盛慶紱撰
南越筆記一卷　（清）李調元撰	安南雜記一卷　（清）李仙根撰
途中記一卷　（清）程含章撰	安南紀遊一卷　（清）潘鼎珪撰
粤遊錄一卷　（清）戴肇元撰	越南遊記一卷　（清）陳□撰
北轅錄一卷　（清）戴肇元撰	征撫安南記一卷　（清）魏源撰
入廣記一卷　（民國）王闓運撰	征安南紀略一卷　（清）師範撰

從征安南記一卷　（清）□□撰	熱海遊記一卷　（日本）岡千仭撰
越南山川略一卷　（清）徐延旭撰	使會津記一卷　（日本）岡千仭撰
越南道路略一卷　（清）徐延旭撰	東槎雜著一卷　（民國）姚文棟撰
中外交界各臨卡錄一卷　（清）徐延旭撰	東槎聞見錄一卷　（清）陳家麟撰
黑河紀略一卷　（清）□□撰	遊日光山記一卷　（清）黎庶昌撰
金邊國記一卷　（清）□□撰	登富嶽記一卷　（日本）太宰純撰
使琉球記一卷　（清）張學禮撰	登富士山記一卷　（日本）澤元愷撰
中山紀略一卷　（清）張學禮撰	鹿門宕嶽諸遊記一卷　（日本）釋紹岷撰
中山傳信錄一卷　（清）徐葆光撰	遊嵐峽記一卷　（日本）源之熙撰
使琉球記一卷　（清）李鼎元撰	遊石山記一卷　（日本）釋大典撰
中山見聞辨異一卷　（清）黃景福撰	登金華山記一卷　（日本）澤元愷撰
琉球實錄一卷　（清）錢□撰	遊松連高雄二山記一卷　（日本）安積信撰
琉球說略一卷　（民國）姚文棟譯	霧島山記一卷　（日本）橘南溪撰
琉球形勢略一卷　（日本）中根淑撰	遊天王山記一卷　（日本）市村謙撰
琉球朝貢考一卷　（清）王韜撰	日本山表說一卷　（清）傅雲龍撰
琉球向歸日本辨一卷　（清）王韜撰	瀧溪紀遊一卷　（日本）鈴木恭撰
緬甸志一卷　（清西洋）□□撰	遊綿溪記一卷　（日本）豐後廣瀨建撰
緬甸考略一卷　（清）龔柴撰	遊保津川記一卷　（日本）山田敬直撰
征緬甸記一卷　（清）魏源撰	日本河渠志一卷　（清）傅雲龍撰
緬事述略一卷　（清）師範撰	中亞細亞圖說略一卷　（清）蔡錫齡撰
征緬紀略一卷　（清）王昶撰	印度考略一卷　（清）龔柴撰
征緬紀聞一卷　（清）王昶撰	印度志略一卷　（英國）慕維廉撰
緬甸瑣記一卷　（清）傅顯撰	五印度論一卷　（清）徐繼畬撰
入緬路程一卷　（清）師範撰	印度風俗記一卷　（日本）岡本監輔撰
緬藩新紀一卷　（清）□□撰	印度紀遊一卷　（清西洋）堅彌地撰
暹羅考一卷　（清）□□撰	探路日記一卷　（英國）密斯脣撰
暹羅志一卷　（清西洋）□□撰	西輶日記一卷　（清）黃楙材撰
暹羅考略一卷　（清）龔柴撰	遊歷芻言一卷　（清）黃楙材撰
暹羅別記一卷　（清）季麒光撰	印度劄記一卷　（清）黃楙材撰
東洋記一卷　（清）陳倫炯撰	鹹海紀略一卷　（清）蔡錫齡撰
日本考略一卷　（清）龔柴撰	波斯考略一卷　（清）龔柴撰
日本疆域險要一卷　（清）傅雲龍撰	阿剌伯考略一卷　（清）龔柴撰
日本沿革一卷　（清）傅雲龍撰	俾路芝考略一卷　（清）龔柴撰
日本載筆一卷　（英國）韋廉臣撰	阿富汗考略一卷　（清）龔柴撰
日本近事記一卷　（清）陳其元撰	東土耳其考略一卷　（清）龔柴撰
日本通中國考一卷　（清）王韜撰	英屬地志一卷　（英國）慕維廉撰
袖海編一卷　（清）汪鵬撰	俄西亞尼嘎洲志略一卷　（美國）戴德江撰
使東述略一卷　（清）何如璋撰	阿塞亞尼亞羣島記一卷　（日本）岡本監輔撰
使東雜記一卷　（清）何如璋撰	東南洋記一卷　（清）陳倫炯撰
日本雜事一卷　（清）黃遵憲撰	東南洋鐵路一卷　（清）呂調陽撰
東遊日記一卷　（清西洋）□□撰	東南洋島紀略一卷　（美國）林樂知撰
東遊紀盛一卷　（清）□□撰	呂宋紀略一卷　（清）黃可垂撰
日本瑣誌一卷　（清）□□撰	南洋記一卷　（清）陳倫炯撰
扶桑遊記一卷　（清）王韜撰	崑崙記一卷　（清）陳倫炯撰
東遊日記一卷　（清）王之春撰	南澳氣記一卷　（清）陳倫炯撰
東洋瑣記一卷　（清）王之春撰	柔佛略述一卷　（清）□□撰
日本紀遊一卷　（清）□□撰	檳榔嶼遊記一卷　（清）□□撰
日本雜記一卷　（清）□□撰	般鳥紀略一卷　（清西洋）鴨砵撰
豈止快錄一卷　（日本）林長孺撰	遊婆羅洲記一卷　（清）□□撰
禺于日錄一卷　（日本）岡千仭撰	

白蠟遊記一卷　(清)□□撰
海島逸志一卷　(清)王大海撰
葛剌巴傳一卷　(清)□□撰
南洋述遇一卷　(清)□□撰
南洋事宜論一卷　(清)藍鼎元撰
南洋各島國論一卷　(清)吳曾英撰
三得惟枝島紀略一卷　(美國)林樂知撰
海外羣島記一卷　(清)□□撰
新金山記一卷　(清)□□撰
澳洲紀遊一卷　(清)□□撰
他士文尼亞島考略一卷　(清)□□撰
牛西蘭島紀略一卷　(清)□□撰
南極新地辨一卷　(清)金惟賢撰
第十一帙
海錄一卷　(清)楊炳南撰
大西洋記一卷　(清)陳倫炯撰
西方要紀一卷　(清西洋)南懷仁等撰
通商諸國記一卷　(清)朱克敬撰
英吉利地圖說一卷　(清)姚瑩撰
歐洲總論一卷　(清)□□撰
中西關繫略論一卷　(美國)林樂知撰
乘槎筆記一卷　(清)斌椿撰
航海述奇一卷　(清)張德彝撰
初使泰西記一卷　(清)宜垕撰
使西書略一卷　(清)孫家穀撰
使法事略一卷　(美國)林樂知撰
使西紀程一卷　(清)郭嵩燾撰
英軺日記一卷　(清)劉錫鴻撰
隨使日記一卷　(清)張德彝撰
使英雜記一卷　(清)張德彝撰
使法雜記一卷　(清)張德彝撰
使還日記一卷　(清)張德彝撰
使德日記一卷　(清)李鳳苞撰
出使英法日記一卷　(清)曾紀澤撰
歐遊隨筆一卷　(清)錢德培撰
歐遊雜錄一卷　(清)徐建寅撰
西征紀程一卷　(清)鄒代鈞撰
出洋瑣記一卷　(清)蔡鈞撰
出使須知一卷　(清)蔡鈞撰
瀛海採問紀實一卷　(清)袁祖志撰
西俗雜誌一卷　(清)袁祖志撰
涉洋管見一卷　(清)袁祖志撰
出洋須知一卷　(清)袁祖志撰
歸國日記一卷　(清)王詠霓撰
瀛海論一卷　(清)張自牧撰　　　　〔撰
出使英法義比四國日記一卷　(清)薛福成
蠡測卮言一卷　(清)張自牧撰
瀛海卮言一卷　(清)王之春撰
西事蠡測一卷　(清)沈純撰
漫遊隨錄一卷　(清)王韜撰

遊英京記一卷　(清)□□撰
遊歷筆記一卷　(清)□□撰
泰西城鎮記一卷　(美國)丁韙良撰
彈丸小記一卷　(清)龔柴撰
土國戰事述略一卷　(美國)艾約瑟撰
冰洋事蹟述略一卷　(美國)艾約瑟撰
第十二帙
小西洋記一卷　(清)陳倫炯撰
阿利未加洲各國志一卷　(清西洋)□□撰
亞非理駕諸國記一卷　(日本)岡本監輔撰
地蘭士華路考一卷　(清)□□撰
埃及紀略一卷　(英國)韋廉臣撰
埃及國記一卷　(日本)岡本監輔撰
新開地中河記一卷　(美國)丁韙良撰
阿比西尼亞國述略一卷　(美國)林樂知撰
探地記一卷　(清)王韜撰
黑蠻風土記一卷　(英國)立溫斯敦撰
亞美理駕諸國記一卷　(日本)岡本監輔撰
墨洲雜記一卷　(清)□□撰
美國記一卷　(日本)岡本監輔撰
紅苗紀略一卷　(清)蔡錫齡撰
舊金山紀一卷　(美國)丁韙良撰
墨西哥記一卷　(日本)岡本監輔撰
古巴雜記一卷　(清)譚乾初撰
祕魯形勢錄一卷　(清)□□撰
使美紀略一卷　(清)陳蘭彬撰
美會紀略一卷　(清)李圭撰
東行日記一卷　(清)李圭撰
舟行紀略一卷　(清)□□撰
三洲遊記一卷　(清)□□撰
補編
第一帙
黑龍江述略一卷　(清)徐宗亮撰
第二帙
新疆疆域總敍一卷　(清)松筠撰
後出塞錄一卷　(清)龔之鑰撰
庫爾喀喇烏蘇沿革攷一卷　(清)李光廷撰
塔爾巴哈臺沿革考一卷　(清)李光廷撰
巴馬紀略一卷　(清)王錫祺撰
帕米爾分界私議一卷　(民國)錢恂撰
第三帙
漁通問俗一卷　(清)□□撰
俄羅斯國志略一卷　(清)沈敦和撰
中俄交界續記一卷　(清)王錫祺撰
中俄界線簡明說一卷　(民國)錢恂撰
第四帙
遊中岳記一卷　(清)李雲麟撰
遊北岳記一卷　(清)李雲麟撰
西山遊記一卷　(清)黃鈞宰撰
翠微山說一卷　(清)龔自珍撰

英吉利記一卷　　(清)蕭令裕撰
英吉利國夷情紀畧一卷　(清)葉鍾進撰
英吉利小記一卷　　(清)魏源撰
奉使倫敦記一卷　　(清)黎庶昌撰
卜來敦記一卷　　(清)黎庶昌撰
白雷登避暑記一卷　(清)薛福成撰
巴黎賽會紀畧一卷　(清)黎庶昌撰
遊歷意大利聞見錄一卷　(清)洪勳撰
遊歷瑞典那威聞見錄一卷　(清)洪勳撰
遊歷西班牙聞見錄一卷　(清)洪勳撰
遊歷葡萄牙聞見錄一卷　(清)洪勳撰
遊歷聞見總畧一卷　(清)洪勳撰
遊歷聞見拾遺一卷　(清)洪勳撰
博子墩遊記一卷　　(清)□□撰
使西日記一卷　　(清)曾紀澤撰
倫敦風土記一卷　　(清)張祖翼撰
西海紀行卷一卷　　(民國)潘飛聲撰
天外歸槎錄一卷　　(民國)潘飛聲撰
泰西各國采風記一卷　(民國)宋育仁撰
海防餘論一卷　　(清)顏斯綜撰
天下大勢通論一卷　(清)吳廣霈撰
塞爾維羅馬尼浦加利三國合考一卷　(清)
　　鄒弢撰
過波蘭記一卷　　(清)□□撰
革雷得志畧一卷　　(清)郭家驥撰
第十二帙
歐洲各國開闢非洲考一卷　(英國)李提摩
　　太撰
庚哥國畧說一卷　　(清)王錫祺輯
美理哥國志畧一卷　(美國)高理文撰
古巴述畧一卷　　(日本)村田□撰
出使美日祕國日記一卷　(清)崔國因撰
每月統紀傳一卷　　(清)□□撰
貿易通志一卷　　(清)□□撰
萬國地理全圖集一卷　(清)□□撰
四洲志一卷　　　(清)林則徐譯
外國史畧一卷　　(英國)馬禮遜撰
地球說畧一卷　　(美國)瑋理哲撰
地理志畧一卷　　(美國)戴德江撰
地理全志一卷　　(英國)慕維廉撰
三十一國志要一卷　(英國)李提摩太撰
萬國風俗考畧一卷　(清)鄒弢撰
瀛環志畧訂誤一卷　(清)□毅撰

鄦鄭學廬地理叢刊

(清)施世杰輯
　　清光緒二十三年(1897)會稽施氏刊本
元祕史山川地名攷十二卷　(清)施世杰撰
朔方備乘札記一卷　(清)李文田撰
西遊錄注一卷　　(清)李文田撰

和林詩一卷　　　(清)李文田撰

松江府屬舊志二種

陳乃乾輯
　　民國二十一年(1932)傳真社據明本景印
正德金山衞志六卷　(明)張奎修
嘉靖上海縣志八卷　(明)鄭洛書修

安次縣舊志四種合刊

王文琳等輯
　　民國二十四年(1935)排印本
天啓本東安縣志殘五卷(存卷二至六)
　　(明)鄭之城修　(明)馮泰運纂
康熙本東安縣志十卷　(清)李大章等修
　　(清)張埒等纂　　　　　　[修
乾隆本東安縣志二十二卷　(清)李光昭纂
民國三年本安次縣志十二卷　劉鍾英纂修

藁城縣志四種

(民國)□□輯
　　民國二十二年(1933)排印本
藁城縣嘉靖志十卷　(明)李正儒纂
藁城縣康熙志十二卷　(清)穎于宣重輯
藁城縣光緒志十卷　(清)汪度修　(清)張
　　毓溫纂
續修藁城縣志十二卷　(民國)任傳藻修
　　(民國)于箴纂

東鹿五志合采

(民國)謝道安輯
　　民國二十六年(1937)排印本
保定府祁州束鹿縣志十卷　(清)劉崑等修
乾隆束鹿縣志十二卷　(清)李文耀等修
　　(清)張鍾秀纂
嘉慶束鹿縣志十卷　(清)沈樂善等修
同治束鹿縣志八卷　(清)宋陳壽修
光緒束鹿鄉土志十二卷　(清)李中桂等纂
　　修

合刻華州志

(清)吳炳南輯
　　清光緒八年(1882)華州州署刊本
華州志二十四卷　(明)李可久修　(明)張
　　光孝纂
續華州志四卷　　(清)馮昌奕修　(清)劉遇
　　奇纂
再續華州志十二卷　(清)汪以誠修　(清)
　　史蕚纂
三續華州志十二卷　(清)吳炳南修　(清)
　　劉域纂

五涼考治六德集全誌

(清)張之浚(清)張珽美等修
　　清乾隆十四年(1749)刊本
　武威縣誌一卷　(清)曾鈞等纂
　鎮番縣誌一卷　(清)曾鈞等纂
　永昌縣誌一卷　(清)沈紹祖等纂
　古浪縣誌一卷　(清)趙璘等纂
　平番縣誌一卷　(清)曾鈞等纂
　天山學道編一卷　(清)張之浚撰

宜興荊溪舊志五種

(清)□□輯
　　清光緒八年(1882)刊本
　重刊宜興縣舊志十卷首一卷末一卷　(明)
　　鄒旦等修　(明)危山等纂
　重刊宜興縣志四卷首一卷　(清)阮升基等
　　修　(清)甯楷纂
　重刊荊溪縣志四卷首一卷　(清)唐仲冕等
　　修　(清)甯楷纂
　重刊續纂宜荊縣志十卷首一卷　(清)顧名
　　等修　(清)吳德旋纂
　宜興荊溪縣新志十卷首一卷末一卷　(清)
　　施惠等修　(清)吳景牆纂

彙刻太倉舊志五種

(清)繆朝荃等輯
　　清宣統元年(1909)太倉繆氏刊本
　中吳紀聞六卷附校勘記一卷　(宋)龔明之
　　撰　校勘記(民國)繆荃孫撰
　玉峯志三卷附校勘記　(宋)凌萬頃撰　校
　　勘記(清)繆朝荃撰
　玉峯續志一卷附校勘記　(宋)邊實撰　校
　　勘記(清)繆朝荃撰
　崑山郡志六卷　(元)楊譓撰
　太倉州志十卷附校勘記一卷　(明)桑悅撰
　　校勘記(清)繆朝荃撰

宋元四明六志

(清)徐時棟輯
　　清咸豐四年(1854)甬上徐氏煙嶼樓刊本
　乾道四明圖經十二卷　(宋)張津等撰
　寶慶四明志二十一卷　(宋)羅濬撰
　開慶四明續志十二卷　(宋)梅應發(宋)劉
　　錫撰
　大德昌國州圖志七卷　(元)馮福京等撰
　延祐四明志二十卷(原缺卷九至十一)
　　(元)袁桷撰
　至正四明續志十二卷　(元)王元恭撰
　四明它山水利備覽二卷附釋文一卷　(宋)

　　魏峴撰　釋文(清)徐時棟撰
　宋元四明六志校勘記九卷　(清)徐時棟撰

澉水志彙編

(民國)程煦元輯
　　民國二十四年(1935)排印本
　常棠澉水誌八卷　(宋)常棠修
　續澉水誌九卷　(明)董穀修
　澉水新誌十二卷　(清)方溶修
　澉誌補錄二卷　(民國)程煦元修

紹興縣志四種合刊

(民國)紹興縣修志委員會輯
　　民國二十五年(1936)紹興縣修志委員會
　　排印本
　康熙會稽縣志二十八卷首一卷　(清)王元
　　臣等修　(清)董欽德等纂
　嘉慶山陰縣志三十卷首一卷　(清)徐元梅
　　等修　(清)朱文翰等纂
　道光會稽縣志稾二十五卷首一卷(原缺卷
　　二至五、卷十至十三、卷二十至二十
　　二)　(清)王藩(清)沈元泰纂
　紹興縣志資料第一輯不分卷　紹興縣修志
　　委員會輯　民國二十六年至二十八年
　　(1937—1939)排印

東北文獻叢書

(民國)國立東北大學文科研究所輯
　　民國三十一年(1942)石印本
　遼海書徵六卷　金毓黻撰
　補遼史交聘表五卷　張亮采撰
　東北文獻零拾六卷　金毓黻撰
　東北古印鈎沈一卷　金毓黻撰
　盛京崇謨閣滿文老檔譯本一卷　文□譯述
　　金毓黻錄
附
　遼會要作法一卷　金毓黻撰

滿蒙叢書

(日本)內藤虎次郎輯
　　日本大正中東京滿蒙叢書刊行會排印本
第一卷　日本大正八年(1919)排印　〔修
口北三廳志十六卷首一卷　(清)黃可潤纂
第二卷　日本大正八年(1919)排印
　北征錄一卷　(明)金幼孜撰
　北征後錄一卷　(明)金幼孜撰
　北征記一卷　(明)楊榮撰
　伏戎紀事一卷　(明)高拱撰
　松亭行紀一卷　(清)高士奇撰
　塞北小鈔一卷　(清)高士奇撰

奉使俄羅斯行程錄一卷　（清）張鵬翮撰

出塞紀略一卷　（清）錢良擇撰

西征紀略一卷　（清）殷化行撰

從西紀略一卷　（清）范昭逵撰

佩蘅詩鈔二卷　（清）實鋆撰

張家口至烏里雅蘇台竹枝詞一卷　（清）志
　銳撰

第三卷　日本大正十年（1921）排印

盛京通鑑八卷　（清）□□撰

盛京典制備考八卷　（清）特愼葊撰　（清）
　崇厚增輯

第四卷　日本大正九年（1920）排印

東三省蒙務公牘彙編五卷　朱啓鈐輯

庫倫蒙俄卡倫對照表一卷　（清）三多撰

第五卷　日本大正十年（1921）排印

龍沙紀略一卷　（清）方式濟撰

黑龍江外記八卷　（清）西淸撰

黑龍江述略六卷　（清）徐宗亮撰

卜魁城賦一卷　（清）英和撰

籌蒙芻議二卷　（清）姚錫光撰

第九卷　日本大正十年（1921）排印

瀋陽日記六卷　（朝鮮）□□撰

第十七卷　日本大正十一年（1922）排印

籌遼碩畫四十六卷　（明）程開祜輯

燕都雜詠

（清）樊彬撰　　　　　　　　　　　　　　［本

　清光緒三十三年（1907）長沙石耕山房刊

歷代舊聞二卷

熙朝嘉話一卷

都城瑣記一卷

北京歷史風土叢書第一集

瞿宣穎輯

　民國十四年（1925）北京廣業書社排印本

京師偶記一卷　（清）柴桑撰

燕京雜記一卷　（清）□□撰

日下尊聞錄一卷　（清）□□撰

藤陰雜記一卷　（清）戴璐撰

北京建置談薈一卷　瞿宣穎撰

北平史蹟叢書

張江裁輯

　民國二十六年（1937）國立北平研究院史
　學研究會排印本

帝京歲時紀勝一卷　（清）潘榮陛撰

京師五城坊巷衖衚集一卷　（明）張爵撰

京津風土叢書

張江裁輯

民國二十七年（1938）雙肇樓排印本

北京形勢大略一卷　（清）楊從淸撰

燕都名勝志稿一卷　（明）曹學佺撰

舊京遺事一卷　（明）史玄撰

燕京訪古錄一卷　張江裁撰

琉璃廠書肆記一卷　（清）李文藻撰

北京崇效寺訓雜圖志一卷　張江裁輯

大興歲時志稿一卷　（清）張茂節（清）李開
　泰輯

宛平歲時志稿一卷　（清）王養濂（清）李開
　泰輯

春明歲時瑣記一卷　讓廉撰

燕市貨聲一卷　（民國）閒園鞠農（蔡繩格）
　撰

燕市負販瑣記一卷　　燕歸來簃主人（張江
　裁）輯

燕市百怪歌一卷

津門百詠一卷　（清）崔旭撰

天津楊柳靑小志一卷　張江裁撰

東莞袁督師後裔考一卷　張江裁撰

興化李審言先生與東莞張次溪論文書一卷
　（民國）李詳撰

燕居修史圖志一卷　張江裁輯

燕都風土叢書（一名雙肇樓叢書）

張江裁輯

　民國二十八年（1939）燕歸來簃排印本

燕京記一卷　（清）顧森撰

燕都雜詠一卷　（清）樊彬撰

舊京秋詞一卷　（民國）夏仁虎撰

東莞袁督師遺事一卷　張江裁輯　民國二
　十七年（1938）排印

中國史蹟風土叢書

張江裁輯

　民國三十二年（1943）東莞張氏拜袁堂排
　印本

北京庚戌橋史考一卷　張江裁撰

北京天橋志一卷　張江裁撰

北京廟宇徵存錄一卷　張江裁撰

燕城勝蹟志一卷　（民國）蔡繩格撰

燕城花木志一卷　（民國）蔡繩格撰

北京歲時志一卷　（民國）蔡繩格撰

北京禮俗小志一卷　（民國）蔡繩格撰

燕市商標香錄一卷　（民國）蔡繩格撰

燕市買販瑣錄一卷　（民國）張大都撰

津門小令一卷　（清）樊彬撰

雨花石子記一卷　（民國）王猩酋撰

江南好詞一卷　**（清）**張子和撰

金陵山水衕道叢考一卷　張江裁撰

鄉土志叢編第一集

燕京大學圖書館輯
　　民國二十六年(1937)燕京大學圖書館排
　　印本
　　鄂縣鄉土志三卷　(清)□□輯
　　甘泉縣鄉土志一卷　(清)□□輯
　　宜川鄉土志一卷　(清)□□輯
　　岐山縣鄉土志三卷　(清)□□輯
　　城固縣鄉土志一卷　(清)□□輯
　　寧羌州鄉土志一卷　(清)□□輯
　　神木鄉土志四卷　(清)□□輯
　　朝邑縣鄉土志一卷　(清)□□輯
　　華州鄉土志一卷　(清)□□輯
　　中部縣鄉土志一卷　(清)□□輯

上海掌故叢書第一集

上海通社輯
　　民國二十五年(1936)上海通社排印本
　　鼇波圖一卷　(元)陳椿撰
　　吳淞甲乙倭變志二卷　(明)張鼐撰
　　閱世編十卷　(清)葉夢珠輯
　　滬城備考六卷　(清)稽華撰
　　木棉譜一卷　(清)稽華撰
　　水蜜桃譜一卷　(清)稽華撰
　　淞南樂府一卷　(清)楊光輔撰
　　滬城歲事衢歌一卷　(清)張春華撰　〔撰
　　夷患備嘗記一卷事略附記一卷　(清)曹晟
　　紅亂紀事草一卷　(清)曹晟撰
　　覺夢錄一卷　(清)曹晟撰
　　梟林小史一卷　(清)黃本銓撰
　　星周紀事二卷　(清)王荦元撰
　　上海曹氏書存目錄不分卷　(清)曹驤編

金陵瑣志五種

(民國)陳作霖撰
　　清光緒中江寧陳氏可園刊本
　　運瀆橋道小志一卷　光緒十一年(1885)刊
　　鳳麓小志四卷　光緒二十五年(1899)刊
　　東城志略一卷　光緒二十五年(1899)刊
　　金陵物產風土志一卷　光緒三十四年
　　(1908)刊
　　南朝梵刹志二卷
續刊
　　鍾南淮北區域志一卷
　　石城山志一卷

郭子式先生校刻書

(明)郭鈺撰
　　明刊本

　　古越書四卷　(明)郭鈺輯
附
　　紹興考一卷　(明)郭鈺撰
　　武備志一卷　(明)郭鈺訂評
　　保越錄一卷　(元)徐勉之撰

綠石山樵雜感詩

(清)陳春曉撰
　　民國三十二年(1943)排印本
　　武林失守雜感詩一卷
　　申江避寇雜感詩一卷

臺灣雜詠合刻

(清)楊希閔輯
　　清光緒七年(1881)刊本
　　臺灣雜詠一卷　(清)王凱泰撰
　　臺陽雜興一卷　(清)馬清樞撰
　　臺陽雜詠一卷　(清)何澂撰

樊諫議集七家註

(唐)樊宗師撰　樊鎮輯
　　民國十三年(1924)序紹興樊氏縣桐書屋
　　刊本
　　絳守居園池記註一卷　(元)趙仁舉(元)吳
　　師道(元)許謙註　民國八年(1919)刊
　　絳守居園池記註一卷　(明)趙師尹句解
　　民國八年(1919)刊
　　樊子二卷　(清)胡世安輯註　民國九年
　　(1920)刊
　　樊紹述集二卷　(清)孫之騄輯註
　　絳守居園池記註一卷　(清)張子特箋註
附
　　樊集句讀合刻三種　(唐)樊宗師撰　樊鎮
　　輯　民國十二年(1923)刊
　　樊宗師集一卷　(唐)樊宗師撰
　　絳守居園池記句讀一卷　(元)陶宗儀述
　　絳守居園池記句讀一卷　(元)趙仁舉定
　　(清)管庭芬述

新疆鄉土志稿

湖北省圖書館輯
　　1955年湖北省圖書館打字本
　　伊犁府鄉土志一卷　(清)許國楨撰
　　焉耆府鄉土志一卷　(清)□□撰
　　溫宿府鄉土志一卷　(清)□□撰
　　疏勒府鄉土志一卷　(清)蔣光陛撰
　　莎車府鄉土志一卷　(清)甘曜湘撰
　　昌吉縣呼圖壁鄉土志一卷　(清)□□撰
　　阜康縣鄉土志一卷　(清)□□撰
　　孚遠縣鄉土志一卷附圖說　(清)□□撰

鄯善縣鄉土志一卷　　(清)陳光煒撰
寧遠縣鄉土志一卷　　(清)李方學撰
綏定縣鄉土志一卷　　(清)蕭然奎撰
精河廳鄉土志一卷　　(清)曹凌漢撰
哈密直隸廳鄉土志一卷　　(清)劉潤道撰
婼羌縣鄉土志圖一卷　　(清)瑞山撰
婼羌縣鄉土志一卷　　(清)唐光禕撰
輪臺縣鄉土志一卷　　(清)顧桂芬撰
和闐直隸州鄉土志一卷　　(清)謝維興撰
皮山縣鄉土志一卷　　(清)□□撰
洛浦縣鄉土志一卷　　(清)楊丕灼撰
伽師縣鄉土志一卷　　(清)高生嶽撰
巴楚州鄉土志一卷　　(清)張璪光撰
英吉沙爾廳鄉土志一卷　　(清)黎炳元撰
蒲犁廳鄉土志一卷　　(清)江文波撰
溫宿縣鄉土志一卷　　(清)□□撰
拜城縣鄉土志一卷　　(清)□□撰
庫車州鄉土志一卷　　(清)□□撰
沙雅縣鄉土志一卷　　(清)張紹伯撰
溫宿縣分防柯坪鄉土志一卷　　(清)潘宗岳
　撰
烏什直隸廳鄉土志一卷　　(清)□□撰

望炊樓叢書

(清)謝家福輯
　　清光緒中吳縣謝氏刊民國十三年(1924)
　　蘇州文學山房彙印本
吳中舊事一卷　　(元)陸友仁撰
平江記事一卷　　(元)高德基撰
爐餘錄二卷　　(元)城北遺民(徐大焯)撰
鄧尉探梅詩四卷　　(清)謝家福輯
五畝園小志一卷志餘一卷題咏一卷　　(清)
　謝家福輯　志餘(清)淩泗(清)謝家福
　輯　題咏(清)謝家福輯
附　　　　　　　　　　　　　　　[註
桃隝百詠一卷　　(清)淩泗撰　(清)謝家福
五畝園懷古一卷　　(清)□□輯

襄陽四略

(清)吳慶燾撰
　　清光緒中刊本
襄陽金石略十二卷
襄陽兵事略六卷
襄陽藝文略五卷附錄一卷
襄陽沿革略一卷

鄭開陽雜著

(明)鄭若曾撰
　　清康熙三十二年(1693)刊本
　　民國二十一年(1932)陶風樓據清康熙本

景印
海防圖論一卷
海運圖說一卷
黃河圖議一卷
蘇松浮賦議一卷
朝鮮圖說一卷
琉球圖說一卷
安南圖說一卷
日本圖纂一卷　　康熙三十年(1691)刊
江防圖考一卷　　康熙三十年(1691)刊
萬里海防二卷　　康熙三十年(1691)刊

西域聞見錄

(清)七十一撰
　　清乾隆四十二年(1777)序刊本
　　清嘉慶十九年(1814)盧氏味經堂刊本
首一卷
新疆紀略二卷
外藩列傳二卷
西陲紀事本末二卷
回疆風土記一卷
軍臺道里表一卷

西域輿地三種彙刻

(清)徐崇立輯
　　清光緒三十二年(1906)盍簪行館刊本
喀什噶爾赴墨克道里記一卷
帕米爾山水形勢風土人情說一卷
新疆勘界公牘彙鈔一卷

域外叢書

(清)王薀香輯
　　清道光二十二年(1842)靜觀齋刊本
海錄一卷　　(清)楊炳南撰
海島逸誌摘略一卷　　(清)王大海撰
高厚蒙求摘略一卷　　(清)徐朝俊撰
番社采風圖考摘略一卷　　(清)六十七撰
紅毛番唉咭唎考略一卷　　(清)汪文泰輯
三寶壟一卷　　(清)□□撰
崑崙一卷　　(清)□□撰
爪亞風土拾遺一卷　　(清)□□撰
呂宋紀略一卷　　(清)黃可垂撰

伊犂三種

(清)松筠撰
　　清嘉慶十四年(1809)序程振甲也園刊本
西陲總統事略十二卷　　(清)松筠纂定
　　(清)汪廷楷原輯　(清)祁韻士編纂
綏服紀略圖詩一卷　　(清)松筠撰
西陲竹枝詞一卷　　(清)祁韻士撰

舟車所至

(清)鄭光祖輯

　　清道光二十三年(1843)琴川鄭氏青玉山
　　房刊本

　　寧古塔紀略一卷　(清)吳振臣撰　(清)鄭
　　　光祖評

　　朝鮮志一卷　(明)□□撰

　　隨鑾紀恩一卷　(清)汪灝撰

　　出塞紀略一卷　(清)錢良擇撰

　　塞北紀聞一卷　(清)馬思哈撰

　　西域舊聞一卷　(清)七十一撰　(清)鄭光
　　　祖輯

　　烏魯木齊雜詩一卷　(清)紀昀撰

　　伊犂日記一卷　(清)洪亮吉撰

　　金川舊事一卷　(清)鄭光祖輯

　　維西見聞一卷　(清)余慶遠撰

　　西藏紀聞一卷　(清)鄭光祖輯併評

　　容美紀游一卷　(清)顧彩撰

　　海國聞見一卷　(清)陳倫炯撰　(清)鄭光
　　　祖評

　　中山傳信錄一卷　(清)徐葆光撰

　　採硫日記一卷　(清)郁永河撰
　　附

　　　番境補遺一卷　(清)郁永河撰

　　　海上紀略一卷　(清)郁永河撰

　　臺灣使槎錄一卷　(清)黃叔璥撰

　　海島逸志一卷　(清)王大海撰　(清)鄭光
　　　祖評

　　海錄一卷　(清)楊炳南撰　(清)鄭光祖評
附

　　一斑錄五卷附編一卷雜述八卷　(清)鄭光
　　　祖撰

北徼彙編

(清)何秋濤輯

　　清同治四年(1865)京都龍威閣刊本

　　皇朝文獻通考四裔考　清乾隆十二年敕撰

　　與俄羅斯國定界之碑　(清)徐元文撰

　　鄂羅斯傳　(清)七十一撰

　　簷曝雜記　(清)趙翼撰

　　綏服紀略　(清)松筠撰

　　俄羅斯佐領考　(清)俞正燮撰

　　俄羅斯事輯　(清)俞正燮撰　以上合一卷

　　俄羅斯長編稿跋　(清)俞正燮撰

　　俄羅斯事補輯　(清)張穆撰

　　厪齋籤記　(清)張穆撰　　　　　　　[卷

　　俄羅斯國總記　(清)林則徐撰　以上合一

　　康熙乾隆俄羅斯盟聘記　(清)魏源撰

　　俄羅斯方域　(清)姚瑩撰

　　記英俄二夷搆兵　(清)姚瑩撰　　　　[卷

　　俄羅斯國志略　(清)徐繼畬撰　以上合一

　　奉使俄羅斯行程錄　(清)張鵬翮撰

　　職方外紀　(明西洋)艾儒略撰

　　俄羅斯進呈書籍記附目錄　(清)何秋濤撰
　　　以上合一卷

　　異域錄二卷　(清)圖理琛撰

求是齋初刻

(清)彭崧毓撰

　　清同治中刊本　　　　　　　　　　　　[刊

　　漁舟記談二卷續談一卷　同治元年(1862)

　　雲南風土紀事詩一卷

　　山中懷往詩一卷

黔志四種

(清)熊湛英輯

　　清光緒十五年(1889)貴陽熊氏刊本

　　黔書二卷　(清)田雯撰

　　續黔書八卷　(清)張澍撰

　　黔史四卷　(清)猶法賢撰

　　黔記四卷　(清)李宗昉撰

晏彤甫大中丞程記三種

(清)晏端書撰

　　清光緒十三年(1887)晏方琦刊本

　　使滇紀程一卷

　　粵游紀程一卷

　　西江軺程記一卷

嶺海異聞錄

(清)陳坤輯

　　清光緒中刊本

　　澳門紀略二卷　(清)印光任(清)張汝霖撰
　　　光緒十年(1884)刊

　　連山綏猺廳志一卷　(清)姚柬之撰　光緒
　　　十三年(1887)刊

　　虔鎭圖一卷　(清)陳坤輯

　　治黎輯要六卷　(清)陳坤輯　光緒十五年
　　　(1889)刊

　　黎岐紀聞一卷　(清)張慶長撰

新疆事宜三種

(清)□□輯

　　清鈔本

　　塔爾巴哈台事宜一卷伊犂事宜一卷　(清)
　　　永保纂修

　　烏嚕木齊事宜一卷　(清)永保修　(清)達
　　　林(清)龍鐸纂

　　科布多政務總册一卷　(清)富俊撰

西招五種

（清）松筠撰
　　　清嘉慶道光間刊本
　西招紀行詩一卷
　丁巳秋閱吟一卷
　西招圖略一卷
　西藏圖說一卷附自成都府至後藏路程一卷
　綏服紀略一卷

海國四說

（清）梁廷枏撰
　　　清道光二十六年(1846)刊本
　耶穌教難入中國說一卷
　合省國說三卷
　蘭崙偶說四卷
　粵道貢國說六卷

邊疆叢書甲集

（民國）禹貢學會輯
　　　民國二十六年(1937)禹貢學會排印本
　西域遺聞一卷　（清）陳克繩撰　民國二十
　　五年(1936)排印
　哈密志五十一卷　（清）鍾方撰
　科布多政務總册一卷　（清）富俊撰
　西藏日記二卷　（清）允禮撰
　敦煌雜鈔二卷　（清）常鈞撰
　敦煌隨筆二卷　（清）常鈞撰

邊疆叢書續編

吳豐培輯
　　　1943年—1950年吳江吳氏排印油印本
　北征日記一卷　（清）宋大業撰　排印
　西行日記三卷　（清）趙鈞彤撰　民國三十
　　二年(1943)排印
　巴勒布紀略二十六卷附錄一卷　（清）□□
　　輯　油印
　塔爾巴哈臺事宜四卷　（清）永保纂修
　　（清）興肇增補　油印
　新疆回部志四卷首一卷　（清）蘇爾德輯
　　油印
　烏魯木齊事宜一卷　（清）永保修　（清）達
　　林（清）龍鐸纂　油印

邊疆五種

（民國）□□輯
　　　民國謄寫版印本
　三番志畧六卷　（清）□□撰
　全遼備考二卷　（清）林佶撰
　烏里雅蘇臺志畧一卷　（清）□□撰

　和林格爾廳志畧一卷　（清）陳寶晉撰
　聖駕親征噶爾旦方畧一卷　（清）敖福合譯

俄國疆界風俗誌

（清）□□輯
　　　清光緒十年(1884)五湖草廬刊本
　俄羅斯國紀要一卷　（清）林則徐撰
　俄羅斯方域一卷　（清）姚瑩撰
　記英俄二夷構兵一卷　（清）姚瑩撰

山水二經合刻

　　　明嘉靖中吳郡黃氏刊本
　　　清乾隆中天都黃氏槐蔭草堂刊本
　山海經十八卷　（晉）郭璞傳
　水經注四十卷　（漢）桑欽撰　（後魏）酈道
　　元注

黃山導

（清）汪瓆輯
　　　清乾隆二十七年(1762)一鷗草堂刊本
　幻影集三卷首一卷
　珠璧集三卷首一卷
　虋嘯集三卷
　默音集三卷

黃山叢刊

蘇宗仁輯
　　　民國二十四年(1935)太平蘇氏百一硯齋
　　　排印本
　黃山圖經一卷　（宋）□□撰　據吉石盦叢
　　書本景印
　黃山圖一卷　（清）釋雪莊繪　據吉石盦叢
　　書本景印
　黃山圖一卷　（清）釋宏仁繪　據真蹟景印
　黃山領要錄一卷　（清）汪洪度撰
　黃山松石譜一卷　（清）閔麟嗣撰
　黃海山花圖詠一卷　（清）宋犖撰
　卉箋一卷　（清）吳菘撰
　黃山行六頌一卷　（明）吳士權撰
　黃山賦一卷　（清）釋海岳撰
　黃山史概一卷　（清）陳鼎撰
　黃山遊記四卷　蘇宗仁輯

京口三山志

（清）□□輯
　　　清同治光緒間刊本
　焦山志二十六卷首一卷　（清）吳雲輯　同
　　治十三年(1874)刊
　焦山續志八卷　（清）陳任暘輯　光緒三十
　　年(1904)刊

北固山志十四卷首一卷　(清)周伯義撰
　　光緒三十年(1904)刊
金山志二十卷首二卷　(清)周伯義撰　光
　　緒三十年(1904)刊

泰山叢書第一集

(民國)王价藩輯　　　　　　　　　　〔本
　　民國二十五年(1936)王氏僅好書齋排印
泰山圖說一卷　(清)金簡撰
泰山紀勝一卷　(清)孔貞瑄撰
岱宗大觀一卷　(清)朱雲燨撰

西湖集覽

(清)丁丙輯
　　清光緒九年(1883)錢塘丁氏嘉惠堂刊本
錢唐西湖百咏一卷附楊公濟原唱一卷
　　(宋)郭祥正撰　　　　　　　　〔和
西湖百詠二卷　(宋)董嗣杲撰　(明)陳贄
西湖竹枝集一卷　(元)楊維楨輯
錢唐湖山勝概詩文二卷　(明)夏時撰
　　錢唐湖山勝概記一卷
　　湖山百詠一卷
西湖月觀記一卷　(明)陳仁錫撰
游明聖湖日記一卷　(明)浦祊撰
西湖紀述一卷　(明)袁宏道撰
西湖臥遊圖題跋一卷　(明)李流芳輯
西湖八社詩帖一卷　(明)祝時泰等輯
湖山敘遊一卷　(明)劉遲撰
西湖韻事一卷　(明)汪汝謙撰
附
　　不繫園集一卷　(明)汪汝謙撰
　　隨喜庵集一卷　(明)汪汝謙撰
西湖夢尋五卷　(明)張岱撰
西湖百詠二卷　(清)柴杰撰
湖船錄一卷　(清)厲鶚撰
西湖修禊詩一卷　(清)鄂敏輯
南屏百詠一卷　(清)張炳輯
金牛湖漁唱一卷　(清)張雲璈撰
西湖遊記一卷　(清)查人渶撰
西湖雜詩一卷　(清)蔣坦撰
湖船續錄一卷首一卷　(清)丁午撰

西湖合記

楊元愷輯
　　民國十二年(1923)拏雲精舍排印本
西湖一月記一卷　楊元愷撰
西湖遊記一卷　箬帽山人(金鶴翀)撰
癸亥續遊記一卷　拏雲主人(楊元愷)撰
西湖新舊夢一卷　(民國)金病鶴撰
客杭詩帳一卷　(民國)陸煒撰

畿輔河道水利叢書

(清)吳邦慶輯
　　清道光四年(1824)益津吳氏刊本
直隸河渠志一卷　(清)陳儀撰
陳學士文鈔一卷　(清)陳儀撰
潞水客談一卷　(明)徐貞明撰
怡賢親王疏鈔一卷　(清)允祥撰
水利營田圖說一卷　(清)吳邦慶撰
畿輔水利輯覽一卷　(清)吳邦慶撰
澤農要錄六卷　(清)吳邦慶撰
畿輔水道管見一卷畿輔水利私議一卷
　　(清)吳邦慶撰

吳中開江書

(清)顧士璉等輯
　　清康熙五年(1666)序刊本
婁江志二卷　(清)顧士璉等輯　　〔輯
新劉河志正集一卷附集一卷　(清)顧士璉
治水要法一卷　(清)顧廷鏞輯

灌江四種

(清)□□輯
　　清乾隆至光緒間刊本
灌江備考一卷　(清)王廷珏輯　乾隆八年
　　(1743)刊
彙集實錄一卷　(清)王來通輯　乾隆十九
　　年(1754)刊
灌江定考一卷　(清)王來通輯　乾隆二十
　　六年(1761)刊
川主五神合傳一卷　(清)陳懷仁撰　(清)
　　向時鳴續補　光緒十一年(1885)刊

荊楚修疏指要

(清)胡祖翩撰
　　清同治十一年(1872)湖北崇文書局刊本
修防事宜二卷首一卷
水道參攷三卷首一卷

中國水利珍本叢書

(民國)中國水利工程學會輯
　　民國中國水利工程學會南京排印本
第一輯　民國二十五年(1936)排印
河防通議二卷　(元)沙克什(瞻思)撰
至正河防記一卷　(元)歐陽玄撰
問水集六卷黃河圖說一卷　(明)劉天和撰
河防一覽十四卷附存一卷　(明)潘季馴撰
河渠紀聞三十一卷　(清)康基田撰　據清、
　　嘉慶本景印
清史河渠志四卷　(民國)趙爾巽等纂

　　復淮故道圖說一卷附請復河運芻言一卷
　　　(清)丁顯撰
　第二輯　民國二十六年(1937)排印
　　清代河臣傳四卷補遺一卷附錄一卷　汪胡
　　　楨　吳慰祖輯
　　修防瑣志二十六卷(原缺卷八至十一)
　　　(清)李世祿撰
　　河務所聞集六卷　(清)李大鏞撰
　　靳文襄公治河方略十卷首一卷附錄一卷
　　　(清)靳輔撰

游記彙刊

　(清)□□輯　　　　　　　　　　　　　〔本
　　　清光緒二十三年(1897)湖南新學書局刊
　　金軺籌筆四卷　(清)□□撰
　　出使英法日記一卷　(清)曾紀澤撰
　　使德日記一卷　(清)李鳳苞撰
　　西征紀程四卷　(清)鄒代鈞撰
　　西輶日記一卷　(清)黃楙材撰
　　游歷芻言一卷　(清)黃楙材撰
　　印度劄記一卷　(清)黃楙材撰
　　伯利探路記一卷　(清)曹廷杰撰
　附
　　籌邊記二卷　(民國)姚文棟撰
　　西徼水道一卷　(清)黃楙材撰
　　使西紀程二卷　(清)郭嵩燾撰
　　帕米爾圖說一卷　(清)許景澄撰
　　中俄交界續記一卷　(清)王錫祺輯
　　英人楊哈思班游記
　　甫斯基游記　(俄國)康穆才撰
　　英人戈登游記

古今遊記叢鈔

　(民國)莫釐涵青氏輯
　　　民國三年(1914)涵青山房石印本
　　遊明聖湖日記一卷　(明)浦祊撰
　　邗江遊記一卷　(民國)南邨居士撰
　　遊雁蕩山日記一卷　(清)梁章鉅撰
　　驂鸞錄一卷　(宋)范成大撰
　　遊黃嶽記一卷　(清)南園外史撰
　　遊奉天行宮記一卷　(民國)胡文田撰
　　冬集紀程一卷　(清)周廣業撰
　　南遊記一卷　(清)孫嘉淦撰
　　新疆旅行記二卷　(民國)單騎撰
　　南還記一卷　(清)戴名世撰
　　直隸口外遊記一卷　(英國)希得利撰
　　　(清)銘恕譯
　　蜀游紀略一卷　(清)王澐撰
　　蒙古郭爾羅斯後旗旅行記一卷　(民國)心
　　　史氏(孟森)撰

　　雪鴻再錄一卷　(清)王昶撰
　　金陵紀遊一卷　(民國)馮煦撰
　　南行日記一卷　(清)吳廣霈撰

政　　書

三通

　　　清乾隆十二年(1747)武英殿刊本
　　　清咸豐九年(1859)崇仁謝氏刊本
　　　清同治中廣州學海堂刊本
　　通典二百卷　(唐)杜佑撰
　　通志二百卷　(宋)鄭樵撰
　　文獻通考三百四十八卷　(元)馬端臨撰

九通

　(清)□□輯
　　　清光緒中浙江書局刊本
　　　清光緒二十七年(1901)上海圖書集成局
　　　　排印本
　　　清光緒二十八年(1902)上海鴻寶書局石
　　　　印本
　　通典二百卷附考證一卷　(唐)杜佑撰　光
　　　緒二十二年(1896)刊
　　欽定續通典一百五十卷　清乾隆三十二年
　　　敕撰　光緒十二年(1886)刊
　　皇朝通典一百卷　清乾隆三十二年敕撰
　　　光緒八年(1882)刊
　　通志二百卷附考證三卷　(宋)鄭樵撰　光
　　　緒二十二年(1896)刊
　　欽定續通志六百四十卷　清乾隆三十二年
　　　敕撰　光緒十二年(1886)刊
　　皇朝通志一百二十六卷　清乾隆三十二年
　　　敕撰　光緒八年(1882)刊
　　文獻通考三百四十八卷附考證三卷　(元)
　　　馬端臨撰　光緒二十二年(1896)刊
　　欽定續文獻通考二百五十卷　清乾隆十二
　　　年敕撰　光緒十三年(1887)刊
　　皇朝文獻通考三百卷　清乾隆十二年敕撰
　　　光緒八年(1882)刊

十通

　　商務印書館輯
　　　民國二十四年至二十六年(1935-1937)
　　　上海商務印書館景印本
　　通典二百卷附考證一卷　(唐)杜佑撰
　　欽定續通典一百五十卷　清乾隆三十二年
　　　敕撰
　　皇朝通典一百卷　清乾隆三十二年敕撰
　　通志二百卷附考證三卷　(宋)鄭樵撰
　　欽定續通志六百四十卷　清乾隆三十二年

　　　　敕撰
　　　皇朝通志一百二十六卷　清乾隆三十二年
　　　．敕撰
　　　文獻通考三百四十八卷附考證三卷　（元）
　　　　馬端臨撰
　　　欽定續文獻通考二百五十卷　清乾隆十二
　　　　年敕撰
　　　皇朝文獻通考三百卷　清乾隆十二年敕撰
　　　皇朝續文獻通考四百卷　（民國）劉錦藻撰
　附
　　　十通索引　商務印書館輯

皇明制書

　（明）□□輯
　　　明刊本
　　　大明令一卷
　　　禮儀定式一卷
　　　洪武禮制一卷
　　　敎民榜文一卷
　　　稽古定制一卷
　　　孝慈錄一卷
　　　大誥武臣一卷

滿洲四禮集

　（清）索寧安輯
　　　清嘉慶六年(1801)省非堂刊本
　　　滿洲祭天祭神儀注一卷　（清）索寧安撰
　　　滿洲婚禮儀注一卷　（清）索寧安撰
　　　愼始集一卷　（清）北谷撰
　　　追遠論四十則一卷　（清）索寧安撰
　　　滿洲家祠祭祀儀注一卷　（清）索寧安撰

秦漢書疏

　（明）徐紳輯
　　　明嘉靖三十七年(1558)南康吳國倫刊本
　　　秦書疏三卷
　　　西漢書疏六卷
　　　東漢書疏九卷

兩漢詔令

　（宋）洪咨夔輯
　　　元至正九年(1349)蘇天爵刊本
　　　西漢詔令十二卷　（宋）林慮輯
　　　東漢詔令十一卷　（宋）樓昉輯

宋二孫先生奏議事略

　（清）王敬之等輯
　　　清道光二十五年(1845)高郵王氏刊本
　　　孫莘老先生奏議事略一卷奏議補遺一卷
　　　（宋）孫覺撰

　附
　　　孫傳師先生奏議事略一卷　（宋）孫寶撰
　　　孫君孚先生奏議事略三卷　（宋）孫升撰

四家奏議合鈔

　（清）汪瑔輯
　　　清光緒九年(1883)隨山館刊本
　　　首一卷
　　　林文忠公政書二卷　（清）林則徐撰
　　　駱文忠公奏議二卷　（清）駱秉章撰
　　　胡文忠公遺集二卷　（清）胡林翼撰
　　　曾文正公奏議二卷　（清）曾國藩撰

新刻奏對合編

　（清）□□輯
　　　清光緒九年(1883)饒士騰等京都刊本
　　　奏摺譜一卷　（清）饒旬宣撰
　　　經略洪承疇奏對筆記二卷　（清）洪承疇撰

三公奏議

　（民國）盛宣懷輯
　　　清光緒二年(1876)武進盛氏思補樓刊本
　　　林文忠公奏議六卷　（清）林則徐撰
　　　胡文忠公奏議六卷　（清）胡林翼撰　　［撰
　　　曾文正公奏議八卷補遺一卷　（清）曾國藩

嘉定長白二先生奏議

　（民國）夏震武輯
　　　清宣統二年(1910)京邸排印本
　　　嘉定先生奏議二卷　（清）徐致祥撰
　　　長白先生奏議二卷　（清）寶廷撰
　附　　　　　　　　　　　　　　　　　　　　［撰
　　　先考侍郎公(寶廷)年譜一卷　（清）壽富

水利荒政合刻

　（清）東皋居士輯
　　　清道光二十五年(1845)東皋草堂刊本
　　　西北水利議一卷　（明）徐貞明撰
　　　荒政考一卷　（明）屠隆撰

蓮池四種

　（清）□□輯
　　　清同治光緒間刊本
　　　治蝗書一卷　（清）陳崇砥撰　同治十三年
　　　　(1874)蓮池書局刊
　　　重刊紀愼齋先生祈雨全書二卷　（清）紀大
　　　　奎撰　光緒二年(1876)直隸藩署刊
　　　區種五種　（清）趙夢齡輯　光緒四年
　　　　(1878)蓮花池刊
　　　氾勝之遺書一卷　（漢）氾勝之撰　（清）

宋葆淳輯
　教稼書一卷　（清）孫宅揆撰
　區田編一卷　（清）帥念祖撰
　加庶編一卷　（清）拙政老人（許嘉猷）撰
　豐豫莊本書一卷　（清）潘曾沂撰
附
　國脈民天一卷　（明）耿蔭樓撰
　樹桑養蠶要略一卷附樹藝要略一卷　（清）
　　□□撰　光緒十四年(1888)蓮池書局
　　刊

救荒輯要初編

（民國）上海書業正心團輯
　　民國十一年(1922)上海尙古山房石印本
　廣惠編二卷　（清）朱軾撰
　救荒備覽四卷附錄一卷　（清）勞潼撰
　粥賑說一卷　（清）一得愚人撰
　義賑芻言一卷　（民國）王敬銘撰
　辦賑芻言一卷　（民國）王敬銘撰
　救荒一得錄一卷　（民國）馮嘉錫（民國）朱
　　祖蔭輯
　慈幼編一卷　香山慈幼院輯

爲政忠告(一名三事忠告)

（元）張養浩撰
　　清道光十一年(1831)歷城尹濟源碧鮮齋
　　據景元鈔本景刊
　牧民忠告二卷
　經進風憲忠告一卷
　廟堂忠告一卷

三賢政書

（清）吳元炳輯
　　清光緒五年(1879)排印本
　湯子遺書四卷首一卷　（清）湯斌撰
　西陂類稿三卷　（清）宋犖撰
　正誼堂集五卷　（清）張伯行撰
　附
　　張淸恪公(伯行)年譜二卷　（清）張師栻
　　（清）張師載撰

牧令全書

（清）丁日昌輯
　　清同治七年(1868)江蘇書局刊本
　　清同治十二年(1873)羊城書局刊本
　牧令書輯要十卷　（清）徐棟輯　（清）丁日
　　昌重編
　保甲書輯要四卷　（清）徐棟原輯
　牧民忠告二卷　（元）張養浩撰
　劉簾舫先生吏治三書　（清）劉衡撰

　庸吏庸言二卷
　讀律心得三卷
　蜀僚問答一卷
附　　　　　　　　　　　　　　　　〔撰
　欽頒州縣事宜一卷　（清）田文鏡（清）李衞

牧令書四種

（清）□□輯
　　清同治中湖北崇文書局刊本
　牧令書輯要十卷　（清）徐棟輯　（清）丁日
　　昌重編　同治八年(1869)刊
　佐治藥言一卷續一卷　（清）汪輝祖撰　同
　　治七年(1868)刊
　庸吏庸言二卷　（清）劉衡撰　同治七年
　　(1868)刊
　學治一得編一卷　（清）何耿繩輯　同治十
　　三年(1874)刊

兩浙宦游紀略

（清）載槃撰
　　清同治七年(1868)刊本
　杭嘉湖三府減漕紀略一卷奏稿一卷
　嚴陵紀略一卷裁嚴郡九姓漁課錄一卷
　東甌紀略一卷東甌留別和章三卷
　桐溪紀略一卷

牧民寶鑑

（清）王文韶輯
　　清光緒二十年(1894)雲南釐金總局刊本
　學治臆說二卷　（清）汪輝祖撰
　庸吏庸言二卷　（清）劉衡撰
　蜀僚問答一卷　（清）劉衡撰
　平平言四卷　（清）方大湜撰
　佐治藥言二卷　（清）汪輝祖撰
　讀律心得三卷　（清）劉衡撰
　宦游紀略二卷　（清）高廷瑤撰

壁勤襄公遺書

（清）壁昌撰
　　清刊本
　守邊輯要一卷
　牧令要訣一卷
　兵武聞見錄一卷

宦海指南

（清）許乃普輯
　　清咸豐九年(1859)錢唐許氏刊本　〔撰
　欽頒州縣事宜一卷　（清）田文鏡（清）李衞
　州縣須知一卷　（清）劉衡撰
　佐治藥言一卷續一卷　（清）汪輝祖撰

學治臆說二卷續說一卷　(清)汪輝祖撰
折獄便覽一卷　(清)□□撰

入幕須知
(清)張廷驤輯
　清光緒十八年(1892)浙江書局刊本
幕學舉要一卷　(清)萬維翰撰
佐治藥言一卷續一卷　(清)汪輝祖撰
學治臆說二卷續說一卷說贅一卷　(清)汪輝祖撰
辦案要略一卷　(清)王又槐撰
刑幕要略一卷　(清)□□撰
附
贅言十則一卷　(清)張廷驤撰

目　錄

八史經籍志
(日本)□□輯
　清光緒九年(1883)鎮海張壽榮刊本
前漢書藝文志一卷　(漢)班固撰　(唐)顏師古注
隋書經籍志四卷　(唐)魏徵(唐)長孫無忌等撰
舊唐書經籍志二卷　(後晉)劉昫等撰〔撰
唐書藝文志四卷　(宋)歐陽修(宋)宋祁等
宋史藝文志八卷　(元)脫脫等撰
宋史藝文志補一卷　(清)黃虞稷(清)倪燦撰　(清)盧文弨錄
補遼金元藝文志一卷　(清)倪燦撰　(清)盧文弨錄
補三史藝文志一卷　(清)金門詔撰
元史藝文志四卷　(清)錢大昕撰
明史藝文志四卷　(清)張廷玉等撰

快閣師石山房叢書(一名珍本叢刊)
(清)姚振宗撰　　　　　　　　　　〔本
　民國二十年(1931)浙江省立圖書館排印
　民國二十五年(1936)上海開明書店排印本
七略別錄佚文一卷　(漢)劉向撰　(清)姚振宗輯　　〔輯
七略佚文一卷　(漢)劉歆撰　(清)姚振宗
漢書藝文志條理八卷首一卷
漢書藝文志拾補六卷
隋書經籍志考證五十二卷首一卷
後漢藝文志四卷
三國藝文志四卷
附
姚海槎先生(振宗)年譜一卷　陶存煦撰

(開明本)

觀古堂書目叢刊
(民國)葉德輝輯
　清光緒至民國間湘潭葉氏刊本
祕書省續編到四庫闕書目二卷　宋紹興中改定　(民國)葉德輝考證　光緒二十九年(1903)刊
古今書刻二卷　(明)周弘祖撰　光緒三十二年(1906)刊
南廱志經籍考二卷　(明)梅鷟撰　光緒二十八年(1902)刊
百川書志二十卷　(明)高儒撰　民國四年(1915)刊
萬卷堂書目四卷　(明)朱睦㮮撰　光緒二十九年(1903)刊
絳雲樓書目補遺一卷　(清)錢謙益撰　光緒二十八年(1902)刊
靜惕堂書目宋人集一卷元人文集一卷　(清)曹溶撰　光緒二十八年(1902)刊
徵刻唐宋祕本書目一卷附考證一卷徵刻書啓五先生事略一卷　(清)黃虞稷(清)周在浚撰　附(民國)葉德輝撰　光緒三十四年(1908)刊
孝慈堂書目不分卷　(清)王聞遠撰　民國十年(1921)刊
佳趣堂書目不分卷　(清)陸漻撰　民國八年(1919)刊
竹垞盦傳鈔書目一卷　(清)趙魏撰　光緒三十年(1904)刊
結一廬書目四卷附錄一卷　(清)朱學勤撰　光緒二十八年(1902)刊
別本結一廬書目一卷　(清)朱學勤撰　光緒二十一年(1895)刊
求古居宋本書一卷附考證一卷　(清)黃丕烈撰　考證(民國)雷恺撰　民國七年(1918)刊
潛采堂宋人集目錄一卷元人集目錄一卷　(清)朱彝尊撰　宣統三年(1911)刊

武進陶氏書目叢刊
(民國)陶湘輯
　民國二十二年(1933)排印本
明吳興閔板書目一卷
明毛氏汲古閣刻書目錄一卷
明代內府經廠本書目一卷
清代殿板書始末記一卷
清代殿板書目一卷
武英殿聚珍板書目一卷
武英殿袖珍板書目一卷

欽定校正補刻通志堂經解目錄一卷
欽定石經目錄一卷　　　　　　　　　〔卷
昭仁殿天祿琳瑯前編目錄一卷續編目錄一
五經萃室藏宋版五經目錄一卷
欽定文淵閣四庫全書目錄一卷
摛藻堂四庫全書薈要目錄一卷
內府寫本書目一卷
武英殿造辦處寫刻刷印工價併顏料紙張定
　　例一卷

二徐書目合刻

（民國）王存善輯
　　　民國四年（1915）排印本
傳是樓書目不分卷附馬氏玉堂鈔藏傳是樓
　　足本書目殘卷　（清）徐乾學撰
培林堂書目不分卷　（清）徐秉義撰

江刻書目三種

（清）江標輯
　　　清光緒中元和江氏靈鶼閣刊蘇州振新書
　　　社印本
鐵琴銅劍樓宋元本書目四卷　（清）瞿鏞撰
　　光緒二十三年（1897）刊
豐順丁氏持靜齋書目五卷　（清）丁日昌撰
　　光緒二十一年（1895）刊
海源閣藏書目一卷　（清）楊紹和撰　光緒
　　十四年（1888）刊

黃顧遺書

王大隆輯
　　　民國刊本
蕘圃藏書題識續錄四卷蕘圃雜著一卷
　　（清）黃丕烈撰　民國二十二年（1933）
　　刊
蕘圃藏書題識再續錄三卷　（清）黃丕烈撰
　　民國二十九年（1940）刊
思適齋集補遺二卷再補遺一卷　（清）顧廣
　　圻撰　民國二十五年（1936）刊
思適齋書跋四卷補遺一卷　（清）顧廣圻撰
　　民國二十四年（1935）刊

葉氏存古叢書

（民國）葉銘輯
　　　清宣統二年（1910）西泠印社排印本
說文書目一卷補遺一卷附說文統系圖題跋
　　一卷　（民國）葉銘撰
傳古別錄一卷　（清）陳介祺撰　（民國）葉
　　銘校訂
金石書目一卷　（民國）葉銘撰
印譜目一卷　（民國）葉銘撰

故宮已佚書籍書畫目錄

故宮博物院輯
　　　民國二十三年（1934）北京故宮博物院
　　　排印本
賞溥傑書畫目一卷
收到書畫目錄一卷
諸位大人借去書籍字畫玩物等檔賬一卷
外借字畫浮記簿一卷

金　石

三古圖

（清）黃晟輯　　　　　　　　　　　　〔本
　　　清乾隆十七年（1752）天都黃氏亦政堂刊
亦政堂重修考古圖十卷　（宋）呂大臨撰
亦政堂重修考古玉圖二卷　（元）朱德潤撰
亦政堂重修宣和博古圖三十卷　（宋）王黼
　　等撰

行素草堂金石叢書（一名孫溪朱氏金石叢書）

（清）朱記榮輯　　　　　　　　　　　〔本
　　　清光緒中吳縣朱氏刊十四年（1888）彙印
集古錄跋尾十卷　（宋）歐陽修撰　光緒十
　　三年（1887）刊
集古錄目五卷　（宋）歐陽棐撰　（清）黃本
　　驥輯　光緒十三年（1887）刊
金石錄三十卷　（宋）趙明誠撰　光緒十三
　　年（1887）刊
廣川書跋十卷　（宋）董逌撰　光緒十三年
　　（1887）刊
求古錄一卷　（清）顧炎武撰　光緒十四年
　　（1888）刊
金石錄補二十七卷續跋七卷　（清）葉奕苞
　　撰　光緒十三年（1887）刊
京畿金石考二卷　（清）孫星衍撰　光緒十
　　二年（1886）刊
寰宇訪碑錄十二卷刊謬一卷　（清）孫星衍
　　（清）邢澍撰　刊謬（民國）羅振玉撰
　　光緒十一年（1885）刊
平津讀碑記八卷續記一卷　（清）洪頤煊撰
　　光緒十二年（1886）刊
金石三例續編　（清）朱記榮輯　光緒十一
　　年（1885）彙印
漢石例六卷　（清）劉寶楠撰
金石例補二卷　（清）郭麐撰　光緒三年
　　（1877）刊
誌銘廣例二卷　（清）梁玉繩撰　光緒三
　　年（1877）刊

漢魏六朝墓銘纂例四卷　(清)李富孫撰
　　光緒十三年(1887)刊
金石綜例四卷　(清)馮登府撰　光緒十三
　　年(1887)刊
金石稱例四卷續一卷　(清)梁廷枏撰　光
　　緒十三年(1887)刊
石經閣金石跋文一卷　(清)馮登府撰　光
　　緒十三年(1887)刊
補寰宇訪碑錄五卷失編附刊誤一卷　(清)
　　趙之謙輯　刊誤(民國)羅振玉撰　光
　　緒十二年(1886)刊
碑版文廣例十卷　(清)王芑孫撰

學古齋金石叢書

(清)葛元煦輯
　　清光緒中崇川葛氏學古齋刊本
第一集
　　亭林文集六卷餘集一卷　(清)顧炎武撰
　　識小編二卷　(清)董豐垣撰　光緒八年
　　　(1882)刊
　　金石續錄四卷　(清)劉青藜撰
第二集
　　庚子銷夏記八卷　(清)孫承澤撰　光緒四
　　　年(1878)刊
　　說文凝錦錄一卷　(清)萬光泰撰
　　金石略三卷　(宋)鄭樵撰
第三集
　　元豐金石跋尾一卷　(宋)曾鞏撰　光緒八
　　　年(1882)刊
　　古刻叢鈔一卷　(元)陶宗儀撰　(清)孫星
　　　衍重輯　光緒九年(1883)刊
　　金薤琳琅二十卷附補遺一卷　(明)都穆撰
　　　補遺(清)宋振譽輯　光緒八年
　　　(1882)刊
第四集
　　金石古文十四卷　(明)楊慎撰　光緒八年
　　　(1882)刊
　　石墨鐫華八卷　(明)趙崡撰　光緒八年
　　　(1882)刊
　　金石史二卷　(明)郭宗昌撰　光緒八年
　　　(1882)刊

百一廬金石叢書

陳乃乾輯
　　民國十年(1921)海寧陳氏景印本
　　嘯堂集古錄二卷　(宋)王俅撰　據景宋本
　　　景印
　　王復齋鐘鼎款識一卷　(宋)王厚之撰　據
　　　儀徵阮氏本景印
　　焦山鼎銘考一卷　(清)翁方綱撰　據大興

翁氏本景印
浣花拜石軒鏡銘集錄二卷　(清)錢坫撰
　　據嘉定錢氏本景印
集古虎符魚符考一卷　(清)瞿中溶撰　據
　　嘉定瞿氏本景印
漢熹平石經殘字一卷　(清)陳宗彝輯　據
　　三山陳氏本景印
蜀石經殘字一卷　(清)陳宗彝輯　據三山
　　陳氏本景印
瘞鶴銘考一卷　(清)汪士鋐撰　據松南書
　　屋本景印
孔子廟堂碑唐本存字一卷　(清)翁方綱輯
　　據大興翁氏本景印
臨汀蒼玉洞宋人題名一卷附錄一卷　(清)
　　劉喜海輯　據諸城劉氏本景印

眘古叢編

(民國)羅振玉輯
　　民國上虞羅氏景印本
　　鐵雲藏龜之餘一卷　民國四年(1915)景印
　　殷虛書契待問編一卷　民國五年(1916)景
　　　印
　　齊魯封泥集存一卷　民國二年(1913)景印
　　歷代符牌圖錄二卷　民國三年(1914)景印
　　歷代符牌圖錄後編一卷　民國五年(1916)
　　　景印
　　古兵符考略殘稿一卷　(清)翁大年撰　民
　　　國五年(1916)景印　　　　　　[印
　　赫連泉館古印存一卷　民國四年(1915)景
　　赫連泉館古印續存一卷　民國五年(1916)
　　　景印
　　續百家姓印譜一卷　(清)吳大澂輯　民國
　　　五年(1916)景印
　　漢晉石刻墨影一卷　民國四年(1915)景印

楚雨樓叢書初集

(民國)羅振玉撰
　　民國上虞羅氏景印本
　　殷文存二卷
　　石鼓文考釋三卷　民國五年(1916)印
　　秦金石刻辭三卷　民國三年(1914)印
　　金泥石屑二卷附說一卷　民國五年(1916)
　　　印
　　古器物范圖錄三卷附說一卷　民國五年
　　　(1916)印
　　古鏡圖錄三卷　民國五年(1916)印
　　隋唐以來官印集存一卷補遺一卷附錄一卷
　　　民國五年(1916)印
　　蒿里遺珍一卷考釋一卷　(民國)羅振玉輯
　　　併撰考釋　民國三年(1914)印

龍淵爐齋金石叢書

(民國)楊寶鏞撰

稿本

昭代分隸名人小傳一卷
昭代分隸名人小傳清本一卷
羣碑舊拓本辨一卷
古碑孤本錄一卷
僞刻重撫碑記一卷
書畫家齋名錄一卷
龍淵爐齋金石書目一卷
古碑證文選本一卷
漢墓闕神道攷一卷
石門碑刻見存目攷一卷
江寧蕭梁石刻見存目一卷
龍門山魏刻目一卷
鄒縣四山摩厓目一卷
遯國遺文攷一卷
續隸篇所據碑目一卷.
石經傳本彙攷一卷
復初齋文集補遺一卷 (清)翁方綱撰 (民國)楊寶鏞輯
孫趙寰宇訪碑錄刊誤補遺一卷
三續疑年錄補正一卷

遯盦金石叢書

(民國)吳隱輯

民國十年(1921)山陰吳氏西泠印社木活字排印本

蘇齋金石題跋一卷 (清)翁方綱撰
漢石經殘字攷一卷 (清)翁方綱撰
武林金石記十卷 (清)丁敬輯
岱巖訪古日記一卷 (清)黃易撰
海東金石存攷一卷 (清)劉喜海撰 [撰
淳化閣帖釋文十卷 清乾隆三十四年敕
宜祿堂收藏金石記六卷 (清)朱士端撰
金石學錄四卷 (清)李遇孫撰
東洲艸堂金石跋五卷 (清)何紹基撰
東洲艸堂金石詩一卷 (清)何紹基撰
籀經堂鐘鼎文釋題跋尾一卷 (清)陳慶鏞撰
山樵書外紀一卷 (清)張開福撰
枕經堂金石跋三卷 (清)方朔撰
有萬憙齋石刻跋一卷 (清)傅以禮撰
校碑隨筆不分卷 (民國)方若撰

湫漻齋叢書

(民國)陳準輯

民國瑞安陳氏刊本

上善堂宋元板精鈔舊鈔書目一卷 (清)孫從添撰 民國十八年(1929)刊
鐵華館藏集部善本書目一卷 (清)蔣鳳藻撰 民國十九年(1930)刊
函青閣金石記四卷 (清)楊鐸撰
日照丁氏藏器目一卷 (民國)丁麟年輯 (民國)陳邦福補 民國二十年(1931)刊
泥封印古錄一卷 (清)胡琨撰
長安獲古編一卷附編目一卷(清)劉喜海撰
癖耶堂收藏金石書目一卷 (清)凌霞撰
奕載堂古玉圖錄六卷 (清)瞿中溶撰 民國十九年(1930)刊
石鼓文考證一卷 (清)吳廣霈撰 民國二十年(1931)刊
舊館壇碑考一卷 (清)翁大年撰

藝術叢編

姬佛陀輯

民國五年至九年(1916—1920)上海倉聖明智大學景印本

藝術類徵八卷 (民國)鄒安輯 民國五年(1916)景印
雙玉鉨齋金石圖錄一卷 (民國)鄒安輯 民國八年(1919)景印
寒雲書景一卷 (民國)袁克文輯 民國六年(1917)景印
殷墟書契後編二卷 (民國)羅振玉輯 民國五年(1916)景印
周金文存六卷補遺六卷 (民國)鄒安輯 民國五年(1916)景印
金泥石屑二卷附說一卷 (民國)羅振玉撰 民國五年(1916)景印
古器物范圖錄三卷附說一卷 (民國)羅振玉輯 民國五年(1916)景印
蒿里遺珍拾補一卷 (民國)鄒安輯 民國五年(1916)景印
殷虛古器物圖錄一卷附說一卷 (民國)羅振玉輯 民國五年(1916)景印
殷文存二卷 (民國)羅振玉輯 民國五年(1916)景印
古明器圖錄四卷 (民國)羅振玉輯 民國八年(1919)景印
古石抱守錄一卷 姬佛陀輯 民國八年(1919)景印
戩壽堂所藏殷墟文字一卷附考釋一卷 姬佛陀輯 考釋(民國)王國維撰 民國九年(1920)景印
專門名家一集一卷二集一卷三集一卷 姬佛陀輯 民國九年(1920)景印三集七年(1918)景印

十友名言一卷　(民國)鄒安輯　民國八年
(1919)景印

金石苑

(清)劉喜海輯
　　稿本
　　洛陽存古錄三十二卷
　　蒐古彙編七十卷
　　昭陵復古錄十卷　　　　　　　〔分卷
　　鼓山題名六卷　烏石山題名三卷雜錄不

斠經室集初刻

(清)尹彭壽撰
　　清光緒二十一年(1895)諸城尹氏刊本
　　漢隸辨體四卷
　　漢石存目二卷　(清)王懿榮撰
　　說文部首讀補註一卷
　　國朝治說文家書目一卷
　　石鼓文匯一卷

雪堂專錄四種

(民國)羅振玉撰
　　民國七年(1918)上虞羅氏石印本
　　恒農專錄一卷　民國六年(1917)石印
　　楚州城磚錄一卷
　　地券徵存一卷
　　專誌徵存一卷

范鼎卿先生所著書三種

(民國)范壽銘撰
　　民國會稽顧燮光金佳石好樓石印本
　　循園金石文字跋尾二卷　民國十一年
　　(1922)石印
　　附
　　　綴學堂河朔碑刻跋尾一卷　(民國)陳漢
　　　章撰
　　循園古冢遺文跋尾六卷　民國十九年
　　(1930)石印
　　元氏誌錄一卷補遺目錄一卷　民國十九年
　　(1930)石印

顧氏金石輿地叢書第一集

(民國)顧燮光輯
　　民國十八年(1929)序會稽顧氏金佳石好
　　樓排印石印本
　　天下金石志十六卷　(明)于奕正撰　民國
　　十七年(1928)石印
　　中州金石攷八卷　(清)黃叔璥撰　民國十
　　六年(1927)石印
　　山右金石錄一卷　(清)夏寶晉撰　民國十

八年(1929)石印
山右訪碑記一卷　(清)魯燮光撰　民國十
八年(1929)石印
山左訪碑錄十三卷　(清)法偉堂撰　民國
十七年(1928)石印
湘城訪古錄一卷　(清)陳運溶撰　民國十
七年(1928)石印
江西金石目一卷　(民國)繆荃孫撰　民國
十七年(1928)石印
汧陽述古編金石編一卷　(清)李嘉績撰
民國十七年(1928)石印

非儒非俠齋金石叢著

(民國)顧燮光撰
　　民國會稽顧氏金佳石好樓石印排印本
　　漢劉熊碑攷二卷　民國二十三年(1934)石
　　印
　　河朔訪古新錄十四卷　民國十九年(1930)
　　排印
　　河朔金石目十卷待訪目一卷　民國十九年
　　(1930)排印
　　河朔新碑目三卷
　　附
　　　河南古物調查表證誤一卷　民國八年
　　　(1919)石印　　　　　　　〔印
　　河朔訪古隨筆二卷　民國十五年(1926)排
　　夢碧簃石言六卷　民國七年(1918)排印
　　袁州石刻記一卷　民國十二年(1923)石印
　　兩浙金石別錄二卷　民國八年(1919)排印
　　古誌新目初編四卷　民國二十三年(1934)
　　石印
　　古誌彙目初集六卷　民國二十三年(1934)
　　石印

嘉業堂金石叢書

劉承幹輯
　　民國吳興劉氏刊本
　　閩中金石志十四卷　(清)馮登府輯
　　漢武梁祠堂石刻畫像考六卷附圖一卷
　　(清)瞿中溶撰
　　海東金石苑八卷補遺六卷附錄二卷　(清)
　　劉喜海輯　劉承幹補
　　邠州石室錄三卷　(民國)葉昌熾輯
　　希古樓金石萃編十卷　劉承幹輯

餘園叢刻

(民國)柯昌濟輯
　　民國二十四年(1935)膠西柯氏排印本
　　韡華閣集古錄跋尾十五卷
　　金文分域編二十一卷

王箬林先生題跋

（清）王澍撰
　　　清乾隆三十六年(1771)冰壺閣刊本
　　竹雲題跋四卷
　　虛舟題跋十卷

石鼓讀

（清）吳東發撰
　　　清乾隆中刊本
　　　民國十五年(1926)海寧陳乃乾愼初堂據
　　　　清乾隆本景印
　　石鼓釋文考異一卷
　　石鼓文章句一卷
　　石鼓辨一卷
　　石鼓鑑一卷
　　石鼓釋文考異或問一卷
　　石鼓爾雅一卷
　　敍鼓一卷

古代銘刻彙考四種

郭沫若撰
　　　日本昭和八年(1933)東京文求堂石印本
　　殷契餘論一卷附錄一卷
　　金文叢考一卷
　　石鼓文研究一卷
　　漢代石刻二種一卷
　　　熹平石經魯詩殘石
　　　龜茲刻石

校補金石例四種

（清）李瑤輯
　　　清道光十二年(1832)吳郡李氏木活字排
　　　　印本
　　金石例十卷　（元）潘昂霄撰
　　墓銘舉例四卷　（明）王行撰
　　金石要例一卷　（清）黃宗羲撰
　　金石例補二卷　（清）郭麐撰

金石三例

（清）盧見曾輯
　　　清乾隆二十年(1755)盧氏雅雨堂刊本
　　　清嘉慶十六年(1811)饒向榮重刊本
　　金石例十卷　（元）潘昂霄撰
　　墓銘舉例四卷　（明）王行撰
　　金石要例一卷　（清）黃宗羲撰

金石全例

（清）朱記榮輯
　　　清光緒十八年(1892)吳縣朱氏彙印本

金石三例　（清）盧見曾輯　（清）王芑孫評
　　光緒四年(1878)南海馮氏讀有用書
　　齋刊
　金石例十卷　（元）潘昂霄撰
　墓銘舉例四卷　（明）王行撰
　金石要例一卷　（清）黃宗羲撰
金石三例續編　（清）朱記榮輯　光緒十一
　　年(1885)彙印
　誌銘廣例二卷　（清）梁玉繩撰　光緒三
　　年(1877)行素草堂刊
　金石例補二卷　（清）郭麐撰　光緒三年
　　(1877)行素草堂刊
　漢石例六卷　（清）劉寶楠撰　四明蔣瑞
　　堂刊
金石三例再續編　（清）朱記榮輯
　漢魏六朝墓銘纂例四卷　（清）李富孫撰
　　光緒元年(1875)行素草堂刊
　金石綜例四卷　（清）馮登府撰　光緒元
　　年(1875)行素草堂刊
附
　石經閣金石跋文一卷　（清）馮登府撰
　金石稱例四卷續一卷　（清）梁廷枏撰
　　光緒元年(1875)行素草堂刊
　碑版文廣例十卷　（清）王芑孫撰

史　　鈔

十七史詳節

（宋）呂祖謙輯
　　　元刊本
　　　明正德十五年(1520)劉弘毅愼獨齋刊本
　　東萊先生史記詳節二十卷
　　東萊先生西漢書詳節三十卷
　　東萊先生東漢書詳節三十卷
　　東萊先生三國志詳節二十卷
　　東萊先生晉書詳節三十卷
　　東萊先生南史詳節二十五卷
　　東萊先生北史詳節二十八卷
　　東萊先生隋書詳節二十卷
　　東萊先生唐書詳節六十卷
　　東萊先生五代史詳節十卷

十家宮詞

（明）毛晉輯
　　　清毛氏汲古閣據宋書棚本景鈔
　　宮詞一卷　（唐）王建撰
　　宮詞一卷　（後蜀）花蕊夫人(費氏)撰
　　宮詞一卷　（宋）王珪撰
　　宮詞一卷　（宋）胡偉撰
　　宮詞一卷　（後晉）和凝撰

宮詞一卷　(宋)張公庠撰
宮詞一卷　(宋)王仲脩撰
宮詞一卷　(宋)周彥質撰
宮詞三卷　宋徽宗撰
宮詞一卷　(宋)宋白撰

十家宮詞

(清)倪燦輯
　　清康熙二十八年(1689)胡介祉貞曜堂刊
　　　乾隆八年(1743)史開基重修本
宣和御製宮詞三卷　宋徽宗撰
宋文安公宮詞一卷　(宋)宋白撰
宮詞一卷　(唐)王建撰
宮詞一卷　(後蜀)花蘂夫人(費氏)撰
宮詞一卷　(宋)王珪撰
宮詞一卷　(宋)胡偉撰
宮詞一卷　(後晉)和凝撰
宮詞一卷　(宋)張公庠撰
宮詞一卷　(宋)王仲修撰
宮詞一卷　(宋)周彥質撰

四家宮詞

(宋)□□輯
　　宋刊本
宮詞一卷　(後晉)和凝撰　(原缺)
宮詞一卷　(宋)張公庠撰
宮詞一卷　(宋)王仲脩撰
宮詞一卷　(宋)周彥質撰

編選四家宮詞

(明)黃魯曾輯
　　明嘉靖三十一年(1552)郭雲鵬刊本
王建宮詞一卷　(唐)王建撰
花蘂夫人宮詞一卷　(後蜀)花蘂夫人(費氏)撰
宋徽宗宮詞一卷　宋徽宗撰
王珪宮詞一卷　(宋)王珪撰

三體宮詞

(明)□□輯
　　明萬曆二十二年(1594)吳氏雲栖館刊本
唐王建宮詞一卷　(唐)王建撰
蜀花蘂夫人宮詞一卷　(後蜀)花蘂夫人(費氏)撰
宋王岐公宮詞一卷　(宋)王珪撰

三家宮詞

(明)毛晉輯
　　明虞山毛氏綠君亭刊本
　　清同治十二年(1873)淮南書局刊本

王建宮詞一卷　(唐)王建撰
花蕋夫人宮詞一卷　(後蜀)花蕋夫人(費氏)撰
王珪宮詞一卷　(宋)王珪撰

二家宮詞

(明)毛晉輯
　　明虞山毛氏綠君亭刊本
　　清同治十二年(1873)淮南書局刊本
宋徽宗宮詞一卷　宋徽宗撰
楊太后宮詞一卷　宋楊皇后撰

十洲宮詞

(明)倪伯鼇撰
　　明嘉靖隆慶間刊本
擬唐人宮詞一卷　嘉靖三十七年(1558)刊
閨辭百詠一卷　隆慶四年(1570)刊
擬唐人塞下曲一卷

啓禎宮詞合刻

(清)瞿紹基輯
　　清嘉慶十六年(1811)海虞瞿氏鐵琴銅劍樓刊本
天啓宮詞一卷　(清)秦蘭徵撰
崇禎宮詞一卷　(清)王譽昌撰

子　類

諸　子

纂圖互注五子

　　明刊本
纂圖互注老子章句二卷　(漢)河上公注
纂圖互注南華眞經十卷　(周)莊周撰　(晉)郭象注　(唐)陸德明音義
纂圖互注荀子二十卷　(周)荀況撰　(唐)楊倞注
纂圖互注揚子法言十卷　(漢)揚雄撰　(晉)李軌(唐)柳宗元(宋)宋咸(宋)吳祕(宋)司馬光注
中說十卷　(隋)王通撰　(宋)阮逸注

十二子

(明)□□輯
　　明正德嘉靖間刊本
公孫龍子一卷　(周)公孫龍撰
小荀子一卷　(漢)荀悅撰
尹文子一卷　(周)尹文撰
鄧析子一卷　(周)鄧析撰
玄眞子一卷　(唐)張志和撰

天隱子一卷　（唐）司馬承禎撰
鹿門子一卷　（唐）皮日休撰
无能子三卷　（唐）□□撰
鬼谷子一卷外篇一卷
鶡子一卷　（周）鶡熊撰　（唐）逢行珪註
關尹子一卷　（周）尹喜撰
亢倉子一卷　（周）庚桑楚撰

六子全書

（明）□□輯
　　　明嘉靖六年(1527)芸窗書院刊本
老子四卷　（周）李耳撰
列子八卷　（周）列禦寇撰
莊子十卷　（周）莊周撰
荀子二十卷　（周）荀況撰
揚子十卷　（漢）揚雄撰
文中子十卷　（隋）王通撰

六子書

（明）許宗魯輯
　　　明嘉靖六年(1527)樊川別業刊本
　　　明嘉靖十二年(1533)耶山精舍刊本
老子四卷　（周）李耳撰
列子八卷　（周）列禦寇撰
莊子十卷　（周）莊周撰
荀子二十卷　（周）荀況撰
揚子十卷　（漢）揚雄撰
文中子十卷　（隋）王通撰

六子全書

（明）顧春輯
　　　明嘉靖十二年(1533)吳郡顧氏世德堂本
　　　民國三年(1914)右文社據明世德堂本景
　　　印
（明）□□輯
　　　明桐陰書屋刊本
老子道德經二卷　（周）李耳撰　（漢）河上
　　公章句
南華眞經十卷　（周）莊周撰　（晉）郭象注
　　（唐）陸德明音義
冲虛至德眞經八卷　（周）列禦寇撰　（晉）
　　張湛注
荀子二十卷　（周）荀況撰　（唐）楊倞注
新纂門目五臣音註揚子法言十卷　（漢）揚
　　雄撰　（唐）李軌(唐)柳宗元(宋)宋咸
　　(宋)吳祕(宋)司馬光注
中說十卷　（隋）王通撰　（宋）阮逸注

二十家子書

（明）謝汝韶輯

　　　明萬曆六年(1578)吉藩崇德書院刊本
老子道德經二卷　（周）李耳撰
關尹子文始眞經一卷　（周）尹喜撰
亢倉子洞靈眞經一卷　（周）庚桑楚撰
文子通玄眞經一卷　（周）辛鈃撰
尹文子一卷　（周）尹文撰
子華子二卷　（周）程本撰
鶡子一卷　（周）鶡熊撰
公孫龍子一卷　（周）公孫龍撰　（宋）謝希
　　深注
鬼谷子一卷　（梁）陶弘景注
列子冲虛眞經二卷　（周）列禦寇撰
莊子南華眞經內篇一卷外篇二卷雜篇一卷
　　（周）莊周撰
荀子三卷　（周）荀況撰
揚子法言一卷　（漢）揚雄撰
文中子中說一卷　（隋）王通撰
抱朴子外篇二卷　（晉）葛洪撰
劉子一卷　（北齊）劉晝撰
黃石公一卷　（漢）黃石公撰
玄眞子一卷　（唐）張志和撰
天隱子一卷　（唐）司馬承禎撰
无能子一卷　（唐）□□撰

中都四子集（一名中立四子集）

（明）張登雲輯
　　　明萬曆七年(1579)臨川朱東光刊本
老子道德經二卷　（周）李耳撰　（漢）河上
　　公章句
莊子南華眞經十卷　（周）莊周撰　（晉）郭
　　象註　（唐）陸德明音義
管子二十四卷　（周）管仲撰　（唐）房玄齡
　　註釋　（明）劉績增註
淮南鴻烈解二十八卷　（漢）劉安撰　（漢）
　　許愼注　（漢）高誘釋

子彙

（明）周子義等輯
　　　明萬曆中刊本
鶡子一卷　（周）鶡熊撰　（唐）逢行珪註
晏子春秋內篇二卷　（周）晏嬰撰
孔叢子三卷　（漢）孔鮒撰
賈子新書二卷　（漢）賈誼撰
陸子一卷　（漢）陸賈撰
小荀子一卷　（漢）荀悅撰
鹿門子一卷　（唐）皮日休撰
文子二卷　（周）辛鈃撰
關尹子一卷　（周）尹喜撰
亢倉子一卷　（周）庚桑楚撰
鶡冠子一卷　（宋）陸佃注

黃石公素書一卷　(漢)黃石公撰
天隱子一卷　(唐)司馬承禎撰
玄眞子外篇一卷　(唐)張志和撰
无能子三卷　(唐)□□撰　　　　　　　[撰
齊丘子(一名譚子化書)一卷　(南唐)譚峭
鄧析子一卷　(周)鄧析撰
尹文子一卷　(周)尹文撰
公孫龍子一卷　(周)公孫龍撰　(宋)謝希
　　深注
愼子一卷　(周)愼到撰
鬼谷子一卷　外篇一卷
墨子一卷　(周)墨翟撰
子華子二卷　(周)程本撰
劉子二卷　(北齊)劉晝撰　(唐)袁孝政注

二十子

(明)吳勉學輯
　　明萬曆中刊本
老子道德經二卷　(周)李耳撰
文子二卷　(周)辛銒撰
關尹子文始眞經一卷　(周)尹喜撰
列子冲虛眞經八卷　(周)列禦寇撰
莊子南華眞經三卷　(周)莊周撰
司馬子一卷　(唐)司馬承禎撰
管子二十四卷　(周)管仲撰
晏子春秋四卷　(周)晏嬰撰
孫子一卷　(周)孫武撰
吳子一卷　(周)吳起撰
鬼谷子一卷
黃石公素書一卷　(漢)黃石公撰
韓非子二十卷　(周)韓非撰
商子五卷　(周)商鞅撰
荀子二十卷　(周)荀況撰
揚子法言十卷　(漢)揚雄撰
譚子化書六卷　(南唐)譚峭撰
淮南子二十一卷　(漢)劉安撰
呂氏春秋二十六卷　(秦)呂不韋撰　(漢)
　　高誘注
文中子十卷　(隋)王通撰

史進士新鐫諸子纂要

(明)史起欽輯
　　明萬曆中刊本
列子纂要一卷
呂氏纂要一卷
劉子纂要一卷
韓詩外傳纂要一卷

且且菴初箋十六子

(明)方凝輯

　　明刊本　　　　　　　　　　　　[評
子華子二卷　(周)程本撰　(明)郎兆玉點
公孫龍子一卷　(周)公孫龍撰
鬼谷子一卷
亢倉子一卷　(周)庚桑楚撰
商子一卷　(周)商鞅撰
陸子新語一卷　(漢)陸賈撰
晏子二卷　(周)晏嬰撰　(明)馬權奇删評
鄧子一卷　(周)鄧析撰
无能子三卷　(唐)□□撰　(明)孫鑛批點
尹文子二卷　(周)尹文
黃石公素書一卷　(漢)黃石公撰
玄眞子三卷　(唐)張志和撰
中論纂一卷　(漢)徐幹撰
愼子一卷　(周)愼到撰
鹿門子隱書一卷　(唐)皮日休撰
墨子十五卷　(周)墨翟撰　(明)郎兆玉評

先秦諸子合編

(明)馮夢楨輯
　　明萬曆三十年(1602)緜眇閣刊本
儒家
　晏子春秋八卷　(周)晏嬰撰
　孔叢子三卷　(漢)孔鮒撰
　子華子二卷　(周)程本撰
道家
　鶡子一卷　(周)鶡熊撰
　關尹子一卷　(周)尹喜撰
　文子二卷　(周)辛銒撰
　亢倉子一卷　(周)庚桑楚撰　(唐)王士元
　　輯補
　鶡冠子二卷
　黃石公素書一卷　(漢)黃石公撰
法家
　商子五卷　(周)商鞅撰
　愼子一卷　(周)愼到撰
名家
　鄧析子一卷　(周)鄧析撰
　尹文子一卷　(周)尹文撰
　公孫龍子一卷　(周)公孫龍撰
墨家
　墨子四卷　(周)墨翟撰
　鬼谷子一卷

楊升菴先生評注先秦五子全書

(明)楊愼評注　(明)張懋栥輯
　　明天啓五年(1625)張氏橫秋閣刊本
鶡子一卷　(周)鶡熊撰
關尹子一卷　(周)尹喜撰
鬼谷子一卷

鄧子一卷　(周)鄧析撰
公孫龍子一卷　(周)公孫龍撰

合諸名家批點諸子全書

(明)□□輯
　　明天啓中刊杭州印本
白虎通德論四卷　(漢)班固撰　堂策檻刊
風俗通義十卷　(漢)應劭撰　堂策檻刊
黃帝陰符經一卷　(唐)李筌等注　(明)虞
　　淳熙評點　溪香館刊
黃石公素書一卷　(漢)黃石公撰　(宋)張
　　商英注　(明)楊慎評　(明)盧之頤訂
　　溪香館刊
劉子二卷　(北齊)劉晝撰　(唐)袁孝政注
　　(明)孫鑛評　泰和堂刊
无能子三卷　(唐)□□撰　(明)孫鑛批點
　　(明)沈景麟(明)李廷謨訂正　朱氏
　　刊
譚子化書六卷　(南唐)譚峭撰　(明)楊慎
　　評　(明)盧之頤校　溪香館刊
廣成子一卷　(宋)蘇軾注　(明)盧之頤校
關尹子二卷　(周)尹喜撰　(宋)陳顯微注
　　(明)楊慎等批點　(明)朱蔚然校
　　讀書坊刊
子華子二卷　(周)程本撰　(明)郎兆玉評
　　堂策檻刊
亢倉子一卷　(周)庚桑楚撰　(明)楊慎評
　　(明)張懋宷校　橫秋閣刊
晏子春秋六卷　(周)晏嬰撰　(明)楊慎評
　　點
鬼谷子一卷　(明)楊慎評註　(明)張懋宷
　　校　橫秋閣刊
公孫龍子一卷　(周)公孫龍撰　(明)楊慎
　　評　(明)姜午生訂　十願齋刊
商子二卷　(周)商鞅撰　(明)楊慎評
　　(明)顧起元釋　(明)朱蔚然訂　朝爽
　　閣刊
吳子二卷　(周)吳起撰　(明)劉寅注
　　(明)沈尤舍(明)王克安訂　翠竹居刊

注釋九子全書

(明)焦竑注釋　(明)翁正春評林
　　明書林詹聖譯刊本
老子一卷　(周)李耳撰
淮南子一卷　(漢)劉安撰
列子一卷　(周)列禦寇撰
莊子五卷　(周)莊周撰
荀子三卷　(周)荀況撰
揚子一卷　(漢)揚雄撰
呂氏春秋一卷　(秦)呂不韋撰

韓非子一卷　(周)韓非撰
文中子一卷　(隋)王通撰

諸子彙函

(明)歸有光輯
　　明天啓六年(1626)序刊本
鬻子　(周)鬻熊撰
子牙子　(周)呂望撰
關尹子　(周)尹喜撰
子華子　(周)程本撰　以上合一卷
老子　(周)李耳撰
莊子　(周)莊周撰　以上合一卷
列子　(周)列禦寇撰
墨子　(周)墨翟撰　以上合一卷
管子二卷　(周)管仲撰
亢倉子　(周)庚桑楚撰
晏子　(周)晏嬰撰
鄧析子　(周)鄧析撰
鬼谷子
文子　(周)辛鈃撰　以上合一卷
公孫龍子　(周)公孫龍撰
商子　(周)商鞅撰
鶡冠子　以上合一卷
司馬子　(周)司馬穰苴撰
吳子　(周)吳起撰
尹文子　(周)尹文撰
孫武子　(周)孫武撰
尉繚子　(周)尉繚撰　以上合一卷
玉虛子　(周)屈平撰
鹿谿子　(周)宋玉撰
慎子　(周)慎到撰
汗子　(周)汗明撰
尸子　(周)尸佼撰
鷁鷁子　(周)江乙撰　以上合一卷
荀子一卷　(周)荀況撰
韓非子二卷　(周)韓非撰
波弄子　(周)淳于髡撰
惠子　(周)惠施撰
胡非子　(周)胡非撰
子家子　(周)孔求撰
希子　(周)希寫撰
薛子　(周)薛燭撰
風胡子　(周)風胡撰
三柱子　(周)魯仲連撰
歲寒子　(周)張孟同撰
首山子　(秦)頓弱撰
呂子　(秦)呂不韋撰
瀧山子　(秦)甘羅撰
雲晃子　(秦)齊辯貌撰
隨巢子　(秦)□□撰

孔叢子　　(漢)孔鮒撰　　以上合一卷
黃石子　　(漢)黃石公撰
雲陽子　　(漢)陸賈撰
金門子　　(漢)賈誼撰　　以上合一卷
淮南子二卷　　(漢)劉安撰
桂巖子二卷　　(漢)董仲舒撰
封龍子　　(漢)韓嬰撰
吉雲子　　(漢)東方朔撰
靑黎子　　(漢)劉向撰　　以上合一卷
揚子　　(漢)揚雄撰
符子　　(漢)符□撰
金樓子　　梁元帝撰
嶠岈子　　(漢)崔寔撰　　以上合一卷
荊山子　　(漢)桓譚撰
委宛子　　(漢)王充撰
白虎通　　(漢)班固撰
風俗通　　(漢)應劭撰
慎陽子　　(漢)黃憲撰　　以上合一卷
鬻山子　　(漢)仲長統撰
回中子　　(漢)王符撰
貞山子　　(漢)桓寬撰
天隱子　　(唐)司馬承禎撰
徐子　　(漢)徐幹撰　　以上合一卷
小荀子　　(漢)荀悅撰
鏡機子　　(魏)曹植撰
抱朴子　　(晉)葛洪撰
白雲子　　(晉)束皙撰
靈源子　　(魏)嵇康撰　　以上合一卷
雲門子　　(梁)劉勰撰
干山子　　(晉)陸機撰
石劬子　　(北齊)劉晝撰
无能子　　(唐)□□撰
譚子　　(南唐)譚峭撰　　以上合一卷
文中子　　(隋)王通撰
天隨子　　(唐)陸龜蒙撰
鹿門子　　(唐)皮日休撰
玄眞子　　(唐)張志和撰
來子　　(唐)來鵠撰
文泉子　　(唐)劉蛻撰
協律子　　(唐)李翶撰　　以上合一卷
靈壁子　　(唐)羅隱撰
次山子　　(唐)元結撰
東萊子　　(宋)呂祖謙撰
邵子　　(宋)邵雍撰
橫渠子　　(宋)張載撰
長春子　　(宋)石介撰
艸廬子　　(元)吳澄撰
道園子　　(元)虞集撰
郁離子　　(明)劉基撰　　以上合一卷

諸子褒異

(明)□□輯
　　明天啓崇禎間刊本
　廣成子一卷　(宋)蘇軾註
　鶡子一卷　(周)鶡熊撰　(唐)逢行珪註
　子華子二卷　(周)程本撰　(明)郎兆玉評
　陸子新語一卷　(漢)陸賈撰
　桂巖子春秋繁露一卷　(漢)董仲舒撰
　譚子化書三卷　(南唐)譚峭撰
　商子一卷　(周)商鞅撰
　揚子太玄經一卷　(漢)揚雄撰
　鬼谷子一卷
附
　山書一卷　(唐)劉蛻撰
　絳守園池記一卷　(唐)樊宗師撰

韓晏合編

(清)吳鼒輯
　　清嘉慶中全椒吳氏刊本
　韓非子二十卷　(周)韓非撰　嘉慶二十三
　　年(1818)據宋乾道本景刊
　晏子春秋八卷　(周)晏嬰撰　嘉慶二十一
　　年(1816)據元本景刊

十子全書

(清)王子興輯
　　清嘉慶九年(1804)姑蘇王氏聚文堂刊本
　道德經評註二卷　(漢)河上公章句
　南華眞經十卷　(周)莊周撰　(晉)郭象注
　　(唐)陸德明音義
　荀子二十卷附校勘補遺一卷　(周)荀況撰
　　(唐)楊倞注　(清)盧文弨(清)謝墉
　　校　乾隆五十二年(1787)嘉善謝氏刊
　冲虛至德眞經八卷　(周)列禦寇撰　(晉)
　　張湛註　(唐)殷敬順釋文
　管子二十四卷　(周)管仲撰　(唐)房玄齡
　　註　(明)劉績增註　(明)朱長春通演
　韓非子二十卷　(周)韓非撰　(□)□□注
　淮南子二十一卷　(漢)劉安撰　(漢)高誘
　　注　(清)莊逵吉校　乾隆五十三年
　　(1788)武進莊氏刊
　新纂門目五臣音註揚子法言十卷　(漢)揚
　　雄撰　(晉)李軌(唐)柳宗元注　(宋)
　　宋咸(宋)吳祕(宋)司馬光添注
　中說十卷　(隋)王通撰　(宋)阮逸注
　鶡冠子三卷　(宋)陸佃解

廿二子全書

(清)王㒜堂輯

清道光十三年(1833)王氏棠蔭館刊本
古三墳一卷　(晉)阮咸注
鶡子一卷補一卷　(周)鶡熊撰　(唐)逄行
　　珪注　補(明)楊之森輯
子華子二卷　(周)程本撰
尹文子一卷　(周)尹文撰
慎子一卷　(周)慎到撰
公孫龍子一卷　(周)公孫龍撰　(宋)謝希
　　深注
於陵子一卷　(齊)田仲撰
鄧子一卷　(周)鄧析撰
素書一卷　(漢)黃石公撰　(宋)張商英注
忠經一卷　(漢)馬融撰　(漢)鄭玄注
女孝經一卷　(唐)鄭口撰
素履子三卷　(唐)張弧撰
兩同書二卷　(唐)羅隱撰
鹿門子一卷　(唐)皮日休撰
農說一卷　(明)馬一龍撰
佛說四十二章經一卷　(漢)釋迦葉摩騰
　　(漢)釋竺法蘭譯　(宋)釋守遂注
青鳥先生葬經一卷　(漢)青鳥子撰　(金)
　　兀欽仄注
葬經一卷　(晉)郭璞撰
玄眞子一卷　(唐)張志和撰
天隱子一卷　(唐)司馬承禎撰
无能子三卷　(唐)口口撰
胎息經疏一卷　(明)王文祿撰

子書百家

(清)崇文書局輯
　　清光緒元年(1875)湖北崇文書局刊本

百子全書

　　民國八年(1919)上海掃葉山房石印本
儒家類
孔子家語十卷　(魏)王肅注
孔子集語二卷　(宋)薛據輯
荀子三卷　(周)荀況撰
孔叢子二卷　(漢)孔鮒撰
新語二卷　(漢)陸賈撰
忠經一卷　(漢)馬融撰　(漢)鄭玄注
新書十卷　(漢)賈誼撰
鹽鐵論二卷　(漢)桓寬撰
新序十卷　(漢)劉向撰
說苑二十卷　(漢)劉向撰
揚子法言一卷　(漢)揚雄撰
方言十三卷　(漢)揚雄撰　(晉)郭璞注
潛夫論十卷　(漢)王符撰
申鑒五卷　(漢)荀悅撰
中論二卷　(漢)徐幹撰

傅子一卷　(晉)傅玄撰
文中子中說一卷　(隋)王通撰
續孟子二卷　(唐)林慎思撰
伸蒙子三卷　(唐)林慎思撰
素履子三卷　(唐)張弧撰
胡子知言六卷附錄一卷疑義一卷　(宋)胡
　　宏撰
薛子道論三卷　(明)薛瑄撰
海樵子一卷　(明)王崇慶撰
兵家類
風后握奇經一卷附握奇經續圖一卷八陣總
　　述一卷　(漢)公孫宏解　續圖(口)口
　　口撰　八陣總述(晉)馬隆述
六韜三卷　(周)呂望撰
孫子三卷　(周)孫武撰
吳子二卷　(周)吳起撰
司馬法一卷　(周)司馬穰苴撰
尉繚子二卷　(周)尉繚撰
素書一卷　(漢)黃石公撰　(宋)張商英注
心書一卷　(漢)諸葛亮撰
何博士備論二卷　(宋)何去非撰　　[撰
宋丞相李忠定公輔政本末一卷　(宋)口口
法家類
管子二十四卷　(周)管仲撰
晏子春秋八卷　(周)晏嬰撰
商子五卷　(周)商鞅撰
鄧子一卷　(周)鄧析撰
尸子二卷　(周)尸佼撰
韓非子二十卷　(周)韓非撰　(口)口口注
農家類
齊民要術十卷雜說一卷　(後魏)賈思勰撰
術數類
太玄經十卷　(漢)揚雄撰
焦氏易林四卷　(漢)焦贛撰
雜家類
鶡子一卷補一卷　(周)鶡熊撰　(唐)逄行
　　珪注補　(明)**楊之森輯**
計倪子一卷　(周)計然撰
於陵子一卷　(周)田仲撰
子華子二卷　(周)程本撰
墨子十六卷附篇目考一卷　**(周)墨翟撰**
尹文子一卷　(周)尹文撰
慎子一卷　(周)慎到撰
公孫龍子一卷　(周)公孫龍撰
鬼谷子一卷
鶡冠子三卷　(宋)陸佃解
呂氏春秋二十六卷　(秦)呂不韋撰
淮南鴻烈解二十一卷　(漢)劉安撰　(漢)
　　高誘注
金樓子六卷　梁元帝撰

劉子二卷　（北齊）劉晝撰
顏氏家訓二卷　（北齊）顏之推撰
獨斷一卷　（漢）蔡邕撰
論衡三十卷　（漢）王充撰
白虎通德論四卷　（漢）班固撰
風俗通義十卷　（漢）應劭撰
牟子(一名理惑論)一卷　（漢）牟融撰
古今注三卷　（晉）崔豹撰
聱隅子歔欷瑣微論二卷　（宋）黃晞撰
懶眞子五卷　（宋）馬永卿撰
廣成子解一卷　（宋）蘇軾撰
叔苴子八卷　（明）莊元臣撰
郁離子一卷　（明）劉基撰
空洞子一卷　（明）李夢陽撰
海沂子五卷　（明）王文祿撰
小說家雜事類
　燕丹子三卷　（淸）孫星衍校輯
　玉泉子一卷　（唐）□□撰
　金華子雜編二卷　（南唐）劉崇遠撰
小說家異聞類
　山海經十八卷　（晉）郭璞傳
　山海經圖讚一卷　（晉）郭璞撰
　山海經補註一卷　（明）楊愼撰
　神異經一卷　（漢）東方朔撰　（晉）張華注
　海內十洲記一卷　（漢）東方朔撰
　別國洞冥記四卷　（漢）郭憲撰
　穆天子傳六卷　（晉）郭璞注
　拾遺記十卷　（前秦）王嘉撰　（梁）蕭綺錄
　搜神記二十卷　（晉）干寶撰
　搜神後記十卷　（晉）陶潛撰
　博物志十卷　（晉）張華撰　（宋）周日用
　　（宋）盧□注
　續博物志十卷　（宋）李石撰
　述異記二卷　（梁）任昉撰
道家類
　陰符經一卷　（漢）張良注
　關尹子一卷　（周）尹喜撰　　　　　　［注
　老子道德經二卷　（周）李耳撰　（魏）王弼
　道德眞經註四卷　（元）吳澄撰
　莊子南華眞經三卷札記一卷　（周）莊周撰
　莊子闕誤一卷　（明）楊愼撰
　列子二卷　（周）列禦寇撰
　抱朴子內篇四卷外篇四卷　（晉）葛洪撰
　亢倉子一卷　（周）庚桑楚撰
　玄眞子一卷　（唐）張志和撰
　天隱子一卷　（唐）司馬承禎撰
　无能子三卷　（唐）□□撰
　胎息經疏一卷　（明）王文祿撰
　胎息經一卷　（□）幻眞先生注
　至游子二卷　（明）□□撰

二十二子

（淸）浙江書局輯
　　清光緖中浙江書局刊本
董子春秋繁露十七卷附錄一卷　（漢）董仲
　舒撰　光緖二年(1876)刊
竹書紀年統箋十二卷前編一卷雜述一卷
　（淸）徐文靖撰　光緖三年(1877)刊
晏子春秋七卷附音義二卷校勘記二卷
　（周）晏嬰撰　（淸）孫星衍校幷撰音義
　校勘記(淸)黃以周撰　光緖元年
　(1875)刊
孔子集語十七卷　（淸）孫星衍輯　光緖三
　年(1877)刊
荀子二十卷附校勘補遺一卷　（周）荀況撰
　（唐）楊倞注　（淸）盧文弨(淸)謝墉
　校　光緖二年(1876)刊
揚子法言十三卷附音義一卷　（漢）揚雄撰
　（晉）李軌注　音義(宋)□□撰　光
　緖二年(1876)刊
新書十卷　（漢）賈誼撰　（淸）盧文弨校
　光緖元年(1875)刊
文中子中說十卷　（隋）王通撰　（宋）阮逸
　注　光緖二年(1876)刊
孫子十家註十三卷附敍錄一卷遺說一卷
　（周）孫武撰　（宋）吉天保輯　（淸）孫
　星衍(淸)吳人驥校　敍錄(淸)畢以珣
　撰　遺說(宋)鄭友賢撰　光緖三年
　(1877)刊
管子二十四卷　（周）管仲撰　（唐）房玄齡
　注　（明）劉績增注　光緖二年(1876)
　刊
商君書五卷附考一卷　（周）商鞅撰　（淸）
　嚴萬里(可均)校　光緖二年(1876)刊
韓非子二十卷附識誤三卷　（周）韓非撰
　（□）□□注　識誤(淸)顧廣圻撰　光
　緖元年(1875)刊
補注黃帝內經素問二十四卷素問遺篇一卷
　靈樞十二卷　（唐）啟玄子(王冰)注
　（宋）林億等校正　（宋）孫兆重改誤
　遺篇(宋)劉溫舒原本　光緖三年
　(1877)刊
墨子十六卷附篇目考一卷　（周）墨翟撰
　（淸）畢沅校注光緖二年(1876)刊
尸子二卷存疑一卷　（周）尸佼撰　（淸）汪
　繼培輯　光緖三年(1877)刊
呂氏春秋二十六卷附考一卷　（秦）呂不
　韋撰　（漢）高誘注　（淸）畢沅校　光
　緖元年(1875)刊
淮南子二十一卷　（漢）劉安撰　（漢）高誘

注 (清)莊逵吉校 光緒二年(1876)
刊
山海經十八卷 (晉)郭璞傳 (清)畢沅校
光緒三年(1877)刊
老子道德經二卷附音義一卷 (周)李耳撰
(魏)王弼注 音義(唐)陸德明撰
光緒元年(1875)刊
莊子十卷 (周)莊周撰 (晉)郭 象 注
(唐)陸德明音義 光緒二年(1876)刊
列子八卷 (周)列禦寇撰 (晉)張湛注
(唐)殷敬順釋文 光緒二年(1876)刊
文子纘義十二卷 (元)杜道堅撰 光緒三
年(1877)刊

子書二十二種

(清)浙江書局輯
清光緒二十三年(1897)上海圖書集成局
排印本
老子道德經二卷附音義一卷 (周)李耳撰
(魏)王弼注 音義(唐)陸德明撰
莊子十卷 (周)莊周撰 (晉)郭 象 注
(唐)陸德明音義
管子二十四卷 (周)管仲撰 (唐)房玄齡
注 (明)劉績增注
荀子二十卷附校勘補遺一卷 (周)荀況撰
(唐)楊倞注 (清)盧文弨(清)謝墉
校
列子八卷 (周)列禦寇撰 (晉)張湛注
(唐)殷敬順釋文
韓非子二十卷附識誤三卷 (周)韓非撰
(□)□□注 識誤(清)顧廣圻撰
淮南子二十一卷 (漢)劉安撰 (漢)高誘
注 (清)莊逵吉校 [註
文中子中說十卷 (隋)王通撰 (宋)阮逸
揚子法言十三卷附音義一卷 (漢)揚雄撰
(晉)李軌注 音義(宋)□□撰
鶡冠子三卷 (宋)陸佃解 (明)王宇評
墨子十六卷 (周)墨翟撰 (清)畢沅校注
孫子十家註十三卷附敍錄一卷遺說一卷
(周)孫武撰 (宋)吉天保輯 (清)孫
星衍(清)吳人驥校 敍錄(清)畢以珣
撰 遺說(宋)鄭友賢撰
孔子集語十七卷 (清)孫星衍輯
晏子春秋七卷附音義二卷校 勘 記 二 卷
(周)晏嬰撰 (清)孫星衍校幷撰音義
校勘記(清)黃以周撰
呂氏春秋二十六卷附攷一卷 (秦)呂不韋
撰 (漢)高誘注 (清)畢沅校 [校
賈子新書十卷 (漢)賈誼撰 (清)盧文弨
董子春秋繁露十七卷附錄一卷 (漢)董仲

舒撰
文子纘義十二卷 (元)杜道堅撰
補注黃帝內經素問二十四卷素問遺篇一卷
靈樞十二卷 (唐)啟玄子(王冰)注
(宋)林億等校正 (宋)孫兆重改誤
遺篇(宋)劉溫舒原本
竹書紀年統箋十二卷前編一卷雜述一卷
(清)徐文靖撰
尸子二卷存疑一卷 (周)尸佼撰 (清)汪
繼培輯
商君書五卷附考一卷 (周)商鞅撰 (清)
嚴萬里(可均)校
山海經十八卷 (晉)郭璞傳 (清)畢沅校

二十五子彙函

(清)鴻文書局輯 [本
清光緒十九年(1893)上海鴻文書局石印
孔子集語十七卷 (清)孫星衍輯
老子道德經二卷附音義一卷 (周)李耳撰
(魏)王弼注 音義(唐)陸德明撰
管子二十四卷 (周)管仲撰 (唐)房玄齡
注 (明)劉績補注
墨子十六卷 (周)墨翟撰 (清)畢沅校注
列子八卷 (周)列禦寇撰 (晉)張湛注
(唐)殷敬順釋文
尸子二卷存疑一卷 (周)尸佼撰 (清)汪
繼培輯
莊子十卷 (周)莊 周 撰 (晉)郭 象 注
(唐)陸德明音義
晏子春秋七卷附音義二卷校 勘 記 二 卷
(周)晏嬰撰 (清)孫星衍校併撰音義
校勘記(清)黃以周撰
鶡冠子三卷 (宋)陸佃解
鬼谷子一卷
孫子十家註十三卷附敍錄一卷遺說一卷
(周)孫武撰 (宋)吉天保輯 (清)孫
星衍(清)吳人驥校 敍錄(清)畢以珣
撰 遺說(宋)鄭友賢撰
荀子二十卷附校勘補遺一卷 (周)荀況撰
(唐)楊倞注 (清)盧文弨(清)謝墉
校
文子纘義十二卷 (元)杜道堅撰
商君書五卷附考一卷 (周)商鞅撰 (清)
嚴萬里(可均)校
呂氏春秋二十六卷附考一卷 (秦)呂不韋
撰 (漢)高誘注 (清)畢沅校
韓非子二十卷附識誤三卷 (周)韓非撰
識誤(清)顧廣圻撰
尉繚子二卷 (周)尉繚撰
竹書紀年統箋十二卷前編一卷雜述一卷

（清）徐文靖撰

淮南子二十一卷　（漢）劉安撰　（漢）高誘
　注　（清）莊逵吉校

董子春秋繁露十七卷附錄一卷　（漢）董仲
　舒撰

揚子法言十三卷附音義一卷　（漢）揚雄撰
　（晉）李軌注　音義（宋）□□撰

賈子新書十卷　（漢）賈誼撰　（清）盧文弨
　校　　　　　　　　　　　　　　　〔注

文中子中說十卷　（隋）王通撰　（宋）阮逸
　注

黃帝內經素問二十四卷素問遺篇一卷靈樞
　十二卷　（唐）啓玄子（王冰）注　（宋）
　林億等校正　（宋）孫兆重改誤　遺篇
　（宋）劉溫舒原本

山海經十八卷　（晉）郭璞傳　（清）畢沅校

子書二十八種

（清）育文書局輯
　　清宣統三年（1911）育文書局石印本

老子道德經二卷附音義一卷　（周）李耳撰
　（魏）王弼注　音義（唐）陸德明撰

孔子集語十七卷　（清）孫星衍輯

莊子十卷　（周）莊周撰　（晉）郭象注
　（唐）陸德明音義

晏子春秋七卷附音義二卷校勘記二卷
　（周）晏嬰撰　（清）孫星衍校併撰音義
　校勘記（清）黃以周撰

管子二十四卷　（周）管仲撰　（唐）房玄齡
　注　（明）劉績補注

呂氏春秋二十六卷附考一卷　（秦）呂不韋
　撰　（漢）高誘注　（清）畢沅校

荀子二十卷附校勘補遺一卷　（周）荀況撰
　（唐）楊倞注　（清）盧文弨（清）謝墉
　校

新書十卷　（漢）賈誼撰　（清）盧文弨校

列子八卷　（周）列禦寇撰　（晉）張湛注
　（唐）殷敬順釋文

董子春秋繁露十七卷附一卷　（漢）董仲舒
　撰　（清）盧文弨校

韓非子二十卷附識誤三卷　（周）韓非撰
　（□）□□注　識誤（清）顧廣圻撰

文子纘義十二卷　（元）杜道堅撰

鬼谷子一卷

尉繚子二卷　（周）尉繚撰

淮南子二十一卷　（漢）劉安撰　（漢）高誘
　注　（清）莊逵吉校

補注黃帝內經素問二十四卷素問遺篇一卷
　黃帝內經靈樞十二卷　（唐）啓玄子
　（王冰）注　（宋）林億等校正　（宋）孫
　兆重改誤　遺篇（宋）劉溫舒原本

文中子中說十卷　（隋）王通撰　（宋）阮逸
　注

竹書紀年統箋十二卷　前編一卷雜述一卷
　（清）徐文靖撰

揚子法言十三卷附音義一卷（漢）揚雄撰
　（晉）李軌注　音義（宋）□□撰

尸子二卷存疑一卷　（周）尸佼撰　（清）汪
　繼培輯

鶡冠子三卷　（宋）陸佃解

商君書五卷附考一卷　（周）商鞅撰　（清）
　嚴萬里（可均）校

墨子十五卷　（周）墨翟撰　（清）畢沅校注

孫子十家註十三卷附遺說一卷　（宋）吉天
　保輯　（清）孫星衍（清）吳人驥校
　遺說（宋）鄭友賢撰

山海經十八卷　（晉）郭璞傳　（清）畢沅校

關尹子一卷　（周）尹喜撰

吳子二卷　（周）吳起撰

六韜三卷　（周）呂望撰

子書四十八種

（民國）五鳳樓主人輯
　　民國九年（1920）上海五鳳樓石印本

孔子集語十七卷　（清）孫星衍輯

荀子二十卷附校勘補遺一卷　（周）荀況撰
　（唐）楊倞注　（清）盧文弨（清）謝墉
　校

董子春秋繁露十七卷　（漢）董仲舒撰

新語二卷　（漢）陸賈撰

忠經一卷　（漢）馬融撰

傅子一卷　（晉）傅玄撰　　　　　　〔校

賈子新書十卷　（漢）賈誼撰　（清）盧文弨

揚子法言十三卷附音義一卷　（漢）揚雄撰
　（晉）李軌注　音義（宋）□□撰

申鑒五卷　（漢）荀悅撰

續孟子二卷　（唐）林愼思撰

伸蒙子三卷　（唐）林愼思撰

素履子三卷　（唐）張弧撰

海樵子一卷　（明）王崇慶撰

風后握奇經一卷附握奇經續圖一卷八陣總
　述一卷　（漢）公孫宏解　續圖（□）□
　□撰　八陣總述（晉）馬隆述

六韜三卷　（周）呂望撰

孫子十家註十三卷附敍錄一卷遺說一卷
　（周）孫武撰　（宋）吉天保輯　（清）孫
　星衍（清）吳人驥校　敍錄（清）畢以珣
　撰　遺說（宋）鄭友賢撰

吳子二卷　（周）吳起撰

訂註司馬法一卷　（清）陳玖撰

尉繚子二卷　（周）尉繚撰

評註三畧一卷　(清)陳玖撰
素書一卷　(漢)黃石公撰
心書一卷　(蜀)諸葛亮撰
管子二十四卷　(周)管仲撰　(唐)房玄齡
　　注　(明)劉績增注
商君書五卷附考一卷　(周)商鞅撰　(清)
　　嚴萬里(可均)校
　　鄧子一卷　(周)鄧析撰
尸子二卷存疑一卷　(周)尸佼撰　(清)汪
　　繼培輯
韓非子二十卷附識誤三卷　(周)韓非撰
　　(□)□□注　識誤(清)顧廣圻撰
晏子春秋七卷附音義二卷校勘記二卷
　　(周)晏嬰撰　(清)孫星衍校併撰音義
　　校勘記(清)黃以周撰
鶡冠子三卷　(宋)陸佃解
呂氏春秋二十六卷附考一卷　(秦)呂不韋
　　撰　(漢)高誘注　(清)畢沅校
計倪子一卷　(周)計然撰
於陵子一卷　(周)田仲撰
墨子十六卷　(周)墨翟撰　(清)畢沅校注
淮南子二十一卷　(漢)劉安撰　(漢)高誘
　　註　(清)莊逵吉校
獨斷一卷　(漢)蔡邕撰　　　　　　　　[注
文中子中說十卷　(隋)王通撰　(宋)阮逸
山海經十八卷　(晉)郭璞傳　(清)畢沅校
陰符經一卷　(漢)張良注
關尹子一卷　(周)尹喜撰
老子道德經二卷附音義一卷　(周)李耳撰
　　(魏)王弼注　音義(唐)陸德明撰
公孫龍子一卷　(周)公孫龍撰
鬼谷子一卷
莊子十卷　(周)莊周撰　(晉)郭象注
　　(唐)陸德明音義
列子八卷　(周)列禦寇撰　(晉)張湛注
　　(唐)殷敬順釋文
郁離子一卷　(明)劉基撰
燕丹子三卷　(清)孫星衍校輯
文子纘義十二卷　(元)杜道堅撰
竹書紀年統箋十二卷前編一卷雜述一卷
　　(清)徐文靖撰

周秦諸子斠注十種

陳乃乾輯
　　民國中國學會景印本
荀子考異一卷　(宋)錢佃撰　據對雨樓叢
　　書本印
荀子補注一卷　(清)劉台拱撰　據劉端臨
　　先生遺書本印
荀子補注二卷　(清)郝懿行撰　據齊魯先

喆遺書本印　　　　　　　　　　　　　[印
管子識誤一卷　(清)宋翔鳳撰　據原刊本
弟子職音誼一卷　(民國)鍾廣(楊鍾羲)撰
　　據光緒十六年校補本印　　　　　[印
墨子刊誤二卷　(清)蘇時學撰　據原刊本
呂子校補二卷校續補一卷　(清)梁玉繩撰
　　據清白士集本印續補據槐廬叢書本
　　印
呂子校補獻疑一卷　(清)蔡雲撰　據清白
　　士集校補本印
呂氏春秋正誤一卷　(清)陳昌齊撰　據嶺
　　南遺書本印
列子釋文二卷附考異一卷　(唐)殷敬順撰
　　(宋)陳景元補遺　考異(清)任大椿
　　撰　據燕禧堂本印

諸子集成

(民國)國學整理社輯
　　民國二十四年(1935)世界書局排印本
　　1958年中華書局重印本
第一冊
　　論語正義二十四卷　(清)劉寶楠撰
　　孟子正義十四卷　(清)焦循撰
第二冊
　　荀子集解二十卷　(民國)王先謙撰
第三冊
　　老子道德經二卷附音義一卷　(周)李耳撰
　　　　(魏)王弼注　(唐)陸德明音義
　　老子本義二卷　(清)魏源撰
　　莊子集解八卷　(民國)王先謙撰
　　莊子集釋十卷　(清)郭慶藩撰
　　列子八卷　(周)列禦寇撰　(晉)張湛注
第四冊
　　墨子閒詁十五卷附錄一卷後語二卷　(清)
　　　　孫詒讓撰
　　晏子春秋校注八卷　(民國)張純一撰
第五冊
　　管子校正二十四卷　(清)戴望撰
　　商君書五卷附考一卷　(周)商鞅撰　(清)
　　　　嚴萬里(可均)校
　　慎子一卷逸文一卷　(周)慎到撰　(清)錢
　　　　熙祚校併輯逸文
　　韓非子集解二十卷　(清)王先慎撰
第六冊
　　孫子十家註十三卷附敍錄一卷　(周)孫武
　　　　撰　(宋)吉天保輯　(清)孫星衍(清)
　　　　吳人驥校　敍錄(清)畢以珣撰
　　吳子六卷　(周)吳起撰　(清)孫星衍校
　　尹文子一卷　(周)尹文撰　(清)錢熙祚校
　　呂氏春秋二十六卷　(秦)呂不韋撰　(漢)

　　　　高誘注
第七冊
　　新語三卷　(漢)陸賈撰
　　淮南子二十一卷　(漢)劉安撰　(漢)高誘
　　　注　(清)莊逵吉校
　　鹽鐵論十卷　(漢)桓寬撰　　　　　　[注
　　揚子法言十三卷　(漢)揚雄撰　(晉)李軌
　　論衡三十卷　(漢)王充撰
第八冊
　　潛夫論十卷　(漢)王符撰　(清)汪繼培箋
　　申鑒五卷　(漢)荀悅撰　　　　　　　[撰
　　抱朴子內篇二十卷外篇五十卷　(晉)葛洪
　　世說新語六卷　(劉宋)劉義慶撰
　　顏氏家訓七卷附考證一卷　(北齊)顏之推
　　　撰　攷證(宋)沈揆撰

評註諸子菁華錄

　(民國)張之純評註
　　　民國二十八年(1939)上海商務印書館排
　　　印本
　　儒家五種
　　　晏子春秋一卷　(周)晏嬰撰
　　　荀子一卷　(周)荀況撰
　　　賈子新書一卷　(漢)賈誼撰
　　　春秋繁露一卷　(漢)董仲舒撰
　　　揚子法言一卷　(漢)揚雄撰
　　道家五種
　　　老子二卷　(周)李耳撰
　　　文子一卷　(周)辛鈃撰
　　　莊子三卷　(周)莊周撰
　　　列子一卷　(周)列禦寇撰
　　　鶡冠子一卷
　　法家三種
　　　管子一卷　(周)管仲撰
　　　商君書一卷　(周)商鞅撰
　　　韓非子一卷　(周)韓非撰
　　墨家一種
　　　墨子一卷　(周)墨翟撰
　　雜家三種
　　　尸子一卷　(周)尸佼撰
　　　呂氏春秋一卷　(秦)呂不韋撰
　　　淮南子一卷　(漢)劉安撰
　　兵家一種
　　　孫子一卷　(周)孫武撰

桐城吳先生點勘諸子七種

　(清)吳汝綸點勘
　　　清宣統二年(1910)衍星社排印本
　　老子一卷　(周)李耳撰
　　管子二十四卷　(周)管仲撰

　　墨子十六卷　(周)墨翟撰
　　莊子十卷　(周)莊周撰
　　荀子二十卷　(周)荀況撰
　　韓非子二十卷　(周)韓非撰
　　太玄十卷　(漢)揚雄撰

儒　　家

曾思二子全書

　(宋)汪晫輯
　　　明隆慶四年(1570)汪文川刊本
　　曾子全書一卷　(周)曾參撰
　　子思子全書一卷　(周)孔伋撰

曾子四種

　嚴式誨輯
　　　民國九年(1920)渭南嚴氏孝義家塾成都
　　　刊本
　　曾子十二篇讀本一卷　(北周)盧辯注
　　　(清)孔廣森補注
　　重輯曾子遺書十四卷　嚴式誨輯
　　曾子十篇注釋一卷　(清)阮元撰
　　曾子問講錄四卷　(清)毛奇齡撰

聖門十六子書

　(清)馮雲鵷輯
　　　清道光十四年(1834)崇川馮氏刊本
　　顏子書七卷首一卷　(周)顏淵撰
　　子思子書六卷首一卷　(周)孔伋撰
　　曾子書八卷首一卷　(周)曾參撰
　　孟子書七卷首一卷　(周)孟軻撰
　　閔子書六卷首一卷　(周)閔損撰
　　冉子書四卷首一卷　(周)冉雍撰
　　端木子書七卷首一卷　(周)端木賜撰
　　仲子書六卷首一卷　(周)仲由撰
　　卜子書五卷首一卷　(周)卜商撰
　　有子書六卷首一卷　(周)有若撰
　　冉子書五卷首一卷　(周)冉耕撰
　　宰子書七卷首一卷　(周)宰予撰
　　冉子書五卷首一卷　(周)冉求撰
　　言子書三卷首一卷　(周)言偃撰
　　顓孫子書六卷首一卷　(周)顓孫師撰
　　朱子書三卷首一卷　(宋)朱熹撰

劉氏二書

　(明)何良俊輯
　　　明嘉靖二十六年(1547)刊本
　　　明萬曆四年(1576)鄞縣楊美益汾陽刊本
　　新序十卷　(漢)劉向撰
　　說苑二十卷　(漢)劉向撰

曲臺四書輯注

（清）顧宗伊輯注
　　清道光二十八年(1848)稿本
　　孔子三朝記輯注五卷
　　曾子古本輯注五卷
　　子思子遺編輯注三卷
　　荀子新書輯注四卷

諸儒鳴道

（宋）□□輯
　　宋端平中閩川黃壯猷修補刊本
　　濂溪通書一卷　（宋）周敦頤撰
　　涑水迂書一卷　（宋）司馬光撰
　　橫渠正蒙八卷　（宋）張載撰
　　橫渠經學理窟五卷　（宋）張載撰
　　橫渠語錄三卷　（宋）張載撰
　　二程語錄二十七卷　（宋）程顥（宋）程頤撰
　　上蔡先生語錄三卷　（宋）謝良佐撰　（宋）
　　　朱熹輯
　　元城先生語錄三卷　（宋）馬永卿輯
　　劉先生譚錄一卷　（宋）劉安世撰
　　劉先生道護錄一卷　（宋）劉安世撰
　　江民表心性說一卷
　　龜山語錄四卷　（宋）楊時撰
　　安正忘筌集十卷
　　崇安聖傳論二卷
　　橫浦日新二卷　（宋）張九成撰

宋四子抄釋

（明）呂柟撰
　　明嘉靖十六年(1537)汪克儉刊本
　　周子抄釋三卷
　　二程子抄釋十卷
　　橫渠張子抄釋六卷
　　朱子抄釋二卷

性理三解

（明）韓邦奇撰
　　明嘉靖十九年(1540)渭野樊得仁刊本
　　清乾隆中刊本
　　啓蒙意見五卷
　　律呂直解一卷
　　洪範圖解一卷

陸王二先生要語類抄

（明）蕭稟輯
　　明萬曆二年(1574)浙江刊本
　　象山先生要語三卷　（宋）陸九淵撰　（明）
　　　耿定向輯
　　陽明先生要語三卷　（明）王守仁撰　（明）
　　　蕭稟輯

朱子三書

（宋）朱熹撰
　　清康熙中刊本
　　太極圖解一卷
　　通書解一卷
　　西銘解一卷

廣理學備考

（清）范鄗鼎輯
　　清康熙中五經堂刊道光五年(1825)洪洞
　　　張愰等修補印本
　第一函
　　首一卷
　　薛敬軒集一卷　（明）薛瑄撰
　　胡敬齋集　（明）胡居仁撰
　　王陽明集　（明）王守仁撰　以上合一卷
　　陳白沙集一卷　（明）陳獻章撰
　　方正學集一卷　（明）方孝孺撰
　　曹月川集　（明）曹端撰
　　何椒邱集　（明）何喬新撰　以上合一卷
　　吳康齋集　（明）吳與弼撰
　　羅一峯集　（明）羅倫撰　以上合一卷
　　王守溪集　（明）王鏊撰
　　章楓山集　（明）章懋撰
　　蔡虛齋集　（明）蔡清撰　以上合一卷
　第二函
　　邵二泉集一卷　（明）邵寶撰
　　莊定山集一卷　（明）莊㫤撰
　　王虎谷集　（明）王雲鳳撰
　　羅整菴集　（明）羅欽順撰　以上合一卷
　　崔後渠集一卷　（明）崔銑撰
　　呂涇野集一卷　（明）呂柟撰
　　韓苑洛集一卷　（明）韓邦奇撰
　　王心齋集　（明）王艮撰
　　鄭澹泉集　（明）鄭曉撰　以上合一卷
　　歐陽南野集　（明）歐陽德撰
　　羅近溪集　（明）羅汝芳撰　以上合一卷
　第三函
　　湛甘泉集　（明）湛若水撰
　　劉晴川集　（明）劉魁撰
　　王龍谿集　（明）王畿撰　以上合一卷
　　羅念菴集一卷　（明）羅洪先撰
　　楊斛山集一卷　（明）楊爵撰
　　唐荊川集　（明）唐順之撰
　　蔡洨濱集　（明）蔡燮撰　以上合一卷
　　周訥溪集一卷　（明）周怡撰
　　楊椒山集一卷　（明）楊繼盛撰

耿天臺集 (明)耿定向撰
錢啓新集 (明)錢一本撰 以上合一卷
來瞿唐集一卷 (明)來知德撰
第四函
鄧潛谷集 (明)鄧元錫撰
姜鳳阿集 (明)姜寶撰 以上合一卷
吕新吾集一卷 (明)吕坤撰
鄒南臯集一卷 (明)鄒元標撰
顧涇陽集一卷 (明)顧憲成撰
馮少墟集一卷 (明)馮從吾撰
高景逸集一卷 (明)高攀龍撰
曹眞予集一卷 (明)曹于汴撰
孫鍾元集一卷 (淸)孫奇逢撰
第五函
吕豫石集一卷 (明)吕維祺撰
鹿乾嶽集一卷 (明)鹿善繼撰
劉念臺集 (明)劉宗周撰
史惺堂集 (明)史桂芳撰 以上合一卷
范竹溪集一卷 (明)范弘嗣撰
賀陽亨集 (明)賀時泰撰
張雞山集 (明)張舜典撰
朱勉齋集 (明)朱之馮撰
吳素衣集 (明)吳桂森撰 以上合一卷
陳幾亭集一卷 (明)陳龍正撰
辛天齋集一卷 (明)辛全撰
汪石潭集 (明)汪俊撰
何粹夫集 (明)何瑭撰
黄太泉集 (明)黄佐撰
唐一菴集 (明)唐樞撰 以上合一卷
第六函
楊幼殷集 (明)楊豫孫撰
胡廬山集 (明)胡直撰
尤西川集 (明)尤時熙撰
李見羅集 (明)李材撰
宋望之集 (明)宋儀望撰 以上合一卷
顧庸菴集 (明)顧樞撰
黄幼元集 (明)黄道周撰
魯媿尹集 (明)魯世任撰
高白浦集 (明)高岱撰 以上合一卷
孟雲浦集 (明)孟化鯉撰
王惺所集 (明)王以悟撰
唐曙臺集 (明)唐伯元撰 以上合一卷
薛方山集一卷 (明)薛應旂撰
海剛峯集 (明)海瑞撰
于景素集 (明)于孔兼撰
姚培吾集 (明)姚穳撰 以上合一卷
焦澹園集一卷 (明)焦竑撰
丘仲深集 (明)丘濬撰
鄒東廓集 (明)鄒守益撰 以上合一卷
桑松風集 (明)桑拱陽撰
秦弱水集 (明)秦鏞撰 以上合一卷

劉宋二子

(明)何鏜輯
明嘉靖三十五年(1556)何氏刊本
郁離子二卷 (明)劉基撰
龍門子凝道記二卷 (明)宋濂撰

六子書

(明)于孔兼輯
明萬曆四十年(1612)刊本
魏莊渠先生書三卷 (明)魏校撰
羅整庵先生困知記一卷 (明)羅欽順撰
後渠子四卷 (明)崔銑撰
涇野集四卷 (明)吕柟撰
念庵子二卷 (明)羅洪先撰
遵巖子二卷 (明)王愼中撰

括蒼二子

(明)楊瑞輯
明萬曆中楊氏刊本
重刊郁離子二卷 (明)劉基撰
重刊草木子四卷 (明)葉子奇撰

關中道脈四種書

(淸)李元春輯
淸道光十年(1830)刊本
馮少墟關學編五卷首一卷 (明)馮從吾撰
張子釋要 (淸)李元春註
張子東西銘全註一卷
張子正蒙釋要一卷
張子語錄釋要一卷
關中四先生要語錄四卷 (明)馮從吾輯 (淸)李之春注
桐閣關中三先生語要四卷 (淸)李元春輯

尹氏小學大全

(淸)尹嘉銓撰
淸光緒二十五年(1899)刊民國六年(1917)印本
小學義疏六卷
小學或問四卷
小學後編二卷
小學考證一卷
小學釋文二卷

顏李叢書

(民國)徐世昌等輯
民國十二年(1923)四存學會排印本
顏習齋先生(元)年譜二卷 (淸)李塨撰

四書正誤六卷　（清）顏元撰
顏習齋先生言行錄　（清）鍾錂輯
顏習齋先生闢異錄二卷　（清）鍾錂輯
四存編　（清）顏元撰
　　存學編四卷
　　存性編二卷
　　存治編一卷
　　存人編四卷
朱子語類評一卷　（清）顏元撰
禮文手鈔五卷　（清）顏元撰
習齋記餘十卷遺著一卷　（清）顏元撰
李恕谷先生（塨）年譜五卷　（清）馮辰撰
周易傳註四卷繫辭二卷說卦傳一卷筮考一
　　卷　（清）李塨撰
詩經傳註八卷　（清）李塨撰
春秋傳註四卷　（清）李塨撰
論語傳註一卷　（清）李塨撰
大學傳註一卷中庸傳註一卷　（清）李塨撰
傳註問　（清）李塨撰
　　論語傳註問二卷
　　大學傳註問一卷
　　中庸傳註問一卷
恕谷中庸講語一卷　（清）李塨述　（清）李
　　魁春等錄
小學稽業五卷　（清）李塨撰
大學辨業四卷　（清）李塨撰
聖經學規纂二卷附論學二卷　（清）李塨撰
學禮五卷　（清）李塨撰
學射錄二卷　（清）李塨撰　　　　　　　［撰
學樂錄（一名古樂復興錄）四卷　（清）李塨
附
　　竟山樂錄四卷　（清）毛奇齡撰
平書訂十四卷　（清）李塨撰
閱史郄視四卷續一卷　（清）李塨撰
擬太平策七卷　（清）李塨撰
評乙古文一卷　（清）李塨撰
瘳忘編一卷　（清）李塨撰
四考辨　（清）李塨撰
　　宗廟考辨一卷
　　郊社考辨一卷
　　禘祫考辨一卷
　　田賦考辨一卷
恕谷後集十三卷　（清）李塨撰
天道偶測一卷　（清）李塨撰
訟過則例一卷　（清）李塨撰
恕谷詩集二卷　（清）李塨撰

顏李學

（民國）徐世昌輯
　　民國天津徐氏刊本

習齋語要二卷　（清）顏元撰
恕谷語要二卷　（清）李塨撰
顏李師承記九卷

積書巖六種

（清）王澍輯
　　清乾隆二年（1737）刊本
大學困學錄一卷
中庸困學錄一卷
大學中庸本義一卷
學案一卷
集程朱格物法一卷集朱子讀書法一卷
朱子白鹿洞規條二十卷

沈余遺書

（清）趙舒翹輯
　　清光緒二十二年（1896）江蘇書局刊本
沈端恪公（近思）年譜二卷　（清）沈曰富撰
勵志錄二卷　（清）沈近思撰
庸言四卷　（清）余元遴撰

諸子平議補錄

（清）俞樾撰
　　民國十一年（1922）雙流李念劬堂刊本
　　1956年中華書局排印本
鬻子
鄧析子
孫子
文子
公孫龍子
鶡冠子
鹽鐵論
潛夫論
論衡
中論
抱朴子
文中子
鬼谷子
新語
說苑
韓詩外傳
吳越春秋
越絕書
山海經
楚辭

古書字義用法叢刊

（民國）國學整理社輯　　　　　　　　　［本
　　民國二十五年（1936）上海世界書局排印
古書疑義舉例七卷　（清）俞樾撰

古書疑義舉例補一卷　（民國）劉師培撰
古書疑義舉例校錄七卷　馬敍倫撰
古書疑義舉例續補一卷　楊樹達撰
古書疑義舉例補附一卷　姚維銳撰
經傳釋詞十卷　（清）王引之撰
經詞衍釋十卷補遺一卷　（清）吳昌瑩撰

性理學大義

唐文治撰
　民國排印本
周子大義二卷
二程子大義二卷
張子大義四卷
洛學傳授大義一卷
朱子大義八卷

五種遺規

（清）陳弘謀撰
　清乾隆八年(1743)南昌李安民刊本
　清同治七年(1868)金陵書局刊本
　清光緒二十一年(1895)浙江書局刊本
養正遺規二卷補編一卷
教女遺規三卷
訓俗遺規四卷
從政遺規二卷
在官法戒錄四卷

五種遺規

（清）陳弘謀撰
　清光緒十九年(1893)上海洋布公所振華
　堂刊本
養正遺規二卷補編一卷
教女遺規三卷
訓俗遺規四卷
從政遺規四卷
學仕遺規四卷補編四卷

教學五書

（清）繆元益輯
　清道光二十七年(1847)北平文英堂刊本
讀書分年日程三卷　（元）程端禮輯
孝友堂家規一卷　（清）孫奇逢撰
湯文正公家書一卷　（清）湯斌撰
人譜一卷　（明）劉宗周撰
人譜類記六卷　（明）劉宗周撰

有諸己齋格言叢書

（清）閻敬銘輯
　清光緒十四年(1888)山西解州書院刊本
聖祖仁皇帝庭訓格言一卷　清聖祖撰

朱子語類日鈔五卷　（清）陳澧輯
呻吟語節錄二卷　（明）呂坤撰
恥言一卷　（明）徐禎稷撰
荊園小語一卷　（清）申涵光撰
荊園進語一卷　（清）申涵光撰
宰嘉訓俗一卷　（清）陸隴其撰
張楊園訓子語一卷　（清）張履祥撰
張楊園初學備忘一卷　（清）張履祥撰
課子隨筆二卷續編一卷　（清）張師載輯
　續編（清）徐桐輯
聰訓齋語一卷　（清）張英撰
雙節堂庸訓六卷　（清）汪輝祖撰
教諭語四卷　（清）謝金鑾撰
弟子箴言二卷　（清）胡達源撰
大意尊聞一卷　（清）方東樹撰
求闕齋語一卷　（清）曾國藩撰
輶軒語一卷　（清）張之洞撰
涑水記聞十六卷　（宋）司馬光撰

東聽雨堂刊書

（清）張承燮輯　　　　　　　　〔本
　清光緒廿七年(1901)膠州聽雨何時軒刊
孔孟志略三卷　（清）張承燮撰
儒先訓要十四種續四種　（清）張承燮輯
司馬溫公居家雜儀一卷　（宋）司馬光撰
朱子童蒙須知(一名訓學齋規)一卷
　（宋）朱熹撰
朱子白鹿洞書院揭示一卷　（宋）朱熹撰
朱子增損呂氏鄉約一卷　（宋）呂大忠撰
呂舍人官箴一卷附雜說　（宋）呂本中撰
呂新吾先生好人歌一卷　（明）呂坤撰
楊椒山先生遺訓一卷　（明）楊繼盛撰
張揚園先生訓子語一卷　（清）張履祥撰
朱柏廬先生治家格言一卷　（清）朱用純
　撰
于清端公家規範一卷
王氏宗規一卷
范魯公訓從子詩一卷
許魯齋先生訓子詩一卷　（元）許衡撰
王中書勸孝歌一卷附八反歌
呂新吾先生社學要畧一卷　（明）呂坤撰
方正學先生幼儀雜箴一卷　（明）方孝孺
　撰
朱柏廬先生勸言一卷　（清）朱用純撰
張文端公恆產瑣言一卷　（清）張英撰
小兒書輯八種　（清）張承燮輯
家常語一卷　（清）管沴撰
小兒語一卷　（明）呂得勝撰
弟子規一卷　（清）李毓秀撰
童蒙須知韻語一卷　（清）萬斛泉撰

小學韻語一卷 （清）羅澤南撰
小學詩禮一卷 （宋）陳淳撰
名物蒙求一卷 （宋）方逢辰撰 〔注
敍古千文一卷 （宋）胡寅撰 （宋）黃灝
女兒書輯八種 （清）張承燮輯
女三字經一卷 （清）朱浩文撰
女小兒語一卷 （明）呂得勝撰
女訓約言一卷
女不費錢功德一卷
女誡一卷 （漢）班昭撰
女孝經一卷 （唐）鄭□撰
女論語一卷 （唐）宋若昭撰
張氏母訓二卷 （清）張承燮撰

五盧遺書

（清）陶成撰
　清乾隆二十二年(1757)觀我堂刊本
學規一卷
四書講習錄八卷
日程四卷

二難寶鑑

（明）□□輯
　明刊本
閨門寶鑑一卷
博愛心鑑撮要一卷 （明）魏直撰

兵　　家

武經七書

（宋）□□輯
　景宋鈔本
明刊本
清刊本
孫子三卷 （周）孫武撰　魏武帝註
吳子二卷 （周）吳起撰
司馬法三卷 （周）司馬穰苴撰
唐太宗李衞公問對三卷 （唐）李靖撰
尉繚子五卷 （周）尉繚撰
黃石公三略三卷 （漢）黃石公撰
六韜六卷 （周）呂望撰

重刻武經七書

（宋）□□輯
　民國十五年(1926)披縣張氏晒忍堂刊本
六韜六卷 （周）呂望撰
孫子三卷 （周）孫武撰
吳子二卷 （周）吳起撰
司馬法三卷 （周）司馬穰苴撰
尉繚子五卷 （周）尉繚撰

黃石公三略三卷 （漢）黃石公撰
李衞公問對三卷 （唐）李靖撰

景印明本武經七書直解

（明）劉寅撰
　民國二十二年(1933)北京陸軍印刷所據
　　明萬曆本景印
孫武子直解三卷
吳子直解二卷
司馬法直解三卷
唐太宗李衞公問對直解三卷
尉繚子直解五卷
三略直解三卷
六韜直解六卷
附錄一卷

武學經傳三種

（明）翁□輯
　明嘉靖三十二年(1553)翁氏刊本
校正武經七書
孫子三卷 （周）孫武撰
吳子二卷 （周）吳起撰
司馬法三卷 （周）司馬穰苴撰
尉繚子五卷 （周）尉繚撰
唐太宗李衞公問對三卷 （唐）李靖撰
黃石公三略二卷 （漢）黃石公撰
六韜六卷 （周）呂望撰
十七史百將傳十卷 （宋）張預輯
百將傳續編 （明）何喬新輯

施氏七書講義

（宋）施子美撰
　日本文久三年(1863)刊本
孫子十一卷
吳子五卷
司馬法五卷
尉繚子九卷
三略三卷
六韜六卷
唐太宗李衞公問對三卷

戚大將軍練兵紀效合刻

（明）戚繼光撰
　清光緒元年(1875)京都寶林堂刊本
練兵紀實九卷雜集六卷
紀效新書十八卷首一卷

兵垣四編

（明）閔聲(明)閔暎張輯
　明天啓元年(1621)苕上閔氏刊朱墨印本

　　陰符經一卷　（明）唐順之評釋
　　素書一卷　（漢）黃石公撰　（宋）張商英注
　　孫子一卷　（周）孫武撰　（明）王世貞評釋
　　吳子一卷　（周）吳起撰　（明）王士騏評釋
附
　　九邊圖論一卷　　（明）許論撰
　　海防圖論一卷補一卷　（明）胡宗憲撰　補
　　（明）萬世德撰
　　日本考略一卷　（明）殷都撰

兵鏡
（清）鄧廷羅撰
　　清康熙中刊本
　　兵鏡備考十三卷
　　兵鏡或問二卷
　　孫子集註一卷

耕餘剩技
（明）程宗猷撰
　　明天啓元年(1621)刊本
　　蹶張心法一卷
　　長鎗法選一卷
　　單刀法選一卷
　　少林棍法闡宗三卷

孫吳司馬法
（清）孫星衍輯
　　清同治十年(1871)淮南書局重刊本
　　孫子三卷　（周）孫武撰　魏武帝注
　　吳子二卷　（周）吳起撰
　　司馬法三卷　（周）司馬穰苴撰

武經三子全書
（清）□□輯
　　清光緒中刊本
　　孫子一卷　（周）孫武撰
　　吳子一卷　（周）吳起撰
　　司馬法一卷　（周）司馬穰苴撰

水陸攻守戰略秘書七種
（清）澼絖道人輯　　　　　　　　　［本
　　清咸豐三年(1853)侯官林氏銅活字排印
　　劉伯溫先生重纂諸葛忠武侯兵法心要內集
　　　二卷外集三卷　（明）劉基撰
　　劉伯溫先生百戰奇略十卷　（明）劉基撰
　　施山公兵法心略二卷附心略火攻圖式一卷
　　陳資齋天下沿海形勢錄一卷圖一卷　（清）
　　　陳□撰
　　塞外行軍指掌一卷　（清）□□撰
　　李盤金湯十二籌十二卷圖式一卷　（明）李

　　盤撰
　　軍中醫方備要二卷

三書寶鑑
（清）□□輯
　　清道光咸豐間來鹿堂刊本
　　洴澼百金方十四卷　（清）惠麓酒民（袁宮
　　　桂）輯　咸豐五年(1855)刊
　　練兵實紀九卷雜集六卷　（明）戚繼光撰
　　　（清）吳之勷輯　（清）張鵬翮重輯　道
　　　光十四年(1834)刊
　　紀效新書十八卷首一卷　（明）戚繼光撰
　　　（清）張鵬翮輯

兵書三種
（清）王鑫輯　　　　　　　　　　　［本
　　清光緒二十一年(1895)湖北官書處重刊
　　練勇芻言五卷　（清）王鑫撰
　　操練洋槍淺言一卷　（清）馮國士（清）葛道
　　　殷撰
　　用礮要言一卷　（清）葛道殷撰

兵書七種
（清）聚奎主人輯
　　清光緒二十四年(1898)杭城衛樽石印本
　　六韜六卷逸文一卷　（周）呂望撰　逸文
　　　（清）孫同元輯
　　魏武帝注孫子三卷　魏武帝撰
　　吳子二卷　（周）吳起撰
　　司馬法三卷　（周）司馬穰苴撰
　　武侯火攻心法一卷
　　心書一卷　（蜀）諸葛亮撰
　　鄉兵管見三卷　（清）李敬之撰

法　　家

管韓合刻
（明）趙用賢輯
　　明萬曆十年(1582)常熟趙氏刊本　　［注
　　管子二十四卷　（周）管仲撰　（唐）房玄齡
　　韓非子二十卷　（周）韓非撰　（□）□□注

鄧析子五種合帙
（周）鄧析撰　陳乃乾輯
　　民國十八年(1929)中國學會景印本
　　鄧析子二卷　據江山劉氏覆宋本景印
　　鄧析子一卷　據明睢陽朱氏本景印
　　鄧析子一卷　據明嘉靖本景印
　　鄧析子一卷　據子彙本景印
　　鄧析子一卷　據指海本景印

不礙軒讀律六種

（清）王有孚輯
　　清嘉慶十二年(1807)刊本
　　刺字會鈔一卷　（清）王有孚輯
　　急救方補遺一卷　（清）王有孚輯
　　折獄金鍼一卷　（清）吳家桂輯
　　愼刑便覽一卷　（清）王有孚輯
　　洗冤外編一卷續錄一卷　（清）吳家桂輯
　　　續錄(清)王有孚輯
　　秋審指掌一卷　（清）有王孚輯

宋元檢驗三錄

（清）吳蕘輯
　　清嘉慶十七年(1812)全椒吳氏刊本
　　宋提刑洗冤集錄五卷　（宋）宋慈撰
　　附
　　　元新例一卷
　　平冤錄一卷
　　無冤錄二卷　（元）王與撰

農　　家

區種十種

王毓瑚輯
　　1955年北京財政出版社排印本
　　國脈民天一卷　（明）耿蔭樓撰
　　附
　　　潘曾沂耿嵩陽先生種田說序　（清）潘曾
　　　　沂撰
　　　秦聚奎重刊國脈民天序及區田一畝圖
　　　　（清）秦聚奎撰
　　論區田一卷　（清）陸世儀撰　　　　　　〔撰
　　教稼書(一名區田圖說)一卷　（清）孫宅揆
　　區田法一卷　（清）王心敬撰　　　　　　〔註
　　區田編一卷　（清）帥念祖撰　（清）許汝濟
　　修齊直指(節錄)一卷　（清）楊屾撰　（清）
　　　齊倬註　（清）劉光蕡評
　　增訂教稼書一卷　（清）盛百二撰
　　加庶編一卷　（清）拙政老人(許嘉猷)撰
　　區種法一卷　（清）潘曾沂撰
　　附
　　　豐豫莊呈文及官府批示文告　（清）潘曾
　　　　沂輯
　　　石韞玉潘公輔區田說序　（清）石韞玉撰
　　多稼集二卷　（清）田道人(奚子明)撰
　　附
　　　凌霄區田圖說　（清）凌霄撰
　　　趙夢齡區種五種自序　（清）趙夢齡撰
　　　范梁區種五種序　（清）范梁撰

秦晉農言

王毓瑚輯
　　1957年北京中華書局排印本
　　知本提綱(摘錄)一卷　（清）楊屾撰　（清）
　　　鄭世鐸注
　　農言著實一卷　（清）楊秀元撰　安師斌注
　　馬首農言一卷附校勘記　（清）祁寯藻撰
　　　校勘記(清)汪筠撰

醫　　家

濟生拔粹方

（元）杜思敬輯
　　元刊本
　　鍼經節要一卷　（晉）皇甫謐撰　（元）杜思
　　　敬節鈔　　　　　　　　　　　　〔撰
　　雲岐子論經絡迎隨補瀉法一卷　（元）張璧
　　附
　　　竇太師流注指要賦一卷　（元）竇默撰
　　鍼經摘英集一卷　（元）□□撰
　　雲岐子七表八裏九道脉訣論并治法一卷
　　　（元）張璧撰
　　潔古老人珍珠囊一卷　（金）張元素撰
　　醫學發明一卷　（元）朱震亨撰
　　脾胃論一卷　（金）李杲撰
　　潔古家珍一卷　（金）張元素撰
　　海藏老人此事難知一卷　（元）王好古撰
　　海藏類編醫壘元戎一卷　（元）王好古撰
　　海藏老人陰證略例一卷　（元）王好古撰
　　雲岐子保命集論類要二卷　（元）張璧撰
　　海藏斑論萃英一卷　（元）王好古撰
　　田氏保嬰集一卷
　　蘭室祕藏一卷　（金）李杲撰
　　活法機要一卷　（元）朱震亨撰
　　衛生寶鑑一卷　（元）羅天益撰
　　雜類名方一卷　（元）杜思敬輯

東垣十書

（明）□□輯
　　明正德中刊本
　　明嘉靖八年(1529)遼藩光澤王梅南書屋
　　　刊本
　　清文奎堂刊本
　　清光緒七年(1881)上海文盛書局石印本
　　清光緒三十四年(1908)成都肇經堂刊本
　　民國十八年(1929)上海受古書店石印本

醫學十書

　　清光緒七年(1881)羊城雲林閣刊本

脈訣一卷　(宋)崔嘉彥撰
內外傷辨惑論三卷　(金)李杲撰
脾胃論三卷　(金)李杲撰
蘭室祕藏三卷　(金)李杲撰
東垣先生此事難知集二卷　(元)王好古撰
湯液本草三卷　(元)王好古撰
格致餘論一卷　(元)朱震亨撰
局方發揮一卷　(元)朱震亨撰
外科精義二卷　(元)齊德之撰
醫經溯洄集一卷　(元)王履撰
醫壘元戎一卷　(元)王好古撰　(文盛書
　　局本、肇經堂本、受古書店本、醫學十
　　書本)
海藏斑論萃英一卷　(元)王好古撰　(文
　　盛書局本、肇經堂本、受古書店本、醫
　　學十書本)

醫要集覽

(明)□□輯
　　明經廠刊本
脈賦一卷
王叔和脈訣一卷
復眞劉三點先生脈訣一卷　(宋)劉開撰
用藥歌訣一卷
藥性賦一卷
珍珠囊一卷
傷寒活人指掌一卷　(元)吳恕撰
諸病論一卷
難經一卷

青囊雜纂

(明)□□輯
　　明崇德堂刊本
外科集驗一卷*
經驗方一卷*
仙授理傷續斷方一卷
上清紫庭追癆仙方一卷
祕傳外科方一卷
濟急仙方一卷*
新刊小兒痘疹證治一卷　(明)許榮集
徐氏胎產方一卷

合刻二種醫書

(明)李維楨輯
　　明萬曆中浙江布政司刊本
玉機微義(一名醫學折衷)五十卷　(明)徐
　　用誠撰　(明)劉純續增
醫學正傳八卷　(明)虞摶撰

古今醫統正脈全書

(明)王肯堂輯
　　明萬曆二十九年(1601)新安吳勉學刊本
　　清江陰朱文震刊本
　　清光緒三十三年(1907)京師醫局據朱文
　　震原版修補印本

醫統正脈全書

　　民國十二年(1923)北京中醫學社據朱文
　　震原版修補印本
重廣補註黃帝內經素問二十四卷遺篇一卷
　　(唐)啓玄子(王冰)注　(宋)林億等
　　校正　(宋)孫兆重改誤　遺篇(宋)劉
　　溫舒原本
黃帝素問靈樞經十二卷
鍼灸甲乙經十二卷　(晉)皇甫謐撰
中藏經八卷　(漢)華佗撰
脉經十卷　(晉)王叔和撰
難經本義二卷　(元)滑壽撰
注解傷寒論十卷　(漢)張機撰　(晉)王叔
　　和編　(金)成無已注
傷寒明理論四卷　(金)成無已撰
新編金匱要略方論三卷　(漢)張機撰
增注類證活人書二十二卷　(宋)無求子
　　(朱肱)撰
素問玄機原病式一卷　(金)劉完素撰
黃帝素問宣明論方十五卷　(金)劉完素撰
傷寒標本心法類萃二卷　(金)劉完素撰
劉河間傷寒醫鑒一卷　(元)馬宗素撰
素問病機氣宜保命集三卷　(金)劉完素撰
劉河間傷寒直格論方三卷　(金)劉完素撰
　　(金)葛雍編
張子和心鏡別集一卷　(元)常德編
河間傷寒心要一卷　(金)鎦洪編
脉訣一卷　(宋)崔嘉彥撰
局方發揮一卷　(元)朱震亨撰
脾胃論三卷　(金)李杲撰
格致餘論一卷　(元)朱震亨撰
蘭室祕藏三卷　(金)李杲撰
內外傷辨三卷　(金)李杲撰
東垣先生此事難知集二卷　(元)王好古撰
湯液本草三卷　(元)王好古撰
醫經溯洄集一卷　(元)王履撰
外科精義二卷　(元)齊德之撰
醫壘元戎一卷　(元)王好古撰
海藏撼論萃英一卷　(元)王好古撰　〔撰
丹溪先生心法五卷附錄一卷　(元)朱震亨
新刻校定脉訣指掌病式圖說一卷　(元)朱
　　震亨撰
丹溪先生金匱鉤玄三卷　(元)朱震亨撰
醫學發明一卷　(元)朱震亨撰

活法機要一卷 (元)朱震亨撰
祕傳證治要訣十二卷 (明)戴原禮撰
證治要訣類方四卷 (明)戴原禮輯
儒門事親十五卷 (金)張從正撰
傷寒瑣言一卷 (明)陶華撰
傷寒家祕的本一卷 (明)陶華撰
殺車槌法一卷 (明)陶華撰
傷寒一提金一卷 (明)陶華撰
傷寒證脈藥截江網一卷 (明)陶華撰
傷寒明理續論一卷 (明)陶華撰

醫學粹精

(清)陳嘉璲輯
　清乾隆十四年(1749)道南堂刊本

醫家祕奧

民國二十年(1931)北京翰文齋據鈔本景
　印
周慎齋先生脈法解二卷 (明)周子幹撰
　(清)陳嘉璲注 (景印本題明周慎齋
　先生醫家祕奧脈法)
周慎齋先生三書三卷 (明)周子幹撰
　(景印本題明周慎齋先生醫家祕奧)
查了吾先生正陽篇選錄一卷 (明)查萬合
　撰
胡慎柔先生五書要語一卷 (明)釋住想撰
筆談一卷 (清)陳嘉璲撰 (景印本題醫
　家祕奧筆談摘要)

經史祕彙

(清)吳翌鳳輯
　清長洲吳氏鈔本
法古宜今一卷 (清)沈錦桐輯
景岳十機摘要一卷 (明)張介賓撰
毓麟策一卷 (清)沈錦桐輯
溫瘧論一卷 (清)薛雪撰
濕熱條辯一卷 (清)薛雪撰
受正玄機神光經一卷

醫宗己任編

(清)楊乘六輯
　清卿三堂刊本
　清道光十年(1830)涵古堂刊本
　清光緒十年(1884)有鴻齋刊本
　清光緒十七年(1891)南京李光明莊刊本
　1958年上海衛生出版社排印本
四明心法三卷 (清)高斗魁撰
四明醫案一卷 (清)高斗魁撰
東莊醫案一卷 (清)呂留良撰
西塘感症三卷 (清)董廢翁撰

醫林指月

(清)王琦輯
　清乾隆三十二年(1767)寶笏樓刊本
　清光緒二十二年(1896)上海圖書集成印
　　書局排印本
醫學眞傳一卷 (清)高世栻輯
質疑錄一卷 (明)張介賓撰　　　　[評
醫家心法一卷 (清)高斗魁撰 (清)胡珏
易氏醫案一卷 (明)易大艮撰
芷園臆草存案一卷 (明)盧復撰
傷寒金鏡錄一卷 (元)敖口撰 (元)杜本
　增定　　　　　　　　　　　　　[撰
痎瘧論疏一卷痎瘧疏方一卷 (明)盧之頤
達生篇一卷 (清)亟齋居士撰
扁鵲心書三卷神方一卷 (宋)竇材重集
　(清)胡珏參論
本草崇原三卷 (清)張志聰詮釋 (清)高
　世栻纂集
侶仙堂類辯二卷 (清)張志聰撰
學古診則四卷 (明)盧之頤撰

六醴齋醫書

(清)程永培輯
　清乾隆五十九年(1794)修敬堂刊本
　清光緒十七年(1891)廣州儒雅堂刊本
褚氏遺書一卷 (南齊)褚澄撰
葛仙翁肘後備急方八卷 (晉)葛洪撰
元和紀用經一卷 (唐)王冰撰
蘇沈內翰良方十卷 (宋)蘇軾(宋)沈括撰
十藥神書一卷 (元)葛乾孫撰
加減靈祕十八方一卷 (明)胡嗣廉輯
韓氏醫通二卷 (明)韓懋撰
痘疹傳心錄十八卷附種痘一卷 (明)朱惠
　明撰　附(清)朱純嘏輯
折肱漫錄七卷 (明)黃承昊撰
慎柔五書五卷 (明)釋住想撰

壽世編

(清)口口輯
　清嘉慶二年(1797)何氏刊本
(清)口口增訂
　清光緒十七年(1891)羅溪聚芳齋刊本
達生篇一卷 (清)亟齋居士撰 (清)三農
　老人注
保嬰篇一卷 (清)毓蘭居士撰
福幼編一卷 (清)莊一夔撰 (聚芳齋本)
救急篇一卷 (清)顧蘭圃撰

壽世彙編

（清）祝韻梅輯

　　清光緒元年(1875)雨梅書屋金氏刊本
　　清光緒十一年(1885)清江楊鍾琛刊本
　　清光緒二十一年(1895)汝陽聯吟簃刊本
　普濟應驗良方八卷　（清）祝韻梅輯
　達生編一卷　（清）亟齋居士撰
　福幼編一卷　（清）莊一夔撰
　遂生編一卷　（清）莊一夔撰
　時疫白喉捷要一卷　（清）張紹修撰　（楊
　　鍾琛本、聯吟簃本）

毓芝堂醫書四種

（清）汪和鼎輯

　　清嘉慶十七年(1812)桂林賀廣文堂刊本
　宜麟策一卷續篇一卷　（明）張介賓撰
　達生篇二卷　（清）亟齋居士撰
　保嬰易知錄二卷　（清）吳寧瀾撰
　叢桂堂集驗良方一卷　（清）□□輯

鮑氏彙校醫書四種

（清）鮑泰圻輯

　　清道光八年(1828)棠樾鮑氏廣陵木活字
　　排印本
　傷寒類書活人總括七卷　（宋）楊士瀛撰
　　（明）朱崇正附遺
　傳信適用方四卷　（宋）吳彥夔撰
　產寶諸方一卷　（宋）□□撰
　急救仙方六卷

三家醫案合刻

（清）吳金壽輯

　　清道光十一年(1831)吳氏貯春僊館刊本
　葉天士醫案一卷　（清）葉桂撰
　繆宜亭醫案一卷　（清）繆遘義撰
　薛生白醫案一卷　（清）薛雪撰

瓶花書屋醫書

（清）包松溪等輯

　　清道光二十五年(1845)瓶花書屋刊本
　醫方集解二十一卷附急救良方一卷　（清）
　　汪昂撰
　本草備要八卷首一卷　（清）汪昂撰
　本草從新十八卷首一卷　（清）吳儀洛撰
　成方切用二十六卷首一卷　（清）吳儀洛撰
　外科證治全生集五卷首一卷　（清）王維德
　　撰

醫學便覽

（清）□□輯

　　清同治七年(1868)刊本

　傷寒讀本二卷
　金匱讀本二卷
　醫學三字經一卷　（清）陳念祖撰
　十二經脈歌一卷
　指南摘要一卷　（清）葉桂撰
　醫學實在易一卷　（清）陳念祖撰
　本草求真四卷　（清）黃宮繡撰　（清）□□
　　節鈔

小耕石齋醫書(一名金氏醫書四種)

（清）金德鑑輯

　　清同治七年(1868)金雲察刊本
　焦氏喉科枕祕二卷　（清）金德鑑輯訂
　急救腹痛暴卒病解一卷　（清）華嶽撰
　　（清）金德鑑增刪
　爛喉痧輯要一卷　（清）金德鑑撰
　十藥神書一卷　（元）葛乾孫撰　（清）周揚
　　俊注

靈芝益壽草

（清）潘霨輯

　　清同治十二年(1873)刊本
　　清光緒二十二年(1896)桂桓書局刊本
　慎疾芻言一卷　（清）徐大椿撰
　世補齋不謝方一卷　（清）陸懋修撰

韡園醫學六種

（清）潘霨輯

　　清光緒九年(1883)江西書局刊本
　傷寒論類方四卷　（清）徐大椿撰　（清）潘
　　霨增輯
　附
　　長沙方歌括一卷　（清）陳念祖撰　（清）
　　　蕭庭滋（清）潘霨增輯
　醫學金鍼八卷　（清）陳念祖撰　（清）潘霨
　　增輯
　女科要略一卷　（清）潘霨輯
　附　　　　　　　　　　　　　　　　　　　〔輯
　　產寶一卷　（清）倪枝維撰　（清）潘霨增
　理瀹外治方要一卷　（清）吳尚先撰
　外科症治全生集四卷　（清）王維德撰　光
　　緒十年(1884)刊
　十藥神書一卷　（元）葛乾孫撰　（清）潘霨
　　注　光緒十年(1884)刊
　附
　　霍亂吐瀉方論一卷
　　官藥局示諭一卷
　　夏令施診簡明歌訣一卷

醫學三書合刊

（清）陶煦農輯
　　清光緒元年(1875)古蓮花池刊本
　慎疾芻言一卷　　（清）徐大椿撰
　洄溪醫案一卷　　（清）徐大椿撰
　經驗方一卷　　（清）葉桂撰

當歸草堂醫學叢書初編

（清）丁丙輯　　　　　　　　　　　　　　　　［本
　　清光緒四年(1878)錢塘丁氏當歸草堂刊
　顱顖經二卷　　（宋）□□撰
　傳信適用方四卷　　（宋）吳彥夔撰
　衞濟寶書二卷　　（宋）東軒居士撰
　太醫局諸科程文九卷　　（宋）□□輯
　產育寶慶集方二卷　　（宋）郭稽中纂
　濟生方八卷　　（宋）嚴用和撰
　產寶諸方一卷　　（宋）□□撰
　急救仙方六卷　　（宋）□□撰
　瑞竹堂經驗方五卷補遺一卷　　（元）沙圖穆
　　蘇（薩理彌實）撰
　痎瘧論疏一卷　　（明）盧之頤撰
附
　銅人針灸經七卷附校勘記一卷　　（宋）□□
　　撰　校勘記(清)馮一梅撰　光緒九年
　　(1883)刊
　西方子明堂灸經八卷附校勘記一卷　校勘
　　記(清)馮一梅撰　光緒十年(1884)刊

潘刻醫書四種

（清）潘仕成輯
　　清光緒九年(1883)山西潘文書局刊本
　咽喉祕集二卷
　痧症全書三卷　　（明）林森撰　　（清）王凱輯
　異授眼科一卷
　外科證治傳生集四卷　　（清）王維德撰

醫學三書（一名雷氏慎修堂醫書三種）

（清）雷豐輯
　　清光緒中三衢雷慎修堂養鶴山房刊本
　　清光緒二十四年(1898)上海叢易堂刊本
　醫法心傳一卷　　（清）程芝田撰　光緒十三
　　年(1887)刊
　時病論八卷　　（清）雷豐撰　光緒十年
　　(1884)刊
　醫家四要四卷　　（清）程曦（清）江誠（清）雷
　　大震撰　光緒十二年(1886)刊
　　脈訣入門一卷
　　病機約論一卷
　　方歌別類一卷
　　藥賦新編一卷

周氏醫學叢書

（清）周學海輯
　　清光緒宣統間池陽周氏刊宣統三年
　　(1911)彙印本
　　民國二十五年(1936)建德周學熙景印本
初集(原名周澂之校刻醫學叢書)　光緒十七
　年(1891)池陽周氏刊
　本草經三卷　　（魏）吳普等述　　（清）孫星衍
　　（清）孫馮翼輯
　本草經疏三十卷　　（明）繆希雍撰
　脈經十卷　　（晉）王叔和撰
　脈訣刊誤集解二卷附錄一卷　　（元）戴啓宗
　　撰　附錄(明)汪機輯
　增輯難經本義二卷　　（元）滑壽撰　　（清）周
　　學海增輯
　中藏經三卷附方一卷　　（漢）華佗撰
　內照法一卷　　（漢）華佗撰
　巢氏諸病源候總論五十卷　　（隋）巢元方撰
　脈因證治四卷　　（元）朱震亨撰
　小兒藥證直訣三卷附方一卷　　（宋）錢乙撰
　閻氏小兒方論一卷　　（宋）閻孝忠撰
　小兒斑疹備急方論一卷　　（宋）董汲撰
二集
　脈學四種　　（清）周學海撰　光緒二十二年
　　(1896)刊
　　脈義簡摩八卷
　　脈簡補義二卷
　　診家直訣二卷
　　辨脈法篇一卷平脈法篇一卷　　（漢）張機
　　撰　　（清）周學海章句
　內經評文素問二十四卷遺篇一卷靈樞十二
　　卷　　（清）周學海評注　光緒二十四年
　　(1898)刊
　讀醫隨筆六卷　　（清）周學海撰　光緒二十
　　四年(1898)刊　以上除內經評文原名
　　周澂之所著醫書　　　　　　　　　　　［注
　診家樞要一卷　　（元）滑壽撰　　（清）周學海
附
　諸脈條辨一卷　　（清）程文囿撰　　（清）周
　　學海注
　臟府標本藥式一卷　　（金）張元素撰
　金匱鉤玄三卷　　（元）朱震亨撰　　（清）周學
　　海評注　　　　　　　　　　　　　　　［注
　三消論一卷　　（金）劉完素撰　　（清）周學海
　溫熱論一卷　　（清）葉桂撰　　（清）周學海注
　幼科要略二卷　　（清）葉桂撰　　（清）周學海
　　注
　評點葉案存眞類編二卷　　（清）葉桂撰
　　（清）周學海類評

評點馬氏醫案印機草一卷　(清)馬儆撰
　　(清)周學海評注　以上及內經評文原
　　名周澂之評注醫書
三集
　　評注史載之方二卷　(宋)史堪撰　(清)周
　　　學海注
　　慎柔五書五卷　(明)釋住想撰　(清)周學
　　　海評注
　　韓氏醫通二卷　(明)韓懋撰
　　傷寒補例二卷　(清)周學海撰
　　形色外診簡摩二卷　(清)周學海撰　宣統
　　　二年(1910)刊
　　重訂診家直訣二卷　(清)周學海撰　宣統
　　　二年(1910)刊

中外醫書八種合刻

(清)□□輯
　　清光緒二十五年至二十七年（1899—
　　　1901)四川成都正字山房刊本
　脈學輯要三卷　(日本)丹波元簡撰
　中西醫解二卷　(清)唐宗海撰
　臟腑圖說症治要言合璧三卷　(清)羅定昌
　　撰
　皮膚新編一卷　(美國)嘉約翰口譯　(清)
　　林湘東筆述
　醫案類錄一卷　(清)羅定昌撰

中西醫學羣書國粹部第一集

(清)陳□輯
　　清光緒三十三年(1907)上海六藝書局石
　　　印本

古今醫學會通十一種

　　民國七年(1918)上海大東書局景印本
　顱顖經二卷　(宋)□□撰
　衛濟寶書二卷　(宋)東軒居士撰
　臟腑標本藥式一卷　(金)張元素撰
　三消論一卷　(金)劉完素撰　(清)周學海
　　注　　　　　　　　　　　　　　　[注
　診家樞要一卷　(元)滑壽撰　(清)周學海
　附
　　諸脈條辨一卷　(清)程文囿撰
　痎瘧論疏一卷　(明)盧之頤撰
　金匱鉤元三卷　(元)朱震亨撰　(清)周學
　　海評注　　　　　　　　　　　　　[注
　幼科要略二卷　(清)葉桂撰　(清)周學海
　溫熱論一卷　(清)葉桂撰　(清)周學海注
　客塵醫話三卷　(清)計楠撰
　太醫局諸科程文九卷　(清)□□輯　(大
　　東書局本)

中西醫學勸讀十二種

(清)馮步蟾輯
　　清光緒三十四年(1908)贊化文社刊本
　中西匯通醫經精義二卷　(清)唐宗海撰
　中西匯參醫學二卷　(清)□□撰　　　[撰
　傷寒論淺注補正七卷首一卷　(清)唐宗海
　金匱要略淺注補正九卷　(清)唐宗海撰
　血證論八卷　(清)唐宗海撰
　醫學折衷勸讀篇三卷　(清)黃傳祁撰
　扁鵲心書三卷神方一卷　(宋)竇材重集
　　(清)胡珏參論
　本草問答二卷　(清)唐宗海撰
　薛生白溼熱條辨一卷　(清)薛雪撰　(清)
　　章楠釋
　葉天士溫熱論一卷　(清)葉桂撰　(清)章
　　楠釋

醫學初階

(清)嚴嶽蓮輯
　　清光緒宣統間渭南嚴氏刊民國十三年
　　　(1924)校補印本　　　　　　　　　[本
　　1957年四川人民出版社用嚴氏刊板重印
　本經逢原四卷　(清)張璐撰
　傷寒論淺註方論合編六卷　(清)陳念祖撰
　金匱要略淺註方論合編十卷　(清)陳念祖
　　撰
　溫病條辨六卷首一卷　(清)吳瑭撰

豫醫雙璧

(清)吳重憙輯
　　清宣統元年(1909)海豐吳氏排印本
　傷寒補亡論二十卷　(宋)郭雍撰
　儒門事親十五卷　(金)張從正撰

武昌醫學館叢書

(民國)柯逢時輯
　　清光緒三十年至民國元年(1904—1912)
　　　武昌柯氏醫學館刊本　　　　　　　[撰
　經史證類大觀本草三十一卷　(宋)唐慎微
　大觀本草札記二卷　(民國)柯逢時撰
　本草衍義二十卷　(宋)寇宗奭撰
　傷寒論十卷　(漢)張機撰　(晉)王叔和輯
　傷寒總病論六卷　(宋)龐安時撰
　類證增注傷寒百問歌四卷　(宋)錢聞禮撰
　傷寒補亡論二十卷　(宋)郭雍撰
　活幼心書三卷　(元)曾世榮撰

三字經合編

張驥輯

民國二十二年(1933)成都義生堂刊本
醫學三字經二卷 (淸)陳念祖撰
三字經湯方歌括二卷 張驥增輯
春溫三字訣一卷 (淸)張子培撰
春溫三字訣方歌一卷 張驥輯
痢疾三字訣一卷 (淸)唐宗海撰
痢疾三字訣歌括一卷 張驥輯

醫藥叢書

裘慶元輯
　民國五年至十年(1916—1921)紹興裘氏
　刊本
研經言四卷 (淸)莫枚士撰
周氏易簡方集驗方合刻二卷(民國)周憻輯
　衞生易簡方一卷
　周氏集驗方一卷
羅謙甫治驗案二卷 (元)羅天益撰
吳鞠通先生醫案四卷 (淸)吳瑭撰
惜分陰軒醫案四卷 (民國)周鎭撰
人參考一卷 (淸)唐秉鈞撰
知醫必辨一卷 (淸)李文榮撰
市隱廬醫學雜著一卷 (民國)王德森撰
徐批葉天士晚年方案眞本二卷 (淸)葉桂
　撰 (淸)徐大椿評
周氏集驗方續編一卷 (民國)周憻輯
白喉證治通考一卷(民國)張采田(爾田)撰

國醫百家

裘慶元輯
　民國七年至十年(1918—1921)紹興醫藥
　學報社排印本
琉球百問一卷 (淸)曹存心撰
薛案辨疏二卷 (淸)徐蓮塘撰
葉氏伏氣觧一卷 (淸)葉霖撰　　　[撰
胎產指南七卷首一卷末一卷 (淸)單南山
重訂幼科金鑑評一卷 (淸)費養莊撰
　(淸)顧金壽重訂
雪雅堂醫案二卷附類中祕旨一卷 (淸)張
　士驤撰
簡明眼科學一卷 (明)程玠撰 (民國)王
　桂林增注

三三醫書

裘慶元輯
　民國十三年(1924)杭州三三醫社排印本
第一集
溫熱逢源三卷 (淸)柳寶詒撰
醫事啓源一卷 (日本)今村亮撰
醫經祕旨二卷 (明)盛寅撰
醫病簡要一卷 (淸)張畹香撰

醫階辨證一卷 (淸)汪必昌撰
喉科祕訣二卷 (□)黃眞人撰
癍科全書一卷 (淸)梁希曾撰
重訂時行伏陰芻言一卷 (淸)田宗漢撰
村居救急方七卷附餘一卷 魏祖淸輯
毆蠱燃犀錄一卷 (淸)燃犀道人撰
外科方外奇方四卷 (淸)凌奐輯
欬論經旨四卷 (淸)凌德撰
臨症驗舌法二卷 楊雲峯撰
沈氏經驗方一卷 (淸)沈維基撰
重訂痧疫指迷一卷 (淸)費養莊撰 (淸)
　顧金壽評
重訂靈蘭要覽二卷 (明)王肯堂撰 (淸)
　顧金壽訂
凌臨靈方一卷 (淸)凌奐撰
推蓬寤語一卷 (明)李豫亨撰 (民國)王
　蘭遠節錄
舊德堂醫案一卷 (淸)李用粹撰
內經辨言一卷 (淸)俞樾撰
診脈三十二辨三卷 (淸)管玉衡輯
專治麻痧初編六卷 (淸)凌德輯
評注產科心法二卷 (淸)汪喆撰 (民國)
　徐名南評
本草衍句一卷 (淸)□□撰 (民國)金山
　農錄
先哲醫話二卷 (日本)淺田惟常撰
陳氏幼科祕訣一卷
秋瘧指南二卷 林天佑撰
備急灸法一卷 (宋)聞人耆年撰　 [錄
醫原一卷 (淸)芬餘氏撰 (民國)盧育和
馬培之先生醫案一卷 (淸)馬文植撰
類證普濟本事方續集十卷 (宋)許叔微撰
曹仁伯醫案論一卷 (淸)曹存心撰
南病別鑑三卷續集一卷 (淸)宋兆淇輯併
　撰續集
第二集
醫脈摘要二卷 (淸)蕭渙唐輯
崇實堂醫案一卷 (淸)姚龍光撰
千里醫案五卷 (淸)張千里撰
醫學課兒策一卷 (淸)高鼎汾撰
經歷雜論一卷 (民國)劉恆瑞撰
痢疾明辨一卷 (淸)吳士瑛撰
伏邪新書一卷 (民國)劉恆瑞撰
鬼遺方五卷(南齊)龔慶宣撰
醫醫醫三卷 (淸)孟今氏撰
察病指南三卷 (宋)施發撰
溫證指歸四卷 (淸)周魁撰
女科折衷纂要一卷 (淸)凌德輯
延陵弟子紀要一卷 (淸)曹存心撰 吳元
　善錄

過庭錄存一卷　(清)曹存心撰
醫中一得一卷　(清)顧儀卿撰
醫學說約一卷　(清)秋田散人撰
醫學妙諦三卷　(清)何其偉輯
發背對口治訣論一卷　(清)謝應材撰
脚氣治法總要二卷　(宋)董汲撰
集驗背疽方一卷　(宋)李迅撰
伏溫症治實驗談一卷　蔣樹杞撰
肯堂醫論三卷　(明)王肯堂撰
傷科方書一卷　(清)江考卿撰
和緩遺風二卷　(清)金子久撰
證治心傳一卷　(明)袁班撰
金氏門診方案一卷　(清)金子久撰
長沙正經證彙一卷　(日本)田中榮信輯
治痢捷要新書一卷　丁國瑞輯
素問校義一卷　(清)胡澍撰
中風論一卷　(清)熊笏撰
琉球問答奇病論一卷　(清)曹存心撰
羊毛溫證論一卷　(清)隨霖撰
走馬急疳眞方一卷　(宋)滕伯祥輯

第三集
醫學輯要四卷　(清)吳燡輯
陰證略例一卷　(元)王好古撰
瘍科綱要一卷　張壽頤撰
醫驗隨筆一卷　(清)沈祖復撰
歷驗再壽編一卷　童月軒輯
仿寓意草二卷　(清)李文榮撰
毛對山醫話一卷　(清)毛祥麟撰
沈氏女科輯要箋疏三卷　張壽頤撰
鱠殘篇一卷　(清)沈萍如撰
喉科家訓四卷　刁步忠撰　刁質明輯
外科學講義一卷　(民國)劉恆瑞撰
醫餘三卷　(日本)尾臺逸撰
傷風約言一卷　(日本)後藤省撰
解圍元藪四卷　(明)沈之問輯
丹溪脈訣指掌一卷　(元)朱震亨撰
醫學體用三卷　王普耀撰
疝癥積聚編一卷　(日本)大橋尚因撰
醫易一理一卷　(清)邵同珍撰
疤後方一卷　(明)喩政輯
醫津一筏(一名內經釋要)一卷　(清)江之蘭撰
許氏醫案一卷　(清)許恩普撰
醫經讀四卷　(清)沈又彭輯
攝養枕中方一卷　(唐)孫思邈撰
靈藥祕方二卷　(清)師成子撰
藥徵三卷　(日本)吉益東洞撰
許琴書屋醫略三卷　(清)潘名熊撰
重樓玉鑰續編一卷　(清)鄭瀚撰
傷寒論讀一卷　(清)沈又彭輯

藥徵續編二卷附錄一卷　(日本)村井杶撰
上池雜說一卷　(明)馮時可撰
暑症發源一卷　李識侯參訂
徐渡漁先生醫案一卷　徐渡漁撰
行軍方便便方三卷　(清)羅世瑤輯

珍本醫書集成

裘慶元輯　　　　　　　　　　　　〔本
　民國二十五年(1936)上海世界書局排印
醫經類
內經素問校義一卷　(清)胡澍撰
內經博義四卷　(清)羅美撰
難經古義二卷　(日本)滕萬卿撰
難經正義六卷　(清)葉霖撰
古本難經闡注二卷　(清)丁錦撰
本草類
神農本草經贊三卷附月令七十二候贊一卷　(魏)吳普等述經　(清)葉志詵撰贊
本草擇要綱目一卷　(清)蔣居祉輯
本草撮要十卷　(清)陳其瑞輯
本草思辨錄四卷首一卷　(清)周巖撰
食鑑本草一卷　(清)費伯雄撰
脈學類
訂正太素脈祕訣二卷　(□)張太素述　(□)劉伯詳注
脈訣乳海六卷　(清)王邦傅撰
診脈三十二辨一卷　(清)管玉衡輯
傷寒類
傷寒括要二卷　(明)李中梓撰
傷寒尋源三卷　(清)呂震名撰
傷寒捷訣一卷　(清)嚴宮方撰
傷寒法祖二卷　(清)任越菴撰
通治類
松厓醫徑二卷　(明)程玠撰
古今醫徹四卷　(清)懷遠撰
醫略十三篇十三卷列方一卷附關絡考一卷人迎辨一卷　(清)蔣寶素撰
醫經小學六卷　(明)劉純撰
通俗內科學一卷　(民國)張拯滋撰
雜症會心錄二卷　(清)汪文綺撰
雞鳴錄一卷　(清)野雲氏(王士雄)輯
醫學傳燈二卷　(清)陳岐撰
內科類
增訂傷暑全書二卷　(明)張鶴騰撰　(清)葉霖訂
辨疫瑣言一卷　(清)李炳撰
附
　李翁醫記一卷　(清)焦循撰
六氣感證要義一卷　(清)周巖撰
鼠疫約編一卷　(清)吳宣崇撰　(清)羅汝

蘭增輯 (清)鄭奮揚參訂
逕溫時疫治療法一卷 紹興醫學會輯
溫熱經解一卷 沈麟撰
溫熱論箋正一卷 (民國)陳光淞撰
醫寄伏陰論二卷 (清)田宗漢撰
霍亂燃犀說二卷 (清)許起撰
六因條辨三卷 (清)陸廷珍撰
瘴瘧指南二卷 (明)鄭全望撰
附
　黑熱病證治指南一卷 (民國)宋冀撰
瘋門全書一卷 (清)蕭曉亭撰
附
　瘋門辨症一卷 (清)侯敬庵(清)鄭鳳山
　輯
外科類
外科傳薪集一卷 (清)馬文植撰
外科方外奇方四卷 (清)凌奐撰
傷科方書一卷 江考卿撰
婦科類
產寶一卷 (清)倪枝維撰
產孕集二卷 (清)張曜孫撰
胎產新書二十卷 竹林寺傳
女科祕要八卷 (清)釋輪應考定
女科祕旨八卷 (清)釋輪應撰
女科旨要四卷 (清)釋雪巖增廣
女科百問二卷 (宋)齊仲甫撰
兒科類
兒科醒十二卷 (□)芝嶼樵客撰
麻疹闡注四卷 (清)張廉撰
方書類
惠直堂經驗方四卷 (清)陶承熹輯
絳囊撮要一卷 (清)雲川道人輯
經驗奇方二卷 (清)周子蕃輯
古方彙精五卷 (清)愛虛老人輯
醫方簡義六卷 (清)王清源撰
回生集二卷 (清)陳杰輯
不知醫必要四卷 (清)梁廉夫撰
醫便五卷 (明)王三才輯
春腳集四卷 (清)孟文瑞輯
外治壽世方四卷 (清)鄒存淦輯
文堂集驗方四卷 (清)何京輯
疑難急症簡方四卷 (清)羅越峯輯
扶壽精方一卷 (明)吳旻輯
孫眞人海上方一卷 (唐)孫思邈撰
魯府禁方四卷 (明)龔廷賢輯
祕傳大麻瘋方一卷
喻選古方試驗四卷 (清)喻昌輯
醫案類
得心集醫案六卷 (清)謝星煥撰
杏軒醫案初集一卷續錄一卷輯錄一卷

(清)程文囿撰
古今醫案按選四卷 (清)俞震撰 (清)王
士雄選
花韻樓醫案一卷 (清)顧德華撰
王旭高臨證醫案四卷 (清)王泰林撰
叢桂草堂醫案四卷 袁焯撰
黃澹翁醫案四卷 黃述寧撰
診餘舉隅錄二卷 (清)陳廷儒撰
也是山人醫案一卷 (□)也是山人撰
(民國)周鎮訂正
龍砂八家醫案一卷 (清)姜成之輯
邵氏醫案一卷 (清)邵蘭蓀撰
沈氏醫案一卷 (清)沈璠撰
青霞醫案一卷 (清)沈登階撰
素圃醫案四卷 (清)鄭重光撰
掃葉莊一瓢老人醫案四卷 (清)薛雪撰
雜著類
壽世青編二卷附病後調理服食法一卷
(清)尤乘輯
存存齋醫話稿二卷 (清)趙彥暉撰
附
吳山散記一卷 沈仲圭撰
醫權初編二卷 (清)王三尊撰
一得集三卷 (清)釋心禪撰
醫醫偶錄二卷 (清)陳念祖撰
藥症忌宜一卷 (清)陳澈撰
蠢子醫四卷 (清)龍之章撰
宜麟策一卷續集一卷 (明)張介賓撰 續
集(□)□□輯
醫醫小草一卷游藝誌略一卷 (清)寶輝撰
醫門補要三卷 (清)趙濂撰
履霜集三卷 (清)臧達德撰
廣嗣要語一卷 (明)俞橋撰

病鏡

(民國)王德森輯
民國十一年(1922)嘉定排印本
市隱廬醫學雜著一卷 (民國)王德森撰
保赤要言(一名幼科鐵鏡)五卷 (清)夏鼎
撰

廻瀾社醫書第一輯

(民國)汪紹達輯
民國十八年(1929)廻瀾社景印本
葉天士家傳祕訣一卷 (清)葉桂撰 據稿
本景印
愼疾芻言一卷 (清)徐大椿撰 據道光十
八年蔡氏涵虛閣本景印 〔印
李翁醫記二卷 (清)焦循撰 據清刊本景
醫事啓源一卷 (日本)今村亮撰 據日本

重刊咽喉脈證通論一卷
喉舌備要秘旨一卷附錄一卷
重訂囊祕喉書二卷附錄驗方一卷增錄一卷
　　（清）楊龍九撰　附錄（清）王景華輯
　　增錄（清）浦石師撰
包氏喉證家寶一卷附方一卷附咽喉七十二
　　證考一卷　（清）包三總撰
眼科叢刊
一草亭目科全書一卷附薛氏選方一卷
　　（明）鄧苑撰
異授眼科一卷
銀海指南四卷　（清）顧錫撰
第九集　婦科類
經效產寶三卷續編一卷　（唐）咎殷撰
　　續篇（□）□□輯
校註婦人良方二十四卷　（宋）陳自明撰
　　（明）薛己注
女科經綸八卷　（清）蕭壎撰
女科切要八卷　（清）吳道源撰
盤珠集胎產症治三卷　（清）施雯（清）嚴潔
　　（清）洪煒纂
重訂產孕集二卷補遺一卷　（清）張曜孫撰
　　補遺（清）包誠撰
胎產指南八卷首一卷　（清）單南山撰
第十集　兒科類
兒科叢刊
小兒衛生總微論方二十卷
活幼心書三卷　（元）曾世榮撰
慈幼新書十二卷首一卷　（明）程雲鵬撰
幼科直言六卷　（清）孟河撰
幼幼集成六卷　（清）陳復正輯
痘疹叢刊
原痘要論一卷　（清）袁口撰
麻疹備要方論一卷　（清）吳亦鼎撰
第十一集　鍼灸類
鍼灸叢刊
鍼灸素難要旨三卷　（明）高武撰　（日本）
　　岡本一抱子訂
按摩叢刊
巢氏病源補養宣導法二卷　（民國）廖平輯
第十二集　醫案類
孫文垣醫案五卷　（明）孫一奎撰　（明）孫
　　泰來等輯
眉壽堂方案選存二卷　（清）葉桂撰　郭溶
　　維輯
三家醫案合刻　（清）吳金壽輯
　　葉天士醫案一卷　（清）葉桂撰
　　繆宜亭醫案一卷　（清）繆遹義撰
　　薛生白醫案一卷　（清）薛雪撰
程杏軒醫案初集一卷續錄一卷輯錄一卷

（清）程文囿撰
吳鞠通醫案五卷　（清）吳瑭撰
何澹安醫案一卷　（清）何游撰
張畹香醫案二卷　（清）張畹香撰
邵蘭蓀醫案四卷　（清）邵蘭蓀撰　（清）史
　　久華評注
第十三集　雜著類
醫論叢刊
重訂靈蘭要覽二卷　（明）王肯堂撰　（清）
　　顧金壽訂
肯堂醫論三卷　（明）王肯堂撰
醫學源流論二卷　（清）徐大椿撰
慎疾芻言一卷　（清）徐大椿撰　　　　〔輯
葉選醫衡二卷　（明）沈時譽撰　（清）葉桂
讀醫隨筆六卷　（清）周學海撰
醫學讀書記三卷續記一卷　（清）尤怡撰
附
　　靜香樓醫案一卷　（清）尤怡撰
知醫必辨一卷　（清）李文榮撰
市隱廬醫學雜著一卷　（民國）王德森撰
　　（民國）曹炳章評
醫話叢刊
友漁齋醫話六種　（清）黃凱鈞撰
　　一覽延齡一卷
　　橘旁雜論二卷
　　上池涓滴一卷
　　肘後偶鈔二卷
　　證治指要一卷
　　藥籠小品一卷
客塵醫話三卷　（清）計楠撰
先哲醫話二卷　（日本）淺田惟常撰
對山醫話四卷補編一卷　（清）毛祥麟撰
　　補編（民國）曹炳章輯
冷廬醫話五卷補編一卷　（清）陸以湉撰
柳洲醫話一卷附方一卷　（清）魏之琇撰
　　（清）王士雄輯
餲塘醫話一卷補編二卷　（清）張景燾撰
潛齋醫話一卷　（清）王士雄撰
醫暇卮言二卷　（清）程林撰

古本醫學叢刊
張贊臣輯
　　民國二十六年（1937）上海醫界春秋社景
　　印本
腧穴折衷二卷　（日本）安井元越撰
幼科發揮二卷　（明）萬全撰

費氏食養三種
費子彬輯　　　　　　　　　　　　〔本
　　民國二十七年（1938）孟河費氏醫院排印

食鑑本草一卷　（清）費伯雄撰
本草飲食譜一卷　（清）費伯雄輯
食養療法一卷　費子彬撰

宋人醫方三種

商務印書館輯
　　1956 年上海商務印書館排印本
史載之方二卷　（宋）史堪撰
全生指迷方四卷　（宋）王貺撰
洪氏集驗方五卷　（宋）洪遵撰

仲景全書

（漢）張機等撰
　　明萬曆二十七年(1599)海虞趙開美刊本
傷寒論十卷　（漢）張機撰　（晉）王叔和編
注解傷寒論十卷　（漢）張機撰　（晉）王叔
　和編　（金）成無己注
金匱要略方論三卷　（漢）張機撰
傷寒類證三卷　（金）宋雲公撰

仲景全書

（漢）張機等撰
　　清光緒二十年(1894)成都鄧氏崇文齋刊
　　本
　　民國五年(1916)上海千頃堂石印本

張仲景醫學全書

　　民國十八年(1929)上海受古書店石印本
集注傷寒論十卷　（漢）張機撰　（金）成無
　已注　（明）張遂辰參注
金匱要略方論三卷　（漢）張機撰
傷寒類證三卷　（金）宋雲公撰
運氣掌訣錄一卷　（清）曹樂齋撰
傷寒明理論三卷　（金）成無已撰

許叔微傷寒論著三種

（宋）許叔微撰
　　1956 年上海商務印書館排印本
張仲景註解傷寒百證歌五卷
新編張仲景註解傷寒發微論二卷
傷寒九十論一卷附校譌一卷續校一卷　校
　譌(清)胡珽撰　續校(清)董金鑑撰

劉河間傷寒三書

（金）劉完素撰
　　明宣德六年(1431)刊本
　　明萬曆中繡谷吳繼宗刊本
　　清宣統元年(1909)上海千頃堂石印本
黃帝素問宣明論方十五卷
素問玄機原病式二卷

素問病機氣宜保命集三卷

劉河間傷寒六書

（金）劉完素撰
　　清宣統元年(1909)上海千頃堂石印本
素問病機氣宜保命集三卷
黃帝素問宣明論方十五卷
素問玄機原病式一卷
劉河間傷寒醫鑒一卷　（元）馬宗素撰
劉河間傷寒直格論方三卷　（金）葛雍編
傷寒標本心法類萃二卷
附
河間傷寒心要一卷　（金）鎦洪編
張子和心鏡別集一卷　（元）常德編

薛氏醫按十六種

（明）薛己撰
　　清乾隆嘉慶間博古堂刊本
婦人良方二十四卷　（宋）陳自明撰　（明）
　薛己注
保嬰撮要二十卷　（明）薛鎧撰
明醫雜著六卷　（明）王綸撰　（明）薛己注
外科精要三卷　（宋）陳自明撰　（明）薛己
　注
外科樞要四卷
錢氏小兒直訣四卷　（宋）錢乙撰　（明）薛
　鎧注
原機啓微二卷附錄一卷　（明）倪維德撰
　附錄(明)薛己撰
內科摘要二卷
女科撮要二卷
癧瘍機要三卷
正體類要二卷
陳氏小兒痘疹方論一卷　（宋）陳文中撰
　（明）薛己注
保嬰粹要一卷
口齒類要一卷
保嬰金鏡錄一卷
敖氏傷寒金鏡錄一卷　（元）敖口撰　（元）
　杜本增定　（明）薛己校

薛氏醫按二十四種

（明）吳琯輯
　　明萬曆中刊本
　　清嘉慶十四年(1809)書業堂刊本
　　民國十年(1921)大成書局石印本
內科
十四經發揮三卷　（元）滑壽撰
難經本義二卷　（元）滑壽撰
本草發揮四卷　（明）徐用誠撰

平治會萃三卷　(元)朱震亨撰
內科摘要二卷　(明)薛己撰
明醫雜著六卷　(明)王綸撰　(明)薛己注
傷寒鈐法一卷　(漢)張機撰
外傷金鏡錄一卷　(明)薛己撰
原機啓微二卷附錄一卷　(明)倪維德撰
　　附錄(明)薛己撰
幼科
保嬰撮要二十卷　(明)薛鎧撰
錢氏小兒直訣四卷　(宋)錢乙撰　(明)薛
　　鎧注
陳氏小兒痘疹方論一卷　(宋)陳文中撰
　　(明)薛己注
保嬰金鏡錄一卷　(明)薛己撰
女科
婦人良方二十四卷　(宋)陳自明撰　(明)
　　薛己注
女科撮要二卷　(明)薛己撰
外科
立齋外科發揮八卷　(明)薛己撰
外科心法七卷　(明)薛己撰
外科樞要四卷　(明)薛己撰　　　　[注
外科精要三卷　(宋)陳自明撰　(明)薛己
癰疽神祕驗方一卷　(明)陶華撰
外科經驗方一卷　(明)薛己撰
正體類要二卷　(明)薛己撰
口齒類要一卷　(明)薛己撰
癧瘍機要三卷　(明)薛己撰

傷寒六書

(明)陶華撰
　　明嘉靖十二年(1533)湖廣布政使司刊本
傷寒瑣言一卷
傷寒家祕的本一卷
傷寒家祕殺車槌法方一卷
傷寒一提金一卷
傷寒證脉藥截江網一卷
傷寒明理續論五卷

石山醫案

(明)汪機撰
　　明祁門樸墅刊本
　　民國上海二酉書莊石印本
脉訣刊誤集解二卷附錄一卷　(元)戴啓宗
　　撰　附錄(明)汪機輯
石山醫案三卷附錄一卷　(明)陳梀編
讀素問鈔三卷　(元)滑壽輯　(明)汪機續
　　注
運氣易覽三卷
外科理例七卷補遺一卷附方一卷

痘治理辨一卷附方一卷
針灸問對三卷
推求師意二卷　(明)戴原禮撰

萬密齋書

(明)萬全撰
　　清乾隆六年(1741)敷文堂刊本
萬氏家傳保命歌括三十五卷
萬氏家傳傷寒摘錦二卷
新刊萬氏家傳養生四要五卷
萬氏家傳婦人祕科(一名內科要訣)三卷
新刊萬氏家傳幼科發揮二卷
萬氏祕傳片玉心書五卷
萬氏家藏育嬰家祕四卷
萬氏家傳痘疹心法二十三卷
萬氏祕傳片玉痘疹十三卷
萬氏家傳廣嗣紀要十六卷

六科證治準繩

(明)王肯堂輯
　　明萬曆三十年至三十六年(1602--1608)
　　刊本
證治準繩八卷
雜病證治類方八卷
傷寒證治準繩八卷
瘍醫準繩六卷
幼科證治準繩九卷
女科證治準繩五卷

景岳全書

(明)張介賓撰
　　清康熙四十九年(1710)魯超刊本
　　清乾隆三十三年(1768)越郡黎照樓刊本
　　清嘉慶二十四年(1819)金閶書業堂刊本
　　清光緒二十年(1894)上海圖書集成印書
　　局排印本
傳忠錄三卷
脈神章三卷
傷寒典二卷
雜證謨二十九卷
婦人規二卷
小兒則二卷
痘疹詮四卷
外科鈐二卷
本草正二卷
新方八略一卷
新方八陣一卷
古方八陣九卷
婦人規古方一卷
小兒則古方一卷

痘疹詮古方一卷
外科鈐古方一卷

壺隱子醫書四種

(明)劉浴德撰
　　舊鈔本

脈學三書

　　舊鈔本
脈賦訓解一卷
脈訣正譌一卷
壺隱子應手錄一卷
壺隱子醫譚一得一卷　(四種本)

醫學準繩六要

(明)張三錫撰
　　明崇禎十七年(1644)聚錦堂刊本
經絡考一卷
四診法二卷
病機部二卷
運氣略一卷
本草選六卷
治法彙八卷

士材三書

(明)李中梓撰　(清)尤乘增訂
　　清康熙中刊本
診家正眼二卷
本草通元二卷
增補病機沙篆二卷
附
壽世正編二卷　(清)尤乘輯

喻氏醫書三種

(清)喻昌撰
　　清乾隆中黎川陳守誠刊本
醫門法律二十四卷　乾隆三十年(1765)集
　　思堂刊　　　　　　　　　　　　　　[刊
寓意草一卷　乾隆二十八年(1763)嵩秀堂
尚論篇四卷首一卷後篇四卷　乾隆三十年
　　(1765)嵩秀堂刊後篇乾隆二十八年
　　(1763)嵩秀堂刊

醫徵五種

(清)沈明宗撰
　　清康熙三十二年(1693)檇李沈氏刊本
金匱要略編註二十四卷
溫熱病論二卷
傷寒六經纂註八卷
虛勞內傷二卷

女科附翼一卷
附
　　客窗偶談一卷

證治大還

(清)陳治撰
　　清康熙中貞白堂刊本
醫學近編二十卷
傷寒近前集五卷後集五卷
幼幼近編四卷
濟陰近編五卷
陳氏診視近纂(一名經絡診視)二卷
陳氏藥理近考二卷

脈草經絡五種會編

(清)汪昂撰
　　清光緒十二年(1886)敬文堂刊本
增訂本草備要四卷
醫方湯頭歌訣一卷
經絡歌訣一卷
瀕湖二十七脈歌一卷
改正內景五臟六腑經絡圖說一卷

四種須知(一名貽善堂須知)

(清)朱本中撰
　　清康熙二十八年(1689)還讀齋刊本
急救須知不分卷
格物須知不分卷
修養須知不分卷
飲食須知不分卷

傷寒大成

(清)張璐等撰
　　日本文化九年(1812)思得堂刊本
診宗三昧一卷　(清)張璐　(清)張登輯
傷寒纘論二卷　(清)張璐撰
傷寒緒論二卷　(清)張璐撰
傷寒舌鑑一卷　(清)張登撰
傷寒兼證析義一卷　(清)張倬撰

張氏醫書七種

(清)張璐(清)張登撰
　　清康熙中寶翰樓刊本
　　清乾隆嘉慶間金閶書業堂刊本
　　日本文化元年(1804)刊本
　　清光緒二十年(1894)上海圖書集成局排
　　　印本
　　清光緒二十五年(1899)浙江書局重印日
　　　本思得堂刊本
　　清光緒三十三年(1907)上海書局石印本

民國上海廣益書局石印本
民國上海錦章圖書局石印本
張氏醫通十六卷 （清）張璐撰
本經逢原四卷 （清）張璐撰
診宗三昧一卷 （清）張璐撰 （清）張登輯
傷寒緒論二卷 （清）張璐撰
傷寒纘論二卷 （清）張璐撰
傷寒舌鑑一卷 （清）張登撰
傷寒兼證析義一卷 （清）張倬撰

馮氏錦囊秘錄

（清）馮兆張撰
清康熙四十一年(1702)刊本
清嘉慶十八年(1813)會成堂刊本
首一卷
內經纂要二卷
雜症大小合參十四卷
脈訣纂要一卷
女科精要三卷
外科精要一卷
藥按一卷
痘疹全集十五卷
雜症痘疹藥性主治合參十二卷

御纂醫宗金鑑

（清）吳謙等輯
清乾隆七年(1742)武英殿刊本
清光緒二年(1876)江西書局刊本
清光緒九年(1883)掃葉山房刊本
清光緒十八年(1892)上海圖書集成印書
　　局排印本　　　　　　　　　［本
清光緒二十九年(1903)上海經香閣石印
民國元年(1912)上海商務印書館排印本
民國八年(1919)上海鴻寶齋石印本
1951年上海廣益書局排印本
1954年上海錦章書局排印本
首一卷
訂正仲景全書傷寒論註十七卷
訂正仲景全書金匱要略註八卷
刪補名醫方論八卷
編輯四診心法要訣一卷
編輯運氣要訣一卷
編輯傷寒心法要訣三卷
編輯雜病心法要訣五卷
編輯婦科心法要訣六卷
編輯幼科雜病心法要訣六卷
編輯痘疹心法要訣六卷
編輯幼科種痘心法要旨一卷
編輯外科心法要訣十六卷
編輯眼科心法要訣二卷

編輯刺灸心法要訣八卷
編輯正骨心法要旨四卷

顧氏醫鏡

（清）顧靖遠撰　　　　　　　　　　　［本
民國二十三年(1934)上海掃葉山房石印
素靈摘要二卷
內景圖解一卷
脈法刪繁一卷
格言彙纂二卷
本草必用二卷
症方發明八卷

醫方全書

（清）何夢瑤撰
民國七年(1918)廣東兩廣圖書局排印本
神效腳氣秘方四卷
追痧仙方二卷
婦科良方不分卷
幼科良方不分卷
痘疹良方不分卷
何氏醫碥七卷

醫理元樞

（清）朱音恬撰
清三秀堂刊本
運氣要略一卷
脈法心參一卷
醫方捷徑四卷
傷寒論注四卷
金匱要略注二卷
附
婦科輯要一卷
幼科輯要一卷

黃氏醫書八種(一名黃氏遺書)

（清）黃元御撰
清咸豐十年(1860)長沙燮和精舍刊本
清同治七年(1868)成都刊本
清宣統元年(1909)上海江左書林石印本
民國四年(1915)上海鑄記書局石印本
民國上海錦章書局石印本
四聖心源十卷
四聖懸樞五卷
玉楸藥解八卷
金匱懸解二十二卷
傷寒懸解十四卷首一卷末一卷
長沙藥解四卷
傷寒說意十卷首一卷
素靈微蘊四卷

黃氏遺書三種

(清)黃元御撰
  清同治光緒間陽湖馮氏刊本
  素問懸解十三卷附校餘偶識一卷
  靈樞懸解九卷
  難經懸解二卷

徐氏醫書六種

(清)徐大椿撰
  清乾隆中半松齋刊本
  清同治十二年(1873)湖北崇文書局刊本
  難經經釋二卷
  醫學源流論二卷
  醫貫砭二卷
  傷寒論類方一卷
  神農本草經百種錄一卷
  蘭臺軌範八卷

徐氏醫書八種

(清)徐大椿撰
  清光緒十九年(1893)上海圖書集成印書
   局排印本
  難經經釋二卷
  醫學源流論二卷
  神農本草經百種錄一卷
  醫貫砭二卷
  傷寒論類方一卷
  蘭臺軌範八卷
  洄溪醫案一卷
  慎疾芻言一卷
附
  外科正宗十二卷附錄一卷 (明)陳實功撰
   (清)徐大椿評
雜著
  道德經注二卷
  陰符經注一卷
  樂府傳聲一卷
  洄溪道情一卷

徐靈胎十二種全集

(清)徐大椿撰
  清同治三年(1864)彭樹葵善成堂刊本
  難經經釋二卷
  神農本草經百種錄一卷
  傷寒類方一卷
  醫學源流論二卷
  醫貫砭二卷
  蘭臺軌範八卷
  慎疾芻言一卷

  洄溪醫案一卷
  洄溪道情一卷
  陰符經注一卷
  樂府傳聲一卷
  老子道德經二卷 (周)李耳撰 (清)徐大
   椿注

徐靈胎醫學全書

(清)徐大椿撰
  清光緒三十三年(1907)上海六藝書局石
   印本
  民國十一年至二十四年(1922—1935)上
   海錦文堂石印本
  民國二十五年至三十七年(1936—1948)
   上海廣益書局排印本
前集
  難經經釋二卷
  神農本草經百種錄一卷
  傷寒論類方一卷
  洄溪醫案一卷
  醫學源流論二卷
  醫貫砭二卷
  蘭臺軌範八卷
  慎疾芻言一卷
後集
  內經詮釋一卷
  脈訣啓悟注釋一卷
  傷寒約編六卷
  雜病源一卷
  洄溪脈學一卷
  六經病解一卷
  舌鑑總論一卷
  女科醫案一卷

傳症彙編

(清)熊立品撰
  清乾隆四十二年(1777)刊本
  治疫全書六卷
  痢瘧纂要八卷
  痘麻紺珠六卷

沈氏尊生書

(清)沈金鰲撰
  清乾隆四十九年(1784)無錫沈氏刊本
  清同治十三年(1874)湖北崇文書局刊本
  清宣統元年(1909)石印本
  民國三年(1914)淵海書局排印本
  雜病源流犀燭三十卷首二卷
  傷寒論綱目十六卷首二卷
  婦科玉尺六卷

　　　幼科釋謎六卷
　　　要藥分劑十卷

鄭氏彤園醫書

　　（清）鄭玉壇撰
　　　　清光緒二十五年（1899）長沙述古書局木
　　　　活字排印本
　　　傷寒雜病心法集解四卷附醫方合編二卷
　　　幼科心法集解四卷
　　　彤園婦科六卷
　　　外科圖形脈證六卷附醫方便玫二卷

友漁齋醫話六種

　　（清）黃凱鈞撰
　　　　清嘉慶十七年（1812）嘉善黃氏刊本
　　　一覽延齡一卷
　　　橘旁雜論二卷
　　　上池涓滴一卷
　　　肘後偶鈔二卷
　　　證治指要一卷
　　　藥籠小品一卷

曾氏醫書四種

　　（清）曾鼎撰
　　　　清嘉慶十九年（1814）南城曾氏忠恕堂刊
　　　　本
　　　醫宗備要三卷
　　　幼科指歸二卷
　　　痘疹會通四卷
　　　婦科指歸四卷

南雅堂醫書全集

　　（清）陳念祖撰
　　　　清同治四年（1865）文奎堂刊本
　　　靈素提要淺註十二卷
　　　張仲景傷寒論原文淺註六卷
　　　長沙方歌括六卷
　　　金匱要略淺註十卷
　　　金匱方歌括六卷
　　　醫學實在易八卷
　　　醫學從衆錄八卷
　　　女科要旨四卷
　　　神農本草經讀四卷
　　　醫學三字經四卷
　　　時方妙用四卷
　　　時方歌括二卷
　　　景岳新方砭四卷
　　　傷寒眞方歌括六卷
　　　傷寒醫訣串解六卷
　　　十藥神書註解一卷

陳修園廿三種

　　（清）陳念祖撰
　　　　清光緒三十四年（1908）寶慶經元書局刊
　　　　本
　　　神農本草經讀四卷
　　　醫學三字經四卷
　　　時方妙用四卷
　　　時方歌括二卷
　　　女科要旨四卷
　　　景岳新方砭四卷
　　　張仲景傷寒論原文淺註六卷
　　　長沙方歌括六卷
　　　金匱要略淺註十卷
　　　金匱方歌括六卷
　　　醫學實在易八卷
　　　醫學從衆錄八卷
　　　靈素提要淺註十二卷
　　　傷寒眞方歌括六卷
　　　傷寒醫訣串解六卷
　　　十藥神書註解一卷
　　　修園七種合刊（名爲七種實僅兩種）
　　　　霍亂論二卷　（清）王士雄撰
　　　　神授急救異痧奇方一卷　（清）□□輯

陳修園醫書五十種

　　（清）陳念祖撰
　　　　清光緒三十一年（1905）上海商務印書館
　　　　排印本

陳修園醫書全集六十種

　　　　民國八年（1919）上海掃葉山房石印本

陳修園醫書四十八種

　　　　民國十八年（1929）上海三星書店石印本
　　　神農本草經讀四卷
　　　醫學三字經四卷
　　　時方妙用四卷
　　　時方歌括二卷
　　　景岳新方砭四卷
　　　女科要旨四卷
　　　醫學實在易八卷
　　　醫學從衆錄八卷
　　　金匱要略淺註十卷
　　　金匱方歌括六卷
　　　張仲景傷寒論原文淺註六卷
　　　長沙方歌括六卷
　　　靈素集註節要十二卷
　　　傷寒醫訣串解六卷
　　　傷寒眞方歌括六卷

十藥神書註解一卷
急救異痧奇方一卷　（清）□□輯
瘟疫明辨四卷　（清）鄭奠一撰　（五十種本、六十種本）
經驗百病內外方一卷　（清）□□輯　（五十種本、六十種本）
洞主仙師白喉治法忌表抉微一卷　（清）耐修子錄
福幼編一卷　（清）莊一夔撰
咽喉脈證通論一卷
救迷良方一卷　（清）何其偉撰
太乙神鍼方一卷　（清）范培蘭傳　（清）杜文瀾訂定
霍亂論二卷　（清）王士雄撰
喉證要旨一卷　（清）陳根儒撰　（六十種本）
弔脚痧方論一卷　（清）徐子默撰
爛喉痧痧輯要一卷　（清）金德鑑撰
急治喉痧要法一卷　（清）□□輯
瘧疾論一卷　（清）韓善徵撰
喉痧正的一卷　（清）曹心怡撰
外科證治全生集一卷　（清）王維德撰　（五十種本、六十種本）
傷寒舌鑑一卷　（清）張登撰
眼科捷徑一卷
養生鏡一卷　（清）陸樂山撰　（五十種本、六十種本）
達生編一卷　（清）亟齋居士撰
春溫三字訣一卷　（清）張子培撰
痢症三字訣一卷　（清）唐宗海撰
保嬰要旨一卷　（清）毓蘭居士撰　（清）拜松居士增訂　（五十種本、六十種本）
引痘略一卷　（清）丘熺撰
涇熱條辨一卷　（清）薛雪撰
本經便讀一卷　（清）黃鈺輯
溫熱贅言一卷　（清）寄瓢子撰
神農本草經百種錄一卷　（清）徐大椿撰
婦科雜症一卷　（清）文晟輯
醫壘元戎一卷　（元）王好古撰
名醫別錄一卷　（清）黃鈺輯
平辨脈法歌括一卷　（清）黃鈺撰
局方發揮一卷　（元）朱震亨撰
醫法心傳一卷　（清）程芝田撰
增補食物祕書一卷
內科簡效方一卷　（清）王士雄撰　（六十種本）
女科簡效方一卷　（清）王士雄撰　（六十種本）
外科簡效方一卷　（清）王士雄撰　（六十種本）

幼科簡效方一卷　（清）王士雄撰　（六十種本）
古今醫論一卷　清□□輯　（六十種本、四十八種本）
顱顖經二卷　（宋）□□撰　（六十種本）
刺疔捷法一卷　（清）張鏡撰　（六十種本、四十八種本）
醫學論十種一卷　（六十種本）
救急經驗良方一卷　（清）竹梅居士撰　（六十種本、四十八種本）

醫學切要全集

（清）王文選撰
　　清道光二十七年（1847）重慶饒氏刊本
　醫學切要一卷
　眼科切要一卷
　幼科切要一卷
　痘科切要一卷
　外科切要一卷
　奇方纂要一卷
附
　醫學一統一卷　（清）黃爲良撰

邵氏醫書三種

（清）邵登瀛撰
　　清光緒六年（1880）刊本
　四時病機十四卷
　溫毒病論一卷
　女科歌訣一卷
附
　經驗方一卷　（清）邵炳揚輯

醫述

（清）程文囿撰
　　清光緒十七年（1891）琴溪梅村家塾刊本
　醫學溯源二卷
　傷寒提鉤一卷
　傷寒析疑一卷
　雜症匯參八卷
　女科原旨一卷
　幼科集要一卷
　痘疹精華一卷
　方藥備考一卷

潛齋醫書五種

（清）王士雄撰
　　清光緒十八年（1892）上海醉六堂刊本
　　清光緒二十二年（1896）上海圖書集成印書局排印本
　王氏醫案（一名回春錄）二卷

王氏醫案續編(一名仁術志)八卷
溫熱經緯五卷
隨息居飲食譜一卷
隨息居重訂霍亂論四卷霍亂括要一卷

潛齋醫學叢書八種

（清）王士雄撰
　　民國元年(1912)上海李鍾珏排印本

潛齋醫學叢書十四種

　　民國七年(1918)集古閣石印本
　　民國十四年(1925)上海大東書局石印本
重慶堂隨筆二卷　（清）王學權撰　（清）王
　　國祥注
醫砭一卷　（清）徐大椿撰　（清）張鴻補輯
言醫一卷　（清）斐一中撰
願體醫話一卷　（清）史典撰　（清）俞世貴
　　補　（清）王士雄評
柳洲醫話一卷　（清）魏之琇撰　（清）王士
　　雄輯
潛齋簡效方一卷附醫話
四科簡效方四卷　（十四種本）
霍亂論二卷
女科輯要二卷　（清）沈又彭撰　（清）徐政
　　杰注　（清）王士雄評
古今醫案按選四卷　（清）俞震撰　（清）王
　　士雄選　（十四種本）
王氏醫案初編(一名回春錄)二卷　（十四
　　種本）
王氏醫案續編(一名仁術志)八卷　（十四
　　種本）
王氏醫案三編三卷　（十四種本）
歸硯錄四卷　（十四種本）

雙梧書屋醫書

（清）曹禾撰
　　清咸豐二年(1852)武進曹氏刊本
瘍醫雅言十三卷
痘疹索隱一卷
醫學讀書志二卷附志一卷

醫學六種

（清）屠道和輯
　　清同治二年(1863)湖北育德堂刊本
本草匯纂三卷
脈訣匯纂二卷
藥性主治一卷
分類主治一卷
雜證良方二卷
婦嬰良方二卷

萍鄉文氏所刻醫書六種(一名六種新編)

（清）文晟輯
　　清同治四年(1865)萍鄉文延慶堂刊本
內科摘錄四卷首一卷
外科摘錄二卷補遺一卷附急效便方一卷
增訂達生編二卷附婦科雜症一卷
慈幼便覽一卷附痘疹摘錄一卷
偏方補遺七卷
藥性摘錄一卷附食物一卷常用藥物一卷

醫學五則

（清）廖雲溪撰
　　清同治十年(1871)會元堂刊本
　　清光緒六年(1880)崇興會刊本
醫門初步一卷
藥性簡要一卷
湯頭歌括一卷
切總傷寒一卷
增補脈訣一卷

世補齋醫書

（清）陸懋修撰
　　清光緒十年(1884)刊本
　　清光緒十二年(1886)山左書局重印本
　　民國元年至三年(1912—1914)上海江東
　　　茂記書局石印本
前集
文十六卷
世補齋不謝方一卷
傷寒論陽明病釋四卷
內經運氣病釋九卷附內經遺篇病釋一卷
　　（清）陸潤庠參校
內經運氣表一卷
內經難字音義一卷
後集　宣統二年(1910)陸潤庠刊
女科三卷　（清）傅山撰　（清）陸懋修校訂
廣溫熱論四卷方一卷　（清）戴天章撰
　　（清）陸懋修校訂
理虛元鑑五卷　（□）綺石先生撰　（清）陸
　　懋修重訂　　　　　　　　　　　　　［校
傷寒論注六卷　（清）王丙撰　（清）陸懋修
附
　　傷寒論附餘二卷　（清）王丙撰　（清）陸
　　　懋修校
　　傷寒例新注一卷　（清）王丙撰　（清）陸
　　　懋修校
　　讀傷寒論心法一卷　（清）王丙撰　（清）
　　　陸懋修校

迴瀾說一卷　(清)王丙撰　(清)陸懋修
校

時節氣候決病法一卷　(清)王丙撰
(清)陸懋修校

吳興凌氏二種

(清)凌奐撰
民國六年(1917)上海排印本
醫學薪傳一卷
飼鶴亭集方一卷

鐵如意軒醫書四種(一名徐氏醫書四種)

(清)徐延祚撰
清光緒二十二年(1896)奉天徐氏鐵如意
軒刊本
醫粹精言四卷補遺一卷
醫意二卷
醫意內景圖說二卷
醫醫瑣言二卷續一卷

醫學摘粹

(清)慶恕撰
清光緒二十九年(1903)刊本
民國三年至四年(1914—1915)排印本
傷寒十六證類方二卷
傷寒證辨一卷
四診要訣一卷
雜證要法三卷
本草類要一卷
附
天人解一卷六氣解一卷　(清)黃元御撰

中西醫粹

(清)羅定昌撰
清光緒二十年(1894)刊本
臟腑圖說症治要言合璧三卷
臟腑各圖一卷
症治要言一卷
醫案類錄一卷

中西匯通醫書五種

(清)唐宗海撰
清光緒三十四年(1908)上海千頃堂書局
石印本
中西匯通醫經精義二卷
血證論八卷
本草問答二卷
金匱要略淺註補正九卷
傷寒論淺註補正七卷首一卷

曾女士醫學全書

(清)曾懿撰
民國二十二年(1933)蘇州中國醫學研究
社排印本
診病要訣一卷
寒溫指南四卷
雜症秘笈一卷
婦科良方一卷
幼科指迷一卷
外科纂要一卷

張氏醫參七種

(清)張節撰
清宣統元年(1909)刊本
學醫一得一卷
持脈大法一卷
本草分經一卷
瘟疫論一卷　(明)吳有性撰　(清)張節摘
鈔
痘源論一卷附諸家論痘
傷燥論一卷
附經六卷

利溥集

(清)王鴻驥輯
清宣統二年(1910)成都閑存齋刊本
脈訣采眞三卷
藥性選要四卷
醫書捷鈔七卷

霄鵬先生遺著

(清)黃保康撰
清宣統三年(1911)南海黃氏刊本
醫學三書
醫林獵要一卷
吳鞠通方歌一卷首一卷　黃任恆注
陳修園方歌一卷首一卷　黃任恆注
貽令堂雜俎一卷首一卷
與墿遺言一卷

王旭高醫書六種

(清)王泰林撰
民國上海千頃堂石印本
退思集類方歌註一卷
醫方證治彙編歌訣一卷
增訂醫方歌訣一卷
王旭高先生醫方歌括一卷
薛氏濕熱論歌訣一卷
西溪書屋夜話錄一卷

太倉傅氏醫學三書

(清)傅松元撰　　　　　　　　　　　　〔本

　　民國十九年(1930)瀏河學古堂傅氏排印
醫經玉屑二卷
醫案摘奇四卷
舌胎統志一卷附課藝芻議析疑

余氏醫書三種

余斌撰

　　民國九年(1920)南昌文明書莊排印本
讀陳修園十五卷
曉墀脈學三卷
中華醫學十六卷

姚江謝氏醫書

(清)謝掄元撰

　　民國十八年(1929)止止居排印本
溫症金壺錄一卷
雜症名方一卷
寰青廬醫案一卷

退思廬醫書四種合刻

嚴鴻志撰

　　民國十年(1921)寧波汲綆書莊石印本
　　民國上海千頃堂石印本
退思廬感證輯要四卷
退思廬女科精華三卷
退思廬古今女科醫案選粹四卷
退思廬女科證治約旨四卷

著園醫藥學合刊

(民國)楊熙齡撰

　　民國十二年(1923)大興楊氏排印本
著園醫話五卷
著園藥物學三卷

藥盦醫學叢書

(民國)惲鐵樵撰

　　民國三十七年(1948)上海章巨膺醫家新
　　　中醫學出版社排印本
　　1954年上海千頃堂書局石印本
第一輯
　　文苑集一卷　章巨膺輯
　　論醫集一卷
第二輯
　　羣經見知錄三卷
　　傷寒論研究四卷
　　溫病明理五卷
　　熱病學一卷

第三輯
　　生理新語五卷
　　脈學發微五卷
　　病理概論一卷
　　病理各論一卷
第四輯
　　臨證筆記一卷
　　臨證演講錄一卷
　　金匱翼方選按五卷
　　風勞鼓病論三卷
第五輯
　　保赤新書四卷
　　婦科大略一卷
　　論藥集一卷
第六輯
　　十二經穴病候撮要一卷
　　神經系病理治療一卷
　　鱗爪集四卷
　　　霍亂新論一卷
　　　驗方新按一卷
　　　金匱方論一卷
　　　梅瘡見垣錄一卷
第七輯
　　傷寒論輯義按六卷
第八輯　民國三十八年(1949)排印
　　藥盦醫案七卷

包氏醫宗

(民國)包識生撰

　　民國十九年(1930)上海排印本
傷寒論章節一卷　(民國)包識生編
傷寒方法一卷　(清)包育華撰
傷寒表一卷
傷寒論講義一卷
傷寒方講義一卷

醫古微

(民國)張驥撰

　　民國二十四年(1935)雙流張氏義生堂成
　　　都刊本
周禮醫師補注一卷
左氏秦和傳補注一卷
史記扁鵲倉公傳補注三卷
漢書藝文志方技補注二卷
後漢書華佗傳補注一卷
子華子醫道篇注一卷

祝氏醫學叢書

(民國)祝味菊撰

　　民國二十一年(1932)祝氏排印本

病理發揮不分卷
診斷提綱不分卷
傷寒新義不分卷
傷寒方解不分卷

吳氏醫學叢刊

吳槐綬撰
民國排印本
金匱方證詳解六卷首一卷
傷寒理解十二卷首一卷
南陽藥證彙解六卷

孫氏醫學叢書

孫鼎宜撰　　　　　　　　　　　　［本
民國二十五年(1936)上海中華書局排印
傷寒雜病論章句十六卷
傷寒雜病論讀本三卷
難經章句三卷
明堂孔穴鍼灸治要二卷
脈經鈔二卷末一卷　孫鼎宜輯
醫學三言一卷

靈蘭醫書六種

何舒撰
民國三十六年(1947)邵陽何氏石印本
天人要義表一卷
特效藥選便讀二卷
維摩醫室問答二卷附陰陽大法表一卷暑門
症治要略一卷
方藥實在易二卷
舌診問答一卷
問診實在易一卷

壽康之路

何舒輯
民國三十七年(1948)邵陽靈蘭中醫學會
石印本
病因證治問答二卷
脈學綱要三卷
本草法語一卷補遺一卷
病理方藥匯參二卷
研方必讀三卷
傷寒金匱方易解二卷
時病精要便讀一卷
醫門法律續編一卷

高憩雲外科全書十種

高思敬撰
民國六年(1917)澄江高氏天津排印本
外科醫鏡十二卷

外科三字經一卷
六氣感證一卷
外科問答一卷
逆證彙錄一卷
五臟六腑圖說一卷
五臟補瀉溫涼藥性歌一卷
三百六十穴歌一卷
經絡起止歌一卷附井滎俞經合歌一卷
運氣指掌一卷

痘疹大全

(明)吳勉學輯
明萬曆中新安吳氏刊本
類證注釋錢氏小兒方訣十卷　(宋)錢乙撰
(明)熊宗立注
痘疹論二卷　(宋)聞人規撰
痘疹寶鑑二卷
博愛心鑑二卷　(明)魏直撰
小兒痘疹方論一卷　(宋)陳文中撰
痘疹方論一卷　(明)蔡維藩撰
陳蔡二先生合併痘疹方一卷　(宋)陳文中
(明)蔡維藩撰
博集稀痘方論二卷　(明)郭子章撰

婦嬰至寶

(清)王兆黿輯
清同治十二年(1873)崑山周文墨齋刊本
民國十四年(1925)合肥王澤華刊本
達生篇四卷　(清)亟齋居士撰　(清)三農
老人注　(清)拜松居士增訂
種痘法一卷　(清)毓蘭居士撰　(清)拜松
居士增訂
福幼編一卷　(清)莊一夔撰
遂生編一卷　(清)莊一夔撰
推拿摘要辨證指南一卷　(清)王兆黿輯

慈幼新書三種

(清)莊一夔撰
清道光九年(1829)刊本
福幼編一卷
遂生編一卷
達生編一卷　(清)亟齋居士撰

許氏幼科七種

(清)許豫和撰
清同治中刊本
翁仲仁先生痘疹金鏡錄二卷　(明)翁仲仁
撰　(清)許豫和注解　同治十一年
(1872)刊
橡村痘訣二卷餘義一卷

　　小兒諸熱辨一卷
　　小兒治驗一卷
　　怡堂散記二卷續編一卷

保赤全編

　(清)□□輯
　　清刊本
　　禰幼編一卷　(清)莊一夔撰
　　逢生編一卷　(清)莊一夔撰
附
　　廣生編一卷　(清)廖積性撰
　　痘論一卷　(清)□□撰

保赤彙編

　(清)朱之榛輯
　　清光緒五年(1879)刊本
　　錫麟寶訓四卷　(清)金玉相輯
　　達生編二卷　(清)丞齋居士撰
　　產寶一卷　(清)倪枝維撰
　　禰幼編一卷　(清)莊一夔撰
　　保嬰易知錄二卷　(清)吳寧瀾撰
　　小兒藥證直訣三卷　(宋)錢乙撰
　　童蒙訓三卷　(宋)呂本中撰

述古齋幼科新書

　(清)張振鋆撰
　　清光緒十五年(1889)邗上張氏刊本
　　清光緒十八年(1892)上海思求闓齋刊本
　　釐正按摩要術四卷
　　驚嬰提要說一卷
　　痧喉正義一卷附錄一卷

驚風辨證必讀書

　(清)劉德馨輯
　　清光緒二十七年(1901)上元江氏重刊本
　　禰幼編一卷附一卷　(清)莊一夔撰
　　治驗錄一卷　(清)秦霖熙輯

達生保赤合編

　(民國)何錫琛輯
　　民國六年(1917)金山姚氏敦仁堂排印本
　　達生篇二卷　(清)丞齋居士撰　　　〔撰
　　保赤篇(一名保赤輯要)二卷　(清)吳嘉德

幼科三種

　(清)□□輯
　　民國三十五年(1946)上海錦章圖書局石
　　印本
　　增補痘疹玉髓金鏡錄四卷　(明)翁仲仁撰
　　幼科鐵鏡二卷　(清)夏鼎撰

　　小兒推拿廣意三卷　(清)熊應雄輯　(清)
　　陳世凱訂

天　文

西洋新法曆書

　(明)徐光啓(明)李天經等修
　　明崇禎中刊本
　　渾天儀說五卷　(清西洋)湯若望撰　(明
　　西洋)羅雅谷訂
　　測天約說二卷　(明西洋)鄧玉函撰　(清
　　西洋)湯若望訂
　　大測二卷　(明西洋)鄧玉函撰　(清西洋)
　　湯若望訂
　　測食二卷　(清西洋)湯若望撰
　　比例規解一卷　(明西洋)羅雅谷撰　(清
　　西洋)湯若望訂
　　測量全義十卷　(明西洋)羅雅谷撰　(清
　　西洋)湯若望訂
　　學曆小辯一卷　(明)□□撰
　　新法曆引一卷　(清西洋)湯若望刪定
　　曆法西傳一卷　(清西洋)湯若望撰
　　新法表異二卷　(清西洋)湯若望撰
　　日躔表二卷　(明西洋)羅雅谷撰　(清西
　　洋)湯若望訂
　　日躔曆指一卷　(明西洋)羅雅谷撰　(清
　　西洋)湯若望訂
　　月離表四卷　(明西洋)羅雅谷撰　(清西
　　洋)湯若望訂
　　月離曆指四卷　(明西洋)羅雅谷撰　(清
　　西洋)湯若望訂
　　古今交食考一卷　(清西洋)湯若望撰
　　(明西洋)羅雅谷訂
　　交食曆指七卷　(清西洋)湯若望撰　(明
　　西洋)羅雅谷訂
　　交食表九卷　(清西洋)湯若望撰　(明西
　　洋)羅雅谷訂
　　五緯表十卷首一卷　(明西洋)羅雅谷撰
　　(清西洋)湯若望訂
　　五緯曆指九卷　(明西洋)羅雅谷撰　(清
　　西洋)湯若望訂
　　黃赤道距度表一卷　(明西洋)鄧玉函撰
　　(明西洋)龍華民訂
　　割圓八線表一卷　(明西洋)羅雅谷(明西
　　洋)鄧玉函(清西洋)湯若望撰
　　籌算一卷　(明西洋)羅雅谷撰　(清西洋)
　　湯若望訂
　　遠鏡說一卷　(清西洋)湯若望撰
　　新曆曉或一卷　(清西洋)湯若望撰
　　幾何要法四卷　(明西洋)艾儒略口述

　　　(明)瞿式穀筆受

天學初函

　(明)李之藻等輯
　　　明崇禎中刊本
　理編
　　西學凡一卷　(明西洋)艾儒略撰
　　附
　　　景教流行中國碑頌一卷　(唐)釋景淨撰
　　重刻畸人十編二卷　(明西洋)利瑪竇撰
　　附
　　　西琴曲意一卷　(明西洋)利瑪竇譯
　　交友論一卷　(明西洋)利瑪竇撰
　　重刻二十五言一卷　(明西洋)利瑪竇撰
　　天主實義二卷　(明西洋)利瑪竇撰
　　辨學遺牘一卷　(明西洋)利瑪竇(明)虞淳
　　　撰
　　七克七卷　(明西洋)龐迪我撰
　　靈言蠡勺二卷　(明西洋)畢方濟口譯
　　　(明)徐光啓筆錄
　　職方外紀五卷　(明西洋)艾儒略增譯
　　　(明)楊廷筠彙記
　器編
　　泰西水法六卷　(明西洋)熊三拔口譯
　　　(明)徐光啓筆錄
　　渾蓋通憲圖說二卷首一卷　(明)李之藻撰
　　幾何原本六卷首六卷　(明西洋)利瑪竇口
　　　譯　(明)徐光啓筆錄
　　表度說一卷　(明西洋)熊三拔口譯　(明)
　　　周子愚(明)卓爾康筆錄
　　天問略一卷　(明西洋)陽瑪諾撰
　　簡平儀說一卷　(明西洋)熊三拔口譯
　　　(明)徐光啓劄記
　　同文算指前編二卷通編八卷　(明西洋)利
　　　瑪竇授　(明)李之藻演
　　圜容較義一卷　(明西洋)利瑪竇授　(明)
　　　李之藻演
　　測量法義一卷　(明西洋)利瑪竇口譯
　　　(明)徐光啓筆錄
　　附
　　　測量異同一卷　(明)徐光啓撰
　　　句股義一卷　(明)徐光啓撰

天文彙鈔

　(明)□□輯
　　　明鈔本
　　玉曆通政經一卷　(唐)李淳風撰
　　天文星總一卷
　　天文星纂一卷
　　天元玉曆十二卷

　　三垣列舍入宿去極集一卷
　　星說一卷
　　天文玉曆精異賦一卷
　　天文風雨賦一卷
　　欽天監監正元統一卷
　　風角一覽占一卷
　　占日月虧食一卷
　　天文樞會一卷

律曆淵源

　清聖祖撰
　　　清雍正元年(1723)序刊本　　　[十六卷
　　曆象考成上編十六卷下編十卷後編十卷表
　　律呂正義上編二卷下編二卷續編一卷
　　數理精蘊上編五卷下編四十卷表八卷

秝秫彙編

　(清)□□輯
　　　鈔本
　　測北極出地簡法一卷　(清)梅穀成撰
　　方田度里一卷　(清)梅穀成撰
　　王制里畝算法解一卷　(清)談泰撰
　　恆星說一卷　(清)江聲撰
　　新曆曉惑一卷　(清西洋)湯若望撰
　　天文說一卷　(清)董以寧撰
　　談天集證一卷
　　秝學戹言一卷　(清)顧觀光撰
　　西日月攷補遺一卷　(清)顧觀光撰
　　七國正朔不同攷一卷　(清)顧觀光撰

高厚蒙求

　(清)徐朝俊撰
　　　清嘉慶十二年(1807)雲間徐氏刊本
　　　清同治五年(1866)雲間徐氏重刊本
　　　清光緒十三年(1887)上海同文館排印本
　初集
　　天學入門一卷
　二集
　　海域大觀一卷
　三集
　　日晷圖法一卷
　　中星表一卷
　　測夜時晷一卷
　　自鳴鐘表圖說一卷
　四集
　　天地圖儀一卷
　　揆日正方圖表二卷
　五集　道光九年(1829)刊
　　高弧句股合表一卷

推策小識

(清)汪曰楨撰
　　稿本
　　古今諸術考二卷
　　歲餘度餘考一卷
　　朔餘考一卷
　　古今朔閏考十二卷
　　疑年表一卷
　　太歲超辰表三卷
　　甲子紀元表一卷
　　四分術章蔀定率表二卷
　　授時術諸應定率表十卷
　　授時術氣朔用數鈐三卷

星算補遺

(清)董祐誠撰
　　清同治五年(1866)髀算山房刊光緒十二
　　年(1886)續刊本
　　笠寫壺金一卷
　　交食南車一卷
　　髀矩測營一卷
　　視徑舉隅一卷
　　籌筆初梯一卷
　　九環西解一卷
　　胡氏宕田算稿一卷
　　盛世參苓一卷附九章補例一卷　以下續刊
　　天代蒙泉細草一卷附天元加減乘除釋例一
　　　　卷天元晰理衍草一卷算學闢邪崇正說
　　　　一卷
　　全輿分野釋略一卷
　　籌算補編一卷
　　梅心續集一卷梅心集一卷
　　附
　　　　試造氣行輪船始末一卷

中西星要

(清)倪榮桂輯
　　清嘉慶八年(1803)樹滋堂刊本
　　清光緒六年(1880)紅杏山房刊本
　　西法命盤圖說一卷
　　談天緒言一卷
　　天文管窺三卷
　　祿命要覽四卷
　　選擇當知三卷

天學大成

(清)□□輯　　　　　　　　　　　[本
　　清光緒二十二年(1896)上海著易堂石印
　　談天十八卷附表一卷　(英國)侯失勒約翰

撰　(英國)偉烈亞力口譯　(清)李善
蘭删述
測候叢談四卷　(美國)金楷里口譯　(清)
華蘅芳筆述

顧氏推步簡法三種

(清)顧觀光撰　　　　　　　　　　[本
　　清光緒元年(1875)金山錢氏拜經書屋刊
　　甲子元術簡法一卷
　　癸卯元術簡法一卷
　　五星簡法一卷

數　　學

中西算學四種

(清)掃葉山房輯
　　清光緒中上海掃葉山房刊本
　　句股義一卷　(明)徐光啟撰
　　測量異同一卷　(明)徐光啟撰
　　測量法義一卷　(明西洋)利瑪竇口譯
　　　　(明)徐光啟筆受
　　圜容較義一卷　(明西洋)利瑪竇授　(明)
　　　　李之藻演

兼濟堂纂刻梅勿菴先生曆算全書 (一名梅氏叢書)

(清)梅文鼎撰　　　　　　　　　　[本
　　清雍正中刊咸豐九年(1859)梅體萱補刊
　　清光緒十年(1885)上海敦懷書屋石印本
　　三角法舉要五卷
　　句股闡微四卷　(清)楊作枚補
　　弧三角舉要五卷
　　環中黍尺六卷
　　塹堵測量二卷
　　方圓冪積一卷
　　幾何補編四卷補遺一卷
　　解八線割圓之根一卷
　　曆學疑問三卷補二卷
　　交食管見一卷
　　交食蒙求三卷
　　揆日候星紀要一卷
　　歲周地度合攷一卷
　　冬至攷一卷
　　諸方節氣加時日軌高度表一卷
　　五星紀要一卷
　　火星本法一卷
　　七政細草補註一卷
　　仰儀簡儀二銘補註一卷
　　曆學駢枝四卷
　　授時平立定三差詳說一卷

曆學答問一卷
古算衍略一卷
筆算五卷
籌算七卷
度算釋例二卷
方程論六卷
少廣拾遺一卷

梅氏叢書輯要

(清)梅文鼎撰　　　　　　　　　　　[本
　　清乾隆二十六年(1761)梅瑴成承學堂刊
　　清同治十三年(1874)梅續高頤園刊本
　　清光緒十四年(1888)上海龍文書局石印
　　　本
首一卷
筆算五卷
籌算二卷
度算釋例二卷
少廣拾遺一卷
方程論六卷
句股舉隅一卷
幾何通解一卷
平三角舉要五卷
方圓冪積一卷
幾何補編四卷
弧三角舉要五卷
環中黍尺五卷
塹堵測量二卷
歷學駢枝五卷
歷學疑問三卷補二卷
交食四卷
　日食蒙求一卷附說一卷
　月食蒙求一卷
　交食管見一卷
七政二卷
　細草補注一卷
　火星本法圖說
　七政前均簡法
　上三星軌迹成繞日圓象
　五星管見　以上合一卷
揆日紀要一卷
恆星紀要一卷
歷學答問一卷
雜著一卷
附
　赤水遺珍一卷　(清)梅瑴成撰
　操縵卮言一卷　(清)梅瑴成撰

數學五書

(清)安清翹撰

清嘉慶中樹人堂刊本
矩綫原本四卷
一綫表用六卷
推步惟是四卷　嘉慶十六年(1811)刊
學算存略三卷
樂律心得二卷

翠微山房數學

(清)張作楠撰
　　清嘉慶道光間金華張氏翠微山房刊本
　　清光緒廿三年(1897)上海鴻寶齋石印本
倉田通法十四卷　(清)江臨泰補圖　嘉慶
　二十五年(1820)刊
　量倉通法五卷
　方田通法補例六卷
　倉田通法續編三卷
八線類編三卷
八線對數類編二卷
弧角設如三卷　(清)江臨泰補對數
弧三角舉隅一卷　(清)江臨泰補圖　道光
　二年(1822)刊
揣籥小錄一卷續錄三卷
高弧細草一卷
新測恆星圖表一卷
新測中星圖表一卷
新測更漏中星表三卷
金華晝漏中星表二卷
交食細草二卷首一卷

陳氏六書

(清)陳啟運輯
　　稿本
句股斜要四卷　(清)陳道新撰
數理摘要四卷　(清)陳道新撰
交食論義二卷　(清)陳道新撰
躔離法推一卷　(清)陳道新撰
氣候備考一卷　(清)陳際新撰
北極高度表一卷　(清)陳啟運撰

觀我生室彙稿

(清)羅士琳撰
　　清道光中刊本
句股容三事拾遺三卷附存一卷　道光八年
　(1828)刊
三角和較算例一卷　道光二十年(1840)刊
演元九式一卷　道光七年(1827)古歙鄭復
　光刊
臺錐積演一卷　道光十七年(1837)刊
弧矢算術補一卷　道光二十三年(1843)甘
　泉易之瀚刊

周無專鼎銘攷一卷　道光二十二年(1842)
　　刊
割圓密率捷法四卷　(清)明安圖撰　(清)
　　陳際新等續　道光十九年(1839)石梁
　　岑建功刊
四元玉鑑細草三卷四象細草假令之圖一卷
　　附補增一卷　(元)朱世傑撰　(清)羅
　　士琳補草併撰補增　道光十六年
　　(1836)甘泉易之瀚刊
附
　　四元釋例一卷　(清)易之瀚撰
　　新編算學啓蒙三卷附識誤一卷　(元)朱世
　　　　傑撰　識誤(清)羅士琳撰　道光十九
　　　　年(1839)刊

李氏遺書

(清)李銳撰
　　清道光三年(1823)儀徵阮氏刊本
　　清光緒十六年(1890)上海醉六堂刊本
　　召誥日名攷一卷
　　漢三統術三卷
　　漢四分術三卷
　　漢乾象術二卷
　　補修宋奉元術一卷
　　補修宋占天術一卷
　　日法朔餘彊弱攷一卷
　　方程新術草一卷
　　句股算術細草一卷　嘉慶十二年(1807)吳
　　　　門刊
　　弧矢算術細草一卷
　　開方說三卷　下卷(清)黎應南補

六九軒筭書

(清)劉衡撰
　　清咸豐五年(1855)陝西長安縣署重刊本
　　尺筭日晷新義二卷
　　句股尺測量新法一卷
　　筭表開諸乘方捷法二卷
　　借根方法淺說一卷
　　四率淺說一卷
　　輯古筭經補注一卷

則古昔齋算學

(清)李善蘭撰
　　清同治六年(1867)金陵刊本
　　清光緒二十二年(1896)上海積山書局石
　　　　印本
　　方圓闡幽一卷
　　弧矢啓祕二卷
　　對數探源二卷

垜積比類四卷
四元解二卷
麟德術解三卷
橢圓正術解二卷
橢圓新術一卷
橢圓拾遺三卷
火器眞訣一卷
對數尖錐變法釋一卷
級數回求一卷
天算或問一卷

董方立遺書

(清)董祐誠撰
　　清同治八年(1869)董貽清成都刊本
　　割圓連比例術圖解三卷
　　橢圓求周術一卷
　　斜弧三邊求角補術一卷
　　堆垜求積術一卷
　　三統術衍補一卷
　　水經注圖說殘槀四卷
　　文甲集二卷文乙集二卷
　　蘭石詞一卷

求是齋算學四種

(清)張楚鍾撰
　　清同治十二年(1873)刊本
　　易圖管見一卷
　　算學心悟一卷
　　珠算金鍼一卷
　　測圓海鏡識別詳解一卷

白芙堂算學叢書

(清)丁取忠輯
　　清同治光緒間長沙古荷花池精舍刊本
　　清光緒十四年(1888)上海龍文書局石印
　　　　本
　　清光緒二十三年(1897)上海文瀾書局石
　　　　印本
　　算書廿一種　(清)吳嘉善撰　同治十一年
　　　　(1872)刊
　　筆算一卷
　　九章翼
　　　今有術一卷
　　　分法一卷
　　　開方一卷
　　　平方各形術一卷
　　　平圓各形圖一卷
　　　立方立圓術一卷
　　　句股一卷
　　　衰分一卷

盈不足一卷
方程一卷
平三角邊角互求術一卷
弧三角術一卷
測量高遠術一卷
天元一術釋例一卷
天元名式釋例一卷
天元一草一卷
天元問答一卷
方程天元合釋一卷
四元名式釋例一卷
四元草一卷四元加減乘除釋一卷
附
八線對數類編三卷 （清）張作楠撰
　　（清）黃宗憲校正　同治十三年
　　(1874)刊
借根方句股細草一卷 （清）李錫蕃撰　同
　　治十一年(1872)刊
句股算術細草一卷 （清）李銳撰　同治十
　　一年(1872)刊
開方說三卷 （清）李銳撰　（清）黎應南
　　補同治十二年(1873)刊
少廣縋鑿一卷 （清）夏鸞翔撰　光緒二年
　　(1876)刊
務民義齋算學(一名徐莊愍公算書) （清）
　　徐有壬撰
　測圓密率三卷
　造各表簡法(一名垛積招差)一卷
　橢圓正術一卷
　截球解義一卷附橢圓求周術一卷
　弧三角拾遺一卷
　用表推日食三差一卷
　朔食九服里差三卷
百雞術衍二卷 （清）時曰醇撰　同治十二
　　年(1873)刊
輿地經緯度里表一卷 （清）丁取忠撰
求一術通解二卷 （清）黃宗憲撰　（清）左
　　潛參定　同治十三年(1874)刊
割圓八線綴術四卷 （清）徐有壬撰　（清）
　　吳嘉善述草　（清）左潛補草　同治十
　　二年(1873)刊
數學拾遺一卷 （清）丁取忠撰
測圓海鏡細草十二卷 （元）李冶撰　同治
　　十二年(1873)刊
益古演段三卷 （元）李冶撰　同治十二年
　　(1873)刊
圓率攷眞圖解一卷 （清）左潛（清）曾紀鴻
　　（清）黃宗憲撰　同治十三年(1874)刊
算法圓理括囊一卷 （日本）加悅傳一郎撰
　　同治十三年(1874)刊

粟布演草二卷補一卷 （清）鄒伯奇撰
　　（清）吳嘉善（清）李善蘭（清）曾紀鴻演
　　（清）丁取忠（清）左潛述　同治十三
　　年(1874)刊
緝古算經細草三卷 （清）張敦仁撰　光緒
　　二年(1876)刊
對數詳解五卷 （清）丁取忠撰　同治十二
　　年(1873)刊
綴術釋明二卷 （清）明安圖原本　（清）左
　　潛釋　光緒元年(1875)刊
綴術釋戴一卷 （清）戴煦原本　（清）左潛
　　釋　光緒元年(1875)刊
四元玉鑑三卷附四象假令細草一卷 （元）
　　朱世傑撰　附（清）丁取忠撰　光緒元
　　年(1875)刊
格術補一卷 （清）鄒伯奇撰　（清）殷家儁
　　箋　光緒三年(1877)刊

衡齋算學遺書合刻

（清）汪萊撰
　　清咸豐四年(1854)夏變鄱陽縣署刊本
　　清光緒十八年(1892)汪廷棟聞梅舊塾刊
　　本
　衡齋算學七卷
　　弧三角形一卷
　　句股形一卷附帶縱立方形
　　平圓形一卷
　　弧三角形一卷
　　一乘方二乘方形一卷
　　平圓形一卷
　　諸乘方數根數眞數糅雜設題式並訣一卷
　衡齋遺書九卷
　　覆載通幾一卷附四邊形算法
　　參兩算經一卷
　　榮律逢源一卷
　　考定磬氏倨句令鼓旁線中縣而縣居線右
　　　解一卷
　　校正九章算術及戴氏訂訛一卷
　　今有錄一卷
　　衡齋文集三卷

下學盦算術三種

（清）項名達撰
　　清光緒十三年(1887)刊本
　下學葊句股六術一卷
　平三角和較術一卷
　開諸乘方捷術一卷

中西算學集要三種

（清）周毓英撰

清光緒中刊本
七政算學八卷
算學各法引蒙一卷
遠西奇器圖說錄最二卷

求表捷術三種

(清)戴煦撰
　　稿本
　　對數簡法二卷積對數簡法一卷附一卷
　　外切密率四卷
　　假數測圓二卷

行素軒算稿

(清)華蘅芳撰
　　清光緒八年(1882)梁谿華氏刊本
　　清光緒十九年(1893)重刊本　　　　[本
　　清光緒二十二年(1896)上海文瑞樓石印

行素軒筆談

　　清光緒二十四年(1898)浙西璂衡堂石印
　　　本
　　開方別術一卷
　　數根術解一卷
　　開方古義二卷
　　積較術三卷
　　學算筆談十二卷
　　算草叢存四卷　(光緒十九年本八卷、梁溪
　　　華氏本、文瑞樓本)
　　恆河沙館草　(光緒十九年本附)
　　　連分數學一卷
　　　答數界限一卷
　　算法須知一卷　(璂衡堂本)

金匱華氏行素軒學算全書

(清)華蘅芳撰
　　清光緒中袖海山房石印本
　　開方別術一卷
　　數根術解一卷
　　開方古義二卷
　　積較術三卷
　　學算筆談十二卷
　　測量法一卷
　　拋物線說一卷
　　垛積演較一卷
　　盈朒廣義一卷
　　積較客難一卷
　　諸乘方變式一卷
　　臺積術解一卷
　　青朱出入圖說一卷
　　代數初學一卷

微積初學一卷
決疑數學二卷

測海山房中西算學叢刻初編

(清)測海山房主人輯　　　　　　　[本
　　清光緒二十二年(1896)上海璂衡堂石印
　算學啓蒙三卷　(元)朱世傑撰
　筆算便覽五卷　(清)紀大奎撰
　算法須知一卷　(清)華蘅芳撰
　增刪算法統宗十一卷　(清)程大位撰
　　(清)毛毅成增刪
　學算筆談十二卷　(清)華蘅芳撰
　數學理九卷附一卷　(英國)棣麼甘撰
　　(英國)傅蘭雅口譯　(清)趙元益筆述
　算式集要四卷　(英國)哈司章撰　(英國)
　　傅蘭雅口譯　(清)江衡筆述
　開方表一卷　(清)賈步緯述
　句股六術一卷　(清)項名達撰
　開方別術一卷　(清)華蘅芳撰
　數根術解一卷　(清)華蘅芳撰
　開方古義二卷　(清)華蘅芳撰
　積校術三卷　(清)華蘅芳撰
　三角數理十二卷　(英國)海麻士撰　(英
　　國)傅蘭雅口譯　(清)華蘅芳筆述
　中西度量權衡表一卷　(清)□□撰
　天元一釋二卷　(清)焦循撰
　弧角拾遺一卷　(清)賈步緯撰
　衍元要義一卷　(清)謝家禾撰
　弧田問率一卷　(清)謝家禾撰
　直積回求一卷　(清)謝家禾撰
　董方立遺書　(清)董祐誠撰
　　割圓連比例術圖解三卷
　　橢圓求周術一卷
　　斜弧三邊求角補術一卷
　　堆垛求積術一卷
　　三統術行補一卷
　九數外錄一卷　(清)顧觀光撰
　代數術二一五卷首一卷　(英國)華里司撰
　　(英國)傅蘭雅口譯　(清)華蘅芳筆
　　述
　代數難題解法十六卷　(英國)倫德撰
　　(英國)傅蘭雅口譯　(清)華蘅芳筆述
　微積溯源八卷　(英國)華里司撰　(英國)
　　傅蘭雅口譯　(清)華蘅芳筆述
　四元玉鑑細草三卷　(清)羅士琳撰
　四元釋例一卷　(清)易之瀚撰
　談天十八卷附一卷　(英國)侯失勒約翰撰
　　(英國)偉烈亞力口譯　(清)李善蘭
　　刪述　(清)徐建寅續述
　躔離引蒙二卷　(清)賈步緯撰

疇人傳五十二卷　（清）阮元撰　（清）羅士
　琳續
疇人傳三編七卷附著述記一卷　（清）諸可
　寶續

中西算學叢書初編

（清）四明求敏齋主人輯　　　　　　　　［本
　　清光緒二十二年(1896)上海鴻寶齋石印
新儀象法要三卷　（宋）蘇頌撰
同文算指前編二卷　（明西洋）利瑪竇授
　（明）李之藻述
同文算指通編八卷　（明西洋）利瑪竇授
　（明）李之藻述
渾蓋通憲圖說二卷　（明）李之藻撰
圜容較義一卷　（明西洋）利瑪竇授　（明）
　李之藻譯
句股義一卷　（明）徐光啟撰
測量法義一卷　（明西洋）利瑪竇口譯
　（明）徐光啟筆受
測量異同一卷　（明）徐光啟撰
簡平儀說一卷　（明西洋）熊三拔撰
五星行度解一卷　（清）王錫闡撰
曉菴新法六卷　（清）王錫闡撰
數學八卷續一卷　（清）江永撰
　數學補論一卷
　歲實消長辯一卷
　恆氣注歷辯一卷
　冬至權度一卷
　七政衍一卷
　金水發微一卷
　中西合法擬草一卷
　算賸一卷
　正弧三角疏義一卷
推步法解五卷　（清）江永撰
鄒徵君遺書　（清）鄒伯奇撰
　學計一得二卷
　補小爾雅釋度量衡一卷
　格術補一卷
　對數尺記一卷
　乘方捷術三卷
　鄒徵君存稿一卷
　赤道恆星圖一卷
附
　夏氏算學　（清）夏鸞翔撰
　　少廣縋鑿一卷
　　洞方術圖解二卷
　　致曲術一卷
　　致曲圖解一卷
　徐氏算學三種　（清）徐有壬撰
　　造各表簡法一卷

截球解義一卷
橢圓求周術一卷
里堂學算記　（清）焦循撰
　加減乘除釋八卷
　天元一釋二卷
　釋弧三卷
　釋輪二卷
　釋橢一卷
三統術詳說四卷　（清）陳澧撰
弧三角平視法一卷　（清）陳澧撰
對數簡法一卷　（清）戴煦撰
續對數簡法一卷　（清）戴煦撰
代數句股術四卷　（清）張茂滉撰

溉齋算學五種

（清）江衡撰
　　清光緒中元和江氏一溉齋刊本
學計韻言一卷　光緒十四年(1888)刊
句股演代二卷　光緒二十六年(1900)重刊
縱方備證一卷　光緒二十六年(1900)刊
對數淺釋一卷
垛積解義二卷

矩齋籌算六種

（民國）勞乃宣撰
　　清光緒中刊本　　　　　　　　　　［刊
古籌算考釋六卷　光緒十二年(1886)完縣
古籌算考釋續編八卷　光緒二十六年
　(1900)吳橋刊
籌算淺識二卷　光緒二十三年(1897)清苑
　刊
籌算分法淺識一卷　光緒二十四年(1898)
　吳橋刊　　　　　　　　　　　　　［刊
籌算蒙課一卷　光緒二十四年(1898)吳橋
垛積籌法二卷　（民國）勞絅章演　光緒二
　十六年(1900)吳橋刊
附
　衍元小草二卷　（清）孔慶虁（清）孔慶𪊽
　（民國）勞絅章撰　光緒二十四年
　(1898)清苑刊

澹寧齋算稿

（民國）王積沂撰
　　民國二十四年(1935)石印本
循環餘羃二卷
詳函廣術一卷
反函詳級一卷
限一較數二卷

東溪算學八種(一名東溪叢書)

　　(清)陳崧撰
　　　　清宣統二年(1910)刊本
　　　弧角平儀簡法三卷
　　　橢圓盈縮簡法二卷
　　　截垛發微三卷
　　　引錠錄三卷
　　　垛積比類後記一卷
　　　數學九章後記一卷
　　　借根代數會通五卷
　　　玉鑑垛題闡幽三卷

樸學齋算學四種
　　(民國)胡韞玉(樸安)撰
　　　稿本
　　　臺體截積術一卷
　　　代數助變術一卷
　　　圓理拾遺一卷
　　　衍元略法一卷

術　　數

五種秘竅全書
　　(明)甘霖撰
　　　　明古吳上元唐鯉耀文林閣刊本
　　　選擇通書秘竅三卷
　　　奇門遁甲秘要二卷
　　　天星秘竅圖書一卷
　　　地理秘竅一卷
　　　羅經秘竅圖書十卷
　　　附
　　　　新鐫唐氏壽域一卷　(明)王福賢撰

選擇叢書集要
　　(明)江之棟輯
　　　　明崇禎五年(1632)尙白齋刊本

陰陽五要奇書
　　(明)江之棟輯　(清)顧鶴庭重輯
　　　　清乾隆五十五年(1790)姑蘇顧氏樂眞堂
　　　　刊本
　　　元經十卷　(晉)郭璞撰　(晉)趙載注
　　　璇璣經一卷　(晉)趙載撰　(樂眞堂本有
　　　　旁注清顧滄籌撰)
　　　陽明按索五卷　(明)陳復心撰　(明)陳漢
　　　　卿補注　(樂眞堂本有旁注清顧滄籌
　　　　撰)
　　　佐玄直指圖解九卷首一卷　(明)劉基撰
　　　陰陽寶海三元玉鏡奇書(一名三白寶海)三
　　　　卷　(元)釋幕講撰
　　　八宅明鏡二卷　(清)箬冠道人撰　(樂眞

　　　　堂本)

地理眞訣
　　(明)黃復初輯
　　　　明崇禎九年(1635)洎陽黃氏澄心堂刊本
　　一卷
　　　堪輿正經(一名靑囊經)一卷
　　　玄女海角經纂一卷
　　　郭氏葬經刪定一卷　(晉)郭璞撰　(明)黃
　　　　復初輯
　　　楊公金函經刪定一卷　(唐)楊益撰　(明)
　　　　黃復初輯
　　　曾氏龍水經校(一名靑囊經序)一卷　(唐)
　　　　曾文辿撰　(明)黃復初輯
　　　卜氏雪心賦刪定一卷　(唐)卜則巍撰
　　　　(明)黃復初輯
　　　廖公四法心鏡一卷附全局安墳立宅入式歌
　　　　一卷　(宋)廖瑀撰
　　　蔡氏發微論校一卷附穴情賦一卷　(宋)蔡
　　　　發撰
　　二卷
　　　賴公天星篇校一卷　(宋)賴文俊撰
　　　石函平砂玉尺經纂一卷　(明)賴從謙輯
　　　司馬頭陀達僧問答一卷附水法一卷　(宋)
　　　　劉潛撰
　　　理氣部一卷　(明)黃復初撰
　　　龍部一卷　(明)黃復初撰
　　　穴部一卷　(明)黃復初撰
　　　砂部一卷　(明)黃復初撰
　　　水部一卷　(明)黃復初撰
　　　作用部一卷　(明)黃復初撰
　　　陽基部一卷　(明)黃復初撰
　　　尅擇部一卷附奇門口訣　(明)黃復初撰
　　附
　　　警世要言一卷　(明)黃復初撰

地理大全
　　(明)李國木輯
　　　　明崇禎中金陵懷德堂刊本
　　一集　形勢眞訣三十卷
　　　葬經二卷　(晉)郭璞撰
　　　天機素書四卷　(唐)丘延翰撰
　　　撼龍經二卷　(唐)楊益撰
　　　疑龍經一卷　(唐)楊益撰
　　　葬法　(唐)楊益撰
　　　倒杖十二法　(唐)楊益撰　以上合一卷
　　　九星穴法四卷　(宋)廖瑀撰
　　　發微論一卷　(宋)蔡元定撰
　　　披肝露膽經一卷　(明)劉基撰
　　附

　　平洋論
　　潮水論
　　搜玄曠覽十四卷　(明)李國木輯
　　龍法三卷
　　穴法三卷
　　砂法四卷
　　水法二卷
　　粹言一卷
　　總論
　　瑣言　以上合一卷
　二集　理氣祕旨二十五卷
　　青囊序一卷　(唐)曾文迪撰
　　青囊奧語一卷　(唐)楊益撰
　　天玉經內傳三卷外編一卷　(唐)楊益撰
　　玉尺經四卷附原經圖式一卷　(宋)陳摶撰
　　　(元)劉秉忠集
　　催官評龍篇二卷附理氣穴法一卷　(宋)賴
　　　文俊撰
　　吳公敎子書(一名天玉經外傳)一卷附四十
　　　八局圖說一卷　(宋)吳克誠撰
　　索隱玄宗九卷　(明)李國木輯
　　原說二卷
　　問答一卷
　　石譚一卷
　　要訣二卷
　　衍微二卷
　　理氣砂水一卷

百二漢鏡齋祕書四種

(清)程芝雲輯
　　清道光四年(1824)湖邊程氏百二漢鏡齋
　　　刊本
　火珠林一卷　(□)麻衣道者撰
　靈棋經一卷　(漢)東方朔撰　(晉)顏幼明
　　(劉宋)何承天注　(元)陳師凱(明)劉
　　基解　道光三年(1823)刊
　祕授命理須知滴天髓二卷　(□)京圖撰
　　(明)劉基注
　測字祕牒一卷　(清)程省撰

楊曾地理元文四種

(清)端木國瑚註
　　清道光五年(1825)序刊本
　天玉經一卷　(唐)楊益撰
　都天寶照經一卷　(唐)楊益撰
　青囊奧語一卷　(唐)楊益撰
　青囊敍一卷　(唐)曾文迪撰
附
　地理辨正圖說一卷　(清)徐迪惠撰
　周易葬說一卷　(清)端木國瑚撰

葬書五種

(清)□□輯
　　清咸豐四年(1854)刊本
　葬書二卷附錄一卷　(清)陳確撰
　罔極錄二卷附記一卷　(清)許楹撰
　蜀山葬書二卷　(清)范鯤撰
　喪葬雜說一卷　(清)張朝晉撰
　愼終錄要一卷　(清)王載宣撰　(清)吳騫
　　校訂

四祕全書

(清)尹有本輯
　　清嘉慶中善成堂刊本
　　清同治中敦仁堂刊本
　徵驗圖考一卷　(清)尹有本撰
　地理辨正補義五卷　(明)蔣平階補傳
　　(明)姜垚辨正　(清)尹有本補義
　三字青囊經一卷
　達僧問答一卷　(清)尹有本注　　　[注
　催官篇四卷　(宋)賴文俊撰　(清)尹有本
　玉函眞義天元歌一卷　(□)無極子授
　　(明)蔣平階述
　玉函眞義古鏡歌三卷　(明)蔣平階撰
　　(清)尹有本發義
　陽宅指南一卷　(明)蔣平階撰　(清)尹有
　　本發義
　傳家陽宅得一錄一卷
　陽宅三格辨一卷　(明)蔣平階撰
　七十二葬法一卷　(宋)賴文俊撰　(清)尹
　　有本發義
　地理精語四卷　(清)尹有本撰

陽宅大成

(清)魏青江撰
　　清英秀堂刊本
　宅譜指要四卷
　宅譜邇言二卷
　選時造命四卷
　宅譜修方五卷

菊逸山房地理正書

(清)寇宗輯
　　清京都琉璃廠刊本
　撼龍十卷　(唐)楊益撰
　疑龍三卷　(唐)楊益撰
　菊逸山房山法備收一卷　(清)寇宗輯

玄空古義四種通釋

沈祖緜撰

民國二十九年(1940)排印本
　玄空祕旨通釋一卷
　玄機賦通釋一卷
　飛星賦通釋一卷
　紫白訣通釋二卷

藝　術

王氏書畫苑

(明)王世貞輯　補益(明)詹景鳳輯
　明刊本　　　　　　　　　　　　〔印
　民國十一年(1922)泰東圖書局據明本景
書苑
　法書要錄十卷　(唐)張彥遠輯
　米海嶽書史一卷　(宋)米芾撰
　書法鉤玄四卷　(元)蘇霖撰
　東觀餘論二卷附錄一卷　(宋)黃伯思撰
書苑補益
　書譜一卷　(唐)孫過庭撰
　續書譜一卷　(宋)姜夔撰
　寶章待訪錄一卷　(宋)米芾撰
　試筆一卷　(宋)歐陽修撰
　高宗皇帝御製翰墨志一卷　宋高宗撰
　法帖譜系二卷　(宋)曹士冕撰
　學古編一卷　(元)吾丘衍撰
　字學新書摘鈔一卷　(元)劉惟志輯
　廣川書跋十卷　(宋)董逌撰
畫苑
　古畫品錄一卷　(南齊)謝赫撰
　續畫品錄一卷　(唐)李嗣真撰
　後畫錄一卷　(唐)釋彥悰撰
　續畫品一卷　(陳)姚最撰
　貞觀公私畫史一卷　(唐)裴孝源撰
　沈存中圖畫歌一卷　(宋)沈括撰　　〔撰
　筆法記(一名畫山水錄)一卷　(後梁)荊浩
　王維山水論一卷　(唐)王維撰
　歷代名畫記十卷　(唐)張彥遠撰
　聖朝名畫評三卷　(宋)劉道醇撰
　唐朝名畫錄一卷　(唐)朱景玄撰
　五代名畫補遺一卷　(宋)劉道醇撰
　畫繼十卷　(宋)鄧椿撰
　益州名畫錄三卷　(宋)黃休復撰
　米海嶽畫史一卷　(宋)米芾撰
畫苑補益
　梁元帝山水松石格一卷　梁元帝撰
　畫學祕訣一卷　(唐)王維撰
　豫章先生論畫山水賦一卷　(後梁)荊浩撰
　李成山水訣一卷　(宋)李成撰
　林泉高致一卷　(宋)郭熙撰
　郭若虛畫論一卷　(宋)郭若虛撰

　紀藝一卷　(宋)郭若虛撰
　宣和論畫雜評一卷　宋徽宗撰
　山水純全集一卷　(宋)韓拙撰
　畫山水訣一卷　(宋)李澄叟撰
　畫山水歌一卷
　李廌畫品一卷　(宋)李廌撰
　華光梅譜一卷　(宋)釋仲仁撰
　竹譜詳錄一卷　(元)李衎撰
　張退公墨竹記一卷　(□)張退公撰
　廣川畫跋六卷　(宋)董逌撰

天都閣藏書

(明)程胤兆輯
　明刊本
　詩品三卷　(梁)鍾嶸撰
　滄浪吟卷一卷　(宋)嚴羽撰
　辭品六卷拾遺一卷　(明)楊慎撰
　書品一卷　(梁)庾肩吾撰
　書斷四卷　(唐)張懷瓘撰
　德隅齋畫品一卷　(宋)李廌撰
　繪妙一卷　(明)茅一相撰
　本事詩一卷　(唐)孟棨撰
　試筆一卷　(宋)歐陽修撰
　詩評一卷　(宋)敖陶孫撰　(明)程兆胤錄
　國朝詩評一卷　(明)王世貞撰
　古今書評一卷　(梁)袁昂撰
　衛夫人筆陣圖一卷　(晉)衛鑠撰
　詞評一卷　(明)王世貞撰
　雜評一卷

巾箱小品

(清)□□輯
　清華韵軒刊本
　冬心畫竹題記一卷　(清)金農撰
　冬心畫梅題記一卷　(清)金農撰
　冬心畫馬題記一卷　(清)金農撰
　冬心畫佛題記一卷　(清)金農撰
　冬心自寫真題記一卷　(清)金農撰
　冬心硯銘一卷　(清)金農撰
　板橋題畫一卷　(清)鄭燮撰
　唐詩酒籌一卷　(清)□□撰
　西廂記酒令一卷　(清)□□撰
　繪事發微一卷　(清)唐岱撰
　怪石錄一卷　(清)沈心撰
　才子文一卷　(明)唐寅撰
　香奩詠物詩一卷　(清)尤侗撰

蔣氏游藝祕錄

(清)蔣和輯
　清乾隆五十九年(1794)刊本

書法論一卷　（清）蔣衡撰
續書法論一卷　（清）蔣驥撰
九宮新式一卷　（清）蔣驥撰
讀畫紀聞一卷　（清）蔣驥撰
傳神祕要一卷　（清）蔣驥撰
說文字原表一卷　（清）蔣和撰
漢碑隸體舉要一卷　（清）蔣和撰
學書雜論一卷　（清）蔣和撰
學畫雜論一卷　（清）蔣和撰

詩畫書三品

（清）楊景曾輯
　　清嘉慶九年(1804)湸西別墅刊本
二十四詩品　（唐）司空圖撰
二十四畫品　（清）黃鉞撰
二十四書品　（清）楊景曾撰

胡氏書畫攷三種

（清）胡敬撰
　　清嘉慶二十一年(1816)序刊本
　　民國十三年(1924)上海中國書畫保存會
　　　據清嘉慶本景印
南薰殿圖像攷二卷
國朝院畫錄二卷
西清劄記四卷

任渭長四種

（清）任熊繪　（清）王齡輯
　　清咸豐至光緒間蕭山王氏養龢堂刊本

任渭長先生畫傳四種

　　民國二十二年(1933)上海中西書局據清
　　　光緒十二年上海同文書局石印本景
　　　印
高士傳一卷
劍俠傳一卷續一卷
於越先賢傳一卷
列仙酒牌一卷

清瘦閣讀畫十八種

（清）徐文清輯
　　清光緒二十六年(1900)刊本
輞川畫訣　（唐）王維撰
郭氏畫訓　（宋）郭熙撰　以上合一卷
大癡畫訣　（元）黃公望撰
畫禪室隨筆　（明）董其昌撰　以上合一卷
雨窗漫筆　（清）王原祁撰　　　　　[卷
苦瓜和尚畫語　（清）釋道濟撰　以上合一
東莊論畫　（清）王昱撰
繪事發微　（清）唐岱撰　以上合一卷

山靜居論畫　（清）方薰撰
養素居畫學　（清）董棨撰　以上合一卷
小山畫譜　（清）鄒一桂撰
畫筌　（清）笪重光撰　以上合一卷
半千畫訣　（清）龔賢撰
浦山論畫　（清）張庚撰　以上合一卷
二十四畫品　（清）黃鉞撰
山南論畫　（清）王學浩撰　以上合一卷
過雲廬畫論一卷　（清）范璣撰
桐陰畫訣一卷　（清）秦祖永撰

四銅鼓齋論畫集刻

（清）張祥河輯
　　清道光二十六年(1846)華亭張氏刊本
　　清宣統元年(1909)北京會文齋刊本
苦瓜和尚畫語錄一卷　（清）釋道濟撰
畫筌一卷　（清）笪重光撰
畫訣一卷　（清）龔賢撰
雨窗漫筆一卷　（清）王原祁撰
東莊論畫一卷　（清）王昱撰
繪事發微一卷　（清）唐岱撰
浦山論畫一卷　（清）張庚撰
小山畫譜二卷　（清）鄒一桂撰
傳神祕要一卷　（清）蔣驥撰
山靜居畫論二卷　（清）方薰撰
二十四畫品一卷　（清）黃鉞撰
山南論畫一卷　（清）王學浩撰

論畫輯要

馬克明輯
　　民國十七年(1928)商務印書館排印本
畫語錄一卷　（清）釋道濟撰
大滌子題畫詩跋一卷　（清）釋道濟撰
畫訣一卷　（清）龔賢撰
畫筌一卷　（清）笪重光撰
墨井畫跋一卷　（清）吳歷撰
雨窗漫筆一卷　（清）王原祁撰
麓臺題畫稿一卷　（清）王原祁撰
二十四畫品一卷　（清）黃鉞撰

藝林名著叢刊

朱劍芒輯
　　民國二十五年(1936)世界書局排印本
藝舟雙楫不分卷　（清）包世臣撰
廣藝舟雙楫不分卷　（民國）康有爲撰
畫禪室隨筆不分卷　（明）董其昌撰
畫筌一卷　（清）笪重光撰
畫訣一卷　（清）龔賢撰
桐陰畫訣一卷　（清）秦祖永撰
桐陰論畫二卷首一卷附錄一卷　（清）秦祖

永撰

畫論叢刊

于海晏輯

民國二十六年(1937)北平中華印書局排
印本

山水松石格一卷　梁元帝撰
山水論一卷　(唐)王維撰
山水訣一卷　(唐)王維撰
筆法記一卷　(後梁)荊浩撰
山水訣一卷　(宋)李成撰
林泉高致一卷　(宋)郭熙撰
山水純全集一卷　(宋)韓拙撰
寫山水訣一卷　(元)黃公望撰
畫論一卷　(元)湯垕撰
繪宗十二忌一卷　(元)饒自然撰
畫說一卷　(明)莫是龍撰
畫旨一卷　(明)董其昌撰
繪事微言一卷　(明)唐志契撰
畫麈一卷　(明)沈顥撰
畫引一卷　(明)顧凝遠撰
苦瓜和尚畫語錄一卷　(清)釋道濟撰
龔安節先生畫訣一卷　(清)龔賢撰
畫筌一卷　(清)笪重光撰
南田畫跋一卷　(清)惲格撰
雨窗漫筆一卷　(清)王原祁撰
麓臺題畫稿一卷　(清)王原祁撰
繪事發微一卷　(清)唐岱撰
東莊論畫一卷　(清)王昱撰
石村畫訣一卷　(清)孔衍栻撰
浦山論畫一卷　(清)張庚撰
畫學心法問答一卷　(清)布顏圖撰
讀畫紀聞一卷　(清)蔣驥撰
學畫雜論一卷　(清)蔣和撰
芥舟學畫編四卷　(清)沈宗騫撰
谿山臥遊錄二卷　(清)盛大士撰
山南論畫一卷　(清)王學浩撰
畫譚一卷　(清)張式撰
山靜居畫論二卷　(清)方薰撰
養素居畫學鉤深一卷　(清)董棨撰
松壺畫憶一卷　(清)錢杜撰
過雲廬畫論一卷　(清)范璣撰
南宗抉祕一卷　(清)華琳撰
畫筌析覽一卷　(清)湯貽汾撰
醉蘇齋畫訣一卷　(清)戴以恆撰
夢幻居畫學簡明五卷　(清)鄭績撰
頤園論畫一卷　(清)松年撰
春覺齋論畫一卷　(民國)林紓撰
文人畫之價值一卷　(民國)陳衡恪撰
畫學講義二卷　(民國)金紹城撰

小山畫譜二卷　(清)鄒一桂撰
墨竹譜一卷　(元)管道昇撰
竹譜一卷　(元)李衎撰
天下有山堂畫藝一卷　(清)汪之元撰
寫竹雜記一卷　(清)蔣和撰
華光梅譜一卷　(宋)釋仲仁撰
題畫梅一卷　(清)查禮撰
寫像祕訣一卷　(元)王繹撰
傳神祕要一卷　(清)蔣驥撰
附
裝潢志一卷　(清)周嘉冑撰
賞延素心錄一卷　(清)周二學撰

畫苑秘笈

吳辟疆輯

民國吳氏畫山樓排印本
初編
柴丈人畫訣一卷　(清)龔賢撰
清湘老人題記一卷　附錄一卷　(清)釋道
濟撰　(清)汪鋆輯
讀畫紀聞一卷　(清)蔣驥撰
學畫雜論一卷　(清)蔣和撰
廣堪齋藏畫一卷　吳辟疆輯
書畫心賞日錄一卷　(清)沈樹鏞撰
養花館書畫目一卷　(清)沈樹鏞輯
書畫書錄解題補編一卷　吳辟疆撰
二編
畫引三卷　(明)顧凝遠撰
題畫詩鈔一卷　(清)王愫撰
讀畫閒評一卷　(清)俞蛟撰
劉湄書畫記二卷　(清)王禮撰
書畫書錄解題補乙編一卷　吳辟疆撰

蝶野論畫二種

陳蘧撰

民國排印本
明清五百年畫派概論一卷
樹石譜一卷

琴學叢書

(民國)楊宗稷撰

民國楊氏刊本
琴粹四卷　民國三年(1914)刊
琴操二卷　(漢)蔡邕撰
碣石調幽蘭一卷　(陳)丘公明撰
古琴考一卷
琴話四卷　民國二年(1913)刊
琴譜三卷　民國三年(1914)刊
幽蘭減字譜一卷
幽蘭雙行譜一卷

流水簡明譜一卷
琴學隨筆二卷　民國八年(1919)刊
琴餘漫錄二卷　民國八年(1919)刊
琴鏡九卷首一卷　民國七年(1918)刊

吾子行二種

(元)吾丘衍撰
　　清乾隆四十二年(1777)竹素山房刊本
學古編一卷
閒居錄一卷

篆學瑣著(一名篆學叢書)

(清)顧湘輯
　　清道光二十年(1840)海虞顧氏刊本
論篆一卷　(唐)李陽冰撰
五十六種書法一卷　(唐)韋續撰
學古編一卷　(元)吾丘衍撰
古今印史一卷　(明)徐官撰
篆學指南一卷　(明)趙宧光撰
印章集說一卷　(明)甘暘撰
學古編二卷　(元)吾丘衍撰　(明)何震續
印旨一卷　(清)程遠撰
印經一卷　(清)朱簡撰
印章要論一卷　(清)朱簡撰
篆刻十三略一卷　(清)袁三俊撰
印章考一卷　(清)方以智撰
敦好堂論印一卷　(清)吳先聲撰
說篆一卷　(清)許容撰
印辨一卷　(清)高積厚撰
印述一卷　(清)高積厚撰
印戔說一卷　(清)徐堅撰
六書緣起一卷　(清)孫光祖撰
古今印制一卷　(清)孫光祖撰
篆印發微一卷　(清)孫光祖撰
古印考畧一卷　(清)夏一駒撰
續三十五舉一卷再續三十五舉一卷重定續
　　三十五舉一卷　(清)桂馥撰
印說一卷　(清)陳鍊撰
印言一卷　(清)陳鍊撰
論印絕句一卷　(清)吳騫輯
印學管見一卷　(清)馮承輝撰
印人傳三卷　(清)周亮工撰
續印人傳八卷　(清)汪啟淑撰

沈篁村選鈔印學四種

(清)沈清佐輯
　　鈔本
印鐙笺一卷　(清)尹樹民撰
古今印說補一卷　(清)□□撰
印譜摘要一卷　(清)□□撰

印說一卷　(清)□□撰

浙西四家印譜

(民國)吳隱輯
　　清宣統二年(1910)西泠印社鈐印本
屠琴隝印譜一卷　(清)屠倬刻
趙懿子印譜一卷　(清)趙懿刻
江西谷印譜一卷　(清)江尊刻
徐問渠印譜一卷　(清)徐楙刻

西泠五家印譜

(清)□□輯
　　清鈐印本
丁敬身先生印譜一卷　(清)丁敬刻
錢叔蓋先生印譜一卷　(清)錢松刻
奚鐵生先生印譜一卷　(清)奚岡刻
黃小松先生印譜一卷　(清)黃易刻
趙次閑先生印譜一卷　(清)趙之琛刻

西泠八家印選(一名泉唐丁氏八家印譜)

(民國)丁仁輯
　　清光緒三十年(1904)鈐印本
硯林印存一卷　(清)丁敬刻
小蓬萊閣印存一卷　(清)黃易刻
吉羅盦印存一卷　(清)蔣仁刻
冬花庵印存一卷　(清)奚岡刻
求是齋印存一卷　(清)陳豫鍾刻
種楡僊館印存一卷　(清)陳鴻壽刻
萍寄室印存一卷　(清)趙之琛刻
鐵廬印存一卷　(清)錢松刻

遯盦印學叢書

(民國)吳隱輯
　　民國十年(1921)西泠印社木活字排印本
印史一卷　(明)文彭撰
印說一卷　(清)萬壽祺撰
印談一卷　(明)沈野撰
摹印祕論一卷　(清)汪維堂輯
印典八卷　(清)朱象賢撰
篆刻針度八卷　(清)陳克恕撰
印學集成一卷　(清)馬泌撰
雲莊印話一卷　(清)阮充輯
歷朝印識四卷　(清)馮承輝撰
寶印集六卷　(清)王之佐輯
摹印述一卷　(清)陳澧撰
摹印傳燈二卷　(清)葉爾寬撰
多野齋印說一卷　(清)董洵撰
續語堂論印彙錄一卷　(清)魏錫曾輯
三十五舉校勘記一卷　(清)姚覲元撰

葉氏印譜存目二卷　(民國)葉銘撰
治印雜說一卷　(民國)王世撰

墨品三種

(清)□□輯
　　清鈔本
藝粟齋墨品一卷　(清)曹素功撰
雪堂墨品一卷　(清)張仁熙撰
漫堂墨品一卷　(清)宋犖撰

十六家墨說

(民國)吳昌綬輯
　　民國十一年(1922)仁和吳氏雙照樓刊本
上冊
春渚記墨一卷　(宋)何薳撰
疇齋墨譜一卷　(元)張壽撰
墨譚一卷墨記一卷程君房墨讚一卷　(明)
　邢侗撰
墨苑序一卷　(明)焦竑撰
墨雜說一卷　(明)陶望齡撰
潘方凱墨序一卷　(明)顧起元撰
墨錄一卷　(明)項元汴撰
論墨一卷　(明)張丑撰
說墨貽兄孫西侯一卷　(清)曹庹撰
雪堂墨品一卷　(清)張仁熙撰
漫堂墨品一卷續墨品一卷　(清)宋犖撰
硯山齋墨譜一卷　(清)孫炯撰
下冊
紀墨小言一卷補編一卷　(清)汪紹焻撰
百十二家墨錄一卷　(清)邱學敏撰
借軒墨存一卷　(清)借軒居士撰
窔叟墨錄一卷　(清)徐康撰

涉園墨萃

(民國)陶湘輯
　　民國武進陶氏涉園刊本
墨譜法式三卷　(宋)李孝美撰
墨經一卷　(宋)晁貫之撰
墨史三卷　(元)陸友撰
墨法集要一卷　(明)沈繼孫撰　民國十六
　年(1927)刊
中山狼圖一卷　(明)程大約撰
利瑪竇題寶像圖一卷　(明)程大約撰　民
　國十六年(1927)刊
墨海十卷附錄一卷　(明)方瑞生撰　民國
　十七年(1928)刊
墨表四卷　(清)萬壽祺撰
鑑古齋墨藪四卷附錄一卷　(清)汪近聖撰
　　民國十七年(1928)刊
中州墨錄三卷　(民國)袁勵準撰　民國十

七年(1928)石印
內務府墨作則例一卷　民國十八年(1929)
　刊
南學製墨劄記一卷　(民國)謝崧岱撰　民
　國十八年(1929)刊

玉說薈刊

錢啟同輯
　　民國二十年(1931)排印本
玉紀一卷　(清)陳性撰
玉紀補一卷　(清)劉心瑮撰
志雅堂雜抄摘抄一卷　(宋)周密撰
齊東野語摘抄一卷　(宋)周密撰
雲煙過眼錄摘抄一卷　(宋)周密撰
雲煙過眼錄續集摘抄一卷　(元)湯允謨撰
燕閒清賞箋摘抄一卷　(明)高濂撰
文房器具箋摘抄一卷　(明)屠隆撰
韻石齋筆談摘抄一卷　(清)姜紹書撰
清祕藏摘抄一卷　(明)被褐先生(張應文)
　撰
享金簿摘抄一卷　(清)孔尚任撰
清宮交泰殿寶譜摘抄一卷
閱微草堂筆記摘抄一卷　(清)紀昀撰
金玉瑣碎摘抄一卷　(清)謝堃撰
清儀閣所藏古器物文一卷　(清)張廷濟撰
前塵夢影錄摘抄一卷　(清)徐康撰
古印考略摘抄一卷　(清)夏一駒撰
記響拓玉印譜一卷　(□)隻圓撰
記羊城玉猪一卷　(民國)□□撰
欣如談玉摘抄一卷

嶺南玉社叢書第一集

(民國)嶺南玉社輯
　　民國十四年(1925)廣州排印本
玉紀一卷　(清)陳性撰
玉紀補一卷　(清)劉心瑮撰
玉紀正誤一卷　李鳳廷撰
玩古一卷　(清)徐壽基撰
古玉器一卷　(清)陳元龍輯
玉社古玉所見錄一卷　(民國)嶺南玉社輯
古玉圖一卷　(民國)嶺南玉社輯

絲繡叢刊

朱啟鈐輯
　　民國無冰閣排印本
絲繡筆記二卷
清內府藏刻絲書畫錄一卷
清內府藏繡線書畫錄一卷
女紅傳徵略一卷　存素堂排印
存素堂絲繡錄二卷　存素堂排印

存素堂校寫几譜三種

朱啓鈐輯　　　　　　　　　　　　　　　　[本
　　民國二十二年(1933)中國營造學社石印
　蝶几譜一卷　(宋)黃伯思撰　據欣賞編本
　　石印　　　　　　　　　　　　　　　[印
　蟫几圖一卷　(明)戈汕撰　據汲古閣本石
　匡几圖一卷　朱啓鈐撰　據原器繪印
附
　校刊記　朱啓鈐撰

蘭言四種

(民國)楊鹿鳴撰
　　民國十三年(1924)排印本
　畫蘭瑣言一卷
　詠蘭瑣言一卷
　藝蘭瑣言一卷
　評蘭瑣言一卷

四生譜

(清)金文錦撰
　　清同文堂刊本
　　清文經堂刊本
　鵪鶉論一卷
　黃頭誌一卷
　畫眉觧一卷
　促織經一卷

清代燕都梨園史料

張江裁輯
　　民國二十三年(1934)北平邃雅齋排印本
　燕蘭小譜五卷　(清)西湖安樂山樵(吳長
　　元)撰
　日下看花記四卷　(清)小鐵篴道人撰
　片羽集一卷　(清)來青閣主人輯
　聽春新詠三卷　(清)留春閣小史輯
　鶯花小譜一卷　(清)半標子撰　　　[撰
　金臺殘淚記三卷　(清)華胥大夫(張際亮)
　燕臺鴻爪集一卷　(清)粟海庵居士撰
　辛壬癸甲錄一卷　(清)蘀珠舊史(楊懋建)
　　撰　　　　　　　　　　　　　　　[撰
　長安看花記一卷　(清)蘀珠舊史(楊懋建)
　丁年玉筍志一卷　(清)蘀珠舊史(楊懋建)
　　撰
　夢華瑣簿一卷　(清)蘀珠舊史(楊懋建)撰
　曇波一卷　(清)四不頭陀撰
　法嬰祕笈一卷　(清)雙影盦生撰
　明僮小錄一卷續錄一卷　(清)餘不釣徒撰
　　(清)殿春生續
　增補菊部羣英(一名羣芳小集)一卷　(清)

　　麋月樓主(譚獻)撰
　評花新譜一卷　(清)藝蘭生撰
　菊部羣英一卷　(清)邗江小遊仙客撰
　羣英續集(一名羣芳小集續集)一卷　(清)
　　麋月樓主(譚獻)撰
　宣南雜俎一卷　(清)藝蘭生輯
　擷華小錄一卷　(清)沅浦癡漁(余嵩慶)撰
　燕臺花事錄三卷　(清)蜀西樵也(王增祺)
　　撰
　鳳城品花記一卷　(清)香溪漁隱撰　(清)
　　賦艷詞人(清)藝蘭生注
　懷芳記一卷　(清)蘿摩庵老人撰　(清)麋
　　月樓主(譚獻)注
　側帽餘譚一卷　(清)藝蘭生撰
　菊臺集秀錄一卷　(清)□□撰
　新刊鞠臺集秀錄一卷　(清)□□撰
　瑤臺小錄一卷　(清)王韜撰
　情天外史正冊一卷續冊一卷　(清)□□撰
　越縵堂菊話一卷　(清)李慈銘撰
　異伶傳一卷　(民國)陳澹然撰　　　[撰
　哭庵賞菊詩一卷附錄一卷　(民國)易順鼎
　鞠部叢譚一卷　(民國)羅惇曧撰
　宣南零夢錄一卷　(清)沈宗畸撰
　梨園舊話一卷　(清)倦遊逸叟(吳燾)撰
　梨園軼聞一卷　(民國)許九埜撰
　舊劇叢談一卷　(民國)陳彥衡撰
　北京梨園掌故長編一卷　張江裁輯
　北京梨園金石文字錄一卷　張江裁輯

清代燕都梨園史料續編

張江裁輯
　　民國二十六年(1937)北平松筠閣書店排
　　印本
　雲郎小史一卷　冒廣生撰
　九青圖詠一卷　張江裁輯
　消寒新詠一卷　(清)鐵橋山人(清)問津漁
　　者(清)石坪居士撰
　衆香國一卷　(清)衆香主人撰　　　[輯
　燕臺集豔二十四花品一卷　(清)播花居士
　燕臺花史一卷　(清)蜃橋逸客(清)兜率宮
　　侍者(清)寄齋寄生撰
　檀青引一卷　(民國)楊圻撰
　鞠部明僮選勝錄一卷　(清)李毓如撰
　杏林擷秀一卷　(民國)謝粲聲撰
　聞歌述憶一卷　(民國)鳴晦廬主人撰
　北平梨園竹枝詞薈編一卷　張江裁輯
　燕都名伶傳一卷　張江裁撰
　燕歸來簃隨筆一卷　張江裁撰

菊部叢譚

張肎傖撰

民國十五年(1926)上海大東書局排印本

燕塵菊影錄不分卷

歌臺撫舊錄不分卷

蒨蒨室劇話不分卷

游藝四種

(明)王良樞輯

鈔本

詩牌譜一卷 (明)王良樞撰

胳陣篇一卷 (明)袁福徵撰

投壺儀節一卷 (明)汪禔撰

馬戲圖譜一卷 (宋)李清照撰

閒情小錄初集

(清)葛元煦輯

清光緒三年(1877)刊本

詩鐘一卷 (清)戴槥孫撰

花間楹帖一卷 (清)鳳簹嘯隱撰

酒籤一卷 (清)金昭鑑撰

觴政一卷 (清)沈中楹撰

集西廂酒籌一卷 (清)汪兆麒撰

紅樓夢譜一卷 (清)壽芝撰

捧腹集詩鈔一卷 (清)郭堯臣撰

文虎二卷 (清)鳳簹嘯隱撰

賞奇軒合編

(清)□□輯 [本

清光緒十二年(1886)上海同文書局石印

南陵無雙譜一卷 (清)金史繪

蘭譜一卷 (清)陳逵繪

竹譜一卷 (清)□□繪

東坡遺意二卷 (明)顧杲(明)鄒德□書

官子譜一卷 (清)□□龔

睫巢鏡影

(清)童叶庚撰

清光緒十六年(1890)武林任有容齋刊本

靜觀自得錄一卷

說快又續筆一卷

雕玉雙聯一卷

醉月隱語一卷

回文片錦一卷

蝸角棋譜一卷

五星聯珠一卷

月夜鐘聲一卷

六十四卦令一卷

七十二候令一卷

同歡令一卷

鬥花籌譜一卷

跬園謎枓

(清)顧震福輯

民國二十二年(1933)排印本

跬園謎稿六卷 顧震福撰

凡民謎存二卷 薛宜異撰

商舊社友謎存七卷

歷代笑話集

王利器輯

1956年上海古典文學出版社排印本

笑林二十三則 (魏)邯鄲淳撰

笑林二則 (晉)陸雲撰

啓顏錄敦煌卷子本三十六則 (隋)侯白撰

啓顏錄太平廣記引二十五則 (隋)侯白撰

啓顏錄類說本十則 (隋)侯白撰

啓顏錄續百川學海本九則 (隋)侯白撰

啓顏錄廣滑稽本二十一則 (隋)侯白撰

啓顏錄捧腹編本一則 (隋)侯白撰

諧噱錄三十九則 (唐)朱揆撰

笑言一則 (唐)□□撰

羣居解頤十九則 (宋)高懌撰

艾子雜說一卷 (宋)蘇軾撰

調謔編二十八則 (宋)蘇軾語 (明)王世

貞次

遯齋閑覽二十八則 (宋)范正敏撰

軒渠錄一卷 (宋)呂居仁撰

善謔集八則 (宋)天和子撰

開顏錄一卷 (宋)周文玘撰

絕倒錄一則 (宋)朱暉撰

漫笑錄四則 (宋)徐慥撰

諧史一則 (宋)沈俶撰

醉翁談錄一卷 (宋)羅燁輯

籍川笑林十則 (宋)□□撰

拊掌錄一卷 (宋)邢居實撰

事林廣記二十六則 (宋)陳元覯撰

稗史四則 (元)仇遠撰

羣書通要二則 (元)□□輯

楮記室六則 (明)潘塤輯

權子五則 (明)耿定向撰

山中一夕話十則 (明)李贄撰

艾子后語一卷 (明)陸灼撰

露書八則 (明)姚旅撰

應諧錄十八則 (明)劉元卿撰

諧史五則 (明)徐渭撰

五雜俎十六則 (明)謝肇淛撰

諧語十四則附蘇黃滑稽帖 (明)郭子章輯

雅謔一百十則 (明)浮白齋主人撰

笑林九十四則 (明)浮白齋主人輯

迂仙別記二十四則 (明)張夷令輯

七修類藁六則　（明）郎瑛撰
談言一卷　（明）江盈科撰
雪濤小說八則　（明）江盈科撰
雪濤諧史一百三十三則　（明）江盈科撰
謔浪十四則　（明）郁履行輯
諧叢十五則　（明）鍾惺輯
笑贊五十九則　（明）趙南星撰
笑禪錄一卷　（明）潘游龍撰
笑府五十三則　（明）馮夢龍輯
廣笑府九十四則　（明）馮夢龍輯
古今譚概一百六十四則　（明）馮夢龍撰
新話撮粹六則　（明）起北赤心子輯　世德
　　堂本
新話撮粹六則　（明）起北赤心子輯
精選雅笑三十四則　（明）醉月子輯
諧藪一則　（明）□□撰
笑林四則　（明）□□撰
續笑林一則　（明）□□撰
解頤贅語一則　（明）□□撰
胡盧編一則　（明）□□撰
噴飯錄四則　（明）□□撰
笑海千金十三則　（明）□□撰
時尙笑談二十三則　（明）□□撰
華筵趣樂談笑酒令二十八則　（明）□□撰
遣愁集五則　（清）張貴勝輯
三山笑史一則　（清）□□撰
寄園寄所寄十六則　（清）趙吉士輯
笑倒三十五則附半庵笑政　（清）陳皋謨輯
增訂解人頤新集五則　（清）趙恬養撰
笑得好一百六十三則　（清）石成金撰
看山閣閑筆十七則　（清）黃圖珌撰
萬寶全書一則　（清）毛煥文輯
廣談助二十則　（清）方飛鴻撰
笑笑錄六十一則　（清）獨逸窩退士輯
嘻談錄三十六則　（清）小石道人輯
笑林廣記四十九則　（清）游戲主人輯
笑林廣記二十四則　（清）程世爵撰
一笑十二則　（清）俞樾撰
附
　歷代已佚或未收笑話集書目　王利器輯

明清笑話四種

周啓明輯
　　1958年北京人民文學出版社排印本
笑贊一卷　（明）趙南星撰
笑府選一卷　（明）馮夢龍撰
笑例選一卷　（清）陳皋謨撰
笑得好選一卷　（清）石成金撰

山居小玩

（明）毛晉輯
　　明毛氏汲古閣刊本
蝶几譜一卷　（明）戈汕撰
瓶史二卷　（明）袁宏道撰
奕律一卷　（明）王思任撰
王氏蘭譜一卷　（宋）王貴學撰
茗笈二卷品藻一卷　（明）屠本畯撰
石譜一卷　（宋）杜綰撰
刀劍錄一卷　（梁）陶弘景撰
鼎錄一卷　（梁）虞荔撰
研史一卷　（宋）米芾撰
香國二卷　（明）毛晉撰

羣芳清玩

（明）李瓚輯
　　明崇禎二年（1629）虞山毛氏汲古閣刊本
鼎錄一卷　（梁）虞荔撰
刀劍錄一卷　（梁）陶弘景撰
研史一卷　（宋）米芾撰
畫鑒一卷　（元）湯垕撰
石譜一卷　（宋）杜綰撰
瓶史二卷　（明）袁宏道撰
奕律一卷　（明）王思任撰
蘭譜一卷　（宋）王貴學撰
茗笈二卷品藻一卷　（明）屠本畯撰
香國二卷　（明）毛晉撰
朵菊襍咏一卷　（明）馬弘衜撰
蝶几譜一卷　（明）戈汕撰

蕉窗九錄

（明）項元汴撰
　　民國三年（1914）西泠印社木活字排印本
紙錄一卷
墨錄一卷
筆錄一卷
研錄一卷
書錄一卷
帖錄一卷
畫錄一卷附畫訣十則
琴錄一卷
附
　冷仙琴聲十六法一卷　（明）冷謙撰
香錄一卷

方氏叢鈔

（清）方絢輯
　　稿本
新室志一卷　（唐）褚遂良撰
香奩韵事一卷　（唐）夏侯審撰
熙寧新定時服式一卷　宋熙寧中定

宣和冊禮圖一卷　(宋)□□撰
宋人遺禍雜抄一卷
演伎細事一卷　(明)趙文華撰
響屧譜一卷　(宋)楊无咎撰　(清)方絢注
香蓮品藻一卷　(清)方絢撰
金園雜纂一卷　(清)方絢撰
兌鉤六卷
函珠經一卷　(□)雲靈子撰　(清)方綬注
赫蹏書一卷

藝術叢書

(民國)□□輯
　　民國五年(1916)保粹堂據清光緒中翠琅
　　玕館版重編印本
書學
御覽書苑菁華二十卷　(宋)陳思撰
張氏書畫四表四卷　(明)張丑撰
　法書名畫見聞表一卷
　南陽名畫表一卷
　南陽法書表一卷
　清河祕篋書畫表一卷
顏書編年錄四卷　(清)黃本驥撰
藝舟雙楫六卷　(清)包世臣撰
玉臺書史一卷　(清)厲鶚撰
畫學
苦瓜和尚畫語錄一卷　(清)釋道濟撰
畫訣一卷　(清)龔賢撰
雨窗漫筆一卷　(清)王原祁撰
東莊論畫一卷　(清)王昱撰
浦山論畫一卷　(清)張庚撰
山南論畫一卷　(清)王學浩撰
畫訣一卷　(清)孔衍栻撰
寫竹雜記一卷　(清)蔣和撰
繪事津梁一卷　(清)秦祖永撰
二十四畫品一卷　(清)黃鉞撰
畫筌析覽一卷　(清)湯貽汾撰
廣川畫跋六卷　(宋)董逌撰
惲南田畫跋四卷　(清)惲格撰
板橋題畫一卷　(清)鄭燮撰
冬心題畫五卷　(清)金農撰
　冬心先生畫竹題記一卷
　冬心畫梅題記一卷
　冬心畫馬題記一卷
　冬心畫佛題記一卷
　冬心自寫真題記一卷
小山畫譜二卷　(清)鄒一桂撰
無聲詩史七卷　(清)姜紹書撰
玉臺畫史五卷別錄一卷　(清)湯漱玉撰
雜技
周櫟園印人傳三卷　(清)周亮工撰

飛鴻堂印人傳八卷　(清)汪啓淑撰
摹印傳燈二卷　(清)葉爾寬撰
紅术軒紫泥法定本一卷　(清)汪鎬京撰
琴學八則一卷　(清)程雄撰
裝潢志一卷　(清)周嘉冑撰
桐階副墨一卷　(明)黎遂球撰
南村觴政一卷　(清)張惣撰
物譜
錢譜一卷　(宋)董逌撰
墨表四卷　(清)萬壽祺撰
雪堂墨品一卷　(清)張仁熙撰
漫堂墨品一卷　(清)宋犖撰
觀石錄一卷　(清)高兆撰
水坑石記一卷　(清)錢朝鼎撰
陶說六卷　(清)朱琰撰
陽羨茗壺系一卷　(明)周高起撰
獸經一卷　(明)黃省曾撰
虎苑二卷　(明)王穉登撰
洞山芥茶系一卷　(明)周高起撰
雜品
幽夢影二卷　(清)張潮撰
藏書紀要一卷　(清)孫從添撰
清祕藏二卷　(明)張應文撰

娛萱室小品

(民國)雷瑨輯
　　民國六年(1917)上海掃葉山房石印本
梡鞠錄二卷　(民國)朱祖謀撰
集唐楹聯一卷　(清)蔣琦齡撰
樂府雅聯一卷　(清)窶園主人撰
嶧山碑集字聯一卷　(清)俞樾撰
校官碑集字聯一卷　(清)俞樾撰
曹全碑集字聯一卷　(清)俞樾撰
魯峻碑集字聯一卷　(清)俞樾撰
樊敏碑集字聯一卷　(清)俞樾撰
紀太山銘集字聯一卷　(清)俞樾撰
金剛經集字聯一卷　(清)俞樾撰
爭坐位帖集字聯一卷　(清)何紹基撰
蘭亭序帖集字聯一卷
醴泉銘集字聯一卷
聖教序集字聯一卷
石鼓文集字聯一卷　(清)吳受福撰
易林集聯一卷
詩品集聯一卷
花間楹帖一卷　(清)風篁嘯隱撰
四書對一卷
俗語對一卷
花品一卷　(清)王再咸撰
二十四畫品一卷　(清)黃鉞撰
十二詞品一卷　(清)郭麐撰

續十二詞品一卷　(清)楊夔生撰
五色連珠一卷　(清)尤侗撰
豔體連珠一卷　(明)葉小鸞撰
續豔體連珠一卷
聚園詩鑰一卷　(民國)蔡乃煌輯
百衲琴一卷　(清)秦雲　(清)秦敏樹撰
詩夢鐘聲錄一卷
集西廂酒籌一卷　(清)汪兆麒撰
西廂酒令一卷
唐詩酒令一卷
改字詩酒令一卷
集句詞一卷　(清)邵曾鑑撰
詠物詞一卷　(民國)樊增祥撰
孟子人名廋詞一卷　(清)毛際可撰
四書人名廋辭一卷　(清)徐楚畹撰
日河新燈錄一卷　(清)姚福奎等撰
集美人名詩一卷　(清)冒襄撰
百美詩一卷
百美詩一卷
百花詩一卷
紅樓百美詩一卷　(清)潘孚美撰
紅樓百美詩一卷
百聲詩一卷　(清)周蕚芳撰
百影詩一卷　(清)周蕚芳撰
月詩一卷　(清)王衍梅撰
身體二十六詠一卷
春人賦一卷　(民國)易順鼎撰
秋紅霓詠一卷　(清)杜元勳撰
捧腹集一卷　(清)郭堯臣撰
俗語詩一卷
道情一卷　(清)徐大椿撰
科場皼口一卷　(清)虎林醉犀生撰
紅樓西廂合錦一卷
百花扇序一卷　(清)趙杏樓撰
虎邱弔眞娘墓文一卷　(清)姚變撰
花鳥春秋一卷　(清)張潮撰
一歲芳華一卷　(明)程羽文撰

美術叢書

(民國)鄧實輯
　　民國二十五年(1936)上海神州國光社排
　　　印本
初集
第一輯
　書筏一卷　(清)笪重光撰
　畫筌一卷　(清)笪重光撰　(清)王翬(清)
　　　惲格評
　龔安節先生畫訣一卷　(清)龔賢撰
　苦瓜和尙畫語錄一卷　(清)釋道濟撰
　賜硯齋題畫偶錄一卷　(清)戴熙撰

草心樓讀畫集一卷　(清)黃崇惺撰
摹印述一卷　(清)陳澧撰
墨經一卷　(宋)晁貫之撰
琴學八則一卷　(清)程雄撰
觀石錄一卷　(清)高兆撰
藝蘭記一卷　(清)劉文淇撰
履園畫學一卷　(清)錢泳撰
七頌堂詞繹一卷　(清)劉體仁撰
七頌堂識小錄一卷　(清)劉體仁撰
第二輯
初月樓論書隨筆一卷　(清)吳德旋撰
雨窻漫筆一卷　(清)王原祁撰
麓臺題畫稿一卷　(清)王原祁撰
東莊論畫一卷　(清)王昱撰
裝潢志一卷　(清)周嘉胄撰
端溪硯坑記一卷　(清)李兆洛撰
玉紀一卷　(清)陳性撰
玉紀補一卷　(清)劉心瑤撰
金粟詞話一卷　(清)彭孫遹撰
製曲枝語一卷　(清)黃周星撰
前塵夢影錄二卷　(清)徐康撰
第三輯
書法約言一卷　(清)宋曹撰
畫眼一卷　(明)董其昌撰
畫訣一卷　(清)孔衍栻撰
冬心畫竹題記一卷　(清)金農撰
冬心畫梅題記一卷　(清)金農撰
冬心畫馬題記一卷　(清)金農撰
冬心畫佛題記一卷　(清)金農撰
冬心自寫眞題記一卷　(清)金農撰
陽羨名陶錄二卷　(清)吳騫撰
窰器說一卷　(清)程哲撰
後觀石錄一卷　(清)毛奇齡撰
勇盧閒詁一卷　(清)趙之謙撰
士那補釋一卷　(清)張義澍撰
負暄野錄二卷　(宋)陳槱撰
第四輯
鈍吟書要一卷　(清)馮班撰
畫引一卷　(清)顧凝遠撰
二十四畫品一卷　(清)黃鉞撰
畫友錄一卷　(清)黃鉞撰
賴古堂書畫跋一卷　(清)周亮工撰
小松圓閣書畫跋一卷附硯銘雜器銘一卷
　　(清)程庭鷺撰
秋水園印說一卷　(清)陳鍊撰
墨志一卷　(明)麻三衡撰
荀勖笛律圖注一卷　(清)徐養原撰
書影擇錄一卷　(清)周亮工撰
第五輯
頻羅庵論書一卷　(清)梁同書撰

繪事發微一卷　(清)唐岱撰

論畫絕句一卷　(清)宋犖原唱　(清)朱彝

　　尊和

漫堂書畫跋一卷　(清)宋犖撰

頻羅庵書畫跋一卷　(清)梁同書撰

古銅瓷器攷二卷　(清)梁同書撰

　　古銅器攷一卷

　　古窯器攷一卷

怪石贊一卷　(清)宋犖撰

雪堂墨品一卷　(清)張仁熙撰

漫堂墨品一卷　(清)宋犖撰

筆史一卷　(清)梁同書撰

秋園雜佩一卷　(清)陳貞慧撰

第六輯

臨池管見一卷　(清)周星蓮撰

畫麈一卷　(明)沈顥撰

繪事津梁一卷　(清)秦祖永撰　　　　［輯

徐電發楓江漁父小像題詠一卷　(清)徐釚

書箋一卷　(明)屠隆撰

帖箋一卷　(明)屠隆撰

畫箋一卷　(明)屠隆撰

琴箋一卷　(明)屠隆撰

摹印傳燈二卷　(清)葉爾寬撰

石譜一卷　(清)諸九鼎撰

硯錄一卷　(清)曹溶撰

瓶史二卷　(明)袁宏道撰

天壤閣雜記一卷　(清)王懿榮撰

第七輯

臨池心解一卷　(清)朱和羹撰

學畫淺說一卷　(清)王槩撰

學古編一卷附三十五舉校勘記一卷　(元)

　　　吾丘衍撰　校勘記(清)姚覲元撰

續三十五舉一卷　(清)桂馥撰

再續三十五舉一卷　(清)姚晏撰

續三十五舉一卷　(清)黃子高撰

端溪硯石考一卷　(清)高兆撰

享金簿一卷　(清)孔尚任撰

第八輯

海岳名言一卷　(宋)米芾撰

寶章待訪錄一卷　(宋)米芾撰

指頭畫說一卷　(清)高秉撰

玉几山房畫外錄二卷　(清)陳撰撰

印章集說一卷　(明)甘暘撰

清祕藏二卷　(明)張應文撰

第九輯

安吳論書一卷　(清)包世臣撰

小山畫譜二卷　(清)鄒一桂撰

曝書亭書畫跋一卷　(清)朱彝尊撰

說硯一卷　(清)朱彝尊撰

賞延素心錄一卷　(清)周二學撰

琉璃志一卷　(清)孫廷銓撰

石友贊一卷　(清)王琢撰

洞天清祿集一卷　(宋)趙希鵠撰

第十輯

天際烏雲帖攷二卷　(清)翁方綱撰

評書帖一卷　(清)梁巘撰

眉公書畫史一卷　(明)陳繼儒撰

書畫金湯一卷　(明)陳繼儒撰

西湖臥遊圖題跋一卷　(明)李流芳輯

三萬六千頃湖中畫船錄一卷　(清)迮朗撰

妮古錄四卷　(明)陳繼儒撰

二集

第一輯

書史一卷　(宋)米芾撰

汪氏珊瑚網畫繼一卷畫據一卷畫法一卷

　　(明)汪砢玉撰

印說一卷　(清)萬壽祺撰

論墨一卷　(清)萬壽祺撰

硯林拾遺一卷　(清)施閏章撰

寓意編一卷　(明)都穆撰

第二輯

雲煙過眼錄二卷　(宋)周密撰

雲煙過眼錄續集一卷　(元)湯允謨撰

國朝吳郡丹青志一卷　(明)王穉登撰

竹嬾畫賸一卷續畫賸一卷附錄一卷　(明)

　　李日華撰·附錄(民國)鄧實輯

竹嬾墨君題語一卷　(明)李日華撰

醉鷗墨君題語一卷　(明)李肇亨撰

評紙帖一卷　(宋)米芾撰

墨表二卷古今墨論一卷　(清)萬壽祺撰

傳古別錄一卷　(清)陳介祺撰

第三輯

貞觀公私畫史一卷　(唐)裴孝源撰

玉雨堂書畫記四卷　(清)韓泰華撰

今夕盦讀畫絕句一卷　(清)居巢撰

今夕盦題畫詩一卷　(清)居巢撰

七家印跋不分卷　(清)秦祖永輯

第四輯

書法雅言一卷　(明)項穆撰

須靜齋雲煙過眼錄一卷　(清)潘世璜撰

　　(清)潘遵祁錄

宣德鼎彝譜八卷　(明)呂震等撰

宣爐博論一卷　(明)項元汴撰

宣爐歌註一卷　(清)冒襄撰

非煙香法一卷　(明)董說撰

第五輯

寒山帚談二卷附錄二卷　(明)趙宧光撰

竹譜一卷　(元)李衎撰

墨竹記一卷　(□)張退公撰

華光梅譜一卷　(宋)釋仲仁撰

第八輯
　　宣和論畫雜評一卷　宋徽宗撰
　　好古堂家藏書畫記二卷續收書畫奇物記一
　　　卷　(清)姚際恆撰
　　嘯月樓印賞一卷　(清)戴啓偉撰
　　武英殿聚珍版程式一卷　(清)金簡撰
　　金玉瑣碎二卷　(清)謝堃撰
第九輯　　　　　　　　　　　　　　　　　　[撰
　　玉燕樓書法一卷　(清)魯一貞(清)張廷相
　　梁元帝山水松石格一卷　梁元帝撰
　　畫山水訣一卷　(宋)李澄叟撰
　　雲林石譜三卷　(宋)杜綰撰
　　長物志十二卷　(明)文震亨撰
第十輯
　　大滌子題畫詩跋四卷　(清)釋道濟撰
　　畫說一卷　(清)華翼綸撰
　　燕閒清賞箋一卷　(明)高濂撰
　　談藝錄一卷　(民國)鄧實輯
四集
第一輯
　　清內府藏刻絲書畫錄七卷　朱啓鈐撰
　　畫說一卷　(明)莫是龍撰
　　南窰筆記一卷　(清)□□撰
　　紀硯一卷　(清)程瑤田撰
第二輯
　　述書賦一卷　(唐)竇臮撰　(唐)竇蒙注
　　續書法論一卷　(清)蔣驥撰
　　畫錄廣遺一卷　(宋)張澂撰
　　畫禪一卷　(明)釋蓮儒撰
　　湛園題跋一卷　(清)姜宸英撰
　　板橋題畫一卷　(清)鄭燮撰
　　絲繡筆記二卷　朱啓鈐撰
第三輯
　　玉臺書史一卷　(清)厲鶚撰
　　玉臺畫史五卷別錄一卷　(清)湯漱玉撰
　　拙存堂題跋一卷　(清)蔣衡撰
　　鼎錄一卷　(梁)虞荔撰
　　研史一卷　(宋)米芾撰
　　皺水軒詞筌一卷　(清)賀裳撰
第四輯
　　南宋院畫錄八卷　(清)厲鶚撰
　　茗笈二卷品藻一卷　(明)屠本畯撰
　　刀劍錄一卷　(梁)陶弘景撰
　　翼譜叢談一卷　(清)□繼光撰
第五輯
　　蘇米齋蘭亭考八卷　(清)翁方綱撰
　　畫品一卷　(宋)李廌撰　　　　　　　　　[輯
　　宋中興館閣儲藏圖書記一卷　(宋)楊王休
　　南宋院畫錄補遺一卷　(清)厲鶚撰
　　女紅傳徵畧一卷　朱啓鈐輯

第六輯
　　書勢一卷　(清)程瑤田撰
　　筆法記一卷　(後梁)荊浩撰
　　書畫目錄一卷　(元)王惲撰
　　南田畫跋四卷　(清)惲格撰
　　銅仙傳一卷　(清)徐元潤撰
　　水坑石記一卷　(清)錢朝鼎撰
　　刺繡書畫錄七卷　朱啓鈐輯
第七輯　　　　　　　　　　　　　　　　　[撰
　　聽颿樓書畫記五卷續刻二卷　(清)潘正煒
第八輯
　　湘管齋寓賞編六卷　(清)陳焯撰
第九輯
　　書小史十卷　(宋)陳思撰
　　衍極五卷　(元)鄭杓撰　(元)劉有定釋
　　右軍(王羲之)年譜一卷　(清)魯一同撰
第十輯
　　書畫所見錄一卷　(清)謝堃撰
　　天瓶齋書畫題跋二卷　(清)張照撰
　　畫錄廣遺一卷　(宋)張澂撰
　　趙蘭坡所藏書畫目錄一卷　(宋)□□撰
　　山水純全集五卷　(宋)韓拙撰
　　悅生所藏書畫別錄一卷　(宋)□□撰
　　聲禪一卷　(明)釋蓮儒撰
　　竹園陶說一卷　(民國)劉子芬撰
　　古玉考一卷　(民國)劉子芬撰
　　香國二卷　(明)毛晉撰
　　羅鍾齋蘭譜一卷　(明)張應文撰

雜　　家

五子書

(明)歐陽清輯
　　明嘉靖二十三年(1544)刊本
　　鬻子一卷　(周)鬻熊撰　(唐)逢行珪注
　　子華子二卷　(周)程本撰
　　鶡冠子三卷　(宋)陸佃解
　　尹文子一卷　(周)尹文撰
　　公孫龍子一卷　(周)公孫龍撰

慎子三種合帙

陳乃乾輯
　　民國十七年(1928)中國學會景印本
　　慎子內外編二卷　(周)慎到撰　(明)慎懋
　　　賞解　據明萬曆本景印
　　慎子一卷　(周)慎到撰　據子彙本景印
　　慎子一卷　(周)慎到撰　據守山閣叢書本
　　　景印

六語

(明)郭子章撰
　　明萬曆中刊本
　諺語七卷
　謠語七卷
　諧語七卷
　讔語二卷
　譏語二卷
　讖語六卷

玉塵新譚

(明)鄭仲夔撰
　　明萬曆四十五年(1617)刊本
　清言十卷
　偶記八卷
　耳新八卷
　雋區八卷

合刻五家言

(明)鍾惺輯評
　　明刊本
　道言十二卷　　(周)辛鈃撰　　(唐)徐靈府
　　(宋)朱弁(元)杜道堅注
　術言一卷　　(周)鬼谷子撰
　辨言三卷　　(周)公孫龍撰
　德言二卷　　(北齊)劉晝撰　　(唐)袁孝政注
　文心雕龍文言十卷　　(梁)劉勰撰

芙蓉城四種書

(清)陸次雲撰
　　清刊本
　大有奇書二卷
　尙論持平二卷
　析疑待正二卷
　事文標異一卷

雕丘雜錄

(清)梁淸遠撰
　　清康熙十七年(1678)太平園刊本
　眠雲閑錄一卷
　藤亭漫抄一卷
　情話記一卷
　巡簷筆乘一卷
　臥疴隨筆一卷
　今是齋日鈔一卷
　閒影雜識一卷
　朵榮錄一卷
　鮑卿談叢一卷
　過庭眼錄一卷
　東齋掌鈔一卷
　予寧漫筆一卷

　晏如筆記一卷
　西廬漫筆一卷
　晏如齋槃史一卷
　耳順記一卷
　嵞翁槃史一卷
　休園語林一卷

息關三述

(清)蔡方炳輯
　　清康熙中刊本
　讀書法一卷
　愼助編一卷
　正學矩一卷

塵談拾雅

(清)劉節卿輯
　　清同治八年(1869)藏修書屋刊本
　小易一卷　　(宋)邵桂子等撰
　筆花軒一卷　　(□)宇文材等撰
　錢本草一卷　　(唐)張說撰
　元寶公案一卷　　(淸)謝開寵撰
　酒鑒一卷　　(明)屠本畯撰
　游戲三昧一卷　　(□)石杰撰
　粥飯緣二卷
　　粥經一卷　　(明)張應文撰
　　飯頌一卷　　(淸)張英撰
　憨子一卷　　(□)懶道人撰
　江花品藻一卷　　(明)楊愼撰
　姤律一卷　　(淸)廣野居士(陳元龍)撰

鮑紅葉叢書

(清)鮑祖祥輯
　　淸光緒三十三年(1907)古香女子北京排
　　印本
　忠經一卷　　(漢)馬融撰
　孝傳一卷　　(晉)陶潛撰
　古三墳一卷　　(晉)阮咸注
　智囊補一卷　　(淸)鮑祖祥選
　博異記一卷　　(唐)谷神子(鄭還古)撰
　玉皇心印經一卷　　(□)子虛道人注
　素書一卷　　(漢)黃石公撰
　風后握奇經一卷附握奇經續圖一卷八陣總
　　述一卷　　(漢)公孫弘解　續圖(□)□
　　□撰　八陣總述(晉)馬隆述
　心書一卷　　(蜀)諸葛亮撰
　枕中書一卷　　(晉)葛洪撰
　陰符經一卷　　(漢)張良注
　搜神記一卷　　(晉)干寶撰
　搜神後記一卷　　(晉)陶潛撰
　海內十洲記一卷　　(漢)東方朔撰

　　飛燕外傳一卷　（漢）伶玄撰
　　漢中士女志一卷　（晉）常璩撰
　　梓潼士女志一卷　（晉）常璩撰

鄭氏叢刻

（清）鄭之僑輯
　　清乾隆二十五年(1760)潮陽鄭氏刊本
　　濂溪書院興學編一卷　（清）□□輯　　［輯
　　濂溪書院勸學編六卷首一卷　（清）鄭之僑
　　四禮初稿四卷　（明）宋纁撰
　　附
　　　家禮雜儀一卷　（宋）朱熹輯
　　　通禮一卷　（宋）朱熹輯
　　　四禮翼一卷　（明）呂坤撰
　　農桑易知錄三卷　（清）鄭之僑撰

經史百家序錄

邵章輯
　　清光緒二十八年(1902)石印本
　　十三經序錄一卷
　　二十四史序錄八卷
　　九通序錄四卷
　　五禮通攷序錄一卷　（清）秦蕙田撰
　　春秋大事表序錄一卷　（清）顧棟高撰
　　方輿紀要序錄一卷　（清）顧祖禹撰

中國古代科技圖錄叢編初集

中華書局上海編輯所輯
　　1959年中華書局據明本景印
　　天工開物三卷　（明）宋應星撰　據明崇禎
　　　十年本景印
　　便民圖纂十五卷　（明）鄺璠撰　據明萬曆
　　　本景印
　　救荒本草二卷　（明）朱橚撰　據明嘉靖四
　　　年本景印
　　武經總要前集二十二卷　（宋）曾公亮等撰
　　　據明弘治本景印

閨門必讀

（清）潘遵祁輯
　　清同治十三年(1874)陶漱藝齋刊本
　　仁孝文皇后內訓一卷　（明）仁孝文皇后撰
　　曹大家女誡一卷　（漢）班昭撰
　　鄭氏女孝經一卷　（唐）鄭□撰
　　宋若昭女論語一卷　（唐）宋若昭撰
　　溫氏母訓一卷　（明）溫璜記

女四書

（明）王相箋注
　　清光緒六年(1880)李光明莊刊本

　　清光緒十三年(1887)上海江左書林刊本
　　曹大家女誡一卷　（漢）班昭撰
　　仁孝文皇后內訓一卷　（明）仁孝文皇后撰
　　宋若昭女論語一卷　（唐）宋若昭撰
　　王節婦女範捷錄一卷　（明）劉□撰

小十三經

（明）顧玄緯輯
　　明嘉靖中刊本
　　忠經一卷　（漢）馬融撰　（漢）鄭玄注
　　女孝經一卷　（唐）鄭□撰
　　佛說四十二章經一卷　（漢）迦葉摩騰（漢）
　　　竺法蘭譯　（唐）釋守遂注
　　風后握奇經一卷附握奇經續圖一卷八陣總
　　　述一卷　（漢）公孫弘解　續圖(□)□
　　　□撰　八陣總述（晉）馬隆述
　　耒耜經一卷　（唐）陸龜蒙撰
　　丸經二卷　（元）□□撰
　　五木經一卷　（唐）李翱撰　（唐）元革注
　　胎息經一卷　（□）幻眞先生注
　　黃帝宅經二卷
　　黃帝授三子玄女經一卷
　　青烏先生葬經一卷　（漢）青烏子撰　（金）
　　　兀欽仄注
　　墨經一卷　（宋）晁貫之撰
　　通占大象曆星經二卷

格言彙編

（清）王乃徵輯
　　清光緒三十四年(1908)撫州府署石印本
　　庭訓格言一卷　清世宗述
　　聰訓齋語二卷　（清）張英撰
　　澄懷園語四卷　（清）張廷玉撰
　　裏言一卷　（清）魏禧撰
　　藥言一卷藥言贅稿一卷　（清）拙修老人
　　　（李惺）撰　　　　　　　　　　［撰
　　冰言一卷補一卷　（清）藜花庵主人（李惺）

三益集

（清）李天錫輯
　　清嘉慶道光間繼志堂刊本
　　陰隲文像註四卷　道光四年(1824)刊
　　增訂敬信錄二卷　道光二年(1822)刊
　　玉歷鈔傳警世一卷　嘉慶二十年(1815)刊
續集
　　呂子節錄四卷續四卷附呂新吾先生身家盛
　　　衰循環圖說一卷宗約歌一卷好人歌一
　　　卷　（明）呂坤撰　道光四年(1824)朱
　　　桂楨刊續二十一年(1841)李天錫刊
　　身世準繩二卷　（清）李迪光撰　道光二十

四年(1844)刊

筆花醫鏡四卷　(清)江涵暾撰　道光二十
四年(1844)刊

重刻徐氏三種

(清)錢枡潤等校訂

清同治九年(1870)南蘭陵亦園刊本

千字文釋義一卷　(清)汪嘯尹輯

百家姓考畧一卷　(清)王相箋注

三字經訓詁一卷　(清)王相撰

陳刻二種

(清)陳世修輯

清光緒元年(1875)陳氏刊本

清異錄二卷　(宋)陶穀撰

表異錄二十卷　(明)王志堅撰

小嫏嬛山館彙刊類書十二種

(清)□□輯

清咸豐元年(1851)刊本

琅環爛柴十二種

清光緒二十年(1894)文選廔石印本

經腴類纂二卷　(清)孫頠輯

歷代史腴二卷　(清)周金壇輯　　　［撰

左氏蒙求註一卷　(清)許乃濟(清)王慶麟

左傳紺珠二卷　(清)王武沂輯　(清)蕭士
麟補輯

爾雅貫珠一卷　(明)朱銓輯

山海經腴詞一卷　(明)朱銓輯

竹書紀年雋句一卷　(清)王曰睿輯

六經蒙求一卷　(清)黃本驥輯

十七史蒙求一卷　(宋)王令輯　(遼)李瀚
補輯

均藻五卷　(明)楊慎輯

謝華啓秀四卷　(明)楊慎輯

文選集腴二卷　(清)胥斌輯

文林綺繡

(清)鴻寶齋書局輯

清光緒二十二年(1896)鴻寶齋石印本

文選晉義八卷　(清)余蕭客輯

兩漢雋言前集十卷後集六卷　前集(宋)林
越輯　後集(明)凌迪知輯

楚騷綺語六卷　(明)張之象輯

左國腴詞八卷　(明)凌迪知輯

太史華句八卷　(明)凌迪知輯

文選錦字錄二十一卷　(明)凌迪知輯

漢書蒙拾三卷　(清)杭世駿撰

附

後漢書蒙拾二卷　(清)杭世駿撰

文選課虛四卷　(清)杭世駿撰

文選類雋十四卷　(清)何松輯

文選古字通疏證六卷　(清)薛傳均撰

小　　　說

古今說海

(明)陸楫輯

明嘉靖二十三年(1544)雲間陸氏儼山書
院刊本

清道光元年(1821)苕溪邵氏酉山堂刊本

清宣統元年(1909)上海集成圖書公司排
印本

民國四年(1915)上海進步書局石印本

說選部

小錄家

北征錄一卷　(明)金幼孜撰

北征後錄一卷　(明)金幼孜撰

北征記一卷　(明)楊榮撰

偏記家

平夏錄一卷　(明)黃標撰

江南別錄一卷　(宋)陳彭年撰

三楚新錄三卷　(宋)周羽翀撰

溪蠻叢笑一卷　(宋)朱輔撰

遼志一卷　(宋)葉隆禮撰

金志一卷　(宋)宇文懋昭撰

蒙韃備錄一卷　(宋)孟珙撰

北邊備對一卷　(宋)程大昌撰

桂海虞衡志一卷　(宋)范成大撰

眞臘風土記一卷　(元)周達觀撰

北戶錄一卷　(唐)段公路撰

西使記一卷　(元)劉郁撰

北轅錄一卷　(宋)周煇撰

滇載記一卷　(明)楊慎撰

星槎勝覽四卷　(明)費信撰

說淵部

別傳家

靈應傳一卷　(唐)□□撰

洛神傳一卷　(唐)薛瑩撰

夢遊錄一卷　(唐)任蕃撰

吳保安傳一卷　(唐)牛肅撰

崑崙奴傳一卷　(唐)楊巨源撰

鄭德璘傳一卷　(唐)薛瑩撰

李章武傳一卷　(唐)李景亮撰

韋自東傳一卷　(唐)□□撰

趙合傳一卷　(唐)□□撰

杜子春傳一卷　(唐)鄭還古撰

裴伷先別傳一卷　(唐)□□撰

震澤龍女傳一卷　(唐)薛瑩撰

袁氏傳一卷　（後蜀）顧夐撰
少室仙姝傳一卷　（唐）□□撰
李林甫外傳一卷　（唐）□□撰
遼陽海神傳一卷　（明）蔡羽述
蚍蜉傳一卷　（唐）□□撰
甘棠靈會錄一卷
顏濬傳一卷　（唐）□□撰
張無頗傳一卷　（唐）□□撰
板橋記一卷　（唐）□□撰
鄴侯外傳一卷　（唐）李蘩撰
洛京獵記一卷　（唐）□□撰
玉壺記一卷　（唐）□□撰
姚生傳一卷　（唐）□□撰
唐晅手記一卷　（唐）唐晅撰
獨孤穆傳一卷　（唐）□□撰
王恭伯傳一卷　（唐）□□撰
中山狼傳一卷　（宋）謝良撰
崔煒傳一卷　（唐）□□撰
陸顒傳一卷　（唐）□□撰
潤玉傳一卷
李衞公別傳一卷　（唐）□□撰
齊推女傳一卷　（唐）□□撰
魚服記一卷　（唐）□□撰
聶隱娘傳一卷　（唐）鄭文寶撰
袁天綱外傳一卷　（唐）□□撰
曾季衡傳一卷　（唐）□□撰
蔣子文傳一卷　（唐）羅鄴撰
張遵言傳一卷　（唐）□□撰
侯元傳一卷　（唐）□□撰
同昌公主外傳一卷　（唐）蘇鶚撰
睦仁蒨傳一卷　（唐）陳鴻撰
韋鮑二生傳一卷　（唐）□□撰
張令傳一卷　（唐）□□撰
李清傳一卷　（唐）□□撰
薛昭傳一卷　（唐）□□撰
王賈傳一卷　（唐）□□撰
烏將軍記一卷　（唐）王恒撰
寶玉傳一卷　（唐）□□撰
柳參軍傳一卷　（唐）□□撰
人虎傳一卷　（唐）李景亮撰
馬自然傳一卷　（唐）□□撰
寶應錄一卷　（唐）□□撰
白蛇記一卷　（唐）□□撰
巴西侯傳一卷　（唐）□□撰
柳歸舜傳一卷　（唐）□□撰
求心錄一卷　（唐）□□撰
知命錄一卷　（唐）□□撰
山莊夜怪錄一卷　（唐）□□撰
五眞記一卷　（唐）□□撰
小金傳一卷　（唐）□□撰

林靈素傳一卷　（宋）趙與時撰
海陵三仙傳一卷　（宋）□□撰
說略部
雜記家
默記一卷　（宋）王銍撰
宣政雜錄一卷　（宋）江萬里撰
靖康朝野僉言一卷　（宋）□□撰
朝野遺紀一卷　（宋）□□撰
墨客揮犀一卷　（宋）彭乘撰
續墨客揮犀一卷　（宋）彭乘撰
聞見雜錄一卷　（宋）蘇舜欽撰
山房隨筆一卷　（元）蔣子正撰
諧史一卷　（宋）沈俶撰
昨夢錄一卷　（宋）康與之撰
三朝野史一卷　（元）吳萊撰
鐵圍山叢談一卷　（宋）蔡條撰
孔氏雜說一卷　（宋）孔平仲撰
瀟湘錄一卷　（唐）李隱撰
三水小牘一卷　（唐）皇甫枚撰
談藪一卷　（宋）龐元英撰
清尊錄一卷　（宋）廉布撰
睽車志一卷　（宋）郭象撰
話腴一卷　（宋）陳郁撰
朝野僉載一卷　（唐）張鷟撰
古杭雜記一卷　（元）李有撰
蒙齋筆談（節錄嚴下放言）一卷　（宋）葉夢
　得（誤題鄭景璧）撰
文昌雜錄一卷　（宋）龐元英撰
就日錄一卷　（宋）趙□撰
碧湖雜記一卷　（宋）謝枋得撰
錢氏私誌一卷　（宋）錢愐撰
遂昌山樵雜錄一卷　（元）鄭元祐撰
高齋漫錄一卷　（宋）曾慥撰
桐陰舊話一卷　（宋）韓元吉撰
霏雪錄一卷　（明）劉績撰
東園友聞一卷　（元）□□撰
拊掌錄一卷　（元）元懷撰
說纂部
逸事家
漢武故事一卷　（漢）班固撰
艮嶽記一卷　（宋）張淏撰
青溪寇軌一卷　（宋）方勺撰
煬帝海山記一卷　（唐）韓偓撰
煬帝迷樓記一卷　（唐）韓偓撰
煬帝開河記一卷　（唐）韓偓撰
散錄家
江行雜錄一卷　（宋）廖瑩中撰
行營雜錄一卷　（宋）趙葵撰
避暑漫抄一卷　（宋）陸游撰
養痾漫筆一卷　（宋）趙溍撰

虛谷閒抄一卷　（元）方回撰
蓼花洲閒錄一卷　（宋）高文虎撰

雜纂家

樂府雜錄一卷　（唐）段安節撰
教坊記一卷　（唐）崔令欽撰
孫內翰北里誌一卷　（唐）孫棨撰
青樓集一卷　（元）雪蓑釣隱（夏庭芝）撰
雜纂三卷　（唐）李商隱撰　（宋）王君玉
　（宋）蘇軾續
損齋備忘錄一卷　（明）梅純撰
復辟錄一卷　（明）楊瑄撰
靖難功臣錄一卷　（明）朱當㴐撰
備遺錄一卷　（明）張芹撰

虞初志

（明）湯顯祖輯
　明刊本
　民國六年（1917）上海掃葉山房石印本
卷一
續齊諧記　（梁）吳均撰
集異記　（唐）薛用弱撰
離魂記　（唐）陳玄祐撰
卷二
虬髯客傳　（唐）張說（一題前蜀杜光庭）撰
柳毅傳　（唐）李朝威撰
紅線傳　（唐）楊巨源撰
長恨傳　（唐）陳鴻撰
卷三
韋安道傳　（南唐）張泌撰
周秦行紀　（唐）牛僧孺撰
枕中記　（唐）李泌（一題沈既濟）撰
南柯記　（唐）李公佐撰
卷四
嵩岳嫁女記　（唐）施肩吾撰
廣陵妖亂志　（唐）羅隱撰
崔少玄傳　（唐）王建撰
南岳魏夫人傳　（唐）顏眞卿撰
卷五
無雙傳　（唐）薛調撰
謝小娥傳　（唐）李公佐撰
楊娼傳　（唐）房千里撰
李娃傳　（唐）白行簡撰
卷六
鶯鶯傳　（唐）元稹撰
霍小玉傳　（唐）蔣防撰
柳氏傳　（唐）許堯佐撰
非煙傳　（唐）皇甫枚撰
卷七
高力士外傳　（唐）郭湜撰
東城老父傳　（唐）陳鴻撰

古鏡記　（隋）王度撰
冥音錄　（唐）朱慶餘撰
卷八
任氏傳　（唐）沈既濟撰
蔣琛傳　（南唐）張泌撰
東陽夜怪錄　（唐）王洙撰
白猿傳　（唐）□□撰

顧氏文房小說

（明）顧元慶輯
　明嘉靖中顧氏夷白齋刊本
　民國十四年（1925）上海商務印書館據明
　本景印
古今注三卷　（晉）崔豹撰
隋唐嘉話三卷　（唐）劉餗撰
周秦行紀一卷　（唐）牛僧孺撰
南岳魏夫人傳一卷　（唐）顏眞卿撰
博異志一卷　（唐）谷神子（鄭還古）撰
楊太眞外傳二卷　（宋）樂史撰
臥遊錄一卷　（宋）呂祖謙撰
山家清事一卷　（宋）林洪撰
張太史明道雜志一卷　（宋）張耒撰
宜齋野乘一卷　（宋）吳枋撰
松窗雜錄一卷　（唐）李濬撰
次柳氏舊聞一卷　（唐）李德裕撰
芥隱筆記一卷　（宋）龔頤正撰
東坡居士艾子雜說一卷　（宋）蘇軾撰
梅妃傳一卷　（唐）曹鄴撰
集異記二卷　（唐）薛用弱撰
虬髯客傳一卷　（前蜀）杜光庭撰
資暇集三卷　（唐）李匡乂撰
幽閑鼓吹一卷　（唐）張固撰
小爾雅一卷　（漢）孔鮒撰　（宋）宋咸注
葆光錄三卷　（吳越）陳□撰
洛陽名園記一卷　（宋）李格非撰
趙飛燕外傳一卷　（漢）伶玄撰
高力士外傳一卷　（唐）郭湜撰
開元天寶遺事二卷　（後周）王仁裕撰
續齊諧記一卷　（梁）吳均撰
海內十洲記一卷　（漢）東方朔撰
卓異記一卷　（唐）李翺撰
松漠紀聞二卷補遺一卷　（宋）洪皓撰
漢武帝別國洞冥記四卷　（漢）郭憲撰
白猿傳一卷　（唐）□□撰
碧雲騢一卷　（宋）梅堯臣撰
劉賓客嘉話錄一卷　（唐）韋絢錄
嘯旨一卷　（唐）孫廣撰
文錄一卷　（宋）唐庚撰
深雪偶談一卷　（宋）方岳撰
鍾嶸詩品三卷　（梁）鍾嶸撰

　本事詩一卷　(唐)孟棨撰
　德隅齋畫品一卷　(宋)李廌撰
　鼎錄一卷　(梁)虞荔撰

顧氏明朝四十家小說(一名梓吳)

(明)顧元慶輯
　　明正德嘉靖間陽山顧氏家塾刊本
　　清宣統中上海國學扶輪社排印本
　　民國三年(1914)古今圖書局石印本
　國寶新編一卷　(明)顧璘撰
　琅琊漫鈔一卷　(明)文林撰
　七人聯句詩紀一卷　(明)楊循吉撰
　寅意編一卷　(明)都穆撰
　吳郡二科志一卷　(明)閻秀卿撰
　瘞鶴銘考一卷　(明)顧元慶撰
　太湖新錄一卷　(明)文徵明(明)徐禎卿撰
　青溪暇筆一卷　(明)姚福撰
　病逸漫記一卷　(明)陸釴撰
　夷白齋詩話一卷　(明)顧元慶撰
　讀書筆記一卷　(明)祝允明撰
　存餘堂詩話一卷　(明)朱承爵撰
　君子堂日詢手鏡一卷　(明)王濟撰
　陽山新錄一卷　(明)顧元慶(明)岳岱撰
　海槎餘錄一卷　(明)顧岕撰
　新倩籍一卷　(明)徐禎卿撰
　景仰撮書一卷　(明)王達撰
　蠶衣一卷　(明)祝允明撰
　賓槚記一卷　(明)滑惟善撰
　霞外雜俎一卷　(明)鐵脚道人(杜巽才)撰
　彭文憲公筆記二卷　(明)彭時撰
　否泰錄一卷　(明)劉定之撰
　蘇談一卷　(明)楊循吉撰
　吳中往哲記一卷　(明)楊循吉撰
　今雨瑤華一卷　(明)岳岱撰
　簷曝偶談一卷　(明)顧元慶輯
　金石契一卷　(明)祝肇撰
　大石山房十友譜一卷　(明)顧元慶撰
　稗史集傳一卷　(元)徐顯撰
　西征記一卷　(宋)盧襄撰
　避戎夜話二卷　(宋)石茂良撰
　雲林遺事一卷附錄一卷　(明)顧元慶撰
　皇明天全先生遺事一卷　(明)徐子陽撰
　清夜錄一卷　(宋)俞文豹撰
　聽雨紀談一卷　(明)都穆撰
　談藝錄一卷　(明)徐禎卿撰
　翦勝野聞一卷　(明)徐禎卿撰
　近言一卷　(明)顧璘撰
　續編宋史辨一卷　(明)陳桱撰
　茶譜一卷　(明)顧元慶撰
　縣笥瑣探一卷　(明)劉昌撰

廣四十家小說

(明)顧元慶輯
　　民國四年(1915)上海文明書局石印本
　漁樵閒話一卷　(宋)東坡居士(蘇軾)撰
　讀書筆記一卷　(明)祝允明撰
　雲仙散錄一卷　(唐)馮贄撰
　襄陽耆舊傳一卷　(晉)習鑿齒撰
　廣客談一卷　(元)□□撰
　賈氏談錄一卷　(宋)張洎撰
　陶朱新錄一卷　(宋)馬純撰
　天隱子一卷　(唐)司馬承禎撰
　白獺髓一卷　(宋)張仲文集
　冀越集一卷
　石田雜記一卷　(明)沈周撰
　友會談叢三卷　(宋)上官融撰
　寇萊公遺事一卷　(宋)□□撰
　歷代帝王傳國璽譜一卷　(宋)鄭文寶撰
　桂苑叢談一卷　(唐)馮翊撰
　避戎夜話二卷　(宋)石茂良撰
　江淮異人錄一卷　(宋)吳淑撰
　清夜錄一卷　(宋)俞文豹撰
　吳中舊事一卷　(元)陸友仁撰
　西征石城記一卷　(明)馬文升撰
　中朝故事二卷　(南唐)尉遲偓撰
　平江紀事一卷　(元)高德基撰
　震澤紀聞一卷　(明)王鏊撰
　明皇十七事一卷　(唐)李德裕撰
　杜陽雜編三卷　(唐)蘇鶚撰
　興復哈密國王記一卷　(明)馬文升撰
　莘野纂聞一卷　(明)伍餘福撰
　撫言述妓館五段事一卷　(南漢)王定保撰
　蘇談一卷　(明)楊循吉撰
　綠珠內傳一卷　(宋)樂史撰
　否泰錄一卷　(明)劉定之撰
　東方朔神異經一卷　(漢)東方朔撰
　開顏集二卷　(宋)周文玘撰
　江海殲渠記一卷　(明)祝允明撰
　聞燕常談一卷　(宋)董芬撰
　景仰撮書一卷　(明)王達撰
　拘虛晤言一卷　(明)陳沂撰
　賓槚記一卷　(明)滑惟善撰
　太湖新錄一卷　(明)文徵明(明)徐禎卿撰
　蠶衣一卷　(明)祝允明撰

煙霞小說

(明)范欽輯
　　明萬曆十八年(1590)刊本
第一帙
　吳中故語一卷　(明)楊循吉撰

蓬軒吳記二卷別記一卷　(明)黃暐撰
第二帙
　馬氏日抄一卷　(明)馬愈撰
　紀善錄一卷　(明)杜瓊撰
　掾曹名臣錄一卷　(明)王鴻儒撰
第三帙至第四帙
　庚巳編四卷　(明)陸粲撰
第五帙
　紀周文襄公見鬼事一卷　(明)□□撰
　異林一卷　(明)徐禎卿撰
　語怪四編一卷　(明)祝允明撰
　猥談一卷　(明)祝允明撰
第六帙
　高坡異纂三卷　(明)楊儀撰
　艾子後語一卷　(明)陸灼撰
第七帙至第八帙
　說聽四卷　(明)陸延枝撰

小窗四紀

(明)吳從先撰
　　明刊本
　小窗自紀四卷
　小窗別紀四卷
　小窗清紀不分卷
　小窗豔紀不分卷

新刻王氏青箱餘

(明)王兆雲撰
　　明萬曆書林聚奎樓刊本
　綠天賸說二卷
　廣莫野語二卷
　驚座撮遺二卷
　客窗隨筆二卷
　礪石剩譚二卷

稽古堂叢刻

(明)高承埏輯
　　明刊本
　雲仙散錄十卷　(唐)馮贄撰
　劇談錄二卷　(唐)康駢撰
　隋唐嘉話三卷　(唐)劉餗撰
　劉賓客嘉話錄一卷　(唐)韋絢錄
　友會談叢三卷　(宋)上官融撰
　史剡一卷　(宋)司馬光撰
　梁谿漫志十卷　(宋)費袞撰
　南部新書十卷　(宋)錢易撰
　平江記事一卷　(元)高德基撰
　灌畦暇語一卷　(唐)□□撰
　續傾曝談餘一卷　(明)陳繼儒撰

稗乘

(明)黃昌齡輯
　　明萬曆中黃氏刊本
　晉文春秋一卷
　漢武事略一卷　(漢)班固撰
　明皇十七事一卷　(唐)李德裕撰
　一統肇基錄一卷　(明)夏原吉撰
　聖君初政記一卷　(明)沈文撰
　在田錄一卷　(明)張定撰
　椒宮舊事一卷　(明)王達撰
　東朝紀一卷　(明)王泌撰
　明良錄略一卷　(明)沈士謙撰
　逐鹿記一卷　(明)王禕撰
　造邦賢勳錄略一卷　(明)王禕撰
　趙氏二美遺踪一卷　(宋)秦醇撰
　元氏掖庭侈政一卷　(元)陶宗儀撰
　樂善錄略一卷*　(宋)李昌齡撰
　積善錄一卷續積善錄一卷　(宋)黃光大撰
　　續(元)馮夢周撰
　兩鈔摘腴一卷　(宋)史浩輯
　希通錄一卷　(宋)蕭參撰
　訓子言一卷　(明)袁黃撰
　因話錄三卷　(唐)趙璘撰
　松窗錄略一卷　(唐)□□撰
　家世舊聞一卷　(宋)陸游撰
　隨隱漫錄一卷　(宋)陳世崇撰
　攬轡錄一卷　(宋)范成大撰
　驂鸞錄一卷　(宋)范成大撰
　吳船錄一卷　(宋)范成大撰
　觧酲語一卷　(元)李材撰
　萬松閣記客言一卷　(明)陳昊才撰
　鳳凰臺記事一卷　(明)馬生龍撰
　巳瘧編一卷　(明)劉玉撰
　殉身錄一卷　(明)裘玉撰
　雲蕉館紀談一卷　(明)孔邇撰
　蟄起雜事一卷　(明)劉泌(一題楊儀)撰
　熙朝樂事一卷　(明)田汝成撰
　適園語錄一卷　(明)陸樹聲撰
　蟄談二卷　(明)顧聖之撰
　禪玄顯教編一卷　(明)楊溥撰
　摩訶般若波羅蜜多心經一卷　(明)林兆
　　恩釋
　三十國記二卷　(晉)釋法顯撰
　宗禪辯一卷　(宋)張商英撰
　廣成子一卷　(宋)蘇軾注
　常清靜經一卷　(明)林兆恩釋
　保生要錄一卷　(宋)蒲處貫撰

稗海

(明)商濬輯
　　明萬曆中會稽商氏半埜堂刊本
　　清康熙中振鷺堂據明商氏刊板重編補刊
　　　印本
(清)李孝源重訂
　　清乾隆中據振鷺堂版修補重訂本
第一函
　博物志十卷　(晉)張華撰　(宋)周日用
　　(宋)盧□注
　西京雜記六卷　(晉)葛洪撰
　王子年拾遺記十卷　(前秦)王嘉撰　(梁)
　　蕭綺錄
　搜神記八卷　(晉)干寶撰
　述異記二卷　(梁)任昉撰
　續博物志十卷　(宋)李石撰
　摭言一卷　(南漢)王定保撰
　小名錄二卷　(唐)陸龜蒙撰
　雲溪友議十二卷　(唐)范攄撰
　獨異志三卷　(唐)李冗撰
第二函
　杜陽雜編三卷　(唐)蘇鶚撰
　東觀奏記三卷　(唐)裴庭裕撰
　大唐新語十三卷　(唐)劉肅撰
　因話錄六卷　(唐)趙璘撰
　玉泉子一卷　(唐)□□撰
　北夢瑣言二十卷　(宋)孫光憲撰
第三函
　樂善錄二卷　(宋)李昌齡撰
　蠹海集一卷　(明)王逵撰
　過庭錄一卷　(宋)范公偁撰
　泊宅編三卷　(宋)方勺撰
　閑窗括異志一卷　(宋)魯應龍撰
　搜採異聞錄五卷　(宋)永亨撰
　東軒筆錄十五卷　(宋)魏泰撰
　青箱雜記十卷　(宋)吳處厚撰
　蒙齋筆談(節錄巖下放言)二卷　(宋)葉夢
　　得(誤題鄭景望)撰
　畫墁錄一卷　(宋)張舜民撰
第四函
　游宦紀聞十卷　(宋)張世南撰　　　〔撰
　夢溪筆談二十六卷補筆談一卷　(宋)沈括
　學齋佔畢纂一卷　(宋)史繩祖撰
　祛疑說纂一卷　(宋)儲泳撰
　墨莊漫錄十卷　(宋)張邦基撰
　侍兒小名錄拾遺一卷　(宋)張邦幾撰
　補侍兒小名錄一卷　(宋)王銍撰
　續補侍兒小名錄一卷　(宋)溫豫撰
第五函
　懶真子五卷　(宋)馬永卿撰
　歸田錄二卷　(宋)歐陽修撰

東坡先生志林十二卷　(宋)蘇軾撰
蘇黃門龍川別志二卷　(宋)蘇轍撰
澠水燕談錄十卷　(宋)王闢之撰
冷齋夜話十卷　(宋)釋惠洪撰
老學庵筆記十卷　(宋)陸游撰
第六函
　雲麓漫抄四卷　(宋)趙彥衛撰
　石林燕語十卷　(宋)葉夢得撰
　避暑錄話二卷　(宋)葉夢得撰
　清波雜志三卷　(宋)周煇撰
　墨客揮犀十卷　(宋)彭乘撰
　異聞總錄四卷　(宋)□□撰
　遂昌雜錄一卷　(元)鄭元祐撰
續
第七函
　酉陽雜俎二十卷　(唐)段成式撰
　宣室志十卷補遺一卷　(唐)張讀撰
　河東先生龍城錄二卷　(唐)柳宗元撰
　鶴林玉露十六卷補遺一卷　(宋)羅大經撰
第八函
　儒林公議二卷　(宋)田況撰
　侯鯖錄八卷　(宋)趙令畤撰
　睽車志六卷　(宋)郭彖撰
　江鄰幾雜志一卷　(宋)江休復撰
　桯史十五卷　(宋)岳珂撰
　隨隱漫錄五卷　(宋)陳世崇撰
　楓窗小牘二卷　(宋)百歲寓翁(袁褧)撰
　　(宋)袁頤續
　耕祿藁一卷　(宋)胡錡撰
　厚德錄四卷　(宋)李元綱撰
第九函
　西溪叢語二卷　(宋)姚寬撰
　野客叢書三十卷附錄一卷　(宋)王楙撰
　螢雪叢說二卷　(宋)俞成撰　　　　〔錄
　孫公談圃三卷　(宋)孫升述　(宋)劉延世
　許彥周詩話一卷　(宋)許顗撰
　後山居士詩話一卷　(宋)陳師道撰
第十函
　齊東野語二十卷　(宋)周密撰
　癸辛雜識前集一卷後集一卷續集二卷別集
　　二卷　(宋)周密撰
　山房隨筆一卷　(元)蔣子正撰

合刻三志

(明)冰華居士輯
　　明刊本
志奇類
　仙吏傳一卷　(唐)太上隱者輯
　神僧傳一卷　(晉)法顯撰
　異僧傳一卷　(南唐)李中撰

怪道士傳一卷　(唐)韓愈撰
怪男子傳一卷　(唐)許棠撰
梁四公記一卷　(梁)沈約撰
三異人傳一卷　(唐)陸龜蒙撰
英雄傳一卷　(唐)雍陶撰
豪客傳一卷　(前蜀)杜光庭撰
續劍俠傳一卷　(元)喬夢符(吉)撰
狂奴傳一卷　(唐)李延壽撰
神女傳一卷　(唐)孫頠撰
麗姝傳一卷　(前秦)王嘉撰
義妓傳一卷　(明)張獻翼撰
俊婢傳一卷　(宋)楊萬里輯
賤僕傳一卷　(漢)王襃撰
志怪類
　志怪錄一卷　(唐)陸勳撰
　聞奇錄一卷　(五代)于逖輯
　靈怪錄一卷　(前蜀)牛嶠撰
　物怪錄一卷　(唐)徐鉉撰
　夜怪錄一卷　(唐)王洙撰
　幽怪錄一卷　(元)陶宗儀撰
　語怪一卷　(明)祝允明撰
志異類
　述異記一卷　(梁)任昉撰
　諾皋記一卷　(唐)段成式撰
　續齊諧記一卷　(梁)吳均撰
　集異記一卷　(唐)薛用弱撰
　博異志一卷　(唐)鄭還古撰
　撫異記一卷　(唐)李濬撰
　異林一卷　(明)徐禎卿撰
　物異考一卷　(宋)方鳳撰
　妖妄傳一卷　(前蜀)牛希濟撰
　廣陵妖亂志一卷　(唐)羅隱撰
　妖蠱傳一卷　(前蜀)魏承班撰
　妖巫傳一卷　(前蜀)尹鶚撰
　夜叉傳一卷　(唐)段成式撰
　異疾志一卷　(唐)段成式撰
　獵狐記一卷　(唐)孫恂撰
　任氏傳一卷　(唐)沈既濟撰
　袁氏傳一卷　(後蜀)顧敻撰
　白猿傳一卷　(陳)江總撰
志幻類
　幻戲志一卷　(唐)蔣防撰
　幻影傳一卷　(前蜀)薛昭蘊撰
　幻異志一卷　(唐)孫頠撰
　神呪志一卷　(唐)雍益堅撰
　雷民傳一卷　(唐)沈既濟撰
　古鏡記一卷　(隋)王度撰
　鸚鵡舍利塔記一卷　(唐)韋臯撰
　聖琵琶傳一卷　(囗)何曾撰
　五方神傳一卷　(囗)柳湖撰

稽神錄一卷　(唐)雍陶撰
志鬼類
　冥遇傳一卷　(唐)牛僧孺撰
　冥感記一卷　(元)羅貫中撰
　冥音記一卷　(唐)朱慶餘撰
　冥通記一卷　(梁)陶弘景撰
　暎車志一卷　(後蜀)歐陽炯撰
　鬼塚志一卷　(唐)褚遂良撰
　壙上記一卷　(唐)蘇頲纂
　再生記一卷　(後蜀)閻選撰
　見鬼傳一卷　(唐)陳鴻撰
　冤債志一卷　(唐)吳融撰
　尸媚傳一卷　(南唐)張泌撰
　賣鬼傳一卷　(唐)包何撰
　奇鬼傳一卷　(唐)杜青荑撰
　靈鬼志一卷　(唐)常沂撰
　才鬼記一卷　(唐)鄭賁撰
志夢類
　夢游錄一卷　(唐)任蕃撰
　南柯記一卷附枕中記一卷　(唐)李公佐撰
　揚州夢記一卷　(唐)于鄴撰　　　〔撰
　巫山神女夢一卷附曹植洛神賦　(周)宋玉
志寓類
　賣髯奴辭一卷　(漢)黃香撰
　黑心符一卷　(唐)于義方撰
　中山狼傳一卷　(唐)姚合撰
　東城老父傳一卷　(唐)陳鴻撰
　琵琶婦傳一卷　(唐)白居易撰
　杜秋傳一卷　(唐)杜牧撰
　李謩吹笛記一卷　(唐)楊巨源撰
　衛公故物記一卷　(唐)韋端符撰
　靈應錄一卷　(五代)于逖撰
　前定錄一卷　(唐)鍾輅撰

快書六種

(明)華淑撰
　　明刊本
　癖顛小史二卷
　說雋四卷
　草堂隨筆二卷
　談麈二卷
　文字禪一卷
　逃名傳一卷

五朝小說

(明)囗囗輯
　　清據說郛說郛續刊版重編印本

五朝小說大觀

　　民國十五年(1926)上海掃葉山房石印本

魏晉小說
傳奇家
　穆天子傳一卷
　西王母傳一卷　（漢）桓驎撰
　東方朔傳一卷　（漢）郭憲撰
　漢武帝內傳一卷　（漢）班固撰
　趙飛燕外傳一卷　（漢）伶玄撰
　薛靈芸傳一卷　（前秦）王嘉撰
　吳女紫玉傳一卷　（漢）趙曄撰
　天上玉女記一卷　（宋）賈善翔撰
　秦女賣枕記一卷　（晉）干寶撰
　蘇娥訴冤記一卷　（晉）干寶撰
　泰山生令記一卷　（晉）司馬彪撰
　泰嶽府君記一卷　（晉）庾翼撰
　庚朔君別傳一卷　（晉）干寶撰
　山陽死友傳一卷　（魏）蔣濟撰
　麋生癡郎記一卷　（前秦）王嘉撰
　東越祭蛇記一卷　（晉）干寶撰
　楚王鑄劍記一卷　（漢）趙曄撰
　古墓斑狐記一卷　（晉）郭頒撰
　太古蠶馬記一卷　（吳）張儼撰
　烏衣鬼軍記一卷　（晉）李朏撰
　夏侯鬼語記一卷　（晉）孔曄撰
志怪家
　續齊諧記一卷　（梁）吳均撰
　還冤記一卷　（北齊）顏之推撰
　冥通記一卷　（梁）陶弘景撰
　搜神記一卷　（晉）干寶撰
　搜神後記二卷　（晉）陶潛撰
　幽明錄一卷　（劉宋）劉義慶撰
　續幽明錄一卷　（唐）劉孝孫撰
　別國洞冥記一卷　（漢）郭憲撰
　述異記一卷　（梁）任昉撰
　宣驗記一卷　（劉宋）劉義慶撰
　古鏡記一卷　（隋）王度撰
　異苑一卷　（劉宋）劉敬叔撰
偏錄家
　大業雜記一卷　（劉宋）劉義慶(一題唐杜寶)撰
　西京雜記一卷　（漢）劉歆(一題晉葛洪)撰
　漢雜事秘辛一卷　（漢）□□撰
　星經二卷　（漢）甘公（漢）石申撰　（五朝小說本）
　虞喜志林一卷　（晉）虞喜撰　（五朝小說大觀本）
　東宮舊事一卷　（晉）張敞撰
　鄴中記一卷　（晉）陸翽撰
雜傳家
　羣輔錄一卷　（晉）陶潛撰
　真靈位業圖一卷　（梁）陶弘景撰

　列仙傳一卷　（漢）劉向撰
　神仙傳一卷　（晉）葛洪撰
　神僧傳一卷　（晉）釋法顯撰
　列女傳一卷　（晉）皇甫謐撰
　麻姑傳一卷　（晉）葛洪撰
　丁新婦傳一卷　（吳）殷基撰
　襄陽耆舊傳一卷　（晉）習鑿齒撰
　益都耆舊傳一卷　（晉）陳壽撰
　汝南先賢傳一卷　（晉）周斐撰
　楚國先賢傳一卷　（晉）張方撰
　會稽先賢傳一卷　（吳）謝承撰
　零陵先賢傳一卷　（晉）司馬彪撰
　英雄記鈔一卷　（魏）王粲撰　（五朝小說本）
　文士傳一卷　（晉）張隱撰　（五朝小說大觀本）
　東林蓮社十八高賢傳一卷　（晉）□□撰
外乘家
　豫章古今記一卷　（劉宋）雷次宗撰
　西州後賢志一卷　（晉）常璩撰
　漢中士女志一卷　（晉）常璩撰
　梓潼士女志一卷　（晉）常璩撰
　風土記一卷　（晉）周處撰
　宜都記一卷　（晉）袁山松撰
　湘中記一卷　（晉）羅含撰
　荊州記一卷　（劉宋）盛弘之撰
　南越志一卷　（□）沈懷遠撰
　廣州記一卷　（晉）顧微撰
　水衡記一卷
　海內十洲記一卷　（漢）東方朔撰
　拾遺名山記一卷　（前秦）王嘉撰
　洛陽伽藍記一卷　（後魏）楊衒之撰
　佛國記一卷　（晉）釋法顯撰
　梁京寺記一卷
　三齊畧記一卷　（晉）伏琛撰
雜志家
　袖中記一卷　（梁）沈約撰
　輶軒絕代語一卷　（漢）揚雄撰
　荊楚歲時記一卷　（梁）宗懍撰
　南方草木狀三卷　（晉）嵇含撰
　刀劍錄一卷　（梁）陶弘景撰
　神異經一卷　（漢）東方朔撰　（晉）張華注
　金樓子一卷　梁元帝撰
訓誡家
　顏氏家訓一卷　（北齊）顏之推撰
　稽氏遺書一卷　（南齊）稽澄撰
　齊民要術一卷　（後魏）賈思勰撰
　探春歷記一卷　（漢）東方朔撰
　登涉符籙一卷　（晉）葛洪撰
　三輔決錄一卷　（漢）趙岐撰

三國典略一卷　(晉)魚豢撰
魏晉世語一卷　(晉)郭頒撰
陸機要覽一卷　(晉)陸機撰
裴啓語林一卷　(晉)裴啓撰
品藻家
　詩譜一卷　(元)陳繹曾撰
　詩品三卷　(梁)鍾嶸撰
　書品一卷　(梁)庾肩吾撰
　四體書勢一卷　(晉)衛恆撰
　書評一卷　梁武帝撰
　法書苑一卷　(宋)周越撰
　古畫品錄一卷　(南齊)謝赫撰
　後畫品錄一卷　(陳)姚最撰
　筆經一卷　(晉)王羲之撰
藝術家
　風后握奇經一卷附握奇經續圖一卷八陣總
　　述一卷　(漢)公孫弘解　續圖(□)□
　　・□撰　八陣總述(晉)馬隆述
　相貝經一卷　(漢)朱仲撰
　相手板經一卷
　相兒經一卷　(晉)嚴助撰
　相鶴經一卷　(□)浮丘公撰
　相牛經一卷　(周)甯戚撰
　禽經一卷　(周)師曠撰　(晉)張華注
　龜經一卷
　水經二卷　(漢)桑欽撰　(五朝小說本)
　月令問答一卷　(漢)蔡邕撰　(五朝小說
　　大觀本)
唐人百家小說
偏錄家
　尙書故實一卷　(唐)李綽撰
　次柳氏舊聞一卷　(唐)李德裕撰
　松窗雜記一卷　(唐)杜荀鶴(一題李濬)撰
　金鑾密記一卷　(唐)韓偓撰
　龍城錄一卷　(唐)柳宗元撰
　小說舊聞記一卷　(唐)柳公權撰
　夢書一卷
　鼎錄一卷　(梁)虞荔撰
　尤射一卷　(魏)繆襲撰
　儒棋格一卷　(魏)□肇撰
紀載家
　籟記一卷　(陳)陳叔齊撰
　竹譜一卷　(晉)戴凱之撰
　卓異記一卷　(唐)李翱撰
　摭異記一卷　(唐)李濬撰
　朝野僉載一卷　(唐)張鷟撰
　中朝故事一卷　(南唐)尉遲偓撰
　南楚新聞一卷　(唐)尉遲樞撰
　金華子雜編一卷　(南唐)劉崇遠撰
　杜陽雜編三卷　(唐)蘇鶚撰　(五朝小說

本)
商芸小說一卷　(梁)殷芸撰　(五朝小說
　大觀本)
幽閑鼓吹一卷　(唐)張固撰
劉賓客嘉話錄一卷　(唐)韋絢錄　(五朝
　小說本)
樹萱錄一卷　(唐)劉鼐撰　(五朝小說大
　觀本)
隋唐嘉話一卷　(唐)劉餗撰　(五朝小說
　本)
葆化錄一卷　(唐)陳京撰　(五朝小說大
　觀本)
桂苑叢談一卷　(唐)馮翊撰
周秦行紀一卷　(唐)牛僧孺撰
三夢記一卷　(唐)白行簡撰　　　　〔撰
廣陵妖亂志一卷　(唐)鄭廷誨(一題羅隱)
常侍言旨一卷　(唐)柳珵撰
夢遊錄一卷　(唐)任蕃撰
迷樓記一卷　(唐)韓偓撰
集異記一卷　(唐)薛用弱撰
博異志一卷　(唐)鄭還古撰
海山記一卷　(唐)韓偓撰
幽怪錄一卷　(唐)王恽撰
續幽怪錄一卷　(唐)李復言撰
耳目記一卷　(唐)張鷟撰
瀟湘錄一卷　(唐)李隱撰
前定錄一卷　(唐)鍾輅撰
開元天寶遺事一卷　(後周)王仁裕撰
明皇十七事一卷　(唐)李德裕撰
楊太眞外傳二卷　(宋)樂史撰
長恨歌傳一卷　(唐)陳鴻撰
梅妃傳一卷　(唐)曹鄴撰
李林甫外傳一卷　(唐)□□撰
東城老父傳一卷　(唐)陳鴻撰
高力士傳一卷　(唐)郭湜撰
鄴侯外傳一卷　(唐)李繁撰
開河記一卷　(唐)韓偓撰
劍俠傳一卷　(唐)段成式撰
瑣記家
　洛中九老會一卷　(唐)白居易等撰
　黑心符一卷　(唐)于義方撰
　大藏治病藥一卷　(唐)釋靈澈撰
　平泉山居草木記一卷　(唐)李德裕撰
　嶺表錄異記一卷　(唐)劉恂撰
　來南錄一卷　(唐)李翱撰
　北戶錄一卷　(唐)段公路撰
　吳地記一卷　(唐)陸廣微撰
　南部烟花記一卷　(唐)馮贄撰
　粧樓記一卷　(南唐)張泌撰
　教坊記一卷　(唐)崔令欽撰

北里志一卷　（唐）孫棨撰
本事詩一卷　（唐）孟棨撰
終南十志一卷　（唐）盧鴻撰
洞天福地記一卷　（前蜀）杜光庭撰
比紅兒詩一卷　（唐）羅虬撰
義山雜纂一卷　（唐）李商隱撰
嘯旨一卷　（唐）孫廣撰
茶經三卷　（唐）陸羽撰
十六湯品一卷　（唐）蘇廙撰
煎茶水記一卷　（唐）張又新撰
醉鄉日月一卷　（唐）皇甫松撰
食譜一卷　（唐）韋巨源撰
花九錫一卷　（唐）羅虬撰
二十四詩品一卷　（唐）司空圖撰
書法一卷　（唐）歐陽詢撰　（明）王道焜注
畫學秘訣一卷　（唐）王維撰
續畫品錄一卷　（唐）李嗣真撰
申宗傳一卷　（唐）孫頠撰
小名錄一卷　（唐）陸龜蒙撰
記錦裙一卷　（唐）陸龜蒙撰
耒耜經一卷　（唐）陸龜蒙撰
五木經一卷　（唐）李翱撰　（唐）元革注
樂府雜錄一卷　（唐）段安節撰
羯鼓錄一卷　（唐）南卓撰
摭言一卷　（唐）何晦（一題南漢王定保）撰
衞公故物記一卷　（唐）韋端符撰
藥譜一卷　（唐）侯寧極撰
諧噱錄一卷　（唐）劉訥言撰
肉攫部一卷　（唐）段成式撰
金剛經鳩異一卷　（唐）段成式撰
會眞記一卷　（唐）元稹撰
記事珠一卷　（唐）馮贄撰
志怪錄一卷　（唐）陸勳撰
聞奇錄一卷　（五代）于逖撰
靈應錄一卷　（唐）傅亮（一題五代于逖）撰
傳奇家
妙女傳一卷　（唐）顧非熊撰
稽神錄一卷　（宋）徐鉉撰
揚州夢記一卷　（唐）于鄴撰
杜秋傳一卷　（唐）杜牧撰
龍女傳一卷　（唐）薛瑩撰
柳毅傳一卷　（唐）李朝威撰
蔣子文傳一卷　（唐）羅鄴撰
杜子春傳一卷　（唐）鄭還古撰
奇男子傳一卷　（唐）許棠撰
虬髯客傳一卷　（唐）張說（一題前蜀杜光庭）撰
劉無雙傳一卷　（唐）薛調撰
霍小玉傳一卷　（唐）蔣防撰
墨崑崙傳一卷　（南唐）馮延己撰

牛應貞傳一卷　（唐）宋若昭撰
紅線傳一卷　（唐）楊巨源撰
章臺柳傳一卷　（唐）許堯佐撰
宋人百家小說
偏錄家
錢氏私誌一卷　（宋）錢愐撰
家王故事一卷　（宋）錢惟演撰
家世舊聞一卷　（宋）陸游撰
玉堂逢辰錄一卷　（宋）錢惟演撰
澠水燕談錄一卷　（宋）王闢之撰
括異志一卷　（宋）魯應龍撰　（五朝小說本）
大中遺事一卷　（唐）令狐澄撰　（五朝小說大觀本）
紹熙行禮記一卷　（宋）周密撰
御寨行程一卷　（宋）趙彥衞撰
茅亭客話一卷　（宋）黃休復撰
幙府燕閒錄一卷　（宋）畢仲詢撰
洛中紀異錄一卷　（宋）秦再思撰
熙豐日曆一卷　（宋）王明清撰
上壽拜舞記一卷　（宋）陳世崇撰
太清樓侍宴記一卷　（宋）蔡京撰
高宗幸張府節次畧一卷　（宋）周密撰
從駕記一卷　（宋）陳世崇撰
東巡記一卷　（宋）趙彥衞撰
曉車志一卷　（元）歐陽玄撰
異聞記一卷　（宋）何先撰
白獺髓一卷　（宋）張仲文撰
清夜錄一卷　（宋）俞文豹撰
梁溪漫志一卷　（宋）費袞撰
暘谷漫錄一卷　（宋）洪巽撰
春渚紀聞一卷　（宋）何薳撰
曲洧舊聞一卷　（宋）朱弁撰
摭青雜說一卷　（宋）王明清撰
玉壺清話一卷　（宋）釋文瑩撰
儒林公議一卷　（宋）田況撰
友會談叢一卷　（宋）上官融撰
聞燕常談一卷　（宋）董萲撰
桯史一卷　（宋）岳珂撰
默記一卷　（宋）王銍撰
談藪一卷　（宋）龐元英撰
鐵圍山叢談一卷　（宋）蔡條撰　（五朝小說本）
江南野錄一卷　（宋）龍袞撰　（五朝小說大觀本）
談淵一卷　（宋）王陶撰
話腴一卷　（宋）陳郁撰
貴耳錄一卷　（宋）張端義撰　（五朝小說本）
聞見雜錄一卷　（宋）蘇舜欽撰　（五朝小

說大觀本)
東軒筆錄一卷　(宋)魏泰撰
陶朱新錄一卷　(宋)馬純撰
倦游雜錄一卷　(宋)張師正撰
東臯雜錄一卷　(宋)孫宗鑑撰
行都紀事一卷　(宋)陳晦撰
彭蠡小龍記一卷　(元)王惲撰
虛谷閒抄一卷　(元)方回撰
蓼花洲閒錄一卷　(宋)高文虎撰
傳載略一卷　(宋)釋贊寧撰
該聞錄一卷　(宋)李畋撰
洞微志一卷　(宋)錢易撰
芝田錄一卷　(唐)丁用晦撰
嘑嚵集一卷　(元)宋无撰
吹劍錄一卷　(宋)俞文豹撰
碧雲騢一卷　(宋)梅堯臣撰
投轄錄一卷　(宋)王明清撰
忘懷錄一卷　(宋)沈括撰
對雨編一卷　(宋)洪邁撰
軒渠錄一卷　(宋)呂本中撰
中山狼傳一卷　(宋)謝良撰
清尊錄一卷　(宋)廉布撰
昨夢錄一卷　(宋)康與之撰
拊掌錄一卷　(元)元懷撰
調謔編一卷　(宋)蘇軾撰
艾子雜說一卷　(宋)蘇軾撰
仇池筆記一卷　(宋)蘇軾撰
曖車志一卷　(宋)郭彖撰
玉澗襍書一卷　(宋)葉夢得撰
石林燕語一卷　(宋)葉夢得撰
巖下放言一卷　(宋)葉夢得撰
避暑錄話一卷　(宋)葉夢得撰
避暑漫抄一卷　(宋)陸游撰
席上腐談一卷　(宋)俞琰撰
游宦紀聞一卷　(宋)張世南撰
悅生隨抄一卷　(宋)賈似道撰
嬾眞子錄一卷　(宋)馬永卿撰
豹隱紀談一卷　(宋)周遵道撰
東谷所見一卷　(宋)李之彥撰
讀書隅見一卷　(宋)鄭震撰
齊東埜語一卷　(宋)周密撰
野人閒話一卷　(宋)景煥撰
西溪藂語一卷　(宋)姚寬撰
植杖閒譚一卷　(宋)錢康功撰
道山清話一卷　(宋)王口撰
深雪偶談一卷　(宋)方岳撰
船窗夜話一卷　(宋)顧文薦撰
葦航紀談一卷　(宋)蔣津撰
雲谷雜記一卷　(宋)張淏撰
東齋記事一卷　(宋)許觀撰

澹山雜識一卷　(宋)錢功撰
楊文公談苑一卷　(宋)楊億撰　(宋)黃鑑
　錄　(宋)宋庠重訂
老學庵筆記一卷　(宋)陸游撰
三柳軒雜識一卷　(元)程棨撰
鷄肋編一卷　(宋)莊綽撰
泊宅編一卷　(宋)方勺撰
暇日記一卷　(宋)劉跂撰
隱窟雜志一卷　(宋)溫革撰
韋居聽輿一卷　(宋)陳直撰
鷄林類事一卷　(宋)孫穆撰
坦齋通編一卷　(宋)邢凱撰
臆乘一卷　(宋)楊伯嵒撰
鷄肋一卷　(宋)趙崇絢撰
鑑戒錄一卷　(後蜀)何光遠撰
釋常談三卷　(宋)□□撰　(五朝小說本)
事原一卷　(宋)劉孝孫撰　(五朝小說大
　觀本)
續釋常談一卷　(宋)龔熙正撰
瑣記家
乾道庚寅奏事錄一卷　(宋)周必大撰
艮嶽記一卷　(宋)張淏撰
登西臺慟哭記一卷　(宋)謝翶撰
于役志一卷　(宋)歐陽修撰
六朝事迹一卷　(宋)張敦頤撰
錢塘瑣記一卷　(宋)于肇撰
古杭夢遊錄一卷　(宋)耐得翁(趙口)撰
汴都平康記一卷　(宋)張邦基撰
侍兒小名錄一卷　(宋)洪遂撰
侍兒小名錄一卷　(宋)王銍撰
侍兒小名錄一卷　(宋)溫豫撰
侍兒小名錄一卷　(宋)張邦幾撰
思陵書畫記一卷　(宋)周密撰
琴曲譜錄一卷　(宋)釋居月撰
本朝茶法一卷　(宋)沈括撰
宣和北苑貢茶錄一卷　(宋)熊蕃撰
北苑別錄一卷　(宋)趙汝礪撰
品茶要錄一卷　(宋)黃儒撰
茶錄一卷　(宋)蔡襄撰
酒名記一卷　(宋)張能臣撰
蔬食譜一卷　(宋)陳達叟撰
藥議一卷　(宋)沈括撰　(五朝小說本)
麗情集一卷　(宋)張君房撰　(五朝小說
　大觀本)
花經一卷　(宋)張翊撰
禪本草一卷　(宋)釋慧日撰
耕祿稾一卷　(宋)胡錡撰
水族加恩簿一卷　(宋)毛勝撰
感應經一卷　(元)陳櫟撰
土牛經一卷　(宋)向孟撰

物類相感志一卷 （宋)蘇軾撰
雜纂續一卷 （宋)王君玉撰
雜纂二續一卷 （宋)蘇軾撰
傳奇家
遊仙夢記一卷 （宋)蘇轍撰
龍壽丹記一卷 （宋)蔡襄撰
惠民藥局記一卷 （宋)沈括撰
鬼國記一卷 （宋)洪邁撰
鬼國續記一卷 （宋)洪邁撰
海外怪洋記一卷 （宋)洪芻撰
閩海蠱毒記一卷 （宋)楊胐撰
福州猴王神記一卷 （宋)洪邁撰
鳴鶴山記一卷 （宋)洪邁撰
韓奉議驪歌傳一卷 （宋)何蓮撰
皇明百家小說
皇朝盛事一卷 （明)王世貞撰
菽園雜記一卷 （明)陸容撰
客座新聞一卷 （明)沈周撰
枝山前聞一卷 （明)祝允明撰
莘野纂聞一卷 （明)伍餘福撰
駒陰冗記一卷 （明)蘭莊撰
中洲野錄一卷 （明)程文憲撰
長安客話一卷 （明)蔣一葵撰
古穰雜錄一卷 （明)李賢撰
後渠漫記一卷 （明)崔銑撰
懸笥瑣探一卷 （明)劉昌撰
南翁夢錄一卷 （安南)黎澄撰
碧里雜存一卷 （明)董穀撰
田居乙記一卷 （明)方大鎮撰
西樵野記一卷 （明)侯甸撰
二酉委譚一卷 （明)王世懋撰
三餘贅筆一卷 （明)都卬撰
聽雨紀談一卷 （明)都穆撰
劉氏雜志一卷 （明)劉定之撰
推篷寤語一卷 （明)李豫亨撰
寒檠膚見一卷 （明)毛元仁撰
書肆說鈴一卷 （明)葉秉敬撰
語窺今古一卷 （明)洪文科撰
新知錄一卷 （明)劉仕義撰
識小錄一卷 （明)周賓所撰
庚巳編一卷 （明)陸粲撰
續巳編一卷 （明)郎瑛撰
涉異志一卷 （明)閔文振撰
蘇談一卷 （明)楊循吉撰
意見一卷 （明)陳于陛撰
遇恩錄一卷 （明)劉仲璟撰
天順日錄一卷 （明)李賢撰
今言一卷 （明)鄭曉撰
彭公筆記一卷 （明)彭時撰
琅琊漫抄一卷 （明)文林撰

震澤紀聞一卷 （明)王鏊撰
震澤長語一卷 （明)王鏊撰
病逸漫記一卷 （明)陸釴撰
高坡異纂一卷 （明)楊儀撰
豫章漫抄一卷 （明)陸深撰
蓬軒別記一卷 （明)楊循吉撰
蓬窗續錄一卷 （明)馮時可撰
青巖叢錄一卷 （明)王禕撰
東谷贅言一卷 （明)敖英撰
閩中今古錄一卷 （明)黃溥撰
春風堂隨筆一卷 （明)陸深撰
簷曝偶談一卷 （明)顧元慶撰
雨航雜錄一卷 （明)馮時可撰
農田餘話一卷 （明)長谷真逸撰
水南翰記一卷 （明)李如一(一題張袞)撰
鼉采清課一卷 （明)費元祿撰
吳風錄一卷 （明)黃省曾撰
蓬櫳夜話一卷 （明)李日華撰
竇槚記一卷 （明)滑惟善撰
脚氣集一卷 （宋)車若水撰
續志林一卷 （明)王禕撰 （五朝小說本)
逐鹿記一卷 （明)王禕撰 （五朝小說大
　觀本)
寓圃雜記一卷 （明)王錡撰
青溪暇筆一卷 （明)姚福撰
近峰聞略一卷 （明)皇甫錄撰
窮勝野聞一卷 （明)徐禎卿撰
瓠不瓠錄一卷 （明)王世貞撰 （五朝小
　說本)
遜國記一卷 （明)□□撰 （五朝小說大
　觀本)
谿山餘話一卷 （明)陸深撰
吳中故語一卷 （明)楊循吉撰
清暑筆談一卷 （明)陸樹聲撰
甲乙剩言一卷 （明)胡應麟撰
百可漫志一卷 （明)陳鼐撰
見聞紀訓一卷 （明)陳良謨撰
先進遺風一卷 （明)耿定向撰
擁絮迂談一卷 （明)朱鷺撰
遼邸記聞一卷 （明)錢希言撰
女俠傳一卷 （明)鄒之麟撰
秘錄一卷 （明)李夢陽撰 （五朝小說大
　觀本)
西征記一卷 （晉)戴祚撰
醫閭漫記一卷 （明)賀欽撰
義虎傳一卷 （明)祝允明撰
琉球使略一卷 （明)陳侃撰
雲中事記一卷 （明)蘇祐撰
南巡日錄一卷 （明)陸深撰
朝鮮紀事一卷 （明)倪謙撰

平定交南錄一卷 (明)丘濬撰
雲林遺事一卷 (明)顧元慶撰
國寶新編一卷 (明)顧璘撰
仰山脞錄一卷 (明)閔文振撰
新倩籍一卷 (明)徐禎卿撰
吳中往哲記一卷 (明)楊循吉撰
綠雪亭雜言一卷 (明)敖英撰
雲夢藥溪談一卷 (明)文翔鳳撰
蒹葭堂雜抄一卷 (明)陸楫撰
快雪堂漫錄一卷 (明)馮夢禎撰
天爵堂筆餘一卷 (明)薛崗撰
適徇編一卷 (明)葉秉敬撰
雪濤談叢一卷 (明)江盈科撰
委巷叢談一卷 (明)田汝成撰
前定錄補一卷 (明)朱佐撰
譚輅一卷 (明)張鳳翼撰
戲瑕一卷 (明)錢希言撰
語怪一卷 (明)祝允明撰
異林一卷 (明)徐禎卿撰
西州合譜一卷 (明)張鴻磐撰
海味索隱一卷 (明)屠本畯撰
笑禪錄一卷 (明)潘游龍撰
雜纂三續一卷 (明)黃允交撰
洞簫記一卷 (明)陸粲撰
廣寒殿記一卷 明宣宗撰
周顛仙人傳一卷 明太祖撰
李公子傳一卷 (明)陳繼儒撰 (五朝小
　說大觀本)
阿寄傳一卷 (明)田汝成撰 (五朝小說
　大觀本)

古今說部叢書

(民國)國學扶輪社輯
　　清宣統至民國間上海國學扶輪社排印本
一集　宣統二年(1910)排印
漢官儀一卷 (漢)應劭撰
獻帝春秋一卷
九州春秋一卷 (晉)司馬彪撰
三國典略一卷 (晉)魚豢撰
會稽典錄一卷 (晉)虞預撰
魏春秋一卷 (晉)孫盛撰
鄴中記一卷 (晉)陸翽撰
羣輔錄一卷 (晉)陶潛撰
晉陽秋一卷 (晉)庾翼撰
續晉陽秋一卷 (劉宋)檀道鸞撰
晉中興書一卷 (劉宋)何法盛撰
次柳氏舊聞一卷 (唐)李德裕撰
曲洧舊聞一卷 (宋)朱弁撰
燈下閒談一卷 (宋)江洵撰
皇朝類苑一卷 (宋)江少虞撰

宜齋野乘一卷 (宋)吳枋撰
養魚經一卷 (周)范蠡撰
拾遺名山記一卷 (前秦)王嘉撰
北戶錄一卷 (唐)段公路撰
黔西古蹟考一卷 (清)錢彲撰
灌園十二師一卷 (清)徐沁撰
溪蠻叢笑一卷 (宋)朱輔撰
廣東月令一卷 (清)鈕琇撰
陸機要覽一卷 (晉)陸機撰
異聞實錄一卷 (唐)李玫撰
江淮異人錄一卷 (宋)吳淑撰
述異記三卷 (清)東軒主人撰
梅澗詩話一卷 (宋)韋居安撰
詩本事一卷 (明)程羽文撰
竹連珠一卷 (清)鈕琇撰
山林經濟策一卷 (清)陸次雲撰
劍氣一卷 (明)程羽文撰
征南射法一卷 (清)黃百家撰
艮堂十戒一卷 (清)方象瑛撰
酒約一卷 (清)吳肅公撰
宦海慈航一卷 (清)蔣埴撰
食珍錄一卷 (劉宋)虞悰撰
長物志十二卷 (明)文震亨撰
芸窗雅事一卷 (清)施清撰
玩月約一卷 (清)張潮撰
書齋快事一卷 (清)沈元琨撰
石交一卷 (明)程羽文撰
選石記一卷 (清)成性撰
紀草堂十六宜一卷 (清)王晫撰
仿園酒評一卷 (清)張蓁撰
香雪齋樂事一卷 (清)江之蘭撰
讀書法一卷 (清)魏際瑞撰
客齋使令反一卷 (明)程羽文撰
約言一卷 (清)張適撰
半庵笑政一卷 (清)陳皋謨撰
病約三章一卷 (清)尤侗撰
小半斤謠一卷 (清)黃周星撰
四十張紙牌說一卷 (清)李式玉撰
五嶽約一卷 (清)韓則愈撰
桓譚新論一卷 (漢)桓譚撰
譙周法訓一卷 (蜀)譙周撰
虞喜志林一卷 (晉)虞喜撰
裴啓語林一卷 (晉)裴啓撰
宋拾遺錄一卷 (梁)謝綽撰
三輔決錄一卷 (漢)趙岐撰
義山雜記一卷 (唐)李商隱撰
龍城錄一卷 (唐)柳宗元撰
窮愁志一卷 (唐)李德裕撰
松窗雜記一卷 (唐)杜荀鶴(一題李濬)撰
商芸小說一卷 (梁)殷芸撰

杜陽雜編三卷　(唐)蘇鶚撰
秀水閒居錄一卷　(宋)朱勝非撰
蒼梧雜志一卷　(宋)胡珵撰
談藪一卷　(宋)龐元英撰
青箱雜記一卷　(宋)吳處厚撰
林下偶譚一卷　(宋)吳口撰
獨醒雜志一卷　(宋)吳宏撰
可談一卷　(宋)朱彧撰
小窗自紀雜著一卷　(明)吳從先撰
二集　民國元年(1912)排印
文士傳一卷　(晉)張隱撰
衣冠盛事一卷　(唐)蘇特撰
幽閑鼓吹一卷　(唐)張固撰
法苑珠林一卷
諧史一卷　(宋)沈俶撰
三朝野史一卷　(元)吳萊撰
閩中古今錄一卷　(明)黃溥撰
西峰淡話一卷　(明)茅元儀撰
琅邪漫抄一卷　(明)文林撰
相貝經一卷　(漢)朱仲撰
禽經一卷　(周)師曠撰　(晉)張華注
輶軒絕代語一卷　(漢)揚雄撰
神異經一卷　(漢)東方朔撰　(晉)張華注
海內十洲記一卷　(漢)東方朔撰
列仙傳一卷　(漢)劉向撰
搜神記一卷　(晉)干寶撰
搜神後記一卷　(晉)陶潛撰
冥祥記一卷　(南齊)王琰撰
述異記一卷　(梁)任昉撰
原化記一卷　(唐)皇甫口撰
寶櫝記一卷　(明)滑惟善撰
杼情錄一卷　(宋)盧懷撰
碧湖雜記一卷　(宋)謝枋得撰
臨漢隱居詩話一卷　(宋)魏泰撰
延州筆記一卷　(明)唐觀撰
北窗囈語一卷　(清)朱纛撰
松亭行紀二卷　(清)高士奇撰
十六湯品一卷　(唐)蘇廙撰
採茶錄一卷　(唐)溫庭筠撰
茶疏一卷　(明)許次紓撰
炙轂子錄一卷　(唐)王叡撰
桂苑叢談一卷　(元)馮翊撰
葆化錄一卷　(唐)陳京撰
西墅記譚一卷　(前蜀)潘遠撰
乾饌子一卷　(唐)溫庭筠撰
吹劍錄一卷　(宋)俞文豹撰
雞肋一卷　(宋)趙崇絢撰
南部新書一卷　(宋)錢易撰
五色線一卷　(宋)口口撰
採蘭雜志一卷

異苑十卷　(劉宋)劉敬叔撰
戒庵漫筆一卷　(明)李詡撰
蘇談一卷　(明)湯循吉撰
耳新八卷　(明)鄭仲夔撰
三集　民國二年(1913)排印
傳信記一卷　(唐)鄭棨撰
野航史話一卷　(明)茅元儀撰
小隱書全帖一卷　(明)敬虚子撰
雲蕉館紀談一卷　(明)孔邇撰
汴圍濕襟錄一卷　(明)白愚撰
漁洋感舊集小傳四卷補遺一卷　(清)盧見
　　曾撰
袖中記一卷　(梁)沈約撰
玄亭涉筆一卷　(明)王志遠撰
荔枝譜一卷　(宋)蔡襄撰
嶠南瑣記二卷　(明)魏濬撰
志怪錄一卷　(晉)祖台之撰
集靈記一卷
祥異記一卷
風騷旨格一卷　(唐)釋齊已撰
灌畦暇語一卷　(唐)口口撰
春雨雜述一卷　(明)解縉撰
天爵堂筆餘一卷　(明)薛崗撰
資暇錄一卷　(唐)李匡乂撰
戲瑕一卷　(明)錢希言撰
玉笑零音一卷　(明)田藝蘅撰
竹坡老人詩註一卷　(宋)周紫芝撰
筆經一卷　(晉)王羲之撰
膳夫錄一卷　(唐)鄭望之撰
林下盟一卷　(明)沈仕撰
缾花譜一卷　(明)張丑撰
攝生要錄一卷　(明)沈仕撰
滇行日錄一卷　(清)王昶撰
太清記一卷　(劉宋)王韶之撰
寓簡一卷　(宋)沈作喆撰
林下清錄一卷　(明)沈仕撰
真率筆記一卷
致虚雜俎一卷
下帷短牒一卷
燕閒錄一卷　(明)陸深撰
春風堂隨筆一卷　(明)陸深撰
枕譚一卷　(明)陳繼儒撰
羣碎錄一卷　(明)陳繼儒撰
四集　宣統三年(1911)排印
冷齋夜話一卷　(宋)釋惠洪撰
宜春傳信錄一卷　(宋)羅誘撰
錢塘遺事一卷　(元)劉一清撰
相學齋雜鈔一卷　(元)鮮于樞撰
明良記一卷　(明)楊儀撰
隴蜀餘聞一卷　(清)王士禛撰

征緬紀聞一卷　（清）王昶撰
蜀徼紀聞一卷　（清）王昶撰
南中紀聞一卷　（明）包汝楫撰
桂海果志一卷　（宋）范成大撰
桂海蟲魚志一卷　（宋）范成大撰
還冤記一卷　（北齊）顏之推撰
蚓庵瑣語一卷　（清）王逋撰
西清詩話一卷　（宋）蔡絛撰
研北雜記一卷　（元）陸友撰
叩舷憑軾錄一卷　（明）姜南撰
華陽散稿二卷　（清）史震林撰
醉鄉日月一卷　（唐）皇甫松撰
蔬食譜一卷　（宋）陳達叟撰
佩楚軒客談一卷　（元）威輔之撰
雪鴻再錄一卷　（清）王昶撰
使楚叢譚一卷　（清）王昶撰
臺懷隨筆一卷　（清）王昶撰
投荒雜錄一卷　（唐）房千里撰
金華子雜編一卷　（南唐）劉崇遠撰
虛谷閑鈔一卷　（元）方回撰
桂海雜志一卷　（宋）范成大撰
山陵雜記一卷　（元）楊奐撰
志雅堂雜抄一卷　（宋）周密撰
浩然齋視聽抄一卷　（宋）周密撰
誠齋雜記一卷　（元）周達觀（一題林坤）撰
顧曲雜言一卷　（明）沈德符撰
北牕瑣語一卷　（明）余永麟撰
譚輅一卷　（明）張鳳翼撰
分甘餘話二卷　（清）王士禛撰
五集　宣統三年（1911）排印
征緬紀略一卷　（清）王昶撰
高坡異纂三卷　（明）楊儀撰
瓠里子筆談一卷　（明）姜南撰
遣戍伊犂日記一卷　（清）洪亮吉撰
天山客話一卷　（清）洪亮吉撰
艾子後語一卷　（明）陸灼撰
猥談一卷　（明）祝允明撰
半村野人閑談一卷　（明）姜南撰
蓉塘紀聞一卷　（明）姜南撰
蓬軒吳記二卷　（明）楊循吉撰
蓬軒別記一卷　（明）楊循吉撰
吳中故語一卷　（明）楊循吉撰
瓠滕八卷續編四卷　（清）鈕琇撰
然脂百一編六種　（清）傅以禮輯
　東歸紀事一卷　（明）王鳳嫻撰
　燈花占一卷　（明）王□撰
　追述黔塗略一卷　（明）邢慈靜撰
　革除建文皇帝紀一卷　（明）徐德英撰
　老父雲遊始末一卷　（清）陸莘行撰
　尊前話舊一卷　（清）陸莘行撰

外家紀聞一卷　（清）洪亮吉撰
六集　宣統三年（1911）排印
玉照新志四卷　（宋）王明清撰
王文正筆錄一卷　（宋）王曾撰
瓢不瓢錄一卷　（明）王世貞撰
曉車志一卷　（元）歐陽玄撰
說聽二卷　（明）陸延枝撰
石林詩話三卷　（宋）葉夢得撰
然燈紀聞一卷　（清）王士禛口授　（清）何
　世璂錄
律詩定體一卷　（清）王士禛撰
聲調譜一卷　（清）趙執信撰
談龍錄一卷　（清）趙執信撰
西湖秋柳詞一卷　（清）楊鳳苞撰　（清）楊
　知新注
幽夢影二卷　（清）張潮撰
幽夢續影一卷　（清）弇山草衣（朱錫綬）撰
匡廬紀遊一卷　（清）吳闡思撰
安南紀遊一卷　（清）潘鼎珪撰
涪翁雜說一卷　（宋）黃庭堅撰
湖壖雜記一卷　（清）陸次雲撰
簪雲樓雜說一卷　（清）陳尙古撰
天香樓偶得一卷　（清）虞兆漋撰
筠廊偶筆二卷　（清）宋犖撰
七集　宣統三年（1911）排印
楓窗小牘二卷　（宋）袁褧撰　（宋）袁頤續
幸蜀記一卷　（唐）宋居白撰
談助一卷　（清）王崇簡撰
庚巳編四卷　（明）陸粲撰
樊榭山房集外詩一卷　（清）厲鶚撰
碧雞漫志一卷　（宋）王灼撰
仿園清語一卷　（清）張蓋撰
賜硯齋題畫偶錄一卷　（清）戴熙撰
九華新譜一卷　（清）吳昇撰
塵餘一卷　（清）曹宗璠撰
泰山紀勝一卷　（清）孔貞瑄撰　　　　［錄
孫公談圃三卷　（宋）孫升述　（宋）劉延世
玉澗雜書一卷　（宋）葉夢得撰
道山清話一卷　（宋）王□撰
天祿識餘二卷　（清）高士奇撰
八集　民國元年（1912）排印
歸田詩話三卷　（明）瞿佑撰
麓堂詩話一卷　（明）李東陽撰
明季詠史百一詩一卷　（清）張篤慶撰
竹垞小志五卷　（清）楊蟠撰
駸駸錄一卷　（宋）范成大撰
續駸駸錄一卷　（清）張祥河撰
游雁蕩山記一卷　（清）周清原撰
雅謔一卷　（明）浮白齋主人撰
閩小記二卷　（清）周亮工撰

遜齋偶筆二卷　(清)徐崑撰
九集　民國二年(1913)排印
蓮子居詞話四卷　(清)吳衡照撰
鋤經書舍零墨四卷　(清)黃協塤撰
滹南詩話三卷　(金)王若虛撰
南行日記一卷　(清)吳廣霈撰
龍輔女紅餘志二卷　(元)龍輔撰
酒顛二卷　(明)夏樹芳撰　(明)陳繼儒增
茶董二卷　(明)夏樹芳撰　(明)陳繼儒補
冬集紀程一卷　(清)周廣業撰
十集　民國二年(1913)排印
救文格論一卷　(清)顧炎武撰
師友詩傳錄一卷　(清)郎廷槐問　(清)王
　　士禛(清)張篤慶(清)張實居答
師友詩傳續錄一卷　(清)劉大勤問　(清)
　　王士禛答
金石要例一卷　(清)黃宗羲撰
眝香小品九卷　(□)萬後賢撰
語新二卷　(清)錢學綸編撰
懷芳記一卷補遺一卷　(清)蘦摩庵老人撰
　　(清)麗月樓主(譚獻)注
黃嬭餘話八卷　(清)陳錫路撰

說庫

(民國)王文濡輯
　　民國四年(1915)上海文明書局石印本
海內十洲記一卷　(漢)東方朔撰
神異經一卷　(漢)東方朔撰　(晉)張華注
漢武故事一卷　(漢)班固撰
洞冥記四卷　(漢)郭憲撰
雜事秘辛一卷　(漢)□□撰
搜神記八卷　(晉)干寶撰
神仙傳十卷　(晉)葛洪撰
異苑十卷　(劉宋)劉敬叔撰
述異記二卷　(梁)任昉撰
朝野僉載一卷　(唐)張鷟撰
隋唐嘉話一卷　(唐)劉餗撰
博異志一卷　(唐)鄭還古撰
諧噱錄一卷　(唐)朱揆撰
嶺表錄異一卷　(唐)劉恂撰
龍城錄一卷　(唐)柳宗元撰
劉賓客嘉話錄一卷　(唐)韋絢錄
雲仙雜記一卷　(唐)馮贄撰
記事珠一卷　(唐)馮贄撰
枕中記一卷　(唐)李泌(一題沈既濟)撰
尚書故實一卷　(唐)李綽撰
南柯記一卷　(唐)李公佐撰
瀟湘錄一卷　(唐)李隱撰
集異記一卷　(唐)薛用弱撰
次柳氏舊聞一卷　(唐)李德裕撰

前定錄一卷　(唐)鍾輅纂
大唐傳戴一卷　(唐)□□輯
闕史二卷　(唐)參寥子(高彥休)述
北戶錄一卷　(唐)段公路撰
蘇氏演義二卷　(唐)蘇鶚撰
諾皐記一卷　(唐)段成式撰
支諾皐一卷　(唐)段成式撰
酉陽雜俎二卷　(唐)段成式撰
劍俠傳一卷　(唐)段成式撰
幽閑鼓吹一卷　(唐)張固撰
開天傳信記一卷　(唐)鄭棨撰
集異志一卷　(唐)陸勳撰
廣陵妖亂志一卷　(唐)羅隱撰
桂苑叢談一卷　(元)馮翊撰
開元天寶遺事一卷　(後周)王仁裕撰
撫言一卷　(南漢)王定保撰
錄異記八卷　(前蜀)杜光庭撰
鑒戒錄十卷　(後蜀)何光遠撰
五國故事二卷　(宋)□□撰
江南餘載二卷　(宋)鄭文寶撰
北夢瑣言一卷　(宋)孫光憲撰
南部新書十卷　(宋)錢易撰
玉照新志四卷　(宋)王明清撰
湘山野錄三卷續一卷　(宋)釋文瑩撰
茅亭客話十卷　(宋)黃休復撰
江南別錄一卷　(宋)陳彭年撰
王文正筆錄一卷　(宋)王曾撰
錢氏私誌一卷　(宋)錢愐撰　　　　[錄
孫公談圃三卷　(宋)孫升述　(宋)劉延世
談淵一卷　(宋)王陶撰
鐵圍山叢談一卷　(宋)蔡絛撰
高齋漫錄一卷　(宋)曾慥撰
孔氏雜說一卷　(宋)孔平仲撰
昨夢錄一卷　(宋)康與之撰
避戎夜話二卷　(宋)石茂良撰
楓窗小牘二卷　(宋)袁褧撰　(宋)袁頤續
唐語林八卷附校勘記一卷　(宋)王讜撰
　　校勘記(清)錢熙祚撰
遺史記聞一卷　(宋)詹玠撰
雞肋一卷　(宋)趙崇絢輯
默記一卷　(宋)王銍撰
燕翼貽謀錄一卷　(宋)王栐撰
澗泉日記三卷　(宋)韓淲撰
朝野遺紀一卷　(宋)□□撰
文昌雜錄一卷　(宋)龐元英撰
道山清話一卷　(宋)王□撰
萍洲可談一卷　(宋)朱彧撰
宣和遺事二卷　(宋)□□撰
行營雜錄一卷　(宋)趙葵撰
齊東野語二十卷　(宋)周密撰

夢溪筆談二十六卷補三卷續一卷　(宋)沈
　括撰
桂海虞衡志一卷　(宋)范成大撰
江行雜錄一卷　(宋)廖瑩中撰
虛谷閒抄一卷　(元)方回撰
避暑漫抄一卷　(宋)陸游撰
諧史一卷　(宋)沈俶撰
溪蠻叢笑一卷　(宋)朱輔撰
碧雞漫志一卷　(宋)王灼撰
碧湖雜記一卷　(宋)謝枋得撰
鬼董五卷　(宋)□□撰
稗史集傳一卷　(元)徐顯撰
誠齋雜記二卷　(元)林坤撰
三朝野史一卷　(元)吳萊撰
山房隨筆一卷　(元)蔣子正撰
遂昌山樵雜錄一卷　(元)鄭元祐撰
異域志二卷　(元)周致中撰
眞臘風土記一卷　(元)周達觀撰
病逸漫記一卷　(明)陸釴撰
琅琊漫鈔一卷　(明)文林撰
聽雨紀談一卷　(明)都穆撰
剪勝野聞一卷　(明)徐禎卿撰
甲乙剩言一卷　(明)胡應麟撰
謇齋瑣綴錄一卷　(明)尹直撰
彭文憲公筆記二卷　(明)彭時撰
菁溪暇筆一卷　(明)姚福撰
簷曝偶談一卷　(明)顧元慶撰
蘇談一卷　(明)楊循吉撰
縣笥瑣探一卷　(明)劉昌撰
君子堂日詢手鏡一卷　(明)王濟撰
長物志十二卷　(明)文震亨撰
天全先生遺事一卷　(明)徐子陽纂
庚巳編四卷　(明)陸粲撰
高坡異纂三卷　(明)楊儀撰
否泰錄一卷　(明)劉定之撰
說聽二卷　(明)陸延枝撰
瓠不瓠錄一卷　(明)王世貞撰
備遺錄一卷　(明)張芹撰
原李耳載一卷　(明)李中馥撰
風月堂雜識一卷　(明)姜南撰
投甕隨筆一卷　(明)姜南撰
學圃餘力一卷　(明)姜南撰
海槎餘錄一卷　(明)顧岕撰
考槃餘事四卷　(明)屠隆撰
　書箋
　帖箋　以上合一卷
　畫箋
　紙箋
　墨箋
　筆箋
　硯箋
　琴箋　以上合一卷
　香箋
　茶箋
　盆玩箋
　魚鶴箋
　山齋箋　以上合一卷
　起居器服箋
　文房器具箋
　遊具箋　以上合一卷
太平清話二卷　(明)陳繼儒撰
偃曝餘談二卷　(明)陳繼儒撰
眉公羣碎錄一卷　(明)陳繼儒撰
枕譚一卷　(明)陳繼儒撰
煮泉小品一卷　(明)田藝蘅撰
赤雅三卷　(明)鄺露撰
陶庵夢憶八卷　(明)張岱撰
耳新八卷　(明)鄭仲夔撰
快雪堂漫錄一卷　(明)馮夢禎撰
寶槧記一卷　(明)滑惟善撰
燼宮遺錄二卷　(清)□□撰
西遊補十六回續雜記一卷　(明)董說撰
方氏五種　(清)方絢撰
　香蓮品藻一卷
　貫月查一卷
　采蓮船一卷
　金園雜纂一卷　　　　　　　　　　［注
　響屧譜一卷　(宋)楊无咎撰　(清)方絢
三風十愆記一卷　(清)瀛若撰
豔囮二則一卷　(清)嚴虞惇撰　　　　［撰
浮生六記六卷(原缺卷五至六)　(清)沈復
筆夢敍一卷　(清)□□撰
李姬傳一卷　(清)□□撰
閩小記二卷　(清)周亮工撰
影梅庵憶語一卷　(清)冒襄撰
王氏復仇記一卷　(清)□□撰
秋園雜佩一卷　(清)陳貞慧撰
書事七則一卷　(清)陳貞慧撰
山陽錄一卷　(清)陳貞慧撰
筠廊偶筆二卷　(清)宋犖撰
勝朝彤史拾遺記六卷　(清)毛奇齡撰
隴蜀餘聞一卷　(清)王士禛撰
八紘譯史四卷　(清)陸次雲撰
八紘荒史一卷　(清)陸次雲撰
虞山妖亂志二卷附後一卷　(清)馮舒撰
天祿識餘二卷　(清)高士奇輯
天香樓偶得一卷　(清)虞兆漋撰
簷雲樓雜說一卷　(清)陳尚古撰
談助一卷　(清)王崇簡撰
說夢二卷　(清)曹家駒撰

嘯亭雜錄十卷續錄三卷　(清)昭槤撰
塵餘一卷　(清)曹宗璠撰
玉臺書史一卷　(清)厲鶚輯
陶說六卷　(清)朱琰撰
閒處光陰二卷　(清)摶沙拙老撰
吳逆取亡錄一卷　(清)蒼弁山樵撰
述異記三卷　(清)東軒主人撰
日貫齋塗說一卷　(清)梁同書撰
乾嘉詩壇點將錄一卷　(清)舒位撰
香晼樓憶語一卷　(清)陳裴之撰
玉臺畫史一卷　(清)湯漱玉輯
藤陰雜記十二卷　(清)戴璐撰
花燭閒談一卷　(清)于鬯撰
揚州夢四卷　(清)周生撰
遯齋偶筆二卷　(清)徐崑撰
關隴輿中偶憶編一卷　(清)張祥河撰
遊梁瑣記一卷　(清)黃軒祖撰
儒林瑣記一卷　(清)朱克敬撰
大獄記一卷附龍川先生詩鈔一卷私史獄一
卷　(清)黃人輯

古小說鉤沈

魯迅輯
　　1951年北京人民文學出版社排印本
靑史子一卷
裴子語林一卷　(晉)裴啓撰
郭子一卷　(晉)郭澄之撰
笑林一卷　(漢)邯鄲淳撰
俗說一卷　(梁)沈約撰
小說一卷　(梁)殷芸撰
水飾一卷　(唐)杜寶撰
列異傳一卷　魏文帝撰
古異傳一卷　(劉宋)袁王壽撰
戴祚甄異傳一卷　(晉)戴祚撰
述異記一卷　(晉)祖沖之撰
荀氏靈鬼志一卷　(晉)荀口撰
祖台之志怪一卷　(晉)祖台之撰
孔氏志怪一卷　(晉)孔口撰
神怪錄一卷
劉之遴神錄一卷　(梁)劉之遴撰
齊諧記一卷　(劉宋)東陽无疑撰
幽明錄一卷　(劉宋)劉義慶撰
謝氏鬼神列傳一卷　(口)謝口撰
殖氏志怪記一卷　(晉)殖口撰
集靈記一卷　(北齊)顏之推撰
漢武故事一卷　(漢)班固撰
妬記一卷
異聞記一卷
玄中記一卷　(口)郭口撰
陸氏異林一卷　(晉)陸雲撰

曹毗志怪一卷　(晉)曹毗撰
郭季產集異記一卷　(劉宋)郭季產撰
王浮神異記一卷　(晉)王浮撰
續異記一卷
錄異傳一卷
雜鬼神志怪一卷
詳異記一卷
宣驗記一卷　(劉宋)劉義慶撰
冥祥記一卷　(蕭齊)王琰撰
旌異記一卷　(隋)侯白撰

香豔叢書

(清)蟲天子輯
　　清宣統中國學扶輪社排印本
第一集　宣統元年(1909)排印
鴛鴦牒一卷　(明)程羽文撰
美人譜一卷　(清)徐震撰
花底拾遺一卷　(明)黎遂球撰
補花底拾遺一卷　(清)張潮撰
十眉謠一卷　(清)徐士俊撰
閒情十二憮一卷　(明)蘇士琨撰
黛史一卷　(清)張芳撰
小星志一卷　(清)丁雄飛撰
胭脂紀事一卷　(清)伍瑞龍撰
十美詞紀一卷　(清)鄒樞撰
悅容編一卷　(明)衞泳撰
香天談藪一卷　(清)吳雷發撰
婦人集一卷　(清)陳維崧撰　(清)冒褒注
婦人集補一卷　(清)冒丹書撰
艷體連珠一卷　(明)葉小鸞撰
侍兒小名錄拾遺一卷　(宋)張邦幾撰
補侍兒小名錄一卷　(宋)王銍撰
續補侍兒小名錄一卷　(宋)溫豫撰
妒律一卷　(清)陳元龍撰
三婦評牡丹亭雜記一卷　(清)吳人輯
黿台琭琰一卷　(清)張正茂撰
潮嘉風月記一卷　(清)俞蛟撰
第二集　宣統二年(1910)排印
三風十愆記二卷　(清)瀛若氏撰
艷囮二則一卷　(清)嚴虞惇撰
筆夢敍一卷附顧仲恭討錢岱檄一卷
絳雲樓俊遇一卷　(清)口口撰
金姬小傳一卷別記一卷　(明)楊儀撰
滇黔土司婚禮記一卷　(清)陳鼎撰
衍琵琶行一卷　(清)曹秀先撰
西湖小史一卷　(清)李鼎撰
十國宮詞二卷　(清)孟彬撰
啓禎宮詞一卷　(清)劉城撰
海鷗小譜一卷　(清)趙執信撰
邵飛飛傳一卷　(清)陳鼎撰

婦學一卷　（清）章學誠撰
婦人鞋襪考一卷　（清）余懷撰
纏足談一卷　（清）袁枚撰
百花彈詞一卷　（清）錢濤撰
今列女傳一卷附錄一卷　（清）□□撰
李師師外傳一卷　（宋）□□撰
紅樓百美詩一卷　（清）潘容卿撰
百花扇序一卷　（清）趙杏樓撰
聞餘筆話一卷　（清）湯傳楹撰
第三集　宣統二年(1910)排印
　敝帚齋餘談節錄一卷　（明）沈德符撰
　影梅庵憶語一卷　（清）冒襄撰
　王氏復仇記一卷
　紅樓葉戲譜一卷　（清）曼華室女史(徐畹蘭)撰
　釵小志一卷　（唐）朱揆撰
　粧臺記一卷　（唐）宇文士及撰
　髻鬟品一卷　（唐）段成式撰
　漢雜事秘辛一卷　（漢）□□撰
　大業拾遺記一卷　（唐）顏師古撰
　元氏掖庭記一卷　（元）陶宗儀撰
　焚椒錄一卷　（遼）王鼎撰
　美人判一卷　（清）尤侗撰
　清閨供一卷　（明）程羽文撰
　看花述異記一卷　（清）王晫撰
　新婦譜一卷　（清）陸圻撰
　新婦譜補一卷　（清）陳確撰
　新婦譜補一卷　（清）查琪撰
　古艶樂府一卷　（清）楊准撰
　比紅兒詩注一卷　（清）沈可培撰
　某中丞夫人一卷　（清）□□撰
　妖婦齊王氏傳一卷　（清）□□撰
　老狐談歷代麗人記一卷　（清）鵝湖逸士撰
　宮詞一卷　（清）徐昂發撰
　天啓宮詞一卷　（明）蔣之翹撰
　啓禎宮詞一卷　（清）高兆撰
第四集　宣統二年(1910)排印
　趙后遺事一卷　（宋）秦醇撰
　金樓裙記一卷
　冥音錄一卷　（唐）朱慶餘撰
　三夢記一卷　（唐）白行簡撰
　名香譜一卷　（宋）葉廷珪撰
　清尊錄一卷　（宋）廉布撰
　蜀錦譜一卷　（元）費著撰
　春夢錄一卷　（元）鄭禧撰
　牡丹榮辱志一卷　（宋）丘璿撰
　芍藥譜一卷　（宋）王觀撰
　花經一卷　（宋）張翊撰
　花九錫一卷　（唐）羅虬撰
　瑤臺片玉甲種三卷　（明）施紹莘撰

閨律一卷　（清）芙蓉外史撰
續豔體連珠一卷　（清）□□撰
勝朝彤史拾遺記六卷　（清）毛奇齡撰
第五集　宣統二年(1910)排印
　玉臺書史一卷　（清）厲鶚撰
　北里志一卷　（唐）孫棨撰
　敎坊記一卷　（唐）崔令欽撰
　青樓集一卷　（元）黃雪簑(夏庭芝)撰
　麗情集一卷　（宋）張君房撰
　荻樓雜抄一卷
　琵琶錄一卷　（唐）段安節撰
　魏王花木志一卷
　桂海花木志一卷　（宋）范成大撰
　楚辭芳草譜一卷　（宋）謝翱撰
　瑤臺片玉乙種(一名花底拾遺集)三卷　（□）江詁撰
　王翠翹傳一卷　（清）余懷撰
　擬合德諫飛燕書一卷　（明）吳從先撰
　金小品傳一卷　（明）吳從先撰
　徐郎小傳一卷　（明）吳從先撰
　頓子眞小傳一卷　（明）吳從先撰
　妓虎傳一卷　（明）吳從先撰
　香本紀一卷　（明）吳從先撰
　楊娥傳一卷　（清）劉鈞撰
　黔苗竹枝詞一卷　（清）舒位撰
　黑美人別傳一卷　（清）□□撰
　某中丞一卷　（清）□□撰
　女盜俠傳一卷　（清）酉陽撰
　女俠翠雲孃傳一卷　（清）秋星撰
　記某生爲人咬訟事一卷　（清）□□撰
　記栗主殺賊事一卷　（清）潮聲撰
　女俠荊兒記一卷　（清）□□撰
　餘墨偶談節錄一卷　（清）孫橒撰
第六集　宣統二年(1910)排印
　漢宮春色一卷
　黑心符一卷　（唐）于義方撰
　竹夫人傳一卷　（宋）張耒撰
　湯媼傳一卷　（明）吳寬撰
　周櫟園奇緣記一卷　（清）徐忠撰
　彩雲曲并序一卷　（民國）樊增祥撰
　苗妓詩一卷　（清）貝青喬撰
　十國宮詞一卷　（清）秦雲撰
　梵門綺語錄一卷　（清）□□撰
　琴譜序一卷　（清）王錦撰
　代少年謝狎妓書一卷　（明）袁中道撰
　小脚文一卷　（清）曠埜生撰
　冷廬雜識節錄一卷　（清）陸以湉撰
　韻蘭序一卷　（清）梁紹壬撰
　迷樓記一卷　（唐）韓偓撰
　劉無雙傳一卷　（唐）薛調撰

步非烟傳一卷　(唐)皇甫枚撰
譚節婦詞堂記一卷　(明)烏斯道撰
月夜彈琴記一卷　(明)□□撰
醋說一卷　(清)了綠子撰
戲擬靑年上政府請弛禁早婚書一卷　(淸)
　　□□撰　　　　　　　　　　　　［撰
自由女請禁婚嫁陋俗稟稿一卷　(淸)□□
婦女贊成禁止娶妾律之大會議一卷　(淸)
　　□□撰　　　　　　　　　　　　［撰
擬王之臣與其友絕交書一卷　(淸)吳山秀
代某校書謝某狎客饋送局帳啓一卷　(淸)
　　□□撰
懺船娘張潤金疏一卷　(淸)□□撰
冶遊自懺文一卷　(淸)□□撰
問蘇小小鄭孝女秋瑾松風和尙何以同葬於
　　西泠橋試硏究其命意所在一卷　(淸)
　　招招舟子撰
冶遊賦一卷　(淸)陳寅生撰
閩中十二曲一卷　(淸)□□撰
盤珠詞一卷　(淸)莊盤珠撰
鬘華室詩選一卷　(淸)徐晚蘭撰
第七集　宣統二年(1910)排印
梵門綺語錄一卷　(淸)□□撰
恨塚銘一卷　(淸)陸伯周撰
七夕夜遊記一卷　(淸)沈逢吉撰
俞三姑傳一卷　(淸)□□撰
過墟志感一卷　(淸)曁西逸叟撰
文海披沙摘錄一卷　(明)謝肇淛撰
述懷小序一卷　(淸)朱文娟撰
河東君傳一卷　(淸)陳玉琪撰
懼內供狀一卷　(淸)□□撰
靈應傳一卷　(唐)□□撰
神山引曲一卷　(淸)玉泉樵子撰
宋詞媛朱淑眞事略一卷　(淸)□□輯
張靈崔瑩合傳一卷　(淸)黃周星撰
菊譜一卷　(宋)劉蒙撰
菊譜一卷　(宋)史正志撰
小螺菴病榻憶語一卷　(淸)孫道乾撰
夢遊錄一卷　(唐)任蕃撰
歌者葉記一卷　(唐)沈亞之撰
第八集　宣統二年(1910)排印
香蓮品藻一卷　(淸)方絢撰
金園雜纂一卷　(淸)方絢撰
貫月查一卷　(淸)方絢撰
釆蓮船一卷　(淸)方絢撰
響屧譜一卷　(宋)楊无咎撰　(淸)方絢注
馮燕傳一卷　(唐)沈亞之撰
女官傳一卷　(淸)屈大均撰
書葉氏女事一卷　(淸)屈大均撰
貞婦屠印姑傳一卷　(淸)羅有高撰

盧山二女一卷
洞簫記一卷　(明)陸粲撰
五石瓠節錄一卷　(淸)劉鑾撰
洛陽牡丹記一卷　(宋)歐陽修撰
王嬌傳一卷
記某生爲人雪寃事一卷　(淸)□□撰
虎邱弔眞娘墓文一卷　(淸)姚燮撰
玉鉤斜哀隋宮人文一卷　(淸)姚燮撰
玉梅後詞一卷　(淸)蔞笙撰
雙頭牡丹燈記一卷
玫瑰花女魅一卷　(淸)□□撰
織女一卷
蘇四郎傳一卷
菽園贅談節錄一卷　(淸)邱煒萲撰
香咳集選三卷(卷一至三)　(淸)許廑臣輯
第九集　宣統二年(1910)排印
五代花月一卷　(淸)李調元撰
喬復生王再來二姬合傳一卷　(淸)李漁撰
慈母傳一卷　(明)王鏊撰
十八娘傳一卷　(淸)趙古農撰
眞眞曲一卷　(明)貝瓊撰
至正妓人行一卷　(明)李禎撰
圓圓傳一卷　(淸)陸次雲撰
溫柔鄉記一卷　(淸)梁國正撰
金漳蘭譜一卷　(宋)趙時庚撰
王氏蘭譜一卷　(宋)王貴學撰
斷袖篇一卷　(淸)吳下阿蒙撰
鷲輪袍傳一卷　(唐)鄭還古撰
杜秋傳一卷　(唐)杜牧撰
妙女傳一卷　(唐)顧非熊撰
烈女李三行一卷　(淸)胡天游撰
蘇小小考一卷　(淸)梁紹壬撰
甲癸議一卷　(淸)嚴可均撰
悼亡詞一卷　(淸)沈星煒撰
夏閨晚景瑣說一卷　(淸)湯春生撰
茯苓仙傳奇一卷　(淸)玉泉樵子撰
香咳集選三卷(卷四至六)　(淸)許廑臣輯
第十集　宣統二年(1910)排印
玉臺畫史一卷　(淸)湯漱玉輯
古鏡記一卷　(隋)王度撰
太恨生傳一卷　(淸)徐瑤撰
春人賦一卷　(民國)易順鼎撰
廣東火刧記一卷　(淸)梁恭辰撰
姍姍傳一卷　(淸)黃永撰
虞美人傳一卷　(淸)沈廷桂撰
黃竹子傳一卷　(淸)吳蘭修撰
春娘傳一卷　(宋)王明淸撰
金華神記一卷　(宋)崔公度撰
貞烈婢黃翠花傳一卷　(淸)□□撰
花仙傳一卷　(淸)□□撰

薄命曲一卷　（清）孫學勤撰
猗覺寮雜記一卷　（宋）朱翌撰
徐娘自述詩記一卷　（清）繆艮撰
物妖志一卷　（清）葆光子撰
梅譜一卷　（宋）范成大撰
梅品一卷　（宋）張鎡撰
洛陽牡丹記一卷　（宋）周師厚撰
陳州牡丹記一卷　（宋）張邦基撰
天彭牡丹譜一卷　（宋）陸游撰
海棠譜一卷　（宋）陳思撰
第十一集　宣統二年(1910)排印
梵門綺語錄一卷　（清）□□撰
靈物志一卷
花鳥春秋一卷　（清）張潮撰
一歲芳華一卷　（明）程羽文撰
太曼生傳一卷
黃九煙先生和楚女詩一卷　（清）黃周星撰
千春一恨集唐詩六十首一卷　（清）黃周星
撰
武宗外紀一卷　（清）毛奇齡撰
明制女官考一卷　（清）黃百家撰
閨墨萃珍一卷　（清）□□輯
婚啓一卷　（清）陳著撰
遼陽海神傳一卷　（明）蔡羽述
巫娥志一卷
誌許生奇遇一卷
誌舒生遇異一卷
集美人名詩一卷　（清）冒襄撰
媮爐封傳奇一卷　（清）楊恩壽撰
玄妙洞天記一卷
西湖遊幸記一卷　（宋）周密撰
西湖六橋桃評一卷　（清）曹之璜撰
續髫鬌品一卷　（□）鮑協中撰
瓊花集五卷　（明）曹璿撰
第十二集　宣統二年(1910)排印
淞濱瑣話二卷(卷一至二)　（清）王韜撰
湘煙小錄一卷　（清）陳裴之撰
竹西花事小錄一卷　（清）芬利它行者撰
燕臺花事錄三卷　（清）蜀西樵也(王增祺)撰
唷菴叢錄一卷　（清）戴坤撰
課婢約一卷　（清）王晫撰
婦德四箴一卷　（清）徐士俊撰
桂枝香一卷　（清）楊恩壽撰
夢粱錄一卷　（宋）吳自牧撰
金釧記一卷
俠女希光傳一卷
百花園夢記一卷
第十三集　宣統二年(1910)排印
淞濱瑣話二卷(卷三至四)　（清）王韜撰
冬青館古宮詞三卷　（清）張鑑撰　（清）桂

荣注
板橋雜記三卷　（清）余懷撰　　　　〔撰
珠江名花小傳一卷　（清）支機生(繆蓮仙)
金粟閨詞百首一卷　（清）彭孫遹撰
梅喜緣二卷　（清）陳烺撰
沈謦遇神女記一卷
娟娟傳一卷
第十四集　宣統二年(1910)排印
淞濱瑣話二卷(卷五至六)　（清）王韜撰
石頭記評贊序一卷　（清）沈鑅撰
石頭記評花一卷　（清）□□撰　　　〔撰
讀紅樓夢雜記一卷　（清）願爲明鏡室主人
紅樓夢竹枝詞一卷　（清）盧先駱撰
紅樓夢題詞一卷　（清）周綺撰
紅樓夢賦一卷　（清）沈謙撰
秦淮畫舫錄二卷　（清）捧花生撰
第十五集　宣統二年(1910)排印
淞濱瑣話二卷(卷七至八)　（清）王韜撰
帝城花樣一卷
花燭閒談一卷　（清）于鬯撰
南澗行一卷　（清）李煊撰
十洲春語三卷　（清）二石生撰
十二月花神議一卷　（清）俞樾撰
林下詩談一卷　（宋）□□撰
清溪惆悵集一卷　（清）梅鑫居士撰
第十六集　宣統二年(1910)排印
淞濱瑣話二卷(卷九至十)　（清）王韜撰
閩川閨秀詩話四卷　（清）梁章鉅撰
對山餘墨一卷　（清）毛祥麟撰
銀瓶徵一卷　（清）俞樾撰
吳絳雪(宗愛)年譜一卷　（清）俞樾撰
明宮詞一卷　（清）程嗣章撰
十美詩一卷　（清）鮑皋撰
節錄元周達觀眞臘風土記一卷　（元）周達
觀撰
菊譜一卷　（宋）范成大撰
第十七集　宣統三年(1911)排印　　　〔撰
淞濱瑣話二卷(卷十一至十二)　（清）王韜
綠珠傳一卷附闞風傳一卷　（宋）樂史撰
陳張貴妃傳一卷
碧線傳一卷
鞦韆會記一卷　（明）李禎撰
張老傳一卷
瑤臺片玉甲種補錄一卷　（明）施紹莘撰
吳門畫舫錄一卷　（清）西溪山人撰
吳門畫舫續錄三卷　（清）箇中生撰
粉墨叢談二卷附續錄一卷　（清）夢畹生(黃
協塤)撰
第十八集　宣統三年(1911)排印
續板橋雜記三卷　（清）珠泉居士撰

畫舫餘譚一卷　(清)捧花生撰
白門新柳記一卷補記一卷白門衰柳附記一
　　卷　(清)許豫撰　補記(清)曉嵐(楊
　　亨)撰
懷芳記一卷　(清)蘿摩庵老人撰　(清)麋
　　月樓主(譚獻)附注
青冢志十二卷　(清)胡鳳丹輯
第十九集　宣統三年(1911)排印
花國劇談二卷　(清)淞北玉魫生(王韜)撰
雪鴻小記一卷補遺一卷　(清)珠泉居士撰
珠江梅柳記一卷　(清)周友良撰
泛湖偶記一卷　(清)繆艮撰
珠江奇遇記一卷　(清)劉嬴撰
沈秀英傳一卷　(清)繆艮撰
南宋宮閨雜詠一卷　(清)趙棻撰
石頭記論贊二卷　(清)□□撰
第二十集　宣統三年(1911)排印
笠翁偶集摘錄一卷　(清)李漁撰
寄園寄所寄摘錄一卷　(清)趙吉士撰
海阪冶遊錄三卷附錄三卷餘錄一卷　(清)
　　淞北玉魫生(王韜)撰
紀唐六如軼事一卷　(清)□□輯
西泠閨詠後序一卷　(清)董壽慈撰
六憶詞一卷　(民國)徐珂輯
春閨雜咏一卷　(清)許雷地撰
秀華續咏一卷　(清)黃金石撰

舊小說

(民國)吳曾祺輯
　　　　民國二十四年(1935)商務印書館排印本
　　　　1957年商務印書館排印本
甲集　漢魏六朝
漢武帝內傳　(漢)班固撰
趙飛燕外傳　(漢)伶玄撰
吳女紫玉傳　(漢)趙曄撰
楚王鑄劍記　(漢)趙曄撰
雜事祕辛　(漢)□□撰
東方朔傳　(漢)郭憲撰
西王母傳　(漢)桓驎撰
太古蠶馬記　(吳)張儼撰
薛靈芸傳　(前秦)王嘉撰
麋生塵咄記　(前秦)王嘉撰
天上玉女記　(宋)賈善翔撰
蘇娥訴冤記　(晉)干寶撰
東越祭蛇記　(晉)干寶撰
泰山生令記　(晉)司馬彪撰
泰嶽府君記　(晉)庾翼撰
山陽死友傳　(魏)蔣濟撰
古墓斑狐記　(晉)郭頒撰
烏衣鬼軍記　(晉)李朏撰

夏侯鬼語記　(晉)孔曄撰
神僧傳　(晉)釋法顯撰
丁新婦傳　(晉)殷基撰
荊楚歲時記　(晉)宗懍撰
冥通記　(梁)陶弘景撰
古鏡記　(隋)王度撰
神異經十五則　(漢)東方朔撰
海內十洲記四則　(漢)東方朔撰
列仙傳十八則　(漢)劉向撰
列女傳四則　(漢)劉向撰
西京雜記八則　(漢)劉歆(一題晉葛洪)撰
別國洞冥記一則　(漢)郭憲撰
笑林十則　(漢)邯鄲淳撰
列女傳二則　(晉)皇甫謐撰
高士傳十則　(晉)皇甫謐撰
益都耆舊傳二則　(晉)陳壽撰
汝南先賢傳五則　(晉)周斐撰
楚國先賢傳二則　(晉)張方撰
文士傳二則　(晉)張隱撰
漢中士女志十三則　(晉)常璩撰
梓潼士女志二則　(晉)常璩撰
博物志九則　(晉)張華撰
列異傳七則　(晉)張華撰
搜神記二十六則　(晉)干寶撰
南越記一則　(□)沈懷遠撰
魏晉世語一則　(晉)郭頒撰
裴子語林十則　(晉)裴啓撰
神仙傳四一五則　(晉)葛洪撰
郭玄二則　(□)郭澄撰
玄中記一則　(□)郭□撰
九江記三則　(魏)何晏撰
王子年拾遺記十九則　(前秦)王嘉撰
　　(梁)蕭綺錄
拾遺名山記八則　(前秦)王嘉撰
搜神後記十四則　(晉)陶潛撰
蓮社高賢傳四則　(晉)□□撰
抱朴子四則　(晉)葛洪撰
冥祥記五則　(南齊)王琰撰
齊諧記三則　(劉宋)東陽無疑撰
幽明錄十七則　(劉宋)劉義慶撰
世說新語五十七則　(劉宋)劉義慶撰
襄陽耆舊傳五則　(晉)習鑿齒撰
異苑七則　(劉宋)劉敬叔撰
述異記八則　(梁)任昉撰
俗說一則　(梁)沈約撰
續齊諧記九則　(梁)吳均撰
真誥一則　(梁)陶弘景撰
高僧傳四則　(梁)釋慧皎撰
洛陽伽藍記十二卷　(北魏)楊衒之撰
還冤記二十四則　(北齊)顏之推撰

乙集 唐	任氏傳 （唐）沈旣濟撰
靈應傳 （唐）孫揆撰	申宗傳 （唐）孫頠撰
洛神傳 （唐）□□撰	梅妃傳 （唐）曹鄴撰
吳保安傳 （唐）許棠撰	紅線傳 （唐）楊巨源撰
鄭德璘傳 （唐）薛瑩撰	劉無雙傳 （唐）薛調撰
李章武傳 （唐）李景亮撰	霍小玉傳 （唐）蔣防撰
趙合傳 （唐）□□撰	李娃傳 （唐）白行簡撰
杜子春傳 （唐）鄭還古撰	三夢記 （唐）白行簡撰
裴伽先別傳 （唐）□□撰	章臺柳傳 （唐）許堯佐撰
少室仙姝傳 （唐）□□撰	非煙傳 （唐）皇甫枚撰
袁氏傳 （後蜀）顧夐撰	揚州夢記 （唐）于鄴撰
李林甫外傳 （唐）□□撰	妙女傳 （唐）顧非熊撰
蚍蜉傳 （唐）□□撰	冥晉錄 （唐）朱慶餘撰
甘棠靈會錄 （唐）□□撰	離魂記 （唐）陳元祐撰
鄔侯外傳 （唐）□□撰	太湖石記 （唐）白居易撰
玉壺記 （唐）□□撰	枕中記 （唐）李泌（一題沈旣濟）撰
姚生傳 （唐）□□撰	泗州大水記 （唐）呂周任撰
唐晅手記 （唐）唐晅撰	下邳侯革華傳 （唐）韓愈撰
李衛公別傳 （唐）□□撰	毛穎傳 （唐）韓愈撰
齊推女傳 （唐）□□撰	李赤傳 （唐）柳宗元撰
魚服記 （唐）□□撰	段太尉逸事狀 （唐）柳宗元撰
聶隱娘傳 （唐）鄭文寶撰	種樹郭橐駝傳 （唐）柳宗元撰
袁天綱外傳 （唐）□□撰	梓人傳 （唐）柳宗元撰
蔣子文傳 （唐）羅鄴撰	捕蛇者說 （唐）柳宗元撰
眭仁蒨傳 （唐）陳鴻撰	河間婦傳 （唐）柳宗元撰
章鮑二生傳 （唐）□□撰	宋清傳 （唐）柳宗元撰
薛昭傳 （唐）□□撰	會眞記 （唐）元稹撰
烏將軍記 （唐）□□撰	李賀小傳 （唐）李商隱撰
柳參軍傳 （唐）李朝威撰	齊魯二生 （唐）李商隱撰
人虎傳 （唐）李景亮撰	宜都內人 （唐）李商隱撰
馬自然傳 （唐）□□撰	拾甲子年事 （唐）羅隱撰
寶應錄 （唐）□□撰	說石烈士 （唐）羅隱撰
白蛇記 （唐）□□撰	蘭亭始末記 （唐）何延之撰
巴西侯傳 （唐）□□撰	楊烈婦傳 （唐）李翺撰
求心錄 （唐）□□撰	高愍女傳 （唐）李翺撰
知命錄 （唐）□□撰	書何易于 （唐）孫樵撰
山莊夜怪錄 （唐）□□撰	竇烈女傳 （唐）杜牧撰
五眞記 （唐）□□撰	南柯記 （唐）李公佐撰
小金傳 （唐）□□撰	白猿傳 （唐）□□撰
迷樓記 （唐）韓偓撰	獵狐記 （唐）孫恂撰
海山記 （唐）韓偓撰	容成侯傳 （唐）司空圖撰
開河記 （唐）韓偓撰	鬼塚志一則 （唐）禇遂良撰
負苓者傳 （唐）王績撰	小說舊聞記一則 （唐）柳公權撰
衛公故物記 （唐）韋端符撰	常侍言旨一則 （唐）柳珵撰
虬髯客傳 （唐）張說（一題前蜀杜光庭）撰	龍城錄五則 （唐）柳宗元撰
東城老父傳 （唐）陳鴻撰	嶺表錄異三則 （唐）劉恂撰
馮燕傳 （唐）沈亞之撰	敎坊記一則 （唐）崔令欽撰
李紳傳 （唐）沈亞之撰	李謩吹笛記一則 （唐）楊巨源撰
高力士傳 （唐）郭湜撰	次柳氏舊聞八則 （唐）李德裕撰
隴峴傳 （唐）沈旣濟撰	異疾志三則 （唐）段成式撰

諾皋記八則　（唐)段成式撰	本事詩十四則　（唐)孟棨撰
支諾皋三則　（唐)段成式撰	啓顔錄十六則　（唐)侯白撰
夜叉傳三則　（唐)段成式撰	幽閒鼓吹五則　（唐)張固撰
酉陽雜俎四十四則　（唐)段成式撰	大唐奇事四則　（唐)馬總撰
夢游錄四則　（唐)任蕃撰	會昌解頤錄九則　（唐)包湑撰
仙吏傳二則　（唐)太上隱者撰	大唐新語七則　（唐)劉肅撰
英雄傳二則　（唐)雍陶撰	仙傳拾遺二十五則　（唐)□□撰
神女傳三則　（唐)孫頠撰	玉泉子九則　（唐)盧全撰
幻異志二則　（唐)孫頠撰	廣古今五行記六則　（唐)□□撰
雷民傳一則　（唐)沈旣濟撰	蕭湘錄二十五則　（唐)李隱撰
玄怪錄十七則　（唐)牛僧孺撰	開天傳信記九則　（唐)鄭棨撰
續玄怪錄十九則　（唐)李復言撰	靈異記三則　（唐)□□撰
聞奇錄六則　（五代)于逖撰	明皇雜錄十七則　（唐)鄭處誨撰
靈應錄二則　（五代)于逖撰	十二眞君傳二則　（唐)□□撰
幻影傳二則　（前蜀)薛昭蘊撰	志怪三則　（唐)陸勳撰
幻戲志二則　（唐)蔣防撰	八朝窮怪錄四則　（唐)□□撰
再生記五則　（後蜀)閻選撰	王氏見聞十五則　（唐)□□撰
尸媚傳二則　（南唐)張泌撰	冥報記七則　（唐)唐臨撰
奇鬼傳一則　（唐)杜青美撰	甘澤謠三則　（唐)袁郊撰
才鬼記五則　（唐)鄭哲撰	戎幕閒談八則　（唐)韋絢撰
妖妄傳二則　（唐)朱希濟撰	女仙傳三則　（唐)□□撰
靈鬼志六則　（唐)常沂撰	續定命錄四則　（唐)溫畬撰
靈怪錄四則　（前蜀)牛嶠撰	桂苑叢談五則　（唐)馮翊撰
梁四公記一則　（唐)梁載言撰	御史臺記十一則　（唐)韓琬撰
樂府雜錄一則　（唐)段安節撰	因話錄四則　（唐)趙璘撰
博異記四十則　（唐)鄭還古撰	南楚新聞五則　（唐)尉遲樞撰
集異記四十六則　（唐)薛用弱撰	羯鼓錄四則　（唐)南卓撰
松窗雜錄二則　（唐)李濬撰	辨疑志四則　（唐)陸長源撰
北里志十三則　（唐)孫棨撰	水經一則　（唐)□□撰
通幽記十四則　（唐)陳劭撰	陰德傳二則　（唐)□□撰
傳奇十三則　（唐)裴鉶撰	報應錄二則　（唐)□□撰
廣異記一百三十三則　（唐)戴君孚撰	異聞錄一則　（唐)□□撰
原化記二十三則　（唐)皇甫□撰	丙集　五代
紀聞四十一則　（唐)牛肅撰	于闐記　（五代)高居誨撰
宣室志八十三則　（唐)張讀撰	陷北記　（五代)胡嶠撰
逸史四十一則　（唐)盧□撰	崑崙奴傳　（南唐)馮延己撰
劇談錄十六則　（唐)康骿撰	耳目記六則　（五代)劉□撰
朝野僉載四十七則　（唐)張鷟撰	鑒誡錄六則　（後蜀)何光遠撰
前定錄四十則　（唐)鍾輅撰	金華子五則　（南唐)劉崇遠撰
河東記十八則　（唐)□□撰	錄異記十三則　（前蜀)杜光庭撰
乾𦠿子十七則　（唐)溫庭筠撰	墉城集仙錄三則　（前蜀)杜光庭撰
定命錄十七則　（唐)呂道生撰	神仙感遇傳十七則　（前蜀)杜光庭撰
三水小牘十五則　（唐)皇甫枚撰	釣磯立談一則　（宋)史□撰
法苑珠林二十四則　（唐)釋道世撰	唐闕史十二則　（唐)高彦休撰
譚賓錄十一則　（唐)□□撰	唐摭言二十三則　（南漢)王定保撰
杜陽雜編十三則　（唐)蘇鶚撰	玉堂閒話四十五則　（五代)范資撰
雲溪友議十八則　（唐)范攄撰	開元天寶遺事二則　（後周)王仁裕撰
異聞集九則　（唐)□□撰	稽神錄三十九則　（宋)徐鉉撰
原仙記三則　（唐)□□撰	續仙傳七則　（南唐)沈汾撰
詳異記一則　（唐)□□撰	中朝故事六則　（南唐)尉遲偓撰

丁集　宋

退士傳　（宋）种放撰

六一居士傳　（宋）歐陽修撰

桑懌傳　（宋）歐陽修撰

書張主客遺事　（宋）晁詠之撰

書种放事　（宋）王回撰

書襄城公主事　（宋）王回撰

書賈偉節廟　（宋）傅堯俞撰

洪偓傳　（宋）曾鞏撰

敍盜　（宋）曾鞏撰

雜識二首　（宋）曾鞏撰

東坡酒經　（宋）蘇軾撰

方山子傳　（宋）蘇軾撰

子姑神記　（宋）蘇軾撰

天篆記　（宋）蘇軾撰

孫少述傳　（宋）林希撰

趙延嗣傳　（宋）石介撰

錢乙傳　（宋）劉跂撰

玉友傳　（宋）劉跂撰

綠珠傳　（宋）樂史撰

楊太眞外傳　（宋）樂史撰

李師師外傳　（宋）□□撰

海陵三仙傳　（宋）□□撰

姚平仲小傳　（宋）陸游撰

陳氏老傳　（宋）陸游撰

書包明事　（宋）陸游撰

書二公事　（宋）陸游撰

林靈素傳　（宋）趙與時撰

記外大父祝公遺事　（宋）朱熹撰

書虞雍公守唐鄧事　（宋）任變撰

曹氏女傳　（宋）章望之撰

一是居士傳　（宋）鄭思肖撰

登西臺慟哭記　（宋）謝翱撰

北夢瑣言四十八則　（宋）孫光憲撰

纂異記四則　（宋）李玫撰

芝田錄六則　（宋）丁用晦撰

甄異記二則　（晉）戴祚撰

野人閒話八則　（宋）景煥撰

洛陽搢紳舊聞記八則　（宋）張齊賢撰

茅亭客話十八則　（宋）黃休復撰

疑仙傳八則　（宋）隱夫玉簡撰

雞肋編十八則　（宋）莊綽撰

樂善錄十六則　（宋）李昌齡撰

過庭錄十則　（宋）范公稱撰

泊宅編十則　（宋）方勺撰

聞窗括異志三則　（宋）魯應龍撰

東軒筆錄三十七則　（宋）魏泰撰

青箱雜記六則　（宋）吳處厚撰

蒙齋筆談(節錄巖下放言)四則　（宋）葉夢
　　得(誤題鄭景望)撰

晝墁錄六則　（宋）張舜民撰

游宦紀聞六則　（宋）張世南撰

夢溪筆談四十六則　（宋）沈括撰

墨莊漫錄十八則　（宋）張邦基撰

侍兒小名錄一則　（宋）張邦幾撰

默記七則　（宋）王銍撰

補侍兒小名錄五則　（宋）王銍撰

續補侍兒小名錄三則　（宋）溫豫撰

嬾眞子六則　（宋）馬永卿撰

歸田錄十一則　（宋）歐陽修撰

志林五則　（宋）蘇軾撰

龍川別志十則　（宋）蘇轍撰

澠水燕談錄十五則　（宋）王闢之撰

冷齋夜話七則　（宋）釋惠洪撰

續世說二十九則　（宋）孔平仲撰

孔氏談苑三則　（宋）孔平仲撰

鐵圍山叢談十一則　（宋）蔡絛撰

老學菴筆記十八則　（宋）陸游撰

雲麓漫鈔一則　（宋）趙彥衞撰

石林燕語十四則　（宋）葉夢得撰

避暑錄話十六則　（宋）葉夢得撰

清波雜志十二則　（宋）周煇撰

墨客揮犀五則　（宋）彭乘撰

續墨客揮犀二則　（宋）彭乘撰

異聞總錄二十六則　（宋）□□撰

鶴林玉露九則　（宋）羅大經撰

儒林公議一則　（宋）□□撰

隨隱漫錄一則　（宋）陳世崇撰

楓窗小牘三則　（宋）袁□撰

厚德錄八則　（宋）李元綱撰　　　　　　　〔錄

孫公談圃五則　（宋）孫升述　劉延世

齊東野語三十三則　（宋）周密撰

癸辛雜識前集五則　（宋）周密撰

癸辛雜識後集六則　（宋）周密撰

癸辛雜識續集十一則　（宋）周密撰

癸辛雜識別集二則　（宋）周密撰

志雅堂雜鈔一則　（宋）周密撰

南部新書三則　（宋）錢易撰

宣政雜錄一則　（宋）□□撰

朝野遺紀七則　（宋）□□撰

聞見雜錄三則　（宋）□□撰

諧史七則　（宋）沈俶撰

昨夢錄六則　（宋）康與之撰

三朝野史一則　（宋）□□撰

談藪十三則　（宋）龐元英撰

清尊錄七則　（宋）廉布撰

睽車志四則　（宋）郭彖撰

藏一話腴一則　（宋）陳郁撰

文昌雜錄二則　（宋）龐元英撰

錢氏私志七則　（宋）錢愐撰

高齋漫錄二則　(宋)曾慥撰
寓簡五則　(宋)沈作喆撰
獨醒雜志十二則　(宋)曾敏行撰
梁溪漫志七則　(宋)費袞撰
四朝聞見錄十二則　(宋)葉紹翁撰
聞見近錄一則　(宋)王鞏撰
甲申雜記三則　(宋)王鞏撰
隨手雜錄三則　(宋)王鞏撰
玉壺清話十九則　(宋)釋文瑩撰
萬柳溪邊舊話一則　(元)尤玘撰
江南餘載一則　(宋)鄭文寶撰
江淮異人錄八則　(宋)吳淑撰
鬼董十四則　(宋)□□撰
嶺外代答七則　(宋)周去非撰
耆舊續聞七則　(宋)陳鵠撰
蘆浦筆記二則　(宋)劉昌詩撰
侯鯖錄三則　(宋)趙令畤撰
曲洧舊聞十七則　(宋)朱弁撰
中吳紀聞三則　(宋)龔明之撰
北窗炙輠十一則　(宋)施德操撰
佩韋齋輯聞一則　(宋)俞德鄰撰
岳陽風土記二則　(宋)范致明撰
六朝事迹二則　(宋)張敦頤撰
松漠紀聞五則　(宋)洪皓撰
五總志一則　(宋)吳炯撰
夷堅志一百八十六則　(宋)洪邁撰
容齋五筆四則　(宋)洪邁撰
友會談叢十一則　(宋)上官融撰
可書一則　(宋)張知甫撰
碧湖雜記一則　(宋)謝枋得撰

晉唐小說暢觀

(清)馬俊良輯　　　　　　　　　　　[本
　　民國二十六年(1937)上海中央書局排印
酉陽雜俎一卷　(唐)段成式撰
諾皐記一卷　(唐)段成式撰
博異志一卷　(唐)鄭還古撰
李泌傳一卷　(唐)李繁撰
仙吏傳一卷　(唐)太上隱者輯
英雄傳一卷　(唐)雍陶撰
劍俠傳一卷　(唐)段成式撰
柳毅傳一卷　(唐)李朝威撰
虬髯客傳一卷　(唐)張說(一題前蜀杜光
　　庭)撰
馮燕傳一卷　(唐)沈亞之撰
蔣子文傳一卷　(唐)羅鄴撰
杜子春傳一卷　(唐)鄭還古撰
龍女傳一卷　(唐)薛瑩撰
妙女傳一卷　(唐)顧非熊撰
神女傳一卷　(唐)孫頠輯

楊太眞外傳一卷　(宋)樂史撰
長恨歌傳一卷　(唐)陳鴻傳　(唐)白居易
　　撰歌
梅妃傳一卷　(唐)曹鄴撰
紅線傳一卷　(唐)楊巨源撰
劉無雙傳一卷　(唐)薛調撰
霍小玉傳一卷　(唐)蔣防撰
牛應貞傳一卷　(唐)宋若昭撰
謝小娥傳一卷　(唐)李公佐撰
李娃傳一卷　(唐)白行簡撰
章臺柳傳一卷　(唐)許堯佐撰
非烟傳一卷　(唐)皇甫枚撰
會眞記一卷　(唐)元稹撰
黑心符一卷　(唐)于義方撰
南柯記一卷　(唐)李公佐撰
枕中記一卷　(唐)李泌(一題沈既濟)撰
高力士傳一卷　(唐)郭湜撰
白猿傳一卷　(唐)□□撰
任氏傳一卷　(唐)沈既濟撰
袁氏傳一卷　(唐)顧夐撰
揚州夢記一卷　(唐)于鄴撰
妝樓記一卷　(南唐)張泌撰
雷民傳一卷　(唐)沈既濟撰
離魂記一卷　(唐)陳元祐撰
再生記一卷　(唐)閻選撰
夢遊錄一卷　(唐)任蕃撰
三夢記一卷　(唐)白行簡撰
幽怪錄一卷　(唐)王惲撰
續幽怪錄一卷　(唐)李復言撰
幻戲志一卷　(唐)蔣防撰
幻異志一卷　(唐)孫頠撰
靈應傳一卷　(唐)□□撰
才鬼記一卷　(唐)鄭賨撰
靈鬼志一卷　(唐)常沂撰
玄怪記一卷　(唐)徐炫撰
續玄怪錄一卷
昌黎雜說一卷　(唐)韓愈撰
錄異記一卷　(前蜀)杜光庭撰
飛燕遺事一卷
趙后遺事一卷　(宋)秦醇撰
搜神後記一卷　(晉)陶潛撰
窮怪錄一卷
幽怪錄一卷　(唐)王惲(誤題牛僧孺)撰
古鏡記一卷　(隋)王度撰
楊娼傳一卷　(唐)房千里撰

筆記小說大觀

(民國)進步書局輯
　　民國上海進步書局石印本
第一輯

諧鐸十二卷　（清）沈起鳳撰
觚賸八卷續編四卷　（清）鈕琇撰
螢窗異草初編四卷二編四卷 三 編 四 卷
　　（清）長白浩歌子（慶蘭）撰
子不語二十四卷續十卷　（清）袁枚撰
庸閒齋筆記十二卷　（清）陳其元撰
金壺七墨　（清）黃鈞宰撰
　　金壺浪墨八卷
　　金壺遯墨五卷
　　金壺逸墨二卷
　　金壺戲墨一卷
　　金壺醉墨一卷
　　金壺淚墨（一名心影）二卷
夜譚隨錄四卷　（清）閑齋氏（和邦額）撰
夜雨秋燈錄初集四卷續集四卷三集四卷
　　（清）宣鼎撰
三異筆談四卷　（清）許仲元撰
埋憂集十卷續集二卷　（清）紅雪山莊外史
　　（朱翔清）撰
墨餘錄四卷　（清）毛祥麟撰
閱微草堂筆記二十四卷　（清）觀弈道人
　　（紀昀）撰
　　灤陽消夏錄六卷
　　如是我聞四卷
　　槐西雜志四卷
　　姑妄聽之四卷
　　灤陽續錄六卷
耳食錄五卷　（清）樂鈞撰
庸盦筆記六卷　（清）薛福成撰
壺天錄三卷　（清）百一居士撰
兩般秋雨盦隨筆八卷　（清）梁紹壬撰
第二輯
湧幢小品三十二卷　（明）朱國楨撰
舌華錄九卷　（明）曹臣撰
虞初新志二十卷　（清）張潮輯
虞初續志十二卷　（清）鄭澍若輯
堅瓠首集四卷二集四卷三集四卷四集四卷
　　五集四卷六集四卷七集四卷八集四卷
　　九集四卷十集四卷續集四卷廣集六卷
　　補集六卷祕集六卷餘集四卷　（清）褚
　　人穫撰
笑笑錄六卷　（清）獨逸窩退士撰
漫遊紀略（一名瓠園集）四卷　（清）王澐撰
蟲鳴漫錄二卷　（清）采蘅子（宋□）撰
淞南夢影錄四卷　（清）畹香留夢室主（黃
　　協塤）撰
閒見異辭二卷　（清）許秋垞撰
此中人語六卷　（清）程麟撰
鷗陂漁話六卷　（清）葉廷琯撰
吹網錄六卷　（清）葉廷琯撰

清嘉錄十二卷　（清）顧祿撰
春在堂隨筆十卷　（清）俞樾撰
附
　　小浮梅閒話一卷　（清）俞樾撰
香祖筆記十二卷　（清）王士禛撰
聞見近錄一卷　（宋）王鞏撰
獨醒雜誌十卷附錄一卷　（宋）曾敏行撰
第三輯
蜀碧四卷　（清）彭遵泗撰
西清筆記二卷　（清）沈初撰
夷堅志五十卷　（宋）洪邁撰
廣陽雜記五卷　（清）劉獻廷撰
淥水亭雜識四卷　（清）性德撰
蘿藦游賞小志一卷　（清）李慈銘撰
茶餘客話十二卷　（清）阮葵生撰
津門雜記三卷　（清）張燾撰　　　　　　［撰
初月樓聞見錄十卷續錄十卷　（清）吳德旋
歸田瑣話八卷　（清）梁章鉅撰
履園叢話二十四卷　（清）錢泳撰
貓苑二卷　（清）黃漢撰　　　　　　　　［撰
谿上遺聞集錄十卷別錄二卷　（清）尹元煒
島居隨錄二卷　（清）盧若騰撰
雨窗消意錄四卷　（清）牛應之撰
雲間據目抄五卷　（明）范濂撰
甕牖餘談八卷　（清）王韜撰
池北偶談二十六卷　（清）王士禛撰
聽雨軒筆記四卷　（清）清涼道人（徐□）撰
鋤經書舍零墨四卷　（清）黃協塤撰
瀛壖雜志六卷　（清）王韜撰
耳郵四卷　（清）羊朱翁（俞樾）撰
冷廬雜識八卷　（清）陸以湉撰
第四輯
清波雜志十二卷別志三卷　（宋）周煇撰
武林舊事十卷附錄一卷　（宋）周密撰
志雅堂雜鈔二卷　（宋）周密撰
甲申雜記一卷　（宋）王鞏撰
蘆浦筆記十卷　（宋）劉昌詩撰
澠水燕談錄十卷　（宋）王闢之撰
玉壺清話十卷　（宋）釋文瑩撰
洛陽搢紳舊聞記五卷　（宋）張齊賢撰
雲溪友議十二卷　（唐）范攄撰
五總志一卷　（宋）吳炯撰
嶺外代答十卷　（宋）周去非撰
游宦紀聞十卷　（宋）張世南撰
涉史隨筆一卷　（宋）葛洪撰
入蜀記六卷　（宋）陸游撰
吹劍錄外集一卷　（宋）俞文豹撰
夢粱錄二十卷　（宋）吳自牧撰
猗覺寮雜記二卷　（宋）朱翌撰
隨手雜錄一卷　（宋）王鞏撰

續夷堅志四卷　(金)元好問撰
硯北雜志二卷　(元)陸友撰
北軒筆記一卷　(元)陳世隆撰
庶齋老學叢談四卷　(元)盛如梓撰
昨非庵日纂二十卷　(明)鄭瑄撰
韻石齋筆談二卷　(清)姜紹書撰
海嶽志林一卷　(明)毛晉輯
蜀難敍略一卷　(清)沈荀蔚撰
粵行紀事三卷　(清)瞿昌文撰
台灣外記三十卷　(清)江日昇撰
明齋小識十二卷　(清)諸聯撰
南省公餘錄八卷　(清)梁章鉅撰
退庵隨筆二十二卷　(清)梁章鉅撰
附
　　退庵自訂年譜一卷　(清)梁章鉅撰
咫聞錄十二卷　(清)慵訥居士撰
燕下鄉脞錄十六卷　(清)陳康祺撰
重論文齋筆錄十二卷　(清)王端履撰
香飲樓賓談二卷　(清)陸長春撰
郎潛紀聞十四卷　(清)陳康祺撰
第五輯
大唐新語十三卷　(唐)劉肅撰
松窗百說一卷　(宋)李季可撰
附
　　南窗紀談一卷　(宋)□□撰
墨客揮犀十卷　(宋)彭乘撰
膝車志六卷　(宋)郭彖撰
青箱雜記十卷　(宋)吳處厚撰
西溪叢語二卷　(宋)姚寬撰
墨莊漫錄十卷　(宋)張邦基撰
廣卓異記二十卷　(宋)樂史撰
厚德錄四卷　(宋)李元綱撰
鶴林玉露十六卷補遺一卷　(宋)羅大經撰
嬾眞子五卷　(宋)馬永卿撰
東坡志林十二卷　(宋)蘇軾撰
朝野類要五卷　(宋)趙升撰
過庭錄一卷　(宋)范公偁撰
容齋隨筆十六卷續筆十六卷三筆十六卷四
　　筆十六卷五筆十卷　(宋)洪邁撰
歸潛志十四卷附錄一卷　(元)劉祁撰
碧血錄二卷附錄一卷　(明)黃煜輯
北行日譜一卷附錄一卷　(明)朱祖文撰
責備餘談二卷附錄一卷　(明)方鵬撰
天香閣隨筆二卷附天香閣集一卷　(明)李
　　介撰
潞水客談一卷　(明)徐貞明撰
石渠隨筆八卷　(清)阮元撰
志異續編四卷　(清)青城子(宋永岳)撰
東城雜記二卷　(清)厲鶚撰
畫禪室隨筆四卷　(明)董其昌撰

勝飲編十八卷　(青)郎廷極撰
蒿庵閒話二卷　(清)張爾岐撰
南皋筆記四卷　(清)楊鳳徽撰
宋艷十二卷　(清)徐士鑾撰　　　　［撰
客窗閒話初集四卷續集四卷　(清)吳熾昌
熙朝新語十六卷　(清)徐錫麟(清)錢泳撰
北東園筆錄初編六卷續編六卷三編六卷四
　　編六卷　(清)梁恭辰撰
第六輯
西京雜記六卷　(晉)葛洪撰
宣室志十卷補遺一卷　(唐)張讀撰
杜陽雜編三卷　(唐)蘇鶚撰
玉泉子一卷　(唐)□□撰
太平廣記五百卷　(宋)李昉等撰
異聞總錄四卷　(宋)□□撰
龍川別志二卷　(宋)蘇轍撰
蒙齋筆談(節錄蠹下放言)二卷　(宋)葉夢
　　得(誤題鄭景望)撰
南爐紀聞一卷　(宋)黃冀之撰
雲麓漫鈔四卷　(宋)趙彥衛撰
侯鯖錄八卷　(宋)趙令畤撰
桯史十五卷　(宋)岳珂撰
宋瑣語二卷　(清)郝懿行撰
澳門紀略二卷　(清)印光任(清)張汝霖撰
海外紀事六卷　(清)大汕厂翁撰
山居新話一卷　(元)楊瑀撰
搜采異聞錄五卷　(宋)永亨撰
客杭日記一卷　(元)郭畀撰
隨隱漫錄五卷　(宋)陳世崇撰
冷齋夜話十卷　(宋)釋惠洪撰
第七輯
東觀奏記三卷　(唐)裴庭裕撰
因話錄六卷　(唐)趙璘撰
石林燕語十卷　(宋)葉夢得撰
歸田錄二卷　(宋)歐陽修撰
慶元黨禁一卷　(宋)樵川樵叟撰
曲洧舊聞十卷　(宋)朱弁撰
竊憤錄一卷續錄一卷　(宋)辛棄疾撰
附
　　阿計替傳一卷　(宋)辛棄疾撰
江鄰幾雜志一卷　(宋)江休復撰
中吳紀聞六卷　(宋)龔明之撰
愧郯錄十五卷　(宋)岳珂撰
宣和奉使高麗圖經四十卷　(宋)徐兢撰
儒林公議二卷　(宋)田況撰
古刻叢鈔一卷　(元)陶宗儀撰
香乘二十八卷　(明)周嘉冑撰
野客叢書三十卷附錄一卷　(宋)王楙撰
能改齋漫錄十八卷　(宋)吳曾撰
宋遺民錄十五卷　(明)程敏政撰

京塵雜錄四卷 （清）蕊珠舊史（楊懋建）撰
酒令叢鈔四卷 （清）俞敦培撰
康輶紀行十六卷 （清）姚瑩撰
黃孝子尋親紀程一卷滇還日記一卷附錄一
　卷 （清）黃向堅撰
虎口餘生記一卷 （明）邊大綬撰
黃山領要錄二卷 （清）汪洪度撰
大雲山房雜記二卷 （清）惲敬撰
三借廬筆談十二卷 （清）鄒弢撰
識餘四卷 （明）惠康野叟撰
薈蕞編二十卷 （清）俞樾撰
第八輯
　宜州家乘一卷 （宋）黃庭堅撰
　吳船錄二卷 （宋）范成大撰
　古今紀要逸編一卷 （宋）黃震撰
　臨漢隱居詩話一卷 （宋）魏泰撰
　濠南詩話三卷 （金）王若虛撰
　東軒筆錄十五卷 （宋）魏泰撰
　宋季三朝政要五卷附錄一卷 （宋）□□撰
　中興禦侮錄二卷 （宋）□□撰
　襄陽守城錄一卷 （宋）趙萬年撰
　補漢兵志一卷 （宋）錢文子撰
　耕祿藁一卷 （宋）胡錡撰
　釣磯立談一卷 （宋）釣磯閒客（史□）撰
　經筵玉音問答一卷 （宋）胡銓撰
　意林五卷 （唐）馬總輯
　畫墁集八卷補遺一卷 （宋）張舜民撰
　九國志十二卷 （宋）路振撰 （宋）張唐英
　　補
　遂昌雜錄一卷 （元）鄭元祐撰
　澹生堂藏書約一卷 （明）祁承㸁撰
　洞霄圖志六卷 （宋）鄧牧撰
　霞外塵談十卷 （明）周應治撰
　謏聞續筆四卷 （清）□□撰
　浦陽人物記二卷 （明）宋濂撰
　七頌堂識小錄一卷 （清）劉體仁撰
　玉芝堂談薈三十六卷 （明）徐應秋撰
　妙香室叢話十四卷 （清）張培仁撰
　古歡堂集雜著八卷 （清）田雯撰
　西洋朝貢典錄三卷 （明）黃省曾撰
　附
　　滇黔土司婚禮記一卷 （清）陳鼎撰
　今世說八卷 （清）王晫撰
　字觸六卷 （清）周亮工撰　　　　　　〔撰
　蜀都碎事四卷藝文補遺二卷 （清）陳祥裔
　聊齋志異拾遺一卷 （清）蒲松齡撰
　三吳遊覽志一卷 （清）余懷撰
　蟫階外史四卷 （清）□□撰
　前徽錄一卷 （清）姚世錫撰
　苦瓜和尚畫語錄一卷 （清）釋道濟撰

粵西叢載三十卷 （清）汪森撰
外集
　國史補三卷 （唐）李肇撰
　棗林雜俎六卷 （明）談遷撰
　增廣智囊補二十八卷 （明）馮夢龍輯
　梅花草堂集十四卷 （明）張大復撰
　嘯亭雜錄十卷續錄三卷 （清）昭槤撰
　千百年眼十二卷 （明）張燧撰
　南漘楛語八卷 （清）蔣超伯撰
　浪蹟叢譚十一卷續譚八卷 （清）梁章鉅撰
　橡巢雜識二卷 （清）趙慎畛撰
　暝庵雜識四卷二識二卷 （清）朱克敬撰
　里乘八卷 （清）許奉恩撰
　茶香室叢鈔二十三卷續鈔二十五卷三鈔二
　　十九卷 （清）俞樾撰
　淞濱瑣話十二卷 （清）王韜撰

古佚小說叢刊初集

陳乃乾輯　　　　　　　　　　　　　〔本
　　民國十七年（1928）海寧陳氏慎初堂排印
　遊仙窟一卷 （唐）張文成撰
　三國志平話三卷 （元）□□撰
　照世盃四卷 （明）酌元亭主人撰

唐宋傳奇集

魯迅輯
　　1927年上海北新書局排印本
　　1952年北京人民文學出版社排印本
　　1956年北京文學古籍刊行社排印本
　卷一
　　古鏡記一卷 （隋）王度撰
　　補江總白猿傳一卷 （唐）□□撰
　　離魂記一卷 （唐）陳玄祐撰
　　枕中記一卷 （唐）沈既濟撰
　　任氏傳一卷 （唐）沈既濟撰
　卷二
　　編次鄭欽悅辨大同古銘論一卷 （唐）李吉
　　　甫撰
　　柳氏傳一卷 （唐）許堯佐撰
　　柳毅傳一卷 （唐）李朝威撰
　　李章武傳一卷 （唐）李景亮撰
　　霍小玉傳一卷 （唐）蔣防撰
　卷三
　　古嶽瀆經一卷 （唐）李公佐撰
　　南柯太守傳一卷 （唐）李公佐撰
　　廬江馮媼傳一卷 （唐）李公佐撰
　　謝小娥傳一卷 （唐）李公佐撰
　　李娃傳一卷 （唐）白行簡撰
　　三夢記一卷 （唐）白行簡撰
　　長恨傳一卷 （唐）陳鴻撰

東城老父傳一卷　（唐）陳鴻撰
開元升平源一卷　（唐）吳兢撰
卷四
　鶯鶯傳一卷　（唐）元稹撰
　周秦行紀一卷　（唐）牛僧孺撰
　湘中怨辭一卷　（唐）沈亞之撰
　異夢錄一卷　（唐）沈亞之撰
　秦夢記一卷　（唐）沈亞之撰
　無雙傳一卷　（唐）薛調撰
　上清傳一卷　（唐）柳珵撰
　楊娼傳一卷　（唐）房千里撰
　飛烟傳一卷　（唐）皇甫枚撰
　虬髯客傳一卷　（前蜀）杜光庭撰
卷五
　冥音錄一卷　（唐）□□撰
　東陽夜怪錄一卷　（唐）□□撰
　靈應傳一卷　（唐）□□撰
卷六
　隋遺錄二卷　（唐）顏師古撰
　隋煬帝海山記二卷　（唐）韓偓撰
　迷樓記一卷　（唐）韓偓撰
　開河記一卷　（唐）韓偓撰
卷七
　綠珠傳一卷　（宋）樂史撰
　楊太眞外傳二卷　（宋）樂史撰
卷八
　流紅記一卷　（宋）張實撰
　趙飛燕別傳一卷　（宋）秦醇撰
　譚意歌傳一卷　（宋）秦醇撰
　王幼玉記一卷　（宋）柳師尹撰
　王榭傳一卷　（宋）□□撰
　梅妃傳一卷　（宋）□□撰
　李師師外傳一卷　（宋）□□撰
卷末
　稗邊小綴一卷　　魯迅撰

唐人說薈

（清）蓮塘居士(陳世熙)輯
　清乾隆五十七年(1792)挹秀軒刊本
　清道光二十三年(1843)序刊本
　清宣統三年(1911)上海天寶書局石印本
　民國十一年(1922)上海掃葉山房石印本

唐代叢書

（清）王文誥輯
　清嘉慶十一年(1806)序刊本
初集
　隋唐嘉話一卷　（唐）劉餗撰
　朝野僉載一卷　（唐）張鷟撰
　尚書故實一卷　（唐）李綽撰

中朝故事一卷　（南唐）尉遲偓撰
金鑾密記一卷　（唐）韓偓撰
杜陽雜編三卷　（唐）蘇鶚撰
幽閒鼓吹一卷　（唐）張固撰
桂苑叢談一卷　（唐）馮翊撰
劉賓客嘉話錄一卷　（唐）韋絢錄
松窗雜記一卷　（唐）杜荀鶴(一題李濬)撰
次柳氏舊聞一卷　（唐）李德裕撰
大唐傳載一卷　（唐）□□編
開元天寶遺事一卷　（後周）王仁裕撰
開天傳信記一卷　（唐）鄭棨撰
大唐新語一卷　（唐）劉肅撰
明皇雜錄一卷　（唐）鄭處誨撰
常侍言旨一卷　（唐）柳珵撰
二集
　雲溪友議一卷　（唐）范攄撰
　國史補一卷　（唐）李肇撰
　因話錄一卷　（唐）趙璘輯
　劇談錄一卷　（唐）康駢輯
　法苑珠林一卷　（唐）釋道世輯
　南楚新聞一卷　（唐）尉遲樞撰
　宣室志一卷　（唐）張讀撰
　甘澤謠一卷　（唐）袁郊撰
　金華子雜編一卷　（南唐）劉崇遠撰
　耳目記一卷　（唐）張鷟撰
　瀟湘錄一卷　（唐）李隱撰
　玉泉子一卷　（唐）□□輯
　小說舊聞記一卷　（唐）柳公權撰
　摭言一卷　（南漢）王保定撰
　記事珠一卷　（唐）馮贄撰
　諧噱錄一卷　（唐）朱揆(一題劉訥言)撰
　義山雜纂一卷　（唐）李商隱撰
　龍城錄一卷　（唐）柳宗元撰
三集
　嶺表錄異一卷　（唐）劉恂撰
　來南錄一卷　（唐）李翱撰
　平泉山居草木記一卷　（唐）李德裕撰
　北戶錄一卷　（唐）段公路撰
　終南十志一卷　（唐）盧鴻撰
　洞天福地記一卷　（前蜀）杜光庭撰
　北里志一卷　（唐）孫棨撰
　迷樓記一卷　（唐）韓偓撰
　海山記一卷　（唐）韓偓撰
　開河記一卷　（唐）韓偓撰
　吳地記一卷　（唐）陸廣微撰
　南部烟花記一卷　（唐）馮贄撰
　洛中九老會一卷　（唐）白居易等撰
　教坊記一卷　（唐）崔令欽撰
　湘中怨詞一卷　（唐）沈亞之撰
　二十四詩品一卷　（唐）司空圖撰

本事詩一卷　（唐）孟棨撰
比紅兒詩一卷　（唐）羅虬撰
貞娘墓詩一卷　（唐）□□輯
書法一卷　（唐）歐陽詢撰　（明）王道焜注
畫學祕訣一卷　（唐）王維撰
續畫品錄一卷　（唐）李嗣眞撰
貞觀公私畫史一卷　（唐）裴孝源撰
歌者葉記一卷　（唐）沈亞之撰
嘯旨一卷　（唐）孫廣撰
李謩吹笛記一卷　（唐）楊巨源撰
衞公故物記一卷　（唐）韋端符撰
茶經三卷　（唐）陸羽撰
十六湯品一卷　（唐）蘇廙撰
煎茶水記一卷　（唐）張又新撰
食譜一卷　（唐）韋巨源撰

四集
醉鄉日月一卷　（唐）皇甫松撰
花九錫一卷　（唐）羅虬撰
紫花梨記一卷　（唐）許默撰
耒耜經一卷　（唐）陸龜蒙撰
五木經一卷　（唐）李翱撰
肉攫部一卷　（唐）段成式撰
樂府雜錄一卷　（唐）段安節撰
羯鼓錄一卷　（唐）南卓撰
小名錄一卷　（唐）陸龜蒙撰
藥譜一卷　（唐）侯寧極撰
異疾志一卷　（唐）段成式撰
大藏治病藥一卷　（唐）釋靈澈撰
夢遊錄一卷　（唐）任蕃撰
三夢記一卷　（唐）白行簡撰
妝樓記一卷　（南唐）張泌撰
李泌傳一卷　（唐）李繁撰
李林甫外傳一卷　（唐）□□撰
東城老父傳一卷　（唐）陳鴻撰
馮燕傳一卷　（唐）沈亞之撰
高力士傳一卷　（唐）郭湜撰
虬髯客傳一卷　（唐）張說(一題前蜀杜光庭)撰
奇男子傳一卷　（唐）許棠撰
蔣子文傳一卷　（唐）羅鄴撰
杜子春傳一卷　（唐）鄭還古撰
墨崑崙傳一卷　（南唐）馮延己撰
陶峴傳一卷　（唐）沈既濟撰
申宗傳一卷　（唐）孫頠撰
靈應傳一卷　（唐）□□撰
睦仁蒨傳一卷　（唐）陳鴻撰
柳毅傳一卷　（唐）李朝威撰
仙吏傳一卷　（唐）太上隱者輯
英雄傳一卷　（唐）雍陶撰
劍俠傳一卷　（唐）段成式撰

廣陵妖亂志一卷　（唐）羅隱撰
周秦行紀一卷　（唐）牛僧孺撰
梅妃傳一卷　（唐）曹鄴撰
楊太眞外傳二卷　（宋）樂史撰
長恨歌傳一卷　（唐）陳鴻傳　（唐）白居易撰歌

五集
紅線傳一卷　（唐）楊巨源撰
劉無雙傳一卷　（唐）薛調撰
霍小玉傳一卷　（唐）蔣防撰
牛應貞傳一卷　（唐）宋若昭撰
謝小娥傳一卷　（唐）李公佐撰
李娃傳一卷　（唐）白行簡撰
楊娼傳一卷　（唐）房千里撰
章臺柳傳一卷　（唐）許堯佐撰
非烟傳一卷　（唐）皇甫枚撰
揚州夢記一卷　（唐）于鄴撰
杜秋傳一卷　（唐）杜牧撰
龍女傳一卷　（唐）薛瑩撰
妙女傳一卷　（唐）顧非熊撰
神女傳一卷　（唐）孫頠輯
雷民傳一卷　（唐）沈既濟撰
會眞記一卷　（唐）元稹撰
黑心符一卷　（唐）于義方撰
南柯記一卷　（唐）李公佐撰
枕中記一卷　（唐）李泌(一題沈既濟)撰
酉陽雜俎二卷　（唐）段成式撰
諾皋記一卷　（唐）段成式撰
支諾皋一卷　（唐）段成式撰
墉上記一卷　（唐）蘇頲撰
前定錄一卷　（唐）鍾輅編
卓異記一卷　（唐）李翱撰
撫異記一卷　（唐）李濬撰
志怪錄一卷　（唐）陸勳撰
集異記一卷　（唐）薛用弱撰
集異志一卷　（唐）陸勳撰

六集
博異志一卷　（唐）鄭還古撰
幽怪錄一卷　（唐）王惲撰
續幽怪錄一卷　（唐）李復言撰
聞奇錄一卷　（五代）于逖編
錦裙記一卷　（唐）陸龜蒙撰
靈應錄一卷　（五代）于逖撰
鬼塚志一卷　（唐）稽逵良撰
幻影傳一卷　（前蜀）薛昭蘊撰
幻戲志一卷　（唐）蔣防撰
幻異志一卷　（唐）孫頠撰
稽神錄一卷　（宋）徐鉉撰
冥音錄一卷　（唐）朱慶餘撰
離魂記一卷　（唐）陳玄祐撰

再生記一卷　(後蜀)閻選撰
冤債志一卷　(唐)吳融撰
尸媚傳一卷　(南唐)張泌撰
奇鬼傳一卷　(唐)杜青萁撰
才鬼記一卷　(唐)鄭賨撰
妖妄傳一卷　(唐)朱希濟撰
東陽夜怪錄一卷　(唐)王洙撰
靈鬼志一卷　(唐)常沂撰
物怪錄一卷　(唐)徐巖撰
靈怪錄一卷　(前蜀)牛嶠撰
人虎傳一卷　(唐)李景亮撰
白猿傳一卷　(唐)□□撰
獵狐記一卷　(唐)孫恂撰
任氏傳一卷　(唐)沈旣濟撰
袁氏傳一卷　(後蜀)顧夐撰
夜义傳一卷　(唐)段成式撰
金剛經鳩異一卷　(唐)段成式撰
鸚鵡舍利塔記一卷　(唐)韋皋撰

唐開元小說六種 (一名唐人小說六種)

(民國)葉德輝輯
　　清宣統三年(1911)葉氏觀古堂刊本
次柳氏舊聞(一名明皇十七事)一卷考異一
　　卷　(唐)李德裕撰　考異(民國)葉德
　　輝撰
楊太眞外傳二卷　(宋)樂史撰
梅妃傳一卷　(唐)曹鄴撰
李林甫外傳一卷　(唐)□□撰
高力士外傳一卷　(唐)郭湜撰
安祿山事跡三卷附校記一卷　(唐)姚汝能
　　撰　校記(民國)繆荃孫撰

宋人小說

(民國)涵芬樓輯　　　　　　　　　　　[本
　　民國十五年(1926)上海商務印書館排印
東原錄一卷　(宋)龔鼎臣撰
塵史三卷　(宋)王得臣撰
仇池筆記二卷　(宋)蘇軾撰
東坡志林五卷　(宋)蘇軾撰
珩璜新論一卷　(宋)孔平仲撰
嬾眞子錄五卷　(宋)馬永卿撰
春渚紀聞十卷　(宋)何薳撰
石林避暑錄話四卷　(宋)葉夢得撰
捫蝨新話十五卷補遺一卷　(宋)陳善撰
梁谿漫志十卷　(宋)費袞撰
老學庵筆記十卷　(宋)陸游撰
鶴林玉露十八卷　(宋)羅大經撰
脚氣集一卷　(宋)車若水撰
齊東野語二十卷　(宋)周密撰

涑水記聞十六卷逸文一卷　(宋)司馬光撰
澠水燕談錄十卷補遺一卷　(宋)王闢之撰
歸田錄二卷補遺一卷　(宋)歐陽修撰
靑箱雜記十卷　(宋)吳處厚撰　　　　[撰
蘇黃門龍川略志十卷別志二卷　(宋)蘇轍
默記三卷　(宋)王銍撰
玉照新志五卷　(宋)王明淸撰
投轄錄一卷　(宋)王明淸撰
河南邵氏聞見錄二十卷　(宋)邵伯溫撰
雞肋編三卷　(宋)莊綽撰
邵氏聞見後錄三十卷　(宋)邵博撰
隨隱漫錄五卷　(宋)陳世崇撰　　　　[撰
稽神錄六卷拾遺一卷補遺一卷　(宋)徐鉉
燈下閑談二卷　(五代)□□撰

無一是齋叢鈔

(清)□□輯
　　清宣統元年(1909)夢梅仙館刊本
武帝內傳一卷　(漢)班固撰
唐國史補一卷　(唐)李肇撰
拾遺記一卷　(前秦)王嘉撰　(梁)蕭綺錄
酉陽雜俎一卷　(唐)段成式撰
博物志一卷　(晉)張華撰　(宋)周日用
　　(宋)盧□注
五國故事一卷　(宋)□□撰
齊東野語一卷　(宋)周密撰
搜神記一卷　(晉)干寶撰
搜神後記一卷　(晉)陶潛撰
霍小玉傳一卷　(唐)蔣防撰
北夢瑣言一卷　(宋)孫光憲撰
梅妃傳一卷　(唐)曹鄴撰
聶隱娘傳一卷　(唐)段成式撰
紅線傳一卷　(唐)段成式(一題楊互源)撰
枕中記一卷　(唐)李泌(一題沈旣濟)撰
南柯記一卷　(唐)李公佐撰
焚椒錄一卷　(遼)王鼎撰
閩典史傳一卷　(清)邵長蘅撰
揚州夢記一卷　(唐)于鄴撰
虬髯客傳一卷　(唐)張說(一題前蜀杜光
　　庭)撰
海山記一卷　(唐)韓偓撰
費宮人傳一卷　(清)陸次雲撰
郭子一卷　(晉)郭澄之撰
輟耕錄一卷　(元)陶宗儀撰
鐵圍山叢談一卷　(宋)蔡絛撰
艮嶽記一卷　(宋)張淏撰
癸辛雜識一卷　(宋)周密撰
崑崙奴傳一卷　(唐)段成式撰
會眞記一卷　(唐)元稹撰
汧國夫人傳一卷　(唐)白行簡撰

夢溪筆談一卷　（宋）沈括撰
飛燕外傳一卷　（漢）伶玄撰
老學庵筆記一卷　（宋）陸游撰
西京雜記一卷　（漢）劉歆（一題晉葛洪）撰
迷樓記一卷　（唐）韓偓撰
漢雜事秘辛一卷
開河記一卷　（唐）韓偓撰

明清珍本小說集

（民國）廣業書社輯
　　民國十七年(1928)北京廣業書社排印本
　　近事叢殘一卷　（明）沈璟撰
　　太平天國別史（原名賊情彙纂）一卷　（清）
　　　張德堅輯

全相平話五種

　　1956年上海文學古籍刊行社據商務印書
　　　館及日本景印本景印
　　新刊全相平話武王伐紂書三卷
　　新刊全相平話樂毅圖齊七國春秋後集三卷
　　新刊全相秦併六國平話三卷
　　新刊全相平話前漢書續集三卷
　　至治新刊全相平話三國志三卷

天花藏合刻七才子書

（清）天花藏主人輯
　　清乾隆三十二年(1767)觀文會館刊本
　　玉嬌梨五卷　（清）荑秋散人（張匀）撰
　　平山冷燕五卷　（清）荑秋散人（張匀）撰

元明史料筆記叢刊

中華書局輯
　　1959年中華書局排印本
　　南村輟耕錄三十卷　（元）陶宗儀撰　〔撰
　　萬曆野獲編三十卷補遺四卷　（明）沈德符
　　四友齋叢說三十八卷　（明）何良俊撰

美化文學名著叢刊

朱劍芒輯
　　民國二十四年(1935)世界書局排印本
　　窈聞一卷續窈聞一卷附考　（明）葉紹袁撰
　　　附朱劍芒撰
　　陶菴夢憶一卷附考　（明）張岱撰　附朱劍
　　　芒撰
　　影梅菴憶語一卷附考　（清）冒襄撰　附趙
　　　苕狂撰
　　三儂贅人廣自序一卷附考　（清）汪价撰
　　　附朱劍芒撰
　　喬王二姬合傳一卷附錄一卷附考　（清）李
　　　漁撰　附朱劍芒撰

浮生六記六卷附考　（清）沈復撰　附趙苕
　　狂撰
香畹樓憶語一卷附考　（清）陳裴之撰　附
　　朱劍芒撰
秋鐙瑣憶一卷附考　（清）蔣坦撰　〔撰
揚州夢一卷附考　（清）周生撰　附朱劍芒
小螺菴病榻憶語一卷附考　（清）孫道乾撰
　　附朱劍芒撰
附
美化文學名著年表　朱劍芒撰

明清筆記叢刊

中華書局上海編輯所輯
　　1958年至1959年中華書局排印本
　　少室山房筆叢四十八卷　（明）胡應麟撰
　　筆叢
　　　經籍會通四卷
　　　史書佔畢六卷
　　　九流緒論三卷
　　　四部正譌三卷
　　　三墳補逸二卷
　　　二酉綴遺三卷
　　　華陽博議二卷
　　　莊嶽委談二卷
　　　玉壺遐覽四卷
　　　雙樹幻鈔三卷
　　續筆叢
　　　丹鉛新錄八卷
　　　藝林學山八卷
　　七修類稿五十一卷七修續稿七卷　（明）郎
　　　瑛撰
　　茶餘客話二十二卷　（清）阮葵生撰
　　霞外攟屑十卷　（清）平步青撰

清代筆記叢刊

（民國）上海文明書局輯
　　民國上海文明書局石印本
　　閱微草堂筆記二十四卷　（清）紀昀撰
　　　灤陽消夏錄六卷
　　　如是我聞四卷
　　　槐西雜志四卷
　　　姑妄聽之四卷
　　　灤陽續錄六卷
　　郎潛紀聞十四卷　（清）陳康祺撰
　　虞初續志十二卷　（清）鄭澍若輯
　　廣陽雜記五卷　（清）劉獻廷撰
　　島居隨錄二卷　（清）盧若騰撰
　　冷廬雜識八卷　（清）陸以湉撰
　　三借廬筆談十二卷　（清）鄒弢撰
　　觚賸八卷續編四卷　（清）鈕琇撰

薈蕞編二十卷　(清)俞樾撰
今世說八卷　(清)王晫撰
堅瓠首集四卷二集四卷三集四卷四集四卷
　　五集四卷六集四卷七集四卷八集四卷
　　九集四卷十集四卷續集四卷廣集六卷
　　補集六卷祕集六卷餘集四卷　(清)褚
　　人穫撰
履園叢話二十四卷　(清)錢泳撰
耳食錄五卷　(清)樂鈞撰
退庵隨筆二十二卷　(清)梁章鉅撰　　[撰
初月樓聞見錄十卷續錄十卷　(清)吳德旋
熙朝新語十六卷　(清)徐錫麟(清)錢泳撰
重論文齋筆錄十二卷　(清)王端履撰
歸田瑣記八卷　(清)梁章鉅撰
東城雜記二卷　(清)厲鶚撰
茶餘客話十二卷　(清)阮葵生撰　　　[撰
子不語二十四卷續子不語十卷　(清)袁枚
諧鐸十二卷　(清)沈起鳳撰
虞初新志二十卷　(清)張潮輯
池北偶談二十六卷　(清)王士禛撰
吹網錄六卷　(清)葉廷琯撰
鷗陂漁話六卷　(清)葉廷琯撰
清嘉錄十二卷　(清)顧祿撰
埋憂集十卷續集二卷　(清)朱翔清撰
庸盦筆記六卷　(清)薛福成撰
庸閒齋筆記十二卷　(清)陳其元撰
夜雨秋燈錄初集四卷續集四卷三集四卷
　　(清)宣鼎撰
金壺七墨　(清)黃鈞宰撰
　　金壺浪墨八卷
　　金壺遯墨五卷
　　金壺逸墨二卷
　　金壺戲墨一卷
　　金壺醉墨(一名醉言)一卷
　　金壺淚墨(一名心影)二卷
壺天錄三卷　(清)百一居士撰
淥水亭雜識四卷　(清)性德撰
蒿庵閒話二卷　(清)張爾岐撰
香祖筆記十二卷　(清)王士禛撰
春在堂隨筆十卷　(清)俞樾撰
附
　　小浮梅閒話一卷　(清)俞樾撰
甕牖餘談八卷　(清)王韜撰　　　　　[撰
客窗閒話初集四卷續集四卷　(清)吳熾昌
兩般秋雨盦隨筆八卷　(清)梁紹壬撰
燕下鄉脞錄十六卷　(清)陳康祺撰

清人說薈

(民國)雷瑨輯
　　民國上海掃葉山房石印本

初集　民國六年(1917)石印
　說夢二卷　(清)曹家駒撰
　吳逆取亡錄一卷　(清)蒼弁山樵撰
　殛珅誌略一卷　(清)□□撰
　守撫紀略一卷　(清)鍾峻撰
　儒林瑣記一卷　(清)朱克敬撰
　關隴輿中偶憶編一卷　(清)張祥河撰
　日貫齋塗說一卷　(清)梁同書撰
　乾嘉詩壇點將錄一卷　(清)舒位撰
　圓明園詞序一卷　(清)徐樹鈞(民國)王闓
　　運撰
　金陵紀事雜詠一卷　(清)吳家楨撰
　都門紀變百詠一卷　(清)復儂氏(清)杞廬
　　氏撰
　長安宮詞一卷　(清)胡延撰
　清宮詞一卷　(民國)九鐘主人(吳士鑑)撰
　秦淮感舊集二卷　(清)蘋梗輯
　蘭芷零香錄一卷　(清)蓬道人(楊恩壽)撰
　潮嘉風月一卷　(清)俞蛟撰
　張文襄幕府紀聞二卷　(民國)漢濱讀易者
　　(辜鴻銘)撰
　提牢瑣記一卷　(清)濮文暹撰
　八旗人著述存目一卷　(民國)震鈞撰
　光緒帝大婚粧奩冊　(清)□□錄
二集　民國十七年(1928)石印
　國初品級考一卷　(清)□□撰
　圓明園恭紀一卷　(清)黃凱鈞撰
　陳氏安瀾園記一卷　(清)陳瑚卿撰　　[撰
　牧翁先生(錢謙益)年譜一卷　(清)葛萬里
　墨花吟館感舊懷人集二卷　(清)嚴辰撰
　十二硯齋隨錄四卷　(清)汪鋆撰
　避暑山莊紀事詩一卷　(清)成書撰
　八旗詩媛小傳一卷　(民國)震鈞撰
　華嚴色相錄一卷　(清)□□撰
　拳匪聞見錄一卷　(清)管鶴撰
　吳中判牘一卷　(清)蒯德模撰
　海漚小譜一卷　(清)趙執信撰
　金臺殘淚記三卷　(清)張際亮撰
　長安看花記一卷　(清)楊懋建撰
　辛壬癸甲錄一卷　(清)楊懋建撰
　丁年玉筍志一卷　(清)楊懋建撰
　夢華瑣簿一卷　(清)楊懋建撰
　韑蘭四說一卷　(清)杜文瀾撰
　說鈴一卷　(清)汪琬撰
　初月樓聞見錄五卷　(清)吳德旋撰

艷史叢鈔

(清)淞北玉魫生(王韜)輯
　　清光緒四年(1878)弢園排印本
　板橋雜記三卷　(清)余懷撰

吳門畫舫錄一卷　（清）西溪山人撰
吳門畫舫續錄三卷　（清）箇中生撰
續板橋雜記三卷　（清）珠泉居士撰
雪鴻小記一卷補遺一卷　（清）珠泉居士撰
秦淮畫舫錄二卷　（清）捧花生撰
畫舫餘談一卷　（清）捧花生撰
白門新柳記一卷補記一卷附記一卷　（清）
　　嬾雲山人(許豫)撰　補記(清)楊亨撰
十洲春語二卷　（清）二石生撰
竹西花事小錄一卷　（清）芬利它行者撰
海陬冶遊錄三卷附錄三卷餘錄一卷　（清）
　　淞北玉魫生(王韜)撰
花國劇談二卷　（清）淞北玉魫生(王韜)撰

香豔小品
(民國)沈宗畸輯
　　清宣統元年(1909)番禺沈氏石印本
板橋雜記一卷附錄一卷　（清）余懷撰
影梅庵憶語一卷附錄一卷　（清）冒襄撰
海鷗小譜一卷附錄一卷　（清）趙執信撰
欠愁集一卷　（清）史震林撰
冒氏小品四種　（清）冒襄撰
　寒碧孤吟一卷
　集美人名詩一卷
　蘭言一卷
　岕茶彙鈔一卷

新刻揚州近事雨花香
(清)石成金撰
　　清雍正四年(1726)石峯年崇年刊本
今覺樓一卷
鐵菱角一卷
雙鸞配一卷
四命冤一卷
倒肥甕一卷
洲老虎一卷
自害自一卷
人擡人一卷
官業債一卷
錦堂春一卷
牛丞相一卷
狗狀元一卷
說螳螂一卷
飛蝴蝶一卷
村中俏一卷
關外緣一卷
假都天一卷
眞菩薩一卷
老作孽一卷附求嗣眞鈴一卷
少知非一卷

刻剝窮一卷
寬厚富一卷
斬刑廳一卷
埋積賊一卷
擲金杯一卷
還玉佩一卷
乩仙偈一卷附往生奇逝傳一卷
亦佛歌一卷
枉貪贓一卷
空爲惡一卷
三錠窟一卷
一文碑一卷
晦氣船一卷
魂靈帶一卷
得會銀一卷
失春酒一卷
旌烈妻一卷
剮淫婦一卷
定死期一卷
出死期一卷
附
　通天樂
　　長懽悅一卷
　　莫焦愁一卷
　　沈大漢一卷
　　麻小江一卷
　　追命鬼一卷
　　討債兒一卷
　　除魘魅一卷
　　打縣官一卷
　　下爲上一卷
　　尊變卑一卷
　　投胎哭一卷附六道因果圖說一卷
　　念佛功一卷

閱微草堂筆記
(清)觀弈道人(紀昀)撰
　　清嘉慶五年(1800)北平盛氏刊本
　　清道光十五年(1835)廣州財政司刊本
灤陽消夏錄六卷
如是我聞四卷
槐西雜志四卷
姑妄聽之四卷
灤陽續錄六卷

閱微草堂筆記五種擷鈔
(清)觀弈道人(紀昀)撰　（清）强望泰摘鈔
　　民國二十五年(1936)中央刻經院排印本
灤陽消夏錄一卷
如是我聞一卷

槐西雜誌一卷
姑妄聽之一卷
灤陽續錄一卷

潛園集錄

（清）屠倬輯
　　清道光二年（1822）刊本
金剛經鳩異一卷　（唐）段成式撰
二十二史感應錄三卷　（清）彭希涑輯
竹窗隨筆一卷　（明）釋袾宏撰
見聞錄一卷　（清）徐岳撰
冥報錄二卷　（清）陸圻撰
現果隨錄一卷　（清）釋戒顯撰
果報聞見錄一卷　（清）楊式傅撰
閱微草堂筆記六卷　（清）紀昀撰
病榻瑣談一卷　（清）屠倬撰

湘煙小錄

（清）陳裴之撰
　　清道光四年（1824）錢塘陳氏刊本
　　清光緒十二年（1886）上海王氏刊本
紫姬小傳一卷
香畹樓憶語一卷

金壺七墨

（清）黃鈞宰撰
　　清同治十二年（1873）刊本
　　民國元年（1912）掃葉山房石印本
金壺浪墨八卷
金壺遯墨四卷
金壺逸墨二卷
金壺戲墨一卷
金壺醉墨（一名醉言）一卷
心影（原名金壺淚墨）二卷

梁氏筆記

（清）梁章鉅撰
　　清宣統三年（1911）上海掃葉山房石印本
歸田瑣記八卷
浪蹟叢談十一卷
浪蹟續談八卷

繡像四遊合傳

（清）小蓬萊館輯
　　清光緒二年（1876）小蓬萊館刊本

四遊記

　　1956年上海古典文學出版社排印本
新刊八仙出處東遊記二卷　（明）吳元泰撰
南遊志傳四卷　（明）余象斗撰

西遊記傳四卷　（明）楊至和撰
新用北方眞武祖師玄天上帝出身全傳（一
　名北遊記玄帝出身傳）四卷　（明）余
　象斗撰

道　　家

紫薇堂四子

（明）陸明揚輯
　　明萬曆五年（1577）刊本
道德眞經二卷　（周）李耳撰
文始眞經三卷　（周）尹喜撰
冲虛眞經八卷　（周）列禦寇撰
南華眞經十卷　（周）莊周撰

四子全書

（明）董逢元輯　　　　　　　　　〔本
　　明萬曆廿三年（1595）毘陵董氏秋聲閣刊
道德眞經一卷　（周）李耳撰
關尹子文始眞經一卷　（周）尹喜撰
列子冲虛至德眞經二卷　（周）列禦寇撰
莊子南華眞經五卷　（周）莊周撰

三子通義

（明）朱得之撰
　　明嘉靖四十四年（1565）刊本
老子通義二卷
莊子通義十卷
列子通義八卷

鬳齋三子口義

（宋）林希逸撰
　　明萬曆二年（1574）刊本
鬳齋老子口義二卷
鬳齋莊子口義十卷
鬳齋列子口義八卷

四子書

　　明萬曆九年（1581）陳楠刊本
道德眞經二卷　（周）李耳撰
文始眞經三卷　（周）辛鈃撰
冲虛眞經八卷　（周）列禦寇撰
南華眞經十卷　（周）莊周撰

老莊合刻

　　明萬曆中武林郁文瑞尚友軒刊本
老子道德經二卷　（周）李耳撰　萬曆二十
　四年（1596）刊
莊子南華眞經八卷　（周）莊周撰　萬曆二
　十三年（1595）刊

四經

(明)王一清撰
　　明萬曆中刊本
　　道德經釋辭二卷
　　金丹四百字註解一卷
　　文始經釋辭九卷
　　化書新聲七卷

三子

　　明刊本
　　道德眞經二卷　(周)李耳撰
　　文始眞經三卷　(周)辛鈃撰
　　冲虛眞經八卷　(周)列禦寇撰

三子合刊

(明)閔齊伋輯
　　明閔氏套印本
　　老子道德眞經二卷音義一卷　(周)李耳撰
　　　音義(唐)陸德明撰
　　莊子南華眞經四卷音義四卷　(周)莊周撰
　　　音義(唐)陸德明撰
　　列子冲虛眞經一卷音義一卷　(周)列禦寇
　　　撰　音義(唐)陸德明撰

敦煌石室遺書三種

(民國)羅振玉輯
　　民國十三年(1924)上虞羅氏據敦煌石室
　　　唐寫本景印
　　南華眞經田子方品殘卷　(周)莊周撰
　　老子義殘卷
　　老子天應經一卷　(周)李耳撰

老莊正義合編

(民國)□□輯　　　　　　　　　　　　[印
　　民國上海古書流通處據淸光緒中刊本景
　　老子證義二卷　(淸)高延第撰
　　南華眞經正義不分卷南華眞經識餘一卷
　　　(淸)陳壽昌撰

道藏

(明)□□輯
　　明正統中刊續萬曆中刊本
　　民國十二年至十五年(1923—1926)上海
　　　商務印書館據明正統本續據萬曆本
　　　景印
　洞眞部
　本文類
　　靈寶无量度人上品妙經六十一卷
　　元始无量度人上品妙經直晉一卷

元始說先天道德經註解五卷　(宋)李嘉謀
　撰
无上內祕眞藏經十卷
太上无極總眞文昌大洞仙經五卷
上淸大洞眞經六卷
大洞玉經二卷
太上三十六部尊經六卷
太上一乘海空智藏經(一名七寶莊嚴)十卷
高上玉皇本行集經三卷
高上玉皇本行集經三卷
高上玉皇本行經髓一卷
高上玉皇心印經一卷
高上玉皇胎息經一卷
無上九霄玉淸大梵紫微玄都雷霆玉經一卷
九天應元雷聲普化天尊玉樞寶經一卷
太上說朝天謝雷眞經一卷
太上虛皇天尊四十九章經一卷
太上昇玄消災護命妙經一卷
三光注齡資福延壽妙經一卷
太上長生延壽集福德經一卷
元始五老赤書玉篇眞文天書經三卷
太上諸天靈書度命妙經一卷
元始天尊說生天得道經一卷
元始天尊說得道了身經一卷
太上九天延祥滌厄四聖妙經一卷
元始天尊說北方眞武妙經一卷
元始天尊說梓潼帝君應驗經一卷
元始天尊說梓潼帝君本願經一卷
元始八威龍文經一卷
黃帝陰符經一卷
混元陽符經一卷
上淸黃氣陽精三道順行經(一名藏月隱日)
　一卷
太上開明天地本眞經一卷
太上玄都妙本淸靜身心經一卷
太上太玄女靑三元品誡拔罪妙經三卷
元始天尊說變化空洞妙經一卷
太上昇玄三一融神變化妙經二卷
太上導引三光九變妙經一卷
太上導引三光寶眞妙經一卷
太上修眞體元妙道經一卷　(宋)劉元瑞撰
玉淸元始玄黃九光眞經一卷
元始天尊說十一曜大消災神呪經一卷
太上洞眞五星秘授經一卷
玉淸无上靈寶自然北斗本生眞經一卷
太乙元眞保命長生經一卷
太上元始天尊證果眞經一卷
太上元始天尊說續命妙經一卷
洞眞太極北帝紫微神呪妙經一卷
太上說六甲直符保胎護命妙經一卷

太上元始天尊說大雨龍王經一卷
太上護國祈雨消魔經一卷
太上洞淵北帝天蓬護命消災神呪妙經一卷
太上洞淵辟瘟神呪妙經一卷
高上太霄琅書瓊文帝章經一卷
太上玉珮金璫太極金書上經一卷
上方天尊說真元通仙道經一卷附釋音
无上大乘要訣妙經一卷
元始洞真決疑經一卷
元始天尊說玄微妙經一卷
太上洞真賢門經一卷
元始天王歡樂經一卷
玉清胎元內養真經一卷
玉清无上內景真經一卷
太上真一報父母恩重經一卷
元始洞真慈善孝子報恩成道經一卷
太上元始天尊說消殄蟲蝗經一卷
太上安鎮九壘龍神妙經一卷
太上洞真安竈經一卷
太上元始天尊說金光明經一卷
元始天尊說三官寶號經一卷
元始天尊濟度血湖真經三卷
元始天尊說酆都滅罪經一卷
太上說九幽拔罪心印妙經一卷
元始天尊說甘露昇天神呪妙經一卷
元始說功德法食往生經一卷
太上玉華洞章拔亡度世昇仙妙經一卷
太上三洞神呪十二卷
神符類
三洞神符記一卷
雲篆度人妙經一卷
洞真太微黃書天帝君石景金陽素經一卷
上清洞真元經五籍符一卷
白羽黑翮靈飛玉符一卷
上清瓊宮靈飛六甲左右上符一卷
太上洞真經洞章符一卷
太上祕法鎮宅靈符一卷
玉訣類
元始无量度人上品妙經四注四卷附釋音
　　（宋）陳景元集注
元始无量度人上品妙經註三卷　（□）青元
　　真人注　（□）清河老人頌　（□）郭岡
　　鳳參校併贊
元始无量度人上品妙經通義四卷　（明）張
　　宇初注
元始无量度人上品妙經內義五卷附內義丹
　　旨綱目舉要一卷　（宋）蕭應叟撰　附
　　（宋）林元鼎述
太上洞玄靈寶无量度人上品妙經註三卷
　　（元）陳致虛撰

元始无量度人上品妙經註解三卷　（元）薛
　　季昭撰
太上洞玄靈寶无量度人上品經法五卷
　　（□）竦椿榮集注
洞玄靈寶度人經大梵隱語疏義一卷
洞玄靈寶无量度人經訣音義一卷　（唐）張
　　萬福撰
真藏經要訣一卷
太上靈寶諸天內音自然玉字四卷
諸天靈書度命妙經義疏一卷
九天應元雷聲普化天尊玉樞寶經集註二卷
　　（宋）白玉蟾注
太上昇玄說消災護命妙經註一卷　（元）混
　　然子（王玠）撰
太上昇玄消災護命妙經註一卷　（元）李道
　　純撰
元始天尊說太古經註一卷　（□）長筌子撰
玉清无極總真文昌大洞仙經九卷序圖一卷
　　（元）衛琪注併撰序圖　　　　　〔撰
上清大洞真經玉訣音義一卷　（宋）陳景元
太上大道經註一卷　（元）李道純撰
太上赤文洞古經註一卷　（□）長筌子撰
无上赤文洞古經註一卷　（元）李道純撰
黃帝陰符經集註一卷　（唐）李筌等注
　　（宋）樓昉輯
黃帝陰符經講義三卷圖說一卷　（宋）夏元
　　鼎撰
黃帝陰符經疏三卷　（唐）李筌撰
黃帝陰符經集解三卷　（宋）□□撰
黃帝陰符經注一卷　（唐）張果撰
黃帝陰符經解一卷　（宋）甕昌辰撰
黃帝陰符經注解一卷　（□）任照一撰
黃帝陰符經注一卷　（□）黃居真撰
黃帝陰符經注一卷　（宋）沈亞夫撰
黃帝陰符經注一卷　（□）蔡□撰
黃帝陰符經解義一卷　（宋）蕭真宰撰
陰符經三皇玉訣三卷
黃帝陰符經心法三卷　（元）胥元一注
黃帝陰符經註二卷　（金）唐淳撰
黃帝陰符經註一卷　（金）劉處玄撰
黃帝陰符經註一卷　（金）侯善淵撰
黃帝陰符經註解一卷　（宋）鄒訢（朱熹）撰
黃帝陰符經註一卷　（宋）俞琰撰
黃帝陰符經夾頌解註三卷　（元）王玠撰
黃帝陰符經集解三卷　（宋）袁淑真撰
太上求仙定錄尺素真訣玉文一卷
太霄琅書瓊文帝章訣一卷
胎息經註一卷　（□）幻真先生撰
胎息祕要歌訣一卷
太清真人絡命訣一卷

太上洞房內經註一卷 （□）周眞人撰

陰眞君還丹歌注一卷 （宋）陳摶撰 ［撰

崔公入藥鏡註解一卷 （元）混然子(王玠)

呂純陽眞人沁園春丹詞註解一卷 （宋）全
陽子(俞琰)撰

青天歌註釋一卷 （元）混然子(王玠)撰

學仙辨眞訣一卷

太上洞眞凝神修行經訣一卷

上清握中訣三卷 （梁）陶弘景撰

紫陽眞人悟眞篇註疏八卷 （宋）陳達靈傳
（宋）翁葆光注 （元）戴起宗疏

紫陽眞人悟眞篇三註五卷 （宋）薛道光
（□）陸墅(元)陳致虛撰

紫陽眞人悟眞直指詳說三乘秘要一卷
（宋）翁葆光撰

紫陽眞人悟眞篇拾遺一卷 （宋）翁葆光撰

悟眞篇注釋三卷 （宋）翁葆光撰

紫陽眞人悟眞篇講義七卷 （宋）夏元鼎撰

靈圖類

靈寶无量度人上品妙經符圖三卷

无量度人上品妙經旁通圖三卷(原缺卷上)
（宋）劉元道編次

修眞太極混元圖一卷 （□）蕭道存撰

修眞太極混元指玄圖一卷

金液還丹印證圖一卷 （宋）龍眉子撰

修眞歷驗鈔圖一卷

龍虎手鑑圖一卷

上清太玄九陽圖一卷 （金）太玄子(侯善
淵)撰

三才定位圖一卷 （宋）張商英撰

上清洞眞九宮紫房圖一卷

周易圖三卷 （宋）□□輯

大易象數鉤深圖三卷 （元）張理撰 ［撰

易數鉤隱圖三卷遺論九事一卷 （宋）劉牧

易象圖說內篇三卷外篇三卷 （元）張理撰

玄元十子圖一卷 （元）趙孟頫繪

譜籙類

上清三尊譜錄一卷

靈寶自然九天生神三寶大有金書一卷

元始上眞衆仙記(一名枕中書)一卷 （晉）
葛洪撰

洞玄靈寶眞靈位業圖一卷 （梁）陶弘景撰
（唐）閭丘方遠校定

元始高上玉檢大錄一卷

清河內傳一卷

梓潼帝君化書四卷

清微仙譜一卷

三茅眞君加封事典二卷 （宋）張大淳編

金蓮正宗記五卷 （元）樗櫟道人(秦志安)
撰

金蓮正宗仙源像傳一卷 （元）劉志玄等撰

七眞年譜一卷 （元）李道謙撰

玄風慶會錄一卷 （元）移剌楚材(耶律楚
材)撰

戒律類

太上洞眞智慧上品大誡一卷

三洞衆戒文二卷 （唐）張萬福輯

太微靈書紫文仙忌眞記上經一卷

虛皇天尊初眞十戒文一卷

太上九眞妙戒金籙度命拔罪妙經一卷

太上十二上品飛天法輪勸戒妙經一卷

太極眞人說二十四門戒經一卷

太眞玉帝四極明科經五卷

赤松子中誡經一卷

太微仙君功過格一卷

太清五十八願文一卷

玄都律文一卷

威儀類

太上靈寶朝天謝罪大懺十卷

太上玉清謝罪登眞寶懺一卷

太上上清禳災延壽寶懺一卷

太上泰清拔罪昇天寶懺一卷

玉皇宥罪錫福寶懺一卷 （□）辛漢臣撰

高上玉皇滿願寶懺十卷

九天應元雷聲普化天尊玉樞寶懺一卷

雷霆玉樞宥罪法懺一卷

玉皇十七慈光燈儀一卷

上清十一大曜燈儀一卷

南斗延壽燈儀一卷

北斗七元星燈儀一卷

北斗本命延壽燈儀一卷

三官燈儀一卷

玄帝燈儀一卷

九天三茅司命仙燈儀一卷

萬靈燈儀一卷

五顯靈觀大帝燈儀一卷

土司燈儀一卷

東廚司命燈儀一卷

正一瘟司辟毒神燈儀一卷

離明瑞象燈儀一卷

黃籙九陽梵炁燈儀一卷

黃籙九巵燈儀一卷

黃籙破獄燈儀一卷

黃籙五苦輪燈儀一卷

地府十王拔度儀一卷

上清天寶齋初夜儀一卷

太乙火府奏告祈禳儀一卷

清微玄樞奏告儀一卷

方法類

靈寶无量度人上經大法七十二卷

无上玄元三天玉堂大法三十卷

无上三天玉堂正宗高奔內景玉書二卷

清微神烈祕法二卷

清微元降大法二十五卷

清微齋法二卷

太上九要心印妙經一卷

紫元君授道傳心法一卷　　(漢)陰長生注

眞龍虎九仙經一卷

龍虎中丹訣一卷

九還七返龍虎金丹析理眞訣一卷　　(□)程
　　昭述

諸眞論還丹訣一卷

眞一金丹訣一卷　　(宋)王常集

還丹祕訣養赤子神方一卷　　(宋)許明道述

還丹衆仙論一卷　　(宋)楊在集

修丹妙用至理論一卷

丹經極論一卷

金晶論一卷

還丹顯妙通幽集一卷　　(□)潛眞子撰

元陽子金液集一卷

還丹金液歌註一卷

玉清金笥靑華祕文金寶內鍊丹訣三卷
　　(宋)張伯端撰

碧虛子親傳直指一卷　　(宋)陳景元撰

紙舟先生全眞直指一卷　　(□)金月巖編
　　(元)黃公望傳

陳虛白規中指南二卷　　(元)陳冲素撰

大丹直指二卷　　(金)丘處機述

玉谿子丹經指要三卷　　(宋)李簡易纂集

西山羣仙會眞記五卷　　(唐)施肩吾撰
　　(□)李竦編

會眞集五卷　　(金)王吉昌撰

啓眞集三卷　　(金)劉志淵撰　　　　　　[編

中和集六卷　　(元)李道純撰　　(元)蔡志頤

三天易髓一卷　　(元)李道純撰　　(元)王玠
　　校正

全眞集玄祕要一卷　　(元)李道純撰

谷神篇二卷　　(元)林轅述

金闕帝君三元眞一經一卷

大洞金華玉經一卷

太微靈書紫文琅玕華丹神眞上經一卷

玉景九天金霄威神王祝太元上經一卷

洞眞太微黃書九天八籙眞文一卷

太玄八景籙一卷

陶眞人內丹賦一卷

擒玄賦一卷

金丹賦一卷　　(□)馬蒞昭注

谷神賦一卷　　(□)大信注

修眞十書六十卷　　(宋)石泰輯

　　雜著指玄篇八卷

金丹大成集五卷　　(元)蕭廷芝撰

鍾呂傳道集三卷　　(唐)施肩吾傳

雜著捷徑九卷

悟眞篇五卷

玉隆集六卷　　(宋)白玉蟾撰

上清集八卷　　(宋)白玉蟾撰

武夷集八卷　　(宋)白玉蟾撰

盤山語錄一卷　　(元)王志謹述　　(元)論
　　志煥輯

黃庭內景五藏六府圖一卷　　(唐)胡愔撰

黃庭內景玉經註三卷外景玉經註三卷
　　(□)梁丘子撰

眞氣還元銘一卷　　(□)强名子註解

還丹歌訣二卷　　(□)元陽子輯

金液還丹百問訣一卷　　(□)李光玄集

上乘修眞三要二卷　　(□)圓明老人述

乾元子三始論一卷

至眞子龍虎大丹詩一卷　　(宋)周方撰

衆術類

破迷正道歌一卷　　(漢)鍾離權述

太玄朗然子進道詩一卷　　(宋)劉希岳述

了明篇一卷　　(元)王惟一述

明道篇一卷　　(元)王惟一撰

眞仙祕傳火候法一卷

三極至命筌蹄一卷　　(宋)王慶升述

析疑指迷論一卷　　(元)牛道淳撰

修眞精義雜論一卷　　(唐)白雲子(司馬承
　　禎)述

清微丹訣一卷　　　　　　　　　　　　[述

先天金丹大道玄奧口訣一卷　　(宋)霍濟之

金液大丹口訣一卷

抱一子三峯老人丹訣一卷　　(□)金月巖編
　　(元)黃公望傳

黃帝宅經二卷　　(□)□□注

黃帝龍首經二卷

黃帝金匱玉衡經一卷

黃帝授三子玄女經一卷

太上登眞三矯靈應經一卷

通占大象曆星經二卷

靈臺經一卷

秤星靈臺祕要經一卷

記傳類

廣黃帝本行記一卷　　(唐)王瓘撰

穆天子傳六卷　　(晉)郭璞注

漢武帝內傳一卷外傳一卷　　(漢)班固撰

列仙傳二卷　　(漢)劉向撰

續仙傳三卷　　(南唐)沈汾撰

歷世眞仙體道通鑑五十三卷續編五卷後集
　　六卷　　(元)趙道一編修

疑仙傳三卷　　(宋)隱夫玉簡撰

華陽陶隱居內傳三卷　（宋）賈嵩撰
桓眞人升仙記一卷　（梁）□□撰
周氏冥通記四卷　（梁）陶弘景撰
紫陽眞人內傳一卷
茅山志三十三卷　（元）劉大彬撰
純陽帝君神化妙通紀七卷　（元）苗善時輯
大華希夷志二卷　（元）張輅撰
西嶽華山誌一卷　（金）王處一撰
凝陽董眞人遇仙記一卷　（金）祿昭開撰

讚頌類
　諸師眞誥一卷
　金籙齋三洞讚詠儀三卷　（宋）張商英編
　黃帝陰符經頌一卷　（□）元陽子撰
　太上昇玄消災護命妙經頌一卷　（唐）司馬
　　承禎撰
　生天經頌解一卷　（金）超然子（王吉昌）頌
　三洞讚頌靈章三卷

表奏類
　宋眞宗御製玉京集六卷　宋眞宗撰
　太上濟度章赦三卷

洞玄部

本文類
　靈寶天尊說洪恩靈濟眞君妙經一卷
　洞玄靈寶自然九天生神章經一卷
　洞玄靈寶本相運度劫期經一卷
　洞玄靈寶丹水飛術運度小劫妙經一卷
　洞玄靈寶諸天世界造化經一卷
　太上靈寶天地運度自然妙經一卷
　太上洞玄靈寶三元無量壽經一卷
　上清五常變通萬化鬱冥經一卷
　太上洞玄靈寶智慧定志通微經一卷
　太上洞玄靈寶觀妙經一卷
　太上洞玄靈寶天尊說大通經一卷
　太上洞玄靈寶護諸童子經一卷
　太上洞玄靈寶開演祕密藏經一卷
　太上洞玄靈寶眞文要解上經一卷
　太上黃庭內景玉經一卷外景玉經三卷
　靈寶天尊說祿庫受生經一卷
　太上靈寶元陽妙經十卷
　太上洞淵神呪經二十卷
　太上洞玄靈寶業報因緣經十卷
　太上洞玄靈寶十號功德因緣妙經一卷
　太上洞玄靈寶宿命因緣明經一卷
　太上洞玄靈寶出家因緣經一卷
　太上洞玄靈寶轉神度命經一卷
　太上洞玄靈寶十師度人妙經一卷
　太上洞玄靈寶太玄普慈勸世經一卷
　太上洞玄靈寶四方大願經一卷
　太上洞玄靈寶智慧本願大戒上品經一卷
　太上洞玄靈寶誡業本行上品妙經一卷

太上洞玄靈寶眞一勸誡法輪妙經一卷
太上玄一眞人說妙通轉神入定經一卷
太上玄一眞人說勸誡法輪妙經一卷
太上洞玄靈寶法燭經一卷
太上靈寶智慧觀身經一卷
太一救苦護身妙經一卷
太上洞玄靈寶赤書玉訣妙經二卷
上清金匱玉鏡修眞指玄妙經一卷
上清三元玉檢三元布經一卷
太上洞玄靈寶福日妙經一卷
洞玄靈寶上師說救護身命經一卷
太上靈寶天尊說禳災度厄經一卷
太上神呪延壽妙經一卷
太上洞玄靈寶消禳火災經一卷
太上洞玄靈寶天尊說養蠶營種經一卷
太上洞玄靈寶八威召龍妙經二卷
太上洞淵說請雨龍王經一卷
太上召諸神龍安鎮墳墓經一卷
太上靈寶補謝竈王經一卷
太上說利益蠶王妙經一卷
太上說牛癀妙經一卷
上清洞玄明燈上經一卷
太上洞玄寶元上經（一名自然經）一卷
太上洞玄靈寶滅度五鍊生尸妙經一卷
太上洞玄靈寶三元玉京玄都大獻經一卷
太上洞玄靈寶三塗五苦拔度生死妙經一卷
太上道君說解冤拔度妙經一卷
太上洞玄靈寶往生救苦妙經一卷
太上洞玄靈寶救苦妙經一卷
太上洞玄靈寶天尊說濟苦經一卷
太上洞玄靈寶淨供妙經一卷
太上靈寶洪福滅罪像名經一卷
太上救苦天尊說消愆滅罪經一卷
太上說酆都拔苦愈樂妙經一卷
洞玄靈寶道要經一卷
洞玄靈寶飛仙上品妙經一卷
太上靈寶天尊說延壽妙經一卷
太上七星神呪經一卷
太上虛皇保生神呪經一卷　　　　　　　［卷
太上洞玄三洞開天風雷禹步制魔神呪經一
太上洞淵三昧帝心光明正印太極紫微伏魔
　制鬼拯救惡道集福吉祥神呪一卷
太上三生解冤妙經一卷

神符類
太上靈寶五符序三卷
太上洞玄靈寶素靈眞符三卷
太上洞玄靈寶五嶽神符一卷
上清金母求仙上法一卷　（□）李玄眞演
上清豁落七元符一卷　　　　　　　　　［述
太上洞玄靈寶大綱鈔一卷　（唐）閭丘方遠

上清太一金闕玉璽金真紀一卷
太上洞玄靈寶投簡符文要訣一卷
玉訣類
　洞玄靈寶自然九天生神章經解義四卷
　　　(宋)董思靖撰
　洞玄靈寶自然九天生神玉章經解三卷
　　　(宋)王希巢撰
　洞玄靈寶自然九天生神章經注三卷附音釋
　　　(□)華陽復撰
　太上洞玄靈寶天尊說救苦妙經註解一卷
　　　(□)洞陽子撰
　洞玄靈寶定觀經註一卷
　黃庭內景玉經註一卷　(金)劉處玄解
　黃庭內景玉經註三卷　(□)梁丘子撰
　黃庭內外玉景經解一卷　(□)蔣慎修撰
　上清丹元玉真帝皇飛仙上經一卷
　上清紫精君皇初紫靈道君洞房上經一卷
　上清紫微帝君南極元君玉經寶訣一卷
　靈寶大鍊內旨行持機要一卷
　上清胎精記解結行事訣一卷
　上清華晨三奔玉訣一卷　　　　　[撰
　太上洞玄靈寶衆簡文一卷　(劉宋)陸修靜
　太上洞玄靈寶五帝醮祭招真玉訣一卷
　上清佩符文青券訣一卷
　上清佩符文白券訣一卷
　上清佩符文絳券訣一卷
　上清佩符文黑券訣一卷
　上清佩符文黃券訣一卷
　太上大道三元品誡謝罪上法一卷
　固氣還神九轉瓊丹論一卷
　靈寶衆真丹訣一卷　　　　　　　[撰
　神仙服餌丹石行藥法一卷　(□)京里先生
　登真隱訣三卷　(梁)陶弘景撰
　上清三真旨要玉訣一卷
　上清洞真解過訣一卷
　上清明堂元真經訣一卷
　上清太極隱注玉經寶訣一卷
　上清太上八素真經一卷
　上清修行經訣一卷
　太上飛行九晨玉經一卷
靈圖類
　上清長生寶鑑圖一卷
　上清八道祕言圖一卷
　上清含象劍鑑圖一卷　(唐)司馬丞禎撰
　黃庭內景五臟六腑補瀉圖一卷　(唐)胡愔
　　　撰
　七域修真證品圖一卷
　玄覽人鳥山經圖一卷
　太上玉晨鬱儀結璘奔日月圖一卷
　上方大洞真元妙經品一卷

上方大洞真元妙經圖一卷
上方大洞真元陰陽陟降圖書後解一卷
上方大洞真元圖書繼說終篇一卷
許太史真君圖傳二卷
洞玄靈寶五嶽古本真形圖一卷　(漢)東方
　　朔編
譜籙類
　上清後聖道君列紀一卷
　上清高上玉真衆道綜監寶諱一卷
　洞玄靈寶三師記一卷　(唐)劉處靜撰
　洞玄靈寶三師名諱形狀居觀方所文一卷
　　　(唐)張萬福編錄
　上清衆經諸真聖祕八卷
　許真君仙傳一卷
　西山許真君八十五化錄三卷　(宋)施岑編
　孝道吳許二真君傳一卷
　太極葛仙公傳一卷　(明)譚嗣先撰
　雲阜山申仙翁傳一卷　(元)□□撰
　南嶽九真人傳一卷　(□)廖侁撰
　南嶽小錄一卷　(唐)李沖昭撰
戒律類
　太上洞玄靈寶上品戒經一卷
　太上玄一真人說三途五苦勸戒經一卷
　太上洞玄靈寶三元品戒功德輕重經一卷
　太上洞玄靈寶智慧罪根上品大戒經二卷
　上清衆真教戒德行經二卷
　洞玄靈寶天尊說十戒經一卷
　太上洞玄靈寶宣戒首悔衆罪保護經三卷
　　　(原缺卷上)
　上清骨髓靈文鬼律三卷　(宋)鄧有功撰
　太上洞玄靈寶法身製論一卷
　要修科儀戒律鈔十六卷　(□)朱法滿撰
　齋戒籙一卷
威儀類
　靈寶領教濟度金書三百二十卷嗣教籙一卷
　　　(宋)甯全真授　(元)林靈真編　嗣教
　　　籙(元)□□撰
　大明玄教立成齋醮儀範一卷　(明)宋宗真
　　　等編
　洪恩靈濟真君自然行道儀一卷
　洪恩靈濟真君集福宿啓儀一卷
　洪恩靈濟真君集福早朝儀一卷
　洪恩靈濟真君集福午朝儀一卷
　洪恩靈濟真君集福晚朝儀一卷
　洪恩靈濟真君祈謝設醮科一卷
　洪恩靈濟真君禮願文一卷
　洪恩靈濟真君七政星燈儀一卷
　洪恩靈濟真君事實一卷　(明)□□輯
　羅天大醮早朝科一卷
　羅天大醮午朝科一卷

羅天大醮晚朝科一卷
羅天大醮設醮儀一卷
玄門報孝追薦儀一卷
諸師聖誕冲舉酌獻儀一卷
金籙齋啓壇儀一卷　（前蜀）杜光庭集
金籙大齋宿啓儀一卷
金籙大齋啓盟儀一卷
金籙大齋補職說戒儀一卷
金籙早朝儀一卷
金籙午朝儀一卷
金籙晚朝儀一卷
金籙齋懺方儀一卷　（前蜀）杜光庭集
金籙解壇儀一卷
金籙設醮儀一卷
金籙放生儀一卷
金籙祈壽早朝儀一卷
金籙祈壽午朝儀一卷
金籙祈壽晚朝儀一卷
金籙上壽三獻儀一卷
金籙延壽設醮儀一卷
玄靈轉經早朝行道儀一卷
玄靈轉經午朝行道儀一卷
玄靈轉經晚朝行道儀一卷
金籙十迴度人早朝開收儀一卷
金籙十迴度人午朝開收儀一卷
金籙十迴度人晚朝開收儀一卷
金籙十迴度人早朝轉經儀一卷
金籙十迴度人午朝轉經儀一卷
金籙十迴度人晚朝轉經儀一卷
金籙齋投簡儀一卷　（宋）張商英删
玉籙資度宿啓儀一卷
玉籙資度解壇儀一卷
玉籙資度設醮儀一卷
玉籙資度早朝儀一卷
玉籙資度午朝儀一卷
玉籙資度晚朝儀一卷
玉籙生神資度轉經儀一卷
玉籙生神資度開收儀一卷
玉籙大齋第一日早朝儀一卷
玉籙大齋第一日午朝儀一卷
玉籙大齋第一日晚朝儀一卷
玉籙大齋第二日早朝儀一卷
玉籙大齋第二日午朝儀一卷
玉籙大齋第二日晚朝儀一卷
玉籙大齋第三日早朝儀一卷
玉籙大齋第三日午朝儀一卷
玉籙濟幽判斛儀一卷
太上黃籙齋儀五十八卷　（前蜀）杜光庭集
无上黃籙大齋立成儀五十六卷附修書本末
　　一卷　（宋）留用光傳授　（宋）蔣叔輿
編次
黃籙救苦十齋轉經儀一卷
黃籙十念儀一卷
黃籙五老悼亡儀一卷
黃籙齋十天尊儀一卷
黃籙齋十洲三島拔度儀一卷
黃籙九幽醮無碍夜齋次第儀一卷
洞玄靈寶河圖仰謝三十六天齋儀四卷
洞玄靈寶河圖仰謝三十六土皇齋儀四卷
靈寶半景齋儀一卷
神功妙濟眞君禮文一卷
太上靈寶玉匱明眞齋懺方儀一卷　（前蜀）
　　杜光庭集
太上靈寶玉匱明眞大齋懺方儀一卷　（前
　　蜀）杜光庭集
太上靈寶玉匱明眞大齋言功儀一卷　（前
　　蜀）杜光庭集
洞玄度靈寶自然券儀一卷
洞玄靈寶自然齋儀一卷
洞玄靈寶齋說光燭戒罰燈祝願儀一卷
太上洞淵三昧神呪齋懺謝儀一卷　（前蜀）
　　杜光庭删定
太上洞淵三昧神呪齋清旦行道儀一卷
　　（前蜀）杜光庭删定
太上洞淵三昧神呪齋十方懺儀一卷　（前
　　蜀）杜光庭删定
太上洞玄靈寶授度儀一卷
靈寶五經提綱一卷
洞玄靈寶玉籙簡文三元威儀自然眞經一卷
洞玄靈寶鐘磬威儀經一卷
太極眞人敷靈寶齋戒威儀諸經要訣一卷
太上靈寶上元天官消愆滅罪懺一卷
太上靈寶中元地官消愆滅罪懺一卷
太上靈寶下元水官消愆滅罪懺一卷
太上玄司滅罪紫府消災法懺一卷
太上消滅地獄昇陟天堂懺一卷
太上救苦天尊說拔度血湖寶懺一卷
青玄救苦寶懺一卷
慈尊昇度寶懺一卷
東嶽大生寶懺一卷
太上靈寶十方應號天尊懺十卷（原缺卷一、
　　卷三至九）
太上慈悲道場消災九幽懺十卷　（漢）葛玄
　　纂集
太上慈悲九幽拔罪懺十卷
太上慈悲道場減罪水懺三卷
方法類
靈寶玉鑑四十三卷
太極祭鍊內法一卷內法議略二卷　（宋）鄭
　　思肖編集

上清天樞院回車畢道正法三卷
許眞君受鍊形神上清畢道法要節文一卷
天樞院都司須知令一卷
天樞院都司須知格一卷
靈寶淨明天樞都司法院須知法文一卷
靈寶淨明院教師周眞公起請畫一一卷
高上月宮太陰元君孝道仙王靈寶淨明黃素
　　書十卷　　(□)傅飛卿解　　　〔撰
靈寶淨明黃素書釋義祕訣一卷　(□)方文
太上靈寶淨明入道品一卷
靈寶淨明院眞師密誥一卷
太上靈寶淨明法印式一卷
靈寶淨明大法萬道玉章祕訣一卷
太上靈寶淨明祕法篇二卷
靈寶淨明新修九老神印伏魔祕法一卷
太上靈寶淨明飛仙度人經法五卷釋例一卷
　　(晉)許遜釋
太上淨明院補奏職局太玄都省須知一卷
　　(晉)許遜釋
上清天心正法七卷　(宋)鄧有功刪定
上清北極天心正法一卷
靈寶歸空訣一卷　　(明)趙宜眞編述
上清大洞九宮朝修祕訣上道一卷　(□)周
　　德大嗣傳

眾術類
靈劍子一卷　　(晉)許遜述
靈劍子引導子午記一卷　(晉)許遜述
養命機關金丹眞訣一卷
玄珠歌一卷　(唐)通玄先生(張果)撰
玄珠心鏡註一卷　(唐)衡岳眞子撰
玄珠心鏡註一卷　(唐)長孫滋傳　(唐)王
　　損之章句
抱一函三祕訣一卷　(□)金月巖編　(元)
　　黃公望傳
存神固氣論一卷
攝生纂錄一卷
養生祕錄一卷
玄圃山靈匜祕籙三卷
靈寶六丁祕法一卷
魁罡六鎖祕法一卷
太上三辟五解祕法一卷
上清六甲祈禱祕法一卷
貫斗忠孝五雷武侯祕法一卷
黃帝太乙八門入式訣三卷
黃帝太一八門入式祕訣一卷
黃帝太一八門逆順生死訣一卷
太上赤文洞神三籙一卷　(梁)陶弘景集
　　(唐)李淳風注

記傳類
道教靈驗記十五卷　　(前蜀)杜光庭撰

錄異記八卷　(前蜀)杜光庭撰
神仙感遇傳五卷　(前蜀)杜光庭撰
歷代崇道記一卷　(前蜀)杜光庭撰
體玄眞人顯異錄一卷　(金)□□撰
江淮異人錄一卷　(宋)吳淑撰
仙苑編珠三卷　(唐)王松年撰
道迹靈仙記一卷
十洲記一卷　(漢)東方朔撰　　〔撰
洞天福地嶽瀆名山記一卷　(前蜀)杜光庭
梅仙觀記一卷　(宋)楊智遠撰
金華赤松山志一卷　(宋)倪守約撰
仙都志二卷　(元)陳性定撰
天台山志一卷　(明)□□撰
龍瑞觀禹穴陽明洞天圖經一卷　(宋)葉樞
　　撰　(宋)李宗諤修定
四明洞天丹山圖詠集一卷　(元)曾堅輯
南岳總勝集一卷　(宋)陳田夫撰

讚頌類
玉音法事三卷
上清諸眞章頌一卷
太上洞玄靈寶智慧禮讚一卷
靈寶九幽長夜起尸度亡玄章一卷
洞玄靈寶六甲玉女上宮歌章一卷
上清侍帝晨桐栢眞人眞圖讚一卷　(唐)司
　　馬承禎錄
眾仙讚頌靈章一卷
洞玄靈寶昇玄步虛章序疏一卷

表奏類
赤松子章曆六卷
廣成集十七卷　(前蜀)杜光庭撰
太上宣慈助化章五卷　(前蜀)杜光庭撰
靈寶淨明院行遣式一卷　(□)周眞人編
天樞院都司須知行遣式一卷

洞神部
本文類
太上老君說常清靜妙經一卷
太上玄靈斗姆大聖元君本命延生心經一卷
太上玄靈北斗本命延生眞經一卷
太上玄靈北斗本命長生妙經一卷
太上說南斗六司延壽度人妙經一卷
太上說東斗主算護命妙經一卷
太上說西斗記名護身妙經一卷
太上說中斗大魁保命妙經一卷
太上說中斗大魁掌算伏魔神呪經一卷
太上北斗二十八章經一卷
太上老君說救生眞經一卷
太上老君說消災經一卷
太上太清天童護命妙經一卷
太上泰清皇老帝君運雷天童隱梵仙經一卷
太上老君說安宅八陽經一卷

太上老君說補謝八陽經一卷
太上說十鍊生神救護經一卷
太上飛步五星經一卷
太上飛步南斗太微玉經一卷
皇天上清金闕帝君靈書紫文上經一卷
洞神八帝妙精經一卷
太上老君內觀經一卷
太上老君說了心經一卷
太上老君內丹經一卷
太上內丹守一眞定經一卷
太上老君內日用妙經一卷
太上老君外日用妙經一卷
太上說轉輪五道宿命因緣經一卷
太上化道度世仙經一卷
太上老君說天妃救苦靈驗經一卷
太上老君說長生益算妙經一卷
太上洞神三元妙本福壽眞經一卷
太上老君說解釋呪詛經一卷
太上老君說五斗金章受生經一卷
太上洞神天公消魔護國經三卷
太上說紫微神兵護國消魔經一卷
太上日月混元經一卷
太上洞神五星諸宿日月混常經一卷
太上妙始經一卷
太上浩元經一卷
混元八景眞經五卷
老子像名經十卷(原缺卷六至八)
太上老君說報父母恩重經一卷
玄天上帝說報父母恩重經一卷
道德眞經二卷　（周)李耳撰
道德經古本篇二卷　（周)李耳撰　(唐)傅
　　奕校定
西昇經三卷　宋徽宗注
無上妙道文始眞經一卷　(周)尹喜撰
冲虛至德眞經三卷　(周)列禦寇撰
洞靈眞經一卷　(周)庚桑楚撰
南華眞經五卷　(周)莊周撰
神符類
太上無極大道自然眞一五稱符上經二卷
太上老君說益算神符妙經一卷
太上老君混元三部符三卷
無上三元鎭宅靈籙一卷
上清丹天三氣玉皇六辰飛綱司命大籙一卷
玉訣類
大明太祖高皇帝御註道德眞經二卷　明太
　　祖撰
唐玄宗御註道德眞經四卷　唐玄宗撰
唐玄宗御製道德眞經疏十卷　唐玄宗撰
唐玄宗御製道德眞經疏四卷外傳一卷
宋徽宗御解道德眞經四卷　宋徽宗撰

宋徽宗道德眞經解義十卷　（宋)章安撰
道德眞經註四卷　（漢)河上公章句
道德眞經解二卷　（宋)陳象古撰　　[輯
道德眞經四子古道集解十卷　（金)寇才質
道德眞經傳四卷　（唐)陸希聲撰
道德眞經傳四卷　（宋)呂惠卿撰
道德眞經三解四卷　（元)鄧錡撰
道德眞經直解四卷　（宋)邵若愚撰
道德眞經論四卷　（宋)司馬光撰
道德眞經註四卷　（魏)王弼撰
道德眞經註四卷　（宋)蘇轍撰
道德眞經新註四卷　（唐)李約撰
道德眞經指歸十三卷(原缺卷一至六)
　　　（漢)嚴遵撰　(唐)谷神子(鄭還古)注
道德眞經疏義十四卷　（宋)江澂撰
道德眞經集解四卷　（金)趙秉文撰
道德眞經全解二卷　（金)時雍撰
道德眞經次解二卷道經異同字一卷德經異
　　同字一卷　（明)□□撰
道德眞經章句訓頌二卷　（元)張嗣成撰
道德會元二卷序例一卷　（元)李道純撰
道德眞經解三卷　（明)□□撰
道德眞經口義四卷　（宋)林希逸撰
道德玄經原旨四卷　（元)杜道堅撰
玄經原旨發揮二卷　（元)杜道堅撰
道德眞經註四卷　（元)吳澄撰　　[撰
道德眞經集解四卷序說一卷　（宋)董思靖撰
道德眞經集註十卷附釋音　（宋)王雱等撰
道德眞經集註十八卷釋文一卷雜說二卷
　　（宋)彭耜撰
道德眞經注疏八卷　（南齊)顧歡撰　　[撰
道德眞經玄德纂疏二十卷　（前蜀)强思齊
道德眞經集義十卷　（明)危大有撰
道德經論兵要義述四卷　（唐)王眞撰
道德眞經藏室纂微篇十卷開題一卷　（宋)
　　陳景元撰
道德眞經藏室纂微開題科文疏五卷纂微手
　　鈔二卷(原缺卷上)　（元)薛致玄撰
道德眞經衍義手鈔二十卷(原缺卷一至二)
　　（元)王守正撰
道德眞經取善集十二卷　（宋)李霖撰
道德眞經疏義六卷(原缺卷一至三)　（宋)
　　趙志堅撰
道德眞經註二卷　（元)林志堅撰
道德眞經義解四卷　（宋)息齋道人撰
道德眞經註四卷　（唐)李榮撰
道德眞經集義十七卷大旨三卷　（元)劉惟
　　永撰
道德眞經廣聖義五十卷　（前蜀)杜光庭撰
西昇經集註六卷　（宋)碧虛子(陳景元)撰

文始眞經註九卷　（元）牛道淳撰

文始眞經言外旨九卷　（宋）陳顯微撰〔撰

冲虛至德眞經鬳齋口義八卷　（宋）林希逸撰

冲虛至德眞經解二十卷　（宋）江遹撰

冲虛至德眞經義解六卷　宋徽宗撰

冲虛至德眞經四解二十卷　（□）高守元輯

冲虛至德眞經釋文二卷　（唐）殷敬順撰
　　　（宋）陳景元補遺　　　　　　　　〔撰

南華眞經義海纂微一百六卷　（宋）褚伯秀

南華眞經口義三十二卷　（宋）林希逸撰

南華眞經章句音義十四卷餘事一卷餘事雜
　　錄二卷　（宋）碧虛子(陳景元)撰

南華眞經直音一卷南華邈一卷　（宋）賈善
翔撰

莊子內篇訂正二卷　（元）吳澄撰

南華眞經循本三十卷　（□）羅勉道撰

南華眞經新傳二十卷拾遺一卷　（宋）王雱
撰

南華眞經注疏三十五卷　（晉）郭象注
　　（唐）成玄英撰　　　　　　　　　　〔撰

通玄眞經註十二卷　（唐）默希子(徐靈府)

洞靈眞經註三卷　（宋）何粲撰

通玄眞經續義十二卷釋音一卷　（元）杜道
堅撰

通玄眞經註七卷　（宋）朱弁撰

太上玄靈北斗本命延生眞經註五卷　（元）
　　徐道齡撰　（元）徐道玄校正

太上玄靈北斗本命延生眞經註解三卷
　　（□）玄元眞人撰

太上玄靈北斗本命延生經註三卷附北斗七
　　元金玄羽章一卷　（□）傅洞眞撰

太上說玄天大聖眞武本傳神呪妙經六卷
　　（□）陳伀集疏　　　　　　　　　　〔撰

太上老君說常清靜經註一卷　（元）李道純

太上老君說常清靜經註一卷

清靜經註一卷

太上老君說常清靜經註一卷　（宋）白玉蟾
　　分章正誤　（□）王元暉注　　　　　〔撰

太上老君說常清靜經註一卷　（金）侯善淵

太上老君說常清靜經註一卷　（前蜀）杜光
庭撰

太上老君說常清靜妙經纂圖解註一卷
　　（元）王玠撰

太上老君元道眞經註解一卷　（□）隱芝內
秀撰

太上太清天童護命妙經註一卷　（金）侯善
淵撰

老子說五廚經註一卷　（唐）尹愔撰

靈圖類

太上三元飛星冠禁金書玉籙圖一卷

上清金闕帝君五斗三一圖訣一卷

四氣攝生圖一卷

太上通靈八史聖文眞形圖一卷

圖經衍義本草四十二卷圖經集註衍義本草
　　五卷　（宋）寇宗奭撰

譜籙類

混元聖紀九卷　（宋）謝守灝撰

太上老君年譜要略一卷　（宋）謝守灝撰

太上老君金書內序一卷

太上混元老子史略三卷　（宋）謝守灝撰

猶龍傳六卷　（宋）賈善翔撰

太上說玄天大聖眞武本傳神呪妙經一卷

眞武靈應眞君增上佑聖尊號冊文一卷

章獻明肅皇后受上清畢法籙記一卷　（宋）
　　朱自英撰

華蓋山浮丘王郭三眞君事實六卷　（宋）沈
　　庭瑞撰

唐鴻臚卿越國公靈虛見素眞人傳一卷
　　（宋）張□撰

地祇上將溫太保傳一卷補遺一卷　（□）黃
　　公瑾校正併輯補遺

玄品錄五卷　（元）張雨撰

大滌洞天記三卷　（宋）鄧牧撰

墉城集仙錄六卷　（前蜀）杜光庭撰

戒律類

太上老君戒經一卷

老君音誦誡經一卷

太上老君經律一卷

太上經戒一卷

三洞法服科戒文一卷　（唐）張萬福編錄

正一法文天師教戒科經一卷

女青鬼律六卷

威儀類

正一威儀經一卷

玄門十事威儀一卷

太清道德顯化儀一卷

正一解厄醮儀一卷

正一出官章儀一卷

太上三五正一盟威閱籙醮儀一卷　（前蜀）
　　杜光庭刪定

太上正一閱籙儀一卷　（前蜀）杜光庭集

正一指教齋儀一卷

正一指教齋清旦行道儀一卷

正一敕壇儀一卷

正一醮宅儀一卷

正一醮墓儀一卷

太上洞神三皇儀一卷

洞神三皇七十二君齋方懺儀一卷　（前蜀）
　　杜光庭刪定

太上洞神太元河圖三元仰謝儀一卷　（前

蜀)杜光庭修

太上金書玉諜寶章儀一卷

天心正法脩眞道場設醮儀一卷

太上三洞傳授道德經紫虛籙拜表儀一卷
　（前蜀)杜光庭集

太上三五傍救醮五帝斷殟儀一卷

太上消災祈福醮儀一卷

太上金櫃玉鏡延生洞玄燭幽懺一卷

太上瑤臺益算寶籍延年懺一卷

太上正一朝天三八謝罪法懺一卷

眞武靈應護世消災滅罪寶懺一卷

北極眞武普慈度世法懺十卷

北極眞武佑聖眞君禮文一卷

方法類

太清中黃眞經二卷

太清導引養生經一卷

太上養生胎息氣經一卷

太清調氣經一卷

太上老君養生訣一卷

太清服氣口訣一卷

莊周氣訣解一卷

嵩山太无先生氣經二卷　　　　　　　　　［評

延陵先生集新舊服氣經一卷　（□)桑楡子

諸眞聖胎神用訣一卷

胎息抱一歌一卷

幼眞先生服內元炁訣一卷

胎息精微論一卷　　　　　　　　　　　　［述

服氣精義論一卷　（唐)白雲子(司馬承禎)

氣法要妙至訣一卷

上清司命茅眞君修行指迷訣一卷

神氣養形論一卷

存神鍊氣銘一卷　（唐)孫思邈述

保生銘一卷　（唐)孫思邈述

神仙食炁金櫃妙錄一卷　（□)京黑先生撰

枕中記一卷

養性延命錄二卷　（梁)陶弘景集

三洞樞機雜說一卷

彭祖攝生養性論一卷

孫眞人攝養論一卷

抱朴子養生論一卷

養生詠玄集一卷

神仙服食靈草菖蒲丸方傳一卷

上清經眞丹祕訣一卷

太清經斷穀法一卷

太上肘後玉經方一卷　（唐)盧遵元編

混俗頤生錄二卷　（□)劉詞集

保生要錄一卷　（宋)蒲處貫撰

修眞祕錄一卷　（□)符度仁纂

三元延壽參贊書五卷　（元)李鵬飛集

太上保眞養生論一卷

養生辯疑訣一卷　（唐)施肩吾述

太上三皇寶齋神仙上錄經一卷　　　　［卷

太清金闕玉華仙書八極神章三皇內祕文三

三皇內文遺祕一卷

祕藏通玄變化六陰洞微遁甲眞經三卷

太上洞神玄妙白猿眞經一卷

太上通玄靈印經一卷

上清鎮元榮靈經一卷

太上六壬明鑑符陰經四卷

顯道經一卷

神仙鍊丹點鑄三元寶照法一卷　（唐)歸耕
　子撰

元陽子五假論一卷

太清元極至妙神珠玉顆經一卷

天老神光經一卷　（唐)李靖修

鬼谷子天髓靈文二卷

先天玄妙玉女太上聖母資傳仙道一卷

思印氣訣法一卷

北斗治法武威經一卷

太上除三尸九蟲保生經一卷

太上老君玄妙枕中內德神呪經一卷

黃庭遁甲緣身經一卷

紫庭內祕訣修行法一卷

太上老君大存思圖注訣一卷

太上五星七元空常訣一卷

上玄高眞延壽赤書一卷　（唐)裴鉉撰

紫園丹經一卷

上清金書玉字上經一卷

衆術類

太清金液神丹經三卷

太清石壁記三卷　（□)楚澤先生編

太清金液神氣經三卷

太清經天師口訣一卷

太清修丹祕訣一卷

黃帝九鼎神丹經訣二十卷

九轉靈砂大丹資聖玄經一卷

張眞人金石靈砂論一卷　（□)張隱居撰

魏伯陽七返丹砂訣一卷

太極眞人九轉還丹經要訣一卷

大洞鍊眞寶經修伏靈砂妙訣一卷　（元)陳
　少微撰

大洞鍊眞寶經九還金丹妙訣一卷　（元)陳
　少微撰

太上衞靈神化九轉丹砂法一卷

九轉靈砂大丹一卷

九轉青金靈砂丹一卷

陰陽九轉成紫金點化還丹訣一卷

玉洞大神丹砂眞要訣一卷　（唐)張果纂

靈砂大丹祕訣一卷

碧玉朱砂寒林玉樹匱一卷　（□)陳大師述

大丹記一卷
丹房須知一卷　（宋）吳悮述
石藥爾雅二卷　（唐）梅彪集
稚川眞人校證術一卷
純陽呂眞人藥石製一卷
金碧五相類參同契三卷　（漢）陰長生注
參同契五相類祕要一卷
陰眞君金石五相類一卷
金石簿五九數訣一卷
上清九眞中經內訣一卷
龍虎還丹訣二卷　（□）金陵子述
金華玉液大丹一卷
感氣十六轉金丹一卷
修鍊大丹要旨二卷
通幽訣一卷
金華冲碧丹經祕旨二卷傳一卷　（宋）白玉
　　　蟾授　（宋）彭耜受
還丹肘後訣三卷
蓬萊山西竈還丹歌二卷　（漢）黃玄鍾撰
抱朴子神仙金汋經三卷
諸家神品丹法六卷　（□）孟要甫述
鉛汞甲庚至寶集成五卷
丹房奧論一卷　（宋）程了一撰
指歸集一卷　（宋）吳悮撰
遷金述一卷　（□）陶埴撰
大丹鉛汞論一卷　（唐）金竹坡撰
眞元妙道要略一卷　（晉）鄭思遠撰
丹方鑑源三卷　（□）獨孤滔撰
大還丹照鑑一卷
太清玉碑子一卷
懸解錄一卷
軒轅黃帝水經藥法一卷
三十六水法一卷
巨勝歌一卷　（□）柳沖用撰
白雲仙人靈草歌一卷
種芝草法一卷
太白經一卷
丹論訣旨心鑑一卷　（□）張元德撰
大還心鑑一卷
大還丹金虎白龍論一卷　（唐）還陽子述
大丹篇一卷
大丹問答一卷
金木萬靈論一卷　（晉）葛洪撰
紅鉛入黑鉛訣一卷
通玄祕術一卷　（唐）沈知言集
靈飛散傳信錄一卷
鴈門公妙解錄一卷
玄霜掌上錄一卷
太極眞人雜丹藥方一卷
玉清內書一卷

神仙養生祕術一卷　（□）太白山人傳
　　（後趙）劉景先受
太古土兌經三卷
上洞心丹經訣三卷
許眞君石函記二卷　（晉）許遜撰
九轉流珠神仙九丹經二卷
庚道集九卷
記傳類
　太上混元眞錄一卷
　終南山祖庭仙眞內傳三卷　（元）李道謙撰
　終南山說經臺歷代眞仙碑記一卷　（元）朱
　　象先撰
　古樓觀紫雲衍慶集三卷　（元）朱象先輯
　玄天上帝啓聖錄八卷　（宋）□□撰
　大明玄天上帝瑞應圖錄一卷　（明）□□撰
　玄天上帝啓聖靈異錄一卷　（明）□□撰
　武當福地總眞集三卷　（元）劉道明撰
　武當紀勝集一卷　（元）羅霆震撰
　西川青羊宮碑銘一卷　（唐）樂朋龜撰
　宋東太一宮碑銘一卷　（宋）扈蒙撰
　宋西太乙宮碑銘一卷　（宋）宋綬撰
　宋中太乙宮碑銘一卷　（宋）呂惠卿撰
　龍角山記一卷　（金）□□輯
　天壇王屋山聖迹記一卷　（前蜀）杜光庭撰
　唐王屋山中巖臺正一先生廟碣一卷　（唐）
　　衞阩撰
　唐嵩高山啓母廟碑銘一卷　（唐）崔融撰
　宮觀碑誌一卷　（元）□□輯
　甘水仙源錄十卷　（元）李道謙輯
讚頌類
　太上老君說常清靜經頌註一卷　（金）默然
　　子（劉通微）撰
　北斗七元金玄羽章一卷
　太上洞神五星讚一卷　（□）張平子撰
　道德經篇章玄頌二卷　（□）宋鸞撰
　道德眞經頌一卷　（□）蔣融庵撰
　明眞破妄章頌一卷　（宋）張繼先撰
　諸眞歌頌一卷
表奏類
　大明御製玄教樂章一卷
　太上三洞表文三卷
　萃善錄二卷
太玄部
　玄精碧匣靈寶聚玄經三卷
　太上洞玄靈寶三一五氣眞經一卷
　太上清靜元洞眞文玉字妙經一卷
　太上洞玄靈寶天關經一卷
　上清無英眞童合遊內變玉經一卷
　上清神寶洞房眞諱上經一卷
　洞玄靈寶九眞人五復三歸行道觀門經一卷

太上長文大洞靈寶幽玄上品妙經一卷
太上長文大洞靈寶幽玄上品妙經發揮一卷
上清祕道九精回曜合神上眞玉經一卷
上清太淵神龍瓊胎乘景上玄玉章一卷
淵源道妙洞眞繼篇三卷　（口)李景元集解
古文龍虎經註疏三卷　（宋)王道撰　(宋)
　　周眞一印證
古文龍虎上經註一卷附讀龍虎經一卷
周易參同契三卷　（漢)陰長生注．
周易參同契注三卷
周易參同契註三卷　（宋)朱熹撰　　［撰
周易參同契分章通眞義三卷　（後蜀)彭曉
周易參同契鼎器歌明鏡圖一卷　（後蜀)彭
　　曉撰
周易參同契註二卷
周易參同契發揮九卷　（宋)俞琰撰
周易參同契釋疑一卷　（宋)俞琰撰
周易參同契解三卷　（宋)陳顯微撰
周易參同契三卷　（口)儲華谷注
易外別傳一卷　（宋)俞琰撰
易筮通變三卷　（宋)雷思齊撰
易圖通變五卷　（宋)雷思齊撰
金鎖流珠引二十九卷　（唐)李淳風注
眞誥二十卷　（梁)陶弘景撰
道樞四十二卷　（宋)曾慥集
黃帝內經素問補註釋文五十卷　（唐)王冰
　　注　（宋)林億等校正　（宋)孫兆重改誤
黃帝內經靈樞略一卷　（宋)史崧撰
黃帝素問靈樞集註二十三卷　（宋)史崧撰
黃帝內經素問遺篇五卷　（宋)劉溫舒原本
素問入式運氣論奧三卷　（宋)劉溫舒撰
素問六氣玄珠密語十七卷　（唐)啓玄子
　　(王冰)撰
黃帝八十一難經纂圖句解七卷註義圖序論
　　一卷　（宋)李駉撰
鬼谷子三卷　（梁)陶弘景注
天隱子一卷　（唐)司馬承禎撰
素履子三卷　（唐)張弧撰
无能子三卷　（唐)口口撰
玄眞子外篇三卷　（唐)張志和撰
劉子十卷　（北齊)劉晝撰　（唐)袁孝政注
山海經十八卷（原缺卷十四至十五)　（晉)
　　郭璞傳
雲笈七籤一百二十二卷　（宋)張君房撰
至言總五卷　（口)范脩然撰
太玄寶典三卷
道體論一卷　（唐)通玄先生(張果)述
坐忘論一卷　（唐)司馬承禎撰
大道論一卷　（口)周固樸撰
心目論一卷

三論元旨一卷
皇極經世十二卷　（宋)邵雍撰
靈棊本章正經二卷　（漢)東方朔撰　（晉)
　　顏幼明(劉宋)何承天注　（元)陳世凱
　　(明)劉基解
伊川擊壤集二十卷　（宋)邵雍撰
太上修眞玄章一卷
化書六卷　（南唐)譚峭撰
海客論一卷
悟玄篇一卷　（口)余洞眞撰
太虛心淵篇一卷
玄珠錄二卷　（唐)王玄覽口訣
雲宮法語二卷　（元)汪可孫纂
華陽陶隱居集二卷　（梁)陶弘景撰
宗玄先生文集三卷　（唐)吳筠撰
宗玄先生玄綱論一卷　（唐)吳筠撰
南統大君內丹九章經一卷
純陽眞人渾成集二卷　（唐)呂嵒撰
晉眞人語錄一卷　（金)晉口撰
丹陽眞人語錄一卷　（金)馬鈺述　（金)王
　　頤中集
無爲清靜長生眞人至眞語錄一卷　（金)劉
　　處玄撰
盤山棲雲王眞人語錄一卷　（元)王志謹述
　　(元)論志煥輯
清庵瑩蟾子語錄六卷　（元)李道純述
　　(元)柴元皐編
上清太玄集十卷　（金)侯善淵述
洞淵集九卷　（宋)李思聰撰
洞淵集五卷　（口)長筌子撰
玄敎大公案二卷　（元)苗大素舉　（元)王
　　志道輯
玄宗直指萬法同歸七卷　（元)牧常晁撰
　　(元)黃本仁編
上陽子金丹大要十六卷　（元)陳致虛撰
上陽子金丹大要圖一卷　（元)陳致虛撰
上陽子金丹大要列仙誌一卷　（元)陳致虛
　　撰
上陽子金丹大要仙派一卷　（元)陳致虛撰
原陽子法語二卷　（明)趙宜眞撰　（明)劉
　　淵然編集
金丹直指一卷　（宋)周無所住述
道禪集一卷　（口)金坡王眞人撰
還眞集三卷　（元)混然子(王玠)撰
道玄篇一卷　（元)王玠撰
隨機應化錄二卷　（元)何道全述　（元)賈
　　道玄編集
修鍊須知一卷
玉室經一卷　（口)李成之述
眞人高象先金丹歌一卷　（宋)高先撰

金丹眞一論一卷　（□）百玄子撰

金丹四百字一卷　（宋）張伯端撰　（宋）黄
　　自如注　　　　　　　　　　　　　　　〔注

龍虎還丹訣頌一卷　（唐）谷神子（鄭還古）

龍虎元旨一卷

龍虎還丹訣一卷

內丹祕訣一卷

漁莊邂逅錄一卷　（宋）自然子（吳悮）述

金丹正宗一卷　（□）胡混成編

還丹復命篇一卷　（宋）薛道光撰

愛清子至命篇二卷　（宋）王慶升撰

翠虛篇一卷　（宋）陳楠撰

還源篇一卷　（宋）石泰撰

還丹至藥篇一卷　（□）賢芝膚圖述

葟甲集一卷　（□）趙民述

金液大丹詩一卷

證道歌一卷　（□）左掌子撰

內丹訣一卷　（宋）陳朴撰

洞元子內丹訣二卷

內丹還元訣一卷

長生指要篇一卷　（宋）林自然述

鳴鶴餘音九卷　（元）彭致中輯

太平部

太平經一百十九卷（原缺卷十一至三十四、
　　卷三十八、卷五十二、卷五十六至六十
　　四、卷七十三至八十五、卷八十七、卷
　　九十四至九十五、卷一百十五）

太平經聖君祕旨一卷

太上靈寶淨明洞神上品經二卷

太上靈寶淨明玉眞樞眞經一卷

太上靈寶淨明道元正印經一卷

太上靈寶淨明天尊說禦殟經一卷

太上靈寶首入淨明四規明鑑經一卷

太上靈寶淨明九仙水經一卷

太上靈寶淨明中黃八柱經一卷

淨明忠孝全書六卷　（元）黄元吉輯　（元）
　　徐慧校正

太玄眞一本際妙經一卷

洞玄靈寶八仙王敎誡經一卷

太上洞玄靈寶國王行道經一卷

太上洞玄靈寶本行宿緣經一卷

太上洞玄靈寶本行因緣經一卷

洞玄靈寶太上眞人問疾經一卷

太極左仙公說神符經一卷

太上洞玄靈寶飛行三界通微內思妙經一卷

洞玄靈寶玄一眞人說生死輪轉因緣經一卷

太上洞玄靈寶中和經一卷

太上洞玄靈寶三十二天天尊應號經二十六
　　卷（原缺卷一至十一、卷十三至二十
　　一、卷二十三至二十六）

太上靈寶昇玄內敎經中和品述議疏一卷

一切道經音義妙門由起一卷　（唐）史崇等
　　撰

洞玄靈寶玄門大義一卷

洞玄靈寶三洞奉道科戒營始六卷

洞玄靈寶道學科儀二卷

陸先生道門科略一卷　（劉宋）陸修靜撰

道門經法相承次序三卷

道敎義樞十卷（原缺卷六）　（梁）孟安排撰

道典論四卷

太上妙法本相經三卷

上清道類事相四卷　（唐）王懸河修

上方靈寶无極至道開化眞經三卷

上方鈞天演範眞經一卷

太平兩同書二卷　（唐）吳筠撰

洞玄靈寶左玄論四卷

上清太玄鑑誡論一卷　（金）太玄子（侯善
　　淵）撰

無上祕要一百卷（原缺卷一至二、卷十至十
　　四、卷三十六、卷五十八至六十四、卷
　　六十七至七十三、卷七十五、卷七十
　　七、卷七十九至八十二、卷八十五至八
　　十六、卷八十九至九十）

三洞珠囊十卷　（唐）王懸河撰

雲山集八卷　（元）姬志眞撰

仙樂集五卷　（金）劉處玄撰

漸悟集二卷　（金）馬鈺撰

草堂集一卷　（金）白雲子（玉丹桂）撰

自然集一卷　（金）□□撰

玄虛子鳴眞集一卷

葆光集三卷　（金）尹志平撰

西雲集三卷　（元）洞明子撰

勿齋先生文集二卷　（宋）楊至質撰

洞玄金玉集十卷　（金）馬鈺撰

丹陽神光燦一卷　（金）馬鈺撰

悟眞集二卷　（□）李□集

雲光集四卷　（金）王處一撰

重陽全眞集十三卷　（金）王嚞撰

重陽敎化集三卷　（金）王嚞撰

重陽分梨十化集二卷　（金）王嚞撰

重陽眞人金關玉鎖訣一卷　（金）王嚞撰

馬自然金丹口訣一卷　　　　　　　　〔撰

重陽眞人授丹陽二十四訣一卷　（金）王嚞

磻溪集六卷　（金）丘處機撰

水雲集三卷　（金）譚處端撰

太古集四卷　（金）郝大通撰

孫眞人備急千金要方九十三卷　（唐）孫思
　　邈撰　（宋）林億等校正

急救仙方十一卷　（宋）□□撰

仙傳外科祕方十一卷　（明）趙宜眞撰

法海遺珠四十六卷
太清部
太上感應篇三十卷 (宋)李昌齡傳 (宋)
　鄭清之贊
太上老君中經二卷
太上老君清靜心經一卷
太上老君說上七減罪集福妙經一卷
鶡子二卷 (周)鶡熊撰 (唐)逢行珪注
公孫龍子三卷 (周)公孫龍撰
尹文子二卷 (周)尹文撰
子華子十卷 (周)程本撰
鶡冠子三卷 (宋)陸佃解
墨子十五卷 (周)墨翟撰 ［注
韓非子二十卷 (周)韓非撰 (宋)謝希深
黃石公素書一卷 (漢)黃石公撰 (□)魏
　魯注
黃石公素書一卷 (漢)黃石公撰 (宋)張
　商英注
孫子註解十三卷 (宋)吉天保輯
孫子遺說一卷 (宋)鄭友賢撰
天原發微十八卷 (宋)鮑雲龍撰
集註太玄經六卷 (宋)司馬光撰
淮南鴻烈解二十八卷 (漢)劉安撰 (漢)
　許慎注 ［撰
抱朴子內篇二十卷外篇五十卷 (晉)葛洪
甕簞子一卷附陰丹內篇一卷
天機經一卷
祕傳正陽眞人靈寶畢法三卷 (漢)鍾離權
　撰 (唐)呂嵒傳
正乙部
大惠靜慈妙樂天尊說福德五聖經一卷
太上正一呪鬼經一卷 ［卷
太上洞玄靈寶天尊說羅天大醮上品妙經一
老君變化無極經一卷
太上金華天尊救劫護命妙經一卷
無上三天法師說蔭育衆生妙經一卷
太上說靑玄雷令法行因地妙經一卷
上清太霄隱書元眞洞飛二景經一卷
洞玄靈寶太上六齋十直聖紀經一卷
道要靈祇神鬼品經一卷
洞神八帝元變經一卷
太上三天正法經一卷
太上正一法文經一卷
三天內解經二卷
上清明鑑要經一卷
太上明鑑眞經一卷
太上三五正一盟威籙六卷
太上正一盟威法籙一卷
正一法文十籙召儀一卷附正一法文傳都功
　版儀一卷

醮三洞眞文五法正一盟威籙立成儀一卷
　(唐)張萬福撰
太上玄天眞武無上將軍籙一卷
高上大洞文昌司祿紫陽寶籙三卷
太上北極伏魔神呪殺鬼籙一卷
太上正一延生保命籙一卷
太上正一解五晉呪詛祕籙一卷
正一法文經章官品四卷
高上神霄玉清眞王紫書大法十二卷
道法會元二百六十八卷
上清靈寶大法六十六卷 (宋)甯全眞授
　(□)王契眞纂
上清靈寶大法四十四卷目錄一卷 (□)金
　允中編幷論義
道門定制十卷 (宋)呂元素集成
道門科範大全集八十七卷 (前蜀)杜光庭
　刪定
道門通敎必用集九卷 (宋)呂太古集
太上助國救民總眞祕要十卷 (宋)元妙宗
　編
正一論一卷
全眞坐鉢捷法一卷
太平御覽道部三卷 (宋)李昉等撰
道書援神契一卷 (元)□□撰
道門十規一卷 (明)張宇初撰
重陽立敎十五論一卷
丹陽眞人直言一卷
全眞清規一卷 (□)陸道和編集
太上出家傳度儀一卷 (宋)賈善翔編集
三洞修道儀一卷
傳授經戒儀注訣一卷
正一修眞略儀一卷
洞玄靈寶道士受三洞經誡法籙擇日曆一卷
　(唐)張萬福撰
傳授三洞經戒法籙略說二卷
正一法文法籙部儀一卷
正一法文太上外籙儀一卷
受籙次第法信儀一卷 (梁)張辯撰
洞玄靈寶道士明鏡法一卷
洞玄靈寶課中法一卷 ［次
太淸玉司左院祕要上法一卷 (□)霞映撰
三洞羣仙錄二十卷 (宋)陳葆光撰
三十代天師虛靖眞君語錄七卷 (明)張宇
　初輯 ［撰
冲虛通妙侍宸王先生家話一卷 (□)王長
虛靜冲和先生徐神翁語錄二卷 (宋)徐守
　信述 (宋)苗希頤輯
靜餘玄問一卷
道法心傳一卷 (元)王惟一撰
雷法議玄篇一卷 (宋)萬宗師撰

老子微旨例略一卷
眞仙眞指語錄二卷　　（金）玄全子集
羣仙要語纂集二卷　　（元）董漢醇撰
諸眞內丹集要三卷　　（金）玄全子輯
龍虎精微論一卷
三要達道篇一卷
六根歸道篇一卷
意林五卷　　（唐）馬總輯
莊列十論一卷　　（宋）李元卓撰
離峯老人集二卷　　（金）于道顯撰
北帝七元紫庭延生祕訣一卷
鄧天君玄靈八門報應內旨一卷
九天上聖祕傳金符經一卷
天皇太一神律避穢經一卷
上清修身要事經一卷
正一法文修眞旨要一卷
洞玄靈寶眞人修行延年益算法一卷
三洞道士居山修鍊科一卷
正一天師告趙昇口訣一卷
玄和子十二月卦金訣一卷
雨暘氣候親機一卷
盤天經一卷
道法宗旨圖衍義二卷　　（□）鄧柟纂圖
　　（元）章希賢衍義
洞玄靈寶五感文一卷　　（劉宋）陸脩靜撰
靈書肘後鈔一卷
玄壇刊誤論一卷　　（□）張若海撰
五嶽眞形序論一卷
高上神霄宗師受經式一卷
太上洞神行道授度儀一卷
太上洞神三皇傳授儀一卷
翊聖保德傳三卷　　（宋）王欽若編集
廬山太平興國宮採訪眞君事實七卷　　（元）
　　□□輯
正一法文經護國醮海品一卷
元辰章醮立成曆二卷
六十甲子本命元辰曆一卷
太上洞神洞淵神呪治病口章一卷
上清經祕訣一卷
靈寶鍊度五仙安靈鎮神黃繒章法一卷
上清太微帝君結帶眞文法(一名交帶文)一
　　卷
上清黃書過度儀一卷
太上洞玄靈寶二部傳授儀一卷
洞玄靈寶八節齋宿啓儀一卷
洞玄靈寶五老攝召北酆鬼魔赤書玉訣一卷
四聖眞君靈籤一卷
玄眞靈應寶籤三卷
大慈好生九天衛房聖母元君靈應寶籤一卷
洪恩靈濟眞君靈籤一卷

靈濟眞君注生堂靈籤一卷
扶天廣聖如意靈籤一卷
護國嘉濟江東王靈籤一卷
葛仙翁肘後備急方八卷　　（晉）葛洪撰
海瓊白眞人語錄四卷　　（宋）白玉蟾述
　　（宋）謝顯道等編
海瓊問道集一卷　　（宋）白玉蟾撰　　（宋）留
　　元長輯
傳道集一卷　　（宋）陳守默(宋)詹繼瑞輯
淸和眞人北遊語錄四卷　　（金）尹志平述
　　（元）段志堅編
峴泉集十二卷　　（明）張宇初撰
太上大道玉清經十卷
洞眞高上玉帝大洞雌一玉檢五老寶經一卷
洞眞太上素靈洞元大有妙經一卷
洞眞上清青要紫書金根衆經二卷
洞眞上清太微帝君步天綱飛地紀金簡玉字
　　上經一卷
洞眞上清開天三圖七星移度經二卷
洞眞太上三元流珠經一卷
洞眞西王母寶神起居經一卷
洞眞太上八素眞經精耀三景妙訣一卷
洞眞太上八素眞經修習功業妙訣一卷
洞眞太上八素眞經三五行化妙訣一卷
洞眞太上八素眞經服食日月皇華訣一卷
洞眞太上八素眞經登壇符札妙訣一卷
洞眞太上八素眞經占候入定妙訣一卷
洞眞上清龍飛九道尺素隱訣一卷
洞眞太上三九素語玉精眞訣一卷
洞眞太上八道命籍經二卷
太上九赤班符五帝內眞經一卷
洞眞太一帝君太丹隱書洞眞玄經一卷
洞眞上清神州七轉七變舞天經一卷
洞眞太上紫度炎光神元變經一卷
洞眞太上神虎玉經一卷
洞眞太上神虎隱文一卷
洞眞太上紫文丹章一卷
洞眞太上金篇虎符眞文經一卷
洞眞太微金虎眞符一卷
洞眞太上太素玉籙一卷
洞眞八景玉籙晨圖隱符一卷
洞眞太上倉元上錄一卷
洞眞太上上皇民籍定眞玉錄一卷
洞眞太上紫書籙傳一卷
洞眞黃書一卷
洞眞太上說智慧消魔眞經五卷
洞眞太上道君元丹上經一卷
洞眞金房度命綠字廻年三華寶曜內眞上經
　　一卷
洞眞太上上清內經一卷

洞眞太上丹景道精經一卷
洞眞太上青牙始生經一卷
洞眞三天祕諱一卷
洞眞太上飛行羽經九眞昇玄上記（一名上
　　清太上廻元九道飛行羽經）一卷
洞眞太上太霄琅書十卷（原缺卷二）
上清道寶經五卷
上清太上開天龍蹻經五卷
上清太上玉清隱書滅魔神慧高玄眞經一卷
上清高上滅魔玉帝神慧玉清隱書一卷
上清高上滅魔洞景金元玉清隱書經一卷
上清高上金元羽章玉清隱書經一卷
上清丹景道精隱地八術經二卷
上清九天上帝祝百神內名經一卷
上清七聖玄紀經一卷
上清太上廻元隱道除罪籍經一卷
上清太極眞人撰所施行祕要經一卷
上清洞眞智慧觀身大戒文一卷
上清元始譜籙太眞玉訣（一名解形遯變流
　　景玉光）一卷
上清天關三圖經一卷
上清河圖內玄經二卷
上清廻神飛霄登空招五星上法經一卷
上清化形隱景登昇保仙上經一卷
上清廻耀飛光日月精華上經一卷
上清素靈上篇一卷
上清高上玉晨鳳臺曲素上經一卷
上清外國放品青童內文二卷
上清諸眞人授經時頌金眞章一卷
上清無上金元玉清金眞飛元步虛玉章一卷
上清太上帝君九眞中經二卷
上清太上九眞中經絳生神丹訣一卷
上清金眞玉光八景飛經一卷
上清玉帝七聖玄紀廻天九霄經一卷
上清太上黃素四十四方經一卷
上清明堂玄丹眞經一卷
上清九丹上化胎精中記經一卷
上清太上元始耀光金虎鳳文章寶經一卷
上清太一帝君太丹隱書解胞十二結節圖訣
　　一卷
上清洞眞天寶大洞三景寶籙二卷
上清大洞三景玉清隱書訣籙一卷
上清元始高上玉皇九天譜籙一卷
上清金眞玉皇上元九天眞靈三百六十五部
　　元錄一卷　　　　　　　　　　　　［卷
上清高聖太上大道君洞眞金元八景玉錄一
上清洞天三五金剛玄籙儀經一卷
上清瓊宮靈飛六甲籙一卷
上清曲素訣辭籙（一名九天鳳炁玄丘大書）
　　一卷

上清元始變化寶眞上經九靈大妙龜山玄籙
　　三卷
上清高上龜山玄籙一卷
上清大洞九微八道大經妙籙一卷
上清河圖寶籙一卷
四斗二十八宿天帝大籙一卷
大乘妙林經三卷
太上元寶金庭無爲妙經一卷
上清黃庭養神經一卷
太上黃庭中景經一卷　　（金）李千乘注
上清黃庭五藏六府眞人玉軸經一卷
上清偓府瓊林經一卷
上清太極眞人神仙經一卷
長生胎元神用經一卷　　（□）郎肇注
太上靈寶芝草品一卷
洞玄靈寶二十四生圖經一卷
玉清上宮科太眞文一卷
太上九眞明科一卷
洞玄靈寶千眞科一卷
洞玄靈寶長夜之府九幽玉匱明眞科一卷
太上元始天尊說北帝伏魔神呪妙經十卷
北帝伏魔經法建壇儀一卷　（□）盧中苓編
伏魔經壇謝恩醮儀一卷
北帝說豁落七元經一卷
七元眞訣語驅疫祕經一卷
七元璇璣召魔品經一卷
元始說度酆都經一卷
七元召魔伏六天神呪經一卷
七元眞人說神眞靈符經一卷
太上紫微中天七元眞經一卷
枕中經一卷
太清元道眞經三卷別錄一卷
太上老君太素經一卷
靈信經旨一卷
唐太古妙應孫眞人福壽論一卷
太清道林攝生論一卷
侍帝晨東華上佐司命楊君傳記一卷
長春眞人西遊記二卷　　（元）李志常撰
道藏闕經目錄二卷　　（元）□□撰
道藏經目錄四卷
續道藏經目錄一卷　　（明）白雲霽撰
續道藏
太上中道妙法蓮華經十卷
太上元始天尊說寶月光皇后聖母天尊孔雀
　　明王經一卷聖母孔雀明王尊經啓白儀
　　一卷太上元始天尊說孔雀經白文一卷
上清元始變化寶眞上經一卷
太上老君開天經一卷
太上老君虛無自然本起經一卷
洞玄靈寶玉京山步虛經一卷

皇經集註十卷　(明)周玄貞集
元始天尊說東嶽化身濟生度死拔罪解冤保
　　命玄範誥咒妙經一卷
太上三元賜福赦罪解厄消災延生保命妙經
　　一卷
太上元陽上帝無始天尊說火車王靈官眞經
　　一卷
元始天尊說藥王救八十一難眞經一卷
碧霞元君護國庇民普濟保生妙經一卷
太上大聖朗靈上將護國妙經一卷
太上老君說城隍感應消災集福妙經一卷
太上洞玄靈寶五顯觀華光本行妙經一卷
太上說通眞高皇解冤經一卷
中天紫微星眞寶懺一卷
紫皇鍊度玄科一卷
先天斗母奏告玄科一卷
朝眞發願懺悔文一卷
靈寶施食法一卷
太微帝君二十四神回元經一卷
北斗九皇隱諱經一卷
高上玉宸憂樂章一卷
太上洞眞徊玄章一卷
上清金章十二篇一卷
太上洞玄濟衆經一卷
大洞經吉祥神咒法一卷
皇明恩命世錄九卷　(明)□□輯
漢天師世家三卷序一卷　(明)張鉞校
弘道錄五十六卷　(明)邵經邦撰
消搖墟經二卷
長生詮經一卷
無生訣經一卷
徐仙翰藻十四卷　(元)陳夢根輯
贊靈集四卷　(元)□□輯
徐仙眞錄五卷　(明)方文照等輯
儒門崇理折衷堪輿完孝錄八卷
岱史十八卷　(明)查志隆撰
易因六卷　(明)李贄撰
古易考原三卷　(明)梅鷟撰
易林十卷　(漢)焦贛撰
搜神記六卷
太初元氣接要保生之論一卷
化書六卷　(南唐)譚峭撰
水鏡錄一卷
許眞君玉匣記一卷　(晉)許遜撰
附
　　諸神聖誕日玉匣記等集目錄一卷
　　法師選擇記一卷
玄天上帝百字聖號一卷　　　　　〔撰
天皇至道太淸玉册八卷　(明)臞仙(朱權)
呂祖志六卷

紫微斗數三卷
老子翼六卷　(明)焦竑撰
莊子翼八卷附錄一卷　(明)焦竑撰

道藏舉要

商務印書館輯
　　民國上海商務印書館據明本景印
第一類　道德眞經
　　道德眞經二卷　(周)李耳撰
　　道德經古本篇二卷　(周)李耳撰　(唐)傅
　　　奕校定
　　大明太祖高皇帝御註道德眞經二卷　明太
　　　祖撰
　　唐玄宗御註道德眞經四卷　唐玄宗撰
　　唐玄宗御製道德眞經疏十卷　唐玄宗撰
　　唐玄宗御製道德眞經疏四卷外傳一卷
　　宋徽宗御解道德眞經四卷　宋徽宗撰
　　宋徽宗道德眞經解義十卷　(宋)章安撰
　　道德眞經註四卷　(漢)河上公章句
　　道德眞經解二卷　(宋)陳象古撰　　〔輯
　　道德眞經四子古道集解十卷　(金)寇才質
　　道德眞經傳四卷　(唐)陸希聲撰
　　道德眞經傳四卷　(宋)呂惠卿撰
　　道德眞經三解四卷　(元)鄧錡撰
　　道德眞經直解四卷　(宋)邵若愚撰
　　道德眞經論四卷　(宋)司馬光注
　　道德眞經註四卷　(魏)王弼撰
　　道德眞經註四卷　(宋)蘇轍撰
　　道德眞經新註四卷　(唐)李約撰
　　道德眞經指歸十三卷(原缺卷一至六)
　　　(漢)嚴遵撰　(唐)谷神子注
　　道德眞經疏義十四卷　(宋)江澂撰
　　道德眞經集解四卷　(金)趙秉文撰
　　道德眞經全解二卷　(金)時雍撰
　　道德眞經次解二卷道經異同字一卷德經異
　　　同字一卷　(明)□□撰
　　道德眞經章句訓頌二卷　(元)張嗣成撰
　　道德會元二卷序例一卷　(元)李道純撰
　　道德眞經解三卷　(明)□□撰
　　道德眞經口義四卷　(宋)林希逸撰
　　道德玄經原旨四卷　(元)杜道堅撰
　　玄經原旨發揮二卷　(元)杜道堅撰
　　道德眞經註四卷　(元)吳澄撰　　　〔撰
　　道德眞經集解四卷序說一卷　(宋)董思靖
　　道德眞經集註十卷附釋音　(宋)王雱等撰
　　道德眞經集註十八卷　(宋)彭耜撰
　　道德眞經集註釋文一卷　(宋)彭耜撰
　　道德眞經集註雜說二卷　(宋)彭耜撰
　　道德眞經注疏八卷　(齊)顧歡撰　　〔撰
　　道德眞經玄德纂疏二十卷　(前蜀)强思齊

道德眞經集義十卷　（明）危大有撰
道德經論兵要義述四卷　（唐）王眞撰
道德眞經藏室纂微篇十卷開題一卷　（宋）
　陳景元撰
道德眞經藏室纂微開題科文疏五卷　（元）
　薛致玄撰
道德眞經藏室纂微手鈔二卷（原缺卷上）
　（元）薛致玄撰
道德眞經衍義手鈔二十卷（原缺卷一至二）
　（元）王守正撰
道德眞經取善集十二卷　（宋）李霖撰
道德眞經疏義六卷（原缺卷一至三）　（宋）
　趙志堅撰
道德眞經註二卷　（元）林志堅撰
道德眞經義解四卷　（宋）息齋道人撰
道德眞經註四卷　（唐）李榮撰
道德眞經集義大旨三卷　（元）劉惟永撰
道德眞經集義十七卷　（元）劉惟永撰
道德眞經廣聖義五十卷　（前蜀）杜光庭撰
第二類　南華眞經
南華眞經五卷　（周）莊周撰　　　　〔撰
南華眞經義海纂微一百六卷　（宋）褚伯秀
南華眞經口義三十二卷　（宋）林希逸撰
南華眞經章句音義十四卷　（宋）碧虛子
　（陳景元）撰
南華眞經章句餘事一卷　（宋）碧虛子（陳
　景元）撰
南華眞經餘事雜錄二卷　（宋）碧虛子（陳
　景元）撰
南華眞經直音一卷　（宋）賈善翔撰
南華邈一卷　（宋）賈善翔撰
莊子內篇訂正二卷　（元）吳澄撰
南華眞經循本三十卷　（□）羅勉道撰
南華眞經新傳二十卷拾遺一卷　（宋）王雱
　撰
南華眞經注疏三十五卷　（晉）郭象注
　（唐）成玄英疏
第三類　沖虛至德眞經
沖虛至德眞經三卷　（周）列禦寇撰　〔撰
沖虛至德眞經鬳齋口義八卷　（宋）林希逸
沖虛至德眞經解二十卷　（宋）江遹撰
沖虛至德眞經義解六卷　宋徽宗撰
沖虛至德眞經四解二十卷　（□）高守元輯
沖虛至德眞經釋文二卷　（唐）殷敬順撰
　（宋）陳景元補遺
第四類　周易參同契
周易參同契三卷　（漢）陰長生注
周易參同契注三卷
周易參同契註三卷　（宋）朱熹撰　　〔撰
周易參同契分章通眞義三卷　（後蜀）彭曉

周易參同契鼎器歌明鏡圖一卷　（後蜀）彭
　曉撰
周易參同契註二卷
周易參同契發揮九卷　（宋）俞琰撰
周易參同契釋疑一卷　（宋）俞琰撰
周易參同契解三卷　（宋）陳顯微撰
周易參同契三卷　（□）儲華谷注
第五類　諸子
鬼谷子三卷　（梁）陶弘景注
天隱子一卷　（唐）司馬承禎撰
素履子三卷　（唐）張弧撰
无能子三卷　（唐）□□撰
玄眞子外篇三卷　（唐）張志和撰
劉子十卷　（北齊）劉晝撰　（唐）袁孝政注
化書六卷　（南唐）譚峭撰
鶡子二卷　（周）鶡熊撰　（唐）逢行珪注
公孫龍子三卷　（周）公孫龍撰
尹文子二卷　（周）尹文撰
子華子十卷　（周）程本撰
鶡冠子三卷　（宋）陸佃解
墨子十五卷　　　　（宋）墨翟撰　　〔注
韓非子二十卷　（周）韓非撰　（宋）謝希深
黃石公素書一卷　（漢）黃石公撰　（漢）魏
　魯注
黃石公素書一卷　（漢）黃石公撰　（宋）張
　商英注
孫子註解十三卷　（宋）吉天保輯
孫子遺說一卷　（宋）鄭友賢撰
淮南鴻烈解二十八卷　（漢）劉安撰　（漢）
　許慎注　　　　　　　　　　　　〔撰
抱朴子內篇二十卷外篇五十卷　（晉）葛洪
意林五卷　（唐）馬總輯
第六類　道書
黃帝陰符經集註一卷　（唐）李筌等注
　（宋）樓昉輯
黃帝陰符經講義三卷圖說一卷　（宋）夏元
　鼎撰
黃帝陰符經疏三卷　（唐）李筌撰
紫陽眞人悟眞篇註疏八卷　（宋）翁葆光注
　（宋）陳達靈傳　（元）戴起宗疏
紫陽眞人悟眞直指詳說三乘祕要一卷
　（宋）翁葆光撰
西昇經三卷　宋徽宗注
西昇經集註六卷　（宋）碧虛子（陳景元）撰
無上妙道文始眞經一卷　（周）尹喜撰
文始眞經註九卷　（元）牛道淳撰
文始眞經言外旨九卷　（宋）陳顯微撰
洞靈眞經一卷　（周）庚桑楚撰
洞靈眞經註三卷　（□）何璨撰　　　〔撰
通玄眞經註十二卷　（唐）默希子（徐靈府）

通玄眞經續義十二卷釋音一卷　（元）杜道
　　堅撰
通玄眞經註七卷　（宋）朱弁撰
古文龍虎經註疏三卷　（宋）王道撰　（宋）
　　周眞一印證
古文龍虎上經註一卷　讀龍虎經一卷
眞誥二十卷　（梁）陶弘景撰
雲笈七籤一百二十二卷　（宋）張君房撰

第七類　史傳地志
廣黃帝本行記一卷　（唐）王瓘撰
穆天子傳六卷　（晉）郭璞注
漢武帝內傳一卷　（漢）班固撰
漢武帝外傳一卷
列仙傳二卷　（漢）劉向撰
續仙傳三卷　（南唐）沈汾撰
茅山志三十三卷　（元）劉大彬撰
西嶽華山誌一卷　（金）王處一撰
錄異記八卷　（前蜀）杜光庭撰
神仙感遇傳五卷　（前蜀）杜光庭撰
江淮異人錄一卷　（宋）吳淑撰
十洲記一卷　（漢）東方朔撰　　　　　〔撰
洞天福地嶽瀆名山記一卷　（前蜀）杜光庭
梅仙觀記一卷　（宋）楊智遠編
金華赤松山志一卷　（宋）倪守約撰
仙都志二卷　（元）陳性定撰
天台山志一卷　（明）□□撰
龍瑞觀禹穴陽明洞天圖經一卷　（宋）葉樞
　　撰　（宋）李宗諤修定
四明洞天丹山圖詠集一卷　（元）曾堅輯
南岳總勝集一卷　（宋）陳田夫撰
大滌洞天記三卷　（宋）鄧牧撰
武當福地總眞集三卷　（元）劉道明撰
山海經十八卷（原缺卷十四至十五）　（晉）
　　郭璞傳
長春眞人西遊記二卷　（元）李志常撰
岱史十八卷　（明）查志隆撰

第八類　攝生
四氣攝生圖一卷
圖經集註衍義本草五卷　（宋）寇宗奭撰
圖經衍義本草四十二卷　（宋）寇宗奭撰
養性延命錄二卷　（梁）陶弘景集
混俗頤生錄二卷　（□）劉詞集
黃帝內經素問補註釋文五十卷　（唐）王冰
　　注　（宋）林億等校正　（宋）孫兆重改誤
黃帝內經靈樞略一卷
黃帝素問靈樞集註二十三卷
黃帝內經素問遺篇五卷　（宋）劉溫舒原本
素問入式運氣論奧三卷　（宋）劉溫舒撰
素問六氣玄珠密語十七卷　（唐）啓玄子
　　（王冰）撰

黃帝八十一難經纂圖句解七卷註義圖序論
　　一卷　（宋）李駉撰
孫眞人備急千金要方九十三卷目錄二卷
　　（唐）孫思邈撰　（宋）林億等校正
急救仙方十一卷　（宋）□□撰
仙傳外科祕方十一卷　（明）趙宜眞撰
葛仙翁肘後備急方八卷　（晉）葛洪撰

第九類　術數
黃帝宅經二卷　（□）□□注
黃帝龍首經二卷
黃帝金匱玉衡經一卷
黃帝授三子玄女經一卷
靈臺經一卷
靈棊本章正經二卷　（晉）顏幼明（劉宋）何
　　承天注　（元）陳師凱（明）劉基解
天原發微十八卷　（宋）鮑雲龍撰
集註太玄經六卷　（宋）司馬光撰
易林十卷　（漢）焦贛撰

第十類　道家六集
廣成集十七卷　（前蜀）杜光庭撰
伊川擊壤集二十卷　（宋）邵雍撰
華陽陶隱居集二卷　（梁）陶弘景撰
磻溪集六卷　（金）丘處機撰
水雲集三卷　（金）譚處端撰
太古集四卷　（金）郝大通撰

重刊道藏輯要

（清）彭定求輯　（清）閻永和增
　　清光緒三十二年(1906)成都二仙庵刊本
重刊道藏輯要總目一卷　（清）賀龍驤撰
重刊道藏輯要子目初編四卷 續編 一卷
　　（清）賀龍驤撰
道門一切經總目四卷　（清）賀龍驤輯
角集亢集
元始无量度人上品妙經六十一卷
太上洞玄靈寶无量度人上品妙經註三卷
　　（元）陳致虛撰
元始无量度人上品經法五卷　（□）陳椿榮
　　集注
氐集
元始天尊說无上內祕眞藏經一卷　　〔撰
元始說先天道德經註解一卷　（宋）李嘉謀
元始大洞玉經三卷大洞仙經觀想要訣一卷
　　洞經示讀三卷
元始大洞玉經三卷太洞玉經疏要十二義一
　　卷大洞玉經壇儀一卷總論一卷　（□）
　　魏華存疏義
大乘妙林經一卷
太上昇玄說消災護命妙經註一卷　（元）混
　　然子（王玠）撰

元始天尊說生天得道經一卷
元始天尊說得道了身經一卷
元始上帝毘盧遮耶說大洞救劫尊經一卷
元始天尊說藥王救八十一難真經一卷
元始消劫梓潼本願真經一卷 ［卷
元始天尊說東嶽化身濟生拔罪保命妙經一
碧霞元君護國庇民普濟保生妙經一卷
太上大道玉清經不分卷
太上中道妙法蓮華經一卷
房集
洞玄靈寶自然九天生神章經解義四卷
　　(宋)董思靖撰
洞玄靈寶自然九天生神玉章經解三卷
　　(宋)王希巢撰
洞玄靈寶自然九天生神章經注三卷附音釋
　　(□)華陽復撰
太上洞玄靈寶天尊說救苦妙經一卷 (□)
　　洞陽子注
洞玄靈寶八仙王教誡經一卷
太上洞玄靈寶國王行道經一卷
太上金匱玉鏡修真指玄妙經一卷
太上洞玄靈寶福日妙經一卷
太上靈寶天尊說禳災度厄經一卷
太上神咒延壽妙經一卷
太上洞淵說請雨龍王經一卷
太上洞玄寶元上經(一名自然經)一卷
太上洞玄靈寶淨供妙經一卷
太上靈寶洪福滅罪像名經一卷
太上洞淵三昧帝心光明正印太極紫微伏魔
　　制鬼拯救惡道集福吉祥神咒一卷
洞玄靈寶定觀經註一卷
太上洞玄靈寶開演祕密藏經一卷
洞玄靈寶諸天世界造化經一卷
太上洞玄靈寶十號功德因緣妙經一卷
太上洞玄靈寶真文要解上經一卷
太上洞玄靈寶業報因緣經一卷
太上洞玄靈寶出家因緣經一卷
太上洞玄靈寶法燭經一卷
太上靈寶智慧觀身經一卷
太一救苦護身妙經一卷
心集
太上玄元道德經解一卷
太上道德真經四子古道集解一卷 (金)寇
　　才質輯
太上道德寶章翼二卷 (宋)白玉蟾章句
　　(明)程以寧闡疏 ［撰
太上道德真經章句訓頌一卷 (元)張嗣成
太上道德真經集注不分卷釋文一卷雜說一
　　卷 (宋)彭耜撰
道德上經釋辭一卷下經釋辭一卷旨意總論

　　一卷 (明)王一清撰
道德真經註四卷 (元)吳澄撰
尾集
太上老君說常清靜真經一卷太上老君說常
　　清靜經註一卷 (元)李道純註
太上道德大天尊說道元一炁經一卷
太清中黃真經一卷
太上赤文洞古經註一卷 (□)長筌子撰
太上大通經註一卷 (元)李道純撰
太上老君內日用妙經一卷
太上老君外日用妙經一卷
老子說五廚經註一卷 (唐)尹愔撰
太上老君內觀經一卷
太上老君說了心經一卷
太上內丹守一真定經一卷
太上說轉輪五道宿命因緣經一卷
太上老君內丹經一卷
太上妙始經一卷
太上浩元經一卷
太上無極大道自然真一五稱符上經一卷下
　　經一卷
枕中經一卷
太清元道真經三卷別錄一卷
太上老君太素經一卷
太上黃庭內景玉經三卷
黃庭內景經一卷 (清)蔣國祚注
黃庭外景經三卷 (清)蔣國祚注
太上黃庭內景玉經一卷 (□)梁丘子註
太上黃庭外景經一卷 (□)梁丘子註
太上黃庭中景經一卷 (金)李千乘注
太上洞真賢門經一卷
太上感應篇一卷首一卷 (清)惠棟箋註
太上感應篇集註一卷
猶龍傳一卷 (宋)賈善翔撰
西昇經一卷 宋徽宗注
太上老君年譜要略一卷 (宋)謝守灝撰
太上混元聖紀九卷 (宋)謝守灝撰
箕集
高上玉皇本行集經三卷
高上玉皇本行集經三卷 (漢)張良校正
高上玉皇本行集經註解三卷 附諸義考目
　　一卷
太上洞玄靈寶紫微金格高上玉皇本行集經
　　闡微三卷
高上玉皇心印妙經一卷
終南八祖說心印妙經解一卷
高上玉皇心印經註一卷 (□)抱真子撰
玉皇心印經一卷 (明)高時明參閱
胎息經註一卷 (□)幻真先生撰
玉皇宥罪錫福寶懺一卷 (□)辛漢臣撰

玉皇十七慈光燈儀一卷
斗集
　先天斗帝勅演無上玄功靈妙眞經疏解一卷
　　（唐）呂嵒撰
　九皇斗姥戒殺延生眞經一卷
　觀音大士蓮船經一卷
　五斗經
　　太上玄靈北斗本命延生眞經一卷
　　太上說南斗六司延壽度人妙經一卷
　　太上說東斗主算護命妙經一卷
　　太上說西斗記名護身妙經一卷
　　太上說中斗大魁保命妙經一卷
　太上玄靈北斗本命延生眞經註解一卷
　九皇新經註解三卷　（唐）呂嵒撰
　玄宗正旨一卷
　浮黎鼻祖金華祕訣一卷　（漢）葛玄注
　金碧古文龍虎上經三卷　（宋）王道注疏
　　（宋）周眞一印證
　附
　　金碧古文龍虎上經一卷　（明）彭好古解
　唱道眞言五卷
　黃帝陰符經十眞集解三卷　（宋）□□輯
　黃帝陰符經一卷　（唐）張果（元）王玠注
　黃帝陰符經一卷　（宋）沈亞夫注
　黃帝陰符經一卷　（□）蒼匡氏注
　黃帝陰符經一卷　（□）元陽子頌
　陰符玄解一卷　（清）范宜賓注釋
　洞眞太上太霄琅書一卷
　高上神霄玉淸眞王紫書大法不分卷
　洞眞太上三元流珠經一卷
　長生胎元神用經一卷　（□）郎肇注
　洞眞西王母寶神起居經一卷
　洞眞上淸靑要紫書金根衆經一卷
　七元眞人說神眞靈符經一卷
　太上紫微中天七元眞經一卷
　中天紫微星眞寶懺一卷
　玉樞寶經一卷　（唐）呂嵒讀解
　五百靈官爵位姓氏總錄一卷
牛集
　南華眞經不分卷　（周）莊周撰　（晉）郭象
　　注　（唐）成玄英疏
　南華眞經不分卷　（周）莊周撰　（明）程以
　　寗注疏
女集
　文始眞經不分卷　（周）尹喜撰　（宋）陳顯
　　微解
　沖虛至德眞經不分卷　（周）列禦寇撰
　　（宋）江遹解
　通玄眞經不分卷　（周）辛鈃撰　（唐）默希
　　子（徐靈府）注

洞靈眞經不分卷　（周）庚桑楚撰　（□）何
　燦注
太極葛仙公傳一卷　（明）譚嗣先撰
虛集
　參同契闡幽三卷　（淸）朱元育撰　　〔撰
　參同契分章注三卷　（元）上陽子（陳致虛）
　參同契三卷　（宋）陳顯微注
　入藥鏡一卷　（漢）崔希範撰　（元）王玠
　　（明）李攀龍（明）彭好古注
　淮南鴻烈解不分卷　（漢）劉安撰　（漢）許
　　愼注
　抱朴子不分卷　（晉）葛洪撰
　葛仙翁肘後備急方八卷　（晉）葛洪撰
　孫眞人備急千金要方五卷　（唐）孫思邈撰
　　（宋）林億等校正
危集　　　　　　　　　　　　　　　　〔傳
　靈寶畢法一卷　（漢）鍾離權撰　（唐）呂嵒
　鍾呂傳道集一卷　（唐）施肩吾傳
　銅符鐵券一卷　（晉）許遜撰
　石函記一卷　（晉）許遜撰
　太上靈寶淨明宗敎錄一卷　（宋）胡之玫輯
　化書不分卷　（南唐）譚峭撰　（明）王一淸
　　注
　葛仙翁太極沖玄至道心傳一卷　（□）凝陽
　　子撰
　素書一卷　（漢）黃石公撰
　劉子一卷　（北齊）劉晝撰
　玄眞子一卷　（唐）張志和撰
　天隱子一卷　（唐）司馬承禎撰
室集
　呂祖本傳一卷　　（□）劉體恕撰
　十六品經三卷　（唐）呂嵒撰
　　八品經一卷
　　五品經一卷
　　三品經一卷
　金華宗旨一卷金華宗旨闡幽問答一卷
　　（唐）呂嵒撰
　同參經三卷　（唐）呂嵒撰
　五經合編　（唐）呂嵒撰
　　呂帝心經一卷
　　先天一炁度人妙經一卷
　　延生證聖眞經一卷
　　金玉寶經一卷
　　醒心眞經一卷
　呂帝文集一卷詩集二卷　（唐）呂嵒撰
壁集
　易說上經一卷下經一卷圖解一卷　（唐）呂
　　嵒撰
　孚佑上帝語錄大觀七卷附孚佑帝君正敎編
　　一卷　（唐）呂嵒撰

三寶心鐙一卷　（唐）呂嵒撰
微言摘要一卷　（唐）呂嵒撰
呂帝聖蹟紀要一卷
天仙金丹心法二卷
東園語錄一卷　（唐）呂嵒撰
奎集
至眞歌一卷
玉清金笥青華祕文金寶內鍊丹法一卷
　（宋）張伯端撰
悟眞篇三卷　（宋）張伯端　（宋）薛道光
　（□）陸墅（元）陳致虛注
悟眞篇拾遺一卷　（宋）張伯端撰
悟眞篇直指詳說一卷　（宋）翁葆光撰
金丹四百字注一卷　（明）彭好古撰
石橋歌一卷
悟眞篇闡幽三卷　（清）朱元育撰
還源篇一卷　（宋）石泰撰
還丹復命篇一卷　（宋）薛道光撰
泥洹集一卷　（宋）陳楠撰
附
　析疑指迷論一卷　（元）牛道淳撰
婁集
瓊琯眞人集不分卷　（宋）白玉蟾撰
海瓊白眞君語錄一卷　（宋）白玉蟾撰
　（宋）謝顯道輯
胃集
重陽全眞集三卷　（金）王嚞撰
重陽敎化集一卷　（金）王嚞撰
分梨十化集一卷　（金）王嚞撰
立敎十五論一卷　（金）王嚞撰
附
　陰符經一卷
　五篇靈文一卷　（金）王嚞注
磻溪集一卷　（金）丘處機撰
長春眞人西遊記一卷附錄一卷　（元）李志
常撰
仙樂集一卷　（金）劉處玄撰
無爲清靜長生眞人至眞語錄一卷　（金）劉
處玄撰
水雲集一卷　（金）譚處端撰
洞玄金玉集二卷　（金）馬鈺撰
漸悟集一卷　（金）馬鈺撰
丹陽神光燦一卷　（金）馬鈺撰
丹陽眞人語錄一卷　（金）馬鈺撰　（金）王
頤中集
孫不二元君法語一卷　（金）清淨散人（孫
不二）撰
孫不二元君傳述丹道祕書三卷　（金）孫不
二撰
太古集一卷　（金）郝大通撰

雲光集一卷　（金）王處一撰
葆光集一卷　（金）尹志平撰
金液還丹印證圖詩一卷　（宋）白玉蟾授
　（宋）龍眉子述　（□）涵蟾子注
昴集
金丹大要三卷　（元）陳致虛撰
金丹大成一卷　（元）蕭廷之撰
規中指南一卷　（元）陳冲素撰
太玄寶典一卷
坐忘論一卷　（唐）司馬承禎撰
悟玄篇一卷　（□）余洞眞撰
太虛心淵篇一卷
丹房奧論一卷　（宋）程了一撰
明眞破妄章頌一卷　（宋）張繼先撰
道法心傳一卷　（元）王惟一撰
褰蠡子一卷
陰丹內篇一卷
雲山集二卷　（元）姬志眞撰
草堂集一卷　（金）王丹桂撰
自然集一卷　（□）馬□撰
鳴眞集一卷　（金）玄虛子撰
西雲集一卷　（元）洞明子撰
中和集六卷　（元）李道純撰
晉眞人語錄一卷　（金）晉□撰
虛靜冲和先生徐神翁語錄一卷　（宋）徐守
信撰　（宋）苗希頤記　（宋）朱翌（宋）
朱宋卿重編
盤山棲雲王眞人語錄一卷　（元）王志謹撰
　（元）論志煥輯
清和眞人北遊語錄一卷　（金）尹志平撰
　（元）段志堅輯
畢集
仙佛合宗語錄不分卷　（明）伍守陽撰
　（明）伍守虛校注
天仙正理直論增註一卷　（明）伍守陽撰併
注　（明）伍守虛同注
道原淺說篇一卷　（明）伍守陽撰
金丹要訣一卷　（明）伍守陽撰
伍眞人丹道九篇一卷　（明）伍守陽撰
張三丰先生全集不分卷　（明）張君寶撰
觜集
眞誥不分卷　（梁）陶弘景撰
道樞不分卷　（宋）曾慥輯
洞玄靈寶眞靈位業圖一卷　（梁）陶弘景撰
鳴鶴餘音一卷　（元）彭致中輯
養眞集二卷　（清）王士端注
參集幷集
雲笈·七籤不分卷　（宋）張君房撰
鬼集
玉詮五卷

真詮三卷　（□）陽道生傳本　（清）彭定求
　　校正　　　　　　　　　　　　　　　　〔撰
心傳述證錄一卷　（清）梅芳老人(蔣日綸)

柳集

懺法大觀六卷　（清）張持真輯
三寶萬靈法懺十二卷　（清）王守上閱
太上靈寶朝天謝罪法懺十卷

星集

漢丞相諸葛忠武侯集二十一卷　（蜀）諸葛
　　亮撰　（明）諸葛羲基輯　　　　　　〔注
太極圖說一卷　（宋）周敦頤撰　（宋）朱熹
通書一卷　（宋）周敦頤撰　（宋）朱熹注
皇極經世書一卷　（宋）邵雍撰
擊壤集一卷　（宋）邵雍撰
文昌帝君本傳一卷
文帝化書一卷
文昌孝經一卷　（清）朱珪校
元皇大道真君救劫寶經一卷　（清）朱珪校
文昌應化元皇大道真君說注生延嗣妙應真
　　經一卷　（清）朱珪校
陰隲文註一卷　（清）朱珪校
三界伏魔關聖帝君忠孝忠義真經一卷
關聖帝君本傳年譜一卷

張集

道門功課一卷　（□）柳守元撰
太上玄門早壇功課經一卷晚壇功課經一卷
　　太上三元賜福赦罪解厄消災延生保命
　　妙經一卷
太上老君戒經一卷
太上洞真智慧上品大誡一卷
三洞衆戒文二卷　（唐）張萬福編錄
太微靈書紫文仙忌真記上經一卷
虛皇天尊初真十戒文一卷
太上九真妙戒金籙度命拔罪妙經一卷
太上十二上品飛天法輪勸戒妙經一卷
太極真人說二十四門戒經一卷
全真清規一卷　（□）陸道和撰
三洞修道儀一卷
十戒功過格一卷
醫世功過格一卷
要修科儀戒律鈔四卷　（□）朱法滿撰
太上濟度章赦三卷　　　　　　　　　〔集
无上黃籙大齋立成儀一卷　（宋）蔣叔輿編
紫皇鍊度玄科一卷
神功妙濟真君禮文一卷　　　　　　　〔撰
三壇圓滿天仙大戒略說一卷　（□）柳守元
初真戒律一卷　（清）王常月撰
中極戒一卷

翼集

上清三尊譜錄一卷

終南山祖庭仙真內傳一卷　（元）李道謙撰
終南山說經臺歷代真仙碑記一卷　（元）朱
　　象先輯
西川青羊宮碑銘一卷　（唐）樂朋龜撰
青羊宮二仙菴碑記一卷　（清）閻永和輯
玄元十子圖一卷　（元）趙孟頫繪
甘水仙源錄十卷　（元）李道謙輯
三洞羣仙錄不分卷　（宋）陳葆光撰
華蓋山三洞真經一卷
華蓋山三洞事實一卷　（明）張宇初訂定
漢天師世家九卷　（明）□□撰
三十代天師虛靖真君語錄一卷　（明）張宇
　　初輯　　　　　　　　　　　　　　〔撰
金蓮正宗記一卷　（元）樗櫟道人(秦志安)
金蓮正宗仙源像傳一卷　（元）劉志玄等撰
七真年譜一卷　（元）李道謙撰　　　　〔撰
洞天福地嶽瀆名山記一卷　（前蜀）杜光庭
南岳總勝集一卷　（宋）陳田夫撰
梅仙觀記一卷　（宋）楊智遠撰
西山羣仙會真記一卷　（唐）施肩吾撰
續刊青城山記二卷　（清）彭洵撰　（增刻）

軫集

天下名山記不分卷　（清）吳秋士輯　（清）
　　汪立名校訂

道藏初編

　　民國刊朱印本
常清靜經一卷
元道經一卷　（□）隱芝內秀注
西昇經一卷
五廚經一卷　（唐）尹愔注
文始經一卷　（周）尹喜撰
洞靈經一卷　（周）庚桑楚撰

道藏續編第一集

（清）閔一得輯
　　民國上海醫學書局排印本
呂祖師先天虛無太一金華宗旨一卷　（清）
　　蔣元庭輯
尹真人東華正脈皇極闔闢證道仙經三卷
尹真人寥陽殿問答編一卷
泄天機一卷　（清）閔一得重纂
古法養生十三則闡微一卷　（清）閔小艮纂
上品丹法節次一卷　（清）李德洽述　（清）
　　閔一得續纂
管窺編一卷　（清）閔小艮述
就正錄一卷　（清）陸世忱撰
與林奮千先生書一卷　（清）陸世忱撰
呂祖師三尼醫世說述一卷　（清）陶太定輯
讀呂祖師三尼醫世說述管窺一卷　（清）閔

一得撰

呂祖師三尼醫世功訣一卷　(清)沈一炳撰
　　(清)閔一得重述併注
天仙心傳一卷內篇一卷外篇一卷附圓訣一
　　卷玄科一卷神人李蓬頭法言一卷眞師
　　太虛氏法言一卷　(清)沈一炳授
　　(清)閔一得纂
天仙道戒忌須知一卷　(清)沈一炳述
天仙道程寶則一卷　(清)沈一炳述
二懶心話一卷　(清)閔小艮輯
三丰眞人玄譚全集一卷　(明)張三丰撰
如是我聞一卷
西王母女修正途十則一卷　(清)沈一炳授
　　(清)閔一得注
泥丸李祖師女宗雙修寶筏一卷　(清)閔一
　　得注
金丹四百字註釋一卷　(明)彭好古注
　　(清)閔陽林釋　　　　　　　　　［述
瑣言續一卷　(清)沈一炳授　(清)閔小艮
棲雲山悟元子修眞辯難參證前編一卷後編
　　一卷　(清)劉一明撰　(清)閔一得參
　　證

道藏本五子

(民國)傅增湘輯
　　民國七年(1918)雙鑑樓據道藏本景印
黃石公素書一卷　(漢)黃石公撰　(漢)魏
　　魯注
公孫龍子三卷　(周)公孫龍撰
尹文子二卷　(周)尹文撰
子華子十卷　(周)程本撰
鶡冠子三卷　(宋)陸佃解

道藏精華錄

(民國)守一子輯
　　民國無錫丁氏排印本
第一集
　道藏目錄詳註四卷　(明)李杰撰
　道藏輯要總目一卷　(清)蔣元庭輯
　讀道藏記一卷　(民國)劉師培撰
　道譜源流圖一卷
　道學指南一卷附錄一卷　(民國)損損齋主
　　人輯
　說齋一卷
　說戒一卷
　禁忌篇一卷
　戒忌禳災祈善法一卷
　爐火監戒錄一卷　(宋)俞琰撰
第二集
　將攝保命篇一卷

服氣長生辟穀法一卷
天隱子養生書一卷
養性延命錄一卷　(梁)陶弘景撰
至言總養生篇一卷
怡情小錄一卷　(清)馬大年錄
養生膚語一卷　(明)陳繼儒撰
攝生月令一卷　(宋)姚稱撰
攝生消息論一卷　(金)丘處機撰
攝生三要一卷　(明)袁黃撰
第三集
攝養枕中方一卷　(唐)孫思邈撰
眞誥篇一卷　(宋)曾慥輯
古仙導引按摩法一卷
修齡指要一卷　(明)冷謙撰
黃帝陰符經一卷附錄一卷　(唐)張果注
陰符天機經一卷
集註陰符經一卷
陰符經疏三卷　(唐)李筌撰
老君太上虛無自然本起經一卷
太上赤文洞古經註一卷　(□)長筌子撰
第四集
太上老君說了心經一卷
高上玉皇心印經一卷　(□)孚眞子注
太上老君說常清靜經註一卷　(元)李道純
　　撰
老君清淨心經一卷
太上老君內觀經一卷
洞玄靈寶定觀經註一卷
老子說五廚經註一卷　(唐)尹愔注
廣成子解一卷　(宋)蘇軾撰
神仙可學論一卷　(唐)吳筠撰
坐忘論一卷　(唐)司馬承禎撰
第五集
玄宗正旨一卷
仙籍旨訣一卷
　道生旨　(唐)裴鉶撰
　養生辨疑訣　(唐)施肩吾撰
　下元歌
諸眞語錄一卷
眞仙要語一卷
七部要語一卷
七部名數要記一卷
丹陽眞人語錄一卷　(金)馬鈺述　(金)王
　　頤中集
文昌帝君救劫開心聰明大洞眞經三卷
　　(清)朱珪校
太上老君內日用妙經一卷
太上老君外日用妙經一卷
第六集
浮黎鼻祖金華祕訣一卷　(漢)葛玄注

太上純陽眞君了三得一經
太上無極混元一炁度人妙經一卷
周易參同契發揮三卷釋義一卷　(宋)俞琰
　　述　石印
周易參同契正義三卷　(清)董德寧撰
金碧古文龍虎上經註疏三卷　(宋)王道撰
　　(宋)周眞一印證
入藥鏡一卷　(漢)崔希範撰　(元)王玠
　　(明)彭好古注解　(明)李攀龍注釋
靈寶畢法三卷　(漢)鍾離權撰　(唐)呂嵒
　　傳
鍾呂傳道集一卷　(唐)施肩吾傳
唱道眞言五卷
第七集
胎息經註一卷　(囗)幻眞先生注
胎息經疏一卷　(明)王文祿撰
漁莊錄一卷
紫清指玄集一卷　(宋)白玉蟾述　(清)董
　　德寧輯
悟眞篇正義三卷　(清)董德寧撰
悟眞外篇一卷　(宋)張伯端撰　(清)董德
　　寧輯
性命圭旨一卷
規中指南一卷　(元)陳冲素撰
悟玄篇一卷
孫不二元君法語一卷　(金)清靜散人(孫
　　不二)撰
第八集
孫不二元君傳述丹道秘書三卷　(金)孫不
　　二撰
金丹大成集一卷　(元)蕭廷芝撰　(清)董
　　德寧輯
還源篇一卷　(宋)石泰撰　(清)董德寧輯
復命篇一卷　(宋)薛道光撰　(清)董德寧
　　輯
翠虛篇一卷　(宋)陳楠撰　(清)董德寧輯
金丹要訣一卷　(明)伍守陽撰
天仙眞理直論增註二卷附一卷　(明)伍守
　　陽撰併注
伍眞人丹道九篇一卷　(明)伍守陽撰
老子中經(一名珠宮玉曆)一卷　(宋)囗囗
　　撰
太清中黃眞經幷釋題一卷
第九集
上清黃庭內景經一卷　(囗)務成子注
太上黃庭外景經一卷　(囗)梁丘子注
太上黃庭外景經一卷　(囗)務成子注
靈寶洞玄自然九天生神章經(一名三寶大
　　有全書)一卷
黃庭遁甲緣身經一卷

枕中經一卷
天蓬神咒(一名北帝祝法)一卷
列仙傳校正本二卷　(清)王照圓校正
神仙傳十卷　(晉)葛洪撰
續神仙傳三卷　(南唐)沈汾撰
第十集
疑仙傳三卷　(匸)隱夫玉簡撰
華陽陶隱居內傳三卷　(宋)賈嵩撰
濟祖師文集一卷　(宋)釋道濟撰
海內十洲三島記一卷　(漢)東方朔撰
別國洞冥記四卷　(漢)郭憲撰
洞天福地記一卷　(前蜀)杜光庭撰
西山羣仙會眞記一卷　(唐)施肩吾撰
長春眞人西遊記二卷　(元)李志常撰
金蓮正宗記一卷　(元)樗櫟道人(秦志安)
　　撰
太上感應篇續義一卷　(清)俞樾撰

道書

　清鈔本
道門通敎必用集八卷(存卷一至四)　(宋)
　　呂太古編
太上靈寶諸天內音自然玉字四卷(存卷四)
諸天靈書度命妙經義疏一卷
洞玄靈寶河圖仰謝三十六天齋儀四卷
洞玄靈寶河圖仰謝三十六土皇齋儀四卷
太上洞淵三昧神咒齋懺謝儀一卷
太上洞淵三昧神咒齋清旦行道儀　(前蜀)
　　杜光庭刪定
太上洞淵三昧神咒齋十方懺儀　(前蜀)杜
　　光庭刪定　以上合一卷
太上洞玄靈寶授度儀一卷　(前蜀)杜光庭
　　刪定
太上慈悲九幽拔罪懺十卷
太上慈悲道場滅罪水懺三卷
黃籙救苦十齋轉經儀一卷
黃籙十念儀
黃籙五老悼亡儀　以上合一卷
黃籙齋十天尊儀
黃籙齋十州三島拔度儀　以上合一卷
黃籙九幽醮無礙夜齋次第儀一卷
靈寶半景齋儀一卷
神功妙濟眞君禮文一卷
太上靈寶玉匱明眞齋懺方儀　(前蜀)杜光
　　庭撰　　　　　　　　　　　　[卷
太上靈寶玉匱明眞大齋懺方儀　以上合一
太上靈寶玉匱明眞大齋言功儀一卷　(前
　　蜀)杜光庭撰
洞玄度靈寶自然券儀
洞玄靈寶自然齋儀　以上合一卷

洞玄靈寶齋說光燭戒罰燈祝願儀一卷
　（劉宋）陸修靜撰
靈寶五經提綱
洞玄靈寶玉籙簡文三元威儀自然眞經
洞玄靈寶鐘磬威儀經　以上合一卷
太極眞人敷靈寶齋戒威儀諸經要訣一卷
太上靈寶上元天官消愆滅罪懺一卷
太上玄司滅罪紫府消災法懺一卷
太上消滅地獄昇陟天堂懺一卷
上清諸眞章頌一卷
太上洞玄靈寶智慧禮讚
靈寶九幽長夜起尸度亡玄章
洞玄靈寶六甲玉女上宮歌章　以上合一卷
上清侍帝宸桐栢眞人眞圖讚一卷
衆仙讚頌靈章一卷
洞玄靈寶昇玄步虛章序疏一卷

道言外中

（明）一壑居士輯
　　明刊本
　銅符鐵券一卷　（晉）許遜撰
　石函記一卷　（晉）許遜撰

道書全集

（明）閻鶴洲輯
　　明萬曆十九年（1591）金陵閻氏刊本
　金丹正理大全　（□）涵蟾子輯
　　金丹大要十卷　（元）上陽子（陳致虛）撰
　　金碧古文龍虎上經三卷　（宋）王道注疏
　　　（宋）周眞一印證
　　周易參同契通眞義三卷　（後蜀）彭曉撰
　　周易參同契解三卷　（宋）陳顯微撰
　　周易參同契分章註三卷　（元）上陽子
　　　（陳致虛）撰
　　玄學正宗二卷
　　悟眞篇註疏三卷　（宋）陳達靈傳　（宋）
　　　翁葆光注　（元）戴起宗疏
　　悟眞註疏直指詳說三乘秘要一卷　（宋）
　　　翁葆光撰
　　金丹四百字內外註解一卷附金穀歌註解
　　　一卷
　　諸眞元奧集成九卷　（□）涵蟾子輯
　　群仙珠玉集成四卷
　　玄宗內典諸經註　（明）邵□輯
　　陰符經註一卷　（明）張位撰
　　道德經註二卷　（明）張位撰
　　太上老君說常清靜經註一卷　（元）李道
　　　純撰
　　太上赤文洞古經註一卷　（□）長筌子撰
　　太上大通經註一卷　（元）李道純撰

太上昇玄說消災護命妙經註一卷　（元）
　混然子（王玠）撰
洞玄靈寶定觀經註一卷
胎息經註一卷　（□）幻眞先生撰
無上玉皇心印經一卷　（□）李簡易撰
老子說五廚經註一卷　（唐）尹愔撰
崔公入藥鏡註解一卷　（元）混然子（王
　玠）撰
靑天歌註釋一卷　（元）混然子（王玠）撰
譚子化書六卷　（南唐）譚峭撰
陰符經三皇玉訣三卷
陳虛白規中指南二卷　（元）陳冲素撰
羣仙要語二卷　（元）董漢醇輯
玉淸金笥靑華祕文金寶內煉丹訣三卷
　（宋）張伯端撰
中和集七卷　（元）李道純撰
鍾呂二仙修眞傳道集三卷　（唐）施肩吾傳
純陽呂眞人文集八卷　（唐）呂嵒撰
文始眞經言外經旨二卷　（宋）陳顯微撰
太上黃庭內景玉經一卷　（□）梁丘子注
太上黃庭外景經一卷　（□）梁丘子注
黃庭內景五臟六腑圖說一卷　（唐）胡愔撰

道言五種

（淸）陶素耜撰
　　淸康熙中遺經堂刊本
　周易參同契脉望三卷
　悟眞篇約註三卷
　承志錄三卷
　金丹就正篇玄膚論一卷　（明）陸西星撰
　　（淸）陶素耜訂
　金丹大要一卷

道貫眞源

（淸）董元眞輯
　　淸乾隆嘉慶間古越集陽樓刊本
　周易參同契正義三卷　（淸）董德寧撰
　悟眞篇正義一卷　（淸）董德寧撰　乾隆五
　　十三年（1788）刊
　元丹篇一卷　（淸）董德寧撰　乾隆五十三
　　年（1788）刊
　元丹篇約注三卷　（淸）章世乾撰　嘉慶九
　　年（1804）刊
　修眞六書　（淸）董德寧輯　乾隆五十三年
　　（1788）刊
　　悟眞外篇二卷　（宋）張伯端撰
　　還原篇一卷　（宋）石泰撰
　　復命篇一卷　（宋）薛道光撰
　　翠虛篇一卷　（宋）陳楠撰
　　紫淸指玄集二卷　（宋）白玉蟾撰

金丹大成集二卷　（元）蕭廷之撰

元眞錄　（清）董德寧撰　乾隆六十年
　（1795）刊

　丹道發微一卷

　仙傳宗源一卷

　性學筌蹄一卷

太上黃庭經發微二卷　（清）董德寧注　乾
　隆六十年（1795）刊

黃帝陰符經本義二卷　（清）董德寧注　乾
　隆六十年（1795）刊

老子道德經本義二卷　（清）董德寧撰　乾
　隆六十年（1795）刊

道書十二種（一名指南針）

（清）劉一明撰
　　清嘉慶二十四年（1819）常郡護國庵刊本
　　民國二年（1913）上海江東書局石印本

陰符經註一卷

敲爻歌直解一卷

百字碑註一卷

西遊原旨讀法一卷詩結一卷

修眞辨難二卷

神室八法一卷

修眞九要一卷

無根樹解一卷

金丹四百字解一卷

悟眞直指四卷

黃庭經解一卷

參同契經文直指三卷參同契直指箋註三卷
　參同契直指三相類二卷

悟道錄二卷

陳氏志學齋叢刊

（清）□□輯
　　清光緒中陳氏志學齋刊本

天仙正理直論增註二卷　（明）伍守陽撰併
　註

十二段錦一卷　（清）潘霨增刪

古書隱樓藏書

（清）閔一得輯
　　清光緒三十年（1904）刊本

碧苑壇經五卷　（清）施守平撰

棲霞山悟元子修眞辯難參證二卷　（清）劉
　一明撰　（清）閔一得參證

陰符經玄解正義一卷　（清）閔一得撰

金丹四百字注釋一卷　（明）彭好古註解
　（清）閔陽林釋義

太乙金華宗旨一卷　（清）蔣元庭輯

呂祖師三尼醫世說述一卷　（清）陶太定輯

（清）閔一得疏　　　　　　　〔一得撰

讀呂祖師三尼醫世說述管窺一卷　（清）閔

呂祖師三尼醫世功訣一卷　（清）沈一炳撰
　（清）閔一得重述併註

皇極闔闢證道仙經三卷　（清）閔一得訂正

窯陽殿問答編一卷　（清）閔一得訂正

如是我聞一卷　（清）閔一得訂

泄天機一卷　（清）閔一得纂

上品丹法節次一卷　（清）李德洽原述
　（清）閔一得續纂

養生十三則聞微一卷　（清）閔一得纂

管窺編一卷　（清）閔一得纂

天仙心傳三卷附錄一卷　（清）閔一得撰

天仙道程寶則一卷　（清）懶雲氏撰

天仙道戒忌須知一卷　（清）懶雲氏撰

二懶心話一卷　（清）閔一得撰

雨香天經咒註六卷　（清）閔一得撰

智慧眞言注一卷　（清）閔一得撰

一目眞言注一卷　（清）閔一得撰

增智慧眞言一卷　（清）閔一得撰

祭煉心咒註一卷　（清）閔一得撰

瑣言續一卷　（清）閔一得撰

玄譚全集一卷　（明）張君寶撰

西王母女修正途十則一卷　（清）閔一得註

李祖師女宗雙修寶筏一卷　（清）閔一得訂

持世陀羅尼經法一卷　（清）閔眞仙撰

陀羅尼經注一卷　（唐）釋玄奘譯　（清）際
　蓮注

密蹟金剛神咒注一卷　（清）閔一得撰

大悲神咒注一卷　（清）閔一得撰

清規玄妙二卷　（清）閔一得撰

就正錄一卷　（清）陸世忱撰

與林奮千先生書一卷　（清）陸世忱撰

濟一子道書

（清）傅金銓撰
　　清善成堂刊本

道書一貫眞機易簡錄十二卷

新鐫道書度人梯徑八卷　（清）傅金銓釋

自題所畫一卷

性天正鵠一卷

新鐫道書樞陽經一卷附集一卷　附集（清）
　傅金銓輯

心學三卷

新鐫道書亓篇註五卷　（唐）呂嵒撰　（清）
　傅金銓釋

黃鶴賦一卷

百句章一卷

眞經歌一卷

鼎器歌一卷

採金歌一卷

證道秘書

(清)傅金銓輯
　　清善成堂刊本
　　道書杯溪錄三卷　(清)傅金銓撰
　　赤水吟一卷　(清)傅金銓撰
　　外金丹五卷
　　內金丹一卷
　　邱祖全書一卷　(金)丘處機撰
　　玄微心印二卷　(□)喻太眞等撰
　　丹經示讀一卷　(清)傅金銓撰
　　三丰丹訣一卷　(明)張三丰撰
　　天仙正理讀法點睛一卷　(清)傅金銓撰
　　道海津梁一卷　(清)傅金銓撰

方壺外史

(明)陸西星撰
　　民國四年(1915)香山鄭觀應等排印本
卷一
　　無上玉皇心印妙經測疏
　　黃帝陰符經測疏
卷二
　　老子道德經玄覽
卷三
　　周易參同契測疏
卷四
　　參同契口義
卷五
　　崔公入藥鏡測疏
卷六
　　純陽呂公百字碑測疏
卷七
　　紫陽眞人金丹四百字測疏
　　龍眉子金丹印證詩測疏
　　邱長春眞人靑天歌測疏
卷八
　　玄膚論
　　金丹就正篇
　　金丹大旨圖
　　七破論

楞園仙書

(清)江含春撰
　　鈔本
　　金丹悟一卷
　　金丹疑一卷
　　步天歌圖註一卷
　　龍山紀載四卷
　　楞園賦說一卷

訓詁珠塵二卷
解眞篇一卷
試金石二十四詠一卷
楞園詩草一卷

悟眞四註篇

(民國)□□輯
　　民國石印本
　　頂批金丹眞傳一卷　(明)孫汝忠撰
　　道書試金石一卷　(清)傅金銓撰
　　邵子詩註一卷　(清)傅金銓撰
　　入藥鏡註一卷　(清)傅金銓撰

集　　類

總　集(通代)

楚辭四種

(民國)國學整理社輯　　　　　　　　[本
　　民國二十五年(1936)上海世界書局排印
　　楚辭十七卷　(漢)王逸章句　(宋)洪興祖
　　補注
　　屈原賦注七卷附通釋二卷音義三卷　(清)
　　戴震撰　音義(清)汪梧鳳撰
　　離騷圖經一卷　(清)蕭雲從繪
　　楚辭拾遺一卷　陳直撰

山曉閣文選十五種

(清)孫琮輯
　　清康熙中山曉閣刊本
　　左傳選十卷　以下清康熙五年(1666)刊
　　公羊傳選一卷
　　穀梁傳選一卷
　　國語選四卷
　　史記選八卷
　　西漢文選七卷　以下清康熙七年(1668)刊
　　東漢文選五卷　　　　　　　　　　[刊
　　韓昌黎文選四卷　以下清康熙十年(1671)
　　柳柳州文選四卷
　　歐陽廬陵文選四卷
　　蘇老泉文選二卷
　　蘇東坡文選六卷
　　蘇潁濱文選二卷
　　曾南豐文選一卷
　　王臨川文選一卷

石倉十二代詩選(一名歷代詩選)

(明)曹學佺輯
　　明崇禎四年(1631)序刊本
　　古詩選十三卷

漢詩一卷
魏詩一卷
晉詩二卷
宋詩一卷
齊詩一卷
梁詩三卷
陳詩一卷
隋詩一卷
北朝詩一卷
古逸歌謠一卷
唐詩選一百十卷
初盛唐詩選三十三卷
中唐詩選二十七卷
晚唐詩選四十卷
唐詩拾遺十卷
宋詩選一百七卷
元詩選五十卷
明詩選六百八卷續集三十四卷
明詩一集選八十六卷
明詩次集選一百四十卷
明詩三集選一百卷三續集十三卷
明詩四集選一百三十二卷四續集九卷
明詩五集選五十卷續五集四卷五續集六
卷
明詩六集選一百卷六續集二卷
明續集五十一卷再續集三十四卷閨秀集一
卷
南直集三十五卷
浙江集五十卷
福建集九十六卷
社集二十八卷
楚集十九卷
四川集五卷
江右集五卷
江西集五卷
陝西集三卷
河南集一卷

乾坤正氣集

（清）姚瑩（清）顧沅（清）潘錫恩輯
　　　清道光二十八年（1848）涇縣潘氏袁江節
　　　署刊同治五年（1866）新建吳坤修皖
　　　江印本
首一卷
楚辭五卷　　（周）屈原撰
孔北海集一卷　（漢）孔融撰
嵇中散集九卷　（魏）嵇康撰
張司空集一卷　（晉）張華撰
郭景純集二卷　（晉）郭璞撰
袁忠憲集一卷　（劉宋）袁淑撰

李北海集六卷　（唐）李邕撰
顏魯公文集十四卷　（唐）顏眞卿撰
司空表聖集四卷　（唐）司空圖撰
忠愍集一卷　（宋）李若水撰
傅忠肅集一卷　（宋）傅察撰
宗忠簡公集四卷　（宋）宗澤撰
忠正德文集八卷　（宋）趙鼎撰
陳修撰集四卷　（宋）陳東撰
高東溪集一卷　（宋）高登撰
歐陽修撰集三卷　（宋）歐陽澈撰
岳忠武王集八卷　（宋）岳飛撰
竹林愚隱集一卷　（宋）胡夢昱撰
楳野集十一卷　（宋）徐元杰撰
蒙川遺稿一卷　（宋）劉黻撰
文山先生全集十卷　（宋）文天祥撰
陸忠烈公書一卷　（宋）陸秀夫撰
謝疊山先生文集四卷　（宋）謝枋得撰
郝文忠公集二十五卷　（元）郝經撰
惟實集二卷　（元）劉鶚撰
青陽先生文集三卷　（元）余闕撰
羽庭集四卷　（元）劉仁本撰
師山先生文集九卷　（元）鄭玉撰
戴九靈集十九卷　（元）戴良撰
王忠文公集二十卷　（明）王禕撰
練中丞金川集一卷　（明）練子寧撰
遜志齋集二十二卷　（明）方孝孺撰
舠鰲集四卷　（明）周德撰
程巽隱先生文集二卷　（明）程本立撰
易齋集一卷　（明）劉璟撰
致身錄一卷　（明）史仲彬撰
于忠肅公集四卷　（明）于謙撰
張文僖集一卷　（明）張益撰
劉兩谿文集二十卷　（明）劉球撰
周忠愍公垂光集二卷　（明）周璽撰
立齋遺文四卷　（明）鄒智撰
青霞集四卷　（明）沈鍊撰
桂洲文集四卷　（明）夏言撰
楊忠愍公集二卷　（明）楊繼盛撰
高子遺書六卷　（明）高攀龍撰
趙忠毅公文集十八卷　（明）趙南星撰
熊襄愍公集七卷　（明）熊廷弼撰
徐念陽公集八卷　（明）徐如珂撰
周忠愍奏疏二卷　（明）周起元撰
楊忠烈公文集五卷　（明）楊漣撰
左忠毅公集三卷　（明）左光斗撰
周忠介公燼餘集三卷　（明）周順昌撰
周忠毅公奏議四卷　（明）周宗建撰
從野堂存稿五卷　（明）繆昌期撰
落落齋遺集六卷　（明）李應昇撰
黃忠端公集三卷　（明）黃尊素撰

藏密齋集七卷　(明)魏大中撰
盧忠肅公文集二卷　(明)盧象昇撰
鹿忠節公集二十一卷　(明)鹿善繼撰
范文忠集九卷　(明)范景文撰
倪文正集四卷　(明)倪元璐撰
凌忠介公文集二卷　(明)凌義渠撰
吳忠節公遺集二卷　(明)吳麟徵撰
周文忠公集四卷　(明)周鳳翔撰
劉文烈公集一卷　(明)劉理順撰
申端愍公集一卷　(明)申佳胤撰
金忠潔公集二卷　(明)金鉉撰
賀文忠公集四卷　(明)賀逢聖撰
史忠正公集四卷　(明)史可法撰
瑤光閣集十卷　(明)黃端伯撰
左忠貞公文集八卷　(明)左懋第撰
王節愍公遺集二卷　(明)王道焜撰
劉子文編十卷　(明)劉宗周撰
祁忠惠公遺集八卷　(明)祁彪佳撰
陳忠裕全集十卷　(明)陳子龍撰
仍貽堂集二卷　(明)侯峒曾撰
陶庵文集十卷　(明)黃淳耀撰
谷濂先生遺書三卷　(明)黃淵耀撰
葛中翰集三卷　(明)葛麟撰
金太史集九卷　(明)金聲撰
溫寶忠先生遺稿十卷　(明)溫璜撰
樓山堂集十八卷　(明)吳應箕撰
白谷集四卷　(明)孫傳庭撰
堵文忠公集六卷　(明)堵允錫撰
王季重先生文集四卷　(明)王思任撰
黃石齋先生集十六卷　(明)黃道周撰
四明先生遺集一卷　(明)錢肅樂撰
蓮鬚閣集六卷　(明)黎遂球撰
影園集一卷　(明)鄭元勳撰
江止庵遺集八卷　(明)江天一撰
郝太僕遺集一卷　(明)郝景春撰
陳忠簡公遺集三卷　(明)陳子壯撰
王少司馬奏疏二卷　(明)王家楨撰
賜誠堂文集六卷　(明)管紹寧撰
陳嚴野先生集三卷　(明)陳邦彥撰
張閣學文集二卷　(明)張煌言撰
瞿忠宣公集八卷　(明)瞿式耜撰
夏節愍公集四卷　(明)夏完淳撰
蔡忠恪公語錄一卷　(明)蔡懋德撰
高陽文集三卷　(明)孫承宗撰
觀復堂集二卷　(明)朱集璜撰

屈賈文合編

(清)夏獻雲輯
　　　清光緒三年(1877)長沙刊本　　　[注
　　屈大夫文八卷　(周)屈原撰　(宋)朱熹集

賈太傅文一卷　(漢)賈誼撰
附
　　賈子新書十卷　(漢)賈誼撰

合刻忠武靖節二編

(明)楊時偉輯
　　　明萬曆四十七年(1619)楊氏刊本
　　諸葛忠武書十卷　(蜀)諸葛亮撰　(明)楊
　　　時偉輯
　　陶靖節集八卷　(晉)陶潛撰
附
　　　陶靖節先生年譜一卷　(宋)吳仁傑撰
　　　蘇東坡和陶詩二卷　(宋)蘇軾撰

新刻諸葛宗岳史四公文集

(清)劉質慧輯　　　　　　　　　　[本
　　　清同治十二年(1873)三原劉氏述荊堂刊
　　諸葛忠武侯文集六卷首一卷　(蜀)諸葛亮
　　　撰
　　宗忠簡公文集四卷首一卷補遺一卷遺事二
　　　卷　(宋)宗澤撰
　　岳忠武王文集八卷首一卷末一卷　(宋)岳
　　　飛撰
　　史忠正公文集四卷首一卷　(明)史可法撰

四忠遺集

(清)□□輯
　　　清光緒二十三年(1897)湘南書局刊本
　　諸葛武侯集四卷首一卷　(蜀)諸葛亮撰
　　文信國公集二十卷首一卷　(宋)文天祥撰
　　楊忠愍公集五卷首一卷末一卷　(明)楊繼
　　　盛撰
　　史忠正公集四卷首一卷末一卷　(明)史可
　　　法撰

陶李合刊

(明)王錫袞輯
　　　明天啓崇禎間刊本
　　陶淵明全集四卷　(晉)陶潛撰
　　李長吉詩集四卷外集一卷　(唐)李賀撰

李卓吾先生合選陶王集

(明)李贄選
　　　明萬曆四十三年(1615)刊本
　　李卓吾批選陶淵明集二卷　(晉)陶潛撰
　　李卓吾批選王摩詰集二卷　(唐)王維撰

汲古閣合訂唐宋元詩五集

(明)毛晉輯
　　　明崇禎中虞山毛氏汲古閣刊本

衆鈔集一卷　(宋)趙師秀輯
忠義集七卷　(元)趙景良輯　(明)何喬新
　訂定
宋遺民錄一卷　(明)□□輯
谷音二卷　(元)杜本輯
女紅餘志二卷　(元)龍輔撰

合刻兩張先生集

(明)張時行輯
　　明崇禎六年(1633)歷陽張氏刊本
　張文昌集八卷　(唐)張籍撰
　張于湖集八卷附錄一卷　(宋)張孝祥撰

八大家文鈔

(明)茅坤輯
　　明萬曆七年(1579)刊本
　　明崇禎元年(1628)刊本
　　清雲林大盛堂刊本
　唐大家韓文公文鈔十六卷　(唐)韓愈撰
　唐大家柳柳州文鈔十二卷　(唐)柳宗元撰
　宋大家歐陽文忠公文鈔三十二卷　(宋)歐
　　陽修撰
　宋大家蘇文公文鈔十卷　(宋)蘇洵撰
　宋大家蘇文忠公文鈔二十八卷　(宋)蘇軾
　　撰
　宋大家蘇文定公文鈔二十卷　(宋)蘇轍撰
　宋大家王文公文鈔十六卷　(宋)王安石撰
　宋大家曾文定公文鈔十卷　(宋)曾鞏撰

陳太僕批選八家文鈔

(清)陳兆崙輯　　　　　　　　　　[本
　　清光緒二十六年(1900)天津文美齋石印
　韓文選二卷　(唐)韓愈撰
　柳文選一卷　(唐)柳宗元撰
　王文選一卷　(宋)王安石撰
　曾文選一卷　(宋)曾鞏撰
　歐文選一卷　(宋)歐陽修撰
　老蘇文選一卷　(宋)蘇洵撰
　大蘇文選一卷　(宋)蘇軾撰
　小蘇文選一卷　(宋)蘇轍撰

唐宋八家詩

(清)姚培謙輯
　　清雍正五年(1727)遂安堂刊本
　昌黎詩鈔八卷　(唐)韓愈撰
　河東詩鈔四卷　(唐)柳宗元撰
　廬陵詩鈔八卷　(宋)歐陽修撰
　老泉詩鈔一卷　(宋)蘇洵撰
　東坡詩鈔十八卷　(宋)蘇軾撰
　欒城詩鈔四卷　(宋)蘇轍撰

牛山詩鈔六卷　(宋)王安石撰
南豐詩鈔三卷　(宋)曾鞏撰

唐宋十大家全集錄

(清)儲欣輯
　　清光緒八年(1882)江蘇書局刊本
　昌黎先生全集錄八卷　(唐)韓愈撰
　河東先生全集錄六卷外集錄一卷　(唐)柳
　　宗元撰
　習之先生全集錄二卷　(唐)李翺撰
　可之先生全集錄二卷　(唐)孫樵撰
　六一居士全集錄五卷外集錄二卷　(宋)歐
　　陽修撰
　老泉先生全集錄五卷　(宋)蘇洵撰
　東坡先生全集錄九卷　(宋)蘇軾撰
　欒城先生全集錄六卷　(宋)蘇轍撰
　南豐先生全集錄二卷　(宋)曾鞏撰
　臨川先生全集錄四卷　(宋)王安石撰

唐宋三大詩宗集

(民國)易大厂輯　　　　　　　　　　[本
　　民國二十二年(1933)上海民智書局排印
　杜審言集二卷　(唐)杜審言撰
　南陽詩集二卷　(宋)趙湘撰
　青社黃先生伐檀集一卷　(宋)黃庶撰

唐宋十大家尺牘

(民國)文明書局輯
　　民國上海文明書局石印本
　韓昌黎尺牘一卷　(唐)韓愈撰
　柳柳州尺牘一卷　(唐)柳宗元撰
　蘇東坡尺牘二卷　(宋)蘇軾撰
　黃山谷尺牘二卷　(宋)黃庭堅撰
　司馬溫公尺牘二卷　(宋)司馬光撰
　呂東萊尺牘二卷　(宋)呂祖謙撰
　歐陽修尺牘一卷　(宋)歐陽修撰
　蘇老泉尺牘一卷　(宋)蘇洵撰
　王臨川尺牘一卷　(宋)王安石撰
　曾南豐尺牘一卷　(宋)曾鞏撰

四婦人集

(清)沈綺雲輯
　　清嘉慶中雲間沈氏古倪園刊本
　　民國十二年(1923)海寧陳氏慎初堂據清
　　　沈氏本景印
　唐女郎魚玄機詩一卷附魚集考異一卷
　　(唐)魚玄機撰　考異(清)黃丕烈撰
　　嘉慶十五年(1810)據宋本刊
　薛濤詩一卷　(唐)薛濤撰　嘉慶十五年
　　(1810)據明本刊

楊太后宮詞一卷附校勘記一卷附錄一卷
　　　宋楊皇后撰　　(宋)潛夫(周密)輯　校
　　勘記　(□)□□撰　附錄(清)黃丕烈
　　輯　嘉慶十五年(1810)據景宋鈔本刊
　綠牕遺藁一卷　(元)孫淑撰　嘉慶二十四
　　年(1819)據鈔本刊
　附
　　傅若金詩一卷　(元)傅若金撰

唐明二翁詩集

　(民國)翁輝東輯
　　　民國十五年(1926)潮安翁氏排印本
　　晝錦堂詩一卷　(唐)翁承贊撰
　　稽愆詩一卷　(明)翁萬達撰

御選宋金元明四朝詩

　清聖祖定
　　　清康熙四十八年(1709)武英殿刊本
　　御選宋詩七十八卷姓名爵里二卷
　　御選金詩二十四卷首一卷姓名爵里一卷
　　御選元詩八十卷首一卷姓名爵里二卷
　　御選明詩一百二十卷姓名爵里八卷

宋元四十三家集

　(明)潘是仁輯
　　　明萬曆中刊本
　　趙清獻公詩集五卷　(宋)趙抃撰
　　唐眉山詩集七卷　(宋)唐庚撰
　　陳簡齋詩集五卷　(宋)陳與義撰
　　米襄陽詩集五卷　(宋)米芾撰
　　蔡莆陽詩集六卷　(宋)蔡襄撰
　　清苑齋詩集四卷　(宋)趙師秀撰
　　葦碧軒詩集四卷　(宋)翁卷撰
　　文與可古樂府九卷　(宋)文同撰
　　嚴滄浪詩集六卷　(宋)嚴羽撰
　　裘竹齋詩集六卷　(宋)裘萬頃撰
　　秦少游詩集六卷　(宋)秦觀撰
　　放翁詩集八卷　(宋)陸游撰
　　芳蘭軒詩集五卷　(宋)徐照撰
　　二薇亭詩集四卷　(宋)徐璣撰
　　眞山民詩集四卷　(宋)眞山民撰
　　花蘂夫人詩集一卷　(後蜀)花蕊夫人(費
　　　氏)撰
　　松雪齋集七卷　(元)趙孟頫撰
　　吳草廬詩集六卷　(元)吳澄撰
　　盧舍雪詩集三卷　(元)盧亘撰
　　虞邵菴詩集七卷　(元)虞集撰
　　揭秋宜詩集五卷　(元)揭傒斯撰
　　王陌菴詩集二卷　(元)王士熙撰
　　薛象峯詩集二卷　(元)薛漢撰

陸湖峯詩集一卷　(元)陸景龍撰
迺前岡詩集三卷　(元)迺賢撰
松谷詩集二卷　(元)丁鶴年撰
魚軒詩集二卷　(元)龍從雲撰
貢南湖詩集七卷　(元)貢性之撰
春慵軒詩集一卷　(元)鄭允端撰
倪雲林詩集六卷　(元)倪瓚撰
句曲張外史詩集六卷　(元)張雨撰
陳荔溪詩集三卷　(元)陳旅撰
楊鐵崖古樂府三卷　(元)楊維楨撰
傅玉樓詩集四卷　(元)傅若金撰
柳初陽詩集三卷　(元)柳貫撰
張蛻菴詩集四卷　(元)張翥撰
泰顧北詩集一卷　(元)泰不華撰
李五峯詩集二卷　(元)李孝光撰
余竹窓詩集二卷　(元)余闕撰
貢玩齋詩集三卷　(元)貢師泰撰
成柳庄詩集四卷　(元)成廷珪撰
石屋禪師山居詩集六卷　(元)釋清珙撰
陳笏齋詩集六卷　(元)陳孚撰
貫酸齋詩集二卷　(元)貫雲石撰
困學齋詩集二卷　(元)鮮于樞撰

詩詞雜俎

　(明)毛晉輯
　　　明天啓崇禎間海虞毛氏汲古閣刊本
　　　清木松堂據明毛氏本重刊
　　　民國上海醫學書局據明毛氏本景印
　　衆妙集一卷　(宋)趙師秀輯
　　翦綃集二卷　(宋)李龏撰
　　石湖詩集一卷　(宋)范成大撰
　　月泉吟社一卷　(宋)吳渭輯
　　谷音二卷　(元)杜本輯
　　河汾諸老詩集八卷　(元)房祺輯
　　三家宮詞三卷　(明)毛晉輯
　　　王建宮詞一卷　(唐)王建撰
　　　花蕊夫人宮詞一卷　(後蜀)花蕊夫人
　　　　(費氏)撰
　　　王珪宮詞一卷　(宋)王珪撰
　　二家宮詞二卷　(明)毛晉輯
　　　宋徽宗宮詞一卷　宋徽宗撰
　　　楊太后宮詞一卷　宋楊皇后撰
　　元宮詞一卷　(明)蘭雪軒主人撰
　　漱玉詞一卷　(宋)李清照撰
　　斷腸詞一卷　(宋)朱淑眞撰
　　龍輔女紅餘志二卷　(元)龍輔撰

戴鹿牀手寫宋元四家詩四種

　(清)戴熙輯
　　　民國十七年(1928)中社據清戴熙手鈔本

景印
　林君復詩一卷　　（宋）林逋撰
　姜白石詩一卷　　（宋）姜夔撰
　倪雲林詩一卷　　（元）倪瓚撰
　王元章詩一卷　　（元）王冕撰

五名臣遺集

（清）張純修輯
　　清康熙三十六年(1697)古燕張氏刊本
　張乖崖事文錄四卷　（宋）張詠撰
　孝肅包公奏議十卷　（宋）包拯撰
　余忠宣公青陽山房集五卷　（元）余闕撰
　廬陽周忠愍公垂光集二卷　（明）周璽撰
　史道鄰先生遺稿三卷　（明）史可法撰

廬陽三賢集

（清）張樹聲輯
　　清光緒元年(1875)合肥張氏毓秀堂刊本
　包孝肅奏議十卷附錄一卷　（宋）包拯撰
　青陽山房集五卷附錄一卷　（元）余闕撰
　垂光集一卷附錄一卷　（明）周璽撰

金元明八大家文選

（清）李祖陶輯
　　清道光二十五年(1845)刊本
　元遺山先生文選七卷　（金）元好問撰
　姚牧菴先生文選五卷　（元）姚燧撰
　吳草廬先生文選六卷　（元）吳澄撰
　虞道園先生文選八卷　（元）虞集撰
　宋景濂先生文選七卷　（明）宋濂撰
　王陽明先生文選七卷　（明）王守仁撰
　唐荊川先生文選七卷　（明）唐順之撰
　歸震川先生文選六卷　（明）歸有光撰

元明八大家古文選

（清）劉肇虞選評
　　清乾隆二十九年(1764)步月樓刊本
　虞道園文選二卷　（元）虞集撰
　揭曼碩文選一卷　（元）揭傒斯撰
　王陽明文選二卷　（明）王守仁撰
　歸震川文選二卷　（明）歸有光撰
　唐荊川文選二卷　（明）唐順之撰
　王遵巖文選二卷　（明）王慎中撰
　艾東鄉文選二卷　（明）艾南英撰

明清八大家文鈔

（民國）王文濡輯
　　民國四年(1915)上海進步書局石印本
　歸震川文鈔一卷　（明）歸有光撰
　方望溪文鈔一卷　（清）方苞撰

　劉海峯文鈔一卷　（清）劉大櫆撰
　姚姬傳文鈔一卷　（清）姚鼐撰
　梅伯言文鈔一卷　（清）梅曾亮撰
　曾滌生文鈔一卷　（清）曾國藩撰
　張濂亭文鈔一卷　（清）張裕釗撰
　吳摯甫文鈔一卷　（清）吳汝綸撰

明清十大家尺牘

（民國）文明書局輯
　　民國十年(1921)上海文明書局石印本
　王陽明尺牘一卷　（明）王守仁撰
　歸震川尺牘一卷　（明）歸有光撰
　錢牧齋尺牘一卷　（清）錢謙益撰
　顧亭林尺牘一卷　（清）顧炎武撰
　侯朝宗尺牘一卷　（清）侯方域撰
　尤西堂尺牘一卷　（清）尤侗撰
　方望溪尺牘一卷　（清）方苞撰
　姚惜抱尺牘一卷　（清）姚鼐撰
　吳穀人尺牘一卷　（清）吳錫麒撰
　王弢園尺牘二卷　（清）王韜撰

文藝小叢書第一輯

（民國）胡樸安(民國)胡懷琛輯　　　　〔本
　　民國二十二年(1933)上海廣益書局排印
　　本事詩　（唐）孟棨撰　　　　　　〔輯
　唐人傳奇選　（民國）胡樸安(民國)胡懷琛
　倦雲憶語　（民國）程善之撰
　子夜歌　（民國）胡樸安(民國)胡懷琛輯
　漱玉詞　（宋）李清照撰
　斷腸詞　（宋）朱淑眞撰
　蘭閨清課　（民國）胡懷琛輯
　南遊記　（清）孫嘉淦撰
　香奩集　（唐）韓偓撰
　小詩選　（民國）秋雪選
　描寫人生斷片之歸有光　（民國）胡懷琛撰
　胡笳十八拍及其他　（民國）胡樸安輯

總　集（漢魏六朝）

漢魏諸名家集

（明）汪士賢輯
　　明萬曆天啓間新安汪氏刊本
　董仲舒集一卷　（漢）董仲舒撰
　司馬長卿集一卷　（漢）司馬相如撰
　東方先生集一卷　（漢）東方朔撰
　揚子雲集三卷　（漢）揚雄撰
　蔡中郎集八卷　（漢）蔡邕撰
　曹子建集十卷　（魏）曹植撰
　嵇中散集十卷　（魏）嵇康撰
　阮嗣宗集二卷　（魏）阮籍撰

晉二俊文集　　(宋)徐民瞻輯
　陸士衡集十卷　　(晉)陸機撰
　陸士龍集十卷　　(晉)陸雲撰
潘黃門集六卷　　(晉)潘岳撰
陶靖節集十卷　　(晉)陶潛撰
謝康樂集四卷　　(劉宋)謝靈運撰
謝惠連集一卷　　(劉宋)謝惠連撰
顏延之集一卷　　(劉宋)顏延之撰
鮑明遠集十卷　　(劉宋)鮑照撰
謝宣城集五卷　　(南齊)謝朓撰
任彥升集六卷　　(梁)任昉撰
江文通文集十卷　　(梁)江淹撰
陶貞白集二卷　　(梁)陶弘景撰
庾開府集十二卷　　(北周)庾信撰

漢魏六朝百三名家集(一名漢魏六朝一百三家集)

(明)張溥輯
　明婁東張氏刊本
　清光緒三年(1877)滇南唐氏壽考堂刊本
　清光緒五年(1879)彭懋謙信述堂重刊本
　清光緒十八年(1892)善化章經濟堂刊本
　清光緒十八年(1892)長沙謝氏翰墨山房刊本
　民國六年(1917)上海掃葉山房石印本
　民國七年(1918)四川官印局刊本
　漢嵇先生集一卷　　(漢)嵇少孫撰
　王諫議集一卷　　(漢)王褒撰
　漢劉中壘集一卷　　(漢)劉向撰
　揚侍郎集一卷　　(漢)揚雄撰
　漢劉子駿集一卷　　(漢)劉歆撰
　馮曲陽集一卷　　(漢)馮衍撰
　班蘭臺集一卷　　(漢)班固撰
　東漢崔亭伯集一卷　　(漢)崔駰撰
　張河閒集二卷　　(漢)張衡撰
　漢蘭臺令李伯仁集(一名李蘭臺集)一卷
　　(漢)李尤撰
　東漢馬季長集一卷　　(漢)馬融撰
　東漢荀侍中集一卷　　(漢)荀悅撰
　蔡中郎集二卷　　(漢)蔡邕撰
　東漢王叔師集一卷　　(漢)王逸撰
　孔少府集一卷　　(漢)孔融撰
　諸葛丞相集一卷　　(蜀)諸葛亮撰
　魏武帝集一卷　　魏武帝撰
　魏文帝集二卷　　魏文帝撰
　陳思王集二卷　　(魏)曹植撰
　陳記室集一卷　　(漢)陳琳撰
　王侍中集一卷　　(漢)王粲撰
　魏阮元瑜集一卷　　(魏)阮瑀撰
　魏劉公幹集一卷　　(魏)劉楨撰

　魏應德璉集一卷　　(魏)應瑒撰
　魏應休璉集一卷　　(魏)應璩撰
　阮步兵集一卷　　(魏)阮籍撰
　嵇中散集一卷　　(魏)嵇康撰
　魏鍾司徒集一卷　　(魏)鍾會撰
　晉杜征南集一卷　　(晉)杜預撰
　魏荀公曾集一卷　　(晉)荀勖撰
　傅鶉觚集一卷　　(晉)傅玄撰
　晉張司空集(一名張茂先集)一卷　　(晉)張
　　華撰
　孫馮翊集一卷　　(晉)孫楚撰
　晉摯太常集一卷　　(晉)摯虞撰
　晉束廣微集一卷　　(晉)束晳撰
　夏侯常侍集一卷　　(晉)夏侯湛撰
　潘黃門集一卷　　(晉)潘岳撰
　傅中丞集一卷　　(晉)傅咸撰
　潘太常集一卷　　(晉)潘尼撰
　陸平原集二卷　　(晉)陸機撰
　陸清河集二卷　　(晉)陸雲撰
　晉成公子安集一卷　　(晉)成公綏撰
　晉張孟陽集一卷　　(晉)張載撰
　晉張景陽集一卷　　(晉)張協撰
　晉劉越石集一卷　　(晉)劉琨撰
　郭弘農集二卷　　(晉)郭璞撰
　晉王右軍集二卷　　(晉)王羲之撰
　晉王大令集一卷　　(晉)王獻之撰
　孫廷尉集一卷　　(晉)孫綽撰
　陶彭澤集一卷　　(晉)陶潛撰
　宋何衡陽集一卷　　(劉宋)何承天撰
　宋傅光祿集一卷　　(劉宋)傅亮撰
　謝康樂集二卷　　(劉宋)謝靈運撰
　顏光祿集一卷　　(劉宋)顏延之撰
　鮑參軍集二卷　　(劉宋)鮑照撰
　宋袁陽源集一卷　　(劉宋)袁淑撰
　謝法曹集一卷　　(劉宋)謝惠連撰
　謝光祿集一卷　　(劉宋)謝莊撰
　南齊竟陵王集二卷　　(南齊)蕭子良撰
　王文憲集一卷　　(南齊)王儉撰
　王寧朔集一卷　　(南齊)王融撰
　謝宣城集一卷　　(南齊)謝朓撰
　齊張長史集一卷　　(南齊)張融撰
　南齊孔詹事集一卷　　(南齊)孔稚珪撰
　梁武帝御製集一卷　　梁武帝撰
　梁昭明太子集一卷　　(梁)蕭統撰
　梁簡文帝御製集二卷　　梁簡文帝撰
　梁元帝集一卷　　梁元帝撰
　江醴陵集二卷　　(梁)江淹撰
　沈隱侯集二卷　　(梁)沈約撰
　陶隱居集一卷　　(梁)陶弘景撰
　梁丘司空集一卷　　(梁)丘遲撰

任中丞集一卷　(梁)任昉撰	劉越石集選一卷　(晉)劉琨撰
王左丞集一卷　(梁)王僧孺撰	郭弘農集選一卷　(晉)郭璞撰
陸太常集一卷　(梁)陸倕撰	王右軍集選一卷　(晉)王羲之撰
劉戶曹集一卷　(梁)劉峻撰	王大令集選一卷　(晉)王獻之撰
王詹事集一卷　(梁)王筠撰	孫廷尉集選一卷　(晉)孫綽撰
劉秘書集一卷　(梁)劉孝綽撰	陶彭澤集選一卷　(晉)陶潛撰
劉豫章集一卷　(梁)劉潛撰	何衡陽集選一卷　(劉宋)何承天撰
劉庶子集一卷　(梁)劉孝威撰	傅光祿集選一卷　(劉宋)傅亮撰
庾度支集一卷　(梁)庾肩吾撰	謝康樂集選一卷　(劉宋)謝靈運撰
何記室集一卷　(梁)何遜撰	顏光祿集選一卷　(劉宋)顏延之撰
吳朝請集一卷　(梁)吳均撰	鮑參軍集選一卷　(劉宋)鮑照撰
陳後主集一卷　陳後主撰	袁陽源集選一卷　(劉宋)袁淑撰
徐僕射集一卷　(陳)徐陵撰	謝法曹集選一卷　(劉宋)謝惠連撰
沈侍中集一卷　(陳)沈炯撰	謝光祿集選一卷　(劉宋)謝莊撰
江令君集一卷　(陳)江總撰	竟陵王集選一卷　(南齊)蕭子良撰
陳張散騎集一卷　(陳)張正見撰	王文憲集選一卷　(南齊)王儉撰
高令公集一卷　(後魏)高允撰	王寧朔集選一卷　(南齊)王融撰
溫侍讀集一卷　(後魏)溫子昇撰	謝宣城集選一卷　(南齊)謝朓撰
邢特進集一卷　(北齊)邢邵撰	張長史集選一卷　(南齊)張融撰
魏特進集一卷　(北齊)魏收撰	孔詹事集選一卷　(南齊)孔稚圭撰
庾開府集二卷　(北周)庾信撰	梁武帝集選一卷　梁武帝撰
王司空集一卷　(北周)王褒撰	梁昭明集選一卷　(梁)蕭統撰
隋煬帝集一卷　隋煬帝撰	梁簡文帝集選一卷　梁簡文帝撰
盧武陽集一卷　(隋)盧思道撰	梁元帝集選一卷　梁元帝撰
李懷州集一卷　(隋)李德林撰	江醴陵集選一卷　(梁)江淹撰
牛奇章集一卷　(隋)牛弘撰	沈隱侯集選一卷　(梁)沈約撰
薛司隸集一卷　(隋)薛道衡撰	陶隱居集選一卷　(梁)陶弘景撰
	丘司空集選一卷　(梁)丘遲撰
漢魏六朝百三家集選	任中丞集選一卷　(梁)任昉撰
	王左丞集選一卷　(梁)王僧孺撰
(清)吳汝綸評選	陸太常集選一卷　(梁)陸倕撰
民國六年(1917)都門書局排印本	劉戶曹集選一卷　(梁)劉峻撰
賈長沙集選一卷　(漢)賈誼撰	王詹事集選一卷　(梁)王筠撰
司馬文園集選一卷　(漢)司馬相如撰	劉祕書集選一卷　(梁)劉孝綽撰
揚侍郎集選一卷　(漢)揚雄撰	劉豫章集選一卷　(梁)劉潛撰
劉子駿集選一卷　(漢)劉歆撰	劉庶子集選一卷　(梁)劉孝威撰
蔡中郎集選一卷　(漢)蔡邕撰	庾度支集選一卷　(梁)庾肩吾撰
陳思王集選一卷　(魏)曹植撰	何記室集選一卷　(梁)何遜撰
阮步兵集選一卷　(魏)阮籍撰	吳朝請集選一卷　(梁)吳均撰
嵇中散集選一卷　(魏)嵇康撰	陳後主集選一卷　陳後主撰
鍾司徒集選一卷　(魏)鍾會撰	徐僕射集選一卷　(陳)徐陵撰
杜征南集選一卷　(晉)杜預撰	沈侍中集選一卷　(陳)沈炯撰
荀公曾集選一卷　(晉)荀勗撰	江令君集選一卷　(陳)江總撰
傅鶉觚集選一卷　(晉)傅玄撰	高令公集選一卷　(後魏)高允撰
傅中丞集選一卷　(晉)傅咸撰	溫侍讀集選一卷　(後魏)溫子昇撰
潘太常集選一卷　(晉)潘尼撰	邢特進集選一卷　(北齊)邢邵撰
陸平原集選一卷　(晉)陸機撰	魏特進集選一卷　(北齊)魏收撰
陸清河集選一卷　(晉)陸雲撰	庾開府集選一卷　(北周)庾信撰
成公子安集選一卷　(晉)成公綏撰	王司空集選一卷　(北周)王褒撰
張孟陽集選一卷　(晉)張載撰	隋煬帝集選一卷　隋煬帝撰
張景陽集選一卷　(晉)張協撰	

盧武陽集選一卷　(隋)盧思道撰
牛奇章集選一卷　(隋)牛弘撰
薛司隸集選一卷　(隋)薛道衡撰

漢魏六朝名家集初刻

丁福保輯
　　清宣統三年(1911)無錫丁氏排印本
枚叔集一卷　(漢)枚乘撰
司馬長卿集二卷　(漢)司馬相如撰
司馬子長集一卷　(漢)司馬遷撰
揚子雲集四卷　(漢)揚雄撰
班孟堅集三卷　(漢)班固撰
王叔師集一卷　(漢)王逸撰
鄭康成集一卷　(漢)鄭玄撰
蔡中郎集十二卷　(漢)蔡邕撰
劉公幹集一卷　(魏)劉楨撰
應德璉集一卷　(魏)應瑒撰
阮元瑜集一卷　(魏)阮瑀撰
孔文舉集一卷　(漢)孔融撰
王仲宣集三卷　(漢)王粲撰
陳孔璋集一卷　(漢)陳琳撰
徐偉長集一卷　(魏)徐幹撰
魏武帝集四卷　魏武帝撰
魏文帝集六卷　魏文帝撰
曹子建集十卷逸文一卷　(魏)曹植撰
　　(清)丁晏銓評
附
　魏陳思王(曹植)年譜一卷　(清)丁晏撰
阮嗣宗集四卷　(魏)阮籍撰
嵇叔夜集七卷　(魏)嵇康撰
左太沖集一卷　(晉)左思撰
潘安仁集五卷　(晉)潘岳撰
陸士衡集十卷　(晉)陸機撰
陸士龍集十卷　(晉)陸雲撰
陶淵明集八卷首一卷末一卷　(晉)陶潛撰
謝康樂集五卷　(劉宋)謝靈運撰
謝法曹集二卷　(劉宋)謝惠連撰
謝希逸集三卷　(劉宋)謝莊撰
鮑明遠集三卷　(劉宋)鮑照撰
顏延年集四卷　(劉宋)顏延之撰
謝宣城集五卷　(南齊)謝朓撰
梁武帝集八卷　梁武帝撰
梁簡文帝集八卷　梁簡文帝撰
梁元帝集五卷　梁元帝撰
梁昭明太子集四卷　(梁)蕭統撰
沈休文集九卷　(梁)沈約撰
江文通集八卷　(梁)江淹撰
任彥昇集五卷　(梁)任昉撰
陳後主集二卷　陳後主撰
隋煬帝集五卷　隋煬帝撰

彙刻建安七子集

(明)楊德周輯　(清)陳朝輔增
　　明崇禎十一年(1638)刊本
　　清乾隆二十三年(1758)刊本
曹子建集十卷　(魏)曹植撰
徐偉長集六卷　(魏)徐幹撰
陳孔璋集二卷　(漢)陳琳撰
王仲宣集四卷　(漢)王粲撰
阮元瑜集一卷　(魏)阮瑀撰
應德璉集二卷　(魏)應瑒撰
劉公幹集二卷　(魏)劉楨撰

建安七子集

(清)楊逢辰輯
　　清光緒十六年(1890)長沙楊氏坦園刊本
孔文舉集一卷　(漢)孔融撰
陳孔璋集一卷　(漢)陳琳撰
王仲宣集一卷　(漢)王粲撰
徐偉長集一卷　(魏)徐幹撰
阮元瑜集一卷　(魏)阮瑀撰
應德璉集一卷　(魏)應瑒撰
劉公幹集一卷　(魏)劉楨撰

三家詩

(清)卓爾堪輯
　　清康熙中刊本
魏曹子建集二卷　(魏)曹植撰
晉陶靖節集四卷　(晉)陶潛撰
宋謝康樂集二卷　(劉宋)謝靈運撰

晉二俊文集

(宋)徐民瞻輯
　　明正德十四年(1519)陸元大刊本
　　明萬曆中瑞桃堂刊本
陸士衡集十卷　(晉)陸機撰
陸士龍文集十卷　(晉)陸雲撰

六朝詩集

(明)薛應旂輯
　　明嘉靖中刊本
梁武帝集一卷　梁武帝撰
梁簡文帝集二卷　梁簡文帝撰
梁元帝集一卷　梁元帝撰
梁宣帝集一卷　梁宣帝撰
後周明帝集一卷　北周明帝撰
陳後主集一卷　陳後主撰
隋煬帝集一卷　隋煬帝撰
陳思王集四卷　(魏)曹植撰
阮嗣宗集三卷　(魏)阮籍撰

嵇中散集一卷　(魏)嵇康撰
陸士衡集七卷　(晉)陸機撰
陸士龍集四卷　(晉)陸雲撰
謝康樂集一卷　(劉宋)謝靈運撰
謝惠連集一卷　(劉宋)謝惠連撰
謝宣城集五卷　(南齊)謝朓撰
江文通集四卷　(梁)江淹撰
鮑氏集八卷　(劉宋)鮑照撰
梁沈約集一卷　(梁)沈約撰
梁劉孝綽集一卷　(梁)劉孝綽撰
梁劉孝威集一卷　(梁)劉孝威撰
何水部集二卷　(梁)何遜撰
陰常侍集一卷　(陳)陰鏗撰
王子淵集一卷　(北周)王襃撰
庾開府集二卷　(北周)庾信撰

六朝四家全集

(清)胡鳳丹輯
　　清同治九年(1870)永康胡氏退補齋刊本
陶彭澤集六卷　(晉)陶潛撰
謝宣城集五卷　(南齊)謝朓撰
鮑參軍集二卷　(劉宋)鮑照撰
庾開府集四卷　(北周)庾信撰
附
　採輯歷朝詩話一卷辨訛攷異四卷　(清)胡
　鳳丹輯

文選遺集

(明)閭光世輯
　　明笙臺刊本
梁武帝集八卷　梁武帝撰
昭明太子集六卷　(梁)蕭統撰
梁簡文帝集二卷　梁簡文帝撰
梁元帝集八卷　梁元帝撰
梁代帝王合集二卷　(梁)蕭綸等撰
徐孝穆集十卷　(陳)徐陵撰
庾子山集十六卷　(北周)庾信撰

陶謝詩集

(清)姚培謙輯
　　清乾隆二十九年(1764)姚氏刊本
陶彭澤詩四卷　(晉)陶潛撰
謝康樂詩三卷　(劉宋)謝靈運撰
謝法曹詩二卷　(劉宋)謝惠連撰
謝宣城詩四卷　(南齊)謝朓撰

劉沈合集

(明)阮元聲輯
　　明崇禎五年(1632)刊本
劉孝標集二卷附錄一卷　(梁)劉峻撰

沈隱侯集十六卷附錄一卷　(梁)沈約撰

總　集(唐代)

唐人集

(明)□□輯
　　明活字本
太宗集二卷　唐太宗撰
玄宗集二卷　唐玄宗撰
許敬宗集一卷　(唐)許敬宗撰
虞世南集一卷　(唐)虞世南撰
盧照鄰集一卷　(唐)盧照鄰撰
張九齡集六卷　(唐)張九齡撰
楊炯集二卷　(唐)楊炯撰
王勃集二卷　(唐)王勃撰
李嶠集三卷　(唐)李嶠撰
杜審言集二卷　(唐)杜審言撰
駱賓王集二卷　(唐)駱賓王撰
蘇廷碩集二卷　(唐)蘇頲撰
陳子昂集二卷　(唐)陳子昂撰
張說之集八卷　(唐)張說撰
沈佺期集四卷　(唐)沈佺期撰
孫逖集一卷　(唐)孫逖撰
王摩詰集六卷　(唐)王維撰
崔顥集二卷　(唐)崔顥撰
祖詠集一卷　(唐)祖詠撰
李頎集一卷　(唐)李頎撰
儲光羲集五卷　(唐)儲光羲撰
王昌齡集二卷　(唐)王昌齡撰
常建集二卷　(唐)常建撰
劉隨州集十卷　(唐)劉長卿撰
崔曙集一卷　(唐)崔曙撰
孟浩然集三卷　(唐)孟浩然撰
岑嘉州集八卷　(唐)岑參撰
包何集一卷　(唐)包何撰
包佶集一卷　(唐)包佶撰
李嘉祐集二卷　(唐)李嘉祐撰
秦隱君集一卷　(唐)秦系撰
高常侍集一卷　(唐)高適撰
皇甫冉集三卷　(唐)皇甫冉撰
皇甫曾集二卷　(唐)皇甫曾撰
錢考功集十卷　(唐)錢起撰
韓君平集三卷　(唐)韓翃撰
郎士元集二卷　(唐)郎士元撰
嚴維集二卷　(唐)嚴維撰
耿湋集三卷　(唐)耿湋撰
戴叔倫集二卷　(唐)戴叔倫撰
盧綸集六卷　(唐)盧綸撰
李益集二卷　(唐)李益撰
李端集四卷　(唐)李端撰

司空曙集二卷　（唐）司空曙撰
武元衡集三卷　（唐）武元衡撰
權德輿集二卷　（唐）權德輿撰
羊士諤集二卷　（唐）羊士諤撰

唐百家詩

（明）朱警輯
明嘉靖十九年(1540)刊本
初唐二十一家
　唐太宗文皇帝集一卷　唐太宗撰
　虞世南集一卷　（唐）虞世南撰
　許敬宗集一卷　（唐）許敬宗撰
　李百藥集一卷　（唐）李百藥撰
　楊師道集一卷　（唐）楊師道撰
　董思恭集一卷　（唐）董思恭撰
　劉廷芝集一卷　（唐）劉廷芝撰
　王勃集二卷　（唐）王勃撰
　楊炯集二卷　（唐）楊炯撰
　盧照鄰集二卷　（唐）盧照鄰撰
　駱賓王集二卷附金華山陳拾遺亭記　（唐）
　　駱賓王撰
　唐喬知之詩集一卷　（唐）喬知之撰
　陳伯玉集二卷　（唐）陳子昂撰
　杜審言詩集一卷　（唐）杜審言撰
　沈雲卿集二卷　（唐）沈佺期撰
　宋之問集二卷　（唐）宋之問撰
　李嶠集三卷　（唐）李嶠撰
　蘇廷碩集二卷　（唐）蘇頲撰
　張說之集八卷　（唐）張說撰
　張九齡集六卷　（唐）張九齡撰
　盧僎集一卷　（唐）盧僎撰
盛唐一十家
　唐玄宗皇帝集二卷　唐玄宗撰
　崔顥詩集一卷　（唐）崔顥撰
　李頎詩集一卷　（唐）李頎撰
　祖詠集一卷　（唐）祖詠撰
　孟浩然集三卷　（唐）孟浩然撰
　王昌齡詩集三卷　（唐）王昌齡撰
　常建詩集二卷　（唐）常建撰
　顏魯公詩集一卷　（唐）顏真卿撰
　崔曙集一卷　（唐）崔曙撰
　嚴武集一卷　（唐）嚴武撰
中唐二十七家
　郎士元詩集一卷　（唐）郎士元撰
　皇甫冉詩集二卷　（唐）皇甫冉撰
　皇甫御史詩集一卷　（唐）皇甫曾撰
　唐司空文明詩集三卷　（唐）司空曙撰
　李端詩集三卷　（唐）李端撰
　耿湋詩集一卷　（唐）耿湋撰
　嚴維詩集一卷　（唐）嚴維撰

唐靈一詩集一卷　（唐）釋靈一撰
唐皎然詩集一卷　（唐）釋皎然撰
韓君平集三卷　（唐）韓翃撰
唐包秘監詩集一卷　（唐）包佶撰
唐包刑侍詩集一卷　（唐）包何撰
華陽真逸詩二卷　（唐）顧況撰
戎昱詩集一卷　（唐）戎昱撰
李益集二卷　（唐）李益撰
于鵠詩集一卷　（唐）于鵠撰
戴叔倫集二卷　（唐）戴叔倫撰
權德輿集二卷　（唐）權德輿撰
武元衡集三卷　（唐）武元衡撰
羊士諤詩集一卷　（唐）羊士諤撰
唐張處士詩集五卷　（唐）張祜撰
會昌進士詩集一卷　（唐）馬戴撰
唐秦隱君詩集一卷　（唐）秦系撰
呂衡州詩集一卷　（唐）呂溫撰
張司業樂府集一卷　（唐）張籍撰
李長吉集四卷　（唐）李賀撰
李嘉祐集五卷　（唐）李嘉祐撰
晚唐四十二家
　劉滄詩集一卷　（唐）劉滄撰
　盧仝詩集二卷集外詩一卷　（唐）盧仝撰
　朱慶餘詩集一卷　（唐）朱慶餘撰
　周賀詩集一卷　（唐）周賀撰
　喻鳧詩集一卷　（唐）喻鳧撰
　項斯詩集一卷　（唐）項斯撰
　曹鄴詩集二卷　（唐）曹鄴撰
　李洞詩集三卷　（唐）李洞撰
　李昌符詩集一卷　（唐）李昌符撰
　李山甫詩集一卷　（唐）李山甫撰
　崔塗詩集一卷　（唐）崔塗撰
　張喬詩集四卷　（唐）張喬撰
　張蠙詩集一卷　（唐）張蠙撰
　邵謁詩一卷　（前蜀）邵謁撰
　劉駕詩集一卷　（唐）劉駕撰
　唐李推官披沙集六卷　（唐）李咸用撰
　劉叉詩集三卷　（唐）劉叉撰
　蘇拯詩集一卷　（唐）蘇拯撰
　章孝標詩集一卷　（唐）章孝標撰
　于濆詩集一卷　（唐）于濆撰
　李丞相詩集二卷　（南唐）李建勳撰
　唐女郎魚玄機詩一卷　（唐）魚玄機撰
　比紅兒詩一卷　（唐）羅虬撰
　唐貫休詩集一卷　（唐）釋貫休撰
　唐齊己詩集一卷　（唐）釋齊己撰
　僧無可詩集二卷　（唐）釋無可撰
　曹松詩集一卷　（唐）曹松撰
　劉兼詩集一卷　（唐）劉兼撰
　鄭巢詩集一卷　（唐）鄭巢撰

王周詩集一卷　（南唐）王周撰
于鄴詩集一卷　（唐）于鄴撰
儲嗣宗詩集一卷　（唐）儲嗣宗撰
章碣詩集一卷　（唐）章碣撰
伍喬詩集一卷　（南唐）伍喬撰
唐姚鵠詩集一卷　（唐）姚鵠撰
李遠詩集一卷　（唐）李遠撰
羅鄴詩集一卷　（唐）羅鄴撰
林寬詩集一卷　（唐）林寬撰
經進周曇詠史詩三卷　（唐）周曇撰
劉威詩集一卷　（唐）劉威撰
秦韜玉詩集一卷　（唐）秦韜玉撰
殷文珪詩集一卷　（唐）殷文珪撰
附
　唐詩品一卷　（明）徐獻忠撰

唐詩百名家全集

（清）席啓㝢輯
　　清康熙四十一年(1702)洞庭席氏琴川書
　　　屋刊本
　　清光緒八年(1882)刊本
第一函
　劉隨州詩十卷補遺一卷　（唐）劉長卿撰
　錢考功詩集十卷補遺一卷　（唐）錢起撰
　包刑侍詩集一卷　（唐）包何撰
　包祕監詩集一卷　（唐）包佶撰
　臺閣集一卷　（唐）李嘉祐撰
　韓君平詩集一卷補遺一卷　（唐）韓翃撰
　張祠部詩集一卷　（唐）張繼撰　　　　〔撰
　皇甫補闕詩集二卷補遺一卷　（唐）皇甫冉
　皇甫御史詩集一卷補遺一卷　（唐）皇甫曾
　　　撰
　毘陵集三卷　（唐）獨孤及撰
　韋蘇州集十卷拾遺一卷　（唐）韋應物撰
　郎刺史詩集一卷　（唐）郎士元撰
　秦公緒詩集一卷　（唐）秦系撰
　嚴正文詩集一卷　（唐）嚴維撰
　顧逋翁詩集四卷　（唐）顧況撰
　耿拾遺詩集一卷補遺一卷　（唐）耿湋撰
　李君虞詩集二卷　（唐）李益撰
　盧戶部詩集十卷　（唐）盧綸撰
　臨淮詩集二卷　（唐）武元衡撰
　楊凝詩集一卷　（唐）楊凝撰
　羊士諤詩集一卷　（唐）羊士諤撰
　戎昱詩集一卷補遺一卷　（唐）戎昱撰
　劉虞部詩集四卷　（唐）劉商撰
　戴叔倫詩集二卷補遺一卷　（唐）戴叔倫撰
　唐司空文明詩集三卷　（唐）司空曙撰
　陳羽詩集一卷　（唐）陳羽撰
第二函

昌黎先生詩集十卷外集一卷遺詩一卷
　（唐）韓愈撰
柳河東先生詩集三卷　（唐）柳宗元撰
張司業詩集八卷　（唐）張籍撰
孟東野詩集十卷　（唐）孟郊撰
王建詩集十卷　（唐）王建撰
權文公詩集十卷　（唐）權德輿撰
于鵠詩集一卷　（唐）于鵠撰
楊少尹詩集一卷　（唐）楊巨源撰
歐陽助教詩集一卷　（唐）歐陽詹撰
鮑溶詩集六卷補遺一卷　（唐）鮑溶撰
呂衡州詩集二卷補遺一卷　（唐）呂溫撰
張祜詩集二卷　（唐）張祜撰
李衞公詩集一卷　（唐）李德裕撰
追昔遊詩集三卷　（唐）李紳撰
朱慶餘詩集一卷　（唐）朱慶餘撰
姚少監詩集十卷　（唐）姚合撰
第三函
樊川集六卷補遺一卷　（唐）杜牧撰
李商隱詩集三卷　（唐）李商隱撰
溫庭筠詩集七卷集外詩一卷別集一卷
　（唐）溫庭筠撰
李遠詩集一卷　（唐）李遠撰
丁卯詩集二卷續集一卷續補一卷集外遺詩
　一卷　（唐）許渾撰
渭南詩集二卷　（唐）趙嘏撰
會昌進士詩集一卷補遺一卷　（唐）馬戴撰
喻鳧詩集一卷　（唐）喻鳧撰
唐姚鵠詩集一卷　（唐）姚鵠撰
梨岳集一卷　（唐）李頻撰
項斯詩集一卷　（唐）項斯撰
段成式詩一卷　（唐）段成式撰
顧非熊詩集一卷　（唐）顧非熊撰
唐鄭嵎詩一卷　（唐）鄭嵎撰
唐隱居詩一卷　（唐）唐求撰
李羣玉詩集三卷後集五卷補遺一卷　（唐）
　李羣玉撰
曹祠部詩集二卷補遺一卷　（唐）曹鄴撰
儲嗣宗詩集一卷　（唐）儲嗣宗撰
司馬扎先輩詩集一卷　（唐）司馬扎撰
鹿門詩集三卷拾遺一卷續補詩一卷　（唐）
　唐彥謙撰
賈浪仙長江集十卷　（唐）賈島撰
陳嵩伯詩集一卷　（唐）陳陶撰
李昌符詩集一卷　（唐）李昌符撰
張喬詩集四卷　（唐）張喬撰
羅鄴詩集一卷　（唐）羅鄴撰
第四函
元英先生詩集十卷　（唐）方干撰
甲乙集十卷補遺一卷　（唐）羅隱撰

于鄴詩集一卷　(唐)于鄴撰
于濆詩集一卷　(唐)于濆撰
文化集一卷　(唐)許棠撰
曹從事詩集一卷　(唐)曹唐撰
李山甫詩集一卷　(唐)李山甫撰
許琳詩集一卷　(唐)許琳撰
邵謁詩集一卷　(唐)邵謁撰
周見素詩集一卷　(唐)周朴撰
司空表聖詩三卷　(唐)司空圖撰
章碣詩集一卷　(唐)章碣撰
秦韜玉詩集一卷　(唐)秦韜玉撰
雲臺編三卷　(唐)鄭谷撰
李才江詩集三卷　(唐)李洞撰
韓翰林詩集一卷　(唐)韓偓撰
韓內翰香奩集三卷　(唐)韓偓撰
唐英歌詩三卷　(唐)吳融撰
杜荀鶴文集三卷　(唐)杜荀鶴撰
浣花集十卷補遺一卷　(前蜀)韋莊撰
徐昭夢詩集三卷　(唐)徐寅撰
張蠙詩集一卷　(前蜀)張蠙撰
翁拾遺詩集一卷　(唐)翁承贊撰
唐任藩詩小集一卷　(唐)任藩撰
孟一之詩集一卷　(後周)孟貫撰
唐李推官披沙集六卷　(唐)李咸用撰
黃滔詩集二卷　(唐)黃滔撰
林寬詩集一卷　(唐)林寬撰
曹松詩集二卷　(唐)曹松撰
李丞相詩二卷　(南唐)李建勳撰
碧雲集三卷　(南唐)李中撰
伍喬詩集一卷　(南唐)伍喬撰
王周詩集一卷　(南唐)王周撰

唐人五十家小集

(清)江標輯
　　清光緒二十一年(1895)元和江氏靈鶼閣
　　據南宋陳道人本湖南使院景刊
王勃集二卷　(唐)王勃撰
楊炯集二卷　(唐)楊炯撰
盧照鄰集二卷　(唐)盧照鄰撰
駱賓王集二卷　(唐)駱賓王撰
唐司空文明詩集二卷　(唐)司空曙撰
李端詩集三卷　(唐)李端撰
耿湋詩集一卷　(唐)耿湋撰
嚴維詩集一卷　(唐)嚴維撰
唐靈一詩集一卷　(唐)釋靈一撰
唐皎然詩集一卷　(唐)釋皎然撰
華陽眞逸詩二卷　(唐)顧況撰
戎昱詩集一卷　(唐)戎昱撰
戴叔倫集二卷　(唐)戴叔倫撰
權德輿集二卷　(唐)權德輿撰

羊士諤詩集一卷　(唐)羊士諤撰
呂衡州詩集一卷　(唐)呂溫撰
朱慶餘詩集一卷　(唐)朱慶餘撰
劉滄詩集一卷　(唐)劉滄撰
盧仝詩集三卷　(唐)盧仝撰
喻鳧詩集一卷　(唐)喻鳧撰
項斯詩集一卷　(唐)項斯撰
唐求詩集一卷　(唐)唐求撰
曹鄴詩集二卷　(唐)曹鄴撰
崔塗詩集一卷　(唐)崔塗撰
張蠙詩集一卷　(前蜀)張蠙撰
劉駕詩集一卷　(唐)劉駕撰
唐李推官披沙集六卷　(唐)李咸用撰
劉叉詩集三卷　(唐)劉叉撰
蘇拯詩集一卷　(唐)蘇拯撰
章孝標詩集一卷　(唐)章孝標撰
于濆詩集一卷　(唐)于濆撰
李承相詩集二卷　(南唐)李建勳撰
唐女郎魚玄機詩一卷　(唐)魚玄機撰
唐貫休詩集一卷　(唐)釋貫休撰
唐齊己詩集一卷　(唐)釋齊己撰
僧無可詩集二卷　(唐)釋無可撰
劉彙詩集一卷　(唐)劉彙撰
王周詩集一卷　(南唐)王周撰
儲嗣宗詩集一卷　(唐)儲嗣宗撰
章碣詩集一卷　(唐)章碣撰
李遠詩集一卷　(唐)李遠撰
會昌進士詩集一卷　(唐)馬戴撰
林寬詩集一卷　(唐)林寬撰
羅鄴詩集一卷　(唐)羅鄴撰
秦韜玉詩集一卷　(唐)秦韜玉撰
殷文珪詩集一卷　(唐)殷文珪撰
唐尙顏詩集一卷　(唐)釋尙顏撰
于武陵詩集一卷　(唐)于武陵撰
無名氏詩集一卷　(唐)□□撰
張司業樂府集一卷　(唐)張籍撰

唐詩二十六家

(明)黃貫曾輯
　　明嘉靖三十三年(1605)黃氏浮玉山房刊
　　本
李嶠集三卷　(唐)李嶠撰
蘇廷碩集二卷　(唐)蘇頲撰
虞世南集一卷　(唐)虞世南撰
許敬宗集一卷　(唐)許敬宗撰
李頎集三卷　(唐)李頎撰
王昌齡集二卷　(唐)王昌齡撰
崔顥集二卷　(唐)崔顥撰
崔曙集一卷　(唐)崔曙撰
祖詠集一卷　(唐)祖詠撰

常建集二卷　（唐）常建撰
嚴武集一卷　（唐）嚴武撰
皇甫冉集三卷　（唐）皇甫冉撰
皇甫曾集二卷　（唐）皇甫曾撰
權德輿集二卷　（唐）權德輿撰
李益集二卷　（唐）李益撰
司空曙集二卷　（唐）司空曙撰
嚴維集二卷　（唐）嚴維撰
顧況集二卷　（唐）顧況撰
韓君平集三卷　（唐）韓翃撰
武元衡集三卷　（唐）武元衡撰
李嘉祐集二卷　（唐）李嘉祐撰
耿湋集三卷　（唐）耿湋撰
秦隱君集一卷　（唐）秦系撰
郎士元集二卷　（唐）郎士元撰
包何集一卷　（唐）包何撰
包佶集一卷　（唐）包佶撰

唐人小集

（明）□□□輯
　　明嘉靖中刊本
孟浩然集四卷　（唐）孟浩然撰
司空曙集二卷　（唐）司空曙撰
嚴維集二卷　（唐）嚴維撰
李頎集三卷　（唐）李頎撰
王昌齡集二卷　（唐）王昌齡撰
張司業詩集六卷　（唐）張籍撰

唐十二家詩

（明）張遜業輯
　　明嘉靖三十一年(1552)江都黃埻東壁圖
　　書府刊本
王勃集二卷　（唐）王勃撰
楊炯集二卷　（唐）楊炯撰
盧照鄰集二卷　（唐）盧照鄰撰
駱賓王集二卷　（唐）駱賓王撰
陳子昂集二卷　（唐）陳子昂撰
沈佺期集二卷　（唐）沈佺期撰
杜審言集二卷　（唐）杜審言撰
宋之問集二卷　（唐）宋之問撰
孟浩然集二卷　（唐）孟浩然撰
王摩詰集二卷　（唐）王維撰
高常侍集二卷　（唐）高適撰
岑嘉州集二卷　（唐）岑參撰

唐十二名家詩

（明）楊一統輯
　　明萬曆十二年(1584)刊本
王勃集一卷　（唐）王勃撰
楊炯集一卷　（唐）楊炯撰

盧照鄰集一卷　（唐）盧照鄰撰
駱賓王集一卷　（唐）駱賓王撰
陳子昂集一卷　（唐）陳子昂撰
杜審言集一卷　（唐）杜審言撰
沈佺期集一卷　（唐）沈佺期撰
宋之問集一卷　（唐）宋之問撰
孟浩然集一卷　（唐）孟浩然撰
王維集一卷　（唐）王維撰
高適集一卷　（唐）高適撰
岑參集一卷　（唐）岑參撰

前唐十二家詩

（明）許自昌輯
　　明萬曆三十一年(1603)霏玉軒刊本
王勃集二卷　（唐）王勃撰
楊炯集二卷　（唐）楊炯撰
盧照鄰集二卷　（唐）盧照鄰撰
駱賓王集二卷　（唐）駱賓王撰
陳子昂集二卷　（唐）陳子昂撰
杜審言集二卷　（唐）杜審言撰
宋之問集二卷　（唐）宋之問撰
孟浩然集二卷　（唐）孟浩然撰
王摩詰集二卷　（唐）王維撰
高常侍集二卷　（唐）高適撰
岑嘉州集二卷　（唐）岑參撰
沈佺期集二卷　（唐）沈佺期撰

初唐四子集

（明）張燮輯
　　明崇禎十三年(1640)張燮曹荃刊本
王子安集十六卷附錄一卷　（唐）王勃撰
楊盈川集十三卷附錄一卷　（唐）楊炯撰
幽憂子集七卷附錄一卷　（唐）盧照鄰撰
駱丞集八卷附錄一卷　（唐）駱賓王撰

唐人三家集

（清）秦恩復輯
　　清道光十年(1830)江都秦氏石研齋據宋
　　本景刊
　　清宣統三年(1917)據道光石研齋本景印
駱賓王文集十卷附考異一卷　（唐）駱賓王
　　撰　考異（清）顧廣圻撰　嘉慶二十一
　　年(1816)刊
呂衡州文集十卷附考證一卷　（唐）呂溫撰
　　考證（清）顧廣圻撰　道光七年
　　(1827)刊
李元賓文集文編三卷外編二卷續編一卷
　　（唐）李觀撰　文編（唐）陸希聲輯　外
　　編（宋）趙昂輯　續編（清）秦恩復輯
　　嘉慶二十三年(1818)刊

初唐四傑集

（清）項家達輯

　清乾隆四十六年(1781)星渚項氏刊本

王子安集十六卷　　（唐）王勃撰

楊盈川集十卷　　（唐）楊炯撰

盧昇之集七卷　　（唐）盧照鄰撰

駱丞集四卷　　（唐）駱賓王撰

初唐四傑文集

（清）□□輯

　清同治中鄒氏從雅居刊本

　清光緒五年(1879)淮南書局刊本

王勃文集九卷　　（唐）王勃撰

楊炯文集七卷　　（唐）楊炯撰

盧照鄰文集二卷　　（唐）盧照鄰撰

駱賓王文集三卷　　（唐）駱賓王撰

唐四名家集

（明）毛晉輯

　明海虞毛氏汲古閣刊本

竇氏聯珠集一卷　　（唐）竇常（唐）竇牟（唐）

竇群（唐）竇庠（唐）竇鞏撰　　（唐）褚藏

言輯

歌詩編四卷集外詩一卷　　（唐）李賀撰

唐風集三卷　　（唐）杜荀鶴撰

唐英歌詩三卷　　（唐）吳融撰

五唐人集

（明）毛晉輯

　明崇禎中海虞毛氏汲古閣刊本

　民國上海醫學書局據明毛氏本景印

　民國十五年(1926)上海涵芬樓據明毛氏

　本景印

孟襄陽集三卷　　（唐）孟浩然撰

孟東野集十卷附一卷　　（唐）孟郊撰

追昔遊集三卷　　（唐）李紳撰

香奩集一卷　　（唐）韓偓撰

金荃集七卷別集一卷　　（唐）溫庭筠撰

唐六名家集

（明）毛晉輯

　明崇禎中海虞毛氏汲古閣刊本

　民國十五年(1926)上海商務印書館據明

　毛氏本景印

常建詩集三卷附錄一卷　　（唐）常建撰

韋蘇州集十卷拾遺一卷　　（唐）韋應物撰

王建詩八卷　　（唐）王建撰

鮑溶詩六卷集外詩一卷　　（唐）鮑溶撰

姚少監詩十卷　　（唐）姚合撰

韓內翰別集一卷補遺一卷　　（唐）韓偓撰

唐人八家詩

（明）毛晉輯　　　　　　　　　　　［本

　明崇禎十二年(1639)海虞毛氏汲古閣刊

　民國十五年(1926)上海商務印書館據明

　毛氏本景印

丁卯集二卷　　（唐）許渾撰

甲乙集十卷　　（唐）羅隱撰

碧雲集三卷　　（南唐）李中撰

薛許昌詩集十卷　　（唐）薛能撰

長江集十卷　　（唐）賈島撰

臺閣集一卷　　（唐）李嘉祐撰

李文山詩集三卷　　（唐）李羣玉撰

李義山集三卷　　（唐）李商隱撰

唐三高僧詩

（明）毛晉輯

　明崇禎中虞山毛氏汲古閣刊本

禪月集二十五卷補遺一卷　　（唐）釋貫休撰

白蓮集十卷　　（唐）釋齊己撰

杼山集十卷補遺一卷　　（唐）釋皎然撰

唐四家詩

（清）汪立名輯

　清康熙三十四年(1695)天都汪氏刊本

　清光緒中湖北崇文書局刊本

王右丞詩集二卷　　（唐）王維撰

韋蘇州詩集二卷　　（唐）韋應物撰

孟襄陽詩集二卷　　（唐）孟浩然撰

柳河東詩集二卷　　（唐）柳宗元撰

唐四家詩集

（清）胡鳳丹輯

　清同治九年(1870)退補齋刊本

王右丞集四卷　　（唐）王維撰

孟襄陽集二卷　　（唐）孟浩然撰

韋蘇州集十卷　　（唐）韋應物撰

柳柳州集四卷　　（唐）柳宗元撰

附

採輯歷朝詩話一卷　　（清）胡鳳丹撰

唐四家詩集辨譌考異四卷　　（清）胡鳳丹撰

唐六家詩鈔

（清）陳明善輯

　清刊本

杜工部詩鈔一卷　　（唐）杜甫撰

韓吏部詩鈔一卷　　（唐）韓愈撰

王右丞詩鈔一卷　　（唐）王維撰

孟襄陽詩鈔一卷　　（唐）孟浩然撰

韋蘇州詩鈔一卷　　(唐)韋應物撰	杜甫撰　　(元)高楚芳編
柳河東詩鈔一卷　　(唐)柳宗元撰	**王韋合刻**

唐五家詩

　　(明)□□輯
　　　　明正德十四年(1519)吳門陸氏刊本
　　　郎士元詩集一卷　　(唐)郎士元撰
　　　唐包刑侍詩集一卷　　(唐)包何撰
　　　唐包秘監詩集一卷　　(唐)包佶撰
　　　皇甫冉詩集二卷　　(唐)皇甫冉撰
　　　皇甫御史詩集一卷　　(唐)皇甫曾撰

二張集

　　(明)高叔嗣輯
　　　　明嘉靖十六年(1537)刊本
　　　張曲江集二卷　　(唐)張九齡撰
　　　張燕公集二卷　　(唐)張說撰

王孟詩評

　　(宋)劉辰翁評
　　　　清光緒五年(1879)巴陵方氏碧琳琅館刊
　　　　朱墨印本
　　　王摩詰詩集七卷　　(唐)王維撰
　　　孟浩然詩集二卷　　(唐)孟浩然撰

李杜全集

　　(明)鮑松輯
　　　　明正德八年(1513)刊本
　　　李翰林集三十卷　　(唐)李白撰
　　　杜工部集五十卷外集一卷文集二卷　　(唐)
　　　　杜甫撰

唐李杜詩集

　　(明)許宗魯輯
　　　　明嘉靖中刊本
　　　李集八卷　　(唐)李白撰
　　　杜集八卷　　(唐)杜甫撰

唐二家詩鈔評林

　　(明)梅鼎祚輯
　　　　明萬曆十七年(1589)刊本
　　　李詩鈔評四卷
　　　杜詩鈔評四卷

李杜合刊

　　(明)許自昌輯
　　　　明萬曆中刊本
　　　分類補注李太白詩二十五卷　　(唐)李白撰
　　　　(宋)楊齊賢集注　　(元)蕭士贇補注
　　　集千家注杜工部詩集二十卷文二卷　　(唐)

王韋合刻

　　(明)項絪輯
　　　　清康熙中玉淵堂刊本
　　　王摩詰集六卷　　(唐)王維撰
　　　韋蘇州集十卷　　(唐)韋應物撰

三唐人文集

　　(明)毛晉輯
　　　　明海虞毛氏汲古閣刊本
　　　孫可之集十卷　　(唐)孫樵撰
　　　皇甫持正集六卷　　(唐)皇甫湜撰
　　　李文公集十八卷　　(唐)李翱撰

三唐人集

　　(清)馮燉光輯
　　　　清光緒中南海馮氏讀有用書齋刊本
　　　　民國二十二年(1933)寒雲宧刊本
　　　李文公集十八卷補遺一卷附錄一卷　　(唐)
　　　　李翱撰　　光緒元年(1875)刊
　　　皇甫持正文集六卷補遺一卷　　(唐)皇甫湜
　　　　撰　　光緒二年(1876)刊
　　　孫可之文集十卷　　(唐)孫樵撰　　光緒二年
　　　　(1876)刊

三唐人集

　　(民國)繆荃孫輯
　　　　民國四年至五年(1915—1916)江陰繆氏
　　　　刊本
　　　歐陽行周文集十卷附校記一卷　　(唐)歐陽
　　　　詹撰　　校記(民國)繆荃孫撰
　　　孫可之文集十卷　　(唐)孫樵撰
　　　皇甫持正集六卷附校記一卷　　(唐)皇甫湜
　　　　撰　　校記(民國)繆荃孫撰

中晚唐詩

　　(清)劉云份輯
　　　　清康熙四十二年(1703)金閶寶翰樓刊本
　　八劉唐人詩
　　　中唐劉叉詩一卷　　(唐)劉叉撰
　　　中唐劉商詩一卷　　(唐)劉商撰
　　　中唐劉言史詩一卷　　(唐)劉言史撰
　　　晚唐劉得仁詩一卷　　(唐)劉得仁撰
　　　晚唐劉駕詩一卷　　(唐)劉駕撰
　　　晚唐劉滄詩一卷　　(唐)劉滄撰
　　　晚唐劉兼詩一卷　　(唐)劉兼撰
　　　晚唐劉威詩一卷　　(唐)劉威撰
　　十三唐人詩
　　　中唐姚合詩一卷　　(唐)姚合撰

中唐周賀詩一卷　(唐)周賀撰
中唐戎昱詩一卷　(唐)戎昱撰
中唐唐求詩一卷　(唐)唐求撰
中唐沈亞之詩一卷　(唐)沈亞之撰
中唐儲嗣宗詩一卷　(唐)儲嗣宗撰
晚唐曹鄴詩一卷　(唐)曹鄴撰
晚唐姚鵠詩一卷　(唐)姚鵠撰
晚唐邵謁詩一卷　(唐)邵謁撰
晚唐韓偓詩一卷香奩集一卷　(唐)韓偓撰
晚唐林寬詩一卷　(唐)林寬撰
晚唐孟貫詩一卷　(後周)孟貫撰
晚唐伍喬詩一卷　(南唐)伍喬撰

廣十二家唐詩（一名中唐十二家詩集）

(明)陸沖輯
　　明嘉靖中刊本
唐儲光羲詩集五卷　(唐)儲光羲撰
附
　　唐儲進士詩集一卷　(唐)儲嗣宗撰
毘陵集三卷　(唐)獨孤及撰
唐劉隨州詩集十一卷　(唐)劉長卿撰
唐盧戶部詩集十卷　(唐)盧綸撰
唐錢起詩集十卷　(唐)錢起撰
唐孫集賢詩集一卷　(唐)孫逖撰
唐崔補闕詩集一卷　(唐)崔峒撰
唐劉賓客詩集六卷　(唐)劉禹錫撰
唐張司業詩集八卷　(唐)張籍撰
唐王建詩集八卷　(唐)王建撰
唐賈浪仙長江集十卷　(唐)賈島撰
唐李義山詩集六卷　(唐)李商隱撰

元白長慶集

(明)馬元調輯
　　明萬曆中松江馬氏刊本
元氏長慶集六十卷補遺六卷附錄一卷
　　　(唐)元稹撰　萬曆三十二年(1604)刊
白氏長慶集七十一卷附錄一卷　(唐)白居
　　易撰　萬曆三十四年(1606)刊

韓柳二集

(宋)廖瑩中輯
　　宋廖氏世綵堂刊本
　　民國上虞羅振常據宋世綵堂本景印
昌黎先生集四十卷外集十卷遺文一卷
　　　(唐)韓愈撰　(宋)廖瑩中輯注
附
　　韓集點勘四卷　(清)陳景雲撰
河東先生集四十五卷外集二卷補遺一卷附
　　錄二卷集傳一卷　(唐)柳宗元撰

　　　(宋)廖瑩中輯注
附
　　龍城錄二卷　(唐)柳宗元撰

韓柳文

(明)游居敬輯
　　明嘉靖十六年(1537)南平游氏刊本
　　明嘉靖三十五年(1556)沙濱莫如士寧國
　　　刊本
韓文四十卷外集十卷集傳一卷遺集一卷
　　　(唐)韓愈撰
柳文四十三卷別集二卷外集二卷附錄一卷
　　　(唐)柳宗元撰

韓柳全集

(明)蔣之翹輯注
　　明崇禎六年(1633)安國譔刊本
唐韓昌黎集四十卷外集十卷遺文一卷附錄
　　一卷　(唐)韓愈撰
唐柳河東集四十五卷外集五卷遺文一卷附
　　錄一卷　(唐)柳宗元撰

唐三家集

(明)□□輯
　　明雲陽姜道生刊本
李商隱詩集七卷　(唐)李商隱撰
唐駕部侍郎知制誥中書舍人韓君平詩集一
　　卷　(唐)韓翃撰
唐翰林學士中書舍人韓致光香奩集一卷
　　　(唐)韓偓撰

陸魯望皮襲美二先生集合刻

(明)許自昌輯
　　明萬曆三十一年(1603)長洲許氏刊本
甫里先生集二十卷　(唐)陸龜蒙撰　〔撰
文藪十卷皮從事倡酬詩八卷　(唐)皮日休

唐人四集

(明)毛晉輯
　　明崇禎中海虞毛氏汲古閣刊本
　　民國五年(1916)上海商務印書館據明毛
　　　氏本景印
歌詩編四卷集外詩一卷　(唐)李賀撰
唐英歌詩三卷　(唐)吳融撰
唐風集三卷　(唐)杜荀鶴撰
竇氏聯珠集一卷　(唐)竇常(唐)竇牟(唐)
　　竇羣(唐)竇庠(唐)竇鞏撰　(唐)褚藏
　　言輯

王氏彙刻唐人集

（清）王遐春輯

　　清嘉慶十五年(1810)福鼎王氏麟後山房
　　　刊本　　　　　　　　　　　　　　［撰
　　唐歐陽四門集八卷附錄一卷　（唐）歐陽詹
　　香奩集三卷附錄一卷　（唐）韓偓撰
　　翰林集四卷附錄一卷　（唐）韓偓撰
　　麟角集一卷附錄一卷　（唐）王棨撰　光緒
　　　十年(1884)福山王氏天壤閣刊
　　唐黃御史集八卷附錄一卷　（唐）黃滔撰
　　徐正字集四卷附錄一卷　（唐）徐寅撰
　　林邵州遺集一卷附錄一卷　（唐）林蘊撰
　　　嘉慶十八年(1813)續刊

唐人選唐詩六種

（明）□□輯
　　明嘉靖中刊本
　　篋中集一卷　（唐）元結輯
　　國秀集三卷　（唐）芮挺章輯
　　河嶽英靈集三卷　（唐）殷璠輯
　　中興閒氣集二卷　（唐）高仲武輯
　　搜玉小集一卷　（唐）□□輯
　　極玄集二卷　（唐）姚合輯

唐人選唐詩八種

（明）毛晉輯
　　明崇禎中海虞毛氏汲古閣刊本
　　清康熙三十二年(1693)南海黃虞稷稼草
　　　堂刊本
　　民國上海醫學書局據明毛氏本景印
　　御覽詩一卷　（唐）令狐楚輯
　　篋中集一卷　（唐）元結輯
　　國秀集三卷　（唐）芮挺章輯
　　河嶽英靈集三卷　（唐）殷璠輯
　　中興閒氣集二卷　（唐）高仲武輯
　　搜玉小集一卷　（唐）□□輯
　　極玄集二卷　（唐）姚合輯
　　才調集十卷　（後蜀）韋縠輯

唐人選唐詩十種

中華書局上海編輯所輯
　　1958年中華書局排印本
　　唐寫本唐人選唐詩一卷　（唐）□□輯
　　篋中集一卷　（唐）元結輯
　　河嶽英靈集三卷　（唐）殷璠輯
　　國秀集三卷　（唐）芮挺章輯
　　御覽詩一卷　（唐）令狐楚輯
　　中興閒氣集二卷　（唐）高仲武輯
　　極玄集二卷　（唐）姚合輯
　　又玄集三卷　（前蜀）韋莊輯
　　才調集十卷　（唐）韋縠輯

搜玉小集一卷　（唐）□□輯

總　集 (宋代)

兩宋名賢小集

（宋）陳思輯　（元）陳世隆補
　　鈔本
　　楊文公集四卷　（宋）楊億撰
　　王正美詩一卷　（宋）王操撰
　　文潞公詩集一卷　（宋）文彥博撰
　　陳副使遺稿一卷　（宋）陳洎撰
　　寇萊公集七卷　（宋）寇準撰
　　咸平詩集一卷　（宋）田錫撰
　　胡文恭詩集一卷　（宋）胡宿撰
　　皇雅一卷　（宋）尹洙撰
　　草堂集三卷　（宋）魏野撰
　　夏英公雜詩一卷　（宋）夏竦撰
　　元憲詩稿一卷　（宋）宋庠撰
　　西州猥稿一卷　（宋）宋祁撰
　　伐檀集二卷　（宋）黃庶撰
　　珠溪詩集一卷　（宋）李師中撰
　　蘇侍郎集一卷　（宋）蘇頌撰
　　魚樂軒吟稿一卷　（宋）張維撰
　　溪堂集一卷　（宋）謝逸撰
　　竹友集七卷　（宋）謝薖撰
　　肥川小集一卷　（宋）劉筠撰
　　范蜀公集一卷　（宋）范鎮撰
　　王岐公集一卷　（宋）王珪撰
　　劉忠肅集一卷　（宋）劉摯撰
　　獨樂園稿六卷　（宋）司馬光撰
　　張都官集一卷　（宋）張先撰
　　富鄭公詩集一卷　（宋）富弼撰
　　東堂小集一卷　（宋）毛滂撰
　　公是集六卷　（宋）劉敞撰
　　漫園小稿一卷　（宋）王琪撰
　　安樂窩吟一卷　（宋）邵雍撰
　　梅諫議集一卷　（宋）梅摯撰
　　杏花村集一卷　（宋）唐詢撰
　　王校理集一卷　（宋）王安國撰
　　樂圃餘稿二卷　（宋）朱長文撰
　　公非集一卷　（宋）劉攽撰
　　齊州吟稿一卷　（宋）曾鞏撰
　　映雪齋集一卷　（宋）孫抗撰
　　景迂小集一卷　（宋）晁說之撰
　　五桃軒集一卷　（宋）夏倪撰
　　杜祁公摭稿一卷　（宋）杜衍撰
　　老泉集一卷　（宋）蘇洵撰
　　蔡忠惠集二卷　（宋）蔡襄撰
　　藜齋小集一卷　（宋）華鎮撰
　　三徑集一卷　（宋）蔣之奇撰

安岳吟稿二卷　(宋)馮山撰	文杏山房雜稿一卷　(宋)鄭克己撰
潘邠老小集一卷　(宋)潘大臨撰	椒亭小集一卷　(宋)康與之撰
許文定集一卷　(宋)許將撰	梅山小稿一卷　(宋)姜特立撰
石曼卿詩集一卷　(宋)石延年撰	太倉稊米集二卷　(宋)周紫芝撰
青山集二卷　(宋)郭祥正撰	澗泉吟稿一卷　(宋)韓淲撰
歸愚集一卷　(宋)葛立方撰	東溪集一卷　(宋)高登撰
古靈詩集一卷　(宋)陳襄撰	澹菴集一卷　(宋)胡銓撰
題畫詩一卷　(宋)劉叔贛撰	艮齋集一卷　(宋)謝諤撰
蘿軒外集一卷　(宋)晏殊撰	葆眞居士集一卷　(宋)折彥質撰
倚松老人集二卷　(宋)饒節撰	網山集三卷　(宋)林亦之撰
鄱陽集一卷　(宋)彭汝礪撰	李敷詩集一卷　(宋)李易撰
東湖居士集一卷　(宋)徐俯撰	雪溪詩集三卷　(宋)王銍撰
玉澗小集一卷　(宋)李彭撰	捫膝稿一卷　(宋)俞汝礪撰
西渡詩集二卷　(宋)洪炎撰	竹谿集一卷　(宋)李彌遜撰
樸齋小集一卷　(宋)張方平撰	茶山集一卷　(宋)曾幾撰
張章簡集一卷　(宋)張綱撰	方壺存稿三卷　(宋)汪莘撰
慶湖集三卷　(宋)賀鑄撰	雲莊詩集一卷　(宋)劉爚撰
菘坪小稿一卷　(宋)李維撰	盧溪逸稿一卷　(宋)王庭珪撰
石羊山房集一卷　(宋)鄭剛中撰	林泉結契五卷　(宋)王質撰
艇齋小集一卷　(宋)曾季貍撰	北山集三卷　(宋)程俱撰
沈中允集一卷　(宋)沈括撰	文谿集一卷　(宋)李昴英撰
李方叔遺稿一卷　(宋)李廌撰	樂軒集一卷　(宋)陳藻撰
傅忠肅公集一卷　(宋)傅察撰	觀我軒集一卷　(宋)方信孺撰
飄然集一卷　(宋)歐陽澈撰	鄂州小集一卷　(宋)羅願撰
明道先生詩集一卷　(宋)程顥撰	默堂集一卷　(宋)陳淵撰
荆齋詩集一卷　(宋)游酢撰	性理吟二卷　(宋)朱熹撰
寄亭詩遺一卷　(宋)章崇撰	南軒集一卷　(宋)張栻撰
幻雲居詩稿一卷　(宋)鄭獬撰	豫章先生詩集一卷　(宋)羅從彥撰
苕溪集二卷　(宋)劉一止撰	象山先生集一卷　(宋)陸九淵撰
陳子高遺稿一卷　(宋)陳克撰	魯齋詩集一卷　(宋)王柏撰
拙齋別集一卷　(宋)王□撰	慈湖小集一卷　(宋)楊簡撰
梁溪集二卷　(宋)李綱撰	洛水小集一卷　(宋)程珌撰
尹和靖集一卷　(宋)尹焞撰	桂巖吟稿一卷　(宋)朱晞撰
環碧亭詩集一卷　(宋)沈晦撰	文惠詩集一卷　(宋)徐經孫撰
琴溪集一卷　(宋)李宏撰	東萊集一卷　(宋)呂祖謙撰
宗忠簡集一卷　(宋)宗澤撰	勉齋先生集一卷　(宋)黃榦撰
于湖集三卷　(宋)張孝祥撰	退菴遺集一卷　(宋)吳淵撰
岳忠武撫稿一卷　(宋)岳飛撰	栗齋詩集一卷　(宋)鞏豐撰
盤州集三卷　(宋)洪适撰	遂初小稿一卷　(宋)尤袤撰
栟櫚詩集一卷　(宋)鄧肅撰	章泉詩集一卷　(宋)趙蕃撰
撫松集一卷　(宋)呂愿中撰	滄浪詩集一卷　(宋)嚴羽撰
方舟詩集一卷　(宋)李石撰	蕙菴詩稿一卷　(宋)何耕撰
嘉禾百咏一卷　(宋)張堯同撰	菊坡集一卷　(宋)崔與之撰
五峰集一卷　(宋)胡宏撰	野谷詩集一卷　(宋)趙汝鐩撰
野處類稿二卷　(宋)洪邁撰	東閣吟稿一卷　(宋)趙汝回撰
椒亭小集一卷　(宋)李光撰	安晚堂詩集六卷　(宋)鄭清之撰
說齋小集一卷　(宋)唐仲友撰	介軒詩集一卷　(宋)趙汝談撰
南澗小集一卷　(宋)韓元吉撰	延月樓詩稿一卷　(宋)李若川撰
梅谿集八卷　(宋)王十朋撰	方是閒居士小稿一卷　(宋)劉學箕撰
李文簡詩集一卷　(宋)李燾撰	孝詩一卷　(宋)林同撰

靜軒詩集一卷　（宋）徐鹿卿撰
蘿軒外集一卷　（宋）楊備撰
翠微南征錄十卷　（宋）華岳撰
竹齋詩集三卷　（宋）裘萬頃撰
清獻集一卷　（宋）杜範撰
西山先生詩集三卷　（宋）眞德秀撰
鶴山詩集一卷　（宋）魏了翁撰
靖逸小集一卷　（宋）葉紹翁撰
山居存稿一卷　（宋）陳必復撰
方泉詩集三卷　（宋）周文璞撰
巽齋小集一卷　（宋）危稹撰
露香拾稿一卷　（宋）黃大受撰
斗野稿支卷一卷　（宋）張蘊撰
雪坡小稿二卷　（宋）羅與之撰
白石道人詩集一卷　（宋）姜夔撰
梅屋吟一卷　（宋）鄒登龍撰
心游摘稿一卷　（宋）劉翼撰
石屏續集四卷　（宋）戴復古撰
端平詩雋四卷　（宋）周弼撰
蒙泉詩稿一卷　（宋）李濤撰
可齋詩集一卷　（宋）李曾伯撰
招山小集一卷　（宋）劉仙倫撰
庸齋小集一卷　（宋）沈說撰
葛無懷小集一卷　（宋）葛天民撰
轉菴集一卷　（宋）潘檉撰
雲泉詩二卷　（宋）薛嵎撰
橘潭詩稿一卷　（宋）何應龍撰
梅屋詩稿一卷　（宋）許棐撰
雲臥詩集一卷　（宋）吳汝弌撰
鷗渚微吟一卷　（宋）趙崇鉘撰
順適堂吟稿二卷　（宋）葉茵撰
芸隱倦游稿一卷橫舟稿一卷　（宋）施樞撰
雅林小稿一卷　（宋）王琮撰
竹莊小稿一卷　（宋）胡仲參撰
竹所吟稿二卷　（宋）徐集孫撰
檜庭吟稿一卷　（宋）葛起耕撰
竹溪十一稿一卷　（宋）林希逸撰
秋江煙草一卷　（宋）張弋撰
學詩初稿一卷　（宋）王同祖撰
小山集一卷　（宋）劉翰撰
雪窗小稿一卷　（宋）張良臣撰
漁溪詩稿三卷　（宋）俞桂撰
吾竹小稿一卷　（宋）毛珝撰
南岳詩稿二卷　（宋）劉克莊撰
疎寮小集一卷　（宋）高似孫撰
菊磵小集一卷　（宋）高翥撰
西麓詩稿一卷　（宋）陳允平撰
雪篷稿一卷　（宋）姚鏞撰
靜佳龍尋稿一卷　（宋）朱繼芳撰
靜佳乙稿一卷　（宋）朱繼芳撰

抱拙小稿一卷　（宋）趙希㯭撰
學吟一卷　（宋）朱南杰撰
矓翁詩集二卷　（宋）敖陶孫撰
泗州集一卷　（宋）張元英撰
看雲小集一卷　（宋）黃文雷撰
龍洲集三卷　（宋）劉過撰
端隱吟稿一卷　（宋）林尚仁撰
華谷集一卷　（宋）嚴粲撰
菊潭詩集一卷　（宋）吳惟信撰
東齋小集一卷　（宋）陳鑑之撰
適安藏拙餘稿二卷　（宋）武衍撰
北窗詩稿一卷　（宋）余觀復撰
癖齋小集一卷　（宋）杜旃撰
皇琴曲一卷　（宋）鄧林撰
古梅吟稿五卷　（宋）吳龍翰撰
雪林刪餘一卷　（宋）張至龍撰
高峯別集一卷　（宋）廖剛撰
飲冰詩集一卷　（宋）宋慶之撰
西塍稿一卷續稿一卷　（宋）宋伯仁撰
海陵稿一卷　（宋）宋伯仁撰
芸居乙稿一卷　（宋）陳起撰
四明吟稿一卷　（宋）吳潛撰
瓜廬詩一卷　（宋）薛師石撰
林湖遺稿一卷　（宋）高鵬飛撰
裨幄集一卷　（宋）趙萬年撰
東齋吟稿一卷　（宋）陳嵲撰
慵菴小集一卷　（宋）邵桂子撰
石堂集一卷　（宋）陳普撰
遺古小集一卷　（宋）韓信同撰
玉楮詩稿四卷　（宋）岳珂撰
六朝遺事雜詠一卷　（宋）楊備撰
蒙川詩集一卷　（宋）劉黻撰
藤齋小集一卷　（宋）劉迎撰
雁山吟一卷　（宋）呂聲之撰
說劍吟一卷　（宋）呂定撰
雪磯叢稿四卷　（宋）樂雷發撰
農歌續集一卷　（宋）戴昺撰
圖詩一卷　（宋）鄭思肖撰
月洞吟一卷　（宋）王鎡撰
怡雲軒詩集一卷　（宋）姚孝錫撰
棣華館小集一卷　（宋）楊甲撰
彝齋集一卷　（宋）趙孟堅撰
翠寒集一卷　（元）宋无撰
秋堂遺稿一卷　（宋）柴望撰
王尚書遺稿一卷　（宋）王應麟撰
瑞州小集一卷　（宋）陳□撰
待清軒遺稿一卷　（元）潘音撰

宋詩鈔初集

（清）呂留良（清）吳之振（清）吳爾堯輯

清康熙十年(1671)吳氏鑑古堂刊本

民國三年(1914)上海商務印書館據清康

　熙吳氏本景印

小畜集鈔一卷　（宋)王禹偁撰

騎省集鈔一卷　（宋)徐鉉撰

安陽集鈔一卷　（宋)韓琦撰

滄浪集鈔一卷　（宋)蘇舜欽撰

乖崖詩鈔一卷　（宋)張詠撰

清獻詩鈔一卷　（宋)趙抃撰

宛陵詩鈔一卷　（宋)梅堯臣撰

武溪詩鈔一卷　（宋)余靖撰

歐陽文忠詩鈔一卷　（宋)歐陽脩撰

和靖詩鈔一卷　（宋)林逋撰

徂徠詩鈔一卷　（宋)石介撰

武仲清江集鈔一卷　（宋)孔武仲撰

文仲清江集鈔一卷　（宋)孔文仲撰

平仲清江集鈔一卷　（宋)孔平仲撰

南陽集鈔一卷　（宋)韓維撰

臨川詩鈔一卷　（宋)王安石撰

東坡詩鈔一卷　（宋)蘇軾撰

西塘詩鈔一卷　（宋)鄭俠撰

廣陵詩鈔一卷　（宋)王令撰

後山詩鈔一卷　（宋)陳師道撰

丹淵集鈔一卷　（宋)文同撰

襄陽詩鈔一卷　（宋)米芾撰

山谷詩鈔一卷　（宋)黃庭堅撰

宛丘詩鈔一卷　（宋)張耒撰

具茨集鈔一卷　（宋)晁沖之撰

陵陽詩鈔一卷　（宋)韓駒撰

雞肋集鈔一卷　（宋)晁補之撰

道鄉詩鈔一卷　（宋)鄒浩撰

淮海集鈔一卷　（宋)秦觀撰

江湖長翁詩鈔一卷　（宋)陳造撰

雲巢詩鈔一卷　（宋)沈遶撰

西溪集鈔一卷　（宋)沈遘撰

龜谿集鈔一卷　（宋)沈與求撰

節孝詩鈔一卷　（宋)徐積撰

簡齋詩鈔一卷　（宋)陳與義撰

盱江集鈔一卷　（宋)李覯撰

雙溪詩鈔一卷　（宋)王炎撰

眉山詩鈔一卷　（宋)唐庚撰

鴻慶集鈔一卷　（宋)孫覿撰

蘆川歸來集鈔一卷　（宋)張元幹撰

建康集鈔一卷　（宋)葉夢得撰

橫浦詩鈔一卷　（宋)張九成撰

浮溪集鈔一卷　（宋)汪藻撰

香溪集鈔一卷　（宋)范浚撰

屏山集鈔一卷　（宋)劉子翬撰

韋齋詩鈔一卷　（宋)朱松撰

玉瀾集鈔一卷　（宋)朱槔撰

北山小集鈔一卷　（宋)程俱撰

竹洲詩鈔一卷　（宋)吳儆撰

益公省齋藁鈔一卷益公平園續稿鈔一卷

　（宋)周必大撰

文公集鈔一卷　（宋)朱熹撰

石湖詩鈔一卷　（宋)范成大撰

劍南詩鈔一卷　（宋)陸游撰

止齋詩鈔一卷　（宋)陳傅良撰

誠齋江湖集鈔一卷荊溪集鈔一卷西歸集鈔

　　一卷南海集鈔一卷朝天集鈔一卷江西

　　道院集鈔一卷朝天續集鈔一卷江東集

　　鈔一卷退休集鈔一卷　（宋)楊萬里撰

浪語集鈔一卷　（宋)薛季宣撰

水心詩鈔一卷　（宋)葉適撰

艾軒詩鈔一卷　（宋)林光朝撰

攻媿集鈔一卷　（宋)樓鑰撰

清苑齋詩鈔一卷　（宋)趙師秀撰

葦碧軒詩鈔一卷　（宋)翁卷撰

芳蘭軒詩鈔一卷　（宋)徐照撰

二薇亭詩鈔一卷　（宋)徐璣撰

知稼翁集鈔一卷　（宋)黃公度撰

後村詩鈔一卷　（宋)劉克莊撰

盧溪集鈔一卷　（宋)王庭珪撰

漫塘詩鈔一卷　（宋)劉宰撰

義豐集鈔一卷　（宋)王阮撰

東皋詩鈔一卷　（宋)戴敏撰

石屏詩鈔一卷　（宋)戴復古撰

農歌集鈔一卷　（宋)戴昺撰

秋崖小稿鈔一卷　（宋)方岳撰

清雋集鈔一卷　（宋)鄭起撰

晞髮集鈔一卷晞髮近稿鈔一卷附天地間集

　　一卷　（宋)謝翱撰併輯天地間集

文山詩鈔一卷　（宋)文天祥撰

先天集鈔一卷　（宋)許月卿撰

白石樵唱鈔一卷　（宋)林景熙撰

山民詩鈔一卷　（宋)眞山民撰

水雲詩鈔一卷　（宋)汪元量撰

隆吉詩鈔一卷　（宋)梁棟撰

潛齋詩鈔一卷　（宋)何夢桂撰

參寥詩鈔一卷　（宋)釋道潛撰

石門詩鈔一卷　（宋)釋惠洪撰

花蕊詩鈔一卷　（後蜀)費口撰

宋詩鈔補

（清)管庭芬（清)蔣光煦輯

　　民國四年(1915)上海商務印書館排印本

小畜集補鈔一卷　（宋)王禹偁撰

騎省集補鈔一卷　（宋)徐鉉撰

安陽集補鈔一卷　（宋)韓琦撰

滄浪集補鈔一卷　（宋)蘇舜欽撰

武溪集補鈔一卷　　(宋)余靖撰

歐陽文忠詩補鈔一卷　　(宋)歐陽修撰

和靖集補鈔一卷　　(宋)林逋撰

平仲清江集補鈔一卷　　(宋)孔平仲撰

文仲清江集補鈔一卷　　(宋)孔文仲撰

南陽集補鈔一卷　　(宋)韓維撰

臨川集補鈔一卷　　(宋)王安石撰

東坡集補鈔一卷　　(宋)蘇軾撰

西塘集補鈔一卷　　(宋)鄭俠撰

廣陵集補鈔一卷　　(宋)王令撰

後山集補鈔一卷　　(宋)陳師道撰

丹淵集補鈔一卷　　(宋)文同撰

襄陽集補鈔一卷　　(宋)米芾撰

山谷集補鈔一卷　　(宋)黃庭堅撰

宛丘集補鈔一卷　　(宋)張耒撰

具茨集補鈔一卷　　(宋)晁沖之撰

陵陽集補鈔一卷　　(宋)韓駒撰

雞肋集補鈔一卷　　(宋)晁補之撰

道鄉集補鈔一卷　　(宋)鄒浩撰

淮海集補鈔一卷　　(宋)秦觀撰

江湖長翁集一卷　　(宋)陳造撰

龍雲集鈔一卷　　(宋)劉弇撰

雲巢集補鈔一卷　　(宋)沈遼撰

西谿集補鈔一卷　　(宋)沈遘撰

龜谿集補鈔一卷　　(宋)沈與求撰

節孝集補鈔一卷　　(宋)徐積撰

簡齋集補鈔一卷　　(宋)陳與義撰

旴江集補鈔一卷　　(宋)李覯撰

栟櫚集鈔一卷　　(宋)鄧肅撰

雙溪集補鈔一卷　　(宋)王炎撰

眉山集補鈔一卷　　(宋)唐庚撰

鴻慶集補鈔一卷　　(宋)孫覿撰

蘆川歸來集補鈔一卷　　(宋)張元幹撰

建康集補鈔一卷　　(宋)葉夢得撰

橫浦集補鈔一卷　　(宋)張九成撰

浮溪集補鈔一卷　　(宋)汪藻撰

香溪集補鈔一卷　　(宋)范浚撰

屏山集補鈔一卷　　(宋)劉子翬撰

韋齋集補鈔一卷　　(宋)朱松撰

玉瀾集補鈔一卷　　(宋)朱槔撰

竹洲集補鈔一卷　　(宋)吳儆撰

省齋集補鈔一卷平園集補鈔一卷　　(宋)周

　　必大撰

文公集補鈔一卷　　(宋)朱熹撰

石湖集補鈔一卷　　(宋)范成大撰

止齋集補鈔一卷　　(宋)陳傅良撰

誠齋集補鈔一卷　　(宋)楊萬里撰

水心集補鈔一卷　　(宋)葉適撰

攻媿集補鈔一卷　　(宋)樓鑰撰

清苑齋集補鈔一卷　　(宋)趙師秀撰

葦碧軒集補鈔一卷　　(宋)翁卷撰

芳蘭軒集補鈔一卷　　(宋)徐照撰

二薇亭集補鈔一卷　　(宋)徐璣撰

知稼翁集補鈔一卷　　(宋)黃公度撰

後村集補鈔一卷　　(宋)劉克莊撰

盧溪集補鈔一卷　　(宋)王庭珪撰

勉齋集鈔一卷　　(宋)黃榦撰

鶴山集鈔一卷　　(宋)魏了翁撰

東皋集補鈔一卷　　(宋)戴敏撰

石屏集補鈔一卷　　(宋)戴復古撰

農歌集補鈔一卷　　(宋)戴昺撰

蛟峯集鈔一卷　　(宋)方逢辰撰

雪巖集鈔一卷　　(宋)宋伯仁撰

秋崖集補鈔一卷　　(宋)方岳撰

縉雲集鈔一卷　　(宋)馮時行撰

玉楮集鈔一卷　　(宋)岳珂撰

滄浪吟集補鈔一卷　　(宋)嚴羽撰

竹齋集鈔一卷　　(宋)裘萬頃撰

晞髮集補鈔一卷　　(宋)謝翱撰

文山詩補鈔一卷　　(宋)文天祥撰

疊山集鈔一卷　　(宋)謝枋得撰

白石樵唱集補鈔一卷　　(宋)林景熙撰

水雲集補鈔一卷　　(宋)汪元量撰

隆吉集補鈔一卷　　(宋)梁棟撰

仲安集鈔一卷　　(宋)呂定撰

所南集補鈔一卷　　(宋)鄭思肖撰

潛齋集補鈔一卷　　(宋)何夢桂撰

魯齋集鈔一卷　　(宋)王柏撰

玉蟾集鈔一卷　　(宋)葛長庚(白玉蟾)撰

參寥集補鈔一卷　　(宋)釋道潛撰

石門文字禪集補鈔一卷　　(宋)釋惠洪撰

斷腸集一卷　　(宋)朱淑眞撰

宋四名家詩

(清)周之鱗(清)柴升選輯

　　清康熙中刊本

　　清光緒元年(1875)刊本

　　民國上海同文堂石印本

東坡先生詩鈔七卷　　(宋)蘇軾撰

山谷先生詩鈔七卷　　(宋)黃庭堅撰

石湖先生詩鈔六卷　　(宋)范成大撰

放翁先生詩鈔七卷　　(宋)陸游撰

宋十五家詩選

(清)陳訏輯

　　清康熙三十二年(1693)刊本

宛陵詩選一卷　　(宋)梅堯臣撰

盧陵詩選一卷　　(宋)歐陽修撰

南豐詩選一卷　　(宋)曾鞏撰

臨川詩選一卷　　(宋)王安石撰

東坡詩選一卷　（宋）蘇軾撰
欒城詩選一卷　（宋）蘇轍撰
山谷詩選一卷　（宋）黃庭堅撰
石湖詩選一卷　（宋）范成大撰
劍南詩選二卷　（宋）陸游撰
誠齋詩選一卷　（宋）楊萬里撰
梅溪詩選一卷　（宋）王十朋撰
朱子詩選一卷　（宋）朱熹撰
菊磵詩選一卷　（宋）高翥撰
秋崖詩選一卷　（宋）方岳撰
文山詩選一卷　（宋）文天祥撰

宋百家詩存

（清）曹庭棟輯
清乾隆五年至六年(1740—1741)嘉善曹
氏二六書堂刊本
弓一
慶湖集一卷　（宋）賀鑄撰
東觀集一卷　（宋）魏野撰
弓二
穆參軍集一卷　（宋）穆修撰
景文詩集一卷　（宋）宋祁撰
伐檀集一卷　（宋）黃庶撰
公是集一卷　（宋）劉敞撰
陳副使遺藁一卷　（宋）陳洎撰
弓三
傳家集一卷　（宋）司馬光撰
文潞公集一卷　（宋）文彥博撰
無爲集一卷　（宋）楊傑撰
弓四
鄱陽集一卷　（宋）彭汝礪撰
樂靜居士集一卷　（宋）李昭玘撰
姑溪集一卷　（宋）李之儀撰
弓五
青山集一卷　（宋）郭祥正撰
倚松老人集一卷　（宋）饒節撰
弓六
龍雲集一卷　（宋）劉弇撰
紫薇集一卷　（宋）呂本中撰
竹友集一卷　（宋）謝邁撰
椉華館小集一卷　（宋）楊甲撰
弓七
西渡集一卷　（宋）洪炎撰
竹谿集一卷　（宋）李彌遜撰
松隱集一卷　（宋）曹勛撰
弓八
雅林小藁一卷　（宋）王琮撰
醉軒集一卷　（宋）姚孝錫撰
傅忠肅集一卷　（宋）傅察撰
華陽集一卷　（宋）張綱撰

苕溪集一卷　（宋）劉一止撰
栟櫚集一卷　（宋）鄧肅撰
弓九
雪溪集一卷　（宋）王銍撰
網山月魚集一卷　（宋）林亦之撰
太倉稊米集一卷　（宋）周紫芝撰
洺水集一卷　（宋）程珌撰
漁溪詩藁一卷　（宋）俞桂撰
弓十
檗軒集一卷　（宋）陳藻撰
歸愚集一卷　（宋）葛立方撰
默堂集一卷　（宋）陳淵撰
秋堂遺藁一卷　（宋）柴望撰
于湖集一卷　（宋）張孝祥撰
小山集一卷　（宋）劉翰撰
弓十一
蠹齋鉛刀編一卷　（宋）周孚撰
雪窗小藁一卷　（宋）張良臣撰
臞翁集一卷　（宋）敖陶孫撰
巽齋小集一卷　（宋）危稹撰
龍洲道人集一卷　（宋）劉過撰
梅屋吟藁一卷　（宋）鄒登龍撰
弓十二
招山小集一卷　（宋）劉仙倫撰
皇荂曲一卷　（宋）鄧林撰
順適堂吟藁一卷　（宋）葉茵撰
玉楮集一卷　（宋）岳珂撰
弓十三
野谷詩集一卷　（宋）趙汝鐩撰
白石道人集一卷　（宋）姜夔撰
靜佳詩集一卷　（宋）朱繼芳撰
鷗渚微吟一卷　（宋）趙崇鉘撰
弓十四
翠微南征錄一卷　（宋）華岳撰
秋江煙草一卷　（宋）張弋撰
檜庭吟稿一卷　（宋）葛起耕撰
沃州鴈山吟一卷　（宋）呂聲之撰
橘潭詩藁一卷　（宋）何應龍撰
杜清獻集一卷　（宋）杜範撰
芸居乙藁一卷　（宋）陳起撰
山居存藁一卷　（宋）陳必復撰
弓十五
方泉集一卷　（宋）周文璞撰
方壺存藁一卷　（宋）汪莘撰
雪林刪餘一卷　（宋）張至龍撰
端平集一卷　（宋）周弼撰
庸齋小集一卷　（宋）沈說撰
露香拾藁一卷　（宋）黃大受撰
弓十六
雪篷詩藁一卷　（宋）姚鏞撰

東齋小集一卷　（宋）陳鑒之撰
竹莊小藁一卷　（宋）胡仲參撰
骰藁一卷　（宋）利登撰
適安藏拙餘藁一卷　（宋）武衍撰
芸隱詩集一卷　（宋）施樞撰
竹溪詩集一卷　（宋）林希逸撰

弓十七

無懷小集一卷　（宋）葛天民撰
抱拙小藁一卷　（宋）趙希鵠撰
華谷集一卷　（宋）嚴粲撰
瓜廬集一卷　（宋）薛師石撰
吾竹小藁一卷　（宋）毛珝撰
雪坡小藁一卷　（宋）羅與之撰
雲泉詩集一卷　（宋）薛嵎撰

弓十八

靖逸小藁一卷　（宋）葉紹翁撰
斗野支藁一卷　（宋）張蘊撰
端隱吟藁一卷　（宋）林尚仁撰
實齋詠梅集一卷　（宋）張道洽撰
梅屋集一卷　（宋）許棐撰
雪磯叢藁一卷　（宋）樂雷發撰
癖齋小集一卷　（宋）杜旃撰

弓十九

可齋詩藁一卷　（宋）李曾伯撰
學吟一卷　（宋）朱南杰撰
竹所吟藁一卷　（宋）徐集孫撰
野趣有聲畫一卷　（元）楊公遠撰
佩韋齋集一卷　（宋）俞德鄰撰
西麓詩藁一卷　（宋）陳允平撰

弓二十

菊潭詩集一卷　（宋）吳惟信撰
古梅吟藁一卷　（宋）吳龍翰撰
月洞吟一卷　（宋）王鎡撰
滄洲集一卷　（宋）羅公升撰
柳塘外集一卷　（宋）釋道璨撰
采芝集一卷　（宋）釋斯植撰

宋代五十六家詩集

（清）坐春書塾選輯
　　清宣統二年（1910）北京龍文閣石印本
臨川詩集一卷　（宋）王安石撰
東坡詩集一卷　（宋）蘇軾撰
西塘詩集一卷　（宋）鄭俠撰
廣陵詩集一卷　（宋）王令撰
後山詩集一卷　（宋）陳師道撰
丹淵集鈔一卷　（宋）文同撰
襄陽詩集一卷　（宋）米芾撰
山谷集鈔一卷　（宋）黃庭堅撰
宛丘詩集一卷　（宋）張耒撰
具茨集鈔一卷　（宋）晁沖之撰

淮海集鈔一卷　（宋）秦觀撰
節孝詩集一卷　（宋）徐積撰
雙溪詩集一卷　（宋）王炎撰
清苑齋詩集一卷　（宋）趙師秀撰
梅溪詩集一卷　（宋）王十朋撰
芳蘭軒詩集一卷　（宋）徐照撰
漫塘詩集一卷　（宋）劉宰撰
義豐集鈔一卷　（宋）王阮撰
石屏詩集一卷　（宋）戴復古撰
農歌集鈔一卷　（宋）戴昺撰
秋崖小藁集一卷　（宋）方岳撰
晞髮集鈔一卷　（宋）謝翱撰
天地間集一卷　（宋）謝翱撰
文山詩集一卷　（宋）文天祥撰
白石樵唱集一卷　（宋）林景熙撰
山民詩集一卷　（宋）眞山民撰
水雲詩集一卷　（宋）汪元量撰
隆吉詩集一卷　（宋）梁棟撰
小畜集鈔一卷　（宋）王禹偁撰
騎省集鈔一卷　（宋）徐鉉撰
安陽集鈔一卷　（宋）韓琦撰
滄浪集鈔一卷　（宋）蘇舜欽撰
乖崖詩集一卷　（宋）張詠撰
清獻詩集一卷　（宋）趙抃撰
宛陵詩集一卷　（宋）梅堯臣撰
武溪詩集一卷　（宋）余靖撰
歐陽文忠詩集一卷　（宋）歐陽修撰
和靖詩集一卷　（宋）林逋撰
徂徠詩集一卷　（宋）石介撰
武仲清江集鈔一卷　（宋）孔武仲撰
平仲清江集鈔一卷　（宋）孔平仲撰
南陽集鈔一卷　（宋）韓維撰
眉山詩集一卷　（宋）唐庚撰
鴻慶集鈔一卷　（宋）孫覿撰
香溪集鈔一卷　（宋）范浚撰
屏山集鈔一卷　（宋）劉子翬撰
竹洲詩集一卷　（宋）吳儆撰
益公省齋藁集一卷　（宋）周必大撰
北山小集鈔一卷　（宋）程俱撰
朱子詩集一卷　（宋）朱熹撰
石湖集鈔一卷　（宋）范成大撰
劍南集鈔一卷　（宋）陸游撰
葦碧軒詩集一卷　（宋）翁卷撰
二薇亭詩集一卷　（宋）徐璣撰
知稼翁集鈔一卷　（宋）黃公度撰
後村詩集一卷　（宋）劉克莊撰
盧溪集鈔一卷　（宋）王庭珪撰

宋人集

（民國）李之鼎輯

民國南城李氏宜秋館刊本

甲編

　寇忠愍公詩集三卷　（宋）寇準撰　民國四
　　年(1915)刊

　都官集十四卷　（宋）陳舜俞撰　民國三年
　　(1914)刊

　金氏文集二卷　（宋）金君卿撰　民國三年
　　(1914)刊

　陶邕州小集一卷輯補一卷　（宋）陶弼撰
　　民國三年(1914)刊

　藏海居士集二卷　（宋）吳可撰　民國三年
　　(1914)刊

　大隱居士集二卷　（宋）鄧深撰　民國三年
　　(1914)刊

　蘭皋集二卷　（宋）吳錫疇撰　民國三年
　　(1914)刊

　秋堂集三卷補遺一卷附錄一卷　（宋）柴望
　　撰　民國三年(1914)刊

　柳堂外集二卷　（宋）釋道璨撰　民國三年
　　(1914)刊

　古梅吟稿五卷遺稿一卷　（宋）吳龍翰撰
　　民國三年(1914)刊

　鐵牛翁遺槀一卷　（元）何景福撰　民國三
　　年(1914)刊

　崧庵集六卷　（宋）李處權撰　民國四年
　　(1915)刊

　竹齋先生詩集四卷　（宋）裘萬頃撰　民國
　　三年(1914)刊

　宋學士徐文惠公存稿五卷附錄一卷　（宋）
　　徐經孫撰　民國三年(1914)刊

　嘉禾百詠一卷　（宋）張堯同撰　民國三年
　　(1914)刊

　待清軒遺稿一卷　（宋）潘音撰　民國四年
　　(1915)刊

　雁山吟一卷　（宋）呂聲之撰　民國四年
　　(1915)刊

　說劍吟一卷　（宋）呂定撰　民國四年
　　(1915)刊

　西塍稿一卷續稿一卷海陵稿一卷　（宋）宋
　　伯仁撰　民國四年(1915)刊

　棣華館小集一卷　（宋）楊甲撰　民國四年
　　(1915)刊

乙編

　元獻遺文一卷補編三卷　（宋）晏殊撰　民
　　國六年(1917)刊

　慶湖遺老詩集九卷拾遺一卷後集補遺一卷
　　（宋）賀鑄撰　民國五年(1916)刊

　北湖集五卷　（宋）吳則禮撰　民國六年
　　(1917)刊

　馮安岳集十二卷　（宋）馮山撰　民國四年

　　(1915)刊

　寧極齋稿一卷　（宋）陳深撰　民國四年
　　(1915)刊

　慎獨叟遺稿一卷　（宋）陳植撰

　默齋遺稿二卷增輯一卷　（宋）游九言撰
　　民國六年(1917)刊

　三餘集四卷　（宋）黃彥平撰　民國五年
　　(1916)刊

　無爲集十五卷附校記一卷　（宋）楊傑撰
　　校記(民國)李之鼎撰　民國九年
　　(1920)刊

　簡齋詩外集一卷　（宋）陳與義撰　民國七
　　年(1918)刊

　燕堂詩稿一卷　（宋）趙公豫撰　民國九年
　　(1920)刊

　月洞吟一卷　（宋）王鎡撰　民國九年
　　(1920)刊

　康範詩集一卷附錄一卷　（宋）汪晫撰　民
　　國九年(1920)刊

　北遊詩集一卷　（宋）汪夢斗撰　民國九年
　　(1920)刊

　莆陽知稼翁文集十一卷詞一卷附錄一卷附
　　校記一卷　（宋）黃公度撰　民國九年
　　(1920)刊

丙編

　濟南集八卷　（宋）李廌撰　民國十年
　　(1921)刊

　德隅堂畫品一卷　（宋）李廌撰　民國十年
　　(1921)刊

　洛陽九老祖龍學文集十六卷附錄一卷
　　（宋）祖無擇撰　民國十年(1921)刊

　安晚堂詩集六十卷(原缺卷一至五、卷十三
　　至六十)補編二卷輯補一卷　（宋）鄭
　　清之撰　民國十年(1921)刊

　蒙隱集二卷　（宋）陳棣撰　民國十年
　　(1921)刊

　敝帚稿略八卷補遺一卷　（宋）包恢撰　民
　　國十年(1921)刊

　祖英集二卷　（宋）釋重顯撰　民國十年
　　(1921)刊

　倪石陵書一卷　（宋）倪樸撰　民國十年
　　(1921)刊

　張大家蘭雪集二卷附錄一卷　（宋）張玉孃
　　撰　民國九年(1920)刊

　勿齋集二卷　（宋）楊至質撰　民國九年
　　(1920)刊　　　　　　　　　　　　［刊

　敬稿一卷　（宋）利登撰　民國十年(1921)

　東山詩選二卷　（宋）葛紹體撰　民國十年
　　(1921)刊

　郴江百詠一卷輯補一卷　（宋）阮閱撰　民

國十年(1921)刊

華亭百詠一卷　(宋)許尙撰　民國十一年
　(1922)刊

九華詩集一卷　(宋)陳巖撰　民國十年
　(1921)刊

釋希旦詩一卷　(宋)釋希旦撰

聖宋九僧詩一卷補遺一卷　(宋)□□輯
　民國十年(1921)刊

寒松閣集三卷附錄一卷　(宋)詹初撰　民
　國十年(1921)刊

丁編

咸平集三十卷首一卷　(宋)田錫撰　民國
　十二年(1923)刊

伊川擊壤集二十卷集外詩一卷　(宋)邵雍
　撰　民國十一年(1922)刊

伐檀集二卷　(宋)黃庶撰　民國十二年
　(1923)刊

宋著作王先生文集八卷　(宋)王蘋撰　民
　國十一年(1922)刊

湖山集十卷輯補一卷　(宋)吳芾撰　民國
　十一年(1922)刊

獻醜集一卷　(宋)許棐撰　民國十二年
　(1923)刊

須溪先生四景詩集四卷補一卷　(宋)劉辰
　翁撰　民國十一年(1922)刊

騷略三卷　(宋)高似孫撰　民國十二年
　(1923)刊

宋人小集四十二種

(清)陳德溥輯
　　清海寧陳氏鈔本
　陶邕州小集一卷　(宋)陶弼撰
　蒙泉詩藁一卷　(宋)李濤撰
　華谷集一卷　(宋)嚴粲撰
　吾竹小藁一卷　(宋)毛珝撰
　皇芸曲一卷　(宋)鄧林撰
　竹莊小藁一卷　(宋)胡仲參撰
　東齋小集一卷　(宋)陳鑑之撰
　竹所吟藁一卷　(宋)徐集孫撰
　西麓詩藁一卷　(宋)陳允平撰
　鐔津文集二卷　(宋)釋契嵩撰
　伐檀集一卷　(宋)黃庶撰
　庸齋小集一卷　(宋)沈說撰
　菊潭詩集一卷　(宋)吳仲孚撰
　學詩初藁一卷　(宋)王同祖撰
　檜庭吟藁一卷　(宋)葛起耕撰
　雲臥詩藁一卷　(宋)吳汝弌撰
　露香拾藁一卷　(宋)黃大受撰
　鷗渚微吟一卷　(宋)趙崇鉘撰
　梅屋吟一卷　(宋)鄧登龍撰

北窗詩藁一卷　(宋)余觀復撰

學吟一卷　(宋)宗南杰撰

雅林小集一卷　(宋)王琮撰

朵芝集一卷續藁一卷　(宋)釋斯植撰

芸居乙藁一卷　(宋)陳起撰

橘潭詩藁一卷　(宋)何應龍撰

雲泉詩集一卷　(宋)釋永頤撰

簫臺公餘詞一卷　(宋)姚述堯撰

玉照堂詞鈔一卷　(宋)張鎡撰

柳塘外集二卷　(宋)釋道璨撰

裘竹齋詩集四卷　(宋)裘萬頃撰

龍洲道人詩集一卷　(宋)劉過撰

玉楮詩稿七卷　(宋)岳珂撰

雪牎小集一卷　(宋)張良臣撰

抱拙小藁一卷　(宋)趙希鵠撰

適安藏拙餘藁一卷　(宋)武衍撰

斗野藁一卷　(宋)張蘊撰

小山集一卷　(宋)劉翰撰

骸藁一卷　(宋)利登撰

招山小集一卷　(宋)劉仙倫撰

看雲小集一卷　(宋)黃文雷撰

野谷詩藁六卷　(宋)趙汝鐩撰

西江詩派韓饒二集

(民國)沈曾植輯
　　清宣統二年(1910)姚埭沈氏刊本
　陵陽先生詩四卷附校勘記一卷　(宋)韓駒
　　撰　校勘記(民國)傅增湘撰　校勘記
　　民國四年(1915)刊
　倚松老人詩集二卷　(宋)饒節撰

汲古閣景鈔南宋六十家小集

(宋)陳起輯
　　民國十年(1921)上海古書流通處據明汲
　　古閣景鈔宋本景印
　石屏續集四卷長短句一卷　(宋)戴復古撰
　龍洲道人詩集一卷　(宋)劉過撰
　方泉先生詩集三卷　(宋)周文璞撰
　白石道人詩集一卷　(宋)姜夔撰
　附
　　詩說一卷　(宋)姜夔撰
　野谷詩藁六卷　(宋)趙汝鐩撰
　安晚堂詩集六十卷(原缺卷一至五、卷十三
　　至六十)　(宋)鄭清之撰
　雲泉詩集一卷　(宋)釋永頤撰
　棠湖詩一卷　(宋)岳珂撰
　橘潭詩藁一卷　(宋)何應龍撰
　菊潭詩集一卷　(宋)吳惟信撰
　芸隱勸游藁一卷橫舟藁一卷　(宋)施樞撰
　雪巖吟草(一名西塍集)一卷　(宋)宋伯仁

撰

梅屋詩藁一卷融春小綴一卷梅屋第三藁一
　卷第四藁一卷詩餘一卷　(宋)許棐撰
汶陽端平詩雋四卷　(宋)周弼撰　(宋)李
　龏選
竹溪十一藁詩選一卷　(宋)林希逸撰
雲泉詩一卷　(宋)薛嵎撰
雪坡小藁二卷　(宋)羅與之撰
菊澗小集一卷　(宋)高翥撰
疏寮小集一卷　(宋)高似孫撰
雅林小藁一卷　(宋)王琮撰
學吟一卷　(宋)朱南杰撰
學詩初藁一卷　(宋)王同祖撰
梅屋吟一卷　(宋)鄒登龍撰
皇耆曲一卷　(宋)鄧林撰
庸齋小集一卷　(宋)沈說撰
靖逸小集一卷　(宋)葉紹翁撰
秋江煙草一卷　(宋)張弋撰
癖齋小集一卷　(宋)杜旃撰
巽齋小集一卷　(宋)危稹撰
竹所吟藁一卷　(宋)徐集孫撰
北牎詩藁一卷　(宋)余觀復撰
吾竹小藁一卷　(宋)毛珝撰
西麓詩藁一卷　(宋)陳允平撰
雪林删餘一卷　(宋)張至龍撰
鷗渚微吟一卷　(宋)趙崇鉘撰
抱拙小藁一卷　(宋)趙希璐撰
蒙泉詩藁一卷　(宋)李濤撰
心游摘藁一卷　(宋)劉翼撰
竹莊小藁一卷　(宋)胡仲參撰
東齋小集一卷　(宋)陳鑒之撰
適安藏拙餘藁一卷乙卷一卷　(宋)武衍撰
漁溪詩藁二卷乙藁一卷　(宋)俞桂撰
檜庭吟藁一卷　(宋)葛起耕撰
敝藁一卷　(宋)利登撰
露香拾藁一卷　(宋)黃大受撰
雲臥詩集一卷　(宋)吳汝弌撰
葛無懷小集一卷　(宋)葛天民撰
臞翁詩集二卷　(宋)敖陶孫撰
招山小集一卷　(宋)劉仙倫撰
山居存藁一卷　(宋)陳必復撰
端隱吟藁一卷　(宋)林尚仁撰
斗野藁支卷一卷　(宋)張蘊撰
靜佳龍尋藁一卷乙藁一卷　(宋)朱繼芳撰
采芝集一卷續藁一卷　(宋)釋斯植撰
看雲小集一卷　(宋)黃文雷撰
雪窗小集一卷　(宋)張良臣撰
小山集一卷　(宋)劉翰撰
雪蓬藁一卷　(宋)姚鏞撰
順適堂吟藁甲集一卷乙集一卷丙集一卷丁

集一卷戊集一卷　(宋)葉茵撰
芸居乙藁一卷　(宋)陳起撰
附
知不足齋輯錄宋集補遺　(清)鮑廷博輯
　民國十一年(1922)據清鮑氏知不足齋
　鈔本景印
白石道人集補遺一卷　(宋)姜夔撰
菊潭詩集補遺一卷　(宋)吳惟信撰
雪巖吟草補遺一卷　(宋)宋伯仁撰
菊磵小集補遺一卷　(宋)高翥撰
疏寮小集補遺一卷　(宋)高似孫撰
靖逸小集補遺一卷　(宋)葉紹翁撰
秋江煙草補遺一卷　(宋)張弋撰
巽齋小集補遺一卷　(宋)危稹撰
招山小集補遺一卷　(宋)劉仙倫撰
靜佳乙藁補遺一卷　(宋)朱繼芳撰
雪窗小集補遺一卷　(宋)張良臣撰
南宋八家集　(清)鮑廷博輯　民國十一年
　(1922)據清鮑氏知不足齋鈔本景印
瓜廬詩一卷附錄一卷　(宋)薛師石撰
葦碧軒集一卷補遺一卷　(宋)翁卷撰
清苑齋集一卷補遺一卷　(宋)趙師秀撰
芳蘭軒集一卷補遺一卷　(宋)徐照撰
二薇亭集一卷補遺一卷　(宋)徐璣撰
梅花衲一卷翦綃集二卷　(宋)李龏撰
退菴先生遺集二卷　(宋)吳淵撰
芸居遺詩一卷　(宋)陳起撰

南宋羣賢小集

(宋)陳起輯　(清)顧修重輯
　清嘉慶六年(1801)石門顧氏讀畫齋刊本
巽齋小集一卷　(宋)危稹撰
雪坡小藁二卷　(宋)羅與之撰
菊磵小集一卷　(宋)高翥撰
梅屋吟一卷　(宋)鄒登龍撰
北牎詩藁一卷　(宋)余觀復撰
鷗渚微吟一卷　(宋)趙崇鉘撰
學吟一卷　(宋)朱南杰撰
雅林小藁一卷　(宋)王琮撰
菊潭詩集一卷　(宋)吳惟信撰
庸齋小集一卷　(宋)沈說撰
學詩初藁一卷　(宋)王同祖撰
西麓詩藁一卷　(宋)陳允平撰
橘潭詩藁一卷　(宋)何應龍撰
吾竹小藁一卷　(宋)毛珝撰
皇耆曲一卷　(宋)鄧林撰
梅屋詩藁一卷融春小綴一卷梅屋第三藁一
　卷梅屋第四藁一卷　(宋)許棐撰
竹莊小藁一卷　(宋)胡仲參撰
東齋小集一卷　(宋)陳鑒之撰

芸隱橫舟藁一卷勸游藁一卷　(宋)施樞撰
竹所吟藁一卷　(宋)徐集孫撰
雲臥詩集一卷　(宋)吳汝弌撰
適安藏拙餘藁一卷乙藁一卷　(宋)武衍撰
疏寮小集一卷　(宋)高似孫撰
靖逸小集一卷　(宋)葉紹翁撰
秋江煙草一卷　(宋)張弋撰
雪林删餘一卷　(宋)張至龍撰
癖齋小集一卷　(宋)杜旃撰
招山小集一卷　(宋)劉仙倫撰
看雲小集一卷　(宋)黃文雷撰
抱拙小藁一卷　(宋)趙希瑑撰
檜庭吟稿一卷　(宋)葛起耕撰
敝藁一卷　(宋)利登撰
雲泉詩一卷　(宋)薛嵎撰
葛無懷小集一卷　(宋)葛天民撰
漁溪詩藁二卷乙藁一卷　(宋)俞桂撰
小山集一卷　(宋)劉翰撰
雪牕小集一卷　(宋)張良臣撰
斗野藁支卷一卷　(宋)張蘊撰
露香拾藁一卷　(宋)黃大受撰
竹溪十一藁詩選一卷　(宋)林希逸撰
臞翁詩集二卷　(宋)敖陶孫撰
靜佳乙藁一卷靜佳龍尋藁一卷　(宋)朱繼芳撰
山居存藁一卷　(宋)陳必復撰
端隱吟藁一卷　(宋)林尚仁撰
雪蓬藁一卷　(宋)姚鏞撰
心游摘藁一卷　(宋)劉翼撰　　　　　　　［撰
雪巖吟草(一名西塍集)一卷　(宋)宋伯仁撰
石屏續集四卷　(宋)戴復古撰
順適堂吟藁甲集一卷乙集一卷丙集一卷丁集一卷戊集一卷　(宋)葉茵撰
龍洲道人詩集一卷　(宋)劉過撰
白石道人詩集一卷　(宋)姜夔撰
附
　詩說一卷　(宋)姜夔撰
　諸賢酬贈詩一卷　(宋)姜夔撰
林同孝詩一卷　(宋)林同撰
蒙泉詩藁一卷　(宋)李濤撰
方泉先生詩集三卷　(宋)周文璞撰
瓜廬詩一卷附錄一卷　(宋)薛師石撰
野谷詩藁六卷　(宋)趙汝鐩撰
汝陽端平詩萬四卷　(宋)周弼撰　(宋)李龏選
梅花衲一卷　(宋)李龏撰
翦綃集二卷　(宋)李龏撰
亞愚江浙紀行集句詩七卷　(宋)釋紹嵩撰
朵芝集一卷續集一卷　(宋)釋斯植撰
雲泉詩一卷　(宋)釋永頤撰

芸居乙藁一卷　(宋)陳起撰
增廣聖宋高僧詩選前集一卷後集三卷續集一卷補遺一卷　(宋)陳起輯
前賢小集拾遺五卷　(宋)陳起輯
雪磯叢藁五卷　(宋)樂雷發撰
退菴先生遺集二卷　(宋)吳淵撰
葦碧軒集一卷　(宋)翁卷撰
清苑齋集一卷　(宋)趙師秀撰
芳蘭軒集一卷　(宋)徐照撰
二薇亭集一卷　(宋)徐璣撰
中興羣公吟藁戊集七卷　(宋)陳起輯
羣賢小集補遺　(清)鮑廷博輯
　巽齋小集補遺一卷　(宋)危稹撰
　菊磵小集補遺一卷　(宋)高翥撰
　菊潭詩集補遺一卷　(宋)吳惟信撰
　疎寮小集補遺一卷　(宋)高似孫撰
　靖逸小集補遺一卷　(宋)葉紹翁撰
　秋江煙草補遺一卷　(宋)張弋撰
　招山小集補遺一卷　(宋)劉仙倫撰
　雪牕小集補遺一卷　(宋)張良臣撰
　靜佳乙藁補遺一卷　(宋)朱繼芳撰
　雪巖吟草補遺一卷　(宋)宋伯仁撰
　白石道人集補遺一卷　(宋)姜夔撰
　葦碧軒集補遺一卷　(宋)翁卷撰
　清苑齋集補遺一卷　(宋)趙師秀撰
　芳蘭軒集補遺一卷　(宋)徐照撰
　二薇亭集補遺一卷　(宋)徐璣撰
附
　江湖後集二十四卷　(宋)陳起輯

宋人小集十五種

(清)□□輯
　清鈔本
　述古先生詩集四卷　(宋)陳襄撰
　學吟一卷　(宋)朱南杰撰
　葛無懷小集一卷　(宋)葛天民撰
　學詩初稿一卷　(宋)王同祖撰
　瑞州小集一卷　(宋)陳□撰
　怡雲軒詩集一卷　(宋)姚孝錫撰
　遺古小集一卷　(宋)韓信同撰
　蘿軒外集一卷　(宋)楊備撰
　小山集一卷　(宋)劉翰撰
　林湖遺稿一卷　(宋)高鵬飛撰
　橘潭詩稿一卷　(宋)何應龍撰
　雪牕小稿一卷　(宋)張良臣撰
　靖逸小集一卷　(宋)葉紹翁撰
　菊潭詩集一卷　(宋)吳惟信撰
　雲泉詩一卷　(宋)薛嵎撰

三宋人集

(清)方功惠輯　　　　　　　　　　　　　　　　[本

　清光緒七年(1881)巴陵方氏碧琳瑯館刊
　河東先生集十五卷附錄一卷　(宋)柳開撰
　河南先生文集二十七卷附錄一卷　(宋)尹
　　洙撰　光緒六年(1880)刊
　穆參軍集三卷遺事一卷　(宋)穆修撰　光
　　緒六年(1880)刊

蘇黃尺牘

(明)張所望輯
　明萬曆十九年(1591)刊本
　蘇文忠公尺牘四卷　(宋)蘇軾撰
　黃文節公尺牘四卷　(宋)黃庭堅撰

蘇門六君子文粹

(宋)陳亮輯
　明崇禎六年(1633)新安胡氏武林刊本
　淮海先生文粹十四卷　(宋)秦觀撰
　豫章先生文粹四卷　(宋)黃庭堅撰
　濟北先生文粹二十一卷　(宋)晁補之撰
　宛丘先生文粹二十二卷　(宋)張耒撰
　後山居士文粹四卷　(宋)陳師道撰
　濟南先生文粹五卷　(宋)李廌撰

四家四六

(宋)□□輯
　宋刊本
　壺山先生四六一卷　(宋)汪莘撰
　矖軒先生四六一卷　(宋)王邁撰
　後村先生四六一卷　(宋)劉克莊撰
　巽齋先生四六一卷　(宋)歐陽守道撰

總　集(金元)

石蓮盦彙刻九金人集

(清)吳重憙輯
　清光緒中海豐吳氏刊本
　拙軒集六卷補遺一卷　(金)王寂撰　光緒
　　二十年(1894)信陽刊
　閑閑老人滏水文集二十卷附校札記二卷附
　　錄一卷　(金)趙秉文撰　札記附錄
　　(清)吳重憙撰　光緒二十九年(1903)
　　湖北刊
　濾南遺老王先生文集四十五卷續一卷
　　(金)王若虛撰　光緒十二年(1886)陳
　　州刊
　莊靖先生遺集十卷　(金)李俊民撰　光緒
　　十六年(1890)開封刊
　元遺山先生集四十卷附錄一卷補載一卷
　　(金)元好問撰　(清)張穆校　光緒三

　　十年(1904)靈石楊氏刊
　附
　　元遺山先生年譜一卷　(清)施國祁撰
　　元遺山先生年譜二卷　(清)凌廷堪撰
　　元遺山先生年譜一卷　(清)翁方綱撰
　　新樂府五卷補遺一卷　(金)元好問撰　光
　　　緒三十一年(1905)江寧刊
　　續夷堅志四卷　(金)元好問撰
　　蕭閑老人明秀集注六卷(原缺卷四至六)補
　　　遺一卷　(金)蔡松年撰　(金)魏道明
　　　注　光緒三十年(1904)江寧刊
　　二妙集八卷逸文一卷　(金)段成己(金)段
　　　克己撰　光緒三十二年(1906)江寧刊
　　天籟集二卷撝遺一卷　(元)白樸撰　光緒
　　　三十一年(1905)江寧刊

元人十種詩

(明)毛晉輯　　　　　　　　　　　　　　[本
　明崇禎十一年(1638)海虞毛氏汲古閣刊
　民國十五年(1926)上海商務印書館據明
　　毛氏本景印
　遺山先生詩集二十卷　(金)元好問撰
　薩天錫詩集三卷集外詩一卷　(元)薩都剌
　　撰
　金臺集二卷　(元)迺賢撰
　翠寒集一卷　(元)宋无撰
　嘯嚘集一卷　(元)宋无撰
　倪雲林先生詩集六卷集外詩一卷附錄一卷
　　(元)倪瓚撰
　南村詩集四卷　(元)陶宗儀撰
　玉山草堂集二卷集外詩一卷　(元)顧瑛撰
　句曲外史集三卷補遺三卷張伯雨集外詩一
　　卷附一卷　(元)張雨撰
　霞外詩集十卷　(元)馬臻撰

元詩四大家

(明)毛晉輯
　明汲古閣刊本
　虞伯生詩八卷補遺一卷　(元)虞集撰
　楊仲弘詩八卷　(元)楊載撰
　范德機詩七卷　(元)范梈撰
　揭曼碩詩三卷　(元)揭傒斯撰

元詩選

(清)顧嗣立輯
　清康熙中長洲顧氏秀野草堂刊本
　首一卷
初集　康熙三十三年(1694)刊
甲集
　遺山集一卷　(金)元好問撰

莊靖先生集一卷 （金）李俊民撰

丁亥集一卷靜修續集一卷靜修遺詩一卷靜
修拾遺一卷 （元）劉因撰

桐江集一卷 （元）方回撰

陵陽集一卷 （宋）牟巘撰

剡源集一卷 （元）戴表元撰

月屋漫藁一卷 （元）黃庚撰

富山嬾藁一卷 （宋）方夔撰

勿軒集一卷 （宋）熊鉌撰

寧極齋藁一卷 （宋）陳深撰

靜春堂集一卷 （元）袁易撰

玉井樵唱一卷 （元）尹廷高撰

輝山存藁一卷 （元）蕭國寶撰

乙集

湛然居士集一卷 （元）耶律楚材撰

藏春集一卷 （元）劉秉忠撰

陵川集一卷 （元）郝經撰

魯齋集一卷 （元）許衡撰

秋澗集一卷 （元）王惲撰

雪樓集一卷 （元）程鉅夫撰

草廬集一卷 （元）吳澄撰

金臺吟一卷 （元）元淮撰

丙集

松雪齋集一卷 （元）趙孟頫撰

清容居士集一卷 （元）袁桷撰

石田集一卷 （元）馬祖常撰

雲林集一卷 （元）貢奎撰

雪莊類藁一卷 （元）張養浩撰

漢泉漫藁一卷 （元）曹伯啟撰

圭塘小藁一卷圭塘欸乃集一卷 （元）許有
壬撰

閑居叢藁一卷 （元）蒲道源撰

默菴集一卷 （元）安熙撰

定宇集一卷 （元）陳櫟撰

雲峰集一卷 （元）胡炳文撰

丁集 ［撰

道園學古錄一卷道園遺稿一卷 （元）虞集

仲弘集一卷 （元）楊載撰

德機集一卷 （元）范梈撰

秋宜集一卷 （元）揭傒斯撰

日損齋稿一卷 （元）黃溍撰

待制集一卷 （元）柳貫撰

圭齋集一卷 （元）歐陽玄撰

戊集

雁門集一卷天錫集一卷 （元）薩都剌撰

翠寒集一卷嘯噎集一卷鯨背吟一卷 （元）
宋无撰

安雅堂集一卷 （元）陳旅撰

蛻菴集一卷 （元）張翥撰

玩齋集一卷玩齋拾遺一卷 （元）貢師泰撰

金臺集一卷 （元）迺賢撰

鹿皮子集一卷 （元）陳樵撰

詠物詩一卷 （元）謝宗可撰

己集

淵穎集一卷 （元）吳萊撰

禮部集一卷 （元）吳師道撰

此山集一卷 （元）周權撰

經濟集一卷 （元）李士瞻撰

存復齋集一卷續集一卷 （元）朱德潤撰

所安遺集一卷 （元）陳泰撰

清江碧嶂集一卷 （元）杜本撰

叔淵遺藁一卷 （元）方瀾撰

白雲先生集一卷 （元）許謙撰

俟菴集一卷 （元）李存撰

寶峯集一卷 （宋）趙偕撰

栲栳山人集一卷 （元）岑安卿撰

續軒渠集一卷 （元）洪希文撰

書林外集一卷 （元）袁士元撰

溝南漫存藁一卷 （元）張端撰

庚集

顧北集一卷 （元）泰不華撰

青陽集一卷 （元）余闕撰

友石山人遺藁一卷 （元）王翰撰

師山集一卷 （元）鄭玉撰

雲陽集一卷 （元）李祁撰

不繫舟漁集一卷 （元）陳高撰

圭峰集一卷 （元）盧琦撰

秋聲集一卷 （元）黃鎮成撰

傲軒吟藁一卷 （元）胡天游撰

僑吳集一卷 （元）鄭元祐撰

近光集一卷扈從詩一卷 （元）周伯琦撰

夷白齋藁一卷外藁一卷 （元）陳基撰

玉笥集一卷 （元）張憲撰

灤京雜咏一卷 （元）楊允孚撰

待清軒遺藁一卷 （宋）潘音撰

辛集

鐵崖古樂府一卷復古詩一卷鐵崖先生集一
卷 （元）楊維楨撰

廬陵集一卷 （元）張昱撰

清閟閣藁一卷 （元）倪瓚撰

靜思集一卷 （元）郭鈺撰

石初集一卷 （元）周霆震撰

梧溪集一卷 （元）王逢撰

樵雲獨唱一卷 （元）葉顒撰

江月松風集一卷 （元）錢惟善撰

黃楊集一卷 （元）華幼武撰

海巢集一卷 （元）丁鶴年撰

玉山璞藁一卷 （元）顧瑛撰

壬集

霞外集一卷 （元）馬臻撰

句曲外史集一卷　（元）張雨撰
筠溪牧潛集一卷　（元）釋圓至撰
白雲集一卷　（元）釋實存撰
谷響集一卷　（元）釋善住撰
蒲室集一卷　（元）釋大訴撰
山居詩一卷　（元）釋清珙撰
澹居藁一卷　（元）釋至仁撰
師子林別錄一卷　（元）釋惟則撰
綠窗遺稿一卷　（元）孫淑撰
蕭雝集一卷　（元）鄭允端撰
安南集一卷　（安南）陳益稷撰
二集　康熙四十一年(1702)刊
甲集
　二妙集一卷　（金）段克己（金）段成己撰
　神仙遯士集一卷　（元）劉祁撰
　山村遺藁一卷　（元）仇遠撰
　湛淵集一卷　（元）白珽撰
　存悔齋藁一卷　（元）龔璛撰
　石塘藁一卷　（元）胡長孺撰
　竹素山房詩一卷　（元）吾丘衍撰
　習嬾齋藁一卷　（元）錢選撰
　立雪齋藁一卷　（元）劉清叟撰
　青山藁一卷　（元）趙文撰
　水雲邨藁一卷　（元）劉壎撰
　昭忠逸詠一卷　（元）劉麟瑞撰
　稼邨類藁一卷　（元）王義山撰
　在軒集一卷　（元）黃公紹撰
乙集
　雪齋集一卷　（元）姚樞撰
　淮陽集一卷　（元）張洪範撰
　遺山遺藁一卷　（元）楊奐撰
　鹿菴集一卷　（明）王磐撰
　西菴集一卷　（元）楊果撰
　威卿集一卷　（元）徐世隆撰
　兩山藁一卷　（元）李思衍撰
　野齋集一卷　（元）郭昂撰
　牧菴集一卷　（元）姚燧撰
　菊潭集一卷　（元）孛朮魯翀撰
　秋谷集一卷　（元）李孟撰
丙集
　困學齋集一卷　（元）鮮于樞撰
　觀光藁一卷交州藁一卷玉堂藁一卷　（元）
　　陳孚撰
　酸齋集一卷　（元）小雲石海涯(貫雲石)撰
　素履齋藁一卷　（元）鄧文原撰
　房山集一卷　（元）高克恭撰
　清河集一卷　（元）元明善撰
　養蒙先生集一卷　（元）張伯淳撰
　秋岡先生集一卷　（元）陳思濟撰
　彥威集一卷　（元）盧亘撰

鳩巢漫藁一卷　（元）李京撰
子方集一卷　（元）文矩撰
快雪齋集一卷　（元）郭畀撰
子構集一卷　（元）李材撰
知非堂藁一卷　（元）何中撰
松鄉集一卷　（元）任士林撰
紫巖集一卷　（宋）于石撰
盱里子集一卷　（元）揭祐民撰
得之集一卷　（元）何失撰
戊集
　清江集一卷　（元）傅若金撰
　至治集一卷　（元）宋本撰
　燕石集一卷　（元）宋褧撰
　江亭集一卷　（元）王士熙撰
　正卿集一卷　（元）雅琥撰
　漑之集一卷　（元）李泂撰
　五峰集一卷　（元）李孝光撰
　居竹軒集一卷　（元）成廷珪撰
　梅花菴藁一卷　（元）吳鎮撰
　大癡道人集一卷　（元）黃公望撰
己集
　樵水集一卷　（元）黃清老撰
　桂隱集一卷　（元）劉詵撰
　檜亭集一卷　（元）丁復撰
　五雲漫藁一卷　（元）韓性撰
　宗海集一卷　（元）薛漢撰
　江檻集一卷　（元）潘伯修撰
　允從集一卷　（元）甘立撰
　雲嶠集一卷　（元）陳柏撰
　農務集一卷　（元）王禎撰
　梅花字字香一卷　（元）郭豫亨撰
庚集
　子中集一卷　（元）伯顏子中撰
　滋溪集一卷　（元）蘇天爵撰
　竹齋集一卷　（元）王冕撰
　蒴房樵唱一卷　（元）吳景奎撰
　新山稿一卷　（元）曹文晦撰
　林外野言一卷　（元）郭翼撰
　野航亭藁一卷　（元）姚文奐撰
　滄江散人集一卷　（元）徐舫撰
辛集
　九靈山房集一卷　（元）戴良撰
　貞素齋集一卷　（元）舒頔撰
　雲臺集一卷　（元）郯韶撰
　山陰集一卷　（元）劉永之撰
　南湖集一卷　（元）貢性之撰
　龜巢藁一卷　（元）謝應芳撰
　青邨遺藁一卷　（元）金涓撰
　東山存藁一卷　（元）趙汸撰
　環谷集一卷　（元）汪克寬撰

素軒集一卷　(元)鄭洪撰
雲松巢集一卷　(元)朱希晦撰
主一集一卷　(明)吳志淳撰
山窗餘藁一卷　(元)甘復撰
聞過齋集一卷　(元)吳海撰
佩玉齋類藁一卷　(元)楊翮撰
清輝樓藁一卷　(元)沈右撰
壬集
水雲集一卷　(金)譚處端撰
磻溪集一卷　(金)丘處機撰
看雲集一卷　(元)吳全節撰
上清集一卷　(元)薛玄曦撰
松瀑藁一卷　(元)黃石翁撰
學詩初藁一卷　(元)查居廣撰　　　[撰
中峰廣錄一卷梅花百詠一卷　(元)釋明本
寒拾里人藁一卷　(元)釋行端撰
古鼎外集一卷　(元)釋祖銘撰
栯堂山居詩一卷　(元)釋益撰
夢觀集一卷　(元)釋大圭撰
碧山堂集一卷　(元)釋宗衍撰
聯芳集一卷　(元)薛蘭英(元)薛蕙英撰
三集　康熙五十九年(1720)刊
甲集
貽溪集一卷　(元)麻革撰
石泉集一卷　(元)張宇撰
子颺集一卷　(元)陳庚撰
白雲子集一卷　(元)房皞撰
兌齋集一卷　(元)曹之謙撰
緱山集一卷　(元)杜瑛撰
善夫先生集一卷　(元)杜仁傑撰
陶然集一卷　(元)楊雲鵬撰
須溪集一卷　(宋)劉辰翁撰
石堂先生遺藁一卷　(宋)陳普撰
東溪集一卷　(宋)甘泳撰
聊復軒斐集一卷　(宋)毛直方撰
自家意思集一卷　(元)劉邊撰
祥卿集一卷　(元)郭麟孫撰
北村集一卷　(元)湯炳龍撰
敬仲集一卷　(元)王圭撰
乙集
疎齋集一卷　(元)盧摯撰
丙集
玉霄集一卷　(元)滕斌撰
海粟集一卷　(元)馮子振撰
雪菴集一卷　(元)李溥光撰
如是翁集一卷　(元)周馳撰
侍郎集一卷　(元)聶古柏撰
華峰漫藁一卷　(元)張起巖撰
拙菴集一卷　(元)王士元撰
仁父集一卷　(元)王懋德撰

超然集一卷　(元)曹元用撰
聲之集一卷　(元)劉覆撰
效顰集一卷　(元)穆鑑撰
南山先生集一卷　(元)汪珍撰
戊集
丹丘生藁一卷　(元)柯九思撰
時中集一卷　(元)劉致撰
可立集一卷　(元)項炯撰
綱縕集一卷　(元)李序撰
中行齋集一卷　(元)李裕撰
己集
本齋集一卷　(元)王都中撰
仲實集一卷　(元)呂思誠撰
仁里漫藁一卷　(元)于文傳撰
止止齋藁一卷　(元)王艮撰
覺是集一卷　(元)林泉生撰
仲淵集一卷　(元)李源道撰
仲禮集一卷　(元)楊敬德撰
兩峰慚藁一卷　(元)陳德永撰
鳴琴集一卷　(元)陳天錫撰
江村先生集一卷　(元)錢良右撰
元亮集一卷　(元)彭炳撰
太初集一卷　(元)倪道原撰
庚集
芝軒集一卷　(元)月魯不花撰
宛陵遺藁一卷　(元)汪澤民撰
伯將集一卷　(元)陳鼎撰
萬戶集一卷　(元)吳訥撰
君瑞集一卷　(元)黃復圭撰
子平遺藁一卷　(元)陳謙撰
廷美集一卷　(元)黃元實撰
純節先生集一卷　(元)宇文公諒撰
師魯集一卷　(元)劉汝撰
容窗集一卷　(元)劉闡撰
純白類藁一卷　(元)胡助撰
世玉集一卷　(元)俁玉立撰
石渠居士集一卷　(元)張天英撰
松雲道人集一卷　(元)熊夢祥撰
春詠亭集一卷　(元)宋沂撰
宜之集一卷　(元)卞思義撰
彥德集一卷　(元)屠性撰
啓文集一卷　(元)昂吉撰
寄情藁一卷　(元)陳秀民撰
東軒集一卷　(元)方行撰
柔克齋集一卷　(元)高明撰
寅夫集一卷　(元)吳克恭撰
孤篷倦客藁一卷　(元)陳方撰
子素集一卷　(元)潘純撰
鄭氏聯璧集一卷　(元)鄭東(元)鄭采撰
廷璧集一卷　(元)李元珪撰

貞期生槀一卷　(元)張涅撰
弋陽山樵槀一卷　(元)李瓚撰
杞菊軒槀一卷　(元)陸友撰
仲贄集一卷　(元)顧盟撰
敬聚齋槀一卷　(元)衛仁近撰
仲愈集一卷　(元)彭罙撰
溪雲集一卷　(元)張遜撰
學古集一卷　(元)文質撰
荊南倡和集一卷履道集一卷　(元)周砥
　(元)馬治撰
明卿集一卷　(元)王鑑撰
鐵牛翁遺槀一卷　(元)何景福撰
辛集
　雲松野褐集一卷　(元)陸居仁撰
　希呂集一卷　(元)羅蒙正撰
　山長集一卷　(元)周棐撰
　北郭集一卷　(元)許恕撰
　雲丘道人集一卷　(元)張簡撰
　睿夫集一卷　(元)瞿智撰
　乾乾居士集一卷　(元)陸仁撰
　公振集一卷　(元)馬麐撰
　來鶴草堂槀一卷旣白軒槀一卷竹洲歸田槀
　　一卷　(元)呂誠撰
　豆亭集一卷　(元)俞遠撰
壬集
　會稽外史集一卷　(元)于立撰
　蒙泉集一卷　(元)鄭守仁撰
　不繫舟集一卷　(元)釋祖柏撰
　凝始子集一卷　(元)釋本誠撰
　一愚集一卷　(元)釋子賢撰
　蘭雪集一卷　(宋)張玉孃撰
　靜樂槀一卷　(安南)黎崱撰

元人選元詩五種

(民國)羅振玉輯
　　民國四年(1915)連平范氏雙魚室刊本
　河汾諸老詩集八卷　(元)房祺輯　據元本
　　景刊
　國朝風雅七卷雜編三卷　(元)蔣易輯　據
　　元本景刊
　大雅集八卷　(元)賴良輯　(元)楊維禎評
　　點　據景明洪武本景刊　　　　　[刊
　敦交集一卷　(元)魏士達輯　據舊鈔本景
　偉觀集一卷　(元)□□輯　據舊鈔本景刊

元四家集

陳乃乾輯
　　民國十一年(1922)上海古書流通處據元
　　本景印
　馬石田文集十五卷　(元)馬祖常撰

此山先生詩集十卷　(元)周權撰
伯生詩後三卷　(元)虞集撰
滄螺集六卷　(明)孫作撰　據汲古閣鈔本
　景印

金源七家文集補遺

(民國)孫德謙輯
　　稿本
　明秀集補遺一卷　(金)蔡松年撰
　滏水集補遺一卷　(金)趙秉文撰
　滹南遺老集補遺一卷　(金)王若虛撰
　遺山集補遺一卷　(金)元好問撰
　莊靖集補遺一卷　(金)李俊民撰　　[撰
　二妙集補遺一卷　(金)段克己(金)段成己
　天籟集補遺一卷　(元)白樸撰

金元總集

中華書局上海編輯所輯
　　1958年至1959年中華書局排印本
　中州集十一卷附中州樂府一卷　(金)元好
　　問輯
　谷音二卷　(元)杜本輯
　河汾諸老詩集八卷　(元)房祺輯

梅花百詠詩

(明)朱權輯
　　明嘉靖三十二年(1553)朱宸沥重刊本
　馮海粟梅花百詠詩一卷　(元)馮子振撰
　中峯和馮海粟梅花詩一卷　(元)釋明本撰
　賡和中峯詩韻一卷　(明)朱權撰

總　集(明代)

盛明百家詩

(明)俞憲輯
　　明隆慶五年(1571)序刊本
前編
　高楊張徐集三卷
　　高季迪集　(明)高啓撰
　　楊孟載集　(明)楊基撰
　　張來儀集　(明)張羽撰
　　徐幼文集　(明)徐賁撰
　宋學士集一卷　(明)宋濂撰
　劉誠意伯集一卷　(明)劉基撰
　林員外集一卷　(明)林鴻撰
　袁海叟集一卷　(明)袁凱撰
　王學士集一卷　(明)王達撰
　王舍人集一卷　(明)王紱撰
　浦舍人集一卷　(明)浦源撰
　錢翰撰集一卷　(明)錢仲益撰

李文正公集二卷　(明)李東陽撰	許少華集一卷　(明)許宗魯撰
陳白沙集一卷　(明)陳獻章撰	許雲村集一卷　(明)許相卿撰
邵文莊公集一卷　(明)邵寳撰	陸盧龍集一卷　(明)陸杲撰
莊定山集一卷　(明)莊㫤撰	二周詩集一卷
石閣老集一卷　(明)石珤撰	周定齋集　(明)周祚撰
夏赤城集一卷　(明)夏鍭撰	周浮峯集　(明)周沛撰
秦修敬集一卷　(明)秦旭撰	高蘇門集一卷　(明)高叔嗣撰
李空同集二卷　(明)李夢陽撰	黃泰泉集一卷　(明)黃佐撰
沈石田集一卷　(明)沈周撰	徐相公集一卷　(明)徐階撰
桑思玄集一卷　(明)桑悅撰	栗太行集一卷　(明)栗應宏撰
史山人集一卷　(明)史鑑撰	傅夢求集一卷　(明)傅起岩撰
二杭詩集一卷	蔡翰目集一卷　(明)蔡羽撰
杭世卿集　(明)杭濟撰	文翰詔集一卷續集一卷　(明)文徵明撰
杭東卿集　(明)杭淮撰	唐伯虎集一卷　(明)唐寅撰
張伎陵集一卷　(明)張鳳翔撰	傅山人集一卷　(明)傅汝舟撰
顧司寇集一卷　(明)顧璘撰	王參政集一卷　(明)王愼中撰
熊侍御集一卷　(明)熊卓撰	華學士集一卷　(明)華察撰
王渼陂集一卷　(明)王九思撰	樊南溟集一卷　(明)樊鵬撰
王陽明集一卷　(明)王守仁撰	屠漸山集一卷　(明)屠應埈撰
二朱詩集一卷	王履吉集一卷　(明)王寵撰
朱升之集　(明)朱應登撰	王少泉集一卷　(明)王格撰
朱子价集　(明)朱曰藩撰	陸貞山集一卷　(明)陸粲撰
孫山人集一卷　(明)孫一元撰	袁學憲集一卷　(明)袁袠撰
何大復集二卷　(明)何景明撰	陳后岡集一卷　(明)陳束撰
王浚川集一卷　(明)王廷相撰	二黃集一卷
左中川集一卷　(明)左國璣撰	黃五嶽集　(明)黃省曾撰
邊華泉集一卷　(明)邊貢撰	黃質山集　(明)黃姬水撰
康狀元集一卷　(明)康海撰	田豫陽集一卷　(明)田汝成撰
徐尙書集一卷　(明)徐問撰	張崑崙集一卷　(明)張詩撰
二俞詩集一卷	唐中丞集一卷　(明)唐順之撰
俞國昌集　(明)俞泰撰	陳鳴野集一卷　(明)陳鶴撰
俞國光集　(明)俞暉撰	宗室匡南集一卷　(明)朱拱樋撰
祝枝山集一卷　(明)祝允明撰	羅贊善集一卷　(明)羅洪先撰
徐迪功集一卷　(明)徐禎卿撰	沈鳳峯集一卷　(明)沈愷撰
殷石川集一卷　(明)殷雲霄撰	任少海集一卷　(明)任瀚撰
孟有涯集一卷　(明)孟洋撰	薛浮休集一卷　(明)薛章憲撰
王太僕集一卷　(明)王韋撰	皇甫昆季集二卷
戴學憲集一卷　(明)戴冠撰	皇甫華陽集　(明)皇甫沖撰
韓參議集一卷　(明)韓邦靖撰	皇甫少玄集　(明)皇甫涍撰
鄭少谷集一卷　(明)鄭善夫撰	皇甫百泉集　(明)皇甫汸撰
方棠陵集一卷　(明)方豪撰	皇甫理山集　(明)皇甫濂撰
常評事集一卷　(明)常倫撰	續皇甫百泉集一卷　(明)皇甫汸撰
楊升菴集一卷　(明)楊愼撰	孔方伯集一卷　(明)孔天胤撰
薛考功集一卷　(明)薛蕙撰	蔡白石集一卷續集一卷　(明)蔡汝楠撰
張禺山集一卷　(明)張含撰	王嚴潭集一卷　(明)王廷幹撰
蔣南泠集一卷　(明)蔣山卿撰	朱鎭山集一卷　(明)朱衡撰
王夢澤集一卷　(明)王廷陳撰	許茗山集一卷　(明)許應元撰
李崧渚集一卷　(明)李濂撰	王祭酒集一卷　(明)王維楨撰
陳行卿集一卷　(明)陳沂撰	薛憲副集一卷　(明)薛應旂撰
馬西玄集一卷續集一卷　(明)馬汝驥撰	喬三石集一卷　(明)喬世寧撰

陳參議集一卷 (明)陳鳳撰	黃庸之集 (明)黃哲撰
王僉憲集一卷 (明)王問撰	李仲修集 (明)李德撰
馮少洲集一卷 (明)馮惟訥撰	汪右丞集一卷 (明)汪廣洋撰
侯二谷集一卷 (明)侯一元撰	張翰講集一卷 (明)張以寧撰
孟衢源集一卷 (明)孟淮撰	倪隱君集一卷 (元)倪瓚撰
吳霽寰集一卷 (明)吳維嶽撰	吳主一集一卷 (明)吳志淳撰
范中方集一卷 (明)范惟一撰	唐丹崖集一卷 (明)唐肅撰
華比部集一卷 (明)華雲撰	王忠文公集一卷 (明)王褘撰
謝中丞集一卷 (明)謝東山撰	趙鳴秋集一卷 (明)趙迪撰
何刑侍集一卷 (明)何遷撰	郭子章集一卷 (明)郭奎撰
洪芳洲集一卷 (明)洪朝選撰	許士修集一卷 (明)許君繼撰
施武陵集一卷 (明)施漸撰	華氏黃楊集一卷 (元)華幼武撰
姚山人集一卷 (明)姚咨撰	解學士集一卷 (明)解縉撰
萬履菴集一卷 (明)萬士和撰	韓中允集一卷 (明)韓守益撰
鄧山人集一卷 (明)鄧儀撰	二倪詩集一卷
宗室武岡王集一卷 (明)朱顯槐撰	倪維嶽集 (明)倪峻撰
張王屋集一卷 (明)張之象撰	倪汝敬集 (明)倪敬撰
鄭石南集一卷 (明)鄭坤撰	練榜眼集一卷 (明)練安撰
許長史集一卷 (明)許邦才撰	姚少師集一卷 (明)姚廣孝撰
郭山人集一卷 (明)郭第撰	曾狀元集一卷 (明)曾棨撰
羅山人集一卷 (明)羅鹿齡撰	郭定襄伯集一卷 (明)郭登撰
李學憲集一卷 (明)李攀龍撰	王翰檢集一卷 (明)王偁撰
王副使集一卷 (明)王世貞撰	林登州集一卷 (明)林弼撰
李伺寰集一卷 (明)李先芳撰	高漫士集一卷 (明)高棅撰
徐龍灣集一卷 (明)徐中行撰	王皆山集一卷 (明)王恭撰
吳川樓集一卷 (明)吳國倫撰	劉忠宣公集一卷 (明)劉大夏撰
梁比部集一卷 (明)梁有譽撰	聶掌教集一卷 (明)聶大年撰
宗子相集一卷 (明)宗臣撰	張東海集一卷 (明)張弼撰
張居來集一卷 (明)張佳胤撰	張白齋集一卷 (明)張琦撰
盧次楩集一卷 (明)盧柟撰	薛檢討集一卷 (明)薛格撰
周山人集一卷 (明)周詩撰	謝文肅公集一卷 (明)謝鐸撰
史文學集一卷 (明)史臣紀撰	羅太守集一卷續集一卷 (明)羅柔撰
王澄原集一卷 (明)王言撰	王古直集一卷 (明)王佐撰
謝茂秦集一卷 (明)謝榛撰	錢山人集一卷 (明)錢文撰
俞仲蔚集一卷 (明)俞允文撰	湯將軍集一卷 (明)湯胤勣撰
王上舍集一卷 (明)王穉登撰	顧東江集一卷 (明)顧清撰
梁國子集一卷 (明)梁辰魚撰	周草庭集一卷 (明)周塤撰
張粃集一卷 (明)張獻翼撰	秦端敏公集一卷 (明)秦金撰
俞繡峯集一卷 (明)俞寰撰	錢太守集一卷 (明)錢琦撰
龔內監集一卷 (明)龔聲撰	王方伯集一卷 (明)王尙絅撰
周眞人集一卷 (明)周思得撰	朱蕩南集一卷 (明)朱諫撰
釋雪江集一卷 (明)釋明秀撰	孫鷺沙集一卷 (明)孫偉撰
釋魯山集一卷 (明)釋魯山撰	楊通府集一卷 (明)楊中撰
釋半峯集一卷 (明)釋果斌撰	湛甘泉集一卷 (明)湛若水撰
釋同石集一卷 (明)釋希復撰	周尙書集一卷 (明)周金撰
淑秀總集一卷 (明)俞憲輯	莫南沙集一卷 (明)莫止撰
後編	顧同府集一卷 (明)顧彥夫撰
廣中四傑集一卷	陸文裕公集一卷 (明)陸深撰
孫仲衍集 (明)孫蕡撰	顧憲副集一卷 (明)顧可久撰
王彥舉集 (明)王佐撰	齊憲副集一卷 (明)齊鸞撰

王僉事集一卷	(明)王讞撰	陳隱士集一卷	(明)陳東川撰
鄒九峯集一卷	(明)鄒壁撰	許石城集一卷	(明)許穀撰
敖東谷集一卷	(明)敖英撰	舒東岡集一卷	(明)舒纓撰
朱福州集一卷	(明)朱豹撰	林介山集一卷	(明)林應麒撰
錢逸人集一卷	(明)錢百川撰	尹洞山集一卷	(明)尹臺撰
二浦詩集一卷		溫大谷集一卷	(明)溫新撰
浦文玉集	(明)浦瑾撰	續王僉憲集一卷	(明)王問撰
浦道徵集	(明)浦應麒撰	茅副使集一卷	(明)茅坤撰
張學士集一卷	(明)張袞撰	二莫詩集一卷	
顧廉訪集一卷	(明)顧夢圭撰	莫中江集	(明)莫如忠撰
二謝詩集一卷		莫少江集	(明)莫是龍撰
謝野全集	(明)謝承舉撰	曹于野集一卷	(明)曹大同撰
謝與槐集	(明)謝少南撰	呂山人集一卷續集一卷	(明)呂時臣撰
張通參集一卷	(明)張寰撰	續萬履菴集一卷	(明)萬士和撰
王止一集一卷	(明)王珂撰	何翰目集一卷	(明)何良俊撰
潘尚書集一卷	(明)潘恩撰	萬總戎集一卷	(明)萬表撰
張司馬集一卷	(明)張時徹撰	續皇甫理山集一卷	(明)皇甫濂撰
續傅夢求集一卷	(明)傅起岩撰	龔憲副集一卷	(明)龔秉德撰
蘇督撫集一卷	(明)蘇祐撰	劉魏比玉集一卷	
孫漁人集一卷	(明)孫宜撰	劉子威集	(明)劉鳳撰
續傅山人集一卷	(明)傅汝舟撰	魏季朗集	(明)魏學禮撰
馮三石集一卷	(明)馮世雍撰	王督撫集一卷	(明)王崇古撰
吳少參集一卷	(明)吳子孝撰	李青霞集一卷	(明)李時行撰
田莘野集一卷	(明)田汝籹撰	續王鳳洲集二卷	(明)王世貞撰
金子有集一卷	(明)金大車撰	續李滄溟集一卷	(明)李攀龍撰
沈少參集一卷	(明)沈謐撰	王儀部集一卷	(明)王世懋撰
續姚山人集一卷	(明)姚咨撰	胡苑卿集一卷	(明)胡安撰
唐山人集一卷	(明)唐詩撰	方員外集一卷	(明)方攸躋撰
續沈鳳峯集一卷	(明)沈愷撰	續吳川樓集一卷	(明)吳國倫撰
薛兵憲集一卷	(明)薛甲撰	李武選集一卷	(明)李文麟撰
張臬副集一卷	(明)張意撰	張周田集一卷	(明)張九一撰
姚本修集一卷	(明)姚廉敬撰	續徐龍灣集一卷	(明)徐中行撰
沈石灣集一卷	(明)沈翰卿撰	余憲副集一卷	(明)余德撰
續黃五嶽集一卷	(明)黃省曾撰	李內翰集一卷	(明)李蓘撰
陳山人集一卷	(明)陳鳳撰	范中吳集一卷	(明)范惟丕撰
岳山人集一卷	(明)岳岱撰	王氏松雲集一卷	(明)王用章撰
顧給舍集一卷	(明)顧存仁撰	沈青門集一卷	(明)沈仕撰
高光州集一卷	(明)高應冕撰	方侍御集一卷	(明)方新撰
趙文學集一卷	(明)趙綱撰	沈嘉則集一卷	(明)沈明臣撰
周太僕集一卷	(明)周復俊撰	朱仲開集一卷	(明)朱永年撰
包侍御集一卷	(明)包節撰	吳之山集一卷	(明)吳擴撰
秦封君集一卷	(明)秦瀚撰	張心父集一卷	(明)張士瀹撰
秦方伯集一卷	(明)秦梁撰	陸客集一卷	(明)陸翔撰
強德州集一卷	(明)強仕撰	歐司訓集一卷	(明)歐大任撰
王侍御集一卷	(明)王瑛撰	丁少鶴集一卷	(明)丁一中撰
黎瑤石集一卷	(明)黎民表撰	梁中舍集一卷	(明)梁孜撰
駱翰編集一卷	(明)駱文盛撰	金白嶼集一卷	(明)金鑾撰
王禮部集一卷	(明)王表撰	李千戶集一卷	(明)李元昭撰
王翰林集一卷	(明)王立道撰	馮海浮集一卷	(明)馮惟敏撰
陸文學集一卷	(明)陸九州撰	徐文學集一卷	(明)徐渭撰

魯藩二宗室集一卷
　　務本公集　　(明)朱健根撰
　　中立公集　　(明)朱觀熰撰
顧山人集一卷　　(明)顧聖撰
林公子集一卷　　(明)林世璧撰
葉客集一卷　　(明)葉芳撰
周東田集一卷　　(明)周東田撰
王逸人集一卷　　(明)王崑崙撰
李公子集一卷　　(明)李言恭撰
王僅初集一卷　　(明)王懋明撰
王貢士集一卷　　(明)王淶撰
潘象安集一卷　　(明)潘緯撰
康裕卿集一卷　　(明)康從理撰
續王上舍集一卷　　(明)王穉登撰
朱山人集一卷　　(明)朱察卿撰
莫公遠集一卷　　(明)莫叔明撰
顧伯子集一卷　　(明)顧允默撰
張文學集一卷　　(明)張文柱撰
童賈集一卷　　(明)童佩撰
黃趙客集一卷　　(明)黃道撰
釋全室集一卷　　(明)釋宗泐撰
釋夢觀集一卷　　(明)釋仁撰
釋方澤集一卷　　(明)釋方澤撰
盧羽士集一卷　　(明)盧大雅撰
章羽士集一卷　　(明)章志宗撰
錢羽士集一卷　　(明)錢月齡撰
楊狀元妻詩集一卷　　(明)黃峨撰
馬氏芷居集一卷　　(明)馬閒卿撰
孫夫人詩集一卷　　(明)楊文儷撰
潘氏詩集一卷　　(明)潘口撰
李生集一卷　　(明)李英撰

文瑞樓叢刊

(清)金檀輯
　　清康熙雍正間刊本
貝清江先生全集四十卷　　(明)貝瓊撰　康
　　熙五十八年(1719)燕翼堂刊
高青邱集二十七卷　　(明)高啓撰　雍正六
　　年(1728)文瑞樓刊
程巽隱先生全集四卷　　(明)程本立撰　康
　　熙五十八年(1719)燕翼堂刊

三異人文集

(明)李贄輯
　　明刊本
李卓吾評選方正學文集十一卷　　(明)方孝
　　孺撰
李卓吾評選楊椒山集四卷　　(明)楊繼盛撰
李卓吾評于節闇集奏疏四卷文集一卷詩集
　　三卷附一卷補遺一卷　　(明)于謙撰

丘海二公文集合編

(清)焦映漢輯
　　清康熙四十七年(1708)關中焦氏刊本
　　清乾隆十八年(1753)邱氏可繼堂刊嘉慶
　　　二十年(1815)桂林朱啓修補印本
　　清同治十年(1871)邱氏可繼堂刊本
丘文莊公集十卷　　(明)丘濬撰
海忠介公集六卷　　(明)海瑞撰

潘國勉學書院集

(明)朱珵堯輯
　　明崇禎元年(1628)濟藩勉學書院刊本
凝齋稿一卷　　(明)凝齋道人(朱詮鉥)撰
保和齋稿五卷　　(明)南山道人(朱允橙)撰
綠筠軒稿四卷　　(明)西屏道人(朱恬焌)撰
附
　　清秋唱和引一卷　　(明)陳崇慶撰
修業堂稿二卷　　(明)繼成子(朱珵堯)撰

陳沈兩先生稿

(明)陳仁錫輯
　　明萬曆四十三年(1615)長洲陳氏刊本
陳白陽集不分卷　　(明)陳淳撰
石田先生集不分卷　　(明)沈周撰

明四家集

(明)口口輯
　　明刊本
邊華泉集二卷　　(明)邊貢撰
徐昌穀集二卷　　(明)徐禎卿撰
高蘇門集二卷　　(明)高叔嗣撰
喬三石集二卷　　(明)喬世寧撰

明八大家集

(清)張汝瑚輯
　　清康熙刊本
宋文憲先生集選十一卷　　(明)宋濂撰
劉文成先生集選五卷　　(明)劉基撰
方正學先生集選十三卷　　(明)方孝孺撰
王文成先生集選十三卷　　(明)王守仁撰
唐荊川先生集選六卷　　(明)唐順之撰
王遵巖先生集選十卷　　(明)王愼中撰
歸震川先生集選十卷　　(明)歸有光撰
茅鹿門先生集選八卷　　(明)茅坤撰

李何二先生詩集

(明)李三才輯
　　明萬曆三十年(1602)刊本
李崆峒先生詩集三十三卷　　(明)李夢陽撰

何仲默先生詩集十五卷　(明)何景明撰

四傑詩選

(清)姚佺(清)孫枝蔚輯
　明刊本
　空同集選不分卷　(明)李夢陽撰
　大復集選不分卷　(明)何景明撰
　滄溟集選不分卷　(明)李攀龍撰
　弇州集選不分卷　(明)王世貞撰

弘正四傑詩集

(清)張祖同輯
　　清光緒二十一年(1895)長沙張氏湘雨樓
　　　刊本
　李空同詩集三十三卷附錄一卷　(明)李夢
　　陽撰
　何大復詩集二十六卷附錄一卷　(明)何景
　　明撰
　徐迪功詩集四卷外集三卷附錄一卷　(明)
　　徐禎卿撰
　邊華泉詩集七卷附錄一卷　(明)邊貢撰
附
　談藝錄一卷　(明)徐禎卿撰

明四子詩集

(民國)嚴嶽蓮輯
　　清光緒三十三年(1907)渭南嚴氏刊本
　空同詩集三十四卷　(明)李夢陽撰
　信陽詩集二十六卷　(明)何景明撰
　滄溟詩集十四卷　(明)李攀龍撰
　弇州山人詩集五十二卷　(明)王世貞撰

明儒周源谿少溪元度三先生殘詩合刻

(民國)袁永業輯
　　民國元年(1912)東臺袁氏排印本
　餐蔗堂殘詩一卷　(明)周瑞撰
　志學堂殘詩一卷　(明)周士弘撰
　蝶園草殘稿一卷　(明)周莊撰

馬東田孫沙溪兩公遺集合編

(清)賈棠等輯
　　清康熙四十六年(1707)甘陵賈氏刊本
　東田集十五卷　(明)馬中錫撰
　沙溪集二十三卷　(明)孫緒撰

明季三孝廉集

(民國)羅振玉輯
　　民國八年(1919)上虞羅氏排印本
　闕西草堂詩集五卷文集三卷附遯渚唱和集

　一卷拾遺一卷　(清)萬壽祺撰　(清)
　　孫運錦輯
　蟛園文集四卷補遺一卷詩前集一卷後集一
　　卷續集一卷七言雜詠一卷　(清)李確
　　撰　　　　　　　　　　　　　　　[撰
　梅花百詠一卷附梅花集句十首　(清)李確
　九山遊草一卷　(清)李確撰
　居易堂集二十卷　(清)徐枋撰

明季三高士集

(清)孫振麟輯
　　鈔本
　蠹魚稿一卷　(清)過銘簫撰
　芳洲詩文集一卷　(清)陸上瀾撰
　宗賢和尙集一卷　(清)馬嘉楨撰

明代名人尺牘

(民國)鄧實輯
　　清光緒三十四年(1908)上海國學保存會
　　　景印本
　有明兩大儒(王守仁高攀龍)手帖
　明十五完人手帖
　大參陳公手集同人尺牘
　王文成與朱侍御三劄
　瞿忠宣公手札及蠟丸書
　明東林八賢遺札
　明賢名翰合冊

人琴集

(明)錢繼章輯
　　清刊本
　鵠灣遺稿一卷　(明)譚元春撰
　石林西墅遺稿一卷　(明)卜舜年撰
　裴村遺稿一卷　(明)閔裴撰
　黃葉庵遺稿一卷　(明)釋智舷撰
　珠塵遺稿一卷　(明)潘炳孚撰
　清喚齋遺稿一卷　(明)劉芳撰
　素水居遺稿一卷　(明)魏學洙撰

總　集(清代)

詩慰

(清)陳允衡輯
　　清順治□刊本
　　民國二一九年(1940)毗陵董氏刊本
初集
　四溟山人集選一卷詩說一卷　(明)謝榛撰
　澗上集選一卷　(明)王留撰
　射堂集選一卷　(明)吳夢暘撰
　林孝廉集選一卷　(明)林章撰

雪鴻集選一卷　(明)謝三秀撰

嶽歸堂集選一卷嶽歸堂遺集選一卷鵠灣集

　　選一卷　(明)譚元春撰

溉園集選一卷　(明)萬時華撰

鼇峯集選一卷　(明)徐炌撰

松圓浪淘集選一卷耦耕堂集選一卷　(明)

　　程嘉燧撰

不已集選一卷　(明)黎祖功撰

河邨集選一卷　(明)戴重撰

嶧桐後集選一卷　(清)劉城撰

汝上集選一卷　(明)程可中撰

石臼後集選一卷　(明)邢昉撰

自娛齋集選一卷　(明)聞啓祥撰

蓮鬚閣集選一卷　(明)黎遂球撰

涉江集選一卷　(明)潘之恆撰

昔耶園集選一卷　(明)余正垣撰

唾餘集選一卷　(明)梅士勤撰

幾社集選一卷　(明)周立勳撰

二集

作朋集選二卷　(明)嚴調御(明)嚴武順

　　(明)嚴勒撰

渚宮集選一卷　(明)王啓茂撰

潭庵集選一卷　(明)湯開先撰

褐塞軒集選一卷　(明)舒忠讜撰

樸草選一卷　(明)于奕正撰

天爵堂集選一卷　(明)薛崗撰

棲約齋集選一卷　(明)汪應婁撰

時術堂集選一卷　(明)方其義撰

王學人遺集選一卷　(明)王玄度撰

棗堂集選一卷　(明)釋行溥撰

續集

梁一儒詩一卷　(明)梁一儒撰

馮明期詩一卷　(明)馮明期撰

沈師昌詩一卷　(明)沈師昌撰

楊惟休詩一卷　(明)楊惟休撰

九誥堂詩選元氣集

(清)徐增選

　　清順治十七年(1660)九誥堂刊本

賴古集一卷　(清)周亮工撰

比部集一卷　(清)申繼揆撰

四照堂集一卷　(清)盧紘撰

窺園集一卷　(清)董漢策撰

僅齋集一卷　(清)戴沆撰

珠樹堂集一卷　(清)何士域撰

澤月齋集一卷　(清)何士壎撰

燕臺七子詩刻

(清)嚴津輯

　　清順治十八年(1661)序刊本

斗齋詩選一卷　(清)張文光撰

學易庵詩選一卷　(清)趙賓撰

安雅堂詩選一卷　(清)宋琬撰

愚山詩選一卷　(清)施閏章撰

顥亭詩選一卷　(清)嚴沆撰

信美軒詩選一卷　(清)丁澎撰

稽留詩選一卷　(清)陳祚明撰

皇清百名家詩

(清)魏憲輯

　　清康熙中福清魏氏枕江堂刊本

魏貞菴詩一卷　(清)魏裔介撰

李坦園詩一卷　(清)李霨撰

王敬哉詩一卷　(清)王崇簡撰

龔芝麓詩一卷　(清)龔鼎孳撰

梁蒼巖詩一卷　(清)梁清標撰

王胥庭詩一卷　(清)王熙撰

錢牧齋詩一卷　(清)錢謙益撰

吳梅村詩一卷　(清)吳偉業撰

曹秋岳詩一卷　(清)曹溶撰

申鳧盟詩一卷　(清)申涵光撰

曹澹餘詩一卷　(清)曹申吉撰

佟高岡詩一卷　(清)佟鳳彩撰

楊猶龍詩一卷　(清)楊思聖撰

戴道默詩一卷　(清)戴明說撰

沈繹堂詩一卷　(清)沈荃撰

陳說巖詩一卷　(清)陳廷敬撰

王西樵詩一卷　(清)王士祿撰

王阮亭詩一卷　(清)王士禛撰

曹顧菴詩一卷　(清)曹爾堪撰

施愚山詩一卷　(清)施閏章撰

嚴顥亭詩一卷　(清)嚴沆撰

宋荔裳詩一卷　(清)宋琬撰

張爾成詩一卷　(清)張永祺撰

梁敷五詩一卷　(清)梁清寬撰

范觀公詩　(清)范承謨撰

范允公詩　(清)范承斌撰

范彥公詩　(清)范承烈撰　以上合一卷

魏竟甫詩一卷　(清)魏裔魯撰

孔心一詩一卷　(清)孔胤樾撰

郜凌玉詩一卷　(清)郜煥元撰

陳綠厓詩一卷　(清)陳寶鑰撰

柯素垞詩一卷　(清)柯聳撰

毛錦來詩一卷　(清)毛遠撰

成率菴詩一卷　(清)成性撰

程湟榛詩一卷　(清)程可則撰

周計百詩一卷　(清)周令樹撰

李梅邨詩一卷　(清)李𡊪燦撰

傅暘谷詩一卷　(清)傅爲霖撰

程天翼詩一卷　(清)程雲撰

嚴柱峯詩一卷　　(清)嚴曾榘撰
顧見山詩一卷　　(清)顧大申撰
陸密菴詩一卷　　(清)陸求可撰
周伯衡詩一卷　　(清)周禮覲撰
王北山詩一卷　　(清)王曰高撰
范雪樵詩一卷　　(清)范周撰
王蓼航詩一卷　　(清)王紫綬撰
寶松濤詩一卷　　(清)寶遜奇撰
王雪洲詩一卷　　(清)王追騏撰
李素園詩一卷　　(清)李贊元撰
紀檗子詩一卷　　(清)紀映鍾撰
劉智侯詩一卷　　(清)劉六德撰
黃石笥詩一卷　　(清)黃蒕若撰
宋子飛詩一卷　　(清)宋翔撰
孔紹先詩一卷　　(清)孔興釪撰
申定舫詩一卷　　(清)申涵盼撰
袁杜少詩一卷　　(清)袁佑撰
毛乳雪詩一卷　　(清)毛升芳撰
梅瞿山詩一卷　　(清)梅清撰
計甫艸詩一卷　　(清)計東撰
趙書癡詩一卷　　(清)趙威撰
孟二青詩一卷　　(清)孟瑤撰
程念伊詩一卷　　(清)程啓朱撰
楊潤丘詩一卷　　(清)楊輝斗撰
成仲謙詩一卷　　(清)成光撰
黃美中詩一卷　　(清)黃伸撰
黃志伊詩一卷　　(清)黃任撰
張又益詩一卷　　(清)張祖詠撰
張企麓詩一卷　　(清)張鴻儀撰
張念麓詩一卷　　(清)張鴻佑撰
劉魚計詩一卷　　(清)劉友光撰
戴雪看詩一卷　　(清)戴其員撰
李劬菴詩一卷　　(清)李念慈撰
陸雪樵詩一卷　　(清)陸輿撰
沈彥漱詩一卷　　(清)沈道暎撰
朱汧朱詩一卷　　(清)朱驊撰
孫雪厓詩一卷　　(清)孫郁撰
劉夢闌詩一卷　　(清)劉元徵撰
楊宣樓詩一卷　　(清)楊州彥撰
楊因之詩一卷　　(清)楊思本撰
劉瑞公詩一卷　　(清)劉維禎撰
王昊廬詩一卷　　(清)王澤弘撰
丘曙戒詩一卷　　(清)丘象升撰
葉蓉菴詩一卷　　(清)葉雷生撰
宗定九詩一卷　　(清)宗元鼎撰
毛端峯詩一卷　　(清)毛師柱撰
黃訥庵詩一卷　　(清)黃之鼎撰
曹陸海詩一卷　　(清)曹玉珂撰
吳南溪詩一卷　　(清)吳學炯撰
釋蒼雪詩一卷　　(清)釋讀徹撰

釋南菴詩一卷　　(清)釋大依撰
魏惟度詩一卷　　(清)魏憲撰

名家詩選

(清)鄒漪選
　　清康熙七年(1668)序刊本
金豈凡詩選一卷　　(清)金之俊撰
薛行屋詩選一卷　　(清)薛所蘊撰
程端伯詩選一卷　　(清)程正揆撰
曹秋岳詩選一卷　　(清)曹溶撰
周櫟園詩選一卷　　(清)周亮工撰
趙蘊退詩選一卷　　(清)趙進美撰
彭禹峰詩選一卷　　(清)彭而述撰
柯素培詩選一卷　　(清)柯聳撰
姜真源詩選一卷　　(清)姜圖南撰
王玉叔詩選一卷　　(清)王錫琯撰
曹顧庵詩選一卷　　(清)曹爾堪撰
劉航石詩選一卷　　(清)劉蔯芳撰
劉岸先詩選一卷　　(清)劉橛撰
董文友詩選一卷　　(清)董以寧撰
王敬哉詩選一卷　　(清)王崇簡撰
魏石生詩選一卷　　(清)魏裔介撰
楊猶龍詩選一卷　　(清)楊思聖撰
盧澹崖詩選一卷　　(清)盧紘撰
施愚山詩選一卷　　(清)施閏章撰
王貽上詩選一卷　　(清)王士禛撰
黃雲孫詩選一卷　　(清)黃永撰
嚴灝亭詩選一卷　　(清)嚴沆撰
錢日庵詩選一卷　　(清)錢升撰
鄒訐士詩選一卷　　(清)鄒祇謨撰

五大家詩鈔

(清)鄒漪輯
　　清康熙中梁溪鄒氏五車樓刊本
錢先生詩八卷　　(清)錢謙益撰
吳先生詩七卷　　(清)吳偉業撰
熊先生詩八卷　　(清)熊文舉撰
龔先生詩七卷　　(清)龔鼎孳撰
宋先生詩八卷　　(清)宋琬撰

國初十家詩鈔

(清)王相輯
　　清道光十年(1830)信芳閣木活字排印本
靜惕堂詩八卷　(清)曹溶撰
賴古堂詩十二卷　(清)周亮工撰
南田詩五卷　(清)惲格撰
朶山堂詩八卷　(清)周篔撰
十笏草堂詩四卷　(清)王士祿撰
遺山詩四卷　(清)高詠撰
青門詩十卷　(清)邵長蘅撰

陋軒詩六卷　(清)吳嘉紀撰
畏壘山人詩十卷　(清)徐昂發撰
弱水詩八卷　(清)屈復撰

燈傳集

(清)釋穸公輯
　清刊本
柏支亭稿一卷　(明)釋弘本撰
龍樹齋稿一卷　(明)釋宗顯撰
龍華院稿二卷　(清)釋中英撰

二家詩鈔

(清)邵長蘅輯
　清康熙三十四年(1695)刊本
王氏漁洋詩鈔十二卷　(清)王士禛撰
宋氏綿津詩鈔八卷　(清)宋犖撰

八家詩選

(清)吳之振輯　　　　　　　　　　　[本
　清康熙十一年(1672)州錢吳氏鑑古堂刊
荔裳詩選一卷　(清)宋琬撰
顧菴詩選一卷　(清)曹爾堪撰
愚山詩選一卷　(清)施閏章撰
繹堂詩選一卷　(清)沈荃撰
西樵詩選一卷　(清)王士祿撰
湟榛詩選一卷　(清)程可則撰
阮亭詩選一卷　(清)王士禛撰
說巖詩選一卷　(清)陳廷敬撰

國朝六家詩鈔

(清)劉執玉輯
　清乾隆三十二年(1767)詒燕樓刊本
　清光緒十三年(1887)汗青簃刊本
荔裳詩鈔一卷　(清)宋琬撰
愚山詩鈔一卷　(清)施閏章撰
阮亭詩鈔二卷　(清)王士禛撰
秋谷詩鈔一卷　(清)趙執信撰
竹垞詩鈔一卷　(清)朱彝尊撰
初白詩鈔二卷　(清)查慎行撰

國朝四大家詩鈔

(清)邵玘(清)屠德修輯
　清乾隆三十一年(1766)序刊本
荔裳詩鈔二卷　(清)宋琬撰
愚山詩鈔八卷　(清)施閏章撰
阮亭詩鈔八卷　(清)王士禛撰
竹垞詩鈔六卷　(清)朱彝尊撰

二西遺詩

(清)鍾賢祿輯

鈔本
西廬詩集一卷　(清)張雋撰
西谿詩集一卷　(清)吳楚撰
附　　　　　　　　　　　　　　　　[撰
浣愁草(一名雲門詩集)一卷　(清)李向榮

五家詩鈔

(清)王企埥輯
　清康熙六十年(1721)序刊本
桂山堂詩鈔八卷　(清)紀炅撰
學源堂詩鈔六卷　(清)郭棻撰
中山集詩鈔六卷　(清)郝浴撰
茨菴集詩鈔六卷　(清)王忻濟撰
且亭詩鈔八卷　(清)楊思聖撰

小南邮集

(清)徐昂發選　(清)金國棟輯
　清康熙四十九年(1710)芳潤堂刊本
漫興詩稿一卷　(清)朱襄撰
香山詩稿一卷　(清)蔣夢蘭撰
芳潤堂詩稿二卷　(清)金國棟撰
桐邮詩棄一卷　(清)繆宗儼撰
草草亭詩棄一卷　(清)秦應陽撰
曉谷詩棄一卷　(清)繆嗣寅撰

七子詩選

(清)沈德潛選
　清乾隆十八年(1753)序刊本　　　[本
　民國二十九年(1940)上海掃葉山房石印
耕養齋集二卷　(清)王鳴盛撰
硯山堂集二卷　(清)吳泰來撰
履二齋集二卷　(清)王昶撰
聽雨樓集二卷　(清)黃文蓮撰
嫺雅堂集二卷　(清)趙文哲撰
辛楣吟藁二卷　(清)錢大昕撰
宛委山房集二卷　(清)曹仁虎撰

三家絕句選

(清)江昱輯
　清乾隆中刊本
　鈔本
研山堂集一卷　(清)吳泰來撰
蒲褐山房集一卷　(清)王昶撰
硯靜齋集一卷　(清)曹仁虎撰

敦素園七子詩鈔

(清)吳授鬼輯
　清乾隆三十四年(1769)刊本
花雨香齋集一卷　(清)喬方立撰
借樹軒集一卷　(清)湯應隆撰

拳石山房集一卷　（清）劉兆彭撰
古槐草堂集一卷　（清）湯襄隆撰
深竹閒園集一卷　（清）劉玉麟撰
槐陰樓集一卷　（清）喬大鴻撰
聽雨草堂集一卷　（清）喬大鈞撰

名集叢鈔

（清）程川（清）潘思齊輯
　　清乾隆中刊本
天瓢文鈔不分卷　（清）吳鳳翔撰
停霞詩鈔一卷　（清）張昕撰
西莊詞鈔一卷　（清）查涵撰
雪蕉集鈔一卷　（清）張宇撰
晴沙文鈔一卷　（清）程川撰
錢唐集鈔一卷　（清）程川撰
蒙泉詩鈔一卷　（清）潘思齊撰

二餘詩集

（清）李心耕輯
　　清乾隆五十六年（1791）上海李氏刊本
蠹餘草一卷　（清）李心敬撰
繡餘小草一卷　（清）歸懋儀撰

長白英額三先生詩集

（清）□□輯
　　清嘉慶十六年（1811）刊本
嘉樂堂詩集一卷　（清）和珅撰
芸香堂詩集二卷　（清）和琳撰
延禧堂詩鈔一卷　（清）豐紳殷德撰

吳儲合橐

（清）儲夢熊輯　　　　　　　〔本
　　清道光五年（1825）泰州儲氏杭州衙署刊
竹所詞稿一卷　（清）吳會撰
余樓書屋詞藥一卷　（清）儲夢熊撰

馮程合稿

（清）程錫金輯
　　清道光二十七年（1847）不波書舫刊本
鎮石齋詩稿鈔存一卷　（清）馮瑄撰
不波書舫詩稿一卷　（清）程懷璟撰

同岑五家詩鈔

（清）曾燠輯
　　清道光九年（1829）刊本
樂潛堂集二卷　（清）趙函撰
拜石山房集四卷　（清）顧翰撰
金粟萏集二卷　（清）顧翊撰
壺園集四卷　（清）徐寶善撰
眞松閣集二卷　（清）楊夔生撰

四家詩鈔

（清）□□輯
　　清邵氏青門草堂刊本
　　清心遠齋刊本
秋潭詩選二卷　（清）朱昂撰　（清）曹仁虎
　　選
竹嶼詩選二卷　（清）吳泰來撰　（清）朱昂
　　選　　　　　　　　　　〔選
岱輿詩選二卷　（清）王昶撰　（清）鄭廷暘
漁蓭詩選二卷　（清）曹仁虎撰　（清）吳泰
　　來選

友聲集

（清）王相輯
　　清咸豐八年（1858）信芳閣刊本
願學齋唫藁二卷補遺一卷　（清）錢埰撰
秦晉詩存二卷　〔清）陳玉鄰撰
情影集存稿一卷　（清）陳錦驚撰
靈石軒存稿一卷　（清）卓洽撰
借園詩存二卷　（清）卓筆峰撰
蒼水詩鈔一卷　（清）吳元凱撰
肩鳳齋存稿二卷　（清）徐磏撰
待蘭軒存稿二卷　（清）王欽霖撰
知魚樂齋存稿一卷　（清）張恂撰
蓉湖存稿二卷　（清）盧湧撰
堞影軒存稿四卷　（清）李續香撰
紙香書屋存稿一卷　（清）李友香撰
夢闌居士存稿一卷　（清）陳長庚撰
吟香館存稿一卷　（清）鄭寶撰
鐵盂居士存稿二卷　（清）汪全泰撰
惺齋詩存一卷　（清）成文燦撰
海鷗集存稿二卷　（清）成儁撰
燃松閣存稿三卷　（清）顧檉三撰
六梅書屋存稿一卷　（清）馮金銛撰
有竹居存稿三卷　（清）言啟方撰
清籟館存稿一卷　（清）周綵撰
鐵硯齋存稿一卷　（清）曹德馨撰
小如詩存一卷　（清）沈長春撰
夢綠詩鈔一卷　（清）釋野蠶撰
續集
小雲液草一卷　（清）陸從星撰
白雲軒存稿四卷　（清）張偉庚撰
棣華軒存稿一卷　（清）錢侍辰撰
醒菴存稿二卷　（清）張橢撰
石香存稿一卷　（清）于文濬撰
湘痕閣存稿一卷　（清）袁嘉撰
附
白醉題襟四卷　（清）王相輯
草堂題贈一卷　（清）王相輯

涵通樓師友文鈔

（清）唐岳輯

　　清咸豐四年(1854)臨桂唐氏涵通樓刊本

柏梘山房文鈔二卷　（清）梅曾亮撰

月滄文鈔一卷　（清）呂璜撰

來鶴山房文鈔二卷　（清）朱琦撰

致翼堂文鈔一卷　（清）彭昱堯撰

經德堂文鈔一卷　（清）龍啓瑞撰

龍壁山房文鈔二卷　（清）王拯撰

附

漢南春柳詞鈔一卷　（清）龍啓瑞撰

瘦春詞鈔一卷　（清）王拯撰

雪波詞鈔一卷　（清）蘇汝謙撰

宛上同人集

（清）阮文藻輯

　　清道光十三年(1833)阮氏刊本

桐軒詩鈔一卷　（清）金德榮撰

惟雒齋詩鈔一卷　（清）周儀暐撰

聽松濤館詩選一卷　（清）阮文藻撰

信芳閣詩存一卷　（清）汪汝式撰

佩雅堂詩鈔二卷　（清）强溱撰

九疊山房詩存一卷　（清）趙仁基撰

佩湘詩草一卷　（清）王成璐撰

月波樓詩草一卷　（清）甘煦撰

識密齋詩鈔一卷　（清）錢符祚撰

迦齡盦詩鈔一卷　（清）莊縉度撰

柳堂師友詩錄初編

（清）李長榮輯

　　清同治二年(1863)序刊本

聽松廬詩鈔一卷　（清）張維屏撰

李文恭公詩存一卷　（清）李星沅撰

訪粵集一卷　（清）戴熙撰

有嘉聲齋賸草一卷　（清）馮國倚撰

葆天斠齋遺草一卷　（清）區昌豪撰

侶石山房詩草一卷　（清）蘇鴻撰

息踵軒賸草一卷　（清）區玉章撰

慎誠堂詩鈔一卷　（清）鄧士憲撰

陳禮部集一卷　（清）陳其錕撰

嶺海樓詩鈔一卷　（清）黃培芳撰

樂志堂詩集一卷　（清）譚瑩撰

挹甕齋詩草一卷　（清）蔡蕙清撰

春暉書屋詩集一卷　（清）何太青撰

子良詩存一卷　（清）馮詢撰

榕塘吟館詩鈔一卷　（清）鮑俊撰

融谷詩草一卷　（清）文守元撰

宜亭草一卷　（清）文晟撰

嘯劍山房剩草一卷　（清）文星瑞撰

靈洲山人詩鈔一卷　（清）徐灝撰

詩義堂後集一卷　（清）彭泰來撰

蓼東賸草一卷　（清）李孟羣撰

懷古田舍詩鈔一卷　（清）徐榮撰

通齋詩集一卷　（清）蔣超伯撰

疆恕齋吟草一卷　（清）梅啓照撰

二知軒詩鈔一卷　（清）方濬頤撰

捉塵集一卷　（清）樊封撰

醉鶴詩草一卷　（清）馮鎧撰

蕪境軒詩鈔一卷　（清）梁炯撰

遺經樓草一卷　（清）金菁茅撰

洛川詩畧一卷　（清）杜游撰

嶽雪樓詩存一卷　（清）孔繼勳撰

漁石賸草一卷　（清）張璐撰

珍帚編詩集一卷　（清）崔弼撰

知稼軒詩鈔一卷　（清）黃子高撰

公餘閒詠詩鈔一卷　（清）張玉堂撰

綠雲軒吟草一卷　（清）尙昌懋撰

雲圃詩鈔一卷　（清）周繡桂撰

軍中草一卷　（清）黃振成撰

夢花草堂詩錄一卷　（清）韓鳳翔撰

日新樓詩草一卷　（清）華定祁撰

柳村遺草一卷　（清）陶應榮撰

至堂詩鈔一卷　（清）艾暢撰

海天樓詩鈔一卷　（清）喻福基撰

太華山人詩存一卷　（清）王益謙撰

松石齋詩集一卷　（清）王家齊撰

培根堂詩鈔一卷　（清）高繼衍撰

愛廬吟草一卷　（清）錢官俊撰

松寮詩訪存一卷　（清）邱對顏撰

樵湖詩鈔一卷　（清）陳瑩達撰

紅樹山莊詩鈔一卷　（清）李景元撰

澧陽遺草一卷　（清）許綏蘭撰

枕琴僅存草一卷　（清）蘇六朋撰

味鐙閣詩鈔一卷　（清）羅珊撰

竹筠書屋詩鈔一卷　（清）陳華澤撰

夢鯉山房詩鈔一卷　（清）李有祺撰

插菊軒詩鈔一卷　（清）陳殿蘭撰

二山賸稿一卷　（清）黃承谷撰

迂翁詩草一卷　（清）李志巍撰

黎齋詩草一卷　（清）潘正衡撰

杏林莊吟草一卷　（清）鄧大林撰

寄滙館拾餘草一卷　（清）劉慶生撰

未覺軒賸草一卷　（清）徐兆鼇撰

修竹軒遺草一卷　（清）李景雲撰

六橋詩集一卷　（清）譚錫朋撰

春藻堂詩集一卷　（清）何朝昌撰

嶰君詩鈔一卷　（清）朱鑑成撰

山右吟草一卷　（清）袁杲撰

四照堂詩集一卷　（清）譚溥撰

芙生詩鈔一卷　（清）汪璪撰
曼陀羅盦詩鈔一卷　（清）倪鴻撰
寶墨樓詩冊一卷　（清）蘇時學撰
如不及軒詩草一卷　（清）陳起榮撰
務時敏齋詩集一卷　（清）蕭諫撰
耘花館詩鈔一卷　（清）金元撰
聽秋閣詩鈔一卷　（清）黎耀宗撰
雲洋山館詩鈔一卷　（清）潘世清撰
仰高軒詩草一卷　（清）黃亨撰
知不足齋詩草一卷　（清）鄧翔撰
海鶴巢詩鈔一卷　（清）歐陽淏撰
雙桐圃詩鈔一卷　（清）潘恕撰
瑞香吟館遺草一卷　（清）崔俊良撰
雲根老屋詩鈔一卷　（清）羅嘉蓉撰
夢香園賸草一卷　（清）鄭績撰
槐花吟館詩鈔一卷　（清）黃德華撰
評琴書屋吟草一卷　（清）潘名熊撰
紅薦山房詩鈔一卷　（清）唐夢齡撰
倚魚山閣詩集一卷　（清）馮培光撰
覺非堂稿一卷　（清）歐陽經撰
巢雲山房詩鈔一卷　（清）馮昕華撰
有絮吟館詩鈔一卷　（清）馮晴華撰
雪鴻草一卷　（清）馮哲華撰
玉儀軒吟草一卷　（清）馮城寶撰
崎陽雜詠一卷　（清）林子雲撰
松雲閣詩鈔一卷　（清）李灼光撰
劍生遺草一卷　（清）何應圖撰
六友堂賸草一卷　（清）李國龍撰
小山園吟草一卷　（清）梁傑庸撰
雪香齋吟草一卷　（清）周文驅撰
退學吟庵詩鈔一卷　（清）王鋧撰
朝珊賸草一卷　（清）林彭年撰
樵西草堂詩鈔一卷　（清）陳次壬撰
安所遇軒詩鈔一卷　（清）何世文撰
湖海詩存一卷　（清）陳徽言撰
春星閣詩鈔一卷　（清）楊季驌撰
蓉舟遺詩一卷　（清）潘鏡泉撰
二牛山房吟草一卷　（清）李鴻儀撰
松菊山房詩刪一卷　（清）何時秋撰
不寐齋詩畧一卷　（清）何天衢撰
小摩圍閣詩鈔一卷　（清）沈澤蕑撰
桃花仙館詩鈔一卷　（清）梁伯顯撰
潛修堂吟草一卷　（清）麥啟科撰
翠竹軒詩鈔一卷　（清）潘健榮撰
竹素園詩鈔一卷　（清）陳簡書撰
心復心齋詩鈔一卷　（清）周子祥撰
聽鸝軒詩鈔一卷　（清）戴燮元撰
六勿軒詩存一卷　（清）李毓林撰
愛竹館詩蒐一卷　（清）李瑞裕撰
孕花吟草一卷　（清）徐鼐撰

悔昨齋詩錄一卷　（清）張深撰
巢蚊睫齋詩稿一卷　（清）陳謙撰
蓬蓬館詩稿一卷　（清）陳東撰
焦琴吟草一卷　（清）陳湘生撰
瀟碧亭吟稿一卷　（清）陳智淵撰
覺鹿軒詩草一卷　（清）陳彤蓮撰
龜樹根館詩草一卷　（清）李肇生撰
三十二蘭亭室詩鈔一卷　（清）劉湜年撰
佩韋齋詩鈔一卷　（清）潘貞敏撰
懺花盦詩鈔一卷　（清）宋澤元撰
自怡齋詩鈔一卷　（清）顏培瑚撰
眠琴館詩鈔一卷　（清）胡斯錞撰
秦瓦硯齋詩鈔一卷　（清）簡士良撰
虛舟詩草一卷　（清）賴學海撰
詩愚餘草一卷　（清）黃熙虞撰
秩堂賸稿一卷　（清）何大猷撰
磬舟遺稿一卷　（清）顏敍适撰
醉客詩草一卷　（清）單光亨撰
小泉詩草一卷　（清）單子廉撰
惜陰軒詩草一卷　（清）單玉騏撰
雙青堂詩鈔一卷　（清）關少白撰
蕉雨山房詩集一卷　（清）李家瑞撰
鳴琴仙館詩鈔一卷　（清）文星昭撰
毳遺草堂詩鈔一卷　（清）楊翰撰
攬芳園詩鈔一卷　（清）譚楷撰
不懈齋詩鈔一卷　（清）周慶麟撰
曼園詩鈔一卷　（清）梁燕撰
雌伏吟一卷　（清）蘇念禮撰
養拙齋詩鈔一卷　（清）孫汝霖撰
蜒花吟館詩鈔一卷　（清）孫檉撰
綠綺樓詩鈔一卷　（清）張振烈撰
榮寶堂詩鈔一卷　（清）林玉衡撰
如不及齋詩鈔一卷　（清）陳坤撰
養志書屋詩鈔一卷　（清）崇祐撰
紀遊吟草一卷　（清）杜鳳岐撰
洗俗齋詩草一卷　（清）果爾敏撰
海雪詩龕詩鈔一卷　（清）胡仁撰
銀月山房詩草一卷　（清）李傳煊撰
豐喬山樵詩鈔一卷　（清）呂祖海撰
欣所遇齋詩存一卷　（清）吳家懋撰
念先堂詩稿一卷　（清）周履方撰
桐桂軒課孫草一卷　（清）官煥揚撰
紫薇山館遺草一卷　（清）官楨揚撰
綠雲山房遺草一卷　（清）官志春撰
偶香園詩草一卷　（清）韋康元撰
金臺詩鈔一卷　（清）毓壽撰
嘉穀山房詩草一卷　（清）張君玉撰
草草草堂詩草一卷　（清）何仁山撰
一得山房詩鈔一卷　（清）張景陽撰
竹坪詩草一卷　（清）范奉常撰

澹虛齋詩草一卷　(清)潘啓榮撰
思齊草堂詩鈔一卷　(清)李桂蘭撰
海嶽堂詩稿一卷　(清)江有燦撰
綠榕書屋賸草一卷　(清)張廷棟撰
味聞軒詩鈔一卷　(清)周棠芬撰
欣寄小集一卷　(清)曾駿章撰
間鷗山館詩鈔一卷　(清)楊炳勳撰
稻鄉樵唱一卷　(清)黃寶田撰
子新遺詩一卷　(清)黃寶銘撰
子熙賸草一卷　(清)宋紹濂撰
守默齋詩稿一卷　(清)何應祺撰
清芬閣詩草一卷　(清)尹樹琪撰
珊洲別墅詩鈔一卷　(清)尹士選撰
綠芸吟館詩鈔一卷　(清)朱爾田撰
公餘寄詠詩鈔一卷　(清)羅璋撰
月巖詩鈔一卷　(清)吳昭良撰
澹園吟草一卷　(清)陳矞撰
枕上吟一卷　(清)汪雲撰
古香樓詩鈔一卷　(清)汪玨撰
籠山存眞草一卷　(清)鄧章撰
嶺南遊草一卷　(清)蔡愚若撰
天覺樓詩集一卷　(清)王國賓撰
中州集一卷　(清)倪明進撰
澗南遺草一卷　(清)倪元藻撰
梅花書屋詩鈔一卷　(清)陳方平撰
攬香閣詩稿一卷　(清)陳子璨撰
毋自欺齋詩稿一卷　(清)陳其藻撰
宦游吟草一卷　(清)蔡錦青撰
松壽軒詩鈔一卷　(清)李聯蕃撰
陶情小草一卷　(清)李聯芬撰
寄影軒詩鈔一卷　(清)張觀美撰
笠山詩草一卷　(清)李綸光撰
鹿洲吟草一卷　(清)梁永泰撰
駕海樓稿一卷　(清)曾鎮鰲撰
委懷書舫遺草一卷　(清)李孝昌撰
綠珊軒詩草一卷　(清)劉士忠撰
眠綠山房詩草一卷　(清)鄭榮撰
延正學齋詩集一卷　(清)馮濬撰
梧桐庭院詩鈔一卷　(清)潘光瀛撰
三十六村草堂詩鈔一卷　(清)潘定桂撰
慧海小草一卷　(清)釋契生撰
片雲行草一卷　(清)釋相益撰
龍藏山人賸草一卷　(清)釋笑平撰
小浮山齋詩一卷　(清)釋成果撰
互禪偶存草一卷　(清)釋互禪撰
簪花閣詩鈔一卷　(清)郭潤玉撰
鏡香賸草一卷　(清)余菱撰
綠窗吟草一卷　(清)蘇念淑撰
順叔吟草一卷　(日本)藤宏光撰

國朝五家詠史詩鈔

(清)孫福清輯　　　　　　　　[本
　清光緒四年(1878)嘉善孫氏望雲仙館刊
　樹經堂詠史詩二卷　(清)謝啓昆撰
　話雲軒詠史詩一卷　(清)曹振鏞撰
　覺生詠史詩二卷　(清)鮑桂星撰
　澹香齋詠史詩一卷　(清)王廷紹撰
　集義軒詠史詩四卷　(清)羅惇衍撰

三布衣詩存

(清)金蘭輯
　清同治十二年(1873)吳縣金氏刊本
　匪石山人遺詩一卷　(清)鈕樹玉撰
　芋香山房詩鈔一卷　(清)徐筠撰
　話雨山房吟草一卷　(清)張紹松撰

三子詩選

(清)蔡壽祺輯
　清咸豐七年(1857)京師刊本
　白香亭詩一卷　(清)鄧輔綸撰
　復堂詩一卷　(清)譚獻撰
　蒿庵詩一卷　(清)莊棫撰
　蒿庵詞一卷　(清)莊棫撰
　復堂詞一卷　(清)譚獻撰

故友詩錄

(清)蔡壽祺輯
　清同治八年(1869)京師嬭嬛別館刊二編
　　九年(1870)刊本
　初編六卷
　　五之草堂詩稿一卷　(清)樊雨撰
　　九十九峯草堂詩鈔一卷　(清)陳世慶撰
　　槑花樓詩稿一卷　(清)郭元英撰
　　靜觀齋詩鈔一卷　(清)李仁元撰
　　春影樓詩稿一卷　(清)陳景雍撰
　　問園詩集一卷　(清)范元亨撰
　二編八卷
　　松心集一卷　(清)張維屏撰
　　僊屏書屋詩錄一卷　(清)黃爵滋撰
　　鹿葱花館詩鈔一卷　(清)張潮撰
　　持雅堂詩鈔一卷　(清)佇鎔撰
　　怡志堂詩鈔一卷　(清)朱琦撰
　　敦夙好齋詩稿一卷　(清)葉名澧撰
　　無不自得齋詩鈔一卷　(清)王式言撰
　　寄鷗館詩錄一卷　(清)符葆森撰
　附
　　夢綠草堂詩鈔(一名采蘭集)三卷附錄二卷
　　　續集(一名鳳簫集)二卷　(清)蔡壽祺
　　　撰

寄南園二子詩鈔

（清）許應鑅輯
　　清同治十三年(1874)刊本
　　侶樊草堂詩鈔二卷　（清）黎原超撰
　　看山樓詩鈔二卷　（清）馮永年撰

耆舊詩存

（清）沈筠選　（清）徐圓成訂
　　清光緒元年(1875)刊本
　　愚泉詩選一卷　（清）陳文藻撰
　　春林詩選一卷　（清）陸鎔撰
　　心葭詩選一卷　（清）劉東藩撰
　　霞梯詩選一卷　（清）金大登撰

四家詩詞合刻

（清）潘鍾瑞輯　　　　　　　　〔本
　　清光緒十年(1884)吳郡潘氏香禪精舍刊
　　息影廬殘稿一卷　（清）王叔釗撰
　　學爲福齋詩鈔一卷　（清）張源達撰
　　吟碧山館詞一卷　（清）王壽庭撰
　　香隱盦詞一卷　（清）潘遵璈撰

愛吾廬稿

（清）蔣荸輯
　　清光緒十二年(1886)宜興蔣氏刊本
　　醉園詩存十三卷　（清）蔣荸撰
　　次園詩存五卷　（清）蔣彬若撰
　　哦月樓詩存二卷附詩餘一卷　（清）儲慧撰

六逝集存

（清）梁荄輯
　　清光緒二十九年(1903)刊本
　　銀礫詞一卷　（清）陳筠撰
　　幸齋詩錄一卷　（清）吳斯佐撰
　　鹿僑詩賸一卷　（清）陳璟章撰
　　詁紅館殘稿一卷　（清）郭實善撰
　　款紅社詩存一卷　（清）周孝楷撰
　　滄粟庵詩存一卷　（清）任劭傳撰

國朝閨閣詩鈔

（清）蔡殿齊輯
　　清道光二十四年(1844)序娜嬛別館刊本
　　鏡閣新集一卷　（清）朱中楣撰
　　嘯雪庵詩鈔一卷　（清）吳綃撰
　　臥月軒詩稿一卷　（明）顧若璞撰
　　徐都講詩一卷　（清）徐昭華撰
　　青山集一卷　（清）吳山撰
　　素賞樓詩稿一卷　（清）陳皖永撰
　　凝翠樓詩集一卷　（清）王慧撰

凝香室詩鈔一卷　（清）柴靜儀撰
硯隱集一卷　（清）張學象撰
玉窗遺稿一卷　（清）葛宜撰
蘊真軒小草一卷　（清）蔡琬撰
林下風清集一卷　（清）李國梅撰
湘靈集一卷　（淯）馮嫻撰
古香樓詩集一卷　（清）錢鳳綸撰
竹隱樓詩草一卷　（清）賀桂撰
鳳簫樓詩集一卷　（清）林以寧撰
繡餘小稿一卷　（清）紀瓊撰
蠹窗詩集一卷　（清）張令儀撰
疏影軒詩稿一卷　（清）何玉瑛撰
片石齋燼餘草一卷　（清）馬士琪撰
培遠堂詩集一卷　（清）張藻撰
悟雪堂詩鈔一卷　（清）吳若冰撰
綠淨軒詩鈔一卷　（清）徐德音撰
柴車倦遊集一卷　（清）鍾令嘉撰
玉芳亭詩集一卷　（清）陳淑秀撰
靜香閣詩草一卷　（清）倪瑞璿撰
清香閣詩鈔一卷　（清）姚德耀撰
一桂軒詩鈔一卷　（清）李毓清撰
鴻寶樓詩鈔一卷　（清）楊鳳姝撰
瑞圓詩鈔一卷　（清）蘇世璋撰
問花樓詩集一卷　（清）許權撰
在璞草堂詩稿一卷　（清）方芳佩撰
浣青詩草一卷　（清）錢孟鈿撰
臥雪軒吟草一卷　（清）杭澄撰
繡餘草一卷　（清）李葆素撰
職思居詩鈔一卷　（清）張佛繡撰
聊一軒詩稿一卷　（清）沈蕙玉撰
綠秋書屋詩集一卷　（清）張因撰
聽月樓遺草一卷　（清）汪韞玉撰
紅雪軒詩槀一卷　（清）高景芳撰
縈香詩草一卷　（清）李含章撰
長離閣詩集一卷　（清）王采薇撰
石蘭詩鈔一卷　（清）胡慎儀撰
盈書閣遺稿一卷　（清）袁棠撰
采香樓詩集一卷　（清）席蕙文撰
吟香摘蕊集一卷　（清）楊惺惺撰
鶴語軒詩集一卷　（清）許燕珍撰
兩面樓詩稿一卷　（清）張芬撰
蘭圃遺草一卷　（清）胡佩芳撰
青藜閣詩集一卷　（清）江珠撰
瑤草軒詩鈔一卷　（清）関鼎英撰
不櫛吟一卷　（清）潘素心撰
澹如軒吟草一卷　（清）朱鎮撰
起雲閣詩鈔一卷　（清）鮑之蘭撰
修竹廬吟稿一卷　（清）朱宗淑撰
花語軒詩鈔一卷　（清）金若蘭撰
韻松樓詩集一卷　（清）顧慈撰

昧雪樓詩稿一卷　(清)宋鳴瓊撰
望雲閣詩集一卷　(清)郭芬撰
清娛閣吟稿一卷　(清)鮑之蕙撰
唐宋舊經樓稿一卷　(清)孔璐華撰
白鳳樓詩鈔一卷　(清)楊舫撰
長眞閣詩稿一卷　(清)席佩蘭撰
玉簫樓詩集一卷　(清)孫雲鳳撰
瘦吟樓詩草一卷　(清)金逸撰
綠陰紅雨軒詩鈔一卷　(清)帥翰階撰
聽秋軒詩稿一卷　(清)駱綺蘭撰
寄梅館詩鈔一卷　(清)王倩撰
織雲樓詩稿一卷　(清)廖雲錦撰
貼硯齋詩稿一卷　(清)孫蓀意撰
繪聲閣詩稿一卷　(清)陳長生撰
琴香閣詩箋一卷　(清)蔣徽撰
曉春閣詩集一卷　(清)尤澹仙撰
盼月軒詩稿一卷　(清)郭佩蘭撰
翡翠樓詩集一卷　(清)沈纕撰
繡餘小草一卷　(清)歸懋儀撰
吟香館詩草一卷　(清)汪蘆英撰
環碧軒詩集一卷　(清)沈綺撰
藕香館詩鈔一卷　(清)何佩玉撰
露香閣詩鈔一卷　(清)嚴蕊珠撰
瑤草珠華閣詩鈔一卷　(清)席慧文撰
澹藕軒詩薰一卷　(清)張紹英撰
吟紅閣詩鈔一卷　(清)夏伊蘭撰
綠窗吟稿一卷　(清)王素雯撰
繡篋小集一卷　(清)高篟撰
養花軒詩鈔一卷　(清)吳芸華撰
簪花閣詩鈔一卷　(清)郭潤玉撰
自然好學齋詩集一卷　(清)汪端撰
繡吟樓詩鈔一卷　(清)譚紫瓔撰
鵁吟樓詩鈔一卷　(清)傅紫璘撰
印月樓詩集一卷　(清)王璐撰
小鷗波館詩鈔一卷　(清)陸韻梅撰
錦槎軒詩集一卷　(清)張襄撰
槃雪吟一卷　(清)朱景素撰
敏求齋詩集一卷　(清)王繼藻撰
焚餘小草一卷　(清)甘啟華撰
鏡倚樓小稿一卷　(清)章孝貞撰
佩湘詩稿一卷　(清)范漣撰
花鳳樓吟槀一卷　(清)蔡紫瓊撰
韻香書室吟稿一卷　(清)萬夢丹撰

三節合編

(清)韓崇輯
　清咸豐五年(1855)韓氏寶鐵齋刊本
琴隱園詩一卷　(清)湯貽汾撰
春影樓詩一卷　(清)陳景雍撰
靜觀齋詩一卷　(清)李仁元撰

附
心遠樓詩鈔一卷　(清)徐倬撰
佳谷遺稿一卷　(清)陳賢撰
王小梧遺文一卷　(清)王渭撰
徐竹所先生遺稿二卷　(清)徐文錫撰
東蘺遺稿三卷　(清)陸損之撰　道光二十
　五年(1845)鮑廬刊

汪柯庭彙刻賓朋詩

(清)汪文柏輯
　清康熙三十一年(1692)序刊本
題照集一卷
寵硯錄二卷
唱和詩一卷
西河慰悼詩二卷補遺一卷
湯餅辭一卷
花嶼嚶鳴一卷
同心言初集一卷二集一卷

輦下和鳴集

(清)蔣景祁輯
　清康熙三十一年(1692)刊本
蓮洋詩一卷　〔清〕吳雯撰
白燕栖詩草一卷　(清)博爾都撰
帡堂稿一卷　(清)孔尚任撰
中江詩略一卷　(清)袁啟旭撰
紅蘭集一卷　(清)岳端撰
秋蓬俚語一卷　(清)沈季友撰
斸冰集一卷　(清)陳曾薆撰
晴雲書屋稿一卷　(清)索芬撰
蘭秋介雅堂詩略一卷　(清)畢大生撰
若谷小集一卷　(清)汪士鋐撰
一亭雲集一卷　(清)朱襄撰
小丹丘詩稿一卷　(清)柯煜撰
嶺雲集一卷　(清)駱靜撰

和聲唱和詩

(清)馮元正輯
　清乾隆十七年(1752)刊本
江草集一卷　(清)徐中道撰
不虛齋詩一卷　(清)錢元昌撰
芸齋詩鈔一卷　(清)徐觀文撰
曙春詩草一卷　(清)張霬撰
慕閑詩草一卷　(清)馮存撰
金愚詩草一卷　(清)朱韋益撰
其生詩草一卷　(清)陳紹觀撰
鹽齋詩草一卷　(清)徐藻撰
師范詩草一卷　(清)吳越望撰
蓀香詩草一卷　(清)徐蘭撰
刈雲詩草一卷　(清)馮來鎬撰

牧餘詩草一卷 (清)馮元正撰

同聲集

(清)丁芸輯
清乾隆五十七年(1792)刊本
墨農詩草一卷 (清)丁芸撰
溪南詩草一卷 (清)毛琳撰
水山詩草一卷 (清)陳秀撰

辟疆園遺集

(清)楊芳燦輯
清乾隆六十年(1795)刊本
笠舫詩藁六卷 (清)顧敏恒撰
籋雲草一卷 (清)顧斆愉撰
筠溪詩草二卷 (清)顧敬恂撰
幽蘭草一卷 (清)顧敭憲撰

谷湖聯吟

(清)□□輯
清乾隆中刊本
拾餘偶存一卷 (清)顧升誥撰
漁亭小草一卷 (清)陳敬撰
桐石山房詩一卷 (清)崔以學撰
借薇山館詩一卷 (清)張森書撰
挹翠山房小草一卷 (清)蔣賜勳撰
花事草堂學吟一卷 (清)蔣光煦撰

怡園初刊三種續刊三種

(清)吳祖德輯
清嘉慶二十四年(1819)刊續道光二年(1822)刊本
初刊
茸城老友會詩序題詞一卷 (清)吳祖德輯
怡園同人吟鈔一卷 (清)吳祖德輯
自怡吟鈔一卷 (清)吳祖德撰
續刊
續刊同人吟鈔一卷 (清)吳祖德輯
來青堂遺草一卷 (清)吳敞撰
馬洲吟鈔一卷 (清)吳祖德撰

松壑間合刻詩鈔

(清)顧初昱輯
清道光四年(1824)刊本
課暇吟二卷 (清)顧初昱撰
織餘草二卷 (清)胡家萱撰

是程堂倡和投贈集

(清)屠倬輯
清道光五年(1825)屠秉刊本
山居足音集二卷
僧寮吟課一卷
銷夏彙存一卷
小檀欒室題詞一卷
說詩類編一卷
讀畫錄一卷
耶谿漁隱題辭一卷
日下題襟集一卷
雙藤錄別詩鈔一卷
從政未信錄一卷
弦章贈處集一卷
湘靈館雜鈔二卷
鑿江懷古集一卷
江上詠花集一卷
眞州官舍十二詠一卷

春雲集

(清)成瑞輯
清道光十九年(1839)刊本
天香雲舫詩草一卷 (清)嵩祿撰
竹素園詩草一卷 (清)嵩年撰
紅葉山樵詩草一卷 (清)敬文撰
叢蘭山館詩草一卷 (清)敬訓撰
薜荔山莊詩草一卷 (清)成瑞撰
西亭詩草一卷 (清)劉培元撰

苔岑集初刊

(清)蔣棨渭輯
清道光三十年(1850)吳縣蔣氏味清堂刊本
味清堂詩鈔二卷補鈔一卷 (清)陳基撰
半間雲詩二卷 (清)馬鎮撰
焦尾編二卷 (清)錢瑤鶴撰
霏玉軒詩草二卷 (清)吳均撰
萬壑雲樓詩二卷 (清)蔣棨渭撰
小紅薇館吟草四卷 (清)毛永柏撰
思無邪室吟草三卷 (清)毛永椿撰
小紅薇館拾餘詩鈔四卷 (清)毛永柏撰
咸豐七年(1857)刊

題襟集

(民國)翁之潤輯
清光緒二十四年(1898)宣南刊本
鐵笛詞一卷 (清)黃彝凱撰
酒痕詞一卷 (清)張百寬撰
雲瓿詞一卷 (民國)曹元忠撰
長毋相忘室詞一卷 (民國)張鴻撰
溜碧詞一卷 (清)王景沂撰
玉龍詞一卷 (民國)楊朝慶撰
盋山舊館詞一卷 (民國)章華撰
桃花春水詞一卷 (民國)翁之潤撰

鄧林唱和詩詞合刻

（民國）陳潛輯
　　　清宣統元年(1909)江浦陳氏刊本
　　　雙硯齋詩鈔一卷詞鈔一卷　（清）鄧廷楨撰
　　　雲左山房詩鈔一卷詩餘一卷　（清）林則徐
　　　撰

小重山房叢書

（清）張祥河輯
　　　清刊本
　　　飲水詩集一卷詞集一卷　（清）性德撰
　　　高歌集一卷　（清）張祥河輯
　　　北江詩話六卷　（清）洪亮吉撰
　　　天瓶齋書畫題跋二卷　（清）張照撰
　　　會典簡明錄一卷　（清）張祥河輯
　　　粵西筆述一卷　（清）張祥河輯
　　　駭驚錄一卷　（宋）范成大撰
　　　續駭驚錄一卷　（清）張祥河撰
　　　駭驚吟橐一卷　（清）張祥河撰
　　　桂勝集一卷外集一卷　（清）張祥河撰
　　　肆觀集一卷　（清）張祥河撰
　　　藍橋集一卷　（清）張祥河撰
　　　北山之什一卷　（清）張祥河撰
　　　南山集一卷　（清）張祥河撰
　　　關隴輿中偶憶編一卷　（清）張祥河撰

詒安堂全集

（清）王慶勳輯
　　　清道光咸豐間上海王氏刊本
　　　詒安堂初稿八卷二稿八卷詩餘三卷試帖詩
　　　　鈔一卷　（清）王慶勳撰　咸豐三年
　　　　(1853)刊二稿咸豐五年(1855)刊
　　　應求集四卷　（清）王慶勳輯　咸豐八年
　　　　(1858)刊
　　　可作集八卷　（清）王慶勳輯　道光二十八
　　　　年(1848)刊
　　　同人詩錄　（清）王慶勳輯　咸豐八年
　　　　(1858)刊
　　　朱藤老屋詩鈔一卷　（清）高錫蕃撰
　　　誦清閣詩鈔一卷　（清）石景芬撰
　　　邃懷堂詩集一卷　（清）袁翼撰
　　　過庭小草一卷　（清）黃富民撰
　　　倚晴樓詩集一卷　（清）黃燮清撰
　　　棗花老屋集一卷　（清）何其超撰
　　　舒藝室詩一卷　（清）張文虎撰
　　　舒嘯樓詩集一卷　（清）李曾裕撰
　　　伏敔堂詩集一卷　（清）江湜撰
　　　修竹軒詩鈔一卷　（清）楊煃撰
　　　淞溪遺稿二卷　（清）鍾夾撰　咸豐七年

　　　　(1857)刊
　　　城北草堂詩餘一卷詞餘一卷　（清）顧箋撰
　　　　咸豐七年(1857)刊

集梅花詩

（清）張吳曼（清）張山農輯
　　　清光緒中張汝翼刊本
　　　梅花百咏一卷　（元）釋明本撰　（清）張吳
　　　　曼輯
　　　梅花百和一卷　（清）張吳曼輯
　　　梅花集句二卷　（清）張吳曼輯
　　　梅花十咏一卷　（清）張吳曼輯
　　　集唐梅花詩一卷　（清）張吳曼輯
　　　梅花賦一卷　（清）張吳曼撰
　　　梅花賦註一卷　（清）張朱雲釋
　　　大梅歌一卷　（清）張吳曼撰
　　　律陶一卷　（明）王思任撰
　　　律蘇和陶一卷　（清）張吳曼撰
　　　八十自壽一卷　（清）張吳曼撰
　　　梅花詩集唐一卷　（清）張吳曼輯
　　　切法指南一卷　（清）張吳曼撰
　　　無言祕訣一卷　（清）張吳曼撰
　　　按聲指數法一卷　（清）張吳曼撰
　　　切法辨疑一卷　（清）張吳曼撰
　　　和涉江梅花詩一卷　（清）張山農輯
　　　集唐梅花詩一卷　（清）張山農輯

重思齋叢書

（清）王家枚輯
　　　清光緒中江陰王氏重思齋刊本
　　　定峯文選二卷　（清）沙張白撰　光緒二十
　　　　四年(1898)刊
　　　賜書堂詩稿一卷　（清）翁照撰　光緒二十
　　　　六年(1900)刊
　　　宛委山房詩詞賸橐一卷　（清）王堃撰　光
　　　　緒二十七年(1901)刊
　　　青箱室詩鈔一卷　（清）王泰階撰　光緒二
　　　　十七年(1901)刊

龍泉師友遺稿合編

（民國）李樹屏輯
　　　清光緒二十年(1894)刊民國七年(1918)
　　　　印本
　　　龍泉園集十二卷　（清）李江撰
　　　龍泉園語四卷
　　　龍泉園詩草一卷文草一卷尺牘一卷題跋
　　　　一卷
　　　蘭陽養疴雜紀一卷
　　　見聞錄一卷
　　　鄉塾正誤一卷

問青園集十三卷　（清）王晉之撰
　　山居瑣言一卷
　　溝洫私議一卷圖說一卷
　　貢愚錄一卷
　　問青園課程一卷附雜儀學規條規
　　問青園語一卷
　　問青園詩草一卷文草一卷題跋一卷尺牘
　　　一卷手帖一卷家書一卷遺囑一卷

形籤雙璧

（清）王維翰輯
　　清同治八年（1869）黃巖王氏雙硯齋木活
　　字排印本
　　東輝集一卷　（清）戚桂裳撰
　　醲香樓集一卷　（清）趙韻花撰

紅樓夢詩詞

（清）□□輯
　　清道光中刊本
　　紅樓夢詩一卷　（清）姜祺撰　　　　　［撰
　　松蔭軒稿（一名紅樓新咏）一卷　（清）姜祺
　　紅樓夢詞一卷　（清）凌承樞撰

紅樓夢附集十二種

徐復初輯
　　1936年上海仿古書店排印本
　　石頭記評讚序一卷　（清）沈鎧撰　　　［撰
　　讀紅樓夢雜記一卷　（清）顧爲明鏡室主人
　　紅樓夢竹枝詞一卷　（清）盧先駱撰
　　紅樓夢題詞一卷　（清）周綺撰
　　紅樓夢賦敍一卷　（清）沈謙撰
　　紅樓夢問答一卷
　　紅樓夢存疑一卷
　　石頭記論贊一卷
　　石頭記總評一卷
　　石頭記分評一卷
　　大觀園圖說一卷
　　紅樓百美詩一卷　（清）潘容卿撰

國朝三家文鈔

（清）宋犖（清）許汝霖輯
　　清康熙三十三年（1694）刊本
　　侯朝宗文鈔八卷　（清）侯方域撰
　　魏叔子文鈔十二卷　（清）魏禧撰
　　汪鈍翁文鈔十二卷　（清）汪琬撰

國朝二十四家文鈔

（清）徐斐然輯
　　清乾隆六十年（1795）刊本
　　軺石文鈔一卷　（清）王獻定撰

亭林文鈔一卷　（清）顧炎武撰
雪苑文鈔一卷　（清）侯方域撰
愚山文鈔一卷　（清）施閏章撰
勺庭文鈔一卷　（清）魏禧撰
改亭文鈔一卷　（清）計東撰
堯峯文鈔一卷　（清）汪琬撰
潛菴文鈔一卷　（清）湯斌撰
湛園文鈔一卷　（清）姜宸英撰
竹垞文鈔一卷　（清）朱彝尊撰
三魚文鈔一卷　（清）陸隴其撰
在陸文鈔一卷　（清）儲欣撰
青門文鈔一卷　（清）邵長蘅撰
鶴舫文鈔一卷　（清）毛際可撰
秋錦文鈔一卷　（清）李良年撰
午亭文鈔一卷　（清）陳廷敬撰
稼棠文鈔一卷　（清）潘耒撰
丹崖文鈔一卷　（清）徐文駒撰
少渠文鈔一卷　（清）馮景撰
望溪文鈔一卷　（清）方苞撰
穆堂文鈔一卷　（清）李紱撰
鈍叟文鈔一卷　（清）茅星來撰
椒園文鈔一卷　（清）沈廷芳撰
隨園文鈔一卷　（清）袁枚撰

國朝文錄

（清）李祖陶輯
　　清道光十九年（1839）瑞州府鳳儀書院刊
　　本
　　清光緒二十六年（1900）上海掃葉山房石
　　印本
初編
　　熊學士文集錄一卷　（清）熊伯龍撰
　　亭林文錄二卷　（清）顧炎武撰
　　石莊先生文錄三卷　（清）陳宏緒撰
　　南雷文錄三卷　（清）黃宗羲撰
　　壯悔堂文錄二卷　（清）侯方域撰
　　恥躬堂文錄二卷　（清）彭士望撰
　　四照堂文錄二卷　（清）王猷定撰
　　湘帆堂文錄一卷　（明）傅占衡撰
　　水田居文錄二卷　（清）賀貽孫撰
　　潛庵先生遺藁文錄二卷　（清）湯斌撰
　　愚山先生文錄二卷　（清）施閏章撰
　　午亭文錄三卷　（清）陳廷敬撰
　　張文貞公文錄二卷　（清）張玉書撰
　　帶經堂集文錄二卷　（清）王士禛撰
　　鄭靜菴先生文錄一卷　（清）鄭日奎撰
　　榕村全集文錄二卷　（清）李光地撰
　　西陂類藁文錄一卷　（清）宋犖撰
　　湛園未定藁文錄三卷　（清）姜宸英撰
　　居業齋文錄一卷　（清）金德嘉撰

邵青門文錄三卷　（清）邵長蘅撰
朱文端公文集二卷　（清）朱軾撰
孫文定公文錄二卷　（清）孫嘉淦撰
二希堂文錄二卷　（清）蔡世遠撰
鮚埼亭集文錄四卷　（清）全祖望撰
紫竹山房文集三卷　（清）陳兆崙撰
鹿洲文錄三卷　（清）藍鼎元撰
白鶴堂文錄一卷　（清）彭端淑撰
南庄類稿文錄二卷　（清）黃永年撰
海峯先生文錄二卷　（清）劉大櫆撰
潛研堂文錄二卷　（清）錢大昕撰
惜抱軒先生文選二卷　（清）姚鼐撰
紀文達公文錄二卷　（清）紀昀撰
清獻堂文錄二卷　（清）趙佑撰
忠雅堂文錄二卷　（清）蔣士銓撰
二林居文錄二卷　（清）彭紹升撰
厚岡文錄三卷　（清）李榮陛撰
陶士升先生甯江文錄一卷　（清）陶必銓撰
劉寄庵文錄二卷　（清）劉大紳撰
知恥齋文錄一卷　（清）謝振定撰
惕園初藥文二卷　（清）陳庚煥撰
續編　同治七年(1868)敖陽李氏刊
姚端恪公文錄二卷　（清）姚文然撰
變雅堂文錄一卷　（清）杜濬撰
白茅堂文錄二卷　（清）顧景星撰
砥齋文錄一卷　（清）王弘撰撰
聰山文錄一卷　（清）申涵光撰
改亭文錄三卷　（清）計東撰
魏伯子文錄一卷　（清）魏際瑞撰
河東文錄一卷　（清）邱維屏撰
楡溪集選一卷　（清）徐世溥撰
庸書文錄一卷　（清）張貞生撰
白石山房文錄一卷　（清）李振裕撰
三魚堂文錄一卷　（清）陸隴其撰
蒼峴山人文錄一卷　（清）秦松齡撰
憺園文錄二卷　（清）徐乾學撰
百尺梧桐閣文錄一卷　（清）汪懋麟撰
飴山文錄一卷　（清）趙執信撰
可儀堂文錄一卷　（清）俞甯世撰
趙忠毅公文錄二卷　（清）趙申喬撰
白田草堂文錄一卷　（清）王懋竑撰
梅莊文錄一卷　（清）謝濟世撰
梅崖居士集文錄二卷　（清）朱仕琇撰
四知堂文錄一卷　（清）楊錫紱撰
孺廬先生文錄一卷　（清）萬承蒼撰
雙桂堂文錄二卷　（清）紀大奎撰
松泉文錄一卷　（清）汪由敦撰
集虛齋文錄一卷　（清）方樂如撰
歸愚文錄一卷　（清）沈德潛撰
果堂文錄一卷　（清）沈彤撰

培遠堂文錄一卷　（清）陳弘謀撰
香國集文錄一卷　（清）陳之蘭撰
小倉山房文錄二卷　（清）袁枚撰
尊聞居士集二卷　（清）羅有高撰
叢桂堂文錄一卷　（清）劉戩撰
海崖文錄一卷　（清）熊璟崇撰
切問齋文錄二卷　（清）陸燿撰
經韻樓集文錄二卷　（清）段玉裁撰
更生齋文錄一卷　（清）洪亮吉撰
頤綵堂文錄一卷　（清）沈叔埏撰
韞山堂文錄一卷　（清）管世銘撰
竹香齋文錄一卷　（清）茹敦和撰
養一齋文錄一卷　（清）李兆洛撰
鑑止水齋文錄一卷　（清）許宗彥撰
雀研齋文錄一卷　（清）張錫穀撰
雕菰集文錄二卷　（清）焦循撰
崇百藥齋文錄一卷　（清）陸繼輅撰
學福齋文錄二卷　（清）沈大成撰
左海文錄二卷　（清）陳壽祺撰
存吾文集錄二卷　（清）余廷燦撰
邃雅堂文錄一卷　（清）姚文田撰
附
邁堂文畧四卷　（清）李祖陶撰

易堂九子文鈔

（清）彭玉雯輯
　　清道光十七年(1837)刊民國十四年
　　(1925)印本
彭躬菴文鈔六卷　（清）彭士望撰
邱邦士文鈔二卷　（清）丘維屏撰
魏伯子文鈔一卷　（清）魏際瑞撰
魏叔子文鈔五卷　（清）魏禧撰
魏季子文鈔一卷　（清）魏禮撰
李咸齋文鈔一卷　（清）李騰蛟撰
林確齋文鈔一卷　（清）林時益撰
彭中叔文鈔一卷　（清）彭任撰
曾青藜文鈔一卷　（清）曾燦撰

汪羅彭薛四家合鈔

（清）國學扶輪社輯
　　清宣統二年(1910)國學扶輪社排印本
汪大紳文鈔四卷　（清）汪縉撰
羅臺山文鈔四卷　（清）羅有高撰
彭尺木文鈔六卷　（清）彭紹升撰
薛家三遺文一卷　（清）薛起鳳撰

八家四六文鈔

（清）吳鼒輯
　　清較經堂刊本
　　民國上海掃葉山房石印本

小倉山房外集一卷　(清)袁枚撰
玉芝堂文集一卷　(清)邵齊燾撰
思補堂文集一卷　(清)劉星煒撰
儀鄭堂遺稿一卷　(清)孔廣森撰
有正味齋文續集二卷　(清)吳錫麒撰
西溪漁隱外集一卷　(清)曾燠撰
問字堂外集一卷　(清)孫星衍撰
卷施閣文乙集一卷　(清)洪亮吉撰

國朝十家四六文鈔

(民國)王先謙輯
　　清光緒十五年(1889)長沙王氏刊本
孟塗駢體文鈔一卷　(清)劉開撰
子誡駢體文鈔一卷　(清)董基誠撰
蘭石齋駢體文鈔一卷　(清)董祐誠撰
萬善花室駢體文鈔一卷　(清)方履籛撰
柏梘山房駢體文鈔一卷　(清)梅曾亮撰
梧生駢體文鈔一卷　(清)傅桐撰
思益堂駢體文鈔一卷　(清)周壽昌撰
湘綺樓駢體文鈔一卷　(民國)王闓運撰
琴鶴山房駢體文鈔一卷　(清)趙銘撰
湖塘林館駢體文鈔二卷　(清)李慈銘撰

陸陳兩先生詩文鈔

(清)葉裕仁輯
　　文鈔清同治九年(1870)刊詩鈔光緒二年
　　(1876)合肥蒯德模安徽書院刊本
　　清光緒六年(1880)鎮洋繆朝荃凝修堂刊
　　本
桴亭先生文鈔六卷續鈔一卷 詩 鈔 八 卷
　　(清)陸世儀撰　(凝修堂本無文續鈔)
確菴先生文鈔六卷詩鈔八卷　(清)陳瑚撰

戴段合刻

(清)張壽榮輯
　　清光緒十年(1884)鎮海張氏刊本
戴東原集十二卷　(清)戴震撰
經韻樓集十二卷　(清)段玉裁撰

戊戌六君子遺集

張元濟輯
　　民國六年(1917)上海商務印書館排印本
寥天一閣文二卷　(清)譚嗣同撰
莽蒼蒼齋詩二卷補遺一卷　(清)譚嗣同撰
遠遺堂集外文初編一卷續編一卷　(清)譚
　　嗣同撰
晚翠軒集一卷　(清)林旭撰
說經堂詩草一卷　(清)楊銳撰
介白堂詩集二卷　(清)劉光第撰
雪虛聲堂詩鈔三卷　(清)楊深秀撰

楊漪春侍御奏稿一卷　(清)楊深秀撰
康幼博茂才遺詩一卷　(清)康廣仁撰

四子詩錄

(清)陶福祖輯
　　民國三十年(1941)排印本
闓三寶齋詩一卷　(清)勒深之撰
裛春林屋詩一卷　(清)陳熾撰
榮雅堂詩一卷　(清)歐陽熙撰
遠堂詩一卷　(清)陶福祝撰

邱黃二先生遺稿合刊

施海樵輯
　　日本昭和十七年(1942)臺中東亞書局排
　　印本
嶺雲海日樓詩鈔一卷　(清)邱逢甲撰
人境廬詩草一卷　(清)黃遵憲撰

四家賦鈔

(清)景其濬輯
　　清咸豐三年(1853)誦芬堂刊本
有正味齋賦稿一卷　(清)吳錫麒撰
蘭修館賦稿一卷　(清)顧元熙撰
覺生賦鈔一卷　(清)鮑桂星撰
簡學齋賦鈔一卷　(清)陳沆撰

琴臺正續合刻

(清)汪守正輯
　　清嘉慶中刊本
　　清光緒十五年(1889)刊本
樊榭山房賦一卷　(清)厲鶚撰
有正味齋律賦一卷　(清)吳錫麒撰
壽花堂律賦一卷　(清)黃模撰
翠雲館律賦一卷試體詩一卷　(清)黃士珣
　　撰
貽經堂試體詩二卷　(清)鄭城撰
澄鑒堂律賦一卷　(清)姚思勤撰
古芬書屋律賦二卷　(清)姚伊憲撰　(嘉
　　慶本)
醖藉堂試體詩二卷　(清)葉檀撰　(嘉慶
　　本)
書畫舫試體詩二卷　(清)高鳳臺撰　(嘉
　　慶本)

歸錢尺牘

(清)顧栻輯
　　清康熙三十八年(1699)宛委堂刊本
　　清宣統二年(1910)保定官書局石印本
震川尺牘二卷　(明)歸有光撰
牧齋尺牘三卷　(清)錢謙益撰

尺牘叢刻

(民國)文明書局輯

　　清宣統三年(1911)上海文明書局排印本

國朝名人書札

舒藝室尺牘偶存(一名張嘯山先生尺牘)一
　　卷　(清)張文虎撰

顧亭林先生尺牘一卷　(清)顧炎武撰

佩弦齋尺牘(一名朱鼎甫先生尺牘)一卷
　　(清)朱一新撰

有正味齋尺牘(一名吳穀人先生尺牘)一卷
　　(清)吳錫麒撰

湖海樓尺牘(一名陳其年先生尺牘)一卷
　　(清)陳維崧撰

尤西堂尺牘一卷　(清)尤侗撰

大雲山房尺牘(一名惲子居先生尺牘)一卷
　　(清)惲敬撰

張廉卿先生尺牘一卷　(清)張裕釗撰

洪稚存先生尺牘一卷　(清)洪亮吉撰

芙蓉山館尺牘(一名楊蓉裳先生尺牘)一卷
　　(清)楊芳燦撰

因寄軒尺牘(一名管異之先生尺牘)一卷
　　(清)管同撰

梅伯言先生尺牘一卷　(清)梅曾亮撰

芙蓉山館師友尺牘一卷　(清)楊芳燦輯

緜雅堂尺牘(一名王眉叔先生尺牘)一卷
　　(清)王詒壽撰

尚絅堂尺牘(一名劉芙初先生尺牘)一卷
　　(清)劉嗣綰撰

養一齋尺牘(一名李申耆先生尺牘)一卷
　　(清)李兆洛撰

遽盦所藏尺牘

(民國)潘承厚輯　潘承弼續輯

　　民國三十一年至三十三年(1942—1944)
　　　吳縣潘氏景印本　　　　　　[印

明清藏書家尺牘　民國三十一年(1942)景

明清畫苑尺牘　民國三十二年(1943)景印

附

遽盦遺墨　(民國)潘承厚繪

元明詩翰　民國三十三年(1944)景印

瞿忠宣公蠟丸書侯忠節公絕縷書合璧　民
　　國三十三年(1944)景印

楊忠烈公左忠毅公遺札合璧　民國三十三
　　年(1944)景印

明季忠烈尺牘初編　民國三十三年(1944)
　　景印

明季忠烈尺牘二編　民國三十三年(1944)
　　景印

明季吳中三老手札　民國三十三年(1944)

景印

橋李曹氏圖冊合刻

(清)曹咸熙輯

　　清光緒九年(1883)桂林刊本

松風舞鶴圖題辭一卷

授經敎子圖題辭一卷

滮湖漁隱圖題辭一卷

朵菊思親圖題辭一卷

林下雅音集

(清)冒俊輯　　　　　　　　　　[本

　　清光緒十年(1884)如皋冒氏如不及齋刊

長離閣集一卷　(清)王采薇撰

自然好學齋詩鈔十卷　(清)汪端撰

花簾詞一卷香南雪北詞一卷　(清)吳藻撰

秋水軒詩選一卷詞一卷　(清)莊盤珠撰

硯緣集錄

(清)王壽邁輯

　　清咸豐六年(1856)大興王氏硯緣盦刊本

第一冊

硯緣記一卷後記一卷附眉子硯圖　(清)王
　　壽邁撰

題硯叢鈔　(清)王壽邁輯

葉小鸞眉子硯題詞前集一卷今集一卷

葉小鸞眉子硯閨秀題詞一卷

徵仙集(一名徵仙彙錄)一卷　(清)王壽邁
　　輯

題象集(一名疎香遺影)一卷　(清)王壽邁
　　輯

汾干訪墓一卷　(清)王壽邁輯

第二冊

返生香(一名疎香閣遺集)一卷補遺一卷
　　(明)葉小鸞撰

第三冊

疏香閣附集一卷　(明)葉紹袁輯

彤奩續些選二卷附二卷　(明)葉紹袁輯

第四冊

窃聞一卷續一卷　(明)葉紹袁撰

瓊花鏡一卷　(明)葉紹袁撰

鸝吹選(一名午夢堂遺集)一卷　(明)沈宜
　　修撰

愁言選(一名芳雪軒遺集)一卷　(明)葉紈
　　紈撰

鴛鴦夢一卷　(明)葉小紈撰

總　集(民國)

王章詩存合刻

劉承幹輯
　　民國十五年(1926)吳興劉氏刊本
　默盦詩存六卷　(民國)王舟瑤撰
　一山詩存十一卷　(民國)章梫撰

龔楊詩鈔

　(民國)□□輯
　　鈔本
　龔耕廬詩一卷　(民國)龔耕廬撰
　楊致存詩一卷　(民國)楊承禧撰

苔岑叢書

　(民國)余端輯
　　民國九年(1920)排印本
　同岑集一卷　(民國)余端輯
　聊園文鈔一卷　(民國)余端輯
　綴秋軒詞鈔一卷聯句一卷　(民國)余端輯
　傅渭磯先生手札一卷　(民國)傅成霖撰
　纓義樓金香錄一卷　(民國)余端輯
　問梅盦詩餘一卷　(清)程泳涵撰
　拳鶴山房詞一卷　(清)呂耀台撰
　劍影琴聲室詩賸一卷　余端撰
　藕船詩話一卷　(民國)青心居士撰
　苔岑社詩課一卷　余端輯

雁後合鈔

　(民國)詹勵吾輯
　　民國三十六年(1947)排印本
　待旦集一卷　孫傳瑷撰
　尻輪集一卷　薛元燕撰
　遜邅吟一卷　江家球撰
　偪側吟一卷　江家瑚撰
　觀酒狂齋詩錄一卷　詹勵吾撰

半墅草堂新書(一名苔岑叢書)

　(民國)吳放輯
　　民國十一年(1922)排印本
　聊園文鈔--卷
　瀟湘秋雨阿駢文鈔一卷
　綴秋軒詞鈔一卷
　半墅草堂新詠一卷
　江東雲影集一卷
　苔岑修禊圖題詠一卷

晚香集

　(民國)胡孫卓如輯
　　民國十七年(1928)排印本
　周菊人先生遺稿一卷　(清)周曾鏞撰
　周王遜新先生遺稿一卷　(民國)王南城撰
　胡周脩輝先生遺稿三卷　(民國)周韞玉撰

虞社叢書

　(民國)俞鷗侶輯
　　民國十二年(1923)虞社排印本
　萍綠集六卷　(民國)俞鷗侶輯
　錦囊殘墨二卷　(民國)俞鷗侶輯
　宜城秋雨錄一卷　(民國)馮國鑫撰
　消寒三十韻一卷　(民國)顧邦瑞撰

南社叢選

　(民國)胡韞玉(樸安)輯
　　民國十三年(1924)國學社排印本
　南社文選十卷
　南社詩選十二卷
　南社詞選二卷

陶社叢編

　(民國)謝鼎鎔輯
　　民國三十三年(1944)丙集三十六年
　　　(1947)排印本
　甲集
　　怡園賸稿一卷　(民國)祝廷華撰
　　氣聽齋駢文零拾一卷　(民國)曹家達撰
　　漚公遺稿二卷　(民國)陳宗彝撰
　乙集
　　冶盦文鈔二卷詩鈔一卷　(民國)謝鼎鎔輯
　　文無館詩鈔二卷詞鈔一卷　陳名珂撰
　丙集
　　愚谷修禊集一卷
　　檳榔浴佛集一卷
　　展重五集一卷
　　延陵挂劍集一卷
　　展重九集一卷
　　消寒集一卷
　　難老集一卷
　　賞荷酬唱集一卷
　　借中秋集一卷
　　聚星酬唱集一卷
　　陶社詩鐘選一卷

微尚齋叢刻

　(民國)汪兆鏞輯
　　清宣統至民國間番禺汪氏微尚齋刊本
　桐花閣詞一卷補遺一卷　(清)吳蘭修撰
　　宣統二年(1910)刊
　憶江南館詞一卷　(清)陳澧撰　民國三年
　　(1914)刊
　誦芬錄一卷　(民國)汪兆鏞撰
　微尚齋詩二卷　(民國)汪兆鏞撰　宣統三
　　年(1911)刊

雨屋深鐙詞一卷　(民國)汪兆鏞撰　民國
　　元年(1912)刊
檠窗雜記四卷　(民國)汪兆鏞撰　民國三
　　十二年(1943)排印

慕雲集存

(民國)汪定執輯
　　民國二十年(1931)排印本
　　汪祠譜序一卷　(民國)汪定執輯
　　逸園詩稿一卷　(清)曹崇慶撰
　　蓉裳文稿一卷　(清)周贇撰
　　兆芝賸玉一卷　(民國)汪定基撰
　　吉光片羽一卷　(民國)汪定執輯
　　贈言萃珍一卷　(民國)汪定執輯
　　雁帛魚牋一卷　(民國)汪定執輯
　　攀鱗附翼一卷　(民國)汪定執輯
　　附錄一卷　汪邦錄輯

當代八家文鈔

(民國)胡君復輯　　　　　　　　　　[本
　　民國十五年(1926)上海商務印書館排印
　　王湘綺文鈔二卷　(民國)王闓運撰
　　康南海文鈔四卷　(民國)康有爲撰
　　嚴幾道文鈔二卷　(民國)嚴復撰
　　林琴南文鈔二卷　(民國)林紓撰
　　張季直文鈔二卷　(民國)張謇撰
　　章太炎文鈔三卷　(民國)章炳麟撰
　　梁任公文鈔三卷　(民國)梁啓超撰
　　馬通伯文鈔二卷　(民國)馬其昶撰

章譚合鈔

(民國)□□輯
　　民國二年(1913)上海國學扶輪社排印本
　　民國上海中華圖書館石印本
　　章太炎文鈔四卷　(中華圖書館本作五卷)
　　　(民國)章炳麟撰
　　譚復生文鈔二卷　(清)譚嗣同撰

總　集(郡邑)

容城三賢文集

(清)張斐然(清)楊蒗輯
　　清康熙十八年(1679)序刊本
　　清道光十六年(1836)正義書院刊本
　　容城文靖劉先生文集四卷　(元)劉因撰
　　容城忠愍楊先生文集四卷　(明)楊繼盛撰
　　容城鍾元孫先生文集四卷　(清)孫奇逢撰

天津詩人小集

高淩雯輯
　　民國二十五年(1936)天津金氏刊本
　　欻乃書屋乙亥詩集一卷　(清)張霆撰
　　履閣詩集一卷　(清)張坦撰
　　秦游詩一卷　(清)張壎撰
　　讀書舫詩鈔一卷　(清)胡捷撰
　　卜硯山房詩鈔一卷後集一卷　(清)周燽撰
　　艮齋詩集一卷　(清)胡睿烈撰
　　青蜺居士集一卷　(清)丁時顯撰
　　林於館詩集二卷　(清)查昌業撰
　　蕉石山房詩草一卷　(清)康堯衢撰
　　欲起竹閒樓存稿六卷　(清)梅成棟撰
　　韻湖偶吟一卷後集一卷　(清)劉錫撰
　　醉茶吟草二卷　(清)李慶辰撰

燕南二俊詩鈔

(清)陶樑輯
　　清道光中刊本
　　念堂詩鈔一卷　(清)崔旭撰
　　樹君詩鈔一卷　(清)梅成棟撰

晉四家詩

(清)戴廷栻輯
　　民國元年(1912)楡次常氏石印本
　　霜紅龕詩略一卷　(清)傅山撰
　　測魚詩略一卷　(清)白孕彩撰
　　畸人之詩略一卷　(清)胡庭撰
　　我詩略一卷　(清)傅眉撰

遼東三家詩鈔

劉承幹輯
　　民國吳興劉氏刊本
　　睫巢集六卷後集二卷　(清)李鍇撰　民國
　　　七年(1918)刊
　　雷溪草堂詩一卷　(清)長海撰　民國九年
　　　(1920)刊
　　太谷山堂集六卷　(清)夢麟撰　民國七年
　　　(1918)刊

歷城三子詩

(清)桑調元(清)沈廷方輯
　　清乾隆二十六年(1761)柏香堂刊本
　　朱令昭詩一卷　(清)朱令昭撰
　　方起英詩一卷　(清)方起英撰
　　劉伍寬詩一卷　(清)劉伍寬撰

江左三大家詩鈔

(清)顧有孝(清)趙澐輯
　　清康熙六年(1667)序刊本
　　牧齋詩鈔三卷　(清)錢謙益撰
　　芝麓詩鈔三卷　(清)龔鼎孳撰

梅村詩鈔三卷　（清）吳偉業撰

江左十五子詩選

（清）宋犖輯
清康熙四十二年(1703)商邱宋氏宛委堂刊本
民國上海掃葉山房石印本
王式丹詩選一卷　（清）王式丹撰
吳廷楨詩選一卷　（清）吳廷楨撰
宮鴻曆詩選一卷　（清）宮鴻曆撰
徐昂發詩選一卷　（清）徐昂發撰
錢名世詩選一卷　（清）錢名世撰
張大受詩選一卷　（清）張大受撰
管檜詩選一卷　（清）管檜撰
吳士玉詩選一卷　（清）吳士玉撰
顧嗣立詩選一卷　（清）顧嗣立撰
李必恒詩選一卷　（清）李必恒撰
蔣廷錫詩選一卷　（清）蔣廷錫撰
繆沅詩選一卷　（清）繆沅撰
王圖炳詩選一卷　（清）王圖炳撰
徐永宣詩選一卷　（清）徐永宣撰
郭元釪詩選一卷　（清）郭元釪撰

石城七子詩鈔

（民國）翁長森輯
清光緒十六年(1890)刊本
南岡草堂詩選二卷　（清）秦際唐撰
可園詩存二卷　（民國）陳作霖撰
扁善齋詩選二卷　（清）鄧嘉緝撰
盍山詩錄二卷　（清）顧雲撰
青溪詩選二卷　（清）蔣師轍撰
寄漚詩存二卷　（清）何延慶撰
挹翠樓詩存二卷　（清）朱紹頤撰

依園七子詩選

（清）徐行（清）曾燦輯
清康熙十九年(1680)長洲顧氏依園刊本
迂齋集一卷　（清）金侃撰
石帆吟一卷　（清）潘鏐撰
雲心編一卷　（清）曹基撰
耕煙集一卷　（清）黃玠撰
匪莪集一卷　（清）金貢撰
花塢吟一卷　（清）蔡元翼撰
怡雲集一卷　（清）顧嗣協撰

吳會英才集

（清）畢沅輯
清道光中刊本
伴香閣詩二卷　（清）方正澍撰
附鮎軒詩一卷　（清）洪亮吉撰

卷施閣詩一卷　（清）洪亮吉撰
兩當軒詩二卷　（清）黃景仁撰
樹蕙堂詩二卷　（清）王復撰
敩經堂詩二卷　（清）徐書受撰
闐清山房詩一卷　（清）高文照撰
九柏山房集一卷　（清）楊倫撰
吟翠軒詩二卷　（清）楊芳燦撰
笠舫詩稿二卷　（清）顧敏恒撰
憶園詩鈔二卷　（清）陳燮撰
游梁集一卷　（清）王嵩高撰
桐華吟館稿一卷　（清）楊揆撰
玉山閣稿一卷　（清）徐嵩撰
翠苕館詩一卷　（清）石渠撰
雨粟樓詩一卷　（清）孫星衍撰
長離閣詩一卷　（清）王采薇撰

江震詩稿彙存

（清）□□輯
鈔本
靈芬館集外詩一卷　（清）郭麐撰
秋夢齋詩稿一卷　（清）顧虹撰
竹溪社易門詩鈔二卷　（清）陳毓升撰

吳中兩布衣集

（清）王之佐（清）蔣光煦輯
清道光十八年(1838)海昌蔣氏別下齋刊本
梅葉閣詩鈔八卷文鈔三卷　（清）陸鼎撰
行素居詩鈔三卷文鈔六卷　（清）顧承撰

吳中女士詩鈔(一名吳中十子詩鈔)

（清）任兆麟輯
清乾隆五十四年(1789)刊本
清溪詩稿(一名潮生閣詩稿)一卷　（清）張滋蘭撰
兩面樓詩稿一卷　（清）張芬撰
賞奇樓蠹餘稿一卷　（清）陸瑛撰
琴好樓小製一卷　（清）李媖撰
采香樓詩集一卷　（清）席蕙文撰
修竹廬吟稿一卷　（清）朱宗淑撰
青藜閣集詩一卷詞一卷　（清）江珠撰
翡翠樓集詩一卷詞一卷　（清）沈纕撰
曉春閣詩稿一卷　（清）尤澹仙撰
停雲閣詩稿一卷　（清）沈持玉撰
附
翡翠林闥秀雅集一卷　（清）任兆麟輯
簫譜一卷　（清）任兆麟撰

吳江三節婦集

（清）董兆熊輯

清咸豐七年(1857)古銅里范氏刊本

涵清閣詩鈔一卷　(清)董雲鶴撰

懷清書屋吟稿一卷　(清)顧佩芳撰

素言集一卷　(清)袁希謝撰

附

蕙宧吟稿一卷　(清)許珠撰

苧城三子詩合存

(清)高崇瑞輯

清道光二十五年(1845)潁上學舍刊本

民國二十五年(1936)華亭封氏賁進齋刊
本

破窗風雨樓詩一卷　(清)姜榕撰

海門遺詩一卷　(清)沈夢書撰

愚谷遺詩一卷　(清)朱鐸撰

雲間兩徵君集

嚴昌埥輯

民國三十八年(1949)排印本

茹荼軒續集六卷附炳燭隨筆一卷　(民國)
張錫恭撰

待烹生文集四卷　(民國)錢同壽撰

嘉定四先生集

(明)謝三賓輯

清康熙二十八年(1689)嘉定陸氏刊本

三易集二十卷　(明)唐時升撰

學古緒言二十五卷吳歈小草十卷　(明)婁
堅撰

檀園集十二卷　(明)李流芳撰

松圓偈庵集二卷松圓浪淘集十八卷耦耕詩
集三卷文集二卷　(明)程嘉燧撰

周浦二馮詩草

(民國)朱益明輯

民國十六年(1927)排印本

繡閒草一卷　(清)馮履端撰

團香吟一卷　(清)馮履瑩撰

鳳谿二王先生詩存

沈其光輯

民國三十一年(1942)青浦朱雲樊排印本

楊莊詩草一卷　(清)王之勳撰

梅影山房詩賸一卷　(清)王鳳儀撰

金山姚程三先生遺集

(清)程國嘉輯

清光緒十九年(1893)金山程氏補讀書齋
彙印本

賜墨齋詩二卷詞一卷　(清)姚念曾撰　光

緒七年(1881)刊

絃詩塾詩六卷　(清)姚清華撰　光緒六年
(1880)刊

益神智室詩二卷　(清)程秉格撰　光緒九
年(1883)刊

太倉十子詩選

(清)吳偉業選輯

清順治中刊本

民國二十二年(1933)太倉圖書館排印本

東岡集一卷　(清)周肇撰

芝廛集一卷　(清)王揆撰

秋水集一卷　(清)許旭撰

忍菴集一卷　(清)黃與堅撰

三餘集一卷　(清)王撰撰

碩園集一卷　(清)王昊撰

健菴集一卷　(清)王抃撰

東皋集一卷　(清)王曜升撰

水鄉集一卷　(清)顧湄撰

步檐集一卷　(清)王攄撰

毘陵六逸詩鈔

(清)莊令輿(清)徐永宣輯

清康熙五十六年(1717)山陰孫讓刊本

南田詩鈔五卷　(清)惲格撰

白雲樓詩鈔一卷　(清)楊宗發撰

香草堂詩鈔五卷　(清)胡香昊撰

西林詩鈔五卷　(清)陳鍊撰

苣野詩鈔四卷　(清)唐惲宸撰

梅坪詩鈔三卷　(清)董大倫撰

陽湖張氏四女集

(清)張曜孫輯

清道光中陽湖張氏宛鄰書屋刊本

緯青遺稿一卷　(清)張䌌英撰　道光九年
(1829)館陶刊

澹菊軒詩初稿四卷詞一卷　(清)張綸英撰
道光二十年(1840)刊

綠槐書屋詩初稿二卷附錄五卷　(清)張綸
英撰

鄰雲友月之居詩初稿四卷　(清)張紈英撰
道光二十九年(1849)武昌刊

餐楓館文集二卷　(清)張紈英撰　道光三
十年(1850)刊

綏安二布衣詩抄

(清)何梅輯

清康熙中刊本

丁布衣詩鈔一卷　(清)丁之賢撰

朱布衣詩鈔一卷　(清)朱國漢撰

荏邑三先生合刻

　(明)畢佐周輯
　　　清康熙五年(1666)荏平張愚刊本
　　　張弘山先生集四卷　(明)張後覺撰
　　　禹貢集註一卷　(明)張後覺撰
　　　感述錄六卷續錄四卷　(明)趙維新撰
　　　孟我疆先生集六卷　(明)孟秋撰

京江三上人詩選(一名京口三上人詩選)

　(清)王豫輯
　　　清嘉慶六年(1801)丹徒王氏刊本
　　　借庵詩選二卷　(清)釋清恒撰
　　　擊竹山房吟草二卷　(清)釋悟霈撰
　　　栴檀閣詩鈔一卷　(清)釋達瑛撰

京江七子詩鈔

　(清)張學仁輯
　　　清道光九年(1829)丹徒張氏刊本
　　　民國七年(1918)高觀昌等刊本
　　　澹雅山堂詩鈔一卷　(清)應讓撰
　　　簾波閣詩鈔一卷　(清)吳樸撰
　　　野雲詩鈔一卷　(清)鮑文逵撰
　　　弢庵詩集一卷　(清)顧鶴慶撰
　　　種竹軒詩鈔一卷　(清)王豫撰
　　　三山草堂集一卷　(清)錢之鼎撰
　　　青苔館詩鈔一卷　(清)張學仁撰

京江鮑氏三女史詩鈔合刻

　(清)戴燮元輯
　　　清光緒八年(1882)丹徒戴氏嘉禾刊本
　　　起雲閣詩鈔四卷　(清)鮑之蘭撰
　　　清娛閣詩鈔六卷　(清)鮑之蕙撰
　　　三秀齋詩鈔二卷　(清)鮑之芬撰

焦山六上人詩

　(清)陳任暘輯
　　　清道光光緒間刊本
　　　借菴詩鈔十二卷　(清)釋清恒撰　道光九年(1829)刊
　　　秋屏詩存一卷　(清)釋覺燈撰　光緒三十二年(1906)刊
　　　性源詩存一卷　(清)釋覺詮撰　光緒三十二年(1906)刊
　　　月輝詩存二卷　(清)釋了禪撰　光緒三十二年(1906)刊
　　　芥航詩存一卷　(清)釋大須撰　光緒三十二年(1906)刊
　　　懶餘吟草二卷　(清)釋聖敎撰　光緒三十

二年(1906)刊

徐州二遺民集

　(民國)馮煦輯
　　　清光緒十九年(1393)臨川桂中行刊本
　　　隰西草堂詩二卷文一卷詞一卷　(清)萬壽祺撰
　　　白耷山人詩四卷文二卷　(清)閻爾梅撰

新安二布衣詩

　(清)王士禛選
　　　清康熙四十三年(1704)新安汪洪度刊本
　　　吳非熊集四卷　(明)吳兆撰
　　　程孟陽集四卷　(明)程嘉燧撰

皖江三家詩鈔

　(清)陳世鎔輯
　　　清光緒宣統間非印本
　　　梅湖詩鈔一卷　(清)汪之順撰
　　　枳六齋詩鈔一卷　(清)余鵬年撰
　　　息六齋遺稿一卷　(清)余鵬翀撰
　　　七峰詩稿二卷　(清)江爾維撰

廣德壽重光集第一輯

　(民國)王揖唐輯
　　　民國九年(1920)合肥王氏今傳是樓據刊本景印
　　　容齋千首詩八卷　(清)李天馥撰
　　　野香亭集十三卷　(清)李孚青撰
　　　盤隱山樵詩集八卷　(清)李孚青撰
　　　道旁散人集五卷附錄一卷　(清)李孚青撰
　　　玉禾山人集十卷　(清)田實發撰

浙西六家詩鈔

　(清)吳應和(清)馬洵選
　　　清道光七年(1827)紫薇山館刊本
　　　樊榭山房詩一卷　(清)厲鶚撰
　　　海珊詩一卷　(清)嚴遂成撰
　　　丁辛老屋詩一卷　(清)王又曾撰
　　　擢石齋詩一卷　(清)錢載撰
　　　小倉山房詩一卷　(清)袁枚撰
　　　有正味齋詩一卷　(清)吳錫麒撰

西泠五布衣遺著

　(清)丁丙輯
　　　清同治光緒間錢塘丁氏當歸草堂刊本
　　　臨江鄉人詩圓卷拾遺一卷　(清)吳穎芳撰　同治十年(1871)刊拾遺光緒六年(1880)刊
　　　硯林詩集四卷拾遺一卷　(清)丁敬撰　同

治十年(1871)刊拾遺光緒六年(1880)
刊
附
硯林印款一卷 (清)丁敬撰 光緒六年
(1880)刊
冬心先生集四卷續集一卷拾遺一卷三體詩
一卷自度曲一卷雜著六卷隨筆一卷
(清)金農撰 同治七年(1868)刊續集
光緒九年(1883)刊拾遺自度曲六年
(1880)刊雜著隨筆四年(1878)刊
柳洲遺稿二卷 (清)魏之琇撰 同治十一
年(1872)刊
冬花庵爐餘稿三卷 (清)奚岡撰 同治十
一年(1872)刊

西泠三閨秀詩

(清)西泠印社主人輯
清光緒二十三年(1897)錢塘丁氏刊民國
三年(1914)西泠印社印本
新注朱淑眞斷腸詩集十卷補遺一卷後集七
卷 (宋)朱淑眞撰 (宋)鄭元佐注
孫夫人集一卷 (明)楊文儷撰
臥月軒稿三卷附錄一卷 (清)顧若璞撰

湖墅叢書

(清)王麟輯
清光緒五年(1879)錢塘王氏刊本
湖墅詩鈔八卷 (清)孫文爔輯
湖墅雜詩前集一卷後集一卷 (清)魏標撰
草閣詩集六卷拾遺一卷文集一卷 (明)李
曄撰
筠谷詩集一卷 (明)李轅撰
寶日軒詩集四卷 (清)王德溥撰
養素園題詠三卷附一卷 (清)王鈞輯

海昌六先生集

(清)羊復禮輯
清光緒十三年(1887)海昌羊氏傳卷樓粵
東刊本 ［撰
容菴遺文鈔一卷存稿鈔一卷 (明)許令瑜
止谿文鈔一卷詩集鈔一卷 (清)朱嘉徵撰
乾初先生文鈔二卷遺詩鈔一卷 (清)陳確
撰
補庵遺稿一卷詩鈔一卷 (清)陳枚撰
敬齋詩鈔一卷 (清)陳翼撰
雲怡詩鈔一卷 (清)陳克喾撰

梅會詩人遺集

(清)李維鈞輯
清康熙六十一年(1722)嘉興李氏刊本

激楚齋詩集四卷 (明)李衷純撰
秋槐堂詩集二卷 (明)王翊撰
靈蘭館詩集二卷 (清)范路撰
大經堂詩集二卷附一卷 (清)屠爌撰
采山堂詩集八卷 (清)周篔撰
懷古堂詩集一卷補遺一卷 (清)徐眞木撰
荇谿詩集四卷 (清)繆泳撰
漁莊詩集一卷 (清)屠焯撰
演谿詩集一卷 (清)徐在撰
莘園二史詩集二卷 (清)史宣綸(清)史翼
經撰
道南堂詩集四卷 (清)李琇撰
花南老屋詩集五卷 (清)李符撰
懶人詩集一卷 (清)蔡燿撰

嘉禾八子詩選

(清)沈德潛(清)錢陳羣選
清乾隆二十四年(1759)刊本
清李兆熊跋按刊成四家
笠亭詩選二卷 (清)朱琰撰
春橋詩選二卷 (清)朱方藹撰
東亭詩選二卷 (清)董潮撰
厚齋詩選二卷 (清)李旦華撰

濮川詩鈔

(清)沈堯咨輯
清乾隆五年(1740)刊本
梅涇草堂集鈔二卷 (明)沈機撰
甌香集二卷 (清)仲弘道撰
澹軒集一卷 (清)濮淙撰
雪芸草一卷 (清)周映康撰
梅花逸叟集一卷 (清)馮允秀撰
恬翁集一卷 (清)沈朗撰
懷孟草一卷 (清)周龍雯撰
藍染齋集一卷 (清)陳選勳撰
雲竹集一卷 (清)楊煒撰
勗亭集一卷 (清)楊燮撰
心隱集四卷 (清)陳曾祉撰
碧草軒詩鈔一卷 (清)張其是撰
得月樓艸一卷 (清)徐嘉撰
竹岳樓艸一卷 (清)沈履端撰
來霞詩鈔一卷 (清)鍾梁撰
晚盥集鈔三卷 (清)沈堯咨撰
嶧山集一卷 (清)周甸撰 ［撰
綏菴詩鈔(一名順寧樓稿)一卷 (清)周暾
故鄉草詩鈔一卷 (清)陳樂撰
學圃詩鈔一卷 (清)濮光孝撰
赤巖集一卷 (清)徐晞撰
嫺髻集一卷 (清)張弘牧撰
南遊草一卷 (清)楊炯撰

萍梗詩鈔一卷　(清)曹士勳撰
蓮堂集　(清)陳光裕撰
　荻書樓稿一卷
　石墩艸一卷
寅破草一卷　(清)陳梓撰
客星零草一卷　(清)陳梓撰
霽陽詩鈔二卷　(清)張弘撰
一得吟一卷　(清)潘亮撰
芳嶼稿一卷　(清)程琦撰
柴門詩鈔一卷　(清)沈孔鍵撰
荻書樓遺草一卷　(清)沈鍾泰撰
龍潭集一卷　(清)釋佛眉撰
隨扣詩草一卷　(清)釋豁眉撰

硤川五家詩鈔

(清)李楘輯
　稿本
思可堂詩集一卷　(清)徐南珍撰
磷秋閣詩鈔一卷　(清)沈翼世撰
墨浪軒遺稿一卷附詞　(清)王朝俊撰
筠閣詩鈔一卷　(清)徐昌撰
墨莊詩鈔一卷　(清)孟浩撰

澉川二布衣詩

(清)吳寧輯
　清乾隆四十九年(1784)刊本
石礐詩草一卷　(清)陳阿寶撰
高陽詩草一卷高陽遺詩一卷　(清)許栽撰
　高陽遺詩嘉慶十年(1805)吳本履刊

武原先哲遺書初編

(民國)談文灯輯
　民國十年(1921)海鹽談氏排印本
近青山草堂詩初稿一卷　(清)張鼎銘撰
昔巢先生遺稿一卷　(清)吳鳳前撰
蜀游存稿一卷　(清)陸汝衡撰
一爐香室詩存一卷　(清)李承黿撰
東海鰕生詞鈔一卷　(清)查潤身撰
養性讀書齋詩存一卷　(清)黃國瑚撰
蕑室遺詩一卷　(清)徐振常撰
指馬樓詞鈔一卷　(清)朱冠瀅撰
環綠軒選詞一卷　(民國)沈德麟撰
瓦鳴集一卷　(民國)朱笏廷撰

當湖朋舊遺詩彙鈔

(清)朱壬林輯
　陸氏求是齋鈔本
抱月軒詩續鈔一卷　(清)陸樹蘭撰
循陔吟草鈔一卷　(清)袁步先撰
日香居課餘吟草鈔一卷　(清)袁路先撰

搗藕詩稿鈔二卷　(清)張躍麟撰
古音閣吟草鈔一卷　(清)屈爲蠡撰
是耶樓初稿鈔一卷　(清)錢天樹撰
復齋詩鈔一卷　(清)高登奎撰
華陔吟館詩鈔二卷　(清)錢人杰撰
秋舫詩鈔二卷　(清)蔣澐撰
蔣桂堂詩鈔二卷　(清)陸沅撰
蔣桂堂試帖鈔一卷　(清)陸沅撰

四明四友詩

(清)寒村半人選
　清康熙四十八年(1709)刊本　　[撰
東門寄軒草一卷羿閑閣草一卷　(清)李敬
南谿僅眞集一卷　(清)鄭性撰
西郭冰雪集一卷苦吟一卷　(清)萬承勳撰
北溟見山集一卷　(清)謝緒章撰

蓬山兩寓賢詩鈔

(民國)湯濬輯
　民國十一年(1922)排印本
鷗寄軒詩存二卷　(清)王希程撰
蘭因館吟草一卷　(民國)查禧撰

越中三子詩

(清)郭毓選
　清乾隆二十一年(1756)刊本
梅芝舘詩一卷　(清)劉鳴玉撰
抱影廬詩一卷　(清)童鈺撰
丹棘園詩一卷　(清)陳月泉撰

禹城叢書

(民國)禹城新聞社輯
　民國排印本
越縵堂文鈔一卷　(清)李慈銘撰
實齋文集八卷　(清)章學誠撰
國朝文楧題辭三卷　(清)平步青撰

永嘉詩人祠堂叢刻

冒廣生輯
　民國四年(1915)如皋冒氏刊本
永嘉集一卷　(唐)釋元覺撰
永嘉證道歌一卷　(唐)釋元覺撰
儒志編一卷　(宋)王開祖撰
芳蘭軒集一卷　(宋)徐照撰
二薇亭集一卷　(宋)徐璣撰
葦碧軒集(一名西巖集)一卷　(宋)翁卷撰
清苑齋集一卷　(宋)趙師秀撰
瓜廬詩一卷　(宋)薛師石撰
蒲江詞一卷　(宋)盧祖皋撰
霽山先生集五卷拾遺一卷末一卷　(宋)林

景熙撰

五峯集十卷補遺一卷 (元)李孝光撰 補遺冒廣生輯

柔克齋詩輯一卷 (元)高明撰 冒廣生輯附

二黃先生集 冒廣生輯

鮮庵遺稿一卷 (清)黃紹箕撰

緩庵遺稿一卷 (清)黃紹第撰

閩中十子詩集

(明)袁表(明)馬熒選輯

清光緒十二年(1886)侯官郭柏蒼沁泉山館刊本

林膳部詩五卷 (明)林鴻撰

陳徵君詩四卷 (明)陳亮撰

高待詔詩五卷 (明)高棅撰

王典籍詩五卷 (明)王恭撰

唐觀察詩一卷 (明)唐恭撰

鄭博士詩一卷 (明)鄭定撰

王檢討詩五卷 (明)王偁撰

王翰林詩二卷 (明)王褒撰

周祠部詩一卷 (明)周玄撰

黃博士詩一卷 (明)黃玄撰

明閩中高傅二山人集

(清)郭柏蒼輯 〔本

清光緒七年(1881)福州郭氏沁泉山館刊

石門集七卷 (明)高㵾撰

傅木虛集十五卷 (明)傅汝舟撰

七幅菴草一卷

吳遊記一卷

拔劍集三卷

箜篌集二卷

唸囈存卷二卷

唾心集二卷

步天集二卷

英雄失路集二卷

溫陵留墨

(明)朱炳如輯 (明)丁一中續輯

明萬曆元年(1573)泉州郡丞丁一中刊本

宋王梅溪先生溫陵留墨一卷 (宋)王十朋撰 〔撰

宋眞西山先生溫陵留墨二卷 (宋)眞德秀

明朱白野先生溫陵留墨一卷 (明)朱炳如撰

江田詩系

(清)陳聲駿輯

稿本

常清集一卷 (明)陳仲進撰

簡齋集一卷 (明)陳仲完撰

石田集一卷 (明)陳登撰

溪山集一卷 (明)陳航撰

三峰集一卷 (明)陳崇德撰

雙溪集一卷 (明)陳大濩撰

幼溪集一卷 (明)陳省撰

奉常集一卷 (明)陳聯芳撰

蓮湖草一卷 (明)陳訐謨撰

焚餘草一卷 (明)陳希友撰

偶菴集一卷 (清)陳騄撰

目錄備考一卷 (清)陳聲駿輯

樵川二家詩

(清)周亮工原輯 (清)朱霞重訂

清康熙六十一年(1722)刊本

清光緒七年(1881)刊本

滄浪集二卷 (宋)嚴羽撰

秋聲集四卷 (元)黃鎭成撰

樵川四家詩

(清)周揆源輯

清咸豐三年(1853)蕉堂刊本

滄浪集三卷 (宋)嚴羽撰

華谷集一卷 (宋)嚴粲撰

秋聲集三卷 (元)黃鎭成撰

樵水集一卷 (元)黃清老撰

中州名賢文表內集

(明)劉昌輯

清康熙四十五年(1706)錢唐汪立名刊本

清光緒三十年(1904)海虞邵氏刊本

許文正公遺書五卷附錄一卷 (元)許衡撰

姚文公牧菴集八卷 (元)姚燧撰

馬文貞公石田集五卷 (元)馬祖常撰

許文忠公圭塘小藁三卷 (元)許有壬撰

王文定公秋澗集六卷 (元)王惲撰

孛术魯靖公遺文二卷 (元)孛术魯翀撰

續中州名賢文表

(民國)邵松年輯

清光緒三十年(1904)鴻文書局石印本

曹月川先生文集二卷 (明)曹端撰

薛文清公文集八卷 (明)薛瑄撰

王文莊公凝齋集六卷別集二卷 (明)王鴻儒撰

何文定公柏齋集十卷 (明)何塘撰

崔文敏公洹詞十二卷 (明)崔銑撰

尤西川先生文集六卷 (明)尤時熙撰

孟雲浦先生文集四卷 (明)孟化鯉撰

呂新吾先生去僞齋文集十二卷　(明)呂坤撰
張抱初先生文集二卷　(明)張信民撰
理寒石先生文集四卷　(明)理塈和撰

黄岡二處士集

(民國)汪燊輯
民國二十四年(1935)黄岡汪氏排印本
變雅堂文集八卷詩集十卷首一卷補遺二卷附錄二卷　(清)杜濬撰
附
些山集輯三卷首一卷　(清)杜岕撰
樂志齋詩集六卷首一卷附錄一卷　(清)汪國瀠撰

茶陽三家文鈔

(民國)溫廷敬輯
民國十四年(1925)大埔溫氏補讀書廬排印本
何少詹文鈔三卷　(清)何如璋撰
林太僕文鈔二卷　(清)林達泉撰
邱太守文鈔一卷　(清)邱晉昕撰

江西五家稿

(清)呂留良輯評
清康熙二十一年(1682)序天蓋樓刊本
羅文止先生全稿一卷　(明)羅萬藻撰
陳大士先生未刻稿一卷　(明)陳際泰撰
章大力先生全稿一卷　(明)章世純撰
楊維節先生稿一卷　(明)楊以任撰
艾千子先生全稿一卷　(明)艾南英撰

臨川文選

(清)劉玉瓚輯選
清康熙三年(1664)刊本
湘颿堂集二卷　(明)傅占衡撰
天傭子集二卷　(明)艾南英撰
太乙山房集一卷　(明)陳際泰撰
此觀堂集一卷　(明)羅萬藻撰
仰止堂集一卷　(明)鄧履中撰
章柳州集四卷　(明)章世純撰

臨川文獻

(清)胡亦堂輯
清康熙十九年(1680)夢川亭刊本
晏同叔先生集二卷　(宋)晏殊撰
晏叔原先生集一卷　(宋)晏幾道撰
王介甫先生集二卷　(宋)王安石撰
章介庵先生集二卷　(明)章袞撰
陳明水先生集二集　(明)陳九川撰
帥惟審先生集二卷　(明)帥機撰
湯義仍先生集二卷　(明)湯顯祖撰
丘毛伯先生集二卷　(明)丘兆麟撰
章大力先生集一卷　(明)章世純撰
艾千子先生集一卷　(明)艾南英撰
羅文止先生集一卷　(明)羅萬藻撰
陳大士先生集一卷　(明)陳際泰撰
揭蒿庵先生集二卷　(明)揭重熙撰
游日生先生集二卷　(清)游東昇撰
傅平叔先生集二卷　(明)傅占衡撰

宋廬陵四忠集

劉峙輯
民國二十六年(1937)吉安劉氏排印本
歐陽文忠公全集　(宋)歐陽修撰
居士集五十卷外集二十五卷
易童子問三卷
外制集三卷內制集八卷
表奏書啓四六集七卷
奏議十八卷
河東奉使奏草二卷
河北奉使奏草二卷
奏事錄一卷
濮議四卷
崇文總目敍釋一卷
于役志一卷
歸田錄二卷
詩話一卷
筆說一卷
試筆一卷
近體樂府三卷
集古錄跋尾十卷
書簡十卷
附錄五卷
附
廬陵歐陽文忠公年譜一卷　(宋)胡柯撰
胡澹庵先生文集三十二卷附錄二卷　(宋)胡銓撰
周文忠公全集　(宋)周必大撰
首一卷
省齋文稾四十卷
平園續稾四十卷
省齋別稾十卷
詞科舊稾三卷
掖垣類稾七卷
玉堂類稾二十卷
政府應制稾一卷
歷官表奏十二卷
奏議十二卷
奉詔錄七卷

承明集十卷
雜著述二十三卷　以下續刊
　辛巳親征錄一卷
　壬午龍飛錄一卷
　癸未歸廬陵日記一卷
　閒居錄一卷
　泛舟遊山錄三卷
　庚寅奏事錄一卷
　壬辰南歸錄一卷
　思陵錄二卷
　玉堂雜記三卷
　二老堂詩話二卷
　二老堂雜誌五卷
　唐昌玉蕊辨證一卷
　近體樂府一卷附遺詩
書棗十五卷
附錄五卷
文信國公全集十八卷　(宋)文天祥撰

粵十三家集

(清)伍元薇輯　　　　　　　　　　〔本
　清道光二十年(1840)南海伍氏詩雪軒刊
文溪集二十卷首一卷　(宋)李昴英撰
秋曉先生覆瓿集四卷附錄一卷末一卷
　(宋)趙必瓚撰
九峯先生集三卷首一卷附錄一卷　(宋)區
　仕衡撰
李駕部前集四卷後集二卷青霞漫稿一卷附
　錄一卷　(明)李時行撰
瑤石山人詩稿十六卷　(明)黎民表撰
區太史詩集二十七卷　(明)區大相撰
陳文忠公遺集十一卷　(明)陳子壯撰
蓮鬚閣集二十六卷首一卷　(明)黎遂球撰
中洲草堂遺集二十三卷首一卷末一卷
　(明)陳子升撰
九谷集六卷　(清)方殿元撰
六瑩堂集九卷二集八卷評詞一卷附錄一卷
　(清)梁佩蘭撰
大樗堂初集十二卷　(清)王隼撰
雲華閣詩畧六卷附錄一卷坡亭詞鈔一卷
　(清)易宏撰

粵東三家詞鈔

(清)葉衍蘭輯
　清光緒二十一年(1895)刊本
楞華室詞一卷　(清)沈世良撰
隨山館詞一卷　(清)汪瑔撰
秋夢龕詞一卷　(清)葉衍蘭撰

粵兩生集

(民國)朱祖謀輯
　民國十年(1921)歸安朱氏刊本
弱盦詩二卷詞一卷　(民國)潘之博撰
蛻盦詩一卷詞一卷　(民國)麥孟華撰

潮州耆舊集

(清)馮奉初輯
　清光緒三十四年(1908)刊本
李宮詹文集一卷　(明)李齡撰
蕭給諫湖山集一卷　(明)蕭龍撰
蕭太史鐵峯集一卷　(明)蕭與成撰
薛御史中離集三卷　(明)薛侃撰
林殿撰東莆集二卷　(明)林大欽撰
翁襄敏東涯集六卷　(明)翁萬達撰
蕭御史同野集二卷　(明)蕭端蒙撰
王別駕半愨集一卷　(明)王天性撰
饒副使三溪集一卷　(明)饒相撰
薛孝廉拯庵文集一卷　(明)薛雍撰
陳侍郎玉簡山堂集一卷　(明)陳一松撰
林提學井丹集四卷　(明)林大春撰
唐選部醉經樓集二卷　(明)唐伯元撰
周大理明農堂集三卷　(明)周光鎬撰
林尚書城南書莊集三卷　(明)林熙春撰
謝御史文集一卷　(明)謝正蒙撰
郭忠節宛在堂集一卷　(明)郭之奇撰
羅吏部瞻六堂集一卷　(明)羅萬傑撰
謝給諫霜崖集一卷　(明)謝元汴撰
黃處士遙峯閣集一卷　(明)黃一淵撰

東莞三逸合稿

(民國)黃佛頤輯
　清宣統三年(1911)排印本
不自棄齋詩草一卷　(民國)梁湑撰
聽濤屋詩鈔一卷　(民國)趙祉皆撰
袒坡吟館詩鈔一卷　(民國)蘇澤東撰

高涼耆舊遺集

(清)吳宣崇輯
　清光緒十八年(1892)高城聯經號刊本
高涼耆舊文鈔二十二卷　(清)許汝韶輯
有明三家稿一卷　(明)黃子平(明)吳守
　貞(明)姚岳祥撰　(清)許汝韶輯
四李集一卷　(明)李學曾(明)李一迪
　(明)李邦直(明)李元暢撰　(清)許
　汝韶輯
癖草文鈔一卷　(明)陳鑑撰
雪溪集文鈔一卷　(清)李東紹撰
恒峰文鈔一卷　(清)梁聯德撰
梅溪剩稿文鈔一卷　(清)易中撰
夢庵文鈔一卷　(清)黃柱覺撰

　　種芝山房文鈔一卷　（清）邵詠撰
　　青藜閣文鈔一卷　（清）李世芳撰
　　緘石集文鈔一卷　（清）吳徽敍撰
　　三岳山房文鈔一卷　（清）招元傅撰
　　萩蘭山房文鈔一卷　（清）孫大焜撰
　　橫塘文鈔一卷　（清）吳懋清撰
　　心亭亭居文鈔一卷　（清）林召棠撰
　　見星廬文鈔一卷　（清）林聯桂撰
　　嶺隅文鈔一卷　（清）楊廷桂撰
　　怡雲山房文鈔一卷　（清）林廷式撰
　　本學居文鈔一卷　（清）梁汝璠撰
　　外編叢鈔四卷　（清）許汝韶輯
　　亂離見聞錄三卷　（清）陳舜系撰
　　見星廬館閣詩話二卷　（清）林聯桂撰
　　見星廬賦話十卷　（清）林聯桂撰

粵西五家文鈔

　（清）謝元福輯
　　　清光緒二十四年(1898)刊本
　　月滄文集六卷　（清）呂璜撰
　　怡志堂文初編六卷　（清）朱琦撰
　　經德堂文集四卷　（清）龍啓瑞撰
　　龍壁山房文集四卷　（清）王拯撰
　　補學軒文集四卷　（清）鄭獻甫撰

嶺西五家詩文集

　（民國）黃薊輯
　　　民國二十四年(1935)桂林排印本
　　月滄文集六卷首一卷詩集二卷　（清）呂璜
　　　撰
　　附
　　　初月樓文談一卷　（清）吳德旋述　（清）
　　　呂璜錄
　　怡志堂文集六卷詩集八卷　（清）朱琦撰
　　龍壁山房文集五卷詩集十七卷茂陵秋雨詞
　　　四卷瘦春詞鈔一卷　（清）王拯撰
　　經德堂文集六卷浣月山房詩集五卷漢南春
　　　柳詞鈔一卷　（清）龍啓瑞撰
　　附
　　　梅神吟館詩草一卷　（清）何慧生撰
　　　致翼堂文集二卷詩集四卷　（清）彭昱堯撰

粵西詞四種

　（民國）陳柱輯
　　　民國二十三年(1934)北流十萬卷樓刊朱
　　　印本
　　雪波詞一卷　（清）蘇汝謙撰
　　彭子穆先生詞集一卷　（清）彭昱堯撰
　　槐廬詞孴一卷　（清）龍繼棟撰
　　校夢龕集一卷　（清）王鵬運撰

唐詩豔逸品

　（明）楊肇祉輯
　　　明天啓元年(1621)閔一栻刊套印本
　　唐詩名媛集一卷
　　唐詩香奩集一卷
　　唐詩觀妓集一卷
　　唐詩名花集一卷

樀湖十子詩鈔

　（清）張凱嵩輯
　　　清同治七年(1868)江夏張氏刊本
　　劍峰詩鈔一卷　（清）汪運撰
　　柳塘詩鈔一卷　（清）楊繼榮撰
　　麓原詩鈔一卷　（清）商書潛撰
　　芷潭詩鈔一卷　（清）曾克敬撰
　　伯韓詩鈔五卷　（清）朱琦撰
　　翰臣詩鈔二卷　（清）龍啓瑞撰
　　子穆詩鈔三卷　（清）彭昱堯撰
　　小廬詩鈔五卷　（清）李宗瀛撰
　　澹仙詩鈔二卷　（清）趙德湘撰
　　香圃詩鈔一卷　（清）黃錫祖撰

滇八家詩選

　王燦輯
　　　民國三十一年(1942)雲南印刷局排印本
　　錢南園詩選一卷　（清）錢灃撰
　　黃檗卿詩選一卷　（清）黃琮撰
　　戴雲帆詩選一卷　（清）戴炯孫撰
　　朱丹木詩選一卷　（清）朱膺撰
　　趙樾村詩選一卷　（民國）趙藩撰
　　張天船詩選一卷　（清）張星柳撰
　　陳虛齋詩選一卷　（民國）陳榮昌撰
　　李厚安詩選一卷　（民國）李坤撰

總　集（氏族）

武林丁氏家集

　（民國）丁立誠(民國)丁立中撰
　　　民國錢塘丁氏嘉惠堂排印本
　　小槐簃吟稿八卷　（民國）丁立誠撰　民國
　　　八年(1919)排印
　　小槐簃聯存一卷　（民國）丁立誠撰　民國
　　　九年(1920)排印
　　王風箋題一卷　（民國）丁立誠撰　（清）徐
　　　珂箋　民國九年(1920)排印
　　東河新櫂歌一卷續一卷　（民國）丁立誠撰
　　　民國九年(1920)排印
　　武林市肆吟一卷　（民國）丁立誠撰　民國
　　　九年(1920)排印

永嘉金石百詠一卷　(民國)丁立誠撰　民
國九年(1920)排印
永嘉三百詠三卷　(民國)丁立誠撰　民國
九年(1920)排印
和永嘉百詠一卷　(民國)丁立中撰　民國
九年(1920)排印
禾廬詩鈔四卷　(民國)丁立中撰
西溪懷古詩二卷　(民國)丁立中撰　民國
十四年(1925)排印
西泠懷古詩二卷　(民國)丁立中撰　民國
十五年(1926)排印
禾廬新年雜詠一卷　(民國)丁立中撰
武林新市肆吟一卷　(民國)丁立中撰

文氏家藏詩集

(明)文肇祉輯
明萬曆中刊本
文涑水遺文一卷詩一卷　(明)文洪撰
文中丞詩一卷　(明)文森撰
文溫州詩一卷　(明)文林撰
文太史詩四卷　(明)文徵明撰
明文博士詩集二卷　(明)文彭撰
文和州詩一卷　(明)文嘉撰
文錄事詩集五卷　(明)文肇祉撰
蘭雪齋詩集二卷　(明)文元發撰

江寧方氏遺稿

(民國)仇埰輯
民國二十一年(1932)排印本
碧華館吟草一卷　(清)殷如琳撰
養雲廬詩草一卷詞草一卷　(清)方傳勳撰

述本堂詩集

(清)方觀承輯
清乾隆二十年(1755)桐城方氏刊本
清嘉慶十四年(1809)刊本
依園詩畧一卷　(清)方登嶧撰
星硯齋存稿一卷　(清)方登嶧撰
垢硯吟一卷　(清)方登嶧撰
葆素齋集三卷　(清)方登嶧撰
如是齋集一卷　(清)方登嶧撰
陸塘初稿一卷　(清)方式濟撰
出關詩一卷　(清)方式濟撰
龍沙紀略一卷　(清)方式濟撰
東閣剩稿一卷　(清)方觀承撰
入塞詩一卷　(清)方觀承撰
懷南草一卷　(清)方觀承撰
豎步吟一卷　(清)方觀承撰
叩舷吟一卷　(清)方觀承撰
宜田彙稿一卷　(清)方觀承撰

看蠶詞一卷　(清)方觀承撰
松漠草一卷　(清)方觀承撰
薇香集一卷　(清)方觀承撰
燕香集二卷二集二卷　(清)方觀承撰

墻東詩錄

(清)王叡輯
清雍正四年(1726)王氏安亭刊本
愷菴草一卷　(明)王寶撰
員峯稿一卷　(明)王賓撰
歸田稿一卷　(明)王會撰
竹軒稿一卷　(明)王節撰
升齋草一卷　(明)王志遠撰
鈒鏤稿一卷　(明)王志遠撰
如江集一卷　(明)王志道撰
蘆菴稿一卷　(明)王翼世撰
鳩飛草堂稿一卷　(明)王屏世撰
焚餘草一卷　(明)王澄世撰
拙逸堂草一卷　(明)王煥世撰
吾廬集一卷　(明)王仍繡撰
嶺雲草一卷　(明)王仍辰撰
近勇堂草一卷　(明)王仍鞏撰
珠溪集一卷　(明)王仍輅撰
竹裏舘草一卷　(清)王曰仁撰
思齋集一卷　(清)王睿撰
蘆漪草一卷　(清)王叡撰

東武王氏家集

(民國)王維樸輯
清嘉慶道光間刊本
南行吟草一卷　(清)王應垣撰　道光十六
年(1836)刊
漢唐詩集十五卷　(清)王瑋慶撰　嘉慶二
十五年(1820)刊
滄浪詩話補註一卷　(宋)嚴羽撰　(清)王
瑋慶註
碧香閣遺棄一卷　(清)單茝樓撰

上虞王氏詩集

(清)王振綱輯
稿本
天香樓遺澤集不分卷　(清)王望霖撰
天香樓唫稿不分卷　(清)王望霖撰
墨花書舫唫稿不分卷　(清)王振綱撰
天香別墅學吟不分卷　(清)王振綱撰

婁東王氏詩鈔

(清)王撰輯
鈔本
偶諧舊草一卷續草一卷西廬詩草二卷補二

卷西廬詩餘一卷　（清）王時敏撰

減庵公詩存一卷　（清）王挺撰

西田集一卷　（清）王掞撰

先澤殘存

（民國）王元增輯

　民國十五年(1926)排印本

練川雜詠一卷　（清）王鳴盛撰

謝橋詞一卷　（清）王鳴盛撰

承清堂詩集一卷　（清）王嗣祥撰

靜軒駢文賸稿一卷　（清）王汝翼撰

莊花榭詩鈔一卷　（清）王之翰撰

紫茢香館詞鈔一卷　（清）王之翰撰

昔夢錄二卷　（清）王文恩撰

王氏藝文目一卷　（民國）王其康撰

續編

考槃集遺什一卷　（清）王焜撰

虛亭詩鈔遺什一卷　（清）王爾達撰

鶴谿賸稿遺什一卷　（清）王鳴韶撰

恕堂存稿詩一卷　（清）王文恩撰

耕養齋遺文一卷　（清）王鳴盛撰

蓑笠軒遺文一卷　（清）王鳴韶撰

馥芬居日記一卷　（清）王汝潤撰

恕堂存稿一卷　（清）王文恩撰

青箱集

（民國）王德鍾輯

　民國四年(1915)上海國光書局排印本

琴言館詩稿一卷　（清）王浚撰

吟香館剩稿一卷　（清）王楫撰

伯瀛詩草一卷　（清）王炳華撰

附　　　　　　　　　　　　　　　　　［輯

泛瀛圖題詞一卷別錄一卷　（民國）王德鍾

高郵王氏家集

（清）王恩沛（清）王恩泰輯

　清咸豐七年(1857)王氏刊本

王文肅公遺文一卷　（清）王安國撰

王光祿遺文集六卷　（清）王念孫撰

王文簡公遺文集八卷　（清）王引之撰

王壽昌文集四卷　（清）王壽昌撰

青箱書屋兩世詞稿

（民國）王守羲輯

　民國十二年(1923)排印本

青箱書屋詞一卷附南北曲兩套　（清）王留
福撰

青箱書屋餘韻詞存一卷　（清）王東寅撰

繡水王氏家藏集

（清）王相輯

　清咸豐五年(1855)王槩之刊本

　清光緒二年(1876)刊本

清貽堂存藁四卷附錄一卷　（清）王益朋撰

清貽堂賸稿一卷　（清）王士駿撰

清貽堂賸稿一卷　（清）王琦撰

偷閒集賸稿一卷　（清）王霑撰

安流舫存稿二卷　（清）王璋撰

復初集賸稿一卷　（清）王璣撰

鷟溪草堂存藁六卷　（清）王元鑑撰

蘭堂賸稿一卷　（清）王錦撰　　　　　　［撰

憺園草二卷補遺一卷外集一卷　（清）王錚

橘香堂存稿二卷　（清）王澄撰

清閨遺稿一卷　（清）吳宗憲撰

絜華樓存稿三卷　（清）王楨撰

附刻

無止境初存藁六卷集外詩一卷續存稿六卷
　集外詩續字一卷附錄一卷（清）王相撰
　道光八年(1828)刊

鄉程日記一卷　（清）王相撰　道光八年
　(1828)刊

芬響閣初藁十卷　（清）王槩之撰　咸豐九
　年(1859)刊

續鄉程日記一卷　（清）王槩之撰

芬響閣附存藁一卷　（清）陳瑤撰　同治七
　年(1868)刊

雙紅豆館遺稿一卷　（清）王潔撰　光緒二
　年(1876)刊

笙磬集

（民國）王庸崑輯

　民國十年(1921)慕雲山房王氏木活字排
　印本

慕雲山房遺稿一卷　（清）王兆雷撰

月媒小史詩稿一卷　（清）王石渠撰

左氏雙忠集

（清）左輝春輯

　清道光中湘鄉左氏詠史齋刊本

左忠毅公集五卷附一卷　（明）左光斗撰
　道光二十六年(1846)刊

左忠貞公集十一卷附一卷　（明）左懋第撰
　道光二十七年(1847)刊

毗陵伍氏合集

（清）伍宇昭輯　　　　　　　　　　　［本

　清嘉慶六年(1801)陽湖伍氏餐英書屋刊

（民國）伍璜稍輯

　民國二十四年(1935)武進伍氏排印本

鱴舟亭集五卷　（清）伍宇昭撰　（民國本

　　　增補遺一卷)
　　蓉湖吟薬二卷　(清)伍魯興撰　(民國本
　　　增卷三至六)
　　秋水亭詩鈔一卷　(清)伍宇澄撰　(嘉慶
　　　本)
　　飲淥軒隨筆二卷　(清)伍宇澄撰　(嘉慶
　　　本)
　　磊軒小稿一卷　(清)伍嗣興撰　(民國本
　　　增補遺一卷)
　　餐玉詞一卷　(清)伍嗣興撰
　　月珠樓詩鈔一卷　(清)黃蘭雪撰　(以下
　　　民國本)
　　澹窈詩草一卷　(清)伍以仁撰
　　青愛山房詩鈔一卷　(清)伍兆燦撰
　　蕉林書屋詩鈔一卷詞鈔一卷賦鈔一卷
　　　(清)伍兆蟠撰
　　附錄一卷　伍世熊輯

金陵朱氏家集

　(清)朱緒曾輯
　　　清道光二十年(1840)刊本
　　春雨堂集一卷　(明)朱廷佐撰
　　洗影樓集五卷　(明)朱應昌撰
　　雪浪集一卷　(清)朱墉撰
　　懷山園遺文一卷　(清)朱墉撰
　　夏雲堂稿一卷　(清)朱圻撰
　　吉光集一卷　(清)朱堂撰
　　虹城子集四卷　(清)朱元英撰
　　錦囊集一卷　(清)朱元璧撰
　　紹前集一卷　(清)朱元會撰
　　武岡集一卷　(清)朱潁撰
　　繼芳集一卷　(清)朱元權撰
　　嶰谷集一卷　(清)朱元律撰
　　月峰集一卷　(清)朱元象撰
　　霜筠集一卷　(清)朱玉芝撰
　　江村集一卷　(清)朱松年撰
　　朱雀橋邊野草二卷　(清)朱鶴年撰
　　懸磬集一卷　(清)朱延年撰
　　洲居集一卷　(清)朱退年撰
　　雲圃集一卷　(清)朱逢年撰
　　待潮集一卷　(清)朱瀾撰
　　倦遊集一卷　(清)朱溶撰
　　居敬集一卷　(清)朱漣撰
　　楹書集一卷　(清)朱濤撰
　　葛覃集一卷　(清)朱蘭皐撰
　　華峰集二卷　(清)朱紹曾撰
　　璞嶷詩集一卷　(清)朱續曾撰
　　毅堂集一卷　(清)朱丞曾撰
　　北山集三卷　(清)朱緒曾撰
　　莊恪集一卷　(清)朱桂楨撰

　　澹持集一卷　(清)朱桂森撰

江都二布衣詩鈔

　(清)朱冕(清)朱賓撰
　　　清道光十四年(1834)刊本
　　臥秋草堂詩鈔一卷　(清)朱冕撰
　　二亭詩鈔六卷　(清)朱賓撰

徵遠堂遺稿

　(民國)朱久望輯
　　　民國九年(1920)華亭朱氏排印本
　　紉蘭軒詩稿一卷　(清)朱廷棟撰
　　涇南詩稿三卷　(清)朱賡堯撰
　　小酉詩稿一卷　(清)朱賡颺撰
　　快晴室駢體文一卷　(清)朱賡堯撰

濟南朱氏詩文彙編

　(清)□□輯
　　　清道光中刊本
　　養中之塾文集一卷　(清)朱曾喆撰
　　蒼雪山房稿一卷　(清)朱綱撰
　　雲根清寱山房詩一卷　(清)朱緗撰
　　觀稼樓詩二卷　(清)朱緗撰
　　吳船書屋詩一卷　(清)朱緗撰
　　楓香集一卷　(清)朱緗撰
　　倚華樓詩四卷　(清)朱琦撰
　　桐陰書屋詩二卷　(清)朱崇勳撰
　　附
　　　湖上草堂詩一卷　(清)朱崇道撰

三朱遺編

　(清)楊伯潤輯
　　　清光緒十五年(1889)嘉興楊氏刊本
　　政和堂遺稿一卷　(清)朱廣川撰
　　朧仙吟館遺稿一卷　(清)朱嘉金撰
　　清芬館詞草一卷　(清)朱光熾撰

鹽溪橋梓詩存

　(民國)朱家駒輯
　　　民國八年(1919)奉賢朱氏排印本
　　愛吾廬詩鈔二卷　(清)朱鴻儒撰
　　讀月樓吟稿一卷　(清)朱士璋撰

新安二江先生集

　(清)江振鴻輯
　　　清嘉慶九年(1804)揚州康山草堂刊本
　　隨月讀書樓集三卷　(清)江春撰
　　晴綺軒集二卷　(清)江昉撰
　　練溪漁唱二卷　(清)江昉撰
　　集山中白雲詞一卷　(清)江昉撰

附
　　玉華詩鈔一卷　　(清)江振鷺撰
　　文峯遺稿一卷　　(清)江振先撰

雲間兩何君集

　(民國)姚光輯
　　　民國二十一年(1932)金山姚氏復廬據明
　　　嘉靖本景印
　　何翰林集二十八卷　　(明)何良俊撰
　　何禮部集十卷　　(明)何良傅撰

余氏五稿(一名玉山連珠集)

　(清)余希嬰輯
　　　清咸豐九年(1859)松竹齋刊本
　　味梅吟草四卷　　(清)余希嬰撰
　　宂餘草一卷　　(清)余應魁撰
　　吉羽草一卷　　(清)余夢星撰
　　憨石山房詩鈔四卷　　(清)余希煌撰
　　朗儇唅稿一卷　　(清)余希芬撰

錢塘吳氏合集

　(清)吳春熙輯
　　　清嘉慶道光間刊本
　　睫巢詩鈔三卷遊仙詩一卷　　(清)吳顥撰
　　　嘉慶十六年(1811)刊
　　小羅浮山館詩鈔十五卷　　(清)吳昇撰
　　硯壽堂詩鈔八卷詩餘一卷詩續鈔二卷
　　　(清)吳存楷撰　嘉慶二十三年(1818)
　　　刊續鈔道光三年(1823)刊

吳氏一家稿

　(清)吳清鵬輯
　　　清咸豐五年(1855)錢塘吳氏刊本
　　有正味齋詩十二卷駢體文二十四卷詞七卷
　　　曲一卷律賦一卷試帖四卷　　(清)吳錫
　　　麒撰
　　訪秋書屋遺詩一卷　　(清)吳錫麟撰
　　小酉山房遺詩一卷　　(清)吳清學撰　〔撰
　　灌園居偶存草一卷試帖一卷　　(清)吳清漣
　　夢煙舫詩一卷　　(清)吳清藻撰
　　壺庵詩二卷駢體文二卷　　(清)吳清皋撰
　　笏庵詩二十卷試帖一卷　　(清)吳清鵬撰
　　小斜川室初存詩二卷　　(清)吳安業撰
　　小鄂不館初存草一卷　　(清)吳官業撰
　　秋雪山房初存詩一卷　　(清)吳槑撰

吳氏四種

　(清)口口輯
　　　清康熙五十八年(1719)字香亭刊本
　　典裘購書歌一卷　　(清)吳騫撰

典裘購書吟一卷　　(清)劉志學等撰
字香亭梅花百詠一卷　　(清)吳立撰
粵東懷古二卷　　(清)吳騫撰

小萬柳堂叢刊

　(民國)吳芝瑛輯
　　　民國七年(1918)排印本
　　鞠隱山莊遺詩一卷附棄稿一卷　　(清)吳寶
　　　三撰
　　南湖東游草五卷　　(民國)廉泉撰
　　剪淞留影集一卷　　(民國)吳芝瑛輯
　　潭柘紀游詩一卷　　(民國)廉泉撰
　　南湖集古詩一卷　　(民國)廉泉撰

新昌呂氏兩代詩文集

　呂白華輯
　　　民國三十三年(1944)新昌呂氏排印本
　　質璞草一卷　　(清)呂錫時撰
　　秋陽草一卷　　(民國)呂陶撰

商丘宋氏三世遺集

　(清)宋犖輯
　　　清康熙中刊本
　　莊敏公遺集一卷　　(明)宋纁撰
　　福山公遺集一卷　　(明)宋沾撰
　　文康公遺集二卷　　(清)宋權撰
　　附
　　　文康公年譜一卷　　(清)宋犖撰

奉新宋氏詩鈔

　(清)宋鳴珂輯
　　　清嘉慶中世恩堂刊本
　　春蕪書屋詩存一卷　　(清)宋五仁撰　嘉慶
　　　九年(1804)刊
　　南川草堂詩鈔十三卷　　(清)宋鳴珂撰　嘉
　　　慶八年(1803)刊
　　味經齋存稿四卷　　(清)宋鳴璜撰　嘉慶十
　　　七年(1812)刊
　　味雪樓詩草一卷別稿一卷　　(清)宋鳴瓊撰

二宋詩鈔

　(清)宋衍生輯
　　　清光緒中排印本
　　省疚齋吟稿三卷　　(清)宋滋蘭撰
　　恐齋詩鈔二卷　　(清)宋滋著撰

上海李氏易園三代清芬集

　(民國)李味青輯
　　　民國二十九年(1940)排印本
　　易園文集四卷詩集二卷詞集一卷　　(清)李

林松撰
　猶得住樓詩稿一卷詞稿一卷　(清)李媞撰
　偁盉羅室文稿一卷詩稿一卷　(清)李尙暲
　撰
　月來軒詩稿一卷　(清)錢韞素撰
　李徵士遺稿一卷　(清)李邦黻撰
　六宜樓詩稿一卷　(民國)姚其愼撰

槎溪李氏詩四種

(民國)李廷翰輯
　　民國十一年(1922)排印本
　桂巖居詩稿二卷　(清)李景董撰
　談劍廬詩稿二卷　(清)李思中撰
　蓮靑詩館吟稿一卷　(清)李永修撰
　冕常賸稿一卷　(清)李廷榜撰

合肥李氏三世遺集

(民國)李國杰輯
　　清光緒三十年(1904)合肥李氏刊本
　李光祿公遺集八卷　(清)李文安撰
　李文忠公遺集八卷　(清)李鴻章撰
　李襲侯遺集八卷　(清)李經述撰

澄遠堂三世詩存

(清)李繩遠輯
　　清康熙三十六年(1697)刊本
　藿園詩存六卷　(明)李應徵撰
　蒼雪齋詩存一卷　(明)李士標撰
　視彼亭詩存一卷　(明)李寅撰

六李集

(明)李雲鵠輯
　　明萬曆三十五年(1607)刊本
　李杏山集九卷　(明)李宗木撰
　李太史集六卷　(明)李蓘撰
　李比部集九卷　(明)李蔭撰
　李侍御集四卷　(明)李雲鵠撰
　李白羽集二卷　(明)李雲鵰撰
　李秋羽集五卷　(明)李雲鴻撰

李氏三先生詩鈔

(清)李懷民等撰
　　清光緒十二年(1886)李氏西安郡齋刊本
　石桐先生詩鈔十六卷　(清)李懷民撰
　少鶴先生詩鈔十三卷　(清)李憲喬撰
　定性齋集一卷附蓮塘遺集一卷　(清)李憲
　暠撰

李氏詩存合刻

(清)李浩輯

　　清道光五年(1825)賜硯堂刊本
　稜翁詩鈔二卷　(清)李治民撰
　鶴峯詩鈔二卷　(清)李因培撰
　衣山詩鈔三卷　(清)李翊撰
　蘭溪詩鈔二卷　(清)李翻撰
　雲華詩鈔五卷　(清)李翃撰

汪氏三先生集

(清)汪懋麟輯
　　清康熙十八年(1679)刊本
　環谷集八卷附錄一卷　(元)汪克寬撰
　檗菴集二卷　(明)汪禔撰
　石西集八卷　(明)汪子祐撰
　附
　崇禮堂詩一卷　(清)汪伯鸞撰

環谷杏山二先生詩稿

(明)汪中丘等輯
　　明隆慶三年(1569)汪廷佐刊本
　西園康範詩集一卷　(宋)汪晫撰
　西園康範先生實錄一卷續錄一卷附錄外集
　　一卷
　北遊詩集一卷　(宋)汪夢斗撰
　杏山摭稿一卷　(宋)汪夢斗撰

沈氏三先生文集

(宋)□□輯
　　清光緒二十二年(1896)浙江書局刊本
　　民國上海商務印書館排印本
　西溪集十卷　(宋)沈遘撰
　長興集四十一卷(原缺卷四至十二、卷三十
　　三至四十)　(宋)沈括撰
　雲巢編十卷　(宋)沈遼撰

吳興長橋沈氏家集

(民國)沈家本輯
　　清宣統三年(1909)刊本
　韻香廬詩鈔二卷　(清)沈國治撰
　蓼莪手迻一卷　(清)沈蓼莪撰
　春星草堂集二十二卷　(清)沈丙瑩撰
　看山樓草二卷　(清)沈彥模撰
　松桂林草二卷　(清)沈家霖撰

寶善堂彙稿

(清)阮復祖等撰
　　清道光中刊本
　夢蛟山人集五卷補遺一卷　(清)阮復祖撰
　百秋閣咏一卷　(清)阮復祖撰
　竹園集記一卷　(清)阮復祖等撰
　宛庵詩鈔二卷　(清)阮燦輝撰

館課存稿一卷　(清)阮焜輝撰
述昔吟草四卷　(清)阮焜輝撰
淚餘續草四卷　(清)阮焜輝撰
朝天集三卷　(清)阮焜輝撰
吟齎小鈔一卷　(清)阮焜輝撰
重光集一卷　(清)阮焜輝撰
吟秋百律一卷　(清)阮焜輝撰
澹園倡和集二卷　(清)阮焜輝輯
石臺聯咏一卷　(清)阮焜輝輯

周浦南蔭堂姚氏叢刊

姚永年輯
　　民國二十六年(1937)萬卷圖書齋排印本
澧溪姚氏詩鈔二卷　姚永年輯
秋塘蜀道詩二卷附錄一卷　(清)姚蘭泉撰
吉仙賸稿一卷附錄一卷　(清)姚其慶撰
六宜樓吟草一卷附錄一卷　(民國)姚其慎撰
見貽雜錄一卷附錄一卷　姚永年輯
附
南蔭堂姚氏家乘雜詠一卷續詠一卷　姚永年輯

邵陽車氏一家集

(民國)劉達武輯
　　民國二十二年(1933)長沙排印本
首一卷
車參政集十三卷　(明)車大任撰
車逸民集十一卷　(清)車以遵撰
車敎授集一卷　(清)車泌書撰
車都諫集二卷　(清)車萬育撰
車飲賓集六卷　(清)車萬期撰
車隱君集一卷　(清)車鼎黃撰
車督學集一卷　(清)車鼎晉撰
車雙亭集一卷　(清)車鼎豐撰
車貢士集一卷　(清)車无咎撰
車孝廉集一卷　(清)車照撰
車廣文集一卷　(清)車元昺撰
車雙秀集一卷　(清)車望湖(清)車寅慶撰
車別駕集四卷　(清)車玉襄撰
補錄一卷　(民國)劉達武輯

毘陵周氏家集

(民國)周茲莕等輯
　　民國十七年(1928)毘陵周氏排印本

毗陵周氏五世詩集

(民國)周逑祖輯　　　　　　　　　　　　[本
　　民國二十五年(1936)毘陵周氏學樂堂刊
鷗亭詩草四卷　(清)周漆撰

海上篇一卷　(清)周憒撰
夫椒山館集二十二卷　(清)周儀暐撰
　(刊本有駢文一卷)
餐芎華館詩集八卷蕉心詞一卷　(清)周騰虎撰
春瀑山館詩存一卷　(清)周世澂撰
附
先德小識一卷　(清)周騰虎撰　(刊本)

單縣周氏家集

(民國)周自齊輯
　　民國十年(1921)上海聚珍倣宋印書局排印本
公暇墨餘錄存藁文一卷詩一卷　(清)周鳴鑾撰
使黔集一卷　(清)周鳴鑾撰
雲圃詩存一卷　(清)周毓桂撰

安成周氏家集

(明)周?輯
　　明萬曆十九年(1591)刊本
提擧集一卷　(明)周靜撰
蹄涔集一卷　(明)周口撰
愚直存稿一卷　(明)周揆撰
佩韋子存稿二卷　(明)周正方撰

桂林周氏家集

周家彥輯
　　民國二十三年(1934)桂林周氏靑島排印本
榕蔭書屋筆記一卷　(清)周因培撰
樹馥草堂文集二卷詩集二卷詩餘一卷　(清)周益溎撰
三絳隨筆一卷　(民國)周慶壬撰

湘繭合藁

(清)宗廷輔輯
　　清光緒六年(1880)常熟宗氏刊本
夢湘樓詩藁二卷詞藁一卷　(清)宗婉撰
繭香館唫艸一卷　(清)宗粱撰
繡餘詞一卷　(清)錢念生撰

昭文邵氏聯珠集

(清)邵震亨輯
　　清光緒中刊本
　　民國木活字排印本
凝道堂集一卷　(清)邵齊烈撰
玉芝堂詩集一卷　(清)邵齊燾撰
隱几山房詩集一卷　(清)邵齊熊撰
聊存草一卷　(清)邵齊然撰

樂陶閣集一卷 (清)邵齊鰲撰

天津金氏家集

金鉞輯

民國刊本

黃竹山房詩鈔六卷 (清)金玉岡撰 民國二十年(1931)刊

黃竹山房詩鈔補一卷附田盤紀遊一卷 (清)金玉岡撰 民國二十三年(1934)刊

致遠堂集三卷 (清)金平撰 民國十年(1921)刊

善吾廬詩存一卷 (清)金銓撰 民國九年(1920)刊

芸書閣賸稿一卷 (清)金至元撰 民國二十一年(1932)刊

陟岡集

金兆梓輯

民國三十八年(1949)中華書局排印本

遯廬吟草一卷 (民國)金兆豐撰

拾翠軒詞稿一卷 (民國)金兆豐撰

悔廬吟草一卷 (民國)金兆棪撰

原瀍一卷 (民國)金兆鑾撰

附錄一卷

務滋堂集(一名金氏四傑集)

(清)□□輯

清嘉慶二十二年(1817)同川金氏刊本

林屋山人夢遊草十五卷 (清)金文城撰

翠娛樓詩草四卷 (清)金文城撰

翠娛樓詩餘一卷 (清)金文城撰

翠娛樓雜著一卷 (清)金文城撰

味眞山房詩草二卷 (清)金仁撰

其恕齋詩草十八卷 (清)金銳撰

聽雨芭蕉館詩草三卷 (清)金黃鐘撰

胡氏遺書

萬宗林輯

民國十年(1921)排印本

海杓堂文一卷詩一卷 (清)胡桂生撰

尊聞堂文集十二卷詩集一卷 (清)胡兆春撰

附

胡文忠公書牘一卷 (清)胡林翼撰 據眞跡景印

壽聲堂存稿二卷 (清)胡大文撰

道存堂存稿二卷 (民國)胡大經撰

潔貞紗櫥繡餘存草一卷 (民國)胡淑福撰

雛鳳精舍存稿一卷 (民國)胡維翰撰

大梁侯氏詩集

(清)侯資燦輯

清嘉慶二十四年(1819)刊本

西園雜詠一卷 (明)侯于趙撰

固陵小草一卷岱帖詩一卷 (明)侯應琛撰

汝固集一卷 (清)侯邦寧撰

燕遊草一卷 (清)侯邦定撰

二頃園遺藁一卷 (清)侯作霖撰

棣軒遺藁一卷 (清)侯中鋐撰

泰履樓偶作一卷 (清)侯書遠撰

蓼村遺稿一卷 (清)侯大有撰

飲香軒詩藁一卷 (清)侯長松撰

西江紀遊草一卷 (清)侯資燦撰

柱明集一卷 (清)侯之翰撰

偶吟一卷 (清)侯體巽撰

汜葉集一卷 (清)侯體隨撰

悔菴詩藁一卷 (清)侯體蒙撰

四憶堂詩集一卷 (清)侯方域撰

問渡小草一卷 (清)侯元棐撰

湘園詩草一卷 (清)侯扆棐撰

嘯雪堂詩藁一卷 (清)侯運盛撰

玩極堂詩藁一卷 (清)侯運昌撰

聞可堂詩藁一卷 (清)侯運隆撰

澂志樓詩藁一卷 (清)侯方曾撰

鷴珠堂詩集一卷 (清)侯京曾撰

居業堂遺藁一卷 (清)侯如曾撰

貯虛堂詩集一卷 (清)侯洛撰

海昌俞氏叢刻

(清)俞承德輯

清咸豐六年(1856)平江三德堂刊本

蓼莫子集四卷 (清)俞興瑞撰

蓼莫子雜識一卷 (清)俞興瑞撰

高辛硯齋雜著一卷 (清)俞承德撰

見聞近錄四卷 (清)俞超撰

附

客窗閒話二卷 (清)吳熾符撰

金山姚氏二先生集

(清)張文虎輯

清光緒二年(1876)松韻草堂刊本

紅林禽館詩錄一卷詞錄一卷 (清)姚前樞撰

井眉居詩錄二卷 (清)姚前機撰

姚氏世刻

(明)姚堦輯

明嘉靖三十六年(1557)姚氏刊本

穀庵集選十卷附錄一卷 (明)姚綬撰

觀頤摘稿一卷附錄一卷　(明)姚旬撰
東齋稿畧一卷附濟美錄摘畧一卷　(明)姚
　　惟芹撰

帥氏清芬集

(清)帥之憲輯
　　清光緒中奉新帥氏綠窗刊本
帥子古詩選一卷　(清)帥我撰　光緒十四
　　年(1888)刊
墨瀾亭文集不分卷　(清)帥我撰　光緒六
　　年(1880)刊
別本嗜退山房橐一卷　(清)帥仍祖撰　光
　　緒十四年(1888)刊
綠滿窗前草一卷　(清)帥之憲撰　光緒十
　　四年(1888)刊
樹人堂詩七卷蒐遺一卷多博唫一卷　(清)
　　帥念祖撰　光緒五年(1879)刊
宗惠文鈔一卷　(清)帥念祖撰　光緒十三
　　年(1887)刊
老樹軒詩集五卷　(清)帥光祖撰　光緒十
　　二年(1876)刊
卓山詩集十二卷三十乘書樓詩集(一名卓
　　山詩續集)一卷　(清)帥家相撰　光
　　緒十一年(1885)刊
帥氏清芬集萃編一卷　(清)帥之憲輯　光
　　緒十四年(1888)刊
咫聞軒詩草十卷　(清)帥方蔚撰　同治元
　　年(1862)刊
咫聞軒賸橐四卷　(清)帥方蔚撰　同治五
　　年(1866)刊
紫雯軒館課錄存五卷經義一卷　(清)帥方
　　蔚撰　同治元年(1862)刊
詞垣日記一卷　(清)帥方蔚撰　光緒十年
　　(1884)刊
左海交游錄一卷　(清)帥方蔚撰　光緒十
　　年(1884)刊
帥公子文重與鹿鳴筵宴錄一卷　(清)帥之
　　憲輯　光緒十二年(1886)刊
帥子文公崇祀鄉賢錄一卷附行述一卷贈詩
　　一卷　(清)帥之憲輯　光緒十二年
　　(1886)刊
咫聞軒遺橐一卷　(清)帥方蔚撰　光緒十
　　三年(1887)刊

會稽姜氏家集

(清)姜國翰輯
　　稿本
太僕公詩稿一卷　(明)姜子羔撰
宗伯公賜閒隨筆一卷　(明)姜逢元撰
龍南老人自述一卷　(清)姜廷枚撰

龍南集一卷　(清)姜廷枚撰
先考調庵府君(姜廷枚)行實一卷　(清)姜
　　兆禎撰
先妣吳太君行實一卷　(清)姜兆禎撰
北遊草一卷　(清)姜兆禎撰
祭亡弟開先文一卷　(清)姜兆禎撰
先考徵齋府君(姜東毓)家傳一卷　(清)姜
　　國翰撰

姜氏家集

(清)姜慶成輯
　　清道光二十五年(1845)天雄姜氏采鹿堂
　　刊本
睫巢詩鈔六卷　(清)姜貽績撰
臨雲亭詩鈔六卷　(清)姜星源撰
悟雲詩存一卷　(清)孫芳撰
壬寅存稿一卷　(清)姜順龍撰
夢田詞一卷　(清)姜貽經撰

安吉施氏遺著

(清)戴翊清(清)朱廷變輯
　　清光緒十七年(1891)刊本
靜學廬遺文一卷　(清)施文銓撰
靜學廬逸筆二卷　(清)施文銓撰
金鍾山房詩集一卷　(清)施浴升撰
金鍾山房文集一卷　(清)施浴升撰
螺齋談助二卷　(清)施浴升撰

二洪遺稿

(清)洪朴(清)洪榜撰
　　清道光中梅華書院刊本
　　民國二十年(1931)北平通學齋據清梅華
　　書院本景印
初堂遺稿不分卷　(清)洪榜撰
伯初文存一卷詩鈔一卷時藝一卷　(清)洪
　　朴撰

唐二皇甫詩集

明正德十三年(1518)劉成德刊本
唐皇甫冉詩集七卷　(唐)皇甫冉撰
唐皇甫曾詩集一卷　(唐)皇甫曾撰

奕世傳芳集

(清)胡承珚輯
　　清乾隆四十年(1775)種義園刊本
一鑑樓詩畧一卷　(清)胡佾衡撰
師儉堂詩鈔一卷　(清)胡之楺撰
居易齋詩鈔一卷雜作一卷　(清)胡兆殷撰
棣華居詩畧一卷　(清)胡虬齡撰
種義園詩草一卷　(清)胡承珚撰

萊娛軒詩草一卷　（清）胡承鋆撰

郁氏三世吟稿

（民國）郁屏翰等撰
　　民國十七年(1928)上海郁氏排印本
素癡集一卷　（民國）郁屏翰撰
餐霞集一卷　（民國）郁葆青撰
繭迂集一卷　郁元英撰

唐氏三先生集

（明）程敏政輯
　　明正德十三年(1518)張芹刊本
筠軒詩藁八卷文藁五卷　（元）唐元撰
白雲詩藁四卷文藁三卷　（明）唐桂芳撰
梧岡詩藁四卷文藁六卷　（明）唐文鳳撰
附錄三卷

毘陵徐氏家集

（清）徐堉輯
　　清光緒六年(1880)毘陵徐氏刊本
遜齋偶筆二卷　（清）徐崑撰
畫溪詩集一卷　（清）徐崑撰
家傳一卷　（清）徐崑撰
小有齋自娛集一卷　（清）徐鈞撰

徐季和先生喬梓遺稿

（民國）沈秉璜等輯
　　民國三十二年(1943)排印本
姑安存之詩鈔一卷　（清）徐致祥撰
家庭雜憶一卷　（民國）徐鼎康撰
秋根詩鈔一卷　（民國）徐鼎康撰

香海盦叢書

（清）徐琪輯
　　清仁和徐氏刊光緒二十年(1894)彙印本
舊蕪花館詩集二卷補遺一卷詞集一卷補遺
　　一卷　（清）徐鴻謨撰　光緒十一年
　　(1885)刊
蓮因室詩集二卷詞集一卷　（清）鄭蘭孫撰
　　光緒元年(1875)刊
冬日百詠一卷　（清）徐琪撰　光緒元年
　　(1875)刊
名山福壽編一卷　（清）徐琪輯　光緒七年
　　(1881)刊
蘇海餘波一卷　（清）徐琪輯　光緒七年
　　(1881)刊
俞樓詩記一卷　（清）俞樾撰　光緒七年
　　(1881)刊
留雲集一卷　（清）徐琪輯　光緒十二年
　　(1886)刊

墨池賡和一卷　（清）徐琪輯　光緒十三年
　　(1887)刊
九芝仙館行卷四卷　（清）徐琪輯　光緒十
　　七年(1891)刊
葡萄徵事詩一卷
西堂得桂詩一卷
鷺綸紀寵詩一卷
雲麾碑陰先翰詩一卷

慎行堂三世詩存

（民國）徐寶炘（民國）徐寶華輯
　　清咸豐至民國間刊本
疎影山莊吟稿一卷　（清）徐人傑撰　咸豐
　　八年(1858)刊
臥梅廬詩存二卷詩餘一卷　（清）徐師謙撰
　　民國九年(1920)刊
荷香水亭吟草一卷己壬叢稿一卷　（清）徐
　　森撰　民國九年(1920)刊

吳興徐氏遺稿

徐益彬輯
　　民國七年(1918)上海排印本
怡雲館詩鈔四卷　（清）徐延祺撰
夢草詞二卷　（清）徐延祺撰
植八杉齋詩鈔二卷　（清）徐玉麐撰

語溪徐氏三世遺詩

徐益藩輯
　　民國二十九年(1940)排印本
蒓湖公遺詩一卷　（清）徐克祥撰
亞陶公遺詩一卷　（清）徐寶謙撰
漱珊公遺詩一卷　（清）徐福謙撰
子梅公遺詩一卷　（清）徐著謙撰
杏伯公遺詩一卷　（清）徐多鏐撰
蓉史公遺詩一卷　（清）徐多鉁撰
菊農公遺詩一卷　（清）徐多綏撰
藕卿公遺詩一卷　（清）徐多紳撰

小桃源詩集

秦鈺輯
　　民國十三年(1924)烏程秦氏刊本
松石廬詩存一卷雜文一卷筆記一卷　（清）
　　秦文炳撰
玉壺天詩錄一卷　（民國）秦福基撰
春暉閣紅餘吟草一卷　（民國）孟錦香撰

友于集

（民國）秦錫燧輯
　　民國十五年(1926)上海秦氏排印本
青霞吟館詩鈔一卷　（清）秦惟梅撰

貯雲書屋詩鈔一卷　(清)秦惟蓉撰
玉函堂剩稿一卷　(清)秦夢鶴撰

秦氏三府君集

(民國)秦毓鈞輯
　　民國十八年(1929)味經堂木活字排印本
修敬詩集二卷附錄一卷　(明)秦旭撰
鳳山詩集二卷附錄一卷　(明)秦金撰
從川詩集二卷附錄一卷　(明)秦瀚撰

耿氏家集彙鈔

(民國)耿兆豐輯
　　民國十一年(1922)瀋陽耿氏排印本
雪村詩草摘刊二卷　(清)耿澐撰
岣嵀詩一卷　(清)耿蟒美撰
具嵀詩草摘刊一卷　(清)耿全美撰
附
　雅季詩存一卷　(清)耿徵文撰
符君詩存一卷　(清)耿徵信撰
蕃卿詩存一卷　(清)耿徵庶撰
聽雨軒詩鈔三卷文鈔一卷　(清)耿徵雨撰
附
　少尹詩一卷　(清)耿保衡撰
蕉窗訓蒙錄一卷附詩文一卷(清)耿保遐撰

袁氏家集

(清)袁鎮嵩輯
　　清光緒中邃懷堂刊十六年(1890)彙印本
蛾術山房詩鈔四卷　(清)袁文炤撰　光緒
　十四年(1888)刊
六芳草堂詩存一卷　(清)袁堅撰
柳枝唱和詞一卷　(清)袁堅撰
淞逸詩存一卷　(清)袁翟撰　光緒十四年
　(1888)刊
井夫詩存一卷　(清)袁鎮郊撰
漱瑛樓詩存一卷　(清)袁之鼎撰
秋聲館詩草一卷　(清)袁之蘭撰
蘭芬詩存一卷　(清)李蘭芬撰

三袁先生集

(明)曾可前輯
　　明刊本
新鐫玉蟠袁會元集二卷　(明)袁宗道撰
鐫袁中郎未刻遺稿二卷　(明)袁宏道撰
鐫袁小修集一卷　(明)袁中道撰

小峨嵋山館五種

(清)馬國偉(清)馬用俊輯
　　清嘉慶十八年(1813)棣園刊本
白洋里墓田丙舍錄二卷附錄二卷　(清)馬

國偉輯
鄂華聯吟處題瞱錄二卷續錄二卷　(清)馬
　國偉輯
抱樸居詩二卷續編二卷　(清)馬緒撰
鄂華聯吟稿六卷　(清)馬國偉(清)馬用俊
　撰
　愚庵初稿一卷存稿一卷續稿一卷　(清)
　馬國偉撰
　少白初稿一卷存稿一卷續稿一卷　(清)
　馬用俊撰

馬忠節父子合集

(清)劉尙文輯
　　清光緒二十四年(1898)劉鴻年刊本
忠節馬光祿先生軼詩一卷　(明)馬思聰撰
侍御馬師山先生軼詩一卷　(明)馬明衡撰
附
　馬從甫賈餘稿一卷　(明)馬朝龍撰
　附錄一卷

梅溪張氏詩錄

(民國)張煥斗輯
　　民國八年(1919)上海張氏排印本
拙餘老人遺稿一卷　(清)張錫嘏撰
補梅書屋詩存一卷　(清)張佳桮撰
自有樂地吟草一卷　(清)張煥綸撰
寒君軒賸墨一卷　(清)張煥豐撰
逸廬天籟一卷　(民國)張煥斗撰

丹徒張氏家集

(清)張深輯
　　清道光中刊本
頤齋僅存草二卷　(清)張自坤撰
逃禪閣集八卷　(清)張崟撰
悔昨齋詩錄四卷　(清)張深撰

海鹽張氏涉園叢刻

張元濟輯
　　清宣統三年(1911)海鹽張氏排印本
入告編三卷遺編一卷　(清)張惟赤撰
退思軒詩集一卷　(清)張惟赤撰
賦閒樓詩集一卷　(清)張賭撰
實谷詩選一卷　(清)張芳湄撰
捫腹齋詩鈔四卷詩餘二卷　(清)張宗松撰
藕村詞存一卷　(清)張宗櫨撰
涉園題詠一卷　(清)張鶴徵輯
續編　民國十七年(1928)海鹽張氏排印
寄吾廬初稿選鈔四卷　(清)張伯魁撰
竺嶴詩存一卷　(清)張賜采撰
半農草舍詩選四卷　(清)張廷棟撰

西泠鴻爪一卷　　（清）張鐵華撰
張氏藝文一卷　　張元齊輯
涉園題詠續編二卷補遺一卷　　張元濟輯
附
　涉園修禊集一卷　　張元濟輯

南張三集

（清）張廷桂輯
　　清嘉慶十九年(1814)虞山張氏卷蓀草廬
　　刊本
聞濤軒詩稿二卷　　（清）張朝績撰
寶聞齋詩集四卷　　（清）張仁美撰
蔚秀軒詩存一卷　　（清）張敦培撰

清河五先生詩選

（清）朱爲弼輯
　　清道光八年(1828)清河張慶成京師刊本

清河大先生詩選

（清）徐申錫補輯
　　清同治八年(1869)清河張顯周刊本
戲坡詩鈔一卷　　（清）張世昌撰
香谷詩鈔一卷　　（清）張世仁撰
耘洲詩鈔二卷　　（清）張詰撰
嬰山小圃詩集三卷　　（清）張誠撰
聽泉詩鈔一卷　　（清）張達慶撰
秋樵詩鈔二卷　　（清）張慶成撰　　（同治本）

花萼集

（民國）曹敏輯
　　民國十八年(1929)排印本
漁隱詩鈔一卷　　（民國）曹允文撰
病梅盦詩二卷　　（民國）曹敏撰
成章詩鈔一卷　　（民國）曹大文撰
附錄一卷　　（民國）曹敏輯

金壇曹氏集

（明）曹大章（清）曹宗璠撰　　（清）曹鍾浩重訂
　　清康熙二十六年(1687)刊本
曹太史文集十卷　　（明）曹大章撰
崑禾堂集十卷　　（清）曹宗璠撰
洮浦集十卷　　（清）曹宗璠撰
南華沘筆二卷　　（清）曹宗璠撰

曹氏傳芳錄

（清）曹希璨輯
　　清宣統元年(1909)木活字排印本
訓兒錄二卷　　（宋）曹洪撰
霞間稿一卷　　（元）曹文炳撰
新山詩集一卷　　（元）曹文晦撰

友竹稿一卷　　（元）曹一介撰
橘坡稿一卷　　（明）曹宜約撰

石倉世纂

（清）曹錫黼輯
　　清乾隆十四年(1749)曹氏五畝園刊本
道腴堂集四卷　　（清）曹煜曾撰
放言居詩集六卷　　（清）曹炳曾撰
長嘯軒詩集六卷　　（清）曹焜曾撰
四焉齋詩集六卷　　（清）曹一士撰
附
　梯仙閣餘課一卷　　（清）陸鳳池撰
　拂珠樓偶鈔二卷　　（清）曹錫珪撰
　四焉齋文集八卷　　（清）曹一士撰

三梁文集

（清）□□輯
　　清刊本
畦樂先生詩集一卷　　（明）梁蘭撰　　　［撰
泊庵先生文集十六卷詩鈔一卷　　（明）梁潛
坦庵先生文集八卷　　（明）梁本之撰

震澤莊氏家集

（清）莊元植輯
　　清光緒中刊本
東山老人詩賸一卷　　（清）莊兆洙撰
冬榮室詩鈔一卷　　（清）莊慶椿撰
閒氣集一卷　　（清）莊慶椿撰
吟秋館詩草一卷　　（清）周元圭撰
澂觀齋詩一卷　　（清）莊元植撰　　光緒元年
　(1875)刊
勵學室詩存一卷　　（清）莊元植撰　　光緒八
　年(1882)刊
寄廬詩草一卷續存一卷　　（清）莊元植撰
寄廬倡和詩鈔一卷和詩續鈔一卷又鈔一卷
　（清）莊元植輯
寄廬春莫懷人詩一卷　　（清）莊元植撰

江都許氏家集

（清）□□輯
　　清乾隆中刊本
槐墅詩鈔四卷　　（清）許迎年撰
獼微閣詩集一卷　　（清）許承家撰
綠淨軒詩鈔五卷　　（清）徐德音撰
碧摩亭集一卷　　（清）許昌齡撰

許氏巾箱集

（清）許兆熊輯
　　清嘉慶二十二年(1817)許氏石契齋刊本
南峯雜咏一卷　　（明）許察撰

耕聞偶吟三卷　(清)許徐狮撰
本支世系記略一卷　(清)許兆熊撰

二許先生集

(清)許鑾輯
  民國排印本
日山文集四卷　(清)許新堂撰
慎餘堂文稿四卷　(清)許雨田撰

二陳先生全集(一名皇明名臣虞山琴溪二先生全集)

(明)陳玉陛輯
  明萬曆四十五年(1617)陳氏刊本
都御史陳虞山先生集十三卷附一卷　(明)
  陳察撰　　　　　　　　　　　[撰
祭酒琴溪陳先生集八卷附一卷　(明)陳寰

陳氏聯珠集

(清)王犖奎輯
  清嘉慶七年(1802)序旌邑湯氏刊本
華溪草堂集一卷　(清)陳芳撰
天柱詩草　(清)陳其名撰
醉草堂集　(清)陳枋撰　以上合一卷
梅緣詩草二卷　(清)陳蔚撰
附
  蘭陂剩稿　(清)吳荔娘撰
涔園詩鈔一卷　(清)陳秉烈撰
虚航集一卷　(清)陳域撰
鍰門詩草一卷　(清)陳堅撰
梅田詩草一卷　(清)陳壤撰
諫亭詩草一卷　(清)陳坡撰
凹堂詩草　(清)陳塾撰
雲泉詩草　(清)陳堷撰
澗南吟稿　(清)陳磊撰　以上合一卷

淵源集

(民國)陳步墀輯
  民國九年(1920)攄手稿本景印
介珊先生遺墨一卷　(清)許之瑆撰
日東先生文一卷　(清)許振撰

高節陳氏詩略

(民國)陳口輯
  民國排印本
拙脩老人遺稿一卷　(清)陳崇砥撰
殘葉箋一卷　(清)陳寶廉撰
一繫之居遺稿一卷　(清)陳與同撰
緘齋遺稿一卷　(清)陳與問撰
悔齋詩稿一卷　(清)陳與佾撰
高節陳氏詞略一卷　(清)□□輯

海虞三陶先生集合刻

(清)楊沂孫輯
  清光緒七年(1881)海虞楊同福貴池縣署
   刊本
陶子師先生集四卷耑崖集四卷　(清)陶元
  淳撰
陶退菴先生集二卷首一卷　(清)陶貞一撰
陶晚聞先生集十卷首一卷補錄一卷自序一
  卷　(清)陶正靖撰

陶奭江先生全集

(清)陶澍輯
  清道光二十年(1840)淮北公民刊本
奭江古文存四卷詩存三卷遺集附一卷
  (清)陶必銓撰
印心石屋文鈔一卷詩鈔初集四卷二集三卷
  試律四卷　(青)陶澍撰
漕河禱冰圖詩錄四卷首一卷　(清)陶澍輯
蜀輶日記四卷　(青)陶澍撰

松陵陸氏叢著

(民國)陸明桓輯
  民國十六年(1927)蘇齋刊本
辛夷花館詩賸一卷守瓶文賸一卷花村詞賸
  一卷　(清)陸日曛撰
西村詞草二卷　(清)陸日章撰
夢逋草堂刼餘稿九卷補遺一卷文賸一卷
  (清)陸日愛撰
誦芬館詩鈔二卷　(清)陸亙昭撰
少蒙詩存一卷　(清)陸亙煇撰　　　[撰
思嗜齋詩賸一卷文賸一卷　(民國)陸廷楨
溉釜家書一卷　(民國)陸廷楨撰
陸氏詩賸彙編一卷文賸彙編一卷　(民國)
  陸明桓輯
古柏重青圖題識一卷　(清)陸日愛輯
壽萱集一卷　(清)陸日愛輯
詠梨集試帖二卷　(清)吟嘯樓主人撰
  (清)安拙廬主人續

湘潭郭氏閨秀集

(清)郭潤玉輯
  清道光十七年(1837)刊本
獨吟樓詩一卷　(清)郭步韞撰
嚥雪山房詩一卷　(清)郭友蘭撰
眐月軒詩一卷　(清)郭佩蘭撰
敏求齋詩一卷　(清)王繼藻撰
繡珠軒詩一卷　(清)郭漱玉撰

合刻屠氏家藏二集

(明)屠繩德輯
　　明萬曆四十三年(1615)刊本
　　屠康僖公文集(一名太和堂集)六卷附錄一
　　　卷　(明)屠勳撰
　　太史屠漸山文集(一名蘭暉堂集)四卷附錄
　　　一卷　(明)屠應埈撰

彭氏二文合集

(明)彭篤禧輯
　　清康熙五年(1666)彭志楨重刊本
　　彭文憲公文集四卷附錄一卷殿試策一卷
　　　(明)彭時撰
　　彭文思公文集六卷附錄一卷　(明)彭華撰

金石堂詩

(清)曾燦輯
　　清刊本
　　曾庭聞詩六卷　(清)曾畹撰
　　曾青藜詩八卷　(清)曾燦撰
　　曾麗天詩一卷　(明)曾炤撰

鷯里曾氏十一世詩

曾克峕輯
　　民國三十三年(1944)刊本
　　傲炫遺詩一卷　(明)曾熙丙撰
　　莞石遺詩一卷　(清)曾庭龍撰
　　訒庵遺詩一卷　(清)曾應銓撰
　　卽庵詩四卷遊草一卷　(清)曾燦垣撰
　　擬庵遺詩一卷　(清)曾祖訓撰
　　依隱堂詩二卷　(清)曾大升撰
　　醒庵遺詩一卷　(清)曾孫瀾撰
　　五梅遺詩一卷　(清)曾思謙撰
　　步適堂遺詩一卷　(清)曾從義撰
　　又盤遺詩一卷　(清)曾新撰
　　絪芳堂遺詩一卷　(清)曾奮春撰
　　自怡軒詩二卷　(清)曾暉春撰
　　唯堂遺詩一卷　(清)曾紹南撰
　　薌屏遺詩一卷　(清)曾元基撰
　　少坡遺詩一卷　(清)曾元海撰
　　梅巖遺詩一卷　(清)曾元變撰
　　養拙齋詩四卷　(清)曾元澄撰
　　歗荣根齋詩四卷　(清)曾兆霖撰
　　于樂遺詩一卷　(清)曾兆鑑撰
　　尊酒草堂詩二卷　(清)曾宗彥撰
　　梅月龕詩八卷詞一卷　(民國)曾福謙撰
　　用遼遺詩一卷　(民國)曾爾鴻撰

三盛詩鈔

(清)盛研家輯
　　清同治五年(1866)磊思巢刊本

字雲巢詩鈔一卷　(清)盛大謨撰
寄軒詩鈔一卷　(清)盛鏡撰
劍山詩鈔一卷留雪堂懷人詩鈔一卷　(清)
　盛樂撰
附
　宿月詩草一卷　(清)盛韻撰
　聽雪詩選一卷　(清)盛沄撰

昆明華氏叢刻

(清)華□輯
　　清光緒十五年(1889)粵西奉議州官廨重
　　　刊本
　　山館偶存一卷　(清)華日來撰
　　山館學規一卷　(清)華日來撰
　　蒲江縣練團規約一卷　(清)華日來撰
　　味鮮集試帖二卷附集唐人句一卷　(清)華
　　　嶸撰
　　勿自棄軒遺稿一卷　(清)華嶸撰
　　行我法軒二十四孝試帖一卷　(清)華世熙
　　　撰

二馮詩集

(民國)胡思敬輯
　　清光緒三十四年(1908)問影樓排印本
　　鈍吟集三卷　(清)馮班撰
　　馮舍人遺詩六卷　(清)馮廷櫆撰

常熟二馮先生集

(民國)張鴻輯
　　民國十四年(1925)排印本
　　默庵遺虆十卷附錄一卷　(清)馮舒撰
　　鈍吟老人遺稿　(清)馮班撰
　　　馮氏小集三卷
　　　鈍吟集三卷
　　　鈍吟別集一卷
　　　鈍吟餘集一卷
　　　遊仙詩二卷
　　　鈍吟老人集外詩一卷
　　　鈍吟樂府一卷
　　　鈍吟老人文稿一卷
　　　鈍吟老人雜錄十卷

馮氏五先生集

(明)馮琦輯
　　明萬曆中刊本
　　方伯集一卷　(明)馮裕撰
　　陂門集一卷　(明)馮惟健撰
　　大行集一卷　(明)馮惟重撰
　　石門集一卷　(明)馮惟敏撰
　　光祿集一卷　(明)馮惟訥撰

馮氏清芬集

（清）馮詢輯
　　清光緒元年(1875)上海権署刊本
　　水豹堂詩選一卷　（清）馮仕正撰
　　白蘭堂詩選一卷　（清）馮公亮撰
　　拙園詩選一卷　（清）馮賡颺撰

黃氏擷殘集

（清）黃宗羲輯
　　清康熙四十年(1702)黃炳刊本
　　清嘉慶八年(1803)黃斌刊本
　　文僖公集一卷　（明）黃珣撰
　　道南先生集一卷　（明）黃詔撰
　　半山先生集一卷　（明）黃嘉仁撰
　　潁州集一卷　（明）黃嘉愛撰
　　丁山先生集一卷　（明）黃元釜撰
　　景州集一卷　（明）黃尙質撰
　　竹橋十詠一卷　（明）黃海(明)倪宗正等撰
附
　　黃氏家錄一卷續錄五卷　（清）黃宗羲撰
　　　續錄(清)黃炳垕輯

卽墨黃氏詩鈔

（清）黃簪世輯
　　清乾隆三十一年(1766)鹽官官署刊本
卷上
　　訒齋詩草一卷　（明）黃作孚撰
　　見山樓詩草一卷　（明）黃嘉善撰
　　於斯堂詩集一卷　（明）黃宗昌撰
　　鴻集亭詩草一卷　（明）黃宗揚撰
　　鏡巖樓詩集一卷　（清）黃宗庠撰
　　澹心齋詩集一卷　（清）黃宗臣撰
　　石語亭詩草一卷　（清）黃宗崇撰
卷中
　　紫雪軒詩集一卷　（清）黃坦撰
　　友晉軒詩集一卷　（清）黃壏撰
　　栗里詩草一卷　（清）黃堨撰
　　脩竹山房詩草一卷　（清）黃壌撰
卷下
　　夕霏亭詩集一卷　（清）黃𡑍撰
　　快山堂詩集一卷　（清）黃貞麟撰
　　永德堂詩草一卷　（清）黃貞觀撰
　　華蕚館詩草一卷　（清）黃鴻中撰
　　涵清館詩草一卷　（清）黃克中撰
　　來山閣詩草一卷　（清）黃軆中撰

琴川黃氏三集

（清）黃廷鑑輯
　　清道光二十年(1840)刊本

　　寄廬遺稿一卷　（清）黃鶴撰
附
　　春谷遺草一卷　（清）黃鎭撰
　　花溪遺草一卷　（清）葉坤撰
　　籟鳴詩鈔三卷首一卷　（清）黃叔燦撰
　　第六絃溪詩鈔二卷　（清）黃廷鑑撰
附
　　小酉山房賸草一卷　（清）黃嘉芝撰
　　第六絃溪文鈔四卷　（清）黃廷鑑撰
附
　　虞邑紀變略二卷　（清）琴溪拙叟(黃廷
　　　鑑)撰

黃氏家集初編

（清）黃家鼎輯
　　清光緒十七年(1891)四明黃氏補不足齋
　　　刊本
　　民國七年(1918)刊本
　　墨舫賸稿一卷　（清）黃繩先撰
　　東井詩鈔四卷文鈔二卷　（清）黃定文撰
　　垂老讀書廬詩草二卷雜體文一卷　（清）黃
　　　定齊撰
　　古干亭詩集六卷文集二卷　（清）黃桐孫撰
附
　　菁山詩鈔一卷　（清）黃式祐撰
　　嶺外雜言一卷　（清）黃桐孫撰

二黃合橐

（清）廷愷輯
　　清光緒八年(1882)刊本
　　二江草堂文一卷　（清）黃崇惺撰
　　補不足齋文一卷　（清）黃家鼎撰

怡怡合稿

黃彬琳輯
　　民國二十三年(1934)排印本
　　可怡齋賸稿一卷　（清）黃鏡淸撰
　　自怡齋吟稿一卷　（清）黃鏡渠撰

溫氏叢書

（民國）溫良儒輯
　　民國二十五年(1936)排印本
第一集
　　溫恭毅公文集三十卷　（明）溫純撰
第二集
　　二園詩集四卷　（明）溫純撰
　　嶼浮閣賦集十四卷　（明）溫日知撰
　　海印樓集七卷　（清）溫自知撰
　　紀堂遺稿一卷　（清）溫儀撰
　　默菴詩鈔一卷　（清）溫曾緒撰

讀書一間鈔一卷　（清）溫蕙撰

午夢堂集

（明）葉紹袁輯
　　明崇禎九年(1636)刊本
　　民國五年(1916)吳江唐氏寧儉堂排印本
　鸝吹(一名午夢堂遺集)二卷附一卷梅花詩
　　一卷　（明）沈宜修撰
　愁言(一名芳雪軒遺集)一卷附集一卷
　　（明）葉紈紈撰
　返生香(一名疎香閣遺集)一卷附集一卷
　　（明）葉小鸞撰
　鴛鴦夢一卷　（明）葉小紈撰
　窈聞一卷續一卷　（明）葉紹袁撰
　伊人思一卷　（明）沈宜修輯
　百旻遺草一卷附集一卷　（明）葉世侗撰
　秦齋怨一卷　（明）葉紹袁撰
　屺雁哀一卷　（明）葉紹袁輯
　彤奩續些二卷　（明）葉紹袁輯
　靈護集一卷附一卷　（明）葉世傛撰
　瓊花鏡一卷　（明）葉紹袁撰

南津草閣詩集

（清）葉照輯
　　清咸豐元年(1851)奉賢葉氏刊本
　固庵詩鈔一卷　（清）葉本撰
　愚峯詩鈔一卷　（清）葉桐撰

淥江廖氏三代文鈔

（清）廖子賢輯
　　清光緒十九年(1893)刊本
　惕齋先生放言　（明）廖登宸撰
　迪彝先生文　（清）廖士琦撰
　素庵先生文　（清）廖士修撰　以上合一卷
　夢餘草三卷　（清）廖志灝撰

賜墨堂家集合編

（清）熊寶泰輯
　　清嘉慶中性餘堂刊本
　西園遺稿一卷　（清）熊良翚撰　嘉慶十三
　　年(1808)刊
　四十賢人集一卷　（清）熊文泰撰　嘉慶十
　　一年(1806)刊
　附
　　熊補亭遺詩一卷　（清）熊象黻撰
　藕頤類稿二十卷　（清）熊寶泰撰
　藕頤類稿外集五卷　（清）熊寶泰撰
　附
　　晼香閣詩鈔一卷　（清）張淑撰
　　三國志小樂府箋注一卷　（清）熊象援注

閒居戲吟箋注一卷　（清）吳樞注

二熊君詩賸

（清）□□輯
　　清光緒中刊本
　蘇林詩賸一卷　（清）熊其光撰
　含齋詩賸一卷　（清）熊其英撰
　海琴樓遺文一卷　（清）熊其光撰

亦佳園一家言

（清）臧秉彝輯
　　民國六年(1917)石印本
　卷上
　　亦佳園詩存一卷　（清）臧煜珍撰
　　鴻迹館詩存一卷填詞一卷　（清）臧良基撰
　卷下
　　廣平梅花館詩草一卷　（清）臧良圻撰
　　爽氣西來齋詩草一卷　（清）臧良圻撰
　　春夢初覺室詩草一卷填詞一卷　（清）臧良
　　　圻撰
　　攷古軒遺墨一卷　（清）臧著爵撰

蒯氏家集

蒯壽樞輯
　　民國十八年(1929)合肥蒯氏江甯刊本
　金粟齋遺集八卷首一卷附錄一卷　（清）蒯
　　光典撰
　帶耕堂遺詩五卷首一卷　（清）蒯德模撰
　蒯公子範歷任治所崇祀錄一卷　（民國）程
　　先甲輯
　吳中判牘一卷　（清）蒯德模撰

趙氏淵源集

（清）趙紹祖輯
　　清道光中刊本
　歗閣集　（明）趙司直撰
　文燕齋遺稿　（明）趙崇禮撰　以上合一卷
　環石齋詩集一卷　（清）趙知希撰
　星閣詩集二卷　（清）趙青藜撰
　五松遺草　（清）趙際飛撰
　漱芳居遺草　（清）趙希文撰
　梅軒草　（清）趙獮撰
　耕氓草　（清）趙良震撰　以上合一卷
　甄溪小稿　（清）趙守勳撰
　築巖詩集　（清）趙良霖撰
　竹坡小草　（清）趙良猷撰　以上合一卷
　肯巖詩鈔　（清）趙良𤩷撰
　月巖詩遺　（清）趙慶聖撰　以上合一卷
　台巖詩鈔　（清）趙良爵撰
　繡餘草　（清）趙環撰

馥雲軒詩集　(清)趙友烺撰　　以上合一卷
懶雲詩鈔　(清)趙友廣撰
偉堂詩鈔　(清)趙帥撰
龜山遺草　(清)趙友璋撰
竹廬詩鈔　(清)趙望齡撰　　以上合一卷
葵陽詩鈔　(清)趙變元撰
柳蔭居詩草　(清)趙楷撰
省齋詩鈔　(清)趙雷生撰
枕山面水草堂詩鈔　(清)趙祖慶撰
雲閣遺草　(清)趙星垣撰　　以上合一卷
古墨齋詩鈔　(清)趙紹祖撰
肯堂詩鈔　(清)趙繩祖撰　　以上合一卷

趙氏三集

(清)趙宗建輯　　　　　　　　　　　　　　［本
　　清咸豐五年(1855)常熟趙氏木活字排印
總宜山房詩集一卷　(清)趙元紹撰
一樹棠棣館詩集一卷　(清)趙元愷撰
澄懷堂詩集一卷　(清)趙奎昌撰

錫山榮氏繩武樓叢刊

(民國)榮棣輝輯
　　民國二十二年(1933)排印本
自怡吟拾存一卷附錄一卷　(清)榮漢璋撰
　　附錄(民國)榮善昌(民國)榮棣輝撰
半讀齋賸稿一卷雜著一卷附錄一卷　(清)
　　榮汝楫撰　附錄(民國)榮善昌(民國)
　　榮棣輝輯
棠蔭軒遺稿二卷補遺一卷雜著二卷　(民
　　國)榮汝棻撰
醫學一得四卷補遺一卷　(民國)榮汝棻撰
　　補遺(民國)榮善昌(民國)榮棣輝輯
戊午輗言錄一卷　(民國)榮善昌(民國)榮
　　棣輝輯
毛太君徽音集一卷　(民國)榮善昌(民國)
　　榮棣輝輯　　　　　　　　　　　　　［撰
成思室遺稿一卷聯語一卷　(民國)榮善昌
成思室遺稿附錄一卷　(民國)榮金聲輯
壬申輗言錄二卷補遺一卷　(民國)榮金聲
　　輯
凋芳錄一卷　(民國)榮金聲輯
洞泉詩鈔一卷附錄一卷　(清)榮漣撰
蘭言居遺稿三卷附錄一卷　(清)榮光世撰
　　附錄(民國)榮培彥輯

新喻三劉文集

(清)暨用其輯
　　清乾隆十五年(1750)水西劉氏刊本
首一卷
公是集四卷　(宋)劉敞撰

公非集一卷　(宋)劉攽撰
自省集一卷　(宋)劉奉世撰

壎篪集

(清)劉沅輯
　　清咸豐二年(1852)豫誠堂刊本　　　［本
　　民國二十二年(1933)西充鮮于氏特園刊
芳皋棗餘錄四卷　(清)劉瀞撰
止唐韻語存六卷　(清)劉沅撰

番禺黎氏存詩彙選

(清)陳恭尹輯
　　清康熙三十三年(1694)黎延祖刊本
燕臺集一卷　(明)黎瞻撰
臺中集一卷　(明)黎貫撰
瑤石山人詩稿一卷　(明)黎民表撰
司封集一卷　(明)黎民衷撰
清居集一卷　(明)黎民懷撰
希蹤稿一卷　(明)黎民褱撰
旅中稿一卷　(明)黎邦琰撰
黎邦琛集一卷　(明)黎邦琛撰
黎邦璘集一卷　(明)黎邦璘撰
籟鳴集一卷　(明)黎密撰
鶯鳴集一卷　(明)黎崇勘撰
文水居集一卷　(明)黎崇勅撰
愧菴稿一卷　(明)黎兆鳖撰
葦言一卷　(明)黎淳先撰
洞石集一卷　(明)黎邦瑊撰
貽清堂集一卷　(明)黎崇宣撰
蓮鬚閣集一卷　(明)黎遂球撰
雪窓集一卷　(明)黎玉書撰
芙航集一卷　(明)黎彭齡撰
瓜圃小草一卷　(明)黎延祖撰
醇曜堂集一卷　(明)黎彭祖撰

黎氏家集

(清)黎庶昌輯
　　清光緒十四年(1888)日本使署刊本
夢餘筆談一卷　(清)黎安理撰
長山公自書年譜一卷　(清)黎安理撰
石頭山人遺稿一卷　(清)黎愷撰
蛉石齋詩鈔四卷　(清)黎恂撰
千家詩注二卷　(清)黎恂撰　排印
侍雪堂詩鈔六卷　(清)黎兆勳撰
葑煙亭詞四卷　(清)黎兆勳撰
慕耕草堂詩鈔四卷　(清)黎庶燾撰
琴洲詞二卷　(清)黎庶燾撰
椒園詩鈔七卷　(清)黎庶蕃撰
雪鴻詞二卷　(清)黎庶蕃撰
丁亥入都紀程二卷　(清)黎庶昌撰

附　　　　　　　　　　　　　　　　〔撰
　　青田山廬詩鈔二卷詞鈔一卷　(清)莫庭芝
　　悅坳遺詩一卷　(清)鄭埰撰
　　瑟廬遺詩一卷　(清)章永康撰
　　昭覺丈雪醉禪師語錄一卷　(清)釋通醉述
　　　(清)釋徹綱等編　排印

一家詩詞鈔

(清)滕檀膚輯
　　清光緒二十六年(1900)金匱滕氏刊本
　　傳鐙賸稿一卷　(清)滕元鑑撰
　　棠雲館殘稿一卷　(清)滕學濂撰
　　虛白舫詩刪存一卷詩焚餘一卷文鈔附刻一
　　　卷　(清)滕檀膚撰

蔡氏九儒書

(明)蔡有鷴輯
　　清雍正十一年(1733)廬峯書院刊本
　　清同治七年(1868)盱南蔡氏三餘書屋刊
　　　本
　　清光緒十三年(1887)刊本
　　首一卷
　　牧堂公集一卷　(宋)蔡發撰
　　西山公集一卷　(宋)蔡元定撰
　　節齋公集一卷　(宋)蔡淵撰
　　復齋公集一卷　(宋)蔡沆撰
　　素軒公集一卷　(宋)蔡格撰
　　九峯公集一卷　(宋)蔡沈撰
　　覺軒公集一卷　(宋)蔡模撰
　　久軒公集一卷　(宋)蔡杭撰
　　靜軒公集一卷　(宋)蔡權撰

謙受益齋文友竹草堂集合刻

(清)蔣慶筬(清)蔣慶第撰
　　清光緒宣統間刊本
　　謙受益齋文集一卷　(清)蔣慶筬撰
　　友竹草堂文集六卷詩二卷　(清)蔣慶第撰
　　友竹草堂隨筆二卷　(清)蔣慶第撰
　　友竹草堂楹聯一卷　(清)蔣慶第撰
　附
　　趨庭錄一卷　蔣志達撰

二談女史詩詞合刊(一名菱湖三女史詩詞合刊)

(清)孫錫祉輯
　　清光緒十六年(1890)歸安孫氏刊本
　　平洛遺草一卷　(清)談印蓮撰
　　九嶷仙館詩鈔二卷詞鈔一卷諸圖題詞一卷
　　　(清)談印梅撰
　　季紅花館偶吟一卷　(清)孫佩芬撰

桂影軒叢刊

(民國)談文炬輯
　　民國十一年(1922)海鹽談氏排印本
　　英甫遺詩一卷　(民國)談庭梧撰
　　桂影軒筆記一卷　(民國)談庭梧撰
　　鳳威遺稿一卷　(清)談文烜撰
　　雲芝遺詩一卷　(民國)談沈雲芝撰
　　夢石未定稿一卷　(民國)談文炬撰

鄭氏六名家集

(清)鄭定遠輯
　　清康熙中刊本
　　雲臺編三卷補遺一卷　(唐)鄭谷撰　康熙
　　　三十九年(1700)刊
　　鄭忠肅公奏議遺集一卷　(宋)鄭興裔撰
　　　康熙三十二年(1693)刊
　附
　　鄭忠肅公年譜一卷　(宋)鄭琰撰
　　開國公遺集一卷附錄一卷　(宋)鄭準撰
　　　康熙三十八年(1699)刊
　　鄭所南先生詩選一卷　(宋)鄭思肖撰　康
　　　熙三十九年(1700)刊
　　僑吳遺集一卷　(元)鄭元祐撰　康熙三十
　　　一年(1692)刊
　　平橋藁十八卷附錄一卷　(明)鄭文康撰
　　　康熙三十九年(1700)刊

鄭氏三家詩鈔

(民國)鄭慈轂輯
　　鈔本
　　綠蔭齋詩稿一卷　(清)鄭培撰
　　谷愚學吟草一卷詩餘一卷　(清)鄭壽南撰
　　步齋學吟草二卷　(清)鄭壽彭撰

二蕭集

(民國)蕭有作輯
　　民國十八年(1929)刊本　　　　〔撰
　　齎志長懷詩集一卷聯語一卷　(清)蕭誠齋
　　蕭齋詩集一卷聯語一卷　(民國)蕭有作撰

寶山錢氏家集

(清)錢薷璋輯
　　清光緒中寶山錢氏刊本
　　敦厚堂近體詩一卷　(清)錢穀撰　　〔撰
　　棣韡堂吟賸一卷　(清)錢鴻寶(清)錢錫寶
　　留香閣吟鈔一卷　(清)錢秉彝撰
　　觀自得廬詩存一卷　(清)錢若洲撰
　　評花齋詩錄一卷　(清)錢枚撰
　　寸草軒詩賸一卷　(清)錢枏撰

陽湖錢氏家集

(民國)錢振鍠輯

　　清光緒三十三年(1907)木活字排印本

　　佳樂堂遺稿一卷　(清)錢鈞撰

　　九峰閣詩集六卷文集四卷　(清)錢櫚杲撰

　　摘星初集詩二卷文一卷說詩一卷筆談一卷

　　　　雜著一卷　(民國)錢振鍠撰

　　摘星二集文二卷詩一卷筆談一卷雜著一卷

　　　　(民國)錢振鍠撰

　　摘星三集文三卷詩一卷筆談一卷　(民國)

　　　　錢振鍠撰

　　雲在軒詩集三卷筆談一卷　(清)錢希撰

　　北窗吟草一卷　(清)錢永撰

　　謫星詞一卷　(民國)錢振鍠撰

　　謫星對聯一卷　(民國)錢振鍠撰

附

　　乩詩錄一卷　(民國)錢振鍠輯

　　求拙齋遺詩一卷　(清)蔣南棠撰

湖墅錢氏家集

(清)錢錫賓(清)錢錫鈺輯

　　清光緒二十二年(1896)刊本

　　澄碧齋詩鈔十二卷　(清)錢琦撰

　　澄碧齋別集五卷遺文一卷　(清)錢琦撰

　　晴江遺詩一卷　(清)錢潮撰

　　渼陂遺詩一卷　(清)錢玘撰

　　梅篴遺詩一卷　(清)錢樹撰

　　遁香小草一卷　(清)錢榕撰

　　齋心草堂詩集一卷　(清)錢枚撰

　　微波詞一卷　(清)錢枚撰

　　玉山草堂集三十二卷　(清)錢林撰

　　松壺畫贅二卷　(清)錢杜撰

　　松壺畫憶二卷　(清)錢杜撰

　　紅樹山廬詩稿一卷　(清)錢槐撰

　　適意吟一卷　(清)錢杕撰

　　有眞意齋遺文一卷　(清)錢杕撰

　　秋岩遺詩一卷　(清)錢桂撰

　　息園遺詩一卷　(清)錢機撰

　　硯癖遺詩一卷　(清)錢棻撰

　　雙橋書屋遺詩一卷詞存一卷　(清)錢東撰

　　蘅臯遺詩一卷　(清)錢廷烜撰

　　綠伽楠精舍詩草一卷　(清)錢廷烺撰

　　小謝詞存一卷　(清)錢廷烺撰

　　信孚遺詩一卷　(清)錢廷成撰　　　　　[撰

　　金塗塔齋詩稿一卷遺文一卷　(清)錢任鈞

　　燕游詩草一卷　(清)錢廷熊撰

　　廉泉山館遺詩一卷　(清)錢廷焯撰

　　見山樓詩鈔七卷文鈔一卷　(清)錢廷薰撰

　　柏樹軒詩稿一卷　(清)錢廷焯撰

　　棣華堂詩稿一卷　(清)錢廷潁撰

　　少坡遺詩一卷　(清)錢廷燿撰

　　晚香堂詩藁一卷詞藁一卷　(清)錢文熊撰

　　飛白竹齋詩鈔一卷　(清)錢臺撰

　　玉照堂詩稿(一名蕪鸝枝集)一卷　(清)錢

　　　　觀撰

　　老梅書屋遺詩一卷　(清)錢辰吉撰

　　疊花叢稿一卷　(清)錢時穎撰

　　淥坪遺詩一卷　(清)錢雍撰

　　迚古軒詩草二卷詞橐一卷　(清)錢睦撰

　　景陸遺詩一卷　(清)錢贄撰

　　惜花軒詩稿一卷詞稿一卷　(清)錢錫正撰

　　繩槎遺詩一卷　(清)錢錫祉撰

　　韻園遺詩一卷　(清)錢錫保撰

　　倚玉生詩稿一卷　(清)錢錫章撰

　　幼學存草一卷　(清)錢錫慶撰

　　西山遺詩一卷　(清)錢錫毀撰

　　補拙齋稿一卷　(清)錢宗源撰

　　小漪詩屋吟橐一卷　(清)金蓉撰

　　繡藥軒遺詩一卷　(清)盧元素撰

　　榕陰草堂遺詩一卷　(清)錢琳撰

附

　　汪海樹詞一卷　(清)汪瑚撰

薛氏五種

(清)薛時雨輯

　　清同治七年(1868)全椒薛氏刊本

　　藤香館詩鈔四卷　(清)薛時雨撰

　　藤香館詩續鈔二卷　(清)薛時雨撰

　　藤香館詞一卷　(清)薛時雨撰

　　念鞠齋時文賸稿一卷　(清)薛鑫撰

　　味經得雋齋律賦一卷　(清)薛春黎撰

儲氏叢書

(民國)儲皖峯輯

　　民國十九年(1930)上海述學社排印本

　　儲光羲詩集五卷附錄一卷　(唐)儲光羲撰

　　　　附錄(民國)儲皖峯輯

　　儲嗣宗詩集一卷附錄一卷　(唐)儲嗣宗撰

　　　　附錄(民國)儲皖峯輯

鍾家詩鈔合集

(清)鍾毓輯

　　民國二十年(1931)鍾惠山排印本

　　望錦樓遺稿一卷　(清)鍾翼雲撰

　　睿花書屋遺稿一卷　(清)鍾泰撰

　　紅藥山房吟稿二卷　(清)鍾曾齡撰

　　繡山小草一卷　(清)鍾曾澤撰

　　淞溪遺稿二卷　(清)鍾奭撰

　　學吟賸草一卷　(清)鍾偉撰

聘梅僊館詩草一卷　（清）鍾毓撰
蜀游草一卷　（清）鍾毓撰
望雲懷雨印雪廬詞一卷　（清）鍾毓撰
江陽草一卷　（清）鍾毓撰
半隱先生花甲紀略一卷文鈔一卷　（清）鍾毓撰
續集
　師竹軒草一卷　（清）鍾曾淇撰
　垂裕堂遺草一卷　（清）鍾曾洽撰

雲間二韓詩

（清）曹炳曾輯
　清康熙五十五年(1716)海上曹氏城書室刊本
石秀齋集十卷　（明）莫是龍撰
小菴羅集六卷　（明）顧斗英撰
附
采隱草一卷　（明）莫秉清撰
拾香草一卷　（明）顧昉之撰

瞿氏詩草

（民國）瞿啓甲輯
　民國二十五年(1936)刊藍印本
墨莊詩草一卷　（清）瞿詒謀撰
吹月塡詞館賸藁三卷　（清）瞿紹堅撰
鐵琴銅劍樓詞草一卷　（清）瞿鏞撰

二藍集

（清）藍蔚雯輯
　清咸豐七年(1857)定海藍氏刊光緒十六年(1890)金匱宣敬熙補刊本
藍山詩集六卷　（明）藍仁撰
藍澗詩集六卷　（明）藍智撰

寧都三魏全集

（清）林時益輯
　清易堂刊本
　清道光二十五年(1845)寧都謝庭綬綏絨園書塾刊本
魏伯子文集十卷　（清）魏際瑞撰
魏叔子文集外篇二十二卷日錄三卷詩集八卷　（清）魏禧撰
魏季子文集十六卷　（清）魏禮撰
附
魏興士文集(一名梓室文稿)六卷　（清）魏世傑撰
魏昭士文集(一名耕廡文稿)十卷　（清）魏世傚撰
魏敬士文集(一名爲谷文稿)八卷　（清）魏世儼撰

同懷忠孝集

（清）嚴辰輯
　清光緒十年(1884)桐鄉嚴氏刊本
清嘯樓詩鈔一卷　（清）嚴謹撰
含芳館詩鈔一卷　（清）嚴瀫華撰

謹依眉陽正本大宋眞儒三賢文宗

（宋）□□輯
　宋刊本
老泉先生集三卷　（宋）蘇洵撰
東坡先生集九卷　（宋）蘇軾撰
潁濱先生集八卷　（宋）蘇轍撰

三蘇文集

（清）邵希雍輯
　清宣統元年(1909)上海會文學社石印本
嘉祐集十六卷　（宋）蘇洵撰
東坡文集八卷　（宋）蘇軾撰
欒城文集二十卷　（宋）蘇轍撰

三蘇全集

（清）弓翊清校
　清道光十二年(1832)眉州三蘇祠刊本
嘉祐集二十卷　（宋）蘇洵撰
東坡全集八十四卷　（宋）蘇軾撰
附
　東坡年譜一卷　（宋）王宗稷撰
欒城集四十八卷後集二十四卷三集十卷應詔集十二卷　（宋）蘇轍撰
斜川集六卷　（宋）蘇過撰　道光七年(1827)刊

經進三蘇文集事略

（民國）羅振常輯
　民國上海蟫隱廬刊本
老泉先生文集十二卷附考異一卷　（宋）蘇洵撰　（宋）郎曄注　考異（民國）羅振常撰　民國十七年(1928)刊
經進嘉祐集事略一卷附考異一卷　（宋）蘇洵撰　（宋）郎曄注　（民國）羅振常輯佚幷撰考異　民國九年(1920)刊
老泉先生文集補遺二卷　（宋）蘇洵撰　（民國）羅振常輯
經進東坡文集事略六十卷附考異四卷補遺一卷續補一卷　（宋）蘇軾撰　（宋）郎曄注　考異（民國）羅振常撰　民國九年(1920)刊
經進欒城文集事略一卷附考異一卷　（宋）蘇轍撰　（宋）郎曄注　（民國）羅振常

　　　輯佚幷撰考異　民國九年(1920)刊
　　郎氏事輯一卷　(民國)羅振常輯　民國九年(1920)刊

玉峯雍里顧氏六世詩文集(一名武陵六世詩文集)

(清)顧登輯
　　清雍正十年(1732)崑山顧氏桂雲堂刊本
　　桂軒先生全集　(明)顧恂撰
　　　永思錄一卷附贈言一卷
　　　鼇峯藁五卷
　　　百詠天香集一卷
　　　西湖紀遊一卷
　　　啖蔗餘甘詞一卷
　　附
　　　斯文會詩一卷　(明)沈魯等撰　　[撰
　　　先桂軒府君(顧恂)年譜一卷　(清)顧易
　　朋壽圖詩一卷　(明)顧左撰
　　附　　　　　　　　　　　　　　　[撰
　　　先自如府君(顧左)年譜一卷　(清)顧易
　　靜觀堂集十四卷　(明)顧潛撰
　　扰贅錄九卷續錄二卷　(明)顧夢圭撰
　　炳燭軒詩集五卷南雍草一卷楚思賦一卷
　　　(明)顧懋宏撰
　　雙星館集一卷　(明)朱柔英撰
　　達竿集四卷　(明)顧天埈撰

詩　文　評

詩話

(明)楊成玉輯
　　明弘治三年(1490)序刊本
　　劉敞貢父詩話一卷　(宋)劉敞撰
　　六一居士詩話一卷　(宋)歐陽修撰
　　司馬溫公詩話一卷　(宋)司馬光撰
　　後山居士詩話一卷　(宋)陳師道撰
　　東萊呂紫微詩話一卷　(宋)呂本中撰
　　竹坡老人詩話一卷　(宋)周紫芝撰
　　許彥周詩話一卷　(宋)許顗撰
　　張表臣詩話一卷*　(宋)張表臣撰

歷代詩話

(清)何文煥輯
　　清乾隆三十五年(1770)序刊本
　　民國上海文寶公司石印本
　　民國十六年(1927)上海醫學書局石印本
　　詩品三卷　(梁)鍾嶸撰
　　詩式一卷　(唐)釋皎然撰
　　二十四詩品一卷　(唐)司空圖撰
　　全唐詩話六卷　(宋)尤袤撰
　　六一詩話一卷　(宋)歐陽修撰
　　溫公續詩話一卷　(宋)司馬光撰
　　中山詩話一卷　(宋)劉攽撰
　　後山詩話一卷　(宋)陳師道撰
　　臨漢隱居詩話一卷　(宋)魏泰撰
　　竹坡詩話一卷　(宋)周紫芝撰
　　紫微詩話一卷　(宋)呂本中撰
　　彥周詩話一卷　(宋)許顗撰
　　石林詩話三卷　(宋)葉夢得撰
　　唐子西文錄一卷　(宋)唐庚撰
　　珊瑚鉤詩話三卷　(宋)張表臣撰
　　韻語陽秋二十卷　(宋)葛立方撰
　　二老堂詩話一卷　(宋)周必大撰
　　白石道人詩說一卷　(宋)姜夔撰
　　滄浪詩話一卷　(宋)嚴羽撰
　　山房隨筆一卷　(元)蔣子正撰
　　詩法家數一卷　(元)楊載撰
　　木天禁語一卷　(元)范梈撰
　　詩學禁臠一卷　(元)范梈撰
　　談藝錄一卷　(明)徐禎卿撰
　　秋圃擷餘一卷　(明)王世懋撰
　　存餘堂詩話一卷　(明)朱承爵撰
　　夷白齋詩話一卷　(明)顧元慶撰
　　歷代詩話考索一卷　(清)何文煥撰

歷代詩話續編

丁福保輯
　　民國五年(1916)無錫丁氏排印本
　　本事詩一卷　(唐)孟棨撰
　　樂府古題要解二卷　(唐)吳兢撰
　　詩人主客圖一卷　(唐)張為撰
　　風騷旨格一卷　(唐)釋齊己撰
　　觀林詩話二卷　(宋)吳聿撰
　　誠齋詩話一卷　(宋)楊萬里撰
　　庚溪詩話二卷　(宋)陳巖肖撰
　　草堂詩話二卷　(宋)蔡夢弼撰
　　優古堂詩話一卷　(宋)吳开撰
　　艇齋詩話一卷　(宋)曾季貍撰
　　藏海詩話一卷　(宋)吳可撰
　　碧溪詩話十卷　(宋)黃徹撰
　　對床夜語五卷　(宋)范晞文撰
　　歲寒堂詩話二卷　(宋)張戒撰
　　江西詩派小序一卷　(宋)劉克莊撰
　　娛書堂詩話二卷　(宋)趙與虤撰
　　滹南詩話三卷　(金)王若虛撰
　　梅磵詩話三卷　(宋)韋居安撰
　　吳禮部詩話一卷　(元)吳師道撰
　　升菴詩話十四卷　(明)楊慎撰
　　藝苑卮言八卷　(明)王世貞撰
　　國雅品一卷　(明)顧起綸撰

四溟詩話四卷　(明)謝榛撰

歸田詩話三卷　(明)瞿佑撰

逸老堂詩話二卷　(明)俞弁撰

南濠詩話一卷　(明)都穆撰

懷麓堂詩話一卷　(明)李東陽撰

詩鏡總論一卷　(明)陸時雍撰

詩學指南

(清)顧龍振輯

清乾隆二十四年(1759)敎本堂刊本

卷一

詩法正論一卷　(元)傅若金撰

詩法一卷　(口)黃子肅撰

詩法正宗一卷　(元)揭傒斯撰

詩宗正法眼藏一卷

詩法家數一卷　(元)楊載撰

詩學正源一卷

卷二

詩辯一卷　(宋)嚴羽撰

詩體一卷

詩法一卷

詩評一卷

考證一卷附答出繼叔臨安吳景僊書一卷

歷代吟譜一卷　(口)陳應行撰

卷三

詩格一卷　魏文帝撰

二南密旨一卷　(唐)賈島撰

文苑詩格一卷　(唐)白居易撰

詩格一卷　(唐)王昌齡撰

詩中密旨一卷

評詩格一卷　(唐)李嶠撰

詩議一卷　(唐)釋皎然撰

評論一卷

詩式一卷　(唐)釋皎然撰

卷四

緣情手鑑詩格一卷　(明)李洪宣撰

風騷要式一卷　(口)徐衍撰

風騷旨格一卷　(唐)釋齊己撰

詩格一卷　(唐)釋文彧撰

流類手鑑一卷　(口)釋虛中撰

詩評一卷　(宋)釋景淳撰

詩中旨格一卷　(口)王玄撰

詩格一卷　(唐)王叡撰

詩要格律一卷　(口)王夢簡撰

雅道機要一卷　(唐)徐寅撰

金針詩格一卷　(唐)白居易撰　(宋)梅堯
　臣續

詩評一卷　(宋)梅堯臣撰

卷五

名賢詩旨一卷

石林詩話一卷　(宋)葉夢得撰

卷六

選詩句圖一卷　(宋)高似孫集

續句圖一卷　(口)陳應行撰

卷七　　　　　　　　　　　　　　　[撰

杜律心法一卷附虞註刪要一卷　(元)楊載

詩格一卷　(元)范梈撰

卷八

應制詩式一卷

應試詩式一卷

詩觸

(清)朱琰輯

清乾隆嘉慶間刊本

詩品一卷　(梁)鍾嶸撰

二十四詩品一卷　(唐)司空圖撰

詩式一卷　(唐)釋皎然撰

白石道人詩說一卷　(宋)姜夔撰

滄浪詩話一卷　(宋)嚴羽撰

藝圃擷餘一卷　(明)王世懋撰

談藝錄一卷　(明)徐禎卿撰

古夫于亭詩問答一卷　(清)劉大勤問
　(清)王士禛答

樂府古題要解二卷　(唐)吳兢撰

樂府指迷一卷　(宋)張炎撰

詞旨一卷　(元)陸行直撰

文章緣起一卷　(梁)任昉撰

續文章緣起一卷　(明)陳懋仁撰

附

端溪硯譜一卷　(宋)口口撰　(宋)葉樾
　訂

漁洋詩話三卷　(清)王士禛撰

說詩晬語二卷　(清)沈德潛撰

花薰閣詩述

(清)雪北山樵輯

清嘉慶二十二年(1817)序刊本

漁洋答問一卷　(清)王士禛撰

律詩定體

詩問

聲調譜一卷　(清)趙執信撰

談龍錄一卷附吳俌齡與萬季埜書一卷
　(清)趙執信撰　附(清)吳喬撰

唐音審體一卷　(清)錢良擇撰

鈍吟雜錄一卷　(清)馮班撰

樂府集二卷　(宋)郭茂倩撰

古音表一卷　(清)顧炎武撰

韻補正一卷　(清)顧炎武撰

等音一卷　(口)馬槃什撰

談藝珠叢

(清)王啟原輯

    清光緒十一年(1885)長沙玉尺山房刊本

詩品三卷　(梁)鍾嶸撰

樂府古題要解二卷　(唐)吳兢撰

詩式一卷　(唐)釋皎然撰

主客圖三卷　(唐)張爲撰

詩品一卷　(唐)司空圖撰

風騷旨格一卷　(唐)釋齊己撰

晦庵詩說一卷　(宋)陳文蔚等撰

白石道人詩說一卷　(宋)姜夔撰

滄浪詩話一卷　(宋)嚴羽撰

詩法家數一卷　(元)楊載撰

木天禁語一卷　(元)范梈撰

詩學禁臠一卷　(元)范梈撰

麓堂詩話一卷　(明)李東陽撰

談藝錄一卷　(明)徐禎卿撰

藝苑卮言八卷　(明)王世貞撰

詩家直說四卷　(明)謝榛撰

藝圃擷餘一卷　(明)王世懋撰

詩譯一卷　(清)王夫之撰

夕堂永日緒論一卷　(清)王夫之撰

師友詩傳錄一卷　(清)郎廷槐問　(清)王
　士禛(清)張篤慶(清)張實居答

師友詩傳續錄一卷　(清)劉大勤問　(清)
　王士禛答

談龍錄一卷　(清)趙執信撰

聲調前譜一卷後譜一卷續譜一卷　(清)趙
　執信撰

聲調譜拾遺一卷　(清)翟翬撰

然鐙記聞一卷　(清)王士禛口授　(清)何
　世璂筆述

說詩晬語二卷　(清)沈德潛撰

詩評一卷　(清)黃景仁撰

文學津梁

(民國)周鍾游輯

    民國五年(1916)上海有正書局石印本

文章緣起一卷　(梁)任昉撰

文則二卷　(宋)陳騤撰

文章精義一卷　(宋)李耆卿撰

修詞鑑衡一卷　(元)王構撰

文說一卷　(元)陳繹曾撰

文章薪火一卷　(清)方以智撰

伯子論文一卷　(清)魏際瑞撰

日錄論文一卷　(清)魏禧撰

退庵論文一卷　(清)梁章鉅撰

初月樓古文緒論一卷　(清)吳德旋述
　(清)呂璜錄

文概一卷　(清)劉熙載撰

論文集要四卷　(清)薛福成輯

中國古典文學理論批評叢書

郭紹虞　羅根澤主編

    1958年至1959年人民文學出版社排印本

文心雕龍註十卷　(梁)劉勰撰　范文瀾註
　1958 年排印

飲冰室詩話一卷　(民國)梁啓超撰
　1959 年排印

中國文學參考資料小叢書

上海古典文學出版社輯

    1956年至1957年上海古典文學出版社排
　印本

第一輯

  唐才子傳十卷　(元)辛文房撰

  隋唐嘉話三卷　(唐)劉餗撰

  大唐新語十三卷　(唐)劉肅撰

  唐國史補三卷　(唐)李肇撰

  因話錄六卷　(唐)趙璘撰

  唐摭言十五卷　(南漢)王定保撰

  唐語林八卷　(宋)王讜撰

  羯鼓錄一卷　(唐)南卓撰

  樂府雜錄一卷　(唐)段安節撰

  碧雞漫志一卷　(宋)王灼撰

  唐音癸籤三十三卷　(明)胡震亨撰

  教坊記一卷　(唐)崔令欽撰

  北里志一卷　(唐)孫棨撰

  青樓集一卷　(元)夏庭芝撰

  醉翁談錄二十卷　(宋)羅燁撰

  雲麓漫抄十五卷　(宋)趙彥衞撰

第二輯

  雲谿友議三卷　(唐)范攄撰

  本事詩一卷續一卷　(唐)孟棨撰

  本事詞二卷　(清)葉申薌撰

  詩人玉屑二十卷　(宋)魏慶之撰

  帝京景物畧八卷　(明)劉侗(明)于奕正撰

  列朝詩集小傳不分卷　(清)錢謙益撰

  書影十卷　(清)周亮工撰

  今世說八卷　(清)王晫撰

  詞林紀事二十二卷　(清)張宗橚輯

  劇說六卷　(清)焦循撰

  小說叢考不分卷　錢靜方撰

翠娛閣評選行笈必攜

(明)陸雲龍輯

    明崇禎中刊本

詩最二卷　(明)丁允和品定　(明)陸雲龍
　評注

文奇四卷　(明)丁允和品定　(明)陸雲龍
　評注

文韻四卷　(明)丁允和品定　(明)陸雲龍
　　評注
書雋二卷　(明)丁允和品定　(明)陸雲龍
　　評注
四六儷二卷　(明)陸雲龍輯
小札簡二卷　(明)陸雲龍輯
清語部一卷　(明)陸雲龍輯
紀遊一卷　(明)陸雲龍輯
詞菁二卷　(明)陸雲龍輯

錢盧兩先生讀杜合刻

(明)口口輯
　　明崇禎中刊本
讀杜詩寄廬小箋三卷　(清)錢謙益撰
讀杜二箋一卷　(清)錢謙益撰
讀杜私言一卷　(清)盧世㴶撰

譚氏集

(明)譚浚撰
　　明嘉靖萬曆間刊本
言文三卷
說詩三卷

清詩話

丁福保輯
　　民國十六年(1927)無錫丁氏排印本
薑齋詩話二卷　(清)王夫之撰
答萬季野詩問一卷　(清)吳喬撰
鈍吟雜錄一卷　(清)馮班撰
江西詩社宗派圖錄一卷　(清)張泰來撰
梅村詩話一卷　(清)吳偉業撰
寒廳詩話一卷　(清)顧嗣立撰
茗香詩論一卷　(清)宋大樽撰
律詩定體一卷　(清)王士禎撰
然鐙記聞一卷　(清)王士禎口授　(清)何
　　世璂筆述
師友詩傳錄一卷　(清)王士禎(清)張篤慶
　　(清)張實居答　(清)郎廷槐問
師友詩傳續錄一卷　(清)王士禎答　(清)
　　劉大勤問
漁洋詩話三卷　(清)王士禎撰
王文簡古詩平仄論一卷　(清)王士禎撰
趙秋谷所傳聲調譜二卷　(清)趙執信撰
五言詩平仄舉隅一卷　(清)翁方綱撰
七言詩平仄舉隅一卷　(清)翁方綱撰
七言詩三昧舉隅一卷　(清)翁方綱撰
談龍錄一卷　(清)趙執信撰
聲調譜一卷拾遺一卷　(清)趙執信撰　拾
　　遺(清)翟翬撰
蠖齋詩話一卷　(清)施閏章撰

漫堂說詩一卷　(清)宋犖撰
而庵詩話一卷　(清)徐增撰
詩學纂聞一卷　(清)汪師韓撰
蓮坡詩話一卷　(清)查為仁撰
說詩晬語二卷　(清)沈德潛撰
原詩一卷　(清)葉燮撰
全唐詩話續編二卷　(清)孫濤輯
一瓢詩話一卷　(清)薛雪撰
拜經樓詩話四卷　(清)吳騫撰
唐音審體一卷　(清)錢良擇撰
遼詩話一卷　(清)周春撰
秋窗隨筆一卷　(清)馬位撰
野鴻詩的一卷　(清)黃子雲撰
履園譚詩一卷　(清)錢泳撰
說詩菅蒯一卷　(清)吳雷發撰
秋星閣詩話一卷　(清)李沂撰
貞一齋詩說一卷　(清)李重華撰
漢詩總說一卷　(清)費錫璜撰
山靜居詩話一卷　(清)方薰撰
峴傭說詩一卷　(清)施補華口授　(清)錢
　　渠筆錄
消寒詩話一卷　(清)秦朝釪撰
續詩品一卷　(清)袁枚撰

學詩法程(一名聲調三譜)

(清)王祖源輯
　　清光緒九年(1883)天壤閣石印本
卷一
　然鐙記聞一卷　(清)王士禎口授　(清)何
　　世璂筆述
　律詩定體一卷　(清)王士禎撰
卷二
　小石帆亭著錄五卷　(清)翁方綱撰
卷三
　聲調譜三卷　(清)趙執信撰
卷四
　談龍錄一卷　(清)趙執信撰

三家詩話選

(清)王簡選
　　民國八年(1919)上海廣益書局石印本
漁洋詩話一卷　(清)王士禎撰
說詩晬語一卷　(清)沈德潛撰
王志論詩一卷　(民國)王闓運撰

家學堂遺書

(清)張謙宜撰
　　清乾隆二十三年(1758)膠西法氏又敬堂
　　刊本
硯齋詩談八卷

硯齋論文六卷

詞　集

彊村叢書

（民國）朱祖謀輯併撰校記

民國十一年（1922）歸安朱氏刊本

雲謠集雜曲子一卷　（唐）□□輯
尊前集一卷附校記　（宋）□□輯
樂府補題一卷　（元）陳恕可輯
中州樂府一卷附校記　（金）元好問輯
天下同文一卷補遺一卷附校記　（元）□□
　　輯
金荃集一卷　（唐）溫庭筠撰
宋徽宗詞一卷　宋徽宗撰
范文正公詩餘一卷　（宋）范仲淹撰
附
　　忠宣公詩餘一卷　（宋）范純仁撰　〔撰
張子野詞二卷補遺二卷附校記　（宋）張先
樂章集三卷續添曲子一卷附校記　（宋）柳
　　三變（永）撰
小山詞一卷附校記　（宋）晏幾道撰
南陽詞一卷　（宋）韓維撰
臨川先生歌曲一卷補遺一卷附校記　（宋）
　　王安石撰
章先生詞一卷　（宋）章楶撰
紫陽眞人詞一卷　（宋）張伯端撰
東坡樂府三卷　（宋）蘇軾撰
山谷琴趣外篇三卷附校記　（清）黃庭堅撰
龍雲先生樂府一卷　（宋）劉弇撰
淮海居士長短句三卷附校記　（宋）秦觀撰
東堂詞一卷附校記　（宋）毛滂撰
寶晉長短句一卷附校記　（宋）米芾撰
竹友詞一卷　（宋）謝邁撰
畫墁詞一卷　（宋）張舜民撰
北湖詩餘一卷　（宋）吳則禮撰
片玉集十卷附校記　（宋）周邦彥撰　（宋）
　　陳元龍集注
東山詞殘一卷（存卷上）　（宋）賀鑄撰
賀方回詞二卷附校記　（宋）賀鑄撰
東山詞補一卷附校記　（宋）賀鑄撰
頤堂詞一卷　（宋）王灼撰
虛靖眞君詞一卷　（宋）張繼先撰
陽春詞一卷　（宋）米友仁撰
浮溪詞一卷　（宋）汪藻撰
苕溪樂章一卷　（宋）劉一止撰
赤城詞一卷　（宋）陳克撰
阮戶部詞一卷　（宋）阮閱撰
華陽長短句一卷　（宋）張綱撰
鄱陽詞一卷　（宋）洪皓撰

龜溪長短句一卷　（宋）沈與求撰
無住詞一卷　（宋）陳與義撰　（宋）胡穉箋
相山居士詞一卷　（宋）王之道撰
樵歌三卷附校記　（宋）朱敦儒撰
飄然先生詞一卷　（宋）歐陽澈撰
灊山詩餘一卷　（宋）朱翌撰
松隱樂府三卷補遺一卷　（宋）曹勛撰
屏山詞一卷　（宋）劉子翬撰
浮山詩餘一卷　（宋）仲井撰
王周士詞一卷　（宋）王以寧撰
澹齋詞一卷　（宋）李流謙撰
鄮峰眞隱大曲二卷詞曲二卷附校記　（宋）
　　史浩撰
蓮社詞一卷補遺一卷　（宋）張掄撰
南澗詩餘一卷　（宋）韓元吉撰
盤洲樂章三卷附校記　（宋）洪适撰
漢濱詩餘一卷補遺一卷　（宋）王之望撰
芸庵詩餘一卷　（宋）李洪撰
雲莊詞一卷　（宋）曾協撰
澹軒詩餘一卷　（宋）李呂撰
文簡公詞一卷　（宋）程大昌撰
雪山詞一卷　（宋）王質撰
誠齋樂府一卷　（宋）楊萬里撰
平園近體樂府一卷　（宋）周必大撰　〔撰
石湖詞一卷補遺一卷附校記　（宋）范成大
和石湖詞一卷　（宋）陳三聘撰
松坡詞一卷附校記　（宋）京鏜撰
渭川居士詞一卷附校記　（宋）呂勝己撰
簫臺公餘詞一卷　（宋）姚述堯撰
介庵琴趣外篇六卷補一卷附校記　（宋）趙
　　彥端撰
竹屋癡語一卷　（宋）高觀國撰
龍洲詞二卷補遺一卷附校記　（宋）劉過撰
竹齋詞一卷　（宋）沈瀛撰
玉蟾先生詩餘一卷續一卷　（宋）葛長庚
　　（白玉蟾）撰
方舟詩餘一卷　（宋）李石撰
白石道人歌曲六卷歌詞別集一卷附校記
　　（宋）姜夔撰
附
　　舒藝室餘筆一卷　（清）張文虎撰
澗泉詩餘一卷附校記　（宋）韓淲撰
客亭樂府一卷　（宋）楊冠卿撰
稼軒詞補遺一卷附校記　（宋）辛棄疾撰
康範詩餘一卷　（宋）汪晫撰
應齋詞一卷　（宋）趙善括撰
蒲江詞稿一卷附校記　（宋）盧祖皋撰
定齋詩餘一卷　（宋）蔡戡撰
丘文定公詞一卷　（宋）丘崈撰
省齋詩餘一卷　（宋）廖行之撰

南湖詩餘一卷附校記　（宋）張鎡撰
附
　　張榘詞一卷　　（宋）張榘撰
鶴林詞一卷　（宋）吳泳撰
笑笑詞一卷　（宋）郭應祥撰
徐清正公詞一卷　（宋）徐鹿卿撰
東澤綺語一卷　（宋）張輯撰
清江漁譜一卷　（宋）張輯撰
默齋詞一卷　（宋）游九言撰
方壺詩餘二卷　（宋）汪莘撰
臞軒詩餘一卷補遺一卷　（宋）王邁撰
後村長短句五卷附校記　（宋）劉克莊撰
矩山詞一卷　（宋）徐經孫撰
篔窗詞一卷　（宋）陳耆卿撰
退庵詞一卷補遺一卷　（宋）吳淵撰
履齋先生詩餘一卷續集一卷補遺一卷別集
　　二卷附校記　（宋）吳潛撰
彝齋詩餘一卷　（宋）趙孟堅撰
白雲小稿一卷　（宋）趙崇嶓撰
蓬萊鼓吹一卷　（宋）夏元鼎撰
夢窗詞集一卷補遺一卷小箋一卷　（宋）吳
　　文英撰　　小箋（民國）朱祖謀撰
方是閒居士詞一卷　（宋）劉學箕撰
秋堂詩餘一卷　（宋）柴望撰
本堂詞一卷　（宋）陳著撰
秋聲詩餘一卷　（宋）衛宗武撰
陵陽詞一卷　（宋）牟巘撰　　　　　〔撰
須溪詞一卷補遺一卷附校記　（宋）劉辰翁
蘋洲漁笛譜二卷集外詞一卷附校記　（宋）
　　周密撰　（清）江昱考證並輯集外詞
水雲詞一卷　（宋）汪元量撰
雙溪詞一卷　（宋）馮取洽撰
日湖漁唱一卷附校記　（宋）陳允平撰
西麓繼周集一卷附校記　（宋）陳允平撰
竹山詞一卷附校記　（宋）蔣捷撰
勿軒長短句一卷　（宋）熊禾撰
山中白雲八卷附錄一卷附校記　（宋）張炎
　　撰　（清）江昱疏證
龜溪二隱詞一卷　（宋）李彭老撰
在軒詞一卷　（宋）黃公紹撰
白雪遺音一卷　（宋）陳德武撰
寧極齋樂府一卷　（宋）陳深撰
則堂詩餘一卷　（宋）家鉉翁撰
北游集一卷　（宋）汪夢斗撰
心泉詩餘一卷　（宋）蒲壽宬撰
蘭雪詞一卷　（宋）張玉孃撰
拙軒詞一卷　（金）王寂撰
莊靖先生樂府一卷　（金）李俊民撰
遺山樂府三卷附校記　（金）元好問撰
遯庵樂府一卷　（金）段克己撰

菊軒樂府一卷　（金）段成己撰
磻溪詞一卷　（金）丘處機撰
魯齋詞一卷　（元）許衡撰
稼村樂府一卷　（元）王義山撰
瓢泉詞一卷　（元）朱晞顏撰
秋澗樂府四卷附校記　（元）王惲撰
勤齋詞一卷　（元）蕭㪺撰
牧庵詞二卷補遺一卷　（元）姚燧撰
青山詩餘一卷補遺一卷　（元）趙文撰
水雲邨詩餘一卷　（元）劉壎撰
養蒙先生詞一卷　（元）張伯淳撰
中庵詩餘一卷　（元）劉敏中撰
樵庵詞一卷　（元）劉因撰
樵庵樂府一卷　（元）劉因撰
雲峰詩餘一卷　（元）胡炳文撰
定宇詩餘一卷　（元）陳櫟撰
漢泉樂府一卷　（元）曹伯啟撰
養吾齋詩餘一卷　（元）劉將孫撰
樂庵詩餘一卷　（元）吳存撰
芳洲詩餘一卷　（元）黎廷瑞撰
順齋樂府一卷　（元）蒲道源撰
無絃琴譜二卷　（元）仇遠撰
玉斗山人詞一卷　（元）王奕撰
桂隱詩餘一卷　（元）劉詵撰
默庵樂府一卷　（元）安熙撰
道園樂府一卷　（元）虞集撰
貞一齋詞一卷　（元）朱思本撰
貞居詞一卷補遺一卷　（元）張雨撰
蘭軒詞一卷　（元）王旭撰
清庵先生詞一卷　（元）李道純撰
此山先生樂府一卷　（元）周權撰
古山樂府二卷　（元）張埜撰
梅花道人詞一卷　（元）吳鎮撰
王文忠詩餘一卷　（元）王結撰
去華山人詞一卷　（元）洪希文撰
圭齋詞一卷　（元）歐陽玄撰
圭塘樂府四卷別集一卷　（元）許有壬撰
蛻巖詞二卷附校記　（元）張翥撰
趙待制詞一卷　（元）趙雍撰
藥房樂府一卷　（元）吳景奎撰
燕石近體樂府一卷　（元）宋褧撰
龜巢詞一卷補遺一卷　（元）謝應芳撰
雙溪醉隱詩餘一卷　（元）耶律鑄撰
寅庵詞一卷　（元）李庭撰
石門詞一卷　（元）梁寅撰
書林詞一卷　（元）袁士元撰
貞素齋詩餘一卷　（元）舒頔撰
可庵詩餘一卷　（元）舒遜撰
竹窗詞一卷　（元）沈禧撰
柘軒詞一卷　（明）凌雲翰撰

韓山人詞一卷　（元）韓奕撰
益齋長短句一卷　（朝鮮）李齊賢撰

十名家詞集

（清）侯文燦輯
　　清康熙二十八年(1689)亦園刊本
二主詞一卷　（南唐）李璟（南唐）李煜撰
陽春集一卷　（南唐）馮延己撰
子野詞一卷　（宋）張先撰
東山詞一卷　　（宋）賀鑄撰
信齋詞一卷　（宋）葛郯撰
竹洲詞一卷　（宋）吳儆撰
盧齋樂府一卷　（宋）趙以夫撰
松雪齋詞一卷　（元）趙孟頫撰
天錫詞一卷　（元）薩都刺撰
古山樂府一卷　（元）張埜撰

百家詞

（明）吳訥輯　林大椿校
　　民國二十九年(1940)上海商務印書館排
　　　印本
花間集二卷　（後蜀）趙崇祚輯
尊前集一卷　（宋）□□輯
樂府補題一卷　（元）陳恕可輯　　　［撰
南唐二主詞一卷　（南唐）李璟（南唐）李煜撰
陽春集一卷　（南唐）馮延己撰
張子野詞一卷　（宋）張先撰
珠玉詞一卷　（宋）晏殊撰
六一詞四卷附錄樂語一卷校記一卷　（宋）
　　　歐陽修撰　校記林大椿撰
柳屯田樂章集三卷　（宋）柳三變（永）撰
小山詞一卷　（宋）晏幾道撰
東坡詞二卷拾遺一卷　（宋）蘇軾撰
山谷詞三卷　（宋）黃庭堅撰
淮海詞三卷　（宋）秦觀撰
後山居士詞一卷　（宋）陳師道撰
東堂詞一卷　（宋）毛滂撰
溪堂詞一卷　（宋）謝逸撰
片玉集十卷抄補一卷　（宋）周邦彥撰
丹陽詞一卷　（宋）葛勝仲撰
蘆川詞一卷　（宋）張元幹撰
石林詞一卷　（宋）葉夢得撰
書舟詞一卷　（宋）程垓撰
酒邊集一卷　（宋）向子諲撰
相山居士詞一卷　（宋）王之道撰
友古居士詞一卷　（宋）蔡伸撰
簡齋詞一卷　（宋）陳與義撰
樂齋詞一卷　（宋）向滈撰
初寮詞一卷　（宋）王安中撰
苕溪詞一卷　（宋）劉一止撰

呂聖求詞一卷　（宋）呂濱老撰
盧溪詞一卷　（宋）王庭珪撰
王周士詞一卷　（宋）王以寧撰
放翁詞一卷　（宋）陸游撰
于湖詞二卷　（宋）張孝祥撰
竹齋詞一卷　（宋）沈瀛撰
歸愚詞一卷　（宋）葛立方撰
竹洲詞一卷　（宋）吳儆撰
松坡居士詞一卷　（宋）京鏜撰
知稼翁詞集一卷　（宋）黃公度撰
信齋詞一卷　（宋）葛郯撰
樵歌二卷　（宋）朱敦儒撰
審齋詞一卷　（宋）王千秋撰
逃禪詞一卷　（宋）楊无咎撰
稼軒詞甲集一卷乙集一卷丙集一卷丁集一
　　　卷　（宋）辛棄疾撰
樵隱詩餘一卷　（宋）毛幵撰
金谷遺音一卷　（宋）石孝友撰
竹坡老人詞三卷　（宋）周紫芝撰
克齋詞一卷　（宋）沈端節撰
養拙堂詞一卷　（宋）管鑑撰
晦菴詞一卷　（宋）李處全撰
西樵語業一卷　（宋）楊炎正撰
省齋詩餘一卷　（宋）廖行之撰
東浦詞一卷　（宋）韓玉撰
龍川詞一卷　（宋）陳亮撰
介菴趙寶文雅詞四卷　（宋）趙彥端撰
龍洲詞二卷　（宋）劉過撰
笑笑詞一卷　（宋）郭應祥撰
後村居士詩餘二卷　（宋）劉克莊撰
梅溪詞一卷　（宋）史達祖撰
蒲江居士詞一卷　（宋）盧祖皋撰
履齋先生詩餘一卷續集一卷　（宋）吳潛撰
竹齋詩餘一卷　（宋）黃機撰
蓬萊鼓吹一卷　（宋）夏元鼎撰
文溪詞一卷　（宋）李昴英撰
玉林詞一卷　（宋）黃昇撰
空同詞一卷　（宋）洪瑹撰
石屏詞一卷　（宋）戴復古撰
龜峯詞一卷　（宋）陳經國撰
玉笥山人詞集一卷　（宋）王沂孫撰
玉田詞二卷　（宋）張炎撰
草窗詞集二卷附錄一卷　（宋）周密撰
水雲詞集一卷附宋蕪宮人贈水雲詞一卷
　　　（宋）汪元量撰　（元）劉辰翁批點
竹山詞二卷　（宋）蔣捷撰
白雪詞一卷　（宋）陳德武撰
杜壽域詞一卷　（宋）杜安世撰
烘堂集一卷　（宋）盧炳撰
遯庵樂府一卷　（金）段克己撰

菊軒樂府一卷　（金）段成己撰
遺山樂府一卷　（金）元好問撰
松雪詞一卷　（元）趙孟頫撰
靜修詞一卷　（元）劉因撰
鳴鶴餘音一卷　（元）虞集撰
貞居詞一卷　（元）張雨撰
古山樂府二卷　（元）張埜撰
蛻巖詞二卷　（元）張翥撰
靜春詞一卷　（元）袁易撰
雲林樂府一卷　（元）倪瓚撰
耐軒詞一卷　（明）王逹撰

景汲古閣鈔宋金詞七種

（民國）陶湘輯
　　民國陽湖陶氏據明毛氏鈔本景印
和石湖詞一卷　（宋）陳三聘撰
菊軒樂府一卷　（金）段成己撰
東浦詞一卷　（宋）韓玉撰
渭川居士詞一卷　（宋）呂勝己撰
初寮詞一卷　（宋）王安中撰
空同詞一卷　（宋）洪瑹撰
知稼翁詞一卷　（宋）黃公度撰

宋元名家詞

（清）江標輯　　　　　　　　　［本
　　清光緒二十一年(1895)湖南思賢書局刊
信齋詞一卷　（宋）葛郯撰
樂齋詞一卷　（宋）向滈撰
晦庵詞一卷　（宋）朱熹撰
竹洲詞一卷　（宋）吳儆撰
虛齋樂府一卷　（宋）趙以夫撰
和清眞詞一卷　（宋）楊澤民撰
風雅遺音二卷　（宋）林正大撰
文山樂府一卷　（宋）文天祥撰
松雪齋詞一卷　（宋）趙孟頫撰
雪樓樂府一卷　（元）程文海(鉅夫)撰
雁門集一卷　（元）薩都剌撰
古山樂府一卷　（元）張埜撰
雲林詞一卷　（元）倪瓚撰
演山詞二卷　（宋）黃裳撰
雪坡詞一卷　（宋）姚勉撰

四印齋所刻詞

（清）王鵬運輯
　　清光緒十四年(1888)臨桂王氏家塾刊本
　　民國中國書店據清光緒中王氏本景印
東坡樂府二卷　（宋）蘇軾撰
稼軒長短句十二卷　（宋）辛棄疾撰
雙白詞　（清）王鵬運輯　　　　　［撰
白石道人詞集三卷別集一卷　（宋）姜夔

　　山中白雲詞二卷補錄二卷 續 補 一卷
　　（宋）張炎撰
詞旨一卷　（元）陸行直撰　　　　　　［撰
花外集(一名碧山樂府)一卷　（宋）王沂孫
漱玉詞一卷補遺一卷附錄一卷　（宋）李清
　　照撰
詞林正韻三卷發凡一卷　（清）戈載撰
陽春集一卷補遺一卷　（南唐）馮延己撰
東山寓聲樂府一卷　（宋）賀鑄撰
梅溪詞一卷　（宋）史逹祖撰
斷腸詞一卷　（宋）朱淑眞撰
樂府指迷一卷　（宋）沈義父撰
東山寓聲樂府補鈔一卷　（宋）賀鑄撰
南宋四名臣詞集一卷　（清）王鵬運輯
　　趙忠簡得全居士詞　（宋）趙鼎撰
　　李莊簡詞　（宋）李光撰
　　李忠定梁溪詞　（宋）李綱撰
　　胡忠簡澹菴長短句　（宋）胡銓撰
天籟集二卷　（元）白樸撰
蟻術詞選四卷　（元）邵亨貞撰
花間集十卷　（後蜀）趙崇祚輯
精選名賢詞話草堂詩餘二卷　（宋）何士信
　　輯　（□）□□注
清眞集二卷集外詞一卷　（宋）周邦彥撰
蕭閑老人明秀集注六卷(原缺卷四至六)
　　（金）蔡松年撰　（金）魏道明注
附
四印齋彙刻宋元三十一家詞　（清）王鵬運輯
　　逍遙詞一卷　（宋）潘閬撰
　　筠谿詞一卷　（宋）李彌遜撰
　　栟櫚詞一卷　（宋）鄧肅撰
　　樵歌拾遺一卷　（宋）朱敦儒撰
　　梅詞一卷　（宋）朱雍撰
　　綺川詞一卷　（宋）倪偁撰
　　東溪詞一卷　（宋）高登撰
　　文定公詞一卷　（宋）丘崈撰
　　燕喜詞一卷　（宋）曹冠撰
　　梅山詞一卷　（宋）姜特立撰
　　拙菴詞一卷　（宋）趙磻老撰
　　宣卿詞一卷　（宋）袁去華撰
　　晦菴詞一卷　（宋）李處全撰
　　養拙堂詞一卷　（宋）管鑑撰
　　雙溪詩餘一卷　（宋）王炎撰
　　龍川詞補一卷　（宋）陳亮撰
　　龜峯詞一卷　（宋）陳人傑撰
　　梅屋詩餘一卷　（宋）許棐撰
　　秋崖詞一卷　（宋）方岳撰
　　碎錦詞一卷　（宋）李好古撰
　　潛齋詞一卷　（宋）何夢桂撰
　　覆瓿詞一卷　（宋）趙必瓛撰

撫掌詞一卷　(宋)□□撰　(宋)歐良輯
章華詞一卷　(宋)□□撰
藏春樂府一卷　(元)劉秉忠撰
淮陽樂府一卷　(元)張弘範撰
樵菴詞一卷　(元)劉因撰
牆東詩餘一卷　(元)陸文圭撰
天遊詞一卷　(元)詹玉撰
草廬詞一卷　(元)吳澄撰
五峯詞一卷　(元)李孝光撰

宋元人詞

(清)□□輯
　清抄本
梁溪詞一卷　(宋)李綱撰
石湖詞一卷　(宋)范成大撰
和石湖詞一卷　(宋)陳三聘撰
張子野詞一卷　(宋)張先撰
雙溪詞一卷　(宋)馮取洽撰
文簡公詞一卷　(宋)程大昌撰
龍川詞一卷　(宋)陳亮撰
文定公詞一卷　(宋)丘崈撰
晦庵詞一卷　(宋)李處全撰
樂齋詞一卷　(宋)向滈撰
信齋詞一卷　(宋)葛郯撰
演山詞一卷　(宋)黃裳撰
宣卿詞一卷　(宋)袁去華撰
梅山詞一卷　(宋)姜特立撰
梅屋詞一卷　(宋)許棐撰
東溪詞一卷　(宋)高登撰
蓮社詞一卷　(宋)張掄撰
雪坡詞一卷　(宋)姚勉撰
澗泉詞二卷　(宋)韓淲撰
松隱詞三卷(原缺卷二至三)　(宋)曹勛撰
燕喜詞一卷　(宋)曹冠撰
拙庵詞一卷　(宋)趙磻老撰
烘堂詞一卷　(宋)盧炳撰
可齋詞六卷　(宋)李曾伯撰
潛齋詞一卷　(宋)何夢桂撰
草窗詞一卷　(宋)周密撰
玉笥山人詞集一卷　(宋)王沂孫撰
西麓詞四卷　(宋)陳允平撰
貞居詞一卷　(元)張雨撰
雙溪詞一卷　(宋)王炎撰
碎錦詞一卷　(宋)李好古撰
待制詞一卷　(元)趙雍撰
五峰詞一卷　(元)李孝光撰
撫掌詞一卷　(宋)□□撰　(宋)歐良輯

景刊宋金元明本詞四十種

(民國)吳昌綬輯　(民國)陶湘續輯

　清宣統三年至民國六年(1911—1917)仁
　　和吳氏雙照樓刊民國六年至十二年
　　(1917—1923)武進陶氏涉園續刊本
敍錄一卷　(民國)陶湘撰
歐陽文忠公集近體樂府三卷　(宋)歐陽修
　　撰　宣統三年(1911)據宋吉州本景刊
醉翁琴趣外篇六卷　(宋)歐陽修撰　據宋
　　本景刊
閑齋琴趣外篇六卷　(宋)晁元禮撰　據宋
　　本景刊
晁氏琴趣外篇六卷　(宋)晁補之撰　據宋
　　本景刊
酒邊集一卷　(宋)向子諲撰　據宋本景刊
蘆川詞二卷　(宋)張元幹撰　民國元年
　　(1912)據宋本景刊
于湖居士文集樂府四卷　(宋)張孝祥撰
　　民國四年(1915)據宋本景刊　〔刊
渭南文集詞二卷　(宋)陸游撰　據宋本景
重校鶴山先生大全文集長短句三卷　(宋)
　　魏了翁撰　據宋本景刊
可齋雜藁詞四卷續藁詞三卷　(宋)李曾伯
　　撰　據宋本景刊
石屏長短句一卷　(宋)戴復古撰　據宋本
　　景刊
梅屋詩餘一卷　(宋)許棐撰　據宋本景刊
知常先生雲山集殘一卷(存卷三)　(元)姬
　　翼撰　民國二年(1913)據元延祐本景
　　刊
花間集十卷　(後蜀)趙崇祚輯　民國三年
　　(1914)據明正德仿宋本景刊
增修箋註妙選羣英草堂詩餘前集二卷後集
　　二卷　(宋)□□輯　(□)□□注　民
　　國四年(1915)據明洪武遵正書堂本景
　　刊
中州樂府一卷　(金)元好問輯　據元至大
　　本景刊
精選名儒草堂詩餘三卷　(元)鳳林書院輯
　　據元本景刊
東山詞殘一卷(存卷上)　(宋)賀鑄撰　據
　　宋本景刊
山谷琴趣外篇三卷　(宋)黃庭堅撰　據宋
　　本景刊
詳註周美成詞片玉集十卷　(宋)周美成撰
　　(宋)陳元龍集注　據宋本景刊
稼軒詞甲集一卷乙集一卷丙集一卷　(宋)
　　辛棄疾撰　據宋本景刊
稼軒長短句十二卷　(宋)辛棄疾撰　據小
　　草齋鈔本景刊
于湖先生長短句五卷拾遺一卷　(宋)張孝
　　祥撰　據宋本景刊

虛齋樂府二卷　（宋）趙以夫撰　據宋本景刊

竹山詞一卷　（宋）蔣捷撰　據元鈔本景刊

後村居士集詩餘二卷　（宋）劉克莊撰　據宋本景刊

秋崖先生小藁詞四卷　（宋）方岳撰　據元本景刊

棲霞長春子丘神仙磻溪集詞一卷　（金）丘處機撰　據金本景刊

二妙集樂府（遯庵先生）一卷　（金）段克已撰　據元本景刊

二妙集樂府（菊軒先生）一卷　（金）段成已撰　據元本景刊

遺山樂府三卷　（金）元好問撰　據明弘治高麗晉州本景刊

松雪齋文集樂府一卷　（元）趙孟頫撰　據元本景刊

靜修先生文集樂府一卷　（元）劉因撰　據元本景刊

道園遺藁樂府一卷　（元）虞集撰　據元本景刊

此山先生詩集樂府一卷　（元）周權撰　據元本景刊

漢泉曹文貞公詩集樂府一卷　（元）曹伯啟撰　據元本景刊

楚國文憲公雪樓程先生文集 樂府 一卷　（元）程鉅夫撰　據元本景刊

秋澗先生大全文集樂府四卷　（元）王惲撰　據元本景刊

絕妙詞選十卷　（宋）黃昇輯　據宋本景刊

天下同文一卷　（元）□□輯　據明毛氏汲古閣鈔本景刊

附

　方是閑居士小藁一卷　（宋）劉學箕撰　據元本景刊

　蟻術詞選四卷　（元）邵亨貞撰　據明隆慶本景刊　　　　　　　　　［刊

　寫情集四卷　（明）劉基撰　據明洪武本景

校輯宋金元人詞

趙萬里輯

　　民國二十年（1931）國立中央研究院歷史語言研究所排印本

　宋景文公長短句一卷　（宋）宋祁撰

　柯山詩餘一卷　（宋）張耒撰

　李元膺詞一卷　（宋）李元膺撰

　舒學士詞一卷　（宋）舒亶撰

　王晉卿詞一卷　（宋）王詵撰

　聊復集一卷　（宋）趙令畤撰

　晁叔用詞一卷　（宋）晁沖之撰

冠柳集一卷　（宋）王觀撰

寶月集一卷　（宋）僧揮撰

浮嘔集一卷　（宋）田爲撰

大聲集一卷　（宋）万俟詠撰

箕潁詞一卷　（宋）曹組撰

浩歌集一卷　（宋）蔡柟撰

赤城詞一卷　（宋）陳克撰

沈文伯詞一卷　（宋）沈會宗撰

了齋詞一卷　（宋）陳瓘撰

趙子發詞一卷　（宋）趙君舉撰

盧溪詞一卷　（宋）王庭珪撰

紫微詞一卷　（宋）呂本中撰

漱玉詞一卷　（宋）李清照撰

冲虛詞一卷　（宋）孫道絢撰

順庵樂府一卷　（宋）康與之撰

稼軒詞丁集一卷　（宋）辛棄疾撰

招山樂章一卷　（宋）劉仙倫撰

靜寄居士樂章一卷　（宋）謝懋撰

隨如百詠一卷　（宋）劉鎭撰

順受老人詞一卷　（宋）吳禮之撰

鶴林詞一卷　（宋）劉光祖撰

古洲詞一卷　（宋）馬子嚴撰

李氏花萼集一卷　（宋）李洪等撰

松窗詞一卷　（宋）鄭域撰

紫岩詞一卷　（宋）潘牥撰

江湖長翁詞一卷　（宋）陳造撰

橘山樂府一卷　（宋）李廷忠撰

漁樵笛譜一卷　（宋）宋自遜撰

笠澤詞一卷　（宋）劉子寰撰

臞軒詩餘一卷　（宋）王邁撰

拙軒詞一卷　（宋）張侃撰

可軒曲林一卷　（宋）黃人傑撰

花翁詞一卷　（宋）孫惟信撰

蕭閒詞一卷　（宋）韓疁撰

郢莊詞一卷　（宋）万俟紹之撰

碧梧玩芳詩餘一卷　（宋）馬廷鸞撰

五峯詞一卷　（宋）翁孟寅撰

退齋詞一卷　（宋）趙汝晁撰

蠙洲詞一卷　（宋）李肩吾撰

虛靜詞一卷　（宋）翁元龍撰

在庵詞一卷　（宋）譚宣子撰

秋崖詞一卷　（宋）奚㵾撰

碧澗詞一卷　（宋）利登撰

梅淵詞一卷　（宋）張矩撰

葵牕詞稿一卷　（宋）周端臣撰

松山詞一卷　（宋）曹逢撰

釣月詞一卷　（宋）趙聞禮撰

靜春詞一卷　（元）袁易撰

中齋詞一卷　（宋）鄧剡撰

東山樂府一卷　（金）吳激撰

耶律文獻公詞一卷　(金)耶律履撰
青山詩餘一卷　(元)趙文撰
小亨詩餘一卷　(元)楊弘道撰
青崖詞一卷　(元)魏初撰
西巖詞二卷　(元)張之翰撰
中庵樂府二卷　(元)劉敏中撰
疏齋詞一卷　(元)盧摯撰
去華山人詞一卷　(元)洪希文撰
羣賢梅苑一卷　(宋)黄大輿輯
天機餘錦一卷　(元)□□輯
時賢本事曲子集一卷　(宋)楊繪輯
古今詞話一卷　(宋)楊湜輯
復雅歌詞一卷　(宋)鬷陽居士輯
附
宋金元名家詞補遺一卷　趙萬里輯

宋名家詞

(明)毛晉輯
　　明海虞毛氏汲古閣刊本
　　清光緒十四年(1888)錢塘汪氏據明毛氏
　　本重刊
　　民國上海博古齋據明毛氏本景印
第一集
珠玉詞一卷　(宋)晏殊撰
六一詞一卷　(宋)歐陽修撰
樂章集一卷　(宋)柳永撰
東坡詞一卷　(宋)蘇軾撰
山谷詞一卷　(宋)黄庭堅撰
淮海詞一卷　(宋)秦觀撰
小山詞一卷　(宋)晏幾道撰
東堂詞一卷　(宋)毛滂撰
放翁詞一卷　(宋)陸游撰
稼軒詞四卷　(宋)辛棄疾撰
第二集
片玉詞二卷補遺一卷　(宋)周邦彥撰
梅溪詞一卷　(宋)史達祖撰
白石詞一卷　(宋)姜夔撰
石林詞一卷　(宋)葉夢得撰
酒邊詞二卷　(宋)向子諲撰
溪堂詞一卷　(宋)謝逸撰
樵隱詞一卷　(宋)毛幵撰
竹山詞一卷　(宋)蔣捷撰
書舟詞一卷　(宋)程垓撰
坦菴詞一卷　(宋)趙師俠撰
第三集
惜香樂府十卷　(宋)趙長卿撰
西樵語業一卷　(宋)楊炎正撰
竹屋癡語一卷　(宋)高觀國撰
夢窗甲藁一卷乙藁一卷丙藁一卷丁藁一卷
　　絕筆一卷補遺一卷　(宋)吳文英撰

近體樂府一卷　(宋)周必大撰
竹齋詩餘一卷　(宋)黄機撰
金谷遺音一卷　(宋)石孝友撰
散花菴詞一卷　(宋)黄昇撰
和清眞詞一卷　(宋)方千里撰
後村別調一卷　(宋)劉克莊撰
第四集
蘆川詞一卷　(宋)張元幹撰
于湖詞三卷　(宋)張孝祥撰
洛水詞一卷　(宋)程珌撰
歸愚詞一卷　(宋)葛立方撰
龍洲詞一卷　(宋)劉過撰
初寮詞一卷　(宋)王安中撰
龍川詞一卷補一卷　(宋)陳亮撰
姑溪詞一卷　(宋)李之儀撰
友古詞一卷　(宋)蔡伸撰
石屛詞一卷　(宋)戴復古撰
第五集
海野詞一卷　(宋)曾覿撰
逃禪詞一卷　(宋)楊无咎撰
空同詞一卷　(宋)洪瑹撰
介菴詞一卷　(宋)趙彥端撰
平齋詞一卷　(宋)洪咨夔撰
文溪詞一卷　(宋)李公昂撰
丹陽詞一卷　(宋)葛勝仲撰
孏窟詞一卷　(宋)侯寘撰
克齋詞一卷　(宋)沈端節撰
芸窗詞一卷　(宋)張榘撰
第六集
竹坡詞三卷　(宋)周紫芝撰
聖求詞一卷　(宋)呂濱老撰
壽域詞一卷　(宋)杜安世撰
審齋詞一卷　(宋)王千秋撰
東浦詞一卷　(宋)韓玉撰
知稼翁詞一卷　(宋)黄公度撰
無住詞一卷　(宋)陳與義撰
後山詞一卷　(宋)陳師道撰
蒲江詞一卷　(宋)盧祖皋撰
琴趣外篇六卷　(宋)晁補之撰
烘堂詞一卷　(宋)盧炳撰

又次齋詞編

(清)汪曰楨輯
　　稿本
雙溪詞一卷　(宋)王炎撰
得全居士詞一卷　(宋)趙鼎撰
澹菴長短句一卷　(宋)胡銓撰
水雲詞一卷　(宋)汪元量撰
釣月詞一卷　(宋)趙聞禮撰
藏春詞一卷　(元)劉秉忠撰

松雪詞一卷補遺一卷　(元)趙孟頫撰
趙待制詞一卷　(元)趙雍撰
牧菴詞二卷　(元)姚燧撰
清閟閣詞一卷　(元)倪瓚撰

北宋三家詞

(民國)易大厂輯併撰校記　　　　　〔本
　　民國二十二年(1933)上海民智書局排印
信道詞一卷附校記一卷　(宋)舒亶撰
曹元寵詞一卷附校記一卷　(宋)曹組撰
後湖詞一卷附校記一卷　(宋)蘇庠撰

惜陰堂叢書

趙尊嶽輯
　　民國十三年至十五年(1924—1926)武進
　　趙氏刊本
詩餘圖譜二卷　(明)萬惟檀撰　民國二十
　　三年(1934)刊
夏內史詞一卷　(明)夏完淳撰
返生香一卷　(明)葉小鸞撰
溉園詩餘一卷　(明)萬時華撰
憑西閣長短句一卷　(清)陸宏度撰

百名家詞鈔

(清)聶先(清)曾王孫輯
　　清康熙中金閶綠蔭堂刊本
初集
梅村詞一卷　(清)吳偉業撰
香嚴齋詞一卷　(清)龔鼎孳撰
寓言集一卷　(清)曹溶撰
文江酬唱一卷　(清)李元鼎撰
休園詩餘一卷　(清)鄭俠如撰
二鄉亭詞一卷　(清)宋琬撰
秋聞詞一卷　(清)王庭撰
南溪詞一卷　(清)曹爾堪撰
衍波詞一卷　(清)王士禛撰
百末詞一卷　(清)尤侗撰
扶荔詞一卷　(清)丁澎撰
容齋詩餘一卷　(清)李天馥撰
金粟詞一卷　(清)彭孫遹撰
江湖載酒集一卷　(清)朱彝尊撰
玉鳧詞一卷　(清)董俞撰
蔭綠詞一卷　(清)徐喈鳳撰
秋水詞一卷　(清)嚴繩孫撰
彈指詞一卷　(清)顧貞觀撰
玉山詞一卷　(清)陸次雲撰
菊莊詞一卷　(清)徐釚撰
耕煙詞一卷　(清)陳玉璂撰
峽流詞一卷　(清)王晫撰
溉堂詞一卷　(清)孫枝蔚撰

青城詞一卷　(清)魏學渠撰
蠑舟綺語一卷　(清)王頊齡撰
松溪詩餘一卷　(清)王九齡撰
映竹軒詞一卷　(清)毛際可撰
錦瑟詞一卷　(清)汪懋麟撰
迦陵詞一卷　(清)陳維崧撰
藝香詞一卷　(清)吳綺撰
棣華堂詞一卷　(清)馮瑞撰
東白堂詞一卷　(清)佟世南撰
萬青閣詩餘一卷　(清)趙吉士撰
月聽軒詩餘一卷　(清)張淵懿撰
秋雪詞一卷　(清)余懷撰
竹香亭詩餘一卷　(清)曹垂璨撰
飲水詞一卷　(清)成德(性德)撰
柯亭詞一卷　(清)姜垚撰
紅藕莊詞一卷　(清)龔翔麟撰
柯齋詩餘一卷　(清)周綸撰
志壑堂詞一卷　(清)唐夢賚撰
吳山斅音一卷　(清)林雲銘撰
蔗閣詩餘一卷　(清)汪鶴孫撰
柳塘詞一卷　(清)沈雄撰
嘯閣餘聲一卷　(清)張錫懌撰
玉壺詞一卷　(清)葉尊源撰
月團詞一卷　(清)沈爾燝撰
蘭舫詞一卷　(清)趙維烈撰
守齋詞一卷　(清)呂師濂撰
葯菴詞一卷　(清)呂洪烈撰
探西詞一卷　(清)邵錫榮撰
澄暉堂詞一卷　(清)江尚質撰
響泉詞一卷　(清)徐尤哲撰
畫餘譜一卷　(清)華胥撰
藥棲詞一卷　(清)鄭熙績撰
碧巢詞一卷　(清)汪森撰
粵游詞一卷　(清)吳之登撰
藕花詞一卷　(清)陳見鑰撰
夢花窓詞一卷　(清)江士式撰
容居堂詞一卷　(清)周稚廉撰
甲集
棠村詞一卷　(清)梁清標撰
南碙詞一卷　(清)何采撰
橫江詞一卷　(清)徐惺撰
香膽詞一卷　(清)萬樹撰
蔬香詞一卷　(清)髙士奇撰
楓香詞一卷　(清)宋犖撰
留村詞一卷　(清)吳興祚撰
當棲詞一卷　(清)毛奇齡撰
白茅堂詞一卷　(清)顧景星撰
紫雲詞一卷　(清)丁煒撰
微雲詞一卷　(清)秦松齡撰
句雲堂詞一卷　(清)郭士璟撰

香草詞一卷　（清）何鼎撰
影樹樓詞一卷　（清）陳大成撰
改蟲齋詞一卷　（清）高層雲撰
珂雪詞一卷　（清）曹貞吉撰
澹雪詞一卷　（清）顧岱撰
萬卷山房詞一卷　（清）王輅撰
竹西詞一卷　（清）楊通佺撰
染香詞一卷　（清）江皋撰
罨畫溪詞一卷　（清）蔣景祁撰
雙溪泛月詞一卷　（清）徐瑤撰
湖山詞一卷　（清）徐璣撰
攝閩詞一卷　（清）吳秉仁撰
課鵡詞一卷　（清）吳秉鈞撰
寒山詩餘一卷　（清）馮雲驤撰
紅橋詞一卷　（清）何五雲撰
一曲灘詞一卷　（清）徐來撰
綺霞詞一卷　（清）狄億撰
曠觀樓詞一卷　（清）路傳經撰
團扇詞一卷　（清）余蘭碩撰
栩園詞一卷　（清）陳魯得撰
玉豔詞一卷　（清）何思撰
仿橘詞一卷　（清）龔勝玉撰
陶村詞一卷　（清）王允持撰
南耕詞一卷　（清）曹亮武撰
鳳車詞一卷　（清）吳棠禎撰
梅泝詞一卷　（清）孫致彌撰
荔軒詞一卷　（清）曹寅撰
噀霞閣詞一卷　（清）沈永令撰

清名家詞

陳乃乾輯　　　　　　　　　　　　〔本
　民國二十六年(1937)上海開明書店排印
蓼齋詞一卷　（清）李雯撰
梅村詩餘一卷　（清）吳偉業撰
靜惕堂詞一卷　（清）曹溶撰
二鄉亭詞一卷　（清）宋琬撰
定山堂詩餘一卷　（清）龔鼎孳撰
南溪詞一卷　（清）曹爾堪撰
百末詞一卷　（清）尤侗撰
藝香詞一卷　（清）吳綺撰
坦菴詞三種　（清）徐石麒撰
　甕吟一卷
　且謠一卷
　美人詞一卷
棠村詞一卷　（清）梁清標撰
秋水詞一卷　（清）嚴繩孫撰
毛翰林詞一卷　（清）毛奇齡撰
湖海樓詞一卷　（清）陳維崧撰
炊聞詞一卷　（清）王士祿撰
曝書亭詞三種　（清）朱彝尊撰

江湖載酒集一卷
靜志居琴趣一卷
茶煙閣體物集一卷
延露詞一卷　（清）彭孫遹撰
衍波詞一卷　（清）王士禛撰
楓香詞一卷　（清）宋犖撰
麗農詞一卷　（清）鄒祇謨撰
蓉渡詞一卷　（清）董以寧撰
玉鳧詞一卷　（清）董俞撰
蒼梧詞一卷　（清）董元愷撰
珂雪詞一卷　（清）曹貞吉撰
秋錦山房詞一卷　（清）李良年撰
菊莊詞一卷　（清）徐釚撰
彈指詞一卷　（清）顧貞觀撰
耒邊詞一卷　（清）李符撰
錦瑟詞一卷　（清）汪懋麟撰
青吟堂詞二種　（清）高士奇撰
　疏香詞一卷
　竹窗詞一卷
柘西精舍詞一卷　（清）沈暤日撰
黑蝶齋詞一卷　（清）沈岸登撰
餘波詞一卷　（清）查慎行撰
通志堂詞一卷　（清）性德撰
紅藕莊詞一卷　（清）龔翔麟撰
飴山詩餘一卷　（清）趙執信撰
樊榭山房詞一卷　（清）厲鶚撰
銅絃詞一卷　（清）蔣士銓撰
琴畫樓詞一卷　（清）王昶撰
瑤想詞一卷　（清）王芑孫撰
曼香詞一卷　（清）吳翌鳳撰
更生齋詩餘二種　（清）洪亮吉撰
　冰天雪窖詞一卷
　機聲鐙影詞一卷
有正味齋詞五種　（清）吳錫麒撰
　佇月樓琴言一卷
　三影亭寫生譜一卷
　鐵撥餘音一卷
　江上尋煙語一卷
　紅橋笛唱一卷
秋籟吟一卷　（清）趙懷玉撰
竹眠詞一卷　（清）黃景仁撰
芙蓉山館詞一卷　（清）楊芳燦撰
斷水詞一卷　（清）樂鈞撰
梅邊吹笛譜一卷　（清）凌廷堪撰
茗柯詞一卷　（清）張惠言撰
微波詞一卷　（清）錢枚撰
箏船詞一卷　（清）劉嗣綰撰
立山詞一卷　（清）張琦撰
靈芬館詞四種　（清）郭麐撰
　蘅夢詞一卷

浮眉樓詞一卷
懺餘綺語一卷
籥餘詞一卷
小謨觴館詩餘一卷　（清）彭兆蓀撰
柯家山館詞一卷　（清）嚴元照撰
玉壺山房詞一卷　（清）改琦撰
香消酒醒詞一卷　（清）趙慶熺撰
浮谿精舍詞三種　（清）宋翔鳳撰
　香草詞一卷
　洞簫詞一卷
　碧雲盦詞一卷
三十六陂漁唱一卷　（清）王敬之撰
畫梅樓倚聲一卷　（清）湯貽汾撰
小庚詞一卷　（清）葉申薌撰
味雋齋詞一卷　（清）周濟撰
齊物論齋詞一卷　（清）董士錫撰
心日齋詞四種　（清）周之琦撰
　金梁夢月詞一卷
　懷夢詞一卷
　鴻雪詞一卷
　退葊詞一卷
種芸仙館詞三種　（清）馮登府撰
　花墩琴雅一卷
　釣船笛譜一卷
　月湖秋瑟一卷
眞松閣詞一卷　（清）楊夔生撰
拜石山房詞一卷　（清）顧翰撰
萬善花室詞一卷　（清）方履籛撰
蘭石詞一卷　（清）董祐誠撰
定盦詞五種　（清）龔自珍撰
　無著詞一卷
　懷人館詞一卷
　影事詞一卷
　小奢摩詞一卷
　庚子雅詞一卷
憶雲詞一卷　（清）項鴻祚撰
疏影樓詞四種　（清）姚燮撰
　畫邊琴趣一卷
　吳涇蘋唱一卷
　剪鐙夜語一卷
　石雲吟雅一卷
倚晴樓詩餘一卷　（清）黃燮淸撰
芬陀利室詞六種　（清）蔣敦復撰
　綠簫詞一卷
　碧田詞一卷
　紅袦詞一卷
　靑瑟詞一卷
　白華詞一卷
　拈花詞一卷
憶江南館詞一卷　（清）陳澧撰

漢南春柳詞一卷　（清）龍啓瑞撰
冰蠶詞一卷　（清）承齡撰
思益堂詞一卷　（清）周壽昌撰
龍壁山房詞二種　（清）王錫振（拯）撰
　茂陵秋雨詞一卷
　瘦春詞一卷
采香詞一卷　（清）杜文瀾撰
空靑館詞一卷　（清）邊浴禮撰
太素齋詞一卷　（清）勒方錡撰
水雲樓詞一卷　（清）蔣春霖撰
藤香館詞二種　（清）薛時雨撰
　西湖㰱唱一卷
　江舟欸乃一卷
碧瀣詞一卷　（清）端木埰撰
東鷗草堂詞一卷　（清）周星譽撰
鷗夢詞一卷　（清）劉履芬撰
霞川花隱詞一卷　（清）李慈銘撰
寒松閣詞一卷　（清）張鳴珂撰
中白詞一卷　（清）莊棫撰
復堂詞一卷　（清）譚獻撰
湘綺樓詞一卷　（民國）王闓運撰
小玲瓏閣詞一卷　（清）葉大莊撰
蒿盦詞一卷　（民國）馮煦撰
半塘定稿一卷　（清）王鵬運撰
袌碧齋詞一卷　（清）陳銳撰
雲起軒詞一卷　（清）文廷式撰
樵風樂府一卷　（民國）鄭文焯撰
彊村語業一卷　（民國）朱孝臧（祖謀）撰
蕙風詞一卷　（民國）況周頤撰
觀堂長短句一卷　（民國）王國維撰
附
　飲虹簃論淸詞百家一卷　　盧前撰

小檀欒室彙刻閨秀詞

（民國）徐乃昌輯
　　清光緒二十一年至二十二年（1895—
　　1896）南陵徐氏刊本
第一集
　琴清閣詞一卷　（清）楊芸撰
　生香館詞一卷　（清）李佩金撰
　茝香詞一卷　（清）顧翎撰
　衍波詞一卷　（清）孫蓀意撰
　鴻雪廎詞一卷　（清）沈善寶撰
　玉雨詞一卷　（清）曹慎儀撰
　古春軒詞一卷　（清）梁德繩撰
　洞簫廎詞一卷　（清）王倩撰
　聽雪詞一卷　（清）歸懋儀撰
　古雪詩餘一卷　（清）楊繼端撰
第二集
　拙政園詩餘三卷　（清）徐燦撰

梅華園詩餘一卷　(清)鍾韞撰
玉窗詩餘一卷　(清)葛宜撰
貯素廔詞一卷　(清)蘇穆撰
綠月廔詞一卷　(清)江瑛撰
靜一齋詩餘一卷　(清)周詒繫撰
冷香齋詩餘一卷　(清)周翼枕撰
鬱湘廔詞一卷　(清)宗婉撰
繡餘詞一卷　(清)錢念生撰
簪華閣詩餘一卷　(清)翁端恩撰
第三集
栖香閣詞二卷　(清)顧貞立撰
蠹窗詩餘一卷　(清)張令儀撰
絳雪詞一卷　(清)薛瓊撰
浣紗詞一卷　(清)沈纕撰
青藜閣詞一卷　(清)江珠撰
碧桃館詞一卷　(清)趙我佩撰
松籟閣詩餘一卷　(清)沈榛撰
鮮潔亭詩餘一卷　(清)蔣紉蘭撰
澹音閣詞一卷　(清)趙友蘭撰
寫麋廔詞一卷　(清)陳嘉撰
第四集
烁水軒詞一卷　(清)莊盤珠撰
雨花盦詩餘一卷　(清)錢斐仲撰
鬱影廔詞一卷　(清)關鍈撰
澹菊軒詞一卷　(清)張綢英撰
緯青詞一卷　(清)張細英撰
餔漱玉詞一卷澗南詞一卷　(清)許德蘋撰
濾月軒詩餘一卷　(清)趙棻撰
月廔琴語一卷　(清)蕭恆貞撰
倩影廔遺詞一卷　(清)陸蒨撰
寫均廔詞一卷　(清)吳尙憙撰
第五集
華簾詞一卷香南雪北詞一卷　(清)吳藻撰
烁笟詞一卷　(清)呂采芝撰
聞妙香室詞一卷　(清)陸珊撰
長眞閣詩餘一卷　(清)席佩蘭撰
烁瘦閣詞一卷　(清)唐韞貞撰
綠鬱軒遺詞一卷　(清)錢湘撰
賦鸎廔詞一卷　(清)陳珍瑤撰
光霽廔詞一卷　(清)陸蓉佩撰
翠螺閣詞一卷　(清)凌祉媛撰
彈綠詞一卷　(清)濮文綺撰
第六集
聽雨廔詞二卷　(清)孫雲鶴撰
瑤華閣詞一卷補遺一卷　(清)袁綬撰
九疑僊館詞一卷　(清)談印梅撰
金粟詞一卷　(清)朱璵撰
澹僊詞四卷　(清)熊璉撰
有誠堂詩餘一卷　(清)方彥珍撰
玉簫詞一卷　(清)殷秉璣撰

芷衫詩餘一卷　(清)高佩華撰
菊籬詞一卷　(清)陶淑撰
哦月廔詩餘一卷　(清)儲慧撰
第七集
嘯雪菴詩餘一卷　(清)吳綃撰
繡閒詞一卷　(清)徐元端撰
三秀齋詞一卷　(清)鮑之芬撰
德風亭詞一卷　(清)王貞儀撰
碧梧紅蕉館詞一卷　(清)左錫璇撰
冷吟僊館詩餘一卷　(清)左錫嘉撰
蓮因室詞一卷　(清)鄭蘭孫撰
慈暉館詞一卷　(清)阮恩灤撰
疊華詞一卷　(清)汪淑娟撰
蕉窗詞一卷　(清)鄧瑜撰
第八集
錦襄詩餘一卷　(清)商景蘭撰
澹香廔詞一卷　(清)葛秀英撰
補欄詞一卷　(清)劉琬懷撰
晚香居詞二卷　(清)張玉珍撰
瘦吟詞一卷　(清)許淑慧撰
浣青詩餘一卷　(清)錢孟鈿撰
茶香閣詞一卷　(清)黃婉璩撰
雯窗瘦影詞一卷　(清)許誦珠撰
佩妖閣詞一卷　(清)吳苣撰
慧福廔詞一卷　(清)俞繡孫撰
第九集
鏡閣新聲一卷　(清)朱中楣撰
古香廔詞一卷　(清)錢鳳綸撰
黍雲榭詞一卷　(清)鍾筠撰
湘筠館詞二卷　(清)孫雲鳳撰
韞玉廔詞一卷　(清)屈秉筠撰
楚畹閣詩餘一卷　(清)季蘭韻撰
壽研山房詞一卷　(清)曹景芝撰
含青閣詩餘一卷　(清)屈蕙纕撰
繡墨軒詞一卷　(清)俞慶曾撰
飲露詞一卷　(清)李道清撰
第十集
鸝吹詞一卷　(明)沈宜修撰
芳雪軒詞一卷　(明)葉紈紈撰
疏香閣詞一卷　(明)葉小鸞撰
雪壓軒詞一卷　(清)賀雙卿撰
倚雲閣詞一卷　(清)張友書撰
翠薇僊館詞一卷　(清)孫瑩培撰
唾絨詞一卷　(清)吳小姑撰
霞珍詞一卷　(民國)繆珠蓀撰
岶廔詞一卷　(民國)沈鵲應撰
華影吹笙室詞一卷　(民國)李慎溶撰
附
閨秀詞鈔十六卷補遺一卷　(民國)徐乃昌
輯　宣統元年(1909)刊

安徽清代名家詞第一集

(民國)安徽叢書編印處輯
　　民國安徽叢書編印處景印本
　　巘谷詞一卷　(清)馬曰琯撰
　　南齋詞二卷　(清)馬曰璐撰
　　聽弈軒小稿三卷　(清)方成峑撰
　　練溪漁唱二卷集山中白雲詞句一卷　(清)
　　　江昉撰
　　銀藤花館詞四卷　(清)戴延介撰
　　百蕚紅詞二卷　(清)達園鉏榮叟(吳熙)撰
　　佩蘅詞一卷補遺一卷　(清)金泰撰
　　竹鄰遺稿一卷　(清)金式玉撰
　　讀雪軒詞一卷　(清)孫承勳撰
　　求是堂詩餘一卷　(清)胡承珙撰
　　伊蒿室詩餘一卷　(清)王效成撰

吳氏石蓮庵刻山左人詞

(清)吳重憙輯　　　　　　　[本
　　清光緒二十七年(1901)海豐吳氏金陵刊
　　樂章集一卷　(宋)柳永撰
　　姑溪詞三卷　(宋)李之儀撰
　　琴趣外篇六卷　(宋)晁補之撰
　　審齋詞一卷　(宋)王千秋撰
　　嬾窟詞一卷　(宋)侯寘撰
　　拙庵詞一卷　(宋)趙磻老撰
　　稼軒詞十二卷　(宋)辛棄疾撰
　　草窗詞二卷補二卷　(宋)周密撰
　　漱玉詞一卷補遺一卷附錄一卷　(宋)李清
　　　照撰
　　炊聞詞二卷　(清)王士祿撰
　　衍波詞二卷附一卷　(清)王士禛撰
　　二鄉亭詞三卷　(清)宋琬撰
　　竹西詞一卷　(清)楊通侹撰
　　志壑堂詞一卷　(清)唐夢賚撰
　　珂雪詞二卷補遺一卷　(清)曹貞吉撰
　　飴山詩餘一卷　(清)趙執信撰
　　晚香詞三卷　(清)田同之撰
　　附
　　　西圃詞說一卷　(清)田同之撰

練川五家詞

(清)王昶選
　　清嘉慶中刊本
　　杯湖欸乃　(清)王丕烈(初桐)撰
　　龔天閣琴趣　(清)王丕烈(初桐)撰　[卷
　　雲藍詞　(清)王丕烈(初桐)撰　以上合一
　　蝶菴詞　(清)諸廷槐撰
　　吹蘭卮語　(清)諸廷槐撰　以上合一卷
　　樵玉山房詞　(清)王元勳撰

　　涉江詞　(清)王元勳撰
　　幻花別集　(清)王元勳撰　以上合一卷
　　月香綺業　(清)汪景龍撰
　　美人香草詞　(清)汪景龍撰
　　碧雲詞　(清)汪景龍撰　以上合一卷
　　響山閣詞　(清)錢塘撰
　　玉葉詞　(清)錢塘撰　以上合一卷

桐谿三家詩餘

(清)陳敬璋輯
　　鈔本
　　修況詩餘一卷　(清)陳敬璋撰
　　夢唐詩餘一卷　(清)吳玉輝撰
　　楚畹詩餘一卷　(清)徐善遷撰

明湖四客詞鈔

(清)趙國華輯
　　清同治十三年(1874)豐潤趙氏刊本
　　麝塵詞一卷　(清)嚴廷中撰
　　紅豆詞一卷　(清)李鈞和撰
　　尺壺詞一卷　(清)王蔭昌撰
　　絮月詞一卷　(清)徐宗襄撰

毘陵三少年詞

(民國)錢振鍠輯
　　民國木活字排印本
　　青山草堂詞鈔一卷　(清)謝仁撰
　　瓶軒詞鈔一卷　(清)謝泳撰
　　留我相庵詞一卷　(清)藥伽撰　民國二年
　　　(1913)刊

廣川詞錄

(民國)董康輯
　　民國二十九年(1940)武進董氏刊本
　　蒼梧詞十二卷　(清)董元愷撰
　　玉虯詞二卷　(清)董俞撰
　　蓉渡詞三卷　(清)董以寧撰
　　漱花詞一卷　(清)董潮撰
　　玉椒詞一卷　(清)董基誠撰
　　蘭石詞一卷　(清)董祐誠撰
　　齊物論齋詞一卷　(清)董士錫撰
　　蛻學齋詞二卷　(清)董毅撰
　　碧雲詞一卷　(民國)董受祺撰
　　課花盦詞一卷　(民國)誦芬室主人(董康)
　　　撰

國朝名家詩餘

(清)孫默輯
　　清康熙中休寧孫氏留松閣刊本
　　梅村詞二卷　(清)吳偉業撰

香嚴詞二卷　　(清)龔鼎孳撰

棠村詞三卷　　(清)梁清標撰

二鄉亭詞二卷　(清)宋琬撰

炊聞詞二卷　　(清)王士祿撰

百末詞二卷　　(清)尤侗撰

含影詞二卷　　(清)陳世祥撰

溪南詞二卷　　(清)黃永撰

月湄詞四卷　　(清)陸求可撰

南溪詞二卷　　(清)曹爾堪撰

麗農詞二卷　　(清)鄒祗謨撰

延露詞三卷　　(清)彭孫遹撰

衍波詞二卷　　(清)王士禛撰

蓉渡詞三卷　　(清)董以寧撰

烏絲詞四卷　　(清)陳維崧撰

玉鳧詞二卷　　(清)董俞撰

衍愚詞二卷　　(清)程康莊撰

附

紅橋倡和第一集一卷　(清)孫金礪輯

廣陵倡和詞一卷　　(清)孫金礪輯

浙西六家詞

(清)龔翔麟輯

　　清康熙中錢塘龔氏玉玲瓏閣刊本

江湖載酒集三卷　(清)朱彝尊撰

秋錦山房詞一卷　(清)李良年撰

柘西精舍集一卷　(清)沈皞日撰

耒邊詞二卷　　(清)李符撰

黑蝶齋詞一卷　　(清)沈岸登撰

紅藕莊詞三卷　　(清)龔翔麟撰

西泠詞萃

(清)丁丙輯

　　清光緒中錢唐丁氏刊本

簫臺公餘詞一卷　(宋)姚述堯撰　光緒十

　　二年(1886)刊

片玉詞二卷補遺一卷　(宋)周邦彥撰　光

　　緒十一年(1885)刊

斷腸詞一卷　(宋)朱淑眞撰　光緒十三年

　　(1887)刊

無弦琴譜二卷　(元)仇遠撰　光緒十一年

　　(1885)刊

貞居詞一卷　(元)張雨撰　光緒十二年

　　(1886)刊

柘軒詞一卷　(明)凌雲翰撰　光緒十三年

　　(1887)刊

蜀十五家詞

吳虞輯

　　民國排印本

東坡樂府三卷　(宋)蘇軾撰

李太白詞一卷　(唐)李白撰

李德潤詞一卷　(前蜀)李珣撰

毛祕書詞一卷　(後蜀)毛熙震撰

無住詞一卷　(宋)陳與義撰　(宋)胡穉箋

澹齋詞一卷　(宋)李流謙撰

方舟詩餘一卷　(宋)李石撰

鶴林詞一卷　(宋)吳泳撰

頤堂詞一卷　(宋)王灼撰

道園樂府一卷　(元)虞集撰

陵陽詞一卷　(宋)牟巘撰

歐陽舍人詞一卷　(後蜀)歐陽炯撰

尹參卿詞一卷　(前蜀)尹鶚撰

蒲江詞一卷　(宋)盧祖皋撰

閣處士詞一卷　(後蜀)閣選撰

棣華樂府

(清)盛熙祚輯

　　清乾隆二年(1737)檇李盛氏刊本

梨雨選聲二卷　(清)盛楓撰

稼村塡詞二卷　(清)盛禾撰

滴露堂小品二卷　(清)盛本柟撰

琴畫樓詞鈔

(清)王昶輯

　　清乾隆四十三年(1778)刊本

澹吟樓詞一卷　(清)張梁撰

樊榭山房詞一卷　(清)厲鶚撰

白蕉詞一卷　(清)陸培撰

響山詞一卷　(清)張四科撰

竹香詞一卷　(清)陳章撰

小長蘆漁唱一卷　(清)朱方藹撰

丁辛老屋詞一卷　(清)王又曾撰

杉亭詞一卷　(清)吳烺撰

延青閣詞一卷　(清)汪士通撰

疊香閣琴趣一卷　(清)吳泰來撰

梅鶴詞一卷　(清)江昱撰

花嶼詞一卷　(清)儲秘書撰

嫏雅堂詞一卷　(清)趙文哲撰

疊華閣詞一卷　(清)張熙純撰

朵蕁詞一卷　(清)陸文蔚撰

湘雲遺稿一卷　(清)過春山撰

綠陰槐夏閣詞一卷　(清)朱昂撰

夜船吹簫詞一卷　(清)江立撰

鷗邊漁唱一卷　(清)朱澤生撰

香溪瑤翠詞一卷　(清)吳元潤撰

杯湖欸乃一卷　(清)王初桐撰

滇游詞一卷　(清)宋維藩撰

有正味齋詞一卷　(清)吳錫麒撰

小湖田樂府一卷　(清)吳蔚光撰

吟翠軒初稿一卷　(清)楊芳燦撰

布衣詞合稾

(清)周暟輯

清乾隆五十六年(1791)刊本

味經堂詞稾 (清)方成培撰

横枝詞一卷

芳影詞二卷

後巖簫雅一卷

寒山樂府一卷續稾一卷

瀟湘聽雨詞五卷 (清)周暟撰

芳草詞一卷 (清)周暟撰

香草題詞一卷 (清)周暟撰

國朝六家詞鈔

(清)馮震祥輯

鈔本

春融堂詞二卷 (清)王昶撰

忠雅堂詞二卷 (清)蔣士銓撰

有正味齋詞四卷 (清)吳錫麒撰

是程堂詞二卷 (清)屠倬撰

天眞閣詞四卷 (清)孫原湘撰

靈芬館詞二卷 (清)郭麐撰

三家詞

(清)袁通輯

清道光十一年(1831)袁祖惠刊本

賫香詞選一卷 (清)高文照撰

微波亭詞選一卷 (清)錢枚撰

悔存詞選一卷 (清)黃景仁撰

同人詞選

(清)孫瀜輯

清咸豐三年(1853)刊本

炙硯詞一卷 (清)胡咸臨撰

琴隱園詞稾一卷 (清)湯貽汾撰

東虬草堂詞一卷 (清)陸瑑撰

聽松濤館詞稿一卷 (清)秦兆蘭撰

枝安山房詞草一卷 (清)李曾裕撰

沿波舫詞一卷 (清)王慶勳撰

西湖觴唱詞一卷 (清)薛時雨撰

倚竹齋詞草一卷 (清)丁瀛撰

澼月樓詞稾一卷 (清)孫瀜撰

評花仙館詞

(清)金繩武輯

清咸豐三年(1853)錢塘金氏刊本

泡影集一卷 (清)金繩武撰

曇花集一卷 (清)汪淑娟撰

同聲集

(清)張曜孫輯

清同治中刊本

塔影樓詞一卷 (清)吳廷鈖撰

鹿門詞一卷 (清)王曦撰

玉洤詞一卷 (清)潘曾瑋撰

聽雨詞一卷 (清)汪士進撰

桐華仙館詞一卷 (清)王憲成撰

冰蠶詞一卷 (清)承齡撰

海國歸櫂詞一卷 (清)劉燿椿撰

無著詞一卷 (清)龔自珍撰

梅笙詞一卷附錄一卷 (清)莊士彥撰

淮海秋笳集

(清)李肇增輯

清咸豐十年(1860)遲雲山館刊本

晚翠軒詞一卷 (清)張安保撰

冷灰詞一卷 (清)范凌霻撰

匏瓜室詞一卷 (清)吳熙載撰

梅邊吹笛詞一卷 (清)汪鋆撰

冰持庵詞一卷 (清)李肇增撰

受辛詞一卷 (清)王炎撰

冰甌館詞一卷 (清)張丙炎撰

荳蔻詞一卷 (清)黃涇祥撰

印山堂詞一卷 (清)郭夔撰

雲笙詞一卷 (清)馬汝楫撰

棲雲山館詞一卷 (清)黃錫禧撰

江上維舟詞一卷 (清)姚正鏞撰

附

附錄詞一卷 (清)白桐生撰

綠竹詞

(清)□□輯

清同治中刊本

綠雪館詞鈔一卷 (清)張鴻卓撰

萬竹樓詞選一卷 (清)朱和羲撰

侯鯖詞

(清)吳唐林輯

清光緒十一年(1885)杭州刊本

空一切盦詞一卷 (清)鄧嘉純撰

瓊華室詞一卷 (清)俞廷瑛撰

窺生鐵齋詞一卷 (清)宗山撰

劍虹盦詞一卷 (清)邊保樞撰

横山草堂詞一卷 (清)吳唐林撰

薇省同聲集

(清)彭鑾輯

清光緒十六年(1890)刊本

碧瀣詞二卷 (清)端木埰撰

獨絃詞一卷 (清)許玉瑑撰

衷墨詞一卷　（清）王鵬運撰
新鶯詞一卷　（民國）況周頤撰

三閨媛詞合集

（清）瘦鶴詞人輯
　　鈔本
琴清閣詞一卷　（清）楊芸撰
生香館詞一卷　（清）李佩金撰
茝香詞鈔一卷　（清）顧翎撰

滄江樂府

（民國）錢溯耆輯
　　民國五年（1916）錢溯耆刊本
以恬養智齋詞錄一卷　（清）程庭鷺撰
簫材琴德廬詞稿一卷　（清）朱纛撰
春水船詞鈔一卷　（清）楊敬傳撰
碧梧秋館詞鈔一卷　（清）沈穆孫撰
墨壽閣詞鈔一卷　（清）汪承慶撰
尺雲樓詞鈔一卷　（清）陳升撰
紫芳心館詞一卷　（清）錢恩棨撰

鶯音集

（民國）孫德謙輯
　　民國七年（1918）元和孫氏四益宧排印本
彊邨樂府一卷　（民國）朱孝臧（祖謀）撰
蕙風琴趣一卷　（民國）況周頤撰

三家詞錄

（民國）趙少芬輯
　　民國十年（1921）排印本
倚樓詞一卷　（清）趙植庭撰
曼香書屋詞一卷　（清）呂僑孫撰
句裏詞一卷　（清）方愷撰

徐氏一家詞

（清）徐琪輯
　　清光緒三十四年（1908）刊本
薔葡花館詞一卷補遺一卷　（清）徐鴻謨撰
　　光緒三十四年（1908）刊
蓮因室詞一卷補一卷　（清）鄭蘭孫撰　光
　　緒三十三年（1907）刊
廣小圃詠一卷　（清）徐琪撰　光緒三十四
　　年（1908）刊
玉可盦詞存一卷補一卷　（清）徐琪撰　光
　　緒十三年（1887）刊

三程詞鈔

（民國）程頌萬輯
　　民國十八年（1929）眉山夏忠道排印本
湖天曉角詞二卷　（清）程霖壽撰

牧莊詞三卷　（民國）程頌芬撰
鹿川詞三卷　（民國）程頌萬撰

二張先生詞剩

（民國）陸樹棠輯
　　民國吳江柳氏鈔本
璿甫綺語一卷　（清）張星撰
梅邊吹邃譜一卷　（清）張鏌撰
餅說盦詞一卷　（清）張鏌撰
雙屬玉亭詞一卷　（清）張鏌撰
小嬾嬡詞箋一卷　（清）張星撰

清季四家詞

薛志澤輯
　　民國三十八年（1949）成都薛崇禮堂刊本
半塘定稿一卷　（清）王鵬運撰
樵風樂府二卷　（民國）鄭文焯撰
蕙風詞二卷　（民國）況周頤撰　民國三十
　　八年（1949）刊
彊邨語業三卷　（民國）朱孝臧（祖謀）撰
　　民國三十七年（1948）刊

詞苑英華

（明）毛晉輯
　　明海虞毛氏汲古閣刊清乾隆十七年
　　（1752）曲溪洪振珂重印本
花菴絕妙詞選十卷　（宋）黃昇輯
中興以來絕妙詞選十卷　（宋）黃昇輯
草堂詩餘四卷　（宋）武陵逸史輯
花間集十卷　（後蜀）趙崇祚輯
尊前集二卷　（宋）□□輯
詞林萬選四卷　（明）楊慎輯
詩餘圖譜三卷　（明）張綖輯
秦張兩先生詩餘合璧二卷　（明）王象晉輯
　少游詩餘一卷　（宋）秦觀撰
　南湖詩餘一卷　（明）張綖撰

詞學叢書

（清）秦恩復輯
　　清嘉慶道光間江都秦氏享帚精舍刊本
　　清光緒六年（1880）邗江承啓堂據秦氏版
　　重修印本
樂府雅詞三卷拾遺二卷　（宋）曾慥輯　嘉
　　慶二十一年（1816）刊
陽春白雪八卷外集一卷　（宋）趙聞禮輯
　　道光九年（1829）刊
詞源二卷　（宋）張炎撰　道光八年（1828）
　　重刊
日湖漁唱一卷補遺一卷續補遺一卷　（宋）
　　陳允平撰　道光九年（1829）刊

精選名儒草堂詩餘三卷　（元）鳳林書院輯
　　嘉慶十六年(1811)刊
詞林韻釋一卷　（宋）□□撰　嘉慶十五年
　　(1810)刊

天籟軒五種

（清）葉申薌撰
　　清道光中閩中葉氏天籟軒刊本
天籟軒詞選六卷　（清）葉申薌輯　道光十
　　九年(1839)刊
天籟軒詞譜五卷　詞韻一卷　道光九年
　　(1829)刊詞韻道光十一年(1831)刊
閩詞鈔四卷　（清）葉申薌輯　道光十四年
　　(1834)刊
本事詞二卷　道光十二年(1832)刊
小庚詞存四卷　道光十四年(1834)刊

蒙香室叢書

（民國）馮煦輯
　　清光緒中刊本
唐五代詞選二卷　（清）成肇麐輯　光緒十
　　三年(1887)刊
宋七家詞選七卷　（清）戈載輯　光緒十一
　　年(1885)刊
　　片玉集一卷　（宋）周邦彥撰
　　梅溪詞一卷　（宋）史達祖撰
　　白石道人歌曲一卷　（宋）姜夔撰
　　甲乙丙丁藁一卷　（宋）吳文英撰
　　蘋洲漁笛譜一卷　（宋）周密撰
　　花外集一卷　（宋）王沂孫撰
　　山中白雲詞一卷　（宋）張炎撰
　　附
　　玉田先生樂府指迷一卷　（宋）張炎撰
宋六十家詞選十二卷　（民國）馮煦輯　光
　　緒十三年(1887)刊
蒙香室賦錄二卷　（民國）馮煦撰　光緒十
　　一年(1885)刊

詞話叢編

唐圭璋輯
　　民國二十三年(1934)排印本
碧雞漫志五卷　（宋）王灼撰
能改齋漫錄二卷　（宋）吳曾輯
苕溪漁隱叢話二卷　（宋）胡仔撰
詩人玉屑一卷　（宋）魏慶之撰
浩然齋雅談一卷　（宋）周密撰
詞源二卷　（宋）張炎撰
樂府指迷一卷　（宋）沈義父撰
吳禮部詞話一卷　（元）吳師道撰
詞旨二卷　（元）陸行直撰　（清）胡元儀釋

（民國）陳去病重訂
渚山堂詞話三卷　（明）陳霆撰
弇州山人詞評一卷　（明）王世貞撰
爰園詞話一卷　（明）俞彥撰
詞品六卷拾遺一卷補一卷　（明）楊愼撰
窺詞管見一卷　（清）李漁撰
西河詞話二卷　（清）毛奇齡撰
古今詞論一卷　（清）王又華撰
七頌堂詞繹一卷　（清）劉體仁撰
填詞雜說一卷　（清）沈謙撰
遠志齋詞衷一卷　（清）鄒祇謨撰
花草蒙拾一卷　（清）王士禛撰
皺水軒詞筌一卷　（清）賀裳撰
金粟詞話一卷　（清）彭孫遹撰
古今詞話八卷　（清）沈雄輯　（清）江尚質
　　增輯
御選歷代詩餘話十卷　（清）王奕清等輯
雨村詞話四卷　（清）李調元撰
西圃詞說一卷　（清）田同之撰
銅鼓書堂詞話一卷　（清）查禮撰
雕菰樓詞話一卷　（清）焦循撰
靈芬館詞話二卷　（清）郭麐撰
詞綜偶評一卷　（清）許昂霄撰　（清）張載
　　華輯
介存齋論詞雜著一卷附宋四家詞選目錄序
　　論一卷　（清）周濟撰
詞苑萃編二十四卷　（清）馮金伯輯
本事詞二卷　（清）葉申薌撰
蓮子居詞話四卷　（清）吳衡照撰
樂府餘論一卷　（清）宋翔鳳撰
填詞淺說一卷　（清）謝元淮撰
雙硯齋詞話一卷　（清）鄧廷楨撰
問花樓詞話一卷　（清）陸鎣撰
詞逕一卷　（清）孫麟趾撰
聽秋聲館詞話二十卷　（清）丁紹儀撰
憩園詞話六卷　（清）杜文瀾撰
詞學集成八卷　（清）江順詒輯
賭棋山莊集詞話十二卷續編五卷　（清）謝
　　章鋌撰
蒿庵論詞一卷　（民國）馮煦撰
菌閣瑣談一卷　（民國）沈曾植撰
芬陀利室詞話三卷　（清）蔣敦復撰
詞概一卷　（清）劉熙載撰
白雨齋詞話八卷　（清）陳廷焯撰
譚仲修先生復堂詞話一卷　（清）譚獻撰
　　（民國）徐珂輯
歲寒居詞話一卷　（清）胡薇元撰
論詞隨筆一卷　（清）沈祥龍撰
詞徵六卷　（清）張德瀛輯
褒碧齋詞話一卷　（清）陳銳撰

詞論一卷　(清)張祥齡撰
近詞叢話一卷　(民國)徐珂撰
人間詞話二卷　(民國)王國維撰
詞說一卷　(民國)蔣兆蘭撰
小三吾亭詞話五卷　冒廣生輯
海綃說詞稿一卷　(民國)陳洵撰
粵詞雅一卷　(民國)潘飛聲撰

詞話叢鈔

(民國)況周頤輯　(民國)王文濡增補
　　民國十年(1921)上海大東書局石印本
　　羨園詞話一卷　(明)俞彥撰
　　柳塘詞話四卷　(清)沈雄撰
　　遠志齋詞衷一卷　(清)鄒祇謨撰
　　金粟詞話一卷　(清)彭孫遹撰
　　花草蒙拾一卷　(清)王士禛撰
　　皺水軒詞筌一卷　(清)賀裳撰
　　七頌堂詞繹一卷　(清)劉體仁撰
　　樂府餘論一卷　(清)宋翔鳳撰
　　詞逕一卷　(清)孫麟趾撰
　　芬陀利室詞話三卷　(清)蔣敦復撰

詞學全書

(清)查培繼輯
　　清康熙十八年(1679)刊本
　　清乾隆十一年(1746)序世德堂刊本
　　民國五年(1916)木石山房石印本
　　民國十年(1921)大東書局石印本
　　民國文寶書局石印本
　　填詞名解四卷　(清)毛先舒撰并注
　　古今詞論一卷　(清)王又華撰
　　填詞圖譜六卷續集三卷　(清)賴以邠撰
　　　　(清)查繼超增輯
　　詞韻二卷　(清)仲恆撰
　　附
　　　　古韻通略一卷　(清)柴紹炳撰　(清)毛
　　　　先舒括略并注

詞學小叢書

胡雲翼等輯
　　民國三十五年(1946)上海文力出版社排
　　　　印本
　　唐五代詞選一卷　(民國)謝秋萍輯
　　宋名家詞選二卷　胡雲翼輯
　　清代詞選一卷　胡雲翼輯
　　女性詞選一卷　胡雲翼輯
　　李後主詞一卷　(南唐)李煜撰　胡雲翼
　　　　輯
　　李清照詞一卷　(宋)李清照撰　胡雲翼
　　　　輯

辛棄疾詞一卷　(宋)辛棄疾撰　胡雲翼輯
納蘭性德詞一卷　(清)性德撰　(民國)羅
　　芳洲輯
吳藻詞一卷　(清)吳藻撰　(民國)謝秋萍
　　輯
詞學研究六卷　(民國)羅芳洲撰

戲　　曲

樂府小令

(清)□□輯
　　清雍正中刊本
　　張小山小令二卷　(元)張可久撰
　　喬夢符小令一卷　(元)喬吉撰
　　疑雨集四卷　(清)王彥泓撰
　　板橋道情一卷　(清)鄭燮撰
　　西堂樂府一卷　(清)尤侗撰
　　揚州竹枝詞一卷　(清)董偉業撰
　　葉兒樂府一卷　(清)朱彝尊撰
　　北樂府小令一卷　(清)厲鶚撰

散曲叢刊

任訥輯
　　民國二十年(1931)中華書局排印本
　　樂府新編陽春白雪前集五卷後集五卷補集
　　　　一卷附校記一卷　(元)楊朝英輯
　　　　任訥補并撰校記
　　類聚名賢樂府羣玉五卷附錄一卷　(元)胡
　　　　存善輯　附錄任訥輯
　　東籬樂府一卷附錄一卷　(元)馬致遠撰
　　夢符散曲三卷　(元)喬吉撰
　　　　惺惺道人樂府一卷
　　　　文湖州集詞一卷
　　　　摭遺一卷　任訥輯
　　小山樂府前集今樂府一卷後集蘇隄漁唱一
　　　　卷續集吳鹽一卷別集新樂府一卷外集
　　　　一卷補集一卷　(元)張可久撰　補集
　　　　任訥輯
　　酸甜樂府二卷　(元)貫雲石(元)徐再思撰
　　沜東樂府二卷補遺一卷　(明)康海撰　補
　　　　遺任訥輯
　　王西樓先生樂府一卷　(明)王磐撰
　　唾窗絨一卷　(明)沈仕撰
　　海浮山堂詞稿四卷　(明)馮惟敏撰
　　秋水菴花影集四卷　(明)施紹莘撰
　　清人散曲選刊　任訥輯
　　　　曝書亭集葉兒樂府一卷　(清)朱彝尊撰
　　　　樊榭山房集北樂府小令一卷　(清)厲鶚
　　　　撰
　　　　有正味齋集南北曲一卷　(清)吳錫麒撰

江山風月譜散曲一卷　(清)許光治撰
香銷酒醒曲一卷　(清)趙慶熺撰
附
　洄溪道情一卷　(清)徐大椿撰
中原音韻作詞十法疏證一卷　(元)周德清
　　撰　任訥疏證
散曲概論二卷　任訥撰
曲諧四卷　任訥撰

飲虹簃所刻曲

盧前輯
民國二十五年(1936)金陵盧氏刊本
中州樂府音韻類編一卷附校記一卷　(元)
　卓從之撰　校記盧前撰
自然集一卷　(金)□□撰
雲莊張文忠公休居自適小樂府一卷補遺一
　卷附校記一卷　(元)張養浩撰　校記
　盧前撰
喬夢符小令一卷　(元)喬吉撰
張小山小令二卷　(元)張可久撰
誠齋樂府二卷　(明)朱有燉撰
秋碧樂府一卷　(明)陳鐸撰
黎雲寄傲一卷　(明)陳鐸撰
沜東樂府二卷　(明)康海撰
碧山樂府二卷　(明)王九思撰
雙溪樂府二卷　(明)張錬撰
柏齋先生樂府一卷　(明)何瑭撰
南曲次韻一卷　(明)李開先(明)王九思撰
苑洛集一卷　(明)韓邦奇撰
常評事寫情集二卷　(明)常倫撰
蕭爽齋樂府二卷　(明)金鑾撰
樂府餘音一卷　(明)楊廷和撰
陶情樂府四卷　(明)楊慎撰
楊夫人樂府三卷　(明)黃峨撰
玲瓏倡和一卷　(明)楊慎等撰
鷗園新曲一卷　(明)夏言撰
詞臠一卷　(明)劉效祖撰
蓮湖樂府一卷　(明)夏文範撰
射陽先生曲存一卷　(明)吳承恩撰
筆花樓新聲一卷　(明)顧仲方撰
步雪初聲一卷　(明)張瘦郎撰
鈍吟樂府一卷　(清)馮班撰
黍離續奏一卷　(明)沈自晉撰
越溪新詠一卷　(明)沈自晉撰
不殊堂近草一卷補遺一卷　(明)沈自晉撰

楊升庵夫婦散曲

任訥輯
民國二十三年(1934)商務印書館排印本
民國二十九年(1940)上海中華書局排印

本
陶情樂府四卷拾遺一卷　(明)楊慎撰
楊夫人曲三卷　(明)黃峨撰

秋夜月

(明)燕石居主人輯
民國餐秀簃程氏據燕石居本景印　[輯
新鐫天下時尚南北新調二卷　(明)殷啓聖
精選天下時尚南北徽池雅調二卷　(明)熊
　稔寰輯

古本戲曲叢刊初集

古本戲曲叢刊編刊委員會輯
1954年上海商務印書館景印本
新刊大字魁本全相參增奇妙註釋西廂記二
　卷　(元)王實甫撰　據明弘治十一年
　本景印
重刻元本題評音釋西廂記二卷　(元)王實
　甫撰　據明劉龍田本景印
張深之先生正北西廂秘本五卷　(元)王實
　甫撰　據明崇禎本景印
小孫屠一卷　(□)古杭書會撰　據景鈔永
　樂大典本景印
張協狀元一卷　據景鈔永樂大典本景印
宦門子弟錯立身一卷　(□)古杭才人撰
　　據景鈔永樂大典本景印
新刊元本蔡伯喈琵琶記二卷　(元)高明撰
　　據陸貽典抄校本景印
李卓吾先生批評琵琶記二卷　(元)高明撰
　　據明容與堂本景印
新刊重訂出相附釋標註月亭記二卷　(元)
　施惠撰　據明世德堂本景印
李卓吾先生批評幽閨記二卷　(元)施惠撰
　　據明容與堂本景印
白兔記二卷　(明)□□撰　據明汲古閣本
　景印
新刻出像音註增補劉智遠白兔記二卷
　(明)□□撰　據明富春堂本景印
新刻原本王狀元荊釵記二卷　(明)朱權撰
　　據景鈔明本景印
屠赤水先生批評荊釵記二卷　(明)朱權撰
　　據明本景印
殺狗記二卷　(明)徐㽕撰　據明汲古閣本
　景印
新刊重訂出像附釋標註音釋趙氏孤兒記二
　　卷　(明)□□撰　據明世德堂本景印
新編金童玉女嬌紅記二卷　(明)劉兌撰
　　據日本景印明宣德本景印
楊東來先生批評西游記六卷　(元)吳昌齡
　撰　據日本排印本景印

刻李九我先生批評破窰記二卷 （明）□□
撰 據明本景印

蘇武牧羊記二卷 （明）□□撰 據舊鈔本
景印

新刻出像晉註岳飛破虜東牕記二卷 （明）
□□撰 據明富春堂本景印

韋鳳翔古玉環記二卷 （明）□□撰 據明
本景印

黃孝子傳奇二卷 （明）□□撰 據鈔本景

新鐫圖像晉註周羽敎子尋親記四卷 （明）
□□撰 據明富春堂本景印

新刻全像古城記二卷 （明）□□撰 據明
本景印

新刻出像晉註劉玄德三顧草廬記四卷
（明）□□撰 據明富春堂本景印

重校金印記四卷 （明）蘇復之撰 據明本
景印

新刻出像晉註商輅三元記二卷 （明）沈受
先撰 據明富春堂本景印

馮京三元記二卷 （明）沈受先撰 據汲古
閣本景印

新刻出像晉註花欄南調西廂記二卷 （明）
崔時佩（明）李日華撰 據明富春堂本
景印

新刻出像晉註花欄韓信千金記四卷 （明）
沈采撰 據明富春堂本景印

新刊重訂出相附釋標註裴度香山還帶記二
卷 （明）沈采撰 據明世德堂本景印

新刻出像晉註唐朝張巡許遠双忠記二卷
（明）姚茂良撰 據明富春堂本景印

金丸記二卷 （明）姚茂良撰 據舊鈔本景
印

精忠記二卷 （明）姚茂良撰 據汲古閣本
景印

新刻出像晉註姜詩躍鯉記四卷 （明）陳羆
齋撰 據明富春堂本景印

新刊重訂附釋標註出相伍倫全備忠孝記四
卷 （明）丘濬撰 據明世德堂本景印

新刻魏仲雪先生批評投筆記二卷 （明）丘
濬撰 據明存誠堂本景印 ［印

舉鼎記傳奇二卷 （明）丘濬撰 據鈔本景

重校五倫傳香囊記二卷 （明）邵璨撰 據
明繼志齋本景印

新刻出像晉註薛平遼金貂記四卷 （明）□
撰 據明富春堂本景印

新刊晉註出像韓朋十義記二卷 （明）□□
撰 據明富春堂本景印

新刻出像晉註劉漢卿白蛇記二卷 （明）鄭
國軒撰 據明富春堂本景印

新刻出像晉註何文秀玉釵記四卷 （明）心

一山人撰 據明富春堂本景印

新刻出像晉註蘇英皇后鸚鵡記二卷 （明）
□□撰 據明富春堂本景印

新刻出像晉註薛仁貴跨海征東白袍記二卷
（明）□□撰 據明富春堂本景印

新刻出像晉註韓湘子九度文公昇仙記二卷
（明）□□撰 據明富春堂本景印

玉茗堂批評新著續西廂昇仙記二卷附釋義
二卷 （明）□□撰 據明本景印

新刻全像臙脂記二卷 （明）□□撰 據明
文林閣本景印

怡雲閣浣紗記二卷 （明）梁辰魚撰 據明
本景印

新刻出像晉註釋義王商忠節癸靈廟玉玦記
四卷 （明）鄭若庸撰 據明富春堂本
景印

新編林冲寶劍記二卷 （明）中麓放客（李
開先）撰 據明嘉靖本景印

繡襦記四卷 （明）薛近兗撰 據明本景印

連環記傳奇二卷 （明）王濟撰 據鈔本景
印

新刻玉茗堂批評焚香記二卷 （明）王玉峯
撰 據明本景印

新刊合併陸天池西廂記二卷 （明）陸采撰
據明周居易本景印 ［印

明珠記二卷 （明）陸采撰 據汲古閣本景

懷香記二卷 （明）陸采撰 據汲古閣本景
印

鳴鳳記二卷 （明）王世貞撰 據汲古閣本
景印

紅拂記四卷 （明）張鳳翼撰 據明本景印

新刻出像晉註點板徐孝克孝義祝髮記二卷
（明）張鳳翼撰 據明富春堂本景印

新刊晉註出像齊世子灌園記二卷 （明）張
鳳翼撰 據明富春堂本景印

新刻出像晉註花將軍虎符記二卷 （明）張
鳳翼撰 據明富春堂本景印

重校呂眞人黃粱夢境記二卷 （明）蘇漢英
撰 據明繼志齋本景印

四聲猿四卷 （明）天池生（徐渭）撰 據明
本景印

狂鼓史漁陽三弄一卷
玉禪師翠鄉一夢一卷
雌木蘭替父從軍一卷
女狀元辭凰得鳳一卷

譚友夏批點想當然傳奇二卷 （明）歟思居
士（盧柟）撰 據明本景印

新編目連救母勸善戲文三卷 （明）鄭之珍
撰 據明本景印

新刻出像晉註管鮑分金記四卷 （明）葉良

表撰　據明富春堂本景印
李卓吾先生批評玉合記二卷　(明)梅鼎祚撰　據明容與堂本景印
長命縷二卷　(明)勝樂道人(梅鼎祚)撰　據明本景印　　　　　　　[印
綵毫記二卷　(明)屠隆撰　據汲古閣本景
曇花記二卷　(明)屠隆撰　據明天繪樓本景印
脩文記二卷　(明)屠隆撰　據明本景印
牡丹亭四卷　(明)湯顯祖撰　據明本景印
墨憨齋重定三會親風流夢二卷　(明)湯顯祖撰　(明)龍子猶(馮夢龍)更定　據明墨憨齋本景印
新刻出像點板音註李十郎紫簫記四卷　(明)湯顯祖撰　據明富春堂本景印
柳浪館批評玉茗堂紫釵記二卷　(明)湯顯祖撰　據明柳浪館本景印　　　　[印
邯鄲夢記三卷　(明)湯顯祖撰　據明本景
南柯夢二卷　(明)湯顯祖撰　據明本景印
重校義俠記二卷　(明)沈璟撰　據明繼志齋本景印
桃符記一卷　(明)沈璟撰　據鈔本景印
重校埋劍記二卷　(明)沈璟撰　據明繼志齋本景印
重校雙魚記二卷　(明)沈璟撰　據明繼志齋本景印
新刻博笑記二卷　(明)詞隱先生(沈璟)撰　據明本景印　　　　　　　[印
一種情傳奇二卷　(明)沈璟撰　據鈔本景
新鐫全像藍橋玉杵記二卷　(明)雲水道人(楊之炯)撰　據明萬曆本景印
附
　蓬瀛眞境一卷
　天台奇遇一卷
重校玉簪記二卷　(明)高濂撰　據明繼志齋本景印
節孝記二卷　(明)高濂撰　據明世德堂本景印
　新刊重訂出相附釋標註賦歸記一卷
　新刊重訂出像附釋標註陳情記一卷
玉茗堂批評紅梅記二卷　(明)周朝俊撰　據明本景印　　　　　　　[印
雙珠記二卷　(明)沈鯨撰　據汲古閣本景
鮫綃記二卷　(明)沈鯨撰　據鈔本景印
新刻全像易鞋記二卷　(明)沈鯨撰　據明文林閣本景印
水滸記二卷　(明)許自昌撰　據汲古閣本景印
橘浦記二卷　(明)許自昌撰　據日本景明本景印

玉茗堂批評節俠記二卷　(明)許自昌改訂　據明本景印
新刻出相點板宵光記二卷　(明)徐復祚撰　據明本景印
校正原本紅梨記四卷　(明)陽初子(徐復祚)撰　據明本景印
紅梨花記二卷　(明)□□撰　據明本景印
丹桂記二卷　(明)徐鼒穎刪潤　據明本景印
新編奇遇玉丸記二卷　(明)朱期撰　據明本景印

古本戲曲叢刊二集
古本戲曲叢刊編刊委員會輯
　1954年至1955年上海商務印書館景印本
新刻全像點板張子房赤松記二卷　(明)□□撰　據明文林閣本景印
新刻全象高文舉珍珠記二卷　(明)□□撰　據明文林閣本景印
新刻出像晉註觀世晉修行香山記二卷　(明)羅懋登撰　據明富春堂本景印
新刻全像觀音魚籃記二卷　(明)□□撰　據明文林閣本景印
新刻全像包龍圖公案袁文正還魂記一卷　(明)□□撰　據明文林閣本景印
新刻全像漢劉秀雲臺記二卷　(明)蒲俊卿撰　據明文林閣本景印
新刻出像晉註王昭君出塞和戎記二卷　(明)□□撰　據明富春堂本景印
新刻出像晉註范睢綈袍記四卷　(明)□□撰　據明富春堂本景印
新刊校正全相音釋青袍記二卷　(明)□□撰　據明文林閣本景印
綵樓記一卷　(明)□□撰　據舊鈔本景印
櫻桃夢二卷　(明)陳與郊撰　據明本景印
鸚鵡洲二卷　(明)陳與郊撰　據明本景印
麒麟罽二卷　(明)陳廣野(與郊)撰　據明本景印
靈寶刀二卷　(明)陳與郊撰　據明本景印
獅吼記二卷　(明)汪廷訥撰　據汲古閣本景印
玉茗堂批評種玉記二卷　(明)汪廷訥撰　據明本景印
重訂天書記二卷　(明)汪廷訥撰　據明本景印
三祝記二卷　(明)汪廷訥撰　據明本景印
投桃記二卷　(明)汪廷訥撰　據明本景印
彩舟記二卷　(明)汪廷訥撰　據明本景印
義烈記二卷　(明)汪廷訥撰　據明本景印
八義記二卷　(明)徐元撰　據汲古閣本景

印

新刻五鬧蕉帕記二卷　（明）單本撰　據明
　文林閣本景印

青衫記二卷　（明）顧大典撰　據汲古閣本
　景印

重校錦箋記二卷　（明）周履靖撰　據明繼
　志齋本景印

鸞鎞記二卷　（明）葉憲祖撰　據汲古閣本
　景印

四豔記四卷　（明）謝園外史（葉憲祖）撰
　據明本景印
　　春豔天桃紈扇一卷
　　夏豔碧蓮繡符一卷
　　秋豔丹桂鈿合一卷
　　冬豔素梅玉蟾一卷

新編全像點板寶禹鈞全德記二卷　（明）王
　穉登撰　據明廣慶堂本景印

新鍥重訂出像附釋標註驚鴻記二卷　（明）
　吳世美撰　據明世德堂本景印

重校旗亭記二卷　（明）鄭之文撰　據明繼
　志齋本景印

玉鏡臺記二卷　（明）朱鼎撰　據汲古閣本
　景印

新刻出相點板櫻桃記二卷　（明）史磐撰
　據明本景印

墨憨齋重定夢磊傳奇二卷　（明）史磐撰
　（明）龍子猶（馮夢龍）改定　據明墨憨
　齋本景印

新刻狄梁公返周望雲忠孝記二卷　（明）金
　懷玉撰　據明文林閣本景印

新刻出相雙鳳齊鳴記二卷　（明）陸華甫撰
　據明世德堂本景印　　　　　　　［印］

春蕪記二卷　（明）王錂撰　據汲古閣本景

四喜記二卷　（明）謝讜撰　據汲古閣本景
　印

金蓮記二卷　（明）陳汝元撰　據汲古閣本
　景印　　　　　　　　　　　　　　［印］

龍膏記二卷　（明）楊珽撰　據汲古閣本景

重校韓夫人題紅記二卷　（明）王驥德撰·
　據明繼志齋本景印

新鐫量江記二卷　（明）佘翹撰　據明繼志
　齋本景印

新刻出相音釋點板東方朔偷桃記二卷
　（明）吳德修撰　據明廣慶堂本景印

新鐫武侯七勝記二卷　（明）紀振倫撰　據
　明唐振吾本景印

雙烈記二卷　（明）張四維撰　據汲古閣本
　景印

抄白遍地錦二卷　（明）姚子翼撰　據舊鈔
　本景印

上林春二卷　（明）姚子翼撰　據舊鈔本景
　印

玉茗堂批評異夢記二卷　（明）□□撰　據
　明本景印　　　　　　　　　　　　［印］

泚樓記二卷　（明）玩花主人撰　據明本景

釵釧記二卷　（明）明月榭主人撰　據舊鈔
　本景印

冬青記二卷　（明）卜世臣撰　據明本景印

琴心記二卷　（明）孫柚撰　據汲古閣本景
　印

重校劍俠傳雙紅記二卷　（明）□□撰　據
　明文林閣本景印

重校四美記二卷　（明）□□撰　據明文林
　閣本景印

新刻出相點板八義雙盃記二卷　（明）□□
　撰　據明廣慶堂本景印

鐫新編全像三桂聯芳記二卷　（明）□□撰
　據明德壽堂本景印

續精忠記二卷　（明）湯子垂撰　據舊鈔本
　景印

新編全相點板西湖記二卷　（明）□□撰
　據明唐振吾本景印

鐫唐章狀元自製箜篌記二卷　（明）□□撰
　據明本景印

新編孔夫子周遊列國大成麒麟記二卷
　（明）寰宇顯聖公撰　據明本景印

墨憨齋詳定酒家傭傳奇二卷　（明）陸弼
　（明）欽虹江撰　（明）龍子猶（馮夢龍）
　改定　據明墨憨齋本景印

墨憨齋新定灑雪堂傳奇二卷　（明）梅孝己
　撰　（明）龍子猶（馮夢龍）改定　據明
　墨憨齋本景印

墨憨齋新訂精忠旗傳奇二卷　（明）李梅實
　撰　（明）龍子猶（馮夢龍）改定　據明
　墨憨齋本景印

譚友夏鍾伯敬先生批評綰春園傳奇二卷
　（明）沈字牛撰　據明本景印

新鐫節義鴛鴦塚嬌紅記二卷　（明）孟稱舜
　撰　據明本景印

張玉娘閨房三清鸚鵡墓貞文記二卷　（明）
　孟稱舜撰　據明本景印

小青娘風流院傳奇二卷　（明）不可解人
　（朱宗藩）撰　據明德聚堂本景印

青虹嘯傳奇二卷　（明）鄭玉卿撰　據鈔本
　景印

厓山烈傳奇二卷　（明）朱九經撰　據舊鈔
　本景印

望湖亭記二卷　（明）鞠通生（沈自晉）撰
　據明本景印　　　　　　　　　　　［印］

翠屏山二卷　（明）沈自晉撰　據舊鈔本景

全本千祥記二卷　(明)無心子撰　據舊鈔本景印

荷花蕩(一名斐堂戲墨蓮盟)二卷　(明)擷芳主人(馬佶人)撰　據明本景印

十錦塘一卷　(明)馬佶人撰　據舊鈔本景印

東郭記二卷　(明)白雪樓主人(孫仁孺)撰　據明本景印

醉鄉記二卷　(明)白雪樓主人(孫仁孺)撰　據明本景印

墨憨齋重定雙雄傳奇(一名善惡圖)二卷　(明)龍子猶(馮夢龍)撰　據明墨憨齋本景印

墨憨齋訂定萬事足傳奇二卷　(明)龍子猶(馮夢龍)撰　據明墨憨齋本景印

評點鳳求凰二卷　(明)澹慧居士撰　據明本景印

喜逢春二卷　(明)清嘯生撰　據明本景印

鴛鴦縧傳奇二卷　(明)海來道人撰　據明本景印

泊菴芙蓉影二卷　(明)西泠長撰　據明本景印

花筵賺二卷　(明)荀鴨(范文若)撰　據明本景印

鴛鴦棒二卷　(明)荀鴨(范文若)撰　據明本景印

夢花酣二卷　(明)荀鴨(范文若)撰　據明本景印

懷遠堂批點燕子箋二卷　(明)百子山樵(阮大鋮)撰　據明本景印

詠懷堂新編十錯認春燈謎記二卷　(明)百子山樵(阮大鋮)撰　據明本景印

詠懷堂新編勘蝴蝶雙金榜記二卷　(明)百子山樵(阮大鋮)撰　據明本景印

遙集堂新編馬郎俠牟尼合記二卷　(明)百子山樵(阮大鋮)撰　據明本景印

劍嘯閣自訂西樓夢傳奇二卷　(清)幔亭峯歌者(袁于令)撰　據明劍嘯閣本景印

劍嘯閣鸚鵡衾記二卷　(清)幔亭歌者(袁于令)撰　據明劍嘯閣本景印

明月環傳奇二卷　(明)西湖居士撰　據明本景印

詩賦盟傳奇二卷　(明)西湖居士撰　據明本景印

靈犀錦傳奇二卷　(明)西湖居士撰　據明本景印

鬱輪袍傳奇二卷　(明)西湖居士撰　據明本景印

金鈿盒傳奇二卷　(明)湖隱居士撰　據明本景印

桃林賺傳奇二卷　(明)□□撰　據舊鈔本景印

元宵鬧傳奇二卷　(明)李素甫撰　據鈔本景印

新鐫磨忠記二卷　(明)闇甫撰　據明本景印

滑稽館新編三報恩傳奇二卷　(明)姑蘇第二狂筆(畢魏)撰　據明本景印　　[印]

竹葉舟傳奇二卷　(明)畢魏撰　據鈔本景印

古本戲曲叢刊三集

古本戲曲叢刊編輯委員會輯
1957年文學古籍刊行社景印本　　[印]

五福記二卷　(明)鄭若庸撰　據舊鈔本景印

竊符記二卷　(明)張鳳翼撰　據舊鈔本景印

重校十無端巧合紅蒗記二卷　(明)沈璟撰　據明本景印　　[印]

金鎖記二卷　(明)葉憲祖撰　據舊鈔本景印

投梭記二卷　(明)徐復祚撰　據汲古閣本景印

靈犀佩傳奇二卷　(明)許自昌撰　據鈔本景印

新刻宋璟鶼釵記二卷　(明)史磐撰　據明本景印

新鐫二胥記二卷　(明)臥雲子(孟稱舜)撰　據鈔本景印　　[印]

雙蠐璧二卷　(明)鄒玉卿撰　據舊鈔本景印

筆耒齋訂定二奇緣傳奇二卷　(明)許恆撰　據明崇禎本景印

弄珠樓二卷　(明)王异撰　據明凝瑞堂本景印

識閒堂第一種酥酥西廂二卷　(明)研雪子(周公魯)撰　據明本景印

蝴蝶夢二卷　(明)謝國撰　據明本景印

綠牡丹傳奇二卷　(明)粲花主人(吳炳)撰　據明本景印

療妒羹記二卷　(明)粲花主人(吳炳)撰　據明本景印

西園記二卷　(明)粲花主人(吳炳)撰　據明本景印

畫中人傳奇二卷　(明)粲花主人(吳炳)撰　據明本景印

情郵傳奇二卷　(明)粲花主人(吳炳)撰　據明本景印

紅情言二卷　(明)王翊撰　據清本景印

景園記傳奇二卷　(明)王元壽撰　據鈔本景印

新刻回春記一卷　(明)朱葵心撰　據明本景印

三祝記二卷　(明)其滄撰　據明本景印

吐絨記二卷 （明）□□撰 據鈔本景印

羅衫記傳奇二卷 （明）□□撰 據鈔本景印

衣珠記二卷 （明）□□撰 據舊鈔本景印

倒浣紗傳奇二卷 （明）□□撰 據鈔本景印

金花記傳奇二卷 （明）□□撰 據鈔本景

錦蒲圍二卷 （清）吳龐撰 據舊鈔本景印

一笠庵新編一捧雪傳奇二卷 （清）蘇門嘯侶（李玉）撰 據明崇禎本景印

一笠庵新編人獸關傳奇二卷 （清）蘇門嘯侶（李玉）撰 據明崇禎本景印

一笠庵新編永團圓傳奇二卷 （清）蘇門嘯侶（李玉）撰 據明崇禎本景印

一笠庵新編占花魁傳奇二卷 （清）蘇門嘯侶（李玉）撰 據明崇禎本景印

牛頭山二卷 （清）李玉撰 據舊鈔本景印

太平錢二卷 （清）李玉撰 據舊鈔本景印

一笠庵新編眉山秀傳奇二卷 （清）李玉撰 據清順治本景印

一笠庵新編兩鬚眉傳奇二卷 （清）蘇門嘯侶（李玉）撰 據清順治本景印

一笠庵彙編清忠譜傳奇二卷 （清）李玉撰 據清順治本景印

千鍾祿二卷 （清）李玉撰 據舊鈔本景印

萬里圓二卷 （清）李玉撰 據舊鈔本景印

麒麟閣四卷 （清）李玉撰 據舊鈔本景印

意中人二卷 （清）李玉撰 據舊鈔本景印

秣陵春傳奇(一名雙影記)二卷 （清）灌隱主人（吳偉業）撰 據清順治本景印

英雄概傳奇二卷 （清）葉稚斐撰 據鈔本景印 [印]

琥珀匙二卷 （清）葉稚斐撰 據舊鈔本景印

瓔珞會二卷 （清）朱佐朝撰 據舊鈔本景印

乾坤嘯二卷 （清）朱佐朝撰 據舊鈔本景印

艷雲亭二卷 （清）朱佐朝撰 據舊鈔本景印

懷古堂新編後漁家樂傳奇二卷 （清）朱佐朝撰 據舊鈔本景印 [印]

御雪豹二卷 （清）朱佐朝撰 據舊鈔本景印

血影石傳奇二卷 （清）朱佐朝撰 據舊鈔本景印 [印]

軒轅鏡一卷 （清）朱佐朝撰 據舊鈔本景印

石麟鏡二卷 （清）朱佐朝撰 據舊鈔本景印 [印]

五代榮二卷 （清）朱佐朝撰 據舊鈔本景印

朝陽鳳二卷 （清）朱佐朝(一題朱㿆)撰 據舊鈔本景印 [印]

吉慶圖一卷 （清）朱佐朝撰 據舊鈔本景印

奪秋魁一卷 （清）朱佐朝撰 據舊鈔本景印 [印]

雙和合二卷 （清）朱佐朝撰 據舊鈔本景印

雙和合一卷 （清）□□撰 據舊鈔本景印

未央天傳奇二卷 （清）朱素臣(㿆)撰 據舊鈔本景印

十五貫二卷 （清）朱㿆撰 據舊鈔本景印

聚寶盆一卷 （清）朱㿆撰 據舊鈔本景印

新編龍鳳錢二卷 （清）朱㿆撰 據舊鈔本景印

秦樓月二卷 （清）朱素臣(㿆)撰 據清刊本景印

附

二分明月集一卷附名媛題咏 （清）陳棐素撰

翡翠園二卷 （清）朱㿆撰 據清刊本景印

錦衣歸二卷 （清）朱㿆撰 據清刊本景印

萬年觴二卷 （清）朱㿆撰 據清刊本景印

龍燈賺二卷 （清）朱雲從撰 據清刊本景印

御袍恩二卷 （清）邱園撰 據舊鈔本景印

黨人碑一卷 （清）邱園撰 據舊鈔本景印

幻緣箱傳奇一卷 （清）邱園撰 據舊鈔本景印

天馬媒二卷 （清）劉方撰 據民國暖紅室本景印

倒鴛鴦傳奇二卷 （清）簡社主人(朱英)撰 據清順治本景印 [印]

玉鴛鴦三卷 （清）周坦綸撰 據舊鈔本景印

醉菩提傳奇二卷 （清）張大復撰 據鈔本景印

重重喜傳奇二卷 （清）張大復撰 據鈔本景印 [印]

雙福壽二卷 （清）張大復撰 據舊鈔本景印

吉祥兆二卷 （清）張大復撰 據舊鈔本景印

金剛鳳傳奇二卷 （清）張大復撰 據稿本景印 [印]

快活三二卷 （清）張大復撰 據舊鈔本景印

紫瓊瑤二卷 （清）張大復撰 據舊鈔本景印 [印]

釣魚船二卷 （清）張大復撰 據舊鈔本景印

如是觀二卷 （清）張大復撰 據舊鈔本景印 [印]

海潮音二卷 （清）張大復撰 據舊鈔本景印

讀書聲二卷 （清）張大復撰 據舊鈔本景印

人中龍傳奇二卷 （清）盛際時撰 據鈔本景印

新編臙脂雪傳奇二卷 （清）盛際時撰 據

舊鈔本景印　　　　　　　　［印

雙冠誥二卷　（清）陳二白撰　據舊鈔本景

稱人心二卷　（清）陳二白撰　據舊鈔本景
　　印

長生樂二卷　（清）張勻撰　據舊鈔本景印

金瓶梅二卷　（清）鄭小白撰　據舊鈔本景
　　印　　　　　　　　　　　　　　　　［印

非非想二卷　（清）王續古撰　據舊鈔本景
　　印

秋虎丘二卷　（清）王鑨撰　據清康熙本景
　　印

雙蝶夢二卷　（清）王鑨撰　據清刊本景印

紅羅鏡一卷　（清）傅山撰　據排印本景印

新編磨塵鑑二卷　（清）桃渡學者（鈕格）撰
　　據鈔本景印　　　　　　　　　　　　［印

纏幃燈傳奇二卷　（清）孫韶撰　據稿本景

新編雙魚珮傳奇二卷　（清）雪厓嘯侶（孫
　　郁）撰　據稿本景印

天寶曲史二卷　（清）蘇門嘯侶（孫郁）撰
　　據稿本景印

夏爲堂人天樂傳奇二卷　（清）笑蒼道人
　　（黃周星）撰　據清刊本景印

鴛鴦夢傳奇二卷　（清）探芝客撰　據清刊
　　本景印

古本戲曲叢刊四集

古本戲曲叢刊編輯委員會輯

　　1958年上海商務印書館景印本　　　［印

元刊雜劇三十種　（元）□□輯　據元本景

大都新編關張雙赴西蜀夢一卷　（元）關
　　漢卿撰

新刊關目閨怨佳人拜月亭一卷　（元）關
　　漢卿撰

古杭新刊的本關大王單刀會一卷　（元）
　　關漢卿撰

新刊關目詐妮子調風月一卷　（元）關漢
　　卿撰

新刊關目好酒趙元遇上皇一卷　（元）高
　　文秀撰

大都新編楚昭王疎者下船一卷　（元）鄭
　　廷玉撰

新刊關目看錢奴買冤家債主一卷　（元）
　　鄭廷玉撰

新刊的本泰華山陳摶高臥一卷　（元）馬
　　致遠撰

新栞關目馬丹陽三度任風子一卷　（元）
　　馬致遠撰

新刊的本散家財天賜老生兒一卷　（元）
　　武漢臣撰

古杭新刊的本尉遲恭三奪槊一卷　（元）
　　尚仲賢撰

新刊關目漢高皇濯足氣英布一卷　（元）
　　尚仲賢撰

趙氏孤兒一卷　（元）紀君祥撰

古杭新刊的本關目風月紫雲庭一卷
　　（元）石君寶撰

大都新編關目公孫汗衫記一卷　（元）張
　　國賓撰

新刊的本薛仁貴衣錦還鄉一卷　（元）張
　　國賓撰

新刊關目張鼎智勘魔合羅一卷　（元）孟
　　漢卿撰

古杭新刊關目的本李太白貶夜郎一卷
　　（元）王伯成撰

新編岳孔目借鐵拐李還魂一卷　（元）岳
　　伯川撰

新編關目晉文公火燒介子推一卷　（元）
　　狄君厚撰

大都新刊關目的本東窗事犯一卷　（元）
　　金仁傑（一題孔學詩）撰　　　　　　［撰

古杭新刊關目霍光鬼諫一卷　（元）楊梓

新刊死生交范張雞黍一卷　（元）宮天挺
　　撰

新刊關目嚴子陵垂釣七里灘一卷　（元）
　　宮天挺撰

古杭新刊關目輔成王周公攝政一卷
　　（元）鄭光祖撰

新栞關目全蕭何追韓信一卷　（元）金仁
　　傑撰

新刊關目陳季卿悟道竹葉舟一卷　（元）
　　范康撰

新刊關目諸葛亮博望燒屯一卷　（元）□
　　□撰

新編足本關目張千替殺妻一卷　（元）□
　　□撰

古杭新刊小張屠焚兒救母一卷　（元）□
　　□撰

古雜劇　（明）王驥德輯　據明萬曆中顧曲
　　齋本景印

望江亭中秋切鱠旦一卷　（元）關漢卿撰

溫太眞玉鏡臺一卷　（元）關漢卿撰

白敏中偸梅香一卷　（元）鄭光祖撰

錢大尹智勘緋衣夢一卷　（元）關漢卿撰

玉簫女兩世姻緣一卷　（元）喬吉撰

江州司馬青衫淚一卷　（元）馬致遠撰

洞庭湖柳毅傳書一卷　（元）尚仲賢撰

李太白匹配金錢記一卷　（元）喬吉撰

李亞仙花酒曲江池一卷　（元）石君寶撰

蕭淑蘭情寄菩薩蠻一卷　（明）賈仲名撰

迷青瑣倩女離魂一卷　（元）鄭光祖撰

杜蘂娘智賞金線池一卷　（元）關漢卿撰

臨江驛瀟湘夜雨一卷　(元)楊顯之撰	同樂院燕青博魚一卷　(元)李文蔚撰
荆楚臣重對玉梳一卷　(明)賈仲名撰	破苻堅蔣神靈應一卷　(元)李文蔚撰
李雲英風送梧桐葉一卷　(元)喬吉(一	莊周夢蝴蝶一卷　(元)史樟撰
題明李唐賓)撰	張孔目智勘魔合羅一卷　(元)孟漢卿撰
漢元帝孤鴈漢宮秋一卷　(元)馬致遠撰	陶學士醉寫風光好一卷　(元)戴善夫撰
唐明皇秋夜梧桐雨一卷　(元)白樸撰	東堂老勸破家子弟一卷　(元)秦簡夫撰
秦脩然竹塢聽琴一卷　(元)石子章撰	孝義士趙禮讓肥一卷　(元)秦簡夫撰
宋太祖龍虎風雲會一卷　(元)羅貫中撰	陶母剪髮待賓一卷　(元)秦簡夫撰
謝金蓮詩酒紅梨花一卷　(元)張壽卿撰	宋上皇御斷金鳳釵一卷　(元)鄭廷玉撰
脈望館鈔校本古今雜劇　(明)趙琦美輯	布袋和尚忍字記一卷　(元)鄭廷玉撰
據趙氏稿本景印	楚昭公疎者下船一卷　(元)鄭廷玉撰
孤鴈漢宮秋一卷　(元)馬致遠撰	看財奴買冤家債主一卷　(元)鄭廷玉撰
馬丹陽三度任風子一卷　(元)馬致遠撰	包龍圖智勘後庭花一卷　(元)鄭廷玉撰
呂洞賓三醉岳陽樓一卷　(元)馬致遠撰	斷冤家債主一卷　(元)鄭廷玉撰
江州司馬青衫淚一卷　(元)馬致遠撰	宋太祖龍虎風雲會一卷　(元)羅貫中撰
半夜雷轟薦福碑一卷　(元)馬致遠撰	諸葛亮博望燒屯一卷　(元)□□撰
西華山陳摶高臥一卷　(元)馬致遠撰	龐涓夜走馬陵道一卷　(元)□□撰
孟浩然踏雪尋梅一卷　(元)馬致遠撰	忠義士豫讓吞炭一卷　(元)楊梓撰
開壇闡敎黃粱夢一卷　(元)馬致遠撰	錦雲堂美女連環記一卷　(元)□□撰
蘇子瞻風雪貶黃州一卷　(元)費唐臣撰	蘇子瞻醉寫赤壁賦一卷　(元)□□撰
四丞相歌舞麗春堂一卷　(元)王實甫撰	鄭月蓮秋夜雲窗夢一卷　(元)□□撰
呂蒙正風雪破窰記一卷　(元)王實甫撰	王月英元夜留鞋記一卷　(元)□□撰
死生交范張雞黍一卷　(元)宮天挺撰	河南府張鼎勘頭巾一卷　(元)孫仲章撰
杜蘂娘智賞金線池一卷　(元)關漢卿撰	硃砂擔滴水浮漚記一卷　(元)□□撰
劉夫人慶賞五侯宴一卷　(元)關漢卿撰	貨郎旦一卷　(元)□□撰
單刀會一卷　(元)關漢卿撰	敬德不伏老一卷　(元)楊梓撰
趙盼兒風月救風塵一卷　(元)關漢卿撰	施仁義劉弘嫁婢一卷　(元)□□撰
溫太眞玉鏡臺一卷　(元)關漢卿撰	劉千病打獨角牛一卷　(元)□□撰
望江亭中秋切鱠旦一卷　(元)關漢卿撰	斷殺狗勸夫一卷　(元)蕭德祥撰
錢大尹智寵謝天香一卷　(元)關漢卿撰	大婦小妻還牢末一卷　(元)李致遠撰
鄧夫人苦痛哭存孝一卷　(元)關漢卿撰	講陰陽八卦桃花女一卷　(元)王曄撰
錢大尹智勘緋衣夢一卷　(元)關漢卿撰	玎玎璫璫盆兒鬼一卷　(元)□□撰
包待制三勘蝴蝶夢一卷　(元)關漢卿撰	劉玄德醉走黃鶴樓一卷　(元)朱凱撰
感天動地竇娥冤一卷　(元)關漢卿撰	王清庵錯送鴛鴦被一卷　(元)□□撰
山神廟裴度還帶一卷　(元)關漢卿撰	關雲長千里獨行一卷　(元)□□撰
尉遲恭單鞭奪槊一卷　(元)關漢卿撰	孟光女舉案齊眉一卷　(元)□□撰
狀元堂陳母敎子一卷　(元)關漢卿撰	存孝打虎一卷　(元)□□撰
唐明皇秋夜梧桐雨一卷　(元)白樸撰	狄青復奪衣襖車一卷　(元)□□撰
董秀英花月東墻記一卷　(元)白樸撰	摩利支飛刀對箭一卷　(元)□□撰
裴少俊墻頭馬上一卷　(元)白樸撰	降桑椹蔡順奉母一卷　(元)劉唐卿撰
保成公徑赴澠池會一卷　(元)高文秀撰	羅李郎大鬧相國寺一卷　(元)張國賓撰
好酒趙元遇上皇一卷　(元)高文秀撰	馬丹陽度脫劉行首一卷　(元)楊景賢撰
劉玄德獨赴襄陽會一卷　(元)高文秀撰	閙閣舞射柳蕤丸記一卷　(元)□撰
立成湯伊尹耕莘一卷　(元)鄭光祖撰	百花亭一卷　(元)□□撰
鍾離春智勇定齊一卷　(元)鄭光祖撰	龍濟山野猿聽經一卷　(元)□□撰
㑳梅香騙翰林風月一卷　(元)鄭光祖撰	二郎神醉射鎖魔鏡一卷　(元)□□撰
醉思鄉王粲登樓一卷　(元)鄭光祖撰	漢鍾離度脫藍采和一卷　(元)□□撰
迷青瑣倩女離魂一卷　(元)鄭光祖撰	李雲英風送梧桐葉一卷　(明)李唐賓撰
虎牢關三戰呂布一卷　(元)鄭光祖撰	趙匡義智娶符金錠一卷　(元)□□撰
張子房圯橋進履一卷　(元)李文蔚撰	包待制智賺生金閣一卷　(元)武漢臣撰

包待制智斬魯齋郎一卷　（元）關漢卿撰
張公藝九世同居一卷　（元）□□撰
月明和尚度柳翠一卷　（元）李壽卿撰
獨步大羅天一卷　（明）丹丘先生（朱權）撰
卓文君私奔相如一卷　（明）丹丘先生（朱權）撰
劉晨阮肇誤入天台一卷　（明）王子一撰
黃廷道夜走流星馬一卷　（明）黃元吉撰
呂洞賓三度城南柳一卷　（明）谷子敬撰
鐵拐李度金童玉女一卷　（明）賈仲名撰
呂洞賓桃柳昇仙夢一卷　（明）賈仲名撰
蕭淑蘭情寄菩薩蠻一卷　（明）賈仲名撰
荊楚臣重對玉梳一卷　（明）賈仲名撰
翠紅鄉兒女兩團圓一卷　（明）楊文奎撰
洞天玄記一卷　（明）楊愼撰
司馬入相傳奇一卷　（明）桑紹良撰
灌將軍使酒罵座記一卷　（明）斛園居士（葉憲祖）撰
金翠寒衣記一卷　（明）斛園居士（葉憲祖）撰
漁陽三弄一卷　（明）徐渭撰
玉通和尚罵紅蓮一卷　（明）□□撰
木蘭女一卷　（明）徐渭撰
黃崇嘏女狀元一卷　（明）徐渭撰
僧尼共犯傳奇一卷　（明）馮惟敏撰
東華仙三度十長生一卷　（明）朱有燉撰
羣仙慶壽蟠桃會一卷　（明）朱有燉撰
呂洞賓花月神仙會一卷　（明）朱有燉撰
惠禪師三度小桃紅一卷　（明）朱有燉撰
張天師明斷辰鉤月一卷　（明）朱有燉撰
洛陽風月牡丹仙一卷　（明）朱有燉撰
清河縣繼母大賢一卷　（明）朱有燉撰
趙貞姬身後團圓夢一卷　（明）朱有燉撰
劉盼春守志香囊怨一卷　（明）朱有燉撰
李亞仙花酒曲江池一卷　（明）朱有燉撰
紫陽仙三度常椿壽一卷　（明）朱有燉撰
福祿壽仙官慶會一卷　（明）朱有燉撰
十美人慶賞牡丹園一卷　（明）朱有燉撰
善知識苦海回頭一卷　（明）朱有燉撰
瑤池會八仙慶壽一卷　（明）朱有燉撰
黑旋風仗義疏財一卷　（明）朱有燉撰
伍子胥鞭伏柳盜跖一卷
十八國臨潼鬥寶一卷
田穰苴伐晉興齊一卷
後七國樂毅圖齊一卷
吳起敵秦掛帥印一卷
守貞節孟母三移一卷
漢公卿衣錦還鄉一卷
運機謀隨何騙英布一卷

隨何賺風魔蒯徹一卷
韓元帥暗度陳倉一卷
司馬相如題橋記一卷
馬援撾打聚獸牌一卷
雲臺門聚二十八將一卷
漢姚期大戰邳全一卷
孝義士趙禮讓肥一卷　（元）秦簡夫撰
寇子翼定時捉將一卷　（明）□□撰
鄧禹定計捉彭寵一卷
十樣錦諸葛論功一卷
曹操夜走陳倉路一卷
陽平關五馬破曹一卷
走鳳雛龐掠四郡一卷
周公瑾得志娶小喬一卷
張翼德單戰呂布一卷
莽張飛大鬧石榴園一卷
關雲長單刀劈四寇一卷
壽亭侯怒斬關平一卷
關雲長大破蚩尤一卷
劉關張桃園三結義一卷
張翼德三出小沛一卷
張翼德大破杏林莊一卷
陶淵明東籬賞菊一卷
長安城四馬投唐一卷
立功勳慶賞端陽一卷
賢達婦龍門隱秀一卷
招涼亭賈島破風詩一卷
衆僚友喜賞浣花溪一卷
魏徵改詔風雲會一卷
程咬金斧劈老君堂一卷　（元）鄭光祖撰
徐茂公智降秦叔寶一卷
小尉遲將鬥將認父一卷
尉遲恭鞭打單雄信一卷
十八學士登瀛洲一卷
唐李靖陰山破虜一卷
李嗣源復奪紫泥宣一卷
飛虎峪存孝打虎一卷　（元）陳以仁撰
壓關樓疊掛午時牌一卷
存仁心曹彬下江南一卷
八大王開詔救忠臣一卷
楊六郎調兵破天陣一卷
焦光贊活拏蕭天佑一卷
宋大將岳飛精忠一卷
十探子大鬧延安府一卷
張于湖誤宿女眞觀一卷
女學士明講春秋一卷
趙匡胤打董達一卷
穆陵關上打韓通一卷
相國寺公孫汗衫記一卷　（元）張國賓撰
海門張仲村樂堂一卷

王閨香夜月四春園一卷　(元)關漢卿撰
女姑姑說法陞堂記一卷
清廉官長勘金環一卷
雷澤遇仙記一卷　(明)□□撰
若耶溪漁樵閑話一卷
徐伯株貧富興衰記一卷
薛包認母一卷
認金梳孤兒尋母一卷
四時花月賽嬌容一卷　(明)朱有燉撰
王文秀渭塘奇遇記一卷
月夜淫奔記一卷　(明)□□撰
風月南牢記一卷　(明)□□撰
秦月娥誤失金環記一卷
釋迦佛雙林坐化一卷　(明)□□撰
觀音菩薩魚籃記一卷　(明)□□撰
許真人拔宅飛昇一卷　(明)□□撰
孫真人南極登仙會一卷　(明)□□撰
呂翁三化邯鄲店一卷　(明)□□撰
呂純陽點化度黃龍一卷　(明)□□撰
邊洞玄慕道昇仙一卷　(明)□□撰
李雲卿得悟昇真一卷　(明)□□撰
王蘭卿真烈傳一卷　(明)康海撰
太平仙記一卷　(明)陳自得撰
瘸李岳詩酒翫江亭一卷　(元)戴善夫撰
太乙仙夜斷桃符記一卷　(明)□□撰
南極星度脫海棠仙一卷　(明)朱有燉撰
張天師斷風花雪月一卷　(元)吳昌齡撰
時真人四聖鎖白猿一卷　(明)□□撰
猛烈那吒三變化一卷　(明)□□撰
二郎神鎖齊天大聖一卷　(明)□□撰
灌口二郎斬健蛟一卷　(明)□□撰
二郎神射鎖魔鏡一卷
魯智深喜賞黃花峪一卷
梁山五虎大劫牢一卷
梁山七虎鬧銅臺一卷
王矮虎大鬧東平府一卷
宋公明排九宮八卦陣一卷
黑旋風雙獻功一卷　(元)高文秀撰
奉天命三保下西洋一卷　(明)□□撰
寶光殿天真祝萬壽一卷　(明)教坊編演
衆聖仙慶賞蟠桃會一卷　(明)教坊編演
祝聖壽金母獻蟠桃一卷　(明)教坊編演
降丹墀三聖慶長生一卷　(明)教坊編演
衆神聖慶賀元宵節一卷　(明)教坊編演
祝聖壽萬國來朝一卷　(明)教坊編演
爭玉板八仙過滄海一卷　(明)教坊編演
慶豐年五鬼鬧鍾馗一卷　(明)教坊編演
河嵩神靈芝慶壽一卷　(明)教坊編演
慶賀長春節一卷　(明)教坊編演
賀萬壽五龍朝聖一卷　(明)教坊編演

衆天仙慶賀長生會一卷　(明)教坊編演
慶冬至共享太平宴一卷　(明)教坊編演
賀昇平羣仙祝壽一卷　(明)教坊編演
慶千秋金母賀延年一卷　(明)教坊編演
廣成子祝賀齊天壽一卷　(明)教坊編演
黃眉翁賜福上延年一卷　(明)教坊編演
感天地羣仙朝聖一卷　(明)教坊編演
古名家雜劇　(明)陳與郊輯　據明萬曆本
　景印
尉遲恭單鞭奪槊一卷　(元)尚仲賢撰
杜牧之詩酒揚州夢一卷　(元)喬吉撰
玉簫女兩世姻緣一卷　(元)喬吉撰
李太白匹配金錢記一卷　(元)喬吉撰
鄭孔目風雪酷寒亭一卷　(元)楊顯之撰
大婦小妻還牢末一卷　(元)馬致遠撰
謝金蓮詩酒紅梨花一卷　(元)張壽卿撰
秦脩然竹塢聽琴一卷　(元)石子章撰
劉晨阮肇誤入天台一卷　(明)王子一撰
帝妃春遊一卷　(明)程士廉撰
雜劇選　(明)息機子輯　據明萬曆二十六
　年本景印
西華山陳摶高臥一卷　(元)馬致遠撰
玉簫女兩世姻緣一卷　(元)喬吉撰
須賈誶范睢一卷　(元)高文秀撰
宋太祖龍虎風雲會一卷　(元)羅貫中撰
呂洞賓三度城南柳一卷　(明)谷子敬撰
包待制智賺合同文字一卷　(元)□□撰
薩真人夜斷碧桃花一卷　(元)□□撰
月明和尚度柳翠一卷　(元)李壽卿撰
玉清庵錯送鴛鴦被一卷　(元)□□撰
李素蘭風月玉壺春一卷　(元)武漢臣撰
王鼎臣風雪漁樵記一卷　(元)□□撰
陽春奏三種　(明)黃正位輯　據明萬曆三
　十七年本景印
陶學士醉寫風光好一卷　(元)戴善夫撰
宋太祖龍虎風雲會一卷　(元)羅貫中撰
西華山陳摶高臥一卷　(元)馬致遠撰
元明雜劇四種　(明)□□輯　據明萬曆本
　景印　　　　　　　　　　　　　　　[撰
新鐫半夜雷轟薦福碑一卷　(元)馬致遠
新鐫唐明皇秋夜梧桐雨一卷　(元)白樸
　撰　　　　　　　　　　　　　　　　[撰
新鐫杜牧之詩酒揚州夢一卷　(元)喬吉
新鐫鐵拐李度金童玉女一卷　(明)賈仲
　名撰
古今名劇合選　(明)孟稱舜輯　據明崇禎
　六年本景印
新鐫古今名劇柳枝集
　倩女離魂一卷　(元)鄭光祖撰
　翰林風月一卷　(元)鄭光祖撰

青衫淚一卷　（元）馬致遠撰
兩世姻緣一卷　（元）喬吉撰
詩酒揚州夢一卷　（元）喬吉撰
金錢記一卷　（元）喬吉撰
玉鏡臺一卷　（元）關漢卿撰
智賞金線池一卷　（元）關漢卿撰
墻頭馬上一卷　（元）白樸撰
秋夜瀟湘雨一卷　（元）楊顯之撰
詩酒紅梨花一卷　（元）張壽卿撰
張生煮海一卷　（元）李好古撰
二郎收猪八戒一卷　（元）吳昌齡撰
竹塢聽琴一卷　（元）石子章撰
柳毅傳書一卷　（元）尙仲賢撰
月明和尙度柳翠一卷　（元）李壽卿撰
悞入桃源一卷　（明）王子一撰
三度城南柳一卷　（明）谷子敬撰
重對玉梳記一卷　（明）賈仲名撰
蕭淑蘭一卷　（明）賈仲名撰
三度小桃紅一卷　（明）朱有燉撰
春風慶朔堂一卷　（明）朱有燉撰
風月牡丹僊一卷　（明）朱有燉撰
泣賦眼兒媚一卷　（明）孟稱舜撰
桃源三訪一卷　（明）孟稱舜撰
花前一笑一卷　（明）孟稱舜撰
新鐫古今名劇酹江集
孤雁漢宮秋一卷　（元）馬致遠撰
三渡任風子一卷　（元）馬致遠撰
雷轟薦福碑一卷　（元）馬致遠撰
秋夜梧桐雨一卷　（元）白樸撰
范張雞黍一卷　（元）宮天挺撰
王粲登樓一卷　（元）鄭光祖撰
竇娥寃一卷　（元）關漢卿撰
鐵拐李一卷　（元）岳伯川撰
李逵負荆一卷　（元）康進之撰
醉范叔一卷　（元）高文秀撰
東堂老一卷　（元）秦簡夫撰
趙氏孤兒一卷　（元）紀君祥撰
高宴麗春堂一卷　（元）王實甫撰
燕青博魚一卷　（元）李文蔚撰
天賜老生兒一卷　（元）武漢臣撰
龍虎風雲會一卷　（元）羅貫中撰
智勘魔合羅一卷　（元）孟漢卿撰
隔江鬭智一卷　（元）□□撰
黑旋風仗義疏財一卷　（明）朱有燉撰
沽酒遊春一卷　（明）王九思撰
中山狼一卷　（明）康海撰
一世不伏老一卷　（明）馮惟敏撰
昆侖奴一卷　（明）梅鼎祚撰
紅線女一卷　（明）梁辰魚撰
鬱輪袍一卷　（明）王衡撰

狂鼓史漁陽三弄一卷　（明）徐渭撰
雌木蘭替父從軍一卷　（明）徐渭撰
眞傀儡一卷　（明）□□撰
鞭歌妓一卷　（明）沈自徵撰
鄭節度殘唐再創一卷　（明）孟稱舜撰

元明雜劇
（明）□□輯
　　民國十八年(1929)南京國學圖書館據明
　　　本景印
　　1958年北京中國戲劇出版社據國學圖書
　　　館本景印
劉盼春守志香囊怨一卷　（明）誠齋(朱有
　　燉)撰
忠義士豫讓吞炭一卷　（元）楊梓撰
尉遲恭單鞭奪槊一卷　（元）尙仲賢撰
金翠寒衣記一卷　（明）斛園居士(葉憲祖)
　　撰
唐明皇秋夜梧桐雨一卷　（元）白樸撰
杜牧之詩酒揚州夢一卷　（元）喬吉撰
玉簫女兩世姻緣一卷　（元）喬吉撰
李亞仙花酒曲江池一卷　（明）朱有燉(誤
　　題楊誠齋)撰
李雲英風送梧桐葉一卷　（明）李唐賓撰
謝金蓮詩酒紅梨花一卷　（元）張壽卿撰
荆楚臣重對玉梳一卷　（明）賈仲名撰
裴少俊牆頭馬上一卷　（元）白樸撰
鄭孔目風雪酷寒亭一卷　（元）楊顯之撰
大婦小妻還牢末一卷　（元）馬 致 遠
　　撰
宋太祖龍虎風雲會一卷　（元）羅貫中撰
劉晨阮肇悞入天台一卷　（明）王子一撰
龍濟山野猿聽經一卷　（元）□□撰　［撰
清河縣繼母大賢一卷　（明）誠齋(朱有燉)
醉思鄉王粲登樓一卷　（元）鄭光祖撰
趙貞姬身後團圓夢一卷　（明）誠齋(朱有
　　燉)撰
蘇子瞻醉寫赤壁賦一卷　（元）□□撰
灌將軍使酒罵座記一卷　（明）斛園居士
　　(葉憲祖)撰
羅李郎大鬧相國寺一卷　（元）張國賓撰
漢鍾離度脫藍朵和一卷　（元）□□撰
秦俏然竹塢聽琴一卷　（元）石子章撰
李太白匹配金錢記一卷　（元）喬吉撰
馬丹陽度脫劉行首一卷　（元）楊景賢撰

古名家雜劇
（明）陳與郊輯
　　明萬曆中刊本
溫太眞玉鏡臺一卷　（元）關漢卿撰

江州司馬青衫淚一卷　（元）馬致遠撰
鐵拐李度金童玉女一卷　（明）賈仲名撰
陶學士醉寫風光好一卷　（元）戴善夫撰
蕭淑蘭情寄菩薩蠻一卷　（明）賈仲名撰
開壇闡教黃粱夢一卷　（元）馬致遠撰
呂洞賓三醉岳陽樓一卷　（元）馬致遠撰
包待制智斬魯齋郎一卷　（元）關漢卿撰
包龍圖智勘合庭花一卷　（元）鄭廷玉撰
呂洞賓桃柳昇仙夢一卷　（明）賈仲名撰
杜蕊娘智賞金線池一卷　（元）關漢卿撰
錢大尹智寵謝天香一卷　（元）關漢卿撰
鄭孔目風雪酷寒亭一卷　（元）楊顯之撰
大婦小妻還牢末一卷　（元）馬致遠（一題李致遠）撰
唐明皇秋夜梧桐雨一卷　（元）白樸撰
玉簫女兩世姻緣一卷　（元）喬吉撰
杜牧之詩酒揚州夢一卷　（元）喬吉撰
李亞仙花酒曲江池一卷　（明）朱有燉撰
李雲英風送梧桐葉一卷　（明）李唐賓撰
謝金蓮詩酒紅梨花一卷　（元）張壽卿撰
荊楚臣重對玉梳一卷　（明）賈仲名撰
裴少俊牆頭馬上一卷　（元）白樸撰
漁陽三弄一卷　（明）徐渭撰
木蘭女一卷　（明）徐渭撰
黃崇嘏女狀元一卷　（明）徐渭撰
迷青瑣倩女離魂一卷　（元）鄭光祖撰
錢大尹智勘緋衣夢一卷　（元）關漢卿撰
感天動地竇娥冤一卷　（元）關漢卿撰
呂洞賓三度城南柳一卷　（明）谷子敬撰
帝妃春遊一卷　（明）程士廉撰
趙盼兒風月救風塵一卷　（元）關漢卿撰
羅李郎大鬧相國寺一卷　（元）張國賓撰
包待制三勘蝴蝶夢一卷　（元）關漢卿撰
漢鍾離度脫藍采和一卷　（元）□□撰
半夜雷轟薦福碑一卷　（元）馬致遠撰
秦俯然竹塢聽琴一卷　（元）石子章撰
李太白匹配金錢記一卷　（元）喬吉撰
馬丹陽度脫劉行首一卷　（元）楊景賢撰
西華山陳搏高臥一卷　（元）馬致遠撰
宋太祖龍虎風雲會一卷　（元）羅貫中撰
劉晨阮肇誤入天台一卷　（明）王子一撰
龍濟山野猿聽經一卷　（元）□□撰
河南府張鼎勘頭巾一卷　（元）孫仲章撰
張孔目智勘魔合羅一卷　（元）孟漢卿撰
玉清庵錯送鴛鴦被一卷　（元）□□撰
二郎神醉射鎖魔鏡一卷　（元）□□撰
紫陽仙三度常椿壽一卷　（明）朱有燉撰
東華仙三度十長生一卷　（明）朱有燉撰
群仙慶壽蟠桃會一卷　（明）朱有燉撰
呂洞賓花月神仙會一卷　（明）朱有燉撰

孤雁漢宮秋一卷　（元）馬致遠撰
四丞相歌舞麗春堂一卷　（元）王實甫撰
醉思鄉王粲登樓一卷　（元）鄭光祖撰
忠義士豫讓吞炭一卷　（元）楊梓撰
蘇子瞻醉寫赤壁賦一卷　（元）□□撰
月明和尚度柳翠一卷　（元）李壽卿撰
洞天玄記一卷　（明）楊慎撰
灌將軍使酒罵座記一卷　（明）斛園居士（葉憲祖）撰　　　　　　［撰
金翠寒衣記一卷　（明）斛園居士（葉憲祖）
玉通和尚罵紅蓮一卷　（明）□□撰
清河縣繼母大賢一卷　（明）朱有燉撰
趙貞姬身後團圓夢一卷　（明）朱有燉撰
劉盼春守志香囊怨一卷　（明）朱有燉撰
善知識苦海回頭一卷　（明）朱有燉撰
尉遲恭單鞭奪槊一卷　（元）尚仲賢撰

元明雜劇四種

（明）陳□輯
　　明陳氏繼志齋刊本
新鐫半夜雷轟薦福碑雜劇一卷　（元）馬致遠撰
新鐫李太白匹配金錢記一卷　（元）喬吉撰
新鐫鐵拐李度金童玉女一卷　（明）賈仲名撰
新鐫杜子美沽酒遊春雜劇一卷　（明）王九思撰

脈望館鈔校本古今雜劇

（明）趙琦美輯
　　稿本　　　　　　　　　　　　　［本
孤雁漢宮秋一卷　（元）馬致遠撰　古名家
馬丹陽三度任風子一卷　（元）馬致遠撰　　鈔本
呂洞賓三醉岳陽樓一卷　（元）馬致遠撰　　古名家本
江州司馬青衫淚一卷　（元）馬致遠撰　古名家本
半夜雷轟薦福碑一卷　（元）馬致遠撰　古名家本
西華山陳搏高臥一卷　（元）馬致遠撰　古名家本
孟浩然踏雪尋梅一卷　（元）馬致遠撰　息機子本
開壇闡教黃粱夢一卷　（元）馬致遠撰　古名家本
蘇子瞻風雪貶黃州一卷　（元）費唐臣撰　鈔本
四丞相歌舞麗春堂一卷　（元）王實甫撰　古名家本

呂蒙正風雪破窰記一卷　（元）王實甫撰
　　鈔本

死生交范張雞黍一卷　（元）宮天挺撰　息
　　機子本

杜蘂娘智賞金線池一卷　（元）關漢卿撰
　　古名家本

劉夫人慶賞五侯宴一卷　（元）關漢卿撰
　　鈔本

單刀會一卷　（元）關漢卿撰　鈔本

趙盼兒風月救風塵一卷　（元）關漢卿撰
　　古名家本

溫太眞玉鏡臺一卷　（元）關漢卿撰　古名
　　家本

望江亭中秋切鱠旦一卷　（元）關漢卿撰
　　息機子本

錢大尹智寵謝天香一卷　（元）關漢卿撰
　　古名家本

鄧夫人苦痛哭存孝一卷　（元）關漢卿撰
　　鈔本

錢大尹智勘緋衣夢一卷　（元）關漢卿撰
　　古名家本

包待制三勘蝴蝶夢一卷　（元）關漢卿撰
　　古名家本

感天動地竇娥寃一卷　（元）關漢卿撰　古
　　名家本　　　　　　　　　　　　　［本

山神廟裴度還帶一卷　（元）關漢卿撰　鈔

尉遲恭單鞭奪槊一卷　（元）關漢卿撰　鈔
　　本　　　　　　　　　　　　　　　［本

狀元堂陳母敎子一卷　（元）關漢卿撰　鈔

唐明皇秋夜梧桐雨一卷　（元）白樸撰　古
　　名家本　　　　　　　　　　　　　［本

董秀英花月東牆記一卷　（元）白樸撰　鈔

裴少俊牆頭馬上一卷　（元）白樸撰　古名
　　家本

保成公徑赴澠池會一卷　（元）高文秀撰
　　鈔本　　　　　　　　　　　　　　［本

好酒趙元遇上皇一卷　（元）高文秀撰　鈔

劉玄德獨赴襄陽會一卷　（元）高文秀撰
　　鈔本　　　　　　　　　　　　　　［本

立成湯伊尹耕莘一卷　（元）鄭光祖撰　鈔

鍾離春智勇定齊一卷　（元）鄭光祖撰　鈔
　　本

㑳梅香騙翰林風月一卷　（元）鄭光祖撰
　　息機子本

醉思鄉王粲登樓一卷　（元）鄭光祖撰　古
　　名家本

迷靑瑣倩女離魂一卷　（元）鄭光祖撰　古
　　名家本

虎牢關三戰呂布一卷　（元）鄭光祖撰　鈔
　　本

張子房圯橋進履一卷　（元）李文蔚撰　鈔
　　本　　　　　　　　　　　　　　　［本

同樂院燕靑博魚一卷　（元）李文蔚撰　鈔

破苻堅蔣神靈應一卷　（元）李文蔚撰　鈔
　　本

莊周夢胡蝶一卷　（元）史樟撰　鈔本

張孔目智勘魔合羅一卷　（元）孟漢卿撰
　　古名家本

陶學士醉寫風光好一卷　（元）戴善夫撰
　　古名家本

東堂老勸破家子弟一卷　（元）秦簡夫撰
　　息機子本

孝義士趙禮讓肥一卷　（元）秦簡夫撰　息
　　機子本

陶母剪髮待賓一卷　（元）秦簡夫撰　鈔本

宋上皇御斷金鳳釵一卷　（元）鄭廷玉撰
　　鈔本

布袋和尙忍字記一卷　（元）鄭廷玉撰　息
　　機子本　　　　　　　　　　　　　［本

楚昭公疏者下船一卷　（元）鄭廷玉撰　鈔

看財奴買寃家債主一卷　（元）鄭廷玉撰
　　息機子本

包龍圖智勘後庭花一卷　（元）鄭廷玉撰
　　古名家本

斷寃家債主一卷　（元）鄭廷玉撰　鈔本

宋太祖龍虎風雲會一卷　（元）羅貫中撰
　　古名家本

諸葛亮博望燒屯一卷　（元）□□撰　鈔本

龐涓夜走馬陵道一卷　（元）□□撰　鈔本

忠義士豫讓吞炭一卷　（元）楊梓撰　古名
　　家本

錦雲堂美女連環記一卷　（元）□□撰　息
　　機子本

蘇子瞻醉寫赤壁賦一卷　（元）□□撰　古
　　名家本　　　　　　　　　　　　　［本

鄭月蓮秋夜雲窗夢一卷　（元）□□撰　鈔

王月英元夜留鞋記一卷　（元）□□撰　息
　　機子本

河南府張鼎勘頭巾一卷　（元）孫仲章撰
　　古名家本　　　　　　　　　　　　［本

硃砂擔滴水浮漚記一卷　（元）□□撰　鈔

貨郎旦一卷　（元）□□撰　鈔本

敬德不伏老一卷　（元）□□撰　鈔本

施仁義劉弘嫁婢一卷　（元）□□撰　鈔本

劉千病打獨角牛一卷　（元）□□撰　鈔本

斷殺狗勸夫一卷　（元）蕭德祥撰　鈔本

大婦小妻還牢末一卷　（元）李致遠撰　鈔
　　本　　　　　　　　　　　　　　　［本

講陰陽八卦桃花女一卷　（元）王曄撰　鈔

玎玎璫璫盆兒鬼一卷　（元）□□撰　鈔本

劉玄德醉走黃鶴樓一卷　(元)朱凱撰　鈔本

玉清庵錯送鴛鴦被一卷　(元)□□撰　古名家本

關雲長千里獨行一卷　(元)□□撰　鈔本

孟光女舉案齊眉一卷　(元)□□撰　鈔本

存孝打虎一卷　(元)□□撰　鈔本

狄青復奪衣襖車一卷　(元)□□撰　鈔本

摩利支飛刀對箭一卷　(元)□□撰　鈔本

降桑椹蔡順奉母一卷　(元)劉唐卿撰　鈔本

羅李郎大鬧相國寺一卷　(元)張國賓撰　古名家本

馬丹陽度脫劉行首一卷　(元)楊景賢撰　古名家本　　　　　　　[本

閥閱舞射柳蕤丸記一卷　(元)□□撰　鈔

百花亭一卷　(元)□□撰　鈔本

龍濟山野猿聽經一卷　(元)□□撰　古名家本

二郎神醉射鎖魔鏡一卷　(元)□□撰　古名家本

漢鍾離度脫藍采和一卷　(元)□□撰　古名家本

李雲英風送梧桐葉一卷　(明)李唐賓撰　古名家本

趙匡義智娶符金錠一卷　(元)□□撰　息機子本

包待制智賺生金閣一卷　(元)武漢臣撰　息機子本

包待制智斬魯齋郎一卷　(元)關漢卿撰　古名家本

張公藝九世同居一卷　(元)□□撰　息機子本

月明和尚度柳翠一卷　(元)李壽卿撰　古名家本

獨步大羅天一卷　(明)丹丘先生(朱權)撰　鈔本

卓文君私奔相如一卷　(明)丹丘先生(朱權)撰　鈔本

劉晨阮肇誤入天台一卷　(明)王子一撰　息機子本

黃廷道夜走流星馬一卷　(明)黃元吉撰　鈔本

呂洞賓三度城南柳一卷　(明)谷子敬撰　古名家本

鐵拐李度金童玉女一卷　(明)賈仲名撰　古名家本

呂洞賓桃柳昇仙夢一卷　(明)賈仲名撰　古名家本

蕭淑蘭情寄菩薩蠻一卷　(明)賈仲名撰

古名家本

荊楚臣重對玉梳一卷　(明)賈仲名撰　古名家本

翠紅鄉兒女兩團圓一卷　(明)楊文奎撰　息機子本

洞天玄記一卷　(明)楊慎撰　古名家本

司馬入相傳奇一卷　(明)桑紹良撰　鈔本

灌將軍使酒罵座記一卷　(明)斛園居士(葉憲祖)撰　古名家本

金翠寒衣記一卷　(明)斛園居士(葉憲祖)撰　古名家本

漁陽三弄一卷　(明)徐渭撰　古名家本

玉通和尚罵紅蓮一卷　(明)□□撰　古名家本

木蘭女一卷　(明)徐渭撰　古名家本

黃崇嘏女狀元一卷　(明)徐渭撰　古名家本

僧尼共犯傳奇一卷　(明)馮惟敏撰　鈔本

東華仙三度十長生一卷　(明)朱有燉撰　古名家本

羣仙慶壽蟠桃會一卷　(明)朱有燉撰　古名家本

呂洞賓花月神仙會一卷　(明)朱有燉撰　古名家本

惠禪師三度小桃紅一卷　(明)朱有燉撰　鈔本

張天師明斷辰鉤月一卷　(明)朱有燉撰　鈔本　　　　　　　　　[本

洛陽風月牡丹仙一卷　(明)朱有燉撰　鈔

清河縣繼母大賢一卷　(明)朱有燉撰　古名家本

趙貞姬身後團圓夢一卷　(明)朱有燉撰　古名家本

劉盼春守志香囊怨一卷　(明)朱有燉撰　古名家本

李亞仙花酒曲江池一卷　(明)朱有燉撰　古名家本

紫陽仙三度常椿壽一卷　(明)朱有燉撰　古名家本　　　　　　　[本

福祿壽仙官慶會一卷　(明)朱有燉撰　鈔

十美人慶賞牡丹園一卷　(明)朱有燉撰　鈔本

善知識苦海回頭一卷　(明)朱有燉撰　古名家本　　　　　　　　　[本

瑤池會八仙慶壽一卷　(明)朱有燉撰　鈔

黑旋風仗義疏財一卷　(明)朱有燉撰　鈔

伍子胥鞭伏柳盜跖一卷　鈔本

十八國臨潼鬥寶一卷　鈔本

田穰苴伐晉興齊一卷　鈔本

後七國樂毅圖齊一卷　鈔本
吳起敵秦掛帥印一卷　鈔本
守貞節孟母三移一卷　鈔本
漢公卿衣錦還鄉一卷　鈔本
運機謀隨何騙英布一卷　鈔本
隨何賺風魔蒯徹一卷　鈔本
韓元帥暗度陳倉一卷　鈔本
司馬相如題橋記一卷　鈔本
馬援撾打聚獸牌一卷　鈔本
雲臺門聚二十八將一卷　鈔本
漢姚期大戰邳仝一卷　鈔本　　　　[本
孝義士趙禮讓肥一卷　(元)秦簡夫撰　鈔
寇子翼定時捉將一卷　鈔本
鄧禹定計捉彭寵一卷　鈔本
十樣錦諸葛論功一卷　鈔本
曹操夜走陳倉路一卷　鈔本
陽平關五馬破曹一卷　鈔本
走鳳雛龐統掠四郡一卷　鈔本
周公瑾得志娶小喬一卷　鈔本
張翼德單戰呂布一卷　鈔本
莽張飛大鬧石榴園一卷　鈔本
關雲長單刀劈四寇一卷　鈔本
壽亭侯怒斬關平一卷　鈔本
關雲長大破蚩尤一卷　鈔本
劉關張桃園三結義一卷　鈔本
張翼德三出小沛一卷　鈔本
張翼德大破杏林莊一卷　鈔本
陶淵明東籬賞菊一卷　鈔本
長安城四馬投唐一卷　鈔本
立功勳慶賞端陽一卷　鈔本
賢達婦龍門隱秀一卷　鈔本
招涼亭賈島破風詩一卷　鈔本
衆僚友喜賞浣花溪一卷　鈔本
魏徵改詔風雲會一卷　鈔本
程咬金斧劈老君堂一卷　(元)鄭光祖撰
　鈔本
徐茂公智降秦叔寶一卷　鈔本
小尉遲將鬬將認父一卷　鈔本
尉遲公鞭打單雄信一卷　鈔本
十八學士登瀛洲一卷　鈔本
唐李靖陰山破虜一卷　鈔本
李嗣源復奪紫泥宣一卷　鈔本　　　[本
飛虎峪存孝打虎一卷　(元)陳以仁撰　鈔
壓關樓疊掛午時牌一卷　鈔本
存仁心曹彬下江南一卷　鈔本
八大王開詔救忠臣一卷　鈔本
楊六郎調兵破天陣一卷　鈔本
焦光贊活拏蕭天佑一卷　鈔本
宋大將岳飛精忠一卷　鈔本
十探子大鬧延安府一卷　鈔本

張于湖誤宿女眞觀一卷　鈔本
女學士明講春秋一卷　鈔本
趙匡胤打董達一卷　鈔本
穆陵關上打韓通一卷　鈔本　　　　[本
相國寺公孫汗衫記一卷　(元)張國賓撰鈔
海門張仲村樂堂一卷　鈔本　　　　[本
王閏香夜月四春園一卷　(元)關漢卿撰鈔
女姑姑說法陞堂記一卷　鈔本
清廉官長勘金環一卷　鈔本
雷澤遇仙記一卷　(明)□□撰　鈔本
若耶溪漁樵閑話一卷　鈔本
徐伯株貧富興衰記一卷　鈔本
薛包認母一卷　鈔本
認金梳孤兒尋母一卷　鈔本　　　　[本
四時花月賽嬌容一卷　(明)朱有燉撰　鈔
王文秀渭塘奇遇記一卷　鈔本
月夜涇奔記一卷　(明)□□撰　鈔本
鳳月南牢記一卷　(明)□□撰　鈔本
秦月娥誤失金環記一卷　鈔本
釋迦佛雙林坐化一卷　(明)□□撰　鈔本
觀音菩薩魚籃記一卷　(明)□□撰　鈔本
許眞人拔宅飛昇一卷　(明)□□撰　鈔本
孫眞人南極登仙會一卷　(明)□□撰　鈔
本
呂翁三化邯鄲店一卷　(明)□□撰　鈔本
呂純陽點化度黃龍一卷　(明)□□撰　鈔
本
邊洞玄慕道昇仙一卷　(明)□□撰　鈔本
李雲卿得悟昇眞一卷　(明)□□撰　鈔本
王蘭卿眞烈傳一卷　(明)康海撰　鈔本
太平仙記一卷　(明)陳自得撰　鈔本
瘸李岳詩酒翫江亭一卷　(元)戴善夫撰
　鈔本　　　　　　　　　　　　　[本
太乙仙夜斷桃符記一卷　(明)□□撰　鈔
南極星度脫海棠仙一卷　(明)朱有燉　鈔
本
張天師斷風花雪月一卷　(元)吳昌齡撰
　鈔本　　　　　　　　　　　　　[本
時眞人四聖鎖白猿一卷　(明)□□撰　鈔
猛烈那吒三變化一卷　(明)□□撰　鈔本
二郎神鎖齊天大聖一卷　(明)□□撰　鈔
本
灌口二郎斬健蛟一卷　(明)□□撰　鈔本
二郎神射鎖魔鏡一卷　鈔本
魯智深喜賞黃花峪一卷　鈔本
梁山五虎大劫牢一卷　鈔本
梁山七虎鬧銅臺一卷　鈔本
王矮虎大鬧東平府一卷　鈔本
宋公明排九宮八卦陣一卷　鈔本
黑旋風雙獻功一卷　(元)高文秀撰　鈔本

奉天命三保下西洋一卷　（明）□□撰　　鈔本	張子房圯橋進履一卷　（元）李文蔚撰
寶光殿天眞祝萬壽一卷　（明）敎坊編演　鈔本	破苻堅蔣神靈應一卷　（元）李文蔚撰
衆羣仙慶賞蟠桃會一卷　（明）敎坊編演　鈔本	莊周夢胡蝶一卷　（元）史樟撰
祝聖壽金母獻蟠桃一卷　（明）敎坊編演　鈔本	蘇子瞻風雪貶黃州一卷　（元）費唐臣撰
降丹墀三聖慶長生一卷　（明）敎坊編演　鈔本	降桑椹蔡順奉母一卷　（元）劉唐卿撰
衆神聖慶賀元宵節一卷　（明）敎坊編演　鈔本	立成湯伊尹耕莘一卷　（元）鄭光祖撰
祝聖壽萬國來朝一卷　（明）敎坊編演　鈔	鍾離春智勇定齊一卷　（元）鄭光祖撰
爭玉板八仙過滄海一卷　（明）敎坊編演　鈔	虎牢關三戰呂布一卷　（元）鄭光祖撰
慶豐年五鬼鬧鍾馗一卷　（明）敎坊編演　鈔本　　　　　　　　　　　　　　［本	程咬金斧劈老君堂一卷　（元）鄭光祖撰
河嵩神靈芝慶壽一卷　（明）敎坊編演　鈔	陶母剪髮待賓一卷　（元）秦簡夫撰
慶賀長春節一卷　（明）敎坊編演　鈔本	劉玄德醉走黃鶴樓一卷　（元）朱凱撰
賀萬壽五龍朝聖一卷　（明）敎坊編演　鈔本	獃李岳詩酒翫江亭一卷　（元）戴善夫撰
衆天仙慶賀長生會一卷　（明）敎坊編演　鈔本	呂洞賓桃柳昇仙夢一卷　（明）賈仲名撰
慶冬至共享太平宴一卷　（明）敎坊編演　鈔本　　　　　　　　　　　　　　［本	張公藝九世同居一卷　（元）□□撰
賀昇平羣仙祝壽一卷　（明）敎坊編演　鈔	二郎神醉射鎖魔鏡一卷　（元）□□撰
慶千秋金母賀延年一卷　（明）敎坊編演　鈔本	關雲長千里獨行一卷　（元）□□撰
廣成子祝賀齊天壽一卷　（明）敎坊編演　鈔本	諸葛亮博望燒屯一卷　（元）□□撰
黃眉翁賜福上延年一卷　（明）敎坊編演　鈔本　　　　　　　　　　　　　　［本	摩利支飛刀對箭一卷　（元）□□撰
感天地羣仙朝聖一卷　（明）敎坊編演　鈔	鴈門關存孝打虎一卷　（元）陳以仁撰

孤本元明雜劇

（民國）涵芬樓輯　　　　　　　　　［本	狄青復奪衣襖車一卷　（元）□□撰
民國三十年（1941）商務印書館長沙排印	閭閻舞柳捶丸記一卷　（元）□□撰
1958年北京戲劇出版社據商務紙型重印本	施仁義劉弘嫁婢一卷　（元）□□撰
呂蒙正風雪破窰記一卷　（元）王實甫撰	鄭月蓮秋夜雲窗夢一卷　（元）□□撰
關大王獨赴單刀會一卷　（元）關漢卿撰	劉千病打獨角牛一卷　（元）□□撰
山神廟裴度還帶一卷　（元）關漢卿撰	十探子大鬧延安府一卷　（元）□□撰
鄧夫人苦痛哭存孝一卷　（元）關漢卿撰	魯智深喜賞黃花峪一卷　（元）□□撰
劉夫人慶賞五侯宴一卷　（元）關漢卿撰	卓文君私奔相如一卷　（明）朱權撰
狀元堂陳母敎子一卷　（元）關漢卿撰	沖漠子獨步大羅天一卷　（明）朱權撰
董秀英花月東牆記一卷　（元）白樸撰	河嵩神靈芝慶壽一卷　（明）朱有燉撰
保成公徑赴澠池會一卷　（元）高文秀撰	東華仙三度十長生一卷　（明）朱有燉撰
劉玄德獨赴襄陽會一卷　（元）高文秀撰	呂洞賓花月神仙會一卷　（明）朱有燉撰
好酒趙元遇上皇一卷　（元）高文秀撰	四時花月賽嬌容一卷　（明）朱有燉撰
宋上皇御斷金鳳釵一卷　（元）鄭廷玉撰	南極星度脫海棠仙一卷　（明）朱有燉撰
	黃廷道夜走流星馬一卷　（明）黃元吉撰
	王蘭卿貞烈傳一卷　（明）康海撰
	洞天玄記一卷　（明）楊愼撰
	太平仙記一卷　（明）陳自得撰
	獨樂園司馬入相一卷　（明）桑紹良撰
	僧尼共犯一卷　（明）馮惟敏撰
	十八國臨潼鬪寶一卷　（明）□□撰
	田穰苴伐晉興齊一卷　（明）□□撰
	守貞節孟母三移一卷　（明）□□撰
	吳起敵秦掛帥印一卷　（明）□□撰
	後七國樂毅圖齊一卷　（明）□□撰
	韓元帥暗度陳倉一卷　（明）□□撰
	運機謀隨何騙英布一卷　（明）□□撰
	漢公卿衣錦還鄉一卷　（明）□□撰
	馬援撾打聚獸牌一卷　（明）□□撰
	漢銚期大戰邳彤一卷　（明）□□撰
	寇子翼定時捉將一卷　（明）□□撰

鄧禹定計捉彭寵一卷 （明）□□撰
雲臺門聚二十八將一卷 （明）□□撰
薛苞認母一卷 （明）□□撰
劉關張桃園三結義一卷 （明）□□撰
關雲長單刀劈四寇一卷 （明）□□撰
張翼德大破杏林莊一卷 （明）□□撰
張翼德單戰呂布一卷 （明）□□撰
張翼德三出小沛一卷 （明）□□撰
莽張飛大鬧石榴園一卷 （明）□□撰
走鳳雛龐掠四郡一卷 （明）□□撰
曹操夜走陳倉路一卷 （明）□□撰
陽平關五馬破曹一卷 （明）□□撰
壽亭侯怒斬關平一卷 （明）□□撰
周公瑾得志娶小喬一卷 （明）□□撰
陶淵明東籬賞菊一卷 （明）□□撰
魏徵改詔風雲會一卷 （明）□□撰
徐懋功智降秦叔寶一卷 （明）□□撰
長安城四馬投唐一卷 （明）□□撰
尉遲恭鞭打單雄信一卷 （明）□□撰
立功勳慶賞端陽一卷 （明）□□撰
十八學士登瀛洲一卷 （明）□□撰
唐李靖陰山破虜一卷 （明）□□撰
賢達婦龍門隱秀一卷 （明）□□撰
孫真人南極登仙會一卷 （明）□□撰
衆僚友喜賞浣花溪一卷 （明）□□撰
招涼亭賈島破風詩一卷 （明）□□撰
李嗣源復奪紫泥宣一卷 （明）□□撰
壓關樓疊掛午時牌一卷 （明）□□撰
趙匡胤打董達一卷 （明）□□撰
穆陵關上打韓通一卷 （明）□□撰
存仁心曹彬下江南一卷 （明）□□撰
八大王開詔救忠臣一卷 （明）□□撰
焦光贊活拏蕭天佑一卷 （明）□□撰
楊六郎調兵破天陣一卷 （明）□□撰
十樣錦諸葛論功一卷 （明）□□撰
關雲長大破蚩尤一卷 （明）□□撰
認金梳孤兒尋母一卷 （明）□□撰
張于湖誤宿女真觀一卷 （明）□□撰
女學士明講春秋一卷 （明）□□撰
女姑姑說法陞堂記一卷 （明）□□撰
宋大將岳飛精忠一卷 （明）□□撰
梁山五虎大劫牢一卷 （明）□□撰
梁山七虎鬧銅臺一卷 （明）□□撰
王矮虎大鬧東平府一卷 （明）□□撰
宋公明排九宮八卦陣一卷 （明）□□撰
徐伯株貧富興衰記一卷 （明）□□撰
海門張仲村樂堂一卷 （明）□□撰
奉天命三保下西洋一卷 （明）□□撰
若耶溪漁樵閑話一卷 （明）□□撰
雷澤遇仙記一卷 （明）□□撰

王文秀渭塘奇遇記一卷 （明）□□撰
清廉官長勘金環一卷 （明）□□撰
秦月娥誤失金環記一卷 （明）□□撰
風月南牢記一卷 （明）□□撰
慶豐門蘇九淫奔記一卷 （明）□□撰
釋迦佛雙林坐化一卷 （明）□□撰
觀音菩薩魚籃記一卷 （明）□□撰
猛烈那吒三變化一卷 （明）□□撰
許真人拔宅飛昇一卷 （明）□□撰
呂翁三化邯鄲店一卷 （明）□□撰
呂純陽點化度黃龍一卷 （明）□□撰
邊洞玄慕道昇仙一卷 （明）□□撰
李雲卿得悟昇真一卷 （明）□□撰
太乙仙夜斷桃符記一卷 （明）□□撰
時真人四聖鎖白猿一卷 （明）□□撰
二郎神鎖齊天大聖一卷 （明）□□撰
灌口二郎斬健蛟一卷 （明）□□撰
寶光殿天真祝萬壽一卷 （明）□□撰
祝聖壽金母獻蟠桃一卷 （明）□□撰
降丹墀三聖慶長生一卷 （明）□□撰
衆神聖慶賀元宵節一卷 （明）□□撰
爭玉板八仙過滄海一卷 （明）□□撰
慶豐年五鬼鬧鍾馗一卷 （明）□□撰
紫微宮慶賀長春節一卷 （明）□□撰
賀萬壽五龍朝聖一卷 （明）□□撰
衆天仙慶賀長生會一卷 （明）□□撰
賀昇平羣仙祝壽一卷 （明）□□撰
廣成子祝賀齊天壽一卷 （明）□□撰
感天地羣仙朝聖一卷 （明）□□撰
祝聖壽萬國來朝一卷 （明）□□撰
慶千秋金母賀延年一卷 （明）□□撰
慶冬至共享太平宴一卷 （明）□□撰
黃眉翁賜福上延年一卷 （明）□□撰
附
孤本元明雜劇提要一卷 王季烈撰

繡刻演劇

明刊本
新刊重訂出像附釋標註音釋趙氏孤兒記二
　　卷 世德堂刊
新刻出相雙鳳齊鳴記二卷 （明）陸華甫撰
　　世德堂刊
新刻全像高文舉珍珠記二卷 （明）□□撰
　　文林閣刊
新刊重訂出相附釋標註香囊記四卷 （明）
　　邵璨撰 世德堂刊
重校投筆記四卷 （明）丘濬撰 文林閣刊
重校古荊釵記二卷 （明）朱權撰 繼志齋
　　刊　　　　　　　　　　　　　　〔刊
重校錦箋記二卷 （明）周履靖撰 文林閣

重刻出像浣紗記四卷　（明）梁辰魚撰　文
　　林閣刊
新刻出像音註釋義王商忠節癸靈廟玉玦記
　　四卷　（明）鄭若庸撰　富春堂刊
重校義俠記二卷　（明）沈璟撰　文林閣刊
新刻重訂出像附釋標註琵琶記四卷　（元）
　　高明撰　唐晟刊
新刻全像觀音魚藍記二卷　（明）□□撰
　　文林閣刊
新刻全像包龍圖公案袁文正還魂記一卷
　　（明）□□撰　文林閣刊
新刻重訂附釋標註出相伍倫全備忠孝記四
　　卷　（明）丘濬撰　世德堂刊
新刻牡丹亭還魂記四卷　（明）湯顯祖撰
　　文林閣刊
重校玉簪記二卷　（明）高濂撰　文林閣刊
重校註釋紅拂記二卷　（明）張鳳翼撰　文
　　林閣刊
新刻全像臙脂記二卷　（明）□□撰　文林
　　閣刊
新刻全像易鞋記二卷　（明）沈鯨撰　文林
　　閣刊
玉合記二卷　（明）梅鼎祚撰　世德堂刊
新刻全像漢劉秀雲臺記二卷　（明）蒲俊卿
　　撰　文林閣刊
新鍥重訂出像附釋標註驚鴻記題評二卷
　　（明）吳世美撰　世德堂刊
重校劍俠傳雙紅記二卷　（明）□□撰　文
　　林閣刊
重校四美記二卷　（明）□□撰　文林閣刊
新刻五鬧蕉帕記二卷　（明）單本撰　文林
　　閣刊
新刻全像點板張子房赤松記二卷　（明）□
　　□撰　文林閣刊
新刻狄梁公返周望雲忠孝記二卷　（明）金
　　懷玉撰　文林閣刊
新刻全像古城記二卷　（明）□□撰　文林
　　閣刊　　　　　　　　　　　　　　［刊
重校拜月亭記二卷　（元）施惠撰　文林閣
新刻出像音註花將軍虎符記二卷　（明）張
　　鳳翼撰　富春堂刊
新刻出像音註薛仁貴跨海征東白袍記二卷
　　（明）□□撰　富春堂刊
新刻出像音註蘇英皇后鸚鵡記二卷　（明）
　　□□撰　富春堂刊
新刻出像點板音註李十郎紫簫記四卷
　　（明）湯顯祖撰　富春堂刊　　　　［刊
新刻出像音註唐李皐玉環記二卷　富春堂
新刊音註出像齊世子灌園記二卷　（明）張
　　鳳翼撰　富春堂刊

新刻出像音註花欄裴庶香山還帶記二卷
　　（明）沈采撰　富春堂刊
新刻出像音註劉漢卿白蛇記二卷　（明）鄭
　　國軒撰　富春堂刊
新刻出像音註管鮑分金記四卷　（明）葉良
　　表撰　富春堂刊
新刻出像音註何文秀玉釵記四卷　（明）陸
　　江樓撰　富春堂刊
新刻出像音註呂蒙正破窰記二卷　（明）□
　　□撰　富春堂刊
新刻出像音註劉玄德三顧草廬記四卷　富
　　春堂刊
新刻出像音註點板徐孝克孝義祝髮記二卷
　　（明）張鳳翼撰　富春堂刊
新刊音註出像韓朋十義記二卷　（明）羅祐
　　音註　富春堂刊
新刻出像音註商輅三元記二卷　（明）沈受
　　先撰　富春堂刊
新鐫圖像音註周羽教子尋親記四卷　（明）
　　王錂重訂　富春堂刊
新刻出像音註范睢綈袍記四卷　（明）□□
　　撰　富春堂刊
新刊攷正全像評釋北西廂記四卷　（元）王
　　實甫（元）關漢卿撰　文秀堂刊
新刻出像音註姜詩躍鯉記四卷　（明）陳羆
　　齋撰　富春堂刊
新刊校正全相音釋青袍記二卷　（明）□□
　　撰　文林閣刊
新刻出像音註王昭君出塞和戎記二卷
　　（明）□□撰　富春堂刊
新刻出像音註薛平遼金貂記四卷　（明）□
　　□撰　富春堂刊
新刻出像音註觀世音修行香山記二卷
　　（明）羅懋登撰　富春堂刊

彙刻傳劇

（民國）劉世珩輯
　　民國八年（1919）貴池劉氏暖紅室刊本
　　董解元西廂一本圖一卷附考據一卷　（金）
　　　董解元撰　考據（民國）劉世珩輯
　　西廂記五劇五本附考據一卷　（元）王實甫
　　　撰　（元）關漢卿續　考據（民國）劉世
　　　珩輯
　　附
　　　重編會真雜錄二卷　（民國）劉世珩輯
　　　商調蝶戀花詞一卷　（宋）趙令畤撰
　　　西廂記五劇五本解證一卷　（明）淩濛初
　　　　撰
　　　北西廂記釋義字音大全一卷　（明）徐逢
　　　　吉撰

西廂記古本校注一卷　(明)王驥德撰
西廂記釋義字音一卷　(明)陳繼儒撰
五劇箋疑一卷　(明)閔齊伋撰
絲竹芙蓉亭一折　(元)王實甫撰
圍棋闖局一折　(元)晚進王生撰
錢塘夢一折　(元)白樸撰
園林午夢一折　(明)李開先撰
南西廂記二卷　(明)李日華撰
南西廂記二卷　(明)陸采撰
批評釋義音字琵琶記二卷圖一卷附劄記二
　卷　(元)高明撰　(明)陳繼儒評　劄
　記(清)梅谿釣徒輯
殺狗記二卷　(明)徐畯撰
四聲猿一本　(明)徐渭撰
　狂鼓史漁陽三弄一卷
　玉禪師翠鄉一夢一卷
　雌木蘭替父從征一卷
　女狀元辭凰得鳳一卷
紅拂記二卷附音釋二卷　(明)張鳳翼撰
　音釋(明)陳繼儒撰
玉茗堂還魂記二卷圖一卷　(明)湯顯祖撰
附
　格正牡丹亭還魂記詞調二卷　(明)鈕少
　　雅撰
玉茗堂南柯記二卷　(明)湯顯祖撰
絲牡丹二卷　(明)粲花主人(吳炳)撰
療妒羹記二卷　(明)粲花主人(吳炳)撰
通天臺一本附曲譜一卷　(清)灌隱主人
　(吳偉業)撰　曲譜(民國)枕雷道士
　(劉世珩)定
臨春閣一本附曲譜一卷　(清)灌隱主人
　(吳偉業)撰　曲譜(民國)枕雷道士
　(劉世珩)定
秣陵春(一名雙影記)二卷　(清)灌隱主人
　(吳偉業)撰
荷花蕩二卷　(清)擷芳主人(馬佶人)撰
長生殿二卷　(清)洪昇撰
小忽雷二卷大忽雷一卷曲譜一卷附雙忽雷
　本事一卷　(清)夢鶴居士(顧彩)(清)
　岸堂主人(孔尚任)撰　曲譜雙忽雷本
　事(民國)劉世珩輯
附刊
　新編錄鬼簿二卷　(元)鍾嗣成撰
　曲品二卷　(明)東海鬱藍生(呂天成)撰
　傳奇品二卷　(清)高奕撰
別行
　江東白苧二卷續二卷　(明)梁辰魚撰

會眞六幻
　(明)閔齊伋輯

明崇禎中吳興閔氏刊本
會眞記一卷　(唐)元稹撰
董解元西廂記二卷　(金)董解元撰
西廂記四卷　(元)王實甫撰
續西廂記一卷　(元)關漢卿撰
五劇箋疑一卷　(明)閔齊伋撰
李日華南西廂記二卷　(明)李日華撰
陸天池南西廂記二卷　(明)陸采撰
園林午夢一卷　(明)李開先撰

六合同春
　(明)陳繼儒評
　　清乾隆十二年(1747)修文堂刊本
　陳眉公批評西廂記二卷　(元)王實甫(元)
　　關漢卿撰
　陳眉公批評幽閨記二卷　(元)施惠撰
　陳眉公批評琵琶記二卷　(元)高明撰
　陳眉公批評紅拂記二卷　(明)張鳳翼撰
　陳眉公批評玉簪記二卷　(明)高濂撰
　陳眉公批評繡襦記二卷　(明)薛近兗撰

雜劇選
　(明)息機子輯
　　明萬曆中刊本
　孟浩然踏雪尋梅一卷　(元)馬致遠撰
　西華山陳摶高臥一卷　(元)馬致遠撰
　死生交范張雞黍一卷　(元)宮天挺撰
　望江亭中秋切鱠旦一卷　(元)關漢卿撰
　㑳梅香騙翰林風月一卷　(元)鄭光祖撰
　玉簫女兩世姻緣一卷　(元)喬吉撰
　須賈誶范睢一卷　(元)高文秀撰
　孝義士趙禮讓肥一卷　(元)秦簡夫撰
　東堂老勸破家子弟一卷　(元)秦簡夫撰
　布袋和尚忍字記一卷　(元)鄭廷玉撰
　看財奴買寃家債主一卷　(元)鄭廷玉撰
　宋太祖龍虎風雲會一卷　(元)羅貫中撰
　劉晨阮肇悞入天台一卷　(明)王子一撰
　呂洞賓三度城南柳一卷　(明)谷子敬撰
　翠紅鄉兒女兩團圓一卷　(明)楊文奎撰
　錦雲堂美女連環記一卷　(元)□□撰
　張公藝九世同居一卷　(元)□□撰
　趙匡義智娶符金錠一卷
　包待制智賺生金閣一卷　(元)武漢臣撰
　包待制智賺合同文字一卷
　王月英元夜留鞋記一卷　(元)□□撰
　薩眞人夜斷碧桃花一卷　(元)□□撰
　月明和尚度柳翠一卷　(元)李壽卿撰
　玉清菴錯送鴛鴦被一卷
　李素蘭風月玉壺春一卷　(元)武漢臣撰
　王鼎臣風雪漁樵記一卷

古今雜劇

(元)□□輯

日本大正三年(1914)京都帝國大學文科
大學據元本景印

民國十三年(1924)據日本刊本景印

敍錄一卷　(民國)王國維撰　(民國景印
本)

大都新編關張雙赴西蜀夢一卷　(元)關漢
卿撰

新刊關目閨怨佳人拜月亭一卷　(元)關漢
卿撰

古杭新刊的本關大王單刀會一卷　(元)關
漢卿撰　　　　　　　　　　　　　[撰

新刊關目詐妮子調風月一卷　(元)關漢卿

新刊關目好酒趙元遇上皇一卷　(元)高文
秀撰

大都新編楚昭王疎者下船一卷　(元)鄭廷
玉撰

新刊關目看錢奴買冤家債主一卷　(元)鄭
廷玉撰

新刊的本泰華山陳搏高臥一卷　(元)馬致
遠撰

新刊關目馬丹陽三度任風子一卷　(元)馬
致遠撰

新刊的本散家財天賜老生兒一卷　(元)武
漢臣撰

古杭新刊的本尉遲恭三奪槊一卷　(元)尚
仲賢撰

新刊關目漢高皇濯足氣英布一卷　(元)尚
仲賢撰

趙氏孤兒一卷　(元)紀君祥撰

古杭新刊的本關目風月紫雲庭一卷　(元)
石君寶撰

大都新編關目公孫汗衫記一卷　(元)張國
賓撰

新刊的本薛仁貴衣錦還鄉關目一卷　(元)
張國賓撰

新刊關目張鼎智勘魔合羅一卷　(元)孟漢
卿撰

古杭新刊關目的本李太白貶 夜 郎 一卷
(元)王伯成撰

新編岳孔目借鐵拐李還魂一卷　(元)岳伯
川撰

新編關目晉文公火燒介子推一卷　(元)狄
君厚撰

大都新刊關目的本東窗事犯一卷　(元)孔
學詩撰

古杭新刊關目霍光鬼諫一卷　(元)楊梓撰

新刊死生交范張鷄黍一卷　(元)宮天挺撰

新刊關目嚴子陵垂釣七里灘一卷　(元)宮
天挺撰

古杭新刊關目輔成王周公攝政一卷　(元)
鄭光祖撰　　　　　　　　　　　　[撰

新刊關目全蕭何追韓信一卷　(元)金仁傑

新刊關目陳季卿悟道竹葉舟一卷　(元)范
康撰　　　　　　　　　　　　　　[撰

新刊關目諸葛亮博望燒屯一卷　(元)□□

新編足本關目張千替殺妻一卷　(元)□□
撰　　　　　　　　　　　　　　　[撰

古杭新刊小張屠焚兒救母一卷　(元)□□

永樂大典戲文三種

(民國)古今小品書籍印行會輯

民國二十年(1931)古今小品書籍印行會
排印本

小孫屠一卷　(□)古杭書會撰

張協狀元一卷

宦門子弟錯立身一卷　(□)古杭才人撰

元曲選

(明)臧懋循輯

明萬曆中吳興臧氏刊本

民國七年(1918)上海商務印書館據明博
古堂本景印　　　　　　　　　　　[本

民國二十五年(1936)上海世界書局排印

1956年北京文學古籍刊行社據世界書局
版重印本

甲集上　　　　　　　　　　　　　[撰

破幽夢孤鴈漢宮秋雜劇一卷　(元)馬致遠

李太白匹配金錢記雜劇一卷　(元)喬吉撰

包待制陳州糶米雜劇一卷　(元)□□撰

玉清菴錯送鴛鴦被雜劇一卷　(元)□□撰

隨何賺風魔蒯通雜劇一卷　(元)□□撰

甲集下

溫太眞玉鏡臺雜劇一卷　(元)關漢卿撰

楊氏女殺狗勸夫雜劇一卷　(元)蕭德祥撰

相國寺公孫合汗衫雜劇一卷　(元)張國賓
撰　　　　　　　　　　　　　　　[撰

錢大尹智寵謝天香雜劇一卷　(元)關漢卿

爭報恩三虎下山雜劇一卷　(元)□□撰

乙集上　　　　　　　　　　　　　[撰

張天師斷風花雪月雜劇一卷　(元)吳昌齡

趙盼兒風月救風塵雜劇一卷　(元)關漢卿
撰　　　　　　　　　　　　　　　[撰

東堂老勸破家子弟雜劇一卷　(元)秦簡夫

同樂院燕青博魚雜劇一卷　(元)李文蔚撰

臨江驛瀟湘秋夜雨雜劇一卷　(元)楊顯之
撰

乙集下

李亞仙花酒曲江池雜劇一卷　（元）石君寶
撰

楚昭公疎者下船雜劇一卷　（元）鄭廷玉撰

龐居士誤放來生債雜劇一卷　（元）劉君錫
撰

薛仁貴榮歸故里雜劇一卷　（元）張國賓撰

裴少俊牆頭馬上雜劇一卷　（元）白樸撰

丙集上

唐明皇秋夜梧桐雨雜劇一卷　（元）白樸撰

散家財天賜老生兒雜劇一卷　（元）武漢臣
撰

硃砂擔滴水浮漚記雜劇一卷　（元）□□撰

便宜行事虎頭牌雜劇一卷　（元）李直夫撰

包龍圖智賺合同文字雜劇一卷　（元）□□
撰

丙集下

凍蘇秦衣錦還鄉雜劇一卷　（元）□□撰

翠紅鄉兒女兩團圓雜劇一卷　（明）楊文奎
撰　　　　　　　　　　　　　　　　　［撰

李素蘭風月玉壺春雜劇一卷　（元）武漢臣

呂洞賓度鐵拐李岳雜劇一卷　（元）岳伯川
撰

小尉遲將鬭將認父歸朝雜劇一卷　（元）□
□撰

丁集上　　　　　　　　　　　　　　　　［撰

陶學士醉寫風光好雜劇一卷　（元）戴善夫

魯大夫秋胡戲妻雜劇一卷　（元）石君寶撰

神奴兒大鬧開封府雜劇一卷　（元）□□撰

半夜雷轟薦福碑雜劇一卷　（元）馬致遠撰

謝金吾詐拆清風府雜劇一卷　（元）□□撰

丁集下　　　　　　　　　　　　　　　　［撰

呂洞賓三醉岳陽樓雜劇一卷　（元）馬致遠

包待制三勘蝴蝶夢雜劇一卷　（元）關漢卿
撰

說鱄諸伍員吹簫雜劇一卷　（元）李壽卿撰

河南府張鼎勘頭巾雜劇一卷　（元）孫仲章
撰

黑旋風雙獻功雜劇一卷　（元）高文秀撰

戊集上

迷青瑣倩女離魂雜劇一卷　（元）鄭光祖撰

西華山陳摶高臥雜劇一卷　（元）馬致遠撰

龐涓夜走馬陵道雜劇一卷　（元）□□撰

救孝子賢母不認屍雜劇一卷　（元）王仲文
撰

邯鄲道省悟黃粱夢雜劇一卷　（元）馬致遠
撰

戊集下

杜牧之詩酒揚州夢雜劇一卷　（元）喬吉撰

醉思鄉王粲登樓雜劇一卷　（元）鄭光祖撰

昊天塔孟良盜骨雜劇一卷　（元）朱凱撰

包待制智斬魯齋郎雜劇一卷　（元）關漢卿
撰　　　　　　　　　　　　　　　　　［撰

朱太守風雪漁樵記雜劇一卷　（元）庾天錫

己集上

江州司馬青衫泪雜劇一卷　（元）馬致遠撰

四丞相高會麗春堂雜劇一卷　（元）王實甫
撰

孟德耀舉案齊眉雜劇一卷　（元）□□撰

包龍圖智勘後庭花雜劇一卷　（元）鄭廷玉
撰

死生交范張雞黍雜劇一卷　（元）宮天挺撰

己集下

玉簫女兩世姻緣雜劇一卷　（元）喬吉撰

宜秋山趙禮讓肥雜劇一卷　（元）秦簡夫撰

鄭孔目風雪酷寒亭雜劇一卷　（元）楊顯之
撰

桃花女破法嫁周公雜劇一卷　（元）王曄撰

陳季卿悟上竹葉舟雜劇一卷　（元）范康撰

庚集上

布袋和尚忍字記雜劇一卷　（元）鄭廷玉撰

謝金蓮詩酒紅梨花雜劇一卷　（元）張壽卿
撰

鐵拐李度金童玉女雜劇（一名金安壽）一卷
（明）賈仲名撰　　　　　　　　　　　［撰

包待制智賺灰闌記雜劇一卷　（元）李潛夫

崔府君斷冤家債主雜劇一卷　（元）鄭廷玉

庚集下　　　　　　　　　　　　　　　　［撰

㑛梅香騙翰林風月雜劇一卷　（元）鄭光祖

尉遲恭單鞭奪槊雜劇一卷　（元）尚仲賢撰

呂洞賓三度城南柳雜劇一卷　（明）谷子敬
撰

須賈大夫誶范叔雜劇一卷　（元）高文秀撰

李雲英風送梧桐葉雜劇一卷　（明）李唐賓
撰

辛集上

花間四友東坡夢雜劇一卷　（元）吳昌齡撰

杜蘂娘智賞金線池雜劇一卷　（元）關漢卿
撰

王月英元夜留鞋記雜劇一卷　（元）曾瑞撰

漢高皇濯足氣英布雜劇一卷　（元）尚仲賢
撰

兩軍師隔江鬭智雜劇一卷　（元）□□撰

辛集下　　　　　　　　　　　　　　　　［撰

馬丹陽度脫劉行首雜劇一卷　（元）楊景賢

月明和尚度柳翠雜劇一卷　（元）李壽卿撰

劉晨阮肇悞入桃源雜劇一卷　（明）王子一
撰　　　　　　　　　　　　　　　　　［撰

張孔目智勘魔合羅雜劇一卷　（元）孟漢卿

玎玎璫璫盆兒鬼雜劇一卷　（元）□□撰

壬集上

荊楚臣重對玉梳記雜劇一卷　　(明)賈仲名
　　撰
逞風流王煥百花亭雜劇一卷　　(元)□□撰
秦脩然竹塢聽琴雜劇一卷　(元)石子章撰
金水橋陳琳抱粧盒雜劇一卷　(元)□□撰
趙氏孤兒大報讐雜劇一卷　(元)紀君祥撰
壬集下
感天動地竇娥寃雜劇一卷　(元)關漢卿撰
梁山泊李逵負荊雜劇一卷　(元)康進之撰
蕭淑蘭情寄菩薩蠻雜劇一卷　　(明)賈仲名
　　撰
錦雲堂暗定連環計雜劇一卷　(元)□□撰
羅李郎大鬧相國寺雜劇一卷　(元)張國賓
　　撰
癸集上　　　　　　　　　　　　　　[撰
看錢奴買寃家債主雜劇一卷　(元)鄭廷玉
都孔目風雨還牢末雜劇一卷　(元)李致遠
　　撰
洞庭湖柳毅傳書雜劇一卷　(元)尙仲賢撰
風雨像生貨郎旦雜劇一卷　(元)□□撰
望江亭中秋切鱠雜劇一卷　(元)關漢卿撰
癸集下　　　　　　　　　　　　　　[撰
馬丹陽三度任風子雜劇一卷　(元)馬致遠
薩眞人夜斷碧桃花雜劇一卷　(元)□□撰
沙門島張生煑海雜劇一卷　(元)李好古撰
包待制智賺生金閣雜劇一卷　(元)武漢臣
　　撰
馮玉蘭夜月泣江舟雜劇一卷　(元)□□撰

元曲大觀

(民國)錦文堂主人輯
　　民國十年(1921)上海錦文堂書局景印本
桃花女破法嫁周公一卷　(元)王曄撰
薩眞人夜斷碧桃花一卷　(元)□□撰
呂洞賓三度城南柳一卷　(明)谷子敬撰
呂洞賓三醉岳陽樓一卷　(元)馬致遠撰
鐵拐李度金童玉女一卷　(明)賈仲名撰
張天師斷風花雪月一卷　(元)吳昌齡撰
趙盼兒風月救風塵一卷　(元)關漢卿撰
逞風流王煥百花亭一卷　(元)□□撰
陶學士醉寫風光好一卷　(元)戴善夫撰
李素蘭風月玉壺春一卷　(元)武漢臣撰
臨江驛瀟湘秋夜雨一卷　(元)楊顯之撰
玉清菴錯送鴛鴦被一卷　(元)□□撰
杜牧之詩酒揚州夢一卷　(元)喬吉撰
謝金蓮詩酒紅梨花一卷　(元)張壽卿撰
李亞仙花酒曲江池一卷　(元)石君寶撰
江州司馬靑衫淚一卷　(元)馬致遠撰
李太白匹配金錢記一卷　(元)喬吉撰
花間四友東坡夢一卷　(元)吳昌齡撰

包龍圖智勘後庭花一卷　　(元)鄭廷玉撰
包待制三勘蝴蝶夢一卷　(元)關漢卿撰
錢大尹智寵謝天香一卷　(元)關漢卿撰
朱太守風雪漁樵記一卷　(元)庾天錫撰
玉簫女兩世姻緣一卷　(元)喬吉撰
魯大夫秋胡戲妻一卷　(元)石君寶撰
唐明皇秋夜梧桐雨一卷　(元)白樸撰
漢高皇濯足氣英布一卷　(元)尙仲賢撰
破幽夢孤鴈漢宮秋一卷　(元)馬致遠撰
溫太眞玉鏡臺一卷　(元)關漢卿撰
龐居士誤放來生債一卷　(元)劉君錫撰
劉晨阮肇誤入桃源一卷　(明)王子一撰

陽春奏

(明)黃正位輯
　　明萬曆三十七年(1609)刊本
陶學士醉寫風光好一卷　(元)戴善夫撰
宋太祖龍虎風雲會一卷　(元)羅貫中撰
西華山陳摶高臥一卷　(元)馬致遠撰

古雜劇

(明)王驥德輯
　　明萬曆中顧曲齋刊本
望江亭中秋切鱠旦一卷　(元)關漢卿撰
溫太眞玉鏡臺一卷　(元)關漢卿撰
白敏中偸梅香一卷　(元)鄭光祖撰
錢大尹智勘緋衣夢一卷　(元)關漢卿撰
玉簫女兩世姻緣一卷　(元)喬吉撰
江州司馬靑衫淚一卷　(元)馬致遠撰
洞庭湖柳毅傳書一卷　(元)尙仲賢撰
李太白匹配金錢記一卷　(元)喬吉撰
李亞仙花酒曲江池一卷　(元)石君寶撰
蕭淑蘭情寄菩薩蠻一卷　(明)賈仲名撰
迷靑瑣倩女離魂一卷　(元)鄭光祖撰
杜蘂娘智賞金線池一卷　(元)關漢卿撰
臨江驛瀟湘夜雨一卷　(元)楊顯之撰
荊楚臣重對玉梳一卷　(明)賈仲名撰
李雲英風送梧桐葉一卷　(元)喬吉(一題
　　明李唐賓)撰
漢元帝孤鴈漢宮秋一卷　(元)馬致遠撰
唐明皇秋夜梧桐雨一卷　(元)白樸撰
秦脩然竹塢聽琴一卷　(元)石子章撰
宋太祖龍虎風雲會一卷　(元)羅貫中撰
謝金蓮詩酒紅梨花一卷　(元)張壽卿撰

古今名劇合選

(明)孟稱舜輯
　　明崇禎六年(1633)刊本
新鐫古今名劇柳枝集
倩女離魂一卷　(元)鄭光祖撰

翰林風月一卷　(元)鄭光祖撰
青衫淚一卷　(元)馬致遠撰
兩世姻緣一卷　(元)喬吉撰
詩酒揚州夢一卷　(元)喬吉撰
金錢記一卷　(元)喬吉撰
玉鏡臺一卷　(元)關漢卿撰
智賞金線池一卷　(元)關漢卿撰
墻頭馬上一卷　(元)白樸撰
秋夜瀟湘雨一卷　(元)楊顯之撰
詩酒紅梨花一卷　(元)張壽卿撰
張生煮海一卷　(元)李好古撰
二郎收猪八戒一卷　(元)吳昌齡撰
竹塢聽琴一卷　(元)石子章撰
柳毅傳書一卷　(元)尚仲賢撰
月明和尚度翠柳一卷　(元)李壽卿撰
悮入桃源一卷　(明)王子一撰
三度城南柳一卷　(明)谷子敬撰
重對玉梳記一卷　(明)賈仲名撰
蕭淑蘭一卷　(明)賈仲名撰
三度小桃紅一卷　(明)朱有燉撰
春風慶朔堂一卷　(明)朱有燉撰
風月牡丹僊一卷　(明)朱有燉撰
泣賦眼兒媚一卷　(明)孟稱舜撰
桃源三訪一卷　(明)孟稱舜撰
花前一笑一卷　(明)孟稱舜撰
新鐫古今名劇酹江集
孤雁漢宮秋一卷　(元)馬致遠撰
三度任風子一卷　(元)馬致遠撰
雷轟薦福碑一卷　(元)馬致遠撰
秋夜梧桐雨一卷　(元)白樸撰
范張雞黍一卷　(元)宮天挺撰
王粲登樓一卷　(元)鄭光祖撰
竇娥冤一卷　(元)關漢卿撰
鐵拐李一卷　(元)岳伯川撰
李逵負荊一卷　(元)康進之撰
醉范叔一卷　(元)高文秀撰
東堂老一卷　(元)秦簡夫撰
趙氏孤兒一卷　(元)紀君祥撰
高宴麗春堂一卷　(元)王實甫撰
燕青博魚一卷　(元)李文蔚撰
天賜老生兒一卷　(元)武漢臣撰
龍虎風雲會一卷　(元)羅貫中撰
智勘魔合羅一卷　(元)孟漢卿撰
隔江鬭智一卷　(元)□□撰
黑旋風仗義疏財一卷　(明)朱有燉撰
沽酒遊春一卷　(明)王九思撰
中山狼一卷　(明)康海撰

元人雜劇選

顧學頡選注

1956年北京作家出版社排印本
感天動地竇娥冤雜劇一卷　(元)關漢卿撰
趙盼兒風月救風塵雜劇一卷　(元)關漢卿撰
唐明皇秋夜梧桐雨雜劇一卷　(元)白樸撰
破幽夢孤雁漢宮秋雜劇一卷　(元)馬致遠撰
梁山泊李逵負荆雜劇一卷　(元)康進之撰
沙門島張生煮海雜劇一卷　(元)李好古撰
魯大夫秋胡戲妻雜劇一卷　(元)石君寶撰
張孔目智勘魔合羅雜劇一卷　(元)孟漢卿撰
便宜行事虎頭牌雜劇一卷　(元)李直夫撰
相國寺公孫合汗衫雜劇一卷　(元)張國賓撰
迷青瑣倩女離魂雜劇一卷　(元)鄭光祖撰
東堂老勸破家子弟雜劇一卷　(元)秦簡夫撰
包待制智賺生金閣雜劇一卷　(元)武漢臣
風雨像生貨郎旦雜劇一卷　(元)□□撰
包待制陳州糶米雜劇一卷　(元)□□撰

六十種曲(一名繡刻演劇十本)

(明)毛晉輯
明虞山毛氏汲古閣刊本
民國二十四年(1935)上海開明書店排印本
1955年文學古籍刊行社據開明紙型重印本
子集
雙珠記二卷　(明)沈鯨撰
尋親記二卷　(明)□□撰
東郭記二卷　(明)孫仁孺撰
金雀記二卷　(明)□□撰
焚香記二卷　(明)王玉峯撰
丑集
荆釵記二卷　(明)朱權撰
霞箋記二卷　(明)□□撰
精忠記二卷　(明)姚茂良撰
浣紗記二卷　(明)梁辰魚撰
琵琶記二卷　(元)高明撰
寅集
西廂記二卷(開明本改題南西廂)　(明)李日華撰
幽閨記(一名拜月亭)二卷　(元)施惠撰
明珠記二卷　(明)陸采撰
玉簪記二卷　(明)高濂撰
紅拂記二卷　(明)張鳳翼撰
卯集
還魂記(一名牡丹亭)二卷　(明)湯顯祖撰
紫釵記二卷　(明)湯顯祖撰

　　邯鄲記二卷　(明)湯顯祖撰
　　南柯記二卷　(明)湯顯祖撰
　　西廂記二卷(開明本改題北西廂)　(元)王
　　　實甫撰
辰集
　　春蕪記一卷　(明)汪錂撰
　　琴心記一卷　(明)孫柚撰
　　玉鏡臺記一卷　(明)朱鼎撰
　　懷香記一卷　(明)陸采撰
　　綵毫記一卷　(明)屠隆撰
已集
　　運甓記二卷　(明)吾丘瑞撰
　　鸞鎞記二卷　(明)葉憲祖撰
　　玉合記二卷　(明)梅鼎祚撰
　　金蓮記二卷　(明)陳汝元撰
　　四喜記二卷　(明)謝讜撰
午集
　　三元記二卷　(明)沈受先撰
　　投梭記二卷　(明)徐復祚撰
　　鳴鳳記二卷　(明)王世貞撰
　　飛丸記二卷　(明)□□撰
　　紅梨記二卷　(明)徐復祚撰
未集
　　八義記二卷　(明)徐元撰
　　西樓記二卷　(清)袁于令撰　　　　　　〔定
　　還魂記二卷　(明)湯顯祖撰　(明)碩園删
　　繡襦記二卷　(明)徐霖(一題薛近兗)撰
　　青衫記二卷　(明)顧大典撰
申集
　　錦箋記二卷　(明)周履靖撰
　　蕉帕記二卷　(明)單本撰
　　紫簫記二卷　(明)湯顯祖撰
　　水滸記二卷　(明)許自昌撰
　　玉玦記二卷　(明)鄭若庸撰
酉集
　　灌園記二卷　(明)張鳳翼撰
　　種玉記二卷　(明)汪廷訥撰
　　雙烈記二卷　(明)張四維撰
　　獅吼記二卷　(明)汪廷訥撰
　　義俠記二卷　(明)沈璟撰
戌集
　　千金記二卷　(明)沈采撰
　　殺狗記二卷　(明)徐畖撰　(明)龍子猶
　　　(馮夢龍)訂定
　　玉環記二卷　(明)□□撰
　　龍膏記二卷　(明)楊珽撰
　　贈書記二卷　(明)□□撰
亥集
　　疊花記二卷　(明)屠隆撰
　　白兔記二卷　(明)□□撰

　　香囊記二卷　(明)邵璨撰
　　四賢記二卷　(明)□□撰
　　節俠記二卷　(明)□□撰

十種傳奇

　　清刊本
　　喜逢春二卷　(明)清嘯生撰
　　詠懷堂新編十錯認春燈謎記二卷　(明)阮
　　　大鋮撰
　　鴛鴦棒二卷　(明)范文若撰
　　望湖亭記二卷　(明)沈自晉撰
　　荷花蕩二卷　(明)馬佶人撰
　　山水隣新鐫花筵賺二卷　(明)范文若撰
　　長命縷二卷　(明)勝樂道人(梅鼎祚)撰
　　金印合縱記二卷　(明)蘇復之撰
　　評點鳳求凰二卷　(明)濟慧居士撰
　　山水隣新鐫出像四大癡傳奇四卷　(明)李
　　　九標撰

盛明雜劇

　　(明)沈泰輯
　　　民國十四年(1925)上海中國書店據董氏
　　　本景印
　　　1958年中國戲劇出版社據董氏本景印
　　高唐夢一卷　(明)汪道昆撰
　　五湖游一卷　(明)汪道昆撰
　　遠山戲一卷　(明)汪道昆撰
　　洛水悲一卷　(明)汪道昆撰
　　四聲猿　(明)徐渭撰
　　　漁陽三弄一卷
　　　翠鄉夢一卷
　　　雌木蘭一卷
　　　女狀元一卷
　　昭君出塞一卷　(明)陳與郊撰
　　文姬入塞一卷　(明)陳與郊撰
　　袁氏義犬一卷　(明)陳與郊撰
　　霸亭秋一卷　(明)沈自徵撰
　　鞭歌妓一卷　(明)沈自徵撰
　　簪花髻一卷　(明)沈自徵撰
　　北邙說法一卷　(明)葉憲祖撰
　　團花鳳一卷　(明)葉憲祖撰
　　桃花人面一卷　(明)孟稱舜撰
　　死裏逃生一卷　(明)孟稱舜撰
　　中山狼一卷　(明)康海撰
　　鬱輪袍一卷　(明)王衡撰
　　紅線女一卷　(明)梁辰魚撰
　　崑崙奴一卷　(明)梅鼎祚撰
　　花舫緣一卷　(明)孟稱舜原本　(明)卓人
　　　月重編
　　春波影一卷　(明)徐士俊撰

廣陵月一卷　(明)汪廷訥撰
眞傀儡一卷　(明)綠野堂(王衡)撰
男王后一卷　(明)秦樓外史(王驥德)撰
再生緣一卷　(明)蘅蕪室撰
一文錢一卷　(明)破慳道人(徐復祚)撰
齊東絕倒一卷　(明)竹癡居士撰

盛明雜劇二集

(明)沈泰輯
　　1958年中國戲劇出版社據董氏本景印
風月牡丹僊一卷　(明)朱有燉撰
香囊怨一卷　(明)朱有燉撰
武陵春一卷　(明)許潮撰
蘭亭會一卷　(明)許潮撰
寫風情一卷　(明)許潮撰
午日吟一卷　(明)許潮撰
南樓月一卷　(明)許潮撰
赤壁遊一卷　(明)許潮撰
龍山宴一卷　(明)許潮撰
同甲會一卷　(明)許潮撰
易水寒一卷　(明)葉憲祖撰
夭桃紈扇一卷　(明)葉憲祖撰
碧蓮繡符一卷　(明)葉憲祖撰
丹桂鈿合一卷　(明)葉憲祖撰
素梅玉蟾一卷　(明)葉憲祖撰
有情癡一卷　(明)徐陽輝撰
脫囊穎一卷　(明)徐陽輝撰
曲江春一卷　(明)王九思撰
魚兒佛一卷　(明)釋湛然原本　(明)寓山
　　居士重編
雙鶯傳一卷　(清)慢亭僊史(袁于令)撰
不伏老一卷　(明)馮惟敏撰
虬髯翁一卷　(明)凌濛初撰
英雄成敗一卷　(明)孟稱舜撰
紅蓮債一卷　(明)古越函三館(陳汝元)撰
絡冰絲一卷　(明)徐士俊撰
錯轉輪一卷　(明)太室山人(祁元孺)撰
蕉鹿夢一卷　(明)舜水蘧然子(車任遠)撰
櫻桃園一卷　(明)會稽澹居士(王澹翁)撰
逍遙遊一卷　(明)王應遴撰
相思譜一卷　(明)吳中情奴撰

傳眞社三種曲

(民國)傳眞社輯
　　民國二十一年(1932)傳眞社據明本景印
修文記二卷　(明)屠隆撰
磨忠記二卷　(明)闇甫(范世彥)撰
博笑記二卷　(明)詞隱先生(沈璟)撰

長樂鄭氏彙印傳奇第一集

鄭振鐸輯
　　民國二十三年(1934)長樂鄭氏景印本
新刻出像晉註商輅三元記二卷　(明)沈受
　　先撰　據明富春堂本景印
新刊晉註出像韓朋十義記二卷　(明)□□
　　撰　據明富春堂本景印
新刊重訂出相附釋標註裴度香山還帶記二
　　卷　(明)沈采撰　據明萬曆本景印
鸚鵡洲二卷　(明)陳與郊撰　據明萬曆本
　　景印
摘星樓傳奇二卷　(明)□□撰　據舊鈔本
　　景印
喜逢春二卷　(明)清嘯生撰　據明崇禎本
　　景印

奢摩他室曲叢第一集

(民國)吳梅輯
　　清宣統二年(1910)長洲吳氏靈鶼刊本
梅村樂府二種　(清)吳偉業撰
　　臨春閣一卷
　　通天臺一卷
煐香樓雜劇一卷　(民國)吳梅撰

奢摩他室曲叢

(民國)吳梅輯
　　民國十七年(1928)上海商務印書館景印
　　排印本
第一集
揚州夢二卷　(清)抱犢山農(嵇永仁)撰
　　據葭秋堂本景印
雙報應二卷　(清)抱犢山農(嵇永仁)撰
　　據葭秋堂本景印
沈氏傳奇四種　(清)紅心詞客(沈起鳳)撰
　　報恩緣二卷　據古香林本景印
　　才人福二卷　據古香林本景印
　　文星榜二卷　據古香林本景印
　　伏虎韜二卷　據奢摩他室鈔本景印
第二集
誠齋樂府二十四種　(明)朱有燉撰
　　新編天香圃牡丹品一卷
　　新編十美人慶賞牡丹園一卷
　　新編蘭紅葉從良烟花夢一卷
　　新編瑤池會八仙慶壽一卷
　　惠禪師三度小桃紅一卷
　　新編掬搜判官喬斷鬼一卷
　　新編豹子和尚自還俗一卷
　　新編甄月娥春風慶朔堂一卷
　　新編美姻緣風月桃源景一卷
　　新編宣平巷劉金兒復落娼一卷
　　新編福祿壽仙官慶會一卷

新鍥神后山秋獼得驪虞一卷
新編黑旋風仗義疎財一卷
新編小天香半夜朝元一卷
新編張天師明斷辰鉤月一卷
新編李妙清花裏悟眞如一卷
新編洛陽風月牡丹仙一卷
新編李亞仙花酒曲江池一卷
新編清河縣繼母大賢一卷
新編趙貞姬身後團圓夢一卷
新編劉盻春守志香囊怨一卷
新編紫陽仙三度常椿壽一卷
羣仙慶壽蟠桃會一卷
新編孟浩然踏雪尋梅一卷
粲花別墅五種曲　(明)粲花主人(吳炳)撰
　綠牡丹傳奇二卷
　畫中人傳奇二卷
　療妬羹傳奇二卷
　西園記傳奇二卷
　情郵記傳奇二卷

雜劇三集(一名雜劇新編)

　(清)鄒式金輯
　　清順治中刊本
　　民國三十年(1941)武進董氏誦芬室刊本
　　1958年中國戲劇出版社據董氏本景印
　通天臺一卷　(清)灌隱主人(吳偉業)撰
　臨春閣一卷　(清)吳偉業撰
　讀離騷一卷　(清)尤侗撰
　弔琵琶一卷　(清)尤侗撰
　空堂話一卷　(清)鄒兌金撰
　蘇園翁一卷　(明)茅僧曇撰
　秦廷筑一卷　(明)茅僧曇撰
　金門戟一卷　(明)茅僧曇撰
　醉新豐一卷　(明)茅僧曇撰
　鬧門神一卷　(明)茅僧曇撰
　雙合歡一卷　(明)茅僧曇撰
　半臂寒一卷　(清)南山逸史撰
　長公妹一卷　(清)南山逸史撰
　中郎女一卷　(清)南山逸史撰
　京兆眉一卷　(清)南山逸史撰
　翠鈿緣一卷　(清)南山逸史撰
　鸚鵡洲一卷　(清)鄭瑜撰
　汨羅江一卷　(清)鄭瑜撰
　黃鶴樓一卷　(清)鄭瑜撰
　滕王閣一卷　(清)鄭瑜撰
　眼兒媚一卷　(明)孟稱舜撰
　孤鴻影一卷　(清)周如璧撰
　夢幻緣一卷　(清)周如璧撰
　續西廂一卷　(清)查繼佐撰
　不了緣一卷　(清)碧蕉軒主人撰

櫻桃宴一卷　(清)張源撰
昭君夢一卷　(清)薛旦撰
旗亭讌一卷　(清)張龍文撰
餓方朔一卷　(清)孫源文撰
城南寺一卷　(清)黃家舒撰
西臺記一卷　(清)陸世廉撰
衛花符一卷　(清)堵廷棻撰
鯁詩讖一卷　(清)土室道民撰
風流塚一卷　(清)鄒式金撰

清人雜劇初集

　鄭振鐸輯
　　民國二十年(1931)長樂鄭氏景印本
　臨春閣一卷　(清)灌隱主人(吳偉業)撰
　通天臺一卷　(清)灌隱主人(吳偉業)撰
　續離騷　(清)抱犢山農(嵇永仁)撰
　　劉國師敎習扯淡歌一卷
　　杜秀才痛哭泥神廟一卷
　　癡和尚街頭笑布袋一卷
　　憤司馬夢裏罵閻羅一卷
　西堂樂府　(清)尤侗撰
　　讀離騷一卷
　　弔琵琶一卷
　　桃花源一卷
　　黑白衛一卷
　　李白登科記(一名清平調)一卷
　明翠湖亭四韻事　(清)廢莪子(裴鉶)撰
　　昆明池一卷
　　集翠裘一卷
　　鑑湖隱一卷
　　旗亭館一卷
　續四聲猿　(清)紫微山人(張韜)撰
　　杜秀才痛哭霸亭廟一卷
　　戴院長神行薊州道一卷
　　王節使重續木蘭詩一卷
　　李翰林醉草清平調一卷
　後四聲猿　(清)老浩(桂馥)撰
　　放楊枝一卷
　　題園壁一卷
　　謁府帥一卷
　　投園中一卷
　桃花吟一卷　(清)曹錫黼撰
　四色石　(清)曹錫黼撰
　　張雀網廷平感世一卷
　　序蘭亭內史臨波一卷
　　宴滕王子安檢韻一卷
　　寅同谷老杜興歌一卷
　花間九奏(一名花間樂府)　(清)花韻菴主
　　人(石韞玉)撰
　　伏生授經一卷

羅敷采桑一卷
桃葉渡江一卷
桃源漁父一卷
梅妃作賦一卷
樂天開閣一卷
賈島祭詩一卷
琴操參禪一卷
對山救友一卷
秋聲譜　（清）嚴廷中撰
　武則天風流案卷(一名判艷)一卷
　沈媚娘秋魂情話(一名譜秋)一卷
　洛陽殿無雙艷福一卷

清人雜劇二集

鄭振鐸輯
　民國二十三年(1934)長樂鄭氏景印本
坦菴買花錢雜劇一卷　（清）徐石麒撰　據
　清順治刊坦菴六種本景印
坦菴大轉輪雜劇一卷　（清）徐石麒撰　據
　清順治刊坦菴六種本景印
坦菴拈花笑雜劇一卷　（清）徐石麒撰　據
　清順治刊坦菴六種本景印
坦菴浮西施雜劇一卷　（清）徐石麒撰　據
　清順治刊坦菴六種本景印
孔方兄一卷　（清）葉承宗撰　據清順治中
　葉氏友聲堂本景印
賈閬僊一卷　（清）葉承宗撰　據清順治中
　葉氏友聲堂本景印
十三娘笑擲神奸首一卷　（清）稷門嘯史
　(葉承宗)撰　據清順治中葉氏友聲堂
　本景印
狗咬呂洞賓雜劇一卷　（清）稷門嘯史(葉
　承宗)撰　據清順治中葉氏友聲堂本
　景印
龍舟會雜劇一卷　（清）王夫之撰　據湘鄉
　曾氏本景印
風流塚一卷　（清）鄒式金撰　據清順治雜
　劇新編本景印
空堂話一卷　（清）鄒兌金撰　據清順治雜
　劇新編本景印
柴舟別集四種　（清）廖燕撰　據舊鈔柴舟
　全集本景印
　醉畫圖一卷
　訴琵琶劇本一卷
　續訴琵琶劇本一卷
　鏡花亭一卷
四嬋娟一卷　（清）洪昇撰　據舊鈔本景印
四名家填詞摘齣　（清）車江英撰　據清雍
　正本景印
　藍關雪一卷

柳州煙一卷
醉翁亭一卷
遊赤壁一卷
玉田春水軒雜齣　（清）張聲玠撰　據賜錦
　樓本景印
　訊猺一卷
　題肆一卷
　琴別一卷
　畫隱一卷
　碎胡琴一卷
　安市一卷
　看眞一卷
　遊山一卷
　壽甫一卷
瓊瑰錦雜劇一卷　（清）孔廣林撰　據手寫
　稿本景印
女專諸雜劇一卷　（清）孔廣林撰　據手寫
　稿本景印
松年長生引一卷　（清）孔廣林撰　據手寫
　稿本景印
北涇草堂外集三種　（清）陳棟撰　據清嘉
　慶北涇草堂集本景印
　苧蘿夢一卷
　紫姑神一卷
　維揚夢一卷
喬影(一名飲酒讀離圖)一卷　（清）吳藻撰
　據清道光五年萊山吳載功本景印
老圓一卷　（清）俞樾撰　據鈔本景印

玉生香傳奇四種曲

（民國）□□輯
　民國八年(1919)碧梧山莊石印本
當鑪艷二卷　（清）黃燮清撰
宓妃影傳奇一卷　（清）黃燮清撰　　　［撰
江州淚傳奇一卷　（清）清容主人(蔣士銓)
燕子樓傳奇二卷　（清）陳烺撰

誠齋雜劇

（明）朱有燉撰
　明永樂宣德間自刊本
新編甄月娥春風慶朔堂一卷　永樂四年
　(1406)刊
新編美姻緣風月桃源景一卷　宣德六年
　(1431)刊
新編趙貞姬身後團圓夢一卷　宣德八年
　(1433)刊
新編劉盼春守志香囊怨一卷　宣德八年
　(1433)刊
新編宣平巷劉金兒復落娼一卷
新編福祿壽僊官慶會一卷

新編神后山秋獼得騶虞一卷　永樂六年
　　(1408)刊
新編黑旋風仗義疏財一卷　宣德八年
　　(1433)刊
新編洛陽風月牡丹僊一卷　宣德五年
　　(1430)刊
新編清河縣繼母大賢一卷　宣德九年
　　(1434)刊　　　　　　　　　　　　〔刊
新編天香圃牡丹品一卷　宣德六年(1431)
新編十美人慶賞牡丹園一卷
新編紫陽仙三度常椿壽一卷　宣德八年
　　(1433)刊
新編張天師明斷辰鉤月一卷　永樂二年
　　(1404)刊
新編孟浩然踏雪尋梅一卷　宣德七年
　　(1432)刊
新編小天香半夜朝元一卷
新編李妙清花裏悟眞如一卷　永樂二十年
　　(1422)刊
新編李亞仙花酒曲江池一卷　　　　〔刊
惠禪師三度小桃紅一卷　永樂六年(1408)
新編㧐搜判官喬斷鬼一卷
新編豹子和尙自還俗一卷　宣德八年
　　(1433)刊
新編蘭紅葉從良烟花夢一卷

明周憲王樂府三種

　(明)朱有燉撰
　　　民國十五年(1926)上海蟬隱廬據明宣德
　　　本景印
　　新編洛陽風月牡丹仙一卷
　　新編天香圃牡丹品一卷
　　新編十美人慶賞牡丹園一卷

玉茗堂四種傳奇

　(明)湯顯祖撰
　　　明張弘毅著壇刊本
　　　清乾隆六年(1741)金閶映雪草堂刊本
　　還魂記二卷
　　邯鄲記二卷
　　紫釵記二卷
　　南柯記二卷

兩紗

　(明)來集之撰
　　　清來氏倘湖小築刊本
　　女紅紗塗抹試官一卷
　　禿碧紗炎涼秀士一卷
　附
　　小青娘挑燈閑看牡丹亭一卷

白雪樓二種

　(明)孫仁孺撰
　　　明崇禎中刊清夢園印本
　　東郭記二卷
　　醉鄉記二卷

墨憨齋傳奇十種

　(明)龍子猶(馮夢龍)輯
　　　清康熙中刊本
　　量江記二卷　(明)佘翹撰　(明)馮夢龍改
　　　　定
　　女丈夫二卷　(明)馮夢龍改定
　　新灌園二卷　(明)張鳳翼(明)劉晉充撰
　　　　(明)馮夢龍改定　　　　　　　〔定
　　夢磊記二卷　(明)史磐撰　(明)馮夢龍改
　　灑雪堂二卷　(明)梅孝己撰　(明)馮夢龍
　　　　改定
　　雙雄記(一名善惡圖)二卷　(明)馮夢龍撰
　　楚江情二卷　(明)袁于令撰　(明)馮夢龍
　　　　改定
　　精忠旗二卷　(明)李梅實撰　(明)馮夢龍
　　　　改定
　　萬事足二卷　(明)馮夢龍撰
　　酒家傭二卷　(明)陸弼・(明)欽虹江撰
　　　　(明)馮夢龍改定

博山堂三種曲

　(明)范文若撰
　　　清康熙中芥子園刊本
　　鴛鴦棒二卷
　　花筵賺二卷
　　夢花酣二卷
　附
　　北曲譜十二卷　(明)朱權撰

粲花齋新樂府五種

　(明)吳炳撰
　　　明金陵兩衡堂刊本
　　綠牡丹傳奇二卷
　　療妬羹傳奇二卷
　　畫中人傳奇二卷
　　西園記二卷
　　情郵記二卷

曲波園傳奇二種

　(明)若耶野老(徐士俊)撰
　　　清康熙中徐氏曲波園刊本
　　香草吟傳奇二卷
　　載花舲傳奇二卷

一笠庵四種曲

（清）蘇門嘯侶（李玉）撰
　　清乾隆五十九年（1794）寶研齋刊本
　一笠庵新編一捧雪傳奇二卷
　墨憨齋訂定人獸關傳奇二卷
　墨憨齋重訂永團圓傳奇二卷
　一笠庵新編占花魁傳奇二卷

坦庵詞曲六種

（清）徐石麒撰
　　清刊本
　坦庵買花錢雜劇一卷
　坦庵大轉輪雜劇一卷
　坦庵拈花笑雜劇一卷
　坦庵浮西施雜劇一卷
　坦庵詩餘甕吟四卷
　坦庵樂府忝香集一卷

笠翁傳奇十種

（清）李漁撰
　　清康熙中世德堂刊本
　　清經本堂刊袖珍本
　憐香伴傳奇二卷
　風箏誤傳奇二卷
　意中緣傳奇二卷
　蜃中樓傳奇二卷
　凰求鳳傳奇二卷
　奈何天傳奇（一名奇福記）二卷
　比目魚傳奇二卷
　玉搔頭傳奇二卷
　巧團圓傳奇（一名夢中樓）二卷
　慎鸞交傳奇二卷

漱玉堂三種傳奇

（清）孫郁撰
　　稿本
　繡幃燈傳奇二卷
　新編雙魚珮傳奇二卷
　天寶曲史二卷

明翠湖亭四韻事

（清）廢莪子（裘璉）撰
　　清康熙中裘氏絳雲居刊本
　昆明池一卷
　集翠裘一卷
　鑑湖隱一卷
　旗亭館一卷

擁雙豔三種

（清）萬樹撰
　　清康熙二十五年（1686）粲花別墅刊本
　風流棒傳奇二卷
　念八翻傳奇二卷
　空青石傳奇二卷

容居堂三種曲

（清）可笑人（周稺廉）
　　清康熙中書帶草堂刊本
　珊瑚玦傳奇二卷
　元寶媒傳奇二卷
　雙忠廟傳奇二卷

唐堂樂府

（清）黃兆森撰
　　清康熙五十五年（1716）刊本
　四才子傳奇
　　鬱輪袍一卷
　　夢揚州一卷
　　飲中仙一卷
　　藍橋驛一卷
　　忠孝福二卷

四名家傳奇摘齣

（清）車江英撰
　　清雍正中刊本
　藍關雪一卷
　柳州烟一卷
　醉翁亭一卷
　遊赤壁一卷

玉燕堂四種曲

（清）張堅撰
　　清乾隆中刊本
　夢中緣二卷
　梅花簪二卷
　懷沙記二卷
　玉獅墜二卷

紅雪樓九種曲（一名清容外集）

（清）蔣士銓撰
　　清乾隆中紅雪樓刊本
　冬青樹一卷
　雪中人一卷
　四絃秋（一名青衫淚）一卷
　一片石一卷
　第二碑（一名後一片石）一卷
　香祖樓二卷
　空谷香傳奇二卷
　桂林霜（一名賜衣記）二卷

臨川夢二卷

西江祝嘏四種

 (清)蔣士銓撰
  清乾隆中刊本
  康衢樂一卷
  忉利天一卷
  長生籙一卷
  昇平瑞一卷

紅雪樓逸稿

 (清)蔣士銓撰　　　　　　　　　　　　[本
  民國二十五年(1936)上海中華書局排印
  廬山會一卷
  採樵圖一卷
  采石磯一卷

缾笙館修簫譜

 (清)舒位撰　　　　　　　　　　　　　[本
  清道光十三年(1833)錢塘汪氏振綺堂刊
  卓女當盧一卷
  樊姬擁髻一卷
  酉陽修月一卷
  博望訪星一卷

沈薲漁四種曲

 (清)沈起鳳撰
  清古香林刊本
  報恩緣二卷
  才人福二卷
  文星榜二卷
  伏虎韜二卷

古柏堂傳奇雜劇(一名鐙月閒情)

 (清)唐英撰
  清乾隆中刊本
  轉天心二卷
  清忠譜正案一卷
  雙釘案(一名釣金龜)二卷
  巧換緣一卷
  三元報一卷
  蘆花絮一卷
  梅龍鎮一卷
  麵缸笑一卷
  虞兮夢一卷
  天緣債二卷
  英雄報一卷
  女彈詞一卷
  長生殿補闕一卷
  十字坡一卷

笳騷一卷

幼頎孔氏所撰傳奇雜劇三種

 (清)孔廣林撰
  稿本
  東城老父鬪雞懺傳奇二卷
  璿璣錦雜劇一卷
  女專諸雜劇一卷

漪園四種

 (清)永恩撰
  清乾隆中禮府刊本
  五虎記二卷
  四友記二卷
  三世記二卷
  雙兔記二卷
 附
  度藍關一卷

惺齋五種續編一種(一名新曲六種)

 (清)夏綸撰
  清乾隆十六年(1751)世光堂刊本
  無瑕璧傳奇二卷
  杏花村傳奇二卷
  瑞筠圖傳奇二卷
  廣寒梯傳奇二卷
  南陽樂傳奇二卷
 續編
  花萼吟傳奇二卷

吟風閣雜劇

 (清)楊潮觀撰
  清乾隆三十九年(1774)刊本
  清嘉慶二十五年(1820)屋外山房刊本
 卷一
  新豐店馬周獨酌
  大江西小姑送風
  李衞公替龍行雨
  黃石婆授計逃關
  快活山樵歌九轉
  窮阮籍醉罵財神
 卷二
  溫太眞晉陽分別
  邯鄲郡錯嫁才人
  賀蘭山謫仙贈帶
  開金榜朱衣點頭
  夜香臺持齋訓子
  汲長孺矯詔發倉
  魯仲連單鞭蹈海
  荷花蕩將種逃生

雙龍珠一卷
金榜山四卷
四賢配四卷
孝感天二卷
天感孝二卷

六觀樓北曲六種

（清）許鴻磐撰

清道光中刊本
清同治十三年(1874)刊本

西遼記北曲一卷
雁帛書北曲一卷
女雲臺北曲一卷
孝女存孤北曲一卷
儒吏完城北曲一卷
三釵夢北曲一卷

味塵軒曲四種

（清）李文瀚撰

清道光中刊本

紫荆花傳奇二卷　道光二十二年(1842)刊
胭脂鳥傳奇二卷　道光二十二年(1842)刊
銀漢槎傳奇二卷　道光二十五年(1845)刊
鳳飛樓傳奇二卷　道光二十七年(1847)刊

味蔗軒春燈新曲

（清）黃治撰

清道光二十七年(1847)椿蔭軒刊本

雁書記一卷
玉簪記一卷

玉田春水軒雜齣九種

（清）張聲玠撰

清道光中賜錦樓刊本

訊豻一卷
題肆一卷
琴別一卷
畫隱一卷
碎胡琴一卷
安市一卷
看眞一卷
游山一卷
壽甫一卷

養怡草堂樂府

（清）東俁撰

清同治十三年(1874)刊本

芋佛一卷
賦棋一卷
逼月一卷

平濟一卷

誦荻齋曲

（清）徐鄂撰

清光緒十二年(1886)大同書局石印本

梨花雪(一名白霓裳)一卷
白頭新一卷

暗香樓樂府

（清）歗嵐道人(鄭由熙)撰

清光緒十六年(1890)暗香樓刊本

木樨香一卷
鶪鳴霜(一名花葉粉)一卷
霧中人一卷

碧聲吟館叢書

（清）許善長撰

清光緒中仁和許氏刊本

瘞雲巖傳奇二卷　光緒三年(1877)刊
臙脂獄一卷　光緒十年(1884)刊
茯苓仙一卷　光緒九年(1883)刊
靈媧石一卷　光緒十一年(1885)刊
神山引一卷　光緒十一年(1885)刊
風雲會傳奇二卷　光緒三年(1877)刊
附
碧聲吟館談塵四卷　光緒四年(1878)刊
硯辨一卷　（清）孫森撰　光緒四年(1878)刊
香銷酒醒詞一卷　（清）趙慶熺撰　光緒十
　一年(1885)刊
香銷酒醒曲一卷　（清）趙慶熺撰
碧聲吟館倡酬錄一卷　（清）許善長輯　光
　緒四年(1878)刊

庶幾堂今樂

（清）余治撰

清光緒六年(1880)蘇州得見齋書坊刊本
初集
後勸農一卷
活佛圖一卷
同胞案一卷
義民記一卷
海烈婦記一卷
岳侯訓子一卷
英雄譜一卷
風流鑒一卷
延壽籙一卷
育怪圖一卷
屠牛報一卷
老年福一卷
文星現一卷

掃螺記(一名掃螄記)一卷
前出刧圖一卷
後出刧圖一卷
二集
　義犬記一卷
　回頭岸一卷
　推磨記一卷
　公平判一卷
　陰陽獄一卷
　硃砂志一卷
　同科報一卷
　福善圖一卷
　酒樓記一卷
　綠林鐸一卷
　刧海圖一卷
　燒香案一卷

咮蘭簃傳奇
(清)醉翁外史撰
　清光緒七年(1891)排印本
　俠女記一卷
　烈女記一卷

春雪閣曲譜三記
殷溎深撰
　民國十年(1921)上海朝記書莊石印本
　玉簪記曲譜一卷
　浣紗記曲譜一卷
　豔雲亭曲譜一卷

霜厓三劇
(民國)吳梅撰
　民國二十二年(1933)刊本
　湘眞閣一卷附譜一卷
　無價寶一卷附譜一卷
　惆悵爨一卷附譜一卷

新譜六種
(民國)徐鏡淸撰
　稿本
　魚兒佛譜一卷
　療妬羹譜一卷
　鈞天樂譜一卷
　伏虎韜譜一卷
　情郵譜一卷
　才人福譜一卷

江夏劍荂二種曲
(民國)黃劍荂撰
　鈔本

東艷禍傳奇二卷
南冠血傳奇二卷

嘯餘譜
(明)程明善輯　(清)張漢校
　清康熙中刊本
　玉川子嘯旨一卷　(宋)□□撰
　皇極聲音數一卷　(宋)祝泌撰
　律呂一卷
　樂府原題一卷　(宋)鄭樵撰
　詩餘譜二十五卷
　致語一卷
　北曲譜十二卷　(明)朱權撰
　周德淸中原音韻一卷務頭正語作詞起例一
　　卷　(元)周德淸撰
　南曲譜二十二卷　(明)沈璟撰
　中州音韻一卷
　司馬溫公切韻一卷　(宋)司馬光撰

曲苑
陳乃乾輯
　民國十年(1921)海寧陳氏景印本
　江東白苧二卷續二卷　(明)梁辰魚撰
　劇說六卷　(清)焦循撰
　曲話五卷　(清)梁廷枏撰
　曲品三卷　(明)東海鬱藍生(呂天成)撰
　新傳奇品一卷續一卷　(清)高奕撰
　曲錄二卷　(民國)王國維撰
　南詞敍錄一卷　(明)徐渭撰
　舊編南九宮目錄一卷　(明)徐渭撰
　十三調南曲晉節譜一卷　(明)徐渭撰
　衡曲麈譚一卷　(明)張楚叔撰
　魏良輔曲律一卷　(明)魏良輔撰
　顧曲雜言一卷　(明)沈德符撰
　雨村曲話二卷　(清)李調元撰
　曲目表一卷　(清)支豐宜輯

重訂曲苑
陳乃乾輯
　民國十四年(1925)石印本
　新編錄鬼簿二卷　(元)鍾嗣成撰
　中原音韻一卷　(元)周德淸撰
　南詞敍錄一卷　(明)徐渭撰
　舊編南九宮目錄一卷　(明)徐渭撰
　十三調南呂晉節譜一卷　(明)徐渭撰
　衡曲麈談一卷　(明)張楚叔撰
　魏良輔曲律一卷　(明)魏良輔撰
　曲律四卷　(明)王驥德撰
　顧曲雜言一卷　(明)沈德符撰
　度曲須知二卷　(明)沈寵綏撰

曲品三卷　（明）東海轡藍生(呂天成)撰
新傳奇品一卷續一卷　（清）高奕撰
曲話五卷　（清）梁廷枏撰
雨村曲話二卷　（清）李調元撰
劇說六卷　（清）焦循撰
詞餘叢話三卷　（清）楊恩壽撰
曲目表一卷　（清）支豐宜撰
曲錄六卷　（民國）王國維撰
戲曲考原一卷　（民國）王國維撰
曲目韻編二卷　（民國）董康撰

增補曲苑

（民國）古書流通處輯　（民國）正音學會增輯
　　民國十一年(1922)上海六藝書局排印本
金集
　碧雞漫志五卷　（宋）王灼撰
　樂府雜錄一卷　（唐）段安節撰
　羯鼓錄一卷　（唐）南卓撰
　新編錄鬼簿二卷　（元）鍾嗣成撰　（民國）
　　王國維校注
　衡曲麈談一卷　（明）張楚叔撰
　顧曲雜言一卷　（明）沈德符撰
石集
　南詞敍錄一卷　（明）徐渭撰
　舊編南九宮目錄一卷　（明）徐渭撰
　十三調南呂音節譜一卷　（明）徐渭撰
　曲品三卷　（明）東海轡藍生(呂天成)撰
　新傳奇品一卷續一卷　（清）高奕撰
　曲目韻編二卷　（民國）董康撰
絲集
　曲律四卷　（明）王驥德撰
　魏良輔曲律一卷　（明）魏良輔撰
竹集
　雨村曲話二卷　（清）李調元撰
　曲話五卷　（清）梁廷枏撰
　詞餘叢話三卷　（清）楊恩壽撰
　曲談一卷　王季烈撰
匏集
　劇說六卷　（清）焦循撰
土集
　唐宋大曲考一卷　（民國）王國維撰
　戲曲考原一卷　（民國）王國維撰
　古劇腳色考一卷　（民國）王國維撰
　優語錄一卷　（民國）王國維輯
　錄曲餘談一卷　（民國）王國維撰
革集
　宋元戲曲考一卷　（民國）王國維撰
木集
　曲錄六卷　（民國）王國維撰

新曲苑

任訥輯　　　　　　　　　　　　　　　　［本
　民國二十九年(1940)上海中華書局排印
唱論一卷　（元）芝菴撰
中州樂府音韻類編一卷　（元）卓從之撰
輟耕曲錄一卷　（元）陶宗儀撰
丹丘先生曲論一卷　（明）朱權撰
四友齋曲說一卷　（明）何良俊撰
王氏曲藻一卷　（明）王世貞撰
三家村老曲談一卷　（明）徐復祚撰
少室山房曲考一卷　（明）胡應麟撰
堯山堂曲紀一卷　（明）蔣一葵撰
周氏曲品一卷　（明）周暉撰
梅花草堂曲談一卷　（清）張大復撰
客座曲語一卷　（明）顧啓元撰
程氏曲藻一卷　（明）程羽文撰
九宮譜定總論一卷　（清）東山釣史(查繼
　佐)撰
太霞曲語一卷　（明）顧曲散人撰
製曲枝語一卷　（清）黃周星撰
笠翁劇論二卷　（清）李漁撰
南曲入聲客問一卷　（清）毛先舒撰
在園曲志一卷　（清）劉廷璣撰
大成曲譜論例一卷　（清）周祥鈺撰
易餘曲錄一卷　（清）焦循撰
樂府傳聲一卷　（清）徐大椿撰
雨村曲話二卷　（清）李調元撰
艾塘曲錄一卷　（清）李斗撰
書隱曲說一卷　（清）袁棟撰
兩般秋雨盦曲談一卷　（清）梁紹壬撰
北涇草堂曲論一卷　（清）陳棟撰
京塵劇錄一卷　（清）楊懋建撰
曲概一卷　（清）劉熙載撰
中州切音譜贅論一卷　（清）劉禧延撰
曲海一勺一卷　（民國）姚華撰
曲稗一卷　（民國）徐珂撰
菉猗室曲話四卷　（民國）姚華撰
霜厓曲跋三卷　（民國）吳梅撰
附
曲海揚波六卷　　任訥撰

全 國 主 要 圖 書 館
收 藏 情 況 表

	書　名	輯撰者	版　本	北京	首都	科學	北大	北師	清華	中醫	上海	復旦	華師	上師
1	儒學警悟	(宋)俞鼎孫 (宋)俞經輯	民國十一年武進陶氏刊本	○	○	○	○	○	○		○	○	○	
2	百川學海	(宋)左圭輯	民國十六年武進陶氏據宋咸淳本景刊缺卷據明弘治華氏覆宋本摹補十九年依宋本目次編印								○			
3	百川學海	(宋)左圭輯	明弘治中無錫華氏刊本	○			○	○			○	×		
			民國十六年武進陶氏據宋咸淳本景刊缺卷據明弘治華氏覆宋本摹補依明本目次編印	○			○	○	○		○		○	○
			民國十年上海博古齋據明弘治華氏本景印	○	○		○	○	○	○	○			
4	百川學海	(宋)左圭輯 (明)□□重輯	明刊本								○			
5	續百川學海	(明)吳永輯	明刊本	○						×				
6	廣百川學海	(明)馮可賓輯	明刊本	○			○						×	
7	說郛一百二十弓	(元)陶宗儀 (明)陶珽重校	清順治三年兩浙督學周南李際期宛委山堂刊本	○	○	○	○	○	○	○	○	○	○	
8	說郛續四十六弓	(明)陶珽輯	清順治三年兩浙督學周南李際期宛委山堂刊本	○	○	○	○	○	○	○	○	○	○	
9	說郛一百卷	(元)陶宗儀輯 張宗祥重校	民國十六年上海商務印書館排印本	○	○	○	○	○	○	○	○	○	○	○
10	小四書	(明)朱升輯 (清)陸隴其校訂	清光緒八年宏道堂刊本											
11	金聲玉振集	(明)袁褧輯	明嘉靖中吳郡袁氏嘉趣堂刊本	○	○	○					○	○	○	
12	范氏奇書	(明)范欽輯	明嘉靖中四明范氏天一閣刊本					×			×			
13	文林綺繡	(明)凌迪知輯	明萬曆四年至五年吳興凌氏桂芝館刊本						○		○		×	
14	今獻彙言	(明)高鳴鳳輯	明萬曆中刊本	○							○			
15	百陵學山	(明)王完輯	明萬曆中刊本	○							○			
16	古今逸史	(明)吳琯輯	明刊本	○	○	○			○		×			○
17	兩京遺編	(明)胡維新輯	明萬曆中刊本	○			○					×		
18	夷門廣牘	(明)周履靖輯	明萬曆中刊本	○	○		○				○			
19	由醇錄	(明)沈節甫輯	明萬曆二十四年忠恕堂刊本	○										
20	紀錄彙編	(明)沈節甫輯	明萬曆四十五年陽羨陳于廷刊本		○	○	○							
21	紀錄彙編選刊	燕京大學圖書館輯	民國二十四年燕京大學圖書館排印本	○		○	○				○			
22	漢魏叢書	(明)程榮輯	明萬曆中新安程氏刊本	○		○	○				○	○	○	
			民國十四年上海商務印書館據明萬曆程氏本景印	○			○	○			○	○		○
23	廣漢魏叢書	(明)何允中輯	明萬曆二十年刊本	○							○			
			清嘉慶中刊本						○		○			
24	增訂漢魏叢書	(清)王謨輯	清乾隆五十六年金谿王氏刊本	○							○	○		○
			清光緒二年紅杏山房刊民國四年蜀南馬湖盧樹柟修補印本	○										
			清光緒六年三餘堂刊本	○										

書　　　　　　　　　　　　　者

辭書	天津	内蒙	遼寧	吉林市	吉大	哈爾濱	陝西	甘肅	山東	青島	山大	南京	南大	蘇州	安徽	浙江	杭大	福建	福師	河南	湖北	武漢	武大	江西	廣東	四川	重慶	川大	雲南	黑龍江	桂林	廣西	青海	寧夏	民院	
○	○	○	○	○	○	○		○	○	○	○	○	○	○		○		○	○		○		○		○	○	○	○	○		○		○	○		1
	○			○									○							○											○					2
								○				○				○								×	○	○	○									3
○	○	○	○					○			○																○	○						○		
○			○	○				○	×		○	○	×		○	○	○	○	○	○		○	○	○	○	○	○	○					○	○		
										×							○																			4
			○						○			○				○									○	○										5
									○							○	○		×						○	○	○									6
○	○		○			○						○				×		○	○		×	○	○	○												7
○	○		○						○	○						×		○	○		×		○	○									○			8
○	○		○	×	○	○		○	○	○	○		○	○	○	○	○	○		○	○	○	○	○	○	○	○	○	○				○			9
		○									○														○											10
	×				○				○	○	○	×				○					○					×										11
																○																				12
			○									×									○					○										13
				○												○					○															14
				○												○																				15
				○						○	×	○	○	○												×										16
																										○	○									17
												×	○													×										18
																																				19
			○							○		○				○					○															20
			○					○																										○		21
○			○							○	○	○	○			○	○		○	○	×			○	○	○	○	○		○						22
	○	○	○		○			○			○		○			○	○	○	○	○	○				○	○	○	○			○	○	○	○	
	○											○					○									○	×									23
										○		○	○		○		○	○		○	○		×	○	○	○	○					×		○		24
○	○	○	○			○				○	○	○	○	○							○			×	○	○	○	○								
	○																○							○												
								○					○															○								

	書　名	輯撰者	版　本	北京	首都	科學	北大	北師	清華	中醫	上海	復旦	華師	上師
25	祕册彙函	(明)沈士龍 (明)胡震亨輯	清宣統三年上海大通書局石印本		○					○		○	○	
			明萬曆中刊本	○							×			
26	三代遺書	(明)趙標輯	明萬曆二十二年河東趙氏刊本	○							○			
27	寶顏堂祕笈	(明)陳繼儒輯	明萬曆中繡水沈氏刊本	○	○	○	×	×			×	○	×	
			民國十一年上海文明書局石印本						○	○	○	○		
28	格致叢書	(明)胡文焕輯	明萬曆三十一年刊本	○	○	×	×			×	×	×	×	×
29	藏説小萃	(明)李鄂羽輯	明萬曆三十四年李銓前書樓刊本	○										
30	莊騷合刻	(明)俞安期輯	明萬曆三十五年俞氏罞罞閣刊本	○										
31	三注鈔	(明)鍾惺輯	明萬曆四十五年刊本							○		○		
32	祕書九種	(明)鍾惺輯	明萬曆中金閶擁萬堂刊本						○		×			
33	程氏叢刻	(明)程百二輯	明萬曆四十三年程氏刊本	○										
34	閒情小品	(明)華淑輯	明萬曆四十五年刊本							○	○			
35	山居雜志	(明)汪士賢輯	明萬曆中新安汪氏刊本	○						○	×			
36	合刻周秦經書十種	(明)盧之頤輯	明溪香書屋刊本	○						○				
37	快書	(明)閔景賢輯	明天啓六年刊本	○				○	○	○		○		
38	廣快書	(明)何偉然輯 (明)吳從先輯	明崇禎二年序刊本	○				○	○			○		
39	快閣藏書	(明)唐琳輯	明天啓中刊本							○	○		×	
40	覆古介書	(明)邵閭生輯	明天啓七年序刊本							○	○			
41	重訂欣賞編	(明)沈津輯 (明)茅一相續輯	明刊本	○	○						○	×		
42	葉潤山輯著全書	(明)葉廷秀輯撰	明崇禎中刊清補刊印本								○			
43	增定漢魏六朝別解	(明)葉紹泰輯	明崇禎十五年采隱山居刊本		○									
44	津逮祕書	(明)毛晉輯	明崇禎中虞山毛氏汲古閣刊本	○			○	○	×		○	○	○	
			民國十一年上海博古齋據明汲古閣本景印	○			○	○	○		○	×		○
45	唐宋叢書	(明)鍾人傑 (明)張遂辰輯	明刊本	○					○	○	○			
46	芝園祕錄初刻	(明)茅瑞徵輯	明崇禎中刊本	○										
47	奚囊廣要	(明)□□輯	明龍山童氏樂志堂刊本	○										
48	環探	(明)李蔮輯	明崇禎三年淮南李氏刊本	○										
49	明鈔五種	(明)□□輯	明藍格鈔本	○										
50	綠窗女史	(明)秦淮寓客輯	明刊本							○	○			
51	居家必備	(明)□□輯	明刊本	○										
52	古今名賢彙語	(明)□□輯	明刊本	○										
53	士商必要	(明)江湖散人輯	明刊本	○										
54	三經音註	(明)盧復輯	明溪香館刊本	○						○				
55	水邊林下	(清)湖南漫士輯	明刊本	○										
56	學海類編	(清)曹溶輯 (清)陶越增刪	清道光十一年六安晁氏木活字排印本	○	○						○			
			民國九年上海涵芬樓據清晁氏本景印	○			○	○	○	○	○		○	○
57	祕書廿一種	(清)汪士漢輯	清康熙七年新安汪氏據古今逸史刊版重編印本	○		○						○	○	

書																	者																			
辭書	天津	内蒙	遼寧	吉林市	吉大	哈爾濱	陝西	甘肅	山東	青島	山大	南京	南大	蘇州	安徽	浙江	杭大	福建	福師	河南	湖北	武漢	武大	江西	廣東	四川	重慶	川大	雲南	黑龍江	桂林	廣西	青海	寧夏	民院	
○	○		○					○		○			○	○		○									○	○		○					○		○	25
																											×									26
○								○	○			○	○			○	○	○		○	○					○	×							○		27
○	○	○	○		○	○	○	○				○	○			○	○	○		○	○	×	○		○	○	×	○	○	○	○	○	○			28
○	×										×			×		×																				29
																																				30
																			○																	31
																												○								32
																																				33
														○																						34
																											×									35
												○	○																							36
○			○									○	○					○								○		○						○		37
○			○								○		○													○	×							○		38
																																				39
																○	○																			40
																○											×	○								41
																																				42
																							○													43
	○	○	○							○		○		○	○	○	○	○	○	○			○	○	×	○	○						○		44
	○	○			○	○		○		○	○		○	○		○	○	○	○	○			○	×		○	○			○			○		45
		○				×				○	○		○	○		○							○	×		○				○			○		45
																																				46
																																				47
																																				48
																																				49
		×																																		50
											○																									51
																																				52
																																				53
	○																																			54
														○																						55
×			○										○					○								○	○									56
○	○	○			○						○	○	○			○		○		○			×	○		○	○	○	○		○		○	○		
○	○			○	○			○			○	○	○	○	○	○		○		○						○	○	○								57

	書　名	輯撰者	版　本	藏										
				北京	首都	科學	北大	北師	清華	中醫	上海	復旦	華師	上師
58	檀几叢書	（清）王晫 （清）張潮輯	清嘉慶九年新安汪氏重刊本	○								○	○	○
			清康熙三十四年新安張氏霞舉堂刊本	○	○	○	○	○	○			○	×	○
59	檀几叢書録要	（清）何思鈞輯	清光緒四年鄮縣竹官廨刊本	○								○	○	
60	昭代叢書	（清）張潮輯	清康熙中刊本	×				×	○			○	○	
61	昭代叢書	（清）張潮 （清）張漸輯 （清）楊復吉 （清）沈楙悳續輯	清道光中吳江沈氏世楷堂刊本	○	○	○	○	○	○			○	○	○
62	正誼堂全書	（清）張伯行輯 （清）楊浚重輯	清同治五年福州正誼書院刊八年至九年續刊本	○	○	○	○	○	○			○	○	○
63	棟亭藏書十二種	（清）曹寅輯	清康熙四十五年揚州詩局刊本					○	○			○	○	
			民國十年上海古書流通處據清康熙本景印	○	○			○	○			○	○	○
64	閭丘辯囿	（清）顧嗣立輯	清康熙中顧氏秀野草堂刊本	○		○								
65	硯北偶鈔	（清）姚培謙 （清）張景星輯	清乾隆二十七年姚氏草草巢刊本											
66	古香齋袖珍十種	清康熙乾隆間敕輯	清康熙乾隆間內府刊本									○		
			清同治光緒間南海孔氏刊本	○								×		
67	説鈴	（清）吳震方輯	清康熙四十一年續集五十一年刊本	○					○	○		○	○	○
			清道光五年聚秀堂刊本									○		
68	四庫全書	清乾隆三十年敕輯	清文淵閣鈔本（註一）											
			清文溯閣鈔本											
			清文津閣鈔本	○										
			清文瀾閣鈔本											
69	摛藻堂四庫全書薈要	（清）于敏中等輯	清乾隆三十八年鈔本（註二）											
70	四庫全書珍本初集	（民國）中央圖書館籌備處輯	民國二十三年至二十四年上海商務印書館據文淵閣本景印	○	○	○	○	○	○		○	○	○	○
71	影印四庫全書四種	（民國）中央圖書館籌備處選	民國二十四年上海商務印書館據文淵閣本景印		○		○	○	○		○	○	○	○
72	武英殿聚珍版書	清乾隆中輯	清乾隆中武英殿木活字排印本	○								○	×	
			清乾隆中浙江重刊本	○						○		○		
			清同治十三年江西書局刊本	○				○	○			○	○	
			清乾隆四十二年福建刊道光同治遞修光緒二十一年增刊本	○			○	○	○			○	○	×
			清光緒二十五年廣雅書局刊本					○		○	×		○	×
73	勵志齋叢書	（清）陸錫熊 （清）紀昀等輯	清光緒中據武英殿聚珍版本重印											
74	鏡烟堂十種	（清）紀昀撰	清乾隆中嵩山書院刊本	○	○	○						○	○	
75	雅雨堂藏書	（清）盧見曾輯	清乾隆二十一年德州盧氏刊本	×							○	○	○	○
76	奇晉齋叢書	（清）陸烜輯	清乾隆中平湖陸氏刊本	○							○	○	○	○
			民國元年冰雪山房據清陸氏刊本景印	○								○	×	○
77	述記（一名三代兩漢遺書）	（清）任兆麟輯	清乾隆五十三年映雪草堂刊本		○			○	○		○	○	○	
			清嘉慶十五年遂古堂刊本								○			○
78	微波榭叢書	（清）孔繼涵輯	清乾隆中曲阜孔氏刊本	○		×	○	○	○			○	○	×

註一、註二：故宮博物院藏

辭書	天津	内蒙	遼寧	吉林市	吉大	哈爾濱	陝西	甘肅	山東	青島	山大	南京	南大	蘇州	安徽	浙江	杭大	福建	福師	河南	湖北	武漢	武大	江西	廣東	四川	重慶	川大	雲南	黑龍江	桂林	廣西	青海	寧夏	民院	
	○		○	○					○		○		○		○	○			○		○		○		○				○	○				○	○	
○	○	○	○	○	○	○			○		○	○	○	○	○	○		○	○	×	○	○	○	○	○	○	○	×	○	○					○	58
												○	○			○						○	○													59
	○	×		×	○	○		○				○	×			○				○	×		○			○	×			○				○	○	60
○	○	×	○	×	○	○		○	○	○		○	○	○	○	○		○	○	○		○	×	○	○	○	○	○				○			○	61
○	○	○	○	○	○	○	○	×	○	○	○	○	○	○	○	○	○	○	○	○	○	×	○	○	○	○	○	×	○	×				○		62
○	○	○	○	○	○	○			○	○	○	○	○		○	○		○	○				○	○	○	○	×	○	○	○				○	○	63
																																				64
											○										○															65
		○																																		66
○	○		○			○			○	○								○		○		○	○			○	×	○		×	○	×		×		67
○	○		○			○			○			○		○												○	×	○								68
			○																																	
																○																				69
○	○	○	○	○	○	○	○	○	○	○	○	○	○	○	○	○	○	○	○	○	×	○	○	○	○	○	○	○	○	○				○		70
○		○	○		○		○	○	○	○	○	○	○		○	○	○	○	○			○	○		○	○	○	○		○		○			○	71
×	○																								×	○	○			○						72
	○											○			○				○				○	○	○					○						
○	○			○	×				○	○		○	○	○		○		○			○	○	×	○	○	○					○					
×	○	○			○				○	○		○	○	○		○		○			○	×	○	○	○		○								
○	○	○			○				○													○	○					○	○		○				
																																				73
												○										○							○							74
	○	○	○	○	○		○	○			○	○	○	○	○	○	○	○	○	○		○		○	○	○	○	○	○	○			○	×		75
	○		○		○						○	○				○					×			○	○			○								76
○		○									○	○	○		○	○			○	○	○			○	○			○		○					
○	○	○									○			○														×								77
×	○	○	○		○						○	○			○	○				○			×		○	×	○	×	×		○	×	×		○	78

	書名	輯撰者	版本	藏										
				北京	首都	科學	北大	北師	清華	中醫	上海	復旦	華師	上師
79	二餘堂叢書	(清)師範輯	清嘉慶九年小停雲館刊本	○		○	○		○		○	○		
80	知不足齋叢書	(清)鮑廷博輯	清乾隆道光間長塘鮑氏刊本	○	○	○			○		○	○		
		(清)鮑志祖續輯	民國十年上海古書流通處據清鮑氏刊本景印	○		○	○	○	×		○	○	○	○
81	拜經樓叢書(一名愚谷叢書)	(清)吳騫輯	清乾隆嘉慶間海昌吳氏刊本	○							○	○	×	○
			民國十一年上海博古齋據清吳氏刊本增輯景印	○	○						○	○		
	重刊拜經樓叢書七種		清光緒十一年會稽章氏鄂渚刊本	○	○		○	○			○	○		
	重校拜經樓叢書十種		清光緒二十年吳縣朱氏校經堂刊本	○	○		○				○	○		
82	硯雲	(清)金忠淳輯	清乾隆中金氏硯雲書屋刊本	○	○									
83	函海	(清)李調元輯	清乾隆中綿州李氏萬卷樓刊嘉慶十四年李鼎元重校印本	○	○						○			
			清道光五年李朝夔補刊印本	○	○						○			
84	函海	(清)李調元輯	清光緒七年至八年廣漢鍾登甲樂道齋刊本	○		○	○				○	×	○	○
85	經訓堂叢書	(清)畢沅輯	清乾隆中鎮洋畢氏刊本	○			○		×		○	○		
			清光緒十三年上海大同書局據清畢氏刊本景印	○								○	○	○
86	抱經堂叢書	(清)盧文弨輯	清乾隆嘉慶間餘姚盧氏刊本		○		○	×	○		○	○		
			民國十二年北京直隸書局據清盧氏刊本景印	○	○						○	○		
87	貸園叢書初集	(清)周永年輯	清乾隆五十四年歷城周氏竹西書屋據益都李文藻刊版重編印本	○	○	○	○				○	×	○	
88	紫藤書屋叢刻	(清)陳□輯	清乾隆五十七年秀水陳氏刊本								○	×		
89	龍威祕書	(清)馬俊良輯	清乾隆五十九年石門馬氏大酉山房刊本	○	○	○	○	○	×		○	○	○	
90	杜藕山房叢書	(清)杜鈞輯	清杜甲補堂鈔本							○				
91	養和堂叢書	(清)陳維申輯	清乾隆中刊本	○										
92	敬修堂叢書	(清)□□輯	清敬修堂鈔本								○			
93	石研齋四種	(清)秦恩復輯	清乾隆至道光間江都秦氏享帚精舍刊本								○			
94	岱南閣叢書	(清)孫星衍輯	清乾隆嘉慶間蘭陵孫氏刊本	○		○								
			民國十三年上海博古齋據清孫氏刊本景印	○	○		○	○			○	○		
95	岱南閣叢書	(清)孫星衍輯	清嘉慶三年蘭陵孫氏沇州刊本	○		○			○					
96	平津館叢書	(清)孫星衍輯	清嘉慶中蘭陵孫氏刊本	○							○			○
			清光緒十一年吳縣朱氏槐廬家塾刊本	○					○		○	○	○	
97	問經堂叢書	(清)孫馮翼輯	清嘉慶中承德孫氏刊本	○		○		○	○		○		○	
98	汗筠齋叢書第一集(一名蘭芬齋叢書初集)	(清)秦鑑輯	清嘉慶三年至四年嘉定秦氏刊本	○	○		○		○		○	○		
99	讀畫齋叢書	(清)顧修輯	清嘉慶四年桐川顧氏刊本	○	○	○	○		○		○	○		○
100	士禮居黃氏叢書	(清)黃丕烈輯	清嘉慶道光間吳縣黃氏刊本	○	○						○	×	×	
			清光緒十三年上海蜚英館據清黃氏刊本景印	○	○		○	○			○	○		

	書																	者																	
辭書	天津	內蒙	遼寧	吉林市	吉大	哈爾濱	陝西	甘肅	山東	青島	山大	南京	南大	蘇大	安徽	浙江	杭大	福建	福師	河南	湖北	武漢	武大	江西	廣東	四川	重慶	川大	雲南	黑龍江	桂林	廣西	青海	寧夏	民院	
			○									○				○																				79
○	○	○	○		○	○	○		○	○		○	○		×	○	○	○	○	○	○	○	○		×	○	○	○	○							80
○	○	○	○		○	○				○			×			○			○		○	×		○	○	×	○	○	○	○			×		○	
										○				○	○	○	○	○			○		○	×			○	○								81
	○		○		○				○	○		○	○	○	○	○	○		○		○			○			○	○				○			○	
○	○		○		○					○		○	○	○		○		×			○	○		○			○	○		○						
○	○																																			82
○			○		○				○			○	○	○	○	○	○	○		○	○		○	○		○	○	○		○						83
○	○		○		○				○			○	○			○		○		○	○	×		○	○		○	○	○	○						
		×			○			×				○	○			○	○				○	×		○	○		○	○		○				○		84
○	○		○		○					○	○	○	○	×	○	○	○	○	○	○	○				○	×	○		○	○		○	○			85
		○	○		○				○	○	○	○			○	○	○		○	○				○	×	○		○		○	○					
○	○	○	○		○				○			○	○		○	○		○			×			○	×		○		○			○	○		86
○	○	○			○				○			○			○			○	○		○			○	○			○		○	○					
○	○	○	×		○	○			○	○	○	○		○	○	○	○	○	○	○	○		○	○	○					○	○		○	○		87
					○														○																	88
○	○	×	○	○	○				○	○	○	○			○	○	○		○	○	×		○	○			○	×	○			○			89
																																				90
																											×									91
																																				92
										○					○																					93
○			○	○							○			○		○		○	○		×		○		○	○	○									94
○	○		○	○	○			○				○		○		○		○	○		○		○		○	○			×	×	○	○	○			
		○						○			○				○			○											○					○		95
	○	×	○		○			○			○	○	×		○		○	○		○									○			○	○	○		96
○	○		○		○			○			○	○		○		○	○		×	○	○	○			○						×	○		○	
○	○		○	○				○	×	○				○		×		○	○			×	○		×						×	○			97
○	○		○							○							×																			98
○	○	○	○	○	○	○			×	○	○	○	○	○	○	○	○	×	○	×	○	○	○	○	○	○	×		×	○		○		99
		○	○		○	○		○	○	○	○			○	○			○	×	○															100
○	○		○		○		○	○		○					○	○		○		○			○		○	○			×	○	○				

	書　名	輯撰者	版　本	藏										
				北京	首都	科學	北大	北師	清華	中醫	上海	復旦	華師	上師
			民國四年上海石竹山房據清黃氏刊本景印	○		○	○	○	○	○	○	○		
			民國十一年上海博古齋據清黃氏刊本增輯景印	○	○						○	○	○	○
101	宛委別藏	(清)阮元輯	原稿本	○										
102	選印宛委別藏	故宮博物院輯	民國二十四年上海商務印書館景印本	○	○	○	○	○	○	○	○	○		
103	學津討原	(清)張海鵬輯	清嘉慶十年虞山張氏照曠閣刊本	○	○	○		×			○	○		
			民國十一年上海商務印書館據清張氏刊本景印	○	○		○	○	○		○	○		○
104	借月山房彙鈔	(清)張海鵬輯	清嘉慶中虞山張氏刊本							○				
			民國九年上海博古齋據清張氏刊本景印	○	○		○	○	×	○	○	○		
105	墨海金壺	(清)張海鵬輯	清嘉慶中海虞張氏刊本	○	○						○	○		
			民國十年上海博古齋據清張氏刊本景印	○	○						○	○		
106	藝海珠塵	(清)吳省蘭輯	清嘉慶中南滙吳氏聽彝堂刊	○	○	○	○	○	○		○	○	○	○
		壬癸集(清)錢熙輔增輯	壬癸集道光三十年金山錢氏漱石軒據吳氏原版重印增刊本											
107	湖海樓叢書	(清)陳春輯	清嘉慶中蕭山陳氏刊本	○	○	○	○	○			○	○		○
108	藝苑捃華	(清)顧之逵輯	清同治七年序刊本	○	○	○		○			○	○		
109	真意堂三種	(清)吳志忠輯	清嘉慶十六年璜川吳氏木活字排印本	○	○	○		○			○	○		
110	詒經堂藏書	(清)金長春輯	清嘉慶十八年當塗金氏刊本	○	○	○	○	○	○			○		○
111	書三味樓叢書	(清)張應時輯	清嘉慶二十四年華亭張氏書三味樓刊本								○			
112	正誼齋叢書	(清)汪昌序輯	清道光二十年序儀徵汪氏刊本		○				○		○	○		
113	綠滿書牕	(清)□□輯	清道光元年刊本	○				○	○					
114	受經堂彙稿	(清)楊紹文輯	清道光三年刊本	○	○	○		○	○					○
115	澤古齋重鈔	(清)陳瑨輯	清道光三年上海陳氏據借月山房彙鈔刊版重編本	○	○							×		
116	獨抱廬叢刻	(清)陳宗彝輯	清道光中金陵陳氏刊本						○		○	×		
117	紛欣閣叢書	(清)周心如輯	清道光中浦江周氏刊本		○			○	○		○	○		
118	一枝軒四種	(清)□□輯	清道光七年刊本		○			○	○		○	○		
119	得月簃叢書	(清)榮譽輯	清道光中長白榮氏刊本		○	×	○			×		○		
120	賜硯堂叢書新編	(清)顧沅輯	清道光十年長洲顧氏刊本								○	○		
121	賜硯堂叢書未刻稿	(清)顧沅輯	清然松書屋鈔本									○		
122	范白舫所刊書	(清)范鍇輯	清道光中烏程范氏刊本								○			
123	古棠書屋叢書	(清)孫澍 (清)孫鏶輯	清道光中鵝溪孫氏刊本	○		○	○	○	○		○	×		
124	青照堂叢書	(清)李元春輯	清道光十五年朝邑劉際清等刊本					○	○	×	○			
125	惜陰軒叢書	(清)李錫齡輯	清道光二十六年宏道書院刊續編咸豐八年刊本	○			○	○			○	○		
			清光緒二十二年長沙刊本					○	○	○	○	○		○
126	別下齋叢書	(清)蔣光煦輯	清道光海昌蔣氏刊咸豐六年續刊本	○							○	○		

書　　　　　　　　者

辭書	天津	内蒙	遼寧	吉林市	吉大	哈爾濱	陝西	甘肅	山東	青島	山大	南京	南大	蘇州	安徽	浙江	杭大	福建	福師	河南	湖北	武漢	武大	江西	廣東	四川	重慶	川大	雲南	黑龍江	桂林	廣西	青海	寧夏	民院	
○	○	○	○	○					○			○	○	○	○	○	○			○	○	○	○	×		○	○	○	○				○			
	○	×	○		○	○		○	○			○	○			○					○	○			○		○		○		○			○	○	
○	○	○	○	○			○			○		○	○	○	○	○	○	○	○	○	○	○	○		○	○	○	○	○	○			○	○		102
○	○		○	×	○	×		○		○		○	○	○	○	○	×	○	○	○	○	×		○	○	○	○	○	○				○			103
○	○		○	○		○	○		○		○	○	○	○	○	○	○	○	○	○	○	×		○	○	○	○	○	○				○			104
○	○	○	○	○		○	○		○		○	○	○	○	○	○	○		○	○	○	○	○	○	○	○	○	○	○				○			105
	○										○				○		×						○				×				○					
○	○		○	×	○				○			○	○		○	○	×	○	×		○		○		○	○	○						○			106
○	○	×		○	×	○			○	×	○	○	○	○	○	○	○	○	×	○	×	○	○	○	○	○	○			○	×	×				
○	○		○	○	○	○			○	○	○	○	○	○	○	○	○	○	○	○	○	○	○	○	○	○	○	○	○				○	○		107
○	○				○							○	×	○	○		○	○	×			○	○	○	○	○	○	○	○							108
											○	×																								109
○			○	○	○				○				○			○				○		○	○	○		○	○						○			110
					○																															111
									○	×									○														○			112
																																				113
	○			○	○							○					○			○		○		○												114
				×								○																								115
																																				116
	○			○																		○				○										117
																																				118
○	○							○	×		○	○	○				○				×	○	○										○	○		119
○	○				○			○	○	○		○	○	×	○		○					×											○			120
																																				121
																																				122
			○		○				○	○		○			○	×		○				○		○		○	○						○			123
○	○			○		○			○	○		○	○			○				×	○	○		○	○	○							○			124
○		○	○					○	×		○	○													○			○	○			×				125
○	○		○	○	○	○			○	○		○			○	○		○		×	○	○	○	○	○	○			○				○			
○	○				○	○										○				×								○								126

書名	輯撰者	版本	北京	首都	科學	北大	北師	清華	中醫	上海	復旦	華師	上師
127 涉聞梓舊	（清）蔣光煦輯	民國十二年上海商務印書館據清蔣氏刊本景印	○	○		○	○	○	○	○	○	○	○
		民國武林竹簡齋據清蔣氏刊本景印	○		○						○		
		清咸豐元年海昌蔣氏宜年堂刊六年重編本							○	○			
		民國十三年上海商務印書館據清蔣氏刊本景印	○	○		○	○	○	○	○	○	○	○
		民國武林竹簡齋據清蔣氏刊本景印									○		
128 知足齋叢書	（清）黃奭輯	清道光中甘泉黃氏刊本									○		
129 清頌堂叢書	（清）黃奭輯	清道光中甘泉黃氏刊本	○	○	○	○		○			○		
130 宜稼堂叢書	（清）郁松年輯	清道光中上海郁氏刊本	○	○	○	○				○	○	×	
131 春暉堂叢書	（清）徐渭仁輯	清道光咸豐間上海徐氏刊同治中補刊本	○	○	○	○				○	○		
132 閩竹居叢書	（清）觀頰道人輯	清刊本	○	○					○		○		
133 拜梅山房几上書	（清）□□輯	清道光十六年刊本	○	○						×			
134 漱六編	（清）□□輯	清道光二十年仁和王氏刊本	○										
135 致用叢書	（清）李宗昉輯	清道光中山陽李氏聞妙香室刊本	○							○			
136 文選樓叢書	（清）阮亨輯	清嘉慶道光間儀徵阮氏刊本	○	○	○	○	○				○		
137 淩氏傳經堂叢書	（清）淩鎬（清）淩鑛輯	清道光中吳興淩氏刊本	○				×			○	×		○
138 守山閣叢書	（清）錢熙祚輯	清道光二十四年金山錢氏據墨海金壺刊版重編增刊本		○	×					○		○	
		清光緒十五年上海鴻文書局據清錢氏本景印	○	○		○	○	○					
		民國十一年上海博古齋據清錢氏本景印	○	○						○	○		○
139 珠叢別錄	（清）錢熙祚輯	清道光中金山錢氏據墨海金壺刊版重輯本	○		○	○	○						
		民國十一年上海博古齋據清錢氏本景印	○							○			○
140 式古居彙鈔	（清）錢熙祚輯	清道光二十六年金山錢氏據借月山房彙鈔刊版重編本									○		
141 指海	（清）錢熙祚（清）錢培讓（清）錢培杰續輯	清道光中金山錢氏據借月山房彙鈔刊版重編增刊本								○	○		
		民國二十四年上海大東書局據清錢氏重編借月山房彙鈔本景印	○							○	○		○
142 三長物齋叢書	（清）黃本驥輯	清道光中湘陰蔣璟刊光緒四年古香書閣印本									○		
143 四品彙鈔	（清）丁飛鶚輯	清道光二十三年臨潼王氏花雨山房刊本									○		
144 海山仙館叢書	（清）潘仕成輯	清道光咸豐間番禺潘氏刊光緒中補刊本		○	○	○	×			○	○	○	○
145 連筠簃叢書	（清）楊尚文輯	清道光二十八年靈石楊氏刊本	○	○	○	○	×			○	○		
146 玲瓏山館叢刻	（清）顧湘輯	清道光二十九年虞山顧氏彙印本	○	○	○						○		
147 瓶華書屋叢書	（清）童和豫輯	清道光二十八年刊本	○		○	○			○		○	×	

書　　　　　　者

辭書	天津	內蒙	遼寧	吉林市	吉大	哈爾濱	陝西	甘肅	山東	青島	山大	南京	南大	蘇州	安徽	浙江	杭大	福建	福師	河南	湖北	武漢	武大	江西	廣東	四川	重慶	川大	雲南	黑龍江	桂林	廣西	青海	寧夏	民院	No.
○	○	○	○	○	○	○		○	○	○	○	○	○	○	○	○		○	○	○	○		○		○	○	○	○	○	○		○	○	○	○	
	○				○				○			○				○					×		○			○		○				○	○			
	○				○							○								○	○		○													127
	○	×	○					○	○	○	○	○				○					○				○	○	○	○				○	○			
	○				○							○				○												○								128
																○																				
○	○		○						×		○	○	○	○	○	○		○		○																129
○	○	○	○	○	○	○	○	○	○	○	○	○	○	○	○	○	○	○	○	○	○	○	○	○	○	○	○	○	○				○			130
○	○	○	○	○	○	○	○	○	○	○	○	○	○	○	○	○	○	○	○	○	○	○	○	○	○	○	○	○	○	○		○		○		131
			○								○							○	×																	
			○						○		○							○																		132
			○								○																									133
											○																									134
																																				135
	○		○								○	○						○				○		○									×			136
																																				137
	○		○					○			○																			○					×	138
○	○			○	○	○		○			○	○	○	○	○		○		○		○	×		○	○	○	○		○	×			○	○	
	○		○					○			○	○				○		○			○	○	×	○	○	○						○	○		
	○		○					×			○							○					○								○					139
	○		○								○					○							○	○						○					
																																				140
○											○	○		○																						141
○	○		○	○	○		○			○	○	○					○		○	○		○	○	○	○					○					
○			○		○	○		○	○			○	○	○	○	○	×	○	○	○		×	○	○	○	○		×							142
																																				143
○	○	○	○	○	○	○	○	○	○	○	○	○	○	○	○	○	○	○	×	○	○	○	○	○	○	○	○	○		○	○				144
○	○	×	○	○	○		○	○	○	×	○	○	○	○		○	○	○	×	○	○	○	○	○	○							○			145
	○											○																								146
												×						×																		147

	書名	輯撰者	版本	藏										
				北京	首都	科學	北大	北師	清華	中醫	上海	復旦	華師	上師
148	敏果齋七種	(清)許乃釗輯	清道光中錢塘許氏刊本	○	○	○	○	○	○		○	×		
149	續知不足齋叢書	(清)高承勳輯	清渤海高氏刊本	○	○		○	○	○					
150	粵雅堂叢書	(清)伍崇曜輯	清道光光緒間南海伍氏刊本	○	○	○	○	○	×	○		○	○	○
151	遞敏堂叢書	(清)黃秩模輯	清道光咸豐間宜黃黃氏刊本木活字排印本	○	○	○	○	○	○		○	○	○	
152	海源閣叢書	(清)楊以增輯	清咸豐中聊城楊氏海源閣刊本	○							○	○		
153	琳琅祕室叢書	(清)胡珽輯	清咸豐三年仁和胡氏木活字排印本				○	○			○	○		
		(清)胡珽輯 (清)董金鑑校	清光緒十三年會稽董氏雲瑞樓木活字排印本	○	○		○	○	○		○	○	○	
154	長恩書室叢書	(清)莊肇麟輯	清咸豐四年新昌莊氏過客軒刊本	○	○	○	○	○	○	○	○	○	○	
155	花近樓叢書	(清)管庭芬輯	稿本	○										
156	銷夏錄舊	(清)管庭芬輯	稿本 民國北京圖書館據稿本攝影	○										
157	小萬卷樓叢書	(清)錢培名輯	清咸豐四年刊本									○	○	
			清光緒四年金山錢氏重刊本	○	○	○	○	○					○	○
158	玉雨堂叢書第一集	(清)韓泰華輯	清咸豐中仁和韓氏刊本	○	○	○	○	○				○	○	
159	曼陀羅華閣叢書	(清)杜文瀾輯	清咸豐同治間秀水杜氏刊光緒十八年上海掃葉山房修補印本	○								○	×	
160	復性齋叢書	(清)王檢心輯	清咸豐六年慎修堂刊本						○		○			
161	榕園叢書	(清)張丙炎輯 (清)張允頤重輯	清同治中真州張氏廣東刊民國二年重修印本	○	○	○	○				○	○	○	○
162	常歸草堂叢書	(清)丁丙輯	清同治中錢唐丁氏刊本	○	○						○	○		
163	明辨齋叢書	(清)余肇鈞輯	清咸豐同治間長沙余氏刊本	○	○	○	○				○	○		○
164	天壤閣叢書	(清)王懿榮輯	清同治光緒間福山王氏刊本	○	○	○	○	○	×	○		○	×	○
165	半畝園叢書	(清)吳坤修輯	清同治中新建吳氏皖城刊本	○	○	○					○			
166	反約篇	(清)李光廷輯	清同治中番禺李氏鈔本	○										
167	俟園叢書	(清)海霑輯	清同治光緒間刊本						○		○			
168	滂喜齋叢書	(清)潘祖蔭輯	清同治光緒間吳縣潘氏京師刊本	○	○	○	○	○			○	○	○	○
169	功順堂叢書	(清)潘祖蔭輯	清光緒中吳縣潘氏刊本	○	○	○	○				○	○	○	○
170	潘刻五種	(清)恩壽輯	清光緒二十九年北京翰文齋據吳縣潘氏刊版重編印本	○								○	○	
171	述古叢鈔	(清)劉晚榮輯	清同治光緒間古岡劉氏藏修書屋刊本	○	○	○	○					○	○	○
172	荔牆叢刻	(清)汪曰楨輯	清同治光緒間烏程汪氏刊本	○	○				○			○	○	
173	抱秀山房叢書	(清)朱克敬輯	清光緒間刊本	○			×				○			
174	劉氏傳經堂叢書	(清)劉毓英輯	清光緒中三原劉氏刊本						○		○			
175	小石山房叢書	(清)顧湘輯	清同治十三年虞山顧氏刊本	○	○						○	○		
176	葛園叢書	(清)平步青輯	清同治光緒間山陰平氏安越堂刊本	○	○	○					○			
177	式訓堂叢書	(清)章壽康輯	清光緒中會稽章氏刊本	○	○				○		○	×	○	
178	十萬卷樓叢書	(清)陸心源輯	清光緒中歸安陸氏刊本	○	○				○		○	○	○	
179	仰視千七百二十九鶴齋叢書	(清)趙之謙輯	清光緒中會稽趙氏刊本	○							○	○		○
			民國十八年紹興墨潤堂書苑據清趙氏刊本景印											○
180	後知不足齋叢書	(清)鮑廷爵輯	清光緒中常熟鮑氏刊本	○	○			○	×		○			
181	訓纂堂叢書	(清)楊調元輯	清光緒中貴筑楊氏刊本	○	○				○		○			

辞書	天津	内蒙	遼寧	吉林市	吉大	哈爾濱	陝西	甘肅	山東	青島	山大	南京	南大	蘇州	安徽	浙江	杭大	福建	福師	河南	湖北	武漢	武大	江西	廣東	四川	重慶	川大	雲南	黑龍江	桂林	廣西	青海	寧夏	民院				
	○			○							○	○	○			○	○			○		○				○	○	○		○									148
○	○										○	○			○	○	○			○	○					○	○							○	○				149
○	○	○	○	○							○	○	○	○	○	○	○	○	○	○	×	○	○	○	○	○	○	○	×	○	×	○	○	○					150
				○								○	○			○	×			○	×				○			×		○		×			○				151
					×							○	○							○						○		×											152
	○					○											○											○							○				153
○	○		○		○						○	○	○			○						○		×	○	○	○	○			○	×		○	○				154
○	○		○		○				○	○	○	○	○	○		○		○	○	×	○	○	○	○	○	○	○	○	.		○	×		○	○				155
																																							156
○						○						○	○	○	○	○				○				○				×		○					○				157
○		○	○	○	○						○	○	○	○	○	○	○	○	○	○				○		○	×		○					○					158
		○			○						○					○										○													159
	○										×																	○											160
○		×	○	×							○	○	○									○				○		○											161
																																							162
○	○		○	○							○	○	○	○	○	○				○	×		○			○		○		○				○	○				163
○	○	○		○		○	×	○	○	○	○	○	○	○	○	○				○	○		○			○	×	○		○				○					164
○	○	×	○	○		○	○	○	○	○	○	○	○	○	○	○	○	○		○	○		○			○	×	○					○						165
											○			○	○													○											166
															○																								167
○	○	○	○	○	○	○			○	○	○	○	○	○	○	○	○			○	○		○	○	○	○	○	○	○	○		○		○	○				168
○	○	○	○	○	○	○			○	○	○	○	○	○	○	○	○			○	○		○	○	○	○	○	○	○	○		○		○	○				169
	○										×				○		○											○											170
○	○		○	○	○		×	×		○	○	○	○	○	○	○	○			○	○			○		○		○	○				○	○	○				171
○			○									○	○			○	○			○	○			○				○											172
												○	○													○													173
																																							174
○	○		○	○	○					○	○			○	○	○		○								○		○				○		○	○				175
	○																																	○					176
×	○	○	○		○	○	○	○		○	○	×	○		○	○	○	×		○		×	○	○	○	○	○	×	×	×				○	○				177
○	○	×	○		○	○	○	○		○	×	○	○		○	○	○	×	○	○		×	○	○	○	○	○	×	×	×		○	○	○	○				178
	○	○	○							○	×				○	○				○		×	○	○	○			×			×	○	○						179
	○	○								○	×				○	○						×	○	○				×											180
○	○	○	○	○	○				○	○	○	○	○	○		○				○	○		×	○	○	○	×	○					○	○					181

書名	輯撰者	版本	北京	首都	科學	北大	北師	清華	中醫	上海	復旦	華師	上師
182 月河精舍叢鈔	(清)丁寶書輯	清光緒六年苕溪丁氏刊本	○		○	○	○	○		○		○	○
183 文選樓叢書	(清)菉林山房輯	清光緒七年菉林山房刊本						○		○			
184 長恩閣叢書	(清)傅以禮輯	清大興傅氏長恩閣鈔本											
185 洪氏唐石經館叢書	(清)洪汝奎輯	清光緒中刊涇縣洪氏公善堂彙印本								○			
186 大亭山館叢書	(清)楊葆彝輯	清光緒中陽湖楊氏刊本	○	○			○	○		○	×		
187 邵武徐氏叢書	(清)徐榦輯	清光緒中刊本	○				○	○		○	○	○	×
188 會稽徐氏鑄學齋叢書	(清)徐維則輯	清咸豐光緒間會稽徐氏刊本	○							○			
189 會稽徐氏初學堂彙書輯録	(清)徐維則輯	清光緒二十年會稽徐氏鑄學齋稿本										○	
190 融經館叢書	(清)徐友蘭輯	清光緒中會稽徐氏八杉齋刊本	○					○	○	×		○	○
191 如不及齋叢書	(清)陳坤輯	清同治光緒間錢塘陳氏粵東刊本								○			
192 趙氏藏書	(清)趙承恩輯	清同治光緒間金谿趙氏紅杏山房補刊重印本								○			
193 津河廣仁堂所刻書	(清)□□輯	清光緒中津河廣仁堂刊本			○					○	×		
194 半厂叢書初編	(清)譚獻輯	清光緒中仁和譚氏刊本	○	○	○	○	○	○	○	○	○	○	○
195 心矩齋叢書	(清)蔣鳳藻輯	清光緒中長洲蔣氏刊民國十四年文學山房重印本								○			
196 金峨山館叢書(一名望三益齋叢書)	(清)郭傳璞輯	清光緒中鄞郭氏刊本								○			
197 弢園叢書	(清)王韜輯	鈔本								○			
198 養素軒叢録	(清)□□輯	鈔本											
199 清風室叢刊	(清)錢保塘輯	清同治至民國間海寧錢氏清風室刊本						○	×	○	×		
200 咫進齋叢書	(清)姚覲元輯	清光緒九年歸安姚氏刊本	○	○		○	○	○		○	○	○	○
201 鐵華館叢書	(清)蔣鳳藻輯	清光緒中長洲蔣氏景刊本	○	○	○	○	○	○		○	○	○	○
202 古逸叢書	(清)黎庶昌輯	清光緒中遵義黎氏日本東京使署景刊本	○	○	○	○	○	○	○	○	○	○	○
203 續古逸叢書	張元濟等輯	1922年至1957年上海商務印書館景印本	○	○	○	○	×	×	○	○	×	○	○
204 晉石厂叢書	(清)姚慰祖輯	清光緒七年歸安姚氏粵東藩署刊民國二十三年海虞瞿氏鐵琴銅劍樓重修印本	○										
205 堛葉山房叢鈔	(清)席威輯	清光緒九年刊本								○			
206 花雨樓叢鈔	(清)張壽榮輯	清光緒中蛟川張氏花雨樓刊本	○	○	○	○	○	○		○	○	○	○
207 嘯園叢書	(清)葛元煦輯	清光緒九年序仁和葛氏刊本	○	○	○	○	○	○	×	○	○	○	○
208 學海堂叢刻(一名敬秀山房叢書)	(清)□□輯	清光緒中刊本	○	○	○	○	○	○		○	×		
209 國朝名人著述叢編	(清)□□輯	清光緒五年上海淞隱閣排印本											
210 王益吾所刻書	(民國)王先謙輯	清光緒九年長沙王氏刊本								○			
211 南菁書院叢書	(民國)王先謙 (民國)繆荃孫輯	清光緒十四年江陰南菁書院刊本	○	○	○	○	○	○	○	○	○	○	○
212 餐櫻廡叢書	(清)傅雲龍輯	清光緒十五年德清傅氏日本東京刊本	○	○	○	○	○	○		○		○	○
213 藏修堂叢書	(清)劉晚榮輯	清光緒十六年新會劉氏藏修書屋刊本	○		○	○		○					

書　　　　　　　　　　　者																																				
辭書	天津	內蒙	遼寧	吉林市	吉大	哈爾濱	陝西	甘肅	山東	青島	山大	南京	南大	蘇州	安徽	浙江	杭大	福建	福師	河南	湖北	武漢	武大	江西	廣東	四川	重慶	川大	雲南	黑龍江	桂林	廣西	青海	寧夏	民院	
	○	×			○					○		○	○			○	○	×		○	×	×	○	○	○		×	○								182
								○											○							×										183
																															○					184
																															○					185
○	○		○		○					○	○	○	○		○	○	○	○	○	○	○				○	○										186
○	○	○	○	×	○	○	○	×	○	○	○	○	○	○	○	○	○	○	○	○	○	○	○	○	○	○	○	×					○		○	187
○																○																				188
																																				189
	○		○							○						○					○							○								190
											○	○										○														191
																																				192
×				×				○		×								×																		193
○	○	○	○	○	○					○	○	○	○		○	○		○	×	○	○	×		○	○	○	○	○	○	○	○		○		○	194
○	○	○	○		○					○	○	○	○		○		○	○					○	○	○	○	○						○		195
○			○		○											○												○				×				196
																																				197
											○																									198
×		○																×																		199
○	○	○	○	○	○	○	○	○	○	○	○	○	○	○	○	○	○	○	○	○	○	○	○	○	○	○	○	○	○	○	○	○	○	○	○	200
○	○	○	○	○	○	○	○	○	○	○	○	○	○	○	○	○	○	○	○	○	○	○	○	○	○	○	○	○	○	○	○	○	○	○	○	201
○	○	○	○	○	○	○	○	○	○	○	○	○	○	○	○	○	○	○	○	○	○	○	○	○	○	○	○	○	○	○	○	○	○	○	○	202
×	○		×	○	×	○	○	×	×	○	○	○		○	○	○		○	×	○	○	○	×	○	○	○	○	○			×	×	○		○	203
○		○		○	○					○	○	○			○		○							○	○	○	○									204
																							○													205
○	○		○	○					○	○	○	○	○	○	○	○	○		×			○	×	○	○	○							○			206
○	○	○	○		○			○	○	○	○	○	○	○								○			○	○		×		○			○			207
	○		○	○	○					○	○							×		○					○	○										208
○		○							○	○	×			○	○			○													○	○		○			209
												○		○	○																					210
○		×	○	○	○		○	○	○	○	○	○			○	○					○	○	○	○	○	○		○					○			211
○	○		○							○	○	○			○			○					○	○		○	○									212
						○						○	○			○				○				○												213

	書　名	輯撰者	版　本	北京	首都	科學大	北大	北師	清華	中醫	上海	復旦	華師	上師
214	木犀軒叢書	(民國)李盛鐸輯	清光緒中德化李氏木犀軒刊本	○	○	○	○	○	○		○	○	○	
215	碧琳琅館叢書	(清)方功惠輯	清光緒十年序巴陵方氏廣東刊宣統元年印本	○			○	○	×		○			
216	玉雞苗館叢書	(清)鄒淩瀚輯	清光緒中高安鄒氏玉雞苗館刊本	○			○				○			
217	翠琅玕館叢書	(清)馮兆年輯	清光緒中羊城馮氏刊本	○	○				○	○				
218	翠琅玕館叢書	黃任恒重輯	民國五年據劉氏藏修堂叢書刊版重編本	○							○			
219	蟄園叢刻	(清)吳丙湘輯	清光緒十一年儀徵吳氏刊本								○	○		
220	洪氏公善堂叢書	(清)洪汝奎輯	清光緒中涇縣洪氏刊本								○	○		
221	貴陽陳氏所刊書	(民國)陳矩輯	清光緒中貴陽陳氏刊本								○			
222	佚存叢書	(日本)林衡輯	日本寬政至文化間刊本	○								○		
			清光緒八年滬上黃氏木活字排印本			○			○		○			
			民國十三年上海商務印書館據日本寬政至文化間本景印	○	○		○		○		○		○	○
223	惟惠堂五種	(清)棱伽山民(顧曾壽)輯	清同治中刊本								○		○	
224	申報館叢書	(清)尊聞閣主輯	清光緒中申報館排印本	○		×	×	×			×	×	×	×
225	玲瓏山館叢書(一名益雅堂叢書)	(清)□□輯	清光緒十五年文選樓刊本	○							○	×		
226	榆園叢刻	(清)許增輯	清同治光緒間刊本								○		○	○
227	崇文書局彙刻書(一名三十三種叢書)	(清)崇文書局輯	清光緒元年湖北崇文書局刊本	○					×		○			
228	正覺樓叢刻	(清)崇文書局輯	清光緒中崇文書局刊本	○	○	○	○	○			×	○	○	
229	三餘書屋叢書	(清)蔡學蘇輯	清光緒二年盱南上塘蔡氏刊本	○							○			
230	懺花盦叢書	(清)宋澤元輯	清光緒中山陰宋氏刊十三年彙印本		○			○	○	○				
231	學古堂日記	(清)雷浚 (清)汪之昌輯	清光緒十六年刊二十二年續刊本	○							○			
232	新陽趙氏叢刊(一名高齋叢刻)	(清)趙元益輯	清光緒中新陽趙氏刊本					○	×		○			
233	江陰季氏叢刻	(清)季綵全輯	清光緒中江陰季氏栬園刊本								○			
234	孫氏山淵閣叢刊	(清)孫葆田輯	清光緒中榮成孫氏問經精舍刊本								○			
235	觀自得齋叢書	(清)徐士愷輯	清光緒中石埭徐氏刊本	○	○	○	○				○			○
236	漸西村舍彙刊	(清)袁昶輯	清光緒中桐廬袁氏刊本	○	○						○			
237	雲自在龕叢書	(民國)繆荃孫輯	清光緒中江陰繆氏刊本	○	○						○		○	
238	藕香零拾	(民國)繆荃孫輯	清光緒宣統間刊本	○	○			×			○			
239	煙畫東堂小品	(民國)繆荃孫輯	民國九年江陰繆氏刊本	○	○						○			
240	對雨樓叢書	(民國)繆荃孫輯	清光緒中江陰繆氏刊本	○	○						○			
241	結一廬朱氏賸餘叢書	(清)朱澂輯	清光緒三十一年仁和朱氏刊本	○	○						○			
242	傳硯齋叢書	(清)吳丙湘輯	清光緒十一年儀徵吳氏刊本	○									×	
243	槐廬叢書	(清)朱記榮輯	清光緒中吳縣朱氏槐廬家塾刊本	○	○						○			
244	校經山房叢書	(清)朱記榮輯	清光緒三十年孫谿朱氏槐廬家塾據式訓堂叢書版重編本	○	○						○		○	
245	求實齋叢書	(清)蔣德鈞輯	清光緒中湘鄉蔣氏龍安郡署刊本	○	○	○	○	○			○			
246	知服齋叢書	(清)龍鳳鑣輯	清光緒中順德龍氏刊本	○							×	○		
247	螺樹山房叢書	(清)龍裕光輯	清光緒中順德龍氏刊本	○							○			

辭書	天津	内蒙	遼寧	吉林市	吉大	哈爾濱	陝西	甘肅	山東	青島	山大	南京	南大	蘇州	安徽	浙江	杭大	福建	福師	河南	湖北	武漢	武大	江西	廣東	四川	重慶	川大	雲南	黑龍江	桂林	廣西	青海	寧夏	民院				
○		○	○		○	○		○				○	○	○		○	○	×		○		×	○			○	○	○	○										214
×	○			○	○			×				○				○	○	○								○	×	○	○										215
											○													○															216
○	○		○			×						○	○			○			×				○		○	○	×		×		○								217
○				○	○							○				○		×	×				○		○										○				218
																																							219
																																							220
																										×													221
			○	○	○								○			○			○				○					○											222
○	○		○			○	○	○		○		○				○			○		○		○		○	○	○		○		○			○					223上
			○	○	○	○		○		○		○		○		○	○			○		○		○	○	○			○		○			○					223
																																							223下
×			○		×							○			○		×					○		○	○	○			×		×				○				224
○			○									○	○		○		○		×			○		○	○	○									○				225
○	○	○	○	○	○	×	○	○		○		○			○	○			×	○		○		○	○		○		○			○		○	○				226
○	○		○				○	○		○																													227
○	○	○	○	○	○		○	○		○		○	○	○		○	○				×		○	○	○	○					○			○				228
											○																												229
	○		○					○	○		○	○	○			○								○	○	○			○										230
		○	○	×				○			○	○	○						○		○		×		○	○		○											231
○												○									×	○				○			○						○				232
																																							233
																×																							234
○	○		○			○	○	×	○		○	○	○			○	○			○	○	○	○	○	○	○	○								○				235
○		○	○	×	×	○			○			○	○			○	○	×	○			○	○	○	○	○	○								○				236
○	○	×	○	○	○			○	×	○		○	○			○	○	×	○			○	○	○	○	○	○								○				237
○	○	×	○	×	○	○		○				○	○			○	○				○	○		○	○	○	○								○				238
○		×						○				○														×	○				×								239
○	○				○							○				○				○	○				○		○												240
○	○		○		○			○		×		○	○	○				○							○		○												241
○										×		○																							○				242
○	○	×	○	○	○	○		○		○		○	×	○	○	○		○	×			○	○	○	○	○	○								○				243
	○							○				○		○										○	○		○								○				244
○			○		○							○	○				○		×	○		○	○	○															245
○	○		○				×					○	○				○		×	○	×	○	○	○															246
																		○				○							○										247

	書　名	輯撰者	版　本	北京	首都	科學	北大	北師	清華	中醫	上海	復旦	華師	上師
			藏											
248	蔭玉閣五種	(清)葉書輯	清光緒中臨海葉氏木活字排印本	○					○		○			○
249	廣雅書局叢書	(清)廣雅書局輯	清光緒中廣雅書局刊民國九年番禺徐紹棨彙編重印本	○		○	×	○			○	×	○	
250	南菁札記	(清)溥良輯	清光緒二十年江陰使署刊本	○	○	○	○	○			○	×	○	
251	小方壺齋叢書	(清)王錫祺輯	清光緒中南清河王氏排印本	○		×		×		○	○			
252	端溪叢書	(民國)梁鼎芬等輯	清光緒二十五年番禺端溪書院刊本						○		○			
253	振綺堂叢書	(清)汪康年輯	清光緒宣統間泉唐汪氏排印本刊本	○	○	○	○	○	○		○	○	○	
254	靈鶼閣叢書	(清)江標輯	清光緒中元和江氏湖南使院刊本	○	○	○	○	○	○		○	○	○	○
255	漸學廬叢書第一集	(清)胡祥鑅輯	清光緒中元和胡氏石印本	○	○	○	○	○	○		○	○	○	○
256	觀古堂彙刻書	(民國)葉德輝輯	清光緒二十八年長沙葉氏刊民國八年重編印本	○	○	○	○	○	○		○	○	○	○
257	觀古堂所刊書	(民國)葉德輝輯	清光緒中長沙葉氏刊本	○	○	○	○	○	○		○	○	○	
258	雙梅景闇叢書	(民國)葉德輝輯	清光緒宣統間長沙葉氏郋園刊本	○	○	○	○	○	○		○	×	○	○
259	麗廔叢書	(民國)葉德輝輯	清光緒中長沙葉氏刊本	○	○	○	○	○	○		○	○	○	○
260	郋園先生全書	葉啟倬輯	民國二十四年長沙中國古書刊印社彙印本	○					○		○	○	×	
261	清芬堂叢書	(清)梅雨田輯	清光緒十六年黃梅梅氏慎自愛軒刊本		○					×		○		
262	豫恕堂叢書	(清)沈登善輯	清光緒中刊本寫樣本								○			
263	留垞叢刻	(民國)楊鍾羲輯	清光緒宣統間刊本								○			
264	靈峰草堂叢書	(民國)陳矩輯	清光緒中貴陽陳氏刊本	○	○	○	○	○	○		○	○		
265	聚學軒叢書	(民國)劉世珩輯	清光緒中貴池劉氏刊本	○	○	○	○	○	○		○	○		
266	安樂延年室叢書	(清)邵承照輯	清光緒中大興邵氏刊本								○		○	
267	天尺樓叢鈔	(民國)劉世瑗輯	天尺樓鈔本								○			
268	積學齋叢書	(民國)徐乃昌輯	清光緒中南陵徐氏刊本	○	○	○	○	○	○		○	○		○
269	鄦齋叢書	(民國)徐乃昌輯	清光緒二十六年南陵徐氏刊本	○	○	○	○	○	○		○	○		○
270	懷豳雜俎	(民國)徐乃昌輯	清光緒宣統間南陵徐氏刊本	○	○	○	○	○	○		○	○		○
271	隨盦徐氏叢書	(民國)徐乃昌輯	清光緒至民國間南陵徐氏刊本	○	○	○	×	○	○		○	○		
272	聖譯樓叢書	(民國)李祖年輯	清光緒三十四年武進李氏刊本	○		○		○			○			
273	問影樓叢刻初編	(民國)胡思敬輯	清光緒至民國間新昌胡氏刊本排印本					×						
274	稷山館輯補書	(清)陶濬宣輯	手稿本								○			
275	晨風閣叢書	(民國)沈宗畸輯	清宣統元年番禺沈氏刊本	○	○	○	○	○	○		○	○	○	
276	晨風閣叢書第一集	(民國)沈宗畸等輯	清光緒三十四年至宣統三年國學萃編社排印本		○	○						×	×	
277	拜鵑樓校刻四種	(民國)沈宗畸輯	清光緒二十六年番禺沈氏刊本	○							○			○
278	倣知不足齋叢書	(清)□□輯	清仁壽堂刊本	○							○			
279	刻鵠齋叢書	(清)胡念修輯	清光緒二十三年至二十六年刊本						○	○		○		
280	暢園叢書甲函	(清)張邁輯	清光緒二十年始豐張氏四明刊本					○			○			
281	集虛草堂叢書甲集	(民國)李國松輯	清光緒中合肥李氏刊本						○				×	○
282	鐵香室叢刻	(清)李世勣輯	清光緒中刊本							○	○			
283	懷潞園叢刊	(清)李嘉績輯	清光緒中李氏代耕堂西安刊本							○	○	○	×	
284	海粟樓叢書	(清)華焯輯	清崇仁華氏刊本							○				
285	佚漢齋叢書	(清)馬佳氏輯	清光緒二十二年刊本	○			○				○			

辭書	天津	內蒙	遼寧	吉林市	吉大	哈爾濱	陝西	甘肅	山東	青島	山大	南京	南大	蘇州	安徽	浙江	杭大	福建	福師	河南	湖北	武漢	武大	江西	廣東	四川	重慶	川大	雲南	黑龍江	桂林	廣西	青海	寧夏	民院	No.
																○																				248
○	○	○	×	○	×	○					○	○	○			○	○	×	○	○		×	○	○	○	○	○	○		○		○	○			249
○		○			×		○					○	○	○	○	○		○	○				○				○	○					○			250
	○		○		×		○					○							○	○							○	○								251
															○	○										×										252
○	○						○	○			○	○			○	○		○	×	○		○	○	○		○	○	○					○	○		253
○	○	○	○	×	○		○	○		○	○	○	○		○	○	○	○	○		○	○	○	○	○	○	○	×	○		○		○	○	○	254
○	○	○	○	×	○		○			○	○	○	○			○	○		○	○	○	○		○	○		○	×	○				○	○	○	255
○	○			×	○		○	○	○	○	○	○	○	×	○	○		○	○	○		○	○		○	○		○	○				○			256
○	○		○				○			○	×	×	○		○		○		○	○	○	○	○	○	○								○			257
○	○	×		○	○		○	○		○	○					○			○	○	○	○		○	○	○							○			258
○		○	○		×		○	○		○						○					○	○		○	○	○							○			259
	○									○						○								○									○			260
												○										○					○						○			261
																																				262
			×																																	263
											○	○						×						○	×	○	○									264
○	○	○	○		×		○				○	○	○	○	○	○	○		○		○	○	○	○	○	○	○	○			○	○		○		265
																																				266
																																				267
○	○	○	○	○	○	○			○	○	○	○	○	○		○		○	○	○	○	○	○	○	○	○	○	○	○	○		○		○		268
○	○	×	○	○	○			○	○	○	○		○	○	○	○	○	○		○	×	○	○	○	○	○	○	○	○		○		○			269
×	○	○	○		○	○		○	○	○	○	○	○	○	○	○	○	○	○	○	○	○	○	○	○	○	○	○	○		○		○			270
○	○	○	×	○	○	○		○	○	○	○	○	○	○	○	○	○	○	○	×	○	○	○	○	○	○	○	○	○	○		○	○	○		271
																																				272
																																				273
																																				274
	○		○		○	○			○		○	○	○			○	○	○	○		○		○			○		○	○	○	○	○	○	○		275
		○			○						○	○									×							○								276
											○					○												○		○						277
																																				278
					○						×	○				○	×		○																	279
		○			○						○	○	○	○		○			○								○	○								280
○	○	○			○		○		○		○	○	○	○	○	○		○	○	○							○	×							○	281
											×	○							×								○									282
		○										○	○																							283
		○									○								○																	284
																○																				285

	書　名	輯撰者	版　本	藏										
				北京	首都	科學	北大	北師	清華	中醫	上海	復旦	華師	上師
286	寶墨齋叢書	(清)余廷誥輯	清光緒二十三年豐城余氏寶墨齋刊本								○	×		
287	鶴壽堂叢書	(清)王士濂輯	清光緒二十四年高郵王氏刊本	○		○	○	○	○		○	○	○	○
288	有福讀書堂叢刻	(民國)吳引孫輯	清光緒中儀徵吳氏刊本	○							○	○	○	○
289	小種字林叢刻	(清)吳受福輯	清光緒中刊本											
290	吉林探源書舫叢書	(清)盛福輯	清光緒中刊本											
291	西京清麓叢書	(清)賀瑞麟輯	清同治至民國間刊本						○	○	○			
292	螯雲雷齋叢書	(清)□□輯	清光緒中刊本	○			○	○			○			
293	吳氏囊書裹	(清)吳燕蘭輯	鈔本								○			
294	冠悔堂雜録	(清)楊浚輯	清侯官楊氏鈔本						○					
295	粟香室叢書	(民國)金武祥輯	清光緒至民國間江陰金氏刊本	○	○	○	○	×	○		○	○	○	○
296	國粹叢書	(清)國學保存會輯	清光緒宣統間排印本	○	○	○	×	×			○	×		○
297	風雨樓叢書	(民國)鄧實輯	清宣統中順德鄧氏排印本	○	○		○		○	○	×	×	×	
298	風雨樓祕笈留真	(民國)鄧實輯	清宣統至民國間順德鄧氏風雨樓景印本	○	○		○		○	○				○
299	古學彙刊	(民國)鄧實等輯	民國元年上海國粹學報社排印本	○	○		○	○	○		○	○	○	○
300	誦芬室叢刊	(民國)董康輯	清光緒至民國間武進董氏刊本	○	○		○		○		○	○		
301	敦煌石室遺書	(民國)羅振玉等輯	清宣統元年誦芬室排印本	○	○		○		○	○	○	○		
302	鳴沙石室佚書	(民國)羅振玉輯	民國據唐寫本景印	○	○	×	×		○	○	○	○		
303	玉簡齋叢書	(民國)羅振玉輯	清宣統二年上虞羅氏刊本	○	○		○		○	○	○	○		
304	宸翰樓叢書	(民國)羅振玉輯	清宣統三年上虞羅氏刊五種本	○	○		○		○		○	○		
			民國三年上虞羅氏刊重編八種本	○			○	○	○		○	○		
305	永慕園叢書	(民國)羅振玉輯	民國三年上虞羅氏景印本	○										
306	雲窗叢刻	(民國)羅振玉輯	民國三年上虞羅氏日本京都東山僑舍景印本	○	○		○		×		○			○
307	雪堂叢刻	(民國)羅振玉輯	民國四年上虞羅氏排印本	○	○		○	○	○		○	○		
308	吉石盦叢書	(民國)羅振玉輯	民國上虞羅氏景印本	○	○		○	○	○		○	○		○
309	鳴沙石室古籍叢殘	(民國)羅振玉輯	民國六年上虞羅氏景印本	○	○		○	○	○		○	○		
310	嘉草軒叢書	(民國)羅振玉輯	民國七年上虞羅氏日本景印本	○	○		○	○	○		○		○	
311	六經堪叢書	(民國)羅振玉輯	民國東方學會排印本	○	○		○		○					
312	東方學會叢書初集	(民國)羅振玉輯	民國十三年東方學會排印本	○	○		○		○		○	○		
313	殷禮在斯堂叢書	(民國)羅振玉輯	民國十七年東方學會排印本	○	○		○	○	○		○	○		
314	百爵齋叢刊	(民國)羅振玉輯	民國二十三年上虞羅氏石印本	○	○		○	○	○		○	○		
315	貞松堂藏西陲祕籍叢殘	(民國)羅振玉輯	民國上虞羅氏景印本	○										
316	佚叢甲集	(民國)張南袚輯	清光緒三十三年排印本								○			
317	古今文藝叢書	(民國)何藻輯	民國二年至四年上海廣益書局排印本		○						○	×		○
318	聚德堂叢書	(民國)陳伯陶輯	民國東莞陳氏刊本	○	○		○	○	○		○	○		
319	峭帆樓叢書	(民國)趙詒琛輯	清宣統至民國間新陽趙氏刊本	○	○		○	○	○		○	○		○
320	又滿樓叢書	(民國)趙詒琛輯	民國崑山趙氏刊本	○	○		○	○	○		○	○		
321	對樹書屋叢刻	(民國)趙詒琛輯	民國崑山趙氏對樹書屋刊本	○	○		○	○	○		○	○		
322	枕碧樓叢書	(民國)沈家本輯	民國二年序歸安沈氏刊本	○	○		○	○	○		○			
323	墨香移叢編	(民國)楊嘉輯	民國石印本	○	○		○	○	○		○			

書　　者

辭書	天津	內蒙	遼寧	吉林市	吉大	哈爾濱	陝西	甘肅	山東	青島	山大	南京	南大	蘇州	安徽	浙江	杭大	福建	福師	河南	湖北	武漢	武大	江西	廣東	四川	重慶	川大	雲南	黑龍江	桂林	廣西	青海	寧夏	民院	
					○																			○												286
○		○									○		○			○			○					○			○									287
○						×					○	○				○			○	○				○												288
																																				289
			○	○		×																														290
					○																															291
												○										○														292
																																				293
																																				294
○		○	○	○							○	○	○	○		○	○	○	○					○	○	×	○	○				×	○		○	295
○	○		○	×	×							○	×			○	○	×	○	×				○	○		×	○							○	296
○			○											×		○	○	○		×	○	○		○			○	○							○	297
					○										○						○						○	○		○						298
○	○	○	○	○			○	○		○	○	○	○			○	○	○	○		○	○		○		○	○	○		○		○	○		○	299
○	○	○	○	○							○	○				○					○	○				×		○		○		×				300
○	○	○	○								○	○	○			○											○	○					○			301
×	○	○	○	○						○	○					○		×	○							×	×	○	○		○		○		○	302
○	○	○	○								○	○				○			○	×							○	×	○		○		○		×	303
○		○													○												○	○								304
																																				305
○	○		○								○	×				○	○		○			○					○	○								306
	○	○	○	○	○				○	○		○	○	○	○	○	○	○	○			○		○	○	○	×	×	○	○		○	○		○	307
○	○	×	○	○	○						○	○	×		○									○	○	○	○	○	○	○		○			○	308
○		○	○	○				○				○	○			○		○	○						○	○	○	○	○	○		○	○		○	309
			○									○	○														○									310
			○									○				○		×				○						○								311
												○						×																		312
○	○	○	○	○	○				○		○	○	○		○		○	○					○	○	○	○	○	○	○		○	○		○	313
	○	○	○									○				○		○	○						○		×	○								314
○	○		○									○				○									○		○	○				○				315
																																				316
	○		○						○	○						○								×			○	○								317
○			○									○	○			○			○								○	○					○		○	318
○	○		○						○			○	○		○	○		○						○	○			○	○			○			○	319
○	○	×	○	○	○		○	○	○			○	○			○	○	○	○	○				○	○	○		○				○			○	320
○	○		○									○			○													○								321
○	○		○					×							○							○													○	322
○											○	○	○				○										○									323

	書　　名	輯撰者	版　　本	藏										
				北京	首都	科學	北大	北師	清華	中醫	上海	復旦	華師	上師
324	遜盦叢編	(民國)吳隱輯	民國二年西泠印社木活字排印本	○				○	×		○			○
325	熊刻四種	(民國)熊羅宿輯	民國五年豐城熊氏刊本								○			
326	張氏適園叢書初集	(民國)張鈞衡輯	清宣統三年上海國學扶輪社排印本	○	○				○	○	○	○	○	
327	適園叢書	(民國)張鈞衡輯	民國烏程張氏刊本	○	○	○	○		○	○	○	○	○	
328	擇是居叢書初集	(民國)張鈞衡輯	民國十五年序吳興張氏刊本	○	○	○	○		○	○	○	○	○	
329	密韻樓景宋本七種	蔣汝藻輯	民國烏程蔣氏樂地盦刊本	○	○				○	○	○	○		
330	鐵琴銅劍樓叢書	(民國)瞿啟甲輯	清光緒至民國間刊本景印	○	○		○		○	○	○	○		
331	廣倉學宭叢書甲類（一名學術叢編）	姬佛陀輯	民國五年上海倉聖明智大學排印本	○	○				○		○	○		
332	龍谿精舍叢書	(民國)鄭國勳輯	民國六年序潮陽鄭氏刊本	○	○	○	○		○	○	○	○	○	
333	嘉業堂叢書	劉承幹輯	民國七年吳興劉氏序刊本	○	○	○			×	○	○	○	○	
334	留餘草堂叢書	劉承幹輯	民國吳興劉氏刊本		○				○		○			○
335	求恕齋叢書	劉承幹輯	民國吳興劉氏刊本	○	○	○			○	×	○	○		○
336	松鄰叢書	(民國)吳昌綬輯	民國七年仁和吳氏雙照樓刊本		○	○	○		○	○	○	○	○	
337	靜園叢書	(民國)沈光瑩輯	民國七年排印本		○	○				○	○	○		
338	容安軒舊書四種	(日本)神田信暢輯	日本大正八年京都神田氏據唐寫本景印								○			○
339	四部叢刊	張元濟等輯	民國八年上海商務印書館初次景印本	○			○	○	○		○	○	○	○
			民國十八年上海商務印書館二次景印本	○							○	○	○	×
			民國二十五年上海商務印書館縮印本	○	○			○		○			○	○
340	四部叢刊續編	張元濟等輯	民國二十三年上海商務印書館景印本	○	○		○		○	○		○	○	○
341	四部叢刊三編	張元濟等輯	民國二十四年至二十五年上海商務印書館景印本	○	○		○		○	○		○	○	○
342	房山山房叢書	(民國)陳洙輯	清宣統至民國間江浦陳氏刊民國九年彙印本	○	○				○		○		○	
343	娟鏡樓叢刻	(民國)張祖廉輯	民國九年嘉善張氏排印本	○	○					○	○	×	○	
344	怡蘭堂叢書	(民國)唐鴻學輯	民國十一年大關唐氏成都刊本	○	○				○	○	○	○	○	
345	古書叢刊	(民國)陳毅輯	民國十一年古書流通處景印本	○	○				○	○	○	○	○	
346	天蘇閣叢刊	(民國)徐新六輯	民國杭縣徐氏排印本	○	○				○	○	○	○	×	○
347	慎始基齋叢書	(民國)盧靖輯	清光緒中沔陽盧氏刊民國十二年彙印本	○	○				○	○	○	○		
348	江氏聚珍版叢書（一名文學山房叢書）	(民國)江杏溪輯	民國十三年蘇州文學山房木活字排印本								○	○	○	
349	食舊堂叢書	(清)汪大鈞輯	民國十四年錢唐汪氏刊本	○	○				○	○		○	○	○
350	清代學術叢書	(民國)黃寶熙輯	民國十四年序香山黃氏古愚室據刊本景印	○	○				○	○		○	○	○
351	涵芬樓秘笈	(民國)孫毓修等輯	民國上海商務印書館景印排印本	○	○				○		○			
352	敦煌遺書第一集	(日本)羽田亨輯	日本大正十五年上海東亞攻究會據唐寫本景印	○					○		○		○	
353	寶彝室集刊	朱景彝輯	民國十五年杭州朱氏排印本	○				○	○		○	×		○

辭書	天津	内蒙	遼寧	吉林市	吉大	哈爾濱	陝西	甘肅	山東	青島	山大	南京	南大	蘇州	安徽	浙江	杭大	福建	福師	河南	湖北	武漢	武大	江西	廣東	四川	重慶	川大	雲南	黑龍江	桂林	廣西	青海	寧夏	民院				書／者
				○												○			×	○			○											○					324
																												×											325
○	○	○	○	×	○				○			○	○		○	○	○	○		○						○	○	○		○			○	○	○				326
○	○	○	○		○				×	×	○	○	○	○	○	○	○	○	○		○					○	○	○	○	○	○		○	○	○				327
○	○	○	×						○	○		○	○	○	○	○										○	○	○					○		○				328
○	○	○	×									○				×										○	○						○						329
																																							330
○	○		○	×					○	○	○	○	○	○	○	○	○	○	○				×			○	○	○	○	○		○		○					331
○	○	×	○	○	○				○			○	○			○		○	○			×		·		○	○	○		○		○	○						332
○		×	×		○						○	○	○	○		○		○	○		×			○		○	○	○	○	○		○	○						333
○										○		○	○	○	○	○			×							○	○	○	○						○				334
○			·	○	○					○		○	○	○		○			×							○	○	○	○						○				335
○	○		○						○			○	○	○	○	○							○			○	○	○						○	○				336
○				○								○	○										○			○	○							○	○				337
																																							338
○	○	○	○	○	○	○	○	○	○	○	○	○	○		○	○	○	○	×	○	○	○	○	○			○						○					339
			○							○					○			○					○			○	○	○		○			○						
○							○									○							○				○		○	○	×	○							
×	○	○	○	○	○		○	○		○	○	○			○	○	○	○	○	×	○	○	○	○	○	○	○	×					○					340
○	○	○	○	○	○		○		○	○	○		○	○	○	○	○	○	×	○	○	○	○	○	○	○	×	○					○					341
			○						○	○	○			○	○			○			○			○		○							○					342
○	○		○				○		○	○		○	○			○	×					○	○	○		○							○					343
○	○		○						○	○			○	○			×					×		○	○	○		○					○					344
○	○	○	○	○			○					○	○			○	○	○	○	○	○	○			○	○	○		○	○			○					345
○	○	○	○	○	○				○	○	○			○	○	○	○	○				○			○	○	○					○	○					346
○	○		○		○				○			○				○									○	○	○	○					○	○					347
			○									○	○														×												348
			○		○							○	○			○	○		○										○										349
○	○		○	○					○			○	○			○						○				○	○	○				○	○					350
○	○	○	○	○			○		○	○	○	○	○		○	○	○	○	×	○	×	×	○	○		○	○	○			○	○	○	○	○				351
			○									○						○																					352
				○								○				○			○				○																353

	書　名	輯撰者	版　本	藏										
				北京	首都	科學	北大	北師	清華	中醫	上海	復旦	華師	上師
354	志古堂叢書	（民國）□□輯	民國刊本											
355	抱經樓叢刊	（民國）沈德壽輯	民國十五年至十六年慈谿沈氏排印本	○							○	○	○	
356	高昌祕笈甲集	（民國）孫鑑輯	民國十六年上海孫氏景印本	○			○	○			○	○	○	○
357	三餘堂叢刻	（民國）林仕荷輯	民國十六年鄞縣林氏據舊刊版彙印本						○				○	
358	褚氏所刻書	褚克明輯	民國十七年奉賢褚氏排印本	○										
359	雲在山房叢書	（民國）楊壽枏輯	民國十七年無錫楊氏排印本	○	○	○	○	○			○	○	×	○
360	文淵樓叢書	（民國）宋星五 （民國）周藹如輯	民國十七年上海文瑞樓書局北平直隸書局景印本	○	○		○	○			○		○	○
361	龍潭精舍叢刻	劉海涵輯	民國刊本						○		○	○		
362	託跋廛叢刻	（民國）陶湘輯	民國武進陶氏涉園刊本	○	○	○	○	○	○		○	○	○	○
363	百川書屋叢書	（民國）陶湘輯	民國十九年武進陶氏涉園景印續編二十年景印	○		○	○	○	○			○	○	×
364	喜咏軒叢書	（民國）陶湘輯	民國武進陶氏涉園石印本						○	○		○	○	
365	半帆樓叢書	（民國）鄒慶時輯	民國鄒氏廣州刊本						○	○		○		
366	白堅堂叢書第一集	（民國）鄒慶時輯	民國鄒氏廣州刊本	○										
367	曲石叢書	李根源輯	民國騰衝李氏蘇州刊本						○	○		○		
368	渭南嚴氏孝義家塾叢書	嚴式誨輯	民國十四年至二十年渭南嚴氏刊本		○					○	×			
369	念劬廬叢刊初編	（民國）徐彥寬輯	民國二十年排印本	○	○		○	○	○		○	○	○	○
370	客人叢書	古直輯	民國梅縣古氏排印本	○								○		
371	天禄琳琅叢書第一集	故宮博物院輯	民國二十一年故宮博物院景印本	○	○	○	○	○	○		○	○	○	○
372	藝海一勺	（民國）趙詒琛輯	民國二十二年排印本	○	○			○	○		○	×	○	○
373	崇雅堂叢書初編	（民國）甘鵬雲輯	民國潛江甘氏崇雅堂刊本	○	○			○	○			×		○
374	菽莊叢書	林爾嘉輯	民國十一年至二十三年龍溪林氏刊本								○			
375	滄海叢書	（民國）張伯楨輯	民國二十一年至二十三年東莞張氏刊本	○	○		○	○	○			×		
376	信古閣小叢書	黃任恒輯	民國二十一年至二十三年南海黃氏排印本	○	○	○	○	○	○		○	○	○	○
377	甲戌叢編	（民國）趙詒琛 （民國）王保譿輯	民國二十三年排印本	○	○	○	○	○	○	○	○	○	○	○
378	乙亥叢編	（民國）趙詒琛 （民國）王保譿 王大隆輯	民國二十四年排印本	○	○	○	○	○	○	○	○	○	○	○
379	丙子叢編	（民國）趙詒琛 王大隆輯	民國二十五年排印本	○	○		○	○	○		○	○	○	○
380	丁丑叢編	（民國）趙詒琛 王大隆輯	民國二十六年排印本	○	○		○	○	○		○	○	○	○
381	戊寅叢編	（民國）趙詒琛 王大隆輯	民國二十七年排印本	○			○	○			○	○	○	○
382	己卯叢編	（民國）趙詒琛 王大隆輯	民國二十八年排印本	○				○	○		○	○	○	○
383	庚辰叢編	（民國）趙詒琛 王大隆輯	民國二十九年排印本	○			○	○	○		○	○	○	○

辭書	天津	内蒙	遼寧	吉林市	吉大	哈爾濱	陝西	甘肅	山東	青島	山大	南京	南大	蘇州	安徽	浙江	杭大	福建	福師	河南	湖北	武漢	武大	江西	廣東	四川	重慶	川大	雲南	黑龍江	桂林	廣西	青海	寧夏	民院	
												○														○										354
○		○										○	○	○	○			○	○	○							○									355
○				○	○	○		○				○				○	○		○													○				356
																																				357
																																				358
○	○	○		○	○				○		○		○													○	○	○		○				○		359
○	○	○	○	○				○			○	○				○	○		○	○		○				○	○	○		○				○		360
○		○									○	○	○	○	○		○	○		○		○	○													361
○		○	○	○							○	○				○	○	○	○							○	○									362
○		○	○	○				○		○		○	○						○	○											○	○	○	○		363
○	○	○	○	○	○			○		○	○	○	○			○			×			○	○											○		364
													○									○														365
																					○															366
○		×														○			×									○						×		367
												○					○		×			○						○								368
○			○									○	○			○			○									○								369
												○	○																							370
	○		○	○				○	○	×	○	○							○			○	○	○	○	○	○	○		○						371
○	○		○									○	○				○			○			○					○								372
○				○								○	○				×		×	○	○	○														373
																												○								374
○	×		○		×							○	○			○	○							×	○	×								×		375
			○	○								○					○											○	○	○	○	○		○		376
○	○	○	○		○							○	○	○		○		○	○		○		○	○	○		○		○	○				○		377
○	○	○		○					○			○	○	○	○		○		○	○		○	○		○	○	○	○	○		○			○		378
○	○	○	○		○				○	○	○					○		○	○			○	○		○	○							○		379
○	○	○	○	○				○			○	○				○	○	○			○				○								○			380
○		○		○				○			○	○				○	○	○							○	○							○			381
○	○	○	○	○				○			○	○				○	○	○							○								○			382
○	○	○	○		○	○	○		○							○	○								○	○										383

	書　名	輯撰者	版　本	北京	首都	科學	北大	北師	清華	中醫	上海	復旦	華師	上師
384	辛巳叢編	(民國)趙詒琛 王大隆輯	民國三十年排印本	○					○	○	○	○	○	○
385	遂雅齋叢書	遂雅齋輯	民國二十三年北平遂雅齋景印本	○	○	○		○	○		○	○		○
386	芋園叢書	黃肇沂輯	民國廿四年南海黃氏據舊版彙印本					○	○	○	○	○		
387	黎照廬叢書	林集虛輯	民國二十四年木活字排印本						○		○	○		○
388	蓉城仙館叢書	(民國)石榮暲輯	民國陽新石氏排印本	○	○				○	○	○	×		
389	中國文學珍本叢書第一輯	張靜廬輯	民國二十四年至二十五年上海貝葉山房排印本		○					×	○	×	○	○
390	國學珍本文庫第一集	襟霞閣主人輯	民國二十四年至二十五年上海中央書店排印本						○		×			
391	四部備要	中華書局輯	民國二十五年上海中華書局排印本	○	○			○	○	×	○	○	○	○
			民國二十五年上海中華書局縮印本					○	○		○	○		
392	袖珍古書讀本	中華書局輯	民國十九年上海中華書局排印本								○	○		
393	段王學五種	劉盼遂輯	民國二十五年北平來薰閣書店排印本	○				○	○		○	○		
394	自明誠廎叢書	(□)龍官崇輯	民國二十三年至二十六年順德龍氏中和園刊本						○					
395	漢魏小說採珍	(民國)馬俊良輯	民國二十六年上海中央書店排印本						○					○
396	國立北平圖書館善本叢書第一集	謝國楨輯	民國二十六年上海商務印書館景印本	○	○						○	○		
397	南園叢書	(民國)簡照南輯	民國南海簡氏刊本								○	○		
398	掖海叢書	(民國)趙琪輯	東萊趙永厚堂稿本								○	○		
399	景印元明善本叢書十種	商務印書館輯	民國上海商務印書館景印本	○						○	○	×		○
400	周氏師古堂所編書	(民國)周學熙輯	民國至德周氏師古堂刊本						○		○	○		
401	京都帝國大學文學部景印唐鈔本	(日本)京都帝國大學文學部輯	日本大正昭和間京都帝國大學文學部景印本	○	○						○	×	○	
402	叢書集成初編	商務印書館輯	民國二十四年至二十六年上海商務印書館排印本				○	○	○	○	○	○	○	○
403	崇齋叢書	(民國)沈祖牟輯	鈔本											
404	私立北泉圖書館叢書	私立北泉圖書館輯	民國怡蘭堂刊本									○		
405	合眾圖書館叢書	合眾圖書館輯	民國排印石印本	○	○		○	×	○		○	○	×	○
406	玄覽堂叢書	鄭振鐸輯	民國三十年上海景印本	○	○		○	○	○		○	○		
407	玄覽堂叢書續集	鄭振鐸輯	民國三十六年國立中央圖書館景印本	○	○						○	○		
408	玄覽堂叢書三集	鄭振鐸輯	民國三十七年國立中央圖書館景印本	○							○	○		
409	恩園叢書	宗惟恭輯	民國三十七年合眾圖書館得版編印本	○	○						○			
410	辛勤廬叢刊第一輯	葉靈原輯	民國三十一年閩喜葉氏排印本	○	○			○	○			○	○	
411	復性書院叢刊	馬浮輯	民國刊本	○				○	○			○	○	
412	敦煌祕籍留真新編	(日本)神田喜一郎輯 陸志鴻編	民國三十六年台灣大學據敦煌寫本景印								○	○		
413	蟫隱廬叢書	(民國)羅振常輯	清宣統至民國間上虞羅氏謄寫排印						○			○		○

書　　　　　　　　　　　者

辭書	天津	内蒙	遼寧	吉林市	吉大	哈爾濱	陝西	甘肅	山東	青島	山大	南京	南大	蘇州	安徽	浙江	杭大	福建	福師	河南	湖北	武漢	武大	江西	廣東	四川	重慶	川大	雲南	黑龍江	桂林	廣西	青海	寧夏	民院	
○	○	○	○		○		○				○	○	○	○		○	○	○		○			○		○	○		○			○				○	384
○		○	○	○	○				○	○				○	○	○	○			○				○	○	○			○	○	○				○	385
														○												○										386
										○		○				○								○										○	○	387
○											○	○	○			○								○									×	○		388
	○	○	○						○		○							×						○						×						389
		○									○							×																		390
○	○	○	○	○	○	○			○	○	○	○	○	○	○	○	○	○	○	○	×	×	○	○	○	○	○	×	○	○	○	○				391
○									×	×					○	○	○							○		×										392
○	○								○	○					○	○							○	○	○											393
																																				394
																																				395
○	○	○	○		○	○		○		○		○	○			○	○	○		○	○	○		○	○	○		○	○	○			○			396
		○	×					○																									○			397
										○																										398
○	○	×		○	○	×		○			○							○						○	○	○	○	×	×	○			×	×		399
×										○	×						×										○									400
		○																×																		401
○	×	×	○	○	×	○		○		○	×	○			○	×	×	×		○	×	○		○	○	○	○		○	○			○			402
																○	○																			403
																	○																			404
○				○					○	○	○	○	○	○	○	○	×																○			405
○	○	×	○	○			○		○	○	○		○		○	○	○		○	○	○	○		○				○		○			406
○	○	○	○	○		○	○		○	○	○		○	○		○	○		○	○	○	○				○			○				407
	○	○	○			○			○	○										○	○	○	○	○		○		○					408
									○		○						○																409
○			○						○									○			○	○	○										410
○			○			○			○	×	○	○		○	○	○					○	×											411
			○			○						○		○						○	×												412
○												×								○													413

	書　名	輯撰者	版　本	藏										
				北京	首都	科學	北大	北師	清華	中醫	上海	復旦	華師	上師
414	遐園叢書	(民國)羅振常輯	民國三十三年吳興周延年彙編本											
			民國上海蟫隱廬謄寫版印三十三年吳興周延年彙編本	○	○		○	○	○		○		○	○
415	經典集林	(清)洪頤煊輯	民國十五年陳氏慎初堂據清嘉慶間經堂叢書本景印	○	○		○	○	○		○		○	○
416	蕭山王氏十萬卷樓輯佚七種	(清)王紹蘭輯	清蕭山王氏知足知不足館鈔本								○			
417	漢魏遺書鈔	(清)王謨輯	清嘉慶三年金溪王氏刊本	○		○	○	○	○		○			
418	二酉堂叢書(一名張氏叢書)	(清)張澍輯	清道光元年武威張氏二酉堂刊本	○		○	○	○	○		○			
419	十種古逸書	(清)茆泮林輯	清道光十四年梅瑞軒刊本	○	○	○	○	○			○	○		
420	玉函山房輯佚書	(清)馬國翰輯	清光緒九年長沙娜嬛館刊本	○	○		○				○	○		
			清光緒十年章邱李氏據馬氏刊版重印本								○			
			清光緒十年楚南書局刊本	○				○				○		
421	玉函山房輯佚書續編	(清)王仁俊輯	稿本								○			
422	玉函山房輯佚書補編	(清)王仁俊輯	稿本								○			
423	經籍佚文	(清)王仁俊輯	稿本								○			
424	漢學堂叢書	(清)黃奭輯	清道光中甘泉黃氏刊光緒中印本	○	○	○	○	○	×	○	○	×	○	
425	黃氏逸書考(原名漢學堂叢書)	(清)黃奭輯	清道光中甘泉黃氏刊民國十四年王鑒修補印本	○					○		○	○		
			民國二十三年江都朱長圻據甘泉黃氏原版補刊印本		○				○					
426	殷淡廬叢藥	(民國)葉昌熾輯	稿本								○			
427	輯佚叢刊	陶棟輯	民國三十七年上海中華書局排印本						○		○	○		○
428	畿輔叢書	(清)王灝輯	清光緒五年定州王氏謙德堂刊本	○	○	○	○	○			×	○		○
429	屏廬叢刻	(民國)金鉞輯	民國十三年天津金氏刊本	○	○	○		○	○		○	○		
430	山右叢書初編	(民國)山西省文獻委員會輯	民國排印本	○	○		○				○	○		
431	雪華館叢編	(民國)牛誠修輯	民國五年定襄牛氏排印本	○			○		×					
432	遼海叢書	金毓黻輯	民國廿年至廿三年遼海書社排印本						○		○	○		
433	關隴叢書	(民國)張鵬一輯	民國十一年排印本						×		○			
434	關中叢書	(民國)宋聯奎輯	民國陝西通志館排印本	○	○			○			○			
435	涇陽文獻叢書	(民國)柏堃輯	民國十四年排印本	○										
436	習盦叢刊(一名濰縣文獻叢刊)	丁錫田輯	民國濰縣丁氏排印本						○	×		○	○	×
437	金陵叢刻	(清)傅春官輯	清光緒中江寧傅氏晦齋刊本	○	○	○	○				○			
438	金陵叢書	(民國)翁長森蔣國榜輯	民國三年至五年上元蔣氏慎修書屋排印本	○							○			
439	吳中文獻小叢書	偽江蘇省立蘇州圖書館編纂委員會輯	民國二十八年至三十二年偽江蘇省立蘇州圖書館排印本								○			○
440	虞山叢刻	(民國)丁祖蔭輯	民國常熟丁氏刊本	○	○	○	○				○			
441	虞陽說苑	(民國)丁祖蔭輯	民國虞山丁氏初園排印本	○	○	×	×	×	×		○			○
442	酌古準今	(清)□□輯	清道光至光緒間刊本	○		○	×	×				×		

書 · 者

辭書	天津	內蒙	遼寧	吉林市	吉大	哈爾濱	陝西	甘肅	山東	青島	山大	南京	南大	蘇州	安徽	浙江	杭大	福建	福師	河南	湖北	武漢	武大	江西	廣東	四川	重慶	川大	雲南	黑龍江	桂林	廣西	青海	寧夏	民院			
○																											○	○							○			414
○	○		○	○			○				○						○	○				○					○								○			415
																																						416
	○		○	○						×	○									○		○	×	×	○	○								○				417
○	○	○	○	○	○		○	○		○	○	○	○	○	○	○	○	○	○	○	○	○	○	○	○	○	○	○	○	○					○			418
○	○	○	○	○		○	○	○		○		○	○	○	○	○	○	○	○		○	○		○	○	○	○	○	○					○			419
○	○	○	○	○	○	○	○	×	○		○	○	○	○	○	○	○	○	○		×			○	○												420
	○	○	○	○						○	○			○	○		○	○				○	○		×		○	×	○					○			421
																																						422
																																						423
○	○	○				○		○	○	○	○	○		○	○	○		○		○		○		○	○	○							○				424
		○	○			○			○	○	○				○					○						○				○			○				425
					○	○									○			○							○	○				○	○	○					426
					○				○																○	○		○	○			○					427
○	○	○	○	×	○	○	○		○	○	○			○		○		○	○		○	○	○	○	○	○				○						428
	○	○						○	○	○				○							○	○	○			○											429
○		○			○			○	○	○			○							○	○	○	○	○	○	○			○	○			○				430
							○					○	○			○	○										○						○				431
○	○	○	○					○	○	○			○	○	○	○			×		○		×		○		×		○			○				432
					×				○	○			○					×															○				433
○		×		○				○	○			○	○	○									○	○	○	○	○	○	○	○	○						434
																																						435
				×		○		×				○	○					○							○								○				436
	○		○		○				○	○	○				○	○				○	○				○							○					437
○	○	×	○			○	○	×		○	○	○			○									○	○		○	×	○								438
								×										○														○					439
○			○		○					○	○	○	○		○		○	○					○		○		○					○					440
○			○							○	○			○											○				○			○	○				441
										○																							○				442

No.	書　名	輯撰者	版　本	藏										
				北京	首都	科學	北大	北師	清華	中醫	上海	復旦	華師	上師
443	常州先哲遺書	(清)盛宣懷輯	清光緒中武進盛氏刊本	○	○	○	×	○	○		○	○	○	○
444	錫山先哲叢刊	(民國)侯鴻鑑等輯	民國十一年上海中華書局排印本	○					×			○	×	×
445	江陰叢書	(民國)金武祥輯	清光緒宣統間江陰金氏粟香室嶺南刊本	○								○	○	
446	江陰先哲遺書	(民國)謝鼎鎔輯	民國二十三年陶社木活字排印本						○			○		
447	京口掌故叢編初集	(清)陶駿保輯	清光緒三十四年丹徒陶氏刊本	○	○	○	○	○	○		○	○	○	○
448	橫山草堂叢書	(民國)陳慶年輯	清宣統至民國間丹徒陳氏刊本								○	○	×	
449	楚州叢書第一集	冒廣生輯	民國十年如皋冒氏刊本							○		○		
450	揚州叢刻	(民國)陳恒和輯	民國揚州陳恒和書林刊本								○	○		
451	海陵叢刻	(民國)韓國鈞輯	民國排印本		○	×						○	×	○
452	婁東雜著(一名棟香齋叢書)	(清)邵廷烈輯	清道光十三年太倉東陵氏刊本								○	○		
453	東倉書庫叢刻初編	(清)繆朝荃輯	清光緒中太倉繆氏刊本						○	○	○	○		
454	太崑先哲遺書首集	(民國)俞慶恩輯	民國太倉俞氏世德堂排印景印本	○	○	○	○	○	○	○	○	○	○	○
455	安徽叢書	安徽叢書編審會輯	民國景印本	○	○	○	○	○	○	○	○	○	○	○
456	龍眠叢書	(清)光聰諧輯	清桐城光氏刊本								○	○		
457	涇川叢書	(清)趙紹祖(清)趙繩祖輯	清道光十二年涇縣趙氏古墨齋刊本		○	○					○	○		○
			民國六年翟鳳翔等據清道光趙氏本景印	○							○	○		○
458	貴池先哲遺書	(民國)劉世珩輯	民國九年貴池劉氏唐石簃刊本	○	○	○	○	○	○		○	○	○	○
459	南陵先哲遺書	(民國)徐乃昌輯	民國二十三年南陵徐氏景印本	○	○	○		○	○		○	○	○	○
460	武林掌故叢編	(清)丁丙輯	清光緒中錢塘丁氏嘉惠堂刊本	○	○	○	○	○	○		○	○	×	○
461	武林往哲遺箸	(清)丁丙輯	清光緒中錢唐丁氏嘉惠堂刊本	○	○	○	○	○	○		○	○		○
462	海昌叢載	(清)羊復禮輯	清光緒中海昌羊氏傳卷樓粵東刊本	○	○	○	○	○			○	○		○
463	檇李遺書	(清)孫福清輯	清光緒四年秀水孫氏望雲仙館刊本	○	○	○	○	○			○	○		○
464	檇李叢書	金兆蕃輯	民國二十五年嘉興金氏刊本	○	○	○	○	○			○	○	×	○
465	鹽邑志林	(明)樊維城輯	明刊本	○	○	○	○	○	×		○	○		
466	湖州叢書	(清)陸心源輯	清光緒中湖城義塾刊本	○	○	○	×	○			○	○		
467	吳興叢書	劉承幹輯	民國吳興劉氏嘉業堂刊本	○		○			×	×	○	○		
468	南林叢刊	周延年輯	民國二十五年南林周氏排印本	○								○		
469	萬潔齋叢刊	周延年輯	稿本									○		
470	乍川文獻	(清)宋景關輯	清乾隆二十二年刊本					○				○		
471	四明叢書	(民國)張壽鏞輯	民國四明張氏約園刊本	○	○	×	×	○			○	○	×	×
472	紹興先正遺書	(清)徐友蘭輯	清光緒中會稽徐氏鑄學齋刊本	○								○		
473	越中文獻輯存書十種	(清)紹興公報社輯	清宣統三年紹興公報社排印本	○								○		
474	蕭山叢書	(清)魯燮光輯	清魯氏壺隱居鈔本	○										
475	赤城遺書彙刊	(民國)金嗣獻輯	民國四年太平金氏木活字排印本									○		
476	台州叢書(一名名山堂叢書)	(清)宋世犖輯	清嘉慶道光間臨海宋氏刊本	○	○			×	○			×	○	
477	續台州叢書	(民國)楊晨輯	清光緒二十四年翁氏刊本	○				×						
478	台州叢書後集	(民國)楊晨輯	民國四年黃巖楊氏刊本		○			○	○			○		
479	台州叢書己集	(民國)楊晨輯	民國八年黃巖楊氏石印本	○										

書																			者																	
辭書	天津	內蒙	遼寧	吉林市	吉大	哈爾濱	陝西	甘肅	山東	青島	山大	南京	南大	蘇州	安徽	浙江	杭大	福建	福師	河南	湖北	武漢	武大	江西	廣東	四川	重慶	川大	雲南	黑龍江	桂林	廣西	青海	寧夏	民院	
○	×	○	×	○	○	×			○	×		○	○	○	○	○		○	○		○			○	×	○	×	○	×							443
			○					○					○				×		×		○								○						○	444
○			○									○	○	○			×																			445
																																				446
					○								○								○															447
																×										○									○	448
○					×							○	○	×	○									○		×										449
○	○	×	○		○				○			○	○	○				○	○	○	○			○		○	○		○	○	○	○	○		○	450
○	○				○	○			○			○	○	○	○		○		×	×	○					○									○	451
○	○		○						○			○							×	×				○											○	452
○		×			○				○						○									○		○										453
○		×	○		○				○			○	○		○	○	×		○					○		○			○						○	454
○	○		×	○	○				○	○	○	○	○	○	○	×	○	○	○	○	○	○	○	○		○	○		○	×					○	455
																																				456
○	○		○			○				○			○	○				○		○	×			○	○	○			○				○	○		457
○	○		○			○	○			○	○		○	○	○			○		○					○	○			○	○						458
○	○	○	○									○	○	○				○	○	○				○		○	○		○						○	459
				○								○																								460
○	○	○	○		○	○	○	○	○		○	○	○	○	○	○	○	○	○	○	○	○	○	○	○	○	○		○						○	460
○	○				○	○	○					○	○	○		○	○		○			○	○			○	×		○							461
																		×	×																	462
○					○					○				○		○	○		×									○							○	463
○			○							○			○	○		○	○				○		○													464
										○						○				○			○													465
○			○	×						○		○	×	○	×					○			○		×		○	○		○						466
○					×					○		○	○	○	○		○	×		×		○			×		×	○	○	○	○		○	○		467
				○						○		○	○															○	○	○	○	○				468
																																				469
																																				470
○	○	×	○		○	○				○	○	×	○			○	×	○	○						○	○	×	○	○	○	○		○			471
○	○		○	○					×				○	○			○							○	○									○		472
			○									○					○																		○	473
																																				474
																○					○															475
○	○	×	○		○					○		○	○	○	○	○	○		○	○	○		×	○	○			○		○	○	×				476
												○	○			○																				477
												○	○			○																				478
																																				479

書　名	輯撰者	版　本	北京	首都	科學	北大	北師	清華	中醫	上海	復旦	華師	上師
480 仙居叢書第一集	(民國)李鏡渠輯	民國二十四年排印本	○			○	○	○		○	○		○
481 金華叢書	(清)胡鳳丹輯	清同治光緒間永康胡氏退補齋刊本		○		○	○	○		○	×		
		清同治光緒間永康胡氏退補齋刊民國補刊本	○			○	○	○		○		○	○
482 續金華叢書	(民國)胡宗楙輯	民國十三年永康胡氏夢選庼刊本	○	○	○	○	○	○		○	○		○
483 義烏先哲遺書	黃侗輯	民國二十二年義烏黃氏排印本	○										
484 永嘉叢書	(清)孫衣言輯	清同治光緒間瑞安孫氏詒善祠墊刊本	○	○	○	○	○	○		○	×		○
485 敬鄉樓叢書	(民國)黃群輯	民國永嘉黃氏排印本	○	○	○	×	○	○		○	○	○	○
486 惜硯樓叢刊	林慶雲輯	民國二十三年瑞安林氏排印本	○	○	○	○	○	○		○	○		○
487 浦城遺書(一名浦城宋元明儒遺書)	(清)祝昌泰等輯	清嘉慶中浦城祝氏留香室刊本	○			○			×	○	×		○
488 三怡堂叢書	張鳳臺輯	清光緒至民國間河南官書局刊本	○	○	○	○	○	○		○	○		○
489 湖北叢書	(清)趙尚輔輯	清光緒十七年三餘草堂刊本	○	○	○	○	○	○		○	○		○
490 湖北先正遺書	(民國)盧靖輯	民國十二年沔陽盧氏慎始基齋景印本	○	○	○	○	○	○		○	×		○
491 沔陽叢書	(民國)盧弼輯	民國沔陽盧氏慎始基齋刊本	○			○	○	○		○			
492 湖南叢書	(民國)孫文昱等輯	民國湖南叢書處刊本	○			○	○	○		○			
493 豫章叢書	(清)陶福履輯	清光緒中新建陶氏刊本	○							×			
494 豫章叢書	(民國)胡思敬輯	民國南昌豫章叢書編刻局刊本	○	○	○	○	○	○		○	○	×	○
495 宜黃叢書第一輯	(民國)宜黃縣文獻委員會輯	民國三十六年宜黃縣文獻委員會排印本	○										
496 嶺南叢書	(清)吳蘭修輯	清道光中刊本	○										
497 嶺南遺書	(清)伍元薇(清)伍崇曜輯	清道光同治間南海伍氏粵雅堂文字歡娛室刊本	○	○	○	○	○	○		○	○		○
498 廣東叢書	(民國)廣東叢書編印委員會輯	民國商務印書館長沙景印排印本	○	○		○	×			○	×	○	○
499 海南叢書	(民國)海南書局輯	民國二十四年瓊州海南書局排印本								○			
500 黔南叢書	(民國)任可澄等輯	民國貴陽文通書局排印本	○	○		×	○	○		○	○		
501 雲南叢書	(民國)趙藩(民國)陳榮昌等輯	民國雲南叢書處刊本	○		○				×	×	×	○	
502 宣威叢書	繆秋沈輯	民國三十五年石印本	○										
503 衡望堂叢書初稿	丁鵬翥輯	1954年丁氏油印本					○	○					
504 錫山尤氏叢刊甲集	(民國)尤桐輯	民國二十四年排印本	○	○	○	○	○	○		○		○	○
505 桐城方氏七代遺書	(清)方昌翰輯	清光緒十四年刊本	○							○			
506 四明水氏留碩稿	(清)水嘉穀輯	清光緒十八年刊本	○							○			
507 震澤先生別集	(明)王永熙輯	明萬曆中王氏刊本	○							○			
		民國十年鄩溪王氏刊本	○							○			
508 高郵王氏遺書	(民國)羅振玉輯	民國十四年上虞羅氏排印本	○	○	○	○	○	○	○	○		○	
509 合肥王氏家集	(清)王尚辰輯	清光緒中木活字排印本	○							○			
510 德州田氏叢書	(清)田雯等撰	清康熙乾隆間刊本								○			
511 安氏家集	(清)安念祖輯	稿本	○							○			

書　　　　　　　　　　　者

辭書	天津	内蒙	遼寧	吉林市	吉大	哈爾濱	陝西	甘肅	山東	青島	山大	南京	南大	蘇州	安徽	浙江	杭大	福建	福師	河南	湖北	武漢	武大	江西	廣東	四川	重慶	川大	雲南	黑龍江	桂林	廣西	青海	寧夏	民院			
					○						○	○		○	○		○	○										○										480
																																			○			481
○	○	○	○	○	○				○	○	○	○	○	○	○	○			○	○	○	○	×	○	○									○			482
○	○		○		○	○			○		○	○	○		○	○			○			○		○	○												483
○	○	○		○	○				○	○	○	○	○					○	○	×	○	○	○	○	○		○		○		○	×				484
○	○	×	○				○		○	○					○	○	○			×	○	○	×	○	○		○						○			485
			○	○					○	○				○				○				○	×	○												486
○	○		○		○				○		○	×			○	○			○			○	×													487
			○		○						○	○						○				○	×													488
○	○	○	○		○	○	○	×	○	○	○	○	○	○		○	○	○	○	○	○	○	○	○	○	○	○	○			○			○			489
○	×	×	○		○			○		○	○	○			○	○			○	○	○	○	×	○	○	○	○				○			○			490
	○			○					○									○			○		×										○			491
			×															○		○			×										○			492
									×	○		○				○			○																	493
○	○				○	○	×		○	○		○	○					×		○	○	○	○		○	○							○			494
																				○																495
														○																						496
○	○	○	○	○	○	○	○	○	○	○	○	○	○	○	○	○	○	○		○	○	○	○	○	○		○	○			○			○			497
×			○					×		×	○		○					×		○	○				×	×										498
																																				499
×	○		○		○			○	○		○	×		×	○	○			○			○		○	×	○							○			500
×		×	○					○	○		○			○	×	○			○			○			×							○				501
																							○													502
																○						○	○								○				503
○	○		○		○			○			○	○	○			○	○			○			○	○	○			○					○			504
			○						○																											505
									○																											506
																																				507
		○									○	○	○										○			○					○				508
○	○		○	×	○				○	○	○			○	○	○			○			○	○	○	○		○			○			○			509
	○		○						○	○								×													○					510
			○																																	511

書名	輯撰者	版本	北京	首都	科學	北大	北師	清華	中醫	上海	復旦	華師	上師
512 玉山朱氏遺書	(清)諸可寶輯	清光緒二十六年玉山書院刊本	○	○		○					○	○	
513 延陵合璧	(清)許自俊輯	清康熙二十六年刊本	○										
514 叢睦汪氏遺書	(清)汪篔輯	清光緒十二年錢唐汪氏長沙刊本	○	○	○	○	○	○		○	○		○
515 重印江都汪氏叢書	秦更年等輯	民國十四年上海中國書店景印本	○	○	○		○	○			○		○
516 沈氏三代家言	(清)沈申祐輯	清光緒十二年會稽沈氏刊本	○							○	○		
517 婁東周氏叢刊	周愨輯	民國二十六年婁東周氏冰壺堂景印本	○								○	○	
518 如皋冒氏叢書	冒廣生輯	清光緒至民國間如皋冒氏刊本	○			×	○	○			○	×	○
519 洪氏晦木齋叢書	(清)洪汝奎輯	清同治至宣統間刊本	○										
520 續溪胡氏叢書	(清)胡培系輯	清同治光緒間世澤樓刊本	○										
521 胡氏三種	(清)胡錫燕輯	清光緒中長沙胡氏刊本	○										
522 樸學齋叢書第一集	(民國)胡樸安輯	民國二十九年吳興胡氏排印本					○		○		○	○	○
523 雙雲堂傳集	(清)范□輯	清光緒中甬上范氏刊本							×		○		
524 鄂不齋叢書	(清)唐贊袞撰併輯	清光緒二十七年桐園鄂不齋刊本								○			
525 武進唐氏所著書	(民國)唐鼎元輯	民國排印本									○	×	
526 富陽夏氏叢刻	(清)夏震武 (清)夏鼎武撰	清光緒中刊本									○	○	
527 晁氏三先生集	(宋)黃汝嘉輯	明嘉靖三十三年至三十七年晁氏寶文堂重刊本								○			
528 四休堂叢書	秦柄輯	民國三十三年臨海秦氏四休堂排印本								○		○	○
529 項城袁氏家集	(民國)丁振鐸輯	清宣統三年清芬閣排印本	○	○			○	○	○		○	○	
530 馬氏叢刻	(清)馬先登輯	清同治中關中馬氏敦倫堂刊本	○				○	×			○	○	
531 馬氏家刻集	(清)馬□輯	清光緒中刊本	○										
532 洛陽曹氏叢書	(清)曹曾矩輯	清同治光緒間刊本	○								○		
533 高陽四種集	(清)趙飲谷輯	清康熙中刊本									○		
534 新安許氏先集	許同莘輯	民國無錫許氏簡素堂刊本排印本								○		×	○
535 侯官郭氏家集彙刊	(民國)郭則澐輯	民國二十三年侯官郭氏刊本									○	○	
536 江都陳氏叢書	(清)陳本禮 (清)陳逢衡撰	清嘉慶道光間遞刊本								○	○	×	×
537 陳氏叢書	(清)陳澧撰併輯	清嘉慶同治間刊本	○								×		
538 左海全集	(清)陳壽祺撰	清嘉慶道光間刊陳紹壦補刊本	○	○	○	○	○	○	×		○	○	
539 左海續集(一名小琅嬛館叢書)	(清)陳壽祺撰	清道光同治間刊本	○					○	×		○	○	
540 陸氏六種合刻	(清)陸嵩齡撰	清道光中拜五經樓刊本						○					
541 陸氏傳家集	(清)陸乃普輯	清同治十一年義經堂刊本	○								○		
542 傅氏家書	(清)傅以禮撰	清光緒二年手稿本	○										
543 長洲彭氏家集	(清)彭祖賢輯	清同治光緒間刊本	○	○								×	
544 羅卷彙編(一名樂山堂全集)	(清)曾興仁輯	清道光十四年至二十二年善化曾氏刊本											
545 河南程氏全書(一名二程全書)	(宋)朱熹輯	明成化十三年張瓚刊本	○									×	
		明萬曆三十四年嘉興徐氏刊本						○					
		清康熙中石門呂氏寶誥堂刊本	○					○			○	○	
546 諸暨馮氏叢刻	(民國)馮振音輯	民國六年排印本	○					○					○

書　　　　　　　　　者

辭書	天津	内蒙	遼寧	吉林市	吉大	哈爾濱	陝西	甘肅	山東	青島	山大	南京	南大	蘇州	安徽	浙江	杭大	福建	福師	河南	湖北	武漢	武大	江西	廣東	四川	重慶	川大	雲南	黑龍江	桂林	廣西	青海	寧夏	民院	No.
				○															○																○	512
																																				513
○	○	×	○								×	○	○	○	○	○	○		○							○	○	○				○				514
○	○	○				○		○	○			○	○	○	○	○	○		○	○	○			○				○							515
																																				516
				○								○	○	○	○	○	○		○																○	517
○	○	×	○	○					○		×	○	○	○			○		×				○	×				×	○							518
																○																				519
																																				520
												○		○																						521
		○	○	○					○			○		○			○						○			○		○			○				○	522
																			×																	523
																																				524
																○	○																			525
○			○	○								○	○			○	○									○	○	○					○			526
																																				527
																																				528
		○	×	○					○	○		○	○	○	○			○	○	○	○			○		○	○		○		○					529
													○																						○	530
			○	○				○																												531
													○						○																	532
																																				533
																																				534
			○								○							○	○		○															535
													○															○								536
○	○																																			537
○	○	○	○	○							○	○	○	○	○	○	○	○	○			○	○	○		○	○	○	○						○	538
○	○	○		○							○	○	○	○	○	○	○	○	○			○	○			○	○		○							539
																																				540
○																			×									○								541
																																				542
																		○	×																	543
																																				544
												○																								545
		○	○									○	○	○		○	○	○	○	○						○	○	○	○	○	○				○	546

書　　名	輯撰者	版　　本	北京	首都	科學	北大	北師	清華	中醫	上海	復旦	華師	上師
547 楓林黃氏家乘	(清)黃彭年輯	清同治三年成都刊本	○							○			
548 楊氏家集	(清)楊繼曾輯	清道光中非能園刊本	○										
549 董氏叢書	(清)董金鑑輯	清光緒三十二年會稽董氏取斯家塾刊本					○	○	○			○	
550 賈氏叢書甲集	(清)賈臻輯	清道光咸豐間賈氏躬自厚齋刊本	○			○	○				○		
551 鄔家初集十二卷	鄔慶時輯	清光緒宣統間刊民國二十年廣州鄔氏彙印本	○					○	○				
552 求可堂兩世遺書	(清)廖冀亨 (清)廖鴻章撰	清光緒中永定廖氏刊本								○			
553 東萊趙氏楹書叢刊	(民國)趙琪輯	民國二十四年東萊趙氏永厚堂排印本	○	○	○	○	○	○		○	○	○	
554 劉氏傳家集	(清)劉青芝輯	清乾隆二十年序刊本	○			×		○		○	×		
555 崇川劉氏叢書	(清)劉長華輯	清同治光緒間崇川劉氏刊民國十五年海寧陳氏慎初堂印本	○			○	○	○	○	○			
556 祥符劉氏叢書	(清)劉遵海 (清)劉曾騄撰	清光緒至民國間刊本油印本	○										
557 清芬叢鈔	(民國)劉修鑑輯	民國二十七年稿本	○										
558 陟岡樓叢刊	潘承弼輯	民國三十二年至三十四年石印本	○										
559 雙硯齋叢書	(民國)鄧邦述輯	民國十一年江寧鄧氏刊本				○	○	○		○	○	○	
560 滎陽雜俎	(清)程定遠輯	清康熙中程氏萬卷樓刊本	○										
561 白田鄭氏一家言	(清)鄭乾清輯	清刊本	○										
562 魯氏遺著	(清)魯一同撰	清咸豐中山陽魯氏刊本								○			
563 長沙瞿氏叢刊	瞿宣穎輯	民國二十二年至二十四年長沙瞿氏排印本					○	○	○				○
564 丹徒戴氏叢刻	(清)戴肇辰輯	清同治光緒間刊本	○										
565 待時軒叢刊	羅福頤輯	民國二十六年上虞羅氏石印本	○	○		○				○	○		
566 嘉興譚氏遺書	(民國)譚新嘉輯	民國二十四年嘉興譚氏承啟堂刊本	○	○						○		○	
567 顧氏家集	(民國)顧燮光輯	民國十八年會稽顧氏金佳石好樓排印本	○	○					○	○	○	○	○
568 周子全書	(宋)周敦頤撰 (清)董榕輯	清乾隆中刊本	○							○			
569 歐陽文忠公全集	(宋)歐陽修撰	明天順六年吉安府知事海虞程宗刊本											
		明嘉靖中刊本							○	○	○		
		清康熙十一年曾弘刊本								○		○	
		清嘉慶中鈞源歐陽慎五堂刊本								○	○		
		清光緒十九年濬雅書局刊本	○	○				○				○	
570 王安石全集	(宋)王安石撰	民國二十四年上海大東書局排印本	○	○									
571 米襄陽志林	(宋)米芾撰 (明)范明泰輯	明萬曆三十二年范氏刊本						○	○				
572 張子全書	(宋)張載撰	清嘉慶十一年郿縣故里刊本											
		清光緒三年夏州李氏刊本											
573 遊定夫先生集	(宋)游酢撰	清同治六年刊本	○	○		○	○	○		○	○	○	
574 石林遺書	(宋)葉夢得撰	清光緒宣統間長沙葉德輝觀古堂刊本	○	○		○	○	○		○	○	×	○

書者																																				No.
辭書	天津	内蒙	遼寧	吉林市	吉大	哈爾濱	陝西	甘肅	山東	青島	山大	南京	南大	蘇州	安徽	浙江	杭大	福建	福師	河南	湖北	武漢	武大	江西	廣東	四川	重慶	川大	雲南	黑龍江	桂林	廣西	青海	寧夏	民院	
					○							○																								547
																																				548
○		○	○										○			○	○	○	○	○						○		○						○		549
○			○		×							○								○	×					○		○								550
																																				551
																																				552
○	○	×			○				○	○	○	○	○	○	○	○	○	○	○		○				○	○	○	○			○	○	○	○	○	553
																				○																554
○													○																							555
																																				556
																																				557
					○													○										○						○		558
	○		○												○			○																		559
																																				560
																																				561
																																				562
																		○																○		563
			○																																	564
			○		○							○					○							○		○	○									565
	○	○	○									○	○	○		○	○			○	○				○			○			×			○		566
○	○	○	○		○	○				○	○	○	○	○	○	○	○	○	○	○					○	○		○	○							567
						○												○							○			○								568
																				○	○				○								○			569
		○										○																								
○	○											○																								
			○	○				○				○	○		○									○	○	○	○	○						○	
												○	○													○									
		○						○										○	○	○								○								570
															○	○																				571
			○					○									○	○	○	○				○												572
												○	○														○				○	○				573
○	○		○	○	○		○					○				○		○		○			○			○		○						○		574

書　　名	輯撰者	版　　本	北京	首都	科學	北大	北師	清華	中醫	上海	復旦	華師	上師
575 朱子遺書	(宋)朱熹撰	清康熙中鷇兒呂氏寶誥堂刊本	○			○	○	○		○	○		
576 廬陵周益國文忠公集	(宋)周必大撰	清道光二十八年歐陽棨瀛塘別墅刊咸豐元年續刊本											
577 陸放翁全集	(宋)陸游撰	明海虞毛氏汲古閣刊本	○	○	○	○	○	○		○	○	○	
578 張宣公全集	(宋)張栻撰	清道光二十九年縣邑洗墨池刊本	○										
		清咸豐四年縣邑南軒祠刊本						○	○	○	○		
579 北溪先生全集	(宋)陳淳撰	清乾隆四十八年陳文芳刊本	○							○			
		清光緒七年鄉江鄭圭海種香別業刊本	○	○						○	○	○	
580 真西山全集	(宋)真德秀撰	清康熙中家祠重刊同治中印本	○					○		○	○	○	
581 白石道人四種	(宋)姜夔撰	清乾隆八年江都陸氏刊二十一年歙縣江春補刊本								○			○
		清同治十年桂林倪鴻刊本	○	○						○	○		
582 金華唐氏遺書	(宋)唐仲友撰	清道光十一年翠薇山房刊本	○							○	○		
583 文山別集	(宋)文天祥撰	清宣統二年東雅社排印本	○							○	○		
584 謝疊山先生評註四種合刻	(宋)謝枋得撰	清光緒八年京都豫章別業刊本	○							○			
585 玉海	(宋)王應麟撰	元刊明正德嘉靖萬曆崇禎補刊清康熙二十六年吉水李振裕補刊印本	○							○	○		
		清光緒九年浙江書局刊本		○				○	✕	○	○	○	
		清光緒十年成都志古堂刊本		○						○	○		
586 率祖堂叢書	(宋)金履祥撰	清雍正乾隆間金華金氏刊光緒十三年鎮海謝駿德補刊本	○		○	○	○			○	○	✕	○
587 元遺山先生全集	(金)元好問撰	清光緒七年讀書山房刊本	○	○			○	○		○	✕		
588 許文正公遺書	(元)許衡撰	清乾隆五十五年刊本	○					○		○	○		
589 曹月川先生遺書	(明)曹端撰	清咸豐十一年刊本	○					○		○	○		
590 劉文安公全集(一名呆齋全集)	(明)劉定之撰	清乾隆至咸豐間永新劉氏刊本						○		○			
591 張古城先生文集	(明)張吉撰	清康熙三十年刊本	○								○		
592 何燕泉三種	(明)何孟春撰	清乾隆中刊光緒六年修補印本								○	○	○	
593 王文成公全書	(明)王守仁撰	明隆慶六年謝廷傑刊本								○	○	○	
		清同治光緒間刊本								○	○		
594 陽明先生集要	(明)王守仁撰 (明)施邦曜輯	清光緒三十三年明明學社排印本						○	○	○	○		
595 六如居士全集	(明)唐寅撰	清嘉慶六年長沙唐仲冕刊本	○	○	○					○	○		
596 王浚川所著書	(明)王廷相撰	明嘉靖中刊本								○	✕		
597 崔洹野集	(明)崔銑撰	明刊清乾隆三十七年補版印本	○										
598 甘泉全集	(明)湛若水撰	清同治五年資政堂刊本	○								○		
599 儼山外集	(明)陸深撰	明嘉靖二十四年刊本	○					○		○	○		○
600 莊渠先生遺書	(明)魏校撰	明太原王道行刊本						○		○			
601 木鐘臺全集	(明)唐樞撰	清咸豐六年唐氏書院刊本						○	○				
602 梓溪文鈔(一名舒文節公全集)	(明)舒芬撰	明萬曆四十八年刊本	○					○	○		○		
603 鄭端簡公全集	(明)鄭曉撰	明嘉靖至萬曆間刊本									○		
604 周恭節集	(明)周怡撰	清道光二十年仙源周氏燕翼堂刊本							○				

辭書	天津	内蒙	遼寧	吉林市	吉大	哈爾濱	陝西	甘肅	山東	青島	山大	南京	南大	蘇州	安徽	浙江	杭大	福建	福師	河南	湖北	武漢	武大	江西	廣東	四川	重慶	川大	雲南	黑龍江	桂林	廣西	青海	寧夏	民院				
	○			○	○			○				○	○		○	○	○	○	○	○	○	○		○		○		○					○						575
○	○											○	○			○					○	○	○			○		○											576
○	○		○	○	○							○	○			○	○	○	○	○	○	○				○	○	○		○					○				577
																	○					○	○			○	○	○	○										578
	○										○	○	○			○	×							○		○													579
	○		○								○	○		○			○	○								○	○	○	○										580
	○								○		○	○		○			○	○						○															581
○						○							○			○						○	○	○											○				582
○	○			○										○			○	○								○							○						583
			○		○							○					○							○															584
				○	×				○								○							○											○				585
○	○		○	○	○				○		○		○		○	○	○	○	○	○				○	○	○	○	○	○										586
○		○		○	○		○					○	○			○								○									○						(586)
	○		○		○							○		○			○				○	○			○	○		×	○			○		×					587
	○		○	○	○							○	○	○																		○							588
																		○	○																				589
													○					○					○		×			○											590
			○																				○																591
																	○		×																				592
○											○			○													○							○					593
○	○		○	○			○		○	○		○		○			○	○	○					○		○	○	○	○				○						(593)
○			○	○					○	×		○					○		○					○		○	○	○											594
○	○		○	○					○			○	○	○			○							○			○	○											595
																																							596
																					○																		597
	○											○	○														○												598
													○				×			○							○												599
																																		×					600
																○																							601
	○											○							○							○													602
																						○			×				×										603
																			○																				604

序號	書名	輯撰者	版本	北京	首都	科學	北大	北師	清華	中醫	上海	復旦	華師	上師
605	高文襄公集	(明)高拱撰	清康熙中新鄭高有閭籠春堂刊本	○	○	○			○			○		
606	陸學士雜著	(明)陸樹聲撰	明萬曆中刊本								○			
607	歸雲別集	(明)陳士元撰	明萬曆中刊本						○					
			清道光十三年應城吳毓梅刊本	○	○	○	○	○			○	○		
608	董幼海先生全集	(明)董傳策撰	明萬曆中雲間董氏刊本						○					
609	孫文恭公遺書	(明)孫應鼇撰	清光緒六年獨山莫氏刊本	○	○			○	○					
			清宣統二年國學扶輪社排印本									○	○	
610	王奉常雜著	(明)王世懋撰	明萬曆十三年刊本									○		
611	夢蕉三種	(明)游潛撰	明刊清康熙中修補本								○			
612	歐虞部集	(明)歐大任撰	明隆慶萬曆間刊清印本									○		
613	朱秉器全集	(明)朱孟震撰	明萬曆中刊本		○							○		
614	馮元成雜著	(明)馮時可撰	明萬曆中刊本	○										
615	呂新吾全集	(明)呂坤撰	明萬曆中刊清同治光緒間修補印本	○	○					×		○	×	○
616	味檗齋遺書	(明)趙南星撰	清光緒中高邑趙氏刊本						○	×		○	○	
617	瑞陽阿集	(明)江東之撰	清乾隆八年東皋堂刊本								○	○		
618	顧端文公遺書	(明)顧憲成撰	清康熙中刊本									○		
			清光緒三年涇里宗祠刊本									○	○	○
619	少室山房四集	(明)胡應麟撰	明萬曆四十六年新都江湛然刊本						○	○		×		×
620	了凡雜著	(明)袁黃撰	明萬曆三十三年建陽余氏刊本	○										
621	高子全書	(明)高攀龍撰	清乾隆七年華希閔刊本	○								○		
622	馮少墟集(一名馮恭定公全書)	(明)馮從吾撰	明萬曆四十五年刊本								○			
			清康熙十二年鹽邑李氏刊本								○			
623	山草堂集	(明)郝敬撰	明萬曆崇禎間郝洪範刊本	○										
624	環碧齋集	(明)祝世祿撰	明萬曆中刊本	○										
625	李竹嬾先生說部全書	(明)李日華撰	明刊清乾隆三十三年曹秉鈞修補本								○	○	○	
626	四六全書	(明)李日華撰	明崇禎元年武林魯氏刊本						○	○	○			
627	袁中郎集	(明)袁宏道撰	明刊本						○		○	○	○	
628	王季重九種集	(明)王思任撰	明清暉閣刊本								×			
629	歸鴻館雜著	(明)顧起元撰	明萬曆天啟間顧氏歸鴻館刊本								○			
630	劉蕺山先生集	(明)劉宗周撰	清乾隆十七年刊本		○				○			○		○
631	皇極篇	(明)文翔鳳撰	明萬曆四十五年刊本						○	○				
632	一齋集	(明)陳第撰	明萬曆中會山樓刊本											
633	大雅堂訂正枕中十書	(明)李贄撰	明博極堂刊本									○		
	李卓吾先生祕書八種(一名大雅堂藏書)	(明)李贄撰 (清)余閭輯	清康熙十二年序刊本									○		
634	李氏全書	(明)李贄撰	明刊本											
635	王百穀全集	(明)王穉登撰	明萬曆中刊本					○	×			○	○	
636	坐隱先生全集	(明)汪廷訥撰	明萬曆三十七年汪氏環翠堂刊本	○								○		
637	眉公十種藏書	(明)陳繼儒撰	明崇禎九年序刊本						○	○	○		○	
638	文園集(一名陳湯銘文集)	(明)陳維新撰	明天啟中刊本								○			
639	張伊嗣全集	(明)張承撰	明萬曆十四年安陽張氏刊本								○			
640	春浮園集	(明)蕭士瑋撰	清蕭作梅刊本	○							○	○		
			清康熙中刊本									○		
641	小寒山子集	(明)陳函輝撰	明刊本	○										
642	陶菴集	(明)黃淳耀撰	清光緒五年刊本	○					○		○	○		○

書 者

辭書	天津	内蒙	遼寧	吉林市	吉大	哈爾濱	陝西	甘肅	山東	青島	山大	南京	南大	蘇州	安徽	浙江	杭大	福建	福師	河南	湖北	武漢	武大	江西	廣東	四川	重慶	川大	雲南	黑龍江	桂林	廣西	青海	寧夏	民院	
												○								○	○														○	605
																																				606
											○						○											○								607
	○		○				○		○			○	○			○	○		○	○	○		○	○	○	○										608
	○				○							○	○			○						×				○	○	○								609
○																																				610
																																				611
○																																				612
																												×								613
																○																				614
×	○											○							○	○				○				○							○	615
												○																								616
			○																																	617
						○						○	○																							618
○	○	○	○					○				○	○	○					○			○						○		○	×		○		○	619
		○																										×								620
			○										○																							621
		○						○				×														○	○									622
×								○				○	○									×				○										623
												×	×																							624
																			×						○		○									625
																○	○				○						○									626
○						○						○	○	○		○	○					○					○									627
																											×									628
																																				629
												○	○					○				○					×									630
	○											○	○																							631
	○											×							○																	632
																	○																			633
																											○									634
																			×																	635
							○					×																								636
			○											×			○										×									637
																																				638
																																				639
													○											○												640
																																				641
																	○										○	○	○				○			642

藏

	書名	輯撰者	版本	北京	首都	科學	北大	北師	清華	中醫	上海	復旦	華師	上師
643	谷簾先生遺書	（明）黃淵耀撰	清雍正五年嘉定秦立刊本						○		○			
644	幾亭全書	（明）陳龍正撰	清康熙三年刊本	○			○				○	○		
645	幾亭再集	（明）陳龍正撰	明崇禎十一年序刊本								○			
646	羅紋山先生全集	（明）羅明祖撰	清古處齋刊本											
647	周孟侯先生全書	（明）周拱辰撰	清道光二十七年刊光緒元年補版本	○	○	○			○	○	○	○	○	
648	邵潛夫別集	（明）邵潛撰	明天啟六年刊本								○			
649	樓山堂遺書	（明）吳應箕撰	清同治中當塗夏氏刊本	○						○	○		○	
650	西郭草堂合刊	（明）喬中和撰	清光緒五年刊本		○	○	○			○				
651	梅花渡異林（一名支子固先生彙輯異林）	（明）支允堅撰	明崇禎中金閶書林刊本	○						○				
652	王司業雜著	（明）王祖嫡撰	稿本								○			
653	石雲先生遺稿	（明）孫愼撰	鈔本							○				
654	佚笈姑存	（明）王若之撰	清刊本	○		○								
655	莊忠甫雜著	（明）莊元臣撰	清永言齋鈔本	○										
656	東山葛氏遺書	（明）葛引生撰	清嘉慶九年東山葛氏樹滋堂刊本							○				
657	三山存業十編	（清）原良撰	清康熙中刊本								×			
658	舜水遺書	（明）朱之瑜撰	日本正德二年刊本											
			民國二年湯壽潛排印本	○	○			○	○	○	○	○	○	○
659	孫夏峰全集	（清）孫奇逢撰	清康熙中刊道光至光緒間遞刊重印本		○					○			×	
660	王烟客先生集	（清）王時敏撰	民國五年蘇州振新書社排印本					○			○		○	
661	遡園全集	（清）賈開宗撰	清道光九年賈洪信本							○	○			
662	用六居士所著書	（清）刁包撰	清道光至同治間刁懷謹順積樓刊本							○	○	×	○	
663	乾初先生遺集	（清）陳確撰	稿本								×			
		（清）陳敬璋輯												
664	陳處士遺書	（清）陳貞慧撰	清光緒二十六年宜興任光奇弇山鐸署刊本								○		○	
665	黃黎洲遺書	（清）黃宗羲撰	清光緒三十一年杭州群學社石印本					○		○	○		○	
666	黎洲遺著彙刊	（清）黃宗羲撰	民國四年時中書局排印本	○	○					○	○	○	○	
667	陸桴亭先生遺書	（清）陸世儀撰	清光緒二十五年太倉唐受祺京師刊本		○			○			○	○		
668	楊園張先生全集	（清）張履祥撰	清康熙中刊本	○								○		
	張楊園先生集		清同治九年山東尚志堂刊本						○		○			
669	重訂楊園先生全集	（清）張履祥撰	清同治十年江蘇書局刊本	○					○		○			
670	夏爲堂集	（清）黃周星撰	清康熙中刊本	○										
671	笠翁一家言全集	（清）李漁撰	清康熙九年至十七年刊本	○						○				
672	桐城錢飲光先生全書	（清）錢澄之撰	清同治二年桐城斟雉堂重刊本							○	○			
673	亭林遺書	（清）顧炎武撰	清吳江潘氏遂初堂刊本		○		○				○			
	顧亭林先生遺書		清蓬瀛閣刊吳縣朱記榮增刊光緒三十二年彙印本		○	○	○	○	○				○	○
674	孫文定公全集	（清）孫廷銓撰	清康熙十七年師儉堂刊本	○				○	○		○	○		
675	鈍吟老人遺藁	（清）馮班撰	清康熙中刊本								○	○		
676	安雅堂全集	（清）宋琬撰	清順治至乾隆間刊本	○	○			×			○	○		
677	謝程山全書	（清）謝文洊撰	清光緒十八年謝鏞刊本						○		○			
678	郃冰壑先生全書	（清）郃成撰	清光緒十一年東雍書院刊本	○										

書　　　　　　　　　　　　　　　　　　　　　　者

辭書	天津	内蒙	遼寧	吉林市	吉大	哈爾濱	陝西	甘肅	山東	青島	山大	南京	南大	蘇州	安徽	浙江	杭大	福建	福師	河南	湖北	武漢	武大	江西	廣東	四川	重慶	川大	雲南	黑龍江	桂林	廣西	青海	寧夏	民院	
																																				643
		○														○																				644
																																				645
																		○																		646
○	○		○									○		○				○	○		○	○	○					○								647
																																				648
												○	○								○			○												649
																																				650
																																				651
																																				652
																																				653
																																				654
																																				655
																																				656
																																				657
													○																		○					658
○	○		○	○					○			○	○	○	○	○		○		○	○	○					○	○	○			○				659
		×				×				×								×																		659
	○											○	○	○																	○					660
																																				661
												○								○																662
																×																				663
																																				664
			○	○		○			○			○				○	○	○	○	○					○	○		○	○							665
○	○	×	○	○					○			○	○	○	○	○	○	○	○	○	○				○	○	○				○					666
○	○								○			○	○		○			○										○				○				667
			○	○		○			○			○	○			○	○	○						○												668
○	○		○	○		○			○			○	○			○				○	○	○	×				○	○			○	○				669
																								○			○	○								670
								○	○		○	○								○				○		○		○						○		671
												○	○		○	○																				672
			○	○		○			○			×		○		○			×	○				○		○		○								673
○	○	○	○	○					○			○	○		○	○	○	○	○	○		○		○		○		○						○		673
	○								○									○	○								○									674
												○															○									675
○			○	○									○		○					○		○	○				○					○				676
																	○	○		○																677
																												○								678

編號	書　　名	輯撰者	版　　本	北京	首都	科學	北大	北師	清華	中醫	上海	復旦	華師	上師
679	魏貞菴遺書	(清)魏裔介撰	清康熙中龍江書院刊本	○										
680	西堂全集	(清)尤侗撰	清康熙中刊本	○		○	○	○			○	○	○	○
			民國上海文瑞樓石印本								○		○	
681	施愚山先生全集	(清)施閏章撰	清康熙至乾隆間刊本	○							○			
682	船山遺書	(清)王夫之撰	清道光二十二年新化鄧顯鶴長沙刊本								○			
			清同治四年湘鄉曾國荃金陵刊本	○	○	○	○	○			○	○	○	○
			民國廿二年上海太平洋書店排印本	○	○		○	○	○		○	○	○	○
683	王船山先生四種（一名船山經世文鈔）	(清)王夫之撰	清光緒二十四年刊本										○	
684	聰山集	(清)申涵光撰	清康熙二年刊本	○	○				○		○	○		
685	思古堂十四種書	(清)毛先舒撰	清康熙中刊本	○								○		
686	水田居全集	(清)賀貽孫撰	清道光至同治間敕書樓刊本						○	○	○			○
687	唱經堂才子書	(清)金人瑞撰	清刊本						○	○	○			
688	張賁山三種	(清)張貞生撰	清康熙中講學山房刊本	○		○								
689	隱山鄙事	(清)李子金撰	清康熙中刊本	○										
690	安靜子集	(清)安致遠撰	清同治二年自鉏園刊本	○	○				○		○			
691	范聲山雜著	(清)范鍇輯	清道光中烏程范氏刊本								○			
			民國二十年北平富晉書社據清范氏本景印	○	○		○	○	○		○			
692	胡氏三書	(清)胡文學撰	清康熙中刊本	○	○									
693	西河合集	(清)毛奇齡撰	清康熙中李塨等刊本	○	○		○	○	○		○	○	○	
			清乾隆三十五年陸體元據康熙中李塨等刊本修補重印								○	○		○
694	中山集	(清)郝浴撰	清康熙中刊本				○	○	○			○		
695	世德堂遺書	(清)王鉞撰	清康熙五十三年刊本	○							○			○
696	漢陽魏氏遺書	(清)魏晋封撰	民國十八年羅田王葆心石印本								○			
697	虞虹升雜著	(清)虞兆漋撰	清刊本								○	○		
698	鈍翁全集	(清)汪琬撰	清康熙中刊本	○							○	○		
699	丁野鶴先生詩詞稿	(清)丁耀亢撰	清康熙中煮茗堂刊本	○										
700	柴村全集	(清)邱志廣撰	清雍正四年序刊本								○			
701	秋水集	(清)馮如京撰	清乾隆五年清暉堂刊本								○			
702	張亟齋遺集（一名張力臣先生遺集）	(清)張弨撰	清同治四年望三益齋刊本								○		○	
703	湯文正公遺書	(清)湯斌撰	清道光七年刊本						○			○		
704	湯文正公全集	(清)湯斌撰	清同治九年蘇廷魁等刊本						○		○	○	×	○
705	李二曲先生全集	(清)李顒撰	清同治五年隴右牛樹梅刊本								○		○	
			清光緒三年石陽彭家麟刊本	○	○						○			
706	姜先生全集	(清)姜宸英撰	清光緒十五年毋自欺齋馮氏刊本	○	○						○			
707	萬青閣全集	(清)趙吉士撰	清康熙二十九年趙繼抃刊本								○			
708	白雲村全集	(清)李澄中撰	清康熙三十八年刊本							○				
709	陸子全書	(清)陸隴其撰	清光緒十六年宗培等刊本							○	○	○		
710	河濱遺書抄	(清)李楷撰	清刊本	○							○			
711	息齋藏書	(清)申蓉子撰	清康熙二年刊本	○							○			
712	東谷全集	(清)白胤謙撰	清順治康熙間刊本	○							○	○		

書　　　　　　　　　　　　　　　者

辭書	天津	内蒙	遼寧	吉林市	吉大	哈爾濱	陝西	甘肅	山東	青島	山大	南京	南大	蘇州	安徽	浙江	杭大	福建	福師	河南	湖北	武漢	武大	江西	廣東	四川	重慶	川大	雲南	黑龍江	廣西一館	廣西二館	青海	寧夏	民院	
																																				679
○	○		○	○	○			○	○			○	○		○	○		○	○	○			○		○	○	○		○			×	○	○	○	680
○	○	○	○	○	○	○	○	○	○		○	○	○	○	○	○	○	○	○		○	○	○	○	○	○	○		○					○		681
																				○		○														682
○	○	○	○	○	○	○	○	○	○	○	○	○	○	○	○	○		○				○	×	○	○	○	○	○	○	○			○	○		683
	○	○							×		○	○	○			○		○			×	○	○	×		○	○	×		○						
			○		○						○					○							○				×									684
																																				685
								○		×	×	○								○	○		×	○								×				686
																																				687
○																																				688
																																				689
											○																									690
											○																									691
○	○		○										○	○	○		○	○	○		○					○		○						○	
																																				692
○	○	○	○	○					×	○	○	○		○	○	○		○	○		○	○	○	○	○	○	○	○	○	○				○		693
													○																						
		○		○											○	○																				694
											○				○																					695
								○														○														696
																																				697
								○						○													×									698
																																				699
																						○														700
								○						○												○							○			701
														○																						702
										○			○					○				○		○				○								703
	○		○	○				×	○	○	○	○																○	○						○	704
											○					○	○					○	○				○								705
○								○		○				○		○	○	○		○			○			○		○								706
													×			○																				707
																																				708
○		×		○				○	○				×			○	○			○		○						○					○			709
																																				710
																																				711
	○																				○							○								712

	書　名	輯撰者	版　本	藏										
				北京	首都	科學	北大	北師	清華	中醫	上海	復旦	華師	上師
713	王漁洋遺書	(清)王士禎撰	清刊本	○		○	×	○			○	○	○	
714	石函三種	(清)魏麟徵撰	清刊本	○										
715	雜著十種	(清)王晫撰	清康熙中霞舉堂刊本	○										
716	悔齋集	(清)汪楫撰	清康熙雍正間刊本	○							○	○		
717	張文端集	(清)張英撰	清光緒二十三年桐城張氏刊本		○				○		○	○		
718	安溪李文貞公解義三種	(清)李光地撰	清康熙五十八年清蘿軒刊本	○							○	○		
719	李文貞公全集	(清)李光地撰	清乾隆元年李清植刊嘉慶六年補刊印本								○	○		
720	榕村全書	(清)李光地撰	清道光九年李維迪刊本	○	○	○	○	○	○		○	○	○	
721	陸雲士雜著	(清)陸次雲撰	清康熙二十二年宛羽齋刊本				○	○	○		○	○		
722	寶靜庵先生遺書	(清)竇克勤撰	清康熙中朱陽竇氏刊本	○							○			
723	禮山園全集	(清)李來章撰	清康熙中刊乾隆中印本	○		○			○		×			
724	此木軒全集	(清)焦袁熹撰	稿本								○			
725	嘉會堂集	(清)沈篤撰	清康熙中刊本	○										
726	藏書五種(一名希庵五書)	(清)程作舟撰	清康熙中夢園刊本								○	×		
727	空明子全集	(清)張榮撰	清康熙中刊本	○		○					○			
728	吳荺菴遺稿	(清)吳懋謙撰	清康熙二十九年刊本	○							○			
729	楊氏全書	(清)楊名時撰	清乾隆五十九年江陰葉廷甲水心草堂刊本	○	○		○	○					○	
730	崧臺書	(清)景日昣撰	清康熙中刊本	○	○									
731	巴山七種	(清)王侃撰	清同治四年光裕堂刊本						○	○		○		
732	朱文端公藏書	(清)朱軾撰	清康熙至乾隆間刊本	○	○	○	○				○	○		
			清光緒二十三年朱衡等重刊本	○	○						○	○		
733	徐位山六種	(清)徐文靖撰	清雍正乾隆間志寧堂刊本	○	○	○	○	○			○	○		
			清光緒二年刊本		○									○
734	抗希堂十六種	(清)方苞撰	清康熙嘉慶間桐城方氏抗希堂刊本	○		○	○	○			○	○	○	
735	半農先生集	(清)惠士奇撰	清惠氏紅豆齋刊本	○										
736	任氏遺書	(清)任啟運撰	民國二十年刊本								○	○		
737	文道十書	(清)陳景雲撰	清乾隆十九年陳黃中樸茂齋刊本						○	○	○	○		
738	沈歸愚詩文全集	(清)沈德潛撰	清乾隆中教忠堂刊本	○							○	○	○	
739	澄懷園全集	(清)張廷玉撰	清乾隆十三年刊本								○			
740	金太史全集	(清)金門詔撰	清乾隆中刊本	○										
741	童氏雜著	(清)童華撰	清乾隆中刊本	○										
742	陳司業集	(清)陳祖范撰	清乾隆二十九年日華堂刊本	○	○				○		○	×	○	
743	鹿洲全集	(清)藍鼎元撰	清雍正十年刊本								○	○		○
			清同治四年廣東緯文堂刊本											
			清光緒五年藍謙修補刊本	○	○									○
744	夢厂雜著	(清)俞蛟撰	民國上海古今書室石印本											○
745	春雨堂集	(清)朱元英撰	清乾隆中刊本						○		○			
746	梅莊雜著	(清)謝濟世撰	清光緒十年寄生草堂刊本	○	○						○			
747	陳一齋全集(一名客星山人所著書)	(清)陳梓撰	清嘉慶二十年胡敬義堂刊本								○	○		○
748	秋水堂遺集	(清)莊亨陽撰	清光緒十五年南靖莊氏刊本							○	○			
749	果堂全集	(清)沈彤撰	清乾隆中吳江沈氏刊本	○	○						○			
750	晴川八識	(清)孫之騄撰	清刊本											

書　　　　　　者

辭書	天津	內蒙	遼寧	吉林市	吉大	哈爾濱	陝西	甘肅	山東	青島	山大	南京	南大	蘇州	安徽	浙江	杭大	福建	福師	河南	湖北	武漢	武大	江西	廣東	四川	重慶	川大	雲南	黑龍江	桂林	廣西	青海	寧夏	民院	
○	○	○		○					○	○	○	○	○			○		○	×	○	○							○								713
																																				714
																																				715
																																				716
○								○				○				○	○									○										717
	○																×														○					718
																○		○	×	○						○	×									719
○	○							○		○		○	○			○	○	○	○	○			×	○	○	○		○								720
○	○												○	○		○			×							○										721
																																				722
													○	○					×	○						○										723
																																				724
																																				725
																																				726
																							○													727
																																				728
○			○	○									○			○		○					×		○											729
																																				730
		○	○										○		○											○	○		○							731
	○	○			○	○							○		○	○	○				○	○		○	○	○	×	○	○							732
	○	○											○	○	○	○	○	○			○	○	○	○				○								733
○	○		○							○			○	○	○	○	○		○	○			○	○	○			○	○		×					734
																																				735
																				○	○					○		○								736
			○	×									○	○	○	○						○			○											737
○	○					○							○	○									○		○				○							738
																○																				739
																																				740
																																				741
		○	○												○	○								○		○										742
○		○	○			○	○						○			○	○			○						○	○									743
○	○		○					○					○	○				○	○			○		○	○			○	○		○		○	○	
													○	○					○								○									744
						○								○					○																	745
			○											○					○																	746
○													○						○												○					747
																			×																	748
									○			○				○	○	○																		749
○																○																				750

	書　名	輯撰者	版　本	藏										
				北京	首都	科學	北大	北師	清華	中醫	上海	復旦	華師	上師
751	道腴堂集	(清)鮑鉁撰	清雍正乾隆間刊本	○								×		
752	楊潭西先生遺書	(清)楊陸榮撰	清康熙乾隆間刊本	○										
753	汪雙池先生叢書	(清)汪紱撰	清道光至光緒間刊光緒二十三年長安趙舒翹等彙印本	○	○	○	×	○	○	×	○		×	
754	喬劍溪遺集	(清)喬億撰	清乾隆嘉慶間刊本	○										
755	楚蒙山房集	(清)晏斯盛撰	清乾隆七年新喩晏氏刊本	○			○	○			○	○		
756	屏山草堂稿	(清)應麟撰	清乾隆十六年宜黃應氏刊本					○	○					
757	渠亭山人半部稿	(清)張貞撰	清康熙中刊本	○	○						○	○		
758	若菴集	(清)程庭撰	清康熙六十年刊本	○							○	○		
759	充郇堂集	(清)魏周琬撰	清康熙中刊本	○							○	○		
760	板橋集	(清)鄭燮撰	清乾隆中刊本	○							○	○		○
761	杭大宗七種叢書	(清)杭世駿撰	清乾隆中杭賓仁羊城刊本	○							○	○		
			清咸豐元年長沙小嬛嬛山館刊本								○			○
762	補史亭賸稿	(清)杭世駿撰	清乾隆中杭福烺道古堂鈔本			○								
763	道古堂外集	(清)杭世駿撰	清乾隆五十三年補史亭刊本								○	○		
			清光緒二十二年錢塘汪大鈞刊本			○								
764	培遠堂全集	(清)陳弘謀撰	清道光十七年培遠堂刊本										×	○
765	陳榕門先生遺書	(清)陳弘謀撰	民國三十二年廣西省鄉賢遺著編印委員會排印本				○		○		○	○		
766	徐氏雜著	(清)徐大椿撰	清光緒中著易堂書局排印本								○	○	○	
767	懷舫集	(清)魏荔彤撰	清雍正四年刊本	○								○		
768	黃靜山所著書	(清)黃永年撰	清乾隆十八年序集思堂刊本									○		
769	王山史五種	(清)王弘撰撰	清光緒中刊本				○							
770	春和堂全集	(清)尤禮撰	清雍正中刊本					○						
771	空山堂全集	(清)牛運震撰	清嘉慶二十三年空山堂刊本	○			○	○			○	○		
772	上湖遺集	(清)汪師韓撰	清乾隆中刊本								○			
773	噉蔗全集	(清)張羲年撰	清光緒十九年上海著易堂排印本	○	○			○	○	○	○	○		
774	峋嶁叢書	(清)曠敏本撰	清乾隆中曠氏刊本					○	○		○			
775	劉靜菴祕書三種	(清)劉一峰撰	清乾隆六年積秀堂刊本					○	○					
776	潘相所著書	(清)潘相撰	清刊本					○	○					
777	惺齋先生雜著	(清)王元啟撰	清乾隆中刊本	○								×		
778	冠豸山堂全集	(清)童能靈撰	清光緒二十三年連城童氏木活字排印本											
779	屠氏三種	(清)屠元淳撰	清乾隆十一年刊本								○			
780	隨園三十種	(清)袁枚撰	清乾隆嘉慶間刊本								○	×		
			清同治五年三讓睦記刊本							○				
	隨園三十八種		清光緒十八年勤裕堂排印本	○							○	×		
781	古愚老人消夏録	(清)汪汲撰	清乾隆嘉慶間古愚山房刊本	○				○	○	○	○	○		○
782	瑣言	(清)張在辛撰	清乾隆十三年刊本									○		
783	潘龍菴全書	(清)潘士權撰	清乾隆十年刊同治十三年補刊本	○							○	○		
784	頻羅庵遺集	(清)梁同書撰	清嘉慶二十二年仁和陸貞一刊本	○	○	○	○	○	○	○	○	○		
785	清白士集	(清)梁玉繩撰	清嘉慶道光間刊本	○	○	○	○	○	○	○	○	○		○
786	戴氏三種	(清)戴震撰	民國十三年北京樸社排印本						○		○			
787	范氏三種	(清)范家相撰	清會稽范氏刊光緒十三年墨潤堂重修印本	○										○

書　　　者

辭書	天津	内蒙	遼寧	吉林市	吉大	哈爾濱	陝西	甘肅	山東	青島	山大	南京	南大	蘇州	安徽	浙江	杭大	福建	福師	河南	湖北	武漢	武大	江西	廣東	四川	重慶	川大	雲南	黑龍江	桂林	廣西	青海	寧夏	民院	編號
																																				751
																																				752
○	○		○							○	○	○	○	○	○								×	○		○	○			×						753
																																				754
		○																	○				×	○												755
																			○																	756
																			○																	757
																																				758
																																				759
○	○	○										○	○							○			×	○		○	○		○	○	×					760
	○	○								○	○	○			○	○	○	○					×				○			○						761
			○	○	○				○	○														○				○	○							762
																											○								○	763
																○	○		×				○	○		○										764
																							○	○		○				○	○					765
															○											○										766
																																				767
																																				768
																																				769
		○																																		770
		○							○	○		○	○	○			×				○			○	○	○	○								○	771
									○	○			○							○							○		○							772
																							×					×								774
																																				775
		×	○							○													×				○			○						776
										×																										777
																		○																		778
		○																																		779
		○	○	○					○		○	×			○			○	×					○	○	○	○	○		○						780
○	○		○						○	○		○	○	○	○	○				○		×				○	○					×	○	○	○	781
										×																										782
																																				783
○	○		○	○	○				○	○						○		○		○						○	○	○		○						784
○	○	○	○	○					○				○									×				○	○	○	○	○					○	785
		○														○		○										○								786
○										○													○													787

	書　名	輯撰者	版　本	藏										
				北京	首都	科學	北大	北師	清華	中醫	上海	復旦	華師	上師
788	西澗草堂全集	(清)閻循觀撰	清乾隆三十八年樹滋堂刊本			○	○	○	○		○	○		
789	蔣氏四種	(清)蔣士銓撰	清咸豐中刊本								○			
			清同治十年刊本											
790	汪子遺書	(清)汪縉撰	清光緒八年刊民國十五年彭清鵬補刊本	○							○	○		
791	春融堂集	(清)王昶撰	清嘉慶中青浦王氏塾南書舍刊本	○			○			○		○		
			清光緒十八年刊本		○				○					○
792	清獻堂全編	(清)趙佑撰	清乾隆五十二年刊本	○			○	○			○	×		
793	甌北全集	(清)趙翼撰	清乾隆嘉慶間湛貽堂刊本	○				○	○		○	○		
			清光緒三年刊本					○						
794	汪龍莊遺書	(清)汪輝祖撰	清乾隆中雙節堂刊本					○				○		
795	龍莊遺書	(清)汪輝祖撰	清光緒中江蘇書局刊本		○							○		○
796	松靄初刻	(清)周春撰	清乾隆嘉慶間刊本								○	×		
	周松靄先生遺書		清乾隆嘉慶間刊本								○	○	○	
797	青雲洞遺書	(清)謝丕振撰	清乾隆二十一年李養亨刊本								○			
798	澹寧齋集	(清)楊際昌撰	清乾隆二十四年似園刊本	○							○			
799	北田集	(清)江浩然撰	清乾隆二十七年刊本	○										
800	堅柏先生類稿	(清)宋在詩撰	清乾隆三十年刊本							○				
801	樸廬遺稿	(清)王憬撰	清乾隆三十二年愛日堂刊本							○				
802	綠溪全集	(清)靳榮藩撰	清乾隆四十二年刊本							○				
803	潛研堂全書	(清)錢大昕撰	清乾隆嘉慶間刊道光二十年錢師光重修印本	○	○	×		○						
804	嘉定錢氏潛研堂全書		清光緒十年長沙龍氏家塾刊本	○	○			○	○	○	○	○	○	
	惜抱軒全集	(清)姚鼐撰	清同治五年省心閣刊本	○	○						○			
			清光緒三十三年上海校經山房刊本		○				○					
			民國三年上海會文堂書局石印本	○										
805	惜抱軒遺書	(清)姚鼐撰	清光緒五年桐城徐宗亮刊本	○	○		○				○			
806	亦園亭全集	(清)孟超然撰	清嘉慶二十年刊本		○						○			
807	是程集	(清)魯九皋撰	清道光五年靜存書屋刊本				○				○			
808	蘇齋叢書	(清)翁方綱撰	清乾隆嘉慶間刊本				○	○	○					
			民國十三年博古齋景印本				○		○		○			
809	雨峰全集	(清)齊翀撰	清道光中齊學裘刊本				○							
810	李厚岡集	(清)李榮陛撰	清嘉慶二十年亙古齋刊本				○							
811	經韻樓叢書	(清)段玉裁撰	清乾隆道光間金壇段氏刊本	○			○		○		○			
812	介亭全集	(清)江瀚源撰	清同治十三年江潮重刊本	○					○		○			
813	樹經堂集	(清)謝啟昆撰	清乾隆嘉慶間刊本	○			○		○	○	○			
814	燕禧堂五種	(清)任大椿撰	清乾隆中刊本	○	×						○	○		
815	章氏遺書	(清)章學誠撰	清道光十二年至十三年章華紱刊本	○							○	○		
816	章氏遺書	(清)章學誠撰	民國十一年吳興劉氏嘉業堂刊本	○			○				○	○		
			民國二十五年商務印書館排印本								○			
817	十二筆舫雜錄	(清)李兆元撰	清道光二年刊本	○										
818	崔東壁遺書	(清)崔述撰	清道光四年陳履和東陽刊本	○			○	○			○			
			民國十三年上海古書流通處據清道光陳氏本景印	○	○		○	○			○			
		(清)崔述撰　顧	民國二十五年上海亞東圖書館排印											

書　　　　　　　者

辭書	天津	內蒙	遼寧	吉林市	吉大	哈爾濱	陝西	甘肅	山東	青島	山大	南京	南大	蘇州	安徽	浙江	杭大	福建	福師	河南	湖北	武漢	武大	江西	廣東	四川	重慶	川大	雲南	黑龍江	桂林	廣西	青海	寧夏	民院	
		○			○					○		○	○		○			○			○			○				○								788
		○	○		○							○	○			×						○														789
		○			○								○	○		○						×														790
○	○						○	○		○	○		○	○	○	○		○	○					×	○	×	○	○		○			○			791
				○	○								○							○		×	○			○		○								792
○	○			○	○		○				○	○	○		○	○	○	×		○	×	○	○	○	×	○				○			○	○		793
			○	○					○	○			○												○	○										794
○	○			○	○					○			○	○		○										○										795
					○								○																	○						796
																○																				797
															○																					798
																																				799
																																				800
																																				801
																																				802
○	○		○							○			○		○	○			×	○				○	○	○		×	○	○						803
○	○	○	○	×	○				○	○	○	○	○		○	○	○	○		○	○		○	○	○	○			○	○	○					804
○	○	○	○	○	○							○	○		○	○		○	○				○	○	○	○									
	○		○		○				○				×			○								○		○			○							
○			○		○			○				○	○		○			○	○				○	○	○						○				805
													○						○	○					○											806
																																				807
												○	○											○												808
○	○		○	○	○					○					○										○		×			×						809
												○						○							○											810
○	○	○	○	○					○			○	○	○	○	○		×	○						○					○						811
	○																																			812
																		×					○	○												813
		○											○	○																						814
																													○	○						815
○	○	○	○	○	○			○		○		○	○		○	○	○	○		○	○		○	○	○	○	○					○	○			816
																				○											○					
									○																											817
○	○		○		○							○	○							○		×			○	×		○			○	○				818
○	○	○	○	○	○	○		○			○	○	○	○	○	○	○	○			○			○	○	○	○			○	×	○			
																																○				

	書　名	輯撰者	版　本	藏										
				北京	首都	科學	北大	北師	清華	中醫	上海	復旦	華師	上師
		顧剛編訂	本											
819	高梅亭讀書叢鈔	(清)高塘集評	清乾隆五十三年廣郡永邑培元堂楊氏刊本									○		
820	葛萬里雜著	(清)葛萬里撰	清刊本	○			○							
821	梅谷十種書	(清)陸烜撰	清乾隆中平湖陸氏刊本	○		○					○	○		
822	心齋十種	(清)任兆麟撰	清乾隆中震澤任氏忠敏家塾刊本	○	○	○	○	○	○		○	○		
823	有竹居集	(清)任兆麟撰	清嘉慶二十四年兩廣節署刊本							○		○		
824	鶴關全集	(清)吳邦治撰	清乾隆中刊本									○		
825	古香堂叢書	(清)王初桐撰	清乾隆嘉慶間刊本	○										
826	南野堂全集	(清)吳文溥撰	清乾隆嘉慶間刊本						○	○			○	
827	永報堂集	(清)李斗撰	清乾隆嘉慶間刊本										○	
828	天香全集	(清)舒夢蘭撰	清嘉慶十八年蓮根詩社刊本									○		
829	午風堂全集	(清)鄒炳泰撰	清嘉慶四年刊本	○	○				○					
830	古語遺録	(清)戚學標撰	稿本	○										
831	戚鶴泉所著書	(清)戚學標撰	清嘉慶中涉縣署刊本							○		○		○	○
832	賜書堂全集	(清)陳昌齊撰	清刊本	○					○			○		
833	授堂遺書	(清)武億撰	清乾隆嘉慶間武穆淳刊本									○	○	
			清道光二十三年偃師武氏刊本	○	○	○	○					○	○	○
834	紀慎齋先生全集	(清)紀大奎撰	清嘉慶十三年刊本											○
835	北江全集	(清)洪亮吉撰	清乾隆嘉慶間刊本							○		○		
836	續刻北江遺書	(清)洪亮吉撰	清道光中刊本	○						○				
837	洪北江全集	(清)洪亮吉撰	清光緒中洪用懃授經堂刊本	○						○		○		
838	澹靜齋全集	(清)龔景瀚撰	清道光六年恩錫堂刊本	○							○	○		
839	三影閣叢書	(清)張雲璈撰	清道光中孫之杲刊本										○	
840	黃勤敏公全集	(清)黃鉞撰	清咸豐同治間刊本								○			
841	珍執宧遺書	(清)莊述祖撰	清嘉慶道光間武進莊氏脊令舫刊本	○	○							○		○
842	強恕齋四謄稿	(清)章謙存撰	清道光十年刊本									○		
843	笙雅堂全集	(清)張九鐔撰	清嘉慶十六年張世浣等刊本	○		○								
844	五研齋全集	(清)沈赤然撰	清嘉慶中刊本								○	○		
845	劉端臨先生遺書	(清)劉台拱撰	清嘉慶十一年揚州阮常生刊十三年續刊本	○								○		
			清道光十四年世德堂刊本	○							○	○		
846	延釐堂集	(清)孫玉庭撰	清同治十一年孫毓漢刊本	○								○		
847	㛸軒孔氏所著書	(清)孔廣森撰	清嘉慶廿二年曲阜孔氏儀鄭堂刊本	○		○	○					○	○	
848	雅歌堂全集	(清)徐經撰	清光緒二年潭陽徐氏刊本											
849	憶山類藁	(清)周鎬撰	清光緒十年同邑榮汝楫木活字排印本							○		○		
850	校禮堂全集	(清)凌廷堪撰	清嘉慶道光間刊本	○		○								
851	敬堂遺書	(清)辛紹業撰	清嘉慶二十一年經笥齋刊本											
852	獨學廬全稿	(清)石韞玉撰	清乾隆嘉慶間刊本							×		×	○	○
853	朱近漪所箸書	(清)朱楓撰	清乾隆中刊本									○	×	
854	柚堂全集	(清)盛百二撰	清乾隆中刊本							×		×	×	
855	沈氏群峰集	(清)沈清瑞撰	民國二十二年沈恩孚排印本	○								○		
856	郝氏遺書	(清)郝懿行撰	清嘉慶至光緒間刊本		○	○	○	○				×		○
857	四録堂類集	(清)嚴可均撰	清嘉慶中刊本		○						○			

書 者

辭書	天津	內蒙	遼寧	吉林市	吉大	哈爾濱	陝西	甘肅	山東	青島	山大	南京	南大	蘇州	安徽	浙江	杭大	福建	福師	河南	湖北	武漢	武大	江西	廣東	四川	重慶	川大	雲南	黑龍江	桂林	廣西	青海	寧夏	民院	
																																				819
																																				820
																									○											821
○	○		○	○	○						○	○	○						○		○			○				○							○	822
												○													○											823
												×																								824
																				○																825
																○	×		×																	826
																																				827
	○														○									○												828
																○	×																			829
																																				830
																			×																	831
																	×																			832
			○	○													○										○	○								833
○	○		○	○	○	○			○		○	○	○			○	○	○	○	○	○					○	○		○	○	○			○	○	
○	○		○	○		○	○	○	○		○	○	○	○	○				×		○		○	○	○		○	○			×				○	834
×	○				○							○				○				○				○			○									835
																						×		○											○	836
○	○		○	○		○		○	○		○	○		○		○		○	○		○	×	○	○	○	○	○	○	○	○	○	○	○		○	837
	○		○					○				○						○	○				○					○					○		○	838
																																				839
									○					○	○				○																	840
○	○		○		○				○			○				○	○		×							○		○								841
																										○										842
																											○									843
												×																								844
												○				○																				845
○	○		○		○		○				○	○	○	○	○			○			○				○	○	○	○								
																																				846
○	○		○	○	○				○	○	○	○	○	○	○	○	○	○	○		○		○	○	○	○	○	○		○					○	847
					○														○						○											848
	○																		○						○			○								849
								○				○				○									○			○								850
												○																								851
○	○	×	○									×				○	○		○								×									852
																											○									853
		○																																		854
												×																		○	○					855
○	○	○	○	○	○		○	○	○	○	○	○	○	○	○	○	○	○	○		○		×	○	○	○		○	○							856
																																				857

	書　　名	輯撰者	版　　本	北京	首都	科學	北大	北師	清華	中醫	上海	復旦	華師	上師
858	遂雅堂全書	(清)姚文田撰	清嘉慶至光緒間歸安姚氏刊本	○							○			
859	海雅堂全集	(清)凌揚藻撰	清道光中刊本						○		○			
860	味蕉小寮集	(清)蔡世鈸撰	清道光中刊本	○							○			
861	深省堂集	(清)景安撰	清嘉慶中刊本	○	○				○					
862	培蔭軒全集	(清)胡季堂撰	清道光二年刊本	○	○	○								
863	節甫老人雜著	(清)江藩撰	清道光九年江順銘重修刊本	○	○	○								
	江氏叢書		清光緒十二年江巨渠補刊本	○							○			
864	敦艮齋遺書	(清)徐潤第撰	清道光二十八年徐繼畲刊本	○			○		○		○		○	
865	焦氏叢書	(清)焦循撰	清嘉慶道光間江都焦氏雕菰樓刊本	○	○	○			○		○	○	○	
			清光緒二年衡陽魏氏刊本	○	○							○	○	
866	不遠復齋遺書	(清)潘世璜撰併輯	清道光十八年刊本								○			
			清光緒六年潘遵祁刊本								○	○		
867	小琅嬛僊館叙録書	(清)阮元輯	清嘉慶三年儀徵阮氏刊本								○			
868	宛鄰書屋叢書	(清)張琦撰	清道光中陽湖張氏宛鄰書屋刊本	○		○			○	×	○			
869	傅經堂叢書	(清)洪頤煊撰	清嘉慶道光間臨海洪氏刊本		○	○					○			
870	楊愚齋先生全集	(清)楊丕復撰	清光緒二十六年刊本					○	○					
871	雲巖叢書	(清)李炤祿撰	清嘉慶中刊本			○								
872	陳景辰遺書	(清)陳經撰	清嘉慶中刊本			○								
873	味根山房全集	(清)史善長撰	清光緒中番禺史氏刊本								○			
874	一齋溫溪叢刻	(清)郝坪撰	清嘉慶二年時習堂刊本							○				
875	西齋三種	(清)博明撰	清嘉慶六年刊本	○				○	○					
876	釣渭間雜臆	(清)潘炤撰	清嘉慶十一年小百尺樓刊本						○		×			
877	笠閣叢書	(清)吳震生撰	清嘉慶中刊本			○								
878	古三疾齋三種	(清)何綸錦撰	清嘉慶中刊本	○										
879	鄉嶼裒書	(清)曾廷枚撰	清嘉慶中刊本	○			○	○	○			○	○	
880	補餘堂集	(清)戴大昌撰	清嘉慶道光間婺源戴氏刊本								○			
881	太虛齋存稿	(清)蔡廷弼撰	清嘉慶道光間刊本								○			
882	讀易樓合刻	(清)倪元坦撰	清嘉慶道光間刊本						○			○		○
883	小窗遺稿	(清)張漪撰	清嘉慶十九年惜陰書屋刊本								○			
884	香蘇山館全集	(清)吳嵩梁撰	清道光二十三年刊本	○							○	×	○	
885	靈芬館集	(清)郭麐撰	清嘉慶道光間刊本	○							○	×	○	
886	槐軒全書	(清)劉沅撰	清咸豐至民國間刊本	○			○	○			○	×	○	
887	小謨觴館全集	(清)彭兆蓀撰	清同治十三年吳縣潘氏滂喜齋刊本							×	○	○		
		(清)孫元培 (清)孫長熙注	清光緒中鎮洋繆朝荃刊三十二年彙印本	○	○						○	○		
888	桂馨堂集	(清)張廷濟撰	清道光咸豐間刊本	○					○	○				
889	竹岡齋九種	(清)趙敬襄撰	清嘉慶道光間刊本				○	○	○					
890	松花菴全集	(清)吳鎮撰	清宣統二年狄道後學刊本	○								○		
891	崇雅堂集	(清)胡敬撰	清道光二十四年仁和胡氏刊本	○								○		
892	桐閣全書	(清)李元春撰	清道光咸豐間刊本						○					
893	李繡子全書	(清)李黼平撰	清道光七年著花庵刊本											
894	十經齋遺集	(清)沈濤撰	民國廿五年建德周氏自莊嚴堪刊本	○					○		○	○	○	
895	朱茮堂家藏稿	(清)朱爲弼撰	手稿本									○		
896	詠梅軒叢書	(清)謝蘭生撰	清道光廿九年至三十年詠梅軒刊本				○	○	○			○		
897	夢陔堂全集	(清)黃承吉撰	清道光中刊咸豐元年黃必慶彙印本									○		

書　　　　　　　　者

辭書	天津	内蒙	遼寧	吉林市	吉大	哈爾濱	陝西	甘肅	山東	青島	山大	南京	南大	蘇州	安徽	浙江	杭大	福建	福師	河南	湖北	武漢	武大	江西	廣東	四川	重慶	川大	雲南	黑龍江	桂林	廣西	青海	寧夏	民院		
			○	×						○		○				○		○	○										○								858
												○															○										859
																						○															860
			○																																		861
																																					862
					×																													○			863
									○			○	○			○		○	○					○	○						○						864
○	○		○			○			○			○	○		○	○		○	○	○		×		○		○		○			○						865
○	○		○	○		○			○			○	○		○	○		○	○	○		○		○		○	○	○						○			866
										○		○																									866
			○			○						○	○	○						○								○									867
			○								○	○	○		○		×																				868
												×				○																					869
													○																								870
																																					871
																																					872
																		○	○																		873
																											○										874
			○																									○						○			875
																																					876
																																					877
																○																					878
		○										○																									879
																																					880
												○																									881
												○										○															882
												○																									883
○	○								○		×	○		○										○	○												884
			○	○					○		×	○	○		○	○	○		×			○		○	○		○	○									885
○			○	○	○				○		○	○	(○)		○	○	○	×	×					○	○		○	○	×								886
				○	○								○	○			○	○	×									○		○							887
	○																○	○					×						○								887
	○	○									○	○	○											○			○										888
																○							○														889
					○							○							○									○	○								890
												○						○	○																		891
												○							×																		892
																													○								893
		○					○				○					○	○						○					○									894
																																					895
					○																	○															896
																																					897

	書　名	輯撰者	版　本	藏										
				北京	首都	科學	北大	北師	清華	中醫	上海	復旦	華師	上師
898	方植之全集	(清)方東樹撰	清光緒中刊本								○			
899	話山草堂遺集	(清)沈道寬撰	清光緒三年潤州権署刊本	○	○	○			○		○		○	○
900	家蔭堂彙刻	(清)周際華撰	清道光十九年貴筑周氏家蔭堂刊本	○					○		×			
901	拾遺補藝齋遺書	(清)莊綏甲撰	清道光中刊本	○										
902	瘦羊録	(清)熊士鵬撰	清嘉慶道光間刊本							○				
903	竹柏山房十五種附刻四種	(清)林春溥撰	清嘉慶咸豐間刊本	○	○	○					×	○	○	○
904	石經閣叢書	(清)馮登府撰輯	鈔本	○										
905	求己堂八種	(清)施彥士撰	清嘉慶道光間崇明施氏求己堂刊本	○										
906	脩本堂叢書	(清)林伯桐撰	清道光二十四年林世懋刊本	○	○	○					○	○	○	
907	今白華堂集	(清)童槐撰	清同治中刊本	○										
908	安吳四種	(清)包世臣撰	清道光二十六年白門倦游閣木活字排印本	○							○			
			清咸豐元年刊本	○										
			清同治十一年包誠刊本	○	○						○		○	
909	二思堂叢書	(清)梁章鉅撰	清光緒元年福州梁氏刊本	○	○						○	○		○
910	浮谿精舍叢書	(清)宋翔鳳撰	清嘉慶二十五年書業刊本	○							○			
911	求是堂全集	(清)胡承珙撰	清道光中歙縣胡氏刊本	○				○	○		○			
912	稼墨軒集	(清)光聰諧撰	清光緒中刊本	○										
913	宋湘騵先生遺著	(清)宋其沅撰	民國二十八年排印本							○				
914	張南山全集	(清)張維屏撰	清道光咸豐間刊本							○	○			
915	古墨齋集	(清)趙紹祖撰	清嘉慶元年至道光十四年涇縣趙氏古墨齋刊本							○	○		○	○
916	有深致軒集	(清)劉遵海撰	清光緒十二年刊本							○	○			
917	求志堂存稿彙編	(清)周濟撰	清光緒十八年周恭壽刊本		○	○					○		○	
918	棣懷堂隨筆	(清)李象鵾撰	清道光中湖南文蔚堂刊本	○							○			
919	惇裕堂全集	(清)桂超萬撰	清同治五年刊本							○	○			
920	王菉友九種	(清)王筠撰	清道光咸豐間刊本							○	○	○		
921	春草堂集(一名春草堂叢書)	(清)謝塈撰	清道光二十年曲邑奎文齋刊二十五年印本	○	○	○				×	○	○	×	○
922	姚伯山先生全集	(清)姚東之撰	清道光二十八年刊本	○										
923	秋芸館全集	(清)吳勤邦撰	清道光二十七年刊本				○							
924	十二樹梅花書屋叢著	(清)鄒均撰	清道光中刊本								×			○
925	培根堂全稿(一名寄泉類稿)	(清)高繼衍撰	清道光同治間高氏刊本							○				
926	林文忠公遺集	(清)林則徐撰	清光緒中三山林氏刊本							×	○	○		
927	錢頤壽中丞全集	(清)錢寶琛撰	清同治光緒間錢鼎銘刊本						○	○	○			
928	中復堂全集	(清)姚瑩撰	清道光中刊本		○						○	×	○	
			清同治六年姚濬昌安福縣署刊本	○	○	○	○	○	○			○	○	○
929	惕園全集	(清)陳庚煥撰	清咸豐元年有有齋刊本							○				
930	椿影集	(清)馮春暉撰	清道光十六年基福堂刊本							○		×		
931	養餘齋全集	(清)柳樹芳撰	清道光中勝溪草堂刊本								×			
932	唉蔗軒全集	(清)方士淦撰	清同治十一年兩淮運署刊本	○									○	
933	西漚全集	(清)李惺撰	清同治六年眉州劉鴻典等刊本	○					○		○	○		
934	朱氏群書	(清)朱駿聲撰	清光緒八年臨嘯閣刊本						○		○	×		

						書																			**者**											
辭書	天津	内蒙	遼寧	吉林市	吉大	哈爾濱	陝西	甘肅	山東	青島	山大	南京	南大	蘇州	安徽	浙江	杭大	福建	福師	河南	湖北	武漢	武大	江西	廣東	四川	重慶	川大	雲南	黑龍江	桂林	廣西	青海	寧夏	民院	No.
○			○									○							○									○								898
	○					○					○		○						○						○											899
																																				900
																																				901
		×																																		902
○			○	○				○	○	○	○	○	○	○	○	○	○			○			×	○		○	○	×				○			×	903
																○																				904
																			×																	905
○			○	○	○				○	×	○	○						○	○	○					○	○									○	906
					○	○						○																								907
			○									○														○					○					908
○	○		○	○	○	○	○		○		○	○	○	○	○	○			○	○	○		○	○	○	○		×		⊙	○	○			○	909
○	○	○	○	○	○	○	○		○		○	○	○	○	○	○	○	○		○	○	○	○	○	○	○								○	○	910
				○												○																				911
×	○											○			○							○														912
																																				913
															○	○			×																	914
						×																														915
																																				916
	○	○										○						○									○	○								917
○			○										○															○								918
																		○																		919
	×		○							○		○					○		×						○											920
	○		○									○	○					○	×	×		×				○										921
																																				922
																																				923
																																	○			924
																																				925
		○			○			○				○					○	×	○							○			○							926
						○			○		○							○																		927
					○							○																○								928
○	○		○		○	○		○		○		○	○	×	○	○	○	○	○		○		○	○	○	○	○	○							○	929
												○			○			○	○																	930
															○				○	○																931
													○						○	○																932
○			○		○	○						○	○						×	○	○		○		○		○	○	○			○				933
○										○																		○					○			934

	書名	輯撰者	版本	北京	首都	科學	北大	北師	清華	中醫	上海	復旦	華師	上師
935	朱慎甫先生遺集	(清)朱文炘撰	清光緒十五年甘肅藩署刊本						○					
936	雷氏遺書(一名井書堂正衡)	(清)雷廷珍撰	清光緒二十八年貴陽刊本											
937	徹居遺書	(清)黃式三撰	清同治光緒間刊本	○			×				×			○
938	斯未信齋集	(清)徐宗幹撰	清咸豐五年刊本											○
939	景紫堂全書	(清)夏炘撰	清咸豐同治間刊同治元年王光甲等彙印本	○	○	○	○	○	○		○	×		
940	一經廬叢書	(清)姚配中撰	清道光中汪守成等木活字排印本	○	○	○	○				○	×		
941	方學博全集	(清)方垌撰	清光緒元年武昌藩署刊本	○	○	○			○		○	○		
942	五經歲徧齋校書	(清)翟云升輯	清道光中東萊翟氏刊本					○	○		○			
943	攬香小品	(清)陳鍾英撰	清道光四年刊本								○			
944	沈蓮溪全集	(清)沈濂撰	清道光咸豐間秀水沈氏始言堂刊本								×			
945	頤志齋叢書	(清)丁晏撰	清咸豐至同治間山陽丁氏六藝堂刊同治元年彙印本	○	○	○	○				○	○	○	
946	榕園全集	(清)李彥章撰	清道光二十年李以炬刊本	○							○	○	○	
947	振綺堂遺書	(清)汪遠孫撰	清道光中刊民國十一年錢唐汪氏彙印本	○							○	○	○	
948	佳夢軒叢著	(清)奕賡撰	稿本						○					
			民國二十四年北平燕京大學圖書館排印本	○	○	×	○	○	○					
949	松龕先生全集	(清)徐繼畬撰	民國四年排印本	○	○		○	○	○		○			
950	藤花亭十七種	(清)梁廷枏撰	清道光八年至十三年刊本	○	○		○	○	×		○	○	×	
951	漱琴室存藥	(清)高鑲雲撰	清刊本	○		○	○				○			
952	元和蔡氏所著書	(清)蔡雲撰	清道光七年刊本								○			
953	春暉閣雜著	(清)蔣湘南撰	清光緒十四年長白豫山湘南臬署會心閣重刊本								○			
954	李文恭公遺集	(清)李星沅撰	清同治四年芋香山館刊本	○					○		○	○		
955	平湖顧氏遺書	(清)顧廣譽撰	清光緒三年顧鴻昇刊本	○		○			○		○			○
956	養志居僅存藥	(清)陳宗起撰	清光緒十一年丹徒陳氏刊本	○				○	×		○			○
957	李文清公遺書	(清)李棠階撰	清光緒八年河北道署刊本	○										
958	袖海樓雜著	(清)黃汝成撰	清道光十八年嘉定黃氏西谿草廬刊本	○										
			民國二十九年北京燕京大學圖書館據清道光本景印	○	○		○		○		○	○	○	
959	武陵山人遺書	(清)顧觀光撰	清光緒九年獨山莫祥芝上海刊本	○			○	○			○	○		
			民國四年金山高煌據莫氏版併高桂續刊二種修補彙印本								○	○		○
960	蛾術堂集	(清)沈豫撰	清道光十八年蕭山沈氏漢頮齋刊本	○	○	○					○	○	○	
			民國二十年上海蟬隱廬據清道光本景印	○							○	○		
961	求志居全集	(清)陳世鎔撰	清道光至光緒間獨秀山莊刊本	○	○				○		×			
962	鵲華館三種	(清)王俌輯	清道光十一年敦邱王氏鵲華館刊本						○					
963	持雅堂全集	(清)尚鎔撰	清同治七年高安蕭浚蘭成都刊本											
			清光緒五年盱南三餘書屋刊本									○	○	
964	蔣古齋輯著	(清)楊城書撰	清道光十三年上海楊氏刊本								○	○		

辭書	天津	內蒙	遼寧	吉林市	吉大	哈爾濱	陝西	甘肅	山東	青島	山大	南京	南大	蘇州	安徽	浙江	杭大	福建	福師	河南	湖北	武漢	武大	江西	廣東	四川	重慶	川大	雲南	黑龍江	桂林	廣西	青海	寧夏	民院	
																																				935
																												○								936
	○			○							○	○	×			○			×				×				○								937
												○						○	○																938
○		○	○				○				○	○	○	○	○				○			○		○	○										939
													○									○														940
	○	○										×				○						○		○				○								941
	○		○	○					○	○	○	○							○				○				○								942
												○	○																							943
																																				944
○	○	○	○	○		○			○	○	○	○	○	○	○	○		○		○		○		○	○	○	○	○	○		○		○		945
	○		○								○	○	○					○	○			○					○									946
	○			○	○							○				○	○		×			○		○			○									947
																																				948
○	○		○		○						○	○				○			○											○	○		○		949
	○																																	○		—
×	○		○		○							○	○	○					×																	950
																○																				951
																																				952
																																				953
○			○								○	○				○			○				×	○				○								954
																																				955
○	○										○	○	○						○			○				○										956
					○							○	○						○							○	×									957
					○								○																							958
○		○	○								○	○	○					○	×							○				○			○	○		—
○	○	○	○		○						○	○	○					○	×	○	○					○	○	○						○		959
													○						○	○																—
○		○			○						○	○	○			○	○		○		○												○			960
	○	×			○				○		○	○	○			○										○	○						○			—
×	○		×									○										×										○				961
																																				962
													○																							963
																												×								—
	○			○																																964

	書　名	輯撰者	版　本	藏										
				北京	首都	科學	北大	北師	清華	中醫	上海	復旦	華師	上師
965	一粟廬合集	（清）于源撰	清道光中刊本								○	×		
966	芑川先生合集	（清）劉家謀撰	清道光中東洋學署刊本								○			
967	小堂四種	（清）程沆輯	清道光二十九年潁上縣署刊本								○			
968	玉函山房全集	（清）馬國翰撰	清光緒十五年繡江李廷棨刊本								○			
969	伯山全集	（清）康發祥撰	清道光同治間泰州康氏刊本	○							○		○	
970	白雲山房集	（清）張象津撰	清道光十六年張繩武等拜經堂刊本	○					○		○	×		
971	戎馬風濤集	（清）沈汝瀚撰	清道光十八年刊本					○			○			
972	多識録	（清）練恕撰	清道光十八年刊本		○						○	○	○	○
973	經圖彙考	（清）毛應觀撰	清道光十九年小園刊本						○		○			
974	劉氏三種	（清）劉士璋撰	清道光十九年江陵劉氏刊本							×				
975	珊影雜識	（清）嚴保庸撰	清道光十九年金閶刊本								○			
976	來叟堂全書	（清）丁大椿撰	清道光二十年刊本								○			
977	小靈蘭館家乘	（清）范玉琨撰	清道光二十五年刊本								○			
978	月山遺書	（清）梁彣撰	清道光二十八年二樂堂塾刊本								○			
979	黃椒升遺書	（清）黃錫蕃撰	稿本								○			
980	古均閣遺著	（清）許槤撰	清光緒十四年許頌鼎刊本				○			×	○	○	○	
981	新化鄒氏敩萟齋遺書	（清）鄒漢勛撰	清光緒四年攸縣龍汝霖南昌刊本	○	○						○			○
982	石泉書屋全集	（清）李佐賢撰	清咸豐至光緒間利津李氏刊本	○	○		○				○			
983	趣園初集	（清）陳鍾祥撰	清咸豐十年刊本	○	○		○				○			
984	大梅山館集	（清）姚燮撰	清道光咸豐間鎮海姚氏刊本								○	○	×	
985	求是齋雜存	（清）彭崧毓撰	清同治中刊本								○			
986	倚晴樓集	（清）黃燮清撰	清咸豐同治間海鹽黃氏拙宜園刊本	○	○		×				○	○	○	×
987	蔣子遺書	（清）蔣湘南撰	民國資益館排印本				×				○			
988	鄭子尹遺書	（清）鄭珍撰	清咸豐同治間刊本	○					○		○			
989	遵義鄭徵君遺著	（清）鄭珍撰	民國三年花近樓刊本	○	○				○		○			
990	巢經巢全集	（清）鄭珍撰	民國二十九年貴州省政府排印並據清刊版彙印	○					○		○			
991	羅忠節公遺集（一名羅山遺集）	（清）羅澤南撰	清咸豐同治間刊本	○	○	○	○		○		○			
992	王文村遺著	（清）王振聲撰	稿本								○			
993	萬青軒全書（一名尉山堂全集）	（清）萬斛泉撰	清光緒中刊本	○										
994	覆瓿集	（清）張文虎撰	清同治光緒間刊本						○	○	○	×	×	○
995	校邠廬逸箋	（清）馮桂芬撰	清光緒十一年上海點石齋石印本								○			
996	記過齋藏書	（清）蘇源生撰	清咸豐光緒間鄢陵蘇氏刊本	○			×	○			○			
997	毋不敬齋全書	（清）方潛撰	清光緒十五年方敦吉濟南刊本	○				○			○	○		
998	番禺陳氏東塾叢書	（清）陳澧撰	清咸豐至光緒間刊本	○					○		○		○	○
999	曾文正公全集	（清）曾國藩撰	清同治光緒間傳忠書局刊本	○							○	×		○
1000	曾文正公六種彙刻	（清）曾國藩撰	民國二十二年上海掃葉山房石印本	○							○			
1001	敞帚齋遺書	（清）徐鼒撰	清光緒三年六合徐氏刊本					○						
1002	半巖廬所箸書	（清）邵懿辰撰	清宣統至民國間仁和邵氏家祠刊本	○							○			
1003	觀古閣叢刻	（清）鮑康撰	清同治十五年歙鮑氏刊本		○	○			○		○	×		
1004	紙園叢書	（清）易本烺撰	清咸豐同治間刊本		○									
1005	魚梟彙刻	（清）魚梟居士輯	清咸豐十一年刊本	○					○		○			
1006	何宮贊遺書	（清）何若瑤撰	清光緒八年何雲旭刊本	○		×	○				○			

書　　　　　　　　　　　　　　者

辭書	天津	内蒙	遼寧	吉林市	吉大	哈爾濱	陝西	甘肅	山東	青島	山大	南京	南大	蘇州	安徽	浙江	杭大	福建	福師	河南	湖北	武漢	武大	江西	廣東	四川	重慶	川大	雲南	黑龍江	桂林	廣西	青海	寧夏	民院	
												○																									965
																		○																		966
				○																																967
																																				968
																																				969
			○								○					○							○													970
																																				971
		○	○					○			○	○															○	○								972
																																				973
																																				974
																																				975
																																				976
													○			○										○										977
																	○	○																		978
																																				979
										○		○	○			○	○			○																980
○	○				○					○		○	○			○	○			○					○			○						○		981
			○					○				○	○									×		○												982
																				○																983
○	○				○										○	○	○	○		○				○			○									984
																																				985
○			○		○					○						○	○											○								986
																																				987
	○				×																														○	988
	○					○				○			○				○					○			○	○	○								○	989
			○		○			×		○		○					○	○					×		○	○	○								○	990
○		○	○		○					○		○	○				○					○	○				○								○	991
																																				992
												○										○														993
○	○				○					○	○	○				○				○	○		○		○	○	○	×	○							994
	○									○	○				○	○																				995
																																				996
		○																×					○	○												997
○	○	○	○		○				○	○	○		×			○		○			○	○				○	○							○	○	998
○	○	○		○	○	○		○	○	○		○	○		○			○			○		○						×			○	○		○	999
			○	○	○												○				○		○				○								○	1000
		○											○				○			×																1001
			○										×				○	○		×	○				○	○										1002
○		○				×				○	○		○				○			×			○	○		○	○									1003
																																				1004
										○	○																									1005
												○										○														1006

書名	輯撰者	版本	藏										
			北京	首都	科學	北大	北師	清華	中醫	上海	復旦	華師	上師
1007 求在我齋全集	(清)陳澧撰	清同治十三年賜葛堂刊本								○			
1008 邵亭四種	(清)莫友芝撰	鈔本								○			
1009 影山草堂六種	(清)莫友芝撰	清咸豐至光緒間刊本	○	○	○			○	○	○		×	
1010 左文襄公全集	(清)左宗棠撰	清光緒中刊本	○	○		○	○	○		○	○		○
1011 息柯居士全集	(清)楊翰撰	清同治光緒間刊本				○	○	○		○			
1012 胡林翼全集	(清)胡林翼撰	民國二十五年大東書局排印本							○	○	○		○
1013 古桐書屋六種	(清)劉熙載撰	清同治光緒間刊本	○	○	○	○		○		○	○		
1014 雷刻八種	(清)雷浚撰	清光緒中吳縣雷氏刊本	○	○		○		○		○	×		
1015 煙嶼樓集	(清)徐時棟撰	清同治光緒間刊本				○	○	○		○	○		
1016 十二硯齋三種	(清)汪鋆撰	清同治光緒間儀徵汪氏刊本								○			
1017 喬勤恪公全集	(清)喬松年撰	清光緒三年強恕堂刊本								○			
1018 通齋全集	(清)蔣超伯撰	清同治三年高涼郡齋刊民國二十二年揚州陳恒和書林重印本	○			○	○		×	○	○		
1019 悔餘菴集	(清)何栻撰	清同治四年鳩江戎幄刊本	○	○				○		○	×		
1020 全州蔣氏叢刻	(清)蔣琦齡輯	清光緒間全州蔣氏刊本								○			
1021 毘陵周氏三種	(清)周騰虎撰	清光緒三十一年長沙刊本								○			○
1022 何文貞公遺書	(清)何桂珍撰	清光緒十年六安求我齋刊本								○		○	
1023 體微齋遺編	(清)祝塏撰	清光緒十八年刊本					○						
1024 柏堂遺書	(清)方宗誠撰	清光緒中桐城方氏刊本	○	○	○	○		○		○	○		
1025 劉武慎公遺書	(清)劉長佑撰	清光緒十六年金陵刊本	○							○			
1026 劉果敏公全集	(清)劉典撰	清光緒中刊本	○							○			
1027 鄒徵君遺書	(清)鄒伯奇撰	清同治十二年鄒達泉拾芥園刊本								○			
1028 蒼筤集	(清)孫鼎臣撰	清咸豐中刊本	○	○		○	○	○		○			○
1029 許松濱先生全集	(清)許錫祺撰	清光緒十九年劉汝錫等刊本	○	○		○	○	○		○			
1030 丁文誠公遺集	(清)丁寶楨撰	清光緒中丁體常京師刊本	○					○	○	○			
1031 郘亭山房集	(清)趙樹吉撰	清光緒中汗青移刊本	○										
1032 筆諫堂全集	(清)柳堂撰	清光緒中筆諫堂刊本							○				
1033 淡園全集	(清)馬徵麐撰	清光緒十五年金陵清涼山半日讀書齋刊本	○										
馬鍾山遺書		民國八年至十二年馬林排印景印本				○				○		×	
1034 春在堂全書	(清)俞樾撰	清光緒二十五年刊本	○	○	○	○	○			○			○
1035 漁浦草堂遺稿	(清)張道撰	稿本								○			
1036 止園叢書	(清)史夢蘭撰	清道光至光緒間刊本	○					○	×	×			
1037 中隱堂雜著	(清)方炳奎撰	清同治中中隱堂刊本	○					○		○			
1038 滮勤室著述	(清)傅壽彤撰	清同治中刊本	○			○	○			○			
1039 陶樓雜著	(清)黃彭年撰	清光緒十五年貴筑黃氏刊本	○	○		○	○	○		○			
1040 曾忠襄公全集	(清)曾國荃撰	清光緒二十九年刊本	○	○	○	○		○		○		○	○
1041 求益齋全集	(清)強汝詢撰	清光緒二十四年江蘇書局刊本	○	○	○	○		○		○			
1042 遵義蕭氏遺書(一名吉修草堂所著書)	(清)蕭光遠撰	清咸豐中遵義蕭氏刊本					○						
1043 端敏遺書	(清)胡元直撰	清光緒二十年刊本	○							○			
1044 牟子全集	(清)張香海撰	清道光咸豐間刊本						○					
1045 耕邨全集	(清)余潛士撰	清咸豐二年務本堂刊本											
1046 屺雲樓集	(清)劉存仁撰	清咸豐同治間刊本	○	○				○		○			
1047 學壽堂叢書	(清)徐紹楨撰	清咸豐至光緒間番禺徐氏梧州刊本	○	○				○	○		×		

辭書	天津	内蒙	遼寧	吉林市	吉大	哈爾濱	陜西	甘肅	山東	青島	山大	南京	南大	蘇州	安徽	浙江	杭大	福建	福師	河南	湖北	武漢	江大	江西	廣東	四川	重慶	川大	雲南	黑龍江	桂林	廣西	青海	寧夏	民院	
			○																				×													1007
																				○																1008
	○	○	○									○	○	○						○			×			○										1009
○	○	○	○	○		○		○	○			○	○		○	○	○	○		○	○	○	○	○		○	○	○			○	○		○		1010
										○										×																1011
			○		○										○	○	○			○			○	○								○				1012
			○			○						○	○			○				○					○	○	○	○						○		1013
○	○		×			×						○	○	×						×			○	○	○									×		1014
○	○											○	×			○				×																1015
										○																										1016
																						○														1017
○						○									○						○															1018
			○			○						○	○							○			○	○		○										1019
×																															○					1020
						○				○	○																						○			1021
																							○					○								1022
		○																												○						1023
○	○	○	○									○	○		○		○	○	○	○		○	○	○		○	○	○			○					1024
	○	○	○			○		×									○			○	○		○					○								1025
									○	○																										1026
						○					○	○	○			○				○				○	○	○	○									1027
										○														○			×	○								1028
													○	○	○					○			○						○							1029
											○	○	×								○		×				○	○								1030
																	○						×				○	○								1031
			○																																	1032
						○										○	○																			1033
			○									○	○							○																1034
○	○	○	○	○	×	○	○	○	○	○	○	○	○	○	○	○	○	○	○	○	○	○	×	○	○	○	○	○	○	×	○	○	×	○		1035
		○	○								○									×		×	○	○												1036
																																				1037
		○														○				○								○								1038
	○										○																									1039
○	○			○								○	○	○							○		○	○			○	○			○					1040
			○									○								○						○										1041
																																				1042
																																				1043
																																				1044
																		○	×																	1045
																		○	○		○															1046
○			○									○	○							○								○								1047

書名	輯撰者	版本	北京	首都	科學	北大	北師	清華	中醫	上海	復旦	華師	上師
1048 橦園四種	(清)龔禮撰	清咸豐五年刊本	○							○			
1049 陳炯齋著述	(清)陳徽言撰	清咸豐七年橅李吳昌言章門刊本								○			
1050 姚正父集	(清)姚承輿撰	清咸豐十一年刊本	○							○			
1051 鼎吉堂全集	(清)尹繼美撰	清咸豐至光緒間刊本				○							
1052 樸學廬叢刻	(清)宋祖駿撰	清咸豐中刊本				○							
1053 蔆園叢書	(清)張慎儀撰	清光緒至民國間刊本	○	○	○	○	○	○		○	○	○	
1054 南園叢稿	(民國)張相文撰	民國廿四年北平中國地學會排印本	○	○	○					○	○	○	○
1055 種樹軒遺集	(清)郭長清撰	清光緒二十三年刊本	○							○			
1056 黎文肅公遺書	(清)黎培敬撰	清光緒十七年湘潭黎氏刊本						○	×	○			
1057 養雲山莊遺稿	(清)劉瑞芬撰	清光緒中劉世瑋刊本	○					○		○			
1058 談瀛錄	(清)袁祖志撰	清光緒十七年同文書局石印本							○	○			○
1059 寶韋齋類稿	(清)李桓撰	清光緒六年武林趙寶墨齋刊本							○	○		○	
1060 正誼堂全集	(清)董沛撰	清光緒中刊本								○			
1061 越縵堂所著書	(清)李慈銘撰	稿本								○			
1062 寒松閣集	(清)張鳴珂撰	清光緒中嘉興張氏刊本						○	○	○	○		
1063 蔣侑石遺書	(清)蔣曰豫撰	清光緒三年蓮池書局刊本	○							○			○
1064 魏稼孫全集	(清)魏錫曾撰	清光緒九年刊本	○					○	○	○			
1065 香雪崦叢書	(清)平步青撰	民國刊本排印本						○	○	○	○		
1066 潔園遺著	(清)鄭福照撰	民國十九年桐城鄭氏石印本							○	○		○	
1067 紫薇花館集	(清)王廷鼎撰	清光緒十七年刊本							○	○	○	×	×
1068 橘蔭軒全集	(清)陳錦撰	清光緒中山陰陳氏橘蔭軒刊本							○		○		
1069 藻川堂全集四種	(清)鄧繹撰	清光緒中刊本	○							○			
1070 潛園總集	(清)陸心源撰	清同治光緒間刊本	○	○			○			○	○		
1071 順德李氏遺書	(清)李文田撰	清光緒二十三年排印本							○			○	
1072 春雨樓叢書	(清)朱士端撰	清同治中寶應朱氏刊本	○	○				○	○	○		○	
1073 盛于埜遺著(一名字雲全集)	(清)盛大謨撰	清同治五年刊本							○				
1074 復初堂集	(清)秦東來撰	清同治中刊本	○										
1075 單氏全書(一名單徵君全集)	(清)單爲鏓撰	清同治七年刊本				○			○				
1076 石屋書	(清)曹金籙撰	清同治中仁和曹氏刊本								○	○	×	○
1077 齊東韻語	(清)徐河清撰	清同治七年金陵將軍幕中刊本	○					○		○			
1078 鄭氏四種	(清)鄭曉如撰	清同治八年廣州華文堂刊本									○	×	
1079 張師筇著述	(清)張燮承撰	清刊本									○		
1080 鍾氏二種	(清)鍾傳益撰	清同治中刊本									○		
1081 適園叢稿	(清)袁學瀾撰	清同治十一年序香溪艸堂刊本	○							○			
1082 有恒心齋集	(清)程鴻詔撰	清同治中刊本	○	○		○		○			○		
1083 守中正齋叢書	(清)姜國伊撰	清同治光緒間刊本							×		○		
1084 靜菴遺集	(清)左眉撰	清同治十三年桐城方氏排印本	○							○			
1085 達亭老人遺稿(一名退室全集)	(清)王榮華撰	清同治十三年刊本	○							○			
1086 潎紅山館四種	(清)李揚華撰	清同治十三年刊本	○				○		○				
1087 不自是齋叢書	(清)計恬撰	清同治中刊本											
1088 愧庵遺集	(清)楊甲仁撰	鈔本									×		
1089 高陶堂遺集	(清)高心夔撰	清光緒八年平湖朱氏經注經齋刊本	○	○				○		○	○		

書　　　　　者

辭書	天津	內蒙	遼寧	吉林市	吉大	哈爾濱	陝西	甘肅	山東	青島	山大	南京	南大	蘇州	安徽	浙江	杭大	福建	福師	河南	湖北	武漢	武大	江西	廣東	四川	重慶	川大	雲南	黑龍江	桂林	廣西	青海	寧夏	民院	
					○						○		○									○				○	○									1048
																																				1049
																								○												1050
																								○												1051
																																				1052
○			○	○							○	○	○									○		○	○	○	○		○					○		1053
○	○	○	○	○				○			○	○	○	○	○					○		○		○	○	○	○	○			○	○	○	○		1054
		○										○																								1055
		○				○						○									○					○	○						○			1056
												○																								1057
												○																								1058
												○														○										1059
								○												○	○													○		1060
																																				1061
○								○			○					○										○	○				○					1062
○			○						○			○				○						○				○	○									1063
			○					○			○	○				○	○									○	○									1064
																																				1065
															○		○																			1066
○																○																				1067
																																				1068
																																				1069
○	○							○				○				○		×		○			×			○	○									1070
			○			○																												○		1071
			○			○					○	○	○								○				○	○	○	○						○		1072
																																				1073
								○															×													1074
																	×																			1075
						○					○																									1076
																																				1077
																																				1078
																																				1079
												○																								1080
														○			○								○											1081
			×								○	×	○			○		×			○		×	○	○	○	○	○	○							1082
													○															○								1083
																																				1084
																																				1085
																																				1086
												○																								1087
																																				1088
○	○		○		○						○	○	○			○								○		○	○	○								1089

書　名	輯撰者	版　本	北京	首都	科學	北大	北師	清華	中醫	上海	復旦	華師	上師
1090 得一山房四種	(清)唐景崧撰	清光緒十九年刊本	○							○	○		
1091 宗月鋤先生遺著	(清)宗廷輔撰	清光緒中刊民國六年徐兆瑋重印本	○					○	○		○	○	○
1092 青學齋五種	(清)汪之昌撰	民國十二年排印本	○					○		○	○		
1093 張文襄公全集	(清)張之洞撰	民國十七年北平刊本	○				○	○	○		○	○	
1094 廣雅堂四種	(清)張之洞撰	民國南皮張氏刊本	○							○	○		
1095 儆季雜著	(清)黃以周撰	清光緒二十年江蘇南菁講舍刊本	○							○	○		
1096 賭棋山莊全集	(清)謝章鋌撰	清光緒至民國間刊本			○	○							
1097 庸庵全集	(清)薛福成撰	清光緒中無錫薛氏刊本	○								○		○
1098 許文肅公集	(清)許景澄撰	民國七年排印本	○							○	○		
1099 于中丞遺書(一名悚齋遺書)	(清)于蔭霖撰	民國十二年北京刊本	○					○		○	○		
1100 曾惠敏公遺集	(清)曾紀澤撰	清光緒十九年江南製造總局刊本	○							○	○		
1101 留書種閣集	(清)黃炳垕撰	清同治光緒間餘姚黃氏留書種閣刊本								○		×	
1102 崇蘭堂遺稿	(清)張預撰	稿本								○			
1103 桐城吳先生全書	(清)吳汝綸撰	清光緒三十年王恩紱等刊本	○			○				○	×	○	○
1104 歲餘偶錄	(清)孫葆田撰	清光緒中木活字排印本	○							○			
1105 樸庵四稿	(清)奕譞撰	清光緒中刊本			○								
1106 煙霞草堂遺書	(清)劉光蕡撰	民國王典章思過齋蘇州刊本			○	×	○	×		○	×	○	○
1107 羲亭山館集	(清)王景賢撰	清同治十三年三山王氏刊本			○					○			○
1108 荔隱山房集	(清)涂慶瀾撰	清光緒中莆陽涂氏刊本			○					○			
1109 徐茶芩先生著述	(清)徐宗亮撰	民國七年徐氏刊本						○		○			
1110 漢孳室遺著	(清)陶方琦撰	清光緒中會稽徐氏鑄學齋鈔本								○			
1111 坦園全集	(清)楊恩壽撰	清光緒中長沙楊氏刊本	○		○	○		○		○			
1112 仙心閣集	(清)彭慰高撰	清光緒中刊本								○			
1113 務實勝窩彙稿	(清)張楚鍾撰	清光緒三年刊本						○		○			
1114 味義根齋全書	(清)譚澐撰	清光緒中刊本	○		○	○		○		○			
1115 黃氏隨筆	(清)黃理撰	清光緒四年見谿書屋刊本								○			
1116 召杜心聲	(清)王恂撰	清光緒五年刊本									○		
1117 徐遯齋先生全集	(清)徐崑撰	清光緒六年刊本								○			
1118 補不足齋雜著	(清)黃家鼎撰	清光緒六年鄞縣黃氏刊本					○			○			
1119 郭氏叢刻	(清)郭柏蒼撰	清光緒中刊本					×						
1120 田園雜著	(清)丁午撰	清光緒中錢唐丁氏刊本					○		○		○		
1121 還硯齋全集	(清)趙新撰	清光緒八年黃樓刊本	○		○	○		○		○			
1122 謝亭集	(清)謝斛撰	清光緒八年江陰謝氏毓芝堂刊本								○			
1123 白華山人集	(清)厲志撰	清光緒九年厲學潮刊本								○			
1124 最樂亭三種	(清)朱福清撰	民國六年嘉興朱氏刊本								○			
1125 清隱山房叢書續編	(清)沈汝瀚撰	清光緒十年刊本			○								
1126 豹隱堂集	(清)趙蓮城撰	清光緒十年刊本						○					
1127 拙盦叢稿	(清)朱一新撰	清光緒二十二年順德龍氏葆真堂刊本	○									○	
1128 玉津閣叢書甲集	(清)胡薇元撰	清光緒至民國間刊本	○			○	○	○		○			
1129 文惠全書	(清)黃世榮撰	民國四年嘉定黃氏排印本	○	○		○	○			○		○	○
1130 寫禮廎遺箸	(清)王頌蔚撰	民國四年鮮溪王氏刊本	○	○		○	○			○		○	○
1131 師伏堂叢書	(清)皮錫瑞撰	清光緒中善化皮氏刊本	○		○	○	○	○		○			

書 / 者

辭書	天津	内蒙	遼寧	吉林市	吉大	哈爾濱	陝西	甘肅	山東	青島	山大	南京	南大	蘇州	安徽	浙江	杭大	福建	福師	河南	湖北	武漢	武大	江西	廣東	四川	重慶	川大	雲南	黑龍江	桂林	廣西	青海	寧夏	民院	
												×	○															○								1090
		○	×	○								○		○				○		○															○	1091
																																				1092
○	○		○	×	○					○	○	○						○	×	○	○							○		×					○	1093
	○		○	×	○					○	○	○							○																	1094
○	○		○					○		○	○	○				○	○		○							×	○	○	○		○					1095
	○	○	○		○			○	○	○	○	×	○						○			×	○			○	○	○							○	1096
	○	○	○		○			○	○	○	○	○	○			○			○		○					○	○	○							○	1097
	○							×											○				×	○												1098
	○		○		○														○																	1099
	○	○	○		○			○		○	○	○				○	○		○							○	○	○				○				1100
○	○		○		○					○									×																	1101
																																				1102
	○	○	×		○					○	○						○	○	○	○	○					○	○	○								1103
																																				1104
																																				1105
○	×	×	×	○	○		○	○		○	○	○				○	○	○	×	○	○				○	×	○	○	○						○	1106
					○											○		○	○							○										1107
○																		○	×																	1108
					○										○																					1109
																									○											1110
○			○		○					○	○	○	○			○				○					○	○		○							○	1111
													○																							1112
												○												○												1113
			○									○										○														1114
																																				1115
																																				1116
																																				1117
																																				1118
																		○	○																	1119
		○										○																								1120
			○	○								○	×									○					×									1121
																																				1122
			○																																	1123
																			○									×						○		1124
													○																							1125
																																				1126
○	○	○	○			○				○	○	○		○		○			×					○		○							○			1127
				○						○	○	○		○		○										○	○	○	○						○	1128
				○						○	○								○		○						○								○	1129
○	○	○	○	○	○	○			○	○	○	○		○		○		○	○					○			○	○	○						○	1130
○	○	○	○		○					○	○	○		○				○			○	×		○		○	○								1131

書　名	輯撰者	版　本	藏 北京	首都	科學	北大	北師	清華	中醫	上海	復旦	華師	上師
1132 薆蒔山莊遺著	(清)胡修祜撰	清光緒十年至十五年木活字排印本								○			
1133 隨山館全集	(清)汪瑔撰	清光緒中刊本	○			○	○	○	○		○	○	
1134 志學齋集	(清)徐壽基撰	清光緒中武進徐氏刊本	○				○		×	○			
1135 景袁齋叢書	(清)何其傑撰	清光緒中刊本	○				○				×	×	
1136 游藝録	(清)李沺撰	清光緒十二年醉月山房刊本	○							○			
1137 兼山堂集	(清)沈楳撰	清光緒十二年沈申祐重刊本								○			
1138 京塵雜録	(清)藥珠舊史(楊懋建)撰	清光緒十二年上海同文書局石印本	○	○				○	○			○	
1139 三訂四書辨疑	(清)張江輯	清光緒十三年上海大文書局排印本	○								×		
1140 會稽山齋全集	(清)謝應芝撰	清光緒十四年刊本	○	○	○							○	
1141 觀象廬叢書	(清)呂調陽撰	清光緒十四年葉長高刊本	○					○	○	○	○	○	
1142 涌翠山房集	(清)高延第撰	清光緒十四年山陽高氏刊本	○					○	○				
1143 春暉雜稿	(清)郭陪撰	清光緒十五年刊本	○					○	○				
1144 吉雨山房全集	(清)郭鑅齡撰	清光緒十六年刊本									○		
1145 鏡珠齋彙刻	(清)胡元玉撰	清光緒十七年刊本									○		
1146 菠湖沈氏叢書(一名所願學齋書鈔)	(清)沈夢蘭撰	清光緒十七年祁縣縣署刊本	○									○	○
1147 自得廬集	(清)李輈撰	清光緒十八年古羅李氏刊本	○						○				
1148 損齋全書	(清)楊樹椿撰	清光緒十九年刊本					○						
1149 姚氏遺書	(清)姚晉圻撰	民國二十四年沔陽盧靖石印本							○				
1150 澹園雜著	(清)虞景璜撰	民國十三年虞和欽排印本	○				○						
1151 悔廬全集	(清)張崇蘭撰	清光緒二十三年刊本	○				○						
1152 東海褰冥氏三十以前舊學四種	(清)譚嗣同撰	清光緒二十三年金陵刊本	○					○		○			×
1153 譚瀏陽全集	(清)譚嗣同撰	民國六年上海文明書局排印本	○					○		○	○	○	○
1154 孫先生遺書	(清)孫雲錦撰	清宣統二年張謇刊本									○		
1155 寫經齋全集	(清)葉大莊撰	清光緒中刊本								○			
1156 寶樹堂遺書	(清)郭夢星撰	清光緒二十一年濰縣郭氏刊本	○					○	○	○		○	
1157 耐安類稿	(清)陳偉撰	清光緒二十二年諸父瀚等刊本	○									○	
1158 石船居賸稿	(清)李超瓊撰	清光緒二十二年木活字排印本									○		
1159 問青園集	(清)王贇之撰	清光緒二十二年薊州王氏刊本									○	○	
1160 張氏雜著	(清)張桂林撰	清光緒二十二年成都森榮齋刊本								○			
1161 為己精舍藏書	(清)張諸之撰	清光緒二十二年刊本											
1162 晚學齋集	(清)鄭由熙撰	清光緒二十四年靖安縣署刊本	○						○	○	○		
1163 蛻學翁遺集	(清)徐元潤撰	清光緒二十四年徐敦穆刊本	○						○		○		
1164 代耕堂全集	(清)李嘉績撰	清光緒中刊本	○	○	○			○			×		
1165 桐華閣叢書	(清)杜貴墀撰	清光緒中刊本	○	○				○				○	
1166 栩栩盦遺箸	(清)王同愈撰	民國三十一年合衆圖書館鈔本							○	○			
1167 特健藥齋外編	(清)唐詠裳撰	清光緒二十五年刊本							○	○			
1168 海嶽軒叢刻	(清)杜俞撰	清光緒二十六年申江排印本								○	○	○	○
1169 路氏五種	(清)路采五撰	清光緒二十六年貽安堂刊本									○		
1170 陳澹然三種	(民國)陳澹然撰	清光緒二十八年長沙刊本									○		
1171 釀齋訓蒙雜編	(清)鮑東里撰	清光緒二十八年雲南官書局刊本	○										
1172 古歡室全集	(清)曾懿撰	清光緒中刊本	○							×	○		
1173 成氏遺書	(清)成蓉鏡撰	清光緒中刊本									○		

書																				者																
辭書	天津	内蒙	遼寧	吉林市	吉大	哈爾濱	陝西	甘肅	山東	青島	山大	南京	南大	蘇州	安徽	浙江	杭大	福建	福師	河南	湖北	武漢	武大	江西	廣東	四川	重慶	川大	雲南	黑龍江	桂林	廣西	青海	寧夏	民院	編號
																			○		×			○												1132
									○			○	○	○		○			○									○								1133
×			○		×																															1134
																																				1135
																				○		○		○												1136
												○																								1137
																								○				○								1138
											○																									1139
									○										○					○												1140
	○	○	○						○			○	○	○		○			○					○	○	○	○		○	×	○	○	○			1141
	○																																			1142
		○			○			○											○			○		○												1143
																			○																	1144
																			○					×												1145
												○																								1146
														○								○														1147
																																				1148
																																				1149
○																○								○		○										1150
																																				1151
○	○		○							○	○	○																								1152
○					○					○	○	○				○			○	○	○	○	○					○			○	○				1153
											○							○	○																	1154
											○							○	○																	1155
		○	○						○						○		○											○		○						1156
		○	○		○																															1157
																			○																	1158
																			○																	1159
																																				1160
		○						○															○			○		○								1161
														○										○	○											1162
																																				1163
		○												○		○						○					○									1164
		○			○							○	○			○		×		○			○		○			○						○		1165
																																				1166
																												○								1167
○	○	○		○						○	○	○	○			○	○	○	○		○															1168
																																				1169
		○		○						○																										1170
																													○							1171
				○						○		×								○		×		○			○	○	○							1172
																																				1173

書名	輯撰者	版本	藏										
			北京	首都	科學	北大	北師	清華	中醫	上海	復旦	華師	上師
1174 江氏著書七種	(清)江鍾秀撰	清光緒中刊本	○										
1175 香禪精舍集	(清)潘鍾瑞撰	清光緒中長洲潘氏香禪精舍刊本	○	○	○	○	○			○	○	○	
1176 湯氏叢書(一名蚕仙雜著)	(清)湯畜仙撰	清光緒至民國間刊本	○										
1177 邵陽曾氏三種	(清)曾廉撰	清光緒中刊本	○										
1178 蘋香書屋全集	(清)鄒文柏撰	清光緒三十四年文苑閣木活字排印本						○	○				
1179 怡雲堂全集	(清)沈保靖撰	清宣統元年刊本	○										
1180 寂園叢書(一名寂園志)	(清)陳瀏撰	清宣統二年排印本	○	○						○	○		
1181 如諫果室叢刊	(清)王廷鈞撰	清宣統二年排印本	○	○		○	○				×		○
1182 詩禮堂全集(一名王介山先生全集)	(清)王又樸撰	清刊本	○			○	○						
1183 詩契齋十種	(清)許玉瑑撰	手稿本	○										
1184 燈味軒遺稿	(清)車伯雅撰	民國二十九年武林葉氏據稿本傳鈔								○			
1185 慈谿童柏叟遺著	(清)童廩年撰	稿本	○										
1186 净樂宧叢著	(民國)楊昭儁撰	稿本							○				
1187 歸禮堂三種	(清)陳鍾英撰	稿本								○			
1188 章氏全書	(清)章祖泰撰	鈔本								○			
1189 砭愚堂叢書	(清)孫國仁撰	稿本								○			
1190 費氏全集	(清)費伯雄撰	清同治二年武進費氏耕心堂刊本								○			
		清光緒二十七年上海書局石印本								○			
		民國元年孟河費氏耕心堂排印本	○							○		○	
1191 平泉遺書	(清)馬時芳撰	民國四年禹縣存古學社石印本						○		×			
1192 胡嶧陽先生遺書	(清)胡翔瀛撰	民國五年排印本			○								
1193 冷紅館全集	(清)秦臻撰	民國九年秦寶瓚木活字排印本								○			
1194 蓬萊吳灈先著述三種	(清)吳脈鬯撰	民國十二年排印本								○			
1195 李龍集	(清)李龍撰	民國十九年于在藻排印本							○	○			
1196 邵陽魏先生遺集	(清)魏縣撰	民國二十一年建德周氏景本					○		○	○			
1197 無夢軒遺書	(清)朱景昭撰	民國二十二年朱家珂排印本	○	○		○	○	○					
1198 望奎樓遺稿	(清)丁愷曾撰	民國二十四年青島趙永厚堂排印本	○						○	○			
1199 楊子卓先生遺集	(清)楊夑撰	民國卅二年合衆圖書館據稿本傳鈔								○			
1200 南昌鄒氏一粟園叢書	(清)鄒樹榮撰	民國十一年南昌鄒氏排印本								○			
1201 是園遺書(一名傳魯堂遺書)	(清)周錫恩撰	民國刊本	○					○	○				
1202 于香草遺著叢輯	(清)于邠撰	稿本								○			
1203 箍鰷診雜著	(清)王仁俊	稿本	○										
1204 湘綺樓全書	(民國)王闓運撰	清光緒宣統間刊本	○	○		○	○			○	○		
1205 周愨慎公全集	(民國)周馥撰	民國十一年秋浦周氏石印本	○	○				○	○	○			
1206 沈寄簃先生遺書	(民國)沈家本撰	民國刊本	○			○	○	○		○	×		
1207 王葵園四種	(民國)王先謙撰	清光緒至民國間長沙王氏刊本	○			○	○	○		○			
1208 王文貞集	(民國)王祖畬撰	民國刊本	○										
1209 桐鄉勞先生遺稿	(民國)勞乃宣撰	民國十六年桐鄉盧氏刊朱印本	○	○				○			○	○	○
1210 藝風堂讀書志	(民國)繆荃孫輯	民國江陰繆氏刊本	○			○	○	○	○	×	○		
1211 蕙風叢書	(民國)況周頤撰	清光緒中刊民國十四年上海中國書店印本	○								○		
1212 程中丞全集	(民國)程德全撰	清宣統中排印本								○	○	○	

| | 書 | | | | | | | | | | | | | | | | | | | 者 | | | | | | | | | | | | | | | | |
辭書	天津	內蒙	遼寧	吉林市	吉大	哈爾濱	陝西	甘肅	山東	青島	山大	南京	南大	蘇州	安徽	浙江	杭大	福建	福師	河南	湖北	武漢	武大	江西	廣東	四川	重慶	川大	雲南	黑龍江	桂林	廣西	青海	寧夏	民院	編號
		○	○		○			○				○	○	○							○		○				○							○	○	1174
																											○									1175
																																				1176
					○																															1177
																																				1178
																																				1179
	○		○		○														×				○					○			○					1180
											○	○	○		○	○	○	○	○		○	○		○				○						○		1181
	○																		○				×													1182
																																				1183
																																				1184
																																				1185
																																				1186
																○																				1187
																																				1188
																																				1189
											○																									1190
○																						○				○										1191
											○																									1192
																																				1193
	○										○						○																			1194
	○																																			1195
	○																										○									1196
			○												○	○					○	○	○													1197
		○								○	○	○							○				○									○				1198
																																				1199
													○										×													1200
			○								○												○													1201
																																				1202
																																				1203
	○	○	○	×							○	○											○	×			○	○			○					1204
	○	○	○	○				○	○		○	○	○		○				○		○		×	○			○	○	○							1205
○	○		○								○	×	○	○		○			×		×	○	○				○						○			1206
○											○	○	○				○		○				○													1207
												○							×																	1208
	○		○								○	○	○			○			○								○		○							1209
			○								○	○	○																							1210
○		○	○								○	○	○			○			×				○	○			○					○	○			1211
																																				1212

	書　名	輯撰者	版　本	藏 北京	首都	科學	北大	北師	清華	中醫	上海	復旦	華師	上師
1213	樊山集	(民國)樊增祥撰	清光緒十九年渭南縣署刊續集二十八年西安臬署刊本	○					○	○	○	○	○	
1214	義州李氏叢刻	(民國)李葆恂撰	民國五年李放京師刊本	○		○			○	○				
1215	潛廬全集	(民國)金蓉鏡撰	清光緒三十四年刊本	○										
1216	太一遺書	(民國)寧調元撰	民國四年排印本						○	×	○		×	
1217	趙伯嚴集	(民國)趙炳麟撰	民國十一年排印本	○	○				○	○				
1218	劉申叔先生遺書	(民國)劉師培撰	民國二十五年寧武南氏排印本	○					○	○				○
1219	周晉琦遺著	(民國)周曾錦撰	民國十年排印本	○										
1220	柯劭忞先生遺著	(民國)柯劭忞撰	民國十六年國立北京大學研究院文史部排印本						○	○				
1221	觀古堂所著書	(民國)葉德輝撰	清光緒中長沙葉氏刊本 民國八年重編印本	○ ○					○ ○	○ ○	○ ○	○ ○	○ ○	
1222	海寧王忠慤公遺書	(民國)王國維撰	民國十六年海寧王氏排印石印本	○					○	○		○		
1223	海寧王靜安先生遺書	(民國)王國維撰	民國二十九年商務印書館長沙石印本	○					○	○	○			
1224	崇雅堂叢書	(民國)楊晨撰	民國二十五年楊紹翰排印本	○								×	×	
1225	陶廬叢刻	(民國)王樹枏撰	清光緒至民國間新城王氏刊本						×			○	○	○
1226	新訂六譯館叢書	(民國)廖平撰	民國十年四川存古書局彙印本	○					○	○	○	○	○	○
1227	滇南四種	(民國)姚文棟撰	清光緒中刊本	○										
1228	長汀江先生著書	(民國)江瀚撰	民國十三年太原排印本	○		○								
1229	華胥赤子遺集	(民國)方鑄撰	民國十一年桐城翰寶齋木活字排印本	○		○								
1230	大鶴山房全書	(民國)鄭文焯撰	清光緒至民國間刊民國九年蘇州交通圖書館彙印本	○					○	○	○	○	○	
1231	彊邨遺書	(民國)朱孝臧(祖謀)撰	民國二十二年刊本	○							○		○	
1232	琴志樓叢書	(民國)易順鼎撰	清光緒中刊本	○	○		×		○	○	×		×	
1233	原學三種	(民國)陳澹然撰	清宣統三年桐城陳氏安慶排印本	○						○	○			
1234	鐵研齋叢書	(民國)桑宣撰	民國八年宛平桑氏排印本	○	○	○			○		○	○	○	
1235	遯廬叢著	(民國)余重耀撰	稿本								○			
1236	遯廬叢書	(民國)余重耀撰	民國排印本									○	○	
1237	未園著藪	(民國)沈修撰	稿本	○										
1238	說劍堂著書	(民國)潘飛聲撰	清光緒二十四年仙城藥洲刊本					○			○			
1239	悔晦堂叢刻	(民國)吳恭亨撰	民國三年木活字排印本								○			
1240	莘廬遺集	(清)凌泗撰	民國三年沈廷鏞刊本		○									
1241	彊本堂彙編	(民國)陳惟彥撰	民國六年排印本								○			
1242	止園叢書	(民國)尹昌衡撰	民國七年排印本							○	○	×		○
1243	訥盦叢稿	(民國)顧鳴鳳撰	清宣統三年刊本						○					
1244	壽櫟廬叢書	(民國)吳之英撰	民國九年名山吳氏刊本	○	○					○			○	
1245	桐陰山房叢刻	(清)周繼煦撰	民國九年菊飲軒刊本								○			
1246	越縵	陳祖培撰	民國九年排印本								○			
1247	散溪遺書	(民國)蔡克猷撰	民國十年劉邦元等排印本								○			
1248	審安齋遺稿	(民國)陳濤撰	民國十三年排印本	○	○				○				○	
1249	勉不足齋四種	(民國)董廷策撰	民國十年董瑞椿排印本		○				○	○	○			
1250	甯鄉程氏全書(一名	(民國)程頌萬撰	清光緒至民國間甯鄉程氏刊本	○					○	○	○			

辭書	天津	內蒙	遼寧	吉林市	吉大	哈爾濱	陝西	甘肅	山東	青島	山大	南京	南大	蘇州	安徽	浙江	杭大	福建	福師	河南	湖北	武漢	武大	江西	廣東	四川	重慶	川大	雲南	黑龍江	桂林	廣西	青海	寧夏	民院	編號
○				○								○	⊙	○			○		○				○	○				○	○			○				1213
			○	○																																1214
																	○	×																		1215
																		×										○								1216
		○	○	○					○			○					○						○	○	○	○										1217
○	○	○		○					○			○				○	○		○				○	○	○	○		○				○				1218
				○								○	○					○																		1219
									○																											1220
○		○		○				○	×			○	○			○	○		×			○			○	○		○			○		○			1221
○	○	○	○	○				○	×		○	○	○	○		○	×	○	○			○				×	○	○	○	○						1222
		○	○		×			○	○		○	○	○	○		○		○				○			○			○		○						1223
○																○							×			○		○								1224
		○	○	○								○					×		×			○	○		○	○	○	○								1225
○			○		○							○	○	○	○	○	○					○			○	○	○	○								1226
																																				1227
																																				1228
																																				1229
○				○								○	○	○	○		○									○	○	○					○			1230
○		○		○							○	○	○			○	○	○				○	○	○	○	○	○									1231
			○									×	○							×																1232
	○	○																									○									1233
○	○	○	○									○	○			○		○		○	○												○			1234
																○	○																			1235
																○	○																			1236
																																				1237
		○																																		1238
																																				1239
				○																○																1240
	○	○													○			○		○												○	○			1241
○	○	×				○						○				○	○	○		○			×	○	○		○	○				×				1242
						○			○			○			○					○																1243
	○		○	○						○		○				○		○		○		○						○								1244
○																											○									1245
												○																								1246
																○				○																1247
	○	○	○			○							○	○						○																1248
																																				1249
																				×																1250

	書　　名	輯撰者	版　　本	北京	首都	科學	北大	北師	清華	中醫	上海	復旦	華師	上師
	十髮盦類稿）													
1251	漢堂類稿	（民國）李寶洤撰	民國十一年李祖年排印本	○					○	○	○	○		
1252	薆湖草堂集	（民國）左楨撰	民國十一年至十四年排印本								○			
1253	平齋家言	（民國）何剛德撰	民國十二年古閩何氏刊本								○			
1254	繼述堂全集	（民國）王毓英撰	民國十一年溫州石印本								○			
1255	樵隱集	（民國）李導義撰	民國十二年丹徒李氏小藏室刊本								○		○	
1256	花隱老人遺著	（民國）甘樹椿撰	民國十三年甘鵬運崇雅堂排印本	○	○				○			○		○
1257	養吾齋叢著	（民國）陳淵撰	民國十五年木活字排印本								○			
1258	涉趣園全集	（民國）趙祖銘撰	民國十五年樂亭趙氏北平排印本							○	○			
1259	任盦遺稿	（民國）王鎮群撰	民國十五年排印本								○			
1260	稼民雜著	（民國）丁錫田撰	民國十七年濰縣丁氏石印本					○	○					
1261	國學別錄	（民國）方元撰	民國十七年惠陽方氏山山館排印本							○				
1262	野棠軒全集	（民國）奭良撰	民國十八年吉林奭氏排印本	○	○	○			○	○		○	○	
1263	翹懃軒叢稿	（民國）彭作楨撰	民國十九年至二十二年排印本						○	○				
1264	湖濱補讀盧叢刻	（民國）鍾廣生撰	民國二十年排印本						○	○	○	○	○	
1265	寄寄山房全集	（民國）張翼廷撰	民國二十年排印本						○	○	○	○		
1266	未晚樓全集（一名李洞庭全集）	李澄宇撰	民國二十二年排印本						○	○	○			
1267	希山叢著	（民國）羅師揚撰	民國二十五年興寧羅氏排印本						○	○	○	○		
1268	綴學堂叢稿初集（一名見山樓叢書）	（民國）陳漢章撰	民國二十五年排印本						○	○		○		
1269	菽園著書	（民國）邱煒萲撰	清光緒二十七年排印本								○			
1270	無暇逸齋叢書	（民國）王元稚撰	民國排印本								○			
1271	紹邵軒叢書	（民國）王樹榮撰	民國排印本	○	○				○	○	○			
1272	月河草堂叢書	（民國）蔣清瑞撰	民國歸安蔣氏月河草堂刊本								○			
1273	林氏五種	（民國）林金相撰	民國排印本	○							○			
1274	獨志堂叢稿	（民國）張其煌撰	民國二十一年桂林張氏獨志堂排印本	○										
1275	桂林梁先生遺書	（清）梁濟撰	民國十四年梁煥鼐等排印本	○	○				○	○		○	○	
1276	隨盦所著書	（民國）徐乃昌撰	民國四年南陵徐氏積學齋彙印本	○					○		○	○		
1277	疢存齋集	（民國）周宗麟撰	民國十二年排印本								○			
1278	重訂疢存齋集	（民國）周宗麟撰	民國二十五年重訂再版排印本								○			
1279	善思齋集	（民國）徐宗亮撰	清光緒中桐城徐氏刊本									○		
1280	石遺室叢書	（民國）陳衍撰	清光緒至民國間刊本								○	○	×	
1281	晚學盧叢稿	（民國）葉瀚撰	稿本								○			
1282	永豐鄉人稿	（民國）羅振玉撰	民國上虞羅氏貽安堂凝清室刊本					○			○			
1283	永豐鄉人雜著	（民國）羅振玉撰	民國十一年刊本				○	×	○			×	×	○
1284	松翁居遼後所箸書	（民國）羅振玉撰	民國十八年上虞羅氏石印本	×			×	○				×	×	
1285	遼居雜箸乙編	（民國）羅振玉撰	民國二十二年上虞羅氏遼東石印本				○	○						
1286	遼居雜箸丙編	（民國）羅振玉撰	民國二十三年上虞羅氏七經堪石印本				○	○						
1287	七經堪叢刊	（民國）羅振玉撰	民國二十六年上虞羅氏石印本				○	○			○		○	○
1288	貞松老人遺稿	（民國）羅振玉撰	民國上虞羅氏排印本				○		×		○	○	○	
1289	箋經室叢書	（民國）曹元忠撰	清光緒中曹氏箋經室刊本	○				○		○			×	
1290	推十書	（民國）劉咸炘撰	民國刊本	○				○	×		○	○		

書　　　　　　　　　　　　　　　者

辭書	天津	內蒙	遼寧	吉林市	吉大	哈爾濱	陝西	甘肅	山東	青島	山大	南京	南大	蘇州	安徽	浙江	杭大	福建	福師	河南	湖北	武漢	武大	江西	廣東	四川	重慶	川大	雲南	黑龍江	桂林	廣西	青海	寧夏	民院	
○	○		○	○					○			○			○	○		○								○							○			1251
																			×																	1252
																																				1253
																																				1254
			○		×													○			○															1255
			○						○									○			○															1256
																																				1257
						○																														1258
																																				1259
													○																							1260
													○																							1261
												○						○								○							○	○		1262
		○																										○								1263
○	○	○	○	○		○			○	○		○	○		○	○		○								○							○	○	○	1264
○			○	○					○	○		○	○		○	○		○								○							○	○		1265
○																																				1266
○				○					○	○		○			○			○			○		○			○										1267
				○						○			○		○	○	○	○																		1268
													○																							1269
																	○																			1270
○			○	○								○			○			○					○			○		○								1271
																○																				1272
																							○													1273
																							○													1274
○	○			×					○	○		○			○		○	○			○		○			○	○	○			○					1275
	○		○							○																		○								1276
			○																		○							○								1277
																							○					○								1278
																					○															1279
				○												○	○	○	×		○		○													1280
																																				1281
	○					○								○				○			○					○		○								1282
	○								○					○		○		○								○										1283
	×	○	○	×		×			○			×	×					○	×									×								1284
○	○	○	○	○					○			○	○					○										○			○	○				1285
		○	○	○	○							○	○																							1286
	○		○													○										○	○	○								1287
○	○	×		○					○				×			○		○		○		○				○	○	○								1288
				○									○			○	○	○									○	○								1289
		○		×					×			×	○						○				○				○	○	○							1290

	書　名	輯撰者	版　本	藏										
				北京	首都	科學	北大	北師	清華	中醫	上海	復旦	華師	上師
1291	晨風廬叢刊	(民國)周慶雲撰	民國吳興周氏夢坡室刊本							○				
1292	寓園叢書	(民國)張其淦撰	民國十九年排印本									×	○	
1293	丁惟魯遺著	(民國)丁惟魯撰	鈔本											
1294	魏氏全書	(民國)魏元曠撰	民國二十二年刊本	○			○	○			○	×	○	
1295	杭州所著書三種	(民國)王守恂撰	民國六年排印本	○						○			○	
1296	王仁安集	(民國)王守恂撰	民國十年刊本			○					○	○		○
1297	直介堂叢刻	(民國)劉聲木撰	民國十八年廬江劉氏排印本	○							×	○	○	
1298	心史叢刊	(民國)孟森撰	民國五年至六年上海商務印書館排印本	○							○	○		
1299	章氏叢書	(民國)章炳麟撰	民國六年至八年浙江圖書館刊本	○	○		○	○	○	○	○	○		○
			民國十三年上海古書流通處據浙江圖書館刊本景印	○			○	○			○	○	○	
			民國上海右文社排印本	○	○		×	×	○	○	○		○	
1300	章氏叢書續編	(民國)章炳麟撰	民國二十二年北平刊本	○	○		○	○	○	○	○	○		○
1301	康居筆記彙函	(民國)徐珂撰	民國二十二年徐新六排印本							○	○			
1302	心園叢刻一集	(民國)徐珂輯	民國十四年杭州徐氏排印本							○	○			
1303	孫隘堪所著書	(民國)孫德謙撰	民國元和孫氏四益宧刊本							○	○			
1304	退廬全書	(民國)胡思敬撰	民國南昌退廬刊本							○	○			
1305	石步山人游記	(民國)許同莘撰	民國十七年上海簡素堂排印本							○	○			
1306	水東集初編	(民國)王照撰	民國刊本								○			
1307	小雙寂庵叢書	(民國)張惟驤撰	手稿本								○			
			民國武進張氏小雙寂庵刊本						○	○	○			
1308	樸學齋叢刊	(民國)胡韞玉(樸安)撰	民國十二年安吳胡氏排印本	○			○	○		○	○	○		○
1309	名山全集	(民國)錢振鍠撰	民國木活字排印本						○	○		×		
1310	鈕寅身先生遺著	(民國)鈕澤晟撰	民國十三年吳興鈕氏排印本							○	○	○		
1311	和欽全集	(民國)虞銘新撰	民國二十五年至二十七年排印本									○		
1312	天行草堂主人遺稿叢刊	(民國)章嶔撰	民國二十四年排印本							○	○	○		
1313	陳新政遺集	(民國)陳文圖撰	民國十八年排印本				○	○		○	○	○		
1314	鈍安遺集	(民國)傅熊湘撰	民國二十一年排印本				○	○			○	○		
1315	問琴閣叢書	(民國)宋育仁撰	民國十三年刊本						○					
1316	邵次公遺著	(民國)邵瑞彭撰	稿本								○			
1317	小瀛壺仙館叢刊	(民國)蔡卓勳撰	民國十四年嶺東蔡氏排印本								○	×	×	
1318	孝魚叢著	(民國)王永祥撰	民國二十二年排印本							×				
1319	春暉樓叢書上集	(民國)張鼎撰	民國三十七年海鹽周昌國等排印本	○						○		○		○
1320	徐氏全書	徐昂撰	1944年至1954年南通翰墨林書局排印本	○	○					○		○		○
1321	濱虹雜著	黃濱虹撰	民國七年排印本											
1322	勵耘書屋叢刻	陳垣撰	民國刊本						○	○		○		
1323	天馬山房叢箸	馬叙倫撰	民國排印本			○				○		○		
1324	隅樓叢書	古直撰	民國十五年至十七年上海聚珍仿宋書局排印本								○			
1325	層冰草堂叢書	古直撰	民國中華書局排印本						○	○		○		
1326	層冰堂五種	古直撰	民國二十四年中華書局排印本	○			○		○	○		○		
1327	顧學齋叢刊	羅繼祖撰	民國廿五年上虞羅氏墨緣堂石印本	○								○		○

辭書	天津	內蒙	遼寧	吉林市	吉大	哈爾濱	陝西	甘肅	山東	青島	山大	南京	南大	蘇州	安徽	浙江	杭大	福建	福師	河南	湖北	武漢	武大	江西	廣東	四川	重慶	川大	雲南	黑龍江	桂林	廣西	青海	寧夏	民院	
○																○			×									○									1291
									○																											1292
○												○																								1293
		○																○																		1294
									○																											1295
																		○									○									1296
○	○	○			○				○			○			○	○	○	×									○					○			1297
		○			○							○	○		○	○	○			○		○													1298
○	○	○	○	○	○			○	○	○	○	○	○		○	○	○	○	○	○		○				○	○			×	○	○			1299
○	○	○	○		○	○	○	○		○	○	○			○	○	○	○				○			○	○	○				○	○	○		
○	○		○		○			×	○	○	○				○			○				○			○	○	○				○	×			1300
○	○		○	○	○				○	○	○				○	○		○				○				○	○					○			
											○	○			○			○																	1301
			○								○	○			○			○														○			1302
○											○	×	○		○			○																	1303
			○															○																	1304
																		○								○									1305
																																			1306
																																			1307
○		×	○						○		○	○						×			○					○	×		○						1308
			○									×					○	×								○									1309
																	○																		1310
																	○																		1311
											○		○				○					○													1312
○												○																							1313
○			○									○					○											○							1314
																											○								1315
															○																				1316
															○	○		○																	1317
		○													○			×																	1318
		×			○				○																		○				○				1319
	○		○	○				○				○	○	○	○		○			○	○	×				○	○			○	○		○		1320
												○																							1321
	○	○		○							○	○					○	○		○						○	○			○	○	○	○		1322
○																		○								○	○			○					1323
																																			1324
				○						○	×			○																					1325
○											○	○																							1326
		○									○	○			○							○													1327

	書　名	輯撰者	版　本	藏										
				北京	首都	科學	北大	北師	清華	中醫	上海	復旦	華師	上師
1328	九經正文		宋刊遞修本	○										
	宋刊巾箱本八經		民國十五年武進陶氏涉園據宋刊遞修本景印	○					○		○	○	○	○
1329	九經	(明)秦鏌訂正	明崇禎十三年錫山秦氏求古齋刊本								○	○		
			清觀成堂刊本								○	○		
			清據秦氏本重刊						○		○	○		○
1330	仿宋相臺五經附考證		清乾隆四十八年武英殿刊本								○	○		○
			清光緒二年江南書局重刊本				○				○	○	○	
			民國奉新宋氏捲雨樓據殿本景印											
1331	五經		明弘治九年琴川周木刊本	○							○	○		
1332	五經白文		明刊本								○	○		○
1333	十三經經文	葉紹鈞輯	民國二十三年上海開明書店排印本						○		○	○		
1334	篆文六經	(明)陳鳳梧篆書	明嘉靖中刊本								○	○		
1335	篆文六經四書		清康熙中內府刊本	○							○	○		○
			清光緒九年上海同文書局據清康熙本景印		○				○		○	○		
			民國十三年上海千頃堂書局據清康熙本景印								○	○		
1336	十三經漢注	(清)王仁俊輯	稿本								○			
1337	十三經古注	(明)金蟠 (明)葛鼐校	明崇禎十二年序永懷堂刊清同治八年浙江書局校修印本	○	○		○	○	○		○			
1338	袖珍十三經註		清同治十二年稽古樓刊本	○	○						○		○	
1339	三禮	(明)徐□輯	明嘉靖中東吳徐氏刊本								○			
1340	十三經註疏		明嘉靖中福建刊本								○			
1341	十三經註疏		明萬曆中北京國子監刊本	○							○			
1342	十三經註疏		明崇禎十二年序古虞毛氏汲古閣刊本	○	○	○		○	○		○		○	
1343	十三經註疏附考證		清乾隆四年武英殿刊本	○				○	○	○	○	○		
1344	重刊宋本十三經註疏附校勘記	校勘記(清)阮元撰 (清)盧宣旬摘錄	清嘉慶二十年南昌府學刊本	○	○						○	✕	○	
			清同治十年廣東書局刊本	○	○						○	✕	○	
			清同治十二年江西書局刊本	○	○						○	○	✕	
			清光緒十三年上海脈望仙館石印本	○							○			
			清光緒十八年湖南寶慶務本書局刊本						○		○			
			清光緒二十三年上海點石齋石印本	○					○	○	○	○	○	○
			民國十三年上海掃葉山房石印本								○	○		
			民國二十一年上海錦章圖書局石印本	○										
			民國二十四年上海世界書局石印本								○	○	○	
			1957年北京中華書局排印本								○	○	○	
1345	宋本十三經註疏併經典釋文校勘記	(清)阮元撰	清光緒二十四年蘇州官書坊刊本	○	○		○				○			
1346	五經		清康熙八年紫陽朱氏崇道堂刊本	○							○			
1347	御案五經	清聖祖案	清嘉慶十六年揚州十笏堂刊本								○			
1348	五經四子書		清乾隆七年怡府明善堂刊本								○			

書　　　　　　　　　者

辭書	天津	内蒙	遼寧	吉林市	吉大	哈爾濱	陝西	甘肅	山東	青島	山大	南京	南大	蘇州	安徽	浙江	杭大	福建	福師	河南	湖北	武漢	武大	江西	廣東	四川	重慶	川大	雲南	黑龍江	桂林	廣西	青海	寧夏	民院	
		O	O	O						O	O	O					O					O			O	O										1328
																											O									1329
	O											O					O		X																	
O												O	O				O	O	O							O								O		1330
	O	X	O	O		O						O	O			O	O	O	O							O	O									
						O																														1331
								O																							O					1332
											O																									1333
																																				1334
		O	X									O	O											O				O	O							1335
			O								O													O				O	O	O				O		
																		O	O																	
																		O	O																	
O			O	O								O	O			O	O	O						O				O								1337
	O			O									O			O		O	O			O					⊙	O								1338
												O	O																							1339
						O						O	O					O									O									1340
			O						O				O			O		O	O			O					O									1341
	O	O	O					O				O						O	O			O					O		O				O			1342
O	O	O			O				O			O	O									O		O		O	O	O								1343
O	O	O	O			O						O	O	O	O	O	O	O			O	O		O	O	O	O	O		O						1344
O	O		O			O			O			O	O			O	O	O	O			O	O		O	O	O	O			O					
O	O		O					O				O						O	O						O			O								
O				O				O	O			O	O									O				O		O	O							
O				O					O			O						O	O									O								
O	O							O											O					O		O			O							
O	O							O											O					O		O											1345
								X																												1346
		O						O																						O						1347
			O																							O	O									1348

書　名	輯撰者	版　本	北京	首都	科學	北大	北師	清華	中醫	上海	復旦	華師	上師
1349 五經四書讀本		清嘉慶十年揚州鮑氏樗園刊本								○			
1350 五經四書		清恕堂重刊本								○			
1351 四經精華	(清)魏朝俊輯	清光緒十一年魏氏古香閣刊本							○	○			
1352 十三經讀本		清同治中金陵書局刊本								○	○		
1353 十三經讀本附校刊記	(清)丁寶楨等校併撰校刊記	清同治十一年山東書局刊本	○	○						×	○		
1354 十三經讀本	唐文治輯	民國十三年吳江施肇曾醒園刊本	○							○	○	○	○
1355 五經要義	(宋)魏了翁撰	清光緒中江蘇書局刊本								○	○		
1356 胡忠簡公經解	(宋)胡銓撰	清乾隆五十二年餘杭官署刊本								○			
1357 公是遺書	(宋)劉敞撰	清乾隆十六年水西劉氏刊本							○	○	○		
1358 郝氏九經解	(明)郝敬撰	鈔本											○
1359 大樹堂說經	(明)曹珖撰	明鈔本	○										
1360 呂涇野五經說	(明)呂柟撰	明嘉靖三十二年謝少南刊本　清道光三年刊本											○
1361 兩蘇經解	(明)焦竑輯	明萬曆二十五年金陵畢氏刊本	○										
1362 經言枝指	(明)陳禹謨撰	明萬曆中刊本				○				○			
1363 五經繹	(明)鄧元錫撰	明萬曆三十五年序刊本								○			
1364 躋新堂集	(明)喬中和撰	明崇禎中刊本								○			
1365 石齋先生經傳九種	(明)黃道周撰	清康熙三十二年晉安鄭肇刊道光二十八年長洲彭蘊章補刊印本	○							○	○		
1366 來子談經	(明)來集之撰	清順治九年蕭山來氏倘湖小築刊本							○				
1367 五經四書疏略	(清)張沐撰	清康熙十四年至四十年菁蔡張氏刊本							○				
1368 萬充宗先生經學五書	(清)萬斯大撰	清乾隆中萬福刊本								○	○	○	○
1369 御纂七經		清康熙至乾隆間內府刊本								○	○		
		清同治六年浙江書局刊本								○	○		
		清同治十一年江西書局刊本								○			
		清光緒十四年戶部刊本								○			
		清光緒中湖北崇文書局刊本						○		○			
		清光緒中江南書局刊本			○					○			
		清光緒中上海鴻文書局石印本								○	○		
1370 通志堂經解	(清)成德(性德)輯	清康熙十九年通志堂刊本	○	○						○			
		清同治十二年粵東書局刊本	○	○						○			○
1371 陸堂經學叢書	(清)陸奎勳撰	清康熙五十三年至五十四年刊本		○						○			
1372 璜川吳氏經學叢書	(清)吳志忠等輯	清道光十年寶仁堂刊本		○		○	○			○			
1373 讀書隨筆	(清)江永撰	清乾隆五十七年江起泰等刊本								○			
1374 絳跗閣經說三種	(清)諸錦撰	清乾隆二十一年春暉堂刊本								○		○	
1375 稻香樓雜著	(清)程炎(際盛)撰	清木活字排印本								○			
1376 文藻四種	(清)黃暹輯	清乾隆中仁和黃氏刊本							○				
1377 十三經客難	(清)龔元玠撰	清道光二十六年縣學文昌祠考棚公局刊本	○						○	×	○		
1378 李氏經學四種	(清)李灝撰	清乾隆中刊本							○				
1379 方望溪先生經說四種	(清)方苞撰	清乾隆中方觀承刊本								○			
1380 經玩	(清)沈淑撰	清雍正三年常熟沈氏孝德堂刊本	○							○			
1381 讀書小記	(清)范爾梅撰	清雍正七年敬恕堂刊本	○					○					

書／者																																				
辭書	天津	内蒙	遼寧	吉林市	吉大	哈爾濱	陝西	甘肅	山東	青島	山大	南京	南大	蘇州	安徽	浙江	杭大	福建	福師	河南	湖北	武漢	武大	江西	廣東	四川	重慶	川大	雲南	黑龍江	桂林	廣西	青海	寧夏	民院	編號
																																				1349
																																				1350
																											○	○								1351
															○																					1352
			○						○		○															○										1353
○	○		○					○	○			○				○	○	○				○												○		1354
																			×									○								1355
		○							○													○														1356
					○																			○												1357
																																				1358
																																				1359
																																				1360
									○			×				○																				1361
																																				1362
												○																								1363
																																				1364
	○		○		○							○	○			○	○		×																	1365
																																				1366
																																				1367
○	○	○	○									○	○			○	○			○						○	○	○						○		1368
○	○	○	○		○							○	○		○	○				○		○	○			○	○	○			○					1369
×	○	○	○		×				×			○	○		○	○	○	○				○	○			○	○									1370
○	○		○	○	○	×			○	○		○	○	○	○		○			○	○	×	×	○	○	○	○	○				○		○		1371
			○										○																							1372
												○				○	○										○									1373
																																				1374
																																				1375
																																				1376
		○										×	○							○		○	○				○	○								1377
																																				1378
																							○													1379
○			○									○								○																1380
		×										○				○																				1381

書　名	輯撰者	版　本	北京	首都	科學	北大	北師	清華	中醫	上海	復旦	華師	上師
1382 楊符蒼七種	（清）楊方達撰	清雍正乾隆間武進楊氏復初堂刊本								○			
1383 茹氏經學十二種	（清）茹敦和撰	清乾隆中刊本								○			
1384 經學五種	（清）□□輯	清乾隆中藤花樹刊本	○	○						○		○	
1385 九經補注	（清）姜兆錫撰	清雍正乾隆間寅清樓刊本				○	○	○		○	○		
1386 味經齋遺書	（清）莊存與撰	清道光中莊綏甲寶研堂刊本	○	○						○	○	○	
		清光緒八年陽湖莊氏刊本	○	○						○	○	○	
1387 通藝録	（清）程瑤田撰	清嘉慶中刊本						○		×			
1388 拜經堂叢書	（清）臧琳撰	清乾隆嘉慶間武進臧氏同述觀刊本								○	○		
	（清）臧庸撰	日本昭和十年東方文化學院京都研究所據清乾隆嘉慶間臧氏刊本景印	○	○	○	○	○	○		○			
1389 皇清經解一千四百卷	（清）阮元輯	清道光九年廣東學海堂刊本	○	○						○	○	○	○
皇清經解一千四百八卷		清道光九年廣東學海堂刊咸豐十一年補刊本	○	○						○	○	○	
皇清經解一百九十卷		清光緒十七年上海鴻寶齋石印本								○		○	
		清光緒中上海點石齋石印本								○	○	○	○
1390 皇清經解續編一千四百三十卷	（民國）王先謙輯	清光緒十四年南菁書院刊本	○	○						○	○	○	○
		清光緒十五年上海蜚英館石印本	○							○		○	○
1391 愈安闚齋所著書	（清）汪大鈞撰	清光緒十九年錢唐汪氏刊本								○			
1392 王氏遺書	（清）王朝槼撰	清嘉慶五年寫定稿本								○			
1393 十三經札記	（清）朱亦棟撰	清光緒四年武林竹簡齋刊本	○	○						○			
1394 錢氏四種	（清）錢坫撰	清嘉慶七年擁萬堂刊本			○			○		○			
		民國中國書店據清嘉慶擁萬堂本景印		○		○	○	○		○			
1395 孔叢伯説經五稿	（清）孔廣林撰	清光緒十六年山東書局刊本								○			
1396 七經偶記	（清）汪德鉞撰	清道光十二年汪時漣長汀木活字排印本								○			
1397 戴静齋先生遺書	（清）戴清撰	清咸豐元年儀徵劉文淇等刊本								○			○
1398 七經精義	（清）黃淦撰	清嘉慶十三年刊本				○	○	○		○			
1399 蜚雲閣凌氏叢書	（清）凌曙撰	清嘉慶道光間江都凌氏蜚雲閣刊本				○		○	○	○			
1400 鄭氏佚書	（漢）鄭玄撰	清光緒十四年浙江書局刊本				○	○	○		○			○
	（清）袁鈞輯	清光緒十年四明觀稼樓刊本								○	○		○
1401 通德遺書所見録	（漢）鄭玄撰 （清）孔廣林輯	清光緒十六年山東書局刊本	○							○	○		
1402 鄭學彙函	（漢）鄭玄撰 （清）□□輯	清光緒中定州王氏刊本							○				
1403 五經旁訓	（清）徐立綱撰	清匠門書局刊本								×			
		清乾隆四十七年吳郡張氏刊本								○			
1404 五經旁訓增訂精義	（清）徐立綱撰 （清）竺静甫 （清）竺子壽增訂精義 （清）黃淦撰	清光緒十年四明竺氏毓秀草堂刊本								○	○		
1405 西園讀書記	（清）黃朝槐撰 （清）黃朝桂撰	鈔本	○										
1406 五經衷要	（清）李式穀輯	清道光十年南海葉夢龍風滿樓刊本	○	○				○		○			
1407 經苑	（清）錢儀吉輯	清道光咸豐間大梁書院刊同治七年	○	○	○	○	○	○		○	○	○	

書　　　　　　　　　者

辭書	天津	內蒙	遼寧	吉林市	吉大	哈爾濱	陝西	甘肅	山東	青島	山大	南京	南大	蘇州	安徽	浙江	杭大	福建	福師	河南	湖北	武漢	武大	江西	廣東	四川	重慶	川大	雲南	黑龍江	桂林	廣西	青海	寧夏	民院	年
																																				1382
																																				1383
																										○										1384
												○															○									1385
○			○	○						○		○		○							○					○		○						○		1386
○					○						○	○	○				○									○										1387
○		○										○							○							○										1388
○	○	○	○		○		○	○	○		○	○	○		○	○	○		○		○	○	○		○	○	○	○		○		○	○		1389
○		○	○	○	○		○	○		○		○	○	○		○		○		○						○	○	○					○		
○									○			○	○					○				○	○			○	○						○		
○	○	○	○	○	○		○	×		○	○	○	○	○	○	○	○	○	○		○	○	○	○		○	○	○		○	×		○		1390
												○	○			○								○		○										
																																			1391
																																			1392
○											○	○			○		×			○		○				○	○	×	○							1393
○												○	○					○																		1394
○	○		○									○	○			○			○				○			○									
○	○								○	○	○						○	○								○										1395
																							○													1396
																																				1397
○		○	○				○					○	○					○	×							○		○								1398
○	○		○	○								○	○		○	○	○	○	○				○			○										1399
○	○	○	○	○			○					○	○	○	○		○	○	○	○	○	○	○			○	○	○	○				○		1400
○	○		○											○	○		○		○							○										1401
																																				1402
	○								×							○							○			○										1403
																																				1404
																																				1405
																					○			×												1406
○	○		○		○						○	○	○	○		○		○	○	○			×	○	×		○	○						○	1407

	書　名	輯撰者	版　本	藏										
				北京	首都	科學	北大	北師	清華	中醫	上海	復旦	華師	上師
1408	古經解彙函	(清)鍾謙鈞等輯	王儒行等印本											
			民國十一年補刊十二年重印本								○	○		
			清同治十二年粵東書局刊本	○		○	○		○		○	○		○
			清光緒十四年上海蜚英館石印本		○		○	○						
			清光緒十五年湘南書局刊本									○		
1409	省吾堂四種	(清)蔣光弼輯	清常熟蔣氏省吾堂刊本	○		○					○		○	
1410	五經補綱	(清)伊樂堯輯	清咸豐四年晉江黃宗漢刊本						○		○			
1411	七經略記	(清)朱朝瑛撰	稿本	○										
1412	南海桂氏經學	(清)桂文燦撰	清咸豐光緒間刊本						○		○			
1413	張敬堂太史遺書	(清)張錫嶸撰	清同治九年刊本								○		○	
1414	西夏經義	(清)何志高撰 (清)吳棠輯	清道光十八年刊本		○						○		○	
			清光緒十四年刊本											
1415	五經備旨	(清)鄒聖脉纂輯	清光緒十二年上海點石齋石印								○	○		
1416	五經詳說	(清)冉覲祖撰	清光緒七年大梁書局刊本								○	○		
1417	十一經音訓	(清)楊國楨撰	清道光十年大梁書院刊本									○		
1418	六藝堂詩禮七編	(清)丁晏撰	清光緒三年湖北崇文書局刊本	○							×	○	○	
			清咸豐二年聊城楊以增海源閣刊本	○							○	○		
1419	面城樓叢刊	(清)曾釗撰	清嘉慶道光間南海曾氏面城樓刊本	○							○	○	○	
1420	篤志齋經解	(清)張應譽撰	清同治十年南皮張氏刊本	○					○		○	○	○	
1421	希鄭堂叢書(一名潘氏叢書)	(清)潘任撰	清光緒二十年木活字排印本								○	○		
1422	史伯平先生所箸書	(清)史致準撰	清光緒中刊本								○	○		
1423	孫谿朱氏經學叢書初編	(清)朱記榮輯	清光緒中吳縣朱氏槐廬刊本				○		○		○	○		
1424	素隱所刻書	(清)□□輯	清光緒十五年刊本								○			
1425	李氏成書	(清)李文炤撰	清四爲堂刊本									○		
1426	百本書齋藏書	(清)王貞撰	清光緒十四年海陽韓氏刊本								○			
1427	丁氏遺稿六種	(清)丁壽昌撰	稿本								○			
1428	皮氏經學叢書	(清)皮錫瑞撰	清光緒中思賢書局刊本	○					○		○		○	
1429	四益館經學叢書	(民國)廖平	清光緒十二年成都刊本			○					○			
1430	讀書堂叢刻	(民國)簡朝亮撰	清光緒至民國間刊本								○	○		
1431	茹經堂新著	唐文治撰	民國排印本	○							○			
1432	漢魏二十一家易注	(清)孫堂輯	清嘉慶四年平湖孫氏映雪草堂刊本	○	○	○	○				○			○
1433	雕菰樓易學	(清)焦循撰	稿本	○										
1434	春水船易學	(清)方本恭撰	清嘉慶三年刊本	○							○			
1435	張皋文箋易詮全集	(清)張惠言撰	清嘉慶道光間刊本	○					×		×			
1436	學易五種	(清)王甗撰	清道光二年鑑雪山房刊本					○				○		
1437	方氏易學五書	(清)方申撰	清道光十八年刊本								○	○		
1438	沈毅成易學	(清)沈善登撰	清光緒中桐鄉沈氏豫恕堂刊本								○	○		
1439	易通殘稿三種	(清)程廷祚撰	稿本								○			
1440	易學六種	(清)汪□輯	蕭山汪氏環碧山房鈔本								○		○	
1441	易藏叢書	(民國)杭辛齋撰	民國十二年研幾學社排印本	○							○			
1442	學鐸社叢書	楊踐形撰	民國十四年排印本								○			
1443	龍岡山人古文尚書四種	(清)洪良品撰	清光緒十四年排印本	○					○		○			
1444	古名儒毛詩解十六種	(明)鍾惺輯	明擬萬堂刊本	○					○			○		

書　　　　　　　者

辭書	天津	内蒙	遼寧	吉林市	吉大	哈爾濱	陝西	甘肅	山東	青島	山大	南京	南大	蘇州	安徽	浙江	杭大	福建	福師	河南	湖北	武漢	武大	江西	廣東	四川	重慶	川大	雲南	黑龍江	桂林	廣西	青海	寧夏	民院	
O	O	O	×	O	O	O	O	O	O			O	O			O	O	O					×	O		O	O	O		O	O	×		O	O	**1408**
		O	O					O	O			O	O			O	O	O		O		O	×	O	O		O				O					
O																										O										
×	O		O		O				O		O	O	O			O		O								O	O	O		O	O			O	O	**1409**
											O	O																								**1410**
																O																				**1411**
									O		O										O					O		O								**1412**
																																				1413
			O																							O		O								**1414**
O			O													O			O		O			O												**1415**
								O											O					O												**1416**
									O					O				×																		**1417**
O		×	O						O			O	O		O			O		O	O	O	O	O	O				O	O			×			**1418**
		O										O	O																						O	**1419**
O		O										O	O																							**1420**
			O															O																	O	**1421**
																																				1422
	O	O	O	O					O			O				O			O				O	O	O	O									**1423**
					O																															**1424**
																												O								**1425**
																																				1426
																																				1427
O		O	O	O								O	O	O		O		×					O	O	O								O			**1428**
																										O										**1429**
O																			O																	**1430**
																																				1431
		O							O	O	O					O			O						O			O				O				**1432**
																																				1433
																																				1434
	O	O							O	O					O				O				O				O									**1435**
																																				1436
					O																															**1437**
																																				1438
																																				1439
																O																				**1440**
									O								O	O	×														×	O		**1441**
									O								O	O																		**1442**
																	O																			**1443**
																							×													**1444**

書　　名	輯撰者	版　　本	藏										
			北京	首都	科學	北大	北師	清華	中醫	上海	復旦	華師	上師
1445 詩經通解	(清)歸起先輯	清順治十五年刊本								○			
1446 毛詩質疑	(清)牟應震撰	清嘉慶中樓霞牟氏刊道光二十九年歷城朱氏修補印本	○					○					
1447 陳氏毛詩五種	(清)陳奐撰	清道光咸豐間吳門南園陳氏掃葉山莊刊本								○	○	○	
1448 讀禮叢鈔	(清)李輔燿輯	清光緒十七年湘西李氏鞠園刊本	○						○	○			
1449 确山所著書	(清)宋世犖撰	清光緒六年津門徐士鑾補刊印本	○							○			
1450 檀弓通考工通合刻	(明)徐昭慶撰	明刊本	○							○			
1451 鐫黄先生進覽書四種	(明)黄道周撰 (明)李清輯	明刊本								○			
1452 玉玲瓏閣叢刻	(唐)陸淳撰 (清)龔翔麟輯	清康熙中錢塘龔氏刊本								○			
1453 春秋三書	(明)張溥撰	明刊本	○		○	○				○			○
1454 春秋識小録初刻三書	(清)程廷祚撰	清乾隆八年三近堂刊本 / 清光緒三十二年江寧傅氏晦齋刊本	○						○	○			
1455 春秋表三種	(清)朱兆熊撰	清刊本							○				
1456 毛氏春秋三種	(清)毛士撰	清同治光緒間刊本							○				
1457 弢園經學輯存	(清)王韜撰	清光緒十五年排印本								○			
1458 春秋筆記六種	(清)朱運樞撰	民國十五年石印本								○			
1459 張氏公羊二種	(清)張憲和撰	清光緒中刊本								○			
1460 樂律全書	(明)朱載堉撰	明萬曆二十四年鄭藩刊本	○		○				○	○			
1461 李氏樂書四種	(明)李文察撰	明藍格鈔本								○			
1462 繹聖二編	(明)周從龍撰	明萬曆三十九年序刊本								○			
1463 楊貞復六種	(明)楊起元撰	明萬曆中刊本									○		
1464 四書大全	(明)胡廣等撰	朝鮮純祖二十年刊本	○							○			
1465 四書大全	(明)胡廣等撰	清吳門德馨堂刊本							○				
1466 四書集註大全	(清)陸隴其輯	清康熙四十一年三魚堂刊本								○	○	○	
1467 孟子四考	(清)周廣業撰	清乾隆六十年省吾廬刊本	○						○	○			
1468 瑱川吳氏四書學	(清)吳志忠輯	清嘉慶十六年序刊本								○			
1469 四書古註群義彙解		清光緒十六年珍署書局排印本 / 清光緒十九年同文書局石印本 / 清光緒三十年同文升記書局排印本								○	○		
1470 孝經大全	(明)江元祚輯	明崇禎中刊本								○			
1471 今古文孝經彙刻	(清)王德瑛輯	清道光中福山王氏日省吾齋刊本					○					○	
1472 唐開成石壁十二經		民國十五年披縣張氏葯忍堂摹刊							○		○	○	
1473 石經補攷	(清)馮登府撰	清道光八年刊本	○										
1474 石經彙函	(民國)王秉恩輯	清光緒十六年四川尊經書局刊本	○	○					○	○		○	
1475 古微書	(明)孫瑴輯	清嘉慶十七年禹航陳世望對山問月樓刊本	○	○				○	○				
		清光緒十四年刊本	○		○					○			
		清光緒廿一年上海鴻文書局石印本								○			
1476 緯書	(清)殷元正輯 (清)陸明睿增訂	清觀我生齋鈔本								○			
1477 七緯	(清)趙在翰輯	清嘉慶十四年侯官趙氏小積石山房刊本			○				○	○	○	○	

	書																者																			
辭書	天津	內蒙	遼寧	吉林市	吉大	哈爾濱	陝西	甘肅	山東	青島	山大	南京	南大	蘇州	安徽	浙江	杭大	福建	福師	河南	湖北	武漢	武大	江西	廣東	四川	重慶	川大	雲南	黑龍江	桂林	廣西	青海	寧夏	民院	
---	---	---	---	---	---	---	---	---	---	---	---	---	---	---	---	---	---	---	---	---	---	---	---	---	---	---	---	---	---	---	---	---	---	---	---	---
																																				1445
																																				1446
					○								○				○																			1447
			○									○	○			○	○			○		○					○				○					1448
																																				1449
											○																					○				1450
																																				1451
																○																				1452
																																				1453
													○																							1454
																																				1455
																																				1456
																	○																			1457
																																				1458
																○																				1459
					○			○			○		○			○	○	○	○			○				○		○	○	×		○			○	1460
																																				1461
																																				1462
																																				1463
		○											○			○																				1464
																								○												1465
											○																	○					○			1466
	○										○		○			○												○								1467
																																				1468
					×														×																	1469
○					○						○		○											○												1470
				○																																1471
	○		○													○	○	○	○							○	○	○								1472
																																				1473
○	○		○	○	○			○	○		○	○	○	○	○	○	○		○			○			○		○	○								1474
○		○								○			○			○	○			○		○						○								1475
			○					○			○		○	○	○	○			○					○												1476
	○												○											○									○			1477

	書　名	輯撰者	版　本	北京	首都	科學	北大	北師	清華	中醫	上海	復旦	華師	上師
1478	小學鈎沈	(清)任大椿輯 (清)王念孫校	清嘉慶二十二年山陽汪廷珍據高郵王氏刊本續刊	○									○	
			清光緒十年龍氏刊本	○	○	○	○	○				○	○	○
			清光緒中湖北崇文書局刊本	○									○	
1479	小學鈎沈續編	(清)顧震福輯	清光緒十八年山陽顧氏刊本	○	○							○	○	
1480	小學蒐佚	(民國)龍璋輯	民國攸縣龍氏排印本								○			
1481	五經歲徧齋許學三書	(清)翟云升撰	稿本							○	○	○		
1482	文字存真	(清)饒炯撰	清光緒三十年達古軒刊本					○			○	○		
1483	增注字詁義府合按	(清)黃承吉輯	清光緒三年歙西黃氏刊本								○			
1484	五雅	(明)畢效欽輯	明嘉靖中新安畢氏刊本								○			
1485	五雅全書	(明)郎奎金輯	明武林堂策檻刊本								○	○		○
			清嘉慶九年重刊											○
1486	苗氏説文四種	(清)苗夔撰	清道光咸豐間壽陽祁氏漢專亭刊本	○			○				○	○	○	○
1487	小學類編	(清)李祖望輯	清咸豐至光緒間江都李氏半畝園刊本	○	○	○	○	○			○	○	○	○
1488	許學叢書	(民國)張炳翔輯	清光緒中長洲張氏儀鄦廬刊本	○									○	○
1489	許學叢刻	(清)許頌鼎 (清)許澍祥輯	清光緒十三年海寧許氏古均閣刊本	○								○	○	○
1490	澂園叢書	(清)楊廷瑞撰	清光緒十七年善化楊氏澂園刊本								○			
1491	説文續字彙	(清)靜觀齋主人輯	清光緒十二年上海積山書局石印本								○			
1492	許學四種	(民國)金鉥輯	民國八年天津金氏刊本	○	○		○	○			○		○	
1493	許學四書	(民國)□□輯	民國二十年景印本				○	○			○	○		
1494	郎園小學四種	(民國)葉德輝撰	民國葉氏觀古堂刊本	○			○	○			○	○		
1495	稵香館叢書	(民國)吳甌輯	民國二十四年遼陽吳氏據稿本景印	○			○	○			○	○		
1496	同文考證	(清)管受之輯	清嘉慶十九年刊本	○							○			
1497	字學三書	(清)□□輯	清道光二十年楊需刊本	○					○			○		
			清光緒十年鑑古書局據清道光本景印	○										
1498	字學三種	(清)傅雲龍輯	清同治十三年德清傅氏味腴山館刊本	○	○									
1499	六書存	(清)周天益撰	民國十三年排印本								○			○
1500	韻書四種	(明)釋真空輯	明正德中刊本								×			
1501	音韻日月燈	(明)呂維祺撰	明崇禎六年刊本								○		○	
1502	音學五書	(清)顧炎武撰	清康熙六年山陽張弨符山堂刊本	○						○	○	○		
			清光緒十一年四明觀稼樓刊本	○	○							×	○	
			清光緒十一年湘陰郭氏岵瞻堂刊本											
			清光緒十六年思賢講舍刊本	○										
			民國上海文瑞樓石印本									×		
			民國上海鴻章書局石印本											
1503	曹棟亭五種	(清)曹寅輯	清康熙四十五年揚州使院刊本								○			○
1504	澤存堂五種	(清)張士俊輯	清康熙中吳郡張氏刊本	○	○						○	○	○	
			清光緒十四年上海蜚英館據清康熙本景印	○	○		○	○	○		○	○	○	
1505	江氏音學十書（原缺三種）	(清)江有誥撰	清嘉慶道光間刊本	○										

書　　　　　　　　　　　　　　　　　　　者

辭書	天津	內蒙	遼寧	吉林市	吉大	哈爾濱	陝西	甘肅	山東	青島	山大	南京	南大	蘇州	安徽	浙江	杭大	福建	福師	河南	湖北	武漢	武大	江西	廣東	四川	重慶	川大	雲南	黑龍江	桂林	廣西	青海	寧夏	民院	
																○			○			○														1478
○	○	○		○	○	○	○		○			○	○			○	○			○		×		○		○	○	○		○	×					
			○					×				○	○			○				○						○	○	○								1479
				○				○				○	○							○		○		○												1480
													○																							1481
													○									○				○	○									1482
																																				1483
	○			○						○		○										○				×	○									1484
○				○								○				○							×													1485
○	○	○	○	○	○	○	○	○	○	○		○	○	○		○	○			○		○		○	○	○	○	○		○					1486
○	○	○	○	○	○	○	○	○		○		○	○			○	○			○		○	×	○		○	○								1487
○		○	○	○					○			○	○	○		○				○		○				○					○	×		○	○	1488
×		○	○	○				○	○			○	○			○				○		○				○					×					1489
																			×																	1490
																												○								1491
	○		○	○		○		○																				○							○	1492
			○																	○						○										1493
												○	○				○	○	○							○	○	○								1494
○	○		○			○			○			○	○	○		○	○			○						○					○	○	○			1495
																																				1496
							○													○								○								1497
														○												○	○									1498
																																				1499
																																				1500
	○	○	×									○								×													○			1501
			○	○	○				○			○	○	○		○	○	○				○			○	○	○			○			○		1502
								○				○	○							○	○						○			○					
○							○		○	○		○	○			○			○			○	○				○				○				
		○				○			○			○	○															○						○		1503
○	○	○	○		○	○	○		○	○		○	○			○		○	○	○		○				○	×	○					○	○	1504
○			○		○																															1505

書　名	輯撰者	版　本	北京	首都	科學	北大	北師	清華	中醫	上海	復旦	華師	上師
		民國十七年上海中國書店景印本							○	○	○	○	○
		1957年四川人民出版社據渭南嚴氏賁園刊音韻學叢書原版重印本				○				○			
1506 庚癸原音	(清)繆荃撰	清同治五年刊本	○					○	○	○		○	
1507 龐氏音學遺書	(清)龐大堃撰	民國二十四年龐樹階據稿本景印	○					○	○	○		×	
1508 丁酉圜叢書	(清)丁顯撰	清光緒中刊本						○	○	○	×		
1509 姚氏叢刻	(清)姚覲元輯	清光緒二年川東官舍刊本								○			
1510 聽古廬聲學十書	(清)時庸勱撰	清光緒十八年河南星使行臺刊本								○			
1511 枕漁韻學	(清)顧澐撰	清光緒二十五年木活字排印本	○						○	○			
1512 聲韻要刊	(民國)□□輯	民國北平松筠閣排印本								○			○
1513 音學四種	徐昂撰	民國十九年南通翰墨林書局排印本								○			
1514 音韻學叢書	嚴式誨輯	民國渭南嚴氏成都刊 1957年四川人民出版社彙印本	○				○	○	○	○			
1515 拼音文字史料叢書	文字改革出版社輯	1956年至1958年北京文字改革出版社景印本	○										
1516 七史	(宋)井度輯	宋紹興中蜀眉山刊元明遞修本								×			
1517 二十一史		宋元明三朝刊明南京國子監遞修印本						○			×		
		明萬曆中北京國子監刊本	○							○	×		
1518 十七史		明崇禎至清順治間琴川毛氏汲古閣刊本	○	○	○			○	×	×	○		
1519 二十四史		清乾隆四年武英殿刊本	○				○	○			○		
		清光緒中同文書局據殿本景印	○										○
		清光緒中五洲同文書局據殿本景印	○			○	○	×					
		清光緒中圖書集成局排印本	○								×	○	
		清光緒中竹簡齋據殿本景印	○							○	○		
		清光緒中史學齋石印本	○										
		民國上海涵芬樓據殿本景印	○							○			
1520 二十四史		清同治光緒間五省官書局據汲古閣本合刊光緒五年湖北書局彙印本	○	○	○	○				○	○	×	
1521 四史		清同治十一年成都書局據殿本重刊								○			
		民國二十四年上海世界書局據殿版景印											○
1522 四史	劉承幹輯	民國吳興劉氏嘉業堂景刊本								○			
1523 百衲本二十四史	張元濟輯	民國上海商務印書館景印本	○	○	○				○	○	○	○	
		1958年上海商務印書館據百衲本縮印	○							○	○	○	
1524 二十五史	二十五史刊行委員會輯	民國二十四年上海開明書店景印本	○					○	○	○	○	○	○
1525 二十五史補編	二十五史刊行委員會輯	民國二十五年至二十六年上海開明書店排印本	○	○				○	○	○	○	○	○
		1957年中華書局據原版重印								○	○		
1526 史漢評林	(明)淩稚隆輯	明萬曆中烏程淩氏刊本	○							○	○		
1527 玄羽外編	(明)張大齡撰	明萬曆三十九年序刊本	○							○			
1528 史學彙鈔三種		鈔本						○					

	書																		者																	
辭書	天津	内蒙	遼寧	吉林市	吉大	哈爾濱	陝西	甘肅	山東	青島	山大	南京	南大	蘇州	安徽	浙江	杭大	福建	福師	河南	湖北	武漢	武大	江西	廣東	四川	重慶	川大	雲南	黑龍江	桂林	廣西	青海	寧夏	民院	編號
○			○	○								○				○	○	○				○	○			○	○			○						
		○	○	○												○		○							○	○			○							1506
×				○							○					○																				1507
																○												○								1508
																		×													○					1509
				○									○																							1510
		○		○																																1511
																○														○	○	○	○			1512
													○		○	×	○						○							○	○	○				1513
○		○		○			○					○		○																		○				1514
																																				1515
													○												×		○				○					1516
		×											○	×		○	○	○	○				○	○	○		×		○							1517
	○		○		○	○					○	○	×		○	○	○				○					×	○				×					1518
○	○	○		○						○	○					○		×	○		○			○	○	○	○	×	○		○					1519
○	○		○									○	×		○	○		○	○		×	○	○	○	○		○	○			○					
○	○				×						○	○		○		○	○	○	○	○	○	○	○	○	×		○	○								
		○					○	○		○	×		×	○	×		○				○	○				○									
○	○		○							○	○		○	×	○	○	×	○		○	○	×		○	○	×	○	○		×	○		○		○	1520
										○			○			○							○			○										1521
																		○																		1522
			×													○			○																	
○	○	○	○	○	○		○	○		○	○	○	○		○	○	○	○	○	○	○	○	○	○	○	○	○		○	○			○			1523
○	○	○	○	○	○		○		○	○		○	○	○	○		○	○		○	○	○		○		○	○			○	○		○			1524
○	○	○	○	○	○		○		○	○	○	○	○	○	○	○	○	○	○	○	○	○	○	○		○	○						○			1525
																		○																		
	○			○						○	○					○	○	×	○					○	○	○										1526
																○																				1527
																																				1528

書　名	輯撰者	版　本	北京	首都	科學	北大	北師	清華	中醫	上海	復旦	華師	上師
1529 四史勦説	(清)史珥撰	清乾隆二十五年清風堂刊本	○					○					
1530 遼金元三史語解	(清)乾隆四十六年敕撰	清道光四年內府刊本	○								○	○	
		清光緒四年江蘇書局刊本	○	○						○	○	○	○
1531 桐華館史翼	(清)金德輿輯	清嘉慶中刊本	○					○					
1532 大興徐氏三種	(清)徐松撰	清道光中刊本	○	○		○							○
		清光緒中上海鴻文書局景印本	○						○	○			
1533 二十四史三表	(清)段長基撰	清嘉慶二十二年小酉山房刊本	○							○			
	(清)段掊書編注	清光緒元年刊本											
1534 四史疑年錄	(清)阮劉文如撰	清嘉慶二十三年刊本	○							○			
		清宣統元年刊本											
1535 古今史學萃珍	(清)余筆鈞輯	清同治七年余氏明辨齋刊本	○										
1536 史論五種	(清)李祖陶撰	清同治十年敖陽李氏尚友樓刊本	○							○	○		
1537 思益堂史學三種	(清)周壽昌撰	清光緒中長沙周氏小對竹軒刊本	○							○			
1538 史學叢書	(清)□□輯	清光緒二十五年文瀾書局石印本						○	○	○	×	○	
		清光緒廿八年上海煥文書局石印本									○	○	
		清光緒中上海點石齋石印本								○			
1539 兩湖書院重校史論叢編(一名江夏劉氏史部叢書第一編)	(清)劉□輯	清光緒二十六年粵雅堂刊本											
1540 五史斠議	(民國)羅振玉撰	清光緒二十九年刊本	○										
1541 越縵堂讀史札記	(清)李慈銘撰	民國二十年序國立北平北海圖書館排印本	○		○	○		○		○	○	○	×
1542 常熟丁氏叢書	(民國)丁國鈞撰	清光緒中木活字排印本	○							○			
1543 四史評議	(民國)李景星撰	民國二十一年濟南排印本	○					○	○				
1544 述東雜纂	(民國)黃任恒撰	民國十四年南海黃氏排印本	○		○		×			○	○	○	
1545 辟園史學四種	(民國)劉體仁撰	民國石印本						○	○	○		○	
1546 兩漢紀	(宋)王銍輯	明嘉靖二十七年吳郡黃姬水刊本	○							○			
		明萬曆二十六年南京國子監刊本	○							○			
		清康熙五年襄平蔣氏樂三堂刊本											
		清光緒二年嶺南學海堂刊本							○	○			
		清光緒三年盱南三餘書屋刊本								○		○	
1547 通鑑綱目全書		明萬曆二十一年蜀藩刊本	○										
1548 資治通鑑綱目四編合刻	(清)丁寶楨輯	清光緒中山東書局刊本								○	×		
1549 資治通鑑大全	(明)陳仁錫輯	明崇禎二年序金閶大歡堂刊本								○	×		
1550 資治通鑑彙刻		清同治光緒間江蘇書局刊本								○			
1551 校刊資治通鑑全書	(清)胡元常輯	清光緒十四年長沙楊氏刊本	○					○	○				
1552 太祖高皇帝實錄稿本三種	(民國)羅振玉輯	偽滿大同二年史料整理所據原本景印		○						○	○		
1553 紀事本末五種	(清)□□輯	清同治十二年至十三年江西書局刊本	○							○			○
		清光緒二十四年思賢書局刊本								○	○		
1554 紀事本末彙刻	(清)廣雅書局輯	清光緒中廣雅書局刊本	○							○	○		
1555 歷朝紀事本末	(清)陳如升	清光緒十四年上海書業公所排印本	○						×	○		○	
	(清)朱記榮輯	清光緒廿五年上海慎記書莊石印本		○									
	(清)捷記主人增	清宣統二年上海文盛書局石印本							○		○	○	

書　　　者

辭書	天津	内蒙	遼寧	吉林市	吉大	哈爾濱	陝西	甘肅	山東	青島	山大	南京	南大	蘇州	安徽	浙江	杭大	福建	福師	河南	湖北	武漢	武大	江西	廣東	四川	重慶	川大	雲南	黑龍江	桂林	廣西	青海	寧夏	民院					
																			○																					1529
																○			○																○					1530
○			○								○	○									○			○	○		○	○			○			○						
																																								1531
		○	○									○	○						○							○	○	○							○					1532
																	○		○		○																			1533
								○			○										○																			1534
○																																	○							
												○																												1535
													○						○		○									○		○								1536
																																								1537
○	○	○	○		×			×			○	○	○		○			○										○			×				○					1538
											○								○	○												○			○					
																	○																							
																																								1539
																	○										○								○					1540
○	○				○								○			○	○		×	○				○			○	○	○											1541
					○																																			1542
					○						○									○										○			○							1543
×		○	○	○	○						○		○			○			○	○								○		○	×		○	○	○					1544
					○						○		○				○		○					○				○				○			○					1545
	○							○				○															○												1546
												○																											
	○											○					○										○												
									○												○			○		○													
									○															○															
								○																															1547
											○													○				○												1548
	○															×		○								○														1549
																			○																					1550
○			○	○				○					○				○	○	○							○	○								○					1551
	○	○		○							○	○					○													○					○					1552
	○											○						○			○			○				○												1553
																		○			○		×																	
											○					○	○			○	○														○					1554
			○					○			○	○					○							○	○		○					×								1555
×											○								○	○												×								
				○							○					○								○	○															

書　　名	輯撰者	版　　本	藏										
			北京	首都	科學	北大	北師	清華	中醫	上海	復旦	華師	上師
	輯												
1556 歷代小史	(明)李栻輯	明刊本	○		○	○				○			
1557 七家後漢書	(清)汪文臺輯	清光緒八年太平崔國榜等刊本	○	○	○			○	○		○	○	
1558 南唐書合刻	(清)蔣國祥輯 (清)蔣國祚輯	清同治十三年盱南蔡氏三餘書屋據襄平蔣氏本補刊						○	○		○	○	
1559 宋遼金元別史(一名四朝別史)	(清)席世臣輯	清乾隆嘉慶間南沙席氏掃葉山房刊本	○	○									
1560 國難叢書第一輯	(民國)□□輯	民國二十六年排印本											○
1561 靖康稗史	(宋)耐庵輯	清宣統元年常熟丁國鈞傳鈔本								○			
1562 蒙古史料校注	(民國)王國維撰	民國十五年清華學校研究院排印本	○	○	○					○	○		
1563 皇明史概	(明)朱國楨輯	明崇禎中刊本	○	○						○			
1564 遜國逸書	(明)錢士升輯	明崇禎十七年刊本	○	○						○			
1565 勝朝遺事	(清)吳彌光輯 (清)宋澤元重訂	清光緒九年山陰宋澤元懺華盦刊本	○			○				○			
1566 邊略	(明)高拱撰	明萬曆元年序刊本								○			
		民國二十三年排印本								○			
1567 崇正叢書	(清)葉騰驤輯	清道光十九年品石山房木活字排印本		○							○	○	○
1568 荊駝逸史	(清)陳湖逸士輯	清道光中古槐山房木活字排印本		○						○	○	○	○
		清宣統三年中國圖書館石印本		○				○	○				
1569 明季稗史彙編	(清)留雲居士輯	清都城琉璃廠刊本	○	○				○	○		○		
		清光緒二十二年上海圖書集成局排印本							○	×			
1570 明季野史彙編		清鈔本	○										
1571 海甸野史	(清)□□輯	鈔本	○			○							
1572 甲申野史紀事彙鈔	(清)彭孫貽輯	鈔本								○			
1573 明末稗史鈔	(清)□□輯	鈔本								○			
1574 三異詞錄	(清)□□輯	清鈔本	○										
1575 陸沈叢書	(清)□□輯	清光緒二十九年石印本								○			
1576 痛史	(民國)樂天居士輯	清宣統三年商務印書館排印本	○					○		○	○	○	
		民國六年商務印書館排印本	○							○			
1577 明季遼事叢刊	(民國)羅振玉輯	民國二十五年僞滿日文化協會石印本	○	○	○					○	○		
1578 明季史料叢書	鄭振鐸輯	民國二十三年聖澤園景印本	○			○	○	○		○			
1579 中國內亂外禍歷史叢書	(民國)中國歷史研究社編	民國三十六年上海神州國光社排印本	○			○			×	○	○		
1580 清初史料四種	謝國楨輯	民國二十二年北平圖書館排印本	○	○									
1581 史料叢刊初編	(民國)羅振玉輯	民國十三年東方學會排印本	○	○									
1582 史料叢編	僞庫籍整理處輯	僞滿康德二年石印本								○			
1583 柔遠全書	(清)謝家福輯	鈔本								○	○		
1584 國朝稗乘	(清)丁紹儀輯	清周星詒書鈔閣鈔本								○			
1585 太平天國有趣文件十六種	(民國)劉復輯	民國十五年上海北新書局排印本	○	○				○		○			
1586 太平天國史料第一集	程演生輯	民國十五年北京大學出版部景印排	○	○	○					○			○

辭書	天津	内蒙	遼寧	吉林市	吉大	哈爾濱	陝西	甘肅	山東	青島	山大	南京	南大	蘇州	安徽	浙江	杭大	福建	福師	河南	湖北	武漢	武大	江西	廣東	四川	重慶	川大	雲南	黑龍江	桂林	廣西	青海	寧夏	民院	
○												○	○			○											○									1556
○		○										○	○		○	○				○		○			○	○	○							○		1557
			○						○											○					○	○						○				1558
											○								○ ×							○	○						○		1559
			○																													○				1560
																																				1561
		○	○									○	○			○			○	○					○								○			1562
																○			○															○		1563
																																				1564
			○		○						○	○				○			○															○		1565
																																		○		1566
○																																				1567
○	○	○	○		○				○	○	×	○	○		○	○	○		○	○	○	×		○		○	○	○			○			○		1568
○	○	×	○	○	○			○	○		○	○	○		○	○		○	○	○	○		○	○	○	○	○	○		○	○		○	○		1569
					○																															1570
																																				1571
																																				1572
																																				1573
																																				1574
																																				1575
○	○	○	○	○	○	○	○		○		○	○	○	○	○	○		○	○			○			○			○			○			○		1576
○		○		○	○	○			○	○	○	○	○			○			○	○			○			○			×					○		1577
○			○								○	○	○					○				○				○					○					1578
○		×	○		○			○			○				○	×		×	○		○	×									×					1579
○		○		○				○			○	○	○				○		○			○				○	○							○		1580
○	○	○		○				○			○	○	○				○		○			○				○	○							○		1581
		○	○	○																○						○	○	○						○		1582
																																				1583
																																				1584
		○		○				○								○	○					○				○	○									1585
		○		○	○					○						○	○					○	○			○	○	○								1586

	書　名	輯撰者	版　本	北京	首都	科學	北大	北師	清華	中醫	上海	復旦	華師	上師
			印本											
1587	太平天國叢書第一集	蕭一山輯	民國二十四年國立編譯館景印本	○			○	○		○	○	○	○	○
1588	太平天國叢書	謝興堯輯	民國二十七年排印本	○			○	○			○	○		
1589	太平天國書兩種		平湖胡士瑩霜紅簃鈔本											
1590	滿清稗史	（民國）陸保璿輯	民國二年新中國圖書局排印本	○			○	○			○	○	○	
1591	滿清野史	（民國）□□輯	民國成都昌福公司排印本	○			○	○			○			○
1592	舊聞零拾	鄧之誠輯	民國二十八年鄧氏五石齋排印本	○			○							○
1593	鄂故叢書	湖北通志館輯	民國三十六年湖北通志館排印本	○							○			
1594	軍營紀略	（清）陳元燮撰	清鈔本	○										
1595	世本八種	商務印書館輯	1957年商務印書館排印本	○							○	○	○	○
1596	漢唐三傳	（明）黃魯曾輯	明嘉靖中吳郡黃氏刊本	○										
1597	宋名臣言行録	（宋）□□輯	明萬曆三十五年刊本							×		○		
			明崇禎十一年刊本							×	○	○		
			清道光元年歙縣續學堂洪氏刊本	○										
			清道光十年南豐劉斯嵋刊本								○			
1598	宋三大臣彙志	（明）鄭鄤輯	明崇禎元年大觀堂刊本						○					
1599	三忠合刻	（清）胡長新輯	清咸豐同治間黎郡刊本								○	○		
1600	高安三傳合編	（清）朱軾 （清）蔡世遠輯	清光緒二十一年江蘇書局刊本								○		○	
1601	楚疆三文忠傳	（清）李元度撰	清同治九年刊本	○										
1602	孔孟編年	（清）狄子奇輯	清道光中安雅堂刊本	○										○
			清光緒十三年浙江書局刊本		○						○		○	
1603	十五家年譜叢書	（清）楊希閔撰	1958年揚州古籍書店用清光緒中揚州書林陳履恒刊本重印		○						○		○	○
1604	豫章先賢九家年譜	（清）楊希閔撰	清光緒四年刊本	○							○	○		
1605	四朝先賢六家年譜	（清）楊希閔撰	清光緒四年福州刊本	○							○	○		
1606	宋本韓柳二先生年譜	（清）馬曰璐輯	清雍正七年馬氏小玲瓏山館刊本	○										
			清光緒元年隸釋齋刊本											
1607	三曾年譜	周明泰撰	民國二十一年北平排印本	○							○	○	○	
1608	程子年譜	（清）池生春 （清）諸星杓撰	清咸豐五年味經室刊本	○								○		
1609	延平四先生年譜	（清）毛念恃撰	清乾隆十年刊本		○									
1610	屏守齋所編年譜五種	（清）錢大昕撰	清嘉慶中吳興郡齋刊本	○							○			
1611	杏蔭堂彙刻	許浩基撰	民國二十一年吳興許氏杏蔭堂刊本	○							○			
1612	歸顧朱三先生年譜合刻	（清）金吳瀾輯	清光緒六年嘉興金氏刊本	○							○	○		
1613	關中三李年譜	（民國）吳懷清撰	民國十七年京師刊本								○	○		
1614	先三鄉賢年譜	（清）黃佛頤撰 （清）黃映奎輯	清光緒二十九年香山黃氏純淵堂刊本	○										
1615	寧海將軍固山貝子功績録	（清）□□輯	清康熙中刊本	○										
1616	林畏廬先生學行譜記	朱羲冑撰	民國三十八年上海世界書局排印本											○
1617	三公難記	（民國）胡人鳳輯	民國十四年排印本	○	○						○	○		
1618	查莘湖先生雜著	（清）查奕慶撰	清咸豐七年都寶森等刊本				○			○				
1619	會稽郡故書雜集	周樹人（魯迅）輯	民國四年會稽周氏刊本	○							○		○	○
1620	宋元科舉三録	（民國）徐乃昌輯	民國十二年南陵徐氏景刊本	○				○			○	○	○	○

書　　　　　　　　　　者

辭書	天津	内蒙	遼寧	吉林市	吉大	哈爾濱	陝西	甘肅	山東	青島	山大	南京	南大	蘇州	安徽	浙江	杭大	福建	福師	河南	湖北	武漢	武大	江西	廣東	四川	重慶	川大	雲南	黑龍江	桂林	廣西	青海	寧夏	民院	
○	○		○					○	○		○	○	○	○	○	○	○	○	○	○		○	×	○	○	○	○	○	○		○	○		○		1587
○			○						○	○		○	○							○							○	○					○	○		1588
																○																				1589
○	○		○		○				○	○	○					○				○	○	○	○	○	○		○						○			1590
									○	○												○					○	○		×						1591
						○						○	○						×								○	○						○		1592
						○																○							○							1593
																																				1594
		○	○		○				○	○						○	○	○	○			○			○		○					○				1595
																																		○		1596
																																				1597
											○	○				○																	○			1598
																	○	○	○		○															1599
																	○	○	○	○			○			○										1600
○																○	○		○																	1601
○												○						○		○		○												○		1602
○	○	○																○											○	○	○	○	○	○		1603
○					○	○			○		○	○		○				○		○			○	○		○	○						○		1604
○					○	○					○	○	○		○		○	×		○			○		○	○	○								1605
○							○					○	○																							1606
○												○						○																		1607
																○																				1608
												○	○				○		○																	1609
													○	○					○																	1610
																																				1611
			○								○							○	○		○						○									1612
																																				1613
																																				1614
																○																				1615
												○																								1616
												○							○														○			1617
																																				1618
○									○						○	○			○																	1619
		○	○									○				○		○	○	○					○						○	○				1620

	書　　名	輯撰者	版　　本	藏										
				北京	首都	科學	北大	北師	清華	中醫	上海	復旦	華師	上師
1621	清代徵獻類編	(民國)嚴懋功撰	民國二十年梁溪嚴氏排印本	○	○			○	○		○	○	○	○
1622	秦漢圖記	(明)郭子章輯	明萬曆三十年陝西布政司刊本					○			○	○		
1623	閱史約書六卷	(明)王光魯撰	明崇禎十六年刊本	○		○					○	○		
1624	重訂漢唐地理書鈔	(清)王謨輯	鈔本						○					
			清嘉慶中金谿王氏刊本					○	○		○	○		
1625	麓山精舍叢書	(清)陳運溶輯	清光緒宣統間湘西陳氏刊本					○	○		○	○		○
1626	浙江圖書館叢書(一名蓬萊軒地理學叢書)	(清)丁謙撰	民國四年浙江圖書館刊本	○	○			○	○		○			
1627	歷代地理志彙編	(清)羅汝南輯	清光緒二十四年廣東集古書屋刊本	○										
1628	李氏五種	(清)李兆洛撰	清同治九年合肥李鴻章刊本	○	○				○		○	○		
			清光緒四年順德馬貞榆重刊本		○				○					
			清光緒十四年上海掃葉山房刊本	○	○				○		○	○		
			清光緒廿四年上海掃葉山房石印本	○	○				○		○	○		
1629	皇朝藩屬輿地叢書	(清)浦□輯	清光緒二十九年金匱浦氏靜寄東軒石印本						○	×	○	○		
1630	問影樓輿地叢書第一集	(民國)胡思敬輯	清光緒卅四年新昌胡氏京師排印本	○	○	○			○					
1631	小方壺齋叢鈔六卷	(清)王錫祺輯	清光緒六年南清河王氏排印本	○					○		○	○		
1632	小方壺齋輿地叢鈔十二帙補編十二帙再補編十二帙	(清)王錫祺輯	清光緒十七年補編二十年再補編二十三年上海著易堂排印本	○	○	○	○		○		○	○		
1633	鄦鄭學廬地理叢刊	(清)施世杰輯	清光緒二十三年會稽施氏刊本								○			
1634	松江府屬舊志二種	陳乃乾輯	民國二十一年傳真社據明本景印	○	○				○		○	○	○	
1635	安次縣舊志四種合刊	王文琳等輯	民國二十四年排印本	○					○		○			
1636	藁城縣志四種	(民國)□□輯	民國二十二年排印本						○		○			
1637	束鹿五志合采	(民國)謝道安輯	民國二十六年排印本	○					○		○			
1638	合刻華州志	(清)吳炳南輯	清光緒八年華州州署刊本								○			
1639	五涼考治六德集全誌	(清)張之浚 (清)張珆美等修	清乾隆十四年刊本						○		○	○		
1640	宜興荆溪舊志五種	(清)□□輯	清光緒八年刊本						○			○		○
1641	彙刻太倉舊志五種	(清)繆朝荃等輯	清宣統元年太倉繆氏刊本						○			○		
1642	宋元四明六志	(清)徐時棟輯	清咸豐四年甬上徐氏煙嶼樓刊本						○		○			
1643	漱水志彙編	(民國)程煦元輯	民國二十四年排印本						○		○			
1644	紹興縣志四種合刊	紹興縣修志委員會輯	民國二十五年紹興縣修志委員會排印本						○		○			
1645	東北文獻叢書	國立東北大學文科研究所輯	民國三十一年石印本	○					○		○			
1646	滿蒙叢書	(日本)内藤虎次郎輯	日本大正中東京滿蒙叢書刊行會排印本						○	×				
1647	燕都雜詠	(清)樊彬撰	清光緒三十三年長沙石耕山房刊本	○					○					
1648	北京歷史風土叢書第一集	瞿宣穎輯	民國十四年北京廣業書社排印本	○	○				○		○	○	○	
1649	北平史蹟叢書	張江裁輯	民國二十六年國立北平研究院史學研究會排印本	○	○				○		○	○		
1650	京津風土叢書	張江裁輯	民國二十七年雙肇樓排印本	○	○				○		○	○	、	○
1651	燕都風土叢書(一名	張江裁輯	民國二十八年燕歸來簃排印本	○	○				○		○	○		○

書																		者																		
辭書	天津	內蒙	遼寧	吉林市	吉大	哈爾濱	陝西	甘肅	山東	青島	山大	南京	南大	蘇州	安徽	浙江	杭大	福建	福師	河南	湖北	武漢	武大	江西	廣東	四川	重慶	川大	雲南	黑龍江	桂林	廣西	青海	寧夏	民院	
○					○						○	○	○					○	○	○	○		○							○	○	○	○			1621
																											×									1622
													○														○									1623
																																				1624
			○								○		○			○				○			×		○			○					○			1625
○		○	○					○			○		○			○	×		○				○		○			○				○	○	○		1626
													○																							1627
○	○	○	○			○		○		○		○		○	○	○		○		○			○	○	○			○			○	○			1628
	○		○	○						○	○					○			○		○				○											
		○		○		○		○	○												○									○	○					
○	○	⊙						○			○	○			○				○						○					○		○	○		1629
○	○	○	○	○		○		○			○	○	○			○		○		○			○		○	○					○	×	○		1629
○		○	○	○						○	○	○	○			○		○	○			×		○	○	○							○		1630
○	○	○		○							○	○	○					○		○	○		○		○	○			○	○	○	○			1631
○	○	○	○	○		○		○	○	○	○	○	×	○		○		○	○	○	○		○		○	○		○	○	○	○		○		1632
			○																																	1633
																																				1634
○	○									○	○														○				○				○		1635
											○	○																					○		1636
											○	○															○						○		1637
						○					○																								1638
○	○		×			○					○												×										○		1639
											○	○							×																1640
○	○										○	○				○			○														○		1641
	○									○	○	○			○	○	×		×														○		1642
○											○	○																					○		1643
											○	×				○			○																1644
	○							○			○								×		○										○		○		1645
		×	○																														○		1646
																																				1647
○	○		○	○		○	○	×	○	○	○			○	○			○	○				○		○			○					○		1648
○																														○			○		1649
○	○	○						○		○	○	○						○														○	○		1650
○	○		○			○			○		○	○													○	○				○			○		1651

書　　名	輯撰者	版　　本	北京	首都	科學	北大	北師	清華	中醫	上海	復旦	華師	上師
雙肇樓叢書）													
1652 中國史蹟風土叢書	張江裁輯	民國三十二年東莞張氏拜袁堂排印本		○		○	○			○	○	○	
1653 鄉土志叢編第一集	燕京大學圖書館輯	民國二十六年燕京大學圖書館排印本	○	○		○	○	○		○	○	○	
1654 上海掌故叢書第一集	上海通社輯	民國二十五年上海通社排印本	○	○		○	○			○	○	○	
1655 金陵瑣志五種	（民國）陳作霖撰	清光緒中江寧陳氏可園刊本	○	○		○	○			○	○		
1656 郭子式先生校刻書	（明）郭鈺撰	明刊本	○	○		○	○			○			
1657 綠石山樵雜感詩	（清）陳春曉撰	民國三十二年排印本								○			
1658 臺灣雜詠合刻	（清）楊希閔輯	清光緒七年刊本	○									○	
1659 樊諫議集七家註	（唐）樊宗師撰 樊鎮輯	民國十三年序紹興樊氏縣桐書屋刊本	○										
1660 新疆鄉土志稿	湖北省圖書館輯	1955年湖北省圖書館打字本								○		○	○
1661 望炊樓叢書	（清）謝家福輯	清光緒中吳縣謝氏刊民國十三年蘇州文學山房彙印本	○			○	○	○		○	○	○	
1662 襄陽四略	（清）吳慶燾撰	清光緒中刊本				○	○	○		○			
1663 鄭開陽雜著	（明）鄭若曾撰	清康熙三十二年刊本				○							
		民國二十一年陶風樓據清康熙本景印	○	○		○				○	○	○	
1664 西域聞見錄	（清）七十一撰	清乾隆四十二年序刊本	○	○						○			
		清嘉慶十九年盧氏味經堂刊本								○		○	
1665 西域輿地三種彙刊	（清）徐崇立輯	清光緒三十二年盍簪行館刊本								○			○
1666 域外叢書	（清）王蘊香輯	清道光二十二年靜觀齋刊本											
1667 伊犁三種	（清）松筠撰	清嘉慶十四年序程振甲也園刊本								○			
1668 舟車所至	（清）鄭光祖輯	清道光二十三年琴川鄭氏青玉山房刊本	○		○			○		○	○		
1669 北徼彙編	（清）何秋濤輯	清同治四年京都龍威閣刊本	○	○									○
1670 求是齋初刻	（清）彭崧毓撰	清同治中刊本						○					
1671 黔志四種	（清）熊湛英輯	清光緒十五年貴陽熊氏刊本								○			
1672 晏彤甫大中丞程記三種	（清）晏端書撰	清光緒十三年晏方琦刊本	○					○		○			
1673 嶺海異聞錄	（清）陳坤輯	清光緒中刊本								○			
1674 新疆事宜三種	（清）□□輯	清鈔本											
1675 西招五種	（清）松筠撰	清嘉慶道光間刊本	○										
1676 海國四說	（清）梁廷柟撰	清道光二十六年刊本	○										
1677 邊疆叢書甲集	禹貢學會輯	民國二十六年禹貢學會排印本	○					○		○	○	○	
1678 邊疆叢書續編	吳豐培輯	1943年至1950年吳江吳氏排印油印本								○	×		○
1679 邊疆五種	（民國）□□輯	民國謄寫版印本											○
1680 俄國疆界風俗誌	（清）□□輯	清光緒十年五湖草廬刊本								○			
1681 山水二經合刻		明嘉靖中吳郡黃氏刊本	○							○			
		清乾隆中天都黃氏槐蔭草堂刊本								○	○		
1682 黃山導	（清）汪璸輯	清乾隆二十七年一鷗草堂刊本								○	○		
1683 黃山叢刊	蘇宗仁輯	民國二十四年太平蘇氏百一硯齋排印本	○	○		○	○	○		○			

| 書 者 |||||||||||||||||||||||||||||||||||| 年 |
辭書	天津	內蒙	遼寧	吉林市	吉大	哈爾濱	陝西	甘肅	山東	青島	山大	南京	南大	蘇州	安徽	浙江	杭大	福建	福師	河南	湖北	武漢	武大	江西	廣東	四川	重慶	川大	雲南	黑龍江	桂林	廣西	青海	寧夏	民院	
												○															○									1652
	○	○	○												○																		○	○	○	1653
	○	○	○	○	○			○	○			○	○	○	○	○	○	○	○	○	○	○	○	○	○	○	○	○	○		○	○	○		○	1654
	○	○											○	○	○													○			○				○	1655
																																				1656
																																				1657
											○					○		○																		1658
			○				○									○	○	×	×							○										1659
		○							○			○	○	○		○		○										○			○					1660
		○							○				○	○				○		○	○	○					○	○	○							1661
																○					○															1662
																																				1663
		○										○	○	○		○		○					○			○						○				1664
		○							○			○	○			○	×	○													○					1665
			○																																	1666
												○		○																						1667
																		○																		1668
		×	○	○				○				○	○	○		○			○							○									○	1669
	○		○					○			○		○	○		○		○	○																○	1670
																																				1671
																																				1672
																																				1673
																																				1674
											○		○	×		○			×																○	1675
																																				1676
○		×	○		○			○					○			○	×		○	○							○		×	○			○		○	1677
		×			○			○																				○						○	○	1678
													○																							1679
○																																				1680
													○															○								1681
	○																						○													1682
○													○					○																		1683

編號	書　名	輯撰者	版　本	北京	首都	科學	北大	北師	清華	中醫	上海	復旦	華師	上師
1684	京口三山志	(清)□□輯	清同治光緒間刊本	○	○			○			○	○	○	
1685	泰山叢書第一集	(民國)王价藩輯	民國二十五年王氏僅好書齋排印本	○							○			
1686	西湖集覽	(清)丁丙輯	清光緒九年錢塘丁氏嘉惠堂刊本	○	○						○			○
1687	西湖合記	楊元愷輯	民國十二年舉雲精舍排印本	○	○						○			
1688	畿輔河道水利叢書	(清)吳邦慶輯	清道光四年益津吳氏刊本	○	○	○					○	○		
1689	吳中開江書	(清)顧士璉等輯	清康熙五年序刊本								○			
1690	灨江四種	(清)□□輯	清乾隆至光緒間刊本								○			
1691	荊楚修疏指要	(清)胡祖翮撰	清同治十一年湖北崇文書局刊本						○			○		
1692	中國水利珍本叢書	(民國)中國水利工程學會輯	民國中國水利工程學會南京排印本									○		
1693	游記彙刊	(清)□□輯	清光緒二十三年湖南新學書局刊本	○	○						○			
1694	古今遊記叢鈔	(民國)莫釐涵青氏輯	民國三年涵青山房石印本								○	○		
1695	三通		清乾隆十二年武英殿刊本								○	○		
1695			清咸豐九年崇仁謝氏刊本	○							○			
1695			清同治中廣州學海堂刊本								○			
1696	九通	(清)□□輯	清光緒中浙江書局刊本						○	○		○	○	
1696			清光緒二十七年上海圖書集成局排印本							○	○	○		
1696			清光緒二十八年上海鴻寶書局石印本				○				○			
1697	十通	商務印書館輯	民國二十四年至二十六年上海商務印書館景印本	○				○	○	○	○	○		○
1698	皇明制書	(明)□□輯	明刊本	○						○				
1699	滿洲四禮集	(清)索寧安輯	清嘉慶六年省非堂刊本	○	○		○							
1700	秦漢書疏	(明)徐紳輯	明嘉靖三十七年南康吳國倫刊本	○					○	○				
1701	兩漢詔令	(宋)洪咨夔輯	元至正九年蘇天爵刊本	○							○			
1702	宋二孫先生奏議事略	(清)王敬之等輯	清道光二十五年高郵王氏刊本	○										
1703	四家奏議合鈔	(清)汪琬輯	清光緒九年隨山館刊本							○	○			
1704	新刻奏對合編	(清)□□輯	清光緒九年饒士騰等京都刊本	○							○			
1705	三公奏議	(清)盛宣懷輯	清光緒二年武進盛氏思補樓刊本	○							○			
1706	嘉定長白二先生奏議	(民國)夏震武輯	清宣統二年京邸排印本								○			○
1707	水利荒政合刻	(清)東皋居士輯	清道光二十五年東皋草堂刊本	○							○	○		
1708	蓮池四種	(清)□□輯	清同治光緒間刊本	○								○		
1709	救荒輯要初編	(民國)上海書業正心團輯	民國十一年上海尚古山房石印本	○	○						○			
1710	爲政忠告(一名三事忠告)	(元)張養浩撰	清道光十一年歷城尹濟源碧鮮齋據景元鈔本景刊							○		○		
1711	三賢政書	(清)吳元炳輯	清光緒五年排印本	○						○	○			
1712	牧令全書	(清)丁日昌輯	清同治七年江蘇書局刊本	○	○						×	○		
1712			清同治十二年羊城書局刊本								○			
1713	牧令書四種	(清)□□輯	清同治中湖北崇文書局刊本	○							○			
1714	兩浙宦游紀略	(清)載槃撰	清同治七年刊本	○										
1715	牧民寶鑑	(清)王文韶輯	清光緒二十年雲南釐金總局刊本							○		○		
1716	壁勤襄公遺書	(清)壁昌撰	清刊本			○				○				

書者																																				
辭書	天津	內蒙	遼寧	吉林市	吉大	哈爾濱	陝西	甘肅	山東	青島	山大	南京	南大	蘇州	安徽	浙江	杭大	福建	福師	河南	湖北	武漢	武大	江西	廣東	四川	重慶	川大	雲南	黑龍江	桂林	廣西	青海	寧夏	民院	年
						○						○	○	○						○		○									○					1684
										○			○																		○					1685
													○			○					○		○			○										1686
																○○					○															1687
×	○	○	○					○	○	○	○		○			○					○	○				○	○				○	○	○		○	1688
																																				1689
											○															○	○									1690
										○	○	○									○		○	○												1691
											○										○															1692
																										○										1693
		○						○			○					○			○							○	○	○							○	1694
									○				○					○			○															1695
○								○										○		○	○															1696a
○	○		○	○				○		○	○	○		○	○			○	○	○	○		○		○	○	○		○	○			○		○	1696b
○	○		○	○				○			○	○					○	×		○		×	○		○		○	○							○	1696c
○	○	○	○		○	○		○			○	○				○	○		○	○	○		○			○	○	○							○	1697
																																				1698
		○							○																								○			1699
																																				1700
																																				1701
											○	○																								1702
							○																													1703
							○																					○								1704
○																		○												○	○					1705
	○											○	○		○			○	○								○					○				1706
							○																													1707
																												○×								1708
																																				1709
		○										○	○			○				○								○								1710
																																				1711
	○		○					○	○	○	○				○		○		○								○									1712
							○											×													○					1713
○					○					○		○				○				○													○			1714
					○																															1715
		○										○																								1716

	書　　名	輯撰者	版　　　本	藏										
				北京	首都	科學	北大	北師	清華	中醫	上海	復旦	華師	上師
1717	宦海指南	(清)許乃普輯	清咸豐九年錢唐許氏刊本	○	○		○				○			
1718	入幕須知	(清)張廷驤輯	清光緒十八年浙江書局刊本			○	○				○	○	○	○
1719	八史經籍志	(日)□□輯	清光緒九年鎮海張壽榮刊本	○	○	○	○	○			○	○	○	○
1720	快閣師石山房叢書（一名珍本叢刊）	(清)姚振宗撰	民國二十年浙江省立圖書館排印本	○	○	○	×	○			○	×	×	○
			民國二十五年上海開明書店排印本					○	○		○		○	
1721	觀古堂書目叢刊	(民國)葉德輝輯	清光緒至民國間湘潭葉氏刊本	○	○	○	○		○		○	○	○	○
1722	武進陶氏書目叢刊	(民國)陶湘輯	民國二十二年排印本						○		○		×	○
1723	二徐書目合刻	(民國)王存善輯	民國四年排印本						○		○			
1724	江刻書目三種	(清)江標輯	清光緒中元和江氏靈鶼閣刊蘇州振新書社印本	○							○			
1725	黃顧遺書	王大隆輯	民國刊本				○				○	○		
1726	葉氏存古叢書	(民國)葉銘輯	清宣統二年西泠印社排印本							○	○			
1727	故宮已佚書籍書畫目録	故宮博物院輯	民國二十三年北京故宮博物院排印本	○										
1728	三古圖	(清)黃晟輯	清乾隆十七年天都黃氏亦政堂刊本	○							○	○	○	
1729	行素草堂金石叢書（一名孫溪朱氏金石叢書）	(清)朱記榮輯	清光緒中吳縣朱氏刊十四年彙印本	○	○						○	○	○	
1730	學古齋金石叢書	(清)葛元煦輯	清光緒中崇川葛氏學古齋刊本	○							○	○	○	○
1731	百一廬金石叢書	陳乃乾輯	民國十年海寧陳氏景印本	○	○	○	○	○	○		○	○	○	
1732	晨古叢編	(民國)羅振玉輯	民國上虞羅氏景印本						○		○	○		
1733	楚雨樓叢書初集	(民國)羅振玉撰	民國上虞羅氏景印本							×	○	○		
1734	龍淵爐齋金石叢書	(民國)楊寶鏞撰	稿本								○			
1735	遯盦金石叢書	(民國)吳隱輯	民國十年山陰吳氏西泠印社木活字排印本	○							○	○		
1736	漱漻齋叢書	(民國)陳準輯	民國瑞安陳氏刊本				○	○	○		○			
1737	藝術叢編	姬佛陀輯	民國五年至九年上海倉聖明智大學景印本	○							○	○		○
1738	金石苑	(清)劉喜海輯	稿本	○										
1739	斠經室集初刻	(清)尹彭壽撰	清光緒二十一年諸城尹氏刊本	○							○	○		
1740	雪堂專録四種	(民國)羅振玉撰	民國七年上虞羅氏石印本	○							○	○		
1741	范鼎卿先生所著書三種	(民國)范壽銘撰	民國會稽顧燮光金佳石好樓石印本	○							○			
1742	顧氏金石輿地叢書第一集	(民國)顧燮光輯	民國十八年序會稽顧氏金佳石好樓排印石印本	○	○	○					○	○		○
1743	非儒非俠齋金石叢著	(民國)顧燮光撰	民國會稽顧氏金佳石好樓石印排印本				○	○			○	○		
1744	嘉業堂金石叢書	劉承幹輯	民國吳興劉氏刊本	○							○	○	○	
1745	餘園叢刻	(民國)柯昌濟輯	民國二十四年膠西柯氏排印本	○								○		
1746	王篛林先生題跋	(清)王澍撰	清乾隆三十六年冰壺閣刊本									○		
1747	石鼓讀	(清)吳東發撰	清乾隆中刊本									○		
			民國十五年海寧陳乃乾慎初堂據清乾隆本景印	○										○
1748	古代銘刻彙考四種	郭沫若撰	日本昭和八年東京文求堂石印本				○				○	○		
1749	校補金石例四種	(清)李瑤輯	清道光十二年吳郡李氏木活字排印本	○										
1750	金石三例	(清)盧見曾輯	清乾隆二十年盧氏雅雨堂刊本	○			○		○			○	○	

書　　　　　者

辭書	天津	内蒙	遼寧	吉林市	吉大	哈爾濱	陝西	甘肅	山東	青島	山大	南京	南大	蘇州	安徽	浙江	杭大	福建	福師	河南	湖北	武漢	江大	江西	廣東	四川	重慶	川大	雲南	黑龍江	廣西一館	廣西二館	青海	寧夏	民院	年
	○		○					○		○		○				○			○			○			○								○			1717
○	○							○	○	○		○	○	○	○	○	○				○															1718
	○	×	○	○				○		○		○	○	○		○		○	×		○	×			○	○	○	○			○	×				1719
	○	×		○						○						○	×		○		○	×					○				×			×		1720
○										○		○	○			○					○					○										1721
○																																				1722
										○			○																							1723
	○	○	○					○	○	○		○	○			○		○			○				○	○									1724
												○	○			○										○								○	1725
		×								○						○	○					○				○									1726
										○						○	○													○	○				1727
			○									○	○			○								○	○	○			○						1728
○	○	○	○	○		○		○		○		○	○	○	○	○	○				○			○	○	○	○								1729
○	○	○	○	○						○	○					○		○			○			○	○		○								1730
○	○	○	○	○	○	○		○	○	○		○				○								○	○		○	○		○		○	○		1731
○	○									○							○	×						○	○	○									1732
										○						○									○										1733
																																			1734
○																○																			1735
○			○		○				○		○	○				○				○	○				○	○									1736
○				○	×				○		○	○	○			○	○			○				○	○	○	○	○							1737
																																				1738
																																				1739
	○		○													×																	○			1740
																×																				1741
○		○		○								○	○			○		○		○					○	○				○				○	1742
																×																				1743
○										○						○											○								1744
													○	○																						1745
																																				1746
																					○														1747
○												○								○									○						1748
																																				1749
			○						○		○	○	○							○			○				○								1750

	書　　名	輯撰者	版　　　本	藏										
				北京	首都	科學	北大	北師	清華	中醫	上海	復旦	華師	上師
1751	金石全例	(清)朱記榮輯	清嘉慶十六年饒向榮重刊本	○										
			清光緒十八年吳縣朱氏彙印本	○	○			○	○		○			
1752	十七史詳節	(宋)呂祖謙輯	元刊本								○			
			明正德十五年劉弘毅慎獨齋刊本								○	○	○	○
1753	十家宮詞	(明)毛晉輯	清毛氏汲古閣據宋書棚本景鈔	○										
1754	十家宮詞	(清)倪燦輯	清康熙二十八年胡介祉貞曜堂刊乾隆八年史開基重修本	○			○		○					
1755	四家宮詞	(宋)□□輯	宋刊本	○										
1756	編選四家宮詞	(明)黃魯曾輯	明嘉靖三十一年郭雲鵬刊本	○										
1757	三體宮詞	(明)□□輯	明萬曆二十二年吳氏雲栖館刊本	○										
1758	三家宮詞	(明)毛晉輯	明虞山毛氏綠君亭刊本	○	○				○	○		○	○	
			清同治十二年淮南書局刊本	○							○			○
1759	二家宮詞	(明)毛晉輯	明虞山毛氏綠君亭刊本	○								○	○	
			清同治十二年淮南書局刊本	○							○			
1760	十洲宮詞	(明)倪伯鼇撰	明嘉靖隆慶間刊本	○							○			
1761	啟禎宮詞合刻	(清)瞿紹基輯	清嘉慶十六年海虞瞿氏鐵琴銅劍樓刊本	○	○				○		○			○
1762	纂圖互注五子		明刊本	○										
1763	十二子	(明)□□輯	明正德嘉靖間刊本							○		○	×	
1764	六子全書	(明)□□輯	明嘉靖六年芸窗書院刊本									○	○	
1765	六子書	(明)許宗魯輯	明嘉靖六年樊川別業刊本	○										
1766	六子全書	(明)顧春輯	明嘉靖十二年耶山精舍刊本											
			明嘉靖十二年吳郡顧氏世德堂刊本	○	○			○	○			○		○
			民國三年右文社據明世德堂本景印	○	○		○	○				○	○	
		(明)□□輯	明桐蔭書屋刊本											
1767	二十家子書	(明)謝汝韶輯	明萬曆六年吉藩崇德書院刊本	○								○	×	
1768	中都四子集（一名中立四子集）	(明)張登雲輯	明萬曆七年臨川朱東光刊本	○					○					
1769	子彙	(明)周子義等輯	明萬曆中刊本				○	○	×			○	×	
1770	二十子	(明)吳勉學輯	明萬曆中刊本									○		
1771	史進士新鍥諸子纂要	(明)史起欽輯	明萬曆中刊本	○										
1772	且且菴初箋十六子	(明)方疑輯	明刊本	○										
1773	先秦諸子合編	(明)馮夢楨輯	明萬曆三十年縣眇閣刊本	○										
1774	楊升菴先生評注先秦五子全書	(明)楊慎評注 (明)張懋宷輯	明天啟五年張氏橫秋閣刊本	○										
1775	合諸名家批點諸子全書	(明)□□輯	明天啟中刊杭州印本								○		○	
1776	注釋九子全書	(明)焦竑注釋 (明)翁正春評林	明書林詹聖譯刊本							○				
1777	諸子彙函	(明)歸有光輯	明天啟六年序刊本	○				○	○	○			○	○
1778	諸子褒異	(明)□□輯	明天啟崇禎間刊本	○					○					
1779	韓晏合編	(清)吳鼐輯	清嘉慶中全椒吳氏刊本	○					○			○		
1780	十子全書	(清)王子興輯	清嘉慶九年姑蘇王氏聚文堂刊本	○	○						○	○		
1781	廿二子全書	(清)王繼堂輯	清道光十三年王氏棠蔭館刊本						○	○		○		
1782	子書百家	(清)崇文書局輯	清光緒元年湖北崇文書局刊本	○							○			
	百子全書		民國八年上海掃葉山房石印本	○					○		○	○	○	

辭書	天津	内蒙	遼寧	吉林市	吉大	哈爾濱	陝西	甘肅	山東	青島	山大	南京	南大	蘇州	安徽	浙江	杭大	福建	福師	河南	湖北	武漢	武大	江西	廣東	四川	重慶	川大	雲南	黑龍江	桂林	廣西	青海	寧夏	民院	年
○			○		○	○		○		○			○		○		○			○						○	○					×				1751
		○	○		○							○					○			○																1752
																																				1753
													○																							1754
																																				1755
																																				1756
																																				1757
								○		○	○	○		○	○		○					○			○	○		○								1758
○	○													○	○							○						○								1759
																																				1760
					○							○							○						○											1761
																											○									1762
																																				1763
																											○									1764
																																				1765
	×		○							○	○	○				○	○					○			○		○	○		×						1766
○	○	○	○	×		○	○	○		○														×	○								○			
											○		×														○						×			1767
	○															○								○			○									1768
	○				○														○								×									1769
				○								○	×			○						○					○									1770
																																				1771
																																				1772
												○	×																							1773
												○																								1774
																																				1775
																○																				1776
○	○											○			○	○										○	○							○		1777
												○																								1778
												○																								1779
○	○	○	○			○		○				○	○	○		○		○	○	○					○	○	○						○	○		1780
		○	○	○								○	○										○		○	○	○									1781
○	○	○			○			○				○	○		○	○		○			○				○			○					○			1782
○	○	○	○			○	○					○	×		○	○	○						×		○			○				○		○		

	書　名	輯撰者	版　本	藏										
				北京	首都	科學	北大	北師	清華	中醫	上海	復旦	華師	上師
1783	二十二子	(清)浙江書局輯	清光緒中浙江書局刊本	○	○	○	○	○	○	○	○	○		○
1784	子書二十二種	(清)浙江書局輯	清光緒二十三年上海圖書集成局排印本	○				○			○			
1785	二十五子彙函	(清)鴻文書局輯	清光緒十九年上海鴻文書局石印本	○	○			○			○	○		○
1786	子書二十八種	(清)育文書局輯	清宣統三年育文書局石印本								○			
1787	子書四十八種	(民國)五鳳樓主人輯	民國九年上海五鳳樓石印本	○										○
1788	周秦諸子斠注十種	陳乃乾輯	民國中國學會景印本	○	○			○	○		○	○	○	
1789	諸子集成	國學整理社輯	民國二十四年世界書局排印本						○			○		
			1958年中華書局重印本	○					○		○			
1790	評註諸子菁華録	(民國)張之純評註	民國二十八年上海商務印書館排印本								○			
1791	桐城吳先生點勘諸子七種	(清)吳汝綸點勘	清宣統二年衍星社排印本							×		○	×	○
1792	曾思二子全書	(宋)汪晫輯	明隆慶四年汪文川刊本	○										
1793	曾子四種	嚴式誨輯	民國九年渭南嚴氏孝義家塾成都刊本								○	○		
1794	聖門十六子書	(清)馮雲鵷輯	清道光十四年崇川馮氏刊本	○							○	○	○	
1795	劉氏二書	(明)何良俊輯	明嘉靖二十六年刊本	○										
			明萬曆四年鄞縣楊美益汾陽刊本	○										
1796	曲臺四書輯注	(清)顧宗伊輯注	清道光二十八年稿本									○		
1797	諸儒鳴道	(宋)□□輯	宋端平中閩川黃壯猷修補刊本	○										
1798	宋四子抄釋	(明)呂柟撰	明嘉靖十六年汪克儉刊本	○										
1799	性理三解	(明)韓邦奇撰	明嘉靖十九年渭野樊得仁刊本	○										
			清乾隆中刊本								○			
1800	陸王二先生要語類抄	(明)蕭鸞輯	明萬曆二年浙江刊本	○										
1801	朱子三書	(宋)朱熹撰	清康熙中刊本	○							○			
1802	廣理學備考	(清)范鄗鼎輯	清康熙中五經堂刊道光五年洪洞張恢等修補印本	○	○						○	○		
1803	劉宋二子	(明)何鏜輯	明嘉靖三十五年何氏刊本	○										
1804	六子書	(明)于孔兼輯	明萬曆四十年刊本	○										
1805	括蒼二子	(明)楊端輯	明萬曆中楊氏刊本	○										
1806	關中道脈四種書	(清)李元春輯	清道光十年刊本	○						○				
1807	尹氏小學大全	(清)尹嘉銓撰	清光緒二十五年刊民國六年印本					○	○		○			
1808	顏李叢書	(民國)徐世昌等輯	民國十二年四存學會排印本	○						○	○	○	○	○
1809	顏李學	(民國)徐世昌輯	民國天津徐氏刊本	○	○					○	○	○	○	○
1810	積書巖六種	(清)王澍輯	清乾隆二年刊本	○	○					○	×			
1811	沈余遺書	(清)趙舒翹輯	清光緒二十二年江蘇書局刊本	○	○						○	○		
1812	諸子平議補録	(清)俞樾撰	民國十一年雙流李念劬堂刊本	○							○	○		
			1956年中華書局排印本	○										
1813	古書字義用法叢刊	國學整理社輯	民國二十五年上海世界書局排印本											○
1814	性理學大義	唐文治撰	民國排印本								×		○	○
1815	五種遺規	(清)陳宏謀撰	清乾隆八年南昌李安民刊本	○										
			清同治七年金陵書局刊本		○				○		○			

辭書	天津	內蒙	遼寧	吉林市	吉大	哈爾濱	陝西	甘肅	山東	青島	山大	南京	南大	蘇州	安徽	浙江	杭大	福建	福師	河南	湖北	武漢	武大	江西	廣東	四川	重慶	川大	雲南	黑龍江	桂林	廣西	青海	寧夏	民院	
○	○	○	○	○	○		○		○		○	○		○	○	○	×	○		○	×	○	○		○	○	○	○		○	×	○			○	1783
○	○										○					○				○	○										○				○	1784
					○											○				○													○		○	1785
			○								○					○										○	○				○					1786
											○		○																		○		○			1787
○			○								○	○	○					○								○	○									1788
○		○	○										○			○							○			○	○								○	1789
○			○						○		○					○	○																		○	1790
○		○	○		○						○					○		○								○	○	○							○	1791
																																				1792
			○																							○	○									1793
																																				1794
																																				1795
	○																																			1796
																																				1797
																																				1798
																																		○		1799
																																				1800
																																				1801
											○	○										○	○				○									1802
																																				1803
																																				1804
																																				1805
		○																				○														1806
		○										○	○	○																						1807
○	○	○	○	○	○	○		○		○	×	○	○		○	○		○	○	○			○		○	○	○			○						1808
	○										○																									1809
																○	○	○		○																1810
		○		○								○	○			○		○	○							○	○		○		○			○		1811
○		○						○			○							○								○	○	○			○			○		1812
																																		○		1813
																												○								1814
		○							○	○	○							○	○	○						○		○		○						1815

	書　名	輯撰者	版　本	北京	首都	科學	北大	北師	清華	中醫	上海	復旦	華師	上師
			清光緒二十一年浙江書局刊本		○							○	○	
1816	五種遺規	（清）陳宏謀撰	清光緒十九年上海洋布公所振華堂刊本								○	○		
1817	教學五書	（清）繆元益輯	清道光二十七年北平文英堂刊本						○					
1818	有諸己齋格言叢書	（清）閻敬銘輯	清光緒十四年山西解州書院刊本					○						
1819	東聽雨堂刊書	（清）張承燮輯	清光緒廿七年膠州聽雨何時軒刊本						○		○			
1820	五廬遺書	（清）陶成撰	清乾隆二十二年觀我堂刊本				○							
1821	二難寶鑑	（明）□□輯	明刊本	○			○					○		
1822	武經七書	（宋）□□輯	景宋鈔本	○										
			明刊本									○	○	
			清刊本					○						
1823	重刻武經七書	（宋）□□輯	民國十五年披縣張氏誼忍堂刊本	○			○					○		
1824	景印明本武經七書直解	（明）劉寅撰	民國二十二年北京陸軍印刷所據明萬曆本景印	○	○		○					○		
1825	武學經傳三種	（明）翁□輯	明嘉靖三十二年翁氏刊本								○		×	
1826	施氏七書講義	（宋）施子美撰	日本文久三年刊本								○			
1827	戚大將軍練兵紀效合刻	（明）戚繼光撰	清光緒元年京都寶林堂刊本								○			
1828	兵垣四編	（明）閔聲（明）閔暎張輯	明天啟元年苕上閔氏刊朱墨印本				○	○		○		○		
1829	兵鏡	（清）鄧廷羅撰	清康熙中刊本					○	○		○			
1830	耕餘剩技	（明）程宗猷撰	明天啟元年刊本					○			○			
1831	孫吳司馬法	（清）孫星衍輯	清同治十年淮南書局重刊本								○			
1832	武經三子全書	（清）□□輯	清光緒中刊本								○			
1833	水陸攻守戰略秘書七種	（清）辯絲道人輯	清咸豐三年侯官林氏銅活字排印本							○		○		
1834	三書寶鑑	（清）□□輯	清道光咸豐間來鹿堂刊本											
1835	兵書三種	（清）王鑫輯	清光緒二十一年湖北官書處重刊本	○							○	○	○	
1836	兵書七種	（清）聚奎主人輯	清光緒二十四年杭城衛樹石印本								○	○		
1837	管韓合刻	（明）趙用賢輯	明萬曆十年常熟趙氏刊本							○		○		
1838	鄧析子五種合帙	（周）鄧析撰 陳乃乾輯	民國十八年中國學會景印本	○							○			○
1839	不礙軒讀律六種	（清）王有孚輯	清嘉慶十二年刊本					○			○			○
1840	宋元檢驗三錄	（清）吳鼒輯	清嘉慶十七年全椒吳氏刊本							○	○	○		
1841	區種十種	王毓瑚輯	1955年北京財政出版社排印本	○					○	○	○			
1842	秦晋農言	王毓瑚輯	1957年北京中華書局排印本	○					○		○			
1843	濟生拔粹方	（元）杜思敬輯	元刊本	×							○			
1844	東垣十書	（明）□□輯	明正德中刊本	○						○				
			明嘉靖八年遼藩梅南書屋刊本							○	○			
			清文奎堂刊本							○			×	
			清光緒七年上海文盛書局石印本	○							○			
			清光緒三十四年成都筆經堂刊本	○							○			
			民國十八年上海受古書店石印本							○				
	醫學十書		清光緒七年羊城雲林閣刊本							○	○			
1845	醫要集覽	（明）□□輯	明經廠刊本					○		○	○			
1846	青囊雜纂	（明）□□輯	明崇德堂刊本							○				
1847	合刻二種醫書	（明）李維楨輯	明萬曆中浙江布政司刊本						○		○			

书　　　　　　　　者

辞书	天津	内蒙	辽宁	吉林市	吉大	哈尔滨	陕西	甘肃	山东	青岛	山大	南京	南大	苏州	安徽	浙江	杭大	福建	福师	河南	湖北	武汉	武大	江西	广东	四川	重庆	川大	云南	黑龙江	桂林	广西	青海	宁夏	民院	
	○	○	○	○				○			○		○	○		○	○		○		○				○	○				○			○			1816
																																				1817
																																				1818
										○								○																		1819
																																				1820
																																				1821
					○								○	○											○											1822
											○																									1822
○			○						○			○				○	○	○						○		○										1823
												○	○				○									○	○		○							1824
																																				1825
																																				1826
		○																									○									1827
			○								○					○										○		○					○			1828
																																				1829
																																				1830
												○										○														1831
																																				1832
					○																															1833
																								○		○										1834
															○									○		○										1835
															○												○									1836
											×					○	×										○									1837
	○												○																							1838
																																				1839
			○																												○					1840
	○	○														○			○				○								○					1841
																			○												○					1842
																																				1843
	○																																			1844
				○								○	○		○		○									○		○	○							1844
						○																							○							1844
																		○																		1844
		○		○	○			○	○	○		○				○								○	○		○					○			1845
																																				1846
																																				1847

	書　名	輯撰者	版　本	藏										
				北京	首都	科學	北大	北師	清華	中醫	上海	復旦	華師	上師
1848	古今醫統正脈全書	（明）王肯堂輯	明萬曆二十九年新安吳勉學刊本	○		○	○	×		○	×	○		
			清江陰朱文震刊本	○						○	○			
			清光緒三十三年京師醫局據朱文震原版修補印本	○	○					○				
	醫統正脈全書		民國十二年北京中醫學社據朱文震原版修補印本							○	○			
1849	醫學粹精	（清）陳嘉璂輯	清乾隆十四年道南堂刊本							○				
	醫家祕奧		民國二十年北京翰文齋據鈔本景印	○	○					○				
1850	經史祕彙	（清）吳翌鳳輯	清長洲吳氏鈔本									○		
1851	醫宗己任編	（清）楊乘六輯	清啣三堂刊本				○			○				
			清道光十年涵古堂刊本				○	○		○				
			清光緒十年有鴻齋刊本				○			○				
			清光緒十七年南京李光明莊刊本				○			○				
			1958年上海衛生出版社排印本				○		○					
1852	醫林指月	（清）王琦輯	清乾隆三十二年寶笏樓刊本		○		○			○	○	○		
			清光緒二十二年上海圖書集成印書局排印本		○					○				
1853	六醴齋醫書	（清）程永培輯	清乾隆五十九年修敬堂刊本							○	○		○	
			清光緒十七年廣州儒雅堂刊本		○		○			○	○			
1854	壽世編	（清）□□輯	清嘉慶二年何氏刊本							○				
		（清）□□增訂	清光緒十七年羅溪聚芳齋刊本								○			
1855	壽世彙編	（清）祝韻梅輯	清光緒元年雨梅書屋金氏刊本	○	○									
			清光緒十一年清江楊鍾琛刊本	○				○						
			清光緒二十一年汝陽聯吟簃刊本							○				
1856	毓芝堂醫書四種	（清）汪和鼎輯	清嘉慶十七年桂林賀廣文堂刊本					○		○				
1857	鮑氏彙校醫書四種	（清）鮑泰圻輯	清道光八年棠樾鮑氏廣陵木活字排印本							○				
1858	三家醫案合刻	（清）吳金壽輯	清道光十一年吳氏貯春僊館刊本	○	○					○	○			
1859	瓶花書屋醫書	（清）包松溪等輯	清道光二十五年瓶花書屋刊本							○		×		
1860	醫學便覽	（清）□□輯	清同治七年刊本							○				
1861	小耕石齋醫書（一名金氏醫書四種）	（清）金德鑑輯	清同治七年金雲齋刊本							○				
1862	靈芝益壽草	（清）潘霨輯	清同治十二年刊本	○										
1863	韡園醫學六種	（清）潘霨輯	清光緒二十二年桂桓書局刊本							○				
			清光緒九年江西書局刊本	○	○	○				○				
1864	醫學三書合刊	（清）陶恩農輯	清光緒元年古蓮花池刊本								×			
1865	當歸草堂醫學叢書初編	（清）丁丙輯	清光緒四年錢塘丁氏當歸草堂刊本	○	○	○	○		○	○	○		○	
1866	潘刻醫書四種	（清）潘仕成輯	清光緒九年山西濬文書局刊本						○					
1867	醫學三書（一名雷氏慎修堂醫書三種）	（清）雷豐輯	清光緒中三衢雷慎修堂養鶴山房刊本	○										
			清光緒二十四年上海叢易堂刊本	○										
1868	周氏醫學叢書	（清）周學海輯	清光緒宣統間池陽周氏刊宣統三年彙印本	○	×	×	○			○	○			
			民國二十五年建德周學熙景印本	○	○				○	○				
1869	中外醫書八種合刻	（清）□□輯	清光緒二十五年至二十七年四川成			○								

書　　者

辭書	天津	內蒙	遼寧	吉林市	吉大	哈爾濱	陝西	甘肅	山東	青島	山大	南京	南大	蘇州	安徽	浙江	杭大	福建	福師	河南	湖北	武漢	武大	江西	廣東	四川	重慶	川大	雲南	黑龍江	桂林	廣西	青海	寧夏	民院	年份
	○							○				○				○									○	○	×									1848
○										○		○															○									
												○																								
								○																												1849
																																				1850
												○																								1851
	○					○		○													○															
×	○	○	○			○		○				○			○			○				○			○		○			○						1852
	○					○		○				○																								
○								○				○													○	○	○	○								1853
															○	○																				1854
												○									○						○									1855
												○																								
												○																								1856
								○	○			○				○		×			○				○	○				○				○		1857
○																											○									1858 1859 1860 1861
○	○	○			○							○	○		○			○			○			○	○			○	○						1862 1863
													○																							1864
○	○		○	○					○	○		○	○		○			○			○			○	○	○	○				○		○	○	1865
																								○											1866 1867
○	○		○			○						○												○	○	○									1868
	○										○							○	○		○			○		○	○			○	○				1869

書名	輯撰者	版本	北京	首都	科學	北大	北師	清華	中醫	上海	復旦	華師	上師
1870 中西醫學群書國粹部第一集	(清)陳□輯	都正字山房刊本											
		清光緒卅三年上海六藝書局石印本											
古今醫學會通十一種		民國七年上海大東書局景印本											
1871 中西醫學勸讀十二種	(清)馮步蟾輯	清光緒三十四年贊化文社刊本							○				
1872 醫學初階	(清)嚴嶽蓮輯	清光緒宣統間渭南嚴氏刊民國十三年校補印本			○				○				
		1957年四川人民出版社用嚴氏刊版重印本							○				
1873 豫醫雙璧	(清)吳重憙輯	清宣統元年海豐吳氏排印本	○	○				○	○				
1874 武昌醫學館叢書	(民國)柯逢時輯	清光緒三十年至民國元年武昌柯氏醫學館刊本	○						○				
1875 三字經合編	張驥輯	民國二十二年成都義生堂刊本	○										
1876 醫藥叢書	裘慶元輯	民國五年至十年紹興裘氏刊本						○	○				
1877 國醫百家	裘慶元輯	民國七年至十年紹興醫藥學報社排印本							×				
1878 三三醫書	裘慶元輯	民國十三年杭州三三醫社排印本							○				
1879 珍本醫書集成	裘慶元輯	民國二十五年上海世界書局排印本	○	○					○	○			
1880 病鏡	(民國)王德森輯	民國十一年嘉定排印本							○				
1881 迴瀾社醫書第一輯	(民國)汪紹達輯	民國十八年迴瀾社景印本						○	○	○			
1882 國醫小叢書	國醫書局輯	民國十九年至廿年國醫書局排印本							×				
1883 影印古本醫學叢書	錢季寅輯	民國十九年至二十年上海中醫書局景印本						○	○				
1884 中國醫學大成	(民國)曹炳章輯	民國二十五年至二十六年上海大東書局排印本							○				
1885 古本醫學叢刊	張贊臣輯	民國廿六年上海醫家春秋社景印本							○				
1886 費氏食養三種(註)	費子彬輯	民國廿七年孟河費氏醫院排印本							○				
1887 宋人醫方三種	商務印書館輯	1956年上海商務印書館排印本	○						○	○			
1888 仲景全書	(漢)張機等撰	明萬曆二十七年海虞趙開美刊本	○										
1889 仲景全書	(漢)張機等撰	清光緒二十年成都鄧氏崇文齋刊本	○										
		民國五年上海千頃堂石印本	○					○					
張仲景醫學全書		民國十八年上海受古書店石印本						○	○				
1890 許叔微傷寒論著三種	(宋)許叔微撰	1956年上海商務印書館排印本	○					○	○				
1891 劉河間傷寒三書	(金)劉完素撰	明宣德六年刊本	○										
		明萬曆中繡谷吳繼宗刊本	○						○		○		
		清宣統元年上海千頃堂石印本		○						○			
1892 劉河間傷寒六書	(金)劉完素撰	清宣統元年上海千頃堂石印本	○	○					○				
1893 薛氏醫按十六種	(明)薛己撰	清乾隆嘉慶間博古堂刊本							○				
1894 薛氏醫按二十四種	(明)吳琯輯	明萬曆中刊本	○			○	○		○	○			
		清嘉慶十四年書業堂刊本							○				
		民國十年大成書局石印本									○		
1895 傷寒六書	(明)陶華撰	明嘉靖十二年湖廣布政使司刊本	○				○		○				
1896 石山醫案	(明)汪機撰	明祁門樸墅刊本	○			○	○		○	○			
		民國上海二酉書莊石印本							○	○	○		
1897 萬密齋書	(明)萬全撰	清乾隆六年敷文堂刊本							○	○	○		

註：上海中醫學院藏

書　　　　　　　者

辭書	天津	內蒙	遼寧	吉林市	吉大	哈爾濱	陝西	甘肅	山東	青島	山大	南京	南大	蘇州	安徽	浙江	杭大	福建	福師	河南	湖北	武漢	武大	江西	廣東	四川	重慶	川大	雲南	黑龍江	桂林	廣西	青海	寧夏	民院	年
																							○													1870
													○																							1871
○																									○											1872
			○										○							○					○											1873
																						○														1874
																										○										1875
						○							○			○																				1876
																																				1877
		○														○														×						1878
○		○					○	○		○						○						○		○	○	○		○		○	○					1879
																														○						1880
													○																	○						1881
																																				1882
										○												○				○										1883
	×																									×				×						1884
																																				1885
																																				1886
			○										○									○											○			1887
																																				1888
			×									○	○			○										○		○	○							1889
		○																																		1889
			○										○											○	○	○							○			1890
						○														○	○															1891
																															×					1892
																															×					1892
																○						○				○										1893
	×								○				○			○						○							×				×			1894
	○○									○○			○													○	○	○								1895
													○○								○					○										1896
										○			○○			○					○		○													1897

	書　名	輯撰者	版　本	藏										
				北京	首都	科學	北大	北師	清華	中醫	上海	復旦	華師	上師
1898	六科證治準繩	(明)王肯堂輯	明萬曆三十年至三十六年刊本	○							○		○	
1899	景岳全書	(明)張介賓撰	清康熙四十九年魯超刊本							○	○		○	
			清乾隆三十三年越郡蔡照樓刊本		○									
			清嘉慶二十四年金閶書業堂刊本											
			清光緒廿年上海圖書集成局排印本											
1900	壺隱子醫書四種	(明)劉浴德撰	舊鈔本	○										
	脈學三書		舊鈔本								○			
1901	醫學準繩六要	(明)張三錫撰	明崇禎十七年聚錦堂刊本								○			
1902	士材三書	(明)李中梓撰 (清)尤乘增訂	清康熙中刊本	○	○		○				○			
1903	喻氏醫書三種	(清)喻昌撰	清乾隆中黎川陳守誠刊本											
1904	醫徵五種	(清)沈明宗撰	清康熙三十二年檇李沈氏刊本					○						
1905	證治大還	(清)陳治撰	清康熙中貞白堂刊本	○										
1906	脈草經絡五種會編	(清)汪昂撰	清光緒十二年敬文堂刊本	○										
1907	四種須知(一名貽善堂須知)	(清)朱本中撰	清康熙二十八年還讀齋刊本											
1908	傷寒大成	(清)張璐等撰	日本文化九年思得堂刊本								○			
1909	張氏醫書七種	(清)張璐	清康熙中寶翰樓刊本								○		○	
		(清)張登撰	清乾隆嘉慶間金閶書業堂刊本				○				○			
			日本文化元年刊本	○	○	○					○	○		
			清光緒廿年上海圖書集成局排印本	○	○						○			
			清光緒二十五年浙江書局重印日本思得堂刊本	○	○									
			清光緒三十三年上海書局石印本											
			民國上海廣益書局石印本											
			民國上海錦章圖書局石印本	○							○			
1910	馮氏錦囊秘錄	(清)馮兆張撰	清康熙四十一年刊本	○							○		○	○
			清嘉慶十八年會成堂刊本	○							○			
1911	御纂醫宗金鑑	(清)吳謙等輯	清乾隆七年武英殿刊本	○							○	○		
			清光緒二年江西書局刊本	○	○								○	
			清光緒九年掃葉山房刊本	○										
			清光緒十八年上海圖書集成印書局排印本								○			
			清光緒二十九年上海經香閣石印本	○	○									
			民國元年上海商務印書館排印本	○							○			
			民國八年上海鴻寶齋石印本	○										
			1951年上海廣益書局排印本								○			
			1954年上海錦章書局排印本								○			
1912	顧氏醫鏡	(清)顧靖遠撰	民國二十三年上海掃葉山房石印本								○			
1913	醫方全書	(清)何夢瑤撰	民國七年廣東兩廣圖書局排印本								○			
1914	醫理元樞	(清)朱音恬撰	清三秀堂刊本								○			
1915	黃氏醫書八種(一名黃氏遺書)	(清)黃元御撰	清咸豐十年長沙燮和精舍刊本		○						○	○		
			清同治七年成都刊本	○	○	○					○	○		
			清宣統元年上海江左書林石印本	○	○									
			民國四年上海鑄記書局石印本	○	○									

辭書	天津	內蒙	遼寧	吉林市	吉林大	哈爾濱	陝西	甘肅	山東	青島	山大	南京	南大	蘇州	安徽	浙江	杭大	福建	福師	河南	湖北	武漢	武大	江西	廣東	四川	重慶	川大	雲南	黑龍江	桂林	廣西	青海	寧夏	民院	
		○						○			○				○										○											
○	○	○						○			○									○									○							1898
	○	○						○	○								○								○	○										1899
								○	○														○			○										
								○																												1900
											○																									1901
			○					×													○				○	○		○					○			1902
																										×	○			○						1903
																																				1904
										○																										1905
																																				1906
																																				1907
										○																○										1908
○			○							○											○			○		○										1909
								○													○			○		○						○			
										○					○									○	○				○			○			
					○																					○									
																										○									
○										○														○					○	○						1910
○	○	○	○												○			○	○		×			○		○									1911
			○					×							○			○	○					○											
○								○	○	○		○			○			○	×																
○											×																									
	○		○																					○	○	○									
○		○						×	○															○	○	○									
																○					○			○			○								
		○						○	○															○		○									1912
																										○				○					1913
																										○									1914
												○							○	○	○									○	○				1915
		○		○				○	○															○				○							
			○																																
			○																																
		○						○																○			○								

	書　名	輯撰者	版　本	藏										
				北京	首都	科學	北大	北師	清華	中醫	上海	復旦	華師	上師
1916	黃氏遺書三種(一名新刻黃氏遺書)	(清)黃元御撰	民國上海錦章書局石印本	○										
			清同治光緒間陽湖馮氏刊本	○							○			
1917	徐氏醫書六種	(清)徐大椿撰	清乾隆中半松齋刊本	○				○			○			
			清同治十二年湖北崇文書局刊本				○		○		○	○	○	
1918	徐氏醫書八種	(清)徐大椿撰	清光緒十九年上海圖書集成印書局排印本								○			
1919	徐靈胎十二種全集	(清)徐大椿撰	清同治三年彭樹萱善成堂刊本	○					○		○			
1920	徐靈胎醫學全書	(清)徐大椿撰	清光緒三十三年上海六藝書局石印本								○	○		○
			民國十一年至二十四年上海錦文堂石印本				○							
			民國二十五年至三十七年上海廣益書局排印本					○			○	○		
1921	傳症彙編	(清)熊立品撰	清乾隆四十二年刊本	○							○	○		
1922	沈氏尊生書	(清)沈金鰲撰	清乾隆四十九年無錫沈氏刊本						○	○	○	○		
			清同治十三年湖北崇文書局刊本	○	○	○					○		×	○
			清宣統元年石印本								○	○		
			民國三年淵海書局排印本								○			
1923	鄭氏彤園醫書	(清)鄭玉壇撰	清光緒二十五年長沙述古書局木活字排印本								○			
1924	友漁齋醫話六種	(清)黃凱鈞撰	清嘉慶十七年嘉善黃氏刊本								○	○		
1925	曾氏醫書四種	(清)曾鼎撰	清嘉慶十九年南城曾氏忠恕堂刊本	○	○	○					○	○		
1926	南雅堂醫書全集	(清)陳念祖撰	清同治四年文奎堂刊本						○		○	○		
1927	陳修園廿三種	(清)陳念祖撰	清光緒三十四年寶慶經元書局刊本	○							○	○		
1928	陳修園醫書五十種	(清)陳念祖撰	清光緒三十一年上海商務印書館排印本				○				○	○		○
	陳修園醫書全集六十種		民國八年上海掃葉山房石印本											
	陳修園醫書四十八種		民國十八年上海三星書店石印本								○			
1929	醫學切要全集	(清)王文選撰	清道光二十七年重慶饒氏刊本								○			
1930	邵氏醫書三種	(清)邵登瀛撰	清光緒六年刊本									○		
1931	醫述	(清)程文囿撰	清光緒十七年琴溪梅村家塾刊本	○	○						○		×	
1932	潛氐醫書五種	(清)王士雄撰	清光緒十八年上海醉六堂刊本		○						○	○		
			清光緒二十二年上海圖書集成局排印本		○	○					○			
1933	潛齋醫學叢書八種	(清)王士雄撰	民國元年上海李鍾珏排印本	○							○		○	
	潛齋醫學叢書十四種		民國七年集古閣石印本	○										
			民國十四年上海大東書局石印本											
1934	雙梧書屋醫書	(清)曹禾撰	清咸豐二年武進曹氏刊本								○			
1935	醫學六種	(清)屠道和輯	清同治二年湖北育德堂刊本								○			
1936	萍鄉文氏所刻醫書六種(一名六種新編)	(清)文晟輯	清同治四年萍鄉文延慶堂刊本									○		
1937	醫學五則(註)	(清)廖雲溪撰	清同治十年會元堂刊本(註)											
			清光緒六年崇興會刊本								○			
1938	世補齋醫書	(清)陸懋修撰	清光緒十年刊本	○	○	○							×	

註：瀋陽醫學院藏

辭書	天津	内蒙	遼寧	吉林市	吉大	哈爾濱	陝西	廿肅	山東	青島	山大	南京	南大	蘇州	安徽	浙江	杭大	福建	福師	河南	湖北	武漢	武大	江西	廣東	四川	重慶	川大	雲南	黑龍江	廣西一館	廣西二館	青海	寧夏	民院	
			○																		○							○				○				1916
						○	○					○									○		○			○	○				○		○			1917
	○	○	○		○	○	○					○		○	○	○		○	○		○	○			○	○		○		○					1918
			○									○						○			○				○	○	○									1919
																										○	○									1920
	○							○	○																○			○								1921
												○								○															1922
○	○	×	○		○		○					○								○	○			○	○	○	○				○				1922
																											○	○							1923
												○																							1925
		×	○	○					○			○									○				○		×			○					1927
						○		○				○							○		○							○	○						1928
	○								○	×									×								○	○	○						1929
	○	○							○							○		○			○				○		○	○							1930
												○													○			○							1931
								○							○					○				○			○								1932
																		○																	1932
			○					○	○									○										○	○						1933
																									○										1933
																											○								1937
	○	○				○	○	○	○			○				○										○	○	○							1938

書　名	輯撰者	版　本	北京	首都	科學	北大	北師	清華	中醫	上海	復旦	華師	上師
		清光緒十二年山左書局重印本	○	○							○	○	
		民國元年至三年上海江東茂記書局石印本		○						○			
1939 吳興凌氏二種	（清）凌奐撰	民國六年上海排印本	○							○			
1940 鐵如意軒醫書四種（一名徐氏醫書四種）	（清）徐延祚撰	清光緒二十二年奉天徐氏鐵如意軒刊本											
1941 醫學摘粹	（清）慶恕撰	清光緒二十九年刊本	○							○			
		民國三年-四年排印本											
1942 中西醫粹	（清）羅定昌撰	清光緒二十年刊本											
1943 中西滙通醫書五種	（清）唐宗海撰	清光緒三十四年上海千頃堂書局石印本	○	○						○	○		
1944 曾女士醫學全書	（清）曾懿撰	民國二十二年蘇州中國醫學研究社排印本	○										
1945 張氏醫參七種	（清）張節撰	清宣統元年刊本											
1946 利溥集	（清）王鴻驥輯	清宣統二年成都閑存齋刊本		○						○			
1947 霄鵬先生遺著	（清）黃保康撰	清宣統三年南海黃氏刊本					○	○				○	
1948 王旭高醫書六種	（清）王泰林撰	民國上海千頃堂石印本							○				
1949 太倉傅氏醫學三書	（清）傅松元撰	民國十九年瀏河學古堂傅氏排印本	○							○			
1950 余氏醫書三種	余斌撰	民國九年南昌文明書莊排印本								○			
1951 姚江謝氏醫書	（清）謝掄元撰	民國十八年止止居排印本								○			
1952 退思盧醫書四種合刻	嚴鴻志撰	民國十年寧波汲綆書莊石印本	○							○			
		民國上海千頃堂石印本	○										
1953 著園醫藥學合刊	（民國）楊熙齡撰	民國十二年大興楊氏排印本	○	○									
1954 藥盦醫學叢書	（民國）惲鐵樵撰	民國三十七年上海章巨膺醫家新中醫學出版社排印本							○				
		1954年上海千頃堂書局石印本								○			
1955 包氏醫宗	（民國）包識生撰	民國十九年上海排印本								○			
1956 醫古微	（民國）張驥撰	民國二十四年雙流張氏義生堂成都刊本						○	○	○			
1957 祝氏醫學叢書	（民國）祝味菊撰	民國二十一年祝氏排印本								○			
1958 吳氏醫學叢刊（註）	吳槐綬撰	民國排印本											
1959 孫氏醫學叢書	孫鼎宜撰	民國二十五年上海中華書局排印本							×	○	○	○	
1960 靈蘭醫書六種	何舒撰	民國三十六年邵陽何氏石印本								○			
1961 壽康之路	何舒輯	民國三十七年邵陽靈蘭中醫學會石印本								○			
1962 高憩雲外科全書十種	高思敬撰	民國六年澄江高氏天津排印本	○							○			
1963 痘疹大全	（明）吳勉學輯	明萬曆中新安吳氏刊本								○			
1964 婦嬰至寶	（清）王兆麟輯	清同治十二年崑山周文墨齋刊本											
		民國十四年合肥王澤華刊本							○	○			
1965 慈幼新書三種	（清）莊一夔撰	清道光九年刊本					○						
1966 許氏幼科七種	（清）許豫和撰	清同治中刊本							○	○			
1967 保赤全編	（清）□□輯	清刊本					○			○			
1968 保赤彙編	（清）朱之榛輯	清光緒五年刊本	○	○									
1969 述古齋幼科新書	（清）張振鋆撰	清光緒十五年邗上張氏刊本					○		○	○			
		清光緒十八年上海思求闕齋刊本							○	○			

註：上海中醫學院藏

辭書	天津	內蒙	遼寧	吉林市	吉大	哈爾濱	陝西	甘肅	山東	青島	山大	南京	南大	蘇州	安徽	浙江	杭大	福建	福師	河南	湖北	武漢	武大	江西	廣東	四川	重慶	川大	雲南	黑龍江	廣西一館	廣西二館	青海	寧夏	民院	
○																○		○							○											
			○												○							○	○			○	○	○			○			○	○	
																															○					1939
																																				1940
			○																																	1941
			○																																	1942
																							○													
	○		○	○						○	○	○			○							○	○		○	○	○		○	○	○	○				1943
																																				1944
																																				1945
	○		○																												○					1946
													○	○	○												○				○					1947
												○															○				○					1948
												○																								1949
																																				1950
																																				1951
	○											○				○	○																			1952
																															○	○				1953
○	○											○																			○					1954
																												○								
																									○	○					○					1955
																																				1956
																																				1957
																																				1958
○	○					○		○										○	○			○			○				○	○	○	○				1959
																																				1960
																																				1961
		○																																		1962
								○																												1963
○																																				1964
																						○														1965
																							○													
												○																								1966
																																				1967
○												○																								1968
			○									○				○						○														1969

	書　名	輯撰者	版　本	北京	首都	科學	北大	北師	清華	中醫	上海	復旦	華師	上師
1970	驚風辨證必讀書	(清)劉德馨輯	清光緒二十七年上元江氏重刊本	○							○			
1971	達生保赤合編	(民國)何錫琛輯	民國六年金山姚氏敦仁堂排印本								○			
1972	幼科三種	(清)□□輯	民國三十五年上海錦章圖書局石印本											
1973	西洋新法曆書	(明)徐光啟 (明)李天經等修	明崇禎中刊本								○			
1974	天學初函	(明)李之藻等輯	明崇禎中刊本	○				○						
1975	天文彙鈔	(明)□□輯	明鈔本	○										
1976	律曆淵源	清聖祖撰	清雍正元年序刊本							○		×		
1977	秫算彙編	(清)□□輯	鈔本								○			
1978	高厚蒙求	(清)徐朝俊撰	清嘉慶十二年雲間徐氏刊本	○	○				○	○	○	○	○	
			清同治五年雲間徐氏重刊本		○									
			清光緒十三年上海同文館排印本							○				
1979	推策小識	(清)汪曰楨撰	稿本	○						○	○	○	○	
1980	星算補遺	(清)董毓琦撰	清同治五年髀算山房刊光緒十二年續刊本	○						○	○	○	○	
1981	中西星要	(清)倪榮桂輯	清嘉慶八年樹滋堂刊本								○			
			清光緒六年紅杏山房刊本								○			
1982	天學大成	(清)□□輯	清光緒二十二年上海著易堂石印本								○			
1983	顧氏推步簡法三種	(清)顧觀光撰	清光緒元年金山錢氏拜經書屋刊本	○							○			
1984	中西算學四種	(清)掃葉山房輯	清光緒中上海掃葉山房刊本								○			
1985	兼濟堂纂刻梅勿菴先生曆算全書(一名梅氏叢書)	(清)梅文鼎撰	清雍正中刊咸豐九年梅體萱補刊本						○		○	○		
			清光緒十年上海敦懷書屋石印本								○			
1986	梅氏叢書輯要	(清)梅文鼎撰	清乾隆二十六年梅瑴成承學堂刊本	○					○		○	○		
			清同治十三年梅續高頤園刊本	○	○				○	○				
			清光緒十四年上海龍文書局石印本						○				○	
1987	數學五書	(清)安清翹撰	清嘉慶中樹人堂刊本	○				○	○	○				
1988	翠微山房數學	(清)張作楠撰	清嘉慶道光間金華張氏翠微山房刊本	○		○	○			○	○			
			清光緒二十三年上海鴻寶齋石印本								○			
			稿本											
1989	陳氏六書	(清)陳啟運輯	稿本	○										
1990	觀我生室彙稿	(清)羅士琳撰	清道光中刊本	○							○			
1991	李氏遺書	(清)李銳撰	清道光三年儀徵阮氏刊本	○		○	○				○		○	
			清光緒十六年上海醉六堂刊本			○				○			○	
1992	六九軒算書	(清)劉衡撰	清咸豐五年陝西長安縣署重刊本	○								○		○
1993	則古昔齋算學	(清)李善蘭撰	清同治六年金陵刊本	○		○	○			○	○	○	○	
			清光緒二十二年上海積山書局石印本											
1994	董方立遺書	(清)董祐誠撰	清同治八年董貽清成都刊本	○			○	○	○		○		○	○
1995	求是齋算學四種	(清)張楚鍾撰	清同治十二年刊本	○							○	○	○	
1996	曰芙堂算學叢書	(清)丁取忠輯	清同治光緒間長沙古荷花池精舍刊本	○		○				○	○	○		
			清光緒十四年上海龍文書局石印本								○	○	×	
			清光緒二十三年上海文瀾書局石印本								○	、		

辭書	天津	內蒙	遼寧	吉林市	吉大	哈爾濱	陝西	甘肅	山東	青島	山大	南京	南大	蘇州	安徽	浙江	杭大	福建	福師	河南	湖北	武漢	武大	江西	廣東	四川	重慶	川大	雲南	黑龍江	桂林	廣西	青海	寧夏	民院	年
○				○								○										○	○		○	○			○							1970
																			×																	1971
																											○									1972
																																				1973
																○																				1974
																																				1975
		○										○				○				○																1976
																																				1977
								○	○			○								○		○		○	○			○								1978
			○																																	1979
										○																										1980
																											○									1981
																				○																1982
																																				1983
																																				1984
○	○		○		○		○					○				○		○						×			○		○					○		1985
	○	○		○	○		○	○				○	○			○	○	○						○	○		○		○		○			○		1986
○												○	○			○		○		○							○					○		○		1987
	○				○		○					○	○			○		○									○	○								1988
		○	○																										○							1989
												○	○																							1990
○	○											○	○			○		○						○			○		○							1991
													○			○										○	○									1992
○	○	○	○	○	○			○				○	○	○		○											○	○	○							1993
	○							○				○												○												1993
○	○	○		○	○							○	○	○		○				○				○	○	○	○	○	○	○						1994
																																				1995
○	○			○								○	○	○		○	○								○	×	○				○			○		1996
			○	○			○							○	○							○				○		○				○	○	○		

書　　　　　　　者

書　名	輯撰者	版　本	北京	首都	科學	北大	北師	清華	中醫	上海	復旦	華師	上師
1997 衡齋算學遺書合刻	(清)汪萊撰	清咸豐四年夏燮鄱陽縣署刊本							○				
		清光緒十八年汪廷棟閩梅舊塾刊本						○		○		○	○
1998 下學盦算術三種	(清)項名達撰	清光緒十三年刊本	○					○		○	○		
1999 中西算學集要三種	(清)周毓英撰	清光緒中刊本	○				○			○			
2000 求表捷術三種	(清)戴煦撰	稿本								○			
2001 行素軒算稿	(清)華蘅芳撰	清光緒八年梁谿華氏刊本	○				×			○	○	○	
		清光緒十九年重刊本								○			
		清光緒二十二年上海文瑞樓石印本								○	×		
行素軒筆談		清光緒二十四年浙西璣衡堂石印本								○			
2002 金匱華氏行素軒學算全書	(清)華蘅芳撰	清光緒中袖海山房石印本								○			
2003 測海山房中西算學叢刻初編	(清)測海山房主人輯	清光緒二十二年上海璣衡堂石印本	○							○	○		
2004 中西算學叢書初編	(清)四明求敏齋主人輯	清光緒二十二年上海鴻寶齋石印本								○	○		
2005 湥齋算學五種	(清)江衡撰	清光緒中元和江氏一湥齋刊本											
2006 矩齋籌算六種	(民國)勞乃宣撰	清光緒中刊本								○	○	○	×
2007 澹寧齋算稿	(民國)王積沂撰	民國二十四年石印本	○							○	○	○	
2008 東溪算學八種(一名東溪叢書)	(清)陳崧撰	清宣統二年刊本											
2009 樸學齋算學四種	(民國)胡蘊玉(樸安)撰	稿本											
2010 五種秘竅全書	(明)甘霖撰	明古吳上元唐鯉耀文林閣刊本											
2011 選擇叢書集要	(明)江之棟輯	明崇禎五年尚白齋刊本				○							
陰陽五要奇書	(明)江之棟輯 (清)顧鶴庭重輯	清乾隆五十五年姑蘇顧氏樂真堂刊本	○		○						○		
2012 地理真訣	(明)黃復初輯	明崇禎九年洎陽黃氏澄心堂刊本						○					
2013 地理大全	(明)李國木輯	明崇禎中金陵懷德堂刊本									○		
2014 百二漢鏡齋祕書四種	(清)程芝雲輯	清道光四年湖邊程氏百二漢鏡齋刊本	○	○		○							
2015 楊曾地理元文四種	(清)端木國瑚註	清道光五年序刊本	○					○				○	
2016 葬書五種	(清)□□輯	清咸豐四年刊本	○										
2017 四祕全書	(清)尹有本輯	清嘉慶中善成堂刊本									○		
		清同治中敦仁堂刊本							○				
2018 陽宅大成	(清)魏青江撰	清英秀堂刊本							○				
2019 菊逸山房地理正書	(清)寇宗輯	清京都琉璃廠刊本							○				
2020 玄空古義四種通釋	沈祖緜撰	民國二十九年排印本									○		
2021 王氏書畫苑	(明)王世貞輯補益(明)詹景鳳輯	明刊本	○			○			○		○		
		民國十一年泰東圖書局據明本景印								○	○	○	○
2022 天都閣藏書	(明)程胤兆輯	明刊本	○										
2023 巾箱小品	(清)□□輯	清華韵軒刊本				○				○			
2024 蔣氏游藝祕錄	(清)蔣和輯	清乾隆五十九年刊本	○	○						○		○	
2025 詩畫書三品	(清)楊景曾輯	清嘉慶九年湑西別墅刊本	○										
2026 胡氏書畫攷三種	(清)胡敬撰	清嘉慶二十一年序刊本								○	○	○	○
		民國十三年上海中國書畫保存會據								○	○		

書　　　　　　　　　　　　　　　　　　　　　者

辭書	天津	内蒙	遼寧	吉林市	吉大	哈爾濱	陝西	甘肅	山東	青島	山大	南京	南大	蘇州	安徽	浙江	杭大	福建	福師	河南	湖北	武漢	武大	江西	廣東	四川	重慶	川大	雲南	黑龍江	桂林	廣西	青海	寧夏	民院	年
																		○									○								○	1997
													○																							1998
																○	○	○																		1999
																																				2000
	○		○	○			○		○				○							○	○							○								2001
			○								○							×									○	○								2002
	○		○																						○						○					2003
			○				○	○								○	○									○								○		2004
													○																	○						2005
	○												○				×																			2006
														○	○	○																				2007
													○																							2008
																																				2009
																	○																			2010
												○				○	○										○	×		○						2011
																																				2012
○																		○			×															2013
○																																				2014
													○																							2015
																																				2016
																																				2017
																					×							○								2018
																												○								2019
	○																															○				2020
	×		○									×	○			×											○	○								2021
													○	○						○							○	○								2022
												○	○																							2023
																																				2024
																																				2025
○			○			○							○			○												○					○		○	2026

書　名	輯撰者	版　本	北京	首都	科學	北大	北師	清華	中醫	上海	復旦	華師	上師
2027 任渭長四種	(清)任熊繪 (清)王齡輯	清嘉慶本景印											
		清咸豐至光緒間蕭山王氏養龢堂刊本								○	○		
任渭長先生畫傳四種		民國二十二年上海中西書局據清光緒十二年上海同文書局石印本景印	○									○	
2028 清瘦閣讀畫十八種	(清)徐文清輯	清光緒二十六年刊本						○					
2029 四銅鼓齋論畫集刻	(清)張祥河輯	清道光二十六年華亭張氏刊本											
		清宣統元年北京會文齋刊本	○	○			○	○					
2030 論畫輯要	馬克明輯	民國十七年商務印書館排印本		○				○		○			
2031 藝林名著叢刊	朱劍芒輯	民國二十五年世界書局排印本									○		
2032 畫論叢刊	于海晏輯	民國二十六年北平中華印書館排印本	○	○				○		○			
2033 畫苑祕笈	吳辟疆輯	民國吳氏畫山樓排印本	○	○				○		○			
2034 蝶野論畫二種	陳邃撰	民國排印本									○	○	
2035 琴學叢書	(民國)楊宗稷撰	民國楊氏刊本	○	○	×			○		○	○	○	
2036 吾子行二種	(元)吾丘衍撰	清乾隆四十二年竹素山房刊本				○							
2037 篆學瑣著(一名篆學叢書)	(清)顧湘輯	清道光二十年海虞顧氏刊本	○	○				○		○	○	○	○
2038 沈筤村選鈔印學四種	(清)沈清佐輯	鈔本									○		
2039 浙西四家印譜	(民國)吳隱輯	清宣統二年西泠印社鈐印本							○		○		
2040 西泠五家印譜	(清)□□輯	清鈐印本											
2041 西泠八家印選(一名泉唐丁氏八家印譜)	(民國)丁仁輯	清光緒三十年鈐印本						○	○				
2042 逃盦印學叢書	(民國)吳隱輯	民國十年西泠印社木活字排印本	○							○	○		
2043 墨品三種	(清)□□輯	清鈔本						○					
2044 十六家墨說	(民國)吳昌綬輯	民國十一年仁和吳氏雙照樓刊本						○	○	○		○	
2045 涉園墨萃	(民國)陶湘輯	民國武進陶氏涉園刊本	○							○	○	○	
2046 玉說薈刊	錢啟同輯	民國二十年排印本								○	○		
2047 嶺南玉社叢書第一集	(民國)嶺南玉社輯	民國十四年廣州排印本											○
2048 絲繡叢刊	朱啟鈐輯	民國無冰閣排印本											○
2049 存素堂校寫几譜三種	朱啟鈐輯	民國二十二年中國營造學社石印本	○	○					○				
2050 蘭言四種	(民國)楊鹿鳴撰	民國十三年排印本	○										
2051 四生譜	(清)金文錦撰	清同文堂刊本					○						
		清文經堂刊本				○							
2052 清代燕都梨園史料	張江裁輯	民國二十三年北平遼雅齋排印本		○						○			
2053 清代燕都梨園史料續編	張江裁輯	民國廿六年北平松筠閣書店排印本	○	○							○		
2054 菊部叢譚	張肖傖撰	民國十五年上海大東書局排印本							○	○			
2055 游藝四種	(明)王良樞輯	鈔本											
2056 聞情小錄初集	(清)葛元煦輯	清光緒三年刊本	○	○									
2057 賞奇軒合編	(清)□□輯	清光緒十二年上海同文書局石印本								○	○		
2058 睫巢鏡影	(清)童叶庚撰	清光緒十六年武林任有容齋刊本										○	
2059 跬園謎采	(清)顧震福輯	民國二十二年排印本	○	○				○	○				
2060 歷代笑話集	王利器輯	1956年上海古典文學出版社排印本						○	○	○			
2061 明清笑話四種	周啟明輯	1958年北京人民文學出版社排印本	○					○	○	○		○	○
2062 山居小玩	(明)毛晉輯	明毛氏汲古閣刊本	○										

辭書	天津	內蒙	遼寧	吉林市	吉大	哈爾濱	陝西	甘肅	山東	青島	山大	南京	南大	蘇州	安徽	浙江	杭大	福建	福師	河南	湖北	武漢	武大	江西	廣東	四川	重慶	川大	雲南	黑龍江	廣西一館	廣西二館	青海	寧夏	民院	
													○		○													○									2027
												○																								2028
												○																								2029
	○		○	○		○						○	○													○		○								2030
						○						○						○	○									○			○					2031
○				○					○			○							○					○				○		○	○					2032
○			○		○																															2033
																																				2034
○		○	○	○	○				○			○				×	○	○						○		○	○	○		○	○	○		○	○	2035
																																				2036
		○	○	○	○			○				○	○					○	○									○				○				2037
																																				2038
			○																																	2039
																○																				2040
			○		○							○																								2041
												○							×																	2042
																																				2043
			○									○	○																							2044
	○		○	○								○	○											○				○								2045
																																				2046
												○																					○			2047
												○							×								○	○							○	2048
	○											○						○	○	○	○					○	○									2049
○												○					○																			2050
○												○																								2051
○	○		○	○	○	○						○	○						○								○	○		○	○			○		2052
○	○			○					○			○	○						○									○								2053
												○																								2054
																																				2055
																											○									2056
○	○				○																					○										2057
					○	○						○	○						○																	2058
				○	○														○																	2059
												○							○											○						2060
			○									○						○			○			○				○			○					2061
												○	○																							2062

書　　名	輯撰者	版　　本	藏										
			北京	首都	科學	北大	北師	清華	中醫	上海	復旦	華師	上師
2063 群芳清玩	(明)李璵輯	明崇禎二年虞山毛氏汲古閣刊本	○		○	○				○			
2064 蕉窗九録	(明)項元汴撰	民國三年西泠印社木活字排印本		○						○			○
2065 方氏叢鈔	(清)方絢輯	稿本									○		
2066 藝術叢書	(民國)□□輯	民國五年保粹堂據清光緒中翠琅玕館版重編印本	○					○	○	○	○		
2067 娛萱室小品	(民國)雷瑨輯	民國六年上海掃葉山房石印本	○	○						○	×	○	○
2068 美術叢書	(民國)鄧實輯	民國廿五年上海神州國光社排印本	○					○	○	×	○	×	○
2069 五子書	(明)歐陽清輯	明嘉靖二十三年刊本	○							○			
2070 慎子三種合帙	陳乃乾輯	民國十七年中國學會景印本	○	○						○			
2071 六諝	(明)郭子章撰	明萬曆中刊本	○										
2072 玉塵新譚	(明)鄭仲夔撰	明萬曆四十五年刊本								○			
2073 合刻五家言	(明)鍾惺輯評	明刊本								○			
2074 芙蓉城四種書	(清)陸次雲撰	清刊本								○			
2075 雕丘雜録	(清)梁清遠撰	清康熙十七年太平園刊本	○							○			○
2076 息闕三述	(清)蔡方炳輯	清康熙中刊本							○				
2077 塵談拾雅	(清)劉節卿輯	清同治八年藏修書屋刊本	○							○			
2078 鮑紅葉叢書	(清)鮑祖祥輯	清光緒卅三年古香女子北京排印本	○	○	○								
2079 鄭氏叢刻	(清)鄭之僑輯	清乾隆二十五年潮陽鄭氏刊本										○	
2080 經史百家序録	邵章輯	清光緒二十八年石印本							×				
2081 中國古代科技圖録叢編初集	中華書局上海編輯所輯	1959年中華書局據明本景印							○				○
2082 閨門必讀	(清)潘遵祁輯	清同治十三年陶漱藝齋刊本											
2083 女四書	(明)王相箋注	清光緒六年李光明莊刊本	○					○	○	○			
		清光緒十三年上海江左書林刊本											
2084 小十三經	(明)顧玄緯輯	明嘉靖中刊本	○										
2085 格言彙編	(清)王乃徵輯	清光緒三十四年撫州府署石印本	○								×	○	
2086 三益集	(清)李天錫輯	清嘉慶道光間繼志堂刊本	○										
2087 重刻徐氏三種	(清)錢栥潤等校訂	清同治九年南蘭陵亦園刊本								○			
2088 陳刻二種	(清)陳世修輯	清光緒元年陳氏刊本								○			
2089 小嫏嬛山館彙刊類書十二種	(清)□□輯	清咸豐元年刊本	○									○	○
		琅環褉祭十二種 清光緒二十年文選廔石印本						○			○		
2090 文林綺繡	(清)鴻寶齋書局輯	清光緒二十二年鴻寶齋石印本						○		○	○		
2091 古今説海	(明)陸楫輯	明嘉靖二十三年雲間陸氏儼山書院刊本	○	○	○					○			
		清道光元年苕溪邵氏酉山堂刊本	○	○				○	○		○		
		清宣統元年上海集成圖書公司排印本		○					○	○			○
		民國四年上海進步書局石印本	○	○									
2092 虞初志	(明)湯顯祖輯	明刊本							○	○	○		
		民國六年上海掃葉山房石印本								○			
2093 顧氏文房小説	(明)顧元慶輯	明嘉靖中顧氏夷白齋刊本	○				×			○			
		民國十四年上海商務印書館據明本	○	○			○	○	○		○	○	○

書																				者																	No.
辭書	天津	內蒙	遼寧	吉林市	吉大	哈爾濱	陝西	甘肅	山東	青島	山大	南京	南大	蘇州	安徽	浙江	杭大	福建	福師	河南	湖北	武漢	武大	江西	廣東	四川	重慶	川大	雲南	黑龍江	桂林	廣西	青海	寧夏	民院	
																																				2063
				○													○		○									○								2064
																																				2065
						○			○			○	○				○						○				○							○		2066
			○								○				○													○								2067
○	○	○	○	○		○			○	○	○	○	○	○	○	○	○	○	○	○	×	○	○		○	○	○	○	○	○	○	○		○		2068
																											×									2069
○																			○								○									2070
																																				2071
																																				2072
																																				2073
																																				2074
																											○									2075
																																				2076
																			×																	2077
												○				○			○								○									2078
																	×										○									2079
																					○						○				×					2080
						○						○							○																	2081
																																				2082
○			○																																	2083
																																				2084
	○														○									○	○											2085
																																				2086
																	×																			2087
																			○													○				2088
				○							○	○	○				○				○					○			○	○						2089
				○								○	○			×			○								○					○				2090
	○															×								○			○									2091
○	○		○	○	○	○			○			○	○		○		○	○	○		○				○	○	○		○	○				○		
						○						○																								
			×	○				○																			○	○	○							2092
												○																								
																																				2093
○	○	○	○	○					○			○	○	○	○		○	○	○	○					○	○	○	○	○	○	○	○	○		○	

書　名	輯撰者	版　本	北京	首都	科學	北大	北師	清華	中醫	上海	復旦	華師	上師
		景印											
2094 顧氏明朝四十家小説（一名梓吳）	（明）顧元慶輯	明正德嘉靖間陽山顧氏家塾刊本								○			
		清宣統中上海國學扶輪社排印本	○							○			○
		民國三年古今圖書局石印本								○		○	
2095 廣四十家小説	（明）顧元慶輯	民國四年上海文明書局石印本								○			○
2096 煙霞小説	（明）范欽輯	明萬曆十八年刊本	○										
2097 小窗四紀	（明）吳從先撰	明刊本						○	×		×		
2098 新刻王氏青箱餘	（明）王兆雲撰	明萬曆四十五年書林聚奎樓刊本								○			
2099 稽古堂叢刻	（明）高承埏輯	明刊本								○			
2100 稗乘	（明）黃昌齡輯	明萬曆中黃氏刊本				○	○						
2101 稗海	（明）商濬輯	明萬曆中會稽商氏半埜堂刊本	○	○	○			○		○			○
		清康熙中振鷺堂據明商氏刊版重編補刊印本	○		○		○			○			
	（清）李孝源重訂	清乾隆中據振鷺堂版修補重訂本	○									○	
2102 合刻三志	（明）冰華居士輯	明刊本				○					○		
2103 快書六種	（明）華淑撰	明刊本									○		
2104 五朝小説	（明）□□輯	清據說郛說郛續刊版重編印本									○	×	
五朝小説大觀		民國十五年上海掃葉山房石印本		○							○	○	
2105 古今說部叢書	（民國）國學扶輪社輯	清宣統至民國間上海國學扶輪社排印本	○	○				○		○	○	○	○
2106 說庫	（民國）王文濡輯	民國四年上海文明書局石印本	○	○			○	○		○			
2107 古小説鈎沈	魯迅輯	1951年北京人民文學出版社排印本	○	○		○	○				○	×	
2108 香豔叢書	（清）蟲天子輯	清宣統中國學扶輪社排印本	○	○		○	○				○	×	
2109 舊小説	（民國）吳曾祺輯	民國二十四年商務印書館排印本	○							○	○		
		1957年商務印書館排印本					○	○			○		
2110 晉唐小説暢觀	（清）馬俊良輯	民國二十六年上海中央書局排印本									○		
2111 筆記小説大觀	（民國）進步書局輯	民國上海進步書局石印本	○	○						○	×	○	
2112 古佚小説叢刊初集	陳乃乾輯	民國十七年海寧陳氏慎初堂排印本	○	○		○	○	○		○	○		×
2113 唐宋傳奇集	魯迅輯	1927年上海北新書局排印本	○	○							○	○	
		1952年北京人民文學出版社排印本				○	○	○			○	○	
		1956年北京文學古籍刊行社排印本				○	○	○			○	○	
2114 唐人說薈	（清）蓮塘居士（陳世熙）輯	清乾隆五十七年挹秀軒刊本	○		○		×			○			
		清道光二十三年序刊本	○							○			
		清宣統三年上海天寶書局石印本	○					○		○			
		民國十一年上海掃葉山房石印本	○							○		×	○
唐代叢書	（清）王文誥輯	清嘉慶十一年序刊本	○		○	○				○			
2115 唐開元小説六種（一名唐人小説六種）	（民國）葉德輝輯	清宣統三年葉氏觀古堂刊本	○					○		○			
2116 宋人小説	（民國）涵芬樓輯	民國十五年上海商務印書館排印本									○	○	
2117 無一是齋叢鈔	（清）□□輯	清宣統元年夢梅仙館刊本			○					○			
2118 明清珍本小説集	（民國）廣業書社輯	民國十七年北京廣業書社排印本								○	○		
2119 全相平話五種		1956年上海文學古籍刊行社據商務印書館及日本景印本景印	○			○	○	○			○	○	○

書　　　　　　　　　　者

辭書	天津	内蒙	遼寧	吉林市	吉林大	哈爾濱	陝西	甘肅	山東	青島	山大	南京	南大	蘇州	安徽	浙江	杭大	福建	福師	河南	湖北	武漢	武大	江西	廣東	四川	重慶	川大	雲南	黑龍江	桂林	廣西	青海	寧夏	民院	
					○																														○	2094
○		○		○						○	○	○				○			○	○					○	○	○				○		○			
○						○					○	○				○			○												○					2095
			○		○							×																								2096
			○								○	×			○			×																		2097
																																				2098
																																				2099
																																				2100
○		○		○	○	○					○	○		○	○					○		○				○	○						○	○		2101
○	○	○																	○											×						
	○																																			2102
			○																													×				2103
		○							○	○	○					○				○	×										○	×				2104
○		○		○	○				○		○	○		○		○	○		○			○				○	○	○		○						
○	○		○	×	○		○	○	○	○	○	○		○		○	○	○	○	×	○	○		○	○	○		○	○		○			○		2105
	○	×	○		○				○	○	○	×	○	○			○	○	×	○										○						2106
	○	○	○	○			○			○	○	○				○	○		○	○	○	○	○		○	○		○				○		○		2107
○	○	○	○	○		○			○		○	○	○					○	○	○	○	×	○	○	○					○				○		2108
○		○	○	○			○										○	○	○															○		2109
																			○																	2110
○	○		○	×		×		○		×	○	○			○	○	○		○	○	×				○	○	○	○			×	○				2111
			○								○	○				○	○	○	○			×						○	○							2112
○																			○	○				○	○											2113
	○		○								○	○				○	○	○																		
		○											○					○	○															○		2114
	○			○			○								○		○			○					○				○		○					
○		○	○	○		○	○			○	○			○									○					○	×			○				
	○	○		○							○	○				○																○				2115
×	○	×	○		○				○		○	○				×	○	○	○	○				○	○		○					○		○		2116
												○																								2117
																																				2118
○		○	○	○	○	○	○			○	○	○				○			○	○	○				○			○					○			2119

書　　名	輯撰者	版　　本	北京	首都	科學	北大	北師	清華	中醫	上海	復旦	華師	上師
2120 天花藏合刻七才子書	(清)天花藏主人輯	清乾隆三十二年觀文會館刊本											○
2121 元明史料筆記叢刊	中華書局輯	1959年中華書局排印本	○				○			○			○
2122 美化文學名著叢刊	朱劍芒輯	民國二十四年世界書局排印本					○			○	○		○
2123 明清筆記叢刊	中華書局上海編輯所輯	1958年至1959年中華書局排印本	○				○			○			○
2124 清代筆記叢刊	(民國)上海文明書局輯	民國上海文明書局石印本	○	○			○		×	○			○
2125 清人說薈	(民國)雷瑨輯	民國上海掃葉山房石印本	○				○	○		○	×	○	○
2126 艷史叢鈔	(清)淞北玉魫生(王韜)輯	清光緒四年弢園排印本								○			
2127 香艷小品	(民國)沈宗畸輯	清宣統元年番禺沈氏石印本	○							○			
2128 新刻揚州近事雨花香	(清)石成金撰	清雍正四年石崟年崴年刊本								○			
2129 閱微草堂筆記	(清)觀弈道人(紀昀)撰	清嘉慶五年北平盛氏刊本					○	○	○	○	○		
		清道光十五年廣州財政司刊本				○				○			
2130 閱微草堂筆記五種擷鈔	(清)觀弈道人(紀昀)撰　(清)強望泰摘鈔	民國二十五年中央刻經院排印本								○	○		
2131 潛園集録	(清)屠倬輯	清道光二年刊本	○						○	○			
2132 湘烟小録	(清)陳裴之撰	清道光四年錢塘陳氏刊本	○										
		清光緒十二年上海王氏刊本								○			
2133 金壺七墨	(清)黃鈞宰撰	清同治十二年刊本	○										
		民國元年掃葉山房石印本	○							○	○		○
2134 梁氏筆記	(清)梁章鉅撰	清宣統三年上海掃葉山房石印本	○	○						○			
2135 繡像四遊合傳	(清)小蓬萊館輯	清光緒二年小蓬萊館刊本								○			
四遊記		1956年上海古典文學出版社排印本	○							○			
2136 紫薇堂四子	(明)陸明揚輯	明萬曆五年刊本								○			
2137 四子全書	(明)童逢元輯	明萬曆廿三年毘陵董氏秋聲閣刊本								○	○		
2138 三子通義	(明)朱得之撰	明嘉靖四十四年刊本								○			
2139 鬳齋三子口義	(宋)林希逸撰	明萬曆二年刊本	○			○				○		○	
2140 四子書		明萬曆九年陳楠刊本						○					
2141 老莊合刻		明萬曆中武林郁文瑞尚友軒刊本						○					
2142 四經	(明)王一清撰	明萬曆中刊本						○					
2143 三子		明刊本	○										
2144 三子合刊	(明)閔齊伋輯	明閔氏套印本	○										
2145 敦煌石室遺書三種	(民國)羅振玉輯	民國十三年上虞羅氏據敦煌石室唐寫本景印		○						○	○		○
2146 老莊正義合編	(民國)□□輯	民國上海古書流通處據清光緒中刊本景印	○	○						○			
2147 道藏	(明)□□輯	明正統中刊續萬曆中刊本	○										
		民國十二年至十五年上海商務印書館據明正統本續據萬曆本景印	○	○	○		○	○		○	×	○	
2148 道藏舉要	商務印書館輯	民國上海商務印書館據明本景印	○							○			
2149 重刊道藏輯要	(清)彭定求輯　(清)閻永和增	清光緒三十二年成都二仙庵刊本		○			○			○		○	

書																			者																	
辭書	天津	内蒙	遼寧	吉林市	吉大	哈爾濱	陝西	甘肅	山東	青島	山大	南京	南大	蘇州	安徽	浙江	杭大	福建	福師	河南	湖北	武漢	武大	江西	廣東	四川	重慶	川大	雲南	黑龍江	桂林	廣西	青海	寧夏	民院	編號
																											×									2120
○											○	○																			○					2121
○		○									○	○				○		○									○	○								2122
○						○					×	○				○																				2123
○						○				×	○	○	×			○	○	×		○		○	×				○	○			×	○			○	2124
○		○				○	○	○			○	○	○				○	○									○	○		○	○					2125
○		○				○		○				○					○													○					○	2126
						○																														2127
																																				2128
○	○	○		○	○	○		○	○		○	○	○	○	○		○	○				○	×				○	○	○		○				○	2129
○		○											○						○					○		○	○	○								2130
																																				2131
																																				2132
											○	○				○		○																		2133
○		○		○				○			○	○	○			○	○	○	○			○						○			○					2134
												○																			○					2135
																																				2136
○												○															○		○							2137
																○																				2138
																○																				2139
																											○									2140
																																				2141
																																				2142
																																				2143
										○		○															○	○								2144
○		○	○				○				○	○	○														○		○						○	2145
				○																○											○					2146
																											○	○								2147
○	○		○	×	○							○	○			○	○			○	○						○	×	○							2148
												○	○											○			○	○		○	×					2148
○											○	○															×	○	○						○	2149

	書　名	輯撰者	版　本	藏										
				北京	首都	科學	北大	北師	清華	中醫	上海	復旦	華師	上師
2150	道藏初編		民國刊朱印本	○							○			
2151	道藏續編第一集	（清）閔一得輯	民國上海醫學書局排印本	○							○	○	○	
2152	道藏本五子	（民國）傅增湘輯	民國七年雙鑑樓據道藏本景印							○				
2153	道藏精華録	（民國）守一子輯	民國無錫丁氏排印本								○	○		
2154	道書		清鈔本						○					
2155	道言外中	（明）一壑居士輯	明刊本								○			
2156	道書全集	（明）閻鶴洲輯	明萬曆十九年金陵閻氏刊本								○	○		
2157	道言五種	（清）陶素耜撰	清康熙中遺經堂刊本								○			
2158	道貫真源	（清）董元真輯	清乾隆嘉慶間古越集陽樓刊本								○			
2159	道書十二種（一名指南針）	（清）劉一明撰	清嘉慶二十四年常郡護國庵刊本		○				○				○	
			民國二年上海江東書局石印本	○	○				○					
2160	陳氏志學齋叢刊	（清）□□輯	清光緒中陳氏志學齋刊本								○			
2161	古書隱樓藏書	（清）閔一得輯	清光緒三十年刊本								○			
2162	濟一子道書	（清）傅金銓撰	清善成堂刊本											○
2163	證道秘書	（清）傅金銓輯	清善成堂刊本	○										○
2164	方壺外史	（明）陸西星撰	民國四年香山鄭觀應等排印本								○			
2165	楞園仙書	（清）江含春撰	鈔本								○			
2166	悟真四註篇	（民國）□□輯	民國石印本								○			
2167	楚辭四種	（民國）國學整理社輯	民國二十五年上海世界書局排印本							○	○	○	○	○
2168	山曉閣文選十五種	（清）孫琮輯	清康熙中山曉閣刊本								○	○		
2169	石倉十二代詩選（一名歷代詩選）	（明）曹學佺輯	明崇禎四年序刊本	×	○						×	×		
2170	乾坤正氣集	（清）姚瑩（清）顧沅（清）潘錫恩輯	清道光二十八年涇縣潘氏袁江節署刊同治五年新建吳坤修皖江印本	○	○				○	×	○	○		
2171	屈賈文合編	（清）夏獻雲輯	清光緒三年長沙刊本	○	○						○			
2172	合刻忠武靖節二編	（明）楊時偉輯	明萬曆四十七年楊氏刊本	○							○			
2173	新刻諸葛宗岳史四公文集	（清）劉質慧輯	清同治十二年三原劉氏述荆堂刊本											
2174	四忠遺集	（清）□□輯	清光緒二十三年湘南書局刊本							○	○		○	○
2175	陶李合刊	（明）王錫袞輯	明天啟崇禎間刊本	○										
2176	李卓吾先生合選陶王集	（明）李贄選	明萬曆四十三年刊本											
2177	汲古閣合訂唐宋元詩五集	（明）毛晉輯	明崇禎中虞山毛氏汲古閣刊本											○
2178	合刻兩張先生集	（明）張時行輯	明崇禎六年歷陽張氏刊本	○										
2179	八大家文鈔	（明）茅坤輯	明萬曆七年刊本					○	○					
			明崇禎元年刊本						○					
			清雲林大盛堂刊本									○		
2180	陳太僕批選八家文鈔	（清）陳兆崙輯	清光緒二十六年天津文美齋石印本											○
2181	唐宋八家詩	（清）姚培謙輯	清雍正五年遂安堂刊本	○							○			
2182	唐宋十大家全集録	（清）儲欣輯	清光緒八年江蘇書局刊本	○	○						○			
2183	唐宋三大詩宗集	（民國）易大厂輯	民國二十二年上海民智書局排印本								○	○		
2184	唐宋十大家尺牘	（民國）文明書局輯	民國上海文明書局石印本								○	○		
2185	四婦人集	（清）沈綺雲輯	清嘉慶中雲間沈氏古倪園刊本	○							○	○		○
			民國十二年海寧陳氏慎初堂據清沈								○	○		

辭書	天津	内蒙	遼寧	吉林市	吉大	哈爾濱	陝西	甘肅	山東	青島	山大	南京	南大	蘇州	安徽	浙江	杭大	福建	福師	河南	湖北	武漢	武大	江西	廣東	四川	重慶	川大	雲南	黑龍江	桂林	廣西	青海	寧夏	民院	編號
																								○												2150
																																				2151
○																																				2152
○		○								○		○					○							○												2153
																																				2154
																○																				2155
																							○	○								×				2156
																								○												2157
										○						○																				2158
○								○											○					○									○			2159
																								○												2160
			○	○				○																	○			○								2161
																								○												2162
																								○												2163
																	○																			2164
																																				2165
													○																							2166
															○	○	○	○						○							○					2167
	○												○	○	○	○																				2168
																								×												2169
○	○		○						○	○	○	○	○	○	○	○	○	×	○		○		○	○	○	○		○	○				○			2170
			○	○	○					○	○											○	○	○												2171
																																				2172
					○																															2173
			○								○					○					○			○				○								2174
																																				2175
																		○																		2176
																								×												2177
																																				2178
○	○								○	○						○		×			○		○													2179
																																				2180
			○		○					○															○				○							2181
○		○	○	○	○			○		○						○				○	○			○	○						○					2182
○			○	○							○																									2183
			○		○						○									○				○		○							○			2184
																						○		○						○						2185

書　名	輯撰者	版　本	北京	首都	科學	北大	北師	清華	中醫	上海	復旦	華師	上師
		氏本景印											
2186 唐明二翁詩集	(民國)翁輝東輯	民國十五年潮安翁氏排印本								○			
2187 御選宋金元明四朝詩	清聖祖定	清康熙四十八年武英殿刊本			○						×		
2188 宋元四十三家集	(明)潘是仁輯	明萬曆中刊本	○							○			
2189 詩詞雜俎	(明)毛晉輯	明天啟崇禎間海虞毛氏汲古閣刊本		○			○	○	○		×		
		清木松堂據明毛氏本重刊											○
		民國上海醫學書局據明毛氏本景印								○	○	○	○
2190 戴鹿牀手寫宋元四家詩四種	(清)戴熙輯	民國十七年中社據清戴熙手鈔本景印	○							○	○	○	
2191 五名臣遺集	(清)張純修輯	清康熙三十六年古燕張氏刊本											
2192 盧陽三賢集	(清)張樹聲輯	清光緒元年合肥張氏毓秀堂刊本	○			○				○	○	○	
2193 金元明八大家文選	(清)李祖陶輯	清道光二十五年刊本	○	○						○	○	○	
2194 元明八大家古文選	(清)劉肇虞選評	清乾隆二十九年步月樓刊本	○							○	○	○	
2195 明清八大家文鈔	(民國)王文濡輯	民國四年上海進步書局石印本								○	○	○	
2196 明清十大家尺牘	(民國)文明書局輯	民國十年上海文明書局石印本								○	○	○	
2197 文藝小叢書第一輯	(民國)胡樸安輯 (民國)胡懷琛輯	民國二十二年上海廣益書局排印本											○
2198 漢魏諸名家集	(明)汪士賢輯	明萬曆天啟間新安汪氏刊本	○							○			
2199 漢魏六朝百三名家集（一名漢魏六朝一百三家集）	(明)張溥輯	明婁東張氏刊本	○	○								○	
		清光緒三年滇南唐氏壽考堂刊本	○							○		○	
		清光緒五年彭懋謙信述堂重刊本	○							○		○	
		清光緒十八年善化章經濟堂刊本	○							○			
		清光緒十八年長沙謝氏翰墨山房刊本	○		○							○	
		民國六年上海掃葉山房石印本	○	○								○	
		民國七年四川官印局刊本											
2200 漢魏六朝百三家集選	(清)吳汝綸評選	民國六年都門書局排印本	○	○								○	○
2201 漢魏六朝名家集初刻	丁福保輯	清宣統三年無錫丁氏排印本	○								○	○	×
2202 彙刻建安七子集	(明)楊德周輯(清)陳朝輔增	明崇禎十一年刊本								○	○		
		清乾隆二十三年刊本									○		
2203 建安七子集	(清)楊逢辰輯	清光緒十六年長沙楊氏坦園刊本								○	○		
2204 三家詩	(清)卓爾堪輯	清康熙中刊本	○							○	○		
2205 晉二俊文集	(宋)徐民瞻輯	明正德十四年陸元大刊本				○	○			○	○		
		明萬曆中瑞桃堂刊本									○		
2206 六朝詩集	(明)薛應旂輯	明嘉靖中刊本									×		
2207 六朝四家全集	(清)胡鳳丹輯	清同治九年永康胡氏退補齋刊本							○			○	○
2208 文選遺集	(明)閭光世輯	明笙臺刊本							○				
2209 陶謝詩集	(清)姚培謙輯	清乾隆二十九年姚氏刊本							○				
2210 劉沈合集	(明)阮元聲輯	明崇禎五年刊本								○			
2211 唐人集	(明)□□輯	明活字本	○										
2212 唐百家詩	(明)朱警輯	明嘉靖十九年刊本	○						○	○			
2213 唐詩百名家全集	(清)席啟寓輯	清康熙四十一年洞庭席氏琴川書屋刊本	○						○	○	○	○	○
		清光緒八年刊本							○			○	

書者																																				
辭書	天津	内蒙	遼寧	吉林市	吉大	哈爾濱	陝西	甘肅	山東	青島	山大	南京	南大	蘇州	安徽	浙江	杭大	福建	福師	河南	湖北	武漢	武大	江西	廣東	四川	重慶	川大	雲南	黑龍江	桂林	廣西	青海	寧夏	民院	編號
												○				○														○						2186
		○																																		2187
																																				2188
○	○	×			×				○	○						○	×									×		○						○		2189
○			○			○			○	○		○								○							○			○			○			
												○	○			○	○						○													2190
○			○	○					○			○	○			○	○			○		×				○	○	○		○			○			2192
○	○											○	○		○	○	○			○	○		○	○		○	○		○	×						2193
													×																							2194
																				○																2195
											○																					×				2196
																																				2197
○	○														○											×										2198
												○	○	○		○				○						○							○			2199
○		○	○					○	○			○	○		○	○						○				×			○	○		○			
○	○			○	○				○			○	○			○	○			○						×				○					
○			○		○				○			○	○							○		○		○		○	○			○			○		
		○							○			○	○		○									○		○	○		○	×						2200
												○								○						○	○	○							2201
																																		○		2202
																				○							○									2203
											○																									2204
			○									○	○										○													2205
											○	○	○			○																			
○											○	○	○																							2206
		○			○						○	○	○								○	○				○	○			○						2207
																																				2208
																																				2209
																																		○		2210
																																				2211
													×			○												×								2212
○	○		○	○					○	○	○	○		○	○		×		×			○				○	○	○					○			2213
																																		○		

	書名	輯撰者	版本	北京	首都	科學	北大	北師	清華	中醫	上海	復旦	華師	上師
2214	唐人五十家小集	(清)江標輯	清光緒二十一年元和江氏靈鶼閣據南宋陳道人本湖南使院景刊	○				○	○		○	○	○	○
2215	唐詩二十六家	(明)黃貫曾輯	明嘉靖三十三年黃氏浮玉山房刊本	○				○	○					
2216	唐人小集	(明)□□輯	明嘉靖中刊本								○			
2217	唐十二家詩	(明)張遜業輯	明嘉靖三十一年江都黃璋東壁圖書府刊本	○				×						
2218	唐十二名家詩	(明)楊一統輯	明萬曆十二年刊本	○	○			○	×	○				
2219	前唐十二家詩	(明)許自昌輯	明萬曆三十一年霏玉軒刊本					○				×	○	
2220	初唐四子集	(明)張燮輯	明崇禎十三年張燮曹荃刊本	○										
2221	唐人三家集	(清)秦恩復輯	清道光十年江都秦氏石研齋據宋本景刊	○				○	○					
			清宣統三年據道光石研齋本景印											○
2222	初唐四傑集	(清)項家達輯	清乾隆四十六年星渚項氏刊本								○			
2223	初唐四傑文集	(清)□□輯	清同治中鄒氏從雅居刊本											
			清光緒五年淮南書局刊本	○				○	○		○	○		○
2224	唐四名家集	(明)毛晉輯	明海虞毛氏汲古閣刊本											
2225	五唐人集	(明)毛晉輯	明崇禎中海虞毛氏汲古閣刊本											
			民國上海醫學書局據明毛氏本景印							○			○	
			民國十五年上海涵芬樓據明毛氏本景印							○	○	○		
2226	唐六名家集	(明)毛晉輯	明崇禎中海虞毛氏汲古閣刊本			○	○							
			民國十五年上海商務印書館據明毛氏本景印	○	○						○	○		
2227	唐人八家詩	(明)毛晉輯	明崇禎十二年海虞毛氏汲古閣刊本	○				○			○			
			民國十五年上海商務印書館據明毛氏本景印	○										○
2228	唐三高僧詩	(明)毛晉輯	明崇禎中虞山毛氏汲古閣刊本								○		○	
2229	唐四家詩	(清)汪立名輯	清康熙三十四年天都汪氏刊本				○				○		○	
			清光緒中湖北崇文書局刊本								○			
2230	唐四家詩集	(清)胡鳳丹輯	清同治九年退補齋刊本										○	
2231	唐六家詩鈔	(清)陳明善輯	清刊本											
2232	唐五家詩	(明)□□輯	明正德十四年吳門陸氏刊本	○										
2233	二張集	(明)高叔嗣輯	明嘉靖十六年刊本	○										
2234	王孟詩評	(宋)劉辰翁評	清光緒五年巴陵方氏碧琳琅館刊朱墨印本	○							○	○		
2235	李杜全集	(明)鮑松輯	明正德八年刊本									○		
2236	唐李杜詩集	(明)許宗魯輯	明嘉靖中刊本	○				○						
2237	唐二家詩鈔評林	(明)梅鼎祚輯	明萬曆十七年刊本								○			
2238	李杜合刊	(明)許自昌輯	明萬曆中刊本								○		×	
2239	王韋合刻	(明)項綗輯	清康熙中玉淵堂刊本								○			
2240	三唐人文集	(明)毛晉輯	明海虞毛氏汲古閣刊本					○	○		○			
2241	三唐人集	(清)馮焌光輯	清光緒中南海馮氏讀有用書齋刊本	○	○	○		○			○			
			民國二十二年寒匏宧刊本											○
2242	三唐人集	(民國)繆荃孫輯	民國四年至五年江陰繆氏刊本				○				○		○	
2243	中晚唐詩	(清)劉云份輯	清康熙四十二年金閶寶翰樓刊本								○	○		

書　　　　　者

辭書	天津	内蒙	遼寧	吉林市	吉大	哈爾濱	陝西	甘肅	山東	青島	山大	南京	南大	蘇州	安徽	浙江	杭大	福建	福師	河南	湖北	武漢	武大	江西	廣東	四川	重慶	川大	雲南	黑龍江	桂林	廣西	青海	寧夏	民院	
○	○		○	○	○			○	○	○	○		○	○		○		○		○		○	×		○	○	○	○			○		○	○	○	2214
																○																				2215
																																				2216
																											×									2217
										○																	○									2218
																											○									2219
○																																				2220
○		○	○	○	○				○	○	○	○										○				○	○	○		○				○		2221
		○	○							○				○					×	○							○			○	○		○	○		2222
										○																	○							○		2223
			○	○						○						○	○	○			○					○	○	○			○		○			2224
																											×						○			2225
○	×	○		○						○								○		○							○				○				○	2226
				○						○		○				○	○							○			○	○			○					2227
																											○									2228
	○			○	○					○																										2229
			○	○					○	○	○					○	×					○					○	○								2230
																																				2231
																																				2232
																																				2233
												○													○		○	○								2234
																																				2235
						○																														2236
																																				2237
	○											○				○				○							○								○	2238
																																				2239
	○	○				○																				○									○	2240
	○		○	○		○				○	○									○	○	○				○	○									2241
													○														○									2242
													○								○															2243

書　名	輯撰者	版　本	北京	首都	科學	北大	北師	清華	中醫	上海	復旦	華師	上師
2244 廣十二家唐詩	(明)陸汴輯	明嘉靖中刊本	○								×		
2245 元白長慶集	(明)馬元調輯	明萬曆中松江馬氏刊本		○						○	○		
2246 韓柳二集	(宋)廖瑩中輯	宋廖氏世綵堂刊本	○										
		民國上虞羅振常據宋世綵堂本景印											
2247 韓柳文	(明)游居敬輯	明嘉靖十六年南平游氏刊本	○									○	
		明嘉靖三十五年沙濱莫如士寧國刊本	○				○						
2248 韓柳全集	(明)蔣之翹輯注	明崇禎六年安國謨刊本					○						
2249 唐三家集	(明)□□輯	明雲陽姜道生刊本	○										
2250 陸魯望皮襲美二先生集合刻	(明)許自昌輯	明萬曆三十一年長洲許氏刊本								○			
2251 唐人四集	(明)毛晉輯	明崇禎中海虞毛氏汲古閣刊本	○							○			
		民國五年上海商務印書館據明毛氏本景印		○								○	
2252 王氏彙刻唐人集	(清)王遐春輯	清嘉慶十五年福鼎王氏麟後山房刊本						○					
2253 唐人選唐詩六種	(明)□□輯	明嘉靖中刊本							○				
2254 唐人選唐詩八種	(明)毛晉輯	明崇禎中海虞毛氏汲古閣刊本	○	○		○	○	○					
		清康熙三十二年南海黃虞學稼草堂刊本											○
		民國上海醫學書局據明毛氏本景印											○
2255 唐人選唐詩十種	中華書局上海編輯所輯	1958年中華書局排印本	○							○			○
2256 兩宋名賢小集	(宋)陳思輯 (元)陳世隆補	鈔本	○										
2257 宋詩鈔初集	(清)呂留良	清康熙十年吳氏鑑古堂刊本	○			○	○				○	○	
	(清)吳之振	民國三年上海商務印書館據清康熙吳氏本景印	○	○							○		
	(清)吳爾堯輯												
2258 宋詩鈔補	(清)管庭芬 (清)蔣光煦輯	民國四年上海商務印書館排印本	○	○			○	○		○			
2259 宋四名家詩	(清)周之鱗	清康熙中刊本	○										
	(清)柴升選輯	清光緒元年刊本									×		
		民國上海同文堂石印本		○									
2260 宋十五家詩選	(清)陳訏輯	清康熙三十二年刊本						○		○	○	○	
2261 宋百家詩存	(清)曹庭棟輯	清乾隆五年至六年嘉善曹氏二六書堂刊本	○		○					○		○	○
2262 宋代五十六家詩集	(清)坐春書塾選輯	清宣統二年北京龍文閣石印本	○	○						○			
2263 宋人集	(民國)李之鼎輯	民國南城李氏宜秋館刊本	○	○								○	
2264 宋人小集四十二種	(清)陳德溥輯	清海寧陳氏鈔本						○					
2265 西江詩派韓饒二集	(民國)沈曾植輯	清宣統二年姚埭沈氏刊本									○	○	○
2266 汲古閣景鈔南宋六十家小集	(宋)陳起輯	民國十年上海古書流通處據明汲古閣景鈔宋本景印	○	○						○	○		
2267 南宋群賢小集	(宋)陳起輯	清嘉慶六年石門顧氏讀畫齋刊本	○	○						○			○

書　　　　　　者

辭書	天津	内蒙	遼寧	吉林市	吉大	哈爾濱	陝西	甘肅	山東	青島	山大	南京	南大	蘇州	安徽	浙江	杭大	福建	福師	河南	湖北	武漢	武大	江西	廣東	四川	重慶	川大	雲南	黑龍江	桂林	廣西	青海	寧夏	民院	
																							×				×									2244
	○		○	○	○				○			○		○	○	○		○								○	○	○								2245
																																				2246
○											○								×									○			○		×			2247
										○																		×								2248
																																				2249
																																				2250
	○				○						○						○										○	○								2251
																			×								○									2252
																												×								2253
○	○				○					○								○					○				○	○			○					2254
○					○					○								○				○	○					○								2255
													○																○							2256
○	○		○					○		○	○			○	○	○		○	○	○			×	○		○	○	○		○	○	○			○	2257
○	○		○		×			○		○		○				○	○	○	○	○			○			○	○	○		○	○		○			2258
	○									○	○											○														2259
		○																										○					○			2260
○	○		○							○		○						○										○								2261
															○											○	○									2262
○	○		○		○		○	○		○		○						×	○	×		×	○					○			○					2263
																○		○																		2264
		○	○	○												○			○																	2265
○				○						○	○	○	○	○		○			○	○		○			○	○						○			2266
○	○		○	○								○										×	○		○	○	○								2267

書　名	輯撰者	版　本	北京	首都	科學	北大	北師	清華	中醫	上海	復旦	華師	上師
2268 宋人小集十五種	(清)顧修重輯 (清)□□輯	清鈔本				○							
2269 三宋人集	(清)方功惠輯	清光緒七年巴陵方氏碧琳瑯館刊本	○	○				○		○	○		
2270 蘇黃尺牘	(明)張所望輯	明萬曆十九年刊本											
2271 蘇門六君子文粹	(宋)陳亮輯	明崇禎六年新安胡氏武林刊本	○	○				○	○				
2272 四家四六	(宋)□□輯	宋刊本	○										
2273 石蓮盦彙刻九金人集	(清)吳重憙輯	清光緒中海豐吳氏刊本	○						○	○			
2274 元人十種詩	(明)毛晉輯	明崇禎十一年海虞毛氏汲古閣刊本							○	○	×		
		民國十五年上海商務印書館據明毛氏本景印	○	○							○	○	○
2275 元詩四大家	(明)毛晉輯	明汲古閣刊本	○	○				○			○		
2276 元詩選	(清)顧嗣立輯	清康熙中長洲顧氏秀野草堂刊本	○	○				○	○	○	○	○	○
2277 元人選元詩五種	(民國)羅振玉輯	民國四年連平范氏雙魚室刊本	○	○				○	○		○	○	
2278 元四家集	陳乃乾輯	民國十一年上海古書流通處據元本景印	○	○							○	○	
2279 金源七家文集補遺	(民國)孫德謙輯	稿本											
2280 金元總集	中華書局上海編輯所輯	1958年至1959年中華書局排印本	○							○			◡
2281 梅花百詠詩	(明)朱權輯	明嘉靖三十二年朱宸荡重刊本	○										
2282 盛明百家詩	(明)俞憲輯	明隆慶五年序刊本	○	○		○							
2283 文瑞樓叢刊	(清)金檀輯	清康熙雍正間刊本				○							
2284 三異人文集	(明)李贄輯	明刊本					○	○			○		
2285 丘海二公文集合編	(清)焦映漢輯	清康熙四十七年關中焦氏刊本									○		○
		清乾隆十八年邱氏可繼堂刊嘉慶二十年桂林朱啟修補印本								○			
		清同治十年邱氏可繼堂刊本											
2286 潘國勉學書院集	(明)朱珵堯輯	明崇禎元年潘藩勉學書院刊本	○										
2287 陳沈兩先生稿	(明)陳仁錫輯	明萬曆四十三年長洲陳氏刊本	○										
2288 明四家集	(明)□□輯	明刊本	○										
2289 明八大家集	(清)張汝瑚輯	清康熙刊本									○		
2290 李何二先生詩集	(明)李三才輯	明萬曆三十年刊本											
2291 四傑詩選	(清)姚佺 (清)孫枝蔚輯	明刊本								○			
2292 弘正四傑詩集	(清)張祖同輯	清光緒二十一年長沙張氏湘雨樓刊本	○	○						○	○	○	○
2293 明四子詩集	(民國)嚴嶽蓮輯	清光緒三十三年渭南嚴氏刊本									○		
2294 明儒周源谿少谿元度三先生殘詩合刻	(民國)袁永業輯	民國元年東臺袁氏排印本											
2295 馬東田孫沙溪兩公遺集合編	(清)賈棠等輯	清康熙四十六年甘陵賈氏刊本	○		○								
2296 明季三孝廉集	(民國)羅振玉輯	民國八年上虞羅氏排印本	○	○							○	○	○
2297 明季三高士集	(清)孫振麟輯	鈔本									○		
2298 明代名人尺牘	(民國)鄧實輯	清光緒三十四年上海國學保存會景印本									○		
2299 人琴集	(明)錢繼章輯	清刊本	○										

書　　　　　者

辭書	天津	内蒙	遼寧	吉林市	吉大	哈爾濱	陝西	甘肅	山東	青島	山大	南京	南大	蘇州	安徽	浙江	杭大	福建	福師	河南	湖北	武漢	武大	江西	廣東	四川	重慶	川大	雲南	黑龍江	桂林	廣西	青海	寧夏	民院	序號
○	○		○	○					○	○	○								○									○			○					2268
											○																	○								2269
										○																										2270
																							○													2271
																																				2272
○	○										○	○				○					○					○		○								2273
○	○													○				○								○		○						○		2274
																																				2275
○	○				○				○		○	○	○	×		○	○		○		○		×	○		○		○			○	○	○			2276
○	○										○	○	○														○	○				○				2277
○	○		○	○	○	○			○		○	○	○											○							○			○		2278
																																				2279
○																																				2280
																																				2281
											×			○						○						○										2282
																																				2283
											○					○											×									2284
																					○		○					○								2285
																					○		○													2286
																○																				2287
																																				2288
		○																																		2289
																																				2290
																																				2291
		○		○	○	○			○		○		○	○		○			○		○	○	×		○	○	○								2292
												○	○								○							○								2293
												○																								2294
																	○																			2295
○			○	○	○				○		○	○					○		○									○			○	○				2296
																																				2297
																																				2298
																																				2299

	書　名	輯撰者	版　本	北京	首都	科學	北大	北師	清華	中醫	上海	復旦	華師	上師
2300	詩慰	（清）陳允衡輯	清順治中刊本	○							○			
			民國二十九年毗陵董氏刊本	○							○	○		
2301	九誥堂詩選元氣集	（清）徐增選	清順治十七年九誥堂刊本								○			
2302	燕臺七子詩刻	（清）嚴津輯	清順治十八年序刊本								○			
2303	皇清百名家詩	（清）魏憲輯	清康熙中福清魏氏枕江堂刊本								○		○	
2304	名家詩選	（清）鄒漪選	清康熙七年序刊本								○			
2305	五大家詩鈔	（清）鄒漪輯	清康熙中梁溪鄒氏五車樓刊本						○					
2306	國初十家詩鈔	（清）王相輯	清道光十年信芳閣木活字排印本	○				○	○		○			
2307	燈傳集	（清）釋穹公輯	清刊本	○							○			
2308	二家詩鈔	（清）邵長蘅輯	清康熙三十四年刊本	○							○			
2309	八家詩選	（清）吳之振輯	清康熙十一年州錢吳氏鑑古堂刊本	○					○		○			
2310	國朝六家詩鈔	（清）劉執玉輯	清乾隆三十二年詒燕樓刊本	○							○		○	○
			清光緒十三年汗青簃刊本								○	○		
2311	國朝四大家詩鈔	（清）邵珀 （清）屠德修輯	清乾隆三十一年序刊本	○	○						○			
2312	二西遺詩	（清）鍾賢禄輯	鈔本											
2313	五家詩鈔	（清）王企埥輯	清康熙六十年序刊本								○			
2314	小南邨集	（清）徐昂發選 （清）金國棟輯	清康熙四十九年芳潤堂刊本	○							○			
2315	七子詩選	（清）沈德潛選	清乾隆十八年序刊本			○	○		○					
			民國二十九年上海掃葉山房石印本											○
2316	三家絕句選	（清）江昱輯	清乾隆中刊本							○				
			鈔本								○			
2317	敦素園七子詩鈔	（清）吳授鳧輯	清乾隆三十四年刊本								○		○	
2318	名集叢鈔	（清）程川 （清）潘思齊輯	清乾隆中刊本								○			
2319	二餘詩集	（清）李心耕輯	清乾隆五十六年上海李氏刊本	○										
2320	長白英額三先生詩集	（清）□□輯	清嘉慶十六年刊本	○										
2321	吳儲合稿	（清）儲夢熊輯	清道光五年泰州儲氏杭州衙署刊本	○										
2322	馮程合稿	（清）程錫金輯	清道光二十七年不波書舫刊本	○										
2323	同岑五家詩鈔	（清）曾燠輯	清道光九年刊本	○	○				○		○			○
2324	四家詩鈔	（清）□□輯	清邵氏青門草堂刊本									○		
			清心遠齋刊本	○										
2325	友聲集	（清）王相輯	清咸豐八年信芳閣刊本		○	○					○			
2326	涵通樓師友文鈔	（清）唐岳輯	清咸豐四年臨桂唐氏涵通樓刊本						○		○			
2327	宛上同人集	（清）阮文藻輯	清道光十三年阮氏刊本							○				
2328	柳堂師友詩錄初編	（清）李長榮輯	清同治二年序刊本							○	○			
2329	國朝五家詠史詩鈔	（清）孫福清輯	清光緒四年嘉善孫氏望雲仙館刊本	○							○			
2330	三布衣詩存	（清）金蘭輯	清同治十二年吳縣金氏刊本	○							○			
2331	三子詩選	（清）蔡壽祺輯	清咸豐七年京師刊本	○							○			○
2332	故友詩錄	（清）蔡壽祺輯	清同治八年京師嬿嬛別館刊二編九年刊本	○	○						○			
2333	寄南園二子詩鈔	（清）許應鑠輯	清同治十三年刊本								○			
2334	耆舊詩存	（清）沈筠選 （清）徐圓成訂	清光緒元年刊本								○			○

書																	者																			
辭書	天津	内蒙	遼寧	吉林市	吉大	哈爾濱	陝西	甘肅	山東	青島	山大	南京	南大	蘇州	安徽	浙江	杭大	福建	福師	河南	湖北	武漢	武大	江西	廣東	四川	重慶	川大	雲南	黑龍江	桂林	廣西	青海	寧夏	民院	編號
										○																										2300
																																				2301
																																				2302
																						○														2303
	○																																			2304
				○																																2305
						○						○	○			○								○						✕						2306
						○																														2307
	○									○		○	○							○																2308
	○					○					○										○			○												2309
○	○	○		○		○						○	○			○		○		○				○		○	○	○	○	○			○			2310
												○			○					○							○	○								2311
																																				2312
																																				2313
																																				2314
○												○	○				○					○		○		○	○	○								2315
																																				2316
																																				2317
																																				2318
													○																							2319
																																				2320
															○																					2321
																																				2322
						○							○																							2323
																																				2324
○													✕									✕		○												2325
○																				○													○			2326
																																				2327
														○						✕																2328
																														○						2329
																○																				2330
																																				2331
																						○														2332
																																				2333
																																				2334

	書　名	輯撰者	版　本	藏										
				北京	首都	科學	北大	北師	清華	中醫	上海	復旦	華師	上師
2385	四家詩詞合刻	（清）潘鍾瑞輯	清光緒十年吳郡潘氏香禪精舍刊本		○						○			
2336	愛吾廬稿	（清）蔣葦輯	清光緒十二年宜興蔣氏刊本		○						○			
2337	六逝集存	（清）梁茇輯	清光緒二十九年刊本		○						○			
2338	國朝閨閣詩鈔	（清）蔡殿齊輯	清道光二十四年序嫏嬛別館刊本	○	○		○					○		
2339	三節合編	（清）韓崇輯	清咸豐五年韓氏寶鐵齋刊本		○						○			
2340	汪柯庭彙刻賓朋詩	（清）汪文柏輯	清康熙三十一年序刊本								○			
2341	筆下和鳴集	（清）蔣景祁輯	清康熙三十一年刊本								○			
2342	和聲唱和詩	（清）馮元正輯	清乾隆十七年刊本								○			
2343	同聲集	（清）丁芸輯	清乾隆五十七年刊本								○			
2344	辟疆園遺集	（清）楊芳燦輯	清乾隆六十年刊本	○										
2345	谷湖聯吟	（清）□□輯	清乾隆中刊本	○							○			
2346	怡園初刊三種續刊三種	（清）吳祖德輯	清嘉慶二十四年刊續道光二年刊本								○			
2347	松壑間合刻詩鈔	（清）顧初昱輯	清道光四年刊本								○			
2348	是程堂倡和投贈集	（清）屠倬輯	清道光五年屠秉刊本								○	○		
2349	春雲集	（清）成瑞輯	清道光十九年刊本	○	○									
2350	苔岑集初刊	（清）蔣棨渭輯	清道光三十年吳縣蔣氏味清堂刊本	○						○			○	
2351	題襟集	（民國）翁之潤輯	清光緒二十四年宣南刊本								○		○	
2352	鄧林唱和詩詞合刻	（民國）陳潛輯	清宣統元年江浦陳氏刊本								○	○		
2353	小重山房叢書	（清）張祥河輯	清刊本						○					
2354	詒安堂全集	（清）王慶勳輯	清道光咸豐間上海王氏刊本								○			
2355	集梅花詩	（清）張吳曼（清）張山農輯	清光緒中張汝翼刊本								○			
2356	重思齋叢書	（清）王家枚輯	清光緒中江陰王氏重思齋刊本	○						○		○		○
2357	龍泉師友遺稿合編	（民國）李樹屏輯	清光緒二十年刊民國七年印本	○					○	○				
2358	彤龕雙璧	（清）王維翰輯	清同治八年黃巖王氏雙硯齋木活字排印本								○			
2359	紅樓夢詩詞	（清）□□輯	清道光中刊本								○			
2360	紅樓夢附集十二種	徐復初輯	1936年上海仿古書店排印本								○			○
2361	國朝三家文鈔	（清）宋犖（清）許汝霖輯	清康熙三十三年刊本	○	○					○	○	○		
2362	國朝二十四家文鈔	（清）徐斐然輯	清乾隆六十年刊本											○
2363	國朝文錄	（清）李祖陶輯	清道光十九年瑞州府鳳儀書院刊本		○				○		○	○	○	
			清咸豐元年終南山館刊本		○						○			
			清光緒二十六年上海掃葉山房石印本		○						○			
2364	易堂九子文鈔	（清）彭玉雯輯	清道光十七年刊民國十四年印本	○	○				○	○	○		○	
2365	汪羅彭薛四家合鈔	（清）國學扶輪社輯	清宣統二年國學扶輪社排印本								○		○	○
2366	八家四六文鈔	（清）吳鼒輯	清較經堂刊本		○					○	○	○		
			民國上海掃葉山房石印本											
2367	國朝十家四六文鈔	（民國）王先謙輯	清光緒十五年長沙王氏刊本	○							○	○		
2368	陸陳兩先生詩文鈔	（清）葉裕仁輯	文鈔清同治九年刊詩鈔光緒二年合肥蒯德模安道書院刊本								○	○		
			清光緒六年鎮洋繆朝荃凝修堂刊本	○		○						○		○
2369	戴段合刻	（清）張壽榮輯	清光緒十年鎮海張氏刊本		○						○			

書　　　　者

辭書	天津	内蒙	遼寧	吉林市	吉大	哈爾濱	陝西	甘肅	山東	青島	山大	南京	南大	蘇州	安徽	浙江	杭大	福建	福師	河南	湖北	武漢	武大	江西	廣東	四川	重慶	川大	雲南	黑龍江	桂林	廣西	青海	寧夏	民院	
												○									○															2335
																																				2336
																																				2337
○	○								○			×							○	○	○						○	○								2338
																														○						2339
																																				2340
																																				2341
																																				2342
																																				2343
																					○							○								2344
																																				2345
																																				2346
																																				2347
																																				2348
			○																○																	2349
			○		○														○																	2350
○																																				2351
												○							○											○						2352
×																			×																	2353
								○											×																	2354
														○																						2355
																																				2356
																			○																	2357
																																				2358
																																				2359
																																				2360
	○				○						○	○						○			○				○											2361
																												○	○	○	○					2362
○	○		○								○	○	○	○	○	○	○	○	×	○	○	×		○	○	○	○			×			○			2363
												○	○					○									○									2364
○	○										○								○					○										○		2365
○				○								○	○			○			○		○						○									2366
○	○		○	○	○			○				○	○						○		○			○	○	○	○			○	○					2367
					○							○	○							○						○	○									2368
			○		○																○					○	○									2369

	書　　名	輯撰者	版　　本	藏										
				北京	首都	科學	北大	北師	清華	中醫	上海	復旦	華師	上師
2370	戊戌六君子遺集	張元濟輯	民國六年上海商務印書館排印本	○	○		○	○			○	○	○	
2371	四子詩錄	(清)陶福祖輯	民國三十年排印本		○			○					○	
2372	邱黃二先生遺稿合刊	施海樵輯	日本昭和十七年臺中東亞書局排印本											○
2373	四家賦鈔	(清)景其濬輯	清咸豐三年誦芬堂刊本				○		○		○			
2374	琴臺正續合刻	(清)汪守正輯	清嘉慶中刊本	○							○			
			清光緒十五年刊本	○										
2375	歸錢尺牘	(清)顧栻輯	清康熙三十八年宛委堂刊本	○								○		
			清宣統二年保定官書局石印本					○			○			
2376	尺牘叢刻	(民國)文明書局輯	清宣統三年上海文明書局排印本	○							○	×	○	
2377	蓮盦所藏尺牘	(民國)潘承厚輯 潘承弼續輯	民國三十一年至三十三年吳縣潘氏景印本											○
2378	檇李曹氏圖冊合刻	(清)曹咸熙輯	清光緒九年桂林刊本								○			
2379	林下雅音集	(清)冒俊輯	清光緒十年如皋冒氏如不及齋刊本	○	○						○			
2380	硯緣集錄	(清)王壽邁輯	清咸豐六年大興王氏硯緣盦刊本								○			
2381	王章詩存合刻	劉承幹輯	民國十五年吳興劉氏刊本								○			
2382	龔楊詩鈔	(民國)□□輯	鈔本								○			
2383	苔岑叢書	(民國)余端輯	民國九年排印本	○			○				○		○	×
2384	雁後合鈔	(民國)詹勵吾輯	民國三十六年排印本								○			
2385	半墅草堂新書(一名苔岑叢書)	(民國)吳放輯	民國十一年排印本								○			
2386	晚香集	(民國)胡孫卓如輯	民國十七年排印本	○	○		○		○		○			
2387	虞社叢書	(民國)俞鷗侶輯	民國十二年虞社排印本								○	○	○	○
2388	南社叢選	(民國)胡韞玉(樸安)輯	民國十三年國學社排印本		○				○		○	○	○	
2389	陶社叢編	謝鼎鎔輯	民國三十三年丙集三十六年排印本								○		×	○
2390	微尚齋叢刻	(民國)汪兆鏞輯	清宣統至民國間番禺汪氏微尚齋刊本	○				×			○		×	
2391	慕雲集存	(民國)汪定執輯	民國二十年排印本								○			
2392	當代八家文鈔	(民國)胡君復輯	民國十五年上海商務印書館排印本	○	○						○		○	○
2393	章譚合鈔	(民國)□□輯	民國二年上海國學扶輪社排印本								○			
			民國上海中華圖書館石印本								○	○		
2394	容城三賢文集	(清)張斐然 (清)楊范輯	清康熙十八年序刊本	○										
			清道光十六年正義書院刊本									○		
2395	天津詩人小集	高淩雯輯	民國二十五年天津金氏刊本	○	○			○						
2396	燕南二俊詩鈔	(清)陶樑輯	清道光中刊本								○			
2397	晉四家詩	(清)戴廷栻輯	民國元年榆次常氏石印本	○										
2398	遼東三家詩鈔	劉承幹輯	民國吳興劉氏刊本	○	○				○		○			
2399	歷城三子詩	(清)桑調元 (清)沈廷方輯	清乾隆二十六年柏香堂刊本								○			
2400	江左三大家詩鈔	(清)顧有孝 (清)趙澐輯	清康熙六年序刊本	○	○		○	○	○		○		○	○
2401	江左十五子詩選	(清)宋犖輯	清康熙四十二年商邱宋氏宛委堂刊	○	○		○	○			○	○	○	○

書　　　　　　者

辭書	天津	內蒙	遼寧	吉林市	吉大	哈爾濱	陝西	甘肅	山東	青島	山大	南京	南大	蘇州	安徽	浙江	杭大	福建	福師	河南	湖北	武漢	武大	江西	廣東	四川	重慶	川大	雲南	黑龍江	桂林	廣西	青海	寧夏	民院	
○		○		○	○			○			○	○	○	○	○	○	○	○	○	○	○	○	○			○	○	○		○	○				○	2370
																																				2371
																																				2372
		○										○																								2373
○																						○														2374
												○	○																							2375
												×																								2376
																																				2377
																																				2378
																○																				2379
																																				2380
		○				○		○				○			○						○															2381
																																				2382
						○						○	○																		○					2383
																	○																	○		2384
													○																							2385
																									○											2386
															○																					2387
											○						○			○		○			○	○					○	○				2388
												○																								2389
																																				2390
															○																					2391
	○		○			○						○						○	○		○	○	×		○											2392
	○		○			○				○		○		○							○					○										2393
○					○	○						○														○	○				○	○				2394
	○				○					○											○															2395
	○																															○				2396
															○																					2397
		○	○	○								○																○								2398
																																				2399
○	○		○			○			○			○	○							○					○	○							○			2400
○	○								○			○								○	○				○			○								2401

書　名	輯撰者	版　本	北京	首都	科學	北大	北師	清華	中醫	上海	復旦	華師	上師
		本											
		民國上海掃葉山房石印本											
2402　石城七子詩鈔	(民國)翁長森輯	清光緒十六年刊本	○	○				○		○	○		
2403　依園七子詩選	(清)徐行 (清)曾燦輯	清康熙十九年長洲顧氏依園刊本	○										
2404　吳會英才集	(清)畢沅輯	清道光中刊本	○					○		○		×	
2405　江震詩稿彙存	(清)□□輯	鈔本								○			
2406　吳中兩布衣集	(清)王之佐 (清)蔣光煦輯	清道光十八年海昌蔣氏別下齋刊本								○			
2407　吳中女士詩鈔(一名 吳中十子詩鈔)	(清)任兆麟輯	清乾隆五十四年刊本	○	○						○		○	
2408　吳江三節婦集	(清)董兆榮輯	清咸豐七年古銅里范氏刊本								○			
2409　苧城三子詩合存	(清)高崇瑞輯	清道光二十五年潁上學舍刊本											
		民國二十五年華亭封氏簀進齋刊本								○			
2410　雲間兩徵君集	嚴昌墇輯	民國三十八年排印本	○					○		○	○	○	○
2411　嘉定四先生集	(明)謝三賓輯	清康熙二十八年嘉定陸氏刊本				○		○					
2412　周浦二馮詩草	(民國)朱益明輯	民國十六年排印本								○			
2413　鳳谿二王先生詩存	沈其光輯	民國三十一年青浦朱雲樊排印本								○			
2414　金山姚程三先生遺集	(清)程國嘉輯	清光緒十九年金山程氏補讀書齋彙印本								○			
2415　太倉十子詩選	(清)吳偉業選輯	清順治中刊本	○										
		民國二十二年太倉圖書館排印本	○				○	○		○	○	○	○
2416　毘陵六逸詩鈔	(清)莊令輿 (清)徐永宣輯	清康熙五十六年山陰孫鑨刊本	○	○	○				○				○
2417　陽湖張氏四女集	(清)張曜孫輯	清道光中陽湖張氏宛鄰書屋刊本	○						○				
2418　綏安二布衣詩抄	(清)何梅輯	清康熙中刊本						○					
2419　茌邑三先生合刻	(明)畢佐周輯	清康熙五年茌平張愚刊本	○										
2420　京江三上人詩選(一 名京口三上人詩選)	(清)王豫輯	清嘉慶六年丹徒王氏刊本								○			
2421　京江七子詩鈔	(清)張學仁輯	清道光九年丹徒張氏刊本	○	○									
		民國七年高覲昌等刊本											
2422　京江鮑氏三女史詩鈔 合刻	(清)戴燮元輯	清光緒八年丹徒戴氏嘉禾刊本	○	○									
2423　焦山六上人詩	(清)陳任暘輯	清道光光緒間刊本		○					○				
2424　徐州二遺民集	(民國)馮煦輯	清光緒十九年臨川桂中行刊本		○					○	○	○		
2425　新安二布衣詩	(清)王士禎選	清康熙四十三年新安汪洪度刊本		○									
2426　皖江三家詩鈔	(清)陳世鎔輯	清光緒宣統間排印本		○									
2427　廣德耆舊重光集第一輯	(民國)王揖唐輯	民國九年合肥王氏今傳是樓據刊本景印		○									
2428　浙西六家詩鈔	(清)吳應和 (清)馬洵選	清道光七年紫薇山館刊本	○	○					○	○			
2429　西泠五布衣遺著	(清)丁丙輯	清同治光緒間錢塘丁氏當歸草堂刊本	○	○			○	○		○	○	○	
2430　西泠三閨秀詩	(清)西泠印社主人輯	清光緒二十三年錢塘丁氏刊民國三年西泠印社印本								○			

書　　　　　　者

辭書	天津	内蒙	遼寧	吉林市	吉大	哈爾濱	陝西	甘肅	山東	青島	山大	南京	南大	蘇州	安徽	浙江	杭大	福建	福師	河南	湖北	武漢	武大	江西	廣東	四川	重慶	川大	雲南	黑龍江	桂林	廣西	青海	寧夏	民院	
			○								○	○	○								○							○				○				2402
																																				2403
○			○									○																				○				2404
																																				2405
	○																																			2406
																			×																	2407
												○																								2408
																																				2409
																○																				2410
												○							○									○								2411
																																				2412
																												○								2413
○																			○			○	○													2414
											○																									2415
	○											○							○																	2416
																																				2417
																	○		○																	2418
			○							○																										2419
																																				2420
																																				2421
												○	○																							2422
			○	○	○					○				○	○				○			○														2423
○		○		○	○	○	○	○			○	○	○						○			○				○	○	○		○	○		○			2424
	○			○	○	○									○																					2425
		○		○	○																															2426
			○	○	○						○	○	○															○								2427
○	○											○	○		○		○											○								2428
○		○	○					○	○	○	○	○			○	○	○	○	○		○	○				○	○	○	○		○				2429
										○																										2430

	書　名	輯撰者	版　本	北京	首都	科學	北大	北師	清華	中醫	上海	復旦	華師	上師
2431	湖墅叢書	(清)王麟輯	清光緒五年錢塘王氏刊本						○		○			○
2432	海昌六先生集	(清)羊復禮輯	清光緒十三年海昌羊氏傳卷樓粵東刊本							○	○			
2433	梅會詩人遺集	(清)李維鈞輯	清康熙六十一年嘉興李氏刊本	○							○			
2434	嘉禾八子詩選	(清)沈德潛 (清)錢陳群選	清乾隆二十四年刊本								○			
2435	濮川詩鈔	(清)沈堯咨輯	清乾隆五年刊本								○	○		
2436	硤川五家詩鈔	(清)李榕輯	稿本								○			
2437	漷川二布衣詩	(清)吳寧輯	清乾隆四十九年刊本								○			
2438	武原先哲遺書初編	(民國)談文虹輯	民國十年海鹽談氏排印本								○			
2439	常湖朋舊遺詩彙鈔	(清)朱壬林輯	陸氏求是齋鈔本								○			
2440	四明四友詩	(清)寒村半人選	清康熙四十八年刊本	○	○	○		×			○	○	○	
2441	蓬山兩寓賢詩鈔	(民國)湯濬輯	民國十一年排印本	○										
2442	越中三子詩	(清)郭毓選	清乾隆二十一年刊本								○			
2443	禹城叢書	(民國)禹城新聞社輯	民國排印本											
2444	永嘉詩人祠堂叢刻	冒廣生輯	民國四年如皋冒氏刊本					○	○	○		○		○
2445	閩中十子詩集	(明)袁表 (明)馬熒選輯	清光緒十二年侯官郭柏蒼沁泉山館刊本							○		○		
2446	明閩中高傅二山人集	(清)郭柏蒼輯	清光緒七年福州郭氏沁泉山館刊本											
2447	溫陵留墨	(明)朱炳如輯 (明)丁一中續輯	明萬曆元年泉州郡丞丁一中刊本							○				
2448	江田詩系	(清)陳聲駿輯	稿本									○		
2449	樵川二家詩	(清)周亮工原輯	清康熙六十一年刊本	○			○							
		(清)朱霞重訂	清光緒七年刊本					○					○	
2450	樵川四家詩	(清)周揆源輯	清咸豐三年蕉堂刊本									○		
2451	中州名賢文表內集	(明)劉昌輯	清康熙四十五年錢唐汪立名刊本	○							○			
			清光緒三十年海虞邵氏刊本								○			○
2452	續中州名賢文表	(民國)邵松年輯	清光緒三十年鴻文書局石印本		○						○			○
2453	黃岡二處士集	(民國)汪燊輯	民國二十四年黃岡汪氏排印本	○	○						○			○
2454	茶陽三家文鈔	(民國)溫廷敬輯	民國十四年大埔溫氏補讀書廬排印本	○	○						○			○
2455	江西五家稿	(清)呂留良輯評	清康熙二十一年序天蓋樓刊本	○										
2456	臨川文選	(清)劉玉瓚輯選	清康熙三年刊本	○										
2457	臨川文獻	(清)胡亦堂輯	清康熙十九年夢川亭刊本	○			○	○						
2458	宋廬陵四忠集	劉崎輯	民國二十六年吉安劉氏排印本							○	○	×		
2459	粵十三家集	(清)伍元薇輯	清道光二十年南海伍氏詩雪軒刊本	○			○			○	○			
2460	粵東三家詞鈔	(清)葉衍蘭輯	清光緒二十一年刊本	○							○			○
2461	粵兩生集	(民國)朱祖謀輯	民國十年歸安朱氏刊本								○			
2462	潮州耆舊集	(清)馮奉初輯	清光緒三十四年刊本					○			○			
2463	東莞三逸合稿	(民國)黃佛頤輯	清宣統三年排印本				○				○			
2464	高涼耆舊遺集	(清)吳宣崇輯	清光緒十八年高城聯經號刊本							○	○			
2465	粵西五家文鈔	(清)謝元福輯	清光緒二十四年刊本				○	○			○			
2466	嶺西五家詩文集	(民國)黃蓟輯	民國二十四年桂林排印本	○						○				○
2467	粵西詞四種	(民國)陳柱輯	民國二十三年北流十萬卷樓刊朱印本	○						○			○	○

No.	辭書	天津	内蒙	遼寧	吉林市	吉大	哈爾濱	陝西	甘肅	山東	青島	山大	南京	南大	蘇州	安徽	浙江	杭大	福建	福師	河南	湖北	武漢	武大	江西	廣東	四川	重慶	川大	雲南	黑龍江	桂林	廣西	青海	寧夏	民院
2431											○																			×						
2432																																				
2433												○																								
2434																																				
2435																																				
2436																																				
2437																																				
2438																○																				
2439																																				
2440		○																						○					○							
2441																																				
2442																																				
2443			×									○												○												
2444	○	○		○		○		○			○	○		○	○	○	○	○	○		○			○	○	○	○		○	○			○			
2445												○						○	○																	
2446																			○																	
2447																																				
2448																																				
2449																			○																	
2450																													○							
2451	○	○				○								○						○				○			○									
2452																																○				
2453		○					○	○							○				○							○				○						
2454	○			○							○	○						○	○							○			○							
2455																																				
2456																																				
2457																																				
2458																																				
2459	○	○		○		○			○	○	○	○	○					○	○			○			○		○	○			○	○	○	○		
2460				○								○	○																			○				
2461	○			○																											○					
2462																	○																			
2463												○																								
2464																																				
2465																						○			○						○					
2466													○				○						○					○			○					
2467	○																																	○		

編號	書　名	輯撰者	版　本	北京	首都	科學	北大	北師	清華	中醫	上海	復旦	華師	上師
													藏	
2468	唐詩韻逸品	(明)楊肇祉輯	明天啓元年閔一栻刊套印本	○										
2469	橄湖十子詩鈔	(清)張凱嵩輯	清同治七年江夏張氏刊本	○					○					
2470	滇八家詩選	王燦輯	民國三十一年雲南印刷局排印本	○	○				○		○			
2471	武林丁氏家集	(民國)丁立誠 (民國)丁立中撰	民國錢塘丁氏嘉惠堂排印本								○			
2472	文氏家藏詩集	(明)文肇祉輯	明萬曆中刊本	○										
2473	江寧方氏遺稿	(民國)仇埰輯	民國二十一年排印本											
2474	述本堂詩集	(清)方觀承輯	清乾隆二十年桐城方氏刊本							○	○		○	
			清嘉慶十四年刊本						○		○		○	
2475	墙東詩録	(清)王叡輯	清雍正四年王氏安亭刊本	○										
2476	東武王氏家集	(民國)王維樸輯	清嘉慶道光間刊本	○										
2477	上虞王氏詩集	(清)王振綱輯	稿本								○			
2478	娶東王氏詩鈔	(清)王撰輯	鈔本								○			
2479	先澤殘存	(民國)王元增輯	民國十五年排印本	○	○				○	○	○			
2480	青箱集	(民國)王德鍾輯	民國四年上海國光書局排印本		○						○			
2481	高郵王氏家集	(清)王恩沛輯 (清)王恩泰輯	清咸豐七年王氏刊本	○								○		
2482	青箱書屋兩世詞稿	(民國)王守義輯	民國十二年排印本								○			
2483	濚水王氏家藏集	(清)王相輯	清咸豐五年王鑾之刊本	○			○				○	○		
			清光緒二年刊本								○			
2484	笙磬集	(民國)王庸崑輯	民國十年慕雲山房王氏木活字排印本				○							
2485	左氏雙忠集	(清)左輝春輯	清道光中湘鄉左氏詠史齋刊本	○					○	○	○		○	
2486	毗陵伍氏合集	(清)伍宇昭輯	清嘉慶六年陽湖伍氏餐英書屋刊本	○	○									
		(民國)伍璜補輯	民國二十四年武進伍氏排印本	○	○									
2487	金陵朱氏家集	(清)朱緒曾輯	清道光二十年刊本	○						○	○			
2488	江都二布衣詩鈔	(清)朱冕 (清)朱簀撰	清道光十四年刊本							○	○			
2489	徵遠堂遺稿	(民國)朱久望輯	民國九年華亭朱氏排印本							○	○			
2490	濟南朱氏詩文彙編	(清)□□輯	清道光中刊本								○			
2491	三朱遺編	(清)楊伯潤輯	清光緒十五年嘉興楊氏刊本								○			
2492	鹽溪橋梓詩存	(民國)朱家駒輯	民國八年奉賢朱氏排印本								○			
2493	新安二江先生集	(清)江振鴻輯	清嘉慶九年揚州康山草堂刊本	○										
2494	雲間兩何君集	(民國)姚光輯	民國二十一年金山姚氏復廬據明嘉靖本景印	○					○		○	○		
2495	余氏五稿(一名玉山連珠集)	(清)余希嬰輯	清咸豐九年松竹齋刊本		○									
2496	錢塘吳氏合集	(清)吳春燾輯	清嘉慶道光間刊本								○			
2497	吳氏一家稿	(清)吳清鵬輯	清咸豐五年錢塘吳氏刊本	○				○	○	○			○	
2498	吳氏四種	(清)□□輯	清康熙五十八年字香亭刊本								○			
2499	小萬柳堂叢刊	(民國)吳芝瑛輯	民國七年排印本								○			○
2500	新昌呂氏兩代詩文集	呂白華輯	民國三十三年新昌呂氏排印本								○			
2501	商丘宋氏三世遺集	(清)宋犖輯	清康熙中刊本	○	○						○			
2502	奉新宋氏詩鈔	(清)宋鳴珂輯	清嘉慶中世恩堂刊本								○			

書　　　　　　　者

辭書	天津	内蒙	遼寧	吉林市	吉大	哈爾濱	陝西	甘肅	山東	青島	山大	南京	南大	蘇州	安徽	浙江	杭大	福建	福師	河南	湖北	武漢大	武大	江西	廣東	四川	重慶大	川大	雲南	黑龍江	桂林	廣西	青海	寧夏	民院	
○			○																								×										2468
												○																		○						2469
																			○		○							○	○	○	○					2470
																																				2471
																																				2472
																																				2473
												○							○																	2474
○	○				○							○																								2475
																																				2476
																																				2477
																																				2478
		○		○							○	○	○	○														○								2479
												○	○			○													○							2480
																																				2481
																																				2482
○			○								○				○																					2483
																																				2484
											○		○																							2485
					○								○															○								2486
		○											○	○																						2487
																																				2488
																		○																		2489
										○	○																									2490
												○													○											2491
																																				2492
○									○			○						○								○										2493
○		○					○							○		○		○									○			○						2494
																																				2495
																																				2496
○		○										○	○			○				○							○	○	○							2497
																									○											2498
○	○				○							○								○																2499
																																				2500
																					○															2501
																																				2502

	書　名	輯撰者	版　本	北京	首都	科學	北大	北師	清華	中醫	上海	復旦	華師	上師
2503	二宋詩鈔	(清)宋衍生輯	清光緒中排印本	○										
2504	上海李氏易園三代清芬集	(民國)李昧青輯	民國二十九年排印本	○	○							○	○	○
2505	槎溪李氏詩四種	(民國)李廷翰輯	民國十一年排印本									○	○	
2506	合肥李氏三世遺集	(民國)李國杰輯	清光緒三十年合肥李氏刊本	○	○				○					
2507	澄遠堂三世詩存	(清)李繩遠輯	清康熙三十六年刊本									○		
2508	六李集	(明)李雲鵠輯	明萬曆三十五年刊本								○			
2509	李氏三先生詩鈔	(清)李懷民等撰	清光緒十二年李氏西安郡齋刊本							○				
2510	李氏詩存合刻	(清)李浩輯	清道光五年賜硯堂刊本									○		
2511	汪氏三先生集	(清)汪懋麟輯	清康熙十八年刊本											
2512	環谷杏山二先生詩稿	(明)汪中丘等輯	明隆慶三年汪廷佐刊本	○										
2513	沈氏三先生文集	(宋)□□輯	清光緒二十二年浙江書局刊本 民國上海商務印書館排印本	○	○				○		○	○	○	
2514	吳興長橋沈氏家集	(民國)沈家本輯	清宣統三年刊本	○	○				○		○	○	○	
2515	寶善堂彙稿	(清)阮復祖等撰	清道光中刊本					○	○		○			
2516	周浦南陵堂姚氏叢刊	姚永年輯	民國二十六年萬卷圖書齋排印本		○									○
2517	邵陽車氏一家集	(民國)劉達武輯	民國二十二年長沙排印本									○		
2518	毘陵周氏家集	(民國)周玆萌等輯	民國十七年毘陵周氏排印本	○	○							○	○	
	毘陵周氏五世詩集	(民國)周述祖輯	民國二十五年毘陵周氏學樂堂刊本									○	○	
2519	單縣周氏家集	(民國)周自齊輯	民國十年上海聚珍倣宋印書局排印本	○										
2520	安成周氏家集	(明)周寀輯	明萬曆十九年刊本	○										
2521	桂林周氏家集	周家彥輯	民國二十三年桂林周氏青島排印本	○	○			○	○					
2522	湘蘭合藳	(清)宗廷輔輯	清光緒六年常熟宗氏刊本	○								○		
2523	昭文邵氏聯珠集	(清)邵震亨輯	清光緒中刊本 民國木活字排印本									○	○	
2524	天津金氏家集	金銊輯	民國刊本									○		
2525	陟岡集	金兆梓輯	民國三十八年中華書局排印本									○		
2526	務滋堂集(一名金氏四傑集)	(清)□□輯	清嘉慶二十二年同川金氏刊本									○		
2527	胡氏遺書	萬宗林輯	民國十年排印本	○					○	×	○	○		
2528	大梁侯氏詩集	(清)侯資燦輯	清嘉慶二十四年刊本	○								○	○	
2529	海昌俞氏叢刻	(清)俞承德輯	清咸豐六年平江三德堂刊本				○				○			
2530	金山姚氏二先生集	(清)張文虎輯	清光緒二年松韻草堂刊本	○								○	○	
2531	姚氏世刻	(明)姚堦輯	明嘉靖三十六年姚氏刊本	○					○					
2532	帥氏清芬集	(清)帥之憲輯	清光緒中奉新帥氏緑窗刊本								○			
2533	會稽姜氏家集	(清)姜國翰輯	稿本								○			
2534	姜氏家集	(清)姜慶成輯	清道光二十五年天雄姜氏采鹿堂刊本								○			
2535	安吉施氏遺著	(清)戴翊清 (清)朱廷燮輯	清光緒十七年刊本	○	○							○		○
2536	二洪遺稿	(清)洪朴 (清)洪榜撰	清道光中梅華書院刊本 民國二十年北平通學齋據清梅華書院本景印	○	○	○						○	○	○
				○								○		○

書　　　　　　　　　者

辭書	天津	內蒙	遼寧	吉林市	吉大	哈爾濱	陝西	甘肅	山東	青島	山大	南京	南大	蘇州	安徽	浙江	杭大	福建	福師	河南	湖北	武漢	武大	江西	廣東	四川	重慶	川大	雲南	黑龍江	桂林	廣西	青海	寧夏	民院	編號
																																				2503
																																				2504
																	●																			2505
					●							●	●						●		●															2506
																																				2507
																																				2508
											●																									2509
																																				2510
																																				2511
																																				2512
●	●		●									●	●			●	●		●							●	●					●		●		2513
											●																									2514
																																				2515
																																				2516
												●								●																2517
			●									●								●	●							●								2518
												●																								2519
																																				2520
			●							●							●													●						2521
												●	●												●											2522
●												●	●																							2523
	●			●							●	●																								2524
●											●																			●	●					2525
																									●											2526
						●															●															2527
																																				2528
																												●								2529
		●																																		2530
																								●												2531
●	●																									●										2532
						●																														2533
					●																															2534
			●	●				●				●					●				●													●		2535
											●	●																								2536
					●							●			●		●		●		●							●					●	●		

	書　名	輯撰者	版　本	藏										
				北京	首都	科學	北大	北師	清華	中醫	上海	復旦	華師	上師
2537	唐二皇甫詩集		明正德十三年劉成德刊本	○										
2538	奕世傳芳集	(清)胡承琛輯	清乾隆四十年種義園刊本								○			
2539	郁氏三世吟稿	(民國)郁屏翰等撰	民國十七年上海郁氏排印本	○	○			○	○		○	○	○	
2540	唐氏三先生集	(明)程敏政輯	明正德十三年張芹刊本	○										
2541	毘陵徐氏家集	(清)徐堉輯	清光緒六年毘陵徐氏刊本			○								
2542	徐季和先生喬梓遺稿	(民國)沈秉璜等輯	民國三十二年排印本								○	○		○
2543	香海盦叢書	(清)徐琪輯	清仁和徐氏刊光緒二十年彙印本								○			
2544	慎行堂三世詩存	(民國)徐寶炘 (民國)徐寶華輯	清咸豐至民國間刊本								○			
2545	吳興徐氏遺稿	徐益彬輯	民國七年上海排印本									○		○
2546	語溪徐氏三世遺詩	徐益藩輯	民國二十九年排印本								○		○	
2547	小桃源詩集	秦鈺輯	民國十三年烏程秦氏刊本								○			
2548	友于集	(民國)秦錫燧輯	民國十五年上海秦氏排印本		○						○		○	
2549	秦氏三府君集	(民國)秦毓鈞輯	民國十八年味經堂木活字排印本								○			
2550	耿氏家集彙鈔	(民國)耿兆豐輯	民國十一年沭陽耿氏排印本								○			
2551	袁氏家集	(清)袁鎮嵩輯	清光緒中邃懷堂刊十六年彙印本								○			
2552	三袁先生集	(明)曾可前輯	明刊本								○			
2553	小峨嵋山館五種	(清)馬國偉 (清)馬用俊輯	清嘉慶十八年棣園刊本								○			
2554	馬忠節父子合集	(清)劉尚文輯	清光緒二十四年劉鴻年刊本								○			
2555	梅溪張氏詩錄	(民國)張煥斗輯	民國八年上海張氏排印本								○			
2556	丹徒張氏家集	(清)張深輯	清道光中刊本	○				○	○		○			
2557	海鹽張氏涉園叢刻	張元濟輯	清宣統三年海鹽張氏排印本	○				○	○		○	○	○	
2558	南張三集	(清)張廷桂輯	清嘉慶十九年虞山張氏卷葹草廬刊本								○			
2559	清河五先生詩選	(清)朱爲弼輯	清道光八年清河張慶成京師刊本								○			
	清河六先生詩選	(清)徐申錫補輯	清同治八年清河張顯周刊本	○							○			
2560	花尊集	(民國)曹敏輯	民國十八年排印本	○	○						○		○	○
2561	金壇曹氏集	(明)曹大章 (清)曹宗瑤撰 (清)曹鍾浩重訂	清康熙二十六年刊本					○						
2562	曹氏傳芳錄	(清)曹希璨輯	清宣統元年木活字排印本	○							○			
2563	石倉世纂	(清)曹錫齡輯	清乾隆十四年曹氏五畝園刊本	○						○	○			
2564	三梁文集	(清)□□輯	清刊本								○			
2565	震澤莊氏家集	(清)莊元植輯	清光緒中刊本								○		○	
2566	江都許氏家集	(清)□□輯	清乾隆中刊本								○			
2567	許氏巾箱集	(清)許兆熊輯	清嘉慶二十二年許氏石契齋刊本								○			
2568	二許先生集	(清)許鑾輯	民國排印本	○	○					○	○			
2569	二陳先生全集（一名皇明名臣虞山琴溪二先生全集）	(明)陳玉陛輯	明萬曆四十五年陳氏刊本											
2570	陳氏聯珠集	(清)王肇奎輯	清嘉慶七年序旌邑湯氏刊本	○							○	○		
2571	淵源集	(民國)陳步墀輯	民國九年據手稿本景印								○			

辭書	天津	內蒙	遼寧	吉林市	吉大	哈爾濱	陝西	甘肅	山東	青島	山大	南京	南大	蘇州	安徽	浙江	杭大	福建	福師	河南	湖北	武漢	武大	江西	廣東	四川	重慶	川大	雲南	黑龍江	桂林	廣西	青海	寧夏	民院	
																																				2537
																																				2538
													○	○				○	○							○					○	○				2539
																																				2540
												○																								2541
			○																		○															2542
			○		○								○	○												○		○								2543
																																				2544
					○																															2545
																															○					2546
																																				2547
○												○	○													○	○	○								2548
○	○				○								○	○			○									○	○									2549
													○	○					○																	2550
					○								○							○						○	○									2551
																																				2552
																																				2553
																		○	○																	2554
																																				2555
																																				2556
	○		○	○						○			○	○		○	×	○	×							○	○		○	○				○		2557
																																				2558
	○																																			2559
												○																								2560
																																				2561
																		○																		2562
																																				2563
																																				2564
																																				2565
																																				2566
								○																												2567
		○			○			○				○																								2568
																																				2569
												○																								2570
																																				2571

	書　名	輯撰者	版　本	北京	首都	科學	北大	北師	清華	中醫	上海	復旦	華師	上師
2572	高節陳氏詩略	(民國)陳□輯	民國排印本							○		○		
2573	海虞三陶先生集合刻	(清)楊沂孫輯	清光緒七年海虞楊同福貴池縣署刊本	○	○	○			○	○		○		
2574	陶英江先生全集	(清)陶澍輯	清道光二十年淮北公民刊本							○		○		
2575	松陵陸氏叢著	(民國)陸明桓輯	民國十六年蘇齋刊本				○		○			○	○	○
2576	湘潭郭氏閨秀集	(清)郭潤玉輯	清道光十七年刊本	○			○					○		
2577	合刻屠氏家藏二集	(明)屠繩德輯	明萬曆四十三年刊本									○		
2578	彭氏二文合集	(明)彭篤福輯	清康熙五年彭志楨重刊本	○						○				
2579	金石堂詩	(清)曾燦輯	清刊本	○										
2580	鄳里曾氏十一世詩	曾克耑輯	民國三十三年刊本	○	○				○			○		
2581	三盛詩鈔	(清)盛研家輯	清同治五年磊思巢刊本									○		
2582	昆明華氏叢刻	(清)華□輯	清光緒十五年粵西奉議州官廨重刊本											
2583	二馮詩集	(民國)胡思敬輯	清光緒三十四年問影樓排印本							○		○		
2584	常熟二馮先生集	(民國)張鴻輯	民國十四年排印本	○	○					○			○	○
2585	馮氏五先生集	(明)馮琦輯	明萬曆中刊本	○										
2586	馮氏清芬集	(清)馮詢輯	清光緒元年上海權署刊本									○		
2587	黃氏擁殘集	(清)黃宗羲輯	清康熙四十年黃炳刊本											
			清嘉慶八年黃斌刊本									○		
2588	即墨黃氏詩鈔	(清)黃譽世輯	清乾隆三十一年鹽官官署刊本	○										
2589	琴川黃氏三集	(清)黃廷鑑輯	清道光二十年刊本	○				○						
2590	黃氏家集初編	(清)黃家鼎輯	清光緒十七年四明黃氏補不足齋刊本	○			○		○	○		○		○
			民國七年刊本											
2591	二黃合稿	(清)廷愷輯	清光緒八年刊本								○	○		
2592	怡怡合稿	黃彬琳輯	民國二十三年排印本				○	○	○					
2593	溫氏叢書	(民國)溫良儒輯	民國二十五年排印本		○	○		○			○	○		
2594	午夢堂集	(明)葉紹袁輯	明崇禎九年刊本							○	○	○	×	
			民國五年吳江唐氏寧儉堂排印本									○	○	
2595	南津草閣詩集	(清)葉照輯	清咸豐元年奉賢葉氏刊本									○		
2596	渌江廖氏三代文鈔	(清)廖子賢輯	清光緒十九年刊本									○		
2597	賜墨堂家集合編	(清)熊寶泰輯	清嘉慶中性餘堂刊本	○							○			
2598	二熊君詩賸	(清)□□輯	清光緒中刊本								○	○		
2599	亦佳園一家言	(清)臧秉彝輯	民國六年石印本									○		
2600	蒯氏家集	蒯壽樞輯	民國十八年合肥蒯氏江寧刊本									○		
2601	趙氏淵源集	(清)趙紹祖輯	清道光中刊本									○		
2602	趙氏三集	(清)趙宗建輯	清咸豐五年常熟趙氏木活字排印本	○								○		
2603	錫山榮氏繩武樓叢刊	(民國)榮棣輝輯	民國二十二年排印本	○	○				○	○			○	○
2604	新喻三劉文集	(清)暨用其輯	清乾隆十五年水西劉氏刊本	○		○			○	○	○	○		
2605	壎篪集	(清)劉沅輯	清咸豐二年豫誠堂刊本				○							
			民國二十二年西充鮮于氏特園刊本											
2606	番禺黎氏存詩彙選	(清)陳恭尹輯	清康熙三十三年黎延祖刊本	○								○		
2607	黎氏家集	(清)黎庶昌輯	清光緒十四年日本使署刊本	○	○		○					○		
2608	一家詩詞鈔	(清)滕橦膚輯	清光緒二十六年金匱滕氏刊本				○					○		
2609	蔡氏九儒書	(明)蔡有鵾輯	清雍正十一年廬峰書院刊本											

書　　　　　　　　　者

辭書	天津	內蒙	遼寧	吉林市	吉大	哈爾濱	陝西	甘肅	山東	青島	山大	南京	南大	蘇州	安徽	浙江	杭大	福建	福師	河南	湖北	武漢	武大	江西	廣東	四川	重慶	川大	雲南	黑龍江	桂林	廣西	青海	寧夏	民院	編號
																																				2572
		○										○				○			○		○						○	○								2573
																																				2574
○						○			○		○					○					○						○			○						2575
○											○																○				○					2576
																																				2577
											○																									2578
																																				2579
								○	○		○	○	○	○	○		○	○	○		○					○	○	○	○	○		○				2580
																																				2581
																												○								2582
			○	○	○								○																							2583
○	○				○						○	○				○			○											×	○					2584
																																				2585
												○																								2586
																																				2587
																																				2588
																																				2589
○																							○													2590
			○														○																			2591
																																				2592
											○	○	×	○		○	○		○		○		○		○	○	○			○						2593
○	○					○					○	○							× ○										○							2594
																																○				2595
																																				2596
																																				2597
												○														○										2598
									○	○																										2599
			○												○																		○			2600
																																	○			2601
																																	○			2602
○		○				×				○		○	○	○		○		○	○		○		○					○		×					○	2603
												○											○													2604
						○						○									○						○	○								2605
																			○								○									2606
○		○										○	○						○								○	○	○							2607
												○	○																							2608
			○										○																							2609

書　名	輯撰者	版　本	北京	首都	科學	北大	北師	清華	中醫	上海	復旦	華師	上師
2610 謙受益齋文友竹草堂集合刻	（清）蔣慶篿 （清）蔣慶第撰	清同治七年旴南蔡氏三餘書屋刊本 清光緒十三年刊本 清光緒宣統間刊本	○ ○	○		○				○ ○			
2611 二談女史詩詞合刊（一名菱湖三女史詩詞合刊）	（清）孫錫祉輯	清光緒十六年歸安孫氏刊本								○	○		
2612 桂影軒叢刊	（民國）談文虹輯	民國十一年海鹽談氏排印本								○	○		
2613 鄭氏六名家集	（清）鄭定遠輯	清康熙中刊本								○	○		
2614 鄭氏三家詩鈔	（民國）鄭慈毅輯	鈔本								○	○		
2615 二蕭集	（民國）蕭有作輯	民國十八年刊本				○	○					○	
2616 寶山錢氏家集	（清）錢蘅璋輯	清光緒中寶山錢氏刊本					○			○	○		
2617 陽湖錢氏家集	（民國）錢振鍠輯	清光緒三十三年木活字排印本								○	○		
2618 湖墅錢氏家集	（清）錢錫寶 （清）錢錫銈輯	清光緒二十二年刊本						○		○			
2619 薛氏五種	（清）薛時雨輯	清同治七年全椒薛氏刊本								○	○		
2620 儲氏叢書	（民國）儲皖峰輯	民國十九年上海述學社排印本	○								○		
2621 鍾家詩鈔合集	（清）鍾毓輯	民國二十年鍾惠山排印本								○		○	
2622 雲間二韓詩	（清）曹炳曾輯	清康熙五十五年海上曹氏城書室刊本	○			○				○	○		
2623 瞿氏詩草	（民國）瞿啟甲輯	民國二十五年刊藍印本								○	○		
2624 二藍集	（清）藍蔚雯輯	清咸豐七年定海藍氏刊光緒十六年金匱宣敬熙補刊本						○		○			
2625 寧都三魏全集	（清）林時益輯	清易堂刊本 清道光二十五年寧都謝庭綏祓園書塾刊本	 ○			 ○	 ○	 ○		 ○	○ ○		
2626 同懷忠孝集	（清）嚴辰輯	清光緒十年桐鄉嚴氏刊本								○			
2627 蓬依眉陽正本大宋真儒三賢文宗	（宋）□□輯	宋刊本					○						
2628 三蘇文集	（清）邵希雍輯	清宣統元年上海會文學社石印本							○	○		○	
2629 三蘇全集	（清）弓翊清校	清道光十二年眉州三蘇祠刊本	○	○						○	○		○
2630 經進三蘇文集事略	（民國）羅振常輯	民國上海蟫隱廬刊本	○								○	×	
2631 玉峰雍里顧氏六世詩文集（一名武陵六世詩文集）	（清）顧登輯	清雍正十年崑山顧氏桂雲堂刊本								○	○		
2632 詩話	（明）楊成玉輯	明弘治三年序刊本								○			
2633 歷代詩話	（清）何文煥輯	清乾隆三十五年序刊本 民國上海文寶公司石印本 民國十六年上海醫學書局石印本	○	○	○				 ○ ○	○	○	○ ○	
2634 歷代詩話續編	丁福保輯	民國五年無錫丁氏排印本	○	○						○	○		
2635 詩學指南	（清）顧龍振輯	清乾隆二十四年敦本堂刊本					○			○			
2636 詩觸	（清）朱琰輯	清乾隆嘉慶間刊本					○		○				
2637 花薰閣詩述	（清）雪北山樵輯	清嘉慶二十二年序刊本	○	○						○			
2638 談藝珠叢	（清）王啟原輯	清光緒十一年長沙玉尺山房刊本							○	○			○
2639 文學津梁	（民國）周鍾游輯	民國五年上海有正書局石印本	○							○		○	
2640 中國古典文學理論批評叢書	郭紹虞　羅根澤主編	1958年至1959年人民文學出版社排印本	○									○	

	書																		者																	
辭書	天津	内蒙	遠寧	吉林市	吉大	哈爾濱	陝西	甘肅	山東	青島	山大	南京	南大	蘇州	安徽	浙江	杭大	福建	福師	河南	湖北	武漢	武大	江西	廣東	四川	重慶	川大	雲南	黑龍江	桂林	廣西	青海	寧夏	民院	編號
○											○		○				○	○										○								
																			○																	
												○	○																							2610
																																				2611
																																				2612
																																				2613
																																				2614
															○										○		○									2615
																																				2616
												○								○																2617
																																				2618
																																				2619
																	×																			2620
												○																								2621
																												○								2622
																																				2623
												○								○																2624
○	○	○	○	○				○			○	○	○	○	○	○		○	○			○	○	○	×	○	○	○		○	○		○	○		2625
																																				2626
																																				2627
					○						○	○	○					○			○	○	○		○		○		○							2628
		○	○	○	○						○	○	○					○			○	○	○	○	○		○	○	×	×	○	○				2629
						○							○						×									○								2630
																																				2631
																												○								2632
○	○		○	○	○			○				○	○			○						○			○	○		○		○		○	○	○		2633
○			○	×	○				○		○	○	○			○		○	○	○	○		○		○	○	○	○			○	○				2634
																																				2635
																																				2636
	○																																			2637
○			○	○						○		○	○			○		○	○			×						○			○		○			2638
○	○			○							○					○												○		○						2639
			○																																	2640

書　名	輯撰者	版　本	北京	首都	科學	北大	北師	清華	中醫	上海	復旦	華師	上師
2641 中國文學參考資料小叢書	上海古典文學出版社輯	1956年至1957年上海古典文學出版社排印本	○							○			○
2642 翠娛閣評選行笈必携	(明)陸雲龍輯	明崇禎中刊本									○		
2643 錢盧兩先生讀杜合刻	(明)□□輯	明崇禎中刊本						○					
2644 譚氏集	(明)譚浚撰	明嘉靖萬曆間刊本						○					
2645 清詩話	丁福保輯	民國十六年無錫丁氏排印本				○		○		○	○		
2646 學詩法程(一名聲調三譜)	(清)王祖源輯	清光緒九年天壤閣石印本						○		○	○		
2647 三家詩話選	(清)王簡選	民國八年上海廣益書局石印本								○			
2648 家學堂遺書	(清)張謙宜撰	清乾隆二十三年膠西法氏又敬堂刊本							○	○			
2649 彊村叢書	(民國)朱祖謀輯併撰校記	民國十一年歸安朱氏刊本						○		○	×		
2650 十名家詞集	(清)侯文燦輯	清康熙二十八年亦園刊本	○	○				○	○	○			
2651 百家詞	(明)吳訥輯 林大椿校	民國二十九年上海商務印書館排印本							×			○	○
2652 景汲古閣鈔宋金詞七種	(民國)陶湘輯	民國陽湖陶氏據明毛氏鈔本景印	○	○						○		○	
2653 宋元名家詞	(清)江標輯	清光緒二十一年湖南思賢書局刊本	○	○				○		○		○	
2654 四印齋所刻詞	(清)王鵬運輯	清光緒十四年臨桂王氏家塾刊本	○	○		○		○		○		○	
		民國中國書店據清光緒中王氏本景印								○			
2655 宋元人詞	(清)□□輯	清鈔本								○			
2656 景刊宋金元明本詞四十種	(民國)吳昌綬輯 (民國)陶湘續輯	清宣統三年至民國六年仁和吳氏雙照樓刊民國六年至十二年武進陶氏涉園續刊本	○							○			
2657 校輯宋金元人詞	趙萬里輯	民國二十年國立中央研究院歷史語言研究所排印本	○	○	○	○		○		○		○	○
2658 宋名家詞	(明)毛晉輯	明海虞毛氏汲古閣刊本	○	○						○	×		
		清光緒十四年錢塘汪氏據明毛氏本重刊						○	○	○	×		
		民國上海博古齋據明毛氏本景印								○	×	○	
2659 又次齋詞編	(清)汪日楨輯	稿本	○										
2660 北宋三家詞	(民國)易大厂輯併撰校記	民國二十二年上海民智書局排印本								○	○	○	○
2661 惜陰堂叢書	趙尊嶽輯	民國十三年至十五年武進趙氏刊本								○			
2662 百名家詞鈔	(清)聶先(清)曾王孫輯	清康熙中金閶綠蔭堂刊本	○					×		○			
2663 清名家詞	陳乃乾輯	民國二十六年上海開明書店排印本							○	○			○
2664 小檀欒室彙刻閨秀詞	(民國)徐乃昌輯	清光緒二十一年至二十二年南陵徐氏刊本		○			○	○		○		○	○
2665 安徽清代名家詞第一集	(民國)安徽叢書編印處輯	民國安徽叢書編印處景印本	○					○		○			
2666 吳氏石蓮庵刻山左人詞	(清)吳重憙輯	清光緒二十七年海豐吳氏金陵刊本	○	○				○		○			
2667 練川五家詞	(清)王昶選	清嘉慶中刊本								○			
2668 桐谿三家詩餘	(清)陳敬璋輯	鈔本	○							○			
2669 明湖四客詞鈔	(清)趙國華輯	清同治十三年豐潤趙氏刊本		○				○		○		、	○

書　　　　　者

辭書	天津	内蒙	遼寧	吉林市	吉大	哈爾濱	陝西	甘肅	山東	青島	山大	南京	南大	蘇州	安徽	浙江	杭大	福建	福師	河南	湖北	武漢	武大	江西	廣東	四川	重慶	川大	雲南	黑龍江	桂林	廣西	青海	寧夏	民院	
			○								○								○			○									×					2641
																																				2642
																																				2643
																																				2644
○	○				○	○			○	○	○				○	○	○	○				○		○			○									2645
				×	○				○																						○					2646
																																				2647
																																				2648
○	○	○	○	○	○	○		○	×		○	○	○	○		○	○	○	○	○		○	○	○	○	○	○	○	○	○	○	○	○	○	○	2649
																																				2650
○									○													○														2651
○			○			○	○		○													○					○	○		○						2652
○				○	○	○			○	○												○		○			○	○	○							2653
		○	○	○	○							○	○			○	○						×				○	○	○	×	○	○	○			2654
																																				2655
○									○	○							○		×				×				○	○		○						2656
○			○			○	○	○	○	○						○											○	○		○				○		2657
○		○				○			○	○													×				○				○					2658
○	○	○				○			○	○											○		×					○	○		○					
○						○	○		○	○																	○			○						2659
○								○	○												○							○								2660
																	×																			2661
			○																																	2662
○							○									○			○																	2663
○	○	○	○					○	○	○	○				○								×		○	○	○	○	○				○	○		2664
																			○											○						2665
○									○	○	○					○			○			○														2666
																																				2667
																																				2668
										○									○																	2669

編號	書　名	輯撰者	版　本	北京	首都	科學	北大	北師	清華	中醫	上海	復旦	華師	上師
2670	毗陵三少年詞	(民國)錢振鍠輯	民國木活字排印本								○			
2671	廣川詞錄	(民國)董康輯	民國二十九年武進董氏刊本	○	○			○			○			
2672	國朝名家詩餘	(清)孫默輯	清康熙中休寧孫氏留松閣刊本								○			
2673	浙西六家詞	(清)龔翔麟輯	清康熙中錢塘龔氏玉玲瓏閣刊本						○	○	○		○	○
2674	西泠詞萃	(清)丁丙輯	清光緒中錢唐丁氏刊本							○	○		○	
2675	蜀十五家詞	吳虞輯	民國排印本								○		○	○
2676	棣華樂府	(清)盛熙祚輯	清乾隆二年檇李盛氏刊本							○	○			
2677	琴畫樓詞鈔	(清)王昶輯	清乾隆四十三年刊本	○						○	○			
2678	布衣詞合稿	(清)周暟輯	清乾隆五十六年刊本								○			
2679	國朝六家詞鈔	(清)馮震祥輯	鈔本								○			
2680	三家詞	(清)袁通輯	清道光十一年袁祖惠刊本								○			
2681	同人詞選	(清)孫瀜輯	清咸豐三年刊本						○					
2682	評花仙館詞	(清)金繩武輯	清咸豐三年錢塘金氏刊本	○							○			
2683	同聲集	(清)張曜孫輯	清同治中刊本								○			○
2684	淮海秋笳集	(清)李肇增輯	清咸豐十年遲雲山館刊本								○			
2685	綠竹詞	(清)□□輯	清同治中刊本								○			
2686	侯鯖詞	(清)吳唐林輯	清光緒十一年杭州刊本							○	○		○	
2687	薇省同聲集	(清)彭鑾輯	清光緒十六年刊本	○	○					○	○			○
2688	三閨媛詞合集	(清)瘦鶴詞人輯	鈔本								○			
2689	滄江樂府	(民國)錢溯耆輯	民國五年錢溯耆刊本		○					○	○		○	
2690	鷇音集	(民國)孫德謙輯	民國七年元和孫氏四益宧排印本								○			
2691	三家詞錄	(民國)趙少芬輯	民國十年排印本								○			
2692	徐氏一家詞	(清)徐琪輯	清光緒三十四年刊本								○			
2693	三程詞鈔	(民國)程頌萬輯	民國十八年眉山夏忠道排印本								○		○	○
2694	二張先生詞剩	(民國)陸樹棠輯	民國吳江柳氏鈔本								○			
2695	清季四家詞	薛志澤輯	民國三十八年成都薛崇禮堂刊本		○				○		○			
2696	詞苑英華	(明)毛晉輯	明海虞毛氏汲古閣刊清乾隆十七年曲溪洪振珂重印本	○			○				○			
2697	詞學叢書	(清)秦恩復輯	清嘉慶道光間江都秦氏享帚精舍刊本	○			○				○			
			清光緒六年邗江承啟堂據秦氏版重修印本	○			○		○		○	○	○	○
2698	天籟軒五種	(清)葉申薌撰	清道光中閩中葉氏天籟軒刊本								○	×	×	
2699	蒙香室叢書	(民國)馮煦輯	清光緒中刊本		○	○			○				×	
2700	詞話叢編	唐圭璋輯	民國二十三年排印本	○	○				○		○	○	○	
2701	詞話叢鈔	(民國)況周頤輯 (民國)王文濡增補	民國十年上海大東書局石印本											
2702	詞學全書	(清)查培繼輯	清康熙十八年刊本				○				○	○	○	
			清乾隆十一年序世德堂刊本	○	○				○		○			
			民國五年木石山房石印本										○	○
			民國十年大東書局石印本											
			民國文寶書局石印本											
2703	詞學小叢書	胡雲翼等輯	民國三十五年上海文力出版社排印本							×		○		○

書																	者																			
辭書	天津	內蒙	遼寧	吉林市	吉林大	哈爾濱	陝西	甘肅	山東	青島	山大	南京	南大	蘇州	安徽	浙江	杭大	福建	福師	河南	湖北	武漢	武大	江西	廣東	四川	重慶	川大	雲南	黑龍江	桂林	廣西	青海	寧夏	民院	
												○					○																			2671
																											×									2672
○		○	○		○							○				○	○								○	○	○	○								2673
○		○	○	○						○		○	○			○	○		○						○	○	○	○				○				2674
			○	○						○																										2675
												○																								2677
○												○																								2684
												○																○	○							2686
○			○	○																					○				○	○						2687
○		○																		○											○					2689
○		○	○								○	○					○																			2690
												○																								2691
		○										○																								2692
												○																								2693
																				○	○					○	○				○					2695
○	○		○	○		○					○	○				○	○				○		×		○	×	○									2696
		○																										○								2697
○	○		○	○			○			○	○			○	○	○		○	○					○	○	○										
												○					○		○																	2698
			○								○	○	○	○			○		○																	2699
○		○	○			○	○	○			○					○		○			○			○		○				○	○					2700
○						○																		○		○	○									2701
			○	○																				○							○	○				2702
			○					○	○					○				○			○			○		○	○			○		○	○			
○												○						○								○				○				○		
○	○		○																								○			○						
																	○																			
○																				○																2703

書　名	輯撰者	版　本	北京	首都	科學	北大	北師	清華	中醫	上海	復旦	華師	上師
2704 樂府小令	(清)□□輯	清雍正中刊本	○		○								
2705 散曲叢刊	任訥輯	民國二十年中華書局排印本	○			○	○	○		○	○	○	○
2706 飲虹簃所刻曲	盧前輯	民國二十五年金陵盧氏刊本		○			○	○		○	○	○	○
2707 楊升庵夫婦散曲	任訥輯	民國二十三年商務印書館排印本	○										
		民國二十九年上海中華書局排印本							○				○
2708 秋夜月	(明)燕石居主人輯	民國餐秀簃程氏據燕石居本景印								○	○		
2709 古本戲曲叢刊初集	古本戲曲叢刊編刊委員會輯	1954年上海商務印書館景印本	○	○		○	○				○		
2710 古本戲曲叢刊二集	古本戲曲叢刊編刊委員會輯	1954年至1955年上海商務印書館景印本	○	○		○	○				○		
2711 古本戲曲叢刊三集	古本戲曲叢刊編輯委員會輯	1957年文學古籍刊行社景印本	○	○		○	○				○		
2712 古本戲曲叢刊四集	古本戲曲叢刊編輯委員會輯	1958年上海商務印書館景印本	○	○		○	○				○		
2713 元明雜劇	(明)□□輯	民國十八年南京國學圖書館據明本景印	○							○	○		
		1958年北京中國戲劇出版社據國學圖書館本景印								○		○	○
2714 古名家雜劇	(明)陳與郊輯	明萬曆中刊本	○										
2715 元明雜劇四種	(明)陳□輯	明陳氏繼志齋刊本	○										
2716 脈望館鈔校本古今雜劇	(明)趙琦美輯	稿本	○										
2717 孤本元明雜劇	(民國)涵芬樓輯	民國三十年商務印書館長沙排印本	○							○	○		
		1958年北京戲劇出版社據商務紙型重印本	○							○	○	○	○
2718 繡刻演劇		明刊本	○										
2719 彙刻傳劇	(民國)劉世珩輯	民國八年貴池劉氏暖紅室刊本	○							○	×	○	×
2720 會真六幻	(明)閔齊伋輯	明崇禎中吳興閔氏刊本	○										
2721 六合同春	(明)陳繼儒評	清乾隆十二年修文堂刊本	○										
2722 雜劇選	(明)息機子輯	明萬曆中刊本	○										
2723 古今雜劇	(元)□□輯	日本大正三年京都帝國大學文科大學據元本景印	○	○									
		民國十三年據日本刊本景印								○	○	○	○
2724 永樂大典戲文三種	(民國)古今小品書籍印行會輯	民國二十年古今小品書籍印行會排印本	○	○						○	○		
2725 元曲選	(明)臧懋循輯	明萬曆中吳興臧氏刊本	○				○	○		○	○		
		民國七年上海商務印書館據明博古堂本景印	○	○			○	×		○			
		民國二十五年上海世界書局排印本								○			○
		1956年北京文學古籍刊行社據世界書局版重印本								○			○
2726 元曲大觀	(民國)錦文堂主人輯	民國十年上海錦文堂書局景印本	○	○						○	○		○
2727 陽春奏	(明)黃正位輯	明萬曆三十七年刊本	○										
2728 古雜劇	(明)王驥德輯	明萬曆中顧曲齋刊本	×										

辭書	天津	内蒙	遼寧	吉林市	吉大	哈爾濱	陝西	甘肅	山東	青島	山大	南京	南大	蘇州	安徽	浙江	杭大	福建	福師	河南	湖北	武漢	武大	江西	廣東	四川	重慶	川大	雲南	黑龍江	桂林	廣西	青海	寧夏	民院	
																																				2704
○	○	○	○		○		○	○		○	○	○		○	○	○	○		○		○		○	○	○	○	○	○	○	○		○				2705
○		×	○					○		○	○	○					○							○	○		○			○	○					2706
○										○	○													○			○			○	○					2707
			○								○																									2708
		○	○	○	○					○				○	○		○	○	○	○		○			○	○	○		○			○	○			2709
		○	○	○	○			○		○		○		○		○		○	○		○				○	○	○		○			○				2710
		○	○	○	○					○		○		○	○	○	○	○	○						○	○	○		○			○				2711
○		○	○	○	○					○		○			○	○	○	○	○		○				○	○	○	○	○			○	○	×		2712
○			○				○	×		○	○	○			○	○		○	○	○					○	○	○									2713
			○		○					○	○				○	○		○			○				○											
																																				2714
																																				2715
																																				2716
○		○	○							○	○					○		○					○	○	○	○						○				2717
		○			○					○	○				○						○						○									
																																				2718
○										○	○					○		×						×	×											2719
																																				2720
																																				2721
																																				2722
		○			○						○															○										2723
○		○			○					○	○				○		○						○				○								
○		○								○					○	○		○				×														2724
○															○										○											2725
○	○		○	○	○	○	○	○		○	○	○	○	○	○	○	○	○	○	○	○		○	○	○	○	○	○							
																	○		○																
	○									○									○													○			
○										○						○					○		×									○				2726
																																				2727
																																				2728

	書　名	輯撰者	版　本	藏										
				北京	首都	科學	北大	北師	清華	中醫	上海	復旦	華師	上師
2729	古今名劇合選	(明)孟稱舜輯	明崇禎六年刊本								○			
2730	元人雜劇選	顧學頡選注	1956年北京作家出版社排印本	○			○				○			
2731	六十種曲(一名繡刻演劇十本)	(明)毛晉輯	明虞山毛氏汲古閣刊本	○	○		○		○		○	×	○	
			民國二十四年上海開明書店排印本	○		○	○		○	×	○	○	○	
			1955年文學古籍刊行社據開明紙型重印本	○			○		○		○	○	○	○
2732	十種傳奇		清刊本	○										
2733	盛明雜劇	(明)沈泰輯	民國十四年上海中國書店據董氏本景印	○	○						○			
			1958年中國戲劇出版社據董氏本景印	○			○		○		○	○	○	●
2734	盛明雜劇二集	(明)沈泰輯	1958年中國戲劇出版社據董氏本景印	○			○		○		○	○		●
2735	傳真社三種曲	(民國)傳真社輯	民國二十一年傳真社據明本景印						○		○	○		
2736	長樂鄭氏彙印傳奇第一集	鄭振鐸輯	民國二十三年長樂鄭氏景印本								○	○	○	
2737	奢摩他室曲叢第一集	(民國)吳梅輯	清宣統二年長洲吳氏霙鵷刊本	○							○	○	○	
2738	奢摩他室曲叢	(民國)吳梅輯	民國十七年上海商務印書館景印排印本	○					○		○	○	○	○
2739	雜劇三集(一名雜劇新編)	(清)鄒式金輯	清順治中刊本	○										
			民國三十年武進董氏誦芬室刊本	○	○				○		○			
			1958年中國戲劇出版社據董氏本景印	○										○
2740	清人雜劇初集	鄭振鐸輯	民國二十年長樂鄭氏景印本	○	○	○			○		○	○	○	
2741	清人雜劇二集	鄭振鐸輯	民國二十三年長樂鄭氏景印本	○	○	○					○			
2742	玉生香傳奇四種曲	(民國)□□輯	民國八年碧梧山莊石印本			○					○		○	○
2743	誠齋雜劇	(明)朱有燉撰	明永樂宣德間自刊本	○										
2744	明周憲王樂府三種	(明)朱有燉撰	民國十五年上海蟬隱廬據明宣德本景印	○	○				○		○			
2745	玉茗堂四種傳奇	(明)湯顯祖撰	明張弘毅著壇刊本	○										
			清乾隆六年金閶映雪草堂刊本									○		
2746	兩紗	(明)來集之撰	清來氏倘湖小築刊本	○										
2747	白雪樓二種	(明)孫仁孺撰	明崇禎中刊清夢園印本	○										
2748	墨憨齋傳奇十種	(明)龍子猶(馮夢龍)輯	清康熙中刊本						×	○	○			
2749	博山堂三種曲	(明)范文若撰	清康熙中芥子園刊本	○										
2750	粲花齋新樂府五種	(明)吳炳撰	明金陵兩衡堂刊本	○						○				
2751	曲波園傳奇二種	(明)徐士俊撰	清康熙中徐氏曲波園刊本	○							○			
2752	一笠庵四種曲	(清)蘇門嘯侶(李玉)撰	清乾隆五十九年寶研齋刊本	○										
2753	坦庵詞曲六種	(清)徐石麒撰	清刊本	○	●									
2754	笠翁傳奇十種	(清)李漁撰	清康熙中世德堂刊本							○		○		
			清經本堂刊袖珍本										×	○
2755	漱玉堂三種傳奇	(清)孫郁撰	稿本	○										
2756	明翠湖亭四韻事	(清)廢我子	清康熙中裴氏絳雲居刊本	○							○			

辭書	天津	内蒙	遼寧	吉林市	吉林大	哈爾濱	陝西	甘肅	山東	青島	山大	南京	南大	蘇州	安徽	浙江	杭大	福建	福師	河南	湖北	武漢	武大	江西	廣東	四川	重慶	川大	雲南	黑龍江	桂林	廣西	青海	寧夏	民院	
											○								○							○		○								2729
○		○						×		○		○	○		×	○		○	○		○					○		○		○				○		2730
○			○	○	○	○		○	○	○		○	○	○		○		○	○		○	○				○		○		○				○		2731
			○	○				○										○	○																	
○	○			○	○					○	○				○		○									○								○		2732
			○						○	○		○	○	○	○			○	○	○			×			○		○		○						2733
			○						○	○					○		○	○								○		○								2734
						○				○	○				○		○				×							○								2735
○						○			○	○	○				○		○																			2736
○			○		○	○		○	○		○	○	○	○	○	○	○				○			○	○	○				○	○					2737
											○	○																								2738
○						○				○	○				○	○	○							○	○			○								2739
○	○	○		○				○		○	○	○		○	○															○						2740
○	○		○			○				○	○	○		○				○	○					○						○						2741
			○		○					○				○					○							○		○								2742
																																				2743
○			○	○						○	○			○	○			○										○								2744
		○																																		2745
																																				2746
																																				2747
										○																										2748
																																				2749
																																				2750
																																				2751
										×	○															○										2752
																																				2753
	○	○		○				○		○			○		○	○				○			○	○	○			○								2754
○								○		○		○			○			○		○		○														
																																				2755
																																				2756

	書　名	輯撰者	版　本	北京	首都	科學	北大	北師	清華	中醫	上海	復旦	華師	上師
														藏
2757	擁雙艷三種	(裴鍾)撰 (清)萬樹撰	清康熙二十五年粲花別墅刊本	○	○	○					○	×		○
2758	容居堂三種曲	(清)可笑人 (周稚廉)撰	清康熙中書帶草堂刊本	○					○		○	○		
2759	唐堂樂府	(清)黄兆森撰	清康熙五十五年刊本	○										
2760	四名家傳奇摘齣	(清)車江英撰	清雍正中刊本	○										
2761	玉燕堂四種曲	(清)張堅撰	清乾隆中刊本	○	○			×	○		○			
2762	紅雪樓九種曲(一名清容外集)	(清)蔣士銓撰	清乾隆中紅雪樓刊本							○	○	○		
2763	西江祝嘏四種	(清)蔣士銓撰	清乾隆中刊本	○							×			
2764	紅雪樓逸稿	(清)蔣士銓撰	民國二十五年上海中華書局排印本							○	○			
2765	餅笙館修簫譜	(清)舒位撰	清道光十三年錢塘汪氏振綺堂刊本	○	○									
2766	沈薲漁四種曲	(清)沈起鳳撰	清古香林刊本	○							○			
2767	古柏堂傳奇雜劇	(清)唐英撰	清乾隆中刊本								○			
2768	幼頴孔氏所撰傳奇雜劇三種	(清)孔廣林撰	稿本	○										
2769	漪園四種	(清)永恩撰	清乾隆中禮府刊本	○										
2770	惺齋五種續編一種(一名新曲六種)	(清)夏綸撰	清乾隆十六年世光堂刊本	○		○			○	○	○	○	○	○
2771	吟風閣雜劇	(清)楊潮觀撰	清乾隆三十九年刊本	○	○								○	○
			清嘉慶二十五年屋外山房刊本							○	○		○	○
2772	玉獅堂十種曲	(清)陳烺撰	清光緒十七年徐光鑾等本					○						
2773	花間九奏(一名花間樂府)	(清)石韞玉撰	清嘉慶中石氏花韻庵刊本	○										
2774	輞山六種曲	(清)朱鳳森撰	清嘉慶二十三年序刊本	○										
2775	砥石齋二種曲	(清)汪柱撰	清松月軒刊本	○										
2776	茗雪山房二種曲	(清)彭劍南撰	清道光六年彭氏茗雪山房刊本	○								○		
2777	補天石傳奇	(清)周樂清撰	清道光十七年刊本	○							○			
			清咸豐五年刊本								○			
2778	椿軒六種曲	(清)椿軒居士撰	清同治三年刊本								○			
2779	六觀樓北曲六種	(清)許鴻磐撰	清道光中刊本								○			
			清同治十三年刊本								○			
2780	味塵軒曲四種	(清)李文瀚撰	清道光中刊本											
2781	味蔗軒春燈新曲	(清)黄治撰	清道光二十七年椿蔭軒刊本	○										
2782	玉田春水軒雜齣九種	(清)張聲玠撰	清道光中賜錦樓刊本	○										
2783	養怡草堂樂府	(清)東儁撰	清同治十三年刊本	○										
2784	誦荻齋曲	(清)徐鄂撰	清光緒十二年大同書局石印本	○							○			
2785	暗香樓樂府	(清)歙嵐道人撰	清光緒十六年暗香樓刊本		○									○
2786	碧聲吟館叢書	(清)許善長撰	清光緒中仁和許氏刊本	○	○	○		○	×		×	○		
2787	庶幾堂今樂	(清)余治撰	清光緒六年蘇州得見齋書坊刊本	○	○					×	×			
2788	味蘭簃傳奇	(清)醉翁外史撰	清光緒七年排印本	○	○									
2789	春雪閣曲譜三記	殷洼深撰	民國十年上海朝記書莊石印本	○	○				○		○			○
2790	霜厓三劇	(民國)吳梅撰	民國二十二年刊本	○	○				○		○		○	
2791	新譜六種	(民國)徐鏡清撰	稿本								○			
2792	江夏劍荂二種曲	(民國)黄劍荂撰	鈔本								○			
2793	嘯餘譜	(明)程明善輯	清康熙中刊本	○	○				○		○	○		○

書　　　　　　　　　　　　　　　　　者

辭書	天津	内蒙	遼寧	吉林市	吉大	哈爾濱	陝西	甘肅	山東	青島	山大	南京	南大	蘇州	安徽	浙江	杭大	福建	福師	河南	湖北	武漢	武大	江西	廣東	四川	重慶	川大	雲南	黑龍江	桂林	廣西	青海	寧夏	民院	
○											○								×																	2757
																			×								×									2758
												○				○																				2759
																																				2760
○		○			○	○			○		○	○								○			×				×		○							2761
○	○		○			○					○	○	○	○	○	○	○			○						○	○	○	○	○	○	○				2762
																																				2763
○																																				2764
○	○		○	○																	○	○				○	○									2765
						×						○				○																				2766
																																				2767
																																				2768
																																				2769
○	○		○			○					○	○				○				○						○	○	○						○		2770
						○					○	○																					○			2771
○			○		○	○					○	○	○		○					○				○			○	○	○				○			2772
																																				2773
																																				2774
																																				2775
																																				2776
						○					○	○	○							○				○												2777
																										○										2778
						○					○																									2779
											×					○																				2780
											○					○																				2781
																●																				2782
																																				2783
		○																																		2784
																○																				2785
○	○					○					○	○	○			○		×																○		2786
						○						○	○	○				○	○																	2787
																																				2788
												○	○					○						○				○								2789
			○									○	○					○							○		○	○	○							2790
																																				2791
																																				2792
						○					○					○																				2793

書　名	輯撰者	版　本	藏										
			北京	首都	科學	北大	北師	清華	中醫	上海	復旦	華師	上師
2794 曲苑	（清）張漢校　陳乃乾輯	民國十年海寧陳氏景印本	○	○			○	○		○	○	○	
2795 重訂曲苑	陳乃乾輯	民國十四年石印本	○							○			○
2796 增補曲苑	（民國）古書流通處輯　（民國）正音學會增輯	民國十一年上海六藝書局排印本				○	○						
2797 新曲苑	任訥輯	民國二十九年上海中華書局排印本					○			○	○	○	○

	書															者																				
辭書	天津	内蒙	遼寧	吉林市	吉大	哈爾濱	陝西	甘肅	山東	青島	山大	南京	南大	蘇州	安徽	浙江	杭大	福建	福師	河南	湖北	武漢	武大	江西	廣東	四川	重慶	川大	雲南	黑龍江	桂林	廣西	青海	寧夏	民院	
○				○	○	○					○	○				○	×		○						○	○	○	○	○							2794
	○			○							○		○															○	○					○		2795
○																	×		○				×					○								2796
				○	○						○	○					○		○				○	○		○	○	○	○					○		2797

藏 書 者 簡 稱 表

北　京:	北京圖書館	蘇　州:	蘇州市圖書館	
首　都:	首都圖書館	安　徽:	安徽省圖書館	
科　學:	中國科學院圖書館	浙　江:	浙江圖書館	
北　大:	北京大學圖書館	杭　大:	杭州大學圖書館	
北　師:	北京師範大學圖書館	福　建:	福建省圖書館	
清　華:	清華大學圖書館	福　師:	福建師範大學圖書館	
中　醫:	中醫研究院圖書館	河　南:	河南省圖書館	
上　海:	上海圖書館	湖　北:	湖北省圖書館	
復　旦:	復旦大學圖書館	武　漢:	武漢市圖書館	
華　師:	華東師範大學圖書館	武　大:	武漢大學圖書館	
上　師:	上海師範學院圖書館	江　西:	江西省圖書館	
辭　書:	上道辭書出版社圖書館	廣　東:	廣東省中山圖書館	
天　津:	天津市人民圖書館	四　川:	四川省圖書館	
內　蒙:	內蒙古圖書館	重　慶:	重慶市圖書館	
遼　寧:	遼寧省圖書館	川　大:	四川大學圖書館	
吉林市:	吉林市圖書館	雲　南:	雲南省圖書館	
吉　大:	吉林大學圖書館	黑龍江:	黑龍江雀圖書館	
哈爾濱:	哈爾濱市圖書館	廣西一館:	廣西僮族自治區第一圖書館	
陝　西:	陝西省圖書館	廣西二館:	廣西僮族自治區第二圖書館	
甘　肅:	甘肅省圖書館			
山　東:	山東省圖書館	青　海:	青海省圖書館	
青　島:	青島市圖書館	寧　夏:	寧夏回族自治區圖書館	
山　大:	山東大學圖書館	民　院:	中央民族學院圖書館	
南　京:	南京圖書館			
南　大:	南京大學圖書館			

中國叢書綜錄

叢書書名索引

87 ～鉛山九種曲(蔣氏四種)　504,789

4424$_7$ 蒦
40 ～古介書　52,40

4424$_8$ 薇
90 ～省同聲集　919,2687

4425$_3$ 藏
08 ～說小萃　50,29
　～說小萃(粟香室叢書)　263,295
　～說小萃(江陰叢書)　420,445
27 ～修堂叢書　219,213
50 ～書五種　495,726

4428$_6$ 蘋
20 ～香書屋全集　562,1178

4430$_3$ 蕰
80 ～盦所藏尺牘　871,2377

4430$_4$ 蓬
22 ～山兩寅賢詩鈔　878,2441
44 ～萊吳灉先著述三種　564,1194
　～萊軒地理學叢書　655,1626

蓮
34 ～池四種　682,1708

4430$_7$ 芝
60 ～園祕錄初刻　57,46

4433$_1$ 蕉
30 ～窗九錄(學海類編)　66,56
　～窗九錄(叢書集成初編)　357,402
　～窗九錄　747,2064

燕
34 ～禧堂五種　508,814
40 ～臺七子詩刻　857,2302
　～南二俊詩鈔　873,2396
47 ～都雜詠　675,1647
　～都風土叢書　675,1651

4433$_3$ 慕
10 ～雲集存　873,2391

蕙
77 ～風叢書　567,1211

4439$_4$ 蘇
00 ～齋叢書　507,808
44 ～黃尺牘　847,2270
77 ～門六君子文粹　847,2271

4440$_1$ 芋
60 ～園叢書　308,386

莘
00 ～廬遺集　576,1240

4440$_7$ 孝
21 ～經大全　617,1470
27 ～魚叢著　588,1318

4442$_7$ 萬
00 ～充宗先生經學五書　598,1368
30 ～密齋書　720,1897
37 ～潔齋叢刊　436,469
43 ～載李氏遺書四種(豫章叢書,胡輯)　451,494
50 ～青軒全書　534,993
　～青閣全集　492,707

4443$_0$ 樊
05 ～諫議集七家註　676,1659
22 ～山集　567,1213

4444$_1$ 葬
50 ～書五種　739,2016

4445$_6$ 韓
00 ～文類譜(宋本韓柳二先生年譜)　652,1606
10 ～王二公遺事(周氏師古堂所編書)　334,400
40 ～南溪四種(振綺堂叢書)　246,253
47 ～柳文　835,2247
　～柳二集　835,2246
　～柳全集　835,2248
　～柳年譜(粵雅堂叢書)　188,150
　～柳年譜(洪氏公善堂叢書)　224,220
60 ～晏合編　694,1779

4446$_0$ 茹
21 ～經堂新著　613,1431
72 ～氏經學十二種　602,1383

4450$_2$ 蓺
40 ～太常遺書(關隴叢書)　414,433
　～太常遺書(關中叢書)　415,434

4450$_4$ 華
17 ～胥赤子遺集　574,1229

4453$_0$ 芙
44 ～蓉城四種書　753,2074

4455$_4$ 韡
60 ～園醫學六種　710,1863

4460$_0$ 苗
72 ～氏說文四種　624,1486

4460$_1$ 耆
44 ～舊詩存　864,2334

4460$_3$ 苦
22 ～岑集初刊　866,2350
　～岑叢書(余端輯)　872,2383
　～岑叢書(吳放輯)　872,2385

4460$_4$ 若
00 ～菴(庵)集　500,758

著
60 ～園醫藥學合刊　728,1953

4460$_7$ 茗
10 ～雪山房二種曲　953,2776

蒼
44 ～莨集　540,1028

中 國 叢 書 綜 錄
叢 書 編 撰 者 索 引

索引字頭筆畫檢字

一　畫

一 1000_0
乙 1771_0

二　畫

丁 1020_0
七 4071_0
九 4001_7
了 1720_7
二 1010_0
人 8000_0
入 8000_0
八 8000_0
十 4000_0
又 7740_0

三　畫

三 1010_1
上 2110_0
下 1023_0
于 1040_0
千 2040_0
士 4010_0
大 4003_0
女 4040_0
子 1740_7
小 9000_0
尸 7727_0
山 2277_0
己 1771_7
巾 4022_7

四　畫

不 1090_0
中 5000_6
丹 7744_0
五 1010_7
井 5500_0

今 8020_7
介 8022_0
元 1021_1
公 8073_2
六 0080_0
升 2440_0
午 8040_0
友 4004_7
反 7124_7
天 1043_0
太 4003_0
孔 1241_0
少 9020_0
尹 1750_7
尺 7780_7
巴 7771_7
廿 4477_0
心 3300_0
支 4040_7
文 0040_0
方 0022_7
日 6010_0
月 7722_0
木 4090_0
止 2110_0
毋 7755_0
毛 2071_4
水 1223_0
牛 2500_0
王 1010_4

五　畫

且 7710_0
世 4471_7
丘 7210_1
丙 1022_7
乍 8021_1
仙 2227_0
代 2324_0

冬 2730_3
功 1412_7
包 2771_2
北 1111_0
半 9050_0
古 4060_0
召 1760_2
台 2360_0
史 5000_6
四 6021_0
外 2320_0
左 4001_1
布 4022_7
平 1040_9
幼 2472_7
弘 1223_0
戊 5320_0
未 5090_0
正 1010_1
永 3023_2
玄 0073_2
玉 1010_3
甘 4477_0
用 7722_0
田 6040_0
由 5060_0
甲 6050_0
申 5000_6
白 2600_0
皮 4024_7
石 1060_0

六　畫

交 0040_8
亦 0033_0
仰 2722_0
仲 2520_6
任 2221_4
仿 2022_7

伊 2725_7
充 0021_3
先 2421_1
全 8010_4
各 2760_4
合 8060_1
吉 4060_1
同 7722_0
名 2760_0
地 4411_2
多 2720_7
夷 5003_2
如 4640_0
字 3040_7
存 4024_7
守 3034_2
安 3040_4
屺 2771_7
式 4310_0
戎 5340_0
成 5320_0
曲 5560_0
有 4022_7
朱 2590_0
此 2111_0
汗 3114_0
江 3111_0
牟 2350_0
百 1060_0
竹 8822_0
米 9090_4
老 4471_1
考 4420_7
自 2600_0
舟 2744_0
行 2122_1
西 1060_0

七　畫

伯 2620_0
何 2122_0
余 8090_4
佚 2523_0
佛 2522_7
佞 2024_4
兵 7280_1
冷 3813_7
別 6240_0
利 2290_0
即 7772_0
吟 6802_7
呈 6010_4
吳 2643_0
吾 1060_1
呂 6060_0
呆 6090_4
坐 8810_4
孝 4440_7
宋 3090_4
希 4022_7
延 1240_1
形 1242_2
彤 7242_2
志 4033_1
快 9503_0
扶 5503_0
抗 5001_7
更 1050_6
李 4040_7
杏 4060_9
杜 4491_0
束 5090_6
求 4313_2
沔 3112_7
汪 3111_4
汲 3714_7
沈 3411_2
狄 4928_0

私 2293_0
芋 4440_1
芭 4471_7
見 6021_0
谷 8060_8
赤 4033_1
辛 0040_1
里 6010_4
阮 7121_1

八　畫

京 0090_6
佳 2421_4
來 4090_3
依 2023_2
兒 7721_7
兩 1022_7
函 1077_2
刻 0220_0
初 3722_0
受 2040_7
周 7722_0
味 6509_0
和 2690_0
坦 4611_0
奇 4062_1
奉 5050_3
孟 1710_7
孤 1243_0
宗 3090_1
官 3077_7
定 3080_1
宛 3021_0
宜 3010_7
尚 9022_7
居 7726_4
屈 7727_2
岳 7277_2
岱 2377_2

岫	2772₀	侯	2723₄	柚	4596₀	面	1060₀	栩	4792₀	退	3730₃
庚	0023₇	俄	2325₀	查	4010₆	音	0060₁	殷	2724₇	邵	6762₇
弢	1224₇	保	2629₄	柯	4192₀	風	7721₀	泰	5013₂	郝	4732₇
念	8033₂	俞	8022₁	柳	4792₀	食	8073₂	浙	3212₁	酌	1762₀
怡	9306₀	俟	2323₄	柴	2190₄	香	2060₉	浦	3312₁	陟	7122₁
性	9501₄	信	2026₁	段	7744₇			浮	3214₁	馬	7132₇
房	3022₇	冒	6060₀	泉	2623₂	**十　畫**		海	3815₇	高	0022₇
所	7222₁	冠	3721₁	洛	3716₄	倉	8060₇	涇	3111₁		
抱	5701₂	則	6280₀	津	3510₇	倚	2422₁	涉	3112₁	**十一　畫**	
拙	5207₂	前	8022₁	洪	3418₁	借	2426₁	涌	3712₁	乾	4841₇
昆	6071₁	勉	2441₂	炳	9182₇	倣	2824₀	特	2454₁	區	7171₆
明	6702₀	南	4022₂	為	3402₇	兼	8033₇	珠	1519₀	唱	6606₀
易	6022₇	咫	7680₈	玲	1813₇	務	1722₇	留	7760₂	商	0022₇
杭	4091₇	奕	0043₀	珊	1714₀	原	7129₆	病	0012₇	問	7760₇
東	5090₆	姚	4241₃	珍	1812₂	唐	0026₇	益	8010₇	啖	6908₉
松	4893₂	姜	8040₄	毗	6071₁	夏	1024₇	真	4080₁	國	6015₃
板	4194₇	客	3060₄	毗	6101₀	奚	2043₀	矩	8141₇	堊	4410₄
枕	4491₂	宣	3010₆	疢	0018₉	娛	4643₄	砥	1264₀	城	4315₀
林	4499₀	宦	3071₇	皇	2610₄	娟	4642₁	砭	1263₇	培	4016₁
果	6090₄	屏	7724₁	盾	7226₄	孫	1249₃	祝	3621₀	埽	4712₇
武	1314₀	帥	2472₇	省	9060₂	宮	3060₆	祕	3320₀	裏	5040₄
河	3112₀	庚	0023₇	眉	7726₇	家	3023₂	秫	2299₄	婦	4742₇
治	3316₀	建	1540₀	禹	2042₇	宸	3023₁	秦	5090₄	寂	3094₇
注	3011₄	廻	1640₀	秋	2998₀	容	3060₈	紙	2294₀	寄	3062₁
收	2854₀	待	2424₁	紀	2791₇	屑	7722₂	紛	2892₇	密	3077₂
庋	0018₇	律	2520₇	紅	2191₀	峭	2972₁	素	5090₃	尉	7420₀
直	4010₇	後	2224₇	美	8043₀	師	2172₇	索	4090₃	崇	2290₁
知	8640₀	思	6033₀	耐	1420₀	唐	0026₁	耆	4460₁	崔	2221₄
空	3010₁	恆	9101₇	耑	2222₇	徐	2829₄	耕	5590₀	崧	2293₂
芙	4453₀	拜	2155₀	胎	7326₀	息	2633₀	耿	1918₀	巢	2290₄
芝	4430₇	括	5206₄	胡	4762₀	悔	9805₇	脈	7223₂	常	9022₇
芬	4422₇	拾	5806₁	苦	4460₃	悚	9509₆	脩	2722₇	康	0023₂
花	4421₄	持	5404₀	苗	4460₀	悟	9106₁	致	1814₀	庸	0022₇
邱	7712₇	指	5106₁	若	4460₄	拳	9050₂	茗	4460₇	張	1123₂
邵	1762₇	按	5304₄	苧	4420₁	振	5103₂	荔	4422₇	得	2624₁
金	8010₉	拼	5804₁	范	4411₂	挹	5601₇	茶	4490₄	御	2722₀
長	7173₂	故	4864₀	茌	4421₄	晁	6011₃	茹	4446₀	惇	9004₇
雨	1022₇	施	0821₂	貞	2180₆	晉	1060₁	荊	4240₀	惕	9602₁
青	5022₇	星	6010₄	軍	3750₆	晏	6040₁	荒	4421₁	惜	9406₁
非	1111₁	春	5060₃	迷	3330₉	書	5060₁	袁	4073₂	惟	9001₄
		昭	6706₂	郁	4722₇	校	4094₈	訓	0260₀	戚	5320₀
九　畫		是	6080₁	郜	4722₇	格	4796₄	託	0261₄	授	5204₇
亭	0020₁	柏	4690₀	郎	2762₇	桂	4491₄	記	0761₇	掖	5004₇
修	2722₂	柔	1790₄	重	2010₄	桐	4792₀	豹	2722₀	推	5001₄

敎 4844_0	郭 0742_7	棣 4593_2	華 4450_4	新 0292_1	資 3780_6
敏 8854_0	野 6712_2	森 4099_4	菣 4494_7	暗 6006_1	賈 1080_6
救 4814_0	釣 8712_0	欽 8718_2	萍 4414_0	會 8060_6	跬 6411_4
啟 3864_0	陰 7823_1	渠 3190_4	詠 0363_2	椿 4596_3	路 6716_4
晚 6701_6	陳 7529_6	測 3210_0	詒 0366_0	楊 4692_7	辟 7064_1
晨 6023_2	陶 7722_0	渭 3612_7	評 0164_9	楓 4791_0	道 3830_6
曹 5560_6	陸 7421_4	游 3814_7	詞 0762_0	楚 4480_1	達 3430_4
曼 6040_7	雪 1017_7	湖 3712_0	貴 5080_0	棟 4599_6	鄒 2742_7
望 0710_4	魚 2733_6	湘 3610_0	貸 2380_6	榆 4892_1	鄆 2732_7
梁 3390_4	鹿 0021_1	溫 3611_7	費 5580_6	楞 4692_7	鄉 2772_7
梅 4895_7	**十二畫**	湫 3918_0	貽 6386_0	歲 2125_3	雷 1060_3
梓 4094_1		湯 3612_7	越 4380_5	轂 5774_7	靖 0512_7
涵 3717_2	傅 2324_2	淵 3210_0	逸 3730_1	滂 3012_7	飲 8778_2
淡 3918_9	勝 7922_7	無 8033_1	鄂 6722_7	滄 3816_7	鼎 2222_1
淨 3215_7	博 4304_2	焦 2033_1	鈍 8511_7	滇 3418_1	
淩 3414_7	善 8060_5	然 2333_3	鈕 8711_5	滌 3719_4	**十四畫**
淮 3011_4	喉 6703_4	琳 1419_0	閏 7710_4	煙 9181_4	嘉 4046_5
深 3719_4	喜 4060_5	琴 1120_7	閒 7722_7	瑞 1212_7	壽 4064_1
清 3512_7	喻 6802_1	甯 3022_7	陽 7622_7	當 9060_6	夢 4420_7
淥 3713_2	喬 2022_7	番 2060_9	隅 7622_7	睫 6508_1	寧 3020_1
率 0040_3	單 6650_6	畫 5010_6	雁 7121_4	禁 4490_1	對 3410_0
琅 1313_2	壺 4010_7	異 6080_1	雅 7021_4	稗 2694_4	摘 5002_7
理 1611_4	奢 4060_4	疏 1011_3	集 2090_4	粲 2790_4	斠 5440_0
瓶 8141_7	屛 7724_7	痘 0011_8	雲 1073_1	綏 2294_4	暢 5602_7
眼 6703_2	富 3060_6	痛 0012_7	項 1118_6	經 2191_1	榕 4396_8
祥 3825_1	寒 3030_3	登 1210_8	順 2108_6	羣 1750_1	橙 4291_8
章 0040_6	寓 3042_7	皖 2361_1	馮 3112_7	義 8055_3	槎 4891_1
笙 8810_4	尊 8034_6	威 5320_0	黃 4480_6	聖 1610_4	槐 4691_3
笠 8810_8	屠 7726_4	衆 2723_2		萬 4442_7	毓 8051_3
第 8822_7	幾 2245_3	确 1762_7	**十三畫**	葉 4490_4	榮 9923_2
紫 2190_3	強 1623_6	硯 1661_0	傳 2524_3	著 4460_4	滿 3412_7
紹 2796_2	彭 4212_2	硤 1463_8	傷 2822_7	葛 4472_7	漁 3713_6
翊 0712_0	復 2824_7	程 2691_4	香 1760_4	募 4422_7	漑 3111_4
智 1760_2	惺 9601_4	童 0010_4	彙 2790_4	董 4410_4	漢 3413_4
船 2746_1	揚 5602_7	筆 8850_7	微 2824_0	葬 4444_1	漪 3412_1
莊 4421_4	散 4824_0	粟 1090_4	愈 8033_2	虞 2123_4	漱 3718_2
莘 4440_1	敦 0844_0	粤 2620_7	愚 6033_2	蛻 5811_6	漸 3212_1
袖 3526_0	敝 9824_0	結 2496_1	慈 8033_3	蛾 5315_0	熊 2133_1
訥 0462_7	斯 4282_1	絲 2299_3	愛 2024_7	蜀 6012_7	爾 1022_7
許 0864_0	景 6090_6	絳 2795_4	愧 9601_3	裕 3826_8	瑣 1918_6
貫 7780_6	晴 6502_7	餅 8874_1	慎 9408_1	補 3322_7	瘟 0011_7
通 3730_2	曾 8060_6	舒 8762_2	損 5608_6	試 0364_0	碧 1660_1
連 3530_0	最 6014_7	舜 2025_2	搜 5704_7	詩 0464_1	種 $2291.$
鄅 9722_7	棃 2790_4	菊 4492_7	敬 4864_0	話 0266_4	端 0212_7

字	碼	字	碼	字	碼	字	碼	字	碼	字	碼
箋	8850₃	樂	2290₄	郡	2762₇	蠡	4013₆	薛	4474₁	**十九畫**	
算	8844₆	樊	4443₀	銷	8912₇	衡	2143₀	薌	4472₇		
管	8877₇	樓	4594₄	閭	7760₆	諸	0466₀	螺	5619₃	廬	0021₇
綴	2794₇	歐	7778₂	閱	7721₆	豫	1723₂	蟄	4413₆	懷	9003₂
翠	1740₈	潔	3719₃	霄	1022₇	賭	6486₀	襄	0073₂	曝	6603₂
聚	1723₂	潘	3216₉	震	1023₂	踵	6211₄	謙	0863₇	牘	2458₆
臺	4010₄	潛	3116₁	頤	7178₆	輯	5604₁	謝	0460₀	疇	6404₁
蔣	4464₁	潮	3712₀	養	8073₂	辨	0044₁	還	3630₃	癡	0018₁
蒙	4423₂	澄	3814₀	魯	2760₃	遵	3830₄	鍥	8713₄	矅	8824₇
蒯	4220₀	澂	3211₈	黎	2713₂	選	3730₈	鍾	8211₄	礬	8856₂
蒼	4460₇	澈	3814₀			遼	3430₉	鍼	8315₀	繹	2694₁
蓉	4460₈	璜	1219₄	**十六畫**		錢	8315₃	隱	7223₇	繡	2592₇
蜚	1113₆	畿	2265₃	儒	2122₇	錦	8612₇	霜	1096₃	羅	6091₄
語	0166₁	瘦	0014₇	噓	6502₇	錫	8612₇	韓	4445₆	藕	4492₇
誠	0365₀	稷	2694₇	壁	7010₄	隨	7423₂	鴻	3712₇	藜	4413₂
誦	0762₇	稻	2297₇	墻	4416₁	雕	7021₄			薹	4490₄
說	0861₆	稼	2393₂	學	7740₇	靜	5225₇	**十八畫**		藝	4473₁
趙	4980₂	稽	2396₁	彊	1121₆	頻	2128₃	儲	2426₀	藤	4423₂
遜	3230₉	節	8872₇	擁	5001₄	餘	8879₄	叢	3214₇	藥	4490₄
遡	3730₂	篆	8823₂	擇	5604₁	盧	2122₇	戴	4385₀	證	0261₈
閨	7710₄	綠	2793₂	曆	7126₉	鮑	2731₂	歸	2712₇	譚	0164₆
閩	7713₆	編	2392₇	曉	6401₁	塵	0021₄	瀋	3316₉	邊	3630₂
鳳	7721₀	緯	2495₆	樵	4093₁	黔	6832₇	璧	7071₇	邋	3630₁
鳴	6702₇	練	2599₆	樸	4293₄	默	6333₄	瞿	6621₄	鏡	8011₆
鼻	2644₆	蓬	4430₄	樹	4490₀	龍	0121₁	禮	3521₈	關	7777₂
齊	0022₃	蓮	4430₄	橘	4792₇			簡	8822₇	韞	4651₇
		蔡	4490₁	橫	4498₆	**十七畫**		翹	4721₂	韻	0668₆
十五畫		蔣	4424₂	歷	7121₁	勵	7422₇	翻	2762₀	顓	7128₆
僞	2824₀	蔭	4423₁	澕	3814₁	壞	4213₁	翼	1780₁	鵲	4762₇
劉	7210₀	蔆	4414₇	澤	3614₁	嶺	2238₆	舊	4477₇	麓	4421₁
劍	8280₀	蝶	5419₄	澹	3716₁	檀	4091₆	藏	4425₃	麗	1121₁
嘮	6804₀	褚	3426₀	燈	9281₈	檊	4196₀	蟬	5114₆	龐	0021₁
增	4816₀	談	0968₉	燕	4433₁	橋	4092₁	覆	1024₇		
墨	6010₄	論	0862₇	獨	4622₇	濟	3012₃	謹	0461₄	**二十畫**	
審	3060₉	賜	6682₇	璜	1418₆	濱	3318₅	豐	2210₈	寶	3080₆
寫	3032₇	賞	9080₆	甌	7171₇	濰	3011₄	邃	3330₃	懺	9305₀
層	7726₆	賦	6384₀	積	2598₆	濮	3213₄	醫	7760₁	籃	3080₆
廣	0028₆	趣	4780₄	篤	8832₇	環	1613₄	雙	2040₇	繼	2291₃
影	6292₂	輦	5550₆	翰	4842₇	績	2598₆	雜	0091₄	纂	8890₃
德	2423₁	適	3030₂	蕉	4433₁	羲	8025₃	雞	2041₄	藻	4419₄
徵	2824₀	遯	3130₃	蕙	4433₃	聰	1613₀	題	6180₁	蘇	4439₄
慕	4433₃	鄒	8732₇	蕭	4422₇	聲	4740₁	魏	2641₃	饕	4424₇
摯	4450₂	鄧	1712₇	薑	4421₁	臨	7876₆			蘋	4428₆
數	5844₀	鄭	8742₇	融	1523₆	薇	4424₈			釋	2694₁

鸚 6722_7
鶩 1832_7

二十一畫

罐 2471_4
灌 3411_4
籑 8873_2
續 2498_6
隱 4423_7
邋 4430_3
蘭 4422_7
躋 6012_3
鐵 8315_0
蕐 4455_4
顧 3128_6
覉 1144_8
鬢 7240_7
鶴 4722_7

二十二畫

儼 2624_8
聽 1413_1
讀 0468_6
襲 0180_1

二十三畫

驚 4832_7
體 7521_8
鱗 2935_9

二十四畫

艷 2711_7
釀 1063_2
靈 1010_8
鹽 7810_7

二十五畫

欖 4891_6
觀 4621_0

二十八畫

豔 2411_7